湖北省学术著作出版专项资金资助项目

中国科举文化通志 主编 陈文新

七史选举志校注

赵伯陶 校注

武汉大学出版社

图书在版编目(CIP)数据

七史选举志校注/赵伯陶校注. —武汉:武汉大学出版社,2015.12
中国科举文化通志/陈文新主编
 ISBN 978-7-307-17188-6

Ⅰ.七…　Ⅱ.赵…　Ⅲ.选举制度—史料—中国—古代　Ⅳ.D691.3

中国版本图书馆 CIP 数据核字(2015)第 272200 号

责任编辑:刘新英　胡　荣　　责任校对:刘　欣　　版式设计:马　佳

出版发行:武汉大学出版社　　(430072　武昌　珞珈山)
　　　　　(电子邮件:cbs22@whu.edu.cn　网址:www.wdp.com.cn)
印刷:武汉中远印务有限公司
开本:787×1092　1/16　印张:61.75　字数:1349 千字　插页:4
版次:2015 年 12 月第 1 版　　2015 年 12 月第 1 次印刷
ISBN 978-7-307-17188-6　　定价:415.00 元

《中国科举文化通志》总序

陈文新

（一）

科举是中国古代最为健全的文官制度。它渊源于汉，始创于隋，确立于唐，完备于宋，兴盛于明、清两代。如果从隋大业元年（605）的进士科算起，到清光绪三十一年（1905）被废除，科举制度在中国有整整 1300 年的历史。科举制度还曾"出口"越南、朝鲜等国，扩大了汉文化的影响。始于 19 世纪的西方文官考试制度，其创立也与中国科举的启发相关。孙中山在《五权宪法》等演讲中反复强调：中国的科举制度是世界各国中所用以拔取真才之最古最好的制度。胡适也说："中国文官制度影响之大，及其价值之被人看重"，"是我们中国对世界文化贡献的一件可以自夸的事"。①

科举制度具有如此强大的生命力，其原因在于，它在保证"程序的公正"方面具有空前的优越性。官员选拔的理想境界是"实质的公正"，即将所有优秀的人才选拔到最合适的岗位上。但这个境界人类至今未达到过。不得已而求其次，"程序的公正"就成为优先选择。"中国古代独特的社会结构是家族宗法制，家长统治、任人唯亲、帮派活动、裙带关系皆为家族宗法制的派生物，在重人情与关系的社会文化背景下，若没有可以操作的客观标准，任何立意美妙的选举制度都会被异化为植党营私、任人唯亲的工具，汉代的察举推荐和魏晋南北朝的九品官人法走向求才的死胡同便是明证。""古往今来科举考试一再起死回生的历史说明：自古以来，中国就是一个人情社会，人情与关系在社会生活中起着重要的作用，为了防止人情的泛滥，使社会不至于陷入无序的状态，中国人发明了考试，以考试作为维护社会公平和社会秩序的调节阀。悠久的科举历史与普遍的考试现实一再雄辩地证明，考试选才具有恒久的价值。"② 从这一角度看，科举制度不但在诞生之初有着巨大的进步意义，而且在整个中国历史和世界历史上，都是一个了不起的创造。较之前代的选官制度，如汉代的察举、征辟制和魏文帝时开始推行的九品中正制等，科举制度都更加公正合理。

---

① 胡适：《考试与教育》，《胡适文集》第 12 册，北京大学出版社 1998 年版，第 508 页。
② 刘海峰：《科举学导论》，华中师范大学出版社 2005 年版，第 113、136 页。

作为一项从整体上影响国民生活的官员选拔制度，科举制度对于维护我们这个幅员辽阔的多民族国家的统一稳定，其作用是无论怎样估计也不会过高的。胡适这位新文化运动的领袖，虽然一再愤愤不平地说到中国文化的种种不是，但在《考试与教育》一文中，他也毫不含糊地指出：在古代那种交通极为不便的情形下，中央可以不用武力来维持国家的统一是由于考试制度的公开和公平。胡适所说的公平，包括三种含义：一是公开考选，标准客观。二是顾及各地的文化水准，录取的人员，并不偏于一方或一省，而是遍及全国。三是实行回避制度，"就是本省的人不能任本省的官吏，而必须派往其他省份服务。有时候江南的人，派到西北去，有时候西北的人派到东南来。这种公道的办法，大家没有理由可以反对抵制。所以政府不用靠兵力和其他工具来统治地方，这是考试制度影响的结果"①。这些话出于胡适之口，足以说明，即使是文化激进主义者，只要具有清明的理性，也不难看出科举制度的合理性。

作为一项从整体上影响国民生活的官员选拔制度，科举制度不仅具有历史研究的价值，而且有助于我们思考当今人事制度的改革问题。2005 年，任继愈曾在《古代中国科举考试制度值得借鉴》一文中提出设立"国家博士"学位的设想。其立论前提是：我国目前由各高校授予的博士学位缺少权威性和公正性。之所以不够权威和公正，不外下述几个原因。其一，"各校有自己的土标准，执行起来宽严标准不一，取得学位后，它的头衔在社会上流通价值都是同等的"，这当然不公平。其二，研究生入学后，第一年大部分时间用在外语上，第二年大部分时间忙于在规定的某种等级的刊物上发论文，第三年忙于找工作，这样的情形，怎么可能培养出货真价实的博士？其三，几乎所有名牌大学都招收"在职博士生"，有的博士研究生派秘书代他上课，甚至不上课而拿文凭，这样的博士能说是名副其实的吗？只有设立"国家博士"学位，采用统一标准选拔人才，这样的"博士学位"才具有权威性和公正性。而国家在高级人才的选拔方面统一把关，不仅可以避免"跑"博士点和博士生扩招带来的许多弊病，有助于社会风气的改善，而且，由于只管考而不必太多地管教，还可以节省大量开支。就这一点而言，中国古代的科举制度的确是值得参考借鉴的。任继愈的这篇文章现已收入《皓首学术随笔·任继愈卷》（中华书局 2006 年版），有心的读者不妨一阅。

与任继愈的呼吁相得益彰，早在 1951 年，钱穆就发表了《中国历史上的考试制度》一文。针对民国年间（1911—1949）人事管理腐败混乱的状况，他痛心疾首地指出：科举制"因有种种缺点，种种流弊，自该随时变通，但清末人却一意想变法，把此制度也连根拔去。民国以来，政府用人，便全无标准，人事奔竞，派系倾轧，结党营私，偏枯偏荣，种种病象，指不胜屈。不可不说我们把历史看轻了，认为以前一切要不得，才聚九州铁铸成大错"②。钱穆的意思是明确的：参考借鉴科举制度，有助于人事管理的规范化和公正性。1955 年，他在《中国历代政治得失》一书中进一步指出："无

---

① 胡适：《胡适文集》第 12 册，北京大学出版社 1998 年版，第 506 页。

② 钱穆：《国史新论》，东大图书公司 1984 年版，第 114~115 页。

论如何，考试制度，是中国政治制度中一项比较重要的制度，又且由唐迄清绵历了一千年以上的长时期。中间递有改革，递有演变，在历史进程中逐渐发展，这绝不是偶然的。直到晚清，西方人还知采用此制度来弥缝他们政党选举之偏陷，而我们却对以往考试制度在历史上有过上千年以上根柢的，一口气吐弃了，不再重视，抑且不再留丝毫顾惜之余地。那真是一件可诧怪的事。"① 现代中国的人事管理理应借鉴源远流长的科举制度，这是毫无疑问的。至于如何借鉴，则是我们需要认真思考的问题。

（二）

作为一项从整体上影响国民生活的官员选拔制度，科举制度以其"程序的公正"为国家选拔了大量行政官员，在提高全民族的文化水准和维护我们这个多民族国家的统一稳定方面，发挥了直接而巨大的作用，这是其显而易见的功能；它还有其他不那么显著却同样值得重视的功能，即意识形态功能和人文教育功能：科举制度以其对社会的整体影响力将儒家经典维持世道人心的作用发挥到极致。我们试就此略作讨论。

明清时代有一项重要规定：科举以《四书》《五经》为基本考试内容。这一规定是耐人寻味的。《论语》《孟子》等儒家经典是秦汉以来中国传统社会维系人心、培育道德感的主要读物。我们经常表彰"中国的脊梁"，一个毋庸置疑的事实是，秦汉以降，"中国的脊梁"大多是在儒家经典的教育下成长起来的。以文天祥为例，这位南宋末年的民族英雄，曾在《过零丁洋》诗中说："人生自古谁无死？留取丹心照汗青。""丹心"，就是蕴蓄着崇高的道德感的心灵。他还有一首《正气歌》，开头一段是："天地有正气，杂然赋流形。下则为河岳，上则为日星。于人曰浩然，沛乎塞苍冥。皇路当清夷，含和吐明庭。时穷节乃见，一一垂丹青。"身在治世，正气表现为安邦定国的情志；身在乱世，则表现为忠贞坚毅的气节。即文天祥所说："当其贯日月，生死安足论。"1282 年，他在元大都（今属北京）英勇就义，事前他在衣带中写下了这样的话："孔曰'成仁'，孟曰'取义'。惟其义尽，所以仁至。读圣贤书，所学何事？而今而后，庶几无愧。"《四书》《五经》的教诲，确乎是他的立身之本。

文天祥是宝祐四年（1256）状元。这是一个值得关注的事实。它表明：进士阶层在实践儒家的人格理想方面，其自觉性远远高于社会的平均水平。宋代如此，明代如此，甚至连元代也是如此。清代史学家赵翼曾论及"元末殉难者多进士"这一现象："元代不重儒术，延祐中始设科取士，顺帝时又停二科始复。其时所谓进士者，已属积轻之势矣，然末年仗节死义者，乃多在进士出身之人。"（赵翼《廿二史劄记》卷三十《元末殉难者多进士》）接下来，赵翼列举了余阙、泰不华、李齐、李黼、王士元、赵琏、周镗、聂炳元、刘耕孙、丑闾、彭庭坚、普颜不花、月鲁不花、迈里古思等死难进

① 钱穆：《中国历代政治得失》，三联书店 2001 年版，第 89 页。

士，最后归结说："诸人可谓不负科名者哉，而国家设科取士亦不徒矣。"① 在元末殉难的进士中，余阙（1303—1358）是最早战死的封疆大臣。他的朋友蒋良，一次和他谈起国难，余阙推心置腹地说："余荷国恩，以进士及第，历省居馆阁，每愧无报。今国家多难，授予兵戎重寄，岂余所堪。然古人有言：'为子死孝，为臣死忠。'万一不幸，吾知尽吾忠而已。"余阙殉难后，蒋良作《余忠宣公死节记》，开篇即强调说："有元设科取士，中外文武著功社稷之臣历历可纪。至正辛卯，兵起淮、颍，城邑尽废，江、汉之间能捍御大郡、全尽名节者，守豫帅余公廷心一人而已。"② 在余阙"擢高科"的履历与他忠勇殉节的人格境界之间，人们确认有其内在联系。无独有偶，《元史·泰不华传》在记叙元末另一著名的死节之臣泰不华（1305—1352）时，也着重指出：其人生信念的基本依据是他作为"书生"所受的儒家经典教育。在与方国珍决战前夕，泰不华曾对部从说过一番词气慷慨的话："吾以书生登显要，诚虑负所学。今守海隅，贼甫招徕，又复为变。君辈助我击之，其克则汝众功也，不克则我尽死以报国耳。""书生""所学"与捐躯"报国"之间关系如此密切，足见以《四书》《五经》作为基本考试教材的科举制度，它在维持世道人心方面的作用的确是巨大而深远的。

儒家经典维持世道人心的功能不仅泽及宋元，泽及明清，甚至泽及已经废除了科举制度的现代。其实这并不令人感到奇怪。原因在于，不少现代名流的少年时光是在科举时代度过的，他们系统地受过这种教育，耳濡目染，其人生观在早年即已确立并足以支配一生。儒家经典的生命力由此可见。科举制度的余泽亦由此可见。

这里我想特别提及五四新文化运动的领袖胡适，并有意多引他的言论。之所以关注他，是因为，世人眼中的胡适，只是一个文化激进主义者，以高倡"打倒孔家店"著称。人们很少注意到，胡适在表面上高呼"打倒孔家店"，但在内心里仍对孔子和儒家保留了足够的敬意，是儒家人生哲学的虔诚信奉者和实行者。唐德刚编译《胡适口述自传》，第二章有胡适的如下自白："有许多人认为我是反孔非儒的。在许多方面，我对那经过长期发展的儒教的批判是很严厉的。但是就全体来说，我在我的一切著述上，对孔子和早期的'仲尼之徒'如孟子，都是相当尊崇的。我对十二世纪'新儒学'（Neo-Confucianism）（'理学'）的开山宗师的朱熹，也是十分崇敬的。""在这场伟大的'新儒学'（理学）的运动里，对那（道德、知识；也就是《中庸》里面所说的'诚则明矣，明则诚矣'的）两股思潮，最好的表达，便是程颐所说的：'涵养须用敬，进学则在致知。'后世学者都认为'理学'的真谛，此一语足以道破。"同一章还有唐德刚的一段插话："'要提高你的道德标准，你一定要在"敬"字上下功夫；要学识上有长进，你一定要扩展你的知识到最大极限。'适之先生对这两句话最为服膺，他老人家不断向我传教的也是这两句。一次我替他照相，要他在录音机边作说话状，他说的便是这两句。所以胡适之先生骨子里实在是位理学家。他反对佛教、道教乃至基督教，都

① 赵翼著，王树民校证：《廿二史劄记校证》，中华书局1984年版，第706页。
② 杨讷等编：《元代农民战争史料汇编》中编第一分册，中华书局1985年版，第268页。

是从'理学'这条道理上出发的。他开口闭口什么实验主义的，在笔者看来，都是些表面账。吾人如用胡先生自己的学术分期来说，则胡适之便是他自己所说的'现代期'的最后一人。"① 胡适是在少年时代接受儒家经典教育的，在经历了废止科举、"打倒孔家店"等种种变故后，儒家的人生哲学仍能贯彻其生命的始终，由此不难想见，在中国传统社会尤其是科举时代，儒家经典对社会精神风貌的塑造可以发挥多么强大的功能。虽然生活中确有教育目标与实际状况两歧的情形，但正面的成效仍是不容忽视的。

　　"精神文明"是中国人常用的一个概念。"精神文明"是相对物质文明而言的，就个人而言，需要长期的修养，就民族而言，需要长期的培育。中国古人对这一点体会很深，所以常常强调"潜移默化"，经由耳濡目染的长期熏陶，价值内化，成为一种道德规范。如果这种道德规范大体近于人情，既"止乎礼义"而又"发乎性情"，它对社会的稳定，对人类精神境界的提升，都将发挥重要作用。这就是文化的功能。目前教育界所说的"深厚的人文知识素养，有助于塑造高尚的精神世界，提高健康的审美能力"，与这个意思是相通的。《四书》《五经》作为科举时代的基本读物，人文教育功能是其不容抹杀的价值，并因制度的保障而得到了充分的发挥。

　　美国学者罗兹曼认为：科举制在中国传统社会结构中居于中心的地位，是维系儒家意识形态和儒家价值体系正统地位的根本手段。科举制在 1905 年被废止，从而使这一年成为新旧中国的分水岭：它标志着一个时代的结束和另一个时代的开始，其划时代的重要性甚至超过辛亥革命；就其现实和象征性的意义而言，科举革废代表着中国已与过去一刀两断，这种转折大致相当于 1861 年沙俄废奴和 1868 年的日本明治维新后不久的废藩。② 罗兹曼的意见也许是对的。而我想要补充的问题是：在科举制废止之后，如何保证《四书》《五经》的人文教育功能继续得到发挥？

<h2 style="text-align:center">（三）</h2>

　　科举制度曾经有过辉煌的历史，科举制度对现代中国的发展更有足资借鉴的意义。整理与研究历代科举文献，其意义也需要从历史与现实两个角度加以说明：一方面是传承文化，传承文明，让这份丰厚的遗产充分发挥塑造民族精神的作用，另一方面是去粗取精，古为今用，让它在现实的中国社会重放异彩，成为人事制度改革的重要智力资源。这是我们编纂出版《中国科举文化通志》的初衷，也是我们不辞劳苦从事这一学术工作的动力。

　　《中国科举文化通志》重点包括下述内容：

　　1. 整理、研究反映科举制度沿革、影响及历代登科情形的文献。

---

① 胡适：《胡适文集》第 1 册，北京大学出版社 1998 年版，第 418、433 页。
② ［美］吉尔伯特·罗曼兹主编，国家社会科学基金"比较现代化"课题组译：《中国的现代化》中译本，江苏人民出版社 1988 年版，第 335、635 页。

从《新唐书》开始，历代正史多有《选举志》。历代《会要》、《实录》、《纪事本末》等史传、政书之中，相当一部分是关于科举制度沿革的资料。还有黄佐《翰林记》、陆深《科场条贯》、张朝瑞《明贡举考》、冯梦祯《历代贡举志》、董其昌《学科考略》、陶福履《常谈》等一批专书。历代《登科录》和杂录类书籍，也保存了大量关于科举的材料。唐代登科记多已散失亡佚，有清代徐松的《登科记考》可供参考。宋元登科记保存稍多，明清有关文献尤为繁富。

2. 整理、研究与历代考试文体相关的教材、试卷、程文及论著等。

八股文是最引人注目的考试文体。八股文集有选本、稿本之分。重要的选本，明代有艾南英编《明文定》、《明文待》，杨廷枢编《同文录》，马世奇编《澹宁居文集》，黎淳编《国朝试录》等；清朝有纪昀《房行书精华》，王步青编《八法集》；还有《百二十名家集》，选文 3000 篇，以明代为主；《钦定四书文》，明文 4 集，选文 480 余篇，清文 1 集，选文 290 余篇。稿本为个人文集。明清著名的八股大家，如明代的王鏊、钱福、唐顺之、归有光、艾南英，清代的刘子壮、熊伯龙、李光地、方苞、王步青、袁枚、翁方纲等人，均有稿本传世。相关著述数量也不少。清梁章钜《制义丛话》等，是研究八股文的重要论著。其他考试文体，如试策、试律等，也在我们关注的范围之内。这些科举文献，一般读者不易见到，或只能零零星星地见到一些，或虽然见到了也难以读懂，亟待系统地整理出版，以供研究和阅读。

《中国科举文化通志》包括以下数种：《历代制举史料汇编》、《历代律赋校注》、《唐代试律试策校注》、《八股文总论八种》、《七史选举志校注》、《四书大全校注》、《游戏八股文集成》、《明代科举与文学编年》、《明代状元史料汇编》、《钦定四书文校注》、《翰林掌故五种》、《贡举志五种》、《〈游艺塾文规〉正续编》、《钦定学政全书校注》、《梁章钜科举文献二种校注》、《〈清实录〉科举史料汇编》、《二十世纪科举研究论文选编》、《明代科举与文学编年》、《〈礼部韵略〉与宋代科举》、《元明科举与文学考论》、《游戏八股文研究》、《明代八股文选家考论》、《唐代科举与试赋》、《〈儒林外史〉的现代误读》、《科举废止前后的晚清社会与文学》等。我们这套《中国科举文化通志》，以涵盖面广和分量厚重为显著特征，可以从多方面满足阅读和研究之需。而在整理、研究方面投入的心力之多，更是有目共睹。我们的目的是为推进学术作出力所能及的贡献。

《中国科举文化通志》是一项规模宏大、任务艰巨、意义深远的大型出版文化工程。编纂任务主要由武汉大学专家承担，并根据需要从中国人民大学、南京大学、中国艺术研究院、厦门大学、华中师范大学、陕西师范大学、扬州大学、中南民族大学、中南财经政法大学等高校或科研院所聘请了若干学者。南京大学卞孝萱先生、中华书局傅璇琮先生、中国社会科学院邓绍基先生等在学术上给我们提供了若干指导；参与这一工程的各位专家不辞辛苦，努力工作，保证了编纂进度和质量；武汉大学出版社鼎立支持《中国科举文化通志》的出版；所有这些，我们将永远铭记在心。

2015 年 4 月 13 日

于武汉大学

目　录

前　　言

在文化研究中，一般都将文化区分为物质文化与精神文化两大类。历史文化学者冯天瑜先生从文化形态学的角度出发将文化分为四个层次，即物态文化层、制度文化层、行为文化层与心态文化层。他认为："由人类加工自然创制的各种器物，即'物化的知识力量'构成的物态文化层，它是人的物质生产活动方式和产品的总和。"制度文化层"由人类在社会实践中组建的各种社会规范构成"，行为文化层"由人类在社会实践，尤其是人际交往中约定俗成的习惯性定势构成"，心态文化层则"由人类在社会实践和意识活动中长期氤氲化育出来的价值观念、审美情趣、思维方式等主体因素构成"。①中国历代选举制度，即人才的选拔机制或社会规范，自当属于制度文化层面。和一切制度文化一样，也有一个不断发展变化的历史过程。

如果不计儒家心目中上古先民"选贤与能"的理想化任贤制度，以及所谓"禅让"的政权转移方式，中国自进入阶级社会以后，人才选举与任官方式大致可分为以下五个明显不同的阶段：

第一阶段，商周时代的"世卿世禄"制。这是一个世袭的时代，"任人惟亲"构成这一历史阶段的时代特征，并有所谓"立嫡以长不以贤，立子以贵不以长"的"游戏规则"。②

第二阶段，战国时期至秦王朝建立后的"尚贤"制。这一时期的人做官有客卿制、以吏入仕制、举荐制以及军功等多重渠道，在一定程度上为人才的脱颖而出创造了机会。古代史中难以复见的"百家争鸣"的壮观局面，即产生于战国时期，绝非偶然！这一任人惟贤的孕育及实践过程，体现着平民对抗贵族把持统治权并进而要求发言权的斗争过程。但在阶级分化日益加剧的情势下，终难持久，"任人惟贤"于是逐步沦为"任人惟亲"的漂亮外衣。

第三阶段，两汉的"察举征辟"制。这一时期的封建统治者为了自身的长远利益，意欲将任人惟贤的选举理想充分制度化，其主观愿望也许是真诚的，但客观效果却难以经受时间的考验，终于在阶级不断分化的现实中走入了"举秀才，不知书；举孝廉，

---

① 见《中国文化史断想》，华中理工大学出版社1998年版，第23~24页。
② 见《春秋公羊传·隐公元年》，中华书局《十三经注疏》本1980年版，第2197页。

父别居”的死胡同。①

第四阶段，魏晋南北朝时期的“九品官人”法，或曰“九品中正”制。这一任官制度尽管打出的仍是“惟才是举”的旗号，中正官以九品论人，貌似公正；私下里开启的却是“上品无寒门，下品无势族”的后门。② 这可以视为当时封建专制统治者对世族豪门势力的让步，因而理所当然地遭到中低层庶族平民的强烈反对，社会动乱也因之此起彼伏，难以平定。

第五阶段，隋唐直至明清的科举取士制度。这一制度在中国实行了一千三百馀年，时间之长超过了第二阶段至第四阶段延续时间的总和，并且始终在不断系统化、严密化、精致化的过程中演进，至有清一代达到极致。关于科举制度是否肇始于隋，史学界对此尚有争议，莫衷一是。杨齐福《科举制度与近代文化》卷首注一对此有简明的概述，③ 此不赘言。

———

科举制度是中国大一统的封建社会的特有产物，因为只有统一的、集权的封建王朝才具备长期、稳定地实施这一选才制度的基础。同时，“学而优则仕”，封建文人根深蒂固的儒家传统思想与依附性的心理祈向，也时刻巩固着这一基础。五代王定保《唐摭言·述进士上篇》：“文皇帝（指唐太宗——引者）修文偃武，天赞神授，尝私幸端门，见新进士缀行而出，喜曰：‘天下英雄入我彀中矣！’”所谓“彀中”即指弓箭的射程范围。唐太宗一语道出统治者以科举笼络网罗天下人才为其政权服务的深切用心。作为一种文化形态，科举取士属于建立在中国封建社会生产关系基础之上的一种制度文化；而作为选官方式，科举取士又是中国古代社会有效地组织其统治机构、进行政权建设最后的也是最佳的一种选择。

科举制的实行因使庶族地主与平民有了进入仕途的可能，扩大了社会的人才垂直流动，所以受到广大下层文人的支持。在这些人的面前，统治者毕竟为他们修造了一条荣身之路，尽管这条路充满坎坷，艰难困苦，并非坦途。历代科举由于弥封糊名、誊录考卷等一系列防弊措施的不断完善，以及考试组织的逐渐严密，使科举竞争有了较为平等的保障。以清代为例，社会学者潘光旦、费孝通曾统计过 915 本从康熙至宣统年间的朱墨试卷，在这些贡生、举人、进士中，五代之内皆无功名者 122 人，占统计总数的13.33%。④ 这一百分比表明了清代平民入仕的机会，尽管不大，却足以令有清一代读

———

① 见逯钦立：《先秦汉魏晋南北朝诗》卷八《时人为贡举语》，中华书局 1983 年版，上册第242 页。

② 晋刘毅：《上疏请罢中正除九品》，见严可均《全上古三代秦汉三国六朝文·全晋文》卷三十五，中华书局 1958 年版，第 1663 页。

③ 杨齐福：《科举制度与近代文化》，人民出版社 2003 年版，第 1~2 页。

④ 潘光旦、费孝通：《科举与社会流动》，载 1947 年 10 月《社会科学》四卷一期。

2

书人"三更灯火五更鸡"般地焚膏继晷，为一第之荣而孜孜以求了。在天下太平的时候，社会中下层读书人若想出人头地，恐怕也只有科举一途最具吸引力。

唐代属于中国科举制度的生长期，宋代是中国科举制度的成熟期，明清两代，堪称中国科举制度完善化时期。在明清，读书人欲走科举一途，先要进学（俗称考取秀才），未进学的应试者，无论老幼，皆称童生。童生试三年两考，须经县试、府试，再由各省学政主持的院试取中，方可进学成为生员。明清两代，学校是科举的必由之路，地方有府学、州学、县学之分，中央则有国子监的设立。大多数进学生员属于地方学校管辖，因学额所限，各校录取人数随地方文风高下与钱粮多寡而定，从七八名至二十馀名不等。因而读书人进学成为诸生也非轻而易举，《儒林外史》中的那个周进，六十多岁尚为童生，即是明证。再以清代为例，考察一下童生进学的比例，王德昭《清代科举制度研究》有云：

> 乾隆八年（公元1743）曾一度规定，府考时每额中一名，送应试童生五十名；而早在康熙时，潘耒《应诏陈言》也已说："南方大县，挟册操觚之士，少者不下千人。"此约略可见应试者与录取入学者人数的比例。①

明清两代各时期的全国生员分别有多少？尚未发现有人作过逐一系统的统计。郭培贵《明史选举志考论》第106页："府、州、县学为明代学校之主体，按在外府、州、县学廪、增生员合计分别为八十、六十、四十的数额，再乘以上引《明史》卷四〇《地理一》所载全国府、州、县数，则全国府、州、县学有廪、增生员至少在六万八千人以上。故《见闻杂记》卷一言正德年间全国'廪膳生员三万五千人'，则廪、增合计应为七万人，应是符合实际的。正统后，各学又增附学生员，数量往往在廪、增生员的数倍之上。据《孝宗实录》卷一五二，弘治十二年七月丁丑，巡按贵州御史奏贵州有'学校至二十四处，生徒至四千余人'，即平均每学有生员一百六十馀人。考虑到贵州是明代十三省中文化发展最为落后的省份，则全国府、州、县学平均拥有生员当在二百人以上，依此计，则弘治时，全国生员当在三十万人左右。顾炎武则估计明末全国生员'不下五十万'（《顾亭林诗文集》卷一《生员论》）。"李铁《中国文官制度》一书中云："清代参加院试的生员数量，中期以前约为53万员，后期增至64万员。"② 可惜作者未注明资料来源，不知何所据而云然。

全国生员已如此众多，则童生之数若以十二比一计算，亦当在630万至770万人之间。费正清、刘广京编，中国社会科学院历史研究所编译室译《剑桥中国晚清史》一书引何炳棣《中国人口的研究 1368—1953》一书的有关统计说："从十七世纪末起到十八世纪末白莲教叛乱时为止这一长时期的国内和平阶段中，中国人口翻了一番多，从一

---

① 王德昭：《清代科举制度研究》，中华书局1984年版，第34页。
② 《中国文官制度》，中国政法大学出版社1989年版，第148页。

亿五千万增加到三亿多。仅在 1779 年至 1850 年时期人口就增长了百分之五十六，所以在十九世纪中叶大叛乱爆发的前夕人口已达四亿三千万左右。"① 如果按人口比例加以统计，清代晚期的生员与童生的数量更会有较大幅度的增加。

进学的比例如此，乡试中举与应试生员的比例也很悬殊。这一比例各省不同，依文风高下、人口多寡、丁赋轻重而定，且多有变化。据《钦定大清会典事例》卷三三七所记乾隆十三年（1748）谕："科举定额，每举人一名，大省录取八十名，中省六十名，小省五十名。"如果取中而计，应考生员与中举者之比，大约为六十比一，其艰难程度可想而知。清初，各省乡试中式额从宽，用以缓和民族矛盾。以顺治十七年（1660）十五闱（两京十三省）统计，全国三年一次的乡试约取中举人 1300 名，② 第二年在京师举行的会试、殿试共取中进士名额 383 名，进士与应试举人的比例在三比一与四比一之间，较比生员与中举者的比例大多了。可见在科举考试的各环节中，以乡试的竞争最为激烈。

文人走上科举之路，欲想获隽，可谓荆棘满途。然而他们仍坚持不懈、努力奋争者，除科举可以入仕荣身而外，还因为政府对已进学的生员即视为人才储备，有许多优待政策。如可免丁粮、徭役，资深或优秀者还可以领到禄米，并可与地方官分庭抗礼等。如清顺治九年（1652）曾有颁直省学宫卧碑文之举："（顺治）九年，颁卧碑文于直省儒学明伦堂。文曰：'朝廷建立学校，选取生员，免其丁粮，厚以廪膳。设学院、学道、学官以教之，各衙门官以礼相待，全要养成贤才，以供朝廷之用。诸生皆当上报国恩，下立人品，所有条教开列于后……'"③对于封建统治者而言，众多的生员就是国家的人才仓库，可备而不用；而对于广大读书人来讲，生员的社会地位高于一般的庶民百姓，也不失为人生价值的一种实现方式，尽管这一实现是低层次的。

从本质上讲，科举制实行的社会基础与以自然经济为主流的社会中不断增长的商品经济因素有一定的内在联系。科举取士就是商品买卖关系在君臣两者之间的反映。早在先秦时代，较为活跃的商品经济因素就影响了封建政治，从而发生过有关"义利"问题的大辩论，并延续过较长的时间。儒家中的孟子学说是以仁义为中心的，孟子曾对梁惠王说："上下交征利，而国危矣。"然而他也曾对齐宣王说："君之视臣如手足，则臣视君如腹心；君之视臣如犬马，则臣视君如国人；君之视臣如土芥，则臣视君如寇仇。"④ 这显然已有了商品等价交换的味道，君与臣之间的关系成了卖者与买者的交易。在法家韩非那里，这一关系被表述得更为直露："臣尽死力以与君市，君垂爵禄以与臣市，君臣之际，非父子之亲也，计数之所出也。"他甚至毫不掩饰地表示："主卖官爵，臣卖智力。"⑤ 科举制度正是将商品等价交换原则运用于封建社会的一种选才实践，它

---

① 《剑桥中国晚清史》，中国社会科学出版社 1985 年版，第 115 页。

② 据商衍鎏《清代科举考试述略》约略统计，三联书店 1958 年版，第 76 页。

③ 《皇朝文献通考》卷六十九，文渊阁《四库全书》本。

④ 见杨伯峻译注：《孟子译注》，中华书局 1960 年版，第 1 页，第 186 页。

⑤ 见陈奇猷校注：《韩非子集释》，上海人民出版社 1974 年版，第 800 页，第 772 页。

既有利于社会的稳定，又保存了专制帝王的尊严与特权；而从事举业的文人，也愿意将这种考试当成商贾交易，所用术语也很相同。唐代的韩愈曾经说过这样的话："往在贞元，俱从宾荐。司我明试，时维邦彦。各以文售，幸皆少年。"① "售"与"不售"本为商品交易的术语，却成为士子科举成功与否的用词。众多文人士子也愿意将自身当成待价而沽的商品，这从孔子时代已然如此。后世所谓"学成文武艺，货与帝王家"，就是这一心态的世俗表述。在以帝王为绝对权威的买方市场中，读书人只可以小心翼翼地求得出卖自身的权力，尽管这很难达成"交易"。然而如果考官公开以科举场屋为商贾交易之所，就有可能削弱皇权，引来最高统治者的关注与惩办。据《清世祖章皇帝实录》卷七十四记述，有一次顺治帝曾严厉斥责提学官逢迎官绅之举说："甚至贿赂公行，照等定价，督学之官，竟同商贾。"清代科场案的多次爆发，也无非是清统治者企图维持科举公平性的一种努力。

在官本位的封建专制社会中，科举取士作为联系庶族地主阶层与封建官僚的纽带与桥梁，集经济、官僚、知识三位于一体，巩固着封建社会的基础，将商品经济因素所必然导致的对封建专制制度的冲击效应，降低至最弱，从而也消解了知识阶层内部所蕴积的反抗力量。就此而论，中国封建社会的长期性与科举取士的实行不无关系。然而社会的发展，特别是经济领域内资本主义因素的不断积累，明清以考试八股为主要内容的科举制度也逐渐暴露出其与社会不相适应的一面。明清之际的大思想家顾炎武于《生员论》一文中即有过"废天下之生员，而用世之材出也"的议论，② 这一取士方式似乎走到了面临抉择的十字路口。

但是明亡以后，清人并没有废止八股科举，反而变本加厉，极为有效地运用这一人才选举制度，很迅速地巩固了政权。史学家孟森曾就此评论说："明一代迷信八股，迷信科举，至亡国时为极盛，余毒所蕴，假清代而尽泄之。盖满人旁观极清，笼络中国之秀民，莫妙于中其所迷信。始入关则连岁开科，以慰蹭蹬者之心，继而严刑峻法，俾怯求之士称快。丁酉之狱，主司、房考及中式之士子，诛戮及遣戍者无数。其时发难者汉人，受祸者亦汉人。汉人陷溺于科举至深且酷，不惜假满人以为屠戮，以泄多数侥幸未遂之人年年被摒之愤，此所谓'天下英雄人我彀中'者也。"③ 清统治者以科举为笼络、控制汉族文人的利器，比其前朝统治者多了一层深谋远虑的政治因素；而汉族文人为能实现个人价值，奋志青云，也乐得俯首就范，有时为达目的，甚至无所不用其极。

二

如何看待最为后人所诟病的八股取士，也是一个耐人寻味的话题。八股取士基本上

---

① 《祭虞部张员外文》，见《全唐文》，山西教育出版社 2002 年版，第 3395 页。
② 《顾亭林诗文集》，中华书局 1983 年版，第 24 页。
③ 《明清史论著集刊·科场案》，中华书局 1959 年版，下册第 391 页。

适应的是自然经济为主的农耕社会的人才需求，如出题取自《四书》、《五经》中的成句或一章，要求"代圣贤立言"，并以宋代程朱理学为依归。以维护封建专制统治为出发点，八股文作为功令文字对于广大读书人而言，就是对其思想的一种无形的控制，影响是全面的。读书人欲猎取功名，就很难绕过这一"龙门"。对于八股取士，清初一些有识之士，如顾炎武就曾指出："八股盛而《六经》微，十八房兴而《廿一史》废。"①清代文字狱的一位著名受害者戴名世甚至说："欲天下之平，必自废举业之文始。"②二人都是从经世致用的角度批评八股取士制度的，而统治者对此也未尝没有认识。据《清史稿·选举三》记述，从康熙二年到康熙七年（1663～1668），也的确曾一度废止八股文，试士只用策论，但仅两科而罢，其原因可看当时礼部侍郎黄机的进言："制科向系三场，先用经书，使阐发圣贤之微旨，以观其心术。次用策论，使通达古今之事变，以察其才猷。今止用策论，减去一场，似太简易。且不用经书为文，人将置圣贤之学于不讲，请复三场旧制。"（参见本书清92）这是清廷内部第一次对八股文应否废止的讨论。乾隆三年（1738），距这次讨论七十年之后，废止八股文的问题又由兵部侍郎舒赫德重新提出，所得答复是："时艺之弊，今该侍郎所陈奏是也，圣人不能使立法之无弊，在因时而补救之。"（参见本书清93）于是这一有关人才选举的大事就这样不了了之。可见，八股文之弊，清代君臣上下并非不知不晓，但在当时也的确拿不出更合适、更简便的考试方法来，这是由其政权性质所决定的。

光绪二十七年（1901），清廷基于改革的要求，下诏翌年停试八股文，改以经义、时务策论试士。三年以后，又完全停用科举取士之法，这一封建之世的人才选举制度终于寿终正寝了。八股文用于科举考试通行于明清两代，长达近六百年，基本与封建之世的彻底垮台同步，明乎此，其封建主义的社会属性也就昭然若揭了。

从实际效果而言，八股科举取士基本适应了封建社会的人才需求。能够跃此龙门进入举人、进士行列者，大部分并非庸才；而奋斗数十年艰于一第者也不乏高才之士。正是这一看似矛盾的选举效果，造成了问题的复杂性。作为一种人才选举制度，科举制如果不过多讨论它的考试内容，这一制度至少为全国人才的流动调配起到了积极作用，也为庶族地主阶级与平民子弟参与政治提供了机会，"学而优则仕"的儒家理念，在这一制度下有了实践的可能。

清初吕留良《佟佟集》卷三《真进士歌》自注，记述明末有儒生在朝堂之上贴一束帖云："谨具大明江山一座、崇祯夫妇两口，奉申赙敬，晚生文八股顿首。"在这里，八股文作为人才选拔的功令文字的人格化，成了亡国的罪魁祸首。然而文人冷嘲式的发泄并无补于事，清人入主中原以后，依葫芦画瓢，完全照搬这一明人的遗产，不以为讳，并使八股试士在清代又延续了两个半世纪。八股文之所以为统治者奉为神明，其根本原因就在于八股文从内容到形式，与封建专制政体的适应性。鲁迅曾为八股文下判

---

① 黄汝成集释：《日知录集释》卷十六《十八房》，岳麓书社1994年版，第584页。
② 《戴名世集》卷四《吴七云制义序》，中华书局1986年版，第109页。

语云：

> 八股原是蠢笨的产物。一来是考官嫌麻烦——他们的头脑大半是阴沉木做
> 的，——什么代圣贤立言，什么起承转合，文章气韵，都没有一定的标准，难以捉
> 摸，因此，一股一股地定出来，算是合于功令的格式，用这格式来"衡文"，一眼
> 就看得出多少轻重。二来，连应试的人也觉得又省力，又不费事了。这样的八股，
> 无论新旧，都应当扫荡。①

今人讨论八股文，说它是陈腐旧套，称之为呆板僵死的文体，把它贬得一无是处，似乎
怎么说都不过分。然而若仔细地想一想，这种用于考试的功令文字能够通行于明清两
代，并为封建王朝选拔出大批并非无用的官员，就绝非简单的一句"反动"或"愚蠢"
所可一言蔽之了。

八股文又称制艺、制义、时文、八比文等，用《四书》为题者又称"四书义"、
"四书文"，用《五经》为题者即可称"经义"。《明史·选举二》云："科目者，沿唐、
宋之旧，而稍变其试士之法，专取《四子书》及《易》、《书》、《诗》、《春秋》、《礼
记》五经命题试士。盖太祖与刘基所定，其文略仿宋经义，然代古人语气为之，体用
排偶，谓之八股，通谓之制义。"（参见本书明39）八股文的规则随时代不同而屡有变
化，但大体上要由破题、承题、起讲、入手、起股、中股、后股、束股等几个部分组
成。其中起股、中股、后股、束股等四个部分各自须有两股相比偶的文字，共成八股，
这就是八股文名称的由来。至于作两大股为双扇题，作三大股为三扇题等，属于求异的
变例，或许能投合某些考官的心理，谁也不敢轻易为之。

八股文的命题取自《四书》与《五经》中的文句。仅取一句为题者称"小题"，
主要用于乡试以下的考试。如以"今之从政者殆而"一句（取自《论语·微子》）为
题，即为小题。取几句、一章或几章文义为题称"大题"，用于乡试、会试。如以"富
岁，子弟多赖一章"（取自《孟子·告子上》中第七章，共五十馀句）为题，就是大
题。所谓大题、小题，只可约略言之，还有所谓"枯窘题"、"援引题"、"横担题"以
及上述"双扇题"、"三扇题"等，花样繁多，不一而足。据清代高塘《论文集抄·题
体类说》统计，共有48类之多。最莫名其妙者称为"截搭题"，即分取《四书》中的
个别成句，重加组合，搭配成题。其中又分长搭、短搭、有情搭、无情搭多种，可谓五
花八门。

作八股文，应试者首先要用两句话总括点明题义，这就是"破题"；接下用四五句
话引申"破题"之义，谓之"承题"；然后再用几句或十几句话概括全体，议论开始，
谓之"起讲"，这里须讲求文字的起承转合。"入手"以一、二句或四、五句过渡到正
式议论的"起股"、"中股"、"后股"、"束股"四大部分。中股乃文章的核心，至关重

---

① 《伪自由书·透底》，人民文学出版社1973年版，第86页。

要。四部分共成八股，必须结构相同，两两对仗，妥帖工稳（虚字可以重复），其他部分则用散体。启功先生有《说八股》一文，曾以旅行社导游向游客介绍游览"燕京八景"为例，说明八股文的结构形式，言简意赅又不乏风趣，迻录如下：

> 导游者向旅游人介绍："今天游燕京八景"（破），"八景是本市的名胜古迹，已有几百年的历史"（承），"它们有的在市内，有的在近郊，游起来都很方便"（讲）。a景、b景（提比），"太液秋风不易见，金台夕照已迷失"（小比），c景、d景（中比），"卢沟加了新桥，蓟门换了碑址"（后比），"今天天气很好，六景全都看了"（收）。哪个旅游人会向这位导游抗议说他作了八股呢？①

清乾隆十六年（1751）所定燕京八景，"太液秋风"在中南海中，早已谢绝参观；"金台夕照"旧址迷失；② 其他六景即"居庸叠翠"、"琼岛春阴"、"西山晴雪"、"玉泉趵突"、"卢沟晓月"、"蓟门烟树"，尚不难见到，所以"收束"云"六景全都看了"。这番释义通俗明白，文中所云"提比"、"小比"、"中比"、"后比"，即略相当于前述的"起股"、"中股"、"后股"、"束股"四大部分，称谓有所不同而已。

八股文的字数随时代每多变化，明代《四书》的题目规定要写二百字以上，《五经》的题目规定要写三百字以上。应试者为求胜出，往往愈写愈多，到了清康熙四十三年（1778），始规定每篇八股文不能超过七百字，以后即奉为定则。这些仅就八股文的形式而言，其内容也自有一定之规。行文自"起讲"开始，就须"入口气"，即代圣人孔子或贤者孟子、朱熹等人的口吻说话，谓之"代圣贤立言"。至于代言的内容，也不能凭空捏造或搞乱了时代，只能依照"朱注"的文字加以构思，若天马行空，自由发挥，必遭黜落。

对于八股文这种功令文字，明清两代文人不乏赞誉者。如明代赵南星曾说："文各有体，不容相混，今取士以时艺，言古无此体也。然主于明白纯正，发明经书之旨，亦足以端士习，天下之太平由之。"③ 他将天下太平与八股文联系在一起，可谓称赏有加。清代的阮元则将唐以诗赋取士与明清以八股取士作了一番比较：

> 唐以诗赋取士，何尝少正人？明以《四书文》取士，何尝无邪党？惟是人有三等，上等之人无论为何艺，所取皆归于正。下等之人无论为何艺，所取亦归于邪。中等之人最多，若以《四书文》围之，则其聪明不暇旁涉，才力限于功令，平日所诵习者惟程朱之说，少壮所揣摩者皆道理之文，所以笃谨自导，潜移默化，

---

① 《启功丛稿·论文卷》，中华书局1999年版，第336页。
② 乾隆御题"金台夕照"碑，2002年已在北京东三环路一带出土，今复立于财富中心广场。出土之地在清代原为关东店东南的苗家地镶白旗校场，上世纪50年代改建3501工厂。
③ 《赵忠毅公诗文集》卷七，《叶相公时艺序》，明崇祯十一年刊本。

有补于世道人心者甚多，胜诗赋远矣。①

阮元（1754～1849），字伯元，号云台，江苏仪征人。乾隆五十四年（1789）进士，官至体仁阁大学士，为清中叶的学界闻人。他对八股文的认定自出于宦达者的立场，将八股文与维持世道人心、巩固封建统治联系起来看，的确道出了这一文体的封建主义属性。

有清一代对八股文深所诟病，持尖锐批评态度的也大有人在。清初顾炎武等大思想家，对八股文之弊看得较为清楚透彻，此处不赘言。写八股文极见才思，十二岁进学，二十四岁中进士的大学者袁枚，对于八股文的态度却较为复杂。其《随园诗话》卷十二记述当时名医徐大椿的《刺时文》道情，认为此道情"语虽俚，恰有意义"：

> 读书人，最不齐，烂时文，烂如泥。国家本为求才计，谁知道，变做了欺人技。三句承题，两句破题，摆尾摇头，便道是圣门高弟。可知道《三通》、《四史》是何等文章？汉祖、唐宗是那一朝皇帝？案头放高头讲章，店里买新科利器。读得来肩背高低，口角嘘唏，甘蔗渣儿嚼了又嚼，有何滋味？孤负光阴，白白昏迷一世。就教他骗得高官，也是百姓朝廷的晦气。

这篇道情诗将八股文骂得体无完肤，袁枚将之录入诗话，是有一定同情感的。吴敬梓反对八股文的态度最为坚决与鲜明，《儒林外史》中那些热衷八股制艺、利欲熏心的读书人，一个个全都不学无术或面目可憎。操八股选政的马二先生虽敦厚有余，却全无生活之趣，初游杭州，西湖美景全不上心，一路上无非是吃与喝时在念中，一派迂腐之态可掬（见第十四回）。而那个中举后又考中进士的范进，竟不知道著名文学家苏轼是哪朝人（见第七回）。小说讽刺八股愚人，可见一斑。

道光间杨文荪为《制义丛话》作序，曾总结说：

> 重之者曰：制义代圣贤立言，因文见道，非诗赋浮华可比，故胜国忠义之士，轶乎前代，即其明效大验。轻之者曰：时文全属空言，毫无实用，甚至揣摩坊刻，束书不观，竟有不知史册名目、朝代先后、字书偏旁者。故列史《艺文志》，制义从未著录。

八股文到底是"因文见道"呢，还是"全属空言"？两种观点势同水火。我们今天如何评价这一在历史上曾左右明清两代文人命运的文体，仍然众说纷纭，莫衷一是，可见问题的复杂性。有论者认为八股文有严格训练思维的作用："经过几层考试出来的人，大多数都有工作能力，有不少甚至能力很强，管理地方的事，管理国家的事，一批一批的

---

① 梁章钜：《制义丛话》卷一，世纪出版集团、上海书店出版社 2001 年版，第 20 页。

人，一代一代的人，明清两代的政治、经济都几十年、几百年的稳定。这八股文教育，起到的是什么作用呢?"① 这是一种反证法，但的确可以说明问题，引人深思。我们应当如何评价八股文，绝非三言两语所能廓清。

八股文仅是一种文体，但绝不是一种文学体裁，它只是为科举考试而制定的功令文字，如果非要求它像文学作品一样，具有形象思维的特点和心游万仞的潇洒，也就模糊了其考试的目的性。八股文的"破题"是"出马枪"，用一两句话点明题意，须肖题之神，扼题之旨，考官看后才能印象深刻，增加录取的希望。如以"子曰"二字为题，有人破题即云："匹夫而为百世师，一言而为天下法。"就极妥帖中肯，没有一定的概括力与巧思是难以写出的。至于文中"起讲"有关文章起承转合的讲究，其后两相比偶的八股文字的呼应映衬，都须滴水不漏，绝非头脑冬烘的三家村学究所能写好。总之，烦琐的诸多文字限制对于应试者的逻辑思维是一种严格的训练。有一些研究心理学的专家认为，八股文的写作甚至带有一些智力测验的性质，而不只是记忆与知识的考察。从内容上讲，八股文以朱熹等后世儒家对《四书》、《五经》的解释为依归，代圣贤立言，其核心是维系封建社会的三纲五常，带有某种"政治"测试的因素，这与相对封闭的封建社会基本相适应。此外，严格的形式要求，也便于标准的执行，令考官的衡文去取有一定的规则可循，尽量减少了衡文的不确定因素，有利于公平竞争。试后"闱墨"的公开印行，也便于社会的监督。可以设想，缺乏严格训练与扎实文字功底的读书人，是很难由秀才而举人、而进士，一级一级地跃过科举的龙门的。太平天国本是抗清的农民政权，也曾开科考试，其内容虽非孔孟之道，但文字形式却仍依样画葫芦，以八股为式。可见这一文体与封建旧时代的广泛适应性。

随着清朝的国门被帝国主义列强用炮舰轰开，中国的社会性质也随之发生了变化，原先适应于闭关自守的八股文取士制度，也日益暴露出它保守落后与不切于用的弊病。龚自珍、魏源等有识之士，皆大声疾呼废止八股；地主阶级中的一些开明人士，包括洋务派人士、维新派人士等，反对八股文也渐成势力。正是在各界舆论的强大压力下，这一行世将近六百年的考试文体，才终于在光绪二十八年（1902）寿终正寝，这一年光绪帝下诏次年改以经义、时务策问试士。三年以后，整个科举考试制度也走到了尽头，永远成为了历史。

综观明清两代，读书人对待八股文也时常处于难以化解的矛盾之中。作为应试者，他们一方面于试前处心积虑地揣摩八股文的应试技巧，"不求文章中天下，只求文章中试官"，总期望毕其功于两榜，迅速取到进入统治者行列的入门券。然而这些满怀希望的读书人一旦铩羽而归，又往往大骂考官的糊涂，讽刺八股的荒唐；随着时间的流逝，心平气和之后，就再作冯妇，旧业重操，打起精神钻研起八股文的诀窍。有一些读书人甚至一辈子只知八股文是安身立命之本，无暇他顾，终老于牖下而后已。《儒林外史》第十三回，那位呆头呆脑的八股选家马二先生，曾对蘧公孙说过如下一席话，可代表当

<hr>

① 邓云乡：《清代八股文》，中国人民大学出版社 1994 年版，第 284～285 页。

时读书人的心声，有一定的认识价值：

> "举业"二字，是从古及今人人必要做的。就如孔子生在春秋时候，那时用"言扬行举"做官，故孔子只讲得个"言寡尤，行寡悔，禄在其中"，这便是孔子的举业。讲到战国时，以游说做官，所以孟子历说齐、梁，这便是孟子的举业。到汉朝用贤良方正开科，所以公孙弘、董仲舒举贤良方正，这便是汉人的举业。到唐朝用诗赋取士，他们若讲孔孟的话，就没有官做了，所以唐人都会做几句诗，这便是唐人的举业。到宋朝又好了，都用的是些理学的人做官，所以程、朱就讲理学，这便是宋人的举业。到本朝，用文章取士，这是极好的法则。就是夫子到而今，也要念文章，做举业，断不讲那"言寡尤，行寡悔"的话。何也？就日日讲究"言寡尤，行寡悔"，那个给你官做？孔子的道也就不行了。

马二先生的这一番肺腑之言，全属实用色彩极浓的势利之见，代表了热衷于八股举业的清代文人的一般心理。小说第三回，广东学道周进教训"诗词歌赋都会"的童生魏好古的一席话："当今天子重文章，足下何须讲汉唐！像你做童生的人只该用心做文章，那些杂览学他做甚么？况且本道奉旨到此衡文，难道是来此同你谈杂学的么？"在当时的社会，读书人似乎只有研习八股文才是正业，其馀全属杂学，这一心态在明清读书人中带有相当的普遍性。

顾炎武《日知录》有云："余少时见有一二好学者，欲通旁经而涉古书，则父师交相谯诃，以为必不得专业于帖括，而将为坎坷不利之人。"[①] 明代归有光《跋小学古事》一文也说："自科举之习日敝，以记诵时文为速化之术。士虽登朝著，有不知王祥、孟宗、张巡、许远为何人者。"[②] 广大读书人为求宦达，研习八股而不暇他顾，缺乏相关知识的链接，令人才的基本素质受到影响，此虽非统治者的初衷，却是这种"应试教育"所带来的必然结果。明清两代，皆以八股文章取士，因而文人风气若合符契，如出一辙。今再举数例如下：

明代公安派三袁中的大哥袁宗道写有《送夹山母舅之任太原序》一文，内云：

> 余为诸生，讲业石浦，一耆宿来，见案头摊《左传》一册，惊问是何书，乃溷帖括中？一日，偶感兴赋小诗题斋壁，塾师大骂："尔欲学成七洲耶？"吾邑独此人能诗，人争嫉之，因特举为诫。故通邑学者，号诗文为"外作"，外之也者，恶其妨正业也。至于佛、老诸经，则共目为妖书。而间有一二求通其说者，则诟之甚于盗贼。此等陋俗，盖余廿年前所亲见。[③]

---

① 黄汝成集释：《日知录集释》卷十六《十八房》，岳麓书社 1994 年版，第 584 页。
② 《震川先生集》卷五，上海古籍出版社 1981 年版，第 120 页。
③ 《白苏斋类集》卷十，上海古籍出版社 1989 年版，第 128 页。

明清科举考试，属于"通才教育"的范畴，只知时文帖括，不晓经史子集为何物者，未必可以"春风得意马蹄疾"。然而愈难入彀，读书人就愈苦苦研习八股，知识面就愈狭小，形成恶性循环。这对处于龙门以外的广大读书人来说，是一场真正的悲剧。而对于那些能够考中进士，"一日看尽长安花"的成功者而言，却未必只是钻研八股文的结果。这些人大部分不是"不知有汉，遑论魏晋"的陋儒。《儒林外史》中不知苏轼为何许人的范进，能中举，能中进士，相当程度上属于吴敬梓讽刺艺术的成功运用，我们不能就此认为明清的举人、进士大多数是不值一提的庸才。清王士禛曾记有下面一则趣闻：

> 莱阳宋荔裳（琬）按察言幼时读书家塾，其邑一前辈老甲科过之，问："孺子所读何书？"对曰："《史记》。"又问："何人所作？"曰："司马迁。"又问："渠是某科进士？"曰："汉太史令，非进士也。"遽取而观之，读未一二行，辄抵于案，曰："亦不见佳，何用读为？"荔裳时方髫髻，知匿笑之，而此老夷然不屑。①

梁绍壬也曾于笔记中转录此则，题曰"进士不读《史记》"，并加评述云："夫方伯（指宋琬——笔者）非妄语者也，尚书（指王士禛——笔者）非妄记者也，世果有如是之甲榜耶？异矣！"② 以此而论，明清时代只知时文八股而能中进士者，虽有，亦属偶然，毕竟是少数。然而被排斥于龙门以外的广大读书人，到底有多少只习八股而不识其他者，今天已难以进行定量的分析，但将封建社会的多数读书人的愚昧记于八股文的账上，大约是不会错的。八股文所败坏的人才，并非是选中的文人，而是作为基础的广大读书人，因为这些人皓首穷经，一辈子钻研八股而不辍，将该做的事情全耽误了。顾炎武说："八股之害，等于焚书，而败坏人材有甚于咸阳之郊，所坑者但四百六十余人也。"③ 如此立论正是就龙门以外的读书人而言的。

在明清两代，从事科举的读书人须经过县、府、院三试才能够进学为生员，再经乡试中举，进京会试、殿试中进士，才算将科举之路走到尽头，使仕途升迁有了一定的保证。若只中得举人，或以贡生等身份求官，虽也算正途出身，但其间坎坷之状，也一言难尽。《清史稿·选举五》有云："乾隆间，举人知县铨补，有迟至三十年者。廷臣屡言举班壅滞，然每科中额千二百余人，综十年计之，且五千余人，铨官不过十之一。"（参见本书清201）清代的首辅大僚，多出于翰林，而若跻身翰林，朝考、大考是免不了的，这些考试也都离不开八股文。倘若外放学道或为乡试同考官，出去衡文也须懂得八股文章起承转合的奥妙。说八股文是清代文人入仕的敲门砖，仅是大略言之，实则这块"砖"并非一扔即完事大吉，在封建官场中有时还须时时捡起的。至于终生不能跨

① 《香祖笔记》卷八，上海古籍出版社1982年版，第149页。
② 《两般秋雨庵随笔》卷八，上海古籍出版社1982年版，第432页。
③ 黄汝成集释：《日知录集释》卷十六《拟题》，岳麓书社1994年版，第591页。

越龙门的大多数文人，这块砖就须臾难以离手了。康熙六年（1667）丁未科会试，因这一年取消了八股文的考试，于是就有了此前一年某人梦见与逸民周仁用天平兑卷之轻重，以预定来年春闱录取名额的怪闻。① 这无疑是一个文人的寓言，其底蕴则是文人于八股文被停试后的某种茫然心态的流露。

三

八股文虽不是文学，但清代一些文人大都认为二者有极为密切的关系。王士禛笔记一则有云：

> 予尝见一布衣有诗名者，其诗多有格格不达，以问汪钝翁编修，云："此君坐未尝解为时文故耳。"时文虽无与诗古文，然不解八股，即理路终不分明。近见王恽《玉堂嘉话》一条："鹿庵先生曰：作文字当从科举中来。不然，而汗漫披猖，是出入不由户也。"亦与此意同。②

无独有偶，《儒林外史》第十一回，热衷于科举功名的鲁编修曾对其女儿说："八股文章若做得好，随你做甚么东西，要诗就诗，要赋就赋，都是一鞭一条痕，一掴一掌血；看人文字，要当如此，岂可忽略！"以八股文衡量文字水平，在清代大有市场。

清中叶的性灵派诗人袁枚对于八股时文不无微词，但他却承认时文与诗有着暗中相通的奥妙。《随园诗话》卷六有云："时文之学，有害于诗，而暗中消息，又有一贯之理。余案头置某公诗一册，其人负重名。郭运青侍讲来，读之，引手横截于五七字之间，曰：'诗虽工，气脉不贯。其人殆不能时文者耶？'余曰：'是也。'"③ 桐城派是清代具有"一代正宗"地位的散文流派，倡导以古文为时文，以时文为古文，创自戴名世，成于方苞。《清史稿·选举三》："桐城方苞以古文为时文，允称极则。"（参见本书清96）桐城派推崇明代归有光的散文，除两者皆以程朱理学为依归的文化品格外，将时文的写作技法运用于古文，也是他们的共同追求。袁枚曾评价归有光的散文成就说："然古文虽工，终不脱时文气息；而且终身不能为诗；亦累于俗学之一证。"④

在明清人心目中，八股文甚至与戏曲都有一定的关联。此论发轫于明代的徐渭，他在《南词叙录》中评价邵灿说忠教孝的《香囊记》传奇说："以时文为南曲，元末、国初未有也，其弊起于《香囊记》。《香囊》乃宜兴老生员邵文明所作，习《诗经》，专

---

① 褚人获：《坚瓠集·秘集》卷六《兑卷》，《笔记小说大观》本
② 《池北偶谈》卷十三《时文诗古文》，中华书局1982年版，第301页。
③ 《随园诗话》卷六，人民文学出版社1982年版，第197页。
④ 《随园诗话》卷七，人民文学出版社1982年版，第224页。

学杜诗，遂以二书语句勾入曲中，宾白亦是文语，又好用故事作对子，最为害事。"① 这是从语言特色评价时文与戏曲的关系。袁枚则从"代言"的角度阐述两者的关系："从古文章皆自言所得，未有为优孟衣冠，代人作语者。惟时文与戏曲则皆以描摹口吻为工。"② 清初来集之讨论杂剧体制也说："其法一事分为四出，每出则一人畅陈其词旨，若今制业之'某人意谓'云者。"③ 清中叶的焦循曾将时文与元曲作过系统的比较，张祥河甚至自称他的时文完全得力于元代王实甫的《西厢记》杂剧。考试的功令文字竟与诗、古文与戏曲发生如此微妙的关系，今天看来，的确有些令人匪夷所思。

八股文写得好，有文学才能，未必就能科场获隽。明代的八股大家归有光，九上春官，才在将近六十岁时考中进士；清初文学家蒲松龄，却一生连乡试的门槛也未迈过。有清一代将近三百年，举人数额姑且不论，进士只有 28747 人，内中包括状元 114 人。这一数目与从事举业的庞大知识阶层显然不成比例。科举之路的艰辛与坎坷，必然成为永久蕴结于文人头顶之上的阴云。"大丈夫之遇知于天子，用力于当世"，其可能性是存在的，但难以捉摸，所以唐代的韩愈接下又说："是有命焉，不可幸而致也。"④ 将人生的贫富穷达完全委之于命，归结为命运的安排，并非全是吃不着葡萄的悲凉，也包含有对人生的几许无奈。至于宋人叶适所论："用科举之常法，不足以得天下之才，其偶然得之者幸也。"⑤ 也将科举制度下的人才遇合完全归结为偶然一途。幸好在他本人身上，葡萄并没有变酸。

围绕着科举取士的命数观、果报说乃至堪舆家言，反映于从事举业的读书人，似都可以纳入"必然偶然"的争论之中。再以清代为例，清代人口，特别是康熙之后，大量增加，导致知识阶层的人数也相对膨胀，于是科举得中的偶然与必然之争也就日趋激烈了。

褚人获《坚瓠集·秘集》卷五有《必然偶然》一则，是一篇富于象征性的文字：

> 新安张山来先生《忆闻录》：吾邑某生从师读书山中，一日徒问其师曰："读书欲何为？"师曰："为科第也。"某曰："科第亦偶然耳，安可必乎？"师曰："读书以搏科第，乃必然者，何谓偶然？"后师徒二人同登贤书，各建一坊。师题曰"必然"，徒题曰"偶然"。历年既久，"必然"者圮于地，而"偶然"者尚无恙云。

---

① 《南词叙录》，中国戏曲研究院编《中国古典戏曲论著集成》，中国戏剧出版社 1959 年版，第三册第 243 页。

② 《小仓山房尺牍》卷三《答戴敬咸进士论时文》，同治间《随园三十种》本。

③ 《周次修冯骧市义剧序》，转引自袁行云《清人诗集叙录》卷二，文化艺术出版社 1994 年版，第 46 页。

④ 《送李愿归盘谷序》，见《全唐文》，山西教育出版社 2002 年版，第 3319 页。

⑤ 《水心先生文集》卷三《制科》，明正统间刊本。

无疑，这是一篇寓言，世界上不会有为一句争论而建坊唱对台戏的师徒。然而读书为科第的目的性一旦陷入"必然偶然"的泥淖之中，就有可能失去对广大士子的巨大感召力与吸引力，师徒二人的争论，其实就是科举取士制度下读书人矛盾心态的真实反映。师傅所立"必然"之坊的倒塌，暗示出读书人的心理天平更倾向于"偶然"这一命题的事实。"偶然"之坊正是左右读书人心态的象征物，因而"无恙"，由此而产生的各种与之相关的应试心态诸如命数观、果报论、堪舆说等，其盛行于读书人之中也就不足为奇了。

命数观是读书人思想中一个较为普遍的存在，特别是在久困场屋的读书人中更有市场。孔夫子尽管"罕言利与命与仁"（《论语·子罕》），但子夏所言"死生有命，富贵在天"，也分明代表了孔子的思想（《论语·颜渊》）。至于孔子，他自己也说过"道之将行也与，命也；道之将废也与，命也。公伯寮其如命何"（《论语·宪问》）一类的话，更下过"不知命，无以为君子也"（《论语·尧曰》）的断语。命数观在孟子那里表述得更为明确："莫之为而为者，天也；莫之致而至者，命也。"（《孟子·万章上》）清人从事八股举业者，《四书》为日习月诵、须臾难以离手的看家书，耳濡目染，若不受其思想影响，反而是咄咄怪事了。科举时代的广大文人，对于命数观似乎有一种天然的亲和力，他们往往将之作为聊以自慰的解释。明代归有光在《王梅芳时义序》一文中，发挥"梅芳论人之命运，穷达早晚，皆有定数"之论，认为："夫人之所遇，非可前知，特以其至此若有定然，而谓之数云尔。"① 可见自古以来命数观在读书人心目中的地位。

鲁迅曾对命运说加以剖析说："运命并不是中国人的事前的指导，乃是事后的一种不费心思的解释。"② 将科举考试成功与否完全委之于命，对于中式者而言因木已成舟而无须深论；然而对于久试不售者却有莫大的心理安慰作用，至少可以证明自己并非低能，考不中不过是命运的捉弄使然，也许下一次就会得到老天的青睐。如此一想，自己似乎就可以安然了，心理也就达到了平衡。袁枚算是少年得志者，并当过乡试、会试的考官，因而对科举命数自有看法。乾隆九年（1744），袁枚作为某乡试的同考官参加阅卷，写有《分校》一首古风。作者在诗中透露了"朱衣可得点头无，偷眼还看主司面"的录取情状。作者发现一考生的试卷优秀超群，欲荐于主考，然而"主司摇手道额满，怪我推挽何殷勤。明知额满例难破，额内似渠有几个。狱底生将宝剑埋，掌中空见明珠过"。于是，作者发出了"吁嗟乎，科名有命文无功"的叹息。③ 这是从乡试同考官口中道出的实情，无怪乎命数观在落第文人中大肆蔓延了。

嘉庆间，科场屡屡败北的缪艮撰有《文章游戏》一书，其中《乡试诗》一诗，道出了无数不得鱼跃龙门者的苦衷："庚也科来辛也科，无人不想吃天鹅。须知时运亨通

---

① 《震川先生集》卷二，上海古籍出版社 1981 年版，第 49～50 页。

② 《且介亭杂文·运命》，人民文学出版社 1973 年版，第 104 页。

③ 《小仓山房诗文集》卷四，上海古籍出版社 1988 年版，第 59 页。

少，到底文章遇抑多。试帖墨试徒刻苦，桂花明月暗消磨。笑看济济英才士，任尔才高奈命何？"这是与科名无缘者的唱叹，联系上述袁枚所言闱中考官录卷之状，士子的所谓命数观就实在难以用"迷信"二字加以概括了。清代末年有署名子厂的《科场概咏》诗多首，其中《抽换》一诗有题注云："凡书榜，临时发觉朱墨不符，或有大疵者，则于各卷中抽补之。"这一填榜操作程序也许是随意的，但针对于某一考生而言，不幸见黜或侥幸获隽，也犹如博弈一样具有了相当的偶然性。其诗云："上枝重见落花红，茵溷无心一霎中。科举虽微天意在，此中有命有阴功。"① 因卷面突然发现违例而遭抽换，可以说带有一定的偶然性，但无论抽下或换上者，都一定会对此发出命运或功德的思索与猜测，这又是读书人心态的必然。

将科举与命运紧密地联系在一起，老于场屋的文言小说家蒲松龄在其《聊斋志异》中反映尤多。如《素秋》中有书中蠹鱼化为书生应考情节，此书生文才之高无与伦比，但乡试却屡屡不能中式，于是他为此悲伤而逝。"异史氏曰"就此评论说："管城子无食肉相，其来旧矣。初念甚明，而乃持之不坚。宁知糊眼主司，固衡命不衡文耶？一击不中，冥然遂死，蠹鱼之痴，一何可怜！伤哉雄飞，不如雌伏。"这一番议论分明是夫子自道式的辛酸之语，其间有关命数之论分明代表了作者的真实想法。《司文郎》中的宋生劝慰落榜书生王平子说："凡吾辈读书人，不当尤人，但当克己。不尤人则德益弘，能克己则学益进。当前蹎落，固是数之不偶；平心而论，文亦未便登峰，其由此砥砺，天下自有不盲之人。"这一番议论可视为作者自慰之语，他相信命数，却又不甘心听天由命并就此沉沦，而是总希望通过自身的不懈努力去突破命运的羁绊，实现梦寐以求的理想。可以说，这是众多读书人屡败屡战的精神动力，从而显示了读书人对科举一往情深的执著心态。

在蒲松龄的诗文中，我们也能轻而易举地随处发现这一执著心态的踪迹。作者把科场失意归结为"命数"的同时，又对未来无限憧憬："盖当鸿隐凤伏，斥鴳得而笑之，而不知一朝发迹，阊阖可叫而开不难也。"② 他的幻想无非是一朝时来运转，得到考官的青睐而一鸣惊人。在《试后示篯笏筹》一诗中，蒲松龄如此教诲其子弟："益之幕中人，心盲或目瞽。文字即擅场，半犹听天命。矧在两可间，如何希进取。"③ 这是一首五言古诗，写于康熙四十一年（1702），蒲氏时已六十三岁。作者对赴试铩羽归来的三个儿子大加训诫，他一面大骂考官的心盲目瞽，哀叹天命的难违；一面又勉励他们奋力挣扎，以求得"万一"的机会。在作者看来，自家的文章若只在"两可"之间，就连天命也靠不住了；只有依靠自身的努力将文章作好，才有听凭命运摆布的资格。该诗最后以"不患世不公，所患力不努"来结束，这与他在另一首诗中所云"天命虽难违，

① 见《中和》杂志一卷第十一期，1940 年 11 月出版。
② 盛伟编：《蒲松龄全集·贺章丘县周素心入泮序》，学林出版社 1998 年版，第二册第 68 页。
③ 见赵蔚芝：《聊斋诗集笺注》，山东大学出版社 1996 年版，第 410 页。

人事贵自励"的态度毫无二致。①

总之，科举制以及明清八股取士在封建社会的实行，自有其广泛的社会基础，并由此形成了一个在地方上举足轻重的绅士阶层，维系着社会的稳定。但在帝国列强的坚船利炮面前，在科学日益昌明的新形势下，科举八股显然已经穷途末路，难以继续走下去了。然而中国的科举制曾经影响了周边的一些国家，如日本对我国唐朝科举的借鉴②，高丽科举曾实行于我国五代以后，占城、安南的科举在我国元明时期也有迹可寻。③也有一些研究者将英国等欧洲国家实行的文官制度（Civil Servant）来比附中国封建时代的科举制度，甚至径称中国的科举制为中国的文官制度，其实两者从社会基础、产生原因到内容实质，皆难以同日而语。如果仅从"择优录取"的考试形式来考察两者，显然有失片面。中国科举制度是中国封建社会的产物，统一的中央集权国家是这一制度实施的保障，君主专制则是这一制度超越朝代得以延续的基础。科举制虽不与封建社会相"始"，却基本与封建社会相"终"，这已足以表明它的适应范围。欧洲诸国的文官制度是资本主义发展下的产物，如英国的文官制度，其真正建立是在19世纪中叶，尽管这一过程的发生还可以追溯到东印度公司的官制改革。英国的文官制度是在资产阶级取代封建贵族统治的斗争中确立的，在这一制度下，文官并不随其政府内阁的更迭而进退，属于常任制。但文官仅是事务官，而非政务官，即只担任常务次官以下的政策执行官员，而决策官员是要通过选任的。这无疑有助于资本主义社会多党竞争体制下政策的延续性，并保证了政府换届过程中的工作效率。中国科举制为士人所提供的是跻入中央决策圈子——宰辅的可能，以及金字塔型官僚结构中的不同位置，科举是维系这一官僚结构的有力纽带，其中并无所谓事务官与政务官的明确划分。从教育方式讲，中国科举制度属于通才教育，它所选拔出的人才并非某一方面的专家，这与英国文官制度的通才教育形式相近，但由于两者实质内容不同，可比性就不强了。

讨论科举制度，就不能无视与其相适应的政治体制。清末废科举后，欲行"新政"，《清史稿·选举志八》言及"新选举"有云："昔先哲王致万民于外朝，而询国危国迁，实开各国议院之先声。日本豫备立宪，于明治四年设左、右院，七年开地方会议，八年立元老院，二十三年遂颁宪法而开国会。所以筹立议院之基者至详且备。谨旁考各国成规，揆以中国情势，酌拟院章目次，凡十章。"（参见本书清259）文中之"院章目次"当谓《各省谘议局及议员选举章程》的草案，向欧美政体看齐的设想已较戊戌变法的内容激进了许多。抛开其中"古已有之"的耀祖、法祖意识不论，其间有多少真诚虽值得怀疑，但终究有了目标，不过武昌首义的枪声随即结束了这一设想实践的机会。1928年，南京国民政府根据孙中山"五权宪法"的精神，建立行政、立法、司法、监察、考试五权分立的五院制政府，考试院掌握考试权，下设考选委员会与铨叙

---

① 赵蔚芝：《聊斋诗集笺注·喜立德采芹》，山东大学出版社1996年版，第605页。

② 参见吴光辉：《日本科举制的兴亡》，载《厦门大学学报》2003年第5期。

③ 参见萧源锦：《古代朝鲜和越南的科举制》，载《文史杂志》1990年第4期。

部，分别掌理文官考试与公务员的铨叙，设想极其周到，其中吸收了科举考试传统资源的合理因素，但推行举步维艰，部分原因即由于政治体制的不完善。①

2005 年，中国迎来了科举制退出历史舞台的"百年祭"，学界既不乏为科举制"平反"的呼声，也不乏极力反对为其招魂的议论。有论者引用孙中山《五权宪法》中语，认为："孙中山曾充分肯定科举制'是世界各国中所用以拔取真才之最古最好的制度'，西方人将之称为'中国第五大发明'。"② 如果不局限于科举制具体的是非功过问题，仅抽象地考察其"择优录取"的相对公平原则，不言而喻，这一原则可以为今天所借鉴者正多，不容忽视。这也正是我们将历代史书中《选举志》抽出分别加以校勘注释的用心所在。

四

中国历代正史，若以"二十四史"计，则《新唐书》、《旧五代史》、《宋史》、《金史》、《元史》、《明史》皆有《选举志》；以"二十五史"计，1919 年被北洋政府列入正史的柯劭忞所撰《新元史》也有《选举志》；以"二十六史"计，并非正式史书却又与旧史书体例相同的《清史稿》就赫然在列了，是书也有《选举志》，并且卷帙最多。这样就总共有八部史书有《选举志》了，但《元史》与《新元史》所述朝代重复，且后者之《选举志》多与前者雷同，取材亦未见优越之处，故选择了《元史》。唐、五代、宋、金、元、明、清，朝代相沿或并峙，基本与科举制度的兴亡相始终，于是就有了这本《七史选举志校注》的撰述。

历代之《选举志》并非只瞩目有关科举（科目）的内容，学校教育、官吏铨选、文武考课以及封荫、保任，皆属于"选举"的范畴。各代随情况不同，又有繁简取舍之异，难以一概而论。如元代属于吏制社会，科举并不受统治者重视，仅开科十六次，取中进士不过一千二百人左右，故《元史·选举志》于"科目"语焉不详，而特详于吏员"铨法"。清中叶以后，捐例大开，《清史稿·选举志》特以一卷篇幅述及"捐纳"；又因中外交困，社会面临变革，故特设"新选举"一卷。这是《清史稿》有别于其前六史的地方。就本质而论，所谓捐纳，又称"赀选"，无非是卖官鬻爵的替代语，但出现于清代，又有其复杂的社会原因。在人口遽增的背景下，读书人的数量也水涨船高，科举一途更显得僧多粥少，捐纳则为一些家有馀资的士人提供了军界或政界一试身手的机会。谢俊美先生《晚清卖官鬻爵新探——兼论捐纳制度与清朝灭亡》一文就此论道："清代捐纳制度在推行的二百多年中，除了为清政府增加了大笔财政收入外，还

---

① 参见曹志敏：《国民政府文官考选制度行之维艰的原因》一文，载《齐鲁学刊》2007 年第 3 期。

② 石寒、欧亚英：《科举：中国的"第五大发明"》，参见刘海峰主编《科举百年祭》，湖北长江出版集团、湖北人民出版社 2006 年版，第 327 页。

为那些怀抱经世之志、屡试不中的士人提供了从政机会。在这些捐员中，不乏'怀理繁治剧之才'、'抱御侮折冲之器'的人。就蔡冠洛所辑《清代七百名人传》一书所载人物的粗略统计，有清一代由捐纳起家，以后迁至督、抚、提镇以上的军政大员有岳钟祺、徐用仪、盛宣怀、端方等二十馀人。至于迁其下官职的则不知其数。"① 《清史稿·选举七》所云："清制，入官重正途。自捐例开，官吏乃以资进。其始固以搜罗异途人才，补科目所不及，中叶而后，名器不尊，登进乃滥，仕途因之淆杂矣。"大约也属实情。就七部史书中《选举志》而言，"科目"所占之中心地位显而易见。《旧五代史》之修撰早于《新唐书》，但前者原书早佚，今传世之《永乐大典》重辑本所录《选举志》内容无多，且甚杂乱，当非旧貌。而《新唐书》之《选举志》简要明晰，若不讨论短暂的隋代，唐代为科举制之权舆的重要性，更显示了此史书《选举志》的不可或缺。以下分别加以说明。

《新唐书》修撰于北宋仁宗时期，主要修撰人为欧阳修与宋祁，凡二百四十八卷。较之前此五代后期所修之《旧唐书》，《新唐书》的《地理志》、《选举志》、《兵志》、《食货志》、《艺文志》以及《宰相表》、《方镇表》等，皆保存了众多重要史料，其中《选举志》、《兵志》与表等，皆系《旧唐书》所无，而这些部分正是欧阳修所修撰者。清王鸣盛《十七史商榷》卷六十九称："《新书》最佳者志、表，列传次之，本纪最下；《旧书》则纪、志、传美恶适相等。"② 可谓的评。《新唐书·选举志》在是书第四十四、四十五两卷，分上、下，包括学校、科目、铨选、用荫等内容。与以后各史之《选举志》相较，简括是其特点。应当明确的是，纯以史书而论，唐杜佑之《通典》二百卷，列《选举》一门为最早，凡六卷，显示了作者对选举制度的高度重视。中华书局1975年2月出版《新唐书》点校整理本。

《旧五代史》修撰于北宋太祖时期，早于《新唐书》之成书将近九十年，监修者署名薛居正，同修者则为卢多逊、扈蒙、张澹、李穆、李昉等，名《五代史》，又名《五代书》，凡一百五十卷。梁、唐、晋、汉、周五代各自为书，与《三国志》之修撰方法略同。此后，欧阳修私撰之《五代史记》（即后世所称之《新五代史》）行世，薛史至南宋以后渐失流传，终致散佚，今传本为清邵晋涵等从《永乐大典》所辑，重订为一百五十卷，虽非复旧貌，但大致不差。薛史有包括《选举志》在内的十志，乃正史中最早立《选举志》者，而欧史仅有《司天》、《职方》两考，这是薛史至今难以缺位的主要原因。《旧五代史·选举志》在是书第一百四十八卷，仅一卷，内容包括科目、铨选，皆较简单。中华书局1976年5月出版《旧五代史》点校整理本。此外，复旦大学出版社2005年12月出版今人陈尚君先生辑纂《旧五代史新辑会证》，补充史料甚多，以《选举志》为例，补充史料多辑自《册府元龟》与《五代会要》，对于《七史选举

---

① 谢俊美：《晚清卖官载鬻爵新探——兼论捐纳制度与清朝灭亡》，载《华东师范大学学报》2001年第5期。

② 王鸣盛：《十七史商榷》卷六十九，上海书店出版社2005年版，第596页。

志校注》的校注工作甚有助益。

《宋史》修撰于元顺帝至正间，以脱脱为都总裁官，实际参与修撰者为欧阳玄、揭傒斯、张起岩等。《宋史》凡四百九十六卷，卷帙浩繁，加之成书仓促，未免芜杂，颇获后世讥评。但其十五志，史料丰富，可为后人取资者多。《选举志》从《宋史》第一百五十五卷至第一百六十卷，共六卷，内容包括科目、学校、铨法、补荫、保任、考课等。由于宋代历北、南两朝，其间官制又经变革，故所记述多杂乱不清。中华书局1977年11月出版《宋史》点校整理本。浙江古籍出版社1992年3月出版今人何忠礼先生著《宋史选举志补正》，是书利用《宋会要辑稿》与《续资治通鉴长编》等文献典籍，对《宋史·选举志》分段加以校勘、补正，廓清之功，驰誉史林。《七史选举志校注》于是书多所取资，皆一一注明，虽本书因篇幅与体例所限，或有遗珠之叹，有心之读者自可参照原书，未尝非补救之良法。

《金史》之修撰，亦在元顺帝至正间，脱脱仍作为都总裁官署名于前，实际参与修撰者仍是欧阳玄等人。《金史》凡一百三十五卷，《四库全书总目》称其"首尾完密，条例整齐，约而不疏，赡而不芜"①，特多好语。《金史》有志十四篇，《选举志》从第五十一卷至第五十四卷，共四卷，内容包括科目、铨选、廉察、荐举、功酬亏永等。中华书局1975年7月出版《金史》点校整理本。《辽史》与《宋史》、《金史》一同修撰，有志十篇，却无《选举志》，清厉鹗撰《辽史拾遗》二十四卷，方补《选举志》一卷。《七史选举志校注》限于体例，未采用。

《元史》修撰于明代初年，以宋濂、王祎为总裁，曾经两次开局纂修，时间总共不足一年，成书仓促，内容重复杂乱，人名不统一，是其书之大缺憾。《元史》凡二百一十卷，有志十三篇，《选举志》从第八十一卷至第八十四卷，共四卷，内容包括科目、学校、铨法、考课等。由于《元史》中的《选举志》、《百官志》、《食货志》、《兵志》、《刑法志》皆取材于虞集、赵世延等主编之《经世大典》，故较有价值。中华书局1976年4月出版《元史》点校整理本。清汪辉祖撰有《元史本证》五十卷，可资参考。至于民国间柯劭忞之《新元史》二百五十七卷，已见前述。柴德赓先生《史籍举要》谓"《新元史》问世后，对《元史》的改造并无过多出色之处"②；王树民先生《史部要籍解题》亦称其"所用资料，一般的原书均可见，其史料价值反不如旧《元史》多为原材料"③。这些论述是有道理的。

《明史》的修撰经历了三个阶段共六十年的岁月，开始于康熙十八年（1679），葳事于乾隆四年（1739），张廷玉以总裁署名奏上，而其撰述之功则应归于前此已故之万斯同等著名学者。在官修史书中，《明史》的成就居前，清赵翼《廿二史劄记》卷三十一《明史》有云："近代诸史，自欧阳公《五代史》外，《辽史》简略，《宋史》繁芜，

---

① 《四库全书总目》，中华书局1965年版，上册第414页。
② 柴德赓：《史籍举要》，北京出版社1982年版，第152页。
③ 王树民：《史部要籍解题》，中华书局1981年版，第130页。

《元史》草率，惟《金史》行文雅洁，叙事简明，稍为可观，然未有如《明史》之完善者。"①《明史》凡三百三十二卷，其中志十五篇，《选举志》从第六十九卷至第七十一卷，共三卷，内容包括学校、科目、荐举、铨选等。中华书局 1974 年 2 月出版《明史》点校整理本。黄云眉先生著《明史考证》，其中第二册包括《选举志》考证三卷，中华书局 1980 年 6 月出版。郭培贵先生著《明史选举志笺正》，内蒙古大学出版社 1997 年 8 月出版；此后，郭培贵先生又著《明史选举志考论》，考订又较《笺正》为详，中华书局 2006 年 11 月出版。黄、郭两位先生的学术考证成果，对于《七史选举志校注》的工作顺利进行，无疑起到了极大的促进作用，取资处皆加注明，以示尊重。

《清史稿》修撰于 1914 年至 1927 年间，先由修史时所立清史馆馆长赵尔巽主其事，赵以后，又由柯劭忞代理。先后参与撰述的学者包括王树枏、吴廷燮、缪荃孙、夏孙桐、吴士鉴、张尔田、朱孔彰、朱师辙等百馀人，阵容可谓强大。由于国内形势的发展，《清史稿》的出版发行也同其修撰一样，仓促中不免混乱，致有关内本、关外一次本、关外二次本之别，文字内容也略有不同。《清史稿》初版于 1927 年底，由于未得到当时政府的承认，未被列入正史，只得仿照王鸿绪《明史稿》例，名之曰《清史稿》。今通行者共五百二十九卷，有志十六篇，其中《邦交志》、《交通志》为此前各史所无者。《选举志》从第一百六卷至第一百一十三卷，共八卷，内容包括学校、文武科目、制科荐擢、封荫推选、考绩、捐纳、新选举等。中华书局 1977 年 12 月出版《清史稿》点校整理本，所用底本为关外二次本。20 世纪 80 年代中至 90 年代初，台湾以"国史馆"之编著者名义出版了《清史稿校注》一书，其编纂原则为"不动原文，以稿校稿，以卷校卷"，所用底本当为关外一次本，故全书为五百三十六卷，征引典籍文献八百馀种。名曰"校注"，实则重在"校勘"而略于"注释"。张玉兴先生有《评〈清史稿校注〉》一文②，所论至为中肯。如文章开首即云："1986～1991 年，台湾省以国史馆名义出版了 16 巨册的《清史稿校注》一书，以数十位学者的努力，对七十多年来一直牵动海内外人心而争议颇多的史书《清史稿》进行了一次全面清理。其工程浩大，共出校数万条注文，涉及方方面面的问题。这是一件很有意义的工作，其经验教训足资借鉴，值得人们高度重视。"可见其大概。以《选举志》而言，《清史稿校注》于八卷中共出校勘记 214 则，《七史选举志校注》采用其 133 则，受益匪浅。

这次对上述七史中之《选举志》详加校注，所用底本全以中华书局整理本为准。各史之《选举志》基本依据整理本之分段并标示序号，自为起讫；七史中有一些段落过长者，校注者再加细分。各分段下依序注释，亦自为起讫。如此做法，目的有四：

（一）不使正文与注释（长短不同）经常随页转换，便于整体对照阅读，不割断文意。

（二）便于后注参见前注时之称谓，如"唐 3 注 7"，"宋 88 注 12"，即分别表示在

---

① 王树民：《廿二史劄记校正》，中华书局 1984 年版，第 721 页。
② 张玉兴：《评〈清史稿校注〉》，载《清史研究》2003 年第 1 期。

《新唐书·选举志》第 3 段的第 7 个注释，在《宋史·选举志》第 88 段的第 12 个注释。坐标位置准确，用语简练。

（三）读者一般当视此书为工具书，通常不会依次顺序阅读。注释运用互见法，省减篇幅外，还使原分散之内容整一，极大提高了本书的使用价值（若用当页注，前注位置之称谓即成问题）。

（四）于史书之志分段注释，早有成例。如群众出版社 1979 年出版《宋史刑法志注释》、中国财政经济出版社 1985 年出版《中国历代食货志汇编简注》，皆采取分段注释法；至于上述何忠礼先生之《宋史选举志补正》、郭培贵先生之《明史选举志笺正》、《明史选举志考论》等，均亦采用分段校注法。惟于各段未予编号，也未用互见法注释，是不同处。

注释不避繁难，举凡年代、年号、职官、制度、人物、名物、地名、典故、事件等，皆尽所知一一注出，异读字并加注音，以减少一般读者阅读困难。注释注意引用相关典籍为证，并兼事考订，则为满足研究者之需求。各段力求自成单元，各单元凡提及帝王及其年号可用作时间坐标者，皆于其下出注（两段相邻过近，于年代可一目了然者省略），以便于读者阅读使用。校注职官、制度、人物、地名等，除用互见法参见前注外，一些较为简单、用语无多的注释以及与上下文间有可资比较内容者，则不避重复一一注出，以省读者前后翻检之劳。

注释体例，力求层次分明。若分别注释语词，其后均加冒号；再释注释中语词，其后则加逗号。若对整句或数句加以串讲，其后用冒号；再释其中语词，其后则用逗号。至于所言人物、地名、职官、制度等，或本文前后，或与其他文献，有龃龉错讹者，注释理当指出，故曰"校注"。

历代制度、名物，用法或异，稍一疏忽，即出硬伤。如"中书门下"，或指中央两官署中书省、门下省，或指宰相办公之政事堂，不能大而化之，视若无睹。本书依阅览所及，注意吸取学界已有之较新研究成果。如王庆生先生《〈金史〉校点拾遗》一文①指瑕《金史·选举志》两处校勘未及处，赵树廷先生《〈元史·选举志〉勘误二则》一文②之有关考订等，皆有重要参考价值。

五

《七史选举志校注》所涉及内容广泛，以一人之力欲做好此项工作，绠短汲深，谈何容易！但沉潜其中，亦自有乐。以下举出若干千虑一得之愚，就正于方家学者（除《清史稿校注》外，已经学者指出者，不录）。

---

① 王庆生：《〈金史〉校点拾遗》，载《古籍整理出版情况简报》2006 年第 11 期，总 429 期。
② 赵树廷：《〈元史·选举志〉勘误二则》，载《学术研究》2006 年第 12 期。

(一) 说《新唐书·选举志》

唐29，中华书局整理本"翘关，长丈七尺，径三寸半，凡十举后，手持关距，出处无过一尺"，语义不明，似有误。当标点为"翘关，长丈七尺，径三寸半，凡十举，后手持关，距出处无过一尺"，方通。"翘关"，即比试举重，翘关当指一定重量的铁棍，似须垂直上举，故要求"后手"（即处于下方的手）不能离"关"端过远。凡十举，《唐六典》卷五："七曰举重（谓翘关，率以五次为上第）。"两者所记亦有差异。

唐46，中华书局整理本："长安二年，举人授拾遗、补阙、御史、著作佐郎、大理评事、卫佐凡百馀人。明年，引见风俗使，举人悉授试官，高者至凤阁舍人、给事中，次员外郎、御史、补阙、拾遗、校书郎。"未出校勘记。"长安二年"，即公元702年。长安，武则天的第十七个年号。按，其下当为天授二年（691）事。宋司马光《资治通鉴》卷二百五《考异》引《统纪》曰："天授二年二月，十道举人石艾县令王山龄等六十人，擢为拾遗、补阙，怀州录事参军霍献可等二十四人为御史，并州录事参军徐昕等二十四人为著作佐郎及评事，内黄尉崔宣道等二十二人为卫佐。"又，"举人"，这里似当作"选人"，以与乡贡者别也。明年，当为长寿元年（692）。长寿，武则天的第七个年号。按"风俗使"，即"观风俗使"，唐初使职名。贞观八年（634），唐太宗曾遣萧瑀、李靖等十三人巡省天下州县，观风俗之得失，察刑政之苛弊。其后不置。见宋王溥《唐会要》卷七十七《观风俗使》。按，此处当作"存抚使"，唐职官名，掌巡行天下，视察政治、民风。宋王溥《唐会要》卷七十七："天授二年，发十道存抚使，以右肃政御史中丞知大夫事李嗣真等为之。"又宋司马光《资治通鉴》卷二百五："长寿元年……春，一月，丁卯，太后引见存抚使所举人，无问贤愚，悉加擢用，高者试凤阁舍人、给事中，次试员外郎、侍御史、补阙、拾遗、校书郎。"可证。

(二) 说《宋史·选举志》

宋1，中华书局整理本："自敷奏以言，明试以功，三载考绩，三考黜陟幽明，始于《舜典》。"当标点为："自'敷奏以言，明试以功'，'三载考绩，三考黜陟幽明'，始于《舜典》。"按《尚书·虞夏书·舜典》："五载一巡守，群后四朝。敷奏以言，明试以功，车服以庸。"又："三载考绩，三考黜陟幽明，庶绩咸熙。"前者谓舜帝每五年巡视诸侯，诸侯在四岳朝见，向帝王报告自己的政绩，舜加以考察，赏赐车马衣服加以酬劳；后者谓舜帝三年考察政绩一次，考察三次后，罢免昏庸官员，提拔贤明官员，于是各项工作皆兴盛了。舜典，《尚书》篇名。中华书局整理本于《志》文引用《尚书》两段文字，皆未加引号。

宋22，中华书局整理本："天宝十一年，进士试一经，能通者试文赋，又通而后试策，五条皆通，中第。"此乃李淑所言唐朝事，按"天宝十一年"，当作"天宝十一载"，即公元752年。天宝，唐玄宗李隆基的第三个年号。据陈垣《二十史朔闰表》，唐玄宗天宝三年正月朔改年为载，至唐肃宗至德三年二月丁未，改至德三载为乾元元年。何忠礼《宋史选举志补正》未议及此。

宋30，中华书局整理本："与古所谓'三物宾兴，九年大成'，亦已鑿矣。"当标点为："与古所谓'三物宾兴'、'九年大成'，亦已鑿矣。"按"三物宾兴"，语本《周礼·地官·大司徒》："以乡三物教万民，而宾兴之。一曰六德：知、仁、圣、义、忠、和。二曰六行：孝、友、睦、姻、任、恤。三曰六艺：礼、乐、射、御、书、数。"三物，即三事，指六德、六行、六艺。"九年大成"，语本《礼记·学记》："九年知类通达，强立而不反，谓之大成。"中华书局整理本将"三物宾兴"与"九年大成"同用一引号归纳于一处，似二句同出于一部文献中者，显误。何忠礼《宋史选举志补正》未引及此。

宋182，中华书局整理本："草以章草、张芝九体为法。"当标点为："草以章草张芝、九体为法。"按"章草"，草书的一种。笔画有隶书的波磔，但每字独立，不连写。张芝（？～约192），字伯英，东汉书法家，善章草。按"九体"，即草书"九体书"。唐张彦远《法书要录》卷二："及宋中庶宗炳出九体书，所谓缣素书、简奏书、笺表书、吊记书、行狎书、槁书、稿书、半草书、全草书，此九法极真草书之次第焉。"按宗炳（375～443），字少文，南朝宋南阳涅阳人，工书法。中华书局整理本标点显然有误。何忠礼《宋史选举志补正》未引及此。

宋198，中华书局整理本"至是，增为四等"，校勘记云："'至是'，承上文当指开宝六年，而《长编》卷一八、《宋会要·选举》二四之九都系此事于太平兴国二年，此处误。"何忠礼《宋史选举志补正》与此略同。另考宋孙逢吉《职官分纪》卷九亦系此事于太平兴国二年（977）；元马端临《文献通考》卷三十八、《钦定续通典》卷十八皆系此事于太平兴国元年（976）。皆可参考。

宋237，中华书局整理本"尝睹汉之公府有辞讼比，尚书有决事比"，按"公府"，汉代三公之官府称公府，置诸曹掾史等。这里指东汉司徒鲍昱的官府，陈宠为其辞曹之官。"辞讼比"，为东汉有关诉讼成例以类相从的法律文书。《后汉书·陈宠传》："（鲍）昱高其能，转为辞曹，掌天下狱讼。其所平决，无不厌服众心。时司徒辞讼，久者数十年，事类涊错，易为轻重，不良吏得生因缘。宠为昱撰《辞讼比》七卷，决事科条，皆以事类相从。昱奏上之，其后公府奉以为法。"又按尚书，东汉协助皇帝处理政事的官员，这里指陈宠之子陈忠。"决事比"，东汉有关刑法条例的法律文书。《后汉书·陈忠传》："司徒刘恺举忠明习法律，宜备机密，于是擢拜尚书，使居三公曹忠。自以世典刑法，用心务在宽详。初，父宠在廷尉，上除汉法溢于《甫刑》者，未施行，及宠免后遂寝。而苛法稍繁，人不堪之。忠略依宠意，奏上二十三条，为《决事比》，以省请谳之敝。"中华书局整理本于"辞讼比"、"决事比"皆未加书名号，有误。何忠礼《宋史选举志补正》未引及此。

（三）说《金史·选举志》

金80，中华书局整理本"武举程式当与进士同时"，按"程式"，当为"程试"之误。程试，按规定的程式考试，多指科举铨叙考试。中华书局整理本未校出。

金97，中华书局整理本"旧制，司天、太医、内侍、长行虽至四品"，按"长行"，当为金代司天监、太医院、内侍局等官署之未授职事者。《金史·百官二》："司天台。提点，正五品……长行人五十人（未授职事者，试补管勾）。"中华书局整理本在"内侍"与"长行"间加顿号，将"长行"当作并列于司天监、太医院、内侍局的官署，似有误。此外，金代帝王仪卫亦有名"长行"者，《金史·仪卫上》："金制，天子之仪卫，一曰立仗，二曰行仗。其卫士，曰护卫，曰亲军，曰弩手，曰控鹤，曰伞子，曰长行。"

金139，中华书局整理本"两考者除从五品以上、正五品以下，节运同"，按"节运同"，不详所指，或系省称。考金141有"节运副"一职，秩从五品，当谓节度副使与转运司副使，则此"节运同"当指正五品之同知节度使与转运司同知。《金史·百官三》："诸节镇……同知节度使一员，正五品。通判节度使事，兼州事者仍带同知管内观察使。副使一员，从五品。"又金刘祁《归潜志》卷七："省吏，前朝止用胥吏，号'堂后官'。金朝大定初，张太师浩制皇家袒免亲、宰执子试补外，杂用进士。凡登第历三任至县令，以次召补充，一考，三十月出得六品州倅。两考，六十月得五品节度副使、留守判官，或就选为知除、知案。"若然，则"节运同"上之逗号当删去。

金167，中华书局整理本"大定二十一年，定元帅府令译史三十月迁一官"，大定二十一年，即公元1181年。按"元帅府"，即"枢密院"。《金史·百官一》："都元帅府（掌征讨之事，兵罢则省。天会二年伐宋始置，泰和八年复改为枢密院）。"又云："枢密院，泰和六年尝改为元帅府。"泰和六年，即公元1206年，这里以"元帅府"代指枢密院，时间龃龉，疑有误。

金197，中华书局整理本"内侍御直。内直六十四人"，按"内侍"，谓内侍局，属宣徽院。《金史·百官二》："内侍局，令二员，从八品（兴定五年，升作从六品）。丞二员，从九品（兴定五年，升从七品）。掌正位阁门之禁，率殿位都监、同监及御直各给其事。"御直、内直，即内侍局属吏，受辖于局长。《金史·百官二》："局长二员，从九品，兴定五年升正八品。"有注云："御直、内直共六十四人。明昌元年，分宫闱局正位内直置，初隶宫闱局。"中华书局整理本于"内侍御直"下点句号，疑误。

金211，"知把书画"，当谓金代殿前都点检司下辖近侍局属吏。韩世明、都兴智《〈金史〉之〈食货志〉与〈百官志〉校注》第210页有注云："知把书画，应为书画局属吏，《金史》卷五十六《百官志二》书画局条失载。"似不确。按《金史·乌古论庆寿传》："乌古论庆寿，河北西路猛安人，由知把书画充奉御，除近侍局直长，再转本局使。"可推知知把书画为近侍局属吏。知把，金人语，或译作"扎布"。《钦定金史语解》卷六："扎布，应答也。卷五十三作'知把'。"

金229，中华书局整理本"无荫及五十户有荫者，注八品刺郡、都巡检、副将"，按"刺郡都巡检"，不当用顿号点断，乃指诸刺史州负责治安的都巡检使司属官副都巡检使，秩正八品。刺郡，谓刺史州，即以刺史为长官之州。

（四）说《元史·选举志》

元1，中华书局整理本"成周庠序学校，以乡三物教万民而宾兴之，举于乡，升于司徒、司马论定，而后官之"，按"举于乡"，明柯尚迁《周礼全经释原》卷五释《周礼·地官·司谏》"司谏，掌纠万民之德而劝之朋友，正其行而强之道艺，巡问而观察之，以时书其德行道艺，辨其能而可任于国事者；以考乡里之治，以诏废置，以行赦宥"一节，有云："此即俊秀有德行道艺可升于司徒，进之天子，入太学涵养之，司马辨论官材而任之是也。"司徒，西周始置，掌管民事的官，以教导民众为主。司马，周代掌军政及军赋的大官，位仅次于掌军政大权的大师。中华书局整理本于"升于司徒"后标顿号，疑有误。

元8，中华书局整理本"今臣等所拟将律赋省题诗小义皆不用"，按"律赋"，谓有一定格律的赋体。音韵和谐，对偶工整，音律、押韵皆有严格规定，为唐宋以来科举考试所采用。宋陈鹄《耆旧续闻》卷四："四声分韵，始于沈约。至唐以来，乃以声律取士，则今之律赋是也。"按"省题诗"，或简称"省题"，唐宋时进士应省试按尚书省所出题目而作的诗，称"省题诗"。宋俞成《萤雪丛说·诗题用全句对》："省题诗，考官以古人诗句命题，尾字属平，全押在第二韵上，不拆破者，并用全句对全句。"宋刘攽《中山诗话》："自唐以来，试进士诗，号省题。"按"小义"，当谓《四书》、《五经》中有关字义之训诂、解释，与"大义"相对。金代律科进士有"复于《论语》、《孟子》内试小义一道"之说，参见金71。中华书局整理本于"律赋"下皆未用顿号点断，易生误解，今加顿号两处以点断之。

元51，中华书局整理本"宣抚王楫请以金枢密院为宣圣庙"，按"王楫"，据《元史》卷一百五十三本传，当作"王檝"，人名之异体字当保留。王檝（1184～1243？），字巨川，金凤翔虢县（今陕西宝鸡）人。金卫绍王授副统军，兵败，降蒙古，授宣抚使，兼行尚书六部事。后受命掌诸色工匠事。奉命五次奉使南宋，卒于宋。《元史·王檝传》："时都城庙学，既毁于兵，檝取旧枢密院地复创立之，春秋率诸生行释菜礼，仍取旧岐阳石鼓列庑下。"按金朝枢密院故址当在今北京市旧城区西南广安门一带。

元52，中华书局整理本"中原州县学正、山长、学录、教谕，并受礼部付身"，按"礼部"，似当作"吏部"。《元典章新集·吏部·儒官》："除教授只受敕牒，学正受中书省割付，学录、教谕并受吏部付身。"付身，即古代的一种身份凭证。

元61，中华书局整理本"合将万户、千户、镇抚自奏准日为始"，按"镇抚"，即元代镇抚司长官或各卫镇抚所长官。元代万户府所辖官署称镇抚司，置镇抚二员，蒙古、汉人参用。上万户府秩正五品，中万户府秩从五品，俱金牌；下万户府秩正六品，银牌。元代各卫下镇抚所，各有镇抚二员，下辖行军千户所、弩军千户所、屯田左右千户所等，皆秩正五品。参见《元史·百官二》。中华书局整理本将"千户镇抚"用顿号点断，改修饰关系为并列关系，疑有误。

元64，中华书局整理本"太禧院。天历元年，罢会福、殊祥二院而立之，秩正二品"，按《元史·百官三》："太禧宗禋院，秩从一品。"《元史·祭祀四》："旧有崇福、殊祥二院，奉影堂祀事，乃改为泰禧院。（天历）二年又改为太禧宗禋院，秩二品。"未知孰是。

元128，中华书局整理本"福建、两广、海北、海南、左右两江、云南、四川、甘肃等处荫叙之人"，按"海北海南"，即"海北海南道宣慰司都元帅府"，为元湖广行省所辖。置司于雷州路（治今广东海康），辖境包括今广东西南部、海南省与广西小部分地区。中华书局整理本将"海北海南"点断，疑有误。

元197，中华书局整理本"两考升补参议府、左右司、客省使令史、书写、检校、书吏"，按"检校书吏"，中书省掾属检校官之属吏。《元史·百官一》："检校官四员，正七品。掌检校左右司、六部公事程期、文牍稽失之事。书吏六人，大德元年置。"中华书局整理本将"检校"与"书吏"断开，疑有误。

元215，中华书局整理本"新收抚州郡、准上例定夺"，按"新收抚州郡"，谓从南宋政权夺取的领土。中华书局整理本于此下点顿号，疑有误。

元237，中华书局整理本"章庆使司秩正二品"，按"章庆使司"，元代徽政院下辖掌皇太后答己兴圣宫事宜的官署名。《元史·百官五》："章庆使司，秩正三品。司使四员，同知、副使、司丞各二员，经历、都事各二员，照磨、管勾各一员。至大三年立，至治三年罢。"《元史·武宗二》："（至大三年三月）壬辰，车驾幸上都，立兴圣宫章庆使司，秩正二品。"前者所记官署秩别与后者及本《志》有异，未知孰是。

元238，中华书局整理本"（至元十一年）省议：尚牧监正四品"，按"尚牧监"，元代太仆寺一度改为尚牧监。《元史·百官六》："太仆寺，秩从二品。掌阿塔斯马匹，受给造作鞍辔之事，中统四年，设群牧所。至元十六年，改尚牧监。十九年，又改太仆院。二十年，改卫尉院。二十四年，罢院立太仆寺。又别置尚乘寺以管鞍辔，而本寺止管阿塔斯马匹。"此言"至元十六年，改尚牧监"，与本《志》所云"至元十一年"龃龉，当有一误。元代另有尚牧所，秩从五品，至大四年（1311）始置。参见《元史·百官三》。

元261，中华书局整理本"大护国仁王寺、昭应宫财用规运总管府令译史人等"，按"大护国仁王寺昭应宫财用规运总管府"，即"会福总管府"，《元史·百官三》："会福总管府，秩正三品。至元十一年，建大护国仁王寺及昭应宫，始置材用规运所，秩正四品。十六年，改规运所为总管府。至大元年，改都总管府，从二品。寻升会福院，置院使五员。延祐三年，升正二品。天历元年，改为会福总管府，正三品。定置达鲁花赤一员，总管一员，同知一员，治中一员，府判一员，经历、知事、提控案牍各一员，令史八人，译史、通事、知印各一人，奏差四人。"大护国仁王寺，元代大都高良河北所建佛寺名。昭应宫，元代大都道观名。中华书局整理本于"大护国仁王寺"下用顿号点断，似不确。所谓"大护国仁王寺昭应宫财用规运总管府"当一体视之，中华书局整理本于《元史·顺帝四》、《元史·顺帝五》提及此称谓处皆未点断，是。

（五）说《明史·选举志》

明28，中华书局整理本"阜城、西直、安定、德胜俱二名"，按"阜城"，当作"阜成"。《明史·地理一》："永乐四年闰七月诏建北京宫殿，修城垣。十九年正月告成……门九：正南曰丽正，正统初改曰正阳；南之左曰文明，后曰崇文；南之右曰顺城，后曰宣武；东之南曰齐化，后曰朝阳；东之北曰东直；西之南曰平则，后曰阜成；西之北曰彰仪，后曰西直；北之东曰安定；北之西曰德胜。"阜成，取义使富厚安定，语本《书·周官》："六卿分职，各率其属，以倡九牧，阜成兆民。"

明84，中华书局整理本"崇祯四年，朱统𨨏成进士"，未作校勘。按"朱统𨨏"，《江西通志》卷七十："朱统𨨏，字章华，瑞昌王之孙。中天启辛酉乡试，崇祯戊辰会试，选庶吉士，授简讨。充展书官，召对记注，编纂六曹章奏，升右谕德，经筵日讲，纂修《玉牒》、《大明会典》、《五经注书》。乙亥，册封襄藩。庚辰，分礼闱，壬午，典试江南。升南国子监祭酒，以父老疏辞。奉旨南雍，亟资造士，不得以私情陈请，遵旨赴任而殁。生平清介自守，居家以孝友称。每休沐，惟闭户读书，恂恂如书生。贯穿经史，习国典，熟朝报，能成诵。在宫詹日，极承宸眷，凡奏疏几盈尺。两试所拔多名俊。著有《我法居集》。"此言"崇祯戊辰"，当为崇祯元年（1627），按《明清进士题名碑录索引》，朱统𨨏籍贯江西新建，考中明崇祯元年三甲第七十名进士。《志》文言"崇祯四年"，误。郭培贵《明史选举志考论》第248页亦指出此误，不赘。

（六）说《清史稿·选举志》

清9，中华书局整理本"举人潘永季、蔡德峻、秦蕙田、吴蕭"，于"蔡德峻"未作校勘。按"蔡德峻"，生平不详。考《皇朝文献通考》卷五十八、《钦定国子监志》卷三十一亦作"蔡德峻"，似辗转相袭，皆有误。乾隆初，礼部尚书杨名时所荐者中有"蔡德晋"，当是。蔡德晋（生卒年不详），字仁锡，号敬斋，无锡（今属江苏）人。雍正四年（1726）举人，历官国子监学正、工部司务。著有《礼经本义》、《礼传本义》、《通礼》等。《清史列传》、《清史稿》皆有传。《清史稿校注》亦未作校勘。

清14，中华书局整理本："康熙元年，停副贡额。十一年，以查禄奏复，旧制优贡之选，与拔贡并重。"按文意，"旧制优贡之选，与拔贡并重"二句当属下一段内容，故今移于清15段首，"以查禄奏复"后当点句号。此，《清史稿校注》不误。

清33，中华书局整理本"健锐营、外火器营、圆明园、护军营等学，皆清代特设"，按"圆明园护军营"，全称"圆明园八旗内务府三旗护军营"，清代禁卫军之一。雍正二年（1724）置，由圆明园八旗护军营和内务府三旗护军营组成，掌圆明园环园门汛的守卫及皇帝出入圆明园途中的警跸事宜。其下附设官学四所，教习六人，掌教营中官兵子弟。中华书局整理本将"圆明园"与"护军营"用顿号点断，疑有误。《清史稿校注》亦误。

清61，中华书局整理本"下军机大臣、总理各国事务王、大臣"，按"王大臣"，清代满洲贝勒（王）和大臣的合称。中华书局整理本将"王"与"大臣"用顿号点断，似不妥。以下如清214等多处亦如此，不再例举。《清史稿校注》亦然。

清107，中华书局整理本"浙江监生查士韩"，未作校勘。按"查士韩"，《清史稿校注》校勘记云："案圣祖实录，康熙二十六年八月初三日己酉，特准顺天乡试浙江钱塘县监生'查嗣韩'、福建侯官县贡生林文英五经中式，光绪会典事例卷三四八同。此'查士韩'当作'查嗣韩'。"甚是。查嗣韩（1645～1700），字荆州，号皋亭，钱塘（今浙江杭州）人。康熙二十七年（1688）一甲第二名进士，授编修。馀不详。

清120，中华书局整理本"江南举人顾天成"，"顾天成"当作"顾成天"。《清史稿校注》校勘记云："顾天成，案光绪会典事例卷三五四作'顾成天'。又案世宗实录，赐顾成天进士，一体殿试在雍正八年三月十二日庚辰。"甚是。顾成天（1671～1752），字良哉，号小崖，娄县（今上海松江）人。康熙五十六年（1717）举人，雍正八年（1730）特赐进士，历官编修、少詹事，以老乞归。著有《离骚解》、《花语山房诗文小钞》等。

清131，中华书局整理本"亲军前锋"未用逗号点断，有误。按"亲军"，即"亲军校"，清代亲军营之职官。清初设置，上三旗满洲、蒙古额设七十七人，秩正六品。掌分辖亲军以宿卫扈从。乾隆四十年（1775）复增设委署亲军校七十七人，初无品级，五十一年，定为从八品。按"前锋"，即"前锋校"，清代八旗前锋营之下级军官。初名噶布什贤壮达，顺治十七年（1660）定汉名为前锋校。位在前锋侍卫之下。每旗十二人，秩正六品，掌分辖前锋。《清史稿校注》亦然。

清140，中华书局整理本于"袁家榖、张一麟"两人名未作校勘。按"袁家榖"，据朱彭寿《清代人物大事纪年》，当作"袁嘉榖"（1872～?），字叔五，号南耕，石屏（今属云南）人。光绪二十九年（1903）进士，选庶吉士，同年举经济特科，授编修，历官浙江提学使。按"张一麟"，据朱彭寿《清代人物大事纪年》、江庆柏《清代人物生卒年表》，当作"张一麐"（1868～1943），字仲仁，号公绂，又号民佣，吴县（今属江苏）人。光绪十一年（1885）举人，光绪二十九年举经济特科，授直隶饶阳知县，历官弼德院参议，入民国，任教育总长。著有《心太平室集》。以上，《清史稿校注》亦未作校勘。

清149，中华书局整理本"山东巡抚李之奇以保荐滥及赀郎，诏旨切责"，未作校勘。按《清史稿校注》校勘记云："案世祖实录，'山东巡按'李之奇疏荐范复粹等三十一员，以滥及赀郎，诏旨切责在顺治二年十一月二十四日壬申。又案清史稿疆臣年表五，顺治二年任山东巡抚者二人，前为方大猷，后为丁文盛。此'山东巡抚'当作'山东巡按'。"可参考。李之奇，交城（今属山西）人（生卒年不详），历官山东巡按、四川巡抚。巡按，清初沿明制，派遣监察御史巡按州县，考察府、州、县官，秩正七品。顺治十八年（1661）停废此制。

清151，中华书局整理本"漕督帅颜保请复旧例"，只将"颜保"标人名号，误。按"帅颜保"，满洲正黄旗人（1641～1685），赫舍里氏。历官内国史院学士、吏部侍郎、漕运总督、工部尚书、礼部尚书。《清史稿》有传。《清史稿校注》不用专名号。

清152，中华书局整理本"侍读萧维豫"，未作校勘。按"萧维豫"，当作"萧惟豫"（1637～?），字介石，号韩坡，德州（今属山东）人。顺治十五年（1658）进士，选庶吉士，授编修，历官侍读。著有《但吟草》。《清史稿校注》亦未校勘。

清167，中华书局整理本"孙嘉淦为祭酒，举其弟扬淦为国子监学正"，"学正"，当出校勘记。按"学正"，清代设于国子监之率性堂、修道堂、诚心堂、正义堂以及各厅、州儒学，秩俱正八品。掌所属监生或生员之学业等。《清史稿校注》校勘记云："案世宗实录，雍正十年十二月初二日乙卯，以孙嘉淦荐弟扬淦事，怀私欺罔，冒滥名器，著革职在户部银库效力行走。又案清史稿列传九十孙嘉淦传，孙嘉淦举其弟扬淦为'国子监监丞'，国朝耆献类征初编卷十八，清国史馆孙嘉淦传同。此'学正'二字当作'监丞'。"可参考。监丞，《清史稿·职官二》："（国子监）绳愆厅监丞，初制，满员五品，汉员八品。后并改正七品。"

清170，中华书局整理本"初正一品、特进、光禄大夫"，标点有误，当作"初正一品特进光禄大夫"。《清史稿校注》亦误。

清179，中华书局整理本"定公、侯、伯依一品，子依二品，男依三品予荫"，当作校勘。按《清史稿校注》校勘记云："案高宗实录，定公、侯、伯依一品等事在乾隆三十四年十月二十七乙亥。又'子依二品，男依三品予荫'当作'子依三品，男依四品予荫'，光绪会典事例卷一四四、清朝文献通考选举考同。"可参考。

清181，中华书局整理本"定河道总督荫用员外郎、主事"，当作校勘。按《清史稿校注》校勘记云："案光绪会典事例卷七十四，是年定河道总督荫生，内以主事用，外以通判用，未言用员外郎。"可参考。

清188，中华书局整理本"赠左都御史衔"，当作校勘。按《清史稿校注》校勘记云："左都御史，案清史馆朱希祖纂选举志稿封荫作'右都御史'，光绪会典事例卷一四四同。此'左'字当作'右'。"甚是。

清189，中华书局整理本"把总、经制、外委以上"，将"把总"与"经制"点断，有误。按"把总经制外委"，谓额设把总与外委把总。把总，清代绿营兵的基层组织"汛"的领兵官，秩正七品。经制，清代凡属国家额定编制额缺之内的正职官员，谓之经制官吏。外委，为清代绿营中的低级军官，有外委千总、外委把总，通称外委。其职掌与额设千总、额设把总相同，但因系额外差委之官，其品秩较额设千总、把总为低。这里专指外委把总，秩正九品。《清史稿校注》亦误。

清192，中华书局整理本："此外贡监生考职，用州判、州同、县丞、主簿、吏目、京通仓书、内阁六部等衙门书吏、供事，五年役满，用从九品未入流。"细详文义，于"吏目"下用顿号，疑有误。当用句号。《清史稿校注》亦误。

清193，中华书局整理本"奉锦、山海"、"山西、归绥"，两个顿号皆有误。按"奉锦山海"，谓奉天府、锦州府与山海关，即"奉锦山海关道"。《清史稿·穆宗一》："（同治五年八月）裁山海关监督，改设奉锦山海关道。"按"山西归绥"，即"归绥道"，清代隶属山西省。治所归化城，故址在今内蒙古呼和浩特市西南。《清史稿校注》亦误。

清193，中华书局整理本"各直省驻防官、理事、同知、通判为满洲缺"，"理事"与"同知"不当断开。按"驻防官"，即"驻防八旗"的官员。驻守畿辅与各地的八旗官兵，即称"驻防八旗"。各按专城设将军、都统、副都统、城守尉等驻防长官，下设协领、佐领、防御、骁骑卫等职。镇守一方，控制险要。理事同知，即驻防将军的属官，协助将军掌听所属旗民狱讼之事。《清史稿·刑法三》："旗营驻防省分，额设理事同知。旗人狱讼，同知会同州县审理。""通判"，即"理事通判"，亦驻防将军之属官。协助将军治理兵、民、钱谷等。《清史稿校注》亦误。

清193，中华书局整理本"外官从六品首领，佐贰以下官不授满洲、蒙古"，当出校勘。按《清史稿校注》校勘记云："案光绪朝钦定大清会典（以下简称'光绪会典'）卷七所谓'满洲、蒙古无微员'，当即指此。揆其本意，乃在'当年八旗人少'故，皇朝经世文编卷三十五、道光五年，英和奏上'会筹旗人疏通劝惩四条疏'可参见。惟至光绪后，满、蒙生齿渐繁，任巡检、盐大使者，已于搢绅全书爵秩全览中可得见。又清谭卷十微官末秩之苦况条，光绪十一年，满洲人寿嵩选授靖州吏目，州吏目秩从九品，则更属微员之显证。"可参考。

清193，中华书局整理本"道员以下不授宗室"，当出校勘。按《清史稿校注》校勘记云："案光绪会典事例卷五，自咸丰七年起，远支宗室已外放道府；光绪三十四年八月二十日癸酉政治官报（第三一九号）吏部奏酌拟变通京察事宜折，自是年起，近支宗室亦外放道府。则据此，道员以下不授宗室当属咸丰以前之成例。"可参考。

清200，中华书局整理本"福建闽侯等九县，为沿海缺"，"闽侯"当断开。按"闽"，即"闽县"；"侯"，即"侯官县"。治所皆在今福建福州市。1913年，闽县与侯官县方合并为闽侯县。

清208，中华书局整理本"其以资劳进用者，营伍差官，提塘，随帮，随营差操，经制及外委，千、把总、无责任效用官"，标点有误，当作"其以资劳进用者，营伍差官提塘、随帮，随营差操经制及外委千、把总，无责任效用官"。按清制，差操是绿营的重要任务，弁兵以差操为专职。差，即差役，如解送、守护、缉捕、察奸、缉私、承催及站道、清道等等；操，就是训练，如习技、练阵、听令等等。绿营既有承担百役之责，应付各项差役，又要担负作战镇守之任，就必须进行训练。差操相混，为清代绿营制度的一大特点。中华书局整理本将"随营差操"与下"经制及外委"用逗号点断，将"差操"视为官名，有误。经制，清代凡属国家额定编制额缺之内的正职官员，谓之经制官吏。外委千把总，为清代绿营中的低级军官，有外委千总、外委把总，通称外委。其职掌与额设千总、额设把总相同，但因系额外差委之官，其品秩较额设千总、把总为低。中华书局整理本将"外委"与"千把总"用逗号点断，有误。《清史稿校注》亦误。

清210，中华书局整理本"御史朱斐疏请定科目、行伍分缺选用之制"，按"朱斐"（？～1700），疑当作"朱裴"，字小晋，号裴公，闻喜（今属山西）人。顺治三年（1646）进士，历官直隶易州知州、刑部员外郎、广东道御史、礼科给事中、工部侍郎。以疾归。《清史稿》有传。《清史稿校注》亦未校勘。

清215，中华书局整理本"十七年，从左都御史魏裔介请，行纠拾之法，以补甄别所未及"，当作校勘。按《清史稿·魏裔介传》："（顺治）九年，转吏科都给事中。十年，大计，疏请复纠拾旧制，言官纠拾未得当，不宜反坐，下所司，著为令。因复疏言顺治四年吏科左给事刘楗以纠拾被谴，宜予昭雪，上为复楗官。"此言"十年"，与《志》文"十七年"有异，未知孰是。《清史稿校注》亦未校勘。

清249，中华书局整理本"御史陆机言"，当出校勘。按"陆机"，生平不详。《清史稿校注》校勘记云："案御史题名录，康熙朝御史无陆机；陆稼书先生文集卷二请速停保举永闭先用疏，此'陆机'当作'陆陇其'。又碑传集卷十六，陈廷敬撰监察御史陆君墓志铭，陆陇其卒于康熙三十一年十二月十七日辛卯；清史列传卷八陆陇其传，此疏当陈于康熙三十年正月。"可参考。

清270，中华书局整理本"各省谘议局互选谘政院议员"，按"谘政院"，当为"资政院"之讹。当作校勘。资政院，清廷为筹备立宪而设立的中央谘议机关。此，《清史稿校注》不讹。

从以上所述标点之错讹情况而论，海峡两岸先后整理《清史稿》，虽使用底本有异，但可以确定的是，至少可断定《选举志》，《清史稿校注》之标点曾参考过20世纪70年代中华书局出版之《清史稿》。

校注者腹笥有限，学识浅薄，诚恳地希望专家学者对这部《七史选举志校注》提出批评意见。

《新唐书》

卷四十四　志第三十四

《选举志》上

1. 唐制，取士之科，多因隋旧 [1]，然其大要有三。由学馆者曰生徒 [2]，由州县者曰乡贡 [3]，皆升于有司而进退之 [4]。其科之目，有秀才 [5]，有明经 [6]，有俊士 [7]，有进士 [8]，有明法 [9]，有明字 [10]，有明算 [11]，有一史 [12]，有三史 [13]，有开元礼 [14]，有道举 [15]，有童子 [16]。而明经之别，有五经，有三经，有二经，有学究一经 [17]，有三礼 [18]，有三传 [19]，有史科 [20]。此岁举之常选也 [21]。其天子自诏者曰制举 [22]，所以待非常之才焉。

[1] 多因隋旧：指进士科肇始于隋代，唐承隋制。唐杜佑《通典》卷十四《选举二》："炀帝始建进士科，又制百官不得计考增级，其功德行能有昭然者，乃擢之。大业三年，始置吏部侍郎一人，分掌尚书职事。"但进士科的出现是否意味着科举制的确立，目前学术界尚有争论。有学者以唐代士子投牒自进作为科举制起源的主要标志，而隋代进士科的出现查无实据，隋代废除九品中正制后所实行的人才选举仍是汉代的察举制。隋，中国历史朝代名（581~618），历文帝、炀帝、恭帝三帝。

[2] 学馆：即学校。唐郑谷《送颜明经及第东归》诗："闲来思学馆，犹梦雪窗明。"生徒：唐国子监所辖六种官学以及广文馆、弘文馆、崇文馆的学生，可参加科举考试。

[3] 州县：古代地方行政建制州与县的合称。唐韩愈《进士策问》："今将自州县始，请各诵所怀，聊以观诸生之志。"乡贡：唐代在家攻读不入州县学馆的学子，学业修成后可怀牒向州县求举，经考试合格者由州县送尚书省，称为乡贡。

[4] 有司：官吏，这里指吏部（后改为礼部）主管科举考试的官员。古代设官分职，各有专司，故称有司。进退：指录取或黜退。

[5] 秀才：亦称茂才，唐代科举科目之一。曾为诸科目之最高科等，后废。唐张九龄等《唐六典》卷二"有以秀、孝"下有注云："谓秀才上上第，正八品上；已下递降一等，至中上第，从八品下。明经降秀才三等。进士、明法甲第，从九品上；乙第，降一等。若本荫高者，秀才、明经上第，加本荫四阶；已下递降一等。明经通二经已上，每一经加一阶；及官人通经者，后叙加阶亦

如之。凡孝义旌表门闾者，出身从九品上叙。"又同书卷四："其科有六，一曰秀才，试方略策五条。"后有注云："此科取人稍峻，贞观已后遂绝。"本志上谓"高宗永徽二年，始停秀才科"，参见唐 12。

[6] 明经：唐代科举科目之一。以经义策问取士，考试方法时有变化，主要有帖经、口试或墨试、经问大义、时务策等。此科以考取较易与录取人数多为中唐以后士人所轻。

[7] 俊士：唐初科举科目之一，与进士科略同，咸亨后遂废止。

[8] 进士：隋唐科举科目之一。初仅试策，后加试读经史一部，又加试帖经与诗赋。唐人以此科仕途最优，又考取甚难，故为士人所重。五代王定保《唐摭言》卷一《散序进士》："进士科始于隋大业中，盛于贞观、永徽之际；缙绅虽位极人臣，不由进士者，终不为美，以至岁贡常不减八九百人。其推重谓之'白衣公卿'，又曰'一品白衫'；其艰难谓之'三十老明经，五十少进士'。"唐代进士中式仅取得做官资格，再经吏部考试及格方可授官。

[9] 明法：唐代科举科目之一。试律、令、策等，以选拔明习法令者。

[10] 明字：唐代科举科目之一。试《说文》、《字林》等，以选拔明于文字训诂者。

[11] 明算：唐代科举科目之一。试《九章算经》、《周髀算经》、《缀术》等，以选拔擅长数学计算者。

[12] 一史：唐代科举科目之一。为长庆二年（822）所设。唐杜佑《通典》卷十七《选举五》："其史书，《史记》为一史，《汉书》为一史，《后汉书》并刘昭所注志为一史，《三国志》为一史，《晋书》为一史，李延寿《南史》为一史，《北史》为一史。习《南史》者兼通宋、齐志；习《北史》者通后魏、隋书志。自宋以后，史书烦碎冗长，请但问政理成败所因及其人物损益关于当代者，其馀一切不问。国朝自高祖以下及睿宗《实录》并《贞观政要》共为一史。"

[13] 三史：唐代科举科目之一，简称史科。为长庆二年（822）所设，以《史记》、两《汉书》、《三国志》为三史，每史问大义百条、策三道。

[14] 开元礼：唐科举科目之一。贞元二年（786）设置。宋王溥《唐会要》卷七十六《开元礼举》："贞元二年六月十一日敕：……自今已后，其诸色举人中，有能习《开元礼》者，举人同一经例，选人不限选数许习。问大义一百条、试三道，全通者超资与官。"《开元礼》，或称《大唐开元礼》，唐萧嵩监修，王仲丘等撰，一百五十卷，开元二十年（732）成书，是有关唐代礼法、法律以及风俗资料的汇集。

[15] 道举：唐代科举科目之一。唐代道教盛行，老子《道德经》等道家著作逐渐融入科举考试内容，开元二十九年（741）设置道举。唐杜佑《通典》卷十五《选举三》："玄宗方弘道化，至二十九年，始于京师置崇玄馆，诸州置道学，生徒有差，谓之道举。举送课试与明经同。"有注云："京都各百人，诸州无常员，习《老》、《庄》、《文》、《列》，谓之四子，荫第与国子监同。"

[16] 童子：唐代科举科目之一。凡十岁以下童子，能通一经及《孝经》、《论语》，每卷诵文十，全通者予官，通七者予出身。广德二年（764）停，以后恢复、废止不定，五代周时停。

[17] "有五经"四句：唐代科举明经科目的不同类别。唐张九龄等《唐六典》卷二："其明经各试所习业，文注精熟，辨明义理，然后为通。正经有九，《礼记》、《左传》为大经，《毛诗》、《周礼》、《仪礼》为中经，《周易》、《尚书》、《公羊》、《穀梁》为小经。通二经者，一大一小，若两中经；通三经者，大、小、中各一；通五经者，大经并通。其《孝经》、《论语》并须兼习。"

[18] 三礼：唐代科举明经科目之一。三礼即《周礼》、《仪礼》、《礼记》，贞元五年（789）设置。

宋王溥《唐会要》卷七十六《三礼举》："贞元五年五月二日敕：……自今已后，诸色人中有习三礼者，前资及出身人科目选吏部考试，白身依贡举礼部考试。每经问大义三十条，试策三道。"

[19] 三传：唐代科举明经科目之一。三传即《左传》、《公羊传》、《穀梁传》，长庆二年（822）设置。宋王溥《唐会要》卷七十六《三传举》："长庆二年二月，谏议大夫殷侑奏：……伏请置三传科以劝学者。《左传》问大义五十条，《公羊》、《穀梁》各问大义三十条，策三道。义通七以上，策通二以上，与及第。其白身应者，请同五经例处分；其先有出身及前资官应者，请准学究一经例处分。"

[20] 史科：唐代科举明经科目之一。即"三史"，包括《史记》、两《汉书》、《三国志》，长庆二年（822）与"三传"同时设置。宋王溥《唐会要》卷七十六《三传举》："每史问大义一百条、策三道，义通七，策通二以上为及第。"

[21] 常选：科举按制度定期选官，即"常贡之科"，与下"制举"相对而言。

[22] 制举：即由皇帝亲诏临时举行的科举考试，又称制科。宋王应麟《困学纪闻》卷十四："唐制举之名，多至八十有六，凡七十六科，至宰相者七十二人。"其科目常见者如"贤良方正直言极谏"、"博通坟典达于教化"、"军谋宏远堪任将率"等皆是。考以试策，白身人、得第者、现任官均可应试，高第者得美官，其次予出身。

2. 凡学六，皆隶于国子监 [1]：国子学 [2]，生三百人，以文武三品以上子孙若从二品以上曾孙及勋官二品、县公、京官四品带三品勋封之子为之 [3]；太学 [4]，生五百人，以五品以上子孙、职事官五品期亲若三品曾孙及勋官三品以上有封之子为之 [5]；四门学 [6]，生千三百人，其五百人以勋官三品以上无封、四品有封及文武七品以上子为之，八百人以庶人之俊异者为之 [7]；律学 [8]，生五十人，书学 [9]，生三十人，算学 [10]，生三十人，以八品以下子及庶人之通其学者为之。京都学生八十人 [11]，大都督、中都督府、上州各六十人 [12]，下都督府、中州各五十人，下州四十人，京县五十人 [13]，上县四十人，中县、中下县各三十五人，下县二十人。国子监生，尚书省补 [14]，祭酒统焉 [15]。州县学生，州县长官补 [16]，长史主焉 [17]。

[1] 国子监：唐代官署名，简称国学，为管理教育之国家机关。设祭酒一人，秩从三品；司业二人，秩从四品下。每年生徒毕业者，经祭酒、司业考试，合格者推荐尚书省参加科举考试。龙朔二年（662），东都洛阳亦设国子监。

[2] 国子学：学校名，与下述"太学"同为唐代最高学府。设博士、助教各五人，直讲四人，分别教授《周易》、《尚书》、《毛诗》、《左传》、《礼记》等五经，每经各六十人。

[3] 若：或者。勋官：古代授给有功人员的一种荣誉称号，无实职。唐代勋官从上柱国、柱国、上大将军至武骑尉，凡十二等，从正二品至从七品。县公：即开国县公，封爵名，唐代为从二品。京官：即京职事官，与"外官"相对。唐代指中央省、寺、台、监、诸卫、东宫、王府以下佐官与公主邑司官等。勋封：勋官封号。

[4] 太学：学校名，与上述"国子学"同为唐代最高学府。设博士、助教各六人，分别教授《周易》、《尚书》、《毛诗》、《左传》、《礼记》等五经，每经各百人。

[5] 职事官：或作"执事官"，与"散官"相对。隋代称居曹有职务者为职事官，无职务者为散官。唐代职事官又分京职事官与外职事官。期（jī机）亲：古人称须服丧一年的亲属（关系较近）。有封之子：有封阶（官员品级的荣誉称号）的子弟。

[6] 四门学：学校名，北魏创立，初设于京师四门，故称。唐代四门学设博士、助教各三人，直讲四人，学习课业与国子学、太学同，惟生徒家庭出身品级较低。

[7] 庶人：平民，百姓。俊异：杰出异常者。

[8] 律学：学校名，以律令为专业，兼学格式法例。唐代设博士三人，助教一人。

[9] 书学：学校名，以石经、《说文》、《字林》等为教材，培养书法人才。唐代设博士二人，助教一人。

[10] 算学：学校名，以《九章算术》、《海岛算经》、《孙子算经》、《五曹算经》、《张丘建算经》、《夏侯阳算经》、《周髀算经》、《缀术》、《缉古算经》为教材，培养数学人才。唐代设博士、助教各二人。

[11] 京都：京师与东都。唐以长安为国都，以洛阳为东都。京都以及都督府、州、县之学，为与中央国子监相对的地方学校，即州县学。以下所言即各级地方学校的规定学生人数。

[12] 大都督：即大都督府，唐代军政区划。武德初以洛、荆、并、幽、交五州为大总管府，后改称大都督府，又逐步推行于各州，分等级各置大、中、下都督府。长官以亲王遥领，长史总其事。唐中期后，节度使观察使府兴起，都督府消亡。上州：唐代州郡（包括县）按户口分为上、中、下三等，宋郑樵《通志》卷四十："四万户已上为上州，二万户已上为中州，不满为下州。凡三都之县，在城内曰京县，城外曰畿县，又望县有八十五焉。其馀则六千户已上为上县，二千户已上为中县，一千户已上为中下县，不满一千户皆为下县。"

[13] 京县：置于京城的县，又称赤县。唐代以长安、万年两县为京县，其长官县令及其辅佐官的官秩高于畿县及地方的上、中、下县。

[14] 尚书省：唐代全国最高行政机构，长官为尚书令，秩正二品。唐太宗以后，不设尚书令，以左、右仆射各一人（秩从二品）掌事。

[15] 祭酒：这里指国子祭酒，唐代国子监长官，秩从三品，掌儒学训导之政。

[16] 州县长官：指州刺史与县令等官，秩自从三品至从七品不等。

[17] 长史：这里指诸都督府、诸州的辅佐官，秩自从三品至从五品上不等。

3. 凡馆二：门下省有弘文馆 [1]，生三十人；东宫有崇文馆 [2]，生二十人。以皇缌麻以上亲 [3]，皇太后、皇后大功以上亲 [4]，宰相及散官一品 [5]、功臣身食实封者 [6]、京官职事从三品 [7]、中书、黄门侍郎之子为之 [8]。

[1] 门下省：唐代官署名，与中书省、尚书省共掌军国大政，是为三省。中书省所拟诏令文书，经门下省过覆，交尚书省颁下执行。门下省有封还中书省文书重拟之权。以侍中（正二品）二人为正职，以门下侍郎（正三品）二人为副。弘文馆：唐代官署名，掌校理图籍、教授生徒，参议朝廷制度、礼仪等事。馆主多以宰相兼领，馆务则以他官兼领，五品以上称学士，六品以下为直学士。馆中学生教授、考试，如同国子学。

[2] 东宫：太子所居之宫。崇文馆：唐代官署名，原称崇贤馆，后以避太子李贤讳，改称崇文馆。馆中有学士、直学士，为太子属官，掌经籍图书、教授生徒，多以宰相总领馆事。

[3] 缌麻：古代丧服名，为五种丧服中之最轻者。其服用细麻布制成，服期三月。凡本宗为高祖父母、曾伯叔祖父母、族伯叔父母、族兄弟及未嫁族姊妹、外姓中为表兄弟、岳父母等，均服之。

[4] 大功：古代丧服名，为五种丧服中之第三种。其服用熟麻布制成，服期九月。凡堂兄弟、未婚之堂姊妹、已婚的姑、姊妹、侄女及众孙、众子妇、侄妇等，均服之。

[5] 宰相：古代辅佐皇帝统领全国政务的最高官员。唐以中书、门下、尚书三省长官中书令、侍中（纳言）、尚书令、仆射为宰相，也有以他官行宰相职者，唐初多加"参掌机密"、"参预朝政"等名。唐太宗时则加"同中书门下平章事"或"同中书门下三品"等号，高宗时遂成为宰相之专号。散官：与"职事官"相对，无职务者为散官。唐代有文散官与武散官之分，文散官从开府仪同三司至将仕郎凡二十九阶，武散官从骠骑大将军至陪戎副尉凡四十五阶。

[6] 身：毕生。实封：唐代封户有虚实之别，虚封者封国既无疆土，封户亦徒有虚名；惟加实封者，得食其所封户之租税。

[7] 京官：又称京职事官，与"外官"相对。唐代指中央省、寺、台、监、诸卫、东宫、王府以下佐官与公主邑司官等。

[8] 中书：指中书侍郎，唐代中书省次官。中唐以后，中书令时或阙员，中书省事务多由侍郎主之，并行宰相职事。黄门侍郎：唐代门下省次官。唐玄宗以后，门下侍中渐成空衔，门下省事务即由黄门侍郎主持，并行宰相职事。

4. 凡博士、助教 [1]，分经授诸生 [2]，未终经者无易业。凡生，限年十四以上，十九以下；律学十八以上，二十五以下。

[1] 博士：学官名，以讲经与传授技艺及各种专业知识为业。唐代太医署、太卜署、大理寺以及国子监六学、广文馆、各都督府、诸州县皆置博士，讲授经书。助教：学官名，辅佐博士传授经书等。

[2] 诸生：指上述各学之生徒。

5. 凡《礼记》、《春秋左氏传》为大经 [1]，《诗》、《周礼》、《仪礼》为中经 [2]，《易》、《尚书》、《春秋公羊传》、《穀梁传》为小经 [3]。通二经者，大经、小经各一，若中经二。通三经者，大经、中经、小经各一。通五经者，大经皆通，馀经各一，《孝经》、《论语》皆兼通之 [4]。凡治《孝经》、《论语》共限一岁，《尚书》、《公羊传》、《穀梁传》各一岁半，《易》、《诗》、《周礼》、《仪礼》各二岁，《礼记》、《左氏传》各三岁。学书，日纸一幅，间习时务策 [5]，读《国语》、《说文》、《字林》、《三苍》、《尔雅》 [6]。凡书学，石经三体限三岁 [7]，《说文》二岁，《字林》一岁。凡算学，《孙子》、《五曹》共限一岁 [8]，《九章》、《海岛》共三岁 [9]，《张丘建》、《夏侯阳》各一岁 [10]，《周髀》、《五经算》共一岁 [11]，《缀术》四岁 [12]，《缉古》三岁 [13]，《记遗》、《三等数》皆兼习之 [14]。

[1] 礼记：书名，西汉戴圣采先秦旧籍编定，共四十九篇。有汉郑玄《注》及唐孔颖达《正义》。因同时戴德别有《记》八十五篇，称《大戴礼》，此书又称《小戴记》。春秋左氏传：书名，又称

《左传》或《左氏春秋》，相传为春秋时鲁左丘明所撰，记自鲁隐公元年至鲁悼公四年间二百六十年史事。《春秋》、《左传》原为二书，至晋杜预始以《左传》附于《春秋》，并为之作注。唐初编《五经音义》，《左传》取杜预《注》、孔颖达《正义》，是为通行本，与《公羊传》、《穀梁传》合称《春秋》三传。

[2] 诗：即《诗经》，我国最早的诗歌总集，共收西周初至春秋中叶的民歌及朝庙乐章三百零五篇，分为风、小雅、大雅、颂四体。汉代传诗者有齐、鲁、韩（今文）与毛（古文）四家，以毛诗独传至今。周礼：书名，原名《周官》，或称《周官经》，西汉末列为经而属于礼，故称《周礼》。分天官、地官、春官、夏官、秋官、冬官六篇，后缺冬官，补以《考工记》。今传本四十二卷，有汉郑玄《注》、唐贾公彦《疏》。仪礼：书名，为春秋、战国时代一部分礼制的汇编。汉时所传有戴德本、戴圣本与刘向《别录》本。今传十七篇为郑玄注《别录》本，唐贾公彦《疏》。

[3] 易：即《易经》，又称《周易》，古代占卜书，儒家重要经典。内容包括经、传两部分，有六十四卦、三百八十四爻。西汉经传别行，以后合一，唐孔颖达有《周易正义》。尚书：或称《书》，为现存最早有关上古典章文献的汇编，儒家经典之一，相传为孔子编选。传世者有今文、古文之别。春秋公羊传：即《公羊传》，或称《公羊春秋》，相传为战国齐人公羊高所著，以微言大义阐释《春秋》。汉何休作《解诂》十一卷，唐徐彦作《疏》。穀梁传：即《春秋穀梁传》，战国穀梁赤撰，以释《春秋》义例为其主要内容。晋范宁作《注》，唐杨士勋作《疏》。

[4] 孝经：宣扬孝道与孝治思想的儒家经典，原有今文、古文两本。今通行之《十三经注疏》本，为唐玄宗注、宋邢昺疏。论（lún 伦）语：书名，为孔门弟子及其后学关于孔子言行思想的记录，二十篇。

[5] 时务策：唐代进士、明经等科举考试内容之一。应试者须按主试官所出有关重大时政问题发挥政见，提出主张。

[6] 国语：书名，或称《春秋外传》，二十一篇，相传为春秋时左丘明所撰。为分国叙述的记言史书，载周、鲁、齐、晋、郑、楚、吴、越八国事。有三国吴韦昭注。说文：即《说文解字》，汉许慎撰。将九千三百五十三字按形体及偏旁构造分列五百四十部，以小篆为主，字义解释，皆本六书，为历代治小学者所宗。字林：书名，晋吕忱撰。按《说文》部首增补《说文》所未收之异字，共收一万二千八百二十四字。唐以后失传。三苍：书名，即《三仓》。汉初有人将当时流传的字书《苍颉篇》、《爰历篇》、《博学篇》合为一书，统称《苍颉篇》，又称《三仓》。魏晋时，又以《苍颉篇》与汉扬雄《训纂篇》、贾鲂《滂喜篇》三字书合为一部，分上、中、下三卷，亦称《三仓》。尔雅：书名，相传周公所撰，或谓系孔子门徒解释六艺之作，其实非出于一时一手之作。以解释语词与名物术语为主，今传本三卷十九篇，有晋郭璞注。

[7] 石经三体：即"三体石经"。东汉熹平四年（175），汉灵帝诏令正定《五经》文字，命议郎蔡邕以隶体书丹于碑，刻石立于太学门外。因用古文、篆、隶三种字体参校，故也称三体石经。魏正始（240～249）中，邯郸淳又用古文、小篆、汉隶三种字体书写石经，立于汉碑西，亦称三体石经。

[8] 孙子：即《孙子算经》，古算书，三卷，为先秦古书，历经后人增益而成。五曹：即《五曹算经》，古《算经十书》之一，《新唐书·艺文志》著录甄鸾、韩延各著《五曹算经》五卷。今传本系从《永乐大典》辑出，无撰者姓名，分田曹、兵曹、集曹、仓曹、金曹五卷，讨论田亩面积、军队给养、比例、粮食征收储运等算题的计算法。

［9］九章：即《九章算术》，古算书，作者不详，成书于公元前 3 世纪至 1 世纪之间。今传本为晋刘徽、唐李淳风注本，九卷，分方田、粟、米、差分、少广、商功、均输、方程、赢不足、勾股九章，有二百四十六则题。海岛：即《海岛算经》，晋刘徽撰，唐李淳风注，一卷。本名《重差》，以卷首用海岛立表设问，至唐代改今名。系记录利用有关数据测算实物之高、深、广、远的方法。今传本为乾隆间从《永乐大典》所辑出者。

［10］张丘建：即《张丘建算经》，三卷，张丘建撰，设等级差数、二次方程、不等方程等九十二题。有甄鸾、李淳风等注。夏侯阳：即《夏侯阳算经》，三卷，夏侯阳撰，设八十三问，讲述乘除捷法，解决日常应用问题。

［11］周髀：即《周髀算经》，我国最古的天文算学著作，已言及分数乘除、勾股定理、开平方等计算方法。五经算：即《五经算术》，古《算经十书》之一，二卷，北周甄鸾撰，唐李淳风注。书中列举《易》、《诗》、《书》、《周礼》、《礼记》、《春秋》、《论语》中涉及算术的内容，讲述计算方法，实为七经。今传本系从《永乐大典》中辑出。

［12］缀术：算学书名，南齐祖冲之撰，六卷。今佚。

［13］缉古：即《缉古算经》，或称《缉古算术》，唐王孝通撰，一卷，分二十术。言及三次方程解法，参用代数、几何方法。

［14］记遗：即《数术记遗》，汉徐岳撰，今佚。三等数：算学书名，晋董泉撰，北周甄鸾注。至宋已佚。

6. 旬给假一日［1］。前假，博士考试，读者千言试一帖，帖三言［2］；讲者二千言问大义一条，总三条通二为第，不及者有罚［3］。岁终，通一年之业，口问大义十条，通八为上，六为中，五为下［4］。并三下与在学九岁［5］、律生六岁不堪贡者罢归［6］。诸学生通二经、俊士通三经已及第而愿留者［7］，四门学生补太学，太学生补国子学。每岁五月有田假［8］，九月有授衣假［9］，二百里外给程［10］。其不帅教及岁中违程满三十日［11］，事故百日［12］，缘亲病二百日［13］，皆罢归。既罢，条其状下之属所，五品以上子孙送兵部［14］，准荫配色［15］。

［1］旬给假一日：即休沐，又称旬假、旬休，唐永徽三年（652）定制，百官每十日一休假。

［2］"前假"四句：谓旬假前由博士主持的旬考的诵读部分，每背诵一千字，考试帖经一帖，即掩盖经书前后两边，只露中间一行，又剪纸帖一行中的三个字，要求默填上被帖之字。

［3］"讲者"三句：谓旬考的讲解部分，每讲解两千字，考问大义一条，测三条中有两条正确，即为合格，不合格者要受责罚。

［4］"岁终"六句：谓岁末年考，考试一年所学，口头问答大义十条，八条正确为上等，六条正确为中等，五条正确为下等。

［5］并三下：谓年考连续三次下等。

［6］贡：即贡举，指学业及格获取参加科举考试的资格。

［7］俊士：开元七年（719），命州县学生年二十五岁以下、八品子，庶人二十一岁以下，能通一经或有文辞、史学者，可入四门学为俊士。

［8］田假：唐代中央官学每年五月因农事忙而放假十五天。

[9] 授衣假：唐代中央学校每年九月放假十五天。

[10] 给程：因路程远而酌加假期。

[11] 帅教（jiào 叫）：遵循教导。语本《礼记·王制》："命乡简不帅教者以告。"郑玄注："帅，循也。"违程：耽误行程。

[12] 事故：指各种事由。

[13] 亲：这里指双亲，即父或母。

[14] 兵部：唐代尚书省六部之一，下统兵部、职方、驾部、库部四司。掌武官选授及军籍、军训、地图、舆马、甲仗之政。

[15] 准荫配色：指凭父祖辈官职以门荫取得不同任官资格。

7. 每岁仲冬 [1]，州、县、馆、监举其成者送之尚书省 [2]；而举选不由馆、学者，谓之乡贡，皆怀牒自列于州、县 [3]。试已，长吏以乡饮酒礼 [4]，会属僚，设宾主 [5]，陈俎豆 [6]，备管弦 [7]，牲用少牢 [8]，歌《鹿鸣》之诗 [9]，因与耆艾叙长少焉 [10]。既至省，皆疏名列到 [11]，结款通保及所居 [12]，始由户部集阅 [13]，而关于考功员外郎试之 [14]。

[1] 仲冬：冬季的第二个月，即农历十一月。

[2] 州县馆监：即地方官学州学、县学与中央官学二馆（弘文馆、崇文馆）和国子监六学（国子学、太学、四门学、律学、书学、算学）。

[3] 牒：可证明个人身份的凭证。

[4] 长（zhǎng 掌）吏：州县长官的辅佐。乡饮酒礼：古礼，始于周代。《仪礼·乡饮酒礼》贾公彦疏引郑玄《三礼目录》："诸侯之乡大夫三年大比，献贤者、能者于其君，以礼宾之，与之饮酒。于五礼属嘉礼。"唐开元二十五年（737）令诸州岁贡人才，以乡饮酒礼送行，以示风俗返古还淳。

[5] 宾主：宾客与主人。《礼记·乡饮酒义》："乡人、士君子，尊于房中之间，宾主共之也。"

[6] 俎豆：俎和豆，古代祭祀、宴飨时盛食物用的两种礼器，以示郑重。

[7] 备管弦：饮宴中奏乐助兴。

[8] 少牢：古代祭礼的牺牲，牛、羊、豕俱用为太牢，只用羊、豕二牲为少牢。

[9] 鹿鸣：《诗·小雅·鹿鸣》："呦呦鹿鸣，食野之苹。"毛传："呦呦然鸣而相呼，恳诚发乎中，以兴嘉乐宾客，当有恳诚相招呼以成礼也。"唐代乡举考试后，州县长官宴请得中举子时歌《鹿鸣》，作魁星舞，称鹿鸣宴。

[10] 耆艾：泛指老年人。《汉书·武帝纪》："然则于乡里先耆艾，奉高年，古之道也。"颜师古注："六十曰耆，五十曰艾。"叙长少：以年齿排列先后，尊长者之意。

[11] 疏名列到：填写姓名报到，并交纳有关文状（文解、家状），如考生乡贯及三代名讳、履历与本人体貌特征等。宋钱易《南部新书》乙卷："吏部常式，举选人家状，须云：'中形，黄白色，少有髭。'"

[12] 结款通保：谓考生相互保结，即合保。唐李肇《唐国史补》卷下："将试，各相保任，谓之合保。"又宋王溥《唐会要》卷七十六："今日以后，举人于礼部纳家状后，望依前五人自相保。其衣冠则以亲姻故旧、久同游处者，其江湖之士则以封壤接近、素所谙知者为保。如有缺孝弟

之行，资朋党之势，迹由邪径，言涉多端者，并不在就试之限。如容情故，自相隐蔽，有人纠举，其同举并三年不得赴举。"所居：住处。

[13] 户部：唐代官署名，尚书省六部之一，下辖户部、度支、金部、仓部四司，掌天下土田户籍、财税钱谷之政。集阅：即审核。户部主要审核考生有无籍记。唐封演《封氏闻见记》卷三："旧举人应及第，开检无籍者，不得与第。"

[14] 考功员外郎：官名，唐代尚书省吏部考功司次官，秩从六品上。考功员外郎兼掌贡举为唐初情况，开元二十四年（736）后，贡举事移礼部侍郎。宋王溥《唐会要》卷五十九《礼部侍郎》："开元十二年三月十二日，以考功员外郎李昂为举人所讼，乃下诏曰：'每岁举人，顷年以来，惟考功郎所职，位轻务重，名实不伦。欲尽委长官，又铨选委积。但六官之列，体国是问，况宗伯掌礼，宜主宾荐。自今以后，每年诸色举人及斋郎等简试，并于礼部集。既众务烦杂，仍委侍郎专知。'"参见唐16。

8. 凡秀才，试方略策五道 [1]，以文理通粗为上上、上中、上下、中上，凡四等为及第。凡明经，先帖文，然后口试，经问大义十条，答时务策三道 [2]，亦为四等。凡《开元礼》，通大义百条、策三道者，超资与官 [3]；义通七十、策通二者，及第。散、试官能通者 [4]，依正员 [5]。凡三传科，《左氏传》问大义五十条，《公羊》、《穀梁传》三十条，策皆三道，义通七以上、策通二以上为第，白身视五经 [6]，有出身及前资官视学究一经 [7]。凡史科，每史问大义百条、策三道，义通七、策通二以上为第。能通一史者，白身视五经、三传，有出身及前资官视学究一经；三史皆通者，奖擢之。凡童子科，十岁以下能通一经及《孝经》、《论语》，卷诵文十 [8]，通者予官；通七，予出身。凡进士，试时务策五道、帖一大经，经、策全通为甲第；策通四、帖过四以上为乙第。凡明法，试律七条、令三条，全通为甲第，通八为乙第。凡书学，先口试，通，乃墨试《说文》、《字林》二十条，通十八为第。凡算学，录大义本条为问答，明数造术 [9]，详明术理 [10]，然后为通。试《九章》三条、《海岛》、《孙子》、《五曹》、《张丘建》、《夏侯阳》、《周髀》、《五经算》各一条，十通六，《记遗》、《三等数》帖读十得九，为第。试《缀术》、《辑古》，录大义为问答者，明数造术，详明术理，无注者合数造术，不失义理，然后为通。《缀术》七条、《辑古》三条，十通六，《记遗》、《三等数》帖读十得九，为第。落经者 [11]，虽通六，不第。

[1] 方略策：唐代科举考试中应试的有关治国方略的策文。
[2] 时务策：参见唐5注5。
[3] 超资与官：任官不限资格。
[4] 散：即散官，参见唐3注5。试官：武周天授二年（691）始设，即试任其职之意，并不理事。开元后革除之。另外中唐以后，如试大理评事一类虚衔，亦称试官。
[5] 正员：正式编制内的官员。
[6] 白身：即白身人，平民，亦指无功名无官职的士人或已仕而未通朝籍的官员。视：比照。
[7] 出身：谓已有功名或官职等某种身份、资格者。前资官：唐代官员任期一满即须解任，称前资

官。

[8]卷诵文十：元马端临《文献通考》卷三十五："唐有童子科，凡十岁以下，能通一经及《孝经》、《论语》，每卷诵文十通者，予官；通七者，与出身。"

[9]明数造术：谓有关应用的数学知识。

[10]详明数理：谓有关理论的数学问题。

[11]落经者：当指《五经算术》一条未获通过。

9．凡弘文、崇文生，试一大经、一小经，或二中经，或《史记》、前、后《汉书》、《三国志》各一 [1]，或时务策五道。经史皆试策十道。经通六，史及时务策通三，皆帖《孝经》、《论语》共十条通六，为第。凡贡举非其人者、废举者、校试不以实者 [2]，皆有罚。

[1]"或史记"句：此即唐科举考试科目中之"三史"。参见唐1注13。《史记》，汉司马迁撰，一百三十篇，记事起黄帝，止于汉武，首尾三千年，为我国第一部纪传体通史。前《汉书》，即《汉书》，东汉班固撰，班固妹班昭续成，一百二十卷，记事自刘邦元年至王莽地皇四年共二百三十年间事，为我国第一部纪传体断代史。《后汉书》，南朝宋范晔撰，一百二十卷，记东汉一代史实，因袭《史记》、《汉书》体例，创党锢、独行、逸民、列女等传。《三国志》，晋陈寿撰，六十五卷，分魏、蜀、吴三志，记述三国历史，南朝宋裴松之所作注最有名。

[2]校（jiào叫）试：考试。

10．其教人取士著于令者 [1]，大略如此。而士之进取之方，与上之好恶、所以育材养士、招来奖进之意 [2]，有司选士之法，因时增损不同。

[1]令：法令。

[2]招来：又作"招徕"，招引，延揽。

11．自高祖初入长安 [1]，开大丞相府 [2]，下令置生员，自京师至于州县皆有数 [3]。既即位 [4]，又诏秘书外省别立小学 [5]，以教宗室子孙及功臣子弟。其后又诏诸州明经、秀才、俊士、进士明于理体为乡里称者，县考试，州长重覆，岁随方物入贡 [6]；吏民子弟学艺者，皆送于京学 [7]，为设考课之法。州、县、乡皆置学焉。及太宗即位 [8]，益崇儒术。乃于门下别置弘文馆 [9]，又增置书、律学，进士加读经、史一部。十三年 [10]，东宫置崇文馆。自天下初定，增筑学舍至千二百区，虽七营、飞骑 [11]，亦置生，遣博士为授经。四夷若高丽、百济、新罗、高昌、吐蕃 [12]，相继遣子弟入学，遂至八千余人。

[1]高祖：即唐高祖李渊（566～635），陇西成纪（今甘肃通渭东北）人。唐朝建立者，公元618～626年在位，玄武门之变后被迫退位，卒谥神尧皇帝。初入长安：李渊起兵于隋大业十三年

（617）十一月西入长安后，新立的隋恭帝"授高祖假黄钺、使持节、大都督内外诸军事、大丞相、录尚书事，进封唐王"（《新唐书·高祖纪》）。长安，今陕西西安。

[2] 大丞相：即丞相，东汉以后多为权臣所任。此大丞相即为李渊所特设者。

[3] "下令"二句：《旧唐书·儒学传序》："及高祖建义太原，初定京邑，虽得之马上，而颇好儒臣。以义宁三年五月初，令国子学置生七十二员，取三品已上子孙；太学置生一百四十员，取五品已上子孙。四门学生一百三十员，取七品已上子孙。上郡学置生六十员，中郡五十员，下郡四十员；上县学并四十员，中县三十员，下县二十员。"

[4] 即位：隋大业十四年（618）五月，李渊迫隋恭帝禅位，建立唐朝，改元武德。

[5] 秘书外省：即秘书省，为国家图书馆与档案馆，长官为秘书监，从三品。宋王应麟《玉海》卷一百二十一："唐秘书外省"一则下注云："与秘书省通。"唐贞观二年（628）曾于中书省下设秘书内省修《五代史》，此盖以区别之。小学：周代贵族子弟八岁入小学，十五岁入大学。清毛奇龄《大学证文》卷四："唐高祖武德元年，诏皇族子姓及功臣子弟于秘书外省别立小学，此正与旧时天子诸侯小学无异。"

[6] 方物：各地土特产。五代王定保《唐摭言》卷十五："高祖武德四年四月十一日，敕诸州学士及白丁：有明经及秀才、俊士，明于理体为乡曲所称者，委本县考试，州长重覆，取上等人，每年十月随物入贡。"

[7] 京学：中央官学，如国子监六学等。

[8] 太宗：即唐太宗李世民（599～649），李渊次子，公元626～649年在位。治国有方，以贞观之治享名后世。卒谥文皇帝。

[9] 门下：即门下省，参见唐3注1。

[10] 十三年：即贞观十三年（639）。

[11] 七营飞骑：唐代驻扎京师的天子禁军名目，即北衙七营与左右屯营。《新唐书·兵志》："及贞观初，太宗择善射者百人，为二番于北门长上，曰'百骑'，以从田猎。又置北衙七营，选材力骁壮，月以一营番上。十二年，始置左右屯营于玄武门，领以诸卫将军，号'飞骑'。"

[12] 四夷：古代华夏族对四方少数民族的统称，有轻蔑意味。高丽：古国名，亦称高句丽，故地在今朝鲜半岛北部，都平壤。百济：古国名，故地在今朝鲜半岛西南部，都慰礼城。新罗：古国名，亦称斯罗，故地在今朝鲜半岛东南部，都金城。公元4世纪后，高丽、百济、新罗在朝鲜半岛鼎足争雄。高昌：西域地名，在今新疆吐鲁番东，亦称高昌王国。贞观十四年（640）为唐所灭，置西昌州，后改名西州。吐蕃（bō 播）：公元7世纪至9世纪，我国古代藏族所建政权，据有今西藏地区全部，并辖有青藏高原诸部乃至西域、河陇一带。其赞普松赞干布与唐文成公主联姻，与唐经济文化联系至为密切。

12. 高宗永徽二年 [1]，始停秀才科。龙朔二年 [2]，东都置国子监 [3]，明年以书学隶兰台 [4]，算学隶秘阁 [5]，律学隶详刑 [6]。上元二年 [7]，加试贡士《老子》策 [8]，明经二条，进士三条。国子监置大成二十人 [9]，取已及第而聪明者为之。试书日诵千言，并日试策 [10]，所业十通七，然后补其禄俸 [11]，同直官 [12]。通四经业成，上于尚书 [13]，吏部试之，登第者加一阶放选。其不第则习业如初，三岁而又试，三试而不中第 [14]，从常调 [15]。

[1] 高宗：即唐高宗李治（628～683），公元 649～683 年在位。字为善，小字雉奴，太宗第九子。即位后渐委政于武后，卒谥天皇大帝。永徽二年：即公元 651 年。永徽，唐高宗第一个年号。

[2] 龙朔二年：即公元 662 年。龙朔，唐高宗第三个年号。

[3] 东都：隋朝修建，故址在今河南洛阳东北。

[4] 兰台：即秘书省。唐龙朔二年至咸亨元年（670）改秘书省为兰台。

[5] 秘阁：隋唐秘书省藏书处的简称。

[6] 详刑：即大理寺，为掌刑狱的执法机关。唐龙朔二年至咸亨元年改大理寺为详刑寺。

[7] 上元二年：即公元 675 年。上元，唐高宗的第八个年号。

[8] 老子：这里指老子所著《道德经》五千言，世传汉河上公与魏王弼二家注。

[9] 大成：唐国子学进修生员，其名取义《礼记·学记》："九年知类通达，强立而不反，谓之大成。"

[10] 并日试策：两天一试策。

[11] 禄俸：又作"禄奉"。即俸给。

[12] 直官：暂时代理他职的官员。宋沈括《梦溪笔谈·故事二》："唐制，官序未至，而以他官权摄者，为直官。"

[13] 尚书：指尚书省。参见唐 2 注 14。

[14] 中（zhòng 重）第：中选。

[15] 常调：按常规迁选官吏。

13．永隆二年［1］，考功员外郎刘思立建言［2］，明经多抄义条［3］，进士唯诵旧策，皆亡实才，而有司以人数充第。乃诏自今明经试帖粗十得六以上，进士试杂文二篇，通文律者然后试策［4］。

[1] 永隆二年：即公元 681 年。永隆，唐高宗第十一个年号。

[2] 考功员外郎：唐尚书省吏部考功司次官，分管外官考课事务，秩从六品上。刘思立：宋州宁陵（今属河南）人，为唐高宗时名御史，迁考功员外郎，卒官。《新唐书·文艺中》有传。

[3] 义条：指将经书分割成条目背诵，以便应试。宋宋敏求《唐大诏令集》卷一百六《条流明经进士诏》："学者，立身之本；文者，经国之资。岂可假以虚名，必须征其实效。如闻明经射策，不读正经，抄撮义条，才有所解；进士不寻史传，惟读旧策，共相模拟，本无实才。"

[4] 文律：指写作规律。南朝梁刘勰《文心雕龙·通变》："文律运用，日新其业。"

14．武后之乱［1］，改易旧制颇多。中宗反正［2］，诏宗室三等以下、五等以上未出身［3］，愿宿卫及任国子生［4］，听之。其家居业成而堪贡者，宗正寺试［5］，送监举如常法。三卫番下日［6］，愿入学者，听附国子学、太学及律馆习业。蕃王及可汗子孙愿入学者［7］，附国子学读书。

[1] 武后：即武则天（624～705），称制后改名曌，唐并州文水（今山西文水东）人，武士彟女。后为唐高宗皇后，高宗死，自总朝政，为武周皇帝，公元 690～705 年在位。卒谥则天大圣皇后。

［2］中宗：即唐中宗李显（656～710），唐高宗第七子，武后所生，公元683～684年，705～710年在位，一度被武后废为庐陵王，武后病重，为宰相张柬之等拥立复位，后为其皇后韦后毒死，卒谥孝和皇帝。反正：古代指帝王复位。

［3］宗室：犹言皇族，即与君主同宗族之人。《新唐书·百官志·宗正寺》："凡亲有五等，先定于司封：一曰皇帝周亲，皇后父母，视三品；二曰皇帝大功亲、小功尊属，太皇太后、皇太后、皇后周亲，视四品；三曰皇帝小功亲、缌麻尊属，太皇太后、皇太后、皇后大功亲，视五品；四曰皇帝缌麻亲、袒免尊属，太皇太后、皇太后、皇后小功亲；五曰皇帝袒免亲，太皇太后、皇太后、皇后小功卑属，皇太后、皇后缌麻亲，视六品。皇帝亲之夫妇男女，降本亲二等，馀亲降三等，尊属进一等，降而过五等者不为亲。"

［4］宿卫：唐代府兵中郎将府卫士，在宫禁中值宿，担任警卫。以五品以上官之子弟为之。

［5］宗正寺：官署名，唐代为掌皇室亲族属籍之事务机关，长官为宗正卿。

［6］三卫：唐代府兵有内府、外府之别，中郎将府为内府，所统卫士分亲卫、勋卫、翊卫三种，称三卫。番下：唐代府兵定期轮流到京师担任宿卫期满归来之称。

［7］蕃（fán 凡）王：这里泛指外族或异国首领。蕃，通"番"。可汗（kèhán 克寒）：古代鲜卑、柔然、突厥、回纥、蒙古等民族中最高统治者的称号。

15. 玄宗开元五年[1]，始令乡贡明经、进士见讫，国子监谒先师[2]，学官开讲问义，有司为具食[3]，清资五品以上官及朝集使皆往阅礼焉[4]。七年，又令弘文、崇文、国子生季一朝参[5]。及注《老子道德经》成，诏天下家藏其书，贡举人减《尚书》、《论语》策，而加试《老子》[6]。又敕州县学生年二十五以下、八品子若庶人二十一以下，通一经及未通经而聪悟有文辞、史学者，入四门学为俊士。即诸州贡举省试不第，愿入学者亦听。

［1］玄宗：即唐玄宗李隆基（685～762），又称唐明皇，唐睿宗第三子，公元712～756年在位，卒谥至道大圣大明孝皇帝。开元五年：即公元717年。开元，唐玄宗李隆基的第二个年号。

［2］先师：前辈老师。

［3］具食：备办食物。

［4］清资：指由士族担任的清贵官职。朝集使：使职名。唐制，每年十月二十五日，各地都督刺史或其上佐，必须轮流到京城集中，汇报所属官吏考课情况与进贡本地方物，聆听皇帝敕命，谓之朝集使。

［5］朝（cháo 潮）参：上朝参拜君主。

［6］"及注"四句：谓唐玄宗于开元二十一年（733）注《老子》书成事。《册府元龟》卷六百三十九《贡举部》："二十一年，御注《老子》成，诏天下每岁贡士减《尚书》、《论语》策而加《老子》焉。"

16. 二十四年[1]，考功员外郎李昂为举人诋诃[2]，帝以员外郎望轻，遂移贡举于礼部[3]，以侍郎主之[4]。礼部选士自此始。

［1］二十四年：即开元二十四年（736）。

［2］"考功"句：唐封演《封氏闻见记》卷三《贡举》："玄宗时，士子殷盛，每岁进士到省者，常不减千馀人。在馆诸生，更相造诣，互结朋党，以相渔夺，号之为'棚'，推声望者为棚头，权门贵盛，无不走也，以此荧惑主司视听。其不第者，率多喧讼，考功不能御。开元二十年冬，遂移贡举属于礼部。"五代王定保《唐摭言》卷一《进士归礼部》："开元二十四年，李昂员外性刚急，不容物，以举人皆饰名求称，摇荡主司，谈毁失实，窃病之而将革焉……由是庭议以省郎位轻，不足以临多士，乃诏礼部侍郎专之矣。"参见唐7注14。举人，唐代各地乡贡人京应科举考试者之通称，意为应举之人。

［3］礼部：官署名，唐代尚书省六部之一。下辖礼部、祠部、膳部、主客四司，掌礼乐、学校、宗教、民族与外交等政。长官为礼部尚书一人，礼部侍郎一人为副。

［4］侍郎：即礼部侍郎，秩正四品下。

17．二十九年［1］，始置崇玄学［2］，习《老子》、《庄子》、《文子》、《列子》［3］，亦曰道举。其生，京、都各百人［4］，诸州无常员。官秩、荫第同国子［5］，举送、课试如明经。

［1］二十九年：即开元二十九年（741）。

［2］崇玄学：亦称崇玄馆，为唐代官办的道教学校。参见唐1注15。

［3］庄子：书名，又名《南华真经》，道家著作。今存三十三篇，相传内篇七篇为庄子所作，外篇十五篇、杂篇十一篇为其弟子与后人所作。有晋郭象注。文子：书名，又名《通玄真经》，其书杂取儒、墨、名、法家语以解《道德经》，属道家著作。文子为老子弟子，姓辛名妍，字文子，号计然，为范蠡师。《文子》或疑为汉人依托之作。列子：书名，又名《冲虚真经》，道家著作。旧题战国列御寇撰，八卷，今传本疑为魏晋人托名伪作。

［4］京都：指京师长安与东都洛阳。

［5］官秩：官吏的职位或依品级而定的俸禄。荫第：指有不同等级的荫封者。

18．天宝九载［1］，置广文馆于国学［2］，以领生徒为进士者。举人旧重两监［3］，后世禄者以京兆、同、华为荣［4］，而不入学。十二载［5］，乃敕天下罢乡贡，举人不由国子及郡、县学者，勿举送。是岁，道举停《老子》，加《周易》。十四载［6］，复乡贡。

［1］天宝九载：即公元750年。天宝，唐玄宗的第二个年号。

［2］广文馆：官署名。《新唐书·百官三》："广文馆，博士四人，助教二人。掌领国子学业进士者。"有注云："有学生六十人，东都十人。天宝九载，置广文馆，有知进士助教，后罢知进士之名。"

［3］两监：即西监、东监。唐京师国子监习称西监，东都洛阳国子监习称东监，合称两监。

［4］世禄者：指有进国子监为生徒资格的贵族不同等级的人。参见唐2。京兆同华：唐代京兆府京兆郡（治长安，今陕西西安）、同州冯翊郡（今陕西大荔）、华州华阴郡（今陕西华阴县），地处京城

及其附近，后二者皆为"上辅"（唐代治理京城附近地区的行政设置名称），故"世禄者"以此三处乡贡为荣。

[5] 十二载：即天宝十二载（753）。

[6] 十四载：即天宝十四载（755）。

19. 代宗广德二年 [1]，诏曰："古者设太学，教胄子 [2]，虽年谷不登，兵革或动，而俎豆之事不废 [3]。顷年戎车屡驾 [4]，诸生辍讲，宜追学生在馆习业，度支给厨米 [5]。"是岁，贾至为侍郎 [6]，建言岁方艰歉，举人赴省者 [7]，两都试之 [8]。两都试人自此始 [9]。

[1] 代宗：即唐代宗李豫（727~779），唐肃宗长子，公元762~779年在位，卒谥睿文孝武皇帝。广德二年：即公元764年。广德，唐代宗的第二个年号。

[2] 胄子：国子学生员。晋潘尼《释奠颂》："莘莘胄子，祁祁学生。"

[3] 俎豆之事：祭祀、奉祀，即礼仪一类的事情。

[4] 顷年：近年。戎车屡驾：战事频仍，指唐廷平定安史之乱的战事。戎车，兵车。《诗·小雅·采薇》："戎车既驾，四牡业业。"

[5] 度（duó夺）支：官署名，唐代尚书省下户部所辖四部之一，长官为度支郎中。《新唐书·百官一》："掌天下租赋、物产丰约之宜、水陆道涂之利，岁计所出而支调之。"给厨米：指供应伙食。

[6] 贾至：字幼邻（718~772），河内洛阳（今属河南）人。擢明经第，历官起居舍人、中书舍人、尚书左丞、礼部侍郎，封信都县伯，进京兆尹，卒于右散骑常侍任，赠礼部尚书，谥曰文。两《唐书》有传。

[7] 省：即尚书都省（尚书省办公厅，亦号都堂）。

[8] 两都：即长安与洛阳。

[9] "两都"句：五代王定保《唐摭言》卷一《两都贡举》："永泰元年，始置两都贡举，礼部侍郎官号皆以'知两都'为名，每岁两地别放及第。自大历十一年停东都贡举，是后不置。"永泰元年为广德二年之翌年（765），大历十一年为公元776年。

20. 贞元二年 [1]，诏习《开元礼》者举同一经例，明经习律以代《尔雅》。是时弘文、崇文生未补者，务取员阙以补 [2]，速于登第，而用荫乖实 [3]，至有假市门资、变易昭穆及假人试艺者 [4]。六年 [5]，诏宜据式考试 [6]，假代者论如法。初，礼部侍郎亲故移试考功，谓之别头 [7]。十六年 [8]，中书舍人高郢奏罢 [9]，议者是之。

[1] 贞元二年：即公元786年。贞元，唐德宗的第三个年号。

[2] 员阙：亦作"员缺"，即官职空缺。

[3] 用荫乖实：执行门荫制度有违实际情况。

[4] 假市门资：弄虚作假买来某种门第出身。变易昭穆：改变宗族关系。昭穆，古代祭祀时，子孙须

15

按宗法制度的规定排列行礼，左昭右穆。这里即泛指宗族关系。假人试艺：找枪手代考。

[5] 六年：即贞元六年（790）。

[6] 据式：遵循规章制度。

[7] "礼部"二句：唐宋科举考试的回避制度，即别头试。凡应试者与主考官有亲戚故旧关系，礼部侍郎主试权须移交吏部考功员外郎，称考功别头试。唐代或置或罢，至宋方为定制。

[8] 十六年：即贞元十六年（800）。

[9] 中书舍人：唐中书省属官。《新唐书·百官二》："舍人六人，正五品上。掌侍进奏，参议表章。"高郢（741～812）：字公楚，卫州（今河北卫辉）人。宝应初举进士，历官刑部郎中、中书舍人、礼部侍郎、中书侍郎、同平章事，顺宗立，罢相。元和初，起为太常卿，改兵部尚书，以尚书右仆射致仕。两《唐书》有传。

21. 元和二年[1]，置东都监生一百员。然自天宝后[2]，学校益废，生徒流散。永泰中，虽置西监生[3]，而馆无定员。于是始定生员：西京国子馆生八十人，太学七十人，四门三百人，广文六十人，律馆二十人，书、算馆各十人；东都国子馆十人，太学十五人，四门五十人，广文十人，律馆十人，书馆三人，算馆二人而已。明经停口义[4]，复试墨义十条[5]。五经取通五，明经通六。其尝坐法及为州县小吏[6]，虽艺文可采，勿举。十三年[7]，权知礼部侍郎庾承宣奏复考功别头试[8]。

[1] 元和二年：即公元807年。元和，唐宪宗的年号。

[2] 天宝：唐玄宗的第三个年号（742～756）。

[3] "永泰中"二句：中华书局整理本校勘记云："《唐会要》卷六六云：'至永泰后，西监置五百五十员，东监近置一百员，未定每馆员额。'是永泰后仍东、西两监并置。按东、西监习称'两监'，本卷上文亦有'旧重两监'语。疑此处'西监'为'两监'之误。"可参考。永泰，唐代宗的第三个年号，仅一年（765）馀。

[4] 口义：唐代明经科试士的口试，要求口头答述经义，故称。与"墨义"相对。

[5] 墨义：科举试士，令笔答经义，谓之墨义。属于简单的书面问答。

[6] 坐法：犯法获罪。

[7] 十三年：即元和十三年（818）。

[8] 权知：谓代掌某官职。庾承宣：籍贯不详（？～847），贞元八年（792）进士，贞元十年博学宏词科及第，历官权知礼部侍郎、尚书左丞、陕虢观察使、吏部侍郎、京兆尹兼御史大夫、太常卿、检校吏部尚书、太平军节度使等。别头试：参见唐20注7。

22. 初，开元中，礼部考试毕，送中书门下详覆[1]，其后中废。是岁[2]，侍郎钱徽所举送[3]，复试多不中选，由是贬官，而举人杂文复送中书门下[4]。长庆三年[5]，侍郎王起言[6]："故事，礼部已放榜，而中书门下始详覆。今请先详覆，而后放榜。"议者以起虽避嫌，然失贡职矣。谏议大夫殷侑言[7]："《三史》为书，劝善惩恶，亚于《六经》。比来史学都废，至有身处班列[8]，而朝廷旧章莫能知者。"于是立史科及三传科。大和三年[9]，高锴为考功员外郎[10]，取士有不当，监察御史姚中立又奏停考功别头试[11]。六年[12]，侍郎贾𫗧又奏复之[13]。八年[14]，宰相王涯以为[15]："礼部取士，乃先以榜示中书，非至公之道。自今一委有司，以所试杂文、乡贯、三代名讳送中书门下。"

[1] 中书门下：唐朝宰相的办公厅政事堂。宋郑樵《通志》卷五十二："旧制，宰相常于门下省议事，谓之政事堂。至永淳三年七月，中书令裴炎以中书执政事笔，其政事堂合在中书省，遂移在中书省。开元十二年，张说奏改政事堂为中书门下，其政事印亦改为中书门下之印。"详覆：即对试卷仔细复查。

[2] 是岁：当指唐穆宗长庆元年（821）。

[3] 钱徽：字蔚章（755～829），湖州吴兴（今浙江湖州）人，钱起子。贞元进士，累从藩镇幕府，历官中书舍人、虢州刺史、礼部侍郎、江州刺史、尚书左丞，以礼部尚书致仕。两《唐书》有传。

[4] "覆试"三句：唐代著名科场案之一，主试者礼部侍郎钱徽因科举徇私被贬官江州刺史。宋司马光《资治通鉴》卷二百四十一于"长庆元年三月"下记云："右补阙杨汝士与礼部侍郎钱徽掌贡举，西川节度使段文昌、翰林学士李绅各以书属所善进士于徽，及榜出，文昌、绅所属皆不预，及第者，郑朗，覃之弟；裴譔，度之子；苏巢，宗闵之婿；杨殷士，汝士之弟也。文昌言于上曰：'今岁礼部殊不公，所取进士皆子弟无艺，以关节得之。'上以问诸学士，德裕、积、绅皆曰：'诚如文昌言。'上乃命中书舍人王起等覆试。夏四月丁丑，诏黜朗等十人，贬徽江州刺史，宗闵剑州刺史，汝士开江令。"

[5] 长庆三年：即公元823年。长庆，唐穆宗李恒年号。

[6] 王起：字举之（760～847），扬州（今属江苏）人，贞元进士，再登直言极谏科，历官中书舍人、礼部侍郎、户部尚书、河中、山南东道节度使、翰林侍讲学士、左仆射，以使相出镇山南西道，卒。两《唐书》有传。

[7] 谏议大夫：官名，唐代门下、中书两省以左、右为分，各置谏议大夫四名，秩正四品下。掌谏谕得失，侍从赞相。殷侑：陈州（今河南淮阳）人（767～838），贞元末五经登第，历官太常博士、谏议大夫、江西观察使、沧齐德景节度使、刑部尚书、山南东道节度使、忠武节度使，有政声。两《唐书》有传。

[8] 班列：朝班的行列，即指在朝为官者。

[9] 大和三年：即公元829年。大和，唐文宗李昂的第一个年号。

[10] 高锴：字弱金（生卒年不详），连中进士、宏辞科，历官吏部员外郎、中书舍人、礼部侍郎、吏部侍郎、鄂岳观察使，卒赠礼部尚书。两《唐书》有传。

[11] 监察御史：官名，唐代为御史台属官，秩正八品下，为士林清选。《新唐书·百官三》："掌分察百寮，巡按州县，狱讼、军戎、祭祀、营作、太府出纳皆莅焉。"姚中立：生平不详，历官万年县令，贬朗州长史，迁监察御史。

[12] 六年：即大和六年（832）。

[13] 贾𫗧：字子美（？～835），河南（今河南洛阳）人，贞元进士，登元和贤良方正科，历官考功员外郎、中书舍人、中书侍郎、同平章事，加集贤殿学士。甘露之变中，为宦官族诛。两《唐书》有传。

[14] 八年：即大和八年（834）。

17

23. 大抵众科之目，进士尤为贵，其得人亦最为盛焉。方其取以辞章，类若浮文而
少实；及其临事设施 [1]，奋其事业，隐然为国名臣者，不可胜数，遂使时君笃
意 [2]，以谓莫此之尚 [3]。及其后世，俗益媮薄 [4]，上下交疑，因以谓按其声
病 [5]，可以为有司之责 [6]，舍是则汗漫而无所守 [7]，遂不复能易。呜呼，乃知三
代乡里德行之举 [8]，非至治之隆莫能行也 [9]。太宗时，冀州进士张昌龄、王公谨有
名于当时 [10]，考功员外郎王师旦不署以第 [11]。太宗问其故，对曰："二人者，皆文
采浮华，擢之将诱后生而弊风俗。"其后，二人者卒不能有立。

[1] 设施：施展才能。

[2] 时君：当时或当代的君主。笃意：专心致志。

[3] 莫此之尚：即"莫此尚之"，宾语前置。尚，胜过。

[4] 媮（tōu 偷）薄：浇薄，浮薄。

[5] 按其声病：谓考察其诗文声律上的毛病。声病，唐元稹《叙诗寄乐天书》："九岁学赋诗，长者
往往惊其可教。年十五六，粗识声病。"

[6] 有司之责：主持进士考试者的责任。

[7] 汗漫：漫无标准，不着边际。

[8] "乃知"句：语本《周礼·地官·小司徒》："乡大夫之职，各掌其乡之政教禁令。正月之吉，受
教法于司徒。退而颁之于其乡吏，使各以教其所治，以考其德行，察其道艺，以岁时登其夫家之
众寡，辨其可任者。"三代，夏、商、周三个朝代，儒家认为是"直道而行"的理想社会。

[9] 至治：指安定昌盛、教化大行的时世。

[10] 冀州：治所在今河北冀县一带。张昌龄：冀州南宫（今属河北）人（？～666），少以文词知
名，举进士不第。贞观二十一年（647）以献《翠微宫颂》得太宗欢心，授通事舍人里供奉，
历昆丘道记室、北门修撰，卒。两《唐书》有传。按《旧唐书》本传称张昌龄"贡举及第"，
清徐松《登科记考》卷一"贞观二十年"下记秀才一人、进士三人云："按《旧书》明言昌龄
及第，《文苑英华》亦载其文。潘昂霄《金石例》载张昌龄召见，试《息兵诏》，又言昌龄为昆
丘道记室，《平龟兹露布》为士所称，则又及第后任幕职之证也。《会要》、《新书》皆非事实，
今从《旧书》。"王公谨：或作王公治，生平不详。清徐松《登科记考》卷一："王公谨即王公
治，'治'避讳为'理'，'理'讹为'谨'耳。"

[11] 王师旦：或作王师明，生平不详。贞观二十年至二十三年以吏部考功员外郎知贡举。不署以第：
即未登第。

24. 宝应二年 [1]，礼部侍郎杨绾上疏言 [2]：

进士科起于隋大业中[3]，是时犹试策。高宗朝，刘思立加进士杂文，明经填帖[4]，故为进士者皆诵当代之文，而不通经史，明经者但记帖括。又投牒自举[5]，非古先哲王侧席待贤之道[6]。请依古察孝廉[7]，其乡闾孝友、信义、廉耻而通经者，县荐之州，州试其所通之学，送于省。自县至省，皆勿自投牒，其到状、保辨、识牒皆停。而所习经，取大义，听通诸家之学。每问经十条，对策三道，皆通，为上第，吏部官之；经义通八，策通二，为中第，与出身；下第，罢归。《论语》、《孝经》、《孟子》兼为一经[8]，其明经、进士及道举并停。

[1] 宝应二年：即公元763年。宝应，唐肃宗的第三个年号。
[2] 杨绾：字公权（？～777），华阴（今属陕西）人。天宝进士，又举制科，历官左拾遗、中书舍人、礼部侍郎、吏部侍郎、中书侍郎、同平章事，为相仅三月病卒。
[3] 大业：隋炀帝杨广年号（605～618）。
[4] "高宗朝"三句：参见唐13。
[5] 投牒自举：参见唐1注3，唐7注3。
[6] 侧席：不正坐，君王尊贤之举。汉刘向《说苑·尊贤》："楚有子玉得臣，文公（指晋文公）为之侧席而坐。"
[7] 察孝廉：指汉代的察举制度，即由官吏荐举，经过考核，任以官职。孝廉，《汉书·武帝纪》："元光元年冬十一月，初令郡国举孝廉各一人。"颜师古注："孝谓善事父母者，廉谓清洁有廉隅者。"后二者合一，泛指被推选的士子。
[8] 孟子：书名，七篇，为孟轲弟子万章、公孙丑等纂辑，宋以前列于子部儒家。有汉赵岐注。

25. 诏给事中李栖筠、李廙、尚书左丞贾至、京兆尹兼御史大夫严武议[1]。栖筠等议曰：

夏之政忠，商之政敬，周之政文，然则文与忠敬皆统人行[2]。且谥号述行，莫美于文[3]，文兴则忠敬存焉。故前代以文取士，本文行也，由辞观行，则及辞焉。宣父称颜子"不迁怒，不贰过"，谓之"好学"[4]。今试学者以帖字为精通，不穷旨义，岂能知迁怒、贰过之道乎？考文者以声病为是非，岂能知移风易俗化天下乎[5]？是以上失其源，下袭其流，先王之道莫能行也[6]。夫先王之道消，则小人之道长[7]，乱臣贼子由是生焉[8]！今取士试之小道，而不以远大，是犹以蜗蚓之饵垂海，而望吞舟之鱼[9]，不亦难乎？所以食垂饵者皆小鱼，就科目者皆小艺[10]。且夏有天下四百载，禹之道丧而商始兴[11]；商有天下六百祀，汤之法弃而周始兴[12]；周有天下八百年，文、武之政废而秦始并焉[13]。三代之选士任贤[14]，皆考实行，是以风俗淳一，运祚长远[15]。汉兴[16]，监其然[17]，尊儒术[18]，尚名节[19]，虽近咸窃位，强臣擅权，弱主外立，母后专政，而亦能终彼四百，岂非学行之效邪[20]？魏、晋以来[21]，专尚浮俊[22]，德义不修，故子孙速颠[23]，享国不永也。今绾所请，实为正论。然自晋室之

乱 [24]，南北分裂，人多侨处 [25]，必欲复古乡举里选 [26]，窃恐未尽。请兼广学校，以明训诱 [27]。虽京师州县皆有小学，兵革之后，生徒流离，儒臣、师氏 [28]，禄廪无向 [29]。请增博士员，厚其禀稍 [30]，选通儒硕生，间居其职。十道大郡 [31]，置太学馆，遣博士出外，兼领郡官，以教生徒。保桑梓者 [32]，乡里举焉；在流寓者，庠序推焉 [33]。朝而行之，夕见其利。

而大臣以为举人循习 [34]，难于速变，请自来岁始。帝以问翰林学士 [35]，对曰："举进士久矣，废之恐失其业。"乃诏明经、进士与孝廉兼行。

[1] 给事中：官名，唐门下省属官。《新唐书·百官二》："给事中四人，正五品上。掌侍左右，分判省事，察弘文馆缮写雠校之课。凡百司奏抄，侍中既审，则驳正违失。诏敕不便者，涂窜而奏还，谓之'涂归'。"李栖筠：字贞一（719~776），赵郡（治今河北石家庄市赵县）人。天宝进士，历官殿中侍御史、给事中、工部尚书、常州刺史、御史大夫，以元载专横，忧愤卒。《新唐书》有传。李廙：生平不详，唐代宗时任给事中。尚书左丞：官名，唐尚书省属官。《新唐书·百官一》："左丞一人，正四品上；右丞一人，正四品下。掌辩六官之仪，纠正省内，劾御史举不当者。"贾至：字幼龄（？~772），一作"幼几"，洛阳（今属河南）人。天宝初明经擢第，历官中书舍人、尚书右丞、汝州刺史，贬岳州司马。两《唐书》有传。京兆尹：官名，唐代首都行政长官，秩从三品。御史大夫：官名，唐代御史台长官。《新唐书·百官三》："御史台，大夫一人，正三品；中丞二人，正四品下。大夫掌以刑法典章纠正百官之罪恶，中丞为之贰。"严武：字季鹰（726~765），严挺之子，华州华阴（今属陕西）人。以门荫累迁殿中侍御史、谏议大夫、剑南东川节度使。代宗时以兵部侍郎召入，迁京兆尹兼御史大夫，封郑国公。后再镇蜀，任剑南节度使兼成都尹，卒赠尚书左仆射。两《唐书》有传。

[2] "夏之政忠"四句：语本《史记·高祖本纪》："太史公曰：夏之政忠。忠之敝，小人以野，故殷人承之以敬。敬之敝，小人以鬼，故周人承之以文。文之敝，小人以僿，故救僿莫若以忠。三王之道若循环，终而复始。"忠，质厚。敬，恭敬。文，指显示尊卑之差的礼乐制度。行，行为。《礼记·乐记》："礼以道其志，乐以和其声，政以一其行，刑以防其奸。"

[3] "且谥号"二句：唐张守节《史记正义·谥法解》："谥者，行之迹；号者，功之表。"又云："经纬天地曰文。道德博闻曰文。学勤好问曰文。慈惠爱民曰文。愍民惠礼曰文。赐民爵位曰文。"谥号，古人死后依其生前行迹而为之所立的称号。帝王的谥号一般由礼官议上，臣下的谥号由朝廷赐予。

[4] "宣父"二句：语本《论语·雍也》："哀公问：'弟子孰为好学？'孔子对曰：'有颜回者好学，不迁怒，不贰过。不幸短命死矣，今也则亡，未闻好学者也。'"宣父，即孔子（公元前551~前479），名丘，字仲尼，春秋鲁国陬邑（今山东曲阜）人，先世为宋国贵族。在鲁曾任委吏、乘田一类的小官，鲁定公时出任中都宰、司寇，后不满执政者所为，周游列国，归死于鲁。生前聚徒讲学，有弟子三千，身通六艺者七十二人。为儒家学派之创始人。事详《史记·孔子世家》。唐贞观十一年（637），诏尊孔子为宣父，于兖州修筑宣尼庙，也称宣父庙。事见《新唐书·礼乐五》。颜子，即颜回（公元前521~前480），字子渊，春秋鲁人。为孔子弟子，好学，安贫乐道，在孔子门徒中以德行著称。后世儒家尊为"复圣"。事详《史记·仲尼弟子传》。迁怒，指

把对甲的怒气发泄到乙身上。贰过，重犯同一过失。

[5] 移风易俗：转移风气，改变习俗。《礼记·乐记》："移风易俗，天下皆宁。"

[6] 先王：上古贤明君主。

[7] 小人之道长：语本《周易·否卦》："内阴而外阳，内柔而外刚，内小人而外君子，小人道长，君子道消也。"

[8] 乱臣贼子：不守臣道、心怀异志的人。《孟子·滕文公下》："孔子成《春秋》而乱臣贼子惧。"

[9] 吞舟之鱼：能吞舟的大鱼，这里比喻杰出的人才。

[10] 小艺：指礼、乐、射、御、书、数六艺。《大戴礼记·保傅》："古者八岁而出就外舍，学小艺焉，履小节焉。"

[11] "且夏"二句：《史记·夏本纪》南朝宋裴骃《集解》引徐广曰："从禹至桀十七君，十四世。"又引《汲冢纪年》曰："有王与无王，用岁四百七十一年矣。"

[12] "商有"二句：《史记·殷本纪》南朝宋裴骃《集解》引谯周曰："殷凡三十一世，六百馀年。"又引《汲冢纪年》曰："汤灭夏以至于受二十九王，用岁四百九十六年也。"两者所记有异。祀，即年、岁。《书·伊训》："惟元祀，十有二月。"蔡沈集传："夏曰岁，商曰祀，周曰年，一也。"

[13] "周有"二句：《史记·周本纪》南朝宋裴骃《集解》引皇甫谧曰："周凡三十七王，八百六十七年。"文武之政，即周文王、周武王时期的政治，为儒家之理想社会。秦始并焉，指秦始皇于公元前221年统一天下，自称始皇帝，是为秦朝。立国十五年，不二世而亡。《史记·周本纪》唐张守节《正义》："按，王赧卒后，天下无主三十五年，七雄并争。至秦始皇立，天下一统，十五年，海内咸归于汉矣。"

[14] "三代"句：语本《礼记·礼运》："大道之行也，天下为公。选贤与能，讲信修睦。"

[15] 运祚：国运祚福。

[16] 汉兴：指西汉、东汉，自汉高祖刘邦于公元前206年立国至东汉献帝于公元220年国除，历时四百馀年。

[17] 监（jiàn 鉴）其然：以上述三代国运绵长为借鉴。

[18] 儒术：儒家的学说、原则、思想。

[19] 名节：名誉与节操。

[20] "虽近戚"六句：意谓刘邦死后，两汉朝政虽不断发生如吕后称制、诸吕为乱、外戚专权、主弱臣强等混乱，但仍绵延四百馀年，正是甄选人才优秀的效用。学行，学问品行。

[21] 魏：即三国魏（220～265）。汉末曹操受封为魏公，汉献帝建安二十五年，操子曹丕废汉称帝，国号魏，都洛阳。传至魏主奂，为司马炎所废。晋：分西晋（265～316）、东晋（317～420）。司马炎代魏称帝，是为西晋，都洛阳，共四帝，为前赵所灭。司马睿即位建康（今江苏南京），保有江南之地，是为东晋，共十一帝，为刘裕所取代。

[22] 浮俊：浅薄、浮华不实。

[23] 颠：倾覆，灭亡。

[24] 晋室之乱：晋武帝司马炎死后，豪门世族之间矛盾日益扩大，终于爆发八王之乱，绵延十六年之久，传至晋愍帝为前赵所灭。晋室南渡，中原南北分裂。

[25] 侨处（chǔ 楚）：在外乡客居。

[26] 乡举里选：传说中古代选拔人才的一种方式，从乡里考察推荐。

[27] 训诱：教诲，诱导。

[28] 儒臣：汉代称博士官为儒臣。这里泛指读书人出身的或有学问的大臣。师氏：周代官名，掌辅导王室，教育贵族子弟以及朝仪得失之事。这里即指学官或教师。

[29] 禄廪：又作"禄禀"。用作官俸的粟米，即官俸。无向：没有着落。

[30] 禀稍：俸禄。

[31] 十道大郡：贞观元年（627），唐太宗以州县太多，不便管理，下令省并州县，分全国为关内、河南、河东、河北、山南、江南、陇右、淮南、剑南、岭南十道。各道皆有固定治所，设采访使。

[32] 桑梓：故乡。

[33] 庠序：古代的地方学校。

[34] 循习：因循，沿袭。

[35] 翰林学士：官名。为皇帝顾问近臣，使职，无阶品俸禄，无官署属员，一般置六人，从诸部尚书丞郎至校书郎、畿县尉，皆得与选。凡任命将相、册立太子、号令征伐、宣布大赦，皆由其草诏，直接从禁中发出，称为内制。

26. 先是，进士试诗、赋及时务策五道，明经策三道。建中二年 [1]，中书舍人赵赞权知贡举 [2]，乃以箴、论、表、赞代诗、赋 [3]，而皆试策三道。大和八年 [4]，礼部复罢进士议论，而试诗、赋。文宗从内出题以试进士 [5]，谓侍臣曰："吾患文格浮薄，昨自出题，所试差胜。"乃诏礼部岁取登第者三十人，苟无其人，不必充其数。是时，文宗好学嗜古，郑覃以经术位宰相 [6]，深嫉进士浮薄，屡请罢之。文宗曰："敦厚浮薄，色色有之 [7]，进士科取人二百年矣，不可遽废。"因得不罢。

[1] 建中二年：即公元 781 年。建中，唐德宗李适的第一个年号。

[2] 中书舍人：参见唐 20 注 9。赵赞：生平不详，历官中书舍人、户部侍郎判度支等，贬播州司马。

[3] 箴：文体的一种，以规劝告诫为主。论：文体的一种，近于议论文。表：奏章的一种，多用于陈请谢贺。赞：文体的一种，用于赞颂人物等，多用韵语。

[4] 大和八年：即公元 834 年。大和，唐文宗李昂的第一个年号。

[5] 文宗：即唐文宗李昂（809～840），本名涵，公元 827～840 年在位。唐穆宗第二子，唐敬宗弟，卒谥昭献皇帝。

[6] 郑覃：郑州荥泽（今河南郑州西北）人（？～842），郑珣瑜子，以父荫补弘文馆校书郎，历官考功员外郎、刑部郎中、谏议大夫、散骑常侍、翰林侍讲学士、刑部尚书、尚书右仆射兼判国子祭酒，甘露之变（835）后，加同平章事，监修国史，封荥阳郡公。精通经籍，进《石壁九经》一百六十卷。武宗时以司徒致仕。两《唐书》有传。

[7] 色色有之：谓进士有各式各样的人。

27. 武宗即位 [1]，宰相李德裕尤恶进士 [2]。初，举人既及第，缀行通名 [3]，诣主司第谢 [4]。其制，序立西阶下，北上东向；主人席东阶下，西向；诸生拜，主司答拜；乃叙齿，谢恩，遂升阶，与公卿观者皆坐；酒数行，乃赴期集 [5]。又有曲江会、题名席 [6]。至是，德裕奏："国家设科取士，而附党背公，自为门生 [7]。自今一见有司而止，其期集、参谒、曲江题名皆罢 [8]。"德裕尝论公卿子弟艰于科举，武宗曰："向闻杨虞卿兄弟朋比贵势 [9]，妨平进之路 [10]。昨黜杨知至、郑朴等，抑其太甚耳 [11]。有司不识朕意，不放子弟 [12]，即过矣，但取实艺可也。"德裕曰："郑肃、封敖子弟皆有才 [13]，不敢应举。臣无名第 [14]，不当非进士。然臣祖天宝末以仕进无他岐 [15]，勉强随计 [16]，一举登第。自后家不置《文选》 [17]，盖恶其不根艺实 [18]。然朝廷显官，须公卿子弟为之。何者？少习其业，目熟朝廷事，台阁之仪 [19]，不教而自成。寒士纵有出人之才，固不能闲习也。则子弟未易可轻。"德裕之论，偏异盖如此 [20]。然进士科当唐之晚节 [21]，尤为浮薄，世所共患也。

[1] 武宗：即唐武宗李瀍（814～846），后更名炎，公元840～846年在位。唐穆宗第五子，唐文宗异母弟。唐文宗卒，宦官仇士良等废太子李成美，迎立即位。卒谥昭肃皇帝。

[2] 李德裕：字文饶（787～850），赵郡（治今河北石家庄市赵县）人，李吉甫子。以父荫补校书郎，历官监察御史、翰林学士、中书舍人、浙西观察使、兵部侍郎、剑南西川节度使、兵部尚书，文宗、武宗时两度入相。与牛僧孺、李宗闵相争于朝，是为牛李党争，宣宗即位后，罢相，贬潮州司马，再贬崖州司户，卒于任所。两《唐书》有传。

[3] 缀行（háng 航）：连接成行。五代王定保《唐摭言》卷三《谢恩》："状元已下，到主司宅门，下马，缀行而立，敛名纸通呈。"通名：通报姓名。

[4] 主司：科举考试的主试官。

[5] "其制"数句：五代王定保《唐摭言》卷三《谢恩》："入门，并叙立于阶下，北上东向。主司列席褥，东面西向。主事揭状元已下，与主司对拜。拜讫，状元出行致词，又退著行，各拜主司，答拜。拜讫，主事云：'请诸郎君叙中外。'状元已下各各齿叙，便谢恩。馀人如状元礼。礼讫，主事云：'请状元曲谢名第，第几人，谢衣钵。'谢讫，即登阶，状元与主司对坐，于时，公卿来看，皆南行叙坐，饮酒数巡，便起赴期集院。"叙齿，按年龄的长幼而定席次。期集，定期的集会，唐代进士及第后按惯例聚集游宴。

[6] 曲江会：唐代礼部放榜后，及第进士大宴于长安曲江池，其日行市罗列，城内半空，及第进士逢花即饮，公卿多于是日择婿，为一时盛况。五代王定保《唐摭言》卷一《述进士下篇》："既捷，列名于慈恩寺塔，谓之题名；大宴于曲江亭子，谓之曲江会。"有注云："曲江大会在关试后，亦谓之关宴。宴后同年各有所之，亦谓之为离会。"题名席：即雁塔题名。五代王定保《唐摭言》卷三《慈恩寺题名游赏赋咏杂纪》："神龙已来，杏园宴后，皆于慈恩寺塔下题名。同年中推一善书者纪之，他时有将相，则朱书之。"神龙，唐中宗李显的第一个年号（705～707）。

[7] 门生：唐代科举考试及第者称主试官为座主，自称门生。

[8] 参谒：晋见主试官，即上文之"诣主司第谢"。

[9] 杨虞卿：字师皋（？～835），虢州弘农（今河南灵宝）人。元和进士，又第宏词科，累迁监察御史、左司郎中、给事中、工部侍郎、京兆尹，贬虔州司户参军，卒。两《唐书》有传。杨虞卿为牛党中人，《新唐书》本传："虞卿佞柔，善谐丽权幸，倚为奸利。岁举选者，皆走门下，署第注员，无不得所欲，升沉在牙颊间。当时有苏景胤、张元夫，而虞乡兄弟汝士、汉公为人所奔向，故语曰：'欲趋举场，问苏、张；苏、张犹可，三杨杀我。'宗闵待之尤厚，就党中为最

23

能唱和者，以口语轩轾事机，故时号党魁。"

[10] 平进之路：指一般无势力平民子弟的仕途。平进，谓以次进而不越等。

[11] "昨黜"二句：《旧唐书·杨严传》："严，字凛之，会昌四年进士擢第。是岁，仆射王起典贡部，选士三十人，严与杨知至、窦缄、源重、郑朴五人，试文合格，物议以子弟非之。起覆奏武宗，敕曰：'杨严一人可及第，馀四人落下。'"按，会昌四年即公元844年。

[12] 子弟：这里指权贵子弟。

[13] 郑肃：字义敬（生卒年不详），郑州荥阳（今属河南）人。元和进士，举书判拔萃，历官太常少卿、户部、兵部尚书、山南东道节度使，以本官同平章事，加中书、门下侍郎。与李德裕交好，德裕罢相，郑肃复出为河中节度使，以疾辞，为太子太保，卒。两《唐书》有传。封敖：字硕夫（生卒年不详），家安邑（今山西运城）。元和进士，入裴堪幕府，历官中书舍人、工部侍郎、御史中丞、尚书左仆射。两《唐书》有传。

[14] 臣无门第：李德裕以门荫起家，非科举出身，故云。

[15] 臣祖：即李栖筠，参见唐25注1。

[16] 随计：指应进士试。

[17] 文选：书名。南朝梁昭明太子萧统编，故又名《昭明文选》，三十卷。选录先秦至梁的各体诗文，共分三十七类，为我国现存最早的诗文总集。有唐李善注本，分为六十卷。

[18] 不根艺实：缺乏礼、乐、射、御、书、数六艺的实际才能。

[19] 台阁之仪：中央政府机构的各种礼节、规范。

[20] 偏异：例外，不同。

[21] 晚节：末世，一代将终之时。

28．所谓制举者[1]，其来远矣。自汉以来，天子常称制诏道其所欲问而亲策之[2]。唐兴，世崇儒学，虽其时君贤愚好恶不同，而乐善求贤之意未始少息，故自京师外至州县，有司常选之士，以时而举。而天子又自诏四方德行、才能、文学之士，或高蹈幽隐与其不能自达者[3]，下至军谋将略、翘关拔山、绝艺奇伎莫不兼取[4]。其为名目，随其人主临时所欲[5]，而列为定科者，如贤良方正、直言极谏、博通坟典达于教化、军谋宏远堪任将率、详明政术可以理人之类，其名最著。而天子巡狩、行幸、封禅太山梁父[6]，往往会见行在[7]，其所以待之之礼甚优，而宏材伟论非常之人亦时出于其间[8]，不为无得也。

[1] 制举：参见唐1注22。

[2] 制诏：皇帝的命令。汉蔡邕《独断》："汉天子正号曰皇帝，自称曰朕，臣民称之曰陛下，其言曰制诏。"

[3] 高蹈幽隐：指隐士一类人物。

[4] 翘关拔山：武力绝伦者。翘关，晋左思《吴都赋》："翘关扛鼎，拼射壶博。"李周翰注："翘、扛皆举也。关，门关也。"拔山，比喻力大。《史记·项羽本纪》："力拔山兮气盖世。"

[5] "其为名目"二句：清徐松《登科记考·凡例》："《困学纪闻》云：'唐制举之名多至八十有六，凡七十六科。'《玉海》亦言：'自志烈秋霜而下凡五十九科，自显庆三年至大和二年，及第者二

百七十人.'今以《旧唐书》、《唐会要》、《册府元龟》、《文苑英华》、《云麓漫钞》诸书参考之，其设科之名已无虑百数。又如曰吏职清白，曰孝弟廉让，见《孝子郭思训墓志》；曰穿杨附枝，见李邕《臧怀亮碑》；曰经明行修，见李邕《李思训碑》……"

[6] 巡狩：又作"巡守"。旧时谓天子出行，视察邦国州郡。行幸：古代专指皇帝出行。封禅（shàn 善）：古代帝王祭天地的大典。在泰山上筑土为坛，报天之功，称封；在泰山下的梁父山上辟场祭地，报地之德，称禅。《大戴礼·保傅》："是以封泰山而禅梁甫，朝诸侯而一天下。"《史记·封禅书》："自古受命帝王，曷尝不封禅。"又云："古者封泰山禅梁父者七十二家。"太山，即泰山，在今山东省中部，古称东岳，又称岱山、岱宗，雄伟壮丽。梁父，又作"梁甫"，泰山下的一座小山，在今山东新泰西。

[7] "往往"句：谓天子在巡守时接见制科及第者。行在，即行在所，原指天子所在的地方，后专指天子巡行所到之地。

[8] 伟论：高明超卓的言论。

29．其外，又有武举 [1]，盖其起于武后之时。长安二年 [2]，始置武举。其制，有长垛、马射、步射、平射、筒射 [3]，又有马枪、翘关、负重、身材之选 [4]。翘关，长丈七尺，径三寸半，凡十举，后手持关，距出处无过一尺 [5]；负重者，负米五斛 [6]，行二十步：皆为中第，亦以乡饮酒礼送兵部 [7]。其选用之法不足道，故不复书。

[1] 武举：科举制度中的武科。

[2] 长安二年：即公元 702 年。长安，武则天的第十七个年号。

[3] 长垛：即比试射箭准确。唐杜佑《通典》卷十五："其课试之制：画帛为五规，置之于垛，去之百有五步，列坐引射（内规广六尺，撅广六尺，馀四规，每规内两边各广三尺。悬高以三十尺为限），名曰长垛（弓用一石力，箭重陆钱）。"唐张九龄等《唐六典》卷五："二曰武举，其试用有七，一曰射长垛，入中院为上，入次院为次上，入外院为次。"宋王溥《唐会要》卷五十九："天宝元年十月十三日敕：自今已后，应试选举人长垛宜以十只箭为限。并入第一院，与两单上；八只入第一院，两只入第二院，与一单上次上；十只不出第三院，与单上；十只不出第四院，与次上。馀依恒式。"按，"院"即"规"，相当于今所谓靶环。马射：即比试骑马射箭。唐杜佑《通典》卷十五："又穿土为埒，其长与垛均。缀皮为两鹿，历置其上，驰马射之，名曰马射（鹿子长五寸，高三寸；弓用七斗以上力）。"唐张九龄等《唐六典》卷五："二曰骑射（发而并中为上，或中或不中为次上，总不中为次）。"步射：即比试射草人。唐张九龄等《唐六典》卷五："四曰步射，射草人（中者为次上，虽中而不法、虽法而不中者为次）。"按，法，即动作规范。平射：即比试射箭技巧。唐张九龄等《唐六典》卷五："平射（谓善能令矢发平直，十发五中，五居其次，为上第；三中，七居其次，为下第）。"又，平射与武举为贡举之二科。《唐六典》卷五："一曰平射（试射长垛，三十发不出第三院为第），二曰武举。"筒射：比试射箭距离。《唐六典》卷五："筒射（谓善及远而中，十发四中，六居其次为上第；三中，七居其次为下第；不及此者为不第）。"

[4] 马枪：即比试马上枪法。唐杜佑《通典》卷十五："又断木为人，戴方版于顶上，凡四偶人，互列埒上。驰马入埒，运枪左右触，必版落而人不踣，名曰马枪（枪长一丈八尺，径一寸五分，

重八斤。其木人上版，方二寸五分）。"又《唐六典》卷五："三曰马枪（三版、四版为上，二版为次上，一版及不中为次）。"翘关：即比试举重，翘关当指一定重量的铁棍，详下。另参见唐28注4。负重：即比试荷物行走，详下。身材：测身高及身体其他条件。《唐六典》卷五："五曰材质（以身长六尺已上者为次上，已下为次）。六曰言语（有神彩，堪充领者为次上，无者为次）。"

[5] "凡十举"三句：中华书局整理本标点为"凡十举后，手持关距，出处无过一尺"，语义不明，似有误。凡十举，《唐六典》卷五："七曰举重（谓翘关，率以五次为上第）。"两者所记有差异，待考。

[6] 斛（hú 胡）：古代容量单位（多用于粮食），一斛为十斗。《礼仪·聘礼》："十斗曰斛。"五斛约相当于现代250千克重。

[7] 乡饮酒礼：参见唐7注4。兵部：参见唐6注14。

《新唐书》

卷四十五 志第三十五

《选举志》下

30．凡选有文、武，文选吏部主之，武选兵部主之，皆为三铨［1］，尚书、侍郎分主之［2］。

［1］三铨：唐代选官，六品以下官分由吏、兵部选授。铨试时分为三组，尚书掌其一，称尚书铨；侍郎分掌其二：吏部称中铨与东铨；兵部称中铨与西铨。宋郑樵《通志》卷五十八："凡吏部、兵部文、武选事，各分为三铨，尚书典其一，侍郎分其二。文选旧制，尚书掌六品、七品选，侍郎掌八品、九品选。景云初，宋璟为吏部尚书，始通其品员而分典之，遂以为常。凡选始于孟冬，终于季春。"

［2］尚书：指尚书省吏部或兵部的长官。侍郎：指尚书省吏部或兵部的次官。《新唐书·百官一》："吏部：尚书一人，正三品；侍郎二人，正四品下。"又："兵部：尚书一人，正三品；侍郎二人，正四品下。"

31．凡官员有数，而署置过者有罚［1］，知而听者有罚，规取者有罚［2］。每岁五月，颁格于州县［3］，选人应格［4］，则本属或故任取选解［5］，列其罢免、善恶之状，以十月会于省，过其时者不叙［6］。其以时至者，乃考其功过。同流者［7］，五五为联［8］，京官五人保之，一人识之。刑家之子、工贾异类及假名承伪、隐冒升降者有罚［9］。文书粟错［10］，隐幸者驳放之［11］；非隐幸则不。

［1］署置：部署设置，这里指选用官吏。
［2］规取：谋求取得。
［3］格：这里指选格，即有关当年选官的条例、制度。《新唐书·刑法志》："唐之刑书有四，曰律、令、格、式……格者，百官有司之所常行之事也。"
［4］选人：候选之人，唐代指罢任官员及有出身（入官资格）的人集于尚书省吏部或兵部候选者。
［5］本属：谓本族的世系。故任：当指原任官署。选解（jiè 界）：唐代地方向朝廷荐送候选官员的考

查报告。

[6] 叙：谓按规定的等级次第授与官职。

[7] 同流：同辈或品级类似的官员。这里当指外官，与下"京官"对举。

[8] 五五为联：即每五人自相保结，与乡贡"结款通保"类似。参见唐7注12。

[9] 刑家：受刑者的家族。工贾异类：非士人的工商之家。《旧唐书·职官二》："天下之四民，使各专其业。习学文武者为士，肆力耕桑者为农，巧作器用者为工，屠沽兴贩者为商。工商之家，不得预于士。"对工商子弟入仕的限制，唐后期已有所松动。假名承伪：变易姓名或冒名顶替。隐冒升降：隐匿冒充官职之升降。

[10] 文书粟错：公文案牍细微的差错。

[11] 隐幸：隐瞒侥幸。驳放：否定已公布的任职资格而加以黜落。

32．凡择人之法有四：一曰身，体貌丰伟；二曰言，言辞辩正；三曰书，楷法遒美；四曰判，文理优长 [1]。四事皆可取，则先德行；德均以才 [2]，才均以劳 [3]。得者为留，不得者为放。五品以上不试，上其名中书门下；六品以下始集而试，观其书、判 [4]。已试而铨 [5]，察其身、言；已铨而注 [6]，询其便利而拟 [7]；已注而唱 [8]，不厌者得反通其辞 [9]，三唱而不厌，听冬集 [10]。厌者为甲 [11]，上于仆射 [12]，乃上门下省 [13]，给事中读之 [14]，黄门侍郎省之 [15]，侍中审之 [16]，然后以闻。主者受旨而奉行焉，谓之"奏受" [17]。视品及流外 [18]，则判补 [19]。皆给以符 [20]，谓之"告身" [21]。凡官已受成，皆廷谢 [22]。

[1] "凡择人之法"数句：宋洪迈《容斋随笔》卷十《唐书判》："既以书为艺，故唐人无不工楷法；以判为贵，故无不习熟。而判语必骈俪，今所传《龙筋凤髓判》及白乐天集《甲乙判》是也。自朝廷至县邑，莫不皆然，非读书善文不可也……但'体貌丰伟'用以取人，未为至论。"判，指狱讼审理的判文。

[2] 均：等同。才：才能。

[3] 劳：功绩。

[4] "五品以上"四句：《新唐书·百官一》："以三铨之法官天下之才，以身、言、书、判，德行、才用、劳效较其优劣而定其留放，为之注拟。五品以上，以名上而听制授；六品以下，量资而任之。"

[5] 铨：评量选择。

[6] 注：即注册，将名字记入簿册，取得做官资格。

[7] 拟：拟定授官。

[8] 唱：唱名，谓宣布。

[9] 不厌：不满意。反通其辞：指应选者向尚书或侍郎反映自己的意见。

[10] 冬集：唐代选官，应选者于冬季十月集于吏部或兵部候选，故称。这里当指下一年的冬集，可免试书、判。

[11] 甲：唐代官员的履历档案称甲历，上书籍贯、资历、考绩，一式三份，分别存于中书省、门下省与吏部，以备审核之用。甲历各依本色出身编号登录，即称甲，一甲多为百人，再汇总录奏，

称为团甲。三月三十日前团甲完毕，凭此发给告身与敕牒。

[12] 仆射（yè夜）：唐代尚书省次官，《新唐书·百官一》："左右仆射，各一人，从二品，掌统理六官，为令之贰，令阙则总省事，劾御史纠不当者。"

[13] 门下省：参见唐3注1。唐代文武职事官六品以下，吏部、兵部拟职后，须经门下省据其资历、才用加以审定，若拟职不当，则量其优劣予以退回或重新授职，称过官。

[14] 给事中：门下省属官，参见唐25注1。

[15] 黄门侍郎：即门下侍郎，唐门下省次官。《新唐书·百官二》："门下侍郎二人，正三品。掌贰侍中之职。"注云："龙朔二年改黄门侍郎曰东台侍郎，武后垂拱元年曰鸾台侍郎，天宝元年曰门下侍郎，乾元元年曰黄门侍郎，大历二年复旧。"省（xǐng醒）之：审查应选者甲历。

[16] 侍中：门下省长官。《新唐书·百官二》："门下省，侍中二人，正二品。掌出纳帝命，相礼仪。凡国家之务，与中书令参总，而专判省事。"

[17] 奏受：当即指六品以下"旨授官"。唐代按授官品级分为册授、制授、敕授、旨授、判补五类，前三种颁发须经三省。宋郑樵《通志》卷五十八："凡旨授官，悉由于尚书。文官属吏部，武官属兵部，谓之铨选。"

[18] 视品：隋朝于流内官、流外官之外，又置视流内与视流外。视，比照看待之意。视流内自视正二品至视从九品凡十四等，视流外自视勋品（相当于一品）至视九品凡九等，皆称视品。唐初有视流内正五品至从九品，以处萨宝（祆教主管奉祀天神的职官，由教徒担任）府及亲王国官等；视流外勋品至九品。开元初罢减之，视流内仅留萨宝与祆正（主管祆教的职官），视流外仅留萨宝府祆祝，率府之府、史等。流外：即流外官，与流内官相对。自勋品至九品凡九等，以处诸卫录事、诸省令史及各官署府、史、计吏等下级胥吏。

[19] 判补：经考试后由吏部颁发告身（委任状）。参见注17。

[20] 符：唐代各级官府的下行公文。《新唐书·百官一》："凡上之逮下，其制有六：一曰制，二曰敕，三曰册，天子用之；四曰令，皇太子用之；五曰教，亲王、公主用之；六曰符，省下于州，州下于县，县下于乡。"

[21] 告身：授官的凭信，犹后世之委任状。

[22] 廷谢：面见皇帝谢恩。

33．凡试判登科谓之"入等"[1]，甚拙者谓之"蓝缕"[2]。选未满而试文三篇[3],谓之"宏辞"；试判三条，谓之"拔萃"[4]。中者即授官。

[1] 入等：唐代应选者吏部试判及格者称入等。

[2] 蓝缕：又作"蓝罗"，唐代应选者吏部试判拙弱者之称，取学识浅陋残破之意。

[3] 选未满：指未到应选年限者。清王鸣盛《十七史商榷》卷八十一《登第未即释褐》云："东莱吕氏曰：'唐制，得第后不即释褐，或再应皆中，或为人论荐，然后释褐。'此条极为中肯，如《新书·选举志》云：'选未满而试文三篇……'此盖指登第后未得就选，故曰'选未满'。中宏词拔萃即授官，此吕氏所谓'再应皆中，然后释褐'也。"可参考。

[4] "谓之"三句："宏辞"与"拔萃"皆唐代科举之外的科目选之名目。宋王钦若等《册府元龟》卷六百三十九《贡举部》："又有吏部科目，曰宏词、拔萃、平判官，皆吏部主之。"宏辞，又称"宏词"、"博学宏词"，开设于开元十九年（731）；拔萃，又称"超绝"，开设于开元十

年（722）。

34. 凡出身 [1]，嗣王、郡王，从四品下；亲王诸子封郡公者，从五品上；国公，正六品上；郡公，正六品下；县公 [2]，从六品上；侯 [3]，正七品上；伯 [4]，正七品下；子 [5]，从七品上；男 [6]，从七品下；皇帝缌麻以上亲、皇太后期亲 [7]，正六品上；皇太后大功、皇后期亲 [8]，从六品上；皇帝袒免、皇太后小功缌麻、皇后大功亲 [9]，正七品上；皇后小功缌麻、皇太子妃期亲，从七品上。外戚 [10]，皆以服属降二阶叙 [11]。娶郡主者 [12]，正六品上；娶县主者 [13]，正七品上；郡主子，从七品上；县主子，从八品上。

[1] 出身：这里指以封爵或门资（即门第）循例入官。《新唐书·百官一》："凡爵九等：一曰王，食邑万户，正一品；二曰嗣王、郡王，食邑五千户，从一品；三曰国公，食邑三千户，从一品；四曰开国郡公，食邑二千户，正二品；五曰开国县公，食邑千五百户，从二品；六曰开国县侯，食邑千户，从三品；七曰开国县伯，食邑七百户，正四品上；八曰开国县子，食邑五百户，正五品上；九曰开国县男，食邑三百户，从五品上。皇兄弟、皇子，皆封国为亲王；皇太子子，为郡王；亲王之子，承嫡者为嗣王，诸子为郡公，以恩进者封郡王；袭郡王、嗣王者，封国公。"

[2] 县公：即上举"开国县公"。

[3] 侯：即上举"开国县侯"。

[4] 伯：即上举"开国县伯"。

[5] 子：即上举"开国县子"。

[6] 男：即上举"开国县男"。

[7] 缌麻：古代丧服名，五服中之最轻者。参见唐3注3。期（jī基）：即"期服"，齐衰为期一年的丧服。凡为长辈如祖父母、伯叔父母、未嫁的姑母等，平辈如兄弟、姐妹、妻，小辈如侄、嫡孙等，均服之。又如子之丧，其父反服，已嫁女子为祖父母、父母服丧也服期服。用粗麻布制成，缉边缝齐。

[8] 大功：古代丧服名，为五服中之第三种。参见唐3注4。

[9] 袒免（wèn问）：袒衣免冠。古代丧礼，凡五服以外之远亲，无丧服之制，唯脱上衣，露左臂，脱冠扎发，用宽一寸布从颈下前部交于额上，又向后绕于髻，以示哀思。小功：古代丧服名，为五服中之第四种。其服以熟麻布制成，视大功为细，较缌麻为粗，服期五月。凡本宗为曾伯父母、伯叔祖父母、堂伯叔祖父母，未嫁祖姑、堂姑，已嫁堂姊妹，兄弟之妻，从堂兄弟及未嫁从堂姊妹；外亲为外祖父母、母舅、母姨等，均服之。

[10] 外戚：指帝王的母族、妻族。

[11] 服属：丧服的等级。降二阶叙：谓降低两个档次授予官职。

[12] 郡主：封号名，唐代封皇太子女为郡主，视从一品。

[13] 县主：封号名，唐代封亲王女为县主，视正二品。

35. 凡用荫 [1]，一品子，正七品上；二品子，正七品下；三品子，从七品上；从三品子，从七品下；正四品子，正八品上；从四品子，正八品下；正五品子，从八品上；从五品及国公子，从八品下。凡品子任杂掌及王公以下亲事、帐内劳满而选者 [2]，七品以上子，从九品上叙。其任流外而应入流内 [3]，叙品卑者，亦如之。九品以上及勋官五品以上子 [4]，从九品下叙。三品以上荫曾孙，五品以上荫孙。孙降子一等，曾孙降孙一等。赠官降正官一等 [5]，死事者与正官同 [6]。郡、县公子，视从五品孙。县男以上子，降一等。勋官二品子，又降一等。二王后孙 [7]，视正三品。

[1] 用荫：这里指以门荫授官。门荫，即凭借门第循例入官。
[2] 品子：唐代职事官六品至九品，勋官三品至五品，年十八以上之子称品子。以其父亲官品分番服役（以服"亲事"或"帐内"役为主），或纳资代役（因又称纳课品子），以便获得预简选的资格。杂掌：唐代色役之一，从事零星杂役。亲事帐内：唐代色役之名目，唐代凡王公以下、职事官三品以上，按品阶高低，皆有不同数量的亲事、帐内，以供陪从、仪卫等驱使之用。以年十八以上的六品、七品子为亲事，八品、九品子为帐内。若纳资代役，须岁纳钱千五百文，纳课十年，听其简试，量文武授官。
[3] 流外：即流外官，与流内官相对。自勋品（相当于一品）至九品凡九等，以处诸卫录事、诸省令史以及各官署府、史、计吏等下级胥吏。经一定考铨，可递升为低级流内官，称为"入流"。流内：即流内官。共分九品，每品皆分正、从，四品以下又有上、下阶之分，凡九品三十阶。
[4] 勋官：授给有功官员的一种荣誉称号，无实职。北周时用以奖励有功战士，后渐及朝官，初名散官，至唐始别称勋官，分上柱国、柱国、上大将军、大将军、上轻车都尉、轻车都尉、上骑都尉、骑都尉、骁骑尉、飞骑尉、云骑尉、武骑尉，凡十二等，起正二品，至从七品。
[5] 赠官：指唐廷对功臣的先人或本人死后追封爵位官职。
[6] 死事者：死于国事的人。
[7] 二王后：唐袭前制，援周武王封虞舜、夏禹、商汤之后为"二王三恪"之事，自武德元年（618）起，以莒州酅邑奉隋恭帝为酅国公，行隋朝正朔，用隋代车服旗色；又立北周宇文氏后为介国公，共为二王后。贞观二年（628），又为二王置国官，立庙宇。永淳元年（682），另以周、汉之后为二王。

36. 凡秀才 [1]，上上第，正八品上；上中第，正八品下；上下第，从八品上；中上第，从八品下。明经 [2]，上上第，从八品下；上中第，正九品上；上下第，正九品下；中上第，从九品下。进士、明法 [3]，甲第，从九品上；乙第，从九品下。弘文、崇文馆生及第 [4]，亦如之。应入五品者，以闻。书、算学生 [5]，从九品下叙。

[1] 秀才：参见唐1注5。
[2] 明经：参见唐1注6。
[3] 进士：参见唐1注8。明法：参见唐1注9。
[4] 弘文：即弘文馆，参见唐3注1。崇文馆：参见唐3注2。
[5] 书算学生：即参加明字、明算科考试的生徒，参见唐1注10、注11。

37. 凡弘文、崇文生，皇缌麻以上亲，皇太后、皇后大功以上亲，一家听二人选。

职事二品以上、散官一品、中书门下正三品同三品、六尚书等子孙并侄 [1]，功臣身食实封者子孙 [2]，一荫听二人选。京官职事正三品同中书门下平章事、供奉官三品子孙 [3]，京官职事从三品、中书、黄门侍郎并供奉三品官、带四品五品散官子 [4]，一荫一人。

[1] 职事：即职事官，与"散官"相对。参见唐2注5。中书门下正三品同三品：这里当指中书省或门下省的正三品官员（如中书侍郎、门下侍郎）而为宰相者。大历二年（767）以前，中书省、门下省长官中书令、侍中为正三品，大历后升为正二品。同三品，即同中书门下三品，简称"同三品"，为唐代宰相的别名。《新唐书·百官一》："宰相之职，佐天子总百官、治万事，其任重矣……其后，李勣以太子詹事同中书门下三品，谓同侍中、中书令也，而'同三品'之名盖起于此。然二名不专用，而他官居职者犹假他名如故。自高宗已后，为宰相者必加'同中书门下三品'，虽品高者亦然；惟三公、三师、中书令则否。"六尚书：指尚书省吏、户、礼、兵、刑、工六部之尚书，秩正三品。

[2] 实封：古代朝廷封赐给功臣贵戚食邑的户数与实际封赏数往往不符，实际上赐予的封户叫实封，可食其所封户之租税。唐杜佑《通典》卷三十一："其加实封者，则食其封，分食诸郡，以租调给。"

[3] 京官职事正三品同中书门下平章事：这里当指京职事官正三品（如六部尚书、太常寺卿、太子詹事等）而为宰相者。同中书门下平章事，亦为唐代宰相的别名。《新唐书·百官一》："贞观八年，仆射李靖以疾辞位，诏疾小瘳，三两日一至中书门下平章事，而'平章事'之名盖起于此……永淳元年，以黄门侍郎郭待举、兵部侍郎岑长倩等同中书门下平章事，'平章事'入衔，自待举等始。自是以后，终唐之世不能改。"

[4] 中书黄门侍郎：参见唐3注8。供奉三品官：即位居三品的供奉官。指唐代中书、门下省的某些主要官员以及御史大夫、光禄寺卿等，以常侍奉皇帝左右，故名。带四品五品散官：唐代九品以上职事官皆带散位，散位按门荫给品，然后按劳考进叙，谓之叙阶。

38. 凡勋官选者 [1]，上柱国，正六品叙；六品而下，递降一阶。骁骑尉、武骑尉，从九品上叙。

[1] 勋官：参见唐2注3、唐35注4。

39. 凡居官必四考 [1]，四考中中，进年劳一阶叙 [2]。每一考，中上进一阶，上下二阶，上中以上及计考应至五品以上，奏而别叙。六品以下迁改不更选及守五品以上官 [3]，年劳岁一叙，给记阶牒 [4]。考多者，准考累加。

[1] 考：即考课。唐代官员考核制度，每年一次者称小考，三至四年者称大考。考课由尚书省吏部考功郎中、员外郎掌管。应考之官员具录当年功过行能，由本司及本州长官对众读议其优劣，以"四善"、"二十七最"为标准，定为九等，经名额平衡后报送尚书省，再经考功郎中等检覆，奏闻皇帝。亲王与中书门下以及京官三品以上、外官五大都督，则以功过状直接奏闻皇帝，由皇帝

亲见裁定其考第。考课成绩为官员任免升迁的重要依据之一。《新唐书·百官一》言九等考第："一最四善为上上，一最三善为上中，一最二善为上下；无最而有二善为中上，无最而有一善为中中，职事粗理，善最不闻，为中下；爱憎任情，处断乖理，为下上；背公向私，职务废阙，为下中；居官谄诈，贪浊有状，为下下。"

[2] 年劳：任职的年数和劳绩，为古代官员考课擢升的标准之一。

[3] 迁改：指官职的迁升。

[4] 阶牒：升授官阶的公文。

40．凡医术，不过尚药奉御 [1]。阴阳、卜筮、图画、工巧、造食、音声及天文 [2]，不过本色局、署令 [3]。鸿胪译语 [4]，不过典客署令 [5]。凡千牛备身、备身左右 [6]，五考送兵部试，有文者送吏部。凡斋郎 [7]，太庙以五品以上子孙及六品职事并清官子为之 [8]，六考而满；郊社以六品职事官子为之 [9]，八考而满。皆读两经粗通，限年十五以上、二十以下，择仪状端正无疾者。

[1] 尚药奉御：唐代掌宫廷医药与疾病治疗的官署称尚药局，为殿中省六局之一，长官为奉御，二人，秩正五品下。

[2] 阴阳：即阴阳生，古代指以星象、占卜、相宅、相墓、圆梦等为业者。卜筮：古代预测吉凶，用龟甲称卜，用蓍草称筮，合称卜筮。这里指从事这一职业者。音声：这里指管理音声人（乐人）的官员。

[3] 本色局署令：指管理本行本业官署的长官。如殿中省下有尚食局，属上述"造食"类，有奉御二人，秩正五品下；太常寺下有太乐署，属上述"声音"类，有令二人，秩从七品下；又有太卜署，属上述"卜筮"类，有令一人，秩从七品下。

[4] 鸿胪译语：指唐代掌诸藩册封、外使接待等事务的官署鸿胪寺的少数民族语言的翻译官员。

[5] 典客署令：鸿胪寺下典客署的长官，令一人，秩从七品下。

[6] 千牛备身：隋唐宿卫兵士名，简称"千牛"，左右千牛卫、太子左右内率府各置十馀人。掌执御刀宿卫侍从，多以高荫子弟、年少貌美者为补。备身左右：隋唐宿卫兵士名，左右千牛卫各置十二人，掌执御刀弓箭，宿卫侍从，亦以贵族官僚子弟为之。

[7] 斋郎：吏职名，为祭祀时执事人员。唐太常寺有太庙斋郎，另两京郊社署有郊社斋郎，此外鸿胪寺司仪署、五岳四渎亦置斋郎。

[8] 太庙：古代帝王的祖庙。清官：唐代四品至八品官称清官，包括中书、门下省的谏议大夫、给事中、中书舍人，尚书省诸司郎中、员外郎，御史台中丞、侍御史，国子监国子、太学、四门博士与助教，左右千牛卫中郎将，詹事府丞等，多由文人充任。

[9] 郊社：即郊社署，隋唐官署名，东京洛阳与西京长安皆置。冬至祭天为郊，夏至祭地为社，称两京郊社署，掌郊社明堂大典时之位次。有斋郎一百十人，掌供郊庙之役。

41．武选，凡纳课品子 [1]，岁取文武六品以下、勋官三品以下五品以上子，年十八以上，每州为解上兵部，纳课十三岁而试，第一等送吏部，第二等留本司 [2]，第三等纳资二岁，第四等纳资三岁；纳已，复试，量文武授散官。若考满不试，免当年资；

遭丧免资。无故不输资及有犯者，放还之。凡捉钱品子[3]，无违负满二百日[4]，本属以簿附朝集使[5]，上于考功、兵部[6]。满十岁，量文武授散官。其视品国官府佐应停者[7]，依品子纳课，十岁而试，凡一岁为一选。自一选至十二选，视官品高下以定其数，因其功过而增损之。

[1] 纳课品子：以纳资代役的品子。品子，参见唐35注2。
[2] 本司：这里指兵部。
[3] 捉钱品子：以公廨本钱经营生利以代役的品子。捉钱，唐代官府办公费不发全额，只给一定数额的公廨本钱，由各官署将它分发给有关令史、府史以及一些民户，让他们放债或经商，牟取利润，然后定时缴纳大大超过所发本钱的钱财。捉钱人可免徭役，并受到相应官署的庇护。
[4] 违负：指亏欠应上缴的捉钱利润。
[5] 朝集使：使职名。唐制，每年十月二十五日，各地都督刺史或其上佐，必须轮流到京城集中，汇报所属官吏考课情况与进贡本地方物，聆听皇帝敕命，谓之朝集使。
[6] 考功：尚书省吏部有考功司，主管官员政绩考课事务，长官为考功郎中。
[7] 视品：参见唐32注18。国官府佐：亲王的属官官府中的佐治官吏。

42. 初，武德中[1]，天下兵革新定，士不求禄，官不充员。有司移符州县[2]，课人赴调[3]，远方或赐衣续食[4]，犹辞不行。至则授用，无所黜退。不数年，求者浸多，亦颇加简汰。

[1] 武德：唐高祖李渊的年号（618～626）。
[2] 移符：转达符命。古代朝廷有事，遣使持符下达命令。
[3] 课：征集。
[4] 续食：相继供给食物。

43. 贞观二年[1]，侍郎刘林甫言[2]："隋制以十一月为选始，至春乃毕。今选者众，请四时注拟[3]。"十九年[4]，马周以四时选为劳[5]，乃复以十一月选，至三月毕。

[1] 贞观二年：即公元628年。贞观，唐太宗李世民的年号。
[2] 侍郎刘林甫：即吏部侍郎刘林甫（生卒年不详），观城（今河南清丰南）人，唐高祖时任内史舍人，与萧瑀等撰定律令。历吏部侍郎，赐爵乐平县男。
[3] 四时：四季，意指全年。注拟：唐代选举官员，凡应试获选者先由尚书省登录，经考询后再按其才能拟定官职，称为"注拟"。
[4] 十九年：即贞观十九年（645）。
[5] 马周：字宾王（601～648），博州茌平（今属山东）人，武德中，补州助教。后西游长安，代中郎将常何为疏，受太宗赏识，历官监察御史、给事中、中书侍郎，贞观十八年任中书令兼太子右庶子。两《唐书》有传。

44. 太宗尝谓摄吏部尚书杜如晦曰 [1]："今专以言辞刀笔取人 [2]，而不悉其行，至后败职，虽刑戮之，而民已敝矣。"乃欲放古 [3]，令诸州辟召 [4]。会功臣行世封 [5]，乃止。它日复顾侍臣曰："致治之术，在于得贤。今公等不知人，朕又不能遍识，日月其逝，而人远矣。吾将使人自举 [6]，可乎？"而魏徵以为长浇竞 [7]，又止。

[1] 摄：兼职。吏部尚书：尚书省吏部长官，秩正三品，掌天下文职官员铨选、考课、总判吏部、司封、司勋、考功四司事。杜如晦：字克明（585~630），京兆杜陵（今陕西西安东南）人，从秦王李世民征讨，历官兵部尚书，贞观二年擢吏部尚书，翌年进尚书右仆射，与房玄龄共掌朝政，世称"房杜"。两《唐书》有传。

[2] 刀笔：这里指文章。

[3] 放（fǎng 仿）古：即仿古，模仿古代事例。

[4] 辟（bì 必）召：征召。这里专指汉代的察举选官制度，即由官吏荐举，经过考核，任以官职。

[5] 世封：唐太宗时仅实行两年的刺史的世袭。《新唐书·太宗本纪》："（贞观）十一年……六月……己未，以诸王为世封刺史。戊辰，以功臣为世封刺史。"又："（贞观）十三年……二月庚子，停世封刺史。"

[6] 自举：即自我荐举。

[7] 魏徵：字玄成（580~640），巨鹿下曲（今河北晋州）人，仕唐太宗为谏议大夫，知无不言，以历代兴亡为鉴，意见多被采纳。历秘书监、侍中，封郑国公，拜太子太傅，以疾卒官。著有《魏郑公文集》三卷、《诗集》一卷，主编《群书治要》。两《唐书》有传。浇竞：追名逐利的浮薄风气。

45. 初，铨法简而任重。高宗总章二年 [1]，司列少常伯裴行俭始设长名榜 [2]，引铨注法 [3]，复定州县升降为八等，其三京、五府、都护、都督府 [4]，悉有差次，量官资授之。其后李敬玄为少常伯 [5]，委事于员外郎张仁祎 [6]，仁祎又造姓历 [7]，改状样、铨历等程式 [8]，而铨总之法密矣 [9]。然是时仕者众，庸愚咸集，有伪主符告而矫为官者 [10]，有接承它名而参调者 [11]，有远人无亲而置保者。试之日，冒名代进，或旁坐假手，或借人外助，多非其实。虽繁设等级、递差选限、增谴犯之科、开纠告之令以过之 [12]，然犹不能禁。大率十人竞一官，馀多委积不可遣，有司患之，谋为黜落之计，以僻书隐学为判目 [13]，无复求人之意。而吏求货贿 [14]，出入升降 [15]。至武后时 [16]，天官侍郎魏玄同深嫉之 [17]，因请复古辟署之法 [18]，不报 [19]。

[1] 高宗：即唐高宗李治（628~683）。参见唐12注1。总章二年：即公元669年。总章，唐高宗的第六个年号。

[2] 司列少常伯：即吏部侍郎。唐龙朔二年（662）至咸亨元年（670）改尚书省六部吏、户、礼、兵、刑、工分别为司列、司元、司礼、司戎、司刑、司平六部，侍郎改称少常伯。裴行俭：字守约（619~682），绛州闻喜（今山西闻喜东北）人，幼以门荫补弘文生，贞观中举明经，历官安西都护、司列少常伯、礼部尚书、定襄道行军大总管。曾改革选官制度，有能名。两《唐书》

有传。长名榜：又名长名、长榜、长名姓历榜。总章二年，裴行俭、张仁祎等规定，铨选试判以后，合格者留下注官，落第者放回。被留与放人名单皆于吏部南院张榜公布，谓之长名榜，遂成定制。

[3] 铨注法：有关对官吏的考选登录的规则。

[4] 三京：唐代以雍州为西京，河南为东京，太原为北京。五府：唐代府兵宿卫之内府，即中郎将府，其所统卫士分亲卫、勋卫、翊卫三卫，掌宫廷内部宿卫，皆以五品以上官子孙为之，凡五府。《新唐书·百官四》："亲卫之府一：曰亲府。勋卫之府二：一曰勋一府，二曰勋二府。翊卫之府二：一曰翊一府，二曰翊二府。凡五府。每府中郎将一人，正四品下；左右郎将一人，正五品上；亲卫，正七品上；勋卫，从七品上；翊卫，正八品上。总四千九百六十三人。"都护：即都护府，唐代官署及行政区名，职掌边防军政，下辖都督府与羁縻府州。高宗以后共有安西、安北、单于、安东、安南、北庭六都护府。都督府：唐代官署及行政区名，总一州或数州事务，有大、中、下之分。贞观间有都督府四十一。

[5] 李敬玄：亳州谯县（今安徽亳州）人（615～682），历官西台舍人、弘文馆学士、少常伯、中书令，封赵国公，贬衡州刺史，迁扬州大都督府长史。久掌选部，铨衡有序。两《唐书》有传。

[6] 员外郎张仁祎：即吏部员外郎张仁祎（生卒年不详），历官侍御史，有才干。

[7] 姓历：即上述"长名榜"。参见注2。

[8] 状样：行状的格式。铨历：指有关选任官吏事项的簿书。

[9] 铨总：即铨综，谓选拔罗致人才。

[10] 符告：唐代经考试铨选，凡达到标准的官员，朝廷给符并加盖"尚书吏部告身"之印于其上，谓之"告身"，又称符告。

[11] 参调：当指升转迁官等事。

[12] 递差选限：将候选官员赴吏部听候选用的日期依次错开。增遣犯之科：增添有关作弊的刑罚。纠告：检举告发。

[13] "以僻书"句：用冷僻的书或学问为判语考试的题目。

[14] 货贿：财货，财物。

[15] 出入升降：谓以财物往来多少评价人才优劣。

[16] 武后：即武则天（624～705）。参见唐14注1。

[17] 天官侍郎：即吏部侍郎，尚书省吏部次官，二人，秩正四品上。唐光宅元年（684）至神龙元年（705）改吏部为天官。魏玄同：字和初（617～689），定州鼓城（今河北晋州）人。进士出身，历官长安令、岐州长史、吏部侍郎、地官尚书。永昌初，为周兴所构，被杀。

[18] 辟（bì 必）署：征聘委任。唐陆贽《请许台省长官举荐属吏状》："前代有乡里举选之法，长吏辟署之制，所以明历试，广旁求，敦行能，息驰骛也。"

[19] 不报：不批复。

46. 初，试选人皆糊名 [1]，令学士考判 [2]，武后以为非委任之方，罢之。而其务收人心，士无贤不肖，多所进奖。长安二年 [3]，举人授拾遗、补阙、御史、著作佐郎、大理评事、卫佐凡百馀人 [4]。明年 [5]，引见风俗使 [6]，举人悉授试官 [7]，高者至凤阁舍人、给事中 [8]，次员外郎、御史、补阙、拾遗、校书郎 [9]。试官之起，自此始。时李峤为尚书 [10]，又置员外郎二千馀员，悉用势家亲戚，给俸禄，使厘务[11]，至与正官争事相殴者。又有检校、敕摄、判知之官[12]。神龙二年[13]，峤复为中书令[14]，始悔之，乃停员外官厘务。

[1] 选人：参见唐31注4。糊名：唐代科举考试试卷皆糊姓名，以防考官阅卷徇私舞弊。武则天天册万岁元年（695），敕停糊名。唐玄宗开元十五年（727）复之。以后时有兴废，至宋代始成定制。

[2] 学士：官名。唐代弘文馆、崇文馆、集贤院皆有文人学者供职，称学士、直学士，俱由他官兼任。五品以上为学士，六品以下为直学士，这里当指直学士。

[3] 长安二年：即公元702年。长安，武则天的第十七个年号。按，以下当为天授二年（691）事。宋司马光《资治通鉴》卷二百五《考异》引《统纪》曰："天授二年二月，十道举人石艾县令王山龄等六十人，擢为拾遗、补阙，怀州录事参军霍献可等二十四人为御史，并州录事参军徐昕等二十四人为著作佐郎及评事，内黄尉崔宣道等二十二人为卫佐。"

[4] 举人：这里似当作"选人"，以与乡贡者别也。拾遗：官名。唐武则天垂拱元年（685）始置左右拾遗各二员，分隶门下（左）、中书（右）两省，掌供奉讽谏，秩从八品上。补阙：唐武则天垂拱元年始置左右补阙各二员，分隶门下（左）、中书（右）两省，掌供奉讽谏，秩从七品上。御史：此处当指御史台属官殿中侍御史（从七品下）、监察御史（正八品下）等。著作佐郎：唐秘书省著作局次官，二人，秩从六品上。大理评事：唐大理寺属官，掌出使推按，秩从八品下。卫佐：唐代十六卫与东宫十率府皆置录事参军事（正八品上）及仓曹、兵曹、骑曹、胄曹等参军事（正八品下），通称卫佐。

[5] 明年：当为长寿元年（692）。长寿，武则天的第七个年号。

[6] 风俗使：即观风俗使，唐初使职名。贞观八年（634），唐太宗曾遣萧瑀、李靖等十三人巡省天下州县，观风俗之得失，察刑政之苛弊。其后不置。见宋王溥《唐会要》卷七十七《观风俗使》。按，当作"存抚使"，唐职官名，掌巡行天下，视察政治、民风。宋王溥《唐会要》卷七十七："天授二年，发十道存抚使，以右肃政御史中丞知大夫事李嗣真等为之。"又宋司马光《资治通鉴》卷二百五："长寿元年……春，一月，丁卯，太后引见存抚使所举人，无问贤愚，悉加擢用，高者试凤阁舍人、给事中，次试员外郎、侍御史、补阙、拾遗、校书郎。"

[7] 试官：即试任其职之意，实不理事。唐武则天天授二年（691）以后为收买人心始设，其员甚滥，时有"补阙连车载，拾遗平斗量"之讥。神龙后，其员大增，唐玄宗开元后渐革除之。

[8] 凤阁舍人：唐光宅元年（684）至神龙元年（705）改中书舍人为凤阁舍人。为中书省属官，秩正五品上。掌侍进奏，参议表章。给事中：唐门下省属官，秩正五品上。掌侍左右，分判省事，察弘文馆缮写雠校之课。

[9] 员外郎：唐尚书省六部诸司次官，秩从六品上。校书郎：唐秘书省与著作局、弘文馆、崇文馆皆置校书郎，秩从九品下，掌校雠典籍。

[10] 李峤：字巨山（645？～714？），赵州赞皇（今属河北石家庄市）人。进士出身，后举制策甲科，历官给事中、凤阁舍人、吏部尚书、中书令，累封赵国公。今存《文集》三卷、《杂咏》二卷。两《唐书》有传。尚书：即吏部尚书。

[11] 厘务：管理政事。宋赵昇《朝野类要·职任》："添差之官，则不理政事也。若许干预则曰仍厘务。"

[12] 检校：即检校官，尚未实授某官但已掌其职事的称谓。敕摄：以天子之命代理某官。判知：暂

署理某官。

[13] 神龙二年：即公元 706 年。神龙，唐中宗李显的第二个年号。

[14] 中书令：唐中书省长官，置二员，秩正三品，内参机密，议决朝政。

47. 中宗时 [1]，韦后及太平、安乐公主等用事 [2]，于侧门降墨敕斜封授官，号"斜封官" [3]，凡数千员。内外盈溢，无听事以居 [4]，当时谓之"三无坐处"，言宰相、御史及员外郎也。又以郑愔为侍郎 [5]，大纳货赂，选人留者甚众，至逆用三年员阙 [6]，而纲纪大溃。韦氏败，始以宋璟为吏部尚书 [7]，李乂、卢从愿为侍郎 [8]，姚元之为兵部尚书 [9]，陆象先、卢怀慎为侍郎 [10]，悉奏罢斜封官，量阙留人，虽资高考深，非才实者不取。初，尚书铨掌七品以上选，侍郎铨掌八品以下选。至是，通其品而掌焉。未几，璟、元之等罢，殿中侍御史崔涖、太子中允薛昭希太平公主意 [11]，上言："罢斜封官，人失其所，而怨积于下，必有非常之变。"乃下诏尽复斜封别敕官。

[1] 中宗：即唐中宗李显（656～710）。参见唐 14 注 2。

[2] 韦后：唐中宗皇后（？～710），京兆万年（今陕西西安）人。嗣圣元年（684）立为后，中宗被废，曾随处贬所。中宗复位，即干预朝政，以女安乐公主嫁武三思之子崇训，杀功臣，卖官爵，与安乐公主合谋毒死中宗，立少帝，欲仿武后所为，为临淄王李隆基（即后来的唐玄宗）所杀。太平：即太平公主（？～713），唐高宗与武则天的幼女，颇受宠爱。初嫁薛绍，再嫁武后之侄武攸暨，贵盛无比。曾与李隆基共谋诛韦后、安乐公主，拥立睿宗，弄权朝中。玄宗即位，又谋政变，事泄，赐死。安乐公主：唐中宗与韦后之幼女（？～710），初嫁武三思子崇训，再嫁武承嗣子延秀。受父母宠爱，势倾天下，曾自请立为皇太女，图谋帝位。后为李隆基所杀。

[3] 斜封官：非朝廷正命所授官职。宋司马光《资治通鉴》卷二百九："安乐、长宁公主及皇后妹……皆依势用事，请谒受赇，虽屠沽臧获，用钱三十万，则别降墨敕除官，斜封付中书，时人谓之'斜封官'。"

[4] 听事：即厅堂，这里指官府治事之所。

[5] 郑愔：字文靖（？～710），沧州南皮（今属河北）人，进士出身。武则天时依附权臣张易之兄弟，擢殿中侍御史；中宗时，又附武三思，引为中书舍人、太常少卿。景龙三年（709），以吏部侍郎同平章事，以赃贿贬江州司马。韦后败，欲起兵拥立谯王重福，被杀。

[6] 逆用：预先使用。员阙：或作"员缺"，官职空缺。

[7] 宋璟：邢州南和（今属河北邢台市）人（663～737），调露进士，历官凤阁舍人、吏部侍郎，睿宗时，以吏部尚书同中书门下三品，改革典选流弊。刚正不阿，颇有政绩，与姚崇同为开元名相，史称"姚宋"。以尚书右丞相致仕。两《唐书》有传。

[8] 李乂：字尚真（657～716），赵州房子（今河北临城）人。永隆进士，历官监察御史、中书舍人、吏部侍郎，封中山郡公。卒于刑部尚书。两《唐书》有传。卢从愿：字子龚（？～737），相州临漳（今河北临漳西南）人。举明经，又应制举，历官中书舍人、吏部侍郎、豫州刺史、工部侍郎、刑部尚书，以吏部尚书致仕，卒年七十馀。两《唐书》有传。侍郎：即吏部侍郎，尚书省吏部次官，秩正四品上，旧掌八、九品官员铨选，称东、西铨。景云后，与吏部尚书通掌

六品以下选。

[9] 姚元之：即姚崇（650～721），本名元崇，陕州硖石（今河南陕县东南）人。应下笔成章举，授濮州司仓，历官夏官郎中、兵部尚书同中书门下三品、中书令，为唐代有名宰相，与宋璟有"姚宋"美誉。两《唐书》有传。兵部尚书：尚书省兵部长官，秩正三品，掌天下武官选授，总判兵部、职方、驾部、库部四司事。

[10] 陆象先：原名景初（665～736），苏州吴县（今江苏苏州）人。举制科高第，历官扬州参军、监察御史、兵部侍郎、中书侍郎同平章事，封兖国公，迁太子太保卒。两《唐书》有传。卢怀慎：滑州灵昌（今河南滑县西南）人（？～716），进士出身，历官右御史台中丞、兵部侍郎、黄门侍郎同平章事、黄门监。两《唐书》有传。侍郎：即兵部侍郎，尚书省兵部次官，秩正四品下，掌武官选授、勋级、考课等政。

[11] 殿中侍御史：唐御史台属官，掌纠弹朝廷仪式与百官朝班，推按刑狱，分察两京等，秩从七品下。崔沔：生平不详，历官吏部员外郎、殿中侍御史、左台御史等。太子中允：唐东宫官名，掌侍从赞相，驳正启奏，秩正五品下。薛昭：生平不详，历官太子中允。

48. 玄宗即位 [1]，励精为治。左拾遗内供奉张九龄上疏言 [2]："县令、刺史，陛下所与共理，尤亲于民者也。今京官出外，乃反以为斥逐，非少重其选不可。"又曰："古者或遥闻辟召 [3]，或一见任之，是以士修名行，而流品不杂。今吏部始造簿书，以备遗忘，而反求精于案牍 [4]，不急人才，何异遗剑中流而刻舟以记。"于是下诏择京官有善政者补刺史，岁十月，按察使校殿最 [5]，自第一至第五，校考使及户部长官总核之 [6]，以为升降。凡官，不历州县不拟台省 [7]。已而悉集新除县令宣政殿 [8]，亲临问以治人之策，而擢其高第者。又诏员外郎、御史诸供奉官 [9]，皆进名敕授，而兵、吏部各以员外郎一人判南曹 [10]，由是铨司之任轻矣。其后户部侍郎宇文融又建议置十铨 [11]，乃以礼部尚书苏颋等分主之 [12]。太子左庶子吴兢谏曰 [13]："《易》称'君子思不出其位' [14]，言不侵官也。今以颋等分掌吏部选，而天子亲临决之，尚书、侍郎皆不闻参，议者以为万乘之君 [15]，下行选事。"帝悟，遂复以三铨还有司。

[1] 玄宗：即唐玄宗李隆基（685～762）。参见唐15注1。
[2] 左拾遗：唐门下省属官，掌供奉讽谏，大事廷议，小则上封事，秩从八品上。内供奉：武则天时，曾于御史、拾遗、补阙加置内供奉员，意为侍奉皇帝左右。张九龄：字子寿（678～740），韶州曲江（今广东曲江西北）人。神功元年（697）登进士第，历官校书郎、左拾遗、中书舍人、秘书少监、集贤院学士，开元二十一年（733）以中书侍郎同平章事，进中书令，后为李林甫所谗，贬荆州长史。有《曲江集》二十卷。两《唐书》有传。
[3] 辟召：参见唐44注1。
[4] 案牍：官府文书。这里指铨选官员以书判为依据。宋王溥《唐会要》卷七十四："开元三年，左拾遗张九龄上疏曰：'古之选用，取其声称，或遥闻辟召，或一见用之，是以士修素行，不图侥幸。臣以为吏部始造簿书，以备人之遗忘，今反求精于案牍，不急于人才，亦何以异遗剑中流而刻舟以记，去之弥远，可为伤心。'"

[5] 按察使：唐代使职名。唐初中央派员赴各道巡察，考核吏治，有巡察、巡抚、安抚等名目。景云二年（711）始置十道按察使，道各一人，分察天下，成为常设官员。后改称采访处置使、观察处置使。殿最：古代考核政绩或军功，下等称为"殿"，上等称为"最"。

[6] 校考使：唐代使职名。唐贞观初，每年进行官员考课，由皇帝任命京官位望高者二人负责校考，一人校京官考，一人校外官考。后称之为校中外官考使、校内外官考使或校考使。户部长官：即户部尚书，掌天下土地、户口、赋税、钱谷之事，秩正三品。

[7] 台省：即"台省官"，谓御史台、尚书、中书、门下三省等中央政府官员。

[8] 宣政殿：唐代长安大明宫正殿，位于含元殿正北。为皇帝常日于东内听政之处，凡大朝会、大册拜，亦在此殿举行。

[9] 供奉官：唐代指中书、门下省各级官员，从侍中、中书令、左右散骑侍郎到中书侍郎、左右补阙、御史中丞、殿中侍御史等，因常侍奉皇帝左右，故名。

[10] 南曹：唐代吏部所属机构，掌选事。唐张九龄等《唐六典》卷二："员外郎一人掌选院，谓之南曹。"注云："其曹在选曹之南，故谓之南曹。"

[11] 宇文融：京兆万年（今陕西西安）人（？～约730），明辨有吏干，历官监察御史、御史中丞、户部侍郎兼劝农使，开元十七年（729），拜黄门侍郎同平章事，居相百日而罢，坐赃贿，配流岩州，卒于道。两《唐书》有传。十铨：比原"三铨"之法更为烦琐，且最后决定权归于皇帝，参见唐30注1。宋司马光《资治通鉴》卷二百十二："开元十三年……十二月……上疑吏部选试不公，时选期已迫，御史中丞宇文融密奏，请分吏部为十铨。甲戌，以礼部尚书苏颋等十人掌吏部选，试判将毕，遽召入禁中决定，吏部尚书、侍郎皆不得预。"

[12] 苏颋：字廷硕（670～727），雍州武功（今陕西武功西北）人。进士出身，又举贤良方正科，历官监察御史、中书舍人、中书侍郎，进同平章事，后罢为礼部尚书，分掌吏部选事。善属文，袭父封爵，号"小许公"，与燕国公张说并称"燕许大手笔"。有《苏廷硕集》二卷。两《唐书》有传。

[13] 太子左庶子：东宫官名，为左春坊长官，掌侍从赞相，驳正启奏，秩正四品上。吴兢：汴州浚仪（今河南开封）人（670～749），博通经史，历官右补阙、起居郎、左庶子、谏议大夫兼修国史。著史书多种，今传《贞观政要》十卷。两《唐书》有传。

[14] "易称"句：语本《周易·艮卦》："《象》曰：兼山，艮。君子以思不出其位。"意即君子思虑谋划处理问题均不超出自己职责的范围。

[15] 万乘（shèng 胜）之君：指皇帝。周制，天子地方千里，能出兵车万乘，故称。

49．开元十八年 [1]，侍中裴光庭兼吏部尚书 [2]，始作循资格 [3]，而贤愚一概，必与格合，乃得铨授，限年蹑级，不得逾越。于是久淹不收者皆便之，谓之"圣书"。及光庭卒，中书令萧嵩以为非求材之方 [4]，奏罢之。乃下诏曰："凡人年三十而出身 [5]，四十乃得从事 [6]，更造格以分寸为差，若循新格，则六十未离一尉 [7]。自今选人才业优异有操行及远郡下寮名迹稍著者 [8]，吏部随材甄擢之。"

[1] 开元十八年：即公元730年。开元，唐玄宗李隆基的第二个年号。

[2] 裴光庭：字连城（676～733），绛州闻喜（今山西闻喜东北）人，裴行俭子。明经及第，历官太常丞、兵部郎中、中书侍郎同平章事，寻进门下侍中兼吏部尚书，加光禄大夫，封正平男，卒谥

忠宪。两《唐书》有传。

[3] 循资格：裴光庭所创铨选法令，打破此前吏部选官以才能为准，不计资历的做法，专以选人历官年限为断，不问才能，属于人才选举制度的一种倒退。

[4] 中书令：参见唐46注14。萧嵩：雍州长安（今陕西西安）人（？～749），萧瑀后裔。历官中书舍人、兵部侍郎、河西节度使，开元十六年（728）以功加同平章事，次年兼中书令，加集贤院学士，罢相后以太子太师归，卒年八十馀。两《唐书》有传。

[5] 出身：这里指科举中第。唐韩愈《赠张童子序》："有司者总州府之所升而考试之，加察详焉，第其可进者，以名上于天子而藏之属之吏部，岁不及二百人，谓之出身。"

[6] 从事：致力于某事，指为官。

[7] 尉：泛指阶品卑下的小官。

[8] 下寮：同"下僚"。职位低微的官员。

50. 初，诸司官兼知政事者 [1]，至日午后乃还本司视事。兵部、吏部尚书侍郎知政事者，亦还本司分阙注唱 [2]。开元以来，宰相位望渐崇，虽尚书知政事，亦于中书决本司事以自便 [3]。而左、右相兼兵部、吏部尚书者 [4]，不自铨总 [5]。又故事，必三铨、三注、三唱而后拟官，季春始毕，乃过门下省 [6]。杨国忠以右相兼文部尚书 [7]，建议选人视官资、书判、状迹、功优 [8]，宜对众定留放。乃先遣吏密定员阙，一日会左相及诸司长官于都堂注唱 [9]，以夸神速。由是门下过官、三铨注官之制皆废，侍郎主试判而已 [10]。

[1] 知政事：指行使相权，须至政事堂，参与议政。

[2] 分阙注唱：指三铨选官。参见唐30注1，唐32注6，注7，注8。

[3] 中书：即中书门下，唐朝宰相的办公厅政事堂。参见唐22注1。

[4] 左右相：即门下侍中与中书令。龙朔二年（662）至咸亨元年（670）改中书省为西台，侍中为西台左相，中书令为西台右相。天宝元年（742）至至德二载（757）又分别以左相、右相称之。

[5] 铨总：同"铨综"，即选拔人才。

[6] 乃过门下省：即"过官"。参见唐32注13。

[7] 杨国忠：本名钊（？～756），蒲州永乐（今山西永济东南）人，杨贵妃堂兄。天宝初，以贵妃得宠，由金吾卫兵曹参军累迁监察御史、御史中丞，赐今名。天宝十一载（752）以右相兼吏部尚书，结党营私，贿赂公行。十四载，安禄山以"讨国忠"为名发动叛乱，杨国忠随唐玄宗奔蜀，于马嵬驿（今陕西兴平）被士兵杀死。两《唐书》有传。文部尚书：即吏部尚书。唐天宝十一载至至德二载改吏部为文部。

[8] 官资：官吏的资历职位。状迹：事迹，行迹。功优：功劳与过人之处。

[9] 都堂：即"都省"。尚书省总办公厅，其左为吏、户、礼三部，称左司；其右为兵、刑、工三部，称右司。

[10] 过官：参见唐32注13。

51. 肃、代以后兵兴 [1]，天下多故，官员益滥，而铨法无可道者。至德宗

时 [2]，试太常寺协律郎沈既济极言其敝曰 [3]：

近世爵禄失之者久，其失非他，四太而已：入仕之门太多，世胄之家太优，禄利之资太厚，督责之令太薄。臣以为当轻其禄利，重其督责。夫古今选用之法，九流常叙 [4]，有三科而已，曰德也，才也，劳也；而今选曹，皆不及焉。且吏部甲令 [5]，虽曰度德居任，量才授职，计劳升叙 [6]，然考校之法，皆在书判簿历、言辞俯仰之间，侍郎非通神，不可得而知。则安行徐言，非德也；空文善书，非才也；累资积考，非劳也。苟执不失，犹乖得人 [7]，况众流茫茫，耳目有不足者乎？盖非鉴之不明，非择之不精，法使然也。王者观变以制法，察时而立政。按前代选用，皆州、府察举 [8]，至于齐、隋，署置多由请托 [9]。故当时议者，以为与其率私，不若自举；与其外滥，不若内收。是以罢州府之权，而归于吏部。此矫时惩弊之权法 [10]，非经国不刊之常典。

今吏部之法蹙矣，不可以坐守刓弊 [11]。臣请五品以上及群司长官、宰臣进叙，吏部、兵部得参议焉；六品以下或僚佐之属，听州、府辟用。则铨择之任，委于四方；结奏之成 [12]，归于二部 [13]。必先择牧守 [14]，然后授其权。高者先署而后闻，卑者听版而不命 [15]。其牧守、将帅，或选用非公，则吏部、兵部得察而举之。圣主明目达聪，逖听遐视 [16]，罪其私冒。不慎举者，小加谴黜，大正刑典。责成授任，谁敢不勉？夫如是，则接名伪命之徒 [17]，菲才薄行之人，贪叨贿货，懦弱奸宄 [18]，下诏之日，随声而废，通大数 [19]，十去八九矣。如是，人少而员宽，事核而官审，贤者不奖而自进，不肖者不抑而自退。

或曰："开元、天宝中 [20]，不易吏部之法，而天下砥平，何必外辟，方臻于理？"臣以为不然。夫选举者，经邦之一端，虽制之有美恶，而行之由法令。是以州郡察举，在两汉则理，在魏、齐则乱。吏部选集，在神龙、景龙则紊 [21]，在开元、天宝则理。当其时久承升平，御以法术，庆赏不忒，威刑必齐，由是而理，匪用吏部而臻此也。向以此时用辟召之法，则理不益久乎？

天子虽嘉其言，而重于改作，讫不能用 [22]。

[1] 肃代：即唐肃宗李亨 (711 ~ 762)，唐玄宗第三子，公元 756 至 762 年在位；唐代宗李豫 (727 ~ 779)，唐肃宗长子，公元 762 至 779 年在位。唐肃宗在平安史之乱中，借兵回纥，重用宦官，猜忌功臣。唐代宗因吐蕃进扰，曾逃陕州，边患迭起，又重用元载，弄权纳贿，佞佛建寺，并导致藩镇割据形成。

[2] 德宗：即唐德宗李适 (742 ~ 805)，唐代宗长子，公元 779 至 805 年在位。即位之初，思革旧弊，改租庸调为两税法；以后又信谗纳邪，冤杀刘晏，政局腐败，叛兵屡起，难以收拾。卒谥神武孝文皇帝。

[3] 试：即试官，中唐以后为虚衔，不任事。太常寺协律郎：太常寺属官，掌校正乐律，秩正八品上。沈既济：吴县（今属江苏）人（约 750 ~ 约 800），历官左拾遗、试太常寺协律郎，贬司户

参军，终礼部员外郎。有传奇《枕中记》、《任氏传》传世。

[4] 九流常叙：即通常以九品任官叙职。

[5] 甲令：朝廷颁发的重要法令。

[6] "虽曰"三句：《新唐书·百官一》："吏部……掌文选、勋封、考课之政。以三铨之法官天下之材，以身、言、书、判，德行、才用、劳效较其优劣而定其留放，为之注拟。"

[7] 乖得人：选取人才不如意。

[8] "按前代"二句：当指汉代的察举选官制度。

[9] "至于"二句：当指魏晋南北朝九品中正制选官的末流。

[10] 权法：权宜之计。

[11] 刓（wán完）弊：凋敝。

[12] 结奏：总结奏闻皇帝。

[13] 二部：即指吏部、兵部。

[14] 牧守：州刺史、京兆尹一类的地方州、府长官。

[15] 版而不命：即"版授"。谓不经朝命而用白版授与官职。

[16] 逖（tì替）听遐视：视听范围极其广远。

[17] 接（jié捷）名伪命：巧取名声，弄虚作假。接，同"捷"。

[18] 奸宄（guǐ诡）：奸诈不法。

[19] 大数：约计之数。

[20] 开元天宝：唐玄宗李隆基的第二、三个年号（713～756）。

[21] 神龙景龙：唐中宗李显的两个年号（705～710）。

[22] 讫：终究。

52. 初，吏部岁常集人，其后三数岁一集，选人猥至[1]，文簿纷杂，吏因得以为奸利，士至蹉跌，或十年不得官，而阙员亦累岁不补。陆贽为相[2]，乃惩其弊，命吏部据内外员三分之，计阙集人[3]，岁以为常。是时，河西、陇右没于虏[4]，河南、河北不上计[5]，吏员大率减天宝三之一，而入流者加一，故士人二年居官，十年待选，而考限迁除之法浸坏。宪宗时[6]，宰相李吉甫定考迁之格[7]，诸州刺史、次赤府少尹、次赤令、诸陵令、五府司马、上州以上上佐、东宫官詹事谕德以下、王府官四品以上皆五考[8]。侍御史十三月[9]，殿中侍御史十八月[10]，监察御史二十五月[11]。三省官、诸道敕补、检校五品以上及台省官皆三考[12]，馀官四考，文武官四品以下五考。凡迁[13]，尚书省四品以上、文武官三品以上皆先奏。

[1] 猥至：同时而至。

[2] 陆贽：字敬舆（754～805），苏州嘉兴（今属浙江）人。大历进士，历官县尉、监察御史、翰林学士、兵部侍郎、中书侍郎同平章事，三年后以斥德宗宠臣裴延龄罢相，免为太子宾客，再贬忠州别驾，卒。陆贽以善拟诏令著称于世，后人编有《翰苑集》。两《唐书》有传。陆贽为相在唐德宗贞元八年（792）。

[3] 计阙集人：根据官职缺员情况召集选人。

［4］河西陇右：今甘肃河西走廊及青海北部、甘肃陇山、青海湖以东至新疆以东一带。贞元间尽为吐蕃所占。

［5］河南河北：今河南、河北以及辽宁、山东、江苏、安徽部分地区。上计：战国、秦、汉时地方官于年终将所辖境内户口、赋税、盗贼、狱讼等项编造计簿，遣吏逐级上报，奏呈朝廷，借资考绩，称上计。这里系借用其词，谓因藩镇割据，与中央断绝人事任命。

［6］宪宗：即唐宪宗李纯（778～820），唐顺宗长子，公元805至820年在位。治国有"元和中兴"之誉，晚年服金丹，多躁怒，终为宦官陈弘志等所杀，卒谥章武皇帝。

［7］李吉甫：字弘宪（758～814），赵郡（今河北石家庄市赵县）人，李栖筠子。以父荫入仕，历官太常博士、考功郎中、翰林学士、中书侍郎同平章事，封赵国公，在任有声。著有《元和郡县图志》四十卷传世。两《唐书》有传。格：条例，法令。《新唐书·刑法志》："唐之刑书有四，曰律、令、格、式……格者，百官有司之所常行之事也。"

［8］赤府：唐宋称京师和陪都所在的州或重要的大州为赤府。少尹：州郡次官。唐张九龄等《唐六典》卷三十："少尹二人，从四品下。"注云："魏晋已下，有治中，隋文帝改为司马，炀帝改为赞治，后改为丞。皇朝复曰治中，后避高宗讳，改司马，开元初改为少尹，置二员。"赤令：京师所治县的县令。如唐长安、万年两县的县令，秩正五品上。唐杜佑《通典》卷三十三："大唐县有赤（三府共有六县）、畿（八十二）、望（七十八）、紧（百一十一）、上（四百四十六）、中（二百九十六）、下（五百五十四）七等之差，凡一千五百七十三县，令各一人。"注云："京都所治为赤县，京之旁邑为畿县，其馀则以户口多少、资地美恶为差。"赤县，又称京县。陵令：即陵台令，属宗正寺下陵台署。《新唐书·百官三》："诸陵台：令各一人，从五品上……掌守卫山陵。"五府司马：唐代大都督府、中都督府、下都督府、大都护府、上都护府五府中的属官，秩从四品下至从五品下不等。上州：唐代州郡（包括县）按户口分为上、中、下三等，参见唐2注12。上佐：唐代州郡高级属官，凡别驾、长史、司马，通称上佐，亦称三官，秩从四品下至从五品下。无一定职任，因品高俸厚，多安置贬谪官员及优待宗室子弟。东宫官：掌辅导太子的官署，长官为太子太师、太傅、太保，各一人，从一品。詹事：东宫詹事府长、次官员。《新唐书·百官四上》："詹事府：太子詹事一人，正三品；少詹事一人，正四品上。掌统三寺、十率府之政，少詹事为之贰。"谕德：东宫左春坊、右春坊属官，各有左谕德、右谕德一人，正四品下，掌谕皇太子以道德，随事讽赞。王府官：隋唐时皇帝叔父、兄弟及子孙皆封亲王，俱置官署，官署中有王傅、谘议参军事、王友、侍读等王官，也有长史、司马、掾、属、主簿等府官，统称王府官。皆属闲职，玄宗以后，诸王多不出阁，王府官亦多不置。其中王傅、长史、司马等为四品以上官。

［9］侍御史：唐代御史台属官，秩从六品下，掌纠举百僚及入阁承诏，知推、弹、杂事。

［10］殿中侍御史：唐代御史台属官，秩从七品下，掌殿庭供奉之仪，统隶京畿诸州兵。

［11］监察御史：唐代御史台属官，秩正八品下，掌分察百僚，巡按州县。

［12］三省官：谓中书、门下、尚书三省官员。敕补：似当作"敕授"，唐代朝廷封授六品以下官称"敕授"。宋司马光《资治通鉴》卷二百一十："旧制，三品以上官册授，五品以上制授，六品以下敕授。"检校：尚未实授某官，但已掌其职事的称谓。有代理之意。中唐以后，凡使职必带中央台省官衔，是为寄衔，仅表品秩高下，亦称检校。台省官：御史台与三省署内官员，这里当专指御史台官，盖前已言及"三省官"矣。

［13］迁：官位的晋升或调动，贬谪称"左迁"。

53. 唐取人之路盖多矣，方其盛时，著于令者，纳课品子万人 [1]，诸馆及州县学六万三千七十人，太史历生三十六人 [2]，天文生百五十人 [3]，太医药童、针咒诸生二百一十一人 [4]，太卜筮三十人 [5]，千牛备身八十人 [6]，备身左右二百五十六人 [7]，进马十六人 [8]，斋郎八百六十二人 [9]，诸卫三卫监门直长三万九千四百六十二人 [10]，诸屯主、副千九百八人 [11]，诸折冲府录事、府、史一千七百八十二人 [12]，校尉三千五百六十四人 [13]，执仗、执乘每府三十二人 [14]，亲事、帐内万人 [15]，集贤院御书手百人 [16]，史馆典书、楷书四十一人 [17]，尚药童三十人 [18]，诸台、省、寺、监、军、卫、坊、府之胥史六千馀人 [19]。凡此者，皆入官之门户，而诸司主录已成官及州县佐史未叙者 [20]，不在焉。

[1] 纳课品子：参见唐35注2，唐41注1。

[2] 太史历生：唐代太史局（后改称司天台）内学习历法知识的学生，由保章正（隋代称历博士）教习之。另有装书历生，与历生略同。

[3] 天文生：唐代太史局（后改称司天台）内学习天文知识的学生，由灵台郎（隋代称天文博士）教习之，年深者转补天文观生。《新唐书·百官二》"司天台"后有注云："有令史五人，天文观生九十人，天文生五十人，历生五十五人。"

[4] 太医药童：唐代太常寺太医署从事药物加工吏职名。《新唐书·百官三》"太医署"后有注云："主药八人，药童二十四人。"另外，殿中省尚药局、太子左春坊药藏局亦置药童若干人。针咒诸生：针生与咒禁生。针生，在太常寺太医署学习针灸的生员，由针博士教习之。咒禁生，在太常寺太医署学习咒禁驱邪之术的生员，由咒禁博士教习之。《新唐书·百官三》"太医署"后有注云："针生二十人……咒禁生十人。"

[5] 太卜筮：唐代太常寺太卜署有卜生、筮生，为学习卜筮的生员。《新唐书·百官三》"太卜署"后有注云："卜筮生四十五人。"

[6] 千牛备身：参见唐40注6。

[7] 备身左右：参见唐40注6。

[8] 进马：官名。唐代殿中省、太仆寺皆置，秩正七品下。取左右卫三卫高荫及仪容端正者充任。平日掌南衙立仗马，若大陈设，戎服执鞭，侍立于马之左，随马进退。

[9] 斋郎：参见唐40注7。

[10] 三卫：参见唐14注6。监门直长：官名。唐代左右监门卫置，为宿卫武官。太子左右监门率府亦置，秩从七品下。

[11] 诸屯主副：唐司农寺属官，掌屯田事宜，每屯主一人，屯副一人。《新唐书·百官三》"司农寺·诸屯"后有注云："屯主劝率营农，督敛地课。"

[12] 折冲府：唐府军制军府的总称。录事：唐代中央或地方官署的低级官吏名，或为低级流内官，或为流外官。府：唐代吏职名，属流外官，无一定职掌。史：唐代吏职名，属流外官，职掌文书之低级小吏。

[13] 校尉：唐代折冲府下设团（唐制二、三百人为团），其长官称校尉，秩从七品下。三卫中郎将府校尉，属诸卫者秩正六品上，属率府者秩从六品上。

[14] 执仗执乘：唐代王府官亲事府中小吏。《新唐书·百官四下》"亲事府……帐内府"后有注云：

45

"亲事府有府一人。史二人；职掌亲事十六人，执弓仗；执乘亲事十六人，掌供骑乘；亲事三百三十人。"

[15] 亲事帐内：参见唐35注2。

[16] 集贤院：唐代官署名，又名集贤殿书院。开元十三年（725），玄宗召中书令张说等宴集于集仙殿，以与贤才共处，改名集贤殿，并改丽正书院为集贤殿书院，以宰相一人为学士知院事。掌刊辑古今经籍，征求遗书，推荐贤才等事。御书手：吏职名，或称写御书人、写御书手。《新唐书·百官二》"集贤殿书院"后有注云："募能书者为书直及写御书人，其后亦以前贤、常选、三卫、散官五品以上子孙为之。"又注云："书直、写御书手九十人。"

[17] 史馆：唐官署名。唐初隶秘书省著作局，贞观三年（629）移史馆于禁中，隶门下省，掌修国史之责，宰相监修。开元二十五年（737），徙史馆于中书省。典书：吏职名，掌管经史子集四部书，职同流外官。楷书：吏职名，或作书手，掌誊写书籍，职同流外。《新唐书·百官二》"史馆"后有注云："有令史二人，楷书十二人，写国史楷书十八人，楷书手二十五人，典书二人。"

[18] 尚药童：专指殿中省尚药局的药童，参见前注4。《新唐书·百官二》"尚药局"后有注云："主药十二人，药童三十人。"

[19] 坊：这里为唐代官署名，东宫官有太子左、右春坊。胥史：或作胥吏，官府中的小吏。

[20] 诸司主：指司辰、司库、司廪等秩九品的小官。

54. 至于铨选，其制不一，凡流外[1]，兵部、礼部举人，郎官得自主之[2]，谓之"小选"。太宗时，以岁旱谷贵，东人选者集于洛州[3]，谓之"东选"。高宗上元二年[4]，以岭南五管、黔中都督府得即任土人[5]，而官或非其才，乃遣郎官、御史为选补使[6]，谓之"南选"。其后江南、淮南、福建大抵因岁水旱，皆遣选补使即选其人。而废置不常，选法又不著，故不复详焉。

[1] 流外：即流外官，与流内官相对。自勋品至九品凡九等，以处诸卫录事、诸省令史及各官署府、史、计吏等下级胥吏。

[2] 郎官：隋唐五代称尚书省诸司郎中、员外郎为郎官，又称省郎、尚书郎、南宫郎。

[3] 洛州：即东都洛阳（今属河南），为唐代河南府治。

[4] 上元二年：即公元675年。上元，唐高宗的第八个年号。

[5] 岭南五管：即今岭南地区。唐代称广、桂、容、邕、安南五府为岭南五管。宋乐史《太平寰宇记》卷一百五十七："永徽后，以广、桂、容、邕、安南府，皆隶广府都督统摄，谓之五府节度使，名岭南五管。"其辖区相当于今广东、广西大部和越南北部地区。黔中都督府：属下都督府，治所彭水（今属四川），领县六，辖境约相当于今四川彭水、黔江一带。土人：世代居住本地的人，即土著。

[6] 选补使：唐代使职。唐张九龄等《唐六典》卷二："其岭南、黔中，三年一置选补使，号为南选。"

《旧五代史》

卷一百四十八　志十

选举志

1. 按《唐典》[1]，凡选授之制，天官卿掌之 [2]，所以正权衡而进贤能也；凡贡举之政，春官卿掌之 [3]，所以核文行而第隽秀也。洎梁氏以降 [4]，皆奉而行之，纵或小有厘革，亦不出其轨辙。今采其事。备纪于后，以志五代审官取士之方也 [5]。

[1]《唐典》：即《唐六典》，亦称《大唐六典》，三十卷。旧题唐玄宗撰，实则陆坚、张说、萧嵩、张九龄等主编，徐坚、韦述等撰，李林甫修订注释。全书编成于开元二十六年（738），以唐玄宗所拟理（治）、教、礼、政、刑、事六典为名，准于开元七年令文，记唐官制。为现存最古国家行政组织法规专著。《通典》、两《唐书》、《唐会要》多所取资。
[2] 天官卿：即指吏部尚书、吏部侍郎。唐光宅元年至神龙元年（684～705）曾改吏部为天官。
[3] 春官卿：即指礼部侍郎。唐光宅元年至神龙元年（684～705）曾改礼部为春官。
[4] 梁氏：即后梁，五代之一。开平元年（907）朱温（全忠）代唐称帝，国号梁，都汴（今河南开封），史称后梁。辖有今河南、山东与陕西、山西、河北、宁夏、湖北、安徽、江苏各一部分，共七十八州，吴越钱氏、闽王氏、楚马氏、荆南高氏、南汉刘氏奉其正朔。龙德三年（923）为后唐所灭，历三帝，凡十七年。
[5] 五代：唐亡以后在中原地区先后建立的后梁、后唐、后晋、后汉、后周五个王朝，共历时五十四年。

2. 梁开平元年七月 [1]，敕："近年举人，当秋荐之时 [2]，不亲试者号为'拔解'[3]，今后宜止绝。"

[1] 梁开平元年：即公元907年。开平，后梁太祖朱温第一个年号。
[2] 秋荐：又作"秋贡"，唐代州府向朝廷荐送举子参加科举考试的选拔考试，在秋季举行，故称。元辛文房《唐才子传》卷七："翁承赞工诗，体貌甚伟，且诙谐，名动公侯。唐人应试，每在八月，谚曰：'槐花黄，举子忙。'承赞《咏槐花》云：'雨中妆点望中黄，勾引蝉声送夕阳。忆得

当年随计吏，马蹄终日为君忙。'"

[3] 拔解：原辑本注云："拔解，原本作'袯解'，考《五代会要》、《文献通考》俱作'拔解'。（影库本粘签）"按唐制，不由学馆的举子，须先经州县考试合格，再解送京师应试。如不经外府考试，直接送礼部应试，谓之拔解。但拔解须请托权贵，投递所作诗文，方有可能。唐李肇《唐国史补》卷下："外府不试而贡者，谓之拔解。"

3. 四月 [1]，兵部尚书、权知贡举姚泊奏 [2]："近代设文科、选胄子 [3]，所以纲维名教 [4]，崇树邦本也 [5]。今在朝公卿亲属、将相子孙 [6]，有文行可取者，请许所在州府荐送 [7]，以广疏材之路 [8]。"从之。

[1] 四月：中华书局整理本校勘记云："四月，殿本、刘本同。彭校作'四年'，《会要》卷二三作'四月十一日'，《册府》卷六四一作'四年十二月'。"陈尚君《旧五代史新辑会证》云："按《登科记考》卷二五云开平二年知贡举为封舜卿，非姚泊。姚泊知乾化元年贡举，故当以《册府元龟》作'四年十二月'为是。"可参考。

[2] 兵部尚书：参见唐47注9。姚泊：生卒年不详。由唐仕后梁，历官中书舍人、翰林学士、兵部侍郎、兵部尚书、中书侍郎同中书门下平章事。原辑本注云："案《文献通考》：唐时知贡举皆用礼部侍郎，梁开平中，始命兵部侍郎杨涉权知贡举。此事薛史不载。"按宋王溥《五代会要》卷二十三："乾化三年十二月，以尚书左仆射杨涉权礼部贡举，非常例也。"另据《旧唐书·陆赞传》："（贞元）七年，罢学士，正拜兵部侍郎，知贡举。"

[3] 文科：陈尚君《旧五代史新辑会证》作"词科"，并出校勘记云："词科，影库本作'文科'，据《册府元龟》卷六四一改。"可参考。此谓科举考选文士之科，相对武举而言。胄子：这里指国子学生员。《隋书·高祖纪下》："而国学胄子，垂将千数，州县诸生，咸亦不少。"

[4] 纲维：维系，护持。

[5] 邦本：国家的根本。《书·五子之歌》："民惟邦本，本固邦宁。"

[6] 在朝：中华书局整理本校勘记云："今在朝公卿亲属，'朝'字原无，据彭校及《册府》卷六四一补。"可参考。

[7] "请许"句：中华书局整理本校勘记云："请许所在州府荐送，'所'原作'取'，据殿本、刘本、彭校及《会要》卷二三、《册府》卷六四一改。影库本批校云：'请许取在州府荐送，取应作所。'"可参考。

[8] 疏材：闲散的人才。

4. 唐同光二年十月 [1]，中书奏，请停举选一年 [2]。敕："举、选二门，国朝之重事，但要精确，难议权停，宜准常例处分。"[3]

[1] 唐同光二年：即公元924年。唐，即后唐，五代之一。同光元年（923），李存勖建立，国号唐，都洛阳（今属河南），史称后唐。旋灭后梁。辖有今河南、山东、山西、河北、北京、天津以及陕西北部、宁夏、甘肃各一部分，湖北汉水流域、安徽与江苏的淮河以北，共一百二十三州。吴越钱氏、闽王氏、楚马氏、荆南高氏奉其正朔。清泰三年（936）为石敬瑭所灭。历四帝，凡十

四年。同光，后唐庄宗李存勖的年号。

[2] 中书：即中书门下，即宰相治事之所政事堂。《册府元龟》卷六百四十一《贡举部》作"十月，中书门下奏"。举选：指科举与职官铨选二事。

[3] "敕"数句：陈尚君《旧五代史新辑会证》引《册府元龟》卷六四一："十月，中书门下奏：'献可效忠，前经之令典；因时建议，有国之明规。道既务于化成，事亦敷于竞劝，敢神宸听，辄馨刍言。伏惟陛下业茂经纶，功成理定，五材七德，威冠于伐谋；百氏三坟，义彰于知教。爰自中兴启运，下武膺期，照临而日月光华，鼓舞而乾坤交泰，英明取士，睿哲崇儒，诚宜便广于搜罗，岂可尚令于淹抑。但以今春贡士，就试不多，即目选人，磨勘未毕，宗伯莫臻于俊义，天官难辨于妍媸。况已过秋期，将行公事，例闻道路，悉是家贫，比及到京，多逾程限，文闱选部，皆碍条流。伏请权停贡选一年，俟迁莺者更励进修，希干禄者益加循省，然后精求良干，博采异能，免有遗贤，庶同乐圣。'敕：'选、举二门，国朝重事，俱要精确，难议权停。宜准常例处分。'"可参考。

5. 天成元年八月 [1]，敕："应三京、诸道 [2]，今年贡举人，可依常年取解，仍令随处量事 [3]，津送赴阙 [4]。"

[1] 天成元年：即公元926年。天成，后唐明宗李嗣源的第一个年号。
[2] 三京：这里当系宋人所指三京，即以大名为北京，以开封为东京，以洛阳为西京。
[3] 随处量事：不拘何处，贡举皆因地制宜。
[4] 津送赴阙：照料护送到都城赴试。

6. 五年二月九日，敕："近年文士，轻视格条 [1]，就试时疏于帖经 [2]，登第后耻于赴选 [3]。宜绝躁求之路，别开奖劝之门。其进士科已及第者，计选数年满日 [4]，许令就中书陈状 [5]，于都堂前各试本业诗赋判文 [6]。其中才艺灼然可取者，便与除官；如或事业不甚精者 [7]，自许准添选 [8]。"

[1] 格条：法令条文。
[2] 帖经：参见唐6注2。原辑本注云："案：原本作'帖括'，今据《五代会要》改正。（《旧五代史考异》）"
[3] 耻于赴选：意谓不愿意归乡待选，而热衷于钻营请托，希图侥幸。
[4] 选数：唐与五代进士或明经等及第后，不能马上参与选官，至少须待选三年，一年即为一选。《册府元龟》卷六百三十五《铨选部》："玄宗开元三年……六月制……明经、进士擢第者，每年委州长官访察，行业修谨，书判可观者，三选听集。并诸色选人者，若有乡闾无景行，及书判全弱，选数纵深，亦不在送限。"
[5] 中书：参见五4注2。陈状：诉说情况。
[6] 都堂：即尚书省办公厅，亦号都堂。判文：陈尚君《旧五代史新辑会证》于"判文"下加"等"字，并出校勘记云："等，影库本缺，据《五代会要》卷二二补。"可参考。
[7] 不甚：陈尚君《旧五代史新辑会证》作"未甚"，并出校勘记云："未，影库本作'不'，据

《五代会要》卷二二改。"可参考。

[8] 许准：即准许。添选：增加待选年数。陈尚君《旧五代史新辑会证》于此下从《容斋三笔》卷
　　一〇引《旧五代史·选举志》辑出如下文字：

　　　　长兴二年，礼部贡院奏："当司奉堂帖夜试进士，有何条格者？"敕旨："秋来赴举，备有常
　　程，夜后为文，曾无旧制。王道以明规是设，公事须白昼显行。其进士，并令排门齐人就试，至
　　闭门时试毕。内有先了者，上历昼时，旋令先出。其入策亦须昼试。应诸科对策，并依此例。"
　　陈尚君又于后加校勘云："《容斋三笔》引此后又云：'清泰二年，贡院又请进士试杂文，并点门
　　人省，经宿就试。'疑亦《选举志》佚文。另《册府元龟》卷六四二录此事较详，已附见本书卷
　　四二《明宗纪》。"可参考。

7. 晋天福三年三月[1]，翰林学士承旨、兵部侍郎、权知贡举崔棁奏[2]："臣谬
蒙眷渥[3]，叨掌文衡，实忧庸懦之材，不副搜罗之旨，敢不揣摩顽钝，杜绝阿私，上
则显陛下求贤，次则使平人得路。但以今年就举，比常岁倍多，科目之中，凶豪甚
众[4]。每驳榜出后[5]，则时有喧张，不自省循[6]，但言屈塞[7]，互相朋扇[8]，
各出言词，或云主司不公，或云试官受赂，实虑上达圣听，微臣无以自明，昼省夜思，
临深履薄。今臣欲请令举人落第之后，或不甘心，任自投状披陈，却请所试，与疏义对
证[9]，兼令其日一甲同共校量[10]，若独委试官[11]，恐未息词理。倘是实负抑屈，
则所司固难道宪章[12]；如其妄有陈论，则举人乞痛加惩断。冀此际免虚遭谤议，亦
将来可久远施行。倘蒙圣造允俞，伏乞降敕处分。"从之。

[1] 晋天福三年：即公元 938 年。晋，即后晋，五代之一。天福元年（936）石敬瑭建立，国号晋，
　　都汴（今河南开封），史称后晋。旋灭后唐。其辖境与后唐略同，后割幽云十六州给契丹，对其
　　主耶律德光自称"儿皇帝"。开运三年（946），被契丹军所灭。历二帝，凡十一年。天福，后晋
　　高祖石敬瑭的年号。
[2] 翰林学士承旨：唐宪宗时置，为翰林学士院长官，属皇帝亲近之臣。崔棁：字子文（生卒年不
　　详），深州安平（今属河北）人。后梁贞明三年（917）进士，仕后唐官都官郎中、翰林学士，
　　仕后晋官户部侍郎、翰林学士承旨，转兵部侍郎，迁太常卿，改太子宾客，工文词。卒年六十八
　　岁。新、旧《五代史》皆有传。
[3] 眷渥：眷爱与恩泽。
[4] 凶豪：凶恶强横。
[5] 驳榜：晓示落选斥退的榜文。
[6] 省（xǐng 醒）循：反复省察。
[7] 屈塞：委屈，埋没。
[8] 朋扇：或作"朋煽"。相互勾结煽动。
[9] 疏（shù 树）义：疏通与阐发文义。
[10] 一甲：考试上等者。
[11] 试官：中华书局整理本校勘记云："独委试官，'官'原作'言'，据殿本、刘本、《册府》卷
　　六四二改。"可参考。

8．天福五年三月 [1]，诏："及第举人与主司选胜筵宴 [2]，及中书舍人靸鞋接见举人，兼兵部、礼部引人过堂之日，幕次酒食会客 [3]，悉宜废之。"

[1] 天福五年：即公元 940 年。天福，后晋高祖石敬瑭的年号。
[2] 选胜筵宴：在名胜之地宴集。相当于唐代及第进士到主司宅的谢恩与期集游宴之会。参见唐 27 注 5。
[3] "及中书舍人"三句：即唐代新第进士的"过堂"仪式。唐代礼部放榜后，及第进士须赴都堂（尚书省办公处）谒见宰相，称过堂，仪式后有酒宴。五代王定保《唐摭言》卷三《过堂》："其日，团司先于光范门里东廊供帐备酒食，同年于此候宰相上堂后参见……乃自状元已下，一一自称姓名。称讫，堂吏云：'无客。'主司复长揖，领生徒退诣舍人院。主司襕简，舍人公服靸鞋，延接主司。然舍人礼貌谨敬有加。随事叙杯酒，列于阶前，铺席褥，请舍人登席。诸生皆拜，舍人答拜。"中书舍人，为中书省属官，秩正五品上，掌参议表章，草拟诏敕。中唐以后，以翰林学士掌内制，以中书舍人掌外制。靸（sǎ 洒）鞋，古代类似拖鞋的无跟之鞋。公服靸鞋，一种古礼。宋魏泰《东轩笔录》卷五："翰林故事，学士每白事于中书，皆公服靸鞋坐玉堂，使院吏入白，学士至，丞相出迎，然此礼不行久矣。"幕次，临时搭起的帐篷。

9．四月，礼部侍郎张允奏曰 [1]："明君侧席 [2]，虽切旁求；贡士观光 [3]，岂宜滥进。窃窥前代，未设诸科，始以明经 [4]，俾升高第。自有《九经》、《五经》之后 [5]，及《三礼》、《三传》已来 [6]，孝廉之科 [7]，遂因循而不废，搢绅之士 [8]，亦缄默而无言，以至相承，未能改作。每岁明经一科，少至五百以上，多及一千有余，举人如是繁多，试官岂能精当？况此等多不究义，惟攻帖书，文理既不甚通，名第岂可妄与！且常年登科者不少，相次赴选者甚多，州县之间，必无遗阙 [9]，辇毂之下 [10]，须有稽留，怨嗟自此而兴，谤讟因兹而起 [11]。但今广场大启 [12]，诸科并存，明经者悉包于《九经》、《五经》之中，无出于《三礼》、《三传》之内，若夫厘革，恐未便宜，其明经一科，伏请停废。"又奏："国家悬科待士，贵务搜扬；责实求才，须除讹滥。童子每当就试，止在念书，背经则虽似精详，对卷则不能读诵。及名成贡部，身返故乡，但克日以取官，更无心而习业，滥蠲徭役 [13]，虚占官名，其童子一科 [14]，亦请停废。"敕明经、童子、宏词、拔萃、明算、道举、百篇等科并停 [15]。

[1] 张允（886～950）：镇州（今河北正定）人，仕后唐为监察御史、给事中、左散骑常侍，仕后晋为礼部侍郎，仕后汉为吏部侍郎。后周太祖以兵入京师，张允匿于相国寺承尘上，坠而卒。新、旧《五代史》皆有传。
[2] 侧席：不正坐，谓人主谦恭以待贤者。
[3] 贡士：地方向朝廷荐举的人才。语本《礼记·射义》："诸侯岁献，贡士于天子。"观光：观览国

之盛德光辉，这里代指举子赴京应试。语本《易·观》："观国之光，利用宾于王。"

[4] 明经：即明经科。参见唐1注6。

[5] 九经五经：唐代科举明经科目的不同类别。参见唐1注17。

[6] 三礼三传：唐代科举明经科目的不同类别。参见唐1注18，唐1注19。

[7] 孝廉之科：这里代指明经科目各种不同类别的考试。唐初曾沿设西汉"孝廉"之选官名目为科举科目，不彰于时；宝应二年（763），礼部侍郎杨绾奏复之，定于《左传》、《公羊传》、《穀梁传》、《礼记》、《周礼》、《仪礼》、《毛诗》、《尚书》、《周易》中，任通一经，问经义二十条，策三道，全通为上第，付吏部授官；经义十条通七，策通二为中第，予出身。建中元年（780），敕停。参见唐24。

[8] 搢绅：插笏于绅。旧时用作官宦或儒者的代称。

[9] 遗阙：陈尚君《旧五代史新辑会证》作"员阙"，并出校勘记云："员阙，影库本作'遗阙'。影库本粘签：'遗阙，原本作"贡阙"，今据文改正。'按所改未允。《册府元龟》卷六四二作'员阙'今据改。"可参考。

[10] 辇毂：皇帝的车舆，这里代指京城。

[11] 谤讟（dú 独）：怨恨毁谤。

[12] 广场：人多的场合。这里形容明经一科的应试人众多。

[13] 蠲（juān 捐）：免除。徭役：古代官方规定的平民成年男子在一定时期内或特殊情况下所承担的一定数量的无偿社会劳动，分力役、杂役、军役等。唐代长庆元年（821）以后，科举及第者可享受免除征徭的待遇。唐穆宗李恒《长庆元年正月三日南郊改元赦文》："招延儒学，明加训诱，名登科第，即免征徭。"

[14] 童子一科：即童子科。参见唐1注16。

[15] 宏词拔萃：唐代于科举之外吏部举行的科目选两类考试，中式者即可授官，属于铨选科目。宋王谠《唐语林》卷八："士人所趋，明经、进士二科而已。及大足元年置拔萃，始于崔翘；开元十九年置宏词，始于郑昕；开元二十四年置平判入等，始于颜真卿。"明算：唐代科举科目之一，参见唐1注11。道举：唐代科举科目之一，参见唐1注15。百篇：即百篇科，晚唐时代曾有以百篇诗赋取士之科，称"百篇科"。宋龚明之《中吴纪闻》卷一《孙百篇》："吴士孙发尝举百篇科，故皮日休赠以诗云：'百篇宫体喧金屋，一日官衔下玉除。'"五代时成为常举科目。

10．天福七年五月 [1]，敕："应诸色进策人等 [2]，皆抱材能，方来投献，宜加明试，俾尽臧谋 [3]。"起今后应进策条，中书奏覆 [4]，敕下："其进策人委门下省试策三道 [5]，仍定上、中、下三等。如是元进策内，有施行者，其所试策或上或中者，委门下省给与减选 [6]，或出身优牒合格 [7]。参选日，其试策上者，委铨司超壹资注拟 [8]；其试策中者，委铨司依资注拟。如是所试策或上或中，元进策条并不施行 [9]；所试策下，元进策条内有施行者，其本官并仰量与恩赐发遣 [10]。若或所试策下，所进策条并不施行，便仰晓示发遣 [11]，不得再有投进。馀并准前后敕文处分。"

[1] 天福七年：即公元942年。天福，后晋高祖石敬瑭的年号。

[2] 进策人：进呈议政之策者。当包括有出身的待选官员与无出身者。

[3] 臧谋：好的谋略。

[4] 中书：即中书舍人。奏覆：回答帝王的问话。

[5] 门下省：参见唐3注1。

[6] 减选：减少待选年数。当针对有出身的待选官员而言。

[7] 出身优牒：好的出身证明文件。合格：符合标准。

[8] 铨司：铨选官，即吏部、兵部的尚书或侍郎。超壹资：越一级。注拟：拟定官职。

[9] 并不施行：陈尚君《旧五代史新辑会证》作"并不曾施行"并出校勘记云："曾，影库本无，据《五代会要》卷一三补。"可参考。

[10] 本官：谓依原任官职。仰：旧时下行公文用语，表示命令。量与恩赐：酌量给予恩赐。发遣：使离去。

[11] 晓示：明白告知。

11. 开运元年八月 [1]，诏曰："明经、童子之科，前代所设，盖期取士，良谓通规。爰自近年，暂从停废，损益之机未见，牢笼之义全亏 [2]。将阐斯文，宜依旧贯，庶臻至理，用广旁求。其明经、童子二科，今后复置。"

[1] 开运元年：即公元 944 年。开运，后晋出帝石重贵的年号。

[2] 牢笼：笼络，罗致。

12. 十一月，工部尚书、权知贡举窦贞固奏 [1]："进士考试杂文及与诸科举人入策，历代已来，皆以三条烛尽为限 [2]，长兴二年 [3]，改令昼试。伏以悬科取士，有国常规，沿革之道虽殊，公共之情难失。若使就试两廊之下 [4]，挥毫短景之中 [5]，视晷刻而惟畏稽迟 [6]，演词藻而难求妍丽，未见观光之美，但同款答之由 [7]，既非师古之规，恐失取人之道。今欲考试之时，准旧例以三条烛为限。其进士并诸色举贡人等，有怀藏书册入院者，旧例扶出，不令就试，近年以来，虽见怀藏，多是容纵。今欲振举弛紊，明辨臧否 [8]，冀在必行，庶为定式。"[9]

[1] 窦贞固：字体仁（892~969），同州白水（今属陕西）人。后唐同光进士，官河东节度推官。入后晋，历工、礼、刑部尚书。入后汉，拜门下侍郎、平章事、弘文馆大学士。入后周，加侍中，兼修国史，罢相归。《宋史》有传。原辑本注云："案《宋史·窦贞固传》云：'贞固择士平允，时人称之。'（《旧五代史考异》）"

[2] 三条烛：宋朱胜非《绀珠集》卷九："唐制，举人试日，既暮，许烧烛三条。韦贻永试日先毕，作诗云：'三条烛尽钟初动，九鼎丹成灶未开。残月渐低人扰扰，不知谁是谪仙才。'"

[3] 长兴二年：即公元 931 年。长兴，后唐明宗李嗣源的第二个年号。

[4] 两廊之下：唐代进士考试在尚书省都堂两廊下进行。唐元结《文编序》："明年，有司于都堂策问群士。"唐舒元舆《上论贡士书》："试之时，免自担荷，廊庑之下，特设茵榻，陈炉火脂烛，设朝晡饭馔。"原辑本注云："两廊之下，原本脱'下'字，今据《五代会要》增入。（影库本

粘帖）"

[5] 短景：日影短。谓白昼不长。

[6] 晷（guǐ轨）刻：日晷与刻漏，古代计时仪器。比喻时间。

[7] 款答：逐项应答。

[8] 臧否（pǐ匹）：善恶。

[9] 庶为定式：陈尚君《旧五代史新辑会证》校勘记引《册府元龟》卷六四二："十二月，敕：'礼部贡院，自前考试进士，皆以三条烛为限，并诸色举人等，有怀藏书册，不令就试。宜并准旧实行。'从窦贞固奏也。"可参。

13. 汉乾祐二年[1]，刑部侍郎边归谠上言[2]："臣窃见每年贡举人数甚众，动引五举、六举[3]，多至二千、三千，既事业不精，即人文何取。请敕三京、邺都、诸道州府长官[4]，合发诸色贡举人文解者[5]，并须精加考校，事业精研，即得解送，不得滥有举送，冀塞滥进之门，开兴能之路[6]。"敕从之。其间条奏未尽处，下贡院录天福五年四月二十七日敕文[7]，告谕天下，依元敕条件施行，如有固违，其随处考试官员，当准敕条处分。

[1] 汉乾祐二年：即公元949年。汉，即后汉，五代之一。天福十二年（947），后晋为契丹所灭，刘知远乘机于太原称帝，国号汉，后移都开封（今属河南），史称后汉。辖境除秦、凤、阶、成四州属后蜀外，有一百零六州，吴越钱氏、楚马氏、荆南高氏曾奉其正朔。乾祐三年十二月，郭威发动政变，后汉亡。历二帝，凡四年。乾祐，后汉隐帝刘承祐的年号。

[2] 边归谠：字文正（908~964），幽州蓟（今北京西南）人。仕后晋为试大理评事、监察御史、右谏议大夫、给事中、右散骑常侍；仕后汉历礼部、刑部二侍郎；仕后周，迁兵部、户部二侍郎，擢尚书右丞、枢密直学士、御史中丞。入宋，迁刑部尚书，以户部尚书致仕。《宋史》有传。

[3] 五举六举：谓多次被贡举。

[4] 三京：参见五5注2。邺都：即魏州（治所在今河北大名东北）。宋王溥《五代会要》卷十九："晋天福二年九月，改兴唐府为广晋府，兴唐县为广晋县。三年十一月，敕魏州广晋府复升为邺都，置留守。"

[5] 文解（jiè介）：入京应试的证明文书之类。

[6] 兴能：推举有才能的人。语本《周礼·地官·乡大夫》："此谓使民兴贤，出使长之。使民兴能，入使治之。"

[7] 贡院：考试士子的场所。唐代在尚书省礼部，唐李肇《唐国史补》卷下："开元二十四年……移职礼部，始置贡院。"敕文：参见五9。

14. 周广顺二年二月[1]，礼部侍郎赵上交奏[2]："贡院诸科，今欲不试泛义[3]，其口义五十道[4]，改试墨义十道[5]。"从之[6]。

[1] 周广顺二年：即公元952年。周，即后周，五代之一。广顺元年（951），郭威代后汉称帝，国号周，建都汴（今河南开封），史称后周。辖有长江以北除北汉与契丹统治区外的一百十八州，吴

越钱氏、南唐李氏奉其正朔。显德七年（960），赵匡胤陈桥兵变，后周亡。历三帝，凡十年。广顺，后周太祖郭威的第一个年号。

[2] 赵上交：本名远（895～961），字上交，以避汉祖讳，遂以字称，涿州范阳（治所在今北京西南）人。仕后唐，累迁司封郎中，充判官；仕后晋，历中书舍人、刑部侍郎、御史中丞；仕后汉，授检校吏部尚书、太仆卿；仕后周，拜礼部侍郎，历户部侍郎、太子詹事、吏部侍郎；入宋，起尚书右丞，卒。《宋史》有传。

[3] 不试泛义：原辑本注云："案，原本作'不泛式口义'，今从《册府元龟》改正。（《旧五代史考异》）"可参考。泛义，当谓经书大义，以检验考生之概括能力。

[4] 口义：科举考试方法之一，即口试，由主考官以经书为据，当面提问考生，考生按经书文注作答。

[5] 墨义：科举考试方法之一，即笔试，由主考官书面提出有关经义的问题，考生依经、注以笔应答。较之口义，墨义有据可复查。中华书局整理本校勘记云："其口义五十道改墨义十道，殿本、刘本同。残宋本《册府》卷六四二作'口义共五十道，改试墨义共一十道'。明本《册府》'一十道'作'十一道'。"陈尚君《旧五代史新辑会证》校勘记云："'其口义'二句，宋本《册府元龟》卷六四二作'口义共五十道，改试墨义共一十道。'十道，《五代会要》卷二三作'共十道处分'。"皆可参考。

[6] 从之：陈尚君《旧五代史新辑会证》校勘记云："《宋史》卷二六二《赵上交传》：广顺初，拜礼部侍郎。会将试贡士，上交申明条制，颇为精密，始复糊名考校。擢扈载甲科，及取梁周翰、董淳之流，时称得士。（《旧五代史考异》卷五）"可参考。

15. 三年正月，赵上交奏 [1]："进士元试诗赋各一首，帖经二十帖、对义五通，今欲罢帖经、对义，别试杂文二首、试策一道。"[2] 从之 [3]。

[1] 赵上交：原辑本注云："赵上交，原本脱'赵'字，今据《五代会要》增入。（影库本粘帖）"可参考。

[2] "进士"数句：陈尚君《旧五代史新辑会证》校勘记云："《册府元龟》卷六四二（参《五代会要》卷二二、卷二三补改）：正月，户部侍郎、权知贡院赵上交奏：'九经举人，元帖经一百二十帖、墨义三十道（《五代会要》卷二三作'二十道'），臣今欲罢帖经，于诸经对墨义一百五十道；五经元帖八十帖、墨义二十道，今欲罢帖经，令对墨义一百道；明经元帖书五十帖，今欲罢帖书，令对义五十道；明法原帖律令各十帖（《五代会要》卷二三作'十五帖'），对义二十道，今欲罢帖律令，对墨义二十道（《五代会要》卷二三作'六十道'）；学究元念书二十道、对义二十道，今欲罢念书，对义五十道；三礼元对墨义九十道，三传元对义一百一十道，欲三礼于《周礼》、《仪礼》各添二十道，三传于《公羊》、《穀梁传》各添义二十道；《开元礼》、三史元义三百道，欲各添义五十道；进士元试诗赋各一首、帖书二十经、对义五道，今欲罢帖经，别试杂文二首，试策并仍旧；童子元念书二十四道，欲添念通前五十道，念及三十道者放及第。'可参考。对义，科举考试科目之一，从儒家经典中摘句为题，考生根据经义解题作文。

[3] 从之：陈尚君《旧五代史新辑会证》校勘记云："《宋史》卷二六二《赵上交传》：转户部侍郎。明年再知举，谤议纷然。时枢密使王峻用事，常荐童子，上交拒之。"可参考。

16. 其年八月，刑部侍郎、权知贡举徐台符奏 [1]："请别试杂文外，其帖经、墨义，仍依元格 [2]。"从之 [3]。

[1] 徐台符：五代时人（？～955），仕后周，历官中书舍人、礼部侍郎、礼部尚书、翰林学士承旨。

[2] 元格：先前的条例。

[3] 从之：陈尚君《旧五代史新辑会证》校勘记云："《册府元龟》卷六四二：九月，翰林学士承旨、刑部侍郎、知制诰、权知贡举徐台符奏：'贡举之司，条贯之道，有沿有革，或否或臧，盖趣向之不同，致施行之有异。今欲酌其近例，按彼旧规，参而用之，从其可者，谨条如右：九经，元格帖经一百二十帖，对墨义、泛义、口义共六十道，策五道。去年知举赵上交起请罢帖书泛义、口义，都对墨义一百五十道，合今请去泛义、口义，都对墨义六十道，其帖书、对策依元格。五经，元格帖书八十帖，对墨义五十道。臣今请对墨义十五道，其帖书、对策依元格。明法，元格帖律令一十（《五代会要》卷二三作'十五'）帖，对律令墨义二十道，策试十条。去年罢帖，对墨义六十道，策试如旧。臣今请并依元格。学究，元格念书对墨义各二十道、策五道，去年罢念书，都对墨义五十道。今请依去年起请。三礼，元格对墨义九十道，去年添四十道，臣今请并依元格。三传，元格对墨义一百一十道，去年对四十道，臣今请并依元格。《开元礼》、三史，元格各对墨义三百道、策五道，去年加对五十道，臣今请并依元格。进士试杂文、诗赋，帖经二十帖，对墨义五道，去年帖经对义，别试杂文二首，臣今请依起请别试杂文，其帖书、对策请依元格。童子，元格念书二十四道，起请添念书都五十道，及三十通者放，臣请依起请。'敕：'国家开仕进之路，设儒学之科，校业抡才，登贤举俊。其或艺能素浅，履行无闻，来造科场，妄求侥幸，及当试落，便起怨嗟，谤议沸腾，是非蜂起。至有伪造制敕之语，扇惑侪流；巧为诬毁之言，隐藏名姓。以兹取事，得非薄徒，宜立宪章，以示澄汰。其礼部贡院条奏宜依，仍于引试之时，精详考校，逐场去留。无艺者虽应年深，不得饶借场数，若有艺者，虽当黜落，并许诉陈，只不得于街市省门故为喧竞，及投无名文字讪毁主司。如有故违，必行严断。本司锁宿后，御史台、开封府所差守当人专切觉察，其有不自苦辛，只凭势援，潜求荐托，俯拾科名，致使孤寒滞于进取。起今后，主司不得受荐托书题。如有书题，密具姓名闻奏，其举人不得就试。今后举人须取本乡贯文解，若乡贯阻隔，只许两京给解。'"可参考。

17. 显德二年三月 [1]，礼部侍郎窦仪奏 [2]："请诸科举人，若合解不解、不合解而解者，监试官为首罪 [3]，勒停见任 [4]，举送长官，奏闻取裁。监试官如受赂，及今后进士，如有倩人述作文字应举者，许人言告，送本处色役 [5]，永不进仕。"

[1] 显德二年：即公元955年。显德，后周太祖郭威的第二个年号。三月：陈尚君《旧五代史新辑会证》作"五月"，并出校勘记云："五月，影库本作'三月'，据《册府元龟》卷六四二、《五代会要》卷二二改。本书卷一一五《世宗纪》载此为五月丙申奏。"可参考。

[2] 窦仪：字可象（914～966），蓟州渔阳（今天津蓟县）人。后晋天福中举进士，仕后汉为礼部员外郎，仕后周为翰林学士、给事中、礼部侍郎、端明殿大学士，入宋，迁工部尚书，兼判大理寺，加礼部尚书，赠右仆射，卒。《宋史》有传。

[3] 监试官：科举考试中临时设置的监督考场、防止舞弊的官员。

［4］见（xiàn县）任：即现任官职。

［5］色役：唐五代时不同身份的人负担各种不同种类的役，谓之色役，达三四十种之多。陈尚君《旧五代史新辑会证》校勘记云："《册府元龟》卷六四二（据《五代会要》卷二二校补）：五月，翰林学士、尚书礼部侍郎、知贡举窦仪上言：'伏以朝廷设科，比来取艺，州府贡士，只合荐能。爰因近年，颇隳旧制。其举子之弊也，多是才谋习业，便切干名。《周》、《仪》未详，赴三礼之举；《公》、《谷》不究，应三传之科。经学则偏试帖由，进士则鲜通经义。取解之处，诗张妄说于辛勤；到京之时，奔竞惟求于荐托。其举送之弊也，多是明知荒浅，具委凶粗，新差考试之官，利其情理之物，虽所取无几，实启侥非轻，凡对问题，任从同议，谩凿通而凿否，了无去以无流，惟徇人情，仅同儿戏。致令至时就试不下三千，每岁登科罕逾一百，假使无添而渐放，约须毕世而方周。乃知难其举则至公而有益于人，易其来则小惠而无实于事。有益者知滥进不得，必致精勤；无实者欲多放无能，虚令来往。且明经所业，包在诸科，近闻应者渐多，其那精者盖少。又今之童子，比号神童，既幼稚之年，禀神异之性，语言辩慧，精彩英奇，出于自然，有则可举。窃闻近日，实异于斯。抑嬉戏之心，教念诵之语，断其日月，委以师资，限隔而游息不容，仆跌而痛楚多及。孩童之意，本未有知，父母之情，恐或不忍，而复省试之际，岁数难知，或念诵分明，则年貌稍过，或年貌适中，则念诵未精，及有司之去留，多家人之诉讼。伏况晋朝之日，罢此二科，年代非遥，敕文见在，今宜厘革，别俾进修。臣谬以非才，获尘此任，本重难而为最，复遣阙以相仍，虔奉敕文，重令条奏，或从长而仍旧，亦因弊以改为，上副圣情，广遵公道，除依旧格敕施行外，其明经、童子请却依晋天福五年敕停罢，任改就别科赴举。其进士，请今后省卷限纳五卷已上，于中须有诗、赋、论各一卷，馀外杂文、歌篇，并许同纳，只不得有神道碑、志文之类。其帖经、对义，并须实考，通三已上为合格。将来却复昼试，候考试终场，其不及第人，以文艺优劣，定为五等，取文字乖舛、词理纰缪最甚者，为第五等，殿五举；其次者为第四等，殿三举；以次稍优者为第三、第二、第一等，并许次年赴举。三礼，请今后解试省试第一场《礼记》，第二场《周礼》，第三场《仪礼》；三传，第一场《左氏》，第二场《公羊》，第三场《谷梁》，并终而复始。学究，请今后《周易》、《尚书》并为一科，每经对墨义三十道，仍间经考试；《毛诗》依旧为一科，对墨义六十道。及第后，请并减为七选集。诸科举人所对策问，或不应问目，词理乖错者，并当驳落。其诸科举人，请第一场十否者殿五举，第二场、三场十否者殿三举，其三场内有九否者，并殿一举。其进士及诸科所殿举数，并于所试卷子上朱书，封送中书门下，请行指挥及罪发解试官、监官等。其监官、试官如受取解人情礼财物，请今后并准枉法赃论。又进士以德行为基，文章为业，苟容欺诈，何称科名？近年场中多有作伪，托他人之述作，窃自己之声光。用此面欺，将为身计，宜加条约，以诫轻浮。今后如有情人述作文字应举者，许人告言，送本处色役，永不得仕进。同保人知者殿四举，不知者殿两举。受情者如见任官停任，选人殿三选，举人殿五举，诸色人量事科罪。又窃览《唐书》，见穆宗朝礼部侍郎王起奏："所试贡举人试讫，申送中书，候覆讫，下当司，然后大字放榜。"是时从之。臣欲请将来考试及第进士，先具姓名杂文申送中书，奏覆讫，下当司与诸科一齐放榜。'诏并从之，惟进士并诸科举人放榜，一依旧施行。"校勘记又云："按《宋史》卷二六三《窦贞固传》其奏末有'进士请解，加试论一首，以五百言以上为准'数句。"可参考。

18. 唐同光四年三月［1］，中书门下奏议："左拾遗王松、吏部员外郎李慎仪上疏［2］，以诸道州县，皆是摄官［3］，诛剥生灵［4］，渐不存济［5］。比者郭崇韬在中书日[6]，未详本朝故事，妄被闲人献疑，点检选曹[7]，曲生异议，或告赤欠少，一事阙违，保内一人不来，五保即须并废；文书一纸有误，数任皆不勘详[8]。其年选人及行事官一千二百五十馀员[9]，得官者才及数十，皆以渝滥为名[10]，尽被焚毁弃逐，或毙踣于旅店，或号哭于道途。以至二年已来，选人不敢赴集，铨曹无人可注，中书无人可除，去年阙近二千，授官不及六十。伏请特降敕文，宣布遐迩，明往年制置[11]，不自于宸衷[12]；此日焦劳，特颁于睿泽[13]。望以中书条件及王松等所论事节[14]，委铨司点检，务在酌中，以为定制。"从之[15]。时议者以铨注之弊，非止一朝，搢绅之家，自无甄别，或有伯叔告赤，鬻于同姓之家，随赂改更，因乱昭穆[16]，至有季父伯舅反拜侄甥者。郭崇韬疾恶太深，奏请厘革，豆卢革、韦说龟俛赞成[17]。或有亲旧讯其事端者，革、说曰："此郭汉子之意也。"及崇韬诛，韦说即教门人王松上疏奏论，故有此奏。识者非之。

[1] 唐同光四年：即公元926年。同光，后唐庄宗李存勖的年号。

[2] 左拾遗：参见唐48注2。王松：举进士（生卒年不详），仕后唐为左拾遗、刑部郎中，仕后晋为右谏议大夫、工部尚左丞相，入后汉，解职，以疾卒。《新五代史》有传。吏部员外郎：官名，吏部之头司吏部司次官，秩从六品上，一人掌判选人解状、簿书、资历与考课，称判南曹；一人掌判本曹事务，称判废置。李慎仪：生卒年不详，仕后唐官吏部员外郎、阶州司马等，仕后晋官至翰林院承旨、尚书左丞，有《李慎仪集》二十卷。

[3] 摄官：官员代理政事称摄，五代时各藩镇节度使利用职权在其所辖区内设置不经铨选的虚衔假官，是中央政府权威削弱的标志。《册府元龟》卷六百三十四："近者诸道州府，多署摄官，以代正授，既不拘于考绩，唯掊敛于资财，致使户民转为蠹耗。"

[4] 诛剥：诛求，剥削。

[5] 存济：救济，救助。

[6] 郭崇韬：字安时（？～926），代州雁门（今山西代县）人。仕后唐为兵部尚书、枢密使，拜侍中、成德军节度使，后遭猜忌，被杀于成都。新、旧《五代史》皆有传。

[7] 选曹：掌官吏铨选的机构，这里即指吏部及其所属之吏部司。

[8] "曲生异议"数句：《册府元龟》卷六百三十二："点简选曹，曲生异议。行矫枉过直之道，成欲益反损之文。其选人凡关一事阙违，并是有涉逾滥，或告赤欠少，或文字参差。保内一人不来，五保皆须并废；文书一纸有误，数任皆不勘详。且自天下乱离将五十载，无人不遇兵革，无处不遭焚烧。性命脱免者，尚或甚稀；文书保全者，固应极少。"告赤，即告敕，为皇帝委任官吏的敕命。宋司马光《资治通鉴》卷二百七十三"搢绅之家或以告赤鬻于族姻"下有注云："赤，当作敕。"五保，选人冬集时，须有京官五人作保人，以证明其身份、资历等。或告赤欠少一事阙违，中华书局整理本校勘记云："殿本、刘本同。《册府》卷六三二载本文较本书为详，此两句作'其选人凡关一事阙违，并是有涉逾滥，或告赤欠少，或文字参差'。"可参考。

[9] 行事官：执行事务的官。宋司马光《资治通鉴》卷二百七十三："时南郊行事官千二百人，注官者才数十人。"胡三省注云："凡郊祀，预执事者，皆谓之行事官。"

[10] 渝滥：泛滥，比喻行事不符合原则、制度。

[11] 制置：规划，处理。

58

［12］宸衷：帝王的心意。

［13］睿泽：皇帝的恩泽。

［14］条件：逐条逐件。王松：原辑本注云："案，《册府元龟》作'王耀'，考《文献通考》作'王松'，《薛史·韦说传》亦作'松'，今仍其旧。（《旧五代史考异》）"可参考。事节：事实情节。

［15］从之：陈尚君《旧五代史新辑会证》校勘记云："《册府元龟》卷六三二：四年二月，左拾遗李慎仪，礼、吏部员外郎王松上表云：'诸道州县皆是摄官，诛剥生灵，渐不存济，此盖郭崇韬在中书日，未详本朝故事，妄被闲人献疑，点检选曹，曲生异议，行矫枉过直之道，成欲益反损之文。其选人凡关一事阙违，并是有涉逾滥，或告赤欠少，或文字参差，保内一人不来，五保皆须并废，文书一纸有误，数任皆不勘详。且自天下乱离，将五十载，无人不遇兵革，无处不遭焚烧，性命脱免者尚或甚稀，文书保全者固应极少。其年选人及行事官一千三百余员，得官者才及数十，皆以逾滥为名，尽被焚毁弃逐，遂令选人或毙踣于旅店，或号哭于行途，万口一词，同为怨酷。臣等恳曾商议，坚确不回，以至二年以来，选人不敢赴集，铨曹无人可注，中书无人可除。去年阙近二千，授官不及六十，乃致诸道皆是摄官，朝廷之恩泽不行，搢绅之禄秩皆废。衔冤负屈，不敢申陈，列局分曹，莫非侥幸。且摄官只自州府，多因贿赂而行，朝廷不知姓名，所司不考课绩，皆无拘束，得恣贪残，及有罪名，又不申奏，互相掩蔽，无迹追寻。遂使人户流移，州县贫困，日甚一日，为弊转多。若不直具奏闻，别为条例，不惟难息时病，兼且益乱国章。臣等商量，伏请特降敕文，宣布远迩，明言往年制置，不自于宸衷，此日焦劳，特颁于睿泽。兼以选曹公事，情伪极多，中书条流，亦恐未尽。望以中书所条件及王松等所论事节，并与新定选格，有轻重未尽处，并委铨曹子细点检酌量，但可以去其逾滥，革彼弊讹，不失本朝旧规，能成选曹永例者，务在酌中，以为定制，别具起请条奏。'从之。"可参考。

［16］昭穆：泛指宗族辈分关系。

［17］豆卢革：河东（治今山西永济西）人（？～927），以名族之后仕后唐拜门下侍郎、同平章事，不学无术，又服炼丹砂。后坐事流陵州，勒令自尽。新、旧《五代史》有传。韦说：京兆万年（今陕西西安）人（？～927）。唐乾宁进士，为殿中侍御史。仕后梁，为礼部侍郎；仕后唐，拜平章事。以事坐流合州，勒令自尽。新、旧《五代史》有传。黾俛：勉强。

19. 天成四年冬十月丙申［1］，诏曰："本朝一统之时［2］，除岭南、黔中去京地远，三年一降选补使，号为南选外［3］，其馀诸道及京百司诸色选人，每年动及数千，分为三选［4］，尚为繁重。近代选人，每年不过数百，何必以一司公事，作三处官方。况有格条，各依资考，兼又明行敕命，务绝阿私，宜新公共之规，俾慎官常之要［5］。其诸道选人，宜令三铨官员，都在省署仔细磨勘［6］，无违碍后，即据格同商量注拟［7］，连署申奏，仍不得趥前于私第注官，如此则人吏易可整齐，公事亦无迟滞。"

［1］天成四年：即公元929年。天成，后唐明宗李嗣源的第一个年号。十月丙申：十月初一（公历11月4日）。

［2］本朝一统之时：当指唐朝。后唐自认为是唐的延续。

[3] "除岭南"三句：参见唐54注6。

[4] 三选：这里即指三铨。参见唐30注1。陈尚君《旧五代史新辑会证》作"三铨"，并加校勘记
云："三铨，影库本作'三选'，据《册府元龟》卷六三二改。"可参考。

[5] 官常：官规。

[6] 省署：指尚书省吏部、兵部办公机构。磨勘：原为唐后期对官吏考绩复核政绩的一种方法，始见
于唐长庆四年（824）二月敕。这里即指对赴选官员加以考核。

[7] 格：条例，制度。

20. 长兴元年三月[1]，敕："凡是选人，皆有资考[2]，每至赴调，必验文书，或不具全，多称失坠，将明本末[3]，须示规程。其判成诸色选人[4]，黄甲下后[5]，将历任文书、告赤连粘，宜令南曹逐缝使印[6]，都于后面粘纸[7]，其前后历任文书，都计多少纸数，仍具年月日，判成授某官[8]。"盖惧其分假于人故也。

[1] 长兴元年：即公元930年。长兴，后唐明宗李嗣源的第二个年号。

[2] 资考：资格和考绩。

[3] 本末：原委。

[4] 判成：五代铨试内容与唐代相同，即身、言、书、判四项，以试判为最重要。判成即谓经过试判
考试合格。

[5] 黄甲：科举甲科进士及第者名单，因用黄纸书写，故称。这里当指铨试合格者的名单，即长榜，
或曰长名。

[6] 南曹：唐五代尚书省吏部所属掌选事的机构，由吏部员外郎一人掌选院，称南曹。唐张九龄等
《唐六典》卷二："员外郎一人掌选院，谓之南曹。"有注云："其曹在选曹之南，故谓之南曹。"
参见五18注2。逐缝使印：即加盖骑缝印章，以防做假。

[7] 粘纸：原辑本注云："粘纸，原本作'粮纸'，今据《册府元龟》改正。（影库本粘签）"可参
考。

[8] 授某官：陈尚君《旧五代史新辑会证》校勘记云："授某官，《五代会要》卷二二作'授官去处
缴尾讫，给付本人'。"可参考。

21. 其年十月，中书奏："吏部流内铨诸色选人[1]，先条流试判两节[2]，并委本官优劣等第申奏[3]。文优者宜超一资注拟[4]，其次者宜依资，更次者以同类官注拟，所以励援毫之作[5]，亦不掩历任之劳[6]。其或于理道全疏者[7]，以人户少处州县同类官中比拟，仍准元敕，业文者任征引古今，不业文者但据公理判断可否。不当，罪在有司。兼诸色选人，或有元通家状[8]，不实乡里名号，将来赴选者，并令改正，一一竖本贯属乡县，兼无出身，一奏一除官等，宜并不加选限[9]。"从之[10]。

[1] 流内铨：吏部所掌流内九品官员的选叙，称流内铨，与流外铨对举。中华书局整理本校勘记云：
"流内铨，殿本、刘本及《册府》卷六三三同。《会要》卷二二作'流外铨'。"可参考。

[2] 条流：条例。

[3] 本官：指参加铨选者之原任官职。

[4] 文优：陈尚君《旧五代史新辑会证》校勘记云："文优，《册府元龟》卷六三二作'久优'。"可参考。

[5] 援毫之作：代指前述"试判"。

[6] 历任之劳：代指前述"本官优劣等第"。

[7] 理道：理政之道。

[8] 通：用于文件的量词。家状：记述有关个人履历、三代、乡贯、年貌等的表状。

[9] "不实"数句：宋王溥《五代会要》卷二十二："或有元通家状内乡贯不实，候将来赴选，并令改正，——本属乡县及有无出身，一奏一除官等，宜并不加选限。"兼无出身，陈尚君《旧五代史新辑会证》作"兼有无出身"，并出校勘记云："有，影库本缺，据《五代会要》卷二二补。"可参考。

[10] 从之：陈尚君《旧五代史新辑会证》校勘记云："《册府元龟》卷六三三：是月，敕：'先条流见任州县官及前资守选官，所有历任文书，委所司点勘无违碍，则准前收竖，给与公凭，任将来参选者。访闻诸色选人，有今年合格者，因请公凭，久淹京阙，若候本道请解，即须来岁授官，多是甚贫，诚为可悯。况已及选限，固取本任文解不及，前件选人，今年合格已请得公凭者，宜令吏部南曹准今冬选人例检勘施行。如是欠选者，候选数足日，准格取本任文解赴集。'"可参考。

22. 应顺元年闰正月丁卯[1]，中书门下奏："准天成二年十二月敕[2]，《长定格》应经学出身人[3]，一任三考，许入下县令、下州录事参军，亦入中下州录事参军[4]；两任四考，许入中下县令、中州录事参军；两任六考[5]，许入上县令及紧州录事参军[6]。凡为进取，皆有因依[7]，或少年便受好官，或暮齿不离卑任。况孤贫举士，或年四十，始得经学及第，八年合选，方受一官，在任多不成三考[8]，第二选渐向蹉跎，有一生终不至令录者[9]，若无改革，何以发扬？自此经学出身，请一任两考，许入中下县令、下州录事参军者。"诏曰："参选之徒，艰辛不一，发身迟滞，到老卑低，宜优未达之人，显示惟新之泽[10]。其经学出身，一任两考，元敕入下县令、下州录事参军，起今后更许入中下县令、下州录事参军[11]；一任三考者，于人户多处州县注拟，如于近敕条内，资叙无相当者，即准格循资考入官[12]；其两任四考者，准二任五考例入官，馀准格条处分[13]。"

[1] 应顺元年：即公元934年。应顺，后唐闵宗李存厚的年号。闰正月丁卯：即闰正月二十六日（公历3月14日）。中华书局整理本校勘记云："闰正月丁卯，'闰'字原无，《册府》卷六三三、《会要》卷二一作'闰正月'。按《二十史朔闰表》，正月壬申朔，无丁卯；闰正月壬寅朔，丁卯为二十六日。据补。"可参考。

[2] 天成二年：即公元927年。天成，后唐明宗李嗣源的第一个年号。

[3] 长定格：后唐庄宗同光二年（924）所制定的有关官员铨选的条例。《钦定续通志》卷一百二十："唐庄宗同光二年八月中书门下奏：'本朝创立，检制奸滥，伦叙官资，颇谓精详……望差权判尚书省铨左丞崔沂、吏部侍郎崔贻孙、给事中郑韬光、李光序、吏部员外郎边损等，同详定旧

《长定格》、《循资格》、《十道图》，务令简要，可久施行。'从之。"又宋郑樵《通志》卷六十五著录"后唐《长定格》一卷"。应经学出身人：谓明经出身的应选官员。

[4] "许人下县令"二句：唐五代州、县按户口分多寡有上、中、下之分。参见唐2注12。录事参军，即录事参军事，唐五代州与公府的属官，掌考核文书簿籍，监守符印，纠弹州县官员过失等。秩从七品上至从八品上不等。

[5] 两任六考：中华书局整理本校勘记云："两任六考，殿本、刘本及《会要》卷二一同。《册府》卷六三三'两'字上有'两任五考，许人中县令，上州录事参军'十五字。"可参考。

[6] 紧州：唐五代州的等级名，以地位轻重、人口多少以及经济开发程度分为辅、雄、望、紧、上、中、下七等。

[7] 因依：依托或原委。

[8] 在任多不成三考：中华书局整理本校勘记云："在任多不成三考，'在任'，殿本、刘本同。《会要》卷二一作'于一任之中'。《册府》卷六三三作'于初任之中'。"可参考。

[9] 令录：即县令或司录、录事参军事的简称。

[10] 惟新之泽：更新条例的恩泽。

[11] "元敕人"二句：中华书局整理本校勘记云："元敕人下县令下州录事参军起今后更许人中下县令中州下州录事参军，原作'元敕人中下县令、下州录事参军，起今后更许人下县令、下州录事参军'，殿本作'元敕人下县令、下州录事参军，起今后更许人中下县令、下州录事参军'，刘本作'元敕人中下县令、下州录事参军，起今后更许人中下县令、下州录事参军'。《册府》卷六三三作'元敕人中下县令、下州录事参军，起今后更许人下县令、中州下州录事参军'。各本文字互有出入，今据《会要》卷二一改。"可参考。

[12] 资考：资格与考绩。

[13] "徐准"句：陈尚君《旧五代史新辑会证》校勘记云："《册府元龟》卷六三三末云：'不得起折。'又云：'是月，诏："吏部三铨南北曹、礼部贡院注拟考试，依格疾速发遣，勿令虚有滞留。"'"可参考。

23. 晋天福三年正月 [1]，诏曰："举选之流，苦辛备历，或则耽书岁久，或则守事年深，少有违碍格条，例是不知式样 [2]。今则方求公器 [3]，宜被皇恩，所有选人等，宜令所司 [4]，除元驳放及落下事由外，如无违碍，并与施行。仍令所司遍下诸道，起今后文解差错 [5]，过在发解州府官吏 [6]。"

[1] 晋天福三年：即公元938年。天福，后晋高祖石敬瑭的年号。

[2] 式样：格式，规则。原辑本注云："式样，原本作'设样'，今据《五代会要》改正。（影库本粘签）"可参考。

[3] 公器：比喻国家有才能的人。

[4] 宜令所司：陈尚君《旧五代史新辑会证》作"宜各令所司"，并出校勘记云："各，影库本缺，据《册府元龟》卷六三三补。"可参考。

[5] 文解（jiè 介）：入京应试的证明文书之类。

[6] "过在"句：陈尚君《旧五代史新辑会证》校勘记云："《五代会要》卷二二下有云：'其选人、举人，亦准格处分。'"可参考。

24．汉乾祐二年八月 [1]，右拾遗高守琼上言 [2]："仕宦年未三十，请不除授县令。"因下诏曰："起今后诸色选人，年七十者宜注优散官 [3]；年少未历资考者，不得注授令、录。"[4] 其年十二月，中书门下奏："应诸出选门官并历任内曾升朝及两使判官 [5]，今任却授令录者，并依见任官选数赴集。"从之 [6]。

[1] 汉乾祐三年：即公元 950 年。乾祐，后汉高祖刘知远的年号。

[2] 右拾遗：唐五代中书省属官，秩从八品上，掌供奉讽谏。高守琼：生平不详。仕后汉为右拾遗，仕后周为右补阙、登封令。

[3] 散官：与执事官相对。居曹有职务者为执事官，无职务者为散官。参见唐 3 注 5。

[4] "因下诏曰"数句：陈尚君《旧五代史新辑会证》校勘记云："《册府元龟》卷六三四：八月，右拾遗高守琼上言：'有国通规，无先擢士，抡选既当，纲纪必陈。而县令字人，最系理道，若宰大邑，难用小才，一同皆系于惨舒，百姓咸关于利病，实赖勤恪，以恤孤茕。吏若不臧，人当受弊。近年铨司注碍，藩府荐论，只循资历而行，不以年颜为念。且少年宰邑，鲜有廉勤，不熟公方，惟贪娱乐。以臣愚见，凡朝廷选亲人之官，年未三十，请不授县令，少年授任，必虑因循。'敕：'令录之任，责办非轻，用舍之间，尤宜适中。少小者未曾履历，则为政必疏，衰晚者已及耄昏，则临民多废。须期慎选，以擢吏能。起今后诸色选人，年及七十者，并宜注优散官；年少未历资考者，不得任县令。'"可参考。

[5] 升朝：即参与朝谒者。判官：唐五代于使府所设置佐官，综理使府（如采访使、观察使、节度使等）的日常事务。

[6] 从之：陈尚君《旧五代史新辑会证》校勘记云："《册府元龟》卷六三四：十二月，敕：'中书奏："前资朝官，近日并于中书陈状，称准宣命指挥，自外地发遣，相次到京，正当冬寒，未有员阙，既难淹泊，须议指挥。其前资文武两班朝官等，宜只于西京及阙下任便安居，候阙除授，宜令御史台晓示。"又中书条奏："准天福八年四月一日敕条，举前后敕文，内一件准天福五年十月二十七日敕，应州县官书得十六考，叙阶至朝散大夫者，并历任内曾升朝及两使判官者，准元敕一选集。"选期既近，理减尤难，不得援常选人例妄乞减选。每一任无遗阙者，候再除官，别与加恩。其曾任节度、观察推官、巡官、防御团练军事判官，并诸出选门官等，如却授令录者，并依见任官选数赴集。若在任有考课，准格合减选者，并与理减除。此外今任合七选集者，特与减一选，八选已上与减两选，仍并合格日取解，赴所司磨勘无违碍者，即录名送中书。'敕：'审官之要，必择才能，与理同归，选处中外，约以选限，固有条格。迩来或自朝行，或从宾职，愿为州县，自就便宜。当求事之时，冀得而不论卑位；及既替之后，叙资而却理前官。须立规矩，以绝侥幸。'是冬，近臣奏：'前资朝官判官在外藩居止，其间轻薄求利者，能以词说摇动藩臣。'乃下宣命：'但是前资朝官从事，并来京中居止。'其求事者利其宣命，遂云集都下，相与朋结，三五为群，于宰臣、枢密使马前遮诉。初，杨邠甚怒，出此厘革，然而遮诉不已。"可参考。

25．周广顺元年二月 [1]，诏曰："自前朝廷除官，铨司选授，当其用阙，皆禀旧规。近闻所得官人，或他事阻留，或染疾淹驻，始赴任者既过月限，后之官者遂失期程，以至相沿，渐成非次。是致新官参谢欲上 [2]，旧官考秩未终 [3]，待满替移，动逾时月，凋残一处，新旧二官，在迎送以为劳，必公私之失绪。今后应诸道州府录事参军、判司、县令、主簿等[4]，宜令本州府，以到任月日，旋具申奏及报吏部，此后中书及铨司，以到任月日用阙，永为定制。"[5]

[1] 周广顺元年：即公元951年。广顺，后周太祖郭威的第一个年号。
[2] 参谢：晋见，参拜。
[3] 考秩：考定禄秩或品秩。这里指官吏的一届任期。
[4] 录事参军：参见五22注4。判司：唐五代多指府州功曹（司功）、仓曹（司仓）、户曹（司户）、兵曹（司兵）、法曹（司法）、士曹（司士）参军事，又称六曹判司，或称判官，皆为主管方面行政事务官员。主簿：这里指地方县、关所置者，掌监印，检核文书簿籍，勾稽缺失等。
[5] 永为定制：陈尚君《旧五代史新辑会证》校勘记云："《册府元龟》卷六三四（参《五代会要》卷二〇校补）录此诏，其后半云：'其见任州县官，限敕到仰便具先到任月日，一齐分析申奏及报吏部。其有诸色事故及丁忧，并请假十旬满阙，亦仰旋具申奏，兼报吏部。其新授官，准令式给程限外，如不到本任参上，至本处无凭申奏到任月日，便仰吏部同违程不上收阙使用。其诸色见阙，亦不得差官权摄，辄便隐留。如违敕条，罪在本判官、录事参军、孔目官已下。'可参考。

26．其年十月，诏曰："选部公事，比置三铨，所有员阙选人，分在三处，每至注拟之际，资叙难得相当。况今年选人不多，宜令三铨公事，并为一处，委本司长官通判，同商量可否施行[1]。今当开泰之期[2]，宜轸单平之众[3]，自今后合格选人，历任无违碍者，并仰吏部南曹判成，如文解差错，不合式样，罪在发解官吏。"[4]

[1] "选部公事"数句：参见五19。通判，公正裁决。陈尚君《旧五代史新辑会证》校勘记云："同商量可否施行，《五代会要》卷二二作'同公判署施行'。此句以下，《册府元龟》卷六三四作：'所冀抢选得中，铨综有序。其吏部尚书铨见阙，宜差礼部尚书王易权判。'"可参考。
[2] 开泰之期：开始平安顺利的时期，即指后周建国之初。
[3] 轸：（zhěn诊）顾念，怜惜。单平之众：家世寒微的应选者。
[4] 发解官吏：原辑本于此下注云："《永乐大典》卷一万六千七百八十三。"

《宋史》

卷一百五十五　志第一百八

选举一　科目上

1. 自"敷奏以言，明试以功"，"三载考绩，三考黜陟幽明"，始于《舜典》[1]。司徒以乡三物兴贤能 [2]，太宰以三岁计吏治 [3]，详于《周官》[4]。两汉而下，选举之制不同，归于得贤而已。考其大要，不过入仕则有贡举之科，服官则有铨选之格，任事则有考课之法。然历代之议贡举者每曰："取士以文艺 [5]，不若以德行。就文艺而参酌之，赋论之浮华，不若经义之实学。"议铨选者每曰："以年劳取人 [6]，可以绝超躐 [7]，而不无贤愚同滞之叹；以荐举取人，可以拔俊杰，而不无巧佞捷进之弊 [8]。"议考课者每曰："拘吏文 [9]，则上下督察，浸成浇风 [10]；通誉望 [11]，则权贵请托，徒开利路。"于是议论纷纭，莫之一也。

[1]"自敷奏以言"五句：语本《尚书·虞夏书·舜典》："五载一巡守，群后四朝。敷奏以言，明试以功，车服以庸。"又："三载考绩，三考黜陟幽明，庶绩咸熙。"前者谓舜帝每五年巡视诸侯，诸侯在四岳朝见，向帝王报告自己的政绩，舜加以考察，赏赐车马衣服加以酬劳。后者谓舜帝三年考察政绩一次，考察三次后，罢免昏庸官员，提拔贤明官员，于是各项工作皆兴盛了。敷奏，陈奏。舜典，《尚书》篇名。中华书局整理本于《志》文引用《尚书》两段文字，皆未加引号。

[2]"司徒"句：语本《周礼·地官司徒第二》："大司徒之职……以乡三物教万民而宾兴之，一曰六德：知、仁、圣、义、忠、和；二曰六行：孝、友、睦、姻、任、恤；三曰六艺：礼、乐、射、御、书、数。"郑玄注云："物，犹事也；兴，犹举也。民三事教成，乡大夫举其贤者、能者以饮酒之礼宾客之，既则献其书于王矣。"司徒，当作"大司徒"，西周所置，主管民事之官。三物，即三事，见上引文中六德、六行、六艺。

[3]"太宰"句：语本《周礼·天官冢宰第一》："太宰之职……三岁，则大计群吏之治而诛赏之。"太宰，西周所置，掌六典、八法，总管全国政务之官。计，考核官吏。

[4]周官：即《周礼》。汉世初出，称《周官》，因与《尚书·周官》篇易混，即称《周官经》，刘歆后始称《周礼》。分《天官》、《地官》、《春官》、《夏官》、《秋官》、《冬官》六篇，西汉时缺《冬官》，补以《考工记》。今本四十二卷，汉郑玄注，唐贾公彦疏。

[5] 文艺：撰述与写作方面的学问。《大戴礼记·文王官人》："有隐于知理者，有隐于文艺者。"

[6] 年劳：任职的年数和劳绩，为旧时官吏考绩擢升的重要标准。

[7] 超躐：指越级提拔，迅速升迁。

[8] 巧佞：奸诈机巧，阿谀奉承。

[9] 吏文：指官府文牍。

[10] 浇风：浮薄的社会风气。

[11] 誉望：名誉声望。

2. 宋初承唐制，贡举虽广，而莫重于进士、制科 [1]，其次则三学选补 [2]。铨法虽多，而莫重于举削改官、磨勘转秩 [3]。考课虽密，而莫重于官给历纸 [4]，验考批书 [5]。其他教官、武举、童子等试 [6]，以及遗逸奏荐、贵戚公卿任子亲属与远州流外诸选 [7]，委曲琐细，咸有品式。其间变更不常，沿革迭见，而三百馀年元臣硕辅 [8]，鸿博之儒，清强之吏，皆自此出，得人为最盛焉。今辑旧史所录，胪为六门：一曰科目；二曰学校试；三曰铨法；四曰补荫；五曰保任 [9]；六曰考课。烦简适中，檃括归类，作《选举志》。

[1] 进士制科：参见唐1注8，唐1注22。何忠礼《宋史选举志补正》第2页："北宋初年所推行的贡举皆与五代吻合，故此处仅言宋承唐制，有违事实……宋自太祖建隆元年（960）至真宗咸平二年（999）的最初四十年间，制科只行过两次，及第者仅有一人，其深受五代影响，不重制科已不言而喻。故《宋志》以为宋初重制科，亦误。"可参。

[2] 三学：即太学三舍。宋神宗熙宁四年（1071），立太学生三舍法，将学生分为上舍、内舍、外舍三等。初入学为外舍，名额不限，一年春秋两试；外舍选升内舍，名额二百员；内舍选升上舍，名额百员。上舍生优异者可直接授官。学生各习一经，随所属讲官学习。元丰二年（1079）又订三舍法一百四十条，明确规定太学补试、私试、公试、舍试方法及升舍方法。或谓三学指太学、武学、宗学，但仅盛于南宋。

[3] 举削：又称"奏削"。宋代州以上官府或高、中级官员每年可向朝廷荐举选人改京朝官或任一定差遣的定额。削，即举状，推荐一名选人改为京官或任职，即称"一削"。选人须有五名举主作保，即须取得五纸举状方可改官，此五纸举状即称"五削"；若任期内有劳绩，可减少一名举主即一纸举状，称"减一削"。磨勘：宋代寄禄官（宋代表示品级、俸禄的一种官称，又称本官，或简称官）迁转皆有年限，任内每年勘验其劳绩过失，吏部复查后再决定迁转寄禄官阶，称"磨勘"。选人惟改京官时才实行磨勘。

[4] 历纸：或称"历子"，宋代记录官吏功过、以备考课升降之用的本子。

[5] 批书：宋代主管官府按照格式为官员批写或填写有关印纸（宋官府文书名）或付身（宋吏部四选等发给任差遣官员的功过历，须随身携带），即称"批书"。批书印纸不依条式或有缺漏，须召升朝官两名作保，并罚降两月名次注阙。

[6] 教官：即教官试，宋代选拔州学教授的一种方式。熙宁八年（1075）始用，元丰七年（1084）规定以考试成绩定为博士、学正、学录三等，元符元年（1098）又规定每年一试。绍兴十二年（1142）起，凡进士出身合适教官者依次考经义、诗赋两场，中选则为诸州教授。武举：又称

"右科"，贡举科目之一。天圣七年（1029）承唐制而置，废置不常。治平元年（1064）再置，至宋末不改。参见唐29。童子：即童子试，宋代有童子科，凡十五岁以下儿童，能通经作诗赋，由州申报朝廷，经国子监验讫，送中书复试，合格者再经皇帝亲试，或授官职，或予出身，或免解试。咸淳三年（1267）废。参见唐1注16。

[7] 遗逸奏荐：宋代荐举制度分为"荐举"与"辟举"两类。荐举即向朝廷推举有才干的人，以备奖拔任用，未必有具体阙位。辟举即宋代各路安抚使、转运司、知州等可依法自行选择官员，再上报朝廷批准，即同朝廷命官。废置不常。任子亲属：即"世赏"、"荫补"。宋承旧制，其中高级文武官员可按品阶高低，其子孙、本宗、异姓亲属、门客等皆可补官。有圣节荫补，每年逢皇帝诞辰一次；有大礼荫补，每三年逢郊祀一次；有致仕荫补，臣僚告老退休时一次；有遗表荫补，臣僚死时可上遗表一次。为宋代科举以外的重要入仕途径，其滥授较前代为甚。远州：指"定差法"，为宋朝授予官员差遣的一种方法，即四川、两广、福建、湖南等八路州县文、武官员差遣，可不从吏部差除，而是由本路安抚制置司、转运司依照吏部铨选法进行差注或换易，然后上报吏部审批。与唐代之"南选"有渊源关系，参见唐54。流外：朝廷诸司吏职及诸州、监司吏人，在九品之外皆属"流外人"。流外人任职可依法补授低级有品官职，从而入流，获"流外出身"。但须三任七考，有举主六员，方可任县令、通判。惟不得任司法参军、监盐场、盐仓及主簿兼县尉等官职。

[8] 元臣硕辅：重臣及贤良的辅弼之臣。

[9] 保任：即"奏举"。举主为被推荐的京、朝官或选人担保，被荐人若在担任差遣期间违法、失职，举主亦受牵连。此外，无户籍的举人，须有京、朝官保明行止，方可在开封府参加解试，亦称保任。

3. 宋之科目，有进士，有诸科 [1]，有武举。常选之外，又有制科，有童子举 [2]，而进士得人为盛。神宗始罢诸科，而分经义、诗赋以取士 [3]，其后遵行，未之有改。自仁宗命郡县建学 [4]，而熙宁以来 [5]，其法浸备，学校之设遍天下，而海内文治彬彬矣。今以科目、学校之制，各著于篇。

[1] 诸科：科举考试指进士以外的科目。
[2] "常选"三句：据《宋史·选举二》、《宋史·选举三》，尚有书判拔萃科、高蹈丘园科、经明行修科、八行科等多种临时性科目。详下。
[3] "神宗"二句：宋李焘《续资治通鉴长编》卷二百二十："熙宁四年二月丁巳朔，中书言：'明经及诸科欲行废罢，取元解明经人数增解进士……今定贡举新制，进士罢诗赋、帖经、墨义，各占治《诗》、《书》、《易》、《周礼》、《礼记》一经，兼以《论语》、《孟子》。每试四场，初本经，次兼经，并大义十道，务通义理，不须尽用注疏。'"神宗，即宋神宗赵顼（1048～1085），宋英宗子，在位十九年（1067～1085）。在位期间曾任王安石为参知政事，意图变法图强，终因动摇，归于失败。又曾进行官制改革，史称"元丰改制"。
[4] 仁宗：即宋仁宗赵祯（1010～1063），宋真宗子，在位四十二年（1022～1063）。在位期间曾任用范仲淹为参知政事，行"庆历新政"，旋罢废。
[5] 熙宁：宋神宗赵顼的第一个年号（1068～1077）。

4. 初，礼部贡举，设进士、《九经》、《五经》、《开元礼》、《三史》、《三礼》、《三传》、学究、明经、明法等科 [1]，皆秋取解，冬集礼部，春考试。合格及第者，列名放榜于尚书省。凡进士，试诗、赋、论各一首，策五道，帖《论语》十帖 [2]，对《春秋》或《礼记》墨义十条 [3]。凡《九经》，帖书一百二十帖，对墨义六十条。凡《五经》，帖书八十帖，对墨义五十条。凡《三礼》，对墨义九十条。凡《三传》，一百一十条。凡《开元礼》，凡《三史》，各对三百条。凡学究，《毛诗》对墨义五十条，《论语》十条，《尔雅》、《孝经》共十条，《周易》、《尚书》各二十五条。凡明法，对律令四十条，兼经并同《毛诗》之制 [4]。各间经引试 [5]，通六为合格，仍抽卷问律，本科则否 [6]。诸州判官试进士，录事参军试诸科，不通经义，则别选官考校，而判官监之。试纸，长官印署面给之 [7]。试中格者，第其甲乙，具所试经义，朱书通、否，监官、试官署名其下。进士文卷，诸科义卷、帖由，并随解牒上之礼部。有笃废疾者不得贡 [8]。贡不应法及校试不以实者，监官、试官停任。受赂，则论以枉法，长官奏裁。

[1] "设进士"句：参见唐 1。学究，即学究科，北宋承唐"学究一经"设置，为诸科之一。开宝七年（974），诏《毛诗》、《尚书》、《周易》三经学究并为一科，雍熙三年（986），复分为三科。熙宁间罢诸科，此科亦废。

[2] 帖：即帖经，考试帖经一帖，即掩盖经书前后两边，只露中间一行，又剪纸帖一行中的三个字，要求默填上被帖之字。

[3] 春秋：编年体史书，相传孔子据鲁史修订而成。所记起鲁隐公元年，迄鲁哀公十四年西狩获麟，凡十二公（隐桓庄闵僖文宣成襄昭定哀），二百四十二年。叙事简略，用字寓褒贬。墨义：科举试士，令笔答经义，谓之墨义。属于简单的书面问答。

[4] 兼经：所兼试的经书，这里即指《论语》、《尔雅》、《孝经》。

[5] 各间：指上述贡举各科目。间，划分。引试：引保就试，这里即指考试。

[6] 本科：这里指明法科。

[7] "试纸"二句：试纸，即空白试卷，唐五代时由举人自备，试前交礼部贡院，查验后于试时发给本人。五代后唐时，试纸经查验须加盖礼部贡院印及中书门下印，后又省加盖后者印。宋代举人家状与试纸皆委托书铺送纳，经查验加盖"礼部贡院之印"。参见何忠礼《宋史选举志补正》第7~8页。

[8] 笃废疾者：有重残或重疾的人。

5. 凡命士应举 [1]，谓之锁厅试 [2]。所属先以名闻，得旨而后解。既集，什伍相保 [3]，不许有大逆人缌麻以上亲 [4]，及诸不孝、不悌、隐匿工商异类、僧道归俗之徒 [5]。家状并试卷之首 [6]，署年及举数、场第、乡贯，不得增损移易，以仲冬收纳，月终而毕。将临试期，知举官先引问联保 [7]，与状合同而定焉。凡就试，唯词赋者许持《切韵》、《玉篇》[8]，其挟书为奸，及口相受授者，发觉即黜之。凡诸州长吏举送，必先稽其版籍 [9]，察其行为；乡里所推，每十人相保，内有缺行，则连坐不得举。故事，知举官将赴贡院，台阁近臣得荐所知之负艺者，号曰"公荐"[10]。太祖虑其因缘挟私[11]，禁之。

[1] 命士：古代称受有爵命的士，《礼记·内则》："由命士以上，父子皆异官。"这里即指官员。

[2] 锁厅试：宋代现任官员参加贡举考试，锁其官厅而出，故名锁厅试。

[3] 什伍相保：古代户籍编制，五家为伍，十户为什，相连相保。

[4] 大逆：封建时代称危害君父、宗庙、宫阙等罪行为"大逆"，属"十恶"之一。缌麻：古代丧服名，为五种丧服中之最轻者。其服用细麻布制成，服期三月。凡本宗为高祖父母、曾伯叔祖父母、族伯叔父母、族兄弟及未嫁族姊妹、外姓中为表兄弟、岳父母等，均服之。

[5] 不悌：不敬重兄长。隐匿：当指隐匿服纪（为重要亲属服丧及其期限未满等）。

[6] 家状：宋代贡举考试，举人须亲写家状，内容为本人姓名、年甲、乡贯、三代、户主、举数、场第等，其中包括父母年甲、现任或曾任官职。连粘在试卷前，成为卷首。试前投纳贡院。省试时，由礼部在家状和程文接缝处加盖礼部墨印。文、武官员亦须写包括乡贯、三代、出身、历任有无违缺等项的家状，交朝廷备案。

[7] 知举官：俗称"主司"。宋代礼部试，朝廷在侍从近臣、两省及台谏长官中，选差权知贡举一员和同知贡举两至三员，主持本届考试，决定名次，总称知举官。

[8] 切（qiè 窃）韵：韵书名，隋陆法言等撰，五卷。按反切的发声分音，收声分韵，故称切韵。合计二百零六韵，是研究中古汉语语音的重要资料。今佚。玉篇：字书名。南朝梁顾野王撰，今本三十卷。释字以音义为主，于《说文》多有增补。

[9] 版籍：户口册。

[10] 公荐：行于宋代初年，知举官赴贡院主试之前，台阁近臣可推荐其所熟知的有才艺之士。名为公荐，实为请托。

[11] 太祖：即宋太祖赵匡胤（927～976），涿州（今属河北）人，生于洛阳（今属河南）。应募郭威幕下，仕后周官至殿前都点检，改归德军节度使。显德七年（960）发动陈桥兵变，建立宋朝，改元建隆。在位十七年。宋太祖于乾德元年（963）九月与开宝六年（973）四月曾两次下诏废除公荐。

6. 自唐以来，所谓明经，不过帖书、墨义，观其记诵而已，故贱其科，而"不通"者其罚特重。乾德元年[1]，诏曰："旧制，《九经》一举不第而止，非所以启迪仕进之路也；自今依诸科许再试。"是年[2]，诸州所荐士数益多，乃约周显德之制[3]，定诸州贡举条法及殿罚之式[4]：进士"文理纰缪"者殿五举，诸科初场十"不"殿五举[5]，第二、第三场十"不"殿三举，第一至第三场九"不"并殿一举。殿举之数，朱书于试卷，送中书门下[6]。三年[7]，陶穀子邴擢上第[8]，帝曰："穀不能训子，安得登第？"乃诏："食禄之家，有登第者，礼部具姓名以闻，令覆试之。"自是，别命儒臣于中书覆试，合格乃赐第。时川蜀、荆湖内附[9]，试数道所贡士，县次往还续食[10]。开宝三年[11]，诏礼部阅贡士及十五举尝终场者，得一百六人，赐本科出身[12]。特奏名恩例[13]，盖自此始。

[1] 乾德元年：即公元 963 年。乾德，宋太祖赵匡胤的第二个年号。

[2] 是年：据中华书局整理本校勘记："承上文指乾德元年，《宋会要·选举》一四之一三、《长编》卷五都系此事于乾德二年。"可参考。

[3] "乃约"句：元马端临《文献通考》卷三十："世宗显德二年……五月，尚书礼部侍郎知贡举窦仪奏：其进士……以文艺优劣定为五等，取文字乖舛、词理纰缪最甚者为第五等，殿五举；其次者为第四等，殿三举；以次稍优者为第三等、第二等、第一等，并许次年赴举。其所殿举数并于所试卷子上朱书，封送中书门下……又奏：诸科举人所试墨义，第一场十'否'者，殿五举；第二场、第三场十'否'者，殿三举；其三场内凡有九'否'，殿一举。"约，省减。

[4] 殿罚：即殿举。科举考试中，因文理纰缪或犯规、舞弊等，罚停考若干科，称殿举。殿，停止意。

[5] 诸科初场：当指考试墨义。不：同"否"，即错误。

[6] 中书门下：宋承唐制，即宰相的办公厅政事堂。或简称中书。

[7] 三年：据中华书局整理本校勘记："承上文当即乾德三年。《长编》卷九系此事于开宝元年三月，《宋会要·选举》三之二则系于乾德六年三月。按乾德六年十一月改元开宝，乾德六年与开宝元年为同一年。此'三年'，疑是'六年'之讹。"可参考。

[8] 陶穀：字秀实（903~970），邠州新平（今陕西彬县）人，本姓唐，以避石敬瑭讳改姓陶。五代仕后晋为中书舍人，仕后周为吏部侍郎，入宋为翰林学士承旨、户部尚书，博学多识。《宋史》有传。邴擢上第：宋李焘《续资治通鉴长编》卷九："权知贡举王祐擢进士合格者十人，陶穀子邴，名在第六。翌日，穀入致谢。上谓左右曰：'闻穀不能训子，邴安得登第？'遂命中书覆试，而邴复登第。因下诏曰：'造士之选，匪树私恩，世禄之家，宜敦素业。如闻党与颜容窃吹，文衡公器，岂宜斯滥！自今举人，凡关食禄之家，委礼部具折以闻，当令覆试。'"

[9] "时川蜀"句：宋乾德三年，即后蜀广政二十八年（965），宋兵攻入成都，后蜀后主孟昶出降，五代十国之一后蜀亡。后蜀凡二主，历三十三年，其疆域承前蜀旧地，辖有今四川、甘肃东南部、陕西南部、湖北西部，共四十六州。川蜀、荆湖即代指后蜀。

[10] 县次往还续食：往来所经州县，相继供给饮食。宋王偁《东都事略》卷二："（开宝）二年……冬十月丁亥诏曰：'昔西汉求吏民之明经术者，令与计偕，县次续食，盖优贤之道也。国家岁开贡部，敷求俊义，四方之士，无远弗届，而经途退阻，资用或阙，朕甚愍焉。自今西川、山南、荆湖等道举人，往来给券。'"给券，即提供凭证，以使州县供给饮食。

[11] 开宝三年：即公元 970 年。开宝，宋太祖赵匡胤的第三个年号。

[12] "诏礼部"三句：宋李焘《续资治通鉴长编》卷十一："开宝三年……三月壬寅朔，诏礼部贡院阅进士、诸科十五举以上曾经终场者以名闻。甲辰，得司马浦等六十三人；庚戌，复取十五举未经终场者四十三人，并赐出身。仍诏自今勿得为例。"十五举，即已应举十五次而未录取。终场，指参与毕最后一场考试。本科，指进士科。何忠礼《宋史选举志补正》第 12 页据上引云："这一百六人为十五举曾经终场与未经终场者之总数，《宋志》言十五举尝终场者又一百六人，所记有误。"甚是。

[13] 特奏名：宋代科举制度的一种特殊规定，与"正奏名"相区别。即考进士多次不中者，另造册上奏，经许可附试，特赐本科出身。宋高宗绍兴二十一年（1152）又有特奏名之例，参见宋53。

7. 五年[1]，礼部奏合格进士、诸科凡二十八人，上亲召对讲武殿[2]，而未及引试也。明年，翰林学士李昉知贡举[3]，取宋准以下十一人[4]，而进士武济川、《三传》刘睿材质最陋[5]，对问失次，上黜之。济川，昉乡人也。会有诉昉用情取舍[6]，帝乃籍终场下第人姓名，得三百六十人，皆召见，择其一百九十五人，并准以下，乃御殿给纸笔，别试诗赋。命殿中侍御史李莹等为考官[7]，得进士二十六人，《五经》四人，《开元礼》七人，《三礼》三十八人，《三传》二十六人，《三史》三人，学究十八人[8]，明法五人，皆赐及第，又赐钱二十万以张宴会。昉等寻皆坐责。殿试遂为常制[9]。帝尝语近臣曰[10]："昔者，科名多为势家所取，朕亲临试，尽革其弊矣。"八年[11]，亲试进士王式等[12]，乃定王嗣宗第一[13]，王式第四。自是御试与省试名次，始有升降之别。时江南未平[14]，进士林松、雷说试不中格[15]，以其间道来归，亦赐《三传》出身。

[1] 五年：即宋太祖开宝五年（972）。
[2] 讲武殿：北宋陪都西京（今河南洛阳）的宫殿名。《宋史·地理一》："拱宸门内西偏有保宁门，门内有讲武殿，北又有殿相对。"
[3] 李昉：字明远（925~996），深州饶阳（今属河北）人。后晋时以荫补斋郎，后汉乾祐进士，仕后周为知制诰、翰林学士，入宋加中书舍人、直学士院，户部侍郎、参知政事，两次入相。编著有《太平御览》、《文苑英华》、《太平广记》等。《宋史》有传。
[4] 宋准：字子平（938~989），开封雍丘（今属河南）人。开宝六年（973）进士，历官秘书省秘书郎、著作郎、河北转运使、金部郎中。《宋史》有传。
[5] 武济川：生平不详。刘睿：生平不详。睿，宋李焘《续资治通鉴长编》卷十四、《宋会要辑稿·选举》七之一作"潜"。
[6] "会有"句：《宋史全文》卷二："济川，翰林学士李昉乡人也。昉时权知贡举，上颇不悦，会进士徐士廉等击登闻鼓，诉昉用私情取舍非当，上乃令贡院籍终场下第者并准以下及士廉等，各赐纸札，别试诗赋。"
[7] 殿中侍御史：官名，御史台属官，为御史三院之一殿院的长官，简称殿院，宋初多为寄禄官。元丰改制后始正官名，《宋史·职官四》："二人，掌以仪法纠百官之失。"李莹：字正白（生卒年不详），洛阳（今属河南）人。后周广顺进士，入宋，历官殿中侍御史、度支判官，出使江南，以受赂左迁右赞善大夫。善词赋。事见《宋史·李渎传》。
[8] 学究：参见宋4注1。
[9] 殿试：又称"御试"、"廷试"、"亲试"。宋代举人省试中第，须再赴殿试，中榜者即为"天子门生"。
[10] 帝：谓宋太祖赵匡胤（927~976）。参见宋5注10。
[11] 八年：即宋太祖开宝八年（975）。
[12] 王式：生平不详。
[13] 王嗣宗：字希阮（944~1021），汾州（今山西汾阳）人。开宝八年（975）登进士甲科，补秦州司寇参军，历官河北转运副使、驾部员外郎、虞部郎中、河东转运使、太常少卿、御史中丞、工部侍郎、枢密副使、以左屯卫上将军、检校太尉致仕。卒赠侍中，谥景庄。著有《中陵子》

三十卷。《宋史》有传。

[14] 江南未平：开宝八年正月，宋派曹彬等围困南唐都城金陵，至十一月，后主李煜降宋。

[15] 林松：生平不详。雷说：据明凌迪知《万姓统谱》卷十六，雷说于宋淳化（990～994）间曾知大宁监，馀不详。

8. 太宗即位[1]，思振淹滞[2]，谓侍臣曰："朕欲博求俊彦于科场中，非敢望拔十得五，止得一二，亦可为致治之具矣。"太平兴国二年[3]，御殿覆试，内出赋题，赋韵平侧相间[4]，依次而用。命李昉、扈蒙第其优劣为三等[5]，得吕蒙正以下一百九人[6]。越二日，覆试诸科，得二百人。并赐及第。又阅贡籍，得十举以上至十五举进士、诸科一百八十馀人，并赐出身；《九经》七人不中格，亦怜其老，特赐同《三传》出身。凡五百馀人，皆赐袍笏[7]，锡宴开宝寺[8]，帝自为诗二章赐之。甲、乙第进士及《九经》，皆授将作监丞、大理评事，通判诸州[9]，其馀亦优等授官。三年九月，廷试举人。故事，惟春放榜，至是秋试，非常例也。是冬，诸州举人并集，会将亲征北汉[10]，罢之。自是，间一年或二年乃贡举。

[1] 太宗：即宋太宗赵炅（939～997），宋太祖赵匡胤弟，初名匡义，后改名光义。开宝九年（976）即位，更名炅，改元太平兴国。在位二十二年，扩大科举取士规模，重文风。

[2] 淹滞：指有才德者久居下位。

[3] 太平兴国二年：即公元977年。太平兴国，宋太宗赵炅的第一个年号。

[4] 平侧（zè仄）相间：指平声韵与仄声韵相间使用。侧，通"仄"。

[5] 李昉：参见宋7注3。扈蒙（914？～986）：字日用，幽州安次（今属河北）人。后晋天福进士，仕后周为知制诰，入宋由中书舍人迁翰林学士、户部侍郎，以工部尚书致仕。《宋史》有传。

[6] 吕蒙正（946～1011）：字圣功，河南（今河南洛阳）人。太平兴国二年（977）进士第一，通判昇州。历官著作郎、翰林学士、参知政事、中书侍郎，三次入相，卒赠中书令，谥文穆。直言敢谏，有重望。《宋史》有传。

[7] 袍笏（hù户）：朝服与手板。品官朝见君王时所穿戴与手执之物。

[8] 开宝寺：在东京汴梁。宋江少虞《事实类苑》卷四十三《建寺》："又修旧封禅寺为开宝寺，前临官街，北镇五丈河，屋数千间，连数坊之地，极于钜丽。"

[9] 将作监丞：官名，宋将作监属官。宋初，凡土木工匠之政、京都缮修隶三司修造案；本监但掌祠祀供省牲牌、镇石、炷香、盥手、焚版币之事。大理评事：官名，宋大理寺属官。宋初，大理寺负责详断各地奏报案件，送审刑院复审后，同署上报。通判：俗称"倅"，为州府副长官，有监察所在州府官员之权。

[10] 北汉：五代十国之一。后汉高祖乾祐四年（951），河东节度使刘旻称帝，国号汉，都太原，史称北汉。辖有今山西中部、陕西、河北部分地区，共十二州。宋太宗太平兴国四年（979）为北宋所灭。历四主，凡二十九年。

9. 五年[1]，覆试进士。有颜明远、刘昌言、张观、乐史四人，以见任官举进士，特授近藩掌书记[2]。有赵昌国者[3]，求应百篇举[4]，谓一日作诗百篇。帝出杂题二十，令各赋五篇，篇八句。日旰 [5]，仅成数十首，率无可观。帝以是科久废，特赐及第，以劝来者。

[1] 五年：即太平兴国五年（980）。

[2] "有颜明远"三句：宋岳珂《愧郯录》卷九："太平兴国五年闰三月十一日，京兆府户曹参军颜明远、徐州节度推官刘昌言、洛州鸡泽县主簿张观、德州将陵县主簿乐史，并应进士举，殿试合格，帝惜科第不与，乃除明远忠正军，昌言归德军，观忠武军，并为节度掌书记。"颜明远，生平不详。刘昌言，字禹谟（942～999），泉州南安（今属福建）人。初为徐州节度使陈洪进推官，太平兴国五年举进士不第，授归德军掌书记。太平兴国八年复举得第，迁保信、武信二镇判官，历官起居郎、右谏议大夫、工部侍郎，卒赠工部尚书。《宋史》有传。张观，字仲宾（生卒年不详），常州毗陵（今江苏常州）人。于南唐登进士第，入宋为彭元、鸡泽主簿，太平兴国五年举进士不第，授忠武军掌书记。历官监察御史，充桂阳监使，赐进士及第。又历度支判官，知黄州，迁扬州，移广南西路转运使，卒于桂州，年五十三。广览汉史，雅好论事。《宋史》有传。乐史，字子正（930～1007），抚州宜黄（今属江西）人。仕南唐为秘书郎，入宋为平原主簿，太平兴国五年举进士不第，佐成武军，既而赐进士及第。历官太常博士、司封员外郎，迁职方。勤于著述，有《太平寰宇记》二百卷、《诸仙传》二十五卷、《仙洞集》百卷等多种。《宋史》有传。掌书记，即节度掌书记，为节度州幕职官名，简称书记。掌辅助府、州、军、监长官处理政务。

[3] 赵昌国：生平不详。元马端临《文献通考》卷三十："是岁有赵昌国者，求应百篇举。上出杂题二十字曰：'松风雪月天，花竹鹤云烟。诗酒春池雨，山僧道柳泉。'各令赋五篇，篇八句。"赵昌国，宋李焘《续资治通鉴长编》卷二十一、《宋史全文》卷三等皆作"赵国昌"。

[4] 百篇举：即百篇科，晚唐时代即有以百篇诗赋取士之科，称"百篇科"。宋龚明之《中吴纪闻》卷一《孙百篇》："吴士孙发尝举百篇科，故皮日休赠以诗云：'百篇宫体喧金屋，一日官衔下玉除。'"五代时曾一度成为常举科目，参见五9注15。

[5] 日旰（gàn赣）：天晚。

10. 八年，进士、诸科始试律义十道，进士免帖经。明年 [1]，惟诸科试律，进士复帖经。进士始分三甲 [2]。自是锡宴就琼林苑 [3]。上因谓近臣曰："朕亲选多士，殆忘饥渴，召见临问，观其才技而用之，庶使田野无遗逸，而朝廷多君子尔。"雍熙二年 [4]，廷试初唱名及第，第一等为节度推官 [5]。是年及端拱初 [6]，礼部试已，帝虑有遗才，取不中格者再试之，于是由再试得官者数百人 [7]。凡廷试，帝亲阅卷累日，宰相屡请宜归有司，始诏岁命官知举 [8]。

[1] 明年：当谓宋太宗雍熙元年（984）。疑有误，参见注2。

[2] 三甲：何忠礼《宋史选举志补正》第16页："按宋代进士分甲时间，各书记载颇为混乱，究其原因，多是将等第与甲、乙互相混用所致。考《宋会要·选举》一之六载：'分甲取人，始于太平兴国八年，然是年第三甲五十四人，第二甲一百五十七人，反三倍于第三甲之数。'又《通考·选举考三》亦谓：'（太平兴国八年）试进士始分三甲，第一甲并知县。'《宋志》将分三甲

事系于雍熙元年后，定误。"可参考。

[3] 琼林苑：宋皇家苑名，在汴京（今河南开封）城西，为政和二年（1112）前赐宴新进士之所。

[4] 雍熙二年：即公元985年。雍熙，宋太宗赵炅的第二个年号。

[5] 节度推官：官名。宋临安府与各州幕职官皆设节度推官。

[6] 端拱：宋太宗赵炅的第三个年号（988～989）。

[7] "礼部"四句：宋叶梦得《石林燕语》卷八："端拱初，宋白知举，取二十八人。物论喧然，以为多遗材。诏复取落下人试于崇政殿，于是再取九十九人。而叶齐犹击登闻鼓自列，朝廷不得已，又为覆试，颇恶齐嚣讼，考官赋题特出'一叶落而天下秋'，凡放三十一人，而齐仍在第一。"

[8] 知举：即知贡举。宋代礼部试须从侍从近臣、两省与台谏长官中选知贡举一员及同知贡举两至三员，主持本届考试，称知贡举。这里以之称谓皇帝主试之殿试考官，似混淆省试与殿试之别。

11. 旧制，既锁院[1]，给左藏钱十万资费用[2]。端拱元年，诏改支尚书祠部[3]，仍倍其数，罢御厨、仪鸾司供帐[4]。知贡举宋白等定贡院故事[5]：先期三日，进士具都榜引试[6]，借御史台驱使官一人监门[7]，都堂帘外置案[8]，设银香炉，唱名给印试纸[9]。及试中格，录进士之文奏御，诸科惟籍名而上[10]；俟制下，先书姓名散报之，翌日，放榜唱名。既谢恩，诣国学谒先圣先师[11]，进士过堂阁下告名[12]。闻喜宴分为两日[13]，宴进士，请丞郎、大两省[14]；宴诸科，请省郎、小两省[15]。缀行期集[16]，列叙名氏、乡贯、三代之类书之，谓之小录[17]。醵钱为游宴之资[18]，谓之醵[19]。皆团司主之[20]。制下，而中书省同贡院关黄覆奏之[21]，俟正敕下[22]，关报南曹、都省、御史台[23]，然后贡院写春关散给[24]。籍而入选，谓之春关[25]。登科之人，例纳朱胶绫纸之直[26]，赴吏部南曹试判三道，谓之关试[27]。

[1] 锁院：宋代科举考试举行前数日，考官须同时进入贡院，闭门拟题，收领试纸，排定座位；试毕，定出等第，考官方可出院。在此期间即称锁院，限期一月，可延十天。

[2] 左藏（zàng葬）：国库之一，以其居左，故称。宋初，诸州贡赋皆输左藏。

[3] 尚书祠部：尚书省礼部属曹。《宋史·职官三》："掌天下祀典、道释、祠庙、医药之政令。"

[4] 御厨：官厨名，属礼部。元丰改制后归膳部统领，主管皇帝膳食等事。仪鸾司：官署名，五代后梁始置，宋元丰改制后属卫尉寺。掌供应皇帝祭祀、朝会、巡幸、宴享与内廷需要的幕帷、帷帐及有关陈设之物等。供帐：亦作"供张"。陈设供宴会用的帷帐、用具、饮食等物。

[5] 宋白：字太素（936～1012），大名（今属河北）人。建隆进士，历官翰林学士、刑部尚书。曾三典贡举，喜奖掖后进，学问宏博。《宋史》有传。故事：先例，旧日的典章制度。

[6] 都榜：汇聚公示的意思。引试：引保就试。宋代士子应举，须什伍相保，不许有大逆亲属、诸不孝、不悌者以及归俗之僧道等与试，试前须核对明白方可就试。

[7] 御史台：宋代司监察之官署名，以御史中丞为长官。驱使官：唐宋官署中供驱策使令之吏。

[8] 都堂：尚书省的办公场所。

[9] 给印试纸：参见宋4注7。

[10] 籍名：列入名册。

[11] 先圣先师：三国魏正始以后，儒家大都以孔子为先圣，以颜回为先师。

[12] 堂阁：政府机构治事之所。

[13] 闻喜宴：朝廷特赐新及第举子的宴会名称。

[14] 丞郎：尚书左、右丞及六部侍郎的简称。大两省：宋代左、右散骑侍郎、给事中、中书舍人与左、右谏议大夫等门下、中书两省五品以上官，统称大两省官。

[15] 省郎：尚书省郎中、员外郎的简称。小两省：宋代起居郎、起居舍人、左、右司谏、左、右正言为门下、中书两省六品以下官，统称小两省官。

[16] 缀行（háng杭）：连接成行。期集：定期的聚会，这里特指举子及第者按惯例的聚集游宴。参见唐27注5。

[17] 小录：即题名登科录，或称题名录、登科录、同年小录、题名小录。宋代各科举子登第后，由朝廷拨款，状元选差同年任职事官，主编、刻印题名登科录，登记甲次、名次、姓名、乡贯等。为唐代进士慈恩寺塔下题名的遗风。

[18] 醵（jù具）钱：凑钱。

[19] 醋（pú菩）：聚饮。

[20] 团司：唐代进士及第，负责筹办同年游宴及纠察诸事的机构。这里系借称主持凑钱聚饮者。

[21] 关黄：关与黄牒。关，宋代中书、枢密院之间以及同一长官统摄下的各机构之间互相往来的文书称"关"；黄牒，宋代委任下级官吏的文书。

[22] 正敕：正式敕命。

[23] 南曹：唐代吏部官署名。以吏部员外郎主管选院，因在尚书省之南，故称南曹。宋承唐制，设判南曹事一员，由朝官充任，掌考验选人殿最等。参见唐48注10。都省：宋代尚书省的别称。御史台：宋代司监察之官署名，以御史中丞为长官。

[24] 春关：唐宋时举子登第后，登记入选，谓之春关。发给的凭证，亦称春关。

[25] "籍而"二句：语本唐李肇《唐国史补》卷一："籍而入选，谓之春关。"

[26] 朱胶绫纸之直：当指登科者办理"春关"等凭证所需成本费用。

[27] 关试：唐宋时吏部对进士的考试，合格者方能为官。

12. 淳化三年 [1]，诸道贡士凡万七千馀人。先是，有击登闻鼓诉校试不公者 [2]。苏易简知贡举 [3]，受诏即赴贡院，仍糊名考校 [4]，遂为例。既廷试，帝谕多士曰："尔等各负志业，效官之外 [5]，更励精文采，无坠前功也。"诏刻《礼记·儒行篇》赐之 [6]。每科进士第一人，天子宠之以诗，后尝作箴赐陈尧叟 [7]，至是，并赐焉。先是，尝并学究、《尚书》、《周易》为一科，始更定本经日试义十道，《尚书》、《周易》各义五道，仍杂问疏义六道，经注四道。明法旧试六场，更定试七场：第一、第二场试律，第三场试令，第四、第五场试小经 [8]，第六场试令，第七场试律，仍于试律日杂问疏义六、经注四。凡《三礼》、《三传》、《通礼》每十道义分经注六道、疏义四道 [9]，以六通为合格。

[1] 淳化三年：即公元992年。淳化，宋太宗赵炅的第四个年号。

[2] 登闻鼓：古代帝王为下情上达，在朝堂外悬鼓，许臣民击鼓上闻，谓之"登闻鼓"。宋初有鼓司官署，景德四年（1007）改为登闻鼓院，掌受文武官员及士民章奏表疏，无成例通进者，可到登闻鼓院投进。

[3] 苏易简：字太简（959～997），梓州铜山（今四川中江东南）人，或作绵州盐泉（今四川绵阳东南）人。太平兴国五年（980）进士第一，历官左赞善大夫、右拾遗知制诰、中书舍人、给事中、参知政事，卒年三十九岁。屡知贡举，掌吏部选，以文章知名，著有《续翰林志》二卷、《文房四谱》五卷等。《宋史》有传。

[4] 糊名：即糊名考校法，又称"封弥"。应试者须在试卷上自糊姓名，以防考官作弊。宋淳化三年（992）殿试，初行糊名考校法，此谓礼部试，当误。参见宋15注5。

[5] 效官：授官。引申指做官。

[6] 儒行篇：《礼记》篇名。儒行，儒家的传统规范或行为准则。

[7] 箴：文体的一种，以规劝、告诫为主。陈尧叟：字唐夫（961～1017），阆州阆中（今属四川）人。端拱二年（989）进士第一，授光禄寺丞，官至检校太尉同平章事、枢密使。《宋史》有传。

[8] 小经：《新唐书·选举志上》："凡《礼记》、《春秋左氏传》为大经，《诗》、《周礼》、《仪礼》为中经，《易》、《尚书》、《春秋公羊传》、《穀梁传》为小经。"

[9] 通礼：指唐《开元礼》等官编颁行的礼书。参见唐1注14。

13. 自淳化末，停贡举五年。真宗即位 [1]，复试，而高句丽始贡一人 [2]。先是，国子监、开封府所贡士 [3]，与举送官为姻戚，则两司更互考试，始命遣官别试 [4]。

[1] 真宗：即宋真宗赵恒（968～1022），宋太宗子，至道元年（995）立为太子，三年即位，在位二十六年。

[2] 高句丽：当指王氏高丽，故地在今朝鲜半岛北部。公元918年泰封国武将王建（太祖）称王，都开京（今开城），十八年后，合并新罗、百济，重新绕一朝鲜半岛。

[3] 国子监：两宋最高学府，招收七品以上官员子弟为学生。端拱二年（989）改国子监为国子学，旋复旧。庆历四年（1044）建太学，国子监遂成为管理全国学校的总机构。开封府：府名，治所在开封、浚仪二县（今河南开封市）。

[4] 别试：即别头试，为贡举考试方法之一。凡礼部试、乡试、漕试等考官与应试者为亲戚或门生故旧者，须回避，另派考官设场屋考试，称"别头试"。

14. 咸平三年 [1]，亲试陈尧咨等八百四十人 [2]，特奏名者九百馀人 [3]，有晋天福中尝预贡者 [4]。凡士贡于乡而屡绌于礼部，或廷试所不录者，积前后举数，参其年而差等之，遇亲策士则别籍其名以奏，径许附试，故曰特奏名。又赐河北进士、诸科三百五十人及第、同出身 [5]。既下第，愿试武艺及量才录用者，又五百馀人，悉赐装钱慰遣之 [6]，命礼部叙为一举。较艺之详 [7]，推恩之广，近代所未有也。

[1] 咸平三年：即公元1000年。咸平，宋真宗的第一个年号。

[2] 陈尧咨：字嘉谟（生卒年不详），阆州阆中（今属四川）人。咸平三年（1000）进士第一，历官将作监丞、工部侍郎、翰林学士、武信军节度使，卒赠太尉，谥康肃。《宋史》有传。

[3] 特奏名：参见宋6注13。

[4] 晋天福：即公元936~944年。天福，后晋高祖石敬瑭的年号。

[5] 同出身：宋代官场对官员入仕前身份与入仕途径的一种称呼。各科举人殿试合格，由朝廷赐及第、出身或同出身，即成为"有出身人"。凡文才出众，不经殿试，亦可赐进士出身或同进士出身。

[6] 装钱：制办行装之费。

[7] 较艺：竞争技艺，指考试。

15. 旧制，及第即命以官。上初复廷试，赐出身者亦免选[1]，于是策名之士尤众[2]，虽艺不及格，悉赐同出身。乃诏有司，凡赐同出身者并令守选[3]，循用常调[4]，以示甄别。又定令：凡试卷，封印院糊名送知举官考定高下[5]，复令封之送覆考所[6]，考毕然后参校得失，不合格者，须至覆场方落。谕馆阁、台省官[7]，有请属举人者密以闻[8]，隐匿不告者论罪。仍诏诸王、公主、近臣，毋得以下第亲族宾客求赐科名[9]。

[1] 免选：宋代铨选制度，选人不经守选，直接赴吏部注授差遣，称"免选"。

[2] 策名：谓科举及第。

[3] 守选：又称"守常选"。宋代铨选制度，选人任满，例须待下一次到吏部注授差遣。

[4] 常调：宋吏部按正常制度对官员注授差遣窠阙。即官员按照不同官阶、出身、任数、考数、举主员数，逐级升任相应差遣。

[5] 封印院：又称"封弥院"。宋代贡举掌管封弥的机构，该机构对举人所纳试卷，点数登记，然后密封或截去卷头，专送誊录所；初考官考校试卷、定等后，又密封所定等，发送覆考官。元马端临《文献通考》卷三十："（景德）四年，令礼部糊名考较……先糊名用之殿试，今复用之礼部也。"参见宋12注4。

[6] 覆考所：宋代贡举考试机构。殿试、省试时常设覆考所，选派覆考官和覆考点检试卷官。初考官用朱笔考校试卷，定出等第后，密封送覆考所，由覆考官和覆考点检试卷官覆审，用墨笔再定等第后，转送详定所。

[7] 馆阁：宋代有诏文馆、史馆、集贤院，掌图书、经籍、修史等事，称三馆；又有秘阁、龙图阁、天章阁，掌贮藏图书秘籍等。两者合称馆阁。台省：指尚书省、中书省、门下省以及御史台等中央机构。

[8] 请属（zhǔ嘱）：又作"请嘱"，即请托。

[9] "仍诏"二句：宋李焘《续资治通鉴长编》卷五十九："景德二年……三月……辛酉，诏诸王、公主、近臣，无得以下第亲族宾客求赐科名。时毕士安、寇准各以所亲为请，上不得已而从之，因有是诏。"

16. 景德四年[1]，命有司详定《考校进士程式》[2]，送礼部贡院，颁之诸州。

士不还乡里而窃户他州以应选者，严其法。每秋赋[3]，自县令佐察行义保任之[4]，上于州；州长贰复审察得实，然后上本道使者类试[5]。已保任而有缺行，则州县皆坐罪；若省试而文理纰缪，坐元考官。诸州解试额多而中者少，则不必足额。

[1] 景德四年：即公元 1007 年。景德，宋真宗的第二个年号。
[2] "命有司"句：宋李焘《续资治通鉴长编》卷六十五："景德四年……闰五月……壬辰……龙图阁待制陈彭年上言，请令有司详定《考校进士诗赋杂程式》，付礼部贡院遵行……诏：贡院考较程式，宜令彭年与待制戚纶、直史馆崔遵度、姜屿议定，馀令彭年各具条制以闻。"
[3] 秋赋：即秋贡。唐宋时州府向朝廷荐举会试人员的选拔考试，因于秋季举行，故称。
[4] 行义：履历，事迹。保任：向朝廷推荐人才而负担保之责。参见宋 282，宋 283。
[5] 类试：即类省试，宋代相当于省试的考试。

17. 寻又定《亲试进士条制》。凡策士，即殿两庑张帘，列几席，标姓名其上。先一日表其次序，揭示阙外，翌旦拜阙下，仍入就席。试卷，内臣收之[1]，付编排官[2]，去其卷首乡贯状，别以字号第之；付封弥官誊写校勘[3]，用御书院印[4]，付考官定等毕，复封弥送覆考官再定等。编排官阅其同异，未同者再考之；如复不同，即以相附近者为定。始取乡贯状字号合之，即第其姓名、差次，并试卷以闻。其考第之制凡五等：学识优长、词理精绝为第一；才思该通、文理周率为第二；文理俱通为第三；文理中平为第四；文理疏浅为第五。然后临轩唱第，上二等曰及第，三等曰出身，四等、五等曰同出身[5]。馀如贡院旧制。

[1] 内臣：宦官。
[2] 编排官：即编排试卷官，又称"管号官"，为贡院官名，多选派翰林学士、六部员外郎充任。主管编排举人试卷字号与合格举人名次。殿试唱名时，在御座前依照名次将试卷对号拆封，转交中书侍郎。
[3] 封弥官：即封弥卷首官，又称"封印卷首官"，为贡院官名。主管密封举人试卷卷首的姓名、乡贯。誊写校勘：宋代为防止考试作弊，大中祥符八年（1015）礼部试，行誊录法，后推及殿试与各类解试。即将举人试卷在封弥院密封卷头后，发送誊录院，由书手抄成副本，考官即据以定等第。
[4] 御书院：官署名。宋王应麟《玉海》卷一百六十八《太平兴国御书院》："唐有集贤殿御书院，皇朝太宗留意笔札，即位之后，募求善书，许自言于公车，置御书院。"
[5] "其考第之制"数句：宋刘昌诗《芦浦笔记》卷五记宋仁宗嘉祐六年（1061）殿试考第之制与此记小别："第一谓学识优长，辞理精纯，出众特异，无与比伦；第二谓才学该通，文理周密，于群萃中堪为高等；第三谓艺业可采，文理俱通（须合得及第者）；第四等谓艺业稍次，文理粗通，于此等中仍分优劣，优即为第四等上；第五等（须必然合落者）谓文理疏浅，退落无疑。"文理周率，宋李焘《续资治通鉴长编》卷七十六亦作"文理周密"。临轩，皇帝不坐正殿而御前殿。殿前堂陛之间近檐处两边有槛楯，如车之轩，故称。

18. 五年 [1]，诏士曾预南省试者 [2]，犯公罪听赎罚 [3]。令礼部取前后诏令经久可行者，编为条制 [4]。诸科三场内有十"不"、进士词理纰缪者各一人以上 [5]，监试、考试官从违制失论 [6]，幕职、州县官得代日殿一选 [7]，京朝官降监场务 [8]，尝监当则与远地 [9]；有三人，则监试、考试官亦从违制失论，幕职、州县官冲替 [10]，京朝官远地监当；有五人，则监试以下皆停见任；举送守倅 [11]，诸科五十人以上有一人十"不"，即罚铜与免殿选监当 [12]，进士词理纰缪亦如之。后又诏："试锁厅者 [13]，州长吏先校试合格，始听取解；至礼部不及格，停其官，而考试及举送者，皆重置罪。"八年 [14]，始置誊录院 [15]，令封印官封试卷付之 [16]，集书吏录本，监以内侍二人。诏："进士第一人，令金吾司给七人导从 [17]，听引两节 [18]。著为令。"

[1] 五年：据中华书局整理本校勘记："承上文指景德五年，但景德无五年，《宋会要·选举》三之一〇、《通考》卷三〇《选举考》都系在大中祥符五年。此'五年'疑是大中祥符五年，志文失书纪元。"甚是。大中祥符，宋真宗的第三个年号（1008~1016）。

[2] 南省：即尚书省。

[3] 公罪：罪名之一。谓因公务致有过失而犯罪，其中无私曲之情，称"公罪"。其所受处罚比私罪轻。赎罚：用钱物赎免责罚。宋王栐《燕翼诒谋录》卷二："旧制，士人与编氓等。大中祥符五年二月，诏贡举人曾预省试，公罪听收赎，而所赎止于公罪徒，其后私罪杖亦许赎论。"

[4] 条制：条例，制度。

[5] 纰缪：宋刘昌诗《芦浦笔记》卷五："纰缪谓所试文字并皆荒恶。"

[6] 监试考试官：这里指州试（乡试）、转运司试（漕试）、学馆（太学）试等取解试的监考与考试官员，多由州县官及其幕职、京朝官充任。违制：违反制度。失：过失。

[7] 殿一选：停止参与选官一次。

[8] 京朝官：宋代称在京的常参官与未常参官。监场务：即监当官一类职务，参见注9。

[9] 监当：即"监当官"。宋代掌茶、盐、酒税场务与冶铸事务官员的总称。

[10] 冲替：宋代官文习用语，指贬降官职。

[11] 守倅：宋代知州与通判的合称。

[12] 罚铜：纳铜赎罪。

[13] 锁厅试：参见宋5注2。

[14] 八年：当指大中祥符八年（1015）。《宋史全文》卷六："乙卯大中祥符八年……是岁，始置誊录院。"

[15] 誊录院：又称"誊录所"，宋贡举考试掌管誊录的机构。举人纳卷后，密封卷头，编成字号，发送誊录院，在宦官监督下，由誊录官指挥数百名书手抄录成副本，再送考官考校定等第。

[16] 封印官：又称"封印卷首官"，"封弥官"，"封弥卷首官"。参见宋17注3。

[17] 金吾司：官署名，即金吾街仗司，有左右金吾街仗司与左右金吾仗司，同属卫尉寺。掌殿内宿卫、巡徼街市，皇帝外出时清道并奉引仪仗。导从：古代帝王、贵族、官僚出行时，前驱者称导，后随者称从，谓之导从。宋王栐《燕翼诒谋录》卷二："旧制，进士首选同唱第人皆自备钱为鞍马费，而京师游手之民，亦自以鞍马候于禁门外，虽号廷魁，与众无以异也。大中祥符八年

79

二月戊申诏：'进士第一人，金吾司差七人导从，两节前引。'始与同列特异矣。"

[18] 节：仪仗。

19．天圣初 [1]，宋兴六十有二载 [2]，天下乂安 [3]。时取才唯进士、诸科为最广，名卿钜公，皆由此选，而仁宗亦向用之 [4]，登上第者不数年，辄赫然显贵矣。其贡礼部而数诎者，得特奏名 [5]，或因循不学，乃诏曰："学犹殖也 [6]，不学将落，逊志务时敏 [7]，厥修乃来 [8]。朕虑天下之士或有遗也，既已临轩较得失 [9]，而忧其屡不中科，则衰迈而无所成，退不能返其里闾，而进不得预于禄仕。故常数之外 [10]，特为之甄采 [11]。而狃于宽恩 [12]，遂隳素业，苟简成风，甚可耻也。自今宜笃进厥学，无习侥幸焉。"时晏殊言 [13]："唐明经并试策问 [14]，参其所习，以取材识短长。今诸科专记诵，非取士之意，请终场试策一篇。"诏近臣议之，咸谓诸科非所习，议遂寝。旧制，锁厅试落辄停官 [15]，至是始诏免罪。

[1] 天圣：宋仁宗赵祯的第一个年号（1023～1032）。

[2] 六十有二载：从宋太祖建隆元年（960）至天圣元年（1023），立国当已六十四年。

[3] 乂（yì义）安：太平，安定。

[4] 仁宗：即宋仁宗赵祯（1010～1063），宋真宗子。天禧二年（1018）立为太子，乾兴元年（1022）即位，初由刘太后垂帘听政，明道二年（1033）太后死，始亲政。在位四十二年。向用：有意任用。

[5] 特奏名：参见宋6注13。

[6] 殖：种植。

[7] 逊志：虚心谦让。务时：勤于耕作，不误农时，比喻不虚度时光。敏：勤勉。

[8] 厥修乃来：为今后发展做好准备。厥，语助词。

[9] 临轩较得失：参见宋17注5。

[10] 常数：一定的次序。

[11] 甄采：选择采用。

[12] 狃：满足。

[13] 晏殊：字同叔（991～1055），抚州临川（今江西抚州）人。景德初以神童召试，赐同进士出身，擢秘书省正字，历官翰林学士、枢密副使、参知政事，拜相兼枢密使。善文学，著有《晏同叔先生集》。《宋史》有传。

[14] "唐明经"句：参见唐5注5。

[15] 锁厅试：参见宋5注2。

20．景祐初 [1]，诏曰："乡学之士益蕃，而取人路狭，使孤寒栖迟，或老而不得进，朕甚悯之。其令南省就试进士、诸科，十取其二。凡年五十，进士五举、诸科六举 [2]；尝经殿试，进士三举、诸科五举；及尝预先朝御试，虽试文不合格，毋辄黜，皆以名闻。"自此率以为常。士有亲戚仕本州，或为发解官 [3]，及侍亲远宦，距本州二千里，令转运司类试 [4]，以十率之，取三人。于是诸路始有别头试 [5]。其年，诏

80

开封府、国子监及别头试，封弥、誊录如礼部。

[1] 景祐：宋仁宗赵祯的第三个年号（1034～1038）。

[2] 诸科六举：失纪年岁。《宋史·仁宗二》："景祐元年春正月……癸未，诏：礼部所试举人十取其二，进士三举、诸科五举尝经殿试，进士五举年五十、诸科六举年六十，及曾经先朝御试者，皆以名闻。"

[3] 发解官：或称考试官，宋代临时差遣主管州府考试的官，常由京官充任。

[4] 转运司：即漕司，职掌一路转运亦兼管考察本路官员政绩与勤惰。类试：参见宋16注5。

[5] 别头试：参见宋13注4。

21. 初，贡士踵唐制，犹用公卷 [1]，然多假他人文字，或佣人书之。景德中 [2]，尝限举人于试纸前亲书家状，如公卷及后所试书体不同，并驳放；其假手文字，辨之得实，即斥去，永不得赴举。贾昌朝言 [3]："自唐以来，礼部采名誉，观素学 [4]，故预投公卷；今有封弥、誊录法，一切考诸试篇，则公卷可罢。"自是不复有公卷。

[1] 公卷：唐代进士至礼部应试（即省试）之前，按规定须向主司官交纳省卷（即应试者的诗文旧作），以便考官全面了解考生情况，或称"公卷"，与"行卷"有别。明胡震亨《唐音癸签》卷十八《进士科故实》："举子麻衣通刺，称乡贡。由户部关礼部各投公卷，亦投行卷于公卿间。旧尝投今复投者曰温卷，礼部例得采名望收录。"又宋范镇《东斋纪事》卷三："初举人居乡，必以文卷投贽先进。自糊名后，其礼浸衰。贾许公为御史中丞，又奏罢公卷，而士子之礼都亡矣。"

[2] 景德：宋真宗的第二个年号（1004～1007）。

[3] 贾昌朝：字子明（998～1065），开封（今属河南）人，先世居真定获鹿（今属河北）。以天禧元年（1017）献颂于宋真宗，赐同进士出身，历官国子监说书、御史中丞、参知政事，拜同平章事兼枢密使，后罢相，再起枢密使。博学善议论，著有《群经音辨》。《宋史》有传。

[4] 素学：平素所学。

22. 宝元中 [1]，李淑侍经筵 [2]，上访以进士诗、赋、策、论先后，俾以故事对 [3]。淑对曰："唐调露二年 [4]，刘思立为考功员外郎 [5]，以进士试策灭裂，请帖经以观其学，试杂文以观其才。自此沿以为常。至永隆二年，进士试杂文二篇，通文律者，始试策。天宝十一年 [6]，进士试一经，能通者试文赋，又通而后试策，五条皆通，中第 [7]。建中二年 [8]，赵赞请试以时务策五篇，箴、论、表、赞各一篇，以代诗、赋 [9]。大和三年 [10]，试帖经，略问大义，取精通者，次试论、议各一篇。八年 [11]，礼部试以帖经口义，次试策五篇，问经义者三，问时务者二。厥后变易，遂以诗赋为第一场，论第二场，策第三场，帖经第四场。今陛下欲求理道而不以雕琢为贵，得取士之实矣。然考官以所试分考，不能通加评校，而每场辄退落，士之中否，殆系于幸不幸。愿约旧制，先策，次论，次赋及诗，次帖经、墨义，而敕有司并试四场，通较工拙，毋以一场得失为去留。"诏有司议，稍施行焉 [12]。

[1] 宝元：宋仁宗赵祯的第四个年号（1038～1040）。

[2] 李淑：字献臣（1002～1059），号邯郸，徐州丰县（今属江苏）人，李若谷子。十二岁时以献诗文于宋真宗，赐童子出身，历官秘书省校书郎、国史院编修官。召试，赐进士及第，历官翰林学士、侍读学士、给事中、龙图阁学士、知河中府，卒官。博学，熟知历代掌故，著述宏富，有《书殿集》二十卷等。《宋史》有传。经筵：汉唐以来帝王为讲论经史而特设的御前讲席，宋代称经筵，以翰林学士或其他官员充任讲官，以每年二月至端午节、八月至冬至节为讲期，单日入侍，轮流讲读。

[3] 故事：先例，旧日的典章制度。

[4] 唐调露二年：即公元680年。调露，唐高宗李治的第十个年号。

[5] 刘思立：参见唐13注2。按刘思立进言事，《新唐书·选举志上》系于唐永隆二年（681）。

[6] 天宝十一年：当作"天宝十一载"，即公元752年。天宝，唐玄宗李隆基的第三个年号。据陈垣《二十史朔闰表》，唐玄宗天宝三年正月朔改年为载，至唐肃宗至德三年二月丁未，改至德三载为乾元元年。

[7] "进士试一经"五句：唐杜佑《通典》卷十五："十一载……进士所试一大经及《尔雅》，帖既通而后试文、试赋各一篇，文通而后试策，凡五条，三试皆通者为第。"

[8] 建中二年：即公元781年。建中，唐德宗李适的第一个年号。

[9] "赵赞"三句：参见唐26。

[10] 大和三年：即公元829年。大和，唐文宗李昂的第一个年号。

[11] 八年：即大和八年（834）。

[12] 稍：随后。

23. 既而知制诰富弼言曰 [1]："国家沿隋、唐设进士科，自咸平、景德以来 [2]，为法尤密，而得人之道，或有未至。且历代取士，悉委有司，未闻天子亲试也。至唐武后始有殿试 [3]，何足取哉？使礼部次高下以奏，而引诸殿廷，唱名赐第，则与殿试无以异矣。"遂诏罢殿试。而议者多言其轻上恩，隳故事 [4]，复如旧 [5]。

[1] 知制诰：官名。宋代翰林学士皆加知制诰官衔，起草制、诰、诏、令、赦书、德音等，称内制。富弼：字彦国（1004～1083），河南（今河南洛阳）人。天圣八年（1030）举茂才异等科，历官知谏院、翰林学士、知制诰、同中书门下平章事，封郑国公。曾与范仲淹等推行"庆历新政"，后有贤相之誉。著有《富郑公集》等。《宋史》有传。

[2] 咸平：宋真宗赵恒的第一个年号（998～1003）。景德：宋真宗赵恒的第二个年号（1004～1007）。

[3] "至唐武后"句：武周天授元年（690），武则天策问贡举人于洛阳洛城殿，数日方毕，为殿试之始。宋司马光《资治通鉴》卷二百四："天授元年……二月辛酉，太后策贡士于洛城殿，贡士殿试自此始。"

[4] 隳（huī 辉）：废弃。

［5］复如旧：《宋史全文》卷八上："辛巳，诏罢殿试，而翰林学士王尧臣、同修《起居注》梁适，皆以为祖宗故事不可遽废。越三日癸未，诏复殿试如旧。"

24. 时范仲淹参知政事［1］，意欲复古劝学，数言兴学校，本行实［2］。诏近臣议，于是宋祁等奏［3］："教不本于学校，士不察于乡里，则不能核名实。有司束以声病［4］，学者专于记诵，则不足尽人材。参考众说，择其便于今者，莫若使士皆土著［5］，而教之于学校，然后州县察其履行，则学者修饬矣。"乃诏州县立学，士须在学三百日，乃听预秋试［6］，旧尝充赋者百日而止［7］。试于州者，令相保任［8］，有匿服、犯刑、亏行、冒名等禁［9］。三场：先策，次论，次诗赋，通考为去取，而罢帖经、墨义，士通经术愿对大义者，试十道。仲淹既去，而执政意皆异。是冬，诏罢入学日限［10］。言初令不便者甚众，以为诗赋声病易考，而策论汗漫难知；祖宗以来，莫之有改，且得人尝多矣。天子下其议，有司请如旧法。乃诏曰："科举旧条，皆先朝所定也，宜一切如故，前所更定令悉罢。"

［1］范仲淹：字希文（989～1052），吴县（今江苏苏州）人。大中祥符进士，历官泰州兴化令、右司谏、枢密副使、参知政事，与富弼等推行"庆历新政"，罢知邠州。工诗文，著有《范文正公集》。《宋史》有传。参知政事：官名。宋代以同平章事为宰相，乾德二年（964）置参知政事为副宰相，辅助宰相处理政事。以后权职渐重，几与宰相平。

［2］行实：实际行为。

［3］宋祁：字子京（998～1061），安州安陆（今属湖北）人，后徙雍丘（今河南杞县）。天圣进士，历官太常博士、翰林学士、知制诰、史馆修撰，出知郑州，拜翰林学士承旨。卒谥景文。著有《宋景文集》。《宋史》有传。

［4］声病：诗文声律上的毛病。

［5］土著：世代定居一地。

［6］秋试：又称"秋赋"，贡举考试方式之一。各路转运司和府、州以及国子监、太学等，每三年一次在八月十五日开设科场举行解试，考试应举士人或学生。以考试在秋季，故称。

［7］充赋：原为被官吏举荐于朝廷的谦词，这里即指曾经被举荐过的士人。

［8］保任：参见宋2注9。

［9］匿服：即匿丧。家中祖父母或父母故去，对外隐瞒不呈报。亏行：行为不端。

［10］"是冬"二句：宋李焘《续资治通鉴长编》卷一百五十三："庆历四年十一月戊午朔，司天言日当食不食。判国子监余靖言……乃诏：罢天下学生员听读日限。"

25. 会张方平知贡举［1］，言："文章之变与政通。今设科选才，专取辞艺，士惟道义积于中，英华发于外，然则以文取士，所以叩诸外而质其中之蕴也。言而不度［2］，则何观焉。迩来文格日失其旧［3］，各出新意，相胜为奇。朝廷恶其然，屡下诏书戒饬，而学者乐于放逸，罕能自还。今赋或八百字，论或千馀字，策或置所问而妄肆胸臆，漫陈他事，驱扇浮薄［4］，重亏雅俗，岂取贤敛才备治具之意邪［5］？其踵习新体，澶漫不合程式 [6]，悉已考落，请申前诏，揭而示之。"

[1] 张方平：字安道（1007~1091），号乐全居士，应天宋城（今河南商丘）人。景祐元年（1034）举茂才异等科，后又中贤良方正科，历官知制诰、御史中丞、翰林学士承旨、参知政事，反对王安石变法，于三苏颇为器重。著有《乐全集》。《宋史》有传。

[2] 言而不度：出语而不合法度。

[3] 文格：文章的风格、格调。

[4] 驱扇：又作"驱煽"。驱策煽动。

[5] 治具：治国的措施。

[6] 澶（dàn旦）漫：放纵。

26. 初，礼部奏名，以四百名为限 [1]，又诸科杂问大义，侥幸之人，悉以为不便。知制诰王珪奏曰 [2]："唐自贞观讫开元 [3]，文章最盛，较艺者岁千馀人，而所收无几。咸亨、上元增其数 [4]，亦不及百人。国初取士，大抵唐制，逮兴国中 [5]，贡举之路浸广，无有定数。比年官吏猥众，故近诏限四百人，以惩其弊。且进士、明经先经义而后试策，三试皆通为中第，大略与进士等 [6]，而诸科既不问经义，又无策试，止以诵数精粗为中否，则其专固不达于理，安足以长民治事哉？前诏诸科终场问本经大义十道，《九经》、《五经》科止问义而不责记诵，皆以著于令。言者以为难于遽更，而图安于弊也。惟陛下申敕有司，固守是法，毋轻易焉。"

[1] "礼部"二句：宋李焘《续资治通鉴长编》卷一百八十一："初，礼部奏名，进士、诸科，各以四百为限。"奏名，科举考试，礼部将拟取的进士、诸科名册送呈皇帝审核，称奏名。

[2] 王珪：字禹玉（1019~1085），成都华阳（今属四川）人。庆历进士，历官知制诰、翰林学士、参知政事、同中书门下平章事、集贤殿大学士、尚书左仆射兼门下侍郎。擅长文翰，朝廷典策，多出其手。著有《华阳集》。《宋史》有传。

[3] 贞观讫开元：即公元627年至741年，凡百馀年，历太宗、高宗、中宗、睿宗、武后、玄宗五帝一后（武则天）。

[4] 咸亨：唐高宗李治的第七个年号（670~674）。上元：唐肃宗李亨的第三个年号（760~761）。

[5] 兴国：即宋太宗赵炅太平兴国之年号（976~984）。

[6] "且进士"三句：中华书局整理本校勘记认为此处"文义欠明"，并引宋王珪《华阳集》卷七《诸科问经义奏状》："然当时士选之盛者，惟明经、进士而已。盖明经先问义而后策试，三试而皆通者为得第，其大略与进士等。"又引《长编》卷一八一："取士惟进士、明经诸科，明经先经义而后论策，三试皆通为中第，其大略与进士等。"结论为"疑此处有误"。甚是。

27. 嘉祐二年 [1]，亲试举人，凡与殿试者始免黜落。时进士益相习为奇僻，钩章棘句 [2]，浸失浑淳 [3]。欧阳修知贡举 [4]，尤以为患，痛裁抑之，仍严禁挟书者。既而试榜出，时所推誉，皆不在选。浇薄之士，候修晨朝，群聚诋斥之，街司逻卒不能止 [5]，至为祭文投其家，卒不能求其主名置于法，然自是文体亦少变 [6]。

[1] 嘉祐二年：即公元 1057 年。嘉祐，宋仁宗赵祯的第九个年号。

[2] 钩章棘句：形容文辞艰涩。

[3] 浑淳：又作"浑纯"。朴质纯正。

[4] 欧阳修：字永叔（1007～1072），号醉翁，晚年又号六一居士，吉州庐陵（今江西吉安）人。天圣八年（1030）进士，历官知制诰、翰林学士、枢密副使、参知政事，出知亳、青、蔡三州。于文学、史学皆有建树，为唐宋八大家之一。与宋祁同修《新唐书》，自撰《五代史记》（《新五代史》），著有《欧阳文忠公集》等。《宋史》有传。

[5] 街司：即街道司，官署名，属都水监，掌管修路人员与兵士。

[6] 文体亦少变：《宋史·欧阳修传》："嘉祐二年贡举，时士子尚为险怪奇涩之文，号'太学体'，修痛排抑之，凡如是者辄黜。毕事，向之嚣薄者伺修出，聚噪于马首，街逻不能制；然场屋之习，从是遂变。"

28. 待试京师者恒六七千人，一不幸有故不应诏，往往沉沦十数年，以此毁行干进者 [1]，不可胜数。王洙侍迩英阁讲《周礼》[2]，至"三年大比，大考州里，以赞乡大夫废兴"[3]，上曰："古者选士如此，今率四五岁一下诏，故士有抑而不得进者，孰若裁其数而屡举也。"下有司议，咸请："易以间岁之法，则无滞才之叹。荐举数既减半，主司易以详较，得士必精。且人少则有司易于检察，伪滥自不能容，使寒苦艺学之人得进。"于是下诏："间岁贡举，进士、诸科悉解旧额之半。增设明经，试法：凡明两经或三经、五经，各问大义十条，两经通八，三经通六，五经通五为合格，兼以《论语》、《孝经》[4]，策时务三条 [5]，出身与进士等。而罢说书举 [6]。"

[1] 毁行干进：败坏行止，谋求仕进。

[2] 王洙：字原叔（997～1057），应天宋城（今河南商丘）人。天圣进士，历官史馆检讨、知制诰、翰林学士，出知濠、襄、徐、亳等州。博学多闻，于学无所不通，著有《王氏谈录》等。《宋史》有传。迩英阁：东京汴梁宫名。宋范镇《东斋记事》卷一："崇政殿之西有延义阁，南向；迎阳门之北有迩英阁，东向。皆讲读之所也。"周礼：参见唐 5 注 2。

[3] "三年大比"三句：语见《周礼·地官·司徒第二·州长》。大意是：三年考计，全面考核州以下官吏，以助乡大夫了解下情，提拔或罢免下属。

[4] 论语孝经：参见唐 5 注 4。

[5] 时务：即时务策。参见唐 5 注 5。

[6] 说书举：宋代为选拔通经博学之士所设科目。宋李焘《续资治通鉴长编》卷一百四："仁宗天圣四年……九月……庚申，诏礼部贡院举人有能通三经者，量试讲说，特以名闻，当议甄擢之。"又宋胡宿《文恭集》卷八《论增经术取士额状》："礼部贡院举人通三经以上，进士、诸科过落外许自陈。尝于某处讲授某经，贡院别试经义十道，直取圣贤意义解释对答，或以《诗》、《书》引证，不须全具注疏，以六通为合格。"

29. 时以科举既数，而高第之人骤显 [1]，欲稍裁抑。遂诏曰："朕惟国之取士，与士之待举，不可旷而冗也。故立间岁之期，以励其勤；约贡举之数，以精其选。著为定式，申敕有司，而高第之人，尝不次而用。若循旧比，终至滥官，甚无谓也。自今制科入第三等[2]，与进士第一，除大理评事、签书两使幕职官[3]；代还[4]，升通判[5]；再任满，试馆职[6]。制科入第四等，与进士第二、第三，除两使幕职官；代还，改次等京官[7]。制科入第五等，与进士第四、第五，除试衔知县[8]；代还，迁两使职官。锁厅人视此[9]。若夫高才异行，施于有政而功状较然者，当以异恩擢焉。"仁宗之朝十有三举，进士四千五百七十人[10]；其甲第之三人凡三十有九，其后不至于公卿者，五人而已。英宗即位[11]，议者以间岁贡士法不便。乃诏礼部三岁一贡举，天下解额，取未行间岁之前四之三为率，明经、诸科毋过进士之数[12]。

[1] 高第：宋人称进士之前五名与制科入等者为高第。骤显：高第者的授官与升迁皆较一般进士为优。宋李焘《续资治通鉴长编》卷一百八十八："先是，朝议以科举既数，则高第之人倍众，其擢任恩典，宜损于故。诏中书门下裁之。"

[2] 制科：宋承唐制，由皇帝诏试才识优异之士，称"制科"。宋代又称"贤良"、"贤科"等。其具体名目有"贤良方正能直言极谏"、"经学优深可为师法"、"详闲吏理达于教化"等。中式后待遇优厚，士人以之为荣，称"大科"。

[3] 大理评事：参见宋8注9。签书两使幕职官：即节度使、观察使幕职官签判一类的辅佐官。

[4] 代还：指朝臣出任外官者重新被调回朝廷任职。

[5] 通判：参见宋8注9。

[6] 馆职：三馆（史馆、昭文馆、集贤院）中直馆、直院、修撰、检讨、校勘以及秘阁中直阁、校理，集贤殿修撰、直龙图阁等皆称馆职，为文臣清贵之选。

[7] 京官：宋初，自诸寺监主簿、秘书省校书郎、正字以上至大理寺丞、秘书省著作佐郎为京官；元丰改制后，相应为承务郎以上至宣德郎称京官。

[8] 试衔：又称试秩，即授予官吏虚衔，未授正命。分为试大理司直、试大理评事、试秘书省校书郎、试秘书省正字、试寺监主簿、试助教六等，为幕职州县官的加官。又是一种出身，可以候选入官。宋代试衔衣白衣，又称白衣选人。

[9] 锁厅人：指参加锁厅试的官员。参见宋5注2。

[10] 进士四千五百七十人：何忠礼《宋史选举志补正》第38页："笔者通过对《长编》、《宋会要》、《通考》、《治迹统类》、《宋史本纪》等有关记载的反复爬梳、核实，则确定为四千五百六十一人，详见本书附录一。"可参考。

[11] 英宗：即宋英宗赵曙（1032～1067），宋真宗弟商王赵元份孙、濮王赵允让子。嘉祐七年（1062）立为皇子，次年仁宗死，即位，在位五年。

[12] "乃诏礼部"四句：宋彭百川《太平治迹统类》卷二十七："其令礼部三岁一贡举，天下解额，于未行间岁之法纪前率四分取三分，礼部奏名进士以三百为额，明经诸科不得过进士之数。"

30. 神宗笃意经学[1]，深悯贡举之弊，且以西北人材多不在选，遂议更法。王安石谓[2]："古之取士俱本于学，请兴建学校以复古。其明经、诸科欲行废罢，取明经人数增进士额。"乃诏曰："化民成俗，必自庠序[3]；进贤兴能，抑由贡举。而四方执经艺者专于诵数，趋乡举者狃于文辞，与古所谓'三物宾兴'、'九年大成'[4]，亦已鳌矣[5]。今下郡国招徕隽贤，其教育之方，课试之格，令两制、两省、待制以上、御史、三司、三馆杂议以闻[6]。"议者多谓变法便。直史馆苏轼曰[7]：

> 得人之道，在于知人，知人之法，在于责实。使君相有知人之明，朝廷有责实之政，则胥吏、皂隶，未尝无人[8]，虽用今之法，臣以为有馀；使无知人之明，无责实之政，则公卿、侍从[9]，常患无人，况学校贡举乎？虽复古之制，臣以为不足矣。

> 时有可否，物有兴废，使三代圣人复生于今[10]，其选举亦必有道，何必由学乎？且庆历间尝立学矣[11]，天下以为太平可待，至于今惟空名仅存。今陛下必欲求德行道艺之士，责九年大成之业，则将变今之礼，易今之俗。又当发民力以治官室，敛民财以养游士，置学立师；以又时简不帅教者[12]，屏之远方，徒为纷纷，其与庆历之际何异？至于贡举，或曰乡举德行而略文章；或曰专取策论而罢诗赋；或欲举唐故事，采誉望而罢封弥；或欲变经生帖、墨而考大义，此数者皆非也。

> 夫欲兴德行，在于君人者修身以格物，审好恶以表俗，若欲设科立名以取之，则是教天下相率而为伪也。上以孝取人，则勇者割股，怯者庐墓[13]。上以廉取人，则弊车、羸马、恶衣、菲食，凡可以中上意者无所不至。自文章言之，则策论为有用，诗赋为无益；自政事言之，则诗赋、论策均为无用。然自祖宗以来莫之废者，以为设法取士，不过如此也。近世文章华丽，无如杨亿[14]。使亿尚在，则忠清鲠亮之士也[15]。通经学古，无如孙复、石介[16]。使复、介尚在，则迂阔诞谩之士也[17]。矧自唐至今[18]，以诗赋为名臣者，不可胜数，何负于天下，而必欲废之？

帝读轼疏曰："吾固疑此，得轼议，释然矣。"他日问王安石，对曰："今人材乏少，且其学术不一，异论纷然，不能一道德故也。一道德则修学校，欲修学校，则贡举法不可不变。若谓此科尝多得人，自缘仕进别无他路，其间不容无贤；若谓科法已善，则未也。今以少壮时，正当讲求天下正理，乃闭门学作诗赋，及其入官，世事皆所不习，此科法败坏人材，致不如古。"

[1] 神宗：即宋神宗赵顼（1048～1085），宋英宗子，治平三年（1066）立为太子，次年即位。任用王安石，实行变法，终因动摇而失败；又曾进行官制改革，史称"元丰改制"。在位十九年。

[2] 王安石：字介甫（1021～1086），号半山，抚州临川（今江西抚州）人。庆历二年（1042）进士，历官知制诰、翰林学士兼侍讲、参知政事，主持变法，拜同中书门下平章事，罢相后以观文殿大学士出知江宁府，入相再罢，封舒国公，又改封荆国公，卒赠太傅，谥文。善属文，唐宋八大家之一，著有《王文公文集》等。《宋史》有传。

［3］庠（xiáng 详）序：古代的地方学校。《孟子·梁惠王上》："谨庠序之教，申之以孝弟之义。"

［4］三物宾兴：语本《周礼·地官·大司徒》："以乡三物教万民，而宾兴之。一曰六德：知、仁、圣、义、忠、和。二曰六行：孝、友、睦、姻、任、恤。三曰六艺：礼、乐、射、御、书、数。"三物，即三事，指六德、六行、六艺。九年大成：语本《礼记·学记》："九年知类通达，强立而不反，谓之大成。"中华书局整理本将"三物宾兴"与"九年大成"同用一引号归纳于一处，似二句同出于一书者，显误。

［5］戾（lì 立）：乖违。

［6］两制：即"知制诰"。宋代翰林学士皆加知制诰官衔，起草制、诰、诏、令、赦书、德音等，称内制；他官加知制诰官衔，起草以上文书称外制。合称两制。两省：唐宋称中书省与门下省为两省。待制：宋代各殿阁均置待制官，掌守历朝皇帝的御书、典籍、图画、宝瑞之物，位于直学士之下。御史：当作"御史台"。宋代监察机关，以御史中丞为长官。所属有台院、殿院、察院三院。三司：官署名，北宋最高财政机构，以盐铁、度支、户部三部合为三司，统筹国家财政。元丰改制后废。三馆：宋代以史馆、昭文馆、集贤院为三馆，掌修史、藏书、校书。

［7］直史馆：当作"直史馆判官"。宋苏轼《东坡全集》卷五十一《议学校贡举状》："熙宁四年正月日，殿中丞直史馆判官苏轼，具议状闻……"苏轼：字子瞻（1037～1101），一字和仲，号东坡居士，眉州眉山（今属四川）人。嘉祐进士，复举制科，治平中入判登闻鼓院，召试得直史馆。历官开封府推官、杭州通判，历知密、徐、湖三州，以讽刺新法，贬黄州团练副使，起知登州，迁中书舍人、翰林学士知制诰、翰林院承旨、礼部尚书兼端明殿、翰林侍读两学士，贬官惠州安置，再贬昌化军安置。元符三年（1100）赦还，翌年病卒于常州。工书画，善诗文词，为唐宋八大家之一，著述甚丰，今人有《苏轼文集》、《苏轼诗集》整理本。《宋史》有传。

［8］胥吏：官府中的小吏。皂隶：官府衙门中的差役。两者泛指官府中的低级人员。

［9］公卿：泛指高官。侍从：宋代称翰林学士、给事中、六尚书、侍郎为侍从，属皇帝近侍大臣。

［10］三代：指夏、商、周三代，为儒家的理想社会。

［11］庆历：宋仁宗赵祯的第六个年号（1041～1048）。

［12］帅教：遵循教导。语本《礼记·王制》："命乡简不帅教者以告。"

［13］庐墓：古人于父母亡故后，在坟墓旁搭建小屋居住以守护之，是孝行的表现。

［14］杨亿：字大年（974～1020），建州浦城（今属福建）人。幼颖异，十一岁，太宗召试，授秘书省正字。淳化中，赐进士及第，历官翰林学士、户部侍郎，因宫廷斗争，以忧卒，谥文。为人耿介刚直，习典章制度，工文章，诗学李商隐，号"西昆体"。编著有《杨文公谈苑》、《西昆酬唱集》等。《宋史》有传。

［15］鲠亮：刚直诚实。

［16］孙复：字明复（992～1057），晋州平阳（今山西临汾）人。举进士不第，退居泰山，研习《春秋》有名，世称泰山先生。石介等师事之，又为范仲淹、富弼等推重，除秘书省校书郎，官至殿中丞。著有《春秋尊王发微》、《孙明复小集》等。《宋史》有传。石介：字守道（1005～1045），学者称徂徕先生，兖州奉符（今山东泰安东南）人。天圣进士，历官太子中允，直集贤院。遇事敢为，以研习《易经》著称，推崇韩愈，主张文统、道统合一。著有《徂徕集》。《宋史》有传。

［17］诞谩：放诞傲慢。

［18］矧（shěn 审）：况且。

88

31. 既而中书门下又言 [1]："古之取士，皆本学校，道德一于上，习俗成于下，其人才皆足以有为于世。今欲追复古制，则患于无渐 [2]。宜先除去声病偶对之文，使学者得专意经术，以俟朝廷兴建学校，然后讲求三代所以教育选举之法，施于天下，则庶几可以复古矣。"于是改法，罢诗赋、帖经、墨义，士各占治《易》、《诗》、《书》、《周礼》、《礼记》一经，兼《论语》、《孟子》[3]。每试四场，初大经 [4]，次兼经，大义凡十道（后改《论语》、《孟子》义各三道），次论一首，次策三道，礼部试即增二道。中书撰大义式颁行 [5]。试义者须通经、有文采乃为中格，不但如明经墨义粗解章句而已。取诸科解名十之三，增进士额。京东西、陕西、河北、河东五路之创试进士者 [6]，及府、监、他路之舍诸科而为进士者 [7]，乃得所增之额以试。皆别为一号考取，盖欲优其业，使不至外侵，则常慕向改业也 [8]。

[1] 中书门下：宋沿唐制，即宰相的议事办公场所政事堂。参见唐 22 注 1。又言：这里当指王安石于宋神宗熙宁四年二月所上改革科举的奏疏。详见《临川文集》卷四十二《其改科条制劄子》。

[2] 无渐：佛教语，谓没有渐悟。这里指找不到过渡的方法。

[3] "士各占治易"二句：参见唐 5。

[4] 大经：当作"本经"。宋李焘《续资治通鉴长编》卷二百二十作"试四场，初本经，次兼经，并大义十道"。又《宋史全文》卷十一："每试四场，初本经，次兼经，并大义十道。"

[5] 大义式：阐明经书要旨的样本。

[6] 京东西：京东路与京西路，属于北宋至道三年（997）所设十五路。京东路，治宋州（今河南商丘南），辖今山东、河南、江苏部分地区。京西路，治河南府（今河南洛阳市），辖今河南、安徽、陕西、湖北部分地区。陕西：即陕西路，宋十五路之一，治京兆府（今陕西西安市），辖今陕西及甘肃、宁夏、山西部分地区。河北：即河北路，宋十五路之一，治大名府（今河北大名东），辖今河北、山东、河南部分地区。河东：即河东路，宋十五路之一，治并州（今山西太原市），辖今山西及陕西部分地区。

[7] 府监：这里当指开封府与国子监。宋李焘《续资治通鉴长编》卷二百二十："京东、陕西、河北、河东、京西进士，开封府、国子监、诸路尝应诸科改应进士者，别作一项考校。"

[8] 慕向：思慕向往。元马端临《文献通考》卷三十一作"则常向慕改业也"。

32. 又立新科明法 [1]，试律令、《刑统》大义、断按 [2]，所以待诸科之不能业进士者。未几，选人、任子 [3]，亦试律令始出官 [4]。又诏进士自第三人以下试法。或言："高科任签判及职官 [5]，于习法岂所宜缓。昔试刑法者，世皆指为俗吏，今朝廷推恩既厚，而应者尚少，若高科不试，则人不以为荣。"乃诏悉试。帝尝言："近世士大夫，多不习法。"吴充曰 [6]："汉陈宠以法律授徒 [7]，常数百人。律学在六学之一 [8]，后来缙绅 [9]，多耻此学。旧明法科徒诵其文，罕通其意，近补官必聚而试之，有以见恤刑之意 [10]。"

[1] 新科明法：宋代贡举科目之一。为熙宁四年（1071）以后，由明法科所改，只准熙宁五年前明

经与诸科举人不能改试进士科者应试。绍兴十六年（1146）以后罢。

[2] 刑统：即《宋刑统》，又称《重详定刑统》、《重定刑统》，为有宋之重要法典。建隆三年（962），窦仪与苏晓奉旨以《大周刑统》为蓝本修订，乾德元年（963）成书，凡三十卷、二百十三门。今存《嘉业堂丛书》本。断按：审查按草（一种法律文书）。断按，中华书局整理本作"断桉"，同书宋143则作"断按"。今从后者统一。

[3] 选人：指低级文臣寄禄官（即幕职州县官）。宋制，京官以上由中书注授差遣，幕职州县官则由吏部铨选注授差遣，故称。任子：古代因父兄的功绩而得保任授与官职。

[4] 出官：宋选人等初次接受差遣之称。

[5] 签判：官名，即签书判官厅公事，为京官以上充州府判官者之称。大观元年（1107）改为司录参军，建炎元年（1127）复旧。职官：即职事官，官员之有职掌者。

[6] 吴充：字充卿（1021～1080），建州浦城（今属福建）人。宝元元年（1038）高第进士，历官国子监直讲、权盐铁副使、知制诰、枢密使、同中书门下平章事，罢为观文殿大学士。《宋史》有传。

[7] 陈宠：字昭公（生卒年不详），东汉沛国洨（今安徽固镇东）人，出身律法之家，汉章帝时为尚书，历官广汉太守、廷尉，为政以宽，多有政绩。《后汉书》有传。

[8] 律学：宋李焘《续资治通鉴长编》卷二百二十三："唐有律学，在六学之一。"唐代国子监六学（国子学、太学、四门学、律学、书学、算学）之一，以律令为专业，兼学格式法例。参见唐2。

[9] 缙绅：又作"搢绅"。插笏于绅带间，旧时官宦的装束。这里即代指官僚士大夫。

[10] 恤刑：慎用刑法。

33. 熙宁三年 [1]，亲试进士，始专以策，定著限以千字。旧特奏名人试论一道 [2]，至是亦制策焉。帝谓执政曰："对策亦何足以实尽人材，然愈于以诗赋取人尔。"旧制，进士入谢，进谢恩银百两 [3]，至是罢之 [4]。仍赐钱三千，为期集费 [5]。诸州举送、发解、考试、监试官，凡亲戚若门客毋试于其州，类其名上之转运司 [6]，与锁厅者同试 [7]，率七人特立一额。后复令存诸科旧额十之一，以待不能改业者。

[1] 熙宁三年：即公元1070年。熙宁，宋神宗赵顼的第一个年号。

[2] 特奏名：参见宋6注13。

[3] 谢恩银：北宋新及第进士与诸科中式举人诣阁门向皇帝谢恩，须纳银百两，称"谢恩银"。

[4] 至是罢之：宋李焘《续资治通鉴长编》卷二百四十四："熙宁六年夏四月……辛巳，诏进士、诸科及第等人，入谢免进银。故事，既赐第，诣阁门谢恩，进银百两。至是罢之。"

[5] 期集费：宋李焘《续资治通鉴长编》卷二百四十三："熙宁六年三月……壬戌……赐新及第进士钱三千缗、诸科七百缗，为期集费。进士、诸科旧以甲次高下率钱期集，贫者或称贷于人。至是始赐之。"期集，参见宋11注16。

[6] 转运司：官署名，即转运使司，又称漕司。除掌一路财赋收入外，兼管边防、刑狱以及对现任官员亲属的解试，中式者即可赴省试。

[7] 锁厅：即锁厅试。参见宋5注2。

34. 元祐初 [1]，知贡举苏轼、孔文仲言 [2]："每一试，进士、诸科及特奏名约八九百人。旧制，礼部已奏名，至御试而黜者甚多。嘉祐始尽赐出身 [3]，近杂犯亦免黜落 [4]，皆非祖宗本意。进士升甲 [5]，本为南省第一人 [6]，唱名近下，方特升之，皆出一时圣断。今礼部十人以上，别试、国子、开封解试、武举第一人 [7]，经明行修进士及该特奏而预正奏者 [8]，定著于令，递升一甲。则是法在有司，恩不归于人主，甚无谓也。今特奏者约已及四百五十人，又许例外递减一举，则当复增数百人。此曹垂老无他望，布在州县，惟务黩货以为归计 [9]。前后恩科命官，几千人矣，何有一人能自奋厉，有闻于时？而残民败官者，不可胜数。以此知其无益有损。议者不过谓宜广恩泽，不知吏部以有限之官待无穷之吏，户部以有限之财禄无用之人，而所至州县，举罹其害。乃即位之初，有此过举，谓之恩泽，非臣所识也。愿断自圣意，止用前命，仍诏考官量取一二十人，诚有学问，即许出官。其馀皆补文学、长史之类 [10]，不理选限，免使积弊增重不已。"遂诏定特奏名考取数，进士入四等以上、诸科入三等以上，通在试者计之，毋得取过全额之半，是后著为令。

[1] 元祐：宋哲宗赵煦的第一个年号（1086～1094）。

[2] 苏轼：参见宋30注7。孔文仲：字经父，临江新淦（今江西新干）人（生卒年不详）。嘉祐六年（1061）进士第一，历官秘书省校书郎、左谏议大夫、中书舍人，反对王安石变法。著有《舍人集》。《宋史》有传。

[3] "嘉祐"句：参见宋27。

[4] 杂犯：宋代法律称犯十恶、四杀等罪犯为正犯，其他罪为杂犯。遇朝廷常赦或皇帝疏决时，杂犯多可获赦免或减罪一等。

[5] 升甲：宋代举人殿试合格，按试卷成绩分成五等，赐及第、出身、同出身。其中部分举人可受到特殊优待，得以递升一甲甚至二甲。

[6] 南省：即尚书省。

[7] 别试：指参加"别头试"考试者，参见宋13注4。国子：指国子监所荐举之学子。

[8] 经明行修进士：宋代贡举科目之一。元祐元年（1086）置，命升朝文官各举一人应试，试法与进士科同，及第后授官优于进士。元祐四年又改须特诏，方许应举。至绍兴间废。特奏：即特奏名，与下"正奏"，皆参见宋6注13。

[9] 黩货：贪污纳贿。

[10] 文学：即文学参军，置于诸州，无职掌。皇帝有时以特恩授士人，或用以安置有过犯之官员，或作纳粟授官名目。长史：宋代散官名，诸州与诸府有长史，属于上佐官，无实际职掌。有时以特恩授士人，有时以有过犯官员充任。

35. 时方改更先朝之政，礼部请置《春秋》博士，专为一经 [1]。尚书省请复诗赋，与经义兼行，解经通用先儒传注及己说。又言 [2]："新科明法中者，吏部即注司法 [3]，叙名在及第进士之上。旧明法最为下科，然必责之兼经，古者先德后刑之意也。欲加试《论语》大义，仍裁半额，注官依科目次序。"诏近臣集议。左仆射司马光曰[4]："取士之道，当先德行，后文学；就文学言之，经术又当先于词采。神宗专用经义、论策取士[5]，此乃复先王令典，百王不易之法。但王安石不当以一家私学，令天下学官讲解。至于律令，皆当官所须，使为士者果能知道义，自与法律冥合；何必置明法一科[6]，习为刻薄，非所以长育人材、敦厚风俗也。"

[1] 专为一经：宋彭百川《太平治迹统类》卷二十七："元祐元年闰二月……又礼部言：乞置《春秋》博士及进士专为一经。"此即春秋科，为贡举科目之一，元祐元年（1086）设，绍圣四年（1097）罢，后又几经置废。

[2] 又言：此为侍御史刘挚所上言。见宋彭百川《太平治迹统类》卷二十七、宋李焘《续资治通鉴长编》卷三百六十八。

[3] 司法：即司法参军，置于各州，掌议法断刑。属于曹官。

[4] 左仆射（yè 夜）：即"尚书左仆射"，与右仆射同为尚书省副职官员，掌佐天子议大政，贰令之职，与三省长官皆为宰相之任。宋初仅为寄禄官，元丰改制后，以尚书左仆射兼门下侍郎，行侍中之职；以尚书右仆射兼中书侍郎，行中书令之职，实为朝廷的首相与次相。政和中，改左仆射为太宰，右仆射为少宰，仍兼门下、中书两省侍郎。靖康元年（1126），复改太宰、少宰为左、右仆射。建炎三年（1129），尚书左、右仆射皆加同中书门下平章事，改门下、中书侍郎为参知政事，废尚书左、右丞。乾道八年（1172），又改尚书左、右仆射为左、右丞相，废侍中、中书令与尚书令虚衔，遂成定制。司马光：字君实（1019～1086），陕州夏县（今属山西）人。宝元进士，历官龙图阁直学士、翰林学士兼侍读学士，以反对王安石变法出知永兴军。哲宗即位，拜尚书左仆射兼门下侍郎，主持朝政，尽废新法。数月病卒，赠太师、温国公，谥文正。为著名史学家，编撰《资治通鉴》，著有《温国文正公文集》、《传家集》等。《宋史》有传。司马光所奏全文，见其《传家集》卷五十四《起请科场劄子》。

[5] 神宗：即宋神宗赵顼（1048～1085）。参见宋3注3。

[6] 明法一科：即指新科明法。

36. 四年[1]，乃立经义、诗赋两科[2]，罢试律义。凡诗赋进士，于《易》、《诗》、《书》、《周礼》、《礼记》、《春秋左传》内听习一经。初试本经义二道，《语》、《孟》义各一道，次试赋及律诗各一首，次论一首，末试子、史、时务策二道。凡专经进士，须习两经，以《诗》、《礼记》、《周礼》、《左氏春秋》为大经，《书》、《易》、《公羊》、《穀梁》、《仪礼》为中经，《左氏春秋》得兼《公羊》、《穀梁》、《书》，《周礼》得兼《仪礼》或《易》，《礼记》、《诗》并兼《书》，愿习二大经者听，不得偏占两中经。初试本经义三道，《论语》义一道，次试本经义三道，《孟子》义一道，次论策，如诗赋科。并以四场通定高下，而取解额中分之，各占其半。专经者用经义定取舍，兼诗赋者以诗赋为去留，其名次高下，则于策论参之。自复诗赋，士多向习，而专经者十无二三，诸路奏以分额各取非均，其后遂通定去留，经义毋过通额三分之一。

[1] 四年：即元祐四年（1089）。

[2] "乃立"二句：何忠礼《宋史选举志补正》第54页注此考证甚详，其结论有云："经义、诗赋

分科取士尚未及实行，已再度被合并成一科。然而，《宋志》在后面缺载这道诏令，遂使许多人产生元祐间进士曾实行过分科取士的误解。"甚是。

37. 光又请[1]："立经明行修科[2]，岁委升朝文臣各举所知[3]，以勉励天下，使敦士行，以示不专取文学之意。若所举人违犯名教及赃私罪，必坐举主[4]，毋有所赦，则自不敢妄举。而士之居乡、居家者，立身行己，不敢不谨，惟惧玷缺外闻。所谓不言之教，不肃而成，不待学官日训月察，立赏告讦，而士行自美矣。"遂立科，许各举一人。凡试进士者，及中第唱名日，用以升甲[5]。后分路别立额六十一人，州县保任上之监司[6]，监司考察以闻，无其人则否。预荐者不试于州郡，惟试礼部。不中，许用特奏名格赴廷试[7]，后以为常。既而诏须特命举乃举，毋概以科场年上其名。

[1] 光又请：以下文字系据司马光《传家集》卷五十六《乞先行经明行修科剳子》与卷五十四《起请科场剳子》两剳节略而成，题后皆注云"元祐元年上"。

[2] 经明行修科：参见宋34注8。

[3] 升朝文臣：即文臣中的常参官，或称朝官。宋初，文臣自太子中允、赞善大夫、太子中舍、洗马以上为朝官；元丰改制后，文臣通直郎以上为朝官。

[4] 坐：连坐。举主：选人磨勘出官、官员接受差遣和举人应试时的推荐和保证人。举主依法须有一定员数和一定官职。选人出官和被荐举官员的官诰上，要登记举主的姓名，若日后不如举状，如"违反名教"、犯贪赃罪等，则举主连坐。

[5] "凡试进士"三句：宋李焘《续资治通鉴长编》卷三百七十六："元祐元年四月……辛亥……诏：每遇科举诏下，令文官升朝以上，无赃罪及无私罪者，于应进士举人，不拘路分，不系有服亲，各奏举经明行修一名，候将来解发。及南省奏名内，每人名下注'经明行修'字，至殿试唱名日，各升一甲姓名。如历官后犯正入已赃及违犯名教，断讫，收坐举主，并依举选人转京官减一等。"升甲，参见宋34注5。

[6] 监司：宋代诸路转运使司、提点刑狱司、提举常平司等，有监察各州官吏之责，总称监司。

[7] 特奏名：参见宋6注13。

38. 六年[1]，诏复《通礼》科[2]。初，开宝中[3]，改乡贡《开元礼》为《通礼》[4]，熙宁尝罢[5]，至是始复。凡礼部试，添知举官为四员[6]，罢差参详官[7]，而置点检官二十人[8]，分属四知举，使协力通考；诸州点检官专校杂犯，亦预考试。

[1] 六年：即元祐六年（1091）。

[2] 通礼科：宋王应麟《玉海》卷一百一十六《开宝通礼科》："（开宝）六年四月二十四日诏：先有《开元礼》科，宜改为乡贡《通礼》。用新本出异义，熙宁四年二月一日罢。元祐六年四月六日复置《通礼科》，令太常校定《通礼》，送国子监颁行。绍圣元年四月二十五日罢。"

[3] 开宝：宋太祖赵匡胤的第三个年号（968～976）。

[4] 开元礼：参见唐1注14。

[6] 知举官：即知贡举，俗称"主司"。参见宋10注7。

[7] 参详官：参详即参酌详审之意。北宋讲议司与南宋修政局皆置参详官，分别以卿、监或侍从充任。

[8] 点检官：即点检试卷官。宋贡院官名，从馆职、学官中选派，分别考校举人试卷、批定分数，初定等级进呈；在知举官决定合格与否及等第后，再查试卷中有无杂犯事项。

39. 八年[1]，中书请御试复用祖宗法[2]，试诗赋、论、策三题。且言："士子多已改习诗赋，太学生员总二千一百馀人[3]，而不兼诗赋者才八十二人。"于是诏："来年御试，习诗赋人复试三题，专经人且令试策。"自后概试三题。帝既亲政[4]，群臣多言元祐所更学校、科举制度非是，帝念宣仁保佑之功[5]，不许改。绍圣初[6]，议者益多，乃诏进士罢诗赋，专习经义，廷对仍试策。初，神宗念字学废缺，诏儒臣探讨，而王安石乃进其说[7]，学者习焉。元祐禁勿用。至是，除其禁。四年[8]，诏礼部，凡内外试题悉集以为籍，遇试，颁付考官，以防复出。罢《春秋》科，凡试，优取二《礼》[9]，两经许占全额之半，而以其半及他经。既而复立《春秋》博士，崇宁又罢之[10]。

[1] 八年：即元祐八年（1093）。

[2] 御试：即殿试。参见宋7注9。

[3] 太学生员：简称"太学生"。庆历四年（1044）建太学，从秩八品以下官员及平民子弟中招生，分为三舍，外舍经考核升内舍，内舍升上舍。在学学生皆为布衣（仅少数为官员），享有免除丁役、雇人代服差役之特权。外舍生可赎杖以下私罪，内、上舍生可赎赃私罪与徒以下公罪。

[4] 帝即亲政：宋哲宗赵煦十岁即位，由太皇太后高氏垂帘听政。元祐八年九月，太皇太后高氏卒（1032～1093），十月，宋哲宗亲政，年十八岁。

[5] 宣仁：即宋英宗皇后高氏，卒谥宣仁圣烈高皇后，故称。高氏是宋哲宗的祖母，因哲宗年幼，垂帘听政九年，尽斥王安石新法，陆续起用司马光、吕公著、文彦博等旧党，史称"元祐更化"。《宋史》有传。

[6] 绍圣：宋哲宗赵煦的第二个年号（1094～1098）。哲宗亲政后，明令绍述神宗新法，罢免宰相范纯仁等旧党，起用新党章惇为相，次第恢复元丰间新法，史称"绍圣绍述"。

[7] 乃进其说：即指王安石于元丰三年（1080）进自家所撰《字说》二十卷，分析汉字形体，多穿凿附会。元祐废新政，禁绝此书；绍圣间又用以程试诸生，不久亦废。书今不传。

[8] 四年：即绍圣四年（1097）。

[9] 二礼：指《周礼》、《礼记》二大经。

[10] 崇宁：宋徽宗赵佶的第二个年号（1102～1106）。

40. 徽宗设辟雍于国郊[1]，以待士之升贡者。临幸[2]，加恩博士弟子有差。然州郡犹以科举取士，不专学校。崇宁三年[3]，遂诏："天下取士，悉由学校升贡，其州郡发解及试礼部法并罢。"自此，岁试上舍[4]，悉差知举[5]，如礼部试。五年，诏:"大比岁更参用科举取士一次[6],其亟以此意使远士即闻之。"时州县悉行三舍法,得免试入学者,多当官子弟,而在学积岁月,累试乃得应格[7],其贫且老者甚病之[8],故诏及此,而未遽废科举也。大观四年五月[9],星变[10],凡事多所更定。侍御史毛注言[11]:"养士既有额,而科举又罢,则不隶学籍者,遂致失职。天之视听以民[12],士,其民之秀者,今失职如此,疑天亦谴怒。愿以解额之归升贡者一二分,不绝科举,亦应天之一也[13]。"遂诏更行科举一次。臣僚言:"场屋之文,专尚偶丽,题虽无两意,必欲厘而为二,以就对偶;其超诣理趣者[14],反指以为澹泊。请择考官而戒饬之,取其有理致而黜其强为对偶者,庶几稍救文弊。"

[1] 徽宗:即宋徽宗赵佶(1082~1135),宋神宗子,宋哲宗弟。绍圣三年(1096)封端王,元符三年(1100)哲宗死,无嗣,即位。任用蔡京等,禁锢元祐党人,崇奉道教,国内矛盾日益激化。宣和七年(1125),金兵南下,传位其子赵桓(钦宗),自称太上皇。靖康二年(1127),为金人俘虏北行,囚于五国城(今黑龙江依兰),病卒。在位二十六年。工书画,能诗词。辟(bì必)雍:西周天子所设大学,校址圆形,围以水池,前门外有便桥。以后历代皆建有辟雍,北宋末年所建辟雍为太学之预备学校,又称外学。宋章如愚《群书考索》后集卷二十八:"徽宗崇宁元年八月甲戌,右仆射蔡京请以学为今日先务,乞天下并置学养士……仍差将作少监李诫,于城南门外踏逐修置外学。"

[2] 临幸:谓宋徽宗亲临。帝王车驾所至曰"幸",故称。

[3] 崇宁三年:即公元1104年。崇宁,宋徽宗的第二个年号。

[4] 上舍:宋代学校实行三舍法,第一等称上舍。上舍生考试又分上等、中等、下等。参见宋2注2。

[5] 知举:即知举官。参见宋5注6。

[6] 大比岁:旧时谓科举考试之年。

[7] 应(yìng硬)格:合格,符合标准。

[8] "其贫"句:元马端临《文献通考》卷三十一:"时人议其法(即指三舍法——注者)曰:利贵不利贱,利少不利老,利富不利贫。"

[9] 大观四年:即公元1110年。大观,宋徽宗赵佶的第三个年号。

[10] 星变:这里指彗星出现,古人认为是不祥之兆。《宋史·天文九》:"大观四年五月丁未,彗出奎娄,光芒长六尺,北行入紫微垣,至西北入浊不见。"

[11] 侍御史:这里指殿中侍御史,官名。宋初常作为寄禄官,元丰改制后,始正官名。属御史台殿院,掌以仪法纠举百官违失。毛注:字圣可(生卒年不详),衢州西安(今浙江衢州)人。举进士,历官南陵知县、主客员外郎、殿中侍御史、左谏议大夫。立朝敢言,曾论奏蔡京,使其致仕出京。《宋史》有传。

[12] 天之视听以民:语本《尚书·周书·泰誓》:"天视自我民视,天听自我民听。"大意是:上天所看到的、听到的,全来自我们老百姓所看到、听到的。

[13] 应(yìng硬)天:顺应天命。

[14] 超诣:高超脱俗。

41. 宣和三年 [1]，诏罢天下三舍法，开封府及诸路并以科举取士；惟太学仍存三舍，以甄序课试 [2]，遇科举仍自发解。六年，礼部试进士万五千人，诏特增百人额，正奏名赐第者八百馀人 [3]，因上书献颂直令赴试者殆百人 [4]。有储宏等隶大阉梁师成为使臣或小史 [5]，皆赐之第。梁师成者，于大观三年尝中甲科 [6]。自设科以来，南宫试者 [7]，无逾此年之盛。然杂流阉宦，俱玷选举，而祖宗之良法荡然矣。凡士不由科举若三舍而赐进士第及出身者，其所从得不一。凡遗逸、文学，吏能言事或奏对称旨，或试法而经律人优，或材武、或童子而皆能文 [8]，或边臣之子以功来奏，其得之虽有当否，大较犹可取也。崇宁、大观之后，达官贵胄既多得赐，以上书献颂而得者，又不胜纪矣。

[1] 宣和三年：即公元1121年。宣和，宋徽宗的第六个年号。

[2] 甄序：铨叙。

[3] 正奏名：礼部贡院合格奏名举人，称"正奏名"，与"特奏名"相对。参见宋6注13。

[4] 上书献颂：《续通典》卷十八："政和中，犹有以禁习诗赋请者。而达官贵胄以上书献颂，令直赴廷试，盖多有焉。"

[5] 储宏：梁师成的仆役，馀不详。大阉：职位显赫的宦官（太监）。梁师成：字守道（？～1126），开封（今属河南）人。为深得宋徽宗宠信之太监，性阴险，官至太尉、开府仪同三司，少保，专横跋扈，"六贼"之一。宋钦宗即位，迫于公议，贬彰化军节度副使，被缢杀于前往贬所途中。《宋史》有传。使臣：宋代八、九品十等武阶官的总称。小史：侍从或书童。

[6] 大观三年：即公元1109年。宋陈均《九朝编年备要》卷二十七："己丑大观三年春三月，亲试举人，赐贾安宅等七百馀人及第、出身有差……先是小珰梁师成慧黠，稍知书，得为睿思殿文字外库，专主传上旨于外，至是亦窜名进士籍中，在第一甲第十一。"

[7] 南宫试：即礼部试。南宫，礼部的别名。

[8] 材武：即材武人，武官名。包括因捕获强恶盗贼而补授官职或得以升名、减年磨勘以上者，因守城补授官职而转官及减年磨勘者，因随军被赏而转官、减年磨勘者。童子：即童子科，或称童子举。凡十五岁以下儿童，能通经作诗赋，州申报朝廷，由国子监验讫，送中书复试，入格者再由皇帝亲试，临时决定赐予出身、授予官职或免除解试。

《宋史》

卷一百五十六　志第一百九

选举二　科目下 举遗逸附

42. 高宗建炎初〔1〕，驻跸扬州〔2〕，时方用武，念士人不能至行在〔3〕，下诏："诸道提刑司选官即转运置司州、军引试〔4〕，使副或判官一人董之〔5〕。河东路附京西转运司〔6〕。国子监、开封府人就试于留守司〔7〕，命御史一人董之〔8〕。国子监人愿就本路试者听。"二年〔9〕，定诗赋、经义取士，第一场诗赋各一首，习经义者本经义三道，《语》、《孟》义各一道；第二场并论一道；第三场并策三道。殿试策如之。自绍圣后〔10〕，举人不习诗赋，至是始复，遂除《政和令》命官私相传习诗赋之禁〔11〕。又诏："下第进士，年四十以上六举经御试、八举经省试，五十以上四举经御试、五举经省试者，河北、河东、陕西特各减一举〔12〕；元符以前到省〔13〕，两举者不限年，一举年五十五已上者，诸道转运司、开封府悉以名闻，许直赴廷试。"

〔1〕高宗：即宋高宗赵构（1107～1187），宋徽宗第九子，宣和三年（1121）封康王。靖康二年（1127），金兵掳徽、钦二宗北去，赵构即位于南京（今河南商丘），逃至扬州，继又渡江至临安（今浙江杭州），建行都，史称"南宋"。在位三十六年，传位于赵昚（宋孝宗）。建炎：宋高宗的第一个年号（1127～1130）。

〔2〕驻跸：帝王出行，途中停留暂住。

〔3〕行在：即行在所，天子巡行所在之地。这里指扬州（今属江苏）。

〔4〕提刑司：全称"提点刑狱司"，简称"宪司"或"宪台"。负责本路司法刑狱、巡察贼盗等事。转运：即转运，参见宋20注4。州军：宋代行政区划名。宋代分全国为十八路，下设州、府、军、监三百二十二。《宋史·职官志七》："诸府置知府事一人，州、军、监亦如之。掌总理郡政。"引试：引保就试，这里即指考试。

〔5〕使副：即转运副使，转运司副官。判官：即转运判官，转运司副官。

〔6〕河东路：治并州（今山西太原），辖有今山西及陕西部分地区。时已沦陷于金人。京西：当指京西南路，治襄州（今湖北襄樊），辖有湖北、安徽一带。

〔7〕留守司：宋因唐制，以洛阳为西京，以大名为北京，以应天（归德）为南京，以汴梁为东京，

均设置留守司。这里当指东京留守，已移于大军屯驻之所。

[8] 御史：指御史台属官如侍御史、监察御史等。

[9] 二年：即建炎二年（1128）。

[10] 绍圣：宋哲宗赵煦的第二个年号（1094～1098）。

[11] 政和令：宋葛立方《韵语阳秋》卷五："荆公以诗赋决科，而深不满诗赋……熙宁四年，既预政，遂罢诗赋，专以经义取士，盖平日之志也。元祐五年，侍御史刘挚等谓治经者专守一家，而略诸儒传记之学，为文者惟务训释。而不知声律体要之词，遂复用诗赋。绍圣初，以诗赋为元祐学术，复罢之。政和中，遂著于令，士庶传习诗赋者，杖一百。畏谨者至不敢作诗。"

[12] 河北：即河北路。河东：即河东路。陕西：即陕西路。时皆陷于金人。均参见宋31注6。

[13] 元符：宋哲宗赵煦的第三个年号（1098～1100）。

43. 是秋，四方士集行在，帝亲策于集英殿 [1]，第为五等，赐正奏名李易以下四百五十一人进士及第、进士出身、同学究出身、同出身 [2]。第一人为左宣教郎 [3]，第二、第三人左宣义郎 [4]，第四、第五人左儒林郎 [5]。第一甲第六名以下并左文林郎 [6]，第二甲并左从事郎 [7]，第三甲以下并左迪功郎 [8]。特奏名第一人附第二甲，赐进士及第，第二、第三人赐同进士出身，馀赐同学究出身。登仕郎、京府助教、上下州文学、诸州助教入五等者 [9]，亦与调官。川、陕、河北、京东正奏名不赴者一百三人，以龙飞特恩 [10]，即家赐第。故事，廷试上十名，内侍先以卷奏定高下。帝曰："取士当务至公，岂容以己意升降，自今勿先进卷。"

[1] 集英殿：此指在临安（今浙江杭州）的宫殿名。宋祝穆《方舆胜览》卷一《临安府》"集英殿"注："策士御焉。"

[2] 正奏名：参见宋41注3。李易：字顺之（？～1142），江都（今江苏扬州）人。建炎二年（1128）进士第一，历官太学博士、中书舍人、敷文阁待制。工诗。同出身：何忠礼《宋史选举志补正》第66页："按'同出身'不应在'同学究出身'之后。考《宋会要·选举》八之二载：'得正奏名李易以下四百五十一人，第为五等，赐进士及第、出身、同出身。内何元仲等五名同学究出身。'据此，可证志文之误。"可参考。

[3] 左宣教郎：原称"宣德郎"，元丰改制前为正七品下阶文散官，元丰三年（1080）废文散官，遂为新寄禄官，相当于旧寄禄官大理寺丞、著作佐郎。政和三年（1113）改名宣教郎。

[4] 左宣义郎：宋文臣寄禄官名，元丰三年（1080）置，相当于旧寄禄官光禄、卫尉寺丞、将作监丞。

[5] 左儒林郎：宋元丰改制前为正九品上阶文散官，元丰三年废。崇宁二年（1103）又以儒林郎为选人新阶官，相当于旧阶官节度掌书记、观察支使等。

[6] 左文林郎：元丰改制前为从九品上阶文散官，元丰三年废。崇宁二年又以文林郎为选人新阶官，相当于旧阶官留守、节度、观察推官等。

[7] 左从事郎：崇宁二年新置选人阶官名，相当于旧阶官防御、团练、军事推官等。

[8] 左迪功郎：原名将仕郎，元丰改制前为从九品下阶文散官，元丰三年废。崇宁二年又置将仕郎为选人新阶官，相当于旧阶官司理、司户、县主簿、尉等。政和六年（1116）改名迪功郎。

[9] 登仕郎：元丰改制前为正九品下阶文散官，元丰三年废。崇宁二年又置登仕郎为选人新阶官，相当于旧阶官试衔知县、知录事参军等。政和六年（1116）又改为修职郎，同时将假承务郎改为登仕郎，授予初与官而未入仕者，相当于试衔或斋郎。助教：官名。无职掌，或皇帝以特恩授士人，或用以安置犯有过失官员，或作为纳粟授官名目。文学：即文学参军，官名。置于诸州，无职掌，皇帝有时以特恩授士人，或用以安置有过失官员，或作为纳粟授官名目。

[10] 龙飞特恩：即龙飞榜。宋代贡举考试时颁布的一种文榜。皇帝即位后第一次亲临殿试，策试礼部奏名举人，所公布合格举人名次榜，称"龙飞榜"。凡中此榜者，可得特殊优遇，即称"龙飞恩例"或"龙飞特恩"。

44. 三年 [1]，诏："过省进士赴御试不及者 [2]，令漕臣据元举送状申省 [3]，给敕赐同进士出身。其计举者 [4]，赐下州文学，并释褐焉 [5]。"左司谏唐煇言 [6]："旧制，省试用六曹尚书、翰林学士知贡举 [7]，侍郎、给事中同知贡举 [8]，卿监、郎官参详 [9]，馆职、学官点检 [10]，御史监视，故能至公厌人心。今诸道类试 [11]，专委宪臣 [12]，奸弊滋生，才否贸乱 [13]，士论嚣然，甚不称更制设科之意，请并还礼部。"遂罢诸道类试。四年 [14]，复川、陕试如故。

[1] 三年：这里指建炎三年（1129），当为绍兴二年（1132）。宋李心传《建炎以来系年要录》卷五十三："绍兴二年……闰四月……乙未……诏诸路类试进士赴殿试不及人，正奏名与进士同出身，特奏名与诸州助教调官如文学例。以道梗，特优之也。"与下所言当为同一诏书。按，何忠礼《宋史选举志补正》第67页认同《建炎以来系年要录》之记，否定《宋志》与《宋会要》所记者，甚是。

[2] 过省：宋代举人省试（即礼部试）合格，即称"过省"。御试：即殿试。参见宋7注9。

[3] 漕臣：转运使司的官员。宋代转运使司有主持漕试（漕举）与举办类省试（类试）的职责。

[4] 计举者：计算应举次数以得到特奏名待遇的举子。参见宋6注13。

[5] 释褐：脱去平民衣服，比喻始任官职。

[6] 左司谏：端拱元年（988）前称"左补阙"，门下省属官，秩正七品。元丰改制前为寄禄官，改制后掌规谏讽谕。唐煇：吴县（今江苏苏州）人（？～1145），历官御史台主簿、监察御史、中书舍人、左司谏、左谏议大夫、给事中、礼部侍郎兼侍讲。

[7] 六曹尚书：官名。即尚书省吏、户、礼、兵、刑、工六部尚书，秩从二品。知贡举：即"知举"。参见宋10注7。

[8] 侍郎：官名。这里指尚书省所属六部的副长官，秩从三品。给事中：官名。门下省属官，掌封驳政令之失当者。同知贡举：官名。礼部试时，由朝廷在六部侍郎、台谏等长官中选差两至三员（最多可达九员），任权知贡举，协助知贡举主持本届考试。

[9] 卿监：宋代各寺长官与副长官如太常卿、太常少卿以及各监长官如将作监、将作少监等总称。郎官：宋尚书省各部司郎中和员外郎的总称。参详：参酌详审。

[10] 馆职：参见宋29注6。学官：又称教官、校官，为官办学校中掌管教务、训导的官员的通称。点检：考核。

[11] 类试：即类省试，宋代相当于省试的考试。

[12] 宪臣：各路宪司的官员。宪司又称"提点刑狱司"，简称"提刑司"或"宪司"、"宪台"，负
责本路的司法刑狱、巡察盗贼等事。

[13] 贸乱：混乱。

[14] 四年：这里指建炎四年（1130），当为绍兴四年（1134）。宋李心传《建炎以来系年要录》卷七
十七："绍兴四年六月……壬辰诏：川、陕合赴省试举人，令宣抚司于置司州置试院。"

45. 绍兴元年 [1]，当祀明堂 [2]，复诏诸道类试，择宪、漕或帅守中文学之人总
其事，使精选考官。于是四川宣抚处置使张浚始以便宜令川、陕举人 [3]，即置
司州试之。会侯延庆言 [4]："兵兴，太学既罢，诸生解散，行在职事及厘务官随行有服亲及
门客 [5]，往往乡贡隔绝，请立应举法，以国子监进士为名。"令转运司附试。又诏：
"京畿、京东西、河北、陕西、淮南士人转徙东南者 [6]，令于寓户州军附试，别号取
放。"

[1] 绍兴元年：即公元1131年。绍兴，宋高宗赵构的第二个年号。

[2] 明堂：古代帝王宣明政教的地方。凡朝会、祭祀、庆赏、选士、养老、教学等大典，皆在此举
行。

[3] 宣抚处置使：即宣抚使，官名，不常置。掌宣布威灵、抚绥沿边地区及统率一路至数路军旅。多
以执政充任，亦兼用武将，或加"处置"二字。张浚：字德远（1097～1164），汉州绵竹（今属
四川）人。政和进士，历官川陕宣抚处置使、尚书右仆射、同中书门下平章事兼知枢密院事、
枢密使等，力主抗金，为秦桧所排斥。著有《中兴备览》。《宋史》有传。便宜：不拘陈规、斟
酌事宜，自行决断处理。

[4] 侯延庆：历官左司员外郎、礼部员外郎、起居舍人、右文殿修撰知潮州、太常少卿等。馀不详。

[5] 行在职事：跟随皇帝左右的有职掌的官员。厘务官：宋朝派驻各地专管财物者，如诸路提举茶
盐、茶马、坑冶、市舶司等官及诸州茶盐酒税务、征输、冶铸监当官等，统称厘务官。

[6] 京畿：即京畿路。治开封府（今河南开封），辖有今河南部分地区，屡有变迁。南宋时已陷于金
人。京东西河北陕西：参见宋31注6。淮南：即淮南路。治扬州（今属江苏），辖有今长江以北
的江苏、湖北、安徽、河南部分地区，后又分东、西二路。南宋时，辖境北部缩至淮水，治所亦
有变更。

46. 时诸道贡籍多毁于兵 [1]，乃诏转运司令举人具元符以后得解、升贡、户贯、
三代、治经，置籍于礼部 [2]，以稽考焉。应该恩免解举人 [3]，值兵毁失公据
者 [4]，召京官二员委保，所在州军给据，仍申部注籍。侍御史曾统请取士止用词
赋 [5]，未须兼经，高宗亦以古今治乱多载于史，经义登科者类不通史，将从其议。左
仆射吕颐浩曰 [6]："经义、词赋均以言取人，宜如旧。"遂止。

[1] 贡籍：贡士名册。

[2] 元符：宋哲宗赵煦的第三个年号（1098～1100）。

[3] 该恩：承受皇帝恩典。免解举人：获准不经解试，可直接参加礼部试的举人。又有一次免解与终

生免解之别。

[4] 公据：官方所发文据，用于证明身份、资历等。

[5] 侍御史：当作"殿中侍御史"。参见宋7注7。曾统：南丰（今属江西）人（？～1142）。绍兴二年（1132）进士，历官屯田郎、右司员外郎、起居舍人、殿中侍御史、秘阁修撰、徽猷阁待制。

[6] 左仆射（yè夜）：尚书省副官，掌佐天子议大政，贰令之职，与三省长官皆为宰相之任。吕颐浩：字元直（1071～1139），沧州乐陵（今山东乐陵西南）人。元祐进士，历官河北都转运使、江东安抚制置使兼江宁知府，两度入相，卒谥忠穆。著有《忠穆集》。《宋史》有传。

47. 二年[1]，廷试，手诏谕考官，当崇直言，抑谀佞。得张九成以下二百五十九人[2]，凌景夏第二[3]。吕颐浩言景夏词胜九成，请更置第一。帝曰："士人初进，便须别其忠佞，九成所对，无所畏避，宜擢首选。"九成以类试、廷策俱第一，命特进一官。时进士卷有犯御名者，帝曰："岂以朕名妨人进取邪？"令置本等。又命应及第人各进一秩。旧制，潜藩州郡举人[4]，必曾请举两到省已上乃得试。帝尝封蜀国公[5]，是年，蜀州举人以帝登极恩[6]，径赴类省试[7]，自是为例。

[1] 二年：即绍兴二年（1132）。

[2] 张九成：字子韶（1092～1159），号横浦居士、又号无垢居士，钱塘（今浙江杭州）人。绍兴二年（1132）进士第一，历官著作郎、礼部、刑部侍郎。以反对议和，为秦桧所斥，谪居南安军十四年，起知温州。研治经学，著有《横浦集》。《宋史》有传。

[3] 凌景夏：生卒年不详。绍兴二年进士第二，历官秘书省正字、刑部员外郎、中书舍人、直龙图阁知鼎州、吏部侍郎。

[4] 潜藩：指帝王为王侯时的封地。

[5] 蜀国公：《宋史·高宗本纪一》："大观元年五月乙巳，生东京之大内，赤光照室。八月丁丑，赐名，授定武军节度使、检校太尉，封蜀国公。"

[6] 蜀州：唐垂拱二年（686）置，治所在晋原（今四川崇庆）。宋绍兴十年（1140）升为崇庆军。登极：帝王即位。

[7] 类省试：即类试，宋代相当于省试的考试。

48. 五年[1]，初试进士于南省[2]，戒饬有司："商榷去取，毋以缋绘章句为工[3]，当以渊源学问为尚。事关教化、有益治体者，毋以切直为嫌。言无根柢、肆为蔓衍者，不在采录。""举人程文[4]，许通用古今诸儒之说，及出己意，文理优长为合格。"三月[5]，御试奏名[6]，汪应辰第一[7]。初，考官以有官人黄中第一[8]，帝访诸沈应求[9]，应求以沈遘与冯京故事对[10]，乃更擢应辰为魁，遂为定制。

[1] 五年：即绍兴五年（1135）。

[2] 南省：即尚书省。

[3] 缋（zhǐ止）绘章句：即缋句绘章，指雕琢文辞，修饰章句。

［4］程文：科场应试者进呈的文章。

［5］三月：当作"八月"。何忠礼《宋史选举志补正》第 69 页："《宋会要·选举》八之三、《系年要录》卷九二、《中兴小纪》卷一九等皆记作八月二十二日（癸亥），志文作'三月'误。"甚是。

［6］奏名：科举考试，礼部将拟取的进士、诸科名册送呈皇帝审核，称奏名。

［7］汪应辰：字圣锡（1119～1176），初名洋，信州玉山（今属江西）人。绍兴五年（1135）进士第一，年甫十八。历官秘书省正字、敷文阁直学士、四川制置使、吏部尚书、端明殿大学士。著有《文定集》。《宋史》有传。

［8］有官人：现任官员。黄中：字通老（1096～1180），邵武（今属福建）人。初以祖荫补官，绍兴五年进士第二，历官保宁军节度推官、国子司业、权礼部侍郎、敷文阁待制、兵部尚书兼侍读、龙图阁学士，卒赠正议大夫，谥简肃。《宋史》有传。

［9］沈应求：当作"沈与求"。何忠礼《宋史选举志补正》第 70 页："按南宋初年大臣中无沈应求其人。考《宋会要·选举》二之一六、《系年要录》卷九三及《中兴小纪》卷一九所载，实系沈与求之误。再据《宋史·宰辅表四》载，与求在绍兴四年九月至次年十二月曾任参知政事，时高宗向他访问故事，亦在情理之中。据此，下句之'应求'，亦当改作'与求'。"沈与求（1086～1137），字必先，号龟溪，湖州德清（今属浙江）人。政和进士，历官监察御史、殿中侍御史、吏部尚书、参知政事，知枢密院事。敢于直言。著有《龟溪集》。《宋史》有传。

［10］沈遘与冯京故事：《宋史·沈遘传》："沈遘字文通，钱塘人。以荫为郊社斋郎。举进士，廷唱第一，大臣谓已官者不得先多士，乃以遘为第二。"又《宋史·冯京传》："冯京字当世，鄂州江夏人。少俊迈不群，举进士，自乡贡、礼部以至廷试，皆第一。"按冯京与沈遘均为宋仁宗皇祐元年（1049）进士，分别为第一、第二名。

49. 旧制，御试初考既分等第，印封送覆考定之，详定所或从初，或从覆，不许别自立等［1］。嘉祐中废［2］。至是，知制诰孙近奏［3］："若遵旧制，则高下升黜，尽出详定官［4］，初、覆考为虚设。请自今初、覆考皆未当，始许奏禀别置等第。"谏议大夫赵霈请用《崇宁令》［5］，凡隔二等、累及五人许行奏禀，从之。是年，川、陕进士止试宣抚司［6］，特奏名则置院差官，试时务策一道，礼部具取放分数、推恩等第颁示之。

［1］"旧制"六句：宋沈括《梦溪笔谈》卷一："嘉祐中，进士奏名讫，未御试，京师妄传王俊民为状元，不知言所起，人亦莫知俊民为何人。及御试，王荆公时为知制诰，与天章阁待制杨乐道二人为详定官。旧制，御试举人设初考官，先定等第，复弥封之以送覆考官，再定等第。乃付详定官，发初考官所定等，以对覆考之等。如同，即已；不同，则详其程文，当从初考或从覆考为定，即不得别立等。是时，王荆公以初、覆考所定第一人皆未允当，于行间别取一人为状首。杨乐道守法，以为不可，议论未决。太常少卿朱从道时为弥封官，闻之，谓同官曰：'二公何用力争，从道十日前已闻王俊民为状元事，必前定，二公徒自苦耳。'既而二人各以己意进禀，而诏从荆公之请。及发封，乃王俊民也。详定官得别立等自此始，遂为定制。"详定所，即详定官之居所。

102

［2］嘉祐：宋仁宗赵祯的第九个年号（1056～1063）。

［3］知制诰：参见宋23至1。孙近：字叔诣（？～1153），无锡（今属江苏）人，孙觌之兄。崇宁二年（1103）进士，五年，复中博学宏词科，历官秘书少监、中书舍人、翰林学士、参知政事、权同知枢密院事。

［4］详定官：官名。宋代殿试举人时所临时委派的考官。详注［1］。

［5］谏议大夫：官名。原分左、右，左谏议大夫隶属门下省，右谏议大夫隶属中书省。宋初为寄禄官，须另有诏令方赴谏院供职。元丰改制，定左、右谏议大夫为谏院长官，专掌讽谏。建炎三年（1129），不再分隶门下、中书两省，另立官署，以谏议大夫主管登闻检院。赵霈：赵抃之孙（？～1145），衢州西安（今浙江衢州）人。历官行尚书祠部员外郎、吏部员外郎、右司谏、谏议大夫、工部侍郎兼侍讲、徽猷阁直学士知袁州。

［6］宣抚司：宋代宣抚处置使官署。参见宋45注3。

50．旧法，随侍见任守倅等官［1］，在本贯二千里外，曰满里子弟［2］。试官内外有服亲及婚姻家，曰"避亲"［3］。馆于见任门下，曰"门客"。是三等许牒试［4］，否则不预。间有背本宗而窜他谱，飞赇而移试他道者［5］，议者病之。六年［6］，诏牒试应避者，令本司长官、州守倅、县令委保，诡冒者连坐［7］。

［1］见（xiàn现）任：现任。守倅：宋代知州与通判的合称。

［2］满里子弟：宋制，随侍现任知州、通判等缌麻以上亲长而离原籍二千里以上举人，称"满里子弟"或"满里亲子孙"。应试时，由各路转运司举行别头试，即牒试或漕试。

［3］避亲：宋代任命官员与贡举考试时，对有服亲属和婚姻之家有所回避，称"避亲"。

［4］牒试：又称"胄试"，宋代贡举考试方式之一。有关官员子弟、亲戚、门客应试，为避嫌须牒送他处贡院或国子监考试，即称"牒试"。

［5］飞赇：远地行贿请托。

［6］六年：即绍兴六年（1136）。

［7］诡冒：假冒。连坐：指受犯法者连带而受处罚。

51．七年［1］，命行在职事、厘务官并宗子应举、取应及有官人［2］，并于行在赴国子监试，始命各差词赋、经义考官。八年，以平江府四经巡幸［3］，其得解举人援临安、建康驻跸例［4］，各免文解一次［5］。时闻徽宗崩［6］，未及大祥［7］，礼部言：故事，因谅阉罢殿试［8］，则省试第一人为榜首，补两使职官［9］。帝特命为左承事郎［10］，自此率以为常。九年，以陕西举人久蹈北境，理宜优异［11］，非四川比，令礼部别号取放。川、陕分类试额自此始。是岁，以科试、明堂同在嗣岁［12］，省司财计艰于办给，又患初仕待阙率四五年［13］，若使进士、荫人同时差注［14］，俱为不便，增展一年，则合旧制。十年，遂诏诸州依条发解，十二年正月省试，三月御试，后皆准此。

［1］七年：即绍兴七年（1137）。

[2] 行在：这里即指临安（今浙江杭州）。职事：即职事官，官员之有职掌者。厘务官：参见宋 45 注 5。宗子：嫡长子。取应（yìng 硬）：应举。这里当专指参加发解试。

[3] 平江府：治所在吴县（今江苏苏州）。

[4] 建康：即今江苏南京。建炎三年（1129），宋高宗曾至建康。

[5] "各免"句：即应举者获准可一次不经解试，直接参加礼部试。

[6] 徽宗崩：《宋史·徽宗本纪四》："绍兴五年四月甲子，崩于五国城，年五十有四。七年九月甲子，凶问至江南，遥上尊谥曰圣文仁德显孝皇帝，庙号徽宗。"

[7] 大祥：古代父母死后两周年的祭礼。汉魏以后皇帝、皇太后、皇后死后行丧，皆以日易月，二十四日或二十五日即举行大祥祭礼。

[8] 谅阇（ān 安）：又作"谅阴"。居丧时所住的房子。用于皇帝，则多借指居丧。

[9] 两使职官：宋代幕职官的一种。两使即节度使、观察使。两使职官选人有三阶，三京府、留守、节度、观察判官为一阶，节度掌书记、观察支使、防御、团练判官为一阶，京府、留守、节度、观察推官、军事判官为一阶。

[10] 承事郎：宋元丰改制前为正八品下阶文散官，元丰三年（1080）后废文散官，遂为新寄禄官，相当于旧寄禄官大理评事。

[11] 优异：特别优待。

[12] 科试：科举考试。明堂：当谓宋徽宗墓前的祭台，指祭祀。嗣岁：来年，新的一年。

[13] 待阙：等待补缺任命。

[14] 荫（yìn 印）人：即荫生。封建时代由于上代有功勋被特许为具有任官资格的人。差（chāi 钗）注：指吏部对地方官吏的选派任命。

52. 十三年 [1]，国子司业高闶言 [2]："取士当先经术。请参合三场，以本经、《语》、《孟》义各一道为首，诗赋各一首次之，子史论一道、时务策一道又次之，庶几如古试法。又《春秋》义当于正经出题 [3]。"并从之。初立同文馆试 [4]，凡居行在去本贯及千里已上者，许附试于国子监。十五年，凡特奏名赐同学究出身者，旧京府助教今改将仕郎 [5]。是岁，始定依汴京旧制，正奏及特恩分两日唱名。十七年，申禁程文全用本朝人文集或歌颂及佛书全句者，皆不考 [6]。

[1] 十三年：即绍兴十三年（1143）。

[2] 国子司业：学官名。为国子祭酒的副手，秩正六品，掌国子监及各学的教法、政令等。高闶：字抑崇（？～1153），明州鄞县（今浙江宁波）人。绍兴元年（1131）以上舍生选赐进士第，历官著作佐郎、国子司业、礼部侍郎。《宋史》有传。

[3] "取士"七句：《宋史·高闶传》："闶于是条具以闻。其法以《六经》、《语》、《孟》义为一场，诗赋次之，子史论又次之，时务策又次之。太学课试及郡国科举，尽以此为法，且立郡国士补国学监生之制。中兴已后学制，多闶所建明。"

[4] 同文馆试：宋代贡举考试方式之一。绍兴十四年（1144），命远离原籍一千里以上居住临安的举人，附于国子监发解试，另立号考校，考试场屋设于同文馆，即称"同文馆试"。同文馆，官署名，熙宁间创置，元丰改制后属鸿胪寺，掌接待高丽使节，南宋归并礼部。

[5] 助教：参见宋 43 注 9。将仕郎：参见宋 43 注 8。

[6] 皆不考：何忠礼《宋史选举志补正》第 73 页以《文献通考·选举考五》及《建炎以来系年要录》卷一百五十六为证，有云："'皆不考'者，意谓试卷违反程式，不必再作考校而径予黜落之意。上项制度在建炎初曾一度罢废，后因'犯者多'，遂重申禁令。故志文当作如下补正：'申禁程文全用本朝人文集或歌颂及佛书全句，犯者，皆不考。'又，中华书局整理本于此句末作校勘记以为'皆不考三字衍'，亦误。"甚是，当从。

53．十八年 [1]，以浙漕举人有势家行赂、假手滥名者，谕有司立赏格，听人捕告。十九年，诏："自今乡贡，前一岁，州军属县长吏籍定合应举人，以次年春县上之州，州下之学，核实引保，赴乡饮酒 [2]，然后送试院。及期投状射保者勿受 [3]。"自神宗朝程颢、程颐以道学倡于洛 [4]，四方师之，中兴盛于东南 [5]，科举之文稍用颐说。谏官陈公辅上疏诋颐学 [6]，乞加禁绝；秦桧入相 [7]，甚至指颐为"专门" [8]，侍御史汪勃请戒饬攸司 [9]，凡专门曲说，必加黜落；中丞曹筠亦请选汰用程说者 [10]：并从之。二十一年，御试得正奏名四百人，特奏名五百三十一人。中兴以来，得人始盛。

[1] 十八年：即绍兴十八年（1148）。

[2] 乡饮酒：参见唐 7 注 4。

[3] 及期：这里作"临期"或"临时"解。宋李心传《建炎以来系年要录》卷一百六十："绍兴十有九年……十有一月……甲辰……若临时投状射保者，并不收试。事下礼部，至是颁行焉。"

[4] 神宗：即宋神宗赵顼（1048~1085）。参见宋 3 注 3。程颢：字伯淳（1032~1085），世称明道先生，洛阳（今属河南）人。嘉祐进士，历官太子中允、宗正丞。卒谥纯。程颐：字正叔（1033~1107），世称伊川先生，程颢之弟。历官秘书省校书郎、崇政殿说书。卒谥正。二程皆受业于周敦颐，以天理为哲学最高范畴，强调三纲五常，世以"洛学"称之。二人有《二程全书》传世。《宋史》有传。

[5] 中兴：指南宋苟安于东南一隅。

[6] 陈公辅：字国佐（1077~1142），台州临海（今属浙江）人。政和进士，历官平江府教授、右司谏、礼部侍郎，以徽猷阁待制提举太平观卒。反对程颐之理学。《宋史》有传。

[7] 秦桧：字会之（1090~1155），江宁（今江苏南京）人。政和五年（1115）进士，历官左司谏、御史中丞，曾为金人所俘，诈言逃归，受到宋高宗宠信。历官参知政事，又两踞相位，杀害主战派将领岳飞，排除异己。卒赠申王，谥忠献。开禧二年（1206），追夺王爵，改谥缪丑。《宋史》入《奸臣传》。

[8] 专门：这里指自逞胸臆，为学褊狭。宋郑樵《六经奥论》卷五《三礼同异辨》："何谓专门之学？欲自名家，而妄以臆见为先代之训者。"

[9] 侍御史：宋承唐制，御史台置侍御史，辅助御史中丞处理御史台事务，以尚书省郎中、员外郎充任。汪勃：生卒年不详，黟县（今属安徽）人。历官太常寺主簿、侍御史、右谏议大夫、御史中丞、端明殿学士、签书枢密院事、权参知政事，罢归。属秦桧一党。攸司：指有关知贡举的官员。攸，语助词。

[10] 曹筠：生卒年不详，当涂（今属安徽）人。历官台州录事参军、集英殿修撰、四川安抚制置使、侍御史等。罢归，亦属秦桧一党。宋李心传《建炎以来系年要录》卷一百六十一："绍兴二十年……九月……乙酉，侍御史曹筠言：'学校科举必欲得真贤实能，而近来考试官，多以私意取专门之学，至有一州而取数十人，士子忿怨，不无遗才之叹。欲望特垂戒饬，其有不公，令监察御史出院日弹劾，庶合士心。'从之。"中丞，当为"侍御史"之误。

54. 二十二年 [1]，以士习《周礼》、《礼记》，较他经十无一二，恐其学浸废，遂命州郡招延明于二《礼》者，俾立讲说以表学校，及令考官优加诱进。旧诸州皆以八月选日试举人，有趁数州取解者。二十四年，始定试期并用中秋日 [2]，四川则用季春，而仲秋类省 [3]。初，秦桧专国，其子熺廷试第一 [4]，桧阳引降第二名 [5]。是岁，桧孙埙举进士 [6]，省试、廷对皆首选，姻党曹冠等皆居高甲，后降埙第三 [7]。二十五年，桧死，帝惩其弊，遂命贡院遵故事，凡合格举人有有权要亲族，并令覆试。仍夺埙出身，改冠等七人阶官并带"右"字，馀悉驳放。程、王之学，数年以来，宰相执论不一，赵鼎主程颐 [8]，秦桧主王安石。至是，诏自今毋拘一家之说，务求至当之论。道学之禁稍解矣 [9]。

[1] 二十二年：即绍兴二十二年（1152）。

[2] 中秋日：农历八月十五日。

[3] 仲秋：即"中秋"。类省：即"类省试"，或称"类试"。参见宋16注5。宋李心传《建炎以来朝野杂记》甲集卷十三《诸路同日解试》："祖宗旧制，诸路、州、军科场并以八月五日锁院，惟福建去京师地远，先期用七月；川、广尤远，又用六月。绍兴十三年八月诏，以闽、广去行在不远，并令八月五日锁院。然其诸军、州有例选日引试，由是举人多贯通而再试于他州者，或妄引亲贤而再试于别路者，至有一身而两次预为荐送者。二十四年正月诏，太学及诸路并以中秋日引试，惟四川则悉用三月十五日焉。类省试旧以九月二十四日，制置司言去行在地远，恐举人赴御试不前，请以八月锁院。许之，迄今不改。"

[4] 其子熺：即秦熺（？～1161），字伯阳，江宁（今江苏南京）人。本秦桧妻兄之子，桧以为嗣。绍兴十二年（1142）进士第一，历官秘书郎，屡迁至知枢密院事，秦桧病笃，谋取相位未果，旋致仕。尝领修国史，进建炎元年至绍兴十二年日历五百九十卷，自颂其父功德凡二千馀言，全无是非。

[5] "桧阳"句：明彭大翼《山堂肆考》卷八十四《嫌取为首》："宋高宗策进士于射殿，赐陈诚之、秦熺等及第。初南省擢熺第一，秦桧以为嫌，故至是以诚之为首，以其策专主和议云。"阳，表面上，假装。

[6] 桧孙埙：即秦埙（生卒年不详），字伯和，秦桧之孙。以荫历官秘阁修撰、敷文阁待制，绍兴二十四年（1154）进士第三，后出身被夺。历官试尚书礼部侍郎、右朝散郎等。

[7] "省试"三句：《宋史·张孝祥传》："张孝祥字安国，历阳乌江人……年十六，领乡书，再举冠里选。绍兴二十四年，廷试第一。时策问师友渊源，秦埙与曹冠皆力攻程氏专门之学，孝祥独不攻。考官已定埙冠多士，孝祥次之，曹冠又次之。高宗读埙卷皆秦桧语，于是擢孝祥第一，而埙第三。"曹冠，字宗臣（生卒年不详），号双溪居士，东阳（今浙江金华）人。以乡贡入太学，

居秦桧门下，教其诸孙。绍兴二十四年与秦埙同登进士甲科，历官平江府学教授，秦桧死，夺前恩数。乾道五年（1169）再赴廷试，得初品，知郴州。曹冠为秦氏十客之一，能诗文，尤工词。

[8] 赵鼎：字元镇（1085～1147），解州闻喜（今属山西）人。崇宁进士，历官右司谏、御史中丞、参知政事、右相兼枢密院事，迁左相，以观文殿大学士出知绍兴府，复入相，为秦桧所排斥，贬官吉阳军（今广东崖县），绝食死，谥忠简。著有《忠正德文集》。《宋史》有传。

[9] 道学：指宋代儒家周敦颐、张载、程颢、程颐、朱熹等人的哲学思想，又称"理学"。

55. 自经、赋分科，声律日盛，帝尝曰："向为士不读史，遂用诗赋。今则不读经，不出数年，经学废矣。"二十七年[1]，诏复行兼经，如十三年之制。内第一场大小经义各减一道，如治二《礼》文义优长，许侵用诸经分数。时号为四科[2]。

[1] 二十七年：即绍兴二十七年（1157）。
[2] 四科：宋李心传《建炎以来朝野杂记》甲集卷十三《四科》："先是举人既兼经义、诗赋、策、论，应号四科。然自更制以后，惟绍兴十四年、二十九年两行之而止。"

56. 旧蜀士赴廷试不及者，皆赐同进士出身。帝念其中有俊秀能取高第者，不宜例置下列，至是，遂谕都省宽展试期以待之。及唱名，阎安中第二[1]，梁介第三[2]，皆蜀士也，帝大悦。二十九年，孙道夫在经筵[3]，极论四川类试请托之弊，请尽令赴礼部。帝曰："后举但当遣御史监之。"道夫持益坚，事下国子监，祭酒杨椿曰[4]："蜀去行在万里，可使士子涉三峡、冒重湖邪[5]？欲革其弊，一监试得人足矣。"遂诏监司、守倅宾客力可行者赴省[6]，馀不在遣中。是岁，四川类省试始从朝廷差官。

[1] 阎安中：字惠夫（生卒年不详），临邛（今四川邛崃）人。绍兴二十七年（1157）进士第二，历官监察御史、中书舍人。
[2] 梁介：字子辅（生卒年不详），双流（今属四川）人。绍兴二十七年进士第三，历官秘书省正字、校书郎，知遂宁府，未赴，卒。
[3] 孙道夫：字太冲（1095～1160），眉州丹棱（今属四川）人。建炎间赐进士出身，历官左承奉郎、秘书正字、校书郎、吏部郎中兼侍讲，出知绵州，致仕卒。《宋史》有传，称其性刚直，喜面折人过，一意为民。经筵：参见宋22注2。
[4] 祭酒：即国子祭酒，宋元丰改制后始置，秩从四品，掌国子监及太学、武学、律学、小学的政令。南宋绍兴三年（1133）复置国子监，十二年仍设国子祭酒一员，总治监事。杨椿：字元老（1095～1167），眉山（今属四川）人。宣和六年（1124）以太学上舍生试礼部第一，历官秘书省校书郎、秘书少监、权兵部侍郎兼国子祭酒、侍讲、兵部尚书、参知政事，知潼川府，卒谥文安。
[5] 重（chóng 虫）湖：洞庭湖的别称。湖南洞庭湖南与青草湖相通，故称。
[6] 监司：参见宋37注6。守倅：参见宋18注11。宾客：这里指监司或守倅的门客等人。宋李心传《建炎以来朝野杂记》甲集卷十三《类省试》："二十七年五月……遂请令监司、守倅子弟、宾客力可行者赴省，他不在遣中。"

57. 初，类试第一人恩数优厚，视殿试第三人，赐进士及第；后以何耕对策忤秦桧 [1]，乃改礼部类试蜀士第一等人，并赐进士出身，自是无有不赴御试者。惟遇不亲策 [2]，则类省试第一人恩数如旧，第二、第三人皆附第一甲，九名以上附第二甲焉。是年诏："四川等处进士，路远归乡试不及者，特就运司附试一次，仍别行考校，取旨立额。"

[1]"后以"句：《宋史全文》卷二十一下："是举类试，策问古今蜀人材盛衰之故，而德阳何耕对策，极论蜀士徇道守节，无心于世……有司定为榜首，秦桧见其州里，大恶之，曰：'是敢与张德远为地邪！'"何耕：字道夫（1127～1183），号怡庵，世居汉州绵竹，后徙德阳（今属四川）。绍兴十七年（1147）四川类试第一名，赐进士出身，历官成都府学教授、仓部员外郎、户部郎中兼国史编修官、国子祭酒、秘书监。
[2]亲策：指殿试皇帝亲自主持策问。

58. 三十一年 [1]，礼部侍郎金安节言 [2]："熙宁、元丰以来 [3]，经义诗赋，废兴离合，随时更革，初无定制。近合科以来，通经者苦赋体雕刻，习赋者病经旨渊微，心有弗精，智难兼济。又其甚者，论既并场，策问太寡，议论器识，无以尽人。士守传注，史学尽废，此后进往往得志，而老生宿儒多困也。请复立两科，永为成宪 [4]。"从之。于是士始有定向，而得专所习矣。既而建议者以为两科既分，解额未定，宜以国学及诸州解额三分为率，二取经义，一取诗赋。若省试，则以累举过省中数立为定额而分之。诏下其议，然竟不果行。

[1]三十一年：即绍兴三十一年（1161）。
[2]礼部侍郎：尚书省礼部的副官，秩从三品。金安节：字彦亨（1094～1170），歙州休宁（今属安徽）人。宣和进士，历官殿中侍御史、大理卿、礼部侍郎、权礼部尚书兼侍读。博览经史，尤邃于《易》。《宋史》有传。
[3]熙宁：宋神宗赵顼的第一个年号（1068～1077）。元丰：宋神宗赵顼的第二个年号（1078～1085）。
[4]成宪：原有的法律、规章制度。

59. 孝宗初 [1]，诏川、广进士之在行都者 [2]，令附试两浙转运司。隆兴元年 [3]，御试第一人承事郎、签书诸州节度判官 [4]，第二、第三人文林郎、两使职官 [5]，第四、第五人从事郎、初等职官 [6]，第六人至第四甲并迪功郎、诸州司户簿尉 [7]，第五甲守选 [8]。乾道元年 [9]，诏四川特奏名第一等第一名赐同学究出身，第二名至本等末补将仕郎 [10]，第二等至第四等赐下州文学 [11]，第五等诸州助教 [12]。二年，御试，始推登极恩，第一名宣义郎 [13]，第二名与第一名恩例，第三名承事郎；第一甲赐进士及第并文林郎，第二甲赐进士及第并从事郎，第三、第四甲进士出身，第五甲同进士出身；特奏名第一名赐进士出身，第二、第三名赐同进士出身。

[1] 孝宗：即宋孝宗赵昚（1127～1194），字元永，太祖七世孙，以高宗无子，绍兴二年（1132）选育宫中。绍兴三十二年立为太子，旋受内禅。淳熙十六年（1189）传位于子赵惇（即宋光宗），在位二十八年。

[2] 行都：这里即指临安（今浙江杭州）。

[3] 隆兴元年：即公元1163年。隆兴，宋孝宗赵昚的第一个年号。

[4] 承事郎：参见宋51注10。签书诸州节度判官：地方幕职官。参见宋32注4。

[5] 文林郎：参见宋43注6。两使职官：参见宋29注3。

[6] 从事郎：参见宋43注7。

[7] 迪功郎：参见宋43注8。司户簿尉：司户参军一类的州县佐吏。

[8] 守选：宋代殿试列入第五甲人，不能立即授官，须以后到吏部注授差遣。参见宋15注3。

[9] 乾道元年：即公元1165年。乾道，宋孝宗赵昚的第二个年号。

[10] 将仕郎：参见宋43注8。

[11] 文学：参见宋34注10。

[12] 助教：参见宋43注9。

[13] 宣义郎：参见宋43注4。

60. 四年[1]，裁定牒试法[2]：文武臣添差官除亲子孙外并罢[3]，其行在职事官除监察御史以上，馀并不许牒试。六年，诏诸道试官皆隔一郡选差，后又令历三郡合符乃听入院[4]，防私弊也。

[1] 四年：即宋孝宗乾道四年（1168）。

[2] 牒试：参见宋50注4。何忠礼《宋史选举志补正》第78页："按北宋时期的别头试、胄试、锁厅试等，至南宋统称之为"牒试"。由于牒试解额较一般发解为优，故冒滥者甚众。"

[3] 添差：宋制，正员以外，再额外加派官员主管或处理某事。或仅有其名而不管政事，称添差不厘务。

[4] 合符：符信相合。宋李心传《建炎以来朝野杂记》甲集卷十三《诸路解试》："淳熙十六年春试，王侍郎淮为潼川漕，始令试官每员皆立三郡合符，合乃听其入。后又行之西川，迄今不改。"

61. 帝欲令文士能射御，武臣知诗书，命讨论殿最之法[1]。淳熙二年御试[2]，唱第后二日，御殿，引按文士詹骙以下一百三十九人射艺[3]。翌日，又引文士第五甲及特奏名一百五十二人。其日，进士具襕笏入殿起居[4]，易戎服，各给箭六，弓不限斗力[5]，射者莫不振厉自献，多命中焉。天子甚悦。凡三箭中帖为上等[6]，正奏第一人转一官[7]，与通判，馀循一资[8]；二箭中为中等，减二年磨勘[9]；一箭中帖及一箭上垛为下等[10]，一任回不依次注官；上四甲能全中者取旨；第五甲射入上等注黄甲[11]，馀升名次而已。特奏名五等人射艺合格与文学，不中者亦赐帛[12]。

[1] 殿最：古代考核政绩或军功，下等称为"殿"，上等称为"最"。这里即指评比。

[2] 淳熙二年：即公元 1175 年。淳熙，宋孝宗赵昚的第三个年号。

[3] 詹骙：字晋卿（1146～？），会稽（今浙江绍兴）人。淳熙二年（1175）进士第一，历官将作少监、著作郎、龙图阁学士。

[4] 襕笏：穿襕袍（一种公服），执手板，是古代官员朝会时的服饰。

[5] 斗力：挽弓的力量。古代挽弓的力量以斗石为重量单位测计，故称。

[6] 帖（tiē 贴）：箭靶，类似于现代的靶纸，当置于射垛上。帖上有"晕"，中心即红心，称"的"。清周亮工《书影》卷一："伯益命粘纸各数张，作二图，其一纸纵横各作十九画，成一棋局；其一作十圆圈，成一射帖。"

[7] 正奏：即正奏名。

[8] 循一资：提前一年晋升。

[9] 磨勘：宋代寄禄官迁转皆有定年，任内每年勘验其劳绩过失，吏部复查后决定迁转寄禄官阶，称磨勘。选人惟改京官时才实行磨勘。

[10] 垛：土筑的箭靶，其上可置帖。

[11] 黄甲：科举甲科进士及第者的名单，以用黄纸书写，故名。

[12] 赐帛：赏给布帛。即指赏赐财物等。

62. 四年 [1]，罢同文馆试 [2]。又命省试帘外官同姓异姓亲若门客 [3]，亦依帘内官避亲法 [4]，牒送别院 [5]。五年，以阶、成、西和、凤州正奏名比附特奏名五路人例 [6]，特升一甲。六年，诏特奏名自今三名取一，置第四等以前，馀并入第五等，其末等纳敕者止许一次 [7]，潜藩及五路旧升甲者今但升名 [8]。其后又许纳敕三次，为定制焉。

[1] 四年：即淳熙四年（1177）。

[2] 同文馆试：参见宋 52 注 4。

[3] 帘外官：科举考试时负责监试的官员。

[4] 帘内官：科举考试时负责考校的官员。避亲：参见宋 50 注 3。

[5] 牒送别院：即牒试。参见宋 50 注 4。

[6] 阶：即阶州（今甘肃武都东南）。成：即成州（今甘肃成县）。西和：即西和州（今甘肃西和县西南）。凤州：治所在今陕西凤县东北凤州镇。五路人：指京东、京西、河北、河东、陕西五路北方人士，时皆陷于金人。清顾炎武《日知录》卷十七："夫北人自宋时，即云京东、西、河北、河东、陕西五路举人拙于文辞声律，况又更兵革之乱，文学一事不及南人久矣。"

[7] 纳敕：归还特奏名的敕命，这里是考试未通过的婉词。元马端临《文献通考》卷三十二："其末等纳敕者，旧许再试，今止许一试。旧免解人有故不入试者，理为一举，今不理。"

[8] 潜藩：指帝王为王侯时的封地。

63. 十一年 [1]，进士廷试不许见烛，其纳卷最后者降黜之 [2]。旧制，廷试至暮许赐烛，然殿深易暗，日昃已烛出矣 [3]。凡赐烛，正奏名降一甲，第五甲降充本甲末名；特奏名降一等，第五等与摄助教 [4]。凡试艺于省闱及国子监、两浙转运司者，皆禁烛，其他郡国，率达旦乃出。十月[5]，太常博士倪思言[6]："举人轻视史学，今之论史者独取汉、唐混一之事，三国、六朝、五代为非盛世而耻谈之，然其进取之得失，守御之当否，筹策之疏密，区处兵民之方，形势成败之迹，俾加讨究，有补国家。请谕春官[7]：凡课试命题，杂出诸史，无所拘忌；考核之际，稍以论策为重，毋止以初场定去留。"从之。

[1] 十一年：即淳熙十一年（1184）。
[2] "进士"二句：元马端临《文献通考》卷三十二："十一年御试时，进士试策，薄暮未纳卷者三，奉旨赐烛。既而侍御史刘国瑞言：'宫庭之间，自有火禁，贡举之条，不许见烛。虽圣恩宽厚，假以须臾，窃恐玩习成风，寖隳法制。其纳卷最后者，请下御试所降黜。'从之。"
[3] "旧制"四句：参见五12注2。
[4] 摄：即摄官，又称"权局"、"差摄"。即临时代理。
[5] 十月：当为淳熙十二年（1185）十月。《宋会要辑稿·选举》五之七："十二年十月二日太学博士倪思言：'窃见近日学校科举之弊，患在士子视史学为轻……'"
[6] 太常博士：太常寺属官。元丰改制前为寄禄官，改制后，掌讲定五礼仪式，考定加谥号者行状，检查祭祀仪物并加赞导。倪思：字正甫（1147～1220），湖州归安（今浙江湖州）人。乾道进士，历官太常博士、试礼部侍郎兼直学士院等。著有《班马异同》等。《宋史》有传。
[7] 春官：唐以后礼部的别称。

64. 十四年[1]，御试正奏名王容第一[2]。时帝策士，不尽由有司，是举容本第三，亲擢为榜首。翰林学士洪迈言[3]："《贡举令》：赋限三百六十字，论限五百字。今经义、论、策一道有至三千言，赋一篇几六百言，寸晷之下，唯务贪多，累牍连篇，何由精妙？宜俾各遵体格，以返浑淳。"

[1] 十四年：即淳熙十四年（1187）。
[2] 王容：字南强（生卒年不详），号环涧，长沙湘阴（今属湖南）人。淳熙十四年（1187）进士第一，历官秘书省正字、礼部侍郎，卒赠银青光禄大夫。
[3] 洪迈：字景卢（1123～1202），号容斋，饶州鄱阳（今江西波阳）人。绍兴十五年（1145）中博学宏词科，历官中书舍人、翰林学士，以端明殿学士致仕。熟于宋代掌故，编撰有《容斋随笔》、《夷坚志》、《万首唐人绝句》等。《宋史》有传。

65. 时朱熹尝欲罢诗赋[1]，而分诸经、子、史、时务之年。其《私议》曰[2]："古者大学之教，以格物致知为先[3]，而其考校之法，又以九年知类通达、强立不反为大成[4]。今《乐经》亡而《礼经》阙[5]，二戴之《礼》已非正经[6]，而又废其一。经之为教已不能备，而治经者类皆舍其所难而就其易，仅窥其一而不及其馀。若诸子之学同出于圣人，诸史则该古今兴亡治乱得失之变，皆不可阙者。而学者一旦岂能尽通？若合所当读之书而分之以年，使之各以三年而共通其三四之一。凡《易》、

《诗》、《书》为一科,而子年、午年试之;《周礼》、《仪礼》及二《戴记》为一科,而卯年试之;《春秋》及《三传》为一科,而酉年试之。义各二道,诸经皆兼《大学》、《论语》、《中庸》、《孟子》义一道[7]。论则分诸子为四科,而分年以附焉。诸史则《左传》、《国语》、《史记》、两《汉》为一科,《三国》、《晋书》、《南北史》为一科,新、旧《唐书》、《五代史》为一科。时务则律历、地理为一科,以次分年如经、子之法,试策各二道。又使治经者各守家法,答义者必通贯经文,条举众说而断以己意,有司命题必依章句,如是则士无不通之经、史,而皆可用于世矣。"其议虽未上,而天下诵之。

[1] 朱熹:字元晦(1130~1200),一字仲晦,号晦庵,别号紫阳,徽州婺源(今属江西)人,生于南剑州尤溪(今属福建),后徙居建阳(今属福建)。绍兴十八年(1148)进士,历官泉州同安县主簿、焕章阁待制,旋以本职提举南京鸿庆宫。卒谥文。他集北宋以来理学之大成,影响深远,被尊为"闽学",又称考亭学派、程朱学派。著有《四书章句集注》、《资治通鉴纲目》、《诗集传》、《楚辞集注》等,后人编纂有《朱子语类》、《朱文公文集》等。《宋史》有传。

[2] 私议:即《学校贡举私议》,见朱熹《晦庵集》卷六十九。

[3] 格物致知:语本《礼记·大学》:"欲诚其意者,先致其知,致知在格物。"谓研究事物原理而获得知识,是中国古代认识论的重要命题之一。

[4] "又以"句:语本《礼记·大学》:"九年,知类通达,强立而不反,谓之大成。"知类通达,晓得事物间类比的关系并能依类推理,触类旁通。强立不反,能卓然自立而不受迷惑。

[5] 乐经:六经之一。《庄子·天运》:"(孔)丘治《诗》、《书》、《礼》、《乐》、《易》、《春秋》六经。"今文家认为乐本无经,只是附于《诗经》的乐谱;古文家认为《乐经》亡于秦始皇焚书时。礼经:古代讲究礼节的经典,通常指《仪礼》而言,这里当就《礼记》而言,详下注。《汉书·艺文志》著录"《礼古经》五十六卷、《经》七十篇"。

[6] 二戴之礼:即《礼记》,有《大戴礼》与《小戴礼》之别。《小戴礼》即为后世立于学官之《礼记》。据《隋书·经籍志》载,信都王太傅戴德,受礼于后苍,删其繁重为八十五篇,称《大戴礼》;九江太守戴圣又删定为四十九篇,称《小戴礼》。另据清人考证,认为二戴各自采取汉人礼说成篇,并无相承关系。

[7] 中庸:书名。相传为孔子的孙子子思所作。原为《礼记》中的一篇,南宋朱熹将之与《论语》、《孟子》、《大学》合编为四子书,并作了章句。宋末以后,四子书遂成为科举考试的主要内容。

66. 光宗初[1],以省试春浅[2],天尚寒,遂展至二月朔卜日[3],殿试于四月上旬。绍熙元年[4],仍按射[5],不合格者罢赐帛。旧命官锁厅及避亲举人同试[6]。三年,始令分场,以革假人试艺者,于是四蜀皆然[7]。

[1] 光宗:即宋光宗赵惇(1147~1200),宋孝宗第三子,乾道七年(1162)立为太子,淳熙十六年(1189)受内禅登极,在位六年。宋孝宗死,宋光宗称疾不出执丧,赵汝愚、韩侂胄等定策奉其子赵扩帝位,即"绍熙内禅",是为宋宁宗,光宗则被尊为太上皇。

[2] 春浅:春意浅淡,即天气尚未入暖。此前省试多在正月。

[3] 朔卜日：这里即指初一日。《宋史全文》卷二十七下："己酉淳熙十六年……九月诏，今后省试定以二月一日引试。"卜，选择。

[4] 绍熙元年：即公元1190年。绍熙，宋光宗赵惇的年号。

[5] 按射：考核射御。参见宋61。

[6] 命官：朝廷的官吏。古有一至九命之别，故称。锁厅：即锁厅试，参见宋5注2。

[7] 四蜀皆然：指南宋行于四川的类省试。四蜀，北宋四川一带分为成都府路、梓州路、利州路、夔州路，故称四蜀。南宋时又分利州路为利州东路、利州西路，仍称四蜀。

67．宁宗庆元二年 [1]，韩侂胄袭秦桧馀论 [2]，指道学为伪学，台臣附和之 [3]，上章论列。刘德秀在省闱 [4]，奏请毁除语录 [5]。既而知贡举吏部尚书叶翥上言 [6]："士狃于伪学，专习语录诡诞之说、《中庸》、《大学》之书，以文其非。有叶适《进卷》、陈傅良《待遇集》 [7]，士人传诵其文，每用辄效。请令太学及州军学，各以月试合格前三名程文，上御史台考察，太学以月，诸路以季。其有旧习不改，则坐学官、提学司之罪 [8]。"是举，语涉道学者，皆不预选。四年，以经义多用套类，父子兄弟相授，致天下士子不务实学。遂命有司：六经出题，各于本经摘出两段文意相类者，合为一题，以杜挟册雠伪之计 [9]。

[1] 宁宗：即宋宁宗赵扩（1168～1224），宋光宗子，淳熙十六年（1189）封嘉王，于"绍熙内禅"中即位，在位三十一年。庆元二年：即公元1196年。庆元，宋宁宗的第一个年号。

[2] 韩侂胄：字节夫（1152～1107），相州安阳（今属河南）人。韩琦曾孙，以策立宁宗有功，自宜州观察使兼枢密都承旨、少师入相，执政十三年，排挤赵汝愚，贬斥朱熹等，以理学为伪学，兴"庆元党禁"。又在准备匆促中，谋图恢复中原，失利后被杀，函首送金廷乞和。

[3] 台臣：御史台的官员。

[4] 刘德秀：字仲洪（？～1208），自号退轩，丰城（今属江西）人。隆兴元年（1163）进士，历官桂阳教授、大理寺主簿、右正言、吏部尚书、签书枢密院事。省闱：唐宋考试进士由尚书省礼部主持，故称。又称"礼闱"。

[5] 语录：宋儒讲学，门徒记录当时言辞，即称语录。《宋史·艺文志四》著录有程颐、刘安世、谢良佐、张九成、尹焞、朱熹诸家语录多种。

[6] 吏部尚书：尚书省吏部长官，秩从二品。掌文武官员选试、拟注差遣、资任、叙迁、荫补、考课等事。叶翥：字叔羽（生卒年不详），处州（今浙江丽水）人。绍兴二十四年（1154）进士，历官司农寺丞、户部侍郎、吏部尚书、同知枢密院事，以观文殿学士致仕。

[7] 叶适：字正则（1150～1223），世称水心先生，温州永嘉（今浙江温州）人。淳熙进士，历官权礼部侍郎、宝文阁待制兼江淮制置使等。提倡功利，为永嘉学派巨擘，著有《水心集》、《习学记言序目》等。进卷：《水心集》的别集名目。《四库总目提要》卷一百六十著录《水心集》二十九卷："别集前九卷为《制集进卷》，后六卷号《外稿》，皆论时事。"陈傅良：字君举（1137～1203），号止斋，温州瑞安（今属浙江）人。乾道进士，历官茶盐转运判官、吏部员外郎、中书舍人兼侍读、宝谟阁待制。为学主张经世致用，著有《春秋后传》、《建隆编》、《止斋集》等。待遇集：陈傅良文集名。宋吴子良《荆溪林下偶谈》卷四《陈止斋》："其时止斋有

《待遇集》板行，人争诵之。"

[8] 学官：官办学校中掌管教务、训导的官员的通称，如学正、教授、教谕等。提学司：即提举学事司，宋崇宁二年（1103）设立，管理所属州、县学校与教育行政，简称"提学"。每年巡视地方，考察师生勤惰优劣。

[9] 挟册：指科举考试时携带有关书籍。雠伪：作伪，作假。

68．嘉泰元年[1]，起居舍人章良能陈主司三弊[2]：一曰沮抑词赋太甚，既暗削分数，又多置下陈。二曰假借《春秋》太过，诸处解榜，多置首选。三曰国史、实录等书禁民私藏，惟公卿子弟因父兄得以窃窥，冒禁传写，而有司乃取本朝故事，藏匿本末，发为策问，寒士无由尽知。命自今诗赋纯正者置之前列，《春秋》唯卓异者置高等，馀当杂定，策题则必明白指问。四年，诏："自今碍格、不碍格人试于漕司者[3]，分院异题，永为定制。"

[1] 嘉泰元年：即公元1201年。嘉泰，宋宁宗赵扩的第二个年号。

[2] 起居舍人：中书省属官，宋初为寄禄官，元丰改制后，与起居郎合掌修起居注之事。章良能：字达之（？～1214），丽水（今属浙江）人，居吴兴（今浙江湖州）。淳熙五年（1178）进士，历官著作佐郎、宗正少卿、起居舍人、礼部侍郎、同知枢密院事、参知政事。著有《嘉林集》一百卷，已佚。

[3] 碍格：于法令条文有所妨碍者，当指应试者与试官有亲旧关系等情况。

69．开禧元年[1]，诏："礼部考试，以三场俱优为上，二场优次之，一场优又次之，俱劣为下。毋以片言只字取人。编排既定，从知举审定高下，永为通考之法。"二年，以举人奸弊滋多，命诸道漕司、州府、军监，凡发解举人，合格试卷姓名，类申礼部。候省试中，牒发御史台，同礼部长贰参对字画[2]，关御药院内侍照应[3]，廷试字画不同者，别榜驳放。

[1] 开禧元年：即公元1205年。开禧，宋宁宗赵扩的第三个年号。

[2] 礼部长贰：礼部的正、副主管官员，即礼部尚书、礼部侍郎。

[3] 御药院：官署名。至道三年（997）置，掌按验秘方，调制药品供皇帝及宫廷用。勾当官无常员，以内侍宦官充任。

70．旧制，秋贡春试[1]，皆置别头场[2]，以待举人之避亲者。自缌麻以上亲及大功以上婚姻之家[3]，皆牒送。惟临轩亲试[4]，谓之天子门生[5]，虽父兄为考官，亦不避。嘉定元年[6]，始因议臣有请，命朝官有亲属赴廷对者，免差充考校。十二年[7]，命国子牒试[8]，禁假托宗枝、迁就服属，犯者必置于罚。十五年[9]，秘书郎何淡言[10]："有司出题，强裂句读，专务断章，离绝旨意，破碎经文。望令革去旧习，使士子考注疏而辨异同，明纲领而识体要。"从之。

[1] 秋贡：即秋赋，或称秋试，即指各路转运司、府、州以及国子监、太学等开设考场举行的解试，考试应举士子或学生，中式者参加省试。以时间定在农历八月十五日左右，属于秋季，故称。春试：即指省试，或称礼部试，以在春季举行，故称。

[2] 别头场；即别头试，又称别试。参见宋13注4。

[3] 缌麻：参见宋5注4。大功：参见唐3注4。

[4] 临轩：参见宋17注5。

[5] 天子门生：参见宋7注9。

[6] 嘉定元年：即公元1208年。嘉定，宋宁宗赵扩的第四个年号。

[7] 十二年：即嘉定十二年（1219）。

[8] 国子牒试：在国子监举行的牒试，为宰执、侍从、在朝文武官的子侄的应试场所。牒试，参见宋50注4。

[9] 十五年：即嘉定十五年（1222）。

[10] 秘书郎：秘书省属官，掌集贤院、史馆、昭文馆、秘阁图籍。何淡：生平不详。中华书局整理本校勘记云："何淡，原作'何澹'，按何澹是另一人，于庆元二年除参知政事，见本书卷二一三《宰辅表》，不得于此时反为秘书郎；本书卷三九四《何澹传》未载此事，也未说他做过秘书郎。《宋会要·选举》六之四一、《通考》卷三二《选举考》都作'何淡'，'淡'与'澹'通而讹。今改。"甚是。

71. 至理宗朝[1]，奸弊愈滋。有司命题苟简，或执偏见臆说，互相背驰，或发策用事讹舛，故士子眩惑，莫知适从，才者或反见遗。所取之士既不精，数年之后，复俾之主文，是非颠倒逾甚，时谓之缪种流传。复容情任意，不学之流，往往中第。而举人之弊凡五：曰传义[2]，曰换卷，曰易号，曰卷子出外，曰誊录灭裂。迨宝庆二年[3]，左谏议大夫朱端常奏防戢之策[4]，谓："试院监大门、中门官，乃一院襟喉切要，乞差有风力者[5]。入试日，一切不许传递。门禁既严，则数弊自清。士人暮夜纳卷，易于散失。宜令封弥官躬亲封镭卷匮[6]，士人亲书幕历投匮中。俟举人尽出院，然后启封，分类抄上，即付誊录所[7]。明旦，申逐场名数于御史台检核。其撰号法，上一字许同，下二字各异，以杜讹易之弊。誊录人选择书手充，不许代名，具姓名字样，申院覆写检实。传义置窠之人[8]，委临安府严捕[9]。其考官容情任意者，许台谏风闻弹奏[10]，重置典宪。及出官钱，立赏格，许告捉怀挟、传题、传稿、全身代名入试之人。"帝悉从之，且命精择考官，毋仍旧习。旧制，凡即位一降科诏[11]，及大比之岁[12]，二月一日一降诏，许发解，然后礼部遍牒诸路及四川州军。至是，以四川锁院改用二月二十一日，与降诏日相逼，遂改用正月十五日奏裁降诏。

[1] 理宗：即宋理宗赵昀（1205～1264），初名与莒，太祖十世孙。嘉定十七年（1224），宋宁宗死，丞相史弥远矫诏立之为帝，亲政于绍定六年（1233）史弥远死后。在位四十年，表彰《四书》，确立了理学的统治地位；又因贾似道擅权，朝政日坏。

[2] 传义：当为应试中挟书册、传递作弊等情事。宋苏轼《省试放榜后劄子三首》之一："窃谓朝廷待士之意，本于礼义而辅以文法，虽有怀挟传义之禁，然事皆付之主司，终不以此多辱士类，亏

损国体。"

[3] 宝庆二年：即公元 1226 年。宝庆，宋理宗赵昀的第一个年号。

[4] 左谏议大夫：参见宋 49 注 5。朱端常：字正父（生卒年不详），湖州归安（今浙江湖州）人。淳熙八年（1181）进士，历官谏议大夫、兵部尚书等。

[5] 风力：威势。

[6] 弥封官：对应试人试卷进行编号密封事务的官员。

[7] 誊录所：即誊录院。参见宋 18 注 15。

[8] 置窠：当亦是怀藏挟册之意。

[9] 临安府：南宋建炎元年（1129）升杭州置，治所在钱塘、仁和二县（今浙江杭州）。

[10] 风闻弹奏：指御史等任监察职务的官员可根据传闻向上弹劾官员或奏闻皇帝。

[11] 科诏：关于科举的诏令。宋英宗治平三年（1066）以后，降诏时间一般在发解年份的三月一日左右，宋孝宗淳熙四年（1177）以后改在二月一日，宋宁宗嘉定十一年（1218）后又改在正月十五日降诏（见《宋会要辑稿·选举》一六之三三），以便在四川解试前降科诏。何忠礼《宋史选举志补正》第 86 页认为《宋史·选举志》记改用正月十五日降科诏为宋理宗朝事"误甚"，甚是。

[12] 大比之岁：谓科举考试之年。参见宋 28 注 3。

72. 绍定元年 [1]，有言举人程文雷同，或一字不差。其弊有二：一则考官受赂，或授暗记，或与全篇，一家分传誊写；一则老儒卖文场屋，一人传十，十人传百，考官不暇参稽。于是命礼部戒饬 [2]，前申号三日 [3]，监试会聚考官，将合取卷参验互考，稍涉雷同，即与黜落。或仍前弊，以致觉察，则考官、监试一例黜退。初，省试奉敕差知贡举一员 [4]，同知二员 [5]，内差台谏官一员 [6]，参详官若干员 [7]，内差监察御史一员 [8]。俾会聚考校，微寓弹压纠察之意。韩侂胄用事，将钤制士人，遂于三知举外，别差同知一员，以谏官为之，专董试事，不复干预考校，参详官亦不差察官。于是约束峻切，气焰薰灼。嘉泰间 [9]，更名监试 [10]，其失愈甚，制造簿历，严立程限。至是，复旧制，三知举内差一台谏，十参详内差一御史，仍戒饬试官，精加考校，如日力不给，即展期限。

[1] 绍定元年：即公元 1228 年。绍定，宋理宗赵昀的第二个年号。

[2] 戒饬：告诫。

[3] 申号：即排定中式者的名次。宋周密《齐东野语》卷八《苏大璋》："及申号至第十一名……"

[4] 知贡举：即知举。参见宋 10 注 7。

[5] 同知：即同知贡举。参见宋 44 注 8。

[6] 台谏官：宋代御史官与谏官的合称。

[7] 参详官：参详即参酌详审之意。北宋讲议司与南宋修政局皆置参详官，分别以卿、监或侍从充任。

[8] 监察御史：御史台察院属官，掌分察六部及朝廷各机构，大事奏劾，小事举正。

[9] 嘉泰：宋宁宗赵扩的第二个年号（1201～1204）。

[10] 更名监试：指将上述以台谏官充任同知贡举者改作监试。《宋会要辑稿·选举》六之三六至三七：“（嘉定）十三年正月二十二日，殿中侍御史胡卫言：‘……乞将台谏同知贡举一员改作监试，其校文之官有勤惰不一者察之，执事之吏有内外容奸者纠之。凡贡闱事不属校去取者，悉听于监试，然后名正言顺，责有所归，且使知举免亲琐务，专意文衡，诚非小补。’从之。”可知，上言“嘉泰间”当是“嘉定间”之讹。

73. 二年[1]，臣僚言考官之弊[2]：词赋命题不明，致士子上请烦乱[3]；经义不分房别考，致士子多悖经旨。遂饬考官明示词赋题意，各房分经考校。凡廷试，唯蜀士到杭最迟，每展日以待。会有言：“蜀士嗜利，多引商货押船，致留滞关津。”自是，定以四月上旬廷试，更不移展。三年，臣僚请：“学校、场屋，并禁断章截句，破坏义理，及《春秋经》越年牵合。其程文，本古注、用先儒说者取之，穿凿撰说者黜落。”

[1] 二年：即绍定二年（1229）。
[2] 臣僚：群臣百官。
[3] 上请：唐宋贡举考试中，举人对试题出处或题意有疑难，可由解元或自己赴帘前请考官解答，即称“上请”。

74. 四年[1]，臣僚甚言科场之弊，乞戒饬漕臣严选考官。地多经学，则博选通经者；地多赋学，则广致能赋者。主文必兼经赋，乃可充其职。监试或倅贰不胜任[2]，必别择人。仍令有司量展揭封之期，庶考校详悉，不致失士。于是命遍谕国子监及诸郡，恪意推行约束，违戾者弹劾治罪。初，四川类试[3]，其事虽隶制司[4]，而监试、考官共十员，唯大院别院监试、主文各一员从朝命[5]，馀听制司选差。自安丙差四员之外[6]，权委成都帅守临期从近取具。是岁，始仍旧朝命四员，馀从制司分选。

[1] 四年：即绍定四年（1231）。
[2] 倅贰：宋代通判一类的地方辅佐官。
[3] 类试：即类省试，宋代相当于省试的考试。
[4] 制司：即制置使司，或称制司，为宋代一路或数路地区的统兵大员制置使的官署。《宋史·职官七》：“开禧间，江、淮、四川并置大使。休兵后，独成都守臣带四川安抚、制置使，掌节制御前军马、官员升改放散、类省试举人、铨量郡守、举辟边州守贰，其权略视宣抚司，惟财计、茶马不预。”
[5] 大院：类试考试场所。别试：即别试所，或称别院、小院，为因沾亲带故当回避考官的应试者参加考试的场所（别头试）。
[6] 安丙：字子文（？～1221），号晶然山叟，广安（今属四川）人。淳熙五年（1178）进士，历官大足主簿、随军转运使、四川制置大使兼知兴元府、四川宣抚使，进少保，卒谥忠定。著有《晶然集》、《靖蜀编》等。《宋史》有传。

75. 时场屋士子日盛，卷轴如山。有司不能遍睹，迫于日限，去取不能皆当。盖士人既以本名纳卷，或别为名，或易以字，一人而纳二三卷。不禁挟书，又许见烛，闽、浙诸郡又间日引试，中有一日之暇，甚至次日午方出。于是经义可作二三道，诗赋可成五六篇。举人文章不精，考官困于披阅。幸皆中选，乃以兄弟承之，或转售同族，奸诈百端，真伪莫辨。乃命诸郡关防[1]，于投卷之初，责乡邻核实，严治虚伪之罪、纵容之罚，其弊稍息。

[1] 关防：防范。

76. 命官锁厅及避亲举人[1]，自绍熙分场各试[2]，寒士惮之。缘避亲人七人取一，其额太窄，咸以为窘[3]；而朝士之被差为大院考官者，恐多妨其亲，亦不愿差。寒士于乡举千百取一之中，得预秋荐，以数千里之远，辛勤赴省；而省闱差官，乃当相避。遂有隐身匿名不认亲戚以求免者，愤懑忧沮狼狈旅邸者，彼此交怨，相视为仇。至是，言者谓："除大院收试外，以漕举及待补国子生到省者[4]，与避亲人同试于别院，亦将不下数百。人数既多，其额自宽，寒士可不怨其亲戚，朝士可不惮于被差。"从之。既而以诸路转运司牒试，多营求伪冒之弊，遂罢之。其实有妨嫌者收试，每百人终场取一人，于各路州军解额窄者量与均添，庶士子各安乡里，无复诈竞。于是临安、绍兴、温、台、福、婺、庆元、处、池、袁、潮、兴化及四川诸州府[5]，共增解额一百七十名。未几，又命止许牒满里亲子孙及门客[6]，召见任官二员委保，与有官碍格人各处收试[7]，五十人取放一人。合牒亲子孙别项隔截收试，不及五十人亦取一人。凡涉诈冒，并坐牒官、保官。

[1] 锁厅：即锁厅试，宋代现任官员参加贡举考试，锁其官厅而出，故名锁厅试。避亲举人：与考官有亲故关系的应试者须避嫌，参见别头试。
[2] 绍熙分场：为绍熙三年（1192）事。参见宋66。
[3] "缘避亲人"三句：何忠礼《宋史选举志补正》第89页经考《宋会要辑稿·选举》有关记述，认为："此处关于绍定四年（1231）避亲举人解额'七人取一，其额太窄，咸以为窘'之说，与实际情况大相径庭，疑'七人取一'为'七十人取一'之误刊。"可参考。
[4] 漕举：又称"漕试"。宋景祐间，命各路转运司类试现任官员亲戚。以后遂形成制度，由转运司类聚本路现任官所牒送随侍子弟与五服内亲戚，以及寓居本路士人、有官文武举人、宗女夫等，举行考试，考法同州、府解试。漕试合格，即赴省试。待补国子生：即"待补生"。参见宋82注3。
[5] 临安：临安府，治所在今浙江杭州。绍兴：绍兴府，治所在今浙江绍兴。温：温州，治所在今浙江温州。台：台州，治所在今浙江台州。福：福建路，治所在今福建福州。婺：婺州，治所在今浙江金华。庆元：庆元府，治所在今浙江宁波。处：处州，治所在今浙江丽水。池：池州，治所在今安徽贵池。袁：袁州，治所在今江西宜春。潮：潮州，治所在今广东潮安。兴化：兴化军，治所在今福建仙游东北。
[6] 满里亲子孙：即满里子弟。参见宋50注2。

[7] 碍格：参见宋68注3。

77. 初，唐、邓二州尝陷于金 [1]，金灭，复得其地，命仍旧类试于襄阳 [2]，但别号考校，以优新附士子。旧制，光州解额七名 [3]，渡江后为极边，士子稀少，权赴试邻州，淳熙间 [4]，本州自置科场，权放三名。至是，已五六十年，举人十倍于前，遂命复还旧额。

[1] 唐：唐州，治所在今河南唐河。邓：邓州，治所在今河南邓县。金：女真族所建王朝，历十帝，
　　凡一百二十年（1115～1234）。极盛时，其疆域东北至今日本海与鄂霍次克海岸，统治外兴安岭
　　地区，西北控制蒙古草原各部落，西境至陕西与西夏交界，南方以淮水与南宋为界，占有海、
　　泗、唐、邓等州。
[2] 襄阳：即襄阳府，治所在襄阳（今湖北襄樊）。
[3] 光州：治所在定城（今河南潢川）。
[4] 淳熙：宋孝宗赵昚的第三个年号（1174～1189）。

78. 端平元年 [1]，以牒试已罢 [2]，解额既增，命增额州郡措置关防，每人止纳一卷，及开贡院添差考官。时有言：门客及随侍亲子孙五十人取一，临安府学三年类申人漕试七十取一 [3]，又令别试院分项异处收试，已为烦碎；兼两项士人习赋习《书》之外 [4]，习他经者差少，难于取放。遂命将两项混同收试考校，均作六十取一；京学见行食职事生员二百二十四名 [5]，别项发号考校，不限经赋，取放一名。

[1] 端平元年：即公元1234年。端平，宋理宗赵昀的第三个年号。
[2] 牒试：参见宋50注4。
[3] 类申：依类申报。漕试：又称"漕举"。宋景祐间，命各路转运司类试现任官员亲戚。以后遂形
　　成制度，由转运司类聚本路现任官所牒送随侍子弟与五服内亲戚，以及寓居本路士人、有官文武
　　举人、宗女夫等，举行考试，考法同州、府解试。漕试合格，即赴省试。
[4] 两项士人：即指上述参加牒试与别试的士人。
[5] 京学：京师的太学。南宋时，太学设于临安。行食值事生员：当指职事学录，南宋或称前廊学
　　录，简称学录，为宋学官和学校职事名。仁宗时，太学选差学生为学录，熙宁四年（1071），每
　　经两员，从上舍生中选差；后改由朝廷委命官担任，参用一部分内、上舍生。后者即为职事学
　　录，有协助学正执行学规，参预考校学生之责。行食，递送饮食。

79. 侍御史李鸣复等条列建言 [1]，谓："台谏充知举、参详，既留心考校，不能检梠奸弊，欲乞仍旧差台谏为监试。怀挟之禁不严，皆为具文 [2]，欲乞悬赏募人告捉，精选强敏巡按官及八厢等人 [3]，谨切巡逻，有犯，则镌黜官员 [4]。考校不精，多缘点检官不时供卷 [5]，及开院日迫，试卷沓至，知举仓卒不及 [6]，遂致遗才，欲乞试院随房置历程督 [7]，点检官书所供卷数，逐日押历考校 [8]。试卷不遵旧式，务

从简便，点检、参详穿联为一，欲乞必如旧制，三场试卷分送三点检、三参详、三知举，庶得详审。试官互考经赋，未必精熟，欲乞前期约度试卷［9］，经、赋凡若干，则各差试官若干，不至偏重。"并从之。

［1］侍御史：参见宋53注9。李鸣复：字成叔（生卒年不详），泸州（今属四川）人。嘉定二年（1209）进士，历官司农寺丞、兵部郎中、侍御史兼侍讲、权刑部尚书兼给事中、参知政事，加资政殿大学士，罢归，卒于嘉兴。《宋史》有传。

［2］具文：徒有形式而无实际作用的空文。

［3］巡按官：即巡铺官，宋代贡院官名。景德四年（1007），命官员巡试铺；天圣二年（1024）始有巡铺官之名，从此常设。礼部试时，由审刑院选差官员充任，掌贡院巡按，指挥京城八厢军卒四周巡廊，检查举人有否作弊情节。八厢：宋代京城内外划分的八个居民管理区，每区各置厢官，受理争斗诉讼之事，事轻者可直接论断。

［4］镌（juān捐）黜：削职贬斥。

［5］点检官：参见宋38注8。

［6］知举：即知贡举。参见宋10注7。

［7］历：供登记之用、以备查考的文书。

［8］押历：在文书上作记录。

［9］约度（duó夺）：估计，衡量。

80. 嘉熙元年［1］，罢诸牒试，应郎官以上监司、守倅之门客及姑姨同宗之子弟［2］，与游士之不便于归乡就试者，并混同试于转运司，各从所寓县给据，径赴司纳卷，一如乡举之法。家状各书本贯，不问其所从来，而定其名"寓试"，以四十名为额，就试如满五十人，则临时取旨增放。又罢诸路转运司及诸州军府所取待补国子生，自明年并许赴国子监混试。以士子数多，命于礼部及临安转运司两试院外，绍兴、安吉各置一院［3］，从朝廷差官前诣，同日引试，分各路士人就试焉。同在京，不许见烛。是年，已失京西诸州军［4］，士多徙寓江陵、鄂州［5］，命京湖制置司于江陵别立贡院［6］，取德安府、荆门军、归、峡、复三州及随、郢、均、房等京西七郡士人［7］，别差官混试，用十二郡元额混取以优之。

［1］嘉熙元年：即公元1237年。嘉熙，宋理宗赵昀的第四个年号。

［2］郎官：宋代尚书省各部司郎中与员外郎。监司：宋代诸路转运使司、提点刑狱司、提举常平司等，有监察各州官吏之责，总称监司。守倅：宋代知州与通判的合称。

［3］绍兴：绍兴府，治所在今浙江绍兴。安吉：即安吉州，治所在今浙江湖州。

［4］京西诸州军：指京西南路，治所在襄阳府（今湖北襄樊），辖有今河南南部与四川、湖北一带。嘉熙元年，蒙古口温不花、史天泽等攻陷宋光州（今河南潢川），既而攻寿春、黄州、安丰。

［5］江陵：即江陵府，治所在今湖北江陵。鄂州：治所在今湖北武汉市武昌。

［6］京湖制置司：南宋开禧间置京湖制置使于江陵，嘉定间移治襄阳。清钱大昕《十驾斋养新录》卷八《京湖》："宋初有荆湖南北路，南渡以后，中原尽失，唯京西路之襄阳府、随州、枣阳、

光化、信阳军，尚为宋土，故有京湖路之称，盖合京西、湖北为一路也。"

[7] 德安府：治所在今湖北安陆。荆门军：治所原在今湖北荆门，南宋端平三年（1236）迁治于今
湖北当阳。归：即归州，治所原在今湖北秭归，南宋端平三年迁治于今秭归东南之长江南岸。
峡：即峡州，或作"硖州"。治所原在今湖北宜昌西北，宋时移治今湖北宜昌东南长江之南。
复：即复州，治所在今湖北沔阳西南。随：随州，治所即今湖北随州。郢：郢州，治所在今湖北
钟祥。均：均州，治所在今湖北丹江口市西北。房：房州，治所在今湖北十堰市房县。

81. 牒试既罢，又复冒求国子 [1]，士大夫为子弟计者，辄牒外方他族，利为场屋
相资，或公然受价以鬻。命遍谕百官司知杂司等 [2]：如已准朝廷辨验，批书印
纸 [3]，批下国子监收试，即报赴试人躬赴监。一姓结为一保，每保不过十人，责立罪
罚，当官书押，递相委保，各给告示，方许投纳试卷。冒牒官降官罢任，或一时失于参
照，误牒他族，计自陈悔牒一次。冒牒中选之人，限主保官、举人一月自首，举人驳
放 [4]，主保官免罪；出限不首者，仍照前条罪之。凡类试卷，封弥作弊不一。至是，
命前期于两浙转运司、临安府选见役吏胥共三十人，差近上一名部辖入院 [5]，十名专
管诗赋，馀分管诸经。各随所管号，于引试之夕，分寻试卷，各置簿封弥，不许混乱；
却别差一吏将号置历，发过誊录所书写。其簿、历，封弥官收掌，不经吏手，不许誊录
人干预，以革其弊。

[1] 国子：指国子监。参见宋 13 注 3。
[2] 百官司知杂司：泛指朝廷上下众官。
[3] 批书印纸：参见宋 2 注 5。
[4] 驳放：否定已发榜公布的中式者而加以贬黜。
[5] 近上：等级高者。

82. 二年 [1]，省试下第及游学人 [2]，并就临安府给据，赴两浙转运司混试待补
太学生 [3]。臣僚言："国子牒试之弊，冒滥滋甚。在朝之士，有强认疏远之亲为近属
者，有各私亲故换易而互牒者，有为权势所轧、人情所牵应命而泛及者，有自揆子弟非
才、牒同姓之隽茂利其假手者，有文艺素乏、执格法以求牒转售同姓以谋利者 [4]。今
后令牒官各从本职长官具朝典状保明 [5]，先期取本官知委状 [6]，仍立赏格，许人指
实陈首。冒牒之官，按劾镌秩 [7]；受牒之人，驳放殿举 [8]；保官亦与连坐。专令御
史台觉察 [9]，都省勘会 [10]。类申门客、满里子孙仍前漕试 [11]，六十人取一，较
之他处虽甚优，而取无定额，士有疑心，就试者少。宜令额宽而试者众，途一而取之
精。"遂依前例放行寓试 [12]，以四十名为定额，仍前待补；其类申门客、满里子孙及
附试并罢。

[1] 二年：即嘉熙二年（1238）。嘉熙，宋理宗赵昀的第四个年号。
[2] 游学人：离开本乡至外地求学者。

[3] 待补太学生：绍兴十三年（1143）重建太学，规定太学额外考中的学生，准许待阙，俟太学生出阙，即可填补。乾道二年（1166），准许在朝清要官牒送期亲子弟做待补国子生。其后太学正式实行待补法，就各州解试落第人中，按百人取三或六的比例，留作待补太学生。太学生开补时，由本州出给公据，赴补试一次。

[4] 格法：成法，法度。

[5] 朝典状：与朝廷制度相关的文书。

[6] 知委状：有关委任与职责的文书。

[7] 镌秩：降级或降职。

[8] 殿举：科举考试中，因文理纰缪或犯规、舞弊等，罚停考若干科，称"殿举"。参见宋6。

[9] 御史台：宋代司监察之官署名，以御史中丞为长官。觉察：警觉地察检。

[10] 都省：宋代尚书省的别称。勘会：审核议定。

[11] 类申：依类申报。满里子孙：即"满里子弟"。参见宋50注2。漕试：参见宋78注3。

[12] 寓试：参见宋80。

83. 淳祐元年 [1]，臣僚言："既复诸路漕试，合国子试，两项科举及免举人 [2]，不下千数。宜复拨漕举、胄举同避亲人并就别院引试 [3]，使大院无卷冗之患，小院无额窄之弊 [4]。"从之。时淮南诸州郡岁有兵祸 [5]，士子不得以时赴乡试，且漕司分差试官，路梗不可径达。三年，命淮东州郡附镇江府秋试 [6]，淮西州郡附建康试 [7]，蕲、黄、光三州、安庆府附江州试 [8]。三试所各增差试官二员，别项考校，照各州元额取放。是岁，两浙转运司寓试终场满五千人 [9]，特命增放二名，后虽多不增，如不及五千人，止依元额。别院之试，大率士子与试官实有亲嫌者，绍定间 [10]，以漕试、胄试无亲可避者亦许试，或谓时相徇于势要子弟故也 [11]；端平初 [12]，拨归大院，寒隽便之；淳祐元年，又复赴别院，是使不应避亲之人抑而就此，使天下士子无故析而为二，殊失别试之初意。至是，依端平厘正之，复归大院。

[1] 淳祐元年：即公元1241年。淳祐，宋理宗赵昀的第五个年号。

[2] 两项科举：即指诸路漕试与国子试。免举人：即"免解举人"，获准不经解试，可直接参加礼部试的举人。又有一次免解与终生免解之别。

[3] 漕举：即"漕试"。参见宋78注3。胄举：即"胄试"，又称"牒试"，参见宋50注4。

[4] 小院：与"大院"对举，参见宋74注5。

[5] 淮南诸州郡：即指淮南东路与淮南西路。参见宋45注6。淳祐间，南宋受到蒙古军的围攻，淮南一带屡燃战火。

[6] 淮东州郡：指淮南东路的淮河以南、长江以北部分地区，辖有今江苏，安徽部分地区，治所在扬州（今属江苏）。镇江府：治所在丹徒县（今江苏镇江市）。

[7] 淮西州郡：指淮南西路的淮河以南、长江以北地区，辖有今河南、湖北、安徽部分地区，治所在寿州（今安徽凤台），后移治安丰军（今安徽寿县）。建康：即建康府，治所在上元县、江宁县（今江苏南京）。

[8] 蕲：即蕲州，治所在蕲州（今湖北蕲春西南）。黄：即黄州，治所在黄冈（今属湖北）。光：即

光州，治所在定城（今河南潢川）。安庆府：治所在怀宁（今安徽潜山）。江州：治所在江州（今江西九江）。

[9] 两浙转运司：两浙东路与两浙西路转运司，东路治所绍兴府（今浙江绍兴），西路治所临安府（今浙江杭州）。

[10] 绍定：宋理宗赵昀的第二个年号（1228～1233）。

[11] 时相：据《宋史·宰辅表五》，绍定间宰相为史弥远（1164～1233），字同叔，明州鄞县（今浙江宁波）人。淳熙进士，历官大理司直、起居郎、礼部侍郎、礼部尚书、右丞相兼枢密使，以拥立宋理宗，独相九年，拜太师，曾恢复秦桧王爵、谥号，又追谥朱熹，为一代权臣。《宋史》有传。徇：顺从。

[12] 端平：宋理宗赵昀的第三个年号（1234～1236）。

84. 九年[1]，以臣僚言："士子又有免解伪冒入试者，或父兄没而窃代其名，或同族物故而填其籍。"于是令自本贯保明给据，类其姓名先申礼部，各州揭以示众，犯者许告捉，依鬻举法治罪。十二年，广南西路言[2]："所部二十五郡，科选于春官者仅一二[3]，盖山林质朴，不能与中土士子同工，请授两淮、荆襄例别考[4]。"朝廷从其请。自是，广南分东、西两路[5]。

[1] 九年：即淳祐九年（1249）。

[2] 广南西路：宋代十五路之一，治所桂州（今广西桂林），辖有今广西自治区、广东雷州半岛与海南省。

[3] 春官：唐以后礼部的别称。

[4] 两淮：即淮南东路与淮南西路。参见宋83注6、注7。荆襄：指荆湖南路、荆湖北路与京西南路。荆湖南路，治所潭州（今湖南长沙）；荆湖北路，治所江陵府（今湖北江陵）；京西南路，治所襄州（今湖北襄樊）。

[5] 广南分东西两路：这里指发解试分为两处。广南东路，治所广州（今属广东），辖有今广东贺江、罗定江、漠阳江以东地区。

85. 宝祐二年[1]，监察御史陈大方言[2]："士风日薄，文场多弊。乞将发解士人初请举者，从所司给帖赴省，别给一历[3]，如命官印纸之法[4]，批书发解之年及本名年贯、保官姓名[5]，执赴礼部，又批赴省之年，长贰印署[6]。赴监试者同。如将来免解、免省[7]，到殿批书亦如之。如无历则不收试。候出官日赴吏部缴纳[8]，换给印纸。应合免解、免省人，亦从先发解处照此给历。如省、殿中选，将元历发下御史台考察，以凭注阙给告[9]。士子得历，可为据证；有司因历，可加稽验。日前伪冒之人，可不却而自退。"遂自明年始行之。

[1] 宝祐二年：即公元1254年。宝祐，宋理宗赵昀的第六个年号。

[2] 监察御史：参见宋72注8。陈大方：原名陈正（生卒年不详），以字行，鄞县（今浙江宁波）人。绍定五年（1232）进士，历官大理评事、监察御史、中书舍人。

123

[3] 历：登记各项事务留作案底，以备查考的文书总称。

[4] 印纸：宋代官府文书名。宋代官员已授差遣，须于十日内缴真本告劄、付身，赴礼部本选照检，请二日内于所交纸二十张上用印。中书门下省、枢密院所授官和外移差遣者，则直接由官府给付。此纸在铨选制中称"印纸"，有行程历、保官、选人、使臣、京官、捕盗官并捕盗人及御前、尚书吏部印纸之分。官员出行，即填写所经地点、月日于行程历印纸。至目的地交官府检验。如系担任差遣，即在选人或京官、使臣印纸上填写到任月日，替罢则填写有无不了事件、在任功过等项。印纸须由本人随身携带。

[5] 批书：宋代主管官府按照格式，为官员批写或填写有关印纸或付身，即称"批书"。

[6] 长贰：官的正、副职。

[7] 免解：获准不经解试，可直接参加礼部试的举人。免省：举人或太学生解试合格后，不经礼部试（即省试）而直接参加殿试，即称"免省"。元丰二年（1079）规定，太学上舍生在省试前成绩中等，即可免省试。绍兴三十二年（1162）后，许宗室子弟已获两次文解者，直接赴殿试。

[8] 出官：宋代选人等初次接受差遣之称。

[9] 注阙：铨叙官职。告：又称"诰"、"官告"、"诰命"、"告命"、"告身"，即官员的委任状。

86. 乡贡、监补、省试皆有复试 [1]，然铨择犹未精，其间滥名充贡者，不可欺同举之人，冒选桥门者 [2]，不逃于本斋之职事 [3]。遂命今后本州审察，必责同举之联保，监学帘引 [4]，必责长谕之证实 [5]，并使结罪 [6]，方与放行。中书复试 [7]，凡涉再引，非系杂犯 [8]，并先劄报各处漕司 [9]，每遇诏举 [10]，必加稽验。凡复试，令宰执出题 [11]，不许都司干预 [12]，仍日轮台谏一员 [13]，帘外监试。四年 [14]，命在朝之臣，除宰执、侍从、台谏外 [15]，自卿监、郎官以下至厘务官 [16]，各具三代宗支图三本 [17]，结立罪状 [18]，申尚书省、御史台及礼部，所属各置簿籍，存留照应。遇属子孙登科、发解、入学、奏补事故，并具申入凿 [19]。后由外任登朝 [20]，亦于供职日后，具图籍记如上法。遇胄试之年 [21]，照朝廷限员，于内牒能应举人就试，以革胄牒冒滥之弊。

[1] 乡贡：又称"乡试"、"乡举"，贡举考试方式之一。各地州、府每三年考试本地举人，由判官任进士科考官，录事参军任诸科考官，按解额录取合格举人，分甲、乙等第，第一名即称"解元"。乡贡合格举人可赴省试（礼部试）。监补：即待补国子监生。参见宋82注3。

[2] 桥门：指太学。古代太学周围环水，有四门，以桥通，故称。

[3] 本斋之职事：即"斋长"或"斋谕"。宋代各学校皆分斋教学，每斋约三十人，设斋长、斋谕各一员，选学生担任。斋谕协助斋长率导本斋学生，执行学规和斋规。

[4] 监学：指国子监、太学。帘引：即帘试。宋代学校与选举官员的考试方法之一。学生或选人在场屋帘前应试，以防应试者请人代笔，即称"帘试"。宋王栐《燕翼诒谋录》卷一："书判犹如今之帘引，虽有假手，不可代书，若铨试之弊，则又甚矣，虽他人代书可也。"

[5] 长谕：斋长、斋谕。参见注3。

[6] 结罪：立下对若有过犯者保证负责的文书。

[7] 中书：即中书门下。宋承唐制，称宰相的办公厅政事堂。

［8］杂犯：参见宋34注4。

［9］劄报：用公文报送。漕司：即转运司，又称转运使司。除掌一路财赋收入外，兼管边防、刑狱以及对现任官员亲属的解试，中式者即可赴省试。

［10］诏举：这里即指殿试，皇帝亲自考试录用人才。

［11］宰执：宋代宰相与执政的统称。宋前后以同中书门下平章事、同平章事、尚书左右仆射、左右丞相、侍中为宰相，以参知政事、门下侍郎、中书侍郎、尚书左右丞、枢密使、枢密副使、知枢密院事、同知枢密院事、签书枢密院事等为执政。

［12］都司：官署名。即尚书省左、右司，亦称左、右曹。尚书左右司郎中、员外郎，元丰改制前为寄禄官，以后辅助尚书左右丞总管六部事务，故称都司。

［13］台谏：宋代御史官与谏官的合称。

［14］四年：即宋理宗宝祐四年（1256）。

［15］侍从：宋代称殿阁学士、直学士、待制与翰林学士、给事中、六部尚书、侍郎为侍从，中书舍人、起居郎、起居舍人以下为小侍从，外官带诸阁学士、待制者为在外侍从。

［16］卿监：宋代各寺长官与副长官如太常卿、太常少卿及各监长官如将作监、将作少监等的总称。郎官：宋代尚书省各部司郎中和员外郎总称郎官。厘务官：宋代派驻各地专管财物者，如诸路提举茶盐、茶马、坑冶、市舶司等官及诸州茶盐酒税场务、征输、冶铸监当官等统称厘务官。

［17］宗支图：将同宗族的支派列为图表的文书。

［18］结立罪状：即"结罪"。参见注6。

［19］申：古代官府下级向上级行文称"申"。凿（zuò 坐）：确凿，确实。

［20］登朝：进用于朝廷，即入朝为官。

［21］胄试：即"牒试"。参见宋50注4。

87. 景定二年［1］，胄子牒试员：宰执牒缌麻以上亲增作四十人［2］，侍从、台谏、给事中、舍人小功以上亲增作二十七人［3］，卿监、郎官、秘书省官、四总领小功以上亲增作二十人［4］，寺监丞簿、学官、二令大功以上亲增作十五人［5］，六院、四辖、省部门、史馆校勘、检阅大功以上亲增作十人［6］，临安府通判牒大功以上亲增作八人［7］，馀应牒亲子孙者，一仍旧制。

［1］景定二年：即公元1261年。景定，宋理宗赵昀的第八个年号。

［2］缌麻：丧服名。参见宋5注4。

［3］给事中：门下省属官，宋初为寄禄官，元丰改制后，掌封驳政令之失当者。舍人：宋代中书舍人、起居舍人的简称。小功：丧服名。参见唐34注9。

［4］秘书省官：当指秘书省长官秘书监与副长官秘书少监等。四总领：当指淮东、淮西、湖广与四川四总领。总领，官名，即总领财赋或总领某路财赋军马钱粮。

［5］寺监丞簿：南宋五寺光禄寺、鸿胪寺、卫尉寺、太仆寺、宗正寺，五监国子监、少府监、将作监、军器监、都水监的属官，如太常寺丞、光禄寺主簿等。学官：指学正、教授等官办学校中掌管教务、训导的官员。二令：当指尚书六部的属官令史与书令史。大功：丧服名。参见唐3注4。

［6］六院：南宋称登闻检院、登闻鼓院、诸司诸军粮料院、诸司诸军审计院、官诰院、进奏院为六

院。六院长官例以京官知县有政绩者担任。四辖：南宋榷货物都茶场、杂买务杂卖场、文思院、左藏东西库均置提辖官领之，称为四辖。四辖如补外官即为知州，迁内即为寺、监丞或主簿。史馆校勘：官修史书机构史馆的属官。检阅：史馆属官。

[7] 通判：俗称"倅"，为州府副长官，有监察所在州府官员之权。

88. 度宗初 [1]，以雷同假手之弊，多由于州郡试院继烛达旦，或至次日辰、巳犹未出院 [2]，其所以间日者，不惟止可以惠不能文之人，适足以害能文之士，遂一遵旧制，连试三日。时诸州郡以乡贡终场人众而元额少，自咸淳九年为始 [3]，视终场人多寡，每二百人取放一名。以士子数多，增参详官二员 [4]，点检试卷官六员 [5]。又以臣僚条上科场之弊，以大院别院参详官、点检试卷官兼考雷同，又监试兼专一详定雷同试卷，不预考校。遂罢帘外点检雷同官 [6]，国子监解试雷同官亦罢。

[1] 度宗：即宋度宗赵禥（1240~1274），宋理宗弟之子，宝祐元年（1253）立为皇子，景定元年（1260）立为太子，景定五年即位，耽于酒色，信任权臣贾似道，朝政日坏。在位十一年。

[2] 辰巳：相当于现代计时早 7 时至 11 时。

[3] 咸淳九年：即公元 1273 年。咸淳，宋度宗赵禥的年号。

[4] 参详官：参见宋 38 注 7。

[5] 点检试卷官：即点检官。参见宋 38 注 8。

[6] 点检雷同官：科举考试所设官。参见宋 72。

89. 先是，州郡乡贡未有复试。会言者谓冒滥之弊，惟在乡贡，遂命漕臣及帅守于解试揭晓之前，点差有出身倅贰或幕官专充复试 [1]。尽一日命题考校，解名多者，斟酌分日。但能行文不缪、说理优通、觉非假手即取，非才不通就与驳放。如将来省复不通，罪及元复试漕守之臣及考校官。十年 [2]，省试，命大院、别院监试官于坐图未定之先 [3]，亲监分布坐次，严禁书铺等人 [4]，不许纵容士子抛离座案，过越廊分，为传义假手之地。时成都已归附我朝 [5]，殿试拟五月五日，以蜀士至者绝少，展至末旬。又因复试特奏名至部犹少，展作六月七日。近臣以隆暑为请，复命立秋后择日。七月八日，度宗崩 [6]，竟不毕试。嗣君即位 [7]，下礼部讨论，援引皆未当，既不可谓之亮阴 [8]，又不可不赴廷对 [9]，乃仿召试馆职之制而行之 [10]。

[1] 点差（chāi chā）：点派差遣。倅贰：宋代通判一类的地方辅佐官。幕官：即幕职官，简称"幕官"或"职官"。有签书判官厅公事，节度掌书记，观察支使，各州府判官、推官，军、监判官等，掌辅助府、州、军、监长官处理政务，分案治事，分掌簿书、案牍、文移、付受、催督等事。

[2] 十年：即咸淳十年（1274）。

[3] 坐图：考生座位安排。

[4] 书铺：古代写文书的店铺。宋赵昇《朝野类要·书铺》："凡举子预试并仕宦到部参堂，应该节

次文书，并有书铺承干。"

[5] "时成都"句：据清毕沅《续资治通鉴》卷一百七十五，宋理宗宝祐六年（1258）二月，蒙古耨埒攻破成都。同书卷一百八十，宋度宗咸淳八年（1272）："十二月辛亥，四川安抚使昝万寿遣兵攻成都，元签省严忠范战败，同知王世英等八人弃城遁，遂毁其大城。"我朝，即谓元朝，以《宋史》为元代脱脱等所撰。

[6] 度宗崩：《宋史·度宗本纪》："（咸淳）十年……秋七月……癸未，帝崩于福宁殿。"

[7] 嗣君：即宋恭帝赵㬎（1271～1323），宋度宗子。咸淳九年（1273）封嘉国公，次年即位，年仅四岁，谢太后临朝听政。德祐二年（1276）奉表降元，被执北去，封瀛国公，后为僧。

[8] 亮（liáng良）阴：又作"谅阴"、"谅闇"。居丧时所住的房子。用于皇帝，则多借指居丧。语本《书·说命上》："王宅忧，亮阴三祀。"孔传："阴，默也，居忧信默，三年不言。"

[9] 廷对：这里即指廷试，或曰殿试。

[10] 馆职：参见宋29注6。

90. 新进士旧有期集[1]，渡江后置局于礼部贡院，特旨赐餐钱，唱第之三日赴焉[2]。上三人得自择同升之彦，分职有差[3]。朝谢后拜黄甲[4]，其仪设褥于堂上，东西相向，皆再拜。拜已，择榜中年长者一人，状元拜之，复择最少者一人拜状元。所以侈宠灵[5]，重年好，明长少也。

[1] 期集：定期的集会，唐代进士及第后按惯例聚集游宴。宋承唐制，新及第士人唱名、释褐后，择日期集，由状元等主持，选差同年任纠弹、笺表、主管题名小录、掌仪、典客、掌计、掌器、掌膳、掌酒果、监门等职事官，称"团司"。数日后，赴朝谢恩。又数日，拜黄甲，叙同年；赴国子监谒谢孔、孟；赴闻喜宴；于礼部贡院立题名石刻。北宋时，应科新及第人分别在太平兴国寺和大相国寺置局，南宋末则移于礼部贡院。

[2] 三日：何忠礼《宋史选举志补正》第90页："《武林旧事》卷二《唱名》条、《梦粱录》卷三《士人赴殿试唱名》条及《钱塘遗事》卷一〇《置状元局》条，都记作唱名后当日入局。志文所谓'唱第之三日赴焉'之'三日'为'当日'之误。"可参考。

[3] "上三人"二句：元刘一清《钱塘遗事》卷十《置状元局》："状元一出，都人争看如麻，第二、第三名亦呼状元。是日迎出，便入局。局以别试所为之，谓之三状元，局中谓之期集所。大魁入局，便差局中职事，一一由状元点差，牒请纠弹、笺表、小录、掌仪、客司计掌器、掌酒果、监门，多者至五六十员，少者亦不下四十员。"上三人，宋吴自牧《梦粱录》卷三《士人赴殿试唱名》："临轩唱名，进呈三魁试卷……第一名状元及第，第二名榜眼，第三名探花。"同升之彦，谓殿试名次前列者。

[4] 朝谢：即新进士登朝拜谢皇恩。或曰"正谢"。元刘一清《钱塘遗事》卷十《置状元局》："正谢日，系太史台择日，亦谓之门谢，礼用笺表……正、特奏同日而谢。是日亦由和宁门而入，在常朝殿门外，北面天颜。赞者引唱躬拜，再拜而退。门外有立仗马及卫士等，卫士唱喏毕，马退，士人方列班而拜，拜君之门而已。"黄甲：宋殿试合格礼部正奏名举人分五甲，以黄纸写榜，称"黄甲"。唱名后，新及第人行拜黄甲、叙同年仪式。元刘一清《钱塘遗事》卷十《置状元局》："越二日，拜黄甲于贡院。黄甲者，由省中降下，唱名既毕，省中以其所升甲之人附于甲末，用黄纸以书之，故谓之黄甲。是日，贡院设香案于廷下，状元引五甲内士人拜香案，礼部

亦遣官来赞导，置黄甲于案中，望阙拜毕。士人列两廊，四十以上东廊，四十以下西廊。其日，择一人最年高者上堂，大魁拜之，年高者答拜；又择一人最少者上堂拜大魁，大魁亦答拜而退。人吏以纸笔请各书姓名，依黄甲排，与臣者镌于题名石。是日，谓之叙同年、拜黄甲也，特奏不得预焉。"

[5] 宠灵：恩宠光耀。

91. 制举无常科 [1]，所以待天下之才杰，天子每亲策之。然宋之得才，多由进士，而以是科应诏者少。惟召试馆职及后来博学宏词 [2]，而得忠鲠文学之士。或起之山林，或取之朝著 [3]，召之州县，多至大用焉。太祖始置贤良方正能直言极谏、经学优深可为师法、详闲吏理达于教化凡三科，不限前资，见任职官，黄衣草泽，悉许应诏 [4]，对策三千言，词理俱优则中选。乾德初 [5]，以郡县亡应令者，虑有司举贤之道或未至也，乃诏许士子诣阙自荐。四年，有司仅举直言极谏一人，堪为师法一人，召陶穀等发策 [6]，帝亲御殿临视之，给砚席坐于殿之西隅。及对策，词理疏阔，不应所问，赐酒馔宴劳而遣之。

[1] 制举：即制科，又称"贤科"、"贤良"，为贡举科目之一。宋承唐制，由皇帝诏试才识优异之士，即称"制科"。制科试策论，限字数，要求严格，中式后待遇优厚。名士如苏轼、苏辙、富弼等均由此科入仕，士人每以此为荣，称之为"大科"。
[2] 博学宏词：即博学宏词科，简称"宏博科"。宋代贡举科目宏词科、词学兼茂科、博学宏词科三科通称"词科"，博学宏词科系由宏词科、词学兼茂科演变而来，绍兴三年（1133）设立，三岁一试，考制、诰、诏、表等十二种文体。
[3] 朝著：犹"朝班"，古代群臣朝见皇帝时按官品分班排列的位次。这里泛指朝廷百官。
[4] "太祖"五句：考《旧五代史·周世宗纪四》："显德四年……冬十月……戊午，诏悬制科凡三：其一曰贤良方正能直言极谏科，其二曰经学优深可为师法科，其三曰详闲吏理达于教化科。不限前资、见任职官，黄衣草泽，并许应诏。"此言"太祖始置"，或有疏漏。太祖，即宋太祖赵匡胤，参见宋5注10。黄衣，即"黄衣选人"。宋高承《事物纪原》卷五《斋郎》："魏始有太常斋郎，唐有太庙、郊社之别。唐洎国家，其久次者，太庙又补室长，郊社即补掌坐、掌次，谓之黄衣选人。祖宗以来，又以为朝臣子弟起家之官。"草泽，在野之士，泛指平民。
[5] 乾德：宋太祖赵匡胤的第二个年号（963～968）。
[6] 陶穀：参见宋6注8。

92. 开宝八年 [1]，诏诸州察民有孝弟力田、奇才异行或文武材干、年二十至五十可任使者，具送阙下，如无人塞诏，亦以实闻。九年，诸道举孝弟力田及有才武者凡七百四十人，诏翰林学士李昉等于礼部试其业 [2]，一无可采。而濮州以孝悌荐名者三百七十人 [3]，帝骇其多，召对讲武殿 [4]，率不如诏。犹自陈素习武事，复试以骑射，辄颠陨失次。帝给曰："是宜隶兵籍 [5]。"皆号呼乞免，乃悉罢去。诏劾本部滥举之罪。

[1] 开宝八年：即公元 975 年。开宝，宋太祖赵匡胤的第三个年号。

[2] 李昉：参见宋 7 注 3。

[3] 濮州：治所在今山东鄄城北旧城集。

[4] 讲武殿：参见宋 7 注 2。

[5] 兵籍：兵士的名籍，即当兵。

93. 咸平四年 [1]，诏学士、两省御史台五品、尚书省诸司四品以上，于内外京朝幕府州县官、草泽中 [2]，各举贤良方正一人，不得以见任转运使及馆阁职事人应诏。是年，策秘书丞查道等七人 [3]，皆入第四等。景德二年 [4]，增置博通坟典达于教化、才识兼茂明于体用、武足安边、洞明韬略运筹决胜、军谋宏远材任边寄等科，诏中书门下试察其才，具名闻奏，将临轩亲策之。自是应令者浸广，而得中高等亦少。

[1] 咸平四年：即公元 1001 年。咸平，宋真宗的第一个年号。

[2] 幕府：何忠礼《宋史选举志补正》第 92 页："核之《长编》卷四八咸平四年二月丙寅条及《宋会要·选举》一〇之一〇七所载，当为'幕职'之误刊。"可参考。

[3] 秘书丞：秘书省属官，为清贵之馆职。查道：字湛然（955～1018），歙州休宁（今属安徽）人。端拱初进士，历官馆陶县尉、秘书丞，应贤良方正科试，拜左正言，历官刑部员外郎、龙图阁直学士、右司郎中，出知虢州卒。《宋史》有传。

[4] 景德二年：即公元 1005 年。景德，宋真宗赵恒的第二个年号。

94. 太宗以来 [1]，凡特旨召试者，于中书、学士、舍人院 [2]，或特遣官专试，所试诗、赋、论、颂、策、制诰，或三篇，或一篇，中格则授以馆职 [3]。景德后，惟将命为知制诰者 [4]，乃试制诰三道。每道百五十字。东封及祀汾阴时 [5]，献文者多试业得官，盖特恩也。时言者以为："两汉举贤良 [6]，多因兵荒灾变，所以询访阙政。今国家受瑞登封，无阙政也，安取此？"乃罢其科，惟吏部设宏词、拔萃、平判等科如旧制 [7]。

[1] 太宗：即宋太宗赵炅（939～997），宋太祖赵匡胤弟，初名匡义，后改名光义。参见宋 8 注 1。

[2] 中书：即中书门下，宋承唐制，即宰相的办公厅政事堂，简称中书。学士院：全称翰林学士院，官署名，掌起草制、诰、诏、令。舍人院：官署名，属中书，掌为皇帝起草诏令。

[3] 馆职：参见宋 29 注 6。

[4] 知制诰：参见宋 23 注 1。

[5] 东封：旧时帝王封禅，昭告天下太平，称"东封"。源于汉武帝东封泰山、禅梁父，以彰功业。祀汾阴：谓祭祀土地神。汾阴，即汾阴脽，汉代汾阴县的一个土丘，立有后土祠，为汉武帝祭祀地神的地方。

[6] 贤良：即"贤良文学"，简称"贤良"或"文学"，汉代选拔官吏的科目之一，始于汉武帝。汉武帝《贤良诏》："贤良明于古今王事之体，受策察问，咸以书对，著之于篇，朕亲览焉。"

[7] 宏词拔萃：二科源于唐代，属于科目选，并非制科，参见唐 33。南宋以降，多有以此二科与制

科相混淆者，聂崇岐《宋代制举考略》（载《宋史丛考》上册，中华书局1980年出版）辨之甚详，可参见。

95. 仁宗初 [1]，诏曰："朕开数路以详延天下之士 [2]，而制举独久不设，意者吾豪杰或以故见遗也，其复置此科。"于是增其名，曰：贤良方正能直言极谏科，博通坟典明于教化科，才识兼茂明于体用科，详明吏理可使从政科，识洞韬略运筹帷幄科，军谋宏远材任边寄科，凡六，以待京、朝之被举及起应选者 [3]。又置书判拔萃科，以待选人。又置高蹈丘园科，沉沦草泽科，茂材异等科，以待布衣之被举者。其法先上艺业于有司，有司较之，然后试秘阁 [4]，中格，然后天子亲策之。

[1] 仁宗：即宋仁宗赵祯（1010～1063）。参见宋3注4。

[2] 详延：尽数延揽。《汉书·武帝纪》："故详延天下方闻之士，咸荐诸朝。"

[3] 京朝（cháo 潮）：宋代京官与升朝官的合称。宋陆游《老学庵笔记》卷八："唐自相辅以下，皆谓之京官，言官于京师也。其常参者曰常参官，未常参者曰未常参官。国初以常参官预朝谒，故谓之升朝官，而未预者曰京官。"

[4] 秘阁：官署名。端拱元年（988）在崇文院中堂建秘阁，藏三馆真本书籍及书画。元丰改制，并归秘书省。

96. 治平三年 [1]，命宰执举馆职各五人 [2]。先是，英宗谓中书曰 [3]："水潦为灾，言事者云'咎在不能进贤'，何也？"欧阳修曰 [4]："近年进贤路狭，往时入馆有三路，今塞其二矣。进士高科，一路也；大臣荐举，一路也；因差遣例除 [5]，一路也。往年进士五人以上皆得试，第一人及第不十年有至辅相者，今第一人两任方得试，而第二人以下不复试，是高科路塞矣。往时大臣荐举即召试，今只令上簿候缺人乃试，是荐举路塞矣。惟有因差遣例除者，半是年劳老病之人。此臣所谓荐举路狭也。"帝纳之，故有是命。韩琦、曾公亮、赵槩等举蔡延庆以下凡二十人 [6]，皆令召试，宰臣以人多难之。帝曰："既委公等举之，苟贤，岂患多也？先召试蔡延庆等十人，馀须后时。"神宗以进士试策 [7]，与制科无异，遂诏罢之。试馆职则罢诗、赋，更以策、论。

[1] 治平三年：即公元1065年。治平，宋英宗赵曙的年号。

[2] 宰执：参见宋86注11。

[3] 英宗：即宋英宗赵曙（1032～1067）。参见宋29注11。

[4] 欧阳修：参见宋27注4。

[5] 差遣：宋代官制，官位仅作为区别品级高低与俸禄多寡的虚衔，不任实事；内外政务于正官外，另委派他官主管，即称"差遣"。《宋史·职官一》："其官人受授之别，则有官，有职，有差遣，官以寓禄秩、叙位著，职以待文学之选，而别为差遣，以治内外之事。"

[6] 韩琦：字稚圭（1008～1075），自号赣叟，相州安阳（今属河南）人。天圣进士，历官右司谏、陕西安抚使、枢密副使、枢密使，拜相，封魏国公。著有《安阳集》。《宋史》有传。曾公亮：

字明仲（999～1078），泉州晋江（今福建泉州）人。天圣进士，历官会稽知县、翰林学士、参知政事、枢密使、同平章事，加尚书左仆射，以太傅致仕。与丁度编撰《武经总要》。《宋史》有传。赵㮚：字叔平（998～1083），宋州虞城（今属河南）人。天圣进士，历官开封府推官、兵部员外郎、翰林学士、中书舍人、枢密副使、参知政事、吏部尚书，以太子少师致仕，卒赠太子太师，谥康靖。《宋史》有传。蔡延庆：字仲远（生卒年不详），莱州胶水（今山东胶河）人。中进士，历官福建路转运判官、开封府推官，知成都府，拜翰林学士、龙图阁待制、吏部侍郎，卒年六十二。《宋史》有传。

[7] 神宗：即宋神宗赵顼（1048～1085），参见宋3注3。

97. 元祐二年 [1]，复制科。凡廷试前一年，举奏官具所举者策、论五十首奏上，而次年试论六首，御试策一道，召试、除官、推恩略如旧制 [2]。右正言刘安世建言 [3]："祖宗之待馆职也，储之英杰之地以饬其名节，观以古今之书而开益其聪明，稍优其廪 [4]，不责以吏事，所以滋长德器，养成名卿贤相也。近岁其选浸轻，或缘世赏 [5]，或以军功，或酬聚敛之能，或徇权贵之荐。未尝较试，遂获贴职 [6]，多开幸门，恐非祖宗德意。望明诏执政，详求文学行谊，审其果可长育，然后召试，非试毋得辄命，庶名器重而贤能进 [7]。"三年，乃诏："大臣奏举馆职，并如旧召试、除授，惟朝廷特除，不用此令。"安世复奏曰："祖宗时入馆，鲜不由试。惟其望实素著 [8]，治状显白，或累持使节，或移镇大藩，欲示优恩，方令贴职。今既过听臣言，追复旧制，又谓'朝廷特除，不在此限'。则是人材高下，资历深浅，但非奏举，皆可直除，名为更张，弊源尚在。愿仿故事，资序及转运使 [9]，方可以特命除授，庶塞侥幸，以重馆职之选 [10]。"

[1] 元祐二年：即公元1087年。元祐，宋哲宗赵煦的第一个年号。
[2] 推恩：帝王对臣属推广封赠，以示恩典。
[3] 右正言：端拱元年（988）前称"右拾遗"，为中书省属官（左正言为门下省属官）。掌规谏讽谕，凡朝政阙失，大臣至百官任用不当，三省至一切官署事有违失，都可谏正。刘安世：字器之（1048～1125），大名（今属河北）人。熙宁进士，历官右正言、左谏议大夫、枢密都承旨，立朝敢言，屡遭贬谪。著有《尽言集》，学者称元城先生。《宋史》有传。
[4] 廪（lǐn凛）：俸禄。
[5] 世赏：因门荫而得馆职。
[6] 贴职：宋代以他官兼领诸阁学士等职名及三馆职名者，称贴职。
[7] 名器：名号与车服仪制，为封建社会用以区别贵贱尊卑等级的标志。
[8] 望实：名望和实际。
[9] 资序：资历，资格。宋制，各类差遣皆有任期，满一任即得一资。资为考察官员、注授差遣的一种依据。
[10] 馆职之选：何忠礼《宋史选举志补正》第98页："按馆职与制科本为两事，志文此处原当记述制科情况，却无端插入一大段有关馆职的内容，可谓无伦类。"甚是。

98．绍圣初 [1]，哲宗谓 [2]："制科试策，对时政得失，进士策亦可言。"因诏罢制科。既而三省言："今进士纯用经术。如诏诰、章表、箴铭、赋颂、赦敕、檄书、露布、诫谕 [3]，其文皆朝廷官守日用不可阙，且无以兼收文学博异之士。"遂改置宏词科 [4]，岁许进士及第者诣礼部请试 [5]，如见守官则受代乃请 [6]，率以春试上舍生附试 [7]，不自立院也。试章表、露布、檄书用骈俪体，颂、箴铭、诫谕、序记用古体或骈俪，惟诏诰、赦敕不以为题。凡试二日四题，试者虽多，取毋过五人，中程则上之三省复试之，分上、中二等，推恩有差；词艺超异者，奏取旨命官。大观四年诏 [8]："宏词科格法未详，不足以致文学之士，改立词学兼茂科，岁附贡士院试，取毋过三人。"政和增为五人 [9]。不试檄书，增制诰，以历代史事借拟为之，中格则授馆职。宰臣执政亲属毋得试。宣和罢试上舍 [10]，乃随进士试于礼部。

[1] 绍圣：宋哲宗的第二个年号（1094～1098）。

[2] 哲宗：即宋哲宗赵煦（1077～1100），宋神宗子，元丰八年（1085）立为太子，同年三月即位，以年尚幼，由祖母宣仁太后高氏垂帘听政。元祐八年（1093）太后死，始亲政，在位十六年。

[3] 诏诰：文体名。古代帝王、皇太后或皇后发布的命令、文告。章表：奏章，奏表。箴铭：文体名。箴是规诫性的韵文，铭在古代常刻于器物上或碑石上，兼用于规诫、褒赞。檄书：古代文书、文告的一种。露布：不缄封的文书，或指军旅文书以及布告、通告之类。

[4] 改置宏词科：何忠礼《宋史选举志补正》第 98 页："按下诏罢制科时间在哲宗绍圣元年（1094）九月十二日，而应三省奏请，下诏别立宏词一科时间在当年五月四日（见《宋会要·选举》一一之二〇、同书一二之二、《皇朝纲目备要》卷二四、《玉海》卷一一六）志文却先言'因诏罢制科'，再作'既而三省言'，便颠倒了罢制科、立宏词的时间先后，显然不妥。"甚是。

[5] 进士及第者：据《宋会要辑稿·选举》一二之二作"进士登科人"，当包括进士及第、进士出身、同进士出身三类人。

[6] 受代：官吏去职接受他人替代，即称受代。

[7] 上舍生：参见宋 2 注 2。

[8] 大观四年：即公元 1110 年。大观，宋徽宗赵佶的第三个年号。

[9] 政和：宋徽宗赵佶的第四个年号（1111～1117）。

[10] 宣和：宋徽宗赵佶的第六个年号（1119～1125）。

99．绍兴元年 [1]，初复馆职试，凡预召者，学士院试时务策一道 [2]，天子亲览焉。然是时校书多不试 [3]，而正字或试或否 [4]。二年，诏举贤良方正能直言极谏科，一遵旧制，自尚书两省谏议大夫以上、御史中丞、学士、待制各举一人 [5]。凡应诏者，先具所著策、论五十篇缴进，两省侍从参考之，分为三等，次优以上，召赴秘阁，试论六首，于《九经》、《十七史》、《七书》、《国语》、《荀》、《扬》、《管子》、《文中子》内出题 [6]，学士两省官考校，御史监之，四通以上为合格。仍分五等，入四等以上者，天子亲策之。第三等为上，恩数视廷试第一人 [7]，第四等为中，视廷试第三人，皆赐制科出身；第五等为下，视廷试第四人，赐进士出身；不入等者与簿尉差

遣 [8]，已仕者则进官与升擢。七年，以太阳有异 [9]，令中外侍从各举能直言极谏一人。是冬，吕祉举选人胡铨 [10]，汪藻举布衣刘度 [11]，即除铨枢密院编修官 [12]，而度不果召。自是诏书数下，未有应者。

[1] 绍兴元年：即公元 1131 年。绍兴，宋高宗赵构的第二个年号。

[2] 学士院：参见宋 93 注 2。

[3] 校书：崇文院属官，掌校勘典籍。以他官兼领。

[4] 正字：秘书省属官，掌订正典籍讹误。以上文字与制科无涉，系有关馆职内容。

[5] 谏议大夫：官名。参见宋 49 注 5。御史中丞：官名。宋御史大夫无正员，仅为加官，以御史中丞为御史台长官。待制：宋代各殿阁均置待制官，掌守历朝皇帝的御书、典籍、图画、宝瑞之物，位于直学士之下。

[6] 九经：参见唐 1 注 17。十七史：《旧唐书·经籍志》乙部正史类有《史记》、《汉书》、《后汉书》、《三国志》、《晋书》、《宋书》、《南齐书》、《梁书》、《陈书》、《后魏书》、《北齐书》、《周书》、《隋书》，共十三史。宋人又加《南史》、《北史》、《新唐书》、《新五代史》，遂有"十七史"之称。七书：宋元丰间颁行的武学生应试必读的七种兵书，即《孙子》、《吴子》、《六韬》、《司马法》、《黄石公三略》、《尉缭子》、《李卫公问对》，合称"武经七书"。国语：参见唐 5 注 6。荀：即《荀子》，为战国时赵人荀况（前 313？～前 238）所撰，其学以孔子为宗，主张人性皆恶，与孟子"性善说"相反。唐杨倞编其书为二十卷，并作注，即今通行本《荀子》。扬：即《扬子法言》十卷，为西汉蜀郡成都人扬雄（前 53～18）所撰，乃其摹仿《论语》而作。管子：即《管子》二十四卷，旧题战国齐管仲撰，有旧题唐房玄龄注本。文中子：即《文中子》十卷，又名《中说》，旧题唐王通撰，摹仿《论语》，记述王通与门徒之问答。

[7] 恩数：指朝廷赐予的封号或官职。

[8] 簿尉：县主簿与县尉的合称，宋代多为士人入仕后考选的初职。

[9] 太阳有异：指日食。《宋史·高宗本纪五》："（绍兴）七年……二月癸巳朔，日有食之。百官七上表请遵以日易月之制。"

[10] 吕祉：字安老（1092～1137），建州建阳（今属福建）人。宣和初，以上舍生入仕，历官右正言、直龙图阁、兵部尚书兼都督府参谋军事。绍兴七年（1137）八月十二日淮西兵变，为叛将郦琼杀害。《宋史》有传。按吕祉荐举胡铨，据《宋会要辑稿·选举》一一之二四载，当发生于绍兴七年二月九日，系于"是冬"之下，显误。何忠礼《宋史选举志补正》第 100 页："考《系年要录》卷一一七载，度不果召事，系于是年十一月丙申条。由此可知，吕祉举胡铨与刘度不果召本非同时，宋志将二事同系于'是冬'，遂造成错误。"甚是。胡铨：字邦衡（1102～1180），号澹庵，吉州庐陵（今江西吉安）人。建炎进士，历官枢密院编修官，以反对秦桧议和，遭贬。孝宗时，历官国子祭酒、兵部侍郎，以资政殿学士致仕。著有《澹庵集》。《宋史》有传。

[11] 汪藻：字彦章（1079～1154），号浮溪，又号龙溪，饶州德兴（今属江西）人。崇宁二年（1103）进士，历官著作佐郎、太常少卿、给事中、翰林学士、朝议大夫、显谟阁学士，谪居永州，卒于贬所。博览群书，工文学，著有《浮溪集》。《宋史》有传。刘度：字汝一（？～1178），吴兴（今浙江湖州）人。绍兴十五年（1145）进士，历官秘书省正字、右正言、谏议大夫。博闻强记，著有《传言》、《鉴古》等，均佚。

[12] 枢密院编修官：枢密院属官，掌编修司。

100. 孝宗乾道二年[1]，苗昌言奏[2]："国初尝立三科，真宗增至六科[3]，仁宗时并许布衣应诏[4]，于是名贤出焉。请参稽前制，间岁下诏，权于正文出题，不得用僻书注疏，追复天圣十科[5]，开广荐扬之路，振起多士积年委靡之气。"遂诏礼部集馆职、学官杂议，皆曰："注疏诚可略，科目不必广。天下之士，屏处山林，滞迹遐远，侍从之臣，岂能尽知。"遂如国初之制，止令监司、守臣解送[6]。

[1] 孝宗：即宋孝宗赵眘（1127～1194）。参见宋59注1。乾道二年：即公元1166年。乾道，宋孝宗的第一个年号。

[2] 苗昌言：句容（今属江苏）人（生卒年不详），绍兴十二年（1142）进士，历官抚州州学教授、左承议郎等。

[3] 真宗：即宋真宗赵恒（968～1022）。参见宋13注1。

[4] 仁宗：即宋仁宗赵祯（1010～1063）。参见宋3注4。

[5] 天圣十科：清秦蕙田《五礼通考》卷一百七十四："仁宗初诏曰：'朕开数路以详延天下之士，而制举独久不设，意者吾豪杰或以故见遗也，其复置此科。于是增其名曰：贤良方正能直言极谏科、博通坟典明于教化科、才识兼茂明于体用科、详明吏理可使从政科、识洞韬略运筹帷幄科、军谋宏远材任边寄科，凡六，以待京朝之被举及起应选者。又置书判拔萃科，以待选人；又置高蹈丘园科、沉沦草泽科、茂材异等科，以待布衣之被举者。其法，先上艺业于有司，有司较之，然后试秘阁，中格，然后天子亲策之。'"秦蕙田加按语云："此诏在天圣七年，所谓天圣十科也。"天圣，宋仁宗赵祯的第一个年号（1023～1032）。

[6] 监司：参见宋37注6。守臣：知州、知府的简称。

101. 七年[1]，诏举制科以六论，增至五通为合格，始命官、糊名、誊录如故事。试院言："文卷多不知题目所出，有仅及二通者。"帝命赐束帛罢之，举官皆放罪。旧试六题，一明一暗。时考官命题多暗僻，失求言之意，臣僚请遵天圣、元祐故事[2]，以经题为第一篇，然后杂出《九经》、《语》、《孟》内注疏或子史正文，以见尊经之意。从之。初，制科取士必以三年，十一年，诏："自今有合召试者，举官即以名闻。"明年春，李巘言[3]："贤良之举，本求谠言以裨阙政[4]，未闻责以记诵之学，使才行学识如晁、董之伦[5]，虽注疏未能尽记，于治道何损？"帝以为然，乃复罢注疏。

[1] 七年：即宋孝宗乾道七年（1171）。中华书局整理本校勘记："承上文当指乾道七年。但据《宋会要·选举》一一之三三、《朝野杂记》甲集卷一三，制举六论以五通为合格系淳熙四年事，此处疑有误。"何忠礼《宋史选举志补正》第100页："据《宋会要·选举》一一之三三至三四及《朝野杂记》甲集卷一三《制科六题》载，本诏令系淳熙四年（1177）事，志文盖误。"甚是。

[2] 天圣：宋仁宗的第一个年号（1023～1032）。元祐：宋哲宗赵煦的第一个年号（1086～1094）。

[3] 李巘：字献之（生卒年不详），济阳（今属山东）人。淳熙二年赐同进士出身，历官太常寺主簿、秘书郎、中书舍人、宝文阁学士、翰林学士。

[4] 谠言：正直之言，直言。

[5] 晁董：指西汉时的晁错与董仲舒。晁错（前200～前154），汉颍川人。治申商刑名之学，曾从伏生受《尚书》，有"智囊"之称。仕汉景帝为御史大夫，以建议削藩被杀。《史记》、《汉书》皆有传。董仲舒（前179～前104），汉广川人。少治《春秋公羊传》，汉武帝时，以贤良对策称旨，拜江都相。生平讲学著书，推尊儒术，罢黜百家，著有《春秋繁露》等书。《史记》、《汉书》皆有传。

102. 高宗立博学宏词科 [1]，凡十二题，制、诰、诏、表、露布、檄、箴、铭、记、赞、颂、序内杂出六题，分为三场，每场体制一古一今。遇科场年，应命官除归明、流外、入赀及犯赃人外 [2]，公卿子弟之秀者皆得试。先投所业三卷，学士院考之 [3]，拔其尤者召试，定为三等。上等转一官 [4]，选人改秩 [5]，无出身人赐进士及第，并免召试，除馆职；中等减三年磨勘 [6]，与堂除 [7]，无出身人赐进士出身，下等减二年磨勘，无出身人赐同进士出身，并许召试馆职。南渡以来所得之士，多至卿相、翰苑者 [8]。

[1] 高宗：即宋高宗赵构（1107～1187）。参见宋42注1。《宋会要辑稿·选举》一二之一一："绍兴三年七月六日……今欲以博学宏词科为名，以制、诰、诏书、表、露布、檄、箴、铭、记、赞、颂、序一十二件为题。"

[2] 归明：即归明人。宋时辽人、金人来归；溪峒首领纳土已久，出仕补官，给田赡养，皆称归明人。流外：杂流之一。朝廷诸司吏职及诸州、监司吏人，在九品之外者皆属流外人。入赀：纳钱财以赎罪或取得官爵功名。

[3] 学士院：参见宋93注2。

[4] 转：官吏调任品秩相同的他官称"转"。

[5] 选人：低级文臣寄禄官，即幕职州县官。宋制，京官以上由中书注授差遣，惟幕职州县官经由吏部铨选注授差遣，故称。改秩：即调官。一般指改任品级大致相同的官职，有时略含升迁之意。

[6] 磨勘：宋代寄禄官迁转皆有定年，任内每年勘验其劳绩过失，吏部复查后决定迁转寄禄官阶，称磨勘。选人惟改京官时才实行磨勘。

[7] 堂除：又称"堂选"、"堂差"。宋代京官、选人一般由吏部选差，其有特殊勋劳者，得由政事堂直接奏注差遣，即称"堂除"。堂除获差较候选于吏部者为速，热衷者视为捷径。

[8] 卿相：泛指执政的大臣。翰苑：翰林院官员，属清贵之位。

103. 理宗嘉熙三年 [1]，臣僚奏："词科实代王言，久不取人，日就废弛。盖试之太严，故习之者少。今欲除博学宏词科从旧三岁一试外，更降等立科。止试文辞，不贵记问。命题止分两场，引试须有出身人就礼部投状，献所业，如试教官例 [2]。每一岁附铨闱引试 [3]，惟取合格，不必拘额，中选者与堂除教授，已系教官资序及京官不愿就教授者，京官减磨勘，选人循一资 [4]。他时北门、西掖、南宫舍人之任 [5]，则择文墨超卓者用之。其科目，则去'宏博'二字，止称词学科。"从之。淳祐初，罢。景定二年，复嘉熙之制 [6]。

[1] 理宗：即宋理宗赵昀（1205～1264）。参见宋71注1。嘉熙三年：即公元1239年。嘉熙，宋理宗的第四个年号。

[2] 试教官：即"教官试"。宋代选拔州学教授的一种方式。熙宁八年（1075）始用考试方法选拔州学教授。元丰七年（1084）规定试人上等为博士，中、下等为学正、学录。元符元年（1098）规定每年一试。绍兴十二年（1142）起，凡进士出身合试教官者依次考经义、诗赋两场，中选则为诸州教授。

[3] 铨闱：吏部对官员实行铨选时的考试场所。

[4] 循一资：按年资升一级。宋代七阶选人依不同出身，考、任数及举主人数，自下而上递升，依格铨授，不得逾越，即称"循资"。

[5] 北门：唐宋学士院在禁中北门，因以为翰林学士院之代称。这里代指翰林学士院学士等职务。西掖：唐宋中书省的别称。这里指中书省属官中书舍人。南宫舍人：礼部郎中的别称。

[6] "淳祐初"四句：宋王应麟《玉海》卷二百一："嘉熙二年，立辞学科，以今题四篇分两场，行之三年而废。景定二年，复辞学科，至四年而止。今唯存博宏一科。"与志文所记述有出入，可参考。淳祐，宋理宗赵昀的第五个年号（1241～1252）。景定二年，即公元1261年。景定，宋理宗赵昀的第八个年号。

104．初，内外学官多朝廷特注 [1]，后稍令国子监取其旧试艺等格优者用之。熙宁八年 [2]，始立教授试法，即舍人院召试大义五道 [3]。元丰七年 [4]，令诸州无教官，则长吏选在任官上其名，而监学审其可者使兼之。元祐中 [5]，罢试法，已而论荐益众，乃诏须命举乃得奏。绍圣初 [6]，三省立格 [7]，中制科及进士甲第、礼部奏名在上三人、府监广文馆第一人、从太学上舍得第 [8]，皆不待试，馀召试两经大义各一道，合格则授教官。元符中 [9]，增试三经。政和二年 [10]，臣僚言："元丰召试学官六十人，而所取四人，皆知名之士，故学者厌服 [11]。近试率三人取一，今欲十人始取一，以重其选。"从之。自是或如旧法，中书选注。又尝员外添置八行应格人为大藩教官 [12]，不以莅职，随废。或用元丰试法，更革无常。

[1] 特注：不按常规的注授。

[2] 熙宁八年：即公元1075年。熙宁，宋神宗赵顼的第一个年号。

[3] 舍人院：中书省下官署名，掌为皇帝起草诏令。

[4] 元丰七年：即公元1084年。元丰，宋神宗赵顼的第二个年号。

[5] 元祐：宋哲宗赵煦的第一个年号（1086～1094）。

[6] 绍圣：宋哲宗赵煦的第二个年号（1094～1098）。

[7] 立格：制定条例。

[8] 广文馆：国子监下属学校之一，收纳四方游士到京师求试者，补中广文馆生即可投牒就试国子监。太学上舍：即上舍生。参见宋2注2、宋39注3。

[9] 元符：宋哲宗赵煦的第三个年号（1098～1100）。

[10] 政和二年：即公元1112年。政和，宋徽宗赵佶的第四个年号。

[11] 厌服：心服。

[12] 八行应格人：符合"八行科"标准的人。八行科为宋代贡举科目之一。大观元年（1107）置，凡士人具备孝、悌、睦、姻、任、恤、忠、和等八"行"者，可免试贡人太学上舍，经审察核实，授予美官。不能全备者，按其"行"之多寡，选为州学三舍生。大藩：比较重要的州郡一级的行政区。

105. 高宗初年，复教官试[1]。绍兴中[2]，议者谓："欲为人师，而自献以求进，非礼也。"乃罢试而自朝廷选差[3]。已而又复之，凡有出身者许应，先具经义、诗、赋各三首赴礼部，乃下省闱，分两场试之。初任为诸州教官，由是为两学之选[4]。十五年[5]，从国子监丞文浩所言[6]，于《六经》中取二经，各出两题，毋拘义式，以贯穿该赡为合格。其后，四川制置司遇类省试年，亦仿礼部附试，自嘉泰元年始[7]。

[1] 教官试：参见宋103注2。
[2] 绍兴：宋高宗赵构的第二个年号（1131~1162）。
[3] "乃罢试"句：宋李心传《建炎以来系年要录》卷八十四："绍兴五年春正月……己巳，罢试教官法，其诸州学官并从朝廷选差。"
[4] 两学：指太学、国子监。
[5] 十五年：即绍兴十五年（1145）。
[6] 国子监丞：学官名，掌国子监钱谷出纳，秩正八品。文浩：生平不详。
[7] 嘉泰元年：即公元1201年。嘉泰，宋宁宗赵扩的第二个年号。

106. 凡童子十五岁以下，能通经作诗赋，州升诸朝，而天子亲试之。其命官、免举无常格。真宗景德二年[1]，抚州晏殊、大名府姜盖始以童子召试诗赋[2]，赐殊进士出身，盖同学究出身。寻复召殊试赋、论，帝嘉其敏赡，授秘书正字[3]。后或罢或复。自仁宗即位[4]，至大观末[5]，赐出身者仅二十人。

[1] 真宗：即宋真宗赵恒（968~1022）。参见宋13注1。景德二年：即公元1005年。
[2] 抚州晏殊：参见宋19注13。大名府：治所在今河北大名东北。姜盖：生平不详。《宋史全文》卷五下、宋李焘《太平治迹统类》卷二十七作"姜益"；宋李焘《续资治通鉴长编》卷六十、宋章如愚《群书考索》后集卷三十二、元马端临《文献通考》卷三十五作"姜盖"。何忠礼《宋史选举志补正》第104页："按《长编》卷二五及《宋史·杨亿传》载：太宗雍熙元年（984），十一岁的杨亿以童子召试中格，十一月癸酉，授亿为秘书省正字。则宋志以为童子试始于晏、姜亦误。"甚是。
[3] 秘书正字：秘书省属官，掌订正典籍讹误。
[4] 仁宗：即宋仁宗赵祯（1010~1063）。参见宋3注4。
[5] 大观：宋徽宗赵佶的第三个年号（1107~1110）。

107. 建炎二年[1]，用旧制，亲试童子，召见朱虎臣[2]，授官赐金带以宠

之 [3]。后至者或诵经、史、子、集，或诵御制诗文，或诵兵书、习步射，其命官、免举，皆临期取旨，无常格。淳熙中 [4]，王克勤始以程文求试 [5]。内殿引见，孝宗嘉其警敏 [6]，补从事郎 [7]，令秘阁读书。会礼部言："本朝童子以文称者，杨亿、宋绶、晏殊、李淑 [8]，后皆为贤宰相、名侍从。今郡国举贡，问其所能，不过记诵，宜稍艰其选。"八年 [9]，始分为三等：凡全诵《六经》、《孝经》、《语》、《孟》及能文，如《六经》义三道、《语》、《孟》义各一道、或赋一道、诗一首为上等，与推恩；诵书外能通一经，为中等，免文解两次；止能诵《六经》、《语》、《孟》为下等，免文解一次。覆试不合格者，与赐帛。宁宗嘉定十四年 [10]，命岁取三人，期以季春集阙下。先试于国子监，而中书复试之，为永制焉。理宗后罢此科 [11]，须卓绝能文者，许诸郡荐举。

[1] 建炎二年：即公元 1128 年。建炎，宋高宗赵构的第一个年号。何忠礼《宋史选举志补正》第105 页："按建炎二年（1128）亲试童子事，史籍记载虽不详，然召见朱虎臣事，《宋会要·选举》九之二六及《系年要录》卷五二皆系于绍兴二年（1132）三月二十二日（癸丑），志文将其系于建炎二年，误。"甚是。

[2] 朱虎臣：浮梁（今江西景德镇市）人，馀不详。

[3] 授官：《宋史全文》卷十八上："童子朱虎臣，七岁能诵七书，排定布射，与其兄端友皆来。上召对，端友以诵经、子书赐束帛，而虎臣为承信郎。"金带：金饰的腰带。

[4] 淳熙：宋孝宗赵眘的第三个年号（1174 ~ 1189）。

[5] 王克勤：字叔弼（生卒年不详），或云字敏叔，临川（今江西抚州）人。淳熙二年（1175）中童子科，入秘省读书；又登淳熙十四年（1187）第，历官秘书省正字。程文：科场应试者进呈的文章。

[6] 孝宗：即宋孝宗赵眘（1127 ~ 1194）。参见宋 59 注 1。

[7] 从事郎：宋崇宁二年（1103）新置选人阶官名，相当于旧阶官防御、团练、军事推官等。

[8] 杨亿：参见宋 30 注 14。宋绶：字公垂（991 ~ 1040），赵州平棘（今河北石家庄市赵县）人。以荫补太祝，年十五，召试中书，迁大理评事。大中祥符元年（1008）复试学士院，为集贤校理，赐同进士出身，历官翰林学士兼侍读、参知政事。《宋史》有传。晏殊：参见宋 19 注 13。李淑：参见宋 22 注 2。

[9] 八年：即淳熙八年（1181）。

[10] 宁宗：即宋宁宗赵扩（1168 ~ 1224）。参见宋 67 注 1。嘉定十四年：即公元 1221 年。

[11] 理宗：即宋理宗赵昀（1205 ~ 1264）。参见宋 71 注 1。

108. 科目既设，犹虑不能尽致天下之才，或韬晦而不屑就也，往往命州郡搜罗，而公卿得以荐言。若治平之黄君俞 [1]，熙宁之王安国 [2]，元丰则程颐 [3]，元祐则陈师道 [4]，元符则徐积 [5]，皆卓然较著者也。熙宁三年 [6]，诸路搜访行义为乡里推重者，凡二十有九人。至，则馆之太学，而刘蒙以下二十二人试舍人院 [7]，赐官有差，亦足以见幽隐必达，治世之盛也。其后，应诏者多失实，而朝廷亦厌薄之。

[1] 治平：宋英宗赵曙的年号（1064－1067）。黄君俞：字廷金（生卒年不详），莆田（今属福建）人，治平四年（1067）进士第一，历官国子监直讲、太常寺主簿、崇文院校书，改馆阁校勘，卒。

[2] 熙宁：宋神宗的第一个年号（1068～1077）。王安国：字平甫（1028～1074），抚州临川（今江西抚州）人，王安石弟。熙宁元年进士，历官西京国子监教授、著作郎、秘阁校理，与王安石政见不合，罢官归，著有《王校理集》。《宋史》有传。

[3] 元丰：宋神宗赵顼的第二个年号（1078～1085）。程颐：参见宋53注4。

[4] 元祐：宋哲宗赵煦的第一个年号（1086～1094）。陈师道：字履常（1053～1102），一字无己，号后山居士，徐州彭城（今江苏徐州）人。以布衣为徐州教授、太学博士、秘书省正字，罢归。清介自守，为江西派代表作家。著有《后山集》等。《宋史》有传。

[5] 元符：宋哲宗赵煦的第三个年号（1098～1100）。徐积：字仲车（1028～1103），楚州山阳（今江苏淮安）人。治平二年（1065）进士，历官扬州司户参军、宣德郎。政和六年（1116）赐谥节孝处士。以孝子与诗文著称，著有《节孝集》等。《宋史》有传。何忠礼《宋史选举志补正》第106页："《宋志》承《旧录》之误，将积元祐得荐误为元符得荐，当改。"可参考。

[6] 熙宁三年：即公元1070年。

[7] 刘蒙：字子明（生卒年不详），渤海（今山东滨县东）人。历官湖阳知县、朝奉郎兼江南东路转运副使、直秘阁。舍人院：参见宋94注2。

109. 高宗垂意遗逸，首召布衣谯定[1]，而尹焞以处士入讲筵[2]。其后束帛之聘，若王忠民之忠节[3]，张志行之高尚[4]，刘勉之、胡宪之力学[5]，则赐出身，俾教授本郡，或赐处士号以宠之。所以振清节，厉颓俗。如徐庭筠之不出[6]，苏云卿之晦迹[7]，世尤称焉。宁宗庆元间[8]，蔡元定以高明之资[9]，讲明一代正学[10]，以尤袤、杨万里之荐召之[11]，固以疾辞，竟以伪学贬死，众咸惜之。理、度以后[12]，国势日迫，贤者肥遯[13]，迄无闻焉。

[1] 谯定：字天授（生卒年不详），自号涪陵先生，涪州涪陵（今属四川）人。少喜学佛，后从程颐学《易》，造诣甚深。靖康初，召为崇政殿说书，不就。高宗即位，又命招至，适金兵至，失其所在。后归隐青城山中，蜀人称"谯夫子"，不知所终。《宋史》有传。

[2] 尹焞：字彦明（1071～1142），一字德充，河南府（今河南洛阳）人。曾师事程颐，靖康初，以种师道荐，召至京师，不欲为官，赐号"和靖处士"。绍兴初，历官崇政殿说书、礼部侍郎兼侍讲，致仕，隐于平江。著有《和靖集》、《论语解》、《孟子解》等。《宋史》有传。讲筵：帝王的经筵。参见宋22注2。

[3] 王忠民：颍阳（今河南登封西南）人，世业医。幼通经史，刘豫僭立，王忠民尝作《九思图》达之金主，斥其无道，以明天下之义。绍兴三年（1133），被荐于朝，授宣教郎，辞官不出。《宋史》有传。

[4] 张志行：《宋史全文》卷十八下："绍兴三年……六月……乙酉……婺州进士张志行，赐号冲素处士。志行，东阳人，以学行为乡里所推。大观中，数举八行，不就。浙东宣谕官朱异言于朝，故以命之。志行年几七十矣。"

［5］刘勉之：字致中（1091～1149），号白水先生，建州崇安（今属福建）人。以乡举进太学，曾从谯定学《易》，力耕自给。高宗时，奉诏至临安，秦桧不为引见，谢病归。杜门十馀年，学者多慕名从学。《宋史》有传。胡宪：字原仲（1086～1162），崇安（今福建武夷山）人。少从叔父胡安国学，入太学，曾从谯定学《易》。后归故山，力田卖药，有"隐君子"之誉，从学者日众，称之为籍溪先生。绍兴六年（1136）召对，赐进士出身，以奉母家居不出。后召为秘书省正字，卒年七十七。《宋史》有传。

［6］徐庭筠：为徐中行之三子，台州临海（今属浙江）人。少有志行，学以诚敬为主，隐居乡里，卒年八十五。乡人以其父子俱为隐士，称之曰"二徐先生"。朱熹尝拜其墓下，题诗有"道学传千古，东瓯说二徐"之句。《宋史》有传。

［7］苏云卿：汉州广汉（今属四川）人。宋高宗时隐居豫章东湖（在今南昌），溉园高卧，人称"苏翁"。张浚为相，屡召不起，不知所之。《宋史》有传。

［8］宁宗：即宋宁宗赵扩（1168～1224）。参见宋67注7。庆元：宋宁宗的第一个年号（1195～1200）。

［9］蔡元定：字季通（1135～1198），世称西山先生，建州建阳（今属福建）人。与朱熹亦师亦友，学问共相发明。庆元二年（1196），沈继祖等上疏攻击朱熹为伪学，并及元定，被编管道州。来学者日众，卒于贬所，谥文节。著有《律吕新书》、《洪范解》、《西山公集》等。《宋史》有传。

［10］一代正学：指程朱理学。

［11］尤袤：字延之（1127～1194），自号遂初居士，常州无锡（今属江苏）人。绍兴十八年（1148）进士，历官泰兴令、礼部侍郎、中书舍人兼直学士院、礼部尚书等。立朝敢言，能诗，与杨万里、范成大、陆游有"南宋四大家"之誉。富藏书，著有《遂初堂书目》。《宋史》有传。杨万里：字廷秀（1127～1206），号诚斋，吉州吉水（今属江西）人。绍兴进士，历官国子监博士、太子侍读、秘书监、江东转运副使，致仕归。工诗，著有《诚斋集》。《宋史》有传。

［12］理度：即宋理宗赵昀（1205～1264）与宋度宗赵禥（1240～1274）。参见宋71注1，宋88注1。

［13］肥遯（dùn 遁）：即指退隐。语本《易·遯》："上九，肥遯，无不利。"

《宋史》

卷一百五十七　志第一百十

选举三　学校试 律学等试附

110．凡学皆隶国子监〔1〕。国子生，以京朝七品以上子孙为之〔2〕，初无定员，后以二百人为额。太学生，以八品以下子弟若庶人之俊异者为之。及三舍法行〔3〕，则太学始定置外舍生二千人〔4〕，内舍生三百人，上舍生百人。始入学，验所隶州公据〔5〕，试补外舍，斋长、谕月书其行艺于籍〔6〕。行谓率教不戾规矩，艺谓治经程文。季终考于学谕〔7〕，次学录〔8〕，次正〔9〕，次博士〔10〕，后考于长贰〔11〕。岁终会其高下，书于籍，以俟复试，参验而序进之。凡私试〔12〕，孟月经义〔13〕，仲月论，季月策。凡公试〔14〕，初场经义，次场论策。试上舍，如省试法。凡内舍〔15〕，行艺与所试之业俱优，为上舍上等，取旨授官；一优一平为中等，以俟殿试；俱平若一优一否为下等，以俟省试。

〔1〕国子监：两宋最高学府。宋承五代后周之制，设国子监，端拱二年（989）改国子监为国子学，旋复旧；庆历四年（1044）建太学，国子监遂成为掌管全国学校的总机构，负责训导学生、荐送学生应举、修建校舍、建阁藏书并刻印书籍。北宋陪都西京、南京、北京亦设国子监，设分司官，由执政、侍从等官担任。设判监事、直讲、丞、主簿。自元丰三年（1080）起，改设祭酒、司业、丞、主簿、博士、正、录等。

〔2〕京朝：即京朝官，宋代称在京的常参官与未常参官。

〔3〕三舍法：创立于宋神宗熙宁四年（1071）十月。参见宋2注2。

〔4〕太学：两宋最高学府。宋仁宗庆历四年（1044）置太学。

〔5〕公据：官方所发文据，用于证明身份、资历等。

〔6〕斋长谕：即斋长与斋谕。宋代各学校皆分斋教学，每斋约三十人，设斋长、斋谕各一员，选学生担任。斋谕协助斋长率导本斋学生，执行学规和斋规。

〔7〕学谕：宋代学校职事名。宋仁宗庆历间，太学各斋设学谕。熙宁四年（1071）选上舍生担任，每经两员。

〔8〕学录：宋代学官或学校职事名。仁宗时，太学选差学生为学录，熙宁四年（1071），从上舍生中

选差，每经两员。末年改由朝廷委命官担任，列入学官，秩正九品，参用一部分内、上舍生。遂有命官学录与职事学录之别，皆为协助学正执行学规。

[9] 正：即学正。宋代学官或学校职事名，在学录之上，选任略同学录，亦有命官学正与职事学正之别。

[10] 博士：学官名。宋代太学、国子学、武学、宗学与律、算、书、画、医等学皆置博士，以本学行艺教授学生。太学博士简称"太博"，秩从八品。

[11] 长贰：指学校的正、副职官，如祭酒、司业等。

[12] 私试：又称月校。宋承唐制，太学有私试，由本学长官自行出题考校，朝廷不差考官。

[13] 孟月：指每季的第一个月。以下仲月、季月则分别为每季的第二个月、第三个月。

[14] 公试：宋承唐制，太学有公试，由朝廷降敕差官主考。元丰二年（1079）规定，太学外舍生每年公试一次，于二、三月间举行，两日三场，差外官主持考试。

[15] 内舍：何忠礼《宋史选举志补正》第 109 页据宋李焘《续资治通鉴长编》卷二二七与卷三〇一考订："内舍生考试合格者只能升为上舍，而不能直接授官或参加殿、省试。故此处之'内舍'实系'上舍'之误。"甚是。

111. 元祐间 [1]，置广文馆生二千四百人 [2]，以待四方游士试京师者。律学生无定员，他杂学废置无常。崇宁建辟雍于郊 [3]，以处贡士，而三舍考选法乃遍天下。于是由州郡贡之辟雍，由辟雍升之太学，而学校之制益详。凡国子以奏荫恩广 [4]，故学校不预考选，其得入官赐出身者，多由铨试 [5]。

[1] 元祐：宋哲宗赵煦的第一个年号（1086～1094）。

[2] 广文馆：参见宋 104 注 8。

[3] 崇宁：宋徽宗赵佶的第二个年号（1102～1106）。辟雍：商、周天子之学称"辟雍"，历代相沿。宋崇宁元年（1102）于汴京城南营建辟雍，外圆内方，有屋一千一百七十二楹，为太学之外学，可容纳各路贡士三千人。

[4] 奏荫：宋代父祖为高官，可以上奏请求授予儿孙官职，即称"奏荫"。

[5] 铨试：宋代选举官员考试方法之一。凡选人（包括官员所荫补亲属、同进士出身与特奏名者）及宗室子弟须赴吏部流内铨应试合格，或赴吏部长官厅前帘试合格，方能参注文职差遣，即称"铨试"。

112. 初，国子监因周旧制 [1]，颇增学舍，以应荫子孙隶学受业。开宝八年 [2]，国子监上言："生徒旧数七十人，奉诏分习《五经》，然系籍者或久不至，而在京进士、诸科，常赴讲席肄业 [3]，请以补监生之阙。"诏从之。

[1] 周：指五代后周（951～960）。

[2] 开宝八年：即公元 975 年。开宝，宋太祖赵匡胤的第三个年号。

[3] 肄业：修习课业。

113. 景德间 [1]，许文武升朝官嫡亲附国学取解 [2]，而远乡久寓京师，其文艺可称，有本乡命官保任，监官验之，亦听附学充贡。

[1] 景德：宋真宗的第二个年号（1004～1007）。

[2] 升朝官：或称"朝官"、"常参官"。唐代自宰相以下在朝廷作官者皆称京官，其中凡常参者称常参官（常朝日参见皇帝的高级官员），未常参者称未常参官。宋称常参官为朝官，未常参者为京官。宋初，文臣自太子中允、赞善大夫、太子中舍、洗马以上，武臣自内殿崇班以上为朝官；元丰改制后，相应文臣通直郎、武臣修武郎以上为朝官。

114. 仁宗时 [1]，士之服儒术者不可胜数。即位初，赐兖州学田 [2]，已而命藩辅皆得立学 [3]。庆历四年 [4]，诏曰："儒者通天、地、人之理，明古今治乱之原，可谓博矣。然学者不得骋其说，而有司务先声病章句以拘牵之，则吾豪隽奇伟之士，何以奋焉？士有纯明朴茂之美，而无敩学养成之法 [5]，使与不肖并进 [6]，则夫懿德敏行，何以见焉？此取士之甚敝，而学者自以为患。夫遇人以薄者，不可责其厚也。今朕建学兴善，以尊子大夫之行 [7]；更制革敝，以尽学者之才。有司其务严训导、精察举，以称朕意。学者其进德修业，无失其时。其令州若县皆立学，本道使者选部属官为教授，员不足，取于乡里宿学有道业者。"由是州郡奉诏兴学，而士有所劝矣。

[1] 仁宗：即宋仁宗赵祯（1010～1063）。参见宋3注4。

[2] 赐兖州学田：《御批历代通鉴辑览》卷七十四《给兖州学田》："判国子监孙奭上言：'知兖州日，建立学舍以延生徒，至数百人，臣虽以俸赡之，然常不给。乞给田十顷为学粮。'从之。诸州给学田始此。"又《山东通志》卷十四："宋仁宗天圣元年，诏赐兖州学田。已而旁郡多立学，赐之田如兖州。"兖州，今属山东。

[3] 藩辅：藩国，藩镇。

[4] 庆历四年：即公元1044年。庆历，宋仁宗的第六个年号。

[5] 敩（xiào孝）学：教导，使觉悟，促其学习。

[6] 不肖：不成才者。

[7] 子大夫：帝王对臣下或士子的美称。

115. 天章阁侍讲王洙言 [1]："国子监每科场诏下，许品官子弟然试艺 [2]，给牒充广文、太学、律学三馆学生，多致千馀。就试试已，则生徒散归，讲官倚席 [3]，但为游寓之所，殊无肄习之法。居常听讲者，一二十人尔。"乃限在学满五百日，旧已尝充贡者止百日。本授官会其实 [4]，京朝官保任 [5]，始预秋试，每十人与解三人。凡入学授业，月旦即亲书到历 [6]。如遇私故或疾告、归宁 [7]，皆给假，违程及期月不来参者，去其籍。后谏官余靖极言非便 [8]，遂罢听读日限。

[1] 天章阁：宋代天禧四年（1020）所建阁名，取"为章于天"之意命名。收藏宋真宗御制文集、

御书。景祐三年（1036）置侍讲。侍讲：宋代以学士、侍从之学术修养较高者为翰林侍讲、侍读，不带"学士"，为皇帝进读史书，讲说经义，备顾问应对。王洙：字原叔（997～1057），一说字尚汶，应天宋城（今河南商丘）人。天圣进士，历官史馆检讨、翰林学士，出知濠、襄、徐、亳等州。博学多闻，于学无所不通，著有《王氏谈录》等。《宋史》有传。中华书局整理本校勘记云："本句以下一段叙述，据《宋会要·崇儒》一之二九、《通考》卷四二《学校考》都系在庆历二年，当移置上段'庆历四年'之前。"甚是。

［2］许品官子役然试艺：中华书局整理本校勘记认为"文意不明"，据《宋会要·崇儒》一之二九、《通考》卷四二《学校考》皆作"许品官子弟投保官家状量试艺业"云："疑'役然'二字乃'投状'二字之讹。"甚是。

［3］倚席：博士、经师的坐席倚于一侧，指不设讲座，废弃学术。

［4］本授官：谓主管官员。

［5］京朝官：宋代称在京的常参官与未常参官。

［6］月旦：农历每月初一。历：登记各项事务留作案底，以备查考的文书。

［7］归宁：这里谓回家治丧。

［8］谏官：这里指右正言。庆历三年（1043），余靖官右正言。余靖：本名希古（1000～1064），字安道，韶州曲江（今广东韶关）人。天圣进士，历官集贤校理、右正言、史馆修撰，以尚书左丞知广州。著有《武溪集》。《宋史》有传。

116. 初立四门学［1］，自八品至庶人子弟充学生，岁一试补。差学官锁宿、弥封校其艺［2］，疏名上闻而后给牒，不中式者仍听读，若三试不中，则出之。未几，学废。

［1］四门学：学校名。庆历三年（1043）依唐制创办。太学立，四门学即废。参见唐2注6。

［2］锁宿：宋代贡举与选官考试，为防止作弊，考官等须赴贡院或指定场所锁宿，不回私宅，以避免亲友请托。

117. 时太学之法宽简，而上之人必求天下贤士，使专教导规矩之事。安定胡瑗设教苏、湖间二十馀年［1］，世方尚词赋，湖学独立经义、治事斋［2］，以敦实学。皇祐末［3］，召瑗为国子监直讲［4］，数年，进天章阁侍讲［5］，犹兼学正［6］。其初人未信服，谤议蜂起，瑗强力不倦，卒以有立。每公私试罢，掌仪率诸生会于首善［7］，雅乐歌诗，乙夜乃散［8］。士或不远数千里来就师之，皆中心悦服。有司请下湖学，取其法以教太学。

［1］安定胡瑗：字翼之（993～1059），世称安定先生，泰州如皋（今属江苏）人，或谓泰州海陵（今江苏泰州）人。以经术教授吴中。后教授湖州，学生数百人，教学有方，典章悉备。庆历时兴太学，多取其法。皇祐中，任国子直讲，擢太子中允、天章阁侍讲，主持太学，弟子众多。后以太常博士致仕。著有《周易口义》、《洪范口义》等。

［2］湖学：明彭大翼《山堂肆考》卷八十七《独尚时务》："安定胡先生瑗，教授苏、湖间三十馀年，

弟子以千数计。时方尚词赋，独湖学尚经义、时务，学中故有经义、治事斋。经义斋择疏通有器局者居之，治事斋人各治二事，又兼一事，如边防、水利之类。故天下谓湖学多秀彦，其出而筮仕，往往取高第；及为政，多适于世用，若老于吏事者，由讲习有素也。"

[3] 皇祐：宋仁宗赵祯的第七个年号（1049～1054）。

[4] 国子监直讲：官名。宋初，国子监有讲书，无定员。淳化五年（994）改直讲，以京朝官充任。皇祐四年（1052）规定以八人为额，须择年四十以上，通明经义，行为端正者为之。元丰三年（1080）改称太学博士。

[5] 天章阁侍讲：参见宋 115 注 1。

[6] 学正：参见宋 110 注 9。

[7] 掌仪：宋代学校职事名。太学、武学、州县学皆常设掌仪一员，掌升堂、释奠的仪礼以及接待各地来太学观光者。首善：指北宋京师汴京（今河南开封）。《史记·儒林列传》："故教化之行也，建首善自京师始，由内及外。"

[8] 乙夜：二更时分，约为现代计时晚 10 时左右。

118. 神宗尤垂意儒学 [1]，自京师至郡县，既皆有学。岁时月各有试，程其艺能，以差次升舍，其最优者为上舍，免发解及礼部试而特赐之第。遂专以此取士 [2]。

[1] 神宗：即宋神宗赵顼（1048～1085）。参见宋 3 注 3。

[2] "岁时月各有试"六句：何忠礼《宋史选举志补正》第 115 页经考证认为："直至哲宗绍圣元年（1094），州学生员之主要出路仍为发解应举，而通过三舍考选，升入太学这种做法尚未形成制度。元符二年（1099），州始行三舍法，崇宁元年（1102），才最后推行至全国州、县学。志文从'岁时月各有试'以下一段文字，实指京师太学行三舍法而言，当与州学无关。"甚是。

119. 太学生员，庆历尝置内舍生二百人 [1]。熙宁初 [2]，又增百人，寻诏通额为九百人。四年 [3]，尽以锡庆院及朝集院西庑建讲书堂四 [4]，诸生斋舍、掌事者直庐始仅足用。自主判官外 [5]，增置直讲为十员 [6]，率二员共讲一经，令中书遴选，或主判官奏举。生员厘为三等：始入学为外舍，初不限员，后定额七百人；外舍升内舍，员二百；内舍升上舍，员百。各执一经，从所讲官受学，月考试其业，优等上之中书。其正、录、学谕，以上舍生为之，经各二员；学行卓异者，主判、直讲复荐之中书，奏除官。始命诸州置学官，率给田十顷赡士。初置小学教授。帝尝谓王安石曰 [7]："今谈经者人人殊，何以一道德？卿所著经，其以颁行，使学者归一。"八年 [8]，颁王安石《书》、《诗》、《周礼义》于学官，是名《三经新义》[9]。

[1] 庆历：宋仁宗赵祯的第六个年号（1041～1048）。

[2] 熙宁：宋神宗赵顼第一个年号（1068～1077）。

[3] 四年：即熙宁四年（1071）。

[4] 锡庆院：在北宋京师汴京，于开封府（南衙）原址建。朝集院：宋真宗咸平四年（1001）建于汴京。宋李焘《续资治通鉴长编》卷四十八："上以朝臣外任代还，寓于逆旅，癸亥置朝集院于

朱雀门，凡百馀区。"

[5] 主判官：唐宋时高级官员兼任较低职务之称。这里即指高级官员兼任学官者。

[6] 直讲：参见宋117注4。

[7] 帝：即指宋神宗赵顼（1048~1085）。王安石：参见宋30注2。

[8] 八年：即熙宁八年（1075）。

[9] 三经新义：王安石撰。此书对《书》、《诗》、《周礼》作了新的解说，以为其变法服务。现仅存《周官新义》。

120. 元丰二年 [1]，颁《学令》[2]：太学置八十斋，斋各五楹，容三十人。外舍生二千人，内舍生三百人，上舍生百人。月一私试，岁一公试，补内舍生；间岁一舍试，补上舍生，弥封、誊录如贡举法；而上舍试则学官不预考校。公试，外舍生入第一、第二等，升内舍；内舍生试入优、平二等，升上舍：皆参考所书行艺乃升。上舍分三等。学正增为五人，学录增为十人，学录参以学生为之。岁赐缗钱至二万五千 [3]，又取郡县田租、屋课、息钱之类，增为学费。初，以国子名监，而实未尝教养国子。诏许清要官亲戚入监听读 [4]，额二百人，仍尽以开封府解额归太学，其国子生解额，以太学分数取之，毋过四十人。

[1] 元丰二年：即公元1079年。元丰，宋神宗赵顼的第二个年号。

[2] 学令：宋李焘《续资治通鉴长编》卷三百一："元丰二年……十二月……乙巳，御史中丞李定等言：'窃以取士兼察行艺，则是古者乡里之选。盖艺可以一日而校，行则非历岁月不可考。今酌《周官书》考宾兴之意，为太学三舍选察升补之法。'上《国子监敕式令》并《学令》，凡百四十三条。诏行之。"

[3] 缗（mín 民）钱：指以千文结扎成串的铜钱。

[4] 清要官：职务重要、地位尊显的官。《宋史·张洎传》："上顾谓近臣曰：'学士之职，清要贵重，非他官可比。'"又赵升《朝野类要》卷二《清要》："职慢位显谓之清，职紧位显谓之要，兼此二者，谓之清要。"

121. 哲宗时 [1]，初置在京小学 [2]，曰"就傅"、"初筮"，凡两斋。复取太学额百人还开封府。先是，开封解额稍优，四方士子多冒畿县户 [3]，又隶太学不及一年不该解者，亦往往冒户。礼部按旧制，凡试国子监者，先补中广文馆生 [4]，乃投牒求试。元祐七年 [5]，遂依仿其法，立广文馆生。惟开封府元解百人许自试，其尝取诸科二百、国子额四十者，皆以为本馆解额。遇贡举年试补馆生，中者执牒诣国子监验试，凡试者十人取一，开封考取亦如之。绍兴元年 [6]，罢广文馆，其额悉复还之开封府、国子监。

[1] 哲宗：即宋哲宗赵煦（1077~1100）。参见宋98注2。

[2] 小学：宋代小学分州县小学与在京小学两类。州县小学始见于至和元年（1054）京兆府小学规

石碑，其后崇宁元年（1102）又令州县建立，设教谕，立学规，招收十岁以下儿童。在京小学约建于元丰后，政和四年（1114），学生已近千人，分为十斋，行三舍法。

[3] 畿县：京师近旁的县分。

[4] 广文馆：参见宋 104 注 8。

[5] 元祐七年：即公元 1092 年。元祐，宋哲宗赵煦的第一个年号。

[6] 绍兴元年：即公元 1131 年。绍兴，宋高宗赵构的第二个年号。

122．元祐新令 [1]，罢推恩之制。绍圣初 [2]，监察御史郭知章言 [3]："先帝立三舍法，以岁月稽其行实，故入上舍而中上等者，得不经礼部试，特命以官。责备而持久，故其得也难，诱掖激劝，莫善于此。宜复元丰法 [4]，以广乐育之德 [5]。"又请三学补外舍生 [6]，依元丰令一岁四试。于是诏："太学生悉用元丰制推恩，上等即注官者，岁毋过二人；免礼部试者，每举五人而止；免解试者二十人而止。仍计数对除省试发解额，其元祐法勿用。诸三舍升补等法，悉推行旧制。"

[1] 元祐：宋哲宗赵煦的第一个年号（1086～1094）。

[2] 绍圣：宋哲宗赵煦的第二个年号（1094～1098）。

[3] 监察御史：参见宋 72 注 8。郭知章：字明叔（生卒年不详），吉州龙泉（今江西吉水）人。第进士，历官监察御史、殿中侍御史、左司谏、中书舍人、工部侍郎，加宝文阁直学士，知太原府，召拜刑部尚书。政和初，卒。《宋史》有传。

[4] 元丰法：参见宋 2 注 2。元丰，宋神宗赵顼的第二个年号（1078～1085）。

[5] 乐育之德：言学校教育人才，令天下人喜。《诗序》："《菁菁者莪》，乐育材也，君子能长育人材，则天下喜乐之矣。"

[6] 三学：参见宋 2 注 2。

123．三年 [1]，三省言："元祐试补太学生不严，苟务多取，后试者无阙可拨，宜遵元丰初制，虽在籍生亦重试。"乃诏在籍生再试，许取三分，剙求补者半之；惟上舍生及是年充贡员内舍、外舍先自元丰补入者免再试，馀非再试而中者皆降舍。蔡京上所修《内外学制》[2]，始颁诸天下。

[1] 三年：即宋哲宗绍圣三年（1096）。

[2] 蔡京：字元长（1047～1126），兴化军仙游（今属福建）人。熙宁进士，知开封府，历官权户部尚书、右仆射，拜太师。在朝勾结童贯等，以复新法为名，尽贬元祐诸臣，大兴土木，为"六贼"之首。靖康之变，举家南逃，徙儋州，道死潭州（今湖南长沙）。《宋史》有传。

124．元符元年[1]，诏许命官补国子生，毋过四十人。凡太学试，令优取二《礼》[2]，许占全额之半，而以其半及他经。复置《春秋》博士。二年，初令诸州行三舍法，考选、升补，悉如太学。州许补上舍一人，内舍二人，岁贡之。其上舍附太学外舍，试中补内舍生，三试不升舍，遣还其州。其内舍免试，至则补为外舍生。诸路选监司一员提举学校[3]，守贰董干其事[4]。遇补试上、内舍生[5]，选有出身官一人，同教授考选，须弥封、誊录。三年，太学试补外舍改用四季，学官自考，不誊录，仍添试论一场。

[1] 元符元年：即公元1098年。元符，宋哲宗赵煦的第三个年号。
[2] 二礼：指《周礼》、《礼记》二大经。
[3] 监司：宋代诸路转运使司、提点刑狱司、提举常平司等，有监察各州官吏之责，总称监司。提举：掌管。
[4] 守贰：郡府州县长官及其佐官。董干：主持。
[5] 补试：宋代太学招生考试，称为补试。

125. 崇宁元年[1]，宰臣请："天下州县并置学，州置教授二员，县亦置小学。县学生选考升诸州学，州学生每三年贡太学。至则附试，别立号。考分三等：入上等补上舍，入中等补下等上舍，入下等补内舍，馀居外舍。诸州军解额，各以三分之一充贡士。开封府留五十五额，解士人之不入学者，馀尽均给诸州，以为贡额。外官子弟亲戚，许入学一年，给牒至太学，用国子生额解试。州给常平或系省田宅充养士费[2]，县用地利所出及非系省钱。"三年，始定诸路增养县学弟子员，大县五十人，中县四十人，小县三十人。凡州县学生曾经公、私试者复其身，内舍免户役，上舍仍免借借如官户法[3]。

[1] 崇宁元年：即公元1102年。崇宁，宋徽宗赵佶的第二个年号。
[2] 常平：即常平仓，用以平准粮价的粮仓。淳化三年（992），京畿始置，至景德三年（1006），除沿边州郡外，普及全国。系省田宅：归三司或户部支配的田宅，包括存留于州军者。
[3] 借借：即"借措"，又作"假借"、"措借"（"措"多写作"借"），为宋代杂税之一。宋徽宗时始订，规定各级官府可在圣节向市户借用钱财。实际上官府常以此为名勒索市户财物。州、县学的上舍生一度可免此杂税。官户：谓品官之家，即秩一品至九品的官员之家。若此官员死，其子孙荫补为官，即使是无品小官，也属官户。通过出钱买官入仕者，须至正七品以上，才算官户。官户以外，全算民户。官户依财产多少划分户等，缴纳两税等各种赋税，但可免除大部分职役，一度还可免除科配。触犯刑法时，官户可享有不同品级的议、请、减、赎特权。中高级官员的子弟、亲属、门客可不经过科举考试，以荫补入仕。

126. 命将作少监李诚[1]，即城南门外相地营建外学[2]，是为辟雍[3]。蔡京又奏[4]："古者国内外皆有学，周成均盖在邦中[5]，而党庠、遂序则在国外[6]。臣亲承圣诏，天下皆兴学贡士，即国南郊建外学以受之，俟其行艺中率，然后升诸太学。凡此圣意，悉与古合。今上其所当行者：太学专处上舍、内舍生，而外学则处外舍生。今贡士盛集，欲增太学上舍至三百人，内舍六百人，外舍三千人。外学为四讲堂、百斋，斋列五楹，一斋可容三十人。士初贡至，皆入外学，经试补入上舍、内舍，始得进处太学。太学外舍，亦令出居外学。其敕、令、格、式，悉用太学见制。国子祭酒总治学事[7]，外学官属，司业、丞各一人[8]，稍减太学博士、正、录员归外学[9]，仍增博士为十员，正、录为五员，学生充学谕者十人，直学二人。"三舍生皆由升贡，遂罢国子监补试[10]。

[1] 将作少监：官署将作监的副职官员，掌宫室、城郭、桥梁、舟车营缮等事。李诫：字明仲（？~1110），郑州管城（今河南郑州）人。久官于将作监，自元祐七年（1092）任主簿，历丞、少监至监，举凡朝廷之大建筑，皆出其手。曾重修《营造法式》。博学多艺，工书画，著有《续山海经》、《古篆说文》等，皆佚。

[2] 南城门：当指汴京（今河南开封）南薰门。外学：太学以外的学校。

[3] 辟雍：参见宋40注1，宋111注3。

[4] 蔡京：参见宋123注2。

[5] 成均：古代的大学。《周礼·春官·大司乐》："大司乐掌成均之法，以治建国之学政，而合国之子弟焉。"

[6] 党庠：古代乡学。《礼记·学记》："古之教者，家有塾，党有庠。"遂序：古代学校名。《周礼·地官·遂人》："五酂为县，五县为遂。"宋欧阳修《吉州学记》："记曰：国有学，遂有序，党有庠，家有塾，此三代极盛之时，大备之制也。"国外：国都以外。

[7] 国子祭酒：学官名，元丰改制后始置，一员，秩从四品，掌国子监及太学、武学、律学、小学的政令。

[8] 司业：学官名，即国子司业。参见宋52注2。丞：学官名，即国子监丞。掌钱谷出纳之事，秩正八品。

[9] 太学博士：简称"博士"。参见宋110注10，宋117注4。正录：即学正与学录。参见宋110注8、注9。

[10] 补试：宋代太学招生考试，称为补试。

127. 又置诸王宫大、小学教授[1]，立考选法，凡奉祠及仕而解官或需次者[2]，悉许入内、外学。任子不系州土[3]，随所寓入学，仍别斋居处，别号试考。曾升补三舍生，后从献助得官[4]，其入学视任子法。凡任子，不问文武，须隶学满一年，始得求试。乃诏取士悉由学校升贡，其州郡发解及试礼部并罢。自是，岁试上舍，悉差知举[5]，如礼部试。

[1] 大小学教授：学官名。宋代除宗学、律学、医学、武学等皆置教授传授学业外，诸王府以及诸路、府、州、军、县学亦有教授。《宋史·职官二》："凡诸宫皆有教授，初无定员……年十五已上者三百九人，增置教授五员；年十四已下者，别置小学教授十二员。"

[2] 奉祠：宋代任宫观官即称奉祠。需次：指官吏授职后，需按照资历依次补缺。

[3] 任子：又称"荫补"、"世赏"。参见宋2注7。州土：指籍贯。

[4] 献助得官：即"纳粟补官"，又称"纳赀补官"、"献纳补官"。宋赵升《朝野类要》卷三《进

纳》："有因纳粟赈粜及助边者，有只纳粟则得不理选限文资者，俗谓之买官，此不可以就试出身也。"

[5] 知举：参见宋 5 注 6、宋 10 注 7。

128．五年 [1]，著令：

凡县学生隶学已及三月，不犯上二等罚，听次年试补州学外舍，是名"岁升"。开封、祥符生员 [2]，即辟雍别为斋，教养、升进如县学法。愿入邻县学者听。惟赤县校试 [3]，主以博士。每岁正月，州以公试上舍及岁升员，一院锁宿，分为三试。其公试，上舍率十取其六为中格；中格已，以其名第自上而下参考察之籍；既在籍，又中选，即六人之中取其四，以差升舍。其岁升中选者，得补外舍生。开封属县附辟雍别试，中者入辟雍充外舍。隶学三年，经两试不预升贡，即除其籍，法涉太严。今令三年内三经公试不预选，两经补内舍、贡上舍不及格，且曾犯三等以上罚，若外舍，即除籍罢归县，内舍降外舍，已尝降而私试不入等，若曾犯罚，亦除籍，再赴岁升试。

凡州学上舍生升舍，以其秋即贡入辟雍，长吏集阖郡官及提学官 [4]，具宴设以礼敦遣 [5]，限岁终悉集阙下。自川、广、福建入贡者，给借职券 [6]，过二千里给大将券 [7]，续其路食，皆以学钱给之。如有孝弟、睦姻、任恤、忠和 [8]，若行能尤异为乡里所推，县上之州，免试入学。州守贰若教授询审无谬，即保任入贡，具实以闻，不实者坐罪有差。

太学试上舍生，本虑与科举相并，试以间岁。今既罢科举，又诸州岁贡士，其改用岁试。每春季，太学、辟雍生悉公试，同院混取，总三百七十四人。以四十七人为上等，即推恩释褐 [9]；一百四十人为中等，遇亲策士许入试；一百八十七人为下等，补内舍生。凡上等上舍生暨特举孝弟行能之士，不待廷试推恩者，许即引见释褐。上舍仍先以试文卷进入，得可乃引赐。若上舍已该释褐恩，而贡入在廷试前一年者，须在学又及半年，不犯上二等罚，乃得注官。

凡贡士入辟雍外舍，三经试不与升补，两经试不入等，仍犯上三等罚者，削籍再赴本州岁升试，是名"退送"。即内舍已降舍，而又一试不与，或两犯上四等罚者，亦如外舍法退送。太学外舍生已预考察者，许再经一试，以中否为留遣，馀升降、退送悉如辟雍法。

凡有官人不入学而愿试贡士者，不以文、武、杂出身，悉许之，惟赃私罪废人则否。应试者，随内外附贡士公试，皆别考，率以七人取一人。即预贡者，与辟雍春试贡士通考。中选入上等者，升差遣两等，赐上舍出身；文行优者，奏闻而殊擢之。中等俟殿试，下等补内舍，不隶学，需再试。已仕在官而愿试者，悉准此制。

凡在外官同居小功以上亲 [10]，及其亲姊妹女之夫，皆得为随行亲，免试入所任邻州郡学。其有官人愿学于本州者，亦免试，升补悉如诸生法，混试同考，惟升舍不侵诸生额，自用七人取一。若中者多，即以溢额名次理为考察。若所亲移替，愿改籍他州学者听。

太学上、内舍既由辟雍升入，又已罢科举，则国子监解额无所用，尽均拨诸府、诸州解额，三分之，以为三岁贡额，并令有司均定以闻。太学旧制，止分立优、平二等，自今欲令辟雍、太学试上舍中程者，皆参用察考，以差升补。其考察试格，悉分上、中、下三等。贡士则以本州升贡等第，太学内舍则以校定等第。每上舍试考已定，知举及学官以中试之等参验于籍，通定升绌高下，两上为上，一上一中及两中为中，一上一下及一中下、两下为下。若两格名次等第适皆齐同，即以试等压考察之格，馀率以是为差，仍推其法达之诸州。凡内外私试，始改用仲月，并试三场，试论日仍添律义。凡考察悉准在学人数，每内舍十人取五，外舍十人取六，自上而下分为三等籍，以俟上舍考定而参用之。

是岁，贡士至辟雍不如令者，凡三十有八人，皆罢归，而提学官皆罚金。建州浦城县学生［11］，隶籍者至千馀人，为一路最，县丞徐秉哲特迁一官［12］。

［1］五年：即崇宁五年（1106）。崇宁，宋徽宗赵佶的第二个年号。

［2］开封祥符：北宋开封府所治二赤县名，治所皆在今河南开封市，分管北宋京师汴京地方事务。

［3］赤县：唐、宋、元各代京都所治县称"赤"。

［4］长吏：地方郡县长官。提学官：即提举学事司长官，简称"提学"。宋掌一路州、县学政的学官。

［5］敦遣：恭送。

［6］借职：仅有虚衔而非实授的官职。解人赴京凭这种借职证明可在路上得到一定程度的优待。

［7］大将：北宋无品武阶官名，位殿侍下、军将上。

［8］孝弟：孝顺父母，敬爱兄长。睦姻：对宗族和睦，对外亲亲密。语本《周礼·地官·大司徒》："二曰六行：孝、友、睦、姻、任、恤。"任恤：谓诚信并人以帮助同情。忠和：忠实谦和。语本《周礼·地官·大司徒》："以乡三物教万民而宾兴之，一曰六德：知、仁、圣、义、忠、和。"

［9］释褐：脱去平民衣服，比喻始任官职。

［10］小功：丧服名。参见唐34注9。

［11］建州浦城：今属福建。

［12］县丞：宋行政区划县的副长官。徐秉哲：永嘉（今浙江温州）人（？～1133），历官县丞、御史中丞、开封府尹、徽猷阁直学士。靖康之变，曾为张邦昌伪官，绍兴初，责授昭化军节度副使，梅州安置，卒。

129. 初立八行科［1］，诏曰："学以善风俗，明人伦，而人材所自出也。今法制未立，殆无以厉天下。成周以六行宾兴万民［2］，否则威之以不孝、不弟之刑。近因稽周法，立八行、八刑［3］，颁之学校，兼行惩劝，庶几于古。士有善父母为孝，善兄弟为悌，善内亲为睦，善外亲为姻，信于朋友为任，仁于州里为恤，知君臣之义为忠，达义利之分为和。凡有八行实状，乡上之县，县延入学，审考无伪，上其名于州。州第其等，孝、悌、忠、和为上，睦、姻为中，任、恤为下。苟备八行，不俟终岁，即奏贡入太学，免试补为上舍。司成以下审考不诬[4]，申省释褐，优命之官；不能全备者，为州学上等上舍，馀有差[5]。”八刑则反八行而丽于罪，各以其罪名之。县上其名于州，州稽于学，毋得补弟子员。然品目既立，有司必求其迹以应令，遂有牵合琐细者。自元祐创经明行修科[6]，主德行而略辞艺，间取礼部试黜之士，附置恩科[7]，当时固已咎其无所甄别。及八行科立，则三舍皆不试而补，往往设为形迹，求与名格相应。于是两科相望几数十年，乃无一人卓然能自著见者，而八行又有甚弊。盖后世欲追古制，而不知风俗教化之所从出，其难固如此夫。

[1] 八行科：参见宋104注12。
[2] 成周：古地名，西周的东都洛邑（今河南洛阳东郊）。后借指周公辅成王的西周兴盛时代。六行：参见宋1至2。宾兴：周代举贤之法。谓乡大夫自乡小学荐举贤能而宾礼之，以升入国学。语本《周礼·地官·大司徒》：“以乡三物教万民而宾兴之。”
[3] 八刑：周代对八种犯罪行为所施加的刑罚。《周礼·地官·大司徒》：“以乡八刑纠万民。一曰不孝之刑，二曰不睦之刑，三曰不姻之刑，四曰不弟之刑，五曰不任之刑，六曰不恤之刑，七曰造言之刑，八曰乱民之刑。”
[4] 司成：国子监祭酒的别称。
[5] “不能全备”三句：宋章如愚《群书考索》后集卷二十八：“诸士有全备上四行，或不全一行而兼中等二行，为州学上舍上等之选；不全上二行而兼中等一行，或不全上三行而兼中二行者，为上舍中等之选；不全上三行而兼中等一行，或兼下一行者，为上舍下等之选；全有中二行或中等一行而兼下一行者，为内舍之选。馀为外舍之选。”
[6] 经明行修科：宋代贡举科目之一。元祐元年（1086）置，命升朝文官各举一人应试，试法与进士科同，及第后授官则优于进士。元祐四年，改为须特诏，方可奏举。约于绍圣间废。
[7] 恩科：即“特奏名”。参见宋6注13。

130．开封始建府学[1]，立贡士额凡五十，而士子不及三百，尽额而取，则涉太优，欲稍裁之。诏：“王畿立学[2]，若不优诱使进，何以首善？其常解五十勿阙。”

[1] 始建府学：何忠礼《宋史选举志补正》第120页考《宋会要·崇儒》二之一一及二之一五至一六，推知：“开封府学当建于大观元年（1107）十月以后，次年三月以前。”可参考。
[2] 王畿：古代指王城周围千里的地域。《周礼·夏官·职方氏》：“乃辨九服之邦国，方千里曰王畿。”北宋开封府属京畿路，故称。

131．大观元年[1]，诏愿兼他经者，量立升进之法。大抵用本经决去取，而兼经所中等第特为升贡。每岁附公试院而别异其号，每十五人取一人，分上、中、下等，别榜示之，唱名日，甄别奏闻，与升甲，皆优于专经者。异时内外学官阙，皆得在选。县学生三不赴岁升试及三赴岁升试而不能升州学者，皆除其籍 [2]。诸路宾兴会试辟雍，独常州中选者多 [3]，州守若教授俱迁一官。

[1] 大观元年：即公元 1107 年。大观，宋徽宗赵佶的第三个年号。何忠礼《宋史选举志补正》第120 页："按愿兼他经者之升进法，徽宗御笔颁于大观二年（1108）五月二十日（《宋会要·选举》四之五、《宋会要·职官》二八之一七）。"可参考。
[2] "县学生"二句：何忠礼《宋史选举志补正》第 120 页据《宋会要·崇儒》二之二八及《长编纪事本末》卷一二六，考订此规定"颁于政和五年（1115）十一月十五日"。可参考。
[3] 常州：治所即今江苏常州市。

132. 政和四年 [1]，小学生近一千人，分十斋以处之，自八岁至十二岁，率以诵经书字多少差次补内舍。若能文，从博士试本经、小经义各一道，稍通补内舍，优补上舍。又诏："学校教养额少，则野有遗士，应诸路学校及百人以上者，三分增一。"七年，试高丽进士权适等四人 [2]，皆赐上舍及第，遣归其国。时宰臣留意学校，因事究敝，有司考阅防闲益密。先是，礼部上《杂修御试贡士敕令格式》，又取旧制凡关学政者，分敕、令、格、式，成书以上。用给事中毛友言 [3]，初试补入县学生，并帘试以别伪冒 [4]。徽宗崇尚老氏之学 [5]，知兖州王纯乞于《御注道德经》注中出论题 [6]，范致虚亦乞用《圣济经》出题 [7]。

[1] 政和四年：即公元 1114 年。政和，宋徽宗赵佶的第四个年号。
[2] 高丽：当指王氏高丽，故地在今朝鲜半岛北部。参见宋 13 注 2。权适：生平不详。宋章如愚《群书考索》后集卷三十："政和七年三月庚寅御崇政殿，高丽学士权适等上舍及第，释褐，以适为承事郎，赵奭、金瑞并文林郎，欧惟氏从事郎，令随进奉使李资谅归本国。"按《宋会要辑稿·选举》七之三五，"金瑞"作"金端"，"欧惟氏"作"甄惟氏"。
[3] 给事中：官名。门下省属官，掌封驳政令之失当者。毛友：初名友龙（生卒年不详），字达可，衢州西安（今浙江衢州）人。大观六年（1112）进士，历官给事中、翰林学士、礼部尚书。工诗文。
[4] 帘试：参见宋 86 注 4。
[5] 徽宗：即宋徽宗赵佶（1082～1135）。参见宋 40 注 1。宋徽宗崇奉道教，大建宫观，自号"教主道君皇帝"。
[6] 兖州：今属山东。王纯：生平不详。御注道德经：《宋史·徽宗本纪三》："重和元年……八月……辛酉，诏班《御注道德经》。"书今佚。
[7] 范致虚：字谦叔（？～1129），建州建阳（今属福建）人。元祐进士，历官左正言、兵部侍郎、知邓州、鼎州，卒于岳州。《宋史》有传。圣济经：医书名。宋徽宗编，十卷四十二章，政和间颁行，是为读《素问》的入门书。后又增订为《圣济总录》。

133. 宣和元年 [1]，帝亲取贡士卷考定，能深通《内经》者 [2]，升之以为第一。

三年，诏："罢天下州县学三舍法，惟太学用之课试。开封府及诸路，并以科举取士。太学官吏及州县尝置学官，凡元丰旧制所有者皆如故，其辟雍官属及宗学并诸路提举学事官属并罢[3]，内、外学悉遵元丰成宪[4]。"七年，诏："政和中尝命学校分治黄老、庄、列之书[5]，实失专经之旨，其《内经》等书并罢治。"

[1] 宣和元年：即公元1119年。宣和，宋徽宗赵佶的第六个年号。
[2] 内经：古代医书，《素问》、《灵枢》两种医书合称《黄帝内经》。今通行唐王砅注本《内经素问》二十四卷。
[3] 辟雍：参见宋40注1，宋111注3。宗学：宋代学校名。创于元丰间，宋徽宗崇宁元年（1102），诸王宫皆设小、大学，置教授。参见宋127注1。提举学事官：参见宋67注8。
[4] 元丰成宪：参见宋119。元丰，宋神宗赵顼的第二个年号（1078～1085）。成宪，原有之规章制度。
[5] 政和：宋徽宗赵佶的第四个年号（1111～1117）。黄老庄列：泛指道家之书。黄，黄帝；老，老子；庄，庄子；列，列子。

134. 崇宁以来[1]，士子各徇其党，习经义则诋元祐之非[2]，尚词赋则诮新经之失[3]，互相排斥，群论纷纷。钦宗即位[4]，臣僚言："科举取士，要当质以史学，询以时政。今之策问，虚无不根，古今治乱，悉所不晓。诗赋设科，所得名臣，不可胜纪，专试经义亦已五纪[5]。救之之术，莫若遵用祖宗成宪。王安石解经[6]，有不背圣人旨意，亦许采用。至于老、庄之书及《字说》[7]，并应禁止。"诏礼部详议。谏议大夫兼祭酒杨时言[8]："王安石著为邪说，以涂学者耳目，使蔡京之徒[9]，得以轻费妄用，极侈靡以奉上，几危社稷。乞夺安石配飨[10]，使邪说不能为学者惑。"御史中丞陈过庭言[11]："《五经》义微，诸家异见，以所是者为正，所否者为邪，此一偏之大失也。顷者指苏轼为邪学[12]，而加禁甚切；今已弛其禁，许采其长，实为通论。而祭酒杨时矫枉太过，复诋王氏以为邪说，此又非也。"诸生习用王学，闻时之言，群起而诋罾之，时引避不出，斋生始散。诏罢时祭酒。而谏议大夫冯澥、崔鶠等复更相辨论[13]，会国事危，而贡举不及行矣。

[1] 崇宁：宋徽宗赵佶的第二个年号（1102～1106）。
[2] 元祐之非：谓"元祐更化"。宋哲宗元祐间，宣仁太后高氏垂帘听政，起用司马光、吕公著、范纯仁等旧派势力，废除神宗与王安石所订之新法，停止使用王安石《三经新义》为科举考试的依据。
[3] 新经之失：谓王安石《三经新义》有缺失。参见宋119注9。
[4] 钦宗：即宋钦宗赵桓（1100～1161），宋徽宗长子，政和五年（1115）立为太子，宣和七年（1125）于金兵入犯时受内禅。靖康元年（1126），金兵攻破汴京，次年与徽宗同被俘北去，在位一年四个月。后卒于五国城（今黑龙江依兰）。
[5] 五纪：六十年。古人以十二年为一纪。

[6] 王安石：参见宋 30 注 2。

[7] 字说：王安石所撰。参见宋 39 注 7。

[8] 谏议大夫：参见宋 49 注 5。祭酒：即国子祭酒。杨时：字中立（1053～1135），世称龟山先生。南剑州将乐（今属福建）人。熙宁进士，历官右谏议大夫兼国子祭酒、工部尚书，以龙图阁直学士致仕。卒谥文靖。曾从学于程颢、程颐，为理学大家，著有《二程粹言》、《龟山集》等。《宋史》有传。

[9] 蔡京：参见宋 123 注 2。

[10] 配飨：又作"配享"。功臣祔祀于帝王宗庙或历代名儒祔祀于孔庙，皆称配飨。《宋史·王安石传》："元祐元年，卒，年六十六，赠太傅。绍圣中，谥曰文，配享神宗庙庭。崇宁三年，又配食文宣王庙，列于颜、孟之次，追封舒王。钦宗时，杨时以为言，诏停之。高宗用赵鼎、吕聪问言，停宗庙配享，削其王封。"

[11] 御史中丞：参见宋 99 注 5。陈过庭：本名扬庭，字宾王（1071～1130），越州山阴（今浙江绍兴）人。绍圣进士，历官右司员外郎、御史中丞、礼部尚书、中书侍郎。汴京失陷，奉使留金，卒于燕山。《宋史》有传。

[12] 苏轼：参见宋 30 注 7。

[13] 冯澥：字长源（？～1140），普州安岳（今属四川）人。元丰进士，历官左谏议大夫、资政殿学士，知潼川府，以曾为张邦昌伪官，夺职。后以资政殿学士致仕。《宋史》有传。崔鶠：字德符（1058～1126），号婆娑，颍州阳翟（今河南禹县）人。元祐九年（1094）进士，历官相州教授，以上书入邪等，坐废三十年。起绩溪令，历官殿中侍御史、右正言，靖康元年，以龙图阁直学士主管嵩山崇福宫，命下而卒。工诗文，著有《婆娑集》，今佚。《宋史》有传。

135. 建炎初 [1]，即行在置国子监 [2]，立博士二员，以随幸之士三十六人为监生。绍兴八年 [3]，叶㻈上书请建学 [4]，而廷臣皆以兵兴馈运为辞 [5]。十三年，兵事稍宁，始建太学，置祭酒、司业各一员，博士三员，正、录各一员，养士七百人：上舍生三十员，内舍生百员，外舍生五百七十员。凡诸道住本州学满一年，三试中选，不犯第三等以上罚，或不住学而曾两预释奠及齿于乡饮酒者 [6]，听充弟子员。每岁春秋两试之，旋命一岁一补，于是多士云集，至分场试之。俄又诏三年一试，增至千员，中选者皆给绫纸赞词以宠之 [7]。每科场四取其一。

[1] 建炎：宋高宗赵构的第一个年号（1127～1130）。以下事当发生于绍兴三年（1133），《宋史全文》卷十八下："癸丑绍兴三年……六月……丁未，诏即驻跸所在学置国子监，以学生随驾者三十六人为监生，置博士二员。"宋李心传《建炎以来系年要录》卷六十六所记同。

[2] 行在：即行所，天子巡行所在之地。这里当指临安（今浙江杭州）。

[3] 绍兴八年：即公元 1138 年。绍兴，宋高宗赵构的第二个年号。

[4] 叶㻈（shēn 申）：生平不详，历官州学教授、左宣教郎、诸王宫大小学教授兼权秘书省校勘书籍官、太常寺主簿权礼部员外郎。宋李心传《建炎以来系年要录》卷一百二十二："绍兴八年九月……壬寅，左迪功郎、温州州学教授叶㻈上书，请兴太学。"

[5] 馈运：运输粮食。

[6] 释奠：古代在学校设置酒食以祭奠先圣先师的一种典礼。乡饮酒：参见唐7注4。

[7] 绫纸：即监牒，又称监帖、补牒、绫牒、卷牒，用素白绫制成，两端装轴，原为国子学、太学、武学等学生身份的证明文书。上写有监牒字号、学生的姓名、乡贯、年龄以及赞词等，并加盖国子监官印。

136. 自外舍有月校 [1]，而公试入等曰内舍；自内舍有月校，而舍试入等曰上舍；凡升上舍者，皆直赴廷对。二十七年 [2]，立定制：春季放补，遇省试年改用孟夏 [3]。

[1] 月校（jiào 叫）：按月进行的成绩考查。
[2] 二十七年：即绍兴二十七年（1157）。
[3] 孟夏：谓农历四月。

137. 旧，太学遇覃恩无免解法 [1]，孝宗始创行之 [2]。在朝清要官 [3]，许牒期亲子弟作待补国子 [4]，别号考校。如太学生遇有期亲任清要官，更为国子生，不预校定、升补及差职事，惟得赴公、私试，科举则混试焉。

[1] 覃恩：广施恩泽。旧时用以称帝王对臣民的封赏、赦免等。
[2] 孝宗：即宋孝宗赵昚（1127～1194）。参见宋59注1。
[3] 清要官：参见宋120注4。
[4] 期（jī 基）亲：服丧一年的亲属。待补国子：即"待补生"。参见宋82注3。

138. 淳熙中 [1]，命诸生暇日习射，以斗力为等差 [2]，比类公、私试，别理分数。自中兴以来，四方之士，有本贯在学公据 [3]，皆得就补。帝始加限节，命诸路州军以解试终场人数为准，其荐贡不尽者，令百取六人赴太学，谓之"待补生"；其住本学及游学之类，一切禁止。元丰旧制，内舍生校定，分优、平二等。优等再赴舍试，又入优，则谓之两优释褐，中选者即命以京秩 [4]，除学官。至是，始令先注职官 [5]，代还，注职事官 [6]，恩例视进士第二人。旧校定岁额五六分为优选者，增为十分矣。

[1] 淳熙：宋孝宗赵昚的第三个年号（1174～1189）。
[2] 斗力：开弓的力量。
[3] 公据：官方所发文据，用于证明身份、资历等。
[4] 京秩：即京官，指不能参预朝谒的京师官员。
[5] 职官：各级官员的统称。
[6] 职事官：官员之有职掌者。

139. 光宗初 [1]，公试始令附省场别院 [2]。绍熙三年 [3]，礼部侍郎倪思请复

混补法 [4]，命两省、台谏杂议可否。于是吏部尚书赵汝愚等合奏曰 [5]："国家恢儒右文，京师、郡县皆有学，庆历以后 [6]，文物彬彬。中兴以来，建太学于行都 [7]，行贡举于诸郡，然奔竞之风胜，而忠信之俗微。亦惟荣辱升沉，不由学校；德行道艺，取决糊名 [8]；工雕篆之文，无进修之志；视庠序如传舍 [9]，目师儒如路人；季考月书，尽成文具 [10]。今请重教官之选，假守贰之权；仿舍法以育材 [11]，因大比以取士；考终场之数，定所贡之员；期以次年，试于太学。其诸州教养、课试、升贡之法，下有司条上。"思议遂寝。四年，诏国子监试中、上等小学生，比类诸州待补中选之额，放补一次。

[1] 光宗：即宋光宗赵惇（1147～1200）。参见宋 66 注 1。
[2] 公试：参见宋 110 注 14。
[3] 绍熙三年：即公元 1192 年。绍熙，宋光宗赵惇的年号。
[4] 倪思：参见宋 63 注 6。混补法：宋太学招补新生的一种考试方法。各地士人，经原籍给公据，召到保人，不论有无学籍，皆可参加太学的入学考试，考本经大义一场，合格后即补外舍生，称混补法。
[5] 吏部尚书：参见宋 67 注 6。赵汝愚：字子直（1140～1196），饶州馀干（今江西馀干西北）人，宋宗室。乾道进士，历官吏部侍郎兼太子侍讲、吏部侍郎、知枢密院事、右丞相，因与韩侂胄有隙，贬谪永州，至衡州暴卒。著有《国朝诸臣奏议》。《宋史》有传。
[6] 庆历：宋仁宗赵祯的第六个年号（1041～1048）。
[7] 行都：即临安（今浙江杭州）。
[8] 糊名：参见宋 12 注 4。
[9] 庠序：泛指各级学校。传（zhuàn 撰）舍：古代供行人休息住宿的场所。
[10] 文具：谓空有条文。
[11] 舍法：谓三舍法。参见宋 2 注 2。

140. 宁宗庆元、嘉定中 [1]，始两行混补。于是增外舍生为千四百员，内舍校定，不系上舍试年分，以八分为优等。又以国子生员多伪滥，命行在职事官期亲、厘务官子孙乃得试补 [2]。嘉定十四年 [3]，诏自今待补百人取三人。旧法，自外舍升内舍，虽有校试，必公试合格，乃许升补。盖私试皆学官自考，而公试则降敕差官。至是，岁终许取外舍生校最优者一人升内舍。

[1] 宁宗：即宋宁宗赵扩（1168～1224）。参见宋 61 注 7。庆元：宋宁宗的第一个年号（1195～1200）。嘉定：宋宁宗的第四个年号（1208～1224）。何忠礼《宋史选举志补正》第 125 页经考《宋会要·选举》五之二六与《宋史全文》卷二九下等记述，认为："志文所称之'嘉定中'，实系'嘉泰中'之误。"可参。按嘉泰，宋宁宗第二个年号（1201～1204）。
[2] 职事官：官员之有职掌者。厘务官：参见宋 45 注 5。
[3] 嘉定十四年：即公元 1221 年。嘉定，宋宁宗的第四个年号。

141．理宗复百取六人之制 [1]。绍定二年 [2]，以待补生自外方来参斋者，间有鬻帖伪冒之弊。遂命中选之人，召升朝保官二员批书印纸 [3]，仍命州郡守倅结罪保明，比照字迹无伪，方许帘引注籍 [4]；犯者治罪，罚及保官。五年，以省试下第及待补生之群试于有司者，有请托贿求之弊，学官考文，有亲故交通之私，命今后两学补试 [5]，并从庙堂临时选差 [6]，即令入院；凡用度，则用国子监供给学官事例。未几，监察御史何处久又言 [7]："宜遵旧制，以武学、宗学补试，并就两学于大院排日引试，有亲嫌人依避房法。且士子试卷颇多，考官颇少，期日既迫，费用不敷。"乃增给用度，仍添差考官五员。宝祐元年 [8]，复命分路取放补试员数，以免远方士子道路往来之费及都城壅并之患。三年，复试于京师。

[1] 理宗：即宋理宗赵昀（1205～1264）。参见宋71注1。

[2] 绍定二年：即公元1229年。绍定，宋理宗赵昀的第二个年号。

[3] 升朝：即升朝官。参见宋95注3。批书：参见宋2注5。印纸：参见宋85注4。

[4] 帘引：参见宋86注4。注籍：登记入册。

[5] 补试：宋代太学招生考试，称为补试。

[6] 庙堂：朝廷。

[7] 何处久：字伯可（生卒年不详），处州龙泉（今属浙江）人。嘉定七年（1214）进士，历官金溪县令、监察御史、直宝谟阁知镇江知府。

[8] 宝祐元年：即公元1253年。宝祐，宋理宗赵昀的第六个年号。

142．度宗咸淳二年正月 [1]，幸太学，谒先圣 [2]，礼成，推恩三学 [3]：前廊与免省试 [4]，内舍、上舍及已免省试者与升甲 [5]；起居学生与泛免一次 [6]，内该曾经两幸人与补上州文学 [7]，如愿在学者听。其在籍诸生，地远不及趋赴起居者，三学申请乞并行泛免一次，命特从之。凡诸生升舍在幸学之前者，方许陈乞恩例。七年正月，以寿和圣福皇太后两上尊号 [8]，推恩三学，在斋生员并特与免解赴省一次。九年，外舍生晏泰亨以七分三厘乞理为第三优，朝命不许，遂申严学法，今后及八分者方许岁校三名，如八分者止有一人，而援次优、三优之例者，亦须止少三、二厘，方可陈乞特放，庶不尽废学法，当亦不过一人而止 [9]。

[1] 度宗：即宋度宗赵禥（1240～1274）。参见宋88注1。咸淳二年：即公元1266年。咸淳，宋度宗赵禥的年号。

[2] 先圣：指孔子。

[3] 三学：参见宋2注2。

[4] 前廊：指前廊学录，即职事学录。南宋参用一部分内舍、上舍生为太学职事，即称职事学录，与由命官担任的命官学录区别。南宋太学职事学录居前廊，故又称前廊学录。参见宋110注8。

[5] 升甲：参见宋34注5。

[6] 起居学生：《子史精华》卷三十一"起居学生"注云："起居，谓迎驾起居也。"泛免：当指普遍

免升舍考试一次。

[7] 两幸人：有两次迎驾经历者。文学：即文学参军，为无职掌之散官。

[8] 寿和圣福皇太后：即谢皇后（1210～1283），名道清，台州临海（今属浙江）人。宋理宗皇后。理宗死，度宗立，咸淳三年，尊为皇太后，号寿和圣福。德祐二年（1276）正月，元军逼近临安，她遣使上传国玺降，八月被迁至燕，降封寿春郡夫人，卒。

[9] "外舍生晏泰亨"十句：南宋学校与书院考核学生成绩实行积分法，积分满八分者为优等，外舍可升内舍。晏泰亨，生平不详。岁校，即"校定"，宋学校计算学生成绩的一种方法。太学订有校定条令，凡外舍生第一年在学满三季，分数入等，即称校定。每年终校定有限额，宋宁宗时外舍二十人校一人，内舍十人校一人。外舍生当年校定，称外校，次年公试合格，即升补内舍。可参见宋周密《癸辛杂识》后集《成均旧规》。

143. 律学 [1]。国初置博士，掌授法律。熙宁六年 [2]，始即国子监设学，置教授四员。凡命官、举人皆得入学，各处一斋。举人须得命官二人保任，先入学听读而后试补。习断按 [3]，则试按一道，每道叙列刑名五事或七事；习律令，则试大义五道，中格乃得给食 [4]。各以所习，月一公试、三私试，略如补试法 [5]。凡朝廷有新颁条令，刑部即送学。其犯降舍殿试者，薄罚金以示辱，余用太学规矩，而命官听出宿。寻又置学正一员，有明法应格而守选者 [6]，特免试注官，使兼之，月奉视所授官。后以教授一员兼管干本学规矩，仍从太学例给晚食。元丰六年 [7]，用国子司业朱服言 [8]，命官在学，如公试律义、断案俱优 [9]，准吏部试法授官；太学生能兼习律学，中公试第一，比私试第二等。

[1] 律学：宋初置律学博士，负责教授法律。南宋未置。

[2] 熙宁六年：即公元 1073 年。熙宁，宋神宗赵顼第一个年号（1068～1077）。

[3] 断按：参见宋 32 注 2。

[4] 给食：供给食用。

[5] 补试：宋代太学招生考试，称为补试。

[6] 守选：参见宋 15 注 3。

[7] 元丰六年：即公元 1083 年。元丰，宋神宗赵顼的第二个年号。

[8] 国子司业：参见宋 52 注 2。朱服：字行中（生卒年不详），湖州乌程（今属浙江）人。熙宁六年（1073）进士，历官淮南节度推官、太学博士、国子司业、中书舍人、礼部侍郎，贬海州团练使，改兴国军，卒。善诗文，《宋史》有传。

[9] 断案：当指对实际案例的判定。《宋史》中"断按"与"断案"分别出现，涵义当有不同。

144. 政和间 [1]，诏博士、学正依大理寺官除授 [2]，不许用无出身人及以恩例陈请。生徒犯罚者，依学规；仍犯不改，书其印历或补牒 [3]，参选则理为阙失 [4]。

[1] 政和：宋徽宗赵佶的第四个年号（1111～1117）。

[2] 大理寺：官署名，掌刑法，治狱事，多有变革。元丰改制，设卿一员，少卿二员，正二员，丞

十员。

[3] 印历：即"印纸历子"。宋代外任官员赴任时，朝廷发给印有各种项目的记录册，由官员于任上填写，作为考核其政绩的依据，简称"印历"。这是对命官入学者而言。补牒：即"监牒"，国子学、太学、武学等学生身份的证明文书，如同今之学生证。这是对无出身之学生而言。

[4] 参选：又称"参注"。宋代官员注授差遣的一种方式。官员携带印纸、告敕或宣劄，到主管官府如吏部四选或兵部、刑部、各路转运司等注授差遣。阙失：错误。

145. 建炎三年[1]，复明法新科[2]，进士预荐者听试。绍兴元年[3]，复刑法科[4]。凡问题，号为假案[5]，其合格分数，以五十五通分作十分，以所通定分数，以分数定等级：五分以上入第二等下，四分半以上入第三等上，四分以上入第三等中。以曾经试法人为考官。五年，以李洪尝中刑法入第二等[6]，命与改秩，中书驳之。赵鼎谓[7]："古者以刑弼教，所宜崇奖。"高宗曰[8]："刑名之学久废，不有以优之，则其学绝矣。"卒如前诏[9]。后议者谓得解人取应[10]，更不兼经，白身得官，反易于有官试法。乃命所试断案、刑名，全通及粗通以十分为率，断及五分、《刑统》义文理全通为合格[11]，及虽全通而断案不及分数者勿取。仍自后举兼经。十五年，罢明法科，以其额归进士，惟刑法科如旧。二十五年，四川类省始附试刑法[12]。

[1] 建炎三年：即公元1129年。建炎，宋高宗赵构的第一个年号。何忠礼《宋史选举志补正》第127页考《宋会要·选举》一四之四与《宋史·高宗纪二》等，认为："志文'建炎三年'实系'建炎二年'之误刊。"可参考。

[2] 明法新科：参见宋32。

[3] 绍兴元年：即公元1131年。绍兴，宋高宗赵构的第二个年号。

[4] 刑法科：宋选举官员的考试科目之一，京朝官、选人等愿考刑法者，由两制、刑部、大理寺主判官及各路监司奏荐，选派大理少卿或刑部郎官一员主考，试断案、刑名、《刑统》大义等各若干道。第一等授审刑院或大理寺、刑部等法官。

[5] 假案：有关刑法的虚拟案件。

[6] 李洪：生平不详，历官大理评事、大理少卿。

[7] 赵鼎：参见宋54注8。

[8] 高宗：即宋高宗赵构（1107～1187）。参见宋42注2。

[9] 卒如前诏：语义不清，实则李洪改秩之请并未成功。可参见宋李心传《建炎以来系年要录》卷八十六、《宋会要辑稿·选举》一三之二七至二八之有关记述。

[10] 得解人：参加贡举考试的举子（无出身）。取应：即应举，参加科举考试。

[11] 刑统：参见宋32注2。

[12] 类省：即"类省试"，或称"类试"。参见宋16注5。

146. 淳熙七年[1]，秘书郎李巘言[2]："汉世仪、律、令同藏于理官[3]，而决疑狱者必傅以古义。本朝命学究兼习律令，而废明法科；后复明法，而以三小经附。盖欲使经生明法，法吏通经。今所试止于断案、律义，断案稍通、律义虽不成文，亦得中选，故法官罕能知书。宜令习大法者兼习经义 [4]，参考优劣。"帝曰："古之儒者，以儒术决狱，若用俗吏，必流于刻。"乃从其奏，诏自今第一、第二、第三场试断案，每场各三道，第四场大经义一道，小经义二道，第五场《刑统》律义五道。明年，命断案三场，每场止试一道，每道刑名十件，与经义通取，四十分以上为合格，经义定去留，律义定高下。

[1] 淳熙七年：即公元 1180 年。淳熙，宋孝宗赵眘的第三个年号。
[2] 秘书郎：秘书省属官，掌集贤院、史馆、昭文馆、秘阁图籍。李巘：参见宋 101 注 3。
[3] 理官：治狱之官。
[4] 大法：国家的重要法令。这里指刑法。

147. 宁宗庆元三年 [1]，以议臣言罢经义，五年又复。嘉定二年 [2]，臣僚上言："试法设科，本以六场引试，后始增经义一场，而止试五场，律义又居其一，断案止三场而已，殊失设科之初意。且考试类多文士，轻视法家，惟以经义定去留，其弊一也。法科欲明宪章，习法令，察举明比附之精微 [3]，识比折出入之错综 [4]，酌情法于数字之内，决是非于片言之间。比年案题字多，专尚困人，一日之内，仅能誊写题目，岂暇深究法意，其弊二也。刑法考官不过曾中法科丞、评数人 [5]，由是请托之风盛，换易之弊兴，其弊三也。今请罢去经义，仍分六场，以五场断案，一场律义为定。问题稍减字数，而求精于法律者为试官，各供五六题，纳监试或主文临时点定 [6]。如是，谳议得人矣 [7]。"从之。六年，以议者言法科止试《刑统》，是尽废理义而专事法律，遂命复用经义一场，以《尚书》、《语》、《孟》题各一篇及《刑统》大义，通为五场。所出经题，不必拘刑名伦类，以防预备，以断案定去留，经义为高下，仍禁杂流入赀人收试。八年，罢四川类试刑法科。

[1] 宁宗：即宋宁宗赵扩（1168～1224），参见宋 67 注 1。庆元三年：即公元 1197 年。庆元，宋宁宗的第一个年号。
[2] 嘉定二年：即公元 1209 年。嘉定，宋宁宗赵扩的第四个年号。
[3] 举明：谓援引有关的律令。比附：谓比照条律、事例。
[4] 比折：等同或减损。
[5] 丞评：大理丞与大理评事，皆为大理寺属官。
[6] 主文：主持考试的官员。
[7] 谳（yàn 燕）议：议处案件。

148. 初，凡试法科者，皆取撰成见义挟入试场。理宗淳祐三年 [1]，令刑部措置关防 [2]，其考试则选差大理丞、正历任中外有声望者 [3]，不许止用新科评事未经作县之人 [4]。逮其试中，又当仿省试、中书覆试之法，质以疑狱，观其谳笔明允 [5]，始与差除。时所立等第，文法俱通者为上，径除评事；文法粗通者为次，与检法 [6]；

不通者驳放。

［1］理宗：即宋理宗赵昀（1205～1264）。参见宋71注1。淳祐三年：即公元1243年。淳祐，宋理宗赵昀的第五个年号。

［2］关防：防范。

［3］正：即大理正，位在大理丞上。

［4］新科评事：新任的大理评事。作县：即所谓"须入"。宋代铨选制的一项规定，选人初次改京官，必须先作知县或县令，谓之"须入"。庆元初规定，除殿试头三名、省试第一名外，皆须任县令。五年（1199），又命大理评事已改官而未历县令者，并须作亲民官（地方行政长官）一次。

［5］谳（yàn 燕）笔：判案文字。

［6］检法：即"检法官"。宋代刑部、大理寺、御史台、户部、三司、各路提点刑狱司皆设此官，主管检详法律事宜。

149. 度宗咸淳元年[1]，申严选试之法，凡引试刑法官，命题一如《绍兴式》[2]。八年，以试法科者少，特命考试命题，务在简严，毋用长语。有过而愿试者，照见行条法，除私罪应徒、或入己赃、失入死罪并停替外 [3]，作犯轻罪者，与放行收试。或已经三试终场之人，已历三考，赴部参注，命本部考核元试，果有所批分数，不须举状，与注外郡刑法狱官差使一次，庶可激厉诱掖。格法，试法科者，批及八分，方在取放之数。咸淳末，有仅及二分以上者，亦特取一名，授提刑司检法官 [4]，宽以劝之也。

［1］度宗：即宋度宗赵禥（1240～1274），参见宋88注1。咸淳元年：即公元1265年。咸淳，宋度宗赵禥的年号。

［2］绍兴式：当即《绍兴令》，宋代刑法律令书籍。宋周应合《景定建康志》卷三十三《法书之目》著录《绍兴令》、《绍兴敕令贡举》、《御试省试敕令》等。

［3］私罪：非关公务，别因私情而犯罪，称"私罪"。或因公务而意涉阿曲，亦判为私罪。犯私罪所受处罚较公罪为重。失入死罪：轻罪重判以及误入人死罪。停替：停职，由他人替代。

［4］提刑司检法官：宋代各路有提点刑狱司，简称"宪司"、"宪台"或"提刑司"，负责本路司法刑狱、巡察盗贼等事。其属官有检法官、干办官等。

150. 初，宗学废置无常 [1]。凡诸王属尊者，立小学于其宫。其子孙，自八岁至十四岁皆入学，日诵二十字。其已授环卫官、有学艺得召试迁转者每有之 [2]，然非有司常试，乃特恩也。熙宁十年 [3]，始立《宗子试法》。凡祖宗祖免亲已受命者 [4]，附锁厅试 [5]；自袒免以外，得试于国子监。礼部别异其卷而校之，十取其五，举者虽多，解毋过五十人。廷试亦不与进士同考。年及四十、尝累举不中，疏其名以闻而录用之。其官于外而不愿附各路锁试，许谒告试国子监 [6]。

[1] 宗学：参见宋 133 注 3。

[2] 环卫官：宋承唐制，置左右金吾卫、左右卫、左右骁卫、左右武卫、左右屯卫、左右领军卫、左右监门卫、左右千牛卫上将军、大将军、将军，号为环卫官。无职事，亦无定员，仅为武臣赠典与安置武职闲散人员以及除拜宗室等。

[3] 熙宁十年：即公元 1077 年。熙宁，宋神宗赵顼第一个年号。

[4] 袒免（wèn 问）亲：五服以外的远亲，如高祖的亲兄弟、曾祖的堂兄弟、祖父的再从兄弟等。袒免，袒衣免冠。古代丧礼，五服以外的远亲无丧服之制，惟脱上衣，露左臂，脱冠扎发，用宽一寸布从颈下前部交于额上，又向后绕于髻，以表示哀思。受命：任官。

[5] 锁厅试：参见宋 5 注 2。

[6] 谒告：请假。

151. 崇宁初 [1]，疏属年二十五 [2]，以经义、律义试礼部合格，分二等附进士榜，与三班奉职 [3]，文优者奏裁 [4]。其不能试及试而黜者，读律于礼部，推恩与三班借职 [5]，勿著为令。及两京皆置敦宗院 [6]，院皆置大、小学教授，立考选法，如《熙宁格》出官 [7]，所莅长贰或监司有二人任之 [8]，乃注授。后又许见在任者，于本任附贡士试。大观三年 [9]，宗子释褐者十二人。宗学官，须宗子中上舍第且有行者，方始为之。四年，诏："宗子之升上舍，不经殿试，遽命之官，熙宁法不如是。其依贡士法，俟殿试补入上、中等者，唱名日取裁。"后又定上等赐上舍及第，中等赐出身，授官有差。凡隶学，有笃疾若亲老无兼侍者，大宗正察其实 [10]，罢归。宣和二年 [11]，诏罢量试出官之法 [12]。

[1] 崇宁：宋徽宗赵佶的第二个年号（1102～1106）。

[2] 疏属：谓宗室中之远宗、旁系亲属。

[3] 三班奉职：武阶官名。无职掌，高于三班借职而低于右班殿直，为低级武臣阶官。政和二年（1112）改名承节郎。

[4] 奏裁：这里指直接奏请朝廷裁决。

[5] 三班借职：武阶官名。无职掌，为低级武臣阶官。政和二年（1112）改名承信郎。

[6] 两京：指西京河南府（今河南洛阳）、南京应天府（今河南商丘）。敦宗院：崇宁元年，在两京分别置南外宗正司、西外宗正司，各置敦宗院，建筑房屋，以供宗室疏属愿居两京者居住，给钱米及婚嫁丧葬费用，并置学立司，设大、小学教授，以为教育。

[7] 出官：宋代选人等初次接受差遣之称。参见宋 104。

[8] 任之：为之担保。

[9] 大观三年：即公元 1109 年。大观，宋徽宗赵佶的第三个年号。

[10] 大宗正：这里指大宗正司，管理宗室族属的官署名。其长官为知大宗正事与同知大宗正事，各一人，以宗室团练、观察使以上有声望者充任。

[11] 宣和二年：即公元 1120 年。宣和，宋徽宗的第六个年号。

[12] 量试：宋代选举官员考试方式之一。二十五岁以上宗室子弟，出官前，由礼部贡院考试，称"量试"。仅试一场，考经义二道，诗、赋各一首；或考论一道。成绩合格者，授予保义郎或承

节郎；不合格者，四十岁以上授予承信郎，四十岁以下许省试时再试。若在各地州、军量试，合格者即授承信郎。

152. 绍兴二年［1］，帝初策士及宗子于集英殿［2］。五年，初复南省试［3］。十四年，始建宗学于临安，生员额百人：大学生五十人，小学生四十人，职事各五人。置诸王宫大、小学教授一员。在学者皆南宫、北宅子孙［4］，若亲贤宅近属［5］，则别选馆职教授。初，行在宗室试国子监者，有官锁厅，七取其三；无官应举，七取其四；无官祖免亲取应，文理通为合格，不限其数；而外任主宫观、岳庙试于转运司者［6］，取放之额同进士。十五年，命诸路宗室愿赴行在试者，依熙宁旧制，并国子监请解；不愿者，依崇宁通用贡举法，所以优国族也。

［1］绍兴二年：即公元 1132 年。绍兴，宋高宗赵构的第二个年号。
［2］集英殿：参见宋 43 注 1。
［3］南省：即尚书省。
［4］南宫北宅：宋代宗学之学宫。《宋史·职官志五》：“咸平初，遂命诸王府官分兼南、北宅教授。南宫者，太祖、太宗诸王之子孙处之，所谓睦亲宅也。”
［5］亲贤宅：宋英宗子扬王与荆王住宅。元祐元年（1086）赐名。
［6］主宫观岳庙：即“宫观官”，南宋员多阙少，官员动辄请祠，曾规定承务郎以上官员权差宫官一次，选人权差破格岳庙，每月给俸，算作资任。

153. 孝宗登极［1］，凡宗子不以服属远近、人数多寡，其曾获文解两次者，并直赴廷试，略通文墨者，量试推恩［2］。习经人本经义二道，习赋人诗赋各一首，试论人论一首，仍限二十五岁以上，合格，第一名承节郎［3］，馀并承信郎［4］。曾经下省人［5］，免量试，推恩。四川则附试于安抚制置司［6］。于是入仕者骤逾千人。隆兴元年［7］，诏量试不中、年四十以上补承信郎，展三年出官，馀并于后举再试。四月，御射殿引见取应省试第一人［8］，赐同进士出身，第二、第三人补保义郎［9］，馀四十人承节郎，七人承信郎。凡宗室锁厅得出身者［10］，京官进一秩，选人比类循资［11］；无官应举得出身者，补修职郎［12］；濮、秀二王下子孙中进士举者［13］，更特转一秩。

［1］孝宗：即宋孝宗赵昚（1127～1194）。参见宋 59 注 1。登极：帝王即位。
［2］量试：参见宋 151 注 12。
［3］承节郎：武阶官名。政和二年（1112）由三班奉职改名。参见宋 151 注 3。
［4］承信郎：武阶官名。政和二年（1112）由三班借职改名。
［5］下省人：参加过礼部试（省试）未中式者。
［6］安抚制置司：安抚使兼制置使的官署。
［7］隆兴元年：即公元 1163 年。隆兴，宋孝宗赵昚的第一个年号。

[8] 射殿：即选德殿，这里指南宋在临安（今浙江杭州）所建者。《宋史·舆服六》："淳熙初，孝宗始作射殿，谓之选德殿。"

[9] 保义郎：即"右班殿直"。武阶官名，系三班小使臣，政和二年（1112）改名保义郎。

[10] 锁厅：即锁厅试。宋代现任官员参加贡举考试，锁其官厅而出，故名。

[11] 循资：参见宋103注4。

[12] 修职郎：原为"登仕郎"，元丰改制前为正九品下阶文散官，元丰三年（1080）废。崇宁二年（1103）又置登仕郎为选人新阶官，相当于旧阶官试衔知县、知录事参军。政和六年（1116）改名修职郎。

[13] 濮秀二王：濮王，即赵允让（995～1059），字益之，宋太宗孙，历官汝州防御使、宁江军节度使。景祐二年（1035）建睦亲宅，命知大宗正事。庆历四年（1044）封汝南郡王，卒后追封濮王，谥安懿。宋仁宗无子，以赵允让第十三子宗实为皇子，后为宋英宗。《宋史》有传。秀王，即赵子偁（？～1144），为秦康惠王赵德芳之后，宋高宗族兄。历官宣教郎、直秘阁、左朝奉大夫。其子赵伯琮入为高宗皇子，后为宋孝宗。《宋史》有传。

154. 乾道五年 [1]，命宗室职事随侍子弟许赴国子监补。六年，臣僚上言："神宗朝，始立教养、选举宗子之法。保义至秉义 [2]，锁试则与京秩 [3]，在末科则升甲 [4]，取应不过量试注官 [5]，所以宠异同姓，不与寒畯等也 [6]。然曩时向学者少，比年隽异者多，或冠多士，或登词科，几与寒士齐驱；而入仕浸繁，未知裁抑，非所以示至公也。"于是礼部请锁厅登第者，旧于元官上转行两官，自今止依元资改授，徐准旧制。十二年 [7]，右正言胡卫请 [8]："自今宗室监试，无官应举，照锁厅例七取其二；省试则三举所放人数如取应例，立为定额。"从之。

[1] 乾道五年：即公元1169年。乾道，宋孝宗赵眘的第二个年号。

[2] 保义：即保义郎，参见宋153注9。秉义：即"秉义郎"，原名"西头供奉官"。武阶官名，系三班小使臣。政和二年（1112）改名秉义郎。

[3] 京秩：即"京官"。参见宋29注7。

[4] 末科：科举考试中式的最下一等。升甲：参见宋34注5。

[5] 取应（yìng映）：应举。量试：参见宋151注12。注官：铨叙官职。

[6] 寒畯（jùn峻）：出身寒微而才能杰出的人。

[7] 十二年：承上文当为乾道十二年，而乾道仅九年，似当为淳熙十二年（1185），或年代有误。

[8] 右正言：参见宋97注3。胡卫：字沂孙（生卒年不详），徐姚（今属浙江）人。庆元五年（1199）进士，历官於潜县令、右正言、礼部侍郎。

155. 宁宗嘉定四年 [1]，诏锁厅应举，省试第一名，殿试唱名授官日，于应得恩例外，更迁一秩。九年，以宫学并归宗庠 [2]，教授改为博士、宗谕 [3]。十四年，命前隶宫学近属，令附宗学公、私试，中选者与正补宗学生，近属子孙年十五以下者，许试小学生。复置诸王宫大、小学教授一员。宗学解试依太学例取放，每举附国子监发解所，异题别考。

[1] 宁宗：即宋宁宗赵扩（1168~1224）。参见宋67注1。嘉定四年：即公元1211年。嘉定，宋宁宗
赵扩的第四个年号。

[2] 宗庠：即"宗学"。参见宋133注3。

[3] 宗谕：即"宗学谕"之省称。《宋史·职官五》："嘉定九年十二月，始复置宗学，改教授为博
士，又置宗学谕一员，并隶宗正寺，在太常博士之下，谕在国子正之上。"

156. 理宗宝庆二年 [1]，以锁厅宗子第一名若㸈学深《春秋》[2]，秀出谱籍，与
补保义郎，特赐同进士出身，仍换修职郎。端平元年 [3]，命宗子锁厅应举解试，凡在
外州军，或寄居，或见任随侍，及见寓行在就试者，各召知识官委保正身 [4]，国子监
取其宗子出身、训名、生长左验 [5]，以凭保收试，仍于试卷家状内具保官职位、姓
名，以防欺诈。淳祐二年 [6]，建内小学，置教授二员，选宗子就学。宝祐元年五
月 [7]，特、正奏名进士宗子必晀等二人特授保义郎 [8]，若瑰等二十九人承节郎 [9]，
敕略曰："必晀等取应及选，咸补右阶 [10]，盖欲诱之进学，而教以入仕也。其毋以是
自画焉 [11]。"

[1] 理宗：即宋理宗赵昀（1205~1264）。参见宋71注1。宝庆二年：即公元1226年。宝庆，宋理宗
赵昀的第一个年号。

[2] 若㸈：即赵若㸈（生卒年不详），鄞（今浙江宁波）人。宝庆二年（1226）进士，历官修职郎。
馀不详。

[3] 端平元年：即公元1234年。端平，宋理宗赵昀的第三个年号。

[4] 知识官：熟知、认识的官员。

[5] 训名：父、师所命之名，犹学名。生长：成长状况。左验：证据。

[6] 淳祐二年：即公元1242年。淳祐，宋理宗赵昀的第五个年号。

[7] 宝祐元年：即公元1253年。宝祐，宋理宗赵昀的第六个年号。

[8] 必晀：即赵必晀，生平不详。

[9] 若瑰：即赵若瑰，生平不详。

[10] 右阶：即"右选"。宋代吏部四选之一，《宋史·职官三》："侍郎分左右选……右选，掌武臣之
未升朝者。"保义郎、承节郎皆武阶官，故称。

[11] 自画：自己限制自己。宋代重文，其意即谓以后可向文臣方向发展。

157. 度宗咸淳元年 [1]，以锁厅应举宗子两请，举人遇即位赦恩，并赴类试。其
曾经覆试文理通者，照例升等；文理不通及未经覆试者则否；第五等人特与免铨出官。
九年，凡无官宗子应举，初生则用乳名给据，既长则用训名 [2]。其赴诸路漕司之试，
有一人前后用两据、印二卷者。至是，命漕司并索乳名、训名各项公据 [3]，方许收
试，以杜奸弊。

[1] 度宗：即宋度宗赵禥（1240～1274）。参见宋88注1。咸淳元年：即公元1265年。咸淳，宋度宗赵禥的年号。

[2] 训名：父、师所命之名，犹学名。

[3] 公据：官方所发文据，用于证明身份、资历等。

158. 武举、武选 [1]。咸平时 [2]，令两制、馆阁详定入官资序故事 [3]，而未及行。仁宗时 [4]，尝置武学，既而中辍 [5]。天圣八年 [6]，亲试武举十二人，先阅其骑射而试之，以策为去留，弓马为高下。

[1] 武举：参见宋2注6。武选：有关武臣的铨叙。

[2] 咸平：宋真宗赵恒的第一个年号（998～1003）。

[3] 两制：即知制诰。参见宋30注6。馆阁：参见宋15注7。

[4] 仁宗：即宋仁宗赵祯（1010～1063）。参见宋3注4。

[5] 既而中辍：何忠礼《宋史选举志补正》第134页考《续资治通鉴长编》卷一四一至一四二，认为："仁宗朝置武学时间当在庆历三年（1043）五月至八月，历时三个月而已。"可参考。

[6] 天圣八年：即公元1030年。天圣，宋仁宗的第一个年号。

159. 神宗熙宁五年 [1]，枢密请建武学于武成王庙 [2]，以尚书兵部郎中韩缜判学 [3]，内藏库副使郭固同判 [4]，赐食本钱万缗 [5]。生员以百人为额，选文武官知兵者为教授。使臣未参班与门荫、草泽人召京官保任 [6]，人材弓马应格，听入学，习诸家兵法。教授纂次历代用兵成败、前世忠义之节足以训者，讲释之。愿试阵队者，量给兵伍。在学三年，具艺业考试等第推恩，未及格者，逾年再试。凡试中，三班使臣与三路巡检、砦主 [7]，未有官人与经略司教队、差使 [8]，三年无过，则升至大使臣 [9]，有两省、待制或本路钤辖以上三人保举堪将领者 [10]，并兼诸卫将军 [11]，外任回，归环卫班 [12]。

[1] 神宗：即宋神宗赵顼（1048～1085）。参见宋3注3。熙宁五年：即公元1072年。熙宁，宋神宗赵顼第一个年号。

[2] 枢密：这里指枢密院。宋代以枢密院为最高军事机关，掌军国机务、兵防、边备、军马等政令，出纳机密命令，与中书分掌军政大权，合称"二府"。武成王：周代太公望的封号。唐开元十九年（731）于西京及各州设太公庙，至上元元年（760）又追封太公望为武成王，太公庙即改武成王庙。

[3] 兵部郎中：尚书省兵部属官，秩正六品。韩缜：字玉汝（1019～1097），开封雍丘（今河南杞县）人。庆历进士，历官兵部郎中，任两浙、淮南、陕西等处转运使，同知枢密院事，拜尚书右仆射兼中书侍郎，贬官后以太子太保致仕。《宋史》有传。

[4] 内藏库副使：太府寺下内藏库（国库）的副长官。郭固：曾官卫尉寺丞、大理寺丞、内藏库副使。知兵，曾著《兵法攻守图术》、《军机决胜立成图》等。

[5] 万缗（mín 民）：指以千文结扎成串的铜钱一万串。

[6] 使臣：宋代八、九品十等武阶官的总称。未参班：没有在三班院注拟者。门荫：凭借祖先的功绩做官。草泽人：平民，在野之士。

[7] 三班使臣：宋代低级供奉武官的泛称。三路：当指河北、河东、陕西三路，北宋以其与辽及西夏交界，为军事要地。巡检：沿边诸路以及关隘要地的武官的泛称。砦（zhài 寨）主：即"寨主"，或称"知寨"，宋代于险要处置寨，以寨主或知寨主管，掌招收土军，教习武艺，防盗贼，守边防。

[8] 经略司教队：即"经略司教押军队"，宋代低级武职。差使：即"准备差使"，宋代低级武职。

[9] 大使臣：使臣中正八品敦武郎（原称内殿承制，后又改称训武郎）和修武郎（原称内殿崇班），通称大使臣。

[10] 两省：宋代通称门下省的给事中、起居郎、左司谏、左正言以及中书省的中书舍人、起居舍人、右司谏、右正言等为两省官。待制：宋代各殿阁均置待制官，掌守历朝皇帝的御书、典籍、图画、宝瑞之物，位于直学士之下。钤辖：又称"兵马钤辖"。官名。北宋前期为临时委任的军事统兵官，后成固定差遣。路钤辖掌一路之军旅戍屯、攻防等事务。

[11] 卫将军：宋代环卫官。参见宋 150 注 2。

[12] 环卫班：即"环卫官"。参见宋 150 注 2。

160. 科场前一年，武臣路分都监、文官转运判官以上各奏举一人 [1]，听免试入学。生员及应举者不过二百人。春秋各一试，步射以一石三斗 [2]，马射以八斗，矢五发中的；或习武伎，副之策略，虽弓力不及，学业卓然：并为优等，补上舍生，毋过三十人。试马射以六斗，步射以九斗，策一道，《孙》、《吴》、《六韬》义十道 [3]，五通补内舍生。马步射、马战应格，对策精通、士行可称者，上枢密院审察试用 [4]；虽不应格而晓术数、知阵法、智略可用，或累试策优等，悉取旨补上舍；武艺、策略累居下等，复降外舍。

[1] 路分都监：以路为辖区的都监，官名。位在钤辖下，掌屯戍、边防、训练政令。转运判官：宋代各路转运使司的副长官。

[2] 一石三斗：与下"八斗"、"六斗"、"九斗"等皆为弓弩强度的计量法，可测试挽力。

[3] 孙：即《孙子》，兵书。旧题春秋孙武撰，一卷，十三篇。为我国传世兵书最古者。吴：即《吴子》，兵书。旧题战国吴起撰，《汉书·艺文志》著录《吴子》四十八篇，《隋书·经籍志》著录《吴子》一卷，今传本六篇。六韬：汉人采撷旧说，假托为吕尚编写的古兵书。分《文韬》、《武韬》、《龙韬》、《虎韬》、《豹韬》、《犬韬》六个部分，故称《六韬》。宋代将以上三书列入《武经七书》。

[4] 枢密院：参见宋 159 注 2。

161. 先是，枢密院修《武举试法》[1]，不能答策者，答兵书墨义。王安石奏曰 [2]："三路义勇艺入三等以上 [3]，皆有旨录用，陛下又欲推府界保甲法于三路 [4]，则武力之人已多。近以学究一科，从诵书不晓理废之，而武举复试墨义，则亦学究之流，无补于事。先王收勇力之士，皆属于车右者 [5]，欲以备御侮之用，则记诵何所施？"于是悉从中书所定。凡武举，始试义、策于秘阁 [6]，武艺则试于殿前司 [7]，及殿试，则又试骑射及策于庭。策、武艺俱优为右班殿直 [8]，武艺次优为三班奉职 [9]，又次借职 [10]，末等三班差使、减磨勘年 [11]。策入平等而武艺优者除奉职，次优借职，又次三班差使、减磨勘年 [12]，武艺末等者三班差使。八年 [13]，诏武举与文举进士，同时锁试于贡院，以防进士之被黜而改习者，遂罢秘阁试。又以《六韬》本非全书，止以《孙》、《吴》书为题。

[1] 武举试法：有关武举考试的方法。《钦定续通典》卷十八："神宗熙宁时，枢密院修《武举试法》。"
[2] 王安石：参见宋 30 注 2。
[3] 三路义勇：北宋乡兵之一。河北、河东、陕西等路按比例征民丁为义勇，于手背刺字，农闲教习武艺，战时防守城垒，官给米、钱。
[4] 保甲法：宋代乡兵组织与乡村基层组织。宋神宗时推行之，以十户为一保，五十户为一大保，五百户为一都保；后改为五户一保，二十五户一大保，二百五十户一都保。分别设保长、大保正、都保正，每户两丁以上，一丁选充保丁。保内实行连坐法，并实行"上番"制，以加强治安。又在开封府界与河北、河东、陕西三路保甲实行"教阅"（军训）。
[5] 车右：古战车乘位在御者右边的武士。喻指勇力之士。
[6] 秘阁：参见宋 95 注 4。
[7] 殿前司：殿前都指挥使司的简称。宋代军事机构名。北宋时掌管诸班直并与马、步司分掌全国禁军，南宋时仅掌管诸班直及殿前司军。
[8] 右班殿直：参见宋 153 注 9。
[9] 三班奉职：参见宋 151 注 3。
[10] 借职：即"三班借职"。参见宋 153 注 4。
[11] 三班差使：全称三班院差使。北宋无品武阶官名，位从九品三班借职下、三班借差上。政和后，改名进武校尉。减磨勘年：《宋会要辑稿·选举》一七之一五作"减三年磨勘"。磨勘，参见宋 2 注 3。
[12] 减磨勘年：《宋会要辑稿·选举》一七之一五作"减二年磨勘"。
[13] 八年：即熙宁八年（1075）。

162. 元丰元年 [1]，立《大小使臣试弓马艺业出官法》：第一等，步射一石，矢十发三中，马射七斗，马上武艺五种，《孙》、《吴》义十通七，时务边防策五道文理优长，律令义十通七，中五事以上免短使、减一任监当 [2]，三事以上免短使、升半年名次，两事升半年，一事升一季；第二等，步射八斗，矢十发二中，马射六斗，马上武艺三种，《孙》、《吴》义十通五，策三道成文理，律令义十通五，中五事免短使、升半年，三事升半年，两事升一季，一事与出官；第三等，步射六斗，矢十发一中，马射五斗，马上武艺两种，《孙》、《吴》义十通三，策三道成文理，律令义十通三，计算钱谷文书五通三，中五事升半年，三事升一季，两事与出官。其步射并发两矢，马射发三矢，皆著为格。四年，罢试律义。七年，止试《孙》、《吴》书大义一场，第一等取四通、次二等三通、三等二通为中格。元祐四年 [3]，诏解试、省试增策一道。

[1] 元丰元年：即公元 1078 年。元丰，宋神宗赵顼的第二个年号。
[2] 短使：当属对武职人员的一种临时差遣。监当：即"监当官"，参见宋 18 注 9。随事设置，并无定员。
[3] 元祐四年：即公元 1089 年。元祐，宋哲宗赵煦的第一个年号。何忠礼《宋史选举志补正》第 138 页经考《宋会要·选举》一七之一九至二〇、《宋会要·选举》一之一三、《宋史·哲宗纪二》，认为："志文'元祐四年'实为'绍圣四年'之误。"甚是。绍圣四年为公元 1097 年。

163. 崇宁间 [1]，诸州置武学。立《考选升贡法》，仿儒学制，其武艺绝伦、文又优特者，用文士上舍上等法，岁贡释褐 [2]；中等仍隶学俟殿试。凡试出官使臣 [3]，仍赴殿前司呈试 [4]。诸州武士试补，不得文士同一场。马射三上垛 [5]，九斗为五分，八斗为四分，七斗为三分。九斗、八斗、七斗再上垛及一上垛，视此为差，理为分数。马射一中帖当两上垛，一中的当两中帖。

[1] 崇宁：宋徽宗赵佶的第二个年号（1102～1106）。
[2] 释褐：脱去平民衣服，比喻始任官职。
[3] 使臣：宋代八、九品十等武阶官的总称。
[4] 呈试：宋代选举官员考试方式之一。凡大小使臣、校尉，每半年一次赴殿前司或马军司，考试弓马及七书义，称"呈试"。中选者，再赴兵部右选厅铨量读法，注授武职差遣。亦编题名录，设同年宴。
[5] 垛：土筑的箭靶，其上可置射帖（类似于现代的靶纸），帖上有"晕"，中心即红心，称"的"。参见宋 61。

164. 旧制，武举三年一试，命官不过三十馀人，后增额，以每贡者三人即取一以升上舍，积选增展，遂至百人入流 [1]，比文额太优。四年 [2]，诏自今贡试上舍者，取十人入上等，四十人入中等，五十人入下等，皆补充武学内舍，人材不足听阙之，馀不入等者，处之外舍。大抵以弓马程文两上一上、两中一中、两下一下相参以为第。凡州教谕 [3]，须州都监乃得兼 [4]，吏部取武举、武士上舍出身者。

[1] 入流：隋唐官吏凡官阶在九品以内者称流内，九品以外者称流外。九品外的官员进入九品以内，称入流。后代因之。宋代入流之途：应举中式，荫补，摄官，进纳，吏人年满补授等。
[2] 四年：中华书局整理本校勘记有云："承上文当指崇宁四年，《宋会要·选举》一七之二〇、一七之二一系此事于大观四年，志文当失书'大观'纪元。"甚是。大观四年，即公元 1110 年。
[3] 教谕：宋代学官或职事名。太学附属小学，设教谕一至二员，负责训导和考校、责罚学生，秩正九品。崇宁四年（1105），各州设武学教谕。
[4] 都监：参见宋 160 注 1。

165. 政和三年 [1]，以隶学者众，凡经三岁校试而不得一与者，除其籍。宣和二年 [2]，尚书省言："州县武学既罢，有愿隶京城武学者，请用元丰法补试。旧制，不入学而从保举以试者，附试武学外舍，通取一百人，偕上舍生发解。今既罢科举，请依元丰法奏举，岁终集阙下，免试补外舍生，赴次年公试。其春选升补推恩 [3]，依大观法 [4]。"

[1] 政和三年：即公元 1113 年。政和，宋徽宗赵佶的第四个年号。
[2] 宣和二年：即公元 1120 年。宣和，宋徽宗赵佶的第六个年号。
[3] 春选：唐宋在春季礼部试（春试）后，举行的官吏考选。
[4] 大观：宋徽宗赵佶的第三个年号（1107～1110）。

166. 靖康元年 [1]，诏诸路有习武艺、知兵书者，州长贰以礼遣送诣阙 [2]，毋限数，将亲策而用之。

[1] 靖康元年：即公元 1126 年。靖康，宋钦宗赵恒的年号。
[2] 诣阙：谓赴朝堂。

167. 建炎三年 [1]，诏武举人先经兵部验视弓马于殿前司 [2]，仍权就淮南转运司别场附试《七书》义五道 [3]，兵机策二首 [4]。绍兴五年 [5]，帝御集英殿策武举进士 [6]，翌日阅试骑射，策入优等与保义、承节郎 [7]，平等承信郎 [8]，其武艺不合格者，与进义校尉 [9]。川、陕宣抚司类省试武艺合格人并补官 [10]。十二年，御试，正奏名，策入优等承节郎，平等承信郎、进义校尉；特奏名，平等进义校尉，各展磨勘有差 [11]。十六年，始建武学。兵部上《武士弓马及选试去留格》，凡初补入学，步射弓一石，若公、私试步骑射不中，即不许试程文，其射格自一石五斗以下至九斗，凡五等。

[1] 建炎三年：即公元 1129 年。建炎，宋高宗赵构的第一个年号。何忠礼《宋史选举志补正》第139 页："按建炎三年无贡举，朝廷似无须于兵戎倥偬，一日数惊之际下如此不急之诏。核之《宋会要·选举》一七之二五及《系年要录》卷一三所载，盖诏书实颁于建炎二年二月二十六日。是年，乃科举之岁，朝廷为虚应故事，以示重武，才下此诏。"可参考。
[2] 兵部：尚书省下官署名。元丰改制后设兵部尚书、侍郎、郎中、员外郎等，掌仪仗、武举事务以及厢军、乡兵、土兵等。南宋以卫尉寺并归兵部。殿前司：参见宋 161 注 7。
[3] 淮南转运司：治所在扬州（今属江苏）。七书：即《武经七书》。参见宋 99 注 6。
[4] 兵机：用兵的机谋，军事机要。
[5] 绍兴五年：即公元 1135 年。绍兴，宋高宗赵构的第二个年号。
[6] 集英殿：参见宋 43 注 1。
[7] 保义：即保义郎。参见宋 153 注 9。承节郎：参见宋 151 注 3。

[8] 承信郎：参见宋151注5。

[9] 进义校尉：宋无品武阶官名。位进武副尉下，进义校尉上。

[10] 宣抚司：即"宣抚使司"，为宣抚使之官署。宣抚使，不常置，掌宣布威灵、抚绥沿边地区及
    统率一路至数路军旅。

[11] 各展磨勘有差：《宋会要辑稿·选举》一七之二六作："各展减磨勘年有差。"磨勘，参见宋2
    注3。

168. 二十六年 [1]，帝见武学颓弊，因谕辅臣曰："文武一道也，今太学就绪，而武学几废，恐有遗才。"诏兵部讨论典故，参立新制。凡武学生习《七书》兵法、步骑射，分上、内、外三舍，学生额百人，置博士一员，以文臣有出身或武举高选人为之；学谕一员，以武举补官人为之。凡补外舍，先类聚五人以上附私试，先试步射一石弓，不合格不得试程文，中格者依文士例试《七书》义一道。其内舍生私试，程文三在优等，弓马两在次优，公试入等，具名奏补。试上舍者，以就试人三取其一，以十分为率，上等一分，中等二分，下等七分，仍以三年与发解同试。凡内舍补上舍，以上舍试合格人等与行艺相参，两上者为上等，一上一中或两中及一上一下为中等，一中一下或两下、一上一否为下等，仍不犯第三等罚、士行可称者，具名奏补。二十七年，御试第一名赵应熊武艺绝伦 [2]，又省试第一，特与保义郎、阁门祗候 [3]。二十九年，修立武举入官资格；命武举人自今依府监年数免解。

[1] 二十六年：即绍兴二十六年（1156）。

[2] 赵应熊：历官阁门祗候、江东安抚司准备将领、武学博士。馀不详。

[3] 阁门祗候：宋代朝阁门司属官。宋置十二人，与阁门通事舍人（宣赞舍人）均掌殿廷传宣之事，
    职位较后者稍次，全为武臣之清选，可比于文臣之馆职。

169. 孝宗隆兴元年御试 [1]，得正奏名三十七人。殿中侍御史胡沂言 [2]："唐郭子仪以武举异等，初补右卫长史，历振远、横塞、天德军使 [3]。国初，试中武艺人并赴陕西任使。又武举中选者，或除京东捉贼 [4]，或三路沿边 [5]，试其效用，或经略司教押军队、准备差使 [6]，今率授以榷酤之事 [7]，是所取非所用，所用非所学也。请取近岁中选人数，量其材品、考任，授以军职，使之习练边事，谙晓军旅，实选用之初意也。"

[1] 孝宗：即宋孝宗赵昚（1127～1194）。参见宋59注1。隆兴元年：即公元1163年。隆兴，宋孝宗
    赵昚的第一个年号。御试：何忠礼《宋史选举志补正》第140页考《宋会要·选举》一七之二
    九、四之三七，是年武举，孝宗并无御试事，认为："志文定误。但《通考·选举考七》所载与
    《宋志》同，疑《国史·选举志》收录时已有误，故此处'御试'当为'省试'之误。"可参
    考。

[2] 殿中侍御史：参见宋7注7。胡沂：字周伯（1107～1174），绍兴馀姚（今属浙江）人。绍兴进

士，历官州县官、秘书省正字、国子司业、殿中侍御史、中书舍人、吏部侍郎、礼部尚书，改侍读。《宋史》有传。

[3] "唐郭子仪" 三句：郭子仪，字子仪（697～781），唐华州郑县（今陕西华县）人。《新唐书·郭子仪传》："郭子仪字子仪，华州郑人。长七尺二寸。以武举异等补左卫长史，累迁单于副都护、振远军使。天宝八载，木剌山始筑横塞军及安北都护府，诏即军为使。俄苦地偏不可耕，徙筑永清，号天德军，又以使兼九原太守。"后以平定安史之乱、收复两京，大败吐蕃，累官同平章事、中书令，封汾阳郡王，卒谥忠武。两《唐书》皆有传。右卫长史，核之《新唐书》，当作"左卫长史"。

[4] 京东：即京东路，治宋州（今河南商丘南）。捉贼：即维持地方治安的巡检一级的低级武官。

[5] 三路沿边：即指与辽、西夏交界的河北、河东、陕西三路的巡检一级的低级武官。参见宋 159 注 7。

[6] "或经略司" 句：参见宋 159 注 8。

[7] 榷酤：汉以后历代政府所实行的酒专卖制度。这里指维持酤酒秩序的低级武职官员。

170. 乾道二年 [1]，中书舍人蒋芾亦以为言 [2]，请以武举登第者悉处之军中。帝以问洪适 [3]，适对曰："武举人以文墨进，杂于卒伍非便也。"帝曰："累经任者，可以将佐处之 [4]。"是岁，以登极推恩，武举进士比文科正奏名例，第一名升一秩为成忠郎 [5]，第二、第三名依第一名恩例。

[1] 乾道二年：即公元 1166 年。乾道，宋孝宗赵昚的第二个年号。

[2] 中书舍人：中书省属官，掌起草诏令等。蒋芾：字子礼（生卒年不详），常州宜兴（今属江苏）人。绍兴进士，历官中书舍人、签书枢密院事、权知参知政事、右仆射、同中书门下平章事兼枢密使，罢知绍兴府。著有《逸史》。《宋史》有传。

[3] 洪适（kuò 括）：字景伯（1117～1184），号盘洲，饶州鄱阳（今江西波阳）人。洪皓长子，以父荫补修职郎。绍兴十二年（1142）中博学宏词科，历官司农少卿、同中书门下平章事兼枢密使，三月即罢相。喜收藏，精考据，著有《隶释》、《盘洲集》等。《宋史》有传。

[4] 将佐：武官的通称。按以上对话，《宋会要辑稿·选举》一七之三〇至三一有关记述或有异，可参考。文长不录。

[5] 成忠郎：即"左班殿直"，武臣阶官名，系三班小使臣，政和二年（1112）改名成忠郎。

171. 五年 [1]，兵部请外舍有校定人，参考榜上等者，候满一年，私试四入等及不犯三等以上罚，或有校定而参考在中下等，候再试参考入中等，听升补外舍生。赴公试，旧，除射亲许试五等弓外，步射、马射止许试第三等以下弓，程文虽优而参考弓马分数难以对入优等；自今许比上舍法，不以马、步、射亲，并通试五等 [2]。

[1] 五年：即乾道五年（1169）。

[2] "兵部" 数句：因修史时过多删削而导致讹误且语义不明。何忠礼《宋史选举志补正》第 141 页以《宋会要·崇儒》三之三八补正："（乾道五年四月）二十八日诏：'武学升补内舍，每年公

173

试一次。其外舍有校定人，中参考榜上等者，只以弓马、程文相称，榜为正，据阙升补。即住学曾满三季以上，不与校定而参考入上等者，候满一年，私试四人等及不犯三等以上罚；或有校定而参考在中下等，候再试，参考入中等。听。'……又诏：'武学公试，并依比太学上舍法，不以马、步、射亲，并许通计五等。'"可参考。校定，参见宋142注9。射亲，宋代马射技艺的一种名目。《宋史·兵志九》："藏景陈马射六事：一顺骟直射，二背射，三盘马射，四射亲，五野战，六轮弄。"

172. 吏部言："武举比试、发解、省试三场，依条以策义考定等第，具字号，会封弥所[1]，以武艺并策义参考。今比试自依旧法，其解、省两场，请依文士例，考定字号，先具奏闻，拆号放榜。"从之。初命武学生该遇登极覃恩[2]，曾升补内舍或在学及五年曾经公、私试中人，并令赴省。是岁廷试[3]，始依文科给黄牒[4]，榜首赐武举及第，馀并赐武举出身。其年，颁武举之法[5]。令四川帅臣、宪、漕、知州军监及寄居侍从以上各举武士一员[6]，兴元府、利、阆、金、洋、阶、成、西和、凤州各三员[7]，拔其尤者送四川安抚司，解试类省，并如文科。

[1] 封弥所：即"封弥院"，又称"封印院"。宋贡举考试掌管封弥的机构。参见宋15注5。
[2] 覃恩：广施恩泽。旧时用以称帝王对臣民的封赏、赦免等。
[3] 是岁廷试：何忠礼《宋史选举志补正》第143页有云："按'是岁廷试'，依上文似指乾道五年（1169），但据《宋会要·选举》一七之三三及《宋史全文》卷二五下载，实在乾道八年，故志文于'初命武学生该遇登极覃恩'一句前，须补'八年'二字。"可参考。
[4] 黄牒：宋代委任下级官吏的文书。
[5] "其年"二句：何忠礼《宋史选举志补正》第143页有云："按宋代武举之法始颁于神宗熙宁间，南宋沿袭，稍作变化而已，乾道八年，不当再颁'武举之法'。"又考《宋会要·选举》一七之三四，认为："志文所言武举之法，乃针对当时四川流寓武士应举困难之实际情况，而颁于该地区的武举之法，故志文于'颁武举之法'之后应补入'于四川'三字，以免产生误解。"甚是。
[6] 帅臣：宋代诸路安抚司长官称帅臣，负责本路军务治安。宪：即"宪司"，或称宪台，即提点刑狱司，其长官负责本路司法刑狱、巡察盗贼等事。漕：即"漕司"，亦即转运使司，其长官经度一路全部或部分财赋等。知州军监：即"知州军事"，简称知州，宋代地方行政区划州的长官。寄居侍从：本为侍从，去职后返里家居者。侍从，宋代称殿阁学士、直学士、待制与翰林学士、给事中、六部尚书、侍郎等为侍从。
[7] 兴元府：治所在南郑（今陕西汉中市东）。利：利州（今四川广元）。阆：阆州（今四川阆中）。金：金州（今陕西安康）。洋：洋州（今陕西洋县）。阶：阶州（今甘肃武都）。成：成州（今甘肃成县）。西和：即西和州（今甘肃西和）。凤：治所在梁泉（今陕西凤县东北凤州镇）。以上一府八州在南宋均属四川利州东路与利州西路所辖。

173. 淳熙元年[1]，议者请："武学外舍生有校定公试合格，令试五等弓马，与程文五等相参，入中、上等者，据阙升补，馀俟再试入等升补。"从之。帝御幄殿[2]，引见正奏名，呈试武艺。二年[3]，以武科授官与文士不类，诏自今第一人补秉义

郎 [4],堂除诸司计议官 [5]，序位在机宜之上 [6]；第二、第三人保义郎 [7]，诸路帅司准备将领 [8]，代还 [9]，转忠翊郎 [10]；第四、第五人承节郎 [11]，诸路兵马监押 [12],代还，转保义郎 [13]：皆仿进士甲科恩例。

[1] 淳熙元年：即公元 1174 年。淳熙，宋孝宗赵昚的第三个年号。
[2] 幄殿：即"帐殿"，可容纳人多。
[3] 二年：当指淳熙二年（1175）。何忠礼《宋史艺文志补正》第 144 页："据《宋会要·选举》一八之一载，该次武举殿试，实行于淳熙二年三月十八日至二十三日。因此'呈试武艺'一句后面之'二年'，应移置'帝御幄殿'四字之前。"甚是。
[4] 秉义郎：参见宋 154 注 2。
[5] 堂除：参见宋 102 注 7。计议官：官名。建炎四年（1130），罢御营使司，并归枢密院为机速房，原御营使司干办公事改称计议官，绍兴十一年（1141）减罢。南宋都督府、宣抚处置使司、制置大使司、三衙、都统制司等亦有计议官。此处即指后者。
[6] 机宜：宋代主管机宜文字和主管书写机宜文字的官名简称。
[7] 保义郎：参见宋 153 注 9。
[8] 帅司：宋代安抚司的别称。准备将领：官名。都督、制置大使、经略使等属官，以备临时派遣处置各种事务。
[9] 代还：朝廷出任外官者重新被调回朝廷任职。
[10] 忠翊郎：即"右侍禁"。武臣阶官名，淳化二年（991）增置，系三班小使臣。政和二年（1112）改名忠翊郎。
[11] 承节郎：参见宋 151 注 3。
[12] 兵马监押：官名。位钤辖下。官高资深者为都监，或称"兵马都监"；官低资浅者为监押，或称"兵马监押"。掌屯戍、边防、训练政令。北宋末至南宋，渐成虚衔与闲职。
[13] 保义郎：参见宋 153 注 9。

174. 四年 [1]，以文科状元代还，例除馆职，亦召武举榜首为阁门舍人 [2]。五年，始立武学国子额，收补武臣亲属；其文臣亲属，愿附补者亦听。七年，初立《武举绝伦并从军法》：凡愿从军者，殿试第一人与同正将，第二、第三名同副将，五名以上、省试第一名、六名以下并同准备将 [3]；从军以后，立军功及人材出众者，特旨擢用。帝曰："武举本求将帅之材，今前名皆从军，以七年为限，则久在军中，谙练军政，他日可备委任。"八年，命特奏名补官，展减磨勘有差 [4]。九年，议者以为从军之人，率多养望 [5]，不屑军旅。诏自今职事勤恪者，从主帅保奏升差，懈惰者按劾。

[1] 四年：即淳熙四年（1177）。
[2] 阁门舍人：即"阁门宣赞舍人"，或称"阁门通事舍人"。官名，宋代阁门司属官，掌传宣赞谒、承奏劳问之事。政和中改称宣赞舍人。原置十员，北宋末职官滥冗，多至百余员。
[3] "凡愿从军"四句："将"为宋代军队的编制单位。南宋时，"将"为各屯驻大军第二级军队编制单位，隶属于军。其统兵官即为正将、副将、准备将，下有训练官、部将、队将等。一将兵力自

数千至万馀人不等。按"六名以下",与前"五名以上"抵牾,显然有误。《宋会要辑稿·选举》一八之三:"第六名以下堪充兵将官,愿从军人依旧法补官,差充三衙并江上诸军准备差遣。"

[4] 磨勘:参见宋2注3。

[5] 养望:培养虚名。

175. 光宗绍熙元年 [1],武臣试换文资 [2],南渡以前许从官三人荐举,绍兴令敦武郎以下听召保官二人 [3],以经义、诗赋求试,其后太学诸生久不第者,多去从武举,已乃锁厅应进士第 [4]。凡以秉义或忠翊皆换京秩,恩数与第一人等。后以林颖秀言 [5]:"武士舍弃弓矢,更习程文,褒衣大袖,专做举子。夫科以武名,不得雄健喜功之士,徒启其侥幸名爵之心。"于是诏罢锁厅换试。

[1] 光宗:即宋光宗赵惇(1147~1200)。参见宋66注1。绍熙元年:即公元1190年。绍熙,宋光宗赵惇的年号。

[2] 文资:宋代文官的官资。

[3] 敦武郎:武阶官名。政和二年(1112)由内殿承制改名,为武臣第四十三阶。后又改名训武郎。参见宋159注9。

[4] 锁厅:宋代现任官员参加贡举考试,锁其官厅而出,故名锁厅试。

[5] 林颖秀:字实之(生卒年不详),怀安(今福建福州西北)人。隆兴元年(1163)进士,历官教官、永康令。

176. 宁宗即位 [1],复其制 [2],庆元五年 [3],命两淮、京西、湖北诸郡仿兵部及四川法,于本道安抚司试武士,合格者,赴行在解试,别立字号,分项考校,拨十名为解额,五名省额。

[1] 宁宗:即宋宁宗赵扩(1168~1224)。参见宋67注1。

[2] 复其制:《宋史·宁宗纪一》:"绍熙……五年……冬十月……戊戌,复许举人试换文资。"

[3] 庆元五年:即公元1199年。庆元,宋宁宗的第一个年号。

177. 理宗绍定元年 [1],命武举进士避亲及所举之人止避本厅,令无妨嫌官引试,若合格,则朝廷别遣官复试。淳祐九年 [2],以北兵屡至,命极边、次边一体收试 [3],仍量增解额五名、省额二名。是岁,武举正奏名王时发已系从军之人 [4],充殿前司左军统领 [5],既登第,换授,特命就本职上与带"同"字,以示优厚劝奖。

[1] 理宗:即宋理宗赵昀(1205~1264)。参见宋71注1。绍定元年:即公元1228年。绍定,宋理宗赵昀的第二个年号。

[2] 淳祐九年:即公元1249年。淳祐,宋理宗赵昀的第五个年号。

[3] 极边:遥远的边境。这里当指南宋与金国的分界处淮河一线。次边:邻近边界的地方。

[4] 王时发：临安府（今浙江杭州）人。馀不详。

[5] 殿前司：全称殿前都指挥使司，简称殿司。宋代统军机构，与侍卫马军司、侍卫步军司合称"三衙"，分领全国禁军。左军统领：殿前司下武阶属官，偏裨将领。

178. 度宗咸淳六年[1]，命礼部贡院于武举进士平等每百人内，取放待补十人，绝伦每百人内[2]，取待补十三人。

[1] 度宗：即宋度宗赵禥（1240～1274）。参见宋88注1。咸淳六年：即公元1270年。咸淳，宋度宗赵禥的年号。
[2] 绝伦：出众超群者。

179. 算学。崇宁三年始建学[1]，生员以二百一十人为额，许命官及庶人为之。其业以《九章》、《周髀》及假设疑数为算问[2]，仍兼《海岛》、《孙子》、《五曹》、《张丘建》、《夏侯阳》算法并历算、三式、天文书为本科[3]。本科外，人占一小经[4]，愿占大经者听。公私试、三舍法略如太学。上舍三等推恩，以通仕、登仕、将仕郎为次[5]。大观四年[6]，以算学生归之太史局[7]，并书学生入翰林书艺局[8]，画学生入翰林图画局[9]，医学生入太医局[10]。

[1] 崇宁三年：即公元1104年。崇宁，宋徽宗赵佶的第二个年号。
[2] 九章：即古算书《九章算术》。参见唐5注9。周髀：即古天文算书《周髀算经》。参见唐5注11。
[3] 海岛：即古算书《海岛算经》。参见唐5注9。孙子：即古算书《孙子算经》。参见唐5注8。五曹：即古算书《五曹算书》。参见唐5注8。张丘建：即古算书《张丘建算书》。参见唐5注10。夏侯阳：即古算书《夏侯阳算书》。参见唐5注10。三式：术数家语，指遁甲、太乙、六壬。《四库全书总目·术数二·六壬大全》："六壬与遁甲、太乙，世谓之三式，而六壬，其传最古。"
[4] 小经：《新唐书·选举志上》："凡《礼记》、《春秋左氏传》为大经，《诗》、《周礼》、《仪礼》为中经，《易》、《尚书》、《春秋公羊传》、《穀梁传》为小经。"
[5] 通仕：即"通仕郎"。宋崇宁二年（1103）新置选人阶官名，相当于旧官阶县令、录事参军。政和六年（1116）又改为从政郎，同时将假承事郎、承奉郎改为通仕郎，授予初与官而未入仕者，相当于试衔或斋郎。登仕：即"登仕郎"。参见宋43注9。将仕：即"将仕郎"。参见宋43注8。
[6] 大观四年：即公元1110年。大观，宋徽宗赵佶的第三个年号。
[7] 太史局：官署名。原名司天监，元丰改制后改名太史局，属秘书省。掌测验天文，考定历法。
[8] 翰林书艺局：官署名。属翰林院。掌供奉书籍、笔墨、琴弈等。
[9] 翰林图画局：原称"翰林图画院"，官署名。雍熙元年（984）置。先属翰林院，熙宁六年（1073）改隶都大提举诸司库务。掌绘画及塑造。绍圣二年（1095）改院为局。
[10] 太医局：官署名。庆历四年（1044）属太常寺。熙宁九年（1076）置提举及判局、管勾官，判局以知医事者充任，掌教授生徒，如同学校。元丰改制后，隶太常礼部，政和后隶医学。乾道八年（1172）罢太医局。绍熙二年（1191）复置，仍隶太常寺。

180. 绍兴初 [1]，命太史局试补，并募草泽人 [2]。淳熙元年春 [3]，聚局生子弟试历算《崇天》、《宣明》、《大衍历》三经 [4]，取其通习者。五年，以《纪元历》试 [5]。九年，以《统元历》试 [6]。十四年，用《崇天》、《纪元》、《统元历》三岁一试。绍熙二年 [7]，命今岁春铨太史局试 [8]，应三全通、一粗通，合格者并特收取，时局生多阙故也。嘉定四年 [9]，命局生必俟试中，方许转补。

[1] 绍兴：宋高宗赵构的第二个年号（1131～1162）。何忠礼《宋史选举志补正》第 146 页："按'命太史局试补'之诏，据《宋会要·职官》一八之八八载，颁于绍兴三年十一月二十九日。"可参考。

[2] 草泽人：平民，在野之士。

[3] 淳熙元年：即公元 1174 年。淳熙，宋孝宗赵眘的第三个年号。

[4] 崇天：即《崇天历》。《宋史·律历四》："又推择学者楚衍与历官宋行古集天章阁，诏内侍金克隆监造历，至天圣元年八月成，率以一万五百九十为枢法，得九钜万数。既上奏，诏翰林学士晏殊制序而施行焉，命曰《崇天历》。"宣明：即《宣明历》。《宋史·律历八》："唐徐昇作《宣明历》。"大衍历：又名《开元大衍历》。唐一行和尚所制，开元十五年（727）历成，十七年颁行。见两《唐书·历志》。

[5] 纪元历：宋徽宗崇宁五年（1106），蔡京命姚舜辅改历，以帝即位之日为元，因称《纪元历》。崇宁五年颁行。见《宋史·律历十二》。

[6] 统元历：宋绍兴五年（1135）正月朔旦日食，太史所定不验，惟常州布衣陈得一预言无差，因诏命修历，历成，即名《统元历》。见《宋史·律历十四》。

[7] 绍熙二年：即公元 1191 年。绍熙，宋光宗赵惇的年号。

[8] 春铨：即"春选"。唐宋在春季礼部试（春试）后，举行的官吏考选。

[9] 嘉定四年：即公元 1211 年。嘉定，宋宁宗赵扩的第四个年号。

181. 理宗淳祐十二年 [1]，秘书省言："旧典以太史局隶秘省 [2]，今引试局生不经秘书，非也。稽之于令，诸局官应试历算、天文、三式官 [3]，每岁附试，通等则以精熟为上，精熟等则以习他书多为上，习书等则以占事有验为上。诸局生补及二年以上者，并许就试。一年试历算一科，一年试天文、三式两科，每科取一人。诸同知算造官阙有试 [4]，翰林天文官阙有试 [5]，诸灵台郎有应试补直长者 [6]，诸正名学生有试问《景祐新书》者 [7]，诸判局阙而合差 [8]，诸秤漏官五年而转资者 [9]，无不属于秘书；而局官等人各置脚色 [10]，遇有差遣、改补、功过之类，并申秘书。今乃一切自行陈请，殊乖初意。自今有违令补差，及不经秘书公试补中者，中书执奏改正，仍从旧制，申严试法。"从之。

[1] 理宗：即宋理宗赵昀（1205～1264）。参见宋71注1。淳祐十二年：即公元 1252 年。淳祐，宋理宗赵昀的第五个年号。

[2] 秘省：即"秘书省"，官署名。宋承唐制，判省事一人，以判秘阁官兼任。掌常祀祝版。元丰改制后，并崇文院入秘书省，以秘书监为长官，少监为副长官，掌古今经籍图书、国史、实录、天

文历数等事。

[3] 三式：参见宋 179 注 3。

[4] 同知：主管一事而不授以正官之名，称为知某事；佐官则称"同知"。算造官：太史局属官。

[5] 翰林天文官：翰林天文院（亦称翰林天文局）的属官。

[6] 灵台郎：太史局属官，主观测天象。直长：太史局属官，位灵台郎之上。

[7] 景祐新书：宋仁宗景祐间太史局所撰天文历书。

[8] 判局：即判某某局的简称。如判太史局、判太医局之类。差：差遣。

[9] 秤漏官：太史局监管漏刻以计量时间的官员。转资：迁改资格级别。

[10] 局官：诸局官员。脚色：即履历。宋人入仕，必具乡贯、户头、三代名衔、家口、年齿、出身履历，若注授转官，则又加举主有无过犯，谓之"脚色"。

182. 书学生，习篆、隶、草三体，明《说文》、《字说》、《尔雅》、《博雅》、《方言》[1]，兼通《论语》、《孟子》义，愿占大经者听。篆以古文、大小二篆为法，隶以二王、欧、虞、颜、柳真行为法 [2]，草以章草张芝、九体为法 [3]。考书之等，以方圆肥瘦适中，锋藏画劲，气清韵古，老而不俗为上；方而有圆笔，圆而有方意，瘦而不枯，肥而不浊，各得一体者为中；方而不能圆，肥而不能瘦，模仿古人笔画不得其意，而均齐可观为下。其三舍补试升降略同算学法，惟推恩降一等。自初置及并罢年数，悉同算学 [4]。

[1] 说文：参见唐 5 注 6。字说：参见宋 39 注 7。尔雅：参见唐 5 注 6。博雅：即《广雅》，三国魏张揖撰。原三卷，收录一万八千一百五十字。其书体例篇目依《尔雅》，字按意义分别部居，释义多沿用同义相释的方法。因博采汉代经书笺注及《说文》、《方言》等字书增广而成，故名《广雅》。隋朝曹宪作音释，始分十卷。以避隋炀帝杨广名讳，更名《博雅》。至今二名并称。方言：汉扬雄撰。全名《輶轩使者绝代语释别国方言》，原为十五卷，《隋书·经籍志》定为十三卷。是书仿《尔雅》体例，汇集古今各地同义词语，分别注明通行范围，为研究我国古代词汇的珍贵材料。

[2] 隶：这里当指楷书，或称"正书"、"真书"。宋姚宽《西溪丛语》卷下："东魏大觉寺碑阴，题银青光禄大夫臣韩毅隶书。盖今楷字也，庾肩吾曰：隶书，今之正书也……自唐以前，皆谓楷字为隶。"二王：晋代书法家王羲之（321～379）、王献之（344～386）父子。欧：唐代书法家欧阳询（557～641）。虞：唐代书法家虞世南（558～638）。颜：唐代书法家颜真卿（708～785）。柳：唐代书法家柳公权（778～865）。真行：楷书与行书。

[3] 章草：草书的一种。笔画有隶书的波磔，但每字独立，不连写。张芝：字伯英（？～约192），东汉书法家，善章草。九体：即草书"九体书"。唐张彦远《法书要录》卷二："及宋中庶宗炳出九体书，所谓缣素书、简奏书、笺表书、吊记书、行狎书、槁书、稿书、半草书、全草书，此九法极真草书之次第焉。"按宗炳（375～443），字少文，南朝宋南阳涅阳人，工书法。中华书局整理本标点为"草以章草、张芝九体为法"，似有误。

[4] 悉同算学：何忠礼《宋史选举志补正》第 146 页："算学于大观四年三月与太史局合并后，政和三年三月复置，到宣和二年才最后罢去，而书学在大观四年三月并入翰林书艺局后，从此不再复

置。因此，志文言书学'自初置及并罢年数，悉同算学'之说，与史实稍有差误。"可参考。

183. 画学之业，曰佛道，曰人物，曰山水，曰鸟兽，曰花竹，曰屋木，以《说文》、《尔雅》、《方言》、《释名》教授 [1]。《说文》则令书篆字，著音训，馀书皆设问答，以所解义观其能通画意与否。仍分士流、杂流 [2]，别其斋以居之。士流兼习一大经或一小经，杂流则诵小经或读律。考画之等，以不仿前人而物之情态形色俱若自然，笔韵高简写工。三舍试补、升降以及推恩如前法。惟杂流授官，止自三班借职以下三等 [3]。

[1] 释名：书名，或称《逸雅》。汉刘熙撰，八卷。以同声相谐，推论称名辨物之意。
[2] 士流：读书人，文士。杂流：士流之外的人，如工商、医卜、星相或以其他方伎谋生者。
[3] 三班借职：参见宋151注5。

184. 医学 [1]，初隶太常寺 [2]，神宗时始置提举、判局官及教授一人 [3]，学生三百人。设三科以教之，曰方脉科、针科、疡科。凡方脉以《素问》、《难经》、《脉经》为大经 [4]，以《巢氏病源》、《龙树论》、《千金翼方》为小经 [5]，针、疡科则去《脉经》而增《三部针灸经》[6]。常以春试，三学生愿与者听。崇宁间 [7]，改隶国子监，置博士、正、录各四员 [8]，分科教导，纠行规矩 [9]。立上舍四十人，内舍六十，外舍二百，斋各置长、谕一人 [10]。其考试：第一场问三经大义五道；次场方脉试脉证、运气大义各二道，针、疡试小经大义三道，运气大义二道；三场假令治病法三道。中格高等，为尚药局医师以下职，馀各以等补官，为本学博士、正、录及外州医学教授 [11]。

[1] 医学：宋承唐制，设太医局，分科招收学生，隶太常寺。宋徽宗崇宁二年（1103）始建医学，隶国子监。大观四年（1110）并入太医局，改称太医学。政和五年（1115），州县亦建医学。
[2] 太常寺：官署名。元丰改制前，掌社稷及武成王庙、诸坛斋宫习乐等事，置判寺，无常员。元丰改制后，掌有关礼乐、郊庙、社稷、陵寝等事，置太常卿、少卿为长官与副长官，下设丞。
[3] 神宗：即宋神宗赵顼（1048~1085）。参见宋3注3。提举：原意为管理、管领，多为主管某项专门事务的职官。判局：判太医局的简称。《宋史·职官四》："太医局，熙宁九年置，以知制诰熊本提举，大理寺丞单骧管干。后诏勿隶太常寺，置提举一、判局二，判局选知医事者为之。科置教授一，选翰林医官以下与上等学生及在外良医为之。"
[4] 素问：我国最早的中医理论著述。《隋书·经籍志》著录《黄帝素问》九卷，有唐王砅注。今本二十四卷，八十一篇，论及解剖、生理、病理、诊断、卫生诸多方面。难（nàn）经：古医书名，旧题周秦越人（即扁鹊）撰，二卷，八十一篇。发明《内经》之旨，经文有异，各设问答，解释疑难，故称《难经》。脉经：古代脉学专著，晋王叔和撰，宋林亿等校订。十卷，《叙录》一卷，纂辑古代岐伯、扁鹊、华陀等家脉诊论说，详加辨述。
[5] 巢氏病源：即《巢氏诸病源候论》，医书名，隋巢元方等撰，五十卷，六十七门，一千七百二十

论。专论病源，不载方药，概括了隋以前的医学有关研究成果。龙树论：医书名。《隋书·经籍志》著录《龙树菩萨药方》四卷、《龙树菩萨和香法》二卷、《龙树菩萨养性方》一卷，《宋史·艺文六》著录《龙树眼论》一卷，唐白居易《眼病二首》之二："案上谩铺《龙树论》，盒中虚捻决明丸。"这里当指《龙树眼论》一卷。千金翼方：医书名，唐孙思邈撰，三十卷，宋林亿校订。

[6] 三部针灸经：即《甲乙经》。《宋史·艺文六》著录晋皇甫谧《黄帝三部针灸经》十二卷，注云："即《甲乙经》。"又称《针灸甲乙经》、《黄帝甲乙经》。凡一百二十八篇，内容论针灸，涉及脏腑经络，为我国针灸学论著的开先河之作。

[7] 崇宁：宋徽宗赵佶的第二个年号（1102～1106）。

[8] 正录：学正与学录。参见宋110注8、注9。

[9] 纠行：督察执行。

[10] 长谕：即斋长与斋谕。参见宋110注6。

[11] "中格高等"四句：何忠礼《宋史选举志补正》第148页："志文于'中格高等'以下一段文字，言上舍出身者之除授法，由于删削不当，脱漏、舛误较多，现据《宋会要·崇儒》三之一三所载，补正如下：'上舍生高出伦辈之人，选充尚药局医师以上医职；上等，从事郎，除医学博士、正、录；中等，登仕郎，除医学正、录或外州大藩医学教授；下等，将仕郎，除诸州军医学教授。'"尚药局，掌管宫廷医药的机构，为殿中省六局之一。北宋末年罢。

185. 绍兴中 [1]，复置医学，以医师主之。翰林局医生并奏试人 [2]，并试经义一十二道，取六通为合格。乾道三年 [3]，罢局而存御医诸科，后更不置局而存留医学科，令每举附省闱别试所解发，太常寺掌行其事。淳熙十五年 [4]，命内外白身医士，经礼部先附铨闱，试脉义一场三道，取其二通者赴次年省试，经义三场一十二道，以五通为合格，五取其一补医生，俟再赴省试升补，八通翰林医学 [5]，六通祇候 [6]，其特补、荐补并停。绍熙二年 [7]，复置太医局，铨试依旧格。其省试三场，以第一场定去留，墨义、大义等题仿此。

[1] 绍兴：宋高宗赵构的第二个年号（1131～1162）。

[2] 翰林局：指翰林医官院，元丰五年（1082）改称翰林医官局，宋翰林院所属机构。掌以医药侍奉皇帝，治疗疾病。

[3] 乾道三年：即公元1167年。乾道，宋孝宗赵昚的第二个年号。

[4] 淳熙十五年：即公元1188年。淳熙，宋孝宗赵昚的第三个年号。

[5] 翰林医学：宋医官阶官名。政和三年（1113）增置。

[6] 祇候：当即"翰林医候"，宋医官阶官名。政和三年（1113）增置。

[7] 绍熙二年：即公元1191年。绍熙，宋光宗赵惇的年号。

186. 补道职 [1]，旧无试，元丰三年始差官考试 [2]，以《道德经》、《灵宝度人经》、《南华真经》等命题 [3]，仍试斋醮科仪祝读 [4]。政和间 [5]，即州、县学别置斋授道徒。蔡攸上《诸州选试道职法》 [6]，其业以《黄帝内经》、《道德经》为大

经 [7]，《庄子》、《列子》为小经 [8]。提学司访求精通道经者 [9]，不问已命、未仕，皆审验以闻。其业儒而能慕从道教者听。每路于见任官内，选有学术者二人为干官 [10]，分诣诸州检察教习。《内经》、《道德经》置博士，《圣济经》兼讲 [11]。道徒升贡，悉如文士。初入官，补志士道职 [12]，赐褐服，艺能高出其徒者，得推恩。道徒术业精退，州守贰有考课殿最罪法。陈州学生慕从道教 [13]，逾月而道徒换籍，殆与儒生相半。有宋琚者 [14]，愿改道徒内舍，献《神霄玉清万寿宫雅》一篇，特换志士，俟殿试。由是长倅以下受赏有差 [15]，其诱劝之重如此。宣和二年 [16]，学罢。

[1] 道职：即"道官"，或称道士官。掌阐扬道教、统辖众道士及道教事务的官。

[2] 元丰三年：即公元 1080 年。元丰，宋神宗赵顼的第二个年号。

[3] 道德经：即《老子》，为战国时老聃所著，主张自然无为。今本分上下篇，五千馀言。世传本有汉河上公与魏王弼二家注。20 世纪 70 年代，长沙马王堆出土帛书《老子》甲、乙本，为最早的写本。灵宝度人经：道家著作。宋郑樵《通志》卷六十七著录："《灵宝度人经》一卷；又四卷，李少微注；又四卷，道士成玄英疏义。"南华真经：即《庄子》的别名。唐天宝元年（743）二月号庄子为南华真人，始称其书《庄子》为《南华真经》。参见唐 17 注 3。

[4] 斋醮：僧道设斋坛，祈祷神佛。科仪：宗教仪式。祝读：祭祀时宣读（祝词）。

[5] 政和：宋徽宗赵佶的第四个年号（1111～1117）。

[6] 蔡攸：字居安（1077～1126），兴化军仙游（今属福建）人，蔡京长子。崇宁三年进士，历官中书郎、枢密直学士、开府仪同三司、少保。以道家学说迎和宋徽宗，金兵南下，促徽宗内禅。后贬官雷州，为宋钦宗遣使杀死。《宋史》有传。

[7] 黄帝内经：医书名。参见宋 133 注 2。

[8] 列子：参见唐 17 注 3。

[9] 提学司：参见宋 67 注 8。

[10] 干官：官名，即"干办公事"，简称干办官、干办、干官。原名"勾当公事"，以避宋高宗赵构名讳改。制置使、总领、安抚使、镇抚使、转运使、提点刑狱公事、三衙长官等的属官，由长官委派处理各种事务。

[11] 圣济经：医书。宋徽宗赵佶撰，十卷，四十二章。《宋史·艺文六》著录。

[12] 志士：道职十三品（或云十二品、十品）中的一品。学道之人刚入州县学者称道徒，经考试合格者亦称贡士，贡士入京应试，考出元士、高士、大士、上士、良士、方士、居士、隐士、逸士、志士等，分入官品。明冯琦原《宋诗纪事本末》卷十一："政和六年……闰月丁未，从林灵素之言立道学，自元士至志士凡十三品。"道学制度一直推行至宣和二年（1120），方因儒学的抵制而不再设立。

[13] 陈州：治所在今河南淮阳。

[14] 宋琚：宋祁之孙。清徐乾学《资治通鉴后编》卷一百："壬辰，知陈州邓洵仁奏：本州学内舍生宋琚，系故翰林学士宋祁之孙，行艺清修，愿换道学内舍生。旧有撰《到道论》十篇及近撰《神霄玉清万寿宫雅》，谨具缴奏呈。御笔：宋琚特与志士，仍许赴将来殿试。"

[15] 长倅：指陈州的州官及其副职。

[16] 宣和二年：即公元 1120 年。宣和，宋徽宗的第六个年号。

《宋史》

卷一百五十八　志第一百一十一

选举四　铨法上

187. 太祖设官分职 [1]，多袭五代之制，稍损益之。凡入仕，有贡举、奏荫、摄署、流外、从军五等 [2]。吏部铨惟注拟州县官、幕职 [3]，两京诸司六品以下官皆无选；文臣少卿监以上中书主之 [4]，京朝官则审官院主之 [5]；武臣刺史、副率以上内职 [6]，枢密院主之 [7]，使臣则三班院主之 [8]。其后，典选之职分为四：文选曰审官东院，曰流内铨 [9]，武选曰审官西院，曰三班。元丰定制而后 [10]，铨注之法，悉归选部：以审官东院为尚书左选 [11]，流内铨为侍郎左选 [12]，审官西院为尚书右选 [13]，三班院为侍郎右选 [14]，于是吏部有四选之法。文臣寄禄官自朝议大夫、职事官自大理正以下 [15]，非中书省敕授者，归尚书左选；武臣升朝官自皇城使、职事官自金吾街仗司以下 [16]，非枢密院宣授者，归尚书右选；自初仕至州县幕职官，归侍郎左选；自借差、监当至供奉官、军使，归侍郎右选 [17]。凡应注拟、升移、叙复、荫补、封赠、酬赏 [18]，随所分隶校勘合格，团甲以上尚书省 [19]，若中散大夫、阁门使以上 [20]，则列选叙之状上中书省、枢密院，得画旨 [21]，给告身 [22]。

[1] 太祖：即宋太祖赵匡胤（927～976）。参见宋5注10。

[2] "凡入仕"二句：何忠礼《宋史选举志补正》第149页："按宋代入仕之门，除志文所列五等外，尚有纳粟、纳赀、献书、献颂补官之类，其中纳粟补官一类，北宋前期虽偶行之，然到神宗朝以后，已逐渐形成制度，如《燕翼诒谋录》卷五谓……"可参考。奏荫，奏请荫官。祖先有官位或功业，子孙即可由此蒙恩而得官。摄署，即"摄官"，又称"权局"、"差摄"。宋制，两广诸路州县、幕职官缺，可选差有官人或罢任待阙人、举人等临时代理，即称摄官。摄官作为出身，可改为正官。流外，宋代在京诸司胥吏可通过年资或考选补官，吏部有流外铨专司此事。从军：通过军功补官。

[3] 州县官：州录事参军以下曹官，县令、丞、主簿、尉、城寨、马监主簿等，分掌州、县事务。幕职：简称"幕官"、"职官"，有签书判官厅公事，节度掌书记，观察支使，各州府判官、推官，

军、监判官等，掌辅助府、州、军、监长官处理政务，分案治事，分掌簿书、案牍、文移、付受、催督等事。

[4] 少卿监：宋代各寺、监的副长官，如太常少卿、将作少监等，总称"少卿监"。中书：即"中书门下"，为宰相的办公厅政事堂，简称中书。

[5] 京朝官：宋代称在京的常参官与未常参官。审官院：官署名。太平兴国六年（981）置差遣院，淳化三年（992）置磨勘京朝官院，次年改为审官院，并差遣院入审官院，设知审官院二人，由御史知杂以上充任。掌考校京朝官殿最，定其官爵品级，分拟其内外任使，奏报皇帝。熙宁三年（1070），改为审官东院。

[6] 刺史：官名。唐刺史为一州行政长官，宋代保留其官称，但无职掌，无定员，不住本州，仅为武臣之寄禄官，地位低于团练使。副率：太子东宫率府武官的副职。参见《宋史·职官二》。内职：宋枢秘使及副使、宣徽使、三司使及副使、学士及内诸司、三班使臣称为内职。

[7] 枢密院：参见宋 159 注 2。

[8] 使臣：宋代八、九品十等武阶官的总称。三班院：官署名。宋初，以供奉官、殿直、殿前承旨为三班。雍熙四年（987）置三班院，主管武臣三班使臣之注拟、升迁、酬赏等事。元丰改制后为吏部侍郎右选。

[9] 流内铨：官署名，属吏部。设判流内铨事二员，以御史知杂以上官充任。掌文官自出仕至幕职州县官之铨选注拟和对换差遣、磨勘功过等事。元丰改制后，改为礼部侍郎左选。

[10] 元丰定制：即"元丰改制"，指宋神宗元丰三年至元丰五年（1080～1082）的官制改革。宋初，官员除授制度复杂，有官、职、差遣之别。官以定品阶俸禄，称为寄禄官；职指殿阁学士、待制等，加于文学之士，以示尊崇；惟差遣为实职。由于官称与实职不符，易造成混乱，即于元丰三年制定寄禄格，改正官名，以原散官开府仪同三司代替正官中书令、侍中、同平章事，以下依次替代，成为新寄禄官名，而原寄禄官则成机构之正官，即职事官。次年又改革铨选制度，凡除授职事官，皆以寄禄官品高下为准。元丰五年，仿《唐六典》所载官制，实行新法。

[11] 尚书左选：简称"尚左"。设左选郎中一员，与尚书右选总隶于吏部尚书。

[12] 侍郎左选：简称"侍左"。设吏部侍郎领左选一员。若差官员兼摄，则称左选侍郎。另设左选郎中一员、员外郎一员。南宋时，员外郎或减罢。

[13] 尚书右选：简称"尚右"。设右选郎中一员，与尚书左选总隶于吏部尚书。

[14] 侍郎右选：简称"侍右"。设吏部侍郎领右选一员。若差官员兼摄，则称右选侍郎。另设右选郎中一员、员外郎一员。南宋时，员外郎或减罢。

[15] 寄禄官：宋代用以表示品级、俸禄的一种官称。又称本官，或简称官。宋初官名与职掌分离，元丰改制后，依官名确定职掌，令两者合一。原寄禄官即成名副其实的职事官，而另杂取唐代及以前散官旧名，制定官阶，以与宋初之寄禄官相应，成新寄禄官。授职事官，当以寄禄官品高下为准，高一品以上为"行"，低一品为"守"，低二品以下为"试"。朝议大夫：宋初为正五品下阶文散官，太平兴国初改为朝奉大夫。元丰改制后作为新寄禄官名，相当于旧寄禄官太常至司农少卿、左右司郎中。职事官：简称"职官"，官员之有职掌者。大理正：大理寺属官，在大理寺卿、少卿之下。

[16] 升朝官：参见宋 95 注 3。皇城使：官名。属东班诸司使，通常无职掌，仅为迁转之阶。政和二年（1112）改武功大夫。金吾阶卫仗司：何忠礼《宋史选举志补正》第 149 页："按《宋史·职官志四》，有'左右金吾街司'和'左右金吾仗司'，无'金吾阶卫仗司'，《宋会要·选举》

二三之一记此作'金吾街仗司'，当据改。"甚是。金吾街仗司，官署名。有左右金吾街司与左右金吾仗司，同属卫尉寺。掌殿内宿卫、巡徼街市，皇帝外出时清道并奉引仪仗。判街仗司官各一人，皆以诸卫将军以上官充任。南渡后卫尉寺废，并入兵部。

[17] 借差：即"三班院借差"，或称"三班借差"。北宋无品武阶官名，位三班差使下、殿侍上。政和后，改名进义校尉。监当：即"监当官"，宋代掌管茶、盐、酒税场务与冶铸事务官员的总称。供奉官：分"东头供奉官"与"西头供奉官"，为武阶官名，系三班小使臣。政和二年（1112）改名从义郎与秉义郎。军使：宋骑兵都（一百人为一都）一级统兵官。

[18] 注拟：唐时选举官员，凡应试获选者先由尚书省登录，经考询后再按其才能拟定官职，即称"注拟"。宋代因袭之。叙复：宋朝廷对犯罪官员减轻处分的一项规定。官员在任被责降官或罢官、追停、停职等，遇赦恩得以恢复原有官资，收叙任用，称"叙复"。荫补：参见宋2注7。封赠：皇帝以一定称号授予臣下的父母。父母存者曰封，已死者称赠。

[19] 团甲：参见唐32注11。

[20] 中散大夫：宋元丰改制前为正五品上阶文散官，改制后为新寄禄官，相当于旧寄禄官光禄卿至少府监。阁门使：掌礼仪的阁门司长官。

[21] 画旨：宋制，枢密院对有关军政问题，大事奏禀皇帝请示，小事拟定处理办法，请示可否，再据皇帝旨意起草命令，以白纸录送门下省审复，而留其底稿。凡当面得旨称"录白"，皇帝书面批示奏章者称"画旨"。

[22] 告身：委任官爵的文凭。

188. 凡选人阶官为七等 [1]：其一曰三京府判官，留守判官，节度、观察判官；即后来承直郎。其二曰节度掌书记，观察支使，防御、团练判官；即后来儒林郎。其三曰军事判官，京府、留守、节度、观察推官；即后来文林郎。其四曰防御、团练、军事推官，军、监判官；即后来从事郎。其五曰县令、录事参军；即后来从政郎。其六曰试衔县令、知录事；即后来修职郎。其七曰三京军巡判官，司理、户曹、司户、法曹、司法参军，主簿，县尉。即后来迪功郎。七阶选人须三任六考，用奏荐及功赏 [2]，乃得升改。

[1] 选人：参见宋32注3。阶官：用以表示官员等级而无实际职掌的官称。
[2] 奏荐：即"奏举"，又称"荐举"。选人和使臣积累一定考数，由一定员数的举主推荐，经磨勘改为京官；各级官员遵照朝廷命令，荐举同级或下级官员担任各种差遣；中、高级官员和皇室贵族依据荫补法，举荐一定人数的子弟、亲属补授低级官职，皆属奏举。功赏：因立功而得升转的赏赐。

189. 凡改官 [1]，留守、两府、两使判官，进士授太常丞，旧亦授正言、监察或太常博士，后多不除。馀人太子中允 [2]；旧亦授殿中丞。支使，掌书记，防御、团练判官，进士授太子中允，或秘书郎。馀人著作佐郎；两使推官、军事判官、令、录事参军，进士授著作佐郎，馀人大理寺丞；初等职官知县，知录事参军，防御、团练、军事推官，军、监判官，进士授大理寺丞，馀人卫尉寺丞；惟判、司、主簿、县尉七考，进士授大理寺丞，馀人卫尉寺丞。自节、察判官至簿、尉，考不及格者递降等。

[1] 改官：指选人改为京朝官。以下即以选人资历对应其当改之京朝官。

[2] 徐人：指无进士资格者。下同。

190. 凡非登科及特旨者，年二十五方注官。凡三班院 [1]，二十以上听差使，初任皆监当，次任为监押、巡检、知县。凡流外人 [2]，三任七考，有举者六员，移县令、通判；有班行举者三员 [3]，与磨勘 [4]。凡进纳人 [5]，六考，有职官或县令举者四员，移注 [6]；四任十考，有改官者五人举之，与磨勘。

[1] 三班院：参见宋 187 注 8。

[2] 流外人：杂流之一。朝廷诸司吏职及诸州、监司吏人，在九品之外皆属于"流外人"。

[3] 班行：宋代武官阶的概称。宋武臣阶有横行，东、西班诸司使，三班等，因朝会时分行排在东、西及横列，故统称班行。

[4] 磨勘：参见宋 2 注 3。

[5] 进纳人：即"买官者"、"纳粟补官者"。三色官之一。宋制，富室纳粟赈粜，雇夫筑城，以粮食、现钱助边，均可依数量多寡补不同官职。至正七品以上即为官户，也有减至九品者。官员进纳粮食或现钱，亦可减磨勘年数或转一官等。

[6] 移注：宋官员注授差遣的一种方法，即移授其他差遣窠阙。

191. 初定四时参选之制 [1]：凡本属发选解 [2]，并以四孟月十五日前达省 [3]，自千里至五千里外，为五等日期离本处；若违限及不如式，本判官罚五十直 [4]，录事参军、本曹官各殿一选；诸州四时具员阙报吏部，逾期及漏误，判官罚七十直，录事参军以下殿一选；在京百司发选解及送阙，违期亦有罚；诸归司官奏年满 [5]，俟敕下，准格取本司文解赴集，流外铨则据其人自投状申奏 [6]，亦依四时取解参选；凡州县老疾不任事者，许判官、录事参军纠举以闻，判官、录事参军则州长吏纠之。藩郡监牧，每遣朝臣摄守 [7]，往往专恣。太祖始削外权 [8]，命文臣往莅之；由是内外所授官，多非本职，惟以差遣为资历。

[1] "初定"句：宋李焘《续资治通鉴长编》卷五："乾德二年……二月戊申朔，翰林学士窦仪等上《新定四时参选条件》。"即指"四时选"，又称"集注"。宋代官员注拟差遣的一种方式。吏部四选，川、广定差等注授选人差遣窠阙，主管机构正副长官当厅端坐，对愿注授选人，高喊其阙而问之，以授窠阙。集注每季一次，于第一月揭出阙榜。

[2] 选解：候选官员的解状。

[3] 四孟月：春、夏、秋、冬四季的第一个月，即农历之正月、四月、七月、十月。

[4] 直：即"罚直"的"直"，犹同罚款。"一直"相当于二百文。宋赵升《朝野类要》卷四《罚直》："内外百司吏属有公罪之轻者，皆罚直入官。每一直即二百文足，如赎铜之例。"

[5] 归司官：宋代诸司吏人供职年满，依法补授官职，任官期满，仍归司继续担任吏职者，即称归司官。

[6] 流外铨：官署名，属吏部。掌考试升迁在京诸司胥吏，择中选者补正名，叙其劳绩，及年满出职

为官等事。

[7] 摄守：官员代理政事称"摄"，以高级散官充任低级职事官称"守"。

[8] 太祖：即宋太祖赵匡胤（927～976）。参见宋5注10。

192. 建隆四年 [1]，诏选朝士分治剧邑 [2]，以重其事。大理正奚屿知馆陶 [3]，监察御史王祐知魏 [4]，杨应梦知永济 [5]，屯田员外郎于继徽知临清 [6]，常参官宰县自此始 [7]。旧制，畿内县赤，次赤，畿外三千户以上为望，二千户以上为紧，一千户以上为上，五百户以上为中，不满五百户为中下。有司请据诸道所具板图之数，升降天下县，以四千户以上为望，三千户以上为紧，二千户以上为上，千户以上为中，不满千户为中下 [8]。自是，注拟以为资叙 [9]。又诏："周广顺中应出选门州县官 [10]，于南曹投状 [11]，准格敕考校无碍，与除官；其叙复者 [12]，刑部检勘送铨。"

[1] 建隆四年：即公元963年。建隆，宋太祖赵匡胤的第一个年号。

[2] 剧邑：政务繁剧的郡县。

[3] 大理正：大理寺属官，在大理寺卿、少卿之下，大理丞之上。奚屿：《周易》博士（生卒年不详），历官乾州司户、金部郎中，知商州，摄太仆卿。馀不详。馆陶：宋代属大名府，今属河北。《宋史·地理二》："大名府……馆陶，畿。"

[4] 监察御史：御史台察院属官，掌分察六部及朝廷各机构，大事奏劾，小事举正。王祐：当作"王祜"，参见中华书局整理本《续资治通鉴长编》卷一注二七。王祜（924～987），字景叔，一字叔子，大名莘（今属山东）人。尝仕后晋、后汉，入宋，历官监察御史、户部员外郎、中书舍人，知开封府，拜兵部侍郎。著有《王祜集》，已佚。《宋史》有传。魏：即魏县，宋代属大名府，治所在今河北大名西北。《宋史·地理二》："大名府……魏，次畿。"

[5] 杨应梦：生平不详。永济：治所在今山东冠县北，熙宁五年（1072）并入馆陶县。

[6] 屯田员外郎：工部官署屯田的属官，掌屯田、营田、职田、学田官庄等事务。于继徽：历官沂州县令，坐赃除名。馀不详。临清：宋代属大名府，今属山东。《宋史·地理二》："大名府……临清，次畿。"

[7] 常参官：参见宋113注2。

[8] "畿内县赤"数句：唐代分县为赤、畿、望、紧、上、中、下七等，宋因之。宋叶廷珪《海录碎事》卷四上："大唐县有赤、畿、望、紧、上、中、下六等（当为七等）之差。京都所治为赤县，京之旁邑为畿县，其馀则以户口多寡、资地美恶为差。"板图，同"版图"。这里指户籍与地域图册。

[9] 资叙：这里指按照县的等级次第授予相应选人官职。

[10] 周广顺：五代后周太祖郭威的年号（951～953）。出选门：谓由幕职州县官（选人）改为京朝官。

[11] 南曹：参见宋11注23。

[12] 叙复：参见宋187注18。

193. 先是，选格未备。乾德二年 [1]，命陶穀等议 [2]：

187

凡拔萃、制举及进士、《九经》判中者[3]，并入初等职官[4]，判下者依常选[5]。初入防御团练军事推官、军事判官者[6]，并授将仕郎[7]，试校书郎[8]。周三年得资，即入留守两府节度推官、军事判官，并授承奉郎[9]，试大理评事。又周三年得资，即入掌书记、防御团练判官，并授宣德郎[10]，试大理评事兼监察御史。周二年得资，即入留守、两府、节度、观察判官，并授朝散大夫[11]，试大理司直兼监察御史。周一年，入同类职事、诸府少尹。又周一年，送名中书门下，仍依官阶，分为四等。已至两使判官以上、次任入同类职事者，加检校官或转运宪衔[12]。凡观察判官以上，绯十五年乃赐紫[13]。每任以周三年为限，闰月不预，每周一年，校成一考。其常考，依令录例[14]，书"中"、"上"；公事阙遗、曾经殿罚者，即降考一等；若校成殊考，则南曹具功绩[15]，请行酬奖；或考满未代，更一周年与成第四考，随有罢者不赴集；其奏授职事，书校考第，并准新格参选。

自是铨法渐有伦矣。帝又虑铨曹惟用资历，而才杰或湛滞，乃诏吏部取赴集选人历任课绩多而无阙失、其材可副升擢者[16]，送中书引验以闻。时仕者愈众，颇委积不可遣。

[1] 乾德二年：即公元964年。乾德，宋太祖赵匡胤的第二个年号。
[2] 陶穀：参见宋6注8。
[3] 拔萃：即"拔萃科"。参见宋94注7。制举：参见宋91注1。这里与下"进士"、"《九经》"，皆谓有相应出身者应选。
[4] 初等职官：宋代幕职官（低级文臣阶官）的一种。
[5] 常选：定期举行之选官。
[6] "初入"句：指防御推官、团练推官，军、监判官等选人阶官。下同，不注。另参见宋188，宋189。
[7] 将仕郎：参见宋43注8。
[8] 试校书郎：幕职州县官的加官。参见宋29注8。以下"试大理评事"等，同。
[9] 承奉郎：宋代元丰改制前为从八品上阶文散官，改制后废文散官，遂为新寄禄官，相当于旧寄禄官太常寺太祝、奉礼郎。
[10] 宣德郎：参见宋43注3。
[11] 朝散大夫：宋代元丰改制前为从五品下阶文散官，改制后废文散官，遂为新寄禄官，相当于旧寄禄官中行郎中。
[12] 检校官：宋代由诏除而非正命的一种加官。自检校太师至检校水部员外郎共十九等。宪衔：宋代加官的一种，又称"兼官"，有兼御史大夫、兼御史中丞、兼侍御史、兼殿中侍御史、兼监察御史五等。多为武臣及幕职官等的加官，无实际作用。元丰改制后废。中华书局整理本校勘记云："或转运宪衔，《长编》卷五作'或转宪衔'。按宋代通称转运使为漕臣，提点刑狱公事为宪臣，疑'运'字衍。"何忠礼《宋史选举志补正》第153页："按'宪衔'之称起于唐，乃指御史一类言官而言（详见徐度《却扫篇》下）。北宋前期，官、职分离，'居其官不知其职

188

者，十常八九'，御史多成为一种寄禄阶，但转运使却是差遣，领有实职。志文'加检校或转运宪衔'一句，将转运使与御史官一例视作加官及寄禄阶，其误必然。考《长编》卷五乾德二年七月庚寅条记事，作'加检校官或转宪衔'，当是。志文衍一'运'字，宜删。"甚是。

[13] 绯：红色官服。唐宋时四品、五品官服绯。赐紫：唐宋三品以上官官服为紫色，官位不及而有大功，或为皇帝所宠爱者，可赐绯或赐紫，以示尊宠。《宋史·真宗纪二》："京朝官衣绯绿十五年者，改赐服色。"

[14] 令录：简称县令、司录、录事参军与试衔知县、知录事两阶选人。

[15] 南曹：官署名。参见宋11注23。

[16] 课绩：考核功绩。

194. 开宝初 [1]，令选人应格者，到京即赴集，不必限四时；及成甲次 [2]，又给限：南曹八日，铨司旬有五日 [3]，门下省七日，自磨勘、注拟及点检谢词，总毋逾一月。若别论课绩，或负过名须考验 [4]，行遣如法；及资考未合注拟者，不在此限。

[1] 开宝：宋太祖赵匡胤的第三个年号（968～976）。

[2] 甲次：又称"班次"。宋选人经过磨勘获准改官，数名编为一甲，而后按照各甲顺序，定期引见。

[3] 铨司：谓流内铨。参见宋187注9。

[4] 过名：中华书局整理本校勘记云："'过名'，《长编》卷九作'过咎'，《宋会要·选举》二四之九作'过尤'，'过咎'与'过尤'同义，疑'名'是'咎'字之讹。"甚是。

195. 三年 [1]，诏曰："吏多难以求其治，禄薄未可责其廉，与其冗员重费，不若省官益奉。州县官宜以户口为率，差减其员，旧奉月增给五千。西川管内诸州 [2]，凡二万户，依旧设曹官三员 [3]；户不满二万，置录事参军、司法参军各一员，司法兼司户；不满万户，止置司法、司户，司户兼录事参军；户不满五千，止置司户，兼司法及录事参军。县千户以上，依旧置令、尉、主簿凡三员；户不满千，置令、尉，县令兼主簿事；户不满四百，止置主簿、尉，以主簿兼知县事；户不满二百，止置主簿，兼令、尉。"诸道减员亦仿此制。西川官考满得代，更不守选 [4]。

[1] 三年：即开宝三年（970）。

[2] 西川：相当于至道三年（997）所设十五路之一的西川路，治益州（今四川成都）。

[3] 曹官：宋代诸州府以录事参军（简称录事）、司户参军（简称司户）、司理参军（简称司理）、司法参军（简称司法）为曹官。录事掌判本州府官庶务，纠察诸曹稽违及州院或府院户婚狱讼；司户掌户籍、赋税、仓库受纳或分典讼狱；司理掌司理院狱讼，审讯刑事案件；司法掌检定法律、审议、判决案件。

[4] 守选：又称"守常选"。宋代铨选制度，选人任满，例须待下一次到吏部注授差遣。

196. 岭表初平 [1]，上以其民久困苛政，思惠养之。令吏部铨自襄、荆以南州

189

县 [2]，选见任年未五十者，移为岭南诸州通判，得携族之官。以广南伪署官送学士院试书判 [3]，稍优则授上佐、令、录、簿、尉 [4]。初，州县有阙员，差前资官承摄 [5]；帝以其紊常制，令所在即上阙员，有司除注。又谓："诸道摄官或著吏能，悉令罢去，良可惜也。有司按其历任，三摄无旷败者以名闻。"

[1] 岭表初平：谓宋灭南汉政权。《宋史·太祖纪二》："开宝……四年……二月丁亥，南汉刘铱遣其左仆射萧潒等以表来上。己丑，潘美克广州，俘刘铱，广南平。得州六十、县二百十四、户十七万二百六十三。辛卯，大赦广南，免二税，伪署官仍旧。"岭表，即五岭以南地区，相当于今广东、广西一带。

[2] 襄荆：即今湖北襄樊、江陵一带。

[3] 学士院：即"翰林学士院"。官署名，掌起草制、诰、诏、令。

[4] 上佐：即"上佐官"。宋代以诸州与诸府长史、司马、别驾称上佐官，皆无实际职掌，有时以特恩授予士人，有时以犯有过失官员充任。

[5] 前资官：这里当指曾在南汉政权任职的官员。摄：即"摄官"。又称"权局"、"差摄"。宋制，两广诸路州县、幕职官缺，选差有官人或罢任待阙人、举人等临时代理，称摄官。

197. 六年 [1]，从流内铨之请 [2]，复四时选 [3]，而引对者每季一时引对之。时国家取荆、衡，克梁、益，下交、广 [4]，辟土既远，吏多阙，是以岁常放选 [5]。选人南曹投状，判成送铨，依次注拟。其后选部阙官，即特诏免解，非时赴集，谓之"放选"，习以为常，而取解季集之制渐废。是冬，乃命参知政事卢多逊等 [6]，以见行《长定》、《循资格》及泛降制书 [7]，乃正违异，削去重复，补其阙漏，参校详议，取悠久可用者，为书上之，颁为永式，而铨综之职益有叙矣 [8]。

[1] 六年：即开宝六年（973）。

[2] 流内铨：参见宋187注9。

[3] 四时选：参见宋191。

[4] "时国家"三句：指宋乾德元年（963），荆南（即南平）高氏政权降宋，得州三、县十七；继平湖南，俘获周保权，得州十四、监一、县六十六；乾德三年（965），后蜀主孟昶降宋，得州四十五、县一百九十八；开宝四年（971）灭南汉政权，参见宋196注1。

[5] 放选：谓朝廷因缺官，随时命选人赴吏部集注差遣。

[6] 参知政事：参见宋24注1。卢多逊：怀州河内（今河南沁阳）人（934～985），后周显德进士，历官左拾遗、集贤殿修撰。入宋，历官知制诰、翰林学士、参知政事，拜中书侍郎、平章事。因与秦王廷美交结，夺官，谪崖州，卒。《宋史》有传。

[7] 长定：即"《长定格》"，与下《循资格》等法令皆为建隆三年（962）所删定。《宋史全文》卷一："建隆三年……冬十月……癸巳，有司上新删定《循资格》、《长定格》、《编敕格》各一卷。"制书：官府文书名。宋制，皇帝处理国家大事，颁布赦令、德音，任命宰相、节度使等，采用诏告、宣敕、御劄、御宝批以及颁发给三省、枢密院的"奉圣旨"文书等，皆为"制书"。

[8] 铨综：谓选拔罗致人才。

198. 先是，选人试判三道，其二全通而文翰俱优为上，一道全通而文翰稍堪为中，三道俱不通为下。判上者职事官加一阶，州县官超一资，判中依资，判下入同类，惟黄衣人降一资[1]。至是[2]，增为四等，三道全次、文翰无取者为中下，用旧判下格；全不通而文翰又纰缪为下，殿一选。

[1] 黄衣人：即"黄衣选人"。参见宋91注4。
[2] 至是：中华书局整理本校勘记云："'至是'，承上文当指开宝六年，而《长编》卷一八、《宋会要·选举》二四之九都系此事于太平兴国二年，此处误。"另考宋孙逢吉《职官分纪》卷九系此事于太平兴国二年（977），《宋会要辑稿·选举》二四之九系此事于太平兴国二年十二月；元马端临《文献通考》卷三十八、《钦定续通典》卷十八皆系此事于太平兴国元年（976）。可参考。

199. 太平兴国六年[1]，诏京朝官除两省、御史台，自少卿、监以下，奉使从政于外受代而归者，令中书舍人郭贽、膳部郎中兼侍御史知杂事滕中正、户部郎中雷德骧同考校劳绩[2]，论量器材，以中书所下阙员拟定，引对以遣，谓之差遣院[3]。盖前代朝官，自一品以下皆曰常参官[4]，其未常参者曰未常参官；宋目常参者曰朝官[5]，秘书郎而下未常参者曰京官。旧制，京朝官有员数，除授皆云替某官，或云填见阙。京官皆属吏部，每任满三十月，罢任，则岁校其考第，取解赴集。太祖以来，凡权知诸州，若通判[6]，若监临物务官[7]，无定员。月限既满，有司住给奉料[8]，而见厘务者牒有司复文[9]，所厘务罢则已。但不常参，注授皆出中书，不复由吏部。至是，与朝官悉差遣院主之。凡吏部黄衣选人[10]，始许改为白衣选人[11]。

[1] 太平兴国六年：即公元981年。太平兴国，宋太宗赵炅的第一个年号。
[2] 中书舍人：中书省属官，掌起草诏令等。郭贽：字仲仪（935～1010），一作少仪，开封襄邑（今河南睢县）人。乾德进士，历官中书舍人、参知政事，入判太常寺、流内铨，官至礼部尚书、翰林院侍读学士。著有《文懿集》。《宋史》有传。膳部郎中：隶属礼部之下膳部的属官，宋初无职掌。侍御史知杂：即"知杂侍御史"。官名。宋承唐制，御史台置侍御史，辅助御史中丞处理御史台事务，以尚书省郎中、员外郎充任。宋初，以侍御史兼知杂事。滕中正：字普光（908～991），青州北海（今山东淄博以东）人。仕后周，历官检校户部员外郎。入宋，历官殿中侍御史、考功员外郎、膳部郎中兼侍御史知杂事、权御史中丞、判留司御史台。《宋史》有传。户部郎中：尚书省户部属官。雷德骧：字善行（918～992），同州郃阳（今陕西合阳）人。后周广顺三年（953）进士，历官右拾遗。入宋，历官殿中侍御史、户部郎中、度支判官、兵部郎中、户部侍郎，以失教，责授感德军行军司马，愤激卒。《宋史》有传。
[3] 差遣院：官署名，即"京朝官差遣院"。主管少卿、监以下京朝官考课、注拟差遣事宜。淳化四年（993）废，并入审官院。
[4] "盖前代"二句：中华书局整理本校勘记云："按《宋会要·职官》五九之三、《长编》卷二二，'朝官'都作'常参官'，'常参官'都作'京官'。"可参考。另参见宋95注3。
[5] 朝官：何忠礼《宋史选举志补正》第156页："按宋代朝官，系指通直郎以上之阶官（见《通考·职官考十八》），他们即使出任郡守、监司等地方官，不可能在京城常参，亦称朝官，此乃

唐、宋朝官之重大区别，故志文言‘宋目常参者曰朝官’一语误。"可参考。

[6] 通判：俗称"倅"，官名。为州府副长官，有监察所在州府官员之权。

[7] 监临物务官：即"监当物务"，宋职官名。监州、府诸场、务、库、粮、料、院等事务。《宋史·职官十二》："诸州监物务等，自十五千至七千，凡三等。"

[8] 奉料：即"俸料"。唐宋官员除俸禄外，又给食料、厨料等（折成钱钞谓之料钱），两者合称"俸料"。

[9] 复文：中华书局整理本校勘记云："‘复文’，《长编》卷二二作‘复支’，和上下文义较合，疑‘文’乃‘支’之讹。"甚是。

[10] 黄衣选人：参见宋91注4。

[11] 白衣选人：当指尚未有官职的选人。参见宋29注8。

200. 太宗选用庶僚 [1]，皆得引对，观其敷纳可采者超擢之 [2]。复虑因缘矫饰，徼幸冒进，乃诏 [3]："应临轩所选官吏，并送中书门下，考其履历，审取进止。"旧制，州县官南曹判成，流内铨注拟，其职事官中书除授。然而历任功过，须经南曹考验，遂令幕府官罢任，并归铨曹，其特除拜者听朝旨。又诏 [4]："狱官关系尤重 [5]，新及第人为司理参军 [6]，固未精习，令长吏察视 [7]，不胜任者，奏判、司、簿、尉对易其官 [8]。"

[1] 太宗：即宋太宗赵炅（939~997）。参见宋8注1。庶僚：或作"庶寮"，即百官。

[2] 敷纳：谓臣下陈奏善策，天子择善采纳。

[3] 乃诏：据宋李焘《续资治通鉴长编》卷二十四，此诏颁于太平兴国八年（983）。

[4] 又诏：据宋李焘《续资治通鉴长编》卷二十六，此诏颁于雍熙二年（985）八月。

[5] 狱官：掌牢狱之官的通称。

[6] 司理参军：官名，简称"司理"。开宝六年（973），置诸州司寇参军，太平兴国四年（979）改司理参军。掌狱讼勘鞫。

[7] 长（zhǎng掌）吏：地位较高的官员。

[8] 判司簿尉：宋代官名简称。判，指军巡判官；司，指司理、司户、司法参军；簿，指主簿；尉，指县尉。

201. 淳化四年 [1]，选人以南郊赦免选 [2]，悉集京师。帝曰："并放选，则负罪者幸矣，无罪者何以劝？"乃令经停殿者守常选 [3]。又诏："司理、司法参军在任有犯，遇赦及书下考者，止与免选，更勿超资。"工部郎中张知白上言 [4]："唐李峤尝云 [5]：‘安人之方，须择郡守。朝廷重内官，轻外任，望于台阁选贤良分典大州，共康庶绩 [6]。’凤阁待郎韦嗣立因而请行 [7]，遂以本官出领郡。今江、浙州郡，方切择人，臣虽不肖，愿继前修。"帝曰："知白请重亲民之官，良可嘉也。"然不允其请。

[1] 淳化四年：即公元993年。淳化，宋太宗赵炅的第四个年号。

[2] 南郊：古代天子在京都南面的郊外筑圜丘用来祭天的地方。这里即指祭天大礼。《宋史·太宗纪

二》："（淳化）四年春正月……辛卯，祀天地于圜丘，以宣祖、太祖配，大赦。"

[3] 停殿：谓因过错受到停止应选的选人。

[4] 工部郎中：尚书省工部的属官，掌修筑等事宜。张知白：字用晦（？～1028），沧州清池（今河北沧州东南）人。端拱进士，历官知审官院、工部郎中、参知政事，出知大名府，召为枢密副使，拜相，卒于任。《宋史》有传。张知白上言时间，宋李焘《续资治通鉴长编》卷七十八、《宋史全文》卷六皆作大中祥符五年（1012）秋七月，惟宋赵汝愚《宋名臣奏议》卷七十三录张知白《上真宗论重内轻外》后有注云："大中祥符四年七月上，时为龙图待制知审官院。"

[5] 李峤：参见唐46注10。宋王溥《唐会要》卷六十八："长安四年三月，则天与宰相议及州县官。纳言李峤等奏曰：'安人之方，须择刺史……'"

[6] 庶绩：各种事业。语本《书·尧典》："允厘百工，庶绩咸熙。"

[7] 凤阁侍郎：即"中书侍郎"，中书省副长官，秩正四品，大历二年（767）升正三品。唐光宅元年（684）至神龙三年（705）改中书省为凤阁。韦嗣立：字延构（654～719），韦承庆弟，郑州阳武（今河南原阳）人。少举进士，圣历二年（699），武则天令其代兄为凤阁舍人，长安四年（704）拜凤阁侍郎，同平章事，以本官检校魏州刺史。后迁兵部尚书，同中书门下三品，徙陈州刺史。两《唐书》有传。

202. 淳化以前 [1]，资叙未一 [2]，及是始定迁秩之制 [3]：凡制举、进士、《九经》出身者，校书郎、正字、寺监主簿、助教并转大理评事 [4]，评事转本寺丞，任太祝、奉礼郎者转诸寺监丞 [5]，诸寺监丞转著作佐郎，或特迁太子中允、秘书郎；由大理寺丞转殿中丞，由著作佐郎转秘书监丞，资浅者或著作郎，优迁者为太常丞；由太子中允、秘书郎转太常丞，三丞、著作皆迁太常博士 [6]，转屯田员外郎，优者为礼部、工部、祠部、主客 [7]；由屯田转都官 [8]，优者为户部、刑部、度支、金部；由都官转职方 [9]，优者为吏部、兵部、司封、司勋；其转郎中亦如之。左右司员外郎，太平兴国中有之 [10]，后罕除者。左右司郎中，惟待制以上当为少卿者即为之 [11]。由前行郎中转太常少卿、秘书少监 [12]，由此二官转右谏议大夫或秘书监、光禄卿；谏议转给事中，资浅者或右转左；给事中转工部、礼部侍郎，至兵部、吏部转左右丞，由左右丞转尚书。自侍郎以上，或历曹 [13]，或超曹 [14]，皆系特旨 [15]。

[1] 淳化：宋太宗赵炅的第四个年号（990～994）。

[2] 资叙：谓按规定的等级秩序授予官职。

[3] "及是"句：何忠礼《宋史选举志补正》第158页："按宋代何时开始有划一的迁秩之制，史无明文，据《玉海》卷一一七载：'淳化三年十月戊寅，始置京朝幕职州县官考课院。四年二月丙戌，以考校京朝官为审官院，幕职州县官为考课院。五月，以考课院归流内铨。《国史·志》"审官员《编敕》十五卷、《铨曹格敕》十四卷"。'据此，似可推知宋代迁秩之制约颁于淳化四年（993）二月稍后。"可参考。

[4] "凡制举"二句：何忠礼《宋史选举志补正》第158页："按助教乃最低级之试衔官，一般多授予屡试不中之特奏名，而宋代制举、进士、《九经》出身之人授官优渥，无授助教之例。《宋史·职官志九》在《文臣京官至三师叙迁之制》中，亦无有出身助教者转大理评事之记载，故

193

此处'助教'二字疑衍。"可参考。

[5] 太祝：官名。太常寺属官，掌祭祀时宣读册辞等。奉礼郎：官名。太常寺属官，掌奉币帛授初献官，大礼则设亲祠版位。

[6] 三丞：指太常丞、秘书丞、殿中丞。宋初为寄禄官的一阶，元丰改制后改为奉议郎。著作：宋秘书省著作郎、著作佐郎的简称。

[7] 祠部：官署名，属礼部。主管祠祭、僧尼、道士名籍等事宜。这里与上列礼部、工部，下列主客，皆代指"员外郎"。主客：官署名，属礼部。主管接待周邻各族、各国朝贡人使等事宜。

[8] 都官：官署名，属刑部。

[9] 职方：官署名，属兵部。

[10] 太平兴国：宋太宗赵炅的第一个年号（976～984）。

[11] 待制：参见宋30注6。

[12] 前行：宋承唐制，尚书省六部分前行、中行、后行三等，吏部、兵部为前行，户部、刑部为中行，礼部、工部为后行。每行各管四司，以本行名为头司，馀为子司。如吏部为头司，司封、司勋、考功为子司，其馀五部仿此。一般常调即以此为序，后行转中行，中行转前行。

[13] 历曹：按正常秩序迁转。

[14] 超曹：越级迁转升官。

[15] 特旨：皇帝颁发的特别旨令。

203. 诸科及无出身者 [1]，校书郎、正字、寺监主簿、助教并转太祝、奉礼郎，太祝、奉礼郎转大理评事，评事转诸寺监丞，诸寺监丞转大理寺丞，大理寺丞转中舍 [2]，优者为左右赞善 [3]，资浅者为洗马 [4]。由幕职为著作佐郎者转太子中允。由中允、赞善、中舍、洗马皆转殿中丞，殿中丞转国子博士，旧除《五经》者，至《春秋》博士则转国子博士，后罕除。由国子博士转虞部员外郎 [5]，优者为膳部；由虞部转比部 [6]，优者为仓部 [7]；由比部转驾部 [8]，优者为考功 [9]；或由水部转司门 [10]，司门转库部 [11]；为郎中亦如之。至前行郎中转少卿监 [12]，或一转，或二三转，即为诸寺大卿监 [13]，自大卿监特恩奖擢，或入给谏焉 [14]。

[1] 诸科：这里指进士、《九经》以外的《五经》、《开元礼》、《三史》、《三传》、《三礼》、学究、明法等贡举科目。

[2] 中舍：即"太子中舍"，太子属官。宋代常以他官兼任。宋代初，初升朝官者，有出身的人称太子中允，无出身的人称太子中舍。后人或讹传中舍为中书舍人。

[3] 赞善：即"赞善大夫"，太子属官。宋代常以他官兼任。

[4] 洗马：即"太子洗马"，太子属官。宋代常以他官兼任。

[5] 虞部：官署名，属工部。

[6] 比部：官署名，属刑部。

[7] 仓部：官署名，属户部。

[8] 驾部：官署名，属兵部。

[9] 考功：官署名，属吏部。

[10] 水部：官署名，属工部。司门：官署名，属刑部。

[11] 库部：官署名，属兵部。

[12] 少卿监：宋代各寺、监副长官如太常少卿、将作少监等，总称少卿监。

[13] 大卿监：宋代各寺、监长官如太常卿、将作监等，总称大卿监。

[14] 给谏：给事中、谏官的合称。

204. 其为台省官 [1]，则正言、监察比太常博士，殿中、司谏比后行员外郎，起居、侍御史比中行员外郎；起居转兵部、吏部员外郎，侍御史转职方员外郎，优者为兵部、司封、知制诰；由正言以上至郎中，皆叙迁两资，中行郎中为左右司郎中，若非次酬劳 [2]，有迁三资或止一资者；至左右司郎中为知制诰若翰林学士者，迁中书舍人，旧亦有自前行郎中除者，后兵、吏部止迁谏职。由中书舍人转礼部以上侍郎，入丞、郎即越一资以上。内职、学士、待制亦如之。御史中丞由谏议转者迁工部侍郎，由给事转者迁礼部侍郎，由丞、郎改者约本资焉 [3]。

[1] 台省官：谓御史台与尚书省、中书省、门下省等中央机构的官员。

[2] 非次：即"非次阙"。宋代吏部四选差遣阙榜公布后五日，所剩无人登记的窠阙，为"非次阙"。登记此阙，有恩例、资、考、举主等限制。

[3] 约本资：谓据官资迁改。

205. 其学官 [1]，司业视少卿，祭酒视大卿。其法官，大理正视中允、赞善。凡正言、监察以上，皆特恩或被举方除。其任馆阁、三司、王府职事 [2]，开封府判官、推官，江淮发运、诸路转运使、提点刑狱，皆得优迁，或以勤效特奖者亦如之。两制、龙图阁、三馆皆不带御史台官 [3]，枢密直学士、三司副使皆不带御史台官及两省官，待制以上不带少卿监。

[1] 学官：又称教官、校官，为官办学校中掌管教务、训导的官员的通称。

[2] 馆阁：宋代昭文馆、史馆、集贤院（三馆）与秘阁、龙图阁、天章阁诸阁合称"馆阁"。三司：官署名，北宋最高财政机构。

[3] 两制：即知制诰。宋代翰林学士皆加知制诰官衔，起草制、诰、诏、令、敕书、德音等，称内制；他官加知制诰官衔，起草以上文书称外制。合称两制。龙图阁：宋代阁名，咸平四年（1001）前建，收藏宋太宗御书、御制文集、各种典籍、图画等。

206. 其内职 [1]，自借职以上皆循资而迁 [2]，至东头供奉官者转阁门祗候 [3]，阁门祗候转内殿崇班 [4]，崇班转承制 [5]，承制转诸司副使，自副使以上，或一资，或五资、七资，或直为正使者，至正使亦如之。至皇城使者转昭宣使 [6]，昭宣使转宣庆使 [7]，宣庆使转景福殿使 [8]。其阁门祗候，特恩转通事舍人 [9]，通事舍人转西上阁门副使 [10]，亦有加诸司副使兼通事者；西上阁门副使转东上 [11]，东上转引

进 [12]，引进转客省 [13]，客省转西上阁门使 [14]；自此以上，亦如副使之迁，惟至东上者又转四方馆使 [15]。客省使转内客省使 [16]，内客省使转宣徽使 [17]，或出为观察使 [18]。自内客省使以上，非特恩不授。

[1] 内职：宋代枢密使及副使、宣徽使、三司使及副使、学士及内诸司、三班使臣称为内职。

[2] 借职：仅有虚衔而非实授的官职。如宋武官阶有三班借职，即在三班院假借授职，此于宗室武官次于三班奉职，地位最低。

[3] 东头供奉官：武阶官名，系三班小使臣。政和二年（1112）改名从义郎。阁门祗候：宋代朝阁门司属官。宋置十二人，与阁门通事舍人（宣赞舍人）均掌殿廷传宣之事，职位较后者稍次，全为武臣之清选，可比于文臣之馆职。

[4] 内殿崇班：武阶官名。淳化二年（991）置，政和六年（1116）改修武郎。为武臣第四十四阶。

[5] 承制：即"内殿承制"。武阶官名。大中祥符二年（1009）置，政和六年（1116）改敦武郎。为武臣第四十三阶。

[6] 皇城使：官名，属东班诸司使。宋代通常无职掌，仅为迁转之阶。政和二年（1112）改为武功大夫。昭宣使：宋代内侍官名，淳化四年（993）置。朝参时位在东班前，称为班官。政和二年（1112）改为拱卫大夫。

[7] 宣庆使：宋代内侍官名，大中祥符元年（1008），宋真宗封禅泰山后特置。朝参时位在东班前，称为班官。政和二年（1112）改中亮大夫。

[8] 景福殿使：宋代内侍官名。大中祥符五年（1012），宣政使刘承规久病辞职，特置此官以授，以示尊宠。朝参时位在东班前，称为班官，政和二年改中侍大夫。

[9] 通事舍人：即"阁门通事舍人"。官名，属阁门司。宋代以内诸司及三班使臣充阁门祗候，从中选试通识文字、善能宣赞、熟于祗应者迁阁门通事舍人，都称阁职。天禧中，只称通事舍人。政和六年（1116），改为宣赞舍人。

[10] 西上阁门副使：武阶官名，属横班诸司使，无职掌，仅为武臣迁转之阶。政和二年改为右武郎。

[11] 东上：即"东上阁门副使"。武阶官名，属横班诸司使，无职掌，仅为武臣迁转之阶。政和二年改为左武郎。

[12] 引进：即"引进副使"。引进司官名，属横班诸司使，无职掌，为武臣迁转之阶。政和二年改为中卫郎。

[13] 客省：这里指"客省副使"，官署客省的副主管官员，掌契丹、高丽国信使见辞宴赐及四方进奉、四夷朝觐之事。后为武官阶，属横行。政和二年改中亮郎。

[14] 西上阁门使：武阶官名，属横班诸司使，无职掌，仅为武臣迁转之阶。政和二年改为右武大夫。

[15] 东上：这里指"东上阁门使"。武阶官名，属横班诸司使，无职掌，仅为武臣迁转之阶。政和二年改为左武大夫。四方馆使：官名，属横班诸司使。无职掌，为武臣迁转之阶。

[16] 内客省使：官名，属横班诸司使。无职掌，为武臣、内侍迁转之阶。政和二年，改通侍大夫。

[17] 宣徽使：掌内廷事务机构宣徽院长官名。宋代常以大臣任之，位尊而事简，多加检校官，或领节度使及两使留后，多用以安置勋旧大臣之罢政者。元丰改制后废。

[18] 观察使：官名。宋代诸州置观察使，无职掌，无定员，不驻本州，仅为武臣之寄禄官，高于防御使而低于承宣使。

207. 武班副率以上至上将军 [1]，其迁历军卫如诸司使副焉 [2]。由牧伯内职改授 [3]，则观察使以上为上将军，团练使、阁门使以上为大将军 [4]，刺史、诸司使至崇班为将军 [5]，阁门祗候、供奉官为率 [6]，殿直以上为副率 [7]。

[1] 副率：宋代环卫官，如太子左右卫、左右率府的副率官等。上将军：宋代环卫官。《宋史·职官六》："诸卫上将军、大将军、将军并为环卫官，无定员，皆命宗室为之，亦为武臣之赠典；大将军以下，又为武官责降散官。政和中，改武臣官制，而环卫如故，盖虽有四十八阶，别无所领故也。"

[2] 军卫：泛指武职官员。诸司使：宋承唐制，置诸司使，宋初尚有职掌，嗣后渐成阶官，除特殊情况外，仅为叙迁之阶而无实际职务。诸司使分东、西二班，各二十使。东班有皇城使、翰林使、尚食使等，西班有宫苑使、左右骐骥使、内藏库使等。诸使各有副使，总称诸司副使。

[3] 牧伯：州牧方伯的泛称，或指一州之长官。

[4] 团练使：唐后期置于不设节度使地区，掌本区各州军事。宋承唐制，置诸州团练使，但无职掌，无定员，不驻本州，仅为武臣之寄禄官，高于刺史而低于防御使。阁门使：即"东上阁门使"与"西上阁门使"。参见宋 206 注 14，注 15。

[5] 刺史：官名。唐代刺史为一州行政长官，宋代保留其官称，但无职掌，无定员，不驻本州，仅为武臣之寄禄官。其地位低于团练使。崇班：即"内殿崇班"。参见宋 206 注 4。将军：环卫官名。

[6] 供奉官：即"东头供奉官"与"西头供奉官"。参见宋 187 注 17。

[7] 殿直：即"右班殿直"与"左班殿直"。参见宋 153 注 9，宋 170 注 5。

208. 内侍省、入内内侍省 [1]，自小黄门至内供奉官 [2]，皆历级而转，至内东头供奉官转内殿崇班，有转内侍常侍者 [3]，内常侍亦正转崇班。

[1] 内侍省：官署名，简称"前省"。宋初有内班院，淳化五年（994），先改为黄门院，又改内侍省。与"入内内侍省"同为宦官机构，有左右班都知、副都知、押班等。掌殿庭洒扫等杂役，皇帝外出，则掌乘舆服御以从。入内内侍省：官署名，简称"后省"。宋初有内中高品班院，与内侍省同为宦官机构，淳化五年（994）改入内内班院，又改入内黄门班院，再改内侍省入内内侍班院。景德三年（1006），与入内都知司、内东门都司知并为入内内侍省。掌侍奉宫廷内部生活事务，与帝、后亲近。有都都知、都知、副都知、押班等。所属有御药院、内东门司、合同凭由司、后苑造作所等。

[2] 小黄门：职位最低的内侍宦官。内供奉官：即"内东头供奉官"与"内西头供奉官"。内侍官阶名。政和二年（1112）分别改名"供奉官"与"左侍禁"。

[3] 内侍常侍：当指内常侍，为内侍官阶名，地位相当于内殿崇班。

209. 其铨选之制 [1]：两府司录 [2]，次赤令 [3]，留守、两府、节度、观察判官 [4]，少尹 [5]，一选；两府判、司 [6]，两畿令 [7]，掌书记 [8]，支使 [9]，防御、团练判官 [10]，二选；诸府司、录，次畿令，四赤簿、尉 [11]，军事判官，留守、两府、节度、观察、防御、团练军事推官，军、监判官，进士、制举，三选；诸府司理、判、司，望县令，《九经》，四选；辅州、大都督府司理、判、司[12]，紧上州录事参军，紧上县令，次赤两畿簿、尉，《五经》、《三礼》、《三传》、《三史》、《通礼》、明法，五选；雄望州司理、判、司，中州录事参军，中县令，次畿簿、尉，六选；紧上州司理、判、司，下州、中下州录事参军，中下县、下县令，紧望县簿、尉，学究，七选；中州中下州司理、判、司，上县簿、尉，八选；下州司理、判、司，中县簿、尉，九选；中下县下县簿、尉，十选。太庙斋郎、室长通理九年[13]，郊社斋郎、掌坐通理十一年[14]。

[1] 铨选之制：何忠礼《宋史选举志补正》第159页："按宋代铨选分属四选：一曰尚书左选（原审官东院），文臣京朝官以上及职任非中书省除授者悉掌之；二曰尚书右选（原审官西院），武臣升朝官以上及职任非枢密院除授者悉掌之；三曰侍郎左选（原流内铨），自初任至幕职州县官悉掌之；四曰侍郎右选（原三班院），自副尉以上至从义郎悉掌之。志文以下所言之十等差遣窠阙，乃侍郎左选亦即选人之铨选注拟差遣窠阙，而此处笼统言'铨选之制'，有失允当。"可参考。

[2] 两府：宋代以掌管军事的枢密院与掌管政务的中书省为两府。这里当指开封府与临安府。司录：即"司录参军"，官名，简称"司录"。掌府衙庶务、户婚诉讼，通书六曹案牒。

[3] 赤令：赤县（京都所治之县）的县令。

[4] "留守"句：分别指留守判官、开封府与临安府判官、节度判官、观察判官等。

[5] 少尹：宋代京城开封府、临安府及陪都河南、应天、大名府等设少尹，为副长官，不常置，常以通判或判官为副长官。

[6] 两府判司：开封府与临安府的军巡判官、司理参军、司户参军、司法参军。

[7] 两畿令：当指东京汴梁与临安所辖县的县令。

[8] 掌书记：即"节度掌书记"，节度州幕职官名。与观察支使合称"支掌"，不同置，一般有出身者为节度掌书记，无出身者为观察支使。

[9] 支使：即"观察支使"，节度州即观察州幕职官名。参见注8。

[10] 防御团练判官：防御使、团练使的僚属，佐理政事。

[11] 四赤：当指开封府的开封、祥符与南宋临安府的仁和、钱塘四赤县。后二赤县为绍兴中由望县提升。参见宋192注8。

[12] 辅：唐宋州之等级之一，即京城附近之州为最优者。元马端临《文献通考》卷六十三："开元中定天下州府，自京都及都督都护府之外，以近畿之州为四辅，其余为六雄、十望、十紧及上中下之差。"大都督府：宋代大行政区划，规模小于大都督府者称都督府，不常置。其官属有长史、左右司马、录事参军、司户、司法、司士、司理、文学参军、助教等。

[13] 太庙斋郎：官名，祭祀时的执事吏员，掌俎豆及洒扫等事。以台省六品、诸司五品登朝第二任子弟荫补，为朝臣子弟入仕之途。参见宋198注1。室长：即"太庙室长"。高于太庙斋郎。

[14] 郊社斋郎：官名，祭祀时的执事吏员，掌俎豆及洒扫等事。以台省六品、诸司五品登朝第二任子弟荫补，为朝臣子弟入仕之途。参见宋198注1。掌坐：即"郊社掌坐"。高于郊社斋郎。

210. 凡入官，则进士入望州判司、次畿簿尉，《九经》入紧州判司、望县簿尉，

《五经》、《三礼》、《通礼》、《三传》、《三史》、明法入上州判司、紧县簿尉，学究有出身人入中州判司、上县簿尉，太庙斋郎入中下州判司、中县簿尉，郊社斋郎、试衔无出身人入下州判司、中下县簿尉 [1]，诸司入流人入下州判司、下县簿尉 [2]。

[1] 试衔：参见宋 29 注 8。
[2] 入流人：已进入仕途者。参见宋 164 注 1。

211. 仁宗初 [1]，吏员犹简，吏部奏天下幕职、州县官期满无代者八百馀员，而川、广尤多未代。帝曰："此岂人情之所乐耶？其亟代之。"帝御后殿视事，或至旰食 [2]。中书请如天禧旧制 [3]，审官、三班院、流内铨日引见毋得过两人 [4]，诏弗许。自真宗朝，试身、言、书、判者第推恩 [5]，乃特诏曰："国家详核吏治，念其或淹常选，而以四事程其能。朕承统绪，循用旧典，爰命从臣，精加详考。其令翰林学士李谘与吏部流内铨以成资阙为差拟 [6]。"于是咸得迁官，率以为常。后议者以身、言、书、判为无益，乃罢。

[1] 仁宗：即宋仁宗赵祯（1010～1063）。参见宋 3 注 4。
[2] 旰食：晚食。指事务繁忙不能按时吃饭。
[3] 天禧：宋真宗赵恒的第四个年号（1017～1021）。
[4] 审官：即"审官院"。参见宋 187 注 5。三班院：参见宋 187 注 8。流内铨：参见宋 187 注 9。
[5] "自真宗朝"二句：宋李焘《续资治通鉴长编》卷九十八："真宗时，选人试身、言、书、判者第推恩；上即位，亦用前法。"真宗，即宋真宗赵恒（968～1022）。参见宋 13 注 1。身言书判，即身材相貌、言词谈吐、书写判词，为宋代考察选人的一种标准。宋太祖建隆三年（962）设书判拔萃科，凡未及格的选人皆可应试，考判词三道。宋真宗时以身、言、书、判试选人，判词优等，授京官知县或大理寺丞，其次循一资或授职官知县，并引对便殿。
[6] 李谘：字仲询（982～1036），新喻（今江西新余）人。景德二年（1005）进士及第，历官大理评事、左正言、礼部员外郎、翰林学士、右谏议大夫、枢密副使，迁户部尚书，知枢密院事。卒年五十五，赠右仆射，谥宪成。著有《李谘集》，今佚。《宋史》有传。成资：官吏任期届满称为"成资"。差拟：犹"差注"。吏部按选人的才能以定其官职。

212. 凡磨勘迁京官 [1]，始增四考为六考 [2]，举者四人为五人 [3]，曾犯过又加一考 [4]。举吏各有等数，得被举者须有本部监司、长吏按察官，乃得磨勘；须到官一考，方许荐任。凡选人年二十五以上 [5]，遇郊 [6]，限半年赴铨试，命两制三员锁试于尚书省 [7]，糊名誊录。习辞业者试论、试诗赋，词理可采、不违程式为中格，习经业者人专一经，兼试律，十而通五为中格，听预选。七选以上经三试至选满，京朝官保任者三人，补远地判、司、簿、尉，无举主者补司士参军 [8]，或不赴试、亦无举者，永不预选。京官年二十五以上 [9]，岁首赴试于国子监，考法如选人，中格者调官。两任无私罪而有部使、州守倅举者五人 [10]，入亲民 [11]；举者三人，惟与下等

厘物务官 [12]。

[1] 磨勘：宋代寄禄官（宋代表示品级、俸禄的一种官称，又称本官，或简称官）迁转皆有年限，任内每年勘验其劳绩过失，吏部复查后再决定迁转寄禄官阶，称"磨勘"。选人惟改京官时才实行磨勘。

[2] 六考：《宋会要辑稿·选举》二七之一〇："（大中祥符）三年正月诏：内外官所举幕职、州县官，并须经三任六考。"

[3] 举者：即"举主"。选人磨勘出官、官员接受差遣以及举人应试时的推荐和保证人。举主依法须有一定官职和一定员数。选人出官和被荐官员的官诰上，须登记举主的姓名，若日后不如举状，犯贪赃罪以及违犯名教等，举主连坐。

[4] 犯过：元马端临《文献通考》卷三十八："犯私罪，又加一考。举者虽多，无本道使者，亦为不应格。"私罪，详下注10。

[5] 选人：何忠礼《宋史选举志补正》第164页："按志文自'凡选人年二十五以上'一句起，至本段末，皆系庆历三年（1043）十一月丁亥所颁《任子诏》内容，故此处之'选人'，乃指由恩荫入仕者而言，故与由科举入仕之选人铨试格不同。全篇诏令，可参看《宋大诏令集》卷一六一及《长编》卷一四五庆历三年十一月丁亥条记事。"可参考。

[6] 郊：古代帝王祭祀天地。冬至祭天于南郊，夏至瘗地于北郊。

[7] 两制：参见宋30注6。

[8] 司士参军：官名，简称"司士"。宋置于诸州，无职掌。皇帝有时以特恩授士人，或以贬斥官员充任，或作纳粟授官名目。

[9] 京官：当作"京朝官"。宋李焘《续资治通鉴长编》卷一百四十五："京朝官年二十五以上，岁首赴试于国子监，考法如选人，中格者调官。"

[10] 私罪：参见宋149注3。部使：即"部使者"，宋代监司的俗称。守倅：宋代知州与通判的合称。

[11] 亲民：即"亲民官"。宋代各级地方行政长官。自知州、知县至监镇、知寨统称亲民官。

[12] 厘物务官：即"厘务官"。参见宋45注5。宋李焘《续资治通鉴长编》卷一百四十五："两任无私罪，有监司、知州、通判保举官三人，入亲民；经三试，朝臣保举者三人，与下等厘物务；两任无私犯，监司或知州、通判保举者五人，入亲民，愿易武弁者听。"记述较志文全面，可参见。

213. 初，州郡多阙官，县令选尤猥下，多为清流所鄙薄，每不得调。乃诏吏部选幕职官为知县，又立举任法以重令选，敕诸路察县之不治者。然被举者日益众，有司无阙以待之，中书奏罢举县令法。未几，有言亲民之任轻，则有害于治，法不宜废。复令指剧县奏举 [1]，举者二人，必一人本部使，既居任，复有举者，始得迁，否则如常选，毋辄升补。常参官已授外任 [2]，勿奏举。然铨格烦密，府史奸弊尤多 [3]，而磨勘者待次外州，或经三二岁乃得改官，往往因缘薄劳，求截甲引见 [4]。有诏自是弗许。

[1] 剧县：治事繁难的县。

[2] 常参官：参见宋95注3。

[3] 府史：泛指官府掌管文书籍册的佐吏。

[4] "往往"句：谓造作微小的功绩，以之求得提前引见改官的机会。截甲，宋代选人磨勘改官，嘉祐元年（1056）以后，实行分甲引见的方式，或五日引见一甲，每甲三人；或十日引见一甲，每甲五人。超越这一秩序，即称"截甲"。

214. 神宗欲更制度 [1]，建议之臣以为唐铨与今选殊异，杂用其制，则有留碍烦紊之弊。始刊削旧条，务从简便，因废南曹而并归之于铨 [2]。初，审官西院与东院对掌文武 [3]，寻改从吏部，而左、右选分焉。祖宗以来，中书有堂选 [4]，百司、郡县有奏举 [5]，虽小大殊科，然皆不隶于有司。暨元丰罢奏举阙 [6]，属之铨曹，而堂选亦不领于中书，一时更制，必欲公天下而诒永久。于是除免选之恩 [7]，重出官之试 [8]，定赏罚之则，酌资荫之宜。凡设试以待命士而入之铨注者 [9]，自荫补、铨试之外，有进士律义、武臣呈试及试刑法官等，而铨试所受为特广。中书言："选人守选，有及三年方遇恩放选者，或适归选而遽遇恩，既为不均，且荫补免试注官，以不习事多失职，试者又止试诗，岂足甄才？已受任而无劳绩，举荐及免试恩法，须再试书判三道，然亦虚文 [10]。"

[1] 神宗：即宋神宗赵顼（1048～1085）。参见宋3注3。

[2] 南曹：参见宋11注23。

[3] "审官西院"句：参见宋187。按文选属东院，武选属西院，"对掌文武"当为"对掌武文"。

[4] 堂选：又称"堂除"、"堂差"。参见宋102注7。

[5] 奏举：即"保任"。参见宋2注9。

[6] 元丰：宋神宗赵顼的第二个年号（1078～1085）。

[7] 免选：参见宋15注1。

[8] 出官：宋选人等初次接受差遣之称。选人或荫补得官人经铨试或呈试合格，方许赴吏部注授差遣；一任回，方许收使。

[9] 命士：古代称受有爵命的士，《礼记·内则》："由命士以上，父子皆异宫。"这里即指官员。

[10] 然亦虚文：此四字后因删节材料过多，致意义难明。今据宋李焘《续资治通鉴长编》卷二百二十七"神宗熙宁四年冬十月壬子朔"后补如下："及铨曹合注官人，例须判三道。因循积弊，遂成虚文。今欲应得替合守选人，岁限二月八日以前流内铨投状，试断案二道，或律令大义五道，或议三道，差官同铨曹主判官撰式同考试，第为三等，申中书。上等免选注官，入优等者依判起例升资，无出身者赐出身。如试不中，或不能就试者，及三年与注官，即不得入县令、司理、司法。其录事参军、司理、司法仍自今更不试判，亦不免选，即历任有举京官、职官、县令五人者，与免试注官，内得替合叙官人，亦许依得替人例收试。奏补京朝官选人，初出官罢试诗，年二十以上，许投乞试。如所试依得放选等第，即与差遣，优等赐出身。试不中，或不能就试，如年及三十者，即与差遣。其授官年已三十，即更三年听出官。京朝官展三年，监当如历任于合用举主外，更有二人，即免展年。其今年以前奏授，见年十五以上，不能就试者

依旧条，京朝官依上条展年。"

215. 熙宁四年 [1]，遂定铨试之制：凡守选者 [2]，岁以二月、八月试断按二 [3]，或律令大义五，或议三道，后增试经义。法官同铨曹撰式考试 [4]，第为三等，上等免选注官，优等升资如判超格 [5]，无出身者赐之出身。自是不复试判，仍去免选恩格，若历任有举者五人，自与免试注官。任子年及二十，听赴铨试。其试不中或不能试，选人满三岁许注官 [6]，惟不得入县令、司理、司法。任子年及三十方许参注，若年及二十授官 [7]，已及三年，出官亦不用试。若秩入京朝 [8]，即展任监当三年 [9]，在任有二人荐之，免展。选人应改官，必对便殿 [10]。旧制，五日一引，不过二人。至是，待次者多，有逾二年乃得引。帝闵其留滞，诏每甲引四人以便之 [11]。

[1] 熙宁四年：即公元 1071 年。熙宁，宋神宗赵顼第一个年号。

[2] 守选：又称"守常选"。宋代铨选制度，选人任满，例须待下一次到吏部注授差遣。

[3] 断按：审查按草（一种法律文书）。另参见宋 143 注 9 "断案"。

[4] 法官：中华书局整理本校勘记云："'法官'，《宋会要·选举》一三之一四、《长编》卷二二七都作'差官'，于义为长，'法'字当为'差'字之误。"甚是。铨曹：宋代吏部及其所属各司的别称。撰式：拟定标准。

[5] 超格：破格，越等。

[6] 三岁：何忠礼《宋史选举志补正》第 167 页经考认为："'三'字下脱一'十'字，宜补。"可参考。

[7] 二十：中华书局整理本校勘记云："'二十'，《宋会要·选举》一三之一五、《长编》卷二二七在叙述选人试法时都作'三十'。《长编》卷三八六又说：'彼贵游子弟……就令屡试不中，年及三十亦得出仕。'疑以作'三十'为是。"可参考。

[8] 京朝：即"京朝官"，宋代称在京的常参官与未常参官。

[9] 监当：即"监当官"，宋代掌茶、盐、酒税场务与冶铸事务官员的总称。

[10] 便殿：正殿以外的别殿，一般为古代帝王休息消闲的处所。宋章如愚《群书考索》后集卷十五记宋太宗语："朕选用群才，升良众职，九品之贱，一命之微，未尝专委于有司，必须召对于便殿，亲与之语，以观其能。"

[11] 甲：即"甲次"，又称"班次"。宋选人经过磨勘获准改官，数名编为一甲，而后按照各甲顺序，定期引见。另参见宋 213 注 4。

216. 帝因论郡守，谓宰臣曰："朕每思祖宗百战得天下，今州郡付之庸人，常切痛心。卿辈谓何如而得选任之要？"文彦博请择监司而按察之 [1]。陈升之曰 [2]："取难治剧郡，择审官近臣而责以选才 [3]，宜可得也。"

[1] 文彦博：字宽夫（1006～1097），汾州介休（今属山西）人。天圣进士，历官殿中侍御史、枢密副使、参知政事，拜同中书门下平章事，封潞国公。历仕四朝，以太师致仕。著有《潞公集》。《宋史》有传。监司：参见宋 37 注 6。

[2] 陈升之：初名旭（1011～1079），以避宋神宗嫌名，以字行，改字旸叔，建州建阳（今属福建）人。景祐进士，历官侍御史知杂事、知谏院，拜同中书门下平章事、集贤殿大学士。《宋史》有传。

[3] 审官：即"审官院"。参见宋187注5。

217. 初置审官西院，磨勘武臣，并如审官院格，而旧审官曰东院。御史中丞吕公著言[1]："英宗时，文臣磨勘，例展一年，至少卿监止[2]。武臣横行以上及使臣[3]，犹循旧制，固未尝如文臣有所节抑也。又仁宗时，尝著令，正任防御、团练以上[4]，非边功不迁。今及十年尝历外任，即许转，亦未如少卿监之有限止也。"诏两制详定[5]。王珪等言[6]："文武两选磨勘，已皆均用四年。请今自正任刺史以上，转官未满十年，若有显效者自许特转[7]，其非次恩惟许改易州镇[8]，以示旌宠。有过，则比文臣展年。"从之。知审官西院李寿朋言[9]："皇城使占籍者三十馀员[10]，多领遥郡[11]，而尚得从磨勘，迁刺史、团练防御使[12]。每进一级，增奉钱五万，廪粟杂给如之，实为无名。请于皇城使上别置二使名，视前行郎中[13]，量给奉禄。其遥郡刺史、团练防御使，并从朝廷赏功擢用，更不序迁。"诏："遥郡刺史、团练防御使，并以十年磨勘，至观察留后止[14]。应官止而有功若特恩迁者，不以法。"

[1] 御史中丞：官名。宋御史大夫无正员，仅为加官，以御史中丞为御史台长官。吕公著：字晦叔（1018～1089），寿州（今安徽凤台）人，吕夷简子。庆历进士，历官天章阁待制兼侍读、御史中丞、同知枢密院事、尚书右仆射兼中书侍郎，加司空、同平章军国事。卒赠申国公。《宋史》有传。何忠礼《宋史选举志补正》第169页："按吕公著上疏时间，据《宋会要·职官》一一之一九载，在熙宁二年八月八日，而北宋置审官西院在熙宁三年五月丁巳（《长编》卷二一一），故志文将吕公著上疏在于置审官西院之后，不妥。"可参考。

[2] 少卿监：参见宋187注4。

[3] 横行：即"横班"。宋代武臣阶官，朝参时列成横行，故称。使臣：宋代八、九品十等武阶官的总称。

[4] 防御团练：参见宋188。

[5] 两制：参见宋30注6。

[6] 王珪：字禹玉（1019～1085），成都华阳（今属四川）人。庆历进士，历官知制诰、翰林学士、知开封府，拜参政知事、同中书门下平章事、尚书左仆射兼门下侍郎。善文翰，曾监修《两朝国史》，著有《华阳集》。《宋史》有传。何忠礼《宋史选举志补正》第169页："按王珪等上疏时间，据《长编》卷二一一载，在熙宁三年五月丙午，亦较置审官西院之时间早十一天。"可参考。

[7] 特转：宋代官员升转的一项特殊规定。不依常法，而由朝廷特别指挥酬赏转官，称"特转"。

[8] 非次：破格，特指超迁官职。

[9] 李寿朋：字延老（生卒年不详），徐州丰（今属江苏）人。庆历初，赐进士出身，历官开封府推官、户部判官、直史馆、知审官西院、盐铁副使。暴疾卒。《宋史》有传。何忠礼《宋史选举志补正》第169页："按李寿朋上疏时间，据《长编》卷二一六载，在熙宁三年十月己卯。"可参考。

[10] 皇城使：官名。属东班诸司使，通常无职掌，仅为迁转之阶。政和二年（1112）改武功大夫。

[11] 遥郡：宋观察使、防御使、团练使、刺史为武官虚衔，无实际职掌，凡不带阶官者为正任，带阶官者为遥郡。遥郡品位依阶官为准。正任高于遥郡，能参预朝谒御宴，遥郡则否。

[12] 团练防御使：即团练使与防御使的合称。

[13] 视前行郎中："视"后当加"中行"，以照应前述"二使名"。宋李焘《续资治通鉴长编》卷二百一十六："臣愚欲乞于皇城使上别置使名二等，视中行、前行郎中，量加俸钱。"中行、前行，参见宋202注12。

[14] 观察留后：即"节度观察留后"，后改名"承宣使"。官名。唐五代藩镇离镇时，常以亲信为留后，统辖所部，主持本镇事务。宋代削夺藩镇实权，但仍保留节度观察留后之名而无职掌，不驻本州，无定员，仅为武臣寄禄官。政和七年（1117）改名承宣使，位节度使之下，观察使之上。

218. 诸司使副，每磨勘皆用常制，虽军功亦无别异，而阁门内侍辈，转皆七资。帝谓："左右近习，非勋劳而得超蹑[1]，至尝立功者乃无优迁，非制也。"使副尝有军功应转，许特超七资，阁门通事舍人、带御器械、两省都知押班、管干御药院使臣七资超转法[2]，皆除之。后客省、引进、四方馆各置使二员[3]，东、西上阁门共置使六员[4]，客省、引进、阁门副使共八员。副使磨勘如诸司使法。使有阙，改官及五期者[5]，枢密院检举。历阁门职事有犯事理重者，当迁日除他官；阁门、四方馆使七年无私过[6]，未有阙可迁者，加遥郡；特旨与正任者，引进四年转团练使，客省四年转防御使：皆著为定制焉。

[1] 超蹑：指越级提拔，迅速升迁。

[2] 阁门通事舍人：官名，属阁门司。参见宋174注2。带御器械：官名。宋初，选三班以上亲信武官为近侍，佩带橐鞬与剑，称御带，有时以内臣充任。咸平元年（998）改称带御器械，为武臣较低等荣誉性加官，常无实际职掌。两省都知押班：宋代入内内侍省与内侍省官名。入内内侍省设都都知、都知、副都知、押班等，内侍省设左班和右班都知、副都知、押班等。管干御药院使臣：管理御药院的官员。御药院：至道三年（997）所置官署名，掌按验秘方、调制药品供皇帝及宫廷用。勾当官无常员，以入内内侍省宦官充任。超转：亦称"越转"。宋代官员转官的一项规定。凡有军功武官或进士及第、出身等文官，经磨勘，朝廷特准一次超越数阶官阶升转，称"超转"。宰相、执政依法一次可升转二至三阶。阁门内侍等曾规定"七资超转法"，神宗时废，改为诸司使副有军功者，准许特超七资。

[3] 客省：官署名。掌国信使朝见与辞别皇帝时赐宴以及接待各地进奉使等。引进：即"引进司"，官署名。掌接待臣僚与蕃国进奉礼物等事。四方馆：官名。《宋史·职官六》："四方馆使，二人。掌进章表，凡文武官朝见辞谢、国忌赐香，及诸道元日、冬至、朔旦庆贺起居章表，皆受而进之；郊祀大朝会，则定外国使命及致仕、未升朝官父老陪位之版，进士、道释亦如之。掌凡护葬、赙赠、朝拜之事。"

[4] 东西上阁门：宋代阁门司分置东、西上阁门司，为掌礼机构。置使与副使，不任事，多为武臣迁转之阶。

[5] 五期：当为"五周年"。宋李焘《续资治通鉴长编》卷二百五十："熙宁七年二月……辛卯……阁门使以上遇有阙，改官及五周年者，枢密院检举施行。"

[6] 私过：即"私罪"。参见宋149注3。

219. 先是，御史乞罢堂选[1]，曾公亮执不可[2]。王安石曰[3]："中书总庶务，今通判亦该堂选，徒留滞，不能精择，宜归之有司。"帝曰[4]："唐陆贽谓[5]：'宰相当择百官之长，而百官之长择百官。'今之审官，苟得其人，安有不能精择百官者哉？"元丰四年[6]，堂选、堂占悉罢。

[1] 堂选：即"堂除"。参见宋102注7。

[2] 曾公亮：参见宋96注6。

[3] 王安石：参见宋30注2。

[4] 帝：即指宋神宗赵顼（1048～1085）。参见宋3注3。

[5] 陆贽：参见唐52注2。

[6] 元丰四年：即公元1081年。元丰，宋神宗赵顼的第二个年号。

220. 初，有司属职卑者不在吏铨，率命长吏举奏。都水监主簿李士良言[1]："沿河干集使臣，凡百六十馀员，悉从水监奏举，往往不谙水事，干请得之。"乃诏东、西审官及三班院选差。于是悉罢内外长吏举官法[2]。明年，令吏部始立定选格，其法：各随所任职事，以入仕功状，循格以俟拟注。如选巡检、捕盗官[3]，则必因武举、武学，或缘举荐，或从献策得出身之人。他皆仿此。

[1] 都水监主簿：都水监属官，以京朝官充任。都水监，掌内外川泽、河渠、桥梁、堤堰疏浚等事。李士良：历官都水监主簿、都水监丞、驾部郎中、开封府推官。馀不详。

[2] "沿河干"数句：何忠礼《宋史选举志补正》第170页："按《宋会要·选举》二八之一三及《长编》卷三一○载，李士良奏议上于元丰三年（1080）十二月十一日，而朝廷下诏罢内外长吏举官法时间，《宋会要·选举》二八之一三及《长编》卷三一四记作元丰四年七月二十八日。由此可知，二事在时间上相距颇远，志文缺书纪年，当补。"甚是。

[3] 巡检：参见宋159注7。捕盗官：宋代维持地方治安的使臣一级的武阶官。

221. 自官制行[1]，以旧少卿、监为朝议大夫[2]，诸卿、监为中散大夫[3]，秘书监为中大夫[4]。故事，两制不转卿、监官[5]，每至前行郎中，即超转谏议大夫[6]。前行郎中，于阶官为朝请大夫[7]；谏议大夫，于阶官为太中大夫[8]。帝谓："磨勘者，古考绩之法，所与百执事共之，而禁近独超转，非法也。"于是诏待制以下[9]，并三年一迁，仍转朝议、中散、中大夫三官。自是迁叙平允。凡开府仪同三司至通议大夫[10]，无磨勘法；太中大夫至承务郎[11]，皆应磨勘。待制以上六年迁两官，至太中大夫止；承务郎以上四年迁一官，至朝请大夫止。朝议大夫以七十员为额，有阙，以次补之。选人磨勘用吏部法，迁京朝官则依新定之制。除授职事官，并以寄禄官品高下为法：凡高一品以上者为行，下一品者为守，二品以下者为试，品同者不用行、守、试。

[1] 官制行：谓元丰改制。参见宋187注10。

[2] 朝议大夫：参见宋187注15。

[3] 中散大夫：参见宋187注20。

[4] 中大夫：宋初为从四品下阶文散官，元丰改制后遂为新寄禄官，相当于旧寄禄官秘书监。

[5] 两制：即"知制诰"。参见宋30注6。

[6] 超转：参见宋218注2。谏议大夫：参见宋49注5。

[7] 朝请大夫：宋初为从五品上阶文散官，元丰改制后遂为新寄禄官，相当于旧寄禄官前行郎中。

[8] 太中大夫：宋初为从四品上阶文散官，元丰改制后遂为新寄禄官，相当于旧寄禄官左、右谏议大夫。

[9] 待制：参见宋30注6。何忠礼《宋史选举志补正》第170~171页："按'待制以下，并三年一迁'之说，与志文下面'待制以上六年迁两官'之说相左。考《长编》卷三一〇元丰三年十二月甲子条及《宋会要·职官》五六之六所载，'待制以下'作'大两省待制以上'，当是。"可参考。

[10] 开府仪同三司：宋初为从一品文散官，元丰改制后遂为新寄禄官，相当于旧寄禄官使相。通议大夫：宋初为正四品下阶文散官，太平兴国初改为通奉大夫。元丰三年后以通议大夫为新寄禄官，相当于旧寄禄官给事中。

[11] 承务郎：宋初为从八品下阶文散官，元丰改制后遂为新寄禄官，相当于旧寄禄官秘书省校书郎、正字、将作监主簿。何忠礼《宋史选举志补正》第171页："按宋代待制为侍从官，须由朝廷除授，此处之'承务郎'定误。考上引《长编》及《宋会要》所载，'承务郎'实系'通直郎'之误。"可参考。通直郎，宋初为从六品下阶文散官，元丰改制后遂为新寄禄官，相当于旧寄禄官太子中允、赞善大夫、中舍、洗马。

222. 哲宗时[1]，御史上官均言[2]："今仕籍，合文武二万八千馀员，吏部逆用两任阙次，而仕者七年乃成一任。当清其源，宜加裁抑。"朝廷下其章议之，司谏苏辙议曰[3]："祖宗旧法，凡任子[4]，年及二十五方许出官，进士、诸科，初命及已任而应守选者，非逢恩不得放选。先朝患官吏不习律令，欲诱之读法，乃减任子出官年数，去守选之格[5]，概令试法，通者随得注官。自是天下争诵律令，于事不为无补。然人人习法，则试无不中，故荫补者例减五年，而选人无复选限。吏部员今年已用后四年夏秋阙，官冗至此亦极矣。宜追复祖宗守选旧法，而选满之日，兼行试法之科，此亦今日之便也。"事报闻。

[1] 哲宗：即宋哲宗赵煦（1077~1100）。参见宋98注2。

[2] 上官均：字彦衡（1038~1115），邵武（今属福建）人。熙宁进士，历官监察御史、殿中侍御史、工部员外郎、给事中，以人元祐党籍，罢职。《宋史》有传。

[3] 司谏：即"补阙"。官名。宋初置左、右补阙与左、右拾遗，左隶门下省，右隶中书省。端拱元年（988），改左、右补阙为左、右司谏，左、右拾遗为左、右正言。元丰改制前为寄禄官，改制后掌规谏讽谕，凡朝政阙失，大臣至百官任用不当，三省至一切官署事有违失，皆可谏正。苏辙：字子由（1039~1112），一字同叔，号颍滨遗老，眉州眉山（今属四川）人，苏洵子，苏轼弟。嘉祐进士，复举制科，历官右司谏、中书舍人、户部侍郎、尚书右丞、门下侍郎。贬官汝州，提举宫观，致仕。著有《栾城集》。《宋史》有传。

[4] 任子：参见宋2注7。

[5] 守选：又称"守常选"。宋代铨选制度，选人任满，例须待下一次到吏部注授差遣。

223. 三省言[1]："旧经堂除选人，惟尝历省府推官、台谏、寺监长贰、郎官、监司外[2]，悉付吏部铨注，凡格所应入，递升一等以优之。被边州军，其城砦巡检、都监、监押、砦主、防巡、诸路捕盗官，及三万缗以上课息场务，凡旧应举官，员阙，许仍奏举[3]。"时通议大夫以上，有以特恩、磨勘转官，而比之旧格，或实转两官至三四官者。右正言王觌谓非所以爱惜名器[4]，请官至太中大夫以上，毋用磨勘迁转。诏："待制、太中大夫应磨勘者，止于通议大夫，馀官止中散大夫。中散以上劳绩酬奖，合进官者，止许回授子孙。特命特迁，不拘此制。"

[1] 三省：指门下省、中书省、尚书省。宋初，三省虽存，由朝官主判，然无实权，政归中书、枢密院及三司，三省长官只作为高级官员升迁之寄禄官。元丰改制，分建三省，与枢密院同为最高权力机构。以门下省掌有法式事，审核命令，驳正违失；以中书省掌无法式事，取皇帝旨意，宣奉命令；以尚书省掌执行政令。元祐间，三省同取旨，实际上已经合一，南宋亦然。建炎三年（1129），更并中书、门下二省为一，与尚书省仍统称三省。

[2] 省府推官：何忠礼《宋史选举志补正》第173页："按此处'省府推官'，据《长编》卷三七四元祐元年四月辛卯（四日）条及《宋会要·选举》二四之一三载，作'省府推判官'，志文于'官'字前夺一'判'字，当补。"可参考。

[3] "被边州军"数句：何忠礼《宋史选举志补正》第173页："按'被边州军'至'许仍奏举'一段文字，系元祐元年四月十一日所下之诏令（见《宋会要·选举》二八之一五），与前面'三省言'对照，无论从时间或内容上看，皆非一事，志文将它们联书一起，作为三省之言，误甚。"可参考。缗，指以千文结扎成串的铜钱。课息，税金本息。场务，五代、宋时盐铁等专卖管理机构。生产和专卖盐铁的机构为场，税收机构为务。

[4] 右正言：参见宋97注3。王觌：字明叟（生卒年不详），泰州如皋（今属江苏）人。举进士，历官太仆寺丞、侍御史、右正言、户部侍郎、翰林学士。卒年六十八。《宋史》有传。名器：名号与车服仪制，为古代用以区别尊卑贵贱的标志。何忠礼《宋史选举志补正》第173页："按王觌之言，据《宋会要·职官》五六之一六载，上于元祐元年六月十六日。"可参考。

224. 初，武臣战功得赏，凡一资，则从所居官递迁一级。于是以皇城使骤上遥刺[1]，或入横行[2]；且阁门使以上[3]，等级相比而轻重绝远。因枢密院言，乃诏："阁门、左藏库副使得两资[4]，客省、皇城使得三资，止许一转，减年者许回授亲属。"又小使臣磨勘转崇班者，岁毋过八十人。内臣昭宣使以上无磨勘法 [5]，惟押班以上则取裁 [6]，馀理五年磨勘。

[1] 遥刺：遥郡刺史的简称。宋各州刺史不带阶官者为正任，带阶官者为遥郡。遥郡低于正任。
[2] 横行：参见宋 217 注 3。
[3] 阁门使：掌礼仪的阁门司长官。
[4] 左藏库副使：官名。左藏库副长官，通常无职掌，仅为武臣迁转之阶。
[5] 昭宣使：宋代宦官的高级官称，淳化四年（993）置。朝参时位在东班前，称为班官。政和二年（1112）改拱卫大夫。
[6] 押班：参见宋 218 注 2。取裁：选取。

225. 绍圣初 [1]，改定《铨试格》[2]，凡摄官初归选 [3]，散官、权官归司 [4]，若新赐第，皆免试。每试者百人，惟取一人入优等，中书奏裁，二人为上等，五人为中等。崇宁以后 [5]，又复元丰制 [6]，而荫补者须隶国学一年无过罚，乃试铨，若在学试尝再入等，即免试；其公、私试尝居第一 [7]，得比铨试推恩。政和间著为令 [8]。既而臣僚言："进士中铨格者，每二百人，得优恩不过五七人，又或阙上等不取。而朝廷取隶国子试格，用之铨注，及今五年，而得上等优恩者二百四十人，免试者尚在其外。是荫补隶学者，优于累试得第之人矣。"于是诏在学尝魁一试者，许如旧恩，馀止令免试注官。吏部侍郎彭汝砺乞稍责吏部甄别能否 [9]，凡京朝官才能事效苟有可录，尚书暨郎官铨择以闻。三省分三年考察之 [10]，高则引对，次即试用，下者还之本选；若资历、举荐应入高而才行不副，许奏而降其等。凡皆略许出法而加升黜，岁各毋过三人 [11]。

[1] 绍圣：宋哲宗赵煦的第二个年号（1094～1098）。
[2] 改定铨试格：《宋会要辑稿·选举》二四之一四："（绍圣）二年正月二十五日，中书言制敕库修例到：'得替若荫补，进纳及应举出身、假官、京府助教，并得替合注官者，每春秋试时议三道，或《刑统》大义五道，或断案二道。断案七分以上，时议、《刑统》、经义辞理俱优为优等；断案六分以上，时义二通一粗，《刑统》、经义各四通为中等；断案三分以上，时议二通，《刑统》、经义各三通为下等。即历任有举主五人，摄官初到选，散官、权官归司年满、新及第者，并免试。每百人就试，取优等一人，试卷申纳中书省，取旨推恩；上等二人，第一人循一资，馀人占射差遣，承务郎以上减一年磨勘；中等五人，并不依名次注官，承务郎以上与近地，升一年名次；馀并下等注合入官。'从之。"可补以下内容之阙略。
[3] 摄官：参见宋 187 注 2。
[4] 散官：宋代用以表示官员等级而无实际职掌的一种官称，又称散阶。权官：宋代暂代理某官职务而非正官，经正式任命后，再据寄禄官品确定其行、守、试等。又，资历浅者任品秩高的职务时，也加"权"字。归司：宋代诸司吏人供职年满而补授官职，任官期满后，仍归司继续担任吏职者。
[5] 崇宁：宋徽宗赵佶的第二个年号（1102～1106）。

[6] 元丰：宋神宗赵顼的第二个年号（1078～1085）。

[7] 公私试：参见宋110注12、注14。

[8] 政和：宋徽宗赵佶的第四个年号（1111～1117）。

[9] 吏部侍郎：尚书省吏部副长官，宋初为寄禄官，元丰改制后始实领职事，掌文武官员的选试、注拟差遣、叙迁、荫补、考课等事。彭汝砺：字器资（1047～1095），饶州鄱阳（今江西波阳）人。治平进士，历官国子直讲、监察御史里行、起居舍人、中书舍人、吏部侍郎、权吏部尚书。著有《鄱阳集》。《宋史》有传。

[10] 三年：当作"三等"。何忠礼《宋史选举志补正》第175页："按《宋会要·选举》二三之五至六载，彭汝砺此奏，上于绍圣元年五月九日，核之原文，此处'三省分三年考察之'中之'三年'，当系'三等'之误刊。"甚是。

[11] "凡皆"二句：何忠礼《宋史选举志补正》第175页："按'凡皆略许出法而加升黜，岁各毋过三人'一句意思不清，核之所引《宋会要》所载，升者指三等中之上等，黜者指三等中之下等，'中等随才试用'，未有限额。又，汝砺此奏，后为朝廷所采纳，故《宋会要》在其后有'从之'二字，志文亦宜补。"可参考。

226. 初，选人改官，岁以百人为额[1]。元祐变法，三人为甲，月三引见，积累至绍圣初，待次者二百八十馀人。诏依元丰五日而引一甲，甲以三人，岁毋过一百四十人，俟待次不及百人，别奏定。又令历任通及三考，而资序已入幕职、令录，方许举之改官。吏部言："元丰选格，经元祐多所纷更，于是选集后先，路分远近，资历功过，悉无区别，逾等超资，惟其所欲。诏旨既复元丰旧制，而辟举一路尚存[2]，请尽复旧法，以息侥幸。"乃罢辟举。

[1] "选人改官"二句：何忠礼《宋史选举志补正》第175页："按元祐以前之改官额，由前文熙宁四年条可知，为'五日一引'，'每甲引四人'。至于'岁以百人为额'，据《长编》卷三五九及《宋会要·选举》二四之一三载，乃元祐二年二月十六日诏依侍郎孙觉之请而改。又据《宋会要·选举》二四之一四载：'绍圣元年闰四月七日，右司谏朱勃言："元祐变法，选人改官岁限百人，而有司奏请作三甲引见，以三人为一甲，积累至今，待次者亡虑二百八十馀人，率二年三季始得引见［毕］。请以《元丰令》详酌增损。"诏：引见磨勘改官人权依《元丰令》，五日引一甲，每甲引三人，每年，不得［过］一百四十人，俟待次不及百人取旨。'由此可知，'岁以百人为额'系元祐变法之产物，与志文下面'三人为甲，月三引见'实为一事。志文于前面不当用'初'，于后面不当割裂与'元祐变法'之关系。"可参考。

[2] 辟举：即奏辟与奏举差遣。

227. 崇宁元年[1]，诏吏部讲求元丰本制，酌以时宜，删成彝格[2]，使才能、阀阅两当其实[3]。吏部言[4]："堂选窠名及举官员阙[5]，内外共约三千馀目。元祐法，选人得升资以上赏，及参选射阙[6]，不许遣人代注，今皆罢从元丰法。所当损益者，其知边近蛮夷州如威、茂、黎、琼等[7]，及开封府曹掾[8]，平准务[9]，诸路属官，在京重课场务[10]，京城内外厢官[11]，户部干官[12]，尉院[13]，榷货

务 [14]，将作监管干公事 [15]，黄河都大 [16]，内外榷茶官 [17]，凡干刑狱及管库繁剧，皆不可罢举。若御史台主簿、检法官、协律郎 [18]，岂可泛以格授？诸如此类，仍旧辟举。"从之。惟诸路毋得直牒差待阙得替官权摄。

[1] 崇宁元年：即公元 1102 年。崇宁，宋徽宗赵佶的第二个年号。

[2] 彝格：一定的标准。

[3] 阀阅：这里指功绩和经历。

[4] 吏部言：何忠礼《宋史选举志补正》第 176 页："按此处吏部上言时间，若依上文当为崇宁元年（1102），考《宋会要·选举》二八之三〇所载，实在次年二月二十六日。"可参考。

[5] 堂选：即"堂除"。参见宋 102 注 7。窠名：条项，名目。

[6] 射阙：宋代官员注授差遣的一种手续。官员接受差遣，须按吏部四选颁布的阙榜，申请登记某一差遣窠阙，即称"射阙"。射阙时，须填报籍贯或寄居之地、历任功过、举主情况以及有田产物力处。

[7] 蛮夷；古代对四方边远地区少数民族的泛称。这里专指南方及四川一带少数民族。威：威州，治所在保宁县（今四川理县东北）。茂：茂州，治所在汶山县（今四川茂汶羌族自治县）。黎：黎州，治所在汉源县（今四川汉源北清溪镇）。琼：琼州，治所在琼山县（今属广东）。

[8] 曹掾：即"曹官"。宋代诸州府以录事参军、司户参军、司法参军、司理参军为曹官。政和二年（1112），以选人通仕郎以下任曹官者为掾官。

[9] 平准务：即"市易务"，元符三年（1100）改名"平准务"。官署名。掌乘时贸易，平衡物价，以通货财及召人抵当借钱出息等事务。

[10] 场务：盐铁等专卖管理机构。生产和专卖盐铁的机构为场，税收机构为务。

[11] 厢官：官名。熙宁三年（1070），以京朝官曾任通判、知县者四人为勾当左右厢公事，分治京城四厢，凡民间斗讼贼盗情节轻微者，即可决遣。

[12] 干官：宋代"干办公事"的简称，官名，又称"干办官"、"干办"。原名勾当公事，以避宋高宗赵构名讳改。制置使、总领、安抚使、镇抚使、转运使、提点刑狱公事、都大提举茶马、都大提举坑冶、三衙长官等属官。由长官委派处置各种事务。

[13] 麹院：即"都麹院"，官署名，属司农司。《宋史·职官五》："都麹院，掌造麹以供内酒库酒醴之用，及出鬻以收其直。"

[14] 榷货务：官署名，属太府寺。掌折博斛斗、金帛等物。熙宁五年（1072）后，改为市易西务下界。

[15] 将作监：官署名。宋初，凡有关土木工匠政令及京城缮修事皆属三司修造案，本监仅掌祠祀事宜。元丰改制后，始掌宫室、城郭、桥梁、舟车营缮等事。将作监、少监为长官、副长官。管干公事：指将作监属官。管干，管理，办理。

[16] 黄河都大：《宋会要辑稿·选举》二八之三〇作"黄汴河都大"，是。当指官署都大提举导洛通汴司的属官。

[17] 榷茶官：掌茶叶专卖以及征课茶税的官员。当为提举茶盐司属官。

[18] 御史台主簿检法官：宋代监察机关御史台属官，《宋史·职官四》："检法一人，掌详检法律。主簿一人，掌受事发辰，勾稽簿书。"协律郎：官名，属太常寺。掌乐律及宫架、特架之位及奏乐次序；大祭祀及宴享奏乐时，指挥其起讫。

228. 初，未改官制，大率以职为阶官 [1]。如以吏部尚书为阶官，而同中书门下平章事则其职也。至于选人，则幕职、令录之属为阶官，而以差遣为职，名实混淆甚矣。元丰未及革正 [2]。崇宁二年 [3]，刑部尚书邓洵武极言之 [4]，遂定选人七阶：曰承直郎，曰儒林郎，曰文林郎，曰从事郎，曰通仕郎，曰登仕郎，曰将仕郎。政和间 [5]，改通仕为从政，登仕为修职，将仕为迪功，而专用通仕、登仕、将仕三阶奏补未出官人，承直至修职须六考，迪功七考，有官保任而职司居其一，乃得磨勘。坐愆犯 [6]，则随轻重加考及举官有差。

[1] 阶官：用以表示官员等级而无实际职掌的官称。
[2] 元丰未及革正：谓元丰改制未能将职与职统一。
[3] 崇宁二年：即公元 1103 年。崇宁，宋徽宗赵佶的第二个年号（1102～1106）。
[4] 刑部尚书：尚书省刑部长官。掌刑法、狱讼、奏谳、赦宥、叙复等事。邓洵武：字子常（1057～1121），成都双流（今属四川）人，邓绾子。熙宁进士，历官起居舍人、中书舍人、吏部侍郎、刑部尚书、尚书右丞、中书侍郎、观文殿学士，入知枢密院事，拜少保，封莘国公。《宋史》有传。
[5] 政和：宋徽宗赵佶的第四个年号（1111～1117）。
[6] 愆（qiān 迁）犯：因过失而触犯刑律。

229. 时权奸柄国 [1]，侥幸并进，官员益滥，铨法留碍。臣僚言 [2]："吏员增多，盖因入流日众 [3]。熙宁郊礼 [4]，文武奏补总六百一十一员；元丰六年 [5]，选人磨勘改京朝官总一百三十有五员。考之吏部，政和六年 [6]，郊恩奏补约一千四百六十有畸，选人改官约三百七十有畸。欲节其滥，惟严守磨勘旧法。而今之磨勘，有局务减考第，有川远减举官，有用酬赏比类，有因大人特举，有托事到阙不用满任，有约法违碍许先次而改。凡皆弃法用例，法不能束而例日益繁，苟不裁之，将又倍蓰而未可计也 [7]。请诏三省若吏部，旧有止法 [8]，自当如故，馀皆毋得用例。"乃诏："惟川、广水土恶地，许减举如制，馀悉用元丰法。"既而又言 [9]："元丰进纳官法 [10]，多所裁抑。应入令录及因赏得职官 [11]，止与监当 [12]，该磨勘者换授降等使臣，仍不免科率 [13]，法意深矣 [14]。迩者用兵东南 [15]，民入金谷皆得补文武官，理选如官户 [16]，与士大夫泾、渭并流，复其户不受科输 [17]。是得数千缗于一日，而失数万斛于无穷也。况大户得复，则移其科于下户 [18]，下户重贫，州县缓急 [19]，责办何人？此又弊之大者。"不听。

[1] 权奸：指蔡京、童贯、高俅等，三人狼狈为奸，作乱朝政。
[2] 臣僚言：何忠礼《宋史选举志补正》第 177 页："按此处臣僚上言时间，据《宋会要·职官》一一之二七至二八载，在徽宗政和七年（1117）十二月二十七日。"可参考。
[3] 入流：参见宋 164 注 1。
[4] 熙宁郊礼：《宋史·神宗纪一》："熙宁元年……十一月……丁亥，祀天地于圜丘，大赦，群臣进

秩有差。"郊礼，天子祭天地的大礼。

[5] 元丰六年：即公元 1083 年。元丰，宋神宗赵顼的第二个年号。

[6] 政和六年：即公元 1116 年。政和，宋徽宗赵佶的第四个年号。

[7] 倍蓰：谓数倍。倍，一倍；蓰，五倍。

[8] 止法：宋代官员转官的一项规定，即各类官员和吏人逐级升转能达到的最高官阶。

[9] 既而又言：何忠礼《宋史选举志补正》第 177 页："按'既而又言'时间，若依上文亦当为政和七年，实际则在宣和三年（1121）十二月十二日（见《宋会要·职官》五五之四一至四二）。志文不书纪年，致使前后两次上言时间相淆。"可参考。

[10] 进纳：即俗称"买官"或"纳粟补官"，属三色官之一。宋制，富室纳粟赈粜，雇夫筑城，以粮食、现钱助边，均可依数量多寡补不同官职。官员进纳粮食或现钱，亦可减磨勘年数，转一官或占射一次差遣。

[11] 令录：简称县令、司录、录事参军与试衔知县、知录事两阶选人。职官：各级官员的统称。

[12] 监当：即"监当官"。宋代掌茶、盐、酒税场务与冶铸事务官员的总称。

[13] "该磨勘者"二句：何忠礼《宋史选举志补正》第 177 页："按'该磨勘者换授降等使臣'一语费解，核之上引《宋会要》所载，其下尚有'有止法'三字，当作'该磨勘者换授降等，使臣有止法，仍不免科率'。"甚是。科率（lù 律），官府于民间定额征购物资。

[14] 法意：法令的意旨。

[15] 用兵东南：谓宣和二年（1120）十二月童贯率军镇压方腊事。《宋史·徽宗纪四》："宣和……二年……十二月丁亥，改谭稹为两浙制置使，以童贯为江、淮、荆、浙宣抚使，讨方腊。"

[16] 官户：参见宋 125 注 3。

[17] 复：谓免除徭役或赋税。《荀子·议兵》："中试，则复其户，利其田宅。"杨倞注："复其户，不徭役也。"科输：缴纳赋税。

[18] 科：征发赋税、徭役。下户：贫苦之家。

[19] 缓急：谓危急之事或发生变故之时。

230. 初，宗室无参选法，祖宗时，间选注一二，不为常制。徽宗欲优宗室 [1]，多得出官，一日参选，即在合选名次之上。而膏粱之习，往往贪恣，出任州县，黩货虐民，议者颇陈其害。钦宗即位 [2]，臣僚复以为言，始令不注郡守、县令，仍与在部人通理名次 [3]。

[1] 徽宗：即宋徽宗赵佶（1082～1135）。参见宋 40 注 1。

[2] 钦宗：即宋钦宗赵桓（1100～1161）。参见宋 134 注 4。

[3] 在部人：谓参加部注以获取差遣的选人。部，吏部。

231. 高宗建炎初 [1]，行都置吏部 [2]。时四选散亡 [3]，名籍莫考。始下诸道州、府、军、监，条具属吏寓官之爵里、年甲、出身、历仕功过、举主、到罢月日，编而籍之。然自兵难以来，典籍散失，吏缘为私，申明繁苛 [4]，承用舛驳 [5]，保任滋众 [6]，阻会无期，参选者苦之。乃令凡文字有不应于今，而案牍参照明白，从郎官审

覆 [7]，长贰予决 [8]，小不完者听行，有徇私挟情，则令御史纠之。又诏京畿、京东、河北、京西、河东士夫在部注授，虽铨未中而年及者，皆听注官。二年 [9]，命京官赴行在者 [10]，令吏部审量，非政和以后进书颂及直赴殿试之人 [11]，乃听参选。在部知州军、通判、金判及京朝官知县、监当以三年为任者 [12]，权改为二年。以赴调者萃东南，选法留滞故也。又诏州县久无正官者，听在选人申部，审度榜阙差注 [13]。

[1] 高宗：即宋高宗赵构（1107～1187）。参见宋42注1。建炎：宋高宗的第一个年号（1127～1130）。

[2] 行都：靖康二年（1127）五月，康王赵构即位于南京（今河南商丘南），改元建炎，是为宋高宗。十月南迁扬州。建炎三年（1129），宋高宗辗转于杭州、常州、建康、越州，甚至乘海船逃于温、台沿海以避金兵。行都当指上述扬州（今属江苏）。

[3] 四选：参见宋209注1。

[4] 申明：申诉，辩解。

[5] 舛驳（chuǎn bó 喘伯）：错乱，驳杂。

[6] 保任：参见宋2注9。

[7] 郎官：宋代尚书省各部司郎中与员外郎，总称郎官。这里指吏部尚书左选郎中与员外郎。

[8] 长贰：这里指吏部尚书与吏部侍郎。

[9] 二年：即建炎二年（1128）。

[10] 行在：即行在所，天子巡行所在之地。这里指扬州（今属江苏）。

[11] 政和：宋徽宗赵佶的第四个年号（1111～1117）。

[12] 金判：元马端临《文献通考》卷三十八作"签判"，是。签判，即"签书判官厅公事"的简称，宋代凡京官以上充州府判官称签书判官厅公事。大观二年（1108）改为司录参军，建炎元年（1127）复旧。

[13] 榜阙：张榜明示官职的缺额。宋周辉《清波别志》卷下："铨曹吏匿阙，与选人为市。判吏部赵及奏：阙至即榜之。吏部榜阙自及，始熙宁间也。"

232. 绍兴元年 [1]，起居郎胡寅言 [2]："今典章文物，废坠无几，百司庶府不可阙者 [3]，莫如吏部 [4]。姑置侍郎一员，郎官二员，胥吏三十人 [5]，则所谓磨勘、封叙、奏荐常程之事 [6]，可按而举矣。"

[1] 绍兴元年：即公元1131年。绍兴，宋高宗赵构的第二个年号。何忠礼《宋史选举志补正》第177页："按胡寅之上书，《系年要录》卷二七及《宋史·高宗纪二》皆系于建炎三年（1129）闰八月庚寅。志文误作绍兴元年（1131），当改。"可参考。

[2] 起居郎：官名。宋初，门下省起居郎、中书省起居舍人皆寄禄官，另设起居院，以他官记录皇帝言行之职，称同修起居注。元丰改制后，始正本职。胡寅：字明仲（1098～1156），学者称致堂先生，建宁崇安（今属福建）人，胡安国侄，养为己子。宣和进士，历官秘书省校书郎、起居郎、中书舍人、礼部侍郎、直学士院。著有《论语详说》、《读史管见》、《斐然集》。《宋史》有传。

［3］百司庶府：百官与政府各部门。

［4］吏部：其下当补"户部"。宋李心传《建炎以来系年要录》卷二十七："今典章文物，一切扫地，
　　　百司庶府，殆为虚设，其必不可阙者，惟吏部、户部为急。"

［5］胥吏：官府中小吏。

［6］封叙：按等级次第晋爵或奖功。

233. 诏曰［1］："六官之长［2］，佐王理邦国者，其惟铨衡乎？乱离以来，士大夫流徙，有徒跣而赴行在者。注授榜阙，奸弊日滋，寒士困苦，甚可悯焉。宜令三省议除其弊，严立赏禁，仍选能吏以主之，御史台常加纠察。"于是三省立八事，曰注拟藏阙，申请徼幸，去失问难［3］，刷阙灭裂［4］，关会淹延［5］，审量疑似［6］，给付邀求［7］，保明退难［8］。令长贰机柅之［9］。又诏馆职选人到任及一年，通理四考，并自陈，改京官。

［1］诏曰：何忠礼《宋史选举志补正》第178页："按此诏及其后'三省立八事'时间，承上文当为
　　　绍兴元年，然而《宋会要·职官》八之一七及《系年要录》卷六九皆将其系于绍兴三年十月二
　　　十六日，志文于'诏'前脱书纪年，当补。"甚是。

［2］六官之长：谓吏、户、礼、兵、刑、工六部尚书。

［3］去失问难：中华书局整理本校勘记云："'问'，原作'艰'。《宋会要·职官》八之一七：'三、
　　　去失之弊，谓见存于照犹问难不已，直待贿赂方肯保奏。'《系年要录》卷六九作'去失问难'，
　　　据改。又：承上文，此事系于绍兴元年，据同上书同卷，应为绍兴三年。"甚是。去失问难
　　　（nàn），谓选人因丢失有关凭信而遭诘问驳辩。去失，丢失。

［4］刷阙灭裂：谓选官过程粗疏草率。

［5］关会淹延：有关铨选的行文知照拖延不办。

［6］审量疑似：考核衡量似是而非。

［7］给付邀求：谓选人为达目的而按索贿者的要求行贿。

［8］保明退难：负责向上申明而难以得到回应。

［9］机柅（nǐ你）：遏止，阻塞。

234. 二年［1］，吕颐浩言［2］："近世堂除［3］，多侵部注［4］，士人失职。宜仿祖宗故事，外自监司、郡守及旧格堂除通判，内自察官省郎以上、馆职、书局编修官外［5］，馀阙并寺监丞、法寺官、六院等［6］，武臣自准备将领、正副将以上［7］，其部将、巡尉、指使以下［8］，并归部注。"从之。又复文臣铨试，以经义、诗赋、时议、断案、律义为五场，愿试一场者听，榜首循一资。武臣呈试合格者并听参选。

［1］二年：即绍兴二年（1132）。

［2］吕颐浩：参见宋46注6。

［3］堂除：又称"堂选"、"堂差"。宋代京官、选人一般由吏部选差，其有特殊勋劳者，得由政事堂
　　　直接奏注差遣，即称"堂除"。堂除获差较候选于吏部者为速，热衷者视为捷径。

[４] 部注：宋代授予官员差遣的一种方式。即吏部四选按照窠阙，注授官员差遣。部注是官员获得差遣的主要途径，但其窠阙常被各路守帅、监司辟差或被中书门下堂除侵夺。

[５] 察官：监察官如监察御史等的简称。省郎：尚书省郎中、员外郎的简称。

[６] 寺监丞：太常寺、光禄寺、大理寺、司农寺等寺丞与国子监、将作监、军器监等监丞的合称。法寺官：大理寺官员的简称。六院：南宋称登闻检院、登闻鼓院、诸司诸军粮料院、诸司诸军审计院、官诰院、进奏院为六院。

[７] 准备将领：官名。都督、制置大使、经略使等属官，以备临时派遣处置各种事务。正副将：宋军队编制单位"将"的正、副统兵官。

[８] 部将：宋代军职。宋神宗实行将兵法后，"将"下分设"部"一级军队编制单位，其统兵官称部将。巡尉：宋代巡检与县尉的合称。因巡检与县尉分别率土兵、弓手维持地方治安，故称。指使：北宋低级武官，至宋神宗时，又选派散直、从九品使臣、无品殿侍等充当指使，作为军队的一种训练官。以后也指提举保甲司、安抚使司的属官。

235. 三年 [1]，右仆射朱胜非等上《吏部七司敕令格式》[2]。自渡江后，文籍散佚，会广东转运司以所录元丰、元祐吏部法来上，乃以省记旧法及续降指挥 [3]，详定而成此书。先是，侍御史沈与求言 [4]："今日矫枉太过，贤愚同滞。"帝曰："果有豪杰之士，虽自布衣擢为辅相可也；苟未能考其实，不若姑守资格。"乃命吏部注授县令，惟用合格之人。

[１] 三年：即绍兴三年（1133）。

[２] 右仆射（yè 夜）：即"尚书右仆射"，与左仆射同为尚书省副职官员，掌佐天子议大政，贰令之职，与三省长官皆为宰相之任。宋初仅为寄禄官，元丰改制后，以尚书左仆射兼门下侍郎，行侍中之职；以尚书右仆射兼中书侍郎，行中书令之职，实为朝廷的首相与次相。政和中，改左仆射为太宰，右仆射为少宰，仍兼门下、中书两省侍郎。靖康元年（1126），复改太宰、少宰为左、右仆射。建炎三年（1129），尚书左、右仆射皆加同中书门下平章事，改门下、中书侍郎为参知政事，废尚书左、右丞。乾道八年（1172），又改尚书左、右仆射为左、右丞相，废侍中、中书令与尚书令虚衔，遂成定制。朱胜非：字藏一（1082～1144），蔡州（今河南汝南）人。崇宁进士，历官尚书右丞、中书侍郎、尚书右仆射兼御营使。与秦桧有隙，废居八年卒。著有《秀水闲居录》。《宋史》有传。

[３] 续降指挥：宋代法令名称。尚书省及其所属吏、刑、户等部为处理某事对下级官府发出的指挥，相继援用，称"原降指挥"；其后陆续发出新的指挥，则称"续降指挥"，亦称"后敕"。续降指挥由有关机构编录成册，定期颁布，内外遵守。指挥，即尚书省各部临时解释敕文，命令下级遵照办理的指令。宋高宗时，秦桧专权，率用政事堂批状、指挥行事。指挥的效力，有时可凌驾于敕令格式之上。宋孝宗时，编入敕令格式，遂成为法律的一部分。

[４] 侍御史：即"殿中侍御史"，参见宋 7 注 7。沈与求：参见宋 48 注 9。

236. 五年 [1]，诏："凡注拟，并选择非老疾及未尝犯赃与非缘民事被罪之人。"时建议者云："亲民莫如县令，今率限以资格，虽贪懦之人，一或应格，则大官大邑得以自择。请诏监司、郡守,条上剧邑 [2],遴选清平廉察之人为之。"既而又诏:"知县依旧法,止用两任关升通判资序 [3]。"明年,侍御史周秘言 [4]:"今有无举员考第,因近臣荐对,即改官升擢,实长奔竞。望诏大臣,自今惟贤德才能之人,馀并依格注拟。"廷臣或请以前宰执所举改官,易以司马光十科之目 [5],岁荐五员,中书难之。诏"前宰执所举京削,不理职司"而已 [6]。

[1] 五年:即绍兴五年(1135)。何忠礼《宋史选举志补正》第179页据宋李心传《建炎以来系年要录》卷一〇七与《宋史·高宗纪五》考订,"五年"乃"六年"之误。又下文"凡注拟"之下,当补"知通守令"四字。可参考。

[2] 剧邑:政务繁多的郡县。

[3] 关升:宋代官员升迁方法之一。选人、京朝官、大小使臣关申吏部四选,按照一定的年龄、出身、考数、任数、举主员数,升迁相应的资序或差遣。

[4] 周秘:泰州(今属江苏)人(?~1147)。进士,历官吏部员外郎、殿中侍御史、御史中丞、徽猷阁直学士知秀州。

[5] 司马光十科:元祐元年(1086),司马光上《乞以十科举士劄子》(见《传家集》卷五十四),内云:"欲乞朝廷设十科举士:一曰行义纯固可为师表科,二曰节操方正可备献纳科,三曰智勇过人可备将帅科,四曰公正聪明可备监司科,五曰经术精通可备讲读科,六曰学问该博可备顾问科,七曰文章典丽可备著述科,八曰善听狱讼尽公得实科,九曰善治财赋公私俱便科,十曰练习法令能断请谳科。应职事官自尚书至给舍谏议,寄禄官自开府仪同三司至太中大夫,职自观文殿大学士至待制,每岁须得于十科中举三人。"参见宋296。司马光,参见宋35注4。

[6] "诏前宰执"句:何忠礼《宋史选举志补正》第179~180页:"按'前宰执所举京削,不理职司'一诏,依上文当颁于绍兴五年之明年,即绍兴六年,若以前条补正而言,更应在绍兴七年,但据《宋会要·选举》二九之二六及《系年要录》卷九四载,该项诏令实颁于绍兴五年十月,志文误。"可参考。京削,又称"改官举状"或"京状"。宋代高、中级官员向朝廷荐举选人经过磨勘改为京官的一种奏状。高、中级官员每年或分上、下半年荐举选人改为京官有一定的名额,一个名额称一"京削"。职司:宋代选人磨勘改官,须一定员数举主奏举,其中之一必为职司。按规定,惟转运使、转运副使、提点刑狱与朝廷专差的宣抚、安抚、察访等使及尚书六部长贰许作职司。

237. 三十二年 [1],吏部侍郎凌景夏言 [2]:"国家设铨选以听群吏之治,其掌于七司 [3],著在令甲 [4],所守者法也。今升降于胥吏之手,有所谓例焉 [5]。长贰有迁改,郎曹有替移 [6],来者不可复知,去者不能尽告。索例而不获,虽有强明健敏之才,·不复致议;引例而不当,虽有至公尽理之事,不复可伸。货贿公行,奸弊滋甚。尝睹汉之公府有《辞讼比》[7],尚书有《决事比》[8],比之为言,犹今之例。今吏部七司宜置例册,凡换给之期限、战功之定处、去失之保任 [9]、书填之审实、奏荐之限隔、酬赏之用否,凡经申请,或堂白、或取旨者 [10],每一事已,命郎官以次拟定,而长贰书之于册,永以为例,每半岁上于尚书省,仍关御史台 [11]。如是,则巧吏无所施,而铨叙平允矣。"

[1] 三十二年：即绍兴三十二年（1162）。

[2] 吏部侍郎：参见宋225注9。凌景夏：参见宋47注3。

[3] 七司：即"吏部七司"。南宋以吏部所属司勋、司封、考功与尚左、尚右、侍左、侍右诸司合称吏部七司。

[4] 令甲：法令的通称。

[5] 例：即"成例"。宋法令名称。朝廷对某些人、事的处理，为律、令、敕、式所未载，后相继援用，遂成惯例，经选择后编入现行条法，与敕有同等效力。在实际应用时，官员经常弃法用例，甚至用例破法。宋李心传《建炎以来系年要录》卷一百九十九录凌景夏之语有："疑似之间，可与可夺，悉得以例施行，则所任者人也。然所谓法，犹可按籍而视；所谓例，则散在案牍之中，匿于胥吏之手。"可参见。

[6] 郎曹：这里指吏部的"郎官"。

[7] 公府：汉代三公之官府称公府，置诸曹掾史等。这里指东汉司徒鲍昱的官府，陈宠为其辞曹之官。辞讼比：东汉有关诉讼成例以类相从的法律文书。《后汉书·陈宠传》："（鲍）昱高其能，转为辞曹，掌天下狱讼。其所平决，无不厌服众心。时司徒辞讼，久者数十年，事类涸错，易为轻重，不良吏得生因缘。宠为昱撰《辞讼比》七卷，决事科条，皆以事类相从。昱奏上之，其后公府奉以为法。"中华书局整理本于"辞讼比"三字未加书名号。

[8] 尚书：东汉协助皇帝处理政事的官员，这里指陈宠之子陈忠。决事比：东汉有关刑法条例的法律文书。《后汉书·陈忠传》："司徒刘恺举忠明习法律，宜备机密，于是擢拜尚书，使居三公曹。忠自以世典刑法，用心务在宽详。初，父宠在廷尉，上除汉法溢于《甫刑》者，未施行，及宠免后遂寝。而苛法稍繁，人不堪之。忠略依宠意，奏上二十三条，为《决事比》，以省请谳之敝。"中华书局整理本于"决事比"三字未加书名号。

[9] 去失：丢失有关凭信。

[10] 堂白：谓在政事堂处理。

[11] 关：官府文书名。宋代中书、枢密院之间以及同一长官统摄下的各机构之间，互相往来的文书称"关"。文体与劄子大同小异。御史台：宋代司监察之官署名，以御史中丞为长官。

238. 有议减任子者，孝宗以祖宗法令难于遽改，令吏部严选试之法[1]。自是，初官毋以恩例免试，虽宰执亦不许自陈回授[2]。旧制，任子降等补文学及恩科人皆免，至是悉试焉[3]。凡未经铨中及呈试者，勿堂除[4]；虽墨敕[5]，亦许执奏[6]。旧制，宗室文资与外官文臣参注窠阙[7]，武资则不得与武臣参注，但注添差[8]。至是，始听注厘务阙[9]。七年[10]，始命铨试不中、年四十，呈试不中、年三十者，令写家状[11]，读律注官。陈师正言[12]："请令宗室恩任子弟出官日量行铨试，如士夫子弟之法，多立其额而优为之制。"遂诏："自今宗室曾经应举得解者，许参选，馀并行铨试，三人取二。其三试终场不中人，听不拘年限调官。"

[1] "有议"三句：《宋会要·选举》二六之一："寿皇圣帝隆兴元年二月五日，臣僚言：'今日官冗之弊极矣，欲清入仕之源，莫若减任子之法。三岁大比，所取进士不过数百人，三岁一部，以父兄任官者，乃至数千人。积累既久，无怪乎员日益多，阙日益少，国用日益不足也。'诏：'臣

僚任子，见遵祖宗法令，理难遽改。可令吏部严铨试之法，自今初官不许用恩例免铨试、呈试，并候一任回，方许收使。'"任子，参见宋2注7。孝宗，即宋孝宗赵昚（1127～1194），其退位后，宋光宗所上尊号为"至尊寿皇圣帝"。参见宋59注1。

[2] 宰执：参见宋86注11。回授：宋代官员转官的一项规定。官员磨勘后原应转官，碍于止法（参见宋229注8），经奏请，准许授予弟侄、子孙，使之出官或转行，即称"回授"。官员的服色，亦允许回授其父。还允许将官阶回授，用以封赠父母。

[3] "旧制"三句：元马端临《文献通考》卷三十四："始，任子降等补文学者，与恩科人皆免铨试，孝宗以为非是，亦命试焉。惟宗室子铨试，则终场无杂犯者皆出官，盖朝廷优天属之意（广东西漕司，旧亦有铨试，乾道八年罢之）。"文学，即"文学参军"。参见宋34注10。

[4] "凡未经"二句：何忠礼《宋史选举志补正》第184页："按'未经铨中及呈试者，勿堂除'的诏令，据《宋会要·选举》二六之二载，颁于孝宗乾道元年（1163）五月二十七日，志文缺书年号，当补。"甚是。呈试，参见宋163注4。

[5] 墨敕：又称"墨制"、"墨诏"。皇帝用墨笔书写、不经外廷直接下达的诏敕。唐代武则天时，即常用墨敕除官而不经中书门下。

[6] 执奏：持章表上奏君主。

[7] 文资：宋代文官的官资。下文"武资"则指武官的官资。窠阙：宋代铨选术语，指因官员离任、死亡、致仕等而空缺的职务，由吏部等铨选填补。

[8] 添差：宋制，正员以外，再额外加派官员主管或处理某事。或仅有其名而不管政事，则称添差不厘务。

[9] 厘务阙：即"厘务官"的官阙。宋朝派驻各地专管财物者，如诸路提举茶盐、茶马、坑冶、市舶司等官及诸州茶盐酒税场务、征输、冶铸监当官等，统称厘务官。

[10] 七年：中华书局整理本校勘记云："据《宋会要·选举》二六之六，此处失书'乾道'纪元。"甚是。乾道七年，即公元1171年。乾道，宋孝宗赵昚的第二个年号。

[11] 家状：参见宋5注6。

[12] 陈师正：字子允（生卒年不详），兴化（今福建仙游东北）人。绍兴二十七年（1157）进士，历官承奉郎等。何忠礼《宋史选举志补正》第184页："按陈师正之奏，据《宋会要·选举》二六之七载，上于乾道八年五月二十八日。"可参考。

239. 淳熙元年[1]，参知政事龚茂良言[2]："官人之道，在朝廷则当量人才，在铨部则宜守成法。法本无弊，例实败之。法者，公天下而为之者也；例者，因人而立以坏天下之公者也。昔之患在于用例破法，今之患在于因例立法。谚称吏部为'例部'。今《七司法》自晏敦复裁定[3]，不无疏略，然守之亦可以无弊。而徇情废法，相师成风，盖用例破法其害小，因例立法其害大。法常靳，例常宽，今法令繁多，官曹冗滥，盖由此也。望令裒集参附法及乾道续降申明[4]，重行考定，非大有牴牾者弗去，凡涉宽纵者悉刊正之。庶几国家成法，简易明白，赇谢之奸绝，冒滥之门塞矣。"于是重修焉。既而吏部尚书蔡洸以改官、奏荐、磨勘、差注等条法分门编类[5]，名《吏部条法总类》[6]。十一月，《七司敕令格式申明》成书[7]。

[1] 淳熙元年：即公元 1174 年。淳熙，宋孝宗赵昚的第三个年号。

[2] 参知政事：参见宋 24 注 1。龚茂良：字实之（1117？～1186？），兴化军（治今福建莆田）人。绍兴进士，历官礼部侍郎、参知政事，遭贬，安置英州，卒。《宋史》有传。

[3] 晏敦复：字景初（约 1071～1141），抚州临川（今江西抚州）人，晏殊曾孙，少学于程颐。大观进士，历官权给事中、吏部侍郎、权吏部尚书兼江淮等路经制使。《宋史》有传云："权吏部侍郎，兼详定一司敕令。渡江后，庶事草创，凡四选格法，多所裁定。"

[4] 参附：依附。乾道：宋孝宗赵昚的第二个年号（1165～1173）。续降申明：宋代法令文书名。续降，参见宋 235 注 3。申明，重申。

[5] 吏部尚书：参见宋 67 注 6。蔡洸：字子平（生卒年不详），其先兴化仙游（今属福建），徙霅川（今浙江湖州）。以荫补将仕郎，中法科，历官大理评事、户部侍郎、试吏部尚书，除徽猷阁学士、知宁国府，奉祠归，卒年五十七。《宋史》有传。

[6] 吏部条法总类：何忠礼《宋史选举志补正》第 186 页："按《吏部条法总类》为南宋吏部法规之总汇，其成书时间不见于《宋史》记载，然据《玉海》卷六六《淳熙吏部条法总类》条云：'（淳熙）二年十二月二日，上重修《吏部格式敕令申明》一千一百五册，参政（龚）茂良等撰。三年三月二十九日，上《吏部条法总类》四十卷，为类六十八，为门三十。'又《宋会要·刑法》一之五〇亦谓：'（淳熙三年）三月二十九日，参知政事龚茂良等上《吏部条法总类》四十卷。'据此可补志文关于《吏部条法总类》成书之时间。该书以后又几次进行修订，如嘉定重修本已增至五十卷（见《玉海》卷六六《嘉定吏部条法总类》）。今原书虽早佚，然据罗振玉考证，以为明代已将《吏部条法总类》辑入《永乐大典》卷一四六一四至一四六四六，计三十三卷，今存于《大典》残本者尚有九卷，其中卷一四六二〇、一四六二一、一四六二二、一四六二四为《吏部条法·差注门》之一、二、三、四；卷一四六二五为《吏部条法·奏辟门》；卷一四六二六为《吏部条法·考任门》；卷一四六二七为《吏部条法·荐举门》；卷一四六二八为《吏部条法·关升门》；卷一四六二九为《吏部条法·磨勘门》。今存《吏部条法总类》虽远非全帙，但从上述九卷六门的内容看，对于研究宋代的官制和选举制仍不失其重要史料价值。"可参考。

[7] 七司敕令格式申明：何忠礼《宋史选举志补正》第 187 页："按《宋会要·刑法》一之五〇载：'（淳熙）二年十二月四日，参知政事龚茂良等上《吏部七司法》三百卷。诏以《淳熙重修尚书吏部敕令格式申明》为名。'由此可知，《七司敕令格式申明》即《吏部七司法》，其所颁时间，与上引《玉海》及《宋史全文》卷二六上、《宋史·孝宗纪二》所载皆合，志文将其载录于淳熙三年三月二十九日所上之《吏部条法总类》后，显然不妥，又言其成书于'十一月'，亦误甚。"可参考。

240. 淳熙三年[1]，中书舍人程大昌言[2]："旧制，选人改秩后两任关升通判[3]，通判两任关升知州，知州两任即理提刑资序[4]。除授之际，则又有别以知县资序隔两等而作州者，谓之'权发遣'，以通判资序隔一等而作州者，谓之'权知'，上而提刑、转运亦然。隔等而授，是择材能也；结衔有差[5]，是参用资格也。今得材能、资格俱应选者为上，其次，则择第二任知县以上有课绩者许作郡，初任通判以上许作监司，第二任通判以上许作职司，庶几人法并用。"从之。

[1] 淳熙三年：即公元 1176 年。淳熙，宋孝宗赵眘的第三个年号。

[2] 中书舍人：中书省属官，掌起草诏令等。程大昌：字泰之（1123 ~ 1195），徽州休宁（今属安徽）人。绍兴进士，历官著作佐郎、国子司业兼权礼部侍郎、中书舍人、国子祭酒、权吏部尚书，出知泉州、建宁府。长于名物考订，著有《演繁露》、《续演繁露》、《禹贡山川地理图》、《诗论》、《易原》、《雍录》、《考古编》等。《宋史》有传。

[3] 改秩：即“调官”。一般指改任品级大致相同的官职，有时略含升迁之意。关升：宋代官员升迁方法之一。选人、京朝官、大小使臣关申吏部四选，按照一定的年龄、出身、考数、任数、举主员数，升迁相应的资序或差遣。

[4] 提刑：官名，即“提点刑狱公事”的简称，或称“宪”。初用武臣，熙宁二年（1069）尽用文臣。南宋初曾参用武臣，孝宗以后又专用文臣。掌所辖地区司法、刑狱、审问囚徒，并监察地方官吏。资序：资历，资格。

[5] 结衔：宋代官员都有一系列官衔，由寄禄官、散阶、差遣、封爵、食封、勋、服色等按一定顺序组合而成，称结衔。

241. 宁宗庆元中 [1]，重定《武臣关升格》。先是，初改官人必作令，谓之“须入”[2]。至是，复命除殿试上三名、南省元外 [3]，并作邑 [4]；后又命大理评事已改官未历县人 [5]，并令亲民一次 [6]，著为令 [7]。

[1] 宁宗：即宋宁宗赵扩（1168 ~ 1224）。参见宋 67 注 1。庆元：宋宁宗的第一个年号（1195 ~ 1200）。

[2] 须入：宋王林《燕翼诒谋录》卷三：“选人改京朝官，惮于作县，多历闲慢，比折知县资序。熙宁十年二月戊子，诏选人磨勘改京朝官，须入知县，虽不拘常制，不得举辟。近世此禁寖弛，凡改官人，有出身任教授，无出身任签判，二考满则赴部注破格通判矣。孝宗皇帝申严旧制，仍以三年为任，考第未足或有过犯，不得注通判。至今遵行之。”

[3] 南省元：尚书省礼部试第一名。

[4] 作邑：当县令。

[5] 大理评事：参见宋 8 注 9。

[6] 亲民：即“亲民官”，地方行政长官。参见宋 148 注 4。

[7] 著为令：《两朝纲目备要》卷五：“庆元五年……夏四月，定理官历县法。初改官人必作令，谓之‘须入’。绍兴中，数申严之，后亦或废。孝宗在位，持之甚严。庆元初，复诏除殿试上三名、南省元外，并作邑。至是，又用察院程松言，诏大理评事已改官未历县人，并令亲民一次。著为令。”可见颁令之时间，与志文稍有龃龉。

242. 绍定元年 [1]，臣僚上言：“铨曹之患，员多阙少，注拟甚难。自乾道、嘉定以来 [2]，尝命选部职官窠阙 [3]，各于元出阙年限之上，与展半年用阙。历年浸久，入仕者多，即今吏部参注之籍，文臣选人、武臣小使臣校尉以下 [4]，不下二万七千馀员，大率三四人共注一阙，宜其胶滞壅积而不可行。乞命吏部录参、司理、司法、令、丞、监当酒官 [5]，于元展限之上更展半年。”从之。

[1] 绍定元年：即公元 1228 年。绍定，宋理宗赵昀的第二个年号。

[2] 乾道：宋孝宗赵昚的第二个年号（1165 ~ 1173）。嘉定：宋宁宗的第四个年号（1208 ~ 1224）。

[3] 窠阙：参见宋 238 注 7。

[4] 小使臣：宋代武阶官中有大使臣、小使臣二等。自从八品从义郎、秉义郎（旧称东、西头供奉官）以下至从九品承节郎、承信郎（旧称三班奉职、三班借职）通称为小使臣。校尉：武散官的阶品，这里指低级武臣。

[5] 录参：即诸州之"录事参军"或诸府之"司录参军"。司理：即"司理参军"。司法：即"司法参军"。以上为诸州府之曹官。令：县令。丞：县丞。监当酒官：当泛指监当官，宋代掌管茶、盐、酒税场务与冶铸事务官员的总称。

243. 七年[1]，监察御史陈垓建言[2]，乞申戒饬铨法十弊[3]：一曰添差数多[4]，破法耗财谓倅贰、幕职、参议、机宜、总戎、钤辖、监押之类；二曰抽差员众，州县废职谓监司、帅守幕属多差见任州县他官权摄；三曰摄局违法[5]，蠹政害民谓监司、师守徇私差权幕属等职；四曰"须人"不行[6]，侥幸挠法谓初改官人必作知县，今多规免，苟图京局，蹀求倅贰，遂使不曾历县之人冒当郡寄；五曰奏辟不应[7]，奔竞日甚谓在法未经任人不许奏辟，今或以初任或以阙次远而改辟见次者；六曰改任巧捷，紊乱官常谓在法已授差遣人，不得干求换易。今既授是官，复谋他职，辞卑居尊，弃彼就此；七曰荐举不公，多归请托；八曰借补繁多[8]，官资泛滥；九曰瘝旷职守[9]，役心外求；十曰匿过居官，玩视国法谓曾经罪犯，必俟赦宥。今则既遭弹劾，初未经赦者，经营差遣[10]。

[1] 七年：中华书局整理本校勘记云："承上文此年当为绍定七年，但绍定无七年；据本书卷四三《理宗纪》、《宋史全文》卷三四，此事系于淳祐七年，此处失书'淳祐'纪元。"甚是。淳祐，宋理宗赵昀的第五个年号（1241 ~ 1252）。

[2] 监察御史：参见宋 72 注 8。陈垓：字漫翁（生卒年不详），闽县（今福建福州）人。开禧元年（1205）进士，历官永嘉教授、监察御史、左司谏，直宝章阁、淮东提举。

[3] 戒饬：告诫。

[4] 添差：宋制，正员以外，再额外加派官员主管或处理某事。或仅有其名而不管政事，称添差不厘务。

[5] 摄局：即"摄官"，又称"权局"、"差摄"。参见宋 187 注 2。

[6] 须人：参见宋 148 注 4，宋 241 注 2。

[7] 奏辟：又称"辟差"、"差辟"、"辟置"。宋代授予官员差遣的一种方式。各路安抚司、转运司、知州等，依法许自行选择官员，具名奏辟。但往往侵夺吏部四选窠阙，使冗官现象更加严重。

[8] 借补：借品调任铨补的简称。官员在补任时，遇到官多缺少的情况，暂以低品官缺调补，待日后再从本秩补用。如官员本为五品，暂依六品官缺就任，日后则以五品官补用，称为借补。

[9] 瘝（guān官）旷：耽误荒废。

[10]"玩事国法"句：《宋史全文》卷三十四："己酉，臣僚言格法日坏，天下视听益不美，因条陈添差、摄局、须人、奏辟、改任、荐举、借补、旷职、匿过十弊，乞风示中外。从之。"可补志文之缺。

244. 旧制，军功补授之人 [1]，自合从军，非老疾当汰，无参部及就辟之法 [2]。比年诸路奏功不实，夤缘冒名，许令到部，及诸司纷然奏辟，实碍铨法。建炎兵兴 [3]，杂流补授者众 [4]，有曰上书献策，曰勤王，曰守御，曰捕盗，曰奉使，其名不一，皆阃帅假便宜承制之权以擅除擢 [5]。有进士径补京官者 [6]，有素身冒名即为郎、大夫者 [7]。乃诏："从军应赏者，第补右选 [8]，以清流品。"又有民间愿习射者，籍其姓名。守令月一试，取艺优者，如三路保甲法区用 [9]。

[1] 军功：宋代武官出身之一。凡亲冒矢石、斩获敌人首级、身受重伤、退敌解围及运粮守城、进筑把隘等，皆称"军功"。

[2] 参部：谓参部注授选官。就辟：谓参与"辟差"。辟差，宋代官员差遣的一种。各路安抚使、转运使、知州等，皆有依法奏辟之权。

[3] 建炎兵兴：谓靖康之变后，南宋与南下金兵的争战。建炎，宋高宗的第一个年号（1127～1130）。

[4] 杂流：凡非科举中第，由军班、进纳等途径补授官职者，包括公人、吏人、作匠、技术人等，皆称"杂流"。杂流人迁官，至武功大夫止。杂流补官限至训武郎，职至监当和将领、副将之类。

[5] 阃（kǔn捆）帅：宋代制置使司、安抚使司等军事机构的长官。

[6] 京官：参见宋29注7。

[7] 素身：无官爵者。

[8] 右选：谓吏部四选之一的侍郎右选。参见宋187注14。

[9] 保甲法：宋神宗时，王安石变法推行的地方基层组织法。《宋史·兵志六》："熙宁初，王安石变募兵而行保甲，帝从其议。三年，始联比其民以相保任。乃诏畿内之民，十家为一保，选主户有干力者一人为保长；五十家为一大保，选一人为大保长。十大保为一都保，选为众所服者为都保正，又以一人为之副……每一大保夜轮五人警盗，凡告捕所获，以赏格从事。同保犯强盗、杀人、放火、强奸、略人、传习妖教、造畜蛊毒，知而不告，依律伍保法。"

245. 绍兴初 [1]，尝以兵革经用不足，有司请募民入赀补官，帝难之 [2]。参知政事张守曰 [3]："祖宗时，授以斋郎 [4]，今之将仕郎是也。"知枢密院李回曰 [5]："此犹愈科率于民 [6]。"乃许补承节郎、承信郎、诸州文学至进义副尉六等，后又给通直郎、修武郎、秉义郎、承直至迪功郎 [7]。其注拟、资考、磨勘、改转、荫补、封叙，并依奏补出身法 [8]，毋得注令录及亲民官 [9]。和议之后 [10]，立格购求遗书，亦命以官 [11]。凡殁于王事，无遗表致仕格法者 [12]，听奏补本宗异姓亲子孙弟侄，文臣将仕郎，武臣承信郎；馀亲，上州文学或进武校尉，所以褒恤忠义也。又以两淮、荆襄，其土广袤，募民力田。凡白身劝民垦田及七十五顷者与副尉，五百顷补承信郎。

[1] 绍兴：宋高宗赵构的第二个年号（1131～1162）。

[2] 帝难之：何忠礼《宋史选举志补正》第189页："按《宋会要·职官》五五之四三载：'高宗建炎元年九月二十七日，诏［依］靖康元年六月一日指挥，进纳补官立为三等：七千贯承节郎，五千五百贯承信郎，六千贯迪功郎。今增立诸州文学而下至进武副尉为六等，庶几中产之家易于献纳：进义副尉七百贯，进武副尉一千贯，进义校尉一千五百贯，进武校尉二千贯，诸州司士、

文学二千五百贯，诸州助教二千贯。……三年三月二十一日，诏给降通直、修武郎官告各一十道，听人户从便纳钱。及五万缗，书填告一道，给付理为官户，仍依条格封赠，并许不限内外差遣注授，有艺能许量才录用。'《系年要录》卷九建炎元年九月己酉条、卷二一建炎三年三月己亥条所载略同。以上可知，早在高宗建炎初，已承袭北宋之制，推行募民入赀补官的做法。然而，《宋志》于此言'帝难之'，使人产生入赀补官乃始自绍兴初年之错觉，故有必要作些补叙。"可参考。

[3] 参知政事：参见宋24注1。张守：字全真（？～1145），一字子固，常州晋陵（今江苏常州）人。崇宁进士，历官监察御史、中书舍人、翰林学士、同签书枢密院事、参知政事，历知绍兴府、建康府。著有《毗陵集》。《宋史》有传。

[4] 斋郎：参见宋91注4。

[5] 知枢密院：即"知枢密院事"，宋代枢密院长官。李回：生平不详。历官权尚书右丞、御史中丞、端明殿学士、同知枢密院事、参知政事、资政殿学士、江西安抚大使等，与秦桧善。

[6] 科率（lù律）：官府于民间定额征购物资。

[7] "乃许"二句：何忠礼《宋史选举志补正》第190页："按参知政事张守、知枢密院李回奏对时间，在绍兴元年（1131）五月壬戌，而诏入赀补承节郎、承信郎、诸州文学至进义副尉时间，从上引《宋会要》可知，在建炎元年（1127）九月，志文将其系于张守、李回奏对之后，殊误。又《系年要录》卷四四绍兴元年五月壬戌条及《宋史全文》卷一八上载：'范宗尹等以国用不足，奏鬻通直、修武郎以下官。上曰："不至人议论否？"张守曰："祖宗时，尝亦有此，第止是斋郎。"李回曰："此犹愈于科敛百姓。"上曰："然。大凡施设，须可行于今，可传于后，即善耳。"宗尹乃退，其后遂止鬻承直郎以下官。'又《系年要录》卷四五绍兴元年六月己巳条载：'初鬻承直、修武郎以下官，用宰相范宗尹请也。承直郎直二万五千缗，修武郎直三万五千缗，其馀以是为差。'说明自张、李奏对后，南宋鬻官范围，文臣尚限于承直郎以下，志文此处'后又给通直郎'之说，误。"可参考。

[8] 奏补：宋代高、中级官员遇朝廷举行大礼，奏荫弟侄、子孙或门客，称"奏补"。

[9] 令录：简称县令、司录、录事参军与试衔知县、知录事两阶选人。亲民官：宋代各级地方行政长官，自知州、知县至监镇、知寨统称亲民官。

[10] 和议：即宋金之"绍兴和议"，凡两次。第一次在绍兴八年（1138），秦桧二次拜相后与金议和，其条款为宋对金纳贡称臣，宋、金以改道后的黄河为界，归还徽宗棺木及钦宗与宗室等。后由于金完颜宗弼（兀术）发动政变，杀完颜昌，和议废。第二次在绍兴十一年（1141），完颜宗弼因战事失利，遂再定合议。宋、金划淮河为界，宋向金称臣进贡。这里当指第二次和议。

[11] "立格"二句：何忠礼《宋史选举志补正》第190～191页："按《系年要录》卷四五绍兴元年六月戊辰条载：'迪功郎诸葛行言献国朝训典，乞为其兄国学免解进士行仁推恩。诏补行仁将仕郎。其后复献书万卷，官一子。'又《宋会要·崇儒》四之二二载：'（绍兴二年）三月四日，故太常少卿曾眈男温夫以家藏累朝典籍二千馀卷来上，诏并送秘书监收管，温夫与补将仕郎。''七月一日，太平州芜湖县进士韦许上家藏太宗皇帝御书并书籍，诏特补迪功郎。'仅从以上数条记事看，献书命官之举，早在绍兴初已经实行。"

[12] 遗表：宋代官府文书名。官员临终前所撰表文，死后由其家属申报朝廷。太中大夫以上官员老死者，既申奏致仕，又上遗表，朝廷则给予遗表恩泽。致仕：宋代官员退休称致仕，也称"休致"、"致政"、"休退"等。致仕制度规定，文官年满七十为致仕之期，武臣延长十岁。自愿就

闲，可提前致仕。少数元老大臣不在此限。官员准备退休，先向朝廷递呈申请表、劄，获准后，领取致仕告、敕。宋神宗前官员退休，皆解除原任官职。自神宗起，允许带职致仕。退休官员可有转官等优待，高级官员还可荫补一定数量的近亲子弟为官，为子弟乞请恩例，为亲属叙封或封赠、回授官爵等。

246. 孝宗即位 [1]，命帅臣、监司、郡守、尝任两府及朝官等遣亲属进贡，等第补授登仕郎、将仕郎，推恩理为选限。淳熙三年 [2]，诏罢鬻爵，除歉岁民愿入粟赈饥、有裕于众，听补官，馀皆停。自是，进纳军功，不理选限，登仕郎、诸州助教不许出官 [3]，止于赎罪及就转运司请解而已。

[1] 孝宗：即宋孝宗赵眘（1127~1194）。参见宋 59 注 1。
[2] 淳熙三年：即公元 1176 年。淳熙，宋孝宗赵眘的第三个年号。
[3] 出官：宋代选人等初次接受差遣之称。

《宋史》

卷一百五十九　志第一百十二

选举五　铨法下

○远州铨　补荫　流外补

247. 川峡、闽、广[1]，阻远险恶，中州之人，多不愿仕其地。初，铨格稍限以法，凡州县、幕职，每一任近，即一任远。川峡、广南及沿边，不许挈家者为远，馀悉为近。既分川峡为四路[2]，广南东、西为二路，福建一路，后增荆湖南一路[3]，始立八路定差之制，许中州及土著在选者随意就差，名曰"指射"[4]，行之不废。

[1] 川峡：西川路与峡西路，前者治益州（今四川成都），后者治夔州（今四川奉节一带），皆属至道三年（997）所设十五路之一。闽：福建路，治福州（今属福建），雍熙二年（985）改两浙西南路置。广：广南路，亦称岭南路，北宋开宝四年（971）置，端拱后分为东、西二路，至道三年分全国为十五路，定称为广南东路、广南西路。广南东路简称广东，治广州（今属广东）；广南西路简称广西，治桂州（今广西桂林），辖境包括今海南省。

[2] 四路：北宋咸平四年（1001）分峡路为东、西二路，东为夔州路，治夔州（今四川奉节一带）；西为梓州路，治梓州（今四川三台）。又分西川路为西南、东北二路，西南为益州路，嘉祐四年（1059）改为成都府路，治成都府（今四川成都）；东北为利州路，治兴元府（今陕西汉中）。

[3] 荆湖南一路：即指荆湖南路。北宋太平兴国四年（979）置荆湖南路、荆湖北路，雍熙二年（985）合并为荆湖路，至道三年（997）复分为南、北二路。南路简称湖南，治潭州（今湖南长沙）；北路简称湖北，治江陵府（今湖北荆沙市）。

[4] 指射：四川、两广、福建、湖南等八路文、武官员差遣，允许本路及北方诸路选人随意选定窠阙，即称"指射差遣法"。吏部四选窠阙，在一定情况下，亦许选人指射。若两人以上指射同一窠阙，则当日拟定名次最高人。

248. 太平兴国初[1]，选人孟峦拟宾州录事参军[2]，诣匦诉冤[3]，坐流海

岛 [4]。自是，得远地者不敢辞。既而诏："川峡、岭南、福建注授 [5]，计程外给两月期，违则本州不得放上 [6]，遣送阙下 [7]，除籍不齿 [8]。或被疾，则所至陈牒，长吏按验，付以公据 [9]；废痼末损 [10]，则条状以闻。"雍熙四年 [11]，又诏："选人年六十，勿注远地；非土人而愿者听 [12]。凡任广、蜀、福建州县，并给续食 [13]。"初，岭南阙官，往往差摄 [14]。至是，诏州长吏试可者选用之；罢秩，奏送阙下，与出身 [15]。淳化间 [16]，又诏："岭南摄官，各路惟许选二十员以承乏 [17]，馀悉罢归。"

[1] 太平兴国：宋太宗赵炅的第一个年号（976～984）。

[2] "选人"句：何忠礼《宋史选举志补正》第 193 页："按《长编》卷一八太平兴国二年二月辛酉条记事，'孟峦'作'孟蛮'，'宾州'作'窦州'。又《太平宝训政事纪年》卷一《太宗皇帝》中所载'孟峦'二字与《宋志》同，而'宾州'亦作'窦州'，疑以'孟峦'、'窦州'为是。"可参考。孟峦，生平不详。宾州，治领方县（今广西宾阳北新宾）；窦州，治信义县（今广东信宜西南镇隆）。

[3] 匦（guī 癸）：即匦院，唐代官署匦使院的省称，宋太宗雍熙元年（984）改匦院为登闻鼓院及登闻检院。有匦（匣子）立于署外，凡臣民有怀才自荐、匡政补过、伸冤辨诬、进献赋颂者，皆可以状分类投匦。

[4] 海岛：指宋代通州（治今江苏南通市）以东的崇明岛（今属上海市）等处煮盐之地。元马端临《文献通考》卷一百六十八："先是，国初以来犯死罪获贷者，多配隶登州沙门岛、通州海岛，皆屯兵使者领护。而通州岛中凡两处，豪强难制者隶崇明镇，懦弱者隶东布州，两处悉官煮盐。"

[5] "川峡"句：此句前缺载注授官职衔。宋李焘《续资治通鉴长编》卷二十一："太平兴国五年……四月……丁酉诏：应敕除及吏部注授幕职、令录、司理、判司、簿尉，自今除程给一月限，其川峡、岭南、福建路，给两月。"可参考。

[6] 放上：旧时指朝廷任命官员或京官调任外省。唐韩愈《国子监论新注新官牒》："其新受官，上日必加研试，然后放上，以副圣朝崇儒尚学之意。"

[7] 阙下：宫阙之下。借指帝王所居之宫廷。

[8] 除籍：从名簿上除去其名。这里即指除去官籍。不齿：不收录，表示鄙视。

[9] 公据：官方所发文据，用以证明身份、资历等。

[10] 废痼：不治之疾。末损：肢体残废。

[11] 雍熙四年：即公元 987 年。雍熙，宋太宗赵炅的第二个年号。何忠礼《宋史选举志补正》第 193 页："按以下诏令，据《长编》卷三四载，颁于淳化四年（993）十二月，志文作雍熙四年（987），疑误。"可参考。

[12] 土人：世代居住本地者。

[13] 续食：谓赴任沿途相继供给食物。

[14] 差摄：又称"权局"，即临时代理。

[15] 与出身：何忠礼《宋史选举志补正》第 193 页："按《宋会要·职官》六二之三八至三九及《太宗实录》卷四一载，上述诏令，颁于雍熙四年六月。"可参考。

[16] 淳化：宋太宗赵炅的第四个年号（990~994）。

[17] 承乏：承继空缺的职位。何忠礼《宋史选举志补正》第193~194页："按《宋会要·职官》六二之三九载：'淳化二年闰二月，诏岭南管内州县，先阙官处未有正官，即于本管差摄，宜令两路各于摄官内选留二十五人，以备承乏，馀悉放归田里，内有岭北人，并发遣归本道。'又据李心传言：'初，祖宗朝以广南地远，利人不足以资正官，故使举人两与荐者，试刑法于漕司，以其合格者摄。两路正摄凡五十人，月俸人十千，米二斛，满二年则锡以真命。后又增五十人，号曰待次。崇、观后，又增五十人，号曰额外。其注拟皆自漕司。建炎初，敕归吏部，逾年无愿就者，吏部复请归漕司。从之。'（《朝野杂记》甲集卷一二《广南摄官》，又见《系年要录》卷一八建炎二年十一月乙巳条）由上可知，志文中之'选二十员'，实为'选二十五员'之误。"可参考。

249. 始，令岭南幕职，许携族行，受代不得寄留。至道初[1]，申诏："剑南州县官[2]，不得以族行。敢有妄称妻为女奴，携以之官，除名。"初，荣州司理判官郑蛟[3]，冒禁携妻之任。会蜀贼李顺构乱[4]，其党田子宣攻陷城邑，而蛟捕得之，擢为推官。至是，知梓州张雍奏其事[5]，上命戮蛟，而有是诏。

[1] 至道：宋太宗的第五个年号（995~997）。
[2] 剑南：即指成都府路。参见宋247注2。
[3] 荣州：治大牢县（今四川荣县）。司理判官：北宋州府掌刑法的官。郑蛟：生平不详。
[4] 李顺：北宋初川峡一带农民军领袖。淳化四年（993）随王小波起事，小波死后，被推为领袖，翌年正月攻克成都，号"大蜀王"，建号"应运"。攻占州县，拥众数十万。五月，宋军攻陷成都，李顺被杀。
[5] 梓州：治所在今四川三台县。张雍：德州安德（今山东陵县）人（939~1008）。开宝进士，历官盐铁推官，知审刑院，出知梓州，以抗李顺守城功，擢给事中，历兵部侍郎，以尚书右丞致仕。《宋史》有传。

250. 咸平间[1]，以新、恩、循、梅四州瘴地[2]，选荆湖、福建人注之[3]。吏部铨拟官，悉标其过犯，自是，凡注恶地，令不须书。又诏："规避迢远，违期受代，勘鞫责罚[4]，就移远地。"

[1] 咸平：宋真宗的第一个年号（998~1003）。
[2] 新：新州，治新兴县（今属广东）。恩：恩州，治阳江县（今属广东）。循：循州，治龙川县（今广东龙川西南）。梅：梅州，治程乡县（今广东梅县）。
[3] 荆湖：即"荆湖路"，治江陵府（今湖北荆沙市），辖有今湖南全省以及湖北、广西部分地区。
[4] 勘鞫：亦作"勘鞠"，审问。

251. 神宗更制[1]，始诏："川峡、福建、广南之官罢任，迎送劳苦，其令转运司立格就注，免其赴选。"于是七路自常选知州而下[2]，转运司置员阙籍，具书应代时日，下所部郡众示之。凡见任距受代半年及已终更者，许用本资序指射 [3]。有司受而阅之，定其应格当差者，上之审官东院、流内铨 [4]，审覆如令，即奏闻降敕。若占籍本路，或游注此州，皆从其便；惟不许官本贯州县及邻境，其参拟铨次悉如铨格。无愿注者，上其阙审官 [5]，而在选者射之。武臣之属西院、三班院者 [6]，令枢密院放此具制 [7]。后荆湖南亦许就注。或言 [8]："土人知州非便。法应远近迭居，而川人许连任本路，常获家便，实太偏滥。"王安石曰 [9]："分远近，均劳佚也。中州士不愿适远，四路人乐就家便 [10]，用新法即两得所欲；况可以省吏卒将迎、官府浮费邪？"何正臣又言 [11]："蜀人之在仕籍者特众，今自郡守而下皆得就差，一郡之官，土人太半，寮寀吏民皆其乡里亲信 [12]，难于徇公，易以合党。请收守令阙归之朝廷，而他官兼用土人，量立分限，庶经久无弊。兼闻差注未至尽公，愿许提刑司索案牍究察之 [13]。"奏上，法不为改，但申严提刑司互察之法。

[1] 神宗更制：指元丰改制，即宋神宗元丰三年至五年（1080～1082）的官制改革。参见宋 187 注 10。神宗，即宋神宗赵顼（1048～1085）。参见宋 3 注 3。

[2] 七路：中华书局整理本校勘记云："'七路'原作'八路'。按上文首先提到的八路是川峡四路、广南东、西路、福建路和荆湖南路，此处所记没有荆湖南路，实止七路。《长编》卷二一四作'七路'，据改。"可参考。

[3] 指射：参见宋 247 注 4。

[4] 审官东院：参见宋 187 注 5。流内铨：参见宋 187 注 9。

[5] 上其阙审官：何忠礼《宋史选举志补正》第 195 页："按'上其阙审官'语意欠明，据《长编》卷二一四熙宁三年八月戊寅条载，'审官'应作'审官东院、流内铨'。"甚是。

[6] 西院：即"审官西院"。参见宋 187 注 5。三班院：参见宋 187 注 8。

[7] 枢密院：参见宋 159 注 2。具制：徒具空文的制度。

[8] 或言：即冯京所言。宋李焘《续资治通鉴长编》卷二百一十四："其后，冯京言川峡差本土人知州不便。上问其故，京曰：'今仕宦一任远，一任近，而四路人许连任。就四路则是常得家便，实为大幸。'"冯京时任枢密副使。可与下文参见。

[9] 王安石：参见宋 30 注 2。

[10] 四路：即指"川峡四路"。参见宋 247 注 2。

[11] 何正臣：字君表（生卒年不详），临江新淦（今江西新干）人。九岁举童子，赐出身，复中进士第，历官御史里行、侍御史知杂事、宝文阁待制、吏部侍郎、刑部侍郎，知宣州。《宋史》有传。何忠礼《宋史选举志补正》第 195 页："按何正臣之奏，据《长编》卷三二〇载，上于元丰四年（1081）十一月丁未。"可参考。

[12] 寮寀：亦作"寮采"，官舍。引申为官的代称。

[13] 提刑司：官署名，全称"提点刑狱司"，简称"提刑司"或"宪司"、"宪台"。负责本路司法刑狱、巡察贼盗等事。

252. 元祐初 [1]，御史上官均言 [2]："定差不均之弊有七：诸路赴选中试乃差，八路随意取射，一也。诸路吏部待试，需次率及七年，方成一任；八路就注，若及七年，已更三任，二也。八路虽坐停罢，随许射注[3]，其待次者又许权摄，禄无虚日；而吏选无愆犯，亦大率四年方再得禄，四也。土人得射奏名者[4]，免试就注家便，年高力惫，不复望进，往往营私废职，五也。仕久知识既多，土人就射本路，不无亲故请托，六也。八路监司地远而专，设漫灭功过名次[5]，人亦不敢争校；故有力者多得优便，而孤寒滞却，七也。请并八路差尽归吏部为便。"既而吏部亦请用常格差除，遂悉归之铨。

[1] 元祐：宋哲宗赵煦的第一个年号（1086～1094）。

[2] 上官均：参见宋222注2。

[3] 中华书局整理本校勘记云："上文明言'定差不均之弊有七'，叙述中只有'二也'、'四也'而无'三也'，此处当有脱文。按《长编》卷三八〇所载，有'又八路在任犯罪停替，或体量罢任，并许再指射差遣，而见在吏部待次之人，至有历任无过尚须试法，候及一年方有注拟，此不均之弊三也'之文，此处所云当即第三事的改写。此处下当脱'三也'二字，或尚脱有关'见在吏部待次之人'定差情况文字。"甚是。射注，谓射阙、注拟。

[4] 土人得射奏名者：何忠礼《宋史选举志补正》第196页："按'土人得射奏名者'一语费解。考上引《长编》所载，其中'弊五也'全文作：'八路本土系特奏名得官人，既免试法，又就家便，多只于本路指射，大率多年六十以上，学术凋疏，精力疲耗，又无人荐举，不复有向进意。往往贪冒营私，职事不举，民受其病。'据此，'射奏名'实系'特奏名'之误刊。"甚是。

[5] 漫灭：这里系指有意隐瞒。

253. 绍圣复行旧制[1]，且许八路人荫补出官，即转运司试中注阙。重和间[2]，臣僚又言其弊："转运以军储、吏禄、供馈、支移为己责，而视差注为末务，往往付之主案吏胥定拟，而签厅视成书判而已。注阙之高下，视贿之厚薄。无赂，则定差之牍，脱漏言词，隐落节目。及其上部，必致退却，参会重上，又半岁矣。以是阙多而不调者众。宜督典领之官，岁终取吏部退难有无、多寡，为之课而赏罚之，庶可公注拟而绝吏赇。"乃命立《考课法》。

[1] 绍圣复行旧制：即"绍圣绍述"。元祐八年（1093），宣仁高太后死，宋哲宗亲政，明令绍述其父神宗新法，改元"绍圣"，罢免宰相范纯仁等旧党，起用新党章惇为相，次第恢复元丰间新法，史称"绍圣绍述"。绍圣，宋哲宗赵煦的第二个年号（1094～1098）。

[2] 重和：何忠礼《宋史选举志补正》第198页："按'重和'为宋徽宗的第五个年号，历时仅四个月（1118.11～1119.2），志文用'重和间'似乎不尽妥当。考《宋会要·职官》五九之一六载，'臣僚又言其弊'时间，在政和八年（1118）四月五日，政和八年即重和元年，故以作'重和元年'或'政和八年'为当。"可参考。

254. 建炎初[1]，诏福建、二广阙并归吏部，惟四川仍旧制。初，累朝以广南地远，利入不足以资正官，故使举人两与荐选者，试刑法于漕司，以合格者注摄两路，谓之"待次"[2]。摄官更两任无过，则锡以真命。至是，虽归之吏部，逾年无愿就者，复归漕司。自神宗朝[3]，宗室不许调川陕官[4]；至是宗室多避难入蜀，乃听于四路注拟。六年[5]，诏："川峡转运司每季孟月上旬集注。"为定法焉。八年，直学士院勾龙如渊上疏谓[6]："行都去蜀万里，而比岁奄阙归之朝廷，寒远之士，困抑者众。愿参酌前制，稍还漕铨之旧，立为定格，使与堂除不相侵紊[7]。"遂命以小郡知州、监以下，仍付漕司差注，其选人改官诣司公参[8]，理为"到部"。人称便焉。

[1] 建炎：宋高宗的第一个年号（1127～1130）。

[2] 待次：何忠礼《宋史选举志补正》第 198 页："按《系年要录》卷一八建炎二年十一月乙巳条载：'初，祖宗朝以广南地远，利人不足以资正官，故使举人两与荐送者，即转院司试刑法，以其合格者摄之。两路正摄凡五十人，月俸人十千，米一斛，满二年则锡以真命。后增五十人，号曰待次。崇、观后，又增五十人，号曰额外，其注拟皆自漕司……'《建炎以来朝野杂记》甲集《广南摄官》条所载并同。又，《宋会要·职官》六二之四五至四六载绍兴五年五月四日邬大昕之奏疏，亦谓：'二广地理遥邈，利人不足以资正官，故有摄职。祖宗朝，一路以二十五人为额，号曰正摄，由二年而升为真命。后又增二十五人，号曰待次。崇、观以来，又增五十人（按：应作五十人），注授并由转运司，他司无预而总焉……'由上可知，志文中之'荐选'，系'荐送'之误；'待次'，系'正摄'之误刊。"可参考。

[3] 神宗：即宋神宗赵顼（1048～1085）。参见宋 3 注 3。

[4] 川陕：当为"川峡"之误。参见宋 247 注 1。

[5] 六年：中华书局整理本校勘记云："承上文当指建炎六年，而建炎无六年；《系年要录》卷九九系此事于绍兴六年，是，此处失书'绍兴'纪元。"甚是。绍兴六年，即公元 1136 年。绍兴，宋高宗赵构的第二个年号。

[6] 直学士院：凡他官入院，未正除学士，谓之直学士院，简称"直院"。勾龙如渊：字行父（1093～1154），永康军导江（今四川都江堰市）人。政和八年（1118）登上舍第，为州县官二十年，召试馆职，历官著作佐郎、起居舍人、中书舍人兼侍读、直学士院、御史中丞。《宋史》有传。

[7] "行都"数句：宋李心传《建炎以来系年要录》卷一百二十三："绍兴八年十有一月……乙酉，中书舍人兼直学士院勾龙如渊言：'昔福建、四川、广东、西凡八路，以其去朝廷之远，士艰于往来，而以铨法付之漕司。自车驾南幸，而二广、福建则举而归之吏部矣，惟四川漕司差注之法独在。是以蜀之人，凡安贫守分、无知己在朝廷者，仕宦止于通判，而奔竞势要之人，今日改官，明日得倅，又明日得守，望参酌祖宗之制，凡四川守倅如何等阙合还堂选，立为定格，毋相侵紊。'"勾龙如渊所上疏俱见于此，当以此为准，志文盖误。

[8] 公参：下官赴任，须先到正副长官处参拜报到，称"公参"。宋赵升《朝野类要》卷三《公参》："小官赴任，诣长贰公参讫，衙前听候三日，方敢退归本职。今制，遂禁廷拜。"

255. 补荫之制[1]。凡奏戚属，太皇太后、皇太后、皇后本服期亲[2]，奉礼郎[3]；大功[4]，守监簿[5]；小功[6]，初等幕职官元丰前，试大理评事。缌麻[7]，知令、录元丰前试校书郎。异服亲亦如之[8]。有服女之夫，则本服大功以上女夫，知令、录；小功，判、司、主簿或尉；缌麻，试监簿[9]。周功女之子[10]，知令、录；孙及大功女之子，判、司、主簿或尉；曾孙及大功女之孙、小功女之子，并试监簿；其非所生子若孙，各降一等；缌麻女之子，试监簿。

[1] 补荫：即"荫补"。参见宋2注7。何忠礼《宋史选举志补正》第200页："按宋代戚属荫补之制，屡经变化，志文不言以下条制颁于何时，殊为疏漏；今考之《长编》卷二三七所载，知该项制度实颁于神宗熙宁五年（1072）八月丁亥。"可参考。
[2] 本服：古代丧服制度规定的本等丧服。期（jī基）亲：服丧一年的亲属。
[3] 奉礼郎：太常寺属官。掌奉币帛授初献官，大礼则设亲祠版位。
[4] 大功：丧服名。参见唐3注4。
[5] 守监簿：即"守将作监主簿"。守，以低一等资序任高资序官称"守"。
[6] 小功：丧服名。参见唐34注9。
[7] 缌麻：丧服名。参见宋5注4。
[8] 异服亲：指五服以外的异姓亲属。
[9] 试监簿：即"试将作监主簿"。试，以低二等以上资序任高资序官称"试"。
[10] 周功：唐杜佑《通典》卷一百三："小记又云：久丧不葬者不除，是居周功之丧也。"

256. 每祀南郊、诞圣节，太皇太后、皇太后并录亲属四人，皇后二人[1]。非遇推恩而特旨赐官，不用此法。凡诸妃期亲守监簿，馀判、司、主簿或尉；异姓亲试监簿。婉容以上有服亲，才人以上小功亲[2]，并试监簿。凡大长公主、长公主、公主夫之期亲[3]，判、司、主簿或尉，馀试监簿；子，补殿中丞[4]；孙，光禄寺丞[5]；婿，太常寺太祝[6]；外孙，试衔、知县。凡亲王婿，大理评事；外孙，初等职官；女之子婿，试监簿。宗室缌麻以上女之夫，试衔、知县[7]；袒免[8]，判、司、主簿或尉。其愿补右职[9]，依换官法。奉礼郎即右侍禁[10]，幕职官即左班殿直[11]，知令、录即右班殿直[12]，判、司、主簿、尉即奉职[13]，试监簿即借职[14]。

[1] "每祀南郊"三句："诞圣节"后当补"生辰"。宋李焘《续资治通鉴长编》卷二百三十七："熙宁五年八月……丁亥，中书门下言：太皇太后自今南郊、圣节、生辰，逐次并录亲属四人，恩泽皇后二人。"南郊，古代天子在京都南面的郊外筑圜丘以祭天的地方。这里即指祭天大礼。诞圣节，帝王诞生的日子。宋赵彦卫《云麓漫钞》卷三："诞圣节始于唐明皇，号曰千秋节，又改为天长节。"生辰，指帝王后妃的生日。
[2] 婉容、才人：宋代后宫女官名，前者为从一品，后者为正五品。《宋会要辑稿·后妃》四之一："宋朝承旧制，皇后之下有贵妃、淑妃、德妃、贤妃、昭仪、昭容、昭媛、修仪、修容、修媛、充仪、充容、充媛、婕妤、美人、才人。"又："（大中祥符）六年，增置淑仪、淑容、顺仪、顺容、婉仪、婉容，在昭仪之上。"另《宋史·职官三》："内命妇之品五：曰贵妃、淑妃、德妃、贤妃，曰大仪、贵仪、淑仪、淑容、顺仪、顺容、婉仪、婉容、昭仪、昭容、昭媛、修仪、修容、修媛、充仪、充容、充媛，曰婕妤，曰美人，曰才人、贵人。"
[3] 大长公主等：皇帝之姑称大长公主，皇帝的姊妹称长公主，皇帝之女称公主。宋李焘《续资治

通鉴长编》卷二百三十七:"诸妃、大长公主、长公主、公主每遇南郊,许奏有服亲及有服亲之夫二人……婉容以上,每遇南郊,许奏有服亲一人,才人以上,奏小功已上亲一人。"《宋史·职官三》:"外内命妇之号十有四:曰大长公主,曰长公主,曰公主,曰郡主,曰县主,曰国夫人,曰郡夫人,曰淑人,曰硕人,曰令人,曰恭人,曰宜人,曰安人,曰孺人。"

[4] 殿中丞:宋代掌御前供奉的官署殿中省的属官。

[5] 光禄寺丞:宋代掌供有关祭祀、朝会、宴享等事务的官署光禄寺的属官。

[6] 太常寺太祝:宋代掌有关礼乐、郊庙、社稷等事务的官署太常寺属官,掌祭祀时宣读册辞等。

[7] 试衔:参见宋29注8。

[8] 袒免(wèn问):参见宋150注4。

[9] 右职:谓武职。

[10] 奉礼郎:官名。太常寺属官,掌奉币帛授初献官,大礼则设亲祠版位。右侍禁:武臣阶官名。淳化二年(991)增置,系三班小使臣,政和二年(1112)改名忠翊郎。

[11] 左班殿直:参见宋170注5。

[12] 右班殿直:参见宋153注9。

[13] 奉职:即"三班奉职",武阶官名。无职掌,高于三班借职而低于右班殿直,为低级武臣阶官。政和二年(1112)改名承节郎。

[14] 借职:即"三班借职",武阶官名。无职掌,为低级武臣阶官。政和二年(1112)改名承信郎。

257. 凡文臣[1]:三公、宰相子[2],为诸寺丞;期亲,校书郎;馀亲本宗大功至缌麻服者,以属远近补试衔。使相、参知政事、枢密院使、副使、宣徽使子[3],为太祝、奉礼郎;期亲,校书、正字;馀亲,补试衔。节度使、仆射、尚书、太子三少、御史大夫、文明殿学士、资政殿大学士子[4],校书郎、正字;期亲,寺、监主簿;馀亲,试衔。三司使[5],翰林、资政殿侍讲、龙图阁学士[6],枢密直学士[7],太常、宗正卿[8],中丞[9],丞、郎[10],留后[11],观察使,内客省使子[12],正字;期亲,寺、监主簿;馀亲,试衔及斋郎。两省五品、龙图阁直学士、待制、三司副使、知杂御史子[13],寺、监主簿;期亲,试衔;馀亲,斋郎。诸司大卿、监子[14],寺、监主簿;期亲,试衔。小卿、监兼职者子[15],试衔;期亲,斋郎。

[1] 凡文臣:何忠礼《宋史选举志补正》第202页:"按宋代文臣荫补之制亦屡经变化,志文不言以下条制颁于何时,仍是疏漏。众所周知,北宋元丰年间(1078~1085),曾对官制进行了改革,其中一项主要内容是:以阶易官,改变以前官名和职务相脱离的情况。现从志文后面所载各种荫补官名看,都是元丰以前之寄禄官官称,则可证该荫补条制必颁于元丰以前。又,志文后面的各种荫补官名中,有'文明殿学士'一职,然而,据《宋会要·职官》七之六载,庆历七年(1047)八月,应参知政事宋庠言,'以文明殿学士称呼,同真宗谥号,乃改名为紫宸殿,以冠学士之职。又以紫宸殿非人臣所可称呼,乃以延恩殿更名观文殿,置学士'。则可证该荫补条制必颁于文明殿学士改观文殿学士之前,亦即庆历七年以前。考《长编》卷一四五庆历三年十一月丁亥条及《宋大诏令集》卷一六一《任子诏》载有关于文、武臣荫补的诏令,其内容与志文基本相同,由此可以确定志文所载荫补条制系颁于庆历三年十一月丁亥。"甚是。

[2] 三公：太尉、司徒、司空或太师、太傅、太保的总称。政和二年（1112），以太师、太傅、太保为三公，废司徒、司空、太尉，置少师、少傅、少保为三孤，亦称三少，以三公为宰相，以三少为次相。南宋又以三公、三少为加官。

[3] 使相：宋代亲王、枢密使、留守、节度使兼侍中、中书令、同平章事者均称使相。使相不参预政事，不签署朝廷命令，但在除授官员命令的末尾保留其官衔。何忠礼《宋史选举志补正》第 203 页："按'使相'谓节度使兼侍中、中书令或同平章事，与宰相一样，都是正一品高官，其亲属所得荫补之官，亦当与宰相等。考上引《长编》卷一四五及《宋大诏令集》卷一六一所载，此处无'使相'二字，而将其列入本段前面'宰相'二字后，当是。"可参考。宣徽使：宣徽院使的简称，宣徽院长官。宋代常以大臣任之，位尊而事减，常用以安置勋旧大臣之罢者。

[4] 节度使：宋初削夺节度使实权，为武官高级虚衔，恩数同执政，用以寄禄，俸禄高于宰相，并给仪仗，称为旌节。文臣、宗室等亦可建节。何忠礼《宋史选举志补正》第 203 页："按'节度使'为武臣，不当在文臣荫补中出现，考上引《长编》卷一四五及《宋大诏令集》卷一六一所载，此处无'节度使'三字，志文疑衍。"可参考。太子三少：或称"东宫三少"。即太子少师、太子少傅、太子少保。文明殿学士：官名。太平兴国五年（980）改端明殿学士为文明殿学士，庆历七年（1047）改为紫宸殿学士，次年又改为观文殿学士。资政殿大学士：官名。景德二年（1005），参知政事王钦若罢政，真宗为之特置资政殿学士，以示尊宠，旋又以之为资政殿大学士。嗣后，资政殿学士、大学士常由罢职辅臣充任，南宋则常以从臣充任。

[5] 三司使：宋代并盐铁、度支、户部为一，称"三司"，亦称"计省"，由三司使总揽其事，为掌财政的最高长官。多以两省五品以上及知制诰、杂学士、学士充，亦有辅臣罢政出外，经召还充使。

[6] 翰林：据宋李焘《续资治通鉴长编》卷一百四十五与《宋大诏令集》卷一百六十一当作"翰林学士"。侍讲：官名。宋代以学士、侍从之学术修养较高者为翰林侍讲、侍读，不带"学士"，为皇帝进读书史，讲说经义，备顾问应对。龙图阁学士：宋真宗咸平四年（1001）建龙图阁，景德元年（1004）置龙图阁待制，四年，置龙图阁直学士。大中祥符三年（1010）置龙图阁学士，九年，置直龙图阁等职。

[7] 枢密直学士：官名，简称"枢直"。宋承五代后唐置，与观文殿学士并充皇帝侍从，备顾问应对。政和四年（1114）改称述古殿直学士。

[8] 太常：即"太常卿"，太常寺长官。宗正卿：宗正寺长官。两者皆为元丰改制后置。

[9] 中丞：即"御史中丞"，御史台长官。

[10] 丞郎：尚书左、右丞与六部侍郎的简称。

[11] 留后：宋节度观察留后的简称。参见宋 217 注 13。何忠礼《宋史选举志补正》第 203 页："按'留后'及它后面之'观察使、内客省使'皆为武官，上引《长编》卷一四五及《宋大诏令集》卷一六一亦无此三种官名，志文疑衍。"可参考。

[12] 内客省使：官名，属横班诸司使。为武臣、内侍迁转之阶，无职掌。政和二年（1112）改通侍大夫。

[13] 知杂御史：参见宋 199 注 2。

[14] 大卿监：宋代各寺、监长官如太常卿、将作监等，总称大卿监。

[15] 小卿监：当作"少卿监"。宋代各寺、监副长官如太常少卿、将作少监等，总称少卿监。

258. 凡武臣：宰相子 [1]，为东头供奉官 [2]，使相 [3]、知枢密院子，为西头供奉官 [4]；期亲，皆左侍禁 [5]；馀属，自左班殿直以下第官之 [6]。枢密使、副使、宣徽节度使子 [7]，西头供奉官 [8]；期亲，右侍禁 [9]；馀属，自右班殿直以下第官之 [10]。六统军诸卫上将军、节度观察留后、观察使、内客省使子 [11]，右侍禁；期亲，右班殿直 [12]；馀属，三班奉职以下第官之 [13]。客省使、引进防御使、团练使、四方馆使、枢密都承旨、阁门使子 [14]，右班殿直；期亲，三班奉职 [15]；馀属，为差使、殿侍 [16]。诸卫大将军、内诸司使、枢密院诸房副承旨子 [17]，三班奉职；期亲，借职；馀属，为下班殿侍 [18]。诸卫将军、内诸司副使、枢密分房副承旨子，为三班借职 [19]。

[1] 宰相：何忠礼《宋史选举志补正》第 204 页："按宋代重文抑武，武臣未有出任宰相者，上引《长编》卷一四五及《宋大诏令集》卷一六一在有关武臣荫补条中，亦无宰相名目，故此处之'宰相'二字疑为'使相'之误刊。"甚是。

[2] 东头供奉官：参见宋 206 注 3。

[3] 使相：何忠礼《宋史选举志补正》第 204 页："按使相乃正一品武臣，知枢密院乃正二品官，他们的荫补格不可能相同，正如上条补正所说，前面之'宰相'为'使相'，此处之'使相'实系衍文。"甚是。

[4] "知枢密院子"二句：何忠礼《宋史选举志补正》第 204 页："按核之上引《长编》卷一四五及《宋大诏令集》卷一六一所载，'知枢密院子，为西头供奉官'一句为衍文，当删。"甚是。

[5] 左侍禁：武臣阶官名。淳化二年（991）增置，系三班小使臣，政和二年（1112）改名忠训郎。

[6] 左班殿直：武臣阶官名。系三班小使臣，政和二年改名成忠郎。

[7] 宣徽节度使：领有节度使之宣徽院使。参见宋 257 注 3。

[8] 西头供奉官：参见宋 154 注 2。

[9] 右侍禁：武臣阶官名。淳化二年（991）增置，系三班小使臣，政和二年（1112）改名忠翊郎。

[10] 右班殿直：武臣阶官名。系三班小使臣，政和二年改名保义郎。

[11] 六统军诸卫上将军：《宋史·职官八》："建隆以来合班之制……六统军（左、右龙武，左、右羽林，左、右神武。）诸卫上将军（左、右骁卫，左、右武卫，左、右屯卫，左、右领军卫，左、右千牛卫。）"

[12] 右班殿直：参见宋 153 注 9。

[13] 三班奉职：参见宋 151 注 3。

[14] 客省使：武官阶，属横行。政和二年（1112）改名中亮大夫。引进防御使：引进使（横班诸司使，武臣迁转之阶，政和二年改中卫大夫）与防御使（武臣寄禄官，高于团练使而低于观察使）。团练使：参见宋 207 注 4。四方馆使：属横班诸司使，无职掌，为武臣迁转之阶。枢密都承旨：枢密院承旨司长官，掌传达皇帝命令，管理枢密院内部事务。阁门使：阁门司长官，掌礼仪。

[15] 三班奉职：何忠礼《宋史选举志补正》第 204 页："按核之《长编》卷一四五及《宋大诏令集》卷一六一所载，'三班奉职'一语后，脱漏'馀属，三班借职以下第官之。正刺史子，为三班奉职；期亲，借职'等大段文字，宜补。"甚是，今从。

[16] 差使：即"三班院差使"，或称"三班差使"。北宋无品武阶官名。位从九品三班借职下、三班借差上。政和后，改名进武校尉。殿侍：北宋无品武阶官名，位三班借差下、大将上。政和后，改名下班祗应。

[17] 诸卫大将军：环卫官名目之一。参见宋150注2。内诸司使：分别指宋禁内各官署机构之长官。宋赵升《朝野类要》卷三《内诸司》："自内侍省以下，在禁中置局并应属内司子局者，皆是也。"

[18] 下班殿侍：当指"大将"，北宋无品武阶官名，位殿侍下、军将上。

[19] 三班借职：武阶官名。无职掌，为低级武臣阶官。政和二年（1112）改名承信郎。

259. 凡兼职在馆阁校理、检讨[1]，王府记室、翊善、侍讲[2]，三司主判官[3]，开封府判官、推官[4]，江淮发运[5]，诸路转运[6]，始许奏及诸亲。提点刑狱[7]，惟许奏男[8]。其尝以赃抵罪，得复故官[9]，文臣至郎中及员外郎任馆阁职，武臣至诸司副使、诸卫将军者，止许荫子若孙一人，尚在谪籍者弗预。

[1] 校理：掌校勘书籍的官。宋代三馆有秘阁校理，均以文史之臣或翰林官充任。检讨：宋代史官名，于崇文院、史馆、国史院、实录院均设检讨，通常以京官以上兼任。

[2] 王府记室：亲王府属官，掌书写笺奏。翊善：王府属官，太平兴国四年（979）诸王府所置讲读官，以常参官充任。侍讲：这里指诸王府属官，太平兴国四年置，以常参官充任，政和七年（1117）改为直讲。

[3] 三司：参见宋30注6。

[4] 开封府判官：设置两员，分日轮流审判案件。推官：这里指开封府推官，左、右厅各置推官一员，分日轮流审判案件。

[5] 发运：即"发运使"。宋发运使司长官，掌漕运。

[6] 转运：即"转运使"，宋代各路之长官，掌理一路全部或部分财赋等。

[7] 提点刑狱：即"提点刑狱公事"，提点刑狱司长官，掌所辖地区之司法、刑狱。

[8] 男：儿子。

[9] "其尝"二句：何忠礼《宋史选举志补正》第204页："按'其尝以赃抵罪，得复故官'一句，意思不清。核之上引《长编》卷一四五及《宋大诏令集》卷一六一所载，系指曾犯入己赃坐罪，后恢复原官之人，他们若达到诸司副使、诸卫将军的官阶，也可获得荫补待遇。因此，'得复故官'一语后之标点，应由句号改成逗号为当。"甚是，今从。

260. 太祖初定任子之法[1]，台省六品、诸司五品，登朝尝历两任，然后得请。始减岁补千牛、斋郎员额[2]；斋郎须年貌合格，诵书精熟，乃得奏。

[1] 太祖：即宋太祖赵匡胤（927～976）。参见宋5注11。何忠礼《宋史选举志补正》第205页："按'太祖初定任子之法'时间，考《长编》卷四及《治迹统类》卷二九载，在乾德元年（963）六月庚子。"可参。

[2] "始减"句：何忠礼《宋史选举志补正》第205页："按千牛即千牛备身，唐时为低级环卫官；

斋郎有二：一为太庙斋郎，一为郊祀斋郎，唐时为主管祭祀之小官。入宋，千牛、斋郎已无专门执掌，仅成官员奏补子弟之散官。据上引《长编》卷四载，时每岁补左右仗千牛人数，已由十二员各减为十员，斋郎每岁限以十五员。志文记载疏略，特补叙之。"甚是。

261. 太宗践极 [1]，诸州进奏者授以试衔及三班职 [2]，初推恩授散试官者 [3]，不得赴选。太平兴国二年 [4]，乃诏授试衔等人特定七选集，遂为定令 [5]。凡诞圣节及三年大祀，皆听奏一人。而淳化改元恩 [6]，文班中书舍人、武班大将军以上 [7]，并许荫补；如遇转品 [8]，许更荫一子，由是奏荐之恩始广。每诞圣节，朝臣多请奏疏属，不报 [9]。至道二年 [10]，始限以翰林学士、两省五品、尚书省四品以上，赐一子出身，此圣节奏荐例也。先是，任子得摄太祝、奉礼 [11]，未几即补正员。帝谓："膏粱之子，不十年坐致闱籍 [12]。"是年，悉授同学究出身赴选集 [13]。

[1] 太宗：即宋太宗赵炅（939~997）。参见宋8注1。践极：登帝位。
[2] 试衔：参见宋29注8。三班职：即"三班奉职"、"三班差使"、"三班借差"等武阶官。
[3] 散试官：有官员等级而无实际职掌者。
[4] 太平兴国二年：即公元977年。太平兴国，宋太宗赵炅的第一个年号。
[5] "乃诏授"二句：何忠礼《宋史选举志补正》第206页："按试衔官可以赴选之诏令，据《长编》卷一八载，颁于太平兴国二年（977）三月壬戌。又，'七选集'三字之意义不清，据上引《长编》载，作'七选赴集'，也就是此种试衔官须经七选才能赴部铨试之意，故'七选'后应补一'赴'字为当。"甚是。
[6] 淳化：宋太宗赵炅的第四个年号（990~994）。元恩：原有的恩典。
[7] 中书舍人：中书省属官，掌起草诏令等。大将军：宋代环卫官名目之一。参见宋150注2。
[8] 转品：官吏转换品秩，如武官转文官之类。
[9] 不报：不批复。
[10] 至道二年：即公元996年。至道，宋太宗的第五个年号。
[11] 太祝：官名。太常寺属官，掌祭祀时宣读册辞等。奉礼：即"奉礼郎"，官名。太常寺属官，掌奉币帛授初献官，大礼则设亲祠版位。
[12] 闱籍：即"金闱籍"。金门所悬名牒，牒上有名者准其出入。后即用以指在朝为官。
[13] 同学究出身：参见宋43。

262. 真宗东封 [1]，祀汾阴 [2]，进奉人已官者进秩，未官者令翰林试艺，与试衔、斋郎、借职 [3]。公主、郡县主以下诸亲 [4]，外命妇入内者 [5]，亦有恩庆 [6]。而东封恩，则提点刑狱、朝臣、使臣，皆得奏一人。奏戚属，旧无定制。有求补阁门祗候者 [7]，真宗以宣赞之职 [8]，非可以恩泽授，乃诏："自今求叙迁者，至殿直止 [9]。"大中祥符二年 [10]，以门荫授京官，年二十五以上求差使者，令于国学受业，及二年，审官院与判监官考试其业，乃以名闻。内诸司使、副授边任官者，陛辞时许奏子，诏枢密院定其制 [11]。凡妄名孙及从子为子求荫者，坐之 [12]。七年，帝幸南京 [13]，诏臣僚逮事太祖者，赐一子恩泽，令翰林学士李维等定 [14]，自给谏、观察

使以上得请 [15]。初，转运使辞日，许奏一人。天禧后 [16]，惟川、广、福建者听，馀路再任始得奏。又诏："承天节恩例所荫子孙 [17]，不许以他亲及已食禄者。"特许西京分司官 [18]，郊裡奏荫一子 [19]。自是分务西洛者得以为例 [20]，南京则否。

[1] 真宗：即宋真宗赵恒（968～1022）。参见宋13注1。东封：帝王赴泰山封禅。《宋史·真宗二》："大中祥符元年……十一月……丁丑，帝至泰山，奉天书还宫。"

[2] 祀汾阴：帝王到汾阴（在今山西万荣境内）去祭祀地神。汉代汾阴（以在汾水之南，故称）县有一土丘，为汉武帝祭祀地神处，并立有后土祠。历代因之。《宋史·真宗三》："（大中祥符）四年……二月……辛酉，祀后土地祇。"

[3] "进奉人"三句：宋李焘《续资治通鉴长编》卷七十一："大中祥符二年春正月……己巳……诏诸路转运使知州军，缘东封遣亲属牙校奉贡至泰山者，并与迁转，未有官者令学士院试艺，授试秩出身。"颁诏时间及试艺场所与志文皆有异，可参考。

[4] 郡县主：郡主与县主。参见宋256注3。

[5] 外命妇：谓因夫或子而得封号的妇女。与内命妇相对。

[6] 恩庆：谓帝王遇庆典时对臣下的奉赏。

[7] 阁门祗候：宋代朝阁门司属官。宋置十二人，与阁门通事舍人（宣赞舍人）均掌殿廷传宣之事，职位较后者稍次，全为武臣之清选，可比于文臣之馆职。

[8] 宣赞之职：掌传宣赞谒之事的武臣。

[9] 殿直：即"左班殿直"与"右班殿直"，武臣阶官名，皆系三班小使臣。政和二年（1112），前者改名成忠郎，后者改名保义郎。

[10] 大中祥符二年：即公元1009年。大中祥符，宋真宗赵恒的第三个年号。

[11] "内诸司使"三句：何忠礼《宋史选举志补正》第207页："按'内诸司使、副授边任官者，陛辞时许奏子'之诏，志文系于大中祥符二年，考《长编》卷七九大中祥符五年十二月丙寅条载：'诏诸司使、副任缘边部署、知州、钤辖、巡检等，人辞日，求补荫子侄，远近之际，恩典不均，宜令枢密院差定条例。'二诏实系一事，则知志文于该诏令前失书'五年'二字，当补。"可参考。

[12] "凡妄"二句：何忠礼《宋史选举志补正》第207页："按'凡妄名孙及从子为子求荫者，坐之'之诏，《长编》卷八〇系于大中祥符六年四月丙寅，志文宜于诏令前补'六年'二字。"可参考。

[13] 南京：谓宋陪都南京（今河南商丘）。

[14] 李维：字仲方（961～1031），洺州肥乡（今属河北）人。雍熙二年（985）进士，历官户部员外郎、翰林学士、中书舍人、尚书左丞兼侍读学士、工部尚书。卒赠右仆射。《宋史》有传。

[15] 给谏：给事中、谏官的合称。

[16] 天禧：宋真宗赵恒的第四个年号（1017～1021）。

[17] 承天节：宋真宗之生日。据《宋史·真宗纪一》，宋真宗赵恒生于乾德六年（968）十二月二日，"庚子，命以十二月二日为承天节"。

[18] 西京：谓宋陪都西京（今河南洛阳）。分司：官职名。北宋陪都南、北、西三京皆置分司御史台、国子监，由执政、侍从、一般官员等充任，职事甚简，士大夫多申请为休息之地，亦为朝廷安置责降官员之处。

263. 仁宗庆历中[1]，裁损奏补入仕之路，凡选人遇郊赴铨试，其不赴试亦无举者，永不预选。罢圣节奏荫恩，学士以下，遇效恩得奏大功以上亲，再遇郊得奏小功以下亲。郎中、带职员外郎，初遇郊荫子若孙，再郊及期亲，四遇郊听荫大功以下亲。初得奏而年过六十无子孙，荫期亲。其皇亲大将军以上妻，再遇郊亦许之。武臣荫例仿此[2]。凡荫长子孙皆不限年，诸子孙须年过十五；若弟侄须过二十，必五服亲乃许。已尝荫而物故者，无子孙禄仕，听再荫[3]。自是，任子之恩杀矣[4]。

[1] 仁宗：即宋仁宗赵祯（1010～1063）。参见宋3注4。庆历：宋仁宗赵祯的第六个年号（1041～1048）。

[2] "罢圣节"数句：何忠礼《宋史选举志补正》第211页："按'罢圣节奏荫恩'以下，至'武臣荫例仿此'之诏，考《长编》卷一八二所载，颁于嘉祐元年（1065）四月丙辰，志文应于'罢圣节奏恩'前，补载'嘉祐元年'纪年。"可参考。

[3] "凡荫"数句：何忠礼《宋史选举志补正》第211页："按'凡荫长子孙皆不限年'以下，至'听再荫'一段文字，系庆历三年十一月丁亥《任子诏》中的内容，志文将其割裂开来，接于嘉祐元年四月丙辰《任子诏》后，错谬尤甚。"可参考。

[4] "任子"句：宋章如愚《群书考索》后集卷十七："嘉祐元年初，龙图直阁学士李柬之请定选举补荫之法，知谏院范镇、侍御史毋湜、翰林学士承旨孙抃等亦更进其言。自是每岁减入流者，无虑三百员。"

264. 英宗即位[1]，郡县致贡奉人[2]，悉命以官。知谏院司马光建言[3]："监司、太守，遣亲属奉表京师，不问官职高下、亲属近远，推恩至班行、幕职、权知州军[4]，或所遣非亲，亦除斋郎及差使、殿侍[5]，此盖国初承五代姑息藩镇之弊，因循不革。爵禄本待贤才，今此等受官，诚为大滥。纵不能尽罢其人，若五服内亲，等第受以一官[6]，其无服属量赐金帛，庶少救滥官之失。"然诏令已行，不从其议。时方患官冗，言者皆谓："由三岁一磨勘，其进甚亟，易至高位，故获荫者众。"乃令待制以上[7]，自迁官后六岁，无故则复迁之[8]，有过益展年，至谏议大夫止。京朝官四岁磨勘，至前行郎中止[9]，少卿、监限七十员，员有阙，以前行郎中久次者补之。少卿、监以上迁官，听旨。

[1] 英宗：即宋英宗赵曙（1032～1067）。参见宋29注11。

[2] 贡奉人：谓祝贺宋英宗登极，地方派遣的进贡方物者。

[3] 知谏院：北宋掌谏正朝政得失的机构谏院的长官。明道元年（1032）置，以司谏、正言充知院官，或以他官兼领，称知谏院。司马光：参见宋35注4。宋司马光《传家集》卷二十八《论进贺表恩泽劄子》，下注"嘉祐八年七月二十六日上"，可知其建言时间在嘉祐八年（1063）。

［4］班行：宋代武官阶的概称。宋武臣阶有横行，东、西班诸司使，三班等，因朝会时分行排在东、西及横列，故统称班行。

［5］差使：即"准备差使"，宋代低级武职。殿侍：北宋无品武阶官名，位三班借差下、大将上。政和后，改名下班祇应。

［6］受：司马光《论进贺表恩泽劄子》作"授"，是。

［7］待制：参见宋30注6。

［8］"无故"句：何忠礼《宋史选举志补正》第213页："按志文此句作'无故'，后句作'有过'，前后不相对称，似有误。考《长编》卷二〇八治平三年九月癸亥条载：'诏曰："……自今待制以上，自迁官后六岁无过，则复迁之；有过亦展年，至谏议大夫止……"'则知'无故'实为'无过'之误，志文以下标点亦当作'自迁官后六岁无过，则复迁之'为佳。"可参考。

［9］前行郎中：参见宋202注12。

265. 仁宗虽罢圣节恩［1］，而犹行之妃、主［2］。神宗既裁损臣僚奏荫［3］，以宫掖外戚恩尤滥，故稍抑之。旧，诸妃遇圣节奏亲属一人，间一年许奏二人，郊礼许奏一人。嫔御每遇郊奏一人［4］，两遇圣节与一奏。后定，诸妃每遇圣节并郊许奏有服亲一人。淑仪、充仪、婕妤、贵人遇郊［5］，许奏小功以上亲一人，位号别而资品同者，许比类奏荐。旧，公主每遇圣节、郊礼，奏夫之亲属一人；公主生日，许奏一人。后罢生日恩，所奏须有服亲。皇亲妻两遇郊，许奏期亲一人，后罢奏。旧，郡、县主遇郊，许奏亲生子右班殿直，若庶子及其夫之亲，两遇郊许奏借职一人。后亲子惟注幕职，孙若庶子，两遇郊方许奏一人，夫之亲属勿奏。旧，臣僚之妻为国夫人者［6］，得遗表恩［7］，后除之。妃嫔、公主以下，非有服亲之婿不许奏［8］。既而曾布等又言［9］："臣僚陈请恩泽，宜有定制。"乃许见任二府岁乞差遣一人［10］。宰臣、枢密使兼平章事因事罢者［11］，陈乞转官一人，指射差遣二人［12］。馀执政官，并各一人。待制以上乞差遣迁学士者又一人［13］。三路、广、桂安抚使、知成都府、梓州差遣一人［14］，亲孙、子循一资。广南转运、提点刑狱奏子孙或期亲合入官一人。成都、梓、利、夔路差遣一人［15］，子孙循一资。中书检正官、枢密院检详官至员外郎［16］，在职及二年，遇大礼许补亲属。中书堂后官、提点五房官［17］，虽未至员外，听奏补。邕、宜、钦极边烟瘴知州［18］，听奏子孙一人。凡因战阵物故及殁于王事，许官其子孙。又功臣绘像之家［19］，如无食禄人［20］，则许特奏子孙一人入官。既定《铨试法》，任子中选者得随铨拟注，其入优等，往往特旨赐进士出身。

［1］仁宗：即宋仁宗赵祯（1010～1063）。参见宋3注4。圣节：即"诞圣节"，帝王诞生的日子。

［2］妃主：妃嫔、公主。

［3］神宗：即宋神宗赵顼（1048～1085）。参见宋3注3。

［4］嫔（pín频）御：泛指帝王的侍妾与宫女。

［5］淑仪等：参见宋256注2。

［6］国夫人：命妇的一种封号。参见宋256注3。

[7] 遗表：宋代官府文书名。官员临终前所撰表文，死后由其家属申报朝廷。太中大夫以上官员老死
　　者，既申奏致仕，又上遗表，朝廷则给予荫补等恩泽。

[8] "嫔妃"二句：何忠礼《宋史选举志补正》第215页："按嫔妃、公主以下不许奏非有服亲婿之
　　诏，据《长编》卷二一五载，颁于熙宁三年九月。"可参考。

[9] 曾布：字子宣（1036～1107），建昌军南丰（今属江西）人，曾巩弟。嘉祐进士，历官集贤校
　　理、翰林学士、同知枢密院事、右仆射，遭放逐，卒于润州。《宋史》有传。

[10] 二府：参见宋159注2。

[11] 因事罢者：何忠礼《宋史选举志补正》第215页："按此处'因事罢者'一语，虽与《通考·
　　选举考七》记载相同，但因事坐罢之宰臣、枢密使兼平章事，似不当享受如此优厚之恩泽，考
　　上引《长编》所载，'因'字前有一'非'字，从志文前后意思看，当补。"甚是。

[12] 指射：参见宋247注4。

[13] "待制"句：何忠礼《宋史选举志补正》第215页："按'待制以上乞差遣学士者又一人'的意
　　思费解，核之上引《长编》所载，作'待制以上，许陈乞差遣一人，转至学士者又一人'，其
　　意遂得以理解。"甚是。

[14] 三路：当指河北、河东、陕西三路，北宋以其与辽及西夏交界，为军事要地。广桂：当指广南
　　东路之广州（治今广东广州市）与广南西路之桂州（治今广西桂林市）。安抚使：各路负责军
　　务治安的长官，多以知州、知府兼任。梓州：梓州路。北宋咸平四年（1001）分峡路西部置，
　　治梓州（今四川三台）。

[15] 利：利州路。北宋咸平四年（1001）分西川路东北部置，治兴元府（今陕西汉中）。夔：夔州
　　路。北宋咸平四年（1001）分峡路东部置，治夔州（今重庆奉节一带）。

[16] 检正官：官名，中书门下属吏，分孔目房、吏房、户房、兵礼房、刑房处理文书事务。熙宁三
　　年（1070）置检正五房公事一人，五房各置检正公事二人，并以京朝官充任，若以选人充任，
　　则称习学公事。检详官：官名。枢密院属官，熙宁四年（1071）置，相当于中书检正官。员外
　　郎：官名。尚书省及其所属各部高级官员，与郎中总称郎官，位次尚书丞与各部侍郎。

[17] 堂后官：官名。宋初，中书门下五房各置堂后官三人，其中一人登录皇帝指示，一人抄写公文，
　　一人校对印发。原选吏人充任，开宝六年（973）令吏部选用士人，太平兴国九年（984）起，
　　渐以京朝官充任。元丰改制后废。提点五房官：即"提点五房公事"，官名。宋代中书门下五
　　房各有堂后官，另置提点五房公事总管。

[18] 邕：邕州，治宣化（今广西南宁市南郁江南岸）。宜：宜州，唐乾封中以粤州改（治今广西宜
　　山）。钦：钦州，隋代治钦江（今广西钦州东北），北宋天圣元年（1023）移置灵山（今属广
　　西）。

[19] 功臣绘像：即"配享功臣"，封建时代，功臣附祀于帝王宗庙，多有绘像或塑像。宋高承《事
　　物纪原》卷二："功臣配享之礼，由商人始也。"

[20] 食禄人：有俸禄者，即当官之人。

　　266. 元祐元年诏 [1]："诸军致仕停放人，其遗表恩该及子而过五年自陈者，虑有
冒滥，毋推恩。职事官卿、监以下应任子者，须官至朝奉郎，乃许奏 [2]。"三年，定
宰臣、执政初遇郊，许奏本宗异姓亲各一人，次遇郊，奏数如初。愿用其恩与有官人，
则许转官并循资 [3]，或乞差遣，惟不得转入朝官、循入支掌 [4]。应奏承务郎、殿直

以上 [5]，许换升一任；不得升入通判。馀官三遇郊，许奏有官人。旧制，应奏两人止者，次郊，止许奏有官人。其后，遇郊更合补荫者，并准此为间隔之次；已致仕而遇大礼应奏补者，再奏而止。宣仁太皇太后谕辅臣曰 [6]："近已裁减入流，本家恩泽，宜减四分之一。"吕公著等曰 [7]："陛下临朝同听断，本殿恩泽，自不当限数。先来所定，止与皇太后同等，岂可更损？"宣仁曰："裁减恩泽，凡自上而始，则均一矣。"乃诏曰："官冗之患，实极于今，苟非裁入流之数，无以清取士之原。吾以眇身率先天下，今后每遇圣节、大礼、生辰，合得亲属恩泽，并四分减一，皇太后、皇太妃同之。"

[1] 元祐元年：即公元 1086 年。宋哲宗赵煦的第一个年号。
[2] "诸军"数句：何忠礼《宋史选举志补正》第 217 页："按'诸军致仕停放人'至'乃许奏'一段文字，实际上为二诏而非一诏。'毋推恩'三字以前之诏，颁于元祐元年（1086）四月辛卯（参见《长编》卷三四七）；其后之诏，颁于是月辛亥（参见《长编》卷三七六），标点本将他们视作同一诏令，误。"可参。停放人，宋李焘《续资治通鉴长编》卷三百四十七作"放停"，古代谓予以释放，停止服刑者。朝奉郎，宋元丰改制前为正六品上阶文散官，元丰三年（1080）后废文散官，遂为新寄禄官，相当于旧寄禄官前行员外郎、左右司谏。
[3] 循资：参见宋 103 注 4。
[4] 支掌：即"节度掌书记"，选人官阶名。
[5] 承务郎：参见宋 221 注 11。殿直：即"右班殿直"与"左班殿直"。参见宋 153 注 9、宋 170 注 5。
[6] 宣仁皇太后：即高皇后（1032～1093），亳州蒙城（今属安徽）人。宋英宗皇后，宋神宗即位，尊为皇太后，宋哲宗立，尊为太皇太后，权同听政。斥新法，起用旧派司马光等。临政凡九年，卒谥宣仁圣烈。
[7] 吕公著：参见宋 217 注 1。

267. 哲宗既亲政 [1]，诏复旧 [2]。凡乞致仕而不愿转官者，中大夫至朝奉郎及诸司使 [3]，许奏补本宗有服亲一人；自奉议郎、内殿承制以下 [4]，许与有服亲一人恩例；惟中大夫、中散大夫、诸司使带遥郡者 [5]，荫补外仍与有服亲恩例；若致仕未受敕而身亡者，在外以陈乞至门下省日，在京以得旨日，亦许乞有服亲恩例一人。初，《任子法》以长幼为序，若应奏者有废疾，或尝犯私罪至徒，或不肖难任从仕，许越奏其次。至是，始删去格令"长幼为序"四字。

[1] 哲宗：即宋哲宗赵煦（1077～1100）。参见宋 98 注 2。
[2] 诏复旧：何忠礼《宋史选举志补正》第 217 页："按哲宗亲政在元祐八年九月，亦即宣仁太后去世后不久，'诏复旧'者，系指恢复元祐三年前皇太后等于圣节、大礼、生辰时合得亲属恩泽数。因此，'哲宗既亲政，诏复旧'一句，当紧接于前面裁减恩泽诏之后，标点本将其另起一行记载，是割裂了前后文意。"可参。
[3] 中大夫：参见宋 221 注 4。朝奉郎：宋元丰改制前为正六品上阶文散官，元丰三年（1080）后废

文散官，遂为新寄禄官，相当于旧寄禄官后行员外郎、左右司谏。

[4] 奉议郎：宋初为从六品上阶文散官，太平兴国初改为奉直郎，元丰三年后以奉议郎为新寄禄官，相当于旧寄禄官太常、秘书、殿中丞、著作郎。内殿承制：参见宋206注5。

[5] 中散大夫：参见宋187注20。遥郡：参见宋217注11。

268. 五年[1]，定《亲王女郡主荫补法》，遇大礼，许奏亲属一人，所生子仍与右班殿直；两遇，奏子或孙与奉职；即用奏子孙恩回授外服亲之夫[2]，及夫之有服亲者，有官人转一官，毋得升朝[3]，选人循一资，无官者与借职[4]，须期以下亲，乃得奏。吏部言："皇太妃遇大礼，以应奏恩与其亲属，而服行不应法。"诏用皇后缌麻女之子为比，补借职。旧法，母后之家，十年一奏门客，而太妃未有法。绍圣初[5]，诏皇太妃用兴龙节奏亲属恩[6]，回授门客。自是，太后每及八年、太妃十年，奏门客一名，与假承务郎[7]，许参选。如年数未及，凡恩皆毋回授。

[1] 五年：即元祐五年（1090）。

[2] 回授：参见宋238注2。

[3] 升朝：即"升朝官"。参见宋95注3。

[4] 借职：参见宋128注6。

[5] 绍圣：宋哲宗赵煦的第二个年号（1094～1098）。

[6] 兴龙节：宋哲宗赵煦的生日。宋哲宗生于熙宁九年十二月七日，《宋史·哲宗纪一》："丁酉，群臣请以十二月七日为兴龙节。"

[7] 假承务郎：即"试衔官"，亦称假版官。政和六年（1116）皆去"假"字，改假承务郎为登仕郎。参见宋43注9。

269. 元符后[1]，命妇生皇子许依大礼奏有服亲[2]，三品以上三人。宗室缌麻亲，许视异姓荫孙。凡荫补异姓，惟执政得奏，如签书枢密院事虽依执政法，而所荫即不理选限。后因转官碍止法者[3]，许回授未仕子孙，而贪冒者又请回授异姓，有司每沮止之，然亦多御笔许特补。

[1] 元符：宋哲宗赵煦的第三个年号（1098～1100）。

[2] 命妇：这里指"内命妇"。参见宋256注2。

[3] 止法：宋代官员转官的一项规定，即各类官员和吏人逐级升转能达到的最高官阶。

270. 政和间[1]，尚书省定《回授格》，谓无官可转，或可转而官高不欲转，或事大而功效显著为一格，许奏补内外白身有服亲[2]；官有止法不可转，功绩次著为一格，许奏本宗白身袒免亲[3]；官不甚高、而功绩大为一格，许奏本宗白身有服亲；官不甚高、功不甚大为一格，而分为三，一与内外有官有服亲，一与有官有服本宗亲，一与有官有服者之子孙。凡为六等。

[1] 政和：宋徽宗赵佶的第四个年号（1111～1117）。

[2] 白身：即"白身人"。谓无功名、无官职者或已仕而未通朝籍的官员。

[3] 袒免（wèn 问）亲：参见宋150注4。

271. 宣和二年 [1]，殿中侍御史张汝舟言 [2]："今法所该补奏，与先朝同 [3]。昔之官至大夫，历官不下三五十年，而今阅三五年，有已至大夫者矣；诸翼将军至武翼郎 [4]，须出官三十年，方许奏补；今文武官奏补，未尝限年，此太滥也。至若中大夫以下及武功、武翼大夫 [5]，已求致仕而不及受敕，乃格其恩 [6]，于是有身谢而未受敕者，其家或至匿哀须限；然不及亲受而不与沾恩者多矣，此太吝也。欲自今中大夫至带职朝奉郎以上，虽遇郊恩，入官不及二十年，皆未许荫补 [7]；虽已经奏荐，再遇郊恩年仍未及者，亦寝其奏，庶抑其滥。至于文武官及大夫以上尝求休致，而身谢在出敕前，欲并许奏荫，以补其不及。"尚书省文武官致仕 [8]，虽不及受敕，若无曾受荫人，自有遗表恩。又寺、监长贰至开封少尹 [9]，系用职事荫补，不合限年。馀从之。

[1] 宣和二年：即公元1120年。宣和，宋徽宗的第六个年号。

[2] 殿中侍御史：参见宋7注7。张汝舟：归安（今浙江湖州）人（生卒年不详），一说常州（今属江苏）人。崇宁二年（1103）进士，历官朝奉郎、检正诸房公事、直显谟阁兼管内安抚使、殿中侍御史等。文学家李清照再适之夫，后又反目。

[3] 与先朝同：何忠礼《宋史选举志补正》第219页："按上引《通考》（即《通考·选举考七》）所载，于'今法所该补奏，与先朝同'后，尚有'而所从该奏者异'一句，因志文接着言唐、宋两朝奏补之异而非言其同，则'而所从该奏者异'一句似不可省略。"可参考。

[4] 诸翼将军：当泛指环卫官。参见宋150注2。武翼郎：武阶官名。政和二年（1112）由供备库副使改名，为武臣之第四十二阶。

[5] 中大夫：参见宋221注4。武功：即"武功大夫"，原名"皇城使"，通常无职掌，仅为迁转之阶。政和二年改称武功大夫。武翼大夫：武阶官名。政和二年（1112）由供备库使改名，为武臣第三十四阶。

[6] 格：搁置。

[7] 皆未许荫补：何忠礼《宋史选举志补正》第219页："按此处文字，上引《通考》作：'文人官不及十五年，武人官不及二十年，皆未许荫补。'而'中大夫至带职朝奉郎以上'全系文臣，荫补入官年限当为十五年而非二十年。宋代重文抑武，文臣荫补条件较武臣为优，可以据信，《宋志》由于删削不当，遂造成失误。"可参考。

[8] "尚书省"句：中华书局整理本校勘记云："据下文'馀从之'及《通考》卷三四《选举考》'诏除寺、监长贰至开封少尹，系用职事荫补，不合限年。馀系从之'等语，疑'尚书省'前脱'诏'字。"甚是。

[9] 开封少尹：宋代京城开封府、临安府及陪都河南、应天、大名府等设少尹，为副长官，不常置。

272. 崇宁以来 [1]，类多泛赏，如曰"应奉有劳"、"献颂可采"、"职事修举"特授特转者，皆无事状可名，而直以与之。孟昌龄、朱勔父子、童贯、梁师成、李邦彦

等 [2]，凡所请求皆有定价，故不三五年，选人有至正郎或员外 [3]，带职小使臣至正、副使或入遥郡横行者 [4]。而蔡京拔用从官 [5]，不论途辙，一言合意，即日持橐 [6]。又优堂吏 [7]，往往至中奉大夫 [8]，或换防御、观察使 [9]。由此任子百倍。钦宗即位 [10]，赦恩覃转 [11]，惟许宗室；其文武臣止令回授有官有服亲，且诏："非法应回授及特许者，毋录用。"

[1] 崇宁：宋徽宗赵佶的第二个年号（1102~1106）。

[2] 孟昌龄：生卒、籍贯不详，历官都水使者、工部侍郎、保和殿大学士，党附蔡京。遭贬昭化军节度副使，江州安置。朱勔：苏州（今属江苏）人（1075~1126），以父朱冲诣事蔡京、童贯，父子皆得官，又以花石纲诣事宋徽宗，凌虐百姓二十年，为"六贼"之一。历官防御使、宁远军节度使、醴泉观使。宋钦宗立，削其官，编管循州（今广东龙川），遣使杀之。《宋史》有传。童贯：字道夫（1054~1126），又作道辅，开封（今属河南）人。宦官，以迎合宋徽宗得宠，官至开府仪同三司，领枢密院事，权同宰相，握兵权二十年，"六贼"之一。又以镇压方腊等，进太师，封广阳郡王。宋钦宗即位，贬窜英州（今广东英德），于南雄州被处死。《宋史》有传。梁师成：参见宋41注5。李邦彦：字士美（？~1130），怀州（今河南沁阳）人。出身浪子，大观二年（1108），以上舍第一人及第，历官中书舍人、尚书右丞、少宰、太宰，因对金割地求和，罢相。建炎元年（1127）责浔州（今广西桂平）安置。《宋史》有传。

[3] 正郎：即"郎中"。官名，尚书省及其所属各部高级官员，位次尚书丞与各部侍郎。员外：即"员外郎"，与郎中同属郎官，位次郎中，或称副郎。

[4] 小使臣：参见宋242注4。正副使：即"诸司使"与"诸司副使"。参见宋207注2。遥郡：参见宋217注11。横行：即"横班"。宋代武臣阶官，朝参时列成横行，故称。

[5] 蔡京：参见宋123注2。

[6] 持橐：即"持橐簪笔"。谓侍从之臣，盖以其须常携带书与笔，以备顾问。

[7] 堂吏：又称"堂后官"、"省吏"。唐宋中书门下省之属吏，因其在都堂之后，分房办事，故称。

[8] 中奉大夫：宋元丰改制前为正四品下阶文散官，元丰三年（1080）后废。大观二年（1108）又以寄禄官左中散大夫改置中奉大夫。

[9] 防御：即"防御使"，官名。宋承唐制，置诸州防御使，但无职掌，无定员，不驻本州，仅为武臣之寄禄官，高于团练使而低于观察使。观察使：参见宋206注18。

[10] 钦宗：即宋钦宗赵桓（1100~1161）。参见宋134注4。

[11] 赦恩：犹恩赦。封建王朝遇皇帝登极或其他大典而赦免罪犯。覃转：古代官吏因遇国家庆典而升调。

273. 高宗中兴 [1]，重定《补荫法》，内外臣僚子孙期亲大功以下及异姓亲随，文武各有等秩，见《职官志》 [2]。建炎元年 [3]，诏："宰执子弟以恩泽任待制以上者 [4]，并罢。"绍兴四年诏 [5]："文武太中大夫以上及见带两制职名 [6]，依旧不限年。内无出身自授官后以及十五年、年及三十、不系宫观责降之人 [7]，听依条补荫。"七年，中书舍人赵思诚言 [8]："孤寒之士，名在选部，皆待数年之阙，大率十年不得一任。今亲祠之岁 [9]，任子约四千人，是十年之后，增万二千员，科举取士不与焉。

将见寒士有三十年不得调者矣。祖宗时，仕至卿、监者，皆实以年劳、功绩得之，年必六十，身不过得恩泽五六人。厥后私谒行，横恩广，有年未三十而官至大夫者，员数比祖宗时不知其几倍，而恩例未尝少损。有一人而任子至十馀者，此而不革，实蠹政事，望议革其弊。"会思诚去国，议遂格。旧法，惟赃罪不许任子，新令并及私罪徒 [10]，有司以为拘碍者多，遂罢新令。又诏："宰执、侍从致仕遗表，惟补缌麻以上亲，毋及异姓。"二十二年 [11]，以武臣多出军中，爵秩高而族姓少，凡有荐奏，同姓皆期功，异姓皆中表，闾巷之徒附会以进。命须经统辖长官结罪保明，诡冒者连坐之。帝于后妃补荫，每加裁抑，诏后族不得任从官 [12]。

[1] 高宗：即宋高宗赵构（1107～1187）。参见宋42注1。

[2] 职官志：谓《宋史·职官志十》，内分文臣荫补、武臣荫补、臣僚大礼荫补、致仕荫补、遗表荫补等项。

[3] 建炎元年：即公元1127年。建炎，宋高宗的第一个年号。

[4] 宰执：参见宋86注11。待制：参见宋30注6。

[5] 绍兴四年：即公元1134年。绍兴，宋高宗赵构的第二个年号。

[6] 太中大夫：参见宋221注8。两制：参见宋30注6。

[7] 宫观：即"宫观官"，官职名。宋真宗时始设宫观使，但员数甚少。在京宫观，以宰执充使，丞、郎、学士以上充副使，两省或五品以上为判官，内侍官或诸司使、副为都监。又有"提举"、"提点"、"管勾"、"勾当"、"主管"等名目。宋神宗时为安置反对派官员，始规定宫观差遣不限员数，以三十个月为任。参见宋152注6。责降：即"责授"，官吏有罪降级处罚称为责授，不限于降几级官。

[8] 中书舍人：中书省属官，掌起草诏令等。赵思诚：字道夫（？～1147），高密（今属山东）人，赵挺之子。举进士，历官起居郎、中书舍人、徽猷阁待制、宝文阁待制。

[9] 亲柯之岁：帝王亲自祭祀后土之年。

[10] 私罪：参见宋149注3。

[11] 二十二年：即绍兴二十二年（1152）。

[12] 从官：随从，近臣。

274. 孝宗即位 [1]，思革冗官。初诏百官任子遇郊恩权免奏荐，年七十人，遇郊不许奏子。俄又诏，未奏者许一名。隆兴元年 [2]，以张宋卿言荫补冗滥 [3]，立为定法。凡员外转正郎，正郎转侍从 [4]，卿监之至中大夫 [5]，每初遇郊，则听任一子；再经，则不许复请。遗表之恩，各减其一。减年之类，亦去其半。至府史之属，武功之等 [6]，亦仿此差降之。

[1] 孝宗：即宋孝宗赵昚（1127～1194）。参见宋59注1。

[2] 隆兴元年：即公元1163年。隆兴，宋孝宗赵昚的第一个年号。

[3] 张宋卿：字恭父（生卒年不详），博罗（今属广东）人。绍兴二十七年（1159）进士，历官秘书郎、广西提刑，知肇庆府。年四十二卒官。

[4] 侍从：宋代称殿阁学士、直学士、待制与翰林学士、给事中、六部尚书、侍郎为侍从，中书舍人、起居郎、起居舍人以下为小侍从，外官带诸阁学士、待制者为在外侍从。

[5] 卿监：参见宋 44 注 9。中大夫：参见宋 221 注 4。

[6] 府史：泛指官府掌管文书籍册的佐史。武功：这里指包括武功郎在内的武阶官等。

275. 乾道二年诏 [1]："非泛补官，如宗室、戚里女夫捧香，异姓上书献颂，随奉使补官，阵亡女夫，异姓给使减年之类，转至合奏荐官，候致仕与奏一名，尝奏者不再奏 [2]。"四年，诏："宗室袒免亲诸卫将军、武功大夫至武翼郎以上 [3]，遇大礼奏补亲属，并依外官法 [4]，著为令。"九年，诏："文臣带职员外郎及武翼大夫以上，生前未尝奏荐者，与致仕恩泽一名；即已尝奏荐而被荫人身亡，许再请。应朝奉郎、武翼郎以上补授及三十年者 [5]，亦与一名。"又诏："武臣尝任执政官，遇郊听补文资。"于是恩数视执政者亦得之。盖戚里、宗王与夫攀附之臣，皆争以文资禄其子，不可复正矣。自隆兴著酬赏实历对用转官之法 [6]，迁官稍缓。至是，郊恩之奏视为减半，然犹未大艾也。淳熙九年 [7]，始诏："减任子员数。自宰相、执政、侍从、卿监、正郎、员外郎，分为五等，每等降杀，以两酌中定为止数，武臣如之。宰相十人，执政八人，侍从六人，中散大夫至中大夫四人，带职朝奉郎至朝议大夫三人，通减三分之一 [8]。"于是冗滥渐革。

[1] 乾道二年：即公元 1166 年。乾道，宋孝宗的第一个年号。

[2] "非泛补官"数句：何忠礼《宋史选举志补正》第 222 页："按乾道二年诏书中之非泛补官，即为七色补官人，据《朝野杂记》乙集卷一四《乾道淳熙裁损任子法》载：'所谓七色补官者，宗室女夫一也；戚里女夫及捧香二也；异姓恩泽三也；阵亡人女夫四也；上书献颂文理可采五也；随奉使补官六也；给使减年七也。'据此则知志文所录诏书有多处错误：'宗室、戚里女夫捧香'应作'宗室、戚里女夫及捧香'；'异姓上书献颂'应作'异姓恩泽、上书献颂'；'异姓给使减年'应作'给使减年'。"可参考。七色补官人，又称"非泛补官人"。即宋代七种通过特殊途径补授官职的人。一为宗室女婿曾得解者，二为皇室贵族女婿和捧香人，三为官员异姓缌麻以上亲属该享受恩泽者，四为阵亡人女婿，五为上书献颂、文理可采的士人，六为随从出使国外而补官者，七为吏人任职满期该减磨勘年者。捧香，为宋代外戚入仕方式。后妃亲属以恩例得官，称"捧香恩例"，简称"捧香"。作为七色补官人之一，只能升转至训武郎，不得任知县、县令及监盐场、盐仓等差遣。

[3] 诸卫将军：即"环卫官"。参见宋 150 注 2。武功大夫：参见宋 187 注 16。武翼郎：参见宋 271 注 4。

[4] 外官：宫外百官，相对帝王近侍之臣而言。

[5] 朝奉郎：参见宋 266 注 2。

[6] "自隆兴"句：参见宋 274。隆兴，宋孝宗赵昚的第一个年号（1163 ~ 1164）。

[7] 淳熙九年：即公元 1182 年。淳熙，宋孝宗赵昚的第三个年号。

[8] "始诏"数句：何忠礼《宋史选举志补正》第 222 页："按宋代大臣荫补，总人数原无限止，绍兴七年，中书舍人赵思诚上任子限员之议，诏从官集议，但随着思诚外补，议遂中格。直至淳熙

九年（1182）八月庚子，'始用廷臣集议行之'（《宋史全文》卷二七上），此乃赵宋恩荫制度的一大变化，值得注意。由于志文记载过略，下面据《宋史全文》卷二七上所载，补录如下：'分为五等'后，应补'除致仕、遗表已行集议裁减外，将逐郊荫补恩泽'二句；'宰相十人'后，应补'开府以上同'一句；'执政八人'后，应补'太尉同'一句；'侍从六人'后，应补'观察使至节度、侍御史同'一句；'中散大夫至中大夫四人'后，应补'右武大夫至通侍大夫同'一句；'带职朝奉郎至朝议大夫三人'后，应补'职事官长贰、监长至左右司谏、开封少尹、厘务及一年，须官至朝奉郎，并朝奉郎元带职人，因除在京职事官而寄职者同。武翼大夫至武功大夫同非侍从官，无遗表。'一段文字。'通减三分之一'前，应补'外见行条格，致仕遗表'九字，否则就与原意迥异。如此，则志文中'武臣如之'一句可删。"可参考。中散大夫，参见宋187注20。朝议大夫，参见宋187注15。

276. 宁宗庆元中 [1]，立《补荫新格》，自使相以下有差 [2]，文臣中大夫、武臣防御使以下 [3]，不许遗表推恩。嘉泰初 [4]，以官冗恩滥，凡宗女夫授官者，依旧法终身止任一子，两府使相不得以郊恩奏门客，著为令 [5]。

[1] 宁宗：即宋宁宗赵扩（1168～1224）。参见宋67注1。

[2] 使相：参见宋257注3。

[3] 中大夫：参见宋221注4。防御使：参见宋272注9。

[4] 嘉泰：宋宁宗赵扩的第二个年号（1201～1204）。

[5] 著为令：《两朝纲目备要》卷七："宁宗嘉泰元年辛酉……八月己卯，减奏荐恩。言者以官冗恩滥，请因娶宗女授官者仍旧法，终身止任一子；两府使相不得以郊恩奏门客；文学、归正官不许添差极边；初官不许求辟；大使臣丁忧解官，遇覃恩，不得迁秩。著为令，从之。"可补志文之阙。

277. 凡流外补选 [1]，五省、御史台、九寺、三监、金吾司、四方馆职掌 [2]，每岁遣近臣与判铨曹 [3]，就尚书同试律三道 [4]，中者补正名，理劳考 [5]。三馆、秘阁楷书 [6]，皆本司试书剳，中书覆试，补受。后以就试多怀挟传授，乃锁院、巡搜、糊名。凡试百司吏人，问律及疏，既考合格，复令口诵所对，以妨其弊。其自叙劳绩，臣僚为之陈请，特免口诵，谓之"优试"。得优试者，率中选。后遂考试百司人，岁以二十人为额，毋得侥幸求优试。为职掌者，皆限年，授外州司户、勒留 [7]，有至诸卫长吏、两省主事者 [8]。

[1] 流外：参见宋2注7。

[2] 五省：中书省、门下省、尚书省、秘书省、殿中省。御史台：宋代司监察之官署名，以御史中丞为长官。下属有台院、殿院、察院三院。九寺：太常寺、光禄寺、卫尉寺、宗正寺、太仆寺、大理寺、鸿胪寺、司农寺、太府寺。三监：国子监、将作监、少府监。金吾司：即"金吾街仗司"，官署名。有左右金吾街仗司与左右金吾仗司，同属卫尉寺。南渡后卫尉寺废，并入兵部。四方馆：官署名。掌官员朝见、年节庆贺表章、郊祀以及朝会外国使节等事宜。

[3] 铨曹：宋代吏部及其所属各司的别称。

[4] 尚书：何忠礼《宋史选举志补正》第 224 页："按'就尚书同试律三道'一语意思不清，核之《宋会要·选举》二五之一九及《通考·选举考八》所载，'尚书'后应补一'省'字。"甚是。

[5] 劳考：对官吏劳绩的考核。

[6] 三馆：宋代以史馆、昭文馆、集贤院为三馆，掌修史、藏书、校书。秘阁：参见宋 95 注 4。

[7] 司户：即"司户参军"，亦称户曹参军。各州之掌户籍、赋税、仓库的曹官。勒留：即"勒留官"。宋承唐制，在京诸司吏人任职年满，本应出职授官，勒令继续留司任吏职；或在任差遣得替后，命回本司祗应者，称勒留官。勒留官再依据选限，准予出职。

[8] 诸卫长吏：环卫官系统下的属吏。两省主事：中书省与门下省的属吏。何忠礼《宋史选举志补正》第 224 页："按百司吏人每年限二十人补正名之诏，据《长编》卷一一一载，颁于明道元年（1032）三月丁酉。"可参考。

278. 学士、审官、审刑院 [1]，登闻检鼓院 [2]，纠察刑狱司 [3]，皆选取诸司吏人，或以年限，或理本司选。然中书制敕及五院员阙 [4]，多即遣官特试书劄，验视材质。制敕院须堂后官以下亲属 [5]，五院须父祖有官者，枢密院亦如之 [6]，惟本院试验。宣徽院、三司、各省、阁门、三班院 [7]，皆本司召补，至其首者出职 [8]。

[1] 学士：谓翰林学士院，掌起草制、诰、诏、令。审官：谓审官院，掌考校京朝官殿最等。审刑院：官署名。凡案件经大理寺裁断，报审刑院复查。

[2] 登闻检鼓院：即"登闻检院"与"登闻鼓院"。凡官民上书，都先向登闻鼓院投进，如被拒绝，再投进登闻检院。

[3] 纠察刑狱司：即"纠察在京刑狱司"，官署名。大中祥符二年（1009）置，掌察在京城刑狱。元丰三年（1080）并入刑部。

[4] 中书制敕：即"制敕院"。宋代称中书省属吏堂后官以下官吏处理行政事务处所为制敕院。五院：唐宋称御史台大夫、御史中丞、侍御史、殿中侍御史、监察御史为五院御史，其官署则称五院。宋钱易《南部新书》卷二："五院，谓监察、殿中、侍御史、中丞、大夫。"

[5] 堂后官：参见宋 265 注 17。

[6] 枢密院：参见宋 159 注 2。

[7] 宣徽院：官署名。宋承唐制，置宣徽南、北院，掌诸司使至崇班、内侍供奉官、诸司工匠兵卒名籍及三班使臣迁补、郊祀、朝会、宴享供帐，检视内外进奉名物。三司：参见宋 30 注 6。各省：参见宋 277 注 2。阁门：即"阁门司"，官署名。掌朝会、宴享、游幸时赞相礼仪。分置东、西上阁门司。三班院：参见宋 187 注 8。

[8] 出职：吏人任官称出职。

279. 凡出职者，枢密院、三司，皆补借职以上 [1]，馀或补州县。内廷诸司主吏、三司大将，亦有补三班借职者。中书主事以下，三司勾覆官以上 [2]，各带诸州上佐 [3]；枢密院主事以上，皆带同正将军；馀多带远地司户、簿、尉。

248

[1] 借职：当指三班借职，武阶官名。无职掌，为低级武臣阶官。

[2] 勾覆官：宋初三司使属下盐铁、度支、户部三部，各置勾覆官四人，三部勾院又置勾覆官各一人。为掌覆按勾检公务账籍的属吏。

[3] 上佐：地方府州郡主要辅佐官的通称。

280. 先是，勒留、出官及选限，皆无定制。其隶近司 [1]，有才三二年即堂除外官者 [2]。咸平末 [3]，命翰林学士承旨宋白 [4]，与两制、御史中丞同详定之。白等请令"中书沿堂五院行首、副行首 [5]，依旧制补三班 [6]；通引、堂门、直省、发敕验使臣 [7]，遇阙，依名次补正名；三年授勒留官，遇恩则一年，授后，七年出官。宣徽院贴房至都勾押官 [8]，军将至知客、押衙各六等 [9]，并以次补；至勾押官、押衙，及五年以上出官，补三班或簿、尉。学士院孔目官 [10]，补正三年授勒留官，遇恩一年，授后，五年出官；驱使官 [11]，补正四年授勒留官，遇恩二年，授后，八年出官。三馆孔目官 [12]，书直库表奏、守当官 [13]，四年授勒留官，遇恩二年，授后，守当官八年、书直库表奏官七年、孔目官六年出职；其职迁补者，许通计年考，有奉钱官者 [14]，更留三年。典书、楷书五选集 [15]，准格三馆入流，岁数已少，无得以诸色优劳减选。阁门、客省承受、驱使官转次第 [16]，并依本司旧例补正名，四年授勒留官，遇恩则二年，授后，七年出授簿、尉；其行首并如旧制。审刑院本无职掌名额 [17]，于诸司选差正名，令不以有无勒留。审官五年、审刑三年 [18]，出官以前，诸司请自今勒留，并比七选集授官例，赴选日不以州县地望为资叙。"从之。后又定客省承受、行首岁满补殿直、奉职；御书院翰林待诏、书艺祗候 [19]，十年以上无犯者听出职 [20]。

[1] 近司：当指因公务与皇帝较为接近的官署。

[2] 堂除：参见宋102注7。外官：宫外百官，相对帝王近侍之臣而言。

[3] 咸平：宋真宗赵恒的第一个年号（998~1003）。

[4] 翰林学士承旨：翰林学士院长官，以翰林学士久任者充任，为皇帝亲近之臣。宋白：字太素（936~1012），大名（今属河北）人。建隆进士，历官翰林学士、刑部尚书，学问宏博，曾与李昉主修《文苑英华》。

[5] 五院：参见宋278注4。行首：资历位于他吏之前的官吏。

[6] 三班：泛指三班借差、三班差使、三班借职、三班奉职等武阶官名。

[7] 通引：即"通引官"，御史台吏胥名。宋赵彦卫《云麓漫钞》卷七："下至吏胥，则有通引官、专知官、孔目官、直省官。"堂门：吏胥。发敕：当为发敕司属吏。使臣：宋代八、九品十等武阶官的总称。

[8] 宣徽院：参见宋278注7。贴房：宋代衙役名，这里指宣徽院属吏。宋江少虞《事实类苑》卷二十五《察院一司四房》："察院凡管一司四房，一司曰院杂司，第一房曰兵房，次吏房、户房、礼房。逐房有副承旨一人，次有主事令史、书令史、贴房之人，并行遣公事。"都勾押官：宣徽院属吏。《宋史·职官二》："宣徽院……其吏史则有都勾押官、勾押官各一人。"

[9] 军将：北宋无品武阶官名，分正名军将和守阙军将，位大将下。政和后，改进义副尉和守阙进义副尉。知客：宋代负责接待事宜的衙役名。押衙：掌仪卫或值宿的武职属吏。

[10] 孔目官：宋代州与部分中央机构最高级吏人。有时设都孔目官为其首，总管狱讼、账目、遣发等事务。

[11] 驱使官：官署中供驱策使令之吏。

[12] 三馆：宋代以史馆、昭文馆、集贤院为三馆，掌修史、藏书、校书。

[13] 书直库表奏：即"表奏官"，宋代秘书省或秘阁所属书库的属吏。守当官：宋代秘书省或秘阁所属书库的属吏。

[14] 奉钱：官吏的俸禄。

[15] 典书：宋代中央官署中属吏名。楷书：同"典书"。

[16] 阁门：宋代掌礼宾机构阁门司。客省：宋代掌礼宾机构客省。承受：宋代官署中为官吏办理大小事务的心腹属吏。宋赵升《朝野类要》卷五《承受》："仕宦在外任者，自有专一承受干当之人，或是百司系籍人，或是门吏，凡有大小事务，为之了办。"

[17] 审刑院：参见宋 278 注 1。

[18] 审官：谓审官院属吏。审官院，参见宋 187 注 5。

[19] 御书院：官署名。参见宋 17 注 4。翰林待诏：宋代掌书写制诏的官员，咸选擅长书法者充任。书艺祗候：与"翰林待诏"职掌略同。

[20] "十年"句：宋李焘《续资治通鉴长编》卷九十："天禧元年……十月……丁丑诏：御书院翰林待诏、书艺祗候等，入仕十年已上无私犯者，与出职。"可参见。

281. 太祖尝亲阅诸司流外人 [1]，勒之归农者四百人 [2]。开宝间 [3]，诏："流外选人经十考入令、录者，引对，方得注拟。驱使散从官、伎术人 [4]，资考虽多，亦不注拟。"堂后官多为奸赃，欲更用士之在令、录、簿、尉选者充之；或不屑就，而所选不及数，乃如旧制。雍熙时 [5]，以堂后官充职事官 [6]，入谢外不赴朝参 [7]，见宰相礼同胥吏。端拱初 [8]，以河南府法曹参军梁正辞、楚丘县主簿乔蔚等五人为将作监丞 [9]，充中书堂后官，拔选人授京官为堂吏，自此始。

[1] 太祖：即宋太祖赵匡胤（927～976）。参见宋 5 注 11。

[2] "勒之"句：《宋史全文》卷二："癸酉开宝六年……六月辛卯，召京百司吏七百馀人见于便殿，上亲阅试，勒归农者四百人。"可参考。

[3] 开宝：宋太祖赵匡胤的第三个年号（968～976）。

[4] 驱使散从官：即"驱使官"、"散从官"。驱使官，参见宋 280 注 11。散从官：宋代州役之一。原有承符直、散从直、步奏官、人力等名称，元丰三年（1080），统一称散从官。主管追催税赋、迎送官员等公事，按一定数额分属于判官、推官、司录、司户等。一般差三等以上户充。伎术人：即"伎术官"。宋翰林医官院及太医局医官，司天监、太史局、翰林天文院自太史令至挈壶正等占候天文历法官员，翰林院书艺、图画奉御至待诏等官统称伎术官，其地位较低，升迁时限制也较严。

[5] 雍熙：宋太宗赵炅的第二个年号（984～987）。

250

［6］职事官：官员之有职掌者称职事官。

［7］朝参：百官入朝参见皇帝，谓之朝参。

［8］端拱：宋太宗赵炅的第三个年号（988～989）。

［9］河南府：治所在今河南洛阳。法曹参军：宋代河南府之曹官名目之一。梁正辞：生平不详。楚丘县：治所在今山东曹县东南。乔蔚：生平不详。将作监丞：将作监属官，在副长官将作少监之下。何忠礼《宋史选举志补正》第227页："按拔选人梁正辞等授京官为堂后官事，据《长编》卷二九载，在端拱元年（988）八月辛未。"可参考。

《宋史》

卷一百六十　志第一百一十三

选举六　保任　考课

282．保任之制［1］。铨注有格［2］，概拘以法，法可以制平而不可以择才［3］，故予夺升黜，品式具在，而又责官以保任之。凡改秩迁资，必视举任有无［4］，以为应否；至其职任优殊，则又随事立目，往往特诏公卿、部刺史、牧守长官，即所部所知，扬其才识而任其能否。上自侍从、台谏、馆学，下暨钱谷、兵武之职，时亦以荐举命之，盖不胶于法矣。

［1］保任：参见宋2注9。
［2］铨注：谓对官吏的考选登录。
［3］制平：使公平合理。
［4］举任：即"举主"。参见宋37注4。

283．国初，保任未立限制。建隆三年始诏［1］："常参官及翰林学士，举堪充幕职、令、录者各一人，条析其实，毋以亲为避［2］。"既而举者颇因缘为奸，用知制诰高锡奏［3］："请许人讦告，得实，则有官者优擢，非仕宦者授以官，或赏缗钱；不实，则反坐之［4］。"自是，或特命陶谷等举才堪通判者［5］，或诏翰林学士及常参官举京官、幕职、州县正员堪升朝者［6］。藩镇奏掌书记多越资叙［7］，则诏历两任有文学方得奏。又令诸道节度、观察使，于部内官选才识优茂、德行敦笃者各二人，防御、团练使各举一人，遣诣阙庭，观其器业而进用焉［8］。凡被举擢官，于诰命署举主姓名［9］，他日不如举状［10］，则连坐之。

［1］建隆三年：即公元962年。建隆，宋太祖赵匡胤的第一个年号。
［2］"常参官"数句：何忠礼《宋史选举志补正》第229页："按保任者即任官用举主之谓，林骃《古今源流至论》别集卷七《举主》条云：'择举主于未用之先，责举主于已用之后，此古今

（荐举）之良法也。'又云：'国朝用人之法，一则曰举主，二则曰举主，视汉唐又远过焉。'由此可见保任在当时官员升迁中之重要性。《宋会要·选举》二七之一、《长编》卷三、《宋大诏令集》卷一六五《令翰林学士文班常参官曾任幕职者各举宾佐令录一人诏》对作为有宋第一个保任条制——建隆三年诏，记载颇详，核之原文，志文在'常参官及翰林学士'后，脱'曾任幕职州县者'七字。又，在'毋以亲为避'一句后，尚有以下一段文字宜补：'即于举状内具言。除官之日，仍列举主姓名。或在官贪浊不公，畏懦不理，职务废阙，处断乖违，量轻重连坐。'"可参考。按，《四库全书总目》卷一三五著录《源流至论》前集十卷、后集十卷、续集十卷、别集十卷，谓："前集十卷、后集十卷、续集十卷，宋林駉撰。别集十卷，宋黄履翁撰。"则以上引文当为黄履翁之语。常参官：参见宋113注2。

[3] 知制诰：参见宋23注1。高锡：字天锡（？~983），河中虞乡（今山西永济）人。后汉乾祐进士，为河南府推官。入宋，用为著作佐郎，历官监察御史、左拾遗、知制诰，责贬莱州司马，移陈州。《宋史》有传。

[4]"请许人讦告"数句：《宋会要辑稿·选举》二七之一于"太祖建隆三年二月诏"下小字注云："八月，左拾遗知制诰高锡言：'近诏朝臣各举所知，虑有纳贿得荐者，请许人讦告，所告不实者罪之。如得实，告事人若白身，授以官；有官，请优与奖擢。若是奴婢、房邻、亲戚相告，非仕宦者，即给钱五十万充赏。'从之。"可参考。

[5] 陶穀：参见宋6注8。通判：俗称"倅"，为州府副长官，有监察所在州府官员之权。何忠礼《宋史选举志补正》第230页："按命陶穀等举才堪通判之诏，据《长编》卷五及《宋会要·选举》二七之一载，颁于乾德二年（964）七月辛卯。"可参考。

[6]"或诏"句：何忠礼《宋史选举志补正》第230页谓此诏："据《长编》卷八载，颁于乾德五年三月甲辰。"可参考。

[7] 掌书记：清梁章钜《称谓录》卷二十二："掌书记，府佐贰之官，宋时位通判之下。"资叙：按照等级次第授予相应选人官职。

[8]"又令"数句：何忠礼《宋史选举志补正》第230页："按令诸道节度、观察使等举人之诏，据《长编》卷八、《宋会要·选举》二七之二载，颁于乾德五年三月乙巳，志文与之对勘，'节度使'后脱'留后'二字；'团练使'后脱'刺史'二字，皆须补。"可参考。阙庭，又作"阙廷"，谓朝廷。

[9] 诰命：帝王赐爵或授官所用的诏令称诰命。

[10] 举状：又称"举削"、"奏削"、"荐削"、"荐牍"。宋代举主为被推荐人所撰荐举书。内容视推荐目的，如改官、转官、荫补、应举等而有所区别。保举初入官选人参选，须写明确是正身，年已及格，合该参选等项。

284. 太宗尤严牧守之任 [1]，诏诸道使者察部内履行著闻、政术尤异、文学茂异者 [2]，州长吏择判、司、簿、尉之清廉明干者，具名以闻，驿召引对 [3]，授之知县 [4]。又令阅属部司理参军 [5]，廉慎而明于推鞫者，举之。雍熙二年 [6]，举可升朝者 [7]，始令翰林学士、两省、御史台、尚书省官举之。

[1] 太宗：即宋太宗赵炅（939~997）。参见宋8注1。牧守：州县长官。

[2] 诸道使者：当指承宣使、观察使、防御使、团练使等。如观察使，在唐后期为一道行政长官，宋

253

承唐制，置诸州观察使，无职掌，无定员，不驻本州，仅为武臣之寄禄官，高于防御使而低于承宣使。履行：德行。

[3] 驿召：以驿马传召。

[4] 授之知县：何忠礼《宋史选举志补正》第231页："按太宗此诏，《长编》卷二二、《宋会要·选举》二七之三系于太平兴国六年（981）正月六日。"可参考。

[5] 司理参军：参见宋200注6。

[6] 雍熙二年：即公元985年。雍熙，宋太宗赵炅的第二个年号。

[7] 举可升朝者：何忠礼《宋史选举志补正》第231页："按'举可升朝者'之意不清，据上引《宋会要》（《选举》二七之三）载，作'举京官、幕职州县官可升朝者各一人'。"可参考。

285. 淳化三年 [1]，令宰相以下至御史中丞 [2]，各举朝官一人为转运使 [3]，乃诏曰："国家详求干事之吏，外分主计之司 [4]，虽曰转输，得兼按察，总览郡国，职任尤重，物情舒惨，靡不由之。尚虑徼功 [5]，固当责实。凡转运使厘革庶务，平反狱讼，漕运金谷，成绩居最，及有建置之事，果利于民，令岁终以闻。非殊异者不得条奏。"又诏：三司、三馆职事官已升擢者 [6]，不在论荐；其有怀材外任，未为朝廷所知者，方得奏举。始令内外官，凡所举荐有变节逾矩者，自首则原其联坐之罪 [7]。

[1] 淳化三年：即公元992年。淳化，宋太宗赵炅的第四个年号。中华书局整理本校勘记云："'三年'原作'元年'，据本书卷五《太宗纪》、《宋会要·选举》二七之五改。"甚是。

[2] 御史中丞：宋御史大夫无正员，仅为加官，以御史中丞为御史台长官。

[3] 转运使：官名。宋初设随军转运使、水陆计度转运使，供办军需。太宗以后，转运使渐成各路长官，管理一路全部或部分财赋，监察各州官吏，并以官吏违法、民生疾苦情况上奏朝廷。

[4] 主计之司：主管财赋出入的官署。

[5] 徼（yāo 邀）功：谓求功。

[6] 三司：参见宋30注6。三馆：参见宋30注6。

[7] "自首"句：何忠礼《宋史选举志补正》第232页："按举者自首则原其联坐之罪诏，据《宋会要·选举》二七之八至九及《长编》卷五七载，颁于真宗景德元年（1004）九月二十八日，志文将其作为太宗朝事，误。又《通考·选举考十一》则以为颁于太宗端拱四年，而端拱只二年而止，其误亦必然。"可参考。

286. 太宗听政之暇 [1]，每取两省、两制清望官名籍 [2]，择其有德誉者，悉令举官。所举之人，须析其爵里及历任殿最以闻，不得有隐。如举状者有赏典，无验者罪之。又尝谓宰臣曰："君子小人，趣向不同。君子畏慎，不欺暗室，名节造次靡渝；小人虽善谈忠信，而履行颇僻，在官黩货，罔畏刑罚。如薛智周以侍御史守婺 [3]，政以贿成，聚敛无已，其土产富于罗 [4]，州民谓之'罗端公' [5]，则为治可知矣。卿等职在抡材 [6]，今令朝臣举官，已是逐末，更不择举主，何由得人也。"供奉官刘文质尝入奏 [7]，察举两浙部内官高辅之、李易直、艾仲孺、梅询、高鼎、高贻庆、姜峄、戚纶八人有治迹 [8]，并降玺书褒谕 [9]。帝曰："文质所举，皆良吏也。"特迁文质为西京作坊副使［10］。

［1］太宗：即宋太宗赵炅（939～997）。参见宋8注1。

［2］两省：参见宋30注6。两制：参见宋30注6。

［3］薛智周：生平不详。宋施宿等《会稽志》卷二："薛智周，端拱二年十二月以侍御史知淳化，元年六月二十日移婺州。"婺：即"婺州"，治今浙江金华。

［4］罗：即"罗帛"，一种丝织品。宋李焘《续资治通鉴长编》卷四十："至道二年……闰七月庚午……上谓宰相曰：'……士俗多以罗帛为献，智周聚敛，不知纪极……'"

［5］端公：唐人称侍御史为端公，见唐李肇《国史补》卷下；另"端公"，又是男巫的别称，宋赵彦卫《云麓漫钞》卷十二："端公诳取施利，每及万缗。"此言"罗端公"，一语双关，骂其聚敛无度。

［6］抡材：又作"抡才"。即选拔人才。

［7］供奉官：这里谓"内西头供奉官"，内侍阶官名。政和二年（1112）改名左侍禁。刘文质：字士彬（生卒年不详），保州保塞（今河北保定）人。简穆皇后从孙，为宋初皇室近亲，历官左班殿直、西头供奉官、西京左藏库副使，知庆州、代州，领连州刺史。《宋史》有传。

［8］高辅之：生平不详。李易直：生平不详。艾仲孺：生平不详。梅询：字昌言（964～1041），宣城（今属安徽）人。端拱二年（989）进士，历官将作监丞、著作佐郎，咸平三年（1000）召试中书，除直集贤院，历官太常博士、工部郎中、龙图阁待制、翰林侍读学士、给事中，能诗文。卒谥文肃。《宋史》有传。高鼎：生平不详。高贻庆：生平不详。姜屿：生平不详。戚纶：字仲言（954～1021），应天楚丘（今山东曹县东南）人。太平兴国进士，历官大理评事、龙图阁待制、枢密直学士，出知杭州、扬州等地。曾预修《册府元龟》。《宋史》有传。

［9］玺书：皇帝的诏书。

［10］西京作坊副使：官名。属西班诸司使，通常无职掌，仅为武臣迁转之阶。其本传作"西京左藏库副使"，见注7。何忠礼《宋史选举志补正》第233页："按刘文质迁官事，《长编》卷四一系于至道三年二月条。"可参考。

287. 咸平间［1］，秘书丞陈彭年请用唐故事举官自代［2］。诏秘书直学士冯拯、陈尧叟参详之［3］。拯等上言："往制，常参官及节度、观察、防御、刺史、少尹、畿赤令并七品以上清望官［4］，授讫三日内，于四方馆上表让一人以自代［5］。其表付中书门下［6］，每官阙，以见举多者量而授之。今官品制度沿革不同，请令两省、御史台、尚书省六品以上，诸司四品以上，授讫，具表让一人自代，于阁门投下［7］，方得入谢。在外者，授讫三月内［8］，具表附驿以闻。"遂著为令。

［1］咸平：宋真宗赵恒的第一个年号（998～1003）。

［2］秘书丞：秘书省属官，为清贵之馆职。陈彭年：字永年（961～1017），建昌军南城（今属江西）人。雍熙进士，历官直史馆兼崇文院检讨、秘书丞，预修《册府元龟》，又与丘雍奉诏修订《切韵》，改名《大宋重修广韵》，历翰林学士、参知政事。著有《江南别录》。《宋史》有传。宋赵汝愚《宋名臣奏议》卷一百四十五载陈彭年《上真宗答诏五事》："臣请依唐朝故事，新授常参

官朝谢日，并进状举官自代，各随所长，具言其状。或以文学，或以吏能，或以强明，或以清白，务在摭实，不许饰词。倘所谙知，无避亲党，既经御览，即付宰司，俟至年终，具名条奏。在外者委诸路转运使，在京者委本司长官，更详其能，以验所举。如荐扬既数，采听非虚，即为量才，各加进用。其后或不修操行，故渎彝章，则举主依法科刑，以惩谬举。或政绩殊异，课最有加，则举主随事旌酬，以褒进善。赏罚既信，清浊自明，盖采群议则人无以私，有常规则众皆知劝。清源正本，其在于兹。"可参考。

[3] 秘书直学士：中华书局整理本校勘记云："按本书卷二八五《冯拯传》、卷二八四《陈尧叟传》，冯、陈二人于咸平间都官枢密直学士，与《宋会要·职官》六〇之一六、《长编》卷四八所记同。此处'秘书'当为'枢密'之误。"甚是。枢密直学士，简称"枢直"。官名，宋承五代后唐置。与观文殿学士并充皇帝侍从，备顾问应对。政和四年（1114）改称述古殿直学士。冯拯：字道济（958~1023），孟州河阳（今河南孟县南）人。太平兴国进士，历官大理评事、比部员外郎、枢密直学士、同知枢密院事、参知政事、同平章事，后罢相。《宋史》有传。陈尧叟：字唐夫（961~1017），阆州阆中（今属四川）人。端拱二年（989）进士第一，历官光禄寺丞、枢密直学士、知枢密院事、同平章事、枢密使，拜右仆射知河阳。《宋史》有传。

[4] 刺史：官名。唐代刺史为一州行政长官，宋代保留其官称，但无职掌，无定员，不驻本州，仅为武臣之寄禄官，位于团练使下。少尹：宋代京城开封府、临安府及陪都河南、应天、大名府等设少尹，为副长官，不常置。畿赤令：畿县令与赤县令。畿县，京师近旁的县分。赤县，唐、宋、元各代京都所治县称"赤"。清望官：谓地位贵显、有名望的官职。

[5] 四方馆：参见宋218注3。

[6] 中书门下：宋承唐制，即宰相的办公厅政事堂。或简称中书。

[7] 阁门：参见宋278注7。

[8] 三月：中华书局整理本校勘记云："'三月'，《宋会要·职官》六〇之一七、《长编》卷四八此条都作'三日'。当是。"可参考。

288. 真宗初 [1]，屡诏举官，未立常制。大中祥符二年诏 [2]："幕职、州县官初任，未闲吏事，须三任六考，方得论荐。"三年，始定制：

自翰林学士以上常参官，岁各举外任京朝官、三班使臣、幕职、州县官一人 [3]，著其治行所宜任，令阁门、御史台岁终会其数。如无举状，即具奏致罚。于冬季以差出，亦须举官后乃入辞。诸司使副、承制、崇班曾任西北边、川、广钤辖、亲民者 [4]，亦仿此制。诸路转运使副、提点刑狱官，知州、通判奏举部内官属，则不限人数，具在任劳绩，如无可举及显有逾滥者，亦须指述，不得顾避。以次年二月二十五日以前到京，违期则都进奏院以名闻 [5]，论如不申考帐法 [6]。

三司使副举在京掌事京朝官、使臣 [7]。凡被举者，中书岁置二籍，疏其名衔，下列历任功过、举主姓名及荐举数。一以留中书，一以五月一日进内。明年，籍内仍计向来功过及举主数，使臣即枢密院置籍。两省、尚书省、御史台官凡出使回，须采访所至及经历邻近郡官治迹善恶以闻 [8]。转运使副、提点刑狱官、知州、通判赴阙，各具前任部内官治迹能否，如邻近及所经州县访闻善恶，亦许同

256

奏，先于阁门投进，方得入见。

凡朝廷须人才，及欲理州县弊政剧务，即籍内视举任及课绩数多而资历相当者差委 [9]，于宣敕内尽列举主姓名 [10]。或任内干集 [11]，特与迁秩，苟不集事 [12]，本犯虽不去官，亦移闲慢僻远地。内外群臣所举及三人有成绩，仰中书、枢密院具姓名取旨甄奖。如并举三人俱不集事，坐罪不至去官，亦仰奏裁，当行责降。或得失相参，亦与折当 [13]。

[1] 真宗：即宋真宗赵恒（968～1022）。参见宋13注1。

[2] 大中祥符二年：即公元1009年。大中祥符，宋真宗赵恒的第三个年号。何忠礼《宋史选举志补正》第234页："按志文以下所载之诏，据《宋会要·选举》二七之一〇、《长编》卷七三所载，颁于大中祥符三年（1010）正月丙子，志文言'二年'，恐误。"可参考。

[3] 三班使臣：宋代低级供奉武官的泛称。

[4] 承制：即"内殿承制"。参见宋206注5。崇班：即"内殿崇班"。参见宋206注4。钤辖：又称"兵马钤辖"。参见宋159注10。亲民：即"亲民官"。参见宋245注9。

[5] 都进奏院：官署名。宋初，诸州以本州将吏为进奏官驻京城，因将吏不愿久居，承转公文既多延误，亦有泄漏。太平兴国七年（982）置诸道都进奏院。元丰改制后，隶给事中，掌承转诏敕与三省、枢密院命令及有关各部门文件给诸路；摘录各州章奏事由报告门下省；投递各州文书给有关部门。

[6] 考帐：有关官吏考课的簿册。

[7] 三司：参见宋30注6。

[8] 郡官：何忠礼《宋史选举志补正》第235页："按志文此句'郡官'二字，据上引《长编》（卷七三）、《宋大诏令集》（卷一六五）及《宋会要·选举》二七之一一载，皆作'群官'，惟上引《通考》（《选举考十一》）所载与志文同，若从诏文前后内容分析，似以'群官'为当。"可参考。

[9] 举任：即"举主"。参见宋37注4。课绩：考核官吏的成绩与等级，即"考绩"。

[10] 宣敕：法令名称。熙宁十年（1077）《刑部敕》编成，规定皇帝圣旨和劄子批状，由中书颁发者称"敕"，由枢密院颁发者称"宣"。

[11] 干集：当谓干练，有成效。

[12] 集事：成功。这里是胜任的意思。

[13] 折当：这里是抵消、充抵的意思。

289. 天圣六年诏 [1]："审刑院举常参官在京刑法司者为详议官 [2]；大理寺详断、刑部详覆法直官 [3]，皆举幕职、州县晓法令者为之 [4]。自请试律者须五考，有举者，乃听试。试律三道，疏二道，又断中小狱案二道，通者为中格。"时举官擢人，不常其制。国子监阙讲官，则诏诸路转运使举经义通明者；或欲不次用人，尝诏近臣举常参官历通判无赃罪而才任繁剧者；欲官诸边要，亦尝诏节度使至阁门使、知州军、钤辖、诸司使，举殿直以上材勇堪边任者 [5]，或令三司使下至天章阁待制举奏之 [6]。边有警，则诏诸路转运使、提点刑狱举所部官才堪将帅者；三路知州、通判、县

令 [7],则诏近臣举廉干吏选任之,毋拘资格。至于文行之士,钱谷之才,刑名之学,各因时所求而荐焉。

[1] 天圣六年:即公元 1028 年。天圣,宋仁宗的第一个年号。

[2] 审刑院:官署名。凡案件经大理寺裁断,报审刑院复查。详议官:官名,简称"议官"。隶审刑院,与知院共同复审大理寺所断案牍,写出书面意见,上报中书,奏请皇帝决断。元丰三年(1080),审刑院归刑部,即为刑部属官。

[3] 大理寺:参见宋 144 注 2。详断:即"详断官",官名,属大理寺。掌定天下申奏疑而未决狱案,报送审刑院详议。刑部:尚书省六部之一,掌复查全国大辟已决案件及官员叙复、昭雪等事。详覆:即"详覆官",官名,属刑部。掌覆审天下已决大辟狱案,驳正其违失。元丰改制后,职掌归刑部郎中、员外郎等。法直:即"法直官",官名,属刑部。掌记录各地奏申大辟人数,检查执行情况。

[4] "皆举"句:何忠礼《宋史选举志补正》第 235 页:"按'幕职、州县'后,核之《长编》卷一〇六天圣六年十二月己巳条载,脱一'官'字,当补。"甚是。

[5] 殿直:即"右班殿直"与"左班殿直"。参见宋 153 注 9,宋 170 注 5。

[6] 三司使:参见宋 257 注 5。天章阁:参见宋 115 注 1。待制:参见宋 30 注 6。

[7] 三路:参见宋 159 注 7。

290. 自天圣后 [1],进者颇多,始戒近臣,非受诏毋辄举官。又下诏风厉 [2],毋以荐举为阿私。其任用已至部使者 [3],毋得复荐,失举而已擢用,听。自言不实,弗为负 [4]。初,选人四考,有举者四人,得磨勘迁京官;始诏增为六考,举者五人,须有本部使者 [5]。御史王端以为 [6]:"法,用举者两人,得为县令。为令无过遣,迁职事官、知县;又无过遣,遂得改京官。乃是用举者两人,保其三任也。朝廷初无参伍考察之法 [7],偶幸无过,辄信而迁之。是以碌碌之人,皆得自进,因仍弗革,其弊将深。"乃定令:被荐为令,任内复有举者始得迁,否则如常选,毋辄升补。

[1] 天圣:宋仁宗的第一个年号(1023 ~ 1032)。

[2] 风(fēng 讽)厉:示意。

[3] 部使:监司一类的官员。参见宋 37 注 6。

[4] 负:罪责。

[5] 本部使者:即谓"职司"。宋代选人磨勘改官,须一定员数举主奏举,其中之一必为职司。按规定,惟转运使、转运副使、提点刑狱与朝廷专差的宣抚、安抚、察访等使及尚书省六部长贰许作职司。

[6] 王端:生平不详。

[7] 参伍:错综比较,加以验证。

291. 时增设禁限,常参官已授外任,毋得奏举京官 [1]。见任知州、通判,升朝官兵马都监、诸司副使以上 [2],及在京员外郎尝任知州、通判,诸司副使尝任兵马都监者，乃听举，流内铨复裁[3]。内外臣僚岁举数，文臣待制至侍御史，武臣自观察至诸司副使，举吏各有等数，毋得辄过；而被举者须有本部监司、长吏、按察官，乃得磨勘。又限到官一考，方得荐。知杂御史、观察使以上，岁举京官不得过二人，其常参官毋得复举[4]，自是举官之数省矣。定监司以所部州多少剧易之差，为举令数，非本部勿举。其后又增举主三员。盖官冗之弊浸极，故保荐之法，大抵初略而后详也。

[1] 毋得奏举京官：宋李焘《续资治通鉴长编》卷一百十："天圣九年……冬十月……乙未，常参官已授外任者，毋得奏举选人为京官。"可参考。

[2] 升朝官：参见宋113注2。兵马都监：又称"都监"，官名，位钤辖之下。掌屯戍、边防、训练政令。

[3] 流内铨：参见宋187注9。

[4] "知杂御史"三句：何忠礼《宋史选举志补正》第239页："按知杂御史、观察使以上皆为常参官，志文既言他们每岁可举京官二人，又言'其常参官毋得复举'，使人读后不知所以。谨按《宋会要·选举》二七之二六载：'（康定）二年六月二十九日，诏：……今后，文臣知州军、通判升朝官以上，武臣知州军、内殿崇班以上，每年并许举三人。其开封知府、推判官依知州、通判例，每年各举本部内官三人。在京文臣除知杂御史已上，武臣观察使已上，每年许举二人外，其馀常参官更不许举官，其举状已到中书者，且与施行。'由此可知，志文'其常参官毋得复举'之'其'字下，脱一'馀'字，亦即在京文臣知杂御史、武臣观察使以下之朝官，皆不得举京官。"可参考。知杂御史，参见宋199注2。

292. 英宗时[1]，御史中丞贾黯又言[2]："今京朝官至卿、监，凡二千八百馀员，而吏部奏举磨勘选人，未引见者至二百五十馀人。且以先朝事较之：方天圣中[3]，法尚简，选人以四考改官，而诸路使者荐部吏，未有限数；而在京台阁及常参官尝任知州、通判者，虽非部吏皆得荐。时磨勘改官者，岁才数十人，后资考颇增，而知州荐吏，视属邑多少裁定其数，常参官不许荐士。其条约渐繁，而改官者固已众矣，然引对犹未有待次者也。皇祐中[4]，始限监司奏举之数，其法益密，而磨勘待次者已不减六七十人。皇祐及今才十年耳，而狠多至于三倍。向也，法疏而其数省；今也，法密而其数增，此何故哉？正在荐吏者岁限定员，务充数而已。如郡守岁许荐五人，而岁终不满其数，则人人以为遗己。当举者避谤畏讥，欲止不敢，此荐者所以多，而真才实廉未免混于无能也。宜明诏天下，使有人则荐，不必满所限之数。"天子纳其言，下诏申敕[5]。中外臣僚岁得举京官者，视元数以三分率之，减一分举职官，有举者三人，任满选如法。所以分减举者数，省京官也。

[1] 英宗：即宋英宗赵曙（1032～1067）。参见宋29注11。

[2] 御史中丞：参见宋99注5。贾黯：字直孺（1022～1065），邓州穰县（今河南邓县）人。庆历六年（1046）进士第一，历官左司郎中、中书舍人、给事中、权御史中丞。《宋史》有传。

[3] 天圣：宋仁宗的第一个年号（1023～1032）。

[4] 皇祐：宋仁宗赵祯的第七个年号（1049～1054）。

[5] 下诏申敕：宋李焘《续资治通鉴长编》卷二百四："治平二年……夏四月……辛丑诏曰：'向命监司、知州荐所部吏，岁限定员，本防其滥，不问能否，一切取足，非诏意也。自今所举务在得人，不必充所限之数。'先是御史中丞贾黯言……帝纳其言，故降是诏。"

293. 判吏部流内铨蔡抗又言[1]："奏举京官人，度二年引对乃可毕，计每岁所举，无虑千九百员，被举者既多，则磨勘者愈众。且今天下员多阙少，率三人而待一阙，若不稍改，除吏愈难。臣以为可罢知杂御史、观察使以上岁得举官法。"从之。自是举官之数弥省矣。故事，初入二府[2]，举所知者三人，将以观大臣之能。后来请谒之说胜，而荐者或不以公。四年诏[3]："中书、枢密院举人，皆明言才业所长，堪任何事，以副朕为官择人之意。"

[1] 判吏部流内铨：简称"判铨"，两员，多以御史知杂以上官员充任。蔡抗：字子直（1008～1067），应天宋城（今河南商丘南）人。景祐进士，历官太平州推官、秘阁校理、广东转运使、三司判官，以史馆修撰同知谏院，除知制诰，出知定州，徙秦州卒。《宋史》有传。

[2] 二府：或称"两府"。宋代以枢密院专掌军政，称西府；中书门下（政事堂）掌管政务，称东府，合称二府。为最高国务机关。

[3] 四年：即治平四年（1067）。治平，宋英宗赵曙的年号。

294. 神宗即位[1]，乃罢两府初入举官。凡荐任之法，选人用以进资改秩，京朝官用以升任，旧悉有制。熙宁后[2]，又从而损益之，故举皆限员，而岁又分举，制益详矣。定十六路提点刑狱岁举京官、县令额[3]。又诏察访使者得举官[4]。选人任中都官者[5]，旧无举荐，始许其属有选人六员者，岁得举三员。既而帝以旧举官往往缘求请得之，乃革去奏举，而概以定格。诏内外举官法皆罢，令吏部审官院参议选格[6]。

[1] 神宗：即宋神宗赵顼（1048～1085）。参见宋3注3。

[2] 熙宁：宋神宗赵顼第一个年号（1068～1077）。

[3] "定十六路"句：何忠礼《宋史选举志补正》第243页："按《宋会要·选举》二八之九载，熙宁四年十二月八日，诏依中书门下所奏，定十六路提点刑狱岁举京官、县令额为：'京东、京西、河东、淮南路，京官七人，职官三人，县令五人；两浙路，京官六人，职官三人，县令四人；成都府、梓州、江南东西路，京官五人，职官三人，县令四人；福建、利州、荆湖南北、广南东西路，京官四人，职（官）三人，县令二人；夔州路，京官三人，职官二人，县令二人。'志文所载过于简略，且脱漏岁举职官额，特详补之。"甚是。

[4] 察访使：官名。宋神宗时推行新法，派官员检查各地推行青苗、募役、农田水利法情况并加督促，称察访使。《宋会要辑稿·选举》二八之一〇："（熙宁）六年五月三日诏：'诸察访官，河东、京东、两浙路，许奏举选人充京官、职官、县令共十二人，馀路十人。若举升陟，并不限员数。'"

[5] 中都官：中央各部司官吏的泛称。

[6] "既而"数句：何忠礼《宋史选举志补正》第243页："按神宗朝后期，曾一度罢去内外举官法，这在宋代选举制度史上乃一件大事，然而，《宋志》竟不详其岁月，颇见疏略。考之《长编》卷三一四、《宋会要·选举》二八之一三、《宋史·神宗纪三》所载，皆言该诏令颁于元丰四年（1081）七月二十八日，惟《通考·选举考十一》作熙宁三年，定误。"可参考。审官院，参见宋187注5。选格，即选拔人才的标准。

295. 元祐初 [1]，左司谏王岩叟言 [2]："自罢辟举而用选格 [3]，可以见功过而不可以见人材，中外病之。于是不得已而别为之名，以用其平日之所信，故有'踏逐申差'之目 [4]。'踏逐'实荐举而不与同罪 [5]，且选才荐能而谓之'踏逐'，非雅名也。况委人以权而不容举其所知，岂为通术？"遂复内外举官法。

[1] 元祐：宋哲宗赵煦的第一个年号（1086～1094）。

[2] 左司谏：参见宋44注6。王岩叟：字彦霖（1044～1094），大名清平（今山东高唐西南）人。嘉祐六年（1061）举明经第一，历官栾城主簿、监察御史、左司谏兼权给事中、中书舍人、签书枢密院事，罢知郑州，徙河阳卒。《宋史》有传。

[3] 辟举：即奏辟与奏举差遣。

[4] 踏逐：宋元时选拔官员的一种名目。由大臣访问人才，荐请朝廷辟召。宋苏轼《与鲜于子骏》之三："故人刘格，字道纯……公若可以踏逐辟召，幸先之。"踏逐，宋俗语，即物色、挑选、寻找之意。申差：即交差。

[5] 同罪：即举主与选人的连坐法。参见宋37注4。

296. 及司马光为相 [1]，奏曰：

为政得人则治。然人之才，或长于此而短于彼，虽皋、夔、稷、契 [2]，各守一官，中人安可求备？故孔门以四科论士 [3]，汉室以数路得人 [4]。若指瑕掩善，则朝无可用之人；苟随器授任，则世无可弃之士。臣备位宰相，职当选官，而识短见狭，士有恬退滞淹，或孤寒遗逸，岂能周知？若专引知识 [5]，则嫌于私；若止循资序，未必皆才。莫若使有位达官，各举所知，然后克协至公，野无遗贤矣。

欲乞朝廷设十科举士 [6]：一曰行义纯固可为师表科有官、无官人，皆可举。二曰节操方正可备献纳科举有官人。三曰智勇过人可备将帅科举文武有官人。四曰公正聪明可备监司科举知州以上资序。五曰经术精通可备讲读科有官、无官人，皆可举。六曰学问该博可备顾问科同上。七曰文章典丽可备著述科同上。八曰善听狱讼尽公得实科举有官人。九曰善治财赋公私俱便科举有官人。十曰练习法令能断请谳科同上。应职事官自尚书至给舍、谏议 [7]，寄禄官自开府仪同三司至太中大夫 [8]，职自观文殿大学士至待制 [9]，每岁须于十科内举三人，仍具状保任，中书置籍记之。

异时有事须材，即执政案籍视其所尝被举科格，随事试之，有劳，又著之籍。内外官阙，取尝试有效者随科授职。所赐告命[10]，仍备所举官姓名，其人任官无状，坐以缪举之罪。所贵人人重慎，所举得才。

[1] 司马光：参见宋35注4。据《宋史·司马光传》，元祐元年（1086），拜司马光尚书左仆射兼门下侍郎，是为入相。

[2] 皋：即"皋陶（yáo yáo）"，也称咎陶。传说为舜之掌刑狱的能臣。见《书·舜典》。夔：传说为舜的乐官。见《书·舜典》。稷：即"后稷"，传说为舜的农官，是周的先祖。见《诗·大雅·生民》。契：传说为舜的臣属，尝佐禹治水有功，为商的先祖。见《史记·殷本纪》。

[3] 四科：孔子门下的四种科目，指德行、言语、政事、文学。见《论语·先进》。

[4] "汉室"句：谓汉代察举选官制度。汉代选官由丞相、列侯、刺史、守相等推举，分孝廉、贤良文学、秀才等科目，经考核任以官职，始于汉武帝时。

[5] 知识：谓结识者，熟悉者。

[6] 十科：参见宋236注5。何忠礼《宋史选举志补正》第245页："按《长编》卷三八二及《宋会要·选举》二八之一六载，司马光《乞以十科举士劄子》上于元祐元年七月六日。"可参考。

[7] 给舍：宋代给事中与中书舍人的合称。谏议：即"谏议大夫"。参见宋49注5。

[8] 寄禄官：参见宋187注15。开府仪同三司：参见宋221注10。太中大夫：参见宋221注8。

[9] 观文殿大学士：官名。宋代置诸殿学士，出入侍从，以备顾问，无官守，无典掌，而资望极高。庆历八年（1048），改延恩殿为观文殿，皇祐元年（1049）置大学士，曾任宰相者才能除授，以示尊崇。嗣后，罢相出任外官必为大学士。待制：参见宋30注6。

[10] 告命：即"告身"，授官之符。

297. 光又言[1]："朝廷执政惟八九人，若非交旧，无以知其行能。不惟涉徇私之嫌，兼所取至狭，岂足以尽天下之贤才？若采访毁誉[2]，则情伪万端。与其听游谈之言，曷若使之结罪保举[3]？故臣奏设十科以举士，其'公正聪明可备监司'，诚知请属挟私所不能无，但有不如所举，谴责无所宽宥，则不敢妄举矣。"诏皆从之。

[1] 光又言：何忠礼《宋史选举志补正》第245页："按司马光以下所奏，据《长编》卷三八四载，上于元祐元年八月丁亥，《司马光奏议》卷四〇《论监司守资格任举主劄子》载之甚详，可供参阅。"可参考。

[2] 毁誉：据《司马光奏议》，当作"声誉"。

[3] 结罪：立下对若有过犯者保证负责的文书。

298. 二年[1]，殿中侍御史吕陶言[2]："郡守提封千里[3]，生聚万众，所系休戚，而不察能否，一以资格用之，凡再为半刺、有荐者三人[4]，则得之矣。不公不明，十郡而居三四，是天下之民，半失其养。请令内外从臣，岁举可为守臣者各三人，略资序而采公言，庶是可以择才庇民也。"诏："内外待制、太中大夫以上，岁举再历通判资序、堪任知州者一人[5]，籍于吏部。遇三路及一州而四县者，其守臣有阙，先差本资序人，次案籍以及所荐者 [6]。"

[1] 二年：即元祐二年（1087）。
[2] 殿中侍御史：参见宋7注7。吕陶：字元均（1027～1103），号净德，成都（今属四川）人。皇祐进士，熙宁三年（1070）举制科，历官殿中侍御史、左司谏、中书舍人、给事中，坐元祐党夺职，起知邛州、梓州，致仕卒。著有《净德集》。《宋史》有传。
[3] 提封：疆域。
[4] 半刺：何忠礼《宋史选举志补正》第245页："按'半刺'乃通判之别称，'凡再为半刺'一语，意思却不清，考吕陶《净德集》卷二《奏乞降诏举郡守状》及《长编》卷三九六元祐二年三月戊辰条所载，应作'半刺两任'。"甚是。
[5] 资序：资历，资格。
[6] "次案籍"句：中华书局整理本校勘记云："次案籍以所荐者，《通考》卷三八《选举考》作'次案籍以及所荐者'。"当是。

299. 顷之，侍御史韩川言 [1]："近太中大夫以上岁举守臣 [2]，而荐所不及，虽课入优等，皆未预选，此倚荐以为信也。然太中大夫以上，率在京师，唯驰骛请求、因缘宛转者，常多得之。迹远地寒，虽历郡久、治状著、课入上考，偶以无荐，则反在通判下，不许入三路及四县州。且州以县之多少而分简剧 [3]，亦未为尽。盖繁简在事不在县，固有县多而事不繁，亦有县少而事不简者。愿参以考绩之实，著为通令，仍不以县之多少而为简剧。"诏吏部立法以闻。已而岁举积久，吏部无阙以授。四年，遂罢太中大夫以上岁举法，惟奉诏乃举焉。

[1] 侍御史：这里谓殿中侍御史。参见宋7注7。韩川：字元伯（生卒年不详），陕（今河南三门峡市西）人。进士上第，历官开封府推官、监察御史、殿中侍御史、中书舍人、吏部侍郎。《宋史》有传。
[2] 太中大夫：参见宋221注8。守臣：谓知州、知府。何忠礼《宋史选举志补正》第245页："按韩川之奏，据《长编》卷四〇四及《宋会要·选举》二八之二一载，上于元祐二年八月乙未。"可参考。
[3] 简剧：简单和繁重。

300. 绍圣元年 [1]，右司谏朱勃言 [2]："选人初受任，虽能，法未得举为京官。而有挟权善请求者，职官、县令举员既足，又并改官举员求之。"诏："历任通及三考，而资序已入幕职、令录，方许举之改官。"

[1] 绍圣元年：即公元1094年。绍圣，宋哲宗赵煦的第二个年号。
[2] 右司谏：端拱元年（988）前称"右补阙"，中书省属官，秩正七品。元丰改制前为寄禄官，改制后掌规谏讽谕。朱勃：生平不详。历官河东路转运副使、右正言、右司谏。

301. 初，神宗罢荐举［1］，惟举御史法不废［2］。熙宁二年［3］，王安石言［4］："举御史法太密，故难于得人。"帝曰："岂执政者恶言官得人耶［5］?"于是中书悉具旧法以奏。安石曰："旧法，凡执政听荐，即不得为御史。执政取其平日所畏者荐之，则其人不复得言事矣，盖法之弊如此。"帝乃令悉除旧法，一委中丞举之［6］，而稍略其资格。赵抃曰［7］："用京官恐非体，又不委知杂［8］，专任中丞，亦非旧制。"帝曰："唐以布衣马周为之［9］，用京官何为不可? 知杂，属也，委长为是。"侍御史刘述奏曰［10］："旧制，举御史必官升京朝，资入通判。众学士、本台丞、知杂更互论荐［11］，每一阙上，二人而择用一人。今专委中丞，则爱憎由己，公道废于私恩；或受权臣之托，引所亲厚，擅窃人主威福，此大不便。"弗听。既改法，著作佐郎程颢、王子韶、谢景福方为条例司属官［12］，中丞吕公著荐之［13］，遂以太子中允权监察御史里行［14］。

[1] 神宗：即宋神宗赵顼（1048～1085）。参见宋 3 注 3。

[2] "惟举"句：何忠礼《宋史选举志补正》第 247 页："按神宗罢荐举乃元丰四年事，《宋志》将'惟举御史法不废'一语，置于熙宁二年记事前，颇失体例。"可参考。

[3] 熙宁二年：即公元 1069 年。熙宁，宋神宗赵顼第一个年号。

[4] 王安石：参见宋 30 注 2。

[5] 言官：谏官。

[6] 中丞：即"御史中丞"。参见宋 99 注 5。

[7] 赵抃：字阅道（1008～1084），号知非子，衢州西安（今浙江衢州）人。景祐进士，历官殿中侍御史、梓州路转运使、右司谏、参知政事，罢知杭州，致仕。卒谥清献，著有《清献集》。《宋史》有传。

[8] 知杂：即"知杂侍御史"。参见宋 199 注 2。

[9] 马周：参见唐 43 注 5。据《新唐书·马周传》，马周于潦倒中舍中郎将常何家，因替常何草拟奏疏，受到唐太宗重视，召见后，"与语，帝大悦，诏直门下省。明年，拜监察御史。"

[10] 刘述：字叔孝（1008?～1079?），一字孝叔，湖州归安（今浙江湖州）人。景祐元年（1034）进士，历官御史台主簿、刑部郎中、侍御史知杂事、吏部郎中，与王安石不睦，出知江州。《宋史》有传。

[11] 台丞：御史中丞的省称。

[12] 著作佐郎：官名。掌修纂日历，非编修官不预。程颢：参见宋 53 注 4。王子韶：字圣美（生卒年不详），太原（今属山西）人。未冠中进士，熙宁二年（1069），为监察御史里行，历官吏部郎中、卫尉卿、秘书少监、集贤殿修撰，知明州，卒于官。《宋史》有传。谢景福：何忠礼《宋史选举志补正》第 247 页："按《长编》、《宋会要》、《宋史》等宋代主要典籍皆无'谢景福'其人。考《宋史·神宗纪一》虽有'（熙宁二年八月）辛酉，以秘书省著作佐郎程颢、王子韶并为太子中允、权监察御史里行'的记载，《长编》卷二一一熙宁三年五月癸卯条记苏颂等有'至如程颢、王子韶已先转京官，因中丞荐举方迁中允'之语，但无一提到'谢景福'这个人，故此处'谢景福'三字疑衍。"甚是。另考《四川通志》卷三十三，著录"谢景福"其人，注云"绍定进士"，是为南宋人，可知"疑衍"之断语是。条例司：即"制置三司条例

司”。宋神宗于熙宁二年（1069）二月任用王安石为参知政事，实行变法，设立制置三司条例司为主持变法机关，筹划与制定新财政经济政策，改变旧法，颁布新法，由王安石与知枢密院陈升之兼领。次年五月并入中书。

[13] 吕公著：参见宋217注1。

[14] 太子中允：属东宫官，以他官兼，为无职司之阶官。里行：谓资历较浅的非正式官员。

302. 宣仁太后听政[1]，诏范纯仁为谏议大夫[2]，唐叔问、苏辙为司谏[3]，朱光庭、范祖禹为正言[4]。章惇曰[5]：“故事，谏官皆荐诸侍从[6]，然后大臣禀奏，今得无有近习援引乎[7]？”太后曰：“大臣实皆言之，非左右也。”惇曰：“台谏所以纠大臣之越法者。故事，执政初除，苟有亲戚及尝被荐引者见为台臣[8]，则皆他徙，防壅蔽也。今天子幼冲[9]，太皇太后同听万机[10]，故事不可违。”于是吕公著以范祖禹，韩缜、司马光以范纯仁[11]，皆避亲嫌。光曰：“纯仁、祖禹实宜在谏列，不可以臣故妨贤，宁臣避位。”惇曰：“缜、光、公著必不私，他日有怀奸当国者，例此而引其亲党，蔽塞聪明，恐非国之福。纯仁、祖禹请除他官，仍令侍从以上，各得奏举。”于是，诏尚书、侍郎、给舍、谏议、中丞、待制各举谏官二员；纯仁改除天章阁待制[12]，祖禹为著作佐郎。后又命司谏、正言、殿中侍御史、监察御史，并用升朝官通判资序[13]。

[1] 宣仁太后：参见宋266注6。
[2] 范纯仁：字尧夫（1027~1101），苏州吴县（今江苏苏州）人，范仲淹子。皇祐进士，历官侍御史、同知谏院、给事中、同知枢密院事，拜相，寻罢，又复相，累贬永州安置。著有《范忠宣公全集》。《宋史》有传。谏议大夫：参见宋49注5。
[3] 唐叔问：当作“唐淑问”。字士宪（生卒年不详），江陵（今属湖北）人，唐介之子。第进士，历官殿中丞、监察御史里行，出知真州，提点湖北刑狱，入为吏部员外郎，召为左司谏，病卒。《宋史》有传。苏辙：参见宋222注3。司谏：参见宋222注3。
[4] 朱光庭：字公掞（1037~1094），偃师（今河南偃师东南）人。嘉祐进士，历官知县、签书河阳判官、左正言、给事中。师事程颐，为洛党重要人物。《宋史》有传。范祖禹：字淳甫（1041~1098），一字梦得，成都华阳（今四川成都）人，范镇从孙。嘉祐进士，历官秘书省正字、著作佐郎、右正言、给事中、翰林院学士兼侍讲，责授武安军节度副使，永州安置，卒于贬所。《宋史》有传。正言：参见宋222注3。
[5] 章惇：字子厚（1035~1105），建州浦城（今属福建）人，徙居苏州。举进士，受王安石赏识，擢为制置三司条例司属官，历官参知政事、知枢密院事、尚书左仆射兼门下侍郎，引用蔡京等，力排元祐党人。贬睦州卒。《宋史》有传。
[6] 侍从：参见宋30注9。何忠礼《宋史选举志补正》第248页：“按宋代待制以上皆称侍从官，但待制一般不能奏举谏官，上引《长编》（即卷三六〇元丰八年十月丁丑条）作‘谏官皆令两制以上奏举’，当是。”可参考。
[7] 近习：这里指君主宠爱亲信者，故下文太后以“非左右也”为答。
[8] 台臣：或称“台官”，即御史台官员。

[9] 天子幼冲：谓宋哲宗赵煦，时年九岁。

[10] 同听万机：即听政。万机，即"万几"，指帝王日常处理的纷繁的政务。

[11] 韩缜：字玉汝（1019～1097），开封雍丘（今河南杞县）人，韩亿子。庆历进士，历官两浙、淮南等路转运使，以残暴落职。后除同知枢密院事，拜尚书右仆射兼中书侍郎，罢相知颍昌府，以太子太保致仕。《宋史》有传。

[12] 天章阁：参见宋 115 注 1。

[13] "并用"句：何忠礼《宋史选举志补正》第 248 页："按《长编》卷四二一载，左右司谏以上之言官，'并用升朝官通判资序'之诏，颁于元祐三年六月癸未，其后尚有'实历一年以上人充'一句，宜补。"可参考。

303. 元祐六年 [1]，御史中丞郑雍言 [2]："旧御史阙，台官得自荐，所以正名举职也。自官制行 [3]，御史中丞与两省分举，而今之两省官属，皆与闻门下、中书政事，其自举非故事，且有嫌。乞专委台官，若稍涉私，自有黜典。"诏御史中丞举殿中侍御史二员，翰林学士、中书舍人同举监察御史二员，给事中亦举二员。雍又言："风宪之地 [4]，责任宜专。若台属多由他荐，恐非责任之本意。"诏中丞更举监察御史二员。八年，侍御史杨畏言 [5]："风宪之任，人主寄耳目焉。御史进用，宰执不得预，顾令两省属官举之，非是。"遂寝前命。

[1] 元祐六年：即公元 1091 年。元祐，即宋哲宗赵煦的第一个年号。

[2] 御史中丞：参见宋 99 注 5。郑雍：字公肃（1031～1098），襄邑（今河南睢县）人。嘉祐进士，历官秘阁校理、知太常礼院，出知池州，擢起居郎、中书舍人、御史中丞、尚书右丞，坐元祐党谪知成都府。《宋史》有传。

[3] 官制：谓元丰改制。参见宋 187 注 10。

[4] 风宪：风纪法度。古代御史掌纠弹百官，正吏治之职，故以"风宪"称御史。

[5] 杨畏：字子安（1044～1112），洛阳（今属河南）人，原籍遂宁（今属四川）。第进士，历官监察御史里行、侍御史、吏部侍郎，出知真定府。为人善变，喜逢迎。有"杨三变"之号。《宋史》有传。

304. 武臣荐举立格，有枚别职任而举之者 [1]，有概名材武而入之铨格者，又其上则"谋略胆勇可备统众"、"谙练兵事可任边寄"之类。惟边要任使隶枢密院 [2]，馀则审官西院、三班院按格注之 [3]。其后，虽时有更易，而荐举之所重轻，选用之所隶属，多规此立制 [4]。

[1] 枚别：一一分辨。

[2] 边要任使：边防要地的官职任命。

[3] 审官西院三班院：参见宋 187。

[4] 多规此立制：何忠礼《宋史选举志补正》第 248～249 页："按开宝五年（972）十二月，宋太祖对宰相赵普说：'五代方镇残虐，民受其祸，朕令选儒臣干事者百馀，分治大藩，纵皆贪浊，亦

未及武臣一人也.'（《长编》卷一三）表明了赵宋政权为纠正五代武臣专政之弊，已将'重文抑武'作为其基本国策。在这个基本国策的指导下不仅以文臣代替武臣知州事，而且以文臣驭武将，即使在西北前线，也不例外。因此，宋代对武臣的选举并不重视，其铨选之格、荐举之法亦多附于文臣的各项选举法中，只偶尔有所提及而已。《宋志》于此处所作抽象空洞的记载，就是这种情况的反映。"可参考。

305. 建炎兵兴多事 [1]，以中外有文武材略出伦，或淹布衣，或沉下僚，命侍从、监司、郡守搜访，各举所知，州县礼遣赴行在 [2]。又诏举"忠信宽博可使绝域"与"智谋勇毅能将万众"者，不以有无官资，并诣登闻检院自陈 [3]，才谋勇略可使者，赴御营司量材录用 [4]。或命庶僚各举内外官及布衣隐士才堪大用者，擢为辅弼，协济大功；或命侍从举可为台谏者，或举县令，或举宗室；刺史举忠义之士能恢复土疆保护王室者；帅臣、监司、守令举所部见任寄居待次文武官有智谋及武艺精熟者；及访求国初功臣后裔，中兴以来忠义死节之家子孙 [5]。四年 [6]，以朝班多阙，诏："台谏、左右司郎官已上 [7]，各荐士二人，仍令执政同选。在外侍从虽在谪籍 [8]，无大过而政事才学实可用者，亦与召擢。"

[1] 建炎：宋高宗的第一个年号（1127～1130）。兵兴多事：谓靖康以后，南宋高宗与南下金兵的大
    小战事，形势错综复杂。
[2] 行在：即行在所，天子巡行所在之地。建炎之初，宋高宗辗转于扬州等地。
[3] 登闻检院：参见宋 278 注 2。
[4] 御营司：即"御营使司"。南宋初军事机构名。建炎元年（1127），因禁兵溃散，另设御营使司，
    统辖东南地区各军，作为皇帝直属部队，以宰执分别兼任御营使与御营副使，专掌兵权。
[5] 中兴：为南宋立朝。
[6] 四年：即建炎四年（1130）。
[7] 左右司：尚书省下官署，即"左司"与"右司"，分掌尚书省所属六部事务。左司主管吏、户、
    礼、奏钞、班簿房，右司主管兵、刑、工、案钞房，其馀开拆、制敕、御史、催驱、封椿、印房
    则二司通管。主官为郎中、员外郎。
[8] 在外侍从：宋代称外官带诸阁学士、待制者为在外侍从。

306. 绍兴二年 [1]，廷臣言："今右武之世 [2]，虽二三大将 [3]，各立俊功，微贱之中，尚多奇士。愿广加荐举，延问恢复之计。"帝然其言。诏观察使以上各荐可为将帅者二人，枢密籍录以备选用。又以中原士大夫隔绝滋久，流徙东南者，媒寡援疏，多致沉滞，令侍从搜访以闻。三年，复司马光十科 [4]，时遣五使宣谕诸道 [5]，令访廉洁清修可以师表吏民者。录诏宣谕官所荐，并俟终更 [6]，令入对升擢，以劝能吏。复用旧制，侍从官受命三日，举官一员自代 [7]，中书、门下省籍记姓名，每阙官，即以举状多者进拟。内外武臣，举忠勇智略可自代者一人，如文臣法。

[1] 绍兴二年：即公元 1132 年。绍兴，宋高宗赵构的第二个年号。

[2] 右武：崇尚武功。谓对金人抗战而言。

[3] 大将：此系泛称军队中武官，非专指无品武阶官之"大将"。

[4] 司马光十科：参见宋 236 注 5，宋 296。

[5] 五使：即指五位"宣谕使"。宣谕使不常置，北宋末年始遣各路宣谕使，掌宣谕德意，奏报各地弊政。南宋绍兴年间，使权渐重，可监督地方，参预军政，权任次于宣抚使。其官署称宣谕使司，或称宣谕司。何忠礼《宋史选举志补正》第 252 页："按'遣五使宣谕诸道'时间，据《系年要录》卷六○载，始于绍兴二年（1132）十一月己卯，而志文将其事系于三年后，殊误。又，此次遣五使宣谕诸道事，是南宋初年政治上的一个重大事件，从中亦荐举了不少人才，但《宋志》记载过简……"是书以下又从宋李心传《建炎以来系年要录》卷六○、卷七三补录若干材料，皆可参考。

[6] 终更：官员任期终了。

[7] 自代：参见宋 287。

307. 五年 [1]，命自监察御史至侍从官 [2]，举曾经治县声绩显著者为监司、郡守，不限员数，遇阙选除；才堪大县者，通举二十人，不限资序。十年，以南渡后人材萃于两浙，而属吏荐员甚狭，增部使者荐举改官之额 [3]，岁五员。十四年，命守臣终更入见，各举所部县令一人。

[1] 五年：即绍兴五年（1135）。

[2] 侍从官：参见宋 30 注 9。何忠礼《宋史选举志补正》第 254 页："按《系年要录》卷八七绍兴五年三月丁丑条载，本句'监察御史至侍从'后，尚有'并馆职正字以上，及在外侍从官、监司、帅守'一行文字，宜补。"可参考。

[3] 部使者：宋代监司的俗称。

308. 二十二年 [1]，右谏议大夫林大鼐言 [2]："国初，常参官皆得举人，不限内外，亦无员数 [3]。南渡之初，恩或非泛，人得侥幸，有从军而改秩者，有捕盗而改秩者，有以登对而改秩者 [4]。今朝廷无事，谨惜名器，惟荐举一路，贪躁者速化，廉静者陆沉。今欲取考第、员数增减以便之，增一任者减一员，九考者用四，十二考者用三，十五考者用二。如减举法，须实历县令，不得仍请岳祠 [5]。其或负犯殿选 [6]，自如常坐。士有应此格者，行无玷缺，年亦蹉跎，无非孤寒老练安义分之士。望付有司条上，以弭奔竞。"二十五年，命侍从举知州、通判治迹显著者，以补监司之阙；仍保任终身，犯赃及不职，与同罪。

[1] 二十二年：即绍兴二十二年（1152）。

[2] 右谏议大夫：参见宋 49 注 5。林大鼐：字梅卿（生卒年不详），莆田（今属福建）人。绍兴五年（1135）进士，历官太常寺主簿、监察御史、殿中侍御史、右谏议大夫、吏部尚书兼侍讲，罢知泉州，卒。著有《铁砚集》。

[3] 亦无员数：何忠礼《宋史选举志补正》第 256 页："按宋初常参官举人乃应诏偶或行之，而此处言'国初，常参官皆得举人'之说，有违史实，考《系年要录》卷一六三绍兴二十二年七月壬寅条记事谓：'右谏议大夫林大鼐言："臣伏读《天圣诏书》，令流内铨裁内外岁举员数，文臣待制至侍御史，武臣观察使至诸司使，举吏各有等数，毋得辄过，而被举者须有本部长吏，乃得磨勘。"详此即知天圣以前，朝廷常参官皆得举人，不限内外，亦无员数。……'大鼐此说，已非确论，志文再把'天圣以前'改为'国初'，更误。"可参考。

[4] 登对：谓上朝对答皇帝询问。《宋史全文》卷十一："先是陈升之登对，上面许擢置中枢。"

[5] 请岳祠：即"宫观官"。南宋员多阙少，官员动辄请祠，曾规定承务郎以上官员权差宫观一次，选人权差破格岳庙，每月给俸，算作资历。

[6] 殿选：考选居最末一等。

309. 二十九年[1]，闻人滋又请[2]："凡在官历任及十考以上，无公私罪，虽举削不及格[3]，许降等升改。或疑其太滥，则取吏部累年改官酌中之数，立为限隔，举状、年劳，参酌并用。"于是下其议，中书舍人洪遵、给事中王晞亮等上议曰[4]："本朝立荐举之法，必使历任六考，所以迟其岁月而责其赴功，必使之举官五员，所以多其保任而必其可用。今如议臣所请，则有力者惟图见次，无材者苟冀终更[5]，出官十馀年，可以坐待京秩。此不可一也。今欲减改官分数以待无举削者，则当被举之人，必有失职淹滞之叹。此不可二也。京官易得，驯至郎位[6]，任子之恩[7]，愈不可减，非所以救入流之弊[8]。此不可三也。夫祖宗之法非有大害，未易轻议；今一旦取二百年成法而易之。此不可四也。臣以为如故便。"滋议遂寝。

[1] 二十九年：即绍兴二十九年（1159）。

[2] 闻人滋：字茂德（生卒年不详），嘉兴（今属浙江）人。硕学老儒，曾官敕令所删定官。

[3] 举削：即"举状"。参见宋 2 注 3。

[4] 洪遵：字景严（1120～1174），饶州鄱阳（今江西波阳）人，洪皓次子。以父荫补承务郎，绍兴十二年（1142）中博学宏词科，历官秘书省正字、中书舍人、翰林学士、同知枢密院事，知太平州。著有《泉志》、《翰苑群书》等。《宋史》有传。王晞亮：字季明（生卒年不详），莆田（今属福建）人。绍兴元年（1131）恩赐进士，历官敕令所删定官、国子监丞、吏部员外郎、权工部侍郎、给事中兼侍讲，以秘阁修撰致仕。著有《过庭遗录》。

[5] 终更：官员任期终了。

[6] 郎位：即"郎官"，尚书省各部司郎中与员外郎，总称郎官。

[7] 任子：古代因父兄的功绩而得保任授与官职。

[8] 入流：参见宋 164 注 1。

310. 三十年[1]，以武臣被荐者众，命内外大臣所举统制、统领官各迁一秩[2]，将官以下[3]，所举者令两府籍记[4]。右正言何溥言[5]："比命侍从荐举县令，如闻选人不可授大邑，止籍记姓名。夫论人才不拘资格，岂堪为县令而有小大之别乎？今所举者才也，非官也。愿无拘剧易，早与选除，岁一行之，十年之后，天下多贤令矣。"乃诏："荐举守令，遇见阙依次除授；如已授差遣者，任满取旨。"帝谓辅臣曰："朕有一人材簿，臣下有所荐扬，退则记其姓名。遇有选用，搜而得之，无不适当。"

[1] 三十年：即绍兴三十年（1160）。

[2] 统制统领官：官名。南宋屯驻大军的各军、各部统兵官有统制、同统制、副统制、统领、同统领、副统领等名目。各军往往设统制一员、统领二员。

[3] 将官：南宋时，将为各屯驻大军第二级军队编制单位，隶属于军。其番号如前军第一将、右军第一将等。其统兵官为正将、副将和准备将，统称将官。

[4] 两府：宋代以掌管军事的枢密院与掌管政务的中书省为两府。宋李心传《建炎以来系年要录》卷一百八十四："绍兴三十年春正月……乙巳诏：'今后侍从、台谏右正言以上，在外帅臣、前两府及侍从以上所举统制、统领官，各迁一官；防御使以上，取旨；将官以下，令赴三省、枢密院审察。不愿赴阙者，令本军遇阙先次升差，三省、枢密院籍记，以备擢用。余人所荐，并籍记，三省、枢密院审访材能以闻。'先是有旨，令中外荐武臣，而被荐者众，朝廷无以处之，故有是命。"可参考。

[5] 右正言：参见宋96注3。何溥：字通远（生卒年不详），永嘉（今浙江温州）人。绍兴进士，历官监察御史、左正言、左司谏、右谏议大夫、权工部侍郎、翰林学士兼侍读兼权吏部尚书，以龙图阁学士致仕。何忠礼《宋史选举志补正》第257页："按何溥早在绍兴二十七年十一月戊辰以监察御史除左正言（《系年要录》卷一八七），二十九年二月庚寅以左正言擢左司谏（《系年要录》卷一八一），十二月丙寅又以左司谏升任右谏议大夫（《系年要录》卷一八三）。换言之，绍兴三十年时，何溥无出任右正言之可能。再按《系年要录》卷一八八绍兴三十一年正月庚子条载，何溥上此奏疏，正在右谏议大夫任上。故《志文》'右正言'当为'右谏议大夫'之误。"可参考。

311. 孝宗尝命内外选在任闲居待次官举可任监司、郡守之人 [1]，以资序分二等，一见今可任，一将来可任，注籍于三省，仍作图进呈，以凭除擢 [2]。又以武选之众，拔擢未广，立"谋略沉雄可任大计"、"宽猛适宜可使御众"、"临阵骁勇可鼓士气"、"威信有闻可守边郡"、"思智精巧可治器械"凡五等科目，令曾历军功观察使以上各举三人。其"通习典章可掌朝仪"、"练达民事可任郡寄"、"谙晓财计可裕民力"、"持身廉洁可律贪鄙"、"词辨不屈可备奉使"五等，令非军功观察使以上举之 [3]。并随类指陈实迹，毋得别撰褒词。

[1] 孝宗：即宋孝宗赵昚（1127～1194）。参见宋59注1。待次：即"待阙"，或称"守阙"。宋代官员任满后，向吏部等主管官府申请登记差遣窠阙；或已登记窠阙，待现任官员任满以代之，均为"待阙"。

[2] 以凭除擢：何忠礼《宋史选举志补正》第258页："按上述诏令颁于绍兴三十二年十月三日，时孝宗即位未改元，详见《宋会要·选举》三〇之一一、《系年要录》卷二〇〇及《宋史全文》卷二三下所载。再按诏令开首'孝宗尝命内外选在任闲居待次官举可任监司、郡守之人'一句，上引三种史籍皆记作'诏令侍从、两省、台谏、卿监各举可任监司、郡守之人'，两者对勘，内

容出入颇大，疑志文有误。"可参考。

[3] "令非军功"句：何忠礼《宋史选举志补正》第258页："按志文此处脱漏非军功观察使以上之荐举人数，参照《庆元条法事类》卷一五《举武臣格》载，以为每岁许举三人。"可参考。

312. 隆兴二年 [1]，廷臣上言，谓："国朝视文武为一体，故有武臣以文学换授文资 [2]，文臣以材略智谋换右职当边寄者 [3]。盖文武两途，情本参商 [4]。若文臣总干戎事，不换武阶，则终以气习相忌，有不乐从者矣。今兵尘未息，方厉恢复之图，愿博采中外有材智权略可以临边、可以制阃者 [5]，仿旧制改授。"从之。乾道以后 [6]，又选大将之家能世其武勇者，武举及第武艺绝伦可为将佐者。会廷臣言曰："方今国家之兵，东至淮海 [7]，西至川蜀，殆百馀万。其间可为将帅者，不在其上，则在其下，而朝廷未知振其气、表其才也。今文臣有三人举主，则为之循资再任，五人则为之改秩 [8]，而武臣无有焉。古语曰：'三辰不轨，擢士为相；蛮夷不恭，拔卒为将。' [9] 宜令都统制视监司者岁举武臣二人 [10]，视郡守者岁举一人。以智勇俱全为上，善抚士卒、专有胆勇者次之。不拘将校士卒，优以奖擢。被举人有临战不用命者，与文臣犯入己赃者同，并坐举主。"帝可其奏，仍著为法。

[1] 隆兴二年：即公元1164年。隆兴，宋孝宗赵昚的第一个年号。

[2] 文资：宋代文官的官资。

[3] 右职：这里指武官官职。边寄：防守边疆的任务。

[4] 参（shēn 深）商：参星与商星，参星在西，商星在东，此出彼没，永不相见。这里以之比喻有所差别、距离。

[5] 制阃（kǔn 捆）：谓统领一方军事。

[6] 乾道：宋孝宗赵昚的第二个年号（1165～1173）。

[7] 淮海：谓淮南东路，治所扬州（今属江苏）。《书·禹贡》："淮海惟扬州。"

[8] 改秩：即调官。一般指改任品级大致相同的官职，有时略含升迁之意。

[9] "古语云"数句：语本《后汉书·陈龟传》："臣闻三辰不轨，擢士为相；蛮夷不恭，拔卒为将。臣无文武之才，而忝鹰扬之任。"三辰，谓日、月、星。蛮夷，古代对四方边远地区少数民族的泛称。

[10] 都统制：官名。北宋后期，大军出师征讨，诸军统制不相统属，即以其中一人为都统制，统率诸军。建炎元年（1127）置御营司，设都统制，其后为各屯驻大军统兵官，其副职即副都统制，某些官位高的武将亦有任屯驻大军之下军一级的都统制者。视监司者：谓品阶可比照监司的都统制。下"视郡守者"同。

313. 三年 [1]，礼部尚书赵雄请令侍从、台谏、两省 [2]，于知县资序以上岁荐堪充郡守，通判资序以上岁荐监司，仍用汉朝杂举之制 [3]，三省详加考察 [4]。诏如所请，仍不以内外，杂举岁各五人，保举官及五员以上，列衔共奏。帝曰："荐举本欲得人，又恐干请，反长奔竞。"龚茂良言 [5]："三代良法，亦不免于弊。今欲精选监司、郡守，非荐举何由知之。"帝曰："若今杂举，则须众论佥允 [6]，又经中书考察而后除授，亦博采遴选之道也。"

[1] 三年：何忠礼《宋史选举志补正》第 260 页："按此处之'三年'，若依上文当指乾道三年，但据《宋史·赵雄传》载，雄于隆兴元年（1163）登进士第，至乾道五年（1169）才'手诏除正字'，在此之前，决不可能已为礼部尚书。再考《宋史·宰辅表四》载，淳熙三年（1176）七月，雄自朝散郎、试礼部尚书除端明殿学士、签书枢密院事，则知志文于'三年'前，脱'淳熙'纪年，当补。"可参考。

[2] 礼部尚书：尚书省六部之一礼部的主官。赵雄：字温叔（1129~1193），资州（治今四川资中）人。隆兴元年（1163）类省试第一，历官秘书省正字、中书舍人、礼部侍郎、礼部尚书、同知枢密院事、参知政事、右丞相，改知江陵府，进卫国公，以判隆兴府终。《宋史》有传。两省：唐宋称中书省与门下省为两省。

[3] 杂举：共同荐举。语本《汉书·成帝纪》："丞相、御史其与中二千石、二千石杂举可充博士位者，使卓然可观。"

[4] 三省：指门下省、中书省、尚书省。

[5] 龚茂良：字实之（1117?~1186?），兴化军（治今福建莆田）人。绍兴进士，历官江西转运判官兼知隆兴府、礼部侍郎、参知政事，贬英州安置，卒。《宋史》有传。《宋史全文》卷二十六上："淳熙三年……夏四月戊寅……龚茂良等奏：'昨已缴进令侍从、台谏、两省官荐举监司、郡守指挥，未审曾经睿览否？'上曰：'荐举本欲得人，又恐干求请托，却长奔竞之风。'茂良等奏：'天下事未有无弊，虽三代良法，久亦不免于弊。今陛下既欲精选监司、郡守，非荐举何由知之？'上曰：'若令杂举，则须众论佥允，庶几近公，况又经中书考察而后除授，亦足以见朕于人材博采遴选如此，非苟然也。'乃诏侍从、台谏、两省官参照资格，不以内外，杂举监司、郡守，岁各五人，中书省置籍，三省更加考察取旨。"记述较志文为详，可资参照。

[6] 佥允：公允。

314. 吏部请："武举军班武艺特奏名出身 [1]，并任巡检、驻泊、监押、知砦 [2]，比附《文臣关升条令》，并实历六考，有举主四人，内监司一人，听关升亲民 [3]。正副将 [4]，两任、有举主二人，内一人监司，亦与关升。凡升副将，视文臣初任通判资序；再关升正将，视文臣次任通判资序；关升路分副都监，视文臣初任知州资序；小郡州钤辖 [5]，视文臣次任知州资序。"孝宗以岁举京官数滥 [6]，于是内外荐举改官员数，六部、寺、监长贰，户部右曹郎官等 [7]，三分减一；礼部、国子监长贰，如上条外又减半；前宰执，岁各减二员；诸道转运、提刑、提举常平茶盐学事司 [8]，总领茶马、铸钱司 [9]，安抚、制置司 [10]，及诸路州军，并四分减一 [11]。通籍之数弥省矣。

[1] 军班：低级武官出身之一。宋内外诸军兵、诸班直与军头司等人，因年劳或军功得官，皆属军班。特奏名：参见宋 6 注 13。

[2] 巡检：参见宋 159 注 7。驻泊：北宋时，军队实行更戍法，轮流出戍各地。出戍军由总管统辖

者，称驻泊。更成法废后，驻泊无固定含义。监押：即"都监"。参见宋 173 注 12。知砦：即
"知寨"。参见宋 159 注 7。

［3］关升：参见宋 236 注 3。亲民：即"亲民官"。参见宋 212 注 11。

［4］正副将：宋军队编制单位"将"的正、副统兵官。

［5］钤辖：参见宋 159 注 10。

［6］孝宗：即宋孝宗赵昚（1127～1194）。参见宋 59 注 1。

［7］右曹：宋代曹司常分左右，尚书省六部二十四司，以兵部、刑部、工部为右名曹，职方、驾部、
库部、都官、比部、司门、屯田、虞部、水部为右曹。此外户部等机构也分置左、右曹以领不同
事务。这里指后者。

［8］提刑：即"提点刑狱公事"。参见宋 240 注 4。提举常平茶盐学事司：即"提举常平茶盐公事"、
"提举学事司"之合称。前者系绍兴十五年（1145）合并提举茶盐官与提举常平官为一职而成，
掌各路役钱、青苗钱、义仓、赈济、水利、茶盐等事；后者掌一路州县学政。

［9］总领：官名。即总领财赋或总领某路财赋军马钱粮。铸钱司：即"提举坑冶铸钱司"，或称"提
举坑冶司"。宋代掌冶炼及铸钱的机构。

［10］安抚：即"安抚司"，宋代地方行政区划之一，置于诸路。这里当指其长官安抚使。制置司：
当指制置使。为一路至数路地区统兵大员。

［11］四分减一：何忠礼《宋史选举志补正》第 261～262 页："按孝宗朝减岁举京官数之诏，据《庆
元条法事类》卷一四《选举门·改官关升》条载，颁于淳熙七年（1180）二月二十三日。又据
《朝野杂记》甲集卷一二《奏举京官》条载：'奏举京官，祖宗时无定数，有其人则举之。太平
兴国后，诸州通判亦得举京官。熙宁中，取以为提举常平员数。元祐中，尝暂复之，至绍圣
又罢。淳熙六年九月，上以岁举京官数滥，命给舍、台谏议之。王仲行日希时兼给事中，乃请
六曹、寺、监（户部右曹郎官同），岁减举员三之一，诸路监司减四之一，礼部、国子监长贰
减三之二，前执政岁减二员。诸州无县者岁止一员，岁终不除运副而判官补发者，不理为职司。
奏可。庆元元年十一月，复诏判官补发副使状理为职司，又诏职司状不得用二纸，用姚察院愈
奏也。在京选人，旧无外路监司荐举，渡江后，诏以六部长贰作职司。乾道七年九月，罢之。
惟馆学官通理四考，不用举主改官，盖累圣存优贤之意。'此条记事，不仅可以大略了解宋代奏
举京官之沿革，亦可补孝宗朝岁减举京官数之前因后果。"可参考。

315. 光宗时［1］，言者谓："被荐者众，朝廷疑其私而不信，病其泛而难从，纵有
贤才，不免与侥幸者并弃，请条约之。"乃命帅守、监司毋独员荐士［2］。时荐举固多
得人，然有或乏廉声而举充廉吏，或素昧平生而举充所知，或不能文而举可备著述。遂
命臣僚自今有人则荐，无人则阙，其尤缪妄者觉察之［3］。

［1］光宗：即宋光宗赵惇（1147～1200）。参见宋 66 注 1。

［2］帅守：宋代各路帅府之知州、知府兼任安抚使者，称帅守。何忠礼《宋史选举志补正》第 263
页："按命帅守、监司毋独员荐士之诏，据《两朝纲目备要》卷二、《宋史全文》卷二八、《宋
史·光宗纪》载，颁于绍熙四年（1193）十二月己酉。"可参考。

［3］"遂命"三句：何忠礼《宋史选举志补正》第 263 页："按《两朝纲目备要》卷四载：'嘉泰初，
邓友龙为察院，复奏："自庆元三年至六年，在外被荐者无虑千馀人，其间或乏廉声而举充廉

吏……至于庙堂亦无以处之。愿诏中外臣僚，自今有人则荐，无人则阙，倘所荐非人，当择其尤者觉察以闻。"疏奏，从之。'按庆元（1195～1200）、嘉泰（1201～1204）皆为宁宗年号，宋廷接受邓友龙之请，下'有人则荐，无人则阙'之诏，必在宁宗嘉泰初无疑，志文将其事系于'光宗时'，定误。"可参考。

316. 嘉泰二年 [1]，令内外举荐并具实迹以闻，自是滥举之弊稍革。嘉定十二年 [2]，命监司、守臣举十科政绩所知自代 [3]，露章列荐 [4]，并籍记审察。任满，则取其举数多、有政绩行谊者，升擢之。

[1] 嘉泰二年：即公元 1202 年。嘉泰，宋宁宗赵扩的第二个年号。
[2] 嘉定十二年：即公元 1219 年。嘉定，宋宁宗赵扩的第四个年号。
[3] 十科：即"司马光十科"。参见宋 236 注 5，宋 296。
[4] 露章：公开内容的奏章。

317. 宋初，内外小职任，长吏得自奏辟 [1]。熙宁间 [2]，悉罢归选部。然要处职任，如沿边兵官、防河捕盗、重课额务场之类 [3]，寻又立专法听举，于是辟置不能全废也。既出常格，则憸人往往因之以行其私 [4]。元祐以来 [5]，屡行屡止。盖处心公明，则得以用其所知，固为良法；苟徇私昧理，则才不为用，请属贿赂，无所不有矣。又孰若付之铨曹而概以公法者哉 [6]？

[1] 奏辟：又称"辟差"、"差辟"、"辟置"。宋代授予官员差遣的一种方式。各路安抚司、转运司、知州等，依法许自行选择官员，具名奏辟。但往往侵夺吏部四选窠阙，使冗官现象更加严重。何忠礼《宋史选举志补正》第 264～265 页："按辟举又称辟除，是中央或地方长吏自辟僚属的制度，他与荐举制相比，有以下三个特点：一是被辟用者一般只为幕僚、属官，品级都不高；二是辟举时，从名义上说，虽要经过朝廷认可，但毋须吏部铨选，亦允许辟除后奏闻；三是辟举制以临时实施为多，有人则辟，急需则辟，并无一定的资格、人数、举主、时间等规定。辟举制始于两汉，以后一直盛行不衰，与察举、九品中正制和科举制长期并存。宋立国后，有鉴于唐末五代藩镇专横跋扈，常以辟举任用私人，发展割据势力，才对辟举制严加限制。如宋太祖建隆四年（963），诏：'自前藩镇多奏初官人为掌书记，颇越资序，自今历两任有文学者方得举奏。'（《通考·选举考十二》）太宗雍熙四年（987）八月乙未，'令诸路转运使及州郡长吏自今并不得擅举人充部内官，其有阙员即时具奏。前所论荐，多涉亲党，故窒其幸门也。'（《长编》卷二八）由此可知，志文关于'宋初，内外小职任，长吏得自奏辟'云云，说得过分笼统，且也不甚符合事实，特补叙之。"可参考。
[2] 熙宁：宋神宗赵顼第一个年号（1068～1077）。
[3] 务：古代管理贸易及收税的机构称"务"。《文献通考》卷十四："宋朝每克复疆土，必下诏蠲省，凡州县皆置务，关镇或有焉，大则专置官临监，小则令佐兼领。"场：谓盐场，税务较重。
[4] 憸（xiǎn 险）人：小人，奸佞之人。
[5] 元祐：宋哲宗赵煦的第一个年号（1086～1094）。
[6] 铨曹：宋代吏部及其所属各司的别称。

274

318. 建炎初 [1]，诏河北招抚、河东经制及安抚等使 [2]，皆得辟置将佐官属；行在五军并御营司将领 [3]，亦辟大小使臣 [4]。诸道郡县残破之馀，官吏解散，诸司诱人填阙，皆先领职而后奏给付身 [5]。于是州郡守将，皆假军兴之名，换易官属，有罪籍未叙复、守选未参部者 [6]。朝论患之，乃令厘正，使归部依格注拟。惟陕西五路、两河、两淮、京东等路经略安抚司属官听举辟 [7]，馀路并罢 [8]。四年 [9]，初置诸镇抚使 [10]，管内州县官并许辟置。言者谓远方之民 [11]，理宜绥抚。如峡州四县 [12]，多用军功或胥吏补知县，栏吏补监税 [13]，民被其害。遂命取峡州、江陵府、荆门军、公安军州县官阙 [14]，委安抚司奏辟。命御史台仍旧辟举承务郎已上官充主簿、检法官 [15]，不限资序。

[1] 建炎：宋高宗的第一个年号（1127～1130）。

[2] 招抚：即"招抚使"，官名，不常置。掌招抚讨伐事务，其官署称招抚使司。经制：即"经制使"，官名。建炎元年（1127）曾以王璱为河东经制使，以傅亮为经置副使，负责收复失地。其官署称经制使司或经制司。安抚：即"安抚使"。参见宋 265 注 14。

[3] 行在：即行在所，天子巡行所在之地。这里指扬州（今属江苏）。五军：泛指朝廷的军队。御营司：参见宋 305 注 4。

[4] 大小使臣：即"大使臣"与"小使臣"。前者参见宋 159 注 9；后者参见宋 242 注 4。

[5] 付身：又称"付身文字"、"付身文书"。宋代吏部四选等发给任差遣官员的功过历，须随身携带。

[6] 叙复：宋朝廷对犯罪官员减轻处分的一项规定。官员在任被责降官或罢官、追停、停职等，遇赦恩得以恢复原有官资，收叙任用，称"叙复"。守选：参见宋 15 注 3。参部：即"参选"，又称"参部注授"、"部选"。参见宋 144 注 4。何忠礼《宋史选举志补正》第 266 页："按'有罪籍未叙复'之'未'字下，据《通考·选举考十二》载，夺一'该'字，宜补。按'守选未残部者'之'未'字下，据上引《通考》载，夺一'合'字，宜补。"可参考。

[7] 陕西五路：即谓陕西路。北宋康定二年（1041）曾分陕西路为鄜延、环庆、泾原三路，熙宁五年（1072）又增置熙河路、秦凤路等。参见宋 31 注 6。两河：即河东路，治并州（今山西太原）；河北路，治大名府（今河北大名东）。两淮：即淮南东路，治扬州（今属江苏）；淮南西路，治寿州（今安徽凤台）。京东：即京东路，治宋州（今河南商丘南）。经略安抚司：经略安抚使的官署。宋仁宗宝元间，为防西夏侵扰，于沿边诸路置经略使，常兼安抚使，故称经略安抚使，掌一路兵民大政。

[8] 馀路并罢：《宋会要辑稿·选举》三一之一："高宗建炎元年……十二月十五日……诏：'除陕西、河东路帅臣许依元得指挥及依条令举辟外，诸路监司、郡守依赦辟官并罢。'"

[9] 四年：即建炎四年（1130）。

[10] 镇抚使：官名。南宋初，因宰相范宗尹建议，在与金、伪齐接壤的淮南、京西、湖北等路分置镇抚使，其辖区至数府、州、军，并兼知府或知州。掌辖区兵、民、财政，茶盐之利仍归朝廷。一度废，南宋晚期复置。其官署称镇抚使司或镇抚司。

[11] "言者"句：何忠礼《宋史选举志补正》第 266～267 页："按自'言者谓远方之民'以下一段

文字，上引《通考》（即《选举考十二》）作起居郎朱震所奏，与志文一样，载于建炎四年下。但《宋会要·选举》三一之五及《系年要录》卷九○皆以为是朱震在绍兴五年（1135）六月十日之上疏。再考朱震除起居郎时间在绍兴五年四月壬申（参见《系年要录》卷八八），则当以《宋会要》及《系年要录》所载之年月为准，志文将该段文字系于建炎四年下，殊误。"可参考。

[12] 峡州：治今湖北宜昌一带。

[13] 栏吏：当作"拦吏"，或作"拦头"。宋代下等执役之一，隶属税务。掌在监当官与专知指挥下稽查来往商旅，拘拦搜检漏税物资等。一般以第五等户充，往往要以武力警戒。监税：即"监当官"。为宋代掌管茶、盐、酒税场务与冶铸事务官员的总称。

[14] 江陵府：治今湖北荆沙市。荆门军：治今湖北荆门市。公安军：治今湖北公安西北。

[15] 御史台：宋代司监察之官署名，以御史中丞为长官。承务郎：参见宋221注11。主簿：宋代官署掌管簿书事务的属官。检法官：官名。宋代刑部、大理寺、御史台、户部、三司、各路提点刑狱司皆设此官，主管检详法律事宜。

319. 绍兴二年 [1]，臣僚又以"比年帅守、监司辟官，挽夺部注 [2]，朝廷不能夺，铨曹不能违 [3]，又多界以添差不厘务之阙 [4]。上自监司、倅贰 [5]，下至掾属、给使 [6]，一郡之中，兵官八九员，一务之中，监当六七员，数倍于前日。存无事之官，食至重之禄，所以重困生民。请裁省其阙，否则以宫庙之禄界之 [7]。"遂命自今已就辟差理资任者 [8]，毋得据旧阙以妨下次 [9]。六年 [10]，诏诸道宣抚司，僚属许本司奏辟 [11]，内京官以二年为任，愿留再任者，取旨。自兵兴 [12]，所辟官有经十年不退者，故条约焉。二十六年 [13]，诏已注知县、县令，不许奏辟 [14]。

[1] 绍兴二年：即公元1132年。绍兴，宋高宗赵构的第二个年号。

[2] 部注：参见宋234注4。

[3] 铨曹：宋代吏部及其所属各司的别称。

[4] 厘务：管理政事。宋赵升《朝野类要》卷三《不厘务》："添差之官，则不理政事也。若许干预，则曰仍厘务。"

[5] 倅贰：宋代通判一类的地方辅佐官。

[6] 掾（yuàn院）属：佐治的官吏。给使：供人役使之吏。

[7] 宫庙之禄：即食俸而不理事的宫观官。参见宋152注2。

[8] 资任：资格，资历。

[9] 次：即"待次"，又称"待阙"。参见宋311注1。

[10] 六年：即绍兴六年（1136）。

[11] "诏诸道"二句：何忠礼《宋史选举志补正》第267页："按'诏诸道宣抚司，僚属许本司奏辟'后，据《系年要录》卷一○六绍兴六年十一月戊寅条载，尚有'或朝廷差除'一句，似不可省。为此，其标点当改作：'诏：诸道宣抚司僚属，许本司奏辟或朝廷差除。'"可参考。

[12] 兵兴：谓靖康以后，南宋与金人的争战。

[13] 二十六年：即绍兴二十六年（1156）。

[14]"诏已注"二句：何忠礼《宋史选举志补正》第267页："按《宋会要·选举》三一之七载：'（绍兴）二十六年闰十月二十六日，诏见任及已注下知县、县令人，今后不许诸处奏辟。'志文与之对勘，于'诏'字下脱'见任及'三字，当补。"可参考。

320．孝宗初 [1]，诏内外有专法，辟阙并仍旧。乾道九年 [2]，命监司、帅臣，非有著令，不得创行奏辟；所辟毋得搀已差之阙 [3]，违者御史台察之。淳熙三年 [4]，命自今极边知县、县令阙官，专委本州守臣奏辟，毋得仍旧权摄 [5]；其见摄官留意民事百姓爱服者，许不以有无拘碍，特行奏辟。七年 [6]，诏未中铨、未历任、初改秩人毋得差辟 [7]，著为令。

[1] 孝宗：即宋孝宗赵昚（1127～1194）。参见宋59注1。
[2] 乾道九年：即1173年。乾道，宋孝宗赵昚的第二个年号。
[3]"所辟"句：何忠礼《宋史选举志补正》第268页："按南宋辟举之弊，除任用私人外，尚有二个方面：一是擅搀朝廷已差之阙，二是擅辟吏部已命之官。据《宋会要·选举》三一之一一载，乾道九年的这个诏令，正为纠正上述弊病而下，志文与之对勘，于'所辟毋得搀已差之阙'后，脱'不得将已差下人替所辟人阙'一句，当补。"可参考。
[4] 淳熙三年：即公元1176年。淳熙，宋孝宗赵昚的第三个年号。
[5] 权：宋代暂代某官职务而非正官，经正式任命后，再据寄禄官品确定其行、守、试等。摄：即"摄官"，或称"权局"、"差摄"。即临时代理。
[6] 七年：即淳熙七年（1180）。
[7] 中铨：铨试通过。参见宋111注5。初改秩人：初调官者。参见宋102注5。

321．理宗宝庆二年 [1]，以广南东、西路通判、幕职、教授等官 [2]，法未尝许辟者，须于各官将满之前具阙。如未有代者，即听申部出阙，满三月无人注拟，申省下本路。通判以下京官阙，从诸司奏辟。选人阙，从漕司定差 [3]。作邑未满三年、作倅未满二考，不许预期奏辟他阙。诸司属官不许辄自辟置，或久阙正官，许令次官暂摄，待朝命方许奏辟。淳祐十一年 [4]，以御史台申严铨法，禁监司、郡守辟亲戚为属吏。又选人无考第、举主不及三员，及纳粟人虽有考第、举主 [5]，并不听辟为令。宝祐三年 [6]，戒诸路监司、帅阃 [7]，不应辟而辄辟者，辟主及受辟之官，并与镌秩 [8]。

[1] 理宗：即宋理宗赵昀（1205～1264）。参见宋71注1。宝庆二年：即公元1226年。宝庆，宋理宗赵昀的第一个年号。
[2] 广南东西路：即广南东路与广南西路。参见宋82注2、注5。
[3] 漕司：参见宋86注9。
[4] 淳祐十一年：即公元1251年。淳祐，宋理宗赵昀的第五个年号。
[5] 纳粟人：即献助得官者。参见宋127注4。
[6] 宝祐三年：即公元1255年。宝祐，宋理宗赵昀的第六个年号。
[7] 帅阃（kǔn 捆）：镇抚一方的军事首长。

[8] 镌秩：谓降级或降职。

322. 考课 [1]。宋初循旧制，文武常参官各以曹务闲剧为月限 [2]，考满即迁。太祖谓非循名责实之道 [3]，罢岁月叙迁之制 [4]。置审官院 [5]，考课中外职事。受代京朝官引对磨勘，非有劳绩不进秩。其后立法，文臣五年、武臣七年，无赃私罪始得迁秩 [6]。曾犯赃罪，则文臣七年、武臣十年，中书、枢密院取旨。其七阶选人 [7]，则考第资历，无过犯或有劳绩者递迁，谓之"循资"。凡考第之法，内外选人，周一岁为一考，欠日不得成考。三考未替，更周一岁，书为第四考，已书之绩，不得重计。初著令 [8]，州县户口准见户十分增一，刺史、县令进考，若耗一分，降考一等。建隆三年 [9]，又以科赋有欠逾十之一，及公事旷违尝有制受罚者，皆如耗户口降考。吏部南曹又举周制 [10]，请州县官益户增税，受代日并书于籍，凡千户以下能增百户减一选，减及三选以上，令赐章服 [11]，主簿升秩进阶。能归复逋亡之民者，亦如之。

[1] 考课：宋制，官员在任满一年为一考，由上级官府考校优劣。以四善、三最（或四最）考校守令，以七事（或十五事）考校监司。考校入优等或上等者，得减选、升资或转官。京朝官晋升官阶和选人改为京朝官时的考课，则称"磨勘"。

[2] 常参官：参见宋95注3。月限：为官时间以月为单位计算，各官不等。

[3] 太祖：即宋太祖赵匡胤（927～976）。参见宋5注11。

[4] 罢岁月叙迁之制：何忠礼《宋史选举志补正》第269页："按宋初改唐、五代旧制，'罢岁月叙迁之制'的时间，据《长编》卷二、《宋会要·职官》五九之一所载，在建隆二年（961）五月己卯。"可参考。

[5] 审官院：参见宋187注5。何忠礼《宋史选举志补正》第269页："按'审官院'系太宗淳化四年（993）二月十八日以'磨勘京朝官院'之名改（参见《长编》卷三四）……志文于此处承袭《通考·选举考十二》引陈傅良所谓'太祖置审官院，考课中外职事'一说之误，以为太祖朝已有此名，误。"可参考。

[6] "其后立法"三句：何忠礼《宋史选举志补正》第269页："按《长编》卷五三咸平五年十二月丙戌条载：'令审官院考校京朝官，令任及五年以上、无赃私罪者以名闻，当迁其秩。诸路转运使副，令中书进拟。'志文此处之'文臣五年'云云，当指此事，但该诏令颁布时间已在真宗朝，迁秩者系限于京朝官，而非包括选人在内的所有'文臣'。再按《长编》卷六三景德三年六月戊子条载：'诏三班院考校使臣以七年为限，尝有徒以上罪者，自赦后理年考课。'志文所谓'武臣七年'云云，当指此事，但该诏令颁布时间亦在真宗朝。又，三班院只负责考校武臣中之大小使臣（正八品以下武官），诸史副史以上（从七品以上）之武官则另有迁秩法，志文于此笼统作'武臣七年'，亦不尽妥当。"可参考。

[7] 七阶选人：参见宋228，宋103注4。

[8] 初著令：何忠礼《宋史选举志补正》第269页："按北宋初年规定以户口增耗作为州、县长吏进、减考第依据之令，据《宋会要·职官》五九之一及《长编》卷三所载，颁于建隆三年十一月十日，故紧接该项命令后面的'建隆三年'四字，当前移至'初著令'前。"可参考。

[9] 建隆三年：即公元962年。建隆，宋太祖赵匡胤的第一个年号。

[10] 周制：谓五代后周的制度。

[11] 章服：绣有日月、星辰等图案的古代礼服。每图为一章，天子十二章，群臣按品级以九、七、五、三章递降。

323. 是年，县始置尉 [1]，颁《捕盗条》，给以三限，限各二十日，三限内获者，令、尉等第议赏 [2]；三限外不获，尉罚一月奉，令半之。尉三罚、令四罚，皆殿一选，三殿停官。令、尉与贼斗而能尽获者，赐绯升擢 [3]。乾德四年 [4]，诏诸县令、佐有能招携劝课 [5]，以致蕃庶民籍 [6]，租额出其元数 [7]，减一选，仍进一阶。

[1] 县始置尉：《宋史·职官七》："尉。建隆三年，每县置尉一员，在主簿之下，奉赐并同。至和二年，开封、祥符两县各增一员，掌阅习弓手，戢奸禁暴。凡县不置簿，则尉兼之。中兴，沿边诸县间以武臣为尉，并带兼巡捉私茶、盐、矾，亦或文武通差。"可参考。

[2] "给以三限"数句：宋李焘《续资治通鉴长编》卷三："建隆三年……十二月……庚子，有司上《捕贼条》，诏颁行之，给以三限，限各二十日。第一限内获者，令、尉各减一选，获逾半者，减两选。第二限内获者，各超一资，逾半，超两资。第三限内获者，令、尉各加一阶，逾半，加两阶。"可参考。

[3] 赐绯：参见宋 193 注 13。宋李焘《续资治通鉴长编》卷三："过三限不获，尉罚一月俸，令半之。尉三罚、令四罚，皆殿一选，三殿停官。令、尉与贼斗而尽获者，并赐绯，尉除令，仍超两资，令别加升擢。"可参考。

[4] 乾德四年：即公元 966 年。乾德，宋太祖赵匡胤的第二个年号。

[5] 招携：招引尚未归心的人。劝课：鼓励与督责。

[6] 蕃庶：滋生，繁衍。

[7] 租额：租税的数额。

324. 太宗励精图治 [1]，遣官分行郡县，廉察官吏。河南府法曹参军高丕等 [2]，皆以不胜任免官 [3]。复诏诸道察举部内官，第其优劣为三等："政绩尤异"为上，"职务粗治"为中，"临事弛慢所莅无状"者为下。岁终以闻。先是，诸州掾曹及县令、簿、尉 [4]，皆户部南曹给印纸、历子 [5]，俾州郡长吏书其绩用愆过，秩满，送有司差其殿最。诏有司申明，其诸州别给公据者罢之 [6]。判吏部南曹董淳言 [7]："有司批书印历，多所阙略，令漏书一事殿一选，三事降一资。"自是职事官依州县给南曹历子，天下知州、通判、京朝官厘务于外者，给以御前印纸，令书课绩 [8]。时蒋元振知白州 [9]，为政清简，民甚便之；秩满，众辄诣部使乞留，凡十有八年，未受代。姚益恭清白有才干 [10]，知郓州须城县 [11]，鞭朴不施，境内大治。淳化初 [12]，采访使各言其状 [13]，下诏褒嘉，赐元振绢三十四、粟五十石，赐益恭对衣、银带、绢五十匹 [14]。

[1] 太宗：即宋太宗赵炅（939~997）。参见宋 8 注 1。

[2] 河南府：治所在今河南洛阳。法曹参军：宋代河南府之曹官名目之一。高丕：生平不详。

[3] 免官：《宋史·太宗纪一》："（太平兴国二年）五月壬戌，河南法曹参军高丕、伊阙县主簿翟嶙、郑州荥泽令申廷温坐不勤事，并免。"可参考。

[4] 掾曹：州府佐治官吏的通称。

[5] 南曹：唐代吏部官署名。以吏部员外郎主管选院，因在尚书省之南，故称南曹。宋承唐制，设判南曹事一员，由朝官充任，掌考验选人殿最等。"南曹"前不当冠以"户部"，当作"吏部南曹"是。印纸：参见宋85注4。历子：或称"历纸"，宋代记录官吏功过、以备查考的文书。

[6] 公据：官方所发文据，用于证明身份、资历等。宋李焘《续资治通鉴长编》卷十八："太平兴国二年春正月……先是，诸州掾曹及县令、簿、尉皆吏部南曹给印纸、历子，外或别给公据。壬申诏罢公据，申明书历之制。"何忠礼《宋史选举志补正》第271页："又本条记事，依照时间顺序，当在前面五月壬戌条记事前。"甚是。

[7] 董淳：《宋史·文苑传》言董淳"善为文章"，"淳为工部员外郎、直史馆，奉诏撰《孟昶纪事》"。馀不详。何忠礼《宋史选举志补正》第272页："按董淳之奏，据《宋会要·职官》五九之二及《长编》卷一九载，上于太平兴国三年二月二日。"可参考。

[8] 令书课绩：何忠礼《宋史选举志补正》第272页："按宋初只给诸州掾曹及县令、簿、尉以印纸、历子，到太平兴国六年二月一日，遂下诏：'京朝官厘务于外者，咸给以御前印纸。'（《宋会要·职官》五九之二、《长编》卷二二）"可参考。

[9] 蒋元振：生平不详。宋李焘《续资治通鉴长编》卷三十一："淳化元年……冬十月……乙丑，赐知白州蒋元振绢三十匹、米五十石。元振，江东人，清苦厉节，亲属多贫，不能膳养。闻岭南物贱，因求其官，寄家于潭州，尽留俸禄供给，元振啜菽饮水，缝纸为衣，颇以简易为政，民甚便之。秩满，迁转运使，乞留，凡七、八年不得代。采访使言其状，上嘉叹久之，故有是赐。"可参考。白州：治所博白（今属广西）。明彭大翼《山堂肆考》卷七十四、《广东通志》卷三十九或谓蒋元振知廉州（治今广西合浦），当误。

[10] 姚益恭：生平不详。宋李焘《续资治通鉴长编》卷三十一："淳化元年……冬十月……丙寅，又赐知郓州须城县姚益恭绢三十匹、粟二十石。益恭，临济人，初为兴国军判官，以清干闻，召赴阙，老幼千馀人遮道，不得发，至有涕泣者。益恭遂夜开城门遁去。其在须城，鞭扑不用，境内大治。民数千人三遮转运使，乞留，相率如浮屠宫饭僧，以邀福，愿益恭未代。采访使言其状，故有是赐。"可参考。

[11] 郓州须城县：治所在今山东东平西北。

[12] 淳化：宋太宗赵炅的第四个年号（990～994）。

[13] 采访使：宋代使职之一。《宋史·职官十》："廉访民瘼，则有巡抚大使、副大使，安抚使、副使、都监，采访使、副使。"

[14] 对衣：宋谢采伯《密斋笔记》卷四："对衣，谓上衣、下裳一对也。"银带：银饰的腰带。《宋史·舆服五》："虽升朝着绿者，公服上不得系银带。"

325. 四年[1]，始分置磨勘之司[2]。审官院掌京朝官[3]，考课院掌幕职、州县官[4]，废差遣院[5]，令审官总之。乃诏："郡县有治行尤异、吏民畏服、居官廉恪、莅事明敏、斗讼衰息、仓廪盈羡、寇盗剪灭、部内清肃者，本道转运司各以名闻，当驿置赴阙，亲问其状加旌赏焉。其贪冒无状、淹延斗讼、逾越宪度、盗贼竞起、部内不治者，亦条其状以闻，当行贬斥 [6]。"

[1] 四年：即淳化四年（993）。淳化，宋太宗赵炅的第四个年号。

[2] "始分"句：《宋史全文》卷四："癸巳淳化四年……二月，以磨勘京朝官院为审官院，幕职州县官院为考课院。时金部员外郎谢泌言：'磨勘之名，非典训也。'故易之。"可参考。磨勘，参见宋 2 注 3。

[3] 审官院：参见宋 187 注 5。

[4] 考课院：官署名。淳化四年（993）置，掌磨勘幕职、州县官功过，引对黜陟。同年五月，以其事归吏部流内铨主管。

[5] 差遣院：参见宋 199 注 3。

[6] "乃诏"数句：何忠礼《宋史选举志补正》第 273 页："按'治行优异'，'各以名闻'；'贪冒无状'，'当行贬斥'之诏，据《宋会要·职官》五九之四载，颁于淳化三年十月十六日，亦即在'磨勘京朝官院为审官院，幕职州县官院为考课院'之诏颁布前四个月，志文却将二诏联书一起，作'乃诏'云云，不尽妥当。"可参考。宪度，法度。

326. 以翰林学士钱若水、枢密直学士刘昌言同知审官院 [1]，考覆功过，以定升降；又以判流内铨翰林学士苏易简、知制诰王旦等知考课院 [2]，重其职也。凡流内铨，主常调选人；考课院，主奏举及历任有殿最者。明年，帝亲选京朝官三十馀人 [3]，自书戒谕之言于印纸曰："勤政爱民，奉法除奸，方可书为劳绩。"且谓钱若水曰："奉法除奸之言，恐诸臣未喻，因而生事，可语之曰：'除奸之要，在乎奉法。'"至道初 [4]，罢考课院，并流内铨。二年，遣使廉察诸道长吏，得八人莅事公正、惠爱及民，皆降玺书奖谕 [5]。

[1] 钱若水：字澹成（960~1003），一字长卿，河南新安（今属河南）人。雍熙进士，历官秘书丞、知制诰、翰林学士、知审官院、同知枢密院事、判集贤院，知开封府，巡抚陕西。《宋史》有传。枢密直学士：简称"枢直"，官名。宋承五代后唐制，与观文殿学士并充皇帝侍从，备顾问应对。政和四年（1114）改称述古殿直学士。刘昌言：字禹谟（942~999），泉州南安（今属福建）人。五代时节度使陈洪进辟为功曹参军，入宋，为徐州推官。太平兴国八年（983）举进士及第，历官左司谏、起居郎、工部郎中、枢密直学士、右谏议大夫、工部侍郎。好文词。《宋史》有传。

[2] 判流内铨：参见宋 187 注 9。苏易简：参见宋 12 注 3。知制诰：参见宋 23 注 1。王旦：字子明（957~1017），大名莘县（今属山东）人，王祐子。太平兴国进士，以著作郎预编《文苑英华》，历官知制诰、翰林学士兼知审官院、同知枢密院事、参知政事，拜相，后以疾罢，卒谥文正。《宋史》有传。

[3] "明年"二句：何忠礼《宋史选举志补正》第 274 页："按上引《宋会要》（即《职官》五九之五）载：'（淳化五年五月）二十七日，审官院上新选京朝官充知州二十馀人，[给] 御前印纸、历子。帝（视）[亲] 书纸前曰……'则知志文于'三十馀人'后，当补'充知州'三字，文意才显得完整。又，核之《长编》卷三六淳化五年五月戊寅条记事，充知州者确为三十馀人，

志文此处似不误。"可参考。

[4] 至道：宋太宗的第五个年号（995～997）。

[5] 玺书：秦以后专指皇帝的诏书。

327. 真宗即位 [1]，命审官院考京朝官殿最，引对迁秩。京朝官引对磨勘，自此始 [2]。先是，每恩庆，百僚多得序进。帝始罢之，惟郊祀恩许加勋、阶、爵邑 [3]。帝察群臣有闻望者，得刑部郎中边肃等二十有四人 [4]，令阁门再引对 [5]，观其辞气文艺，并得优升。景德初 [6]，令诸道辨察所部官吏能否，为三等：公勤廉干惠及民者为上，干事而无廉誉、清白而无治声者为次，畏懦贪狠为下。

[1] 真宗：即宋真宗赵恒（968～1022）。参见宋13注1。

[2] 自此始：何忠礼《宋史选举志补正》第275页："按京朝官引对磨勘时间，志文记载不详，考《长编》卷四八及《宋会要·职官》一一之六载，在咸平四年（1001）四月壬子（十五日）。"可参考。

[3] 郊祀：古代帝王于郊外祭祀天地，南郊祭天，北郊祭地。参见宋2注7。加勋：宋沿唐制，设勋官十二等：上柱国、柱国、上护军、护军、上轻车都尉、轻车都尉、上骑都尉、骑都尉、骁骑尉、飞骑尉、云骑尉、武骑尉。淳化二年（991）诏勋官不得用以赎罪。虽属加官，已无实际作用。阶：阶官。用以表示官员等级而无实际职掌的官称。宋初，官名与职权分离，各官员非有特殊诏令，不管本部门事务，而以差遣名义治事，官名仅用以确定其品位、俸禄，为寄禄官。另沿唐制，置文、武散官为阶官，亦称散阶，但无实际作用。也有称寄禄官为阶官者。爵邑：爵位与封邑，帝王用以封赠或赏赐给宗室及有功的大臣。宋爵共十二等：亲王、嗣王、郡王、国公、郡公、开国公、开国郡公、开国县公、开国侯、开国伯、开国子、开国男。

[4] 刑部郎中：尚书省刑部属官，位次尚书丞及侍郎。边肃：字安国（生卒年不详），应天府楚丘（今河南滑县东）人。进士及第，历官大理评事、太常博士、工部郎中、刑部郎中、枢密直学士、给事中，徙泰州，卒。《宋史》有传。宋李焘《续资治通鉴长编》卷五十六："上密采群臣之有闻望者，得刑部郎中边肃，殿中丞鞠仲谋，司勋员外郎朱协，比部员外郎陈英、郝太冲、李元，太常博士马景、何亮、周绛、谢涛、卫太素，国子博士陈昭度，太常丞崔端、高谨徽，秘书丞赵湘、张若谷、姜屿，殿中丞皇甫选、滕涉、陆元圭、李奉天，太子中允崔遵度，中舍曹度，将作监丞陈越，凡二十四人。"

[5] 阁门：即"阁门司"。掌礼机构，掌朝会、宴享、游幸时赞相礼仪。

[6] 景德：宋真宗的第二个年号（1004～1007）。

328. 仁宗尤矜怜下吏 [1]，以铨法选人有私罪 [2]，皆未听磨勘，谕近臣："凡'门谢弗至'与'对扬失仪' [3]，其毋以为罪。"又曰："州县秩卑，而长吏多钩摭细故，文致之法，使不得自进，朕甚闵焉。"宰相王曾曰 [4]："引对时，陛下酌其轻重而稍擢之，则下无滞才矣 [5]。"其后选人 [6]，有束鹿县尉王得说 [7]，历官寡过，书考最多而无保任者。帝察其孤贫，特擢为大理寺丞 [8]。天圣时 [9]，诏："文武臣僚，非有勋德善状，不得非时进秩；非次罢免者，毋以转官带职为例。两省以上 [10]，旧法四年一迁官，今具履历听旨。京朝官磨勘年限，有私罪及历任尝有罪，先以情重轻及勤绩与举者数奏听旨；若无私犯而著最课及有举者，皆第迁之。自请厘物务于京师 [11]，五年一磨勘，因举及选差勿拘。凡有善政异绩，准事大小迁升，选人视此。"又定："监物务入亲民 [12]，次升通判，通判升知州，皆用举者。举数不足，毋辄关升 [13]。"

[1] 仁宗：即宋仁宗赵祯（1010～1063）。参见宋3注4。

[2] 私罪：参见宋149注3。

[3] 门谢：赴宫廷谢恩。对扬：唐宋以来为官吏除授后谢恩的一种仪式。宋宋敏求《春明退朝录》卷中："吏部流内铨，每除官，皆云权判。正衙谢，复正谢前殿，引选人谢辞。由唐以来，谓之对扬。判铨与选人同入，起居毕，判铨于殿廷近北，西向立；选人谢辞讫出，判铨官亦谢而出。近止令选人门谢辞，判铨不复入。"

[4] 王曾：字孝先（978～1038），青州益都（今属山东）人。咸平五年（1002）进士第一，累官吏部侍郎，两拜参知政事，入相，罢知青州，召为枢密使，复拜相，封沂国公，卒谥文正。著有《王文正公笔录》。《宋史》有传。

[5] "引对时"数句：何忠礼《宋史选举志补正》第278页："按《长编》卷一〇五载，仁宗与宰臣王曾的对话，在天圣五年二月庚辰，上距仁宗'谕近臣'事已有二、三年之久，故志文于'又曰'二字前宜加一'寻'字为妥。"可参考。

[6] 其后选人：何忠礼《宋史选举志补正》第278～279页："按'其后选人'一语，从时间上说，当指天圣五年二月后之选人，但志文后面所载之束鹿县尉王得说擢大理寺丞事，据《长编》卷一〇二载，却是天圣二年正月戊申事，故此处用'其后'二字，显然是颠倒了时间先后，殊误。故'其后'应改作'先是'，才符合本意。"可参考。

[7] 束鹿县：治所在今河北束鹿东北。王得说：生平不详。

[8] 大理寺丞：大理寺属官，掌刑狱事。

[9] 天圣：宋仁宗的第一个年号（1023～1032）。何忠礼《宋史选举志补正》第279页："按志文以下诏令，据《长编》卷一四四及《宋会要·职官》一一之一一三载，颁于庆历三年（1043）十月壬戌，而《宋志》竟以为是'天圣'间事，误甚。"可参考。以下诏令，上引《续资治通鉴长编》及《宋会要辑稿·职官》记述尤详，文长不录。

[10] 两省：唐宋称中书省与门下省为两省。

[11] 厘物务：专管财物等事宜者。参见宋45注5"厘务官"。

[12] 亲民：即"亲民官"。参见宋245注9。

[13] 关升：参见宋236注3。

329. 庆历三年 [1]，从辅臣范仲淹等奏定磨勘保任之法 [2]：自朝官至郎中、少卿，须清望官五人保任 [3]，始得迁。其后，知谏院刘元瑜以为适长奔竞 [4]，非所以养廉耻，乃罢之 [5]。

[1] 庆历三年：即公元1043年。庆历，宋仁宗赵祯的第六个年号。

［2］辅臣：辅弼之臣，多用以称宰相。范仲淹曾官参知政事，即副宰相。范仲淹：参见宋24注1。

［3］清望官：谓地位贵显、有名望的官职。何忠礼《宋史选举志补正》第280页："按'自朝官至郎中、少卿，须清望官五人保任'之诏，实为上文庆历三年十月壬戌诏之一部分，《宋志》既将前诏误作天圣间事，遂将一诏割裂成为二诏，误甚。"可参考。

［4］知谏院：参见宋264注3。刘元瑜：字君玉（生卒年不详），河南（今河南洛阳）人。进士及第，历官太常博士、监察御史、右司谏，以左谏议大夫知青州，卒。《宋史》有传。

［5］乃罢之：何忠礼《宋史选举志补正》第280页："按刘元瑜奏罢用清望官五人保任的时间，据《长编》卷一五四载，在庆历五年二月辛卯。"可参考。

330. 八年［1］，诏近臣论时政。翰林学士张方平言［2］："祖宗之时，文武官不立磨勘年岁，不为升迁次序［3］。有才实者，从下位立见超擢，无才实者，守一官十馀年不转。其任监当或知县、通判、知州［4］，至数任不迁。当时人皆自勉，非有劳效，知不得进。祥符之后［5］，朝廷益循宽大，自监当入知县，知县入通判，通判入知州，皆以两任为限；守官及三年，例得磨勘。先朝始行，未见有弊。及今年深，习以为常，皆谓分所宜得，无贤不肖，莫知所劝。愿陛下稍革此制，其应磨勘叙迁，必有劳绩；或特敕择官保任者［6］，即与转迁；如无劳绩又不应保任者，更增展年。其保任之法，须选择清望有才识之人，命之举官。如此，则是执政之臣举清望官，委清望官举亲民官。凡官有阙，惟随员数举之，庶见急才爱民之意。"

［1］八年：即庆历八年（1048）。

［2］张方平：参见宋25注1。

［3］次序：中华书局整理本校勘记云："次序，疑当作'资序'，见《长编》卷一六三张方平条对。"可参考。资序，参见宋97注9。

［4］监当：即"监当官"。宋代掌茶、盐、酒税场务与冶铸事务官员的总称。

［5］祥符：即"大中祥符"。大中祥符（1008～1016），宋真宗赵恒的第三个年号。

［6］特敕：帝王的特别命令。

331. 嘉祐六年［1］，下诏曰："朕观古者治世，牧民之吏，多称其官，而百姓安其业。今求材之路非不广，责善之法非不详，而吏多失职，非称所以为民之意。岂人材独少而世变殊哉？殆不得久于其官故也。盖智能才力之士，虽有兴利除害、禁奸劝善之意，非假以岁月，则亦媮不为用［2］，欲终厥功，其路无由。自今诸州县守令，有清白不扰、政迹尤异而实惠及民者，本路若州连书同罪保举，将政迹实状以闻，中书门下察访得实［3］，许令再任。"

［1］嘉祐六年：即公元1061年。嘉祐，宋仁宗赵祯的第九个年号。

［2］媮（tōu偷）：苟且，怠惰。

［3］中书门下：宋承唐制，即宰相的办公厅政事堂。或简称中书。

332. 英宗治平三年 [1]，考课院言 [2]："知磁州李田 [3]，再考在劣等。"降监淄州盐酒税务 [4]。坐考劣降等，自田始。考绩，旧，审定殿最格法 [5]，自发运使率而下至于知州 [6]，皆归考课院，专以监司所第等级为据 [7]；至考监司，则总其甄别部吏能否，副以采访才行，合二事为课，悉书"中等"，无高下。

[1] 英宗：即宋英宗赵曙（1032～1067）。参见宋 29 注 11。治平三年：即公元 1065 年。治平，宋英宗赵曙的年号。

[2] 考课院：参见宋 325 注 4。

[3] 磁州：治所在今河北磁县。李田：生平不详。

[4] 淄州：治所在今山东淄博淄川。

[5] 审定殿最格法：何忠礼《宋史选举志补正》第 281～282 页："按《长编》卷二〇八治平三年六月乙酉条有'嘉祐六年，始置考课法'的记载，时距治平三年（1066）仅五载，且《通考·选举考十二》此处作'旧无审定殿最格法'，由此知志文'旧审定殿最格法'之'旧'字下，脱一'无'字，当补。"甚是。

[6] 发运使：官名。宋初置京畿东路水陆发运使。后专掌淮、浙、江、湖六路漕运，或兼茶盐钱政。发运使下有副使、判官为副职，或仅置副使，不置使。其官署称发运使司，或称发运司。

[7] 监司：宋代诸路转运使司、提点刑狱司、提举常平司等，有监察各州官吏之责，总称监司。

333. 神宗即位 [1]，凡职皆有课，凡课皆责实。监司所上守臣课不占等者，展年降资；而治状优异者，增秩赐金帛，以玺书奖劝之 [2]。若监司以上，则命御史中丞、侍御史考校 [3]。凡县令之课，以断狱平允、赋入不扰、均役屏盗、劝课农桑、振恤饥穷、导修水利、户籍增衍、整治簿书为最，而德义清谨、公平勤恪为善，参考治行，分定上、中、下等。至其能否尤殊绝者，别立优劣二等，岁上其状，以诏赏罚。其入优劣者，赏罚尤峻。继又令：一路长吏，无甚臧否，不须别为优劣二等，止因上、中、下三等区别以闻。是时，内外官职，各从所隶司以考核，而中书皆置之籍。每岁竟，或有除授，则稽差殿最 [4]，取其尤甚者而进退之。

[1] 神宗：即宋神宗赵顼（1048～1085）。参见宋 3 注 3。

[2] 玺书：皇帝的诏书。

[3] 御史中丞：参见宋 99 注 5。侍御史：参见宋 53 注 9。

[4] 稽差殿最：考核区别优劣。

334. 熙宁五年 [1]，遂罢考课院 [2]。间遣使察访，所至州县，条其吏课。凡知州、通判上中书 [3]，县令上司农 [4]，各注籍以相参。惟侍从出守郡 [5]，听不以考法，朝廷察其治焉。元丰元年 [6]，诏因劳效得酬赏，皆分五等，有司受其等而差进之 [7]。初一等，京朝官、大小使臣皆转一官 [8]，选人资历深者改京朝官，资浅者循两资。次二等，随其官高下升资，或减磨勘年。惟军功、捕盗皆得改次等。京朝官自三等以下，赏以差减。若一人而该两赏，许累计其等以迁。三年，诏："御史台六察按官 [9]，以所纠劾官司稽违失职事多寡为殿最，中书置簿以时书之，任满，取旨升黜。"

[1] 熙宁五年：即公元1072年。熙宁，宋神宗赵顼第一个年号。

[2] 考课院：参见宋325注4。

[3] 中书：即中书门下。宋承唐制，称宰相的办公厅政事堂。

[4] 司农：即"司农寺"，官署名。原掌籍田、祭祀所需物品、常平仓等事务，熙宁以后，青苗、免役、农田水利、保甲等法系由司农寺主持推行，并校升黜诸路提举常平官，权力大增，成为重要机构。元丰改制，寺、监不治外事，司农司所辖悉归户部右曹。

[5] 侍从：宋代称翰林学士、给事中、六尚书、侍郎为侍从，属皇帝近侍大臣。

[6] 元丰元年：即公元1078年。元丰，宋神宗赵顼的第二个年号。

[7] "皆分五等"二句：宋李焘《续资治通鉴长编》卷二百九十："元丰元年……秋七月……丁酉诏：自今诸酬奖，第一等，京朝官、大小使臣转一官；选人，判、司、主簿、尉五考；初等职官，知令、录四考；两使职官，令、录，三考；支、掌、防、团、节、察判官，并因军功、捕盗，不限考第，并转合入京朝官。不及以上资考者，循两资。第二等，减磨勘三年；选人循一资，与堂除差遣一次；军功、捕盗转次等合入京朝官。第三等，减磨勘二年；选人循一资。第四等，免远、免短使、免试；无可免者，各与升一年名次。第五等，各升半年。该两次已上酬奖者，与并赏、并升，愿留后任收使，听。"可与志文以下之简略记述参见。

[8] 京朝官：宋代称在京的常参官与未常参官。大小使臣：分别参见宋159注9与宋242注4。

[9] 六察：宋代监察御史分察尚书省吏、户、礼、兵、刑、工六部及朝廷各机构事务，纠正其失误，大事奏劾，小事责令改正，称六察。何忠礼《宋史选举志补正》第283页："按'六察'者，为吏察、兵察、户察、礼察、刑察、工察之简称，元丰三年始置于御史台，由各御史分领其事。其中，'以吏部及审官东西院、三班院等隶吏察，户部、三司及司农寺等隶户察，刑部、大理寺、审刑院等隶刑察，兵部、武学等隶兵察，礼祠部、太常寺等隶礼察，少府、将作等隶工察'。六察之职任为：纠正其失误，大事奏劾，小事责令改正。具体可参见《长编》卷三〇一元丰二年十二月丙午条及卷三〇三元丰三年四月辛丑条、戊申条、乙卯条、庚申条、《通考·选举考十二》记事。"可参考。

335. 元祐初 [1]，御史中丞刘挚言 [2]："近者，朝廷主察名实，行综核之政，下乃承之以刻；主行教化，扩宽洪之泽，而下乃为苟简。先此追罪监司数人，为其掊敛害民耳；而昧者矫枉过正，乃欲以缓纵委靡为安静。请申立监司考绩之政 [3]，以常赋登耗、郡县勤惰、刑狱当否、民俗休戚为之殿最，岁终用此以诛赏 [4]。"文彦博又奏 [5]："《唐六典》所载 [6]，以德行、才用、劳效三类察在选之士，参辨能否。今之选格，特多举主、有军功，斯为上矣 [7]。然举主可求，军功或妄，何可尽据？请委吏依仿三类 [8]，第其才德功效，送中书门下覆验，取其应选者，引对而去留之。"诏令近臣议，议者请用《元丰考课令》，第为高下，以行升黜，岁毋过五人 [9]。后改立县令课，有"四善"、"五最"之目 [10]，及增损监司、转运课格，守令为五等减磨勘法。初，元祐尝立吏、户、刑三部郎官课 [11]。崇宁间 [12]，言者乞仿周制 [13]，岁终委省、寺、监、六曹之长，各考其属，稽其官成 [14]，而三年遂校其勤惰，行赏罚焉。

[1] 元祐：宋哲宗赵煦的第一个年号（1086～1094）。

[2] 御史中丞：参见宋99注5。刘挚：字莘老（1030～1097），东光（今属河北）人。嘉祐进士，历官南宫令、监察御史里行、右司郎中、吏部郎中、侍御史、御史中丞、尚书右丞、中书、门下侍郎、右仆射，罢相，知郓州，累贬新州安置。著有《忠肃集》。《宋史》有传。

[3] "请申立"句：何忠礼《宋史选举志补正》第284页："按'请申立监司考绩之政'一句有语病，据刘挚《忠肃集》卷六《论监司奏》及《长编》卷三八六元祐元年八月末条载，其中'考绩之政'当为'考绩之制'之误刊。"可参考。

[4] 诛赏：责罚与奖赏。

[5] 文彦博：参见宋216注1。

[6] 唐六典：书名，亦称《大唐六典》。旧题唐玄宗撰，实为陆坚、张说、萧嵩、张九龄主编，徐坚、韦述等撰，李林甫修订注释。三十卷，历时十六年，开元二十六年（738）成书，以唐玄宗所拟治（讳作理）、教、礼、政、刑、事六典为名，准于开元七年（一说二十五年）令文，记唐官制。为现存最古国家行政组织法规专著，初刊于宋元丰三年（1080）。

[7] "今之选格"三句：何忠礼《宋史选举志补正》第284页："按'今之选格特多，举主、有军功，斯为上矣'一句文意不清，考之文彦博《潞公集》卷二七《奏吏部三类法》及《长编》卷三九六元祐二年三月戊辰条所载，作：'今之典选，一守定格，选格中有以多举主、有军功者为上。'两者对勘，则知标点本标点有误，应改作：'今之选格，特多举主、有军功，斯为上矣。'"甚是。本书标点已据改正。

[8] "请委吏"句：中华书局整理本校勘记云："请委吏依仿三类，据《宋会要·职官》五九之一〇和《长编》卷三九六、卷四〇一引文彦博奏疏，'请委吏'下当有'部尚书侍郎'五字。"甚是。

[9] 岁毋过五人：何忠礼《宋史选举志补正》第284～285页："按宋代每岁经课考的官员，有数以千计，从中被升黜者，定然不止五人，志文言'岁毋过五人'必误。谨考《长编》卷四〇一元祐二年五月己巳条及上引《宋会要》载（即《职官》五九之一〇）：'三省言：吏部状文彦博奏，请委本部尚书侍郎依《唐六典》三类之法，将本选守令、通判考其才德功效，为上中下三品，送中书门下覆验可否……守令、通判内有才德功效过恶显著，令尚书侍郎铨量高下，特以名闻，乞行升黜，岁毋得过五人。'以上可知，'岁毋过五人'者，系指'才德功效过恶显著'之守令和通判，而一般升黜者则毋须'特以名闻'，也就不属于'五人'之列。志文因对原文删削不当，遂生疑误。"可参考。

[10] 四善五最：何忠礼《宋史选举志补正》第285页："按《宋会要·职官》五九之一一及《长编》卷四七二元祐七年四月甲戌条载，县令考课令颁于元祐四年八月五日，'以德义有闻，清慎明著，公平可称，恪勤匪懈为四善。以狱讼无冤，催科不扰，税赋别无失陷，宣敕条贯，案帐簿书齐整，差役均平为治事之最；农桑垦殖，野无旷土，水利兴修，民赖其用为劝课之最；屏除奸盗，人获安处，赈恤穷困，不致流移，虽有流移而能招诱复业为抚养之最。仍通取善、最为三等：及七事为上，二[五]事为中，馀为下。[限]次月申监司类聚，每半年一次，同行审覆'。'四善'、'三最'，是为'七事'，则志文所谓'五最'实系'三最'之误刊。"甚是。

[11] 元祐：宋哲宗赵煦的第一个年号（1086～1094）。何忠礼《宋史选举志补正》第285页："按《长编》卷四〇四元祐二年八月乙酉条载：'又诏："吏、户、刑部郎官任满治状显著者，长贰保奏与升任讫，令再任。仍升一任资序，通及五年，理为两任。诸司郎中亦如之。"从彦博请也。'后面，李焘作小注云：'十月六日罢之。'于此约略可知元祐间立郎官课之概况。"可参考。

[12] 崇宁：宋徽宗赵佶的第二个年号（1102～1106）。

[13] 周制：谓五代后周之制度。

[14] 官成：仕宦之成就。

336. 大观元年诏 [1]："国家休养生民，垂百五十年。生齿日繁，而户部民籍曾不加益，州县于进丁、人老 [2]，收落失实，以故课役不均，皆守令弛职，可申严《考课法》。"然其考法，因时所尚，以示诱抑。若劝学、垦田、植桑枣、振贷、葬枯、兴发坑冶、奉诏无违、诱进道徒、赋税趣办、能按赃吏 [3]，皆因事而增品目，旧法固不易也。但奉行不皆良吏，以请谒移实者亦多 [4]。

[1] 大观元年：即公元1107年。大观，宋徽宗赵佶的第三个年号。

[2] 进丁人老：谓生男、死人。

[3] 振贷：赈济。葬枯：掩埋死人骸骨。坑冶：金属矿藏的开采与冶炼。

[4] 请谒移实：弄虚作假，干求升迁。

337. 绍兴二年 [1]，初诏监司、守臣举行考课之法 [2]。时郡县数罹兵燹 [3]，又命以"户口增否"别立守令课 [4]，分上、中、下三等，每等分三甲置籍。守倅考县令，监司考知州，考功会其已成，较其优劣而赏罚之。五年，立县令四课 [5]：曰纠正税籍，团结民兵，劝课农桑，劝勉孝悌。三岁，就绪者加旌赏 [6]，无善状者汰之。

[1] 绍兴二年：即公元1132年。绍兴，宋高宗赵构的第二个年号。

[2] 监司：参见宋37注6。守臣：这里泛指州、府长官等。

[3] 兵燹（xiǎn显）：因战争而遭受的破坏。

[4] 别立守令课：何忠礼《宋史选举志补正》第286页："按'以户口增否'别立守令课之时间，据《宋会要·职官》五九之一九及《系年要录》卷六九载，系绍兴三年十月 [十] 六日应礼部员外郎舒清国之奏而立。"可参考。

[5] 立县令四课：何忠礼《宋史选举志补正》第286页："按'立县令四课'事，乃绍兴五年十一月庚午中书舍人胡寅所上疏奏中六事之一，《系年要录》卷九五记载颇详，然遍考诸吏，皆无实际施行之记载，志文言'立县令四课'之说，是否确论，当考。"可参考。

[6] 就绪：安排妥当，治事有条理。旌赏：表彰奖赏。

338. 臣僚上言："守令之治，其略有七：一曰宣诏令，二曰厚风俗，三曰劝农桑，四曰平狱讼，五曰理财赋，六曰兴学校，七曰实户口。得人，则七者皆举。今之监司，实古刺史。比年守令奸贪，监司未尝按发，玩弛之弊日甚。"而户部侍郎张致远亦言之[1]。乃下诏戒饬监司，考察守令而举按焉。顷之，有请令江、淮官久任，而课其功过者[2]。帝曰："朕昔为元帅时[3]，见州县官以三年为任，犹且一年立威信，二年守规矩，三年则务收人情，以为去计。今止以二年为任，虽有葺治之心，盖亦无暇矣，可如所奏[4]。"是时，岁以十五事考校监司[5]，四善、四最考校县令[6]，违限不实者有罪。又诏监司，一岁再具所部知县有无"善政显著"、"缪懦不职"，上之省。

[1] 户部侍郎：尚书省户部副长官。张致远：字子猷（1090～1147），南剑州沙县（今属福建）人。宣和进士，历官殿中侍御史、户部侍郎、给事中，以显谟阁待制致仕。《宋史》有传。何忠礼《宋史选举志补正》第286～287页："按张致远之奏，据《系年要录》卷八六载，上于绍兴五年闰二月乙卯，官侍御史任上。同年三月乙酉，致远遂由侍御史擢为户部侍郎（参见《系年要录》卷八七）。志文言其此时已是户部侍郎，误。"可参考。

[2] "顷之"三句：何忠礼《宋史选举志补正》第287页："按此为右朝奉大夫、都督行府同措置营田王弗奏请，据《系年要录》卷一〇二载，上于绍兴六年六月戊午，其主要内容为：'将两淮及沿江守臣，并以三年为任，无事不许更易。'"可参考。

[3] "帝曰"句：据《宋史·高宗纪一》，赵构为康王时，于靖康元年（1126）闰十一月临危受命，被宋钦宗拜为河北兵马大元帅。

[4] "见州县官"数句：《宋史全文》卷十九下："上曰：'朕昔为元帅时，尝见州县官说及在官者，以三年为任，犹且一年立威信，二年守规矩，三年则务收人情，以为去计矣。况今止以二年者乎？虽有葺治之心，盖亦无暇日也。弗所论甚当，当如此施行。'"可参考。

[5] 十五事：宋章如愚《群书考索后集》卷十五："绍兴六年四月，殿中侍御史周秘言：'国家以十五事考校监司，以四善、四最考校守令，保奏有限，违限不实者有罪……'"何忠礼《宋史选举志补正》第287～288页："按《庆元条法事类》卷五《职制门·考课格》载，考校监司（转运、提点刑狱、提点常平）十五事有：一奉行手诏有无违戾；一兴除利害（具措置擘划便于公私或失当，若有害不能去者）；一有无朝省行下本路过失已上簿，及责罚不了过犯；一受理词讼及指挥州县与夺公事，有无稽滞不当（应经朝省或他司驳及有人论诉，合改正者，皆为不当）；一有无应受理词讼、改正州郡结断不当事（如有，即具改正事因件数）；一应干职事有无废弛，措置施行有无不当（如转运司移用财赋不当，致在有糜费，及亏损官钱，或场务不因灾伤而课额亏减，或措置无术而岁计不足，及应合拨还诸司及别路所欠钱物而失于计置，致大段亏少。提点刑狱司不督察主兵及捕盗官训练士卒、修整器甲。提举常平司所管常平、户绝、田产、场务，不以时检举出卖或积欠课利，农田水利应兴修而不兴修，造簿不以时或不如法，编排保甲不如令之类，皆为废弛）；一奏请及报应朝省文字，有无卤莽乖谬，以上应上簿责罚废弛不当。卤莽乖谬事件，并逐一名件分明开说；一按察并失按察所部官犯赃流以上罪，及按察不当；一荐举所部官有无不当（谓被举后有罪恶或不职事状者）；一劝农桑（如增垦田亩，或创修堤防水利，或修整隳废、劝课栽植桑柘枣之类）；一招流亡、增户口（具招集逃户归业，或招人户请佃田土，而非分烟析生，比旧额增数。及本年有无灾伤，本官曾如何经划赈恤安抚，或失于赈恤，致有逃亡）；一分定巡历是何州县，自甚月日起离至某处，至何月日还本司，有无分巡不遍去处，如有，开具缘由；一逐年合上供钱物，有无出限违欠；一所部刑狱，有无平反及驳正冤滥并淹延稽滞；一几察盗贼，已获未获各若干。提举常平司依下项：一本年并前三年收支免役钱若干（具

一路都数。逐年如有灾伤减额，亦约计声说）；一场务净利，比旧额有无增亏，限外有若干拖欠。"可参考。

[6] 四善：参见宋335注10。四最：何忠礼《宋史选举志补正》第288页："一生齿之最：民籍增益，进丁入老，批注收落不失其实；二治事之最：狱讼无冤，催科不扰；三劝课之最：农桑垦殖，水利兴修；四养葬之最：屏除奸盗，人获安居，赈恤困穷，不致流移。虽有流移，而能招诱复业。城野遗骸，无不掩葬。"可参考。

339. 十三年[1]，诏淮东、京西路州县[2]，逐考批书[3]，若增添户口、劝课农桑、增修水利，岁终委监司覆实比较。守臣之条有九，通判之条十有四，令佐而下有差。二十五年[4]，以州县贪吏为虐，监司、郡守不诃察，遂命监司按郡守之纵容，台谏劾监司之失察，而每岁校其所按之多寡，以为殿最之课。二十七年，校书郎陈俊卿言[5]："古人各守一官终身，使易地而居，未必尽其能也。今监司、帅守，小州换大州，东路易西路；朝廷百执事，亦往往计日待迁，视所居之官，有如传舍[6]。望令有政术优异者，或增秩赐金，或待终秩而后迁。使久于其职，察其勤惰而升黜之。庶几人安其分，而万事举矣。"诏三省行之。

[1] 十三年：即绍兴十三年（1143）。绍兴，宋高宗赵构的第二个年号。
[2] 淮东：即"淮南东路"。参见宋45注6。京西路：参见宋31注6。
[3] 批书：参见宋2注5。
[4] 二十五年：即绍兴二十五年（1155）。
[5] 校书郎：秘书省属官名。掌校雠典籍。陈俊卿：字应求（1113~1186），兴化军莆田（今属福建）人。绍兴进士，历官校书郎、中书舍人、吏部侍郎、尚书右仆射、同中书门下平章事兼枢密使，以观文殿大学士知福州，以少保、魏国公致仕。《宋史》有传。
[6] 传舍：古代供人休息住宿的处所。

340. 隆兴元年[1]，命湖南、北路应守令增辟田畴[2]，自一千顷以下转磨勘有差，亏者展磨勘、降名次。二年，诏淮南、川峡、京西边郡守令[3]，能安辑流亡、劝课农桑首就绪者，本道监司以闻。乾道二年[4]，廷臣上言："国朝盛时，有京朝官考课[5]，有幕职、州县官考课[6]，其后为审官院[7]，为考课院[8]，皆命中书或两制臣僚校其能否[9]，以施赏罚。望遵故事，应监司郡守朝辞日[10]，别给御前历子[11]。如荐贤才为几人，若为治钱谷，若为理狱讼，兴某利，除某害，各为条目，使之黾勉从事。每考，令当职官吏从实批书，代还，使藉手陛见[12]，然后诏执事精加考核。其风绩有闻者，优与增秩；所莅无状者，罚之无赦。则贤者效职，而中下之才，亦皆强于为善矣。"帝乃命经筵官参照累朝考课之法[13]，讲而行之。

[1] 隆兴元年：即公元1164年。隆兴，宋孝宗赵昚的第一个年号。
[2] 湖南北路：即"荆湖路"。参见宋247注3。应守令：谓所有知府与县令。田畴：泛指田地。

[3] 淮南：即"淮南路"。参见宋 45 注 6。川峡：即"西川路"与"峡西路"。参见宋 247 注 1。京西：即"京西路"。参见宋 31 注 6。

[4] 乾道二年：即公元 1166 年。乾道，宋孝宗的第一个年号。

[5] 京朝官：宋代称在京的常参官与未常参官。

[6] 幕职州县官：参见宋 187 注 3。

[7] 审官院：参见宋 187 注 5。

[8] 考课院：参见宋 325 注 4。

[9] 中书：即"中书门下"。宋承唐制，即宰相的办公厅政事堂。简称中书。两制：即"知制诰"。参见宋 30 注 6。

[10] 朝辞：谓大臣外任，入朝叩辞帝王。宋陈鹄《耆旧续闻》卷三："凡贵臣出守，朝辞例有颁赐。"

[11] 历子：或称"历纸"，宋代记录官吏功过、以备查考的文书。

[12] 藉手：谓借助历子。陛见：谓臣下拜见皇帝。

[13] 经筵官：参见宋 22 注 2。

341. 淳熙二年 [1]，因臣僚言，沿边七路 [2]，每路以文臣一人充安抚使以治民 [3]，武臣一人充都总管以治兵 [4]。分举其职，各奏其功，任必加久，岁考优劣。一年视其规画，二年视其成效，三年视其大成，重议诛赏。臧否分为三等 [5]：治效显著者为臧，贪刻庸缪者为否，无功无过者为平。时天子留意黜陟，诸道莫敢不奉承。于是得实者皆增秩升擢，而监司、牧伯举按稽缓者辄降黜 [6]。行之十馀年，不免有弊，帝因谕辅臣曰："臧否亦有喜怒之私，如诸司以为臧，一司以为否，必从众为公，亦在精择监司，而以台谏考察之，庶乎其可也。"光宗初 [7]，诏罢其令。

[1] 淳熙二年：即公元 1175 年。淳熙，宋孝宗赵眘的第三个年号。

[2] 沿边七路：谓南宋淮南东路、淮南西路、荆湖北路、京西南路、利州东路、利州西路、成都府路。

[3] 安抚使：参见宋 265 注 14。

[4] 都总管：官名，即"都部署"。北宋时，诸路设都部署，掌军旅屯戍、攻防等事务。后以避宋英宗赵曙名讳，改称都总管。

[5] 分为三等：何忠礼《宋史选举志补正》第 289 页："按《宋史全文》卷二七上载：'（淳熙八年）闰三月辛巳，诏诸路监司、帅臣，岁终各以所部郡守，[臧否]分三等：治效显著者为臧，贪刻庸谬者为否，无功无过者为平……'以上内容也约略见之于《宋史·孝宗纪三》所载。由此可知，志文此处所谓'臧否分为三等'之诏，无论从时间或考课对象上，与淳熙二年诏都非一事。志文因缺书纪年，又妄删诏令内容，故易于与淳熙二年事相混淆。"甚是。

[6] 牧伯：谓州郡长官。

[7] 光宗：即宋光宗赵惇（1147～1200）。参见宋 66 注 1。

342. 宁宗以郡国按刺 [1]，多徇私情，遂仿旧制，于御史台别立考课一司 [2]，岁终各以能否之实闻于上，以诏升黜。其贪墨、昏懦致台谏奏劾者 [3]，坐监司、郡守以容庇之罪 [4]。

[1] 宁宗：即宋宁宗赵扩（1168～1224）。参见宋67注1。郡国按刺：谓各路转运使对知州的考察。

[2] 御史台：参见宋11注7。考课一司：何忠礼《宋史选举志补正》第290页："按'考课一司'，《通考·选举考十二》作'考课职司一司'，若从其行使之职能看，'职司'二字似不可省。又，于御史台别立考课一司时间，上引《通考》以为在庆元三年（1197），但核之《宋史全文》卷二九上、《两朝纲目备要》卷五、《宋史·宁宗纪一》所载，是年（九月乙丑）虽有诏'申严帅臣、监司臧否郡守之制'，却无于御史台别立考课一司之事。再据《宋史全文》卷三〇及《宋史·宁宗纪三》载：嘉定六年（1213）闰九月戊辰，'诏御史台置考课监司簿'。上引《两朝纲目备要》亦于同时记载：'诏御史台考课监司。'则别立考课一司时间，似当在嘉定六年。未知孰是。"可参考。

[3] 台谏：宋代御史官与谏官的合称。

[4] 监司：参见宋37注6。

343. 度宗咸淳三年[1]，命参酌旧制，凡文武官一是以公勤、廉恪为主，而又职事修举，斯为上等，公勤、廉恪各有一长为中等，既无廉声又多缪政者考下等。其要则以御史台总帅阃、监司[2]，监司总守、倅，守、倅总州县属官。馀如戎司及屯军大垒[3]，则总之制司[4]；或无制司，则并各郡总管、钤辖并总于帅司[5]。或以诸路所部州郡多寡之数，分隶转运、提举、提刑三司[6]。守倅月一考州县属官，监司会所隶守倅，制司会戎司、军垒，遵照旧制互用文移[7]，会其兵甲、狱讼、金谷之数，及各司属官书拟公事、拘榷钱物、招军备器之数[8]，次月置册，各申御史台上之课籍。俟至半年，类考较前三年定为三等，中者无所赏罚，上者或转官、或减磨勘，下者降官、展磨勘，各有等差。

[1] 度宗：即宋度宗赵禥（1240～1274）。参见宋88注1。咸淳三年：即公元1267年。咸淳，宋度宗赵禥的年号。

[2] 帅阃（kǔn捆）：镇抚一方的军事首长。

[3] 戎司：即"都统制司"的简称。这里指都统制司之官员。参见宋312注10。屯军大垒：南宋正规军"屯驻大军"的营署。

[4] 制司：即"制置使司"，这里指制置使，宋代一路至数路的地区统兵大员。各都统制所率屯驻大军及其他正规军，皆由制置使司节制。

[5] 总管：官名，即"都总管"。参见宋341注4。钤辖：参见宋159注10。帅司：宋代经略安抚司的别称，掌一路的军政与民政。参见宋318注7。

[6] 转运：即"转运司"。参见宋20注4。提举：即"提举常平司"。提举常平司为其长官，南宋绍兴间，与提举茶盐官合为一职，名提举茶盐常平等公事或提举常平茶盐公事，通称提举常平官。掌各路役钱、青苗钱、义仓、赈济、水利、茶盐等事，与转运使、提点刑狱公事分管各路财赋，并监察各州官吏。提刑：即"提刑司"，全称提点刑狱司。参见宋42注4。

[7] 文移：文书，公文。

[8] 拘榷：亦作"拘确"。专卖。《宣和遗事》前集："天下立茶场，拘榷茶货。"

《金史》

卷五十一　志第三十二

选举一

进士诸科　律科　经童科　制举　武举　试学士院官　司天医学试科

1. 自三代乡举里选之法废 [1]，秦、汉以来各因一代之宜，以尽一时之才，苟足于用即已，故法度之不一其来远矣。在汉之世，虽有贤良方正诸科以取士 [2]，而推择为吏，由是以致公卿，公卿子弟入备宿卫，因被宠遇，以位通显。魏、晋而下互有因革，至于唐、宋，进士盛焉。当时士君子之进，不由是途则自以为慊，此由时君之好尚，故人心之趣向然也。辽起唐季 [3]，颇用唐进士法取人，然仕于其国者，考其致身之所自，进士才十之二三耳。金承辽后 [4]，凡事欲轶辽世，故进士科目兼采唐、宋之法而增损之。其及第出身，视前代特重，而法亦密焉。若夫以策论进士取其国人 [5]，而用女直文字以为程文 [6]，斯盖就其所长以收其用，又欲行其国字，使人通习而不废耳。终金之代，科目得人为盛。诸宫护卫、及省台部译史、令史、通事 [7]，仕进皆列于正班 [8]，斯则唐、宋以来之所无者，岂非因时制宜，而以汉法为依据者乎？金治纯驳 [9]，议者于是每有别焉。

[1] 三代：指夏、商、周三代，为儒家的理想社会。乡举里选：传说中古代选拔人才的一种方式，从乡里考察推荐。

[2] 贤良方正：汉代选拔官吏的科目之一。始于汉文帝，被举者对政治得失应直言极谏，如表现特别优秀，则授予官职。武帝时复诏举贤良或贤良文学，名称不同，性质大同小异。

[3] 辽起唐季：辽为契丹族所建王朝。辽太祖耶律阿保机神册元年（916）创建契丹国，辽太宗耶律德光大同元年（947）灭后晋，建国号大辽，都上京（今内蒙古巴林左旗南）。

[4] 金承辽后：金朝为女真族所建王朝。辽天庆五年（1115）元旦，女真完颜部阿骨打（金太祖）在居地按出虎水（今黑龙江哈尔滨南阿什河）地区建立国家，国号金，年号收国。按出虎，女真语义为"金"，故以为国号。阿骨打传位于弟吴乞买（金太宗），建都城号会宁府（今黑龙江

阿城南），并于辽保大五年（1125）灭辽。

[5] 策论进士：专为女真人而设的科举，或称"女真进士"。较之词赋进士、经义进士，中式稍易。
参见金4。

[6] 女直文字：即"女真文"。为金女真族所创制的文字，参考契丹字与汉字制成。有大字与小字两
种，大字为完颜希尹与叶鲁奉金太祖命制造，天辅三年（1119）颁行；小字颁布于金熙宗天眷
元年（1138），皇统五年（1145）始用。今传世女真文字为其中之一种。程文：科举考试时，由
官方撰定或录用考中者所作，以为范例的文章。

[7] 省台部：朝廷诸省、诸部与御史台的并称，亦泛指中央政府。译史：官名。从事笔译，设于州以
上官署。金制，役满一百二十个月即可出职。大定二十八年（1188）规定，省女真译史从见任
从七品、从八品，年六十以上者选用。令史：官名。掌文书案牍之事。金令史有女真、汉人、进
士、宰执子弟、吏员转补等区别。通事：吏名。从事口译。金代有省通事、诸部通事、女真通事
等。大定二十年（1180）制，一百二十个月出职，经三考者秩从七品。

[8] 正班：谓官员的正式编制。

[9] 纯驳：纯正完美与驳杂混乱。

2. 宣宗南渡 [1]，吏习日盛，苛刻成风，殆亦多故之秋，急于事功，不免尔欤？
自时厥后，仕进之歧既广，侥幸之俗益炽，军伍劳效 [2]，杂置令录 [3]，门荫右
职 [4]，迭居朝著 [5]，科举取士亦复泛滥，而金治衰矣。

[1] 宣宗南渡：金宣宗贞祐二年（1214）五月，为避日益强盛的蒙古势力，金朝将国都由中都（今
北京）迁至汴（今河南开封）。翌年，中都即为蒙古攻占，河北、山西重镇也陆续陷于蒙古；加
之对宋、夏战争亦连遭失败，金朝国势日衰。宣宗，即金宣宗完颜珣（1163~1224），本名吾睹
补，金世宗孙。累封丰、冀、邢、昇王，判彰德军。至宁元年（1213），胡沙虎杀卫绍王，自彰
德府（今河南安阳）迎立为帝。在位十二年，庙号宣宗，谥圣孝皇帝，葬德陵。

[2] 劳效：功绩。

[3] 令录：宋代原指县令、录事参军一级的地方官吏。这里当泛指无足轻重的地方官吏。

[4] 门荫：凭借祖先的功绩做官。右职：武散官。参见金86。另谓重要的职位。清刘献廷《广阳杂
记》卷五："汉制以右为尊，以贬秩为左迁，居高位为右职。"

[5] 朝著：犹"朝班"，古代群臣朝见帝王时按官品分班排列的位次。这里即指在中央任官。

3. 原其立经陈纪之初 [1]，所为升转之格、考察之方，井井然有条而不紊，百有
馀年才具不乏，岂非其效乎？奉诏作《金史》[2]，志其《选举》[3]，因得而详论之。
司天、太医、内侍等法历代所有 [4]，附著于斯。鬻爵、进纳 [5]，金季之弊莫甚焉，
盖由财用之不足而然也，特载《食货志》[6]。

[1] 立经陈纪：谓制订官吏选举、升转、考察等制度。

[2] 金史：元顺帝至正三年（1343）决定宋、辽、金"各与正统"，任命丞相脱脱为都总裁官，分别
修三史。次年十一月，《金史》修成，此时脱脱已罢相，由新相阿鲁图进呈。《金史》一百三十

五卷，包括本纪十九卷、志三十九卷、表四卷、列传七十三卷，是记载女真族所建立之金朝兴亡始末的一部史书。

[3] 志其选举：《金史》之《选举志》从卷五十一至卷五十四，凡四卷。

[4] 司天：即"司天监"，为官署与学校名。太医：即"太医院"，官署名，属宣徽院。内侍：即"内侍局"，官署名，属宣徽院。

[5] 进纳：交纳钱粮以买官。

[6] 食货志：《金史》之《食货志》从卷四十六至卷五十，凡五卷。

4. 金设科皆因辽、宋制，有词赋、经义、策试、律科、经童之制 [1]。海陵天德三年 [2]，罢策试科。世宗大定十一年 [3]，创设女直进士科，初但试策，后增试论，所谓策论进士也。明昌初 [4]，又设制举宏词科 [5]，以待非常之士。故金取士之目有七焉。其试词赋、经义、策论中选者，谓之进士。律科、经童中选者，曰举人。

[1] 词赋：即"词赋进士"，参见金13。经义：即"经义进士"，参见金13。策试：即后来之"策论进士"，参见金1注5。律科：参见金71。经童：金朝科目之一。参见金72。

[2] 海陵天德三年：即公元1151年。海陵，即海陵王完颜亮（1122～1161），或称金主亮，字元功，本名迪古乃，金太祖庶长子宗干第二子。皇统九年末（1150年初）杀金熙宗，自立为帝，改元天德。贞元元年（1153）迁都燕京（今北京），定五京制。正隆六年（1161）六月率兵攻宋，十一月在扬州被部将耶律元宜等刺杀。金世宗大定二年（1162）降封海陵王，谥号"炀"。二十年，复降为海陵庶人。天德，海陵王的第一个年号（1149～1153）。

[3] 世宗大定十一年：即公元1171年。世宗，即金世宗完颜雍（1123～1189），本名乌禄，金太祖孙，宗辅子。初封葛王，海陵王时两任东京留守。正隆六年（1161）十月，在辽阳称帝，改元大定，随即占据中都（今北京），南征军亦适杀海陵王北归。在位二十八年，有"小尧舜"之号。庙号世宗，谥仁孝皇帝，葬兴陵。大定，金世宗年号（1161～1189）。

[4] 明昌：金章宗完颜璟的第一个年号（1190～1195）。

[5] 制举宏词：金代科举之一种，金章宗时仿宋制立。命公卿举荐人才，经考试，中选者可入翰林院，充待制等官。

5. 凡养士之地曰国子监 [1]，始置于天德三年 [2]，后定制，词赋、经义生百人，小学生百人，以宗室及外戚皇后大功以上亲、诸功臣及三品以上官兄弟子孙 [3]，年十五以上者入学，不及十五者入小学。大定六年始置太学 [4]，初养士百六十人，后定五品以上官兄弟子孙百五十人，曾得府荐及终场人二百五十人，凡四百人。府学亦大定十六年置 [5]，凡十七处，共千人。初以尝与廷试及宗室皇家袒免以上亲、并得解举人为之 [6]。后增州学，遂加以五品以上官、曾任随朝六品官之兄弟子孙，馀官之兄弟子孙经府荐者，同境内举人试补三之一，阙里庙宅子孙年十三以上不限数 [7]，经府荐及终场免试者不得过二十人。

[1] 国子监：官署名，金国子监掌学校。设祭酒，秩正四品；司业各一员，秩正五品；丞三员，一员

兼提控女直学。辖国子学、太学。

[2] 天德三年：即公元1151年。天德，海陵王的第一个年号。

[3] 大功：古代丧服名。参见唐3注4。

[4] 大定六年：即公元1166年。大定，金世宗年号。太学：金代隶属于国子监的学校。

[5] 府学：与州学、县学皆属金代地方官学。大定十六年：即公元1176年。

[6] 袒免（wèn 问）：袒衣免冠。古代丧礼，凡五服以外之远亲，无丧服之制，唯脱上衣，露左臂，脱冠扎发，用宽一寸布从颈下前部交于额上，又向后绕于髻，以示哀思。

[7] 阙里庙宅：孔子故里（山东曲阜城内有阙里街）建有孔庙，这里即指曲阜的孔姓家族。

6. 凡试补学生，太学则礼部主之 [1]，州府则以提举学校学官主之 [2]，曾得府荐及终场举人 [3]，皆免试。

[1] 礼部：官署名。金代属尚书省，掌礼乐、祭祀、宴享、学校、贡举、仪式、制度、符印、表疏、图书、册命、祥瑞、天文、漏刻、国忌、庙讳、医卜、释道、四方使客、诸国进贡、犒劳张设等事。金初与左、右司同署，天眷三年（1140）始分治。长官尚书一员，秩正三品；下设侍郎、郎中、员外郎、主事等官。

[2] 提举学校学官：谓直学、学录、学正等地方官学的学官。

[3] 终场：古代科举考试分数场，最后一场即称终场。金代终场举人即指全过程参加科举考试殿试而未被录取者。

7. 凡经，《易》则用王弼、韩康伯注 [1]，《书》用孔安国注 [2]，《诗》用毛苌注、郑玄笺 [3]，《春秋左氏传》用杜预注 [4]，《礼记》用孔颖达疏 [5]，《周礼》用郑玄注、贾公彦疏 [6]，《论语》用何晏集注、邢昺疏 [7]，《孟子》用赵岐注、孙奭疏 [8]，《孝经》用唐玄宗注 [9]，《史记》用裴骃注 [10]，《前汉书》用颜师古注 [11]，《后汉书》用李贤注 [12]，《三国志》用裴松之注 [13]，及唐太宗《晋书》、沈约《宋书》、萧子显《齐书》、姚思廉《梁书》《陈书》、魏收《后魏书》、李百药《北齐书》、令狐德棻《周书》、魏徵《隋书》、新旧《唐书》、新旧《五代史》 [14]，《老子》用唐玄宗注疏 [15]，《荀子》用杨倞注 [16]，《扬子》用李轨、宋咸、柳宗元、吴秘注 [17]，皆自国子监印之 [18]，授诸学校。

[1] 易：即《易经》。参见唐5注3。王弼：字辅嗣（226~249），三国魏山阳（今河南焦作东）人。十馀岁即好老庄之学，与钟会并知名。著有《道略论》，注《易》、《老子》，开魏晋以后玄学之先声。卒年二十四。《三国志》有传。韩康伯：即韩伯（337？~385？），字康伯，晋颍川长社（今河南长葛东北）人。历官中书郎、散骑常侍、豫章太守，入为侍中，转吏部尚书、领军将军，卒年四十九，赠太常。《晋书》有传。《四库全书总目》卷一著录王弼、韩康伯《周易注》十卷、《周易正义》十卷。

[2] 书：即《尚书》。参见唐5注3。孔安国：字子国（生卒年不详），西汉鲁国（今山东曲阜）人，孔子十一世孙。仕汉武帝为谏议大夫、侍中博士、临淮太守。司马迁曾从之受业。又尝整理古文

《尚书》，开古文《尚书》学派。《汉书》有传。《四库全书总目》卷一一著录《尚书正义》二十卷云："旧本题汉孔安国传。"

[3] 诗：即《诗经》。参见唐5注2。毛苌：即"小毛公"，汉赵国人，与汉鲁国人毛亨即"大毛公"俱传《诗经》。《后汉书·儒林传》谓："赵人毛苌传《诗》，是为《毛诗》。"郑玄：字康成（127~200），东汉高密（今属山东）人。尝师事扶风马融，聚徒讲学，遍注五经，今惟存《毛诗笺》。《后汉书》有传。《隋书·经籍志》著录《毛诗》二十卷，题"汉河间太傅毛苌传，郑氏笺"。

[4] 春秋左氏传：即《左传》，或称《左氏春秋》。参见唐5注1。杜预：晋京兆杜陵（今陕西西安东南）人（222~284）。历官河南尹、度支尚书，镇襄阳，以伐吴功封当阳县侯。博学，多谋略，人称"杜武库"，自谓有"左传癖"，著有《春秋左氏传集解》，为流传至今最早的《左传》注解。《晋书》有传。《四库全书总目》卷二六著录《春秋左传正义》六十卷，题云："周左丘明传，晋杜预注，唐孔颖达疏。"

[5] 礼记：书名，西汉戴圣采自先秦旧籍编定。参见唐5注1。孔颖达：字冲远（574~648），一字仲达，唐冀州衡水（今属河北）人。隋大业初举明经高第，入唐，官至国子祭酒。博通经学，善历算，尝与魏徵同撰《隋书》，又与颜师古等受诏撰定《五经正义》一百八十卷。两《唐书》有传。《四库全书总目》卷二一著录《礼记正义》六十三卷，题云："汉郑玄注，唐孔颖达疏。"

[6] 周礼：书名，原名《周官》，或称《周官经》。参见唐5注2。贾公彦：唐洺州永年（今属河北）人（生卒年不详）。永徽中，官至太学博士。撰《周礼义疏》五十卷、《仪礼义疏》四十卷。两《唐书》有传。《四库全书总目》卷一九著录《周礼注疏》四十二卷，题云："汉郑玄注，唐贾公彦疏。"

[7] 论（lún 伦）语：书名，为孔门弟子及其后学关于孔子言行思想的记录，二十篇。何晏：字平叔（190~249），三国魏宛（今河南南阳）人。少以才秀称，娶魏公主，好老庄言，竞尚清谈。后以依附曹爽为司马懿所杀。著作传世有《论语集解》。《三国志》有传。邢昺：字叔明（932~1010），宋济阴（今山东定陶）人。太平兴国中九经及第，历官礼部尚书、翰林侍讲学士。撰《论语》、《孝经》、《尔雅》诸疏。《宋史》有传。《四库全书总目》卷三五著录《论语正义》二十卷，题云："魏何晏注，宋邢昺疏。"

[8] 孟子：书名，七篇，为孟轲弟子万章、公孙丑等纂辑，宋以前列于子部儒家。赵岐：原名嘉（108？~201），字台卿，东汉京兆长陵（今陕西咸阳东北）人。因与中常侍唐衡不洽，避祸北海，更名岐，字邠卿。征拜议郎、太傅，常使刘表，以老病留于荆州，年九十馀卒。少明经史，工书法，著有《孟子章句》、《三辅决录》。《后汉书》有传。孙奭：字宗古（962~1033），宋博州博平（今山东荏平西）人，后徙居郓州须城（今山东东平）人。端拱二年（989）九经及第，历官大理评事、龙图阁待制、翰林院侍讲学士、兵部侍郎、龙图阁学士，以太子少傅致仕。著有《经典徽言》、《五经节解》、《孟子音义》、《孟子正义》等。《宋史》有传。《四库全书总目》卷三五著录《孟子正义》十四卷，题云："汉赵岐注，其疏则旧本题宋孙奭撰。"

[9] 孝经：书名。参见唐5注4。唐玄宗：即李隆基（685~762）。参见唐15注1。《四库全书总目》卷三二著录《孝经正义》三卷，题云："唐玄宗明皇帝御注，宋邢昺疏。"

[10] 史记：史书名。参见唐9注1。裴骃：字龙驹（生卒年不详），南朝宋河东闻喜（今属山西）人，裴松之子。官至南中郎参军。撰《史记集解》一百三十卷，与司马贞《索隐》、张守节《正义》并行。《宋书》、《南史》有传。

[11] 前汉书：即《汉书》。参见唐9注1。颜师古：名籀（581～645），以字行，唐万年（今陕西西安西北）人，颜之推之孙。历官中书侍郎、秘书监、弘文馆学士。博览群书，精于训诂，善属文。尝为唐太宗太子注《汉书》，集隋代以前二十三家注释，纠谬补阙，有功后世。两《唐书》皆有传。

[12] 后汉书：史书名。参见唐9注1。李贤：字明允（653～684），曾名德，陇西成纪（今甘肃秦安西北）人，唐高宗第六子，上元二年（675）立为皇太子。专心坟典，曾召集学者张大安等注《后汉书》。调露二年（680）被武则天废为庶人，后又逼令自杀。唐睿宗复位后，追赠皇太子，谥曰章怀，后世习称章怀太子。两《唐书》皆有传。

[13] 三国志：史书名。参见唐9注1。裴松之：字世期（372～457），南朝宋河东闻喜（今属山西）人。历官中书侍郎、永嘉太守，博览群书。元嘉间奉诏注晋陈寿《三国志》，兼采众书，所录之书达一百五十种，注释文字超出原书数倍，泽及后世。《宋书》、《南史》皆有传。

[14] 唐太宗晋书：唐代以前，成书之晋史已达二十馀种，皆为尽善。贞观二十年（646），唐太宗李世民下诏重修，历时三年，编写者前后达二十一人，监修者房玄龄、褚遂良、许敬宗，唐太宗亲撰《宣帝》（司马懿）、《武帝》（司马炎）二本纪与《陆机》、《王羲之》二列传的《论》，故成书后总题为御撰。《晋书》一百三十卷，包括帝纪十卷、志二十卷、列传七十卷、载纪三十卷，记载了西晋与东晋的兴亡史，并以"载纪"形式，兼叙割据政权"十六国"的事迹。唐太宗，参见唐11注8。沈约宋书：南齐武帝永明五年（487）春，沈约奉命修撰《宋书》，不到一年，即完成纪、传二部分，后续成志文，计本纪十卷、志八篇三十卷、列传六十卷，合为一百卷。《宋书》记述了刘宋王朝五十多年的历史，多虚美之词。沈约，字休文（441～513），南朝宋武康（今浙江德清）人。历仕宋、齐、梁三朝，官至尚书令，卒谥隐。博通群籍，善属文，通声律，主四声八病之说。撰《宋书》，后人辑有《沈隐侯集》。《梁书》、《南史》皆有传。萧子显齐书：即《南齐书》。修撰于梁初，包括本纪八卷、志八篇十一卷、列传四十卷，共五十九卷。记述了南朝齐二十馀年的历史，也有《宋书》之阙失。萧子显，字景阳（489～537），南兰陵（今江苏常州西北）人，齐高帝萧道成之孙。入梁，历官国子祭酒、吏部尚书、吴兴太守。博学能文，爱山水。除《齐书》外，尚撰有《后汉书》一百卷、《贵俭传》三十卷等，皆失传。《梁书》、《南史》皆有传。姚思廉梁书陈书：唐太宗贞观十年（636），姚思廉承其父姚察之业，继修《梁书》、《陈书》成。《梁书》五十六卷，包括本纪六卷、列传五十卷，记述梁四世四十六年历史（502～557）；《陈书》三十六卷，包括本纪六卷，列传三十卷，记述陈五世三十二年历史（557～588）。二史书虽亦不免为亲者讳之阙，但较《宋书》、《南齐书》简明。姚思廉，本名简（557～637），以字行，唐吴兴武康（今浙江德清）人，为南朝陈吏部尚书姚察之子，历官著作郎、弘文馆学士，两《唐书》皆有传。魏收后魏书：即《魏书》。北齐天保二年（551）魏收奉命修撰，至五年，纪、传先成，后又续成十志，共一百一十四篇一百三十卷，包括帝纪十二篇十四卷、列传九十二篇九十六卷、志十篇二十卷，记述北魏百多年的历史。书修成，曾遭世家大族反对，称之为"秽史"，后终列入正史。魏收，字伯起（506～572），小字佛助，北齐巨鹿下曲阳（今河北晋县）人。仕魏及北齐，官至尚书右仆射。《北齐书》、《北史》皆有传。李百药北齐书：唐太宗贞观元年（627）李百药奉命修撰，至十年（636）成书，共五十卷，包括本纪八卷、列传四十二卷。讳饰而外，掩盖鲜卑旧俗，尤多虚构。但文笔简洁，尚有一定史料价值。李百药，字重规（565～648），唐安平（今属河北）人。仕隋任礼部员外郎，入唐，历官中书舍人、散骑常侍。能诗文，承其父李德林所撰《齐史》，

撰《北齐书》。两《唐书》皆有传。令狐德棻周书：唐太宗贞观三年（629）令狐德棻、岑文本、崔仁师奉命主修《周书》，贞观十年（636）成书五十卷，包括本纪八卷、列传四十二卷。令（líng 灵）狐德棻，唐宜州华原（今陕西耀县东南）人（583～666）。历官秘书丞，通文史，主编《周书》。两《唐书》有传。魏徵隋书：唐太宗贞观三年（629）魏徵奉命主修，颜师古、孔颖达协助之，贞观十年成书五十五卷，包括帝纪五卷、列传五十卷。唐高宗显庆元年（656）由长孙无忌领衔奏上《五代史志》（梁、陈、北齐、周、隋）三十卷（包括《礼仪》、《音乐》、《律历》、《天文》、《五行》、《食货》、《刑法》、《百官》、《地理》、《经籍》十志），以附在《隋书》之后，或称《隋书志》。今传《隋书》亦成八十五卷。魏徵，参见唐44注7。新旧唐书：即《旧唐书》与《新唐书》。《旧唐书》于五代后晋天福六年（941）开始修撰，由宰相赵莹监修，任事者张昭远、贾纬、赵熙、吕琦等。开运二年（945）六月书成，赵莹已出任晋昌军节度使，刘昫继任宰相，虽领衔奏上，实则刘昫并未参与撰修。《旧唐书》共二百卷，包括本纪二十卷、志十一篇三十卷、列传一百五十卷。后刻版时多立子卷，计成二百一十四卷。《新唐书》修撰始于宋仁宗庆历五年（1045）五月，至嘉祐五年（1060）书成，列传多成于宋祁之手，本纪、志、表为欧阳修所撰，故今传本分题二人之名。全书二百二十五卷，包括本纪十卷、志十三篇五十卷、表四篇十五卷、列传一百五十卷，后刻版时多立子卷，计成二百四十八卷。《旧唐书》前密后疏，但保存史料较多；《新唐书》体例完备，但一些叙事较为笼统。两者可相互补充。新旧五代史：即《旧五代史》与《新五代史》。《旧五代史》撰修始于宋太祖开宝六年（973）四月，翌年闰十月书成，监修人薛居正，同修者卢多逊、李昉等，凡一百五十卷，又目录二卷。南宋以后，《旧五代史》流行渐微，至清，原书已不可见，今传者为清乾隆间人从《永乐大典》并旁及《册府元龟》等书中辑录者，重订为一百五十卷。《新五代史》，又名《五代史记》，为欧阳修所修撰，生前未示人，卒后为朝廷所征，熙宁十年（1077）颁行天下，与薛史并行，以旧、新为别。《新五代史》共七十四卷，目录一卷，包括本纪十二卷、列传四十五卷、考二篇三卷、世家年谱十一卷、四夷附录三卷。薛史材料较多，欧史简练，两者可互为补充。

[15]"老子"句：参见唐15注6。

[16]"荀子"句：谓《荀子》，参见宋99注6。杨倞，唐人，生平不详。《新唐书·艺文三》著录"杨倞注《荀子》二十卷"，有注云："汝士子，大理评事。"《四库全书总目》卷九一著录《荀子》二十卷："周荀况撰……唐杨倞分易旧第，编为二十卷，复为之注，更名《荀子》，即今本也……杨倞所注，亦颇详洽，《唐书·艺文志》以倞为杨汝士子，而《宰相世系表》则载杨汝士三子：一名知温，一名知远，一名知至。无名倞者。表、志同出欧阳修手，不知何以互异。意者倞或改名，如温庭筠之一名岐欤？"

[17]"扬子"句：谓《扬子法言》，参见宋99注6。《四库全书总目》卷九一著录《法言集注》十卷有云："汉扬雄撰，宋司马光集注……此书考自汉以来，有侯芭注六卷、宋衷注十三卷、李轨解一卷、辛德源注二十三卷，又有柳宗元注、宋咸注、吴秘注，至光之时，惟李轨、柳宗元、宋咸、吴秘之注尚存，故光裒合四家，增以己意。原序称各以其姓别之，然今本独李轨注不署名，余则以宗元曰、咸曰、秘曰、光曰为辨，盖传刻者所改题也。"

[18]国子监：参见金5注1。

8. 凡学生会课[1]，三日作策论一道，又三日作赋及诗各一篇，三月一私试[2]，以季月初先试赋［3］，间一日试策论，中选者以上五名申部。遇旬休、节辰皆有假，病则给假，省亲远行则给程。犯学规者罚，不率教者黜。遭丧百日后求入学者，不得与释奠礼［4］。

［1］ 会课：学校考课。
［2］ 私试：由本学长官自行出题考校，朝廷不差考官。
［3］ 季月：一年四季，每季三月，分别以孟月、仲月、季月为识。
［4］ 释奠礼：古代在学校设置酒食以奠祭先圣先师的一种典礼。

9. 凡国子学生三年不能充贡［1］，欲就诸局承应者［2］，学官试，能粗通大小各一经者听。

［1］ 充贡：作为贡生，供朝廷任用。
［2］ 承应：当指官署中从事文案工作或杂事的小吏。

10. 章宗大定二十九年［1］，上封事者乞兴学校，推行三舍法［2］，及乡以八行贡春官［3］，以设制举宏词［4］。事下尚书省集百官议［5］，户部尚书邓俨等谓［6］："三舍之法起于宋熙宁间［7］，王安石罢诗赋［8］，专尚经术。太学生初补外舍，无定员。由外升内舍，限二百人。由内升上舍，限百人。各治一经，每月考试，或特免解［9］，或保举补官。其法虽行，而多席势力、尚趋走之弊，故苏轼有'三舍既兴，货赂公行'之语［10］，是以元祐间罢之［11］，后虽复，而宣和三年竟废［12］。臣等谓立法贵乎可久，彼三舍之法委之学官选试，启侥幸之门，不可为法。唐文皇养士至八千人［13］，亡宋两学五千人［14］，今策论、词赋、经义三科取士，而太学所养止百六十人，外京府或至十人［15］，天下仅及千人。今若每州设学，专除教授，月加考试，每举所取数多者赏其学官。月试定为三等籍之，一岁中频在上等者优复之，不率教、行恶者黜之，庶几得人之道也。又成周乡举里选法卒不可复［16］，设科取士各随其时。八行者乃亡宋取《周礼》之六行孝、友、睦、姻、任、恤，加之中、和为八也。凡人之行莫大于孝廉，今已有举孝廉之法，及民有才能德行者令县官荐之。今制，犯十恶奸盗者不得应试，亦六德六行之遗意也。夫制举宏词，盖天子待非常之士，若设此科，不限进士，并选人试之，中选擢之台阁，则人自勉矣。"上从其议。遂计州府户口。增养士之数，于大定旧制京府十七处千人之外［17］，置节镇、防御州学六十处［18］，增养千人。各设教授一员［19］，选五举终场或进士年五十以上者为之。府学二十有四，学生九百五人大兴、开封、平阳、真定、东平府各六十人，太原、益都府各五十人，大定、河间、济南、大名、京兆府各四十人，辽阳、彰德府各三十人［20］，河中、庆阳、临洮、河南府各二十五人，凤翔、平凉、延安、咸平、广宁、兴中府各二十人。节镇学三十九，共六百一十五人绛、定、卫、怀、沧州各三十人，莱、密、潞、汾、冀、邢、兖州各二十五人，代、同、邠州各二十人，奉圣州十五人，馀二十三节镇皆十人。防御州学二十一，共二百三十五人博、德、洺、棣、亳各十五人，馀十六

300

州各十人。凡千八百人。

[1] 章宗：即金章宗完颜璟（1168～1208），小字麻达葛，以生于金莲川麻达葛山命名。金世宗之孙，允恭之子。大定二十五年（1185）父死，封原王，翌年世宗赐名璟，拜尚书右丞相，立为皇太孙。二十九年，世宗卒，即帝位，以明年为明昌元年。好汉文化，后世誉为"尚志之君"。在位十九年，庙号章宗，谥英孝皇帝，葬道陵。大定二十九年：即公元1189年。大定，金世宗完颜雍的年号。

[2] 三舍法：创立于宋神宗熙宁四年（1071）十月。参见宋2注2。

[3] 八行：参见宋104注12。春官：即尚书省礼部。参见金6注1。

[4] 制举宏词：参见金4注5。

[5] 尚书省：官署名，金代为最高政务机构。金太宗天会四年（1126），置尚书、中书、门下三省，尚书省实际执政。海陵王废中书、门下二省，独存尚书省，与枢密院分掌文武二柄，号称二枢府。长官有尚书令一员，左丞相、右丞相各一员，平章政事二员，皆称宰相。左丞、右丞各一员，参知政事二员，为执政官，是宰相之副贰，协助治省事。下设左司、右司、架阁库等机构。金初，吏、户、礼、兵、刑、工六部与左、右司通署。金熙宗天眷三年（1140）始分治。

[6] 户部尚书：尚书省下户部之长官，秩正三品。邓俨：字子威（生卒年不详），懿州宜民（今辽宁北票东北）人。天德三年（1151）进士，历官左司员外郎、吏部侍郎、中都路都转运使、户部尚书，知归德府，致仕，卒。《金史》有传。

[7] 熙宁：宋神宗赵顼第一个年号（1068～1077）。

[8] 王安石：参见宋30注2。

[9] 免解：宋代获准不经解试，可直接参加礼部试的举人。

[10] 苏轼：参见宋30注7。"三舍既兴"二语：语本宋苏轼《东坡全集》卷三十三《复改科赋》："三舍既兴，贿赂公行于庠序；一年为限，孤寒半老于山林。自是愤愧者莫不颦眉，公正者为之切齿。思罢者而未免，欲改之而未止。"

[11] 元祐：宋哲宗赵煦的第一个年号（1086～1094）。

[12] 宣和三年：即公元1121年。宣和，宋徽宗的第六个年号。

[13] 唐文皇：即唐太宗李世民，卒谥文皇帝。参见唐11注8。

[14] 亡宋：谓北宋。两学：谓北宋之国子监与太学。

[15] 京府：金代五京、十四总管府共十九路，所治皆置府，以留守或都总管兼府尹。另有散府九，以尹、同知、少尹各一员领之，下设府判、推官、府教授、知法各一员。下辖州、县。

[16] 成周：古地名，西周的东都洛邑（今河南洛阳东郊）。后借指周公辅成王的西周兴盛时代。乡举里选：参见金1注1。

[17] 大定：金世宗完颜雍的年号（1161～1189）。

[18] 节镇：即"节镇州"。设置节度使的大州。领以节度使一员，秩从三品，掌镇抚驻军、防御、刺史，总判本镇军马事，兼本州管内观察使事。防御州：即防御使司所在之州。金代防御州低于节镇，高于刺史州。置防御使一员，秩从四品，主管本州军民事。刺史州，以刺史为长官之州，金代刺史州设刺史、同知、判官、司军、知法、军辖兼巡捕使各一员。

[19] 教授：学官名。金代国子学设教授四人，分掌教诲学生，秩正八品。地方有府学、州学、女真府学、女真州学，各设教授，以进士充，秩从九品。

[20] 辽阳彰德府：中华书局整理本校勘记云："按本书卷二五《地理志》，相州彰德军节度'明昌三年升为府'，此时不当有府学，而归德府此处不见，疑'彰'字或是'归'字之误。"甚是。归德府，金天会八年（1130）改应天府置，治所在宋城县（今河南商丘南）。

11. 女直学[1]。自大定四年[2]，以女直大小字译经书颁行之[3]。后择猛安谋克内良家子弟为学生[4]，诸路至三千人。九年[5]，取其尤俊秀者百人至京师，以编修官温迪罕缔达教之[6]。十三年[7]，以策、诗取士，始设女直国子学，诸路设女直府学，以新进士为教授。国子学策论生百人，小学生百人。府州学二十二，中都、上京、胡里改、恤频、合懒、蒲与、婆速、咸平、泰州、临潢、北京、冀州、开州、丰州、西京、东京、盖州、隆州、东平、益都、河南、陕西置之[8]。凡取国子学生、府学生之制，皆与词赋、经义生同。又定制，每谋克取二人，若宗室每二十户内无愿学者，则取有物力家子弟年十三以上、二十以下者充。凡会课，三日作策论一道，季月私试如汉生制。大定二十九年[9]，敕凡京府镇州诸学，各以女直、汉人进士长贰官提控其事，具入官衔[10]河南、陕西女直学，承安二年罢之，馀如旧。

[1] 女直学：金代学校名。女直，或作"女真"，族名，辽代初分布于黑龙江、松花江流域，一度被辽人征服。后完颜部首领阿骨打（金太祖）于1115年建国，国号金。1234年亡于蒙古。

[2] 大定四年：即公元1164年。大定，金世宗完颜雍的年号。

[3] 女直大小字：参见金1注5。金代曾用女真文翻译汉文书籍多种，皆已失传。

[4] 猛安谋克：女真部落与军事组织的称谓。金朝建国前，"猛安"原为女真部落统军首长，"谋克"为氏族长。建国后，诸军由猛安、谋克逐级统领，"猛安谋克"又成为军事组织的称谓。燕山以南，淮陇以北广大地区，女真猛安谋克人户计口授田，保聚土地，无事耕田，有事战斗。初制三百户为一谋克，十谋克为一猛安；以后减少到二十五人为一谋克，四谋克为一猛安，一谋克参加战斗者不过十八人。金宣宗南迁后，猛安谋克瓦解，无力作战。作为金代户类之一，女真人编入猛安谋克，不与民户杂居，即称猛安谋克户。

[5] 九年：即大定九年（1169）。

[6] 编修官：金代掌修撰国史、实录的官署国史院的属官，秩正八品。温迪罕缔达：女真族人（生卒年不详），习经史，通女真字，历官国史院编修官、著作佐郎、左赞善、翰林待制。卒，赠翰林学士承旨，谥文成。《金史》有传。

[7] 十三年：即大定十三年（1173）。

[8] 中都：金代都城，位于今北京市西南隅。金海陵王贞元元年（1153）三月迁都燕京，改称中都，府名大兴。上京：金代都城，即今黑龙江阿城县白城子。金太宗始建都城，称会宁府；金熙宗时改称上京。海陵王迁都燕京（今北京），削上京号，只称会宁府。金世宗时复号上京，为上京路治所。胡里改：牡丹江古称胡里改江，金设胡里改路，治所在五国头城（今黑龙江依兰喇嘛庙）。恤频：即"恤频路"，或作"恤品路"、"速频路"。恤频河即绥芬河。金天会二年（1124）迁耶懒路居民于此，始设，治所在今俄罗斯滨海地区乌苏里斯克（双城子）南。合懒：即"合懒路"，或作"曷懒路"。南与高丽接壤，西北到今吉林延吉、珲春一带，治所在今朝鲜咸镜南道咸兴城南五里。蒲与：即"蒲与路"。治所在今黑龙江克东县之古城。婆速：即"婆速府路"。

治所在今辽宁丹东市东北九连城。咸平：即"咸平路"。治所在平郭（今辽宁开原老城镇）。泰州：辽置，治所在乐康县（今吉林洮安东北），金承安三年（1198）移治长春县（今吉林大安县东南他虎城）。临潢：即"临潢府"。治所在今内蒙古巴林左旗东南波罗城。北京：原为辽中京，海陵王贞元元年（1153）改名北京，为北京路治所（今内蒙古昭乌达盟宁城西大明城）。冀州：治所在今河北冀县。开州：金皇统四年（1144）改澶州置，治所濮阳（今属河南）。丰州：辽神册五年（920）置，治所在富民县（今内蒙古呼和浩特市东南白塔村）。西京：金京城，为西京路治所（今山西大同），大同府亦沿旧名。东京：金京城，沿辽旧名设东京路，治辽阳府（今辽宁辽阳市老城区）。盖州：金昌明六年（1195）改辰州置，治所建安县（今辽宁盖县）。隆州：金大定二十九年（1189）以济州改名，治所在利涉县（今吉林农安）。东平：即"东平府路"，又称山东西路，金地方建置。治所东平府（今山东东平）。益都：即"益都府"，金改青州置，治所益都（今属山东）。河南：即"河东南路"，金地方建置。金太宗天会六年（1128）析宋河东路为南、北二路，升晋州为平阳府，为南路治所（今山西临汾）。陕西：当系沿北宋陕西路之名，谓京兆府路，治所在今陕西西安。

[9] 大定二十九年：即公元 1189 年。

[10] 官衔：官员的职位名称。

12. 凡诸进士举人，由乡至府，由府至省，及殿廷[1]，凡四试皆中选，则官之。至廷试五被黜，则赐之第，谓之恩例。又有特命及第者，谓之特恩。恩例者但考文之高下为第，而不复黜落。

[1] 殿廷：这里即指殿试，或称廷试、御试，为科举考试中的最高一级，由皇帝出题，并区别应试中式者之不同等第。金代及第者分为上、中、下三甲，也称一、二、三甲。

13. 凡词赋进士，试赋、诗、策论各一道。经义进士，试所治一经义、策论各一道。其设也，始于太宗天会元年十一月[1]，时以急欲得汉士以抚辑新附[2]，初无定数，亦无定期，故二年二月、八月凡再行焉。

[1] 太宗：即金太宗完颜晟（1075～1135），女真名吴乞买，金太祖弟。天辅五年（1121）奉诏副太祖执国政。七年八月太祖死，九月即帝位，改元天会。三年（1125）灭辽，俘辽天祚帝。十月南下攻宋，四年底入汴京，灭北宋，五年俘宋徽宗、宋钦宗父子北去。屡攻南宋，仿辽、宋制度立国。在位十三年，庙号太宗，谥文烈皇帝，葬恭陵。天会元年：即公元 1123 年。天会，金太宗完颜晟的年号。

[2] 抚辑：又作"抚缉"。安抚辑和。

14. 五年[1]，以河北、河东初降[2]，职员多阙，以辽、宋之制不同，诏南北各因其素所习之业取士，号为南北选[3]。熙宗天眷元年五月[4]，诏南北选各以经义、词赋两科取士。海陵庶人天德二年[5]，始增殿试之制，而更定试期。三年，并南北选为一，罢经义、策试两科，专以词赋取士。

［1］ 五年：即天会五年（1127）。

［2］ 河北：即宋河北路，宋熙宁六年（1073）分为东、西二路。参见宋31注6。金占领后，沿宋旧名。河北东路又称河间府路，河北西路又称真定府路。河东：即宋河东路。参见宋31注6。金天会六年（1128）分宋河东路为南、北二路。

［3］ 南北选：又称南北通注铨法。北选百人，南选百五十人，合计二百五十人，词赋、经义两科并举。

［4］ 熙宗：即金熙宗完颜亶（1119～1150），本名合剌。金太祖孙，天会十年（1132）立为谙班勃极烈，十三年，太宗死，即皇帝位。在位十五年，为完颜亮等所杀于寝所。庙号熙宗，谥孝成皇帝，葬思陵。天眷元年：即公元1138年。天眷，金熙宗完颜亶的第一个年号。

［5］ 海陵庶人：即海陵王完颜亮（1122～1161）。参见金4注2。天德二年：即公元1150年。天德，海陵王完颜亮的第一个年号。

15. 贞元元年［1］，定贡举程试条理格法［2］。

［1］ 贞元元年：即公元1153年。贞元，海陵王完颜亮的第二个年号。

［2］ 程试：按规定的程式考试。多指科举铨叙考试。

16. 正隆元年［1］，命以《五经》、《三史》正文内出题［2］，始定为三年一辟。

［1］ 正隆元年：即公元1156年。正隆，海陵王完颜亮的第三个年号。

［2］ 五经：五部儒家经典，即《诗》、《书》、《礼》、《易》、《春秋》，始称于汉武帝建元五年（前136）。其中《礼》，汉时指《仪礼》，后世指《礼记》；《春秋》，后世并《左传》而言。三史：谓《史记》、两《汉书》、《三国志》。

17. 大定四年［1］，敕宰臣［2］："进士文优则取，勿限人数。"

［1］ 大定四年：即公元1164年。大定，金世宗完颜雍的年号。

［2］ 宰臣：即宰相。金代以尚书省左、右丞相、平章政事为宰相。

18. 十八年［1］，谓宰臣："文士有偶中魁选，不问操履，而辄授翰苑之职［2］。如赵承元［3］，朕闻其无士行，果败露。自今榜首，先访察其乡行［4］，可取则授以应奉［5］，否则从常调［6］。"

［1］ 十八年：即大定十八年（1178）。

［2］ 翰苑：翰林院的别称。《金史·百官一》"翰林学士院"下注云："天德三年，命翰林学士院自侍读学士至应奉文字，通设汉人十员，女直、契丹各七员。"

［3］ 赵承元：字善长（生卒年不详），河间（今属河北）人。大定十三年（1173）词赋科进士第一，除应奉翰林学士，兼曹王府文学。因疏放少检，得罪王府，贬废久之。遇赦量叙，卒。

304

[4] 乡行：在家乡的德行。

[5] 应奉：即"应奉翰林文字"，金代翰林学士院属官，秩从七品。

[6] 常调：按常规迁选官吏。

19. 十九年 [1]，谓宰臣曰："自来御试赋题，皆士人尝拟作者。前朕自选一题，出人所不料，故中选者多名士，而庸才不及焉。是知题难则名儒亦擅场 [2]，题易则庸流易侥幸也。"平章政事唐括安礼奏曰 [3]："臣前日言，士人不以策论为意者，正为此尔。宜各场通考，选文理俱优者。"上曰："并答时务策，观其议论，材自可见，卿等其议之。"

[1] 十九年：即大定十九年（1179）。

[2] 擅场：谓强者胜过弱者，专据一场。意即技艺超群。

[3] 平章政事：简称"平章"，金代尚书省置平章政事，秩从一品，与左、右丞相合称宰相。唐括安礼：本名斡鲁古（？~1181），又作讹鲁古，字子敬，金女真人。工词章，历官临海军节度使、翰林侍读学士、尚书右丞、平章政事，封芮国公，授世袭谋克。主张以汉法治国，授右丞相，进封申国公，卒。《金史》有传。

20. 二十年 [1]，谓宰臣曰："朕尝谕进士不当限数，则对以所取之外无合格文，故中选者少，岂非题难致然耶？若果多合格，而有司妄黜之，甚非理也。"又曰："古者乡举有行者，授以官。今其考满，察乡曲实行出伦者擢之 [2]。"又曰："旧不选策，今兼选矣。然自今府会两试不须试策 [3]，已中策后，则试以制策 [4]，试学士院官 [5]。"

[1] 二十年：即大定二十年（1180）。

[2] 实行：德行，操行。

[3] 府会两试：府试与会试。金代科举的第二级考试为府试，凡乡试及格者可参加府试，原分六处，后增至十处。府试中选方可参与会试。会试为在首都举行的科举考试，泰和二年（1202）定制，策论三人取一，词赋经义五人取一。会试中选方可参与殿试。

[4] 制策：皇帝亲自出题考选人才的政论文体。

[5] 学士院：即"翰林学士院"，掌朝廷撰拟文诰。金海陵王承辽、宋旧制，于天德三年（1151）置翰林学士院。长官为翰林学士承旨，秩正三品。下设翰林学士、翰林侍读学士、翰林侍讲学士、翰林学士，凡应奉文字，衔内带"知制诰"。以下有翰林待制、翰林修撰，分掌词命文字，分掌院事，衔内不带"知制诰"。再下为应奉翰林文字，汉、女真人、契丹人并用，共二十四员，其中汉人十员，女真、契丹各七员。这里当指应奉翰林文字一类的从七品官。

21. 二十二年 [1]，谓宰臣曰："汉进士魁，例授应奉 [2]，若行不副名，不习制诰之文者，即与外除 [3]。"

[1] 二十二年：即大定二十二年（1182）。

[2] 应奉：即"应奉翰林文字"，金代翰林学士院属官，秩从七品。

[3] 外除：京官出任地方官。

22. 二十三年 [1]，谓宰臣曰："汉进士，皇统间人材殆不复见 [2]，今应奉以授状元 [3]，盖循资尔。制诰文字，各以职事铺叙，皆有定式，故易。至撰赦诏 [4]，则鲜有能者。"参知政事粘哥斡特剌对曰 [5]："旧人已登第尚为学不辍，今人一及第辄废而不学，故尔。"

[1] 二十三年：即大定二十三年（1183）。

[2] 皇统：金熙宗完颜亶的第二个年号（1141～1149）。

[3] 应奉：即"应奉翰林文字"，金代翰林学士院属官，秩从七品。

[4] 赦诏：减轻或免除罪犯刑罚的诏书。

[5] 参知政事：简称"参政"，官名。金代尚书省置参知政事二员，秩从二品，与左、右丞合称为执政官，为左、右丞相之副贰，佐治省事。粘哥斡特剌：或作粘割斡特剌（1130～1198），金盖州（今辽宁盖县南）别里卖猛安奚屈谋克人。贞元初，以习女真字试补户部令史，历官刑部尚书、参知政事、尚书右丞、东京留守、上京留守、平章政事，封芮国公。《金史》有传。

23. 上于听政之隙，召参知政事张汝霖、翰林直学士李晏读新进士所对策 [1]，至"县令阙员取之何道"？上曰："朕夙夜思此，未知所出。"晏对曰："臣窃念久矣！国朝设科，始分南北两选，北选词赋进士擢第一百五十人，经义五十人，南选百五十人，计三百五十人。嗣场，北选词赋进士七十人，经义三十人，南选百五十人，计二百五十人。以入仕者多，故员不阙。其后南北通选，止设词赋科，不过取六七十人，以入仕者少，故县令员阙也。"上曰："自今文理可采者取之，毋限以数。"二十八年 [2]，复经义科。

[1] 参知政事：参见金22注5。张汝霖：张浩次子（？～1190），金辽阳（今属辽宁）渤海人。贞元进士，历官翰林待制、太子左谕德兼礼部郎中、太子少师兼礼部尚书、参知政事、平章政事。卒谥文襄。《金史》有传。翰林直学士：翰林学士院属官，秩从四品。李晏：字致美（1123～1197），自号游仙野人，金泽州高平（今属山西）人。皇统经义进士，历官应奉翰林文字、翰林直学士、太常少卿、翰林侍讲学士兼御史中丞、礼部尚书兼翰林学士承旨。后以昭义军节度使致仕。《金史》有传。

[2] 二十八年：即大定二十八年（1188）。

24. 章宗明昌元年正月 [1]，言事者谓："举人四试而乡试似为虚设 [2]，固当罢去。其府会试乞十人取一人，可以群经出题，而注示本传 [3]。"上是其言，诏免乡试，府试以五人取一人，仍令有司议外路添考试院 [4]，及群经出题之制。有司言："会试所取之数，旧止五百人，比以世宗敕中格者取 [5]，乞依此制行之。府试旧六处，中有地远者，命特添三处，上京、咸平府路则试于辽阳 [6]，河东南北路则试于平阳 [7]，山东东路则试于益都 [8]。以《六经》、《十七史》、《孝经》、《论语》、《孟子》及《荀》、《扬》、《老子》内出题 [9]，皆命于题下注其本传。"又谕有司曰："举人程文所用故事 [10]，恐考试官或遽不能忆，误失人材，可自注出处，注字之误，不在涂注乙之数 [11]。"

[1] 章宗：即金章宗完颜璟（1168～1208）。参见金 10 注 1。明昌元年：即公元 1190 年。明昌，金章宗完颜璟的第一个年号。

[2] 四试：谓乡试、府试、会试、殿试。乡试：金代以县试为乡试，县令为试官，及格者应府试。

[3] 本传（zhuàn 撰）：经文原有的解说或注释。

[4] 考试院：当指府试的场所。

[5] 世宗：即金世宗完颜雍（1123～1189）。参见金 4 注 3。中（zhòng 众）格：合格。

[6] 上京：金都城，即今黑龙江阿城县白城子。金太宗时始建，称会宁府。金熙宗时号上京，海陵王迁都燕京（今北京），削上京号，只称会宁府。金世宗时复号上京，为上京路治所。咸平府路：金代地方建置。金初置咸州路都统司，天德二年（1150）升为咸平府，后升为路，置总管府。辖节镇（安东军）府一：咸平府，治平郭（今辽宁开原老城镇）；刺史州一：韩州，治临津（今辽宁梨树北十里偏脸城）；县二。辽阳：即辽阳府，治所辽阳县（今辽宁辽阳市老城区）。

[7] 河东南北路：即河东南路与河东北路。金地方建置。金太宗天会六年（1128）析宋河东路为南、北二路，升晋州为平阳府，为南路治所（今山西临汾）。北路以太原府（今山西太原）为治所。平阳：即平阳府，治所在今山西临汾。

[8] 山东东路：金地方建置。辖府二：益都、济南。治所益都府（今山东益都）。

[9] 六经：参见宋 65 注 5。十七史：《旧唐书·经籍志》乙部正史类有《史记》、《汉书》、《后汉书》、《三国志》、《晋书》、《宋书》、《齐书》、《梁书》、《陈书》、《后魏书》、《北齐书》、《周书》、《隋书》共十三史。宋人加入《南史》、《北史》、《新唐书》、《新五代史》，遂有"十七史"之称。孝经：参见唐 5 注 4。论（lún 伦）语：参见唐 5 注 4。孟子：参见唐 24 注 8。荀：即《荀子》。参见宋 99 注 6。扬：即《扬子法言》十卷。参见宋 99 注 6。老子：这里指老子所著《道德经》五千言，世传汉河上公与魏王弼二家注。

[10] 程文：参见金 1 注 5。故事：典故或有关典章制度。

[11] 涂注乙：谓文字的删改，抹去称涂，涂抹称注，勾添称乙。古代科举试卷文字书写不得擅自删改。

25. 明昌二年 [1]，敕官或职至五品者，直赴御试 [2]。四年，平章政事守贞言 [3]："国家官人之路，惟女直、汉人进士得人居多。诸司局承应 [4]，旧无出身，自大定后始叙使 [5]，至今鲜有可用者。近来放进士第数稍多，此举更宜增取，若会试止以五百人为限，则廷试虽欲多取，不可得也。"上乃诏有司，会试毋限人数，文合格则取。

[1] 明昌二年：即公元 1191 年。明昌，金章宗完颜璟的第一个年号。

[2] 御试：即"殿试"。参见金 12 注 1。

[3] "四年"二句：中华书局整理本校勘记云："原脱'四年'二字。按本书卷七三《守贞传》，明昌四年召拜平章政事。'守贞因言国家选举之法，惟女直、汉人进士得人居多'。又卷一〇《章宗纪》亦记明昌四年因尚书省请增取进士，诏有司会试毋限人数之事。今据补。"平章政事，参见金 19 注 3。守贞：本名左黁（生卒年不详），贞元二年（1154），袭祖谷神谋克。历官通进、北京留守、大兴府治中、刑部尚书兼右谏议大夫、平章政事，封萧国公。移知济南府，卒，谥曰肃。《金史》有传。

[4] 承应：当指官署中从事文案工作或杂事的小吏。

[5] 大定：金世宗完颜雍的年号（1161～1189）。叙使：按规定的等级次第授予差使、官职。

26. 六年 [1]，言事者谓："学者率恃有司全注本传以示之，故不勉读书，乞减子史注本传之制。又经义中选之文多肤浅 [2]，乞择学官，及本科人充试官 [3]。"省臣谓 [4]："若不与本传，恐硕学者有偶忘之失，可令但知题意而已。"遂命择前经义进士为众所推者、才识优长者为学官，遇差考试官之际，则验所治经参用。词赋进士 [5]，题注本传，不得过五十字。经义进士，御试第二场，试论日添试策一道 [6]。

[1] 六年：即明昌六年（1195）。

[2] 经义：谓经义进士。参见金 13。

[3] 本科人：谓经义进士出身者。

[4] 省臣：谓尚书省的属臣。

[5] 词赋进士：参见金 13。

[6] 策：即"策问"。皇帝以经义、政事出题试士，使之对答。

27. 承安四年 [1]，上谕宰臣曰："一场放二状元，非是。后场廷试，令词赋、经义通试时务策 [2]，止选一状元，馀虽有明经、法律等科，止同诸科而已。""至宋王安石为相 [3]，作新经 [4]，始以经义取人。且词赋、经义，人素所习之本业，策论则兼习者也。今舍本取兼习，恐不副陛下公选之意。"遂定御试同日各试本业，词赋依旧，分立甲次 [5]，第一名为状元，经义魁次之。恩例与词赋第二人同，馀分为两甲中下人，并在词赋之下。

[1] 承安四年：即公元 1199 年。承安，金章宗完颜璟的第二个年号。

[2] 词赋：即"词赋进士"。经义：即"经义进士"。俱参见金 13。时务策：讨论时政的对策，始于唐代。参见唐 5 注 5。

[3] "至宋"句：中华书局整理本校勘记云："按此句与上文不衔接，疑有脱文。"甚是。按，"至宋"以下当为宰臣之对语，故加原整理本所无之上引号。王安石，参见宋 30 注 2。

[4] 新经：即《三经新义》，王安石撰。此书对《书》、《诗》、《周礼》作了新的解说，以为其变法服务。现仅存《周官新义》。

28．五年 [1]，诏考试词赋官各作程文一道 [2]，示为举人之式 [3]，试后赴省藏之 [4]。

[1] 五年：即承安五年（1200）。
[2] 程文：科举考试时，由官方撰定或录用考中者所作的以为范例的文章。
[3] 举人：参见金 4。
[4] 省：谓尚书省。

29．时宰臣奏 [1]："自大定二十五年以前 [2]，词赋进士不过五百人，二十八年以不限人数，取至五百八十六人。先承圣训合格则取 [3]，故承安二年取九百二十五人 [4]。兼今有四举终场恩例 [5]，若会试取人数过多，则涉泛滥。"遂定策论、词赋、经义人数，虽多不过六百人，少则听其阙。

[1] 宰臣：即宰相。金代以尚书省左、右丞相、平章政事为宰相。
[2] 大定二十五年：即公元 1185 年。大定，金世宗完颜雍的年号。
[3] 圣训：帝王训谕或诏令。参见金 23。
[4] 承安二年：即公元 1197 年。承安，金章宗完颜璟的第二个年号。
[5] 终场恩例：参见金 12。

30．时太常丞郭人杰转对言 [1]，词赋举人，不得作别名兼试经义，及入学生精加试选，无至滥补。上敕宰臣曰："近已奏定，后场词赋、经义同日试之。若府会试更不令兼试，恐试经义者少，是虚设此科也。别名之弊，则当禁之。补试入学生员，已有旧条，恐行之灭裂尔 [2]，宜严防闲。"

[1] 太常丞：金代掌礼乐、郊庙、社稷、祠祀等事的太常寺属官，一员，秩正六品。郭人杰：生平不详。转对：金沿宋制，臣僚每隔数日，轮流上殿指陈时政得失，谓之"转对"。
[2] 灭裂：谓粗疏草率。

31．张行简转对言 [1]："拟作程文，本欲为考试之式，今会试考试官、御试读卷官皆居显职 [2]，擢第后离笔砚久，不复常习，今临试拟作之文，稍有不工，徒起谤议。"诏罢之。

[1] 张行简：字敬甫（? ～1215），金莒州日照（今属山东）人。大定十九年（1179）进士第一，历官顺天军节度使、礼部尚书、太子太保、翰林学士承旨。卒谥文正。著有《礼例纂》一百二十卷。《金史》有传。

[2] 御试读卷官：科举考试经礼部试后，殿试进士，由皇帝亲点大臣读卷，称为读卷官。清赵翼
《陔馀丛考》卷二十九《读卷官》："廷试进士，例点大臣为读卷官。今对策近呈后，皆上亲阅，
不烦大臣读也。古时则实于御前跪读……《金史·李晏传》：'世宗御后阁，召晏读进士所对
策。'"

32. 泰和元年 [1]，平章政事徒单镒病时文之弊 [2]，言："诸生不穷经史，唯事
末学，以致志行浮薄。可令进士试策日，自时务策外，更以疑难经旨相参为问，使发圣
贤之微旨、古今之事变。"诏为永制。

[1] 泰和元年：即公元 1201 年。泰和，金章宗完颜璟的第三个年号。
[2] 平章政事：参见金 19 注 3。徒单镒：本名按出（？～1214），金上京（治今黑龙江阿城）女真
人。大定十三年（1173）进士，历官尚书右丞、平章政事、尚书右丞相、左丞相。著有《弘道
集》六卷。《金史》有传。时文：谓考试之功令文字。

33. 先尝敕乐人不得举进士 [1]，而奴免为良者则许之。尚书省奏："旧称工乐，
谓配隶之色及倡优之家 [2]。今少府监工匠、太常大乐署乐工 [3]，皆民也，而不得与
试。前代令诸选人身及祖、父曾经免为良者，虽在官不得居清贯及临民 [4]，今反许
试，诚玷清论。"诏遂定制，放良人不得应诸科举 [5]，其子孙则许之。

[1] 乐人：歌舞演奏艺人的泛称。
[2] 配隶之色：谓发配至某地服役的流放犯人等。
[3] 少府监：官署名。金少府监掌官府百工营造之事。领以监，秩正四品；下设少监、丞。下辖尚
方、图画、裁造、文绣、织染、文思等署。太常：即"太常寺"，官署名。金皇统三年（1143）
始置太常寺，以卿为长，一员，秩从三品；辅以少卿、丞各一员，掌礼乐、郊庙、社稷、祠祀之
事。下设博士、检阅官、检讨、太祝、奉礼郎、协律郎等官职。下辖太庙、廪牺、郊社、诸陵、
大乐等署。大乐署乐工：《金史·百官一》："大乐署，兼鼓吹署。乐工百人。"
[4] 清贯：清贵的官职。谓侍从文翰之官。临民：谓治民之官。
[5] 放良人：谓脱离奴籍而成为平民者。即前所谓"奴免为良者"。

34. 上又谓，德行才能非进士科所能尽，可通行保举之制。省臣奏 [1]："在《周
礼》[2]，'大司徒以乡三物教万民而宾兴之' [3]。所谓万民，农工商贾皆是也。前代
立贤无方，如版筑之士、鼓刀之叟 [4]，垂光简策者不可胜举 [5]。今草泽隐逸才行兼
备者，令谋克及司县举 [6]，按察司具闻 [7]，以旌用之 [8]，既有已降令文矣。"上
命复宣旨以申之。

[1] 省臣：谓尚书省属臣。
[2] 周礼：参见金 7 注 6。

[3] "大司徒"句：语本《周礼·地官司徒第二》："大司徒之职……以乡三物教万民而宾兴之，一曰
六德：知、仁、圣、义、忠、和；二曰六行：孝、友、睦、姻、任、恤；三曰六艺：礼、乐、
射、御、书、数。"郑玄注云："物，犹事也；兴，犹举也。民三事教成，乡大夫举其贤者、能
者以饮酒之礼宾客之，既则献其书于王矣。"大司徒，西周所置，主管民事之官。三物，即三
事，见上引文中六德、六行、六艺。

[4] 版筑之士：谓土木工匠一类下等人。古代筑土墙，以两版相夹，填泥其中，以杵捣实成墙，称版
筑。鼓刀之叟：谓宰杀牲畜的老人。宰杀牲畜时敲击其刀，使之发声，故曰鼓刀。

[5] 垂光简册：即青史留名的意思。据《尚书·说命上》，相传商代贤者傅说版筑于傅岩，武丁用以
为相。又《楚辞·离骚》："吕望之鼓刀兮，遭周文而得举。"据说姜太公曾经在朝歌鼓刀宰杀牲
畜，遇周文王而受到重用，成就大业。

[6] 谋克：女真氏族长称号，原义为族长，金建国后演变为军职百夫长的称号。参见金11注4。司
县：谓县令一级的地方官。

[7] 按察司：金代按察使的官署。承安四年（1199）设立，掌一路的司法刑狱，照刷案牍，纠察滥
官污吏豪猾之人，兼劝农桑。

[8] 旌用：表彰并加以任命。

35．宣宗贞祐二年 [1]，御史台言 [2]，明年省试以中都、辽东、西北京等路道
阻 [3],宜于中都、南京两处试之 [4]。

[1] 宣宗：即金宣宗完颜珣（1163～1224）。参见金2注1。贞祐二年：即公元1214年。贞祐，金宣
宗的第一个年号。

[2] 御史台：官署名。金代御史台掌纠察朝仪、弹劾官邪、勘鞫官府公事、审理陈诉刑狱理断不当
者。以御史大夫为长，秩从二品；下设御史中丞、侍御史、治书侍御史、殿中侍御史、监察御史
等官，辖登闻检院。

[3] 中都：即今北京市。辽东西北京：谓原辽上京与辽中京。辽上京，今内蒙古巴林左旗（林东）
南波罗城，金熙宗天眷元年（1138）改名北京，海陵王天德二年（1150）改北京为临潢府路。
辽中京，今内蒙古昭乌达盟宁城大西大明城，金初仍沿辽旧名，海陵王贞元元年（1153）改名北
京，置北京留守司，为北京路治所。道阻：谓金宣宗贞祐二年（1214）五月，为避日益强盛的
蒙古大军势力而南渡事。参见金2注1。

[4] "宜于"句：中华书局整理本校勘记云："按本书卷五四《选举四·部选》条，'初，宣宗之南迁
也，诏吏部以秋冬于南京、春夏于中都置选，赴调者惮于北行，率皆南来，遂并于南京设之'。
卷一四《宣宗纪》，贞祐三年二月'丙午，尚书省以南迁后，吏部秋冬置选南京，春夏置选中
都，赴调者不便，请并选于南京，从之'，则此是吏部选授之制，非科举，盖修史者误著于此。"
甚是。南京，金代京城，即今河南开封。原为北宋汴京，金初仍之，海陵王贞元元年（1153）
改号南京，金宣宗贞祐二年（1214）迁都于此。金哀宗天兴二年（1233）陷于蒙古。

36．三年 [1]，谕宰臣曰："国初设科，素号严密，今闻会试至于杂坐喧哗，何以
防弊？"命治考官及监察罪 [2]。

[1] 三年：即贞祐三年（1215）。

[2] 考官：指主持考试的官员。监察：指监督考试以防作弊而临时设置的监试官。

37. 兴定二年[1]，御史中丞把胡鲁言[2]："国家数路收人[3]，惟进士之选最为崇重，不求备数，惟务得贤。今场会试，策论进士不及二人取一人[4]，词赋、经义二人取一[5]，前虽有圣训[6]，当依大定之制[7]，中选即收，无问多寡，然大定间赴试者或至三千，取不过五百。泰和中[8]，策论进士三人取一，词赋、经义四人取一，向者贞祐初[9]，诏免府试，赴会试者几九千人。而取八百有奇，则是十之一而已。时已有依大定之制，亦何尝二人取一哉！今考官泛滥如此，非所以为求贤也。宜于会试之前，奏请所取之数，使恩出于上可也。"诏集文资官议[10]，卒从泰和之例。

[1] 兴定二年：即公元 1218 年。兴定，金宣宗完颜珣的第二个年号。

[2] 御史中丞：简称"中丞"，御史台副职官。金代御史中丞一员，秩从三品。把胡鲁：金女真人（？～1224），历官左谏议大夫、御前经历官、御史中丞、参知政事、权尚书右丞、平章政事。《金史》有传。

[3] 数路收人：参见金 4。

[4] 策论进士：参见金 1 注 5、金 4。

[5] 词赋：即"词赋进士"。参见金 13。经义：即"经义进士"。参见金 13。

[6] 圣训：帝王训谕或诏令。

[7] 大定之制：参见金 23。大定，金世宗完颜雍的年号（1161～1189）。

[8] 泰和：金章宗完颜璟的第三个年号（1201～1208）。

[9] 贞祐：金宣宗完颜珣的第一个年号（1213～1217）。

[10] 文资官：即文官。

38. 又谓宰臣曰："从来廷试进士，日晡后即遣出宫[1]，恐文思迟者不得尽其才，令待至暮时[2]。"

[1] 日晡（bū 逋）：申时，即现代计时 15 时至 17 时之间。

[2] 暮时：谓日落以后。

39. 特赐经义进士王彪等十三人及第[1]，上览其程文，爱其辞藻，咨叹久之。因怪学者益少，谓监试官左丞高汝砺曰[2]："养士学粮，岁稍丰熟即以本色给之[3]，不然此科且废矣！"

[1] 王彪：字武叔（？～1233），大兴（今属北京市）人。兴定二年（1218）经义进士第一，金宣宗喜其文，特授太子副司经，历官国史院编修官，迁修撰、翰林待制，出刺荆州，未赴。南京被围，服毒死。

[2] 左丞：即"尚书左丞"。金代尚书省属官，秩正二品，执政官，为宰相副贰。高汝砺：字岩夫（1154～1224），金应州金城（今山西应县）人。大定十九年（1179）进士，历官户部尚书、参知政事、尚书右丞、左丞、平章政事、尚书右丞相，封寿国公。《金史》有传。

[3] 本色：自唐末至明清，原定征收的实物田赋称本色，如改征其他实物或货币，即称折色。

40. 五年[1]，省试经义进士[2]，考官于常格外多取十馀人，上命以特恩赐第。又命河北举人今府试中选而为兵所阻者[3]，免后举府试[4]。

[1] 五年：即兴定五年（1221）。

[2] 省试：即"会试"。由尚书省礼部主持，故称。举人中府试后方可赴省试。

[3] 河北：参见金14注2。府试：参见金20注3。为兵所阻：金兴定四年、五年间，蒙古军队攻陷金山东等地，河北一带亦遭战火。

[4] 免后举府试：谓今次因战乱未与会者，下次会试可直接赴省，不必再经府试。

41. 策论进士，选女直人之科也。始大定四年[1]，世宗命颁行女直大小字所译经书[2]。每谋克选二人习之[3]。寻欲兴女直字学校，猛安谋克内多择良家子为生，诸路至三千人。九年，选异等者百人，荐于京师，廪给之[4]。命温迪罕缔达教以古书[5]，作诗、策，后复试，得徒单镒以下三十馀人[6]。十一年，始议行策选之制，至十三年始定每场策一道，以五百字以上成，免乡试、府试，止赴会试、御试。且诏京师女直国子学，诸路设女直府学，拟以新进士充教授，以教士民子弟之愿学者。俟行之久学者众，则同汉进士三年一试之制。乃就悯忠寺试徒单镒等[7]，其策曰："贤生于世，世资于贤，世未尝不生贤，贤未尝不辅世。盖世非无贤，惟用与否。若伊尹之佐成汤[8]，傅说之辅高宗[9]，吕望之遇文王[10]，皆起耕筑渔钓之间，而其功业卓然，后世不能企及者，盖殷、周之君能用其人，尽其才也。本朝以神武定天下[11]，圣上以文德绥海内，文武并用，言小善而必从，事小便而不弃，盖取人之道尽矣！而尚忧贤能遗于草泽者，今欲尽得天下之贤用之，又俾贤者各尽其能，以何道而臻此乎？"悯忠寺旧有双塔，进士入院之夜半，闻东塔上有声如音乐，西人宫。考试官侍御史完颜蒲涅等曰[12]："文路始开而有此，得贤之祥也。"中选者得徒单镒以下二十七人。

[1] 大定四年：即公元1164年。大定，金世宗完颜雍的年号。

[2] 世宗：即金世宗完颜雍（1123～1189）。参见金4注3。女直大小字：参见金1注6。

[3] 谋克：女真氏族长称号，原义为族长，金建国后演变为军职百夫长的称号。参见金11注4。

[4] 廪给：提供衣食等生活资料。

[5] 温迪罕缔达：金女真族人（生卒年不详），通女真文，习经史。历官国史院编修官、著作佐郎、左赞善、翰林待制，曾参与译解经书。《金史》有传。

[6] 徒单镒：参见金32注2。

[7] 悯忠寺：故址即今法源寺，在今北京市宣武区法源寺后街，为现存历史最悠久的名刹。唐贞观十

九年（645）诏令为征辽阵亡将士立寺，武后万岁通天元年（696）建成，赐名"悯忠寺"。安史之乱中改名顺天寺，此后曾遭烧毁，又重建，清雍正后改今名。金大定十三年（1173），这里曾是策试女真进士的考场。

[8] 伊尹：商汤臣，名挚，原为汤妻陪嫁的奴隶，后佐汤伐夏桀，被尊为阿衡（宰相）。成汤：商开国之君，契的后代，子姓，名履，又称天乙。夏桀无道，汤伐之，遂有天下，国号商，都于亳（今河南商丘一带）。传十七代，三十一王，至商纣王为周所灭。事见《史记·殷本纪》。

[9] 傅说（yuè 悦）：殷商之相。相传他曾筑于傅岩之野，为武丁访得，举以为相，使殷商中兴。参见金34注5。高宗：即"武丁"，为殷商盘庚弟小乙之子，盘庚之后，国势衰弱，武丁立，用傅说为相，勤修政事，令国家中兴。在位五十九年，卒后称高宗。见《史记·殷本纪》。

[10] 吕望：即"太公望"。周初人，姜姓，吕氏，名尚。相传他曾钓于渭水之滨，周文王出猎相遇，与语大悦，同载而归，说："吾太公望子久矣！"因号为太公望，立为师。周武王即位，尊为师尚父，辅佐其灭殷商，建立周朝。因封之于齐，为齐国始祖。见《史记·齐太公世家》。参见金34注5。文王：即"周文王"。姓姬名昌，周武王之父。殷商时诸侯，居于岐山之下，曾被纣王囚于羑里，释归后为西方诸侯之长，称西伯，迁都于丰。后其子武王起兵伐纣，建立周王朝。见《史记·周本纪》。

[11] 神武：以吉凶祸福威服天下而不用刑杀。唐杜甫《投赠歌舒开府翰二十韵》："君王自神武，驾驭必英雄。"

[12] 侍御史：金御史台属官，二员，掌奏事、判台事。秩正六品。大定十二年（1172）升从五品。完颜蒲涅：或作"完颜蒲捏"，历官劝农副使、横赐高丽使、侍御史。馀不详。

42. 十六年 [1]，命皇家两从以上亲及宰相子 [2]，直赴御试。皇家袒免以上亲及执政官之子 [3]，直赴会试。至二十年，以徒单镒等教授中外 [4]，其学大振。遂定制，今后以策、诗试三场，策用女直大字，诗用小字，程试之期皆依汉进士例。省臣奏："汉人进士来年三月二十日乡试，八月二十日府试，次年正月二十日会试，三月十二日御试。"敕以来年八月二十五日于中都、上京、咸平、东平府等路四处府试 [5]，余从前例。

[1] 十六年：即大定十六年（1176）。

[2] 两从：当谓"从父昆弟"（即从兄，或谓堂兄，同祖父之兄弟）与"从祖昆弟"（同曾祖之兄弟）。

[3] 袒免（wèn 问）：袒衣免冠。古代丧礼，凡五服以外之远亲，无丧服之制，唯脱上衣，露左臂，脱冠扎发，用宽一寸布从颈下前部交于额上，又向后绕于髻，以示哀思。执政官：金代尚书省置参知政事二员，秩从二品，与左、右丞合称为执政官，为左、右丞相之副贰，佐治省事。

[4] 徒单镒：参见金32注2。

[5] 中都：金代都城，位于今北京市西南隅。参见金11注8。上京：金代都城，即今黑龙江阿城县白城子。参见金11注8。咸平：即"咸平路"。治所在平郭（今辽宁开原老城镇）。东平府：即"东平府路"，又称山东西路，金地方建置。治所东平府（今山东东平）。

43. 上曰："契丹文字年远[1]，观其所撰诗，义理深微，当时何不立契丹进士科举，今虽立女直字科，虑女直字创制日近，义理未如汉字深奥，恐为后人议论。"丞相守道曰[2]："汉文字恐初亦未必能如此。由历代圣贤渐加修举也。圣主天姿明哲，令译经教天下，行之久亦可同汉人文章矣！"上曰："其同汉人进士例。译作程文，俾汉官览之。"

[1] 契丹文字：辽契丹族创制的文字，依仿汉字偏旁制成，有大字、小字两种。大字于辽太祖神册五年（920）制成，小字为太祖弟迭剌所制。两种文字并用于辽、金时代，金章宗明昌二年（1191）曾下诏罢契丹字。

[2] 守道：即"完颜守道"，本名习尼列（1120～1193），以祖功擢应奉翰林文字，历官左谏议大夫、太子詹事、平章政事、右丞相、左丞相，授世袭谋克。进拜太尉、尚书令。卒谥简靖。《金史》有传。

44. 二十二年三月[1]，策试女直进士。至四月癸丑，上谓宰臣曰："女直进士试已久矣，何尚未考定？"参知政事斡特剌对曰[2]："以其译付看故也。"上令速之。

[1] 二十二年：即大定二十二年（1182）。

[2] 参知政事：参见金22注5。斡特剌：即"粘割斡特剌"（1130～1198），金盖州（今辽宁盖县南）别里卖猛安系屈谋克人。贞元初，以习女真字试补户部令史，历官刑部尚书、参知政事、尚书右丞、上京留守、平章政事，封芮国公。《金史》有传。

45. 二十三年[1]，上曰："女直进士设科未久，若令积习精通[2]，则能否自见矣。"

[1] 二十三年：即大定二十三年（1183）。

[2] 积习：熟习，惯习。

46. 二十八年[1]，谕宰臣曰："女直进士惟试以策，行之既久，人能预备，今若试以经义可乎？"宰臣对曰："《五经》中《书》、《易》、《春秋》已译之矣[2]，俟译《诗》、《礼》毕[3]，试之可也。"上曰："大经义理深奥[4]，不加岁月不能贯通。今宜于经内姑试以论题，后当徐试经义也。"

[1] 二十八年：即大定二十八年（1188）。

[2] 五经：参见金16注2。书：即《尚书》。参见金7注2。易：即《易经》。参见金7注1。春秋：即《春秋左氏传》。参见金7注4。

[3] 诗：即《诗经》。参见金7注3。礼：即《礼记》。参见金7注5。

[4] 大经：《新唐书·选举志上》："凡《礼记》、《春秋左氏传》为大经，《诗》、《周礼》、《仪礼》

为中经,《易》、《尚书》、《春秋公羊传》、《穀梁传》为小经。"参见唐5。

47. 章宗大定二十九年 [1],诏许诸人试策论进士举 [2]。七月省奏,如诗、策、论俱作一日程试 [3],恐力有不逮。诗、策作一日,论作一日,以诗、策合格为中选,而以论定其名次。上曰:"论乃新添,至第三举时当通定去留。"

[1] 章宗:即金章宗完颜璟(1168～1208)。参见金10注1。大定二十九年:即公元1189年。大定,金世宗完颜雍的年号。

[2] 诸人:当谓女真族以外的诸色人。策论进士原为女真人而设,故又称"女真进士"。

[3] 程试:参见金15注2。

48. 明昌元年 [1],猛安谋克愿试进士者拟依馀人例 [2],不可令直赴御试。上曰:"是止许女直进士,毋令试汉进士也。"又定制,馀官第五品散阶 [3],令直赴会试,官职俱至五品,令直赴御试。

[1] 明昌元年:即公元1190年。明昌,金章宗完颜璟的第一个年号。

[2] 猛安谋克:参见金11注4。馀人:后代,苗裔。

[3] 散阶:即"散官",表示官员品级的称号,有文、武两类,金、元皆置。散官品级与职事官品级未必一致。低散官而任较高职务者称"守"某官,高散官而任较低职务者称"行"某官。

49. 承安二年 [1],敕策论进士限丁习学。遂定制,内外官员、诸局分承应人、武卫军、若猛安谋克女直及诸色人 [2],户止一丁者不许应试,两丁者许一人,四丁二人,六丁以上止许三人。三次终场,不在验丁之限。

[1] 承安二年:即公元1197年。承安,金章宗完颜璟的第二个年号。

[2] 承应人:当指官署中从事文案工作或杂事的小吏。武卫军:即"武卫军都指挥使司"。金代京城卫戍组织,掌防卫都城,警捕盗贼,隶兵部。设都指挥使一员,秩从三品;副都指挥使二员,副使二员,秩皆从四品;判官一员。此谓该署中之官兵。

50. 三年 [1],定制,女直人以年四十五以下,试进士举,于府试十日前,委佐贰官善射者试射。其制,以六十步立垛 [2],去射者十五步对立两竿,相去二十步,去地二丈,以绳横约之。弓不限强弱,不计中否,以张弓巧便、发箭迅正者为熟闲。射十箭中两箭,出绳下至垛者为中选。馀路委提刑司 [3],在都委监察体究 [4]。如当赴会试、御试者,大兴府佐贰官试验 [5],三举终场者免之。

[1] 三年:即承安三年(1198)。

[2] 垛:土筑的箭靶,其上可置帖。

[3] 提刑司：即"按察司"。《金史·百官三》："按察司，本提刑司，承安三年以上京、东京等提刑司并为一提刑使，兼宣抚使劝农采访事，为官称。"

[4] 监察：即"监察御史"。参见金35注2。体究：体察考究。

[5] 大兴府：金代贞元元年（1153）改析津府置，治所析津县（今北京城西南之大兴区）。佐贰官：谓府尹下之府判、推官等。

51. 四年[1]，礼部尚书贾铉言[2]："策论进士程试弓箭，其两举终场及年十六以下未成丁者，若以弓箭退落，有失贤路。乞于及第后试之，中者别加任使，或升迁，否者降之。"省臣谓："旧制三举终场免试，今两举亦免之，未可。若以未成丁免试，必有妄匿年者，如果幼，使徐习未晚也。至于及第后试验升降，则已有定格矣。"诏从旧制。

[1] 四年：即承安四年（1199）。

[2] 礼部尚书：尚书省礼部长官，秩正三品。贾铉：字鼎臣（？～1213），金博州博平（今山东聊城东北）人。大定进士，历官左谏议大夫、礼部尚书、参知政事，出为武安军节度使、改知济南府。《金史》有传。

52. 在泰和格[1]，复有以时务策参以故事[2]，及疑难经旨为问之制。

[1] 泰和格：泰和间制订的有关科举的法令。泰和，金章宗完颜璟的第三个年号（1201～1208）。

[2] 时务策：讨论时政的对策，始于唐代。参见唐5注5。故事：谓先例或旧日有关的典章制度。

53. 宣宗南迁[1]，兴定元年[2]，制中都、西京等路[3]，策论进士及武举人权于南京、东平、婆速、上京四处府试[4]。

[1] 宣宗南迁：参见金2注1。宣宗，即金宣宗完颜珣（1163～1224）。参见金2注1。

[2] 兴定元年：即公元1217年。兴定，金宣宗完颜珣的第二个年号。

[3] 中都：金代都城，位于今北京市西南隅。参见金11注8。西京：金京城，为西京路治所（今山西大同），大同府亦沿旧名。

[4] 武举：金代科举之一种，考选武职官员。分府试、省试、程试三阶。以射贴弓、远射、射鹿弓、孙吴书为考试科目。原分三等就试，后改为试中以三等为次。中选者授以武职。南京：金代京城，今河南开封。参见金35注4。东平：即"东平府路"，又称山东西路，金地方建置。治所东平府（今山东东平）。婆速：即"婆速府路"。治所在今辽宁丹东市东北九连城。上京：金代都城，即今黑龙江阿城县白城子。参见金11注8。

54. 五年[1]，上赐进士斡勒业德等二十八人及第[2]。上览程文，怪其数少，以问宰臣，对曰："大定制随处设学[3]，诸谋克贡三人或二人为生员[4]，赡以钱米。至泰和中[5]，人例授地六十亩。所给既优，故学者多。今京师虽存府学，而月给通宝

五十贯而已 [6]。若于诸路总管府、及有军户处置学养之 [7]，庶可加益。京师府学已设六十人，乞更增四十人。中京、亳州、京兆府并置学官于总府 [8]，以谋克内不隶军籍者为学生，人界地四十亩。汉学生在京者亦乞同此，馀州府仍旧制。"上从之。

[1] 五年：即承安五年（1200）。

[2] 斡勒业德：生平不详。

[3] 大定：金世宗完颜雍的年号（1161～1189）。

[4] 谋克：女真氏族长称号，原义为族长，金建国后演变为军职百夫长的称号。参见金 11 注 4。

[5] 泰和：金章宗完颜璟的第三个年号（1201～1208）。

[6] 通宝：古代钱币的名称。

[7] 总管府：官署名。金代建五京，又置十四总管府，是为十九路。一度又于合懒路、婆速府路各置总管府。领以都总管一员，秩正三品；下设同知都总管、副都总管、总管、判官、府判、推官、知法等属官。军户：官府指定出军的人户。金代的猛安谋克户又称军户。

[8] 中京：金代京城，即今河南洛阳。原为金河南府，金宣宗兴定元年（1217）升号中京，府名金昌。亳州：治谯县（今安徽亳州）。京兆府：即"京兆府路"，治所即今陕西西安。

55. 凡会试之数，大定二十五年 [1]，词赋进士不得过五百人。二十八年，以不限人数，遂至五百八十六人。章宗令合格则取 [2]，故承安二年至九百二十五人 [3]。时以复加四举终场者，数太滥，遂命取不得过六百人。泰和二年 [4]，上命定会试诸科取人之数，司空襄言 [5]："试词赋、经义者多，可五取一。策论绝少，可四取一。恩榜本以优老于场屋者 [6]。四举受恩则太优，限以年则碍异材。可五举则授恩。"平章徒单镒等言 [7]："大定二十五年至明昌初 [8]，率三四人取一。"平章张汝霖亦言 [9]："五人取一，府试百人中才得五耳。"遂定制，策论三人取一，词赋、经义五人取一，五举终场年四十五以上、四举终场年五十以上者受恩。

[1] 大定二十五年：即公元 1185 年。大定，金世宗完颜雍的年号。

[2] 章宗：即金章宗完颜璟（1168～1208）。参见金 10 注 1。

[3] 承安二年：即公元 1197 年。承安，金章宗完颜璟的第二个年号。

[4] 泰和二年：即公元 1202 年。泰和，金章宗完颜璟的第三个年号。

[5] 司空：高级官员的加衔"三公"之一。《金史·百官一》："三公，太尉、司徒、司空各一员，秩皆正一品，论道经邦，燮理阴阳。"襄：即完颜襄（1140～1202），金皇族，本名庵，与卫王襄（又名永庆）同名，故又称内族襄。蒙古人称王京丞相。袭世爵，历官平章政事，封萧国公，进右丞相，拜左丞相，封常山郡王，拜司空。《金史》有传。

[6] 恩榜：科举时代于正科以外另行考试的中式名单。参见金 120。

[7] 平章：即"平章政事"。参见金 19 注 3。徒单镒：参见金 32 注 2。

[8] 明昌：金章宗完颜璟的第一个年号（1190～1195）。

[9] 张汝霖：今辽阳渤海（今辽宁辽阳）人（？～1190），贞元进士，历官翰林待制、太子左谕德兼礼部郎中、太子少师兼礼部尚书、平章政事，卒谥文襄。《金史》有传。王庆生《〈金史〉校点

拾遗》："'张汝霖'误。汝霖明昌元年已卒，不应复预泰和二年议论，疑为张万公，时在平章政事。"（载《古籍整理出版情况简报》2006 年第 11 期，总第 429 期）可参考。按张万公（? ~ 1207），金东平东阿（今属山东）人，字良辅。正隆进士，历官御史中丞、彰国军节度使、大兴、东平、河中、济南等府尹，擢平章政事，封寿国公。泰和三年（1203）致仕，六年，复起判济南府。《金史》有传。

56. 凡考试官，大定间 [1]，府试六处，各差词赋试官三员，策论试官二员。明昌初 [2]，增为九处，路各差九员，大兴府则十一员 [3]。承安四年 [4]，又增太原为十处 [5]。有司请省之，遂定策论进士女直经童千人以上差四员 [6]，五百人以上三员，不及五百二员。各以职官高者一人为考试官，馀为同考试官。词赋进士与律科举人共及三千以上五员，二千四员，不及二千三员。经义进士及经童举人千人四员，五百以上三员，百人以上二员，不及百人以词赋考官兼之。

[1] 大定：金世宗完颜雍的年号（1161 ~ 1189）。
[2] 明昌：金章宗完颜璟的第一个年号（1190 ~ 1195）。
[3] 大兴府：参见金 50 注 5。
[4] 承安四年：即公元 1199 年。承安，金章宗完颜璟的第二个年号。
[5] 太原：金河东北路治所太原府（今山西太原）。
[6] 经童：金朝科目之一。参见金 72。

57. 后又定制，策论试官，上京、咸平、东平各三员 [1]，北京、西京、益都各二员 [2]。律科 [3]，监试官一员，试律官二员，隶词赋考试院。经童，试官一员，隶经义考试院，与会试同。其弥封、并誊录官、检搜怀挟官 [4]，自馀修治试院、监押门官，并如会试之制。大定二十年 [5]，上以往岁多以远地官考试不便，遂命差近者。

[1] 上京：金代都城，即今黑龙江阿城县白城子。参见金 11 注 8。咸平：即"咸平路"。治所在平郭（今辽宁开原老城镇）。东平：即"东平府路"，又称山东西路，金地方建置。治所东平府（今山东东平）。
[2] 北京：原为辽中京，海陵王贞元元年（1153）改名北京，为北京路治所（今内蒙古昭乌达盟宁城西大明城）。西京：金京城，为西京路治所（今山西大同），大同府亦沿旧名。益都：即"益都府"，金改青州置，治所益都（今属山东）。
[3] 律科：金朝科目之一。参见金 71。
[4] 弥封：即"弥封官"，对应试人试卷进行编号密封事务的官员。誊录官：参见宋 18 注 15。检搜怀挟官：检查防范考生作弊的官员。
[5] 大定二十年：即公元 1180 年。大定，金世宗完颜雍年号。

58. 凡会试，知贡举官、同知贡举官，词赋则旧十员，承安五年为七员 [1]。经义则六员，承安五年省为四员。诠读官二员 [2]。泰和三年 [3]，上以弥封官渫语于举

人 [4]，敕自今女直司则用右选汉人封 [5]，汉人司则以女直司封。宣宗贞祐三年 [6]，以会试赋题已曾出，而有犯格中选者，复以考官多取所亲，上怒其不公，命究治之。

[1] 承安五年：即公元 1200 年。承安，金章宗完颜璟的第二个年号。
[2] 诠读官：会试审卷官员。
[3] 泰和三年：即公元 1203 年。泰和，金章宗完颜璟的第三个年号。
[4] 渫：泄露。
[5] 右选：武散官。参见金 86。
[6] 宣宗：即金宣宗完颜珣（1163～1224）。参见金 2 注 1。贞祐三年：即公元 1215 年。贞祐，金宣宗完颜珣的第一个年号。

59. 凡御试，读卷官 [1]，策论、词赋进士各七员，经义五员，馀职事官各二员。制举宏词共三员 [2]。泰和七年 [3]，礼部尚书张行简言 [4]："旧例，读卷官不避亲，至有亲人，或有不敢定其去留，或力加营护，而为同列所疑。若读卷官不用与进士有亲者，则读卷之际得平心商确。"上遂命临期多拟，其有亲者汰之。

[1] 读卷官：参见金 31 注 2。
[2] 制举宏词：参见金 4 注 5。
[3] 泰和七年：即公元 1207 年。泰和，金章宗完颜璟的第三个年号。
[4] 礼部尚书：参见金 51 注 2。张行简：参见金 31 注 1。

60. 凡府试策论进士，大定二十年定以中都、上京、咸平、东平四处 [1]。至明昌元年 [2]，添北京、西京、益都为七处 [3]，兼试女直经童。凡上京、合懒、速频、胡里改、蒲与、东北招讨司等路者 [4]，则赴会宁府试 [5]。咸平、隆州、婆速、东京、盖州、懿州者 [6]，则赴咸平府试。中都、河北东西路者 [7]，则赴大兴府试 [8]。西京并西南、西北二招讨司者 [9]，则赴大同府试 [10]。北京、临潢、宗州、兴州、全州者 [11]，则赴大定府试 [12]。山东西、大名、南京者 [13]，则赴东平府试。山东东路则试于益都 [14]。

[1] 大定二十年：即公元 1180 年。大定，金世宗完颜雍的年号。中都：金代都城，位于今北京市西南隅。参见金 11 注 8。上京：金代都城，即今黑龙江阿城县白城子。参见金 11 注 8。咸平：即"咸平路"。治所在平郭（今辽宁开原老城镇）。东平：即"东平府路"，又称山东西路，金地方建置。治所东平府（今山东东平）。
[2] 明昌元年：即公元 1190 年。明昌，金章宗完颜璟的第一个年号。
[3] 北京：原为辽中京，海陵王贞元元年（1153）改名北京，为北京路治所（今内蒙古昭乌达盟宁城西大明城）。西京：金京城，为西京路治所（今山西大同），大同府亦沿旧名。益都：即"益都府"，金改青州置，治所益都（今属山东）。

[4] 合懒：参见金 11 注 8。速频：即"恤频路"。参见金 11 注 8。胡里改：参见金 11 注 8。蒲与：参见金 11 注 8。东北招讨司：即"东北路招讨司"。金代置西北、西南、东北三路招讨司，掌招抚、征讨诸部族及接受贡纳、颁给赏赐等事。有招讨使一员，副使二员，下设判官、勘事官、知事、知法等官。治所在泰州（今吉林洮安东北城四家子），承安三年（1198），移治长安县（今吉林大安东南他虎城）。

[5] 会宁府：治所在今黑龙江阿城南。

[6] 隆州：金大定二十九年（1189）以济州改名，治所在利涉县（今吉林农安）。婆速：即"婆速府路"。治所在今辽宁丹东市东北九连城。东京：金京城，沿辽旧名设东京路，治辽阳府（今辽宁辽阳市老城区）。盖州：金昌明六年（1195）该辰州置，治所建安县（今辽宁盖县）。懿州：治所顺安（今辽宁阜新东北塔营子村）

[7] 中都：金代都城，位于今北京市西南隅。参见金 11 注 8。河北东西路：即"河北东路"与"河北西路"。参见金 14 注 2。

[8] 大兴府：金代贞元元年（1153）改析津府置，治所析津县（今北京城西南之大兴区）。

[9] 西南：即"西南路招讨司"，治所在丰州（今内蒙古呼和浩特东南白塔村）。西北：即"西北路招讨司"，治所在桓州（今内蒙古正蓝旗西北）。

[10] 大同府：治所即今山西大同市。

[11] 临潢：即"临潢府"。治所在今内蒙古巴林左旗东南波罗城。宗州：金天德三年（1151）以来州改名，治所在来宾县（今辽宁绥中西南）。兴州：治所在兴化（今河北承德市西南）。全州：《金史·地理上》："全州，下，盘安军节度使。承安二年置，改胡硕务为静封县，黑河铺为卢川县，拨北京三韩县烈虎等五猛安以隶焉。贞祐二年四月尝侨置于平州。"治所当在今辽宁省与内蒙古自治区交界处，具体不详。

[12] 大定府：治所在大定县（今内蒙古宁城西）。

[13] 山东西：即"山东西路"，又称"东平府路"，金地方建置。治所东平府（今山东东平）。大名：即"大名府"，治所在今河北大名一带。南京：金代京城，今河南开封。参见金 35 注 4。

[14] 山东东路：金地方建置。辖府二：益都、济南。治所益都府（今山东益都）。

61. 凡词赋、经义进士及律科、经童府试之处，大定间 [1]，大兴、大定、大同、开封、东平、京兆凡六处 [2]。明昌初 [3]，增辽阳、平阳、益都为九处 [4]。承安四年复增太原为十 [5]。中都、河北则试于大兴府 [6]，上京、东京、咸平府等路则试于辽阳府 [7]，馀各试于其境。

[1] 大定：金世宗完颜雍的年号（1161~1189）。

[2] 开封：即"开封府"，治所在今河南开封。京兆：即"京兆府路"，治所在今陕西西安。

[3] 明昌：金章宗完颜璟的第一个年号（1190~1195）。

[4] 辽阳：即辽阳府，治所辽阳县（今辽宁辽阳市老城区）。平阳：即平阳府，治所在今山西临汾。益都：即"益都府"，金改青州置，治所益都（今属山东）。

[5] 承安四年：即公元 1199 年。承安，金章宗完颜璟的第二个年号。

[6] 河北：即"河北东路"与"河北西路"。参见金 14 注 2。

[7] 东京：金京城，沿辽旧名设东京路，治辽阳府（今辽宁辽阳市老城区）。

62. 凡乡试之期 [1]，以三月二十日。

[1] 乡试：金代以县试为乡试，县令为试官，及格者应府试。

63. 府试之期 [1]，若策论进士则以八月二十日试策 [2]，间三日试诗。词赋进士则以二十五日试赋及诗 [3]，又间三日试策论。经义进士又间词赋后三日试经义 [4]，又三日试策。次律科 [5]，次经童 [6]，每场皆间三日试之。

[1] 府试：金代科举的第二级考试为府试，凡乡试及格者可参加府试，府试中选方可参与会试。
[2] 策论进士：参见金 1 注 5。
[3] 词赋进士：参见金 13。
[4] 经义进士：参见金 13。
[5] 律科：参见金 71。
[6] 经童：参见金 72。

64. 会试 [1]，则策论进士以正月二十日试策，皆以次间三日，同前。

[1] 会试：会试为在首都举行的科举考试，会试中选方可参与殿试。

65. 御试 [1]，则以三月二十日策论进士试策，二十三日试诗论，二十五日词赋进士试赋诗论，而经义进士亦以是日试经义，二十七日乃试策论。若试日遇雨雪，则候晴日。御试唱名后，试策则禀奏，宏词则作二日程试 [2]。旧制，试女直进士在再试汉进士后。大定二十九年以复设经义科 [3]，更定是制。

[1] 御试：即"殿试"，或称廷试，为科举考试中的最高一级，由皇帝出题，并区别应试中式者之不同等第。金代及第者分为上、中、下三甲，也称一、二、三甲。
[2] 宏词：参见金 4 注 5，金 77。程试：参见金 15 注 2。
[3] 大定二十九年：即公元 1189 年。大定，金世宗完颜雍的年号。

66. 凡监检之制，大兴府则差武卫军 [1]。余府则于附近猛安内差摘 [2]，平阳府则差顺德军 [3]。凡府会试，每四举人则差一人，复以官一人弹压。御试策进士则差弩手及随局承应人 [4]，汉进士则差亲军，人各一名，皆用不识字者，以护卫十人，亲军百人长、五十人长各一人巡护 [5]。

[1] 大兴府：金代贞元元年（1153）改析津府置，治所析津县（今北京城西南之大兴区）。武卫军：参见金 49 注 2。
[2] 猛安：参见金 11 注 4。

[3] 平阳府：金太宗天会六年（1128）析宋河东路（治太原府）为南、北二路，南路升晋州为平阳
府（今山西临汾市），为治所。顺德军：金代驻扎河东（今山西一带）的地方军名。《金史·兵
志》："河东三虞候顺德军及章宗所置诸路效节军，掌同弓手者也。"

[4] 弩手：金代帝王仪卫名目之一。《金史·仪卫上》："金制，天子之仪卫，一曰立仗，二曰行仗。
其卫士，曰护卫，曰亲军，曰弩手，曰控鹤，曰伞子，曰长行。"

[5] 百人长：与下"五十人长"皆为金代侍卫亲军的低级武职官名。分别相当于女真人的谋克与蒲
辇。参见金229。

67．泰和元年 [1]，省臣奏："搜检之际虽当严切，然至于解发袒衣，索及耳鼻，
则过甚矣，岂待士之礼哉！故大定二十九年已尝依前故事 [2]，使就沐浴，官置衣为之
更之，既可防滥，且不亏礼。"上从其说，命行之。

[1] 泰和元年：即公元1201年。泰和，金章宗完颜璟的第三个年号。
[2] 大定二十九年：即公元1189年。大定，金世宗完颜雍的年号。

68．恩例。明昌元年 [1]，定制，省元直就御试 [2]，不中者许缀榜末。解元但免
府试 [3]，四举终场依五举恩例，所试文卷惟犯御名庙讳、不成文理者则黜之 [4]，馀
并以文之优劣为次。仍一日试三题，其五举者止试赋诗，女直进士亦同此例 [5]。

[1] 明昌元年：即公元1190年。明昌，金章宗完颜璟的第一个年号。
[2] 省元：金代会试第一名，故又称"会元"。会试即尚书省礼部试，第一名亦称"省元"。
[3] 解元：金代乡试又称"解试"，故乡试第一名称"解元"。解元可不经府试，直接参加会试。
[4] 御名：即"御讳"，皇帝的名字。庙讳：皇帝父祖的名讳。封建时代对于君主或尊长的名字，必
须避免直接说出或写出，称"避讳"。北齐颜之推《颜氏家训·风操》："凡避讳者，皆须得其同
训以代换之：桓公名白，博有五皓之称；厉王名长，琴有修短之目。"
[5] 女直进士：即"策论进士"。参见金1注5，金4。

69．承安五年 [1]，敕进士四举该恩 [2]，词赋、经义当以各科为场数，不得通
数。又恩榜人应授官者 [3]，监试官于试时具数以奏，特恩者授之 [4]。

[1] 承安五年：即公元1200年。承安，金章宗完颜璟的第二个年号。
[2] 该恩：承受恩例。
[3] 恩榜：科举时代于正科以外另行考试的中举名单。参见金120。
[4] 特恩：皇帝所给予的特殊恩典。

70．泰和三年 [1]，以经义会元与策论、词赋进士不同 [2]，若御试被黜则附榜
末，为太优，若同恩例，又与四举者不同。遂定制，依曾经府试解元免府试之例，会试
下第 [3]，再举直赴御试。

[1] 泰和三年：即公元 1203 年。泰和，金章宗完颜璟的第三个年号。

[2] 会元：即"省元"。参见金 68 注 2。

[3] 会试下第：谓经义进士之会元未通过殿试（御试被黜）者。

71. 律科进士，又称为诸科，其法以律令内出题，府试十五题，每五人取一人。大定二十二年定制 [1]，会试每场十五题，三场共通三十六条以上，文理优、拟断当、用字切者 [2]，为中选。临时约取之，初无定数。其制始见于海陵庶人正隆元年 [3]，至章宗大定二十九年 [4]，有司言："律科止知读律，不知教化之源，可使通治《论语》、《孟子》[5]，以涵养其气度。"遂令自今举后，复于《论语》、《孟子》内试小义一道，府、会试别作一日引试，命经义试官出题，与本科通考定之 [6]。

[1] 大定二十二年：即公元 1182 年。大定，金世宗完颜雍的年号。

[2] 拟断：谓应答试题时运用律令量刑判罪。

[3] 海陵庶人：即海陵王完颜亮（1122～1161）。参见金 4 注 2。正隆元年：即公元 1156 年。正隆，海陵王完颜亮的第三个年号。

[4] 章宗：即金章宗完颜璟（1168～1208）。参见金 10 注 1。大定二十九年：即公元 1189 年。

[5] 论（lún 伦）语：参见唐 5 注 4。孟子：参见唐 24 注 8。

[6] 本科：谓经义进士科。

72. 经童之制，凡士庶子年十三以下，能诵二大经、三小经 [1]，又诵《论语》诸子及五千字以上，府试十五题通十三以上，会试每场十五题，三场共通四十一以上，为中选。所贵在幼而诵多者，若年同，则以诵大经多者为最。

[1] 大经小经：《新唐书·选举志上》："凡《礼记》、《春秋左氏传》为大经，《诗》、《周礼》、《仪礼》为中经，《易》、《尚书》、《春秋公羊传》、《穀梁传》为小经。"

73. 初，天会八年时 [1]，太宗以东平童子刘天骥 [2]，七岁能诵《诗》、《书》、《易》、《礼》、《春秋左氏传》及《论语》、《孟子》，上命教养之，然未有选举之制也。熙宗即位之二年 [3]，诏辟贡举，始备其列，取至百二十二人。天德间 [4]，废之。

[1] 天会八年：即公元 1130 年。天会，金太宗完颜晟的年号。

[2] 太宗：即金太宗完颜晟（1075～1135）。参见金 13 注 1。东平：即"东平府路"，又称山东西路，金地方建置。治所东平府（今山东东平）。刘天骥：生平不详。

[3] 熙宗：即金熙宗完颜亶（1119～1150）。参见金 14 注 4。即位之二年：即天会十四年（1136）。

[4] 天德：海陵王的第一个年号（1149～1153）。

74. 章宗大定二十九年 [1]，上谓宰臣曰："经童岂遽无人，其议复置。"明昌元

年 [2]，益都府申 [3]："童子刘住儿年十一岁 [4]，能诗赋，诵大小六经，所书行草颇有法，孝行夙成，乞依宋童子李淑赐出身 [5]，且加以恩诏。"召至内殿，试《凤凰来仪》赋、《鱼在藻》诗 [6]，又令赋《旱》诗 [7]，上嘉之，赐本科出身 [8]，给钱粟官舍，令肄业太学 [9]。

[1] 章宗：即金章宗完颜璟（1168~1208）。参见金10注1。大定二十九年：即公元1189年。大定，金世宗完颜雍的年号，大定二十九年，金世宗卒，皇太孙完颜璟即位，是为章宗。

[2] 明昌元年：即公元1190年。明昌，金章宗完颜璟的第一个年号。

[3] 益都府：金改青州置，治所益都（今属山东）。

[4] 刘住儿：当即刘微（生卒年不详）。《御订全金诗增补中州集》卷三十九选"刘神童微"诗一首，《小传》云："微，字伯祥，益都人，七岁能文。道陵召入宫，赋《凤凰来仪》二首，称旨，赐经童出身，系籍太学。后登贞祐二年第。"又《金史·文艺下》："明昌以来，称神童者五人，太原常添寿四岁能作诗，刘滋、刘微、张汉臣后皆无称。"

[5] 李淑：参见宋22注2。

[6] 凤凰来仪：语本《书·益稷》："《箫韶》九成，凤皇来仪。"孔传："仪，有容仪。备乐九奏而致凤皇，则余鸟兽不待九而率舞。"鱼在藻：语本《诗·小雅·鱼藻》："鱼在在藻，有颂其首。"

[7] 旱诗：语本《诗·大雅·旱麓》，旱，山名，在今陕西省南部；麓，山脚。这是一首赞颂君子祭祀得福、善于育才的作品。

[8] 本科：当谓词赋进士。

[9] 太学：隶属于国子监的金代学校。

75. 明昌三年 [1]，平章政事完颜守贞言 [2]："经童之科非古也，自唐诸道表荐 [3]，或取五人至十人。近代宋仁宗以为无补 [4]，罢之 [5]。本朝皇统间取五十人 [6]，因以为常，天德时复废 [7]。圣主复置 [8]，取以百数，恐久积多，不胜铨拟，乞谕旨约省取之。"上曰："若所诵皆及格，何如？"守贞曰："视最幼而诵不讹者精选之，则人数亦不至多也。"复问参知政事胥持国 [9]，对曰："所诵通否易见，岂容有滥。"上曰："限以三十或四十人，若百人皆通，亦可复取其精者。"持国曰："是科盖资教之术耳 [10]。夫幼习其文，长玩其义，使之莅政，人格出焉。如中选者，加之修习进士举业，则所记皆得为用。臣谓可勿令遽登仕途，必以举业，而后官使之可也。若能擢进士第，自同进士任用。如中府荐或会试，视其次数，优其等级。几举不得荐者，从本出身，似可以激劝而得人矣！"诏议行之。

[1] 明昌三年：即公元1192年。明昌，金章宗完颜璟的第一个年号。

[2] 平章政事：参见金19注3。完颜守贞：参见金25注3。

[3] "自唐"句：参见唐1注16。

[4] 宋仁宗：即宋仁宗赵祯（1010~1063）。参见宋3注4。

[5] 罢之：参见宋106，宋107。

[6] 皇统：金熙宗完颜亶的第二个年号（1141~1149）。

[7] 天德：海陵王的第一个年号（1149～1153）。

[8] 圣主：对金章宗完颜璟的称呼。

[9] 参知政事：参见金 22 注 5。胥持国：字秉钧（生卒年不详），金代州繁畤（今山西繁峙）人。经童出身，历官太子司仓、工部侍郎、工部尚书、参知政事、尚书右丞、枢密副使，卒于军中。《金史》有传。

[10] 资教之术：有助于教化的手段。

76. 制举有贤良方正、能直言极谏、博学宏材、达于从政等科 [1]，试无常期。上意欲行，即告天下。听内外文武六品以下职官无公私过者 [2]，从内外五品以上官荐于所属，诏试之。若草泽士，德行为乡里所服者，则从府州荐之。凡试，则先投所业策论三十道于学士院 [3]，视其词理优者，委官以群经子史内出题，一日试论三道，如可，则庭试策一道 [4]，不拘常务 [5]，取其无不通贯者，优等迁擢之。

[1] 制举：即由皇帝亲诏临时举行的科举考试，又称制科。参见唐 1 注 22。

[2] 公私过：即"公罪"、"私罪"。参见宋 18 注 3，宋 149 注 3。

[3] 学士院：即"翰林学士院"。参见金 20 注 5。

[4] 庭试：当作"廷试"，即御试。

[5] 不拘常务：不为是否当务之事所局限。

77. 宏词科试诏、诰、章、表、露布、檄书 [1]，则皆用四六 [2]；诫、谕、颂、箴、铭、序、记 [3]，则或依古今体 [4]，或参用四六。于每举赐第后进士及在官六品以下无公私罪者 [5]，在外官荐之，令试策官出题就考 [6]，通试四题，分二等迁擢之。二科皆章宗明昌元年所创者也 [7]。

[1] 诏：诏书，皇帝颁发的命令。诰：皇帝所颁文告或封官授爵的敕书。章：奏章，臣下给皇帝的奏本。表：奏章的一种，多用于陈情谢贺。汉蔡邕《独断》卷上："凡群臣上书于天子者有四名，一曰章，二曰奏，三曰表，四曰驳议……表者不需头，上言'臣某言'，下言'臣某诚惶诚恐，稽首顿首，死罪死罪'，左方下附曰'某官臣某甲上'。文多用编两行，文少以五行。"露布：泛指布告、通告一类的文体。檄书：古代官府用于征召、晓谕、声讨的文书。

[2] 四六：文体名，为骈文的一种。因以四字、六字为对偶，故称。形成于南朝，盛行于唐宋。也称"四六文"或"四六体"。

[3] 诫：文体名，一种规劝、告诫的文章。谕：旧时指上对下的文告或指示，也特指皇帝的诏令。颂：这里指四言有韵的颂体文辞。箴：文体的一种，以规劝、告诫为主。铭：文体的一种，古代常刻于碑版或器物，或以称功德，或用以自警。序：文体的一种，又称"序文"、"序言"，多为作者陈述作品的主旨、著作之经过等。唐初，亲友别离、赠言规勉，乃有赠序。记：文体的一种，以叙事为主，兼及议论、抒情等。

[4] 古今体：即古体（古人文章的体式和风格）与今体（有别于古人的当时流行的体式和风格）。

[5] 公私罪：参见金 76 注 2。

［6］试策官：对应试者就政事、经义等设问并评其对策等级的官员。

［7］章宗：即金章宗完颜璟（1168～1208）。参见金10注1。明昌元年：即公元1190年。明昌，金章宗完颜璟的第一个年号。

78．武举［1］，尝设于皇统时［2］，其制则见于《泰和式》［3］，有上中下三等。能挽一石力弓［4］，以重七钱竹箭，百五十步立贴［5］，十箭内，府试欲中一箭，省试中二箭，程试中三箭。又远射二百二十步垛［6］，三箭内一箭至者。又百五十步内，每五十步设高五寸、长八寸卧鹿二［7］，能以七斗弓、二大凿头铁箭驰射［8］，府试则许射四反［9］，省试三反，程试二反，皆能中二箭者。又百五十步内，每三十步，左右错置高三尺木偶人戴五寸方板者四，以枪驰刺，府试则许驰三反，省试二反，程试三反［10］，左右各刺落一板者。又依荫例问律一条［11］，又问《孙》、《吴》书十条［12］，能说五者，为上等。凡程试，若一有不中者，皆黜之。若射贴弓八斗，远射二百一十步，射鹿弓六斗，《孙》、《吴》书十条通四，为中等。射贴弓七斗，远射二百五步，射鹿弓五斗，《孙》、《吴》书十条通三，为下等。解律、刺板，皆欲同前。凡不知书者，虽上等为中，中则为下。凡试中中下，愿再试者听。

［1］武举：参见金53注4。

［2］皇统：金熙宗完颜亶的第二个年号（1141～1149）。

［3］泰和式：即《新定律令敕条格式》，又称《泰和律义》，为金法律类编。金泰和元年（1201）十二月，以唐律为基础增删而成，包括《泰和律义》三十卷、《律令》二十卷、《新定敕条》三卷、《六部格式》三十卷，总八十三卷。次年五月颁布。

［4］石：计算弓弩强度的单位。

［5］贴：箭靶正中心的周围部分，这里即指箭靶。参见宋61注6。

［6］垛：土筑的箭靶，其上可置贴。

［7］卧鹿：形似曲腿而卧的鹿状箭靶。

［8］斗：计算弓弩强度的单位。小于"石"。凿头铁箭：即"凿子箭"，以铁质箭头像凿子，故称。驰射：骑马射箭。

［9］反：谓驰射往返一次。

［10］程试三反：中华书局整理本校勘记云："按上文'府试'、'省试'、'程试'不同要求之比例推之，此当是'一'反。"甚是。

［11］荫例：因祖先的官位或功劳可获得官职的条例。

［12］孙吴书：即《孙子》与《吴子》。参见宋160注3。

79．旧制，就试上等不中，不许再试中下等。泰和元年［1］，定制，不分旧等，但从所愿，试中则以三等为次。

［1］泰和元年：即公元1201年。泰和，金章宗完颜璟的第三个年号。

80. 二年，省奏："武举程式当与进士同时 [1]，今年八月府试，欲随路设考试所，临期差官，恐以创立未见应试人数，遂权令各处就考之。"

[1] 程式：当是"程试"之误。参见金15注2，金53注4。

81. 宣宗贞祐三年 [1]，同进士例，赐敕命章服 [2]。时以随处武举入试者，自非见居职任及已用于军前者，令郡县尽遣诣京师，别为一军，以备缓急 [3]。其被荐而未授官者，亦量材任之。

[1] 宣宗：即金宣宗完颜珣（1163～1224）。参见金2注1。贞祐三年：即公元1215年。贞祐，金宣宗的第一个年号。
[2] 章服：绣有日月、星辰等图案的古代礼服。每图为一章，天子十二章，群臣按品级以九、七、五、三章递降。
[3] 缓急：指危急之事或发生变故之时。

82. 元光二年 [1]，东京总帅纥石烈牙吾塔言 [2]："武举入仕，皆授巡尉、军辖 [3]，此曹虽善骑射，不历行阵，不知军旅，一旦临敌，恐致败事。乞尽括付军前为长校 [4]，俟有功则升之。"宰臣奏："国家设此科与进士等，而欲尽置军中，非奖进人材之道。"遂籍丁忧、待阙、去职者付之 [5]。

[1] 元光二年：即公元1223年。元光，金宣宗完颜珣的第三个年号。
[2] 东京总帅：当作"京东便宜总帅"。《金史·纥石烈牙吾塔传》："元光元年五月，以京东便宜总帅兼行户、工部事。"纥石烈牙吾塔：一名志（？～1231），金女真人。历官行山东西路兵马都总管府事兼武宁军节度使、徐州管内观察使、京东便宜总帅兼行工部事、左副元帅。《金史》有传。
[3] 巡尉：负责巡捕盗贼的县尉，秩正九品。《金史·食货四》："巡尉弓兵非与盐司相约，则概不许擅入人家。"军辖：金代武官名，秩从九品，掌领军兼巡捕，其属官有军典。《金史·百官三》："諸防刺州军辖一员，掌同都军，兼巡捕，仍与司候同管城壁。"
[4] 长校：军伍中的下层军官。
[5] 丁忧：谓因遭父母丧事而去职的官员位置。待阙：谓等待补缺任命的官位。去职：因各种原因离开官位者的官缺。

83. 试学士院官 [1]。大定二十八年 [2]，敕设科取士为学士院官。礼部下太常 [3]，按唐典 [4]，初入学士院例先试，今若于进士已仕者，以随朝六品、外路五品职事官荐 [5]，试制、诏、诰等文字三道 [6]，取文理优者充应奉 [7]。由是翰苑之选为精。明昌五年 [8]，以学士院撰文字人少，命尚书省访有文采者勾取权试 [9]。

[1] 学士院：即"翰林学士院"。参见金20注5。

[2] 大定二十八年：即公元1188年。大定，金世宗完颜雍的年号。

[3] 礼部：参见金6注1。太常：即"太常寺"。参见金33注3。

[4] 唐典：唐代的有关典章。参见唐25注35。

[5] 随朝六品：谓在朝中为官六品者。随朝，参见金91。五品职事官：谓在地方为官五品者。

[6] 制：谓帝王的命令。诏：诏书，皇帝颁发的命令。诰：皇帝所颁文告或封官授爵的敕书。

[7] 应奉：即"应奉翰林文字"，金代翰林学士院属官，秩从七品。

[8] 明昌五年：即公元1194年。明昌，金章宗完颜璟的第一个年号。

[9] 尚书省：参见金10注5。勾取：征取。

84. 凡司天台学生[1]，女直二十六人，汉人五十人，听官民家年十五以上、三十以下试补。又三年一次，选草泽人试补[2]。其试之制，以《宣明历》试推步[3]，及《婚书》、《地理新书》试合婚、安葬[4]，并《易》筮法、六壬课、三命五星之术[5]。

[1] 司天台：官署及学校名。掌天文、历数、气象，属秘书监。官长为提点，秩正五品。下设、少监、判官、教授、司天管勾。辖天文、算历、三式、测验、漏刻等科。

[2] 草泽人：平民，在野之士。

[3] 宣明历：唐穆宗长庆二年（822）徐昂所制历法。元黄镇成《尚书通考》卷二："穆宗长庆《宣明历》，穆宗即位，以为累世缵绪，必更历纪，乃诏日官改造历术，名曰《宣明》。"又《元史·历志二》："《宣明历》，长庆二年壬寅徐昂造。"推步：推算天象历法。古人认为日月转运于天，犹如人之行步，可推算而知。

[4] 婚书：据元王士点《秘书监志》卷七，谓元代司天监所习经书有唐代吕才所撰《婚书》，当是有关婚姻嫁娶风俗禁忌的书籍。宋吕希纯《上宣仁皇后论立后当采用德阀不当勘选》奏议："本朝制，司天之官虽有《婚书》，然自祖宗以来，每建中壸，皆采用德阀，不专以勘选为事。"宋郑樵《通志》卷七十一："《婚书》极多，唐《志》只有一部，《崇文》只有一卷而已，四库全不收。"地理新书：有关丧葬风水的书籍。宋王应麟《玉海》卷十五："皇祐五年正月癸亥，复命知制诰王洙提举修纂地理图书，直集贤院掌禹锡、著作刘羲叟删修，嘉祐元年十一月书成，三十卷，上之，赐名《地理新书》，赐洙等器币。"又据元王士点《秘书监志》卷七，谓元代司天监所习经书有五代后周王朴《地理新书》。

[5] 易：即《易经》，又称《周易》，古代占卜书，儒家的重要经典。参见唐5注3。筮（shì 事）法：用蓍草占卜休咎或卜问疑难之事，泛指占卦。六壬课：运用阴阳五行进行占卜凶吉的方法之一，与"遁甲"、"太乙"合称三式。五行（水、火、木、金、土）以水为首；天干（甲、乙、丙、丁、戊、己、庚、辛、壬、癸）中，壬、癸属水，壬为阳水，癸为阴水，舍阴取阳，故名壬；六十甲子中，壬有六个（壬申、壬午、壬辰、壬寅、壬子、壬戌），故名六壬。六壬共七百二十课，一般总括为六十四课。其占法，用两木盘，上有天上十二辰分野，谓之天盘，下有地上十二辰方位，谓之地盘。两盘相叠，转动天盘，得出所占之干支与时辰的部位，以判凶吉。三命五星之术：古代星命术士用以推算人的命运的方术。三命，古代术数家以受命、遭命、随命为"三命"。《礼记·祭法》"曰司命"，孔颖达疏："案《援神契》云：'命有三科，有受命以保庆，有遭命以谪暴，有随命以督行。'受命谓年寿也，遭命谓行善而遇凶也，随命谓随其善恶而报之。"

唐宋以后，星命术士以人生辰之年、月、日所属干支推算命数，亦称"三命"。五星，古代星命术士以人的生辰所值五星（即金、木、水、火、土五大行星）之位来推算禄命，因以指命运。

85．凡医学十科 [1]，大兴府学生三十人 [2]，馀京府二十人 [3]，散府节镇十六人 [4]，防御州十人 [5]，每月试疑难，以所对优劣加惩劝，三年一次试诸太医 [6]，虽不系学生，亦听试补。

[1] 医学十科：宋元明时中医分科一般多称"十三科"。元陶宗仪《南村辍耕录》卷十五《医科》："医有十三科，考之《圣济总录》：'大方脉、杂医科、小方脉科、风科、产科兼妇人杂病科、眼科、口齿兼咽喉科、正骨兼金镞科、疮肿科、针灸科、祝由科则通兼言。'"《明史·职官三》："凡医术十三科，医官、医士、医生，专科肄业：曰大方脉，曰小方脉，曰妇人，曰疮疡，曰针灸，曰眼，曰口齿，曰接骨，曰伤寒，曰咽喉，曰金镞，曰按摩，曰祝由。"

[2] 大兴府：金代贞元元年（1153）改析津府置，治所析津县（今北京城西南之大兴区）。

[3] 京府：参见金 10 注 15。

[4] 散府节镇：参见金 10 注 15，金 10 注 18。

[5] 防御州：参见金 10 注 18。

[6] 太医：即"太医院"。官署名，属宣徽院。设提点，秩正五品；使，秩从五品；副使，秩从六品；判官，秩从八品；掌医药，总判院事。下设管勾，秩从九品；正奉上太医、副奉上太医、长行太医十科额五十人。

《金史》

卷五十二　志第三十三

选举二

文武选

86. 金制，文武选皆吏部统之[1]。自从九品至从七品职事官，部拟。正七品以上，呈省以听制授[2]。凡进士则授文散官，谓之文资官。自馀皆武散官，谓之右职，又谓之右选。文资则进士为优，右职则军功为优，皆循资[3]，有升降定式而不可越。

[1] 吏部：官署名。金代为尚书省所辖，掌文武选授、勋封、考课、出给制诰等政事。金初与左、右司通署，天眷三年（1140）始分治。长官为尚书，一员，秩正三品。下设侍郎、郎中、员外郎等官。

[2] 制授：皇帝任命。唐、宋，皇帝任命三品以下、五品以上的官职方称"制授"。

[3] 循资：按年资逐级晋升。

87. 凡铨注[1]，必取求仕官解由[2]，撮所陈行绩资历之要为铨头[3]，以定其能否。其有犯公私罪赃污者[4]，谓之犯选格[5]，则虽遇恩而不得与。旧制，犯追一官以至追四官[6]，皆解任周年，而复仕之。承安二年[7]，定制，每追一官则殿一年，凡罢职会赦当叙者，及降殿当除者，皆具罪以闻，而后仕之。凡增课升至六品者[8]，任回复降。既廉升而再任覆察不同者[9]，任回亦降。

[1] 铨注：谓对官吏的考选登录。

[2] 解（jiè界）由：官吏调任或考选时的证明文书。《金史·百官志一》："凡内外官之政绩，所历之资考，更代之期，去就之故，秩满皆备陈于解由，吏部据以定能否。"

[3] 铨头：《金史·百官志一》："又撮解由之要，于铨拟时读之，谓之铨头。又会历任铨头，而书于行止簿。行止簿者，以姓为类，而书各人平日所历之资考功过者也。"

[4] 公私罪：即"公罪"、"私罪"。参见宋18注3，宋149注3。

[5] 犯选格：《金史·选举三》："诸曾犯公罪追官、私罪解任、及犯赃、廉访不好、并体察不堪临民，谓之犯选格。"参见金186。

[6] 追一官：即降职一级。下"追四官"即降职四级。

[7] 承安二年：即公元1197年。承安，金章宗完颜璟的第二个年号。

[8] 增课：累计考核。

[9] 廉升：官员经考察而提升。参见金91。

88. 自进士、举人、劳效、荫袭、恩例之外，入仕之途尚多，而所定之时不一。若牌印、护卫、令史之出职[1]，则皇统时所定者也[2]。检法、知法、国史院书写[3]，则海陵庶人所置者也[4]。若宗室将军、宫中诸局承应人、宰相书表、太子护卫、妃护卫、王府祗候郎君、内侍、及宰相之子、并译史、通事、省祗候郎君、亲军骁骑诸格[5]，则定于世宗之时[6]，及章宗所置之太常检讨、内侍寄禄官[7]，皆仕进之门户也。

[1] 牌印：即"牌印令史"，大定二年（1162）改名"符宝典书"，金代殿前都点检司属吏，四人。参见金209。宋司马光《资治通鉴》卷二百五十六："将佐以下从行者三百馀人，并牌印皆没不返。"胡三省注云："古者授官赐印绶，常佩之于身，至解官则解印绶。至唐始置职印，任其职者，传而用之。其印盛之以匣，当官者置之卧内，别为一牌，使吏掌之，以谨出入，印出而牌入，牌出则印入，故谓之牌印。"护卫：金代帝王仪卫名目之一，参见金201注1；又有东宫护卫、妃护卫，参见金205，金208。令史：掌文书案牍之事的官名。参见金1注7。

[2] 皇统：金熙宗完颜亶的第二个年号（1141～1149）。

[3] 检法：官名，掌检察各司执法案牍文字之事。金代设于户部架阁库、元帅府、大宗正府、御史台、左、右三部检法司等官署。员数不等，秩从八品。明昌五年（1194）规定，女真检法从省院台部统军司令史、书史内，年五十以下者充选。知法：官名，掌律令格式，审判刑名。金代设于枢密院、三司、大理寺、登闻鼓院、登闻检院及司、府等官署。各设二至三员，秩从八品。明昌五年（1194）规定，女真知法从省院台部统军司令史、书史内，年五十以内者充选。国史院书写：吏名，掌抄写、誊清案牍之事。金代设于国史院，又称史馆从事。充任书写须经严格考试，正隆元年（1156）定制，女真书写要具备将契丹字书译成女真字的能力；契丹书写要熟于契丹大小字，并具备把汉字书史译成契丹字的能力。国史院，官署名，掌撰修国史、实录。金国史院有监修国史、修国史、同修国史及编修官、查阅官等。金修《辽史》也属国史院，专设修辽史刊修官、编修官。

[4] 海陵庶人：即海陵王完颜亮（1122～1161）。参见金4注2。

[5] 宗室将军：金代掌理皇族政务的官署大宗正府属官，秩正七品。承应人：参见金9注2。宰相书表：宰相府吏名，掌同"书写"。太子护卫：即"东宫护卫"。参见金205。妃护卫：参见金208。王府祗候郎君：亲王府从事琐事的属官。参见金223。译史：吏名，从事笔译者，设于州以上官署。金制，役满一百二十个月，即可出职。大定二十八年（1188）规定，省女真译史从见任从七品、从八品，年六十以上者选用。通事：吏名，从事口译。金有省通事、诸部通事、女

332

真通事等。大定二十年（1180）制，一百二十个月出职，经三考者秩从七品。省祗候郎君：金代尚书省省右司属官。参见金192。骁骑：即"骁骑尉"，勋阶。金代为十二阶之第九阶，秩正六品。

[6] 世宗：即金世宗完颜雍（1123～1189）。参见金4注3。

[7] 章宗：即金章宗完颜璟（1168～1208）。参见金10注1。太常检讨：金代太常寺属官。《金史·百官一》："检讨二员，从九品。"注云："明昌元年置，以品官子孙及终场举人，同国史院汉人书写例，试补。"内侍寄禄官：金代内侍局属官。《金史·百官二》："内侍寄禄官，所以升用内侍局御直、内直有年劳者。"有注云："泰和二年设，初隶宫闱局，寻直隶宣徽院。"

89．凡官资以三十月为考，职事官每任以三十月为满，群牧使及管课官以三周岁为满 [1]，防御使以四十月、三品以上官则以五十月、转运则以六十月为满 [2]。

[1] 牧使：谓州、县等地方官。管课官：财税官员。
[2] 防御使：参见金10注18。转运：即"转运使"。金代都转运司或转运司长官，秩正三品。掌税赋钱谷、仓库出纳、权衡度量之制。各路皆置，惟中都路称都转运司，其馀皆称转运司。

90．司天、太医、内侍官皆至四品止 [1]。

[1] 司天：谓司天台官员。参见金84注1。太医：谓太医院官员，金代太医院属宣徽院。参见金85注6。内侍官：即内侍局官员，金代内侍局属宣徽院。《金史·百官二》："内侍局，令二员，从八品（兴定五年，升作从六品）。丞二员，从九品（兴定五年，升从七品）。掌正位阁门之禁，率殿位都监、同监及御直各给其事。局长二员，从九品，兴定五年升正八品（御直、内直共六十四人。明昌元年，分宫闱局正位内直置，初隶宫闱局）。"

91．凡外任循资官谓之常调 [1]，选为朝官谓之随朝，随朝则每考升职事一等，若以廉察而升者为廉升 [2]，授东北沿边州郡而升者为边升 [3]。

[1] 循资：即"循资格"。不论贤愚，依资格授官，自下而上，限年蹑级，不得逾越。
[2] 廉察：考察，视察。
[3] 边升：参见金253。

92．凡院务监当差使则皆从九品 [1]。

[1] 院务监当：金代称辖仓库院务者。《金史·百官一》："应管仓库院务者曰监当官。"

93．凡品官任都事、典事、主事、知事、及尚书省令史、覆实、架阁司管勾、直省直院局长副、检法、知法、院务监当差使、及诸令史、译史、掌书、书史、书吏、译书、译人、通事、并诸局分承应有出身者 [1]，皆为流外职 [2]。凡此之属，或以尚书省差遣，或自本司判补，其出职或正班、杂班［3］，则莫不有当历之名职。既仕则必循升降之定式，虽或前后略有损益之殊，而定制则莫能渝焉。

［1］都事：首领官名。金代设于尚书省左、右司，掌本司受事付事、省署案牍，兼管架阁库事。秩正七品。典事：御史台属官，二员，秩从七品。主事：首领官名。设于六部，掌管案牍和管辖吏员等。金代各部设四至五员，秩从七品，多以进士任职，非特旨不得用吏员。知事；首领官名。金代设于都元帅府、大宗正府、司农司、大兴府等官署。掌付事勾稽省署文牍，总隶诸案。数额为一至二员，秩正七品至正八品，多以识女真、汉字人充任。令史：参见金1注7。覆实：即"覆实司"，工部官署名。《金史·百官一》："覆实司，管勾一员，从七品，隶户、工部，掌覆实营造材物、工匠价直等事。"架阁司管勾：架阁库属官，秩正八品至从八品。架阁库，官署名，金代为尚书省内管理文牍的机构。大定二十一年（1181）设。左、右司架阁库，以都事提控，掌总察左右司大程官追付文牍，并提控小都监给受纸笔。六部架阁库三，以主事提控。一、掌吏、兵两部架阁，兼检校吏部行止；二、掌户、礼两部架阁；三、掌刑、工两部架阁。设管勾、同管勾各一员。户、礼部架阁库增设检法、勾当官，枢密院、御史台、三司等署皆设架阁库。直省直院局长副：金代尚书省下直省局的局长、副局长。《金史·百官一》："直省局，局长，从八品，掌都堂之礼仪及官员参谢之仪。副局长，正九品，掌贰局长。"检法：参见金88注3。知法：参见金88注3。院务监当差使：参见金92。译史：参见金1注7。掌书：金代审官院属官。《金史·百官一》"掌书四人"注云："女直、汉人各二人，以御史台终场举人辟充。"书史：提刑司属吏。《金史·章宗一》："明昌……三年……甲申，改提刑司令史为书史。"书吏：吏名。掌衙门文书案牍。金代主要设于按察司、安抚司，多以终场举人内选充。有女真书吏、汉人书吏之别。译书：吏名。金代统军司有译书四人，见《金史·百官三》。译人：吏名。从事笔译者，多隶金代地方官署。通事：吏名。从事口译者。金代有省通事、诸部通事、女真通事等。大定二十年（1180）制，一百二十个月出职，经三考者秩从七品。

［2］流外职：在品级以外的吏职人员，即同"未入流"。

［3］杂班：官员非正班出身者称杂班。宋赵彦卫《云麓漫钞》卷十："金人官制有文班、武班，若医、卜、倡、优，谓之杂班。"

94. 凡门荫之制，天眷中［1］，一品至八品皆不限所荫之人。贞元二年［2］，定荫叙法，一品至七品皆限以数，而削八品用荫之制。世宗大定四年五月［3］，诏："皇家祖免以上亲［4］，就荫者依格引试，中选者勿令当繁使［5］。"五年十月，制："亡宋官当荫子孙者，并同亡辽官用荫。"又曰："教坊出身人［6］，若任流内职者，与文武同用荫。自馀有勤劳者，赏赐而已。昔正隆时常使教坊辈典城牧民［7］，朕甚不取。"又更定冒荫及取荫官罪赏格。

［1］天眷：金熙宗完颜亶的第一个年号（1138～1140）。

［2］贞元二年：即公元1154年。贞元，海陵王完颜亮的第二个年号。

［3］世宗：即金世宗完颜雍（1123～1189）。参见金4注3。大定四年：即公元1164年。大定，金世宗完颜雍的年号。

[4] 袒免（wèn 问）：袒衣免冠，谓五服以外之远亲。参见金 5 注 6。

[5] 僄（bào 报）使：录职试用。

[6] 教坊：即"教坊司"。古代管理宫廷音乐的官署名。金代教坊司隶宣徽院，秩正五品，掌殿廷音乐。设提点，秩正五品；使、副使、判官、谐音郎。

[7] 正隆：海陵王完颜亮的第三个年号（1156～1161）。典城牧民：谓任地方州县官。

95．七年五月[1]，命司天台官四品以上官改授文武资者[2]，并听如太医例荫[3]。其制，凡正班，荫亦正班；杂班，荫杂班。

[1] 七年：即大定七年（1167）。

[2] 司天台：参见金 84 注 1。

[3] 太医：即"太医院"，官署名，属宣徽院。

96．明昌元年[1]，以上封事者乞六品官添荫，吏部言："天眷中[2]，八品用荫，不限所荫之人。贞元中[3]，七品用荫，方限以数。当是时，文始于将仕[4]，武始于进义[5]，以上至七品儒林、忠显，各七阶[6]，许荫一名。至六品承直、昭信[7]，计九阶，许荫二人。自大定十四年[8]，文武官从下各增二阶[9]，其七品视旧为九阶，亦荫一人，至五品凡十七阶，方荫二人，其五品至三品并无间越，唯六品不用荫。乞依旧格，五品以上增荫一名，六品荫子孙兄弟二人，七品仍旧为格。"时又以旧格虽有己子许荫兄弟侄，盖所以崇孝悌也。而新格禁之，遂听让荫。

[1] 明昌元年：即公元 1190 年。明昌，金章宗完颜璟的第一个年号。

[2] 天眷：金熙宗完颜亶的第一个年号（1138～1140）。

[3] 贞元：海陵王完颜亮的第二个年号（1153～1156）。

[4] 将仕：即"将仕郎"。文散官名，为四十二阶之第四十阶，秩正九品下。

[5] 进义：即"进义校尉"。武散官名，为三十四阶之第三十二阶，秩正九品下。

[6] 儒林：即"儒林郎"。文散官名，为四十二阶之第三十四阶，秩从七品下。从将仕郎、登仕郎、从仕郎、征事郎、承事郎、文林郎至儒林郎，共七阶。忠显：即"忠显校尉"。武散官名，为三十四阶之第二十六阶，秩从七品下。从进义校尉、保义校尉、敦武校尉、修武校尉、忠翊校尉、忠勇校尉至忠显校尉，共七阶。

[7] 六品：当是"七品"之讹，详下。承直：即"承直郎"。文散官名，为四十二阶之第三十二阶，秩正七品下。其下为承务郎，秩从七品上，与从七品下之儒林郎衔接。昭信：即"昭信校尉"。武散官名，为三十四阶之第二十四阶，秩正七品下，其下为忠武校尉，秩从七品上，与从七品下之忠显校尉衔接。

[8] 大定十四年：即公元 1174 年。大定，金世宗完颜雍的年号。

[9] 各增二阶：文散官于将仕郎下增设登仕佐郎，秩从九品上；将仕佐郎，秩从九品下。武散官于进义校尉下增设保义副尉，秩从九品上；进义副尉，秩从九品下。

97. 旧制，司天、太医、内侍长行虽至四品 [1]，如非特恩换授文武官资者，不许用荫，以本人见允承应，难使系班故也 [2]。泰和二年 [3]，定制，以年老六十以上退、与患疾及身故者，虽至止官，拟令系班，除存习本业者听荫一名，止一子者则不须习即荫。

[1] 司天太医内侍：皆参见金 3 注 4。长行：金代司天监、太医院、内侍局等官署之未授职事者。《金史·百官二》："司天台。提点，正五品……长行人五十人（未授职事者，试补管勾）。"中华书局整理本在"内侍"与"长行"间加顿号，将"长行"当作并列于司天监、太医院、内侍局的官署，似有误。

[2] 系班：官员正式排上班次，可以按级序迁。

[3] 泰和二年：即公元 1202 年。泰和，金章宗完颜璟的第三个年号。中华书局整理本校勘记云："按本书卷一一《章宗纪》，泰和元年正月'己巳，以太府监孙复言……乃更定荫叙法而颁行之'，当即此制。则'二年'是'元年'之误。"甚是。

98. 凡诸色出身文武官一品，荫子孙至曾孙及兄弟侄孙六人，因门荫则五人 [1]。二品则子孙至曾孙及兄侄五人，因门荫则四人。三品子孙兄弟侄四人，因门荫则三人。四品、五品三人，因门荫则二人。六品二人，七品子孙兄弟一人，因门荫则六品、七品子孙兄弟一人。旧格，门荫惟七品一人，余皆加一人。明昌格 [2]，自五品而上皆增一人。

[1] 门荫：凭借祖先的功绩做官。

[2] 明昌：金章宗完颜璟的第一个年号（1190～1195）。

99. 凡进纳官 [1]，旧格正班三品荫四人 [2]，杂班三人 [3]。正班武略子孙兄弟一人 [4]。杂班明威一人 [5]，怀远以上二人 [6]，镇国以上三人 [7]。

[1] 进纳官：交纳钱粮的买官者。

[2] 正班：官员有正式编制者。

[3] 杂班：官员非正班出身者称杂班。宋赵彦卫《云麓漫钞》卷十："金人官制有文班、武班，若医、卜、倡、优，谓之杂班。"

[4] 武略：即"武略将军"。武散官名，为三十四阶之第二十二阶，秩从六品下。

[5] 明威：即"明威将军"。武散官名，为三十四阶之第十五阶，秩正五品下。

[6] 怀远：即"怀远大将军"。武散官名，为三十四阶之第十二阶，秩从四品下。

[7] 镇国：即"镇国上将军"。武散官名，为三十四阶之第六阶，秩从三品下。

100. 司天、太医迁至四品诏换文武官者 [1]，荫一人。

[1] 司天太医：皆参见金 3 注 4。

101. 凡进士所历之阶，及所循注之职 [1]。贞元元年 [2]，制南选 [3]，初除军判、丞、簿从八品 [4]。次除防判、录事正八品 [5]，三除下令从七品 [6]，四中令、推官、节察判正七品 [7]，五六皆上令从六品 [8]。北选，初军判、簿、尉，二下令，三中令，四上令，已后并上令，通注节察判、推官。

[1] 循注：依照资序铨叙官职。
[2] 贞元元年：即公元 1153 年。贞元，海陵王完颜亮的第二个年号。
[3] 南选：金代科举取士，分南北两选，南选一百五十人，北选一百人，合计二百五十人，词赋、经义两科并举。称"南北通注铨法"。以后改南北通选，只设词赋一科，每科限取六七十人。后又不限数目。
[4] 军判：即诸刺史州判官。金代地方官名，州属官，协助州长官处理部分政务。丞：即"县丞"。金代地方官名，县属官，协助县令主持政务。簿：即"主簿"，或称"县簿"，金代地方官名，县佐贰官。
[5] 防判：金代防御州判官。防御州，参见金 10 注 18。录事：诸府节镇录事司长官，主管平理狱讼、警察所部，总判司事。秩正八品。
[6] 下令：即下县的县令。下县，金代以户口不满三千户为下县，置令、主簿。
[7] 中令：即中县的县令。中县，金代以户口三千户以上、万户以下为中县，置令、主簿、尉。推官：地方官名。金代诸留守司、路总管府、府均设此职，分判刑狱及其他政务。节察判：金代设置节度使的大州（节镇）下的属官观察判官。
[8] 上令：即上县的县令。上县，金代以户口万户以上、二万户以下为上县，置令、丞、主簿、尉。

102. 正隆元年格 [1]，上甲者初上簿、军判、丞、簿、尉 [2]，中甲者初中簿、军判、丞、簿、尉，下甲者初下簿、军判、丞、簿、尉。第二任皆中簿、军判、丞、簿、尉。三、四、五、六、七任皆县令，回呈省 [3]。

[1] 正隆元年：即公元 1156 年。正隆，海陵王完颜亮的第三个年号。
[2] 上甲：金天眷初，及第进士分为上甲、中甲、下甲三级，天德二年（1150）后增加殿试，仍沿用其制，直至金末。上甲三人，中甲五至七人，下甲人数不定。上簿：上县的主簿。此"上簿"与下文"簿"似重复。中华书局整理本遇"簿军判"皆未点断，有校勘记云："按本书卷五七《百官志》，'诸刺史州，判官一员，从八品'，又记州有上、中、下之分（《地理志》皆载于各州下）。'诸县：令一员，从七品。丞一员，正九品。主簿一员，正九品。尉一员，正九品。自京县以下，以万户以上为上，三千户以上为中，不满三千为下。中县而下不置丞，以主簿与尉通领巡捕事。下县则不置尉，以主簿兼之'。本志常见'上令'、'中令'、'下令'、'上簿'、'中簿'、'下簿'，皆县职也。丞与尉不尽置，故主簿遂多见，惟此处之'上簿'、'中簿'、'下簿'以主簿释之则不可通。本卷下文云，'凡特赐进士者'，正隆时改为'初注下等军判、丞、簿、尉，次注中等军判、丞、簿、尉，第三注上等军判、丞、簿、尉，四下令，五中令，六上令'。

疑此'上簿'、'中簿'、'下簿'当是'上等'、'中等'、'下等'之误。"可参考。尉:即"县尉"。地方官名,掌巡捕盗贼。下县以主簿兼领。

[3] 呈省:上报尚书省。参见金86。

103. 大定二年 [1],诏文资官不得除县尉。

[1] 大定二年:即公元1162年。大定,金世宗完颜雍年号。

104. 八年格 [1],历五任令即呈省。

[1] 八年:即大定八年(1168)。

105. 十三年 [1],制第二任权注下令 [2]。

[1] 十三年:即大定十三年(1173)。
[2] 权注:试官。下令:下县的县令。

106. 旧制,状元授承德郎 [1],以十四年官制 [2],文武官皆从下添两重 [3],命状元更授承务郎 [4],次旧授儒林郎 [5],更为承事郎 [6]。第二甲以下旧授从仕郎 [7],更为将仕郎 [8]。

[1] 状元:金代词赋进士、经义进士殿试第一名皆可称状元。承安五年(1200),词赋、经义只取一名状元。承德郎:文散官名。为四十二阶之第三十一阶,秩正七品上。
[2] 十四年:即大定十四年(1174)。参见金96注9。
[3] 重:即"阶"。
[4] 承务郎:文散官名,为四十二阶之第三十三阶,秩从七品上。
[5] 儒林郎:文散官名,为四十二阶之第三十四阶,秩从七品下。
[6] 承事郎:文散官名,为四十二阶之第三十六阶,秩正八品下。
[7] 从仕郎:文散官名,为四十二阶之第三十八阶,秩从八品下。
[8] 将仕郎:文散官名,为四十二阶之第四十阶,秩正九品下。

107. 十五年 [1],敕状元除应奉 [2],两考依例授六品。十八年,敕状元行不顾名者与外除 [3]。十九年,命本贯察其行止美恶。

[1] 十五年:即大定十五年(1175)。
[2] 应奉:即"应奉翰林文字",金代翰林学士院属官,秩从七品。
[3] 行不顾名:不爱惜名誉,行止不端。外除:出任地方官。

108．二十一年[1]，复命第三任注县令。

[1] 二十一年：即大定二十一年（1181）。

109．二十二年[1]，敕进士授章服后[2]，再试时务策一道，所谓策试者也。内才识可取者籍其名，历任后察其政，若言行相副则升擢任使[3]。是年九月，复诏今后及第人，策试中者初任即升之。

[1] 二十二年：即大定二十二年（1182）。
[2] 章服：参见金81注2。
[3] 任使：谓官职。

110．二十三年格[1]，进士，上甲，初录事、防判[2]，二下令，三中令。中甲，初中簿[3]，二上簿，三下令。下甲，初下簿，二中簿，三下令。试中策者，上甲，初录事、防判，二中令，三上令。中甲，初上簿，二下令，三中令。下甲，初中簿，二录事、防判、三中令。又诏今后状元授应奉，一年后所撰文字无过人者与外除。

[1] 二十三年：即大定二十三年（1183）。
[2] 录事防判：参见金101注5。
[3] 中簿：中县的主簿。以下"上簿"、"下簿"可类推。

111．二十六年格[1]，以相次合为令者减一资历。二十六年格，三降两降免一降[2],文资右职外官减最后[3]，上令一任通五任回呈省，遂定格，上甲，初录事、防判，二中令，三、四、五上令。中甲，初中簿，二下令，三中令，四、五上令，策试进士[4]，初录事、防判，二、三、四、五上令。其次，初上簿，二中令，三、四、五上令。又次，初中簿，二下令，三中令，四、五上令。下甲，初下簿，二下令，三中令，四，五上令。

[1] 二十六年：即大定二十六年（1186）。
[2] 降：贬职。
[3] 右职：武散官。参见金2注4。
[4] 策试进士：即经过考试时务策一道中式的进士。参见金109。

112．二十七年[1]，制进士阶至中大夫呈省[2]。

[1] 二十七年：即大定二十七年（1187）。
[2] 中大夫：文散官名，为四十二阶之第十九阶，秩从四品中。呈省：上报尚书省。参见金86。

339

113. 明昌二年 [1]，罢勘会、状元行止之制 [2]。

[1] 明昌二年：即公元 1191 年。明昌，金章宗完颜璟的第一个年号。
[2] 会：即"会元"，又称"省元"，尚书省礼部试即会试的第一名。行止：品行。参见金 107。

114. 七年格 [1]，县令守阙各依旧格注授 [2]。

[1] 七年：即明昌七年（1196）。
[2] 守阙：官员等候补缺。

115. 泰和格 [1]，诸进士及第合授资任须历遍乃呈省。虽未尽历，官已至中大夫亦呈省 [2]。又诸词赋、经义进士及第后，策试中选 [3]，合授资任历遍呈省，仍每任升本等首铨选 [4]。

[1] 泰和格：泰和间制定的有关科举的法令。泰和，金章宗完颜璟的第三个年号（1201～1208）。
[2] 中大夫：参见金 112。
[3] 策试：参见金 109。
[4] 铨选：选才授官。

116. 贞祐三年 [1]，状元授奉直大夫 [2]，上甲儒林郎 [3]，中甲以下授征事郎 [4]。

[1] 贞祐三年：即公元 1215 年。贞祐，金宣宗完颜珣的第一个年号。
[2] 奉直大夫：文散官名，为四十二阶之第二十九阶，秩从六品上。
[3] 儒林郎：文散官名，为四十二阶之第三十四阶，秩从七品下。
[4] 征事郎：文散官名，为四十二阶之第三十七阶，秩从八品上。

117. 经义进士。皇统八年 [1]，就燕京拟注 [2]。六年 [3]，与词赋第一人皆拟县令，第二人当除察判 [4]，以无阙遂拟军判 [5]。第二、第三甲随各人住贯拟为军判、丞、簿 [6]。旧制，《五经》及第未及十年与关内差使 [7]，已十年者与关外差使 [8]，四十年除下令。正隆三年 [9]，不授差使，至三十年则除县令。大定二十八年始复设是科 [10]，每举专主一经。

[1] 皇统八年：即公元 1148 年。皇统，金熙宗完颜亶的第二个年号。
[2] 燕京：即今北京市西南隅。金海陵王贞元元年（1153）三月迁都燕京，改称中都，府名大兴。
[3] 六年：中华书局整理本校勘记云："按上叙'八年'，下叙'六年'，疑纪年有误。"可参考。
[4] 察判：金代设置节度使的大州（节镇）下的属官观察判官。

[5] 军判：即诸刺史州判官。金代地方官名，州属官，协助州长官处理部分政务。

[6] 住贯：居住地或籍贯。

[7] 五经及第：参见金16。关内：当指今山海关以西、嘉峪关以东的金朝属地。

[8] 关外：当指今山海关以东地区（包括今辽宁、吉林、黑龙江三省）。

[9] 正隆三年：即公元1158年。正隆，海陵王完颜亮的第三个年号。

[10] 大定二十八年：即公元1188年。大定，金世宗完颜雍的年号。

118. 女直进士 [1]。大定十三年 [2]，皆除教授 [3]。二十二年，上甲第二第三人初除上簿，中甲则除中簿，下甲则除下簿。大定二十五年 [4]，上甲甲首迁四重，余各迁两重。第二第三甲授随路教授 [5]，三十月为一任，第二任注九品，第三、第四任注录事、军防判 [6]，第五任下令。寻复令第四任注县令。二十六年，减一资历注县令。二十八年，添试论。后皆依汉人格。

[1] 女直进士：即"策论进士"。参见金1注5，金4。

[2] 大定十三年：即公元1173年。大定，金世宗完颜雍的年号。

[3] 教授：学官名。参见金10注19。

[4] 大定二十五年：即公元1185年。

[5] 随路教授：当指地方府、州学教授。

[6] 军防判：金代地方刺史州的判官或防御州的判官。参见金101注4，金10注18。

119. 宏词 [1]，上等迁两官，次等迁一官，临时取旨授之。

[1] 宏词：金代科举之一种，金章宗时仿宋制立。命公卿举荐人才，经考试，中选者可入翰林院，充待制等官。

120. 恩榜，章宗大定二十九年 [1]，敕今后凡五次御帘进士 [2]，可一试而不黜落，止以文之高下定其次，谓之恩榜。女直人迁将仕 [3]，汉人登仕 [4]，初任教授，三十月任满，依本格从九品注授。

[1] 章宗大定二十九年：即公元1189年。章宗，即金章宗完颜璟（1168～1208）。参见金10注1。是年正月，金世宗完颜雍卒，皇太孙完颜璟嗣，是为金章宗，是年仍用金世宗的年号。

[2] 五次御帘进士：谓五次参加殿试（御试）者。

[3] 将仕：即"将仕郎"。文散官名，为四十二阶之第四十阶，秩正九品下。

[4] 登仕：即"登仕郎"。文散官名，为四十二阶之第三十九阶，秩正九品上。

121. 明昌元年 [1]，敕四举终场，亦同五举恩例 [2]，直赴御试。

[1] 明昌元年：即公元 1190 年。明昌，金章宗完颜璟的第一个年号。

[2] 五举恩例：参见金 55。

122. 明昌五年 [1]，敕神童三次终场 [2]，同进士恩榜迁转。两次终场，全免差使 [3]。第六任与县令，依本格迁官，如一次终场，初入仕则一除一差。其馀并依本门户，仍使应二举，然后入仕。每举放四十人。

[1] 明昌五年：即公元 1194 年。

[2] 神童：谓"经童科"，金代科目之一。参见金 72，金 74。

[3] 差使：这里当指差役一类的派遣。

123. 凡恩例补荫同进士者，谓大礼补致仕、遗表、阵亡等恩泽 [1]，补承袭录用，并与国王并宗室女为婚者。正隆二年格 [2]，初下簿，二中簿，三上簿，四下令，五中令，六、七上令，回呈省。

[1] "谓大礼"句：谓金代补荫制度，似借鉴宋朝有关律令。参见宋 2 注 7，宋 245 注 12。

[2] 正隆二年：即公元 1157 年。正隆，海陵王完颜亮的第三个年号。

124. 凡特赐同进士者，谓进粟、出使回、殁于王事之类 [1]，皆同杂班 [2]，补荫亦以杂班。正隆元年格 [3]，初授下簿，二中簿，三县丞、四军判 [4]，五、六防判 [5]。七、八下令，九中令，十上令。寻复更初注下等军判、丞、簿、尉，次注中等军判、丞、簿、尉，第三注上等军判、丞、簿、尉，四下令，五中令，六上令。

[1] 进粟：同"进纳"，即交纳钱粮以买官。参见金 3。

[2] 杂班：官员非正班出身者称杂班。参见金 93 注 3。

[3] 正隆元年：即公元 1156 年。

[4] 县丞：参见金 101 注 4。军判：即诸刺史州判官。参见金 101 注 4。

[5] 防判：金代防御州判官。防御州，参见金 10 注 18。

125. 律科、经童。正隆元年格 [1]，初授将仕郎 [2]，皆任司候 [3]，十年以上并一除一差 [4]，十年外则初任主簿，第二任司候，第三主簿，四主簿，五警判 [5]，六市丞 [6]，七诸县丞，八次赤丞 [7]，九赤县丞 [8]，十下县令 [9]。十一中县令 [10]，五任上县令 [11]，呈省。三年制 [12]，律科及第及七年者与关内差使，七年外者与关外差。诸经及第人未十年者关内差，已十年关外差。律科四十年除下令。经童及第人视余人复展十年，然后理算月日。

[1] 正隆元年：即公元 1156 年。正隆，海陵王完颜亮的第三个年号。

［2］将仕郎：文散官名，为四十二阶之第四十阶，秩正九品下。

［3］司候：官名。金代诸防刺州司候司长官，秩正九品。

［4］一除一差：一次除授，一次差遣。除授，任命或拜授官职，简称"除"。差遣，官位仅作为区别品级高低与俸禄多寡的虚衔，不任实事。与宋制略同。

［5］警判：官名。金代诸京警巡院判官，秩正九品。

［6］市丞：官名。金代市令司属官，又作"市令丞"，秩正九品。《金史·百官三》："市令司，惟中都置。令一员，正八品；丞一员，正九品。掌平物价，察度量权衡之违式、百货之估直。司吏四人，公使八人。"

［7］次赤丞：次赤县的县丞。次赤县即"剧县"，金代以户口在两万五千户以上的县为剧县，县令为正七品，县丞为正八品，皆高于一般县。

［8］赤县丞：赤县的县丞。赤县，首都所在地所设置的县称赤县，金代以燕京为中都后，即以大兴、宛平二县为赤县。赤县县令秩从六品，县丞秩正八品。

［9］下县令：即下县的县令。下县，金代以户口不满三千户为下县。

［10］中县令：即中县的县令。中县，金代以户口三千户以上、万户以下为中县。

［11］上县令：即上县的县令。上县，金代以户口万户以上、二万户以下为上县。中华书局整理本校勘记云："疑'五任'是'十二'之误，或此句上脱'十二上县令'五字。"可参考。

［12］三年：即正隆三年（1158）。

126. 大定十四年［1］，以从下新增官阶，遂定制，律科及第者授将仕佐郎［2］。十六年特旨，以四十年除下令太远，其以三十二年不犯赃罪者授下令。十七年，敕诸科人仕至下令者免差。二十年，省拟，无赃罪及廉察无恶者减作二十九年注下令，经童亦同此。二十六年［3］，省拟，以相次当为县令者减一资历选注。敕命诸科人累任之余月日至四十二月，准一除一差。又敕，旧格六任县令呈省，遂减为五任。二十八年，减赤县丞一任。

［1］大定十四年：即公元1174年。大定，金世宗完颜雍的年号。

［2］将仕佐郎：文散官名，为四十二阶之最末一阶，秩从九品下。

［3］二十六年：即大定二十六年（1186）。

127. 明昌五年［1］，制仕二十六年之上者，如该廉升则注县令［2］。六年，减诸县丞、赤县丞两任后吏格，十年内拟注差使，十年外一除一差。若历八任、或任至三十二年注下令，则免差须遍历而后呈省。所历之制，初、二下簿［3］，三、四中簿，五、六、七上簿，犯选格者又历上簿两任，八、九则注下令［4］，十中令，十一、十二上令。

［1］明昌五年：即公元1194年。明昌，金章宗完颜璟的第一个年号。

［2］廉升：官员经考察而提升。参见金91。

［3］下簿：下县的主簿。以下"中簿"、"上簿"可类推。

128. 凡武举，泰和三年格 [1]，上甲第一名迁忠勇校尉 [2]，第二、第三名迁忠
翊校尉 [3]。中等迁修武校尉 [4]，收充亲军 [5]，不拘有无荫，视旧格减一百月出
职。下等迁敦武校尉 [6]，亦收充亲军，减五十月出职。

[1] 泰和三年：即公元 1203 年。泰和，金章宗完颜璟的第三个年号。
[2] 忠勇校尉：武散官名，为三十四阶之第二十七阶，秩正八品上。
[3] 忠翊校尉：武散官名，为三十四阶之第二十八阶，秩正八品下。
[4] 修武校尉：武散官名，为三十四阶之第二十九阶，秩从八品上。
[5] 亲军：即金代禁军"侍卫亲军"。《金史·兵志》："禁军之制，本于合扎谋克，合扎者，言亲军
也，以近亲所领，故以名焉。贞元迁都，更以太祖、辽王宗干、秦王宗翰之军为合扎猛安，谓之
侍卫亲军，故立侍卫亲军司以统之。旧常选诸军之材武者为护驾军，海陵又名上京龙翔军为神勇
军，正隆二年将南伐，乃罢归，使就金调，复于侍卫亲军四猛安内，选三十以下千六百人，骑兵
曰龙翔，步兵曰虎步，以备宿卫。五年，罢亲军司，以所掌付大兴府，置左右骁骑，所谓从驾军
也，置都副指挥使隶点检司，步军都副指挥使隶宣徽院。"
[6] 敦武校尉：武散官名，为三十四阶之第三十阶，秩从八品下。

129. 承安元年格 [1]，第一名所历之职，初都巡、副将 [2]，二下令，三中令，
四、五上令。第二、第三名，初巡尉、部将 [3]，二上簿，三下令，四中令，五、六上
令。馀人，初副巡、军辖 [4]，二中簿，三下令，四中令，五、六上令。

[1] 承安元年：即公元 1196 年。承安，金章宗完颜璟的第二个年号。
[2] 都巡：当指诸州负责治安的都巡检使司属官副使，秩正八品。副将：诸边将中的副将，秩正八
    品。
[3] 巡尉：负责巡捕盗贼的县尉，秩正九品。参见金 82 注 3。部将：诸边将中的部将，秩正九品。
[4] 副巡：巡尉的副职，秩从九品。军辖：金代武官名，秩从九品，掌领军兼巡捕，其属官有军典。
    参见金 82 注 3。

130. 凡军功有六：一曰川野见阵，最出当先，杀退敌军。二曰攻打抗拒州县山寨，
夺得敌楼 [1]。三曰争取船桥，越险先登。四曰远探捕得喉舌 [2]。五曰险难之间，远
处报事情成功。六曰谋事得济，越众立功。

[1] 敌楼：城墙上御敌的城楼，也称谯楼。
[2] 喉舌：这里指掌握军事机要的敌方人员。

131. 皇统八年格 [1]，凡带官一命昭信校尉正七品以上者 [2]，初除主簿及诸司副
使正九品 [3]，二主簿及诸司使正八品，三下令从七品，四中令正七品，五上令，或通注

镇军都指挥使正七品及正将 [4]。其官不至昭信及无官者，自初至三任通注丞、簿，四下令，五中令，六上令及知城寨从七品 [5]。

[1] 皇统八年：即公元 1148 年。皇统，金熙宗完颜亶的第二个年号。
[2] 一命：周时官阶从一命到九命，一命即最低的官阶。昭信校尉：武散官名，三十四阶之第二十四阶，秩正七品下。
[3] 诸司副使：金代称"使"与"副使"的官位颇多，品级相差悬殊。这里当泛指秩正九品的副使，如诸仓副使、南京交钞库副使等。下"诸司使"亦泛指秩正八品的使，如诸仓使、南京交钞库使等。
[4] 镇军都指挥使：金代诸府镇都军司的长官都指挥使，秩正七品。掌军率差役、巡捕盗贼，总判军事，仍与录事同管城隍。正将：诸边将长官，秩正七品，掌提控部保将、轮番巡守边境。
[5] 知城寨：即"知城"、"知寨"等镇守城、寨的长官，秩从七品。

132. 章宗大定二十九年 [1]，迁至镇国者取旨升除后 [2]，吏格之所定，女直人昭信校尉以上者 [3]，初下簿，二下令，三中令，四、五上令。女直一命迁至昭信校尉、余人至昭信以上者，初下簿，二中簿，三下令，四中令，五、六上令。凡至宣武将军以上者 [4]，初下令，二中令，二中令，三、四上令。

[1] 章宗大定二十九年：即公元 1189 年。章宗，即金章宗完颜璟（1168～1208）。参见金 10 注 1。是年正月，金世宗完颜雍卒，皇太孙完颜璟嗣，是为金章宗，是年仍用金世宗的年号。
[2] 镇国：即"镇国上将军"，武散官名，三十四阶之第六阶，秩从三品下。
[3] 昭信校尉：参见金 131 注 2。
[4] 宣武将军：武散官名，三十四阶之第十八阶，秩从五品下。

133. 凡劳效谓年老千户、谋克也 [1]，大定五年 [2]，制河南、陕西统军司 [3]，千户十年以上拟从七品，三十年千户、四十年以上之谋克从八品，二十年以上千户、三十年以上谋克从九品，二十年以上谋克与正班、与差使 [4]，十年以上赏银绢，皆以所历千户、谋克、蒲辇月日通算 [5]。

[1] 劳效：功效，功绩。千户：军官名。金太祖始授汉人降臣为千户。女真军事组织称猛安，以后猛安也称千户。谋克：女真氏族长称号，原义为族长，金建国后演变为军职百夫长的称号。参见金 11 注 4。
[2] 大定五年：即公元 1166 年。大定，金世宗完颜雍年号。
[3] 统军司：控驭一方的军事机构。金代统军司设于河南、山西、陕西、益都（今属山东）四路，督领军马，镇驻一方。统军司设统军使一员，秩正三品。下设副统军、判官、知事、知法等。
[4] 正班：谓官员的正式编制。
[5] 蒲辇：或译为"蒲里衍"，女真氏族长谋克的副职，一谋克辖两蒲辇，一蒲辇管正军五十名。与"五十人长"同。

134. 二十年 [1]，制以先曾充军管押千户、谋克、蒲辇二十年以上、六十五岁放罢者 [2]，视其强健者与差除、令系班 [3]，不则量加迁赏。后更定吏格，若一命迁宣武将军以上，当授从七品职事者，初下令，二中令，三、四上令。官不至宣武，初授八品者授录事 [4]，二赤剧丞 [5]，三下令，四中令，五、六上令。初授九品官者，初下簿，二中簿，三上簿，四下令，五中令，六、七上令。

[1] 二十年：即大定二十年（1181）。
[2] 充军：当兵入伍。管押：管领。放罢：罢职。
[3] 差除：官职任命。系班：官员正式排上班次，可以按级序迁。
[4] 录事：参见金 101 注 5。
[5] 赤剧丞：赤县县丞或剧县县丞。赤县，参见金 125 注 8。剧县，参见金 125 注 7。

135. 大定九年格 [1]，三虞候顺德军千户四十年以上者与从八品 [2]，三十年千户、四十年以上谋克从九品，二十年以上千户、三十年以上谋克与正班，以下赏银绢。

[1] 大定九年：即公元 1169 年。大定，金世宗完颜雍的年号。
[2] 三虞候顺德军：金代驻扎河东（今山西一带）的地方军名。参见金 66 注 3。

136. 大定十四年 [1]，定随路军官出职 [2]，以新制从下创添两重，旧迁忠武校尉者今迁忠勇校尉 [3]。中都永固军指挥使及随路埽兵指挥使出职 [4]，旧迁敦武校尉者今迁进义校尉 [5]。

[1] 大定十四年：即公元 1174 年。大定，金世宗完颜雍的年号。
[2] 随路军官：谓金代西北、西南、东北三路招讨司以及河南、山西、陕西、益都（今属山东）四路统军司的军官。
[3] 忠武校尉：武散官名，为三十四阶之第二十五阶，秩从七品上。忠勇校尉：武散官名，为三十四阶之第二十七阶，秩正八品上。
[4] 中都永固军：金大定间所置汉军。《金史·兵志》："其汉军中都永固军，大定所置者也。"埽兵：镇守河岸渡口的军队。
[5] 敦武校尉：武散官名，为三十四阶之第三十阶，秩从八品下。进义校尉：武散官名，为三十四阶之第三十二阶，秩正九品下。

137. 武卫军 [1]，大定十七年定制 [2]，其猛安曰都将 [3]，谋克曰中尉 [4]，蒲辇曰队正 [5]。都将三十月迁一官，至昭信注九品职事 [6]。以队正升中尉。中尉升都将。

[1] 武卫军：金代京城卫戍组织，掌防卫都城，警捕盗贼。隶于兵部。《金史·兵志》："京师防城

军，世宗大定十七年三月改为武卫军，则掌京师巡捕者也。"官署为都指挥使司，设都指挥使一员，秩从三品；副都指挥使二员，副使一员，秩皆从四品；判官一员。

[2] 大定十七年：即公元 1177 年。大定，金世宗完颜雍年号。

[3] 猛安：参见金 11 注 4。金代职名。原为女真部落统军首领，金建国后，成为统领女真千户的千夫长称号，也用为荣誉爵号。都将：《金史·百官二》："钤辖司……都将二十员，从九品（大定十六年立名）。"

[4] 谋克：女真氏族长称号，原义为族长，金建国后演变为军职百夫长的称号。参见金 11 注 4。中尉：《金史·百官二》作"忠卫"。

[5] 蒲辇：参见金 133 注 5。

[6] 昭信：即"昭信校尉"。武散官名，为三十四阶之第二十四阶，秩正七品下。

138. 省令史选取之门有四 [1]：曰文资 [2]，曰女直进士 [3]，曰右职 [4]，曰宰执子 [5]，其出仕之制各异。

[1] 省令史：尚书省官名。掌文书案牍之事。

[2] 文资：进士出身的文官。参见金 86。

[3] 女直进士：即"策论进士"。参见金 1 注 5，金 4。

[4] 右职：武散官。参见金 86。

[5] 宰执：即"宰相"。金代以尚书省左、右丞相、平章政事为宰相。

139. 文资者，旧惟听左司官举用 [1]，至熙宗皇统八年 [2]，省臣谓："若止循旧例举勾 [3]，久则善恶不分而多侥幸。"遂奏定制，自天眷二年及第榜次姓名 [4]，从上次第勾年至五十已上、官资自承直郎从六品至奉德大夫从五品、无公私过者 [5]，一阙勾二人试验，可则收补，若皆可即籍名令还职待补。官至承直郎以上，一考得除正七品以上、从六品以下职事，两考者除从六品以上、从五品以下。奉直大夫从六品以上 [6]，一考者除从六品以上、从五品以下，两考者除从五品以上、正五品以下，节运同 [7]。

[1] 左司：官署名。金代尚书省下分左司、右司。左司掌本司奏事，总察吏、户、礼三部受事付事，兼带修起居注官，回避其间记述之事。置郎中一员，秩正五品；员外郎一员，秩正六品。

[2] 熙宗皇统八年：即公元 1148 年。皇统，金熙宗完颜亶的第二个年号。熙宗，即金熙宗完颜亶（1119~1150）。参见金 14 注 4。

[3] 举勾：举荐考核。

[4] 天眷二年：即公元 1139 年。天眷，金熙宗完颜亶的第一个年号。

[5] 承直郎：文散官名，为四十二阶之第三十二阶，秩正七品下。奉德大夫：文散官名，为四十二阶之第二十六阶，秩从五品下，天德二年（1150）改朝列大夫。公私过：即"公罪"、"私罪"。参见宋 18 注 3，宋 149 注 3。

[6] 奉直大夫：文散官名，为四十二阶之第二十九阶，秩从六品上。

[7] 节运同：不详所指，或系省称。考下文（金 141）有"节运副"一职，秩从五品，当谓节度副使

与转运司副使，则此"节运同"当指正五品之同知节度使与转运司同知。《金史·百官三》："诸节镇……同知节度使一员，正五品。通判节度使事，兼州事者仍带同知管内观察使。副使一员，从五品。"又金刘祁《归潜志》卷七："省吏，前朝止用胥吏，号'堂后官'。金朝大定初，张太师浩制皇家祖免亲、宰执子试补外，杂用进士。凡登第历三任至县令，以次召补充，一考，三十月出得六品州倅。两考，六十月得五品节度副使、留守判官，或就选为知除、知案。"若然，则"节运同"上之逗号当删去。

140. 正隆元年 [1]，罢是制，止于密院台及六部吏人令史内选充 [2]。

[1] 正隆元年：即公元 1156 年。正隆，海陵王完颜亮的第三个年号。中华书局整理本校勘记云："按本书卷五《海陵纪》记此事在二年。"可参考。

[2] 密院台：枢密院与御史台。枢密院，官署名。金太祖天辅七年（1123）设枢密院，总领汉军。金章宗泰和六年（1206）改为都元帅府，八年，复改为枢密院，掌理朝廷军机要务。官长为枢密使，秩从一品，下设枢密副使、签书枢密院事、同签书枢密院事等官。御史台，官署名。掌纠察朝仪，弹劾官邪、勘鞫官府公事，审理陈诉刑狱理断不当者。以御史大夫为长，秩从二品。下设御史中丞、侍御史、治书侍御史、殿中侍御史、监察御史等官。辖登闻检院。六部：指尚书省吏、户、礼、兵、刑、工六部。

141. 大定元年 [1]，世宗以胥吏既贪墨 [2]，委之外路干事又不知大体，徒多扰动，至二年，罢吏人而复皇统选进士之制 [3]。承直郎以上者 [4]，一考正七品，除运判、节察判、军刺同知 [5]。两考者从六品，除京运判、总府判、防御同知 [6]。奉直大夫已上 [7]，一考者从六品，除同前。两考从五品，除节运副、京总管府留守司判官 [8]。

[1] 大定元年：即公元 1161 年。大定，金世宗完颜雍的年号。

[2] 世宗：即金世宗完颜雍（1123～1189）。参见金 4 注 3。胥吏：官府中的小吏。

[3] 皇统：金熙宗完颜亶的第二个年号（1141～1149）。选进士：参见金 139。

[4] 承直郎：文散官名，为四十二阶之第三十二阶，秩正七品下。

[5] 运判：转运司判官。转运司，官署名。《大金国志》卷三十八："都（转）运一处：中都路。转运司十三处：南京路、北京路、西京路、东京路、河东南路、河东北路、山东东路、山东西路、河北东路、河北西路、陕西东路、陕西西路、会宁府路。"参见金 89 注 2。中华书局整理本校勘记云："'运'原作'军'。按诸州军判官从八品，与此不合。本书卷四二《仪卫志·百官仪从》条，'正七品，都转运判官、节度观察判官'。又卷五八《百官志·百官俸给条》，'正七品：外官，都转运判、诸节度判、诸观察判'，皆与此合。则此显系'运判'之讹。今据改。"甚是。节察判：金代设置节度使的大州（节镇）下的属官观察判官。军刺同知：当指诸刺史州同知。《金史·百官三》："诸刺史州……同知一员，正七品，通判州事。"

[6] 京运判：当指都转运司判官。据《金史·百官三》，都转运属官都勾判官、户籍判官、支度判官皆为从六品。总府判：诸总管府判官。总管府，官署名，金建五京，又置十四总管府，共十九

路。《金史·百官三》:"诸总管府(谓府尹兼领者),都总管一员,正三品,掌统诸城隍兵马甲仗,总判府事……总管判官一员,从六品,掌纪纲总府众务,分判兵案之事。"防御同知:诸防御州属官同知防御使事。防御州,参见金 10 注 18。《金史·百官三》:"诸防御州……同知防御使事一员,正六品,掌通判防御使事。"

[7] 奉直大夫:文散官名,为四十二阶之第二十九阶,秩从六品上。

[8] 节运副:当指诸节镇之节度副使与转运司副使,从五品。参见金 139 注 7。京总管府留守司判官:诸京留守司属官留守判官或都总管判官。《金史·百官三》:"诸京留守司,留守一员,正三品,带本府尹兼本路兵马都总管……留守判官一员,从五品。都总管判官一员,从五品。掌纪纲总府众务、分判兵案之事。"

142. 七年 [1],以散阶官至五品亦勾充 [2],不愿者听。

[1] 七年:即大定七年(1167)。

[2] 散阶官:参见金 48 注 3。勾充:查考选取。

143. 十一年 [1],以进士官至承直者众 [2],遂不论官资但以榜次勾补。

[1] 十一年:即大定十一年(1171)。

[2] 承直:即"承直郎"。文散官名,为四十二阶之第三十二阶,秩正七品下。

144. 二十七年 [1],以外多阙官,论者以为资考所拘 [2],难以升进,乃命不论官资,凡一考者与六品,次任降除正七品,第三任与六品,第四任升为从五品。两考者与从五品,次任降除六品,第三、四任皆与从五品,五任升正五品。

[1] 二十七年:即大定二十七年(1187)。

[2] 资考:资格与考绩。

145. 承安二年 [1],以习学知除、刑房知案、及兵兴时边关令史 [2],三十月除随朝阙 [3]。

[1] 承安二年:即公元 1197 年。承安,金章宗完颜璟的第二个年号。

[2] 知除:当指吏部主事。《金史·百官一》:"吏部……主事四员,从七品,掌知管差除,校勘行止,分掌封勋资考之事。"刑房知案:当指刑部主事。《金史·百官一》:"刑部……主事二员,从七品。"边关令史:当指熟悉战时边关文书案牍的令史。

[3] 随朝:即"朝官"。参见金 91。

146. 泰和八年以习学知除十五月以上 [1],选充正知除。一考后理算资考 [2]。

[1] 泰和八年：即公元 1208 年。泰和，金章宗完颜璟的第三个年号。
[2] 理算：核算，计算。

147. 大安三年 [1]，以从榜次则各人所历月日不齐，遂以吏部等差其所历岁月多寡为次，收补知除，考满则授随朝职。

[1] 大安三年：即公元 1211 年。大安，金卫绍王完颜永济的第一个年号。

148. 贞祐五年 [1]，进士未历任者，亦得充补，一考者除上县令，再任上县令升正七品，如已历一任丞簿者 [2]，旧制除六品，乃更为正七品，一任回降从七品，再任正七品升六品，如历两任丞簿者，一考旧除六品，乃更为正七品，一任回免降，复免正七一任，即升六品。曾历令一任者，依旧格六品，再任降除七品，还升从五品。

[1] 贞祐五年：即公元 1217 年。贞祐，金宣宗完颜珣的第一个年号。中华书局整理本校勘记云："按
    '年'字下有脱文。"可参考。
[2] 丞簿：县丞、主簿。

149. 兴定二年 [1]，敕初任未满及未历任者，考满升二等为从七品。初任未满者两任、未历任者四任、回升正七品，两任正七皆免回降。凡不依榜次勾取者同随朝升除，俟榜次所及日听再就补。

[1] 兴定二年：即公元 1218 年。兴定，金宣宗完颜珣的第二个年号。

150. 兴定五年 [1]，定进士令史与右职令史同格 [2]，考满未应得从七者与正七品，回降从七一任。所勾诸府令史不及三考出职者除从七品，回降除八品。若一任应得从七品者除六品，回降正七品，若一任应得正七品者免降。

[1] 兴定五年：即公元 1221 年。
[2] 进士令史右职令史：参见金 138。

151. 女直进士令史，二十七年格 [1]，一考注正七品，两考注正六品。二十八年，敕枢密院等处转省者 [2]，并用进士。明昌元年 [3]，敕至三考者与汉人两考者同除。明昌三年，罢契丹令史 [4]，其阙内增女直令史五人。五年，以与进士令史辛苦既同，资考难异，遂定与汉进士一考与从六品，两考与从五品。

[1] 二十七年：即大定二十七年（1187）。大定，金世宗完颜雍的年号。
[2] 枢密院：参见金 140 注 2。

[3] 明昌元年：即公元 1190 年。明昌，金章宗完颜璟的第一个年号。

[4] 契丹令史：当系优待个别契丹人专任之令史。《金史·移剌愸传》："移剌愸本名移敌列，契丹虞吕部人。通契丹、汉字，尚书省辟契丹令史。"仅一见。

152. 宰执子弟省令史，大定十二年 [1]，制凡承荫者，呈省引见，除特恩任用外，并内奉班收 [2]，仍于国史院署书写、太常署检讨、秘书监置校勘、尚书省准备差使 [3]，每三十月迁一重，百五十月出职。如承应一考以上 [4]，许试补省令译史 [5]，则以百二十月出职，其已历月日皆不纽折，如系终场举人 [6]，即听尚书省试补。

[1] 大定十二年：即公元 1172 年。

[2] 内奉班：即"内承奉班"，隶属宣徽院，内承奉班押班主之，秩正七品，掌总率本班承奉之事。

[3] 国史院署书写：中华书局整理本校勘记云："'书'原作'编'。按本书卷五三《选举三》，'国史院书写。迁考出职同太常检讨'。卷五五《百官志》，'国史院：书写，女直、汉人各五人'。今据改。"今从。参见金 88 注 3。太常署检讨：太常寺属官。《金史·百官一》："太常寺（皇统三年正月始置）……检讨二员，从九品（明昌元年置，以品官子孙及终场举人，同国史院汉人书写例，试补。"太常寺，参见金 33 注 3。秘书监置校勘：即秘书监校书郎。《金史·百官二》："秘书监……校郎一员，从七品，专掌校勘在监文籍。"秘书监，官署名。通掌经籍图书，以秘书监为长，一员，从三品；下设少监、丞、秘书郎等官。辖著作局、笔砚局、书画局、司天台。中华书局整理本校勘记云："'置'字或是'署'字之误。"可参考。尚书省准备差使：宋代制置使、留守、经略安抚使、安抚使、转运使、都大提举茶马、主管殿前司公事等属官有"准备差使"，以备临时派遣各种事务。这里系借用，当系尚书省无职事官员。尚书省，参见金 10 注 5。

[4] 承应：当指官署中从事文案工作或杂事的小吏。

[5] 省令译史：尚书省的令史与译史。令史，参见金 138 注 1。译史，参见金 1 注 7。

[6] 终场举人：参见金 6 注 3。

153. 十七年 [1]，定制，以三品职事官之子，试补枢密院令史。遂命吏部定制，宰执之子、并在省宗室郎君 [2]，如愿就试令译史，每年一就试，令译史考试院试补外，缌麻袒免宗室郎君密院收补 [3]。

[1] 十七年：即大定十七年（1177）。

[2] 宗室郎君：当谓金代皇族子弟在尚书省为祗候郎君者。祗候郎君，参见金 192 注 1。《金史·宗室表》："大定以前称宗室，明昌以后，避睿宗讳称内族，其实一而已。书名不书氏，其制如此。宣宗诏宗室皆称完颜，不复识别焉。"

[3] 缌麻：古代丧服名。参见唐 3 注 3。袒免（wèn 问）：古代丧服名，袒衣免冠。参见金 5 注 6。密院：枢密院。参见金 140 注 2。

154. 大定二十八 [1]，制以宗室第二从亲并宰相之子 [2]，出职与六品外，宗室第三从亲并执政之子 [3]，出职与正七品。其出职皆以百五十月，若见已转省之馀人，则至两考止与正七品。二十九年，四从亲亦许试补 [4]。

[1] 大定二十八年：即公元 1188 年。
[2] 第二从亲：当指同祖父的兄弟。
[3] 第三从亲：当指同曾祖父而不同祖父的兄弟。
[4] 四从亲：当指同高祖父而不同曾祖父的兄弟。

《金史》

卷五十三　志第三十四

选举三

右职吏员杂选

155. 右职[1]。省令史、译史。皇统八年格[2]，初考迁一重，女直人依本法外，诸人越进义[3]，每三十月各迁两重，百二十月出职，除正六品以下，正七品以上职官。

[1] 右职：武散官。参见金86。
[2] 皇统八年：即公元1148年。皇统，金熙宗完颜亶的第二个年号。
[3] 进义：即"进义校尉"。武散官名，为三十四阶之第三十二阶，秩正九品下。

156. 正隆二年[1]，更为五十月迁一重。初考，女直人迁敦武校尉[2]，馀人迁保义校尉[3]，百五十月出职，系正班与从七品[4]。若自枢密院台六部转省者[5]，以前已成考月数通算出职。

[1] 正隆二年：即公元1157年。正隆，海陵王完颜亮的第三个年号。
[2] 敦武校尉：武散官名，为三十四阶之第三十阶，从八品下。
[3] 保义校尉：武散官名，为三十四阶之第三十三阶，金大定十四年（1174）增创，从九品上。
[4] 正班：谓官员的正式编制。
[5] 枢密院：参见金140注2。台：即"御史台"。参见金35注2。六部：谓尚书省吏、户、礼、兵、刑、工六部。省：谓尚书省。

157. 大定二年[1]，复以三十月迁一官，亦以百二十月出职，与正、从七品。院台六部及它府司转省而不及考者，以三月折两月，一考与从七，两考正七品，三考与

353

六品。

[1] 大定二年：即公元 1162 年。大定，金世宗完颜雍的年号。

158. 三年 [1]，定格，及七十五月出职者，初上令，二中令，三下令 [2]，四、五录事，六下令，七中令，八上令。百五十月出职者，初刺同、运判、推官等 [3]，二、三中令，四上令，回呈省 [4]。

[1] 三年：即大定三年（1163）。
[2] "初上令"三句：中华书局整理本校勘记云："疑当作初上'簿'，二中'簿'，三下'簿'，皆正九品，'四、五录事'为正八品，'六下令，七中令，八上令'皆从七品，其叙方顺。"甚是。
[3] 刺同：即"刺史州同知"。《金史·百官三》："诸刺史州……同知一员，正七品，通判州事。"运判：即"转运司判官"。参见金 141 注 5。推官：地方官名。金代诸留守司、路总管府均设此职，分判刑狱及其他政务。
[4] 呈省：上报尚书省。参见金 86。

159. 大定二十七年 [1]，制一考及不成考者，除从七品，须历县令三任，第五任则升正七品。两考以上除正七品，再任降除县令，三、四皆与正七品，第五任则升六品。三考以上者除六品，再任降正七品，三任、四任与六品，第五任则升从五品。

[1] 大定二十七年：即公元 1187 年。

160. 省女直译史 [1]。大定二十八年，制以见任从七、从八人内 [2]，勾六十岁以上者相视用之。

[1] 省女直译史：尚书省译史正员二十八人，女直、汉人各十四。
[2] 从七从八：谓秩从七品与从八品官员。

161. 明昌三年 [1]，取见役契丹译史内女直、契丹字熟闲者 [2]，无则以前省契丹译史出职官及国史院女直书写 [3]，见任七品、八品、九品官充。

[1] 明昌三年：即公元 1192 年。明昌，金章宗完颜璟的第一个年号。
[2] 女直：谓女真文。参见金 1 注 6。契丹字：谓契丹文。参见金 43 注 1。
[3] 国史院女直书写：参见金 88 注 3，金 152 注 3。

162. 省通事 [1]。大定二十年格 [2]，三十月迁一重，百二十月出职。一考两考与八品，三考者从七品，馀与部令译史一体免差 [3]。

[1] 省通事：尚书省从事口译的属吏，正员八人。参见金1注7。

[2] 大定二十年：即公元1180年。

[3] 免差：免除差役一类的派遣。

163. 御史台令史、译史 [1]。皇统八年迁考之制 [2]，百二十月出职，正隆二年格 [3]，百五十月出职，皆九品，系正班。大定二年 [4]，百二十月出职，皆以三十月迁一官。其出职，一考、两考皆与九品，三考与八品。

[1] 御史台：参见金35注2。

[2] 皇统八年：即公元1148年。皇统，金熙宗完颜亶的第二个年号。

[3] 正隆二年：即公元1157年。正隆，海陵王完颜亮的第三个年号。

[4] 大定二年：即公元1162。大定，金世宗完颜雍的年号。

164. 明昌三年 [1]，截罢见役吏人 [2]，用三品职事官子弟试中者、及终场举人本台试补者，若不足，于密院六部见役品官、及契丹品官子孙兄弟选充 [3]。

[1] 明昌三年：即公元1192年。明昌，金章宗完颜璟的第一个年号。

[2] 截罢：中止，罢免。

[3] 密院：枢密院。六部：指尚书省吏、户、礼、兵、刑、工六部。

165. 承安三年 [1]，敕凡补一人必询于众，虽为公选，亦恐久渐生弊。况又在书史之上 [2]，不试而即用，本台出身门户似涉太优，遂令除本台班内祗、令译史名阙外 [3]，于试中枢密院令译史人内以名次取用，不足，即于随部班祗令译史上名转充。若须用终场举人之阙 [4]，则令三次终场举人，每科举后与它试书史人同程试验，榜次用之。女直十三人，内班内祗六人，终场举人七人。汉人十五人，内班内祗七人，终场举人八人。译史四人 [5]，内班内祗二人，终场举人二人。

[1] 承安三年：即公元1198年。承安，金章宗完颜璟的第二个年号。

[2] 书史：提刑司属吏。参见金93注1。

[3] 班内祗：金代御史台属吏。《金史·百官一》"御史台"后有注云："御史台令史，女直十三人，内班内祗六人，终场举人七人。汉人十五人，内班内祗七人，终场举人八人。译史四人，内班内祗二人，终场举人二人。通事三人。"

[4] 终场举人：参见金6注3。

[5] 译史四人：中华书局整理本校勘记云："按本书卷五三《百官志》御史台作'译史三人'。"可参考。

166. 枢密院令史、译史。令史 [1]。正隆二年 [2]，制迁考与省同，出职除系正班正、从八品 [3]。

[1] "枢密院"句：中华书局整理本校勘记云："按'令史、译史'之下不应重出'令史'，上文'省令史、译史'之后有'省通事'，又本书卷五五《百官志》，枢密院令史、译史之后亦有'通事'，疑下'令史'二字是'通事'之误。"甚是。
[2] 正隆二年：即公元1157年。正隆，海陵王完颜亮的第三个年号。
[3] 正班：谓官员的正式编制。

167. 大定二十一年 [1]，定元帅府令译史三十月迁一官 [2]，百二十月出职，一考、两考与八品除授，三考与从七品。

[1] 大定二十一年：即公元1181年。中华书局整理本校勘记云："按下文为'十四年''十六年''十七年'，知此'二十一年'数目字有误，亦或是叙事颠倒。"可参考。
[2] 元帅府：即"枢密院"。《金史·百官一》："都元帅府（掌征讨之事，兵罢则省。天会二年伐宋始置，泰和八年复改为枢密院）。"又云："枢密院，泰和六年尝改为元帅府。"泰和六年，即公元1206年，这里以"元帅府"代指枢密院，时间龃龉，似有误。

168. 十四年 [1]，遂命内祗、并三品职事官承荫人、与四品五品班祗、及吏员人通试 [2]，中选者用之。

[1] 十四年：即大定十四年（1174）。
[2] 内祗：即"班内祗"。参见金165注3。

169. 十六年 [1]，定一考、两考者，初录事、军判、防判，再除上簿，三中簿，四同初，五、六下令，七、八中令，九、十上令二十六年，两考者免下令一任。三考以上，初上令，二中令，三下令 [2]，四录事、军防判二十六年免此除，五下令二十六年，亦免此除，六、七中令，八上令。

[1] 十六年：即大定十六年（1176）。
[2] "三考以上"四句：中华书局整理本校勘记云："疑当作'初上簿'，'二中簿'，'三下簿'，皆正九品，'四录事、军防判'则正、从八品，其叙方顺，与'五下令，六、七中令，八上令'亦不重复。"甚是。

170. 十七年 [1]，制试补緦麻袒免以上宗室郎君 [2]。又定制，三品职事子弟设四人，吏员二人。

[1] 十七年：即大定十七年（1177）。

[2] 缌麻：古代丧服名。参见唐3注3。袒免（wèn 问）：古代丧服名，袒衣免冠。参见金5注6。宗室郎君：当谓金代皇族子弟在尚书省为祗候郎君者。参见金153注2。

171. 睦亲府、宗正府、统军司令译史 [1]，迁考出职，与台部同 [2]。

[1] 睦亲府：官署名，即"大睦亲府"，原称"大宗正府"，金代掌理皇族政务的官署。官长为判大宗正事，秩从一品，以皇族中族属较亲近者担任。下设同判大宗正事、同签大宗正事、大宗正丞等官。金章宗泰和六年（1206），以避先世讳"宗"字，改名大睦亲府，官员亦改称为判大睦亲事、同判大睦亲事、同签大睦亲事、大睦亲丞。中华书局整理本校勘记云："按本书卷五五《百官志》，'大宗正府：泰和六年避睿宗讳改为大睦亲府'，而本条下文止作'宗正府令史'，则此处'睦亲府'三字疑衍。"可参考。统军司：控驭一方的军事机构。金代于河南、山西、陕西、益都（今属山东）四路，督领军马，镇驻一方。统军司设统军使一员，秩正三品。下设副统军、判官、知事、知法等官及其他掾属。

[2] 台部：御史台与尚书省六部。

172. 部令史、译史，皇统八年格 [1]，初考三十月 迁一重，女直人依本格，馀人越进义 [2]，第二、第三考各迁一重，第四考并迁两重，百二十月出职八品已下。

[1] 皇统八年：即公元1148年。皇统，金熙宗完颜亶的第二个年号。

[2] 进义：即"进义校尉"，武散官名，为三十四阶之第三十二阶，秩正九品下。

173. 正隆二年 [1]，迁考与省右职令史同，出职九品。

[1] 正隆二年：即公元1157年。正隆，海陵王完颜亮的第三个年号。

174. 大定二十一年 [1]，宗正府、六部、台、统军司令史，番部译史 [2]，元帅府通事 [3]，皆三十月迁一重，百二十月出职系班，一考、两考与九品，三考已上与八品除授。

[1] 大定二十一年：即公元1181年。中华书局整理本校勘记云："按下文有'十四年''十五年'，知此'二十一年'数目字有误，亦或是叙次颠倒。"可参考。

[2] 番部：当指宣徽院下辖掌接待外国使者的官署客省，长官客省使，秩从五品；副使，秩从六品。

[3] 元帅府：参见金167注2。通事：参见金1注7。

175. 十四年 [1]，以三品至七品官承荫子孙一混试充，寻以为不伦，命以四品、五品子孙及吏员试中者，依旧例补，六品以下不与。十五年，命免差使。

[1] 十四年：即大定十四年（1174）。

176．十六年格 [1]，一考两考者，初除上簿，再除中簿，三下簿，四上簿，五录事、军防判 [2]，六、七下令，八、九中令，十上令。三考以上者，初除录事、军防判，再除上簿，三中簿，四如初，五下令后免此除，六、七下令，八中令，九上令。

[1] 十六年：即大定十六年（1176）。
[2] 军防判：金代地方刺史州的判官或防御州的判官。中华书局整理本校勘记云：" '军防'原作'防军'，据殿本改。"今从。

177．按察司书吏 [1]，以终场举人内选补，迁加出职同台部 [2]。

[1] 按察司：金代按察使的官署。参见金34注7。书吏：按察司属吏。据《金史·百官三》，按察司有书史四人、书吏十人、抄事一人、公使四十人。
[2] 台部：御史台与尚书省六部。

178．凡内外诸吏员之制，自正隆二年 [1]，定知事、孔目出身俸给 [2]，凡都目皆自朝差 [3]。海陵初 [4]，除尚书省、枢密院、御史台吏员外，皆为杂班 [5]，乃召诸吏员于昌明殿 [6]，谕之曰："尔等勿以班次稍降为歉，果有人才，当不次擢用也。"又定少府监吏员 [7]，以内省司旧吏员、及外路试中司吏补 [8]。

[1] 正隆二年：即公元1157年。正隆，海陵王完颜亮的第三个年号。
[2] 知事：首领官名。金代设于都元帅府、大宗正府、司农司、大兴府等官署。掌付事勾稽省署文牍，总录诸案。数额为一至二员，秩从七品至正八品，多以识女真、汉字人充任。孔目：即"孔目官"，掌文书簿记图籍的属吏，以官府大小众事一孔一目皆经其手，故称。金代惟于京府和漕运司等置孔目官，或置都孔目官总领其事。如大兴府有都孔目官，女真司一员，汉人司一员，职同府知事，掌监印、监受案牍。其下六案各设孔目官一员，掌呈覆纠正本案文书。出身：谓资历。俸给：俸禄。
[3] 都目：金代包括知事、孔目官等首领官名。管理衙门文书等日常事务，管辖吏员。凡由吏目升入者，可升为提控案牍，属流外职。朝差：谓由朝廷正式差遣。
[4] 海陵：即海陵王完颜亮（1122~1161），或称金主亮。参见金4注2。
[5] 杂班：官员非正班出身者称杂班。参见金93注3。
[6] 昌明殿：金中都（今北京市）官殿名。
[7] 少府监：官署名。金代少府监掌官府百工营造之事。领以监，秩正四品；下设少监、丞。下辖尚方、图画、裁造、文绣、织染、文思等署。
[8] 内省司：谓宫禁内官署，如宣徽院下之内侍局等。试中司吏：经考试通过的司吏。司吏，金代吏名，掌路总管府至司县等衙门之文书案牍及衙门事务，有女真司吏与汉人司吏之别。

179. 大定二年 [1]，户部郎中曹望之言 [2]："随处胥吏猥多，乞减其半。"诏胥吏仍旧，但禁用贴书 [3]。又命县吏阙，则令推举行止修举为乡里所重者充。三年，以外路司吏久不升转 [4]，往往交通豪右为奸 [5]，命与孔目官每三十月则一转 [6]，移于它处。七年，敕随朝司属吏员通事、译史、勾当过杂班月日 [7]，如到部者并不理算。又诏吏人但犯赃罪罢者，虽遇赦，而无特旨，不许复叙 [8]。又命京府州县及转运司胥吏之数 [9]，视其户口与课之多寡，增减之。

[1] 大定二年：即公元 1162 年。大定，金世宗完颜雍年号。
[2] 户部郎中：尚书省户部属官，秩从五品。曹望之：字景萧（生卒年不详），其家辽代末移于宣德（今河北宣化）。以秀民子选充女真字学生，历官西京教授、户部员外郎、户部郎中、户部尚书，有治钱谷名。卒年五十六，《金史》有传。
[3] 贴书：吏的助手、候补者，即见习吏员。
[4] 司吏：参见金 178 注 8。
[5] 豪右：富豪家族、世家大户。
[6] 孔目官：参见金 178 注 2。三十月则一转：此即吏目移转法，后寻罢。参见金 182。
[7] 随朝：参见金 91。勾当：即"勾当官"，金代首领官名。设于户部架阁库、平准务等官署，掌出纳、勘覆、文帐和交钞、香、茶、盐引等事。员数历朝不等，可多至十五名，秩正八品。杂班：官员非正班出身者称杂班。参见金 93 注 3。
[8] 复叙：再次授职。
[9] 京府：参见金 10 注 15。转运司：参见金 89 注 2，金 141 注 5。胥吏：官府中的小吏。

180. 十二年 [1]，上谓宰臣曰 [2]："外路司吏，止论名次上下，恐未得人。若其下有廉慎、熟闲吏事，委所属保举。试不中程式者，付随朝近下局分承应 [3]，以待再试。彼既知不得免试，必当尽心以求进也。"

[1] 十二年：即大定十二年（1172）。
[2] 上：即金世宗完颜雍（1123～1189）。参见金 4 注 3。
[3] 承应：当指官署中从事文案工作或杂事的小吏。

181. 章宗大定二十九年 [1]，上封事者言："诸州府吏人不宜试补随朝吏员，乞以五品以上子孙试补。盖职官之后清勤者多，故为可任也。"尚书省谓："吏人试补之法，行之已久，若止收承荫人，复恐不闲案牍，或致败事。旧格惟许五品职官子孙投试，今省部试者尚少，以所定格法未宽故也。"遂定制，散官五品而任七品 [2]，散官未至五品而职事五品 [3]，其兄弟子孙已承荫者并许投试，而六部令史内吏人试补者仍旧。

[1] 章宗：即金章宗完颜璟（1168～1208）。参见金 10 注 1。大定二十九年：即公元 1189 年。
[2] 散官：参见金 48 注 3。

[3] 职事：即"职事官"。参见金48注3。

182. 泰和四年 [1]，签河东按察司事张行信言 [2]："自罢移转法后 [3]，吏势浸重，恣为豪夺，民不敢言。今又无朝差都目 [4]，止令上名吏人兼管经历六案文字 [5]，与同类分受贿赂。吏目通历三十年始得出职，常在本处侵渔，不便。"遂定制，依旧三十月移转，年满出职，以杜把握州府之弊。

[1] 泰和四年：即公元1204年。泰和，金章宗完颜璟的第三个年号。
[2] 签河东按察司事：河东按察司属官，秩正五品。张行信：字信甫（1163～1231），莒州日照（今属山东）人。大定进士，历官签河东按察司事、左谏议大夫、山东东路按察使兼转运使、吏、户、礼三部尚书、参知政事，以尚书左丞致仕。《金史》有传。
[3] 移转法：即"吏目移转法"。参见金179注6。
[4] 朝差都目：朝廷委任的都目。都目，参见金178注3。
[5] 上名吏人：原为宋代人对名次和地位较高吏人的称呼，此当系金人借用。经历：金代首领官，掌衙门案牍和管辖吏员，处理官府日常事务。六案：宋徽宗崇宁四年（1105）闰二月曾令天下州县仿尚书六曹分六案，分别置属吏处理公务案牍，以与尚书六曹对口。金人县分六案，当系借鉴于宋人者。

183. 八年 [1]，以金东京按察司事杨云翼言 [2]，书吏、书史皆不用本路人，以别路书吏许特荐申部者类试 [3]，取中选者补用。

[1] 八年：即泰和八年（1208）。
[2] 金东京按察司事：即"签东京按察使事"。东京按察司属官，秩正五品。杨云翼：字之美（1170～1228），平定乐平（今山西昔阳）人。明昌五年（1194）进士第一，历官太常寺丞、签上京、东京按察司事、吏部尚书、御史中丞、太常卿、翰林学士，通天文、历法、医卜之学，与赵秉文同掌文坛，有"杨赵"之号。编校《大金礼仪》、《续通鉴》等。卒谥文献。《金史》有传。
[3] 申部：申报尚书省吏部。类试：在各路举行的相当于尚书省试的考试。当系借用宋人"类省试"之称。

184. 凡右职官 [1]，天德制 [2]，忠武以下与差使 [3]，昭信以上两除一差 [4]。大定十二年 [5]，敕镇国以上即与省除 [6]。十三年，制明威注下令 [7]，宣威注中令 [8]，广威注上令 [9]，信武权注下令 [10]，宣武、显武免差 [11]，权注丞、簿 [12]。又制宣武、显武，功酬与上簿 [13]，无亏与中簿 [14]。二十六年 [15]，制迁至宣武、显武始令出职 [16]。又以旧制通历五任令呈省 [17]，诏减为四任。

[1] 右职官：武散官。参见金86。
[2] 天德：海陵王的第一个年号（1149～1153）。

［3］忠武：即"忠武校尉"。武散官名，为三十四阶之第二十五阶，秩从七品上。

［4］昭信：即"昭信校尉"。武散官名，为三十四阶之第二十四阶，秩正七品下。

［5］大定十二年：即公元1172年。大定，金世宗完颜雍年号。

［6］镇国：即"镇国上将军"。武散官名，为三十四阶之第六阶，秩从三品下。省除：由尚书省吏部
　　除授官职。

［7］明威：即"明威将军"。武散官名，为三十四阶之第十五阶，秩正五品下。下令：即下县的县
　　令。下县，金代以户口不满三千户为下县，置令、主簿。

［8］宣威：即"宣威将军"。武散官名，为三十四阶之第十四阶，秩正五品中。中令：即中县的县
　　令。中县，金代以户口三千户以上、万户以下为中县，置令、主簿、尉。

［9］广威：即"广威将军"。武散官名，为三十四阶之第十三阶，秩正五品上。上令：即上县的县
　　令。上县，金代以户口万户以上、二万户以下为上县，置令、丞、主簿、尉。

［10］信武：即"信武将军"。武散官名，为三十四阶之第十六阶，秩从五品上。

［11］宣武：即"宣武将军"。武散官名，为三十四阶之第十八阶，秩从五品下。显武：即"显武将
　　军"。武散官名，为三十四阶之第十七阶，秩从五品中。

［12］丞簿：县丞、县主簿。参见金101注4。

［13］功酬：与下"不亏"皆参见金306。上簿：上县的主簿。

［14］中簿：中县的主簿。

［15］二十六年：即大定二十六年（1186）。

［16］出职：吏人任官称出职。

［17］呈省：上报尚书省。参见金86。

185. 明昌三年［1］，以诸司除授，守阙近三十月［2］，于选调窒碍，今后依旧两
除一差，候员阙相副，则复旧制。

［1］明昌三年：即公元1192年。明昌，金章宗完颜璟的第一个年号。

［2］守阙：官员等候补缺。

186. 泰和元年［1］，以县令见阙，近者十四月，远者至十六月，盖以见格，官至
明威者并注县令，或犯选并亏永人［2］，若带明威人亦注，是无别也。遂令曾亏永及犯
选格，女直人展至广威，汉人至宣武，方注县令。又以守阙簿、丞，近者十九月、远者
二十一月，依见格官至宣武、显武、信武者合注丞、簿，遂命但曾亏永，直至明威方注
丞、簿。又吏格，凡诸右职正杂班谓无资历者，班内祗同［3］，皆验官资注授。带忠武以
下者与监当差使［4］，昭信以上拟诸司除授［5］，仍两除一差。宣武以上与中簿功酬人
与上簿，明威注下令，宣威注中令，广威注上令，通历县令四任，如带定远已历县令三
任者［6］，皆呈省，若但曾亏永及犯选格诸曾犯公罪追官、私罪解任、及犯赃、廉访不好、并
体察不堪临民，谓之犯选格。女直人选至武义［7］，汉人、诸色人武略［8］，并注诸司除
授，皆两除一差。若至明威方注丞、簿，女直人迁至广威，汉人、诸色人迁至宣威者，
皆两任下令，一任中令，回呈省。

[1] 泰和元年：即公元 1201 年。泰和，金章宗完颜璟的第三个年号。
[2] 犯选：即"犯选格"，详下文。亏永：谓征收赋税未达规定数额。
[3] 班内祗：参见金 165 注 3。
[4] 监当：即"监当官"，金代称辖仓库院务者。《金史·百官一》："应管仓库院务者曰监当官。"
[5] 昭信：即"昭信校尉"。武散官名，为三十四阶之第二十四阶，秩正七品下。
[6] 定远：即"定远大将军"。武散官名，为三十四阶之第十一阶，秩从四品中。
[7] 武义：即"武义将军"。武散官名，为三十四阶之第二十一阶，秩从六品上。
[8] 武略：即"武略将军"。武散官名，为三十四阶之第二十二阶，秩从六品下。

187. 贞祐三年 [1]，制迁至宣武者，皆与诸司除授，亦两除一差。凡不犯选格者，若怀远方注丞、簿 [2]，至安远则注下令、上令各一任 [3]，呈省。四年，复以官至怀远注下令，定远注中令 [4]，安远注上令，四任呈省。

[1] 贞祐三年：即公元 1215 年。贞祐，金宣宗完颜珣的第一个年号。
[2] 怀远：即"怀远大将军"。武散官名，为三十四阶之第十二阶，秩从四品下。
[3] 安远：即"安远大将军"。武散官名，为三十四阶之第十阶，秩从四品上。
[4] 定远：即"定远大将军"。武散官名，为三十四阶之第十一阶，秩从四品中。

188. 检法、知法 [1]。正隆二年 [2]，尝定六部所用人数及差取格法，初考、两考皆除司候 [3]，三考者除上簿。五年，定制，十年内者初考除下簿，两考除中簿，三考除警判 [4]。十年外者初考除第二任司候，两考除上簿，三考则除市丞 [5]。大定二年 [6]，制曾三考者，不拘十年内外，皆与八品录事、市令 [7]，拟当合得本门户 [8]。

[1] 检法：官名，掌检察各司执法案牍文字之事。知法：官名，掌律令格式，审判刑名。二官秩皆从八品。参见金 88 注 3。
[2] 正隆二年：即公元 1157 年。正隆，海陵王完颜亮的第三个年号。
[3] 司候：官名。金代诸防刺州司候司长官，秩正九品。
[4] 警判：官名。金代诸京警巡院判官，秩正九品。
[5] 市丞：官名。金代市令司属官，又作"市令丞"，秩正九品。参见金 125 注 6。
[6] 大定二年：即公元 1162 年。大定，金世宗完颜雍年号。
[7] 录事：诸府节镇录事司长官，主管平理狱讼、警察所部，总判司事。秩正八品。市令：金中都市令司长官。《金史·百官三》："市令司，惟中都置。令一员，秩正八品（南迁以左、右警巡使兼）。"
[8] 门户：这里指官员职务的类别。

189. 除授，旧授剳付 [1]，大定三年始命给敕 [2]，以律科人为之。七年，定制，验榜次勾取，如勾省令史之制 [3]。二十六年 [4]，命三考除录事，以后则两除一差。

[1] 劄付：官府中上级官署给下级的公文。
[2] 大定三年：即公元 1163 年。敕：委任状。
[3] 勾省令史：参见金 138。
[4] 二十六年：即大定二十六年（1186）。

190. 女直知法、检法 [1]。大定三年格 [2]，以台部统军司出职令、译史 [3]，曾任县佐市令差使人内奏差 [4]，考满比元出身升一等，依随路知事例给敕 [5]，以三十月为任。明昌五年 [6]，以省院台部统军司令、译史、书史内拟 [7]，年五十以下、无过犯、慎行止，试一月，以能者充，再勒留者升一等 [8]，一考者初上令，二、三中令，四上令、两考升二等，呈省。

[1] 知法检法：参见金 88 注 3。
[2] 大定三年：即公元 1163 年。
[3] 台：御史台。部：尚书省吏、户、礼、兵、刑、工六部。统军司：控驭一方的军事机构。参见金 133 注 3。
[4] 县佐：谓县丞、主簿一类县属官。市令：参见金 188 注 7。
[5] 知事：首领官名。参见金 178 注 2。
[6] 明昌五年：即公元 1194 年。明昌，金章宗完颜璟的第一个年号。
[7] 省：尚书省。院：枢密院。书史：提刑司属吏。参见金 93 注 1。
[8] 勒留：类似于唐宋的"勒留官"，即在京诸司吏人任职年满，本应出职授官，勒令继续留司任吏职；或在任差遣得替后，命回本司祗应者，称勒留官。

191. 太常寺检讨二人 [1]。正隆二年 [2]，五十月迁一重，女直迁敦武 [3]，馀人进义 [4]，百五十月出职，系杂班。大定二年 [5]，制以三十月迁一重，百二十月出职，系正班九品。

[1] 太常寺检讨：金代太常寺属官。《金史·百官一》："太常……检讨二员，从九品。"有注云："明昌元年置，以品官子孙及终场举人，同国史院汉人书写例，试补。"太常寺，官署名。掌管礼乐、祭祀、封赠等事，金皇统三年（1143）始置，以卿为长，一员，从三品；辅以少卿、丞各一员，掌礼乐、郊庙、社稷、祠祀之事。下设博士、检阅官、检讨、太祝、奉礼郎、协律郎等官职。辖太庙、廪牺、郊社、诸陵、大乐等署。
[2] 正隆二年：即公元 1157 年。正隆，海陵王完颜亮的第三个年号。
[3] 敦武：即"敦武校尉"。武散官名，为三十四阶之第三十阶，秩从八品下。
[4] 进义：即"进义校尉"。武散官名，为三十四阶之第三十二阶，秩正九品下。
[5] 大定二年：即公元 1162 年。大定，金世宗完颜雍年号。

192. 省祗候郎君 [1]。大定三年 [2]，制以祖免以上亲愿承应已试合格而无阙收补者及一品官子 [3]，已引见 [4]，止在班祗候，三十月循迁。初任与正、从七品，次任呈省。内祗在班，初、次任注正、从八品，三、四注从七品，而后呈省。班祗在班，初九品，次、三正、从八品 [5]，四、五从七品。而后呈省。已上三等，并以六十月为满，各迁一重。

[1] 省祗候郎君：金代尚书省右司属官，当有"内祗"、"班祗"等级别，详下。辖于祗候郎君管勾官。《金史·百官一》："尚书省……右司……尚书省祗候郎君管勾官，从七品，掌祗候郎君，谨其出入及差遣之事。"

[2] 大定三年：即公元 1163 年。

[3] 袒免（wèn 问）：袒衣免冠，谓五服以外之远亲。参见金 5 注 6。

[4] 引见：引导人见皇帝。

[5] 次三正从八品：中华书局整理本校勘记云："原作'三四从八品'，据上下文改正。"甚是。

193. 八年 [1]，定制，先役六十月以试验其才，不能干者进一官黜之。才干者再理六十月。每三十月迁加，百二十月为满，须用识女直字者。十六年，定制，以制文试之 [2]，能解说得制意者为中选。

[1] 八年：即大定八年（1168）。

[2] 制文：帝王的书面命令。

194. 十八年 [1]，制一品官子，初都军 [2]，二录事、军防判 [3]，三都军，四下令，五、六上令 [4]，回呈省。内祗，初录事，军防判，二上簿，三同初，四录事，五都军，六下令，七中令，八上令，回呈省。班祗，初上簿，二中簿，三同初，四录事，军防判，五录事，六都军，七下令，八中令，九上令，回呈省。

[1] 十八年：即大定十八年（1178）。

[2] 都军：即"都军司指挥使"。诸府镇都军府司长官，掌军事差役，寻捕盗贼，总判军事，与录事同管城隍。诸府都军为正七品，节镇都军为从七品。

[3] 录事：诸府节镇录事司长官，主管平理狱讼、警察所部，总判司事。秩正八品。军防判：金代地方刺史州的判官或防御州的判官。

[4] 五六上令：中华书局整理本校勘记云："按上言'四下令'，下言'六上令'，则'五'下疑脱'中令'二字。"可参考。

195. 国史院书写 [1]。正隆元年 [2]，定制，女直书写，试以契丹字书译成女直字，限三百字以上。契丹书写，以熟于契丹大小字 [3]，以汉字书史译成契丹字三百字以上，诗一首，或五言七言四韵，以契丹字出题。汉人则试论一道。迁考出职同太常检讨 [4]。

[1] 国史院书写：参见金 88 注 3。

[2] 正隆元年：即公元 1156 年。正隆，海陵王完颜亮的第三个年号。

[3] 契丹大小字：参见金 43 注 1。

[4] 太常检讨：参见金 191。

196. 宗室将军[1]。六十月为任，初刺同[2]，二都军，三刺同，四从六[3]。副将军以七品出职人充。明昌元年[4]，以九十月为满，中都、上京初从七[5]，二录事、军防判，三入本门户[6]。余路，初录事、军防判，二上簿，三入本门户。承安二年改司属令作随朝[7]。

[1] 宗室将军：金代掌理皇族政务的官署大宗正府属官，秩正七品。

[2] 刺同：即"刺史州同知"。《金史·百官三》："诸刺史州……同知一员，正七品，通判州事。"

[3] 从六：谓秩从六品之官职。

[4] 明昌元年：即公元 1190 年。明昌，金章宗完颜璟的第一个年号。

[5] 中都：金代都城，位于今北京市西南隅。参见金 11 注 8。上京：金代都城，即今黑龙江阿城县白城子。参见金 11 注 8。从七：谓秩从七品之官职。

[6] 入本门户：当指回任宗室将军。

[7] 承安二年：即公元 1197 年。承安，金章宗完颜璟的第二个年号。随朝：参见金 91。

197. 内侍御直、内直六十四人[1]。正隆二年格[2]，长行人五十月迁一重[3]，女直人迁敦武[4]，馀人迁进义[5]，无出身。大定二年格[6]，同上。

[1] 内侍：谓内侍局，属宣徽院。《金史·百官二》："内侍局，令二员，从八品（兴定五年，升作从六品）。丞二员，从九品（兴定五年，升从七品）。掌正位阁门之禁，率殿位都监、同监及御直各给其事。"御直内直：内侍局属吏，受辖于局长。《金史·百官二》："局长二员，从九品，兴定五年升正八品。"有注云："御直、内直共六十四人。明昌元年，分宫闱局正位内直置，初隶宫闱局。"中华书局整理本标点为："内侍御直。内直六十四人，"似误。

[2] 正隆二年：即公元 1157 年。正隆，海陵王完颜亮的第三个年号。

[3] 长行人：这里谓包括御直、内直在内的未有明确职事的属吏。参见金 97 注 1。

[4] 敦武：即"敦武校尉"。武散官名，为三十四阶之第三十阶，秩从八品下。

[5] 进义：即"进义校尉"。武散官名，为三十四阶之第三十二阶，秩正九品下。

[6] 大定二年：即公元 1162 年。大定，金世宗完颜雍年号。

198. 大定六年[1]，更定收补内侍格[2]，能诵一大经、以《论语》、《孟子》内能诵一书、并善书剳者[3]，月给奉八贯石，稍识字能书者七贯石，不识字六贯石。

[1] 大定六年：即公元 1166 年。

[2] 内侍：谓内侍局下包括御直、内直等属吏。

[3] 大经：参见金 46 注 4。论（lún 伦）语：参见唐 5 注 4。孟子：参见唐 24 注 8。

199. 泰和二年 [1]，以参用外官失防微之道，乃创寄禄官名 [2]，以专任之，既足以酬其劳，而无侵官之弊。

[1] 泰和二年：即公元 1202 年。泰和，金章宗完颜璟的第三个年号。
[2] 寄禄官：宋代用来表示品级、俸禄的一种官称，显示了宋初官名与职掌分离的事实。这里系借用。《金史·百官二》："内侍寄禄官（泰和二年设，初隶宫闱局，寻直隶宣徽院），所以升用内侍局御直、内直有劳者。"

200. 凡宫中诸局分，大定元年 [1]，世宗谓诸局分承应人 [2]，班叙俸给涉于太滥，正隆时乃无出身 [3]，涉于太刻，又其官品不以劳逸为制，遂命更定之。大定六年，谕有司曰："宫中诸局分承应人，有年满数差使者，往往苦于稽留，而卒不得。其差者，复多不解文字而不干 [4]，故公私不便。今后愿出局者听，愿留者各增其秩，依旧承应。其十人长 [5]，虽老愿留者亦增秩，作长行承应，馀依例放还。"七年，诏宰臣曰："女直人自来诸局分不经收充祗候 [6]。可自今除太医、司天、内侍外 [7]，馀局分并令收充勾当 [8]。"

[1] 大定元年：即公元 1161 年。大定，金世宗完颜雍的年号。
[2] 世宗：即金世宗完颜雍（1123～1189）。参见金 4 注 3。承应人：当指官署中从事文案工作或杂事的小吏。
[3] 正隆：海陵王完颜亮的第三个年号（1156～1161）。
[4] 不干：无能，不称职。
[5] 十人长：金代侍卫亲军中最低级武职官名。
[6] 祗候：参见金 88 注 5，金 192 注 1。
[7] 太医：即"太医院"，官署名，属宣徽院。司天：即"司天监"，为官署与学校名。内侍：即"内侍局"，官署名，属宣徽院。
[8] 勾当：即"勾当官"，金代首领官名。参见金 179 注 7。

201. 护卫 [1]，正隆二年格 [2]，每三十月迁一重，初考，女直迁敦武 [3]，馀迁保义 [4]，百五十月出职，与从五品以下、从六品以上除。大定二年格 [5]，更为初迁忠勇 [6]，百二十月出职。大定十四年官制 [7]，从下添两重，遂命女直初迁修武 [8]，馀人敦武 [9]。十八年，制初除五品者次降除六品，第三复除从五品。初任六品者不降，第四任升授从五品，再勒留者各迁一官 [10]。明昌元年资格 [11]，初任不算资历，不勒留者，初从六品，二、三皆同上，第四任升从五。勒留者，初从五，二、三同上，第四正五品。再勒留者，初正五品，二同上，三少尹 [12]，四刺史 [13]。明昌四年，降作六品、七品除。贞祐制 [14]，一考八品，两考除县令，三考正七品，四考六品。五年，定一考者注上令。两考者一任正七品回降从七，两任正七回升六品。三考者正七一任回，再任正七升六品。四考者，三任六品升从五品。

[1] 护卫：金代帝王仪卫名目之一。《金史·仪卫上》："金制，天子之仪卫，一曰立仗，二曰行仗。其卫士，曰护卫，曰亲军，曰弩手，曰控鹤，曰伞子，曰长行。"

[2] 正隆二年：即公元1157年。正隆，海陵王完颜亮的第三个年号。

[3] 敦武：即"敦武校尉"。武散官名，为三十四阶之第三十阶，秩从八品下。

[4] 保义：即"保义校尉"。武散官名，为三十四阶之第三十三阶，金大定十四年（1174）增创，秩从九品上。

[5] 大定二年：即公元1162年。大定，金世宗完颜雍的年号。

[6] 忠勇：即"忠勇校尉"。武散官名，为三十四阶之第二十七阶，秩正八品上。

[7] 大定十四年：即公元1174年。

[8] 修武：即"修武校尉"。武散官名，为三十四阶之第二十九阶，秩从八品上。

[9] 敦武：即"敦武校尉"。武散官名，为三十四阶之第三十阶，秩从八品下。

[10] 勒留：参见金190注7。

[11] 明昌元年：即公元1190年。明昌，金章宗完颜璟的第一个年号。

[12] 少尹：又称"治中"，诸府属官，位于同知之下，秩正五品。

[13] 刺史：诸刺史州长官，秩正五品，掌同府尹兼治州事。

[14] 贞祐：金宣宗完颜珣的第一个年号（1213～1217）。

202. 符宝郎 [1]，十二人，正隆二年格 [2]，皆同护卫，出职与从七品除授。大定二年格 [3]，并同护卫。十四年，初收 [4]。馀人迁进义 [5]，二十一年，英俊者与六品除 [6]，常人止与七品除。

[1] 符宝郎：官名。原称"牌印祗候"，金世宗大定二年（1162）改称"符宝祗候"，后改称"符宝郎"。为殿前都点检司属吏，主管皇帝印玺与金银牌。《金史·百官二》谓符宝郎四员，与此云"十二人"有异。

[2] 正隆二年：即公元1157年。正隆，海陵王完颜亮的第三个年号。

[3] 大定二年：即公元1162年。大定，金世宗完颜雍的年号。

[4] 初收：中华书局整理本校勘记云："按'初收'下有脱文，据下文，疑或是'女直迁敦武'五字。"可参考。

[5] 进义：即"进义校尉"。武散官名，为三十四阶之第三十二阶，秩正九品下。

[6] 英俊：才智出众。

203. 奉御 [1]，十六人，以内驸马充 [2]，旧名入寝殿小底。大定十二年 [3]，更今名。正隆二年格 [4]，同符宝郎。大定二年，出职从七品。

[1] 奉御：金代殿前都点检司下辖近侍局属吏。元刘祁《归潜志》卷七："金朝近习之权甚重，置近

侍局于宫中，职虽五品，其要密与宰相等，如旧日中书，故多以贵戚、世家、恩幸者居其职，士大夫不预焉……其局官以下，所谓奉御、奉职辈，本以传诏旨，供使令，而人主委信，反在士大夫右。故大臣要官往往曲意奉承，或被命出外，帅臣郡守百计馆馈，盖以其亲近易得言也。然此曹皆膏粱子弟，惟以妆饰体样相夸，膏面镊须，鞍马、衣服鲜整，朝夕侍上，迎合谄媚。以逸乐导人主安其身，又沮坏正人招贿赂为不法。至于大臣退黜，百官得罪，多自局中，御史之权反在其下矣。"

[2] 内驸马：即"驸马都尉"，谓皇帝诸姑、诸姊妹以及诸女之婿。《大金集礼》卷九："大定七年二月十三日，奏定郡名、县名。唐制，皇姑封大长公主，皇姊妹封长公主，皇女封公主，皆视正一品……自魏晋以来，尚公主皆拜驸马都尉，从五品，新制系正四品。"

[3] 大定十二年：即公元 1172 年。

[4] 正隆二年：即公元 1157 年。

204. 奉职 [1]，三十人，旧名不入寝殿小底，又名外帐小底。大定十二年更今名 [2]。正隆二年格 [3]，女直迁敦武，余人历进义，无出身。大定二年格。出职正班九品。大定十四年定新官制，从下添两重，女直初考进义，馀人进义副尉 [4]。十七年格，有荫者初中簿，二下簿，无荫者注县尉，已后则依格。明昌元年格 [5]，有荫者每勒留一考则减一资 [6]。二年，以八品出职。六年定格，初录事、军防判、正从八品丞，二上簿，三中簿，四正从八品，若不犯选格者则免此除 [7]，五下令，六、七中令，八上令。勒留一考者升下令，四、五中令，六上令，回呈省。勒留两考者升上令 [8]，二中令，三、四上令，回呈省。凡奉御、奉职之出职，大定十二年增为百五十月，二十九年复旧，承安四年复增 [9]。

[1] 奉职：金代殿前都点检司下辖近侍局属吏。参见金 203 注 1。

[2] 大定十二年：即公元 1172 年。

[3] 正隆二年：即公元 1157 年。

[4] 进义副尉：武散官名，为三十四阶之最末一阶，金大定十四年（1174）创增，从九品下。

[5] 明昌元年：即公元 1190 年。明昌，金章宗完颜璟的第一个年号。

[6] 勒留：参见金 190 注 7。

[7] 犯选格：参见金 186。

[8] 升上令：中华书局整理本校勘记云："按下文'三、四上令'，则此'上'疑当作'下'。"可参考。

[9] 承安四年：即公元 1199 年。承安，金章宗完颜璟的第二个年号。

205. 东宫护卫 [1]，正隆二年 [2]，出职正班从八品 [3]。大定二年 [4]，正从七品 [5]。初收女直迁敦武 [6]，馀人保义 [7]。

[1] 东宫护卫：太子东宫属官。《金史·百官三》"东宫官"条下未载，《金史·百官四》称为"东宫护卫长行"。

[2] 正隆二年：即公元 1157 年。

[3] 正班：谓官员的正式编制。

[4] 大定二年：即公元 1162 年。

[5] 正从七品：谓正班从七品。

[6] 敦武：即"敦武校尉"。武散官名，为三十四阶之第三十阶，秩从八品下。

[7] 保义：即"保义校尉"。武散官名，为三十四阶之第三十三阶，金大定十四年（1174）增创，秩从九品上。

206．阁门祗候 [1]，正隆二年格 [2]，女直初迁敦武，余人保义，出职正班从八品。大定二年格 [3]，出职从七品。八年定格，初都军 [4]，二录事 [5]，三军防判 [6]，四都军，五下令，六中令，七上令。已带明威者即与下令 [7]，二录事、军防判，三都军，四下令，五中令，六上令。泰和四年格 [8]，初都军，二录事、军防判、三下令，四中令，五上令。

[1] 阁门祗候：金代宣徽院下辖阁门之属吏。《金史·百官二》："阁门……阁门祗候二十五人（正大间三十二人）。"

[2] 正隆二年：即公元 1157 年。

[3] 大定二年：即公元 1162 年。

[4] 都军：即"都军司指挥使"。参见金 194 注 2。

[5] 录事：诸府节镇录事司长官。参见金 101 注 5。

[6] 军防判：金代地方刺史州的判官或防御州的判官。

[7] 明威：即"明威将军"。武散官名，为三十四阶之第十五阶，秩正五品下。

[8] 泰和四年：即公元 1204 年。泰和，金章宗完颜璟的第三个年号。

207．笔砚承奉 [1]，旧名笔砚令史，大定三年 [2]，更为笔砚供奉，后以避显宗讳 [3]，复更今名。正隆二年 [4]，女直人迁敦武，馀历进义 [5]，无出身 [6]。大定二年格，初考女直迁敦武，馀保义，出职正班从七品。吏格，初都军，二、三下令，四、五中令，六上令。

[1] 笔砚承奉：金代秘书监下辖笔砚局属官。《金史·百官二》："秘书监……笔砚局：直长二员，正八品，掌御用笔墨砚等事。泰和七年以女直应奉兼。"

[2] 大定三年：即公元 1163 年。

[3] 显宗：即金世宗次子完颜允恭（1146～1185），本名胡土瓦，后赐名允迪、允恭。大定元年（1161）封楚王，次年立为皇太子。大定二十五年病卒，谥宣孝太子，葬于大房山。大定二十九年，其子完颜璟即位（金章宗），上其父庙号显宗。"允恭"与"供奉"同音一字，封建时代须避嫌名。中华书局整理本校勘记云："'显'原作'睿'。按本书卷一九《世宗补》，'睿宗讳宗尧'，'显宗讳允恭'，则与'供'同音者当是'显宗讳'之'恭'字。今据改。"甚是。

[4] 正隆二年：即公元 1157 年。

208. 妃护卫 [1]，正隆二年格 [2]，与奉职同 [3]。大定二年 [4]，出职与八品。

[1] 妃护卫：皇帝嫔妃的护卫人员。《金史·百官四》"百司承应俸给"有妃护卫之俸给。
[2] 正隆二年：即公元 1157 年。
[3] 奉职：参见金 204。
[4] 大定二年：即公元 1162 年。

209. 符宝典书 [1]，四人，旧名牌印令史，以皇家祖免以上亲、有服外戚、功臣子孙为之 [2]。正隆二年格 [3]，出职九品。大定二十八年 [4]，出职八品，二上簿，回验官资注授。

[1] 符宝典书：大定二年（1162）改"牌印令史"为"符宝典书"。见《金史·百官二》"殿前都点检司"下注。另参见金 88 注 1。
[2] 祖免（wèn 问）：袒衣免冠，谓五服以外之远亲。参见金 5 注 6。
[3] 正隆二年：即公元 1157 年。
[4] 大定二十八年：即公元 1188 年。

210. 尚衣承奉 [1]，天德二年格 [2]，以班内祗人选充 [3]。大定三年 [4]，女直人迁敦武，馀人迁进义，出职九品。

[1] 尚衣承奉：当指宣徽院下辖尚衣局"同监"等属吏。
[2] 天德二年：即公元 1150 年。天德，海陵王的第一个年号。
[3] 班内祗：金代御史台属吏。参见金 165 注 3。
[4] 大定三年：即公元 1163 年。

211. 知把书画 [1]，十人，正隆二年格 [2]，与奉职同 [3]。大定二年 [4]，出职九品。十四年格，同奉职。二十一年定格，有荫者，初中簿，二军器库副 [5]，后依本门户差注；无荫者，与差使。

[1] 知把书画：当谓金代殿前都点检司下辖近侍局属吏。韩世明、都兴智《〈金史〉之〈食货志〉与〈百官志〉校注》第 210 页有注云："知把书画，应为书画局属吏，《金史》卷 56《百官志二》书画局条失载。"似不确。按《金史·乌古论庆寿传》："乌古论庆寿，河北西路猛安人，由知把书画充奉御，除近侍局直长，再转本局使。"可推知知把书画为近侍局属吏。知把，金人语，或译作"扎布"。《钦定金史语解》卷六："扎布，应答也。卷五十三作'知把'。"
[2] 正隆二年：即公元 1157 年。

[3] 奉职：参见金 204。

[4] 大定二年：即公元 1162 年。

[5] 军器库副：即"军器库副使"。《金史·百官二》："军器监……军器库，至宁元年隶大兴府，贞
祐三年来属。使，正八品。副使，正九品。省拟，不奏。掌收支河南一路并在京所造常课横添和
买军器（大定五年设）。"又《金史·百官三》："军器库，使一员，正八品。副使一员，从九品。
掌甲胄兵仗。"后者所记军器库当属地方官署管辖，似为卫绍王至宁元年（1213）以前状况。此
处所言之"军器库副"亦当为卫绍王以前属地方官署所辖者，秩从九品。

212. 凡已上诸局分承应人，正隆二年格 [1]，有出身者皆以五十月为一考，五考
出职，无出身者五十月止迁一官。大定二年、三年格 [2]，皆三十月为考，迁一重，四
考出职。十二年，复加为五考。大定二十九年，又为四考。承安四年 [3]，复为五考。
自大定十二年，凡增考者，惟护卫则否 [4]。

[1] 正隆二年：即公元 1157 年。

[2] 大定二年：即公元 1162 年。

[3] 承安四年：即公元 1199 年。承安，金章宗完颜璟的第二个年号。

[4] 护卫：参见金 201，金 205，金 208。

213. 随局内藏四库本把 [1]，二十八人 [2]，正隆二年格 [3]，同奉职 [4]。大定
二年格 [5]，十人长 [6]，每三十月迁一重，四考出职九品。长行 [7]，每五十月迁一
重，初考女直敦武 [8]，馀人进义 [9]。转十人长者其后依亲军例 [10]，转五十人长者
以三十月迁加 [11]，虽未至十人长而迁加至敦武者，依本门户出职。十二年，加为五
考。二十一年格，与知把书画同 [12]。二十八年，以合数监同人内 [13]，从下选差。
明昌元年 [14]，如八贯石本把阙 [15]，六贯石局内选。六年，半于随局承应人内选。

[1] 内藏四库本把：金代宣徽院下辖内藏库属吏。《金史·百官二》："内藏库（大定二年，分为四
库）。使，从五品。副使，从六品。掌内府珍宝财物，率随库都监等供奉其事。"又有注云："本
把七人，大定二年定出身，依不入寝殿小底例。"本把，或作"巴哩巴"，执持的意思。《钦定金
史语解》卷六："巴哩巴，蒙古语，已执也。卷十九作'本把'。"

[2] 二十八人：据《金史·百官二》，内藏库之头面库有本把七人，段匹库有本把十二人，金银库有
本把八人，杂物库有本把八人，则共有三十五人。

[3] 正隆二年：即公元 1157 年。

[4] 奉职：参见金 204。

[5] 大定二年：即公元 1162 年。

[6] 十人长：金代侍卫亲军中最低级武职官名。

[7] 长行：当是未授职事者的统称。

[8] 敦武：即"敦武校尉"。武散官名，为三十四阶之第三十阶，秩从八品下。

[9] 进义：即"进义校尉"。武散官名，为三十四阶之第三十二阶，秩正九品下。

[10] 亲军：即金代禁军"侍卫亲军"。参见金 128 注 5。

[11] 五十人长：金代侍卫亲军的低级武职官名。相当于女真的蒲辇（蒲里衍）。参见金 133 注 5，金 229。

[12] 知把书画：参见金 211 注 1。

[13] 监同：当是内藏库各库都监（正九品）、同监（从九品）的合称。

[14] 明昌元年：即公元 1190 年。明昌，金章宗完颜璟的第一个年号。

[15] 八贯石：与下"六贯石"皆言百司承应之俸给。参见《金史·百官四》。

214. 左右藏库本把 [1]，八人，格同内藏 [2]。大定二十九年设 [3]，三十月迁一重，百二十月出职。

[1] 左右藏库：金代太府监下辖左藏库、右藏库的属吏。《金史·百官二》："左藏库。使，从六品。副使，从七品（兴定三年增一员）。掌金银珠玉、宝货钱币（本把四人）。右藏库。使，从六品。副使，从七品（兴定三年添一员）。掌金帛丝绵毛褐、诸道常课诸色杂物（本把四人）。"

[2] 内藏：即"内藏四库"。参见金 213。

[3] 大定二十九年：即公元 1189 年。

215. 仪鸾局本把 [1]，大定二十七年 [2]，三人。明昌元年 [3]，设十五人，格比内藏本把。

[1] 仪鸾局本把：金代宣徽院下辖仪鸾局属吏。《金史·百官二》："仪鸾局。提点，正五品。使，从五品。副使，从六品。掌殿庭铺设、帐幕、香烛等事。"

[2] 大定二十七年：即公元 1187 年。

[3] 明昌三年：即公元 1192 年。明昌，金章宗完颜璟的第一个年号。

216. 尚食局本把 [1]，四人，大定二十八年设 [2]，格同仪鸾 [3]。

[1] 尚食局本把：金代宣徽院下辖尚食局属吏。《金史·百官二》："尚食局（元光二年，参用近侍、奉御、奉职）。提点，正五品。使，从五品。副使，从六品。掌总知御膳、今食先尝，兼管从官食。"

[2] 大定二十八年：即公元 1188 年。

[3] 仪鸾：即"仪鸾局"。参见金 215 注 1。

217. 尚辇局本把 [1]，六人，二十八年设 [2]，格同仪鸾 [3]。

[1] 尚辇局本把：金代殿前都点检司下辖尚辇局属吏。《金史·百官二》："尚辇局。使，从五品。副使，从六品。掌承奉舆辇等事。"又云："本把四人。"与下文"六人"数目有异。

[2] 二十八年：即大定二十八年（1188）。

[3] 仪鸾：即"仪鸾局"。参见金215注1。

218. 典客署书表 [1]，十八人，大定十二年 [2]，以班内祗、并终场举人慎行止者 [3]，试三国奉使接送礼仪、并往复书表，格同国史院书写 [4]。十四年，以女直人识汉字班内祗一同试补。大定二十四年，终场举人出职八品注上簿，次下簿，三任依本门户。明昌五年 [5]，复许终场举人材质端伟、言语辩捷者，与内班祗同试，与正九除。

[1] 典客署书表：金代宣徽院下辖典客署属吏。典客署，掌女真族外之归附少数民族君长的朝贡、宴享、送迎等事。《金史·百官二》："典客署。令，从六品。丞，从七品。直长，后罢。书表十八人。"

[2] 大定十二年：即公元1172年。

[3] 班内祗：金代御史台属吏。参见金165注3。终场举人：参见金6注3。

[4] 国史院书写：吏名，掌抄写、誊清案牍之事。参见金88注3。

[5] 明昌五年：即公元1194年。

219. 捧案 [1]，八人，大定十九年 [2]，以已承三品官荫人，命宣徽院拣试仪观修整者 [3]，格同尚衣承奉 [4]。二十一年，格同知把书画 [5]。

[1] 捧案：金代宣徽院下辖侍仪司属吏。《金史·百官二》："侍仪司（旧名擎执局，大定元年改为侍仪局，大定五年升局为司）。令，从六品。旧曰局使。掌侍奉朝仪，率捧案、擎执、奉辇各给其事。"

[2] 大定十九年：即公元1179年。

[3] 宣徽院：官署名。掌朝会、宴享、殿庭礼仪及监知御膳等事。长官为左、右宣徽使，秩皆正三品。下设同知宣徽院事、同签宣徽院事、宣徽判官等。

[4] 尚衣承奉：参见金210。

[5] 知把书画：参见金211。

220. 擎执俸使 [1]，大定四年 [2]，以内职及承奉班内选 [3]。明昌六年 [4]，以皇家祖免以上亲、不足则于外戚、并三品已上散官、五品以上职事官应荫子孙弟兄侄 [5]，以宣徽院选有德而美形貌者。

[1] 擎执俸使：金代宣徽院下辖侍仪司属吏。参见金219注1。俸（bào报）使，录职试用。

[2] 大定四年：即公元1164年。

[3] 承奉班：即"内承奉班"。参见金152注2。

[4] 明昌六年：即公元1195年。明昌，金章宗完颜璟的第一个年号。

[5] 祖免（wèn问）：祖衣免冠，谓五服以外之远亲。参见金5注6。散官：参见金48注3。职事官：参见金48注3。

221. 奉辇 [1]，旧名拽辇儿，大定二十九年更名 [2]，格同擎执。

[1] 奉辇：金代宣徽院下辖侍仪司属吏。参见金 219 注 1。
[2] 大定二十九年：即公元 1189 年。

222. 妃奉事 [1]，旧名不入寝殿小底，大定十一年又名妃奉职 [2]，大定十八年更今名。格同知把书画。

[1] 妃奉事：皇帝嫔妃的宫中属吏。
[2] 大定十一年：即公元 1171 年。

223. 东宫妃护卫 [1]，十人，大定十三年 [2]，格同亲王府祗候郎君 [3]。二十八年，有荫人与副巡检、讥察 [4]，无荫人与司军、军辖等除 [5]。

[1] 东宫妃护卫：太子东宫属官，护卫太子妃者。
[2] 大定十三年：即公元 1173 年。
[3] 亲王府祗候郎君：亲王府从事琐事的属官。亲王，《大金集礼》卷九："皇统元年奏定，依令文，皇兄弟、皇子封一字王为亲王，并二品俸廉。已下宗室封一字王，皆非亲王。"
[4] 副巡检：金代负责地方治安的官署都巡检使司下属官，在正九品的"散巡检"之下。《金史·百官三》："诸州都巡检使各一员，正七品。副都巡检使各一员，正八品。散巡检，正九品。内泗州以管勾排岸兼之。皆设副巡检一员，为之佐。"讥察：金代关隘、渡口等处皆设讥察官。《金史·百官三》："孟津渡。讥察一员，正八品，掌讥察奸伪。"
[5] 司军：金代诸防御州、刺史州属官，秩从九品。军辖：金代诸防御州、刺史州属官，秩从九品。参见金 82 注 3。

224. 东宫入殿小底 [1]，三十月迁一重。初考，女直人迁敦武 [2]，馀人迁保义 [3]。吏格，有荫无荫其出职，初八品，二上簿，三中簿，四八品，五下令，六中令，八上令 [4]，回呈省。

[1] 东宫入殿小底：太子东宫亲随小吏。"小底"或作"实达尔"，《钦定金史语解》卷六："实达尔，蒙古语，亲随也。卷六十三作'小底'。"
[2] 敦武：即"敦武校尉"。武散官名，为三十四阶之第三十阶，秩从八品下。
[3] 保义：即"保义校尉"。武散官名，为三十四阶之第三十三阶，金大定十四年（1174）增创，秩从九品上。
[4] 六中令八上令：中华书局整理本校勘记云："'六'下疑脱'七'字，或'八'当作'七'。"可参考。

225. 东宫笔砚 [1]，五十月迁一重，百五十月出职正班九品。无荫人差使。有荫人，大定二十一年格 [2]，与二十一年知把书画格同 [3]。

[1] 东宫笔砚：当是太子东宫负责用笔墨砚的属吏。
[2] 大定二十一年：即公元 1181 年。中华书局整理本校勘记云："原脱'大定'二字，今补。"甚是。
[3] 知把书画：参见金 211。

226. 正班局分 [1]，尚药、果子本把、奉膳、奉饮、司裀、仪鸾、武库本把、掌器、掌辇、习骑、群子都管、生料库本把 [2]。大定二十一年格 [3]，有荫人，知把书画格同。章宗大定二十九年 [4]，诸局分长行并历三百月 [5]。十人长九十月出职 [6]。

[1] 正班：谓官员的正式编制。
[2] 尚药：即"尚药局"，辖于宣徽院。果子本把：尚药局属吏。《金史·百官二》："尚药局……果子都监、同监各一员，掌给受进御果子（本局本把四人）。"本把，参见金 213 注 1。奉膳：当指太子东宫之宫师府典食令下属吏。《金史·百官三》："宫师府……典食令，正八品。丞，正九品。承奉膳馐。"奉饮：当指太子东宫之宫师府掌饮令下属吏。《金史·百官三》："宫师府……掌饮令，正八品。丞，正九品。承奉赐茶及酒果之事。"司裀：当指皇后位下女职司陈下属吏。《金史·百官三》："皇后位下女职……直阁一员，司陈一员，九品，掌帐幕床褥舆伞、洒扫铺陈、薪炭灯烛之事。"仪鸾：即"仪鸾局"，辖于宣徽院。这里指仪鸾局中"司吏"等属吏。武库本把：当指殿前都点检司下辖武库署中之属吏。《金史·百官二》："武库署。令，从六品，掌收贮诸路常课甲仗。"掌器：当指殿前都点检司下辖武器署中之属吏。《金史·百官二》："武器署。提点，从五品。令，从六品。丞，从七品。掌祭祀、朝会、巡幸及公卿婚葬卤簿仪仗旗鼓笛角之事。"掌辇：当指殿前都点检司下辖尚辇局中之属吏。《金史·百官二》："尚辇局。使，从五品。副使，从六品。掌承奉舆辇等事。"习骑：当指殿前都点检司下辖尚厩局中之属吏。《金史·百官二》："尚厩局。提点，正五品。使，从五品。副使，从六品，掌御马调习牧养，以奉其事。"群子都管：当指诸群牧所之管理"驼马牛羊群子"的属吏，参见金 228 注 2。生料库本把：当指宣徽院下辖尚食局生料库中之属吏。《金史·百官二》："尚食局……生料库都监、同监各一员，掌给受生料物色。"
[3] 大定二十一年：即公元 1181 年。
[4] 章宗：即金章宗完颜璟（1168～1208）。参见金 10 注 1。
[5] 长行：当是未授职事者的统称。
[6] 十人长：金代侍卫亲军中最低级武职官名。

227. 杂班局分 [1]，鹰坊子、尚食局厨子、果子厨子、食库车本把、仪鸾典幄、武库枪寨、司兽、钱帛库官、旗鼓笛角唱曲子人、弩手、伞子 [2]。贞元元年 [3]，制弩手、伞子、尚厩局小底、尚食局厨子 [4]，并授府州作院都监 [5]。大定二十九年 [6]，长行三百月、十人长九十月出职 [7]。弩手、伞子四百月出职。

375

[1] 杂班：官员非正班出身者称杂班。参见金 93 注 3。

[2] 鹰坊子：殿前都点检司下辖鹰坊中调养"海东青"的属吏。《金史·百官二》："鹰坊。提点，正五品。使，从五品。副使，从六品。掌调养鹰鹘海东青之类。"海东青，一种生长于今黑龙江下游一带名贵的猎鹰。尚食局：参见金 216。果子：隶尚药局下。参见金 226 注 2。食库车：当指尚食局、内藏库、尚辇局。仪鸾典幄：仪鸾局属吏。仪鸾局，参见金 215。武库枪寨：当指武库署属吏。武库署，参见金 226 注 2。司兽：当指尚厩局属吏。钱帛库官：当为诸州之仓库官。《金史·康公弼传》："监平州钱帛库，调役粮于川州。"弩手伞子：金代帝王仪卫名。《金史·仪卫上》："金制，天子之仪卫，一曰立仗，二曰行仗。其卫士，曰护卫，曰亲军，曰弩手，曰控鹤，曰伞子，曰长行。"又云："朝参日，弩手、伞子直于殿门外，分两面排列。"

[3] 贞元元年：即公元 1153 年。贞元，海陵王完颜亮的第二个年号。

[4] 尚厩局小底：尚厩局亲随。参见金 224 注 1，金 226 注 2。

[5] 府州作院都监：为诸府州作院属官，主管收支之事。《金史·百官三》："作院。使一员，副使一员，掌监造军器，兼管徒囚，判院事。都监一员，掌收支之事。"

[6] 大定二十九年：即公元 1189 年。

[7] 长行：这里当指金代帝王仪卫中之长行，参见注 2。十人长：金代侍卫亲军中最低级武职官名。

228. 其他局分，若秘书监楷书及琴、棋、书、阮、象、说话待诏 [1]，尚厩局医兽、驼马牛羊群子、酪人 [2]，皆无出身。

[1] 秘书监楷书：秘书监属吏。秘书监，官署名，通掌经籍图书。以秘书监为长，一员，秩从三品；下设少监、丞、秘书郎等官。下辖著作局、笔砚局、书画局、司天台。棋：围棋。阮：古代拨弦乐器阮咸的简称。今仍遗存于民乐队，有大阮、中阮之别。象：即"象人"，谓描画人像之绘画者。说话：说书者。待诏：宋金元人对待命供奉内廷的手艺人的尊称。

[2] 尚厩局医兽：中华书局整理本校勘记云："按本书卷五八《百官四·百官俸给》，'百司承应俸给'下有'尚厩兽医'疑此'医兽'当是'兽医'之误。"可参考。驼马牛羊群子：即"扫稳脱朵"，诸群牧所属吏。《金史·百官三》："诸群牧所，又国言谓'乌鲁古'……知法一员，从八品。"有注云："女直司吏四人，译人一人，挞马十六人，使八人，副五人，判三人。又设扫稳脱朵，分掌诸畜，所谓牛马群子也。"酪人：即"挤酪人"，群牧所负责挤奶的人。《金史·百官四》"百司承应俸给"有"挤酪人"之俸禄。

229. 侍卫亲军长行 [1]，初收，迁一重，女直敦武 [2]，馀人进义 [3]。每五十月迁一重。以次转五十人长者 [4]，则每三十月迁一重。如五十人长内迁至武义者 [5]，以五十人长本门户出职。五十人长每三十月迁一重，六十月出职，系正班，与九品除授，有荫者八品除授。如转百人长者 [6]，则三十月迁一重，六十月出职，系正班八品，有荫者七品。大定六年 [7]，百户任满 [8]，有荫者注七品都军、正将 [9]，无荫及五十户有荫者，注八品刺郡都巡检、副将 [10]。五十户无荫者及长行有荫者，注县尉 [11]，无荫注散巡检 [12]。十六年，有荫百户，初中令，二都军、正将，三、四录事 [13]，五下令，六中令、七上令，回呈省。无荫者，初都军、正将，二录事，

三、四副将、巡检，五都军、正将，六下令，七中令，八上令，回呈省。此言识字者也。不识字者，初止县尉，次主簿[14]。二十一年，有荫者初中簿，二县尉。无荫者初县尉，二散巡检。已后，依本门户，识字、不识字并用差注。二十九年，定女直二百五十月出职，馀三百月出职。吏格，先察可亲民、及不可者，验其资历，若已任回带明威、怀远者[15]，验资拟注。

[1] 侍卫亲军长行：金代禁军中地位次于五十人长的低级武职官名。侍卫亲军，参见金128注5。

[2] 敦武：即"敦武校尉"。武散官名，为三十四阶之第三十阶，秩从八品下。

[3] 进义：即"进义校尉"。武散官名，为三十四阶之第三十二阶，秩正九品下。

[4] 五十人长：金代侍卫亲军的低级武职官名。相当于女真的蒲辇（蒲里衍）。参见金133注5，金229。

[5] 武义：即"武义将军"。武散官名，为三十四阶之第二十一阶，秩从六品上。

[6] 百人长：金代侍卫亲军的低级武职官名。相当于女真的谋克。参见金229。

[7] 大定六年：即公元1166年。

[8] 百户：即"百人长"。下"五十户"，即"五十人长"。

[9] 都军：即"都军司指挥使"。参见金194注2。这里指诸府都军，秩正七品。正将：诸边将长官，秩正七品，掌提控部保将、轮番巡守边境。

[10] 刺郡都巡检：当指刺史州负责治安的都巡检使司属官副都巡检使，秩正八品。副将：诸边将中的副将，秩正八品。中华书局整理本将"刺郡"与"都巡检"用顿号点断，似误。刺郡，谓刺史州，参见金10注18。

[11] 县尉：金代县的属官，掌巡捕盗贼。下县以主簿兼领。

[12] 散巡检：诸州都巡检使司属官。《金史·百官三》："散巡检，正九品。内泗州以管勾排岸兼之。"

[13] 录事：诸府节镇录事司长官，主管平理狱讼、警察所部，总判司事。秩正八品。

[14] 主簿：或称"县簿"，金代地方官名，县佐贰官。

[15] 明威：即"明威将军"。武散官名，为三十四阶之第十五阶，秩正五品下。怀远：即"怀远大将军"。武散官名，为三十四阶之第十二阶，秩从四品下。

230. 拱卫直[1]，正隆名龙翔军[2]，无出身。大定二年[3]，改龙翔军为拱卫司。定格，军使、什将、长行[4]，每五十月迁一重，女直人敦武[5]，余人进义[6]。迁至指挥使[7]，则三十月出职，迁一重，系正班，与诸司都监[8]。虽未至指挥使，迁至武义出职[9]，系杂班，与差使。

[1] 拱卫直：即"拱卫直使司"，辖于宣徽院。长官为都指挥使。《金史·百官二》："都指挥使，从四品（旧曰使）。副都指挥使，从五品（旧曰副使）。掌总统本直，谨严仪卫。大定五年，诏以使为都指挥使，副使为副都指挥使。什将。长行。威捷军（承安二年，签弩手千人。泰和四年，以之备边事）。钤辖，正六品。都辖，从九品（不奏）。"

[2] 正隆：海陵王完颜亮的第三个年号（1156~1161）。龙翔军：参见金128注5。

[3] 大定二年：即公元 1162 年。大定，金世宗完颜雍年号。

[4] 军使什将长行：三者皆为拱卫直使司的武职属官。

[5] 敦武：即"敦武校尉"。武散官名，为三十四阶之第三十阶，秩从八品下。

[6] 进义：即"进义校尉"。武散官名，为三十四阶之第三十二阶，秩正九品下。

[7] 指挥使：当非"都指挥使"，似在其下者。

[8] 诸司都监：金代尚衣局、尚食局、尚药局、御药院、内藏库、头面库、金银库等官署皆设都监，秩正九品。

[9] 武义：即"武义将军"。武散官名，为三十四阶之第二十一阶，秩从六品上。

231. 司天长行 [1]，正隆二年 [2]，定五十月迁一重，女直敦武，馀人进义，无出身。

[1] 司天长行：金代秘书监下辖司天台属吏。《金史·百官二》："司天台。提点，正五品……长行人五十人（未授职事者，试补管勾）。"

[2] 正隆二年：即公元 1157 年。

232. 太医 [1]，格同。贞元元年 [2]，尝罢去六十馀人。正隆二年格 [3]，五十月迁一重，女直人敦武，馀人进义，无出身。

[1] 太医：金代宣徽院下辖太医院之医官。《金史·百官二》："太医院。提点，正五品……正奉上太医（一百二十月升除），副奉上太医（不算日月），长行太医（不算日月，十四科额五十人）。"

[2] 贞元元年：即公元 1153 年。贞元，海陵王完颜亮的第二个年号。

[3] 正隆二年：即公元 1157 年。

233. 教坊 [1]，正隆间有典城牧民者 [2]，大定间罢 [3]，遂定格同上。

[1] 教坊：即"教坊司"，金代隶属于宣徽院，为掌宫廷音乐之官署。《金史·百官二》："教坊。提点，正五品。使，从五品。副使，从六品。判官，从八品。掌殿庭音乐，总判院事。谐音郎，从九品（不限资考、员数）。"

[2] 正隆：海陵王完颜亮的第三个年号（1156～1161）。典城牧民：谓任地方州县官。参见金 94。

[3] 大定：金世宗完颜雍的年号（1161～1189）。

《金史》

卷五十四　志第三十五

选举四

部选　省选　廉察　荐举　功酬亏永

234. 凡吏部选授之制，自太宗天会十二年 [1]，始法古立官，至天眷元年 [2]，颁新官制。及天德四年 [3]，始以河南、北选人并赴中京 [4]，吏部各置局铨注。又命吏部尚书萧赜定河南、北官通注格 [5]，以诸司横班大解、并大将军合注差人 [6]，依年例一就铨注，馀求仕人分四季拟授，遂为定制。贞元二年 [7]，命拟注时，依旧令，求仕官明数谓面授也 [8]，不许就本乡 [9]，若衰病年老者毋授繁剧处 [10]。

[1] 太宗：即金太宗完颜晟（1075～1135）。参见金 13 注 1。天会十二年：即公元 1134 年。

[2] 天眷元年：即公元 1138 年。天眷，金熙宗完颜亶的第一个年号。

[3] 天德四年：即公元 1152 年。天德，海陵王完颜亮的第一个年号。

[4] 河南北：即金代河东南路与河东北路。金太宗天会六年（1128）析宋河东路（治太原府）为南、北二路，南路升晋州为平阳府（今山西临汾市），为治所；北路以太原府（今山西太原市）为治所。中京：金代京城，即今河南洛阳。原为金河南府，金宣宗兴定元年（1217）升号中京，府名金昌。

[5] 吏部尚书：金代尚书省吏部长官，秩正三品。参见金 86 注 1。萧赜：籍贯不详（？～1161），历官吏部尚书、参知政事、尚书右丞、北京留守，后以征伐无功被杀。中华书局整理本校勘记云："'赜'原作'颐'。按本书卷五《海陵纪》，贞元二年九月'辛酉，以吏部尚书萧赜为参知政事'。颐是其弟，而官阶不及此。今据改。"甚是。

[6] 横班：宋代武臣阶官，或称"横行"，朝参时列成横行，故称。这里当泛指金代武职官员。大解：疑当谓品级较高之横班武官。大将军：金代秩正四品、从四品武散官有"大将军"之名号。《金史·百官一》："正四品上曰昭武大将军，中曰昭毅大将军，下曰昭勇大将军。从四品上曰安远大将军，中曰定远大将军，下曰怀远大将军。"

[7] 贞元二年：即公元 1154 年。贞元，海陵王完颜亮的第二个年号。

[8] 面授：当面任命。

[9] 就本乡：谓在原籍为官。

[10] 繁剧：事务繁重之极。

235. 世宗大定元年 [1]，敕从八品以下除授，不须奏闻。又制，求仕官毋入权门 [2]，违者追一官降除，有所馈献而受之者，奏之。

[1] 世宗：即金世宗完颜雍（1123～1189）。参见金4注3。大定元年：即公元1161年。

[2] 权门：权贵，当权者。中华书局整理本校勘记云："按本书卷六《世宗纪》，大定三年十一月戊申，诏'求仕官辄入权要之门，追一官，仍降除。以请求有所馈献及受之者，具状奏裁'。当即此事。则当在下文'二年'之后，或'二年'之'二'误。"甚是。

236. 二年 [1]，诏随季选人，如无过或有功酬者，依格铨注。有廉能及污滥者，约量升降，呈省 [2]。

[1] 二年：即大定二年（1162）。

[2] 呈省：上报尚书省。参见金86。

237. 七年 [1]，命有司 [2]，自今每季求仕人到部，令本部体问，政迹出众者，及赃污者，申省核实以闻，约量升擢惩断，年老者勿授县令。又谓宰臣曰 [3]："随朝官能否 [4]，大率可知。若外路转运司幕官以至县令 [5]，但验资考 [6]，其中纵有忠勤廉洁者，无路而进，是此人终身不敢望三品矣，岂进贤退不肖之道哉！自今通三考视其能否，以定升降为格。"又曰："今用人之法甚弊，其有不求闻达者，入仕虽久，不离小官，至三四十年不离七品者。而新进者结朝贵，致显达，此岂示激劝之道。卿等当审于用人，以革此弊。"

[1] 七年：即大定七年（1167）。

[2] 有司：官吏。古代设官分职，各有专司，故称。

[3] 宰臣：即宰相。金代以尚书省左、右丞相、平章政事为宰相。

[4] 随朝官：即"朝官"，在朝为官者。参见金91。

[5] 外路转运司幕官：金代各路转运司下的都勾判官、支度判官、盐铁判官、孔目官等属官。《大金国志》卷三十八："转运司十三处：南京路（开封置司）、北京路（大定置司）、西京路（大同置司）、东京路（咸平置司）、河东南路（平阳置司）、河东北路（太原置司）、山东东路（益都置司）、山东西路（东平置司）、河北东路（河间置司）、河北西路（真定置司）、陕西东路（京兆置司）、陕西西路（平凉置司）、会宁府路（隆州置司）。"另参见金89注2，金141注5。

[6] 资考：资格与考绩。

238. 时清州防御使常德辉上言 [1]："吏部格法，止叙年劳，是以虽有才能，拘于法而不得升，以致人材多滞下位。又刺史、县令亲民之职 [2]，多不得人，乞加体察，然后公行廉问，庶使有惧心。且今酒税使尚选能者 [3]，况承流宣化之官 [4]，可不择乎？自今宜以能吏当任酒使者授亲民之职 [5]。"从之。

[1] 清州：金代防御州，治所在今河北沧州市青县。防御使：防御州长官。《金史·百官三》："防御使一员，从四品，掌防捍不虞，御制盗贼，馀同府尹。"常德辉：又作"常德晖"，生平不详。

[2] 刺史：金代刺史州长官，秩正五品。

[3] 酒税使：酒使司长官，掌征收酒税以及禁私酒酿造之事。《金史·百官三》"中都都麹使司"下注云："凡京都及真定皆为都麹酒使司，设官吏同此。他处置酒使司……诸酒税使三万贯以上者正八品。"

[4] 承流宣化：接受继承良好的风尚传统，传布君命，教化百姓。语本《汉书·董仲舒传》："今之郡守、县令，民之师帅，所使承流而宣化也。"

[5] "自今"句：中华书局整理本校勘记云："据文义，'当'字疑是'尝'字之误。"可参考。

239. 十年 [1]，上谓宰臣曰："守令以下小官，能否不能遍知。比闻百姓或请留者，类皆不听。凡小官得民悦，上官多恶之，能承事上官者，必不得民悦。自今民愿留者，许直赴部 [2]，告呈省。遣使覆实，其绩果善可超升之，如丞簿升县令之类 [3]，以示激劝。"

[1] 十年：即大定十年（1170）。

[2] 部：谓吏部。参见金 86 注 1。

[3] 丞簿：谓县丞、主簿，皆为县之属官。参见金 101 注 4。

240. 二十六年 [1]，以阙官，敕："见行格法合降资历内 [2]，三降两降各免一降，一降者勿降。省令译史合得县令资历内 [3]，免录事及下县令各一任 [4]。密院令史三考以上者 [5]，同前免之。台、部、宗正府、统军司令译史 [6]，合历县令任数，免下令一任。外路右职文资诸科 [7]，合历县令亦免一任。当过检法知法 [8]，三考得录事者，已后两除一差。"

[1] 二十六年：即大定二十六年（1186）。

[2] 合降资历：金代任官有"回降"一法，参见金 148，金 149，金 150。

[3] 省令译史：尚书省的令史与译史。令史，参见金 138 注 1；译史，参见金 1 注 7。

[4] 录事：诸府节镇录事司长官，主管平理狱讼、警察所部，总判司事。秩正八品。

[5] 密院令史：即"枢密院令史"。令史，参见金 1 注 7。

[6] 台：御史台。参见金 35 注 2。部：吏部。参见金 86 注 1。宗正府：即"睦亲府"。参见金 171 注 1。统军司：控驭一方的军事机构。参见金 133 注 3。

[7] 右职：武散官。参见金2注4。文资：进士出身的文官。参见金86。

[8] 检法知法：参见金88注3。

241. 明昌三年 [1]，上曰："旧制，每季到部求仕人，识字者试以书判 [2]，不识字者问以疑难三事，体察言行相副者。其令自今随季部人并令依条试验 [3]。"宰执奏曰："既体察知与所举相同，又试中书判，若不量与升除，无以示劝。"遂定制，若随朝及外路六品以上官则随长任用，外路正七品官拟升六品县令一等除授，任满合降者免降，从七品以下于各等资历内减两任拟注，以后体察相同即依已升任使，若体察不同者本等注授，若见任县令升中上令者、并掌钱谷及丁忧去者 [4]，候解由到部 [5]。诸局分人亦候将来出职日准上拟注。猛安谋克拟依前提刑司保举到升任例 [6]，施行时尝令随门户减一资历。明昌七年，敕复令如旧。

[1] 明昌三年：即公元1192年。明昌，金章宗完颜璟的第一个年号。

[2] 书判：书法与文理。

[3] 部人：安排求仕者。

[4] 丁忧：遭逢父母丧事。古代父母去世，子女要守丧，三年内不做官，不婚娶，不赴宴，不应考。

[5] 解（jiè 界）由：官吏调任或考选时的证明文书。参见金87注2。

[6] 猛安谋克：女真部落与军事组织的称谓。参见金11注4。提刑司：即"按察司"。参见金50注3。

242. 泰和元年 [1]，上以县令见守阙，近者十四月，远者十六月，又以县令、丞簿员阙不相副，敕省臣："右选官见格 [2]，散官至明威者注县令 [3]，宣武者注丞簿 [4]，虽曾犯选格及亏永者亦注 [5]，是无别也。"遂定制，曾犯选格及亏永者，广威注令 [6]，明威注丞簿。

[1] 泰和元年：即公元1201年。泰和，金章宗完颜璟的第三个年号。参见金186。

[2] 右选官：武散官。参见金86。

[3] 明威：即"明威将军"。武散官名，为三十四阶之第十五阶，秩正五品下。

[4] 宣武：即"宣武将军"。武散官名，为三十四阶之第十八阶，秩从五品下。

[5] 犯选格：《金史·选举三》："诸曾犯公罪追官、私罪解任、及犯赃、廉访不好、并体察不堪临民，谓之犯选格。"参见金186。亏永：谓征收赋税未达规定数额。

[6] 广威：即"广威将军"。武散官名，为三十四阶之第十三阶，秩正五品上。

243. 卫绍王大安元年 [1]，以县令阙少 [2]，令初入上中下令者，与其守阙，可令再注丞簿一任，俟员阙相副则当复旧。

[1] 卫绍王：即完颜永济（？~1213），原名允济，小字兴胜。金世宗第七子，世宗时奉卫王。章宗

无子，立为储嗣。泰和八年（1208）金章宗死，即帝位，次年改元大安。时蒙古兴起，金人屡败，至宁元年（1213），卫绍王为败将胡沙虎（即纥石烈执中）逐归故里，为宦者李思中所杀。在位五年。贞祐四年（1216），追复卫王，谥绍。大安元年：即公元1209年。大安，卫绍王的第一个年号。

［2］阙少：谓县令的官位缺少。

244. 宣宗贞祐二年［1］，以播越流离［2］，官职多阙，权命河朔诸道宣抚司得拟七品以下［3］，寻以所注吏部不知，季放之阙多至重复，乃奏罢之。时李英言［4］："兵兴以来，百务烦冗，政在用人，旧虽有四善、十七最之法［5］，而拔擢蔑闻［6］，几为徒设。大定间［7］，以监察御史及审录官分诣诸路［8］，考核以拟，号为得人，可依已试之效，庶几使人自励。"诏从之。

［1］宣宗：即金宣宗完颜珣（1163～1224）。参见金2注1。贞祐二年：即公元1214年。贞祐，金宣宗的第一个年号。

［2］播越流离：金宣宗因蒙古势力日渐强盛，中都（今北京市）危急，即于贞祐二年五月迁都南京（今河南开封）。

［3］河朔：古代泛指黄河以北地区。宣抚司：官署名。金章宗泰和六年（1206），置陕西路宣抚司，设宣抚使，节制陕西兵马公事。八年，改宣抚司为安抚司。先后设司者有山东东西、大名、河北东西、河东南北、辽东、陕西、咸平、隆安、上京、肇州、北京等处。置司官，有使、副使。

［4］李英：字子贤（？～1215），益都（今属山东）人。明昌五年（1194）进士，历官淳化主簿、监察御史、宣差都提控、翰林待制、御史中丞。与蒙古军战，败死，谥刚贞。《金史》有传。

［5］四善十七最：《金史·百官一》："泰和四年，定考课法，准唐令，作四善、十七最之制。四善之一曰德义有闻，二曰清慎明著，三曰公平可称，四曰勤恪匪懈。十七最之一曰礼乐兴行，肃清所部，为政教之最。二曰赋役均平，田野加辟，为牧民之最。三曰决断不滞，与夺当理，为判事之最。四曰钤束吏卒，奸盗不滋，为严明之最。五曰案簿分明，评拟均当，为检校之最。以上皆谓县令、丞簿、警巡使副、录事、司候、判官也。六曰详断合宜，咨执当理，为幕职之最。七曰盗贼消弭，使人安静，为巡捕之最。八曰明于出纳，物无损失，为仓库之最。九曰训导有方，生徒充业，为学官之最。十曰检察有方，行旅无滞，为关津之最。十一曰堤防坚固，备御无虞，为河防之最。十二曰出纳明敏，数无滥失，为监督之最。十三曰谨察禁囚，轻重无怨，为狱官之最。十四曰物价得实，奸滥不行，为市司之最，谓市令也。十五曰戎器完肃，扞守有方，为边防之最，谓正副部队将、镇防官也。十六曰议狱得情，处断公平，为法官之最。十七曰差役均平，盗贼止息，为军职之最，谓都军、军辖也。凡县令以下，三最以上有四善或三善者为上，升一等；三最以上有二善者为中，减两资历；三最以上有一善为下，减一资历；节度判官、防御判官、军判以下，一最而有四善或三善为上，减一资历；一最而有二善为中，升为榜首；一最而有一善为下，升本等首。又以明昌四年所定，军民俱称为廉能者为廉能官之制，参于其间而定其甄擢焉。"按唐代有"四善二十七最"，参见唐39注1。

［6］蔑闻：没有听说。

［7］大定：金世宗完颜雍的年号（1161～1189）。

［8］监察御史：御史台官员，简称御史。金代置监察御史十二员，秩正七品。掌纠察内外非违，刷磨

诸司察账并监祭礼及出使等事。审录官：《金史·百官志》失载，当系按察司临时委派以"审录重刑事"者。

245. 三年 [1]，户部郎中奥屯阿虎言 [2]："诸色迁官并与女直一体 [3]，而有司不奉，妄生分别，以至上下相疑。"诏以违制禁之。

[1] 三年：即贞祐三年（1215）。
[2] 户部郎中：尚书省户部属官，秩从五品。奥屯阿虎：或作"奥敦阿虎"（生卒年不详），女真人，历官户部郎中、户部侍郎、宣徽使。
[3] 诸色：当指女真人以外、包括汉人在内的不同民族出身者。

246. 初，宣宗之南迁也 [1]，诏吏部以秋冬于南京、春夏于中都置选 [2]，而赴调者惮于北行，率皆南来，遂并于南京设之。三月，命汰不胜官者 [3]，令五品以上官公举，今季赴部人内，先择材干者量缓急易之 [4]。

[1] 宣宗之南迁：参见金244注2。
[2] 南京：金代京城，即今河南开封。原为宋代汴京，金初仍称汴京，海陵王贞元元年（1153）改号南京。金宣宗贞祐二年（1214）迁都于此。金哀宗天兴二年（1233）陷于蒙古。中都：金代都城，位于今北京市西南隅。参见金11注8。
[3] "三月"二句：中华书局整理本校勘记云："'月'原作'年'。按上文已出'三年'，本书卷一四《宣宗纪》，贞祐三年三月'丙寅，敕沿河州县官罢软不胜职任者汰去，令五品已上官公举，仍许今季到部任内先择能者量缓急易之'。今据改。"甚是。
[4] 缓急：谓形势危急或和缓的不同状况。

247. 兴定元年 [1]，诏有司议减冗员。又诏，自今吏部每季铨选，差女直、汉人监察各一员监视 [2]，又尽罢前犯罪降除截罢、及承应未满解去而复为随处官司委使者。又定制，权依剧县例俱作正七品 [3]，令随朝七品、外路六品以上职事官，举正七品以下职事官年未六十无公私罪堪任使者 [4]，岁一人，仍令兼领枢密院弹压之职 [5]，以镇军人。凡上司不得差占及凌辱决罚。到任半年，委巡按官体访具申籍记 [6]。又半年覆察，考满日分等升用。如六事备为上等 [7]，升职一等，四事为中等，减二资历，其次下等减一资历，不称者截罢。

[1] 兴定元年：即公元1217年。兴定，金宣宗完颜珣的第二个年号。
[2] 监察：当谓监察御史。御史台官员，简称御史，秩正七品。参见金244注8。
[3] 剧县：金代以户口在两万五千户以上的县为剧县，县令为正七品，县丞为正八品，皆高于一般县。
[4] 公私罪：即"公过"、"私过"。参见宋18注3，宋149注3。

［5］枢密院：参见金 140 注 2。弹压：控制，纠察。

［6］巡按官：当谓按察司使、副使、签按察司事等官员。《金史·百官三》："按察司，本提刑司……使一员，正三品，掌审察刑狱，照刷案牍，纠察滥官污吏豪猾之人、私盐酒麴并应禁之事，兼劝农桑，与副使、签事更出巡按。副使，正四品，兼劝农事。"

［7］六事：《金史·百官一》："宣宗兴定元年，行辟举县令法，以六事考之，一曰田野辟，二曰户口增，三曰赋役平，四曰盗贼息，五曰军民和，六曰词讼简。六事俱备为上等，升职一等；兼四事者为中等，减二资历；其次为下等，减一资历；否则为不称职，罢而降之。平常者依本格。"

248. 凡省选之制，自熙宗皇统八年以上京僻远［1］，始命诣燕京拟注［2］，岁以为常。贞元迁都［3］，始罢是制。其常调制［4］，正七品两任升六品，六品三任升从五品，从五品两任升正五品，正五品三任升刺史［5］。凡内外官皆以三十月为考，随朝官以三十月为任，升职一等。自非制授［6］，尚书选在外官［7］，命左司移文勾取［8］。承安三年［9］，始命置簿勾取［10］。

［1］熙宗：即金熙宗完颜亶（1119～1150）。参见金 14 注 4。皇统八年：即公元 1148 年。皇统，金熙宗完颜亶的第二个年号。上京：金代都城，即今黑龙江阿城县白城子。参见金 11 注 8。

［2］燕京：即今北京市西南隅。金海陵王贞元元年（1153）三月迁都燕京，改称中都，府名大兴。参见金 117。

［3］贞元：海陵王完颜亮的第二个年号（1153～1156）。

［4］常调：按常规迁选官吏。

［5］刺史：诸刺史州长官，秩正五品，掌同府尹兼治州事。

［6］制授：皇帝任命。唐、宋，皇帝任命三品以下、五品以上的官职方称"制授"。

［7］尚书：谓尚书省。

［8］左司：官署名。金代尚书省下分左司、右司。左司掌本司奏事，总察吏、户、礼三部受事付事，兼带修起居注官，回避其间记述之事。置郎中一员，秩正五品；员外郎一员，秩正六品。移文：古代不相统属的官署之间的公文往来，属于平行文书。

［9］承安三年：即公元 1198 年。承安，金章宗完颜璟的第二个年号。

［10］置簿：设立档案一类的文书。

249. 大定十五年［1］，制凡二品官及宰执、枢密使不理任［2］，每及三十月则书于贴黄［3］，不及则附于阙满簿［4］。内外三品官以五十月为任。

［1］大定十五年：即公元 1175 年。大定，金世宗完颜雍的年号。

［2］宰执：即"宰相"。金代以尚书省左、右丞相、平章政事为宰相。枢密使：枢密院长官，秩从一品。理任：计算任期。

［3］贴黄：即"贴黄簿"。古代官员的档案登记册，官员职务有所变更，皇帝降诏敕以黄纸贴于其上，故名。

［4］阙满簿：官员满额的档案登记册。

250. 泰和三年[1]，制凡文资右职官应迁三品职事者[2]，五品以上历五十月，六品以下及门荫杂流职事至四品以上而散官应至三品者，皆历六十月，方许告迁。

[1] 泰和三年：即公元1203年。泰和，金章宗完颜璟的第三个年号。
[2] 右职官：武散官。参见金86。

251. 七年[1]，自按察使副依旧三十月理考外[2]，内外四品以四十月理考，通八十月迁三品。

[1] 七年：即泰和七年（1207）。
[2] 按察使副：金代按察司副长官，秩正四品。

252. 泰和八年[1]，诏以门荫官职事至四品者甚少，自今至刺史而散官应至三品者[2]，即许告迁三品。此省选资考之制也。

[1] 泰和八年：即公元1208年。
[2] 刺史：诸刺史州长官，秩正五品，掌同府尹兼治州事。

253. 世宗大定元年[1]，上谓宰臣曰："朕昔历外任[2]，不能悉知人之优劣，每除一官必以不称职为忧。夫荐贤乃相职[3]，卿等其各尽乃心，勿贻笑天下。"又曰："凡拟注之际当为官择人，勿徒任亲旧，庶无旷官矣[4]。"又曰："守令之职当择材能，比闻近边残破多用年老及罪降者[5]，是益害边民也。若资历高者不当任边远，可取以下之才能者升授，回不复降，庶可以完复边陲也。"边升之制[6]，盖始于此。

[1] 世宗：即金世宗完颜雍（1123～1189）。参见金4注3。大定元年：即公元1161年。大定，金世宗完颜雍的年号。
[2] 昔历外任：金世宗初封葛王，海陵王时曾两任东京留守。
[3] 相职：宰相的职责。
[4] 旷官：空居官位，即不称职。
[5] 近边：谓接近边疆的州郡。
[6] 边升：参见金91。

254. 三年[1]，诏监当官迁散官至三品尚任县令者[2]，与省除[3]。

[1] 三年：即大定三年（1163）。
[2] 监当官：金代称辖仓库院务者。《金史·百官一》："应管仓库院务者曰监当官。"
[3] 省除：由尚书省吏部除授官职。

255. 四年 [1]，敕随朝六品以繁剧局分官有阙者 [2]，省不得拟注，令具阙及人以闻。

[1] 四年：即大定四年（1164）。
[2] 繁剧局分：事务繁剧之极的中央各官署。

256. 六年 [1]，制官至三品除，朝廷约量劳绩岁月 [2]，特恩迁官。

[1] 六年：即大定六年（1166）。
[2] 约量：称衡考量。

257. 七年 [1]，制内外三品官遇拟注，其历过成考以上月日，不曾迁加，或经革拨 [2]，可于除目内备书以闻 [3]。又敕，外路四品以上职事官、并五品合升除官，皆具阙及人以闻。六品以下官，命尚书省拟定而复奏。上又谓宰臣曰："拟注外官，往往未当。州县之官良则政举，否则政隳 [4]。卿宜辨论人材，优劣参用，则递相勉励，庶几成治矣。"又曰："从来顿舍人例为节副 [5]，今宣徽院同签银术可以特收顿舍 [6]，然后授以沧州同知 [7]，此亦何功，但其人有足任使，故授以同签也。且如自护卫、符宝、顿舍考满者与六品五品之职 [8]，而与元苦辛特收顿舍者例除，则是不伦也。"

[1] 七年：即大定七年（1167）。
[2] 革拨：取消，废除。
[3] 除目：除授官吏的文书。
[4] 隳（huī 徽）：废弛。
[5] 顿舍：金代殿前都点检司武器署属官，秩正八品。《金史·百官二》："武器署。提点，从五品。令，从六品。丞，从七品。掌祭祀、朝会、巡幸及公卿婚葬卤簿仪仗旗鼓笛角之事。直长，正八品（或二员）。顿舍官二员（《泰和令》、《总格》作四员），正八品。"节副：金代诸节度州长官节度使下有同知节度使一员，秩正五品；又有同知节度副使一员，秩从五品。节副当指后者。
[6] 宣徽院：参见金 219 注 3。同签：即"同签宣徽院事"，秩正五品。银术可：或译作"尼楚赫"，女真人名。《金史》中名"银术可"者有十人之多，此银术可生平不详。
[7] 沧州：金代节度州名，治所在今河北沧州市东南。同知：即"同知节度使"，秩正五品。
[8] 护卫：金代帝王仪卫名目之一，参见金 201 注 1；又有东宫护卫、妃护卫，参见金 205，金 208。符宝：即"符宝郎"。参见金 202 注 1。

258. 十年 [1]，谓宰臣曰："凡在官者，若不为随朝职任，便不能离常调 [2]。若以卿等所知任使恐有滞，如验入仕名项或廉等第用之亦可 [3]。若不称职，即与外除。"

[1] 十年：即大定十年（1170）。

[2] 常调：按常规迁选官吏。

[3] 廉：考察。

259. 十一年 [1]，上谓宰臣曰："随朝官多自计所历，一考谓当得某职，两考又当得某职，故但务因循而已。及被差遣，又多稽违 [2]。近除大理司直李宝为警巡使 [3]，而奏谢言'臣内历两考'，意谓合得五品则除六品也。朕以此人干事 [4]，尝除监察御史 [5]，及为大理司直，未尝言情见一事 [6]，由是除长官，欲视其为政，故授是职。自今外路与内除者，察其为政公勤则升用，若但务苟简者，不必待任满即当依本等出之。不明赏罚，何以示劝勉也。"

[1] 十一年：即大定十一年（1171）。

[2] 稽违：延误。

[3] 大理司直：大理寺属官，掌参议疑狱、披详法状，正员四人，秩正七品。李宝：生平不详。警巡使：金代诸京所设警巡院长官，《金史·百官三》："诸京警巡院。使一员，正六品，掌平理狱讼，警察别部，总判院事。"

[4] 干事：办事干练。

[5] 监察御史：御史台官员，简称御史，正七品。参见金 244 注 8。

[6] 情见：意见。

260. 十二年 [1]，上谓宰臣曰："朕尝取尚书省百官行止观之 [2]，应任刺史知军者甚少 [3]，近独深州同知辞不习为可 [4]，故用之。即今居五品者皆再任当例降之人，故不可也。护卫中有考满者，若令出职，虑其年幼不闲政事，兼宿卫中如今日人材亦难得也。若勒留承应 [5]，累其资考，令至正五品可乎？"皆曰："善。"

[1] 十二年：即大定十二年（1172）。

[2] 行止：即"行止簿"，为百官的档案登记册，记载官员的出身、履历等。参见金 87 注 3。

[3] 刺史：诸刺史州长官，秩正五品，掌同府尹兼治州事。

[4] 深州：金代刺史州名，治所在今河北深县南。同知：刺史州属官，秩正七品，通判州事。辞不习：或译作"希卜苏"。生平不详。

[5] 勒留：类似于唐宋的"勒留官"，即在京诸司吏人任职年满，本应出职授官，勒令继续留司任吏职；或在任差遣得替后，命回本司祗应者，称勒留官。承应：当指官署中从事文案工作或杂事的小吏。

261. 十六年 [1]，敕宰臣："选调拟注之际，须引外路求仕人，引至尚书省堂量材受职 [2]。"

[1] 十六年：即大定十六年（1176）。

［2］尚书省堂：当谓尚书省之都堂，即尚书省的办公处。中华书局整理本校勘记云："按本书卷五五《百官志》，尚书省'直省局：局长，从八品，掌都堂之礼及官员参谢之仪'。卷一一三《完颜赛不传》有'都堂会议'。'都堂'盖尚书省之大堂，金人著作中时有及之，如刘祁《归潜志》卷一一《录大梁事》言，'执政召在京父老士庶计事诣都堂'，'崔立坐都堂，召在京父老僧道百姓谕言'，等等，此处'省'下盖脱'都'字。"甚是。

262. 二十一年［1］，谓宰臣曰："海陵时［2］，与人本官太滥［3］，今复太隘，令散官小者奏之。"

［1］二十一年：即大定二十一年（1181）。
［2］海陵：即海陵王完颜亮（1122～1161），或称金主亮。参见金4注2。
［3］本官：当与散官相对，谓有职事的主管官员。

263. 二十四年［1］，以旧资考太滞［2］，命各减一任，临时量人材、辛苦、资历、年甲［3］，以次奏禀。

［1］二十四年：即大定二十四年（1184）。
［2］资考：资格与考绩。
［3］年甲：年龄。

264. 章宗大定二十九年［1］，定制，自正七品而上皆以两任而后升。

［1］章宗：即金章宗完颜璟（1168～1208）。参见金10注1。大定二十九年：即公元1189年。大定，金世宗完颜雍的年号。

265. 明昌四年［1］，以前制有职官已带三品者不许告迁，有司因之不举［2］，以致无由迁叙。上虑其滞，遂定制，已带三品散官实历五十月，从有司照勘［3］，格前进官一阶，格后为始再算。

［1］明昌四年：即公元1193年。明昌，金章宗完颜璟的第一个年号。
［2］有司：官吏。古代设官分职，各有专司，故称。
［3］照勘：核查。

266. 五年［1］，命宰臣拟注之际，召赴选人与之语，以观其人。

［1］五年：即明昌五年（1194）。

267. 六年 [1]，命随朝五品之要职，及外路三品官，皆具人阙进呈，以听制授 [2]。

[1] 六年：即明昌六年（1195）。
[2] 制授：皇帝任命。唐、宋，皇帝任命三品以下、五品以上的职官方称"制授"。

268. 七年 [1]，敕随朝除授必欲至三十月，如有急阙，则具阙及人奏禀。寻复令，不须待考满后，当通算其所历而已。

[1] 七年：按，承上当为明昌七年（1196），据《金史·章宗纪》，是年已改元承安，当作承安元年（1196）是。

269. 承安四年 [1]，敕宰臣曰："凡除授，恐未尽当。今无门下省 [2]，虽有给事中而无封驳司 [3]，若设之，使于拟奏未受时详审得当，然后授之可也。"乃立审官院 [4]，凡所送令详审者，以五日内奏或申省。

[1] 承安四年：即公元1199年。承安，金章宗完颜璟的第二个年号。
[2] 门下省：金熙宗时，依前代设有尚书、中书、门下三省，海陵王当政，尽废中书、门下二省，仅留尚书省。
[3] 给事中：金代之内侍寄禄官。《金史·百官二》："内侍寄禄官（泰和二年设，初隶宫闱局，寻直隶宣徽院）。所以升用内侍局御直、内直有年劳者。中常侍（正五品）。给事中（从五品）。"封驳司：谓有封驳职能的官署。大臣认为诏敕不当，封还或加以驳正称封驳。唐代门下省司封驳事，诏敕有误，经门下省的给事中驳正。五代不行封驳制，宋太宗时复旧。可参见顾炎武《日知录》卷九《封驳》。
[4] 审官院：金代掌奏驳除授失当之事的官署。《金史·百官一》："审官院（承安四年设，大安二年罢之。若注拟失当，止令御史台官论列）。知院一员，从三品，掌奏驳除授失当事（随朝六品、外路五品以上官除授，并送本院审之。补阙、拾遗、监察虽七品，亦送本院。或御批亦送禀，惟部除不送）。同知审官院事一员，从四品。掌书四人（女直、汉人各二人，以御史台终场举人择充）。"

270. 承安五年 [1]，以六品、从五品阙少，敕命历三任正七品而后升六品。

[1] 承安五年：即公元1200年。

271. 泰和元年 [1]，谕旨宰臣曰："凡遇急阙，与其用资历未及之人，何如止起复丁忧旧人也 [2]。"命内外官通算，合得升等而少十五月者，依旧在职补足，而后升除，或有馀月日以后积算。遇阙而无相应人，则以资历近者奏禀。

[1] 泰和元年：即公元1201年。泰和，金章宗完颜璟的第三个年号。

[2] 丁忧：旧时官员因遭父母丧事而去职。

272. 二年[1]，命少五月以下者本任补，六月至十四月者本任或别除补之。是制既行之后，至六年，以一例递升复恐太滥，命量材续禀。

[1] 二年：即泰和二年（1202）。

273. 卫绍王大安元年[1]，定文资本职出身内，有至一品职事官应迁一品散官者，实历五十月方许告迁。二品三品职事官应告本品循迁者，亦历五十月，不得过本品外。四品以下职事官如迁三品者，亦历五十月，止许告迁三品一资。六品以下职事官历六十月告迁，带至三品更不许告。犯选格者皆不许[2]。如已至三品以上职事者，六十月亦听。凡迁三品官资及致仕并横迁三品者[3]，则具行止以闻[4]。四品则六十月告迁，杂班则否[5]。

[1] 卫绍王：即完颜永济（？～1213）。参见金243注1。大安元年：即公元1209年。大安，卫绍王的第一个年号。

[2] 犯选格：《金史·选举三》："诸曾犯公罪追官、私罪解任、及犯赃、廉访不好、并体察不堪临民，谓之犯选格。"参见金186。

[3] 致仕：旧时官员因年老或衰病而辞去职务称致仕。

[4] 行止：即"行止簿"。参见金87注3，金260注2。

[5] 杂班：官员非正班出身者称杂班。参见金93注3。

274. 宣宗兴定元年[1]，徒单顽僧言[2]："兵兴以来[3]，恩命数出，以劳进阶者比年尤多。贱职下僚散官或至极品[4]，名器之轻莫此为甚[5]。自今非亲王子及职一品[6]，馀人虽散官至一品乞皆不许封公[7]。若已封者，虽不追夺其仪卫，亦当降从二品之制。"从之。

[1] 宣宗：即金宣宗完颜珣（1163～1224）。参见金2注1。兴定元年：即公元1217年。兴定，金宣宗完颜珣的第二个年号。

[2] 徒单顽僧：据《金史·后妃下》，系金哀宗皇后徒单氏之父，兴定四年官至镇南军节度使，有罪，"宣宗以后（谓徒单氏——注者）纯孝，因曲赦之，听其致仕"。

[3] 兵兴：谓金人与蒙古、南宋政权的争战。

[4] 极品：谓官员之最高等级。

[5] 名器：名号与车服仪制。《左传·成公二年》："唯器与名，不可以假人，君之所司也。"

[6] 亲王：《大金集礼》卷九："皇统元年奏定，依令文，皇兄弟、皇子封一字王为亲王，并二品俸廉。已下宗室封一字王，皆非亲王。"

[7] 封公：谓封国公。国公，金代封爵名，秩从一品，食邑三千户，食封三百户。

275. 凡选监察御史 [1]，尚书省具才能者疏名进呈，以听制授 [2]。任满，御史台奏其能否 [3]，仍视其所察公事具书于解由 [4]，以送尚书省。如所察事皆无谬戾为称职 [5]，则有升擢。庸常者临期取旨，不称者降除，任未满者不许改除。大定二十七年前 [6]，尝令六十以上者为之。后，台官以年老者多废事为言 [7]，乃敕尚书省于六品七品内取六十以下廉干者备选。二十九年，令台官得自辟举 [8]。

[1] 监察御史：御史台官员，简称御史。参见金 244 注 8。
[2] 制授：皇帝任命。唐、宋，皇帝任命三品以下、五品以上的职官方称"制授"。
[3] 御史台：参见金 35 注 2。
[4] 解（jiè 界）由：官吏调任或考选时的证明文书。参见金 87 注 2。
[5] 谬戾：悖谬乖戾。
[6] 大定二十七年：即公元 1187 年。大定，金世宗完颜雍的年号。
[7] 台官：御史台官员的通称。
[8] 辟举：荐举。

276. 明昌三年 [1]，复命尚书省拟注，每一阙则具三人或五人之名，取旨授之。

[1] 明昌三年：即公元 1192 年。明昌，金章宗完颜璟的第一个年号。

277. 承安三年 [1]，敕监察给由必经部而后呈省 [2]。

[1] 承安三年：即公元 1198 年。承安，金章宗完颜璟的第二个年号。
[2] 由：即"解由"。参见金 275 注 4。部：谓尚书省吏部。

278. 泰和四年 [1]，制以给由具所察事之大小多寡定其优劣。

[1] 泰和四年：即公元 1204 年。泰和，金章宗完颜璟的第三个年号。

279. 八年 [1]，定制，事有失纠察者以怠慢治罪。

[1] 八年：即泰和八年（1208）。

280. 贞祐二年 [1]，定制以所察大事至五、小事至十为称职，数不及且无切务者为庸常，数内有二事不实者为不称职。

[1] 贞祐二年：即公元 1214 年。贞祐，金宣宗的第一个年号。

281. 四年 [1]，命台官辟举，以名申省，定其可否。

[1] 四年：即贞祐四年（1216）。

282. 廉察之制 [1]，始见于海陵时 [2]，故正隆二年六月有廉能官复与差除之令 [3]。大定三年 [4]，命廉到廉能官第一等进官一阶升一等，其次约量注授。污滥官第一等殿三年降二等，次二年，又次一年，皆降一等。诏廉问猛安谋克 [5]，廉能者第一等迁两官，其次迁一官。污滥者第一等决杖百 [6]，罢去，择其兄弟代之。第二等杖八十，第三等杖七十，皆令复职。蒲辇决则罢去 [7]，永不补差。

[1] 廉察：考察，视察。
[2] 海陵：即海陵王完颜亮（1122～1161），或称金主亮。参见金4注2。
[3] 正隆二年：即公元 1157 年。正隆，海陵王完颜亮的第三个年号。廉能：清廉能干。《周礼·天官·小宰》："以听官府之六计，弊群吏之治。一曰廉善，二曰廉能，三曰廉敬，四曰廉正，五曰廉法，六曰廉辨。"
[4] 大定三年：即公元 1163 年。大定，金世宗完颜雍的年号。
[5] 廉问：察访查问。猛安谋克：女真部落与军事组织的称谓。参见金11注4。
[6] 决杖：处以杖刑。即用大荆条或棍棒抽击人的背部、臀部或腿部。
[7] 蒲辇：或译为"蒲里衍"，女真氏族长谋克的副职，一谋克辖两蒲辇，一蒲辇管正军五十名。与"五十人长"同。

283. 八年 [1]，省臣奏御史中丞移剌道所廉之官 [2]，上曰："职官多贪污，以致罪废，其馀亦有因循以苟岁月者。今所察能实可甄奖 [3]，若即与升除，恐无以慰民爱留之意，且可迁加，候秩满日升除 [4]。"

[1] 八年：即大定八年（1168）。王庆生《〈金史〉校点拾遗》："'八年'误，应作'九年'。本书卷六《世宗纪》：'九年三月丁卯，诏御史中丞移剌道廉问山东、河南。'所据应为《金实录》，时月可信。"（载《古籍整理出版情况简报》2006 年第 11 期，总第 429 期）可参考。
[2] 御史中丞：简称"中丞"，御史台副职官。金代御史中丞一员，秩从三品。移剌道：女真人，本名按。以军府簿书起，历官监察御史、工部员外郎、御史中丞、刑部尚书、大理寺卿兼签书枢密院事、西京留守。《金史》有传。廉：察访。
[3] "今所察"句：中华书局整理本校勘记云："按'能'上疑脱'廉'字。"可参考。
[4] "且可迁加"二句：《金史·移剌道传》："于是，廉能官景州刺史耶律补进一阶，单州刺史石抹勒家奴、泰宁军节度副使尹升卿、宁陵县令监邦彦、浚州司候张匡福各进两阶。贪污官同知浚州防御使蒲速越、真定县令特谋葛并免死，杖一百五十，除名。同知睢州事乌古孙阿里补杖一百，削四阶，非奉旨不得录用。"

284. 十年正月 [1]，上谓宰臣曰：“今天下州县之职多阙员，朕欲不限资历用人，何以遍知其能。拟欲遣使廉问，又虑扰民而未得其真。若令行辟举之法，复恐久则生弊。不若选人暗察明廉 [2]，如其相同，然后升黜之，何如？”宰臣曰：“当如圣训。”

[1] 十年：即大定十年（1170）。
[2] 暗察明廉：即分暗察与明访两路。

285. 十一年 [1]，奏所廉善恶官，上曰：“罪重者遣官就治，所犯细微者盖不能禁制妻孥耳，其诫励而释之 [2]。凡廉能官，四品以下委官覆实，同则升擢。三品以上以闻，朕自处之。”时陈言者有云“每三年委宰执一员廉问”者，上以大臣出则郡县动摇，谁复敢行事者。今默察明问之制，盖得其中矣 [3]。又谓宰臣曰：“朕以欲遍知天下官吏善恶，故每使采访，其被升黜者多矣，宜知劝也。若常设访察，恐任非其人以之生弊，是以姑罢之。”皆曰：“是官不设，何以知官吏之善恶也？”左丞相良弼曰 [4]：“自今臣等尽心亲察之。”上曰：“宜加详，勿使名实淆混。”

[1] 十一年：即大定十一年（1171）。
[2] 诫励：告诫勉励。
[3] 得其中：即适当、适宜。
[4] 左丞相：金代尚书省设左丞相一员，秩从一品。与其下右丞相、平章政事合称宰相，总理政务。
　　良弼：即纥石烈良弼（1110～1178），本名娄室，回怕川（今吉林辉发河）人，随父徙居宣宁（今内蒙古凉城东北）。童年以女真字学生选送京师，历官北京大定府教授、吏部郎中、刑部尚书、参知政事、左丞、尚书右丞、尚书左丞、右丞相、左丞相。纂修《太宗实录》、《睿宗实录》。《金史》有传。

286. 十二年 [1]，以同知城阳军山和尚等清强 [2]，上曰：“此辈，暗察明访皆著政声。夫赏罚必信，则善者劝、恶者惧，此道久行庶可得人也。其第其政绩旌赏之。”三月，诏赃官既已被廉，若仍旧在职必复害民，其遣驿使遍诣诸道 [3]，即日罢之。

[1] 十二年：即大定十二年（1172）。
[2] “以同知”句：中华书局整理本校勘记云：“‘城’原作‘山’。按本书卷七《世宗纪》，大定十二年二月‘丙午，尚书省奏，廉察到同知城阳军事山和尚等清强官’。卷二五《地理志》，山东东路‘莒州，本城阳军，大定二十二年升为城阳州’。今据改。”甚是。同知，金代州军属官，秩正七品。城阳军，治所在莒县（今属山东）。山和尚，生平不详。清强，清廉强干。
[3] 驿使：奉使出行传达官府文书的使者。

287. 大定二十八 [1]，制以阁门祗候、笔砚承奉、奉职、妃护卫，东宫入殿小底、宗室郎君、王府郎君、省郎君 [2]，始以选试才能用之，不须体察 [3]。内藏本

394

把、不入殿小底与入殿小底及知把书画 [4]，则亦不体察。

[1] 大定二十八年：即公元 1188 年。

[2] 阁门祗候：金代宣徽院下辖阁门之属吏。《金史·百官二》："阁门……阁门祗候二十五人（正大间三十二人）。"笔砚承奉：金代秘书监下辖笔砚局属官。《金史·百官二》："秘书监……笔砚局：直长二员，正八品，掌御用笔墨砚等事。泰和七年以女直应奉兼。"奉职：金代殿前都点检司下辖近侍局属吏。参见金 203 注 1。妃护卫：皇帝嫔妃的护卫人员。《金史·百官四》"百司承应俸给"有妃护卫之俸给。东宫入殿小底：太子东宫亲随小吏。参见金 224 注 1。宗室郎君：当谓金代皇族子弟在尚书省为祗候郎君者。参见金 153 注 2。王府郎君：当为金代诸王府子弟在尚书省为祗候郎君者。省郎君：即指尚书省祗候郎君。参见金 192 注 1。

[3] 体察：实地或亲自考察。

[4] 内藏本把：即"内藏四库本把"，金代宣徽院下辖内藏库属吏。参见金 213 注 1。不入殿小底与入殿小底：皆属太子东宫低级属吏，后者地位略高于前者。知把书画：当为金代殿前都点检司下辖近侍局属吏。参见金 211 注 1。

288. 明昌三年 [1]，以所廉察则有清廉之声，而政绩则平常者，敕命不降注。以石仲渊等四人 [2]，虽清廉为百姓所喜，而复有行事邀顺人情之语，则与公正廉能人不同，敕命降注。凡治绩平常者，夺元举官俸一月 [3]。

[1] 明昌三年：即公元 1192 年。明昌，金章宗完颜璟的第一个年号。中华书局整理本校勘记云："原脱'明昌'二字。按上文为大定二十八年，下文为明昌四年，则此三年显属明昌。今将下文'四年'上之'明昌'二字移此。"甚是。

[2] 石仲渊：生平不详。

[3] 元举官：被考察官员的原保举者。

289. 四年 [1]，上曰："凡被举者，或先察者不同，其后为人再举而察者同，或先察者同，而后察者不同，当何以处之？其议可久通行无窒之术以闻。"省臣奏曰 [2]："保举与体察不一者，可除不相摄提刑司境内职事 [3]，再令体察，如果同则依格用，不同则还本资历。"时有议"凡当举人之官，岁限以数，减资注受"者，是日，省臣并奏，以谓如此恐滋久长求请侥幸之弊。遂拟："被举官如体察相同，随长升用，不如所举者元举官约量降除。如自嘱求举，或因势要及为人请嘱而举之者，各追一官，受贿者以枉法论，体察官亦同此。岁举不限数，不举不坐罪，但不如所举则有降罚，如此则必不敢滥举，而实材可得。"上曰："是可止作条理，施行一二年，当别思其法。"

[1] 四年：即明昌四年（1193）。

[2] 省臣：尚书省官员。

[3] 不相摄提刑司：即别路之提刑司，亦即下文"按察司"之前身。《金史·宗雄传》："章宗即位，初置九路提刑司。"又《大金国志》卷三十八《提刑司九处》："中都西京路（大同置司），南京

路（南京置司），北京临潢路（临潢置司），东京咸平府路（东京置司），上京海兰等路（上京置司），河东南北路（汾州置司），河北东西大名府路（河间置司），陕西东西等路（平凉置司），山东东西路（济南置司）。"另外，《金史·百官三》："按察司。本提刑司，承安三年以上京、东京等提刑司并为一提刑使，兼宣抚使劝农采访事，为官称。副使、判官以兼宣抚副使、判官为名。复改宣抚为安抚，各设安抚判官一员、提刑一员，通四员。安抚司，掌镇抚人民、讥察边防军旅、审录重刑事。安抚判官衔内不带'劝农采访事'。令专管千户谋克。安抚使副内，差一员于咸平、一员于上京分司。承安四年，罢咸平分司，使在上京，副在东京，各设签事一员。承安四年改按察司，贞祐三年罢，止委监察采访。"

290. 承安四年 [1]，以按察司不兼采访 [2]，遂罢平倒别路除授之制 [3]。

[1] 承安四年：即公元1199年。承安，金章宗完颜璟的第二个年号。
[2] 按察司：金代按察使的官署。承安四年（1199）设立，掌一路的司法刑狱，照刷案牍，纠察滥官污吏豪猾之人，兼劝农桑。
[3] 平倒别路除授：至不相统摄之别路按察司为官。参见金289注3。

291. 泰和元年 [1]，定制，自第一等阙外，第二等阙满，合注县令者升上令，少一任与中令，少二任与下令，少三任以上者与录事、军防判 [2]，仍减一资，注令。少五任以上者注丞簿 [3]。第三等任满，合注县令者升中令，少一任与下令，少二任以上者与录事、防判，亦减一资，注令。少四任以上者并注丞簿。已入县令者，秩满日与上令，仍依各等资考内通减两任呈省。已任七品、六品者减一资注授，经保充县令 [4]，明问相同，依资考不待满升除，见随朝者考满升注，既升除后将来覆察公正廉能者不降。

[1] 泰和元年：即公元1201年。泰和，金章宗完颜璟的第三个年号。
[2] 录事：诸府节镇录事司长官，主管平理狱讼、警察所部，总判司事。秩正八品。军防判：金代地方刺史州的判官或防御州的判官。参见金101注4，金10注18。
[3] 丞簿：县丞与主簿。参见金101注4。
[4] 经保：经人保举。

292. 宣宗南迁 [1]，尝以御史巡察 [2]。兴定元年 [3]，以县官或非材，监察御史一过不能备知，遂令每岁两遣监察御史巡察，仍别选官巡访，以行黜陟之政。

[1] 宣宗南迁：参见金2注1。宣宗，即金宣宗完颜珣（1163~1224）。参见金2注1。
[2] 御史：即"监察御史"，御史台官员，简称御史。参见金244注8。
[3] 兴定元年：即公元1217年。兴定，金宣宗完颜珣的第二个年号。

293. 哀宗正大元年 [1]，设司农司 [2]，自卿而下迭出巡察吏治臧否 [3]，以升黜之。

[1] 哀宗：即金哀宗完颜守绪（1198～1234），初名守礼，又名宁甲速。金宣宗第三子。贞祐四年（1216）立为太子，提控枢密院事。宣宗死，率军擒兄守纯（宣宗次子），元光二年（1224年初）十二月即帝位，改元正大。停止攻宋，专力抵御蒙古。天兴三年（1234）正月戊申夜，传位于东面元帅承麟（末帝），次日，自缢死。在位十年，末帝上庙号哀宗。正大元年：即公元1224年。正大，金哀宗的第一个年号。
[2] 司农司：官署名，由劝农司改立。《金史·百官一》："劝农使司。泰和八年罢，贞祐间复置。兴定六年罢劝农司，改立司农司……司农司。兴定六年置，兼采访公事。大司农一员，正二品。卿三员，正四品。少卿三员，正五品。知事二员，正七品。"
[3] 臧否（pǐ 丕）：善恶。

294. 举荐 [1]。大定二年 [2]，诏随朝六品、外路五品以上官，各举廉能官一员。三年，定制，若察得所举相同者，即议旌除 [3]。若声迹秽滥，所举官约量降罚。

[1] 举荐：中华书局整理本校勘记云："举荐，按卷首标目作'荐举'。"可参考。
[2] 大定二年：即公元1162年。大定，金世宗完颜雍年号。
[3] 旌除：表彰提拔。

295. 九年 [1]，上曰："朕思得忠廉之臣，与之共治，故尝命五品以上各举所知，于今数年矣！以天下之大，岂无其人？由在上者知而不举也。"参知政事魏子平奏曰 [2]："可令当举官者，每任须举一人，视其当否以为旌赏。"上曰："一任举一人，则人材或难，恐涉于滥。又少有所犯则罪举者，故人益畏而不敢举。宋国被举之官有犯罪者 [3]，所举官虽宰执亦不免降黜，若有能名，则被迁赏。且人情始慕进，故多廉慎，既得任用，或失所守。宰执自掌黜陟之权，岂可因所举而置罪耶？"左丞相纥石列良弼曰 [4]："已申前令，命举之矣。"

[1] 九年：即大定九年（1169）。
[2] 参知政事：简称"参政"，官名。金代尚书省置参知政事二员，秩从二品，与左、右丞合称为执政官，为左、右丞相之副贰，佐治省事。魏子平：字仲均（？～1186），弘州（今河北阳原）人。登进士第，历官大理丞、户部侍郎、户部尚书、参知政事，罢为南京留守，致仕卒。《金史》有传。
[3] 宋国：谓南宋政权。
[4] 左丞相：金代尚书省设左丞相一员，秩从一品。纥石列良弼：据《金史》本传，当作"纥石烈良弼"。参见金285注4。

296. 十年 [1]，上曰："举人之法，若定三品官当举几人，是使小官皆谄媚于上也。惟任满询察前政，则得人矣。"

[1] 十年：即大定十年（1170）。

297. 十一年 [1]，上谓宰臣曰："昨观贴黄 [2]，五品以下官多阙 [3]，而难于得人。凡三品以上，朕则自知，五品以下，不能尽识，卿等曾无一言见举者。国家之务，朕岂能独尽哉！盖尝思之，欲画久安之计 [4]，兴百姓之利，而无良辅佐，虽有所行皆寻常事耳。"

[1] 十一年：即大定十一年（1171）。
[2] 贴黄：即"贴黄簿"。古代官员的档案登记册，官员职务有所变更，皇帝降诏敕以黄纸贴于其上，故名。
[3] 五品以下：中华书局整理本校勘记云："'下'原作'上'。按本书卷六《世宗纪》，大定十一年八月'上谓宰臣曰："五品以下阙员甚多"'。今据改。"甚是。
[4] 欲画久安之计：中华书局整理本校勘记云："'画'原作'尽'。今据本书卷六《世宗纪》大定十一年文改。"甚是。

298. 十九年 [1]，时朝廷既取民所誉望之官而升迁之 [2]，后，上以随路之民赴都举请者，往往无廉能之实，多为所使而来沽名者，不须举行。

[1] 十九年：即大定十九年（1179）。
[2] 誉望：名誉声望。这里用如动词。

299. 章宗大定二十九年 [1]，上以选举十事，命奉御合鲁谕尚书省定拟 [2]。

其一曰："旧格，进士、军功最高，尚且初除丞簿，第五任县令升正七品，两任正七品升六品，三任六品升从五品，两任从五升正五品，正五三任而后升刺史 [3]，计四十馀年始得至刺史也，其他资格出职者可知矣。拘于资格之滞，至于如此，其令提刑司采访可用之才 [4]，减资考而用之，庶使可用者不至衰老。"省臣遂拟，凡三任升者减为两任，于此资历内，遇各品阙多，则于第二任未满人内，选人材、苦辛可以超用者，及外路提刑司所采访者，升擢之。

其二曰："旧格，随朝苦辛验资考升除者，任满回日一而复降之。如正七满回降除从七品，从五品回降为六品之类。今若其人果才能，可为免降。"尚书吏部遂拟，今随朝考满，迁除外路五品以下职事，并应验考次职满有才能者，以本官任满已前十五月以上、二十月以内，察访保结呈省 [5]。

其三曰："随路提刑所访廉能之官，就令定其堪任职事，从宜迁注。"

其四曰："从来宰相不得与求仕官相见，如此何由知天下人材优劣。其许相见，以访才能。"尚书刑部谓 [6]："在制，求仕官不得于私第谒见达官，违者追一官降等奏除。若有求请馈遗，则以奏闻，仍委御史纠察。"上遂命削此制。

其五曰："旧时，臣下虽知亲友有可用者，皆欲远嫌而不引荐。古者举贤不避亲仇，如祁奚举仇 [7]，仁杰举子 [8]，崔祐甫除吏八百皆亲故也 [9]。其令五品以上官，各举所知几人，违者加以蔽贤之罪。"吏部议，内外五品以上职事官，每岁保廉能官一人。外路五品，随朝六品愿举者听。若不如所举者，各约量降罚。今拟贤而不举者，亦当约量降罚。

其六曰："前代官到任之后，即举可自代者，其令自今五品以上官，举自代以备交承。"吏部按《唐会要》[10]，建中元年赦文 [11]，文武常参官外 [12]，节度、观察、防御、军使、刺史、赤令、畿令、并七品以上清官 [13]，大理司直评事，受命之三日，于四方馆上表 [14]，让一人以自代，外官则驰驿奏闻。表付中书门下 [15]，每官阙即以所举多者量授。今拟内外官五品以上到任，须举所知才行官一员以自代。太傅、丞相、平章谓 [16]："自古人材难得，若令举以自代，恐滥而不得实材。"参政谓 [17]："自代非谓即令代其人也，止类姓名 [18]，取所举多者约量授之尔，此盖舜官相让 [19]，《周官》推贤之遗意 [20]。"上以参政所言与吏部同，从之。

其七曰："随朝、外路长官，一任之内足知僚属之能否，每任可令举几人。"吏部拟，今内外五品以上职事官长，于僚属内须举才能官一人，数外举者听。

其八曰："人才随色有之，监临诸物料及草泽隐逸之士 [21]，不无人材，宜荐举用之。"吏部拟，监临诸物料内，以外路五品、随朝六品以上，举廉能者，直言所长，移文转申省 [22]，差官察访得实，随材任使。草泽隐逸，当遍下司县，以提刑司察访呈省 [23]。随色人材，令内外五品以上职官荐之。

其九曰："亲军出职 [24]，内有尤长武艺，勇敢过人者，其令内外官举、提刑司察，如资考高者，可参注沿边刺史、同知、县令。"吏部拟，若依本格资历，恐妨才能，若举察得实者，依本格减一资历拟注。尚书省拟，依旨升品拟注。

其十曰："内外官所荐人材，即依所举试之，委提刑司采访虚实，若果能称职，更加迁擢，如或碌碌，即送常调 [25]。古者进贤受上赏，进不肖有罚，其立定赏罚条格，庶使人不敢徇私也。"省臣议，随款各欲举人，则一人内所举不下五七人 [26]。自古知人为难，人材亦自难得，限数多则猥避责罚、务苟简，不副圣主求贤之意。拟以前项各款，随色能举一人，即充岁举之数。如此则不滥，而实材得矣。每岁贡人数，尚书省覆察相同，则置簿籍之，如有阙则当随材奏拟。

[1] 章宗：即金章宗完颜璟（1168～1208）。参见金10注1。大定二十九年：即公元1189年。大定，金世宗完颜雍的年号。

[2] 奉御：金代殿前都点检司下辖近侍局属吏。参见金203注7。合鲁：生平不详。

[3] 刺史：诸刺史州长官，秩正五品，掌同府尹兼治州事。

[4] 提刑司：即"按察司"。参见金50注3。

[5] 保结：旧时写给官府的担保他人身份、行为清白的文书。

[6] 尚书刑部：尚书省六部之一的刑部。掌律令、刑名、监户、官户、配隶、功曹、捕亡等事，金初与左、右司同署，天眷三年（1140）始分治。长官尚书一员，秩正三品。下设侍郎、郎中、员外郎、主事等官。

[7] 祁奚举仇：祁奚是春秋时晋国的中军尉，因年老请求退休。晋悼公问他谁可以接任，祁奚保举他的仇人解狐，解狐将立而卒；祁奚又保荐自己的儿子祁午。事见《左传·襄公三年》，内有云："君子谓祁奚于是能善举矣。称其仇，不为谄；立其子，不为比；举其偏，不为党。"后世于是留下祁奚"外举不避仇，内举不避亲"的美谈。

[8] 仁杰举子：唐代武后当政，狄仁杰为相，武后令宰相各举尚书郎一人，狄仁杰就推荐了自己的儿子狄光嗣。事见《新唐书·狄仁杰传》，内有云："仁杰荐光嗣，由是拜地官员外郎，以称职闻。后曰：'祁奚内举，果得人。'"

[9] 崔祐甫除吏：唐德宗时的中书侍郎崔祐甫善于识人。据《新唐书·崔祐甫传》云："及祐甫，则荐举惟其人，不自疑畏，推至公以行，未逾年，除吏几八百员，莫不谐允。帝尝谓曰：'人言卿拟官多亲旧，何邪？'对曰：'陛下令臣进拟庶官，夫进拟者必悉其才行，如不与闻知，何由得其实？'帝以为然。"

[10] 唐会要：北宋王溥撰，一百卷。唐苏冕曾编辑高祖至德宗九朝史事，为《会要》四十卷。大中七年（853），崔铉、杨绍复等又奉诏编辑德宗以来事，为《续会要》四十卷。王溥因两家原本，复采宣宗至唐末事续之，撰成此书，于建隆二年（961）奏进。凡分目五百十四，对于唐代典章制度的沿革损益，记载详核，可补杜佑《通典》之未备。

[11] 建中元年赦文：宋王溥《唐会要》卷二十六："建中元年正月五日赦文：常参官及节度、观察、防御、军使、城使、都知兵马使、诸州刺史、少尹、赤令、畿令、并七品已上清望官、及大理司直评事，授讫三日内于四方馆上表，让一人以自代，其外官委长吏勾当附驿闻奏，其表付中书门下，每官阙即以见举多者量而授之。"建中元年，即公元780年，建中为唐德宗第一个年号。赦文，封建王朝遇皇帝登极或其他大典而发布的文告，多为减免罪刑或赋役事。

[12] 常参官：唐代自宰相以下在朝廷做官者皆称京官，其中凡常参者称常参官（常朝日参见皇帝的高级官员），未常参者称未常参官。

[13] 清官：即"清望官"。谓地位贵显、有名望的官职。

[14] 四方馆：官署名。隋炀帝始置于东都洛阳建国门外，以接待周边少数民族及外邦使者，并与之贸易。唐代因之，隶于中书省，以通事舍人主之。参见宋218注3。

[15] 中书门下：唐代宰相的办公厅政事堂，简称"中书"。

[16] 太傅：金代"三师"之一，与"三公"皆授予有功于国的元老勋臣，为一种荣誉官衔。《金史·百官一》："三师。太师、太傅、太保各一员，皆正一品，师范一人，仪刑四海。"丞相：金代尚书省有左、右丞相。平章：即"平章政事"，金代尚书省官员。《金史·百官一》："尚书省。尚书令一员，正一品，总领纪纲，仪刑端揆。左丞相、右丞相各一员，从一品，平章政事二员，从一品，为宰相，掌丞天子，平章万机。"

[17] 参政：即"参知政事"。金代尚书省官员，副宰相。《金史·百官一》："左丞、右丞各一员，正二品，参知政事二员，从二品，为执政官，为宰相之贰，佐治省事。"

[18] 类：各从其类。用如动词。

[19] 舜官相让：据《尚书·虞夏书·舜典》，舜继承尧之帝位后，与四方诸侯君长谋划政事，众人推荐禹作司空，禹欲让稷、契与皋陶，舜于是分别让他们四人作司空、司徒以及管理农业、刑

狱的官。众人又向舜推荐掌管百工、山泽、祭祀之官，也都经过一番推让，皆服从了舜的安排。这反映了后世对古代原始社会后期选官的某种想象。

[20] 周官推贤：据《尚书·周书·周官》，周成王即位后巡行各诸侯国，宣布官制，训言中有"推贤让能，庶官乃和"之语。这也是一种理想的选官制度。

[21] 监临诸物料：谓都水监属官诸埽物料场都监、各榷场使司属官诸榷场同管勾等低级官吏。

[22] 移文：古代不相统属的官署之间的公文往来，属于平行文书。

[23] 提刑司：即"按察司"。参见金50注3。

[24] 亲军：即金代禁军"侍卫亲军"。参见金128注5。出职：吏人任官称出职。

[25] 常调：按常规迁选官吏。

[26] 一人：中华书局整理本校勘记云："据文义，'一人'疑是'一任'之误。"甚是。

300. 明昌元年 [1]，敕齐民之中有德行才能者 [2]，司县举之，特赐同四举五举人下 [3]。明昌元年，制如所举碌碌无过人迹者，元举官依例治罪。

[1] 明昌元年：即公元1190年。明昌，金章宗完颜璟的第一个年号。

[2] 齐民：平民百姓。

[3] 四举五举人：当谓四次或五次参加省试（即会试）而未被录取的举人，这也是一种出身资历。

301. 宣宗兴定元年 [1]，令随朝七品、外路六品以上职事官，举正七品以下职事官年未六十、不犯赃，堪任使者一人。

[1] 宣宗：即金宣宗完颜珣（1163~1224）。参见金2注1。兴定元年：即公元1217年。兴定，金宣宗完颜珣的第二个年号。

302. 三年 [1]，定辟举县令制。称职，则元举官减一资历。中平，约量升除。不称，罚俸一月。犯免官，免所居官。及官当私罪解任、杖罪、赃污者，约量降除。污赃至徒以上及除名者，一任不理资考。三品以上举县令，称职者约量升除，不称夺俸一月。若被举者犯免官等罪，夺俸两月。赃污至徒以上及除名者，夺俸三月，狱成，而会赦原者 [2]，亦原之。

[1] 三年：即兴定三年（1219）。

[2] 赦原：宽恕，赦免。

303. 五年 [1]，制辟举县令考平者，元举者不得复举，他人举之者听。又旧制，保举县令秩满之后，以六事论升降 [2]，三事以下减一资历，四事减两资历，六事皆备则升职一等。既而御史张升卿言 [3]："进士中下甲及第人、及监官至明威当入县丞、主簿 [4]，而三事以下减一资历注下令，四事减注中令，令皆七品也，若复八品矣。轻重相戾，宜更定之。"遂定制，自今四事以下如前条，六事完者，进士中下甲及第、监官当入县丞、主簿人，减三资历，注上令。馀出身者亦同此。任二十月以上，虽未秩满，若以理去官，六事之迹已经覆察，论升如秩满例。

[1] 五年：即兴定五年（1221）。
[2] 六事：金代考核县令的六条标准。参见金247注7。
[3] 御史：即"监察御史"。参见金244注8。张升卿：生平不详。
[4] 中下甲及第：参见金102注2。监官：监察及管理地方事务官员的泛称。明威：即"明威将军"。武散官名，为三十四阶之第十五阶，秩正五品下。

304. 五年[1]，以举官或私其亲，或徇于请求，或谬于鉴裁而妄举，数岁之间以滥去者九十馀人，乃罢辟举县令之制。

[1] 五年：即兴定五年（1221）。

305. 至哀宗正大元年[1]，乃立法，命监察御史、司农司官[2]，先访察随朝七品、外路六品以上官，清慎明洁可为举主者，然后移文使举所知，仍以六事课殿最[3]，而升黜举主。故举主既为之尽心，而被举者亦为之尽力。是时虽迫危亡，而县令号为得人，由作法有足取云。

[1] 哀宗：即金哀宗完颜守绪（1198～1234）。参见金293注1。正大元年：即公元1224年。正大，金哀宗的第一个年号。
[2] 监察御史：御史台官员，简称御史。参见金244注8。司农司：官署名，由劝农司改立。参见金293注2。
[3] 六事：金代考核县令的六条标准。参见金247注7。殿最：古代考核政绩或军功，下等称为"殿"，上等称为"最"。

306. 功酬亏永之制[1]。凡诸提点院务官[2]，三十月迁一官，周岁为满，止取无亏月日用之。大定四年[3]，定制，一任内亏一分以上降五人，二分以上降十人，三分以上降十五人，若有增羡则依此升迁，其升降不尽之数，于后任充折。

[1] 功酬亏永：谓任职有功绩或征收赋税未达规定数额者。
[2] 提点院务官：谓转运司管理官员或管仓库院务者的监当官等。
[3] 大定四年：即公元1164年。大定，金世宗完颜雍的年号。

307. 二十一年[1]，以旧制监当官并责决[2]，而不顾廉耻之人，以谓已决即得赴调[3]，不以刑罚为畏。拟自今，若亏永及一酬以上[4]，依格追官殿一年外，亏永不及酬者，亦殿一年。

[1] 二十一年：即大定二十一年（1181）。

[2] 监当官：金代称辖仓库院务者。《金史·百官一》："应管仓库院务者曰监当官。"责决：因犯罪而受到责罚。

[3] 赴调：前往吏部听候迁调。

[4] 一酬：与下文"两酬"皆当是计算功绩的方法。参见元86注8。

308. 章宗大定二十九年 [1]，罢年迁之法，更定制，比永课增及一酬迁一官，两酬迁两官，如亏课则削亦如之，各两官止。又罢使司小都监与使副一体论增亏者 [2]，及罢馀前升降不尽之数后任充折之制。

[1] 章宗：即金章宗完颜璟（1168～1208）。大定二十九年：即公元1189年。大定，金世宗完颜雍的年号。

[2] 使司小都监：当为诸府州作院属官，主管收支之事。参见金227注5。

309. 泰和元年 [1]，制犯选及亏永者 [2]，右职汉人至宣武将军从五品、女直至广威将军正五品 [3]，方注县令。又吏格，曾犯选及亏永者，女直至武义从六 [4]，汉人及诸色人至武略从六 [5]，皆注诸司，亦两除一差，至明威方注丞簿 [6]。

[1] 泰和元年：即公元1201年。泰和，金章宗完颜璟的第三个年号。

[2] 犯选：即"犯选格"。参见金87注5、金186。

[3] 右职：武散官。参见金86。宣武将军：武散官名，三十四阶之第十八阶，秩从五品下。广威将军：武散官名，三十四阶之第十三阶，秩正五品上。

[4] 武义：即"武义将军"。武散官名，为三十四阶之第二十一阶，秩从六品上。

[5] 武略：即"武略将军"。武散官名，为三十四阶之第二十二阶，秩从六品下。

[6] 明威：即"明威将军"。武散官名，为三十四阶之第十五阶，秩正五品下。

310. 贞祐三年 [1]，制曾亏永、犯选者，迁至宣武，注诸司，至怀远从四下 [2]，方注丞簿，至安远从四上 [3]，注下令。

[1] 贞祐三年：即公元1215年。贞祐，金宣宗完颜珣的第一个年号。

[2] 怀远：即"怀远大将军"。武散官名，为三十四阶之第十二阶，秩从四品下。

[3] 安远：即"安远大将军"。武散官名，为三十四阶之第十阶，秩从四品上。

311. 正大元年 [1]，制曾犯选、曾亏永者，至广威与诸司、两除一差，至安远注丞簿，三任，其至镇国从三品下 [2]，方注下令。群牧官三周岁为满 [3]，所牧之畜以十为率，驼增二头，马增二匹，牛亦如之[4]，羊增四口，而大马百死十五匹者，及能征前官所亏，三分为率，能尽征及征二分半以上，为上等，升一品级。驼增一，马牛增二，羊增三，大马百死二十五，征前官所亏二分以上，为中等，约量升除。驼不增，马牛增一，羊增二，大马百死三十，征亏一分以上，为下等，依本等除。馀畜皆依元数，而大马百死四十，征亏不及一分者，降一等。此明昌四年制也[5]。

[1] 正大元年：即公元1224年。正大，金哀宗的第一个年号。

[2] 镇国：即"镇国上将军"。武散官名，为三十四阶之第六阶，秩从三品下。

[3] 群牧官：即"诸群牧所"官吏。《金史·百官三》："诸群牧所，又国言谓'乌鲁古'。提控诸乌鲁古一员，正四品，明昌四年置（是年以安远大将军尚厩局使石抹贞兼庆州刺史为之，设女直司吏三人，译人一人，通事一人）。使一员，从四品（国言作乌鲁古使）。副使一员，从六品。掌检校群牧畜养蕃息之事。判官一员，正八品，掌签判本所事。知法一员，从八品（女直司吏四人，译人一人，挞马十六人，使八人，副五人，判三人。又设扫稳脱朵，分掌诸畜，所谓牛马群子也）。"

[4] "马增二匹"二句：中华书局整理本校勘记云："按下文'中等'是'驼增一，马牛增二，羊增三'，'下等'是'驼不增，马牛增一，羊增二'，则'上等'似当是驼增二，马牛增三，羊增四。疑此处'二'当作'三'。"可参考。

[5] 明昌四年：即公元1193年。明昌，金章宗完颜璟的第一个年号。

312. 五年[1]，制马牛羊亏元数十之一，骟马百死四十[2]，征亏不及一分者，降一等，决四十。若驼马牛羊亏元数一分、马百死四十，征亏不得者，杖八十，降同前。

[1] 五年：即明昌五年（1194）。

[2] 骟（chéng 成）马：经阉割的马。

《元史》

卷八十一　志第三十一

选举一

1. 选举之法尚矣。成周庠序学校 [1]，以乡三物教万民而宾兴之 [2]，举于乡，升于司徒，司马论定，而后官之 [3]。两汉有贤良方正、孝弟力田等科 [4]，或奉对诏策，事犹近古。隋、唐有秀才、明经、进士、明法、明算等科 [5]，或兼用诗赋，士始有弃本而逐末者 [6]。宋大兴文治，专尚科目 [7]，虽当时得人为盛，而其弊遂至文体卑弱，士习委靡，识者病焉。辽、金居北方，俗尚弓马，辽景宗、道宗亦行贡试 [8]，金太宗、世宗屡辟科场 [9]，亦粗称得士。

[1] 成周：古地名，西周的东都洛邑（今河南洛阳东郊）。后借指周公辅成王的西周兴盛时代。庠序：古代的地方学校，后亦泛指学校。《孟子·滕文公上》："设为庠序学校以教之。庠者，养也；校者，教也；序者，射也。夏曰校，殷曰序，周曰庠，学则三代共之，皆所以明人伦也。"

[2] "以乡三物"句：语本《周礼·地官·大司徒》："以乡三物教万民而宾兴之。"三物，即三事，谓六德（知、仁、圣、义、忠、和），六行（孝、友、睦、姻、任、恤），六艺（礼、乐、射、御、书、数）。宾兴，即周代举贤之法，谓乡大夫自乡小学荐举贤能而宾礼之，以升入国学。

[3] "举于乡"四句：明柯尚迁《周礼全经释原》卷五释《周礼·地官·司谏》"司谏，掌纠万民之德而劝之朋友，正其行而强之道艺，巡问而观察之，以时书其德行道艺，辨其能而可任于国事者；以考乡里之治，以诏废置，以行赦宥"一节，有云："此即俊秀有德行道艺可升于司徒，进之天子，入太学涵养之，司马辨论官材而任之是也。"司徒，西周始置，掌管民事的官，以教导民众为主。司马，周代掌军政及军赋的大官，位仅次于掌军政大权的大师。中华书局整理本于"升于司徒"后标顿号，似有误。

[4] 贤良方正：汉代选拔官吏的科目之一，始于汉文帝。被举者对政治得失当直言极谏，如应答优秀，则授予官职。汉武帝时复诏举贤良或贤良文学，名称有异，性质则同。孝弟（tì替）力田：或作"孝悌力田"。汉代选拔官吏的科目之一，始于汉惠帝，名义上是奖励有孝弟的德行和能努力耕作的人。高后朝置"孝弟力田"官，至汉文帝时，与"三老"同为郡县中掌教化的乡官。

[5] "隋唐"句：参见唐1。这里"隋"、"唐"并举，不够确切，进士科虽滥觞于隋，但其时尚无诸

多科目。

[6] 本：这里当泛指德、行、艺三物。末：这里当泛指诗赋等重于文辞的修养。

[7] 科目：这里指通过科举取得功名。宋陈亮《送吴久成序》："少以气自豪，出手取科目，随辄得之。"

[8] 辽景宗：即耶律贤（946～982），契丹名明扆。辽世宗第二子，应历十九年（969）二月即帝位，改元保宁。乾亨四年（982）病卒于云州（今山西大同），在位十三年。庙号景宗，葬乾陵。道宗：即辽道宗耶律洪基（1032～1101），字涅邻，契丹名查剌。辽兴宗长子，加尚书令，进为天下兵马大元帅。重熙二十四年（1055），兴宗病卒，耶律洪基即帝位，改元清宁，奉兴宗弟重元为皇太叔，加号天下兵马大元帅，重元谋反，兵败自杀。在位四十五年，喜好汉文化，擅诗赋，有《清宁集》，今佚。庙号道宗，葬永福陵。贡试：选拔贡士的考试。《辽史·景宗纪上》："（保宁）八年……十二月……戊午，诏南京复礼部贡院。"《辽史·道宗纪二》："（咸雍）六年……五月……甲寅，设贤良科，诏应是科者，先以所业十万言进。"

[9] 金太宗：即金太宗完颜晟（1075～1135）。参见金13注1。世宗：即金世宗完颜雍（1123～1189）。参见金4注3。

2．元初，太宗始得中原[1]，辄用耶律楚材言[2]，以科举选士[3]。世祖既定天下[4]，王鹗献计[5]，许衡立法[6]，事未果行。至仁宗延祐间[7]，始斟酌旧制而行之，取士以德行为本，试艺以经术为先，士褎然举首应上所求者[8]，皆彬彬辈出矣[9]。

[1] 太宗：即元太宗窝阔台（1186～1241），元太祖成吉思汗第三子。1229年由蒙古各兀鲁思汗拥戴即位，称合罕，始立朝仪，颁札撒（法令）。联宋灭金，又进攻南宋，占有中原，定中原赋税。在位十三年，病死。元世祖至元三年（1266）追上庙号太宗，谥英文皇帝。

[2] 耶律楚材：字晋卿（1190～1244），号湛然居士，蒙古名吾图撒合里（意即长髯人），为金元之际契丹人，辽东丹王突欲之后，金尚书右丞耶律履之子。博览群书，精通天文、地理、律历、术数与释、老、医、卜之说。仕金为燕京行尚书省左右司员外郎。元太祖十年（1215）降蒙古，曾随太祖西征。元太宗即位，又助定君臣礼仪，推行赋税制，太宗委任他为主管汉人文书的必阇赤，汉人尊称之为中书令、中书相公。兴文治，奏置编修所、经籍所于燕京、平阳，编印儒学典籍，请以儒学举士。太宗死，乃马真皇后称制，始渐疏远。信佛，多与僧人交往。著有《湛然居士集》、《西游录》、《庚午元历》、《皇极经世义》、《五星秘语》、《先知大数》等书。

[3] 以科举选士：《元史·耶律楚材传》有云："（丙申七月）丁酉，楚材奏曰：'制器者必用良工，守成者必用儒臣。儒臣之事业，非积数十年，殆未易成也。'帝曰：'果尔，可官其人。'楚材曰：'请校试之。'乃命宣德州宣课使刘中随郡考试，以经义、词赋、论分为三科，儒人被俘为奴者，亦令就试，其主匿弗遣者死。得士凡四千三十人，免为奴者四之一。"

[4] 世祖：即元世祖忽必烈（1215～1294），宪宗蒙哥弟，拖雷子。宪宗八年（1258），受命领兵攻宋鄂州，九年宪宗蒙哥卒于合州军前，忽必烈在鄂州与宋议和，次年三月在开平即大汗位称皇帝，建元中统。至元八年（1271）改国号大元，次年建都大都（今北京市）。十三年（1276）灭宋。在位三十五年，蒙语尊号薛禅皇帝，庙号世祖，谥圣德神功文武皇帝。

[5] 王鹗：字百一（1190～1273），金曹州东明（今山东东明南）人。金正大元年（1224）进士第

一，累擢尚书省左右司郎中，金亡，为忽必烈所聘。忽必烈登皇帝位，首授翰林学士承旨，制诰典章，多出其手。历官资善大夫，献计奏立史院，纂修辽、金二史，置十道提举学校官。至元五年（1268）致仕，岁给廪禄终身。著有《汝南遗事》、《论语集义》、《应物集》。《元史》有传。

[6] 许衡：字仲平（1209~1281），号鲁斋，元怀孟河内（今河南沁阳）人。幼读经书，从姚枢、窦默等学习程朱理学。宪宗四年（1254），应忽必烈召，为京兆提学。历官国子祭酒，受命议事中书省，上《时务五事》，建议"北方之有中夏者，必行汉法乃可长久"，又与刘秉忠等议定朝仪、官制。历中书左丞、集贤大学士兼国子祭酒，领太史院事，与郭守敬等编制《授时历》。卒谥文正，著有《鲁斋遗书》。《元史》有传。

[7] 仁宗：即元仁宗爱育黎拔力八达（1285~1320），元武宗弟，达剌麻八剌次子。早年师事李孟，习儒学。兄海山即帝位为元武宗，封为皇太子，相约兄终弟及，弟死传侄。至大四年（1311）元武宗死，即帝位，改元皇庆，罢尚书省，杀尚书省诸臣，任用李孟等汉人儒臣。提倡儒学，延祐元年（1314）行科举。立己子硕德八剌为皇太子（即后来之元英宗）。在位九年，蒙古语尊号普颜笃皇帝，庙号仁宗，谥圣文钦孝皇帝。延祐：元仁宗爱育黎拔力八达的第二个年号（1314~1320）。

[8] 褎（yòu 又）然举首：谓出众，超出同辈而居首席。

[9] 彬彬：文质兼备的样子。语本《论语·雍也》："质胜文则野，文胜质则史，文质彬彬，然后君子。"

3. 然当时仕进有多岐，铨衡无定制，其出身于学校者，有国子监学 [1]，有蒙古字学、回回国学 [2]，有医学 [3]，有阴阳学 [4]。其策名于荐举者，有遗逸 [5]，有茂异 [6]，有求言 [7]，有进书 [8]，有童子 [9]。其出于宿卫、勋臣之家者 [10]，待以不次 [11]。其用于宣徽、中政之属者 [12]，重为内官 [13]。又荫叙有循常之格，而超擢有选用之科。由直省、侍仪等入官者 [14]，亦名清望 [15]。以仓庾、赋税任事者 [16]，例视冗职 [17]。捕盗者以功叙，入粟者以货进，至工匠皆入班资 [18]，而舆隶亦跻流品 [19]。诸王、公主，宠以投下 [20]，俾之保任 [21]。远夷、外徼 [22]，授以长官，俾之世袭。凡若此类，殆所谓吏道杂而多端者欤！矧夫儒有岁贡之名，吏有补用之法，曰掾史、令史 [23]，曰书写、铨写 [24]，曰书吏、典吏 [25]，所设之名，未易枚举，曰省、台、院、部 [26]，曰路、府、州、县 [27]，所入之途，难以指计。虽名卿大夫 [28]，亦往往由是跻要官，受显爵；而刀笔下吏 [29]，遂致窃权势，舞文法矣。

[1] 国子监学：即"国子学"。元太宗五年（1233）燕京设立学校，汉人称之为国子学，非正式名称。至元六年（1269），元世祖下诏正式设立，命许衡为国子祭酒，教授蒙古生员，属集贤院下辖国子监。八年，增置司业、博士、助教等教职。国子生选自随朝蒙汉官员及近侍子弟，初无定额，大德八年（1304）定为二百名，至大三年（1310）增至四百名。元文宗时，常为五百六十名。生员官给廪膳，学习四书五经，以周敦颐、程颐、朱熹说为准。参见元139注1。

[2] 蒙古字学：元代学校名。教习蒙古文字。元世祖至元六年（1269）二月颁行八思八创制的蒙古字。七月，立诸路蒙古字学，招收生徒学习。七年，设诸路蒙古字学教授。八年，又规定蒙古字

学生徒，免一身差役，学习二三年后，考试中选者，酌量授以官职。上路额设生员三十人，下路二十五人。各路蒙古官员子弟皆可入学。回回、畏兀、河西（党项）人愿入学者，不在额设之数。回回国学：即"回回国子学"。元代学校名。教授亦思替非文字。元世祖至元二十六年（1289），始置回回国子学，寻罢。元仁宗延祐元年（1314），复置回回国子监，后定学官及生员五十馀人，官给廪膳，培养波斯文的译史人员。

[3] 医学：元代学校名。元代各路设立医学，医户必须有子弟一人入医学学习。各行省设官医提举司，管理医户的差役词讼。医户，为元代诸色户计之一，须纳税粮，科差。

[4] 阴阳学：元代学校名。负责训练通晓天文、历法的所谓阴阳人。元世祖至元二十八年（1291）六月，始置诸路阴阳学，凡在腹里、江南的阴阳人，由各路官司详加取勘，每路设教授加以教诲，业务精通者可由司天台录用。延祐初，按儒学、医学例，路府州设阴阳学教授一员，管辖阴阳人，统属于太史院。

[5] 遗逸：科举之外，元代选拔有才能之士的一种权宜变通方法。《元史·仁宗纪二》："延祐元年春正月……庚子，敕各省平章为首者及汉人省臣一员，专意访求遗逸，苟得其人，先以名闻，而后致之。"参见元55。

[6] 茂异：科举之外，元代选拔有才能之士的一种权宜变通方法。茂异，即才德出众的人。《元典章·吏部三·选取教官》："所谓超出时辈者，即茂异之称。"又《元史·刑法一》："诸州县举茂异秀才，非经监察御史廉访司体察者，不得开申。"参见元55。

[7] 求言：当谓朝廷通过开言路以求人才。

[8] 进书：当谓民间进献异书以获取一官半职。

[9] 童子：即"童子举"。参见元56。

[10] 宿卫：即"怯薛"，突厥—蒙古语"番直宿卫"之意。蒙古、元朝的禁卫军。蒙、元皇帝怯薛大约四万人，分四番入值，护卫皇帝，故称四怯薛。怯薛人员称怯薛歹，入元后，朝廷大员及重要官员多由此出身。勋臣：功臣。

[11] 不次：不依寻常次序，即破格或超擢。

[12] 宣徽：即"宣徽院"。元代掌供御食、宴享宾客及诸王宿卫、怯怜口粮食，蒙古万户、千户合纳差发，系官抽分，岁支牧畜草粟，羊马价值，收受阑遗等事。秩正三品，屡升从一品。长官为院使，下设同知宣徽院事、宣徽院副使、佥宣徽院事、同佥宣徽院事、院判等官。下辖光禄寺、大都尚饮局、上都尚饮局、上都尚醖局、尚珍署、尚舍令、尚食局、阑遗监等机构。元代宣徽院职掌与前代不同，祭祀礼仪分属太禧宗禋院及太常礼仪院，朝会封册、外国觐见属礼部侍仪司，接待各族朝贡属会同馆。中政：即"中政院"。元代掌皇后中宫财赋、营建、供给及宿卫士和分地人户等事的官署。元成宗元贞二年（1296）置中御府，大德四年（1300）升中政院。元武宗至大四年（1311）并入典内院，元仁宗皇庆二年（1313）复为中政院。院使秩正二品。下设同知、佥院、同佥、院判等官。下辖中瑞司、内正司、翊正司、典饮司、江浙等处财赋都总管府、辽阳等处金银铁冶都提举司、宝昌库、奉宸库、广禧库以及一些地方的打捕鹰坊民匠总管府及金银场提领所多处。

[13] 内官：侍卫近臣。

[14] 直省：即"直省舍人"。元代中书省属官，掌奏事、给使差遣。至元七年（1270）始置，初为二员，后增至三十三员。元代中书省为最高政务机构，总领百官，与枢密院、御史台分掌行政、军事、监察大权。地方设行中书省。以皇太子为中书令，不常设。内有右丞相、左丞相、平章

政事、右丞、左丞、参知政事等官员执掌政务。侍仪：谓侍仪司的官员。侍仪司，元代属于礼部的官署，至元八年（1271）置，秩正四品；大德十一年（1307）升正三品。掌朝会、即位、册后、建储、奉上尊号及外国朝觐之礼。定置侍仪使四员，引进使知侍仪事二员管领。属官有典簿、承奉班都知、通事舍人、侍仪舍人、令史、译史等。

[15] 清望：即"清望官"。谓地位贵显、有名望的官职。

[16] 仓庾：储藏粮食的仓库。这里指元代户部下辖都漕运使司掌粮斛运输的官署。赋税：谓户部下辖大都宣课提举司、大都税课提举司、大都酒课提举司等管理赋税的官署。

[17] 冗职：闲散的官职。

[18] 班资：官阶和资格。

[19] 舆隶：古代十等人中两个低微等级的名称。后世泛指操贱役者。流品：官阶品位、等级。

[20] 投下：元代诸王、驸马、勋臣所属的人户。词源于辽之"头下"，蒙古语称"爱马"。元太祖建蒙古国，将被征服民分赐给诸弟、诸子、驸马、功臣；他们用兵中原、西域，又将俘虏带回草原，作为各自的私属，形成若干投下。投下人平时向领主纳赋服役，战时由领主率领外出作战。由于中原人不适应草原的生产与生活，投下领主又将俘虏寄留于各州县，派人管理，元朝陆续专设官府，有本投下匠总管府之类各种名目。

[21] 保任：相当于宋代的"奏举"。参见宋2注9。

[22] 远夷外徼：泛指远方与边疆的少数民族与人众。

[23] 掾史：元代枢密院以下诸官府的属吏，员数不等，有多至二十馀人者，又有回回掾史等，皆为掌文书事务的吏职。令史：掌文书案牍之事的官员。元代省、部、台、院皆有此职，多由下一级衙门令史中充选。至大元年（1308）规定，半数由在职官员充任。

[24] 书写：掌抄写、誊清案牍的属吏。元代设于中书省、御史台、枢密院、六部、蒙古翰林院等官署，员数不等。铨写：元代吏部与枢密院掌案牍誊写的属吏。据《元史·百官一》，吏部有铨写五员；据《元史·百官二》，枢密院有铨写二员。

[25] 书吏：掌衙门文书案牍的属吏。元代设于按察司、转运司与检校所，多由岁贡儒吏、职官、下第举子等任充。元武宗时规定南人不得任书吏。典吏：元代各官署办事之属吏，员数不等。

[26] 省台院部：谓元代中书省、六部（吏、户、礼、兵、刑、工）、御史台、枢密院、宣政院等中央机构。明陈邦瞻《元史纪事本末》卷十四："其总政务者曰中书省，秉兵柄者曰枢密院，司黜陟者曰御史台；体统既立，其次在内者，则有寺，有监，有卫，有府；在外者，则有行省，有行台，有宣慰司，有廉访司。"

[27] 路府州县：谓元代地方行政机构。明陈邦瞻《元史纪事本末》卷十四："其牧民者，则曰路，曰府，曰州，曰县。官有常职，位有常员，食有常禄，其长则蒙古人为之，而汉人、南人贰焉。"

[28] 名卿大夫：有声望的公卿、官员。

[29] 刀笔下吏：掌文案的官吏。职位不高，却能在一定程度上左右官府。

4. 故其铨选之备，考核之精，曰随朝、外任[1]，曰省选、部选[2]，曰文官、武官，曰考数，曰资格，一毫不可越。而或援例，或借资[3]，或优升[4]，或回降[5]，其纵情破律，以公济私，非至明者不能察焉。是皆文繁吏弊之所致也。

[1] 随朝：中央机构任职的朝官。外任：地方机构任职的官员。

[2] 省选：中书省或各行省铨选官员。部选：六部铨选官员。

[3] 借资：借助，凭借。

[4] 优升：谓官吏以治绩才能从优升迁。

[5] 回降：元代任官承金制，亦有"回降"法，参见金240。

5. 今采摭旧编，载于简牍 [1]，或详或略，条分类聚，殆有不胜其纪述者，姑存一代之制，作《选举志》。

[1] 简牍：书籍。王树民《史部要籍解题》第 126 页："《元史》中较为可取的部分，也是由于所据底本原有一定的价值之故。如《选举》、《百官》、《食货》、《兵》、《刑法》等志，本于虞集主修的《经世大典》。"可参考。

科　目

6. 太宗始取中原 [1]，中书令耶律楚材请用儒术选士 [2]，从之。九年秋八月 [3]，下诏命断事官术忽觯与山西东路课税所长官刘中 [4]，历诸路考试。以论及经义、词赋分为三科，作三日程，专治一科，能兼者听，但以不失文义为中选。其中选者，复其赋役 [5]，令与各处长官同署公事，得东平杨奂等凡若干人 [6]，皆一时名士，而当世或以为非便，事复中止 [7]。

[1] 太宗：即元太宗窝阔台（1186～1241）。参见元2注1。

[2] 中书令：这里指"必阇赤"，或译作"必彻彻"，蒙古语，意为"书史"。蒙古初期，始用书史记写文牍，称必阇赤。汉人称掌管汉人文书的必阇赤为中书令或中书侍郎，明人撰《元史》亦从之。耶律楚材：参见元2注2。

[3] 九年：即元太宗九年（1237）。

[4] 断事官：掌刑政之官。元初置断事官一员，后增为八员，隶枢密院。参见元239注2。术忽觯：或译作"扎哈岱"、"术虎乃"、"摩和纳"。生平不详。山西东路：元太宗七年（1235）以宣宁府改置，治所在宣德县（今河北宣化）。中统四年（1263）改为宣德府。课税所：元初地方掌税收的官署。《元史·百官一》："国初，始置益都课税所，管领山东盐场，以总盐课。后改置运司。"又《元史·太宗纪》："二年庚寅春正月，诏自今以前事勿问。定诸路课税，酒课验实息十取一，杂税三十取一……冬十一月，始置十路征收课税使，以陈时可、赵昉使燕京，刘中、刘桓使宣德，周立和、王贞使西京，吕振、刘子振使太原，杨简、高廷英使平阳，王晋、贾从使真定，张瑜、王锐使东平，王德亨、侯显使北京，夹谷永、程泰使平州，田木西、李天翼使济南。"刘中：生平不详，当非金朝做过左司都事兼擅长古文的刘中（字正夫）。

[5] 复其赋役：当为解除汉人奴隶身份之谓。参见元8注10。

[6] 东平：治所在今山东东平。杨奂：原作"杨英"，中华书局整理本校勘记云："据本书卷一五三《杨奂传》及《还山遗稿》附录元好问《杨奂神道碑》改。《考异》已校。"甚是，今从。杨奂

（1186～1255），字焕然，号紫阳先生，今乾州奉天（今陕西乾县）人。金末应试不中。金亡，投冠氏帅赵天锡门下。元太宗九年应试东平，赋论第一，耶律楚材荐为河南路征收课税所长官兼廉访使。出仕十年，告老辞官。著有《还山遗稿》等。《元史》有传。若干人：《元史·太宗纪》："九年……秋八月，命术虎乃、刘中试诸路儒士，中选者除本贯议事官，得四千三十人。"

[7] "而当世"二句：元张之翰《西岩集》卷十三《议科举》云："自国家混一以来，凡言科举者，闻者莫不笑其迂阔，以为不急之务。愚独谓不然。"可见元初科举的舆论环境。

7. 世祖至元初年 [1]，有旨命丞相史天泽条具当行大事 [2]，尝及科举，而未果行。四年九月 [3]，翰林学士承旨王鹗等 [4]，请行选举法，远述周制，次及汉、隋、唐取士科目，近举辽、金选举用人，与本朝太宗得人之效 [5]，以为："贡举法废，士无入仕之阶，或习刀笔以为吏胥，或执仆役以事官僚，或作技巧贩鬻以为工匠商贾。以今论之，惟科举取士，最为切务，矧先朝故典，尤宜追述。"奏上，帝曰："此良法也，其行之。"中书左三部与翰林学士议立程式 [6]，又请："依前代立国学 [7]，选蒙古人诸职官子孙百人，专命师儒教习经书，俟其艺成，然后试用，庶几勋旧之家，人材辈出，以备超擢。"十一年十一月，裕宗在东宫时 [8]，省臣复启 [9]，谓："去年奉旨行科举，今将翰林老臣等所议程式以闻。"奉令旨，准蒙古进士科及汉人进士科 [10]，参酌时宜，以立制度，事未施行。至二十一年九月，丞相火鲁火孙与留梦炎等言 [11]，十一月中书省臣奏，皆以为天下习儒者少，而由刀笔吏得官者多。帝曰："将若之何？"对曰："惟贡举取士为便。凡蒙古之士及儒吏、阴阳、医术 [12]，皆令试举，则用心为学矣。"帝可其奏。继而许衡亦议学校科举之法 [13]，罢诗赋，重经学，定为新制。事虽未及行，而选举之制已立。

[1] 世祖：即元世祖忽必烈（1215～1294）。参见元 2 注 4。至元：元世祖的第二个年号（1264～1294）。

[2] 丞相：史天泽于中统二年（1261）任中书右丞相。元代中书省（一度改为尚书省）置右、左丞相各一员，秩正一品，与平章政事，右、左丞，参知政事合称为宰执。蒙古人尚右，故以右丞相为上。史天泽：字润甫（1202～1275），以排行第三，习称"三哥"，金永清（今属河北）人。元太祖八年（1213）随父史秉直降元，袭兄职为都元帅。元太宗时，为真定、河间、大名、东平、济南五路万户，征金攻宋，皆有功。历官河南经略使、河南等路宣抚使、中书右丞相、枢密副使、中书左丞相。《元史》有传。

[3] 四年：即至元四年（1267）。

[4] 翰林学士承旨：官名。元代翰林院兼国史院、蒙古翰林院长官，前者定置六员，秩从一品；后者定置七员，皇庆元年（1312）定秩从一品。王鹗：参见元 2 注 5。

[5] 太宗：即元太宗窝阔台（1186～1241）。参见元 2 注 1。得人之效：参见元 2 注 3。

[6] 中书左三部：官署名。元世祖中统元年（1260）设中书省，下分设左、右三部，以吏、户、礼为左三部，尚书二员、侍郎二员、郎中四员、员外郎六员。至元元年（1264）后，屡有分合。七年，左、右二部始分为六部。翰林学士：官名。元代翰林院兼国史院、蒙古翰林院官员，皆定置二员，秩正二品，低于承旨。

[7] 国学：即"国子学"，学校名。元太宗五年（1233），燕京设立学校，汉人称之为国子学，并非正式名称。元世祖至元六年（1269），下诏正式设立，命许衡为国子祭酒，教授蒙古生员，属集贤院。八年，增置司业、博士、助教等教职。国子生选自随朝蒙汉官员及近侍子弟，初无定额，大德八年（1304）定为二百名，至大三年（1310）为三百名，延祐二年（1315）增至四百名。元文宗时，常为五百六十名。生员官给廪膳，学习《四书》、《五经》，以周敦颐、程颐、朱熹说为准。

[8] 裕宗：即真金（1242～1286），元世祖第二子，察必皇后所生。少从姚枢、窦默习儒学。中统三年（1262）封燕王，守中书令。四年，兼判枢密院事。至元十年（1273）立为皇太子。十六年，参决朝政。凡中书省、枢密院、御史台及百司政事皆先启禀皇太子，然后奏闻皇帝。曾面斥阿合马奸恶，为世祖所疑，忧病而死。元世祖死，真金子铁穆耳即皇帝位，是为元成宗，上其父庙号裕宗。东宫：太子之所居。

[9] 省臣：中书省的官员。

[10] 蒙古进士科及汉人进士科：元代科举制度于元仁宗皇庆二年（1313）正式建立，以蒙古、色目人为一榜，称"右榜"；以汉人、南人为一榜，称"左榜"。榜文揭示录取者名次，分别张贴于中书省大门之右、左，故称。参见元8。

[11] 火鲁火孙：又译作"和礼霍孙"、"和鲁火孙"。元代蒙古人，以充元世祖宿卫起家，历官翰林待制兼起居注、翰林学士承旨、中书右丞相。《元史》有传。留梦炎：字汉辅（生卒年不详），宋衢州（今属浙江）人。南宋淳祐五年（1245）进士第一，德祐元年（1275）拜右丞相兼枢密使，都督诸路军马。元军进攻临安，弃官逃，两召不至。衢州陷，降元，力主杀害文天祥。仕元二十年，官终礼部尚书、翰林学士承旨。

[12] 阴阳：参见元3注4。

[13] 许衡：参见元2注6。

8. 至仁宗皇庆二年十月 [1]，中书省臣奏："科举事，世祖、裕宗累尝命行 [2]，成宗、武宗寻亦有旨 [3]，今不以闻，恐或有沮其事者。夫取士之法，经学实修己治人之道，词赋乃摘章绘句之学，自隋、唐以来，取人专尚词赋，故士习浮华。今臣等所拟将律赋、省题诗、小义皆不用 [4]，专立德行明经科，以此取士，庶可得人。"帝然之。十一月，乃下诏曰：

惟我祖宗以神武定天下，世祖皇帝设官分职，征用儒雅，崇学校为育材之地，议科举为取士之方，规模宏远矣。朕以眇躬 [5]，获承丕祚 [6]，继志述事，祖训是式。若稽三代以来 [7]，取士各有科目，要其本末，举人宜以德行为首，试艺则以经术为先，词章次之。浮华过实，朕所不取。爰命中书，参酌古今，定其条制。其以皇庆三年八月，天下郡县，兴其贤者能者，充赋有司 [8]，次年二月会试京师 [9]，中选者朕将亲策焉。具合行事宜于后：

科场，每三岁一次开试。举人从本贯官司于诸色户内推举 [10]，年及二十五以上，乡党称其孝悌，朋友服其信义，经明行修之士，结罪保举 [11]，以礼敦遣 [12]，贡诸路府 [13]。其或徇私滥举，并应举而不举者，监察御史、肃政廉访

司体察究治 [14]。

考试程式：蒙古、色目人 [15]，第一场经问五条，《大学》、《论语》、《孟子》、《中庸》内设问 [16]，用朱氏章句集注 [17]。其义理精明，文辞典雅者为中选。第二场策一道，以时务出题，限五百字以上。汉人、南人 [18]，第一场明经、经疑二问，《大学》、《论语》、《孟子》、《中庸》内出题，并用朱氏章句集注，复以己意结之，限三百字以上；经义一道，各治一经，《诗》以朱氏为主 [19]，《尚书》以蔡氏为主 [20]，《周易》以程氏、朱氏为主 [21]，已上三经，兼用古注疏，《春秋》许用《三传》及胡氏《传》[22]，《礼记》用古注疏 [23]，限五百字以上，不拘格律。第二场古赋、诏诰、章表内科一道 [24]，古赋、诏诰用古体，章表四六 [25]，参用古体。第三场策一道，经史时务内出题，不矜浮藻，惟务直述，限一千字以上成。蒙古、色目人，愿试汉人、南人科目，中选者加一等注授。蒙古、色目人作一榜，汉人、南人作一榜。第一名赐进士及第，从六品，第二名以下及第二甲，皆正七品，第三甲以下，皆正八品，两榜并同。

所在官司迟误开试日期，监察御史、肃政廉访司纠弹治罪。

流官子孙荫叙 [26]，并依旧制，愿试中选者，优升一等。

在官未入流品，愿试者听。若中选之人，已有九品以上资级，比附一高，加一等注授；若无品级，止依试例从优铨注。

乡试处所 [27]，并其馀条目，命中书省议行。

於戏！经明行修，庶得真儒之用；风移俗易，益臻至治之隆。咨尔多方，体予至意。

[1] 仁宗：即元仁宗爱育黎拔力八达（1285～1320）。参见元 2 注 7。皇庆二年：即公元 1313 年。皇庆，元仁宗的第一个年号。

[2] 世祖：即元世祖忽必烈（1215～1294）。参见元 2 注 4。裕宗：即真金（1242～1286）。参见元 7 注 8。

[3] 成宗：即元成宗铁穆耳（1265～1307），元世祖太子真金子。至元三十年（1293）受皇太子宝，总兵北边。第二年，元世祖死，即皇帝位，改元元贞。在位十三年，以滥行赏赐造成国帑不继。卒后，蒙语尊号完泽笃皇帝，庙号成宗，谥钦明广孝皇帝。武宗：即元武宗海山（1281～1311），元世祖太子真金孙，父答剌麻八剌，母弘吉剌氏答己。大德八年（1304）封怀宁王，十一年春，元成宗死，即皇帝位，封弟爱育黎拔力八达（元仁宗）为皇太子，相约兄终弟及。改元至大，至大二年（1309），立尚书省，改行至大银钞。在位五年，以病卒。蒙语尊号曲律皇帝，庙号武宗，谥仁惠宣孝皇帝。

[4] 律赋：谓有一定格律的赋体。音韵和谐，对偶工整，音律、押韵皆有严格规定，为唐宋以来科举考试所采用。宋陈鹄《耆旧续闻》卷四："四声分韵，始于沈约。至唐以来，乃以声律取士，则今之律赋是也。"省题诗：或简称"省题"，唐宋时进士应省试按尚书省所出题目而作的诗，称"省题诗"。宋俞成《萤雪丛说·诗题用全句对》："省题诗，考官以古人诗句命题，尾字属平，全押在第二韵上，不拆破者，并用全句对全句。"宋刘攽《中山诗话》："自唐以来，试进士诗，

413

号省题。"小义：当谓《四书》、《五经》中有关字义之训诂、解释，与"大义"相对。金代律科进士有"复于《论语》、《孟子》内试小义一道"之说，参见金71。中华书局整理本于"律赋"下皆未用顿号点断，易生误解，今加顿号两处以点断之。

[5] 眇躬：古代帝后自称之词。

[6] 丕祚：皇统，帝位。

[7] 三代：指夏、商、周三代，为儒家的上古理想社会。

[8] 有司：官吏。古代设官分职，各有专司，故称。

[9] 京师：即元代首都大都（今北京市），又称汗八里（突厥语，意为汗城）。元世祖至元四年（1267）在金中都旧城西北修建新城，九年定为首都，称大都。

[10] 诸色户：元代居民按职业划分为若干种户，常见者十种左右，如民、军、站、匠、盐、儒、僧、道等。其中民、军、站、匠等户是国家强制签充的，儒、僧、道等户是通过考试或其他方式认可的。每种户都对国家承担相应的义务，如军户出军，站户当站，僧道念经等，所承担赋役各不相同。色，种类之意。中华书局整理本校勘记云："按《元典章》卷三一《科举条例》、《通制条格》卷五《科举》，'诸色户'上有'路府州县学及'六字。此条疑脱。"可参考。

[11] 结罪：立下对若有过犯者保证负责的文书。

[12] 敦遣：恭送。

[13] 贡诸路府：原作"资诸路府"。中华书局整理本校勘记云："据《元典章》卷三一《科举程式目》、《通制条格》卷五《科举》改。《新元史》已校。"今从。

[14] 监察御史：官名，御史台官员。元御史台、行御史台之下另设察院。至元五年（1268）始置御史十二员，全用汉人。八年，增六员。十九年，减二员，后又增十六员，始参用蒙古人。二十二年，参用南儒二人。定置三十二员，秩正七品。江南诸道行御史台察院定置御史二十八员，其中蒙古御史十四员。陕西诸道行御史台察院定置御史二十员。品秩皆与内察院同。肃政廉访司：元代官署名，掌地方监察。元世祖至元六年（1269）立提刑按察司四道，其后陆续增设。二十八年，改肃政廉访司，共二十二道：腹里与河南、辽阳二行省八道，隶于御史台；江浙、江西、湖广三行省十道，隶于江南御史台；陕西、甘肃、四川、云南四行省四道，隶于陕西行御史台。秩正三品，置使、副使、金事、经历等员。廉访司官分临所管路分监察，称为分司，每年八月至次年四月出巡，断决六品以下官吏轻罪，复审地方已断民间称冤案件，复审签署官员考核政绩。

[15] 色目人：元代对西北各族、西域以至欧洲来华各族人的概称，简称"色目"。色目一词源于前代，意为各色名目。常见于元人记载的色目人有唐兀、乃蛮、汪古、回回、畏兀儿、康里、钦察、阿速、哈剌鲁、吐蕃等。元代色目人政治待遇高于汉人、南人，低于蒙古人。科举考试与入仕享有优遇，身犯重刑者由大宗正府处置。

[16] 大学：《礼记》篇名。自汉以来有以《春秋》诸经为大经，《孟子》、《论语》、《大学》、《中庸》为小经者，可见《大学》当已别本单行。南宋朱熹为《大学》作章句并改动章节，补格物致知一章，与《论语》、《孟子》、《中庸》合称四子书。宋末以后，四子书遂成为科举取士的主要内容。论（lún伦）语：书名，为孔门弟子及其后学关于孔子言行思想的记录，二十篇。孟子：书名，七篇，为孟轲弟子万章、公孙丑等纂辑，宋以前列于子部儒家。中庸：书名。相传为孔子的孙子子思所作。原为《礼记》中的一篇，南宋朱熹将之与《论语》、《孟子》、《大学》合编为四子书，并作了章句。

[17] 朱氏：即朱熹（1130～1200），著有《四书章句集注》。参见宋65注1。

[18] 汉人：元代称原属金朝统治下的汉人与女真、契丹、渤海等人以及南宋灭亡前归附的云南、四川的汉族人为汉人。政治待遇低于蒙古人、色目人，高于南人。南人：元代称原属南宋境的江浙、江西、湖广三省和河南江北行省襄、郧、两淮等地的汉族人为南人。南人政治待遇列于蒙古人、色目人、汉人之下，地位最低。

[19] 诗：即《诗经》。参见唐5注2。朱熹撰有《诗集传》，宋刊本十二卷，坊刻并为八卷。训诂多采毛、郑，断以己见，常有新意。自元代以来，科举考试于《诗》皆取朱传，影响深远。

[20] 尚书：或称《书》，为现存最早有关上古典章文献的汇编，儒家经典之一，相传为孔子编选。传世者有今文、古文之别。蔡氏：即蔡沈（1167～1230），字仲默，号九峰，建阳（今属福建）人。蔡元定第三子，少从朱熹学，传其《书》学，撰有《书集传》六卷。明代追谥文正，封崇安伯。《宋史》有传。

[21] 周易：即《易经》。参见唐5注3。程氏：即程颐（1033～1107），撰有《易传》四卷与《系辞说》。参见宋53注4。朱氏：即朱熹，其《易》学著作有《周易本义》十二卷。

[22] 春秋：编年体史书，相传孔子据鲁史修订而成。所记起鲁隐公元年，迄鲁哀公十四年西狩获麟，凡十二公（隐、桓、庄、闵、僖、文、宣、成、襄、昭、定、哀），二百四十二年。叙事简略，用字寓褒贬。传《春秋》者有《左氏》、《公羊》、《穀梁》三家，称"三传"。《左氏》详事实，《公羊》阐微言大义，《穀梁》释义例。宋胡安国撰有《春秋传》三十卷，为元明所崇尚，即"胡氏传"。胡安国（1074～1138），字康侯，建宁崇安（今福建武夷山）人，胡寅父。绍圣四年（1097）进士，历官太学博士、中书舍人、徽猷阁待制、提举江州太平观。为程颐门人，《春秋传》而外，另有文集十五卷、《资治通鉴举要补遗》一百卷，已佚。卒谥文定。《宋史》有传。

[23] 礼记：书名，西汉戴圣采自先秦旧籍编定，共四十九篇。有汉郑玄《注》及唐孔颖达《正义》。参见唐5注1。

[24] 古赋：指六朝以前的赋体，相对于后起之律赋而言。诏诰：文体名。古代帝王、皇太后或皇后发布的命令、文告。章表：奏章，奏表。科：考核。

[25] 四六：文体名，为骈文的一种。因以四字、六字为对偶，故称。形成于南朝，盛行于唐宋。也称"四六文"或"四六体"。

[26] 流官：即地方官。因有任期而常流动，故称。荫叙：即凭借祖上功劳或门第循例入官。

[27] 乡试：科举的初级考试。元代乡试在行省一级（十一处）举行，但腹里则分别在河东、山东二宣慰司和真定、东平、大都、上都四路举行，共十七处。选取三百人，内蒙古、色目、汉人、南人各七十五人，各处皆有定额。乡试中式才可赴会试。

中书省所定条目：

9. 乡试中选者，各给解据、录连取中科文 [1]，行省移咨都省 [2]，送礼部 [3]，腹里宣慰司及各路关申礼部 [4]，拘该监察御史、廉访司 [5]，依上录连科文申台 [6]，转呈都省，以凭照勘 [7]。

[1] 解（jiè界）据：乡试中选者的证明文书。科文：法令条文。

[2] 行省：即"行中书省"，简称"行省"。元代地方最高行政机构，并作为一级政区名称。蒙元时

期，沿用金制，地方有征伐之役，设行省以分任军民之事，非定制。世祖建国后，成立中书省，各地始分设行中书省，作为中书省的分司派出机构，因事设官，官不必备，以中书省长官出领其事，行省丞相以宰执行某省事系衔。以后成为管辖一定地区的固定地方官署，凡钱粮、兵事、屯种、漕运等军国重事，无不综领。先后设立岭北、辽阳、河南、陕西、四川、甘肃、云南、江浙、江西、湖广等行省。行省丞相或设或不设，无丞相则以平章统理，秩从一品。十行省外，因军政需要，亦曾设若干临时性行省。都省：即"中书省"。元代最高政务机构，总领百官，与枢密院、御史台分掌行政、军事、监察大权。有时与尚书省并设或改尚书省。以皇太子为中书令，不常设。由右丞相、左丞相、平章政事、右丞、左丞、参知政事等官员执掌政务。移咨：移送咨文。咨文，旧时公文的一种。多用于同级官署或同级官阶之间。

[3] 礼部：元代属中书省，掌天下礼乐、祭祀、朝会、宴享、贡举及有关事宜。中统元年（1260）以吏、户、礼为左三部。至元元年（1264）分置吏礼部。十三年定制，礼部自成一部。长官尚书三员，秩正三品；下设侍郎、郎中、员外郎等官。下辖侍仪司、拱卫直都指挥使司、仪凤司、教坊司、会同馆等机构。

[4] 腹里：元代中书省直辖区的别称，意为腹心之地。分置二十七路、八州，包括今河北、山东、山西以及内蒙古部分地区。宣慰司：即"宣慰使司"，元代地方官署名。掌军民之务，于各道设置。领路、府、州、县，行省有政令则布于下，郡县有请则转达于省。领以宣慰使三员，秩从二品；下设同知、副使各一员。关：古代平行官府之间往来的公文。

[5] 拘：召集。监察御史：参见元8注14。廉访司：即"肃政廉访司"。参见元8注14。

[6] 台：即"御史台"，官署名。元代御史台掌纠察百官善恶、政治得失。与中书省、枢密院同奏政事，与前代制度不同。元世祖至元五年（1268）始置，以御史大夫为长，秩从一品，下设御史中丞、侍御史、治书侍御史等官。下辖殿中司、察院。另有江南诸道与陕西诸道二行御史台。故简称中央之御史台为"内台"。

[7] 照勘：核查。

10．乡试[1]，八月二十日，蒙古、色目人，试经问五条；汉人、南人，明经、经疑二问，经义一道。二十三日，蒙古、色目人，试策一道；汉人、南人，古赋、诏诰、章表内科一道。二十六日，汉人、南人，试策一道。

[1] 乡试：参见元8注27。

11．会试[1]，省部依乡试例[2]，于次年二月初一日试第一场，初三日第二场，初五日第三场[3]。

[1] 会试：在元代首都大都举行的考试。参见元15注1。
[2] 省部：谓中书省与礼部。
[3] "于次年"三句：清汪辉祖《元史本证》二十八《选举志一》："《科目》。案《纪》至顺元年正月，'中书省言："科举会试日期，旧制以二月一日、三日、五日，近岁改为十一、十三、十五。请依旧制。"从之。'（按，《元史》卷三七《宁宗纪》至顺三年十月，诏科举取士，并依旧制。

卷三八《顺帝纪》元统二年二月，诏科举取士，系依累朝旧制。卷一四二《彻里帖木儿传》后至元元年，罢科举。卷三九《顺帝纪》至元二年六月，'礼部侍郎忽里台请复科举取士之制，不听。'卷一三八《脱脱传》至正元年，脱脱复科举取士法。)"可参考。

12. 御试 [1]，三月初七日，前期奏委考试官二员、监察御史二员、读卷官二员 [2]，入殿廷考试。每举子一名，怯薛歹一人看守 [3]。汉人、南人，试策一道，限一千字以上成。蒙古、色目人，时务策一道，限五百字以上成。

[1] 御试：又称"殿试"或"廷试"，即由皇帝亲自主持的科举考试，会试中式者始可参与。元代分一、二、三甲，两榜（蒙古、色目为一榜，汉人、南人为一榜）之前三人赐进士及第为一甲；其馀赐进士出身与同进士出身，为二、三甲。

[2] 考试官：参见元 13。读卷官：《钦定续通志》卷一百四十一："天子亲策于廷，曰廷试，亦曰殿试。用翰林及朝臣文学之优者为读卷官，共阅对策，拟定名次，候临轩或如所拟，或有所更定。"

[3] 怯薛歹：参见元 3 注 10。

13. 选考试官，行省与宣慰司及腹里各路，有行台及廉访司去处 [1]，与台宪官一同商议选差 [2]。上都、大都从省部选差在内监察御史、在外廉访司官一员监试 [3]。每处差考试官、同考试官各一员，并于见任并在闲有德望文学常选官内选差 [4]；封弥官一员、誊录官一员 [5]，选廉干文资正官充之。凡誊录试卷并行移文字 [6]，皆用朱书，仍须设法关防 [7]，毋致容私作弊。省部会试，都省选委知贡举、同知贡举官各一员，考试官四员，监察御史二员，弥封、誊录、对读官、监门等官各一员 [8]。

[1] 行台：即"行御史台"。参见元 9 注 6。廉访司：即"肃政廉访司"。参见元 8 注 14。

[2] 台宪官：谓御史台的官员。

[3] 上都：元都城。故址在今内蒙古正蓝旗东五一牧场。元宪宗六年（1256），忽必烈（元世祖）于滦水北之龙冈兴建开平府城，为藩府驻所。中统元年（1260）在此即位，四年升开平府为上都。九年，升中都为大都，上都仍为皇帝夏季驻地，每岁巡幸至此，百官分署随行。上都与大都并称"两都"

[4] 常选官：定期选举的官员。

[5] 封弥官：又称"弥封官"，对应试人试卷进行编号密封事务的官员。誊录官：指挥书手在誊录所将试卷抄录成朱书副本再送考官考校定等第的官员。

[6] 行移：这里指签发试卷。

[7] 关防：防范。

[8] 对读官：主管持原试卷与誊录毕之朱卷对读校核以防讹误的官员。参见元 30。

14. 乡试，行省一十一：河南 [1]，陕西 [2]，辽阳 [3]，四川 [4]，甘肃 [5]，云南 [6]，岭北 [7]，征东 [8]，江浙 [9]，江西 [10]，湖广 [11]。宣慰司二 [12]：

河东 [13]，山东 [14]。直隶省部路分四 [15]：真定 [16]，东平 [17]，大都，上都。

[1] 河南：即"河南江北行省"，元代地方建置。至元五年（1268）因对宋作战，置河南行省。十年，分立荆湖、淮西二行政枢密院主持军事，罢行省，河南路之地仍直隶中书省。二十八年，以河南为冲要之地，复于汴梁（今河南开封）立行省，割江淮、湖广二省江北州郡隶之，称河南江北行省。辖十二路、七府、一州，辖境包括今河南省与湖北、安徽、江苏三省之江北地区。

[2] 陕西：即"陕西行省"，元代地方建置。中统元年（1260）立秦蜀行中书省于京兆（今陕西西安），又称陕西四川行省、陕西五路西蜀四川行省、陕蜀行省，或简称陕西行省。治所一度从京兆移于兴元（今陕西汉中），至元二十三年（1286），另置四川行省，本省只称陕西等处行省。辖四路、五府、二十七州，辖境包括今陕西省与甘肃、内蒙古部分地区。

[3] 辽阳：即"辽阳行省"，元代地方建置。至元元年（1264）置行省于北京（今内蒙古宁城西大名城），称北京行省。六年又立行省于东京（今辽宁辽阳），后又徙治北京。一度改置宣慰司。二十四年，因乃颜叛，复置辽阳等处行中书省。治辽阳（今属辽宁），辖九路一府，辖境包括今辽宁、吉林、黑龙江三省、内蒙古部分地区以及黑龙江以北、乌苏里江以东一带。

[4] 四川：即"四川行省"，元代地方建置。至元二十三年（1286）正式由陕西四川行省分置，治所一度由成都迁至重庆。辖九路、三府以及诸少数民族部落，辖境包括今四川省大部及湖南、陕西部分地区。

[5] 甘肃：即"甘肃行省"，元代地方建置。中统二年（1261）立行省于中兴府（治今宁夏银川），称西夏中兴行省，或称中兴行省、西夏行省。后屡有变迁，至元二十三年（1286）复置甘肃行省，治所甘州（今甘肃张掖）。辖七路、二州，辖境包括今甘肃、宁夏以及内蒙古部分地区。

[6] 云南：即"云南行省"，元代地方建置。至元十年（1273）诏建，治中庆（今云南昆明），辖三十七路、二府及诸部族军民府，置曲靖、乌撒乌蒙、罗罗斯、临安广西元江、大理金齿、八百等宣慰司及丽江、威楚开南等宣抚司，分治各路。宣慰使以下多委任当地部族首领担任。辖境包括今云南省及四川、广西部分地区和泰国、缅甸北部等区域。

[7] 岭北：即"岭北行省"，元代地方建置。大德十一年（1307）始立和林等处行省，治和林（故址在今蒙古国北杭爱省鄂尔浑河上游右岸厄尔德尼召北）。皇庆元年（1312）改为岭北等处行中书省，和林改名和宁，仍为行省治所。其蒙古民户仍按千户、百户、十户建置，不立州县。辖境包括今蒙古国、内蒙古部分地区以及俄罗斯西伯利亚地区。

[8] 征东：即"征东行省"，元代地方建置。在今朝鲜半岛。《元史·地理六》："征东等处行中书省，领府二、司一、劝课使五（大德三年，立征东行省，未几罢。至治元年复立，今高丽国王为左丞相）。"治所开城（今属朝鲜）。

[9] 江浙：即"江浙行省"，元代地方建置。至元十三年（1276）元军攻取临安（今浙江杭州），置两浙大都督府，寻罢，改立行省。同年十月，以平章政事阿里等行省事于扬州，统两淮、两浙及江东西地，称江淮行省（又称扬州行省、淮东行省），杭州所置行省机构遂罢。次年另置江西行省。二十一年，徙江淮行省治杭州，又称江浙行省。二十三年，行省还治扬州，复称江淮行省。二十六年，再徙治杭州。二十八年，割江北诸州郡改隶河南行省，置江浙等处行省。大德三年（1299）罢福建行省，归属本省。辖三十路、一府、二州，辖境包括今江苏南部、浙江、福建两省及江西省部分地区。

[10] 江西：即"江西行省"，元代地方建置。至元十四年（1277）置江西行省于隆兴（今江西南

昌），又称隆兴行省，统江西、福建等地。后屡有分合，至大德三年（1299），福建地并入江浙行省，江西遂自为一省。统十八路、九州，辖境包括今江西和广东大部分地区。

[11] 湖广：即"湖广行省"，元代地方建置。至元十三年（1276）置湖广等处行省，又称潭州行省、湖南行省，十八年，治所由潭州（今湖南长沙）移于鄂州（今湖北武昌）。辖三十路、三府、十三州及十五安抚司等地，辖境包括今湖北、湖南以及广西、贵州大部分地区。

[12] 宣慰司：参见元9注4。

[13] 河东：即"河东山西道宣慰司"，简称"河东宣慰司"，属元中书省直辖。置司于大同路，分管大同、冀宁（治今山西太原）、晋宁（治今山西临汾）三路，辖境包括今山西与内蒙古部分地区。又置分司，以领德宁（治今内蒙古达尔罕茂明安联合旗北）、净州（治今内蒙古四王子旗西）等路。

[14] 山东：即"山东东西道宣慰司"，简称"山东宣慰司"，属元中书省直辖。置司于益都路，分管益都、济南、般阳（治今山东淄川）三路及宁海州（治今山东牟平），辖境包括今山东省大部分地区。

[15] 直隶省部路：即直隶于中书省诸路。

[16] 真定：元代改真定府置，治所在真定（今河北正定）。

[17] 东平：元至元九年（1272）改东平府置，治所在须城（今山东东平）。

15. 天下选合格者三百人赴会试 [1]，于内取中选者一百人，内蒙古、色目、汉人、南人分卷考试，各二十五人，蒙古人取合格者七十五人：大都十五人，上都六人，河东五人，真定等五人，东平等五人，山东四人，辽阳五人，河南五人，陕西五人，甘肃三人，岭北三人，江浙五人，江西三人，湖广三人，四川一人，云南一人，征东一人。色目人取合格者七十五人：大都十人，上都四人，河东四人，东平等四人，山东五人，真定等五人，河南五人，四川三人，甘肃二人，陕西三人，岭北二人，辽阳二人，云南二人，征东一人，湖广七人，江浙一十人，江西六人。汉人取合格者七十五人：大都一十人，上都四人，真定等十一人，东平等九人，山东七人，河东七人，河南九人，四川五人，云南二人，甘肃二人，岭北一人，陕西五人，辽阳二人，征东一人。南人取合格者七十五人：湖广一十八人，江浙二十八人，江西二十二人，河南七人。

[1] 会试：参见元11注1。

16. 乡试、会试，许将《礼部韵略》外 [1]，馀并不许怀挟文字。差搜检怀挟官一员，每举人一名差军一名看守，无军人处，差巡军 [2]。

[1] 礼部韵略：韵书名。宋景德四年（1007）丘雍戚纶所定，今已不存。景祐四年（1037）丁度重修，改名《礼部韵略》，五卷，遂成为科举程式之书，故附有《贡举条式》一卷。共收字九千五百九十个。后绍兴三十二年（1162）毛晃表进所撰《增修互注礼部韵略》五卷，增二千六百五十五字。今存者，即此本。

[2] 巡军：即"巡逻军"，元代军中之一。由宿卫军士组成。皇帝在上都驻夏期间，留驻大都，直接

隶属于留守大臣，每夜在京师分道巡逻。

17. 提点擗掠试院 [1]，差廉干官一员，度地安置席舍 [2]，务令隔远，仍自试官入院后，常川妨职 [3]，监押外门。

[1] 提点擗（pǐ痞）掠：提举检点，收拾安置。
[2] 席舍：临时搭建的考棚。
[3] 常川：通常。妨职：当谓阻隔官员来往。

18. 乡试、会试，弥封、誊录、对读官下吏人 [1]，于各衙门从便差设。

[1] 弥封誊录：谓在封弥官、誊录官手下的吏人。

19. 试卷不考格 [1]，犯御名庙讳及文理纰缪、涂注乙五十字以上者 [2]，不考。誊录所承受试卷，并用朱书誊录正文，实计涂注乙字数，标写对读无差，将朱卷逐旋送考试所 [3]。如朱卷有涂注乙字，亦皆标写字数，誊录官书押 [4]。候考校合格，中选人数已定，抄录字号，索上元卷，请监试官、知贡举官、同试官，对号开拆。

[1] 试卷不考格：谓试卷作废的有关规定。
[2] 御名庙讳：皇帝与皇帝父祖的名讳。旧时文字凡遇御名庙讳，皆须避开，或用代字，或"敬缺末笔"，以示恭敬。否则即为"不敬"。元代《通制条格》卷五《学令》于"犯御名庙讳"下有"偏犯者非"四字，即云"不偏讳"。《礼记·曲礼》："二名不偏讳。"郑玄注："谓二名不一一讳也。孔子之母名徵在，言在不称徵，言徵不称在。"宋洪迈《容斋三笔·帝王讳名》："唐太宗名世民，在位之日不偏讳。故戴胄、唐俭为民部尚书，虞世南、李世勣在朝。"涂注乙：谓试卷涂抹、注释、勾划增删。
[3] 逐旋：逐渐。
[4] 书押：签名或画押，以示责任所在。

20. 举人试卷，各人自备三场文卷并草卷 [1]，各一十二幅，于卷首书三代、籍贯、年甲 [2]，前期半月于印卷所投纳。置簿收附，用印钤缝讫 [3]，各还举人。

[1] 文卷：正式呈交的试卷。草卷：用作起草的试卷。
[2] 三代：谓曾祖、祖父、父三代。籍贯：祖居或个人出生的地方。年甲：年龄。
[3] 钤（qián钱）缝：谓将卷首封弥用印，并在各张试卷纸上加盖骑缝印章，以防替换作弊。

21. 凡就试之日，日未出入场，黄昏纳卷。受卷官送弥封所 [1]，撰字号 [2]，封弥讫，送誊录所 [3]。

[1] 弥封所：弥封官在考场中之办公场所。参见元13注5。

[2] 撰字号：即对试卷加以编号。

[3] 眷录所：眷录官在考场中之办公场所。参见宋18注15，元13注5。

22. 科举既行之后，若有各路岁贡及保举儒人等文字到官 [1]，并令还赴本乡应试。

[1] "若有"句：当谓元仁宗皇庆二年（1313）以前荐举选官的景况。

23. 倡优之家及患废疾、若犯十恶奸盗之人 [1]，不许应试。

[1] 十恶：《元史·刑法一·十恶》："谋反：谓谋危社稷。谋大逆：谓谋毁宗庙、山陵及宫阙。谋叛：谓谋背国从伪。恶逆：谓殴及谋杀祖父母、父母，杀伯叔父母、姑、兄、姊、外祖父母、夫、夫之祖父母、父母者。不道：谓杀一家非死罪三人，及支解人、造畜蛊毒、魇魅。大不敬：谓盗大祀神御之物、乘舆服御物；盗及伪造御宝；合和御药，误不如本方，及封题误，若造御膳，误犯食禁，御幸舟船，误不牢固；指斥乘舆，情理切害，及对捍制使，而无人臣之礼。不孝：谓告言诅詈祖父母、父母，及祖父母、父母在，别籍异财，若供养有阙；居父母丧，身自嫁娶，若作乐释服从吉；闻祖父母、父母丧，匿不举哀；诈称祖父母、父母死。不睦：谓谋杀及卖缌麻以上亲，殴告夫及大功以上尊长、小功尊属。不义：谓杀本属府主、刺史、县令、见受业师，吏卒杀本部五品以上官长，及闻夫丧匿不举哀，若作乐释服从吉及改嫁。内乱：谓奸小功以上亲、父祖妾，及与和者。"

24. 举人于试场内，毋得喧哗，违者治罪，仍殿二举 [1]。

[1] 殿二举：推延两次应举。

25. 举人与考试官有五服内亲者 [1]，自须回避，仍令同试官考卷 [2]。若应避而不自陈者，殿一举。

[1] 五服：古代以亲疏为差等的五种丧服。《礼记·学记》："师无当于五服，五服弗得不亲。"孔传："五服，斩衰至缌麻之亲。"孔颖达疏："五服，斩衰也，齐衰也，大功也，小功也，缌麻也。"同一高祖父者，皆在五服之内。

[2] 同试官：即"同考试官"。参见元13。

26. 乡试、会试，若有怀挟及令人代作者 [1]，汉人、南人有居父母丧服应举者，并殿二举。

27. 国子监学岁贡生员及伴读出身 [1]，并依旧制，愿试者听。中选者，于监学合得资品上从优铨注 [2]。

[1] 国子监学：即"国子学"。参见元3注1。伴读：谓一般平民因俊秀而被选入国子学为伴读者。《元史·百官三》："国子监。至元初，以许衡为集贤馆大学士、国子祭酒，教国子与蒙古大姓四怯薛人员。选七品以上朝官子孙为国子生，随朝三品以上官得举凡民之俊秀者入学，为陪堂生、伴读。"又云："至元二十四年，定置生员额二百人，伴读二十人。至大四年，生员三百人。延祐二年，增置生员一百人、伴读二十人。"又《元史·仁宗一》："至大四年……闰七月……己未，诏谕省臣曰：'国子学，世祖皇帝深所注意，如平章不忽木等皆蒙古人，而教以成材。朕今亲定国子生额为三百人，仍增陪堂生二十人，通一经者，以次补伴读，著为定式。'"又《元史·齐履谦传》："延祐元年，诏择善教者，于是复以履谦为国子司业。履谦律己益严，教道益张，每斋置伴读一人为长，虽助教阙员，而诸生讲授不绝。"又《元史·刘赓传》："国学故事，伴读生以次出补吏，莫不争先出。"又《元史·耶律夏尚传》："至元八年，（许）衡罢中书左丞，除集贤大学士，兼国子祭酒，以教国人之子弟，乃奏以门人十二人为斋长以伴读，有尚其一也。"又《元史·吕思诚传》："已而入国子学为陪堂生，试国子伴读，中其选。"从上引文可知，伴读之地位当高于陪堂生，有类似于教官的性质，并依年资可以出仕。另参见元43，元46，元50。

[2] 资品：资格与品级。

28. 别路附籍蒙古、色目、汉人，大都、上都有恒产、住经年深者 [1]，从两都官司 [2]，依上例推举就试，其馀去处冒贯者治罪。

[1] 恒产：谓土地、田园、房屋等不动产。

[2] 从两都官司：谓可从大都、上都应举。

29. 知贡举以下官会集至公堂 [1]，议拟合行事目云：

[1] 至公堂：考试官等在考场中的办公处所，与弥封、对读、誊录、受卷四所邻近。

30. 诸辄于弥封所取问举人试卷封号姓名及漏泄者，治罪。诸试题未出而漏泄者，许人告首 [1]。诸对读试卷官不躬亲而辄令人吏对读，其对读讫而差误有碍考校者，有罚。诸誊录人书写不慎及错误有碍考校者，重事责罚。诸官司故纵举人私将试卷出院，及祗应人知而为传送者 [2]，许人告首。诸监试官掌试院事，不得干预考校。诸试院官在帘内者 [3]，不许与帘外官交语 [4]。诸色人无故不得入试厅。诸举人谤毁主司，率众喧竞，不服止约者，治罪。诸举人就试，无故不冠及擅移坐次者，或偶与亲姻邻坐而不自陈者，怀挟代笔传义者[5]，并扶出。诸拆毁试卷首家状者[6]，推治[7]。诸举人于试卷书他语者，驳放[8]；涉谤讪者，推治。诸试日，为举人传送文书，及因而受财者，并许人告。诸举人于别纸上起草者，出榜退落。诸科文内不得自叙苦辛门第，委誊录所点检得，如有违犯，更不誊录，移文考试院出榜退落。诸冒名就试，别立姓名，反受财为人怀挟代笔传义者，并许人告。诸被黜而妄诉者，治罪。诸监门官讥察出入[9]，其物应入者，拆封点检。诸巡铺官及兵级[10]，不得喧扰，及辄视试文，并容纵举人无故往来，非因公事，不得与举人私语。诸试卷弥封用印讫，以三不成字为号标写[11]，仍于涂注乙处用印。

[1] 告首：检举揭发。
[2] 祗应（yìng 硬）人：或称"祗候人"，即官府中小吏。
[3] 帘内：即"帘内官"，科举考试时负责考校的官员。
[4] 帘外官：科举考试时负责监试的官员。
[5] 传义：当谓应试中挟书册、传递作弊等情事。参见宋71注2。
[6] 试卷首家状：即举人的三代、籍贯、年甲等事状，由举人自填，印卷所封弥。参见元20。
[7] 推治：审问治罪。
[8] 驳放：谓否定已发榜公布的中式者而贬黜之。
[9] 讥察：稽察盘查。
[10] 巡铺官：巡铺所官员。宋代贡院内设巡铺所，纠察举人应试时是否遵守场规、有无舞弊情事。元代因之。兵级：中华书局整理本校勘记云："王圻《续通考》作'诸巡铺官及兵役'，疑是。"可参考。
[11] 三不成字：当系三个非汉字的记号，以防舞弊情事。参见明42注3"三合字"。明俞汝楫《礼部志稿》卷七十一："弥封所先将试卷密封举人姓名，用印关防，仍置簿，撰定三不成字号编排资次，照样于各经卷首号写明白，不许点画相同及漏泄作弊。"参见元32。

31. 每举人一名，给祗应巡军一人[1]，隔夜入院，分宿席房。试日，击钟为节。一次，院官以下皆盥漱。二次，监门官启钥，举人入院，搜检讫，就将解据呈纳[2]。礼生赞曰"举人再拜"[3]，知贡举官隔帘受一拜，跪答一拜，试官受一拜，答一拜。钟三次，颁题，就次。日午，赐膳。其纳卷首[4]，赴受卷所揖而退，不得交语。受卷官书举人姓名于历[5]，举人揖而退，取解据出院，巡军亦出。至晚，鸣钟一次，锁院门。第二场，举人入院，依前搜检，每十人一甲[6]，序立至公堂下[7]，作揖毕，颁题就次。第三场，如前仪。

[1] 祗应巡军：巡铺所的兵役。祗应，供职。参见元30注10。
[2] 解（jiè 界）据：乡试中选者的证明文书。
[3] 礼生：司礼者。古代祭祀或典礼时从旁提唱起、跪、叩首之仪者。
[4] 卷首：第一个交卷的考生。

[6] 甲：古代编制单位，相当于"组"。

[7] 至公堂：参见元29注1。

32. 其受卷官具受到试卷，逐旋关发弥封官 [1]，将家状草卷 [2]，腰封用印，蒙古、色目、汉人、南人分卷，以三不成字撰号。每名累场同用一号，于卷上亲书，及于历内标附讫，牒送誊录官置历 [3]，分给吏人，并用朱书誊录正文，仍具元卷涂注乙及誊录涂注乙字数，卷末书誊录人姓名，誊录官具衔书押，用印钤缝，牒送对读所。翰林掾史具誊录讫试卷总数 [4]，呈报监察御史。对读官以元卷与朱卷躬亲对读无差，具衔书押，呈解贡院 [5]，元卷发还弥封所。各所行移 [6]，并用朱书，试卷照依元号附簿。

[1] 逐旋：逐渐。关发：签发。

[2] 草卷：用作起草的试卷。

[3] 牒送：作为公文交送。置历：记事簿登记。

[4] 翰林掾史：元代翰林院属吏。《元史·百官三》："翰林院兼国史院，秩正二品……掾史四人，译史、通事、知印各二人。"又："蒙古翰林院，秩从二品……掾史三人，通事一人，译史一人，知印二人。"

[5] 贡院：这里即指会试考场。

[6] 行移：签发试卷与文书等。

33. 试官考卷 [1]，知贡举居中，试官相对向坐，公同考校，分作三等，逐等又分上中下，用墨笔批点。考校既定，收掌试卷官于号簿内标写分数，知贡举官、同试官、监察御史、弥封官，公同取上元卷对号开拆，知贡举于试卷家状上亲书省试第几名。拆号既毕，应有试卷并付礼部架阁 [2]，贡举诸官出院。中书省以中选举人分为二榜 [3]，揭于省门之左右。

[1] 考卷：评定试卷。

[2] 礼部架阁：即设于礼部的架阁库。架阁库为元代一些官署内管理文牍的机构。

[3] 二榜：即"右榜"与"左榜"。参见元7注10。

34. 三月初四日，中书省奏准，以初七日御试举人于翰林国史院 [1]，定委监试官及诸执事。初五日，各官入院。初六日，撰策问进呈 [2]，俟上采取。初七日，执事者望阙设案于堂前 [3]，置策题于上。举人入院，搜检讫，蒙古人作一甲，序立，礼生导引至于堂前，望阙两拜，赐策题，又两拜，各就次。色目人作一甲，汉人、南人作一甲，如前仪。每进士一人，差蒙古宿卫士一人监视 [4]。日午，赐膳。进士纳卷毕，出院。监试官同读卷官，以所对策第其高下，分为三甲进奏。作二榜，用敕黄纸书 [5]，揭于内前红门之左右[6]。

[1] 翰林国史院：即"翰林兼国史院"，元代官署名。掌拟写诏令、纂修国史以备咨询。元世祖中统元年（1260）置翰林学士承旨一职，未立官署。至元元年（1264）立翰林学士院。四年，改立翰林兼国史院。二十年，与集贤院合而为一，称翰林国史集贤院；二十二年，集贤院分立，复旧称。置承旨、学士、侍读学士、侍讲学士、直学士等官，属下有待制、修撰、应奉翰林文字、编修官等官员。元帝夏季巡幸上都，翰林兼国史院官员扈从，置上都分院。

[2] 策问：谓策问的考题。策问，即以政事或经义等设问要求解答以试士。元代《通制条格》卷五《学令》："第三场策一道（经史、时务内出题，时务不矜浮藻，惟务直述，限一千字以上）。"

[3] 望阙：仰望宫阙。这里谓怀着对皇帝恭敬的心情办事。

[4] 宿卫士：即"怯薛"。参见元3注10。

[5] 敕黄纸：皇帝敕书用黄纸书写，故称。

[6] 红门：元大都皇城之宫门，漆成红色，故称。

35. 前一日，礼部告谕中选进士，以次日诣阙前，所司具香案[1]，侍仪舍人唱名[2]，谢恩，放榜。择日赐恩荣宴于翰林国史院[3]，押宴以中书省官[4]，凡预试官并与宴。预宴官及进士并簪华至所居[5]。择日恭诣殿廷，上谢恩表[6]。次日，诣中书省参见。又择日，诸进士诣先圣庙行舍菜礼[7]，第一人具祝文行事[8]，刻石题名于国子监[9]。

[1] 香案：放置香炉烛台的条桌。

[2] 侍仪舍人：官名，元代礼部属下侍仪司属官。《元史·百官一》："侍仪司，秩正四品。掌凡朝会、即位、册后、建储、奉上尊号及外国朝觐之礼。至元八年始置……十二年，省左侍仪奉御，通曰右侍仪。省引进副使及侍仪令、尚衣使等员，改置通事舍人十四员，三十年，减通事舍人七员为侍仪舍人……侍仪舍人十四员，从九品。"

[3] 恩荣宴：科举殿试后，由皇帝亲临宣布登第名次，随即设宴招待新进士。唐宋两代称"闻喜宴"，宋太宗始设宴于琼林苑，故又称"琼林宴"。元代赐宴翰林国史院，明清两代设宴于礼部，皆称"恩荣宴"。

[4] 押宴：又作"押燕"。即陪伴宾客，主持宴会。

[5] 簪华：即"簪花"，插花于冠。

[6] 谢恩表：旧时向帝王表示感恩的文体。南朝梁刘勰《文心雕龙·奏启》："陈言政事，既奏之异条；让爵谢恩，亦表之别干。"

[7] 先圣庙：即祭祀孔子的庙，孔庙。《旧唐书·儒学上》："贞观二年，停以周公为先圣，始立孔子庙堂于国学，以宣父为先圣，颜子为先师。"又《元史·武宗一》"（大德）十一年……秋七月……辛巳，加封至圣文宣王为大成至圣文宣王。"舍（shì 释）菜礼：又作"舍采礼"、"释菜礼"。古代学子入学以蘋蘩之属祭祀先圣先师称"舍采"。舍，通"释"。《周礼·春官·大胥》："春，入学，舍采合舞。"郑玄注："舍即释也；采读为菜。始入学必释菜，礼先师也。菜，蘋蘩之属。"

425

[8] 第一人：即第一甲第一名赐进士及第者。元代《通制条格》卷五《学令》："蒙古、色目人作一榜，汉人、南人作一榜，第一名赐进士及第，从六品；第二名以下及第二甲，皆正七品；第三甲以下皆正八品。两榜并同。"此处"第一人"，未知系蒙古、色目榜者，抑或汉人、南人榜者。祝文：古代祭祀祖先或神鬼的文辞。

[9] 国子监：元代管理国子学的官署。元世祖至元二十四年（1287）置。祭酒一员，秩从三品；司业二员，秩正五品；掌国子学之教令。监丞一员，秩正六品，专领监务。原设于金中都城南枢密院旧址。元武宗至大元年（1308）在皇城东新建国子监学。遗址今存。

36. 延祐二年春三月 [1]，廷试进士，赐护都答儿、张起岩等五十有六人及第、出身有差 [2]。五年春三月，廷试进士护都达儿、霍希贤等五十人 [3]。

[1] 延祐二年：即公元 1315 年。延祐，元仁宗爱育黎拔力八达的第二个年号。

[2] 护都答儿：或作"护都沓儿"、"呼图克岱尔"。生平不详。桂栖鹏《元代进士研究·元代的蒙古族进士》："护都沓儿有《快雪时晴帖跋》一文传世，后署'延祐五年四月廿三日赐进士及第、翰林待制、承直郎兼国史院编修官奉敕恭跋'（《石渠宝笈》卷一〇《晋王羲之〈快雪时晴帖〉》）。据此，可知他延祐五年（1318）任翰林院待制兼国史院编修官，散阶为正六品的承直郎。"可参考。张起岩：字梦臣（1285～1353），号华峰，元历城（今山东济南）人。出身仕宦，父张范官至四川儒学副提举。延祐二年左榜进士第一，历官翰林待制兼国史院编修、监察御史、礼部尚书、翰林侍讲学士、知制诰监修国史，修三朝实录。擢陕西行台侍御史、侍讲学士，转燕南廉访使，拜御史中丞，诏修辽、金、宋三史，充总裁官。卒谥文穆。《元史》有传。

[3] 护都达儿：或作"忽都达儿"、"呼图克岱尔"。字通叟（1296～1349），蒙古捏古觩氏，居澧州（今湖南澧县）。出身仕宦，祖火者仕为泰兴县达鲁花赤。延祐五年（1318）右榜进士第一，历官济南路总管、婺州路总管。事见元黄溍《金华黄先生文集》卷二十七《忽都达儿神道碑》。霍希贤：元须城（今山东东平）人，延祐五年左榜进士第一，历官郑州同知、威州知州、侍郎。馀不详。

37. 至治元年春三月 [1]，廷试进士达普化、宋本等六十有四人 [2]。

[1] 至治元年：即公元 1321 年。至治，元英宗硕德八剌的年号。

[2] 达普化：即"泰不华"。字兼善（1304～1352），元蒙古伯牙吾台氏，以父塔不台官台州（今属浙江）录事判官，遂为台州人。本名达普化，元文宗赐今名。至治元年右榜进士第一，历官集贤修撰、礼部侍郎、礼部尚书、翰林侍读学士、台州路总管。死于与方国珍战事。《元史》有传。宋本：字诚夫（1281～1334），元大都（今北京市）人，至治元年左榜进士第一，历官翰林修撰、监察御史、吏部侍郎、奎章阁供奉学士、礼部尚书、集贤直学士兼国子祭酒。善诗文，著有《至治集》。卒谥正献。《元史》有传。

38. 泰定元年春三月 [1]，廷试进士捌剌、张益等八十有六人 [2]。四年春三月，廷试进士阿察赤、李黼等八十有六人 [3]。

［1］泰定元年：即公元 1324 年。泰定，元泰定帝也孙铁木儿的第一个年号。

［2］捌刺：或作"八刺"、"巴拉"，泰定元年右榜进士第一。生平不详。张益：泰定元年左榜进士第一，历官监察御史。馀不详。

［3］阿察赤：或作"阿恰齐"。字仲深（生卒年不详），国子学生，泰定四年（1327）右榜进士第一。馀不详。李黼：字子威（1298～1352），元颍州（今安徽阜阳）人，出身仕宦。泰定四年左榜进士第一，历官翰林修撰、监察御史、礼部侍郎、江州路总管，与红巾军战，被杀。谥忠文。《元史》有传。

39. 天历三年春三月 ［1］，廷试进士笃列图、王文烨等九十有七人 ［2］。

［1］天历三年：即至顺元年（1330）。天历至顺，元文宗图帖睦尔的第一、第二个年号。

［2］笃列图：或作"图烈图"，字敬甫（1312～1348），蒙古捏古觯氏，居永丰（今属江西）。出身仕宦，父卜里也秃思仕至靖江路总管。天历三年右榜进士第一，历官集贤修撰、南台御史、中台御史。事见元王逢《梧溪集》卷三《故内御史尼格氏图公挽词》。王文烨：或作"王文煜"。生平不详。

40. 元统癸酉科 ［1］，廷试进士同同、李齐等 ［2］，复增名额，以及百人之数。稍异其制，左右榜各三人，皆赐进士及第，其馀出身有差。科举取士，莫盛于斯。后三年，其制遂罢 ［3］。又七年而复兴 ［4］，遂稍变程式，减蒙古、色目人明经二条，增本经义；易汉、南人第一场《四书》疑一道为本经疑，增第二场古赋外，于诏诰、章表内又科一道 ［5］。此有元科目取士之制，大略如此。

［1］元统癸酉：即元统元年（1333）。元统，元顺帝妥欢贴睦儿的第一个年号。

［2］同同：普通军户出身，居于真定（今河北正定）。元统元年右榜进士及第，历官集贤修撰、翰林待制。能诗，早逝。李齐：字公平（1301～1353），元祁州蒲阴（今河北博野）人。元统元年左榜进士及第，历官翰林修撰、南台御史，移知高邮府，以招降张士诚被杀。《元史》有传。

［3］其制遂罢：谓元顺帝后至元元年（1335）十一月罢科举事。《续文献通考》卷三十四："顺帝至元元年十一月，诏罢科举。初彻尔特穆尔为江浙行省平章政事，会行科举，驿请试官，供张甚盛，心颇不平。及入中书，首议罢之。参政许有壬力争曰：'科举若罢，天下人才觖望。'丞相巴延曰：'举子多以赃败，又有假蒙古、色目名者。'有壬曰：'科举未行，台中赃罚无算，岂尽出于举子？'巴延又曰：'科举取人，实妨选法。'有壬曰：'科举取士，岂不愈于通事、知印等出身者！今通事、知印等，天下凡三千馀名，自四月至九月受宣者七十三人；而科举一岁仅三十馀人。太师试思之，科举与选法果相妨耶？'巴延心然其言，而议已定，不可中辍，遂罢之。二年六月，礼部侍郎呼喇台请复科举取士之制，不听。"

［4］又七年而复兴：谓元顺帝后至元六年（1340）十二月复科举取士之事。《续文献通考》卷三十四："六年十二月，复科举取士制，仍稍变程序。"

［5］"稍变程式"数句：参见并对照元 8。

41. 若夫会试下第者，自延祐创设之初 [1]，丞相帖木迭儿、阿散及平章李孟等奏 [2]："下第举人，年七十以上者，与从七品流官致仕 [3]；六十以上者，与教授 [4]；元有出身者，于应得资品上稍优加之；无出身者，与山长、学正 [5]。受省劄 [6]，后举不为例。今有来迟而不及应试者，未曾区用。取旨。"帝曰："依下第例恩之，勿著为格。"

[1] 延祐：元仁宗的第二个年号（1314～1320）。参见元2。
[2] 丞相：即"中书右丞相"。参见元7注2。帖木迭儿：或作"铁木迭儿"、"铁木迭而"（？～1322），元宪宗时大将卜邻吉带之孙，木而火赤之子。历官宣徽使、云南行省左丞相、中书右丞相，以贪虐罢相，寻复起太子太师，入相，诛杀无辜。病卒，削爵籍家。《元史》有传。阿散：又作"阿萨尔"（？～1320），历官辽阳行省左丞、河西行省平章、河南行省平章、中书平章政事、中书左丞相，元英宗即位之初，罢为岭北行省平章政事，又以"谋废立"被杀。平章：即"平章政事"，简称"平章"。元代中书省（一度改尚书省）置，秩从一品，为丞相之副贰，助丞相掌军国重事。中统元年（1260）始置，由一员增至六员。至顺元年（1330）定置四员。行中书省亦置二员。行省不设丞相时，即为行省长官。李孟：字道复（1265～1321），元潞州上党（今山西长治）人。元成宗时以布衣授太常少卿，历官中书平章政事，后托病引退，病卒。《元史》有传。
[3] 流官：即地方官。因有任期而常流动，故称。致仕：官员退休。参见宋245注12。
[4] 教授：学官名。元代各路、府和上、中州置儒学和蒙古学、医学、阴阳学，皆设教授。路儒学教授秩正九品，阴阳学、医学教授秩从九品；府、州儒学教授秩从九品。中央蒙古国子学设教授二员，秩正八品。太史院、司天监、回回司天监等亦设教授。
[5] 山长：学官名，为书院之长。元代从学录、教谕中选充。任满经考试合格，可升府或上、中州教授。学正：学官名。元代设于路、下州儒学与路、州医学，由教谕、学录中选充。任满经考试合格，可升府或上、中州教授。
[6] 省劄：中书省的文书。

42. 泰定元年三月 [1]，中书省臣奏："下第举人，仁宗延祐间 [2]，命中书省各授教官之职，以慰其归。今当改元之初，恩泽宜溥。蒙古、色目人，年三十以上并两举不第者，与教授；以下，与学正、山长。汉人、南人，年五十以上并两举不第者，与教授；以下，与学正、山长。先有资品出身者，更优加之；不愿仕者，令备国子员 [3]。后勿为格。"从之。自馀下第之士，恩例不可常得，间有试补书吏以登仕籍者 [4]。惟已废复兴之后，其法始变，下第者悉授以路府学正及书院山长。又增取乡试备榜 [5]，亦授以郡学录及县教谕 [6]。于是科举取士，得人为盛焉。

[1] 泰定元年：即公元1324年。泰定，元泰定帝也孙铁木儿的第一个年号。
[2] 仁宗：即元仁宗爱育黎拔力八达（1285～1320）。参见元2注7。
[3] 国子员：即国子学生员。国子学，即"国子监学"。参见元3注1。
[4] 书吏：掌衙门文书案牍的属吏。元代主要设于按察司、转运司与检校所，多由岁贡儒吏、职官、

下第举子等充任。元武宗时规定，南人不得任书吏。

[5] 备榜：即"副榜"。即科举考试正式录取名额以外，另取若干名列为副榜。《元史·百官八》："是年（至正八年）四月，中书省准奏……三年应贡会试者，凡一百二十人，除例取十八人外，今后再取副榜二十人，与内蒙古、色目各四名，前二名充司钥，下二名充侍仪舍人。汉人取一十二人，前三名充学正、司乐，次四名充学录、典籍管勾，以下五名充舍人。不愿者，听其还斋。"

[6] 学录：学官名。元代设于路儒学，次于教授、学正。于任满并经考试合格的直学中选充。学录任满后，考查所作文章，合格者可升学正或山长。路医学亦设此职。教谕：学官名。元代设于县儒学，从任满并经考试合格的直学中选充。教谕任满后，取其所作文章进行考查，合格者可升充学正、山长。县医学亦设此职。

学　校

43. 世祖至元八年春正月 [1]，始下诏立京师蒙古国子学 [2]，教习诸生，于随朝蒙古、汉人百官及怯薛歹官员 [3]，选子弟俊秀者入学，然未有员数。以《通鉴节要》用蒙古语言译写教之 [4]，俟生员习学成效，出题试问，观其所对精通者，量授官职。成宗大德十年春二月 [5]，增生员廪膳 [6]，通前三十员为六十员。武宗至大二年 [7]，定伴读员四十人 [8]，以在籍上名生员学问优长者补之。仁宗延祐二年冬十月 [9]，以所设生员百人，蒙古五十人，色目二十人，汉人三十人，而百官子弟之就学者，常不下二三百人，宜增其廪饩 [10]，乃减去庶民子弟一百一十四员，听陪堂学业 [11]，于见供生员一百名外，量增五十名。元置蒙古二十人，汉人三十人，其生员纸札笔墨止给三十人，岁凡二次给之。

[1] 世祖：即元世祖忽必烈（1215～1294）。参见元2注4。至元八年：即公元1271年。至元，元世祖忽必烈的第二个年号。

[2] 京师：即元大都（今北京市）。蒙古国子学：元代学校名。使用蒙古文字教习诸生，秩正七品。至元六年（1269）八思巴制成蒙古新字颁行，诸路置蒙古字学。八年，立京师蒙古国子学，设教官五员，置博士、助教、教授及学正、学录等。参见元139注1。

[3] 怯薛歹："怯薛"为突厥—蒙古语，犹言"番直宿卫"，汉译多作"宿卫"。蒙古、元朝禁卫军。怯薛人员称"怯薛歹"，复数作"怯薛丹"。辽、金时，蒙古高原各部首领皆有宿卫亲兵。蒙古建国后，元太祖建万人怯薛，征调千户、百户、十户那颜子弟及其随从为之。此后蒙、元皇帝怯薛大致有万馀人，分四番入值，护卫皇帝，有"四怯薛"之称。其长由元太祖四功臣博尔忽、博尔术、木华黎、赤老温后裔世袭。另有从事宫廷服役，有昔宝赤、博儿赤、速古儿赤、必阇赤等诸多名目，称"怯薛执事"。历朝皇帝死，其斡耳朵（即宫帐、宫廷的意思）保留一定员额怯薛歹。诸王亦各有怯薛。入元后，怯薛歹成为近侍大官，朝廷大员与重要任职多由怯薛歹出身。怯薛歹任官，径由怯薛长向皇帝推荐，不经中书省奏议，称"别里哥选"。出任随朝官员后，仍须按番直入宫廷服役。

[4] 通鉴节要：宋江贽撰《少微通鉴节要》五十卷，宋吕祖谦撰《吕氏家塾通鉴节要》二十四卷，

元刘剡撰《宋元资治通鉴节要》三十卷，这里当谓江贽所撰者。

[5] 成宗：即元成宗铁穆耳（1265～1307）。参见元 8 注 3。大德十年：即公元 1306 年。大德，元成宗铁穆耳的第二个年号。

[6] 廪膳：科举时代国家发给在学生员的膳食津贴。

[7] 武宗：即元武宗海山（1281～1311）。参见元 8 注 3。至大二年：即公元 1309 年。至大，元武宗海山的年号。

[8] 伴读员：即"伴读"。参见元 27 注 1。

[9] 仁宗：即元仁宗爱育黎拔力八达（1285～1320）。参见元 2 注 7。延祐二年：即公元 1315 年。延祐，元仁宗爱育黎拔力八达的第二个年号。

[10] 廪饩（xì 细）：同"廪膳"。科举时代国家发给在学生员的膳食津贴。

[11] 陪堂：即"陪堂生"。参见元 27 注 1。

44. 至元六年秋七月 [1]，置诸路蒙古字学 [2]。十二月，中书省定学制颁行之，命诸路府官子弟入学，上路二人，下路二人 [3]，府一人，州一人。馀民间子弟，上路三十人，下路二十五人。愿充生徒者，与免一身杂役。以译写《通鉴节要》颁行各路，俾肄习之。至成宗大德五年冬十月 [4]，又定生员，散府二十人 [5]，上、中州十五人，下州十人 [6]。元贞元年 [7]，命有司割地 [8]，给诸路蒙古学生员饩廪 [9]。其学官 [10]，至元十九年 [11]，定拟路府州设教授 [12]，以国字在诸字之右 [13]，府州教授一任，准从八品，再历路教授一任，准正八品，任回本等迁转。大德四年 [14]，添设学正一员 [15]，上自国学 [16]，下及州县，举生员高等，从翰林考试 [17]，凡学官、译史 [18]，取以充焉。

[1] 至元六年：即公元即公元 1269 年。至元，元世祖忽必烈的第二个年号。

[2] 蒙古字学：教习蒙古文字的元代学校名。

[3] 上路下路：元代于中书省和行中书省之下设路，路领州、县，或领府。元文宗至顺间，全国共有路一百八十五。大都、上都两路设都总管府，其馀设总管府。至元二十年（1283），以户口数划分路之等级。《元史·百官七》："诸路总管府，至元初置。二十年，定十万户之上者为上路，十万户之下者为下路。当冲要者，虽不及十万户亦为上路。上路秩正三品。达鲁花赤一员，总管一员，并正三品，兼管劝农事，江北则兼诸军奥鲁。同知、治中、判官各一员。下路秩从三品，不置治中员，而同知如治中之秩，馀悉同上。"

[4] 成宗：即元成宗铁穆耳（1265～1307）。参见元 8 注 3。大德五年：即公元 1301 年。大德，元成宗的第二个年号。

[5] 散府：即"府"。元代地方建置，有府三十三，秩正四品。《元史·百官七》："散府，秩正四品。达鲁花赤一员，知府或府尹一员，领劝农奥鲁与路同。同知一员，判官一员，推官一员，知事一员，提控案牍一员。所在有隶诸路及宣慰司、行省者，有直隶省部者，有统州县者，有不统县者，其制各有差等。"

[6] 上中下州：元代隶于路或府，或直隶于省的地方建置，并以户口数划分州之等级。《元史·百官七》："诸州。中统五年，并立州县，未有等差。至元三年，定一万五千户之上者为上州，六千

户之上者为中州，六千户之下者为下州。江南既平，二十年，又定其地五万户之上者为上州，三万户之上者为中州，不及三万户者为下州。于是升县为州者四十有四。县户虽多，附路府者不改。上州：达鲁花赤、州尹秩从四品，同知秩正六品，判官秩正七品。中州：达鲁花赤、知州并正五品，同知从六品，判官从七品。下州：达鲁花赤、知州并从五品，同知正七品，判官正八品，兼捕盗之事。参佐官：上州，知事、提控案牍各一员；中州：吏目、提控案牍各一员；下州，吏目一员或二员。"

[7] 元贞元年：即公元 1295 年。元贞，元成宗铁穆耳的第一个年号。

[8] 有司：官吏。古代设官分职，各有专司，故称。

[9] 饩（xì 细）廪：同"廪饩"。科举时代国家发给在学生员的膳食津贴。

[10] 学官：又称教官、校官，为官办学校中掌管教务、训导的官员的通称。

[11] 至元十九年：即公元 1282 年。至元，元世祖忽必烈的第二个年号。

[12] 教授：学官名。元代各路、府和上、中州置儒学和蒙古学、医学、阴阳学，皆设教授。

[13] 国字：元代以蒙古文字为国字。右：元代以右为上。

[14] 大德四年：即公元 1300 年。大德，元成宗铁穆耳的第二个年号。

[15] 学正：学官名。参见元 41 注 5。

[16] 国学：即"国子学"，学校名。参见元 7 注 7。

[17] 翰林：即"翰林兼国史院"。参见元 34 注 1。

[18] 译史：从事笔译的吏名。元代译史役满九十个月无过错，即可出职。蒙古人译史出职，较色目人、汉人高一等。

45. 世祖至元二十六年夏五月 [1]，尚书省臣言 [2]："亦思替非文字宜施于用 [3]，今翰林院益福的哈鲁丁能通其字学 [4]，乞授以学士之职 [5]，凡公卿大夫与夫富民之子，皆依汉人入学之制，日肄习之。"帝可其奏。是岁八月，始置回回国子学 [6]。至仁宗延祐元年四月 [7]，复置回回国子监，设监官 [8]，以其文字便于关防取会数目 [9]，令依旧制，笃意领教。泰定二年春闰正月 [10]，以近岁公卿大夫子弟与夫凡民之子入学者众，其学官及生员五十馀人，已给饮膳者二十七人外，助教一人、生员二十四人廪膳，并令给之。学之建置在于国都，凡百司庶府所设译史 [11]，皆从本学取以充焉。

[1] 世祖：即元世祖忽必烈（1215～1294）。参见元 2 注 4。至元二十六年：即公元 1289 年。至元，元世祖忽必烈的第二个年号。

[2] 尚书省：元世祖至元三年（1266），置制国用使司，专掌财政。七年，罢制司，改立尚书省，与中书省并立，总领六部。又改行中书省为行尚书省。政务多由尚书省处决，惟大事与中书丞相共议奏闻。八年罢，并入中书。二十四年复立，二十九年再罢。至大二年（1309）再立，分理财用，置官如中书，仍领六部及诸行省。四年罢废，不再设。

[3] 亦思替非文字：即波斯文字。元代波斯语为亚洲穆斯林通行书面语。方龄贵《通制条格校注》卷五《学令》注"亦思替非文书"有云："关于亦思替非文书究属何种语文，学者间颇有歧说。韩儒林教授认为波斯文，先师邵循恒教授以为乃阿拉伯语 ietafā 之对音，日本岩村忍教授则以拜

占庭语 lstanboli 当之。近刘迎胜先生撰为《唐元时代中国的伊朗语文与波斯语文教育》一文（载《新疆大学学报》社科版一九九一年第一期），则从邵说。又伊朗德黑兰大学穆扎法尔·巴赫蒂亚尔（Mozafar Bakhtyar）先生所撰《亦思替非考》，考得汉译'亦思替非'乃波斯语及阿拉伯语 estifa 之对音，本意为'获取应有之权利'或'向某人取得应得之物'。作为一个专有名词，此云'财产税务的核算与管理'（原文载叶奕良编《伊朗学在中国论文集》，北京大学出版社一九九三年五月版）。"可以参考。

[4] 益福的哈鲁丁：或作"伊普迪哈鲁鼎"，回族人名。生平不详。

[5] 学士：即"翰林学士"。元代翰林兼国史院、蒙古翰林院属官，皆设二员。低于翰林承旨，秩正二品。

[6] 回回国子学：即"回回国子监"。元代学校名，教授亦思替非文字。元世祖至元二十六年（1289）始置，寻罢。仁宗延祐元年（1314）复置回回国子监，培养波斯文的译史人员。

[7] 仁宗：即元仁宗爱育黎拔力八达（1285～1320）。参见元 2 注 7。

[8] 设监官：《元史·百官三》："翰林兼国史院……至元……二十六年，置官吏五员，掌管教习亦思替非文字……延祐元年，别置回回国子监学，以掌亦思替非官属归之。"

[9] 关防：这里谓经官的讼事等。取会：古代公文用语，谓核实、勘对。

[10] 泰定二年：即公元 1325 年。泰定，元泰定帝也孙铁木儿的第一个年号。

[11] 百司庶府：各级官吏与政府各部门。译史：参见元 44 注 18。

46. 太宗六年癸巳 [1]，以冯志常为国子学总教 [2]，命侍臣子弟十八人入学。世祖至元七年 [3]，命侍臣子弟十有一人入学，以长者四人从许衡 [4]，童子七人从王恂 [5]。至二十四年，立国子学 [6]，而定其制。设博士 [7]，通掌学事，分教三斋生员 [8]，讲授经旨，是正音训，上严教导之术，下考肄习之业。复设助教 [9]，同掌学事，而专守一斋；正、录 [10]，申明规矩，督习课业。凡读书必先《孝经》、《小学》、《论语》、《孟子》、《大学》、《中庸》 [11]，次及《诗》、《书》、《礼记》、《周礼》、《春秋》、《易》 [12]。博士、助教亲授句读、音训 [13]，正、录、伴读以次传习之 [14]。讲说则依所读之序，正、录、伴读亦以次而传习之。次日，抽签，令诸生复说其功课。对属、诗章、经解、史评 [15]，则博士出题，生员具稿，先呈助教，俟博士既定，始录附课簿 [16]，以凭考校。其生员之数，定二百人，先令一百人及伴读二十人入学。其百人之内，蒙古半之，色目、汉人半之。许衡又著诸生入学杂仪，及日用节目。七年，命生员八十人入学，俾永为定式而遵行之。

[1] 太宗六年：即公元 1234 年。太宗，即元太宗窝阔台（1186～1241）。参见元 2 注 1。癸巳：当非纪月之干支，若为纪年，"癸巳"乃太宗五年（1233），太宗六年之干支为"甲午"。两者必有一误。

[2] 冯志常：生平不详。总教：蒙古学校草创之初的官名，不见于《元史·百官志》，当是相当于"国子祭酒"的官职。

[3] 世祖：即元世祖忽必烈（1215～1294）。参见元 2 注 4。至元七年：即公元 1270 年。

[4] 许衡：参见元 2 注 6。

[5] 王恂：字敬甫（1234～1281），元中山唐县（今属河北）人。少从刘秉忠学，精于算数。元宪宗三年（1253）以刘秉忠荐，辅导忽必烈太子真金。历官太子赞善、太史令，与郭守敬创制《授时历》。《元史》有传。

[6] 国子学：参见元3注1，元139注1。

[7] 博士：学官名。元代国子学博士二人，秩正七品。掌教授生徒，考较儒人著述与教官文字。

[8] 三斋：元代国子学校舍有上、中、下之分，各有二斋，实为六斋。此言"三斋"，当笼统而言。参见元49。

[9] 助教：学官名。元代国子学助教四员，秩正八品，分教各斋生员。

[10] 正录：即"学正"与"学录"。参见元41注5，元42注6。

[11] 孝经：书名。参见唐5注4。小学：隋唐以后称文字学、训诂学、音韵学为小学。论（lún 伦）语：书名。参见元8注16。孟子：书名。参见元8注16。大学中庸：参见元8注16。

[12] 诗：即《诗经》。参见唐5注2，元8注19。书：即《尚书》。参见元8注20。礼记：书名。参见元8注23。周礼：或称《周官》，书名。参见宋1注4。春秋：书名。参见元8注22。易：即《周易》，或称《易经》。参见元8注21。

[13] 句读（dòu 豆）：古人指文辞休止或停顿处。文辞语意已尽处为句，未尽而须停顿处为读。音训：对古籍中的字词注音释义。

[14] 伴读：参见元27注1。

[15] 对属（zhǔ 主）：将诗文中两句缀成对偶。

[16] 课簿：记载生员出勤、学习等情况，以备考核的簿册。

47. 成宗大德八年冬十二月 [1]，始定国子生，蒙古、色目、汉人三岁各贡一人。十年冬闰十月，国子学定蒙古、色目、汉人生员二百人，三年各贡二人。

[1] 成宗：即元成宗铁穆耳（1265～1307）。参见元8注3。大德八年：即公元1304年。大德，元成宗铁穆耳的第二个年号。

48. 武宗至大四年秋闰七月 [1]，定生员额二百人。冬十二月，复立国子学试贡法，蒙古授官六品，色目正七品，汉人从七品。试蒙古生之法宜从宽，色目生宜稍加密，汉人生则全科场之制。

[1] 武宗：即元武宗海山（1281～1311）。参见元8注3。至大四年：即公元1311年。至大，元武宗海山的年号。

49. 仁宗延祐二年秋八月 [1]，增置生员百人，陪堂生二十人 [2]，用集贤学士赵孟頫、礼部尚书元明善等所议国子学贡试之法更定之 [3]。一曰升斋等第。六斋东西相向，下两斋左曰游艺，右曰依仁，凡诵书讲说、小学属对者隶焉。中两斋左曰据德，右曰志道，讲说《四书》、课肄诗律者隶焉 [4]。上两斋左曰时习，右曰日新，讲说《易》、《书》、《诗》、《春秋》科，习明经义等程文者隶焉 [5]。每斋员数不等，每季考其所习经书课业，及不违规矩者，以次递升。二曰私试规矩[6]。汉人验日新、时习两斋，蒙古、色目取志道、据德两斋，本学举实历坐斋二周岁以上，未尝犯过者，许令充试。限实历坐斋三周岁以上，以充贡举。汉人私试，孟月试经疑一道[7]，仲月试经义一道，季月试策问、表章、诏诰科一道。蒙古、色目人，孟、仲月各试明经一道，季月试策问一道。辞理俱优者为上等，准一分；理优辞平者为中等，准半分。每岁终，通计其年积分，至八分以上者升充高等生员，以四十名为额，内蒙古、色目各十名，汉人二十名。岁终试贡，员不必备，惟取实才。有分同阙少者，以坐斋月日先后多少为定。其未及等，并虽及等无阙未补者，其年积分，并不为用，下年再行积算。每月初二日早旦，圆揖后[8]，本学博士、助教公座，面引应试生员，各给印纸[9]，依式出题考试，不许怀挟代笔，各用印纸，真楷书写，本学正、录弥封誊录，馀并依科举式，助教、博士以次考定。次日，监官覆考，于名簿内籍记各得分数[10]，本学收掌，以俟岁终通考。三曰黜罚科条。应私试积分生员，其有不事课业及一切违戾规矩者，初犯罚一分，再犯罚二分，三犯除名，从学正、录纠举，正、录知见而不纠举者，从本监议罚之。应已补高等生员，其有违戾规矩者，初犯殿试一年[11]，再犯除名，从学正、录纠举之，正、录知见而不纠举者，亦从本监议罚之。应在学生员，岁终实历坐斋不满半岁者，并行除名。除月假外，其馀告假，并不准算。学正、录岁终通行考校应在学生员，除蒙古、色目别议外，其馀汉人生员三年不能通一经及不肯勤学者，勒令出学。其馀责罚，并依旧规。

[1] 仁宗：即元仁宗爱育黎拔力八达（1285～1320）。参见元2注7。延祐二年：即公元1315年。延祐，元仁宗爱育黎拔力八达的第二个年号。

[2] 陪堂生：参见元27注1。

[3] 集贤学士：元代集贤院官员，秩正二品，定置二员，位仅低于长官集贤大学士。赵孟頫：字子昂（1254～1322），号松雪道人，元湖州（今属浙江）人。出身宋朝皇族，曾仕宋为地方官，降元后历官兵部郎中、集贤学士、翰林学士承旨。著名书画家，传世作品较多。著有《松雪斋文集》。《元史》有传。礼部尚书：元代中书省礼部长官，三员，秩正三品。元明善：字复初（1269～1322），元大名清河（今属河北）人。早岁游学吴中，历官翰林待制、直学士、侍讲学士、礼部尚书、翰林学士，预修《仁宗实录》。卒后追封清河郡公。著有《清和集》。《元史》有传。

[4] 四书：或称"四子书"，南宋朱熹将《中庸》与《论语》、《孟子》、《大学》合编为四子书，并作了章句。宋末以后，《四书》遂成为科举考试的主要内容。

[5] 程文：科场应试者进呈的文章。

[6] 私试：相当于宋代的"月校"。参见宋109注12。

[7] 孟月：一年四季，一季三个月。每季的第一个月称"孟月"，第二个月称"仲月"，第三个月称"季月"。

[8] 圆揖：即相聚而拜，略同于"团拜"。《朱子语类》卷九十一："团拜须打圈拜；若分行相对，则有拜不着处。"

[9] 印纸：这里指由国子学统一印发的试卷。

[10] 籍记：谓登记姓名于簿册上。

[11] 殿试：这里谓停止参加考试的处罚。清汪辉祖《元史本证》二十八《选举志一》："《学校》。
案《纪》大德八年四月，'分教国子生于上都。'至顺元年十二月，国子生积分及等者，台、
省、集贤院、奎章阁官同考试，中式者以等第试官，不中式者复入学肄业。至元六年十二月，
'复科举取士制。国子监积分生员三年一次，依科举例入会试，中者取一十八名。'"可参考。

50．泰定三年夏六月 [1]，更积分而为贡举，并依世祖旧制 [2]。其贡试之法，从
监学所拟，大概与前法略同，而防闲稍加严密焉。其本学正、录各二员，司乐一
员 [3]，典籍二员 [4]，管勾一员 [5]，及侍仪舍人 [6]，旧例举积分生员充之，后以积
分既革，于上斋举年三十以上、学行堪范后学者为正、录，通晓音律、学业优赡者为司
乐，干局通敏者为典籍、管勾。其侍仪舍人，于上、中斋举礼仪习熟、音吐洪畅、曾掌
春秋释奠、每月告朔明赞、众与其能者充之 [7]。文宗天历二年春三月 [8]，惟伴读员
数 [9]，自初二十人岁贡二人，后于大德七年定四十人岁贡六人 [10]，至大四年定四
十人岁贡四人 [11]，延祐四年岁贡八人为淹滞 [12]，既额设四十名，宜充部令史者四
人、路教授者四人 [13]。是后，又命所贡生员，每大比选士 [14]，与天下士同试于礼
部，策于殿廷，又增至备榜而加选择焉 [15]。

[1] 泰定三年：即公元 1326 年。泰定，元泰定帝也孙铁木儿的第一个年号。

[2] 世祖旧制：参见元 46。

[3] 司乐：国子学中掌礼乐者。

[4] 典籍：国子学中掌书籍文献者。

[5] 管勾：国子学中掌案牍账簿者。

[6] 侍仪舍人：参见元 35 注 2。

[7] 释奠：古代在学校设置酒食以祭奠先圣先师的一种典礼。告朔：原指诸侯于每月之朔日（农历
每月初一）行告庙听政之礼。后世泛指于朔日祭祀鬼神的活动。明赞：典礼时朗声宣唱仪节，
叫人行礼。

[8] 文宗：即元文宗图帖睦尔（1304～1332），元武宗次子，元明宗弟。元英宗时出居海南琼州（今
海南琼山），泰定帝即位，召还京师，封怀王。又出居建康（今江苏南京），复徙江陵（今属湖
北）。泰定帝病卒于上都，留守大都的燕帖木儿等发动政变，迎他至大都即位，改元天历。击败
泰定帝之幼子阿剌吉八，毒死其兄（元明宗），在位五年，病死上都。蒙语尊号札牙笃皇帝，庙
号文宗。天历二年：即公元 1329 年。天历，元文宗图帖睦尔的第一个年号。

[9] 伴读员：参见元 27 注 1。

[10] 大德七年：即公元 1303 年。大德，元成宗铁穆耳的第二个年号。

[11] 至大四年：即公元 1311 年。至大，元武宗海山的年号。

[12] 延祐四年：即公元 1317 年。延祐，元仁宗爱育黎拔力八达的第二个年号。

[13] 令史：参见元 3 注 23。教授：参见元 41 注 4。

[14] 大比选士：科举考试之年的会试京师。

[15] 备榜：参见元 42 注 5。

51. 国初，燕京始平 [1]，宣抚王楫请以金枢密院为宣圣庙 [2]。太宗六年 [3]，设国子总教及提举官 [4]，命贵臣子弟入学受业。宪宗四年 [5]，世祖在潜邸 [6]，特命修理殿廷；及即位，赐以玉斝 [7]，俾永为祭器。至元十三年 [8]，授提举学校官六品印 [9]，遂改为大都路学，署曰提举学校所。二十四年，既迁都北城 [10]，立国子学于国城之东，乃以南城国子学为大都路学，自提举以下，设官有差。仁宗延祐四年 [11]，大兴府尹马思忽重修殿门堂庑 [12]，建东西两斋。泰定三年 [13]，府尹曹伟增建环廊 [14]。文宗天历二年 [15]，复增广之，提举郝义恭又增建斋舍 [16]。自府尹郝朵而别至曹伟 [17]，始定生员凡百人，每名月饩，京畿漕运司及本路给之 [18]。泰定四年夏四月 [19]，诸生始会食于学焉。

[1] 燕京：即今北京市。金贞祐三年（1215），即蒙古成吉思汗十年，蒙古攻占金中都，改称中都为燕京。元世祖至元元年（1264）又改称中都，九年建都于此，始改称大都。

[2] 宣抚：即"宣抚使"。元世祖中统元年（1260），立燕京、益都济南、河南、北京、平阳太原、真定路、东平、大名彰德、西京、京兆等路十宣抚司，为地方行政机构，随即撤销。王楫：据《元史》卷一百五十三本传，当作"王檝"，人名之异体字当保留。王檝，字巨川（1184～1243?），金凤翔虢县（今陕西宝鸡）人。金卫绍王授副统军，兵败，降蒙古，授宣抚使，兼行尚书六部事。后受命掌诸色工匠事。奉命五次奉使南宋，卒于宋。宣圣庙：即祭祀孔子的孔庙。《元史·王檝传》："时都城庙学，既毁于兵，檝取旧枢密院地复创立之，春秋率诸生行释菜礼，仍取旧岐阳石鼓列虎下。"按金朝枢密院故址当在今北京市旧城区西南广安门一带。

[3] 太宗六年：即公元 1234 年。太宗，即元太宗窝阔台（1186～1241）。参见元 2 注 1。

[4] 国子总教：参见元 46 注 2。提举官：元代学校草创之初提举学校行政事务之长官。明胡粹中《元史续编》卷一"立提举学校所"下注云："太祖初平燕京，以金枢密院为宣圣庙。太宗六年，设国子总教及提举官。至是给六品印，改为大都路学，署曰提举学校所。至十九年，命诸路皆建学以祀先圣，二十三年，诏江南有学田者复给之。"

[5] 宪宗四年：即公元 1254 年。宪宗，即元宪宗蒙哥（1209～1259），元太祖幼子拖雷长子，自幼由元太宗窝阔台抚养。海迷失后三年（1251），即蒙古大汗位，连年对南宋与高丽用兵，死于军中。在位九年，庙号宪宗，谥桓肃皇帝。

[6] 世祖：即元世祖忽必烈（1215～1294）。参见元 2 注 4。潜邸：皇帝即位前的住所。

[7] 玉斝（jiǎ 甲）：玉制圆口三足的酒器。旧时常作为祭祀的礼器使用。

[8] 至元十三年：即公元 1276 年。至元，元世祖忽必烈的第二个年号。

[9] 提举学校官：当即儒学提举司官员。《元史·百官七》："儒学提举司，秩从五品。各处行省所署之地，皆置一司，统诸路、府、州、县学校祭祀教养钱粮之事，及考校呈进著述文字。每司提举一员，从五品；副提举一员，从七品；吏目一人，司吏二人。蒙古提举学校官，秩从五品。提举一员，从五品；同提举一员，从七品。至元十八年置。惟江浙、湖广、江西三省有之，馀省不置。"

[10] 迁都北城：参见元 8 注 9。

[11] 仁宗：即元仁宗爱育黎拔力八达（1285～1320）。参见元2注7。延祐四年：即公元1317年。延祐，元仁宗爱育黎拔力八达的第二个年号。

[12] 大兴府尹：元代管理京师大都事务的长官，秩正四品。马思忽：或作"巴苏呼"，生平不详。

[13] 泰定三年：即公元1326年。泰定，元泰定帝也孙铁木儿的第一个年号。

[14] 曹伟：生平不详。

[15] 文宗：即元文宗图帖睦尔（1304～1332）。参见元50注8。天历二年：即公元1329年。天历，元文宗图帖睦尔的第一个年号。

[16] 郝义恭：生平不详。

[17] 郝朵而别：或作"郝都尔本"。生平不详。

[18] 京畿漕运：即"京畿都漕运使司"，元代官署名，属户部，掌漕运之事。元世祖中统二年（1261）初立军储所，寻改漕运所。至元元年（1264）立漕运司，十五年罢，改隶于行省。十九年改京畿都漕运使司。二十四年，分立内外两运司，京畿都漕运司只领在京诸仓出纳粮斛，及新运粮提举司站车运粮公事。秩正三品，运使二员领之。下设同知、副使、判官各二员。下辖新运粮提举司、京师二十二仓、通惠河运粮千户所等机构。

[19] 泰定四年：即公元1327年。泰定，元泰定帝也孙铁木儿的第一个年号。

52. 太宗始定中原[1]，即议建学，设科取士[2]。世祖中统二年[3]，始命置诸路学校官，凡诸生进修者，严加训诲，务使成材，以备选用。至元十九年夏四月[4]，命云南诸路皆建学以祀先圣[5]。二十三年二月，帝御德兴府行宫[6]，诏江南学校旧有学田[7]，复给之以养士。二十八年，令江南诸路学及各县学内，设立小学[8]，选老成之士教之，或自愿招师，或自受家学于父兄者，亦从其便。其他先儒过化之地，名贤经行之所，与好事之家出钱粟赡学者，并立为书院[9]。凡师儒之命于朝廷者，曰教授[10]，路府上中州置之。命于礼部及行省及宣慰司者[11]，曰学正、山长、学录、教谕[12]，路州县及书院置之。路设教授、学正、学录各一员，散府上中州设教授一员，下州设学正一员，县设教谕一员，书院设山长一员。中原州县学正、山长、学录、教谕，并受礼部付身[13]。各省所属州县学正、山长、学录、教谕，并受行省及宣慰司劄付[14]。凡路府州书院，设直学以掌钱谷[15]，从郡守及宪府官试补[16]。直学考满，又试所业十篇，升为学录、教谕。凡正、长、学录、教谕，或由集贤院及台宪等官举充之[17]。谕、录历两考，升正、长。正、长一考，升散府上中州教授。上中州教授又历一考，升路教授。教授之上，各省设提举二员[18]，正提举从五品，副提举从七品，提举凡学校之事。后改直学考满为州吏，例以下第举人充正、长，备榜举人充谕、录[19]，有荐举者，亦参用之。自京学及州县学以及书院，凡生徒之肄业于是者，守令举荐之，台宪考核之，或用为教官，或取为吏属，往往人材辈出矣。

[1] 太宗：即元太宗窝阔台（1186～1241）。参见元2注1。

[2] 设科取士：参见元2。

[3] 世祖：即元世祖忽必烈（1215～1294）。参见元2注4。中统二年：即公元1261年。中统，元世

祖忽必烈的第一个年号。

[4] 至元十九年：即公元 1282 年。至元，元世祖忽必烈的第二个年号。

[5] 云南诸路：元代云南行省辖三十七路、二府及诸部军民府等。参见元 14 注 6。先圣：即孔子。参见元 35 注 7。

[6] 德兴府：即奉圣州（治所在今河北涿鹿），后改保安州。《元史·地理一》："保安州（下），唐新州。辽改奉圣州。金为德兴府，元初因之。旧领永兴、缙山、怀来、矾山四县。至元二年，省矾山入永兴。三年，省缙山入怀来，仍改为奉圣州，隶宣德府。五年，复置缙山。延祐三年，以缙山、怀来仍隶大都。至元三年，以地震改保安州，领一县。"行宫：古代京城以外供皇帝出行时居住的宫室。

[7] 江南：元代江浙行省、湖广行省、江西行省属江南诸道行御史台（简称南台）监察。学田：旧时办学用的公田，以田地收益作为学校之基金。《宋史全文》卷六："庚辰，判国子监孙奭言：'知兖州日，于文宣王庙建立学舍以延生徒，自后养学者不减数百人。臣虽以俸钱赡之，然常不给，自臣去郡，恐渐废散。伏见杨光辅素有经行，望特迁一官，令于兖州讲书，仍给田十顷以为学粮。'从之。诸州给学田盖始此。"

[8] 小学：对儿童、少年实施初等教育的学校。始于西周。宋朱熹《大学章句序》："人生八岁，则自王公以下，至于庶人之子弟，皆入小学，而教之以洒扫、应对、进退之节，礼、乐、射、御、书、数之文。及其十有五年，则自天子之元子、众子以至公卿大夫、元士之嫡子与凡民之俊秀，皆入大学，而教之以穷理正心、修己治人之道。此又学校之教、大小之节所以分也。"

[9] 书院：宋代以及其后私人或官府设立的供人读书、讲学的处所，设有专人主持。宋代书院讲论经籍为主，有白鹿、石鼓（一说为嵩阳）、应天、岳麓四大书院。元代书院遍及各路、州、府。

[10] 教授：学官名。参见元 41 注 4。

[11] 礼部：官署名。参见元 9 注 3。行省：即"行中书省"，简称"行省"。参见元 9 注 2。宣慰司：即"宣慰使司"，元代地方官署名。参见元 9 注 4。

[12] 学正：学官名。参见元 41 注 5。山长：学官名，为书院之长。参见元 41 注 5。学录：学官名。参见元 42 注 6。教谕：学官名。参见元 42 注 6。

[13] 礼部：似当作"吏部"。《元典章新集·吏部·儒官》："除教授只受敕牒，学正受中书省劄付，学录、教谕并受吏部付身。"付身：古代的一种身份凭证。

[14] 劄付：古代官府上级给下级的公文。

[15] 直学：宋代学校中掌钱谷之事者，凡太学、宗学、武学以及地方州县学均设。元代路府州书院亦沿设。

[16] 郡守：宋代以后称知府一级的官员为郡守。宪府：御史台的别称。这里当指行御史台。

[17] 集贤院：官署名，秩从二品。元代至元二十年（1283）并归翰林国史院，二十二年复分立。置大学士、学士、直学士。掌提调学校、征求隐逸贤良等事，并领国子监、道教及阴阳、祭祀、占卜等事。元成宗、元武宗时一度置院使为长官。后省去，仍以大学士领之，以下设学士、侍读学士、侍讲学士、直学士、待制、修撰等官。下辖国子监、国子学、兴文署等。台宪：谓御史台、行御史台及其下属肃政廉访司等监察机构。

[18] 提举：即"提举学校官"。参见元 51 注 9。

[19] 备榜：即"副榜"。参见元 42 注 5。

53. 世祖中统二年夏五月 [1]，太医院使王猷言 [2]："医学久废，后进无所师授。窃恐朝廷一时取人，学非其传，为害甚大。"乃遣副使王安仁授以金牌 [3]，往诸路设立医学。其生员拟免本身检医差占等役 [4]，俟其学有所成，每月试以疑难，视其所对优劣，量加劝惩。后又定医学之制，设诸路提举纲维之 [5]。凡宫壸所需 [6]，省台所用 [7]，转入常调 [8]，可任亲民 [9]，其从太医院自迁转者，不得视此例，又以示仕途不可以杂进也。然太医院官既受宣命 [10]，皆同文武正官五品以上迁叙，馀以旧品职递升，子孙荫用同正班叙。其掌药 [11]，充都监、直长，充御药院副使，升至大使 [12]，考满依旧例于流官铨注 [13]。诸教授皆从太医院定拟，而各路主善亦拟同教授皆从九品 [14]。凡随朝太医，及医官子弟，及路府州县学官，并须试验。其各处名医所述医经文字，悉从考校。其诸药所产性味真伪，悉从辨验。其随路学校，每岁出降十三科疑难题目 [15]，具呈太医院，发下诸路医学，令生员依式习课医义，年终置簿解纳送本司，以定其优劣焉。

[1] 世祖：即元世祖忽必烈（1215~1294）。参见元2注4。中统二年：即公元1261年。中统，元世祖忽必烈的第一个年号。《学术研究》2006年第12期载赵树廷《〈元史·选举志〉勘误二则》一文有云："'中统二年夏五月'为'中统三年九月'之误。《元史》卷五《世祖志纪二》及《钦定续通志》卷五十八《元纪二·世祖纪一》均载：'中统三年……八月……丙午，立诸路医学教授。'中统三年九月颁布了设立医学的诏书。《元典章》卷三十二《学校二·设立医学》有诏书原文：'中统三年九月，……太医院大使王猷、副使王安仁奏告："医学久废，后进无所师受，设或朝廷取要医人，窃恐学不经师，深为利害。"……今差太医院副使王安仁悬带金牌，前去随路设立医学。……医学生员拟免本身检医差占等杂役，将来进学成就，别行定夺。每月试以疑难，亦所对优劣，量加惩劝。'可见，《元史·选举志一》的'中统二年夏五月'实为'中统三年九月'之误。"甚是。

[2] 太医院使：元代太医院官员。《元史·百官四》："太医院，秩正二品。掌医事，制奉御药物，领各属医职。中统元年，置宣差，提点太医院事，给银印。（至元）二十年，改为尚医监，秩正四品。二十二年，复为太医院，给银印，置提点四员，院使、副使、判官各二员。大德五年，升正二品，设官十六员。十一年，增院使二员。皇庆元年，增院使二员。二年，增院使一员。至治二年，定置院使一十二员，正二品；同知二员，正三品；金院二员，从三品；同金二员，正四品；院判二员，正五品；经历二员，从七品；都事二员，从七品；照磨兼承发架阁库一员，正八品；令史八人，译史二人，知印二人，通事二人，宣使七人。"下辖广惠司、御药院、御药局、行御药局、御香局、大都惠民局、上都惠民局、医学提举司等机构。王猷：生平不详。

[3] 副使：即"太医院副使"。王安仁：生平不详。金牌：即"金符"，又称"牌符"。蒙古与元朝之牌符有官员所佩与遣使所佩两种，这里当指后者。遣使牌符亦有两种，皇帝所遣使用虎头金牌，军务遣使为圆形铁牌。

[4] 检医差占：当系元代杂泛差役，内容待考。

[5] 纲维：维系，护持。

[6] 宫壸（kǔn捆）：帝王的后宫。这里指服务于后宫的太医院医官。

[7] 省台：中书省与御史台。这里泛指中央官署。

[8] 常调：按常规迁选官吏。

[9] 亲民：即"亲民官"。即各级地方行政长官。

[10] 宣命：皇帝的诏命。

[11] 掌药：元代徽政院下辖修合司药正司属官。《元史·百官五》："修合司药正司，秩从五品。达鲁花赤一员，副使、直长各二员，掌药六人。掌修合御用药饵。至治三年罢。"

[12] "充都监"三句：元代太医院下属御药院长官及属官。《元史·百官四》："御药院，秩从五品。掌受各路乡贡、诸蕃进献珍贵药品，修造汤煎。至元六年始置。达鲁花赤一员，从五品；大使二员，从五品；副使三员，正七品；直长一员，都监二员。"

[13] 流官：即地方官。因有任期而常流动，故称。

[14] 主善：语义不明。或本《尚书·商书·咸有一德》："德无常师，主善为师。"言可为医之师者。

[15] 十三科：元陶宗仪《南村辍耕录》卷十五《医科》："医有十三科，考之《圣济总录》：'大方脉、杂医科、小方脉科、风科、产科兼妇人杂病科、眼科、口齿兼咽喉科、正骨兼金镞科、疮肿科、针灸科、祝由科则通兼言。'"《明史·职官三》："凡医术十三科，医官、医士、医生，专科肄业：曰大方脉，曰小方脉，曰妇人，曰疮疡，曰针灸，曰眼，曰口齿，曰接骨，曰伤寒，曰咽喉，曰金镞，曰按摩，曰祝由。"

54. 世祖至元二十八年夏六月 [1]，始置诸路阴阳学 [2]。其在腹里、江南 [3]，若有通晓阴阳之人，各路官司详加取勘，依儒学、医学之例，每路设教授以训诲之。其有术数精通者 [4]，每岁录呈省府，赴都试验，果有异能，则于司天台内许令近侍 [5]。延祐初 [6]，令阴阳人依儒、医例，于路府州设教授一员，凡阴阳人皆管辖之，而上属于太史焉 [7]。

[1] 世祖：即元世祖忽必烈（1215~1294）。参见元2注4。至元二十八年：即公元1291年。至元，元世祖忽必烈的第二个年号。

[2] 阴阳学：参见元3注4。

[3] 腹里：参见元9注4。江南：参见元52注7。

[4] 术数：古代关于天文、历法、占卜的学问。

[5] 司天台：官署及学校名。元世祖初，沿金制设司天台，隶秘书监。至元十一年（1274），与回回司天台合并为一，仍依不同方法观象奏报。十二年，司天台招收生员，入台学习，免本身差役，三年一试，待缺录用。十五年，观象颁历之事属太史院。司天台成为专设的天文学校。延祐元年（1314），改称司天监。近侍：亲近帝王的侍从之人。

[6] 延祐：元仁宗爱育黎拔力八达的第二个年号（1314~1320）。

[7] 太史：即"太史院"，元代官署名。掌天文历数，负责观测天象，编制历书。元世祖至元十五年（1278）置。院使秩正二品。下设同知、金院、同金、院判等官。

55. 举遗逸以求隐迹之士，擢茂异以待非常之人。世祖中统间 [1]，征许衡 [2]，授怀孟路教官 [3]，诏于怀孟等处选子弟之俊秀者教育之。是年，又诏征金进士李冶 [4]，授翰林学士。征刘因为集贤学士 [5]，不至。又用平章咸宁王野仙荐 [6]，征

萧𣂏不起 [7]，即授陕西儒学提举 [8]。至元十八年 [9]，诏求前代圣贤之后，儒医卜筮 [10]，通晓天文历数，并山林隐逸之士。二十年，复召拜刘因右赞善大夫 [11]，辞，不允。未几以亲老，乞终养 [12]，俸给一无所受。后遣使授命于家，辞疾不起。二十八年，复诏求隐晦之士，俾有司具以名闻。成宗大德六年 [13]，征临川布衣吴澄 [14]，擢应奉翰林文字 [15]，拜命即归。九年，诏求山林间有德行文学、识治道者，遣使征萧𣂏，且曰："或不乐于仕，可试一来，与朕语而遣归。"至大三年 [16]，复召吴澄，拜国子司业 [17]，以病还；延祐三年 [18]，召拜集贤直学士 [19]，以疾不赴；至治三年 [20]，召拜翰林学士 [21]。武宗、仁宗累征萧𣂏 [22]，授集贤学士、国子司业 [23]，未赴，改集贤侍讲学士 [24]。又以太子右谕德征 [25]，始至京师，授集贤学士、国子祭酒，谕德如故 [26]。仁宗延祐七年十一月 [27]，诏曰："比岁设立科举，以取人材，尚虑高尚之士，晦迹丘园，无从可致。各处其有隐居行义、才德高迈、深明治道、不求闻达者，所在官司具姓名，牒报本道廉访司 [28]，覆奏察闻，以备录用。"又屡诏求言于下，使得进言于上，虽指斥时政，并无谴责，往往采择其言，任用其人，列诸庶位 [29]，以图治功。其他著书立言、裨益教化、启迪后人者，亦斟酌录用，著为常式云。

[1] 世祖：即元世祖忽必烈（1215～1294）。中统：元世祖忽必烈的第一个年号（1260～1264）。

[2] 许衡：参见元 2 注 6。

[3] 怀孟路：元宪宗七年（1257）改怀州置，治所在河内县（今河南沁阳）。延祐六年（1319）改置怀庆路。

[4] 李冶：本名治，字仁卿（1192～1279），号敬斋，金元之际真定栾城（今属河北）人。金末进士，任钧州（今河南禹县）知事。开兴元年（1232），钧州陷于蒙古，流落忻、崞（今山西忻县、原平一带）间。后为忽必烈召至潜邸，问治天下法，对以"立法度，正纪纲"。晚年居元氏（今属河北）封龙山下，聚徒讲学。至元二年（1265），再以翰林学士召，就职期月，以老病辞，卒于家。著有《敬斋文集》、《泛说》以及数学著作《测圆海镜》、《益古衍段》等。《元史》有传。

[5] 刘因：一名骃，字梦吉（1249～1293），元保定容城（今属河北）人。幼习程朱之学。至元十九年（1282），诏征为承德郎、右赞善大夫，未几以母病辞归；二十八年再以集贤学士、嘉议大夫征召，以疾固辞。著述以终，谥文靖。著有《四书精要》、《静修集》。《元史》有传。

[6] 平章：即"平章政事"，简称"平章"。这里当指行省的平章政事。参见元 41 注 2。咸宁：金改樊川县置，治所在今陕西西安。王野仙：生平不详。据元同恕《榘庵集》卷十五《元故奉议大夫太子左赞善榘庵先生同公行状》，至元三十一年（1294），王野仙在陕西行省平章政事任上。

[7] 萧𣂏（jū 居）：字惟斗（1241～1318），一字维斗，号勤斋，元奉元路咸宁（今陕西西安）人。隐居读书三十年。大德初，授陕西儒学提举，不赴，又授集贤直学士、国子司业、集贤侍读学士，皆不就。大德十一年（1307），召为太子右谕德，次年，授集贤学士、国子祭酒，不久辞归。致力于理学传授，于小学研究尤深。著有《勤斋集》。《元史》有传。

[8] 儒学提举：参见元 51 注 9。

[9] 至元十八年：即公元 1281 年。至元，元世祖忽必烈的第二个年号。

［10］儒医：旧时称儒生之行医者。卜筮（shì 世）：以占卜算卦为业者。

［11］右赞善大夫：辅佐太子的东宫官。

［12］终养：奉养父母，以终其天年。多指辞官归家以奉养年老亲人。

［13］成宗：即元成宗铁穆耳（1265～1307）。参见元8注3。大德六年：即公元1302年。大德，元成宗铁穆耳的第二个年号。

［14］临川：今江西抚州。吴澄：字幼清（1249～1333），晚字伯清。元抚州崇仁（今属江西）人。宋咸淳间举进士不中，归乡讲学，学者称草庐先生。元至元二十三年（1286），程钜夫奉诏求贤江南，随之入京，以母老辞归。大德末，除江西儒学副提举，寻以疾辞归。至大间，召为国子监丞，皇庆元年（1312）升国子司业，又辞归。至治三年（1323）迁翰林学士。泰定间，以经筵讲官主持撰修《英宗实录》，事毕南归。研讨理学。卒封临川郡公，谥文正。著有《草庐精语》及《吴文正公集》。《元史》有传。

［15］应奉翰林文字：元代翰林兼国史院、蒙古翰林院属官，各二员，秩从七品。

［16］至大三年：即公元1310年。至大，元武宗海山的年号。

［17］国子司业：国子监属官，二员，秩正五品。

［18］延祐三年：即公元1316年。延祐，元仁宗爱育黎拔力八达的第二个年号。

［19］集贤直学士：元代集贤院属官，二员，秩从四品。

［20］至治三年：即公元1323年。至治，元英宗硕德八剌的年号。

［21］翰林学士：元代翰林院兼国史院、蒙古翰林院官员，皆定置二员，秩正二品，低于承旨。

［22］武宗：即元武宗海山（1281～1311）。参见元8注3。仁宗：即元仁宗爱育黎拔力八达（1285～1320）。参见元2注7。

［23］集贤学士：元代集贤院官员，仅低于长官集贤大学士。定置二员，秩正二品。

［24］集贤侍讲学士：元代集贤院属官，定置一员，秩从三品。

［25］太子右谕德：辅佐太子的东宫官。

［26］国子祭酒：元代国子监长官，一员，秩从三品。掌国子学教令。

［27］延祐七年：即公元1320年。延祐，元仁宗爱育黎拔力八达的第二个年号。

［28］牒报：行文通报。廉访司：即"肃政廉访司"，元代官署名。参见元8注14。

［29］庶位：众官。语本《尚书·说命下》："惟说式克钦承，旁招俊乂，列于庶位。"

56. 童子举 [1]，唐、宋始著于科，然亦无常员。成宗大德三年 [2]，举童子杨山童、海童 [3]。五年，大都提举学校所举安西路张秦山 [4]，江浙行省举张升甫 [5]。武宗至大元年 [6]，举武福安 [7]。仁宗延祐三年 [8]，江浙行省举俞傅孙、冯怙哥 [9]。六年，河南路举张答罕 [10]，学士完者不花举丁顽顽 [11]。七年，河间县举杜山童 [12]，大兴县举陈聃 [13]。英宗至治元年 [14]，福州路连江县举陈元麟 [15]。至治三年，河南行省举张英 [16]。泰定四年 [17]，福州举叶留畊 [18]。文宗天历二年 [19]，举杜凤灵 [20]。至顺二年 [21]，制举答不歹子买来的 [22]。皆以其天资颖悟，超出儿辈，或能默诵经文，书写大字，或能缀缉辞章，讲说经史，并令入国子学教育之。惟张秦山尤精篆籀 [23]，陈元麟能通性理，叶留畊问以《四书》大义 [24]，则对曰："无过事父母能竭其力，事君能致其身 [25]。"时人以远大期之。

[1] 童子举：即"童子科"。唐宋时为十岁或十五岁以下儿童所设考试科目。元马端临《文献通考》卷三十五："唐有童子科，凡十岁以下，能通一经及《孝经》、《论语》，每卷诵文十通者，予官；通七者，与出身。"参见唐1注16，宋2注6。

[2] 成宗：即元成宗铁穆耳（1265～1307）。参见元8注3。大德三年：即公元1299年。大德，元成宗铁穆耳的第二个年号。

[3] 杨山童：生平不详。海童：生平不详。

[4] 大都提举学校所：即"大都路提举学校所"。《元史·百官六》："大都路提举学校所，秩正六品。提举一员，教授二员，学正二员，学录一员。至元二十四年，既立国学，以故孔子庙为京学，而提举学事者，仍以国子祭酒系衔。"安西路：元代属陕西行省。《元史·地理三》："元中统三年，立陕西四川行省，治京兆。至元初，并云阳县入泾阳，栎阳县入临潼，终南县入盩厔。十六年，改京兆为安西路总管府。"参见元14注2。张秦山：据元胡助《纯白斋类稿》卷二十《上京纪行诗序》，张秦山曾官翰林经历。馀不详。

[5] 江浙行省：元代地方建置。参见元14注9。张升甫：生平不详。

[6] 武宗：即元武宗海山（1281～1311）。参见元8注3。至大元年：即公元1308年。至大，元武宗海山的年号。

[7] 武福安：生平不详。

[8] 仁宗：即元仁宗爱育黎拔力八达（1285～1320）。参见元2注7。延祐三年：即公元1316年。延祐，元仁宗爱育黎拔力八达的第二个年号。

[9] 俞傅孙：生平不详。冯怙哥：生平不详。

[10] 河南路：元改河南府置，隶于河南行省，治所洛阳（今属河南）。《元史·地理二》："河南府路，唐初为洛州，后改河南府，又改东京。宋为西京。金为中京金昌府。元初为河南府，府治即周之王城。旧领洛阳、宜阳、永宁、登封、巩、偃师、孟津、新安、渑池九县，后割渑池隶陕州。户九千五百二，口六万五千七百五十一（壬子年数）。领司一、县八、州一。州领四县。"张答罕：生平不详。

[11] 完者不花：或作"鄂勒哲布哈"（？～1339）。历官翰林侍读学士、知制诰、同修国史、中书右丞、廉访使。丁顽顽：生平不详。

[12] 河间县：元代属河间路，今属河北。杜山童：生平不详。

[13] 大兴县：元代属大都路，今属北京市。陈聃：生平不详。

[14] 英宗：即元英宗硕德八剌（1303～1323），元仁宗爱育黎拔力八达子。延祐七年（1320）即帝位，次年改元至治。在位三年，在上都为人刺死。蒙古语尊号格坚皇帝，庙号英宗。至治元年：即公元1321年。至治，元英宗硕德八剌的年号。

[15] 福州路：元代属江浙行省。治所在侯官、闽县（今属福建福州）。连江县：元代辖于福州路，今属福建。陈元麟：生平不详。早逝。元陈旅《安雅堂集》卷三有《哭陈云麟》诗。

[16] 河南行省：参见元14注1。张英：生平不详。

[17] 泰定四年：即公元1327年。泰定，元泰定帝也孙铁木儿的第一个年号。

[18] 叶留畊：生平不详。

[19] 文宗：即元文宗图帖睦尔（1304～1332）。参见元50注8。天历二年：即公元1329年。天历，元文宗图帖睦尔的第一个年号。

[20] 杜夙灵：生平不详。

［21］ 至顺二年：即公元 1331 年。至顺，元文宗图帖睦尔的第二个年号。

［22］ 制举：即由皇帝亲诏临时举行的科举考试，又称制科。参见唐 1 注 22。答不歹：或作"塔卜台"，生平不详。买来的：生平不详。

［23］ 篆籀（zhòu 昼）：篆文与籀文。籀文与篆文近似，字体多重叠，今存之石鼓文即其代表。

［24］ 四书：参见元 49 注 4。

［25］ "无过"二句：语本《论语·学而》："子夏曰：'贤贤易色；事父母，能竭其力；事君，能致其身；与朋友交，言而有信。虽曰未学，吾必谓之学矣。"

《元史》

卷八十二　志第三十二

选举二

铨法上

57. 凡怯薛出身 [1]：元初用左右宿卫为心膂爪牙 [2]，故四怯薛子孙世为宿卫之长，使得自举其属。诸怯薛岁久被遇，常加显擢，惟长官荐用，则有定制。至元二十年议 [3]："久侍禁闼、门地崇高者 [4]，初受朝命散官 [5]，减职事一等 [6]，否则量减二等。"至大四年 [7]，诏蒙古人降一等，色目人降二等，汉人降三等。

[1] 怯薛：即"宿卫"。参见元 3 注 10。
[2] "元初"句：《元史·兵二》："宿卫者，天子之禁兵也。元制，宿卫诸军在内，而镇戍诸军在外，内外相维，以制轻重之势，亦一代之良法哉。方太祖时，以木华黎、赤老温、博尔忽、博尔术为四怯薛，领怯薛歹分番宿卫。及世祖时，又设五卫，以象五方，始有侍卫亲军之属，置都指挥使以领之。而其后增置改易，于是禁兵之设，殆不止于前矣。"心膂爪牙：比喻亲信得力之人。《三国志·吴志·周瑜传》："入作心膂，出为爪牙。"
[3] 至元二十年：即公元 1283 年。至元，元世祖忽必烈的第二个年号。
[4] 禁闼：宫廷门户。这里即指宫廷内部。
[5] 朝命：朝廷任命的。散官：与"职事官"相对，无职务者为散官。方龄贵《通制条格校注》卷六《选举》注"散官"引《史学指南·官品》云："谓无执掌者。自一品至九品，凡一十八等。开府以下，荣禄大夫以上，文武并同。资德大夫以下，将仕佐郎以上，为文散官。龙虎卫上将军以下，进义副尉以上，为武散官。"
[6] 职事：实际所任的职务。
[7] 至大四年：即公元 1311 年。至大，元武宗海山的年号。

58. 凡台宪选用 [1]：大德元年 [2]，省议："台官旧无选法，俱于民职选取 [3]，后互相保选，省、台各为一选。宜令台官，幕官听自选择 [4]，惟廉访司官 [5]，则省、台共选。若台官于省部选人，则与省官共议之；省官于台宪选人，亦与台官共议之。"至元八年 [6]，定监察御史任满 [7]，在职无异政 [8]，元系七品以下者例加一等，六品以上者升擢。其有不顾权势，弹劾非违，及利国便民者，别议升除。或有不称者，斟酌铨注。

[1] 台宪：谓御史台、行御史台及其下属肃政廉访司等监察机构。清汪辉祖《元史本证》二十八《选举志二》："《铨法上》。凡宪台选用。案《纪》后至元三年，'诏：省、院、台、部、宣慰司、廉访司及部府幕官之长，并用蒙古、色目人。'"可参考。

[2] 大德元年：即公元 1297 年。大德，元成宗铁穆耳的第二个年号。

[3] 民职：当谓临民之官职，与"军职"相对。参见元 61 注 4。

[4] 幕官：即"幕职官"。宋代称地方长官的僚属为幕职官，如节度、观察推官、司理、司法、司户参军等。《金史·百官一》："判官、推官、掌书记、主簿、县尉为幕职官。"可参考。

[5] 廉访司官：参见元 8 注 14。

[6] 至元八年：即公元 1271 年。至元，元世祖忽必烈的第二个年号。

[7] 监察御史：官名，御史台官员。参见元 8 注 14。

[8] 异政：这里当指不合规范的政令措施。

59. 凡选举守令 [1]：至元八年 [2]，诏以户口增、田野辟、词讼简、盗贼息、赋役均五事备者 [3]，为上选。九年，以五事备者为上选，升一等。四事备者，减一资 [4]。三事有成者为中选，依常例迁转。四事不备者，添一资。五事俱不举者，黜降一等。二十三年，诏："劝课农桑，克勤奉职者，以次升奖。其怠于事者，答罢之。"二十八年，诏："路府州县，除达鲁花赤外 [5]，长官并宜选用汉人素有声望，及勋臣故家，并儒吏出身，资品相应者，佐贰官遴选色目、汉人参用，庶期于政平讼理，民安盗息，而五事备矣。"

[1] 守令：州郡守与县令等。清汪辉祖《元史本证》二十八《选举志二》："凡选举守令。案《纪》至正四年，'诏：定守令黜陟之法，六事备者升一等，四事备者减一资，三事备者平选，六事俱不备者降一等。'"可参考。

[2] 至元八年：即公元 1271 年。至元，元世祖忽必烈的第二个年号。

[3] 五事：元代考察官吏的五项内容。方龄贵《通制条格校注》卷六《选举》注"五事"引《吏学指南·五事》："户口增：'谓生齿之最，民籍益增，进丁入老，批注收落，不失其实，若有流离，而能招诱复业者。'田野辟：'谓劝课之最，农桑垦殖，水利兴修者。'词讼简：'谓治事之最，听断详明，讼无停留，狱无冤滞者。'盗贼息：'谓抚养之最，屏除奸盗，人获安居者。'赋役平：'谓理财之最，取办有法，催科不扰者。'"

[4] 减一资：或称"减一资历"。一资即一考，减少一考即提前升迁之谓。下文"添一资"，或作"增一资"，推延一考之谓，意谓升迁推后。

[5] 达鲁花赤：蒙古语，意为"镇守者"，汉译"宣差"。蒙、元官名。蒙古在征服许多国家、民族后，于中原、中亚、西南亚、东欧各主要地区、城镇、非蒙古军队，皆置达鲁花赤监治，掌握实

权。元朝建立后，于路、府、州、县录事司及南方少数民族地区长官司皆设此职。安抚司兼管军民，多数亦设。其他各族军队在元帅府、万户府、千户所皆设此职，以监军务。宝钞库、运粮提举司等重要官署、各大寺院总管府、营缮司、皇室及各投下所属人匠总管府官衙，亦设达鲁花赤。各投下达鲁花赤由各该诸王驸马以陪臣充任。元世祖至元二年（1265）规定，各路达鲁花赤必须由蒙古人或个别出身高贵的色目人担任，汉人、南人一律不得任此职。

60. 凡进用武官：至元十五年 [1]，诏："军官有功而升职者，旧以其子弟袭职，阵亡者许令承袭，若罢去者，以有功者代之。"十七年，诏："渡江总把、百户有功升迁者 [2]，总把依千户降等承袭，百户无递降职名，则从其本等。"十九年，奏拟 [3]："万户、千户、百户物故 [4]，视其子孙堪承袭者，依例承袭外，都元帅、招讨使、总管、总把 [5]，视其子孙堪承袭者，止令管其元军。元帅、招讨子孙为万户，总管子孙为千户，总把子孙为百户，给元佩金银符 [6]。病故者降等，惟阵亡者本等承袭。"

[1] 至元十五年：即公元 1278 年。清汪辉祖《元史本证》二十八《选举志二》："凡进用武官。案《纪》至元二十一年，'定拟军官格例，以河西、回回、畏吾儿等依各官品充万户府达鲁花赤，同蒙古人；女直、契丹同汉人。若女直、契丹生西北不通汉语者，同蒙古人；女直生长汉地，同汉人。'"可参考。

[2] 渡江：谓灭南宋。《元史·兵志一》："世祖即位，平川蜀，下荆襄，继命大将帅师渡江，尽取南宋之地，天下遂定于一，岂非盛哉！"总把百户：元代武官。《元史·兵志一》："考之国初，典兵之官，视兵数多寡为爵秩崇卑。长万夫者为万户，千夫者为千户，百夫者为百户。世祖时，颇修官制，内立五卫以总宿卫诸军，卫设亲军都指挥使，外则万户之下置总管，千户之下置总把，百户之下置弹压，立枢密院以总之。"

[3] 奏拟：向帝王进奏有关事务之处理意见。

[4] 物故：死亡。

[5] 都元帅：金代都元帅府的最高长官，秩从一品。元代初年诸将仍沿用此称，无定制。元世祖以后，置宣慰使兼都元帅府，以宣慰使兼都元帅，秩从二品；北庭、曲先塔林、蒙古军、征东等都元帅府，置都元帅一至三员。招讨使：元代统治边境地区的军事行政机构招讨司长官（达鲁花赤、招讨使、经历或招讨使、副使、经历）之一，秩正三品。总管：元代官名。大都路与上都路设都总管府，长官为都总管；其他诸路设总管府，长官为总管。上路秩正三品，下路秩从三品，管理民政。各路总管兼管劝农事，江北诸路另兼诸军奥鲁。宫廷、兵部、工部等设有各种总管府，分别管理诸色人户、长官为都总管或总管，品秩由正三品至从四品不等。

[6] 金银符：即"牌符"。元代官员佩带的牌子有虎头金牌、平金牌（一称素金牌）、平银牌，分别授予品级不同的万户、千户、百户各级军官。参见元 53 注 3。

61. 二十一年 [1]，诏："万户、千户、百户分上中下三等，定立条格，通行迁转。以三年为满，理算资考 [2]，升加品级。若年老病故者，令其子弟依例荫叙。"是年，以旧制父子相继，管领元军，不设蒙古军官，故定立资考，三年为满，通行迁转。后各翼大小军官俱设蒙古军官 [3]，又兼调遣征进，俱已离翼，难与民官一体迁转荫叙[4]，合将万户、千户镇抚自奏准日为始[5]，以三年为满，通行迁转。百户以下，不拘此例。凡军官征战有功过者，验实迹升降。又定蒙古奥鲁官[6]，大翼万户下设奥鲁总管府，从四品。小翼万户下设奥鲁官，从五品。各千户奥鲁，亦设奥鲁官，受院劄[7]。各千户奥鲁，不及一千户者，或二百户、三百户，以远就近，以小就大，合并为千户翼奥鲁官，受院劄。若干碍投下[8]，难以合并，宜再议之。又定首领官受敕牒[9]，元帅、招讨司经历、知事[10]，就充万户府经历、知事，换降敕牒，如元翼该革，别与迁除。若王令旨、并行省劄付、枢密院劄付经历[11]，充中、下万户府知事。行省诸司劄付，充提领案牍[12]，并各翼万户自设经历、知事，一例俱作提控案牍，受院劄。

[1] 二十一年：即至元二十一年（1284）。

[2] 资考：资格和考绩。

[3] 翼：元代的军事编制名。《元史·兵志二》："（中统）二十二年二月，诏改江淮、江西元帅招讨司为上、中、下三万户府，蒙古、汉人、新附诸军，相参作三十七翼。上万户：宿州、蕲县、真定、沂郯、益都、高邮、沿海，七翼。中万户：枣阳、十字路、邳州、邓州、杭州、怀州、孟州、真州，八翼。下万户：常州、镇江、颍州、庐州、亳州、安庆、江阴水军、益都新军、湖州、淮安、寿春、扬州、泰州、弩手、保甲、处州、上都新军、黄州、安丰、松江、镇江水军、建康，二十二翼。每翼设达鲁花赤、万户、副万户各一人，以隶所在行院。"

[4] 民官：主持民政的官吏，与"军官"相对。《元典章·吏部二·承荫》："今后莫若将阵亡民官与军官一体承袭。"参见元58注3。荫（yìn窨）叙：根据先辈功业大小，给予不同等级的荫封。

[5] 镇抚：元代镇抚司长官或各卫镇抚所长官。元代万户府所辖官署称镇抚司，置镇抚二员，蒙古、汉人参用。上万户府秩正五品，中万户府秩从五品，俱金牌；下万户府秩正六品，银牌。元代各卫下镇抚所，各有镇抚二员，下辖行军千户所、弩军千户所、屯田左右千户所等，皆秩正五品。参见《元史·百官二》。中华书局整理本将"千户镇抚"用顿号点断，改修饰关系为并列关系，似有误。

[6] 奥鲁：蒙古语，意为"老小营"。蒙古军出征，置老小辎重于后方，称奥鲁。占领中原后，置奥鲁官（蒙古语：奥鲁赤），凡军户皆归奥鲁官府管领，不受路府州县统辖。元世祖至元元年（1264）以后，逐渐撤销奥鲁官，改由地方官长兼领诸军奥鲁管领军户，只有部分蒙古军和色目军保留奥鲁官。

[7] 院劄：枢密院下行公文。宋赵升《朝野类要》卷三《堂除》："都堂奏差者也。武臣即经枢密院专差员阙，则曰枢密院劄子，或枢密院奏云。"可参考。

[8] 投下：元代诸王、驸马、勋臣所属的人户。参见元3注20。

[9] 首领官：掌管案牍，管辖吏员，协助长官处理政务的官员的通称。金、元遍设于各级衙门，包括经历、都事、主事、知事、典簿、照磨、管勾（以上为秩从五品至九品）、提控案牍、都目、吏目、典史（以上为流外职）等职，多由吏员担任。敕牒：授官的文书，即委任状。

[10] 元帅：这里谓元帅府。元代于边地置都元帅、元帅，设元帅府，以达鲁花赤、元帅为府主，统领边区地方军政诸事。招讨司：参见元60注5。经历：首领官名，为首领官之长。职掌衙门案牍与管辖吏员，处理官府日常事务。元代枢密院、行御史台、行枢密院、宣慰司、肃政廉访、

诸路总管府均设经历，秩从五品至七品不等，多由吏员担任。御史台另置蒙古经历一名，职掌蒙古文字案牍。元顺帝初年规定，经历必须由蒙古、色目人担任。知事：首领官名。元代设于肃政廉访司、诸路总管府等官府的首领官。职掌案牍与管辖吏员，为经历之副职。散府、上州的知事，位在提控案牍之上，多由吏员升任。

[11] 令旨：宋元时代称太子的命令。宋岳珂《愧郯录·圣旨教令之别》："国朝所司承旨之别：乘舆称圣旨，中宫称教旨，储闱称令旨。"行省劄付：行中书省下行公文任命。枢密院：元代军政官署。《元史·百官二》："枢密院，秩从一品。掌天下兵甲机密之务。凡宫禁宿卫，边庭军翼。征讨戍守，简阅差遣，举功转官，节制调度，无不由之。世祖中统四年，置枢密副使二员、金书枢密事一员。至元七年，置同知枢密院事一员、院判一员。二十八年，始置知院一员，增院判一员，又以中书平章商量院事。大德十年，增置知院二员、同知五员、副枢五员、金院五员、同金三员、院判二员。至大三年，知院七员，同知二员，副枢二员，金院一员，同金一员，院判二员，革去议事平章。延祐四年，以分镇北边，增知院一员。五年，增同知一员。后定置知院六员，从一品；同知四员，正二品；副枢二员，从二品；金院二员，正三品；同金二员，正四品；院判二员，正五品；参议二员，正五品；经历二员，从五品；都事四员，正七品；承发兼照磨二员，正八品；架阁库管勾一员，正九品；同管勾一员，从九品；掾史一十四人，译史一十四人，通事三人，司印二人，宣使一十九人，铨写二人，蒙古书写二人，典吏一十七人，院医二人。"

[12] 提领案牍：即"提控案牍"。元代首领官名，掌衙门文书等事。设于府、上中州等官府者为专职，设于路总管府和肃政廉访司者为兼职。多由书吏和都目升任。属流外职。

62. 又议："随朝各卫千户镇抚所提控案牍 [1]，已拟受院劄，外任千户镇抚所提控案牍 [2]，合从行省许准 [3]，受万户府付身 [4]。"二十四年 [5]，诏："诸求袭其父兄之职者，宜察其人而用之。凡旧臣勋阀及有战功者 [6]，其子弟当先任以小职，若果有能，则大用之。"二十五年，军官阵亡者，本等承袭，病故者，降二等。虽阵亡，其子弟无能，勿用。虽病故，其子弟果能，不必降等，于本等用之。大德四年 [7]，以上都虎贲司并武卫内万户、千户、百户达鲁花赤亡殁 [8]，而无奏准承袭定例，似为偏负 [9]。今后各翼达鲁花赤亡殁，宜察其子弟有能者用之，无能则止。

[1] 随朝各卫：元世祖中统三年（1262）以后，由侍卫亲军陆续改立的左卫、中卫、右卫、前卫、后卫等，《元史·兵志二》："掌宿卫扈从。兼屯田，国有大事，则调度之。"千户镇抚所：参见元 61 注 5。

[2] 外任千户镇抚所：元代个别地方所设镇抚所。《元史·百官八》："宣化镇南五路军民府。至正十五年四月，命于四川置立提调军民镇抚所、蛮夷军民千户所。"

[3] 行省：即"行中书省"。

[4] 万户府：蒙古成吉思汗建国时封授右、左、中三万户，分领所属军民，蒙古语作"土绵"。元代承袭，成为军制。中书及外路皆设万户，子孙承袭。设万户府统千户所，置万户一员。付身：古代的一种身份凭证。

[5] 二十四年：即至元二十四年（1287）。

[6] 勋阀：建立过功勋的家族。

[7] 大德四年：即公元 1300 年。大德，元成宗铁穆耳的第二个年号。

[8] 上都虎贲司：即"虎贲亲军都指挥使司"。元代京城侍卫军中一支的指挥机构。元世祖至元十六年（1279）立虎贲军，元成宗元贞三年（1297）改为虎贲亲军都指挥使司，秩正三品，管领上都路元籍军人，兼领奥鲁事务。领以都指挥使、副使、佥事。辖下千户所六翼。武卫：即"武卫亲军都指挥使司"。元代枢密院所属京城侍卫军组织。掌修治城隍及京师内外工役，兼大都屯田等事。元世祖至元二十六年（1289）置，秩正三品，置都指挥使领之。定置达鲁花赤一员、都指挥使三员，秩皆正三品；副都指挥使二员，秩从三品；佥事二员，秩正四品。下辖镇抚所、行军千户所七、屯田千户所六，教官二名。

[9] 偏负：待遇不公正。

63. 五年[1]，诏："军官有不赴任者，有患病因事不行者，有已赴任、被差委而出、公事已办为私事称故不回者，今后宜限以六月。越限者以他人代之，期年后以他职授之[2]。"十一年，诏："色目镇抚已殁[3]，其子有能，依例用之。子幼，则取其兄弟之子有能者用之，俟其子长，即以其职还之。"至大二年[4]，议："各卫翼首领官[5]，至经历以上[6]，不得升除，似与官军一体，其子孙乃不得承袭。今后年逾七十，而散官至正从四品者[7]，宜正从五品军官内任用。"四年，诏："军官有故，令其嫡长子[8]，亡殁，令嫡长孙为之。嫡长孙亡殁，则令嫡长孙之嫡长子为之。若嫡长俱无，则以其兄弟之子相应者为之。"

[1] 五年：即大德五年（1301）。

[2] 期（jī机）年：一年。

[3] 镇抚：参见元61注5。

[4] 至大二年：即公元 1309 年。至大，元武宗海山的年号。

[5] 卫翼：卫与翼。参见元62注1，元61注3。首领官：参见元61注9。

[6] 经历：首领官名。参见元61注10。

[7] 散官：与"职事官"相对，无职务者为散官。参见元57注5。

[8] 令其嫡长子：中华书局整理本校勘记云："按此下有脱文。道光本补'继，嫡长子'四字。《新元史》补'为之，嫡长子'五字。"可参考。

64. 太禧院[1]。天历元年[2]，罢会福、殊祥二院而立之[3]，秩正二品[4]。其所辖诸司，则从其擢用。

[1] 太禧院：即"太禧宗禋院"，元代掌祭祀之官署名。元文宗天历元年（1328）合并会福、殊祥二院，置太禧院。次年，改名太禧宗禋院，秩从一品，掌神御殿朔望岁时讳忌日辰禋享礼典。官长为院使。下设同知、副使、佥院、同佥、院判等官。下辖隆禧总管府、会福总管府、崇祥总管府、隆祥使司、寿福总管府等机构。元顺帝至元六年（1340）十二月撤罢。

[2] 天历元年：即公元 1328 年。天历，元文宗图帖睦尔的第一个年号。

[3] 会福：即"会福院"，元代官署名，奉祖宗神御殿。元武宗至大元年（1308），以护国仁王寺、昭应宫规运都总管府升，秩从二品。置院使五员。天历元年罢，改会福总管府，隶太禧院。殊祥：即"殊祥院"，与会福院功用、品秩略同。参见元189注3。

[4] 秩正二品：《元史·百官三》："太禧宗禋院，秩从一品。"《元史·祭祀四》："旧有崇福、殊祥二院，奉影堂祀事，乃改为泰禧院。（天历）二年又改为太禧宗禋院，秩二品。"未知孰是。

65. 宣徽院 [1]。皇庆二年 [2]，省臣奏："其所辖仓库、屯田官员 [3]，半由都省 [4]，半由本院用之。"奉旨，宜俱从省臣用之。

[1] 宣徽院：官署名。元代宣徽院掌供御食、宴享宾客及诸王宿卫、怯怜口粮食，蒙古万户、千户合纳差发，系官抽分，岁支牧畜草粟，羊马价值，收受阑遗等事。秩正三品，屡升从一品。长官为院使，下设同知宣徽院事、宣徽院副使、签宣徽院事、同签宣徽院事、院判等官。下领光禄寺、大都尚饮局、上都尚饮局、上都尚酝局、尚珍署、尚舍寺，尚食局、阑遗监等机构。元代宣徽院与前代职掌有异，祭祀礼仪分属太禧宗禋院及太常礼仪院，朝会封册、外国觐见属礼部侍仪司，接待各族朝贡属会同馆。

[2] 皇庆二年：即公元1313年。皇庆，元仁宗的第一个年号。

[3] 仓库屯田官员：据《元史·百官三》，宣徽院下领诸仓如大都醴源仓、上都醴源仓、大都生料库、上都生料库、大都柴炭局、上都柴炭局、永备仓、丰储仓以及淮东淮西屯田打捕总管府等，官员品秩各有不同。

[4] 都省：谓中书省。

66. 中政院 [1]。至大四年言 [2]："诸司钱粮选法 [3]，悉令中书省掌之，可更选人任用，移文中书 [4]，给降宣敕 [5]。"延祐七年 [6]，院臣启："皇后位下中政院用人 [7]，奉懿旨 [8]，依枢密院、御史台等例行之。"

[1] 中政院：元官署名。掌皇后中宫财赋、营建、供给及宿卫士和分地人户等事。元成宗元贞二年（1296）置中御府，大德四年（1311）并入典内院，元仁宗皇庆二年（1313）复为中政院。院使秩正二品。下设同知、金院、同签、院判等官。下辖中瑞司、内正司、翊正司、典饮局、江浙等处财赋都总管府、辽阳等处金银铁冶都提举司、宝昌库、奉宸库、广禧库、及一些地方的打捕鹰房民匠总管府及金银场提领所多处。

[2] 至大四年：即公元1311年。至大，元武宗海山的年号。

[3] 诸司钱粮：谓掌"钱粮造作"之翊正司等官署的官员。《元史·百官四》："翊正司，秩正三品。令五员，正三品；丞四员，正四品；典簿二员，从七品；照磨一员，从八品；译史二人，令史六人，知印二人，通事、奏差、典吏各二人。掌怯怜口民匠五千馀户，岁办钱粮造作，以供公上。"又："管领大都等路打捕民匠等户总管府，秩正三品。达鲁花赤一员，总管一员，正三品；同知一员，正五品；副总管二员，从五品；经历一员，从七品；知事一员，从八品；提控案牍一员，照磨一员，译史一人，令史四人，奏差二人。掌钱粮造作之事。"

[4] 移文：古代不相统属的官署之间的公文往来，属于平行文书。

[5] 宣敕：宣与敕，为国家任命或调遣官员的正式文书。《元史·选举三》："凡迁官之法：从七以下属吏部，正七以上属中书，三品以上非有司所与夺，由中书取进止。自六品至九品为敕授，则中书牒署之。自一品至五品为宣授，则以制命之。"参见宋288注10，元140。明叶子奇《草木子·杂制》："元之宣敕皆用纸。一品至五品为宣，色以白；六品至九品为敕，色以赤。虽异乎古之诰敕用织绫，亦甚简古而费约，可尚也。"

[6] 延祐七年：即公元1320年。延祐，元仁宗爱育黎拔力八达的第二个年号。

[7] 位下：元代对皇室的后妃、诸王、公主等贵戚的称呼。

[8] 懿旨：古代用以称皇后、皇太后或皇妃、公主等的命令。

67. 直省舍人[1]，内则侍相臣之兴居[2]，外则传省闼之命令[3]，选宿卫及勋臣子弟为之[4]。又择其高等二人，专掌奏事。至元二十五年[5]，省臣奏："其充是职者，俾受宣命[6]。"大德八年[7]，拟历六十月者，始令从政。

[1] 直省舍人：元代中书省属官，掌奏事、给使差遣。至元七年（1270）始置，初为二员，后增至三十三员。

[2] 相臣：谓宰相等大臣。兴居：谓日常生活，犹言起居。

[3] 省闼：宫中，禁中。又称"禁闼"。古代中央政府诸省设于禁中，后因作中央政府之代称。

[4] 宿卫：参见元3注10。

[5] 至元二十五年：即公元1288年。至元，元世祖忽必烈的第二个年号。

[6] 宣命：皇帝之诏命。参见元66注5。

[7] 大德八年：即公元1304年。大德，元成宗铁穆耳的第二个年号。

68. 凡礼仪诸职：有太常寺检讨[1]，至元十三年[2]，拟历一百月，除从八品。有御史台殿中司知班[3]，十五年，拟历九十月，除正八品。有通事舍人[4]，二十年，议："从本司选已入流品职官为之[5]，考满验应得资品，升一等迁用。未入流官人员，拟充侍仪舍人[6]，受中书省劄[7]，一考除从九品。"三十年，议："于二品、三品官子内选用，不限荫叙，两考从七品迁叙。"有侍仪舍人，三十年，议："于四品、五品官子内选用，不限荫叙，一考从九品。"

[1] 太常寺：即"太常礼仪院"。《元史·百官四》："太常礼仪院，秩正二品。掌大礼乐、祭享宗庙社稷、封赠谥号等事。中统元年，中都立太常寺，设寺丞一员。至元二年，翰林兼摄太常寺。九年，立太常寺，设卿一员，秩正三品；少卿以下五员，品秩有差。十三年，省并衙门，以侍仪司并入太常寺。十四年，增博士一员。十六年，又增法物库子，掌公服法服之藏。二十年，升正三品，别置侍仪司。至大元年，改升院，设官十二员，正二品。四年，复为太常寺，正三品。延祐元年，复改升院，正二品，以大司徒领之。七年，降从二品。天历二年，复升正二品，定置院使二员，正二品；同知二员，正三品；佥院二员，从三品；同佥二员，正四品；院判二员，正五品；经历一员，从五品；都事一员，从七品；照磨兼管勾承发架阁一员，正八品。属官：博士二员，正七品；奉礼郎二员，奉礼兼检讨一员，并从八品；协律郎二员，从八品；太祝十员，从八

品；礼直管勾一员，从九品；令史四人，通事、知印、译史各二人，宣使四人，典吏三人。"检讨：即"奉礼兼检讨"。

[2] 至元十三年：即公元 1276 年。至元，元世祖忽必烈的第二个年号。

[3] 御史台：掌监察的官署名。参见元 9 注 6。殿中司：官署名，元代隶属御史台，大朝会时，对百官班序失仪失列者进行纠罚；对在京百官到任、假告、事故，过三日不报者进行纠举；大臣入内奏事则随以入，凡不可与闻之人，则纠使回避。元世祖至元五年（1268）始置，秩正七品，后升正四品，置殿中侍御史二员，秩正四品。知班：殿中司属官。《元史・百官二》："殿中司……知班四人，通事、译史各一人。"

[4] 通事舍人：元代礼部侍仪司属官。《元史・百官一》："侍仪司……通事舍人一十六员，从七品。"参见元 35 注 2。

[5] 入流：隋唐官吏凡官阶在九品以内者称流内，九品以外者称流外。九品外的官员进入九品以内，称入流。后代因之。

[6] 侍仪舍人：官名，元代礼部属下侍仪司属官，秩从九品。参见元 35 注 2。

[7] 中书省剳：中书省下发的任职文书。

69．大德三年 [1]，议："有阙，宜令侍仪司于到部正从九品流官内选用，仍受省剳，三十月为满，依朝官内升转 [2]，如不敷，于应得府州儒学教授内选用 [3]，历一考，正九品叙。"有礼直管勾 [4]，大德三年，省选合用到部人员，俱从太常寺举保，非常选除充者 [5]，任回止于本衙门叙用。有郊坛库藏都监二人 [6]，至大三年 [7]，议："受省剳者历一考之上，受部剳者历两考之上，再历本院属官一任，拟于从九品内叙。"天历二年 [8]，拟在朝文翰衙门 [9]，于国子生员内举充 [10]。

[1] 大德三年：即公元 1299 年。大德，元成宗铁穆耳的第二个年号。

[2] 朝官：泛指在京参与常朝的官。

[3] 儒学教授：参见元 41 注 4。

[4] 礼直管勾：元代太常礼仪院属官。《元史・百官四》："太常礼仪院……礼直管勾一员，从九品。"

[5] 常选：谓定期选举官吏的制度。

[6] 郊坛库藏都监：元代太常礼仪院属官，《元史・百官志》失载。当系管理郊庙祭祀用品仓库的官吏。

[7] 至大三年：即公元 1310 年。至大，元武宗海山的年号。

[8] 天历二年：即公元 1329 年。天历，元文宗图帖睦尔的第一个年号。

[9] 文翰衙门：掌管公文往来的官署。

[10] 国子生：参见元 3 注 1。

70．至元九年 [1]，部议："巡检流外职任 [2]，拟三十月为一考，任回于从九品迁叙。"二十年，议："巡检六十月，升从九品。"大德七年 [3]，议："各处所委巡检，自立格月日为始，已历两考之上者，循旧例九十月出职；不及两考者，须历一百二十月，方许出职迁转。"十年，省奏："奉旨腹里巡检 [4]，任回及考者，止于巡检内注授。所历未及者，于钱谷官内定夺［5］，通理巡检月日。各处行省所设巡检，考满者，咨省定夺［6］；未及考满者，行省于钱谷官等职内委用，通理月日，依旧升转；不及一考，如系告荫并提控案牍例应转充者［7］，于杂职内委用，考满各理本等月日，依例升转。"

［1］至元九年：即公元 1272 年。至元，元世祖忽必烈的第二个年号。

［2］巡检：巡检司为元代负责地方治安的官署名，设于都城周围及县以下险要之地。大都东、西北、南关厢亦设巡检司，巡检一员，秩从九品。流外：未列入九品，多由杂途出身的吏员称流外。参见宋 2 注 7。

［3］大德七年：即公元 1303 年。大德，元成宗铁穆耳的第二个年号。

［4］腹里：元代中书省直辖区的别称，意为腹心之地。参见元 9 注 4。

［5］钱谷官：谓地方掌管钱粮的未入流小官。分为上、中、下三等。《元史·食货四·赈恤》："入粟补官之制……凡江南、陕西、河南等处定为三等，令其富实民户依例出米，无米者折纳价钞。陕西每石八十两，河南并腹里每石六十两，江南三省每石四十两，实授茶盐流官，如不仕让封父母者听。钱谷官考满，依例升转。陕西省：一千五百石之上，从七品；一千石之上，正八品；五百石之上，从八品；三百石之上，正九品；二百石之上，从九品；一百石之上，上等钱谷官；八十石之上，中等钱谷官；五十石之上，下等钱谷官。三十石之上，旌表门闾。河南并腹里：二千石之上，从七品；一千五百石之上，正八品；一千石之上，从八品；五百石之上，正九品；三百石之上，从九品；二百石之上，上等钱谷官；一百五十石之上，中等钱谷官；一百石之上，下等钱谷官。江南三省：一万石之上，正七品；五千石之上，从七品；三千石之上，正八品；二千石之上，从八品；一千石之上，正九品；五百石之上，从九品；三百石之上，上等钱谷官；二百五十石之上，中等钱谷官；二百石之上，下等钱谷官。"从元代卖官之价，可参见钱谷官之地位。

［6］咨省：征询中书省意见。

［7］告荫：报告承荫。提控案牍：元代首领官名，掌衙门文书等事。参见元 61 注 12。

71. 腹里诸路行用钞库［1］，至元十九年［2］，部拟："州县民官内选充，系八品、九品人员，三十月为满，任回验元资品，减一资历，通理迁叙。库使［3］，受都省劄付［4］，任满从优迁叙。库副［5］，受本路劄付，二十月为满，于本处上户内公选交替［6］。陕西、四川、西夏中兴等路提举司钞库［7］，俱系行省管领，合就令依上选拟库官，移文都省，给降敕牒劄付。"省议："除钞库使副咨各省选拟外，提领省部选注［8］。"

［1］行用钞库：即"行用交钞库"，或简称行用库、交钞库、钞库，为元代兑换钞币的机构。中统元年（1260）先置于燕京，后诸路及部分府、州亦置。由宝钞总库关领料钞、钞本，在本处发行、兑换。设提领（从七品）、大使（从八品）、副使（从九品）等员。

［2］至元十九年：即公元 1282 年。至元，元世祖忽必烈的第二个年号。

［3］库使：即行用钞库之副职"大使"。

［4］都省：中书省。劄付：古代官府上级给下级的公文。

[5] 库副：即行用钞库之"副使"。

[6] 上户：富裕之家。

[7] 陕西：即"陕西行省"。参见元14注2。四川：即"四川行省"。参见元14注4。西夏中兴：即
"西夏中兴行省"，亦称甘肃行省，元代地方建置。中统二年（1261），立行省于中兴府（治今宁
夏银川），称西夏中兴行省（或称中兴行省、西夏行省），至元三年（1266）罢，改置宣慰司，
直隶于中书省。八年，再立。十年，罢行省，以其地为安西王忙哥剌属领，由王相府统治。十八
年，复立行省。后移治甘州（今甘肃张掖），称甘肃行省。辖境包括今甘肃、宁夏及内蒙古部分
地区。提举司钞库：这里指上述三行省诸路所置行用钞库。

[8] 提领：即行用钞库的长官。省部：中书省与吏部。

72. 腹里官员，二十六年［1］，定选充仓库等官，拟于应得资品上升一等［2］，通
理月日升转。江南官员，若曾腹里历仕，前资相应依例升转。迁去江淮历仕人员，所历
月日一考之上者，除一考准为根脚［3］，馀有月日，后任通理；不及考者，添一资。若
选充仓库等官，拟于应得资品上，例升一等，任回依上于腹里升转。接连官员选充仓库
等官［4］，应本地面从七品者，准算腹里从七资品。历过一考者，为始理算月日，后任
通理；一考之上，馀有月日，后任通理；不及考者，添一资升转。福建、两广官员选充
仓库等官［5］，应得本地面从七品者，准算江南从七资品。历过一考者，为始理算月
日；一考之上，馀有月日，后任通理；不及考者，添一资升转。元系流官，任回，止于
流官内任用；杂职者［6］，杂职内迁叙。

[1] 二十六年：即至元二十六年（1289）。

[2] 资品：资格与品级。

[3] 根脚：谓资历。

[4] 接连官员：未中断选注的官员。

[5] 福建：即福建行省，全称福建等处行中书省。元世祖至元十五年（1278）置，治福州。后移治
泉州，复还旧治。二十八年，改为宣慰司，隶江西行省。次年，复立。大德元年（1297）改称
福建平海等处行中书省，移治泉州。二年，并入江浙行省，立福建道宣慰都元帅府。至正十六
年（1356）改为福建行中书省，仍治福州。十八年，开分省于建宁、泉州。两广：即"广东道
宣慰司都元帅府"与"广西两江道宣慰司都元帅府"。前者为江西行省所辖，置司于广州路，辖
境包括今广东省大部分地区。后者为湖广行省所辖，置司于静江路（治今广西桂林），辖境包括
今广西壮族自治区大部分地区。

[6] 杂职：即"杂流"或"杂途"，官员未列入九品的正官。

73. 万亿库、宝钞总库、八作司［1］，以一年满代，钱物甚多，未易交割，宜以二
年为满，少者以一年为满。上都税务官［2］，止依上例迁转。都省所辖去处，二周岁为
满者：各处都转运使司官、司属官、首领官［3］，各处都漕运使司官、首领官［4］，诸
路宝钞都提举司官［5］，腹里、江南随路平准行用库官［6］，印造宝钞库官［7］，铁冶
提举司官、首领官［8］，采金提举司官、首领官［9］，银场提举司官、首领官［10］，新

旧运粮提举司官、首领官[11]，都提举万亿库、八作司、宝钞总库首领官。一周岁为满者：泉府司所辖富藏库官[12]，廪给司、四宾库、薄敛库官[13]，大都税课提举司官、首领官[14]，酒课提举司官、首领官[15]，提举太仓官、首领官[16]，提举醴源仓官、首领官[17]，大都省仓官[18]，河仓官[19]，通州等处仓官、应受省部剳付管钱谷院务杂职等官[20]，大都平准行用库官[21]，烧钞四库官[22]，抄纸坊官[23]，币源库官[24]。

[1] 万亿库：即"万亿四库"，元代中书省户部下辖万亿宝源库都提举司、万亿广源库都提举司、万亿绮源库都提举司、万亿赋源库都提举司。《元史·百官一》："都提举万亿宝源库，掌宝钞、玉器。至元二十五年始置。都提举一员，正四品；提举一员，正五品；同提举一员，从五品；副提举一员，从六品；知事一员，从八品。提控案牍一员，司吏二十三人，译史二人，司库四十六人，内以色目二人参之。都提举万亿广源库，掌香药、纸札诸物。设置同上。提控案牍二员，司吏一十二人，译史一人，司库一十三人。都提举亿万绮源库，掌诸色段匹。设置并同上，而副提举则增一员。提控案牍设三员，后省二员。司吏二十二人，译史一人，司库二十六人，内参用色目二人。都提举万亿赋源库，掌丝绵、布帛诸物。设置并同上。提控案牍二员，其后省一员。司吏一十七人，译史一人，司库一十五人，内参用色目二人。"宝钞总库：元代掌收储、发放钞币的机构。中统元年（1260）置元宝总库，至元二十五年（1288），以发行至元通行宝钞，改称宝钞总库。《元史·百官一》："宝钞总库，达鲁花赤一员，从五品；大使一员，从五品；副使三员，正七品。世祖至元二十五年，改元宝库为宝钞总库，秩正六品。二十六年，升从五品，增大使、副使，设司库。其后遂定置已上官员。司吏七人，译史一人，司库五十人。"八作司：即"提举八作司"，元代中书省工部下辖官署名，后分置右、左二司。《元史·百官一》："提举右八作司，秩正六品。提举二员，同提举一员，副提举一员，吏目一人，司吏九人，司库十三人，译史一人，秤子一人。掌出纳内府漆器、红瓮、捎只等，并在都局院造作镔铁、铜、钢、输石，东南简铁，两都支持皮毛、杂色羊毛、生熟斜皮、马牛等皮、骒尾、杂行沙里陀等物。中统三年，始置提领八作司，秩正九品。至元二十五年，改升提举八作司，秩正六品。二十九年，以出纳委积，分为左右两司。提举左八作司，秩正六品。掌出纳内府毡货、柳器等物。其设置官员同上。"

[2] 上都税务官：上都留守司兼本路都总管府下辖税课提举司属官。《元史·百官六》："税课提举司，秩正五品。提举二员，同提举、副提举、提控案牍各一员。元贞元年置。"

[3] 都转运使司官属首领官：元代户部下辖掌管盐政官署都转运盐使司的属官与属吏。《元史·百官一》："大都河间等路都转运盐使司，秩正三品。掌场灶榷办盐货，以资国用。使二员，正三品；同知一员，正四品；副使一员，正五品；运判二员，正六品。首领官：经历一员，从七品；知事一员，从八品；照磨一员，从九品。"

[4] 都漕运使司官首领官：元代户部下辖掌粮斛运输的官署都漕运使司的属官与属吏。《元史·百官一》："都漕运使司，秩正三品。掌御河上下至直沽、河西务、李二寺、通州等处攒运粮斛。至元二十四年，自京畿运司分立都漕运司，于河西务置总司，分司临清。运使二员，正三品；同知二员，正四品；副使二员，正五品；运判三员，正六品；经历一员，从七品；知事一员，从八品。提控案牍二员，内一员兼照磨，司吏三十三人，通事、译史各一人，奏差一十六人，典吏一人。"

[5] 宝钞都提举司官：元代户部下辖掌管印造、发行钞币官署的官吏。《元史·百官一》："诸路宝钞提举司，达鲁花赤一员，正四品；都提举一员，正四品；副达鲁花赤一员，正五品；提举一员，正五品；同提举一员，从五品；副提举二员，从六品；知事一员，从八品；照磨一员，从九品。国初，户部兼领交钞公事。世祖至元，始设交钞提举司，秩正五品。二十四年，改诸路宝钞都提举司，升正四品，增副达鲁花赤、提控案牍各一员。其后定置已上官员，提控案牍又增一员。设司吏十二人，蒙古必阇赤一人，回令史一人，奏差七人。"

[6] 平准行用库官：元代各路所设买卖金银、倒换昏钞机构的官员。设提领一员，从七品；下设大使一员，正八品；副使一员，从八品。《元史·武宗二》："（至大二年九月）随路立平准行用库，买卖金银，倒换昏钞。或民间丝绵布帛，赴库回易，依验时估给价。"

[7] 印造宝钞库官：元代掌印制货币机构的官员。《元史·百官一》："印造宝钞库，达鲁花赤一员，正七品；大使二员，从七品；副使二员，正八品。中统四年始置，秩从八品。至元二十四年，升从七品，增达鲁花赤一人。其后遂定置已上官员。"

[8] 铁冶提举司官首领官：元代掌采金炼铁机构的属官属吏，于有矿处设立此机构。《元史·百官一》："檀景等处采金铁冶都提举司，秩正四品。提举一员，正四品；同提举一员，正五品；副提举一员，从六品。掌各冶采金炼铁，榷货以资国用。国初，中统始置景州提举司，管领景州、滦阳、新匠三冶。至元十四年，又置檀州提举司，管领双峰、暗峪、大峪、五峰等冶。大德五年，檀州、景州三提举司，并置檀州等处采金铁冶都提举司，而滦阳、双峰等冶悉隶焉。他如河东、山西、济南、莱芜等处铁冶提举司，及益都、般阳等处淘金总管府，其沿革盖不一也。"

[9] 采金提举司官首领官：元代开采金矿机构的属官属吏。采金提举司不载《元史·百官志》。或即"淘金提举司"，元张铉《至大金陵新志》卷六上："淘金提举司，五品衙门，有印。至元十九年梁提举建言，于上元县花林市创立淘金总管府，管提领所八处，各有官典、人吏。二十三年，改立提举司。二十九年，并入金银铜冶转运司管领。大德二年，宣慰使朱清言其扰民，革罢。"《续文献通考》卷二十三："（至元）二十年三月，罢淮安等处淘金官，惟计户取金。七月，罢淮南淘金司，至二十八年正月，罢江淮淘金提举司。七月，又罢淘金提举司。"可参考。

[10] 银场提举司官首领官：元代开采银矿机构的属官属吏。银场提举司不载《元史·百官志》。《元史·食货二》："银在大都者，至元十一年，听王庭璧于檀州奉先等洞采之。十五年，令关世显等于蓟州丰山采之。在云州者，至元二十七年，拨民户于望云煽炼，设从七品官掌之。二十八年，又开聚阳山银场。二十九年，遂立云州等处银场提举司。在辽阳者，延祐四年，惠州银洞三十六眼，立提举司办课。在江浙者，至元二十一年，建宁南剑等处立银场提举司煽炼。在湖广者，至元二十三年，韶州路曲江县银场听民煽炼，每年输银三千两。在河南者，延祐三年，李允直包罗山县银场，课银三锭。四年，李珪等包霍丘县豹子崖银洞，课银三十锭，其所得矿，大抵以十分之三输官。此银课之兴革可考者然也。"可参考。

[11] 新旧运粮提举司官首领官：元代掌粮斛陆运与水运官署的属官属吏。旧运粮提举司，属兵部，即"大都陆运提举司"。《元史·百官一》："大都陆运提举司，秩从五品。掌两都陆运粮斛之事。至元十六年，始置运粮提举司。延祐四年，改今名。提举二员，从五品；副提举一员，从七品。吏目一员，司吏六人，委差一十人。海王庄、七里庄、魏家庄、腊八庄四所，各设提领一人，用从九品印。"新运粮提举司，由兵部改属户部，即"京畿运粮提举司"。《元史·百官一》："新运粮提举司，秩正五品。至元十六年始置，管站车二百五十辆，隶兵部。开设运坝河，改隶户部。定置达鲁花赤一员，都提举一员，同提举二员，副提举一员，吏目一员，司吏

八人，奏差十二人。"又《元史·仁宗二》："（延祐三年十一月）乙卯，改旧运粮提举司为大都陆运提举司，新运粮提举司为京畿运粮提举司。"改名时间与上述小有参差。

[12] 泉府司：元代为宫廷服务的官署名。《元史·百官志》不载，《元史·世祖八》："（至元十七年十一月）乙巳，置泉府司，掌领御位下及皇太子、皇太后、诸王出纳金银事。"另有行泉府司，掌海运事。《元史·食货一》："（至元）二十四年，始立行泉府司，专掌海运，增置万户府二，总为四府。"富藏库官：泉府司下辖仓库的属官。

[13] 廪给司：元代通政院直属机构。《元史·百官四》："廪给司，秩从七品。掌诸王诸蕃各省四方边远使客饮食供张等事。至元十九年置，提领、司令、司丞各一员。"四宾库：元代礼部下辖会同馆之收支诸物库。《元史·百官一》："会同馆……其属有收支诸物库，秩从九品。大使一员，副使一员。至元二十九年，以四宾库改置。"薄敛库：元代征赋机构，后罢去。《元史·成宗一》："（元贞元年闰四月）己未，罢打捕鹰房总管府，及司籍、周用、薄敛等库。"

[14] 大都税课提举司：即"大都宣课提举司"，元代户部下辖课税机构。《元史·百官一》："大都宣课提举司，掌诸色课程，并领京城各市。提举二员，从五品；同提举一员，从六品；副提举一员，从七品。提控案牍一员，司吏六人。世祖至元十九年，并大都旧城两税务为大都税课提举司。至武宗至大元年，改宣课提举司。其属四：马市、猪羊市，秩从七品。提领一员，从七品；大使一员，从八品；副使一员，从九品。世祖至元三十年始置。牛驴市、果木市，品秩、设官同上。鱼蟹市，大使一员，副使一员。至大元年始置。煤木所，提领一员，从八品；大使一员，从九品；副使一员。至元二十二年始置。"

[15] 酒课提举司：即"大都酒课提举司"，元代户部下辖掌酒醋榷酤的机构。《元史·百官一》："大都酒课提举司，掌酒醋榷酤之事。至元十九年始置。提举一员，从五品；同提举二员，从六品；副提举二员，从七品。提控案牍二员，司吏五人。二十八年，省同提举一员、副提举一员，馀如故。"

[16] 提举太仓：元代宣徽院下辖管理内府米豆等物的官署。《元史·百官三》："大都太仓、上都太仓，秩正六品，掌内府支持米豆，及酒材米麹药物。至元五年初立，设官三员，俱受制国用使司劄付。十二年，改立提举大仓，设官三员，隶宣徽。二十五年，升正六品。定置二仓各设提举一员，正六品；大使一员，从六品；副使一员，从七品。"

[17] 提举醴源仓：即"大都醴源仓"与"上都醴源仓"，元代宣徽院下辖管理酒材等物的官署。《元史·百官三》："大都醴源仓，秩从六品。掌受香莎苏门等酒材糯米，乡贡麹药，以供上酝及岁赐诸王百官者。至元二十五年始置。设提举一员，从六品；大使一员，从七品；副史一员，正八品。上都醴源仓，秩从九品。掌受大都转输米麹，并酝造车驾临幸次舍供给之酒。至元二十五年始置，设大使一员，直长一员。"

[18] 大都省仓官：元代户部下辖新运粮提举司管理京师粮仓的官吏。据《元史·百官一》，京师有二十二仓，秩正七品。每仓各置监支纳，正七品；大使，从七品；副使，正八品。人员不等。

[19] 河仓官：元代户部下辖都漕运使司管理河仓的官吏。《元史·百官一》："河仓一十有七，用从七品印。馆陶仓，旧县仓，陵州仓，傅家池仓。已上各置监支纳一员，从七品；大使一员，从八品；副使一员。"

[20] 通州等处仓官：元代户部下辖都漕运使司管理通州粮仓的官吏。《元史·百官一》："通州十三仓，秩正七品。有年仓，富有仓，广储仓，盈止仓，及秭仓，乃积仓，乐岁仓，庆丰仓，延丰仓。已上九仓，各置监支纳一员，正七品。大使二员，从七品；副使二员，正八品。足食仓，

富储仓，富衍仓，及衍仓。已上四仓，各置监支纳一员，正七品；大使二员，从七品；副使一员，正八品。"应受省部剗付管钱谷院务杂职等官：泛指负责钱粮事务，并受中书省或吏部委任的官吏。

[21] 大都平准行用库官：参见注6。

[22] 烧钞四库官：元代管理烧毁昏钞机构的官员。《元史·百官一》仅录烧钞东西二库："烧钞东西二库，达鲁花赤一员，正八品；大使一员，从八品；副使一员，从九品。至元元年，始立昏钞库，用正九品印，置监烧昏钞官。二十四年，分立烧钞东西二库，秩从八品，各置达鲁花赤、大使、副使等员。"

[23] 抄纸坊官：元代户部下辖管理造纸作坊的官员。《元史·百官一》："抄纸坊，提领一员，正八品；大使一员，从八品；副使二员，从九品。中统四年始置，用九品印，止设大使、副使各一员。至元二十七年，升正八品，增置提领、副使各一员。"

[24] 币源库官：当谓元代京师兑换钞币的机构行用六库的官员。《元史·百官一》："行用六库。中统元年，初立中都行用库，秩从七品。提领一员，从七品；大使一员，从八品；副使一员，从九品。至元二十四年，京师改置库者三：曰光熙，曰文明，曰顺承，因城门之名为额。二十六年，又置三库：曰健德，曰和义，曰崇仁。并因城门以为名。"

74. 行省所辖去处[1]，二周岁为满者：各处都转运使司官、司属官、首领官，各处都漕运使司官、首领官，行诸路宝钞都提举司官，腹里、江南随路平准行用库官，甘州、宁夏府等处都转运使司官[2]，市舶提举司官、首领官[3]，榷茶提举司官、首领官[4]。一周岁为满者：行泉府司所辖阜通库官[5]，各处行省收支钱帛诸物库官。

[1] 行省所辖去处：谓行中书省下辖之有关机构，或与中央机构相对应。

[2] 甘州：即"甘州路"，治所即今甘肃张掖。宁夏府：治所即今宁夏银川市。

[3] 市舶提举司：元代管理市舶的机构。设于海港城市，兴废不定，最多时有泉州、上海、澉浦、温州、广东（即指广州）、杭州、庆元（今浙江宁波），后只剩泉州、庆元、广东三处。秩正五品，隶属于行省。其职责为发给舶商出海公验、公凭；检查出海舶船；舶船回港，派人监控货物入库，抽分抽税，发还舶商出售；管理外国商船。《元史·百官七》："市舶提举司。至元二十三年，立盐课市舶提举司，隶广东宣慰司。三十年，立海南博易提举司。至大四年罢之，禁下番船只。元祐元年，弛其禁，改立泉州、广东、庆元三市舶提举司。每司提举二员，从五品；同提举二员，从六品；副提举二员，从七品；知事一员。"

[4] 榷茶提举司：元代设于江南一带职掌岁贡御茶的机构。《元史·百官三》："常湖等处茶园都提举司，秩正四品。掌常、湖二路茶园户二万三千有奇，采摘茶芽，以供内府。至元十三年置司，统提领所凡十有三处。十六年，升都提举司。又别置平江等处榷茶提举司，掌岁贡御茶。二十四年，罢平江提举司，并掌其职。定置达鲁花赤一员，提举一员，俱从五品；同提举一员，从六品；副提举一员，从七品；提控案牍一员，都目一员。提领所七处，每所各设正、同、副提领各一员，俱受宣徽院剗付，掌九品印。"

[5] 行泉府司：参见元73注12。阜通库：当谓建在坝河附近之仓库名。《元史·河渠一》："坝河，亦名阜通七坝。"

75. 三十年 [1]，部议 [2]："凡内外平准行用库官，提领从七品，大使从八品，副使从九品。若流官内选充者，任回减一资升转。杂职人员，止理本等月日。"

[1] 三十年：即至元三十年（1293）。
[2] 部议：谓吏部的决定。

76. 元贞二年 [1]，部议："凡仓官有阙，于到选相应职官，并诸衙门有出身令译史、通事、知印、宣使、奏差两考之上人内选用 [2]，依验难易收粮多寡升等，任回于应去地方迁叙。通州、河西务、李二寺等仓官 [3]，于应得资品上升一等，任满，交割别无短少，减一资通理。在都并城外仓分，收粮五万石之上仓官，于应得资品上升一等，任满，交割别无短少，依例迁叙；收粮一万石之上仓官，止依应得品级除授，任满，交割别无短少，减一资通理。"

[1] 元贞二年：即公元 1296 年。元贞，元成宗铁穆耳的第一个年号。
[2] 令译史：即"令史"与"译史"。令史，掌文书案牍之事的官员。参见元 3 注 23。译史，从事笔译的吏员。元制，役满九十个月无过错，即可出职。蒙古译史出职，较色目人、汉人高一等。通事：从事口译的吏员。突厥一蒙古语称"怯里马赤"，蒙古于官衙多设怯里马赤，以通语言。知印：职掌衙门印章之吏员。元制，知印由本官府长官自行选任。至大元年（1308）规定，凡衙门设两名知印者，一名由职官充任。宣使：传宣官府使令的吏员。设置于中书省、枢密院、御史台、行省、行院、行台等官署。元扬翮《佩玉斋类稿》卷一《宣使房壁记》："宣劳力于列省而为之使，日惟更直宰相，从出入，承意旨及递守公署，有事则趋报宰相，其或征调之有未集，则借以趣；政治之有未良，则借以临；征榷货估之有未实，则借以核；至于达诏令于郡县，殴流窜于荒遐，穷罪状降辟罚于百司庶府，则借以行。凡所部上供诸物，必因水陆之运而督致于京师，设大盗卒发须上闻，若事当计中书者，无不一惟宰相所命，即借以往。甚者岁中表章之上于朝廷数四，锱币之请于大府逾百万，皆借之。"奏差：元代某些官署中设置的供差遣的吏员。《元典章·刑部十四·诈》："欲去广东道寻觅勾当，诈称海北道廉访司奏差。"
[3] 通州：即今北京市通州区。《元史·百官一》："通州十三仓，秩正七品。"参见元 73 注 20。河西务：在今天津武清西北，为元代漕运要地。《元史·百官一》："河西务十四仓，秩正七品。"李二寺：在今北京通州张家湾。《日下旧闻考》卷一百九："《元史》所载李二寺，即今里二泗也，地在张家湾。"

77. 大德元年 [1]，省拟 [2]："大都万亿四库、富宁库、宝钞总库、上都万亿库官 [3]，止依合得资品选注，须二周岁满日，别无短少，拟同随朝例升一等。"

[1] 大德元年：即公元 1297 年。大德，元成宗铁穆耳的第二个年号。
[2] 省拟：中书省起草制定。
[3] 富宁库：元代禁中仓库名。《元史·百官一》："提举富宁库，至元二十七年始创，提举一员，从五品；同提举一员，从六品；副提举一员，从七品。分掌万亿宝源库出纳金银之事。吏目一人，

其后司吏增至六人，译史一人，司库八人。"上都万亿库：元代上都所建库名。参见元73注1。

78．二年[1]，省议[2]："上都、应昌仓官[3]，比同万亿库官例，二周岁为满，于应得资品上拟升一等。"

[1] 二年：即大德二年（1298）。
[2] 省议：中书省的决定。
[3] 应昌仓：设立于元代应昌府（今内蒙古克什克腾旗西达来诺尔西南）的仓库。

79．六年[1]，部议[2]："在都平准行用库官，拟合与外路一体二周岁为满，元系流官内选充者，任回减一资升转。万亿四库知事例升一等，提控案牍减资迁转。和林、昔宝赤八剌哈孙、孔古烈仓改立从五品提举司[3]。提举一员，从五品，同提举一员，从六品，副提举一员，从七品，周岁为满，于到选人内选充，应得资品上拟升二等，任回迁用，所历月日通理。甘、肃二路[4]，每处设监支纳一员[5]，正六品，仓使一员，从六品，仓副一员，正七品，二周岁为满，于到选人内铨注，入仓先升一等，任满交割，别无短少，又升一等。受给库提领[6]，从九品，使、副受省劄，攒典、合干人各设二名[7]。"

[1] 六年：即大德六年（1302）。
[2] 部拟：吏部起草制定。
[3] 和林：全称"哈剌和林"，突厥语"黑砺石"之意。蒙古国都，始建于元太宗七年（1235）。《元史·百官七》："岭北等处行中书省。国初，太祖定都于哈剌和林之西，因名其城曰和林，立元昌路。中统五年，世祖迁都中兴，始置宣慰司都元帅府。大德十一年，改立和林等处行中书省，并置和林路总管府，为行省治所。右丞相、左丞相各一员。至大四年，省右丞相。皇庆元年，改岭北等处行中书省，设官如上。置和宁路，统有北边等处。"故址在今蒙古国北杭爱省鄂尔浑河上游右岸厄尔德尼召北。这里指和林仓廪。昔宝赤八剌哈孙：即"昔宝赤城"，元代岭北行省城市。意为"鹰人之城"。故址在今蒙古国翁金河上游，阿尔赫拜雷附近。这里指该处仓廪。孔古烈仓：元187作"孔古列仓"。元代岭北行省主要仓廪之一，故址在今蒙古国中戈壁省翁金河东。
[4] 甘肃二路：即甘州路与肃州路。前者治所即今甘肃张掖，后者治所即今甘肃酒泉。
[5] 监支纳：与下"仓使"、"仓副"等皆为元代仓廪官名。《元史·刑法二》："诸仓库钱粮出纳，所设首领官及提举监支纳以下攒典合干人以上，互相觉察，若有违法短少，一体均陪，任内收支钱粮，正收倒除皆完，方许给由。"
[6] 受给库：元代职掌京城内外营造的机构。《元史·百官一》："受给库，秩正八品。提领一员，大使一员，副使一员。掌京城内外营造木石等事。至元十三年置。"
[7] 攒典：吏名。金、元时代掌会计钱粮数目者。与钱粮有关的仓、库、务中皆有设置。合干人：谓共同做某事的吏人。《元典章新集·户部·钞法》："那库里行的一个任义名字的合干人，他和别个人通同著与了自己的好钞转买。"

80. 七年 [1]，部拟：“大都路永丰库提领从七 [2]，大使从八，副使从九，于到选相应人内铨注。江西省英德路、河西务两处 [3]，设立平准行用库，拟合设官员，系从七以下人员，依例铨注。英德路平准行用库，提领一员，从七，大使一员，从八，副使一员，从九品。河西务行用库，大使一员，从八品，副使一员，吏部剳。甘肃行省丰备库 [4]，提领一员，从七品，大使一员，正八品，于到选迤西资品人内升等铨注 [5]。大同仓官 [6]，拟二周岁交代，永盈仓例升一等 [7]，其馀六仓，任回拟减一资升转。”

[1] 七年：即大德七年（1303）。

[2] 永丰库：故址不详。

[3] 江西省：即“江西行省”。参见元14注10。英德路：至元十五年（1278）以英德府改置，治所真阳（今广东英德）。至元二十三年降为州，大德五年（1301）复升路，至大初又降为州。河西务：在今天津武清西北，为元代漕运要地。

[4] 甘肃行省：参见元14注5。丰备库：故址不详。

[5] 迤西资品：唐代常以“西班”代指武官，以朝会时，文官班于东，武官班于西。这里借用唐人风俗，即谓具有武官资品者。

[6] 大同仓官：大同路诸仓的官员。大同路，治所即今山西大同。

[7] 永盈仓：即“广积仓”，为上都留守司兼本路都总管府下辖的仓廪名。《元史·百官六》：“广积仓，达鲁花赤、监支纳、大使、副使各一员。中统初，置永盈仓，大德间，改为广积仓。”

81. 八年 [1]，部议：“湖广行省所辖散府司吏充仓官 [2]，依河南行省散府司吏充仓官 [3]，比总管府司吏取充者 [4]，降等定夺。”

[1] 八年：即大德八年（1304）。

[2] 湖广行省：参见元14注11。

[3] 河南行省：即“河南江北行省”。参见元14注1。散府：即“府”。元代地方建置，有府三十三，秩正四品。参见元44注5。

[4] 总管府：元代大都路与上都路置都总管府，其馀各路置总管府。上路达鲁花赤、总管各一员，秩俱正三品；下路秩从三品，不置治中。其属，儒学教授、学正、学录各一员，蒙古教授、医学教授、阴阳教授各一员及司狱司、平准行用库、织染局、杂造局、府仓、惠民药局、税务、录事司等机构。

82. 至大二年 [1]，部呈 [2]：“凡平准行用库设官二员，常平仓设官三员 [3]，于流官内铨注，以二年为满，依例减资。”

[1] 至大二年：即公元1309年。至大，元武宗海山的年号。

[2] 部呈：谓吏部向上报呈。

[3] 常平仓：官府为备荒所设之仓廪。金世宗大定十四年（1174），定常平仓之法，寻废。金章宗明

昌元年（1190）复设。州、府、县置仓，丰年增价籴粮，歉岁减价以出。元世祖至元六年（1269），亦立常平仓，其制与金代略同。但多徒有其名，实无积蓄。

83. 四年 [1]，部议："上都两仓 [2]，二周岁为满，于应得资品上升一等，历过月日，今后比例通理。"

[1] 四年：即至大四年（1311）。
[2] 上都两仓：据《元史·百官六》，上都留守司兼本路都总管府之下属仅广积仓（即为永盈仓所改者）一仓，参见元 80 注 7。此处谓有两仓，存疑。

84. 皇庆元年 [1]，部议："上都平盈库 [2]，二周岁为满，减一资升转。"

[1] 皇庆元年：即公元 1312 年。皇庆，元仁宗的第一个年号。
[2] 上都平盈库：《元史·百官六》："平盈库，大使一员，副使一员。至元三十年置。"

85. 延祐四年 [1]，部议："江浙行省各路见役司吏 [2]，已及两考，选充仓官，五万石之上，比同考满出身充典史 [3]，一考升吏目 [4]。五万石之下者，于典史添一考，依例迁叙。湖广行省仓官 [5]，如系路吏及两考，选充仓官一界 [6]，同考满出身充典史，一考 [7] 升吏目，迁叙库官，周岁准理本等月日，考满依例升转。"

[1] 延祐四年：即公元 1317 年。延祐，元仁宗爱育黎拔力八达的第二个年号。
[2] 江浙行省：参见元 14 注 9。
[3] 典史：元代首领官名。掌衙门文书事务与管辖吏员。
[4] 吏目：元代首领官名。掌衙门案牍与管辖吏员，处理具体公事。元代中下州地方官署中设一至二名，为流外职。由路总管府、府、州司吏考满升入。可升为都目。
[5] 湖广行省：参见元 14 注 11。
[6] 界：任期。界，通"届"。《元典章·吏部吏制·司吏迁转》："路府州县司吏，多是土人，自帖书而为县吏，升至府州路吏，一百二十个月为满，职官三年一任，司吏十年方迁，则是司吏一界，更革职官四任也。"
[7] "一考"三句：中华书局整理本原标点为"一考升吏目，迁叙库官，周岁准理本等月日"，似误。《文史》总第 64 辑（中华书局 2003 年 8 月出版，2003 年第 3 辑）载张帆《读〈元典章〉校〈元史〉》一文，内云："此条详见《元典章》卷九《吏部三·官制三·仓库官·仓库官升转》：'延祐四年十月，行省准中书省咨。来咨："抚州路备大盈库申，库使张京另无俸给，如蒙定俸给禄，唯复依湖广省元拟，库官周岁满替，准理路吏月日，考满依例升转。官吏俸给已有定例，外据仓库官升转一节，本省未奉前因，咨请照验。"准此。送据吏部呈：奉中书札付，本部呈："江浙省咨：'各路司吏历俸已及两考，在役，选充五万石之上仓官一界。如无侵欺粘带，合无将历过仓官月日比路吏一倍折算。历五百石（引者按：原文如此，据上下文当作五万石）之下仓官月日，以二折三。与元役路吏俸月通九十月，照依见奉递降通例，历典史一考升转。唯复五

万石之上者，比同考满路吏出身，充典史，一考升吏目；五万石之下者，于典史内添一考，依例迁叙。'本部议得：江浙行省各路见役司吏，已及两考，选充仓官。如无侵欺粘带，比同考满出身，充典史，一考升吏目，依例迁叙相应。"都省仰上施行。奉此。已下主事厅标附格例去讫。今奉前因，本部议得：江西省咨仓库官役满，未奉升转定例，以此参详，合依呈准江浙省元拟，如系路吏历俸已及两考，选充仓官一界，另无侵欺粘带，比同考满出身，充典史，一考升吏目迁叙。库官周岁，如无粘带，准理本等月日，考满依例升转。如蒙准呈，移咨行省照会，札付本部，为例遵守。具呈照详。都省咨请依上施行。'本条核心内容，是最后一段有关仓库官升迁的规定。这项规定讲了两种情况。第一，如果是由历俸两考路吏转任的仓官，任职一界后，比同考满（考满应为三考），即可充任最低级的首领官典史，再经一考，可升为级别稍高的首领官吏目。第二，如果是库官，任职一年后'准理本等月日，考满依例升转'。最后一句话，实际上没有讲清楚'本等月日'和'依例升转'的确切含义，或许就是文件开头'依湖广省元拟，库官周岁满替，准理路吏月日，考满依例升转'的意思，对此还可以进一步研究。但有一点可以肯定：《元史》中'一考升吏目，迁叙库官，周岁准理本等月日'的标点有误，应当改为'一考升吏目迁叙。库官周岁，准理本等月日'。前面讲仓官，后面另讲库官，并非一事。元朝仓库官并称，但仓官地位似乎略高于库官。《元典章》卷九《吏部三·官制三·仓库官·仓官贴补库官对补》，引用武宗时临江路总管万少中（姓万，散官少中大夫）上言，谓'仓官已有养廉定例，尚蒙省部定立出身，惟库官另无俸给养廉，又无优升定例'。如按照《元史》原来的标点，仓官升典史，升吏目，又'迁叙'库官，是不合情理的，只能自'库官'开始另作一句。另外前引《元史》中'湖广行省仓官'六字，实系赘文。从《元典章》可以看出，这条仓库官升迁的规定是由吏部拟定、中书省批准，咨发各行省通行的。如《元史》所言，则一似单独针对湖广行省，谬甚。《元史》致误之因，大约是由于公文原件开头有'湖广省元拟'一语，遂将其插入通行规定之中。此类错误在《元史》特别是《选举志》中并非个别事例，兹不具列。"所论甚是，标点今据改。

86. 凡税务官升转 [1]：至元二十一年 [2]，省议："应叙办课官分三等 [3]：一百锭之上 [4]，设提领一员、使一员。五十锭之上，设务使一员 [5]。五十锭之下，设都监一员 [6]。十锭以下，从各路差人管办。都监历三界，升务使，一周岁为满，月日不及者通理。务使历三界，升提领。提领历三界，受省割钱谷官，再历三界，始于资品钱谷官并杂职任用。各处就差相副官 [7]，增及两酬者 [8]，听各处官司再差。增及三酬以上及后界又增者，申部定夺。"

[1] 税务官：征收各种税务的官员。

[2] 至元二十一年：即公元 1284 年。至元，元世祖忽必烈的第二个年号。

[3] 办课官：管理纳税的官员。

[4] 锭：原意为用作货币的银块。元陶宗仪《南村辍耕录》卷三十《银锭字号》："银锭上字号，扬州元宝，乃至元十三年大兵平宋回至扬州，丞相伯颜号令搜检将士行李，所得撒花银子，销铸作锭，每重五十两，归朝献纳……后朝廷亦自铸，至元十四年者，重四十九两；十五年者，重四十八两。"又作纸币的票面金额。《元史·顺帝五》："甲子，翰林学士承旨欧阳玄以湖广行省右丞

致仕，赐玉带及钞百锭，给全俸终其身。"这里当指后者。

[5] 务使：古代管理贸易及收税的机构称"务"，务使即该机构的吏员。

[6] 都监：元代管理税务的吏员名。

[7] 相副官：元代提领所、织染局等机构位在典史之上的官员。

[8] 两酬：与下文"三酬"皆是计算功绩的方法。《元史·武宗二》："（至大三年春正月）乙未，定税课法。诸色课程，并系大德十一年考较，定旧额、元增，总为正额，折至元钞作数。自至大三年为始恢办，馀止以十分为率，增及三分以上为下酬，五分以上为中酬，七分以上为上酬，增及九分为最，不及三分为殿。所设资品官员，以二周岁为满。定税课官等第，万锭之上，设正提举、同提举、副提举各一员；一千锭之上，设提领、大使、副使各二员；五百锭之上，设提领、大使、副使各一员；一百锭之上，设大使、副使各一员。"

87. 二十九年 [1]，省判所办诸课增亏分数 [2]，升降人员。增六分升二等，增三分升一等。其增不及分数，比全无增者，到选量与从优。亏兑一分，降一等。

[1] 二十九年：即至元二十九年（1292）。

[2] 省判：中书省裁定。所：谓诸提领所。

88. 三十年 [1]，省拟："提领二年为满，省部于流官内铨注，一万锭之上拟从六品，五千锭之上拟正七品，二千锭之上拟从七品，一千锭之上正八品，五百锭之上从八品。大使、副使俱周岁交代，大使从行省吏部于解由合叙相应人内迁调 [2]，副使从各路于本处系籍近上户内公选 [3]。"

[1] 三十年：即至元三十年（1293）。

[2] 解（jiè 界）由：官吏调任或考选时的证明文书。方龄贵《通制条格校注》卷六《选举》注"解由"云："《吏学指南·榜据》解由：'考满职除曰解，历其殿最曰由。'解由有一定格式，即所谓定式，详见《元典章》卷一《吏部职制给由解由体式》条。"可参考。中华书局整理本校勘记云："按《元典章》卷九《委用商税务官》作'大使从行省吏部于有解由合叙相应人员内依例迁调'。疑此处'解由'上脱'有'字。"甚是。

[3] 上户：富裕之家。参见元71。

89. 至大三年 [1]，诏定立办课例。一百锭之下院务官分为三等 [2]：五十锭之上为上等，设提领一员，受省劄，大使一员，受部劄；二十锭之上为中等，设大使、副使各一员；二十锭之下为下等，设都监、同监各一员，俱受部劄，并以一年为满，齐界交代。都监、同监四界升副使，又四界升大使，又三界升提领，又三界入资品钱谷官并杂职内迁用。行省差设人员，各添两界升转，仍自立界以后为始，理算月日，并于有升转出身人员内定夺，不许滥用白身 [3]。议得例前部劄，提领于大使内铨注，都监、同监本等拟注，止依历一十二界。至大三年例后，创入钱谷人员，及正从六品七品取荫子

465

孙，亦依先例升转，不须添界外，其馀杂进之人，依今次定例迁用，通历一十四界，依上例升转。

[1] 至大三年：即公元 1310 年。至大，元武宗海山的年号。
[2] 院务官：元代仓库官通称。元王恽《秋涧集》卷八十六《论仓库院务官除授事状》："旧例，仓库院务皆系流外官除授，今者一出人情贿赂。其以贿得者，取倍常为心；其以情得者，务略遗为事。以致往往失陷职滥而贩，曾无愧惜。今后合无依旧例，据见勾当人员定立资品，依格迁叙，使人人以功名为心，其弊不革而自去矣。"
[3] 白身：平民百姓。

90．至元九年 [1]，部议："凡总府续置提控案牍 [2]，多系入仕年深，似比巡检例同考满转入从九 [3]。缘从九系铨注巡检阙，提领案牍吏员文资出职，难应捕捉，兼从九员多阙少，本等人员不敷铨注。凡升转资考，从九三任升从八，正九两任升从八，巡检、提领案牍等考满转入从九，从九再历三考升从八，通理一百二十月升。巡检依已拟，提领案牍权拟六十月正九，再历两任，通理一百二十月升从九，较之升转资考，即比巡检庶员阙易就。都、吏目 [4]，拟吏目一考，转充都目，一考，转充提领案牍，考满依上转入流品。都、吏目应升无阙，止注本等职名，验理升转。"二十年，部拟："提控案牍九十月升九品。"

[1] 至元九年：即公元 1272 年。至元，元世祖忽必烈的第二个年号。
[2] 总府：即"总管府"。参见元 81 注 4。提控案牍：元代首领官名，掌衙门文书等事。参见元 61 注 12。
[3] 巡检：参见元 70 注 2。
[4] 都：都目。元代首领官名。管理衙门文书等日常公务，管辖吏员。凡由吏目升入者，可升为提控案牍。属于流外职。吏目：参见元 85 注 4。

91．二十五年 [1]，部拟："各路司吏实历六十月，吏目两考升都目，历一考升提控案牍，两考升正九。若依路司吏九十月，吏目历一考与都目，馀皆依上升转。"省议："江南提控案牍，除各路司吏比附腹里路司吏至元二十五年呈准定例迁除 [2]，其馀已行直补，并自行踏逐历案牍两考者 [3]，再添资迁除。"

[1] 二十五年：即至元二十五年（1288）。
[2] 腹里：元代中书省直辖区的别称，意为腹心之地。参见元 9 注 4。
[3] 踏逐：宋元时选拔官员的一种名目。由大臣访问人才，荐请朝廷辟召。参见宋 295 注 4。

92．三十年 [1]，省准："提控案牍补注巡检，升转资品 [2]，不相争悬 [3]，如已历提控案牍月日者，任回止于提控案牍内迁叙。"三十一年，省议："都目、巡检员阙，虽不相就，若不从宜调用，似涉壅滞，下部先尽到选巡检，馀阙准告铨注，任回各理本等月日。"

[1] 三十年：即至元三十年（1293）。
[2] 升转资品：谓从未入流之职官升转为流品职官。
[3] 争悬：过于悬殊。

93. 大德二年 [1]，省准："京城内外省仓典吏 [2]，例于大都路州司吏、县典史内勾补 [3]，二周岁转升吏目。除行省所辖外，腹里下州并杂职等衙门，计设吏目一百馀处，其籍记未注者 [4]，以次铨注，俱拟三十月为满，任回本等内不次铨注。"

[1] 大德二年：即公元1298年。大德，元成宗铁穆耳的第二个年号。
[2] 典吏：元代各官署办事之属吏，员数不等。
[3] 勾补：征调以作补充。《元典章·台纲一·台察咨禀等事》："又据台椽按察司书吏奏，差人等选择通晓法理、有行止不作过犯之人勾补，毋得捏合。"
[4] 籍记：谓登记姓名于簿册上。

94. 三年 [1]，部拟："提控案牍、都、吏目有三周岁、二周岁、一周岁为满者，俱以三十月为满。"

[1] 三年：即大德三年（1299）。

95. 八年 [1]，省准："和林兵马司掌管案牍人等 [2]，比依下州，合设吏目一员，于籍记吏目外发补，任回从九品迁用，添一资升转。司吏量拟四名 [3]，从本司选补通吏业者，六十月，提控案牍内任用。"

[1] 八年：即大德八年（1304）。
[2] 和林：参见元79注3。兵马司：元代掌地方治安的官署。
[3] 司吏：吏名。元代路府州司吏依次从低一级衙门中选充，考满出任典史、吏目等流外官。先由贴书等见习吏员和巡尉司司吏中充选。

96. 九年 [1]，部呈："都、吏目已于典史内铨注，宜将籍记案牍验历仕 [2]，以远就近，于吏目阙内参注，各理本等月日。"

[1] 九年：即大德九年（1305）。
[2] 历仕：先后担任的职务。

97. 十一年[1]，江浙省臣言："各路提控案牍改受敕牒[2]，不见通例。"部照[3]："江北提控案牍，皆自府州司县转充路吏[4]，请俸九十月方得吏目[5]，一考升都目，都目一考，升提控案牍，两考正九品，通理二百一十月入流，其行省所委者，九十月与九品。今议行省委用例革提控案牍[6]，合于散府诸州案牍、都吏目并杂职钱谷官内，行省依例铨注，通理月日升转。之后行省所设提控案牍、都吏目，合依江北由司县府州转充路吏，通理月日，考满方许入流。"

[1] 十一年：即大德十一年（1307）。
[2] 敕牒：授官的文书，即委任状。
[3] 部照：吏部照会。照会，古代官署就有关事务行文。
[4] 路吏：元代路之总管府中的吏员。
[5] 请（qíng 情）俸：又作"请奉"。即"薪俸"，这里代指任职。
[6] 例革：循例革职。

98. 凡选取宣使、奏差[1]：至元十九年[2]，部拟："六部奏差额设数目，每一十名内，令各部选取四名，九十月与从九品，馀外合设数目，俱于到部巡检、提领案牍、都吏目内选取，候考满日，验下项资品铨注。"省准："解由到部[3]，关会完备人员内选取[4]。应入吏目，选充奏差，三考与从九品。吏目一考应入都目人员，选充奏差，两考与从九品。都目一考应入提领案牍人员，选充奏差，一考与从九品。巡检、提领案牍一考，选充奏差，一考与正九品。"

[1] 宣使：传宣官府使令的吏员。奏差：元代某些官署中设置的供差遣的吏员。参见元 76 注 2。
[2] 至元十九年：即公元 1282 年。至元，元世祖忽必烈的第二个年号。
[3] 解（jiè 界）由：官吏调任或考选时的证明文书。参见元 88 注 2。
[4] 关会：行文知照。

99. 二十六年[1]，省准："上都留守司兼本路都总管府典吏出身[2]，历九十月，比通政院例[3]，合转补本司宣使，考满依例定夺。"

[1] 二十六年：即至元二十六年（1289）。
[2] 上都留守司兼本路都总管府：《元史·百官六》："上都留守司兼本路都总管府，品秩职掌如大都留守司，而兼治民事。车驾还大都，则领上都诸仓库之事。留守六员，正二品；同知二员，正三品；副留守二员，正四品；判官二员，正五品；经历二员，都事四员，照磨兼管勾一员，令史四十四人，译史六人，回回令史三人，通事、知印各二人，宣使一十二人。国初，置开平府，中统四年，改上都路总管府。至元三年，又给留守印。十九年，并为上都留守司兼本路都总管府。"典吏：元代各官署办事之属吏，员数不等。
[3] 通政院：元代官署名，掌驿传。《元史·百官四》："通政院，秩从二品。国初置驿以给使传，设

脱脱禾孙以辨奸伪。至元七年，立诸站都统领使司以总之，设官六员。十三年，改通政院。十四年，分置大都、上都两院；二十九年，又置江南分院；大德七年罢。至大元年，升正二品。四年罢，以其事归兵部。是年，两都仍置，止管达达站赤。延祐七年，复从二品，兼领汉人站赤。大都院使四员，从二品；同知二员，正三品；副使二员，从三品；金院一员，正四品；同金一员，从四品；院判一员，正五品；经历一员，从五品；都事一员，从七品；照磨兼管勾承发架阁一员，正八品；令史十三人，通事一人，知印二人，宣使十人。上都院使、同知、副使、金院、判官各一员，经历、都事各一员，品秩并同大都；令史四人，译史三人，通事一人，知印一人，宣使十人。"

100．二十九年 [1]，省议："行省、行院宣使于正从九品有解由职官内选取 [2]，如是不敷，于各道宣慰司一考之上奏差、本衙门三考典吏内选取 [3]。行台止于正从九品职官内选取 [4]，不敷，于各道廉访司三考奏差内并本衙门三考典史内选取 [5]，仍须色目、汉人相参选取。自行踏逐者 [6]，亦须相应人员，考满例降一等，须历九十月，方许出职。内外诸衙门宣使，以色目、汉人相参，九十月为满，自行踏逐者降一等。凡内外诸衙门宣使、通事、知印、奏差，都省宣使有阙 [7]，于台、院等衙门一考之上宣使、并有解由正从八品职官内选补 [8]，如系都省直选人员，不拘此例，仍须色目、汉人相参选取。自行踏逐者，考满例降一等，须历九十月，方许出职。枢密院宣使 [9]，正从九品职官内选取，仍须色目、汉人相参选用。自行踏逐者，亦须相应人员，考满例降一等，须历九十月，方许出职。御史台宣使 [10]，正从九品职官内选取。自行踏逐者，考满例降一等，须历九十月，方许出职。宣政院宣使 [11]，选补同。宣慰司奏差，于本衙门三考典吏内选取。自行踏逐者，考满降等叙，须色目、汉人参用，历九十月，方许出职。山东运司奏差 [12]，九十月，于近下钱谷官内任用 [13]。大都运司 [14]，一体定夺。"

[1] 二十九年：即至元二十九年（1292）。
[2] 行省：行中书省。行院：行枢密院。宣使：传宣官府使令的吏员。参见元76注2。
[3] 宣慰司：即"宣慰使司"。参见元9注4。奏差：元代某些官署中设置的供差遣的吏员。
[4] "行台"句：中华书局整理本校勘记云："据《元典章》卷十二《书吏》、《宣使奏差》补。"行台，即"行御史台"。
[5] 廉访司：即"肃政廉访司"。参见元8注14。典史：元代首领官名，掌衙门文书事务与管辖吏员。《文史》总第64辑（中华书局2003年8月出版，2003年第3辑）载张帆《读〈元典章〉校〈元史〉》一文，内云："此条详见《元典章》卷一二《吏部六·吏制·书吏·宣使奏差等出身》。文件全文较长，但中间一段与以上《元史·选举志》文字几乎完全相同，兹不具引。校点本《元史》在此引用了《元典章》这条文件加以校勘，增补《元史》原文脱漏的'行台止于正从九品职官内选取'一句话，但却忽略了下面的一个错字。以下'不敷，于各道廉访司三考奏差内并本衙门三考典史内选取'一句中，'典史'二字在《元典章》文件中作'典吏'，当以后者为是。因为这条规定前半段讲行省、行院宣使从宣慰司奏差和本衙门典史内选取，后半段讲行台宣使从廉访司奏差和本衙门典吏内选取，前后相符。如后者不是典吏而是典史，就讲不通了。

元制：宣使、奏差是负责'来往传达'的吏员，典吏是负责衙门文书档案收发、保管等项工作的一般吏员，属于'设置面最广、而地位最低的吏职'（许凡《元代吏制研究》，劳动人事出版社，1987年，第13~15页）。因此，行省、行院、行台典吏三考之后有机会升本衙门宣使，是合理的。典史则是县、录事司衙门中的首领官，行省、行院、行台之中，并无此职名（郑玉《师山集》卷三《送赵典史序》：'典史，县幕官也。其受省檄，秩从九品下。其事则检举勾销簿书，拟断决。禄卑位薄，务繁任重，一县之得失，百里之利害，常必由之。'王礼《麟原文集》前集卷五《录事司典史谢宏用美解序》：'典史，司。县幕佐也。持案牍之权，与官吏相可否，其职任之系不轻。然率由吏老将至而始任焉。'按幕官、幕佐皆指首领官，是金、元各级机构中掌管案牍、统辖吏员、协助长官处理政务的低级官员的通称。有关制度，参阅许凡《元代的首领官》，《西北师院学报》1983年第2期）。即使有，以首领官身份（尽管他是地位最低的首领官），经'三考'后被'选取'为本衙门吏员，也绝无此理。"所论甚是，可参考。

[6] 踏逐：参见元91注3。

[7] 都省：即"中书省"。

[8] 台院：御史台与枢密院。

[9] 枢密院：元代军政官署。参见元61注11。

[10] 御史台：掌监察的官署名。参见元9注6。

[11] 宣政院：元代掌管全国佛教事务和统辖吐蕃地区的官署。《元史·百官三》："宣政院，秩从一品。掌释教生徒及吐蕃之境而隶治之。遇吐蕃有事，则为分院往镇，亦别有印。如大征伐，则会枢府议。其用人则自为选。其为选则军民通摄，僧俗并用。至元初，立总制院，而领以国师。二十五年，因唐制吐蕃来朝见于宣政殿之故，更名宣政院。置院使二员、同知二员、副使二员、参议二员、经历二员、都事四员、管勾一员、照磨一员。二十六年，置断事官四员。二十八年，增金院、同金各一员。元贞元年，增院判一员。大德四年，罢断事官。至大初，省院使一员。至治三年，置院使六员。天历二年，罢功德使司归宣政，定置院使十员，从一品；同知二员，正二品；副使二员，从二品；金院二员，正三品；同金二员，正四品；院判三员，正五品；参议二员，正五品；经历二员，从五品；都事三员，从七品；照磨一员，管勾一员，并正八品；掾史十五人，蒙古必阇赤二人，回回掾史二人，怯里马赤四人，知印二人，宣使十五人，典吏有差。"

[12] 山东运司：即"山东东路转运盐使司"。《元史·百官一》："山东东路转运盐使司，品秩、职掌同上，运判止一员。国初，始置益都课税所，管领山东盐场，以总盐课。后改置运司，中统四年，诏以中书左右部兼诸路都转运司。至元二年，命有司兼办其课，改立山东转运司。至元十二年，改立都转运司。延祐五年，以盐法涩滞，降分司印，巡行各场，督收课程，罢胶莱盐司所属盐场。"

[13] 钱谷官：谓地方掌管钱粮的未入流小官。参见元70注5。

[14] 大都运司：即"大都河间等路都转运盐使司"。《元史·百官一》："大都河间等路都转运盐使司，秩正三品。掌场灶榷办盐货，以资国用。使二员，正三品；同知一员，正四品；副使一员，正五品；运判二员，正六品。首领官：经历一员，从七品；知事一员，从八品；照磨一员，从九品。国初，立河间税课达鲁花赤清沧盐使所，后创立运司，立提举盐榷所，又改为河间路课程所，提举沧清盐使所。中统三年，改都提领拘榷沧清课盐所。至元二年，以刑部侍郎、右三部郎中兼沧清课盐使司，寻改立河间都转运盐使司，立清、沧课三盐司。十二年，改为都转

运使司。十九年，以户部尚书行河间等路都转运使司事，寻罢，改立清、沧二盐使司。二十三年，改立河间等路都转运司。二十七年，改令户部尚书行河间等路都转运使司事。二十八年，改河间等路都转运司。延祐六年，颁分司印，巡行郡邑，以防私盐之弊。”

101. 七年 [1]，省准：“巩昌等处便宜都总帅府令史人等 [2]，已拟依各道宣慰司令史人等一体出身 [3]，自行踏逐者降等叙，有阙于本司三考典吏内选取。”

[1] 七年：当即大德七年，即公元 1303 年。大德，元成宗铁穆耳的第二个年号。中华书局整理本校勘记云：“按此系至元后、延祐前事，中有元贞、大德、至大、皇庆，唯大德有十一年，馀均不满七年。此处七年后又有八、九、十、十一年。‘七年’上当有‘大德’二字。”甚是，今从。

[2] 巩昌等处便宜都总帅府：元代陕西行省所辖地方统治机构，辖境包括今甘肃东南一带，治所陇西（今属甘肃）。《元史·地理三》：“巩昌府，唐初置渭州，后曰陇西郡，寻陷入吐蕃。宋复得其地，置巩州。金为巩昌府。元初改巩昌路便宜都总帅府，统巩昌、平凉、临洮、庆阳、隆庆五府及秦、陇、会、环、金、德顺、徽、金洋、安西、河、洮、岷、利、巴、沔、龙、大安、褒、泾、邠、宁、定西、镇原、阶、成、西和、兰二十七州，又于成州行金洋州事。”令史：掌文书案牍之事的官员。参见元 3 注 23。

[3] 宣慰司：参见元 9 注 4。

102. 八年 [1]，部呈：“各寺监保本处典吏补奏差 [2]，若元系请俸典吏、本把人等补充者 [3]，考满同自行踏逐者，降等叙。”

[1] 八年：依上当为大德八年（1304）。

[2] 寺监：对太常寺、光禄寺、秘书监、司天监、都水监等寺、监两级官署的并称。典吏：元代各官署办事之属吏，员数不等。奏差：元代某些官署中设置的供差遣的吏员。参见元 76 注 2。

[3] 请（qíng 情）俸：参见元 97 注 5。本把人：官署中的低级属吏。本把，或作“巴哩巴”，执持的意思。《钦定金史语解》卷六：“巴哩巴，蒙古语，已执也。卷十九作‘本把’。”

103. 九年 [1]，拟宣徽院典吏九十月补宣使 [2]，并所辖寺监令史。

[1] 九年：依上当为大德九年（1305）。

[2] 宣徽院：元官署名。参见元 65 注 1。

104. 十年 [1]，省拟：“中政院宣使于本衙门三考之上典吏及正从九品职官内选用 [2]，以色目、汉人相参，自行踏逐者降等。”

[1] 十年：依上当为大德十年（1306）。

[2] 中政院：元官署名。参见元 66 注 1。

105. 十一年 [1]，省拟："燕南廉访司奏差 [2]，州吏内选补，考满于都目内迁用 [3]。"

[1] 十一年：依上当为大德十一年（1307）。
[2] 燕南廉访司：即"燕南河北道肃政廉访"，属元御史台直辖，为内八道之一。置司于真定路（治今河北正定）。
[3] 都目：元代首领官名。参见元90注4。

106. 延祐三年 [1]，省议："各衙门典史，须历九十月，方许转补奏差。"

[1] 延祐三年：即公元1316年。延祐，元仁宗爱育黎拔力八达的第二个年号。

107. 凡匠官 [1]：至元九年 [2]，工部验各管户数 [3]，二千户之上至一百户之上，随路管匠官品级。省议："除在都总提举司去处 [4]，依准所拟。东平杂造提举司并随路织染提举司 [5]，二千户之上，提举正五品，同提举从六品，副提举从七品。一千户之上，提举从五品，同提举正七品，副提举正八品。五百户之上至一千户之下，提举正六品，同提举从七品，副提举从八品。三百户之上，大使正七品，副使正八品。一百户之上，大使从七品，副使从八品。一百户之下，院长一员，同院务 [6]，例不入流品，量给食钱。凡一百户之下管匠官资品，受上司劄付者 [7]，依已拟充院长。已受宣牌充局使者 [8]，比附一百户之上局使资品递降，量作正九资品。"

[1] 匠官：主管工匠的官吏。
[2] 至元九年：即公元1272年。至元，元世祖忽必烈的第二个年号。
[3] 工部：官署名。元代属中书省，掌营造百工之政令及有关事宜。至元二十八年（1291）定长官尚书三员，秩正三品。下设侍郎、郎中、员外郎等官。下辖诸色人匠总管府等机构若干处。
[4] 总提举司：当谓"提举右八作司"与"提举左八作司"。参见元73注1。
[5] 东平：即"东平路"。《元史·地理一》："东平路（下），唐郓州，又改东平郡，又号天平军。宋改东平府，隶河南道。金隶山东路。元太祖十五年，严实以彰德、大名、磁、洺、恩、博、濬、滑等户三十万来归，以实行台东平，领州县五十四。实没，子忠济为东平路管军万户总管，行总管府事，州县如旧。至元五年，以东平为散府。九年，改下路总管府。"
[6] 院务：即"院务官"。《学术研究》2006年第12期载赵树廷《〈元史·选举志〉勘误二则》有云："'院务'即'院务官'的通称，元朝太宗、世祖时就设有院务官。《元史》卷九十四《食货志二·商税》载：'太宗甲午年，始立征收课税所，凡仓库院务官并合干人等，命各处官司选有产有行之人充之。'《元史》卷七《世祖纪四》载：'丙辰，括天下户。……运司官吏俸禄，宜与民官同，其院务官量给工食。''同院务'为'比同院务'之意，即院长在除授时比同院务官。"甚是。
[7] 劄付：古代官府上级给下级的公文。
[8] 宣牌：宋、元时代，诸王、节度、观察使、州府、军、监、县印，皆有铜牌，谓之"宣牌"。由

朝廷授予，以证明官职身份。局使：元代织染局、军器局设局使，秩正七品。参见元108。

108. 二十二年[1]，凡选取升转匠官资格，元定品给员数[2]，提举司二千户之上者，无之。一千户之上，提举从五品，同提举正七品，副提举正八品。五百户之上、一千户之下，提举正六品，同提举从七品，副提举从八品。使副，三百户之上，局使正七品，副使正八品。一百户之上，局使从七品，副使从八品。一百户之下，院长一员，比同院务[3]，例不入流品。

[1] 二十二年：即至元二十二年（1285）。
[2] 品给：中华书局整理本校勘记云："按'品给'不词。《新编》作'品级'，疑是。"可参考。
[3] 比同院务：中华书局整理本作"比同务院"，误，今正。院务，即"院务官"，参见元107注6。

109. 工部议："三百户之上局副从八，一百户之上局副正九，遇有阙，于一百户之下院长内选充。院长一百二十月升正九，正九两考升从八，从八三考、正八两考，俱升从七。如正八有阙，别无资品相应人员，于已授从八匠官内选注，通历九十月，升从七；从七三考升正七，正七两考升六；从六三考、正六两考，俱升从五。如所辖司属无从六，名阙，如已历正七两考，拟升加从六散官，止于正七匠官内迁转，九十月升从五。如正六匠官有阙，于已授从六散官人员内选注，通历九十月升从五。从五三考拟升正五，别无正五匠官，名阙，升加正五散官，止于从五匠官内迁转。如历仕年深，至日斟酌定夺。至元十二年以前受宣敕省劄人员[1]，依管民官例[2]，拟准已受资品。十三年以后受宣敕省劄人员，若有超升越等者，验实历俸月定拟，合得资品上例存一等迁用。管匠官遇有阙员去处，如无资品相应之人，拟于杂职资品相应到选人内铨用。凡中原、江淮匠官，正从五品子从九品匠官内荫叙，六品、七品子于院长内叙用。以匠官无从九，名阙，拟正从五品子应荫者，于正九匠官内铨注，任回，理算从九月日。"

[1] 至元十二年：即公元1275年。宣敕：宣与敕，为国家任命或调遣官员的正式文书。参见元66注5。省劄：中书省的文书。
[2] 管民官：元代地方临民机构属官的称谓。《元史·百官四》："管领东平等路管民官，秩正五品。总管一员，相副官一员，都目一员，吏一人。中统二年置，至元二十二年给印。"

110. 二十三年[1]，诏："管匠官，其造作有好恶亏少[2]，勿令迁转。"二十四年，部言："管匠衙门首领官[3]，宜于本衙门内选委知会造作相应人员区用，勿令迁转，合依旧例，从本部于常选内选差相应人员掌管案牍，任满交代迁叙。"

[1] 二十三年：即至元二十三年（1286）。
[2] 好恶亏少：谓所造物品质量随意或数量亏损短少。
[3] 首领官：掌管案牍，管辖吏员，协助长官处理政务的官员的通称。参见元61注9。

111. 元贞元年 [1]，准湖广行省所拟 [2]："三千户之上提举司从五品，提举从五品，同提举正七品，副提举正八品。二千户之上提举司正六品，提举正六品，同提举从七品，副提举从八品。一千户之上局，局使正七品，副使正八品 [3]。五百户之上局，局使从七品，副使正九品。五百户之下，院长一员。"

[1] 元贞元年：即公元 1295 年。元贞，元成宗铁穆耳的第一个年号。
[2] 湖广行省：参见元 14 注 11。
[3] 正八品：中华书局整理本校勘记云："按《元典章》卷九《工匠局官品级》千户之上局副使作'从八品'，疑此处'正'系'从'之误。"可参考。

112. 凡诸王分地与所受汤沐邑 [1]，得自举其人，以名闻朝廷，而后授其职。至元二年 [2]，诏以各投下总管府长官不迁外 [3]，其所属州县长官，于本投下分到城邑内迁转。

[1] 汤沐邑：皇后、诸王、公主等收取赋税的私邑。清汪辉祖《元史本证》二十八《选举志二》："凡诸王分地。案《纪》天历二年，'令诸王封邑达鲁花赤，推择本部年二十五以上、识达志体廉慎无过者以充；或有冒滥，罪及王傅。'至元五年，'诏：诸王位下官毋入常选。'"可参考。
[2] 至元二年：即公元 1265 年。至元，元世祖忽必烈的第二个年号。
[3] 投下：元代诸王、驸马、勋臣所属的人户。参见元 3 注 20。

113. 四年 [1]，省劄："应给印官员，若受宣命及诸王令旨、或投下官员批劄、省府枢密院制府左右部劄付者 [2]，验户给印。"五年，诏："凡投下官，必须用蒙古人员。"六年，以随路见任并各投下创差达鲁花赤内 [3]，多女直、契丹、汉人，除回回、畏吾儿、乃蛮、唐兀同蒙古例许叙用 [4]，其馀拟合革罢，曾历仕者，于管民官内叙用 [5]。十九年，诏："各投下长官，宜依例三年一次迁转。"

[1] 四年：即至元四年（1267）。
[2] 宣命：皇帝的诏命。枢密院：元代军政官署。参见元 61 注 11。左右部：官署名。元世祖中统元年（1260）设中书省，下分设左、右二部，以吏、户、礼为左三部，以兵、刑、工为右三部。至元元年（1264）以后，屡有分合。至元七年，左、右二部始分为六部。
[3] 创差：新设职官。达鲁花赤：蒙古语，意为"镇守者"，汉译"宣差"。蒙、元官名。参见元 59 注 5。
[4] 畏兀儿：又译"畏兀而"、"伟兀"、"卫吾"、"外五"等，为蒙古语"回鹘"读音的汉译。族名，一般指高昌回鹘。元世祖时，其亦都护（君主）迁永昌（今属甘肃），元仁宗颁高昌王印，其族人多受元朝廷重用。乃蛮：又译"乃满"、"耐满"等，为突厥语族之一部，辽、金时游牧于阿尔泰山一带。受畏兀儿影响，借用其文字，信仰聂思脱里派基督教。其君长屡与蒙古军战，终为所灭。唐兀：又译"唐兀惕"、"唐忽惕"，为元代蒙古语"党项"一词的音译，亦兼指党项人及其所建之西夏国。居住于元代甘肃行省，通行西夏文，出仕元代者颇多。

[5] 管民官：参见元 109 注 2。

114. 省臣奏："江南诸王分地长官，已令如例迁转，其间若有兼管军镇守为达鲁花赤者 [1]，一体代之，似为不宜。合令于投下长官之上署字 [2]，一同莅事。"二十年 [3]，议："诸王各投下千户，于江南分地内已于长官内委用，其州县长官，亦令如之，似为相宜。"二十三年，诸王、驸马并百官保送人员，若曾仕者，验资历于州县内相间用，如无历仕，从本投下自用。三十年，各投下州县长官，三年一次给由互相迁转 [4]，如无可迁转，依例给由申呈省部，仍牒廉访司体访。

[1] 管军镇守：当指元代万户府属下镇抚司长官。置镇抚二员，蒙古、汉人参用。上、中府为秩正、从五品，下府为秩正六品。

[2] 署字：在文书上签名。是官员行使权力的体现。

[3] 二十年：即至元二十年（1283）。

[4] 给由：即发解（jiè 界）由。解由就是官吏调任或考选时的证明文书。《通制条格》卷六《选举·给由》："至元二十二年四月，御史台。近为各道按察司并监察御史，任满往往不行依例给由，虽有具到历仕根因举明文解，俱无保结任内有无粘带过犯，及不见开写行过事迹，以致无凭考校。本台议到下项事理：一、按察司官、行台监察御史，今后如遇任满得替，咨申文字，开写某官姓名、年甲、籍贯，入仕根脚，请俸月日，并任内刷过卷宗，追到钱物，弹劾官吏起数，保举可用人材，所陈利害及应行过事迹，移牒本司，照勘完备，从实保结，开申监察御史行移察院，依上施行。一、经历、知事，任满得替，开写某官姓名，具年甲、籍贯、入仕根脚、实历请俸月日，并任内行过事迹，呈报本司，依例照勘完备，保结开申。一、书吏、通译史、奏差人等，今后如遇考满及书吏岁贡者，依上开写年甲、脚色、籍贯，实历请俸月日，勾当其间有无过犯，保结开申。"

115. 大德元年 [1]，诸投下达鲁花赤从七以下者，依例类选。十年，议："各投下官员，非奉省部明文，毋得擅自离职。"皇庆二年 [2]，诏："各投下分地城邑长官，其常选所用者，居众人之上，投下所委者为添设，其常选内路府州及各县内减一员。"三年，以中下县主簿、录事司录判掌钱粮捕盗等事 [3]，不宜减去，并增置副达鲁花赤一员。四年，凡投下郡邑，令自置达鲁花赤，其为副者罢之。各投下有阙用人，自于其投下内选用，不许冒用常选内人。

[1] 大德元年：即公元 1297 年。大德，元成宗铁穆耳的第二个年号。

[2] 皇庆二年：即公元 1313 年。皇庆，元仁宗的第一个年号。中华书局整理本校勘记云："按《元典章》卷九《设副达鲁花赤》系延祐二年，所载甚详。此作'皇庆'误。"可参看。

[3] 录事司：元代地方官署名。《元史·百官七》："录事司，秩正八品。凡路府所治，置一司，以掌城中户民之事。中统二年，诏验民户，定为员数。二千户以上，设录事、司候、判官各一员；二千户以下，省判官不置。至元二十年，置达鲁花赤一员，省司候，以判官兼捕盗之事，典史一员。若城市民少，则不置司，归之倚郭县。在两京，则为警巡院。独杭州置四司，后省为左、右

两司。"录判：即录事司官员录事、判官。

116. 凡壕寨官〔1〕：至元十九年〔2〕，省部拟："都水监并入本部〔3〕，其壕寨官比依各部奏差出身。"大德二年〔4〕，拟考满除从九品。

〔1〕壕寨官：元代都水监掌监督修造的官吏。
〔2〕至元十九年：即公元 1282 年。
〔3〕都水监：元代掌修水利的官署名。《元史·百官六》："都水监，秩从三品。掌治河渠并堤防水利桥梁闸堰之事。都水监二员，从三品；少监一员，正五品；监丞二员，正六品；经历、知事各一员，令史十人，蒙古必阇赤一人，回回令史一人，通事、知印各一人，奏差十人，壕寨十六人，典吏二人。至元二十八年置。二十九年，领河道提举司。大德六年，升正三品。延祐七年，仍从三品。"本部：当指工部。
〔4〕大德二年：即公元 1298 年。大德，元成宗铁穆耳的第二个年号。

117. 凡入粟补官〔1〕：天历三年〔2〕，河南、陕西等处民饥〔3〕，省臣议："江南、陕西、河南等处富实之家愿纳粟补官者，验粮数等第，从纳粟人运至被灾处所，随即出给勘合朱钞〔4〕，实授茶盐流官，咨申省部除授。凡钱谷官隶行省者行省铨注，腹里省者吏部注拟〔5〕，考满依例升转。其愿折纳价钞者，并以中统钞为则〔6〕。江南三省每石四十两，陕西省每石八十两，河南并腹里每石六十两。其实授茶盐流官，如不愿仕而让封父母者听。陕西省：一千五百石之上，从七品。一千石之上，正八品，五百石之上，从八品。三百石之上，正九品。二百石之上，从九品。一百石之上，上等钱谷官。八十石之上，中等钱谷官。五十石之上，下等钱谷官。三十石之上，旌表门闾〔7〕。河南并腹里：二千石之上，从七品。一千五百石之上，正八品。一千石之上，从八品。五百石之上，正九品。三百石之上，从九品。二百石之上，上等钱谷官。一百五十石之上，中等钱谷官。一百石之上，下等钱谷官。江南三省：一万石之上，正七品。五千石之上，从七品。三千石之上，正八品。二千石之上，从八品。一千石之上，正九品。五百石之上，从九品。三百石之上，上等钱谷官。二百五十石之上，中等钱谷官。二百石之上，下等钱谷官。凡先尝入粟遥授虚名者，今再入粟，则依验粮数，照依资品，令实授茶盐流官。陕西省：一千石之上，从七品。六百六十石之上，正八品。三百三十石之上，从八品。二百石之上，正九品。一百三十石之上，从九品。河南并腹里：一千三百石之上，从七品。一千石之上，正八品。六百六十石之上，从八品。三百三十石之上，正九品。二百石之上，从九品。江南三省：六千六百六十石之上，正七品。三千三百三十石之上，从七品。二千石之上，正八品。一千三百三十石之上，从八品。六百六十石之上，正九品。三百三十石之上，从九品。先尝入粟实授茶盐流官者，今再入粟，则依验粮数，加等升职。陕西省：七百五十石之上，五百石之上，二百五十石之上，一百五十石之上，一百石之上。河南并腹里：一千石之上，七百五十石之上，五百石之上，二百五十石之上，一百五十石之上。僧道能以自己衣钵济饥民者，三百石之上，六字师号 [8]，都省出给 [9]。二百石之上，四字师号；一百石之上，二字师号；俱礼部出给 [10]。四川省所辖地分富实民户，有能入粟赴江陵者 [11]，依河南省入粟补官例行之。其粮合用之时，从长处置。江浙、江西、湖广三省已籴官粮，见在价钞于此差人赴河南省别与收贮，合用之时，从长处置。”

[1] 入粟补官：即缴纳钱粮买官。清汪辉祖《元史本证》二十八《选举志二》："凡入粟补官。案《纪》泰定二年，以郡县饥，募富户入粟拜官，二千石从七品，千石正八品，五百石从八品，三百石正九品，不愿仕者旌其门。三年，'敕入粟拜官者，准致仕铨格。'至正十二年，'中书省臣请行纳粟补官之令："凡各处士庶果能为国宣力、自备粮米供给军储者，照依定拟地方实授常选流官，依例升转封荫；及已除茶盐钱谷官，有能再备钱粮供给军储者，验见授品级改授常流。"从之。'"可参考。

[2] 天历三年：即至顺元年（1330）。天历至顺，元文宗图帖睦尔的第一、第二个年号。

[3] 河南陕西等处民饥：《元史·文宗三》："至顺元年……夏四月……庚寅，中书省臣言：'迩者诸处民饥，累常赈救。去岁赈钞百三十四万九千六百馀锭、粮二十五万一千七百馀石。今汴梁、怀庆、彰德、大名、兴和、卫辉、顺德、归德及高唐、泰安、徐、邳、曹、冠等州饥民六十七万六千户，一百一万二千馀口，请以钞九万锭、米万五千石，命有司分赈。'制曰'可'。以陕西饥，敕有司作佛事七日。"

[4] 朱钞：宋元时征集粮物官方发给民户的凭据。以其盖有官方红印，故称。

[5] 腹里：元代中书省直辖区的别称，意为腹心之地。参见元 9 注 4。省者：谓钱谷官隶中书省者。

[6] 中统钞：元代中统间颁行的钞票。有"交钞"、"元宝钞"两种。《元史·食货一》："世祖中统元年，始造交钞，以丝为本。每银五十两易丝钞一千两，诸物之直，并从丝例。是年十月，又造中统元宝钞……然元宝、交钞行之既久，物重钞轻。二十四年，遂改造至元钞，自二贯至五文，凡十有一等，与中统钞通行。"

[7] 旌表门闾：官府为入粟者在家乡立牌坊赐匾额，以示表彰。

[8] 师号：旧时对道行出众的僧人所加的称号。

[9] 都省：中书省。

[10] 礼部：参见元 9 注 3。

[11] 江陵：今属湖北荆沙市。

118. 凡获盗赏官：大德五年 [1]，诏："获强盗五人，与一官。捕盗官及应捕人 [2]，本境失盗而获他境盗者，听功过相补。获强盗过五人，捕盗官减一资，至十五人升一等，应捕人与一官，不在论赏之列。"

[1] 大德五年：即公元 1301 年。大德，元成宗的第二个年号。

[2] 应（yìng 硬）捕人：古代缉捕盗贼的吏役。《元史·宋本传》："在法，民间失盗，捕之违期不获犹治罪，太常失典守，及在京应捕官，皆当罢去。"

119. 凡控鹤伞子 [1]：至元二十二年 [2]，拟："控鹤受省劄，保充御前伞子者，除充拱卫直都指挥使司钤辖 [3]，官进义副尉 [4]。"二十八年，控鹤提控受敕进义副尉 [5]，管控鹤百户，及一考，拟元除散官从八，职事正九，于从八内迁注。元贞元年 [6]，控鹤提控奉旨充速古儿赤一年 [7]，受省劄充御前伞子，历三百三十二月，诏于从六品内迁用。大德六年 [8]，控鹤百户，部议于巡检内任用 [9]。其离役百户人等拟从八品，伞子从七品。延祐三年 [10]，控鹤百户历两考之上，拟于正九品迁用。

[1] 控鹤伞子：谓宿卫近侍仪仗中为帝王之执伞者。控鹤，唐武后尝置控鹤府，其后历代禁军即有以控鹤为名者。其服制，《元史·舆服一》："控鹤幞头，制如交角，金缕其额。"又云："控鹤袄，制以青绯二色锦，圆答宝相花。"

[2] 至元二十二年：即公元 1285 年。

[3] 拱卫直都指挥使司：元代礼部官署名。《元史·百官一》："拱卫直都指挥使司，秩从四品。掌控鹤六百馀户，及仪卫之事。至元三年始置。都指挥使一员，副使一员，钤辖一员，提控案牍一员。十六年，升正三品，降虎符，增置达鲁花赤一员，隶宣徽院。二十年，复为从四品。二十五年，归隶礼部。元贞元年，复升正三品。皇庆元年，置经历一员。二年，改钤辖为金事。至顺二年，拨隶侍正府，定置达鲁花赤一员，正三品；都指挥使四员，正三品；副指挥使二员，从三品；金事二员，正四品。首领官：经历一员，从七品；知事一员，从八品。吏属：令史四人，译史一人，通事、知印各一人，奏差二人。其属控鹤百户所，秩从七品。色目百户一十三员，汉人百户一十三员，总十三所。"

[4] 进义校尉：武散官名。三十四阶之第三十二阶，元代秩正八品，敕授。

[5] 控鹤提控：即控鹤中的提控案牍。进义副尉：武散官名。三十四阶之最末一阶，元代秩从八品，敕授。

[6] 元贞元年：即公元 1295 年。元贞，元成宗铁穆耳的第一个年号。

[7] 速古儿赤：元代怯薛执事之一。《元史·兵志二》："掌内府尚供衣服者，曰速古儿赤。"至顺二年（1331），元置侍正府，领速古儿赤四百人，并有奉御二十四员，亦由速古儿赤充任。

[8] 大德六年：即公元 1302 年。大德，元成宗铁穆耳的第二个年号。

[9] 巡检：巡检司为元代负责地方治安的官署名，设于都城周围及县以下险要之地。参见元 70 注 2。

[10] 延祐三年：即公元 1316 年。延祐，元仁宗爱育黎拔力八达的第二个年号。

120. 凡玉典赤 [1]：至元二十七年 [2]，定拟历三十月至九十月者，并与县达鲁花赤、进义副尉。一百月以上者，官敦武校尉 [3]。至大二年 [4]，令玉典赤权于州判、县丞内铨注 [5]。三年，令依旧例，九十月除从七下县达鲁花赤，任回添一资。

[1] 玉典赤：又译"额兀迭臣"，蒙古语，意为"守门者"。汉译"户郎"、"户者"。蒙古、元朝怯薛执事之一。

[2] 至元二十七年：即公元 1290 年。

[3] 敦武校尉：武散官名。三十四阶之第三十阶，元代秩从七品，敕授。

[4] 至大二年：即公元 1309 年。至大，元武宗海山的年号。

[5] 州判：即州中的判官，上州秩正七品，中州秩从七品，下州秩正八品。参决民政，兼捕盗之责。

县丞：元代协助县令主持政务的地方官名，上县丞秩正八品，中县以下不置。

121．凡蛮夷官［1］：议："播州宣抚司保蛮夷地分副长官［2］，系远方蛮夷，不拘常调之职，合准所保。其蛮夷地分，虽不拘常调之处，而所保之人，多有泛滥。今后除袭替土官外［3］，急阙久任者，依例以相应人举用，不许预保，违者罪及所由官司。"

［1］蛮夷官：谓边境少数民族地区的官员。

［2］播州宣抚司：元代至元二十八年（1291）改播州安抚司为宣抚司，治所即今贵州遵义市。宣抚司，元世祖中统元年（1260），立燕京、益都济南、河南、北京等路十宣抚司，为地方行政机构，遂即撤销。其后又在边远少数民族地区设宣抚司，为地方行政机构，分属各行省，秩正三品。设达鲁花赤、宣抚使、同知、副使等官。保：保举。

［3］袭替：这里谓袭荫官职。土官：即"土司"。元、明、清时期于西北、西南地区设置的由少数民族首领充任并世袭的官职。按照等级有宣慰使、宣抚使、安抚使等武职与土知府、土知州、土知县等文职。《元史·仁宗三》："云南土官病故，子侄兄弟袭之，无则妻承夫职。"

《元史》

卷八十三　志第三十三

选举三

铨法中

122. 至元四年［1］，诏："诸官品正从分等，职官用荫，各止一名。诸荫官不以居官、去任、致仕、身故，其承荫之人，年及二十五以上者听。诸用荫者，以嫡长子。若嫡长子有废疾，立嫡长子之子孙，曾玄同。如无，立嫡长子同母弟，曾玄同。如无，立继室所生。如无，立次室所生。如无，立婢子。如绝嗣者，傍荫其亲兄弟，各及子孙。如无，傍荫伯叔及其子孙。诸用荫者，孙降子、曾孙降孙、婢生子及傍荫者，皆于合叙品从降一等。诸荫子入品职，循其资考，流转升迁。廉慎干济者［2］，依格超升。特恩擢用者，不拘此例。其有不务廉慎，违犯礼法者，依格降罚，重者除名。诸自九品依例迁至正三品，止于本等流转，二品以上选自特旨。诸职官荫子之后，若有馀子，不得于诸官府自求职事，诸官府亦不许任用。"

［1］至元四年：即公元 1267 年。至元，元世祖忽必烈的第二个年号。
［2］干济：办事干练而有成效。

123. 五年［1］，诏："诸荫官各具父祖历仕缘由、去任身故岁月并所受宣敕劄付、彩画宗支［2］，指实该承荫人姓名年甲，本处官司体勘房亲［3］，揭照籍册［4］，别无诈冒，及无废疾过犯等事，上司审验相同，保结申覆［5］，令亲赍文解赴部［6］。诸荫叙人员，除蒙古及已当秃鲁花人数别行定夺外［7］，三品以下、七品以上、年二十五之上者，当傔使一年［8］，并不支俸。满日，三品至五品子孙量材叙用外，六品七品子准上铨注监当差使［9］，已后通验各界增亏定夺。"

［1］五年：即至元五年（1268）。《文史》总第 64 辑（中华书局 2003 年 8 月出版，2003 年第 3 辑）

载张帆《读〈元典章〉校〈元史〉》一文，内云："这段话在'至元五年'年代下，混杂了两个不同年代的文件。从一开始'令亲赍文解赴部'是第一个文件，其内容详见《元典章》卷八《吏部二·官制二·承荫·民官子孙承袭》及《通制条格》卷六《选举·荫例》，时间确在至元五年。自'诸荫叙人员'起，别为另一文件，详见《元典章》卷八《吏部二·官制二·傿使·品官子孙当傿使》：'至元九年十月，中书礼部承奉中书省判送，本部呈：照得至元八年十二月初三日承奉尚书省札付："今据来呈，'拟到六品七品子孙，许应当随朝傿使周年或减半年，并不支俸，满日依例铨注监当差使。'为此，移准中书省咨该，都省近奏：'品官子孙当傿使底体例，与尚书省官人每商量了呵，怎生？'奉圣旨：'那般者。'钦此。今议得：若依已拟，止于六品七品子孙内当傿使者，满日铨注流外监当傿使（引者按：原文如此，当作差使），切缘五品以下（当作以上）至五品（当作三品）子孙，便与合得品从叙用流官，似为未尽。拟除蒙古人员及已当秃鲁花人数别行定夺外，三品以下、七品以上通令承荫子孙，若年二十五以上，许当傿使一年，并不支俸。应当满日，其三品至五品子孙，照依施行体例，量材叙用。外，六品七品子，准上铨注监当傿使（当作差使），已后通例（当作验）各界增亏定夺。咨请行下合干部分，更为讲究回咨。……"量拟到应当傿使去处，具呈中书省判送吏部呈，蒙都堂圆议得，准呈，送本部照会施行。'《元典章》这条文件有几个错字，可据《元史》及《元典章》中其他文件校正。但在文件年代上，它可以补充《元史》的缺漏。据上引文可知，《元史》中'诸荫叙人员'承荫前先在官府傿使（按指值班）一年的规定，是至元八年经中书省奏准，由尚书省在十二月下发的。当补年代'至元八年'。"甚是，可参考。

[2] 宣敕：宣与敕，为国家任命或调遣官员的正式文书。参见元66注5。劄付：古代官府上级给下级的公文。宗支：宗族中各支派。这里指其彩画的家谱世系的图表。

[3] 体勘：探察。房亲：指家族五服之内近支宗亲。《元典章·吏部二·承荫》："诸致仕身故官员子孙告荫……申牒本处官司堪当房亲，揭照原籍清册，扣算年甲申闻。"

[4] 揭照：出示有关证明或凭证。籍册：登录入册。

[5] 保结：旧时写给官府的担保他人身份、行为清白的文书。申覆：申请审核。

[6] 文解（jiè界）：即"解（jiè界）由"。指官吏调任或考选时的证明文书。参见元114注4。

[7] 秃鲁花：突厥语，又译"睹鲁花"、"秃鲁华"、"秃儿合黑"，谓蒙古、元朝怯薛中的散班。成吉思汗建怯薛，征调万户、千户、百户、十户子弟及其随从，组成八千秃鲁花。此后蒙古、元朝功臣将帅子弟多入宿卫，充秃鲁花，故亦称质子军。

[8] 傿（bào报）使：录职试用。《元典章·吏部二·傿使》："近据来呈，拟到六品、七品子孙，许应当随朝傿使周年，或减半年，并不支俸。"

[9] 监当差使：宋代称掌冶铸及茶、盐、酒税场务的官员为监当官，金代称辖仓库院务者为监当官。《元史·百官志》无此职官，当是沿袭金代对仓库院务官的称呼，亦称匠官。

124. 十六年 [1]，部拟："管匠官止于管匠官内迁用 [2]。其身故匠官之子，若依管民官品级承荫 [3]，缘匠官至正九品以下，止有院长，同院务 [4]，例不入流品，似难一例荫用。比附承荫例，量拟正从五品子于九品匠官内叙，六品、七品子于院长内叙。凡傿直曾当怯薛身役 [5]，已经历仕及止有一子，五十以上者，并免。"

[1] 十六年：即至元十六年（1279）。

[2] "部拟"数句:《学术研究》2006年第12期载赵树廷《〈元史·选举志〉勘误二则》有云:"按:《通制条格》卷六《选举志·荫例》中载有上述匠官荫例的原文,曰:'至元十六年四月二十八日,承奉中书省判送,本部呈,约会到工部官一同议得,既管匠官已拟议于管匠官内迁转,其身故官员弟男,若依管民官品级取荫,却缘照得已拟匠官品级,至正九品以下,止有院长名分,同院务,例不入流品,似难一体荫用。'校之原文,《元史·选举志三》中的记载明显存在着三处错误。首先,'匠官之子'为'官员弟男'之误。元朝的用荫范围不止于官员的子孙,还包括他的兄弟。《通制条格》卷六《选举志·荫例》载:'诸用荫者,以嫡长子。若嫡长子有笃废疾,立嫡长子之子孙;……如绝嗣者,旁荫其亲兄弟各及子孙;如无,荫伯叔及其子孙。'元朝的武官和管民官用荫,均包括其子孙和兄弟。《元史》卷八十二《选举志二·铨法上》载:'万户、千户、百户分上中下三等,定立条格,通行迁转。以三年为满,理算资考,升加品级。若年老病故者,令其子弟依例荫叙。'《元史》卷八十四《选举志四·考课》载:'管民官五事具备,内外诸司官职任内各有成效者,为中考。第一考,对官品加妻封号。第二考,令子弟承荫叙仕。'其次,此'缘匠官至正九品以下',义殊不可解,盖因'缘匠官'为'缘照得已拟匠官品级'之脱误。匠官品级颁布于至元九年。《元史》卷八十二《选举志二·铨法上》载:'凡匠官,至元九年,工部验各管户数,……一百户之上,大使从七品,副使从八品。一百户之下,院长一员,同院务,例不入流品,量给食钱。……已受宣牌充局使者,比附一百户之上局使资品递降,量作正九资品。'缘照上述匠官品级规定,匠官与管民官有明显的差别,匠官正九品以下无从九品,而管民官有从九品,因此两者'似难一例荫用'。再次,'止有院长、同院务'间应用逗号……"(详下注)管匠官,即"匠官",主管工匠的官吏。

[3] 管民官:参见元109注2。

[4] 院务:即"院务官"。中华书局整理本于"院长"下点顿号,误。参见元107注6。

[5] 僄(bào 报)直:官吏在官府连日值宿。怯薛:即"宿卫"。参见元3注10。

125. 二十七年[1],诏:"凡军民官阵亡[2],军官袭父职,民官阵亡者,其子比父职降二等叙,其孙若弟复降一等。"

[1] 二十七年:即至元二十七年(1290)。

[2] 军民官:即下文之"军官"与"民官"。参见元61注4。

126. 大德四年[1],省议:"诸职官子孙荫叙,正一品子,正五品叙。从一品子,从五品叙。正二品子,正六品叙。从二品子,从六品叙。正三品子,正七品叙。从三品子,从七品叙。正四品子,正八品叙。从四品子,从八品叙。正五品子,正九品叙。从五品子,从九品叙。正六品子流官于巡检内用,杂职于省劄钱谷官内用,从六品子,近上钱谷官[2]。正七品子,酌中钱谷官。从七品子,近下钱谷官。诸色目人比汉人优一等荫叙,达鲁花赤子孙与民官子孙一体荫叙[3],傍荫照例降叙[4]。"

[1] 大德四年:即公元1300年。大德,元成宗铁穆耳的第二个年号。

[2] 钱谷官:谓地方掌管钱粮的未入流小官。分为上、中、下三等。参见元70注5。

［3］达鲁花赤：蒙古语，意为"镇守者"，汉译"宣差"。蒙、元官名。参见元59注5。

［4］傍荫：谓因绝嗣而以亲兄弟或其子孙承荫者。参见元122。

127． 至大四年［1］，诏："诸职官子孙承荫，须试一经一史，能通大义者免僝使［2］，不通者发还习学，蒙古、色目愿试者听，仍量进一阶。"

［1］至大四年：即公元1311年。至大，元武宗海山的年号。

［2］僝（bào报）使：录职试用。参见元123注8。

128． 延祐六年［1］，部呈："福建、两广、海北海南、左右两江、云南、四川、甘肃等处荫叙之人［2］，如父祖始仕本处，止以本地方叙用。据腹里、江南历仕升等迁往者［3］，其子孙弟侄承荫，又注远方，诚可怜悯。今将承荫人等量拟叙用，福建、两广、八番官员拟江南荫叙［4］，海北海南、左右两江官员拟接连荫叙［5］，云南官员拟四川荫叙，四川、甘肃官员拟陕西荫叙［6］。"

［1］延祐六年：即公元1319年。延祐，元仁宗爱育黎拔力八达的第二个年号。

［2］福建两广：参见元72注5。海北海南：即"海北海南道宣慰司都元帅府"，为元湖广行省所辖，置司于雷州路（治今广东海康），辖境包括今广东西南部、海南省与广西小部分地区。中华书局整理本将"海北海南"点断，似有误。左右两江：即"左右两江道宣慰司都元帅府"，元初置，治所邕州路（今广西南宁市）。贞元元年（1295）改称广西两江道宣慰司。云南：即"云南行省"。参见元14注6。四川：即"四川行省"。参见元14注4。甘肃：即"甘肃行省"。参见元14注5。

［3］腹里：元代中书省直辖区的别称，意为腹心之地。参见元9注4。

［4］八番：元代苗族部名。至元十六年（1279），今贵州一带的卧龙番、大龙番、小龙番、程番、罗番、石番、洪番、卢番降元，号称西南八番。八番即各自独立的苗族小部，分布于今贵阳南部惠水、长顺等地。宋初以来，他们仿效宋制，各立府、州、军名，接受宋封官职。元代保留原有建制，各授安抚使之职。

［5］接连荫叙：谓承袭者不中断前辈资品的铨注。

［6］陕西：即"陕西行省"。参见元14注2。

129． 凡迁调闽广、川蜀、云南官员：每三岁，遣使与行省铨注，而以监察御史往莅之［1］。至元十九年［2］，省议："江淮州郡远近险易不同［3］，似难一体，今量分为三等，若腹里常调官员迁入两广、福建溪洞州郡者［4］，于本等资历上，例升二等，其馀州郡，例升一等。福建、两广官员五品以上，照勘员阙，移咨都省铨注［5］，六品以下，就便委用，开具咨省［6］。"

［1］"凡迁调"数句：清汪辉祖《元史本证》二十八《选举志三》："《铨法中》，凡迁调。案《纪》

至正十五年，中书省臣言：江南盗贼阻隔，所在阙官，宜遣人与各省及行台官以广东、广西、海北海南三品以下通行迁调，五品以下先行照会之任，江浙行省三年一次迁调，福建等处阙官亦依前例。从之。"可参考。监察御史，官名，御史台官员。参见元8注14。

[2] 至元十九年：即公元1282年。至元，元世祖忽必烈的第二个年号。

[3] 江淮：即"江淮行省"。参见元14注9"江浙行省"。

[4] 溪洞：又作"溪峒"。古代指今部分苗族、侗族、壮族等少数民族及其聚集区域。

[5] 移咨：移送咨文。咨文，旧时公文的一种，多用于同级官署或同官阶者之间。都省：即"中书省"。

[6] 开具咨省：谓开列委用者名录移送于中书省备案。

130. 二十年[1]，部拟："迁叙江淮官员，拟定应得资品，若于接连福建、两广溪洞州郡任用，升一等。甘肃、中兴行省所辖系西夏边地[2]，除本处籍贯见任官外，腹里迁去甘肃者，拟升二等，中兴府拟升一等[3]。"

[1] 二十年：即至元二十年（1283）。

[2] 中兴行省：即"甘肃行省"。参见元14注5。西夏：又称"夏"，党项拓跋氏所建王朝。党项首领李元昊天授礼法延祚元年（1038）称帝建国，国号大夏，又称"白上国"；宋人称"西夏"，后世沿袭。共传十帝，凡一百九十年，公元1227年亡于蒙古。极盛时辖域包括今宁夏、陕北、甘肃西北部、青海东北部、内蒙古西南部与新疆部分地区。

[3] 中兴府：原西夏都城，称兴庆府（今宁夏银川）。桓宗天庆十二年（1205）以入侵蒙古兵退走，改名中兴府。

131. 二十一年[1]，诏："管民官腹里迁去四川升一等，接连溪洞升二等。四川见任官迁往接连溪洞升一等，若迁去溪洞诸蛮夷[2]，别议定夺。达鲁花赤就彼处无军蒙古军官内选拟，不为常例。"二十二年，江淮官员迁于龙南、安远县地分者[3]，拟升三等，仍以三十月为满升转。

[1] 二十一年：即至元二十一年（1284）。

[2] 蛮夷：古代对四方边远地区少数民族的泛称。这里专指南方少数民族。

[3] 龙南：即今江西龙南。安远：治所在今江西宁都南。

132. 二十八年[1]，诏："腹里官员迁去云南近里城邑，拟升二等，若极边重地，更升一等。行省咨保人员[2]，比依定夺。其蒙古、土人及招附百姓有功之人，不拘此例。"省臣奏准："福建、两广官员多阙，都省差人与彼处行省、行台官，一同以本土周回相应人员委用[3]。"部议："云南六品以下任满官员，依御史台所拟，选资品相应人，拟定名阙，具历仕脚色[4]，咨省奏准，敕牒到日，许令之任。若有急阙，依上选取，权令之任，历过月日，依上准理。"

[1] 二十八年：即至元二十八年（1291）。
[2] 咨保：移文保举。
[3] 周回：周围。
[4] 历仕脚色：先后担任的职务与履历等。脚色，宋代人入仕，必具乡贯、户头、三代人衔、家口、年齿、出身履历，若注授转官，则又加举主有无过犯，即称"脚色"。

133．二十九年 [1]，诏："福建、两广官员历两任满者，迁于接连去处，一任满日，历江南一任，许入腹里通行迁转，愿于两广、福建者听，依例升等。"

[1] 二十九年：即至元二十九年（1292）。

134．至治元年 [1]，省臣奏："江浙、江西、湖广、四川、云南五处行省所辖边远地分官员，三年一次差人与行省、行台官一同迁调。"

[1] 至治元年：即公元1321年。至治，元英宗硕德八刺的年号。

135．泰定四年 [1]，部拟："诸职官子孙承荫，已有元定荫叙地方通例，别难议拟，如愿于广海荫叙者 [2]，听其所请，依例升等迁叙。其已咨到都省，应合本省地分荫叙而未受除者，依例咨行省，令差去迁调官就便铨注。广海阙官，于任满得代，有由应得路府州县儒学教授、学正、山长内愿充者，借注正九品以下名阙，任回，止理本等月日。广海应设巡检 [3]，于本省应得常选上等钱谷官选拟，权设，理本等月日。行省自用并不应之人，不许委用，如受敕巡检到彼，即听交代。"

[1] 泰定四年：即公元1327年。泰定，元泰定帝也孙铁木儿的第一个年号。
[2] 广海：即元代"广东道宣慰司都元帅府"与"广西两江道宣慰司都元帅府"、"海北海南道宣慰司都元帅府"。参见元72注5、元128注2。
[3] 巡检：参见元70注2。

136．凡迁调循行 [1]：各省所辖路府州县诸司，应合迁调官员，先尽急阙，次及满任。急阙须凭各官在任解由、依验月日、应得资品、及解由到行省月日 [2]，依次就便迁调。若有急阙，委无相应之人，或员阙不能相就者，于应叙职官内选用，验合得资品上，虽有超越，不过一等。本管地面，若有遐荒烟瘴险恶重地，除土官外，依例公选铨注，其有超用人员，多者不过二等。军官、匠官、医官、站官、各投下人等 [3]，例不转入流品者，虽资品相应，不许铨注。都省已除人员，例应到任，若有违限一年者，听别行补注。应有合就彼迁叙人员，如在前给由已咨都省听除 [4]，未经迁注照会 [5]，不曾咨到本省者 [6]，即听就便开咨。无解由人员，不许铨注。诸犯赃经断应叙人员，照例铨注。令译史、奏差人等，须验实历月日已满，方许铨注。边远重难去处，如委不可阙官，从差去官与本省官公同选注能干人员，开具历仕元由[7]，并所注职名，拟咨都省，候回准明文，方许之任。应迁调官员，三品、四品拟定咨呈[8]，五品以下先行照会之任。

[1] 循行：遵行，照办。《元典章·吏部四·除授送赴各路祗受》："除授官员，今吏部行下合属勾请，赴都省授除。都省议得，若依前例循行，缘去年奏准听候，若便勾请，各官往复生受。"

[2] 解（jiè界）由：官吏调任或考选时的证明文书。参见元88注2。

[3] 站官：元代驿传"站赤"的官吏。《元史·兵四》："元制站赤者，驿传之译名也。盖以通达边情，布宣号令，古人所谓置邮而传命，未有重于此者焉。凡站，陆则以马以牛，或以驴，或以车，而水则以舟。其给驿传玺书，谓之铺马圣旨。遇军务之急，则又以金字圆符为信，银字者次之；内则掌之天府，外则国人之为长官者主之。其官有驿令，有提领，又置脱脱禾孙于关会之地，以司辨诘，皆总于通政院及中书兵部。"投下：元代诸王、驸马、勋臣所属的人户。参见元3注20。

[4] 给由：即发给解（jiè界）由。参见元114注4。

[5] 照会：古代官署间就有关事务的行文。

[6] 咨：移文。

[7] 元由：即"原由"，事情的起始和原因。清郝懿行《晋宋书故·元由》："元，始初也；由，萌蘖也。论事所起，或言元起，或言元来，或言元故，或言元旧，皆是也。"

[8] 咨呈：具文呈报。

137．凡文武散官[1]：多采用金制，建官之初，散官例降职事二等。至元二十年[2]，始升官职对品，九品无散官，谓之平头敕。蒙古、色目，初授散官或降职事，再授职，虽不降，必俟官资合转，然后升职。汉人初授官，不及职，再授则降职授官。惟封赠荫叙官职，各从一高，必历官至二品，则官必从职，不复用理算法矣。至治初[3]，稍改之，寻复其旧。此外月日不及者，惟历繁剧得优[4]，获功赏则优，由内地入边远则优，宪台举廉能政迹则优[5]，以选出使绝域则优，然亦各有其格也。

[1] 散官：与"职事官"相对，无职务者为散官。参见元57注5。

[2] 至元二十年：即公元1283年。至元，元世祖忽必烈的第二个年号。

[3] 至治：元英宗硕德八剌的年号（1321～1323）。

[4] 繁剧：事务繁重之极。

[5] 宪台：或称"台宪"，谓御史台、行御史台及其下属肃政廉访司等监察机构。

138．凡保举职官：大德二年制[1]："各廉访司所按治城邑内，有廉慎干济者，岁举二人。"九年，诏："台、院、部五品以上官，各举廉能识治体者三人，行省台、宣慰司、廉访司各举五人[2]。"

[1] 大德二年：即公元1298年。大德，元成宗铁穆耳的第二个年号。清汪辉祖《元史本证》二十八

《选举志三》："案《纪》元统二年，'命台宪部各官各举材堪守令者一人。'至正八年，'诏：京官三品以上，岁举守令一人；守令到任三月，亦举一人自代。'十二年，'诏：随朝一品职事及省、台、院、六部、翰林、集贤、司农、太常、宣政、宣徽、中政、资政、国子、秘书、崇文、都水诸正官，各举循良材干智勇兼全堪充守令者二人；知人多者不限员数。'十六年，'命六部、大司农司、集贤、翰林国史两院、太常礼仪院、秘书、崇文、国子、都水监、侍仪司等正官，各举才堪守令者一人，不拘蒙古、色目、汉、南人，从中书省斟酌用之。'"可参考。

[2] 行省台：行中书省、行御史台。宣慰司：即"宣慰使司"，元代地方官署名。参见元9注4。

139．凡翰林院、国子学官 [1]：大德七年议 [2]："文翰师儒难同常调，翰林院宜选通经史、能文辞者，国子学宜选年高德劭、能文辞者，须求资格相应之人，不得预保布衣之士。若果才德素著，必合不次超擢者，别行具闻。"

[1] 翰林院：即"翰林院兼国史院"，元代官署名，掌拟写诏令、纂修国史及备咨询。《元史·百官三》："翰林兼国史院，秩正二品。中统初，以王鹗为翰林学士承旨，未立官署。至元元年始置，秩正三品。六年，置承旨三员、学士二员、侍读学士二员、侍讲学士二员、直学士二员。八年，升从二品。十四年，增承旨一员。十六年，增侍读学士一员。十七年，增承旨二员。二十年，省并集贤院为翰林国史集贤院。二十一年，增学士二员。二十二年，复分立集贤院。二十三年，增侍讲学士一员。二十六年，置官吏五员，掌管教习亦思替非文字。二十七年，增承旨一员。大德九年，升正二品，改典簿为司直，置都事一员。至大元年，置承旨九员。皇庆元年，升从一品，改司直为经历。延祐元年，别置回回国子监学，以掌亦思替非官属归之。五年，置承旨八员。后定置承旨六员，从一品；学士二员，正二品；侍读学士二员，从二品；侍讲学士二员，从二品；直学士二员，从三品。属官：待制五员，从五品；修撰三员，从六品；应奉翰林文字五员，从七品；编修官十员，正八品；检阅四员，正八品；典籍二员，正七品；经历一员，从五品；都事一员，从七品；掾史四人，译史、通事、知印各二人，蒙古书写五人，书写十人，接手书写十人，典吏三人，典书二人。"又有蒙古翰林院。《元史·百官三》："蒙古翰林院，秩从二品。掌译写一切文字，及颁降玺书，并用蒙古新字，仍各以其国字副之。至元八年，始立新字学士于国史院。十二年，别立翰林院，置承旨一员、直学士一员、待制二员、修撰一员、应奉四员、写圣旨必阇赤十有一人、令史一人、知印一人。十八年，增承旨一员、学士三员，省汉儿令史，置蒙古必阇赤四人。二十九年，增承旨一员、侍讲学士一员、知印一人。三十年，增管勾一员。大德五年，升正二品。九年，置司直一员，都事一员。皇庆元年，改升从一品，设官二十有八，吏属二十有四。延祐二年，改司直为经历。后定置承旨七员、学士二员、侍读学士二员、侍讲学士二员、直学士二员、待制四员、修撰二员、应奉五员、经历一员、都事一员，品秩并同翰林国史院。承发架阁库管勾一员，正九品；必阇赤一十四人，掾史三人，通事一人，译史一人，知印二人，书写一人，典吏三人。"国子学：或称"国子监学"。参见元3注1。《元史·百官三》："国子学，秩正七品。置博士二员，掌教授生徒、考较儒人著述、教官所业文字。助教四员，分教各斋生员。大德八年，为分职上都，增置助教二员、学正二员、学录二员，督习课业。典给一员，掌生员膳食。至元二十四年，定置生员额二百人，伴读二十人。至大四年。生员三百人。延祐二年，增置生员一百人、伴读二十人。"又有蒙古国子学。《元史·百官三》："蒙古国子学，秩正七品。博士二员，助教二员，教授二员，学正、学录各二员。掌教习诸生。于随朝百官、怯薛

487

台、蒙古、汉儿官员家，选子弟俊秀者入学。至元八年，置官五员。后以每岁从驾上都，教习事繁，设官员少，增学正二员、学录二员。三十一年，增助教一员、典给一人。后定置博士二员，正七品；助教二员，教授二员，并正八品；学正、学录各二员，典书一人，典给一人。"

[2] 大德七年：即公元1303年。大德，元成宗铁穆耳的第二个年号。

140. 凡迁官之法：从七以下属吏部，正七以上属中书，三品以上非有司所与夺，由中书取进止。自六品至九品为敕授 [1]，则中书牒署之。自一品至五品为宣授 [2]，则以制命之。三品以下用金宝 [3]，二品以上用玉宝 [4]，有特旨者，则有告词 [5]。其理算论月日，迁转凭散官，内任以三十月为满，外任以三岁为满，钱谷典守以二岁为满 [6]。而理考通以三十月为则。内任官率一考升一等，十五月进一阶。京官率一考，视外任减一资。外任官或一考进一阶，或两考升一等，或三考升二等。四品则内外考通理。此秋毫不可越。然前任少，则后任足之，或前任多，则后任累之。一考者及二十七月，两考者及五十七月 [7]，三考者及八十一月以上，遇升则借升，而补以后任。此又其权衡也。

[1] 敕授：此沿唐制，朝廷封授六品以下官为"敕授"。《资治通鉴·唐睿宗景云元年》："旧制，三品以上官册授，五品以上制授，六品以下敕授。"

[2] 宣授：参见元66注5。

[3] 金宝：金制印玺。

[4] 玉宝：玉制印玺，级别高于金宝。

[5] 告词：告身的文词。告身，即授官的文凭。

[6] 钱谷：即"钱谷官"。参见元70注5。典守：谓仓库保管一类的官吏。

[7] 五十七月：中华书局整理本校勘记云："清《续通考》改作'两考者及五十四月'，并注：'《志》作五十七月，疑误。'"可参考。

141. 凡选用不拘常格：省参议、都司郎中、员外高第者 [1]，拜参预政事、六曹尚书、侍郎 [2]，及台幕官、监察御史出为宪司官 [3]。外补官已制授 [4]，入朝或用敕除 [5]，朝迹秩视六品 [6]，外任或为长伯 [7]。在朝诸院由判官至使 [8]，寺监由丞至卿 [9]，馆阁由属官至学士 [10]，有递升之法，用人重于用法如此。又覃官 [11]，或准实授，或普减资升等，或内升等，或外减资，或外减内不减，斯则恩数之不常有者，惟四品以下者有之。三品则递进一阶，至正议大夫而止 [12]。若夫勋臣世胄、侍中贵人 [13]，上命超迁，则不可以选格论。亦有传敕中书，送部覆奏 [14]，或致缴奏者 [15]，斯则历代以来封驳之良法也 [16]。

[1] 省参议：即"参议中书省事"，官名。元世祖中统元年（1260）置，为中书省参佐官首领。秩正四品，典掌左、右司文牍，总辖六部事务，参予宰相会议军国要事。初设一员，至元二十二年（1285）累增至六员，大德元年（1297）定为四员。官署为参议府，领导左、右司，为中书省的

办事机构。郎中：官名。元代中书省所属左、右司与六部、大宗正府、行中书省皆设郎中，秩正五品或从五品，职掌各司事务，为尚书、侍郎以下高级部员。员外：即"员外郎"，官名，元代中书省所属左、右司与六部之分掌各司事务的高级部员，位仅次于郎中，秩正六品或从六品。高第：谓考选高等。

[2] 拜：授官。参预政事：当即"参知政事"，元代为执政官，秩从二品，职位次于右、左丞，为宰相之副，参议政务，同署中书省文件。初置一员，后增至二三员，至顺元年（1330）定为二员。六曹尚书：即吏、户、礼、兵、刑、工六部尚书。元世祖中统元年（1260），中书省下设右三部、左三部，各置尚书二员。至元七年（1270）始分置六部，每部尚书三员，秩正三品。侍郎：六部尚书的副贰官，每部侍郎二员，秩正四品。

[3] 台幕官：御史台属官。如经历，秩从五品；都事，秩正七品；照磨，秩正八品等。监察御史：官名，御史台官员，秩正七品，参见元8注14。宪司官：宋代称诸路提刑按察司为宪司，元代肃政廉访司系由提刑按察司改置，此处当指廉访司佥事以上之属官。《元史·百官二》："（至元）二十八年，改按察司曰肃政廉访司。大德元年，徙云南行台于陕西，复立云南道。三十年，增海北海南道，其后遂定为二十二道。每道廉访使二员，秩正三品；副使二员，秩正四品；佥事四员，两广、海南止二员，秩正五品；经历一员，秩从七品；知事一员，秩正八品；照磨兼管勾一员，秩正九品；书吏十六人，译史、通事各一人，奏差五人，典吏二人。"

[4] 制授：秩三品以下、五品以上官的任命称"制授"。参见元140注1。

[5] 敕除：即"敕授"，秩六品以下官的任命称"敕授"。参见元140注1。

[6] 朝迹：在朝廷的踪迹，即在朝为官。

[7] 长伯：本谓诸侯，这里指地方官署之长官。

[8] 判官：这里指元代枢密院、太医院、京畿都漕运使司等中央官署中的判官，有协助长官处理政务之责，秩正五品。使：即诸院院使，为诸院长官，如元太医院院使定置十二员，秩正二品。

[9] 寺监：太常寺、光禄寺与度支监、利用监、中尚监等两级官署的并称。丞：谓太常寺丞、光禄寺丞、度支监丞、利用监丞等，秩正五品或从五品。卿：太常卿、利用监卿等，秩正三品。

[10] 馆阁：谓翰林兼国史院、蒙古翰林院等。属官：谓翰林待制、修撰、编修官等，秩正五品至正八品。学士：谓翰林学士承旨、学士、侍读学士、直学士等，秩从一品至从三品。

[11] 覃官：朝廷遇有大庆典时，帝王对于臣下普行封赠升迁之恩典，或称"覃恩"。

[12] 正议大夫：文散官名，四十二阶之第十五阶。元秩正三品，宣授。

[13] 世胄：世家子弟，贵族后裔。侍中贵人：谓侍从皇帝左右、出入宫廷、与闻朝政的亲信贵重之臣。

[14] 送部覆奏：谓帝王制敕已到吏部，又生疑问，再据以奏闻。

[15] 缴奏：谓给事中行使职权，驳正制敕之违失而封还章奏。

[16] 封驳：封还并对诏敕之不当者加以驳斥。此制汉代已有，但无专职；唐代始由门下省掌管，五代废，宋太宗时又复唐旧制。

142. 凡吏部月选[1]：至元十九年议[2]："到部解由即行照勘[3]，合得七品者呈省，从七以下本部注拟，其馀流外人员，不拘多寡，并以一月一次铨注。"

[1] 月选：元代吏部对品级以外官员一月一次的铨注。

[3] 解（jiè 界）由：官吏调任或考选时的证明文书。参见元 88 注 2。照勘：核查。

143. 凡官吏迁叙：至元十年 [1]，议："旧以三十月迁转太速，以六十月迁转太迟。"二十八年，定随朝以三十月为满，在外以三周岁为满，钱谷官以得代为满 [2]，吏员以九十月日出职，职官转补，与职官同。

[1] 至元十年：即公元 1273 年。清汪辉祖《元史本证》二十八《选举志三》："凡官吏迁叙。案《纪》大德八年，'中书省臣言："自内将旨除官者，果为近侍宿卫，践履年深，依已除叙；尝宿卫未官者，视散官叙，始历一考准为初阶；无资滥进，降官二级，官高者量降；各位下再任者，从所隶用，三任之上，听入常调。蒙古人不在此限。"从之。'"可参考。

[2] 钱谷官：谓地方掌管钱粮的未入流小官。参见元 70 注 5。

144. 凡覃官 [1]：至大二年 [2]，诏："内外官四品以下，普覃散官一等，服色、班次、封荫皆凭散官 [3]。三品者递进一阶，至正三品上阶而止。其应入流品者，有出身吏员译史等 [4]，考满加散官一等。"三年，蒙古儒学教授 [5]，一体普覃。四年，诏在任官员，普覃散官一等。泰定元年 [6]，诏："内外流官已带覃官，准理实授。所有军官及其馀未覃人员，四品以下并覃散官一等，三品递进一阶，至三品上阶止 [7]，服色、班次、封荫，悉从一高。其有出身应入流品人等，如在恩例之前入役支俸者，考满亦依上例覃授。"二年，省议："应覃人员，依例先理月日，后准实授，其正五品任回已历一百三十五月者，九十月该升从四，馀有四十五月，既循行旧例，覃官三品，拟合准理实授，月日未及者，依验散官，止于四品内迁用，所有月日，任回，四品内通行理算。"

[1] 覃官：参见元 141 注 11。

[2] 至大二年：即公元 1309 年。至大，元武宗海山的年号。

[3] 服色：官员的品服与吏员衣着的颜色。

[4] 译史：从事笔译的吏名。参见元 44 注 18。

[5] 蒙古儒学教授：学官名。参见元 41 注 4。

[6] 泰定元年：即公元 1324 年。泰定，元泰定帝也孙铁木儿的第一个年号。

[7] "三品递进"二句：中华书局整理本校勘记云："按上文有'三品者递进一阶，至正三品上阶而止'。《元典章》卷八《内外四品以下普覃散官一等》亦与此合。疑'至'下脱'正'字。"可参考。

145. 凡减资升等：大德九年 [1]，诏："外任流官，升转甚迟，但历在外两任，五品以下并减一资。"部议："外任五品以下职官，若历过随朝及在京仓库官盐铁等职，曾经升等减资外，以后至大德九年格前，历及在外两任或一任、六十月之上者，并与优减，未及者不拘此格。"至治二年 [2]，太常礼仪院臣奏 [3]："皇帝亲祭太庙 [4]，恩泽未加。"诏四品以下诸职官，不分内外，普减一资，有出身应入流品者，考满任回，依上优减。天历元年 [5]，诏："以兵兴 [6]，内外官吏供给繁劳，在京者升一等，至三品止，在外者减一资。"

[1] 大德九年：即公元 1305 年。大德，元成宗铁穆耳的第二个年号。

[2] 至治二年：即公元 1322 年。至治，元英宗硕德八剌的年号。

[3] 太常礼仪院：元代官署名。元武宗至大元年（1308）以太常寺升，下辖太庙、郊祀、社稷、大乐四署。《元史·百官四》："太常礼仪院，秩正二品。掌大礼乐、祭享宗庙社稷、封赠谥号等事。"

[4] 太庙：帝王的祖庙。元代有太庙署。《元史·百官四》："太庙署，秩从六品。掌宗庙行礼，兼廪牺署事。至元三年始置。令二员，从六品；丞一员，从六品。"又《元史·英宗二》："（至治）二年春正月……丁丑，太阴犯昴。亲祀太庙，始陈卤簿，赐导驾耆老币帛。"

[5] 天历元年：即公元 1328 年。天历，元文宗图帖睦尔的第一个年号。

[6] 兵兴：元泰定帝致和元年（1328）七月，泰定帝病死上都，引来诸王争夺皇位的纷争。图帖睦尔抢得先机，改元天历，是为元文宗。

146. 凡注官守阙 [1]：至元八年 [2]，议："已除官员，无问月日远近，许准守阙外，未奏未注者，许注六月满阙，六月以上不得预注。"二十二年，诏："员多阙少，守阙一年，年月满者照阙注授，馀无阙者令候一年。"大德元年 [3]，以员多阙少，宜注二年。

[1] 守阙：官员等候补缺。《元典章·吏部四·守阙》："其新官守阙者，不以廉耻自拘，往往挈领家属，前去任所或境内居住。"

[2] 至元八年：即公元 1271 年。至元，元世祖忽必烈的第二个年号。

[3] 大德元年：即公元 1297 年。大德，元成宗铁穆耳的第二个年号。

147. 凡注官避籍 [1]：至元五年 [2]，议："各路地里阔远，若更避路，恐员阙有所碍，止宜斟酌避籍铨选。"

[1] 避籍：古代不能在家乡为官称"避籍"。

[2] 至元五年：即公元 1268 年。至元，元世祖忽必烈的第二个年号。

148. 凡除官照会 [1]：至元十年 [2]，议："受除民官 [3]，若有守阙人员，当前官任满，预期一月检举照会 [4]。钱谷官候见界官任满 [5]，至日行下合属照会。"二十四年，议："受除官员省劄到部照勘，急阙任满者，比之满期，预先一月照会。"

[1] 照会：古代官署间就有关事务的行文。

[2] 至元十年：即公元 1273 年。

[3] 民官：主持民政的官吏，与"军官"相对。参见元 61 注 4。

[4] 检举：选择。

[5] 钱谷官：谓地方掌管钱粮的未入流小官。参见元 70 注 5。见界官：谓任期达到规定年限的官员。
界，通"届"。

149．凡赴任程限：大德八年 [1]，定赴任官在家装束假限，二千里内三十日，三千里内四十日，远不过五十日。马日行七十里，车日行四十里。乘驿者日两驿 [2]，百里以上止一驿。舟行，上水日八十里，下水百二十里。职当急赴者，不拘此例。违限百日外，依例作阙。

[1] 大德八年：即公元 1304 年。大德，元成宗铁穆耳的第二个年号。

[2] 乘驿：雇用驿站车马。

150．凡赴任公参 [1]：至元二年 [2]，定散府州县赴任官，去上司百里之内者公参，百里之外者申到任月日，上司官不得非理勾扰，失误公事。

[1] 公参：官员赴任后到上司参拜。

[2] 至元二年：即公元 1265 年。至元，元世祖忽必烈的第二个年号。

151．凡官员给假：中统三年 [1]，省议："职官在任病假及缘亲病假满百日，所在官司勘当申部作阙，仍就任所给据 [2]，期年后给由求叙 [3]，自愿休闲者听。"至元八年 [4]，省准："在任因病求医并告假侍亲者，拟自离职住俸日为始，限一十二月后听仕。其之任官果因病患事故，不能赴任，自受除日为始，限一十二月后听仕。"部拟："凡外任官日久不行赴任，除行程并装束假限外，违者计日断罪。"二十七年，议："祖父母、父母丧亡并迁葬者，许给假限，其限内俸钞，拟合支给，违例不到 [5]，停俸定罪。"二十八年，部议："官吏远离乡土，不幸患病，难议截日住俸，果有患病官吏，百日内给俸，百日外停俸作阙。"大德元年 [6]，议："云南官员，如遇祖父母、父母丧葬，其家在中原者，并听解任奔赴。"二年，诏："凡值丧，除蒙古、色目人员各从本俗外，管军官并朝廷职不可旷者，不拘此例。"五年，枢密院臣议 [7]："军官宜限以六月，越限日以他人代之，期年后，授以他职。"七年，议："已除官员，若有病故及因事不能赴任者，即牒所在官司，否则亲邻主首 [8]，呈报上司，别行铨注。"八年，吏部言："赴任官即将署事月日飞申 [9]，以凭标附 [10]，有犯赃事故，并仰申闻。"天历二年 [11]，诏："官吏丁忧 [12]，各依本俗，蒙古、色目仿效汉人者，不用。"部议："蒙古、色目人愿丁父母忧者听。"

[1] 中统三年：即公元 1262 年。中统，元世祖忽必烈的第一个年号。

[2] 给据：发给证明文书。

[3] 给由：即发给解（jiè 界）由。解由就是官吏调任或考选时的证明文书。参见元 114 注 4。

[4] 至元八年：即公元 1271 年。

[5] 违例不到：中华书局整理本校勘记云："按《元典章》卷十一《奔丧迁葬假限》、《奔丧违限勒停》，'例'皆作'限'，疑此误。"可参考。

[6] 大德元年：即公元 1297 年。大德，元成宗铁穆耳的第二个年号。

[7] 枢密院：元代军政官署。参见元 61 注 11。

[8] 主首：头领。

[9] 飞申：飞快申报。

[10] 标附：标注登录在册。《通制条格》卷十四《仓库·倒换昏钞》："于内若有假伪，重别辨验是实，于上使用分朗'伪钞'墨印，仍用朱笔于钞背标写几年月日某人赍到，仍置历标附了毕，退付元主。"

[11] 天历二年：即公元 1329 年。天历，元文宗图帖睦尔的第一个年号。

[12] 丁忧：旧时官员因父母丧事而去职。

152. 凡官员便养 [1]：至大三年 [2]，诏："铨选官员，父母衰老气力单寒者，得就近迁除，尤为便益。果有亲年七十以上，别无以次侍丁，合从元籍官司保勘明白，斟酌定夺。"

[1] 便养：谓便于赡养父母。清汪辉祖《元史本证》二十八《选举志三》："凡官员便养。案《纪》后至元四年，'诏：内外廉能官，父母年七十无侍丁者，附近铨注，以便侍养。'"可参考。

[2] 至大三年：即公元 1310 年。至大，元武宗海山的年号。

153. 凡远年求叙：元贞元年 [1]，部拟："自至元二十八年三月为限 [2]，于本处官司明具实迹保勘，申覆上司迁叙。"大德七年 [3]，议："求叙人员，具由陈告，州县体覆相同，明白定夺，依例叙用。"

[1] 元贞元年：即公元 1295 年。元贞，元成宗铁穆耳的第一个年号。

[2] 至元二十八年：即公元 1291 年。至元，元世祖忽必烈的第二个年号。

[3] 大德七年：即公元 1303 年。大德，元成宗铁穆耳的第二个年号。

铨法下

154. 凡省部令史、译史、通事等 [1]：至元六年 [2]，省议："旧例一百二十月出职，今案牍繁冗，难同旧日，会量作九十月为满。其通事、译史繁剧，合与令史一体。近都省未及两考省令史译史授宣 [3]，注六品职事，部令史已授省劄 [4]，注从七品职事。今拟省令译史、通事，由六部转充者 [5]，中统四年正月已前 [6]，合与直补人员一体，拟九十月考满，注六品职事，回降正七一任，还入六品。中统四年正月已后，将本司历过月日，三折二，验省府月日考满通理，九十月出职，与正七职事，并免回降。职官充省令译史，旧例文资右职参注[7]，一考满，合得从七品，注从六品，未合得从七品，注正七品，如更勒留一考[8]，合同随朝升一等。一考满，未得从七注正七品者，回降从七，还入正七。一考满，合得从七注从六品，合得正七注正六品者，免回降。正从六品人员不合收补省令史、译史，如有已补人员，合同随朝一考升一等注授。中统四年正月已前，收补部令史、译史、通事，拟九十月为考满，照依已除部令史例，注从七品，回降正八一任，还入从七。中统四年正月已后，充部令译史、通事人员，亦拟九十月为考满，依旧例正八品职事，仍免回降。省宣使[9]，旧例无此职名，中统以来，初立中书省，曾受宣命充宣使者，拟出职正七品职，外有非宣授人员，拟九十月为考满，与正八品。"

[1] 令史：掌文书案牍之事的官员。参见元3注23。译史：从事笔译的吏名。参见元44注18。通事：从事口译的吏员。参见元76注2。

[2] 至元六年：即公元1269年。至元，元世祖忽必烈的第二个年号。

[3] 宣：即"宣敕"，朝廷任命或调遣官员的正式文书。参见元66注5。

[4] 省劄：中书省的文书。

[5] 六部：谓元代吏、户、礼、兵、刑、工六部。

[6] 中统四年：即公元1263年。中统，元世祖忽必烈的第一个年号。

[7] 右职：谓武职。

[8] 勒留：即"勒留官"。参见宋277注7。

[9] 宣使：传宣官府使令的吏员。设置于中书省、枢密院、御史台、行省、行院、行台等官署。参见元76注2。

155. 至元二十年[1]，吏部言："准内外诸衙门令译史、通事、知印、宣使、奏差等[2]，病故作阙，未及九十月，并令贴补[3]，值例革者[4]，比至元九年例定夺。"[5]省准："宣使、各部令史出职同，三考从七。一考之上，验月日定夺。一考之下，二十月以上者正九，十五月以上者从九，十五月以下拟充巡检[6]。台院、大司农司译史、令史出身同[7]，三考正七。一考之上，验月日定夺。一考之下，二十月以上从八，十五月以上正九，十五月以下、十月之上从九，添一资，十月以下巡检。宣使三考正八品。一考之上，验月日定夺。一考之下，二十月以上从九，十五月以上巡检，十五月以下酒税醋使[8]。部令史、译史、通事三考从七。一考之上，验月日定夺。一考之下，二十月以上者正九，十五月以上从九，十五月以下令史提控案牍，通事、译史巡检。奏差三考从八品。一考之上，验月日定夺。一考之下，二十月以上巡检，十五月之上酒税醋使，十五月之下酒税醋都监[9]。"

[1] 至元二十年：即公元1283年。至元，元世祖忽必烈的第二个年号。

［2］知印：职掌衙门印章之吏员。参见元 76 注 2。奏差：元代某些官署中设置的供差遣的吏员。参见元 76 注 2。

［3］贴补：吏员因丁忧等故告假未及考满，事后须补足时日，即称"贴补"，或称"贴补月日"、"补贴月日"。《通制条格》卷六《选举·令译史通事知印》："大德七年二月，中书省。江浙行省咨：'怯里马赤玉连赤不花告假迁葬作缺，理合于相梯衙门内补贴月日，缘怯里马赤有缺，例从长官选保。'吏部议得：'今后通事、知印经值衙门例革，告假迁葬或因事作缺人等，拟合于本衙门及相梯衙门宣使、奏差内贴补月日，扣算通理，考满迁用。'都省准呈。"

［4］值例革者：即上引文所谓"经值衙门例革"。

［5］至元九年例：参见元 70，元 90，元 107。

［6］巡检：参见元 70 注 2。

［7］台院：御史台、枢密院。大司农司：元代管理农政的官署。《元史·百官三》："大司农司，秩正二品。凡农桑、水利、学校、饥荒之事，悉掌之。至元七年始立，置官五员。十四年罢，以按察司兼领劝农事。十八年，改立农政院，置官六员。二十年，又改立务农司，秩从三品，置达鲁花赤一员、务农使一员、同知二员。是年，又改司农寺，达鲁花赤一员，司农卿二员，司丞一员。二十三年，仍为大司农司，秩仍正二品。大德元年，增领大司农事一员。皇庆二年，升从一品，增大司农一员。定置大司农四员，从一品；大司农卿二员，正二品；少卿二员，从二品；大司农丞二员，从三品；经历一员，从五品；都事二员，从七品；架阁库管勾一员，照磨一员，并正八品；掾史十二人，蒙古必阇赤二人，回回掾史一人，知印二人，通事一人，宣使一人，典吏五人。"

［8］酒醋税使：即元代户部下辖掌酒醋榷酤的机构"大都酒课提举司"的提控案牍、司吏等属吏。参见元 73 注 15。

［9］都监：元代管理税务的吏员名。

156. 大德四年［1］，中书省准："吏部拟腹里、江南都吏目、提控案牍升转通例［2］，凡腹里提控案牍、都吏目：京畿漕运司令史［3］，元拟六十月考满，今准九十月考满，都漕运司令史九十月［4］。诸路宝钞提举司司吏［5］，元拟六十月考满，今准九十月考满。万亿四库司吏［6］，元拟六十月考满，今准九十月考满。大都路令史［7］，元拟六十月考满，任回减资升转，今准六十月考满，不须减资。大都运司令史［8］，九十月考满都目。宝钞总库司吏［9］，元拟六十月都目，九十月提控案牍，今准九十月都目。富宁库司吏［10］，元拟六十月提控案牍，今准九十月都目。左右八作司司吏［11］，元拟六十月，今准九十月都目。"

［1］大德四年：即公元 1300 年。大德，元成宗铁穆耳的第二个年号。

［2］都吏目：都目与吏目。元代首领官名，皆流外职，掌管衙门文书事务，管辖吏员。吏目升入都目，方可再升入提控案牍。提控案牍：元代首领官名，掌衙门文书等事。参见元 61 注 12。

［3］京畿漕运司：即"京畿都漕运使司"，元代官署名，属户部，掌漕运之事。参见元 51 注 18。

［4］都漕运：即"都漕运使司"，元代官署名，属户部。《元史·百官一》："都漕运使司，秩正三品。掌御河上下至直沽、河西务、李二寺、通州等处攒运粮斛。至元二十四年，自京畿运司分立

都漕运司，于河西务置总司，分司临清。运使二员，正三品；同知二员，正四品；副使二员，正五品；运判三员，正六品；经历一员，从七品；知事一员，从八品。提控案牍二员，内一员兼照磨，司吏三十三人，通事、译史各一人，奏差一十六人，典吏一人。其属七十有五。"

[5] 诸路宝钞提举司：即"诸路宝钞都提举司"，元代掌管印造、发行钞币的官署。《元史·百官一》："诸路宝钞都提举司，达鲁花赤一员，正四品；都提举一员，正四品；副达鲁花赤一员，正五品；提举一员，正五品；同提举一员，从五品；副提举二员，从六品；知事一员，从八品；照磨一员，从九品。国初，户部兼领交钞公事。世祖至元，始设交钞提举司，秩正五品。二十四年，改诸路宝钞都提举司，升正四品，增副达鲁花赤、提控案牍各一员。其后定置已上官员，提控案牍又增一员，设司吏十二人，蒙古必阇赤一人，回回令史一人，奏差七人。"

[6] 万亿四库：元代中书省户部下辖万亿宝源库都提举司、万亿广源库都提举司、万亿绮源库都提举司、万亿赋源库都提举司。参见元73注1。

[7] 大都路：元代辖京畿地区的路名。至元二十一年（1284）置大都路都总管府，领左、右警巡院（分掌大都城内诸坊民事）及京郊六县与涿、霸、通、蓟、漷、顺、檀、东安、固安、龙庆十州。

[8] 大都运：即"大都陆运提举司"，元代隶属兵部、掌大都与上都间陆运粮斛的官署。《元史·百官一》："大都陆运提举司，秩从五品。掌两都陆运粮斛之事。至元十六年，始置运粮提举司。延祐四年，改今名。提举二员，从五品；副提举一员，从七品。吏目一员，司吏六人，委差一十人。海王庄、七里庄、魏家庄、腊八庄四所，各设提领一人，用从九品印。"

[9] 宝钞总库：元代掌收储、发放钞币的机构。参见元73注1。

[10] 富宁库：元代禁中仓库名。参见元77注3。

[11] 左右八作司：即"提举八作司"，元代中书省工部下辖官署名，后分置右、左二司。参见元73注1。

157. 又议："已经改拟出职人员，各路司吏转充提控案牍、都目，比同升用，其余直补人数，并循至元二十一年之例迁用 [1]。江南提控案牍、都吏目：至元二十五年呈准，各路司吏六十月吏目，两考升都目，一考升提控案牍，两考正九。路司吏九十月吏目，一考转都目，馀皆依上升转。江南提控案牍除各路司吏，比腹里路司吏至元二十五年呈准例迁除，其馀已行直补，并自行保举，自呈准月日立格，实历案牍两考者，止依至元二十一年定例，九十月入流 [2]。未及两考者，再添一资迁除。例后违越创补者 [3]，虽历月日不准。"

[1] 至元二十一年：即公元1284年。至元，元世祖忽必烈的第二个年号。
[2] 入流：参见元68注5。
[3] 违越：违反，背离。创补：追补。

158. 大德十一年 [1]，省臣奏："凡内外诸司令史、译史、通事、知印、宣使有出身者，一半于职官内选用，依旧一百二十月为满，外任减一资。"又议："选补吏员，除都省自行选用外，各部依元设额数，遇阙职官，与籍记内相参发补 [2]，合用一半职官，从各部自行选用。通事、知印从长官选用。译史则从翰林院试发都省书写、典吏考满人内 [3]，挨次上名补用，其有不敷，从翰林发补。奏差亦于职官内选一半，余于籍记应例人内发补。岁贡人吏，依已拟在役听候。"

[1] 大德十一年：即公元 1307 年。大德，元成宗铁穆耳的第二个年号。
[2] "各部"三句：中华书局整理本校勘记云："按《元典章》卷十二《官职吏员》，'各部'、'籍记'下皆有'令史'，疑此脱。"可参考。
[3] 翰林院：即"翰林院兼国史院"，元代官署名，掌拟写诏令、纂修国史及备咨询。参见元 139 注 1。

159. 省议："六部令史如正从九品不敷 [1]，从八品内亦听选取。省掾 [2]，正从七品得代有解由并见任未满、已除未任文资流官内选取 [3]，考满于应得资品上升一等，除元任地方，杂职不预。院台令史如元系七品之人，亦在选补之例。译史、通事选识蒙古、回回文字，通译语正从七品流官，考满验元资升一等，注元任地方，杂职不预。知印于正从七品流官内选取，考满并依上例注授，杂职不预。宣使于正从八品流官内选取，仍须色目、汉人相参，历一考，于应得资品上升一等，除元任地方，杂职不预。"

[1] 六部：谓元代吏、户、礼、兵、刑、工六部。
[2] 省掾：中书省的辅佐官吏。《元史·百官一》："中书省掾属：监印二人，掌监视省印，有中书令则置。知印四人，掌执用省印。怯里马赤四人。蒙古必阇赤二十二人，左司十六人，右司六人。汉人省掾六十人，左司三十九人，右司二十一人。回回省掾十四人，左司九人，右司五人。宣使五十人。省医三人。玉典赤四十一人。"
[3] 解（jiè 界）由：官吏调任或考选时的证明文书。参见元 88 注 2。

160. 凡岁贡吏员：至元十九年 [1]，省议："中书省掾于枢密院、御史台令史内取，台、院令史于六部令史内取，六部令史以诸路岁贡人吏补充，内外职官材堪省掾及院、台、部令史者，亦许擢用。省掾考满，资品既高，责任亦重，皆自岁贡中出 [2]，若不教养铨试，必致人材失真，今拟定例于后：诸州府隶省部者，儒学教授选本管免差儒户子弟入学读书习业，非儒户而愿学者听。遇按察司、本路总管府岁贡之时 [3]，于学生内选行义修明、文学优赡、通经史、达时务者，保申解贡 [4]。各路司吏有阙，于所属衙门人吏内选取。委本路长官参佐，同儒学教授考试，习行移算术 [5]，字画谨严，语言辩利，《诗》、《书》、《论》、《孟》内通一经者为中式，然后补充。按察司书吏有阙，府州司吏内勾补，至岁贡时，本州本路以上，再试贡解。诸岁贡吏，当该官司于见役人内公选，以性行纯谨、儒吏兼通者为上，才识明敏、吏事熟闲者次之，月日虽多、才能无取者不许呈贡。"

[1] 至元十九年：即公元 1282 年。至元，元世祖忽必烈的第二个年号。

[2] 岁贡：参见元 50。

[3] 按察司：即"肃政廉访司"。参见元 8 注 14。总管府：元代大都路与上都路置都总管府，其馀各路置总管府。参见元 81 注 4。

[4] 保申：保荐申报。解（jiè 界）贡：古代地方向朝廷选拔荐举人才。《元典章·吏部六·儒吏》："若遇本道按察司及本路总管府岁贡之时，仰本司、本路行下本学教授于系籍学生内，选使行义修明、文笔优瞻、深通经史、晓达时务可以从政者，保申本路官司，再行体覆相同，然后解贡。"

[5] 行移：古代官署签发的通知事项的文件。

161. 二十二年 [1]，省拟："呈试吏员，先有定立贡法 [2]，各道按察司、上路总管府凡三年一贡 [3]，儒、吏各一人，下路二年贡一人，以次籍记 [4]，遇各部令史有阙补用。若随路司吏及岁贡儒人，先补按察书吏，然后贡之于部，按察书吏依先例选取考试，唯以经史吏业不失章指者为中选 [5]。随路贡举元额，自至元二十三年为始，各道按察司每岁于书吏内，以次贡二名，儒人一名必谙吏事，吏人一名必知经史者，遇各部令史有阙，以次勾补。"

[1] 二十二年：即至元二十二年（1285）。

[2] 定立贡法：参见元 48。

[3] 上路：与下文"下路"皆参见元 44 注 3。

[4] 籍记：谓登记姓名于簿册上。

[5] 章指：主旨，大要。

162. 元贞元年 [1]，诏："诸路有儒通吏事、吏通经术、性行修谨者，各路荐举，廉访司试选 [2]。每道岁贡二人，省台委官立法考试，必中程式，方许录用。"大德二年 [3]，贡部人吏，拟宣慰司、廉访司每道岁贡二人儒吏兼通者 [4]，自大德三年为始，依例岁贡，应合转补各部寺监令史，依《至元新格》发遣 [5]，到部之日，公座试验收补 [6]。九年，省判："凡选府州教授，年四十已下，愿试吏员程式，许补各部令史。除南人已试者，别无定夺到部，未试之人，依例考试。"至治二年 [7]，省准："各道廉访司书吏，先尽儒人，不敷者吏员内充贡，各历一考，依例试贡。"

[1] 元贞元年：即公元 1295 年。元贞，元成宗铁穆耳的第一个年号。

[2] 廉访司：即"肃政廉访司"，至元二十八年（1291）由提刑按察司改置。参见元 8 注 14。

[3] 大德二年：即公元 1298 年。大德，元成宗铁穆耳的第二个年号。

[4] 宣慰司：即"宣慰使司"。参见元 9 注 4。

[5] 至元新格：元代法令类编，何荣祖撰，元世祖至元二十八年颁行。《元史·世祖十三》："（至元二十八年五月丁巳）何荣祖以公规、治民、御盗、理财等十事缉为一书，名曰《至元新格》，命刻版颁行，使百司遵守。"又《元史·刑法一》："元兴，其初未有法守，百司断理狱讼，循用金

律，颇伤严刻。及世祖平宋，疆理混一，由是简除繁苛，始定新律，颁之有司，号曰《至元新格》。仁宗之时，又以格例条画有关于风纪者，类集成书，号曰《风宪宏纲》。至英宗时，复命宰执儒臣取前书而加损益焉，书成，号曰《大元通制》。"元苏天爵《滋溪文稿》卷六《至元新格序》："国家以神武定天下，宽仁御兆民。省台既立，典章宪度，简易明白，近世烦文苛法为民病者，悉置而不用。呜呼！斯其所以祈天永命，莫丕丕之基者欤！故平章政事广平何公荣祖，明习章程，号识治体。当至元二十八年，始为《新格》一编，请于世庙，颁行多方。惟其练达老成，故立言至切；惟其思虑周密，故制事合宜。虽宏纲大法，不过数千言，扩而充之，举今日为治之事，不越乎是矣。盖昔者先王慎于任人，严于立法，议事以制，不专刑书，是以讼简政平，海宇清谧，其皆以是为则欤！是书旧板漫灭，省府命重刊之，览者当体先朝宽仁之治，慎勿任法烦苛为尚哉。"原书已佚，《通制条格》、《元典章》仅存九十馀条。黄时鏐撰《至元新格辑存》，收入其《元代法律资料辑存》一书，浙江古籍出版社 1988 年出版，可参考。

[6] 公座：旧指官吏办公的坐席。《元典章·台纲体察察司·体察等例》："京府州县，凡遇鞠勘罪囚，须官公座圆问，并不得委公吏人等推勘。"

[7] 至治二年：即公元 1322 年。至治，元英宗硕德八剌的年号。

163. 凡补用吏员：至元十一年 [1]，省议："有出身人员，遇省掾有阙 [2]，拟合于正从七品文资职官并台、院、六部令史内，从上名转补。翰林两院拟同六部令史 [3]，有阙于随路儒学教授通吏事人内选补。枢密院、御史台令史、省掾有阙，从上转补，考满依例除授，又于正从八品文资官及六部令史内转补。省断事官令史与六部令史一体三考出身 [4]，于部令史内发补。少府监令史 [5]，拟于六部并诸衙门考满典吏内补用。"

[1] 至元十一年：即公元 1274 年。清汪辉祖《元史本证》二十八《选举志三》："凡补用吏员。案《纪》至治三年，'定吏员出身者秩正四品。'"可参考。

[2] 省掾：中书省的辅佐官吏。参见元 159 注 2。

[3] 翰林两院：谓翰林兼国史院与蒙古翰林院。参见元 139 注 1。

[4] 断事官：元代中书省掌刑政之官。《元史·百官一》："断事官，秩正三品。掌刑政之属。国初，尝以相臣任。其名甚重，其员数增损不常，其人则皆御位下及中宫、东宫、诸王各投下怯薛丹等人为之。中统元年，一十六位下置三十一员。至元六年，十七位下置三十四员。七年，十八位下置三十五员。八年，始给印。二十七年，分立两省，而断事官随省并置。二十八年，十八位下置三十六员，併入中书。三十一年，增二员。后定置，自御位下及诸王位下共置四十一员。首领官：经历一员，知事一员。吏属：蒙古必阇赤二人，令史一十二人，回回令史一人，怯里马赤二人，知印二人，奏差八人，典吏一人。"元王沂《伊滨集》卷十八《枢密院断事官厅题名记》："元朝旧制，一切政务，皆断事官关决。中统初，纪纲浸备，乃立中书总庶务，枢本兵柄，其属任之重，眷注之隆，实均焉。"出身：叙官用语，指未任官以前的学历或资格。

[5] 少府监：元代官署名，原隶于大都留守司，掌营缮工程等事。《元史·百官六》："大都留守司，秩正二品……至元十九年，罢宫殿府行工部，置大都留守司，兼本路都总管，知少府监事。二十一年，别置大都路都总管府治民事，并少府监归留守司。皇庆元年，别置少府监。延祐七年，罢

少府监，复以留守兼监事。"

164. 十三年 [1]，省议："行工部令史与六部令史一体 [2]，于应补人内挨次填补。"十四年，诏："诸站都统领使司令史拟同各部令史 [3]，今既改通政院 [4]，与台院令史一体出身 [5]，于各部令史内选补。"十五年，部拟："翰林兼国史院令史同台令史一体出身 [6]，于各部令史内选取。"二十一年，省议："江淮、江西、荆湖等处行省令史 [7]，拟捋至元十九年咨发各省贴补人员先行收补 [8]，不许自行踏逐 [9]，移咨都省 [10]，于六部见役令史内补充。或参用职官，则从行省新除正从八品职官内选取，杂职官不预。"

[1] 十三年：即至元十三年（1276）。

[2] 行工部：元代专为某项工程建筑所设官署。如《元史·武宗二》："（至大二年九月）以大都城南建佛寺，立行工部，领行工部事三人，行工部尚书二人，仍令尚书右丞相脱虎脱兼领之。"

[3] 诸站都统领使司：元代官署名，掌站赤（即驿站的蒙古语音译）。至元七年（1270）置，十三年改名通政院。

[4] 通政院：元代掌驿传的官署。《元史·百官四》："通政院，秩从二品。国初，置驿以给使传，设脱脱禾孙以辨奸伪。至元七年，立诸站都统领使司以总之，设官六员。十三年，改通政院。十四年，分置大都、上都两院。二十九年，又置江南分院；大德七年罢。至大元年，升正二品。四年罢，以其事归兵部。是年，两都仍置，止管达达站赤。延祐七年，复从二品，仍兼领汉人站赤。大都院使四员，从二品；同知二员，正三品；副使二员，从三品；金院一员，正四品；同金一员，从四品；院判一员，正五品；经历一员，从五品；都事一员，从七品；照磨兼管勾承发架阁一员，正八品；令史十三人，通事一人，知印二人，宣使十人。上都院使、同知、副使、金院、判官各一员，经历、都事各一员，品秩并同大都；令史四人，译史三人，通事一人，知印一人，宣使十人。"

[5] 台院：御史台与枢密院。

[6] 翰林兼国史院：参见元34注1。

[7] 江淮：即"江淮行省"。参见元14注9"江浙行省"。江西：即"江西行省"。参见元14注10。荆湖：即"荆湖行省"，又称"湖广行省"。参见元14注11。

[8] "拟捋"句：《文史》总第64辑（中华书局2003年8月出版，2003年第3辑）载张帆《读〈元典章〉校〈元史〉》一文，内云："此条详见《元典章》卷一二《吏部六·吏制·令史·收补行省令史》：'至元二十二年正月，御史台承奉中书省札付该……都省议得：江淮、江西、荆湖等处行省见设令史，如遇阙员，拟将至元十九年四月以后咨发各省贴补月日人员，先行挨次收补。更或不敷，不许自行踏逐，移咨都省，于六部见役请俸令史内发遣补充。'《元典章》文件的年代'至元二十二年正月'，是御史台收到中书省'札付'的时间。中书省定议的时间，当如《元史》所言，在至元二十一年。《元史》'拟将至元十九年咨发各省贴补人员先行收补'一句的'捋'字，不通。据《元典章》，显然是'将'字之误（《元典章》沈刻本此条'拟将'二字误作'拟合'）。"甚是，可参考。贴补，参见元155注3。

[9] 踏逐：宋元时选拔官员的一种名目。由大臣访问人才，荐请朝廷辟召。参见宋295注4。

165．二十二年 [1]，宣徽院令史 [2]，考满正七品迁叙，于六部请俸令史内选取 [3]。总制院与御史台同品 [4]，令译史、通事一体如之。二十四年，省准："大都留守司兼少府监令史 [5]，依宣徽院、大司农司例迁 [6]。"二十八年，省议："陕西行省令史 [7]，于各部及考令史并正从八品流官内选补。"二十九年，大司农司令史，于各部一考之上令史及正从八品职官内选取。省掾有阙 [8]，于正七品文资出身人员内选。吏员于枢密院、御史台令史元系六部令史内发充，历二十月以上者选，如无，于上名内选。三十一年，省准："内史府令史，于各部下名令史内选。"

[1] 二十二年：即至元二十二年（1285）。

[2] 宣徽院：官署名。参见元 65 注 1。

[3] 请（qǐng 情）俸：又作"请奉"。即"薪俸"，这里代指任职。

[4] 总制院：元代官署名。掌管佛教事务与吐蕃地区，至元元年（1264）置。二十五年改宣政院。参见元 100 注 11。

[5] 大都留守司兼少府监：参见元 163 注 5。

[6] 大司农司：元代管理农政的官署。参见元 155 注 7。

[7] 陕西行省：元代地方建置。参见元 14 注 2。

[8] 省掾：中书省的辅佐官吏。参见元 159 注 2。

166．大德三年 [1]，省准："辽阳省令史宜从本省选正从八品文资职官补用 [2]。复令各部见役令史内，不限岁月，或愿充、或籍贯附近、或选到职官，逐旋选解 [3]。国子监令译史 [4]，于籍记寺监令史内发补 [5]。上都留守司令史 [6]，于籍记各部令史内，或于正八品职官内选用，考满从七品迁用。宣徽院阑遗监令史 [7]，准本院依验元准月日挨补，考满同，自行踏逐者降等 [8]。遇阙如系籍记令史并常调提控案牍内及本院两考之上典吏内补充者 [9]，考满依例迁叙，自行选用者，止于本衙门就给付身 [10]，不入常调。"

[1] 大德三年：即公元 1299 年。大德，元成宗铁穆耳的第二个年号。

[2] 辽阳省：即"辽阳行省"，元代地方建置。参见元 14 注 3。

[3] 逐旋：逐渐。

[4] 国子监：元代管理国子学的官署。参见元 35 注 9。

[5] 寺监：对太常寺、光禄寺、秘书监、司天监、都水监等寺、监两级官署的并称。

[6] 上都留守司：参见元 99 注 2。

[7] 宣徽院阑遗监：宣徽院下辖官署，掌收遗失无主认领的人口、奴婢、牲畜与钱物。元世祖至元二十年（1283）始置，秩正四品，后升正三品。置太监领之。宣徽院，参见元 65 注 1。

[8] 踏逐：宋元时选拔官员的一种名目。由大臣访问人才，荐请朝廷辟召。参见宋 295 注 4。

501

[9] 常调：按常规迁选官吏。提控案牍：元代首领官名，掌衙门文书等事。参见元61注12。

[10] 付身：古代的一种身份凭证。

167. 四年[1]，部拟："上都留守司令史，仍听本司于正从八品流官内，或于上都见役寺监令史、河东、山北二道廉访司上名书吏内[2]，就便选用。上都兵马司司吏[3]，发补附近隆兴、大同、大宁路司吏相应[4]。"部拟："各处行省令史，除云南、甘肃、征东外[5]，其馀合依至元二十一年定例[6]，于六部见役上名令史、或正从八品流官参补。不敷，听于各道宣慰司、元系廉访按察司转补见役两考之上令史内选充[7]，以宣慰司役过月日，折半准算，通理一百二十月，方许出职。"

[1] 四年：即大德四年（1300）。

[2] 上都：元都城。故址在今内蒙古正蓝旗东五一牧场。参见元13注3。河东：即"河东山西道肃政廉访司"，简称"河东廉访司"，属元御史台直辖，为内八道之一。置司于冀宁路（治今山西太原）。山北：即"山北辽东道肃政廉访司"，简称"山北廉访司"或"辽东廉访司"，属元御史台直辖，为内八道之一。置司于大宁路（治今内蒙古宁城西大名城）。

[3] 上都兵马司：上都留守司兼本路总管府下辖掌地方治安的官署。《元史·百官六》："兵马司，秩正四品。指挥使三员，副指挥使二员，知事一员，提控案牍一员，司吏八人。至元二十九年置。"

[4] 隆兴：即"隆兴路"，治所高原（今河北张北）。大同：即"大同路"，治所即今山西大同。大宁：即"大宁路"，治所大定（今内蒙古宁城西大名城）。

[5] 云南：即"云南行省"，元代地方建置。参见元14注6。甘肃：即"甘肃行省"，元代地方建置。参见元14注5。征东：即"征东行省"，元代地方建置。参见元14注8。

[6] 至元二十一年：即公元1284年。至元，元世祖忽必烈的第二个年号。

[7] 宣慰司：即"宣慰使司"，元代地方官署名。参见元9注4。廉访按察司：参见元8注14。

168. 大德五年[1]，拟："檀景等处采金铁冶都提举司人吏[2]，于附近州县司吏内遴选。"六年，省拟："太医院令史[3]，于各部令史并相应职官内选取。长信寺令史[4]，于元保内选补[5]，考满降等叙用，有阙于籍记令史内发补。"七年，拟："刑部人吏[6]，于籍记令史内公选，不许别行差补，考满离役，依例选取，馀者依次发补。礼部省判[7]，许于籍记部令史内选取儒吏一名[8]，续准一名，于籍记部令史内从上选补。户部令史[9]，于籍记部令史内从上以通晓书算、练达钱谷者发遣，从本部试验收补。"

[1] 大德五年：即公元1301年。大德，元成宗铁穆耳的第二个年号。

[2] 檀景等处采金铁冶都提举司：元代户部下辖官署名，掌采金炼铁及榷货诸事。《元史·百官一》："檀景等处采金铁冶都提举司，秩正四品。提举一员，正四品；同提举一员，正五品；副提举一员，从六品。掌各冶采金炼铁，榷货以资国用。国初，中统始置景州提举司，管领景州、滦阳、新匠三冶。至元十四年，又置檀州提举司，管领双峰、暗峪、大峪、五峰等冶。大德五年，檀

州、景州三提举司，并置檀州等处采金铁冶都提举司，而滦阳、双峰等冶悉隶焉。他如河东、山西、济南、莱芜等处铁冶提举司，及益都、般阳等处淘金总管府，其沿革盖不一也。"檀州，治所今北京密云。景州，治所今河北景县。

[3] 太医院：元代掌医疗、御药等官署名。《元史·百官四》："太医院，秩正二品。掌医事，制奉御药物，领各属医职。中统元年，置宣差，提点太医院事，给银印。至元二十年，改为尚医监，秩正四品。二十二年，复为太医院，给银印，置提点四员，院使、副使、判官各二员。大德五年，升正二品，设官十六员。十一年，增院使二员。皇庆元年，增院使二员。二年，增院使一员。至治二年，定置院使一十二员，正二品；同知二员，正三品；佥院二员，从三品；同佥二员，正四品；院判二员，正五品；经历二员，从七品；都事二员，从七品；照磨兼承发架阁库一员，正八品；令史八人，译史二人，知印二人，通事二人，宣使七人。"

[4] 长信寺：元代掌大斡耳朵（今蒙古国温都尔罕西）工匠、护卫等事之官署。《元史·百官六》："长信寺，秩正三品。领大斡耳朵怯怜口诸事。卿四员，三品；少卿二员，从四品；寺丞二员，从五品；经历、知事各一员，令史六人，译史、知印各二人，通事一人，奏差四人。大德五年置。至大元年，改升为院。四年，仍为寺，卿五员，增少卿一员，以宦者为之。延祐七年，省寺卿、少卿各一员，定置如上。"

[5] 元保：谓原先归附的"家中儿郎"（即蒙古语"怯怜口"）。

[6] 刑部：元代属中书省。《元史·百官一》："刑部，尚书三员，正三品；侍郎二员，正四品；郎中二员，从五品；员外郎二员，从六品。掌天下刑名法律之政令。凡大辟之按覆，系囚之详谳，孥收产没之籍，捕获功赏之式，冤讼疑罪之辨，狱具之制度，律令之拟议，悉以任之……其首领官则主事三员。吏属则蒙古必阇赤四人，令史三十人，回回令史二人，怯里马赤一人，知印二人，奏差十人，书写三人，典吏七人。"

[7] 礼部：元代属中书省。参见元9注3。省判：中书省裁定。

[8] 儒吏：儒生出身的吏员。

[9] 户部：元代属中书省。《元史·百官一》："户部，尚书三员，正三品；侍郎二员，正四品；郎中二员，从五品；员外郎三员，从六品。掌天下户口、钱粮、田土之政令。凡贡赋出纳之经，金币转通之法，府藏委积之实，物货贵贱之直，敛散准驳之宜，悉以任之……主事八员，蒙古必阇赤七人，令史六十一人，回回令史六人，怯里马赤一人，知印二人，奏差三十二人，蒙古书写一人，典吏二十二人，司计官四人。"

169. 八年 [1]，省准："随路补用吏员，令各路先以州吏入役月日籍为一簿。府吏有阙，从上勾补；州吏有阙，则于本州籍记司县人吏内从上勾补。各道宣慰司令史，遇阙以籍记部令史下名发补，新除正从九品流官内选取。"九年，省准："都城所系在京五品衙门司吏，历两考转补京畿都漕运两司令史 [2]。遇阙以仓库攒典历一考者选充 [3]，及两考则京畿都漕运两司籍名，遇阙依次收补。上都寺监令史有阙，先尽省部籍记常调人员发补，仍于正从九品流官内、并应得提控案牍内选取。不敷，就取元由路吏考满升充都吏目、典史、准吏目月日及大同、大宁、隆兴三路司吏历两考之上者参用 [4]。"

[1] 八年：即大德八年（1304）。

[2] 京畿都漕运两司：参见元 51 注 18。

[3] 攒典：吏名。金、元时代掌会计钱粮数目者。参见元 79 注 7。

[4] 都吏目：都目与吏目。元代首领官名，皆流外职。参见元 156 注 2。典史：元代首领官名。掌衙门文书事务与管辖吏员。大同大宁隆兴三路：参见元 167 注 4。

170. 十年 [1]，省准："司县司吏有阙，于巡尉司吏内依次勾补 [2]。巡尉司吏有阙，从本处耆老上户循众推举 [3]，仍将祗应月日均以岁为满 [4]。州吏有阙，县吏内勾补。路吏有阙，州吏内勾补。若无所辖府州，于附近府州吏内勾补，县吏发补附近府州司吏。户、刑、礼部合选令史有阙，于籍记令史上十名内、并职官到选正从九品文资流官内试选。"十一年，省准："县吏如历一考，取充库子一界 [5]，再发县吏，准理州吏月日，路吏有阙，依次勾补。"

[1] 十年：即大德十年（1306）。

[2] 巡尉司吏：元代吏名，又称"尉史"、"尉吏"，职掌捕盗。大德四年（1300）规定，县巡尉司置吏一名。初从民间选取，后也由贴书等补充。任满一年无过，升任县司吏。

[3] 耆老：谓年老而有地位的士绅。

[4] 祗应：蒙古语"首思"的汉译，元代驿站对乘驿官员、使臣供应饮食，称"首思"。这里是供职的意思。

[5] 库子：掌管仓库的小吏。一界：一任。参见元 85 注 6。

171. 至大元年 [1]，省准："典宝监令史 [2]，就用前典宝署典书、蒙古必阇赤一名 [3]，例从翰林院试补 [4]，知印、通事各一名 [5]，从长官选保。"二年，立资国院二品 [6]，及司属衙门令史一十名，半用职官，从本院选，半于上名部令史内发补。译史二名 [7]，内职官一名，从本院选，外一名翰林院发。通事、知印各一名，从本院长官选。宣使八名 [8]，半参用职官，馀许本院自用一名，外三名常选相应人内发。典吏六名 [9]，从本院选。所辖库二处，每处司库六名 [10]，本把四名 [11]，于常选人内发。泉货监六处 [12]，各设令史八名，于各路上名司吏内选；译史一名，从翰林院发；通事二名，从本监长官选；奏差六名 [13]，各州司吏内选；典吏二名，本监选。以上考满，同都漕运司吏出身，所辖一十九处，两提举司设吏目一人，常选内选，司吏五名，县司吏内选。

[1] 至大元年：即公元 1308 年。至大，元武宗海山的年号。

[2] 典宝监：元代储政院下辖机构，或称"典宝署"，又改名"掌谒司"，掌太子符印牌玺等物。《元史·百官五》："掌谒司，秩正三品。司卿四员，少卿四员，丞二员，典簿二员，典书九人，奏差二人，知印、译史、通事各一人。至元三十一年，改典宝署为掌谒司，秩从五品，设官如之。元贞元年，升四品，设官四员。大德十一年，升正三品。至治三年罢。"

[3] 典书：元代吏名。必阇赤：或译作"必彻彻"，蒙古语，意为"书史"。参见元6注2。

[4] 翰林院：即"翰林兼国史院"。参见元34注1。

[5] 知印：职掌衙门印章之吏员。参见元76注2。通事：从事口译的吏员。参见元76注2。

[6] 资国院：元代官署名。至大二年（1309），元武宗从尚书省议变更钞法，印造至大银钞，并铸至大通宝和大元通宝两种铜钱，立资国院于大都，为主管机关，秩正二品，署院使、同知、副使、判官等员。下属泉货监六处、采铜提举司十九处。至大四年罢。

[7] 译史：从事笔译的吏名。参见元44注18。

[8] 宣使：传宣官府使令的吏员。参见元76注2。

[9] 典吏：元代各官署办事之属吏，员数不等。

[10] 司库：管库的吏员。

[11] 本把：仓库吏员。本把，或作"巴哩巴"，执持的意思。《钦定金史语解》卷六："巴哩巴，蒙古语，已执也。卷十九作'本把'。"

[12] 泉货监：元代官署名。至大二年（1309）变更钞法，立山东、河东、辽阳、江淮、湖广、川汉等六处泉货监，掌铸造至大通宝与大元通宝两种铜钱。至大四年罢。

[13] 奏差：元代某些官署中设置的供差遣的吏员。参见元76注2。

172. 三年 [1]，省准："泉货监令史，于各处行省应得提控案牍人内选，参用正从九品流官。山东、河东二监 [2]，从本部于相应人内发补，考满依例迁用，见役自用之人，考满降等叙，有阙以相应人补。"四年，省准："江西等处儒学提举司司吏 [3]，旧从本司公选，后从国子监发补 [4]，宜从本司选补。典瑞监首领官、令译史等 [5]，依典宝监例选用 [6]，考满迁叙。"部议："长信寺通事一名 [7]，例从所保。译史、知印、令史、奏差，从本衙门选一半职官，馀相应人内选，考满同自用迁叙。典吏二名，就便定夺，其自用者降等叙。"

[1] 三年：即至大三年（1310）。

[2] 山东：即"山东东西道宣慰司"。参见元14注14。河东：即"河东山西道宣慰司"。参见元14注13。

[3] 江西：即"江西行省"，元代地方建置。参见元14注10。儒学提举司：掌地方儒学的元代官署。《元史·百官七》："儒学提举司，秩从五品。各处行省所署之地，皆置一司，统诸路、府、州、县学校祭祀教养钱粮之事，及考校呈进著述文字。每司提举一员，从五品；副提举一员，从七品；吏目一人，司吏二人。"

[4] 国子监：元代管理国子学的官署。参见元35注9。

[5] 典瑞监：元代官署名。《元史·百官四》："典瑞院，秩正二品。掌宝玺、金银符牌。中统元年，始置符宝郎二员。至元十六年，立符宝局，给六品印。十七年，升正五品。十八年，改典瑞监，秩正三品。二十年，降为正四品，省卿二员。二十九年，复正三品，仍置监卿二员。大德十一年，升典瑞院，正二品。置院使四员，正二品；同知二员，正三品；金院二员，从三品；同金二员，正四品；院判二员，正五品；经历二员，从五品；都事二员，从七品；照磨兼管勾承发架阁库一员，正八品；令史四人，译史四人，知印、通事各一人，宣使四人，典吏三人。"

[7] 长信寺：元代掌大斡耳朵（今蒙古国温都尔罕西）工匠、护卫等事之官署。参见元 168 注 4。通事：从事口译的吏员。参见元 76 注 2。

173. 皇庆元年 [1]，省准："群牧监令译史、知印、怯里马赤、奏差人等 [2]，据诸色译史例，从翰林院发补。知印、通事，长官选。令史、奏差、典吏俱有发补定例。其已选人，考满降等叙，有阙于相应人内选发。大都路令史 [3]，历六十月，依至元二十九年例升提控案牍 [4]，减一资升转。有过者，虽贴满月日，不减资。遇阙于所辖南北两兵马司并各州见役上名司吏内勾补 [5]，有阙从本路于左右巡院、大兴、宛平与其馀县吏通籍从上挨补 [6]，月日虽多，不得无故替罢，违例补用者不准，除已籍记外，有阙依上勾补。覆实司司吏 [7]，于诸州见役司吏内选，不敷则以在都仓库见役上名攒典发充 [8]，历九十月除都目 [9]，年四十五之下历一考之上，亦许转补京畿都漕运司令史 [10]，违例收补，别无定夺。"

[1] 皇庆元年：即公元 1312 年。皇庆，元仁宗的第一个年号。

[2] 群牧监：元代徽政院下辖官署名。《元史·百官五》："群牧监，秩正二品。掌中宫位下孳畜。卿三员，大卿、少卿、监丞各二员。至大四年立，至治三年罢。"中华书局整理本校勘记云："按本书卷二四《仁宗纪》至大四年十月壬辰条作'秩正三品'。群牧监为徽政院附属，徽政院秩正二品，其附属据本卷所载，多为三品、五品。疑《志》误。"可参考。怯里马赤：即"通事"，从事口译的吏员。参见元 76 注 2。

[3] 大都路：元代辖京畿地区的路名。参见元 156 注 7。

[4] 至元二十九年：即公元 1292 年。至元，元世祖忽必烈的第二个年号。提控案牍：元代首领官名，掌衙门文书等事。参见元 61 注 12。

[5] 南北两兵马司：谓大都路兵马司，置两司，一在城北，一在城南。

[6] 左右巡院：即"左右警巡院"，大都路都总管府下辖官署。《元史·百官六》："左、右警巡二院，秩正六品。达鲁花赤各一员，使各一员，副使、判官各一员，典史各三员，司吏各二十五人。至元六年置。领民事及供需，视大都路。大德五年，分置供需院，以副使、判官、典史各一员主之。"大兴宛平：元代大都两属县，分治大都地方事务。《元史·地理一》："大兴（赤），宛平（赤。与大兴分治郭下）。"《元史·百官六》："宛平县，秩正六品。达鲁花赤一员，尹一员，丞三员，主簿三员，尉一员，典史三员，司吏二十六人。至元十一年置，治大都丽正门以西。大兴县，秩正六品。达鲁花赤一员，尹一员，丞一员，主簿二员，尉一员，典史三员，司吏一十五人。至元十一年置，治大都丽正门以东。"通籍：指初做官，意谓朝中已有了名籍。

[7] 覆实司：即"广谊司"，元代大都留守司下辖官署名。《元史·百官六》："广谊司，秩正三品。司令二员，正三品；同知二员，正四品；副使二员，正五品；判官二员，正六品；经历、知事各二员，照磨一员。总和顾和买、营缮织造工役、供亿物色之务。至元十四年，改覆实司辨验官，兼提举市令司。大德五年，又分大都路总管府官属，置供需府。至顺二年罢之，立广谊司。"

[8] 攒典：吏名。金、元时代掌会计钱粮数目者。参见元 79 注 7。

[9] 都目：元代首领官名。参见元 90 注 4。

[10] 京畿都漕运司：元代官署名，属户部，掌漕运之事。参见元 51 注 18。

174. 二年 [1]，省准："中瑞司译史 [2]，从翰林院发，知印长官选保，令史、奏差参取职官一半所选相应，考满依例迁叙，奉懿旨委用者 [3]，考满本司区用，有阙以相应人补。征东行省令译史、宣使人等 [4]，旧考满从本省区用，若经省部拟发，相应之人依例迁用，如不应者，虽省发亦从本省区用。"

[1] 二年：即皇庆二年（1313）。

[2] 中瑞司：元代中政院下辖官署名。《元史·百官四》："中瑞司，秩正三品。掌奉宝册。卿五员，正三品；丞二员，正四品；典簿二员，从七品；写懿旨必阇赤四人，译史一人，令史四人，知印一人，通事一人，奏差二人，典吏二人。"

[3] 懿旨：古代用以称皇后、皇太后或皇妃、公主等的命令。

[4] 征东行省：元代地方建置，在今朝鲜半岛。参见元 14 注 8。

175. 延祐二年 [1]，省准："河间等路都转盐运使司所辖场 [2]，分二十九处 [3]，二处改升从七品，司吏有阙，依各县人吏，一体于附近各处巡尉捕盗司吏依次以上名勾补 [4]，再历一考，与各场邻县吏互相迁调。和林路总管府司吏 [5]，以本处兵马司吏历一考者转补，再历一考，转称海宣慰令史 [6]，考满除正八品。补不尽者，六十月受部劄充提控案牍。沙、瓜二州屯储总管万户府边远比例 [7]，一体出身相应。会福院令译史、通事、宣使人等 [8]，若省部发去者依例迁叙，自用者考满同二品衙门出身例，降一等添一资升转。于常选教授儒人职官并见役各部令史内取补 [9]，宣使于常选职官内参补，通事、知印从长官选用，仍须参用职官，典吏从本衙门补用。"

[1] 延祐二年：即公元 1315 年。延祐，元仁宗爱育黎拔力八达的第二个年号。

[2] 河间等路都转盐运使司：即"大都河间等路都转盐运使司"，元代户部下辖官署名。《元史·百官一》："大都河间等路都转运盐使司，秩正三品。掌场灶榷办盐货，以资国用。使二员，正三品；同知一员，正四品；副使一员，正五品；运判二员，正六品；首领官：经历一员，从七品；知事一员，从八品；照磨一员，从九品。国初，立河间税课达鲁花赤清沧盐使所，后创立运司，立提举盐榷所，又改为河间路课程所，提举沧清课盐使所。中统三年，改都提领拘榷沧清盐所。至元二年，以刑部侍郎、右三部郎中兼沧清课盐使司，寻改立河间都转运盐使司，立清沧课三盐司。十二年，改为都转运使司。十九年，以户部尚书行河间等路都转运使司事，寻罢，改立清、沧二盐使司。二十三年，改立河间等路都转运。二十七年，改令户部尚书行河间等路都转运使司事。二十八年，改河间等路都转运。延祐六年，颁分司印，巡行郡邑，以防私盐之弊。"

[3] 分二十九处：《元史·百官一》作二十二所："盐场二十二所，每场设司令一员，从七品；司丞一员，从八品。办盐各有差。利国场，利民场，海丰场，阜民场，阜财场，益民场，润国场，海阜场，海盈场，海润场，严镇场，富国场，兴国场，厚财场，丰财场，三叉沽场，芦台场，越支场，石碑场，济民场，惠民场，富民场。"

［4］巡尉捕盗司吏：即"巡尉司吏"。参见元 170 注 2。

［5］和林路总管府：参见元 79 注 3。

［6］称海宣慰：即"称海等处宣慰司"。元武宗置，治所在称海城（又名镇海城，在今蒙古国科布多东南杜尔格湖西南、宗海尔汗山北麓）。至治三年（1322）废，寻复置，后废。

［7］沙瓜二州屯储总管万户府：元代甘肃行省所置管理屯田的官署。《元史·兵四》："（延祐元年）十月，沙、瓜州立屯储总管万户府，给铺马圣旨六道。"沙州，治所在今甘肃敦煌西。瓜州，治所在今甘肃安西县西南瓜州口。

［8］会福院：即"会福总管府"，元代官署名。《元史·百官三》："会福总营府，秩正三品。至元十一年，建大护国仁王寺及昭应宫，始置财用规运所，秩正四品。十六年，改规运所为总管府。至大元年，改都总管府，从二品。寻升会福院，置院使五员。延祐三年，升正二品。天历元年，改为会福总管府，正三品。定置达鲁花赤一员，总管一员，同知一员，治中一员，府判一员，经历、知事、提控案牍各一员，令史八人，译史、通事、知印各一人，奏差四人。"

［9］"于常选"句：中华书局整理本校勘记云："本书卷八四《选举志》隆禧院取补令史，文字与此处同，'于常选'上有'令史'二字，疑此脱。"可参考。

176. 五年 [1]，省准："詹事院立家令司、府正司 [2]，知印、怯里马赤俱令长官选用 [3]。令史六名，内取教授二名，职官二名，廉访司书吏二名 [4]。译史一名，于蒙古字教授及都省见役蒙古书写内选补 [5]。奏差二名，以相应人补。"

［1］五年：即延祐五年（1318）。

［2］詹事院：即"储政院"，元代掌辅翼皇太子事的官署。《元史·百官五》："储政院，秩正二品。至元十九年，立詹事院，备左右辅翼皇太子之位。置左、右詹事各一员，副詹事、詹事丞、院判各二员，吏属六十有二人。别置宫臣宾客二员，左右谕德、左右赞善各一员，校书郎二员，中庶子、中允各一员。三十一年，太子裕宗既薨，乃以院之钱粮选法工役，悉归太后位下，改为徽政院以掌之。大德九年，复立詹事院，寻罢。十一年，更置詹事院，秩从一品，设官十二员。至大四年罢。延祐四年复立，七年罢。泰定元年，罢徽政院，改立詹事如前。天历元年，改詹事院为储庆使司。二年罢，复立詹事院。未几，改储政院。院使六员，正二品；同知二员，正三品；金院二员，从三品；同金二员，正四品；院判二员，正五品；司议二员，从五品；长史二员，正六品；照磨二员，管勾二员，俱正八品；掾史一十二人，译史四人，回回掾史二人，通事、知印各二人，宣使十人，典吏六人。"家令司：隶属于詹事院官署。《元史·百官五》："家令司，秩三品。家令、家丞各二员，典簿二员，照磨一员。掌太子饮膳供帐仓库。至元二十年置。三十一年，改内宰司，隶徽政。大德十一年复立，秩升从二。至大四年罢。延祐四年复立，秩正三品。七年罢。泰定元年，复以内宰司为家令司。天历元年罢，未几复立。二年又罢。"府正司：隶属于詹事院官署。《元史·百官五》："府正司，秩从三品。掌鞍辔弓矢等物。至元二十年置。府正、府丞各二员，典簿二员，照磨一员。三十一年，改宫正司。大德十一年，复为府正司。至大四年罢。延祐四年复立，七年罢。泰定元年复立。天历二年，增府正、府丞各二员，寻罢。"

［3］怯里马赤：即"通事"，从事口译的吏员。参见元 76 注 2。

［4］廉访司：即"肃政廉访"，元代官署名，掌地方监察。参见元 8 注 14。

［5］蒙古字：即"蒙古国字"。元代八思巴创制的蒙古字的官方名称。至元六年（1269）颁行时，称

蒙古新字。七年，正式定名为蒙古国字，简称蒙古字。教授：参见元 41 注 4。都省：中书省。
蒙古书写：掌抄写、誊清蒙古字案牍的属吏。

177. 凡宣使、奏差、委差、巡盐官出身 [1]：中书省宣使，至元九年 [2]，曾受宣命补充者 [3]，九十月考满正七品。省劄宣使，九十月考满比依部令史例从七品。其台院宣使、各部奏差，比例定拟。

[1] 委差：元代大都陆运提举司、诸路宝钞提举司等官署的属吏。参见元 180。巡盐官：元代大都河间等路都转运盐使司、山东东路转运盐使司的属吏。
[2] 至元九年：即公元 1272 年。至元，元世祖忽必烈的第二个年号。
[3] 宣命：皇帝的诏命。

178. 二十三年 [1]，省准："省部台院令译史、通事、宣使、奏差人等，未满九十月，不许预告迁转。都省元定六部奏差迁转格例，应入吏目选充者，三考从八品。应入提控案牍人员选充者，三考从八品，任回减一资升转。巡检提控案牍选充者 [2]，一考正九品。"二十四年，省准："大都留守司兼少府监奏差改充宣使 [3]，合于各部奏差内选取，改升宣使月日为始，考满比依宣徽院、大司农司一体出身 [4]，自行踏逐者降等迁叙 [5]。大司农司所辖各道劝农营田内书吏 [6]，于各路司吏内选取，考满提控案牍内任用。奏差就令本司选委。"

[1] 二十三年：即至元二十三年（1286）。
[2] 巡检：即"巡检司"，为元代负责地方治安的官署名，设于都城周围及县以下险要之地。参见元 70 注 2。
[3] 大都留守司兼少府监：参见元 163 注 5。
[4] 宣徽院：元代官署名。参见元 65 注 1。大司农司：元代管理农政的官署。参见元 155 注 7。
[5] 踏逐：宋元时选拔官员的一种名目。由大臣访问人才，荐请朝廷辟召。参见宋 295 注 4。
[6] 劝农营田：即"劝农营田司"，元代地方行大司农司下辖管理农政的官署。《元史·世祖十一》："（至元二十四年二月）甲辰，升江淮行大司农司事秩二品，设劝农营田司六，秩四品，使副各二员，隶行大司农司。"

179. 二十九年 [1]，省准："各道廉访司通事、译史出身，比依书吏一体 [2]，考满正九。奏差考满，依通事、译史降二等量拟，于钱谷官并巡检内任用。"三十年，省准："延庆司奏差 [3]，比依家令司奏差一体 [4]，考满正九品，自行踏逐者降一等。"

[1] 二十九年：即至元二十九年（1292）。
[2] 书吏：元代掌衙门文书案牍的属吏。参见元 3 注 25。
[3] 延庆司：元代詹事院（储政院）下辖官署，掌太子位下修建佛事。《元史·百官五》："延庆司，

秩正三品。掌修建佛事。使二员，同知一员，副使、典簿各二员，照磨一员。至元二十二年始立，隶詹事院。三十一年，隶徽政院。大德十一年，立詹事院，别立延庆司，秩仍正三品，置卿、丞等员。泰定元年，改隶詹事院。天历元年罢，二年复立，增丞二员。"

[4] 家令司：元代詹事院（储政院）下辖官署。参见元 176 注 2。

180. 大德四年 [1]，省准："诸路宝钞提举司奏差 [2]，改称委差，九十月为满，于酌中钱谷官内任用 [3]。"五年，部议："山东运司奏差 [4]，九十月近下钱谷官内任用。大都运司 [5]，一体定夺。"六年，部拟："河间运司巡盐官 [6]，依奏差出身，九十月近下钱谷官内任用。"七年，部拟："凡奏差自改立廉访司为始 [7]，九十月历巡检三考，转从九。"

[1] 大德四年：即公元 1300 年。大德，元成宗铁穆耳的第二个年号。
[2] 诸路宝钞提举司：即"诸路宝钞都提举司"，元代掌管印造、发行钞币的官署。参见元 156 注 5。
[3] 钱谷官：谓地方掌管钱粮的未入流小官。分为上、中、下三等。参见元 70 注 5。
[4] 山东运司：即"山东东路转运盐使司"。参见元 100 注 12。
[5] 大都运司：即"大都河间等路都转运盐使司"。参见元 73 注 3。
[6] 巡盐官：参见元 177 注 1。
[7] 改立廉访司：元世祖至元二十八年（1291），改提刑按察司为肃政廉访司，参见元 8 注 14。

181. 皇庆元年 [1]，各道廉访司奏差出身，于本道所辖上名州司吏内选取，九十月都目内任用 [2]。若有路史并典史内取充者，历两考，比依上例，都目内升转。

[1] 皇庆元年：即公元 1312 年。皇庆，元仁宗的第一个年号。
[2] 都目：元代首领官名。参见元 90 注 4。

182. 凡库藏司吏、库子等出身 [1]：至元二十六年 [2]，省准："上都资乘库库子、本把 [3]，九十月近上钱谷官内任用。卫尉院利器库、寿武库库子 [4]，踏逐者九十月近上钱谷官内任用。"二十八年，省拟："泉府司富藏库本把、库子 [5]，六十月近下钱谷官内任用。大府监行内藏库子 [6]，三周年为满，省劄钱谷官内迁叙。备用库提控三十月 [7]，库子、本把三周岁，近上钱谷官内任用。"三十年，省准："大都留守司兼少府监器备库库子、本把 [8]，六十月近下钱谷官内任用。"三十年 [9]，省准："宣徽院生料库库子、本把并太医院所辖御药局院本把出身 [10]，例六十月，近上钱谷官一体迁叙。"

[1] 库藏：谓管理仓库等机构。司吏：吏名。参见元 95 注 3。库子：掌管仓库的小吏。
[2] 至元二十六年：即公元 1289 年。至元，元世祖忽必烈的第二个年号。
[3] 上都资乘库：元代尚乘寺下辖机构。《元史·百官六》："资乘库，秩从五品。提点四员，从五

品；大使三员，正六品；副使四员，正七品；库子四人。掌收支鞍辔等物。至元十三年置。二十年，隶卫尉院。二十四年，隶尚乘寺。"本把：仓库吏员。参见元171注11。

[4] 卫尉院：至元二十年由太仆院改卫尉院，二十四年罢院，立太仆寺。曾管辖掌兵器制造及其收储、给发的武备寺。《元史·百官六》："武备寺，秩正三品。掌缮治戎器，兼典受给。卿四员，正三品；同判六员，从三品；少卿四员，从四品；丞四员，从五品；经历、知事各一员，照磨兼提控案牍一员，承发架阁库管勾一员，辨验弓官二员，辨验筋角翎毛等官二员，令史十有三人。至元五年，始立军器监，秩四品。十九年，升正三品。二十年，立卫尉院，改军器监为武备监，秩正四品，隶卫尉院。二十一年，改监为寺，与卫尉并立。大德十一年，升为院。至大四年，复为寺，设官如旧。其所辖属官，则自为选择其匠户之能者任之。"利器库：武备寺（卫尉院）下辖机构。《元史·百官六》："利器库，秩从五品。提点三员，大使二员，副使三员，秩品同寿武库，库子一十人。至元五年，始立军器库。十年，通掌随路军器，改利器库。"寿武库：武备寺（卫尉院）下辖机构。《元史·百官六》："寿武库，秩从五品。提点二员，从五品；大使二员，正六品；副使四员，正七品；库子一十人。至元十年，以衣甲库改置。"

[5] 泉府司：元代为宫廷服务的官署名。参见元73注12。富藏库：泉府司下辖仓库名。

[6] 太府监：元代掌库藏的官署。《元史·百官六》："太府监，秩正三品。领左、右藏等库，掌钱帛出纳之数。太卿六员，正三品；太监六员，从三品；少监五员，从四品；丞五员，正五品；经历、知事、照磨各一员，令史八人，译史三人，通事、知印各一人，奏差四人。中统四年置。至元四年，为宣徽太府监，凡内府藏库悉隶焉。八年，升正三品。大德九年，改为院，秩从二品，院判参用宦者。至大四年，复为监，定置如上。"行内藏：太府监下辖机构。《元史·百官六》："内藏库，秩从五品。掌出纳御用诸王段匹纳失失纱罗绒锦南绵香货诸物。提点四员，从五品；大使二员，正六品；副使二员，正七品。至元二年，置署上都。十九年，始署大都，以宦者领之。复有行内藏，二十八年省之，止存内藏及左右二库。"

[7] 备用库：即"提举备用库"，元代内宰司下辖机构。《元史·百官五》："提举备用库，秩从五品。达鲁花赤一员，提举一员，大使一员，提控案牍一员。掌出纳田赋财赋、差发课程、一切钱粮规运等事。至元二十年置。二十二年，设达鲁花赤及首领官。"

[8] 器备库：元代大都留守司下辖机构。《元史·百官六》："器备库，秩从五品。提点一员，从五品；大使一员，从六品；副使二员，正七品；直长四员，正八品。掌殿阁金银宝器二千馀事。至元二十七年置。"

[9] 三十年：中华书局整理本校勘记云："按前文已书'三十年'，此处疑衍或为'三十一年'之误。"甚是。

[10] 生料库：元代宣徽院下辖机构，有"大都生料库"与"上都生料库"二库。《元史·百官三》："大都生料库，秩从五品。至元十一年，置生料野物库，隶尚食局。二十年，别置库，拟内藏库例，置提点二员，从五品；大使二员，正六品；副使三员，正七品。上都生料库，秩从三品。掌受弘州、大同虎贲、司农等岁办油麹，大都起运诸物，供奉内府，放支宫人宦者饮膳。提点一员，大使一员，副使二员，品秩同上；直长一员，正八品。"太医院：元代掌医疗、御药等官署名。参见元168注3。御药局院：太医院下辖机构御药院、御药局的合称。《元史·百官四》："御药院，秩从五品。掌受各路乡贡、诸蕃进献珍贵药品，修造汤煎。至元六年始置。达鲁花赤一员，从五品；大使二员，从五品；副使三员，正七品；直长一员，都监二员。御药局，秩从五品。掌两都行箧药饵。至元十年始置。大德九年，分立行御药局，掌行箧药物。本局但掌

上都药仓之事，定置达鲁花赤一员，从五品；局使二员，从五品；副使二员，正七品。"

183. 大德元年 [1]，部拟："中御府奉宸库库子 [2]，以三周岁为满，拟受省劄钱谷官。本把六十月，近上钱谷官内任用。"三年，省拟："万亿四库、左右八作司、富宁、宝源等库 [3]，各设色目司库二名，俱于枢密院各卫色目军内选差 [4]，考满巡检内任用，自行踏逐者一考并同，循行如此。又汉人司库，于院务提领、大使、都监内发补，二周岁满日，减一界升转；其色目司库于到选钱谷官内选发，考满优减两界。都提举万亿库提控案牍，比常选人员，任回减一资升用。司吏三十五人，除色目四人外，汉人有阙，于大都总管府、转运司、漕运司下名司吏内选取 [5]，三十月拟充吏目，四十五月之上、六十月之下都目，六十月以上转提控案牍。省拟六十月以上、四十五月以下，愿充寺监令史者听。司库五十人，除色目一十四人另行定夺外，汉人于大都路人户内选用，二周岁为满，院务提领内任用 [6]；都监内充司库 [7]，二年为满，于受省劄钱谷官内任用；务使充司库 [8]，二年为满，于从九品杂职内任用。秤子五人 [9]，于大都人户内选充，二年为满，于近下钱谷官内任用。太医院御药局本把，六十月近上钱谷官内任用。"

[1] 大德元年：即公元1297年。大德，元成宗铁穆耳的第二个年号。

[2] 中御府：即"中政院"，元代掌中宫财赋、营造供给的机构。参见元66注1。奉宸库：元中政院（中御府）下辖机构。《元史·百官四》："奉宸库，秩五品。提点四员，副使二员，提控案牍一员，库子六人。掌中藏宝货钱帛给纳之事。大德元年置。"

[3] 万亿四库：元代中书省户部下辖万亿宝源库都提举司、万亿广源库都提举司、万亿绮源库都提举司、万亿赋源库都提举司。参见元73注1。左右八作司：即"提举八作司"，元代中书省工部下辖官署名，后分置右、左二司。参见元73注1。富宁：即"富宁库"，元代禁中仓库名。参见元77注3。宝源：即"都提举万亿宝源库"。《元史·百官一》："都提举万亿宝源库，掌宝钞、玉器。至元二十五年始置。都提举一员，正四品；提举一员，正五品；同提举一员，从五品；副提举一员，从六品；知事一员，从八品；提控案牍一员，司吏二十三人，译史二人，司库四十六人，内以色目二人参之。"中华书局整理本校勘记云："按宝源库为万亿四库之一，此复书，疑衍误。"甚是。

[4] 各卫：谓枢密院下辖右卫、左卫、中卫、前卫、后卫等军事机构。

[5] 大都总管府：即"大都路都总管府"。《元史·百官六》："大都路都总管府，秩正三品。达鲁花赤二员，都总管一员，副达鲁花赤二员，同知二员，治中二员，判官二员，推官二员，经历二员，知事二员，提控案牍四员，照磨兼管勾一员，令史九十有五人，译史二人，回回令史一人，通事、知印各二人，奏差二十一人。国初，为燕京路，总管大兴府。中统五年，称中都路。至元九年，改号大都。二十一年，始专置大都路总管府，秩从三品，置都达鲁花赤、都总管等官。二十七年，升为都总管府，进秩正三品，领府一、州十有一。凡本府官吏，唯达鲁花赤一员及总管、推官专治路政，其馀皆分任供需之事，故又号曰供需府焉。"转运司：即"大都河间等路都转运盐使司"。参见元73注3。漕运司：即"都漕运使司"。参见元73注4。

[6] 院务：仓库院务官。提领：元代于商货经过的地方，置抽分场提领所，掌抽商税，每所设提领、

同提领、副提领等员。另外大都皮货所，亦置提领一员。位在大使、副使之上，秩从九品。

[7] 都监：元代管理税务的吏员名。

[8] 务使：古代管理贸易及收税的机构称"务"，务使即该机构的吏员。

[9] 秤子：掌出纳的小吏。

184. 四年 [1]，受给库依油磨坊设攒典、库子 [2]，从工部选。会同馆收支库攒典 [3]，与长秋库同 [4]。上都广积、万盈二仓系正六品 [5]，永丰系正七品 [6]，比之大都平准库品级尤高 [7]，拟各仓攒典转寺监本把，并万亿库司吏相应。提举广惠司库子 [8]，考满近下钱谷官内任用。侍仪司法物库所设攒典、库子 [9]，依平准行用库例补用 [10]。五年，大都尚食局本把 [11]，拟于钱谷官内迁叙，本院自行踏逐者，就给付身，考满不入常调。都提举万亿宝源库色目司库，拟于巡检内任用，添一资升转。京畿都漕运司司仓 [12]，于到选钱谷官内选发。

[1] 四年：即大德四年（1300）。

[2] 受给库：元代职掌京城内外营造的机构。参见元79注6。油磨坊：据元陶宗仪《南村辍耕录》卷二十一，油磨坊属礼部下辖作坊。攒典：吏名。金、元时代掌会计钱粮数目者。与钱粮有关的仓、库、务中皆有设置。

[3] 会同馆：元代礼部下辖掌接待与引见边地诸族官员及外国使者的官署。《元史·百官一》："会同馆，秩从四品。掌接伴引见诸番蛮夷峒官之来朝贡者。至元十三年始置。二十五年罢之。二十九年复置。元贞元年，以礼部尚书领馆事，遂为定制。礼部尚书领会同馆事一员，正三品；大使一员，正四品；副使二员，从六品。提控案牍一员，掌书四人，蒙古必阇赤一人，典给官八人。其属有收支诸物库，秩从九品。大使一员，副使一员。至元二十九年，以四宾库改置。"收支库：即"收支诸物库"。

[4] 长秋库：当为长秋寺下辖库藏机构。长秋寺，元代主管元武宗及皇后真哥位下斡耳朵（宫帐）、户籍、财赋的机构。皇庆二年（1313）置，秩正三品。设寺卿五员、少卿、寺丞各二员，经历、知事各一员。

[5] 广积万盈二仓：即"广积仓"与"万盈库"，上都留守司兼本路都总管府下辖库藏名。《元史·百官六》："万盈库，达鲁花赤、监支纳、大使、副使各一员。中统初置。广积仓，达鲁花赤、监支纳、大使、副使各一员。中统初置永盈仓。大德间，改为广积仓。"

[6] 永丰：即大都路永丰库，故址不详。参见元80。

[7] 平准库：元代设于各路，主平物价，使相依准，不致低昂。

[8] 广惠司：元代太医院下辖机构。《元史·百官四》："广惠司，秩正三品。掌修制御用回回药物及和剂，以疗诸宿卫士及在京孤寒者。至元七年，始置提举二员。十七年，增置提举一员。延祐六年，升正三品。七年，仍正五品。至治二年，复为正三品，置卿四员，少卿、丞各二员。后定置司卿四员，少卿二员，司丞二员，经历、知事、照磨各一员。"

[9] 侍仪司法物库：元代礼部下辖机构。《元史·百官一》："侍仪司，秩正四品。掌凡朝会、即位、册后、建储、奉上尊号及外国朝觐之礼。至元八年始置。左右侍仪奉御二员，礼部侍郎知侍仪事一员，引进使知侍仪事一员，左右侍仪使二员，左右直侍仪使二员，左右侍仪副使二员，左右侍

仪金事二员，引进副使、侍仪令、承奉班都知、尚衣局大使各一员。十二年，省左侍仪奉御，通曰左右侍仪。省引进副使及侍仪令、尚衣使等员，改置通事舍人十四员。三十年，减通事舍人七员为侍仪舍人。大德十一年，升秩正三品。至大二年，置典簿一员。延祐七年，定置侍仪使四员。至治元年，增置通事舍人六员、侍仪舍人四员。其后定置侍仪使四员，正三品；引进使知侍仪事二员，正四品。首领官：典簿一员，从七品。属官：承奉班都知一员，正七品；通事舍人一十六员，从七品；侍仪舍人十四员，从九品。吏属：令史二人，译史一人，通事一人，知印二人。其属法物库，秩五品。掌大礼法物。提点一员，从五品；大使一员，从六品；副使一员，从七品；直长二员，正八品。"

[10] 平准行用库：即"平准库"。参见注7。

[11] 尚食局：元代宣徽院下辖掌供御膳的官署。《元史·百官三》："尚食局，秩正五品。掌供御膳及出纳油麹酥蜜诸物。至元二年置提点，领进纳百色生料。二十年，省并尚药局为尚食局，别置生料库。本局定置提点一员，从五品；大使一员，正六品；副使一员，正七品；直长一员，正八品。"

[12] 京畿都漕运司：即"京畿都漕运使司"。参见元51注18。司仓：元代仓库吏员。

185. 六年 [1]，部呈："凡路府诸州提控案牍、都吏目等，诸衙门吏员出身，应得案牍、都吏目，如系路府司吏转充之人，依旧迁除。其由仓库攒典杂进者，得提控案牍改省劄钱谷官，都目近上钱谷官，吏目改酌中钱谷官。提控案牍，都吏目月日考满，于流官内迁用。广胜库子 [2]，合从武备寺给付身 [3]，考满本衙门定夺。大积等仓典吏 [4]，与四库案牍所掌事同 [5]，任回减一资升用。"

[1] 六年：即大德六年（1302）。

[2] 广胜：即"广胜库"，元代武备寺下辖机构。《元史·百官六》："广胜库，秩从五品。掌平阳、太原等处岁造兵器，以给北边征戍军需。达鲁花赤一员，大使、副使各一员，库子一人。"

[3] 武备寺：参见元182注4。付身：古代的一种身份凭证。

[4] 大积等仓：即大积仓、丰穰仓、广济仓、广衍仓、既积仓、盈衍仓、相因仓、顺济仓等八仓，属元代新运粮提举司下辖京师二十二仓。《元史·百官一》："已上八仓，每仓各置监支纳一员，正七品；大使一员，从七品；副使二员，正八品。"

[5] 四库：即"万亿四库"。参见元73注1。

186. 七年 [1]，各路攒典、库子，部议："江北及行省所辖路分库子，依已拟于司县司吏内差补，周岁发充县司吏，遇州司吏有阙，挨次勾补。诸仓库攒典有阙，于各部籍记典吏内发补 [2]。左右八作司等五品衙门内司吏有阙 [3]，却于各仓库上名攒典内发补。若万亿库四品衙门司吏有阙，亦于上项司吏内从上转补，将役过五品衙门月日，五折四准算，通理九十月考满，提控案牍内迁用。如转补不尽，五品衙门司吏考满，止于都吏内任用。油磨坊、抄纸坊攒典有阙 [4]，并依上例。回回药物院本把 [5]，六十月酌中钱谷内定夺。"

[1] 七年：即大德七年（1303）。

[2] 籍记：谓登记姓名于簿册上。

[3] 左右八作司：即"提举八作司"，元代中书省工部下辖官署名，后分置右、左二司。参见元73注1。

[4] 油磨坊：参见元182注2。抄纸坊：参见元73注23。

[5] 回回药物院：太医院广惠司下辖机构。《元史·百官四》："大都、上都回回药物院二，秩从五品。掌回回药事。至元二十九年始置。至治二年，拨隶广惠司。定置达鲁花赤一员，大使二员，副使一员。"本把：仓库吏员。参见元171注11。

187. 九年 [1]，省准："提举和林仓、昔宝赤八剌哈孙仓、孔古列仓司吏 [2]，六十月酌中钱谷官内委用。资成库库子出身 [3]，部议比依太府、利用、章佩、中尚等监 [4]。武备寺库有阙 [5]，如系本衙门典吏请俸一考转补者 [6]，六十月为近上钱谷官，其馀补充之人，九十月依上迁用。和林等处宣慰司都元帅府所辖广济库库子、攒典 [7]，自行踏逐者比依三仓例 [8]，六十月于近下钱谷官内定夺。"

[1] 九年：即大德九年（1305）。

[2] 和林仓昔宝赤八剌哈孙仓孔古列仓：三仓为元代岭北行省主要仓廪。参见元79注3。

[3] 资成库：元代中尚监下辖库藏名。《元史·百官六》："资成库，秩从五品。掌造毡货。提点三员，从五品；大使三员，正六品；副使三员，正七品。至元二年置，隶太府。二十三年，始归于监。"

[4] 太府：即"太府监"，元代掌库藏的官署。参见元182注6。利用：即"利用监"，元代掌出纳皮货衣物的官署。《元史·百官六》："利用监，秩正三品。掌出纳皮货衣物之事。监卿八员，正三品；太监五员，从三品；少监五员，从四品；监丞四员，正五品；经历、知事、照磨、管勾各一员，令史八人，译史二人，通事、知印各一人，奏差六人，典吏三人。至元十年置。二十年罢，二十六年复置。大德十一年，改为院。至大四年，复为监。"章佩：即"章佩监"，掌御服宝带的官署。《元史·百官六》："章佩监，秩正三品。掌宦者速古儿赤所收御服宝带。监卿五员，正三品；太监四员，从三品；少监二员，从四品；监丞二员，正五品；经历、知事、照磨各一员，令史七人，译史二人，通事二人，奏差四人。至元二十二年置。至大元年，升为院，秩从二品。四年，复为监，定置如上。"中尚：即"中尚监"，掌大斡耳朵属下怯怜口等事务，领资成库。《元史·百官六》："中尚监，秩正三品。掌大斡耳朵位下怯怜口诸务，及领资成库毡作，供内府陈设帐房帘幕车辇雨衣之用。监卿八员，正三品；太监二员，从三品；少监二员，从四品；监丞二员，正五品；经历、知事、照磨各一员，令史七人，译史三人，通事二人，知印二人，奏差五人。至元十五年，置尚用监。二十年罢。二十四年，改置中尚监。三十年，分置两都滦河三库怯怜口杂造等九司局而总领之。至大元年，升为院。四年，复为监。参用宦者三人。"

[5] 武备寺：参见元182注4。

[6] 请（qíng情）俸：又作"请奉"。即"薪俸"，这里代指任职。

[7] 和林等处宣慰司都元帅府：即"岭北行省"。参见元14注7，元79注3。广济库：岭北行省库藏名。故址不详。

[8] 三仓：即上所云和林仓、昔宝赤八剌哈孙仓、孔古列仓。参见注2。

188. 至大二年 [1]，省准："广禧库库子 [2]，依奉宸库例出身 [3]，如系本把一考之上转充者，四十五月受省剳钱谷官，其馀补充之人，六十月依上例迁用。本把元系本衙门请俸一考典史转补者，六十月近上钱谷官，其馀补充者，九十月亦依上例迁用。上都东西万盈、广积二仓司仓 [4]，与仓官一体，二周岁为满。"三年，省准："各路库子于各处钱谷官内发补，拟不减界，考满从优定夺。江北库子，止依旧例。和林设立平准行用库库子，宜从本省相应人内量选二名，二周岁为满，近下钱谷官内定夺。"

[1] 至大二年：即公元 1309 年。至大，元武宗海山的年号。
[2] 广禧库：元代管领诸路打捕鹰房民匠等户总管府下辖库藏名。《元史·百官四》："广禧库，达鲁花赤一员，提举一员，大使一员，副使二员，提控案牍一员，库子四人。大德八年置。掌收支御膳野物，职视生料库。"
[3] 奉宸库：参见元 183 注 2。
[4] 万盈广积：即"万盈库"与"广积仓"。参见元 184 注 5。

189. 皇庆元年 [1]，部议："文成、供须、藏珍三库本把、库子 [2]，依太府监库子例，常选内委用，考满比例迁除，有阙于常调人内发补，自行选用者，考满从本院定夺，若系常选任用者，考满依例迁叙。"二年，殊祥院所辖万圣库库子、攒典 [3]，依崇祥院诸物库例出身 [4]。部议："如比上例，三十月转补五品衙门司吏，再历三十月，于四品衙门司吏内补用，其库子合于常调籍记仓库攒典人内补用，六十月为满，于务都监内任用 [5]，自行委用者，考满本衙门定夺。"延祐元年 [6]，省议："腹里路分司仓库子 [7]，于州县司吏内勾补，满日同旧例升转。"

[1] 皇庆元年：即公元 1312 年。皇庆，元仁宗爱育黎拔力八达的第一个年号。
[2] 文成供须藏珍三库：元代内宰司下辖机构名。《元史·百官五》："藏珍、文成、供须三库，秩俱从五品。各设提点二员，大使二员，副使二员。分掌金银珠玉宝货、段匹丝绵、皮毡鞍辔等物。国初，詹事出纳之事，未有官署印信，至元二十七年分为三库，各设官六员，及库子有差。"
[3] 殊祥院：即"隆禧总管府"。《元史·百官三》："隆禧总管府，秩正三品。至大元年，建立南镇国寺，初立规运提点所。二年，改为规运都总管府。三年，升为隆禧院。天历元年，罢会福、殊祥二院，以隆禧、殊祥并立殊祥总管府，寻又改为隆禧总管府。定置达鲁花赤一员，总管一员，副达鲁花赤一员，同知一员，治中一员，判官一员，经历一员，知事、照磨各一员，令史六人，译史、知印各一员，怯里马赤一人，奏差四人。"参见元 64 注 3。万圣库：隆禧总管府下辖机构。《元史·百官三》："万圣库，提领一员，大使一员，副使一员。"
[4] 崇祥院：即"崇祥总管府"。《元史·百官三》："崇祥总管府，秩正三品。至大元年，立大承华普庆寺都总管府。二年，改延禧监，寻改崇祥监。四年，升为崇祥院，秩正二品。泰定四年，复改为大承华普庆寺总管府。天历元年，改为崇祥总管府。定置达鲁花赤一员，总管一员，副达鲁花赤一员，同知、治中、府判各一员，经历、知事、提举案牍兼照磨各一员，令史六人，译史、知印各一员，怯里马赤一人，奏差四人。"诸物库：即崇祥总管府下辖"崇祥财邑所"与"永福财用所"。《元史·百官三》："崇祥财用所，至大二年，始置诸物库。四年，置普赡仓。天历二

年，并诸物库、普赡仓，改为崇祥财用所。定置官，提领一员，大使、副使各一员。永福财用所，掌出纳颜料诸物。延祐三年，始置诸物库，又置永积仓。天历二年，以诸物库、永积仓并改置为所。设提领、大使、副使各一员。"

[5] 务都监：元代管理税务的吏员名。

[6] 延祐元年：即公元1314年。延祐，元仁宗爱育黎拔力八达的第二个年号。

[7] 腹里：元代中书省直辖区的别称，意为腹心之地。分置二十七路、八州，包括今河北、山东、山西以及内蒙古部分地区。

190. 凡书写、铨写、书吏、典吏转补 [1]：至元二十五年 [2]，省准："通政等二品衙门典吏 [3]，九十月补本院宣使。各寺监典吏，比依上例，考满转补本衙门奏差。户部填写勘合典吏 [4]，与管勘合令史一体，考满从优定夺。参议府、左右司、客省使令史、书写 [5]，四十五月转补，如补不尽，于提控案牍内任用，于各部铨写及典吏内收补。会总房、承发司、照磨所、架阁库典吏 [6]，各部铨写，六十月转补，已上，都吏内任用。各部典吏并左右部照磨所、架阁库典吏，于都省参议府、左右司、客省使令史、书写内以次转补，如补不尽，六十月转补各监令史，已上，吏目内任用。枢密院典吏、铨写，依御史台典吏一体，六十月转部，转补不尽，六十月已上，于都目内任用。御史台典吏，遇察院书吏有阙 [7]，从上挨次转补，通理六十月，补各道按察司书吏，部令史有阙，亦行收补。"

[1] 铨写：元代吏部与枢密院掌案牍誊写的属吏。参见元3注24。

[2] 至元二十五年：即公元1288年。至元，元世祖忽必烈的第二个年号。

[3] 通政：即"通政院"，元代掌驿传的官署名。参见元99注3。

[4] 户部：元代属中书省。参见元168注9。勘合：验对符契。

[5] 参议府：元代中书省参议中书省事的官署。《元史·百官一》："参议中书省事，秩正四品。典左右司文牍，为六曹之管辖，军国重事咸预决焉。中统元年，始置一员。至元二十二年，累增至六员。大德元年，止置四员，后遂为定额。其治曰参议府，令史二人。"左右司：元代中书省下辖官署。《元史·百官一》："左司，郎中二员，正五品；员外郎二员，正六品；都事二员，正七品。中统元年，置左右司。至元十五年，分置两司。左司所掌：吏礼房之科有九，一曰南吏，二曰北吏，三曰贴黄，四曰保举，五曰议礼，六曰时政记，七曰封赠，八曰牌印，九曰好事。知除房之科有五，一曰资品，二曰常选，三曰台院选，四曰见阙选，五曰别里哥选。户杂房之科有七，一曰定俸，二曰衣装，三曰羊马，四曰置计，五曰田土，六曰太府监，七曰会总。科粮房之科有六，一曰海运，二曰攒运，三曰边远，四曰赈济，五曰事故，六曰军匠。银钞房之科有二，一曰钞法，二曰课程。应办房之科有二，一曰饮膳，二曰草料。令史二人，蒙古书写二十人，回回书写一人，汉人书写七人，典吏十五人。右司，郎中二员，正五品；员外郎二员，正六品；都事二员，正七品。中统元年，置左右司。至元十五年，分置两司。右司所掌：兵房之科有五，一曰边关，二曰站赤，三曰铺马，四曰屯田，五曰牧地。刑房之科有六，一曰法令，二曰弭盗，三曰功赏，四曰禁治，五曰枉勘，六曰斗讼。工房之科有六，一曰横造军器，二曰常课段匹，三曰岁赐，四曰营造，五曰应办，六曰河道。令史二人，蒙古书写三人，回回书写一人，汉人书写一

人，典吏五人。"客省使：元代中书省下掾属。《元史·百官一》："客省使，秩正五品。使四员，正五品；副使二员，正六品。令史二人，掌直省舍人、宣使等员选举差遣之事。至元九年，置使二员，一员兼通事，一员不兼。大德元年，增置四员，副二员。直省舍人二员，至元七年始置，后增至三十三员。掌奏事给使差遣之役。"

[6] 会总房：不详待考。承发司：元代官署中的收发机构。照磨所：元代吏、户、礼三部下辖机构。《元史·百官一》："左三部照磨所，秩正八品。照磨一员，掌吏、户、礼三部钱谷计帐之事。典吏八人。"架阁库：元代一些官署中管理文牍的机构。如中书省架阁库，《元史·百官一》："架阁库管勾二员，正八品。掌庋藏省府籍帐案牍，凡备稽考之文，即掌故之任。至元三年，始置二员，其后增置员数不一。至顺初，为定二员。典吏十人。蒙古架阁库兼管勾一员，典吏二人。回回架阁库管勾一员，典吏二人。"

[7] 察院：元代官署名，属御史台。设监察御史，任纠察之职，秩正七品，为天子耳目。《元史·百官二》："察院，秩正七品。监察御史三十二员。司耳目之寄，任刺举之事。至元五年，始置御史十二员，悉以汉人为之。八年，增置六员。十九年，增置一十六员，始参用蒙古人为之。至元二十二年，参用南儒二人。书吏三十二人。"

191. 二十六年 [1]，省准："上都留守司兼本路都总管府典吏 [2]，九十月补本司宣使，考满依例定夺。"二十七年，省准："漕运使司令史 [3]，九十月提控案牍内任用，如年四十五以下，愿充寺监令史者听 [4]。省院台部书写、铨写、典吏人等出身 [5]，与各道宣慰司、按察司、随路总管府岁贡吏员一体转部，书写人等止令转寺监等衙门令史。"二十八年，省准："参议府、左右司、客省使令史，各房书写有阙，拟于都省典吏内选补，五折四令史、书写月日，通折四十月转部。及六部铨写、典吏一考之上选充，三折二令史、书写月日，通折四十五月转补各部令史。如已行选用者，四十五月补寺监令史。参议府、左右司、客省使令史，各房书写有阙，拟于都省典吏内选补，五折四令史、书写月日，通折四十五月转部。及六部铨写、典吏一考之上选充，三折二令史、书写月日，通折四十五月转补各部令史。如自行选用者，四十五月补寺监令史。"

[1] 二十六年：即至元二十六年（1289）。
[2] 上都留守司兼本路都总管府：参见元99 注2。
[3] 漕运使司：谓京畿都漕运使司、都漕运使司。参见元51 注8，元73 注4。
[4] 寺监：对太常寺、光禄寺、秘书监、司天监、都水监等寺、监两级官署的并称。
[5] 省院台部：中书省、枢密院、御史台、六部的并称。

192. 部议："执总会总房、照磨所、承发司、架阁库典吏 [1]，一考之上转补参议府、左右司、客省使令史，补不尽者，四十五月补寺监令史。有阙，于六部铨写、典吏一考之上选充，三折二省典吏月日，通折六十月转补各部令史。若转充参议府、左右司、客省使令史、都省书写，五折四令史、书写月日，通折四十五月转部。如自行选用者，六十月补寺监令史。六部铨写、典吏并左右部照磨所、架阁库典吏［2］，一考之上，遇省书写、典吏月日补不尽者，六十月转补寺监令史。"

［1］执总：总括而言。
［2］左右部：官署名。元世祖中统元年（1260）设中书省，下分设左、右二部，以吏、户、礼为左三部，以兵、刑、工为右三部。至元元年（1264）以后，屡有分合。至元七年，左、右二部始分为六部。照磨所：参见元190注6。

193. 省议："除见役外，后有阙，拟于都省各房写发人内公举发补［1］，除转充参议府、左右司、客省使令史、都省书写、典吏者，依前例转补，不尽者六十月充都目。"

［1］写发人：或称"写发"，与"贴书"略同的见习吏员，地位当稍低于贴书。

194. 二十九年［1］，部拟："御史台典吏三十月，依廉访司书吏转补察院，三十月转部，补不尽者，考满从八品迁用外，行台典吏三十月转补行台察院书吏，再历三十月发补各道宣慰司令史。参议府令史，四十五月转部令史。光禄寺典吏［2］，考满转补本衙门奏差。"

［1］二十九年：即至元二十九年（1292）。
［2］光禄寺：元代宣徽院下辖掌宫廷供膳的官署。《元史·百官三》："光禄寺，秩正三品。掌起运米麴诸事，领尚饮、尚酝局，沿路酒坊，各路布种事。至元十五年，罢都提点，置寺。设卿一员、少卿三员、主事一员、照磨一员、管勾一员。二十年，改尚酝监，正四品。二十三年，复为光禄寺，卿二员，少卿、丞各一员。二十四年，增少卿一员。二十五年，拨隶省部。三十一年，复隶宣徽。延祐七年，降从三品。后复正三品。定置卿四员，正三品；少卿二员，从四品；丞二员，从五品；主事二员，从七品；令史八人，译史、知印各二人，通事一人，奏差二十四人，典吏三人，蒙古书写一人。"

195. 元贞元年［1］，省准："省部见役典吏实历俸月，名排籍记，遇都省书写、典吏有阙，从上挨次发补。枢密院铨写，一考之上补都省书写，通折月日升转外，本院铨写有阙，补请俸上名典吏［2］。"

［1］元贞元年：即公元1295年。元贞，元成宗铁穆耳的第一个年号。
［2］请（qǐng情）俸：又作"请奉"。即"薪俸"，这里代指任职。

196. 大德元年［1］，省准："两淮本道书吏［2］，转补行台察院书吏、江南宣慰司令史［3］。云南、四川、河西三道书吏［4］，在边远者三十月为格，依上迁补。江浙行

省检校书吏 [5]，于行省请俸典吏内选补，以典吏月日五折四，通折书吏六十月转各道宣慰司。"四年，省准："徽政院掌仪、掌膳、掌医署书吏宜从本院通定名排 [6]，若本院典吏有阙，以次转补。"

[1] 大德元年：即公元1297年。大德，元成宗铁穆耳的第二个年号。

[2] 两淮：宋代熙宁后分淮南路为东、西二路，简称淮东、淮西，后合称其地为"两淮"。相当于今安徽以及江苏淮河以南、长江以北地区。

[3] 行台察院：元代行御史台下辖察院。如江南诸道行御史台，《元史·百官二》："察院，品秩如内察院。至元十四年，置监察御史十员。书吏十员。二十三年，增蒙古御史十四员、书吏十四人，又增汉人御史四员、书吏四人。后定置御史二十八员、书吏二十八人。"江南宣慰司：元代江南诸道宣慰司。宣慰司，参见元9注4。

[4] 云南：即"云南行省"，元代地方建置。参见元14注6。四川：即"四川行省"，元代地方建置。参见元14注4。河西：当谓河西陇北道肃政廉访司，为元代陕西御史台所辖，置司于甘州路（治今甘肃张掖）。

[5] 江浙行省：元代地方建置。参见元14注9。检校书吏：元代各行省下辖检校所的书吏。《元史·百官七》："检校所，检校一员，从七品；书吏二人。"

[6] 徽政院：元代掌侍奉皇太后的官署名。元成宗即位，改皇太后所居旧太子府为隆福宫，詹事院为徽政院。以后元武宗、元仁宗为其母答己，元顺帝为元文宗后卜答失里均设徽政院。《元史·百官八》："徽政院。元统元年十二月，依太皇太后故事，为皇太后置徽政院，设立官属三百六十有六员。"掌仪：即"掌仪署"与"上都掌仪署"，元代徽政院下辖机构。《元史·百官五》："掌仪署，秩正五品。令、丞各二员。掌户口房舍等。至元二十年立，隶詹事院。三十一年，改隶徽政院。泰定元年，改典设署。上都掌仪署，秩五品。令、丞各二员。掌户口房舍等。大德十一年立，至治三年罢。"掌膳：即"掌膳署"，后改"典膳署"，元代内宰司下辖机构。《元史·百官五》："典膳署，秩五品。令二员，丞二员，书吏二员，仓赤三十五人。掌内府饮膳之事。至元十九年始立，隶家令司。三十一年，改掌膳，隶内宰。泰定元年，复改为典膳。"掌医署：即"典医监"，元代储政院下辖机构。《元史·百官五》："典医监，秩正三品。领东宫太医，修合供进药饵。至元十九年，置典医署，秩从五品。三十一年，改掌医署，寻罢。大德十一年，复立典医监。至大四年罢。泰定四年，复立署。天历二年，改典医监，秩正三品。置达鲁花赤二员，卿三员，太监二员，少监二员，丞二员，经历、知事各一员，吏属凡十八人。其属司一、局二。"

197. 八年 [1]，省议："院台以下诸司吏员，俱从吏部发补，据曾经省发并省判籍定典吏、令史，从吏部依次试补，元籍记典吏，见在写发者，遇各库攒典试补 [2]。省掾每名 [3]，设贴书二名 [4]，就用已籍记者，呈左右司关吏部籍定 [5]，遇部典吏阙收补，历两考从上名转省典吏，除一考外，馀者折省典吏月日，两考升补参议府、左右司、客省使令史、书写、检校书吏 [6]，通折四十五月。补不尽省典吏，六十月，遇寺监令史、宣慰司令史有阙，依次发补。除宣慰司令史，已有贡部定例，寺监令史历一考，与籍记部令史通籍发补各部令史。寺监见役人等，虽经准设，未曾补阙，不许转部，考满依旧例迁叙，其省部典吏、书写人等转入寺监、宣慰司，愿守考满者听。御史台令史一名，选贴书二名，依次选试相应充架阁库子，转补典吏，三十月发充各道廉访司书吏，再历一考，依例岁贡。三品衙门典吏 [7]，历三考升宣使，补不尽，本衙门于相应阙内委用。部典吏一考之上，转省典吏，补不尽者，三考补本衙门奏差，两考之上发寺监宣慰司奏差外，据六部系名贴书合与都省写发人相参转补各部典吏 [8]，补不尽者，发各库攒典。都省写发人有阙，于六部系名贴书内参选，不尽者依旧发各库攒典。"

[1] 八年：即大德八年（1304）。
[2] 攒典：吏名。金、元时代掌会计钱粮数目者。与钱粮有关的仓、库、务中皆有设置。
[3] 省掾：中书省下辖机构。
[4] 贴书：吏的助手、候补者，即见习吏员。元代各级官署皆设此职，担任抄写文字等事。五年无过，即可充吏。
[5] 左右司：参见元190注5。关：古代平行官府之间往来的公文。
[6] 客省使：参见元190注5。检校书吏：中书省掾属检校官之属吏。《元史·百官一》："检校官四员，正七品。掌检校左右司、六部公事程期、文牍稽失之事。书吏六人，大德元年置。"中华书局整理本将"检校"与"书吏"断开，似有误。
[7] 三品衙门：中华书局整理本校勘记云："按《元典章》卷八《省部台院典吏月日事理》作'二品衙门'，疑此处'三'为'二'之误。"可参考。
[8] 系名贴书：当谓贴书之资历已达五年者。写发人：参见元193注1。

198. 九年 [1]，省准："狱典历一考之上 [2]，转各部典吏。翰林国史院书写考满，除从七品，有阙从本院于籍记教授试准应补部令史内指名选用。太常寺典吏 [3]，历九十月注吏目。工部符牌局典吏 [4]，三十月转各部典吏。翰林国史院蒙古书写，四十五月转补寺监蒙古必阇赤 [5]。宣徽院所辖寺监令史有阙，于到部籍记寺监令史与本院考满典吏挨次发补。"

[1] 九年：即大德九年（1305）。
[2] 狱典：元代刑部下辖司狱司属吏。《元史·百官一》："司狱司，司狱一员，正八品；狱丞一员，正九品。狱典一人。初以右三部照磨兼刑部系狱之任，大德七年始置专官。部医一人，掌调视病囚。"
[3] 太常寺：即"太常礼仪院"。参见元68注1。
[4] 工部：参见元107注3。符牌局：元代工部下辖机构。《元史·百官一》："符牌局，秩正八品。大使一员，副使一员，直长一员。掌造虎符等。至元十七年置。"
[5] 必阇赤：或译作"必彻彻"，蒙古语，意为"书史"。参见元6注2。

199. 十年 [1]，省准："陕西诸道行御史台察院书吏，若系腹里岁贡廉访司见役书吏选取人数，须历一考，以上名贡部，下名转补察院。总管府狱典转州司吏 [2]，府州者补县吏，须历一考，方许转补。江浙行省运司书吏[3]，九十月升都目，添一资升转，如非各路散府上州司吏补充，役过月日，别无定夺。"十一年，省准："左司言照磨所典吏遇阙，宜于左右部照磨所典吏内从上发补。各路府州狱典遇阙，于廉访司写发人及各路通晓刑名贴书内参补。"

[1] 十年：即大德十年（1306）。
[2] 总管府：参见元81注4。
[3] 江浙行省运司：即"两浙都转盐使司"。《元史·百官七》："两浙都转盐使司，秩正三品。使二员，同知二员，运判二员，经历、知事各一员，照磨一员。至元十四年，置司杭州。大德三年，定其产盐之地，立场有差，仍于杭州、嘉兴、绍兴、温、台等处，设检校四所，专验盐袋，毋过常度。"

200. 至大元年[1]，省准："各部蒙古必阇赤，如系翰林院选发之人，四十五月遇各衙门译史有阙，依次与职官相参补用，不敷从翰林院发补。"三年，省准："詹事院蒙古书写[2]，如系翰林院选发之人，四十五月遇典用等监衙门译史有阙[3]，依次与职官相参补用，不敷从翰林院选发。和林行省典吏[4]，转理问所令史[5]，四十五月发补称海宣慰司令史[6]，转补不尽典吏，须历六十月依上发补。中瑞司、掌谒司典书[7]，九十月与寺监令史一体除正八品。行台察院书吏，俱历九十月依旧出身叙，任回添一资升转。内台察院转部、行台察院转江南宣慰司令史[8]，北人贡内台察院各道廉访司书吏，先役书吏历九十月，拟正九品，任回添一资升转。"

[1] 至大元年：即公元1308年。至大，元武宗海山的年号。
[2] 詹事院：即"储政院"，元代掌辅翼皇太子事的官署。参见元176注2。
[3] 典用：即"典用监"，詹事院（储政院）下辖机构名。《元史·百官五》："典用监，卿四员，太监二员，少监二员，丞二员，经历、知事各一员，照磨一员。掌供须、文成、藏珍三库，内府供给段匹宝货等物。至大元年立。天历二年，设官如故，以三库隶内宰司。"
[4] 和林行省：即"岭北等处行中书省"。参见元79注3。
[5] 理问所：元代各行省下辖机构。《元史·百官七》："理问所，理问二员，正四品；副理问二员，从五品；知事一员，提控案牍一员。"
[6] 称海宣慰司：即"称海等处宣慰司"。参见元175注6。
[7] 中瑞司：元代中政院下辖官署名。参见元174注2。掌谒司：元代储政院下辖机构典宝监，又称"典宝署"。参见元171注2。典书：元代吏名。
[8] 内台：即"御史台"，与"行御史台"不同。参见元9注6。江南宣慰司：元代江南诸道宣慰司。宣慰司，参见元9注4。

201. 省议："廉访司书吏[1]，上名贡部[2]，下名转察院，不尽者通九十月，除正九品。察院书吏三十月转部，不尽者九十月除从八品，非廉访司取充则四十五月转部，不尽者考满除正九品。"二年［3］，议："廉访司书吏、贡察院书吏不尽者九十月除正九品，行台察院书吏转补不尽者如之。内台察院书吏转部，年高不愿转部者，九十月除从八品。"

［1］廉访司：即"肃政廉访司"，元代掌地方监察官署名。参见元8注14。

［2］部：谓吏部。

［3］二年：中华书局整理本校勘记云："按前文已书'三年'，此倒书'二年'，有误。"可参考。

202. 皇庆元年［1］，部议："廉访司职官书吏［2］，合依通例选取，不许迁叙，候书吏考满，通理叙用。职官先尝为廉访司书吏者，避元役道分，并其馀相应职官，历三十月，减一资。又教授、学正、学录并府州提控案牍、都吏目内委充职官，各理本等月日，其馀岁贡儒吏，依例选用。又廉访司奏差、内台行台典吏有能者，历一考之上选充书吏，通儒书者充儒人数，通吏业者充吏员数。参议府、左右司、客省使令史、书写、检校书吏，依至元二十八年例［3］，以省典吏选充，五折四令史、书写、书吏月日，通折五十五月转部。省典吏系六部铨写、典吏转充，三折二省典吏月日，通折六十月转各部令史。自用之人并转补不尽省典吏，考满发补寺监、各道宣慰司令史。"二年，省准："河东宣慰司选河东山西道廉访司书吏充令史［4］，合回避按治道分选取，其馀亦合一体。"

［1］皇庆元年：即公元1312年。皇庆，元仁宗的第一个年号。

［2］职官书吏：已具流官资格的书吏。

［3］至元二十八年：即公元1291年。至元，元世祖忽必烈的第二个年号。

［4］河东宣慰司：即"河东山西道宣慰司"，简称"河东宣慰司"，属元中书省直辖。参见元14注13。河东山西道廉访司：即"河东山西道肃政廉访司"，简称"河东廉访司"，属元御史台直辖，为内八道之一。置司于冀宁路（治今山西太原）。

203. 延祐三年［1］，部拟："行台察院书吏、各道廉访司掌书［2］，元系吏员出身者，并依旧例，以九十月为满，依汉人吏员降等于散府诸州案牍内选用，任回依例升转。大宗正府蒙古书写［3］，四十五月依枢密院转各卫译史除正八品例，籍定发补诸寺监译史。察院书吏与宣慰司令史，皆系八品出身转部者，宜以五折四理算，宣慰司令史出身正八品，察院从八品，其转补到部者以五折四准算太优，今三折二。其廉访司径发贡部及已除者，难议理算。"

［1］延祐三年：即公元1316年。延祐，元仁宗爱育黎拔力八达的第二个年号。

［2］掌书：元代吏名。

［3］大宗正府：元代官署名。《元史·百官三》："大宗正府，秩从一品。国初未有官制，首置断事官，曰札鲁忽赤，会决庶务。凡诸王驸马投下蒙古、色目人等，应犯一切公事，及汉人奸盗诈

伪、蛊毒厌魅、诱掠逃驱、轻重罪囚，及边远出征官吏、每岁从驾分司上都存留住冬诸事，悉掌之。至元二年，置十员。三年，置八员。九年，降从一品银印，止理蒙古公事。以诸王为府长，馀悉御位下及诸王之有国封者。又有怯薛人员，奉旨署事，别无颁受宣命。十四年，置十四员。十五年，置十三员。二十一年，置二十一员。二十二年，增至三十四员。二十八年，增至四十六员。大德四年，省五员。十一年，四十一员。皇庆元年，省二员，以汉人刑名归刑部。泰定元年，复命兼理，置札鲁忽赤四十二员，令史改为掾史。致和元年，以上都、大都所属蒙古人并怯薛军站色目与汉人相犯者，归宗正府处断，其余路府州县汉人、蒙古、色目词讼，悉归有司刑部掌管。正官札鲁忽赤四十二员，从一品；郎中一员，从五品；员外郎二员，从六品；都司二员，从七品；承发架阁库管勾一员，从八品；掾史十人，蒙古必阇赤十三人，通事、知印各三人，宣使十人，蒙古书写一人，典吏三人，库子一人，医人一人，司狱二员。"

204. 天历元年 [1]，台议："各道书吏，额设一十六人，有阙宜用终场下第举子四人，教授四人，各路司吏四人，通吏职官四人 [2]，委文资正官试验相应，方许入部。"

[1] 天历元年：即公元 1328 年。天历，元文宗图帖睦尔的第一个年号。

[2] 通吏职官：当谓具备流官资格的吏员。

205. 凡卫翼吏员升转 [1]：皇庆元年 [2]，枢密院议："各处都府并总管高丽、女直、汉军万户府及临清万户府秩三品 [3]，本府令史有阙，于一考都目、两考吏目并各卫三考典吏内，呈院发补，九十月历提控案牍一任，于各万户府知事内选用 [4]。"

[1] 卫翼：卫与翼。参见元 62 注 1，元 61 注 3。

[2] 皇庆元年：即公元 1312 年。皇庆，元仁宗爱育黎拔力八达的第一个年号。

[3] 都府：原为唐节度使的别称，这里谓各路总管府。参见元 81 注 4。总管高丽女直汉军万户府：《元史·世祖十四》："（至元二十九年二月）乙亥，立总管高丽女直汉军万户府，颁银印，总军六千人。"又《元史·兵二》："高丽女直汉军万户府管女直侍卫亲军万户府。"临清万户府：即"临清御河运粮万户府"。临清，今属山东。万户府，元代统军机构，于各路设立。各县则立千户所。《元史·百官七》："诸路万户府：上万户府，管军七千之上。达鲁花赤一员，万户一员，俱正三品，虎符；副万户一员，从三品，虎符；中万户府，管军五千之上。达鲁花赤一员，万户一员，俱从三品，虎符；副万户一员，正四品，金牌。下万户府，管军三千之上。达鲁花赤一员，万户一员，俱从三品，虎符；副万户一员，从四品，金牌。其官皆世袭，有功则升之。每府设经历一员，从七品；知事一员，从八品；提控案牍一员。"

[4] 知事：首领官名。元代设于肃政廉访司、诸路总管府等官府的首领官。职掌案牍与管辖吏员，为经历之副职。散府、上州的知事，位在提控案牍之上，多由吏员升任。

206. 延祐六年 [1]，枢密院议："各卫翼都目得代两考者，拟受院劄提控案牍内铨注 [2]，三考升千户所知事 [3]，月日不及者，各卫翼挨次前后得代日期，于都目内贴补。各卫提控案牍，年过五旬已历四考者，升千户所知事。及两考年四十五以下，发补各卫令史。不及两考者，止于案牍内铨注，受院劄，通理一百二十月，于千户所知事内选用。各处蒙古都元帅府额设令史有阙 [4]，于本府所辖万户府并奥鲁府上名司吏年四十以下者选取 [5]，呈院准设，历一百二十月，再历提控案牍一任，于万户府知事内迁用。"

[1] 延祐六年：即公元 1319 年。延祐，元仁宗爱育黎拔力八达的第二个年号。

[2] 院劄：枢密院下行公文。参见元 61 注 7。

[3] 千户所：《元史·百官七》："上千户所，管军七百之上。达鲁花赤一员，千户一员，俱从四品，金牌；副千户一员，正五品，金牌。中千户所，管军五百之上，达鲁花赤一员，千户一员，俱正五品，金牌；副千户一员，从五品，金牌。下千户所，管军三百之上，达鲁花赤一员，千户一员，俱从五品，金牌；副千户一员，正六品，银牌。弹压二员，蒙古、汉人参用。上千户所从八品，中、下二所正九、从九品内铨注。"参见元 205 注 3。

[4] 蒙古都元帅府：或称"蒙古军都元帅府"。《元史·成宗一》："（元贞元年六月）癸亥，立蒙古军都元帅府于西川，径隶枢密院，以阿剌铁木而、岳乐罕并为都元帅，佩虎符。"都元帅府，元代军事机构。元初制度未备，诸将多沿金制以都元帅系衔，于军前置元帅府。在边地则以宣慰司兼都元帅府，掌军旅之事，秩从二品。又曾专设北庭、曲先塔林、蒙古军、征东等都元帅府，领以都元帅、副都元帅。

[5] 奥鲁：蒙古语，意为"老小营"。参见元 61 注 6。

207. 泰定三年 [1]，枢密院议："行省所辖万户府司吏有阙，于本翼上千户所上名司吏内取补，须行省准设，九十月充吏目，一考转都目，一考除千户所提领案牍，一考升万户府提控案牍，历两考，通历省除一百五十月，行省照勘相同 [2]，咨院于万户府知事内区用。"

[1] 泰定三年：即公元 1326 年。泰定，元泰定帝也孙铁木儿的第一个年号。

[2] 照勘：核查。

208. 凡各万户府司吏：蒙古都万户府司吏有阙 [1]，于千户所司吏内选补，历一百二十月，升千户所提领案牍，一考万户府案牍，通理九十月，转万户府知事。汉军万户府并所辖万户府及奥鲁府司吏，于千户所司吏内补用，呈院准设，九十月充吏目，一考都目，一考升千户所或都千户所、奥鲁府提控案牍，再历万户府或都府、奥鲁府提控案牍两任，于万户府知事内用。各处都府令史，于一考都目、两考吏目并各卫请俸三考典吏内，呈院发补，九十月为满，再历提控案牍一任，于各万户府知事内选用。各处蒙古军元帅府令史，大德十年拟于本府所辖万户府并奥鲁府上名司吏内 [2]，年四十以下者选补，呈院准设，历一百二十月，再历提控案牍一任，于万户府知事内迁用。各省镇抚司令史 [3]，于各万户府上名六十月司吏内选取，受行省劄，三十月为满，再于各万户府提控案牍内，历一百二十月知事内定夺。各卫翼令史，有出身转补者，九十月正八，无出身者从八内定夺。

[1] 蒙古都万户府：由蒙古都元帅府改称。《元史·世祖十》："（至元二十一年六月）庚申，改蒙古都元帅府为蒙古都万户府。"参见元 206 注 4。

[2] 大德十年：即公元 1306 年。大德，元成宗铁穆耳的第二个年号。

[3] 镇抚司：元代万户府所辖官署。《元史·百官七》："镇抚司，镇抚二员，蒙古、汉人参用。上万户府正五品，中万户府从五品，俱金牌；下万户府正六品，银牌。"

209. 凡提控案牍、都目：至元二十一年三月已后受院劄 [1]，九十月为满，行省、行院劄一百二十月为满，于万户府知事内用。大德四年 [2]，案牍年过五旬，已历四考者，于千户所知事内定夺外，及两考四十五以下发补各卫令史，若不及考者，止于案牍内铨注，受院劄，通理一百二十月，于千户所知事内用。各卫翼都目，延祐六年 [3]，请俸两考者 [4]，院劄提控案牍内铨注，历三考，升千户所知事，月日不及者，各卫翼都目内贴补。如各卫典吏转充者，六十月直隶本院万户府提控案牍、弩军、屯田千户所、镇抚司提控案牍内铨注 [5]。无俸人转充者，二十月依上升转。镇抚司、屯田、弩军千户所都目，依中州例 [6]，改设案牍，止请都目俸，三十月为满，依例注代。

[1] 至元二十一年：即公元 1284 年。至元，元世祖忽必烈的第二个年号。

[2] 大德四年：即公元 1300 年。大德，元成宗铁穆耳的第二个年号。

[3] 延祐六年：即公元 1319 年。延祐，元仁宗爱育黎拔力八达的第二个年号。

[4] 请（qíng 情）俸：又作"请奉"。即"薪俸"，这里代指任职。

[5] 弩军屯田千户所：即"弩军千户所"与"屯田千户所"。元代如左卫率府即下辖二所，《元史·百官二》："弩军千户所一，秩正五品。达鲁花赤一员，千户一员，百户十员。屯田千户所三，秩正五品。达鲁花赤三员，千户三员，百户六十员，弹压三员。"

[6] 中州：元代定州的等级有上、中、下之分。《元史·百官七》："诸州。中统五年，并立州县，未有差等。至元三年，定一万五千户之上者为上州，六千户之上者为中州，六千户之下者为下州。江南既平，二十年，又定其地五万户之上者为上州，三万户之上者为中州，不及三万户者为下州。于是升县为州者四十有四。县户虽多，附路府者不改。上州：达鲁花赤、州尹秩从四品，同知秩正六品，判官秩正七品。中州：达鲁花赤、知州并正五品，同知从六品，判官从七品。下州：达鲁花赤、知州并从五品，同知正七品，判官正八品，兼捕盗之事。参佐官：上州，知事、提控案牍各一员；中州，吏目、提控案牍各一员；下州，吏目一员或二员。"

《元史》

卷八十四　志第三十四

选举四

考　课

210. 凡随朝职官：至元六年格 [1]，一考升一等，两考通升二等止。六部侍郎正四品 [2]，依旧例通理八十月，升正三品。左右司郎中、员外郎、都事 [3]，考满升二等。六部郎中、员外郎、主事 [4]，三十月考满升一等，两考通升二等。

[1] 至元六年：即公元 1269 年。至元，元世祖忽必烈的第二个年号。
[2] 六部侍郎：元代吏、户、礼、兵、刑、工六部的副职官员。
[3] 左右司：元代中书省下辖官署。参见元 190 注 5。
[4] "六部郎中"句：以吏部为例，《元史·百官一》："吏部，尚书三员，正三品；侍郎二员，正四品；郎中二员，从五品；员外郎二员，从六品。掌天下官吏选授之政令。凡职官铨综之典，吏员调补之格，勋封爵邑之制，考课殿最之法，悉以任之……二十三年，定六部尚书、侍郎、郎中、员外郎员额各二员。二十八年，增尚书为三员。主事三员，蒙古必阇赤三人，令史二十五人，回回令史二人，怯里马赤一人，知印二人，奏差六人，蒙古书写二人，铨写五人，典吏一十九人。"

211. 凡官员考数：省部定拟：从九品拟历三任，升从八。正九品历两任，升从八 [1]。正八品历三任，升从七 [2]。从七历三任 [3]，呈省。正七历两任，升从六。从六品通历三任，升从五。正六历两任，升从五。从五转至正五，缘四品阙少，通历两任，须历上州尹一任 [4]，方入四品。内外正从四品，通理八十月，升三品。

[1] "省部定拟"数句：中华书局整理本校勘记云："《元典章》卷八《循行选法体例》有'从九三考升从八，正九两考升从八，从八两考升正八，从八三考升从七'。按《典章》自从九至正四升

转皆书，本《志》唯从八升转未书外，馀皆同《典章》，此处'正九品历两任，升从八'下疑脱'从八历两任升正八，从八历三任升从七'。"可参考。

[2]"正八品"二句：中华书局整理本校勘记云："《元典章》卷八《循行选法体例》作'正八两考升从七'，疑此处'三'误。"可参考。

[3]从七历三任：中华书局整理本校勘记云："《元典章》卷八《循行选法体例》作'从七三考升正七'，疑'历三任'后脱'升正七'三字。"可参考。

[4]上州尹：元代地方上州的长官，秩从四品。上州，参见元44注6。

212. 凡取会行止[1]：中统三年[2]，诏置簿立式，取会各官姓名、籍贯、年甲、入仕次第。至元十九年[3]，诸职官解由到省部[4]，考其功过，以凭黜陟。大德元年[5]，外任官解由到吏部，止于刑部照过[6]，将各人所历，立行止簿[7]，就检照定拟。

[1]取会：古代公文用语，犹核实，勘对。《元典章·户部九·立司》："如官员到部求仕，仰合干部分照勘解由完备，呈省下大司农司，取会相同，然后拟注。"

[2]中统三年：即公元1262年。中统，元世祖忽必烈的第一个年号。

[3]至元十九年：即公元1282年。至元，元世祖忽必烈的第二个年号。

[4]解（jiè界）由：官吏调任或考选时的证明文书。参见元88注2。省部：中书省与吏部。

[5]大德元年：即公元1297年。大德，元成宗铁穆耳的第二个年号。

[6]照：即"照会"。古代官署间就有关事务的行文。

[7]行止簿：品行的记录册。

213. 凡职官回降[1]：至元十九年[2]，定江淮官已受宣敕[3]，资品相应，例升二等迁去。江淮官员依旧于江淮任用。其已考满者[4]，并免回降。不及考者，例存一等。有出身未合入流品受宣者，任回，三品拟同六品，四品拟同七品，正从五品同正八品；受敕者，正从六品同从八品，七品、八品同正从九品，正从九品同提领案牍、巡检。无出身及白身人受宣者，三品同七品，四品同八品，正从五品同正九品；受敕者，正从六品同从九品，七品、八品同提领案牍、巡检，正从九品拟院务监当官[5]。其上项有资品人员，再于接连福建、两广溪洞州郡任用[6]，拟升一等。两广、福建，别议升转。

[1]回降：元代任官承金制，亦有"回降"法，参见金240。

[2]至元十九年：即公元1282年。至元，元世祖忽必烈的第二个年号。

[3]江淮官：当指南宋降元官员。宣敕：宣与敕，为国家任命或调遣官员的正式文书。参见元66注5。

[4]其已考满者：中华书局整理本校勘记云："《元典章》卷八《官员迁转例》，'其已考满者'上有'若选于腹里任用'七字，疑此脱。"可参考。

[5]院务监当官：仓库院务官、匠官等，参见元107。

214. 至元十四年 [1]，都省未注江淮官已前，创立官府，招抚百姓，实有劳绩者，其见受职名，若应受宣者，三品同七品，四品、五品拟同八品；若应受敕者，正从六品同正从九品，其七品、八品拟同提控案牍、巡检，正从九品拟同院务监当官。无出身不应叙白身人 [2]，其见受职名，应受宣者，三品同八品，四品、五品同九品；应受敕者，正从六品同提控案牍、巡检，七品以下拟院务监当官。其上项人员，若再于接连福建、两广溪洞州郡任用，拟升一等。两广、福建，别议升转。

[1] 至元十四年：即公元 1277 年。至元，元世祖忽必烈的第二个年号。

[2] 白身人：平民百姓。

215. 至元十四年已后，新收抚州郡 [1]，准上例定夺。前资不应又升二等迁去江淮官员，任回，拟定前资合得品级，于上例升二等，止于江淮迁转，若于腹里任用，并依上例。七品以下，已历三品、四品者，比附上项有出身未入流品人员例，从一高。前三件于见拟资品上增一等铨注。

[1] 新收抚州郡：谓从南宋政权夺取的领土。中华书局整理本于此下点顿号，疑有误。

216. 二十一年 [1]，诏："军官转入民职，已受宣敕不曾之任者，拟自准定资品换授，从礼任月日为始 [2]，理算资考升转。若先受宣敕已经礼任，资品相应者，通理月日升转外，据骤升人员前任所历月日除一考外 [3]，馀月日与后任月日依准定资品通理升转，不及考者，拟自准定资品换授，从礼任月日为始，理算资考升转。腹里常调官，除资品相应者依例升转外，有前资未应入流品受宣敕者，六品以下人员，照勘有无出身，依验职事品秩，自受敕以后历一考者，同江淮例定拟，不及考者，更升一等。五品以上人员，斟酌比附议拟，呈省据在前已经除授者，任回通理定夺。"

[1] 二十一年：即至元二十一年（1284）。

[2] 礼任：元代官府常用语，谓到任治事。礼，同"理"。《元典章·朝纲一·政纪》："受宣敕人员都省凭奏定颁降宣敕者，自礼任月日支付。"

[3] 骤升：屡次升迁。

217. 凡吏属年劳差等 [1]：至元六年 [2]，吏部呈："省部译史、通事，旧以一百二十月出职，今案牍繁冗，合以九十月为满。"十九年，部拟："行省通事、译史、令史、宣使或经例革替罢，所历月日不等，如元经省掾发去，不及一考者，拟令贴补 [3]；及一考之上者，比台院令史出身例定夺。自行踏逐者，降一等叙，不及一考者，发还本省区用。宣慰司人吏，经省院发，不及一考者，拟贴补；及一考之上者，比部令史出身降一等定夺。自行踏逐者，又降一等；不及一考者，别无定夺。"

[1] 年劳：任职的年数和劳绩。为官吏考绩擢升的标准之一。
[2] 至元六年：即公元 1269 年。至元，元世祖忽必烈的第二个年号。
[3] 贴补：吏员因丁忧等故告假未及考满，事后须补足时日，即称"贴补"，或称"贴补月日"、"补贴月日"。参见元 155 注 3。

218. 二十年 [1]，省拟："云南行省极边重地令译史人等，六十月考满。甘肃行省令译史人等，六十五月考满，本土人员，依旧例用。"二十五年，省准："缅中行省令史 [2]，依云南行省一体出身。"

[1] 二十年：即至元二十年（1283）。
[2] 缅中行省：或称"缅中行尚书省"，元代初年所设，据《元史·世祖十三》："（至元二十七年秋七月）癸丑，罢缅中行尚书省。"故址当在今缅甸境内。

219. 大德元年 [1]，省臣奏："以省、台、院诸衙门令译史、通事、知印、宣使等，旧以九十月为满，升迁太骤，今以一百二十月为满，于应得职事内升用。又写圣旨、掌奏事选法、应办刑名文字必阇赤等 [2]，以八月折十月，今后毋令折算。"四年，制以诸衙门令译史、宣使人等一百二十月为满。部议："远方令译史人等，甘肃、福建、四川于此发去，九十月为满。两广、海北海南道于此发去 [3]，八十月满。云南省八十月满。土人一百二十月满。"都省议："俱以九十月为考满，土人依例一百二十月为满。"

[1] 大德元年：即公元 1297 年。大德，元成宗铁穆耳的第二个年号。
[2] 必阇赤：或译作"必彻彻"，蒙古语，意为"书史"。参见元 6 注 2。
[3] 海北海南道：即"海北海南道宣慰司都元帅府"。为元湖广行省所辖。置司于雷州路（治今广东海康），辖境包括今广东西南部、海南省与广西小部分地区。

220. 至大元年 [1]，部议："和林行省即系远方 [2]，其人吏比四川、甘肃行省九十月出职。"二年，诏："中外吏员人等，依世祖定制 [3]，以九十月满，参详 [4]，历一百二十月已受除者，依大德十一年内制 [5]，外任减一资。所有诏书已后在选未曾除受，并见告满之人，历一百二十月者，合同四考理算，外任一资不须再减。"省拟："以九十月为满，馀有月日，后任理算。应满而不离役者，虽有役过月日，不准。"三年，省准："河西廉访司书吏人等月日 [6]。"部议："合准旧例，云南六十月，河西、西川六十五月 [7]，土人九十月为满。"

530

[1] 至大元年：即公元 1308 年。至大，元武宗海山的年号。

[2] 和林行省：即"和林等处行中书省"，后改"岭北等处行中书省"。参见元 79 注 3。

[3] 世祖：即元世祖忽必烈（1215～1294）。参见元 2 注 4。

[4] 参详：斟酌详审。

[5] 大德十一年：即公元 1307 年。大德，元成宗铁穆耳的第二个年号。

[6] 河西廉访司：即"河西陇北道肃政廉访司"，为元代陕西御史台所辖，置司于甘州路（治今甘肃张掖）。

[7] 西川：当指四川行省西部一带。

221．皇庆二年 [1]，部议："凡内外诸司吏员，旧以九十月为满，大德元年改一百二十月为满 [2]，至大二年复旧制 [3]。一纪之间，受除者众。其元除有以三十月为一考者，亦有四十月为一考者，以所除不等，往往援例陈诉，有碍选法。拟合依已降诏条为格，系大德元年三月七日以后入役，至未复旧制之前，已除未除俱以四十月为一考，通理一百二十月为满，减资升转。其未满受除者，一体理考定拟，馀二十六月已上，准升一等，十五月之上，减外任一资，十五月之下，后任理算。改格之后应满而不离役者，役过月日，别无定夺。"

[1] 皇庆二年：即公元 1313 年。皇庆，元仁宗的第一个年号。

[2] 大德元年：即公元 1297 年。大德，元成宗铁穆耳的第二个年号。

[3] 至大二年：即公元 1309 年。至大，元武宗海山的年号。

222．凡吏员考满授从六品：至元九年 [1]，省准："省令史出身，中统四年已前 [2]，六品升迁，已后七品除授，至元之后，事繁责重，宜依准中统四年已前考满一体注授。"三十一年，省议："三师僚属 [3]，蒙古必阇赤、掾史、宣使等，依都省设置，若不由台院转补者，降等叙。"

[1] 至元九年：即公元 1272 年。至元，元世祖忽必烈的第二个年号。

[2] 中统四年：即公元 1263 年。中统，元世祖忽必烈的第一个年号。

[3] 三师僚属：谓太子东宫僚属。三师，太子太师、太子太傅、太子太保的合称，职掌以道德辅弼太子。《元史·百官一》："而东宫尝置三师、三少，盖亦不恒有也。"

223．元贞元年 [1]，省议："监修国史僚属 [2]，依三师所设，非台院转补者，降等叙。"大德五年 [3]，部呈考满省掾各各资品 [4]。省议："今后院台并行省令史选充省掾者，虽理考满，须历三十月方许出职，仍分省发、自行踏逐者，各部令史毋得直理省掾月日。"

[1] 元贞元年：即公元 1295 年。元贞，元成宗铁穆耳的第一个年号。

[2] 监修国史僚属：监修国史多为宰相或大臣的兼职，而修史须另置僚属。《元史·哈喇哈孙传》：
"（大德）十年，加开府仪同三司、监修国史，置僚属。"

[3] 大德五年：即公元 1301 年。大德，元成宗铁穆耳的第二个年号。

[4] 省掾：中书省的辅佐官吏。参见元 159 注 2。

224. 凡吏员考满授正七品：至元九年 [1]，部拟："院、台、大司农司令史出身，
三考正七品。一考之上，验月日定夺。一考之下，二十月以上为从八品；十五月以上正
九品；十五月以下，十月之上为从九品，添一资，历十月以下为巡检 [2]。"十一年，
部议："扎鲁火赤令史、译史考满 [3]，合依枢密院、御史台令史、译史出身，三考出
为正七品，自用者降一等，有阙于部令史内选取。"十四年，部拟："前诸站统领使司
令史 [4]，同部令史出身，今既改通政院从二品，通事、译史、令史人等，宜同台、院
人吏一体出身。"

[1] 至元九年：即公元 1272 年。至元，元世祖忽必烈的第二个年号。

[2] 巡检：参见元 70 注 2。

[3] 扎鲁火赤：即"札鲁忽赤"，又译作"札鲁火赤"、"札鲁花赤"。蒙古语之蒙、元官名，汉译
"断事官"。蒙古建国之初，司法、行政、财政简，只设札鲁忽赤领其事。汗廷、诸王投下皆
有此官。札鲁忽赤之长称"也可札鲁忽赤"，汉译大断事官。元朝建国后，政事归中书省，立大
宗正府，设札鲁忽赤至四十人左右，以诸王领其事，审理怯薛及各投下蒙古、色目人案犯，亦审
理汉人、南人重囚，并按检诸路刑狱。

[4] 诸站统领使司：参见元 99 注 3，元 164 注 3。

225. 十五年 [1]，翰林国史院言 [2]："本院令史系省准人员，其出身与御史台一
体，遇阙省掾时，亦合勾补。准吏部牒 [3]，本院令史以九十月考满，同部令史出身，
本院与御史台皆随朝二品，令史亦合与台令史一体出身，有阙于部令史内选用。"十九
年，部拟："泉府司随朝从二品 [4]，令史、译史人等，由省部发者，考满依通政院例
定夺 [5]，自行用者降一等。"二十年，定拟安西王王相府首领官令史 [6]，与台、院
吏属一体迁转。

[1] 十五年：即至元十五年（1278）。

[2] 翰林国史院：即"翰林兼国史院"，元代官署名。掌拟写诏令、纂修国史以备咨询。参见元 34
注 1。

[3] 牒：官府公文的一种。宋欧阳修《与陈员外书》："凡公之事，上而下者，则曰符曰檄；问讯列
对，下而上者，则曰状；位等相以往来，曰移曰牒。"

[4] 泉府司：元代为宫廷服务的官署名。参见元 73 注 12。

[5] 通政院：元代官署名，掌驿传。参见元 99 注 3。

[6] 安西王：元诸王封号，授螭钮金印。元世祖第三子忙哥剌始封，阿难答、月鲁帖木儿袭封。

226. 二十二年 [1]，部拟：“宣徽院升为二品 [2]，与台、院品秩相同，令史出身合依正七品迁除贡补，省、院有阙，于部令史内选取。”总制院与御史台俱为正二品 [3]，部拟：“令译史考满，亦合一体出身。”二十三年，省准：“詹事院掾史 [4]，若六部选充者，考满出为正七品，自用者降等。”

[1] 二十二年：即至元二十二年（1285）。
[2] 宣徽院：元代官署名。参见元65注1。
[3] 总制院：元代官署名。掌管佛教事务与吐蕃地区，至元元年（1264）置。二十五年改宣政院。参见元100注11。
[4] 詹事院：即“储政院”，元代掌辅翼皇太子事的官署。参见元176注2。

227. 二十四年 [1]，集贤院言 [2]：“本院与翰林国史院品级相同。”省议：“令史考满，一体定夺。”二十五年，省议：“上都留守司兼本路总管府令史出身 [3]，三考正八品，其自部令史内选取者，同宣徽院、太医院令史一体出身 [4]。上都留守司升为正二品，见设令史，自行踏逐者，考满不为例，从七品内选用；部令史内选取，考满宣徽院、大司农司令史一体出身 [5]。”部议：“都护府人吏依通政院令译史人等出身 [6]，由省部发者，考满出为正七品，自用者降一等。”

[1] 二十四年：即至元二十四年（1287）。
[2] 集贤院：元代官署名，秩从二品。参见元52注17。
[3] 上都留守司兼本路总管府：即“上都留守司兼本路都总管府”。参见元99注2。
[4] 太医院：元代掌医疗、御药等官署名。参见元168注3。
[5] 大司农司：元代管理农政的官署。参见元155注7。
[6] 都护府：元代掌畏吾儿人词讼的官署。《元史·百官五》：“都护府，秩从二品。掌领旧州城及畏吾儿之居汉地者，有词讼则听之。大都护四员，从二品；同知二员，从三品；副都护二员，从四品；经历一员，从六品；都事一员，从七品；照磨兼承发架阁库管勾一员，正八品；令史四人，译史二人，通事、知印各一人，宣使四人，典吏二人。至元十一年，初置畏吾儿断事官，秩三品。十七年，改领北庭都护府，秩从二品，置官十二员。二十年，改大理寺，秩正三品。二十二年，复为大都护，品秩如旧。延祐三年，升正二品。七年，复从二品，定官制如上。”

228. 二十六年 [1]，省准：“都功德使司随朝二品 [2]，令译史人等，比台、院人吏一体升转。”二十九年，部呈：“大司徒令史 [3]，若各部选发者，三考出为正七，自用者降等。崇福司与都护府、泉府司品秩相同 [4]，所设人吏，由省部发者，考满出为正七品，自用者降一等。福建省征爪哇所设人吏 [5]，出征回还，俱同考满。”三十年，省准：“将作院令史 [6]，依通政院等衙门令史，考满除正七品。”部议：“如系六部选发，考满除正七品，自用者本衙门叙。”

[1] 二十六年：即至元二十六年（1289）。

[2] 都功德使司：或称"功德使司"，元代掌管佛教事务的官署，以总制院使或宣政院使领司事。时置时废。

[3] 大司徒：元代位在"三公"之下的名誉性官职。《元史·百官一》："又有所谓大司徒、司徒、太尉之属，或置，或不置。其置者，或开府，或不开府。"

[4] 崇福司：元代掌也里可温教（即基督教）事务的官署。《元史·百官五》："崇福司，秩从二品。掌领马儿哈昔列班也里可温十字寺祭享等事。司使四员，从二品；同知二员，从三品；副使二员，从四品；司丞二员，从五品；经历一员，从六品；都事一员，从七品；照磨一员，正八品；令史二人，译史、通事、知印各一人，宣使二人。至元二十六年置。延祐二年，改为院，置领院事一员，省并天下也里可温掌教司七十二所，悉以其事归之。七年，复为司，后定置已上官员。"

[5] 爪哇：即"爪哇国"，古国名，即今南洋群岛的爪哇岛。《元史·世祖十四》："（至元二十九年二月）以泉府太卿亦黑迷失、邓州旧军万户史弼、福建行省右丞高兴并为福建行中书省平章政事，将兵征爪哇，用海船大小五百艘、军士二万人。"

[6] 将作院：掌宫廷服用、饰物制造的元代官署名。《元史·百官四》："将作院，秩正二品。掌成造金玉珠翠犀象宝贝冠佩器皿，织造刺绣段匹纱罗，异样百色造作。至元三十年始置。院使一员，经历、都事各一员。三十一年，增院使二员。元贞元年，又增二员。延祐七年，省院使二员。后定置院使七员，正二品；同知二员，正三品；同佥二员，正四品；院判二员，正五品；经历一员，从五品；都事一员，从七品；照磨管勾一员，正八品；令史六人，译史、知印各二人，宣使四人。"

229. 元贞元年 [1]，内史府秩正二品 [2]，令史亦于部令史内收补，考满除正七品，自用者降等。大德九年 [3]，部拟："阔阔出大司徒令史 [4]，若各部选发，考满正七，自用者降等。"至大四年 [5]，省准："会福院令史、知印、通事、译史、宣使、典吏俱自用 [6]，前拟不拘常调，考满本衙门区用。隆禧院令史人等 [7]，如常选者，考满依例迁叙，自用者不入常调，于本衙门区用。"皇庆二年 [8]，部议："崇祥院人吏 [9]，系部令史发补者，依例迁用，不应者降等叙。"

[1] 元贞元年：即公元 1295 年。元贞，元成宗铁穆耳的第一个年号。

[2] 内史府：元代掌诸王府事务的官署。《元史·百官五》："内史府，秩正二品。内史九员，正二品；中尉六员，正三品；司马四员，正四品；谘议二员，从五品；记室二员，从六品；照磨兼管勾承发架阁库，从八品；掾史八人，译史四人，知印、通事各二人，宣使五人，典吏二人。至元二十九年，封晋王于太祖四斡耳朵之地。改王傅为内史，秩从二，置官十四员。延祐五年，升正二品，给印，分司京师，并分置官属。"

[3] 大德九年：即公元 1305 年。大德，元成宗铁穆耳的第二个年号。

[4] 阔阔出（？~1313）：或译作"库库楚"，元世祖子，旭失真后所生。至元八年（1271），从北平王那木罕出镇阿力麻里。二十六年，封宁远王，从铁穆耳（元成宗）抚军金山（今阿尔泰山）。大德二年（1298），海都、笃哇来犯，疏于防备，军败受责。元武宗即位，以翊戴功晋封宁王。

至大三年（1310）二月，以谋叛罪下狱，徙高丽。元仁宗即位，赦归本部。子薛彻秃，降袭宁远王。

[5] 至大四年：即公元 1311 年。至大，元武宗海山的年号。

[6] 会福院：即"会福总管府"，元代官署名。参见元 175 注 8。

[7] 隆禧院：即"隆禧总管府"，元官署名。属太禧宗禋院，掌南镇国寺财产。《元史·百官三》："隆禧总管府，秩正三品。至大元年，建立南镇国寺，初立规运提点所。二年，改为规运都总管府。三年，升为隆禧。天历元年，罢会福、殊祥二院，以隆禧、殊祥并立殊祥总管府，寻又改为隆禧总管府。定置达鲁花赤一员，总管一员，副达鲁花赤一员，同知一员，治中一员，判官一员，经历一员，知事、照磨各一员，令史六人，译史、知印各一人，怯里马赤一人，奏差四人。"

[8] 皇庆二年：即公元 1313 年。皇庆，元仁宗的第一个年号。

[9] 崇祥院：即"崇祥总管府"。参见元 189 注 4。

230. 延祐四年 [1]，部议："隆禧院令史、译史、通事、知印、典史同五台殊祥院人吏一体 [2]，常选内委付 [3]。其出身若有曾历寺监并籍记各部令史人等，考满同二品衙门出身，降等叙，白身者降等，添一资升转；省部发去者，依例迁叙。后有阙，令史须于常选教授儒人职官并部令史见役上名内取补 [4]；宣使于职官并相应内参补；通事、知印从长官保选，仍参用职官，违例补充，别无定夺。殊祥院人吏，先未定拟，亦合一体。"

[1] 延祐四年：即公元 1317 年。延祐，元仁宗爱育黎拔力八达的第二个年号。

[2] 五台殊祥院：参见元 189 注 3。五台，即五台山（今属山西五台），元代于此地多建佛寺。

[3] 委付：交付。

[4] 教授：学官名。参见元 41 注 4。

231. 凡吏员考满授从七品：至元六年 [1]，省拟："部令史、译史、通事人等，中统四年正月以前收补者 [2]，拟九十月为满，注从七品，回降正八一任，还入从七。以后充者，亦拟九十月为满，正八品，仍免回降。"九年，吏、礼部拟："凡部令史三考，注从七品。一考之上，验月日定夺。一考之下，二十月以上者正九品。十五月以上从九品，十五月以下，令史充提控案牍，通事、译史充巡检。太府监改拟正三品 [3]，与六部同，人吏自行踏逐 [4]，将已历月日准为资考，似为不伦，拟自改升月日为始，九十月为满，同部令史出职，有阙于籍记部令史内挨次收补。"

[1] 至元六年：即公元 1269 年。至元，元世祖忽必烈的第二个年号。

[2] 中统四年：即公元 1263 年。中统，元世祖忽必烈的第一个年号。

[3] 太府监：元代掌库藏的官署。参见元 182 注 6。

[4] 踏逐：宋元时选拔官员的一种名目。由大臣访问人才，荐请朝廷辟召。参见宋 295 注 4。

232. 十一年 [1]，省议："省断事官令史 [2]，与六部令史一体出身，若是实历俸月九十月，考满迁除，有阙于应补部令史人内挨次补用。"省议："中御府正三品 [3]，拟同太府监令史出身，九十月于从七品内除授，自行踏逐者降一等，歇下名阙，于应补部令史人内补填。"十三年，省议："行工部令史 [4]，与六部令史一体出身。四怯薛令史 [5]，九十月同部令史出身，有阙以籍记部令史内补填。"

[1] 十一年：即至元十一年（1274）。

[2] 省断事官：元代中书省掌刑政之官。参见元163注4。

[3] 中御府：即"中政院"，元代掌中宫财赋、营造供给的机构。参见元66注1。

[4] 行工部：参见元164注2。

[5] 四怯薛：即"宿卫"。《元史·兵二》："方太祖时，以木华黎、赤老温、博尔忽、博尔术为四怯薛，领怯薛歹分番宿卫。"参见元3注10。

233. 二十年 [1]，部呈："行省令、译史人等，比台、院一体出身。行台、行院令译史、通事人等，九十月考满，元系都省台院发去及应补之人，合降台院一等。"二十三年，省判 [2]："大都留守司兼少府监令史 [3]，如系省部发去相应人员，同部令史出身，九十月考满，从七品，自行踏逐者降等。"

[1] 二十年：即至元二十年（1283）。

[2] 省判：中书省裁定。

[3] 大都留守司兼少府监：参见元163注5。

234. 二十四年 [1]，省判："中尚监令史人等 [2]，若系省部发去人员，同太府监令译史等出身 [3]，自行踏逐者降等。"太史院令史 [4]，部议："如省部发去人员，从七品内迁除，自行踏逐者，降等叙用。"部拟："行省台院令史，九十月考满，若系都省台院发去腹里请俸人员 [5]，行省令史同台院令史出身，行台、行院降一等，俱于腹里选用，自行踏逐递降一等，于江南任用。"

[1] 二十四年：即至元二十四年（1287）。

[2] 中尚监：元代掌大斡耳朵属下怯怜口等事务的官署。参见元187注4。

[3] 太府监：元代掌库藏的官署。参见元182注6。

[4] 太史院：元代掌天文历数、负责观测天象、编制历书的官署名。参见元54注7。

[5] 请（qíng 情）俸：又作"请奉"。即"薪俸"，这里代指任职。

235. 二十九年 [1]，省判："巩昌等处便宜都总帅府令史人等出身 [2]，拟与各道宣慰司一体，自行踏逐者降等叙用。"

[1] 二十九年：即至元二十九年（1292）。

[2] 巩昌等处便宜都总帅府：参见元 101 注 2。

236. 大德三年 [1]，省准：“上都留守司令史 [2]，旧以见役部令史发补，以籍居悬远 [3]，拟于籍记部令史内选发，与六部见役令史一体转升二品衙门令史，转补不尽者，考满从七品叙用。”八年，部拟：“利用监自大德三年八月已前入役者 [4]，若充各衙门有俸令史，及本监奏差、典吏转补，则于应得资品内选用；由库子、本把就升 [5]，并白身人，于杂职内通理定夺；自用之人，本监委用。”

[1] 大德三年：即公元 1299 年。大德，元成宗铁穆耳的第二个年号。

[2] 上都留守司：参见元 99 注 2。

[3] 籍居：谓担任官职。周程本《子华子》卷上：“结绶缊绲，位列而籍居，非公臣也。”

[4] 利用监：参见元 187 注 4。

[5] 本把：仓库吏员。参见元 171 注 11。

237. 皇庆元年 [1]，制：“典瑞监人吏俱与七品出身 [2]。”部议：“太府、利用等四监同。省发者考满与六部一体叙，其馀寺监令译史正八品，奏差正九品。令典瑞监、前典宝监人吏出身同大府等监 [3]，系奉旨事理。”省议：“已除者，依旧例定夺。”三年，省准：“章庆使司秩正二品 [4]，见役人吏，若同随朝二品衙门，考满除正七品，缘系徽政院所辖司属 [5]，量拟考满除从七品，自用者降等，如系及考部令史转充，考满正七品，未及考者止除从七品。有阙须依例补，不许自用。”

[1] 皇庆元年：即公元 1312 年。皇庆，元仁宗的第一个年号。

[2] 典瑞监：元代掌宝玺、金银符牌的官署。参见元 172 注 5。

[3] 典宝监：即“掌谒司”，元代掌太子符印牌玺等物的官署。参见元 171 注 2。

[4] 章庆使司：元代徽政院下辖掌皇太后答己兴圣宫事宜的官署名。《元史·百官五》：“章庆使司，秩正三品。司使四员，同知、副使、司丞各二员，经历、都事各二员，照磨、管勾各一员。至大三年立，至治三年罢。”《元史·武宗二》：“（至大三年三月）壬辰，车驾幸上都，立兴圣宫章庆使司，秩正二品。”前者所记官署秩别与后者及本《志》有异，未知孰是。

[5] 徽政院：元代掌侍奉皇太后的官署名。参见元 196 注 6。

238. 凡吏员考满授正八品：至元十一年 [1]，省议：“秘书监从三品 [2]，令史拟九十月出为正八品，自用者降一等，有阙诸衙门考满典吏内补填。”省议：“太常寺正三品 [3]，令史以九十月出为从八品，有阙于应补监令史内取用。”省议：“少府监正四品 [4]，准军器监令史出身 [5]，是省部发去者，三考于正八品任用，自行踏逐人员，考满降一等。”省议：“尚牧监正四品 [6]，省部发去令史，拟九十月出为正八品，自用者降一等，有阙于诸衙门典吏内选补。”部拟：“河南等路宣慰司系外任从二

品 [7]，与随朝各部正三品衙门相同，准令史以九十月同部令史迁转。开元等路宣抚司外任正三品 [8]，令译史比前例降一等，九十月于正八品内迁转。"

[1] 至元十一年：即公元 1274 年。至元，元世祖忽必烈的第二个年号。

[2] 秘书监：元代掌历代图籍与阴阳禁书的官署。《元史·百官六》："秘书监，秩正三品。掌历代图籍并阴阳禁书。卿四员，正三品；太监二员，从三品；少监二员，从四品；监丞二员，从五品；典簿一员，从七品；令史三人，知印、奏差各二人，译史、通事各一人。典书二人，典吏一人。属官：著作郎二员，从六品；著作佐郎二员，正七品；秘书郎二员，正七品；校书郎二员，正八品；辨验书画直长一员，正八品。至元九年置。其监丞皆用大臣奏荐，选世家名臣子弟为之。大德九年，升正三品，给银印。延祐元年，定置卿四员，参用宦者二人。"

[3] 太常寺：即"太常礼仪院"。参见元 68 注 1。

[4] 少府监：元代掌营缮工程等事的官署。参见元 163 注 5。

[5] 军器监：即"武备寺"。参见元 182 注 4。

[6] 尚牧监：元代太仆寺一度改为尚牧监。《元史·百官六》："太仆寺，秩从二品。掌阿塔斯马匹，受给造作鞍辔之事，中统四年，设群牧所。至元十六年，改尚牧监。十九年，又改太仆院。二十年，改卫尉院。二十四年，罢院立太仆寺。又别置尚乘寺以管鞍辔，而本寺止管阿塔斯马匹。"此言"至元十六年，改尚牧监"，与本《志》所云"至元十一年"龃龉，当有一误。元代另有尚牧所，秩从五品，至大四年（1311）始置。参见《元史·百官三》。

[7] 河南等路：即"河南江北行省"所辖十二路。参见元 14 注 1。宣慰司：即"宣慰使司"，元代地方官署名。参见元 9 注 4。

[8] 开元等路：即今吉林、辽宁一带。元至元二十三年（1286）改辽东路为开元路，治所黄龙府（今吉林农安）。至正后移治咸平府（今辽宁开原以北老城镇）。宣抚司：《元史·百官七》："宣抚司，秩正三品。每司达鲁花赤一员，宣抚一员，同知、副使各二员，金事一员，计议、经历、知事各一员，提控案牍架阁一员。"参见元 121 注 2。

239．十四年 [1]，部拟："枢密院断事官令史 [2]，拟以九十月出为从八品，有阙于诸衙门考满典吏内补用。"十六年，部拟："枢密院断事官今改从三品，所设人吏，若系上司发去人员，历九十月，比省断事官令史降等于正八品内迁除，自用者降一等，遇阙于相应人内发遣。"二十一年，部拟："广西、海北海南道宣慰司令史、译史、奏差人等 [3]，与岭南广西道等处按察司书吏人等一体 [4]，二十月理算一考，拟六十月同考满。"省准："广东宣慰司其地倚山濒海 [5]，极边烟瘴，令史议合优升，依泉州行省令译史等 [6]，以二十月理算一考。"

[1] 十四年：即至元十四年（1277）。

[2] 枢密院断事官：元代枢密院下辖机构官员。《元史·百官二》："断事官，秩正三品。掌处决军府之狱讼。至元元年，始置断事官二员。八年，增二员。十九年，又增一员。二十年，又增二员。大德十一年，又增四员。皇庆元年，省二员。后定置断事官八员，正三品；经历一员，从七品；令史六人，译史一人，通事、知印、奏差、典吏各一人。"

[3] 广西：即"广西两江道宣慰司都元帅府"。参见元 72 注 5。海北海南道宣慰司：即"海北海南道
　　　宣慰司都元帅府"。参见元 219 注 3。

[4] 岭南广西道等处按察司：即"岭南广西道肃政廉访司"，简称广西（道）廉访。元江南诸道行
　　　御史台所辖。置司于静江路（治今广西桂林）。元世祖至元六年（1269）立提刑按察司四道，其
　　　后陆续增设。二十八年，改肃政廉访司，共二十二道。参见元 8 注 14。

[5] 广东宣慰司：即"广东道宣慰司都元帅府"。参见元 72 注 5。

[6] 泉州行省：即"泉州行中书省"。至元十五年（1278）以泉州宣慰司改置，治所泉州路（今福建
　　　泉州市），辖境相当于今福建省。十八年，迁治福州路（今福建福州市），次年还治泉州路，二
　　　十年复迁治福州路。大德元年（1297）改置福建道宣慰司。

240. 二十二年 [1]，省准："詹事院府正、家令二司 [2]，给侍宫闱，正班三品，
令史即非各司自用人员，俸秩与六部同，若遇院掾史有阙，于两司令史内选补，拟定资
品出身，依枢密院所辖各卫令史出身，考满出为正八品。尚酝监令史 [3]，与六部令史
同议，诸监令史考满，正八品内迁用，及非省部发去者例降一等，尚酝监令史亦合一
体。"

[1] 二十二年：即至元二十二年（1285）。

[2] 詹事院：即"储政院"，元代掌辅翼皇太子事的官署。参见元 176 注 2。府正：即"府正司"，隶
　　　属于詹事院官署。参见元 176 注 2。家令：即"家令司"，隶属于詹事院官署。参见元 176 注 2。

[3] 尚酝监：即"光禄寺"。参见元 194 注 2。

241. 二十三年 [1]，省准："太常寺令史 [2]，历九十月，正八品内任用，有阙于
呈准籍记人内选取。云南省罗罗斯宣慰司兼管军万户府首领官、令史人等 [3]，依云南
行省令史例，六十月考满，首领官受敕，例以三十月为一考。武备寺正三品 [4]，令译
史等出身，拟先司农寺令译史人等 [5]，依各监例，考满出为正八品，武备寺令史亦合
依例迁叙。尚舍监令史 [6]，拟同诸寺监令史，考满授正八品，自行用者降一等，尚舍
监亦如之。陕西四川行省顺元等路军民宣慰司 [7]，依云南令译史人等，六十月为满迁
转。"

[1] 二十三年：即至元二十三年（1286）。

[2] 太常寺：即"太常礼仪院"。参见元 68 注 1。

[3] 云南省：即"云南行省"，元代地方建置。参见元 14 注 6。罗罗斯宣慰司兼管军万户府：罗罗斯
　　　或译作"鲁鲁厮"、"罗罗章"，为蒙古语"罗罗"加复数语尾-s 的音译，元代专指今四川西昌地
　　　区和大凉山的彝族。元代在此置罗罗斯宣慰司，下辖建昌等五路二十三州。《元史·兵三》有
　　　"罗罗斯宣慰司兼管军万户府军民屯田"之著录。首领官：掌管案牍，管辖吏员，协助长官处理
　　　政务的官员的通称。参见元 61 注 9。

[4] 武备寺：参见元 182 注 4。

[5] 司农寺：即"大司农司"，元代管理农政的官署。参见元 155 注 7。

[6] 尚舍监：即"尚舍寺"。《元史·百官三》："尚舍寺，秩正四品。掌行在帷幕帐房陈设之事，收养骆驼，供进爱兰乳酪。至元三十一年始置监。至大元年，改为寺，升正三品。四年，仍为监，寻复为寺。延祐三年，复降为正四品。定置大监二员、少监二员、监丞二员、知事一员。"

[7] 陕西四川行省：即"陕西行省"。参见元14注2。顺元等路军民宣慰司：治所在今贵州贵阳。《元史·地理六》著录"顺元等路军民安抚司"，有注云："至元二十年，四川行省讨平九溪十八洞，以其酋长赴阙，定其地之可以设官者与其人之可以入官者，大处为州，小处为县，并立总管府，听顺元路宣慰司节制。"

242. 二十四年 [1]，部拟："太史院、武备寺、光禄寺等令史 [2]，九十月正八品内迁用，自用者降一等。太医院系宣徽院所辖 [3]，令史人等，若系省部发去，考满同诸监令史，拟正八品，自用者降等任用。"二十六年，省准："给事中兼修起居注人吏 [4]，依诸寺监令史出身例，考满一体定夺。侍仪司令史 [5]，依给事中兼起居注人吏迁转。"

[1] 二十四年：即至元二十四年（1287）。
[2] 太史院：元代掌天文历数、负责观测天象、编制历书的官署名。参见元54注7。光禄寺：元代宣徽院下辖掌宫廷供膳的官署。参见元194注2。
[3] 太医院：元代掌医疗、御药等官署名。参见元168注3。宣徽院：元官署名。参见元65注1。
[4] 给事中兼修起居注：元代官名，这里代指其办公官署。《元史·百官四》："给事中，秩正四品。至元六年，始置起居注、左右补阙，掌随朝省、台、院、诸司凡奏闻之事，悉纪录之，如古左右史。十五年，改升给事中兼修起居注，左右补阙改为左右侍仪奉御兼修起居注。皇庆元年，升正三品。延祐七年，仍正四品。后定置给事中兼修起居注二员、右侍仪奉御同修起居注一员、左侍仪奉御同修起居注一员、令史一人、译史四人、通事兼知印一人。"
[5] 侍仪司：元代属于礼部的官署。参见元3注14。

243. 二十七年 [1]，省准："延庆司令史 [2]，九十月，依已准家令、府正两司例 [3]，由省部发者出为正八品，自用者降等叙。"二十八年，省准："太仆寺拟比尚乘等寺令史 [4]，以九十月出为正八品，自用者降一等。拱卫直都指挥使司与武备寺同品 [5]，令史考满，出为从八品，自用者降一等迁用。蒙古等卫令史 [6]，即系在先考满令史，合于正八品内迁叙，各卫令史有阙，由省部籍记选发者，考满出为正八品。枢密院所辖都元帅府、万户府各卫并屯田等司官吏 [7]，俱从本院定夺、迁调，见役令史，自用者考满，合从本院定夺。宣政院断事官令史 [8]，与枢密院及蒙古必阇赤 [9]，由翰林院发者，以九十月为从七品，通事、令史以九十月为正八品，奏差以九十月为正九品，典吏九十月转本府奏差，自用者降等。"

[1] 二十七年：即至元二十七年（1290）。
[2] 延庆司：元代詹事院（储政院）下辖官署，掌太子位下修建佛事。参见元179注3。

540

［3］家令：即"家令司"；府正：即"府正司"。皆为隶属于詹事院之官署。参见元176注2。

［4］太仆寺：即"尚牧监"。参见元238注6。尚乘：即"尚乘寺"。《元史·百官六》："尚乘寺，秩正三品。掌上御鞍辔舆辇，阿塔斯群牧骟马驴骡，及领随路局院鞍辔等造作，收支行省岁造鞍辔，理四怯薛阿塔赤词讼，起取南北远方马匹等事。卿四员，正三品；少卿二员，从四品；丞二员，从五品；经历、知事、照磨、管勾各一员，令史六人，译史二人，知印二人，通事二人，奏差五人，典吏二人。至元二十四年，罢卫尉院，始设尚乘寺，领资乘库。大德十一年，升为院，秩从二品。至大四年，复为寺。延祐七年，降从三品。"

［5］拱卫直都指挥使司：元代礼部下辖官署。《元史·百官一》："拱卫直都指挥使司，秩从四品。掌控鹤六百馀户，及仪卫之事。至元三年始置。都指挥使一员，副使一员，钤辖一员，提控案牍一员。十六年，升正三品，降虎符，增置达鲁花赤一员，隶宣徽院。二十年，复为从四品。二十五年，归隶礼部。元贞元年，复升正三品。皇庆元年，置经历一员。二年，改钤辖为佥事。至顺二年，拨隶侍正府，定置达鲁花赤一员，正三品；都指挥使四员，正三品；副指挥使二员，从三品；佥事二员，正四品。首领官：经历一员，从七品；知事一员，从八品。吏属：令史四人，译史一人，通事、知印各一人，奏差二人。其属控鹤百户所，秩从七品。色目百户一十三员，汉人百户一十三员。总十三所。"武备寺：参见元182注4。

［6］蒙古等卫：据《元史·百官二》，有宗仁蒙古侍卫亲军都指挥使司、左翊蒙古侍卫亲军都指挥使司、右翊蒙古侍卫亲军都指挥使司。据《元史·兵二》有东路蒙古侍卫亲军都指挥使司等。

［7］都元帅府：参见元206注4。万户府各卫并屯田等司：据《元史·百官二》，元代枢密院下辖右、左、中、前、后等卫皆"掌宿卫扈从，兼营屯田"。万户府，参见元62注4。

［8］宣政院：元代掌管全国佛教事务和统辖吐蕃地区的官署。参见元100注11。断事官：谓宣政院所辖者。《元史·百官三》："断事官四员，从三品；经历、知事各一员，令史五人，知印、奏差、译史、通事各一人。至元二十五年始置。"

［9］必阇赤：或译作"必彻彻"，蒙古语，意为"书史"。参见元6注2。

244. 二十九年［1］，部拟："左右两江宣慰司都元帅府令译史人等［2］，依云南、两广、福建人吏，六十月为满。两广叙用译史，除从七品，非翰林院选发，别无定夺。令史省发，考满正八品，奏差省发，考满正九品，自用者降等叙。仪凤司令史［3］，比同侍仪司令史［4］，考满为正八品，自用者降一等。哈迷为头只哈赤八剌哈孙达鲁花赤令史［5］，吏部议，与阿速拔都儿达鲁花赤必阇赤考满正八品任用［6］，虽必阇赤、令史月俸不同，各官随朝近侍一体，比依例出身相应。"

［1］二十九年：即至元二十九年（1292）。

［2］左右两江宣慰司都元帅府：元初所置地方官署名，治所在邕州路（治今广西南宁市）。元贞元年（1295）改称广西两江道宣慰司都元帅府，以靖江（今云南绥江）为治所。

［3］仪凤司：元代属于礼部的官署。《元史·百官一》："仪凤司，秩正四品。掌乐工、供奉、祭飨之事。至元八年，立玉宸院，置乐长一员，乐副一员，乐判一员。二十年，改置仪凤司，隶宣徽院。置大使、副使各一员，判官三员。二十五年，归隶礼部，省判官三员。三十一年，置达鲁花赤一员，副使一员。大德十一年，改升玉宸乐院，秩从二品。置院使、副使、佥事、同佥、院

判。至大四年，复为仪凤司，秩正三品。延祐七年，降从三品。定置大使五员，从三品；副使四员，从四品。首领官：经历一员，从七品；知事一员，从八品。吏属：令史二人，译史、通事、知印各一人。其属五。"

[4] 侍仪司：元代属于礼部的官署。参见元 3 注 14。

[5] 哈迷：不详待考。只哈赤八剌哈孙：即"尚供总管府"。《元史·百官六》："尚供总管府，秩正三品。掌守护东凉亭行宫，及游猎供需之事。达鲁花赤一员、总管一员，并正三品；同知一员，从四品；副总管一员，从五品；判官一员，正六品；经历、知事、提控案牍各一员，令史、译史、知印、奏差有差。至元十三年，置只哈赤八剌哈孙达鲁花赤，延祐二年，改总管府。"

[6] 阿速：又译"阿思"、"阿宿"、"阿速惕"，部名。阿速原为定居于北高加索的伊朗人，信仰希腊东正教，后移居于捷尔宾特伏尔加河口，与拜占庭、谷儿只（今格鲁吉亚）、斡罗思关系密切。元太祖十六年（1221），速不台等率军自高加索逾太和岭北上，打败阿速等部联军。太宗十一年（1239），蒙哥率军围攻阿速蔑怯思城，三月，征服此部。元宪宗三年（1253）派人括阿速户口，七年又派遣达鲁花赤驻守。阿速人迁往中原者多从军。元世祖至元九年（1272）组成阿速拔都军攻宋。元武宗时设立左、右阿速两卫。《元史·百官二》："右阿速卫亲军都指挥使司，秩正三品。掌宿卫城禁，兼营潮河、苏沽两川屯田，供给军储。至元九年，初立阿速拔都达鲁花赤，置属官。二十三年，遂名为阿苏之军。至大二年，改立右阿速卫亲军都指挥使司，置达鲁花赤三员、都指挥使三员、副都指挥使二员、金事二员。四年，省达鲁花赤三员。后定置达鲁花赤一员，正三品；都指挥使三员，正三品；副都指挥使二员，从三品；金事二员，正四品；经历二员，从七品；知事二员，承发架阁照磨一员，从八品；令史七人，译史、通事、知印各一人。镇抚二员。"又："左阿速卫亲军都指挥使司，品秩职掌同右阿速卫。至元九年，初立阿速拔都达鲁花赤。置属官。二十三年，遂名为阿速之军。至大二年，改立左阿速卫亲军都指挥使司，置达鲁花赤二员、都指挥使六员、副都指挥使四员、金事二员。四年，省达鲁花赤一员、都指挥使三员。后定置达鲁花赤一员，都指挥使三员，副都指挥使二员，金事一员，经历二员，知事二员，照磨一员。镇抚二员。"拔都儿：又译"拔都鲁"、"拔突"、"霸突鲁"、"霸都"、"把阿秃儿"等，蒙古语"英雄"之意。元代精选勇武敢死之士组成的突击队，即称"拔都儿军"。必阇赤：或译作"必彻彻"，蒙古语，意为"书史"。参见元 6 注 2。

245. 三十年 [1]，省准："孛可孙系正三品，令译史人等 [2]，比依各寺监令译史出身相应。都水监从三品 [3]，令译史等依寺监令史一体出身，考满正八品叙，自用者降等。只儿哈忽昔宝赤八剌哈孙达鲁花赤本处随朝正三品 [4]，与只哈赤八剌哈孙达鲁花赤令史等即系一体 [5]，拟合依例，考满出为正八品。"

[1] 三十年：即至元三十年（1293）。

[2] 孛可孙：元代官名，掌马驼草料供应分配。孛可孙，蒙古语，有"督查者"的意思。《元史·百官六》："度支监，秩正三品。掌给马驼刍粟。卿三员，正三品；太监二员，从三品；少监三员，从四品；监丞二员，从五品；经历二员，知事一员，提控案牍一员，照磨兼管勾一员，令史十四人，译史四人，通事、知印三人，奏差四人，典吏五人。国初，置孛可孙。至元八年，以重臣领之。十三年，省孛可孙，以宣徽兼其任。至大二年，改立度支院。四年，改为监。"

[3] 都水监：元代掌修水利的官署名。参见元 116 注 3。

[4] 只儿哈忽：不详待考。昔宝赤八剌哈孙：即"昔宝赤城"，元代岭北行省城市。意为"鹰人之城"。故址在今蒙古国翁金河上游，阿尔赫拜雷附近。

[5] 只哈赤八剌哈孙：即"尚供总管府"。参见元244注5。

246. 元贞元年[1]，省准："阑遗监令译史人等[2]，省部发去者，考满正八品内任用，自行踏逐者降等。家令司、府正司改内宰、宫正[3]，其人吏依元定为当。拱卫直都指挥使司升为正三品[4]，其令译史等俸，俱与光禄寺相同[5]，拟系相应人内发补者考满与正八品，奏差正九，自用者降等叙。"

[1] 元贞元年：即公元1295年。元贞，元成宗铁穆耳的第一个年号。
[2] 阑遗监：宣徽院下辖官署，掌收遗失无主认领的人口、奴婢、牲畜与钱物。参见元166注7。
[3] "家令司"句：参见元176注2。
[4] 拱卫直都指挥使司：元代礼部官署名。参见元119注3。
[5] 光禄寺：元代宣徽院下辖掌宫廷供膳的官署。参见元194注2。

247. 大德三年[1]，部议："鹰坊总管府人吏[2]，依随朝三品，考满正八品内迁用。"五年，部拟："和林宣慰司都元帅府人吏[3]，合与随朝二品衙门一体，及量减月日。"部议："各道宣慰司令史，一百二十月正八品叙，自用者降等迁用。其和林宣慰司无应取司属，又系酷寒之地，人吏已蒙都省从优以九十月为满，今拟考满，不分自用，俱于正八品内迁用。"

[1] 大德三年：即公元1299年。大德，元成宗铁穆耳的第二个年号。
[2] 鹰坊总管府：即"管领随路打捕鹰房民匠总管府"，元代兵部下辖管理鹰鹘的机构，一度改称仁虞院。《元史·百官一》："管领随路打捕鹰房民匠总管府，秩从三品。达鲁花赤一员，总管一员，副总管二员，经历、知事各一员，提控案牍一员，吏属令史六人。初，太祖以随路打捕鹰房民户七千余户拨隶旭烈大王位下。中统二年始置。至元十二年，阿八合大王遣使奉归朝廷，隶兵部。"
[3] 和林宣慰司都元帅府：故址在今蒙古国北杭爱省鄂尔浑河上游右岸厄尔德尼召北。参见元79注3。

248. 八年[1]，部言："行都水监准设人吏[2]，令史八人，奏差六人，壕寨一十人[3]，通事、知印各一人，译史一人，公使人二十人[4]。都水监令译史、通事、知印考满[5]，俱于正八品迁用，奏差考满，正九品，自用者降等，壕寨出身并俸给同奏差。行都水监系江南创立衙门，令史比例，合于行省所辖常调提控案牍内选取，奏差、壕寨人等亦须选相应人，考满比都水监人吏降等江南迁用，典史公使人，从本监自用。"

[1] 八年：即大德八年（1304）。

[2] 行都水监：元代掌巡视河道、治河等事的官署。《元史·百官八》："行都水监。至正八年二月，河水为患，诏于济宁郓城立行都水监。九年，又立山东河南等处行都水监。十一年十二月，立河防提举司，隶行都水监，掌巡视河道，从五品。十二年正月，行都水监添设判官二员。十六年正月，又添设少监、监丞、知事各一员。"

[3] 壕寨：元代都水监掌监督修造的官吏。参见元116。

[4] 公使人：元代官署司杂事人员，包括跟随长官左右的祗候，外出勾捕的曳刺，看守监狱的禁子等。公使人的头目称为首领（总领），副职称为面前。北方在四两包银户、南方在税粮三石以下户内选差；免纳科差、税银，免当杂泛差役，并可支清食钱。司（录事司）、县衙门设十馀人，江南许多司、县衙门竟达百馀人。延祐二年（1315）改为轮换当役。

[5] 都水监：元代掌水利的官署名。参见元116注3。

249. 九年 [1]，部言："尚乘寺援武备寺、大府、章佩等监例 [2]，求升加其人吏出身俸给。议得，各监人吏皆系奉旨升加，尚乘寺人吏合依已拟。"至大三年 [3]，部言："和林系边远酷寒之地，兵马司司吏历一考馀，转本路总管府司吏。补不尽者，六十月升都目。总管府吏，再历一考，转称海宣慰司令史 [4]，考满除正八品，不系本路司吏转补者，降等叙，补不尽者，六十月，部劄提控案牍内任用，蒙古必阇赤比上例定夺。"部议："晋王位下断事官正三品 [5]，除怯里马赤、知印例从长官所保 [6]，蒙古必阇赤翰林院发，令史以内史府考满典史并籍记寺监令史发补 [7]，九十月除正八品，与职官相参用。奏差亦须选相应人，九十月依例迁用，自用者，考满本衙门定夺。"

[1] 九年：即大德九年（1305）。

[2] 尚乘寺：元代掌上御鞍辔舆辇的官署。参见元243注4。武备寺：元代掌缮治戎器的官署。参见元182注4。大府：即"大府监"，元代掌库藏的官署。参见元182注6。章佩：即"章佩监"，元代掌御服宝带的官署。参见元187注4。

[3] 至大三年：即公元1310年。至大，元武宗海山的年号。

[4] 称海宣慰司：即"称海等处宣慰司"。参见元175注6。

[5] 晋王：元代诸王封号，授兽钮金印。真金太子长子甘麻剌始封，也孙铁木儿（泰定帝）、八的麻亦儿间卜袭封。位下：元代对皇室的后妃、诸王、公主等贵戚的称呼。

[6] 怯里马赤：即"通事"，从事口译的吏员。参见元76注2。

[7] 内史府：元代掌诸王府事务的官署。参见元229注2。

250. 皇庆元年 [1]，部言："卫率府勾当人员 [2]，令都省与常选出身。议得，令史系军司勾当之人 [3]，未有转受民职定夺，合自奏准日为格，系皇庆元年二月九日以前者，同典牧监一体迁叙 [4]，以后者若系籍记寺监令史，常选提控案牍补充，依上铨除，自用者不入常调。"部议："徽政院缮珍司见役令史 [5]，若系籍记寺监令史、常调提控案牍、院两考之上典史补充，内宰司令史例 [6]，考满除正八，通事、译史、知印亦依上迁叙，自用者降等。后有阙，须依例发补，违例补充，别无定夺。"

[1] 皇庆元年：即公元 1312 年。皇庆，元仁宗的第一个年号。

[2] 卫率府：元代皇太子侍卫军组织，有左、右之分。《元史·百官二》："左卫率府，秩正三品。至大元年，拨江南行省万户府精锐汉军为东宫卫军，立卫率府，设官十一员。延祐四年，始改为中翊府，又改为御临亲军都指挥司，又以御临非古典，改为羽林。六年，复隶东宫，仍为左卫率府。定置率使三员，正三品；副使二员，从三品；佥事二员，正四品；经历一员，从七品；知事一员，照磨一员，俱从八品；令史七人，译史、知事、知印各二人。"又："右卫率府，秩正三品。延祐五年，以速怯那儿万户府、迤东女直两万户府、右翼屯田万户府兵，合为右卫率府，置官十二员。后定置率使二员，正三品；副使二员，从三品；佥事二员，正四品；经历二员，从七品；知事二员，照磨一员，俱从八品；令史七人，译史、通事、知印各二人。"勾当人员：元代高级文书事务官的统称，一般指各官司府衙的掾史、令史和书吏等。

[3] 军司：谓军职官署。

[4] 典牧监：元代詹事府（储政院）下属机构。《元史·百官五》："典牧监，秩正三品。卿二员，太监二员，少监二员，丞二员，经历、知事各一员，照磨一员。吏属凡十六人。掌孳畜之事。天历二年始置。"

[5] 徽政院：元代掌侍奉皇太后的官署名。参见元 196 注 6。缮珍司：即"随路诸色人匠都总管府"，元代领大都、上都等地诸色人匠提举司从事造作的官署。《元史·百官五》："随路诸色人匠都总管府，秩正三品。中统五年，招集析居放良还俗僧道等户，习诸色匠艺，立管领怯怜口总管府，以司其造作，秩正四品。至元九年，升正三品。大德十一年，改缮珍司。延祐六年，升徽仪使司，秩正二品。七年，仍为缮珍司，官属如旧。至治三年，复改都总管府。达鲁花赤一员，总管二员，并正三品；同知一员，正五品；副总管二员，从五品；经历、知事、照磨、提控案牍各一员，令史四人，译史一人，奏差二人，典吏一人。"

[6] 内宰司：即"家令司"。参见元 176 注 2。

251. 二年 [1]，部议："徽政院延福司见役令史 [2]，若系籍记寺监令史、常调提控案牍、本院两考之上典吏补充者，依内宰司令史例，考满除正八品，通事、译史、知印依上迁叙，自用者降等。后有阙，须依例发补，不许自用。"

[1] 二年：即皇庆二年（1313）。

[2] 延福司：元代官署名。《元史·百官五》："延福司，秩正三品。令丞各四员，典簿二员，照磨二员。掌供帐及扈从盖造之人。大德十一年置，后并入群牧监。"

252. 延祐三年 [1]，省准："徽政院所辖卫候司 [2]，奉旨升正三品，与拱卫直都指挥使司同品 [3]，合设令译史，考满除正八，自用者降等。卫候司就用前卫候司人吏，拟自呈准月日理算，考满同自用迁叙，后有阙，以相应人补，考满依例叙。徽政院掌饮司人吏 [4]，部议常选发补令译史，考满从八，奏差从九，自用者降等，后有阙须以相应人补，违例补充，考满本衙门用。"

[1] 延祐三年：即公元 1316 年。延祐，元仁宗爱育黎拔力八达的第二个年号。

［2］卫候司：即"卫候直都指挥使司"。《元史·兵二》："卫候直都指挥使司：至元元年，裕宗招集控鹤一百三十五人。三十一年，徽政院增控鹤六十五人，立卫候司以领之，且掌仪从金银器物。元贞元年，皇太后卫以晋王校尉一百人隶焉。大德十一年，益以怀孟从行控鹤二百人，升卫候直都指挥使司。至大元年，复增控鹤百人，总六百人，设百户所六，以为其属。至治三年罢之。四年，以控鹤六百三十人，归于皇后位下，后复置立。"

［3］拱卫直都指挥使司：元代礼部官署名。参见元119注3。

［4］掌饮司：即"嘉酝局"。《元史·百官五》："嘉酝局，秩五品。至元十七年，立掌饮局。大德十一年，改掌饮司，秩升正四品。延祐六年，降掌饮司为局。至治三年罢。泰定四年复立。天历二年，改嘉酝局。提点二员，大使二员，副使二员，书史一员，书吏四人。"

253. 四年［1］，省准："屯储总管万户府司吏译史出身［2］，至大二年尚书省劄［3］，和林路司吏未定出身［4］，和林系边远酷寒去处，兵马司司吏如历一考之上，转补本路司吏并总管府司吏，再历一考之上，转补称海宣慰司令史［5］，考满正八品迁除，补不尽人数，从优，拟六十月于部劄提控案牍内任用，蒙古必阇赤比依上例定夺。其沙州、瓜州立屯储总管万户府衙门［6］，即系边远酷寒地面，依和林路总管府司吏人员一体出身。"

［1］四年：即延祐四年（1317）。

［2］屯储总管万户府：元代甘肃行省所置管理屯田的官署。参见元175注7。

［3］至大二年：即公元1309年。至大，元武宗海山的年号。省劄：中书省的文书。

［4］和林路：参见元79注3。

［5］称海宣慰司：即"称海等处宣慰司"。参见元175注6。

［6］沙州：治所在今甘肃敦煌西。瓜州：治所在今甘肃安西县西番瓜州口。

254. 凡吏员考满授正九品：至元二十年［1］，省准："宫籍监系随朝从五品［2］，令史拟九十月正九品，例革人员，验月日定夺，自行踏逐［3］，降一等。"二十八年，省拟："廉访司所设人吏，拟选取书吏，止依按察司旧例，上名者依例贡部，下名转补察院［4］，贡补不尽人数，廉访司月日为始理算，考满者正九品叙，须令回避本司分治及元籍路分。"部议："察院书吏出身，除见役人三十月，转补不尽者，九十月出为从八品。察院书吏有阙，止于各道廉访司书吏内选取，依上三十月转部，九十月从八品。如非廉访司书吏取充者，四十五月转部，补不尽者，九十月考满，降一等，出为正九品。"

［1］至元二十年：即公元1283年。至元，元世祖忽必烈的第二个年号。

［2］宫籍监：原为金代殿前都点检司下辖官署，《金史·百官二》："宫籍监。提点，正五品；监，从五品；副监，从六品；丞，从七品。掌内外监户及地土钱帛小大差发。直长二员，正八品，掌同丞。"《元史·百官志》未著录此官署，或系失收。

[3] 踏逐：宋元时选拔官员的一种名目。由大臣访问人才，荐请朝廷辟召。参见宋295注4。

[4] 察院：元代御史台下辖官署名。参见元190注7。

255. 三十年[1]，省准："行台察院书吏历一考之上者[2]，转江南宣慰司令史[3]，并内台察院书吏[4]，于见役人内用之。若有用不尽人数，以九十月出为正九品。江南有阙，依内台察院书吏，于各道廉访司书吏内选取，依例转补。"

[1] 三十年：即至元三十年（1293）。

[2] 行台：即"行御史台"。参见元9注6。

[3] 江南宣慰司：元代江南诸道宣慰司。宣慰司，参见元9注4。

[4] 内台：即"御史台"，掌监察的官署名。参见元9注6。

256. 大德四年[1]，省拟："各道廉访司书吏，至元二十八年七月元定出身[2]，上名贡部，下名转补察院书吏。贡补不尽者，廉访司为始理算月日，考满正九品用。今议廉访司先役书吏，历九十月依已定出身，正九品注，任回，添一资升转。大德元年三月七日已后充廉访司人吏，九十月考满，须历提控案牍一任，于从九品内用。通事、译史，比依上例。察院书吏，至元二十八年十二月元定出身，于各道廉访司书吏内选取，三十月转部，九十月从八品内用。如非廉访司书吏取充者，四十五月转部。补用不尽者，九十月考满，降一等，正九品用。今议先役书吏，九十月依已定出身迁用，任回，添一资升转。大德元年三月七日为始创入役者，止依旧例转部。行台察院书吏，至元三十年正月元定出身，于廉访司书吏内选取，历一考之上，转补江南宣慰司令史、并内台察院书吏，用不尽者，九十月正九品，江南用。省议先役书吏，历俸九十月，依已定出身，任回，添一资升转。大德元年三月七日为始创入者，止依旧例，转补江南宣慰司令史，北人贡内台察院。"

[1] 大德四年：即公元1300年。大德，元成宗铁穆耳的第二个年号。

[2] 至元二十八年：即公元1291年。至元，元世祖忽必烈的第二个年号。

257. 凡吏员考满除钱谷官、案牍、都吏目[1]：至元十三年，吏、礼部言："各路司吏四十五以下，以次转补按察司书吏[2]。补不尽者，历九十月，于都目内任用；六十月以上，于吏目内任用。"省议："上都、大都路司吏，难同其馀路分出身，依按察司书吏迁用。"十四年，省准："覆实司司吏[3]，俱授吏部劄付[4]，如历九十月，拟于中州都目内迁[5]，若不满考及六十月，于下州吏目内任用，有阙以相应人发充。"

[1] 钱谷官：谓地方掌管钱粮的未入流小官。分为上、中、下三等。参见元70注5。

[2] 按察司：即"肃政廉访"。参见元8注14。

[3] 覆实司：即"广谊司"，元代大都留守司下辖官署名。参见元173注7。

[4] 劄付：古代官府上级给下级的公文。

[5] 中州：元代定州的等级有上、中、下之分。参见元209注6。

258. 二十一年[1]，省准："诸色人匠总管府与少府监不同[2]，又其馀相体管匠衙门人吏[3]，俱未定拟出身，量拟比外路总管府司吏[4]，考满于都目内任用[5]。"二十二年，省准："大都等路都转运使司令史[6]，与河间等路都转运盐使司书吏出身同。外路总管府司吏三名，贡举儒吏二名[7]，贡不尽，年四十五之上，考满都目内任用。"

[1] 至元二十一年：即公元1284年。至元，元世祖忽必烈的第二个年号。

[2] 诸色人匠总管府：元代工部下辖管领官工匠的官署。《元史·百官一》："诸色人匠总管府，秩正三品。掌百工之技艺。至元十二年始置，总管、同知、副总管各一员。十六年，置达鲁花赤一员，增同知、副总管各一员。二十八年，省同知一员。三十年，省副总管一员。后定置达鲁花赤一员，总管一员，同知一员，副总管一员，经历一员，知事一员，提控案牍一员，令史五人，译史一人，奏差四人。"少府监：元代官署名，原隶于大都留守司，掌营缮工程等事。参见元163注5。

[3] 相体管匠衙门：谓诸司局人匠总管府，秩正三品；诸路杂造总管府，秩正三品；茶迭儿局总管府，秩正三品；大都人匠总管府，秩从三品；随路诸色民匠都总管府，秩正三品。俱见《元史·百官一》。

[4] 外路总管府：《元史·百官二》著录"延安屯田打捕总管府，秩从三品"；《元史·百官三》著录"永平屯田总管府，秩从三品"；又著录"西夏中兴河州等处军民总管府，秩正三品"；又著录"淮东淮西屯田打捕总管府，秩正三品"。

[5] 都目：元代首领官名。参见元90注4。

[6] 大都等路都转运使司：与下文"河间等路都转运盐使司"，当即此后之"大都河间等路都转运盐使司"。参见元100注14。

[7] 儒吏：儒生出身的吏员。

259. 二十三年[1]，省准："各路司吏、转运司书吏，年四十五以上，历俸六十月充吏目，九十月充都目，馀有役过月日不用。奏差宜从行省斟酌月日，量于钱谷官内就便铨用。"省准："覆实司系正五品[2]，令史出身比交钞提举司司吏出身[3]，九十月务使[4]，六十月都监[5]，六十月之下、四十五月之上都监添一界迁用，四十五月之下转补运司令史。"部拟："京畿漕运司司吏转补察院书吏[6]，不尽，四十五以上，九十月依例于都目内任用。"

[1] 二十三年：即至元二十三年（1286）。

[2] 覆实司：即"广谊司"，元代大都留守司下辖官署名。参见元173注7。

[3] 交钞提举司：即"诸路宝钞都提举司"，元代掌管印造、发行钞币的官署。《元史·百官一》："诸路宝钞都提举司，达鲁花赤一员，正四品；都提举一员，正四品；副达鲁花赤一员，正五

品；提举一员，正五品；同提举一员，从五品；副提举二员，从六品；知事一员，从八品；照磨一员，从九品。国初，户部兼领交钞公事。世祖至元，始设交钞提举司，秩正五品。二十四年，改诸路宝钞都提举司，升正四品，增副达鲁花赤、提控案牍各一员。其后定置已上官员，提控案牍又增一员。设司吏十二人，蒙古必阇赤一人，回回令史一人，奏差七人。"

[4] 务使：古代管理贸易及收税的机构称"务"，务使即该机构的吏员。

[5] 都监：元代管理税务的吏员名。

[6] 京畿漕运司：即"京畿都漕运使司"，元代官署名，属户部，掌漕运之事。参见元51注18。察院：元代御史台下辖官署名。参见元190注7。

260. 二十四年 [1]，部议："各道巡行劝农官书吏 [2]，于各路总管府上名司吏内选取 [3]，考满于提控案牍内任用，奏差从大司农司选委 [4]。"省准："诸司局人匠总管府令史 [5]，于都目内任用 [6]。"

[1] 二十四年：即至元二十四年（1287）。

[2] 巡行劝农官：元代农政措施之一。《元史·食货一·农桑》："中统元年，命各路宣抚司择通晓农事者，充随处劝农官。二年，立劝农司，以陈邃、崔斌等八人为使。至元七年，立司农司，以左丞张文谦为卿。司农司之设，专掌农桑水利。仍分布劝农官及知水利者，巡行郡邑，察举勤惰。所在牧民长官提点农事，岁终第其成否，转申司农司及户部，秩满之日，注于解由，户部照之，以为殿最。又命提刑按察司加体察焉。其法可谓至矣。"

[3] 总管府：元代大都路与上都路置都总管府，其馀各路置总管府。参见元81注4。

[4] 大司农司：元代管理农政的官署。参见元155注7。

[5] 诸司局人匠总管府：元代工部下辖管领制作的官署名。《元史·百官一》："诸司局人匠总管府，秩正三品。达鲁花赤一员，总管一员，副达鲁花赤一员，同知一员，副总管一员，经历一员，知事一员，提控案牍一员，令史四人。领两都金银器盒及符牌等一十四局事。至元十四年置。二十四年，以八局改隶工部及金玉府，止领五局一库，掌毡毯等事。"

[6] 都目：参见元178注3。

261. 二十五年 [1]，省准："大护国仁王寺昭应宫财用规运总管府令译史人等 [2]，比大都路总管府正三品司吏，九十月提控案牍内任用。"部议："甘肃、宁夏等处巡行劝农司系边陲远地 [3]，人吏依甘肃行省并河西陇北道提刑按察司 [4]，以二十二月准一考，六十五月为满。"省准："供膳司司吏 [5]，比覆实司司吏 [6]，九十月出身，于务使内任用 [7]。"

[1] 二十五年：即至元二十五年（1288）。

[2] 大护国仁王寺昭应宫财用规运总管府：即"会福总管府"，《元史·百官三》："会福总管府，秩正三品。至元十一年，建大护国仁王寺及昭应宫，始置财用规运所，秩正四品。十六年，改规运所为总管府。至大元年，改都总管府，从二品。寻升会福院，置院使五员。延祐三年，升正二品。天历元年，改为会福总管府，正三品。定置达鲁花赤一员，总管一员，同知一员，治中一

员，府判一员，经历、知事、提控案牍各一员，令史八人，译史、通事、知印各一人，奏差四人。"大护国仁王寺，元代大都高良河北所建佛寺名。昭应宫，元代大都道观名。中华书局整理本于"大护国仁王寺"下用顿号点断，似不确。所谓"大护国仁王寺昭应宫财用规运总管府"当一体视之，中华书局整理本于《元史·顺帝四》、《元史·顺帝五》提及此称谓处皆未点断，是。

[3] 巡行劝农司：《元史·世祖四》："（至元七年二月）壬辰，立司农司，以参知政事张文谦为卿，设四道巡行劝农司。"此与元 260 注 2 所引文略有龃龉，可参见。

[4] 甘肃行省：元代地方建置。参见元 14 注 5。河西陇北道提刑按察司：即"河西陇北道肃政廉访司"，为元代陕西御史台所辖，置司于甘州路（治今甘肃张掖）。

[5] 供膳司：元代大司农司下辖官署。《元史·百官三》："供膳司，秩从五品。掌供给应需，货买百色生料，并桑哥籍人赀产。至元二十二年始置，隶司农。置达鲁花赤一员，提点一员，并从五品；司令一员，正六品，丞一员，正七品；吏一人。"

[6] 覆实司：即"广谊司"，元代大都留守司下辖官署名。参见元 173 注 7。

[7] 务使：古代管理贸易及收税的机构称"务"，务使即该机构的吏员。

262. 二十六年 [1]，省准："巡行劝农司书吏 [2]，役过路司吏月日，三折二准算，通理九十月，于提控案牍内迁叙。尚书省右司郎中、管领大都等路打捕民匠等户总管令史 [3]，比依诸司局人匠总管府令史例 [4]，九十月，于都目内任用。"省准："诸路宝钞都提举司司吏 [5]，有阙于诸路转运司、漕运司上名司吏内选取 [6]，三十月充吏目，四十五月之上、六十月之下都目，六十月已上转提控案牍，充寺监令史者听。诸路宝钞提举司同。"奏准："大都路都总管府添设司吏一十名 [7]，委差五名 [8]。司吏六十月，于提控案牍内任用，委差于近上钱谷官内委用，有阙以有根脚请俸人补充 [9]，不及考满，不许无故替换。"

[1] 二十六年：即至元二十六年（1289）。

[2] 巡行劝农司：参见元 260 注 2，元 261 注 3。

[3] 尚书省：元代至元间所设官署名。参见元 45 注 2。右司郎中：这里指右司官署。参见元 190 注 5。管领大都等路打捕民匠等户总管：即"管领大都等路打捕民匠等户总管府"，元代中政院下辖掌钱粮造作之事的官署名。《元史·百官四》："管领大都等路打捕民匠等户总管府，秩正三品。达鲁花赤一员，总管一员，并正三品；同知一员，正四品；副总管一员，正五品；经历一员，从七品；知事一员，从八品；提控案牍照磨一员，译史一人，令史、奏差各四人。掌钱粮造作之事。国初平定河南诸郡，收聚人户一万五千有奇，置官管领。至元八年，属有司。二十年，改隶中尚监。二十六年，始置总管府。领提举司十有一，提领所二十有五。"

[4] 诸司局人匠总管府：元代工部下辖管领制作的官署名。参见元 260 注 5。

[5] 诸路宝钞都提举司：元代掌管印造、发行钞币的官署。参见元 156 注 5。

[6] 诸路转运司：即"大都河间等路都转运盐运使司"。参见元 73 注 3。漕运司：即"都漕运使司"。参见元 73 注 4。

[7] 大都路都总管府：简称"大都总管府"。参见元 183 注 5。

[9] 有根脚：谓有资历者。请（qíng 情）俸：又作"请奉"。即"薪俸"，这里代指任职。

263. 二十七年 [1]，省准："京畿都漕运司令史 [2]，九十月充提控案牍，年四十五之上，比依都提举万亿库司吏 [3]，愿充寺监令史者听。"

[1] 二十七年：即至元二十七年（1290）。
[2] 京畿都漕运司：元代官署名，属户部，掌漕运之事。参见元51注18。
[3] 都提举万亿库：即"万亿四库"。参见元73注1。

264. 二十九年 [1]，部拟："大都路令史四十五以上 [2]，六十月提控案牍内任用，任回减一资升转，四十五以下、六十月之上选举贡部，每岁二名。奏差六十月，酌中钱谷官内任用。"省准："京畿都漕运司令史 [3]，比依诸路宝钞提举司司吏出身例 [4]，三十月吏目，四十五月之上、六十月之下都目，六十月之上提控案牍。"三十年，省准："提举八作司系正六品 [5]，司吏四十五月之上吏目，六十月之上都目。"

[1] 二十九年：即至元二十九年（1292）。
[2] 大都路：即"大都路都总管府"，简称"大都总管府"。参见元183注5。
[3] 京畿都漕运司：元代官署名，属户部，掌漕运之事。参见元51注18。
[4] 诸路宝钞提举司：即"诸路宝钞都提举司"，元代掌管印造、发行钞币的官署。参见元156注5。
　　司吏：吏名。元代路府州司吏依次从低一级衙门中选充，考满出任典史、吏目等流外官。先由贴书等见习吏员和巡尉司司吏中充选。
[5] 提举八作司：元代中书省工部下辖官署名，后分置右、左二司。参见元73注1。

265. 元贞元年 [1]，省准："大都等路都转运司令史 [2]，九十月提控案牍。"大德三年 [3]，省准："诸路宝钞提举司、都提举万亿四库司吏，九十月提控案牍内任用，如六十月之上，自愿告叙者，于都目内迁除，有阙于平准行用库攒典内挨次转补 [4]。"省准："宝钞总库司、提举富宁库司俱系从五品，其司吏九十月，都目内任用。如六十月之上，自愿告叙，于吏目内迁除。有阙须于在京五品衙门及左右巡院、大兴、宛平二县 [5]，及诸州司吏并籍记各部典吏内选。"省准："提举左右八作司吏，九十月都目内任用，六十月之上，自愿告叙，于吏目内迁除，有阙于在都诸仓攒典内选补。京畿都漕运使司令史，六十月之上，于提控案牍内用，遇阙于路府诸州并在京五品等衙门上名司吏内选。大都路司吏改为令史，六十月之上，年及四十五以下，贡部不过二名，四十五以上，六十月提控案牍内迁用，任回减资升转。大都路都总管府令史，依旧六十月，于提控案牍内迁叙，不须减资，有阙于府州兵马司、左右巡院、大兴、宛平二县上名司吏内选补 [6]。"

[1] 元贞元年：即公元1295年。元贞，元成宗铁穆耳的第一个年号。

[2] 大都等路都转运使司：即"大都河间等路都转运盐使司"。参见元100注14。

[3] 大德三年：即公元1299年。大德，元成宗铁穆耳的第二个年号。

[4] 平准行用库：即"平准库"。元代设于各路，主平物价，使相依准，不至低昂。攒典：吏名。金、元时代掌会计钱粮数目者。与钱粮有关的仓、库、务中皆有设置。

[5] 左右巡院：即"左右警巡院"，大都路都总管府下辖官署。参见元173注6。大兴宛平二县：元代都城大都两属县，分治大都地方事务。参见元173注6。

[6] 府州兵马司：元代府州掌地方治安的官署。

266. 大德五年[1]，省准："河东宣慰使司军储所司吏、译史[2]，九十月为满，译史由翰林院发补，司吏由州县司吏取充，与各路总管府译史、司吏一体升转，自用译史，别无定夺，司吏除酌中钱谷官，委差近下钱谷官。"七年，部拟："济南、莱芜等处铁冶都提举司及广平、彰德等处铁冶都提举司秩四品[3]，司吏九十月比散府上州例，升吏目。蒙古必阇赤拟酌中钱谷官，奏差近下钱谷官，典史三考，转本司奏差。"省准："陕西省叙州等处诸部蛮夷宣抚司正三品[4]，其令译史考满，比各路司吏人等一体迁用奏差，行省定夺。"

[1] 大德五年：即公元1301年。大德，元成宗铁穆耳的第二个年号。

[2] 河东宣慰使司：即"河东山西道宣慰司"，简称"河东宣慰司"，属元中书省直辖。参见元14注13。军储所：河东宣慰司下辖机构。《元史·世祖十三》："（至元二十七年春正月）庚戌，太白犯牛。改储偫提举司为军储所，秩从三品。以河东山西道宣慰使阿里火者为尚书右丞，宣慰使如故。"

[3] 济南莱芜等处铁冶都提举司：《元史·百官一》："檀景等处采金铁冶都提举司，秩正四品。提举一员，正四品；同提举一员，正五品；副提举一员，从六品。掌各冶采金炼铁。权货以资国用。国初，中统始置景州提举司，管领景州、滦阳、新匠三冶。至元十四年，又置檀州提举司，管领双峰、暗峪、大峪、五峰等冶。大德五年，檀州、景州三提举司，并置檀州等处采金铁冶都提举司，而滦阳、双峰等冶悉隶焉。他如河东、山西、济南、莱芜等处铁冶提举司，及益都、般阳等处淘金总管府，其沿革盖不一也。"济南、莱芜，今属山东。广平、彰德，今分属河北、河南。

[4] 陕西省：谓"陕西四川行省"。参见元14注2。叙州等处诸部蛮夷宣抚司：即"叙南等处蛮夷宣抚司"。《元史·地理三》于"四川等处行中书省"下著录："叙南等处蛮夷宣抚司。叙州路，古僰国，唐戎州。贞观初徙治僰道，在蜀江之西三江口。宋升为上州，属东川路，后易名叙州。咸淳中城登高山为治所。元至元十二年，郭汉杰挈城归附。十三年，立安抚司。未几，毁山城，复徙治三江口，罢安抚司，立叙州。十八年，复升为路，隶诸部蛮夷宣抚司。领县四、州二。"四川行省，参见元14注4。

267. 九年[1]，宣慰司大同等处屯储军民总管万户府从三品[2]，司吏、译史、委差人等，九十月为满，司吏除酌中钱谷官，委差近下钱谷官。大德十年，省准："诸路吏六十月，须历五万石之上仓官一界[3]，升吏目，一考升都目，一考升中州案牍或钱谷官，通理九十月入流。五万石之下仓官一界，升吏目，两考都目，一考依上升转。补不尽路吏，九十月升吏目，两考升都目，依上流转，如非州县司吏转补者，役过月日，别无定夺。"

[1] 九年：即大德九年（1305）。

[2] 大同等处屯储军民总管万户府：《元史·兵三·腹里所辖军民屯田》："大同等处屯储总管府屯田：成宗大德四年，以西京黄华岭等处田土颇广，发军民九千余人，立屯开耕。六年，始设屯储军民总管万户府。十一年，放罢汉军还红城屯所，止存民夫在屯。仁宗时，改万户府为总管府，为户军四千二十，民五千九百四十五，为田五千顷。"

[3] 五万石之上仓官：谓收粮之数达五万石之上的仓官。参见元76。一界：即"一任"。

268. 凡通事、译史考满迁叙：至元二年 [1]，部议："云南行省极边重地，令译史等人员，拟二十月为一考，历六十月，准考满叙用。"九年，省准："省部台院所设知印人等，所请俸给，元拟出身，俱在勾当官之上 [2]，既将勾当官升作从八品，其各部知印考满，亦合升正八品，据例减知印除有前资人员，验前资定夺，无前资者，各验实历月日，定拟迁叙。"

[1] 至元二年：即公元1265年。至元，元世祖忽必烈的第二个年号。

[2] 勾当官：元代高级文书事务官的统称，一般指各官司府衙的掾史、令史和书吏等。

269. 二十年 [1]，各道按察司奏差、通事、译史、奏差已有定例，通事九十月考满，拟同译史一体迁叙。部议："行省、行台、行院五品以下官员并首领官 [2]，亦合比依台院例，一考升一等任用。据行省人吏比同台院人吏出身，已有定例，行院、行台令史、译史、通事、宣使人等，九十月满考，元系都省台院发及应补者，拟降台院一等定夺。"部拟："甘肃行省令译史、通事、宣使人等，量拟以六十五月迁叙，若系都省发去人员，如部议，自用者仍旧例。"

[1] 二十年：即至元二十年（1283）。

[2] 行省：即"行中书省"。行台：即"行御史台"。行院：即"行枢密院"。首领官：掌管案牍，管辖吏员，协助长官处理政务的官员的通称。参见元61注9。

270. 二十一年 [1]，部议："四川行省人吏，比甘肃行省所历月日，一体迁除。"二十三年，部拟："福建、两广行省令译史、通事、宣使人等，拟历六十月同考满，止于江南迁用，若行省咨保福建、两广必用人员 [2]，于资品上升一等。"二十四年，部议："行省、行台、行院令史，九十月考满，若系都省台院发去腹里相应人员，行省令史同台院令史出身，行台、行院降台院一等，俱于腹里迁用，自用者递降一等，止于江南任用。"

[1] 二十一年：即至元二十一年（1284）。

[2] 咨保：谓移文保送。

271. 二十七年 [1]，省议："中书省蒙古必阇赤俱系正从五品迁除 [2]，今蒙古字教授拟比儒学教授例高一等，其必阇赤拟高省掾一等 [3]，内外诸衙门蒙古译史，一体升等迁叙。"二十八年，部拟："诸路宝钞都提举司蒙古必阇赤，三十月吏目，四十五月都目，六十月提控案牍，役过月日，拟于巡检内叙用。奏差九十月，近上钱谷官，六十月，酌中钱谷官内任用。翰林院写圣旨必阇赤，比依都省蒙古必阇赤内管宣敕者 [4]，八月算十月迁转正六品。"部议："写圣旨必阇赤比依管宣敕蒙古必阇赤一体，亦合八折十准算月日外据出身已有定例。崇福司令译史、知印 [5]，省部发补者，考满出为正七品，自用者降一等。宣使省部发去者，考满出为正八品，自用者降一等。各道廉访司通事、译史出身，比依书吏拟合一体考满正九。奏差考满，依通事、译史降二等量拟，于省劄钱谷官并巡检内任用。"

[1] 二十七年：即至元二十七年（1290）。

[2] 必阇赤：或译作"必彻彻"，蒙古语，意为"书史"。参见元6注2。

[3] 省掾：中书省的辅佐官吏。参见元159注2。

[4] 宣敕：宣与敕，为国家任命或调遣官员的正式文书。参见元66注5。

[5] 崇福司：元代掌也里可温教（即基督教）事务的官署。参见元228注4。

272. 三十年 [1]，省准："将作院令译史人等 [2]，由省部选发者，考满正七品迁叙，自用者止从本衙门定夺。大都路蒙古必阇赤若系例后入役人员 [3]，拟六十月于巡检内迁用，任回减一资升转。"

[1] 三十年：即至元三十年（1293）。

[2] 将作院：掌宫廷服用、饰物制造的元代官署名。参见元228注6。

[3] 大都路：即"大都路都总管府"，简称"大都总管府"。参见元183注5。

273. 大德三年 [1]，省议："各路译史如系翰林院选发人员，九十月考满。除蒙古人依准所拟外，其余色目、汉人先历务使一界 [2]，升提控一界 [3]，于巡检内迁用 [4]。"省议："大都运司通事比依本司令史 [5]，满考者于巡检内任用。"四年，省准："云南诸路廉访司寸白通事、译史出身 [6]，比依书吏出身，九十月为满，历巡检一任，转升从九品，云南地面迁用。"

[1] 大德三年：即公元1299年。大德，元成宗铁穆耳的第二个年号。

[2] 务使：古代管理贸易及收税的机构称"务"，务使即该机构的吏员。一界：即"一任"。

[3] 提控：即"提控案牍"。元代首领官名，掌衙门文书等事。参见元61注12。《文史》总第64辑

（中华书局 2003 年 8 月出版，2003 年第 3 辑）载张帆《读〈元典章〉校〈元史〉》一文，内云："此条详见《元典章》卷一二《吏部六·吏制·译史通事·路译史出身》：'大德三年五月准中书省咨，吏部呈："照得各路司吏九十个月，于吏目内任用；译史九十个月，历务提领一界，于巡检迁叙。又大德元年三月初七日奏奉圣旨节该：'如今蒙古文字，学的多是回回、畏兀儿人有。今后不争等依例委付，蒙古人依先体例，争一等委付。'钦此。今来议得：各路译史若循上例升转，比附司吏，似涉大优。参详，除蒙古人合依旧例，其余色目、汉人，实役九十个月，历务使两界，升巡检，似为相应。如准所拟，本部为例遵守。具呈照详。"都省议得："各路译史如系翰林院选发人员，九十个（引者按：此处脱月字）考满。除蒙古人依准所拟外，其馀色目、汉人，先历务使一界，升提领一界，于巡检内迁用。"除外，咨请依上施行。'《元史》中的'省议'，显然也就是《元典章》文件中的'都省议得'一段。两者有一处异同，《元史》中'升提控一界'，在《元典章》中作'升提领一界'，当以后者为是。提领与务使同属钱谷官（或称税务官），而地位稍高。《元史》卷八二《选举志二·铨法上》：'至元二十一年，省议："应叙办课官分三等，一百锭之上，设提领一员、使一员。五十锭之上，设务使一员。五十锭之下，设都监一员。……都监历三界，升务使。……务使历三界，升提领。"'提控全称为提控案牍，属于首领官，性质与提领、务使不同。从《元典章》文件可以看出，原来路译史的升迁途径是满九十月，历务提领一界，升巡检。吏部建议改为满九十，历务使两界，升巡检（针对色目、汉人）。中书省稍作调整，定为满九十月，历务使一界，升提领一界，再升巡检。几种方案，都是在升巡检前要经过钱谷官的过渡。如果其中突然冒出首领官，似有不伦。另外《元史·选举志四·考课》在前面这段文字后面几行，还有如下一段记载：'（大德）七年，……各路译史，如系各道提举学校官选发腹里各路译史，九十月考满，先历务使一界升提领，在历一界充巡检。'这里同样是历务使、提领各一界，再升巡检。总之，前引《元史》中的'提控'，应为'提领'之误。"甚是，可参考。

[4] 巡检：参见元 70 注 2。

[5] 大都运司：即"大都河间等路都转盐使司"。参见元 100 注 14。

[6] 寸白：即"寸白军"，又作"爨僰军"。元代云南地方乡兵，由爨人与僰人组成。"爨"即"寸"，也称乌蛮、罗罗斯，即今之彝族。"僰"即"白"，也称白蛮，即今白族。

274. 七年[1]，宣慰司奏差，除应例补者，一百二十月考满，依例自行保举者降等，任回，添资定夺任用。廉访司通事、译史，大德元年三月七日已后创入补者，九十月历巡检一任，转从九，如书吏役九十月，充巡检者听，如违不准。各路译史，如系各道提举学校官选发腹里各路译史[2]，九十月考满，先历务使一界升提领[3]，再历一界充巡检，三考从九，违者虽历月日，不准。会同馆蒙古必阇赤[4]，九十月务提领内迁用。十年，省准："中政院写懿旨必阇赤[5]，依写圣旨必阇赤一体出身。八番顺元、海北海南宣慰司都元帅府极边重地令译史人等[6]，考满依两广、福建例，于江南迁用。"

[1] 七年：即大德七年（1303）。

[2] 提举学校官：谓"儒学提举司"与"蒙古提举学校官"二机构。《元史·百官七》："儒学提举

司，秩从五品。各处行省所署之地，皆置一司，统诸路、府、州、县学校祭祀教养钱粮之事，及考校呈进著述文字。每司提举一员，从五品；副提举一员，从七品；吏目一人，司吏二人。"又："蒙古提举学校官，秩从五品。提举一员，从五品；同提举一员，从七品。至元十八年置。惟江浙、湖广、江西三省有之，馀省不置。"

[3] 提领：参见元 183 注 6。

[4] 会同馆：元代礼部下辖掌接待与引见边地诸族官员及外国使者的官署。参见元 184 注 3。

[5] 中政院：元官署名。掌皇后中宫财赋、营建、供给及宿卫士和分地人户等事。参见元 66 注 1。懿旨：古代用以称皇后、皇太后或皇妃、公主等的命令。

[6] 八番顺元：即"八番顺元等处宣慰司都元帅府"，简称"八番顺元宣慰司"。为元代湖广行省所辖。至元十六年（1279），招降卧龙番、大龙番、小龙番、程番、石番、方番、卢番、韦番等部（皆在今贵州惠水一带），置八番宣慰司以统之。至元十九年，置顺元等路宣慰司，统贵州（今贵州贵阳）、金竹府（今贵州长顺境）及顺元诸部（今贵州修文、开阳、黔西等县境）。二十九年，八番、顺元两司合并，置司于贵州。海北海南宣慰司都元帅府：参见元 128 注 2。

275. 凡官员致仕 [1]：至元二十八年 [2]，省议："诸职官年及七十，精力衰耗，例应致仕。今到选官员，多有年已七十或七十之上者，合令依例致仕。"大德七年 [3]，省臣言："内外官员年至七十者，三品以下，于应授品级，加散官一等，令致仕。"十年，省臣言："官员年老不堪仕宦者，于应得资品，加散官、遥授职事，令致仕。"皇庆二年 [4]，省臣言："蒙古、色目官员所授散官，卑于职事，拟三品以下官员，职事、散官俱升一等，令致仕。"

[1] 致仕：退休。

[2] 至元二十八年：即公元 1291 年。至元，元世祖忽必烈的第二个年号。

[3] 大德七年：即公元 1303 年。大德，元成宗铁穆耳的第二个年号。

[4] 皇庆二年：即公元 1313 年。皇庆，元仁宗的第一个年号。

276. 凡封赠之制 [1]：至元初 [2]，唯一二勋旧之家以特恩见褒，虽略有成法，未悉行之。至元二十年，制："考课虽以五事责办管民官 [3]，为无激劝之方，徒示虚文，竟无实效。自今每岁终考课，管民官五事备具，内外诸司官职任内各有成效者，为中考。第一考，对官品加妻封号 [4]。第二考，令子弟承荫叙仕。第三考，封赠祖父母、父母。品格不及封赠者，量迁官品，其有政绩殊异者，不次升擢，仰中书参酌旧制，出给诰命 [5]。"

[1] 封赠：皇帝以一定称号授予臣下的父母。父母存者曰封，已死者称赠。

[2] 至元：元世祖忽必烈的第二个年号（1264～1294）。

[3] 五事：元代考察官吏的五项内容。参见元 59 注 3。管民官：元代地方临民机构属官的称谓。参见元 109 注 2。

[4] 官品：职官的品级。

[5] 诰命：谓皇帝命令的文件。《文史》总第 64 辑（中华书局 2003 年 8 月出版，2003 年第 3 辑）载张帆《读〈元典章〉校〈元史〉》一文，内云："此条详见《元典章》卷二《圣政一·饬官吏》：'至元二十二年二月钦奉圣旨内一款：在先考课虽以五事责办管民官，为无激劝之方，徒示虚文，竟无实效。自今每岁终考课，管民官五事被具，内外诸司官职任各有成效者，为中考。第一考，对官品加妻封号。第二考，令子弟承荫叙仕。第三考，封赠祖父母、父母。品格不及封赠者，量迁官品，其有政绩殊异者，不次升擢，仰中书省参酌旧制，出给诰命施行。'文字与上引《元史》几乎全同，唯年代有异。另外《元典章》卷一一《吏部五·职制二·封赠》有《官吏考荫封赠》的标题，但无具体内容，仅书年代'至元二十二年'，下注小字'见圣政门饬官吏类'，显然是指同一文件。按《元史》卷二〇五《奸臣·卢世荣传》：'（至元二十二年）二月，……世荣既以利自任，惧怒之者众，乃以九事说世祖诏天下：……其九，定百官考课升擢之法。'可知至元二十二年确有考课制度的改革。考课中加入封赠内容，应当就是改革的重要部分。据此，《元史》年代似误，当从《元典章》改为二十二年。"甚是，可参考。

277. 至大二年 [1]，诏："流官五品以上父母、正妻 [2]，七品以上正妻，令尚书省议行封赠之制 [3]。"礼部集吏部、翰林国史院、集贤院、太常等官 [4]，议封赠谥号等第 [5]，制以封赠非世祖所行 [6]，其令罢之。至治三年 [7]，省臣言："封赠之制，本以激劝将来，比因泛请者众，遂致中辍。"诏从新设法议拟与行，毋致冗滥。

[1] 至大二年：即公元 1309 年。至大，元武宗海山的年号。
[2] 流官：即地方官。因有任期而常流动，故称。
[3] 尚书省：元代至元间所设官署名。参见元 45 注 2。
[4] 礼部：参见元 9 注 3。吏部：元代属中书省。掌选授官吏的政令，包括职官铨综典制，吏员调补格例，勋封爵邑制度，考课殿最办法等。元世祖中统元年（1260），以吏、户、礼为左三部。至元元年（1264）分置吏礼部。十三年定制，吏部自为一部。长官尚书三员，正三品。下设侍郎、郎中、员外郎等官。翰林国史院：即"翰林兼国史院"，元代官署名。掌拟写诏令、纂修国史以备咨询。参见元 34 注 1。集贤院：元代官署名，秩从二品。参见元 52 注 17。太常：即"太常礼仪院"，或称"太常寺"。参见元 68 注 1。
[5] 谥号：古人死后依其生前行迹而为之所立的称号。帝王的谥号一般由礼官议上，臣下的谥号由朝廷赐予。唐张守节《史记正义·谥法解》："谥者，行之迹；号者，功之表。"
[6] 世祖：即元世祖忽必烈（1215～1294），宪宗蒙哥弟，拖雷子。参见元 2 注 4。
[7] 至治三年：即公元 1323 年。至治，元英宗硕德八剌的年号。《文史》总第 64 辑（中华书局 2003 年 8 月出版，2003 年第 3 辑）载张帆《读〈元典章〉校〈元史〉》一文，内云："此条详见《元典章》卷一一《吏部五·职官二·封赠·流官封赠通例（又例）》：'延祐七年十一月，钦奉至治改元诏书内一款：封赠之制，本以激劝臣下，比因泛请者众，遂至中辍。令命中书省从新设法议拟举行，毋致冗滥。'《元典章》新集《国典·诏令·至治改元诏》第十六款所载全同，许有壬《至正集》卷七五《公移·封赠》也完整无误地引述了此款文字。按此前元朝封赠制度具体细则，制定于延祐三年四月十八日，见《元典章》卷一一《吏部五·职制二·封赠·流官封赠通例》。封赠因故'中辍'，在延祐五年二月二十八日，见《元典章》新集《吏部·官制·总例·住罢封赠》及《元史》卷二六《仁宗纪一》。两年后英宗即位，为推进汉化改革，重议举

行。《元史·选举志四·考课》将此事系于至治三年，恐误。而且《元史》在详述'礼部从新分立等第'的内容后（实际上主要是延祐三年细则的重申）又载：'至治三年，诏："封赠之典，本以激劝忠孝，今后散官职事勋爵，依例加授，外任官员并许在任申请，其馀合行事理，仰各依旧制。"''至治三年'先后两次出现，显然有问题。第一个'至治三年'，当据《元典章》，改为延祐七年。"可参考。延祐七年，即公元 1320 年。延祐，元仁宗爱育黎拔力八达的第二个年号。

278. 礼部从新分立等第：正从一品封赠三代，爵国公 [1]，勋正上柱国 [2]，从柱国，母、妻并国夫人 [3]。正从二品封赠二代，爵郡公，勋正上护军，从护军，母、妻并郡夫人。正从三品封赠二代，爵郡侯，勋正上轻车都尉，从轻车都尉，母、妻并郡夫人。正从四品封赠父母，爵郡伯，勋正上骑都尉，从骑都尉，母、妻并郡君。正五品封赠父母，爵县子，勋骁骑尉，母、妻并县君。从五品封赠父母，爵县男，勋飞骑尉，母、妻并县君。正从六品封赠父母，父止用散官，母、妻并恭人。正从七品封赠父母，父止用散官，母、妻并宜人。正从一品至五品宣授 [4]，六品至七品敕牒 [5]。如应封赠三代者，曾祖父母一道，祖父母一道，父母一道，生者各另给降。封赠者，一品至五品并用散官勋爵，六品七品止用散官职事，从一高。封赠曾祖，降祖一等，祖降父一等，父母妻并与夫、子同。父母在仕者不封，已致仕并不在仕者封之，虽在仕弃职就封者听。父母应封，而让曾祖父母、祖父母者听。诸子应封父母，嫡母在，所生之母不得封。嫡母亡，得并封。若所生母未封赠者，不得先封其妻。诸职官曾受赃，不许申请，封赠之后，但犯取受之赃，并行追夺。其父祖元有官进一阶，不在追夺之例。父祖元有官者，随其所带文武官上封赠，若已是封赠之官，止于本等官上许进一阶，阶满者更不在封赠之限如子官至四品，其父祖已带四品上阶之类。或两子当封者，从一高。文武不同者，从所请。妇人因其夫、子封赠，而夫、子两有官者，从一高。封赠曾祖母、祖母并母，生封并加太字，若已亡殁或曾祖、祖父、父在者，不加太字。职官居丧，应封赠曾祖父母、祖父母、父母者听。其应受封之人，居曾祖父母、祖父母、父母、舅姑、夫丧者 [6]，服阕申请 [7]。应封赠者，有使远死节，有临陈死事者 [8]，验事特议加封。应封妻者，止封正妻一人，如正妻已殁，继室亦止封一人，馀不在封赠之例。妇人因夫、子得封者，不许再嫁，如不遵守，将所受宣敕追夺 [9]，断罪离异。父祖曾任三品以上官，亡殁，生前有勋劳，为上知遇者，子孙虽不仕，具实迹赴所在官司保结申请，验事迹可否，量拟封赠。无后者，许有司保结申请。曾祖父母、祖父母、父母曾犯十恶奸盗除名等罪 [10]，及例所封妻不是以礼娶到正室，或系再醮倡优婢妾 [11]，并不许申请。凡告请封赠者，随朝并京官行省、行台、宣慰司、廉访司见任官，各于任所申请。其余官员，见任并已除未任，至得替日，随其解由申请 [12]。致仕官于所在官司申请。正从七品至正从六品，止封一次。升至正从五品，封赠一次。升至正从四品，封赠一次。升至正从三品，封赠一次。升至正从二品，封赠一次。升至正从一品，封赠一次。凡封赠流官父祖曾任三品以上者，许请谥 [13]。如立朝有大节，功勋在王室者，

许加功臣之号 [14]。

[1] 爵：官爵的等级，即"爵位"。属于封建社会的一种特权制度，得爵者可以根据爵位高低享有不同等政治、经济待遇。《元史·百官七》："爵八等：王（正一品），郡王（从一品），国公（正二品），郡公（从二品），郡侯（正三品），郡侯（从三品），郡伯（正四品），郡伯（从四品），县子（正五品），县男（从五品）。右勋爵，若上柱国、郡王、国公，时有除拜者，馀则止于封赠用之。"

[2] 勋：古代授予有功之臣的荣誉官称。始于北朝，有一定的品阶相依附，但无实职。下自士兵，上至文武官吏，皆可给授。《旧唐书·职官一》："勋官者，出于周、齐交战之际，本以酬战士，其后渐及朝流。阶爵之外，更为节级。"《元史·百官七》："勋一十阶：上柱国（正一品），柱国（从一品），上护军（正二品），护军（从二品），上轻车都尉（正三品），轻车都尉（从三品），上骑都尉（正四品），骑都尉（从四品），骁骑尉（正五品），飞骑尉（从五品）。"

[3] 国夫人：与下文"郡夫人"、"郡君"、"县君"、"恭人"、"宜人"等皆为封建时代命妇的称号。

[4] 宣授：元代官自一品至五品为宣授。参见元66注5。

[5] 敕牒：元代官自六品至九品为敕授，由中书省牒署之。参见元66注5。敕牒，授官的文书，即委任状。

[6] 舅姑：称夫之父母，即"公婆"。

[7] 服阕：古人守丧期满除服。

[8] 临陈（zhèn 阵）死事：身临战阵捐躯。临陈，即"临阵"。

[9] 宣敕：这里谓朝廷封赠的正式文书。

[10] 十恶：参见元23注1。除名：除去名籍，取消原有身份。当谓罢去官职、削职为民者。

[11] 再醮（jiāo 郊）：古代举行婚礼时，父母给子女酌酒的仪式称"醮"。因称女子再嫁为"再醮"。

[12] 解（jiè 界）由：官吏调任或考选时的证明文书。参见元88注2。

[13] 请谥：谓人死后请求颁赐谥号。

[14] 功臣之号：唐宋实行赐与有功之臣名号的做法，元代因袭。元马端临《文献通考》卷六十四："加功臣号，始于唐德宗，宋朝因之，至元丰乃罢。中兴后加赐者三人而已：韩世忠杨武翊运功臣，张俊安民靖难功臣，刘光世和众辅国功臣。"

279. 至治三年 [1]，诏："封赠之典，本以激劝忠孝，今后散官职事勋爵，依例加授，外任官员并许在任申请，其馀合行事理，仰各依旧制。"泰定元年 [2]，诏："犯赃官员，不得封赠，沉郁既久，宜许自新，有能涤虑改过，再历两任无过者，许所管上司正官从公保明，监察御史、廉访司覆察是实 [3]，并听依例申请。"

[1] 至治三年：即公元1323年。至治，元英宗硕德八剌的年号。

[2] 泰定元年：即公元1324年。泰定，元泰定帝也孙铁木儿的第一个年号。

[3] 监察御史：官名，御史台官员。参见元8注14。廉访司：元代掌地方监察的官署名。参见元8注14。

《明史》

卷六十九　志第四十五

选举一

1. 选举之法，大略有四：曰学校，曰科目，曰荐举，曰铨选 [1]。学校以教育之，科目以登进之，荐举以旁招之，铨选以布列之，天下人才尽于是矣。明制，科目为盛，卿相皆由此出 [2]，学校则储才以应科目者也。其径由学校通籍者 [3]，亦科目之亚也，外此则杂流矣 [4]。然进士、举贡、杂流三途并用 [5]，虽有畸重，无偏废也。荐举盛于国初，后因专用科目而罢。铨选则入官之始，舍此蔑由焉。是四者厘然具载其本末，而二百七十年间取士得失之故可睹已 [6]。

[1]“大略有四”数句：郭培贵《明史选举志笺正》第1页：“据《太祖实录》卷256、《续通考》卷50《吏道》、《会典》卷8《吏役参拨》和本《志三》，明代官员的主要来源，除学校、科举、荐举外，尚有吏员一途。”甚是。科目，隋唐以来取士分科，秀才、明经、进士、明法、明算、开元礼、道举、童子等，不一而足；另有制科，名目更多。宋代因之，略有变更。明清武举外，常科虽只进士一科，亦沿用其名。参见唐1，宋3。这里即指通过科举取得功名。宋陈亮《送吴久成序》：“少以气自豪，出手取科目，随辄得之。”参见明39注1。铨选，选才授官。

[2]“明制”三句：郭培贵《明史选举志笺正》第1页：“据《弇山堂别集》诸《表》和《明史·宰辅年表》，正统前，卿相不乏非科目出身者，特别是洪武时期，六部、都察院、通政司、大理寺诸卿贰更以非科目出身者为主体，故《志》概言‘明制’，不确。”甚是。卿相，谓执政的大臣。

[3]通籍：谓初做官，意即朝中已有了名籍。这里谓以监生资格入仕。

[4]杂流：谓非通过科举考试或未取得监生资格而入仕者。

[5]举贡：明代国子监通过不同途径举监生入贡朝廷为官。三途并用：参见明99注7。

[6]二百七十年：明朝从明太祖洪武元年（1368）建国至明思宗崇祯十六年（1644）亡国，凡立国二百七十七年。

2. 科举必由学校 [1]，而学校起家，可不由科举。学校有二：曰国学，曰府、州、县学 [2]。府、州、县学诸生入国学者，乃可得官，不入者不能得也 [3]。入国学者，通谓之监生［4］。举人曰举监［5］，生员曰贡监［6］，品官子弟曰荫监［7］，捐赀曰例监［8］。同一贡监也，有岁贡［9］，有选贡［10］，有恩贡［11］，有纳贡［12］。同一荫监也，有官生［13］，有恩生［14］。

［1］科举必由学校：郭培贵《明史选举志笺正》第2页："按，此言不确。据《太祖实录》卷160，参加科考者，除国子生和府州县学生员之学成者外，尚有'儒士之未仕者，官之未入流者'。《志》言仅其主要者。"甚是。

［2］"学校有二"三句：郭培贵《明史选举志笺正》第2页："按，此言不确。据本《志》下文及补文，除国学和府州县学外，明代尚有都司卫所儒学、土官学、武学、宗学、社学等学校。"甚是。国学，即"国子学"，明代的教育管理机构国子监兼具国子学性质，为明代最高学府。府州县学，明代不同级别行政区划所设官办儒学。《明史·地理一》："终明之世，为直隶者二：曰京师，曰南京。为布政使司者十三：曰山东，曰山西，曰河南，曰陕西，曰四川，曰湖广，曰福建，曰广东，曰广西，曰浙江，曰江西，曰云南，曰贵州。其分统之府百有四十，州百九十有三，县千一百三十有八。羁縻之府十有九，州四十有七，县六。"

［3］"府州县学诸生"三句：郭培贵《明史选举志笺正》第2～3页："按，此就常制而言，但也有例外，如据《嘉靖沈丘县志》卷2，洪武二年十一月颁行的《皇明立学设科分教格式》规定：府州县学生员'习学限一年有成，隶中书省者贡至中书省考试，中选者就便量才录用；隶各行省考试，其中选者入贡朝廷选用'。另，据《英宗实录》卷264，景泰七年三月以后，岁贡生员也可在廷试考中后，不入国子监而直接铨选府州县学教官，且自此后，逐渐成为教官队伍的主体。"可参考。

［4］监（jiàn建）生：在国子监肄业者统称监生。初由学政考试录取，或由皇帝特许，后亦可由捐纳取得名额。

［5］举人：明清乡试中式者称举人，正榜之外，又取若干名备取者，称副榜。举监：明清国子监生之一种。参见明13。

［6］生员：明清经各级考试合格，取入府、州、县学者，皆称生员，或统称"诸生"，俗称"秀才"。贡监：参见明15。

［7］品官：明清官员自一至九品，各有正从，凡十八阶，皆称品官。荫监：参见明19。

［8］捐赀：捐纳资财。例监：或称"捐监"。参见明21。

［9］岁贡：即"岁贡生"。明代国子监监生名目之一。即地方儒学每年按规定送入国子监读书的学生。明初令各学岁贡一人，后定制府学岁贡二人，州学三年二人，县学岁一人，以后屡有变化。孔、颜、孟三氏学，京、卫、都司、土司学亦有按年充贡之法。参见明15注7。

［10］选贡：明代国子监监生名目之一。弘治中始行，即于常贡之外，不分廪膳、增广生员，通行考选以充贡入学之贡生。每三五年一选。

［11］恩贡：明代国子监监生名目之一。凡遇皇帝登极、寿辰，或其他皇室庆典之年，颁布"恩诏"，以本年岁贡生员作为恩贡，并以下届岁贡提前充本年岁贡。

［12］纳贡：明代国子监监生名目之一。即准许生员捐纳钱粮而入国子监读书者，谓之纳贡。由普通身份捐纳入监者，称例贡或民生。纳贡虽优于例监，而其实相同。

［13］官生：明代国子监生中之品官子弟，相对于民生而言，亦称荫生。此外，土司子弟与外国留学生亦称官生。

[14] 恩生：明代因特殊恩典，不限官品，可荫一子入国子监读书者，谓之恩生。

3. 国子学之设自明初乙巳始 [1]。洪武元年令品官子弟及民俊秀通文义者 [2]，并充学生。选国琦、王璞等十馀人 [3]，侍太子读书禁中 [4]。入对谨身殿 [5]，姿状明秀，应对详雅。太祖喜 [6]，因厚赐之。天下既定，诏择府、州、县学诸生入国子学。又择年少举人赵惟一等及贡生董昶等入学读书 [7]，赐以衣帐，命于诸司先习吏事，谓之历事监生 [8]。取其中尤英敏者李扩等入文华、武英堂说书 [9]，谓之小秀才 [10]。其才学优赡、聪明俊伟之士，使之博极群书，讲明道德经济之学，以期大用，谓之老秀才 [11]。

[1] 乙巳：即元至正二十五年（1365），时朱元璋尚未建国，称"明初"系概言之。《明史·太祖一》："（元至正二十五年）九月丙辰，建国子学。"

[2] 洪武元年：即公元 1368 年。洪武，明太祖朱元璋的年号。

[3] 国琦：生平不详。王璞：生平不详。

[4] 太子：即朱标（1355～1392），朱元璋长子，马皇后所出。朱元璋为吴王，立为世子，洪武初，立为皇太子。洪武二十四年（1391）巡抚陕西，经略建都事宜。比还得疾，逾年卒。建文初追尊孝康皇帝，庙号兴宗。燕王朱棣即位，复称懿文太子。《明史》有传。

[5] 谨身殿：故址在今南京市区东部明故宫遗址，与奉天殿、华盖殿合称三大殿。

[6] 太祖：即明太祖朱元璋（1328～1398），幼名重八、兴宗，字国瑞，濠州（今安徽凤阳）钟离太平乡孤庄村人。少时为人佣耕放牧，又曾入皇觉寺为僧，后投红巾军郭子兴部下，子兴死，代领其军。奉红巾军宋小明王龙凤年号，官至左丞相。先后灭陈友谅、张士诚，杀害小明王，建国号大明，改元洪武，统一中国。在位三十一年，卒葬南京钟山孝陵，谥高皇帝。

[7] 赵惟一：字执中，钱塘（今浙江杭州）人，洪武五年（1372）举人。明徐一夔《始丰稿》卷五《送赵乡贡序》："洪武五年秋八月，浙省乡贡既撤棘，一榜烂然，悬于省门之上，观者荣之。杭之士预贡者五人，其第三人则赵惟一执中也。初执中受经于郡助教何彦恭甫，而何彦恭甫则授经于前乡贡进士徐中先生，授受有源委。"董昶：郭培贵《明史选举志考论》第13页，疑"董昶"当作"黄昶"，甚是。文长不录。明宋濂《文宪集》卷十三《恭题御和诗后》："洪武六年八月十六日，皇上特诏臣及翰林学士承旨詹同编修《日历》……既成稿，思得俊秀有文者，通考义例而缮书之。于是遴选二生，具名氏以闻，上可其奏。其一则义乌黄昶，昶时以《春秋》中浙江行省第十七名文解，肄业成均，因移文博士征之。十月二十六日，昶至，臣引见，上于西苑慰问良久，且曰：'尔何人之裔耶？'臣对曰：'文献公潜，昶之从曾祖也。'上悦，复见皇太子于大本堂，勉劳有加焉。未几，上遣侍臣出尚方绮裘革履以赐。"《浙江通志》卷一百三十四《选举》"明举人洪武三年庚戌科"下著录："黄昶，义乌人，监察御史。"《御订佩文斋书画谱》卷四十："黄昶，字叔旸，义乌人。以明经举于乡，宋濂纂修《实录》，以工书服劳史馆。事竣，受命伴读齐府。"

[8] 历事监生：参见明22。历事，实习的意思。

[9] 李扩：《续文献通考》卷四十七："李扩等自文华、武英擢御史，扩寻改给事中，兼齐相府录事。盖台谏之选，亦出于太学，其常调者乃为府州县六品以下官。时虽复行科举，而监生与荐举人才

参用者居多，故其时布列中外者，太学生最盛。"又《浙江通志》卷一百十八著录洪武间"承宣布政司左布政使"有李扩之名。文华：即"文华堂"，故址在今南京市。明黄佐、廖道南《殿阁词林记》卷十《文华》："洪武六年，开文华堂于禁中，以为储材地。诏择乡贡举人年少俊异者，俾肄业其中。"武英堂：禁中殿堂名，故址在今南京市。说书：解说经书。

[10] 小秀才：明黄佐《南雍志》卷一《事纪一》："洪武七年春，诏丞相、御史择国子生质美而能文者，得郎敏等三十有五人，命博士赵俶等亲与之讲说，日程其业而岁望其成。复择俶等所教国子生年少聪明者李扩等人二堂说书，谓之小秀才，甚见宠遇。"

[11] 老秀才：《太祖实录》卷一百三十七"洪武十四年六月丙辰"条载："时于诸生中选才学优等、聪明俊伟之士三十七人，命之博极群书，讲明道德经济之学，以期大用，称之曰老秀才。累有罗绮、袭衣、巾靴之赐，恩遇甚厚。"

4. 初，改应天府学为国子学[1]，后改建于鸡鸣山下[2]。既而改学为监，设祭酒、司业及监丞、博士、助教、学正、学录、典籍、掌馔、典簿等官[3]。分六堂以馆诸生，曰率性、修道、诚心、正义、崇志、广业[4]。学旁以宿诸生，谓之号房。厚给廪饩[5]，岁时赐布帛文绮、袭衣巾靴[6]。正旦元宵诸令节[7]，俱赏节钱。孝慈皇后积粮监中[8]，置红仓二十余舍[9]，养诸生之妻子。历事生未娶者，赐钱婚聘，及女衣二袭，月米二石。诸生在京师岁久，父母存，或父母亡而大父母、伯叔父母存[10]，皆遣归省，人赐衣一袭，钞五锭[11]，为道里费。其优恤之如此。

[1] 应天府学：郭培贵《明史选举志考论》第14页："此误。据《太祖实录》卷一七：'乙巳九月丙辰朔，置国子学，以故集庆路学为之。'《南雍志》卷一《事纪一》、万斯同《明史》卷七四《选举志四》也皆云'太祖于乙巳岁置国子学，以元集庆路儒学为之'。而据《太祖实录》卷一三三，应天府学始设于洪武十三年八月丙戌。故知《志》言'应天府学'应为'集庆路学'之误。"甚是。应天府，元至正十六年（1356）朱元璋改集庆路置。洪武元年（1368）定为南京首府。十一年改南京为京师，遂为京师首府。永乐元年（1403）仍改为南京首府，洪熙元年（1425）再改为京师首府，正统六年（1441）复定为南京首府。设府尹一人，秩正三品，府丞一人，治中一人，通判二人，推官一人，经历、知事、照磨、检校各一人，儒学教授一人，训导六人。所辖有上元、江宁二县及句容、溧阳、溧水、高淳、江浦、六合等县。

[2] 鸡鸣山：即"鸡笼山"，以山东麓有鸡鸣寺，故又名鸡鸣山。在今南京鼓楼以东、九华山以西，山势浑圆，状似鸡笼，故名。明国子学故址在鸡笼山南麓，地处今南京工学院及双龙巷一带，当时规模宏大，学生最多时达九千余人。

[3] "改学为监"二句：《明会典》卷一百七十三《国子监》："国初置国子学，正四品衙门，设博士、助教、学正、学录、典乐、典书、典膳等官。后添设祭酒、司业、典簿，改典膳为掌馔。洪武八年，置中都国子学。十五年，改国子学为国子监，中都国子学为中都国子监，从四品衙门，职专教化之事。定设祭酒、司业及监丞、典簿、博士、助教、学正、学录、掌馔等官。二十六年，革中都国子监。永乐元年，置国子监于北京。本监以累经车驾临视，监官不敢中厅而坐，中门出入。两京同。"《明史·职官二》："国子监。祭酒一人（从四品），司业一人（正六品），其属，绳愆厅：监丞一人（正八品）；博士厅：《五经》博士五人（从八品）；率性、修道、诚心、

正义、崇志、广业六堂：助教十五人（从八品），学正十人（正九品），学录七人（从九品）；典簿厅：典簿一人（从八品）；典籍厅：典籍一人（从九品）；掌馔厅：掌馔一人（未入流）。"

[4] "分六堂"二句：《明会典》卷一百七十三《监规》："（洪武）十六年定，一、正官严立学规，六堂讲诵课业，定生员三等高下，定六堂师范高下。一、以二司业分为左右，各提调三堂。一、博士五员，虽分五经，共于彝伦堂西设座教训，六堂依本经考课。一、凡生员通《四书》未通经者，居正义、崇志、广业堂；一年半之上，文理条畅者，许升修道、诚心堂；坐堂一年半之上，经史兼通、文理俱优者，升率性堂。一、生员坐堂，各堂置立勘合文簿，于上横列生员姓名，于下界画作十方。一月通作三十日，坐堂一日，印红圈一个；如有事故，用黑圈记。每名须至坐堂圈七百之上，方许升率性堂。"

[5] 廪饩（xì 细）：由公家供给的粮食之类的生活物资。《明会典》卷一百七十三《廪馔事例》："洪武初，定官吏师生会馔：三月至十月终，日食三餐，每人日支米一升；十一月至次年二月终，日食二餐，每人日支米八合五勺。若监生有家小者，三月至十月终，减支，每人日支米六合九勺；十一月至二月终，不减支，其监生家小，月支食米六斗。若云南、贵州所属并四川土官生，许带家人一名，同食廪米。其会馔物料：每人日支青菜三两，腌菜则一两五钱；豆腐，黄豆一合磨造；盐三钱，酱二钱，花椒五分，香油三分，醋每四十人共一瓶；面，三日一餐，每人八两造馒头，猪肉四两作馅；醇醋三钱，豆粉一两，干粉索为汤；干鱼，三日一次，每人二两。柴，每人日支二斤。"

[6] 袭衣：成套的衣服。

[7] 正（zhēng 征）旦：正月初一元旦（相当于今天的春节）。元宵：即正月十五元宵节。令节：佳节。

[8] 孝慈皇后：即马皇后（1332～1382），凤阳宿州（今安徽宿县）人，濠州红巾军郭子兴养女。元至正十二年（1352）嫁朱元璋，协助朱元璋创业打天下，洪武元年（1368）被册为皇后。勤于内治，功臣或赖以保全。十五年病卒，谥孝慈，葬孝陵。

[9] 红仓：即"红板仓"。《明史·后妃一》："帝幸太学还，后问生徒几何，帝曰：'数千。'后曰：'人才众矣。诸生有廪食，妻子将何所仰给？'于是立红板仓，积粮赐其家。太学生家粮自后始。"又《明史·周洪谟传》："（洪谟）进学士，寻为南京祭酒。上言：'南监有红板仓二十间，高皇后积粟以养监生妻孥者，宜修复。'帝允行之。"

[10] 大父母：即祖父、祖母。

[11] 锭：纸币票面金额。

5. 而其教之之法，每旦，祭酒、司业坐堂上，属官自监丞以下，首领则典簿，以次序立 [1]。诸生揖毕，质问经史，拱立听命 [2]。惟朔望给假 [3]，馀日升堂会馔 [4]，乃会讲、复讲、背书 [5]，轮课以为常。所习自《四子》、本经外 [6]，兼及刘向《说苑》及《律》、《令》、书、数、《御制大诰》[7]。每月试经、书义各一道，诏、诰、表、策、论、判内科二道 [8]。每日习书二百馀字，以二王、智永、欧、虞、颜、柳诸帖为法 [9]。每班选一人充斋长 [10]，督诸生工课。衣冠、步履、饮食，必严饬中节。夜必宿监，有故而出必告本班教官，令斋长帅之以白祭酒。监丞置集愆簿 [11]，有不遵者书之，再三犯者决责，四犯者至发遣安置。其学规条目，屡次更定，宽严得其中。堂宇宿舍，饮馔澡浴，俱有禁例。省亲、毕姻回籍，限期以道里远近为差。违限者谪选远方典史[12]，有罚充吏者[13]。

[1] "而其教"数句：《明会典》卷一百七十三《监规》："洪武十五年定：一、本监正官，每日侵晨升堂就坐，各属官以次赴堂序立，行揖礼，正官坐受，后各属官分列东西，相向对揖，礼毕就立，俟各堂生员行列恭揖，礼毕方退。晚亦如之。"属官，明代各官署所属衙门之官员。地方官署有署衙，但一般不称属官。首领，即"首领官"。明代各官署中负责本署事务的官员。

[2] 拱立听命：此国子监属官对正官所行问经之礼，非诸生所行者。《明会典》卷一百七十三《监规》："本监属官，每遇赴堂禀议事务、质问经史，皆须拱立听受，取次讲说，不得即便坐列；其正官亦不得要求虚誉，辄自起身，有紊礼制。务在纲纪秩然，足为矜式。"诸生问经所行者当为跪礼。《明会典》卷一百七十三《监规》："学校之所，礼义为先。各堂生员每日诵授书史，并在师前立听讲解，其有疑问，必须跪听，毋得傲慢，有乖礼法。"

[3] 朔望：朔日和望日，即农历每月的初一和十五日。

[4] 会馔：国子监师生共同进餐。清孙承泽《春明梦馀录》卷五十四《监例》："洪武中，钦定官吏、监生会馔之制。掌馔预备椅桌、器皿于馔堂，祭酒南向，司业北向，监丞、博士、六堂等官东西向坐，诸生分东西班坐其后。大约膳夫一人，管监生二十五人馔。先食，则鸣铎传唱曰：'食不语，坐必安。'日以为常。"

[5] "乃会讲"句：《明会典》卷一百七十三《监规》："每月背讲书日期：初一日假。初二日、初三日会讲，初四日背书，初五日、初六日复讲，初七日背书，初八日会讲，初九日、初十日背书，十一日复讲，十二日、十三日背书，十四日会讲。十五日假。十六日、十七日背书，十八日复讲，十九日、二十日背书，二十一日会讲，二十二日、二十三日背书，二十四日复讲，二十五日会讲，二十六日背书，二十七日、二十八日复讲；二十九日背书，三十日复讲。"

[6] 四子：即《四子书》，或称《四书》。南宋朱熹将《中庸》与《论语》、《孟子》、《大学》合编为四子书，并作了章句。宋末以后，《四书》遂成为科举考试的重要内容。本经：北宋以后，举子各习《五经》中之一经以应考，所习者即称"本经"。

[7] 刘向：原名更生（公元前77？～前6），字子政，汉高祖弟楚元王刘交四世孙。汉宣帝时任散骑谏大夫，汉成帝时更名向，任光禄大夫，校阅经传诸子诗赋，撰成我国最早之目录学专著《别录》，另著《新序》、《说苑》、《列女传》、《洪范五行传论》等书。《汉书》有传。说苑：汉刘向撰，二十卷。载录可以为人所取法之遗闻佚事，体例与《新序》略同。律：谓《大明律》，明代官修律书。朱元璋吴元年（1367）命李善长等据《唐律》修编，洪武六年（1373）又经刘惟谦等改定，翌年颁行，计十二篇、六百零六条。洪武三十年重订，成三十篇、四百六十条。是书罕传，今传本辑自《永乐大典》。令：即《大明令》，明代官修格令书。洪武元年所定，凡一百四十五条。明黄训《名臣经济录》卷四十五录丘濬《定律令之制四》："臣按，唐有律，律之外又有令格式。宋初因之，至神宗，更其目曰敕令格式。所谓敕者，兼唐之律也。我圣祖登极之初洪武元年，即为《大明令》一百四十五条，颁行天下，制曰：惟律令者，治天下之法也。令以教之于先，律以齐之于后。"书：书法。算：谓算学。御制大诰：朱元璋亲自编撰的刑法案例汇编。洪武十八年（1385），朱元璋亲定七十四条颁示中外。次年复为续编八十四条、三编四十三条，所示严刑峻法至多。明初发至学宫课士，并及乡里塾师教读。洪武三十年，附于《大明律》后颁示天下，称《律诰》。

[8] "每月"二句：《明会典》卷一百七十三《监规》："每月务要作课六道：本经义二道，《四书》义二道，诏、诰、章、表、策、论、判语内科二道。不许不及道数，仍要逐月作完送改，以凭类进。违者痛决。"经义、《四书》义，与《志》文所言"各一道"不同。诏，文体名。明徐师曾《文体明辨序说》："夫诏者，昭也，告也。古之诏词，皆用散文，故能深厚尔雅，感动乎人。六朝而下，文尚偶俪，而诏亦用之，然非独用于诏也。后代渐复古文，而专以四六施诸诏、诰、制、敕、表、笺、简、启等类，则失之矣。然亦有用散文者，不可谓古法尽废也。"诰，朝廷、君上发布的命令。明徐师曾《文体明辨序说》："今制：命官不用制诰，至三载考绩，则用诰以褒美。五品以上官而赠封其亲、及赐大臣勋阶赠谥皆用之；六品以下则用敕命。其词皆兼二体，亦监前代而损益之也。"表，古代用于陈请谢贺的奏章。汉蔡邕《独断》卷上："凡群臣上书于天子者有四名，一曰章，二曰奏，三曰表，四曰驳议……表者不需头，上言'臣某言'，下言'臣某诚惶诚恐，稽首顿首，死罪死罪'，左方下附曰'某官臣某甲上'。文多用编两行，文少以五行。"策，议论文体的一种。明徐师曾《文体明辨序说》："一曰制策，天子称制以问而对者是也。二曰试策，有司以策试士而对者是也。三曰进策，著策而上进者是也……夫策之体，练治为上，工文次之。"论，文体的一种。明徐师曾《文体明辨序说》分之为八种："一曰理论，二曰政论，三曰经论，四曰史论（有评议、述赞二体），五曰文论，六曰讽论，七曰寓论，八曰设论。"判，古代折狱听讼的一种应用文体。明徐师曾《文体明辨序说》："按字书云：'判，断也。'古者折狱，以五声听讼，致之于刑而已。秦人以吏为师，专尚刑法。汉承其后，虽儒吏并进，然断狱必贵引经，尚有近于先王议制及《春秋》诛宥之微旨。其后乃有判词。唐制，选士判居其一，则其用弥重矣。故今所传如称某某有姓名者，则断狱之词也：称甲乙无姓名者，则选士之词也。要之执法据理，参以人情，虽曰弥文，而去古意不远矣……今世理官断狱，例有参词，而设科取士，亦试以判，其体皆用四六，则其习由来久矣。"科，考较，查核。

[9] 二王：王羲之（321～379，一作303～361），字逸少，晋琅琊临沂（今属山东）人，居于会稽山阴（今浙江绍兴）。官至右军将军、会稽内史。擅长书法，草、隶、正、行皆精，自成一家，有"书圣"之称。《晋书》有传。王献之（344～386），字子敬，为王羲之第七子，从父学书法，几可与父乱真。累官至中书令，与父羲之并称"二王"。《晋书》有传。智永：隋僧（生卒年不详），王羲之后裔，工书，真草兼擅，有《真草千文》传世。欧：即欧阳询（557～641），字信本，唐潭州临湘（今湖南长沙）人。仕隋为太常博士，入唐，官至太子率更令、弘文馆学士。工书法，初学王羲之，后变其体，楷书险劲瘦硬，世称"欧体"。传世《九成宫醴泉铭》等。两《唐书》有传。虞：即虞世南（558～638），字伯施，唐越州余姚（今属浙江）人。仕隋，官秘书郎，入唐，官至秘书监，封永兴县子。书法师智永，工行草，正书有《孔子庙堂碑》传世。两《唐书》有传。颜：即颜真卿（708～784），字清臣，唐京兆万年（今陕西西安）人。开元进士，历官殿中侍御史、平原太守、吏部尚书、御史大夫、尚书左丞，封鲁郡公。李希烈叛乱，被派往抚慰之，于许州被缢杀。书法端庄雄伟，自树一帜，人称"颜体"，有行书《祭侄稿》、正书《多宝塔碑》、《颜勤礼碑》、《麻姑仙坛记》等传世。两《唐书》有传。柳：即柳公权（778～865），字诚悬，唐京兆华原（今陕西耀县）人。元和进士，历官中书舍人、谏议大夫、集贤院学士、工部尚书。善书，工正楷，结构劲挺，书体遒健，号称"柳体"，有《玄秘塔》、《金刚经》、《神策军》等书碑传世。两《唐书》有传。

[10] 斋长：明代国子监监生六堂习业，分斋管理，各斋选厚重勤敏监生一名充任斋长，表率诸生。《明会典》卷一百七十三《监规》："各堂教官，每班选重厚勤敏生员一名，以充斋长，表率诸

生。每日，各斋通轮斋长四名于彝伦堂直日，整点礼仪，序立班次，及催督各斋工课，不许仍设掌仪，专总事务，有妨本名肄业。"

[11] 集愆簿：又称"集愆册"、"稽考簿"。明国子监为考核诸生品德学业而设立的一种记录簿。以德行、经义、治事三项考核。《明会典》卷一百七十三《监规》："监丞置立《集愆册》一本，各堂生员凡有不遵学规，即便究治，仍将所犯附写文册以凭通考。初犯，纪录；再犯，决竹篦五下；三犯，决竹篦十下；四犯，照依前例，发遣安置。"

[12] 典史：官名。明代各县首领官，未入流。掌文移出纳。凡不设县丞或主簿的县则领丞、簿职，掌粮马、巡捕之事。

[13] 充吏：谓在衙门从事低级吏员的工作。

6. 司教之官，必选耆宿[1]。宋讷、吴颙等由儒士擢祭酒[2]，讷尤推名师。历科进士多出太学，而戊辰任亨泰廷对第一[3]，太祖召讷褒赏，撰《题名记》，立石监门。辛未许观亦如之[4]。进士题名碑由此相继不绝[5]。每岁天下按察司选生员年二十以上、厚重端秀者，送监考留。会试下第举人，入监卒业[6]。又因谏官关贤奏[7]，设为定例。府、州、县学岁贡生员各一人，翰林考试经、书义各一道[8]，判语一条，中式者一等入国子监，二等达中都[9]，不中者遣还，提调教官罚停廪禄[10]。于是直省诸士子云集辇下[11]。云南、四川皆有土官生[12]，日本、琉球、暹罗诸国亦皆有官生入监读书[13]，辄加厚赐，并给其从人。永、宣间[14]，先后络绎。至成化、正德时[15]，琉球生犹有至者。

[1] 耆宿：年高有德者之称。

[2] 宋讷：字仲敏（1311～1390），明滑县（今属河南）人。元至正进士，任盐山尹。入明，授国子助教，升翰林学士，改文渊阁大学士，迁祭酒。于太学严立学规，培养人才众多。正德中谥文恪。有《宋文恪集》。《明史》有传。吴颙：据明王世贞《弇山堂别集》卷六十三《国子祭酒年表》："吴颙，河南归德人。由举明经，十五年任，十六年坐罪。"馀不详。

[3] 戊辰：即洪武二十一年（1388）。任亨泰：字古雍（一作左雍，生卒年不详），襄阳（今湖北襄樊）人。洪武二十一年以监生殿试进士第一，授翰林修撰，宠遇特隆，诏于其乡建状元坊以旌之。历官詹事府詹事、礼部尚书。出使交趾，以私市蛮人为仆，降监察御史，后以事免。

[4] 辛未：即洪武二十四年（1391）。许观：即黄观（1364～1402），字澜伯，一字尚宾，初从母姓许，贵池（今属安徽）人。洪武二十四年会试、殿试皆第一，授翰林修撰，复姓黄。累迁礼部右侍郎，建文初迁侍中，与方孝孺等并亲用。燕王朱棣起兵，破南京，闻变投江死。南明福王时谥文贞。

[5] 进士题名碑：明李东阳《怀麓堂集》卷六十八《进士题名记》："国朝每廷试进士，必命题名于国子监，制也。"

[6] "每岁"数句：《明会典》卷一百七十三《生员入监事例》："洪武初，令品官子弟及民间俊秀能通文义者充国子学生。十年，令武臣子弟入国子学读书。十五年，令各按察司选府州县学生员年二十以上、厚重端秀者京考留。十六年，令考中岁贡生员送监再考等第，分堂肄业。十八年，令会试下第举人送监卒业。二十六年，令并中都国子监生入监。"按察司，即"提刑按察使司"，

明代各省置。《明史·职官四》：“提刑按察使司。按察使一人（正三品），副使（正四品），佥事无定员（正五品，详见诸道）。经历司：经历一人（正七品），知事一人（正八品）。照磨所：照磨一人（正九品），检校一人（从九品）。司狱司：司狱一人（从九品）。按察使掌一省刑名按劾之事。纠官邪，戢奸暴，平狱讼，雪冤抑，以振扬风纪，而澄清其吏治。大者暨都、布二司会议，告抚、按，以听于部、院。凡朝觐庆吊之礼，具如布政司。副使、佥事，分道巡察，其兵备、提学、抚民、巡海、清军、驿传、水利、屯田、招练、监军，各专事置，并分员巡备京畿。”会试，又名礼闱。明代考试制度，由礼部主持。每三年一次，于辰、未、戌、丑年举行，明初在南京，永乐间改在北京，时间在二月，故名春闱。凡乡试取中之举人皆可应试，录取名额，初无定数，有多至四百七十二名者，至成化十一年（1475）后，约取三百名左右。举人，明代乡试取中者，可参加会试。有新中式、下第、坐监、署教之分，又有正榜、副榜之别。入监卒业，即为坐监举人。

[7] 谏官：掌谏诤的官员。这里指右司谏。关贤：生平不详。明洪武间历官右司谏兼右春坊右庶子、左布政使。

[8] 翰林：谓“翰林院”。明代掌制诰、修史、图书等事的官署名。《明史·职官二》：“翰林院。学士一人（正五品），侍读学士、侍讲学士各二人（并从五品），侍读、侍讲各二人（并正六品），五经博士九人（正八品，并世袭，别见），典籍二人（从八品），侍书二人（正九品，后不常设），待诏六人（从九品，不常设），孔目一人（未入流），史官修撰（从六品），编修（正七品），检讨（从七品），庶吉士，无定员。学士掌制诰、史册、文翰之事，以考议制度，详正文书，备天子顾问。凡经筵日讲，纂修实录、玉牒、史志诸书，编纂六曹章奏，皆奉敕而统承之。诰敕，以学士一人兼领（正统中，王直、王英以礼部侍郎兼学士，专领诰敕，后罢。弘治七年复设。正德中，白钺、费宏等由礼部尚书入东阁，专典诰敕。嘉靖六年复罢，以讲、读、编、检等官管之）大政事、大典礼，集诸臣会议，则与诸司参决其可否。车驾幸太学听讲，凡郊祀庆成诸宴，则学士侍坐于四品京卿上。”

[9] 中都：即“中都国子监”，明代学校官署。洪武二年（1369）以临濠（今安徽凤阳）为中都，八年，置中都国子学，命京师（今南京）国子学分官领之。十五年改学为监，依京师国子监例置祭酒、司业、监丞、博士等官，品秩与京师者同。二十六年罢。

[10] 提调教官：谓府、州、县学中主管其事的教授、学正、教谕、训导等。廪禄：俸禄。

[11] 直省：明人谓南、北直隶与十三行省。辇下：“辇毂下”的省称，即在皇帝车辇之下，代指京城。

[12] 云南：明代省行政区划之一。《明史·地理七》：“云南。《禹贡》梁州徼外。元置云南等处行中书省（治中庆路）。洪武十五年二月癸丑平云南，置云南都指挥使司。乙卯置云南等处承宣布政使司（同治云南府）。领府五十八，州七十五，县五十五，蛮部六。后领府十九，御夷府二，州四十，御夷州三，县三十，宣慰司八，宣抚司四，安抚司五，长官司三十三，御夷长官司二。北至永宁（与四川界），东至富州（与广西界），西至干崖（与西番界），南至木邦（与交趾界）。距南京七千二百里，京师一万六百四十五里。”四川：明代省行政区划之一。《明史·地理四》：“四川。《禹贡》梁、荆二州之域。元置四川等处中书省（治成都路）。又置罗罗蒙庆等处宣慰司（治建昌路），属云南行中书省。洪武四年六月平明升，七月置四川等处行中书省。九月置成都都卫（与行中书省同治）。八年十月改都卫为四川都指挥使司。领招讨司一，宣慰司二，安抚司五，长官司二十二及诸卫所。九年六月改行中书省为承宣布政使司。领府十三，

569

直隶州六，宣抚司一，安抚司一，属州十五，县百十一，长官司十六（为里千一百五十有奇）。北至广元（与陕西界），东至巫山（与湖广界），南至乌撒、东川（与贵州、云南界），西至威茂（与西番界）。距南京七千二百六十里，京师一万七百一十里。"土官生：明代入国子监读书的土司之子弟。始于洪武中，播州宣慰使杨铿及其所属宣抚司官，乌撒土知府阿能，乌蒙、芒都、建昌土官，天全招讨使，皆先后派子弟入朝，并在国子监读书。

[13] 琉球：古国名。在中国东南大海中，日本之西南，为群岛之国，即今琉球群岛。其古米山为大琉球，又有岛为小琉球，即今日本之冲绳等岛。明初有三王，即中山王、山南王、山北王，后由中山王统一。国王受明封，屡遣使来华。明朝人又以今台湾为小琉球，以别于琉球。暹罗：即今泰国。原为暹与罗斛二国，后合并称暹罗。公元 1939 年改名泰国。1945 年复称暹罗，1949 年又改称泰国。

[14] 永：永乐（1403～1424），明成祖朱棣的年号。宣：宣德（1426～1435），明宣宗朱瞻基的年号。

[15] 成化：明宪宗朱见深的年号（1465～1487）。正德：明武宗朱厚照的年号（1506～1521）。

7. 中都之置国学也，自洪武八年 [1]。至二十六年乃革，以其师生并入京师。永乐元年始设北京国子监。十八年迁都 [2]，乃以京师国子监为南京国子监，而太学生有南北监之分矣。

[1] 洪武八年：即公元 1375 年。洪武，明太祖朱元璋的年号。
[2] 十八年迁都：永乐十八年（1420），明成祖迁都北京。《明史·成祖三》："（永乐十八年九月）丁亥，诏自明年改京师为南京，北京为京师……十一月戊辰，以迁都北京诏天下……十二月己未，皇太子及皇太孙至北京。癸亥，北京郊庙宫殿成。"

8. 太祖虑武臣子弟但习武事 [1]，鲜知问学，命大都督府选入国学 [2]，其在凤阳者即肄业于中都 [3]。命韩国公李善长等考定教官、生员高下 [4]，分列班次，曹国公李文忠领监事以绳核之 [5]。嗣后勋臣子弟多入监读书。嘉靖元年令公、侯、伯未经任事、年三十以下者 [6]，送监读书，寻令已任者亦送监，而年少勋戚争以入学为荣矣 [7]。

[1] 太祖：即明太祖朱元璋（1328～1398）。参见明 3 注 6。
[2] 大都督府：官署名，明建国前后最高军事机关，节制中外诸军事。初设时，大都督为最高长官，以朱元璋兄子朱文正充任。下置司马、参军、经历、都事等官。后又增设左右都督、同知、副使、金事、照磨各一人，并设断事官。以大都督事权过重，吴元年（元至正二十七年，1367）罢而不设，以左右都督为长官。洪武十三年（1380），分为五军都督府。
[3] 凤阳：谓凤阳府。明洪武七年（1374）改中立府置，称中都，置留守司。治所在凤阳（今属安徽），领州五、县十三，辖境相当于今安徽之天长、定远、霍丘以北地区。为朱姓皇室祖陵所在地。
[4] 韩国公李善长：字百室（1314～1390），明凤阳定远（今属安徽）人。元末投朱元璋于滁阳，掌

570

书记。历官参谋、参知政事。朱元璋称吴王，擢右相国。朱元璋称帝，与诸儒臣制定礼制、官制，监修国史。洪武三年（1370）封韩国公，居六公之首。二十三年以与胡惟庸通谋罪赐死，族诛。朱元璋亲列其罪状，作《昭示奸党录》布告全国。《明史》有传。

[5] 曹国公李文忠：字思本（1339～1384），小字保儿，明凤阳盱眙（今属江苏）人，朱元璋之外甥。元末投红巾军，朱元璋抚以为子，勇冠三军。历官枢密院金事、浙江行省平章政事。洪武三年封曹国公，官至提督大都督府参赞军国事兼领国子监。以病卒，追封岐阳王，谥武靖。《明史》有传。

[6] 嘉靖元年：即公元1522年。嘉靖，明世宗朱厚熜的年号。公侯伯：《明史·职官五》："公、侯、伯，凡三等，以封功臣及外戚，皆有流，有世。"

[7] "而年少"句：郭培贵《明史选举志考论》第44页注⑥："此说不确。据《续通考》卷五五《勋戚入学事例》、《会典》卷二二〇《勋戚习学》和《礼部志稿》以及《世宗实录》卷二三七、《神宗实录》卷三七、一九七等，例该入监习学的勋戚子弟非但不'争以入监为荣'，而且还往往迁延甚至躲避入监。如《礼部志稿》卷六九《监例》载嘉靖十五年三月国子祭酒吕柟言：'例该入监习礼读书'的勋戚子弟，仅'有二三人依期受书习礼者，馀多不至'。以致明廷不得不一再重申'悉送监习读'之例。但至明末，迄无实效。如《长编》卷八载：崇祯元年四月庚申，国子监署监事司业陈盟言：'世臣子弟送习礼，托病旷逸，到者寥寥。'之所以出现这一状况，吕柟揭其原因说：'盖此辈挟父兄之势，倚阀阅之家，惟耽骄惰，不修礼让。'（《礼部志稿》卷六九《监例》）即由勋戚世袭制度造成的。"甚是，可参考。

9. 六堂诸生有积分之法 [1]，司业二员分为左右 [2]，各提调三堂。凡通《四书》未通经者 [3]，居正义、崇志、广业。一年半以上，文理条畅者，升修道、诚心。又一年半，经史兼通、文理俱优者，乃升率性 [4]。升至率性，乃积分。其法，孟月试本经义一道 [5]，仲月试论一道，诏、诰、表内科一道，季月试经史策一道，判语二条。每试，文理俱优者与一分，理优文劣者与半分，纰缪者无分。岁内积八分者为及格，与出身。不及者仍坐堂肄业。如有才学超异者，奏请上裁。

[1] 积分之法：清孙承泽《春明梦馀录》卷五十四："积分之法，始于宋，备于元。按元延祐初，齐履谦在国学行积分之法，每季考其学行，以次递升。既升上斋，逾再岁，始为私试。词理俱优者为一分，词平理优者为半分。岁终，积至八分为高第。礼部集贤，岁选六人以贡。此即宋人积分之法，而节目稍有不同。至明一依其制。"

[2] 司业：明代国子监祭酒的副职官员，秩正六品。参见明4注3。明沈德符《万历野获编》卷十五《吴康斋父》："且国初，国子司业有左、右二员。"

[3] 四书：参见明5注6。

[4] "居正义"数句：参见明4注4。

[5] 孟月：一年春、夏、秋、冬四季，每季的第一月（即农历一、四、七、十月）为孟月，每季的第二月为仲月（即农历二、五、八、十一月），每季的第三月为季月（即农历三、六、九、十二月）。本经：参见明5注6。

10．洪武二十六年尽擢监生刘政、龙镡等六十四人为行省布政、按察两使 [1]，及参政、参议、副使、佥事等官。其一旦而重用之，至于如此。其为四方大吏者，盖无算也。李扩等自文华、武英擢御史 [2]，扩寻改给事中兼齐相府录事 [3]，盖台谏之选亦出于太学 [4]。其常调者乃为府、州、县六品以下官。

[1] 洪武二十六年：即公元 1393 年。洪武，明太祖朱元璋的年号。刘政：生平不详。龙镡：字德刚（1363～1402），万载（今属江西）人。长诗文，善草隶。以监生擢浙江按察使，谪长洲县令，升晋府左长史。朱棣靖难兵起，不从，被害。明王世贞《弇山堂别集》卷十《布衣超擢》："又国子监生刘政、邓志和为福建左、右，颜钝、申逵为北平左、右，周振、张琏为河南左、右，王允、陈嘉为山西左、右，薛郁、董伦为陕西左、右，俱布政使；杨允为浙江，杨铺为山东，方温为湖广，俱右布政使；龙镡为浙江，阮友章为福建，王礼为北平，李皓为山西，曲能为山东，俱按察使；萧礼敬等二十五人为左右参政、参议；朱源等二十一人为副使、佥事。其一时铨补乃尔，岂空印事发，藩臬诸臣俱得罪耶？"布政：即"承宣布政使司"长官。《明史·职官四》："承宣布政使司。左、右布政使各一人（从二品），左、右参政（从三品），左、右参议，无定员（从四品，参政、参议因事添设，各省不等，详诸道）。经历司：经历一人（从六品），都事一人（从七品）。照磨所：照磨一人（从八品），检校一人（正九品）。理问所：理问一人（从六品），副理问一人（从七品），提控案牍一人。司狱司：司狱一人（从九品），库大使一人（从九品），副使一人。仓大使一人（从九品），副使一人。杂造局、军器局、宝泉局、织染局，各大使一人（从九品），副使一人（所辖衙门各省不同，详见杂职）。布政使掌一省之政，朝廷有德泽、禁令，承流宣播，以下于有司。凡僚属满秩，廉其称职、不称职，上下其考，报抚、按以达于吏部、都察院。三年，率其府州县正官，朝觐京师，以听察典。十年，会户版以登民数、田数。"按察：即"提刑按察使司"。参见明 6 注 6。

[2] 李扩：参见明 3 注 9。御史：即"监察御史"，明代都察院属官，秩正七品。《明史·职官二》："十三道监察御史，主察纠内外百司之官邪，或露章面劾，或封章奏劾。"

[3] 给事中：俗称"给谏"，掌侍从、规谏、补阙、拾遗，稽查六部百司及制敕颁奏、章疏封驳，分付六部等事。《明史·职官三》："吏、户、礼、兵、刑、工六科。各都给事中一人（正七品），左、右给事中各一人（从七品）。给事中，吏科四人，户科八人，礼科六人，兵科十人，刑科八人，工科四人（并从七品。后增、减员数不常。万历九年裁兵科五人，户、刑二科各四人，礼科二人。十一年复设户、兵、刑三科各二人，礼科一人）。"齐相府录事：齐王朱榑相府中的属官，秩正七品。《明史·职官四》："洪武三年置王相府，左、右相各一人（正二品），左、右傅各一人（从二品）。参军府：参军一人（正五品），录事二人（正七品），纪善一人（正七品）。各以其品秩列朝官之次。"朱榑（1366～1431），明太祖第七子。洪武三年（1370）封齐王。初与燕、周、楚三王同驻凤阳，十四年就藩青州（今山东益都）。喜武略，数出塞。建文初以凶暴不法废为庶人。永乐元年（1403）复旧封，四年因谋反夺爵，封国除。宣德中暴卒。

[4] 台谏之选：谓都察院官员与六科给事中。

11．初，以北方丧乱之馀，人鲜知学，遣国子生林伯云等三百六十六人分教各郡 [1]。后乃推及他省，择其壮岁能文者为教谕等官 [2]。太祖虽间行科举，而监生与荐举人才参用者居多 [3]，故其时布列中外者，太学生最盛。一再传之后，进士日益重，荐举遂废，而举贡日益轻。虽积分历事不改初法，南北祭酒陈敬宗、李时勉等加意振饬 [4]，已渐不如其始。众情所趋向，专在甲科 [5]。宦途升沉，定于谒选之日 [6]。监生不获上第，即奋自镞砺 [7]，不能有成，积重之势然也 [8]。

[1] 林伯云：天台（今属浙江）人。生平不详。
[2] 教谕：明代县学正官，未入流。每县一员，掌管学政，教诲学生。多由落第举人或贡生充任。
[3] 荐举人才：参见明96。
[4] 陈敬宗：字光世（1377～1459），号澹然居士，又号休乐老人，慈溪（今属浙江）人。永乐二年（1404）进士，选庶吉士，与修《永乐大典》、《五经四书大全》、《太祖实录》，授翰林侍讲。历官南京国子监司业、祭酒，以师道自任，与北京国子监祭酒李时勉并称贤祭酒，有"南陈北李"之誉。景泰元年（1450）引疾致仕。卒赠礼部侍郎，谥文定。著有《澹然居士集》。《明史》有传。李时勉：名懋（1374～1450），以字行，号古廉，安福（今属江西）人。永乐二年（1404）进士，选庶吉士，与修《太祖实录》，擢刑部主事。直言立朝有声，几被杀。正统间任北京国子监祭酒，列"格、致、诚、正"四号训学，为世所称。卒谥文毅，后改谥忠文，赠礼部侍郎。著有《古廉集》。《明史》有传。振饬：整顿。《明史·陈敬宗传》："敬宗美须髯，容仪端整，步履有定则，力以师道自任。立教条，革陋习。六馆士千馀人，每升堂听讲，设馔会食，整肃如朝廷。稍失容，即令待罪堂下。"《明史·李时勉传》："时勉为祭酒六年，列格、至、诚、正四号，训励甚切。崇廉耻，抑奔竞，别贤否，示劝惩。诸生贫不能婚葬者，节省餐钱为赡给。督令读书，灯火达旦，吟诵声不绝，人才盛于昔时。"
[5] 甲科：明清通称进士为甲科，举人为乙科。
[6] 谒选：官吏赴吏部应选。
[7] 镞砺：磨砺箭头。比喻刻苦磨练，力求精进。
[8] 积重之势：谓进士为素来看重的情势。

12. 迨开纳粟之例 [1]，则流品渐淆，且庶民亦得援生员之例以入监，谓之民生，亦谓之俊秀，而监生益轻。于是同处太学，而举、贡得为府佐贰及州县正官 [2]，官、恩生得选部、院、府、卫、司、寺小京职 [3]，尚为正途 [4]。而援例监生，仅得选州县佐贰及府首领官 [5]；其授京职者，乃光禄寺、上林苑之属 [6]；其愿就远方者，则以云、贵、广西及各边省军卫有司首领 [7]，及卫学、王府教授之缺用 [8]，而终身为异途矣。

[1] 纳粟：谓富家子弟捐纳财货进国子监为监生，以获得直接参加省城、京都考试的资格。即"例监"。参见明21。
[2] 举贡：谓"举监"与"贡监"。举监，参见明13。贡监，明代府、州、县学生员（秀才），经考试选拔，作为贡生送国子监读书者，称贡监。
[3] 官恩生：即"官生"与"恩生"。官生，明代国子监中之品官子弟，相对于民生而言，亦称荫生。此外，土司子弟与外国留学生亦称官生。恩生，因特殊恩典，不限官品，可荫一子入国子监

读书者，谓之恩生。部：谓吏、户、礼、兵、刑、工六部。院：谓都察院等官署。府：谓詹事府等官署。卫：谓京卫、锦衣卫、南京卫等官署。司：谓通政司、尚宝司等官署。寺：谓大理寺、太常寺等官署。小京职：谓以上官署中的低级属官。

[4] 正途：明清时代，进士、举人出身者称之科甲，与恩贡、岁贡、荫生等出身而入仕者，称为正途，以其均经各种考选而得。不经考试选拔而援例以捐纳取得监生资格之例监、以及经保举之议叙得官者，则谓之异途或杂途出身。

[5] 府首领官：谓各府官署中的经历、照磨等官员。首领官，明代各官署中负责本署事务的官员。

[6] 光禄寺：明代官署名。《明史·职官三》："光禄寺。卿一人（从三品），少卿二人（正五品），寺丞二人（从六品），其属，典簿厅：典簿二人（从七品），录事一人（从八品）。大官、珍羞、良酝、掌醢四署：各署正一人（从六品），署丞四人（从七品），监事四人（正八品）。司牲司：大使一人（从九品），副使一人（后革）。司牧局：大使一人（从九品，嘉靖七年革）。银库：大使一人。卿掌祭享、宴劳、酒醴、膳羞之事，率少卿、寺丞官属，辨其名数，会其出入，量其丰约，以听于礼部。"上林苑：即"上林苑监"，明代官署名。《明史·职官三》："上林苑监。左、右监正各一人（正五品），左、右监副各一人（正六品，监正、监副后不常设，以监丞署职），左、右监丞各一人（正七品）。其属，典簿厅：典簿一人（正九品）。良牧、蕃育、林衡、嘉蔬四署，各典署一人（正七品），署丞一人（正八品），录事一人（正九品）。监正掌苑囿、园池、牧畜、树种之事。凡禽兽、草木、蔬果，率其属督其养户、栽户，以时经理其养地、栽地，而畜植之，以供祭祀、宾客、宫府之膳羞。"

[7] 云：即云南，明代省行政区划之一。参见明6注12。贵：即贵州，明代省行政区划之一。《明史·地理七》："贵州。《禹贡》荆、梁二州徼外。元为湖广、四川、云南三行中书省地。洪武十五年正月置贵州都指挥使司（治贵州宣慰司），其民职有司则仍属湖广、四川、云南三布政司。永乐十一年置贵州等处承宣布政使司（与都指挥司同治）。领府八，州一，县一，宣慰司一，长官司三十九。后领府十，州九，县十四，宣慰司一，长官司七十六。北至铜仁（与湖广、四川界），南至镇宁（与广西、云南界），东至黎平（与湖广、广西界），西至普安（与云南、四川界）。距南京四千二百五十里，京师七千六百七十里。"广西：明代省行政区划之一。《明史·地理六》："广西。《禹贡》荆州之域及荆、扬二州之徼外。元置广西两江道宣慰使司（治静江路），属湖广行中书省。至正末，改宣慰使司为广西等处行中书省。洪武二年三月因之。六年四月置广西都卫（与行中书省同治）。八年十月改都卫为都指挥使司。九年六月改行中书省为承宣布政使司。领府十一，州四十有八，县五十，长官司四（为里一千一百八十三）。北至怀远（与湖广、贵州界），东至梧州（与广东界），西至太平（与贵州云南界），南至博白（与广东界）。距南京四千二百九十五里，京师七千四百六十二里。"军卫：即"卫所"，明代军事编制。朱元璋称吴王时，建武德等十七卫，革旧官号，设指挥等官。明建国后，普遍设立，一府设所，数府设卫。由各都司、行都司、留守司统领，分隶于五军都督府。大抵以五千六百人为卫，一千一百二十人为千户所，一百一十二人为百户所。卫置指挥使司，以指挥使为长官，指挥同知、指挥佥事为之副。所则以千户、百户为长官，下设镇抚、总旗、小旗等。其兵来源有从征、归附、谪发。官多世袭，兵亦父子相继，另立军籍。职在守御、屯田、操练、漕运等。中叶以后，其制渐弛。首领：即"首领官"。参见注5。

[8] 卫学：明代学校名目之一，即卫所所设之学。与府、州、县学均为儒学。设教授一人，训导二人，职专教授生徒。学生称军生，军生中有廪膳生。洪武十七年（1384）始置于甘肃，二十三

年复设于北平行都司及大宁等卫。明英宗即位，诏令天下卫所皆置。参见明 31。王府教授：官名，明代亲王府属官，秩从九品。掌以德义迪王，校勘经籍。与纪善所纪善同为宗学之师长。

13. 举人入监 [1]，始于永乐中 [2]。会试下第 [3]，辄令翰林院录其优者 [4]，俾入学以俟后科，给以教谕之俸 [5]。是时，会试有副榜 [6]，大抵署教官，故令入监者亦食其禄也。宣德八年尝命礼部尚书胡濙与大学士杨士奇、杨荣选副榜举人龙文等二十四人 [7]，送监进学。翰林院三月一考其文，与庶吉士同 [8]，颇示优异。后不复另试，则取副榜年二十五以上者授教职，年未及者，或依亲，或入监读书。既而不拘年齿，依亲、入监者皆听。依亲者，回籍读书，依亲肄业也。又有丁忧、成婚、省亲、送幼子 [9]，皆仿依亲例，限年复班。

[1] 举人：参见明 2 注 5。

[2] 永乐：明成祖朱棣的年号（1403 ~ 1424）。郭培贵《明史选举志笺正》第 21 页："按，此误。《南雍志》卷 15、《春明梦馀录》卷 54《生徒》皆云：'洪武五年，选会试下第举人年少质美者入国学。'《会典》卷 220《生员入监》也云：'洪武十八年，令会试下第举人送监卒业。'《太祖实录》卷 256 亦载：'洪武三十一年二月己丑，再试寄监下第举人，中式者四百一十五人。'由上可知，洪武时举人入监已成常例。"可参考。

[3] 会试：参见明 6 注 6。

[4] 翰林院：明代掌制诰、修史、图书等事的官署名。参见明 6 注 8。

[5] 教谕：参见明 11 注 2。郭培贵《明史选举志笺正》第 21 页："据《太宗实录》卷 32、52、162，永乐二年、四年、十三年都曾再试会试下第举人，得其优者赐冠带送国子监肄业。但其中，只有二年、十三年是令翰林院考试，四年则是太宗'亲试之'，且只有十三年一次'给教谕俸'。故《志》概言'辄'，不确。"可参考。

[6] 副榜：或称"乙榜"。参见明 2 注 5。

[7] 宣德八年：即公元 1433 年。宣德，明宣宗朱瞻基的年号。礼部尚书：明代礼部长官，明初秩正三品，洪武十三年（1380）罢中书省，升秩正二品。胡濙：字源洁（1375 ~ 1463），号洁庵，武进（今江苏常州）人。建文进士，授兵科给事中。永乐元年（1403）迁户科都给事中，宣德元年（1426）官至礼部尚书。天顺元年（1457）致仕归。著有《澹庵集》。《明史》有传。大学士：官名。明代中极殿（旧名华盖殿）、建极殿（旧名谨身殿）、文华殿、武英殿、文渊阁、东阁和左、右春坊大学士之泛称，秩俱正五品。殿阁大学士衔本以他官兼任为顾问之臣，但自永乐后，多被检选参预机务，成为内阁阁臣，权力远在原有职衔之上。杨士奇：名寓（1365 ~ 1444），号东里，以字行，泰和（今属江西）人。幼贫力学，授徒自给。建文初以王叔英荐，入翰林，充编纂官，与修《太祖实录》。永乐初与解缙等七人同入内阁。历官礼部左侍郎兼华盖殿大学士、兵部尚书，与杨荣、杨溥同心辅政，时称"三杨"。卒谥文贞。著有《东里文集》、《文渊阁书目》等。《明史》有传。杨荣：初名子荣（1371 ~ 1440），字勉仁，建安（今福建建瓯）人。建文二年（1400）进士，授编修。永乐初，与解缙等七人同入内阁，历官文渊阁大学士、谨身殿大学士、工部尚书，加少傅。卒谥文敏。著有《杨文敏集》、《后北征记》等。《明史》有传。龙文：据明王世贞《弇山堂别集》卷五十九，龙文（？ ~1459），泰和（今属江西）人，正统元

年（1436）进士，天顺元年（1457）任南京工部右侍郎。三年卒。

[8] 庶吉士：始设于明洪武间，择进士俾观政于诸衙门，学习办事。六科及府部、翰林院均置。永乐二年（1404）专设于翰林院，选进士文学优等及善书写者送院进学，称为翰林院庶吉士。其名取自《书经》"庶常吉士"之义，简称庶常。其后进士选庶吉士，或每科一选，或间科一选，或数科不选，无定制，无定额。在馆学习期间，无禄人，仅给酒馔房舍及纸笔膏烛之资。三年期满考试，优者留翰林院为编修、检讨等官，谓之留馆；次者出为给事中、御史，或出为州县官，谓之散馆。

[9] 丁忧：遭逢父母丧事。古代父母去世，子女要守丧，三年内不做官、不婚娶，不赴宴，不应考。
送幼子：谓妻亡故，须送幼子还乡。《明会典》卷七："凡官吏、监生妻故，送幼子还乡，行勘是实，官具奏，许在家两个月，违限半年以上者送问。监生吏典给引放回。"

14. 正统中[1]，天下教官多缺，而举人厌其卑冷，多不愿就。十三年，御史万节请敕礼部多取副榜[2]，以就教职。部臣以举人愿依亲入监者十之七，愿就教职者仅十之三，但宜各随所欲，却其请不行。至成化十三年[3]，御史胡璘言[4]："天下教官率多岁贡[5]，言行文章不足为人师范，请多取举人选用，而罢贡生勿选。"部议岁贡如其旧，而举人教官仍许会试。自后就教者亦渐多矣。嘉靖中[6]，南北国学皆空虚，议尽发下第举人入监，且立限期以趣之。然举人不愿入监者，卒不可力强。于是生员岁贡之外，不得不频举选贡以充国学矣[7]。

[1] 正统：明英宗朱祁镇的第一个年号（1436～1449）。
[2] 御史：即"监察御史"。参见明10注2。万节：字资中（生卒年不详），安福（今属江西）人，永乐十九年（1421）进士，官至广西按察副使。操执不苟，莅事必详，非人所易及。事见《江西通志》卷七十七。
[3] 成化十三年：即公元1477年。成化，明宪宗朱见深的年号。
[4] 胡璘：济阳（今属山东）人（生卒年不详），成化五年（1469）进士，历官监察御史。
[5] 岁贡：参见明2注9，明15。
[6] 嘉靖：明世宗朱厚熜的年号（1522～1566）。
[7] 选贡：参见明2注10，明16。

15. 贡生入监，初由生员选择，既命各学岁贡一人，故谓之岁贡。其例亦屡更。洪武二十一年[1]，定府、州、县学以一、二、三年为差。二十五年，定府学岁二人，州学二岁三人，县学岁一人。永乐八年[2]，定州县户不及五里者[3]，州岁一人，县间岁一人。十九年，令岁贡照洪武二十一年例。宣德七年[4]，复照洪武二十五年例。正统六年[5]，更定府学岁一人，州学三岁二人，县学间岁一人。弘治、嘉靖间[6]，仍定府学岁二人，州学二岁三人，县学岁一人，遂为永制[7]。后孔、颜、孟三氏[8]，及京学、卫学、都司、土官[9]，川、云、贵诸远省，其按年充贡之法，亦间有增减云。岁贡之始，必考学行端庄、文理优长者以充之。其后但取食廪年深者。

[1] 洪武二十一年：即公元 1388 年。洪武，明太祖朱元璋的年号。

[2] 永乐八年：即公元 1410 年。永乐，明成祖朱棣的年号。

[3] 里：地方行政组织名，明代以一百一十家为一里。《明史·食货二》："迨造黄册成，以一百十户为一里，里分十甲，曰里甲。以上、中、下户为三等。"

[4] 宣德七年：即公元 1432 年。宣德，明宣宗朱瞻基的年号。

[5] 正统六年：即公元 1441 年。正统，明英宗朱祁镇的第一个年号。

[6] 弘治：明孝宗朱祐樘的年号（1488～1505）。嘉靖：明世宗朱厚熜的年号（1522～1566）。

[7] 遂为永制：郭培贵《明史选举志笺正》第 26 页："按，此误。据《孝宗实录》卷 20、100、177，《武宗实录》卷 42、135、166、172，《世宗实录》卷 28、37、130、196、218，《会典》卷 77，《续通考》卷 44，《礼部志稿》卷 23 等，弘治、嘉靖间，除京学和承天府学外，一般府、州、县学岁贡常额为：府学一年贡一人，州学三年贡二人，县学二年贡一人。其中，弘治九年至十二年，正德十五至十六年，嘉靖十年至十一年，十八年至二十一年，间行'府学一年贡二人，州学二年贡三人，县学一年贡一人'之例，皆属临时增贡，概非常例，更非'永制'。"可参考。

[8] 孔颜孟三氏：即"孔学"、"颜学"、"孟学"，明代学校名称。洪武初由朝廷设立资助之孔子、颜回、孟子宗族学校，其教授与生员禄、廪米由兖州府（今山东兖州市）供给，学生可直接参加科举考试。《明一统志》卷二十三："学校，孔颜孟三氏学：在曲阜县袭封府南，魏黄初间袭封崇圣侯孔羡建，本朝洪武元年重建。"《明史·太祖二》："（洪武七年二月）戊午，修曲阜孔子庙，设孔、颜、孟三氏学。"所记明代三氏学设立时间略有龃龉。

[9] 京学：即"顺天府学"与"应天府学"。卫学：参见明 12 注 8。都司：谓都指挥使司所设儒学。土官：谓明代西南少数民族地区所设儒学。

16．弘治中 [1]，南京祭酒章懋言 [2]："洪、永间 [3]，国子生以数千计，今在监科贡共止六百馀人，岁贡挨次而升，衰迟不振者十常八九。举人坐监，又每后时。差拨不敷 [4]，教养罕效。近年有增贡之举，而所拔亦挨次之人，资格所拘，英才多滞。乞于常贡外令提学行选贡之法 [5]，不分廪膳、增广生员 [6]，通行考选，务求学行兼优、年富力强、累试优等者，乃以充贡。通计天下之广，约取五六百人。以后三、五年一行，则人才可渐及往年矣。"乃下部议行之 [7]。此选贡所由始也。

[1] 弘治：明孝宗朱祐樘的年号（1488～1505）。

[2] 南京祭酒：即南京国子监祭酒。章懋：字德懋（1437～1522），号阘然子，晚号瓠滨遗老，兰溪（今属浙江）人。成化二年（1466）进士，授编修，历官福建按察佥事，寻致仕归，讲学枫木山，世称枫山先生。后起为南京国子监祭酒，复乞休。明世宗立，即家进南京礼部尚书，卒年八十六，赠太子少保，谥文懿。著有《枫山集》、《枫山语录》等。《明史》有传。

[3] 洪永：明太祖朱元璋的年号洪武（1368～1398），明成祖朱棣的年号永乐（1403～1424）。

[4] 差（chāi 钗）拨：调派。

[5] 提学：学官名。明初设儒学提举司，正统元年（1436）始设提调学校官。两京以御史充任，十三布政以按察司副使、佥事充任，称提学道。

[6] 廪膳：即"廪膳生员"，简称"廪生"。明代府、州、县学生员最初每月都给廪膳，补助其生活。

增广生员：简称"增生"。廪膳生员以外，增额为府、州、县学生员者，无廪米，不能充选岁贡。

[7] 部：这里谓礼部。

17. 选贡多英才，入监课试辄居上等，拨历诸司亦有干局 [1]。岁贡颓老，其势日绌，则惟愿就教而不愿入监。嘉靖二十七年 [2]，祭酒程文德请将廷试岁贡惟留即选者于部 [3]，而其馀尽使入监。报可。岁贡诸生合疏言，家贫亲老，不愿入监。礼部复请从其所愿，而尽使举人入监。又从之。举人入监不能如期，南京祭酒潘晟至请设重罚以趣其必赴 [4]。于是举人、选贡、岁贡三者迭为盛衰，而国学之盈虚亦靡有定也。万历中 [5]，工科郭如心言 [6]："选贡非祖制，其始欲补岁贡之乏，其后遂妨岁贡之途，请停其选。"神宗以为然 [7]。至崇祯时 [8]，又尝行之。

[1] 干局：谓办事的才干器局。

[2] 嘉靖二十七年：即公元 1548 年。嘉靖，明世宗朱厚熜的年号。

[3] 程文德：字舜敷（1497～1559），号松溪，永康（今属浙江）人。初授业章懋，后从王阳明游。嘉靖八年（1529）进士，授编修，历官安福知县、兵部员外郎、南京国子祭酒、吏部左侍郎、南京工部侍郎，以言得罪，除名。归乡聚徒讲学，卒，贫不能殓。万历间追赠礼部尚书，谥文恭。著有《松溪集》、《程文恭遗稿》。《明史》有传。

[4] 潘晟：字思明（生卒年不详），号水帘，新昌（今属浙江）人。嘉靖二十年（1541）进士，历官南京国子监祭酒、南京吏部尚书、礼部尚书，致仕。万历十年诏复原官兼武英殿大学士，至中途遭劾罢。

[5] 万历：明神宗朱翊钧的年号（1573～1620）。

[6] 工科：谓工科左给事中。参见明 10 注 3。郭如心：据《神宗实录》卷三百三十七，当作"郭如星"。字方壶（生卒年不详），新安（治今河南渑池东）人。嘉靖八年（1529）进士，官至吏科都给事中，万历中以言事被谪印江县典史，卒官。事见《河南通志》卷五十九。

[7] 神宗：即明神宗朱翊钧（1523～1620），明穆宗朱载垕第三子，隆庆二年（1568）立为皇太子，六年即位，年号万历。初年用张居正辅政，后亲政，不理政事，大事营建，以矿税掠夺民财。在位四十八年，卒葬定陵。

[8] 崇祯：明思宗（用南明谥）朱由检的年号（1628～1644）。

18. 恩贡者 [1]，国家有庆典或登极诏书 [2]，以当贡者充之。而其次即为岁贡。纳贡视例监稍优 [3]，其实相仿也。

[1] 恩贡：参见明 2 注 11。

[2] 登极：帝王即位。

[3] 纳贡：参见明 2 注 12。例监：或称"捐监"。参见明 21。

19. 荫子入监，明初因前代任子之制 [1]，文官一品至七品，皆得荫一子以世其禄。后乃渐为限制，在京三品以上方得请荫，谓之官生 [2]。出自特恩者，不限官品，谓之恩生 [3]。或即与职事，或送监读书。官生必三品京官，成化三年从助教李伸言也 [4]。时给事中李森不可 [5]。帝谕，责其刻薄；第令非历任年久政绩显著者，毋得滥叙而已。既得荫叙，由提学官考送部试 [6]，如贡生例，送入监中。时内阁吕原子崙由荫监补中书舍人 [7]，七年辛卯乞应顺天乡试 [8]。部请从之。给事中芮畿不可 [9]。帝允崙所请，不为例。然其后以荫授舍人者，俱得应举矣 [10]。嘉、隆以后 [11]，宰相之子有初授即为尚宝司丞 [12]，径转本司少卿 [13]，由光禄、太常以跻九列者 [14]，又有以军功荫锦衣者 [15]，往往不由太学。其他并入监。

[1] 任子：以父兄之功绩得保任授与官职。始于汉代。

[2] 官生：参见明2注13。

[3] 恩生：参见明2注14。

[4] "官生"二句：郭培贵《明史选举志笺正》第32页："按，此句欠妥之处有三：其一，'三品京官'应为'三品以上京官'，'以上'二字不宜省略。其二，明廷首次确定文官子孙入监资格'必京官三品以上'，始于天顺元年而非成化三年。对此，《英宗实录》卷283有明确记载……其三，李伸请'荫大臣之子'，是在成化元年，且其只字未及'官生必三品京官'……可知，成化三年恢复天顺初年'旧制'，许三品以上京官子孙一人入监，是朝臣对李伸上言'廷议'的结果，而非其上言自身的提法。"可参考。成化三年，即公元1467年。成化，明宪宗朱见深的年号。助教，即"国子监助教"。李伸，生平不详。

[5] 给事中：谓户科给事中。李森：字时茂（生卒年不详），历城（今山东济南）人。天顺元年（1457）进士，历官户科给事中、定州同知、怀庆知府。负气敢言。《明史》有传。

[6] 提学官：参见明16注5。

[7] 内阁：官署名。永乐初建立。明初废中书省与丞相，洪武十五年（1362），仿宋制设华盖殿、武英殿、文渊阁、东阁等殿阁大学士，官五品，为皇帝侍从顾问，不与政务。成祖即位（1402）后，秋七月（一说九月）特简翰林院编修、检讨等官，入文渊阁当直，参预机密重务。因文渊阁位于午门之内以东，文华殿之南，地处内廷，阁臣又常侍皇帝于殿阁之下，故称内阁。其后，入阁办事者渐升至学士或大学士，先后设东制敕房和西诰敕房，由中书官掌书办文书，为内阁属吏，阁制始备，逐渐成为协助皇帝决策的中央机构。明中叶以后，大学士主持阁务者称首辅，馀称次辅、群辅，朝位班次皆列六卿之上。吕原：字逢原（1418～1462），秀水（今浙江嘉兴）人。正统七年（1442）一甲第二名进士，授编修，历官侍讲、左春坊大学士等。天顺元年（1557）入阁预机务，以持重称。晋翰林学士，卒谥文懿。著有《文懿公集》。《明史》有传。中书舍人：亦称中书，官名。明洪武九年（1376）改原中书省直省舍人而置。十三年罢中书省后，分别改隶中书科及内阁诰敕、制敕两房，或于文华殿、武英殿当直者，秩皆从七品。掌缮写文书之事。

[8] 七年辛卯：即成化七年（1471）。顺天乡试：京师举行的乡试，由顺天府主办，故称。乡试，明代每三年一次在各省城（包括京师）举行的考试。凡本省的生员与监生、荫生、官生、贡生，经科考、录科、录遗考试合格者，均可应考。逢子、午、卯、酉年为正科，遇庆典加科为恩科。考期在八月，分三场。考中者称为举人。

[9] 给事中：谓刑科给事中。参见明10注3。芮畿：字惟瞻（生卒年不详），宜兴（今属江苏）人。成化二年（1466）进士，历官刑科给事中。

[10] "帝允"数句：明俞汝楫《礼部志稿》卷七十一《中舍人试》："成化七年五月，中书舍人吕恕乞应顺天府乡试，从之。刑科给事中芮畿言：'国朝开科取士，凡有职人员入流品者，不得入试。近者中书舍人吕恕乞应顺天府乡试，有旨允之，不为例。然中书舍人系七品近侍官，非进士、监生不授，恕以故父翰林学士吕原之荫，叨授此官，而反欲屈身就试，下泯先泽，上负国恩。苟图今日科举之荣，预为他日升迁之地。而礼部尚书朦胧奏请，俱宜究治。'上曰：'朕念恕儒臣之子，有志科目，特允所请。不为例。'"

[11] 嘉隆：明世宗朱厚熜的年号嘉靖（1522～1566）与明穆宗朱载垕的年号隆庆（1567～1572）。

[12] 宰相：明初废中书省与丞相，这里即指内阁首辅。参见注7。尚宝司丞：明代尚宝司属官，秩正六品。《明史·职官三》："尚宝司。卿一人（正五品），少卿一人（从五品），司丞三人（正六品。吴元年但设一人，后增二人）。掌宝玺、符牌、印章，而辨其所用。"

[13] 本寺少卿：即"尚宝少卿"，秩从五品。

[14] 光禄：即"光禄寺"，明代官署名。参见明9注14。太常：即"太常寺"，明代官署名。《明史·职官三》："太常寺。卿一人（正三品），少卿二人（正四品），寺丞二人（正六品）。其属，典簿厅：典簿二人（正七品），博士二人（正七品），协律郎二人（正八品，嘉靖中增至五人），赞礼郎九人（正九品，嘉靖中增至三十三人，后革二人），司乐二十人（从九品，嘉靖中增至三十九人，后革五人）。天坛、地坛、朝日坛、夕月坛、先农坛、帝王庙、祈谷殿、长陵、献陵、景陵、裕陵、茂陵、泰陵、显陵、康陵、永陵、昭陵各祠祭署，俱奉祀一人（从七品），祀丞二人（从八品）。牺牲所：吏目一人（从九品）。太常掌祭祀礼乐之事，总其官属，籍其政令，以听于礼部。凡天神、地祇、人鬼，岁祭有常。"九列：即"九卿"。古代中央政府的九个重要官职。明代以六部尚书、都察院都御史、通政司使、大理寺卿为大九卿，以太常、太仆、光禄、鸿胪、詹事府詹事、翰林院学士、国子监祭酒、苑马寺卿、尚宝司卿为小九卿。

[15] 锦衣：即"锦衣卫"。明代京卫上直卫亲军指挥使司之一。《明史·职官五》："锦衣卫，掌侍卫、缉捕、刑狱之事，恒以勋戚都督领之，恩荫寄禄无常员。凡朝会、巡幸，则具卤簿仪仗，率大汉将军（共一千五百七员）等侍从扈行。宿卫则分番入直。朝日、夕月、耕籍、视牲，则服飞鱼服，佩绣春刀，侍左右。盗贼奸宄，街途沟洫，密缉而时省之。凡承制鞫狱录囚勘事，偕三法司。五军官舍比试并枪，同兵部莅视。统所凡十有七。中、左、右、前、后五所，领军士。五所分銮舆、擎盖、扇手、旌节、幡幢、班剑、斧钺、戈戟、弓矢、驯马十司，各领将军校尉，以备法驾。上中、上左、上右、上前、上后、中后六亲军所，分领将军、力士、军匠。驯象所，领象奴养象，以供朝会陈列、驾辇、驮宝之事。明初，置拱卫所，秩正七品，管领校尉，属都督府。后改拱卫指挥使司，秩正三品。寻又改为都尉司。洪武三年改为亲军都尉府，管左、右、中、前、后五卫军士，而设仪銮司隶焉。四年定仪銮司为正五品，设大使一人，副使二人。十五年罢仪銮司，改置锦衣卫，秩从三品，其属有御椅等七员，皆正六品。设经历司，掌文移出入；镇抚司，掌本卫刑名，兼理军匠。十七年改锦衣卫指挥使为正三品。二十年以治锦衣卫者多非法凌虐，乃焚刑具，出系囚，送刑部审录，诏内外狱咸归三法司，罢锦衣狱。成祖时复置。寻增北镇抚司，专治诏狱。成化间，刻印畀之。狱成得专达，不关白锦衣，锦衣官亦不得干预。而以旧所设为南镇抚司，专理军匠。"

20．恩生之始[1]，建文元年录吴云子黼为国子生[2]，以云死节云南也。正德十六年定例[3]，凡文武官死于忠谏者，一子入监。其后守土官死节亦皆得荫子矣。又弘治十八年定例[4]，东宫侍从官[5]，讲读年久辅导有功者，殁后，子孙乞恩，礼部奏请上裁[6]。正德元年复定[7]，其祖父年劳已及三年者，一子即授试中书舍人习字[8]；未及三年者，一子送监读书。八年复定，东宫侍班官三年者，一子入监。又万历十二年定例[9]，三品日讲官[10]，虽未考满[11]，一子入监。

[1] 恩生：参见明2注14。

[2] 建文元年：即公元1399年。建文，明建文帝朱允炆的年号。吴云：字友云（？～1375），宜兴（今属江苏）人。仕元为翰林待制，入明，为湖广行省参政。受明太祖命诏谕云南梁王。时梁王遣铁知院等使漠北，为明所捕获，遂与吴云偕行赴云南。铁知院诱吴云改制书，诈为元使，吴云誓死不从，遂为铁知院所杀。弘治间赠云刑部尚书，谥忠节。《明史》有传。黼：即吴黼，生平不详。

[3] 正德十六年：即公元1521年。正德，明武宗朱厚照的年号。

[4] 弘治十八年：即公元1505年。弘治，明孝宗朱祐樘的年号。郭培贵《明史选举志笺正》第38页："按此节本《会典》卷六《荫叙》裁成。然'弘治十八年'，《会典》作'十年'，《孝宗实录》卷126系于'十年六月壬辰'，可知《志》误。"可参考。

[5] 东宫侍从官：谓明代詹事府官员。《明史·职官二》："詹事府。詹事一人（正三品），少詹事二人（正四品），府丞二人（正六品）。主簿厅：主簿一人（从七品），录事二人（正九品），通事舍人二人。左春坊：大学士（正五品），左庶子（正五品），左谕德（从五品），各一人，左中允（正六品），左赞善（从六品），左司直郎（从六品，后不常设），各二人，左清纪郎一人（从八品，不常设），左司谏二人（从九品，不常设），右春坊，亦如之。司经局：洗马一人（从五品），校书（正九品），正字（从九品），各二人。詹事掌统府、坊、局之政事，以辅导太子。少詹事佐之。凡入侍太子，与坊、局翰林院官番直进讲《尚书》、《春秋》、《资治通鉴》、《大学衍义》、《贞观政要》诸书。前期纂辑成章进御，然后赴文华殿讲读。讲读毕，率其僚属，以朝廷所处分军国重事及抚谕诸蕃恩义，陈说于太子。"

[6] 礼部：官署名，明代六部之一。《明史·职官一》："礼部。尚书一人（正二品），左、右侍郎各一人（正三品）。其属，司务厅：司务二人（从九品）。仪制、祠祭、主客、精膳四清吏司，各郎中一人（正五品），员外郎一人（从五品），主事一人（正六品）。正统六年增设仪制、祠祭二司主事各一人。又增设仪制司主事一人，教习驸马。弘治五年增设主客司主事一人，提督会同馆）。所辖：铸印局，大使一人，副使二人（万历九年革一人）。尚书掌天下礼仪、祭祀、宴飨、贡举之政令。侍郎佐之。"

[7] 正德元年：即公元1506年。正德，明武宗朱厚照的年号。

[8] 中书舍人：参见明19注7。

[9] 万历十二年：即公元1584年。万历，明神宗朱翊钧的年号。

[10] 三品日讲官：谓詹事府詹事一类的三品大员。参见注5。

[11] 考满：明代考核官吏制度，与"考察"相辅而行。凡内外现职职官满三年称初考，六年称再考，九年称通考，不拘三、六、九年为杂考。分称职、平常、不称职三等，以定调除、黜陟。明初定制，京官五品以下由本衙门正官开写考语，送都察院和吏部复考；四品以上自陈，请旨

裁定。在外布、按二司正官、佐贰官由都察院考核，吏部复考，具奏黜陟，取自上裁；首领官、属官，由本衙门正官考核。府、州、县正官由布、按二司考核，佐贰、首领官及属官由正官考核，俱经布、按二司和吏部复考。吏员亦核定等第，役内无公私过犯者，依资格拔用。

21. 例监始于景泰元年 [1]，以边事孔棘 [2]，令天下纳粟纳马者入监读书，限千人止。行四年而罢。成化二年 [3]，南京大饥，守臣建议 [4]，欲令官员军民子孙纳粟送监。礼部尚书姚夔言 [5]："太学乃育才之地，近者直省起送四十岁生员，及纳草纳马者动以万计，不胜其滥。且使天下以货为贤，士风日陋。"帝以为然，为却守臣之议。然其后或遇岁荒，或因边警，或大兴工作，率援往例行之，讫不能止。此举、贡、荫、例诸色监生，前后始末之大凡也。

[1] 景泰元年：即公元 1450 年。景泰，明代宗朱祁钰的年号。
[2] 边事孔棘：明英宗正统十四年（1449），蒙古瓦剌部首领也先率军攻明，于土木堡（今属河北）一带大败明军，俘明英宗，即"土木之变"。此后又屡犯大同、宣府。孔棘，紧迫。
[3] 成化二年：即公元 1466 年。成化，明宪宗朱见深的年号。
[4] 守臣：郭培贵《明史选举志笺正》第 42 页："《宪宗实录》卷 27 载于是年三月癸亥。其中，'守臣'，即指南境参赞机务兵部尚书李宾等。"可参考。
[5] 礼部尚书：明代礼部长官。参见明 13 注 7。姚夔：字大章（1417～1473），桐庐（今属浙江）人。正统七年（1442）进士，历官吏科给事中、南京刑部右侍郎、礼部尚书，转吏部，加太子太保，卒于任。谥文敏。著有《姚文敏公遗稿》。《明史》有传。

22. 监生历事 [1]，始于洪武五年 [2]。建文时 [3]，定考核法上、中、下三等。上等选用，中、下等仍历一年再考。上等者依上等用，中等者不拘品级，随才任用，下等者回监读书。永乐五年 [4]，选监生三十八人隶翰林院 [5]，习四夷译书 [6]。九年辛卯 [7]，钟英等五人成进士 [8]，俱选庶吉士 [9]。壬辰、乙未以后 [10]，译书中会试者甚多 [11]，皆选庶吉士，以为常。历事生成名，其蒙恩遇如此。仁宗初政 [12]，中军都督府奏监生七人吏事勤慎 [13]，请注选授官。帝不许，仍令入学，由科举以进。他历事者，多不愿还监。于是通政司引奏 [14]，六科办事监生二十人满日 [15]，例应还监，仍愿就科办事。帝复召二十人者，谕令进学。盖是时，六科给事中多缺，诸生觊得之。帝察知其意，故不授官也。宣宗以教官多缺 [16]，选用监生三百八十人，而程富等以都御史顾佐之荐 [17]，使于各道历政三月 [18]，选择任之，所谓试御史也。

[1] 历事：实习的意思。参见明 3。
[2] 洪武五年：即公元 1372 年。洪武，明太祖朱元璋的年号。
[3] 建文：即建文帝朱允炆（1377～1402），明太祖朱元璋孙，太子朱标次子。洪武二十五年（1392）立为皇太孙。三十一年即帝位，改元建文。以削藩得罪诸王，燕王朱棣起兵"靖难"，于建文四年五月攻占南京，宫中起火，建文帝不知所终。

［4］永乐五年：即公元1407年。永乐，明成祖朱棣的年号。

［5］翰林院：参见明6注8。

［6］四夷：古代华夏族对四方少数民族的统称，含有轻蔑之意。这里指永乐五年所设专门翻译少数民族及邻国语言文字的机构。《明史·职官三》："提督四夷馆。少卿一人（正四品），掌译书之事。自永乐五年，外国朝贡，特设蒙古、女直、西番、西天、回回、百夷、高昌、缅甸八馆，置译字生、通事（通事初隶通政使司），通译语言文字。正德中，增设八百馆（八百国兰者哥进贡）。万历中，又增设暹罗馆。初设四夷馆隶翰林院，选国子监生习译。宣德元年兼选官民子弟，委官教肄，学士稽考程课。弘治七年始增设太常寺卿、少卿各一员为提督，遂改隶太常。嘉靖中，裁卿，止少卿一人。"

［7］九年辛卯：即永乐九年（1411）。

［8］钟英等五人：《南雍志》卷二《事纪二》："永乐九年三月甲戌，举人监生钟英、张习、张式、马信、邵聪以入翰林院习译书，至是登进士第，选庶吉士，仍隶翰林，遂为例。"本科与永乐七年（己丑）会试后，因明成祖北京巡狩，至辛卯三月才回京举行廷试，故本科也称己丑科。钟英，《明清进士题名碑录索引》于"永乐九年辛卯科"下第二甲第二十二名作"钟瑛"，记为"广东高要人"。生平不详。

［9］庶吉士：参见明13注8。

［10］壬辰乙未：即永乐十年（1412）与永乐十三年（1415）。此二年皆为会试之年。

［11］会试：参见明6注6。

［12］仁宗：即明仁宗朱高炽（1378～1425），明成祖长子，洪武二十八年（1395）册封燕世子，永乐二年（1404）立为皇太子。二十二年即位，年号洪熙，注意整顿内政。在位不及一年而死，葬献陵。

［13］中军都督府：明代最高军事机关五军都督府（分中军、左军、右军、前军、后军五都督府）之一。洪武十三年（1380）以大都督分设。每府皆置左右都督、都督同知、都督佥事等官，下设经历司。以中军断事官总治五军刑狱。掌军旅之事，分领各都指挥使司、行都指挥使司及亲军之外各京卫，以达于兵部。

［14］通政司：即"通政使司"，明代官署名。《明史·职官二》："通政使司。通政使一人（正三品），左、右通政各一人，誊黄右通政一人（正四品），左、右参议各一人（正五品）。其属，经历司：经历一人（正七品），知事一人（正八品）。通政司掌受内外章疏敷奏封驳之事。凡四方陈情建言，申诉冤滞，或告不法等事，于底簿内誊写诉告缘由，赍状奏闻。凡天下臣民实封入递，即于公厅启视，节写副本，然后奏闻。即五军、六部、都察院等衙门，有事关机密重大者，其入奏仍用本司印信。凡诸司公文、勘合辨验允当，编号注写，公文用'日照之记'、勘合用'验正之记'关防之。凡在外之题本、奏本，在京之奏本，并受之，于早朝汇而进之。有径自封进者则参驳。午朝则引奏臣民之言事者，有机密则不时入奏。有违误则籍而汇请。凡抄发、照驳诸司公移及勘合、讼牒、勾提件数、给由人员，月终类奏，岁终通奏。凡议大政、大狱及会推文武大臣，必参预。"引奏：奏知引见。

［15］六科：明代职掌封驳、纠劾之事的吏、户、礼、兵、刑、工六科的合称。参见明10注3。

［16］宣宗：即明宣宗朱瞻基（1398～1435），明仁宗长子。永乐九年（1411）立为皇太孙，数从成祖北巡。明仁宗即位，立为皇太子。洪熙元年（1425）即位，年号宣德。元年（1426）平定汉王朱高煦之乱，继续明仁宗缓和国内矛盾之政策，史有"仁宣之治"的称誉。卒葬景陵。

[17] 程富：字好礼（生卒年不详），歙县（今属安徽）人。以监生擢监察御史，历官右金都御史、左副都御史，晋嘉议大夫。以疾家居十馀年，自号水月道人，卒。见明凌迪知《万姓统谱》卷五十三。明王世贞《弇山堂别集》卷十六："两程富：一宣德由教授升御史，至尚书；一正统由布政司检校升提学御史，至金事。"此当谓前者。都御史：官名，明代都察院长官，分左、右，秩俱正二品。见《明史·职官二》。顾佐：字礼卿（？～1446），太康（今属河南）人。建文二年（1400）进士，历官庄浪知县、江西副使、顺天府尹、右都御史，刚直不挠。以疾乞归，卒。《明史》有传。

[18] 各道：明代都察院监察御史按省定为十三道，共一百一十员。南京都察院另置三十员。

23. 监生拨历 [1]，初以入监年月为先后，丁忧、省祭 [2]，有在家延留七八年者，比至入监，即得取拨。陈敬宗、李时勉先后题请 [3]，一以坐监年月为浅深。其后又以存省京储依亲就学在家年月 [4]，亦作坐堂之数。其患病及他事故，始以虚旷论。诸生互争年月资次，各援科条。成化五年 [5]，祭酒陈鉴以两词具闻 [6]，乞敕礼部酌中定制 [7]，为礼科所驳 [8]。鉴复奏，互争之。乃下部覆议，请一一精核，仍计地理远近、水程日月以为准。然文移往来 [9]，纷错繁揉，上下伸缩，弊端甚多，卒不能画一也。

[1] 拨历：监生被分拨诸官署历事。
[2] 丁忧：参见明 13 注 9。省祭：谓省视父母、祭扫先人之墓等。
[3] 陈敬宗：字光世（1377～1459）。参见明 11 注 4。李时勉：名懋（1374～1450），以字行。参见明 11 注 4。
[4] 存省京储：明正统间，蒙古瓦剌部常骚扰明北方边境，情势紧张，故有节省京仓所储备的粮食的举措。明黄训《名臣经济录》卷二十六录丘濬《设学校以立教六》："近年以来，为边方事起之故，建议者欲存省京储，以备急用，始为依亲之例，教法稍变祖宗之旧。疆场无事，储蓄日充，请敕所司，申明旧法，以复祖宗养士之旧。"中华书局整理本标点为"其后又以存省、京储、依亲、就学、在家年月，亦作坐堂之数"，显然有误。
[5] 成化五年：即公元 1469 年。成化，明宪宗朱见深的年号。
[6] 祭酒：参见明 4 注 3。陈鉴：字缉熙（1415～？），长洲（今江苏苏州）人，寓居盖州。正统十三年（1448）进士，历官翰林学士、国子监祭酒、礼部侍郎。著有《皇华集》、《介庵集》。
[7] 礼部：官署名，明代六部之一。参见明 20 注 6。
[8] 礼科：明代职掌封驳、纠劾之事的吏、户、礼、兵、刑、工六科之一。参见明 10 注 3。
[9] 文移：文书，公文。

24. 初令监生由广业升率性，始得积分出身 [1]。天顺以前 [2]，在监十馀年，然后拨历诸司，历事三月，仍留一年，送吏部铨选 [3]。其兵部清黄及随御史出巡者 [4]，则以三年为率。其后，以监生积滞者多，频减拨历岁月以疏通之。每岁拣选，优者辄与拨历，有未及一年者。

[1] 积分：参见明 9 注 1。

[2] 天顺：明英宗朱祁镇的第二个年号（1457～1464）。

[3] 吏部：官署名，明代六部之首。《明史·职官一》："吏部。尚书一人（正二品），左、右侍郎各一人（正三品）。其属，司务厅：司务二人（从九品）。文选、验封、稽勋、考功四清吏司，各郎中一人（正五品），员外郎一人（从五品），主事一人（正六品。洪武三十一年增设文选司主事一人，正统十一年增设考功司主事一人）。尚书掌天下官吏选授、封勋、考课之政令，以甄别人才，赞天子治。盖古冢宰之职，视五部为特重。侍郎为之贰。"

[4] 兵部：官署名，明六部之一。《明史·职官一》："兵部。尚书一人（正二品），左、右侍郎各一人（正三品）。其属，司务厅：司务二人（从九品）。武选、职方、车驾、武库四清吏司，各郎中一人（正五品。正统十年增设武选、职方二司郎中各一人。成化三年增设车驾司郎中一人。万历九年并革）。员外郎一人（从五品。正统十年增设武选司员外郎一人。弘治九年增设武库司员外郎一人。后俱革。嘉靖十二年增设职方司员外郎一人）。主事二人（正六品。洪武、宣德间，增设武选司主事三人，职方司主事四人。正统十四年增设车驾、武库二司主事各一人。后革。万历十一年又增设车驾司主事一人）。所辖：会同馆大使一人（正九品），副使二人（从九品），大通关大使、副使各一人（俱未入流）。尚书掌天下武卫官军选授、简练之政令。侍郎佐之。"清黄：即清理"贴黄"。贴黄是明代登录文武官员名籍的文簿，官员之升调、改降，皆须用黄纸附贴于文簿上，故称。《明会典》卷一百七《清黄》："事例。凡武职除授，后有升调袭替及降调减革等项，每三岁一次清理。以本部侍郎一员总其事，都御史一员主纠察，翰林院官一员主编纂，本部仍委主事一员管理，取拨监生、办事官吏供用。将清黄之岁，预行在京卫所、在外各都司卫所，令各官具亲供申部，以凭清理。"参见明 28 注 14。

25. 弘治八年 [1]，监生在监者少，而吏部听选至万馀人，有十馀年不得官者。祭酒林瀚以坐班人少 [2]，不敷拨历，请开科贡 [3]。礼部尚书倪岳覆奏 [4]，科举已有定额，不可再增，惟请增岁贡人数，而定诸司历事，必须日月满后，方与更替，使诸生坐监稍久，选人亦无壅滞。及至嘉靖十年 [5]，监生在监者不及四百人，诸司历事岁额以千计。

[1] 弘治八年：即公元 1495 年。弘治，明孝宗朱祐樘的年号。

[2] 林瀚：字亨大（1434～1519），号泉山，闽县（今福建福州）人。成化进士，选庶吉士，授编修，历官经筵讲官、国子监祭酒、礼部右侍郎、南京礼部尚书。以直言忤太监刘瑾，谪为浙江参政，致仕。瑾诛，复官致仕。卒谥文安。著有《文安公集》。《明史》有传。

[3] 科贡：即"选贡"。参见明 2 注 10。

[4] 礼部尚书：参见明 13 注 7。倪岳：字舜咨（1444～1501），号青溪，上元（今江苏南京）人。天顺八年（1464）进士，选庶吉士，授编修，历官礼部尚书，转吏部。卒赠少保，谥文毅。著有《青溪漫稿》等。《明史》有传。

[5] 嘉靖十年：即公元 1531 年。嘉靖，明世宗朱厚熜的年号。

26. 礼部尚书李时引岳前议言 [1]："岳权宜二法，一增岁额以足坐班生徒，一议差历以久坐班岁月。于是府、州、县学以一岁二贡、二岁三贡、一岁一贡为差，行之四岁而止。其诸司历事，三月考勤之后，仍历一年，其馀写本一年 [2]，清黄、写诰、清军、清匠三年 [3]，以至出巡等项，俱如旧例日月。今国学缺人，视弘治间更甚 [4]，请将前件事例，参酌举行。"并从之，独不增贡额。未几，复以祭酒许诰、提学御史胡时善之请 [5]，诏增贡额，如岳、时前议。

[1] 礼部尚书：明代礼部长官。参见明 13 注 7。李时：字宗易（1471～1538），号序庵，河间任丘（今属河北）人。弘治十五年（1502）进士，选庶吉士，授编修，历官侍读、右谕德、礼部尚书兼文渊阁大学士，预机务，任首辅。卒赠太傅，谥文康。著有《南城召对录》。《明史》有传。

[2] 写本：即书写奏本。《英宗实录》卷十："宣德十年十月癸酉，行在兵部尚书王骥言：'部事烦冗，吏人办理不及，欲于国子监选取监生十人，书写奏本，历三年照例出身。'上从之。"

[3] 清黄：参见明 24 注 4。写诰：书写武职诰命，隶属于兵部。清军：明官府对军伍之清理。因军士逃亡、病故或脱漏隐蔽，致军伍缺耗。宣德间，制定有关清理条例，遣给事、御史清理在京及天下军卫。后专任御史。成化时，定三年一次清理。各司、府、州、县亦设官主持其事。清匠：明代工部对在册匠户的管理、清查。

[4] 弘治：明孝宗朱祐樘的年号（1488～1505）。

[5] 许诰：字廷纶（1471～1534），号函谷山人，灵宝（今属河南）人。弘治十二年（1499）进士，历官翰林检讨、侍讲学士、国子监祭酒、南京户部尚书。卒赠太子太保，谥庄敏。著有《通鉴纲目前编》。《明史》有传。提学御史：又名"提学道"，官名，提督学政或提督学校官。南、北两京及十三布政使司各置一人，两京以御史，十三布政使司以按察司副使、佥事充任。任期三年，巡回考试各府、州、县生员。乡试时负责考定各地教官等第，以便选聘至省城阅卷。胡时善：生平不详。

27．隆、万以后 [1]，学校积弛，一切循故事而已。崇祯二年 [2]，从司业倪嘉善言 [3]，复行积分法 [4]。八年，从祭酒倪元璐言 [5]，以贡选为正流，援纳为闰流 [6]。贡选不限拨期，以积分岁满为率，援纳则依原定拨历为率。而历事不分正杂，惟以考定等第为历期多寡。诸司教之政事，勿与猥杂差遣。满日，校其勤惰，开报吏部 [7]。不率者，回监教习。时监规颓废已久，不能振作也。

[1] 隆万：明穆宗朱载坖的年号隆庆（1567～1572）与明神宗朱翊钧的年号万历（1573～1620）。

[2] 崇祯二年：即公元 1629 年。崇祯，明思宗朱由检的年号。

[3] 司业：国子监的副职官员，秩正六品。倪嘉善：字迪之（生卒年不详），桐城（今属安徽）人。天启二年（1622）进士，选庶吉士，授检讨，迁司业，历中允、谕德。有《媚笔泉集》。

[4] 积分法：参见明 9 注 1。

[5] 祭酒：参见明 4 注 3。倪元璐：字玉汝（1593～1644），号鸿宝、园客，上虞（今属浙江）人。天启二年（1622）进士，历官翰林院编修、国子监祭酒、兵部侍郎、户部尚书。李自成陷京师，自缢死。赠少保、吏部尚书，谥文正；清谥文贞。著有《鸿宝应本》、《倪文贞集》等。《明史》有传。

[6] 援纳：即"例监"，或称"捐监"。参见明21。闰流：副，偏，与"正"相对。

[7] 吏部：官署名，明代六部之首。参见明24注3。

28. 凡监生历事，吏部四十一名，户部五十三名 [1]，礼部十三名 [2]，大理寺二十八名 [3]，通政司五名 [4]，行人司四名 [5]，五军都督府五十名 [6]，谓之正历。三月上选，满日增减不定。又有诸司写本 [7]，户部十名，礼部十八名，兵部二十名 [8]，刑部十四名 [9]，工部八名 [10]，都察院十四名 [11]，大理寺、通政司俱四名，随御史出巡四十二名，谓之杂历。一年满日上选。又有诸色办事，清黄一百名 [12]，写诰四十名 [13]，续黄五十名 [14]，清军四十名 [15]，天财库十名 [16]，初以三年谓之长差，后改一年上选；承运库十五名 [17]，司礼监十六名 [18]，尚宝司六名 [19]，六科四十名 [20]，初作短差，后亦定一年上选。又有随御史刷卷一百七十八名，工部清匠六十名 [21]，俱事完日上选。又有礼部写民情条例七十二名 [22]，光禄寺刷卷四名 [23]，修斋八名 [24]，参表二十名 [25]，报讣二十名 [26]，赍俸十二名 [27]，锦衣卫四名 [28]，兵部查马册三十名 [29]，工部大木厂二十名 [30]，后府磨算十名 [31]，御马监四名 [32]，天财库四名，正阳门四名，崇文、宣武、朝阳、东直俱三名，阜城、西直、安定、德胜俱二名 [33]，以半年满日回监。

[1] 户部：官署名，明代六部之一。《明史·职官一》："户部。尚书一人（正二品），左、右侍郎各一人（正三品）。其属，司务厅：司务二人（从九品）。浙江、江西、湖广、陕西、广东、山东、福建、河南、山西、四川、广西、贵州、云南十三清吏司：各郎中一人（正五品。宣德以后增设山西司郎中三人，陕西、贵州、云南三司郎中各二人，山东司郎中一人），员外郎一人（从五品，宣德七年增设四川、云南二司员外郎中各一人，后仍革），主事二人（正六品。宣德以后增设云南司主事七人，浙江、江西、湖广、陕西、福建、河南、山西七司主事各二人，山东、四川、贵州三司主事各一人）。照磨所：照磨一人（正八品），检校一人（正九品）。所辖，宝钞提举司：提举一人（正八品），副提举一人（正九品），典史一人（后副提举、典史俱革）。抄纸局：大使、副使各一人（后革副使）。印钞局：大使、副使各一人（后俱革）。宝钞广惠库：大使一人（正九品），副使二人（从九品，嘉靖中革）。广积库：大使一人（正九品），副使一人（从九品，典史一人（嘉靖中副使、典史俱革）。赃罚库：大使一人（正九品），副使二人（从九品，嘉靖中革）。甲字、乙字、丙字、丁字、戊字库：大使五人（正九品），副使六人（从九品，丁字库二人，嘉靖中革一人，并革乙字、戊字二库副使）。广盈库：大使一人（从九品），副使二人（嘉靖中革）。外承运库：大使二人（正九品），副使二人（从九品，后大使、副使俱革）。承运库：大使一人（正九品），副使一人（从九品，嘉靖中革）。行用库：大使、副使各一人（后俱革）。太仓银库：大使、副使各一人（嘉靖中，革副使）。御马仓：大使一人（从九品），副使一人。军储仓：大使一人（从九品），副使一人（后大使、副使俱革）。长安、东安、西安、北安门仓：各副使一人（东安门仓旧二人，万历八年革一人）。张家湾盐仓检校批验所：大使、副使各一人（隆庆六年并革）。尚书掌天下户口、田赋之政令。侍郎贰之。"

[2] 礼部：官署名，明代六部之一。参见明20注6。

[3] 大理寺：官署名，明代主管审谳，平反刑狱之政令。《明史·职官二》："大理寺。卿一人（正三

品），左、右少卿各一人（正四品），左、右寺丞各一人（正五品）。其属，司务厅：司务二人（从九品）。左、右二寺：各寺正一人（正六品），寺副二人（从六品，后革右寺副一人），评事四人（正七品。初设右评事八人，后革四人）。卿掌审谳平反刑狱之政令。少卿、寺丞赞之。"

[4] 通政司：即"通政使司"，明代官署名。参见明22注14。

[5] 行人司：官署名，明代掌传旨、册封等事的机构。《明史·职官三》："行人司。司正一人（正七品），左、右司副各一人（从七品），行人三十七人（正八品）。职专捧节、奉使之事。凡颁行诏敕，册封宗室，抚谕诸番，征召贤才，与夫赏赐、慰问、赈济、军旅、祭祀，咸叙差焉。每岁朝审，则行人持节传旨法司，遣戍囚徒，送五府填精微册，批缴内府。初，洪武十三年置行人司，设行人，秩正九品。左、右行人，从九品。寻改行人为司正，左、右行人为左、右司副，更设行人三百四十五人。二十七年升品秩，以所任行人多孝廉人材，奉使率不称旨。定设行人司官四十员，咸以进士为之。非奉旨，不得擅遣，行人之职始重。建文中，罢行人司，而以行人隶鸿胪寺。成祖复旧制。"

[6] 五军都督府：官署名，即中军、左军、右军、前军、后军五都督府。明代最高军事机关。《明史·职官五》："中军、左军、右军、前军、后军五都督府，每府左、右都督（正一品），都督同知（从一品），都督佥事（正二品。恩功寄禄，无定员）。其属，经历司：经历（从五品），都事（从七品），各一人。都督府掌军旅之事，各领其都司、卫所（详见《兵志》卫所中），以达于兵部。"

[7] 写本：即书写奏本。参见明26注2。

[8] 兵部：官署名，明六部之一。参见明24注4。

[9] 刑部：官署名，明六部之一。《明史·职官一》："刑部。尚书一人（正二品），左、右侍郎各一人（正三品）。其属，司务厅：司务二人（从九品）。浙江、江西、湖广、陕西、广东、山东、福建、河南、山西、四川、广西、贵州、云南十三清吏司，各郎中一人（正五品），员外郎一人（从五品），主事二人（正六品。正统六年，十三司俱增设主事一人。成化元年增设四川、广西二司主事各一人，后革。万历中，又革湖广、陕西、山东、福建四司主事各一人）。照磨所：照磨（正八品）、检校（正九品）各一人。司狱司：司狱六人（从九品）。尚书掌天下刑名及徒隶、勾覆、关禁之政令。侍郎佐之。"

[10] 工部：官署名，明六部之一。《明史·职官一》："工部。尚书一人（正二品），左、右侍郎各一人（正三品）。其属，司务厅：司务二人（从九品）。营缮、虞衡、都水、屯田四清吏司：各郎中一人（正五品。后增设都水司郎中四人），员外郎一人（从五品。后增设营缮司员外郎二人，虞衡司员外郎一人），主事二人（正六品。后增设都水司主事五人，营缮司主事三人，虞衡司主事二人，屯田司主事一人）。所辖，营缮所：所正一人（正七品），所副二人（正八品），所丞二人（正九品）。文思院：大使一人（正九品），副使二人（从九品）。皮作局：大使一人（正九品），副使二人（从九品，后革）。鞍辔局：大使一人（正九品），副使一人（从九品。隆庆元年，大使、副使俱革）。宝源局：大使一人（正九品），副使一人（从九品，嘉靖间革）。颜料局：大使一人（正九品，后革）。军器局：大使一人（正九品），副使二人（后革一人）。节慎库：大使一人（从九品。嘉靖八年设）。织染所、杂造局：大使一人（正九品），副使一人（从九品）。广积、通积、卢沟桥、通州、白河各抽分竹木局：大使各一人，副使各一人。大通桥提举司：提举一人（正八品，万历二年革），副提举二人（正九品），典史一人（后副提举、典史俱革）。柴炭司：大使一人（从九品），副使一人。尚书掌天下百官、山泽之政令。侍郎

588

佐之。"

[11] 都察院：官署名。《明史·职官二》："都察院。左、右都御史（正二品），左、右副都御史（正三品），左、右佥都御史（正四品）。其属，经历司：经历一人（正六品），都事一人（正七品）。司务厅：司务二人（从九品。初设四人，后革二人）。照磨所：照磨（正八品），检校（正九品）。司狱司：司狱（从九品。初设六人，后革五人）各一人。十三道监察御史一百十人（正七品）。浙江、江西、河南、山东各十人，福建、广东、广西、四川、贵州各七人，陕西、湖广、山西各八人，云南十一人。其在外加都御史或副、佥都御史衔者，有总督，有提督，有巡抚，有总督兼巡抚，提督兼巡抚，及经略、总理、赞理、巡视、抚治等员。都御史职专纠劾百司，辩明冤枉，提督各道，为天子耳目风纪之司。"

[12] 清黄：参见明24注4。

[13] 写诰：书写武职诰命，隶属于兵部。《南雍志》卷三《事纪三》："正统元年三月壬申，行在兵部奏言：'清黄完备，武职诰命多未写就，宜于南、北二监，不拘资次，选取能书监生八十人，送行在与中书科相并书写，三年满日，照历事监生出身。以后，照名拨补。'从之。于是北监选得四十五人，复奏请南监选取三十五人，以足其数。从之。"

[14] 续黄：又称"贴黄"、"写黄"，为明代登录文武官员名籍的制度。凡任命官员，用黄纸二份开写年月、乡贯、出身等，分内黄、外黄，各置文簿附贴。每年十二月通类具奏，赴内府加盖宝印。外黄送印绶监收掌，内黄送内库铜柜收贮。官员升调、改降，均要续附加贴。凡事故官，则揭下，与事故册内填写年甲、乡贯、历任官职、俸禄、事故缘由及处理结果，以存凭照。

[15] 清军：参见明26注3。

[16] 天财库：即"司钥库"，明代内府库名。《明史·食货三》："内府凡十库……又有天财库，亦名司钥库，贮各衙门管钥，亦贮钱钞。"又《明史·职官三》："司钥库，设大使一人（正九品），副使四人（从九品）。"郭培贵《明史选举志考论》第97页："'天财库'，应为'于天财库办事'。据《会典》卷三〇《库藏一》，天财库为户部所属仓库之一，掌'收储正阳等九门并各钞关本折钞钱及皇城各门锁钥'；又据《英宗实录》卷七〇，监生于天财库办事最迟不晚于正统初年。"可参。

[17] 承运库：明代内府库名。《明史·食货三》："内府凡十库。内承运库，贮缎匹、金银、宝玉、齿角、羽毛，而金花银最大，岁进百万两有奇。"又《明史·职官一》："外承运库，大使二人（正九品），副使二人（从九品。后大使、副使俱革）。承运库，大使一人（正九品），副使一人（从九品。嘉靖中革）。"

[18] 司礼监：官署名，明代宦官二十四衙门之一。《明史·职官三》："宦官。十二监（每监各太监一员，正四品，左、右少监各一员，从四品，左、右监丞各一员，正五品，典簿一员，正六品，长随、奉御无定员，从六品。此洪武旧制也。后渐更革，详见各条下）。司礼监（提督太监一员，掌印太监一员，秉笔太监、随堂太监、书籍名画等库掌司、内书堂掌司、六科廊掌司、典簿无定员。提督掌督理皇城内一应仪礼刑名，及钤束长随、当差、听事各役，关防门禁，催督光禄供应等事。掌印掌理内外章奏及御前勘合。秉笔、随堂掌章奏文书，照阁票批朱。掌司各掌所司。典簿典记奏章及诸出纳号簿）。"

[19] 尚宝司：官署名。参见明19注12。

[20] 六科：明代职掌封驳、纠劾之事的吏、户、礼、兵、刑、工六科的合称。参见明10注3。

[21] 清匠：明代工部对在册匠户的管理、清查。

589

[22] 写民情条例：誊录各处建言民情的奏章。

[23] 光禄寺：参见明12注6。刷卷：这里指清查有关档案卷宗。

[24] 修斋：会集僧人或道徒供斋食、作法事等活动。

[25] 参表：即检查有关表笺。明俞汝楫《礼部志稿》卷六十四《查参表笺》："凡天下各衙门赍到表笺，本部先期行国子监取监生四名参看。除土官衙门不究外，其馀各衙门表笺中间有违式及污渍、漏印、错落字样，并过期不到等项，参出送司呈部。"

[26] 报讣：即"报表"。明代亲王、亲王妃、公主、郡王等去世，皆须令监生向各王府报讣。明俞汝楫《礼部志稿》卷三十二《亲王丧礼》："丧闻，上辍朝三日。礼部奏差官掌行丧祭礼，翰林院撰祭文、谥册文、圹志文，工部造铭旌，差官造坟，又钦天监取官一员前去卜葬，国子监取监生八名报讣各王府。"

[27] 赍捧：郭培贵《明史选举志考论》第99页："《志》'赍俸'，两部《会典》皆作'赍捧'，当以《会典》为正。"甚是。赍捧，即"捧着"，当谓手捧诏书、制敕等。《明会典》卷四十三："凡殿廷颁降诏书、册命，从中道中门出，近东而行。其内、外官员赍捧御制文字及御用之物进呈，不许直行中道，或左或右，取便以行，至御前正中跪进。"

[28] 锦衣卫：参见明19注15。

[29] 查马册：清查马政的有关登录簿册。

[30] 大木厂：明代工部营缮司下属五大材料厂之一。掌贮存各省采到的巨大木料、苇席等物。

[31] 后府：即"后军都督府"。参见注6"五军都督府"。磨算：核算。

[32] 御马监：官署名，明代宦官二十四衙门之一。《明史·职官三》："御马监（掌印、监督、提督太监各一员。腾骧四卫营各设监官、掌司、典簿、写字、拏马等员。象房有掌司等员）。"又："御马监，设令一人（正七品），丞一人（从七品）。"

[33] "正阳门"三句：谓京师（今北京市）九座城门。其中"阜城"，当作"阜成"。《明史·地理一》："永乐四年闰七月诏建北京宫殿，修城垣。十九年正月告成。宫城周六里一十六步，亦曰紫禁城。门八：正南第一重曰承天，第二重曰端门，第三重曰午门，东曰东华，西曰西华，北曰玄武。宫城之外为皇城，周一十八里有奇，门六：正南曰大明，东曰东安，西曰西安，北曰北安，大明门东转曰长安左，西转曰长安右。皇城之外京城，周四十五里。门九：正南曰丽正，正统初改曰正阳；南之左曰文明，后曰崇文；南之右曰顺城，后曰宣武；东之南曰齐化，后曰朝阳；东之北曰东直；西之南曰平则，后曰阜成；西之北曰彰仪，后曰西直；北之东曰安定；北之西曰德胜。嘉靖二十三年筑重城，包京城之南，转抱东西角楼，长二十八里。门七：正南曰永定，南之左为左安，南之右为右安，东曰广渠，东之北曰东便，西曰广宁，西之北曰西便。"阜成，使富厚安定，语本《书·周官》："六卿分职，各率其属，以倡九牧，阜成兆民。"中华书局整理本未出校。

29. 郡县之学，与太学相维，创立自唐始[1]。宋置诸路州学官[2]，元颇因之[3]，其法皆未具。迄明，天下府、州、县、卫所[4]，皆建儒学[5]，教官四千二百馀员[6]，弟子无算[7]，教养之法备矣。

[1] "郡县之学"三句：参见唐2。

[2] 宋置诸路州学官：参见宋125。

[3] 元颇因之：参见元52。

[4] 卫所：明代军事编制。参见明12注7。

[5] 皆建儒学：参见明2。儒学，通称府、州、县学。

[6] 教官四千二百馀员：郭培贵《明史选举志考论》第106页："按府、州、县学教官编制，府学设教授一员、训导四员，州学设学正一员、训导三员，县学设教谕一员、训导二员；又据《明史》卷四〇《地理一》，两京十三布政司'分统之府百有四十，州百九十有三，县千一百三十有八'；依此记，则全国府、州、县学，设置教官应为四千八百八十六名；这一数字尚未把羁縻府、州、县数计算在内。弘治初，吏部尚书王恕奏称'查得天下教官五千有馀'（《王端毅奏议》卷九《议给事中林廷玉陈言翊治奏状》），应是当时实际的教官职数。未详《志》言'教官四千二百馀员'为何时数量。"可参考。

[7] 弟子无算：郭培贵《明史选举志考论》第106页："府、州、县学为明代学校之主体，按在外府、州、县学廪、增生员合计分别为八十、六十、四十的数额，再乘以上引《明史》卷四〇《地理一》所载全国府、州、县数，则全国府、州、县学有廪、增生员至少在六万八千人以上。故《见闻杂记》卷一言正德年间全国'廪膳生员三万五千人'，则廪、增合计应为七万人，应是符合实际的。正统后，各学又增附学生员，数量往往在廪、增生员的数倍之上。据《孝宗实录》卷一五二，弘治十二年七月丁丑，巡按贵州御史奏贵州有'学校至二十四处，生徒至四千馀人'，即平均每学有生员一百六十馀人。考虑到贵州是明代十三省中文化发展最为落后的省份，则全国府、州、县学平均拥有生员当在二百人以上，依此计，则弘治时，全国生员当在三十万人左右。顾炎武则估计明末全国生员'不下五十万'（《顾亭林诗文集》卷一《生员论》）。"可参考。

30. 洪武二年[1]，太祖初建国学[2]，谕中书省臣曰[3]："学校之教，至元其弊极矣。上下之间，波颓风靡，学校虽设，名存实亡。兵变以来[4]，人习战争，惟知干戈，莫识俎豆[5]。朕惟治国以教化为先，教化以学校为本。京师虽有太学，而天下学校未兴。宜令郡县皆立学校，延师儒，授生徒，讲论圣道，使人日渐月化，以复先王之旧。"于是大建学校，府设教授[6]，州设学正[7]，县设教谕[8]，各一。俱设训导[9]，府四，州三，县二。生员之数，府学四十人，州、县以次减十。师生月廪食米，人六斗，有司给以鱼肉。学官月俸有差。生员专治一经[10]，以礼、乐、射、御、书、数设科分教，务求实才，顽不率者黜之。十五年，颁学规于国子监，又颁禁例十二条于天下，镌立卧碑，置明伦堂之左[11]。其不遵者，以违制论。盖无地而不设之学，无人而不纳之教。庠声序音[12]，重规叠矩，无间于下邑荒徼[13]，山陬海涯[14]。此明代学校之盛，唐、宋以来所不及也。

[1] 洪武二年：即公元1369年。洪武，明太祖朱元璋的年号。

[2] 太祖：即明太祖朱元璋（1328～1398）。参见明3注6。国学：即"国子学"。参见明2注2。

[3] 中书省：明初官署名。朱元璋于建国前即置，统领全国庶务。设左、右相国各一人，平章政事二人，左、右丞各一人，参知政事二人为之长。洪武元年（1368）改左、右相国为左、右丞相；三年革平章政事。十三年杀丞相胡惟庸，遂罢中书省。

[4] 兵变：谓元末战乱。

[5] 俎豆：俎和豆，为古代祭祀、宴飨时盛食物的两种礼器。这里代指文教。《论语·卫灵公》："俎豆之事则尝闻之矣，军旅之事未之学也。"

[6] 教授：官名。明代各府儒学皆设，秩从九品。掌教诲生员，知悉一府廪生、增广生、附生名额，按月考察生员艺业，讲授功课。学政一遵卧碑，并听命于提学道，有事归知府衙门提调。各武学、都司、卫学及衍圣公教授司亦设，其地位、职权与府学同。明建国前，曾于医学提举司下设医学教授，秩正九品，后革。

[7] 学正：官名，明代各州学学官，未入流。额设一人，掌教诲州学生员，著录生源数额，按月考察生员艺业，讲授功课。国子监属官亦设学正，秩正九品。

[8] 教谕：参见明11注2。

[9] 训导：官名，府、州、县儒学副职，未入流。佐教授、学正、教谕教诲生员。

[10] 专治一经：谓于《诗》、《书》、《易》、《礼记》、《春秋》五经中习一经。

[11] "十五年"数句：明俞汝楫《礼部志稿》卷七十《颁镌学校卧碑》："洪武十五年，命礼部颁《学校禁例十二条》于天下：一曰，生员事非干己之大者，毋轻诉于官。二曰，生员父母有过，必恳告至于再三，毋致陷父母于危辱。三曰，军国政事，生员毋出位妄言。四曰，生员有学优才赡、深明治体、年及三十愿出仕者，许敷陈王道，讲明治化，述为文辞，先由教官考较，果有可取，以名上于有司，然后赴阙以闻。五曰，为学之道，必尊敬其师，凡讲说须诚心听受，毋恃己长，妄为辨难。六曰，为师者当体先贤竭忠训教，以导愚蒙。七曰，生员勤惰，有司严加考较，奖其勤敏，黜其顽惰，斯为称职。八曰，在野贤人君子，果能练达治体，敷陈王道，许其赴京面奏。九曰，民间冤抑等事，自下而上陈诉，不许蓦越。十曰，江西、两浙、江东之民，多有代人诉者，自今不许。十一曰，有罪充军安置之人，毋妄建言。十二曰，十恶之事，有干朝政，实迹可验者，许密以闻。其不遵者，以违制论，仍命以所颁《禁例》镌勒卧碑，置于明伦堂之左。"明伦堂，古代各地孔庙的大殿称明伦堂，语本《孟子·滕文公上》："夏曰校，殷曰序，周曰庠，学则三代共之，皆所以明人伦也。"

[12] 庠（xiáng 详）声序音：谓学校中的诵读书声。庠序，古代地方学校名。

[13] 下邑荒徼（jiào 叫）：小县城与荒远的边域。

[14] 山陬海涯：山角落与海边，泛指荒远之地。

31. 生员虽定数于国初，未几即命增广 [1]，不拘额数。宣德中 [2]，定增广之额：在京府学六十人，在外府学四十人，州、县以次减十。成化中 [3]，定卫学之例 [4]：四卫以上军生八十人，三卫以上军生六十人，二卫、一卫军生四十人，有司儒学军生二十人 [5]；土官子弟 [6]，许入附近儒学，无定额。增广既多，于是初设食廪者谓之廪膳生员，增广者谓之增广生员。及其既久，人才愈多，又于额外增取，附于诸生之末，谓之附学生员 [7]。凡初入学者，止谓之附学，而廪膳、增广，以岁科两试等第高者补充之 [8]。非廪生久次者，不得充岁贡也。士子未入学者，通谓之童生 [9]。当大比之年 [10]，间收一二异敏，三场并通者，俾与诸生一体入场，谓之充场儒士。中式即为举人，不中式仍候提学官岁试 [11]，合格乃准入学。

[1] 增广：增广生员，参见明 12 注 6。洪武二十年（1387）冬十月丁卯，明廷有增广生员之令。见《太祖实录》卷一百八十六。

[2] 宣德：明宣宗朱瞻基的年号（1426～1435）。据《宣宗实录》卷四十，"定增广之额"在宣德三年三月戊戌。

[3] 成化：明宪宗朱见深的年号（1465～1487）。据《宪宗实录》卷四十，"定卫学之例"在成化三年三月甲申。

[4] 卫学：参见明 12 注 8。

[5] 有司儒学：谓地方之府、州、县学。军籍子弟可就近入地方儒学。

[6] 土官：即"土司"。明代对西南少数民族地区世袭地方官之统称。以领土兵及守土之别，分为武职与文职，各有名号。武职有宣慰使、宣抚使、安抚使、招讨使等，文职有土知府、土知州、土知县、土同知、土通判、土判官、土县丞、土典史、土巡检等，共有数十种。分别设于湖广、四川、云南、贵州、广西等地。土官皆由朝廷任命，颁发印信。属武职者，都指挥领之；属文职者，布政司领之。世守其土，世长其民，世袭其职。向朝廷承担义务，定期缴纳贡赋，随时备征调。其任命、承袭之事，初皆属吏部，后武职改属兵部。

[7] 附学生员：即"附生"。明代府、州、县学生员名目之一。始于正统十二年（1447），即于廪生、增生名额之外，又增加生员附于诸生之末，名额不限。

[8] 岁科两试：即"岁试"与"科试"。岁试，即"岁考"，参见明 32。科试，即"科考"，参见明 32。

[9] 童生：又称"童儒"。明代读书人未入府、州、县学之前的通称。年长者或称老童生。

[10] 大比之年：谓科举考试之年。参见宋 28 注 3。

[11] 提学官：参见明 16 注 5。

32. 提学官在任三岁，两试诸生 [1]。先以六等试诸生优劣，谓之岁考。一等前列者，视廪膳生有缺，依次充补，其次补增广生。一二等皆给赏，三等如常，四等挞责，五等则廪、增递降一等，附生降为青衣 [2]，六等黜革 [3]。继取一二等为科举生员，俾应乡试 [4]，谓之科考。其充补廪、增给赏，悉如岁试。其等第仍分为六，而大抵多置三等。三等不得应乡试，挞黜者仅百一，亦可绝无也。生儒应试，每举人一名，以科举三十名为率。举人屡广额，科举之数亦日增。及求举者益众，又往往于定额之外加取，以收士心。凡督学者类然。嘉靖十年 [5]，尝下沙汰生员之令，御史杨宜争之而止 [6]。万历时 [7]，张居正当国 [8]，遂核减天下生员。督学官奉行太过 [9]，童生入学，有一州县仅录一人者，其科举减杀可推而知也。

[1] 两试诸生：谓岁考与科考。详下文。

[2] 青衣：附生岁试第五等，即令脱掉秀才襕衫，著一般青色衣服，以示责罚，谓之青衣。

[3] 黜革：即从府、州、县学生员中除名。

[4] 乡试：参见明 19 注 8。

[5] 嘉靖十年：即公元 1531 年。嘉靖，明世宗朱厚熜年号。

[6] 御史：即"监察御史"，明代都察院属官，秩正七品。参见明 10 注 2。杨宜：字伯时（生卒年不

详），号栽庵，衡水（今属河北）人。嘉靖二年（1523）进士，历官御史，南京户部右侍郎、总
督大臣，坐失事，夺职闲住。《明史》有传。

[7] 万历：明神宗朱翊钧的年号（1573～1620）。

[8] 张居正：字叔大（1525～1582），号太岳，湖广江陵（今属湖北）人。嘉靖二十六年（1547）进
士，选庶吉士，授编修，历官右中允、国子司业、翰林院侍讲学士、吏部左侍郎兼东阁大学士，
明神宗万历初任首辅，当国十年，厉行改革，推行一条鞭法，平均赋役，国库渐丰。卒谥文忠，
后以明神宗厌其生前恩威震主，致其家遂遭抄籍。著有《张文忠公全集》。《明史》有传。

[9] 督学官：谓提学官等。参见明 16 注 5。

33. 生员入学，初由巡按御史 [1]，布、按两司及府州县官 [2]。正统元年始特置
提学官 [3]，专使提督学政，南、北直隶俱御史 [4]，各省参用副使、佥事 [5]。景泰
元年罢提学官 [6]。天顺六年复设 [7]，各赐敕谕十八条 [8]，俾奉行之。直省既设提
学，有所辖太广，及地最僻远，岁巡所不能及者，乃酌其宜。口外及各都司、卫所、土
官以属分巡道员 [9]，直隶庐、凤、淮、扬、滁、徐、和以属江北巡按 [10]，湖广衡、
永、郴以属湖南道 [11]，辰、靖以属辰沅道 [12]，广东琼州以属海南道 [13]，甘肃卫
所以属巡按御史 [14]，亦皆专敕行事。万历四十一年，南直隶分上下江，湖广分南北，
始各增提学一员 [15]。提学之职，专督学校，不理刑名。所受词讼，重者送按察司，
轻者发有司，直隶则转送巡按御史。督、抚、巡按及布、按二司 [16]，亦不许侵提学
职事也。

[1] 巡按御史：官名，明代分道出巡按临的监察御史。其职在考核吏治，审录罪囚，吊刷案卷，直言
政事得失。洪武时，间有派遣。永乐元年（1403）成为定制。十三省各一人，北直隶二人，南
直隶三人，宣、大一人，辽东一人，甘肃一人。其品秩虽低，但代天子巡视，大事奏闻，小事专
断，可与布政司分庭抗礼，府、州、县官则惟命是从。

[2] 布：即"承宣布政使司"。参见明 10 注 1。按：即"提刑按察使司"。参见明 6 注 6。

[3] 正统元年：即公元 1436 年。正统，明英宗朱祁镇的第一个年号。

[4] 南：即"南直隶"。明代永乐后俗称南京所辖地区为南直隶，其辖区相当于今上海市和安徽、江
苏二省以及江西婺源县等地。北直隶：或称"直隶"。明永乐后建都顺天府（今北京市）为京
师，俗称京师所辖地区为直隶或北直隶，其辖区相当于今北京、天津两市、河北大部与河南、山
东部分地区。御史：即"监察御史"。参见明 10 注 2。

[5] 副使：即"按察司副使"，秩正四品。参见明 6 注 6。佥事：即"按察司佥事"，秩正五品。参见
明 6 注 6。

[6] 景泰元年：即公元 1450 年。景泰，明代宗朱祁钰的年号。

[7] 天顺六年：即公元 1462 年。天顺，明英宗朱祁镇的第二个年号。

[8] 敕谕十八条：《明会典》卷七十六《风宪官提督》："天顺六年，复设各处提督学校官。仍赐敕
谕：一、学者读书，贵乎知而能行。先将圣贤经书熟读背诵，牢记不忘，却从师友讲解明白，俾
将圣贤言语体而行之，敦尚孝弟忠信、礼义廉耻之行，不许徒务口耳之学，将来朝廷庶得真才任
用。一、为学工夫，必收其放心，主敬穷理，毋得卤莽间断。其于修己治人之方、义利公私之

辨，须要体认精切，庶几趋向不差，他日出仕，方能顾惜名节，事业可观。一、习学举业亦穷理之事，果能精通《四书》、本经，便会行文。有等生徒，不肯实下功夫，惟记诵旧文，意图侥幸出身。今宜痛革此弊，其所作《四书》、经义、策、论等文，务要典实平顺，说理详明，不许浮夸怪诞。至于习字，亦须端楷，庶不乖教养之意。一、学校无成，皆由师道不立。今之教官，贤否不齐，先须察其德行，考其文学。果所行所学皆善，须礼待之。若一次考验学问疏浅及怠于训诲者，姑戒励之，令其进学改过。若再考无进不改，送吏部别用。其贪淫不肖实迹彰闻者不必考其文学，即送按察司，直隶送巡按御史问理，吏部别选有学行者往补其缺。一、师生每日坐斋读书及日逐会馔，有司金与膳夫、斋夫。府学：膳夫四名，斋夫八名。州学：膳夫三名，斋夫六名。县学：膳夫二名，斋夫四名。不许违误缺役。一、生员考试不谙文理者，廪膳十年以上发附近去处充吏，六年以上发本处充吏；增广十年以上发本处充吏，六年以上罢黜为民；未及六年者量加决罚，勉励进学。一、生员之家，并依洪武年间例，除本身外，户内优免二丁差役。有司务要遵行，不许故违。一、凡巡视学校，水路乘驿舟，陆路乘官马，仍于本司带书吏一名随行。陆路与官驴，俱支廪给。一、府、州、县提调官员，宜严束生徒，不许出外游荡为非。凡学内殿堂、斋房等屋损坏，即办料量工修理。若恃有提督宪职，将学校中一切合行之事，推故不行用心整理者，量加决罚惩戒。一、所过之处，遇有军民利病及不才官吏贪酷害人、事干奏请者，从实奏闻。一、本职专督学校，不理刑名。如有军民人等诉告冤枉等事，许受词状，轻则发下所在有司问理，重则送按察司，直隶送巡按御史提问。一、科举本古者乡举里选之法，今南北所取举人名数已有定制。近年奔竞之徒，利他处学者寡少，往往赴彼投充增广生员，诈冒乡贯，隐蔽过恶，一概应试。所在教官侥幸以为己功，其弊滋甚。今后不许，违者听本职及提调科举官、监试官拿问。一、布政司、按察司官及巡按御史，不许侵越提督者职事，若以公务至府、州、县，亦当勉励师生勤力学业，不许推故不理。若提督官行止不端，许巡按监察御史指实奏闻。一、所辖境内，遇有卫所学校，一体提调整理，武职子弟，悉令其习读《五经七书》、《百将传》及操习武艺。其中有能习举业者，亦听科举。一、各处岁贡生员，照例将食粮年深者严加考试，不必会官。如果年深者不堪充贡，就便照例黜罢，却将以次者考充，务要通晓文理，方许起送赴部。一、廪膳、增广生员已有定额，廪膳有缺，于增广内考选学问优等者帮补；增广有缺，于本处官员军民之家，选择资质聪敏、人物俊秀子弟补充。不许听信有司及学官徇私作弊。若有额外之数，须严加考选，通晓文艺者存留待缺，不许将不堪者一概存留，躲避差徭。一、古者乡间里巷莫不有学，即今社学是也。凡提督去处，即令有司每乡、每里俱设社学，择立师范，明设教条，以教人之子弟。年一考较，择取勤效，仍免为师之人差徭。一、师生于学校一切事务，并要遵依洪武年间卧碑行，不许故违。"

[9] 口外：又称"口北"。古代泛指长城诸口以北地区。都司：官署名，明代都指挥使司的简称。为省级军事机关，与布政使司、按察使司合称"三司"。《明史·职官五》："都指挥使司。都指挥使一人（正二品），都指挥同知二人（从二品），都指挥佥事四人（正三品）。其属，经历司：经历（正六品），都事（正七品）。断事司：断事（正六品），副断事（正七品），吏目各一人。司狱司：司狱（从九品）。仓库、草场，大使、副使各一人。行都指挥使司，设官与都指挥使司同。都司掌一方之军政，各率其卫所以隶于五府，而听于兵部。"卫所：明代军事编制。参见明12注7。土官：即"土司"。参见明31注6。分巡道：明代将按察使司所属府县分为数道，定期派出按察副使、佥事分道巡察处理刑名、钱粮诸不法之事，故名。南、北直隶所设各道由旁近按察使司分别带管。洪武十四年（1381），按察使司下置按察分司，为分巡之始。二十五年改分司

595

为四十八道，二十九年定为四十一道。弘治中规定，每年春二月中出巡，七月中回司；九月中出巡，十二月中回司。

[10] 直隶：谓南直隶，参见注4。庐：庐州府，治所合肥（今属安徽）。凤：凤阳府，治所凤阳（今属安徽）。淮：淮安府，治所山阳（今江苏淮安）。扬：扬州府，治所江都（今江苏扬州）。滁：滁州，治所清流（今安徽滁县）。徐：徐州，治所徐州（今属江苏）。和：和州，治所历阳（今安徽和县）。江北巡按：谓巡行今长江以北、淮河以南及大别山以东地区的巡按御史。

[11] 湖广：即"湖广布政使司"，明洪武九年（1376）以湖广等处行中书省改置，治所武昌府（今湖北武汉市武昌）。辖境相当于今湖北、湖南二省。衡：衡州府，治所衡阳（今属湖南）。永：永州府，治所零陵（今属湖南）。郴：郴州府，治所郴阳（今湖南郴县）。湖南道：谓巡察湖南道的按察副使。湖南道，治所潭州（今湖南长沙）。

[12] 辰：辰州府，治所沅陵（今属湖南）。靖：靖州，治所永平（今湖南靖县）。辰沅道：谓巡察辰沅道的按察副使。辰沅道，治所沅陵（今属湖南）。

[13] 广东：即"广东布政使司"，治所广州府（今广东广州市），辖境相当于今广东省、海南省及广西钦州地区。琼州：琼州府，治所琼山（今属海南省海口市）。海南道：谓巡查海南道的按察副使。海南道，治所琼山（今属海南省海口市）。

[14] 甘肃：明代甘肃卫，属陕西布政使司，治所甘州卫（今甘肃张掖）。卫所：明代军事编制。参见明12注7。

[15] "万历四十一年"四句：《神宗实录》卷五百十四："万历四十一年十一月己卯，增设南直隶、湖广学臣各一员。礼部言：'迩来学政堕窳，功令不信，有数年不经岁考，甚至有十八九年者，岂尽怠弛哉？疆圉甚广而势不暇给也。夫南都者，是高皇帝之所奠鼎也，江淮襟带之区，何止数千里，而济济南士星散于江渚；楚地者，是世宗皇帝之所龙兴也，荆岐衡阳之域，亦何止数千里，而翘翘楚材遍伏于云湘。毋论较雠实难措手，即凭轼而空行，亦不下半年矣。臣等广诹通国之舆论，博询两省之士绅，其在南直隶也，议西自庐、凤连应、安六府，滁、和、广三州属一学臣；东自徐州、淮、扬连镇、常、苏、松属一学臣。其在湖广也，亦议二员并设，即以洞庭为界：属武、汉、黄、承、德、荆、岳、郧、襄九府在洞庭以北者专设一员；属常、长、宝、衡、辰、永六府在洞庭以南者另设一员。地有所分，则力无不给，俾两畿、三楚与天下共守岁考之制。'"万历四十一年，即公元1613年。万历，明神宗朱翊钧的年号。

[16] 督：即"总督"，官名。明初，有军事，命京官总督军务，事已旋罢，原非一定官职。景泰三年（1452），命左都御史王翱总督两广军务，自总兵以下悉听节制，然事平则归，并非常设。成化五年（1469），专设两广总督，开府于梧州，以后各地逐渐增置，遂为定制。抚：即"巡抚"，官名。始见于明洪武二十四年（1391）敕遣懿文太子巡抚陕西。宣德五年（1430），以侍郎于谦、周忱等巡抚两京、山东、山西、河南、江西、湖广等处。其后各省常置。天顺、正德间，曾诏裁革，旋即复设。初设仅为督理税粮，总理河道，抚制流民，整饬边关，后遂偏重军事，即"巡行天下，抚军安民"。多加都御史、或副、佥都御史衔。兼军务者，加提督；有总兵之地，则加赞理或参赞；事重者加总督衔。巡按：即"巡按御史"。参见明33注1。布：即"承宣布政使司"。参见明10注1。按：即"提刑按察使司"。参见明6注6。

34. 明初，优礼师儒，教官擢给事、御史[1]，诸生岁贡者易得美官。然钳束亦甚谨。太祖时[2]，教官考满，兼核其岁贡生员之数。后以岁贡为学校常例。二十六年［3］，定学官考课法，专以科举为殿最［4］。九年任满，核其中式举人，府九人、州六人、县三人者为最。其教官又考通经［5］，即与升迁。举人少者为平等，即考通经亦不迁。举人至少及全无者为殿，又考不通经，则黜降。其待教官之严如此。生员入学十年，学无所成者，及有大过者，俱送部充吏，追夺廪粮。至正统十四年申明其制而稍更之［6］。受赃、奸盗、冒籍、宿娼、居丧娶妻妾所犯事理重者，直隶发充国子监膳夫［7］，各省发充附近儒学膳夫、斋夫［8］，满日为民，俱追廪米。犯轻充吏者，不追廪米。其待诸生之严又如此。然其后教官之黜降，生员之充发，皆废格不行，即卧碑亦具文矣。诸生上者中式，次者廪生，年久充贡，或选拔为贡生。其累试不第、年逾五十、愿告退闲者，给与冠带［9］，仍复其身［10］。其后有纳粟马捐监之例，则诸生又有援例而出学者矣。提学官岁试校文之外，令教官举诸生行优劣者一二人，赏黜之以为劝惩。此其大较也［11］。

［1］给事："给事中"的省称。参见明 10 注 3。御史：即"监察御史"。参见明 10 注 2。

［2］太祖：即明太祖朱元璋（1328～1398）。参见明 3 注 6。

［3］二十六年：即洪武二十六年（1393）。

［4］殿最：古代考核政绩或军功，下等称为"殿"，上等称为"最"。

［5］通经：谓对经旨的解释。

［6］正统十四年：即公元 1449 年。正统，明英宗朱祁镇的第一个年号。

［7］膳夫：学舍中掌管饮食的仆役。

［8］斋夫：学舍中的一般仆役。

［9］冠带：表示一种身份的官员的装束。

［10］复其身：谓免其本身杂泛差役。

［11］"其后"数句：郭培贵《明史选举志考论》的 144 页："按，承上文，'其后'应是成化以后，而'例监'始于景泰间，'提学官岁试校文'则始于正统以后，此编次失序者。"可参考。

35. 诸生应试之文，通谓之举业。《四书》义一道［1］，二百字以上。经义一道，三百字以上。取书旨明晰而已，不尚华采也。其后标新领异，益漓厥初。万历十五年［2］，礼部言［3］："唐文初尚靡丽而士趋浮薄，宋文初尚钩棘而人习险谲［4］。国初举业有用六经语者［5］，其后引《左传》、《国语》矣［6］，又引《史记》、《汉书》矣［7］。《史记》穷而用六子［8］，六子穷而用百家［9］，甚至佛经、《道藏》摘而用之［10］，流弊安穷。弘治、正德、嘉靖初年［11］，中式文字纯正典雅。宜选其尤者，刊布学宫，俾知趋向。"因取中式文字一百十馀篇，奏请刊布，以为准则。时方崇尚新奇，厌薄先民矩矱［12］，以士子所好为趋，不遵上指也。启、祯之间［13］，文体益变，以出入经史百氏为高，而恣轶者亦多矣。虽数申诡异险僻之禁，势重难返，卒不能从。论者以明举业文字比唐人之诗，国初比初唐，成、弘、正、嘉比盛唐，隆、万比中唐，启、祯比晚唐云［14］。

[1] 四书义：与下"经义"皆谓功令文字"八股文"。参见明39。四书，或称"四子书"，南宋朱熹将《中庸》与《论语》、《孟子》、《大学》合编为四子书，并作了章句。宋末以后，《四书》遂成为科举考试的主要内容。

[2] 万历十五年：即公元1587年。万历，明神宗朱翊钧的年号。

[3] 礼部：官署名，明代六部之一。参见明20注6。

[4] 钩棘：文字艰涩，不流利。险谲（jué决）：阴险诡诈。

[5] 六经：六部儒家经典，谓《易》、《诗》、《书》、《春秋》、《礼》、《乐》，汉以来《乐经》失传，故只有《五经》。

[6] 左传：或称《左氏春秋》。参见唐5注1。国语：或称《春秋外传》，二十一篇，相传为春秋时左丘明所撰。参见唐5注6。

[7] 史记：史书名。参见唐9注1。汉书：史书名。参见唐9注1。

[8] 六子：即"六家"。谓先秦至汉初学术思想的主要派别：阴阳家、儒家、墨家、名家、法家、道德家。汉司马谈有《论六家之要指》，见《史记·太史公自序》。

[9] 百家：谓先秦诸子及后世学者。

[10] 道藏（zàng葬）：道教书籍的总汇。包括周秦以下道家的子书及六朝以来道教的经典。

[11] 弘治：明孝宗朱祐樘的年号（1488~1505）。正德：明武宗朱厚照的年号（1506~1521）。嘉靖：明世宗朱厚熜的年号（1522~1566）。

[12] 矩矱（yuē曰）：规矩法度。

[13] 启：即"天启"，明熹宗朱由校的年号（1621~1627）。祯：即"崇祯"，明思宗朱由检的年号（1628~1644）。

[14] "论者"数句：清方苞《钦定四书文·凡例》："明人制义，体凡屡变。自洪、永至化、治百馀年中，皆恪遵传注，体会语气，谨守绳墨，尺寸不逾。至正、嘉，作者始能以古文为时文，融液经史，使题之义蕴隐显曲畅，为明文之极盛。隆、万间，兼讲机法，务为灵变，虽巧密有加，而气体苶然矣。至启、祯诸家，则穷思毕精，务为奇特，包络载籍，刻雕物情。凡胸中所欲言者，皆借题以发之，就其善者，可兴可观，光气自不可泯。凡此数种，各有所长，亦各有其蔽。故化、治以前，择其简要亲切、稍有精彩者；其直写传注、寥寥数语，及对比改换字面而意义无别者，不与焉。正、嘉，则专取气息醇古、实有发挥者；其规模虽具、精义无存，及剽袭先儒语录、肤廓平衍者，不与焉。隆、万为明文之衰，必气质端重、间架浑成，巧不伤雅，乃无流弊；其专事凌驾、轻剽促隘，虽有机趣，而按之无实理真气者，不与焉。至启、祯名家之杰特者，其思力所造，途径所开，或为前辈所不能到；其馀杂家，则佹弃规矩以为新奇，剽剥经子以为古奥，雕琢字句以为工雅，书卷虽富，辞气虽丰，而圣经贤传本义转为所蔽蚀，故别而去之，不使与卓然名家者相混也。凡此数种，体制、格调，各不相类；若总为一集，转觉庞杂无章。谨分化、治以上为一集，正、嘉为一集，隆、万为一集，启、祯为一集，使学者得溯其相承相变之源流，而各取所长。"可参考。唐人之诗，明初高棅撰《唐诗品汇》，继承南宋严羽《沧浪诗话》有关唐诗分期之说，将唐诗以初唐体、盛唐体、中唐体、晚唐体四分之，他以唐太宗贞观至唐玄宗开元初为初唐，以开元至唐代宗大历前为盛唐，以大历至唐宪宗元和为中唐，以唐文宗开成之后为晚唐。此说一出，影响甚大。成，即"成化"，明宪宗朱见深的年号（1465~1487）。隆，即"隆庆"，明穆宗朱载垕的年号（1567~1572）。万，即"万历"，明神宗朱翊钧的年号（1573~1620）。

36. 自儒学外，又有宗学、社学、武学[1]。宗学之设，世子、长子、众子、将军、中尉年未弱冠者俱与焉[2]。其师，于王府长史、纪善、伴读、教授等官择学行优长者除授[3]。万历中[4]，定宗室子十岁以上，俱入宗学。若宗子众多，分置数师，或于宗室中推举一人为宗正[5]，领其事。令学生诵习《皇明祖训》、《孝顺事实》、《为善阴骘》诸书[6]，而《四书》、《五经》、《通鉴》、《性理》亦相兼诵读[7]。寻复增宗副二人。子弟入学者，每岁就提学官考试，衣冠一如生员。已复令一体乡试，许得中式。其后宗学浸多，颇有致身两榜、起家翰林者[8]。

[1] 宗学：明代学校名目之一，为宗室子弟而设。社学：明代学校名目之一，即民间乡舍坊巷之学。武学：明代学校名目之一，与卫学不同，兼习文武。郭培贵《明代选举志考论》第153页："明代'武学'一词有广义、狭义之分。广义指军队子弟学校，包括两京武学和外都司、卫、所儒学……而明人一般用其狭义，即仅指始设于正统的两京武学和隆庆后在北直遵化、密云、永平等处设立的武学。"可参考。

[2] 世子：亲王或郡王之嫡长子。长子：谓亲王或郡王排行最大的儿子。众子：谓亲王或郡王嫡长子以外的诸子。将军中尉：谓镇国将军、辅国将军、奉国将军、镇国中尉、辅国中尉、奉国中尉，皆为明代宗室的封号。《明史·诸王传》："明制，皇子封亲王，授金册金宝，岁禄万石，府置官属。护卫甲士少者三千人，多者至万九千人，隶籍兵部。冕服车旗邸第，下天子一等。公侯大臣伏而拜谒，无敢钧礼。亲王嫡长子，年及十岁，则授金册金宝，立为王世子，长孙立为世孙，冠服视一品。诸子年十岁，则授涂金银册银宝，封为郡王。嫡长子为郡王世子，嫡长孙则授长孙，冠服视二品。诸子授镇国将军，孙辅国将军，曾孙奉国将军，四世孙镇国中尉，五世孙辅国中尉，六世以下皆奉国中尉。"弱冠（guàn 贯）：古代以男子二十岁为成人，初加冠，以体犹未壮，故称弱冠。《礼记·曲礼上》："二十曰弱，冠。"

[3] "于王府长史"句：谓从王府长史司官员中择师。《明史·职官四》："王府长史司。左、右长史各一人（正五品）。其属，典簿一人（正九品），所辖：审理所：审理正一人（正六品），副一人（正七品）。典膳所：典膳正一人（正八品），副一人（从八品）。奉祠所：奉祠正一人（正八品），副一人（从八品），典乐一人（正九品）。典宝所：典宝正一人（正八品），副一人（从八品）。纪善所：纪善二人（正八品）。良医所：良医正一人（正八品），副一人（从八品）。典仪所：典仪正一人（正九品），副一人（从九品）。工正所：工正一人（正八品），副一人（从八品）。以上各所副官，嘉靖四十四年并革），伴读四人（从九品，后止设一人），教授无定员（从九品）。引礼舍人三人（后革二人），仓大使、副使各一人，库大使、副使各一人（仓、库副使后俱革）。郡王府：都授一人（从九品），典膳一人（正八品）。镇国将军：教授一人（从九品）。长史掌王府之政令，辅相规讽以匡王失，率府僚各供乃事，而总其庶务焉。"

[4] 万历：明神宗朱翊钧的年号（1573～1620）。

[5] 宗正：官名。万历以后，于各王府设立宗正，掌王府宗族事务。《明史·诸王一》："武冈王显槐，端王第三子也。嘉靖四十三年上书条藩政，请'设宗学，择立宗正、宗表，督课亲郡王以下子弟。十岁入学，月饩米一石，三载督学使者考绩，陟其中程式者全禄之。五试不中课则黜之，给以本禄三之二。其庶人暨妻女，月饩六石，庶女勿加恩。'其后廷臣集议，多采其意。"

[6] 皇明祖训：书名。明太祖朱元璋撰，十三篇。朱元璋惧子孙不谙世故，撰是书以为家法，历经六

年，七易其稿方成书。分祖训首章、操守、严祭祀、谨出入、慎国政、礼仪、法律、内令、内官、职制、兵卫、营缮、供用等。今有台湾学生书局 1966 年《明朝开国文献》本。孝顺事实：书名。明成祖朱棣编撰，十卷，选古今孝行人物二百七十例以劝善。永乐十八年（1420）撰成。为善阴骘（zhì志）：书名。明成祖朱棣编撰，十卷，选古今为善果报之事以劝善。永乐十七年撰成。

[7] 四书：参见明 5 注 6。五经：五部儒家经典，即《诗》、《书》、《礼》、《易》、《春秋》，始成于汉武帝建元五年（前 136）。其中《礼》，汉时指《仪礼》，后世指《礼记》；《春秋》，后世并《左传》而言。通鉴：即《资治通鉴》，宋司马光领衔编撰，二百九十四卷，为编年体史书，上起战国，下终五代，共纪一千三百六十二年之历史。采用之书除十七史外，杂史多至三百三十二种。元胡三省有注。性理：书名，即《性理大全》。明胡广等撰，七十卷，成于永乐十二年（1414）。前二十六卷收集周敦颐《太极图说》、《通书》，张载《西铭》、《正蒙》，邵雍《皇极经世书》，朱熹《易学启蒙》、《家礼》，蔡元定《律吕新书》，蔡沈《洪范皇极内篇》九种著作。后四十四卷按门类编排，取宋儒之说一百二十家，分为理气、鬼神、性理、道统、圣贤、诸儒、学、诸子、历代、君道、治道、诗、文十三类，内容庞杂。书成后，明成祖朱棣敕令颁行天下，列入学宫。

[8] 致身两榜：谓考取进士。科举时代谓考取举人的榜为乙榜，考取进士的榜为甲榜，进士须名列两榜，故称进士为"两榜"。翰林：这里指考中进士后，选翰林院庶吉士。有如此出身，就为今后的仕途通达打下了基础。清杨士聪《玉堂荟记》卷下："宗藩以科目起家，始自辛酉（天启元年）。"又清孙承泽《春明梦馀录》卷四十一："天启元年，顺天增二十名，应天增十名，以登极及恩贡集太学也。其馀各省增三名。是年山西中宗生二名，江西一名，河南一名，陕西一名。"可参考。

37. 社学，自洪武八年 [1]，延师以教民间子弟，兼读《御制大诰》及本朝《律》、《令》[2]。正统时 [3]，许补儒学生员。弘治十七年 [4]，令各府、州、县建立社学，选择明师，民间幼童十五以下者送入读书，讲习冠、婚、丧、祭之礼。然其法久废，寝不举行。

[1] 洪武八年：即公元 1375 年。洪武，明太祖朱元璋的年号。
[2] 御制大诰：参见明 5 注 7。律令：参见明 5 注 7。郭培贵《明史选举志考论》第 151 页："《会典》卷七八《社学》载：'洪武八年，诏有司立社学，延师儒以教民间子弟。二十年，令民间子弟读《御制大诰》，又令兼读《律》、《令》。'《志》文本此裁成。然不宜删略'二十年'，而概以'洪武八年'冠之。因据太祖亲撰《御制大诰》序文，《大诰》于洪武十八年十月朔才由太祖编定，'洪武八年'岂能令民间子弟'兼读'？"可参考。
[3] 正统：明英宗朱祁镇的第一个年号（1436～1449）。
[4] 弘治十七年：即公元 1504 年。弘治，明孝宗朱祐樘的年号。

38. 武学之设 [1]，自洪武时置大宁等卫儒学 [2]，教武官子弟。正统中 [3]，成国公朱勇奏选骁勇都指挥等官五十一员 [4]，熟娴骑射幼官一百员 [5]，始命两京建武

学以训诲之 [6]。寻命都司、卫所应袭子弟年十岁以上者 [7]，提学官选送武学读书，无武学者送卫学或附近儒学。成化中 [8]，敕所司岁终考试入学武生。十年以上学无可取者，追廪还官，送营操练。弘治中 [9]，从兵部尚书马文升言 [10]，刊《武经七书》分散两京武学及应袭舍人 [11]。嘉靖中 [12]，移京城东武学于皇城西隅废寺，俾大小武官子弟及勋爵新袭者，肄业其中，用文武重臣教习 [13]。万历中 [14]，兵部言，武库司专设主事一员管理武学 [15]，近者裁去，请复专设。教官升堂，都指挥执弟子礼，请遵《会典》例 [16]，立为程式。诏皆如议。崇祯十年 [17]，令天下府、州、县学皆设武学生员，提学官一体考取。已又申《会典》事例，簿记功能，有不次擢用、黜退、送操、奖罚、激厉之法。时事方棘 [18]，无所益也。

[1] 武学：这里用其广义。参见明36注1。

[2] 洪武：明太祖朱元璋的年号（1368～1398）。大宁：即"大宁卫"，大宁都指挥使司治所（今内蒙古宁城西），洪武二十年（1387）置，领十卫。

[3] 正统：明英宗朱祁镇的第一个年号（1436～1449）。

[4] 成国公朱勇：字惟贞（1391～1449），凤阳怀远（今属安徽）人，朱能子，袭成国公，掌都督府事。永乐末从明成祖北征，宣德中从征汉王，正统中加太保。正统十四年（1449）从明英宗出征御瓦剌，中伏，丧师败死。天顺初，追封平阴王，谥武愍。《明史》有传。都指挥：即"都指挥使"，官名。这里指羁縻卫所的都司长官。

[5] 幼官：明代军事编制幼官舍人营的青少年军官。幼官舍人营为京军五军营的组成部分，由袭替父兄军职的青少年军官（幼官）与军卫将校子弟（舍人）组成，长官为坐营官。其中幼官营设总把一人，舍人营分四司，各设总把一人。

[6] 两京：即京师（今北京市）与南京。

[7] 都司：官署名，明代都指挥使司的简称。参见明33注9。卫所：明代军事编制。参见明12注7。

[8] 成化：明宪宗朱见深的年号（1465～1487）。

[9] 弘治：明孝宗朱祐樘的年号（1488～1505）。

[10] 兵部尚书：明代六部之一兵部的主官，秩正二品。参见明24注4。马文升：字复图（1426～1510），号三峰居士，钧州（今河南禹县）人。景泰二年（1451）进士，历官左副都御史、兵部尚书、吏部尚书。卒谥端肃。著有《马端肃奏议》、《西征石城记》等。《明史》有传。

[11] 武经七书：宋元丰间颁行的武学生应试必读的七种兵书，即《孙子》、《吴子》、《六韬》、《司马法》、《黄石公三略》、《尉缭子》、《李卫公问对》，合称《武经七书》。《孝宗实录》卷一百七十三"弘治十四年四月戊寅朔"下有云"马文升请刊《武经总要》一书，颁赐在京武职大臣及各边将领，俾资其智识。命各给《武经七书》一部，令其讲习；《总要》已之。"可知马文升"请刊"者当为《武经总要》，而非《武经七书》。应袭舍人：参见注5。

[12] 嘉靖：明世宗朱厚熜的年号（1522～1566）。

[13] "移京城东武学"四句：《世宗实录》卷一百八十六："嘉靖十五年四月甲午，兵部言：'国朝武学设在京城东偏，规模狭小，较阅勿称；加以教官职小，化导实难，徒取备文，无济实用。臣等请以皇城西隅大兴隆废寺，因其廨宇，称如拓饰，改创斋舍，移武学于此，群大小武臣子弟及勋爵新袭者肄业其中，用文武重臣教习，设属分督，岁仲冬大加校阅，以示惩劝。'得旨：

'俱如拟。其未尽事宜仍令会礼、工二部详议以闻。'"

[14] 万历：明神宗朱翊钧的年号（1573～1620）。

[15] 武库司：兵部下辖官署名。参见明 24 注 4。

[16] 会典：即《明会典》。初修本成书于弘治十五年（1502）十二月，凡一百八十卷。嘉靖八年（1529）曾加续修，未及刊行。万历四年（1576）又行重修，至十五年二月书成，二百二十八卷。一般称引多谓后者。其内容包括文职衙门共二百二十六卷、武职衙门二卷。文职衙门首列宗人府，其下以吏、户、礼、兵、刑、工六部及都察院、六科与各寺、府、监、司等为序；武职衙门叙列五军都督府及各卫等。各官职之下多列详细的统计数字，为明代官方的原始性资料之一。

[17] 崇祯十年：即公元 1637 年。崇祯，明思宗朱由检的年号。

[18] 时事方棘：谓清军以及李自成、张献忠农民军对明廷的军事压力。

《明史》

卷七十　志第四十六

选举二

39. 科目者 [1]，沿唐、宋之旧，而稍变其试士之法，专取《四子书》及《易》、《书》、《诗》、《春秋》、《礼记》五经命题试士 [2]。盖太祖与刘基所定 [3]。其文略仿宋经义，然代古人语气为之，体用排偶，谓之八股，通谓之制义 [4]。三年大比 [5]，以诸生试之直省 [6]，曰乡试。中式者为举人。次年，以举人试之京师，曰会试。中式者，天子亲策于廷，曰廷试，亦曰殿试。分一、二、三甲以为名第之次。一甲止三人，曰状元、榜眼、探花，赐进士及第。二甲若干人，赐进士出身。三甲若干人，赐同进士出身。状元、榜眼、探花之名，制所定也。而士大夫又通以乡试第一为解元 [7]，会试第一为会元，二、三甲第一为传胪云 [8]。子、午、卯、酉年乡试，辰、戌、丑、未年会试。乡试以八月，会试以二月，皆初九日为第一场，又三日为第二场，又三日为第三场。

[1] 科目：参见明1注1。清顾炎武《日知录》卷十六《科目》："唐制，取士之科有秀才，有明经，有进士，有俊士，有明法，有明字，有明算，有一史，有三史，有《开元礼》，有道举，有童子。而明经之别，有五经，有三经，有二经，有学究一经，有《三礼》，有《三传》，有史科。此岁举之常选也。其天子自诏曰制举，如姚崇下笔成章，张九龄道侔伊吕之类。见于史者凡五十馀科，故谓之科目。明代止进士一科，则有科而无目矣，犹沿其名，谓之科目，非也。"可参考。

[2]《四子书》：即《四书》。参见明4注6。易：即《易经》，又称《周易》。参见唐5注3。书：即《尚书》。参见唐5注3。诗：即《诗经》。参见唐5注2。春秋：编年史书。参见唐5注1。礼记：书名。参见唐5注1。

[3] 太祖：即明太祖朱元璋（1328～1398）。参见明3注6。刘基：字伯温（1311～1375），青田（今属浙江）人。元元统元年（1333）进士，历官高安丞、处州路总管府判，弃官归隐。至正二十年（1360）应朱元璋之召，任太史令，历官御史中丞、弘文馆学士，封诚意伯，以老请归，卒。正德九年（1514）追赠太师，谥文成。博通经史，尤精象纬之学。著有《春秋明经》、《郁离子》

等，皆收入《诚意伯文集》。《明史》有传。

[4] "其文"数句：清顾炎武《日知录》卷十六《试文格式》："经义之文，流俗谓之八股，盖始于成化以后。股者，对偶之名也。天顺以前，经义之文，不过敷演传注，或对或散，初无定式，其单句题亦甚少。成化二十三年，会试'乐天者保天下'文，起讲先提三句，即讲乐天四股，中间过接四句，复讲保天下四股，再作大结。弘治九年，会试'责难于君谓之恭'文，起讲先提三句，即讲责难于君四股，中间过接二句，复讲谓之恭四股，复收二句，再作大结。每四股之中，一反一正，一虚一实，一浅一深（亦有联属二句、四句为对，排比十数对成篇，而不止于八股者）。其两扇立格（谓题本两对，文亦两大对），则每扇之中，各有四股，其次第之法，亦复如之。故今人相传谓之八股。若长题则不拘此。嘉靖以后，文体日变，而问之儒生，皆不知八股之何谓矣。孟子曰：'大匠诲人，必以规矩。'今之为时文者，岂必裂规偭矩矣乎！发端二句或三四句，谓之破题，大抵对句为多，此宋人相传之格（本之唐人赋格）。下申其意，作四五句，谓之承题，然后提出夫子（曾子、子思、孟子皆然）为何而发此言，谓之原起。至万历中，破止二句，承止三句，不用原起。篇末敷演圣人言毕，自掳所见，或数十字，或百馀字，谓之大结。明初之制，可及本朝时事，以后功令益密，恐有藉以自衒者，但许言前代，不及本朝。至万历中，大结止三四句，于是国家之事，罔始罔终，在位之臣，畏首畏尾，其象已见于应举之文矣。"又清胡鸣玉《订讹杂录》卷七："今之八股文，或谓始于王荆公，或谓始于明太祖，皆非也。按《宋史》，熙宁四年，罢诗赋及明经诸科，以经义论策试进士，命中书撰大义式颁行，所谓经大义，即今时文之祖，然初未定八股格。即明初百馀年，亦未有八股之名，故今日所见先辈八股文，成化以前，若天顺、景泰、正统、宣德、洪熙、永乐、建文、洪武百年中，无一篇传也。"

[5] 三年大比：语本《周礼·地官·司徒第二·州长》，意即乡试、会试三年一次。

[6] 直省：明人谓南、北直隶与十三行省。

[7] 解（jiè 界）元：乡试第一名。"解"有解送至京赴考的意思。

[8] 传胪：本是科举时代殿试揭晓唱名的一种仪式。殿试公布名次之日，皇帝至殿宣布，由阁门承接，传于阶下，卫士齐声传名高呼，即谓"传胪"。这里用为第二甲、第三甲第一名的称呼，即与此仪式有关。

40. 初设科举时，初场试经义二道，《四书》义一道；二场论一道；三场策一道。中式后十日，复以骑、射、书、算、律五事试之 [1]。后颁《科举定式》[2]，初场试《四书》义三道，经义四道。《四书》主朱子《集注》[3]，《易》主程《传》、朱子《本义》[4]，《书》主蔡氏传及古注疏 [5]，《诗》主朱子《集传》[6]，《春秋》主《左氏》、《公羊》、《穀梁》三传及胡安国、张洽传 [7]，《礼记》主古注疏。永乐间 [8]，颁《四书五经大全》[9]，废注疏不用。其后，《春秋》亦不用张洽传，《礼记》止用陈澔《集说》[10]。二场试论一道，判五道，诏、诰、表内科一道。三场试经史时务策五道。

[1] "初设"数句：明王世贞《弇山堂别集》卷八十一《初设科举条格诏》："乡试、会试文字程序：第一场，试《五经》义，各试本经一道，不拘旧格，惟务经旨通畅，限五百字以上。《易》，程、

朱氏《注》、古注疏；《书》，蔡氏《传》、古注疏；《诗》，朱氏《传》、古注疏；《春秋》，《左氏》、《公羊》、《穀梁》，胡氏、张洽《传》；《礼记》，古注疏。《四书》义一道，限三百字以上。第二场，试"礼乐论"，限三百字以上，诏、诰、表、笺。第三场，试"经史时务策"一道，惟务直述，不尚文藻，限一千字以上。第三场毕后十日面试，骑，观其驰骤便捷；射，观其中数多寡；书，观其笔画端楷；律，观其讲解详审。殿试，时务策一道，惟务直述，限一千字以上。"

清顾炎武《日知录》卷十六《经义策论》："《太祖实录》：洪武三年八月，京师及各行省开乡试，初场，《四书》疑问、本经义及《四书》义各一道（元制，有《四书》疑、本经疑。洪武三年开科，以《大学》'古之欲明明德于天下者'二节、《孟子》'道在迩而求诸远'一节合为一题，问二书所言平天下大指同异，此即宋时之法）；第二场，论一道；第三场，策一道。中式者，后十，复以五事试之，曰骑、射、书、算、律。骑，观其驰驱便捷；射，观其中之多寡；书，通于六义；算，通于九法；律，观其决断。诏文有曰：'朕特设科举以起怀才抱德之士，务在经明行修，博通古今，文质得中，名实相称。其中选者，朕将亲策于廷，观其学识，第其高下，而任之以官。"另参见元8，可见明代因袭元代科举之处。本经，参见明5注6。

[2] 科举定式：《续文献通考》卷三十五："（洪武）十七年三月，颁《科举定式》：初场，试《四书》义三道，每道二百字以上；经义四道，每道三百字以上。未能者，许各减一道。《四书》，主朱子《集注》；《易》，主程《传》、朱子《本义》；《书》，主蔡氏《传》及古注疏；《诗》，主朱子《集传》；《春秋》，主《左氏》、《公羊》、《穀梁》及胡安国、张洽《传》；《礼记》，主古注疏。二场，试论一道，三百字以上；判五道；诏、诰、表内科一道。三场，试经史时务策五道，俱三百字以上，未能者，许减二道。凡举子试卷，每场草卷、正卷各纸十二幅。首书姓名、年甲、籍贯、三代、本经。前期，在内赴应天府，在外赴布政司印卷，置簿附写，于缝上用印钤记，仍将印卷官姓名，置长条印记用于卷尾，各还本人。试之日黎明，举子入场，每人用军一人看守，禁讲问代冒。黄昏纳卷，未毕者给烛三枝，烛尽不成者扶出。举子作文毕，送受卷官收受，类送弥封官，撰字号封记，送誊录所；誊录毕，送对读所；对读毕，送内考试官阅看。提调、监试官不得干预。凡举子试卷用墨笔，受卷、誊录、对读皆红笔，考试官青笔。其用墨处不许用红，用红处不许用墨。乡、会试同。"

[3] 朱子集注：宋朱熹（1130~1200），著有《四书章句集注》。参见宋65注1。

[4] 程传：宋程颐（1033~1107），撰有《易传》四卷与《系辞说》。参见宋53注4。朱子本义：宋朱熹的《易》学著作有《周易本义》十二卷。

[5] 蔡氏传：宋蔡沈（1167~1230），字仲默，号九峰，建阳（今属福建）人。蔡元定第三子，少从朱熹学，传其《书》学，撰有《书集传》六卷。明代追谥文正，封崇安伯。《宋史》有传。

[6] 朱子集传：宋朱熹撰有《诗集传》，宋刊本十二卷，坊刻并为八卷。训诂多采毛、郑，断以己见，常有新意。自元代以来，科举考试于《诗》皆取朱传，影响深远。

[7] "春秋"句：传《春秋》者有《左氏》、《公羊》、《穀梁》三家，称"三传"。《左氏》详事实，《公羊》阐微言大义，《穀梁》释义例。宋胡安国撰有《春秋传》三十卷，为元明所崇尚，即"胡氏传"。胡安国（1074~1138），字康侯，建宁崇安（今福建武夷山）人，胡寅父。绍圣四年（1097）进士，历官太学博士、中书舍人、徽猷阁待制、提举江州太平观。为程颐门人，《春秋传》而外，另有文集十五卷、《资治通鉴举要补遗》一百卷，已佚。卒谥文定。《宋史》有传。张洽，字元德（1161~1237），号主一，宋临江军清江（今江西清江西南）人。嘉定元年（1208）进士，历官袁州司理参军、池州通判，长白鹿洞书院，使书院废而复兴。端平初，除直

秘阁。卒谥文宪。少从朱熹学，博览群书，著有《春秋集注》、《春秋集传》等。《宋史》有传。

[8] 永乐：明成祖朱棣的年号（1403～1424）。

[9] 四书五经大全：书名，即《四书五经性理大全》，明永乐十二年（1414），翰林学士胡广等奉敕编撰，凡二百二十九卷。清朱彝尊《经义考》卷二百五十六录永乐十三年十月初一日明成祖朱棣《四书五经大全序》有云："厥初圣人未生，道在天地；圣人既生，道在圣人；圣人已往，道在《六经》。《六经》者，圣人为治之迹也。《六经》之道明，则天地、圣人之心可见，而至治之功可成；《六经》之道不明，则人之心术不正，而邪说暴行侵寻蠹害，欲求善治，乌可得乎！朕为此惧。乃者命儒臣编修《五经》、《四书》，集诸家传注而为大全，凡有发明经义者取之，悖于经旨者去之；又辑先儒成书及其论议格言辅翼《五经》、《四书》有裨于斯道者，类编为帙，名曰《性理大全》。书编成来进，总二百二十九卷。"清顾炎武《日知录》卷十八《四书五经大全》："当日儒臣奉旨修《四书五经大全》，颁餐钱，给笔札，书成之日，赐金迁秩，所费于国家者不知凡几。将谓此书既成，可以章一代教学之功，启百世儒林之绪，而仅取已成之书抄誊一过，上欺朝廷，下诳士子，唐宋之时有是事乎？岂非骨鲠之臣已空于建文之代！而制义初行，一时人士尽弃宋元以来所传之实学，上下相蒙，以饕禄利，而莫之问也。呜呼！经学之废，实自此始。后之君子欲扫而更之，亦难乎其为力矣。"

[10] 陈澔集说：陈澔（1261～1341），字可大，号云庄，又号北山，都昌（今属江西）人。博学好古，宋末隐居不仕，教授乡里，学者称经师先生。著有《云庄礼记集说》十卷，成书于元至治二年（1322）。清朱彝尊《经义考》作三十卷，今传十卷，系为坊贾所合并者。

41. 廷试，以三月朔 [1]。乡试，直隶于京府 [2]，各省于布政司 [3]。会试，于礼部 [4]。主考 [5]，乡、会试俱二人。同考：乡试四人 [6]，会试八人 [7]。提调一人：在内京官，在外布政司官；会试，礼部官。监试二人：在内御史，在外按察司官；会试，御史。供给、收掌试卷、弥封、誊录、对读、受卷及巡绰、监门、搜检怀挟，俱有定员，各执其事 [8]。举子，则国子生及府、州、县学生员之学成者，儒士之未仕者，官之未入流者 [9]，皆由有司申举性资敦厚、文行可称者应之。其学校训导专教生徒，及罢闲官吏，倡优之家，与居父母丧者，俱不许入试 [10]。

[1] 三月朔：农历三月初一日。明代廷试日期，并非固定于三月初一日，依情况或有变迁，如洪武三年（1370）试以三月三日；四年，试以二月十九日；洪武二十四年，试以三月初十；永乐四年（1406），试以三月十二日。自成化二十三年（1487），廷试又一般固定于三月望日（十五日）。但也有例外，如嘉靖二年（1523）廷试，试以三月十四日；十四年又"以大行庄肃皇后丧"，改廷试于四月初二日举行。参见郭培贵《明史选举志考论》第177页。

[2] 直隶：谓北直隶与南直隶。参见明33注4。京府：谓顺天府（治今北京市）与应天府（治今江苏南京市）。

[3] 布政司：即"承宣布政使司"。参见明10注1。

[4] 礼部：官署名，明代六部之一。参见明20注6。

[5] 主考：即"主考官"，又名考试官。

[6] "同考"二句：郭培贵《明史选举志考论》第178页："此本洪武十七年《科举定式》。景泰后，

乡试同考官数开始增加。据《英宗实录》卷一八八、三〇〇，景泰元年改定为'今后在京、在外乡试，取同考试官，《五经》务要五员，专《经》考试'。天顺三年二月壬午，又奏准两京乡试'将《诗》、《书》、《易》三《经》，每《经》添同考官一员'，即两京同考官皆增为八员。此后，乡试同考官仍不断增加，据《神宗实录》卷五四一，万历四十四年正月辛丑，礼部左侍郎何宗彦言：各省乡试已分为'十四、五房分阅'。"可参考。同考，同考试官的简称。乡、会试时与主考试官共同主持考试的官员，因分房阅卷，也称房考。

[7] 会试八人：郭培贵《明史选举志考论》第178页："据《会典》卷七七《会试》、《皇明贡举考》卷一《会试考试官》载，'洪武十八年令，会试主考官二员，并同考官三员，临期具奏，于翰林院官请用；其馀同考五员，于在外学官请用'。景泰五年，令会试同考官增二员；成化十七年，增至十四员；正德六年，增至十七员；万历末增至二十员。"可参考。

[8] "提调"数句：中华书局整理本标点多误，此从郭培贵《明史选举志考论》第177页之点校。明王世贞《弇山堂别集》卷八十一《科试考一》："提调官：在内，乡试应天府官一人，会试，礼部官一人；在外，布政司官一人。监试官：在内，监察御史二人；在外，按察司官二人。供给官：在内，应天府官一人；在外，府官一人。收掌试卷官一人，弥封官一人，誊录官一人，对读官四人，受卷官二人，皆择居官之清慎者充之。巡绰、监门、搜检怀挟官四人，在内，从都督府委官；在外，从守御官委官。凡供用笔札、饮食之属，皆官给之。"提调，即"提调官"，明代乡、会试负责处理帘外一切事物的官员；殿试亦设，由礼部尚书或侍郎充任。京官，明代南、北两京衙门及顺天府、应天府官员的总称。御史，即"监察御史"，明代都察院属官，秩正七品。参见明10注2。按察司，即"提刑按察使司"，明代各省置，参见明6注6。弥封誊录对读受卷，明俞汝楫《礼部志稿》卷二十三《凡入场官员》："一、受卷所置立文簿，凡遇举人投卷，就于簿上附名交纳，以凭稽数，毋致遗失。一、弥封所先将试卷密封举人姓名，用印关防，仍置簿编次三合成字号，照样于试卷上附书，毋致漏泄。一、誊录所务依举人原卷字数语句誊录相同，于上附书某人誊录无差，毋致脱漏添换。一、对读所一人对红卷，一人对墨卷，须一字一句用心对同，于后附书某人对读无差，毋致脱漏。一、举人试卷用墨笔，誊录、对读、受卷皆用红笔，考试官用青笔。其用墨笔处不许用红，用红处不许用墨，毋致混同。"巡绰，亦作"巡逴"，巡察警戒。明代试所帘官有巡绰官，负责巡查管理号房。明俞汝楫《礼部志稿》卷二十三《凡入场官员》："巡绰官，凡遇举人入院，并须禁约喧哄，如已入席舍，常川巡绰，不得私相谈论及觉察帘内、外，不得泄露事务。"明杨慎《升庵集》卷六十三《巡逴》："今之场屋有巡绰官。绰，按《说文》：'缓也。'《诗》：'宽兮绰兮。'相如赋：'便嬛绰约。'皆是宽缓之意，则巡绰，当作巡逴。乐府伏知道《五更转》：'一更刁斗鸣，校尉逴连城。'正是巡警之义。此一大证也。"搜检怀挟，明俞汝楫《礼部志稿》卷二十三《凡入场官员》载洪武十七年所定规则云："搜检怀挟官，凡遇每场举人入院，一一搜检，除印过试卷及笔、墨、砚外，不得将片纸只字。搜检得出，即记姓名，扶出，仍行本贯，不许再试。"又明沈德符《万历野获编》卷十六《会场搜检》："科场之禁，在唐、宋甚宽，如挟册者，亦止扶出，不锢其再试也。本朝此禁甚严，至三木囊头，斥为编氓。然仅行之乡试耳，会试则不然。盖太祖尝云：'此已歌鹿鸣而来者，奈何以盗贼待之。'历朝以来，搜检之法，有行有不行，而《试录》中则仍无搜检官，犹遵祖制也。至嘉靖末年，时文冗滥，千篇一律，记诵稍多，即撷第如寄。而无赖孝廉、久弃帖括者，尽抄录小本，挟以入试。时世宗忌讳既繁，主司出题，多所瞻顾，士子易以揣摩，其射覆未有不合者，至壬戌而澜倒极矣。先是己未之春，御史亦有建言宜搜检者，上不允。至乙丑南宫，上微闻挟书之弊，

始命添设御史二员，专司搜检。其犯者，先荷校于礼部前一月，仍送法司定罪。遂为厉禁，以至于今。然《试录》之不载搜检如故也。四十年来，会试虽有严有宽，而解衣脱帽，且一搜再搜，无复国初待士体矣。"

[9] 未入流：明代称秩从九品之外的官员为未入流。如翰林院孔目、国子监掌馔、府、州、县学教谕、训导等。

[10] "举子"数句：明俞汝楫《礼部志稿》卷二十三《凡应试》记洪武十七年所定："应试，国子学生，府、州、县学生员之学成者，儒士之未仕者，官之未入流而无钱粮等项粘带者，皆由有司保举性资敦厚、文行可称者，各具年甲、籍贯、三代、本经，县、州申府，府申布政司乡试。其学官及罢闲官吏、倡优之家、隶卒之徒与居父母之丧者，并不许应试。"可参考。训导，虽属"未入流"之学官，但有"专教生徒"之责，故不许应试。

42. 试卷之首，书三代姓名及其籍贯、年甲、所习本经，所司印记 [1]。试日入场，讲问、代冒者有禁。晚未纳卷，给烛三枝。文字中回避御名、庙号 [2]，及不许自序门第。弥封编号作三合字 [3]。考试者用墨，谓之墨卷。誊录用朱，谓之朱卷。试士之所，谓之贡院 [4]。诸生席舍，谓之号房 [5]。人一军守之，谓之号军 [6]。

[1] "试卷"数句：参见明40注2。

[2] 御名：即"御讳"，皇帝的名字。庙号：皇帝父祖的名讳。封建时代对于君主或尊长的名字，必须避免直接说出或写出，称"避讳"。

[3] 三合字：当系三个经偏旁拼合的非汉字的记号，以防舞弊情事。与《元史·选举志》所谓"三不成字"略同。参见元30注11，元32。明俞汝楫《礼部志稿》卷七十一："弥封所先将试卷密封举人姓名，用印关防，仍置簿，撰定三不成字号编排资次，照样于各经卷首号写明白，不许点画相同及漏泄作弊。"

[4] 贡院：乡、会试试士之场所，即科场所在地。明代南、北两京与各省皆设，门内有明远楼，用以巡察瞭望，后有供考生应考的号舍。此外尚有至公堂、监试厅、弥封所、受卷所、供给所、誊录所、对读所等机构。再后有会经堂，东、西经房为同考官居住阅卷之所。

[5] 号房：又称"号舍"、"席舍"，为明代考生应考之房舍。在贡院内，初为板屋，一屋仅容考生一人。后因易发生火灾，又不避风雨，改用砖砌。

[6] 号军：乡、会试时的守号军士，每号舍置一人。各省乡试由卫所抽调，北闱乡试，由来京轮班军官中抽调。会试由京营抽调。殿试亦有巡逴官军，属锦衣卫。

43. 试官入院，辄封钥内外门户 [1]。在外提调、监试等谓之外帘官，在内主考、同考谓之内帘官。廷试用翰林及朝臣文学之优者，为读卷官。共阅对策，拟定名次，候临轩 [2]。或如所拟，或有所更定，传制唱第 [3]。

[1] 试官二句：明俞汝楫《礼部志稿》卷二十三《凡入场官员》："试官入院之后，提调官、监试官封钥内、外门户，不许私自出入。如送试卷，或供给物料，提调、监试官眼同开门点检，送入即便封锁。"

〔3〕传制唱第：即"传胪"。参见明39注8。《明会典》卷七十七《殿试》："读卷官俱诣御前叩头跪，内阁官以取定第一甲三名试卷进读，读讫，御笔亲定三名次第，读卷官俱叩头。赐宴，宴毕，仍赐钞，退拆第二甲、三甲试卷，填写黄榜。明日清晨，读卷官俱诣华盖殿，内阁官拆上所定三卷，奏第一甲第一名某姓名、某贯人，第二、第三名亦如之。制敕房官填榜，尚宝司用宝讫，内阁官捧出授礼部官。是日，上具皮弁服，锦衣卫陈设仪仗，教坊司设中和韶乐、大乐于殿上，如常仪。鸿胪寺设案于殿内稍东，置黄榜于上，文武百官各具朝服侍班。诸举人先期赴国子监领进士巾服，至是服之，列班北向。执事官于华盖殿行礼毕，鸿胪寺官奏请升殿，乐作；导驾官前导升座，乐止。序班举榜案于殿中，赞礼举人四拜讫，传制官跪奏传制。俯伏，兴，由东门出诣丹陛，东立西向，执事官举榜案至丹墀御道中，置定，称'有制'。赞礼举人皆跪，传制曰：'某年某月某日，会试天下贡士，第一甲赐进士及第，第二甲赐进士出身，第三甲赐同进士出身。'复传第一甲第一名某，胪传序班递唱讫，序班引出班前跪，传第二名、第三名如之。复传第二甲某等几名，第三甲某等几名，仪并如前，惟不出班。赞礼诸举人俯伏，乐作，四拜，兴，平身。执事官举榜案由奉天门左门出，乐止。伞盖鼓乐迎导，诸举人后从，至长安左门外张挂。顺天府官用伞盖仪从送状元归第。是日，榜初出，文武百官入班，鸿胪寺官诣丹陛中道跪，致词云：'天开文运，贤俊登庸，礼当庆贺。'赞五拜三叩头，礼毕而出。"

44. 状元授修撰〔1〕，榜眼、探花授编修〔2〕，二、三甲考选庶吉士者〔3〕，皆为翰林官〔4〕。其他或授给事、御史、主事、中书、行人、评事、太常、国子博士〔5〕，或授府推官、知州、知县等官〔6〕。举人、贡生不第，入监而选者，或授小京职〔7〕，或授府佐及州县正官，或授教职〔8〕。

〔1〕状元：明代科目考试中第一甲第一名称状元。修撰：官名，明代翰林院史官之魁，秩从六品。掌修国史，凡修日历、宝训、实录及史志等书，则分任撰述、考辑、检阅之事，例由状元充任。洪武十四年（1381）定设三人，后多溢额，无定员。

〔2〕榜眼：明代科目考试中第一甲第二名称榜眼。探花：明代科目考试中第一甲第三名称探花。编修：官名，明代翰林院史官，位在修撰下，秩正七品。掌修国史。多由榜眼、探花以及二甲进士出身之庶吉士留馆者充任，无定员。

〔3〕庶吉士：即"庶常"。参见明13注8。

〔4〕皆为翰林官：郭培贵《明史选举志考论》第186～187页："言'二、三甲考选庶吉士者皆为翰林官'，误。其一，庶吉士虽肄业于翰林院，但并非翰林院职官。如《武宗实录》卷五三所载翰林院官制、《会典》卷二《京官·翰林院》及《春明梦馀录》卷三二《翰林院》，皆未把庶吉士列入翰林院职官。其二，庶吉士散馆铨职，也并非全授翰林官，一般情况下仅其优者可授翰林官。即《会典》卷五《选官》载：'学业成者，除翰林官；后定以二甲除编修，三甲除检讨，兼除科、道、部属等官。'又据《世宗实录》卷八二，嘉靖五年一科甚至无一授翰林官者。"可参考。

〔5〕给事："给事中"的省称。参见明10注3。御史：即"监察御史"。参见明10注2。主事：官名。明初为六部首领官，洪武二十九年（1396）始改为司官，为司官中最低一级，秩正六品。中书：即"中书舍人"，官名。参见明19注7。行人：官名，明代专职捧节、奉使之事的官吏，秩正八

品。洪武十三年（1380）于行人司置，并置左、右行人。旋改为司正，左、右司副，与其下更设行人。初三百四十五人，多为孝廉人才。二十七年三月定制四十人，以进士充任。非奉旨，诸司不得擅差，其职始重。评事：即"大理评事"，明代大理寺属官，秩正七品。参见明28注3。太常：即"太常博士"，明代太常寺属官，秩正七品。参见明19注14。国子博士：明代国子监属官，秩从八品。参见明4注3。

[6] 府推官：明代知府的佐贰官，洪武三年（1370）始设，秩正七品。顺天府、应天府秩从六品。掌理刑名，赞计典。按制各府设一员，亦有因事增设者。知州：明代掌一州之政的长官。州为地方行政单位，直隶于布政使司的为直隶州，都有属县，其规制如府。其他非直隶州者称散州或属州。直隶州与散州长官皆称知州，前者秩正五品，后者秩从五品。知县：明代各县长官。吴元年（1367）分天下县为三等：上县秩从六品；中县秩正七品；下县秩从七品。后秩并为正七品。掌一县之政令，亲理赋役、诉讼、文教等事，故有"父母官"之称。

[7] 小京职：明代南、北两京各衙门以及顺天府、应天府之官员。

[8] 教职：即"教官"，又名学官、儒学官。明代泛指府、州、县学中主管教育和教学的官吏，即府学、卫学教授，州学学政、县学教谕、和府、州、县学的训导等。

45. 此明一代取士之大略也。终明之世，右文左武［1］。然亦尝设武科以收之［2］，可得而附列也。

[1] 右文左武：崇尚文治，不提倡用武。
[2] 武科：即"武举"，明代登进武官的科目。

46. 初，太祖起事［1］，首罗贤才。吴元年设文武二科取士之令［2］，使有司劝谕民间秀士及智勇之人，以时勉学，俟开举之岁，充贡京师。洪武三年［3］，诏曰："汉、唐及宋，取士各有定制，然但贵文学而不求德艺之全。前元待士甚优，而权豪势要，每纳奔竞之人，夤缘阿附，辄窃仕禄。其怀材抱道者，耻与并进，甘隐山林而不出。风俗之弊，一至于此。自今年八月始，特设科举，务取经明行修、博通古今、名实相称者。朕将亲策于廷，第其高下而任之以官。使中外文臣皆由科举而进，非科举者毋得与官。"于是京师行省各举乡试［4］：直隶贡额百人，河南、山东、山西、陕西、北平、福建、江西、浙江、湖广皆四十人［5］，广西、广东皆二十五人，才多或不及者，不拘额数。高丽、安南、占城［6］，诏许其国士子于本国乡试，贡赴京师。明年会试，取中一百二十名［7］。帝亲制策问，试于奉天殿［8］，擢吴伯宗第一［9］。午门外张挂黄榜［10］，奉天殿宣谕，赐宴中书省［11］。授伯宗为礼部员外郎［12］，馀以次授官有差。

[1] 太祖：即明太祖朱元璋（1328～1398）。参见明3注6。
[2] 吴元年：即公元1367年。朱元璋于小明王韩林儿龙凤政权结束后，于是年正月始称吴元年。
[3] 洪武三年：即公元1370年。洪武，明太祖朱元璋的年号。
[4] 京师：此谓今江苏南京市。行省：明初沿元制，各地置行中书省或中书分省。洪武九年（1376）始改诸行省为承宣布政使司，罢行省平章政事，左、右丞，改参知政事为布政使。参见明2

注2。

[5] 北平：谓北平等处行中书省（治今北京市）。《明史·地理一》："二年三月，置北平等处行中书
省（治北平府），先属山东、河南者皆复其旧。领府八，州三十七，县一百三十六。八月置燕山
都卫（与行中书省同治）。八年十月改都卫为北平都指挥使司。九年六月改行中书省为承宣布政
使司。永乐元年正月建北京于顺天府，称为'行在'。二月罢北平布政使司，以所领直隶北京行
部；罢北平都指挥使司，以所领直隶北京留守行后军督都府。十九年正月改北京为京师。罢北京
留守行后军督府，直隶后军都督府（卫所有实土者附见，无实土者不载）。罢北京行部，直隶
六部。正统六年十一月罢称行在，定为京师。府八，直隶州二，属州十七，县一百一十六。"

[6] 高丽：即"朝鲜"（今朝鲜半岛）。《明史·外国一·朝鲜》："明兴，王高丽者王颛。太祖即位
之元年遣使赐玺书。二年送还其国流人。颛表贺，贡方物，且请封。帝遣符玺郎偰斯赍诏及金印
诰文封颛为高丽国王，赐历及锦绮。"安南：古交阯地（相当于今越南北部地区）。《明史·外国
二·安南》："安南，古交阯地。唐以前皆隶中国……洪武元年，王日煃闻廖永忠定两广，将遣
使纳款，以梁王在云南未果。十二月，太祖命汉阳知府易济招谕之。日煃遣少中大夫同时敏、正
大夫段悌、黎安世等，奉表来朝，贡方物。明年六月达京师。帝喜，赐宴，命侍读学士张以宁、
典簿牛谅往封为安南国王，赐驼纽涂金银印。"占城：又称"占婆"（相当于今越南中南部）。
《明史·外国五·占城》："占城居南海中，自琼州航海顺风一昼夜可至……洪武二年，太祖遣官
以即位诏谕其国。其王阿答阿者先已遣使奉表来朝，贡象虎方物。帝喜，即遣官赍玺书、《大统
历》、文绮、纱罗，偕其使者往赐，其王复遣使来贡。自后或比岁贡，或间岁，或一岁再贡。未
几，命中书省管勾甘桓、会同馆副使路景贤赍诏，封阿答阿者为占城国王，赐彩币四十、《大统
历》三千。三年遣使往祀其山川，寻颁科举诏于其国。"

[7] 取中一百二十名：明沈德符《万历野获编》卷十五《开国第一科》："洪武四年辛亥，始开科取
士。时自畿辅外加行中书省，凡十有一列，中式者一百二十名，而吾浙得三十一人，盖居四分之
一，而会元俞友仁，复为浙西之仁和人。首藩首科，盛事如此。是时刘基、宋濂、章溢、王祎
辈，俱浙人，一时同为开创名臣，宜其声气之相感也。累朝教育，遂以科第甲海内，信非偶然。
是科独湖广一省，无一人中式，而高丽国中一人。"

[8] 奉天殿：故址在今南京市区东部明故宫遗址，与谨身殿、华盖殿合称三大殿。

[9] 吴伯宗：名祐（？~1384），以字行。金溪（今属江西）人。洪武四年（1371）进士第一，历官
礼部员外郎、翰林院检讨、武英殿大学士，坐事降职，卒官。著有《南宫集》、《使交集》、《玉
堂集》等。《明史》有传。

[10] 午门：南京原紫禁城的南面正门，在奉天门与端门之间，东、西两侧开有左、右掖门和左、右
顺门。明代为传达圣旨之处，也是明初皇帝对大臣施以"廷杖"的地方。遗址今存南京御道街
北端，五个城门券洞仍然完整，已辟为明故宫公园。

[11] 中书省：明初官署名。参见明30注3。

[12] 礼部员外郎：明代礼部属官，秩从五品。参见明20注6。

47．时以天下初定，令各行省连试三年[1]，且以官多缺员，举人俱免会试，赴京
听选。又擢其年少俊异者张唯、王辉等为翰林院编修，萧韶为秘书监直长，令入禁中文
华堂肄业，太子赞善大夫宋濂等为之师[2]。帝听政之暇，辄幸堂中，评其文字优劣，
日给光禄酒馔[3]。每食，皇太子、亲王迭为之主，赐白金、弓矢、鞍马及冬夏衣，宠

遇之甚厚。既而谓所取多后生少年，能以所学措诸行事者寡，乃但令有司察举贤才，而罢科举不用。至十五年，复设[4]。十七年始定科举之式[5]，命礼部颁行各省，后遂以为永制，而荐举渐轻，久且废不用矣。

[1] 连试三年：《太祖实录》卷六十："洪武四年春正月丁未，上谕中书省臣曰：'今天下已定，致治之道在于任贤，既设科取士，令各行省连试三年，庶贤才众多而官足任使也。自后三年一举，著为定例。'"

[2] "又擢"数句：明王世贞《弇山堂别集》卷八十一《科试考一》："是年（洪武六年），遂诏天下举人罢会试。正月初八日，河南解额内选四名，第一人张唯，年二十七；其次王辉，年二十八；李端，年二十一；张翀，年二十七。二十三日，山东解额内选五名，第一人王琏，年二十三；其次张凤，年二十八；任敬，年二十六；陈敏，年二十三；马亮，年二十五。皆拜翰林编修。又选国子监蒋学、方征、彭通、宋善、王惟吉、邹杰等，拜给事中，于文华堂肄业，命太子赞善大夫宋濂、太子正字桂彦良分教之。"张唯，明黄佐、廖道南《殿阁词林纪》卷八《编修张唯》："张唯，江西永丰人，曲江张子寿之后也。父光远，死于贼，宋濂为之志铭。唯流寓河南，以《尚书》领首荐，擢编修，入文华堂肄业。唯有俊才，同列逊之。"王辉，河南举人，生平不详。萧韶，生平不详。秘书监直长，明初所设官署中副职官名。《明史·职官二》"秘书监"注云："洪武三年置，秩正六品，除监丞一人，直长二人，寻定设令一人，丞、直长各二人，掌内府书籍。十三年并入翰林院典籍。"文华堂，故址在今南京市。明黄佐、廖道南《殿阁词林纪》卷十《文华》："洪武六年，开文华堂于禁中，以为储材地。诏择乡贡举人年少俊异者，俾肄业其中。"太子赞善大夫，官名，明初太子官属，洪武元年（1368）改赞善而置，以勋旧大臣兼领，仅为虚职，十五年，更定左、右春坊官，复改赞善。宋濂，字景濂（1310~1381），号潜溪，又号玄真子，浦江（今属浙江）人。博学强记，元至正中荐授翰林院编修，辞不就，隐居龙门山著书。明初应朱元璋召至应天（今江苏南京），历官江南儒学提举、翰林学士、国子司业、礼部主事、赞善大夫、侍讲学士、学士承旨，以老致仕。洪武十三年（1380）因长孙宋慎坐胡党罪，安置茂州，次年病卒于途。正德中追谥文宪。著有《龙门子》、《周礼集说》、《燕书》、《宋学士文集》等。《明史》有传。

[3] 光禄：即"光禄寺"，明代官署名。参见明12注6。

[4] 复设：谓复行科举。《太祖实录》卷一百四十七："洪武十五年八月丁丑朔，诏礼部设科取士，令天下学校期三年试之，著为定例。"

[5] 十七年始定科举之式：即"科举定式"。参见明40注2。

48. 十八年廷试[1]，擢一甲进士丁显等为翰林院修撰[2]，二甲马京等为编修[3]，吴文为检讨[4]。进士之入翰林，自此始也。使进士观政于诸司，其在翰林、承敕监等衙门者[5]，曰庶吉士[6]。进士之为庶吉士，亦自此始也。其在六部、都察院、通政司、大理寺等衙门者仍称进士[7]，观政进士之名亦自此始也。其后试额有增减，条例有变更，考官有内外轻重[8]，闱事有是非得失[9]。其细者勿论，其有关于国是者不可无述也[10]。

［1］十八年：即洪武十八年（1385）。

［2］丁显：字彦伟（生卒年不详），建阳（今属福建）人。洪武十八年进士第一，历官翰林院修撰、承务郎，获遣归卒。著有《建阳集》。

［3］马京：字子高（生卒年不详），武功（今属陕西）人。洪武十八年进士，历官翰林院编修、大理寺卿、刑部左侍郎，为高煦所谮，下狱卒。明仁宗时追谥文简。《明史》有传。

［4］吴文：洪武十八年进士，历官翰林院检讨、湖广布政司参议。馀不详。检讨：官名，明代翰林院史官，位次于编修，秩从七品。掌修国史。一般由三甲同进士出身的庶吉士留馆者充任，无定员。

［5］承敕监：官署名，洪武九年（1396）置，设令一人，秩正六品，后改正七品；丞二人，秩从六品，后改正八品。十年，改令、丞为承敕郎，设二人，秩从七品。中书舍人与给事中皆隶其下。与司文监、考功监参掌给授诰敕之事。后皆罢。

［6］庶吉士：参见明13注8。

［7］六部：明代谓吏、户、礼、兵、刑、工六部。都察院：官署名。参见明28注11。通政司：即"通政使司"，明代官署名。参见明22注14。大理寺：官署名。参见明28注3。

［8］内外轻重：谓内帘、外帘官，责任有轻有重。

［9］闱事：科场试院内的事务。

［10］国是：国策，国家大事。

49. 乡试之额，洪武十七年诏不拘额数［1］，从实充贡。洪熙元年始有定额［2］。其后渐增。至正统间［3］，南、北直隶定以百名［4］，江西六十五名，他省又自五而杀，至云南二十名为最少。嘉靖间，增至四十，而贵州亦二十名［5］。庆、历、启、祯间［6］，两直隶益增至一百三十馀名，他省渐增，无出百名者。交阯初开以十名为额［7］，迨弃其地乃止。会试之额，国初无定，少至三十二人，其多者，若洪武乙丑、永乐丙戌［8］，至四百七十二人。其后或百名，或二百名，或二百五十名，或三百五十名，增损不一，皆临期奏请定夺。至成化乙未而后［9］，率取三百名，有因题请及恩诏而广五十名或百名者，非恒制也。

［1］洪武十七年：即公元1384年。洪武，明太祖朱元璋的年号。

［2］洪熙元年：即公元1425年。洪熙，明仁宗朱高炽的年号。

［3］正统：明英宗朱祁镇的第一个年号（1436～1449）。

［4］南北直隶：参见明33注4。

［5］"嘉靖"句：中华书局整理本校勘记云："《明会典》卷七七作'贵州二十五名'。"可参考。嘉靖，明世宗朱厚熜的年号（1522～1566）。

［6］庆：即"隆庆"，明穆宗朱载垕的年号（1567～1572）。历：即"万历"，明神宗朱翊钧的年号（1573～1620）。启：即"天启"，明熹宗朱由校的年号（1621～1627）。祯：即"崇祯"，明思宗朱由检的年号（1628～1644）。

［7］交阯：即"交阯等处承宣布政使司"，亦即当时之安南（今越南北部地区）。明建文间，安南发生内乱，至明成祖时，安南黎氏政权又侵占广西、云南与占城（今越南南部）。明成祖派军征

讨，永乐五年（1407）大破黎氏军，宣诏访求原安南国王陈氏子孙未获，乃改安南为交阯，设布政使司等三司治所在东都（今河内），下设十五府，分辖三十六州一百八十一县，又设直隶五州，分辖二十九县。由于安南反抗强烈，宣德二年（1427），明军撤离交阯，其布政司亦废。六年，明廷敕命安南首领黎利权署国事，黎利即自称帝。参见明46注6。

[8] 洪武乙丑：即洪武十八年（1385）。永乐丙戌：即永乐四年（1406）。

[9] 成化乙未：即成化十七年（1475）。

按，以上《志》文有关明代乡、会试取额问题，或有讹误。郭培贵《明史选举志考论》第192～197页，有详细考证，可参考。

50. 初制，礼闱取士［1］，不分南北。自洪武丁丑［2］，考官刘三吾、白信蹈所取宋琮等五十二人［3］，皆南士［4］。三月，廷试，擢陈䢿为第一［5］。帝怒所取之偏，命侍读张信等十二人覆阅［6］，䢿亦与焉。帝犹怒不已，悉诛信蹈及信、䢿等，戍三吾于边，亲自阅卷，取任伯安等六十一人［7］。六月复廷试，以韩克忠为第一［8］。皆北士也。然讫永乐间［9］，未尝分地而取。洪熙元年［10］，仁宗命杨士奇等定取士之额［11］,南人十六，北人十四［12］。宣德、正统间［13］，分为南、北、中卷［14］，以百人为率，则南取五十五名，北取三十五名，中取十名。

[1] 礼闱：即会试。因由礼部主持，故称。

[2] 洪武丁丑：即洪武三十年（1397）。

[3] 刘三吾：初名昆（1313～?）后改如孙，以字行，自号坦坦翁，湖广茶陵（今属湖南）人。元末任广西静江路儒学副提举。洪武十八年（1385）以荐召，历官左赞善、翰林学士，刊定三试取士法，为御制《大诰》及《洪范注》作序，主修《省躬录》、《寰宇通志》，辑《孟子节文》等，甚受恩宠。洪武三十年以主考会试拂帝意，戍边。建文初召还，久之卒。著有《坦斋文集》、《书传会选》等。《明史》有传。白信蹈：洪武三十年以吉府纪善充任考官，以取士拂帝意被杀。馀不详。宋琮：泰和（今属江西）人，一说吉水（今属江西）人，通《易》学，洪武三十年（1397）会试第一，连坐遣戍，永乐初赦还，任刑部检校，宣德中以检讨掌助教事，卒。五十二人：或记为“五十一人”，详下注。

[4] 皆南士：此即“南北榜”事件。明王世贞《弇山堂别集》卷八十一《科试考一》：“三十年丁丑会试，命翰林院学士刘三吾、吉府纪善白信蹈为考试官，取宋琮等五十一人。廷试，赐闽县陈䢿为首，吉安尹昌隆、会稽刘谔次之。时大江以北无登第者，下第诸生上疏，言三吾等南人，私其乡。上怒，命儒臣再考落卷中文理长者第之，于是侍读张信、侍讲戴彝、右赞善王俊华、司直郎张谦、司经局校书严叔载、正字董贯、长史黄章、纪善周衡、萧揖及䢿、昌隆、谔等人，各阅十卷。或言刘、白嘱信等以陋卷进呈。上益怒，亲赐策问，擢韩克忠、王恕、焦胜等六十一人及第有差。授第一名韩克忠为翰林修撰，第二名王恕为编修，第三名焦胜为行人司副，进士陈性善为行人，陈诚为检讨。考信等俱磔杀之，三吾以老戍，䢿、谔安置威虏，唯赦戴彝、尹昌隆。䢿、谔取回为司宾司仪署丞，复杀之。宋琮拜御史，后以检讨掌助教致仕。”

[5] 陈䢿：闽县（今福建福州）人。生平不详。

[6] 侍读：官名，明代翰林院属官。洪武十八年（1385）置，二人，秩正六品。掌为皇帝讲经之事。

张信：生平不详。

[7] 任伯安：生平不详。

[8] 韩克忠：字守信（生卒年不详），城武（今属山东）人，洪武三十年（1397）北榜进士第一，历官翰林院修撰、国子司业、河南按察司佥事。

[9] 永乐：明成祖朱棣的年号（1403～1424）。

[10] 洪熙元年：即公元1425年。洪熙，明仁宗朱高炽的年号。

[11] 仁宗：即明仁宗朱高炽（1378～1425）。参见明22注12。杨士奇：名寓（1365～1444），号东里，以字行。参见明13注7。

[12] "南人"二句：明杨士奇《东里集·别集》卷二《圣谕录上》："上又言：'科举弊亦须革。'臣士奇对曰：'科举须兼取南北士。'上曰：'北人学问远不逮南人。'对曰：'自古国家兼用南北士，长才大器多出北方，南人有文多浮。'上曰：'然。将如何试之？'对曰：'试卷例缄其姓名，请今后于外书南、北二字；如一科取百人，南取六十，北取四十，则南、北人才皆入用矣。'上曰：'北士得进，则北方学士亦感发兴起；往年只缘北士无进用者，故怠惰成风。汝言良是，往与蹇义、夏原吉及礼部计议各处额数以闻。'议定未上，会宫车晏驾。宣宗皇帝嗣位，遂奏准行之。"

[13] 宣德：明宣宗朱瞻基的年号（1426～1435）。正统：明英宗朱祁镇的第一个年号（1436～1449）。

[14] 南北中卷：参见明51。

51. 景泰初[1]，诏书遵永乐间例[2]。二年辛未[3]，礼部方奉行，而给事中李侃争之[4]，言："部臣欲专以文词，多取南人。"刑部侍郎罗绮亦助侃言[5]。事下礼部，覆奏："臣等奉诏书，非私请也。"景帝命遵诏书[6]，不从侃议。未几，给事中徐廷章复请依正统间例[7]。五年甲戌[8]，会试，礼部奏请裁定，于是复从廷章言，分南、北、中卷：南卷，应天及苏、松诸府[9]，浙江、江西、福建、湖广、广东；北卷，顺天、山东、山西、河南、陕西[10]；中卷，四川、广西、云南、贵州及凤阳、庐州二府[11]，滁、徐、和三州也[12]。

[1] 景泰：明代宗朱祁钰的年号（1450～1457）。

[2] 永乐：明成祖朱棣的年号（1403～1424）。

[3] 二年辛未：即景泰二年（1451）。

[4] 给事中：参见明10注3。李侃：字希正（1407～1485），东安（今河北安次）人。正统七年（1512）进士，历官户科给事中、都给事中、太仆卿、右佥都御史巡抚山西，性刚方，事亲孝。以母丧归，家居十馀年卒。《明史》有传。

[5] 刑部侍郎：刑部副职官，秩正三品。参见明28注9。罗绮：字尚纲（生卒年不详），磁州（今河北磁县）人。宣德五年（1430）进士，历官御史、大理右寺丞、右少卿，以出使瓦剌奉明英宗还，擢刑部右侍郎，迁左副都御史。以言下狱卒。《明史》有传。

[6] 景帝：即明代宗朱祁钰（1428～1457），明宣宗次子。宣德十年（1435）封郕王。正统十四年（1449）土木之变，明英宗为瓦剌所俘，奉皇太后命监国，一月后即帝位，年号景泰，遥尊英宗

为太上皇。任用于谦，于京郊击败瓦剌。瓦剌送还英宗，置于南宫。景泰八年（1457），英宗复辟，废为郕王，卒于西宫。成化十一年（1475）复帝号，谥景帝。

[7] 徐廷章：罗山（今属河南）人（生卒年不详）。景泰二年（1451）进士，历官给事中、都御史巡抚宁夏。正统：明英宗朱祁镇的第一个年号（1436～1449）。

[8] 五年甲戌：即景泰五年（1454）。景泰，明代宗朱祁钰的年号。

[9] 应天：即"应天府"。元至正十六年（1356）朱元璋改元集庆路置，洪武元年（1368）定为南京首府，十一年改南京为京师，遂为京师首府。永乐元年（1403）仍改为南京首府。所辖有上元、江宁二县及句容、溧阳、高淳、江浦、六合等县。苏：即"苏州府"。朱元璋吴元年（1367）改元平江路置，治所吴县（今江苏苏州市）。辖州一、县七，辖境相当于今之江苏苏州、吴江、常熟、昆山、吴县等市县。嘉靖后为应天巡抚治所。松：即"松江府"。元至元十五年（1278）以华亭府改名，治所华亭县（今上海松江）。朱元璋吴元年因之，领华亭、上海、青浦三县。

[10] 顺天：即"顺天府"。明永乐元年（1403）建北京（今北京市），改北平府而置，十三年升三品衙门，十九年（1421）定都为京师。所辖宛平、大兴二县，良乡、固安、永清、东安、香河诸县以及通、霸、涿、昌平、蓟诸州及属县，计五州二十二县。

[11] 凤阳：即"凤阳府"。明洪武七年（1374）改中立府置，称中都，置留守司于此。治所凤阳（今属安徽），领州五、县十三，辖境相当于今安徽之天长、定远、霍丘以北地区。为朱元璋皇室祖陵所在地。庐州：即"庐州府"。元至正二十四年（1364）朱元璋改元庐州路置，治所合肥（今属安徽），领无为、六安二州，合肥、舒城、庐江、巢县、英山、霍山六县。

[12] 滁：即"滁州"。徐：即"徐州"。和：即"和州"。俱参见明33注10。

按，明俞汝楫《礼部志稿》卷二十三《会试》："洪熙元年，奏准会试取士，临期请旨，不过百名。南卷取十之六，北卷取十之四。后复以百名为率，南北各退五卷为中卷。浙江、江西、福建、湖广、广东、应天、直隶松江、苏州、常州、镇江、徽州、宁国、池州、太平、淮安、扬州十六省府，广德一州为南卷；山东、山西、河南、陕西、顺天、直隶保定、真定、河间、顺德、大名、永平、广平十二省府，延庆、保安二州，辽东、大宁、万全三都司为北卷；四川、广西、云南、贵州、庐州、凤阳、安庆七省府，徐、滁、和三州为中卷。"所记较《志》文为全，可参考。

52. 成化二十二年[1]，万安当国[2]，周洪谟为礼部尚书[3]，皆四川人，乃因布政使潘积之请[4]，南北各减二名，以益于中。弘治二年[5]，复从旧制。嗣后相沿不改。惟正德三年[6]，给事中赵铎承刘瑾指[7]，请广河南、陕西、山东、西乡试之额。乃增陕西为百，河南为九十五，山东、西俱九十。而以会试分南、北、中卷为不均，乃增四川额十名，并入南卷，其馀并入北卷，南北均取一百五十名。盖瑾陕西人，而阁臣焦芳河南人[8]，票旨相附和[9]，各徇其私。瑾、芳败，旋复其旧。

[1] 成化二十二年：即公元1486年。成化，明宪宗朱见深的年号。

[2] 万安：字循吉（？～1489），眉州（今四川眉山）人。正统十三年（1448）进士，选庶吉士，授编修，历官礼部左侍郎、吏部尚书、太子太傅、华盖殿大学士，成化十四年（1478）居首辅。平生不学无术，以谄事万贵妃结诸阉显贵，明孝宗立，遭劾，致仕去。卒赠太师，谥文康。《明

史》有传。当国：谓万安居内阁首辅之位。《明史》本传："九年进礼部尚书。久之，改户部。十三年加太子少保，俄改文渊阁大学士。孝宗出阁，进吏部尚书、谨身殿大学士，寻加太子太保。时彭时已殁，商辂以忤汪直去，在内阁者刘珝、刘吉，而安为首辅，与南人相党附，珝与尚书尹旻、王越又以北人为党，互相倾轧。然珝疏浅而安深鸷，故珝卒不能胜安。"

[3] 周洪谟：字尧弼（1420~1491），号箐斋，又号南皋子，长宁（今属四川）人。正统十年（1445）进士，历官编修、礼部尚书，致仕归，卒谥文安。博闻强记，善文词，著有《群经辨疑》、《南皋子集》、《箐斋集》等。《明史》有传。礼部尚书：明代礼部长官。参见明13注7。

[4] 布政使：承宣布政使司长官。参见明10注1。潘稹：字景微（生卒年不详），合肥（今属安徽）人。天顺四年（1460）进士，历官御史、广东巡按、四川左布政使。为官有直声。

[5] 弘治二年：即公元1489年。弘治，明孝宗朱祐樘的年号。

[6] 正德三年：即公元1508年。正德，明武宗朱厚照的年号。

[7] 赵铎：曲沃（今属山西）人（生卒年不详）。弘治十二年（1499）进士，历官给事中、怀庆知府。刘瑾：本姓谈（约1451~1510），兴平（今属陕西）人。幼年入宫为宦官，依宦官刘姓者得用，冒其姓。侍明武宗，掌司礼监，深得宠信。又与阁臣焦芳结党，建内行厂，独揽朝政，为非作歹，有"立皇帝"、"刘皇帝"之称。五年以谋逆罪下狱，凌迟处死。《明史》有传。

[8] 焦芳：字孟阳（？~1517），号守静，泌阳（今属河南）人。天顺八年（1464）进士，选庶吉士，授编修，历官太常少卿、礼部尚书兼文渊阁大学士，谄附刘瑾，二人朋比为奸，荼毒民生。瑾败，削官归里，卒。《明史》有传。

[9] 票旨：又称"票拟"、"拟票"、"条旨"。明代内阁阁臣对章奏所拟批答。明初，批答章奏皆皇帝亲笔，宣德时，令内阁将所拟批答之辞，用小票墨书，贴于奏疏面上，进呈皇帝批准，再易红书批出。明中叶后，首辅独专拟票之权，次辅不得参与。明代多宦官擅政，故票旨实权多掌握于宦官手中。

53. 初制，两京乡试，主考皆用翰林 [1]。而各省考官，先期于儒官、儒士内聘明经公正者为之，故有不在朝列累秉文衡者 [2]。景泰三年 [3]，令布、按二司同巡按御史 [4]，推举见任教官年五十以下、三十以上、文学廉谨者 [5]，聘充考官。于是教官主试，遂为定例。其后有司徇私，聘取或非其人，监临官又往往侵夺其职掌 [6]。成化十五年 [7]，御史许进请各省俱视两京例 [8]，特命翰林主考。帝谕礼部严饬私弊，而不从其请。屡戒外帘官毋夺主考权，考官不当，则举主连坐。又令提学考定教官等第，以备聘取 [9]。然相沿既久，积习难移。弘治十四年 [10]，掌国子监谢铎言 [11]："考官皆御史方面所辟召，职分即卑，听其指使，以外帘官预定去取，名为防闲，实则关节，而科举之法坏矣。乞敕两京大臣，各举部属等官素有文望者，每省差二员主考，庶几前弊可革。"时未能从。

[1] "初制"三句：郭培贵《明史选举志考论》第202页："据《会典》卷七七《乡试》，洪武十七年定，应天府乡试考官，由应天府'访明经公正之士，于儒官、儒士内选用'。'永乐十五年'，改'令北京行部及应天府乡试考试官，命翰林院、春坊官主考'。又，《会典》卷二二一《翰林院》亦云：凡两京乡试考试官，'于春坊、司经局官及本院讲、读、修撰内，内阁具名奏请钦

命'。可知，《志》不宜在两京主考官人选中，略去隶属詹事府的'春坊、司经局官'；而且，概言'初制'，也不妥，因永乐十五年以前，京师乡试考官的资格在制度要求上与各省并无差别。"可参考。

[2] 朝列：泛指朝廷官员。

[3] 景泰三年：即公元 1452 年。景泰，明代宗朱祁钰的年号。

[4] 布：即"承宣布政使司"。参见明 10 注 1。按：即"提刑按察使司"。参见明 6 注 6。巡按御史：官名，明代分道出巡按临的监察御史。参见明 33 注 1。

[5] 文学廉谨：明俞汝楫《礼部志稿》卷二十三《凡考试官》："（景泰）三年令凡科举，布、按二司会同巡按御史，公同推保见任教官年五十以下、三十以上，平日精通文学、持身廉谨者聘充考官。"又，明沈德符《万历野获编》卷十五《科道争为主考》："国初之制，教官主考，慎选老成端方之士，皆自远方聘至，不使本省一官得预其间。行之既久，法废柄移，则改而署事举人矣，又改而京官进士矣，又改而博选廷臣矣。"

[6] 监临官：明代主持乡试的官员。这里指外帘官。

[7] 成化十五年：即公元 1479 年。成化，明宪宗朱见深的年号。

[8] 许进：字季升（1437～1510），号东厓，灵宝（今属河南）人。成化二年（1466）进士，历官御史、兵部尚书。善治兵，以才见用。卒赠太子太保，谥襄毅。著有《平番始末》、《东厓集》。《明史》有传。

[9] "屡戒"数句：《明会典》卷七十七《乡试》："弘治四年，令各处乡试帘内事不许帘外干预，考官务以礼待，不许二司并御史欺凌斥辱，文章纯驳悉听去取，不得帘外巧立'五经官'以夺其权。如考官不能胜任而取士弗当、刊文有差，连举主坐罪。又令各处提学官平日巡历地方，将教官考定等第，以备科举聘取，若有不堪，即从彼处提学官于等第内别举，不许徇私。"

[10] 弘治十四年：即公元 1501 年。弘治，明孝宗朱祐樘的年号。

[11] 谢铎：字鸣治（1435～1510），号方石，太平（今浙江温岭）人。天顺八年（1464）进士，授编修，进侍讲，召修《宪宗实录》，擢南京国子祭酒，再擢礼部右侍郎管祭酒事，后引疾归。卒谥文肃。著有《赤城新志》、《桃溪净稿》等。《明史》有传。

54. 嘉靖七年 [1]，用兵部侍郎张璁言 [2]，各省主试皆遣京官或进士，每省二人驰往。初，两京房考亦皆取教职 [3]，至是命各加科部官一员 [4]，阅两科、两京房考，复罢科部勿遣，而各省主考亦不遣京官。至万历十一年 [5]，诏定科场事宜。部议复举张璁之说，言："彼时因主考与监临官礼节小嫌，故行止二科而罢，今宜仍遣廷臣。"由是浙江、江西、福建、湖广皆用编修、检讨，他省用科部官，而同考亦多用甲科 [6]，教职仅取一二而已。盖自嘉靖二十五年从给事中万虞恺言 [7]，各省乡试精聘教官，不足则聘外省推官、知县以益之 [8]。四十三年，又从南京御史奏，两京同考用京官进士，《易》、《诗》、《书》各二人，《春秋》、《礼记》各一人，其馀乃参用教官。万历四年 [9]，复议两京同考、教官衰老者遣回，北京取足于观政进士、候补甲科，南京于附近知县、推官取用。至是教官益绌 [10]。

[1] 嘉靖七年：即公元 1528 年。嘉靖，明世宗朱厚熜年号。

[2] 兵部侍郎：明代兵部副职官员，秩正三品。参见明24注4。张璁：字秉用（1475～1539），号罗峰，后赐名孚敬，字茂恭，号罗山，永嘉（今浙江温州）人。正德十六年（1521）进士，以明世宗即位之初"议大礼"迎合帝意，受信任，历官兵部侍郎、礼部侍郎兼文渊阁大学士，预机务，任首辅。因病致仕，卒谥文忠。著有《张文忠集》、《谕对录》等。《明史》有传。

[3] 房考：明代同考官的俗称。乡、会试，同考官分房阅卷取士，有十七房、十八房、二十房之称，或称"房官"。

[4] 科部官：明代六科给事中与六部的官员。

[5] 万历十一年：即公元1583年。万历，明神宗朱翊钧的年号。郭培贵《明史选举志考论》第205页："《神宗实录》卷一五八载此事于万历十三年二月壬寅朔，《会典》卷七七《乡试》、《续通考》卷四五《乡试沿革》、《科试考三》也皆载为'十三年'，可证《志》言'十一年'之误。"可参考。

[6] 甲科：又名"甲榜"。明人用以称考中进士者。以其曾经殿试，列名于一二三甲之故。

[7] 嘉靖二十五年：即公元1546年。万虞恺：字懋卿（1505～1588），号枫潭，南昌（今属江西）人。嘉靖十七年（1538）进士，历官兵科给事中、右副都御史、刑部右侍郎。敦朴有行义，一时推为长者。

[8] 推官：明代知府的佐贰官。参见明44注6。

[9] 万历四年：即公元1576年。

[10] 教官益绌：明沈德符《万历野获编》卷十五《有司分考》："自此以后，教官日减，知、推日增，沿至今日，每科用聘来教官止一、二人，亦有全不用者。"

55．初制，会试同考八人，三人用翰林，五人用教职。景泰五年[1]，从礼部尚书胡濙请[2]，俱用翰林、部曹[3]。其后房考渐增。至正德六年[4]，命用十七人，翰林十一人，科部各三人。分《诗经》房五，《易经》、《书经》各四，《春秋》、《礼记》各二。嘉靖十一年[5]，礼部尚书夏言论科场三事[6]，其一言会试同考，例用讲、读十一人[7]，今讲、读止十一人，当尽入场，方足供事。乞于部科再简三四人[8]，以补翰林不足之数。世宗命如所请[9]。然偶一行之，辄如其旧。万历十一年[10]，以《易》卷多，减《书》之一以增于《易》。十四年，《书》卷复多，乃增翰林一人，以补《书》之缺。至四十四年，用给事中余懋孳奏[11]，《诗》、《易》各增一房，共为二十房，翰林十二人，科部各四人，至明末不变[12]。

[1] 景泰五年：即公元1454年。景泰，明代宗朱祁钰的年号。

[2] 礼部尚书：明代礼部长官。参见明13注7。胡濙：参见明13注7。

[3] 部曹：六部官员。

[4] 正德六年：即公元1511年。正德，明武宗朱厚照的年号。

[5] 嘉靖十一年：即公元1532年。嘉靖，明世宗朱厚熜年号。

[6] 夏言：字公谨（1482～1548），号桂洲，贵溪（今属江西）人。正德十二年（1517）进士，历官行人、兵科给事中、武英殿大学士，预机务，任首辅。一度为严嵩所排挤，革职归。后复职，忤帝意，削职处死。著有《南宫奏稿》、《桂洲奏议》、《桂洲集》等。《明史》有传。

[7] 讲：即"侍讲"。明代翰林院属官，秩正六品，掌讲读经史。参见明6注8。读：即"侍读"。明代翰林院属官，洪武十八年置，二人，秩正六品，掌为皇帝讲读经史之事。

[8] 部科：六部官员与六科给事中。

[9] 世宗：即明世宗朱厚熜（1507～1566），正德十六年（1521）以藩王入继帝位，年号嘉靖。初年多所兴革，后以尊生父兴献王，兴"大礼议"，致廷臣分争；又崇尚道教，几为宫女杨金英等所杀；不见朝臣达二十多年，致鞑靼、倭寇搔扰不断。终因误服方士所献丹药身亡。卒葬永陵。

[10] 万历十一年：即公元1583年。万历，明神宗朱翊钧的年号。

[11] 余懋孳：字舜仲（生卒年不详），婺源（今属江西）人。万历三十二年（1604）进士，历官山阴令、礼科给事中。著有《萲言》、《春明草》。

[12] 至明末不变：清顾炎武《日知录》卷十六《十八房》："明制，会试用考试官二员，总裁同考试官十八员，分阅《五经》，谓之十八房（《宋史》：各房分经始于理宗绍定二年）。嘉靖末年，《诗》五房，《易》、《书》各四房，《春秋》、《礼记》各二房，止十七房。万历庚辰、癸未二科，以《易》卷多，添一房，减《书》一房，仍止十七房。至丙戌，《书》、《易》卷并多，仍复《书》为四房，始为十八房。至丙辰，又添《易》、《诗》各一房，为二十房。天启乙丑，《易》、《诗》仍各五房，《书》三房，《春秋》、《礼记》各一房，为十五房。崇祯戊辰，复为二十房。辛未，《易》、《诗》仍各五房，为十八房。癸未，复为二十房。时人概称为十八房云。"可参考。

56. 洪武初[1]，赐诸进士宴于中书省[2]。宣德五年[3]，赐宴于中军都督府[4]。八年，赐宴于礼部，自是遂著为令。

[1] 洪武：明太祖朱元璋的年号（1368～1398）。

[2] 中书省：明初官署名。参见明30注3。

[3] 宣德五年：即公元1430年。宣德，明宣宗朱瞻基的年号。

[4] 中军都督府：明代最高军事机关五军都督府（分中军、左军、右军、前军、后军五都督府）之一。参见明22注13。

57. 庶吉士之选[1]，自洪武乙丑择进士为之[2]，不专属于翰林也。永乐二年[3]，既授一甲三人曾棨、周述、周孟简等官[4]，复命于第二甲择文学优等杨相等五十人[5]，及善书者汤流等十人[6]，俱为翰林院庶吉士，庶吉士遂专属翰林矣[7]。复命学士解缙等选才资英敏者[8]，就学文渊阁[9]。缙等选修撰棨，编修述、孟简，庶吉士相等共二十八人，以应二十八宿之数[10]。庶吉士周忱自陈少年愿学[11]。帝喜而俞之[12]，增忱为二十九人。司礼监月给笔墨纸[13]，光禄给朝暮馔[14]，礼部月给膏烛钞，人三锭[15]，工部择近第宅居之。

[1] 庶吉士：参见明13注8。

[2] 洪武乙丑：即洪武十八年（1385）。洪武，明太祖朱元璋的年号。

[3] 永乐二年：即公元1404年。永乐，明成祖朱棣的年号。

[4] 曾棨：字子启（1372～1432），号西墅，吉安永丰（今属江西）人。永乐二年（1404）进士第一，授翰林修撰，预修《永乐大典》、《天下郡邑志》，进侍读学士，受春坊大学士，历少詹事。工书善文，卒赠礼部左侍郎，谥襄敏。著有《西墅集》。《明史》有传。周述：字崇述（生卒年不详），吉水（今属江西）人。永乐二年进士，授编修，历官左庶子，正统初卒。著有《东墅诗集》。《明史》有传。周孟简：名伟（1378～1430），以字行，吉水（今属江西）人，周述从弟。永乐二年进士，授编修，历官詹事府丞、襄王府长史。著有《竹硐集》、《翰林集》、《西垣诗集》等。《明史》有传。

[5] 杨相：字之宜（生卒年不详），泰和（今属江西）人。永乐二年会元，举二甲进士，选庶吉士，历官刑部主事。早卒。

[6] 汤流：字如川（1367～1406），泰和（今属江西）人。永乐二年进士，选庶吉士，二年后病卒。杨士奇《东里集·续集》卷三十八有《翰林庶吉士汤如川墓志铭》。

[7] "庶吉士"句：郭培贵《明史选举志考论》第213页："此言不确。据《宣宗实录》卷一○七、《英宗实录》卷一○，宣德八年十一月己酉，考选进士胡端桢、廖庄、宋琏为庶吉士，即非属翰林院，而是'俱历事六科以备用'；至'十年十月丁未'，俱擢为'各科给事中'。庶吉士'专属翰林'，大致始自正统以后。《翰林记》卷三《庶吉士铨法》也载宣德中庶吉士，犹有选入六科近侍诸衙门者，正统'以后始定庶吉士止入翰林'。但说永乐二年，庶吉士尚未'专属翰林'，并不等于说此时和洪武一样，庶吉士仍广泛分布于翰林院、承敕监等近侍衙门，而是应与洪武时有了明显的不同，即一般情况下，庶吉士已隶属于翰林院。"可参考。

[8] 解缙：字大绅（1369～1415），吉水（今属江西）人。洪武二十一年（1388）进士，授中书庶吉士，太祖以其年少，令回籍习业。建文初违旨入京，谪河州卫吏，召为翰林待诏。成祖即位，设内阁，解缙与黄淮、杨士奇等七人入阁预机务，官至翰林学士兼右春坊大学士，主持编修《永乐大典》。因劝帝定太子储位，为汉王朱高煦所忌恨，因下诏狱，被害死。著有《春雨杂述》、《解文毅公集》等。《明史》有传。

[9] 文渊阁：明初南京禁中宫阁名。参见明19注7。

[10] 二十八宿（xiù秀）：我国古代天文学术语，即将周天黄道（太阳周年视运动轨迹）左右的恒星分成二十八个星座，东、北、西、南各七。东汉云台二十八将，即以上应二十八宿而设。

[11] 周忱：字恂如（1381～1453），号双崖，吉水（今属江西）人。永乐二年（1404）进士，选庶吉士，与修《永乐大典》。历官刑部主事、越府长史、工部右侍郎，巡抚江南，多惠政，以善理财著称。景泰二年（1451）以工部尚书致仕，民立生祠祀之。卒谥文襄。著有《双崖集》。《明史》有传。

[12] 俞：答应，允许。

[13] 司礼监：官署名，明代宦官二十四衙门之一。参见明28注18。

[14] 光禄：即"光禄寺"，明代官署名。参见明9注14。

[15] 锭：纸币票面金额。

58. 帝时至馆召试。五日一休沐[1]，必使内臣随行[2]，且给校尉驺从[3]。是年所选王英、王直、段民、周忱、陈敬宗、李时勉等[4]，名传后世者，不下十馀人[5]。其后每科所选，多寡无定额。永乐十三年乙未选六十二人[6]，而宣德二年丁未止邢恭一人[7]，以其在翰林院习四夷译书久[8]，他人俱不得与也。

[1] 休沐：休息洗沐，即休假。《初学记》卷二十："休假亦曰休沐。《汉律》：'吏五日得一休沐。'言休息以洗沐也。"

[2] 内臣：谓宦官，即太监。

[3] 校尉：明代直驾扈从卫士。原隶拱卫司仪銮司，洪武十五年（1382）后隶锦衣卫。职专擎执卤簿仪仗及驾前宣召官员。选民间丁壮无恶疾、过犯者充任。骑从：骑马之侍从。

[4] 王英：字时彦（1376~1450），号泉坡，金溪（今属江西）人。永乐二年（1404）进士，选庶吉士，掌机密文字，与修《太祖实录》。历官翰林修撰、侍读，进右春坊大学士、詹事府少詹事、礼部侍郎、南京礼部尚书。历仕四朝，卒谥文安。著有《泉坡集》。《明史》有传。王直：字行俭（1379~1462），号抑庵，泰和（今属江西）人。永乐二年进士，授修撰，历官少詹事兼侍读学士、吏部尚书，进少傅兼太子太师。与王英齐名，时有"西王东王"之目。卒谥文端。著有《文端公集》。《明史》有传。段民：字时举（1376~1434），武进（今江苏常州）人。永乐二年进士，选庶吉士，除刑部主事，与修《五经四书大全》。历官刑部郎中、山东左参政、南京户部侍郎，转刑部。卒谥襄介。《明史》有传。周忱：参见明 57 注 11。陈敬宗：参见明 11 注 4。李时勉：参见明 11 注 4。

[5] 不下十馀人：明王世贞《弇山堂别集》卷八十一《科试考一》："是科，自曾棨等三名外，得留者仅王英、王直二人，而至八座者，亦仅二王及周忱耳。陈敬宗、李时勉皆已授官而复入者。"可参考。

[6] 永乐十三年乙未：即公元 1415 年。永乐，明成祖朱棣的年号。

[7] 宣德二年丁未：即公元 1427 年。宣德，明宣宗朱瞻基的年号。邢恭：字克敬（生卒年不详），郑州（今属河南）人。宣德二年进士，选庶吉士，授编修，历官中书舍人。

[8] 四夷：参见明 22 注 6。

59. 弘治四年 [1]，给事中涂旦以累科不选庶吉士 [2]，请循祖制行之。大学士徐溥言 [3]："自永乐二年以来 [4]，或间科一选，或连科屡选，或数科不选，或合三科同选，初无定限。或内阁自选，或礼部选送，或会礼部同选，或限年岁，或拘地方，或采誉望，或就廷试卷中查取，或别出题考试，亦无定制。自古帝王储才馆阁以教养之。本朝所以储养之者，自及第进士之外，止有庶吉士一途，而或选或否。且有才者未必皆选，所选者未必皆才，若更拘地方、年岁，则是已成之才又多弃而不用也。请自今以后，立为定制，一次开科，一次选用。令新进士录平日所作论、策、诗、赋、序、记等文字，限十五篇以上，呈之礼部，送翰林考订。少年有新作五篇，亦许投试翰林院。择其词藻文理可取者，按号行取。礼部以糊名试卷，借阁臣出题考试于东阁，试卷与所投之文相称，即收预选。每科所选不过二十人，每选所留不过三五辈，将来成就必有足赖者。"孝宗从其请 [5]，命内阁同吏、礼二部考选以为常。

[1] 弘治四年：即公元 1491 年。弘治，明孝宗朱祐樘的年号。郭培贵《明史选举志考论》第 216 页："《孝宗实录》卷七四载'兵科给事中涂旦言'于'弘治六年四月丁酉'，《礼部志稿》卷七三《馆送·考选庶吉士》也言'弘治六年四月，大学士徐溥等言，比给事中徐（应为涂之误）旦建议，欲选新进士选庶吉士入翰林院读书'。故弘治四年当为'弘治六年'之误。"可参考。

[2] 给事中：参见明 10 注 3。涂旦：字卿元（生卒年不详），丰城（今属江西）人。成化二十三年（1487）进士，历官兵科给事中、湖广左布政使。

[3] 徐溥：字时用（1428～1499），号谦斋，宜兴（今属江苏）人。景泰五年（1454）进士，授编修，历官左庶子、吏部侍郎、文渊阁大学士，参预机务，弘治五年（1492）任首辅，为政宽和。致仕卒。著有《谦斋文集》。《明史》有传。

[4] 永乐二年：即公元 1404 年。永乐，明成祖朱棣的年号。

[5] 孝宗：即明孝宗朱祐樘（1470～1505），明宪宗第三子，成化十一年（1475）立为皇太子，二十三年即位，年号弘治。斥逐奸佞，起用正直练达之士，组织编纂《大明会典》，修订《问刑条例》，史有"弘治中兴"之誉。在位十八年，卒葬泰陵。

60．自嘉靖癸未至万历庚辰 [1]，中间有九科不选 [2]。神宗常命间科一选 [3]，礼部侍郎吴道南持不可 [4]。崇祯甲戌、丁丑 [5]，复不选，馀悉遵例。其与选者，谓之馆选。以翰、詹官高资深者一人课之 [6]，谓之教习。三年学成，优者留翰林为编修、检讨，次者出为给事、御史，谓之散馆。与常调官待选者 [7]，体格殊异。

[1] 嘉靖癸未：即嘉靖二年（1523）。嘉靖，明世宗朱厚熜年号。万历庚辰：即万历八年（1580）。万历，明神宗朱翊钧的年号。

[2] 九科：谓嘉靖二年、十七年、二十三年、二十九年、三十五年、三十八年、四十一年，万历二年、八年，凡九科。

[3] 神宗：即明神宗朱翊钧（1563～1620）。参见明 17 注 7。

[4] 礼部侍郎：礼部的副职官员。参见明 20 注 6。吴道南：字会甫（1550～1623），号曙谷，崇仁（今属江西）人。万历十七年（1589）进士，授编修，历官礼部右侍郎、礼部尚书，丁忧归。卒谥文恪。著有《吴文恪公集》、《河渠志》等。《明史》有传。

[5] 崇祯甲戌：即崇祯七年（1634）。丁丑：即崇祯十年（1637）。崇祯，明思宗朱由检的年号。

[6] 翰：即"翰林院"。参见明 6 注 8。詹：即"詹事府"。《明史·职官二》："詹事府。詹事一人（正三品），少詹事二人（正四品），府丞二人（正六品）。主簿厅：主簿一人（从七品），录事二人（正九品），通事舍人二人。左春坊：大学士（正五品），左庶子（正五品），左谕德（从五品），各一人，左中允（正六品），左赞善（从六品），左司直郎（从六品，后不常设），各二人，左清纪郎一人（从八品，不常设），左司谏二人（从九品，不常设）。右春坊，亦如之。司经局：洗马一人（从五品），校书（正九品）、正字（从九品），各二人。詹事掌统府、坊、局之政事，以辅导太子。少詹事佐之。凡入侍太子，与坊、局翰林院官番直进讲《尚书》、《春秋》、《资治通鉴》、《大学衍义》、《贞观政要》诸书。"

[7] 常调官：按照常规迁选的官吏。

61．成祖初年 [1]，内阁七人 [2]，非翰林者居其半。翰林纂修，亦诸色参用 [3]。自天顺二年 [4]，李贤奏定纂修专选进士 [5]。由是非进士不入翰林，非翰林不入内阁，南、北礼部尚书、侍郎及吏部右侍郎，非翰林不任。而庶吉士始进之时，已群目为储相。通计明一代宰辅一百七十馀人，由翰林者十九 [6]。盖科举视前代为盛，翰林之盛，则前代所绝无也。

[1] 成祖：即明成祖朱棣（1360～1424），朱元璋第四子，洪武三年（1370）封燕王，十三年就藩北平（今北京）。建文元年（1399），以反对削藩为名，于北平起兵靖难。四年，攻入南京，夺位登极，改元永乐。设置内阁，任用宦官，永乐十九年（1421）迁都北京。南征北讨，死于亲征回师途中。葬长陵。初上庙号太宗，嘉靖十七年（1538）改成祖。

[2] 内阁七人：谓解缙、黄淮、胡广、胡俨、杨荣、杨士奇、金幼孜七人。

[3] 诸色参用：明李贤《古穰集》卷三十《杂录》："翰林院实儒绅所居，非杂流可与。景泰间，陈循辈各举所私，非进士出身者十将四五，率皆委靡昏钝浮薄之流。"

[4] 天顺二年：即公元1458年。天顺，明英宗朱祁镇的第二个年号。

[5] 李贤：字原德（1408～1466），邓州（今河南邓县）人。宣德八年（1433）进士，历官文选郎、吏部侍郎、翰林学士，入直文渊阁，进礼部尚书，又进少保、华盖殿大学士，知经筵事。尝奉敕编修《明一统志》。卒谥文达。著有《古穰集》、《天顺日录》等。《明史》有传。

[6] 由翰林者十九：郭培贵《明史选举志考论》第223页："据《明史·宰辅年表》，自成祖即位简解缙等七人值文渊阁，一直到明亡，共有一百六十三位阁臣。其中，潘晟虽于万历十年六月被命为礼部尚书武英殿大学士，但'未任'即罢，故有明一代实任阁臣应为一百六十二名。又据《实录》、《国榷》、《续通考》、《罪惟录·科举志》、《明史列传》等史籍所载一甲进士和庶吉士史料，其中四十二人为一甲进士出身、八十七人为庶吉士出身，两者相加共一百二十九位，占阁臣总数的百分之七十九点六。非进士出身的阁臣仅有六位，即杨士奇、权谨皆以荐举，胡俨、张瑛、陈山皆以举人，俞纲以生员；仅占阁臣总数的百分之三点七，也即百分之九十六点三的阁臣皆进士出身；而且，景泰元年，俞纲入阁仅一月，就出佐兵部事；此后，就再无非进士入阁者，也即自此至明亡一百九十三年间，阁臣为清一色的进士出身。"可参考。

62. 辅臣子弟 [1]，国初少登第者。景泰七年 [2]，陈循、王文以其子北闱下第，力攻主考刘俨，台省哗然论其失。帝勉徇二人意，命其子一体会试，而心薄之 [3]。

[1] 辅臣：即"辅政大臣"。明初指中书省左右丞相、平章政事、左右丞、参知政事。内阁制度形成后，指内阁大学士，其中又有首辅、次辅、群辅之分。

[2] 景泰七年：即公元1456年。景泰，明代宗朱祁钰的年号。

[3] "陈循"数句：明王世贞《弇山堂别集》卷八十二《科试考二》："（景泰）七年丙子，太常寺少卿兼翰林院侍读刘俨、左春坊左中允兼翰林院编修黄谏，主顺天试。内阁大学士陈循、王文等言考中译字官刘淳送试不中，为失旧制。诏俨等回话，宥之。王文、陈循又言，循子瑛、文子伦不中式，为考官忽略之故，又出题偏驳，犯宣宗御讳。诏礼部同大学士高穀等覆验取中举人徐泰等文卷，有优于伦、瑛者，有相等者，有不及者，又第六名林挺朱卷无批语，奏上。有旨：'刘俨等考试不精，罪不容逃，但无私弊，俱宥之。林挺并该房考官俱下锦衣卫狱，鞫问情实以闻。王伦、陈瑛明年俱准会试。'六科论劾循、文，罪当诛斥。有旨：'览尔等所奏，诚为有理。但陈循、王文辅导有年，国之元老，岂可以一事之失而遽加之罪？姑贷之。'少保高穀乞致仕，诏：'卿持正之心、嫌疑之情，朕已具悉。但馆阁之职，正当用贤，不允所请。今后尚加秉忠直，以全名节。'盖穀面斥循、文之私而奏全俨等，不自安，乃有此奏也。"陈循，字德遵（1385～

624

1462），号芳洲，泰和（今属江西）人。永乐十三年（1415）进士第一，授修撰，历官侍讲、翰林学士、户部右侍郎，景泰二年（1451）因易储功，加太子太傅，进华盖殿大学士。明英宗复辟，戍铁岭卫，后释为民。著有《芳洲集》、《东行百咏集句》等。《明史》有传。王文，初名强（1393～1457），字千之，束鹿（今属河北）人。永乐十九年（1421）进士，历官御史、大理寺卿。景泰元年（1450）掌都察院事，以迎合明代宗，改吏部尚书，兼翰林院学士，入直文渊阁。明英宗复辟，与于谦等被斩于市。成化初复其官，谥毅愍。《明史》有传。北闱，即京师顺天府主持的乡试。刘俨，字宣化（1394～1457），号时雨，吉水（今属江西）人。正统七年（1442）进士第一，授修撰，累官至太常少卿兼翰林侍读。卒谥文介。有文学，立朝正直。曾与修《五伦书》、《历代君鉴》，总裁《寰宇通志》、《宋元通鉴纲目》等，著有《刘文介集》。《明史》有传。台省，谓都察院等中央机构。

63. 正德三年 [1]，焦芳子黄中会试中式 [2]，芳引嫌不读卷。而黄中居二甲之首，芳意犹不慊，至降调诸翰林以泄其忿 [3]。六年，杨廷和子慎廷试第一 [4]，廷和时亦引嫌不读卷。慎以高才及第，人无訾之者 [5]。

[1] 正德三年：即公元1508年。正德，明武宗朱厚照的年号。

[2] 焦芳：参见明52注8。黄中：即焦黄中，正德三年二甲第一名进士，授检讨，擢编修，升侍读。刘瑾败，以诏附除名。清谷应泰《明史纪事本末》卷四十三："（正德三年）三月，改翰林院编修顾清等为部属。时焦芳子焦黄中会试中式，芳意欲得大魁，既而取吕柟第一，黄中居二甲首。芳谓诸执事抑之，遂入言于刘瑾，改清等官，而授黄中检讨及刘宇子刘仁等六七人俱为庶吉士。数月，黄中、仁等俱擢编修。"

[3] "至降调"句：明王世贞《弇山堂别集》卷九十四《中官考五》："（正德四年）《实录》成，以扩充政务，拟升调翰林院侍讲吴一鹏于南京刑部，侍读徐穆于南京礼部，编修顾清于南京兵部，汪俊于南京工部，俱员外郎；编修贾咏、李廷相于兵部，温仁和于户部，刘龙于礼部，翟銮于刑部，崔铣于南京吏部，陆深于南京礼部，检讨王九思于吏部，汪伟、穆孔晖于南京礼部，易舒于南京户部，俱主事；编修董玘为安成知县，次日复改玘刑部主事。始，瑾恶翰林之慢己，每与张彩谋，欲调之外任，彩不可。至是，瑾复持之，彩为讲解，意已平。而焦芳父子及段炅辈，谓可乘此挤其素有雠嫌者，乃以名投瑾，从臾成之。"

[4] 杨廷和：字介夫（1459～1529），号石斋，新都（今属四川成都）人。成化十四年（1478）进士，选庶吉士，授检讨，历官户部尚书兼文渊阁大学士，预机务，任首辅。嘉靖三年（1524）因"议大礼"忤帝意，乞休归，削职为民。隆庆初复官，追谥文忠。著有《杨文忠公三录》、《石斋集》。《明史》有传。慎：即杨慎（1488～1559），字用修，号升庵，别号博南山人、博南戍史、金马碧鸡老兵等，杨廷和之子。正德六年（1511）进士第一，授修撰，擢经筵讲官。嘉靖三年，因"议大礼"，充军云南永昌卫（今属大理），从事著述以终。为学渊博，著有《滇程记》、《丹铅总录》、《全蜀艺文志》、《春秋地名考》、《古音猎要》等，另有《升庵合集》。《明史》有传。

[5] 人无訾之者：明沈德符《万历野获编》卷十四《关节状元》："前此正德辛未科状元杨慎，为次揆新都公子。人谓首揆长沙公，先以策题示之，故所对独详。其后新都公议大礼忤时，为新贵所聚攻，亦微及前事。盖以用修博洽，无忝大魁，而不免议论如此。"

64. 嘉靖二十三年廷试 [1]，翟銮子汝俭、汝孝俱在试中 [2]。世宗疑二人滥首甲 [3]，抑第一为第三，以第三置三甲。及拆卷，而所拟第三者，果汝孝也，帝大疑之。给事中王交、王尧日因劾会试考官少詹事江汝璧及诸房考朋私通贿 [4]，且追论顺天乡试考官秦鸣夏、浦应麒阿附銮罪 [5]，乃下汝璧等镇抚司狱 [6]。狱具，诏杖汝璧、鸣夏、应麒，并革职闲住，而勒銮父子为民 [7]。

[1] 嘉靖二十三年：即公元 1544 年。嘉靖，明世宗朱厚熜年号。

[2] 翟銮：字仲鸣（1477～1546），号石门，诸城（今属山东）人，居于北京。弘治十八年（1505）进士，历官吏部左侍郎兼学士，入直文渊阁。后以贿进礼部尚书兼武英殿大学士，声誉减损。嘉靖二十一年（1542）任首辅，为严嵩所排挤，借其子科场案，被削职为民。病卒。明穆宗即位，复其官，谥文懿。《明史》有传。汝俭汝孝：即翟汝俭、翟汝孝，生平俱不详。

[3] 世宗：即明世宗朱厚熜（1507～1566）。参见明 55 注 9。首甲：殿试前三名，即一甲进士及第者。

[4] 给事中：参见明 10 注 3。王交：字徵久（生卒年不详），慈溪（今属浙江）人。嘉靖二十年（1541）进士，选庶吉士，授刑科给事中，官至南京太仆寺丞。王尧日：字时明（生卒年不详），号复轩，鹿邑（今属河南）人。嘉靖十七年（1538）进士，历官广平推官、刑科给事中，丁忧归。少詹事：明代詹事府副职官员，秩正四品。佐詹事辅导太子，多由侍郎等官兼任，并带翰林院学士衔。参见明 20 注 5。江汝璧：字懋毅（1486～1558），号贞斋，贵溪（今属江西）人。正德十六年（1521）进士，选庶吉士，授编修，历官南京国子司业、左春坊左谕德充经筵讲官，以言事谪福建市舶副提学，起为国子司业，官至少詹事兼翰林院学士。著有《碧洋摘稿》。

[5] 顺天乡试：京师举行的乡试，由顺天府主办，故称。秦鸣夏：字子章（1508～1557），号白厓，临海（今属浙江）人。嘉靖十一年（1532）进士，选庶吉士，授编修，擢右中允兼翰林修撰。嘉靖二十二年以典顺天乡试受谤削官，后起兵部主事，未任卒。浦应麒：字道徵（生卒年不详），无锡（今属江苏）人。嘉靖十一年（1532）进士，历官左赞善，嘉靖二十二年以典顺天乡试受谤削官。

[6] 镇抚司：官署名。明代于各卫指挥使司下设，置镇抚二人，秩从五品。设于锦衣卫下者分南、北二司。北司掌诏狱，南司专理军匠。此处谓锦衣卫之北司。《明史·职官五》："（洪武）十七年改锦衣卫指挥使为正三品。二十年以治锦衣卫者多非法凌虐，乃焚刑具，出系囚，送刑部审录，诏内外狱成归三法司，罢锦衣狱。成祖时复置。寻增北镇抚司，专治诏狱。成化间，刻印界之，狱成得专达，不关白锦衣，锦衣官亦不得干预。而以旧所设为南镇抚司，专理军匠。"

[7] "狱具"数句：王世贞《弇山堂别集》卷八十二《科试考二》："刑科给事中王交、王尧日论劾少詹事江汝璧、修撰沈坤、编修彭凤、欧阳焕、署员外郎高节朋私通贿，大坏制科；大学士翟銮以内阁首臣，二子汝俭、汝孝既联中乡试，又连中会试，若持券取物然，崔奇勋乃汝俭等师，焦清与汝俭结姻，又同受业，四人者会试俱一号，汝俭、汝孝、奇勋皆彭凤所取，《诗经》考官五人，何俱在凤一房？欧阳焕亦汝俭等师，本同经，又改看《书经》，迹若引嫌，而阴助凤寻卷。及沈坤之取中陆炜，高节之取中彭谦、汪一中，皆以纳贿，故乞明正其辜。且欲追顺天乡试主考秦鸣夏、浦应麒阿奉翟銮之罪。上下其章吏部、都察院，从公参看。銮随具疏自理，且请特降题目，命部院大臣覆试。上怒曰：'銮被劾，有旨参看，乃不候处分，肆行扰辩，屡屡以直无逸为

辞，同夏言禁苑坐轿，止罪一人，全不感惧；敢以撰科文、赞玄修为欺朕；内阁任重，不早赴，以朕不早朝，并君行事；二子纵有轼、辙之才，岂可分明并用？恣肆放僻如此，部院其参阅治罪，不许回护。'部院复请下汝璧于理严究，分别情罪轻重。上以迹弊明显，大坏祖宗取士之制，遂勒壶并汝俭、汝孝、奇勋、清及凤、焕俱为民，汝璧等俱下镇抚司逮问。已，法司会鞫，谓汝璧、鸣夏、应麒虽各阿取辅臣之子，然实非贿，故坤之取炜、节之取一中亦然。独彭谦实以校尉张岳贿节五百金而中。监察御史王珩、沈越失于纠察，罪亦难逃。疏上，诏杖汝璧、鸣夏、应麒六十，革职闲住不叙。珩、越降一级调外任，节、岳充军，谦为民，坤、一中、炜存留供职。"杖：即"廷杖"，为明代皇帝责打大臣之杖刑。始于洪武初，工部尚书薛祥曾毙于杖下。成化前，大臣受杖尚容着厚棉底衣，以重毡叠裹，意在示辱，非置于死地。正德时，刘瑾窃权，去衣行杖，受杖者多立毙杖下，不死者亦残疾终生。

65. 神宗初 [1]，张居正当国 [2]。二年甲戌 [3]，其子礼闱下第 [4]，居正不悦，遂不选庶吉士。至五年，其子嗣修遂以一甲第二人及第 [5]。至八年，其子懋修以一甲第一人及第 [6]。而次辅吕调阳、张四维、申时行之子 [7]，亦皆先后成进士 [8]。御史魏允贞疏陈时弊 [9]，言辅臣子不宜中式。帝为谪允贞 [10]。

[1] 神宗：即明神宗朱翊钧（1523～1620）。参见明17注7。

[2] 张居正：参见明32注8。当国：谓张居正任首辅。

[3] 二年甲戌：即万历二年（1574）。

[4] 礼闱：即"会试"，因由礼部主持，故称。明王世贞《弇山堂别集》卷八十三《科试考三》："是岁（万历元年）少师张居正子嗣文在湖广得荐，其试顺天者懋修不得荐。"礼闱下第者当指张嗣文。

[5] 嗣修：即张嗣修（生卒年不详）。张居正第二子，万历五年（1577）进士，授编修。张居正死后，万历十二年（1584）籍没其家，张嗣修被贬烟瘴之地充军。明王世贞《弇山堂别集》卷八十三《科试考三》："是岁读卷官初拟宋希尧为第一，而嗣修在第二甲第二，上拆卷得之，擢置嗣修第二，且谓居正曰：'朕无以报先生功，当看先生子孙。'后始知慈寿及大珰冯保意也。宋希尧遂二甲第一。"

[6] 懋修：即张懋修，字斗枢（生卒年不详），张居正第四子。万历八年（1580）进士第一，授修撰。张居正死后家被籍没，懋修遭革职，投井、绝食皆不死。崇祯时，其家得昭雪，卒年八十馀。明王世贞《弇山堂别集》卷八十三《科试考三》："八年庚辰，命礼部尚书文渊阁大学士申时行、礼部左侍郎兼翰林院侍读学士余有丁主会试，取中萧良有等三百人。时懋修与其兄敬修、次辅张四维子嘉徵复俱中式。敬修即嗣文更名者。"

[7] 吕调阳：字和卿（1516～1580），号豫所，桂林（今属广西）人。嘉靖二十九年（1550）进士，授编修，历官礼部尚书，进文渊阁大学士，惟听命于张居正。病归卒，谥文简。著有《帝鉴图说》。张四维：字子维（1526～1585），号凤磐，蒲州（今山西永济）人。嘉靖三十二年（1553）进士，历官吏部右侍郎，万历三年（1575）以张居正荐，得为礼部尚书兼东阁大学士，入赞机务，谨事居正。居正卒后，四维当国，力反前政。丁忧归，卒谥文毅。著有《条麓堂集》。《明史》有传。申时行：字汝默（1535～1614），号瑶泉，晚号休休居士，长洲（今江苏苏州）人。嘉靖四十一年（1562）进士第一，授修撰，历官左庶子、吏部右侍郎，为张居正所赏识，以吏

部左侍郎兼东阁大学士参预机务。继张四维为首辅，被劾归。著有《赐闲堂集》。《明史》有传。

[8] 先后成进士：据明王世贞《弇山堂别集》卷八十三《科试考三》，吕调阳子吕兴周于万历四年（1576）中广西乡试，次年成进士；张四维次子张嘉徵于万历四年中山西乡试，八年成进士；万历十年，张四维另一子张甲徵中山西乡试，次年成进士；申时行子申用懋于万历十年中顺天乡试第六名，次年成进士。

[9] 御史：即"监察御史"，明代都察院属官，秩正七品。参见明10注2。魏允贞：字懋忠（1542～1606），号见泉，南乐（今属河南）人。万历五年（1577）进士，历官御史、许州判官、右副都御史、兵部右侍郎，卒谥介肃。著有《魏伯子集》。《明史》有传。

[10] 帝为谪允贞：《明史·魏允贞传》："已，陈时弊四事，言：'……自居正三子连登科，流弊迄今未已。请自今辅臣子弟中式，俟致政之后始许廷对，庶幸门稍杜……'先是，居正既私其子，他辅臣吕调阳子兴周，张四维子泰徵、甲徵，申时行子用懋，皆相继得举。甲徵、用懋将廷对，而允贞疏适上。四维大愠，言：'臣待罪政府，无所不当闻。今因前人行私，而欲臣不预闻吏、兵二部事，非制也。'因为子白诬，且乞骸骨。时行亦疏辨。帝并慰留，而责允贞言过当。户部员外郎李三才奏允贞言是，并贬秩调外。允贞得许州判官。给事中御史周邦杰、赵卿等论救，不纳。允贞虽谪，然自是辅臣居位，其子无复登第者。"

66．十六年 [1]，右庶子黄洪宪主顺天试 [2]，王锡爵子衡为榜首 [3]。礼部郎中高桂论劾举人李鸿等 [4]，并及衡，言："自故相子一时并进，而大臣之子遂无见信于天下者。今辅臣锡爵子衡，素号多才，青云不难自致，而人犹疑信相半，宜一体覆试，以明大臣之心迹。"锡爵怒甚，具奏申辩，语过激。刑部主事饶伸复抗疏论之 [5]。帝为谪桂于外，下伸狱，削其官。覆试所劾举人，仍以衡第一，且无一人黜者 [6]。

[1] 十六年：即万历十六年（1588）。

[2] 右庶子：明代东宫侍从官詹事府中右春坊属官，秩正五品。参见明20注5。黄洪宪：字懋中（1541～1600），号葵阳，嘉兴（今属浙江）人。隆庆五年（1571）进士，历官右春坊右庶子、少詹事兼侍读学士。以文受知张居正，居正败，辞归。著有《朝鲜国纪》、《玉堂日钞》、《碧山学士集》等。

[3] 王锡爵：字元驭（1534～1610），号荆石，太仓（今属江苏）人。嘉靖四十一年（1562）会元，廷试第二，授编修，历官国子祭酒、礼部尚书兼文渊阁大学士，预机务。万历二十一年（1593）任首辅，翌年引退。卒赠太保，谥文肃。著有《王文肃奏草》、《王文肃集》。《明史》有传。衡：即王衡（生卒年不详），字辰玉，万历二十九年（1601）进士第二及第，授编修。早卒。著有《缑山集》及杂剧《郁轮袍》等。《明史》有传。

[4] 礼部郎中：礼部属官，秩正五品。参见明20注6。高桂：生平不详。李鸿：长洲（今江苏苏州）人，申时行婿。万历二十三年（1595）进士。馀不详。

[5] 刑部主事：刑部属官，秩正六品。参见明28注9。饶伸：字抑之（生卒年不详），进贤（今属江西）人。万历十一年（1583）进士，授工部主事，改刑部。以抗疏论顺天乡试事，下狱削职。旋起南京工部主事，累迁刑部侍郎。明熹宗时告归。辑《学海》六百馀卷。《明史》有传。

[6] "帝为"数句：《明史·饶伸传》："（万历）十六年，庶子黄洪宪典顺天试，大学士王锡爵子衡为举首，申时行婿李鸿亦预选。礼部主事于孔兼疑举人屠大壮及鸿有私。尚书朱赓、礼科都给事

中苗朝阳欲寝其事。礼部郎中高桂遂发愤谪可疑者八人，并及衡，请得覆试。锡爵疏辨，与时行并乞罢。帝皆慰留之，而从桂请，命覆试。礼部侍郎于慎行以大壮文独劣，拟乙置之。都御史吴时来及朝阳不可。桂直前力争，乃如慎行议，列甲乙以上。时行、锡爵调旨尽留之，且夺桂俸二月。衡实有才名，锡爵大愤，复上疏极诋桂。伸乃抗疏言：'张居正三子连占高科，而辅臣子弟遂成故事。洪宪更谓一举不足重，居然置之选首。子不与试，则录其婿，其他私弊不乏闻。覆试之日，多有不能文者。时来罔分优劣，蒙面与桂力争，遂朦胧拟请。至锡爵评桂一疏，剑戟森然，乖对君之体。锡爵柄用三年，放逐贤士，援引恰人，今又巧护己私，欺罔主上，势将为居正之续。时来附权蔑纪，不称宪长。请俱赐罢。'疏既入，锡爵、时行并杜门求去。而许国以典会试入场，阁中遂无一人。中官送章奏于时行私第，时行仍封还。帝惊曰：'阁中竟无人耶？'乃慰留时行等，而下伸诏狱。给事中胡汝宁、御史林祖述等复劾伸及桂，以媚执政。御史毛在又侵孔兼，谓桂疏其所使。孔兼奏辨求罢。于是诏诸司严约所属，毋出位沽名，而削伸籍，贬桂三秩，调边方。孔兼得免。"

67．二十年会试 [1]，李鸿中式 [2]。鸿，大学士申时行婿也。榜将发，房考给事中某持之，以为宰相之婿不当中。主考官张位使十八房考公阅 [3]，皆言文字可取，而给事犹持不可。位怒曰："考试不凭文字，将何取衷？我请职其咎。"鸿乃获收。

[1] 二十年：即万历二十年（1592）。
[2] 李鸿中式：郭培贵《明史选举志考论》第 231 页："《志》言'二十年'，误。据《神宗实录》卷二四五、二八二和《国榷》卷七六、七七，万历二十年主考官为陈于陛、盛讷，二十三年会试主考官是张位、刘元震。又据《江南通志》卷一二三《选举志·进士五》，李鸿于万历二十三年中乙未科朱之蕃榜。《明史》卷二二七《吴达可传》也载：'鸿，吴人，大学士申时行之婿。万历十六年举北闱乡试，为礼部郎中高桂所攻。后七年成进士。'十六年加七年也恰为二十三年。可知，《志》'二十年'当为'二十三年'之误。"甚是。《明清进士题名碑录索引》著录李鸿，直隶长洲人，明万历二十三年三甲第一百二十七名进士。参见明 66 注 4。
[3] 张位：字明成（生卒年不详），号洪阳，新建（今属江西）人。隆庆二年（1568）进士，历官徐州同知、南京尚宝丞、国子祭酒、吏部左侍郎、吏部尚书兼武英殿大学士。坐事除名为民，病卒。天启中复官，谥文端。著有《问奇集》、《词林典故》、《悟真篇注解》、《丛桂山房汇稿》等多种。《明史》有传。十八房：参见明 54 注 3。

68．王衡既被论，当锡爵在位，不复试礼闱 [1]。二十九年乃以一甲第二人及第 [2]。自后辅臣当国，其子亦无登第者矣。

[1] 礼闱：即会试，因由礼部主持，故称。
[2] 二十九年：即万历二十九年（1601）。一甲第二人：即"榜眼"。

69．科场弊窦既多，议论频数。自太祖重罪刘三吾等 [1]，永、宣间大抵帖服 [2]。陈循、王文之龉刘俨也，高穀持之，俨亦无恙 [3]。

[1] 太祖：即明太祖朱元璋（1328～1398）。参见明3注6。重罪刘三吾等：参见明50。

[2] 永：即"永乐"，明成祖朱棣的年号（1403～1424）。宣：即"宣德"，明宣宗朱瞻基的年号（1426～1435）。

[3] "陈循"三句：参见明62注3。齮（yǐ 以），攻击，毁伤。高毂，字世用（1391～1460），兴化（今属江苏）人。永乐十三年（1415）进士，选庶吉士，历官中书舍人、翰林侍讲、工部右侍郎，入阁，参预机务。景泰初，以力主奉迎明英宗还京，有时誉。累进谨身殿大学士。英宗复辟，谢病归。卒谥文义。著有《文义集》。《明史》有传。

70．弘治十二年会试 [1]，大学士李东阳、少詹事程敏政为考官 [2]。给事中华昶劾敏政鬻题与举人唐寅、徐泰 [3]，乃命东阳独阅文字。给事中林廷玉复攻敏政可疑者六事 [4]。敏政谪官，寅、泰皆斥遣。寅，江左才士，戊午南闱第一 [5]，论者多惜之。

[1] 弘治十二年：即公元1499年。弘治，明孝宗朱祐樘的年号。

[2] 大学士：明代中极殿（旧名华盖殿）、建极殿（旧名谨身殿）、文华殿、武英殿、文渊阁、东阁与左、右春坊大学士之泛称。洪武十三年（1380）罢中书省废丞相后，于十五年仿宋制置华盖殿、武英殿、文渊阁、东阁大学士各一人，侍左右，备顾问。又置文华殿大学士，以辅导太子。左、右春坊亦置大学士各一人，为太子官署。秩俱正五品。李东阳：字宾之（1447～1516），号西涯，湖广茶陵（今属湖南）人。天顺八年（1464）进士，授编修，历官太常少卿、礼部右侍郎兼侍读学士，进文渊阁大学士，参预机务，多所匡正。正德元年（1506），任首辅，于大臣多有维护。以吏部尚书兼华盖殿大学士致仕。卒谥文正。著有《燕对录》、《怀麓堂集》等，以宰臣而领袖文坛。《明史》有传。少詹事：明代詹事府副职官员，秩正四品。参见明64注4。程敏政：字克勤（1445？～1499），号篁墩，休宁（今属安徽）人。成化二年（1466）进士，授编修，历官左谕德、少詹事兼侍讲学士、礼部右侍郎，以科场案下狱，寻获释，病卒。著有《篁墩集》，辑有《明文衡》、《宋遗民录》。《明史》有传。

[3] 给事中：参见明10注3。华昶：字文光（1459～1521），号梅心，又号双梧，无锡（今属江苏）人。弘治九年（1496）进士，授户科给事中，历官太仆，出守韶州，升泗州参政、福建左布政使。著有《双梧集》。唐寅：字伯虎（1470～1524），一字子畏，号六如居士，又号桃花庵主、鲁国唐生、逃禅仙吏、江南第一风流才子等，吴县（今江苏苏州）人。弘治十一年（1498）乡试第一，翌年入京会试，牵涉科场舞弊案，罢黜为吏，耻不就，归家筑室桃花坞，鬻文卖画为生。著有《六如居士全集》。《明史》有传。徐泰：名误，当作"徐经"。江阴（今属江苏）人，为商人子，生平不详。《明史·程敏政传》："十二年与李东阳主会试，举人徐经、唐寅预作文，与试题合。给事中华昶劾敏政鬻题，时榜未发，诏敏政毋阅卷，其所录者令东阳会同考官覆校。二人卷皆不在所取中，东阳以闻，言者犹不已。敏政、昶、经、寅俱下狱，坐经尝赍见敏政，寅尝从敏政乞文，黜为吏，敏政勒致仕，而昶以言事不实调南太仆主簿。敏政出狱愤恚，发痈卒。后赠礼部尚书。或言敏政之狱，傅瀚欲夺其位，令昶奏之。事秘，莫能明也。"明王世贞《弇山堂别集》卷八十二《科试考二》："是岁，给事中华升（当作"昶"）、林廷玉论敏政鬻题。先是敏政问策秘，人罕知者，其故所昵门生徐经居平日窥之，为其同年解元唐寅说，由是各举答无遗。寅，疏人也，见则矜且得上第。为升及廷玉所论，并敏政下狱按问，经自诬服购敏政家人得

630

之。又寅曾以一金币乞敏政文，送洗马梁储。狱成，敏政致仕，经、寅俱充吏。一云果敏政家人为之也。"此外，《孝宗实录》卷一百四十七、一百四十八、一百四十九、一百五十一，清谈迁《国榷》卷四十四皆记此事，可参考。

[4] 林廷玉：字粹夫（生卒年不详），侯官（今福建福州）人。成化二十年（1484）进士，授吏科给事中，历官工科都给事中、南京金都御史。

[5] 戊午：即弘治十一年（1498）。南闱：南京应天府主持的乡试。

71. 嘉靖十六年[1]，礼部尚书严嵩连摘应天、广东试录语[2]，激世宗怒[3]。应天主考及广东巡按御史俱逮问[4]。二十二年，帝手批山东试录讥讪，逮御史叶经杖死阙下，布政以下皆远谪，亦嵩所中伤也[5]。四十年，应天主考中允无锡吴情取同邑十三人，被劾，与副考胡杰俱谪外[6]。南畿翰林遂不得典应天试矣[7]。

[1] 嘉靖十六年：即公元1537年。嘉靖，明世宗朱厚熜年号。

[2] 礼部尚书：礼部长官，秩正二品。参见明20注6。严嵩：字惟中（1480～1565），号介溪，分宜（今属江西）人，弘治十八年（1505）进士，授编修，移病归，读书钤山十年，为诗古文辞，清誉颇著。明世宗时累官太子太师，居首辅，构杀夏言，揽权贪贿，与其子严世蕃作恶朝中。后为御史邹应龙所劾，令致仕，籍其家，下严世蕃于理，严嵩寄食墓舍以卒。著有《钤山堂集》。《明史》有传。试录：明清时，将乡试、会试中式的举子姓名、籍贯、名次及其文章汇集刊刻成册，名曰《试录》。明叶盛《水东日记》卷六《试录》："试录自宋崇宁中霍端友榜始。当时本今不曾见，尝见元时廷试录，家状、初授官、及所对策皆在焉。国朝乡试小录、会试录、进士登科录，具有成式。洪武、永乐中，考官有儒士主考、品官同考者，序文亦不拘篇数。其序文禁称公，考官止用实授教官，序或书总兵武弁、镇守中官，三代或书曾祖母等，皆出近年。至两京，序文称臣，馀皆具姓名，皆因袭之旧。今年广西以却总兵镇守，而并众人不书姓名，则无谓甚矣。"明李诩《戒庵老人漫笔》卷二《试录原始》："国家科场揭晓后，有试录颁行天下，其制始于唐宋，唐称进士登科记，宋称进士小录，其实一也。今乡、会、殿三试皆有录。"

[3] 世宗：即明世宗朱厚熜（1507～1566）。参见明55注9。

[4] "应天主考"句：明王世贞《弇山堂别集》卷八十二《科试考二》："（嘉靖十六年）礼部尚书严嵩奏：广东所进试录字如圣谟、帝懿、四郊、上帝，俱不行抬头，及称陈白沙、伦迂冈之号，有失君前臣名之义；且录中文体大坏，词义尤为荒谬，宜治罪。得旨：学正王本才等、布政陆杰等、按察司蒋淦等，俱命巡按官逮问，本才等夺其礼币，御史余光命法司逮问。仍通行天下提学官，严禁士子，敢有肆为怪诞不遵旧式者，悉黜之。"清谷应泰《明史纪事本末》卷五十四《严嵩用事》："（嘉靖）十六年秋九月，礼部尚书严嵩劾应天试官品骘文字不书名，大不敬。大学士夏言又谓策以戎祀为问，多讥讪语，当置于理。遂命官校逮系典试官江汝璧、欧阳衢下诏狱，其提调官孙懋、杨麒、何宏、沈应阳，俱命南京法司即讯；同试官舒文奎等，各行所在巡按即讯；贡士不得应试南宫。"可知，此科场案牵涉非止应天主考与广东巡按御史。

[5] "二十二年"数句：明王世贞《弇山堂别集》卷八十二《科试考二》："（嘉靖二十二年）上览山东所进乡试小录，手批其第五问'防边御虏策'曰：'此策内含讥讪，礼部其参看以闻。'于是尚书张璧等言：'今岁虏未南侵，皆皇上庙谟详尽，天威所慑，乃不归功君上，而以丑虏餍饱为词，诚为可恶。考试官教授周矿、李弘，教谕刘汉、陶悦、胡希颜、程南、吴绍曾、叶震亨、胡

侨，率意为文，叛经讪上，法当重治；监临官御史叶经漫无纠正，责亦难辞；其提调官布政使陈儒、参政张皋、监试官副使谈恺、潘恩，均有赞襄之职，俱属有罪。'上曰：'各省乡试出题刻文，悉听之巡按，考试教官莫敢可否，此录不但策对含讥，即首篇《论语》义"继体之君"，不道。叶经职司监临，事皆专任，并同矿等、陈儒等俱令锦衣卫差官校逮系至京治之。'寻逮经、儒、皋、恺、恩至，上以经狂悖不道，命廷杖八十为民，乃降儒等边方杂职，经遂死于杖下，及补儒等为宜君等县典史。寻贵州试录至，亦以忤旨，御史为民，右参政等各降三级。"清谷应泰《明史纪事本末》卷五十四《严嵩用事》："（嘉靖二十二年）秋九月，逮山东巡按御史叶经，廷杖死。初经劾严嵩受表柚、惟熄赂，嵩衔之。及经监山东乡试，嵩摘试录中有讽上语，激帝怒，逮之至京，杖阙下死，布政使陈儒以下皆远谪。自是，中外益侧目畏嵩矣。"

[6] "四十年"数句：明王世贞《弇山堂别集》卷八十三《科试考三》："（嘉靖四十年）礼科都给事中丘岳等奏：应天录文既已传布，而考试官吴情屡行更易，胡杰不行救正，乞分别究治。得旨，俱调外任。情遂调广东市舶提举，杰广平府通判。吴君，无锡人，其邑之预荐者凡十馀人，以是藉藉，而胡之家僅有泄题而遁者，未必皆有徇也。其后胡旋起，亦竟不利，而吴以老不赴官。自是南畿之在翰林者不得入南试，以为例。"中允，明代詹事府属官，有左、右之别，俱正六品。参见明20注5。无锡，今属江苏。吴情，字以中（1504～1582），号泽峰，无锡人。嘉靖二十三年（1544）进士，授编修，累官右中允兼侍读，以乡试案被劾，左迁广东市舶提举，未就，以原职致仕。胡杰，字子文（1520～1571），号剑西，丰城（今属江西）人。嘉靖二十六年（1547）进士，选庶吉士，授编修，历两京国子祭酒，官至南京太常寺卿。

[7] 南畿：谓明代应天府下辖地区。

72．万历四年 [1]，顺天主考高汝愚中张居正子嗣修、懋修，及居正党吏部侍郎王篆子之衡、之鼎 [2]。居正既死，御史丁此吕追论其弊，且言："汝愚以'舜亦以命禹'为试题，殆以禅受阿居正。"当国者恶此吕，谪于外，而议者多不直汝愚 [3]。

[1] 万历四年：即公元1576年。万历，明神宗朱翊钧的年号。

[2] "顺天主考"二句：郭培贵《明史选举志考论》第235页："此句有误之多，为《志》文之冠，以下分述之：其一，据《神宗实录》卷五三和《科试考三》，万历四年顺天主考是右中允兼编修何雒文、右赞善兼检讨许国，而无高汝愚。其二，据《神宗实录》卷八九、《国榷》卷七〇、《科试考三》以及《明史》卷二二九《丁此吕传》和卷二三六《李植传》，高汝愚应为'高启愚'，万历七年七月，其以右中允兼编修被任为应天主考官。《万历野获编》卷一四《考官序次》也云'今上己卯（万历七年），用中允高启愚主应天试'。其三，据《科试考三》、《湖广通志》卷三五《举人》、《罪惟录·科举志》，张居正子懋修于万历七年中湖广乡试，而非四年中顺天乡试；嗣修虽于万历四年中顺天乡试，但与高启愚无关。其四，据上诸书及《神宗实录》卷一七三，王篆子之衡、之鼎，皆于万历十年中举：之衡中湖广乡试，之鼎中应天乡试，而非四年中顺天乡试，也皆与高启愚无关。"甚是。高汝愚，当作"高启愚"，字敏甫（生卒年不详），铜梁（今属四川）人。嘉靖四十四年（1565）进士，历官国子祭酒、礼部右侍郎兼侍读，因科场出题事发，被削籍归。详下注。张居正，参见明32注8。嗣修，即张嗣修（生卒年不详），张居正第二子。参见明65注5。懋修，即张懋修，字斗枢（生卒年不详），张居正第四子。参见明65注6。吏部侍郎，吏部副职官员，秩正三品。参见明24注3。王篆，字绍芳（生卒年不详），湖广

夷陵（今湖北宜昌）人。嘉靖四十一年（1562）进士，历官金都御史、吏部左侍郎，受张居正赏识。居正卒，被削职归。之衡之鼎，皆王篆子，生平不详。

[3]　"御史丁此吕"数句：明王世贞《弇山堂别集》卷八十四《科试考四》："前甲申，御史丁此吕追论礼部左侍郎兼翰林侍读学士高启愚主试应天时，命题'舜亦以命禹'为阿附故太师张居正，有劝进受禅之意，为大不敬。得旨免究矣，吏部参论，此吕调外，遂夺启愚官，削籍还里，并收其三代诰命。诸大臣与言路相持者久之，乃定。"《明史·李植传》："初，兵部员外郎稽应科、山西提学副使陆檄、河南参政戴光启为乡会试考官，私居正子嗣修、懋修、敬修。居正败，此吕发其事。又言：'礼部侍郎何雒文代嗣修、懋修撰殿试策，而侍郎高启愚主南京试，至以"舜亦以命禹"为题，显为劝进。'大学士申时行、余有丁、许国皆嗣修等座主也，言考官止据文艺，安知姓名，不宜以此为罪，请敕吏部核官评，以定去留。尚书杨巍议黜雒文，改调应科、檄，留启愚、光启，而言此吕不顾经旨，陷启愚大逆。此吕坐谪。植、东之及同官杨四知、给事中王士性等不平，交章劾巍，语侵时行。东之疏言：'时行以二子皆登科，不乐此吕言科场事。巍虽庇居正，实媚时行。'时行、巍并求去。帝欲慰留时行，召还此吕，以两解之。有丁、国言不谪此吕，无以安时行、巍心。国反复诋言者生事，指中行、用贤为党。中行、用贤疏辨求去，语皆侵国，用贤语尤峻。国避位不出。于是左都御史赵锦，副都御史石星，尚书王遴、潘季驯、杨兆，侍郎沈鲤、陆光祖、舒化、何起鸣、褚铁，大理卿温纯及都给事中齐世臣、御史刘怀恕等，极论时行、国、巍不宜去。主事张正鹄、南京郎中汪应蛟、御史李廷彦、蔡时鼎、黄师颜等又力攻请留三臣者之失。中行亦疏言：'律禁上言大臣德政。迩者袭请留居正遗风，辅臣辞位，群起奏留，赞德称功，联章累牍。此谄谀之极，甚可耻也。祖宗二百馀年以来，无谏官论事为吏部劾罢者，则又壅蔽之渐，不可长也。'帝竟留三臣，责言者如锦等指。其后，启愚卒为南京给事中刘一相劾去，时行亦不能救也。"丁此吕，字右武（生卒年不详），新建（今江西南昌）人。万历五年（1577）进士，由漳州府推官迁授御史，以劾高启愚，坐谪潞安推官，寻被召还，历浙江右参政，以受赃戍边。著有《世美堂稿》。《明史》有传。舜亦以命禹，语出《论语·尧曰》，意即：舜禅让王位时，对禹也讲了这一番话（谓尧对舜之所言）。当国者，谓当时首辅申时行、次辅余有丁、许国等。

73. 三十八年会试[1]，庶子汤宾尹为同考官[2]，与各房互换闱卷，共十八人[3]。明年[4]，御史孙居相劾宾尹私韩敬[5]，其互换皆以敬故。时吏部方考察，尚书孙丕扬因置宾尹、敬于察典[6]。敬颇有文名，众亦惜敬，而以其宣党[7]，谓其宜斥也。

[1]　三十八年：即万历三十八年（1610）。

[2]　庶子：明代东宫侍从官詹事府中属官，秩正五品。参见明20注5。汤宾尹：字嘉宾（1568～?）号霍林，宣城（今属安徽）人。万历二十三年（1595）会元，廷试第二，授编修，官至南京国子监祭酒。著有《睡庵集》。

[3]　"与各房"二句：《明史·孙振基传》："韩敬者，归安人也，受业宣城汤宾尹。宾尹分校会试，敬卷为他考官所弃。宾尹搜得之，强总裁侍郎萧云举、王图，录为第一。榜发，士论大哗。知贡举侍郎吴道南欲奏之，以云举、图资深，嫌挤排前辈，隐不发。及廷对，宾尹为敬夤缘得第一人。后宾尹以考察褫官，敬亦称病去，事三年矣……方宾尹之分较也，越房取中五人，他考官效

之，竞相搜取，凡十八人。"

[4] 明年：郭培贵《明史选举志考论》第 237 页："《神宗实录》卷五〇〇'万历四十年十月庚辰'条、《国榷》卷八一'万历四十年十月丁丑'条和《明史》卷二一六《翁正春传》、卷二三六《孙振基传》，皆载御史孙居相劾宾尹私韩敬事于万历四十年八月乡试之后。故《志》言'明年（万历三十九年）'，误。"甚是。

[5] 御史：即"监察御史"，明代都察院属官，秩正七品。参见明 10 注 2。孙居相：字伯辅（生卒年不详），沁水（今属山西）人。万历二十年（1592）进士，历官恩县知县、南京监察御史、兵部右侍郎，以魏忠贤窃国柄，引疾归。崇祯初起户部右侍郎，进尚书，总督仓场。坐通书慨叹国事日非，谪戍边，寻卒。《明史》有传。韩敬：字简与（生卒年不详），号求仲，又号止修，乌程（今浙江湖州）人。万历三十八年进士第一，授修撰。以"不谨"而"冠带闲住"。韩敬有文名，为当时才士，曾为徐学聚编纂《国朝典汇》等。

[6] 尚书：谓吏部尚书，秩正二品。参见明 24 注 3。孙丕扬：字叔孝（1532～1614），富平（今属陕西）人。嘉靖三十五年（1556）进士，授行人，擢御史，历官大理丞、刑部尚书、左都御史、吏部尚书，以年老挂冠归。天启初追谥恭介。著有《格物图》、《论学篇》。《明史》有传。察典：考核官吏的大典。明制对官吏六年考核一次。

[7] 宣党：明代万历时形成的官僚集团之一。时明神宗怠于政事，朝臣相互倾轧，派系斗争日趋严重。万历三十八年（1610）国子监祭酒汤宾尹收罗朋徒，干预政务。以汤为宣城人，故称"宣党"。与昆党、齐党、楚党、浙党相互勾连，攻击东林党。

74. 四十四年会试 [1]，吴江沈同和第一 [2]，同里赵鸣阳第六 [3]。同和素不能文，文多出鸣阳手，事发觉，两人并谪戍 [4]。

[1] 四十四年：即万历四十四年（1616）。
[2] 吴江：今属江苏。沈同和：生平不详。
[3] 赵鸣阳：生平不详。清孙承泽《春明梦馀录》卷四十一："万历丙辰，会元沈同和以怀挟事露，并第六人赵鸣阳送法司治罪，荷校礼部门一月，谪戍。《会试录》遂除名无元。"时人有"断幺绝六"之说。
[4] "同和"数句：《明史·吴道南传》："吴江举人沈同和者，副都御史季文子，目不知书，贿礼部吏，与同里赵鸣阳连号舍。其首场七篇，自坊刻外，皆鸣阳笔也。榜发，同和第一，鸣阳亦中式，都下大哗。道南等亟检举，诏令覆试，同和竟日构一文。下吏，戍烟瘴；鸣阳亦除名。"

75. 天启四年 [1]，山东、江西、湖广、福建考官，皆以策问讥刺，降谕切责。初命贬调，既而褫革，江西主考丁乾学至下狱拟罪，盖触魏忠贤怒也 [2]。先是二年辛酉 [3]，中允钱谦益典试浙江 [4]，所取举人钱千秋卷七篇大结 [5]，迹涉关节 [6]。榜后为人所讦，谦益自检举，千秋谪戍。未几，赦还。崇祯二年会推阁臣，谦益以礼部侍郎与焉，而尚书温体仁不与。体仁摘千秋事，出疏攻谦益 [7]。谦益由此罢，遂终明世不复起。

[1] 天启四年：即公元 1624 年。天启，明熹宗朱由校的年号。

[2] "江西主考"二句：《明史·万燝传》："（丁）乾学，浙江山阴人，寄籍京师，官检讨。天启四年，借给事中郝土膏典试江西，发策刺忠贤，忠贤怒，矫旨镌三秩，复除其名；已，使人诈为校尉，往逮挫辱之，竟愤郁而卒。崇祯初，赠侍读学士。"丁乾学，字天行（？～1627），山阴（今浙江绍兴）人，万历四十七年（1619）进士，授检讨，以典试江西触权阉魏忠贤，被迫害，忧愤卒。崇祯初谥文忠。著有《拥膝斋文集》。魏忠贤，河间肃宁（今属河北）人（1568～1627），少无赖，自宫后改名李进忠，万历时入宫为宦官，后乃复姓，赐名忠贤。明熹宗时升为司礼秉笔太监兼提督宝和三店，继掌东厂，与熹宗乳母客氏勾结，专权擅政，斥逐言官，迫害东林党人。于全国广建生祠，时有"九千岁"之称。明思宗即位，降净军，置凤阳，行至阜城（今属河北），闻逮治令，自缢死。《明史》有传。

[3] 二年辛酉：当作"元年辛酉"，即天启元年（1621）。天启二年干支为"壬戌"。

[4] 中允：明代詹事府属官，有左、右之别，秩俱正六品。参见明 20 注 5。钱谦益：字受之（1582～1664），牧斋，号蒙叟、虞山老民、绛云老人、敬他老人、东涧遗老等，江南常熟（今属江苏）人。万历三十八年（1610）进士，授编修，历官右春坊右中允，知制诰，与修《神宗实录》，以名列东林，削职归。崇祯元年（1628）擢礼部右侍郎兼侍读学士，因与礼部尚书温体仁争权，革职归里。南明弘光元年（1645）任礼部尚书。清顺治二年（1645）降清，任礼部侍郎兼管秘书院事，充《明史》副总裁，后辞职归里，病卒。辑《列朝诗集》，著有《杜诗笺注》、《初学集》、《有学集》、《投笔集》、《国初群雄事略》等。《清史稿》有传。

[5] 钱千秋：字真长（生卒年不详），海盐（今属浙江）人，天启元年浙江举人，以科场关节事发遣戍，后赦还，旧案重审，荷校死。著有《青崖集》、《塞上草》等。大结：八股制义的最后结束部分称"大结"。清顾炎武《日知录》卷十六《试文格式》："篇末敷演圣人，言毕自擻所见，或数十字，或百馀字，谓之大结。明初之制，可及本朝时事。以后令文益密，恐有借以自炫者，但许言前代，不及本朝。至万历中，大结止三四句。于是国家之事罔始罔终，在位之臣畏首畏尾，其象已见于应举之文矣。"

[6] 迹涉关节：谓钱千秋七篇八股制义之大结中文字，可连成"一朝平步上青天"七字，是为乡试录取的关节。清孙承泽《春明梦馀录》卷二十四："上御文华殿，诸臣行礼毕，召入，诸臣肃立。召温体仁曰：'卿参钱谦益受钱千秋贿，以"一朝平步上青天"为关节，结党欺君之罪，可是实的么？'体仁奏曰：'字字都是实的。'"

[7] "榜后"数句：《明史·乔允升传》："钱谦益典试浙江。有奸人金保元、徐时敏伪作关节，授举子钱千秋。千秋故有文，获荐，觉保元、时敏诈，与之哄。事传京师，为部、科磨勘者所发。谦益大骇，诘知二奸所为，疏劾之，并千秋俱下吏。罪当戍，二奸瘐死，千秋更赦释还，事已七年矣。温体仁以枚卜不与，疑谦益主之，复发其事。诏逮千秋再讯。帝深疑廷臣结党，蓄怒以待，而体仁又密伺于旁，廷臣相顾惕息。允升乃会都御史曹于汴、大理卿康新民等谳鞫者再。千秋受拷无异词，允升等具以闻。帝不悦，命覆勘。体仁愬其事白，已且获谴，再疏劾法官六欺，且言狱词尽出谦益手，允升愤求去。帝虽慰留，卒如体仁言，谦益夺职闲住。千秋荷校死。"崇祯二年，即公元 1629 年，崇祯，明思宗朱由检的年号。郭培贵《明史选举志考论》第 239 页："'会推阁臣'，《国榷》卷八九、《春明梦馀录》卷二四、《崇祯长编》卷一五，并载于崇祯元年十一月，可知，《志》言'二年'，误。"甚是，可参考。会推阁臣，即廷推内阁大学士。明代任官制度，高级官职空缺，多由大臣公推二人或三人，再由皇帝决定任命。内阁大学士、吏部尚书，由

廷臣推举或奉特旨。侍郎以下及祭酒，由吏部会同三品以上官员推举。外官惟督、抚之选，九卿皆参与，由吏部主持。温体仁，字长卿（1573～1639），号圆峤，乌程（今浙江湖州）人。万历二十六年（1598）进士，授编修，崇祯初累官至礼部尚书，寻诏兼东阁大学士辅政，又倾去周延儒，代为首辅，居位八年，放归。卒赠太傅，谥文忠。南明福王立，削其赠谥。《明史》有传。

76. 其他指摘科场事者，前后非一，往往北闱为甚 [1]，他省次之。其贿买钻营、怀挟倩代、割卷传递、顶名冒籍，弊端百出，不可穷究，而关节为甚 [2]。事属暧昧，或快恩仇报复，盖亦有之。其他小小得失，无足道也。

[1] 北闱：即京师顺天府主持的乡试。
[2] "其贿买钻营"数句：明王世贞《弇山堂别集》卷八十二《科试考二》："初，顺天乡试，岁多冒籍中者。慈溪人张汝濂易名张和，冒良乡籍。礼科给事中陈秉劾奏之，因历陈京闱之弊。其劾谓：'国家求贤，以科目为重。而近年以来，情伪日滋，敢于为巧以相欺，工于为党以相蔽。其中奸宄之徒，或居家之时恃才作奸，败伦伤化，削籍为民，兼之负累亡命，变易姓名，不敢还乡者有之；或因本地生儒众多，解额有限，窥见他方人数颇少，逃奔入京，投结乡里，交通势要，钻求诡遇者有之；或以顺天乡试多四海九州之人，人不相识，暮夜无知，可以买托代替者有之。一遇开科之岁，奔走都城，寻觅同姓，假称宗族，贿属无耻乡官，拴同保结，不得府学，则谋武学，不得京师，则走附近，不得生员，则求儒士，百孔营求，冀遂捷径。及其中科回籍，则既告路费，又告牌坊，四顾罔利，真同登垄。而其未得者，则从旁挟持，互相攻发，蜂起浮议，呈帖匿名。圣明荤毂之下，岂宜有此不美之事！请令所司核究顺天府学冒籍生员，俱遣回籍，降等肄业。京卫武学，非武职应袭，不得滥入。岁贡援例监生，如举人教官会试例，止得一人京闱，后但本省应试，而京闱乡试，如各省法，唱名辨验，不得混冒。庶乎前弊可革。'"可见明代顺天乡试之混乱状况。

历科事迹稍异者：
77. 永乐初 [1]，兵革仓猝，元年癸未，始令各省乡试。二年甲申会试，以事变不循午未之旧 [2]。七年己丑会试，中陈燧等九十五人 [3]。成祖方北征，皇太子令送国子监进学，俟车驾还京廷试。九年辛卯，始擢萧时中第一 [4]。

[1] 永乐：明成祖朱棣的年号（1403～1424）。
[2] "兵革仓猝"数句：燕王朱棣靖难兵起，建文四年六月攻破京师南京，这一年为壬午年，为乡试之年，应天府与浙江等地未及举行，故于次年，即永乐元年癸未（1403）补行，会试也顺延至永乐二年甲申举行，难以遵循旧制。《太宗实录》卷十七："永乐元年二月己巳，礼部言：科举旧制应子、午、卯、酉乡试，去年兵革仓猝，有未及举行者。请以今秋八月令应天府、浙江等布政司皆补试。其北京郡县学校，近废于兵者，宜暂停止，俟永乐三年仍旧乡试。制曰可。"
[3] 陈燧：字廷嘉（1384～1465），号逸庵，临海（今属浙江）人。永乐七年（1409）会试第一，廷试策问礼乐刑政，极言靖难师于骨肉之间不无惭德，成祖不之罪，选庶吉士，与修《五经大全》

诸书，乞休。荐起督学江西，三载致仕卒。

[4]"成祖"数句：《明史·成祖二》："（永乐七年春正月）辛巳，以北巡告天地宗庙社稷。壬午，发京师，皇太子监国。"明王世贞《弇山堂别集》卷八十一《科试考一》："七年己丑，命翰林院侍讲邹缉、左春坊左司直郎徐善述为考试官，取中陈璲等。皇太子以副榜第一名孔谔为左春坊左中允，赐出身。御史劾出题《孟子节文》、《尚书·洪范》九畴偏题，缉等俱下狱，又复取下第胡椟、金庠等十馀人。时上幸北京，俱寄国子监读书。至辛卯始廷试，赐萧时中、苗衷、黄旸及第，俱为修撰；改进士杨慈、刘永清、陈璲、钱习礼、黄寿生、陈周俱为庶吉士；钟英、张习、张试、马信、邵聪初为国子生，选入翰林习译书。至是中进士，亦选庶吉士。"成祖，即明成祖朱棣（1360~1424），参见明61注1。皇太子，即明成祖长子朱高炽（1378~1425），后来的明仁宗。参见明22注12。国子监，参见明4注3。萧时中，名可复（生卒年不详），以字行，庐陵（今江西吉安）人。永乐九年（1411）进士一甲第一名，授修撰，为人温敦谨饬，卒官。

78. 宣德五年庚戌 [1]，帝临轩发策毕 [2]，退御武英殿 [3]，谓翰林儒臣曰："取士不尚虚文，有若刘蕡、苏辙辈直言抗论 [4]，朕当显庸之 [5]。"乃赋《策士歌》以示读卷官，顾所擢第一人林震 [6]，亦无所表见也。八年癸丑，廷试第一人曹鼐，由江西泰和典史会试中式 [7]。

[1] 宣德五年庚戌：即公元1430年。宣德，明宣宗朱瞻基的年号。

[2] 临轩：皇帝不坐正殿而御前殿。殿前堂陛之间近檐处两边有槛楯，如车之轩，故称。

[3] 武英殿：故址在今北京紫禁城西华门内。

[4] 刘蕡：唐文宗时人，敢于直言。《旧唐书·刘蕡传》："刘蕡，字去华，昌平人，父勉。蕡，宝历二年进士擢第，博学善属文，尤精《左氏春秋》。与朋友交，好谈王霸大略，耿介嫉恶，言及世务，慨然有澄清之志。自元和末，阉寺权盛，握兵宫闱，横制天下，天子废立，由其可否，干挠庶政，当时目为南北司，爱恶相攻，有同水火。蕡草泽中，居常愤惋。文宗即位，恭俭求理。太和二年，策试贤良……时对策者百馀人，所对止循常务，唯蕡切论黄门太横，将危宗社……是岁，左散骑常侍冯宿、太常少卿贾餗、库部郎中庞严为考策官，三人者，时之文士也。睹蕡条对，叹服嗟悒，以为汉之晁、董，无以过之，言论激切，士林感动。时登科者二十二人，而中官当途，考官不敢留蕡在籍中。物论喧然不平之，守道正人传读其文，至有相对垂泣者。谏官、御史，扼腕愤发；而执政之臣，从而弭之，以避黄门之怨。唯登科人李郃谓人曰：'刘蕡不第，我辈登科，实厚颜矣！请以所授官让蕡。'事虽不行，人士多之。令狐楚在兴元，牛僧孺镇襄阳，辟为从事，待如师友。位终使府御史。"苏辙：字子由（1039~1112），一字同叔，号颍滨遗老，眉州眉山（今属四川）人，苏洵子，苏轼弟。参见宋222注3。《宋史·苏辙传》："苏辙，字子由，年十九与兄轼同登进士科，又同策制举。仁宗春秋高，辙虑或倦于勤，因极言得失，而于禁廷之事，尤为切至……策入，辙自谓必见黜。考官司马光第以三等，范镇难之。蔡襄曰：'吾三司使也，司会之言，吾愧之而不敢怨。'惟考官胡宿以为不逊，请黜之。仁宗曰：'以直言召人，而以直言弃之，天下其谓我何？'宰相不得已，置之下等。授商州军事推官。"

[5] 显庸：谓使之有所施展，大显于世。

[6] 林震：字敦声（生卒年不详），长泰（今属福建）人。家贫力学，宣德五年（1430）进士一甲第一名，授修撰，正统二年（1437）以疾归，娱心书史，病卒。

[7] 曹鼐（1402～1449）：字万钟，宁晋（今属河北）人。宣德八年（1433）进士一甲第一名，授修撰，累升吏部左侍郎兼文渊阁大学士，参预机务。正统十四年（1449）也先入寇，遭土木之变，明英宗被俘，曹鼐死于难。明英宗复辟，赠太傅，谥文忠。《明史》有传，内云："曹鼐，字万钟，宁晋人。少伉爽有大志，事继母以孝闻。宣德初，由乡举授代州训导，愿授别职，改太和县典史。七年督工匠至京师，疏乞入试，复中顺天乡试。明年举进士一甲第一，赐宴礼部。进士宴礼部，自鼐始。"明沈德符《万历野获编》卷十五《典史再举乡试》："曹文忠（鼐）以典史中殿元，以辅臣死土木，人皆知之，又但知其以乡举弃校官改县尉耳。初，鼐已中乡试，为山西代州教职，负才不屑卑冗，欲弃官再就试，为吏部驳奏，遂改授江西泰和典史。宣德七年，解部匠至京，值京师大比，乞入试，大学士杨士奇怜而许之。遂再中顺天乡试第二人，因连捷，遂魁天下。事见国史甚明。今世徒以典史会试巍科为奇，而再登贤书，抑奇之奇矣。"

79．正统七年壬戌[1]，刑部吏南昱、公陵驿丞郑温亦皆中式[2]。十年乙丑，会试、廷试第一皆商辂[3]。辂，淳安人，宣宗末年乙卯[4]，浙榜第一人[5]。三试皆第一，士子艳称为三元[6]，明代惟辂一人而已[7]。廷试读卷尽用甲科[8]，而是年兵部尚书徐晞、十三年户部侍郎奈亨乃吏员[9]，天顺元年丁丑读卷左都御史杨善乃译字生[10]，时犹未甚拘流品也。追后无杂流会试及为读卷官者矣[11]。七年癸未试日，场屋火，死者九十馀人，俱赠进士出身，改期八月会试[12]。明年甲申三月，始廷试。时英宗已崩[13]，宪宗以大丧未逾岁[14]，御西角门策之[15]。

[1] 正统七年壬戌：即公元1442年。正统，明英宗朱祁镇的第一个年号。
[2] 刑部：官署名，明六部之一。参见明28注9。南昱：字时芳（生卒年不详），乐清（今属浙江）人。正统七年进士，官至南京大理司副。著有《宜斋稿》。公陵：当作"松陵"，详下。松陵即今江苏吴江。驿丞：官名，明代各州县驿站均设，未入流。掌驿站邮传、车马、仪仗送迎等事务。郑温：丰城（今属江西）人。正统七年进士，历官开化知县。明王世贞《弇山堂别集》卷八十一《科试考一》："是岁（正统七年）同考则有永新知县陈员韬、京卫武学教授纪振，俱进士，岐阳教谕彭举。中式十二名□□，都察院吏；三十三名南昱，刑部吏；一百二十一名郑温，松陵驿丞。"
[3] 商辂：字弘载（1414～1486），号素庵，淳安（今属浙江）人。宣德至正统，乡、会、殿试皆第一名，授翰林修撰，历官侍读，景泰元年（1450）进学士，又进兵部左侍郎兼春坊大学士。明英宗复辟，被诬下狱，斥为民。成化三年（1467）复故官，进兵部尚书、文渊阁大学士、吏部尚书、谨身殿大学士。致仕归，家居十年卒，赠太傅，谥文毅。著有《商文毅公集》。《明史》有传。
[4] 宣宗末年乙卯：即宣德十年（1435）。宣宗，即明宣宗朱瞻基（1398～1435）。参见明22注16。
[5] 浙榜第一人：即浙江乡试解元。
[6] 三元：乡试解（jiè 界）元、会试会元、殿试状元，是为三元。
[7] "明代"句：明王世贞《弇山堂别集》卷八十一《科试考一》："十年乙丑，命翰林院学士钱习礼、侍讲学士马愉为考试官，取中商辂等。廷试赐商辂、周洪谟、刘俊及第。辂，浙江解元也，本朝中三元者，惟辂一人。"

[8] 读卷：即"读卷官"。殿试中审读试卷之官员，以内阁和六部、都察院、通政司、大理寺正官及詹事府、翰林院堂上官充任。殿试时，于东阁审阅试卷，详定高下，届期赴文华殿读卷唱名，皇帝据以亲定前三名次第。

[9] 兵部尚书：兵部长官，秩正二品。参见明24注4。徐晞：字孟初（生卒年不详），湖广江陵（今属湖北）人。永乐中以县功曹历郎署，擢兵部侍郎，历南京户部侍郎，正统间以征陇川督饷有功，进兵部尚书。致仕卒。户部侍郎：户部副长官，秩正三品。参见明28注1。奈亨：或作"柰亨"。字彦通（生卒年不详），香河（今属河北）人。初为吏，以从燕王朱棣"靖难"，授修武丞，升吏部主事，官至户部侍郎。中华书局整理本校勘记云："原脱'十三年'，据《英宗实录》卷一六四正统十三年三月丁酉条补。奈亨，原作'余亨'，据本书卷七四《职官志》光禄寺卿下注、《明史稿》志五二《选举志》、同上《英宗实录》、《弇山堂别集》卷五五改。"甚是。

[10] 天顺元年丁丑：即公元1457年。天顺，明英宗朱祁镇的第二个年号。左都御史：都察院长官，秩正二品。参见明28注11。杨善：字思敬（1384～1458），顺天大兴（今属北京市）人。诸生，永乐元年（1403）以鸿胪寺序班累进右寺丞，历官礼部左侍郎、右都御史，以迎明英宗归，迁左都御史，参与明英宗复辟，封兴济伯。卒谥忠敏。《明史》有传。《志》文言其为"译字生"，未知所据。

[11] "追后"句：郭培贵《明史选举志考论》第243页："言天顺元年后'无杂流会试'，不确。据孙承泽撰《春明梦徐录》卷四一《礼部三》、《江南通志》卷一二七《选举志·举人三》载，可知天顺后仍有以'杂流'而中京闱者，'如成化四年，谢宗德以内江吏人中第四十二名；弘治五年，齐贵以营缮所匠中第九十一名'。而他们皆具有参加会试资格。"可参考。

[12] "七年"数句：明王世贞《弇山堂别集》卷八十二《科试考二》："七年癸未，命礼部左侍郎兼翰林院学士陈文、尚宝司少卿兼修撰柯潜为考试官。试日大火，焚死者九十余人，及主试官俱越墙免。上怜之，赠死者俱进士出身。改试期以八月，命太常少卿兼学士彭时、侍读学士钱溥取中吴钺等。"场屋，即明代顺天府乡试与礼部会试的考试场所贡院，故址在今北京建国门内贡院胡同一带。

[13] 英宗：即明英宗朱祁镇（1427～1464），明宣宗长子。宣德三年（1428）立为皇太子，九岁即位，年号正统。初以三杨辅政，后宦官王振专权，于正统十四年（1449）土木之变中为瓦剌所俘。其弟郕王朱祁钰即位，是为明代宗，遥尊英宗为太上皇。次年被释回，居南宫。景泰八年（1457），石亨、徐有贞等发动夺门之变，迎复位，废明代宗，改元天顺。卒于天顺八年甲申（1464）正月，葬裕陵。

[14] 宪宗：即明宪宗朱见深（1447～1487），又名见濡，明英宗长子。正统十四年（1449）立为皇太子，景泰时废为沂王，天顺元年（1457）复立，八年即位，年号成化。在位二十三年，卒葬茂陵。

[15] 御西角门：明代皇帝服丧期间，不御正殿，多在西角门视事，不用钟鼓。参见《明史·礼十二》。

80. 正德三年戊辰[1]，太监刘瑾录五十人姓名以示主司，因广五十名之额[2]。十五年庚辰，武宗南巡[3]，未及廷试。次年，世宗即位[4]，五月御西角门策之，擢杨维聪第一[5]。而张璁即是榜进士也[6]，六七年间，当国用事，权侔人主矣。

[1] 正德三年戊辰：即公元 1508 年。正德，明武宗朱厚照的年号。

[2] "太监刘瑾"二句：明王世贞《弇山堂别集》卷八十二《科试考二》："（正德三年）或传会试锁院后，刘瑾以片纸书五十人姓名欲登第，主司不敢拒，唯唯而已。瑾曰：'先生辈恐夺贤者路耶？'即开科额，三百五十人皆上第。"刘瑾，参见明 52 注 7。

[3] 武宗：即明武宗朱厚照（1491～1521），明孝宗长子。弘治五年（1492）立为皇太子，十八年即位，年号正德，好声色，建豹房，喜巡游，自称威武大将军，初期信用太监刘瑾，祸国殃民。在位十六年，溺水得病卒。葬康陵。南巡：正德十四年（1519）八月，明武宗以讨伐宁王朱宸濠之叛乱为名，南下扬州、南京，于第二年十月方返京师。事见《明史·武宗纪》。

[4] 世宗：即明世宗朱厚熜（1507～1566）。参见明 55 注 9。正德十六年（1521）三月，武宗卒，无嗣。四月，从安陆迎明宪宗孙朱厚熜到京师即帝位，是为明世宗，年号嘉靖。

[5] 杨维聪：字达甫（1500～？），号方城，顺天固安（今属河北）人。正德十六年一甲第一名进士，授修撰，迁太子中允，历山西、山东布政使，官至太仆寺卿。嘉靖十九年（1540）致仕。

[6] 张璁：字秉用（1475～1539），号罗峰，后赐名孚敬，字茂恭，号罗山，永嘉（今浙江温州）人。正德十六年进士，以"议大礼"迎合明世宗意，嘉靖六年（1527）骤升至礼部尚书兼文渊阁大学士，参预机务。八年被劾罢官，旋召还，任首辅。十五年因病致仕，卒谥文忠。著有《张文忠集》、《谕对录》等。《明史》有传，内有云："张璁，字秉用，永嘉人。举于乡，七试不第，将谒选。御史萧鸣凤善星术，语之曰：'从此三载成进士，又三载当骤贵。'璁乃归。正德十六年登第，年四十七矣。"据《明清进士题名碑录索引》，张璁考中正德十六年二甲第七十七名进士。

81. 嘉靖八年己丑 [1]，帝亲阅廷试卷，手批一甲罗洪先、杨名、欧阳德 [2]，二甲唐顺之、陈束、任瀚六人对策 [3]，各加评奖 [4]。大学士杨一清等遂选顺之、束、瀚及胡经等共二十人为庶吉士 [5]，疏其名上，请命官教习。忽降谕云："吉士之选，祖宗旧制诚善。迩来大臣徇私选取，市恩立党，于国无益，自今不必选留。唐顺之等一切除授，吏、礼二部及翰林院会议以闻。"尚书方献夫等遂阿旨谓顺之等不必留 [6]，并限翰林之额，侍读、侍讲、修撰各三员 [7]，编修、检讨各六员 [8]。著为令。盖顺之等出张璁、霍韬门 [9]，而心以大礼之议为非 [10]，不肯趋附，璁心恶之。璁又方欲中一清 [11]，故以立党之说进，而故事由此废。

[1] 嘉靖八年己丑：即公元 1529 年。嘉靖，明世宗朱厚熜年号。

[2] 罗洪先：字达夫（1504～1564），号念庵、石莲居士，吉水（今属江西）人。嘉靖八年一甲第一名进士，授修撰，历官左春坊左赞善。以忤旨绝意仕进，归里授徒讲学，宗王阳明心学。卒谥文庄，私谥文恭。著有《广舆图》、《念庵罗先生集》等。《明史》有传。杨名：字实卿（1505～1559），号方洲，遂宁（今属四川）人。嘉靖八年进士，授编修。以彗星见，上疏触帝怒，下诏狱，拷掠濒死，无所承。谪戍瞿塘卫，寻释归，居家奉亲以卒。著有《芳洲集》。《明史》有传。欧阳德：字崇一（1496～1554），号南野，泰和（今属江西）人。嘉靖二年进士，授编修，历官南京国子监祭酒、礼部左侍郎兼学士掌詹事府、礼部尚书，卒于任，谥文庄。为学宗王阳明，著有《欧阳南野集》、《南野文选》等。《明史》有传。明王世贞《弇山堂别集》卷八十二《科试

考二》："（嘉靖）八年己丑……廷试，赐罗洪先、程文德、杨名及第。先是，大学士杨一清等以洪先、文德、名及唐顺之、陈束、任瀚六卷进览。上一一品题，首卷各御批，于洪先曰：'学正有见，言谠而意必忠，宜擢之首者。'于文德曰：'探本之论。'于名曰：'能守圣学，以为此知要之说。'于顺之曰：'条论精详殆尽。'于束曰：'仁智之用，著之吾心，此不易之说。'于瀚曰'勉吾敬一之为主，忠哉。'六策以有御批，刻《录》中。"郭培贵《明史选举志考论》第 245 页据上述引文考云："由上可知，《志》言嘉靖八年鼎甲第二名为杨名、第三名为欧阳德，皆误。第二名应为程文德，第三名应为杨名；据《弇山堂别集》卷四九《礼部尚书表》，欧阳德中嘉靖二年癸未科进士。《明史》卷二八七《陈束传》也载'嘉靖八年廷对，世宗亲擢罗洪先、程文德、杨名为一甲'。"甚是，可参考。程文德（1497～1559），字舜敷，号松溪，永康（今属浙江）人。初受业章懋，后从王阳明游。嘉靖八年进士，授编修，累擢掌詹事府，调南京工部侍郎，以言事罢归，聚徒讲学。万历间追谥文恭。著有《松溪集》、《程文恭遗稿》。《明史》有传。

[3] 唐顺之：字应德（1507～1560），一字义修，号荆川，武进（今江苏常州）人。嘉靖八年进士，选庶吉士，历官兵部主事、翰林编修、春坊左司谏，以朝请太子事削职归。三十七年（1558）召为职方员外郎，擢右通政，迁右佥都御史，病卒于任。追谥襄文。善古文，为唐宋派中人。著有《荆川文集》等。《明史》有传。陈束：字约之（生卒年不详），号后冈，鄞（今浙江宁波）人。历官礼部主事，与王慎中、唐顺之等称嘉靖八才子。以忤霍韬、张璁，出为湖广金事，累转河南提学副使，再疏求去，不得，郁郁以卒，年三十三。著有《陈后冈诗文集》，《明史》有传。任瀚：字少海（生卒年不详），南充（今属四川）人。嘉靖八年进士，历官吏部主事、考功郎中、左春坊左司直兼翰林检讨，以事忤霍滔，削职为民，旋复官致仕。潜心于《易》，深有所得，九十三岁卒。《明史》有传。

[4] 各加评奖：明王世贞《弇山堂别集》卷八十二《科试考二》："八年己丑，命少傅太子太傅吏部尚书谨身殿大学士张孚敬、詹事府詹事翰林院学士霍韬为考试官，皆大礼贵人也，张距登进士八年耳。初变文格，以简劲为主，其程序文仅三百言云。取中唐顺之等，廷试，赐罗洪先、程文德、杨名及第。先是，大学士杨一清等以洪先、文德、名及唐顺之、陈束、任瀚六卷进览，上一一品题，首卷各御批，于洪先曰：'学正有见，言谠而意必忠，宜擢之首者。'于文德曰：'探本之论。'于名曰：'能守圣学，以为此知要之说。'于顺之曰：'条论精详殆尽。'于束曰：'仁智之用，著之吾心，此不易之说。'于瀚曰：'勉吾敬一之为主，忠哉。'六策以有御批，刻《录》中。"

[5] 大学士：官名。参见明 13 注 7。杨一清：字应宁（1454～1530），号邃庵、石淙，安宁（今属云南）人。少时居巴陵（今湖北岳阳），后徙居镇江丹徒。成化八年（1472）进士，历官中书舍人、左副都御史、右都御史总制延绥、宁夏、甘肃三边军务，与张永合谋诛刘瑾。嘉靖六年（1527）任首辅，遭讦致仕，后被削籍。病卒，后追谥文襄。著有《关中奏议》、《石淙类稿》等。《明史》有传。胡经：号前冈（生卒年不详），庐陵（今江西吉安）人。嘉靖八年进士，累官至翰林侍讲、太常少卿，提督四夷馆事。著有《胡子易演》。庶吉士：参见明 13 注 8。

[6] 方献夫：初名献科（？～1544），字叔贤，号西樵，南海（今属广东）人。弘治十八年（1505）进士，历吏部员外郎，以"议大礼"迎合世宗意，骤进少詹事，擢礼部尚书、吏部尚书，兼武英殿大学士，预机务。告病归，卒谥文襄。著有《周易传义约说》、《西樵遗稿》等。《明史》有传。

[7] 侍读：官名，明代翰林院属官，秩正六品。参见明 50 注 6。侍讲：官名，明代翰林院属官，秩正六品。

掌讲读经史。修撰:官名,明代翰林院史官之魁,秩从六品。掌修国史。参见明 44 注 1。

[8] 编修: 官名,明代翰林院史官,位在修撰下,秩正七品。参见明 44 注 2。检讨:官名,明代翰林院史官,位次于编修,秩从七品。参见明 48 注 4。

[9] 霍韬:字渭先(1487~1540),初号兀厓,后改渭厓。正德九年(1514)进士,告归读书西樵山。世宗践位,除职方主事,后以"议大礼"得宠,累官礼部尚书。卒谥文敏。博学多才,著有《渭崖文集》、《诗经解》、《西汉笔评》、《渭厓家训》等。《明史》有传。

[10] 大礼之议:明代嘉靖年间关于确定兴献王朱祐杬尊号的争论,因系封建礼法之至大者,故称。正德十六年(1521),明武宗卒,无子,迎兴献王长子朱厚熜(孝宗从子,武宗从弟)即皇帝位,是为明世宗。下令礼臣议其生父朱祐杬尊号。首辅杨廷和、礼部尚书毛澄为首之朝臣主尊孝宗(明武宗父)为皇考,尊朱祐杬为皇叔父;观政进士张璁、南京刑部主事桂萼等迎合世宗意,议尊朱祐杬为皇考。双方争论激烈。嘉靖三年(1524)四月,追尊世宗父母为"本生皇考恭穆献皇帝"、"本生圣母章圣皇太后",后世宗又采张璁、桂萼之言,去"本生"二字。朝臣二百馀人跪于左顺门前固争,世宗大怒,下狱一百三十四人,廷杖死十六人。至九月,明世宗终于尊孝宗为皇伯考,尊其生父为皇考。此为嘉靖朝一大事件,影响甚巨。

[11] 中(zhòng 众):中伤,陷害。

82. 迨十一年壬辰 [1],已罢馆选,至九月复举行之。十四年乙未,帝亲制策问,手自批阅,擢韩应龙第一 [2]。降谕论一甲三人及二甲第一名次前后之由。礼部因以圣谕列登科录之首,而十二人对策,俱以次刊刻 [3]。二十年辛丑,考选庶吉士题,文曰《原政》,诗曰《读大明律》,皆钦降也 [4]。四十四年乙丑廷试,帝始不御殿 [5]。神宗时 [6],御殿益稀矣。

[1] 十一年壬辰:即嘉靖十一年(1532)。

[2] 韩应龙:字汝化(生卒年不详),馀姚(今属浙江)人。嘉靖十四年(1535)一甲第一名进士,授修撰。馀不详。

[3] "降谕"数句:明王世贞《弇山堂别集》卷八十二《科试考二》:"十四年乙未,命翰林院侍读学士张璧、侍讲学士蔡昂为考试官,取中许縠等。廷试,赐韩应龙、孙升、吴山及第。先是,大学士李时等取中十二卷,进览,上批答曰:'卿等以堪作甲卷十二来呈,朕各览一周,其上一卷说的正合策题"夫周道善而备",朕所取法,其上三说礼为用,夫仁基之,礼成之,亦甚得题意。其上四论仁敬,夫敬而能仁,他不足说,可以保治矣。其上二略泛而治于行,其下二却似说,虽与题不合,言以时事,故朕取之,可二甲首。馀以次挨去,不知是否?卿可先与鼎臣看一过,再同读卷官看行。'上复御批首三卷,韩应龙曰:'是题本意,可第一甲第一名。'于孙升曰:'说仁礼之意好,可第二名。'于吴山曰:'敬为心学之极,此论好,可第三名。'是岁并李机、赵贞吉、郭朴、敖铣、任瀚、沈宏、骆文盛、尹台、康大和九人策,皆刻之。"

[4] 钦降:谓皇帝亲自出题。

[5] 御殿:谓皇帝临朝。

[6] 神宗:即明神宗朱翊钧(1523~1620)。参见明 17 注 7。

83. 天启二年壬戌会试 [1]，命大学士何宗彦、朱国祚为主考 [2]。故事，阁臣典试，翰、詹一人副之 [3]。时已推礼部尚书顾秉谦 [4]，特旨命国祚。国祚疏辞，帝曰："今岁，朕首科，特用二辅臣以光重典，卿不必辞。"嗣后二辅臣典试以为常。是年开宗科 [5]，朱慎鎏成进士 [6]，从宗彦、国祚请，即授中书舍人 [7]。

[1] 天启二年壬戌：即公元 1622 年。天启，明熹宗朱由校的年号。

[2] 何宗彦：字君美（？～1624），湖广随州（今属湖北）人。万历二十三年（1595）进士，历官礼部右侍郎，进摄尚书事，后遭齐党排斥致仕归。光宗即位，起为礼部尚书兼东阁大学士。卒官，赠太傅，谥文毅。著有《何文毅集》。《明史》有传。朱国祚：字兆隆（？～1624），号养淳，秀水（今浙江嘉兴）人。万历十一年（1583）一甲第一名进士，授修撰，进谕德，擢礼部右侍郎、礼部尚书兼东阁大学士，参预机务，进文渊阁大学士，官至户部尚书。致仕归，卒谥文恪。著有《介石斋集》。《明史》有传。

[3] 翰詹：谓翰林院与詹事府职官。

[4] 礼部尚书：明代礼部长官。参见明 13 注 7。顾秉谦：顾永庆子（1550～?），昆山（今属江苏）人。万历二十三年（1595）进士，历官礼部右侍郎、礼部尚书，以谄事魏忠贤，以原官兼东阁大学士，参预机务。杀杨涟、左光斗，充《三朝要典》总裁。既而以同党相倾轧乞归。崇祯初入逆案，论徒三年，赎为民，不为乡里所容，寄居他县以终。《明史》有传。

[5] 宗科：明代为宗室开设的科举，天启二年（1622）始行。天启、崇祯两朝，宗室进士共十一人。

[6] 朱慎鎏：汾阳（今属山西）人，官至礼部主事。清顾炎武《日知录》卷九《宗室》："明宗室自天启二年开科，得进士一人。朱慎鎏列名奄案，为宗人羞，此不教不学之所致也。"按《明清进士题名碑录索引》，朱慎鎏为晋王派分封庆成王府，考中天启二年三甲第六十名进士。

[7] 中书舍人：亦称中书，官名，秩从七品。参见明 19 注 7。

84. 崇祯四年 [1]，朱统鉌成进士 [2]，初选庶吉士。吏部以统鉌宗室，不宜官禁近，请改中书舍人。统鉌疏争，命仍授庶吉士。七年甲戌，知贡举礼部侍郎林钎言 [3]，举人颜茂猷文兼《五经》[4]，作二十三义 [5]。帝念其该洽，许送内帘。茂猷中副榜 [6]，特赐进士，以其名另为一行，刻于试录第一名之前 [7]。《五经》中式者，自此接迹矣 [8]。

[1] 崇祯四年：即公元 1631 年。崇祯，明思宗朱由检的年号。

[2] 朱统鉌：《江西通志》卷七十："朱统鉌，字章华，瑞昌王之孙。中天启辛酉乡试，崇祯戊辰会试，选庶吉士，授简讨。充展书官，召对记注，编纂六曹章奏，升右谕德，经筵日讲，纂修《玉牒》、《大明会典》、《五经注书》。乙亥，册封襄藩。庚辰，分礼闱，壬午，典试江南。升南国子监祭酒，以父老疏辞。奉旨南雍，亟资造士，不得以私情陈请，遵旨赴任而殁。生平清介自守，居家以孝友称。每休沐，惟闭户读书，恂恂如书生。贯穿经史，习国典，熟朝报，能成诵。在宫詹日，极承宸眷，凡奏疏几盈尺。两试所拔多名俊。著有《我法居集》。"此言"崇祯戊辰"，当为崇祯元年（1627），按《明清进士题名碑录索引》，朱统鉌籍贯江西新建，考中明崇祯元年三甲第七十名进士。《志》文言"崇祯四年"，误。

〔3〕林钎：字实甫（？～1636），号鹤昭，同安（今属福建）人。万历四十四年（1616）进士第三，授编修，历官国子监祭酒，监生陆万龄请建魏忠贤生祠于太学旁，却之，即夕挂冠归，魏忠贤矫旨削其籍。崇祯初起少詹事，进礼部侍郎，后以礼部侍郎兼东阁大学士，预机务，病卒。谥文穆。《明史》有传。

〔4〕颜茂猷：字状其（生卒年不详），又字仰子，平和（今属福建）人。崇祯七年（1634）进士，历官礼部主事。著有《天皇河图》、《迪吉录》、《天道管窥》、《六经纂要》。文兼五经：明代乡、会试，考生除《四书》以外，只习《五经》中之一经，兼习《五经》，属于特例。

〔5〕义：谓八股制义，即八股文。参见明39注4。

〔6〕副榜：谓会试正榜以外备取者。

〔7〕"刻于"句：谓将其名刻于会元之前，属异典。

〔8〕"五经"二句：清姚之骃《元明事类钞》卷十二《作五经题》："《明小纪》：洪武庚午应天乡试，长泰贡文史以作全场《五经》题领解。迨天启甲子，龙溪颜茂猷亦作《五经》题，以违制不售；崇祯甲戌，以知贡举林钎言士子有作《五经》者，俱誊进，于是颜公中式，特命会试录题颜公姓氏于第一人之前。至丁丑，则临川揭重熙；癸未，则嘉兴谭贞良，慈溪冯元扬，武乡赵天麒，皆以《五经》举乡、会试。莱阳宋瑚，亦以《五经》中己卯乡试。"

85. 武科〔1〕，自吴元年定〔2〕。洪武二十年俞礼部请，立武学，用武举。武臣子弟于各直省应试〔3〕。天顺八年〔4〕，令天下文武官举通晓兵法、谋勇出众者，各省抚、按、三司〔5〕，直隶巡按御史考试〔6〕。中式者，兵部同总兵官于帅府试策略〔7〕，教场试弓马。答策二道，骑中四矢、步中二矢以上者为中式。骑、步所中半焉者次之〔8〕。成化十四年〔9〕，从太监汪直请〔10〕，设武科乡、会试，悉视文科例〔11〕。

〔1〕武科：即"武举"，明代登进武官的科目。

〔2〕吴元年：即元至正二十七年（1367），是年正月，朱元璋始称吴元年。洪武至天顺以前，武举并未实行。

〔3〕"洪武"数句：黄云眉《明史考证·明史卷七十考证》："按据《实录》，洪武二十年七月，礼部请立武学、用武举云云，太祖谓立武学、用武举，是分文武为二途，轻天下无全才矣，是二十年固未俞礼部之请也。又据《实录》，洪武三十一年二月，命吏部设学于虎踞关，选儒士十人，教故武臣子弟之养于锦衣卫者，至正统六年五月，从成国公朱勇等奏，以两京多勋卫子弟，乃立武学，设教授训导，如京府儒学之制，前此固未有如儒学之武学也。景泰间废武学，天顺八年十一月，复设京卫武学。《志》文既略且误。"可参考。洪武二十年，即公元1387年。洪武，明太祖朱元璋的年号。俞，答应，允许。

〔4〕天顺八年：即公元1464年。天顺，明英宗朱祁镇的第二个年号。

〔5〕抚：即"巡抚"，官名。参见明33注16。按：这里当谓"巡按"，即巡按御史。官名，明代分道出巡按临的监察御史。参见明33注1。三司：明代都指挥使司、承宣布政使司、提刑按察使司的合称。

〔6〕直隶：谓北直隶与南直隶。参见明33注4。巡按御史：参见上注。

[7] 兵部：官署名，明六部之一。参见明24注4。总兵官：官名，明代总镇一方的武官。初时，遇战事于公、侯、伯、都督中推举，事毕还任。后以边境多事，遂留镇守。授以将军印者，称挂印将军。又有备、倭总督漕运等名目。受皇帝直接指挥，无品级，无定员，事权甚重。中叶以后，所设日增，渐以流官充任，且受总督、巡抚约束。崇祯时，纷不可纪，权位益降。帅府：将帅府署。此谓总兵官之府署。

[8] "教场"数句：《明会典》卷一百十一《武举事例》："凡武举，每六年一试，于文举乡试后九月开科。武学幼官子弟及天下军民人等，材堪应举者先期赴部，听候入试。中式及下第者，俱照后开事例施行。天顺八年，令天下文武衙门各询访所属官员军民人等，有通晓兵法、谋勇出众者，从公保举，从巡抚、巡按会同三司官考试，直隶从巡按御史考试。中者礼送兵部，会同总兵官于帅府内试策略，教场内试弓马。答策二问、骑中四矢、步中二矢以上者，为中式。官，量加署职二级；旗舍馀丁，授所镇抚；民，授各卫试经历；俱月支米三石。若答策二问、骑中二矢、步中一矢以上者，次之。官，量加署职一级；旗舍馀丁，授冠带总旗；民，授各卫试知事；俱月支米二石。并送京营，量用把总管队，听调；有功，照例升赏。"可参考。

[9] 成化十四年：即公元1478年。成化，明宪宗朱见深的年号。

[10] 汪直：明广西大藤峡（今桂平）人（生卒年不详），瑶族。幼年入宫为宦官，成化时迁御马监太监，为明宪宗所宠信。领西厂，排陷朝臣，屡兴大狱。有思立功以自固，监督十二团营，威势倾天下。后以御史言，宠日衰，罢西厂，调南京御马监以终。《明史》有传。

[11] "设武科"句：《宪宗实录》卷一百八十七："成化十四年五月己卯，兵部尚书余子俊等议上《武举科条》。时太监汪直用事，欲以建白为名，然素不知书，附之者多为作奏草。至是，吴绶为撰草，奏请武举设科，乡试、会试、殿试，欲悉如进士恩例。得旨。兵部即集议以闻。于是子俊会英国公张懋等文武大臣暨科道官议之，众皆心知其不可，亦不敢违，遂议上《科条》。大略欲选武臣嫡子就儒学读书习射，乡试以九月，会试以三月。初场试射，二场试论，三场试策。殿试以四月一日，赐武举及第出身者有差，恩荣次第、录名勒碑亦如进士科例。初令会议时，学士万安窃曰：'汪直所言，出吴绶建白，可听而不可行，然沮之必有祸，何也？武举选才，其号则美，非不可也，宜有以处之。'及奏上，内批：'武举重事，未易即行，令兵部移文天下，教养数年，俟有成效，巡按提举等官具奏起送处之。'"可参考。

86. 弘治六年 [1]，定武举六岁一行，先策略 [2]，后弓马。策不中者不许骑射。十七年，改定三年一试，出榜赐宴。正德十四年定 [3]，初场试马上箭，以三十五步为则；二场试步下箭，以八十步为则；三场试策一道。子、午、卯、酉年乡试。嘉靖初 [4]，定制，各省应武举者，巡按御史于十月考试，两京武学于兵部选取，俱送兵部。次年四月会试，翰林二员为考试官，给事中、部曹四员为同考 [5]。乡、会场期俱于月之初九、十二、十五。起送考验，监试张榜，大率仿文闱而减杀之。其后倏罢倏复。又仿文闱南北卷例 [6]，分边方、腹里 [7]。每十名，边六腹四以为常。万历三十八年 [8]，定会试之额，取中进士以百名为率。其后有奉诏增三十名者，非常制也。

[1] 弘治六年：即公元1493年。弘治，明孝宗朱祐樘的年号。
[2] 策略：试策与韬略。

[3] 正德十四年：即公元 1519 年。正德，明武宗朱厚照的年号。

[4] 嘉靖：明世宗朱厚熜的年号（1522～1566）。

[5] 给事中：俗称"给谏"，秩从七品。参见明 10 注 3。部曹：兵部属官。

[6] 南北卷：参见明 51。

[7] 边方：明代边境地区。腹里：仿元代政区划分的名称，谓中原与江南等腹心之地。参见元 9 注 4。

[8] 万历三十八年：即公元 1610 年。万历，明神宗朱翊钧的年号。

87. 穆、神二宗时 [1]，议者尝言武科当以技勇为重。万历之末 [2]，科臣又请特设将材武科 [3]，初场试马步箭及枪、刀、剑、戟、拳搏、击刺等法，二场试营阵、地雷、火药、战车等项，三场各就其兵法、天文、地理所熟知者言之。报可而未行也。崇祯四年 [4]，武会试榜发，论者大哗。帝命中允方逢年、倪元璐再试 [5]，取翁英等百二十人 [6]。逢年、元璐以时方需才，奏请殿试传胪 [7]，悉如文例。乃赐王来聘等及第、出身有差 [8]。武举殿试自此始也。十四年，谕各部臣特开奇谋异勇科。诏下，无应者。

[1] 穆：即明穆宗朱载垕（1537～1572），明世宗第三子，嘉靖四十五年（1566）即位，次年改元隆庆。在位六年，卒葬昭陵。神：即明神宗朱翊钧（1523～1620）。参见明 17 注 7。

[2] 万历：明神宗朱翊钧的年号（1573～1620）。

[3] 科臣：明代六科官员，如给事中等。参见明 10 注 3。

[4] 崇祯四年：即公元 1631 年。崇祯，明思宗朱由检的年号。

[5] 中允：明代詹事府属官，有左、右之别，秩俱正六品。参见明 20 注 5。按，中允当为后者倪元璐之官职，时其为右中允兼编修；方逢年时为左谕德兼侍讲。参见《崇祯长编》卷四十九。方逢年：字书田（？～1646），号狮峦，遂安（今浙江淳安）人。天启二年（1622）进士，授编修，以主持湖广乡试策题忤魏忠贤，削籍归。崇祯初复职，历左谕德、礼部侍郎，进礼部尚书，入阁预机务。以忤旨罢官。鲁王监国，起复。绍兴破，降清。清顺治三年（1646）以蜜丸通闽，被杀。著有《雪涤斋集》。《明史》有传。倪元璐：参见明 27 注 5。

[6] 翁英：生平不详。

[7] 传胪：参见明 39 注 8。

[8] 王来聘：京师人（？～1633），崇祯四年中武会试，明思宗视文榜例，分为三甲，来聘居首，即授副总兵。第二年，孔有德据登州叛，官军久攻不下，明年二月，以火药攻城，城坏，将士争先上，来聘先登中伤死。《明史》有传。

《明史》

卷七十一　志第四十七

选举三

88．太祖下金陵〔1〕，辟儒士范祖幹、叶仪〔2〕。克婺州〔3〕，召儒士许元、胡翰等〔4〕，日讲经史治道〔5〕。克处州〔6〕，征耆儒宋濂、刘基、章溢、叶琛至建康〔7〕，创礼贤馆处之〔8〕。以濂为江南等处儒学提举〔9〕，溢、琛为营田佥事〔10〕，基留帷幄预谋议。甲辰三月〔11〕，敕中书省曰〔12〕："今土宇日广，文武并用。卓荦奇伟之才，世岂无之。或隐于山林，或藏于士伍，非在上者开导引拔之，无以自见。自今有能上书陈言、敷宣治道、武略出众者，参军及都督府具以名闻〔13〕。或不能文章而识见可取，许诣阙面陈其事〔14〕。郡县官年五十以上者，虽练达政事，而精力既衰，宜令有司选民间俊秀年二十五以上、资性明敏、有学识才干者辟赴中书，与年老者参用之。十年以后，老者休致，而少者已熟于事。如此则人才不乏，而官使得人。其下有司，宣布此意。"于是州县岁举贤才及武勇谋略、通晓天文之士，间及兼通书律者。既而严选举之禁，有滥举者逮治之。

〔1〕太祖：即明太祖朱元璋（1328～1398）。参见明3注6。金陵：今江苏南京市。郭培贵《明史选举志考论》第264页："据《太祖实录》卷四、六载，朱元璋'下金陵'是在丙申年三月庚寅，次日辛卯，'得儒士夏煜、孙炎、杨宪等十馀人，皆录用之'；而'辟儒士范祖幹、叶仪'，则是在戊戌年（元至正十八年，1538）十二月克婺州后。两事相隔近三年。《志》行文欠妥。"可参考。

〔2〕辟：征召。范祖幹：字景先（生卒年不详），金华（今属浙江）人。治学以诚意为主，严于慎独持守之功，人称纯孝先生。朱元璋下婺州（今浙江金华），范祖幹持《大学》以进，敷陈治道，命为咨议，以亲老辞。李文忠等武臣曾师事之。著有《群经治要》、《读诗记》、《大学中庸发微》、《柏轩集》等。《明史》有传。叶仪：字景翰（生卒年不详），金华（今属浙江）人。受业于许谦，深研奥旨。朱元璋克婺州，召见授咨议，以老病辞。知府王宗显聘为《五经》师，未久亦辞归。著有《南阳杂稿》。《明史》有传。

［3］婺州：治所即今浙江金华市。

［4］许元：金华人，生平不详。胡翰：字仲申（1307～1381），号长山，金华（今属浙江）人。青年时从吴莱、许谦学古文，有文名。朱元璋克婺州，起为衢州教授。洪武二年（1369），聘修《元史》。书成，归居北山，又十馀年卒。著有《春秋集义》、《胡仲子集》、《长山先生集》等。《明史》有传。

［5］"日讲"句：《明史·吴沉传》："太祖下婺州，召（吴）沉及同郡许元、叶瓒玉、胡翰、汪仲山、李公常、金信、徐孳、童冀、戴良、吴履、孙履、张起敬会食省中，日令二人进讲经史。"

［6］处州：今浙江丽水。《明史·太祖一》："（元至正十九年）十一月壬寅，胡大海克处州，石抹宜孙遁。"

［7］耆儒：德高之老儒。宋濂：参见明47注2。刘基：参见明39注3。章溢：字三益（1314～1369），号匡山居士，龙泉（今属浙江）人。元至正二十年（1360）三月，朱元璋聘至应天（今南京），询以治道，与刘基、宋濂、叶琛被称为四先生。授以营田金事，历官湖广按察金事、浙东按察副使，洪武元年（1368），升御史中丞兼赞善大夫，次年病卒。著有《章氏家乘》。《明史》有传。叶琛：字景渊（1314～1362），处州丽水（今属浙江）人。元末以助官军守处州，授行省元帅。后避走建宁，朱元璋召至应天，授营田金事，升洪都知府。因降人祝宗、康泰反叛，被执，不屈死。追封南阳郡侯。《明史》有传。建康：即今江苏南京市。

［8］礼贤馆：《明史·太祖一》："（元至正二十三年）五月，筑礼贤馆。"清徐乾学《资治通鉴后编》卷一百八十一："癸卯，吴置礼贤馆。先是国公聘诸名儒集建康，与论经史及咨以时事，甚见尊宠。至是，复命有司即所居之西创礼贤馆处之，陶安、夏煜、刘基、章溢、宋濂、苏伯衡、王祎、许元、王天锡等皆在馆中。"

［9］儒学提举：即"提学"，学官名。参见明16注5。

［10］营田金事：即营田司之属官。营田司，《明史·职官志》不载，当系明建国之前仿宋元所设之官署，掌管民耕官田事务。

［11］甲辰：即元至正二十四年（1364）。

［12］中书省：明初官署名。朱元璋于建国前即置，统领全国庶务。参见明30注3。

［13］参军：即"参军府"。参见明10注3。都督府：即"大都督府"。参见明8注2。

［14］诣阙：谓赴朝堂。

89. 吴元年［1］，遣起居注吴林、魏观等以币帛求遗贤于四方［2］。洪武元年［3］，征天下贤才至京［4］，授以守令。其年冬，又遣文原吉、詹同、魏观、吴辅、赵寿等分行天下［5］，访求贤才，各赐白金而遣之。

［1］吴元年：即元至正二十七年（1367）。清谷应泰《明史纪事本末》卷二："太祖始及群臣定议，以明年为吴元年。太祖吴元年，元至正二十七年也。"

［2］起居注：明初所设官名，掌记录皇帝起居言行。秩从六品、正七品、从七品不等。后废，以翰林院史官兼摄其事，每朝则立班记事。宣德后，史官兼摄之事亦废，惟万历时，一度复用。吴林：当作"吴琳"，《明史·太祖一》："（元至正二十七年）冬十月甲辰，遣起居注吴琳、魏观以币求遗贤于四方。"吴琳（生卒年不详），字孟阳，黄冈（今属湖北）人。朱元璋下武昌，以詹同荐为国子助教，历官浙江按察司金事、起居注、兵部尚书、吏部尚书，致仕归。《明史》有传。

魏观：字杞山（？～1374），湖广蒲圻（今属湖北）人。元至正二十四年（1364），朱元璋聘为国子助教，累官两淮都转运使，曾受命侍太子读书，授诸王经。历官太常卿、侍读学士、国子祭酒，出为苏州知府，被诬杀。著有《蒲山集》。《明史》有传。

[3] 洪武元年：即公元1368年。洪武，明太祖朱元璋的年号。

[4] 京：京师，这里谓南京。

[5] 文原吉：历官治书侍御史兼太子宾客、都御史、秦府左长史。致仕归后，曾受朱元璋褒赏。詹同：初名书（生卒年不详），字同文，徽州婺源（今属江西）人。元至元中，举茂才异等，授郴州学正，后仕陈友谅，为翰林学士承旨兼御史。朱元璋下武昌，召为国子博士，赐今名。历翰林直学士、侍读学士、吏部尚书。著有《天衢吟啸集》、《海岳涓埃集》等。《明史》有传。吴辅：会稽（今浙江绍兴）人。监生，洪武时任金事。馀不详。赵寿：鱼台（今属山东）人，洪武初任按察金事。馀不详。

90. 三年[1]，谕廷臣曰："六部总领天下之务[2]，非学问博洽、才德兼美之士，不足以居之。虑有隐居山林，或屈在下僚者，其令有司悉心推访。"六年，复下诏曰："贤才，国之宝也。古圣王劳于求贤，若高宗之于傅说[3]，文王之于吕尚[4]。彼二君者，岂其智不足哉？顾皇皇于版筑鼓刀之徒者[5]，盖贤才不备，不足以为治。鸿鹄之能远举者，为其有羽翼也；蛟龙之能腾跃者，为其有鳞鬣也；人君之能致治者，为其有贤人而为之辅也。山林之士德行文艺可称者，有司采举，备礼遣送至京，朕将任用之，以图至治。"是年，遂罢科举，别令有司察举贤才，以德行为本，而文艺次之。其目，曰聪明正直，曰贤良方正，曰孝弟力田，曰儒士，曰孝廉，曰秀才，曰人才，曰耆民。皆礼送京师，不次擢用。而各省贡生亦由太学以进。于是罢科举者十年，至十七年始复行科举，而荐举之法并行不废。

[1] 三年：即洪武三年（1370）。

[2] 六部：明代谓吏、户、礼、兵、刑、工六部。

[3] 高宗：即"武丁"，为殷商盘庚弟小乙之子，盘庚之后，国势衰弱，武丁立，用傅说为相，勤修政事，令国家中兴。在位五十九年，卒后称高宗。见《史记·殷本纪》。傅说（yuè 悦）：殷商之相。相传他曾筑于傅岩之野，为武丁访得，举以为相，使殷商中兴。

[4] 文王：即"周文王"。姓姬名昌，周武王之父。殷商时诸侯，居于岐山之下，曾被商纣王囚于羑里，释归后为西方诸侯之长，称西伯，迁都于丰。子武王起兵伐纣，建立周王朝。见《史记·周本纪》。吕尚：即"太公望"。周初人，姜姓，吕氏，名尚。相传他曾钓于渭水之滨，周文王出猎相遇，与语大悦，同载而归，说："吾太公望子久矣！"因号为太公望，立为师。周武王即位，尊为师尚父，辅佐其灭殷商，建立周朝。因封之于齐，为齐国始祖。见《史记·齐太公世家》。

[5] 版筑：据《尚书·说命上》，相传商代贤者傅说版筑于傅岩，武丁用以为相。鼓刀：《楚辞·离骚》："吕望之鼓刀兮，遭周文而得举。"据说姜太公曾经在朝歌鼓刀宰杀牲畜，遇周文王而受到重用，成就大业。

91. 时中外大小臣工皆得推举，下至仓、库、司、局诸杂流，亦令举文学才干之士。其被荐而至者，又令转荐。以故山林岩穴、草茅穷居，无不获自达于上，由布衣而登大僚者不可胜数。耆儒鲍恂、余诠、全思诚、张长年辈，年九十馀，征至京，即命为文华殿大学士[1]。儒士王本、杜敩、赵民望、吴源，特置为四辅官兼太子宾客。贤良郭有道，秀才范敏、曾泰，税户人才郑沂，儒士赵翥，起家为尚书。儒士张子源、张宗德为侍郎。耆儒刘埙、关贤为副都御史。明经张文通、阮仲志为佥都御史。人才赫从道为大理少卿。孝廉李德为府尹。儒士吴颙为祭酒。贤良栾世英、徐景升、李延中，儒士张璲、王廉为布政使。孝弟李好诚、聂士举，贤良蒋安素、薛正言、张端，文学宋亮为参政。儒士郑孔麟、王德常、黄桐生，贤良余应举、马卫、许安、范孟宗、何德忠、孙仲贤、王福、王清，聪明张大亨、金思存为参议，凡其显擢者如此[2]。其以渐而跻贵仕者，又无算也[3]。

[1] "耆儒"数句：《明史·鲍恂传》："恂，字仲孚，崇德人。受《易》于临川吴澄，好古力行，著《大易传义》，学者称之。元至正中，以荐授温州路学正。寻召入翰林，不就。洪武四年，初科举取士，召为同考官，试已，辞去。十五年与吉安余诠、高邮张长年、登州张绅，皆以明经老成为礼部主事刘庸所荐，召至京。恂年八十馀，长年、诠亦皆逾七十矣，赐坐顾问。翌日并命为文华殿大学士，皆以老疾固辞，遂放还。绅后至，以为鄞县教谕，寻召为右佥都御史，终浙江左布政使。其明年以耆儒征者，曰全思诚，字希贤，上海人，亦授文华殿大学士。又明年请老，赐敕致仕。"《志》文"九十馀"有误。文华殿大学士，秩正五品。参见明13注7。

[2] "儒士王本"数句：郭培贵《明史选举志考论》第289页："此节本《续通考》卷四八《荐举》'洪武初，征……儒士吴颙为国子祭酒'一节裁成，恕不具引。勘以原文和《太祖实录》卷一四五'洪武十五年五月辛未'条、卷一四九'洪武十五年冬十月己亥'条，可知，《志》文'郭有道'，当为'郭允道'之误；以'耆儒刘埙、关贤为副都御史'，当为'以耆儒刘埙为谏院左司谏兼左春坊左庶子、关贤为右司谏兼右春坊右庶子'之误。据《太祖实录》卷一三一'洪武十三年五月癸丑'条、卷八五'洪武六年九月庚子'条，可知，《志》与《续通考》言秀才范敏、儒士赵翥'起家为尚书'，应为范敏以'户部郎中属本部尚书事'、赵翥以'赞善大夫为工部尚书'。据同书卷一三三'洪武十三年九月丙午'条，可知，以儒士擢四辅官者，除'王本、杜敩、赵民望、吴源'外，还有'杜佑、龚敩'。据同书卷一六二'洪武十七年五月丙寅'条，以'张文通、阮仲志为佥都御史'，具体应为以'张文通为都察院左佥都御史、阮仲志为右佥都御史'。据同书卷二〇〇'洪武二十三年三月丁丑'条，可知，'人才赫从道为大理少卿'，应为'人才郝从道为大理司试少卿'。据同书卷二五四'洪武三十年八月己亥'条，可知，'税户人才郑沂'应为'义门郑沂'（《国榷》卷七、九、一〇，皆与《实录》载同）。"可参考。王本，生平不详。杜敩，字致道（生卒年不详），壶关（今属山西）人。元末举人，历官台州学正。洪武十三年（1380）以耆儒荐任夏官，以老致仕。著有《拙庵集》。赵民望，藁城（今河北正定）人（生卒年不详）。洪武中以荐授以四辅官兼太子宾客，以老致仕归。《明史》有传。吴源，字性传（生卒年不详），莆田（今属福建）人。洪武中以荐授四辅官兼太子宾客，以老致仕归。复召为国子司业，卒官。《明史》有传。四辅官，官名。明代春、夏、秋、冬辅官的合称。洪武十三年（1380）正月罢中书省后，九月始设。以耆儒充任，兼太子宾客，位列公、侯、伯、都督之下。

650

虽称辅臣，仅备顾问而已。不久即革。太子宾客，官名，秩正三品。明代太子官属，洪武元年设，以朝臣兼领，掌侍太子赞相礼仪，规诲过失。后渐成虚衔。郭有道，当作"郭允道"，见上。明王世贞《弇山堂别集》卷四十八《户部尚书表》："郭允道，陕西安塞人。洪武初年举文学，十五年任，本年免。"范敏，阌乡（今河南灵宝）人。洪武八年（1375）举秀才，超授户部郎中，十三年授试尚书。受命编造黄册，定里甲制度。次年以不称职罢官。曾泰，明王世贞《弇山堂别集》卷四十八《户部尚书表》："曾泰，洪武初荐举，十五年任，本年免。"郑沂，字仲与（？~1412），浦江（今属浙江）人，宋义门之后裔。明王世贞《弇山堂别集》卷十《布衣超擢》："税户人才义门郑沂为礼部尚书。"明李贤等《明一统志》卷四十二："郑沂，浦江人。洪武末以人材起至京师召见，以其家孝义闻天下，即授礼部尚书。寻以老致仕。"赵瑁，字可程（生卒年不详），永宁（今河南洛宁）人。洪武七年（1374）举儒士，历官县学训导、太子赞善，洪武十年超擢工部尚书，十二年改刑部尚书，本年免。张子源，洪武十五年（1382）以荐试礼部右侍郎，本年免。馀不详。张宗德，洪武间以荐试兵部右侍郎。馀不详。刘塇，光山（今属河南）人。洪武十五年（1382）以荐为谏院左司谏兼左春坊左庶子，馀不详。关贤，洪武十五年（1382）以荐为谏院右司谏兼右春坊右庶子，馀不详。副都御史，明代都察院副职官员，分左、右，秩俱正三品。参见明28注11。张文通，生平不详。阮仲志，生平不详。佥都御史，明代都察院属官，分左、右，秩俱正三品。参见明28注11。赫从道，生平不详。《太祖实录》卷二〇〇作"郝从道"，见上；明王世贞《弇山堂别集》卷十、《续文献通考》卷三十七、《续通典》卷十九俱作"赫从道"，与《志》文同，未知孰是。大理少卿，明代主管审谳，平反刑狱之政令的官署大理寺副职官员，分左、右，秩俱正四品。参见明28注3。李德，生平不详。府尹，明代顺天府、应天府长官，秩正三品。掌京府之政令。洪武三年（1370）改应天府知府而置。永乐初改北平府为顺天府，十年（1412）亦依应天府设置。由于两府地处京师，故府尹例入朝官。吴颙，参见明6注2。祭酒，明代国子监正官，统领国子监训教之政，秩从四品。参见明4注3。栾世英，颍州（今安徽阜阳）人。官至四川布政使。徐景升，洪武十四年（1381）官广东左布政使。馀不详。李延中，洪武间官广西右布政使。馀不详。张璲，洪武间官陕西左布政使。馀不详。王廉，处州（今浙江丽水）人，洪武间官陕西左右布政使。馀不详。布政使，承宣布政使司长官，分左、右，秩从二品。参见明10注1。李好诚，生平不详。聂士举，生平不详。蒋安素，生平不详。薛正言，字正言，山阴（今浙江绍兴）人。洪武初荐为县学训导，擢广东参政，升应天府尹。张端，洪武间官山西布政使司左参政。馀不详。宋亮，初名克刚，字毅夫，慕诸葛亮之为人，更名亮，字均治，鱼台（今属山东）人。洪武八年（1375）荐授县学训导，后应经明行修科，官福建布政使司左参政，后罢归。参政，布政使司属官，分左、右，秩从三品。参见明10注1。郑孔麟，开化（今属浙江）人，举聪明正直科，官布政使司参议。王德常、黄桐生、余应举、马卫、许安、范孟宗、何德忠、孙仲贤、王福、王清、张大亨、金思存，生平俱不详。参议，布政使司属官，分左、右，秩从四品。参见明10注1。

[3] "其以"二句：黄云眉《明史考证·明史卷七十一考证》："按上述诸被荐举显擢者，史或有传，或无传，而无传者多；若洪武朝被荐举而非显擢，然其后行能有表见，史为立传或附传者，则转多于上述诸人，足证任官之效，固不系于资格，而被荐者一时之授官高下，亦往往采之声闻，取之容貌，又多禀于太祖之褊衷专断，未与诸人之行能相准也。"可参考。

92. 尝谕礼部："经明行修练达时务之士，征至京师。年六十以上七十以下者，置翰林以备顾问。四十以上六十以下者，于六部及布、按两司用之。"盖是时，仕进无他途 [1]，故往往多骤贵者。而吏部奏荐举当除官者，多至三千七百馀人，其少者亦至一千九百馀人。又俾富户耆民皆得进见，奏对称旨，辄予美官。而会稽僧郭传 [2]，由宋濂荐擢为翰林应奉 [3]，此皆可得而考者也。

[1] 仕进无他途：郭培贵《明史选举志考论》第 290 页："据《太祖实录》和《会典》卷五、七、八、七七及《续通考》卷四八、五〇、五二，洪武选官，实为荐举人才与监生、进士、吏员等多途并用，在洪武六年至十六年停罢科举期间，应为荐举人才与监生、吏员并用。故《志》言'盖是时，仕进无他途'，欠妥。也与《志二》所说'太祖虽间行科举，而监生与荐举人才参用者居多'相左。"可参考。

[2] 会稽：即今浙江绍兴。郭传：明宋濂《文宪集》卷七《郭考功文集序》："洪武七年秋，濂侍皇上升武楼，赐坐其侧。从容问曰：'天下虽定，朕犹垂意宿学之士，卿能知其人乎？'濂对曰：'会稽有郭传者，其字为文远，寄迹释氏法中，其学有渊源，其文雄赡新丽而精魄焜耀，其议论崇鋐，皆根据乎《六经》，波澜相推，若不知其所穷，诚一代奇才也。'上颔之。未几，复召濂，谓曰：'郭传之文，卿可持至，朕将亲览焉。'时文远偶以文一卷来贶，因即以进。上览已，笑曰：'诚如卿言。'会丞相、御史大夫来朝，命内使出示之，且褒嘉至再。即日召见于谨身殿，奏对称旨。诏铨曹擢为应奉翰林文字。于是文远日侍左右，以备顾问……已而，升修起居注，迁考功丞，而眷注益隆矣。"《明史》有传，未言其曾为僧事。

[3] 宋濂：参见明 47 注 2。翰林应奉：翰林院属官，秩正七品。洪武二年（1369）设，十四年革。翰林院，参见明 6 注 8。

93. 洎科举复设，两途并用，亦未尝畸重轻 [1]。建文、永乐间 [2]，荐举起家犹有内授翰林、外授藩司者 [3]。而杨士奇以处士 [4]，陈济以布衣 [5]，遂命为《太祖实录》总裁官 [6]，其不拘资格又如此。自后科举日重，荐举日益轻，能文之士率由场屋进以为荣 [7]；有司虽数奉求贤之诏，而人才既衰，第应故事而已。

[1] 畸重轻：即"畸重畸轻"，偏重偏轻，不合常规。

[2] 建文：建文帝朱允炆的年号（1399～1402）。永乐：明成祖朱棣的年号（1403～1424）。

[3] 翰林：谓翰林院官员。参见明 6 注 8。藩司：明代布政使司的别称。这里谓布政使司的官员。

[4] 杨士奇：参见明 13 注 7。处士：未做过官的士人。

[5] 陈济：字伯载（1364～1424），武进（今江苏常州）人。永乐初以儒士召修《永乐大典》，为都总裁，与姚广孝等制定体例。书成，授右赞善。太子礼重之，凡稽古编纂之事悉属之，五皇孙皆从学经。居职十五年卒。著有《书传补注》、《元史举要》、《通鉴纲目集览正误》、《思斋集》等。《明史》有传。布衣：平民百姓。

[6] 太祖实录：编年体史书《明实录》中第一朝实录，二百五十七卷。凡三修：建文元年（1399）董伦等修，永乐元年（1403）解缙等重修，永乐九年胡广等复修。起元至正十一年（1351），讫洪武三十一年（1398），首尾四十八年，万历时允科臣杨天民请，附建文元、二、三、四年事迹于后。今传者为复修本。实录为每一帝王死后，下一朝的群臣就《起居注》和日历等纂修而

成，为一朝史料的总汇。总裁官：明代官修史书即历朝皇帝实录，皆于监修之下置总裁官，以负责裁定全书。一般设三至四人，以太子师保、尚书兼殿阁大学士、侍郎兼学士、学士等官充任。惟永乐中修《永乐大典》，因事体浩繁，翰林学士、史官与布衣等皆用，总裁官多至十馀人。据《太宗实录》、《明史》等史书，杨士奇于《太祖实录》的初修与重修中仅为纂修官，其所任总裁官者为《太宗实录》与《宣宗实录》。陈济为《永乐大典》总裁官，并未参与《太祖实录》的三次纂修。《志》文有误。

[7] 场屋：谓乡试与会试的考试场所。

94. 宣宗尝出御制《猗兰操》及《招隐诗》赐诸大臣 [1]，以示风励。实应者寡，人情亦共厌薄 [2]。正统元年 [3]，行在吏部言 [4]："宣德间 [5]，尝诏天下布、按二司及府、州、县官举贤良方正各一人，迄今尚举未已，宜止之。"帝以朝廷求贤不可止，自今来者，六部、都察院、翰林院堂上官考试 [6]，中者录用，不中者黜之。荐举者益稀矣。

[1] 宣宗：即明宣宗朱瞻基（1398～1435）。参见明 22 注 16。猗兰操：《御定资治通鉴纲目》卷八"（宣德四年）冬十月，帝制《猗兰操》赐大臣"条："帝作《猗兰操》示大臣曰：'孔子自卫反鲁，而操《猗兰》，伤不遇也。朕虑谷中之贤有不仕者，辄拟斯篇。夫以人事君，大臣之道也，卿等宜勉副朕怀。'《猗兰操》词：'兰生幽谷兮，晔晔其芳。贤人在野兮，其道则光。嗟兰之茂兮，与众草为伍。於乎贤人兮，汝其予辅。'"招隐诗：《宣宗实录》卷七十六"宣德六年二月丙申朔"下云："上屡诏求贤，虑尚有遗逸，作《招隐》之诗以示大臣，而自序之曰：'朕闻君子之学将以施于用也。故其未仕，则汲汲以明道；道既明矣，则汲汲以措之天下。伊尹耕于莘，以尧舜之道自乐，然致君泽民未尝忘也。其后圣莫如孔子，贤莫如孟轲，辙环天下，亦欲行其道，岂以独善为高哉！秦汉以来，始有好遁以自高，然于君臣之义未尽也。夫道出于天而赋于人，非自善其身，盖用以兼善天下。故士君子当以伊尹、孔孟为法，顾乃卷而怀之，遁于深山穷谷之中，与麋鹿为伍，而废人之大伦，此岂得为贤哉！朕承祖宗鸿业，惟恐弗克负荷，旁求俊乂与之共理，诏书数下，命有司以礼进之。其出为朕用者虽多，尚虑有未至者，故作诗以招之：天之生贤，道蕴厥身。幼学壮行，致君泽民。伊尹孔孟，皆古君子。孜孜行道，未尝忘世。秦汉之衰，以退为贤。绝类离伦，岂弗违天。嗟哉若人，于世奚补。区区百年，草木同腐。予嗣祖宗，统临万邦。求贤图治，宵旰皇皇。群才偕来，布列在位。道行身尊，百世之贵。缅彼山林，岂无遐遗。往而不来，悠悠我思。漱石枕流，远引高蹈。虽逸其身，而悖于道。《卷阿》之诗，梧桐凤凰。尔其幡然，予将尔扬。'"陈田《明诗纪事》甲签卷一上亦录此诗，无序，字句小有出入。

[2] 厌薄：谓对荐举人才厌恶鄙视。

[3] 正统元年：即公元 1436 年。正统，明英宗朱祁镇的第一个年号。

[4] 行在：天子巡幸所居称"行在"。明成祖即位之初，诏改北平为北京。永乐七年（1409）以后，北方屡次用兵以及筹划迁都事宜，故长期居留于北京，遂于北京分设行在五军都督府、行在六部和行在都察院。十八年迁都北京后，即去诸官署"行在"之称，而于府、部、院留南京者加"南京"二字。明仁宗即位，欲还都南京，即命两京府、部、院悉复迁都前之旧称。后还都之举中辍，"行在"之称延续至正统六年（1441）方行废止。

[5] 宣德：明宣宗朱瞻基的年号（1426～1435）。

95. 天顺元年诏 [1]："处士中，有学贯天人、才堪经济、高蹈不求闻达者，所司具实奏闻。"御史陈迹奏崇仁儒士吴与弼学行 [2]，命江西巡抚韩雍礼聘赴京 [3]。至则召见，命为左谕德 [4]。与弼辞疾不受。帝又命李贤引见文华殿 [5]，从容顾问曰："重卿学行，特授宫僚，烦辅太子。"与弼固辞。赐宴文华殿，命贤侍宴，降敕褒赉，遣行人送归 [6]，盖殊典也。

[1] 天顺元年：即公元 1457 年。天顺，明英宗朱祁镇的第二个年号。
[2] 陈迹：据《英宗实录》卷二百七十二、《明史·吴与弼传》等，当作"陈述"。明王世贞《弇山堂别集》卷二十四《史乘考误五》："景泰七年十一月丁卯，以监察御史陈述荐处士吴与弼，诏巡抚都御史韩雍礼聘赴京。至天顺元年，始用忠国公石亨荐，遣行人赍敕谕耳。"陈述，苏州（今属江苏）人，历官江西道清军监察御史、山东道试监察御史。馀不详。崇仁：在今江西省中部。吴与弼：初名梦祥（1391～1469），长改名，字子溥，号康斋，江西崇仁人，吴溥之子。年十九，见《伊洛渊源图》，慨然向慕，遂罢举子业，躬耕读书，屡辞征聘。天顺初，征至京，授左春坊左谕德，固辞，放还。胡居仁、陈献章皆其弟子，学者称康斋先生。著有《日录》、《康斋文集》等。《明史》有传。《江西通志》卷一百十五载陈述《荐吴与弼疏》："臣先差江西清军，复差审刑，访得抚州府崇仁县儒士吴与弼，乃已故国子监司业吴溥之子，赋性端凝，居家孝弟，经史该博，理学贯通，守道安贫，动循矩度。约年六十，心忘仕进，躬耕陇亩以教其乡。其教人之法，本之以小学、《四书》，持之以躬行实践。益久益勤，人多感化……"
[3] 巡抚：官名。参见明 33 注 16。韩雍：字永熙（1422～1478），长洲（今江苏苏州）人。正统七年（1442）进士，授御史，历官右佥都御史巡抚江西、兵部右侍郎巡抚大同宣府、左佥都御史、左副都御史、提督两广军务，以右都御史致仕卒。谥襄毅。著有《襄毅文集》。《明史》有传。
[4] 左谕德：明代奉侍太子的詹事府左春坊属官，秩从五品。参见明 20 注 5。
[5] 李贤：参见明 61 注 5。文华殿：北京紫禁城内宫殿名。
[6] 行人：官名，明代专职捧节、奉使之事的官吏，秩正八品。参见明 44 注 5。

96. 至成化十九年 [1]，广东举人陈献章被荐 [2]，授翰林院检讨 [3]，而听其归，典礼大减矣 [4]。其后弘治中浙江儒士潘辰 [5]，嘉靖中南直隶生员文徵明、永嘉儒士叶幼学 [6]，皆以荐授翰林院待诏 [7]。万历中 [8]，湖广举人瞿九思亦授待诏 [9]，江西举人刘元卿授国子监博士 [10]，江西处士章潢仅遥授顺天府训导 [11]。而直隶处士陈继儒、四川举人杨思心等虽皆被荐 [12]，下之礼部而已。

[1] 成化十九年：即公元 1483 年。成化，明宪宗朱见深的年号。
[2] 陈献章：字公甫（1428～1500），号石斋，人称白沙先生，新会（今属广东）人。正统十二年（1447）举人，再上礼部不第，从吴与弼讲学。成化间复游太学，以学闻名都下，数荐不起，乞终养归。创白沙学派，以静为主。工书法。著有《白沙集》。《明史》有传。

［3］翰林院检讨：官名，明代翰林院史官，位次于编修，秩从七品。

［4］典礼：谓有关荐举的礼仪制度。

［5］弘治：明孝宗朱祐樘的年号（1488～1505）。潘辰：字时用（？～1519），号南屏，景宁（今浙江云和）人。以文学名，弘治六年（1493）荐授翰林待诏，与修《会典》成，进五经博士，累迁太常少卿，致仕归。《明史》有传。

［6］嘉靖：明世宗朱厚熜的年号（1522～1566）。南直隶：明代永乐后俗称南京所辖地区为南直隶，相当于今上海市和安徽、江苏二省以及江西婺源县等地。文徵明：初名壁（1470～1559），字徵明，四十岁后以字行，改字徵仲，号衡山，长洲（今江苏苏州）人。正德末（从《明史》本传说，与《志》文"嘉靖中"说有异），以岁贡生诣吏部试，授翰林院待诏。明世宗立，与修《武宗实录》。后辞官归，以卖字画为生。工书画，擅长诗文，著有《莆田集》。《明史》有传。永嘉：今浙江温州。叶幼学：生平不详。

［7］翰林院待诏：明代翰林院属官，秩从九品。定制六人，不常设，掌校对文史。凡遇皇帝宣问文义，以备呼召。参见明 6 注 8。

［8］万历：明神宗朱翊钧的年号（1573～1620）。

［9］湖广：即"湖广布政使司"，洪武九年（1367）以湖广等处行中书省改置。治所武昌府（今湖北武汉武昌），辖境相当于今湖北、湖南二省。瞿九思：字睿夫（1546～1617），号慕川，黄梅（今属湖北）人。举万历元年（1573）乡试，以巡按疏荐，授翰林待诏，力辞不受。诏有司岁给米六十石。著有《孔庙礼乐考》、《春秋以俟录》、《乐经以俟录》等。

［10］刘元卿：字调父（1544～1609），初号旋宇，改号泸潇，安福（今属江西）人。隆庆四年（1570）举于乡，会试对策，极陈时弊，主考不敢录。万历二年（1574）会试下第，既归，绝意功名。后以累荐，召为国子博士，擢礼部主事，引疾归。肆力著述，著有《山居草》、《还山续草》、《诸儒学案》、《思问编》、《贤奕编》、《刘聘君全集》等。《明史》有传。国子监博士：国子监属官，秩从八品。参见明 4 注 3。

［11］章潢：字本清（1517～1608），南昌（今属江西）人。笃志学古，主白鹿书院。数被荐，遥授顺天训导，有司月给米三石。卒后，门人私谥文德先生。著有《周易象义》、《诗经原体》、《书经原始》、《春秋窃义》、《礼记剳言》、《论语约言》、《图书编》等。《明史》有传。顺天府：参见明 51 注 10。训导：官名，府、州、县儒学副职，未入流。佐教授、学正、教谕教诲生员。

［12］直隶：这里指南直隶。参见注 6。陈继儒：字仲醇（1558～1639），号眉公、麋公、一腐儒、扫花头陀、顽仙等，松江华亭（今属上海）人。诸生时即显露文才，为时所重，因屡试不中，年二十九即取儒衣冠焚弃之，遂绝意仕进。屡被荐举，皆以疾辞。工诗善文，兼能绘事书法。著有《陈眉公全集》等。《明史》有传。杨思心：郭培贵《明史选举志考论》第 301 页："《志》言'杨思心'，当为'杨师心'之误。据《神宗实录》卷四二九载：'万历三十五年正月庚辰，四川巡按孔贞一荐举华阴举人杨师心。师心以甲子乡荐，于是六十馀矣。不赴公车，凡二十年，内行淳备。故抚臣特疏荐之。'"甚是。《四川通志》卷八《人物》："杨师心，字观吾，华阳人。举孝廉，日以歌吟自娱，且虑当时文体卑弱，独以文学教士类，人多宗之，比于梁山来征君知德。当事荐于朝，会师心以疾卒，事遂寝。时人称征君云。"

97. 崇祯九年 ［1］，吏部复议举孝廉，言："祖宗朝皆偶一行之，未有定制。今宜通行直省 ［2］，加意物色，果有孝廉、怀才抱德、经明行修之士，由司道以达巡

按 [3]，覆核疏闻，验试录用。"于时荐举纷纷遍天下，然皆授以残破郡县，卒无大效。至十七年，令豫、楚被陷州县员缺悉听抚、按官辟选更置 [4]，不拘科目、杂流、生员人等。此则皇遽求贤，非承平时举士之典。

[1] 崇祯九年：即公元 1636 年。崇祯，明思宗朱由检的年号。

[2] 直省：明人谓南、北直隶与十三行省。

[3] 司道：谓布政使司、按察司属官以及下辖地方官署官员。巡按：官名。明代指分道出巡按临的监察御史。

[4] 豫楚被陷州县：谓被李自成等农民军攻陷的河南、湖广等处的州县。抚：即"巡抚"，官名。按：按察使。俱参见明 33 注 16。

98. 至若正德四年 [1]，浙江大吏荐馀姚周礼、徐子元、许龙[2]，上虞徐文彪 [3]。刘瑾以四人皆谢迁同乡 [4]，而草诏出于刘健 [5]，矫旨下礼等镇抚司 [6]，谪戍边卫 [7]，勒布政使林符、邵宝、李赞及参政、参议、府县官十九人罚米二百石 [8]，并削健、迁官，且著令，馀姚人不得选京官 [9]。此则因荐举而得祸者，又其变也。

[1] 正德四年：即公元 1509 年。正德，明武宗朱厚照的年号。

[2] 馀姚：在今浙江省东部。周礼：字德恭（生卒年不详），著有《续纲目发明》。徐子元：生平不详。许龙：生平不详。上虞：在今浙江省东北部。

[3] 徐文彪：字望之（生卒年不详），著有《贞晦集》。

[4] 刘瑾：参见明 52 注 7。谢迁：字于乔（1449～1531），号木斋，馀姚（今属浙江）人。成化十一年（1475）一甲第一名进士，授修撰，历官少詹事，参预机务，加太子少保、兵部尚书兼东阁大学士，与刘健、李东阳同心辅政，有贤相之称。明武宗时请诛刘瑾，不纳，辞归，寻被削籍。嘉靖中起，入阁数月，以老辞归。卒谥文正。著有《归田稿》。《明史》有传。

[5] 刘健：字希贤（1434～1527），号晦庵，洛阳（今属河南）人。天顺四年（1460）进士，选庶吉士，授编修，历官少詹事、礼部尚书，弘治十一年（1498）代徐溥为首辅。明武宗即位，刘瑾用事，被削籍。瑾诛，复官，致仕归。卒谥文靖。著有《晦庵集》。《明史》有传。

[6] 镇抚司：官署名。参见明 64 注 6。

[7] 边卫：谓镇番卫，治所今甘肃民勤县。

[8] 林符：字朝信（生卒年不详），吴县（今属江苏）人。成化二年（1466）进士，授监察御史，历官广西按察使。邵宝：字国贤（1460～1527），号二泉，无锡（今属江苏）人。成化二十年（1484）进士，历官江西提学副使、右副都御史、户部侍郎、南京礼部尚书。卒谥文庄。著有《漕政举要》、《容春堂集》等。《明史》有传。李赞：字惟诚（1453～1512），号平轩，芜湖（今属安徽）人。成化二十年（1484）与弟贡同登进士，授吏部主事，历官浙江布政使，以忤刘瑾致仕。参政：布政使司属官，秩从三品。参议：布政使司属官，秩从四品。俱参见明 10 注 1。

[9] "馀姚人"句：明王世贞《弇山堂别集》卷二十九《史乘考误十》："又考之史，四年二月，先是有诏荐怀才抱德，浙江以馀姚周礼、徐子元、许龙，上虞徐文彪应，四人者上疏求用。瑾矫旨谓：'天下至大，岂无可应诏者，何馀姚隐士之多若此？'下镇抚司鞫问。谓诏草出刘文靖健手，

而谢文正迁私其乡人。瑾持至阁，欲逮之，并籍其家。李文正徐为劝解，瑾意少释。焦泌阳在傍目之，抗声曰：'纵轻处，亦当除名。'既而旨下，健、迁皆为民，礼等谪戍边卫，仍著令徐姚人毋迁京官。而《泌阳墓志》则云，闻瑾仇致仕大学士刘公健、谢公迁、尚书韩公文，期以差官校往逮之。公亟约同列以疾辞，独候门人，召瑾语，不至，累促之，瑾乃来。公以前闻诘其有无，瑾良久曰：'有固有，上意也。我知为乡里耳。'公曰：'三人惟刘与我为乡里，亦惟刘有宿怨，国家大事，岂人论恩怨处耶？汝与上位说我焦某托，此三人皆受先帝顾命以遗上位者。今逮之，彼大臣，义不苟辱，在途而死，是朝廷杀顾命大臣也。异时上位若云不知，要有当其辜者。'瑾惧而寝之。按，此不但与信史矛盾而已，韩公原非顾命臣，又曾被逮在三年内，与兹事了不相关。且焦公之见瑾，佞辞泉涌，今则优浪若前后辈然。嗟乎！谀墓之人，不学无术，而敢为矫妄，其罪浮于泌阳矣！"可参考。

99. 任官之事，文归吏部，武归兵部，而吏部职掌尤重。吏部凡四司 [1]，而文选掌铨选 [2]，考功掌考察 [3]，其职尤重。选人自进士、举人、贡生外 [4]，有官生、恩生、功生、监生、儒士 [5]，又有吏员、承差、知印、书算、篆书、译字、通事诸杂流 [6]。进士为一途，举贡等为一途，吏员等为一途，所谓三途并用也 [7]。京官六部主事、中书、行人、评事、博士 [8]，外官知州、推官、知县 [9]，由进士选。外官推官、知县及学官 [10]，由举人、贡生选。京官五府、六部首领官 [11]，通政司、太常、光禄寺、詹事府属官 [12]，由官荫生选 [13]。州、县佐贰，都、布、按三司首领官 [14]，由监生选。外府、外卫、盐运司首领官 [15]，中外杂职、入流未入流官，由吏员、承差等选。此其大凡也。其参差互异者，可推而知也。初授者曰听选，升任者曰升迁。

[1] 四司：即文选司、验封司、稽勋司、考功司。《明会典》卷二《文选清吏司》："洪武元年初置六部，每部设郎中、员外郎、主事。十三年，每部分四子部，每子部各设郎中、员外郎、主事，如周官六卿，各率其属而治。本部四子部曰总部，曰司封，曰司勋，曰考功。二十二年，改总部为选部；二十九年，又改选部为文选，司封为验封，司勋为稽勋，考功仍旧，俱称清吏司。各部诸司建置沿革悉同，以文选为诸司之首，故总叙于此。"

[2] 文选：即"文选清吏司"，简称文选司。设郎中一人，秩正五品；员外郎一人，秩从五品；主事一人，秩正六品。后增设主事一人。掌文官铨选、注缺、改调、保举、推升等事。

[3] 考功：即"考功清吏司"，简称考功司。设官同文选司。掌文官考课、黜陟等事。

[4] 贡生：明代科举，生员（即秀才）一般隶属于府、州、县学，若考选升入京师国子监读书，则不再属于府、州、县学，而称之为贡生，意即以人才贡献于帝王。明代有岁贡、选贡、恩贡、纳贡等。参见明2注9、注10、注11、注12。

[5] 官生：参见明2注13。恩生：参见明2注14。功生：明代监生名目之一，与恩生略同。明后期谓因父兄有军功而被荫入国子监读书的监生。监（jiàn建）生：在国子监肄业者统称监生。参见明2注4。这里当专指例监，或称"捐监"。参见明21。儒士：明代荐举名目之一。洪武即行，选荐儒士授官。永乐后重科举，儒士以科举为荣，遂不多行。

[6] 吏员：谓中央到地方机构或衙门中的杂职办事人员的总称。《明会典》卷六《官志四·吏》："国

初，因前代之制，令有司设吏，许各保贴书二名。其后定设掾史、令史、书吏、司吏、典吏，俱视政事繁简为额。及政事益繁，又设提控、都吏、人吏、胥吏、狱典、攒典，事简者则裁减之。"承差：官署中较低级的承办具体公事的人员。《明会典》卷十五《吏部十四》："洪武二十六年奏准，在外承差，于能干人员内选取。三年考满，役内无私过，杂职内用；有私过，充吏役。正统元年奏准，在外三司承差有缺，于民间丁粮相应殷实之家，选其才貌可用者，县申州，州申府，府申布政司，覆勘相同，方许收参。有私过者充吏役，保举官员坐罪。"知印：明代一二品衙门中掌管印信的人员，地位高于承差。《明会典》卷二《吏部一》："凡宗人府、五府、六部、都察院知印有缺，于役满承差内引奏选用。三年满日，考中宗人府、五府，从八品用；六部、都察院，正九品用。不中与不愿考者，俱杂职用。都司、布政司知印，从九品用。"书算：官署中专职从事计算书写职役的人员。《明会典》卷九《吏部八》："凡户、兵二部书算有缺，移文到部，类行直隶、常镇二府所属殷实户内拣选起送，赴部考中，转送该部著役。"又《明会典》卷十五《吏部十四》："凡户、兵二部书算，九年考满，中一等者，依资格出身；二等者，杂职出身；三等者冠带闲住。"篆书：当是掌印信镌刻的专职人员。译字：即"译字生"，明代四夷馆翻译人员。永乐五年（1407）始置。其初，选国子生习译，宣德后兼选官民子弟。经考试，通译者与冠带，不通者黜退。明初可与乡、会试，中式者科甲一体出身，后止为杂流。通事：明代通译外国与少数民族语言文字之人员，无定员。初设，隶通政使司，后隶太常寺提督四夷馆。鸿胪寺亦设外夷通事。

[7] 三途并用：郭培贵《明史选举志考论》第 306 页："据前述，明初实为荐举、监生（举贡）、进士、吏员四途并用。天顺后，荐举渐废，才形成'三途并用'，也即'进士为一途、举贡为一途、吏员等为一途'的格局。另，明人对'三途并用'的含意也有不同理解，如《玉堂丛语》卷六《事例》言：'张文忠（璁）久于科第，谙世故。得位，每事欲复祖宗旧制，行进士、举人、岁贡三途并用法。'《世宗实录》卷一二一又载，嘉靖帝认为三途并用是'科举、岁贡、荐举'并用。"可参考。明归有光《震川先生集》卷三《三途并用议》："所谓三途者，进士也，科贡也，吏员也。国初用人，有征聘，有经明行修，有人材，有贤良方正，有才识兼人，有楷书，有童子诸科。其后率多罢废。承平以来，专用进士、科贡、吏员，是三者初未尝废。而迩者欲新天下之吏治，于科贡、吏员之中，稍加不次之擢，故有三途并用之说。其实前此未尝不并用也。"

[8] 六部主事：明初为六部首领官，洪武二十九年（1396）始改为司官，为司官中最低一级，秩正六品。中书：即"中书舍人"，官名。参见明 19 注 7。行人：官名。参见明 44 注 5。评事：即"大理评事"，明代大理寺属官，秩正七品。参见明 28 注 3。博士：当谓"太常博士"与"国子博士"。前者为明代太常寺属官，秩正七品。参见明 19 注 14。后者为明代国子监属官，秩从八品。参见明 4 注 3。

[9] 知州：地方官名。参见明 44 注 6。推官：明代知府的佐贰官。参见明 44 注 6。知县：明代各县长官。参见明 44 注 6。

[10] 学官：谓国子监或府、州、县学的教授、学正、训导、教谕等，秩分别为从九品、正九品（或未入流）、未入流、未入流。参见明 30 注 6、注 7、注 9，明 11 注 2。

[11] 五府：即"五军都督府"。参见明 28 注 6。六部：谓吏、户、礼、兵、刑、工六部。首领官：明代各官署中负责本署事务的官员。如六部的司务，各布政使司的经历、照磨、理问，各府的经历、照磨，各州的吏目，各县的典史等。

[12] 通政司：即"通政使司"，明代官署名。参见明 22 注 14。太常：即"太常寺"，明代官署名。参见明 19 注 14。光禄寺：明代官署名。参见明 9 注 14。詹事府：明代官署名。参见明 20 注 5。

[13] 官荫生：即"官生"（荫生）与"恩生"。参见明 2 注 13、注 14。

[14] 都布按：都察院、布政使司、提刑按察使司。

[15] 外府：谓地方府一级官署。外卫：即"军卫"，明代军事编制。参见明 12 注 7。盐运司：即"都转运盐使司"。《明史·职官四》："都转运盐使司。都转运使一人（从三品），同知一人（从四品），副使一人（从五品），判官无定员（从六品）。其属，经历司：经历一人（从七品），知事一人（从八品），库大使、副使各一人。所辖：各场盐课司大使、副使，各盐仓大使、副使，各批验所大使、副使，并一人（俱未入流）。都转运使掌盐盐之事。同知、副判分司之。都转运盐使司凡六：曰两淮，曰两浙，曰长芦，曰河东，曰山东，曰福建。分司十四：秦州、淮安、通州隶两淮，嘉兴、松江、宁绍、温台隶两浙，沧州、青州隶长芦，胶莱、滨乐隶山东，解盐东场、西场、中场隶河东。分副使若副判莅之，督各场仓盐课司，以总于都转运使，共奉巡盐御史或盐法道臣之政令。"

100. 选人之法，每年吏部六考、六选 [1]。凡引选六 [2]，类选六 [3]，远方选二 [4]。听选及考定升降者，双月大选，其序定于单月。改授、改降、丁忧、候补者，单月急选 [5]。其拣选 [6]，三岁举行。举人乞恩 [7]，岁贡就教 [8]，无定期。凡升迁，必满考 [9]。若员缺应补不待满者，曰推升 [10]。内阁大学士、吏部尚书，由廷推或奉特旨 [11]。侍郎以下及祭酒，吏部会同三品以上廷推。太常卿以下，部推 [12]。通参以下 [13]，吏部于弘政门会选 [14]。詹事由内阁 [15]，各衙门由各掌印 [16]。在外官，惟督、抚廷推，九卿共之 [17]，吏部主之。布、按员缺，三品以上官会举。监司则序迁 [18]。

[1] 六考六选：明高拱《本语》卷五："吏部每两月一次推升天下府同知以下官员，其事重大。"一年十二个月，而选官必考，故曰"六考、六选"。

[2] 引选：吏部将各应选官员材料奏请皇帝钦准，并加盖选官印子，再经"御览"后发出填榜，于午门东廊公布。

[3] 类选：在引选之前，吏部须按员缺情况，依不同类别或情况，分别注选官员。

[4] 远方选：待选于吏部，资历未及选，自愿到边远地区如南方、西南、西北、北方与东北地区任职者，可以应"远方选"，六月一次。应选者多为监生资历者。

[5] 急选：由吏部文选司主持，于单月对改授、改降、丁忧、候补者进行拣选，以便及时任用。明王恕《王端毅奏议》卷七《议左监丞郭铺建言选法奏状》："两月一选，已是定例；如遇急缺，又行急选。"

[6] 拣选：常选之外，有目的的挑选特定人员补官。《明会典》卷二《吏部一》："凡府佐州县正官，每遇朝觐年后员缺数多，将挨次未及科贡监生拣选除补。或远方知县缺多，将地方相应科贡监生选补。弘治十二年奏准，每年二、八月除常选外，拣选一次。"

[7] 举人乞恩：即举人参选。

[8] 岁贡就教：岁贡生参选教职。

[9] 满考：即"考满"。明代考核官吏制度，与考察相辅而行。内外现职官员满三年称初考，六年称再考，九年称通考，分称职、平常、不称职三等，并以此定调除、黜陟。

[10] 推升：明代选官制度。由大臣公推未满考之官升任员缺待补之职，再由皇帝决定任命。

[11] 廷推：明代任官制度。高级官职空缺，多由大臣公推二人或三人，再由皇帝决定任命。内阁大学士、吏部与兵部尚书，由廷臣推举或奉特旨。侍郎以下及祭酒，由吏部会同三品以上官员推举。外官惟督、抚之选，九卿皆参与，由吏部主持。

[12] 部推：明代选官制度。京官太常卿以下官职空缺，由吏部单独向皇帝推举任职人选，再加任用。

[13] 通参：谓通政左、右参议。通政使司属官，秩正五品。参见明 22 注 14。中华书局整理本用顿号点断"通参"，似有误。

[14] 弘政门：京师（今北京）紫禁城午门内之左门。《日下旧闻考》卷三十三："原午门之内曰皇极门，左曰弘政门，右曰宣治门，旁曰归极门，曰会极门。"会选：共同铨选。

[15] 由内阁：谓由内阁主持推选。

[16] 由各掌印：谓由各衙门之掌印官主持推选。掌印，即各衙门之长官。

[17] 九卿：明代以六部尚书、都察院都御史、通政司使、大理寺卿为大九卿，以太常、太仆、光禄、鸿胪、詹事府詹事、翰林院学士、国子监祭酒、苑马寺卿、尚宝司卿为小九卿。

[18] 监司：明代布政使司与按察使司官员的别称。参见明 10 注 1，明 6 注 6。中华书局整理本用顿号点断"监司"，似有误。序迁：谓官吏按资历与任内治行，循序晋升官职和品级。

101. 其防边兵备等，率由选择保举 [1]，付以敕书 [2]，边府及佐贰亦付敕 [3]。蓟辽之昌平、蓟州等 [4]，山西之大同、河曲、代州等 [5]，陕西之固原、静宁等六十有一处 [6]，俱为边缺，尤慎选除。有功者越次擢，误封疆者罪无赦 [7]。内地监司率序迁，其后亦多超迁不拘次，有一岁中四五迁、由佥事至参政者 [8]。监司多额外添设，守巡之外往往别立数衔 [9]，不能画一也。

[1] 保举：又名察举、荐举或举保。明代选官方法之一。不论出身，经官吏推荐即可为官。参见明 96。

[2] 敕书：朝廷任命官员的正式文书。

[3] 佐贰：明代地方官署中的副职，通常用以指知府、知州、知县的辅佐官，如府同知、通判、推官，州同知、判官，县丞、主簿等。其品秩略低于主官，与主官同为堂上官。

[4] 蓟辽：全称"总督蓟辽保定等处军务兼理粮饷"，总督名。这里代指辖区。嘉靖二十九年（1550）置蓟州总督，为北方重镇。三十年改为蓟辽总督。三十三年移驻密云（今属北京），辖顺天、保定、辽东三巡抚，兼理粮饷。万历九年（1581）加兼巡抚顺等处，十一年仍复旧制。天启元年（1621）置辽东经略，后复并入总督。崇祯十一年（1638）增设总督于保定，辖区缩小。昌平：今北京市昌平区，在城区以北。蓟州：即今天津市蓟县，在今天津市北部，邻接北京市与河北省。

[5] 大同：在今山西省北部，邻接内蒙古自治区。河曲：县名，在今山西省西北部、黄河东岸，邻接陕西省与内蒙古自治区。代州：即今代县，在今山西省北部、滹沱河上游、内长城内侧。

[6] 固原：在今宁夏回族自治区南部、清水河上游，邻接甘肃省。静宁：在今甘肃省东部、六盘山西麓，北邻宁夏回族自治区。六十有一处：据明李默、黄养蒙《吏部职掌·文选清吏司·开设科》

所录，蓟辽为昌平、顺义、密云、怀柔、蓟州、玉田、丰润、遵化、平谷、迁安、抚宁、昌黎、乐亭、延庆、永宁、保安、自在、安乐等州县，山西为河曲、临县、忻州、崞县、代州、五台、繁峙、定襄、永宁、宁乡、苛岚、岚县、兴县、静乐、保德、大同、怀仁、浑源、应州、山阴、朔州、马邑、蔚州、广灵、广昌、灵丘等州县，陕西为固原、静宁、隆德、安定、会宁、兰州、环县、安塞、安定、保定、清涧、绥德、米脂、葭州、吴堡、神木、府谷等州县，共六十一处。

[7] 误封疆：谓丧失疆土。

[8] 佥事：按察使司属官，秩正五品。参见明 6 注 6。参政：布政使司副职官员，分左、右，秩俱从三品。参见明 10 注 1。明李默、黄养蒙《吏部职掌·文选清吏司·开设科》："左布政使缺，于右布政使内拟补，例不陪推。布政司左右布政使、左右参政、左右参议，按察司按察使、副使、佥事，俱两司挨次互转。"

[9] "守巡"句：郭培贵《明史选举志考论》第 322 页："适应加强统辖和管理日益增多的地方事务的需要，永乐后，各省即在分守、分巡道外陆续增设道官，如《南雍志》卷二《事纪二》载：'永乐五年四月乙未，命吏部增置按察司官专任（盘量屯粮）。'又据诸朝《实录》，正统后，各省增设提学道；天顺后，各省又陆续添设兵备道（参见拙作《〈明史·职官四〉兵备道补正》一文，载《文史》2004 年第 3 辑）。此外，又有督粮、屯田、水利、清军等道。"可参考。守巡，即"守道"与"巡道"。明代各省布政司以参政、参议分守各道；明代各省按察司遣按察副使、佥事等分道巡察。参见《明史·职官四》。

102. 在外府、州、县正佐 [1]，在内大小九卿之属员 [2]，皆常选官 [3]，选授迁除，一切由吏部。其初用拈阄法 [4]，至万历间变为掣签 [5]。二十九年 [6]，文选员外郎倪斯蕙条上铨政十八事 [7]，其一曰议掣签，尚书李戴拟行报可，孙丕扬踵而行之 [8]。后虽有讥其失者 [9]，终明世不复更也。

[1] 正佐：长官与佐贰官。参见明 101 注 3。

[2] 大小九卿：参见明 19 注 14。

[3] 常选官：定期选举的官员。

[4] 拈阄法：郭培贵《明史选举志考论》第 323 页："《国榷》卷四载：'洪武四年，进士传胪后，东宫注授，写职名为丸糈，进而分拈之；下第贡士皆授县丞，亦拈丸注选。'《志》或本此。然此仅偶一行之，并非常制。"可参考。

[5] 万历：明神宗朱翊钧的年号（1573～1620）。掣签：明代后期吏部选任府、州、县正官与佐贰官的方法。万历二十二年（1594），吏部尚书孙丕扬为杜权贵请托之弊，始行。每当大选、急选，吏部文选司郎中将缺员品秩、任所远近及选人是否合宜，注入签中，任选人抽取，惟签是凭。法初行，颇称无私，不久即弊窦丛生。天启时赵南星掌吏部一度废止，后复行。

[6] 二十九年：即万历二十九年（1601）。

[7] 文选员外郎：吏部文选司员外郎，秩从五品。参见明 24 注 3。倪斯蕙：巴县（今属四川）人。万历二十年（1592）进士，历官吏部员外郎、户部侍郎。

[8] "其一曰"三句：《续文献通考》卷三十六："按《明史·选举志》言万历'二十九年文选员外郎倪斯蕙条上铨政十八事，其一曰议掣签，尚书李戴拟行报可，孙丕扬踵而行之'。而《丕扬传》则言'万历二十二年拜吏部尚书，患中贵请谒，乃造为掣签法'；《赞》亦及之。《李戴传》

则言'时在外府佐及州、县正佐官，尽用掣签法。戴视事谨守新令，幸无罪而已'。考《神宗实录》二十三年五月载曹上吉一事云：'吏部尚书孙丕扬选法用掣签，颇称无私'。则掣签不始于戴而始于丕扬无疑。且《实录》载'二十九年李戴疏陈铨政十八事，不报'，而《志》乃云'拟行报可'，亦属失考。"所考《志》文之误，甚是。黄云眉《明史考证·明史卷七十一考证》、郭培贵《明史选举志考论》第 323～326 页，皆有详考，可参考。李戴，字仁夫（生卒年不详），号对泉，延津（今属河南）人。隆庆二年（1568）进士，历官兴化知县、户科给事中、陕西按察使、吏部尚书。致仕归。孙丕扬，字叔孝（1532～1614），富平（今属陕西）人。嘉靖三十五年（1556）进士，历官行人、御史、大理丞、刑部尚书、左都御史、吏部尚书，万历四十年（1612）以老挂冠归。天启初追谥恭介。著有《论学篇》、《格物图》等。《明史》有传。

[9] 讥其失：明沈德符《万历野获编》卷十一《掣签授官》："此后则记认分别，阳则曰南北有分，远近有分，原籍有分，各为一筒。遇无径窦者，任其自取，而阴匿其佳者以待后来。其授绝域瘴乡之人，涕泣哀诉，筒已他授矣。初犹同胥吏辈共作此伎俩耳，至其后也，选司官每遇大选前，前二三日辄局其火房，手自粘贴地方，暗标高下，以至签之长短、大小、厚薄，靡不各藏隐谜，书办辈亦不得与闻。名曰做签，公然告人，不以为讳。于是作奸犯科，反不在曹掾矣。其或先有成约，而授受偶误者，则一换、二换、三换，必得所欲而止。他有欲言，则叱詈扶出矣。曰统曰均，如斯而已乎！"可参考。

103. 洪武间 [1]，定南北更调之制，南人官北，北人官南 [2]。其后官制渐定，自学官外 [3]，不得官本省，亦不限南北也。

[1] 洪武：明太祖朱元璋的年号（1368～1398）。
[2] "定南北"三句：《太祖实录》卷一百二十九载洪武十三年（1380）正月己巳所定地域回避有云："以北平、山西、陕西、河南、四川之人于浙江、江西、湖广、直隶有司用之；浙江、江西、湖广、直隶之人于北平、山东、山西、陕西、河南、四川、广东、广西、福建有司用之；广西、广东、福建之人亦于山东、山西、陕西、河南、四川有司用之。"可参考。
[3] 学官：参见明 99 注 10。

104. 初，太祖尝御奉天门选官 [1]，且谕毋拘资格。选人有即授侍郎者，而监司最多，进士、监生及荐举者，参错互用。给事、御史，亦初授、升迁各半 [2]。永、宣以后 [3]，渐循资格，而台省尚多初授 [4]。至弘、正后 [5]，资格始拘，举、贡虽与进士并称正途，而轩轾低昂，不啻霄壤。隆庆中 [6]，大学士高拱言 [7]："国初，举人跻八座为名臣者甚众 [8]。后乃进士偏重，而举人甚轻，至于今极矣。请自授官以后，惟考政绩，不问其出身。"然势已积重，不能复返。崇祯间 [9]，言者数申"三途并用"之说。间推一二举人如陈新甲、孙元化者 [10]，置之要地，卒以倾覆。用武举陈启新为给事 [11]，亦声名溃裂。于是朝端又以为不若循资格 [12]。而甲榜之误国者亦正不少也 [13]。

[1] 太祖：即明太祖朱元璋（1328～1398）。参见明 3 注 6。奉天门：故址在今南京明故宫遗址，午

门之内。

[2] 初授升迁：参见明 99。

[3] 永：永乐，明成祖朱棣的年号（1403～1424）。宣：宣德，明宣宗朱瞻基的年号（1426～1435）。

[4] 台省：一般泛指中央政府机构，如六部、都察院等。这里专指六科与都察院之言官而言。

[5] 弘：弘治，明孝宗朱祐樘的年号（1488～1505）。正：正德，明武宗朱厚照的年号（1506～1521）。

[6] 隆庆：明穆宗朱载垕的年号（1567～1572）。

[7] 高拱：字肃卿（1512～1578），新郑（今属河南）人。嘉靖二十年（1541）进士，选庶吉士，授编修，四十五年以礼部尚书兼文渊阁大学士入阁，参预机务，乞归，隆庆中，复召为大学士兼掌吏部。为张居正等排斥，夺职归，数年卒。谥文襄。著有《高文襄集》。《明史》有传。

[8] 八座：封建时代中央政府的八种高级官员。这里指六部尚书一类的高官。

[9] 崇祯：明思宗（用南明谥）朱由检的年号（1628～1644）。

[10] 陈新甲：长寿（今属四川）人（？～1642）。万历举人，历官定州知州、宁前兵备佥事、右佥都御史，巡抚宣府。崇祯十三年（1640）晋兵部尚书，受旨密与清议和，事泄被劾，论死。《明史》有传。孙元化：字初阳（？～1632），嘉定（今属上海市）人。天启举人，善西洋炮法，历官兵部司务、职方主事、山东右参议、右佥都御史巡抚登莱，驻登。孔有德反，陷登州，执元化，纵还，诏逮，弃市。《明史》有传。

[11] 陈启新：淮安山阳（今属江苏）人（生卒年不详）。武举人出身，崇祯九年（1636）以诣阙上书，中旨，立擢吏科给事中，历官兵科左给事中，廷臣先后劾其徇私纳贿、还乡骄横等，终于被削籍，下抚按追赃拟罪。潜逃，值国变，为僧以卒。《明史》有传。给事：即给事中。

[12] 朝端：谓朝廷。

[13] 甲榜：谓进士出身者。

105. 给事中、御史谓之科道 [1]。科五十员 [2]，道百二十员 [3]。明初至天顺、成化间 [4]，进士、举贡、监生皆重选补。其迁擢者，推官、知县而外 [5]，或由学官 [6]。其后监生及新科进士皆不得与。或庶吉士改授，或取内外科目出身三年考满者考选，内则两京五部主事、中、行、评、博 [7]，国子监博士、助教等 [8]，外则推官、知县。自推、知人者，谓之行取 [9]。其有特荐，则俸虽未满，亦得与焉。考选视科道缺若干，多寡无定额。其授职，吏部、都察院协同注拟 [10]，给事皆实补，御史必试职一年始实授，惟庶吉士否。嘉靖、万历间 [11]，常令部曹不许改科道 [12]，后亦间行之。举贡推、知 [13]，例得与进士同考选，大抵仅四之一。嘉靖间，尝令监生与选。已罢不行。

[1] 科道：给事中分属吏、户、礼、兵、刑、工六科，监察御史隶于都察院，分属十三道，两者皆为言官，故合称为"科道"。参见明 10 注 3，明 28 注 11。

[2] 科五十员：郭培贵《明史选举志考论》第 340 页："此言不确。据《会典》卷二一三《六科》：'国初设给事中，洪武六年，始分置吏、户、礼、兵、刑、工六科，各设给事中二员。二十四年，更定为每科设都给事中一员，左、右给事中各一员；给事中：吏科四员、户科八员、礼科六员、

兵科十员、刑科八员、工科四员。万历八年，又裁兵科给事中五员，户、刑二科各四员，礼科二员。十一年，复户、兵、刑科给事中各二员、礼科一员。今共为五十员。'另，永乐迁都北京后，南京仍设六科，据同书卷三《南京官》：南京吏、礼、兵、刑、工五科，各设给事中一员，户科二员；共为七员。由上可知，洪武二十四年，给事中额设共五十八员。永乐迁都后，迄万历八年，两京科员共为六十五员；万历十一年后，则为五十七员。《志》言'科五十员'，仅为万历十一年后北京六科编制。"可参。

[3] 道百二十员：郭培贵《明史选举志考论》第 340 ~ 341 页："此误。据《会典》卷二《京官》和卷三《南京官》，宣德十年，始定为十三道监察御史。其编制为：浙江、江西、山东、河南四道各十员，云南道十一员，湖广、陕西、山西三道各八员，广东、广西、四川、贵州、福建五道各七员，共为一百一十。同时，南京十三道，初，每道各三员。后定为浙江、江西、河南、山东、山西、陕西、四川、云南、贵州等九道各二员；福建、湖广、广东、广西四道各三员。共为三十。《万历野获编》卷一九《南北台员》也载：'十三道例设御史一百十员，南道三十员。'则两京十三道额设御史应为一百四十员。"可参。

[4] 天顺：明英宗朱祁镇的第二个年号（1457 ~ 1464）。成化：明宪宗朱见深的年号（1465 ~ 1487）。

[5] 推官：明代知府的佐贰官。参见明 44 注 6。知县：明代各县长官。参见明 44 注 6。

[6] 或由学官：谓由学官迁给事中或监察御史。学官，谓国子监或府、州、县学的教授、学正、训导、教谕等。秩分别为从九品、正九品（或未入流）、未入流、未入流。参见明 30 注 6、注 7、注 9，明 11 注 2。

[7] 两京五部主事：谓明代两京除吏部以外五部的主事，秩正六品。中：即"中书舍人"，秩从七品。参见明 19 注 7。行：即"行人"，秩正八品。参见明 44 注 5。评：即"大理评事"，大理寺属官，秩正七品。参见明 28 注 3。博：即"太常博士"，明代太常寺属官，秩正七品。参见明 19 注 14。

[8] 国子监博士：明代国子监属官，秩从八品。参见明 4 注 3。助教：明代国子监属官，秩从八品。参见明 4 注 3。

[9] 行取：明代外官内擢制度。推官、知县等经地方高级官员保荐，通过考选，由吏部行文，取为京秩。其优者授给事中，次者授御史，又次者授六部属官。

[10] 注拟：拟定官职。

[11] 嘉靖：明世宗朱厚熜的年号（1522 ~ 1566）。万历：明神宗朱翊钧的年号（1573 ~ 1620）。

[12] 部曹：六部官员。

[13] 举贡推知：中华书局整理本标点为"举贡、推、知"，有误。举贡，此处用如动词。

106. 万历中 [1]，百度废弛 [2]。二十五年，台省新旧人数不足当额设之半 [3]。三十六年，科止数人，道止二人。南科以一人摄九篆者二岁 [4]，南道亦止一人 [5]。内台既空 [6]，外差亦缺 [7]，淮、扬、苏、松、江西、陕西、广东西、宣大、甘肃、辽东巡按及陕西之茶马 [8]，河东之盐课 [9]，缺差至数年。给事中陈治则请急考选 [10]，不报。三十九年，考选疏上，复留中不下。推、知拟擢台省，候命阙下，去留不得自如。

［1］万历：明神宗朱翊钧的年号（1573～1620）。

［2］百度：百事，各种制度。

［3］台省：这里专指六科与都察院之言官而言。

［4］南科：谓南京六科官员。摄九篆：代理九种官职。篆，官印。

［5］南道：谓南京都察院官员。

［6］内台：谓两京都察院。

［7］外差：谓分道出巡按临的监察御史。

［8］宣大：辖宣府（今河北宣化）、大同、山西三抚三镇。定设总督。隆庆四年（1570）治所移驻阳和（今山西阳高）。茶马：即"茶马司"，明代管理茶马交易的机构。明初设于秦（今天水）、洮（今临潭）、河（今临夏）、雅（今雅安）诸州，置司令、司丞领其事。洪武十五年（1382）改令、丞为大使、副使。其后罢洮州茶马司，以河州茶马司兼管。三十年，改秦州茶马司为西宁茶马司，雅州茶马司一度改为永宁（今属四川）茶马司，后仍复旧名。

［9］河东之盐课：即"河东都转运盐使司"，洪武二年（1369）设于山西安邑县路村。所辖分司三、盐池二。

［10］陈治则：馀姚（今属浙江）人（生卒年不详）。万历二十年（1592）进士，历官吏科给事中。

107. 四十六年[1]，掌河南道御史王象恒复言[2]："十三道御史在班行者止八人[3]，六科给事中止五人[4]，而册封典试诸差，及内外巡方报满告病求代者踵至[5]，当亟议变通之法。"大学士方从哲亦言[6]："考选诸臣，守候六载，艰苦备尝。吏部议咨礼部、都察院按次题差[7]，盖权宜之术。不若特允部推[8]，令诸臣受命供职，足存政体。"卒皆不报。至光宗初[9]，前后考选之疏俱下，而台省一旦森列矣[10]。

［1］四十六年：即万历四十六年（1618）。

［2］王象恒：字微贞（生卒年不详），号立字，新城（今山东桓台）人。万历二十三年（1595）进士，历官祥符令、河南道御史、应天巡抚。

［3］十三道御史：明都察院属官。参见明28注11。班行（háng 航）：朝班的行列。谓在职者。

［4］六科给事中：参见明10注3。

［5］巡方：皇帝所派巡视四方的大臣，谓监察御史。报满：谓任满当替。

［6］方从哲：字中涵（？－1628），德清（今属浙江）人，家居京师（今北京市）。万历十一年（1583）进士，累官礼部尚书兼东阁大学士，任首辅七年，无所匡正。明神宗死，受遗命辅光宗，红丸、移宫案起，皆与东林党相抗。后受劾致仕归，卒谥文端。《明史》有传。

［7］议咨：议定并移送咨文。咨文，旧时公文的一种。多用于同级官署或同级官阶之间。题差：谓由都察院按官缺疏名上请，而非由吏部选授。

［8］部推：参见明100注12。

［9］光宗：即明光宗朱常洛（1582～1620），明神宗长子。因神宗宠爱福王朱常洵，久不见立，致起"争国本"事。万历二十九年（1601）始立为皇太子，四十八年即位，年号泰昌，在位仅一月，以体弱多病，服李可灼所进红丸后身亡。葬庆陵。

［10］台省：这里专指六科与都察院之言官而言。森列：森严排列，比喻人员齐备。

108. 考选之例，优者授给事中，次者御史，又次者以部曹用。虽临时考试，而先期有访单 [1]，出于九卿、台省诸臣之手，往往据以为高下。崇祯三年 [2]，吏部考选毕，奏应擢给事、御史若干人，而以中书二人访单可否互异 [3]，具疏题请。帝责其推诿，令更确议，而不责访单之非体也。京官非进士不得考选，推、知则举贡皆行取 [4]。然天下守令，进士十三，举贡十七；推、知行取，则进士十九，举贡才十一。举贡所得，又大率有台无省 [5]，多南少北。御史王道纯以为言 [6]。帝谓用人当论才，本不合拘资格，下所司酌行之。初制，急缺风宪 [7]，不时行取。神宗时 [8]，定为三年，至是每年一举。帝从吏部尚书闵洪学请 [9]，仍以三年为期。此选择言路之大凡也。

[1] 访单：嘉靖末年以后，选官时所用匿名文书。凡考察、选官，由吏部主持，密托吏科都给事中、河南道掌道御史共为咨访，填写人匿其名。隆庆后改称访册。《明史·沈思孝传》："访单者，吏部当察时，咨公论以定贤否，廷臣因得书所闻，以投掌察者。事率核实，然间有因以中所恶者。"明沈德符《万历野获编》卷十一《考察访单》："今制：匿名文书，禁不得行。惟内外大计，吏部发出访单，比填注缴纳，各不著姓名。虽开列秽状满纸，莫知出于谁氏，然尚无人御览者。至己未外计，浙江参政丁此吕以不谨罢，会有人言其枉，吏部竟以访单进呈，此吕遂追赃遣戍。人虽冤之，竟不晓单自何人。"

[2] 崇祯三年：即公元 1630 年。崇祯，明思宗朱由检的年号。

[3] 中书：即"中书舍人"。参见明 19 注 7。

[4] 行取：参见明 105 注 9。

[5] 有台无省：谓有御史之选而无六科给事中。

[6] 王道纯：字怀鞠（？～1642），蒲城（今属陕西）人。天启五年（1625）进士，授中书舍人，崇祯初擢御史，巡按山东，坐事削职归。崇祯十五年（1642），李自成农民军陷蒲城，死之。谥忠节。《明史》有传。

[7] 风宪：即"风宪官"。谓六科给事中与都察院监察御史等科道官。

[8] 神宗：即明神宗朱翊钧（1523－1620）。参见明 17 注 7。

[9] 闵洪学：字会泉（生卒年不详），乌程（今浙江湖州）人。万历二十六年（1598）进士，历官佥都御史、左都御史、吏部尚书，免职归。

109. 保举者 [1]，所以佐铨法之不及，而分吏部之权。自洪武十七年命天下朝觐官举廉能属吏始 [2]。永乐元年 [3]，命京官文职七品以上，外官至县令，各举所知一人，量才擢用。后以贪污闻者，举主连坐 [4]，盖亦尝间行其法。然洪、永时 [5]，选官并由部请 [6]。

[1] 保举：与察举、荐举有所不同，即保举者对被保举者今后之行为负有一定责任。清孙承泽《春明梦馀录》卷三十四《保举》："夫以天下之大，人才之广，而仅取用于铨衡一司，网疏甚矣！欲使官得其人，人尽其才，舍保举其奚由焉？夫保举与荐举异，荐举者，诚有所知一举焉，而臣之心毕矣；保举者，举其显，复保其微，举其始，复保其终。故荐举者，上世之法也；保举者，

晚世之法也。明王好贤如渴，而又慎之，以不得已，非薄视天下也。保而举之，不厌慎也。"

[2] 洪武十七年：即公元1384年。洪武，明太祖朱元璋的年号。郭培贵《明史选举志考论》第351页："朱元璋早在正式建立明朝之前的丙午年（元至正二十六年，1366）三月即行保举之法。而非如《志》言，晚至洪武十七年才始行。建国之后，除上引洪武十七年七月甲寅所下保举令外，太祖还于洪武二年九月壬辰朔、十五年八月辛丑和十七年七月丙午重申过保举之制。"甚是，可参考。朝觐官：即被外察的地方官员，又称"朝觐考察"。洪武初年，地方官每年一次朝觐，后改为每三年一次，即辰、戌、丑、未年为朝觐之期。届时，吏部会同都察院考察，奏请皇帝定夺。州、县每月考察，上报于府，府上下其考，每年上报于布政使司。至三年，巡抚、按察使司通核其属事状，开写考语，造册具报，作为朝觐时的考察依据。凡属贪、酷、浮躁、不及、老、病、疲、不谨八类者，处以致仕、降调、闲住、为民等责罚。

[3] 永乐元年：即公元1403年。永乐，明成祖朱棣的年号。《太宗实录》卷一百二十三："永乐九年闰十二月己未，吏部尚书兼詹事府詹事蹇义同六部尚书等官上言十事，其一曰：'在外布政司、按察司、府、州、县官，职在承流宣化，以抚字为职，必须得人。然得人之道在铨选精严、荐举有法。宜令在内文职七品以上及近侍官、在外五品以下及县正官，各举所知五品以下官及无过犯民人贤能廉干堪任牧民及居风宪者一人，吏部考验。如果贤能，量材擢用；其所保非才或授职之后阘茸贪污，举主连坐。'上览而是之，命所司速行之。"据此，当为永乐九年（1411）事。

[4] 连坐：谓举主连带受处罚。

[5] 洪：洪武，明太祖朱元璋的年号（1368~1398）。永：永乐，明成祖朱棣的年号（1403~1424）。

[6] 部请：谓由吏部铨选奏闻以授职。

110. 至仁宗初 [1]，一新庶政 [2]，洪熙元年 [3]，特申保举之令。京官五品以上及给事、御史，外官布、按两司正佐及府、州、县正官，各举所知。惟见任府、州、县正佐官及曾犯赃罪者，不许荐举，其他官及屈在下僚，或军民中有廉洁公正才堪抚字者 [4]，悉以名闻。是时，京官势未重，台省考满 [5]，由吏部奏升方面郡守 [6]。既而定制，凡布按二司、知府有缺，令三品以上京官保举。

[1] 仁宗：即明仁宗朱高炽（1378~1425）。参见明22注12。

[2] 庶政：各种政务。

[3] 洪熙元年：即公元1425年。洪熙，明仁宗朱高炽的年号。

[4] 抚字：对百姓安抚体恤。代指地方官。

[5] 台省：这里专指六科与都察院之言官而言。

[6] 方面郡守：谓布政使司与按察使司以及知府一级的地方官。

111. 宣德三年 [1]，况钟、赵豫等以荐擢守苏、松诸府 [2]，赐敕行事 [3]。十年用郭济、姚文等为知府 [4]，亦如之。其所奏保者，郎中、员外、御史及司务、行人、寺副皆与 [5]，不依常调也。后多有政绩。部曹及御史，由堂上官荐引 [6]，类能其官。而长吏部者，蹇义、郭琎亦屡奉敕谕 [7]。

[1] 宣德三年：即公元 1428 年。宣德，明宣宗朱瞻基的年号。郭培贵《明史选举志考论》第 354 页："此言'三年'，误。据《宣宗实录》卷六六载……可知《志》言'三年'当为'五年'之误。"可参考。

[2] 况钟：字伯律（1384～1443），南昌靖安（今属江西）人。初为吏，永乐间以举荐历官礼部主事、郎中。宣德五年（1430）又以廉能擢苏州知府，多有惠政。正统中，秩满当迁，为郡民两万余人乞留，诏进二秩留任，为姑苏五太守之一。卒于官。著有《况太守集》。《明史》有传。
赵豫：字定素（生卒年不详），安肃（今河北徐水）人。宣德五年以诸生历官松江知府，在职十五年，清净如一日，为郡民称道。《明史》有传。

[3] 赐敕：皇帝赐与敕文，属于殊典。

[4] 郭济：字泽民（1389～1460?），太康（今属河南）人。永乐六年（1408）河南乡试第一，历官定州司训、左春坊左司谏，宣德末擢镇江知府，卒官。姚文：崇德（今浙江桐乡）人（生卒年不详）。永乐十三年（1415）进士，历官北京刑部主事、吏部郎中、庆远、袁州知府。以廉谨自持，卒官。

[5] 郎中：六部属官，秩正五品。员外：即"员外郎"，六部属官，秩从五品。御史：即"监察御史"，明代都察院属官，秩正七品。司务：明代六部、都察院、大理寺首领官，主管衙署内部事务，秩从九品。行人：官名，明代专职捧节、奉使之事的官吏，秩正八品。参见明 44 注 5。寺副：大理寺属官，秩从六品。

[6] 堂上官：参见明 94 注 6。

[7] 蹇义：初名瑢（1363～1435），字宜之，朱元璋更其名。巴县（今属四川）人。洪武十八年（1385）进士，授中书舍人，建文时任吏部右侍郎，以迎燕王，迁左侍郎，擢吏部尚书，改詹事。历事五朝，累迁少师。卒赠太师，谥忠定。《明史》有传。郭琎：初名进（生卒年不详），字时用，新安（今江苏睢宁）人。永乐初由太学生历官吏部尚书。后因子受赇，被劾致仕。《明史》有传。奉敕谕：谓受皇帝敕令，保举人才。

112. 帝又虑诸臣畏连坐而不举，则语大学士杨溥以全才之难 [1]，谓："一言之荐，岂能保其终身，欲得贤才，尤当厚教养之法 [2]。"故其时吏治蒸蒸 [3]，称极盛焉。沿及英宗 [4]，一遵厥旧。然行之既久，不能无弊，所举或乡里亲旧、僚属门下，素相私比者。方面大吏方正、谢庄等由保举而得罪 [5]。而无官保举者，在内御史，在外知府，往往九年不迁。

[1] 杨溥：字弘济（1372～1446），建文二年（1400）进士，授编修。永乐中侍皇太子为洗马，坐系狱十年，读书不辍。明仁宗立，擢翰林学士，正统中，入内阁典机务，进少保、武英殿大学士。与杨士奇、杨荣同心辅政，有"三杨"之誉。卒赠太师，谥文定。《明史》有传。

[2] "一言"四句：《宣宗实录》卷六十九："宣德五年八月丙戌，上朝罢，御文华殿，学士杨溥等侍。语及治民事曰：'民之休戚，系乎庶官之贤否。何术可以尽得其人？'溥对曰：'严荐举，精考课，不患不得。'上曰：'近代有罪举主之法，大抵全才者少，明此者或不明于彼，善始者或不善于终，而一言荐之，岂能保其终身？故亦难乎举之者矣。大抵欲得贤才，当厚教养之法，教养有道，人才自出。若但责效于荐举考课之间，盖求十一于千百也。'"可知事发生于宣德五年（1430）。

[3] 蒸蒸：纯一宽厚的样子。语本《汉书·酷吏传序》："而吏治蒸蒸，不至于奸，黎民乂安。"

[4] 英宗：即明英宗朱祁镇（1427~1464）。参见明79注13。

[5] 方面大吏：地方政府长官。方正：湖广黄冈（今属湖北）人。永乐十六年（1418）进士。正统间官至福建布政使，以挟妓饮酒罢为民。谢庄：正统间官至福建按察使，以奸淫欺罔罪谪戍边。

113. 正统七年[1]，罢荐举县令之制。十一年，御史黄裳言[2]："给事、御史，国初奏迁方面郡守[3]。近年方面郡守率由廷臣保升，给事、御史以纠参为职，岂能无忤于一人。乞敕吏部仍按例奏请除授。"帝是其言，命部议行。明年，给事中余忭复指正、庄等事败[4]，谓宜坐举主。且言方面郡守有缺，吏部当奏请上裁。尚书王直、英国公张辅等言[5]，方面郡守，保举升用，称职者多，未可擅更易。英宗仍从辅、直言，而采忭疏，许言官指劾。十三年，御史涂谦复陈[6]，举荐得方面郡守，辄改前操之弊。请仍遵洪武旧制，于内外九年考满官内拣择升授，或亲择朝臣才望者任之。诏可。大臣举官之例遂罢。

[1] 正统七年：即公元1442年。正统，明英宗朱祁镇的第一个年号。郭培贵《明史选举志考论》第358页："此言'七年'，误。据《英宗实录》卷七三载：'正统五年十一月壬子，行在工科给事中吴升建言四事："一、近例，方面官，令在京三品以上官举荐；县令，令在京五品官举荐。然此可暂，而不可常；若久，则必有贿赂请托之弊，乞归吏部选用。"上曰："方面及府、州正官，仍遵先皇帝敕令会举；其知县，于进士监生及听选官内，择有学行者授之。"'《国榷》卷二四也载此事于'正统五年十一月壬子'。可知《志》文'七年'应为'五年'之误。又据同书卷八九，正统七年二月乙卯，英宗再次重申了县令由吏部选任之令。故疑《志》误把重申年份当成了始定年份。另据《英宗实录》卷二四，荐举县令之例，始行于正统元年十一月乙卯。"可参考。

[2] 黄裳：字元吉（？~1449），曲江（今属广东）人。正统七年（1442）进士，授监察御史，按两浙盐法及苏常诸郡，有惠政。十四年扈从北征，死于土木之变。《明史》有传。

[3] 奏迁：谓吏部奏请皇帝任命官员。

[4] 余忭：字士悦（生卒年不详），奉化（今属浙江）人。正统元年（1436）一甲第二名进士，授编修，历官礼科给事中、知府。正庄：谓方正、谢庄。参见明112注5。

[5] 王直：字行俭（1379~1462），号抑庵，泰和（今属江西）人。永乐二年（1404）进士，历仕仁、宣两朝，累迁少詹事兼侍读学士，明英宗时擢吏部尚书，进少傅兼太子太师。卒谥文端，著有《文端公集》。《明史》有传。张辅：字文弼（1375~1449），祥符（今河南开封）人，河间王张玉之子。从燕王靖难，以功封信安伯，进新城侯。以攻安南封英国公。明仁宗即位，掌中军都督府事。正统十四年（1449），从明英宗北征，死于土木之变。追封定兴王，谥忠烈。《明史》有传。

[6] 涂谦：字恒让（1419~1457），丰城（今属江西）人。正统十年（1445）进士，历官监察御史、山东副使、贵州按察使。卒官，年三十九。

114. 景泰中[1]，复行保举。给事中林聪陈推举骤迁之弊[2]，言："今缺参政等官三十馀员[3]，请暂令三品以上官保举。自后惟布、按两司三品以上官连名共举，其馀悉付吏部。"诏并从之。成化五年[4]，科道官复请保举方面[5]，吏部因并及郡守[6]。帝从言官请，而命知府员缺仍听吏部推举。逾年，以会举多未当[7]，并方面官第令吏部推两员以闻，罢保举之令。既而都御史李宾请令在京五品以上管事官及给事、御史[8]，各举所知以任州县。从之。

[1] 景泰：明代宗朱祁钰的年号（1450～1457）。
[2] 林聪：字季聪（1417～1482），宁德（今属福建）人。正统四年（1439）进士，历官刑科给事中、都给事中、左金都御史、刑部尚书，卒官。谥庄敏。著有《见庵集》。《明史》有传。
[3] 参政：布政使司属官，秩从三品。参见明10注1。
[4] 成化五年：即公元1469年。成化，明宪宗朱见深的年号。
[5] 科道官：谓六科给事中与都察院监察御史等言官。方面：即"方面官"，地方政府长官。
[6] 郡守：谓知府一级的地方官。
[7] 会举：共同推举。
[8] 都御史：官名，明代都察院长官，分左、右，秩俱正二品。参见《明史·职官二》。李宾：字孟诚（生卒年不详），合州（今四川合川）人。正统七年（1442）进士，历官礼科给事中、礼部侍郎、右都御史巡抚湖广。著有《奉使录》。管事官：谓在朝四品、五品有职事的文官。

115. 弘治十二年[1]，复诏部院大臣各举方面郡守[2]。吏部因请依往年御史马文升迁按察使、屠滽迁金都御史之例[3]，超擢一二，以示激劝，而未经大臣荐举者亦兼采之。并从其议。当是时，孝宗锐意求治[4]，命吏、兵二部，每季开两京府部堂上及文武方面官履历，具揭帖奏览[5]。第兼保举法行之，不专恃以为治也。正德以后[6]，具帖之制渐废。嘉靖八年[7]，给事中夏言复请循弘治故事[8]，且及举劾贤否略节[9]，每季孟月[10]，部臣送科以达御前[11]，命著为令。而保举方面郡守之法，终明世不复行矣[12]。

[1] 弘治十二年：即公元1499年。弘治，明孝宗朱祐樘的年号。
[2] 方面郡守：谓布政使司与按察使司以及知府一级的地方官。
[3] 马文升：《明史》本传："马文升，字负图，钧州人。貌瑰奇多力。登景泰二年进士，授御史。历按山西、湖广，风裁甚著。还领诸道章奏。母丧除，超迁福建按察使。"参见明38注10。屠滽：字朝宗（1441～1512），号丹山，鄞县（今浙江宁波）人。成化二年（1466）进士，历官御史、金都御史、吏部尚书，加太子太傅。以忤刘瑾致仕归。卒谥襄惠。明王世贞《弇山堂别集》卷四《郎署至尚书不离局》："屠滽授御史，迁金都、副都、左右都御史掌院，以至再起吏部，掌院垂三十年，中间为吏书者三年。"
[4] 孝宗：即明孝宗朱祐樘（1470～1505）。参见明59注5。
[5] "命吏兵二部"三句：郭培贵《明史选举志考论》第362页："在内廷显眼处书写现任官员职名，以便皇帝及时掌握天下官员的任职情况，始于唐太宗时。即《山堂肆考》卷一八一《器用·屏风·刺史录名》载，'唐太宗曰"治人之本，莫重于刺史"，故录刺史姓名于屏风，卧起对之'。

明代因之。据《仁宗实录》卷五上、《英宗实录》卷四二和《孝宗实录》卷一二、二一八及《武宗实录》卷八六，永乐、洪熙、宣德、正统时，尝令吏、兵二部，书写各都司、布政司、按察司官的姓名、履历，揭于武英殿南廊或奉天门西序，或揭于文华殿东、西壁，'以备观览'。弘治元年，孝宗又把揭名的范围扩大到'两京五府、六部、都察院等衙门堂上官及在外镇守、巡抚'和'知府并分守、守备官'，要求吏、兵二部，不仅书写其职名、履历、年籍，'粘于文华殿壁，以便观光'；而且'每季各具贴以进，有升迁或事故去者，则揭去旧名，以新除者补之'。该制由此臻于完备，并成为孝宗勤政的重要表现之一。十七年十一月又予重申。正德初年，一度停罢；五年冬十月壬辰，吏部又议准恢复；但省略了弘治间开写武职揭贴进呈和书文武职名'粘于殿壁'的做法，仅'按季开写两京九卿堂上、在外方面官履历揭贴进呈'而已。"可参考。两京，京师（今北京）与南京。府，即"五军都督府"。参见明22注13。部，六部，明代谓吏、户、礼、兵、刑、工六部。堂上，即"堂上官"。参见明94注6。

[6] 正德：明武宗朱厚照的年号（1506~1521）。

[7] 嘉靖八年：即公元1529年。嘉靖，明世宗朱厚熜的年号。

[8] 夏言：参见明55注6。时任兵科给事中。弘治：明孝宗朱祐樘的年号（1488~1505）。

[9] 略节：简要的书面报告。

[10] 孟月：每季的第一个月，即正月、四月、七月、十月。

[11] 科：谓六科官员。

[12] "而保举"二句：郭培贵《明史选举志考论》第363页："《志》言不确。如据《国榷》卷五二、五四载，嘉靖二年四月癸巳，'敕两京三品以上及抚、按官，各举可守令者以闻'。八年五月丙午，'命廷臣四品以上，各举知府之选；翰林、科道，各举州、县官一员'。可见，嘉靖时仍行保举府、州、县官之制。同书卷九四又载：'崇祯八年八月丙午，复行保举法，令两京文职三品以下、五品以上，各举堪任知府一人；过期不举者议处，失举连坐。'《三垣笔记》上《崇祯》，则载其保举情况曰：'上屡用人不效，思用保举，初所举者，犹名士以数奇困场屋者；最后，皆铜臭。予入垣后，有求予保举者，先议以三千两赠；若包揽部考，为讨美缺，则再以一千两赠。予愧且忿，与解给谏学尹立志不保，然亦不被谴也'。可见，崇祯虽行保举，但效果已完全走向反面。"可参考。

116. 至若坐事斥免、因急才而荐擢者 [1]，谓之起废 [2]。家居被召、因需缺而预补者，谓之添注 [3]。此又铨法之所未详，而中叶以后间尝一行者也。

[1] 急才：迫切急需贤能之人。

[2] 起废：即起用坐事被罢职的官员。

[3] 添注：谓无实缺补授，添入注拟，以就职视事。《明史·丛兰传》："九月，贼平，论功赉金币，增俸一级，召还理部事。部无侍郎缺，乃命添注。"又《明史·杨守随传》："擢应天府丞，未上，母忧归。服除无缺，添注视事。"

117. 考满、考察 [1]，二者相辅而行。考满，论一身所历之俸，其目有三：曰称职，曰平常，曰不称职，为上、中、下三等。考察，通天下内外官计之，其目有八：曰贪，曰酷，曰浮躁，曰不及，曰老，曰病，曰罢，曰不谨〔2〕。

〔1〕 考满：明代考核官吏制度。参见明20注11。考察：明代考核官吏制度，与"考满"相辅而行。分外察与京察。外察即对外官的考察，亦称朝觐考察。京察即对京官的考察。外察、京察又通称大计。参见明109注2。

〔2〕 "其目有八"二句：明高拱《本语》卷五："至弘治十七年，始令六年一次考察，遂至今为然。然事例有八目、四科：曰贪，曰酷，为民；曰不谨，曰罢软，冠带闲住；曰老，曰疾，致仕；曰才力不及，曰浮躁浅露，降调外任。法可谓密矣，乃行事者不体朝廷之意，而皆袭为含糊暧昧不明之说。曰贪而已，更不列其贪之状；曰酷而已，更不列其酷之状；曰不谨而已，更不列其不谨之状。馀皆然，徒加之名，不指其实，不止罔者无以压服其心，即当其罪者亦无以压服其心。何者？未有以明之也。"

118. 考满之法，三年给由〔1〕，曰初考，六年曰再考，九年曰通考。依《职掌》事例考核升降〔2〕。诸部寺所属，初止署职，必考满始实授。外官率递考以待核〔3〕。杂考或一二年，或三年、九年。郡县之繁简或不相当〔4〕，则互换其官，谓之调繁、调简〔5〕。

〔1〕 给由：即发给解（jiè界）由。解由就是官吏调任或考选时的证明文书。参见元114注4。

〔2〕 职掌：即《诸司职掌》，朱元璋即皇帝位后所修礼书名。《明史·礼一》："在位三十馀年，所著书可考见者，曰《孝慈录》，曰《洪武礼制》，曰《礼仪定式》，曰《诸司职掌》，曰《稽古定制》，曰《国朝制作》，曰《大礼要议》，曰《皇朝礼制》，曰《大明礼制》，曰《洪武礼法》，曰《礼制集要》，曰《礼制节文》，曰《太常集礼》，曰《礼书》。"《明史·艺文二》："《诸司职掌》十卷，洪武中翟善等编。"《明会典》内容多采自《诸司职掌》，其下各有"事例"。

〔3〕 递考以待核：谓三年初考，六年再考，九年通考以定升降。

〔4〕 繁简：府或县户口、事务有繁与简的区别。参见明122。

〔5〕 调繁调简：即考核官员参照职事之繁简与职官之能力，在对品内互调，以使两者相应。

119. 洪武十一年〔1〕，命吏部课朝觐官殿最〔2〕。称职而无过者为上，赐坐而宴。有过而称职者为中，宴而不坐。有过而不称职者为下，不预宴，序立于门，宴者出，然后退。此朝觐考核之始也。

〔1〕 洪武十一年：即公元1378年。洪武，明太祖朱元璋的年号。

〔2〕 朝觐官：参见明109注2。殿最：古代考核政绩或军功，下等称为"殿"，上等称为"最"。

120. 十四年〔1〕，其法稍定。在京六部五品以下，听本衙门正官察其行能，验其勤怠。其四品以上，及一切近侍官与御史为耳目风纪之司，及太医院、钦天监、王府官不在常选者〔2〕，任满黜陟，取自上裁。直隶有司首领官及属官〔3〕，从本司正官考核，任满从监察御史覆考。各布政使司首领官，俱从按察司考核。其茶马、盐马、盐运、盐课提举司、军职首领官 [4]，俱从布政司考核，仍送按察司覆考。其布政司四品以上，按察司、盐运司五品以上，任满黜陟，取自上裁。内外入流并杂职官，九年任满，给由赴吏部考核，依例黜陟。果有殊勋异能、超迈等伦者，取自上裁。

[1] 十四年：即洪武十四年（1381）。

[2] 太医院：明代掌管医疗的官署，主要为宫廷服务。《明史·职官三》："太医院。院使一人（正五品），院判二人（正六品）。其属，御医四人（正八品，后增至十八人，隆庆五年定设十人），吏目一人（从九品，隆庆五年定设十人），生药库、惠民药局，各大使一人，副使一人。太医院掌医疗之法。凡医术十三科，医官、医生、医士，专科肄业：曰大方脉，曰小方脉，曰妇人，曰疮疡，曰针灸，曰眼，曰口齿，曰接骨，曰伤寒，曰咽喉，曰金镞，曰按摩，曰祝由。凡医家子弟，择师而教之。三年、五年一试、再试、三试，乃黜陟之。"钦天监：明代职掌天文历算的官署。《明史·职官三》："钦天监。监正一人（正五品），监副二人（正六品）。其属，主簿厅：主簿一人（正八品），春、夏、中、秋、冬官正各一人（正六品），五官灵台郎八人（从七品，后革四人），五官保章正二人（正八品，后革一人），五官挈壶正二人（从八品，后革一人），五官监候三人（正九品，后革一人），五官司历二人（正九品），五官司晨八人（从九品，后革二人），漏刻博士六人（从九品，后革五人）。监正、副掌察天文、定历数、占候、推步之事。凡日月、星辰、风云、气色，率其属而测候焉。有变异，密疏以闻。凡习业分四科：曰天文，曰漏刻，曰回回，曰历。自五官正下至天文生、阴阳人，各分科肄业。"王府官：即"王府长史司"、"王府仪卫司"官员。分别为管理亲王府事务与职掌王府侍卫仪仗的官署。王府长史司，参见明36注3。王府仪卫司，《明史·职官五》："卫王府仪卫司。仪卫正一人（正五品），仪卫副二人（从五品），典仗六人（正六品）。仪卫，掌侍卫仪仗。护卫，掌防御非常，护卫王邸。有征调，则听命于朝。明初，诸王府置护军府。洪武三年置仪卫司，司设正、副各一人，秩比正、副千户；司仗六人，秩比百户。四年改司仗为典仗。五年置亲王护卫指挥使司，每王府设三护卫，卫设左、右、前、后、中五所，所千户二人，百户十人。又设围子手二所，每所千户一人。九年罢护军府。建文中，改仪卫司为仪仗司，增置吏目一人。成祖初复旧制。"

[3] 直隶有司：谓顺天府与应天府官署。首领官：谓官署中的经历、照磨等官员。

[4] 茶马：即"茶马司"，明代管理茶马交易的机构。参见明106注8。盐马：即"盐马司"，《明史·职官四》："又洪武中，于四川置茶盐都转运司（洪武五年置，设官如都转运盐使司。十年罢），纳溪、白渡二盐马司（洪武五年置，以常选官为司令，内使为司丞。十三年罢，寻复置。十五年改设大使、副使各一人）。后并革。又有顺龙盐马司，亦革。"盐运：即"都转运盐使司"。参见明99注15。盐课提举司：明代掌食盐生产管理之事的官署。《明史·职官四》："盐课提举司。提举一人（从五品），同提举一人（从六品），副提举无定员（从七品）。其属，吏目一人（从九品），库大使、副使一人。所辖，各盐仓大使、副使，各场、各井盐课司大使、副使，并一人。提举司凡七：曰四川，曰广东海北（廉州），曰黑盐井（楚雄），曰白盐井（姚安），曰安宁，曰五井（大理），曰察罕脑儿。又有辽东煎盐提举司（提举，正七品，同提举，正八品，副提举，正九品）。其职掌皆如都转运司。"

121. 又以事之繁简 [1]，与历官之殿最 [2]，相参互核，为等第之升降。

[1] 繁简：府或县户口、事务有繁与简的区别。参见明122。
[2] 殿最：古代考核政绩或军功，下等称为"殿"，上等称为"最"。

122. 其繁简之例，在外府以田粮十五万石以上，州以七万石以上，县以三万石以上，或亲临王府都、布政、按察三司 [1]，并有军马守御，路当驿道，边方冲要供给处 [2]，俱为事繁。府粮不及十五万石，州不及七万石，县不及三万石，及僻静处，俱为事简。在京诸司，俱从繁例。

[1] "亲临王府"句：谓对所辖区域内王府负有责任的都指挥使司、承宣布政使司、提刑按察使司。都，即"都指挥使司"，简称"都司"，为明代省级军事机关名。《明史·职官五》："都指挥使司。都指挥使一人（正二品），都指挥同知二人（从二品），都指挥佥事四人（正三品）。其属，经历司：经历（正六品），都事（正七品）。断事司：断事（正六品），副断事（正七品），吏目各一人。司狱司：司狱（从九品），仓库、草场：大使、副使各一人。行都指挥使司，设官与都指挥使司同。都司掌一方之军政，各率其卫所以隶于五府，而听于兵部。"布政，即"承宣布政使司"。参见明10注1。按察，即"提刑按察使司"。参见明6注6。
[2] 冲要：军事或交通等方面的要地。

123. 十六年 [1]，京官考核之制稍有裁酌，俱由其长开具送部核考。十八年，吏部言天下布、按、府、州、县朝觐官，凡四千一百一十七人，称职者十之一，平常者十之七，不称职者十之一，而贪污阘茸者亦共得十之一 [2]。帝令称职者升，平常者复职，不称职者降，贪污者付法司罪之，阘茸者免为民。永、宣间 [3]，中外官旧未有例者，稍增入之 [4]。又从部议，初考称职、次考未经考核、今考称职者，若初考平常、次考未经考核、今考称职者，俱依称职例升用。自时厥后，大率遵旧制行之。中间利弊不可枚举，而其法无大变更也。

[1] 十六年：即洪武十六年（1383）。
[2] 阘茸：庸碌低劣。
[3] 永：即"永乐"，明成祖朱棣的年号（1403～1424）。宣：即"宣德"，明宣宗朱瞻基的年号（1426～1435）。
[4] "中外官"二句：郭培贵《明史选举志考论》第371页："永乐间增例较重要者，如《太宗实录》卷二一载：'永乐元年七月戊寅，吏部言太仆寺、太常寺、光禄寺、通政司、大理寺、国子监、鸿胪寺、翰林院正佐官考满，旧例，四品以上，本部不考。五品以下未有定拟。命准四品以上例。'因其中光禄寺少卿、通政司参议、大理寺寺丞皆为正五品，鸿胪寺少卿为从五品，国子监司业为正六品，都不符合'四品以上，本部不考'之例，而原来又无适用的考例，故有此补充规定。所谓'本部不考'，也即《会典》卷一二《考核》所载：'三、六年考满，俱不停俸，在任给由，不考核，不拘员数，引至御前，奏请复职。'又如同书卷五二载，永乐四年三月甲寅，吏部又奏准'宣慰、宣抚、安抚、招讨、长官司等土官衙门官员，考核俱从简例；各都司、卫所、布政司、按察司、行太仆寺、盐运司、盐课提举司、煎盐提举司、市舶提举司、茶马司等

衙门官员，考核俱从繁例'。由此，使考核的繁、简例规定更加完备。另据《会典》、《实录》、《续通考》及《吏部职掌》等书，可知，不仅宣德间对考核制度仍有增例，此后各朝也都有一些补充和修定。"可参考。

124. 考察之法，京官六年，以巳、亥之岁，四品以上自陈以取上裁，五品以下分别致仕、降调、闲住为民者有差 [1]，具册奏请，谓之京察 [2]。自弘治时 [3]，定外官三年一朝觐，以辰、戌、丑、未岁，察典随之，谓之外察 [4]。州县以月计，上之府，府上下其考，以岁计，上之布政司 [5]。至三岁，抚、按通核其属事状 [6]，造册具报，丽以八法 [7]。而处分察例有四 [8]，与京官同。明初行之，相沿不废，谓之大计 [9]。计处者，不复叙用，定为永制。

[1] "五品以下"句：所言系针对年老、有疾者（致仕），罢软、不谨者（冠带闲住），浮躁、才力不
及者（酌量调用），贪酷者（罢为民）几类官员而言，称职者、平常者不在此例。

[2] 京察：明代考察京官制度，始行于洪武初。弘治十七年（1504）五月，经吏科给事中许天锡奏
定，六年一次考察，四品以上京官具疏自陈，由皇帝定其去留。两京五品以下官吏，由吏部会同
都察院考察，然后具册奏请。吏部尚书、都察院都御史、考功司郎中共同主持考察之事，并密托
吏科都给事中、河南道掌道御史咨访。须加处分的官员分为四等，即如注 1 所述。

[3] 弘治：明孝宗朱祐樘的年号（1488～1505）。

[4] 外察：明代考察地方官制度，始行于洪武初。原为每年一次朝觐，后改为每隔三年一次朝觐。届
时，吏部会同都察院考察，奏请皇帝定夺，故又称朝觐考察。参见明 109 注 2。

[5] 布政司：即"承宣布政使司"。参见明 10 注 1。

[6] 抚：巡抚，官名。参见明 33 注 16。按：巡按，官名，即"巡按御史"。参见明 33 注 1。

[7] 八法：明代考察官吏的基本内容。共分八类，即贪、酷、浮躁、不及、老、病、罢、不谨，凡具
有其中一条者，即予以降、调、撤职或其他处分。

[8] 察例有四：参见注 1。

[9] 大计：即包括上述京察与外察的明代考察内外官员的制度。

125. 洪武四年 [1]，命工部尚书朱守仁廉察山东莱州诸郡官吏 [2]。六年，令御史台御史及各道按察司察举有司官有无过犯 [3]，奏报黜陟，此考察之始也。洪熙时 [4]，命御史考察在外官，以奉命者不能无私，谕吏部尚书蹇义严加戒饬 [5]，务矢至公。景泰二年 [6]，吏部、都察院考察当黜退者七百三十馀人。帝虑其未当，仍集诸大臣更考，存留者三之一。成化五年 [7]，南京吏部右侍郎章纶、都察院右佥都御史高明考察庶官 [8]。帝以各衙门掌印官不同佥名，疑有未当，令侍郎叶盛、都给事中毛弘从公体勘，亦有所更定 [9]。

[1] 洪武四年：即公元 1371 年。洪武，明太祖朱元璋的年号。

[2] 工部尚书：工部长官，初隶中书省，秩正三品；洪武十三年（1380）废中书省，六部尚书秩升
正二品。参见明 28 注 10。朱守仁：字元夫（生卒年不详），徐州（今属江苏）人。元末为枢密

同知，后归降朱元璋，历官工部尚书、北平行省参政，以馈饷不继贬官，历任苍梧知县、高唐知州、四川布政使、云南楚雄知府、太仆寺卿，管理马政有名于时。永乐初病卒。《明史》有传。莱州：今山东掖县。

[3] 御史台：明初掌管监察风纪的机构，与总政务之中书省、掌军旅之都督府并为三大府。朱元璋吴元年（1367）置，设左、右御史大夫、御史中丞、侍御史、治书侍御史、殿中侍御史，并设察院，置监察御史、经历、都事、照磨、管勾。洪武九年（1376）裁侍御史、治书侍御史、殿中侍御史。十三年，专设左、右中丞，左、右侍御史。同年五月罢。十五年改置都察院。按察司：即"提刑按察使司"，明代各省置。参见明6注6。

[4] 洪熙：明仁宗朱高炽的年号（1425）。

[5] 吏部尚书：吏部长官，秩正二品。参见明24注3。蹇义：参见明111注7。

[6] 景泰二年：即公元1451年。景泰，明代宗朱祁钰的年号。

[7] 成化五年：即公元1469年。成化，明宪宗朱见深的年号。

[8] 南京吏部右侍郎：南京吏部副长官，秩正三品。参见明24注3。章纶：字大经（1413~1483），乐清（今属浙江）人。正统四年（1439）进士，历官南京礼部主事、仪制郎中、礼部右侍郎，调南京吏部，以年老致仕归。谥恭毅。著有《拙斋集》、《困志集》等。《明史》有传。右佥都御史：都察院官员，分左、右，秩俱正四品。这里当指南京右佥都御史。参见明28注11。高明：字上达（1422~1485），号愚轩，更号五宜，贵溪（今属江西）人。景泰二年（1451）进士，历官御史、大理寺丞、南京右佥都御史，著有《终养录》、《征闽录》、《安定录》等。《明史》有传。

[9] "帝以"数句：郭培贵《明史选举志考论》第79页："此时尚无对京官的定时考察；据《宪宗实录》卷五九，该次京察起于'修德弭灾'。又据同书卷六二、六四载：成化五年正月，'南京吏部右侍郎章纶、都察院右佥都御史高明会各衙门掌印官考察庶官，奏罢老、疾、罢软、贪污官户部郎中潘孟时等共九十六员。上曰，既会官考察，何以各掌印官不同佥名？事有未当。宜侍郎叶盛、都给事中毛弘将今次考过官再从公体勘应否来闻'。同年闰二月己卯，叶盛、毛弘二人会勘'俱得其实：当会之时，章纶不能对众执论，从公考察，后乃偏执己见，展转烦渎；高明亦不与章纶诚心商榷，以致即忿猜疑；奏覆之时，又不与诸司掌印官佥名同进，二人俱宜建（逮？）问。其纶所言欲留考退郎中潘孟时等三人，黜见留左府经历吴宣等十九人。但考察已定，恐难纷更。议入，上是其言；章纶、高明，姑置不问'。由上可知，《志》言章纶、高明奏上的考察结果，经盛、弘二人会勘后，'亦有所更定'，不确。事实是，在盛、弘二人会勘尚无结论之时，章纶本人确曾上疏奏请更定，但后被盛、弘二人以'考察已定，恐难纷更'为由否定，而宪宗最终肯定的也是盛、弘二人的意见。"可参考。掌印官，即各衙门之长官。佥名，即"签名"。侍郎，谓礼部右侍郎，秩正三品。参见明20注6。叶盛，字与中（1420~1474），苏州昆山（今属江苏）人。正统十年（1445）进士，历官兵科给事中、右参政、右佥都御史巡抚两广、礼部右侍郎，转吏部左侍郎。卒谥文庄。著有《叶文庄奏议》、《水东日记》等。《明史》有传。都给事中，此谓六科中刑科之长官，秩正七品。参见明10注3。毛弘，字士广（生卒年不详），鄞县（今浙江宁波）人。天顺元年（1457）进士，历官刑科给事中、都给事中，负气敢言。得暴疾卒。《明史》有传。

126. 弘治六年 [1]，考察当罢者共一千四百员，又杂职一千一百三十五员。帝谕：

676

"方面、知府必指实迹[2]，毋虚文泛言，以致枉人。府、州以下任未三年者，亦通核具奏。"尚书王恕等具陈以请[3]，而以府、州、县官贪鄙殃民者，虽年浅不可不黜。帝终谓人才难得，降谕谆谆，多所原宥。当黜而留者九十馀员。给事、御史又交章请黜遗漏及宜退而留者，复命吏部指实迹，恕疏各官考语及本部访察者以闻。帝终以考语为未实，谕令复核。恕以言不用，且疑有中伤者，遂力求去[4]。至十四年，南京吏部尚书林瀚言[5]，在外司府以下官，俱三年一次考察，两京及在外武职官，亦五年一考选，惟两京五品以下官，十年始一考察，法大阔略。旨下，吏部覆请如瀚言，而京官六年一察之例定矣。

[1] 弘治六年：即公元1493年。弘治，明孝宗朱祐樘的年号。

[2] 方面：即"方面官"，地方政府长官。

[3] 王恕：字宗贯（1416～1508），号介庵、石渠，三原（今属陕西）人。正统十三年（1448）进士，选庶吉士，历官大理评事、扬州知府、刑部侍郎、左都御史、南京兵部尚书、吏部尚书，以刚正清严著称，引荐皆一时名臣。致仕卒，谥端毅。著有《王端毅公文集》、《玩易意见》、《石渠意见》等。《明史》有传。

[4] "帝终谓"数句：《明史·刘恕传》："是时刘吉已罢，而邱濬入阁，亦与恕不相能。初濬以礼部尚书掌詹事，与恕同为太子太保。恕长六卿，位濬上。及濬入阁，恕以吏部弗让也，濬由是不悦。恕考察天下庶官，已黜而濬调旨留之者九十馀人。恕屡争不能得。因力求罢，不许。太医院判刘文泰者，故往来濬家以求迁官，为恕所沮，衔恕甚。恕里居日，尝属人作传，镂板以行。濬谓其沽直谤君，上闻罪且不小。文泰心动，乃自为奏章，示除名都御史吴祯润色之。讦恕变乱选法，且传中自比伊、周，于奏疏留中者，概云不报，以彰先帝拒谏，无人臣礼，欲中以奇祸。恕以奏出濬指，抗言：'臣传作于成化二十年，致仕在二十二年，非有望于先帝也。且传中所载，皆足昭先帝纳谏之美，何名彰过。文泰无赖小人，此必有老于文学多阴谋者主之。'帝下文泰锦衣狱，鞫之得实，因请逮濬、恕及祯对簿。帝心不悦恕，乃贬文泰御医，责恕沽名，焚所镂版，置濬不问。恕再疏请辨理，不从，遂力求去。听驰驿归，不赐敕，月廪、岁隶亦颇减。廷论以是不直濬。及濬卒，文泰往吊，濬妻叱之出曰：'以若故，使相公龉王公，负不义名，何吊为！'"可见弘治间官场斗争之烈。

[5] 林瀚：字亨大（1434～1519），号泉山，闽县（今福建福州）人。成化二年（1466）进士，选庶吉士，授编修，历官国子监祭酒、礼部右侍郎，弘治十三年（1500）任南京吏部尚书，正德元年（1506）改南京兵部，参赞机务。以忤太监刘瑾，谪为浙江参政，致仕归。瑾诛，复官致仕。卒谥文安。著有《文安公集》。《明史》有传。

127. 京察之岁，大臣自陈。去留既定，而居官有遗行者[1]，给事、御史纠劾，谓之拾遗[2]。拾遗所攻击，无获免者[3]。弘、正、嘉、隆间[4]，士大夫廉耻自重，以挂察典为终身之玷。至万历时[5]，阁臣有所徇庇[6]，间留一二以挠察典[7]，而群臣水火之争，莫甚于辛亥、丁巳[8]，事具各传中。党局既成[9]，互相报复，至国亡乃已。

[1] 遗行：失检的行为或品德有缺点。

[2] 拾遗：明代京察时，皇帝对四品以上官员的去留确定后，科道官对居官失检或又发现不称职者再行纠劾，称拾遗。此外，朝觐考察也有科道拾遗之制。

[3] 无获免者：郭培贵《明史选举志考论》第381页："此误。如据《世宗实录》卷二三、七四、二二九，嘉靖二年朝觐考察，科道官拾遗劾奏不职者二十三人，结果，其中十七人'仍留用'；六年京察，科道官拾遗劾奏侍郎等官张璁等二十五人，结果，其中八人'俱留用'；十八年京察，科道官拾遗论劾礼部尚书等官严嵩等二十人，结果，其中八人'俱留用'。又据《神宗实录》卷二五七，万历二十一年二月，科道拾遗，同样也有留用者。此类例子在《实录》中还有很多，恕不具引。"可参考。

[4] 弘：弘治，明孝宗朱祐樘的年号（1488～1505）。正：正德，明武宗朱厚照的年号（1506～1521）。嘉：嘉靖，明世宗朱厚熜的年号（1522～1566）。隆：隆庆，明穆宗朱载垕的年号隆庆（1567～1572）。

[5] 万历：明神宗朱翊钧的年号（1573～1620）。

[6] 阁臣：内阁办事的大臣。参见明19注7。徇庇：徇私包庇。

[7] 挠：扰乱。这里有应付的意思。

[8] 辛亥：即万历三十九年（1611）。这一年的考察与党争纠缠在一起，甚为混乱。《明史·孙丕扬传》："先是，南北言官群击李三才、王元翰，连及里居顾宪成，谓之东林党。而祭酒汤宾尹、谕德顾天埈各收召朋徒，干预时政，谓之宣党、昆党；以宾尹宣城人，天埈昆山人也。御史徐兆魁、乔应申、刘国缙、郑继芳、刘光复、房壮丽，给事中王绍徽、朱一桂、姚宗文、徐绍吉、周永春辈，则力排东林，与宾尹、天埈声势相倚，大臣多畏避之。至是，继芳巡按浙江，有伪为其书抵绍徽、国缙者，中云'欲去福清，先去富平；欲去富平，先去耀州兄弟'。又言'秦脉斩断，吾辈可以得志'。福清谓叶向高，耀州谓王国、王图，富平即丕扬也。国时巡抚保定，图以吏部侍郎掌翰林院，与丕扬皆秦人，故曰'秦脉'。盖小人设为挑激语，以害继芳辈，而其书乃达之丕扬所。丕扬不为意，会御史金明时居官不职，虑京察见斥，先上疏力攻图并诋御史史记事、徐缙芳，谓为图心腹。及图、缙芳疏辩，明时再劾之，因及继芳伪书事。国缙疑书出缙芳及李邦华、李炳恭、徐良彦、周起元手，因目为'五鬼'；五人皆选授御史候命未下者也。当是时，诸人日事攻击，议论纷呶，帝一无所问，则益植党求胜，朝端哄然。及明年（谓万历三十九年）三月大计京官。丕扬与侍郎萧云举、副都御史许弘纲领其事，考功郎中王宗贤、吏科都给事中曹于汴、河南道御史汤兆京、协理御史乔允升佐之。故御史康丕扬、徐大化，故给事中钟兆斗、陈治则、宋一韩、姚文蔚，主事郑振先、张嘉言及宾尹、天埈、国缙咸被察，又以年例出绍徽、应甲于外。群情翕服，而诸不得志者深衔之。当计典之初举也，兆京谓明时将出疏要挟，以激丕扬。丕扬果怒，先期止明时过考察，特疏劾之。旨下议罪，而明时辨疏复犯御讳。帝怒，褫其职。其党大哗。谓明时未尝要挟兆京，只以劾图一疏实之，为图报复。于是刑部主事秦聚奎力攻丕扬，为宾尹、大化、国缙、绍徽、应甲、嘉言辨。时部院察疏犹未下，丕扬奏趣之，因发聚奎前知绩溪、吴江时贪虐状。帝方向丕扬，亦褫聚奎职。由是党人益愤，谓丕扬果以伪书故斥绍徽、国缙，且二人与应甲尝攻三才、元翰，故代为修隙，议论汹汹。弘纲闻而畏之。累请发察疏，亦若以丕扬为过当者。党人藉其言，益思撼丕扬。礼部主事丁元荐甫入朝，虑察疏终寝，抗章责弘纲，因尽发昆、宣党构谋状。于是一桂、继芳、永春、兆、魁宗文争击元荐，为明时等讼冤。赖向高调护，至五月察疏乃下。给事中彭惟成、南京给事中高节，御史王万祚、曾成

678

易犹攻讦不已。丕扬以人言纷至,亦屡疏求去,优诏勉留。先是,杨时乔掌察,斥科道钱梦皋等十人,特旨留任。至是丕扬亦奏黜之,群情益快。"丁巳:即万历四十五年(1617)。这一年京察已为奸党所控制,毫无公正可言了。《明史·郑继之传》:"郑继之,字伯孝,襄阳人。嘉靖四十四年进士,除馀干知县。迁户部主事,历郎中。迁宁国知府,进四川副使,以养亲归……四十一年,吏部尚书赵焕罢。时帝虽倦勤,特谨铨部选,久不除代。以继之有清望,明年二月乃召之代焕。继之久处散地,无党援。然是时言路持权,齐、楚、浙三党尤横,大僚进退惟其喜怒。继之故楚产,习楚人议论,且年八十馀,耄而愦,遂一听党人意指……时缙云李铉以刑部尚书兼署都察院,亦浙党所推毂。四十五年大计京官,继之与铉司其事,考功郎中赵士谔、给事中徐绍吉、御史韩浚佐之。所去留悉出绍吉等意,继之受成而已。一时与党人异趣者,贬黜殆尽,大僚则中以拾遗,善类为空。"

[9] 党局:谓朝中齐、楚、浙三党鼎立,代表士林清流的东林党人则遭到打击排斥。《明史·方从哲传》:"丁巳京察,尽斥东林,且及林居者。齐、楚、浙三党鼎立,务搏击清流,齐人亓诗教,从哲门生,势尤张。从哲昵群小,而帝怠荒亦益甚。"

128. 兵部凡四司[1],而武选掌除授,职方掌军政,其职尤要。凡武职,内则五府、留守司[2],外则各都司、各卫所及三宣、六慰[3]。流官八等[4],都督及同知、佥事[5],都指挥使、同知、佥事[6],正副留守[7]。世官九等[8]:指挥使及同知、佥事[9],卫、所镇抚[10],正、副千户[11],百户[12],试百户[13]。直省都指挥使二十一[14],留守司二[15],卫九十一,守御、屯田、群牧千户所二百十有一[16]。此外则苗蛮土司[17],皆听部选[18]。自永乐初增立三大营[19],各设管操官,各哨有分管、坐营官、坐司官[20]。景泰中[21],设团营十,已复增二[22],各有坐营官,俱特命亲信大臣提督之,非兵部所铨择也。

[1] 四司:即武选、职方、车驾、武库四清吏司。参见明24注4。
[2] 五府:即"五军都督府"。参见明28注6。留守司:谓中都留守司与兴都留守司。中都留守司为洪武十四年(1381)所置军事机构,设于中都凤阳(今属安徽)。兴都留守司为嘉靖十八年(1539)所置军事机构,设于兴都承天府(今湖北钟祥)。《明史·职官五》:"留守司。正留守一人(正二品),副留守一人(正三品),指挥同知二人(从三品)。其属,经历司:经历(正六品),都事(正七品)。断事司:断事(正六品),副断事(正七品),吏目各一人。掌中都、兴都守御防护之事。洪武二年诏以临濠为中都,置留守卫指挥使司,隶凤阳行都督府。十四年始置中都留守司,统凤阳等八卫(凤阳卫,凤阳中卫,凤阳右卫,皇陵卫,留守左卫,留守中卫,长淮卫,怀远卫),防护皇陵,设留守一人,左、右副留守各一人(属官经历以下,如前所列)。嘉靖十八年改荆州左卫为显陵卫,置兴都留守司,统显陵、承天二卫,防护显陵,设官如中都焉。"
[3] 都司:即"都指挥使司",简称都司,为省级军事机关,与布政使司、按察使司合称"三司"。参见明33注9。卫所:明代军事编制。参见明12注7。三宣六慰:明代云南等处土司的合称,即陇川、干崖、南甸三宣抚司和木邦、孟养、车里、八百大甸、老挝、缅甸六宣慰司。郭培贵《明史选举志考论》第384页:"据《会典》卷一二四《兵部七》,由兵部所属的土官衙门有宣

679

慰使司二处，招讨司一处，宣抚司六处，安抚司一十七处，长官司六十四处（旧五十九处）。宣慰司二处，分别是属湖广都司的永顺军民宣慰使司、保靖州军民宣慰使司；宣抚司六处，分别是属四川都司的石砫宣抚司、酉阳宣抚司和属湖广都司的施南宣抚司、散毛宣抚司、忠建宣抚司、容美宣抚司。不知《志》言'三宣、六尉（慰?）'何指。"可参考。

[4] 流官：谓武职地方官。因有任期而常流动，故称。

[5] 都督：即"左右都督"，明代武职官名。初为大都督府副长官，秩正二品。吴元年（1367）更定官制，革大都督，遂以其为长官，秩正一品。洪武十三年（1380）改大都督府为五军都督府，仍为各府长官。初间以公侯伯充任，参赞军国大事。后率以公侯伯署府事。同知：即"都督同知"，又称"同知都督"，明武职官名。明代先后设于大都督府、五军都督府和行都督府。位在左右都督之下，参赞军务。原为秩从二品，后为秩从一品。或以恩功寄禄。无定员。佥事：即"都督佥事"，又称"佥都督"，明武职官名。初设于大都督府，秩从三品。吴元年升从二品，洪武十二年升正二品。后改大都督府为五军都督府，其官仍旧。位在左右都督、都督同知之下，参赞军务。或以恩功寄禄。无定员。

[6] 都指挥使：明代各都指挥使司及行都指挥使司长官，秩正二品。与都指挥同知、都指挥佥事共掌一省之军政。常以一人统司事，称掌印；一人练兵，一人屯田，称佥书。凡巡捕、军器、漕运、操练、备御诸务，皆统之。节制方面，职任甚重。均以流官充任，从朝廷选授外调。简用掌印、佥书等须由兵部奏请批准，获得世官。同知：即"都指挥同知"，明代各都指挥使司及行都指挥使司副长官，秩从二品。佥事：即"都指挥佥事"，明代各都指挥使司及行都指挥使司副长官，秩正三品。

[7] 正副留守：留守司正副长官。参见注2。

[8] 世官：即"世职"，与流官相对而言，谓子孙可以世代相袭之官。多见于武官，分袭职、替职、优给。俱为有军功之家，掌于兵部武选司。

[9] 指挥使：明代卫指挥使司长官，秩正三品。与指挥同知、指挥佥事同掌卫事。遇战事，率其属听主帅调度。其官多世袭，凡袭替、升授、优给、优养及所属军政报都指挥使司，达所隶都督府，移兵部。此外京卫指挥使司长官、王府护卫指挥使司长官，亦称指挥使。同知：即"指挥同知"，又称"同知指挥使"。明代各卫、京卫、王府护卫指挥使司副长官，秩从三品。佐指挥使掌司事。佥事：即"指挥佥事"，明代各卫、京卫、王府护卫指挥使司副长官，秩正四品。佐指挥使掌司事。

[10] 卫所：明代军事编制。参见明12注7。镇抚：明代卫所设武职官；设于卫镇抚司者二人，秩从五品；设于千户所者二人，秩从六品。掌卫所刑狱词讼，无狱事则管军，百户缺则代之。

[11] 正副千户：明代千户所正副长官。千户，秩正五品；副千户，秩从五品。皆以世官充任。有试职，有实授。千户与副千户共管军，一人掌印，一人佥书。千户所为明代卫所编制之一。大抵由一千一百二十人组成，设正千户一人，副千户二人，镇抚二人。下辖十百户所。凡军政，卫下于所，千户督百户，各率其卒伍以听令。

[12] 百户：明代百户所长官，秩正六品。以世官充任，有试职，有实授。百户所，明代卫所编制之一，由一百二十人组成。上辖于千户所，下设总旗二人，小旗十人。每小旗率十人，每总旗统五小旗。

[13] 试百户：即"试职百户"。参见上注。

[14] 直省：明人谓南、北直隶与十三行省。二十一：谓浙江、山东、辽东、陕西、四川、广西、云

南、贵州、河南、湖广、福建、江西、广东、大宁、万全、山西等十六都司与陕西、四川、湖广、福建、山西等五行都司。大宁、万全在北直隶境内。

[15] 留守司二：参见注 2。

[16] "卫九十一"二句：《明史·兵二》："后定天下都司卫所，共计都司二十一，留守司二，内外卫四百九十三，守御、屯田、群牧千户所三百五十九，仪卫司三十三（自仪卫司以下，旧无，后以次渐添设），宣慰使司二，招讨使司二，宣抚司六，安抚司十六，长官司七十（原五十九），番边都司卫所等四百七（后作四百六十三）。"数字有异，可参考。

[17] 苗蛮：明代对西南苗族等少数民族带有歧视性的称谓。土司：即"土官"。明代对西南少数民族地区世袭地方官之统称。参见明 31 注 6。

[18] 部选：谓兵部掌其武职土司承袭事宜。

[19] 永乐：明成祖朱棣的年号（1403～1424）。三大营：《明会典》卷一百十一《兵部六·大营》："国初，立大小教场，以练五军将士。永乐初，既有五军营，又有三千营，以司宝纛令旗；神机营，以司神枪火器。是为三大营。各营管操官曰提督，各哨分管官曰坐营，曰坐司。"

[20] 哨：明代营下的军事编制单位。

[21] 景泰：明代宗朱祁钰的年号（1450～1457）。

[22] "设团营"二句：《明会典》卷一百十一《兵部六·团营》："景泰初，选三大营精锐官军分立十营团操，以备警急调用，是为团营。每营官军一万员名，其提督及坐营、掌号、把总等内外官员，略如三大营之制，而命本部尚书或都御史一同提督。天顺初罢立，八年复置。成化初罢，三年复置，分为十二营。"

129. 凡大选 [1]，曰色目 [2]，曰状貌，曰才行，曰封赠 [3]，曰袭荫 [4]。其途有四，曰世职 [5]，曰武举 [6]，曰行伍 [7]，曰纳级 [8]。初，武职率以勋旧。太祖虑其不率 [9]，以《武士训戒录》、《大诰武臣录》颁之 [10]。后乃参用将材，三岁武举，六岁会举 [11]，每岁荐举，皆隶部除授 [12]。久之，法纪隳坏，选用纷杂。正德间 [13]，冒功升授者三千有奇。嘉靖中 [14]，詹事霍韬言 [15]：

成化中，增太祖时军职四倍，今又增几倍矣。锦衣初额官二百五员，今至千七百员，殆增八倍 [16]。洪武初 [17]，军功袭职子弟年二十者比试，初试不中，袭职署事，食半俸。二年再试，中者食全俸，仍不中者充军 [18]。其法至严，故职不冗而俸易给。自永乐后 [19]，新官免试 [20]，旧官即比试，贿赂无不中，此军职所以日滥也。永乐平交阯 [21]，赏而不升。迩者不但获馘者升 [22]，而奏带及缉妖言捕盗者亦无不升 [23]，此军职所以益冗也。

宜命大臣循清黄例 [24]，内外武职一切差次功劳，考其祖宗相承，叔侄兄弟继及。或洪、永年间功，或宣德以后功 [25]，或内监弟侄恩荫 [26]，或勋戚驸马子孙 [27]，或武举取中，各分数等，默寓汰省之法。或许世袭，或许终身，或许继，或不许继，各具册籍，昭示明白，以为激劝。

[1] 大选：明代由兵部武选司掌管的武职选任。

[2] 色目：谓应选者的人品、身份。

[3] 封赠：明代对封官和赠官的合称。生曰封，死曰赠。包括追封公、侯、伯；授予三品以上，政绩显异及死谏、死节、阵亡者的荣誉称号。现任官员上任初授散阶；内外官员一考称职授予诰敕；七品以上官推恩于父、祖、曾祖，荫叙子孙，授内外命妇封号等。

[4] 袭荫：子孙承继先祖的官位爵号。

[5] 世职：谓子孙可以世代相袭之官。参见明128注8。

[6] 武举：明代登进武官的科目。参见明85～87。

[7] 行武：谓当兵出身而立有战功者。

[8] 纳级：即通过捐赀纳粟以提升军职级别。《续文献通考》卷四十三《选举考·赀选》："王圻曰：国初只以征聘荐举贤良、孝廉、明经、儒士入官，已而开岁贡之例，重举人、进士之选，而以赀发身，所未睹也。虽洪武中有税户人材之擢，然只取其富厚醇朴，而非计其赀也。景泰中，始以边费令民纳粟、纳马，而赀选盖权舆矣。继是而纳级，又继是而乞运，此道益滥觞焉。"《中国历史大辞典·明史卷》谓："明代武官选拔制度。由兵部武选司对将士经推选或按战功提升级别。"似不确。

[9] 太祖：即明太祖朱元璋（1328～1398）。参见明3注6。不率：不服从，不遵循。

[10] 武士训戒录：明代洪武间所颁敕撰书名。明黄佐《翰林记》卷十三："（洪武）二十一年九月颁《武士训戒录》，亦翰林儒臣所修也。"清黄虞稷《千顷堂书目》卷十："《武士训戒录》，洪武二十一年十月乙丑颁行，命儒臣编辑古今武臣善恶事，释以直解，以训武臣。"大诰武臣录：明代洪武间所颁敕撰书名。清黄虞稷《千顷堂书目》卷十："《大诰武臣》一卷，洪武二十年十二月上。以武臣多出自行伍，罔知宪典，故所为往往丽法，乃制《大诰》三十一篇以训。"

[11] 会举：谓六年一次由兵部会同有关官员选荐两京武学官生到各边镇或卫所历练以备选拔。有功者升赏，五年无功，仍回原营卫所供职、袭替。

[12] 隶部除授：谓归兵部授官。

[13] 正德：明武宗朱厚照的年号（1506～1521）。

[14] 嘉靖：明世宗朱厚熜的年号（1522～1566）。

[15] 詹事：詹事府长官，秩正三品。参见明20注5。霍韬：参见明81注9。

[16] "成化中"数句：黄云眉《明史考证·明史卷七十一考证》："按据霍韬原文：'天下武职，洪武初年，二万八千馀员，成化五年，增至八万一千馀员。锦衣卫官，洪武初年，二百一十一员，今增一千七百馀员，由二万而八万，增四倍矣；由二百而一千七百，增八倍矣。夫额田赋入，则由八百万减而四百万，军职员额，则由二万增至八万。此成化以前大略也。弘治以后，则未之稽也。'见嘉靖八年六月《实录》，知'今又增几倍矣'句，乃作史者所臆增。又《志》文二百五员之'五'字，恐为'一十一'三字叠书之讹。"可参考。成化，明宪宗朱见深的年号（1465～1487）。锦衣，即"锦衣卫"。参见明19注15。

[17] 洪武：明太祖朱元璋的年号（1368～1398）。

[18] 充军：明代刑法制度。罪犯被发往远地卫所为军籍强迫服役。源于秦汉之谪戍或戍边。明初惟边方屯种，后成定制。

[19] 永乐：明成祖朱棣的年号（1403～1424）。

[20] 新官免试：郭培贵《明史选举志考论》第391页："《志》'自永乐后，新官免试'云云，即正

682

德《会典》卷一〇六《兵部一·比试》所载：'永乐初，令洪武三十一年至三十五年，奉天征讨获功升职者，为新官，子孙年十六出幼袭替，免比试；三十一年以前者，为旧官，子孙年十五出幼袭替，俱比试。永乐元年以后，获功者，出幼比试，与旧官同。'可见，所谓'新官'，仅指'洪武三十一年至三十五年'之间，'奉天征讨获功升职者'；'免试'，是指其子孙袭替时可免比试，而非指新官本身。《志》语焉不详且易致误解。"甚是，可参考。

[21] 平交阯：参见明49注7。

[22] 获馘（guó 国）：古代战争中割取所杀敌人或俘虏的左耳以计数报功。

[23] 奏带：当指奏功时提及的随从人等。

[24] 清黄：即清理"贴黄"。参见明24注4。

[25] 宣德：明宣宗朱瞻基的年号（1426～1435）。

[26] 内监：宦官太监。参见明28注18。

[27] 勋戚驸马：因汗马军功而获封公侯伯的勋臣、皇亲国戚以及大长公主、长公主、公主之夫等。

130. 于是命给事中夏言等查核冒滥 [1]。言等指陈其弊，言："镇守官奏带旧止五名，今至三四百名，盖一人而奏带数处者有之，一时而数处获功者有之。他复巧立名色，纪验不加审核 [2]，铨选又无驳勘，其改正重升、并功加授之类 [3]，弊端百出，宜尽革以昭神断。"部核如议。恩幸冗滥者，裁汰以数千计，宿蠹为清。万历十五年 [4]，复诏严加察核。且尝命提、镇、科道会同兵部 [5]，品年资，课技艺，序荐剡 [6]，分为三等，名曰公选。然徒饰虚名，终鲜实效也。

[1] 夏言：参见明55注6。

[2] 纪验：登录验明。

[3] 改正：副职升迁为正职。重升：再次提升。

[4] 万历十五年：即公元1587年。万历，明神宗朱翊钧的年号。

[5] 提：即"提督"。明代京营三大营长官，每营二人，以勋臣充任。景泰元年（1450）增用宦官充任，无定员。建团营后，三老营沿旧制置，各二人，并以其中二人兼掌团营。嘉靖中革，改置一人，总领三大营，称提督总兵官。隆庆初，定兵部尚书一人、侍郎一人充任。后改三营各一人，以勋臣充任，并另以右都御史一人充任，不久，并置。镇：即"镇守"，或称"总兵官"。参见明85注7。科道：即"科道官"，谓六科给事中与都察院监察御史等言官。

[6] 荐剡（shàn 善）：谓推荐人的文书。浙江嵊县剡溪之水制纸甚佳，故以"剡"为纸的代称。

131. 武官爵止六品 [1]，其职死者袭，老疾者替，世久而绝，以旁支继。年六十者子替。明初定例，嫡子袭替，长幼次及之。绝者，嫡子庶子孙次及之；又绝者，以弟继。永乐后 [2]，取官舍、旗军馀丁曾历战功者，令原带俸及管事袭替，悉因之 [3]。其降级子孙仍替见降职事。弘治时 [4]，令旁支减级承袭。正德中 [5]，令旁支入总旗 [6]。嘉靖间 [7]，旁支无功者，不得保送。凡升职官舍，如父职。其阵亡保袭者，流官一等 [8]。凡袭替官舍，以骑射试之。大抵世职难核 [9]，故例特详，而长弊丛奸，亦复不少。

[1] 止六品：明代五军都督府各军之左右都督为秩正一品，武官中品级最低者为镇抚，秩从六品。

[2] 永乐：明成祖朱棣的年号（1403~1424）。

[3] "取官舍"三句：《明会典》卷一百〇六："永乐元年，令官舍、旗军馀丁曾历战功升授职役者，其子准承袭；无子，其父兄弟侄，见受职役小者，俱准袭，职事相等；无应袭者，义子、女婿不准袭。若先不曾立功就与职役，后亦无战功者，不准袭。"可参考。官舍，官府的差役。旗军馀丁，卫所下总旗、小旗编制内军士家属中的成年男丁。又称"军馀"、"家丁"，以三人佐边军一人。正军死亡或老疾，即由其补伍。内地或称"帮丁"。

[4] 弘治：明孝宗朱祐樘的年号（1488~1505）。

[5] 正德：明武宗朱厚照的年号（1506~1521）。

[6] 总旗：明代低级军官。每百户下设二人，各领五小旗。郭培贵《明史选举志考论》第392页："《会典》曰：'正德元年准奏：旁枝子孙承袭，入高、曾以上，原无职役，亲祖父袭替堂伯、叔、兄职者，后自得功，不分署职、实授，凡一级者，并收总旗，子孙世袭冠带；二级者，世袭署百户。无功者，旁枝子孙，一体准收总旗。'这是正德元年，对以旁支身份袭替官职者，子孙袭替的规定，其中区别为'后自得功'一级、二级和'无功'三种不同情况，分别有不同的承袭方式。而《志》文仅以'正德中，令旁支入总旗'一句代之，不仅改变了原意，而且因文句过简，也令人不知所云，难解其意。"可参考。

[7] 嘉靖：明世宗朱厚熜的年号（1522~1566）。

[8] "其阵亡"二句：郭培贵《明史选举志考论》第392页："《会典》曰：'阵亡，奉有钦依保送袭职者，袭流官一辈，以后袭替，仍至指挥使而止。'《志》文则作：'其阵亡保袭者，流官一等。'此与原义相悖者。"可参考。

[9] 世职：谓子孙可以世代相袭之官。参见明128注8。

132. 官之大者，必会推［1］。五军都督府掌印缺［2］，于见任公、侯、伯取一人。金书缺［3］，于带俸公、侯、伯及在京都指挥［4］，在外正副总兵官［5］，推二人。锦衣卫堂上官及前卫掌印缺［6］，视五府例推二人。都指挥、留守以下［7］，上一人。正德十六年［8］，令五府及锦衣卫必由都指挥屡著勋猷者升授［9］。诸卫官不世［10］，独锦衣以世。

[1] 会推：明代任官制度，重要官职多由内阁、吏部、九卿、科道官会议推举，然后由皇帝决定任命。参见明100注11。

[2] 五军都督府：官署名，即中军、左军、右军、前军、后军五都督府。参见明28注6。掌印：即"掌印官"，当谓左右都督（正一品）。参见明128注5。

[3] 金书：当谓五军都督府中都督同知（从一品）与都督佥事（正二品）。位在左右都督之下。参见明128注5。

[4] 都指挥：即"都指挥使"。参见明128注6。

[5] 总兵官：参见明85注7。

[6] 锦衣卫：参见明19注15。堂上官：明代各衙署的长官、副长官等称堂官，以在衙署之大堂上办

公而得名。前卫：明代驻京各卫中有上直卫亲军指挥使司，包括二十六卫，内有锦衣卫，又有府军前卫、燕山前卫，皆不隶五军都督府；隶于五军都督府者，有三十三卫，其中留守前卫隶于前军都督府，大宁前卫隶于后军都督府。

[7] 留守：谓中都留守司与兴都留守司长官。参见明 128 注 1。

[8] 正德十六年：即公元 1521 年。正德，明武宗朱厚照的年号。

[9] 勋猷：勋业功绩。

[10] 诸卫官不世：谓诸卫官不世袭。郭培贵《明史选举志考论》第 393 页："《志》言'诸卫官不世'，误。因《会典》卷一一八《升除》和《志》上文，都把卫'指挥使、同知、佥事'载为'世官'；《太祖实录》卷一九六也载'洪武二十二年六月丁巳，诏凡指挥使升都指挥使不系世袭者，出职，仍受本卫世袭指挥使；指挥同知升指挥使不系世袭者，出职，仍受本卫世袭指挥同知。著为令'。以上皆说明，卫官率为世官。而非《志》言'诸卫官不世'。"可参考。

133. 武之军政 [1]，犹文之考察也。成化二年 [2]，令五年一行，以见任掌印、带俸差操及初袭官一体考核 [3]。十三年令两京通考以为常。五府大臣及锦衣卫堂上官自陈候旨，直省总兵官如之。在内五府所属并直省卫所官，悉由巡视官及部官注送 [4]；在外都司、卫所官 [5]，由抚、按造册缴部。副、参以下 [6]，千户以上 [7]，由都、布、按三司察注送抚，咨部考举题奏。锦衣卫管戎务者倍加严考，南、北镇抚次之 [8]。各卫所及地方守御并各都司隶巡抚者，例同。惟管漕运者不与考 [9]。

[1] 军政：明代对武官的定期考核称军政。明沈德符《万历野获编》卷二十一《禁卫·锦衣官考军政》："武职五年军政，一如京官六年大计，其典至钜至严。"

[2] 成化二年：即公元 1466 年。成化，明宪宗朱见深的年号。

[3] 带俸差操：领相应俸禄而无职事、随军一同操练的官员。《明史·职官五》："分理屯田、验军、营操、巡捕、漕运、备御、出哨、入卫、戍守、军器诸杂务，曰见任管事；不任事入队，曰带俸差操。征行，则率其属，听所命主帅调度。"中华书局整理本将"带俸"与"差操"用顿号点断，有误。

[4] 巡视官：明代巡抚兼理军务，加都御史或副都御史衔，即称巡视。部官：谓兵部长官、副长官，即兵部尚书、兵部侍郎。注送：谓铨叙考选。

[5] 都司：官署名，明代都指挥使司的简称。为省级军事机关，与布政使司、按察使司合称"三司"。参见明 33 注 9。

[6] 副参：副将与参将。明代京军三大营之神枢营、神机营的属官。另，明代于总兵官或副总兵下设立参将。独镇一路者称分守。无品级，无定员。

[7] 千户：参见明 128 注 11。

[8] 镇抚：参见明 128 注 10。

[9] "惟管漕运"句：郭培贵《明史选举志考论》第 394 页："《会典》为'凡有漕运地方，成化十六年，添设佐贰都指挥一员，专管漕运，不与军政；其考选、推补：附郭者，镇抚、总兵、三司掌印官主之；若非附郭并远方者，镇巡、总兵、分巡、分守官主之'。可知，《志》把'专管漕运，不与军政'，误作'不与考'。"可参考。

《清史稿》

卷一百六　志八十一

选举一

1. 古者取士之法，莫备于成周 [1]，而得人之盛，亦以成周为最。自唐以后，废选举之制，改用科目 [2]，历代相沿。而明则专取《四子书》及《易》、《书》、《诗》、《春秋》、《礼记》五经命题试士 [3]，谓之制义 [4]。有清一沿明制，二百馀年，虽有以他途进者，终不得与科第出身者相比。康、乾两朝 [5]，特开制科，博学鸿词，号称得人 [6]。然所试者亦仅诗、赋、策论而已。洎乎末造，世变日亟。论者谓科目人才不足应时务，毅然罢科举，兴学校。采东、西各国教育之新制，变唐、宋以来选举之成规 [7]。前后学制，判然两事焉。今综其章制沿革新旧异同之故著于篇。

[1] 成周：古地名，西周的东都洛邑（今河南洛阳东郊）。后借指周公辅成王的西周兴盛时代。参见宋 129 注 2，元 1 注 1。

[2] 科目：隋唐以来取士分科，秀才、明经、进士、明法、明算、开元礼、道举、童子等，不一而足；另有制科，名目更多。宋代因之，略有变更。明清武举外，常科虽只进士一科，亦沿用其名。参见唐 1，宋 3。这里即指通过科举取得功名。

[3] 四子书：即《四书》。参见明 5 注 6。易：即《易经》，又称《周易》。参见唐 5 注 3。书：即《尚书》。参见唐 5 注 3。诗：即《诗经》。参见唐 5 注 2。春秋：编年史书。参见唐 5 注 1。礼记：书名。参见唐 5 注 1。

[4] 制义：又名"制艺"、"八比文"、"八股文"等。参见明 39 注 4。

[5] 康：康熙，清圣祖爱新觉罗·玄烨的年号（1662～1722）。乾：乾隆，清高宗爱新觉罗·弘历的年号（1736～1795）。

[6] "特开制科"三句：谓博学鸿词科，或称博学鸿儒科。由皇帝特旨开设，京官、外官推荐人选参加的考试科目。清代共举行两次。第一次为康熙十八年（1679），应试者一百四十三人，取一等二十人，二等三十人，俱授为翰林院官，入史馆，纂修《明史》。第二次为乾隆元年（1736），应试者一百七十六人，取一等五人，授编修；二等十人，授庶吉士。二年又补取一等一人，二等三人，分授翰林院检讨、庶吉士。

[7]"毅然罢科举"数句:《光绪政要》卷三十一载光绪三十一年（1905）八月四日"上谕":"奉上谕:袁世凯等奏请立停科举以广学校并妥筹办法一折……兹据该督等奏称科举不停,民间相率观望,推广学堂必先停科举等语,所陈不为无见。著即自丙午科为始,所有乡会试一律停止,各省岁科考试亦即停止。其以前之举贡生员,分别量予出路,及其馀各条,均著照所请办理。总之,学堂本古学校之制,其奖励出身,亦与科举无异。"《清史稿·德宗二》:"光绪三十一年……八月……甲辰,诏废科举……癸丑,诏各省学政专司考校学堂,嗣后学政事宜,归学务大臣考核。"

学校一

2. 有清学校,向沿明制。京师曰国学 [1],并设八旗、宗室等官学 [2]。直省曰府、州、县学 [3]。

[1] 京师:即今北京市。国学:即"国子监",为清代最高学府。顺治元年（1644）始设,初隶礼部,后由本监自行办理。雍正五年（1727）特简大臣总理监事,掌国学之政令。设祭酒,满、汉各一人;司业,满、蒙、汉各一人。光绪三十一年（1905）设立学部,始裁撤。

[2] 八旗:谓"八旗官学"。清代教育八旗子弟的学堂。顺治元年（1644）设,每旗一所,隶国子监。乾隆间规定,每学满洲学生六十名,蒙古、汉军学生各二十名。后又在下五旗包衣中,每旗各添设满洲学生六名,蒙古学生、汉军学生各二名。凡八旗满洲、蒙古、汉军及下五旗包衣之文职五品、武职三品以上者,皆可挑取子弟入学肄业。各学设助教、教习等,掌教满、蒙、汉文字及骑射诸课。十年学习期满,经考核分别选用。嘉、道以后渐废弛。八旗,清代满族军事、社会组织。明万历二十九年（1601）,努尔哈赤在原"牛录制"基础上,初置黄、白、红、蓝四旗,四十三年复增编镶黄、镶白、镶红、镶蓝四旗,正式建立八旗制度。皇太极又先后将降附之蒙古人、汉人另编为八旗蒙古和八旗汉军,原设八旗遂为八旗满洲。清人入关后,八旗复别为京师八旗与驻防八旗。而驻防官兵之旗籍仍隶于京旗。顺治八年（1651）多尔衮死后被罪,其正白旗收为皇帝自领,遂以镶黄、正黄、正白三旗为上三旗,馀为下五旗,以辨户籍、官制、兵制、及宿卫扈从之等差。八旗实行佐领（满名牛录）、参领（满名甲喇）、旗（满名固山）三级管理体制,各以佐领（满名牛录章京）、参领（满名甲喇章京）、都统（满名固山额真）为统率官员。八旗包衣则每旗设参领五,下辖佐领、管领（满名浑托和）各若干,分隶于内务府（上三旗包衣）和王公各府（下五旗包衣）。凡旗人皆隶于各旗佐领（或管领）之下,政治地位较州县之"民人"为高,但满洲、蒙古、汉军、包衣也等级森严。宗室等官学:谓"宗学",清代为宗室子弟开设之学堂。顺治十年（1653）,八旗各设宗学,选满洲生员为师。雍正二年（1724）定左、右翼宗学之制。左、右翼各设满、汉学各一,左翼在京师金鱼胡同,右翼在京师帘子胡同。王公、将军及闲散宗室子弟十八岁以下者,入学习满、汉文兼骑射,每学各以王公一人总其事。两翼宗学共设稽察宗学京堂四人、总管四人、副总管十六人、满文教习六人、骑射教习六人、汉文教习八人,管理学务与教学。学生人数初为各翼六、七十人,后增为各一百人;入学年龄,也改为十岁至三十岁。学制五年,经考试,可赐进士或进士及第,用于宗人府翰林院等衙门。光绪三十四年（1908）裁左、右翼宗学,设八旗高等学堂及左、右翼高等小学、初级小学堂。宗室,清制,皇族按血缘的近亲远疏,分称为宗室、觉罗。太祖努尔哈赤父亲塔克世之直系子孙为

宗室。

[3] 直省：清代直隶省与陕西、甘肃、湖北、湖南、江苏、安徽、山东、山西、河南、四川、浙江、福建、江西、广东、广西、云南、贵州十八省的统称。光绪间，新疆、台湾、奉天、吉林、黑龙江陆续建省，省数增至二十三个，但仍习称十八省。

3. 世祖定鼎燕京 [1]，修明北监为太学 [2]。顺治元年 [3]，置祭酒、司业及监丞、博士、助教、学正、学录、典籍、典簿等官 [4]。设六堂为讲肄之所，曰率性、修道、诚心、正义、崇志、广业，一仍明旧 [5]。少詹事李若琳首为祭酒 [6]，请仿明初制，广收生徒，官生除恩荫外 [7]，七品以上官子弟勤敏好学者，民生除贡生外 [8]，廪、增、附生员文义优长者 [9]，并许提学考选送监 [10]。又言学以国子名，所谓国之贵游子弟学焉。前朝公、侯、伯、驸马初袭授者，皆入国学读书 [11]。满洲勋臣子弟有志向学者 [12]，并请送监肄业。诏允增设满洲司业、助教等官，是为八旗子弟入监之始。厥后定为限制，条例屡更，益臻详备。肄业生徒，有贡、有监 [13]。贡生凡六：曰岁贡、恩贡、拔贡、优贡、副贡、例贡 [14]。监生凡四：曰恩监、荫监、优监、例监 [15]。荫监有二：曰恩荫、难荫 [16]。通谓之国子监生。

[1] 世祖：即清世祖爱新觉罗·福临（1638~1661），法名行痴，号痴道人，又号太和主人、体元斋主人，清太宗第九子。崇德八年（1643）即位，年号顺治，以叔父郑亲王济尔哈朗、睿亲王多尔衮为辅政王，摄理国政。顺治元年（1644）迁都北京，多尔衮独揽大权，八年，多尔衮病卒，始亲政。在位十八年，卒葬孝陵（在今河北遵化清东陵），庙号世祖，谥章皇帝。燕京：即今北京市。

[2] 明北监：即明代北京国子监，故址在今北京市东城区安定门内国子监街（原成贤街）。今存。太学：即国子监或国学的俗称。

[3] 顺治元年：即公元1644年。顺治，清世祖爱新觉罗·福临的年号。

[4] "置祭酒"句：《清史稿·职官二》："国子监。管理监事大臣一人（满汉大学士、尚书、侍郎内特简）。祭酒（从四品，初制满员三品，顺治十六年俱定从四品），满、汉各一人。司业（正六品），满、蒙、汉各一人。其属：绳愆厅监丞（初制，满员五品，汉员八品，后并改正七品）。博士厅博士（从七品，初制，汉员八品。乾隆元年改同满员）。典簿厅典簿（从八品），俱满、汉各一人。典籍厅典籍（从九品），汉一人。率性、修道、诚心、正义、崇志、广业六堂：助教（初制，从八品。乾隆元年升从七品）。学正，学录（率性、修道、诚心、正义四堂曰学正，崇志、广业二堂曰学录。初制，学正正九品，学录从九品。乾隆元年并升正八品），各一人。八旗官学助教，俱满洲二人，蒙古一人。教习，俱满洲一人，蒙古二人，汉四人（恩、拔、副、优贡生内选充）。笔帖式，满洲四人，蒙古、汉军各二人。祭酒、司业掌成均之法。凡国子及俊选以时都授，课第优劣。岁仲春、秋上丁，释奠，释菜，综典礼仪。天子临雍，执经进讲，率诸生圜桥观听。新进士释褐，坐彝伦堂行拜谒簪花礼。监丞掌颁规制，稽勤惰，均廪饩，覈支销，并书八旗教习功过。博士掌分经教授，考校程文，偕助教、学正、学录经理南学事宜。典簿掌章奏文移。典籍掌书籍碑版。其兼领者：算法馆，汉助教二人，特简满洲文臣一人管理。俄罗斯馆，满、汉助教各一人。琉球学，汉教习一人（肄业贡生选充，后俱省）。又档子房，钱粮处，俱派

厅员司其事。"

[5] 一仍明旧：参见明4注4。

[6] 少詹事：詹事府副职官员，满、汉各一人，秩正四品。汉员兼翰林院侍读学士衔。掌文学侍从或经史文章之事。李若琳：新城（今山东桓台）人（？～1651），明天启二年（1622）进士，授检讨。入清，起原官，累迁少詹事，掌国子祭酒，再迁礼部侍郎、礼部尚书，加太子太保。罢归，卒。《清史列传》、《清史稿》皆有传。

[7] 官生：国子监生中之品官子弟，相对于民生而言，亦称荫生。恩荫：清代荫叙之制，凡遇覃恩，文职京官四品、外官三品以上，武职二品以上，皆可荫其子孙一人入官，称恩荫。

[8] 民生：国子监庶民出身之监生，相对于官生而言，恩、拔、岁、例贡中均有。贡生：科举制度中，从府、州、县学生员（即秀才）中选取学行兼优者，贡于京师，入国子监读书者称贡生。分为恩贡生、拔贡生、副贡生、岁贡生、优贡生、例贡生六种。

[9] 廪：即"廪膳生员"，简称廪生。凡生员食廪者（每月有廪饩银以助学）为廪膳生，简称廪生。清代经岁、科两试一等前列者，方能取得廪生资格。廪生作为资深生员，可为应考童生具结作保，证明其无身家不清或冒名顶替等弊。增：即"增广生员"，简称增生。清代经岁、科两试一等前列者，方能取得廪生或增生资格，增生名额与廪生基本相同，但无廪膳与保结职责。附：即"附学生员"，简称附生。凡文童初入学者均可称附学生，亦有定额。

[10] 提学：即"提督学政"，亦称"督学使者"，或简称"提学"、"学政"。清代派学政往各省，按期至所属各府、厅考试童生与生员；均由侍郎、京堂、翰林、科道及部属等官由进士出身者简派，三年一任。不问本人官阶大小，在任学政期间，可与督抚平行。1906年改称提学使，辛亥革命后废。

[11] "前朝"二句：参见明8。

[12] 满洲：族名，即"满族"。明时以建州女真为核心，结合女真其他部和其他民族形成。后金天聪九年（1635），皇太极废除诸申（女真）旧号，定族名为满洲。

[13] 监：即"监生"。清代国子监肄业者之统称。

[14] 岁贡：即"岁贡生"，又称"挨贡"。清代每年从府、州、县学中选拔资深廪生，挨次送国子监读书者，称岁贡生。恩贡：即"恩贡生"。清代凡遇国家庆典，恩诏加贡之生员，以及临雍之年，圣贤后裔入监听讲、陪祀，恩准入国子监读书者，皆称恩贡生。拔贡：即"拔贡生"。清初贡举无定期，乾隆七年（1742）始定制，每十二年（逢酉年）各省学政选拔生员一次，送国子监读书，谓之拔贡生。优贡：即"优贡生"。清代每三年各省学政会同巡抚考选生员之优者，送国子监就读，称优贡生。副贡：即"副贡生"。清代各省乡试中式副榜，准作贡生送国子监读书者，称副贡生。例贡：清代凡由廪生、增生、附生不经考选，通过援例入赀报捐方式入国子监读书者，谓之例贡生。

[15] 恩监：清代由皇帝恩赐国子监生资格者称恩监。荫监：官员子弟不经考选，凭借祖、父徐荫取得监生资格者称荫监。优监：由附生或武生举报入监者称优监。例监：凡没有诸生资格而需要入监者，须通过捐纳取得监生资格，称例监生。例监生可以不必在监学习，也是取得做官资格的一种途径。

[16] 恩荫：参见注7。难荫：因公差军务遇难予荫的称难荫。

4. 六堂肄业，分内、外班。初，内班百五十名，堂各二十五名；外班百二十名，堂各二十名。户部岁发帑银 [1]，给膏火 [2]，奖励有差，馀备周恤。乾隆初 [3]，改内班堂各三十名，内、外共三百名。既而裁外班百二十名，加内班膏火，拨内班二十四名为外班。嘉庆初 [4]，以八旗及大、宛两县肄业生距家近 [5]，不住舍，不许补内班。补班之始，赴监应试，曰考到。列一、二等者再试，曰考验。贡生一、二等，监生一等，乃许肄业。假满回监曰复班。内班生愿依亲处馆，满、蒙、汉军恩监生习缮译或骑射 [6]，不能竟月在学者，改外班。旷大课一次，无故离学至三次以上，例罚改外。置集愆册 [7]，治诸不帅教者。出入必记于簿，监丞掌之。省亲、完姻、丁忧、告病及同居伯、叔、兄长丧而无子者 [8]，予假归里，限期回监。迟误惩罚，私归黜革，冒替除名。

[1] 户部：清代管理全国户口、土田、财赋的总机构。《清史稿·职官一》："户部。尚书，左、右侍郎，俱满、汉一人。其属：堂主事，南档房满洲二人，北档房满洲、汉军各二人。司务厅司务，满、汉各一人。缮本笔帖式二十人。江南、江西、浙江、湖广、福建、山东、山西、河南、陕西、四川、广东、广西、云南、贵州十四清吏司：郎中，宗室一人（江西司置），满洲十有七人（江南、浙江、河南、山西、陕西、四川、广东、广西、贵州司各一人，福建、湖广、山东、云南司各二人），蒙古一人（山西司置），汉十有四人（司各一人）。员外郎，宗室二人（广东、广西司置），满洲三十有六人（山西司一人，浙江、江西、河南、四川、广东、湖广司各二人，江南、陕西、广西、山东、云南、贵州司各三人，福建司五人），汉十有四人。主事，宗室一人（浙江司置），蒙古一人（福建司置），满、汉各十有四人。笔帖式，宗室一人，满洲百人，蒙古四人，汉军十有六人。尚书掌军国支计，以足邦用。侍郎贰之。右侍郎兼掌宝泉局鼓铸。十四司，各掌其分省民赋，及八旗诸司廪禄，军士馕糈，各仓，盐课，钞关，杂税。"帑（tǎng 淌）银：国库中的银子。

[2] 膏火：谓供学习用的津贴。

[3] 乾隆：清高宗爱新觉罗·弘历的年号（1736～1795）。

[4] 嘉庆：清仁宗爱新觉罗·颙琰的年号（1796～1820）。

[5] 八旗：谓驻京八旗子弟入监者分别居于京城之内。《清史稿·地理一》："外则京城，周四十里，为门九：南为正阳门，南之东崇文门，南之西宣武门，东之南朝阳门，东之北东直门，西之南阜成门，西之北西直门，北之东安定门，北之西德胜门。皆沿明旧。而八旗所居：镶黄，安定门内；正黄，德胜门内；正白，东直门内；镶白，朝阳门内；正红，西直门内；镶红，阜成门内；正蓝，崇文门内；镶蓝，宣武门内。星罗棋峙，不杂厕也。"大宛两县：即"大兴"与"宛平"二县，原治所皆在今北京市西南，隶属顺天府下二京县。清代于顺治元年（1644）奠都北京，沿用明制，以顺天府管理京师及其附近州县，而以大兴、宛平二县分管京师地方行政。此谓居住于北京城南的汉人入监者。

[6] 满：谓八旗满洲，又称满洲八旗。清代八旗组织的三个组成部分之一，地位最高。参见清2注2。蒙：谓八旗蒙古，又称蒙古八旗。清代八旗组织的三个组成部分之一，地位略低于八旗满洲，而高于八旗汉军。旗色、官制与八旗满洲同，天聪九年（1635）正式编立。汉：谓八旗汉军，又称汉军八旗。清代八旗组织的三个组成部分之一，地位最低。旗色、官制与八旗满洲同，崇德七年（1642）正式编立。

［7］集愆册：记录过失的簿册。

［8］丁忧：遭逢父母丧事。古代父母去世，子女要守丧，三年内不做官、不婚娶，不赴宴，不应考。

5. 课士之法，月朔、望释奠毕 ［1］，博士厅集诸生，讲解经书。上旬助教讲义 ［2］。既望，学正、学录讲书各一次。会讲、覆讲、上书、覆背 ［3］，月三回，周而复始。所习《四书》、《五经》、《性理》、《通鉴》诸书 ［4］，其兼通《十三经》、《二十一史》［5］，博极群书者，随资学所诣 ［6］。日摹晋、唐名帖数百字，立日课册，旬日呈助教等批晰 ［7］，朔、望呈堂查验。祭酒、司业月望轮课《四书》文一、诗一 ［8］，曰大课。祭酒季考，司业月课，皆用《四书》、《五经》文，并诏、诰、表、策论、判 ［9］。月朔，博士厅课经文、经解及策论。月三日，助教课，十八日，学正、学录课，各试《四书》文一、诗一、经文或策一 ［10］。

［1］月朔望：农历每月的初一为朔，十五为望。释奠：古代在学校设置酒食以奠祭先圣先师的一种典礼。

［2］讲义：讲说经义。

［3］上书：谓讲授新课。

［4］四书五经：参见清1注3。性理：书名，即《性理大全》。明胡广等撰，七十卷，成于永乐十二年（1414）。前二十六卷收集周敦颐《太极图说》、《通书》，张载《西铭》、《正蒙》，邵雍《皇极经世书》，朱熹《易学启蒙》、《家礼》，蔡元定《律吕新书》，蔡沈《洪范皇极内篇》九种著作。后四十四卷按门类编排，取宋儒之说一百二十家，分为理气、鬼神、性理、道统、圣贤、诸儒、学、诸子、历代、君道、治道、诗、文十三类，内容庞杂。书成后，明成祖朱棣敕令颁行天下，列入学宫。通鉴：即《资治通鉴》，宋司马光领衔编撰，二百九十四卷，为编年史史书，上起战国，下终五代，共纪一千三百六十二年之历史。采用之书除十七史外，杂史多至三百三十二种。元胡三省有注。

［5］十三经：儒家的十三部经书，即《易》、《书》、《诗》、《周礼》、《礼仪》、《礼记》、《春秋左传》、《春秋公羊传》、《春秋穀梁传》、《论语》、《孝经》、《尔雅》、《孟子》。其形成过程为：汉立《诗》、《书》、《易》、《礼》、《春秋》于学官，为五经；唐加《周礼》、《仪礼》、《公羊》、《穀梁》为九经；至开成间刻石国子学，又加《孝经》、《论语》、《尔雅》为十二经；宋复增《孟子》，故有十三经之称。二十一史：《旧唐书·经籍志》乙部正史类著录《史记》、《汉书》、《后汉书》、《三国志》、《晋书》、《宋书》、《南齐书》、《梁书》、《陈书》、《后魏书》、《北齐书》、《周书》、《隋书》共十三史。宋人加《南史》、《北史》、《新唐书》、《新五代史》四史，遂有"十七史"之称。明万历间国子监刊行正史，将宋代所称十七史又增加《宋史》、《辽史》、《金史》、《元史》四史，遂成"二十一史"。

［6］资学：资性才学。

［7］批晰：批改明白。

［8］四书文：以《四书》文句为题的八股文。下文言"五经文"，即用《五经》文句为题的八股文。参见明39注4，清1注4。诗：谓"试帖诗"，一种诗体名，也称"赋得体"。源于唐代，由"帖经"、"试帖"影响而产生，为科举考试所采用。大都为五言六韵或八韵的排律，以古人诗句

或成语为题，冠以"赋得"两字，并限韵脚。清代试帖诗，格式限制尤严，内容大多直接或间接为皇帝歌功颂德，并须切题。

[9] 诏：诏书，皇帝颁发的命令。《史记·秦始皇本纪》："命为制，令为诏。"这里指代皇帝拟诏书的练习。诰：皇帝所颁文告或封官授爵的敕书。亦指代皇帝拟诰的练习。表：奏章的一种，多用于陈情谢贺。汉蔡邕《独断》卷上："凡群臣上书于天子者有四名，一曰章，二曰奏，三曰表，四曰驳议……表者不需头，上言'臣某言'，下言'臣某诚惶诚恐，稽首顿首，死罪死罪'，左方下附曰'某官臣某甲上'。文多用编两行，文少以五行。"策论：就当时政治问题加以论说，并提出对策的文章。宋代以来即常用作科举考试的项目之一。判：裁决诉讼的文书，属于科举考试内容之一。

[10] "各试"句：《清史稿校注》校勘记云："四书文、诗一、经文或策一，案光绪会典事例卷一〇九九作'四书文一、诗一，或赋一'。"可参考。

6. 积分历事之法 [1]，国初行之。监生坐监期满，拨历部院练习政体 [2]。三月考勤，一年期满送廷试 [3]。其免坐监，或免历一月二月者，恩诏有之，非常例也。顺治三年 [4]，祭酒薛所蕴奏定汉监生积分法 [5]，常课外，月试经义、策论各一，合式者拔置一等。岁考一等十二次为及格，免拨历，送廷试超选 [6]。十五年，祭酒固尔嘉浑议 [7]："令监生考到日，拔其尤者许积分；不与者，期满咨部历事。积分法一年为限。常课外，月试一等与一分，二等半分，二等以下无分。有《五经》兼通，全史精熟，或善摹钟、王诸帖 [8]，虽文不及格，亦与一分。积满八分为及格，岁不逾十馀人。恩、拔、岁、副，咨部历满考职 [9]，照教习贡生例 [10]，上上卷用通判 [11]，上卷用知县 [12]。例监历满考职，与不积分贡生一体廷试。每百名取正印八名 [13]，馀用州、县佐贰 [14]。积分不满数，愿分部者，咨部不得优选。愿再肄业满分者听。"从之。是年，科臣王命岳以贡途壅塞 [15]，请暂停恩、拔、岁贡。于是坐监人少，难较分数。十七年，固尔嘉浑奏停积分法，后遂不复行。康熙初 [16]，并停拨历，期满咨部考试，用州同、州判、县丞、主簿、吏目 [17]。自是部院诸司无监生，惟考选通文理能楷书者，送修书各馆，较年劳议叙，照应得职衔选用，优者或加等焉。

[1] 积分历事：清代国子监生通过月考、季考，每年积满八分为及格。及格监生由国子监咨送吏部历事，历满考职后依成绩授官。参见明9注1。

[2] 拨历：谓将符合要求的国子监生分拨于中央各官署历事（实习），合格后方可授官。参见明3注8，明22。部院：谓六部与都察院、翰林院等官署。政体：为政之要领。

[3] 廷试：这里指由皇帝亲自主持的对国子监生的考试。与贡士会试后的廷试（殿试）不同。

[4] 顺治三年：即公元1646年。顺治，清世祖爱新觉罗·福临的年号。

[5] 祭酒：清代国子监主官，满、汉各一人，秩从四品。掌国学之政令，并管祭孔典礼等事宜。参见清3注4。薛所蕴：字子展（1600~1667），号行屋，又号行坞、桴庵，孟县（今属河南）人。崇祯元年（1628）进士，知襄陵县，授检讨，擢国子监司业。明亡，降李自成农民军。入清，历官国子祭酒、礼部左侍郎，被劾归。工诗文，著有《桴庵集》、《澹友轩文集》等。《清史列传·贰臣》有传。

［6］超选：谓监生超越历事阶段而授官。

［7］固尔嘉浑：生平不详。《清史稿校注》校勘记云："固尔嘉浑，案清国史馆选举志稿李昭美纂辑本、选举志稿学校皆作'姑儿马吽'；皇朝政典类纂卷二一七作'姑尔玛吽'。"可参考。

［8］钟王诸帖：三国魏钟繇与晋王羲之皆善书，世称钟王。钟繇传世有《宣示表帖》、《荐季直表帖》、《贺捷表帖》等。王羲之传世有《兰亭序帖》（摹本）、《黄庭经帖》、《十七帖》、《乐毅论帖》等，皆真伪难辨。

［9］咨部：移文吏部。咨，清代官方的平行文书名，用于高级衙门之间相互行文。

［10］教习贡生：当谓以贡生任八旗官学之教习者。

［11］通判：清代于府设通判，秩正六品，与府同知分掌粮运、督捕、水利、诸务。清代直隶厅也有以通判为行政长官者。

［12］知县：清代一县之主官，秩正七品。掌理一县地方行政、田赋、刑名等，为亲民之官。县丞、主簿为其佐，属下典史、巡检、驿丞、税课司大使等。

［13］正印：清代府、州、县官用正方形官印，其主官即称正印或正印官。

［14］州县佐贰：清代各府、州、县官别设助手，以佐治理，谓之佐贰官。府之佐贰为同知、通判，州之佐贰为州同、州判，县之佐贰为县丞、主簿。

［15］科臣：言官六科给事中的统称。《清史稿·职官二》："初沿明制，六科自为一署，给事中无员限，并置汉军副理事官。顺治十八年，定满、汉都给事中，左、右给事中，各一人（都给事中由左给事中转，左给事中由右给事中转），汉给事中二人，省副理事官。康熙三年，六科止留满、汉各一人。五年，改都给事中为掌印。雍正初，以六科内升外转，始隶都察院。凡城、仓、漕、盐与御史并差，自是台省合而为一。光绪三十二年，省六科名，别铸给事中印，额定二十人。"王命岳：字伯咨（1628～1686），一字耻古，晋江（今属福建）人。明崇祯十二年（1639）举人，清顺治十二年（1655）进士，选庶吉士，历官工科给事中，转户、兵、刑三科，以议狱未当夺官，家居卒。著有《耻躬堂文集》等。《清史列传》、《清史稿》皆有传。壅塞：《清史稿校注》本作"壅浑"，并出校勘记云："壅浑，案清史馆选举志稿排印本作'壅滞'，皇朝掌故汇编内编卷三十八同。此当据改。"可参考。

［16］康熙：清圣祖爱新觉罗·玄烨的年号（1662～1722）。

［17］吏目：清沿明制，设于各省知州之下，共二百二十一处，秩从九品。掌佐理刑名之事。京城之五城兵马司亦各设吏目一人，未入流。太医院亦设吏目，为医官，共二十六人，秩八品、九品各十三人。由医士奏补，可升御医。

7. 监生坐监期，恩贡六月，岁贡八月，副贡廪膳六月，增、附八月，拔贡廪膳十四月，增、附十六月，恩荫二十四月，难荫六月，例贡廪膳十四月，增、附十六月，俊秀二十四月［1］。例监计捐监月分三十六月［2］。雍正五年［3］，定除监期计算。各监生肄业，率以连闰扣满三年为期［4］。告假、丁忧、考劣、记过，则扣除月日。告假依限到监，或逾限而本籍有司官具牍者，仍前后通算。

［1］俊秀：清代汉人无出身者称俊秀。武生行武就文职者，出身与俊秀同。由俊秀捐输官职者，只授从九品或未入流。

［2］"例监"句：《清史稿校注》校勘记云："案清国史馆选举志稿李昭美纂辑本、选举志稿学校，

恩、拔、岁、副贡生考充教习者，'旧例连监期'三十六月；皇朝政典类纂卷二一六，贡生有考充教习者，'连监期'共三十六个月。此'例监'二字改作'旧例连监期'较妥。"可参考。

[3] 雍正五年：即公元 1727 年。雍正，清世宗爱新觉罗·胤禛的年号。

[4] 连闰：农历十九年七闰，逢闰年必多出一个闰月。此谓闰年亦以整一年计算。

8. 旧制，祭酒、司业总理监务。雍正三年 [1]，始设管理监事大臣 [2]。乾隆二年 [3]，孙嘉淦以刑部尚书管监事 [4]。初嘉淦在世宗朝官司业 [5]，奏言："学校之教，宜先经术，请敕天下学臣，选拔诸生贡太学，九卿举经明行修之士为助教 [6]，一以经术造士。三年考成，举以待用。"议未及行，迁祭酒，申前请，世宗韪之 [7]。先是太学生名为坐监肄业，率假馆散处。遇释奠、堂期、季考、月课 [8]，暂一齐集。监内旧有号房五百馀间，修圮不时，且资斧不给，无以宿诸生。嘉淦言："各省拔贡云集京师，需住监者三百馀人。六堂只可诵读，不能栖止。乞给监南官房，令助教等官及肄业生居住。岁给银六千两为讲课、桌饭、衣服、赈助之费。"允之。是为南学 [9]。

[1] 雍正三年：即公元 1725 年。
[2] 管理监事大臣：由满、汉大学士、六部尚书、侍郎内特简。参见清 3 注 4。
[3] 乾隆二年：即公元 1737 年。乾隆，清高宗爱新觉罗·弘历的年号。
[4] 孙嘉淦：字锡公（1683~1753），号懿斋，又号静轩，兴县（今属山西）人。康熙五十二年（1713）进士，选庶吉士，授检讨。清世宗即位，上疏陈三事，请亲骨肉、停捐纳、罢西兵，触世宗怒。高宗即位，上《三习一蔽疏》，为时传诵。历官刑、吏部尚书、直隶、湖广总督、协办大学士。乾隆十八年（1753），民间流传假托其名、指斥高宗失德的奏稿，因之忧郁而卒。著有《近思录辑要》、《春秋义》等。《清史列传》、《清史稿》皆有传。刑部尚书：刑部主官，雍正八年（1730）后秩从一品。《清史稿·职官一》："尚书掌折狱审刑，简覈法律，各省谳疑，处当具报，以肃邦纪。侍郎贰之。"
[5] 世宗：即清世宗爱新觉罗·胤禛（1678~1735），号破尘居士，清圣祖第四子。康熙三十七年（1698）封贝勒，四十八年晋雍亲王，六十一年即位，年号雍正。在位十三年，厉行改革，清除政敌，改土归流，建立军机处，屡兴文字狱，确定秘密立储制度。暴卒于圆明园，葬泰陵（在今河北易县清西陵），庙号世宗，谥宪皇帝。
[6] 九卿：清代谓六部、理藩院尚书、都察院左都御史、大理寺卿为九卿。
[7] 韪（wěi 娓）之：以为是，同意。
[8] 释奠：参见清 5 注 1。堂期：《钦定国子监志》卷三十《堂期》："每旬之一、六日为堂期，惟十六日改用十五日，以拜庙也。是日，满、汉四厅、六堂、八旗助教各早集，俟总理大臣、祭酒、司业至，击云板三，升堂就公座。各属官以次赴堂序揖，堂上官答揖，各属官复分列东西，相向对揖，次各堂贡、监生序立恭揖。凡应行事宜以次说堂画行，典簿率考到贡、监生入谒，北面三揖，司业命题。监丞率考验贡、监生入谒，亦北面三揖，总理大臣、祭酒命题。俱派四厅、六堂官一员监试，八旗助教率官学生入谒，候堂上官公同挑选理事毕，六堂各官先退，堂上官起，仍击云板三，赴后堂会膳。如属官有新任及升任者，堂期上堂三揖，堂上官答揖。朔、望则合属官皆上堂三揖，堂上官答揖。"

[9] 南学：以在国子监署之南，故称。有"钦赐学舍"之匾额。《清史稿·职官二》："（雍正）九年，建南学（在学肄业者为南学，在外肄业赴学考试者为北学）。"

9. 至是，请仿宋儒胡瑗经义、治事分斋遗法 [1]。明经者，或治一经，或兼他经，务取御纂《折中》、《传说》诸书 [2]，探其原本，讲明人伦日用之理。治事者，如历代典礼、赋役、律令、边防、水利、天官、河渠、算法之类。或专治一事，或兼治数事，务穷究其源流利弊。考试时，必以经术湛深、通达事理、验稽古爱民之识。三年期满，分别等第，以示劝惩。从之。令诸生有心得或疑义，逐条劄记，呈助教批判，按期呈堂。季考月课，改《四书》题一，《五经》讲义题各一，治事策问一。时高宗加意太学 [3]，嘉淦严立课程，奖诱备至，六堂讲师，极一时之选。举人吴鼎、梁锡玙 [4]，皆以荐举经学授司业。进士庄亨阳 [5]，举人潘永季、蔡德峻、秦蕙田、吴鼐 [6]，贡生官献瑶、王文震 [7]，监生夏宗澜 [8]，皆以潜心经学，先后被荐为本监属官。分长六堂，各占一经，时有"四贤五君子"之称。师徒济济，皆奋自镞砺，研求实学。而祭酒赵国麟又以经义、治事外 [9]，应讲习时艺 [10]，请颁六堂《钦定四书文》资诵习 [11]。并报可。

[1] "请仿"句：参见宋 117。

[2] 折中：即《周易折中》，二十二卷，康熙五十四年（1715）李光地等奉敕撰。传说：即《春秋传说汇纂》，三十八卷，康熙三十八年（1699）王掞等奉敕撰；《书经传说汇纂》，二十四卷，康熙六十年（1721）王顼龄等奉敕撰；《诗经传说汇纂》，二十卷，序二卷，康熙六十年王鸿绪等奉敕撰。以上《清史稿·艺文志》皆著录。

[3] 高宗：即清高宗爱新觉罗·弘历（1711~1799），号长春居士、信天主人，晚号古稀天子、十全老人，清世宗第四子。雍正十一年（1733）封和硕宝亲王，十三年即位，年号乾隆。在位六十年，又作太上皇三年。自诩"十全武功"，实则国内矛盾日趋尖锐，清王朝由盛转衰。著有《乐善堂诗文全集》、《御制诗文集》等。卒葬裕陵（在今河北遵化清东陵），庙号高宗，谥纯皇帝。

[4] 吴鼎：字尊彝（1700~1768），号易堂，金匮（今江苏无锡）人。乾隆九年（1744）举人，以荐举经学，授国子监司业，擢翰林院侍讲学士，转侍读学士，大考降左春坊左赞善，迁翰林院侍讲，休致归。著有《易例举要》、《十家易象集说》等。《清史列传》、《清史稿》皆有传。梁锡玙：字鲁望（1696~1774），号确轩，介休（今属山西）人。雍正二年（1724）举人，乾隆十五年（1750）以荐举经学授国子监司业，与吴鼎同食俸办事，不为定员。直上书房，累迁詹事府少詹事，大考降左庶子，擢祭酒，又以遗失书籍，镌级。著有《易经揆一》等。《清史列传》、《清史稿》皆有传。

[5] 庄亨阳：字元仲（1686~1746），号复斋，南靖（今属福建）人。康熙五十七年（1718）进士，历官山东潍县，以母卒，归。讲学漳江。乾隆初元，以礼部尚书杨名时荐，授国子监助教，迁吏部主事、徐州知府、按察司副使，通算学，治河有方，以疾卒。著有《庄氏算学》。《清史列传》、《清史稿》皆有传。

[6] 潘永季：常州（今属江苏）人，雍正七年（1729）举人。馀不详。蔡德峻：生平不详。按，《皇朝文献通考》卷五十八、《钦定国子监志》卷三十一亦作"蔡德峻"，似辗转相袭，皆有误。乾

隆初，礼部尚书杨名时所荐者中有"蔡德晋"，当是。蔡德晋（生卒年不详），字仁锡，号敬斋，无锡（今属江苏）人。雍正四年（1726）举人，历官国子监学正、工部司务。著有《礼经本义》、《礼传本义》、《通礼》等。《清史列传》、《清史稿》皆有传。秦蕙田：字树峰（1702～1764），一字树沣，号味经，金匮（今江苏无锡）人。雍正十三年（1735）举人，乾隆元年（1736）一甲第三名进士，授编修，历官礼部侍郎、工部、刑部尚书，加太子太保。二十九年因病乞休，卒于途中，谥文恭。通经能文，著有《五礼通考》、《周易象义日笺》、《味经窝诗文类稿》等。《清史列传》、《清史稿》皆有传。吴鼐：字大年（1696～1747），号岱岩、容斋，无锡（今属江苏）人。雍正十三年（1735）举人，乾隆元年（1736）进士，历官工部主事。以父卒，归，寻亦卒。著有《三正考》、《易象约言》等。《清史列传》有传。

[7] 官献瑶：字瑜卿（生卒年不详），一字石溪，安溪（今属福建）人。以拔贡生授国子监学正，乾隆元年（1736）举顺天乡试，晋国子助教，名重都下。四年中进士，选庶吉士，授编修，提督广西、陕甘学政，迁司经局洗马，任满归奉母，卒年八十。著有《读易偶记》、《尚书偶记》、《读诗偶记》、《春秋传习录》、《石溪文集》等多种。《清史列传》、《清史稿》皆有传。王文震：江阴（今属江苏）人，以拔贡生荐授国子监助教。馀不详。

[8] 夏宗澜：字起八（生卒年不详），江阴（今属江苏）人。以监生荐授国子监助教。著有《诗义记讲》、《易义随记》、《易卦劄记》等。

[9] 赵国麟：字仁圃（1675～1751），号拙庵，泰安（今属山东）人。康熙四十五年（1706）会试中式，四十八年成进士，历官长垣知县、永平知府、福建布政使、福建、安徽巡抚、刑部尚书、礼部尚书兼国子监事、文华殿大学士，革职家居，建泰安书院，从游者众。著有《文统类编》、《学庸》、《困知录》、《云月砚轩诗稿》等。《清史列传》、《清史稿》皆有传。

[10] 时艺：即"八股文"，又称时文、制艺等。参见明39注4。

[11] 钦定四书文：乾隆元年（1736）敕令方苞等所编选的八股文范本，凡四十一卷，其中明文四集、清文一集。颁行全国，令士子仿习。

10. 清代临雍视学典礼綦重 [1]。顺治九年 [2]，世祖首视学 [3]。先期行取衍圣公、《五经》博士率孔氏暨先贤各氏族裔赴京观礼 [4]。帝释奠毕 [5]，诣彝伦堂御讲幄 [6]。祭酒讲《四书》，司业讲经。宣制勉太学诸生 [7]。越日，赐衍圣公冠服，国子监官赏赉有差。各氏后裔送监读书。嗣是历代举行以为常。乾隆四十八年谕曰 [8]："稽古国学之制，天子曰辟雍 [9]，所以行礼乐、宣德化、昭文明而流教泽，典至钜也。国学为人文荟萃之地，规制宜隆。辟雍之立，元、明以来，典尚阙如，应增建以臻美备。"命尚书德保 [10]，尚书兼管国子监事刘墉 [11]，侍郎德成 [12]，仿《礼经》旧制 [13]，于彝伦堂南营建。明年，落成。又明年，高宗驾临辟雍行讲学礼 [14]。命大学士、伯伍弥泰 [15]，大学士管监事蔡新 [16]，进讲《四书》。祭酒觉罗吉善、邹奕孝 [17]，进讲《周易》 [18]。颁御论二篇 [19]，宣示义蕴。王、公、衍圣公、大学士以下官，暨肄业观礼诸生，三千八十八人，圜桥听讲 [20]。礼成，赐燕礼部 [21]，恩赉有加。是时天子右文，群臣躬遇休明，翊赞文化，彬彬称极盛矣。嘉庆以后 [22]，视学典礼，率循不废。咸丰初 [23]，犹一举行焉。

[1] 临雍视学：清代皇帝诣国子监祭孔讲学之礼。顺治、康熙、雍正三朝，清帝皆曾诣国子监释奠孔子，并至彝伦堂讲书。乾隆四十九年（1784），在国子监集贤门内建成"辟雍"，此后皇帝诣监讲学皆在辟雍，即称"临雍"。其制，释奠礼后，皇帝至辟雍，大学士、国子监祭酒分别进讲书、经，皇帝宣讲"御论"，随侍之王公大臣、圣裔、观礼之外国使节、来京之进士、举人、生员及国子监师生等皆环而观听。临雍后，国子监刊刻"御论"颁发各学。

[2] 顺治九年：即公元 1652 年。顺治，清世祖爱新觉罗·福临的年号。

[3] 世祖：即清世祖爱新觉罗·福临（1638～1661）。参见清 3 注 1。

[4] 衍圣公：孔子后代的封号。汉称褒成侯，魏称宗圣，晋称奉圣，北魏称崇圣，北齐称恭王，均属侯爵。北周及隋封邹国公。唐初封褒圣侯，开元中又追谥孔子为文宣王，称其后裔为文宣公。宋仁宗至和二年（1055），以后裔不宜用祖谥为号，改封衍圣公，后世相沿，至 1935 年，方废止不用。《清史稿·职官二》："衍圣公，孔氏世袭（正一品。顺治元年，授孔子六十五世孙允植袭封）。"先贤各氏族裔：谓从祀曲阜孔庙的四配、十二哲、先贤、先儒等各氏之后裔。四配：复圣颜子（颜回），述圣子思（孔伋），宗圣曾子（曾参），亚圣孟子（孟轲）。十二哲：乾隆三年（1738）所定，闵子（闵损字子骞）、冉子（冉雍字仲弓）、端木子（端木赐字子贡）、仲子（仲由字子路）、卜子（卜商字子夏）、有子（有若字子若）、冉子（冉耕字伯牛）、宰子（宰予字子我）、冉子（冉求字子有）、言子（言偃字子游）、颛孙子（颛孙师字子张），以上十一人为孔子弟子，再加南宋朱子（朱熹字元晦），共为十二人。先贤、先儒，历代屡有变易，由唐代至民国陆续已达一百五十六人之多，名字略。

[5] 释奠：参见清 5 注 1。

[6] 彝伦堂：在今北京市国子监北部，原为元代藏书之所崇文阁旧址，明永乐间重建，改名彝伦堂，正堂七间。辟雍未建之前，皇帝幸学，俱设座讲学于其中。建筑今存。讲幄：即"讲帷"，谓皇帝听讲官进讲之处。

[7] 宣制：宣布皇帝的诏命。

[8] 乾隆四十八年：即公元 1783 年。

[9] 天子曰辟雍：语本《礼记·王制》："大学在郊，天子曰辟雍，诸侯曰頖宫。"辟雍本为西周天子所设大学，校址圆形，围以水池，前门外有便桥。汉班固《白虎通·辟雍》："天子立辟雍何？所以行礼乐宣德化也。辟者，璧也，象璧圆，又以法天，于雍水侧，象教化流行也。"

[10] 德保：姓索绰络氏（1717～1789），赐姓石，字仲容，一字润亭，号定圃，又号庞村，满洲正白旗人。乾隆二年（1737）进士，选庶吉士，授检讨，历官吏部、礼部尚书，革职归，寻卒，谥文庄。著有《乐贤堂诗文钞》。《清史列传》有传。

[11] 刘墉：字崇如（1720～1805），号石庵，诸城（今属山东）人，大学士刘统勋子。乾隆十六年（1751）进士，选庶吉士，授编修，历官太原知府、陕西按察使、内阁学士南书房行走、吏部尚书、礼部尚书、体仁阁大学士，加太子少保，卒谥文清。工书法，著有《刘文清遗集》等。《清史列传》、《清史稿》皆有传。

[12] 德成：满洲正黄旗人（？～1801），瓜尔佳氏。官至工部左侍郎。馀不详。

[13] 礼经：谓《礼记》，书名。参见唐 5 注 1。

[14] 高宗：即清高宗爱新觉罗·弘历（1711～1799）。参见清 9 注 3。辟雍：乾隆四十九年（1784）建成，今存。为国子监之主体建筑，坐北朝南，方形殿宇，深广各五丈三尺，重檐黄瓦，四角攒尖顶，外有周廊环绕。四面门开，外环池水，成"辟雍泮水"之制。

［15］伍弥泰：蒙古正黄旗人（1710～1786），姓伍弥氏。雍正二年（1724）由荫生袭三等伯，后赐号诚毅伯。历官中佐领、散秩大臣、西安将军、吏部尚书、经筵讲官、东阁大学士，卒谥文端。《清史列传》、《清史稿》皆有传。

［16］蔡新：字次明（1707～1800），号葛山，漳浦（今属福建）人。乾隆元年（1736）进士，选庶吉士，授编修，历官侍郎、尚书、文华殿大学士，教习诸皇子、皇孙四十馀年。卒谥文恭（《清史稿》作文端）。著有《辑斋诗文集》。《清史列传》、《清史稿》皆有传。

［17］觉罗吉善：字竹坪（生卒年不详），乾隆二十四年（1759）举人，历官国子监祭酒。觉罗，清皇族称谓之一，努尔哈赤父亲塔克世的伯叔兄弟旁系子孙为觉罗。邹奕孝：字念乔（1728～1793），号锡麓，无锡（今属江苏）人。乾隆二十二年（1757）一甲第三名进士，授编修，历官工部左侍郎、福建学政。

［18］周易：即《易经》，参见唐5注3。

［19］御论：谓皇帝有关《四书》、《五经》义旨的议论。

［20］圜桥：辟雍四周环水，其四门各有桥，即称圜桥。

［21］燕：通"宴"。礼部：掌管礼仪秩序，典领学校贡举事务的官署。《清史稿·职官一》："礼部。尚书，左、右侍郎，俱满、汉一人。其属：堂主事，清档房满洲二人，汉本房满洲、汉军各一人。司务厅司务，满、汉各一人。笔帖式，宗室一人，满洲三十有四人，蒙古二人，汉军四人。典制、祠祭、主客、精膳四清吏司：郎中，满洲六人（典制、祠祭，各二人，馀俱一人），蒙古一人（主客司置），汉四人（司各一人）。员外郎，宗室一人（主客司置），满洲八人（典制、祠祭司各三人，馀俱一人），蒙古一人（祠祭司置），汉二人（典制、祠祭司各一人）。主事，宗室、蒙古各一人（精膳司置），满洲三人（典制、祠祭、精膳司各一人），汉四人（司各一人）。印铸局，汉员外郎、满洲署主事、汉大使（未入流），各一人。堂子尉，满洲八人（七品二人，八品六人）。尚书掌五礼秩叙，典领学校贡举，以布邦教。侍郎贰之。典制掌嘉礼、军礼。稽彝章，辨名数，颁式诸司。"

［22］嘉庆：清仁宗爱新觉罗·颙琰的年号（1796～1820）。

［23］咸丰：清文宗爱新觉罗·奕詝的年号（1851～1861）。

11. 道光末 [1]，诏整饬南学 [2]，住学者百馀人，监规颓废已久，迄难振作。咸丰军兴 [3]，岁费折发，章程亦屡更。同治初元 [4]，以国学专课文艺，无裨实学，令兼课论、策。用经、史、性理诸书命题，奖励留心时务者。明年，增发岁费三千两。九年，乃复旧额。选文行优者四十人住南学，厚给廪饩，文风稍稍兴起。光绪二年 [5]，增二十名。十一年，许各省举人入监，曰举监。其后无论举人、贡监生，凡非正印官未投供 [6]，举、贡未传到教习 [7]，均得入监，以广栽成 [8]。

［1］道光：清宣宗爱新觉罗·旻宁的年号（1821～1850）。

［2］南学：参见清8注9。

［3］咸丰军兴：咸丰元年（1851），洪秀全等在广西桂平金田村建号太平天国，陆续攻占南京（改称天京），与清廷对抗达十四年之久，至同治三年（1864）天京陷落，始告失败。

［4］同治：清穆宗爱新觉罗·载淳的年号（1862～1874）。

[5] 光绪二年：即公元 1876 年。光绪，清德宗爱新觉罗·载湉的年号。

[6] 投供：即"投供验到"。清制，凡赴吏部候选、候补官员，均须取具本旗都统、本籍或原住省分督抚咨文。汉京官郎中以下，外官道以下还须取具同乡六品以上京官印结，到部投供验到。到部之员，均令书写履历单呈交查校，谓之投供；投供之员，尚需书写本人官衔、姓名一纸，呈交文选司，称职揭；候选、候补官员到京后，即赴吏部报到，并呈交咨文、印结、履历单，吏部主管官员验其文结、年貌等，称为验到。

[7] 教习：八旗官学中之教官。参见清 2 注 2，清 24。

[8] 栽成：犹栽培，谓教育而成就之。

12. 贡监生诸色目多沿明制，岁贡，取府、州、县学食廪年深者，挨次升贡。顺治二年 [1]，命直省岁贡士京师 [2]。府学岁一人，州学三岁二人，县学二岁一人，一正二陪。学政严加遴选 [3]，滥充发回原学。五名以上，学政罚俸。十五年，令到部时详查，年力强壮者，乃许送监。康熙元年，减贡额，府三岁二人，州二岁一人，县三岁一人。八年，复照顺治二年例。二十六年 [4]，罢岁贡廷试。其后但由学政挨序考准咨部选授本省训导 [5]。得缺后，巡抚一加考验 [6]，愿入监者益鲜矣。恩贡，因明制，国家有庆典或登极诏书，以当贡者充之。顺治元年，诏直省府、州、县学，以本年正贡作恩贡，次贡作岁贡。历代恩诏皆如之。九年，五氏子孙观礼生员十五人 [7]，送监读书，准作恩贡。乾隆后 [8]，恩赐临雍观礼圣贤后裔廪、增、附生入监以为常 [9]。至康、乾间，天子东巡，亲诣阙里 [10]，拔取五氏、十三氏子孙生员贡成均 [11]，则加恩圣裔，非恒制也。

[1] 顺治二年：即公元 1645 年。顺治，清世祖爱新觉罗·福临的年号。《清史稿校注》校勘记云："案乾隆朝钦定大清会典则例（以下简称'乾隆会典则例'）卷六十九，命直省岁贡士京师在'顺治四年'。此作'顺治二年'，异。"可参考。

[2] 直省：参见清 2 注 3。

[3] 学政：即"提督学政"，亦称"督学使者"，或简称"提学"、"学政"。参见清 3 注 10。严加遴选：《清史稿校注》本作"严加仆选"，并出校勘记云："严加仆选，案清史馆选举志稿排印本、张书云辑选举志稿皆作'严加考选'。此'仆'字当作'考'。"可参考。

[4] 二十六年：即康熙二十六年（1687）。《清史稿校注》校勘记云："案清国史馆选举志稿李昭美纂辑本、选举志稿学校，罢岁贡廷试在'康熙二十三年'，光绪会典事例卷三八五同；清史馆选举志稿排印本、张书云辑选举志稿则皆作'康熙二十六年'，清朝文献通考学校考、皇朝掌故汇编内编卷三十八同。"可参考。

[5] 咨部：移文吏部。参见清 6 注 9。训导：清代为府学教授、州学学政、县学教谕之副职学官，秩从八品。佐各级儒学教官，教导所属生员。

[6] 巡抚：别称抚台、抚军、抚院，官名。清代地方长官，掌一省财政、民政、吏治、刑狱、军政，地位略次于总督，与总督并称"封疆大吏"。秩从二品。每逢乡试，充监临官，武科充主试官。雍正元年（1723），定巡抚兼衔制，例兼都察院右副都御史、右金都御史及兵部右侍郎衔。乾隆十四年（1749）定，不由侍郎授者，俱兼右副都御史；其兵部侍郎衔，由吏部疏请定夺。

[7] 五氏子孙：谓居于曲阜的孔、颜、曾、孟、仲五族之后裔。《清史稿·礼三》："九年，世祖视学，释奠先师，王、公、百官，斋戒陪祀。前期，衍圣公率孔、颜、曾、孟、仲五氏世袭五经博士，孔氏族五人，颜、曾、孟、仲族各二人，赴都。暨五氏子孙居京秩者咸与祭。是岁授孔氏南宗博士一人，奉西安祀。"

[8] 乾隆：清高宗爱新觉罗·弘历的年号（1736～1795）。

[9] 圣贤后裔：参见清10注4。

[10] 阙里：孔子故里。在今山东曲阜城内阙里街，因有两石阙，故名。孔子曾在此讲学，以后建有孔庙，几占全城之半。

[11] 十三氏子孙：据《清史稿·职官二》，当指居于曲阜的"五氏"之外的东野氏、姬氏、闵氏、冉氏、端木氏、卜氏、言氏、颛孙氏、有氏、伏氏、韩氏、张氏、邵氏十三族之后裔。成均：古之大学。这里即指国子监。

13. 拔贡，因明选贡遗制，顺治元年举行[1]。顺天六人，直省府学二人，州、县学各一人。康熙十年[2]，令学臣于考取一、二等生员内，遴选文行兼优者贡太学，从祭酒查禄请也[3]。明年，始选拔八旗生员，满洲、蒙古二人，汉军一人。时各省选贡多冒滥，三十七八年间，祭酒特默德、孙岳颁面试山西选拔张汉翀等六名[4]，陕西吕尔恒等四名[5]，广东陈其玮等三名[6]，均文理不堪，字画舛谬，原卷驳回，学臣参处，遂停选拔。雍正元年[7]，礼部尚书陈元龙疏请严成均肄业之规[8]。部议，太学监生，皆由捐纳，能文之士稀少，应令学臣照旧例选拔送监。从之。五年，世宗以岁贡较食廪浅深[9]，多年力衰惫之人，欲得英才，必须选拔。命嗣后六年选拔一次。明年，又谕学政选拔不拘一、二等生员，酌试时务策论[10]，果有识见才干，再访平日品行，即未列优等，亦许选拔。故雍、乾间充贡国学，以选拔为最盛。

[1] 顺治元年：即公元1644年。顺治，清世祖爱新觉罗·福临的年号。

[2] 康熙十年：即公元1671年。康熙，清圣祖爱新觉罗·玄烨的年号。

[3] 查禄：生平不详。

[4] 特默德：满洲镶白旗人。历官国子祭酒、吏部侍郎，充经筵讲官。馀不详。孙岳颁：字云韶（1639～1708），号树峰，吴县（今江苏苏州）人。康熙二十一年（1682）进士，历官编修、国子监祭酒、礼部侍郎。奉敕著有《佩文斋书画谱》。选拔：谓所选之拔贡。张汉翀：生平不详。

[5] 吕尔恒：生平不详。

[6] 陈其玮：生平不详。

[7] 雍正元年：即公元1723年。雍正，清世宗爱新觉罗·胤禛的年号。

[8] 陈元龙：字广陵（1652～1736），号乾斋，海宁（今属浙江）人。康熙二十四年（1685）进士，历官编修、侍讲，入值南书房，擢吏部侍郎、礼部尚书、文渊阁大学士。工书法，著有《爱日堂文集》。卒谥文简。《清史列传》、《清史稿》皆有传。

[9] 世宗：即清世宗爱新觉罗·胤禛（1678～1735）。参见清8注5。

[10] 时务策论：讨论时政的对策，始于唐代。参见唐5注5。

14. 乾隆初定朝考制 [1]，列一、二等者，拣选引见录用。三等劄监肄业 [2]。寻停拣选例。三年期满，祭酒等分别等第，覈实保荐，用知县、教职。七年，帝以拔贡六年一举，人多缺少，妨举人铨选之路 [3]。且生员优者，应科举时，自可脱颖而出，不专藉选拔为进身。改十二年一举。遂为永制。十六年，以天下教官多昏耄，滥竽恋栈。虽定例六年甄别，长官每以闲曹，多方宽假。谕详加澄汰。廷臣议，督、抚三年澄汰教职员缺 [4]，以朝考拣选拔贡充补。未入拣选者，劄监肄业如旧。四十一年，定朝考优等兼用七品小京官。五十五年，朝考始用覆试。学政选拔分二场，试《四书》文、经文、策论。乾隆十七年，经文改经解 [5]。二十三年，增五言八韵诗 [6]。会同督、抚覆试。朝考试书艺一 [7]、诗一。副榜入监，顺治二年 [8]，令顺天乡试中式副榜增、附 [9]，准作贡监。廪生及恩、拔、岁贡，免坐监，与廷试。十五年，他贡停，惟副榜照旧解送 [10]。康熙元年 [11]，停副贡额。十一年，以查禄奏复 [12]。

[1] 乾隆：清高宗爱新觉罗·弘历的年号（1736～1795）。朝考：这里指由皇帝命题考查拔贡生的考试。清代之朝考多指新科进士在保和殿参加的御试。始于雍正元年（1723）癸卯科。五年，经内阁奏定，遂为定制。即由皇帝命题，钦点大臣阅卷，分别等第进呈。考后，新进士由掌院学士会同大学士带领引见，候皇帝钦点。优者选庶吉士，馀以主事、中书、知县等用。

[2] 劄监：谓下行文书于国子监。

[3] 举人：明清乡试中式者称举人。

[4] 督：即"总督"，别称总制、制台、督军、制军，官名。始于明代，凡用兵时派部院大臣总督军务，无定员，也无一定辖区，视军情而设置。清初沿明制，顺治元年（1644）始置，辖一省或二、三省，分合无定。然例提督军务，总理粮饷，察举官吏，综理军政事务，职权日重，并可节制巡抚，为地方最高长官。每逢乡试充监临官，武科任主试官。康熙三十一年（1692）定总督加衔制，例兼都察院右都御史或兵部尚书衔，为秩从一品、正二品官。雍正后，总督辖区始成定制，例设两江（辖江苏、安徽、江西）、陕甘（辖陕西、甘肃）、闽浙（辖福建、浙江）、湖广（辖湖南、湖北）、四川、两广（辖广东、广西）、云贵（辖云南、贵州）、直隶总督。光绪末又增设东三省（辖奉天、吉林、黑龙江）总督。又设河道总督掌治河渠，俗称河督；设漕运总督监理漕务，俗称漕督。抚：即"巡抚"。参见清12注6。

[5] 经文：谓以《五经》文句为题的八股文。经解：谓对《五经》中某一段落解释疏通。

[6] 五言八韵诗：即"试帖诗"。参见清5注8。

[7] 书艺：即以《四书》文句为题的八股文（制艺）。

[8] 顺治二年：即公元1645年。顺治，清世祖爱新觉罗·福临的年号。

[9] 顺天乡试：顺天府举行的乡试。顺天府，清王朝于顺治元年（1644）奠都北京，沿用明制，设顺天府管理京师附近州县。顺天府直隶清王朝中央，设府尹主持其事。所属地区，包括京县即近京州县二十四个。乡试，清代每三年一次在各省城举行的科举考试，以试期多在秋八月，故又称"秋闱"。凡本省生员及监生、荫生、官生、贡生经科考、录科、录遗考试合格者均可应考。逢子、午、卯、酉年为正科，遇庆典加科为恩科。分三场：第一场《四书》题文三篇，五言八韵试帖诗一首；第二场经题文五篇；第三场策五道。中式者为举人，第一名称解元。副榜增附：生员中的增生、附生考中乡试副榜者。副榜，科举考试中，录取正式名额以外，另外录取若干附加

名额称副榜。清代副榜与正榜同发。中乡试副榜者可入国子监肄业，即"副贡生"。中会试副榜者免廷试而可咨送吏部授职。康熙三年（1664）后停会试副榜。

[10]"十五年"三句：《清史稿校注》校勘记云："案皇朝政典类纂卷二一七，诏停他贡，惟副榜照旧解送在'顺治十三年'；清史馆选举志稿排印本、张书云辑选举志稿则皆作'顺治十五年'，清国史馆选举志稿学校同。"可参考。

[11]康熙元年：即公元1662年。康熙，清圣祖爱新觉罗·玄烨的年号。

[12]"十一年"二句：《清史稿校注》校勘记云："案圣祖实录，准查禄奏请，令郡邑各庠及乡试副榜，照旧制择优入太学在'康熙十年'七月二十九日戊寅，清国史馆选举志稿李昭美纂辑本、清朝文献通考学校考同；清史馆选举志稿排印本、张书云辑选举志稿则皆作'康熙十一年'，清国史馆选举志稿学校同。"可参考。又，中华书局整理本于"以查禄奏得"下点逗号，下连"旧制优贡之选，与拔贡并重"二句，似有误。按文意，此二句当属下一段内容，故今移于清15段首。

15. 旧制优贡之选，与拔贡并重。顺治二年[1]，令直省不拘廪、增、附生，选文行兼优者，大学二人、小学一人送监[2]。康熙二十四年[3]，以监生止输纳一途，贫窭之士无由观光，令照顺治二年例选送。雍正间[4]，始析贡监名色，廪、增准作优贡，附生准作优监。乾隆四年[5]，限大省无过五、六名，中省三、四名，小省一、二名，任缺无滥。学政三年会同督、抚保题，分试两场，略同选拔。试《四书》文、经解、经文、策论，后增诗。二十三年，定优生到部[6]，如拔贡朝考例。试书艺一、诗一，文理明通者升太学；荒疏者发回，学政议处。二十九年，学臣有以拔贡年分暂停举优为请者，部议拔贡十二年一举，而学臣三年任满，宜举优黜劣，通省不过数名，应仍旧例。嘉庆十九年[7]，御史黄中杰条奏[8]，请与拔贡一体廷试录用。礼部议驳。请免来京朝考，示体恤。帝以优生经朝考准作贡生，斯合贡于王廷之义。停朝考，名实不符。弗许。然卒以无录用之条，多不赴京报考。同治二年[9]，议定甲子科始廷试优生[10]，仿顺天乡试例，分南、北、中卷。八旗、奉天、直隶、山东、山西、河南、陕西、甘肃为北卷，江苏、江西、浙江、安徽、福建、湖北、湖南为南卷，四川、广东、广西、云南、贵州为中卷。考列一、二等用知县、教职，三等用训导。恩、拔、副、岁、优，时称"五贡"[11]。科目之外，由此者谓之正途。所以别于杂流也。

[1]顺治二年：即公元1645年。顺治，清世祖爱新觉罗·福临的年号。

[2]大学：谓府、州、县学中生员多者。小学：谓府、州、县学中生员少者。参见清35。

[3]康熙二十四年：即公元1685年。康熙，清圣祖爱新觉罗·玄烨的年号。

[4]雍正：清世宗爱新觉罗·胤禛的年号（1723～1735）。

[5]乾隆四年：即公元1739年。乾隆，清高宗爱新觉罗·弘历的年号。

[6]优生：谓优贡与优监。参见清3注14，清3注15。

[7]嘉庆十九年：即公元1814年，嘉庆，清仁宗爱新觉罗·颙琰的年号。

[8]御史：即"监察御史"。掌监察、弹劾及建言。清代按省区划分京畿、河南、江南、浙江、山西、山东、陕西、湖广、江西、福建、四川、广东、广西、云南、贵州十五道。每道设掌印监察

御史及监察御史（共五十六人），分核各省刑名，稽察在京各衙门政事，并皆任以言责。黄中杰：字嶙芝（1764～1825），号俊民，南昌（今属江西）人。嘉庆七年（1802）进士，历官编修、监察御史、湖南粮道。

[9] 同治二年：即公元 1863 年。同治，清穆宗爱新觉罗·载淳的年号。

[10] 甲子科：谓同治三年之乡试。

[11] 五贡：清代贡生六种，五贡不包括捐纳取得的"例贡"。参见清 3 注 8。

16. 恩监，由八旗汉文官学生、算学满、汉肄业生考取。又临雍观礼圣贤后裔 [1]，由武生、奉祀生、俊秀入监者 [2]，皆为恩监。例贡与例监相仿，由廪、增、附生或俊秀监生援例报捐贡生者，曰例贡；由俊秀报捐监生者，曰例监。凡捐纳入官必由之。或在监肄业，或在籍，均为监生。恩荫，凡满、汉子弟奉敕送监读书，恩诏分别内外文武品级，荫子入监。顺治二年 [3]，定文官京四品、外三品以上，武官二品以上，俱送一子入监。十一年，觉罗荫生照各官荫生例 [4]，一体送监。包衣佐领下官子弟 [5]，向例不得为荫监。康熙九年 [6]，例除。宗室给荫入监 [7]，自康熙五十二年始也。难荫始顺治四年，以殉难陕西固原道副使吕鸣夏子入监读书 [8]。九年，定内、外满、汉三品以上官，三年任满，勤事以死者，荫一子入监。后广其例，凡三司首领 [9]，州、县佐贰官死难者，亦得荫子矣。

[1] 圣贤后裔：参见清 10 注 4。

[2] 武生：武学或附设于地方儒学中之武学生员。相对于儒生而言，又称武秀才、武庠生。清初，京卫武学由兵部分春秋两季招考，各取五十名。康熙间改由顺天府学政考选，额定百名。直省武学由学政三年一考，额定府学二十名、大州县十五名、中州县十二名、小州县七八名。取中之武童生入武学为生员，无武学者附入儒学，由教官管束。所学者骑射、《武经七书》、《百将传》、《孝经》、《四书》等。学习期满，岁试列一、二等者，可应武乡试。参见清 46。奉祀生：历代圣贤与天后等神祇，立有祠宇者，清代择其后裔或有关祭祀人员为奉祀生，可世袭。《大清会典则例》卷七十："雍正二年，覆准先贤有祠宇处，察明适裔，给与印照为奉祀生。但事久弊生，无论有无祠宇、是否贤裔，称系同姓，即给印照，各省督抚及衍圣公并不将奉祠生名数报部，致有假造印照，冒滥充补。行令衍圣公会同山东巡抚、学政核实察明；其各省奉祀生，令督抚、学政通行严察。果系先贤适裔，建有祠宇，将本生履历造册，咨部销毁原给印照，换给礼部印照，其冒滥者革除。嗣后设立奉祀生关涉衍圣公者，衍圣公会同巡抚、学政照例察核报部换照，其各省由督抚、学政者，亦确察咨部。"《清史稿·世宗纪》："六月戊午，苏禄国王臣毋汉未毋拉律林奏伊远祖东王于明永乐年间来朝，归至山东德州病殁。长子归国嗣王，次子安都禄，三子温哈喇留守坟墓。其子孙分为安、温二姓，岁领额设祭祀银八两，请以其后裔为奉祀生。从之。"俊秀：参见清 7 注 1。

[3] 顺治二年：即公元 1645 年。顺治，清世祖爱新觉罗·福临的年号。《清史稿校注》校勘记云："案世祖实录，定文武官送子入监之制在'顺治八年'正月十五日庚申，清朝文献通考学校考同；清国史馆选举志稿李昭美纂辑本、选举志稿学校皆作'顺治十八年'。"可参考。

[4] 觉罗：清皇族称谓之一，努尔哈赤父亲塔克世的伯叔兄弟旁系子孙为觉罗。

包衣佐领：清代八旗包衣基层编制单位的长官之一。满名"包衣牛录章京"，掌本佐领（"牛录"）之下户籍政令。每佐领额设一人，秩从四品，其品秩低于八旗之旗分佐领。

[6] 康熙九年：即公元1670年。康熙，清圣祖爱新觉罗·玄烨的年号。

[7] 宗室：清皇族称谓之一，太祖努尔哈赤父亲塔克世之直系子孙为宗室。

[8] 陕西固原道：治所即今宁夏固原。副使：即"副使道"。清初，于各省按察使司设副使，分巡一定地方，掌理刑名，为分巡道。以原职官秩分别系按察副使衔，凡由掌印给事中、知府补授之道员，即称为副使道，秩正四品。乾隆十八年（1753），废按察副使衔，副使道之称停用。吕鸣夏：山海卫（今河北秦皇岛市东北山海关）人。明万历四十三年（1615）举人。入清，官卫辉知府，以政最迁固原道副使。武大定叛清，以兵胁之，不从，被杀。清廷追赠光禄卿，荫一子。

[9] 三司：清代称各省布政使司、按察使司、提学使（学政）为三司，分掌民政、司法与文教。首领：即"首领官"。明清各官署中负责本署总务的长官之通称。包括中央六部的主事、司务与地方官署中的经历等。

17. 外国肄业生，康熙二十七年[1]，琉球国王始遣陪臣子弟梁成楫等随贡使至[2]，入贡肄业。雍正六年，鄂罗斯遣官生鲁喀等留学中国，以满、汉助教等教之，月给银米器物，学成遣归，先后络绎[3]。至同治间[4]，琉球官生犹有至者。

[1] 康熙二十七年：即公元1688年。康熙，清圣祖爱新觉罗·玄烨的年号。

[2] "琉球"句：《清史稿·属国一》："（康熙）二十一年，命翰林院检讨汪楫、内阁中书舍人林麟焻为正副使，赍诏敕银印往封琉球国世子尚贞为王，赐御书'中山世土'额……二十五年，贞遣官生梁成楫、蔡文溥、阮维新、郑秉钧四人入太学，附贡使船，遭风桅折，伤秉钧，飘至太平山修船，二十七年二月，始至京师。十月，贞遣陪臣来谢子弟入监读书恩，并贡方物。帝令成楫等三人照都通事例，日廪甚优，四时给袍褂、衫裤、靴帽、被褥咸备，从人皆有赐，又月给纸笔银一两五钱，特设教习一人，令博士一员督课。"琉球国王，即尚贞。琉球，参见明6注13。陪臣，古代外交使臣出使时，对对方国家的君主而言，即称陪臣。

[3] "雍正六年"数句：《清史稿校注》校勘记云："案清国史馆选举志稿学校云：'雍正六年，俄罗斯遣子弟入学，经理藩院奏准，简满、汉助教各一员教习管理。乾隆八年，俄罗斯遣其陪臣子弟鲁喀等诣京恳请肄业，即旧会同馆设学，选满、汉助教二员教之，每月给以银米，学成遣归。'清史馆选举志稿排印本、张书云辑选举志稿则但云：'雍正六年，鄂罗斯遣官生鲁喀等留学中国。'清国史馆选举志稿李昭美纂辑本、清朝文献通考学校考同。又'鄂罗斯'、'俄罗斯'，为同音异译。"可参考。雍正六年，即公元1728年。雍正，清世宗爱新觉罗·胤禛的年号。鄂罗斯，即"俄罗斯"。康熙三十三年（1694）于理藩院设俄罗斯馆，安置来京俄商与传教士、留学生等，附设教堂。

[4] 同治：清穆宗爱新觉罗·载淳的年号（1862～1874）。

18. 他如顺治二年[1]，于随征入关奉天十五学[2]，取三十人入监，为天下劝。十一年，定随征廪生准作贡监。生员有军功二等，准作生监[3]。更有军功二等，准作贡生，谓之功贡。未几例停，则开国时权宜之制也。

[1] 顺治二年：即公元 1645 年。顺治，清世祖爱新觉罗·福临的年号。

[2] 奉天：即"奉天府"，治所在今辽宁沈阳市。

[3] 生监：《清史稿校注》校勘记云："生监，案清史馆选举志稿排印本、张书云辑选举志稿皆作'监生'，光绪会典事例卷三八五同。此当据改。"甚是，可参考。

19. 考送校录 [1]，始于乾隆三年 [2]，令国子监选正途贡生，年力少壮、字画端楷者十人，送武英殿备誊录 [3]。年满议叙 [4]。三十四年例停，归吏部誊录贡生内选取。嗣以吏部无合例者，仍由在监拔、副、优贡生考选。嘉庆间增十名 [5]，后不复行。

[1] 校录：负责文献誊写、校勘工作的小官，未入流。

[2] 乾隆三年：即公元 1738 年。乾隆，清高宗爱新觉罗·弘历的年号。

[3] 武英殿：故址在今北京紫禁城西华门内。今存。

[4] 议叙：清代奖励官员的制度。凡官员考核成绩优良或有功绩者，奉旨交部议叙，以资奖励。议叙之法分为纪录、加级两种。

[5] 嘉庆：清仁宗爱新觉罗·颙琰的年号（1796~1820）。

20. 五贡就职 [1]，学政会同巡抚验看 [2]，咨部依科分名次、年分先后 [3]，恩、拔、副贡以教谕选用 [4]，岁贡以训导选用 [5]。康熙中 [6]，捐纳岁贡，并用训导。雍正初 [7]，捐纳贡生，教谕改县丞 [8]，训导改主簿 [9]。既仍许廪生捐岁贡者，用训导；恩、拔、副贡年力富强者，得就职直隶州州判 [10]。嘉庆以后 [11]，凡朝考未录之拔贡及恩、副、岁、优贡生 [12]，遇乡试年 [13]，得具呈就职、就教 [14]。优贡就教，附岁贡末用训导。道光初 [15]，许满、蒙正途贡生就职，与满员通较年分先后选用。贡监考职，定例必监期已满，乃许送考。惟特恩考职，不论监期满否。凡正途、捐纳各项贡、监生，及候补誊录、教习、校录 [16]，一体送考。其已就教、就职及捐职、袭世职者不许。初制，考职岁一举，贡、监一例以州同、州判、县丞、主簿、吏目录用 [17]。乾隆元年 [18]，定考职以乡试年，恩科不考。恩、拔、副贡考列一等以州同、二等以州判、三等以县丞选用。岁贡一等以主簿、二等以吏目选用。愿就教者听。捐纳贡监考取如岁贡例。五十六年停考职。嘉庆五年 [19]，仅一行之。

[1] 五贡：即恩贡、拔贡、副贡、岁贡和优贡，皆算正途出身资格。另有捐纳取得的贡生，即例贡，不在"五贡"之内。

[2] 学政：即"提督学政"，亦称"督学使者"，或简称"提学"、"学政"。参见清 3 注 10。巡抚：别称抚台、抚军、抚院，官名。参见清 12 注 6。

[3] 咨部：移文吏部。参见清 6 注 9。

[4] 教谕：县儒学之学官，清代秩正八品，掌一县所属生员之教诲。

[5] 训导：学官名，设于各府、厅、州、县，为府学教授、州学学政及县学教谕之副职，秩从八品，佐各级儒学教官，教导所属生员。

[6] 康熙：清圣祖爱新觉罗·玄烨的年号（1662～1722）。

[7] 雍正：清世宗爱新觉罗·胤禛的年号（1723～1735）。

[8] 县丞：清代知县之佐贰官，秩正八品，与主簿分掌全县之钱粮、户籍、征税、巡捕、河防诸事。

[9] 主簿：清代知县之佐贰官，秩正九品，与县丞分掌全县之钱粮、户籍、征税、巡捕、河防诸事。

[10] 直隶州：清制，凡直属于布政使司之州为直隶州。制与府同，有属县。州判：清代知州之佐贰官，秩从七品。与州同分掌督粮、捕盗、海防、水利诸事。全国设直隶州判三十五人、属州州判三十五人，管河州判十三人。

[11] 嘉庆：清仁宗爱新觉罗·颙琰的年号（1796～1820）。

[12] 朝考：这里指由皇帝命题考查贡生的考试。

[13] 乡试年：清代乡试每三年一次，逢子、午、卯、酉年为正科，即乡试年。参见清14注9。

[14] 就职就教：谓做官或做学官。

[15] 道光：清宣宗爱新觉罗·旻宁的年号（1821～1850）。

[16] 誊录：负责乡、会试试卷誊录的小官。教习：八旗官学中之教官。参见清2注2，清24。校录：负责文献誊写、校勘工作的小官。以上皆未入流。

[17] 州同：清代于各州设同知，因区别于府同知，故称州同。为知州之佐官，秩从六品。吏目：参见清6注17。

[18] 乾隆元年：即公元1736年。乾隆，清高宗爱新觉罗·弘历的年号。

[19] 嘉庆五年：即公元1800年，嘉庆，清仁宗爱新觉罗·颙琰的年号。

21. 光绪三十一年 [1]，直隶总督袁世凯等奏停科举折宽筹举贡生员出路一条 [2]，"请十年三科内优贡加额录取。己酉选拔如旧 [3]，朝考用京官知县。督、抚、学政三科内考选学贡通算学、地理、财政、兵事、交涉、铁路、矿务、警察、外国政法之一者 [4]，三年一次，保送若干名，略视会试中额两三倍 [5]。赴京试取者，用主事、中书、知县" [6]。诏议行。明年，政务处详议 [7]，己酉拔贡，照向额倍取，本年丙午考优 [8]。以后三年一考，视例额加四倍。廪生出贡许倍额。部院考用誊录，分举人、五贡、生员三等。二年期满奖叙。举人、优、拔，择尤改用七品小京官。又为广就职之例，五贡一体以直隶州州判，按察、盐运经历 [9]，散州州判、经历、县丞，分别注选，或分发试用。盖五贡终清之世，未尝废弃也。

[1] 光绪三十一年：即公元1905年。光绪，清德宗爱新觉罗·载湉的年号。

[2] 袁世凯：字慰庭（1859～1916），一字慰亭，号容庵，项城（今属河南）人。光绪八年（1882）随淮军提督吴长庆入朝鲜，负责前敌营务处，清廷奖叙五品同知衔。历官浙江温处道，在天津训练"新建陆军"。戊戌变法中以向荣禄告密，出卖维新党人，取得慈禧太后信任，历官山东巡抚、直隶总督、北洋大臣、军机大臣、外务部尚书。1909年为摄政王载沣罢免。1911年武昌起义，袁世凯凭借北洋势力与帝国列强支持，出任内阁总理大臣，陈兵长江，要挟革命党议和，窃取中华民国临时大总统。1915年5月接受日本企图灭亡中国的《二十一条》，12月宣布次年为

洪宪元年，准备即皇帝位。同月25日蔡锷在云南发动讨袁之护国战争，贵州、广西、广东、浙江等省先后响应，1916年3月22日被迫宣布取消帝制，仍称大总统。6月6日，在全国声讨中，忧惧而死。

[3] 己酉：谓四年之后的公元1909年（宣统元年），此为设想之语。

[4] 学贡：《清史稿校注》校勘记云："学贡，案清史馆选举志稿排印本、张书云辑选举志稿皆作'举贡'，养寿园奏议辑要卷三十五请立停科举推广学校并妥筹办法折同。此当据改。"可参考。

[5] 会试：清沿明制，每三年一次在京城举行考试。应试者为各省举人。试期多在三月，故称"春闱"，又因其为礼部主持，故又称"礼闱"。每逢辰、戌、丑、未年为正科。遇乡试有恩科，则次年额外增加的会试，称会试恩科。考试分三场：第一场《四书》题文三篇，五言八律试帖诗一首；第二场经题文五篇；第三场策五道。考中者称贡士，可参加殿试。贡士第一名称会元。

[6] "请十年"数句：节略原奏折文字过多，致语义不明。《光绪政要》卷三十一录袁世凯、赵尔丰、张之洞等会奏请立停科举推广学校折暨请清帝谕立停科举以广学校，内有云："旧学应举之寒儒，宜筹出路也。文士失职，生计顿蹙。除年壮才敏者入师范学堂外，其不能为师范生者，贤而安分，则因穷可悯；其不肖而无赖者，或至为非生事，亦甚可忧。拟请十年三科内，各省优贡照旧举行。己酉科拔贡亦照旧办理，皆仍于旧学生员中考取。其已入学堂者，照章不准应考。惟优贡之额过少，拟请按省分之大小，酌量增加，分别录取，朝考后，用为京官、知县等项。三科后即行请旨停止。其已中举人、五贡者，此三科内拟各令各省督、抚、学政每三年一次，报送举贡若干名，略照会试中额加两三倍，送京考试，凡算学、地理、财政、兵事、交涉、铁路、矿务、警察、外国政法等事，但有一长，皆可保送，俟考时分别去取。试以经义、史论一场，专门学一场，共为两场。其取定者，酌量用为主事、中书、知县官。如此，则乡试虽停，而生员可以得优、拔贡；会试虽停，而举、贡可以考官职。"己酉，谓公元1909年（宣统元年）。选拔，即拔贡之选。主事，清代各部、院及其他中央机构中之司官，位次于员外郎，秩正六品。中书，即"内阁中书"，清内阁属官，掌撰拟、翻译、缮写等事，秩从七品。

[7] 政务处：光绪二十三年（1901）三月设立，初名督办政务处。以军机大臣领督办事，参预大臣无定员。下设提调、帮提调、总办、帮总办等属员。负责汇集中央及地方各级官吏关于"新政"的奏疏和条陈、建议，经讨论后提出处理意见，择报皇帝，以备实施。三十二年九月更名会议政务处，隶内阁。宣统三年（1911）四月设立责任内阁后裁撤。

[8] 丙午：即光绪三十二年（1906）。

[9] 按察：即"提刑按察使司"。《清史稿·职官三》："提刑按察使司按察使，省各一人（正三品）。其属：经历司经历（正七品），知事（正八品），照磨所照磨（正九品），司狱司司狱（从九品），各一人。按察使掌振扬风纪，澄清吏治。所至录囚徒，勘辞状，大者会藩司议，以听于部、院。兼领阖省驿传。三年大比充监试官，大计充考察官，秋审充主稿官。知事掌勘察刑名。司狱掌检察系囚。经历、照磨所视藩署。"盐运：即"都转盐运使司"，设于各产盐省分。盐运使为长官，秩从三品。其属官有经历、知事、巡检、库仓大使等。经历，秩从七品。

22. 算学隶国子监，称国子监算学。乾隆四年 [1]，额设学生满、汉各十二，蒙古、汉军各六。续设汉肄业生二十四。遵《御制数理精蕴》[2]，分线、面、体三部。部限一年通晓。七政限二年 [3]。有季考、岁考。五年期满考取者，满、蒙、汉军学生咨部，以本旗天文生序补 [4]。汉学生举人用博士，贡监生童用天文生。

[1] 乾隆四年：即公元 1739 年。乾隆，清高宗爱新觉罗·弘历的年号。《清史稿校注》校勘记云：
"案光绪会典事例卷一〇〇二，'乾隆三年'立算学，额设学生满洲、汉人各十二人，蒙古、汉
军各六人，'十年'，钦天监肄业生二十四人拨归算学肄业，清朝文献通考学校考、皇朝政典类
纂卷二一七同。"可参考。

[2] 御制数理精蕴：算学书，五十三卷。康熙十三年（1674），清圣祖爱新觉罗·玄烨撰。

[3] 七政：谓天文学。七政为古天文学术语，一说指日、月与金、木、水、火、土五星。

[4] 天文生：清代钦天监属员，满、汉、蒙兼用，食九品俸，分隶天文、时宪、漏刻三科。掌司观候
推算之事。

23. 此外隶国学者，为八旗官学 [1]。顺治元年 [2]，若琳奏 [3]："臣监僻在城东北隅 [4]，满员子弟就学不便，议于满洲八固山地方各立书院 [5]，以国学二厅、六堂教官分教之 [6]，以时赴监考课。"下部议行。于是八旗各建学舍。每佐领下取官学生一名 [7]，以十名习汉书，馀习满书。二年，从所蕴言 [8]，合两旗为一学。每学教习十人，教习酌取京省生员。其后学额屡有增减，教习于国学肄业生考选，止用恩、拔、副、岁贡生。如无其人，准例监生亦得考取。举人愿就，一例考选。

[1] 八旗官学：参见清 2 注 2。

[2] 顺治元年：即公元 1644 年。顺治，清世祖爱新觉罗·福临的年号。

[3] 若琳：即李若琳。参见清 3 注 6。

[4] 东北隅：清沿明制，国子监故址在今北京市东城区安定门内国子监街（原成贤街），今存。地处
北京市城区之东北隅。

[5] "议于"句：参见清 2 注 2，清 4 注 5。

[6] 国学二厅：当谓典簿厅与典籍厅。六堂：即率性、修道、诚心、正义、崇志、广业六堂。参见清
3 注 4。

[7] 佐领：清代八旗组织的基层编制单位，即"牛录"。三百人为一牛录，每牛录设额真一名。

[8] 所蕴：即"薛所蕴"。参见清 6 注 5。

24. 雍正元年 [1]，八旗蒙古护军、领催、骁骑内 [2]，选熟练国语、蒙古语者十六人 [3]，充蒙古教习。向例官学生分佐领选送。五年，定每旗额设百名。满洲六十，习清、汉书各半。蒙古、汉军各二十，通一旗选择，不拘佐领。年幼者习清书，稍长者习汉文。拨八旗教养兵额满洲三十，蒙古、汉军各十名钱粮分给学生。定汉教习每旗五人。乾隆初 [4]，定官学生肄业以十年为率，三年内讲诵经书，监臣考验，择材资聪颖有志力学者，归汉文班；年长愿学缮译者 [5]，归满文班。三年，钦派大臣考取汉文明通者，拨为监生，升太学。与汉贡监究心明经治事，期满，择尤保荐，考选录用。八年，定汉教习三年期满，分等引见。一等用知县，二等用知县或教职铨选。一等再教习三年，果实心训课者，知县即用。蒙古教习五年期满实心训课者，用护军校、骁骑校 [6]。满助教每旗二人，以八旗文进士、举人，缮译进士、举人，恩、拔、副、岁贡

生，文生员，缮译生员，废员 [7]，笔帖式考取 [8]。

[1] 雍正元年：即公元 1723 年。雍正，清世宗爱新觉罗·胤禛的年号。
[2] 护军：谓清代护军营之营兵。护军营为清代禁卫军之一，营兵由八旗满洲、蒙古兵之精锐者选充，每佐领下十七人。领催：清八旗都统衙门所属之职官，八旗每佐领下额设五人，掌本佐领下文书档案及支领俸饷。骁骑：清代八旗骁骑营之兵名马甲，亦称骁骑。马甲即马兵，满洲、蒙古每佐领下二十人，汉军每佐领下四十二人。
[3] 国语：与下文"清书"皆谓满洲文字。
[4] 乾隆：清高宗爱新觉罗·弘历的年号（1736～1795）。
[5] 缮译：即"翻译"。由一种语言文字表达另一种语言文字的内容。
[6] 护军校：清代八旗护军营之下级军官，八旗满洲、蒙古每佐领下各一人，秩正六品，掌分辖护军。骁骑校：清代八旗下各佐领均设，秩正六品，为佐领之副。八旗满洲、蒙古、汉军、包衣每佐领下各一人，协助佐领管理所属户口、田宅、兵籍、教养等各项事务。《清史稿校注》校勘记云："案光绪会典事例卷三九四，'乾隆十年'奏准，蒙古教习酌以五年期满，如有为人明白，实心训课者，'以应升之护军校、骁骑校补用'。"可参考。
[7] 废员：清代凡因罪、过被革职的官员称废员。
[8] 笔帖式：满语音译，意为办理文书、文件的人。后金天聪五年（1631）改"巴克什"为"笔帖式"，掌理翻译满、汉章奏文书、汉文书籍等事宜。

25. 三十三年 [1]，下五旗包衣每旗增设学生十名 [2]。满洲六，蒙古、汉军各二，不给钱粮。五十四年，于每旗百名内裁十名，选取经书熟、文理优者二十人，加给膏火资鼓励 [3]。嘉、道以后 [4]，官学积渐废弛，八旗子弟仅恃此进身 [5]。教习停年期满予录用例，月课虚应故事。虽明谕屡督责，迄难振刷。光绪初 [6]，力筹整顿。每学以满、汉科甲官一人为管学官，专司考核学生课程，教习勤惰。简派满、汉进士出身大员二人为管理八旗官学大臣。每学添设翰林编、检一员 [7]。月课季考，分司考校。春秋赴监会考如旧。

[1] 三十三年：即乾隆三十三年（1768）。
[2] 下五旗：参见清 2 注 2。包衣：满语"包衣阿哈"的简称，亦简称"阿哈"。包衣即"家的"；阿哈即"奴隶"。为满族贵族所占有，无人身自由，被迫从事各种家务与生产劳动。来源为战俘、罪犯、负债破产者及包衣所生子女等。清人统一中国后，包衣有因战功而置身显贵者，但对其主子仍保留奴才身份。清昭梿《啸亭杂录》卷二《汉军初制》："雍正中，定上三旗每旗佐领四十，下五旗每旗佐领三十，其不足者，拨内务府包衣人隶焉，于是其制始定。盖虽曰旗籍，皆辽、沈边氓及明之溃军败卒。"清龚自珍《答人问关内侯》："亲王以下，贝子以上，其户下五旗包衣之人，见王，如家奴见家长之礼；包衣之女，许亲王等拣选为媵妾。"
[3] 膏火：谓供学习用的津贴。
[4] 嘉：嘉庆，清仁宗爱新觉罗·颙琰的年号（1796～1820）。道：道光，清宣宗爱新觉罗·旻宁的年号（1821～1850）。

[5] 八旗子弟：清代旗人贵族子弟，逐渐演变为一个特权阶层，直至清亡国。

[6] 光绪：清德宗爱新觉罗·载湉的年号（1875～1908）。

[7] 编：即"编修"，翰林院职官。掌撰述编辑，儤直经幄。以一甲二、三名进士除授，二甲进士散馆后亦可除授，无定员，秩正七品。清末升从五品。检：即"检讨"，翰林院职官。掌撰述编辑，儤直经幄。以三甲进士散馆后除授，无定员，秩从七品。清末升从五品。

26. 同、光间 [1]，国学及官学造就科举之才，亦颇称盛。然囿于帖括 [2]，旧制鲜变通。三十一年，监臣奏于南学添设科学 [3]，未几，裁国子监，并设学部 [4]。文庙祀典 [5]，设国子丞一人掌之 [6]。八旗官学改并学堂 [7]，算学亦改称钦天监天文算学 [8]，隶钦天监。而太学遂与科举并废云。

[1] 同：同治，清穆宗爱新觉罗·载淳的年号（1862～1874）。光：光绪，清德宗爱新觉罗·载湉的年号（1875～1908）。

[2] 帖括：科举应试文字，这里专指八股文、试帖诗等。

[3] 南学：参见清8注9。科学：谓有关自然科学的知识体系。

[4] 学部：光绪三十一年（1905）十一月所设立官署，掌全国教育行政，稽颁各学校政令。置尚书、侍郎各一员。下设总务、专门、普通、实业、会计五司和司务厅，附设翻译图书局、京师督学局、学制调查局、教育研究所、高等教育会议所、官报所等机构。原国子监归并学部。宣统三年（1911），尚书改称学务大臣。

[5] 文庙：即孔子庙。唐朝封孔子为文宣王，称其庙为文宣王庙，元明以后省称文庙。

[6] 国子丞：光绪三十一年十一月国子监归并学部后设置，秩正四品。掌管文庙、辟雍殿一切礼仪事务。

[7] 学堂：近代意义上的学校。

[8] 钦天监：掌管观察天文气象、推算节气、编制历书的官署。《清史稿·职官二》："钦天监。管理监事王大臣一人（特简）。监正（初制，满员四品。康熙六年升三品。九年，满、汉并定正五品），左、右监副（初制，五品。康熙六年升四品，九年定正六品），俱满、汉各一人。其属：主簿厅主簿（正八品），满、汉各一人。时宪科五官正（从六品），满、蒙各二人，汉军一人。春官正、夏官正、中官正、秋官正、冬官正（并从六品），汉各一人。司书（正九品），汉一人。博士（从九品），满洲四人，蒙古二人，汉军一人，汉十有六人。天文科五官灵台郎（从七品），满洲二人，蒙古、汉军各一人，汉四人。监候（正九品），汉一人。博士，满洲四人，汉二人。漏刻科挈壶正（从八品），满、蒙各一人，汉二人。司晨（从九品），汉军一人，汉七人。笔帖式，满洲十有一人，蒙古四人，汉军二人。天文生（食九品俸），满、蒙各十有六人，汉军八人，汉二十有四人。食粮天文生，汉五十有六人。食粮阴阳生，汉十人（并给九品冠带）。助教厅助教一人，教习二人。"

27. 宗学肇自虞廷，命夔典乐，教胄子 [1]。三代无宗学名 [2]，而义已备。唐、宋后，有其名而制弗详。清顺治十年 [3]，八旗各设宗学，选满洲生员为师 [4]。凡未封宗室子弟，十岁以上，俱入学习清书。雍正二年定制 [5]，左、右两翼设满、汉学各

一 [6]，王、公、将军及闲散宗室子弟十八岁以下，入学分习清、汉书，兼骑射 [7]。以王、公一人总其事。设总、副管，以宗室分尊齿长者充之。清书教习二人，选罢闲旗员及进士、举人、贡生、生员善缮译者充之 [8]。骑射教习二人，选罢闲旗员及护军校善射者充之 [9]。每学生十人，设汉书教习一人，礼部考取举、贡充之 [10]。三年期满，分别等第录用。十一年，两学各以翰林官二人董率课程，分日讲授经义、文法。

[1] "宗学"三句：语本《尚书·虞夏书·舜典》："帝曰：'夔！命汝典乐，教胄子，直而温，宽而栗，刚而无虐，简而无傲。'"宗学，清宗室子弟的学校。参见宋152。虞廷，上古虞舜的朝廷。夔，相传为虞舜时的乐官。《礼记·乐记》："昔者舜作五弦之琴，以歌《南风》。夔始制乐，以赏诸侯。"胄子，古代称帝王或贵族的长子。

[2] 三代：指夏、商、周三代，为儒家的理想社会。

[3] 顺治十年：即公元1653年。顺治，清世祖爱新觉罗·福临的年号。《清史稿校注》校勘记云："案清史馆陈敬第纂选举志稿学校，八旗各设宗学在'顺治九年'，清朝文献通考学校考同；清史馆选举志稿排印本、张书云辑选举志稿、光绪会典事例卷三九三则皆作'顺治十年'。又'顺治十年'上'清'字当删，始合史笔。"可参考。

[4] "选满洲"句：《清史稿校注》校勘记云："选满洲生员为师，案清朝文献通考学校考，宗学'选满、汉官各一员为之师'，未明言系生员；世祖实录，顺治十年三月十五日辛巳，准吏、礼二部奏请，宗室八学，'各设满洲生员一名'，清史馆选举志稿排印本、张书云辑选举志稿、陈敬第纂选举志稿学校、光绪会典事例卷三九三则皆作'选满洲生员为师'。"可参考。

[5] 雍正二年：即公元1724年。雍正，清世宗爱新觉罗·胤禛的年号。

[6] 左右两翼：谓左翼宗学与右翼宗学。参见清2注2。《清史稿校注》本于"左右两翼"下作"满、汉学习一"，并出校勘记云："满、汉学习一，案光绪会典事例卷三九二，此'学习'二字当作'教习'。"可参考。

[7] "王公"二句：《清史稿校注》校勘记云："案光绪会典事例卷三九三，闲散宗室子弟十八岁以下愿就学读书，及十九岁以上已曾读书愿入学者，入学分习清、汉书，兼习骑射。此与之稍异。"可参考。

[8] 罢闲旗员：罢官闲居的八旗人员。

[9] "选罢闲"句：《清史稿校注》校勘记云："选罢闲旗员及护军校善射者充之，案光绪会典事例卷三九三，'选罢闲旗员及护军校、护军善射者充之'。此'护军校'下当补'护军'二字。"可参考。

[10] 礼部：参见清10注21。

28. 乾隆初 [1]，以满、汉京堂各一人总稽学课 [2]，月试经义、缮译及射艺。九年，定每届五年，简大臣合试两翼学生，钦定名次，以会试中式注册 [3]。俟会试年，习缮译者，与八旗缮译贡生同引见，赐进士 [4]，用府属额外主事 [5]。习汉文者，与天下贡士同殿试 [6]，赐进士甲第，用翰林部属等官 [7]。十年 [8]，考试汉文、缮译无佳作。谕曰："我朝崇尚本务，宗室子弟俱讲究清文，精通骑射。诚恐学习汉文，流于汉人浮靡之习。世祖谕停习汉书 [9]，所以敦本实、黜浮华也。嗣后宗室子弟不能习汉文者，其各娴习武艺，储为国家有用之器。"明年，定学额，左翼七十，右翼六十。二十一年，裁汉教习九人，改缮译教习。增骑射教习，翼各一人。嘉庆初 [10]，画一两翼学额，增右翼十名。定每学教习满三人，汉四人。十三年，两翼各增学额三十，足百名，为永制。

[1] 乾隆：清高宗爱新觉罗·弘历的年号（1736～1795）。

[2] 京堂：清代凡通政使司、大理寺、太仆寺、太常寺、光禄寺、詹事府、鸿胪寺等卿寺衙门堂官的通称，亦尊为"京卿"。一般为三品或四品官员。各一人：《清史稿校注》校勘记云："各一人，案清国史馆选举志稿李昭美纂辑本、选举志稿学校皆作'各二人'，光绪会典事例卷三九三同。此当据改。"可参考。

[3] 会试：参见清21注5。中式：谓通过。

[4] 进士：科举考试中殿试合格者称进士，分三甲：一甲三名赐进士及第，二甲赐进士出身，三甲赐同进士出身。这里未经殿试即"赐进士"，属于对宗学缮译生的优待。

[5] 额外主事：新科进士于引见后分派各中央机构任职主事而未实授得缺者。主事，参见清21注6。

[6] 殿试：又称"廷试"。由皇帝主持的科举考试。清沿明制，顺治三年（1646）始举行，多于四月在太和殿举行。殿试考中者称进士，一甲第一名通称状元，一甲第二名通称榜眼，一甲第三名通称探花；二甲第一名通称传胪。

[7] 翰林：即"翰林院"。掌国史笔翰，备左右顾问的官署。《清史稿·职官二》："翰林院。掌院学士（初制正五品。顺治元年升正三品。雍正八年升从二品。大学士、尚书内特简），满、汉各一人。侍读学士（初制从四品。光绪二十九年升正四品）、侍讲学士（初制从四品。宣统元年升正四品），满洲各二人，汉各三人。侍读（初制正六品。雍正三年升从五品。光绪二十九年升正五品。宣统元年升从四品）、侍讲（初制正六品。雍正三年升从五品。宣统元年升从四品），满洲各三人，汉各四人。修撰（初制从六品）、编修（初制正七品）、检讨（初制从七品。自修撰以下，宣统元年并改从五品）、庶吉士（由新进士改用。试博学鸿词入式，或奉特旨改馆职者，间得除授。光绪末停科举，改由外国留学毕业及本国大学毕业者，廷试后授之，食七品俸。或径授编修、检讨，与旧制殊），俱无定员。其属：主事，满洲二人，汉军一人。典簿厅典簿（从八品）、孔目（满员从九品，汉员未入流），俱满、汉各一人。待诏厅待诏（从九品），满、汉各二人。笔帖式，满洲四十人，汉军四人。"

[8] 十年：即乾隆十年（1745）。《清史稿校注》校勘记云："案高宗实录，颁宗室子弟娴习武艺诏在'乾隆七年'十二月二十一日丙午，清朝文献通考学校考、皇朝政典类纂卷二一三、皇朝掌故汇编内编卷三十八同；清史馆选举志稿排印本、张书云辑选举志稿、陈敬第纂选举志稿学校则皆作'乾隆十年'。"可参考。

[9] 世祖：即清世祖爱新觉罗·福临（1638～1661）。参见清3注1。

[10] 嘉庆：清仁宗爱新觉罗·颙琰的年号（1796～1820）。

29. 觉罗学 [1]，雍正七年 [2]，诏八旗于衙署旁设满、汉学各一，觉罗子弟八岁至十八岁，入学读书习射 [3]，规制略同宗学。总管王、公，春秋考验。三年钦派大臣会同宗人府考试 [4]，分别奖惩。学成，与旗人同应岁、科试及乡、会试 [5]，并考用中书、笔帖式[6]。学额镶黄旗六十一，正黄旗三十六，正白旗、正红旗各四十，镶白旗十五，镶红旗六十四，正蓝旗三十九，镶蓝旗四十五。满、汉教习，旗各二人。惟镶白旗各一。

[1] 觉罗学：清代专为觉罗子弟而设之学堂，隶于宗人府。觉罗，参见清16注4。

[2] 雍正七年：即公元1729年。雍正，清世宗爱新觉罗·胤禛的年号。

[3] "觉罗子弟"二句：《清史稿校注》校勘记云："案光绪会典事例卷三九三，觉罗子弟八岁至十八岁有志读书，及十九岁以上已读书愿就学者，均准入学读书习射，清朝文献通考学校考同。此与之稍异。"可参考。

[4] 宗人府：清沿明制，于顺治九年（1652）置。《清史稿·职官一》："宗人府。宗令，左、右宗正，左、右宗人，俱各一人（宗室王、公为之）。府丞，汉一人（正三品）。其属：堂主事，汉主事，经历司经历（并正六品），左、右二司理事官（正五品），副理事官（从五品），主事，委署主事，俱各二人；笔帖式，效力笔帖式，各二十有四人（俱宗室为之）。宗令掌皇族属籍（显祖宣皇帝本支为宗室，系金黄带。旁支曰觉罗，系红带。革字者，系紫带），以时修辑玉牒，奠昭穆，序爵禄（宗室封爵十有二：曰和硕亲王，曰多罗郡王，曰多罗贝勒，曰固山贝子，曰奉恩镇国公，曰奉恩辅国公，曰不入八分镇国公，曰不入八分辅国公，曰镇国将军，曰辅国将军，曰奉国将军，曰奉恩将军。嫡子受封者二等：曰世子，曰长子。福晋、夫人之号，各视夫爵以为差。公主之等二：曰固伦公主，曰和硕公主。格格之等五：曰郡主，曰县主，曰郡君，曰县君，曰乡君。不入五等曰宗女。额驸品级，各视公主、格格等级以为差），丽派别，申教诫，议赏罚，承陵庙祀事。宗正、宗人佐之。"

[5] 岁：即"岁试"，又称"岁考"。即对生员之甄别考试，以分优劣。清代由各省学政巡回所属州、县主持，凡府、州、县学之生员、增生、廪生皆须应考。参见清40，清43。科试：又称"科考"。即选送乡试之考试。清代于乡试之前，由各省学政至所属州县，巡回主持考试。凡参加乡试之生员，皆须应试。合格者准应本省乡试。武生无科试，岁试列一、二等者准应乡试。参见清40。乡：即"乡试"。参见清14注9。会试：参见清21注5。

[6] 中书：即"内阁中书"，清内阁属官，掌撰拟、翻译、缮写等事，秩从七品。笔帖式：参见清24注8。

30. 景山官学[1]，康熙二十四年[2]，令于北上门两旁官房设官学[3]，选内府三旗佐领、管领下幼童三百六十名[4]。清书三房，各设教习三人。汉书三房，各设教习四人。初，满教习用内府官老成者[5]，汉教习礼部考取生员文理优通者。寻改选内阁善书、射之中书充满教习[6]，新进士老成者充汉教习。雍正后[7]，汉教习以举人、贡生考取，三年期满，咨部叙用[8]。学生肄业三年，考列一等用笔帖式[9]，二等用库使、库守[10]。乾隆四十四年[11]，许回子佐领下选补学生四名[12]。嘉庆间[13]，定额镶黄旗、正白旗均百二十四，正黄旗百四十，回童四。

[1] 景山官学：清内务府所属官署名。掌上三旗学生学习满、汉文。待遇比咸安宫官学生略低。

[2] 康熙二十四年：即公元1685年。康熙，清圣祖爱新觉罗·玄烨的年号。

[3] 北上门：故址为景山（今北京市景山公园）的南大门，与紫禁城（今故宫博物院）之北门神武门隔护城河（筒子河）桥相对。公元 1956 年打通扩展景山前街，拆除北上门。今存景山公园之南大门景山门，明朝名万岁门，原为景山正门后之二门。所谓"北"是就紫禁城方位而言之。《日下旧闻考》卷十九："神武门之北，过桥为景山，山前为北上门。东门曰山左里门，西门曰山右里门。门内为景山门，入门为绮望楼，楼后即景山，有峰五。臣等谨按：北上门左右，向北长庑各五十楹，其西为教习内务府子弟读书处。"清吴长元《宸垣识略》卷三《皇城一》："景山官学在景山前门左右连房。景山一名万岁山，在神武门北，为大内之镇山。高百馀丈，周垣二里。北上门为景山正门，南与神武门相对。"设官学：《清史稿校注》校勘记云："案清国史馆选举志稿李昭美纂辑本、选举志稿学校，奉谕设学房在'康熙二十四年'，设景山官学则在'二十五年'，清朝文献通考学校考同。又案光绪会典事例卷三九三，康熙二十四年，奉谕'著即议奏'设学，其议定未明指系二十五年。"可参考。

[4] 内府三旗佐领：又名"内府佐领"、"上三旗包衣佐领"。清代镶黄、正黄、正白旗包衣佐领之统称，共有包衣佐领三十六个，其中三旗包衣满洲佐领各五个（由包衣满人、蒙古人编立）、旗鼓佐领各六个（由包衣汉人编立），正黄旗包衣朝鲜佐领二个（由包衣朝鲜人编立），正白旗包衣回子佐领一个（由包衣维吾尔族人编立）。凡此佐领下人，均为皇室之家奴世仆，统归内务府管辖。管领：清代八旗包衣的基层编制单位之一，满名"浑托和"。上三旗包衣管领由皇室之家务奴仆编立，隶于内务府；下五旗包衣管领由王、贝勒、贝子、公等之家务奴仆编立，分隶于王公各府。三百六十名：《清史稿校注》校勘记云："三百六十名，案清国史馆选举志稿李昭美纂辑本、选举志稿学校皆作'三百六十六名'，清朝文献通考学校考同；光绪会典事例卷三九三则作'三百六十名'。"可参考。

[5] 内府：即"内务府"，清代总管宫廷事务的专门机构，独立于当时政府的行政系统之外，掌管上三旗包衣之政令与宫禁之治理。凡宫廷之仓储、财务、典礼、食用、工程、警卫、刑罚，以及本府官员任免，太监、宫女管理等事宜，皆为其专责。府设总管大臣，秩正二品，无定员，总领府事。下设郎中、主事、委署主事、笔帖式等属官。

[6] 内阁：清沿明制，将原设之内三院改为内阁。为清廷执政之府，大学士位列百僚之首，协办大学士佐之。《清史稿·职官一》："内阁。大学士，满、汉各二人（初制，满员一品，汉员二品。顺治十五年，改与汉同。雍正八年，并定正一品）。协办大学士，满、汉各一人（尚书内特简。正一品）。学士，满洲六人，汉四人（初制，满员二品，汉员三品。顺治十五年，并改正五品，兼礼部侍郎者正三品。雍正八年，定从二品。后皆兼礼部侍郎衔）。典籍厅典籍，满、汉、汉军各二人（正七品）。侍读学士，满洲四人，蒙、汉各二人（初兼太常寺卿衔，寻罢。雍正三年，定从四品）。中书（正七品），满洲七十人，蒙古十有六人，汉军八人。贴写中书，满洲四十人，蒙古六人。大学士掌钧国政，赞诏命，厘宪典，议大礼、大政，裁酌可否入告。协办佐之（修实录、史、志，充监修总裁官。经筵领讲官。会试充考试官。殿试充读卷官。春秋释奠，摄行祭事）。学士掌敷奏。侍读学士掌典校。侍读掌勘对。典籍掌出纳文移（内阁为典掌丝纶之地，自大学士以下，皆不置印，惟典籍置之，以钤往来文牒）。中书掌撰拟、缮译。分办本章处凡五：曰满本房，汉本房，蒙古本房，满签票处，汉签票处。又诰敕房，稽察房，收发红本副本处，饭银库，俱由大学士委侍读以下官司之。惟批本处额置满洲翰林官一人（请旨简派），中书七人（满中书内补授）。"中书：即"内阁中书"，清内阁属官，掌撰拟、翻译、缮写等事，秩从七品。

[7] 雍正：清世宗爱新觉罗·胤禛的年号（1723～1735）。

[8] 咨部：移文吏部。咨，清代官方的平行文书名，用于高级衙门之间相互行文。

[9] 笔帖式：参见清 24 注 8。

[10] 库使：清代设于中央部、院、寺之各库，为未入流之库官。掌守档册，或兼出纳，或供令使。

库守：清代设于中央部、院、寺之各库，为未入流之库官。掌管库等事务。

[11] 乾隆四十四年：即公元 1779 年。乾隆，清高宗爱新觉罗·弘历的年号。

[12] 回子佐领：又称"回人佐领"。由叶尔羌等处迁京居住之维吾尔族人编立，隶正白旗包衣第五参领。佐领下回人准任五品以下武职，不得做文官。

[13] 嘉庆：清仁宗爱新觉罗·颙琰的年号（1796～1820）。

31. 咸安宫官学 [1]，雍正六年 [2]，诏选内府三旗佐领、管领下幼童及八旗俊秀者九十名，以翰林官居住咸安宫教之。汉书十二房，清书三房，各设教习一人，教射、教国语，各三人，如景山官学考取例。五年钦派大臣考试，一、二等用七、八品笔帖式。汉教习三年、清语骑射教习五年，分别议叙。乾隆初 [3]，定汉教习选取新进士，不足，于明通榜举人考充 [4]。期满，进士用主事、知县，举人用知县、教职。二十三年以后，不论年分，许学生考繙译中书、笔帖式、库使。定教习汉九人，满六人。

[1] 咸安宫官学：清内务府所属官署，掌八旗官学生学习满汉文翻译与骑射技术。以设立于西华门咸安宫，故称。

[2] 雍正六年：即公元 1728 年。雍正，清世宗爱新觉罗·胤禛的年号。《清史稿校注》校勘记云："案世宗实录，谕内务府假咸安宫设立官学在'雍正六年'十一月初十日丙辰；光绪会典事例卷三九三，内务府奏准设学规制在'雍正七年'。"可参考。

[3] 乾隆：清高宗爱新觉罗·弘历的年号（1736～1795）。

[4] 明通榜：雍正五年（1727），于会试落榜卷内选文理明通者，正榜外续出一榜，即名"明通榜"，引见后以教谕补用。乾隆元年（1736）、七年、十年、十九年具照此办理，五十五年后停止。

32. 宗学、觉罗学隶宗人府 [1]，景山学、咸安宫学隶内务府 [2]。诸学总管、教习等，类乏通才，经费徒糜。甚者黉舍空虚 [3]，期满时，例报成就学生若干名而已。光绪二十八年 [4]，翰林院侍读宝熙奏请援同文馆归并大学堂例 [5]，将宗室、觉罗、八旗等官学改并中、小学堂，均归管学大臣办理 [6]。从之。

[1] 宗人府：参见清 29 注 4。

[2] 内务府：参见清 30 注 5。

[3] 黉（hóng 洪）舍：校舍，借代学校。

[4] 光绪二十八年：即公元 1902 年。光绪，清德宗爱新觉罗·载湉的年号。

[5] 翰林院侍读：清翰林院职官，掌撰述编辑，傔直经幄。初仅汉员，康熙时，增置满员。乾隆五十年（1785）以后定制满二人、汉三人；清末各增一人。初秩正六品，雍正三年（1725）升从五品，清末改从四品。宝熙：字仲明（1868～1942），号瑞臣，正蓝旗宗室，光绪十八年（1892）进士，选庶吉士，授编修，历官翰林院侍读、学部左侍郎、内务府大臣。卒谥文靖。同文馆：即

"京师同文馆"，为清末最早之洋务学堂。同治元年（1862）七月，为培养翻译人员，由恭亲王奕訢等奏设，在北京成立，附属于总理各国事务衙门。先只设英、法、俄文三班，后陆续增设天文、算学及德文、日文等班。光绪二十八年（1902）并入京师大学堂。大学堂：即"京师大学堂"。光绪二十四年（1898）七月创立于北京，目的在于"广育人才，讲求时务"。设诗、书、易、礼四堂和春秋两堂，每堂学生十至二十人。辛亥革命中停办，1912年改为北京大学。

[6] 管学大臣：即"学务大臣"。清末为规划和推行近代新式教育而特设的职官。光绪二十二年（1896）正月始设，名义为"管理官书局"。二十四年五月改称"管理京师大学堂事务"，共设二人。二十七年始有"管学大臣"名义。二十九年正式称为"学务大臣"，共三人，皆属兼职。三十一年学部成立后撤销。

33. 他如世职官学 [1]，八旗及礼部义学 [2]，健锐营、外火器营、圆明园护军营等学 [3]，皆清代特设，习满、蒙语言文字。

[1] 世职官学：又名"八旗世职幼官学"，清代专为未及岁之世爵设立之学校。乾隆十七（1752）于八旗两翼各设官学二所，设有专门教习，教清语、骑射诸课。

[2] 义学：免费教育的学校。清代京师及各省、府、州、县都设有义学。凡孤寒生童及苗、彝、黎、瑶等少数民族子弟，十二岁以上均可入学。择文行优者充社师，免其差役，量给廪饩。教育生童读书习礼，以广文教。

[3] 健锐营：清代禁卫军之一，即"云梯兵"。掌香山静宜园日常守卫、行宫巡逻及巡幸扈从。乾隆十四年（1749）置，分左、右两翼，于香山建营房以居。为教授营中幼丁，设有官学，清语、骑射教习各八人。外火器营：清代禁卫军之一。康熙三十年（1691）置，掌京师守卫及皇帝巡行扈跸。分内外两营，内营在城里，外营在城外蓝靛厂，专习鸟枪。营内亦设有官学，教习营中幼丁习清语、骑射等。圆明园护军营：全称"圆明园八旗内务府三旗护军营"，清代禁卫军之一。雍正二年（1724）置，由圆明园八旗护军营和内务府三旗护军营组成，掌圆明园环园门汛的守卫及皇帝出入圆明园途中的警跸事宜。其下附设官学四所，教习六人，掌教营中官兵子弟。中华书局整理本将"圆明园"与"护军营"用顿号点断，似有误。

34. 府、州、县、卫儒学，明制具备，清因之。世祖勘定天下 [1]，命赈助贫生，优免在学生员，官给廪饩 [2]。顺治七年 [3]，改南京国子监为江宁府学 [4]。寻颁卧碑文 [5]，刊石立直省学宫 [6]。谕礼部曰："帝王敷治，文教为先。臣子致君，经术为本。自明末扰乱，日寻干戈，学问之道，阙焉未讲。今天下渐定，朕将兴文教，崇经术，以开太平。尔部传谕直省学臣，训督士子，凡理学、道德、经济、典故诸书，务研求淹贯。明体则为真儒，达用则为良吏。果有实学，朕必不次简拔，重加任用。" [7]初，各省设督学道 [8]，以各部郎中进士出身者充之 [9]。惟顺天、江南、浙江为提督学政 [10]，用翰林官。宣大、苏松、江安、淮扬、肇高先皆分设 [11]，既乃裁并。上下江、湖南北则裁并后仍分设 [12]。雍正中 [13]，一体改称学院 [14]，省设一人。奉天以府丞、台湾以台湾道兼之 [15]。甘肃自分闱后，始设学政。

[1] 世祖：即清世祖爱新觉罗·福临（1638～1661）。参见清3注1。

[2] 廪饩（xì细）：同"廪膳"。科举时代国家发给在学生员的膳食津贴。

[3] 顺治七年：即公元1650年。顺治，清世祖爱新觉罗·福临的年号。

[4] 南京国子监：参见明7。

[5] 卧碑文：顺治九年（1652）钦定儒学条款，颁刻学宫，是为卧碑。《清史稿·世祖二》："（顺治九年二月）庚戌，颁六谕卧碑文于天下。"《皇朝文献通考》卷六十九："（顺治）九年，颁卧碑文于直省儒学明伦堂。文曰：'朝廷建立学校，选取生员，免其丁粮，厚以廪膳。设学院、学道、学官以教之，各衙门官以礼相待，全要养成贤才，以供朝廷之用。诸生皆当上报国恩，下立人品，所有条教开列于后。'"另参见明30。

[6] 学宫：即国子监与府、州、县之各级学校。

[7] "凡理学"数句：《清史稿校注》校勘记云："案世祖实录，顺治十二年三月二十七日壬子，谕礼部云：'……尔部即传谕直省学臣，训督士子，凡六经诸史有关道德、经济者，必务研求通贯，明体达用，处则为真儒，出则为循吏。果有此等实学，朕当不次简拔，重加任用。'此'理学'二字似作'六经诸史'较妥；清朝文献通考学校考则作'经学'。"可参考。

[8] 督学道：清初各省之学官名，即后来之"提督学政"，各省设置屡有变化。《清史稿·职官三》："提督学政，省各一人（以侍郎、京堂、翰、詹、科、道、部属等官进士出身人员内简用。各带原衔品级）。掌学校政令，岁、科两试。巡历所至，察师儒优劣，生员勤惰，升其贤者能者，斥其不帅教者。凡有兴革，会督、抚行之。初，各省并置督学道，系按察使佥事衔（各部郎中进士出身者补用），惟直隶差督学御史一人（后称顺天学政。顺治十年改用翰林编、检、中、赞、讲、读并差。乾隆以来多用卿贰），江南、江北二人（顺治十年改用翰林官，明年仍用佥事。康熙元年省并为一，二十四年复用翰林官。雍正三年，析置江苏、安徽各一人），称学院。顺治七年，定学道考选部属制（由内阁与吏、礼二部会考选，礼部二人，户、兵、刑、工各一人。十六年停）。十五年，省宣大学政归山西学道兼理。康熙元年，并湖北、湖南提学道为一，更名湖广提学道（雍正二年复分置）。明年，命奉天府丞主考试事，省陕西临巩学政改归西安学道兼理。二十三年，停督学论俸补授例，并定浙江改用翰林官，依顺天、江南北例称学院，其各省由部属、道、府任者，仍为学道。三十九年，定翰林与部属并差。雍正四年，各省提学并更名学院，凡部属任者，俱加编修、检讨衔，自是提学无道衔矣。明年，命巡察御史兼理台湾学政（乾隆十七年改台湾道兼理。光绪十二年，巡抚兼学政事）。七年，改广东学政为广韶学政，增置肇高学政一人。乾隆十六年，复并为一。光绪二年，增置甘肃学政一人（先是甘肃岁、科试由陕西学政兼理，至是始置）。三十一年，省奉天府丞，增置东三省学政一人。是岁罢科举，兴学校，改学政为提学使（详新官制。初置，有提督满洲、蒙古缮译学政，以满洲侍读、侍讲充。雍正元年省）。"

[9] 郎中：顺治元年（1644）由启心郎改称，为部下各司之主官，秩正五品。

[10] 顺天：即"顺天府"。参见清14注9。江南：省名。顺治二年（1645）改明南直隶置，治所在江宁府城（今江苏南京市）。康熙六年（1667），分为江苏、安徽两省。但此后人们仍习称此两省为江南。提督学政：即"学政"，亦称"督学"、"大宗师"，由翰林院侍读、侍讲、编修、检讨与各部侍郎、京堂及科道官由进士出身者充任，各带原衔品级，掌一省之学校、教习及教育行政、考试诸事，三年任满更代。清末罢，改设提学使司提学使。

[11] 宣大：清直隶所置总督名称。《清史稿·地理一》："直隶：《禹贡》冀、兖二州之域。明为北

京，置北平布政使司、万全都指挥使司。清顺治初，定鼎京师，为直隶省。置总督一，曰宣大（驻山西大同，辖宣府。顺治十三年裁）。"参见明 106 注 8。苏松：谓苏州府（治今江苏苏州市）、松江府（治今属上海市）。江安：谓江宁府（治今江苏南京）、安庆府（治今安徽安庆市）。淮扬：谓淮安府（治今江苏淮安市）、扬州府（治今江苏扬州市）。肇高：谓肇庆府（治今广东肇庆市）、高州府（治今广东高州市）。

[12] 上下江：明万历四十一年（1613）将南直隶（治所今江苏南京市）分为上下江，清初沿明制。参见明 33 注 15。

[13] 雍正：清世宗爱新觉罗·胤禛的年号（1723～1735）。

[14] 学院：即"学政"。参见注 7。

[15] 奉天：即"奉天府"，治所今辽宁沈阳市。府丞：清代于顺天、奉天二府设府丞，秩正四品，汉缺，为府尹之佐官，专职分理学务。顺天府丞因专设有学政隶直隶总督，故仅管府属各州、县考试童生及管理金台书院等事。奉天府丞则掌盛京、吉林学校之政令，同各省学政之治。台湾：即"台湾府"，康熙二十三年（1684）改东宁省置，属福建省，治所在台湾县城（今台南市）。光绪十三年（1887）改建台湾省，以原府境中部为台湾府，治所在台湾县（今台中市）。台湾道：台湾府长官。道，即"道员"，俗称"道台"。清沿明制，为省之下、府县之上的地方官员，秩正四品。

35. 各学教官，府设教授 [1]，州设学正 [2]，县设教谕 [3]，各一，皆设训导佐之 [4]。员额时有裁并。生员色目 [5]，曰廪膳生、增广生、附生 [6]。初入学曰附学生员。廪、增有定额，以岁、科两试等第高者补充 [7]。生员额初视人文多寡，分大、中、小学。大学四十名，中学三十名，小学二十名。嗣改府视大学，大州、县视中学减半，小学四名或五名。康熙九年 [8]，大府、州、县仍旧额，更定中学十二名，小学七名或八名。后屡有增广。满洲、蒙古、汉军子弟，初归顺天考试取进，满洲、汉军各百二十名，蒙古六十名。康熙中减定满、蒙四十名，汉军二十名。旋复增为满、蒙六十，汉军三十。学政三年任满。岁、科两试。顺治十五年停直省科试 [9]，康熙十二年复之。

[1] 教授：儒学学官。清代设于各府及直隶厅儒学，秩正七品。掌教在学之士，察其优劣；并管文庙内之祭器、乐器，学宫之书籍等。除顺天府设有满缺一人外，馀皆汉缺。

[2] 学正：清代设于国子监之率性堂、修道堂、诚心堂、正义堂以及各厅、州儒学，秩俱正八品。掌所属监生或生员之学业等。

[3] 教谕：清代县儒学之学官，秩正八品。掌一县所属生员之教诲。

[4] 训导：清代为府学教授、州学学政、县学教谕之副职学官，秩从八品。佐各级儒学教官，教导所属生员。

[5] 色目：谓生员的不同身份或名目。

[6] 廪膳生：即"廪生"。参见清 3 注 9。增广生：即"增生"。参见清 3 注 9。附生：即"附学生员"。参见清 3 注 9。

[7] 岁科两试：岁试与科试。参见清 29 注 5。

[8] 康熙九年：即公元 1670 年。康熙，清圣祖爱新觉罗·玄烨的年号。

[9] 顺治十五年：即公元 1658 年。顺治，清世祖爱新觉罗·福临的年号。

36. 儒童入学考试 [1]，初用《四书》文、《孝经》论各一 [2]，《孝经》题少，又以《性理》、《太极图说》、《通书》、《西铭》、《正蒙》命题 [3]。嗣定正试《四书》文二，覆试《四书》文、《小学》论各一 [4]。雍正初 [5]，科试加经文 [6]。冬月晷短，书一、经一。寻定科试《四书》、经文外，增策论题，仍用《孝经》。乾隆初 [7]，覆试兼用《小学》论。中叶以后，试书艺、经艺各一 [8]。增五言六韵诗 [9]。圣祖先后颁《圣谕广训》及《训饬士子文》于直省儒学 [10]。雍正间，学士张照奏令儒童县、府覆试 [11]，背录《圣谕广训》一条，著为令。凡新进生员，如国子监坐监例，令在学肄业，以次期新生入学为满。

[1] 儒童：即"童生"，又称"文童"，以与"武童"别。明清科举制度规定，凡应考生员（秀才）之试者，不论年龄大小，皆称儒童，俗称童生。

[2] 四书文：以《四书》文句为题的八股文。参见明 39 注 4，清 1 注 4。孝经论：以《孝经》文句为题的论，不同于八股文。清俞长城《可仪堂一百二十名家制义稿·题苏颍滨稿》："经义与论同源。论才气胜者也，经义以理法胜者也。"《孝经》，宣扬孝道与孝治思想的儒家经典，原有今文、古文两本。今通行之《十三经注疏》本，为唐玄宗注、宋邢昺疏。

[3] 性理：书名，即《性理大全》。明胡广等撰，七十卷，成于永乐十二年（1414）。参见明 36 注 7。太极图说：书名，宋周敦颐撰，取道家象数之说为《太极图》，又为说一卷，说明道体之根源。通书：书名，宋周敦颐撰，朱熹注，一卷。原名《易通》，与《太极图说》并出，以太极、阴阳、五行为道体之本，太极为理，阴阳五行为气，为宋明理学中理气之说所本。西铭：书篇名，宋张载撰，原为《正蒙乾称篇》之一部。张载讲学关中，曾在学堂分录《乾称篇》，榜于东西两牖，东曰《砭愚》，西曰《订顽》。程颐为之改名《东铭》、《西铭》。《西铭》即《订顽》，撷拾经传中有关天道伦理之说，主张知化穷神，存心养性，以为天人一体。正蒙：书名，宋张载撰，九卷。取《易》"蒙以养正"之文，故称《正蒙》。认为宇宙万象，皆由气成。清王夫之有《张子正蒙注》。

[4] 小学：谓有关训诂、文字、音韵一类的学问。

[5] 雍正：清世宗爱新觉罗·胤禛的年号（1723～1735）。

[6] 科试：又称"科考"。即选送乡试之考试。参见清 29 注 5。经文：谓以《五经》文句为题的八股文。

[7] 乾隆：清高宗爱新觉罗·弘历的年号（1736～1795）。

[8] 书艺经艺：即以《四书》或《五经》文句为题的八股文。八股文又称"制艺"。

[9] 五言六韵诗：即"试帖诗"。参见清 5 注 8。

[10] 圣祖：即清圣祖爱新觉罗·玄烨（1654～1722），号体元主人，清世祖第三子。八岁即位，年号康熙。康熙六年（1667）亲政，计擒鳌拜，平定三藩叛乱，收复台湾。在位六十一年，卒葬景陵（在今清东陵），庙号圣祖，谥仁皇帝。圣谕广训：书名。清圣祖曾以封建伦理道德为要旨，颁发上谕十六条，传布民间。清世宗即位后，又对十六条详加阐述，即成《圣谕广训》，不分

卷。训饬士子文：清圣祖所制文。《清史稿·圣祖三》："（康熙四十一年六月）戊午，上制《训饬士子文》，颁发直省，勒石学宫。"

[11] 张照：字得天（1691～1745），号泾南，又号天瓶居士，娄县（今上海松江）人。康熙四十八年（1709）进士，历官少詹事、内阁学士、左都御史、刑部尚书等。工书能文，兼通音律。著有《古香亭集》等。卒谥文敏。《清史列传》、《清史稿》皆有传。

37. 教官考校之法，有月课、季考，《四书》文外，兼试策论。翌日讲《大清律》刑名、钱谷要者若干条 [1]。月集诸生明伦堂 [2]，诵《训饬士子文》及卧碑诸条，诸生环听。除丁忧、患病、游学、有事故外 [3]，不应月课三次者戒饬，无故终年不应者黜革。试卷申送学政查覆。迄于嘉庆 [4]，月课渐不举行。御史辛从益以为言 [5]，诏令整顿。嗣是教官多阘茸不称职 [6]，有师生之名，无训诲之实矣。

[1] 大清律：法典名。顺治元年（1644），清廷以"详译明律，参以国制"制定法典。三年律成，定名《大清律集解附例》，颁行全国。十三年复颁满文《大清律》。康熙二十八年（1689），又将康熙十八年纂修之《现行律例》附入。雍正元年（1723）续修，五年颁布。乾隆五年（1740）更名为《大清律例》。宣统三年（1911）废止。凡四十七卷，分三十门、四百三十六条。

[2] 明伦堂：古代学宫内讲学及举行典礼的场所。清代各府、州、县学并各书院内皆建有明伦堂，学官即在此宣讲《训饬士子文》与《圣谕广训》等。

[3] 丁忧：参见清4注8。

[4] 嘉庆：清仁宗爱新觉罗·颙琰的年号（1796～1820）。

[5] 辛从益：字谦受（1759～1828），万载（今属江西）人。乾隆五十五年（1790）进士，历官御史、给事中、内阁侍读学士、太常寺卿、内阁学士、礼部侍郎。著有《诗文内外集》、《公孙龙子注》等。《清史稿》有传。

[6] 阘茸：庸碌低劣。

38. 学政考核教官 [1]，按其文行及训士勤惰，随时荐黜。康熙中 [2]，令抚臣考试 [3]。嗣教职部选后，赴抚院试。四等以上，给凭赴任；五等学习三年再试，六等褫职。雍正初 [4]，定四、五等俱解任学习。六年考成俸满，尽心训导，士无过犯者，督、抚、学政保题 [5]，擢用知县。

[1] 学政：即"提督学政"，亦称"督学使者"，或简称"提学"、"学政"。参见清3注10。

[2] 康熙：清圣祖爱新觉罗·玄烨的年号（1662～1722）。

[3] 抚臣：清代巡抚之别称。参见清12注6。

[4] 雍正：清世宗爱新觉罗·胤禛的年号（1723～1735）。

[5] 督：即"总督"。参见清14注4。

39. 学臣按临 [1]，谒先师 [2]，升明伦堂 [3]，官生以次揖见。生员掣签讲书，各讲《大清律》三条 [4]，西向立；讲毕，东向立；俟行赏罚。

[1] 学臣：即"学政"。按临：巡视。

[2] 先师：谓孔子的牌位。

[3] 明伦堂：参见清37注2。

[4] 大清律：参见清37注1。

40. 考试生员，旧例岁、科试俱《四书》文二、经文一。自有给烛之禁，例不出经题。雍正元年 [1]，科试增经文，冬月一书、一经 [2]。六年，更定岁试两书、一经，冬月一书、一经。科试书一、经一、策一 [3]，冬月减经文。乾隆二十三年 [4]，改岁试书一、经一，科试书一、策一、诗一，冬月亦如之 [5]。欠考，勒限补行。三次，黜革。后宽其例，五次以上乃黜。

[1] 雍正元年：即公元1723年。雍正，清世宗爱新觉罗·胤禛的年号。《清史稿校注》校勘记云："案光绪会典事例卷三八八，科试增经文在'雍正二年'；清史馆选举志稿排印本、张书云辑选举志稿、清朝文献通考学校考、皇朝掌故汇编内编卷四十一则皆作'雍正元年'。"可参考。

[2] 一书一经：谓一篇《四书》八股文，一篇《五经》八股文。

[3] 策：谓策论。参见清5注9。

[4] 乾隆二十三年：即公元1758年。乾隆，清高宗爱新觉罗·弘历的年号。

[5] "改岁试"数句：《清史稿校注》校勘记云："案光绪会典事例卷三八八，乾隆二十三年，'改定岁试、科试俱增试律诗一首，五言六韵'，清朝文献通考学校考同。此'经一'下当补'诗一'二字。"可参考。

41. 驻防考试 [1]，清初定制，各省驻防弁兵子弟能读书者 [2]，诣京应试。乾隆时 [3]，参领金珩请许岁、科试将军先试骑射 [4]，就近送府院取进 [5]。严旨切责。嘉庆四年 [6]，湖南布政使通恩奏如金珩言 [7]，诏议行。应试童生，五六名取进一名，佐领约束之 [8]。训习清语、骑射，府学课文艺。明年谕曰："我满洲根本，骑射为先。若八旗子弟专以读书应试为能，轻视弓马，怠荒武备，殊失国家设立驻防之意。嗣后各省驻防官弁子弟，不得因有就近考试之例，遂荒本业。"

[1] 驻防：即"驻防八旗"，清代兵制名称。驻守畿辅和各地的八旗官兵称"驻防八旗"，顺治二年（1645）始置，以后于各要冲之地陆续增派。各按专城设将军、都统、副都统、城守尉等为驻防长官，下设协领、佐领、防御、骁骑尉等职，统率所属官兵，镇守一方，控制险要。

[2] 弁兵：清代低级武官与兵丁的总称。

[3] 乾隆：清高宗爱新觉罗·弘历的年号（1736～1795）。

[4] 参领：清代八旗组织中中层编制单位的长官，即"甲喇额真"。秩正三品。金珩：生平不详。

[5] 府院：谓知府的衙门。

[6] 嘉庆四年：即公元1799年。嘉庆，清仁宗爱新觉罗·颙琰的年号。

[7] 布政使：一省最高行政长官，别称藩司，尊称藩台、方伯。在总督、巡抚统辖下，掌一省之财

政、民政。秩从二品。通恩：生平不详。

[8] 佐领：清代八旗组织中基层编制单位的长官，即"牛录额真"，秩正四品。

42. 汉军设廪、增，自顺治九年始 [1]。康熙十年 [2]，满、蒙亦设廪、增。初制各二十名，嗣减汉军十名。雍正间定额 [3]，满、蒙六十，汉军三十。直省廪、增额，府四十，州三十，县二十 [4]，卫十。其新设者，府学视州学，州学视县学。其一学分两学，则均分其额，或差分之。

[1] 顺治九年：即公元 1652 年。顺治，清世祖爱新觉罗·福临的年号。
[2] 康熙十年：即公元 1671 年。康熙，清圣祖爱新觉罗·玄烨的年号。
[3] 雍正：清世宗爱新觉罗·胤禛的年号（1723~1735）。
[4] "州三十"二句：《清史稿校注》校勘记云："州三十，县二十，案清国史馆选举志稿学校作'州三十，县三十'，光绪会典事例卷三七〇同；清朝文献通考学校考作'州二十，县二十'；皇朝政典类纂卷二二三则作'州三十，县二十'。"可参考。

43. 六等黜陟法，视明为繁密 [1]。考列一等，增、附、青、社俱补廪 [2]。无廪缺，附、青、社补增。无增缺，青、社复附，各候廪。原廪、增停降者收复。二等，增补廪，附、青、社补增。无增缺，青、社复附。停廪降增者复廪。增降附者复增，不许补廪。三等，停廪者收复候廪。丁忧起复，病痊考复，缘事辨复 [3]，增降附者许收复，青衣发社者复附，廪降增者不许复。四等，廪免责停饩，不作缺，限读书六月送考。停降者不许限考。增、附、青、社俱扑责 [4]。五等，廪停作缺。原停廪者降增，增降附，附降青衣，青衣发社，原发社者黜为民。六等，廪膳十年以上发社，六年以上与增十年以上者，发本处充吏，馀黜为民。入学未及六年者发社。科试一、二等送乡试，帮补廪、增 [5]，如岁试大率只列三等，八旗生员给钱粮，考列四等以下停给，次届列一、二、三等给还。优等补廪、增，劣等降青、社，如汉生员。八旗故重骑射，往往不苛求文艺，但置后等。

[1] "六等"二句：参见明 32。
[2] 青：即"青衣"，明清生员名目之一，谓低于附生的儒生。社：谓"发社"，社，即"社学"，低于县学的地方乡办学校。参见清 48。
[3] 辨复：科举时代士人因犯法革去功名，后由于申辩而得以恢复，谓之"辨复"。
[4] 扑责：拷打责罚。
[5] 帮补：候补。

44. 凡优恤诸生，例免差徭。廪生贫生给学租养赡 [1]。违犯禁令，小者府、州、县行教官责惩，大者申学政 [2]，黜革后治罪，地方官不得擅责。学政校文外，赏黜优劣，以为劝惩。如教官徇庇劣生不揭报，或经揭报，学政不严加惩处，分别罚俸、镌级、褫职〔3〕。其大较也。

〔1〕学租：学田所交之地租。学田，清代官田之一。专资兴建学校与赡恤贫士。佃耕租而租率不齐，旧无常额。各省田之多寡及科则不一。雍正二年（1724）天下学田计三千八百八十馀顷。乾隆中，天下学田计一万一千五百八十余顷。光绪变法，直省遍兴学堂，又拨所在荒地划为学田以补济。

〔2〕学政：即"提督学政"，亦称"督学使者"，或简称"提学"、"学政"。参见清3注10。

〔3〕镌级：降职。

45. 光绪末，科举废〔1〕，丙午并停岁、科试〔2〕。天下生员无所托业，乃议广用途，许考各部院誊录。并于考优年〔3〕，令州县官、教官会保申送督、抚、学政，考取文理畅达、事理明晰者，大省百名，中省七十名，小省五十名，咨部以巡检、典史分别注选〔4〕，或分发试用〔5〕。各省学政改司〔6〕，考校学堂。未几学政裁，教官停选。在职者，凡生员考职、孝廉方正各事属之〔7〕，俸满用知县〔8〕，或以直州同、盐库大使用〔9〕。儒学虽不废，名存实亡，非一日矣。

〔1〕"光绪末"二句：谓光绪三十一年（1905）废止科举取士制度。《清史稿·德宗二》："光绪三十一年……八月……甲辰，诏废科举……癸丑，诏各省学政专司考校学堂，嗣后学政事宜，归学务大臣考核。"光绪，清德宗爱新觉罗·载湉的年号（1875～1908）。

〔2〕丙午：即光绪三十二年（1906）。

〔3〕考优年：考取优贡生之年，清廷原每三年举行一次。参见清3注14。

〔4〕咨部：移文吏部。巡检：清代巡检司之职官，清沿明制，置于州县关津险要处，掌捕盗贼，讦奸宄。隶于州厅者，司河防。秩从九品。都转运盐使司下亦设，掌巡察各盐场。长芦一人，两淮、山西各二人。典史：清沿明制，为知县属官，掌一县之缉捕、狱囚诸事。若县不设丞、主簿时，典史则兼任其职。未入流。

〔5〕分发：清代任用官员形式之一。京官称分衙门学习行走，外官称发省差委试用，统称分发。

〔6〕学政改司：光绪三十二年（1906）改各省学政衙门为提学使司，统辖全省学务，掌教育行政、稽核学校规程、征考艺文、师范等，归督抚节制。其衙门为学务公所，设总务、专门、普通、实业、图书、会计六科，各设科长、副长各一人，下设司事、书记等。设省视学六人，受札派巡视各府厅州县学务。

〔7〕孝廉方正：即"孝廉方正科"，清代制科之一种。始于雍正元年（1723），取古贤良方正合以孝廉之意而命名。其制，由各省府、州、县、卫，各举孝廉方正之士，各赐大品章服，备召用。以后每遇皇帝即位，即荐举一次。乾隆五年（1740）定，荐举后，赴礼部验看考试，授以知县等官。

〔8〕俸满：旧时官吏任职满一定年限后，得依例升调，谓之"俸满"。《清会典·吏部七·文选清吏司四》："京官以历俸二年为俸满，外官以历俸三年为俸满，未俸满者不入俸深班推升。"

〔9〕直州同：即"直隶州州同"。清代直隶州设州同者二十处，为知州之佐官，秩从六品。盐库大使：即"都转盐运使司"下属官"库大使"，秩从八品，长芦、两淮、两浙、山东、广东、山

西、福建、四川、云南各一人。

46. 武生附儒学 [1]，通称武生。顺治初 [2]，京卫武生童考试隶兵部 [3]。康熙三年 [4]，改隶学院 [5]，直省府、州、县、卫武生，儒学教官兼辖之。骑射外，教以《武经七书》、《百将传》及《孝经》、《四书》[6]。学政三年一考。顺天旧设武学 [7]，自八旗设儒学教官，兼辖满洲、蒙古、汉军武生，裁武学官。大、宛两县武生 [8]，顺天教官辖之，学额如文生童例，分大、中、小学。自二十名递减至七八名。考试分内、外场，先外场骑射，次内场策论。岁试列一、二等，准作科举 [9]。故武生有岁试无科试。

[1] 武生：武学或附设于地方儒学中之武学生员。参见清16注2。
[2] 顺治：清世祖爱新觉罗·福临的年号（1644～1661）。
[3] 京卫：即"京卫武学"，在京师（今北京市），雍正三年（1725）改称顺天府武学。《大清会典则例》卷三："（雍正）三年，改京卫武学为顺天府武学。"兵部：清代掌全国绿营兵籍和武职官员任免、升降、考核、奖惩等政令之机构。《清史稿·职官一》："兵部。尚书，左、右侍郎，俱满、汉一人。其属：堂主事，清档房满洲二人，汉本房满洲二人，汉军一人。司务厅司务，满、汉各一人。缮本笔帖式十有五人。武选、车驾、职方、武库四清吏司：郎中，宗室一人（车驾司置），满洲十有一人（武选三人，职方五人，车驾一人，武库二），蒙古一人（武选司置），汉五人（职方二人，馀俱一人）。员外郎，宗室一人（车驾司置），满洲九人（武选四人，职方、车驾各二人，武库一人），蒙古三人（职方、车驾、武库各一人），汉四人（武选、职方各二人）。主事，满、汉各四人（司各一人）。笔帖式，宗室一人，满洲六十有二人，蒙古、汉军各八人。尚书掌厘治戎政，简核军实，以整邦枢。侍郎贰之。"
[4] 康熙三年：即公元1664年。康熙，清圣祖爱新觉罗·玄烨的年号。
[5] 学院：即"学政"。参见注7。
[6] 武经七书：宋元丰间颁行的武学生应试必读的七种兵书，即《孙子》、《吴子》、《六韬》、《司马法》、《黄石公三略》、《尉缭子》、《李卫公问对》，合称《武经七书》。参见明38注11。百将传：宋人张预撰，翟安道注，一百卷。采历代名将百人，始于周太公，终于五代刘鄩，各为之传，综论其行事。孝经：参见唐5注4。四书：参见宋49注4。
[7] 顺天：即"顺天府"。参见清14注9。
[8] 大宛两县：谓大兴、宛平两县。参见清4注5。
[9] 准作科举：谓应武举乡试。

47. 各省书院之设 [1]，辅学校所不及，初于省会设之。世祖颁给帑金，风励天下 [2]。厥后府、州、县次第建立，延聘经明行修之士为之长，秀异多出其中。高宗明诏奖劝 [3]，比于古者侯国之学 [4]。儒学浸衰，教官不举其职，所赖以造士者，独在书院。其裨益育才，非浅鲜也。

[1] 书院：古代士子讲学之所。清代于京城以及各省城皆设立书院，以导进人才，补学校之所不及。

如京师之金台、直隶之莲池、山西之晋阳、湖南之岳麓、陕西之关中等皆是。在圣贤名臣祠墓所在地以及人文繁盛之府州县也多建有书院，如曲阜洙泗讲学书院、尼山诞育书院等。清末废科举，改书院为学校。

[2] "世祖"二句：《清史稿校注》校勘记云："世祖颁给帑金，风励天下。案清国史馆选举志稿学校，雍正十一年，谕各省设书院，各赐一千两，光绪会典事例卷三九五、清朝文献通考学校考同。此'世祖'二字当作'世宗'。又案清初鉴于明东林党祸，讲学之风不盛，顺治九年且谕云：'各提学馆督率教官，务令诸生将平日所习经义书理，著意讲求躬行，不许别创书院，群聚结党，空谈废业。'至十四年，始稍有书院设立；雍正十一年，则更谕各省设书院，各赐一千两云。"可参考。世祖，即清世祖爱新觉罗·福临（1638～1661）。参见清3注1。帑（tǎng 淌）金，国库中的银子。世宗，即清世宗爱新觉罗·胤禛（1678～1735），年号雍正。参见清8注5。

[3] 高宗：即清高宗爱新觉罗·弘历（1711～1799）。参见清9注3。

[4] 侯国之学：谓仅次于国学的学校。康熙《日讲礼记解义》卷四十："古之教者，二十五家为闾，同在一巷，巷首门侧有塾，以教其闾之人。五百家为党，其学曰庠，以教闾塾所升之人。二千五百家为州，其学曰序，以教党庠所升之人。王都及侯国之学为国学，则又以教元子、众子及卿大夫之子与所升俊选之士也。"

48. 又有义学 [1]，社学 [2]。社学，乡置一区，择文行优者充社师，免其差徭，量给廪饩。凡近乡子弟十二岁以上令入学。义学，初由京师五城各立一所 [3]，后各省府、州、县多设立，教孤寒生童，或苗、蛮、黎、瑶子弟秀异者。规制简略，可无述也。

[1] 义学：免费教育的学校，清代京师及各省、府、州、县都设有义学。
[2] 社学：低于县学的地方乡办学校。
[3] 京师五城：清代北京城划分为皇城、南城、东城、北城、西城五部分，称五城。

《清史稿》

卷一百七　志八十二

选举二

学校二

49. 学校新制之沿革，略分二期。同治初迄光绪辛丑以前 [1]，为无系统教育时期；辛丑以后迄宣统末 [2]，为有系统教育时期。自五口通商 [3]，英法联军入京后 [4]，朝廷鉴于外交挫衄 [5]，非兴学不足以图强。先是交涉重任，率假手无识牟利之通事 [6]，往往以小嫌酿大衅，至是始悟通事之不可恃。又震于列强之船坚炮利，急须养成缮译与制造船械及海陆军之人才。故其时首先设置之学校，曰京师同文馆 [7]，曰上海广方言馆 [8]，曰福建船政学堂及南北洋水师、武备等学堂 [9]。

[1] 同治：清穆宗爱新觉罗·载淳的年号（1862～1874）。光绪辛丑：即光绪二十七年（1901）。光绪，清德宗爱新觉罗·载湉的年号。

[2] 宣统：宣统帝爱新觉罗·溥仪的年号（1909～1911）。

[3] 五口通商：道光二十二年（1842）七月，英国强迫清廷签订《南京条约》，中国开放广州、福州、厦门、宁波、上海五地为通商口岸。

[4] 英法联军入京：又称"英法联军之役"。咸丰六年至十年（1856～1860），英、法列强先后寻衅侵略中国，并组成联军于咸丰十年八月二十九日侵入北京，迫使咸丰帝逃往热河（今河北承德），火烧圆明园，强迫清廷签订《北京条约》。英军与法军分别于九月十九日、二十七日撤出北京，第二次鸦片战争结束。

[5] 挫衄（nù）：挫折，失败。

[6] 通事：翻译人员。

[7] 京师同文馆：即"同文馆"。参见清32注5。

[8] 上海广方言馆：又称"上海同文馆"。同治二年（1863）二月，江苏巡抚李鸿章仿照京师同文馆章程在上海设立。设总办一人、总教习一人，初聘外国教习二人、汉教习四人。招收本地十四岁以下、资禀聪颖之文童入馆肄业。课程有西语西文（先开英语，继开法、俄、德、日语）、算

学、经史等课程。学生限额四十名，学制三年。毕业后择优备送通商衙门任翻译兼理洋务，或保送京师同文馆深造，或授以官阶。九年正月，归并江南制造局；光绪三十一年（1905）改为工业学堂，后陆军部定名为兵工学堂。

[9] 福建船政学堂：清末最早的海军学校。同治五年（1866），闽浙总督左宗棠在福州创立。初设前、后两堂，总名求是堂艺局。学制五年，前堂学习造船，后堂学习管轮驾驶。两堂学生毕业后，授以水师官职或派充监工、船主等，或选送英、法留学。1913年，前学堂改为福州海军制造学校，后学堂改为海军学校。参见清52。南北洋水师武备等学堂：谓南洋水师学堂与北洋武备学堂。南洋水师学堂，《清史稿·兵志七》："（光绪三十年）因奏派现统北洋海军广东水师提督叶祖珪督办南洋水师学堂、上海船坞，凡饷械支应一切事宜，有与海军相关者，均归考核。"《清史稿·兵志十》："（光绪）二十年，张之洞之南洋水师学堂著有成效，加以奖励。"前者所指不详，后者当谓广东水陆师学堂，参见清55。北洋武备学堂，又称"天津武备学堂"、"陆军武备学堂"，为中国第一所陆军学堂，参见清54。

50. 京师同文馆之设，从总理各国事务衙门之请 [1]，始于同治元年 [2]。初止教授各国语言文字。六年，议于同文馆内添设算学馆 [3]。时京僚瞀于时务，谤讟繁兴 [4]，原疏排斥众议 [5]，言之剀切。谓："西人制器之法，无不由度数而生 [6]。中国欲讲求制造轮船、机器诸法，苟不藉西士为先导，师心自用，无裨实际。疆臣如左宗棠、李鸿章等 [7]，皆深明其理，坚持其说，详于奏牍。且西人之术，圣祖深韪之矣 [8]，当时列在台官 [9]，垂为时宪 [10]，本朝掌故，不宜数典而忘。若以师法西人为耻，其说尤谬。中国狃于因循，不思振作，耻孰甚焉。今不以不如人为耻，独以学其人为耻，将安于不如而终不学，遂可雪耻乎？学期适用，事贵因时，物议虽多，权衡宜定。原议招取满、汉举人，恩、拔、副、岁、优贡生，并由此出身之正途人员。又拟推广，凡翰林院庶吉士、编修、检讨 [11]，与五品以下进士出身之京、外各官，年在三十岁以内者，均可送考。三年考列高等者，按升阶优保班次，以示鼓励。"诏从其议 [12]。

[1] 总理各国事务衙门：清廷为办理洋务，于咸丰十年（1861）十二月所设中央机构，初名总理各国通商事务衙门，后节去"通商"，简称总理衙门、总署或译署。先由恭亲王奕䜣、大学士桂良、户部左侍郎文祥三人管理，后增至八九人不等，统称总署大臣，或特简军机大臣兼领，或特简内阁部院满汉京堂充任，例由亲王一人领班。下属司员，亦称章京。掌对外交涉往来、海陆通商、各口关税、海防、练兵、学堂、庆典、礼宾，选派出使各国使节，及官吏迁转考试等，职权极大。光绪二十七年（1901）改为外务部，班列六部之首。

[2] 同治元年：即公元1862年。同治，清穆宗爱新觉罗·载淳的年号。

[3] "六年"二句：《清史稿校注》校勘记云："案同治朝筹办夷务始末卷四十六，同文馆奉准添设算学馆在'同治五年'十一月初五日庚申。"可参考。

[4] 谤讟（dú 读）：怨恨毁谤。

[5] 原疏：谓同治五年（1866）十一月初五日奕䜣等所上奏折。见《筹办夷务始末》同治朝卷四十六。

［6］度数：测算。

［7］疆臣：负责镇守一方的高级地方官吏。清代称总督、巡抚为封疆大吏，省称疆吏或疆臣。左宗
棠：字季高（1812～1885），湘阴（今属湖南）人。道光十二年（1832）举人，以镇压太平军起
家，历官浙江巡抚、闽浙总督、陕甘总督、协办大学士、军机大臣、总理衙门大臣、两江总督兼
通商事务大臣等。洋务运动之中坚，卒谥文襄。著有《左文襄公全集》。《清史列传》、《清史稿》
皆有传。李鸿章：本名章铜（1823～1901），字少荃，晚号仪叟，合肥（今属安徽）。道光二十
七年（1847）进士，选庶吉士，授编修，历官江苏巡抚、两江总督、湖广总督、直隶总督兼北
洋大臣、武英殿大学士、文华殿大学士，掌管军事、经济大权，力主洋务。卒谥文忠，著有
《李文忠公全集》。《清史列传》、《清史稿》皆有传。

［8］圣祖：即清圣祖爱新觉罗·玄烨（1654～1722）。参见清36注9。韪：同意，赞赏。

［9］台官：朝廷公卿。清圣祖喜西方算学与天文历法等，曾于康熙八年（1669）任比利时人南怀仁
为钦天副监，后加至工部侍郎衔。

［10］时宪：谓当时之教令。

［11］庶吉士：又称"庶常"。新进士选入庶常馆学习者，即称庶吉士。清初隶内弘文院，后改入翰
林院，无定员。学习三年期满，由皇帝御试，分别等第，或授编修、检讨，或以主事、知县等
官用。馆选庶吉士，初于殿试后举行，雍正元年（1723）起改在朝考后进行。光绪末停科举，
以留学及本国大学毕业者廷试后选取，食七品禄，或径授编、检，与旧制不同。编修检讨：参
见清25注7。

［12］诏从其议：《清史稿校注》校勘记云："案同治朝筹办夷务始末卷四十六，奉朱批从其议在'同
治五年'十二月二十三日戊申。"可参考。

51. 上海广方言馆［1］，创设于同治二年［2］。江苏巡抚李鸿章言［3］："京师同
文馆之设，实为良法。惟洋人总汇地，以上海、广东两口为最。拟仿照同文馆例，于上
海添设外国语言文字学馆，选近郡年十四岁以下资禀颖悟、根器端静之文童，聘西人教
习，并聘内地品学兼优之举、贡生员，课以经、史、文艺。学成送本省督、抚考
验［4］，作为该县附学生。其候补、佐杂等官［5］，年少聪慧者，许入馆一体学习，学
成酌给升途。三五年后，有此一种读书明理之人，精通番语，凡通商、督、抚衙署及海
关监督［6］，应设缮译官承办洋务者，即于馆中遴选派充。庶关税、军需可期核实；无
赖通事，亦稍敛迹。且能尽阅西人未译专书，探赜索隐，一切轮船、火器等巧技，由渐
通晓，于自强之道，不无裨助。"上谕广州将军查照办理［7］。

［1］上海广方言馆：参见清49注8。

［2］同治二年：即公元1863年。同治，清穆宗爱新觉罗·载淳的年号。

［3］李鸿章：参见清50注7。

［4］督抚：总督与巡抚。参见清14注4，清12注6。

［5］候补：清制，凡未补授实缺之官员，在吏部候选，经吏部呈请分发名单，每月掣签一次，分发某
部或某省听候委用，称为候补。出钱请免抽签，自指某处候补者，称指省或指分。佐杂：谓低级
文职官员。

［6］海关：清廷为征收入口货税而设之官署。掌征收关税，检查与监督进出国境之货物、行李、物品、货币、金银与运输工具。康熙二十三年（1684）开海禁，次年设江海、浙海、闽海、粤海四关。乾隆二十二年（1757），仅留粤海一关。鸦片战争后，开辟五口通商，又在广州、福州、厦门、宁波、上海设立海关。随着不平等条约的增多，商埠与海关也随之增加，至光绪二十七年（1901）《辛丑条约》后，全国已设海关四十九处。

［7］将军：驻防八旗的最高长官之一，秩从一品，由满人充任。内地各直省之将军掌驻防旗营的军政事务，伊犁、黑龙江、吉林等边境地区之将军，则为该地区之最高军政长官。

52. 福建船厂［1］，同治五年［2］，左宗棠督闽时奏设［3］，并设随厂学堂。分前、后二堂。前堂习法文，练习造船之术；后堂习英文，练习驾驶之术。课程除造船、驾驶应习常课外，兼习策论，令读《圣谕广训》、《孝经》以明义理［4］。首总船政者为沈葆桢［5］，规画闳远，尤重视学堂。十二年，奏陈船工善后事宜："请选派前、后堂生分赴英、法，学习制造驾驶之方，及推陈出新、练兵制胜之理。学生有天资杰出，能习矿学、化学及交涉、公法等事，均可随宜肄业。"寻葆桢任南洋大臣［6］。光绪二年［7］，奏派华、洋监督，订定章程。船政学堂成就之人材，实为中国海军人材之嚆矢［8］。学堂设于马尾［9］，故清季海军将领，亦以闽人为最多。

［1］福建船厂：参见清49注9。
［2］同治五年：即公元1866年。同治，清穆宗爱新觉罗·载淳的年号。
［3］左宗棠：参见清50注7。
［4］圣谕广训：书名。参见清36注9。孝经：参见唐5注4。
［5］沈葆桢：字幼丹（1820～1879），号翰宇，侯官（今福建福州）人。道光二十七年（1847）进士，选庶吉士，授编修，历官九江知府、江西巡抚、福建船政大臣、两江总督兼南洋通商大臣，与李鸿章同为筹建近代海军的主持者。卒谥文肃。著有《沈文肃公政书》。《清史列传》、《清史稿》皆有传。
［6］南洋大臣：南洋通商大臣的简称。第二次鸦片战争以后，通商口岸增多，咸丰十年（1860）清廷设立总理各国事务衙门时，又设钦差大臣管理东南沿海及长江沿岸各口之通商、交涉事务，虽仍用五口通商大臣的旧称，实即南洋通商大臣。列于总理衙门之下，而无直接隶属关系。同治四年（1865）后，南洋大臣开始由两江总督兼任，以后渐成定制。南洋大臣一职先后由曾国藩、曾国荃、左宗棠、沈葆桢、刘坤一等人专任几达四十年之久，除办理通商、交涉事务外，还监督海防，训练南洋海陆军和举办工矿交通等洋务，势力仅次于北洋大臣。
［7］光绪二年：即公元1876年。光绪，清德宗爱新觉罗·载湉的年号。
［8］嚆矢：响箭。因发射时先于箭而到，故常用以比喻事物的开端。
［9］马尾：即"马尾港"，在今福建福州市东南闽江口内，为福州市外港。

53. 天津水师学堂［1］，光绪八年［2］，北洋大臣李鸿章奏设［3］。次年招取学生，入堂肄业。分驾驶、管轮两科。教授用英文，兼习操法，及读经、国文等科。优者遣派出洋留学，以资深造。厥后海军诸将帅由此毕业者甚夥。

[1] 天津水师学堂：清末李鸿章奏设在天津的海军学校，仿英国海军教习章程制定条例和计划，派严复为总教习，聘用英国军官教练，经费由北洋海防经费内开支。

[2] 光绪八年：即公元 1882 年。光绪，清德宗爱新觉罗·载湉的年号。奏设之年，另有光绪六年、光绪七年二说。《清史稿校注》校勘记云："案李文忠公全集奏稿卷五十二，李鸿章奏准设天津水师学堂在'光绪六年'七月，至'七年'七月学堂落成，招取学生，入堂肄业，清朝续文献通考学校考、皇朝政典类纂卷三四九同。此光绪'八年'当作'六年'。"可参考。

[3] 北洋大臣：北洋通商大臣的简称。同治九年（1870）裁撤三口通商大臣，改设北洋通商大臣，加"钦差"名义，例由直隶总督兼充。掌北洋洋务、海防及通商、交涉事务，凡津海、东海、山海各关关政，悉归其统辖。列总理衙门之下，但无直接隶属关系。李鸿章：参见清 50 注 7。

54．鸿章又于光绪十一年奏设天津武备学堂 [1]，规制略仿西国陆军学堂。挑选营中精健聪颖、略通文义之弁目 [2]，入堂肄业。文员愿习武事者，一并录取。其课程一面研究西洋行军新法，如后膛各种枪炮 [3]，土木营垒及布阵分合攻守各术。一面赴营实习，演试枪炮阵势及造筑台垒 [4]。惟学生系挑选弁目，虽聘用德国教员，不能直接听讲，仍用繙译，展转教授，与水师学堂注重外国文者不同。初制，学习一年后，考试及格学生，发回各营，由统领量材授事 [5]。其后逐渐延长年限，选募良家年幼子弟肄业。迨庚子之变 [6]，学堂适当战区，全校沦为灰烬矣。

[1] 光绪十一年：即公元 1885 年。光绪，清德宗爱新觉罗·载湉的年号。天津武备学堂：又称"北洋武备学堂"、"陆军武备学堂"，光绪十一年（1885）正月，直隶总督兼北洋大臣李鸿章仿照西洋军事学院所创立，以造就将才为其宗旨。荫昌为督办，杨宗濂为总办，聘请德国军官为教官。为中国第一所陆军学堂。光绪二十六年六月毁于八国联军之役。

[2] 弁目：军队中的小头目，又称总目。清军制，每棚有正目、副目各一人，如现代军队中之正、副班长。

[3] 后膛：弹药从后膛装入的枪或炮，为当时先进的武器。

[4] 台垒：军事上用于防御守备的建筑物。

[5] 统领：官名。清制，八旗兵的前锋营、护军营分设前军统领、护军统领。又步军营设提督九门步军巡捕五营统领。咸丰以后，各省招募勇营成军，其统军之官亦称统领。清末新军制称一协（旅）的长官为统领，也叫协统。

[6] 庚子之变：光绪二十六年庚子（1900），义和团运动在京津一带发展迅猛，帝国主义列强英、法、日、俄、德、美、意、奥组成八国联军出兵干涉，先攻陷天津，又攻破北京，慈禧太后携光绪帝仓皇逃至西安。八国联军在京津大肆劫掠烧杀，义和团运动失败。北洋大臣李鸿章作为清廷谈判代表与侵略者议和，至次年七月与十一国公使签订丧权辱国的《辛丑条约》。

55．此外广东水陆师学堂 [1]，则粤督张之洞于光绪十三年奏设 [2]。之洞调任鄂督 [3]，二十一年又奏设湖北武备学堂 [4]，其办法课程，水师分管轮、驾驶两项，陆师分马、步、枪、炮，营造等项，大略参照北洋成法 [5]。泊海军成立 [6]，新军改建 [7]，此类学堂，南洋及各省增设日盛，不具述。

[1] 广东水陆师学堂：光绪十三年（1887）六月，两广总督张之洞在黄埔博学馆旧址开办。水、陆
学堂各招收七十名学生入学肄业。十五年，水师迁居新堂，陆师仍居旧址，皆三年毕业。

[2] 粤督：即"两广总督"。张之洞：字孝达（1837~1909）号香涛，晚号抱冰，直隶南皮（今属河
北）人。同治二年（1863）一甲第三名进士，授编修，历官翰林院侍讲学士、山西巡抚、两广
总督、湖广总督、协办大学士、体仁阁大学士，授军机大臣兼管学部。在洋务运动中提出"旧
学为体，新学为用"说。卒谥文襄。著有《张文襄公全集》。《清史列传》、《清史稿》皆有传。

[3] 鄂督：即"湖广总督"。据《清史列传》本传，张之洞于"（光绪）十五年三月，调补湖广总
督"。

[4] 二十一年：即光绪二十一年（1895）。湖北武备学堂：设立于武昌，以仿照西法造就新式军事将
领为宗旨。凡文武举贡生员、文监生、文武候补选员弁，以及官绅世家子，无论本省、外省皆准
报考，考试严格，学制三年。以道员蔡锡勇任总办，以知府钱恂等任提调，聘德国军官为教官。
每年招收一百二十名，毕业成绩优秀者，择委差缺。《清史稿校注》校勘记云："案张文襄公
（之洞）全集奏议卷四十五，张之洞奏设湖北武备学堂在'光绪二十三年'，清朝续文献通考学
校考同。此当据改。"可参考。

[5] 北洋成法：谓天津武备学堂之办学方法。参见清54注1。

[6] 海军：清末所建新式军种，试建于同治二年（1863），光绪元年（1875）正式筹建南洋、北洋、
闽粤三洋海军；十年初见规模，共有舰只四十三艘，排水量总计四万二千一百二十四吨。同年南
洋海军遭法国舰队偷袭而全军覆没。二十一年北洋海军覆灭于威海。宣统元年（1909）设海军
事务处，次年改海军部，定九级官制。武昌起义后，江海各兵舰悉附民军。

[7] 新军：清末仿欧美军制编练的新式陆军。光绪二十年（1894）春在天津小站筹建，次年十二月，
改派袁世凯接办，扩编七千余人，改称"新建陆军"。后以袁世凯继任直隶总督兼北洋大臣、练
兵大臣，遂扩充为北洋常备军。建制为镇、协（旅）、标、（团）、营、队（连）、排、棚（班），
每棚兵目十四人，合计每镇将弁兵共一万二千五百十二人。至武昌起义前夕，全国已编练新军
十三镇（一说十四镇）、十八混成协、四个标和一个禁卫军；以北洋新军为中央军（亦称国军），
各省新军为地方军。

56．至湖北自强学堂[1]，亦之洞创设。初分方言、格致、算学、商务四门[2]。
惟方言一斋，住堂肄业，馀三斋按月考课。其后算学改归两湖书院教授[3]，格致、商
务停课，本堂专课方言，以为西学梯阶。方言分英、法、德、俄四门[4]，亦类似同文
馆之学堂也。

[1] 湖北自强学堂：即"自强学堂"。光绪十九年（1893）十月，湖广总督张之洞创办于武昌。蔡锡
勇为总办。二十九年改为普通中学堂。

[2] 方言：这里谓"外语"。格致：即"格物致知"。清代后期中国知识界对西方传入的物理、化学、
天文、地质、高等数学、动植物学等自然科学的统称。同治以后所办新式学堂均设此科。

[3] 两湖书院：光绪十六年（1890），张之洞在武昌设立，专收湖北、湖南士子入学，故名。二十八
年四月，改为两湖大学堂。

[4] "方言"句：《清史稿校注》校勘记云："案张文襄公（之洞）全集奏议卷三十四、四十七，张
之洞奏设湖北自强学堂在'光绪十九年'，其中方言门授'泰西语言文字'，至二十三年，增授

日本语文课程。此径谓'方言分英、法、德、俄四门'，欠详明。"可参考。

57．光绪丙申、丁酉间 [1]，各省学堂未能普设，中外臣工多以变通整顿书院为请。诏饬裁改，礼部议准章程 [2]，并课天算、格致等学。陕西等省创设格致实学书院 [3]，以补学堂之不逮焉。

[1] 光绪丙申丁酉：即光绪二十二年至二十三年（1896～1897）。

[2] 礼部：参见清 10 注 21。

[3] 格致实学书院：即"崇实学院"。光绪二十二年赵维熙在陕西泾阳筹设格致实学书院，次年落成名崇实书院。以励耻、习勤、求实、乐群为学规。初设致道、学古、求志、兴艺四斋，每斋学生四十人，斋长一人。各以《四书》、《五经》、《春秋》三传、三《礼》、《诗经》、《尔雅》为本，附西学。二十四年并为政事、工艺二斋，注重格致、算学、制造、英文等，另设制造处，专供学生实验习艺。二十七年并入三原宏道书院。

58．大抵此期设学之宗旨，专注重实用。盖其动机缘于对外，故外国语及海陆军得此期教育之主要，无学制系统之足言。惟南洋公学虽亦承袭此期教育之宗旨 [1]，而学制分为三等，已寓普通学校及豫备教育之意旨 [2]。

[1] 南洋公学：光绪二十三年（1897）盛宣怀在上海创办。经费由招商、电报两局绅商捐助。盛宣怀任督办，何嗣焜任总理（校长），张焕纶任中文总教习，并聘美国人福开森任西文总教习。以培养通达中国经史大义之政治人才和商业通才为宗旨。初创时期，设师范院（为公学培养师资）、外院（为师范附属小学）、中院（中学性质）、上院（大学性质），另附有译书院。四院均设国文、算学、舆地、史学、体育等五科。学制，师范院为一年以上，合格者选为各院教习；外院、中院、上院为三年。学生毕业后多数从事工艺、机器、矿冶、商务、铁路、船政等职业，或选送国外留学。二十九年改名上海商务学堂，三十一年改称商务部高等实业学堂，辛亥革命后，改为交通部上海工业专科学校，旋又改名为南洋大学。参见清 60。

[2] 豫备教育：即"预备教育"，或称"预科"。为大学和学院培养新生的一种机构。或单独设立，或为大学和学院的组成部分。

59．先是光绪二十一年 [1]，津海关道盛宣怀于天津创设头、二等学堂 [2]。头等学堂课程四年，第一年习竣，欲专习一门者，得察学生资质酌定。专门凡五：一工程学，二电学，三矿务学，四机器学，五律例学。二等学堂课程四年，按班次递升，习满升入头等。意谓二等拟外国小学，头等拟外国大学。因初设，采通融求速办法。教员既苦乏才，学生亦难精择，无甚成效。

[1] 光绪二十一年：即公元 1895 年。光绪，清德宗爱新觉罗·载湉的年号。

[2] 津海关：海关名。咸丰十年（1860）设立于天津，隶三口通商大臣。次年，聘二外国人为税务司、三名外国人为副税务司。同治九年（1870）归直隶总督北洋大臣统辖。另设津海关道监督

管理，但实权仍由税务司控制。盛宣怀：字杏荪（1844～1916），号愚斋，武进（今江苏常州）人。早年以诸生纳资为主事，改官直隶州知州，累迁至道员。同治九年入李鸿章幕，累擢津海关道兼津海关道监督。历官邮传部右侍郎、中国红十字会会长、邮传部尚书。武昌起义后被革职。1913 年任汉冶萍董事长、招商局副董事长。著有《愚斋存稿》、《盛宣怀未刊信稿》等。头二等学堂：即"天津头等二等学堂"，又称"天津中西学堂"、"北洋头等二等学堂"、"天津大学堂"等。光绪二十一年八月十四日津海关道盛宣怀在天津梁家园创立。原拟头等二等两学堂分别建立，为省经费，将博文书院分作两堂。伍廷芳任头等学堂总办，蔡绍基任二等学堂总办，美国驻津领事丁家立任总教习。二等学堂为预备科，招收十三岁至十五岁者入学肄业，定额三十名，授英语及普通科目，四年毕业，递升入头等学堂。头等学堂分法律、土木工程、采矿冶金、机械工程等科，皆四年毕业。二十六年义和团运动中停办，八国联军陷天津，德军占领校舍。二十九年复校，改名北洋大学堂。

60．二十三年 [1]，宣怀又于上海创设南洋公学 [2]，如津学制而损益之，经费取给招商、电报两局捐助 [3]。奏明办理，因名公学。分四院：曰师范院，曰外院，曰中院，曰上院。外院即附属小学，为师范生练习之所。中、上院即二等、头等学堂，寓中学堂、高等学堂之意。课程大体分中文、英文两部，而注重法政、经济。上院毕业生，择尤异者咨送出洋，就学于各国大学。意谓内国大学猝难设置，以公学为豫备学校，而以外国大学为最高学府。论者谓中国教育有系统之组织，此其见端焉。后改归邮传部管辖 [4]，定名高等实业学堂 [5]。其课程性质，非复设立之初旨。此第一期无系统教育之大略也。

[1] 二十三年：即光绪二十三年（1897）。

[2] 南洋公学：参见清 58 注 1。《清史稿校注》校勘记云："案愚斋存稿卷一请设学堂片，光绪二十二年春，'又在上海捐购基地，禀明两江督臣刘坤一，筹款议建南洋公学。……俟筹款就绪，再当陈奏'，卷二筹集商捐开办南洋公学折，二十三年，先设师范院、外院。则依盛宣怀实际行动言之，其创设南洋公学当以'二十二年'为是。"可参考。

[3] 招商：即"轮船招商局"，简称"招商局"，官督商办企业。清末最早设立的轮船航运公司，同治十一年（1872）由李鸿章委派朱其昂、朱其诏兄弟创办于上海。光绪三年（1877）共有轮船三十艘，承运漕粮，兼揽商货，并在国内外设有分局、栈房。九年由盛宣怀主持局务，宣统元年（1909）归邮传部管辖。电报：即"上海电报局"。光绪六年（1880）李鸿章奏请敷设天津至上海的电线，遂在天津设立天津电报总局，由盛宣怀任总办。十年，总局即迁至上海，并在各地设分局、子局、子店、报店四等电局。二十八年袁世凯奏请清廷收归国有，并自兼电报局总办，派吴重熹为会办。后易名电报局，由邮传部管辖。

[4] 邮传部：光绪三十二年（1906）设立官署名。统辖全国铁路、轮船、电报、电信诸政。置尚书一人，左、右侍郎各一人。设路政、船政、电政、邮政、庶务五司及承政、参议两厅。后陆续增置图书通译局、铁路总局、川粤汉筹备处和统计处等机构。另有电政总局、邮政总局、交通传习所和交通银行等直属机关。宣统三年（1911），尚书改称邮传大臣。

[5] 高等实业学堂：《清史稿校注》校勘记云："案愚斋存稿卷十一，'光绪三十一年'，盛宣怀奏准

改南洋公学为南洋高等实业学堂，移归'商部'接管。此当据改。"可参考。

61. 自甲午一役[1]，丧师辱国，列强群起，攘夺权利，国势益岌岌。朝野志士，恍然于向者变法之不得其本。侍郎李端棻、主事康有为等[2]，均条议推广学堂。光绪二十四年[3]，德宗谕曰[4]："迩者诏书数下，开特科[5]，改武科制度[6]，立大、小学堂。惟风气尚未大开，论说莫衷一是。国是不定，则号令不行。特明白宣示中外，自王公至士庶，各宜努力发愤，以圣贤义理之学植其根本，博采西学切于时务者，实力讲求，以救空疏迂谬之弊。京师大学为各省倡，应首先举办。凡翰林编、检，部、院司员[7]，各门侍卫[8]，候补、候选道，府、州、县以下各官，大员子弟，八旗世职，各省武职后裔，均准入学肄业，以期人材辈出，共济时艰。"下军机大臣、总理各国事务王大臣[9]，妥议奏闻。寻议覆筹办京师大学堂[10]。拟定章程，要端凡四：一宽筹经费，二宏建学舍，三慎选管学大臣，四简派总教习。诏如所拟。命孙家鼐管理大学堂事务[11]，经费由户部筹拨[12]。

[1] 甲午一役：即中日甲午战争，为日本侵略中国的战争，因爆发于光绪二十年甲午（1894），故称。是役，北洋舰队全军覆没，以中方失败告终。次年，清廷与日本签订丧权辱国之《中日马关条约》。

[2] 李端棻：字苾园（1833~1907），贵筑（今贵州贵阳）人。同治二年（1863）进士，选庶吉士，授编修，历官云南学政、御史、内阁学士、刑部侍郎、礼部尚书。戊戌政变后被褫职，遣戍新疆，因病留甘州（今甘肃张掖）。光绪二十七年（1901）赦归，主讲贵州经世学堂，首倡自办贵州矿产与铁路。《清史稿》有传。康有为：原名祖诒（1858~1927），字广厦，号长素，又号更生、更牲，南海（今属广东）人。光绪二十一年（1895）进士，历官工部主事，在总理衙门章京上行走，特许专折奏事。鼓吹变法，促成"百日维新"。戊戌政变，遭通缉，亡命海外，组织保皇党。民国建立，曾策划清帝复辟，旋即失败。后病逝于青岛。著有《戊戌奏稿》、《大同书》、《康南海文集》、《康南海先生诗集》等。《清史稿》有传。

[3] 光绪二十四年：即公元1898年。光绪，清德宗爱新觉罗·载湉的年号。《清史稿校注》校勘记云："案德宗实录，德宗颁国是诏，谕筹办京师大学堂在光绪二十四年'四月'二十三日乙巳。此当据补'四月'二字，始与后文谕改各省府、厅、州、县大小书院为兼习中西学之学校诏体例相符。"可参考。

[4] 德宗：即清德宗爱新觉罗·载湉（1871~1908），醇亲王奕譞之子。四岁即位，年号光绪，慈禧太后垂帘听政。光绪十三年（1887）亲政，欲有所作为，决意变法。戊戌政变，被囚禁瀛台。庚子事变中与慈禧太后逃往西安，三十四年卒于北京。葬崇陵（在今河北易县清西陵），庙号德宗。

[5] 特科：即"经济特科"。清末为选拔"学问淹博、洞达中外时务者"而特设的科目之一。光绪二十四年（1898）贵州学政严修请设，旋罢。二十七年由慈禧太后下诏举行，命各部、院长官及各省督、抚、学政保荐。二十九年由政务处议定考试之制，试策、论各一。取一等九人，二等十八人。原有官职者略予升叙，举人、贡生以知县、州佐任用。

[6] 改武科制度：光绪二十三年（1897），兵部尚书荣禄奏请改革武科，参酌中外兵制设武备特科，

使军队完成从冷兵器时代向火器时代的过渡。

[7] 司员：清代六部、理藩院等中央官署均分司办事，每司有郎中、员外郎、主事等职官分任实际司务，同为司官。清代即称司官为司员。

[8] 侍卫：官名，掌宫廷宿卫和随扈皇帝之事。顺治元年（1644）定侍卫处员额，一等侍卫（正三品）六十人，二等侍卫（正四品）一百五十人，三等侍卫（正五品）二百七十人，蓝翎侍卫（五、六品）九十人。雍正四年（1726）规定：武进士一甲第一名授一等侍卫，第二、三名授二等侍卫，二甲选为三等侍卫，三甲选为蓝翎侍卫。均隶于侍卫处。

[9] 军机大臣：俗称"大军机"、"枢臣"。清代军机处主官，无定额，分用满、汉员，由大学士满、汉各一员为首领，称领班军机大臣，皆为兼差，仍保留原职之实缺。军机处为内廷特设机构，官无实缺，故入值军机之员，亦称军机处行走，或军机大臣上行走。资历稍浅者，命在"军机大臣上学习行走"，以示见习。军机大臣入值内廷，备顾问，职掌中枢机要，佐皇帝理庶政，日常代拟谕旨，处理奏折，参与国家军政决策，负责重大案件的审拟等，权力较大。咸丰以后，设立总理各国事务衙门，亦由军机大臣兼充大臣。总理各国事务王大臣：参见清50注1。王大臣，清代满洲贝勒（王）和大臣的合称。中华书局整理本将"王"与"大臣"用顿号点断，似不妥。

[10] 京师大学堂：参见清32注5，清67。

[11] 孙家鼐：字燮臣（1827～1909），号蛰生，又号澹静老人，寿州（今安徽寿县）人。咸丰九年（1859）一甲第一名进士，授修撰，光绪四年（1878）命在毓庆宫行走，与尚书翁同龢同为光绪帝师傅。历官内阁学士、工部侍郎、都察院左都御史、工部尚书兼顺天府尹，二十二年提出"中学为主，西学为辅"的主张。擢吏部尚书协办大学士，命为管学大臣，主办京师大学堂。以病乞免官，起为礼部尚书、历体仁阁大学士、文渊阁大学士、武英殿大学士，充学务大臣，任资政院总裁。卒谥文正，赠太子太傅。《清史列传》、《清史稿》皆有传。

[12] 户部：参见清4注1。

62. 五月，又谕各直省督、抚，将各省府、厅、州、县大、小书院，一律改为兼习中、西学之学校，其阶级，以省会之大书院为高等学，郡城之书院为中学，州、县之书院为小学。颁给《京师大学章程》[1]，令仿照办理。各书院经费，尽数提作学堂经费。绅民如能捐建学堂，或广为劝募，准奏请给奖。有独立措捐巨款者，予以破格之赏。民间祠庙不在祀典者[2]，一律改为学堂，以节糜费而隆教育。是时管学大臣之权限，不专管理京师大学堂，并节制各省所设之学堂。实以大学校长兼全国教育部长之职权。

[1] 京师大学章程：即"钦定京师大学堂章程"，光绪二十八年（1902）七月十二日颁布。
[2] "民间"句：这里指于典籍无考的民间祠庙。祀典，记载祭祀仪礼的典籍。

63. 又以同文馆及北洋学堂多以西人为总教习，于中学不免偏枯。且外国文不止一国，学科各有专门，非一西人所能胜任。必择学贯中、西，能见其大之中国学者，为总教习，破格录用，有选派分教习之权。盖以管学大臣必大学士或尚书充任，而总教习则不拘资格，可延揽新进之人才也。学生分两班，已治普通学卒业者为头班，现治普通学者为二班，犹是南洋公学之旧法。课程分普通、专门两类。普通学，学生必须通习；专门学，人各占一门或二门。普通学科目为经学，理学，掌故学[1]，诸子学，初级算学，初级格致学，初级政治学，初级地理学，文学，体操学，语言文字学。专门学科目为高等算学，高等格致学，高等政治学、法律属之，高等地理学、测绘属之，农学，矿学，工程学，商学，兵学，卫生学、医学属之。考验学生，用积分法[2]。学生月给膏火银两有差。上海设编译局[3]，各学科除外国文外，均读编译课本。筹办大学章程之概要如此。

[1] 掌故学：当谓有关典章制度及其因革损益的学问。

[2] 积分法：参见明9注1，清6，清71。

[3] 编译局：即"编译图书局"，官署名。光绪三十一年（1907）由原学务处编书局改办，为学部附属机构。局长由学部奏派，局员由局长酌量聘用。附设研究所，专司研究编纂各种课本。是为我国部编撰教科书之始。

64. 未几，八月政变[1]，由旧党把持朝局，卒酿成庚子之祸[2]。逮二十七年[3]，学校渐有复兴之议。其首倡者，则山东巡抚袁世凯也[4]。初，世凯奏陈东省开办大学堂章程[5]，有旨饬下各省仿办，令政务处会同礼部妥议选举鼓励章程[6]。寻议言："东西各国学堂，皆系小学、中学、大学以次递升，毕业后始予出身，拟请按照办理。小学毕业生考试合格，选入中学堂。毕业考试合格，再选入大学堂。毕业考试合格，发给凭照。督、抚、学政，按其功课，严密扃试。优者分别等第，咨送京师大学堂覆试，作为举人、贡生。其贡生留下届应考，愿应乡试者听。举人积有成数，由京师大学堂严加考试，优者分别等第，咨送礼部。简派大臣考试，候旨钦定，作为进士，一体殿试，酌加擢用，优予官阶。查世凯办法，以通省学堂一时未能遍举，先于省城建立学堂，分斋督课，其备斋、正斋，即隐寓小学、中学之规制。既经谕令各省仿办，应酌照将来选举章程，用资鼓励。"报可。所议混合科举、学制为一事，谓之学堂选举鼓励章程，各省多未及实行而罢。

[1] 八月政变：即"戊戌政变"。光绪二十四年（1898）四月二十三日，光绪帝颁布"明定国是"诏书，开始变法。引起以慈禧太后为首的顽固派的仇恨，维新派又被袁世凯出卖。八月六日，慈禧太后从颐和园赶回紫禁城，幽禁光绪帝于中南海的瀛台，临朝"训政"，捕杀戊戌六君子，通缉康有为、梁启超等维新派人士，除京师大学堂外，新政全部废除。戊戌变法失败。

[2] 庚子之祸：即"庚子事变"。参见清54注6。

[3] 二十七年：即光绪二十七年（1901）。

[4] 袁世凯：参见清21注2。

[5] 东省：即"山东省"。大学堂：谓"山东大学堂"。袁世凯于光绪二十七年在山东济南设立，委任周学熙为总办，美国人赫士任总教习。内分备斋、正斋、专斋，分别相当于小学堂、中学堂、专门学堂。学制分别为二年、四年、二年至四年。编成《西学要领》一书，教授学生。后迁新

校址，改名高等学堂。

[6] 政务处：参见清21注7。礼部：参见清10注21。

65. 辛丑 [1]，两宫回銮 [2]。以创痛巨深，力求改革。十二月，谕曰："兴学育才，实为当今急务。京师首善之区 [3]，尤宜加意作育，以树风声。前建大学，应切实举办。派张百熙为管学大臣 [4]，责成经理，务期端正趋向，造就通才。其裁定章程，妥议具奏。"旋谕将同文馆并入大学堂 [5]，毋庸隶外务部 [6]。二十八年正月，百熙奏筹办大学堂情形豫定办法一条，言："各国学制，幼童于蒙学卒业后入小学 [7]，三年卒业升中学，又三年升高等学，又三年升大学。以中国准之，小学即县学堂，中学即府学堂，高等学即省学堂。目前无应入大学肄业之学生，通融办法，惟有暂时不设专门，先设立一高等学为大学预备科。分政、艺二科，以经史、政治、法律、通商、理财等事隶政科，以声、光、电、化、农、工、医、算等事隶艺科。查京外学堂，办有成效者，以湖北自强学堂、上海南洋公学为最 [8]。此外如京师同文馆，上海广方言馆 [9]，广东时敏、浙江求是等学堂 [10]，开办皆在数年以上，不乏合格之才。更由各省督、抚、学政考取府、州、县高材生，咨送来京，覆试如格，入堂肄业。三年卒业，及格者升大学正科。不及格者，分别留学、撤退。大学预科与各省省学堂卒业生程度相同，由管学大臣考验合格，请旨赏给举人。正科卒业，考验合格，请旨赏给进士。惟国家需才孔亟 [11]，欲收急效而少弃才，则有速成教员一法。于预备科外设速成科，分二门：曰仕学馆，曰师范馆。凡京员五品以下、八品以上，外官道员以下、教职以上 [12]，皆许考入仕学馆。举、贡、生、监，皆许考入师范馆。仕学三年卒业，择尤保奖。师范三年卒业，择优异者带领引见 [13]。生准作贡生，贡生准作举人，举人准作进士，分别给予准作小学、中学教员文凭。盖预科生必取年岁最富、学术稍精者，再加练习，储为真正合格之才。速成生则取更事较多、立志猛进者，取其听从速化之效。至增建校舍，附设译局，广购书籍、仪器，尤以宽筹经费为根原。经费分两项：一，华俄道胜银行存款之息金 [14]，全数拨归大学堂；一，请饬各省筹助经费，每年大省二万金，中省一万金，小省五千金，常年拨解京师。"从之。

[1] 辛丑：即光绪二十七年（1901）。

[2] 两宫回銮：谓庚子事变后，慈禧太后与光绪帝从西安回到京师紫禁城。

[3] 首善之区：语本《史记·儒林列传》："故教化之行也，建首善自京师始，由内及外。"意即实施教化当自京师开始，京师为四方的模范。

[4] 张百熙：字冶孙（1847～1907），号埜秋（一作冶秋），长沙（今属湖南）人。同治十三年（1874）进士，选庶吉士，授编修，历官山东学政、侍读学士、广东学政、内阁学士。戊戌政变，以荐举康有为被革职留任。光绪二十六年（1900）任礼部侍郎，擢左都御史，曾充管学大臣，主持京师大学堂，历任礼部、户部、邮传部尚书。《清史列传》、《清史稿》皆有传。管学大臣：参见清32注6。

[5] 同文馆：即"京师同文馆"。参见清32注5。大学堂：即"京师大学堂"。参见清32注5，

清 67。

[6] 外务部：光绪二十七年（1901）六月，根据《辛丑条约》由总理各国事务衙门改设。班列六部之前，掌管对外交涉事宜。初设总理大臣、会办大臣、尚书兼会办大臣及左右侍郎各一员，下辖和会、考工、榷算、庶务四司和司务、丞参二厅，以及清档房、电报处、银库、统计处等机构。宣统三年（1911）四月成立责任内阁时，裁总理王大臣和会办大臣，尚书改称外务大臣。

[7] 蒙学：旧时指对儿童进行启蒙教育的地方。

[8] 湖北自强学堂：参见清 56 注 1。上海南洋公学：参见清 58 注 1。

[9] 上海广方言馆：参见清 49 注 8。

[10] 时敏：即"时敏学堂"。光绪二十四年（1898）梁肇敏等人捐资创设于广州。分大学、小学两制，小学分四班。大学授修身、国文、地理、宗教、政治、格致、算学、英文、日文、体操等科。小学习修身、国文、地理、英文诸课。学生约有一百六十名。二十九年定名为时敏中学堂。1919 年停办。求是：即"求是书院"，又称"浙江求是书院"。光绪二十三年（1897）浙江巡抚廖寿丰等在杭州普慈寺设立，委派杭州知府林启为总办，聘西教习一人为正教习，教授各种西学；华教习二人副之，一授算学，一授西文。委监院一人管理院中一切事宜。由地方绅士保送年在二十岁以内之举贡生监，经总办考取复试合格者入院肄业，学以五年为限。二十七年改为浙江大学堂，后又改为浙江高等学堂。

[11] 孔亟：很急迫。

[12] 道员：古代称观察，俗称道台。始设于明代，清沿置，为省之下、府县之上的地方官员，与两司并重，秩正四品。各省道员无定额，且名目繁多。

[13] 引见：皇帝接见臣下、少数民族首领和外国使臣等，由有关大臣导引入见，称引见。清制，凡中下级官员，即京官五品以下、外官四品以下，在授官、京察、大计、保举、升调、俸满时，均须朝见，由皇帝当面鉴定升降去留。文官由吏部引见，武官由兵部引见。

[14] 华俄道胜银行：亦称"道胜银行"。光绪二十一年（1895）俄国开设的掠夺中国的金融机构。由俄法共同投资六百万卢布，其中法国资本占八分之五。次年，该行与清廷签订《入股伙开合同》，清政府投资库平银五百万两，名为中俄合办，实权全由沙俄政府掌握。总行设在俄国首都圣彼得堡，在上海设立分行，并陆续在汉口、天津、烟台、北京、大连、乌鲁木齐等地开设分行。1926 年总行因外汇投机失败而清理，在华各地分行亦随之倒闭。

66. 七月，百熙遵拟学堂章程 [1]，疏言："古今中外，学术不同，其所以致用则一。欧、美、日本诸邦现行制度，颇与中国古昔盛时良法相同。《礼记》载'家有塾，党有庠，州有序，国有学'[2]。比之各国，则国学即大学，家塾、党庠、州序即蒙学、小学、中学。等级盖甚分明。周以前选举、学校合而为一，汉以后专重选举，及隋设进士科以来 [3]，士皆殚精神于诗、赋、策、论，所谓学校，名存而已。今日而议振兴教育，必以真能复学校之旧为第一要图。虽中外政教风气原本不同，然其条目秩序之至赜而不可乱，不必尽泥其迹，不能不兼取其长。谨上溯古制，参考列邦，拟定京师大学暨各省高等学、中学、小学、蒙学章程，候钦定颁行各省，核实兴办。凡名是实非之学堂及庸滥充数之教习，一律从严整顿。"诏下各省督抚，按照规条实力奉行。是为《钦定学堂章程》[4]。教育之有系统自此始。

[1] 百熙：即张百熙。参见清65注4。

[2] 礼记：书名。参见唐5注1。以下引文出自《礼记·学记》："古之教者，家有塾，党有庠，术有序，国有学。"

[3] "及隋"句：参见唐1注1。

[4] 钦定学堂章程：即《钦定京师大学堂章程》，光绪二十八年（1902）七月十二日颁布。参见清62。

67. 京师大学堂分大学院、大学专门分科、大学预备科。附设者，仕学、师范两馆 [1]。大学院主研究，不讲授，不立课程。专门分科凡七：曰政治科，曰文学科，曰格致科，曰农业科，曰工艺科，曰商务科，曰医术科。政治科分目二：政治，法律。文学科分目七：经学，史学，理学，诸子，掌故，词章，外国语言文字。格致科分目六：天文，地质，高等算学，化学，物理，动植物。农业科分目四：农艺，农业化学，林学，兽医。工艺科分目八：土木，机器，造船，造兵器，电气，建筑，应用化学，采矿冶金。商务科分目六：簿记，产业制造，商业语言，商法，商业史，商业地理。医术科分目二：医学，药学。预备科分政、艺两科。政科课目：伦理，经学，诸子，词章，算学，中外史，中外舆地，外国文，物理，名学 [2]，法学，理财，体操。艺科课目：伦理，中外史，外国文，算学，物理，化学，动植物，地质及矿产，图画，体操。为入专理某科便利计 [3]，得增减若干科目。各三年卒业。仕学馆课目：算学，博物，物理，外国文，舆地，史学，掌故，理财，交涉，法律，政治。师范馆课目：伦理，经学，教育，习字，作文，算学，中外史，中外舆地，博物，物理，化学，外国文，图画，体操。

[1] 仕学师范两馆：参见清65。

[2] 名学：逻辑学的旧称。

[3] 专理：《清史稿校注》校勘记云："专理，案清史馆选举志稿排印本，此当作'专门'。"可参考。

68. 各省高等学堂为中学卒业之升途，又为入分科大学之预备。分政、艺两科。课程与大学预科同。三年卒业。高等学外，得附设农、工、商、医高等实业学堂，亦中学卒业生升入。教授用专科教员制，各任一门。中学堂，为高等小学卒业之升途，即为入高等学之预备。课目：修身，读经，算学，词章，中外史，中外舆地，外国文，图画，博物，物理，化学，体操。四年卒业。中学外，得设中等农、工、商实业学堂，高小卒业生不愿治普通学者入之。又附设师范学堂，课目视中学，惟酌减外国文，加教育学、教授法。得合两班或三班，以两三教员各任数科目，分教之。小学堂分高等、寻常二级。儿童自六岁起，受蒙学四年 [1]。十岁入寻常小学，修业三年。此七年定为义务教育。十三岁入高等小学，三年卒业。得附设简易农、工、商实业学堂，寻常小学卒业者入之。寻常小学课目：修身、读经、作文、习字、史学、舆地、算术、体操。高等小学课目，增读古文辞、理科、图画，馀同寻常小学。教授采用级任制 [2]。正教习外，得置副教习。蒙学堂属义务教育，府、厅、州、县、城、镇、乡、集均应设立。凡义塾或家塾[3]，应照蒙学课程，核实改办。课目同寻常小学，惟作文易以字课。蒙学宗旨，在于改良私塾，故章程规定，颇注重教授法之改善，于儿童身心之体察，三致意焉。至学生出身奖励，小学卒业，奖给附生；中学卒业，奖给贡生；高等学卒业，奖给举人；大学分科卒业，奖给进士。各省师范卒业，照大学师范馆例给奖。其大较也。钦定章程虽未臻完备，然已有系统之组织。颁布未及二年，旋又废止。

[1] 蒙学：旧时指对儿童进行启蒙教育的地方。
[2] 级任：级任教师之省称。旧时中小学校某一班级负管理、训导之责的教师。
[3] 义塾：旧时不收学费的私塾。

69. 先是百熙招致海内名流，任大学堂各职。吴汝纶为总教习[1]，赴日本参观学校。适留日学生迭起风潮，诼谣繁兴，党争日甚。二十九年正月[2]，命荣庆会同百熙管理大学堂事宜[3]。二人学术思想，既各不同，用人行政，意见尤多歧异。时鄂督张之洞入觐。之洞负海内重望，于川、晋、粤、鄂，曾创设书院及学堂。著《劝学篇》[4]，传诵一时；尤抱整饬学务之素志。闰五月，荣庆约同百熙奏请添派之洞会商学务，诏饬之洞会同管学大臣厘定一切学堂章程，期推行无弊。

[1] 吴汝纶：字挚父（1840～1903），一作挚甫，桐城（今属安徽）人。同治四年（1865）进士，历官直隶深州、冀州知州，主保定莲池书院、京师大学堂总教习，曾赴日本考察学制。为文宗法桐城派，精经史子集兼通小学音韵。著有《桐城吴先生全书》。《清史稿》有传。
[2] 二十九年：即光绪二十九年（1903）。
[3] 荣庆：字华卿（1859～1916），号耐园，鄂卓尔氏，蒙古正黄旗人。光绪十二年（1886）进士，历官侍读学士、蒙古学士、鸿胪卿、通政副使、山东学政、刑部尚书、管学大臣、军机大臣，晋太子太保，弼德院副院长。民国初避居天津。卒谥文恪。《清史稿》有传。
[4] 劝学篇：书名，张之洞撰，光绪二十四年（1898）刊行。分内外两篇，以"旧学为体，新学为用"，务在开天下风气，受到光绪帝与慈禧太后称道，命各省广为刊布。

70. 十一月，百熙、荣庆、之洞会奏《重订学堂章程》，言："各省初办学堂，难得深通教育理法之人。学生率取诸原业科举之士，未经小学陶镕而来，言论行为，不免轶于范围之外。此次奉谕会商厘定，详细推求，倍加审慎。博考外国各项学堂课程门目，参酌变通，择其宜者用之，其于中国不相宜者缺之，科目名称不可解者改之，过涉繁重者减之。无论何等学堂，均以忠孝为本，以中国经史之学为基，俾学生心术壹归于纯正。而后以西学瀹其智识[1]，练其艺能，务期他日成材，各适实用。拟成初等小学、高等小学、中学、高等学各章程，大学附通儒院章程[2]。原章有蒙学名目，所列实即外国初等小学之事。外国蒙养院，一名幼稚园，参酌其意，订为蒙养院章程及家庭教育法。此原章所有，而增补其缺略者也。办理学堂，首重师范。原订师范馆章程，系仅就京城情形试办，尚属简略。另拟初级、优级师范学堂章程，并任用教员章程，京城师范馆改照优级师范办理。此外仕学馆属暂设，不在各学堂统系之内，原章应暂仍旧。译学馆即方言学堂；进士馆系奉特旨，令新进士概入学堂肄业，课程与各学堂不同，并酌定章程课目。又国民生计，莫要于农、工、商实业，兴办实业学堂，有百益而无一弊，另拟初等、中等、高等农、工、商实业学堂章程，附实业补习普通学堂、艺徒学堂、实业教员讲习所各章程。此原章未及，而别加编订者也。又中国礼教政俗与各国不同，少年初学，胸无定识，哤杂浮器[3]，在所不免。规范不容不肃，稽察不容不严。特订立规条，申明禁令，为学堂管理通则。并将设学宗旨、立法要义，总括发明，为学务纲要。果能按照现定章程认真举办，民智可开，国力可富，人才可成，不致别生流弊。至学生毕业考试，升级、入学考试及奖励录用之法，亦经详定专章，伏候裁定。"

[1] 瀹（yuè 岳）：疏通水道，使水流通畅。比喻开启智慧。

[2] 通儒院：又名"大学院"，即大学堂研究院。凡某分科大学之毕业生或具同等学力者，欲入通儒院研究学术，由本人提出研究之学艺（科目），经由该分科大学教员会议核定，考验及总监督核准者，方可入院从事专门学术研究，由教员指导答疑，无须随班上课。研究期限五年，第五年之末，提交论著或创新机器，经分科大学教员会议审查合格者即为毕业。1913 年 1 月，改为大学院，分为哲学院、史学院、植物学院等。参见清 67。

[3] 哤（máng 忙）杂：杂乱。

71. 又奏："奉旨兴办学堂，两年有馀。至今各省未能多设者，经费难筹也。经费所以不能捐集者，科举未停，天下士林谓朝廷之意并未专重学堂也。科举不变通裁减，人情不免观望，绅富孰肯筹捐？经费断不能筹，学堂断不能多。入学堂者，恃有科举一途为退步，不肯专心向学，且不肯恪守学规。况科举文字多剿窃，学堂功课务实修；科举止凭一日之短长，学堂必尽累年之研究；科举但取词章，学堂并重行检。彼此相衡，难易迥别。人情莫不避难就易，当此时势阽危[1]，除兴学外，更无养才济时之术。或虑停罢科举，士人竞谈西学，而中学无人肯讲。现拟章程，于中学尤为注重。凡中国向有之经学、史学、文学、理学，无不包举靡遗。科举所讲习者，学堂无不优为；学堂所兼通者，科举皆所未备。是取材于科举，不如取材于学堂，彰彰明矣。或又虑学堂虽重积分法，分数定自教员，保无以爱憎而意为增损。不知功课优绌，当堂考验。教员即欲违众徇私，而公论可凭，万难掩饰。臣等尚恐偶有此弊，故于中学考试，归学政主持，督同道、府办理。高等学毕业，请简放主考，会同督、抚、学政考试。大学毕业，请简放总裁，会同学务大臣考试。不专凭本学堂所定分数。凡科举抡才之法，已括诸学堂奖励之中，实将科举、学堂合并为一。就事理论，必须科举立时停罢，学堂办法方有起色，经费方可设筹。惟此时各省学堂，未能遍设，已设学堂，办理未尽合法，不欲遽议停罢科举。然使一无举动，天下未见朝廷有递减以至停罢之明文，实不足风示海内士民，收振兴学堂之效。请查照臣之洞会同袁世凯原奏分科递减之法[2]，明降谕旨，从

下届丙午科起 [3]，每科递减中额三分之一。一面照现定各学堂章程，从师范入手，责成各省实力举行，至第三届壬子科应减尽时 [4]，尚有十年。计京、外开办学堂，已逾十年以外，人才应已辈出。天下士心专注学堂，筹措经费必立见踊跃。人人争自濯磨，相率入学堂，求实在有用之学，气象一新，人才自奋。转弱为强，实基于此。"诏悉如所请。是为颁布奏定章程之期，时科举未全废止也。

[1] 阽（diàn 店）危：邻近危险。
[2] 查照：旧时公文用语，要对方注意有关文件之内容。袁世凯原奏：参见清 1 注 7。
[3] 丙午：即光绪三十二年（1906）。
[4] 壬子：即公元 1912 年。时清朝已亡，此是当时预测之辞，未知亡国在即。

72. 迨三十一年 [1]，世凯、之洞会奏："科举一日不停，士人有侥幸得第之心，以分其砥砺实修之志。民间相率观望，私立学堂绝少。如再迟十年甫停科举，学堂有迁延之势，人才非急切可求。必须二十馀年后，始得多士之用。拟请宸衷独断 [2]，立罢科举。饬下各省督、抚、学政，学堂未办者，从速提倡；已办者，极力扩充。学生之良莠，办学人员之功过，认真考察，不得稍辞其责。"遂诏自丙午科始 [3]，停止各省乡、会试及岁、科试。寻谕各省学政专司考校学堂事务。于是沿袭千馀年之科举制度，根本划除。嗣后学校日渐推广，学术思想因之变迁，此其大关键也。

[1] 三十一年：即光绪三十一年（1905）。
[2] 宸衷：帝王之心意。
[3] 丙午：即光绪三十二年（1906）。

73. 是时学务之组织，尚有一重要之变更，则专设总理学务大臣也 [1]。二十九年 [2]，之洞言："管学大臣既管京城大学堂，又管外省各学堂事务。当此经营创始，条绪万端，专任犹虞不给，兼综更恐难周。请于京师专设总理学务大臣，统辖全国学务。另设总监督一员，专管京师大学堂事务，受总理学务大臣节制考核，俾有专责。"诏允改管学大臣为学务大臣，并加派孙家鼐为学务大臣 [3]，命大理寺少卿张亨嘉充大学堂总监督 [4]。奏定章程，规定学校系统，足补钦定章程所未备。

[1] 总理学务大臣：即"管学大臣"。参见清 32 注 6。
[2] 二十九年：即光绪二十九年（1903）。
[3] 孙家鼐：参见清 61 注 11。
[4] 大理寺：官署名。掌平反刑狱之机构。与刑部、都察院合称三法司。光绪二十四年（1898），并
 入刑部，旋复。三十二年，改寺为院。《清史稿·职官二》："大理寺。卿（初制，满员二品，汉
 员三品。顺治十六年并定为三品。康熙六年复故，九年仍改定正三品），少卿（初制，满员三
 品，汉员四品。顺治十六年并定为四品。康熙六年复故，九年仍改定正四品），俱满、汉一人。

其属：堂评事（初制四品。顺治十六年改七品。康熙六年升五品，九年定正七品），满洲一人。司务厅司务，满、汉各一人。左、右寺丞（初制，满员四品，汉员六品。顺治十六年并定为六品。康熙六年升五品。九年仍改定正六品），满洲、汉军、汉俱各一人。左、右评事，汉各一人。笔帖式，满洲四人，汉军二人。卿掌平反重辟，以贰邦刑。与刑部、都察院称三法司。凡审录，刑部定疑谳，都察院纠核。狱成，归寺平决。不协，许两议，上奏取裁。并参豫朝廷大政事。少卿佐之。寺丞掌核内外刑名，质成长官，参纠部谳。评事掌缮左、右两寺章奏。"张亨嘉：字燮钧（1847～1911），侯官（今福建福州）人。光绪九年（1883）进士，选庶吉士，授编修，入直南书房，转太常少卿、大理寺卿，出督浙江学政，擢京师大学堂总监督，历光禄寺卿、左副都御史、兵部侍郎、经筵讲官。卒谥文厚。《清史稿》有传。

74. 其分科及课目，较旧章亦多有变更。大学设通儒院及大学本科 [1]。通儒院不讲授，无规定课目。大学本科分科八。曰经学科，分十一门：《周易》、《尚书》、《毛诗》、《春秋左传》、《春秋》三传、《周礼》、《仪礼》、《礼记》、《论语》、《孟子》[2]，附理学 [3]。曰政法科，分二门：政治、法律。曰文学科，分九门：中国史、万国史、中外地理、中国文学、英国文学、法国文学、俄国文学、德国文学、日本国文学。曰医科，分二门：医学、药学。曰格致科，分六门：算学、星学、物理、化学、动植物、地质。曰农科，分四门：农学、农艺化学、林学、兽医。曰工科，分九门：土木、机器、造船、造兵器、电气、建筑、应用化学、火药、采矿冶金。曰商科，分三门：银行及保险、贸易及贩运、关税。各专一门。经学愿兼习一两经者听。各学科分主课、补助课。三年毕业。惟政治、医学四年毕业。

[1] 通儒院：参见清70注2。
[2] "周易"等：参见唐5，宋8。
[3] 理学：宋明儒家周敦颐、邵雍、张载、程颐、程颢、朱熹、陆九渊、王守仁等人的哲学思想。宋儒致力于阐释义理，兼谈性命，认定"理先"天地而存在。明儒则断言"心"是宇宙万物的根源。

75. 高等学与大学预备科性质相同。学科分三类：第一类为预备入经学、政法、文学、商科等大学者治之，第二类为预备入格致、农、工等科大学者治之，第三类为预备入医科大学者治之。学科除人伦道德、经学大义、中国文学、外国语、体操各类共同外，第一类课历史、地理、辨学、法学、理财 [1]，第二类课算学、物理、化学、地质、矿物、图画，第三类课蜡丁语、算学、物理、化学、动物、植物 [2]。其有志入某科某门者，得缺科目或加课他科目，分通习、主课。三年毕业。中学科目：修身、读经、讲经、中国文学、外国语、历史、地理、算学、博物、物理及化学、法制及理财、图画、体操。五年毕业。高等小学科目：修身、读经、讲经、中国文学、算术、中国历史、地理、格致、图画、体操。视地方情形，可加授手工、农、商业等科目。四年毕业。初等小学科目：修身、读经、讲经、中国文学、算术、历史、地理、格致、体操，为完全科。视地方情形，可加授图画、手工之一二科目。其乡民贫瘠、师儒缺少地方，得量从简略，修身、读经合为一科，中国文学科，历史、地理、格致合为一科，算术、体操，为简易科。五年毕业。

[1] 辨学：逻辑学的旧称。
[2] 蜡丁语：拉丁语的旧译。拉丁语，古代罗马人所使用的文字。

76．中、小学科目，不外普通教育之学科。其特殊者，则读经、讲经一科也。《学务纲要》载中、小学宜注意读经以存圣教一节，其言曰："外国学堂有宗教一门，中国之经书即是中国之宗教。学堂不读经，则是尧、舜、禹、汤、文、武、周公、孔子之道，所谓三纲五常 [1]，尽行废绝，中国必不能立国。无论学生将来所执何业，即由小学改业者，必须曾诵经书之要言，略闻圣教之要义，以定其心性，正其本源。惟学堂科学较繁，晷刻有限，概令全读《十三经》[2]，精力日力断断不给。兹择切要各经，分配中、小学堂。若卷帙繁重之《礼记》、《周礼》，止选读通儒节本，《仪礼》止选读最要一篇。自初等小学第一年日读约四十字起，至中学日读约二百字为止，大率小学每日以一点钟读经，一点钟挑背浅解。中学每星期以六点钟读经，三点钟挑背讲解。温经每日半点钟，归自习时督课。学生并不过劳，亦无碍习西学之日力。计中学毕业，已读过《孝经》、《四书》、《易》、《书》、《诗》、《左传》及《礼记》、《周礼》、《仪礼》节本十经，并通大义。较之向来书塾、书院所读所解，已为加多。不惟圣经不至废坠，且经学从此更可昌明。"其立论甚正，可考见当时之风气焉。

[1] 三纲五常：泛指我国封建社会所提倡的主要道德标准。三纲，君为臣纲，父为子纲，夫为妻纲。五常，父义，母慈，兄友，弟恭，子孝。
[2] 十三经：儒家的十三部经书，即《易》、《诗》、《书》、《周礼》、《仪礼》、《礼记》、《春秋左传》、《春秋公羊传》、《春秋穀梁传》、《论语》、《孝经》、《尔雅》、《孟子》。其形成有一过程，至宋代遂有"十三经"之称。参见清5注5。

77．蒙养院意在合蒙养、家教为一 [1]，辅助家庭教育，兼包括女学 [2]。

[1] 蒙养院：又名"蒙学堂"、"蒙学馆"，即幼稚园。光绪二十八年（1902）清廷颁布《钦定蒙学堂章程》，规定"蒙学为各学之根本"，所有府厅州县之处城乡集镇一律开设蒙学堂。二十九年制定《蒙养院及家庭教育法章程》，规定蒙养院专为保育教导三岁至七岁儿童之所，辅助家庭教育，并对保育教导要旨、教学内容等作了明确规定。
[2] 女学：谓女子教育。旧时指以妇德、妇言、妇功、妇容四项内容对女子施教。

78．直系学堂外，并详订师范及实业学堂专章 [1]。其大异于旧章者，为优级师范学堂 [2]。学科分三节：一曰公共科，以补中学之不足，为本科之预备。科目：人伦道德、群经源流、中国文学、东语、英语、辨学、算学、体操。一年毕业。二曰分类科，凡四类：第一类以中国文学、外国语为主。第二类以地理、历史为主。第三类以算学、物理、化学为主。第四类以动植物、矿物、生理为主。科目除人伦道德、经学大义、中国文学、教育心理、体操各类共同外，第一类课周秦诸子、英语、德语或法语、辨学、生物、生理。第二类课地理、历史、法制、理财、英语、生物。第三类课算学、物理、化学、英语、图画、手工。第四类课植物、动物、生理、矿物、地学、农学、英语、图画。分通习、主课，均三年毕业。三曰加习科，于分类科毕业，择教育重要数门，加习一年，以资深造。科目：人伦道德、教育学、教育制度、教育政令机关、美学、实验心理、学校卫生、专科教育、儿童研究、教育演习 [3]，并增入教授实事练习。优级师范附属中学堂、小学堂。初级师范学科程度，与中学略同。完全科学科，于中学科目外，增教育学、习字。视地方情形，可加外国语，手工，农、工业之一科目或数科目 [4]。五年毕业。初级师范附属小学堂。

[1] 实业学堂：清末普遍设立的专门造就农工商各项实业人才的学校。其种类有农业学堂、工业学堂、商业学堂、商船学堂、水产学堂、艺徒学堂以及实业教员讲习所（即实业师范学堂）等。参见清79。

[2] 优级师范学堂：以造就中学教员及初级师范学堂教员为宗旨。光绪二十九年（1903）颁布《优级师范学堂章程》规定，京师及各省城宜各置一所，考收初级师范学堂毕业生及普通中学毕业生入学肄业。分四类编科，三年毕业。

[3] 实验心理：即"实验心理学"。19世纪后期出现于德国的一个心理学学派，主张心理学采用实验法。虽然作为一个学派，现已不存在，但作为一种研究方法的实验却为现代心理学所改造和继承。

[4] 工业：《清史稿校注》校勘记云："案奏定学堂章程，初级师范视地方情形，可加外国语、手工、农业、工业、商业之一科目或数科目。此'工'下'业'上当补一'商'字。"可参考。

79. 实业学堂之种类，曰实业教员讲习所，曰高等农、工、商实业学堂，曰中等农、工、商实业学堂，曰初等农、工、商实业学堂，及高等、中等、初等商船学堂，曰实业补习普通学堂，曰艺徒学堂。实业教员讲习所，以备教成各项实业学堂之教习。分农、商、工三种，农业、商业教员讲习所，除人伦道德、英语、教育、教授法、体操为共同学科外，农业课算学及测量气象、农业泛论、农业化学、农具、土壤、肥料、耕种、畜产、园艺、昆虫、兽医、水产、森林、农产制造、农业理财实习 [1]；商业课应用化学、应用物理、商业作文、商业算术、商业地理、商业历史、簿记、商品、商业理财、商业实践。均二年毕业。工业教员讲习所，置完全科及简易科。完全科凡六：曰金工科、木工科、染织科、窑业科、应用化学科、工业图样科 [2]。除人伦道德、算学、物理、化学、图画、工业理财、工业卫生、机器制图实习、英语、教育、教授法、体操为共同学科外，金工科课无机化学、应用力学、工场用具及制造法、电气工业大意、发动机 [3]。木工科课无机化学、应用力学、工场用具及制造法、构造用材料、家具及建筑流派、房屋构造、卫生、建筑制图及意匠[4]。染织科课一切器用化学、应用机器、定性分析、工业分析、染色配色、机织及意匠[5]。窑业科课一切应用化学、应用机器、定性分析、工业分析、窑业品制造。应用化学科课一切应用化学、机器、电铸及电矿[6]。工业图样科课图样、材料。均三年毕业。简易科分金工、木工、染色、机织、陶器、漆工六科。课目较略。一年毕业。高等实业学堂程度视高等学堂，分预科、本科。预科授以各科普通基本功课。一年毕业。高等农业本科凡三：曰农学科，曰林学科，曰兽医学科。高等工业分科十三：曰应用化学科，曰染色科，曰机织科，曰建筑科，曰窑业科，曰机器科，曰电器科，曰电气化学科，曰土木科，曰矿业科，曰造船科，曰漆工科，曰图稿绘画科，各授以本科原理、原则、应用方法及补助科目，多者至三十余门，得斟酌地方情形，择合宜数科设之。均三年毕业。中等实业学堂程度视中学堂，亦分预科、本科，课目较高等为略。初等实业学堂程度视高等小学堂，分普通、实习两种科目。均三年毕业。商船学堂亦分三等，以授航海机关之学术及驾运商船之知识技术。五年或三年毕业[7]。实业补习普通学堂，以简易教法授实业必须之知识技能，并补习小学科目。艺徒学堂，授平等程度之工筑技术[8]，俾成良善工匠，均可于中、小学堂便宜附设[9]。

[1] 农业泛论：有关农业广泛论述的课程。
[2] 金工科：有关金属加工工艺的课程。窑业科：当指有关陶瓷工艺的课程。
[3] 无机化学：化学的一个分科，研究碳元素以外的各种元素和其化合物的构造、性质、变化、用途等。也研究碳的简单化合物（如碳酸盐和碳的氧化物）。
[4] 意匠：谓有关设计方面的构思等。
[5] 器用化学：《清史稿校注》校勘记云："器用化学，案奏定学堂章程，此当作'应用化学'。"可参考。
[6] 应用化学科：《清史稿校注》校勘记云："案奏定学堂课程，应用化学科尚有'定性分析、定量分析、特别应用化学'等课目。此当据补。"可参考。
[7] "五年"句：《清史稿校注》校勘记云："案奏定学堂章程，高等商船学堂航海科五年半毕业，机轮科五年毕业；中等商船学堂预科本科、初等商船学堂皆三年毕业。此处语焉不详。"可参考。
[8] 工筑技术：《清史稿校注》校勘记云："工筑技术，案奏定学堂章程，此当作'工业技术'。"可参考。
[9] "均可"句：《清史稿校注》校勘记云："案奏定学堂章程，艺徒学堂可于初、高等学堂附设。此当据改。"可参考。

80. 其不在学堂系统内者，曰译学馆[1]，曰进士馆[2]。先是同文馆并入大学堂[3]，设英、法、俄、德、日本五国语文专科，后由大学分出，名译学馆。仍设英、法、俄、德、日本文各一科，无论习何国文，皆须习普通及专门学。普通科目：人伦道德、中国文学、历史、地理、算学、博物、物理及化学、图画、体操。专门科目：交涉、理财、教育。五年毕业。进士馆令新进士用翰林部属、中书者[4]，入馆肄业，讲求实用之学。课目：史学、地理、教育、法学、理财、交涉、兵政、农政、工政、商政、格致。得选习农、工、商、兵之一科或两科。西文、东文、算学、体操为随意科 [5]。三年毕业。

[1] 译学馆：清末学习外国语言文字学馆的泛称。光绪二十九年（1903）京师大学堂设立译学馆，专门培养高级翻译人才。
[2] 进士馆：清末新科进士集中学习新知的学馆。自光绪二十九年始，凡新考取进士皆令入京师大学堂分门肄业。后于太仆寺街别立进士馆，不隶于京师大学堂，并于三十年开学。凡新考取进士三十五岁以下者，一律入学肄业，学习三年，必修课程十一门。每年两个学期，每学期考试一次，第六学期为毕业考试，由皇帝按考试等级分别录用。
[3] 同文馆：即"京师同文馆"。参见清32注5。大学堂：即"京师大学堂"。参见清32注5。
[4] 翰林部属：当谓翰林院编修、检讨以及庶吉士等。参见清28注7。中书：即"内阁中书"，清内阁属官，掌撰拟、翻译、缮写等事，秩从七品。
[5] 东文：谓日文。

81. 各学堂管理通则之规定，与旧章大体相同。月朔 [1]，监督、教员集诸生礼堂，宣读《圣谕广训》一条 [2]。皇太后、皇上万寿节 [3]，至圣先师孔子诞日 [4]，春、秋上丁释奠 [5]，为庆祝日。堂中各员率学生至万岁牌前或圣人位前行三跪九叩礼 [6]。毕，各员西向立，学生向各员行三揖礼，退。开学、散学或毕业，率学生至万岁牌前、圣人位前行礼如仪。学生向监督、教员行一跪三叩礼。监督等施训语，乃散。月朔，率学生至圣人位前行礼如仪。每日讲堂授课，多者不得过六小时。房、虚、星、昴日为休息例假 [7]，庆祝日、端午、中秋节各放假一日 [8]。每年以正月二十日开学，至小暑节散学 [9]，为第一学期。立秋后六日开学 [10]，至十二月十五日散学，为第二学期。学生赏罚，由教员、监学摘出，监督核定 [11]。赏分三种：曰语言奖励，曰名誉奖励，曰实物奖励。罚分三种：曰记过，曰禁假，曰出堂。学生以端饬品行为第一要义，监督、监学及教员随时稽察，详定分数，与科学分数合算。

[1] 月朔：农历每月初一日。
[2] 监督：督察官的泛称。圣谕广训：参见清36注9。
[3] 万寿节：封建时代皇太后或皇帝的生日。
[4] 孔子诞日：旧时一般以农历八月二十七日为孔子的生日。
[5] 春秋上丁释奠：自唐代以后，历代王朝规定每年仲春（二月）、仲秋（八月）的上丁之日为祭祀孔子的日子。上丁，农历每月上旬的丁日。释奠，参见清5注1。
[6] 万岁牌：帝王的牌位。
[7] 房虚星昴：二十八宿中的四宿。房属东方苍龙七宿中的第四宿，虚属北方玄武七宿中第四宿，星属南方朱雀七宿中第四宿，昴属西方白虎七宿中第四宿。以此记日，各相隔七天。
[8] 端午：又称"端阳节"，农历每年的五月初五日。中秋节：农历每年的八月十五日。
[9] 小暑节：农历二十四节气之一，在公历每年的7月7日左右。

[10] 立秋：农历二十四节气之一，在公历每年的 8 月 8 日左右。

[11] "学生赏罚"三句：《清史稿校注》校勘记云："案奏定学堂章程，学生赏罚，由'教务提调或教员、监学等摘出'，监督核定。此当据补。"可参考。监学，清末置于中等以上学堂的学官，或称"学监"。掌稽查学生的学业勤惰及品德行为等。

82. 学堂考试分五种：曰临时考试，曰学期考试，曰年终考试，曰毕业考试，曰升学考试。临时试无定期，学期、年终、毕业考试分数与平日分数平均计算。年考及格者升一级，不及格者留原级补习，下届再试，仍不及格者退学。评定分数，以百分为满格，八十分以上为最优等，六十分以上为优等，四十分以上为中等，二十分以上为下等，谓之及格，二十分以下为最下等，应出学 [1]。

[1] 出学：谓退学。

83. 毕业考试最重，视学堂程度，由所在地方官长会同监督、教员亲莅之，照乡会试例。高等学毕业，简放主考，会同督、抚、学政考试。大学分科毕业，简放总裁，会同学务大臣考试 [1]。分内、外二场：外场试，就学堂举行。择各科讲义精要一二条摘问，令诸生答述。内场试，择地扃试 [2]。分两场：首场以中学发题，经、史各一，经用论，史用策。二场以西学发题，政、艺各一，西政用考，西艺用说。通儒院毕业 [3]，不派员考试，以平日研究所得各种著述，评定等第，进呈，候钦定。其奖励章程，比照奖励出洋游学日本学生例 [4]，通儒院毕业，予以翰林升阶，或分用较优京、外官。大学分科毕业，最优等作为进士出身，用翰林院编修、检讨。优等、中等均作为进士出身，分别用翰林院庶吉士、各部主事。大学选科，比照分科大学降等给奖。大学预备科及各省高等学毕业，最优等作为举人，以内阁中书、知州用。优等、中等均为举人，以中书科中书、部司务、知县、通判用 [5]。中学毕业，分别奖以拔贡、优贡、岁贡。高等小学毕业，分别奖以廪、增、附生。初等小学属义务教育，不给奖。优级师范毕业，最优等、优等、中等均作为举人，分别以国子监博士、助教、学正用。初级师范毕业，分别奖以拔贡、优贡、岁贡，以教授、教谕、训导用。高等实业学堂毕业，最优等、优等、中等均作为举人，分别以知州、知县、州同用。中等实业学堂毕业，奖励视中学。奏定章程规定之概要如此。

[1] 学务大臣：或称"管学大臣"。参见清 32 注 6。
[2] 扃试：考生各闭一室应答试题。
[3] 通儒院：又名"大学院"，即大学堂研究院。参见清 70 注 2。
[4] 游学：离开本乡到外地求学。这里指出国留学。
[5] 中书科：官署名。清沿明制，顺治初年设于内阁。专司缮写册文、诰、敕等事。《清史稿·职官一》："中书科，稽察科事内阁学士，满、汉各一人（由内阁学士内特简），掌稽颁册轴。掌印中书，满洲一人。掌科中书，汉一人。中书（并从七品），满洲一人，汉三人，掌缮书诰敕。笔帖

式十人。初制，置满洲中书舍人一人（乾隆十四年增一人），汉中书舍人八人（雍正十三年派兼内阁行走。乾隆十三年省四人）。顺治九年，置满洲记事官，同掌科事。康熙九年，改记事官为中书舍人。乾隆三十六年，置管中书科事汉内阁学士一人。明年，改管科事为稽察科事；增置满洲内阁学士一人；改中书舍人为中书科，置掌印中书，满、汉各一人。宣统三年省。"司务：清代六部、理藩院、大理寺、步军统领衙门等所属司务厅主官。六部及大理寺设满、汉各一人，理藩院设满、蒙各一人，步军统领衙门只设一人。秩正八品。掌治本衙门吏役，接收文书，保管档案。通判：清代于府设通判，秩正六品。参见清6注11。

84. 三十一年 [1]，诏以各省学堂次第兴办，必须有总汇之区，以资董率而专责成。特设学部 [2]，命荣庆为尚书 [3]，熙瑛、严修为侍郎 [4]。裁国子监，归并学部。明年，学部奏请宣示教育宗旨，略言："今中国振兴学务，宜注重普通教育，令全国之民无人不学。尤以明定宗旨，宣示天下，为握要之图。中国政教所固有，亟宜发明以距异说者有二：曰忠君，曰尊孔。中国民质所最缺，亟宜箴砭以图振起者有三：曰尚公，曰尚武，曰尚实。"上谕照所陈各节通饬遵行。寻奏定学部官制，于本部各司、科分掌教育行政事务外，设编译图书局、调查学制局、京师督学局 [5]。又拟设高等教育会议所，属学部长官监督。其议员选派部员，及直辖学堂、各省中等以上学堂监督，暨京、外官绅，学识宏通，于教育素有经验者充任。又拟设教育研究所，延聘精通教育之员，定期讲演，以训练本部员司焉 [6]。先是直督袁世凯奏陈学务未尽事宜 [7]，以裁撤学政为言 [8]。云南学政吴鲁奏请裁撤学政 [9]。至是学部会同政务处复议 [10]，言："各省教育行政及扩张兴学之经费，督饬办学之考成，与地方行政在在皆有关系。学政位分较尊，事权不属，于督、抚为敌体 [11]，诸事不便于禀承，于地方为客官，一切不灵于呼应。且地方寥阔，官立、公立、私立学堂日新月盛，势不能如岁、科试分棚调考之例。而循例按临，更日不暇给。劳费供张，无裨实事。拟请裁撤学政，各省改设提学使司提学使一员 [12]，统辖全省学务，归督、抚节制。于省会置学务公所 [13]，分曹隶事。选派官绅有学行者，别设学务议绅四人，延访本省学望较崇之绅士充选。议长一人，学部慎选奏派。"从之。嗣是各省学务始有确定之执行机关矣。

[1] 三十一年：即光绪三十一年（1905）。

[2] 学部：参见清26注4。

[3] 荣庆：参见清69注3。

[4] 熙瑛：字仁斋（1857～1905），号菊彭，仲璧，鄂卓氏，满洲镶蓝旗人。光绪十五年（1889）进士，历官编修、学部左侍郎。严修：字范孙（1860～1929），天津人。光绪九年（1883）进士，历官编修、贵州学政、学部右侍郎。后与张伯苓创办南开大学，以教育事业终其身。能诗，著有《古近体诗存稿》。

[5] 编译图书局：参见清63注3。调查学制局：学部下属机构。京师督学局：学部下属机构。

[6] 员司：谓学部的属员。

[7] 直督：即"直隶总督"。袁世凯：参见清21注2。

[8] 学政：即"提督学政"，亦称"督学使者"，或简称"提学"、"学政"。参见清3注10。

[9] 吴鲁：字肃堂（1845～1912），号且园，晚号老迟，又号白华庵主，晋江（今属福建）人。光绪十六年（1890）一甲第一名进士，授修撰，历官安徽学政、军务处总办、云南学政、吉林提学使、学部丞参。著有《百哀诗》、《正气研斋文集》等。

[10] 政务处：参见清21注7。

[11] 敌体：彼此地位相等，无上下尊卑之分。

[12] 提学使司：官署名。光绪三十二年（1906）由各省学政衙门改设，统辖全省学务，掌教育行政、稽核学校规程、征考艺文、师范等，归督、抚节制。其衙署设总务、专门、普通、实业、图书、会计六科，各设科长、副长各一人，下设司事、书记等。设省视学六人，受札派巡视各府厅州县学务。提学使：官名。光绪三十二年（1906）由各省学政改设，秩正三品，归督、抚节制，掌一省教育行政。

[13] 学务公所：官署名。光绪三十二年由各省学务处改设。议长一人，议绅四人，佐助提学使参划学务，并备督抚咨询。

85. 劝学所之设 [1]，创始于直隶学务处 [2]。时严修任学务处督办，提倡小学教育，设劝学所，为厅、州、县行政机关。仿警察分区办法，采日本地方教育行政及学校管理法，订定章程，颇著成效。三十二年，学部奏定劝学所章程，通行全国，即修呈订原章也。劝学所由地方官监督，设总董一员，以县视学兼充，综核各学区事务。区设劝学员一人，任一学区内劝学之责，以劝募学生多寡，定劝学员成绩之优劣。其章程内推广学务一条，规定办法凡五：曰劝学，曰兴学，曰筹款，曰开风气，曰去阻力。又奏定各省教育会章程，省会设立者为总会，府、州、县设立者为分会，以补助教育行政，与学务公所、劝学所相辅而行。皆普及教育切要之图也。

[1] 劝学所：官署名。光绪三十二年（1906）清廷饬令各厅州县设立，掌州县劝办小学事宜。内设县视学一人，兼充学务总董，由视学使札派充任。选本籍缙绅若干充任劝学员，由地方官监督办理学务，并以时巡察各乡村市镇学堂。1915年改县视学为所长，另设劝学员二至四人，书记一至二人。1923年后多改称县教育局。

[2] 学务处：清末地方学务机构。光绪二十七年（1901）诏令各省速设新式学堂，直隶、安徽等省设立学务处，负责该省办学事务。该处由总督委派总理、会办统率，分设总务、专门、普通、实业、会计、图书、游学七课，各置课长、副长各一人。三十二年设提学使司，裁撤各省学务处。

86. 学部设立后 [1]，于各项学堂章程多所更正。其要者，如改订考试办法，详定师范奖励义务，变通中、小学课程，中学分文科、实科之类，然大致不外修正科目，确定限制，其宏纲细目，不能出奏定章程之范围。所增定者，则女学堂章程也。先是学部官制已将女学列入职掌。三十三年 [2]，奏定女子师范、女子小学章程，以裨补家计，有益家庭教育为要旨。师范科目：修身、教育、国文、历史、地理、算学、格致、图画、家事、裁缝、手艺、音乐、体操。四年毕业。音乐得随意学习。小学分两等，高等科目：修身、国文、算术、中国历史、地理、格致、图画、女红、体操 [3]，得酌加音乐，为随意科。初等科目：修身、国文、算术、女红、体操，得酌加音乐、图画二随意科。均四年毕业。其授业钟点，较男子小学减少，与男子小学分别设立，不得混合。宣统三年[4]。奏设中央教育会议，以讨论教育应行改进事宜及推行方法。则根据学部原奏，拟设高等教育会议所之规定行之。此为第二期有系统之教育制度也。

[1] 学部：参见清 26 注 4。
[2] 三十三年：即光绪三十三年（1907）。
[3] 女红（gōng 功）：旧时谓妇女从事的纺织、刺绣、缝纫等。
[4] 宣统三年：即公元 1911 年。宣统，宣统帝爱新觉罗·溥仪的年号。

87. 至考验游学毕业生[1]，光绪二十九年[2]，鄂督张之洞奏准鼓励游学章程[3]。三十一年，学务大臣考验北洋学生金邦平等[4]，援照乡、会试覆试例，奏请在保和殿考试[5]，给予出身，分别录用[6]。迨三十二年，学部奏定，自本年始，每年八月举行一次。并为综核名实起见，妥议考验章程。将学成试验与入官试验分为两事，酌照分科大学及高等学毕业章程，会同钦派大臣，按所习学科分门考试。酌拟等第，候钦定分别奖给进士、举人等出身。仍将某科字样加于进士等名目之上，以为表识。考试分两场：第一场就所习学科择要命题；第二场试中国文、外国文，罢廷试。明年，学部宪政编查馆会奏游学毕业廷试录用章程[7]，仍暂照三十一年成案。于钦派大臣会同学部考试请予出身后，廷试一次，分别授职。廷试用经义、科学、论、说各一，其医、工、格致、农等科大学及各项高等实业学堂毕业者，免试经义[8]。时游学日本、欧、美毕业回国者，络绎不绝，岁举行考验以为常，终清世不废。

[1] 游学：离开本乡到外地求学。这里指出国留学。
[2] 光绪二十九年：即公元 1903 年。清德宗爱新觉罗·载湉的年号。
[3] 鄂督张之洞：参见清 55 注 2。
[4] 北洋：即"北洋大学堂"。参见清 59 注 2。金邦平：生平不详。
[5] 保和殿：紫禁城三大殿之一，在中和殿之后。明永乐十八年（1420）建成，原名谨身殿，嘉靖时改称建极殿，清顺治时改称保和殿。重檐歇山，黄琉璃瓦，面阔九间。故宫今存。参见清 14 注 1。
[6] 分别录用：《光绪政要》卷三十一载光绪三十一年学务处考试回国游学毕业生名单："金邦平、唐宝锷给予进士出身，赏给翰林院检讨；张瑛绪、曹汝霖、钱承瑛、胡宗瀛、戢翼翚给予进士出身，按照所习学科，以主事分部学习行走；陆宗舆给予举人出身，以内阁中书用；王守善、陆世芬、王宰善、高淑琦、沈琨、林启给予举人出身，以知县分省补用。"
[7] 宪政编查馆：官署名。光绪三十三年（1907）由考察政治馆改设。议复奉旨交议有关宪政折件，承拟军机大臣交付调查各件，编订宪法草案，审查法律馆及各部院所订法规法典，统计全国政要等事。由军机处王大臣督饬，下置提调二人管理馆务。设编制、统计二局和庶务、译书、图书三处，直辖官报局。宣统三年（1911）裁撤。

［8］"廷试"三句:《清史稿校注》校勘记云:"案学部官报,学部宪政编查馆会奏游学毕业廷试录用章程在'光绪三十四年'二月。"可参考。

《清史稿》

卷一百八　志八十三

选举三

文科武科

88. 有清科目取士，承明制用八股文 [1]。取《四子书》及《易》、《书》、《诗》、《春秋》、《礼记》五经命题，谓之制义。三年大比，试诸生于直省 [2]，曰乡试，中式者为举人。次年试举人于京师，曰会试，中式者为贡士。天子亲策于廷，曰殿试，名第分一、二、三甲。一甲三人，曰状元、榜眼、探花，赐进士及第。二甲若干人，赐进士出身。三甲若干人，赐同进士出身。乡试第一曰解元，会试第一曰会元，二甲第一曰传胪。悉仍明旧称也。世祖统一区夏 [3]，顺治元年 [4]，定以子午卯酉年乡试，辰戌丑未年会试。乡试以八月，会试以二月。均初九日首场，十二日二场，十五日三场。殿试以三月。

[1] 八股文：参见明 39 注 4。

[2] 直省：参见清 2 注 3。

[3] 世祖：即清世祖爱新觉罗·福临（1638～1661）。参见清 3 注 1。区夏：诸夏之地，即华夏、中国。

[4] 顺治元年：即公元 1644 年。顺治，清世祖爱新觉罗·福临的年号。

89. 二年 [1]，颁科场条例。礼部议覆 [2]，给事中龚鼎孳疏言 [3]："故明旧制，首场试时文七篇，二场论、表各一篇，判五条，三场策五道。应如各科臣请，减时文二篇，于论、表、判外增诗，去策改奏疏。"帝不允。命仍旧例。首场《四书》三题，《五经》各四题，士子各占一经。《四书》主朱子《集注》，《易》主程《传》、朱子《本义》，《书》主蔡《传》，《诗》主朱子《集传》，《春秋》主胡安国《传》，《礼记》主陈澔《集说》。其后《春秋》不用胡《传》，以《左传》本事为文，参用《公羊》、

《穀梁》[4]。二场论一道 [5]，判五道 [6]，诏、诰、表内科一道 [7]，三场经史时务策五道 [8]。乡、会试同。乾隆间 [9]，改会试三月，殿试四月，遂为永制。

[1] 二年：即顺治二年（1645）。

[2] 礼部：参见清10注21。

[3] 给事中：参见清6注15。龚鼎孳：字孝升（1615～1674），号芝麓，庐州合肥（今属安徽）人。明崇祯七年（1634）进士，授兵科给事中。崇祯十七年，京师陷，降李自成农民军，为直指使，旋复降清，历官吏科给事中、太常少卿、左都御史、刑部尚书。卒谥端毅。乾隆三十四年（1769）诏削其谥号。工诗词，与钱谦益、吴伟业有"江左三大家"之称。著有《定山堂集》。《清史列传》、《清史稿》皆有传。

[4] "首场"数句：参见明40。

[5] 论：文体的一种，近于议论文。

[6] 判：裁决诉讼的文书，属于科举考试内容之一。

[7] 诏：诏书，皇帝颁发的命令。这里指代拟。诰：皇帝所颁文告或封官授爵的敕书。这里亦指代拟。表：奏章的一种，多用于陈情谢贺。参见宋77注1。

[8] 时务策：原为唐代进士、明经等科举考试内容之一。应试者须按主试官所出有关重大时政问题发挥政见，提出主张。宋代以后因之。

[9] 乾隆：清高宗爱新觉罗·弘历的年号（1736～1795）。

90. 乡试，先期提学考试精通三场生儒录送 [1]，禁冒滥。在监肄业贡、监生，本监官考送。倡优、隶、皂之家 [2]，与居父母丧者，不得与试。卷首书姓名、籍贯、年貌、出身、三代、所习本经。试卷题字错落，真草不全 [3]，越幅、曳白 [4]，涂抹、污染太甚，及首场七艺起讫虚字相同 [5]，二场表失年号，三场策题讹写，暨行文不避庙讳、御名、至圣讳 [6]，以违式论，贴出 [7]。士子用墨，曰墨卷。誊录用朱，曰朱卷。主考墨笔 [8]，同考蓝笔 [9]。乾隆间 [10]，同考改用紫笔。未几，仍用蓝。试士之所曰贡院，士子席舍曰号房，拨军守之曰号军。试官入闱封钥，内外门隔以帘。在外提调、监试等曰外帘官，在内主考、同考曰内帘官。亦有内监试，司纠察，不与衡文事。以大员总摄场务，乡试曰监临。顺天以府尹 [11]，各省初以巡按御史 [12]，巡按裁，巡抚为之 [13]。会试曰知贡举 [14]，礼部侍郎为之 [15]。顺天提调以府丞 [16]，监试以御史 [17]。初，各省提调以布政使 [18]，监试以按察使 [19]，各副以道员 [20]。雍正间 [21]，以藩、臬两司为一省钱谷、刑名之总汇，入闱月余，恐致旷滞，提调监试，专责二道员。会试监试以御史。殿试临轩发策 [22]，以朝臣进士出身者为读卷官 [23]，拟名第进呈，或如所拟，或有更定。一甲状元授修撰 [24]，榜眼、探花授编修 [25]，二、三甲进士授庶吉士、主事、中书、行人、评事、博士、推官、知州、知县等官有差 [26]。

[1] 提学：即"提督学政"，亦称"督学使者"，或简称"提学"、"学政"。参见清3注10。精通三

场：谓科试、录科、录遗三试。科试，参见清29注5。录科，凡科试一、二等即三等前列，如大省前十名、中小省前五名，准送乡试外，其馀因故未考者，以及在籍之监生、荫生、官生、贡生名不列于学官，不经科考者，均须由学政考试，名为录科。录科合格，方可参加乡试。录遗，凡生员参见科考、录科未取，或未参加科考、录科者，乡试前可再补考一次，名为录遗。合格者亦可参加乡试。

[2] 倡优：娼妓与优伶家子弟。隶：奴仆或罪人家子弟。皂：差役人家子弟。

[3] 真草不全：谓书写不规范，楷书中夹杂草书写法。

[4] 越幅：即"跨页"。科举考试誊写试卷时，误隔一幅，中留空白页，使文字不相连接，称"越幅"。曳白：试卷空白，即"交白卷"。《旧唐书·苗晋卿传》："玄宗大集登科人，御花尊楼亲试，登第者十无一二，而爽手持试纸，竟日不下一字，时谓之曳白。"李鹏年等编著《清代六部成语词典》（天津人民出版社1990年出版）："中国封建社会举考试中士子应试之禁违。考生誊写答卷时跳行谓之曳白。"亦可参考。

[5] "及首场"句：为防止考生在试卷文字上留下特殊记号以作弊而规定。

[6] 庙讳：皇帝父祖的名讳。御名：即"御讳"，皇帝的名字。圣讳：谓圣人如孔子的名讳。封建时代对于君主或尊长的名字，必须避免直接说出或写出，称"避讳"。北齐颜之推《颜氏家训·风操》："凡避讳者，皆须得其同训以代换之：桓公名白，博有五皓之称；厉王名长，琴有修短之目。"

[7] 贴出：清制，凡收卷、阅卷等官员，将试卷中违式、讹错之处贴签指出，谓之贴出。若应贴未贴，皆按例分别参处。凡被贴出者，用蓝榜公布于贡院外墙，即丧失考试资格。

[8] 主考：主持直省乡试之官员，总阅各房考官呈送之试卷，分别去取，核定名次，并将取中之举人及其试卷奏报皇帝。

[9] 同考：即"同考官"，或称"房考官"、"房官"。协同主考官批阅试卷的考官，因分房阅卷，故称"房考官"。

[10] 乾隆：清高宗爱新觉罗·弘历的年号（1736～1795）。

[11] 顺天：即"顺天府"。参见清14注9。府尹：顺天府长官。《清史稿·职官三》："顺天府。兼管府尹事大臣（汉大学士、尚书、侍郎内特简），尹（正三品），丞（正四品），俱各一人。"清制，顺天乡试用满、汉各一人，汉员以府尹充任，满员以其他二三品官充任。

[12] 巡按御史：清初沿明制，所设官名。《清史稿·职官二》："顺治初，又有巡按御史，省各一人。十七年省。"参见明33注1。

[13] 巡抚：参见清12注6。

[14] 知贡举：清代会试之监考官，不负责阅卷取士之责，与乡试之监临性质同。

[15] 礼部侍郎：礼部长官之副，秩从二品。参见清10注21。

[16] 提调：科举考试的兼职官，负责处理考场外的组织安排等事务。府丞：顺天府长官之副。参见注11。

[17] 御史：即"监察御史"。掌监察、弹劾及建言。参见清15注8。

[18] 布政使：一省之最高行政长官，全称"承宣布政使司布政使"，别称"藩司"、"藩台"、"方伯"。清沿明制，每省设一人，惟江苏钱谷事繁，乾隆时定制，江宁与苏州各一人。在总督、巡抚统辖下，掌一省之民政、财政。秩从二品。

[19] 按察使：掌一省刑名按劾之事的司法和监察长官，全称"提刑按察使司按察使"，别称"臬

司”、“臬台”、“外台”（御史台），秩正三品。宣统三年（1911）改按察使为提法使，旋废。参见清21注9。

[20] 道员：古代称观察，俗称道台。始设于明代，清沿置，为省之下、府县之上的地方官员，与两司并重，秩正四品。

[21] 雍正：清世宗爱新觉罗·胤禛的年号（1723～1735）。

[22] 殿试：参见清28注6。临轩：皇帝不坐正殿而御前殿。殿前堂陛之间近檐处两边有槛楯，如车之轩，故称。发策：发出策问。殿试考试把试题写于策上，令应试者作答，即称策问。

[23] 读卷官：殿试时负责阅读考生之策论，拟定名次，供皇帝圈定。

[24] 修撰：翰林院职官，掌撰述编辑、侍直经幄。初秩从六品，清末升从五品。

[25] 编修：翰林院职官，掌撰述编辑、侍直经幄。初秩正七品，清末升从五品。

[26] 庶吉士：参见清50注11。主事：清代各部、院及其他中央机构中之司官，位次于员外郎，秩正六品。中书：即“内阁中书”，清内阁属官，掌撰拟、翻译、缮写等事，秩从七品。行人：原为明代行人司职官，专职捧节、奉使之事的官吏，秩正八品。清沿明制，至乾隆十三年（1640）省。评事：即“大理评事”。清代大理寺属官，左、右寺均设，各一人，专用汉员，秩正七品。博士：清代国子监、太常寺、钦天监均设博士，秩分别为从七品、正七品、从九品。此处当指前两者。推官：原为明代知府的佐贰官，洪武三年（1370）始设，秩正七品。清初沿明制，后废。参见明44。

91. 有清以科举为抡才大典 [1]，虽初制多沿明旧，而慎重科名，严防弊窦，立法之周，得人之盛，远轶前代。其间条例之损益，风会之变迁，系乎人才之盛衰，朝政之得失。述其大者，不可阙也。

[1] 抡才：或作“抡材”，即选拔人才。

92. 乡、会试首场试八股文，康熙二年 [1]，废制义 [2]，以三场策五道移第一场，二场增论一篇，表、判如故。行止两科而罢 [3]。四年，礼部侍郎黄机言 [4]：“制科向系三场 [5]，先用经书，使阐发圣贤之微旨，以观其心术。次用策论，使通达古今之事变，以察其才猷。今止用策论，减去一场，似太简易。且不用经书为文，人将置圣贤之学于不讲，请复三场旧制。”报可。七年，复初制，仍用八股文。二十四年，用给事中杨尔淑请 [6]，礼闱及顺天试《四书》题俱钦命 [7]。时诏、诰题士子例不作，文、论、表、判、策率多雷同剽袭，名为三场并试，实则首场为重。首场又《四书》艺为重。二十六年废诏、诰 [8]，既而令《五经》卷兼作 [9]。论题旧出《孝经》[10]，康熙二十九年，兼用《性理》、《太极图说》、《通书》、《西铭》、《正蒙》[11]。五十七年，论题专用《性理》[12]。世宗初元 [13]，诏《孝经》与《五经》并重，为化民成俗之本。宋儒书虽足羽翼经传，未若圣言之广大，论题仍用《孝经》。

[1] 康熙二年：即公元1663年。康熙，清圣祖爱新觉罗·玄烨的年号。

[2] 废制义：停用八股文试士。《清史稿·圣祖一》："（康熙二年）八月癸卯，诏乡、会试停制义，改用策论，复八旗翻译乡试。"清王士禛《池北偶谈》卷三："康熙二年，以八股制艺始于宋王安石，诏废不用，科举改三场为二场，首场策五道，二场《四书》、《五经》各论一首、表一道，判语五条。起甲辰会试讫丁未会试皆然。"

[3] 行止两科而罢：印鸾章《清鉴》卷四："（康熙七年）秋七月，诏乡、会试复以八股文取士。"

[4] 黄机：字次辰（1612～1686），号雪台，钱塘（今浙江杭州）人。顺治四年（1647）进士，选庶吉士，授编修，历官翰林侍读、礼部侍郎、礼部尚书、文华殿大学士兼吏部尚书，充任《太祖实录》、《三朝圣训》、《平定三逆方略》总裁官。《清史稿》有传。

[5] 制科：这里并非专指皇帝亲诏的"制举"，乃泛指科举考试。

[6] 杨尔淑：字湛予（1643～?），号敬庵，新安（今属河南）人。康熙十五年（1676）进士，选庶吉士，历官吏科给事中、通政使。

[7] 礼闱：即礼部主持的会试。顺天试：谓顺天府乡试。四书题：以《四书》文句命题之八股文。钦命：皇帝亲自出题。

[8] 二十六年：即康熙二十六年（1687）。《清史稿校注》校勘记云："案光绪会典事例卷三三一，废试诏、诰在'康熙二十年'；清史馆张书云辑选举志稿则系于'康熙二十六年'清国史馆选举志稿科举同。"可参考。

[9] 五经卷：分别以《五经》文句命题的八股文。

[10] 论：文体的一种，近于议论文。孝经：参见唐5注4，清36注2。

[11] 性理：书名，即《性理大全》。明胡广等撰。参见清5注4。太极图说：书名，宋周敦颐撰。参见清36注3。通书：书名，宋周敦颐撰，朱熹注。参见清36注3。西铭：书名，宋周敦颐撰，朱熹注。参见清36注3。正蒙：书名，宋张载撰。参见清36注3。

[12] "五十七年"二句：《清史稿校注》校勘记云："案清国史馆选举志稿科举，论题专用性理在'康熙五十五年'，光绪会典事例卷三三一同。此当据改。"可参考。

[13] 世宗：即清世宗爱新觉罗·胤禛（1678～1735）。参见清8注5。

93. 乾隆三年[1]，兵部侍郎舒赫德言[2]："科举之制，凭文而取，按格而官，已非良法。况积弊日深，侥幸日众。古人询事考言，其所言者，即其居官所当为之职事也。时文徒空言，不适于用，墨卷、房行[3]，辗转抄袭，肤词诡说，蔓衍支离，苟可以取科第而止，士子各占一经，每经拟题，多者百馀，少者数十。古人毕生治之而不足，今则数月为之而有馀。表、判可预拟而得，答策随题敷衍，无所发明。实不足以得人。应将考试条款改移更张，别思所以遴拔真才实学之道。"章下礼部，覆奏："取士之法，三代以上出于学[4]，汉以后出于郡县吏[5]，魏、晋以后出于九品中正[6]，隋、唐至今，出于科举。科举之法不同，自明至今，皆出于时艺[7]。科举之弊，诗、赋只尚浮华，而全无实用。明经徒事记诵[8]，而文义不通。唐赵匡所谓'习非所用，用非所习'是也[9]。时艺之弊，今该侍郎所陈奏是也。圣人不能使立法之无弊，在因时而补救之。苏轼有言[10]：'得人之道，在于知人。知人之道，在于责实。'[11]能责实，虽由今之道，而振作鼓舞，人才自可奋兴。若惟务徇名，虽高言复古，法立弊生，于造士终无所益。今谓时文、经义及表、判、策论皆空言剽袭而无用者，此正不责实之过。凡宣之于口，笔之于书，皆空言也，何独今之时艺为然？时艺所论，皆孔、孟之绪言[12]，精微之奥旨。参之经史子集，以发其光华；范之规矩准绳，以密其法律。虽曰小技，而文武干济、英伟特达之才，未尝不出乎其中。不思力挽末流之失，而转咎作法之凉，不已过乎？即经义、表、判、论、策，苟求其实，亦岂易副？经文虽与《四书》并重，积习相沿，士子不专心学习。若著为令甲[13]，非工不录。表、判、论、策，皆加覆核。必淹洽词章、通晓律令，而后可为表、判。有论古之识，断制之才，通达古今，明习时务，而后可为论、策。何一不可见之施为，切于实用？必变今之法，行古之制，将治宫室、养游士，百里之内，置官立师，讼狱听于是，军旅谋于是。又将简不率教者，屏之远方，终身不齿。毋乃纷扰而不可行？况人心不古，上以实求，下以名应。兴孝则有割股、庐墓以邀名者矣，兴廉则有恶衣菲食、敝车羸马以饰节者矣[14]。相率为伪，借虚名以干进取。及莅官后，尽反所为，至庸人之不若。此尤近日所举孝廉方正中所可指数[15]，又何益乎？司文衡职课士者，诚能仰体谕旨，循名责实，力除积习，杜绝侥幸，文风日盛，真才自出，无事更张定制为也。"遂寝其议。时大学士鄂尔泰当国[16]，力持议驳，科举制义得以不废。

[1] 乾隆三年：即公元1738年。乾隆，清高宗爱新觉罗·弘历的年号。《清史稿校注》校勘记云："案皇朝政典类纂卷一九二，兵部侍郎舒赫德奏请改移更张考试条款在'乾隆九年'。"可参考。

[2] 舒赫德：字伯容（1710～1777），别字明亭，舒穆鲁氏，满洲正红旗人。雍正时由笔帖式授内阁中书。乾隆间，历官御史、兵部侍郎、尚书，晋武英殿大学士兼军机大臣，充《蒙古源流》、《临清纪略》总裁官。以病卒。《清史列传》、《清史稿》皆有传。

[3] 墨卷：谓乡试、会试取中者的试卷经刊行者。清顾炎武《日知录》卷十六《程文》："自宋以来，以取中士子所作之文，谓之程文……至本朝，先亦用士子程文刻录。后多主司所作，遂又分士子所作之文别谓之墨卷。"房行：房稿与行书的并称。房稿，又称"房书"，即进士平日所作的八股文选集；行书，即举人所作的八股文选本。

[4] 三代：指夏、商、周三代，为儒家的理想社会。出于学：语本《礼记·学记》："古之教者，家有塾，党有庠，术有序，国有学……夫然后足以化民易俗，近者说服而远者怀之。此大学之道也。"

[5] 出于郡县吏：谓汉代之察举取士制度。即由官吏荐举，经过考核，任以官职。《汉书·文翁传》："文翁，庐江舒人。少好学，通《春秋》，以郡县吏察举。景帝末，为蜀郡守，仁爱好教化。"

[6] 九品中正：即"九品官人法"。魏、晋、南北朝实行的官吏选拔制度。魏文帝曹丕黄初元年采纳吏部尚书陈群的建议，于各州、郡设立中正官，将各地人士按才能分别评为九等（九品），供朝廷按等选用，谓之九品官人法。迨及晋与南北朝，由于选取专重门第，致令"下品无高门，上品无贱族"，成为士族豪门把持政权的工具。隋文帝时废除此制，改行科举制，沿至清末。

[7] 时艺：即八股文，又称"时文"、"时艺"。参见明39注4。

[8] 明经：唐代科举取士之科目之一。参见唐1注6。

[9] 赵匡：字伯循（生卒年不详），唐河东（今山西永济西南）人。历官洋州刺史。对《春秋》经文多有攻驳，开宋儒怀疑经传之风。著有《春秋阐微纂类义疏》，早佚。又曾上《举选议》，论科举以诗赋取人及举人奔走公卿等十项弊端，并提出改革建议。习非所用用非所习：《全唐文》卷

759

三百五十五载赵匡《举选议》有云："明经读书，勤苦已甚，既口问义，又诵疏文。徒竭其精华，习不急之业，而其当代礼法，无不面墙。及临民决事，取办胥吏之口而已。所谓所习非所用，所用非所习者也。故当官少称职之吏，其弊三也。"

[10] 苏轼：参见宋 30 注 7。

[11] "得人之道"四句：参见宋 30。原文为："得人之道，在于知人，知人之法，在于责实。"

[12] 绪言：已发而未尽之言论。《庄子·渔父》："曩者先生有绪言而去。"陆德明释文："绪言，犹先言也。"

[13] 令甲：原谓法令的第一篇，后用为法令的通称。

[14] "兴孝"二句：参见宋 30 所引苏轼之议论。

[15] 孝廉方正：清代制科之一种。始于雍正元年（1723）。取古贤良方正合以孝廉之意而命名。其制，由各直省府、州、县、卫，各举孝廉方正之士，赐六品章服，备召用。以后每遇皇帝即位，即荐举一次。乾隆五年（1740）又定，荐举以后，赴礼部验看考试，再授以知县等官。其间不乏冒滥之辈。

[16] 鄂尔泰：字毅庵（1680~1745），西林觉罗氏，满洲镶蓝旗人。康熙间举人，初充侍卫，历官江苏布政使、云贵总督、保和殿大学士、总理事务大臣。因与大学士张廷玉各结朋党，曾遭清高宗乾隆帝的斥责。以病解职，旋卒。著有《西林遗稿》。《清史列传》、《清史稿》皆有传。

94. 二十二年 [1]，诏剔旧习、求实效，移经文于二场，罢论、表、判，增五言八韵律诗 [2]。明年，首场复增《性理》论 [3]。御史杨方立疏请乡、会试增《周礼》、《仪礼》二经命题 [4]。帝以二《礼》义蕴已具于戴《记》[5]，不从。四十七年，移置律诗于首场试艺后，《性理》论于二场经文后。五十二年，高宗以分经阅卷 [6]，易滋弊窦。且士子专治一经，于他经不旁通博涉，非敦崇实学之道。命自明岁戊申乡试始 [7]，乡、会五科内，分年轮试一经。毕，再于乡、会二场废论题，以《五经》出题并试。永著为令。

[1] 二十二年：即乾隆二十二年（1757）。

[2] 五言八韵律诗：即"试帖诗"。参见清 5 注 8。

[3] "明年"二句：《清史稿校注》校勘记云："明年，案史法，'明年'二字改作'次年'较妥。"可参考。性理，参见清 92 注 11。论，参见清 92 注 10。

[4] 杨方立：字仲甫（？~1766），号念中，又号默堂，瑞金（今属江西）人。历官翰林院编修、御史、鸿胪寺卿。周礼：书名，原名《周官》，或称《周官经》。参见唐 5 注 2。仪礼：书名，为春秋、战国时代一部分礼制的汇编。汉时所传有戴德本、戴圣本与刘向《别录》本。今传十七篇为郑玄注《别录》本，唐贾公彦《疏》。

[5] 戴记：即"二戴之礼"。亦即《礼记》，有《大戴礼》与《小戴礼》之别。《小戴礼》即为后世立于学官之《礼记》。据《隋书·经籍志》载，信都王太傅戴德，受礼于后苍，删其繁重为八十五篇，称《大戴礼》；九江太守戴圣有删定为四十九篇，称《小戴礼》。另据清人考证，认为二戴各自采取汉人礼说成篇，并无相承关系。

[6] 高宗：即清高宗爱新觉罗·弘历（1711~1799）。参见清 9 注 3。

[7] 戊申：即乾隆五十三年（1788）。

95. 科场拟题最重。康熙五十二年 [1]，以主司拟题，多取《四书》、《五经》冠冕吉祥语，致多宿构幸获 [2]。诏此后不拘忌讳。向例禁考官拟出本身中式题，至是弛其禁。历科试官，多有以出题错误获遣者。先是康熙五十六年，从詹事王奕清言 [3]，场中七艺，破、承、开讲 [4]，虚字概不誊写，以防关节。乾隆四十七年 [5]，令考官预拟破、承、开讲虚字，随题纸发给士子遵用。嘉庆四年 [6]，以无关弊窦，废止。制艺篇末用大结 [7]，有明中叶，每以此为关节。康熙末年，悬之禁令 [8]。乾隆十二年，编修杨述曾有复用大结之请 [9]，大学士张廷玉等以为无益而弊窦愈起 [10]，奏驳之。初场文原定每篇限五百五十字，康熙二十年增百字。五十四年，会元尚居易以首艺字逾千二百 [11]，黜革。乾隆四十三年，始定乡、会试每篇以七百字为率，违者不录。自是遵行不易。三场策题，原定不得逾三百字。乾隆元年，禁士子空举名目，草率塞责。其后考官拟题，每问或多至五六百字，空疏者辄就题移易，点窜成篇。三十六年，左都御史张若溎以为言 [12]，诏申明定例。五十一年，定答策不满三百字，照纰缪例罚停科。然考官士子重首场，轻三场，相沿积习难移。制义体裁，以词达理醇为尚。顺治九年壬辰 [13]，会试第一程可则以悖戾经旨除名 [14]。考官学士胡统虞等并治罪 [15]。

[1] 康熙五十二年：即公元 1713 年。康熙，清圣祖爱新觉罗·玄烨的年号。

[2] 宿构：事先草拟准备好的文章。

[3] 詹事：清代詹事府主官，满、汉各一人，秩正三品。本为辅导东宫太子之官，康熙以后不立太子，遂定其职掌为文学侍从；经筵充日讲官；典试提学、编纂图书，职同翰林。王奕清：字幼芬（1665~1737），号拙园，太仓（今属江苏）人，王掞之子。康熙三十年（1691）进士，选庶吉士，授编修，历官詹事，曾代父赴军。《清史稿》有传。

[4] 破：即明清八股文中的"破题"，为首两句，须简明扼要概括题意，肖题之旨。承：即明清八股文中的"承题"，在"破题"之后，继续申述题意。开讲：即"起讲"，或称"原起"，明清八股文中开始议论的部分。清顾炎武《日知录》卷十六《试文格式》："发端二句，或三四句，谓之破题。大抵对句为多，此宋人相传之格。下申其意，作四五句，谓之承题。然后提出夫子为何而发此言，谓之原起。"应试人或串通考官，在"破题"或"承题"中用虚字暗寓关节，以求中式。清吴沃尧《二十年目睹之怪现状》第四十二回："继之道：'不过预先约定了几个字，用在破题上，我见了便荐罢了。'"

[5] 乾隆四十七年：即公元 1782 年。乾隆，清高宗爱新觉罗·弘历的年号。《清史稿校注》校勘记云："案光绪会典事例卷三四四，令考官预拟破、承、开讲虚字，随题纸发给士子遵用在'乾隆四十二年'，清朝续文献通考选举考同。此当据改。"可参考。

[6] 嘉庆四年：即公元 1799 年，嘉庆，清仁宗爱新觉罗·颙琰的年号。

[7] 大结：明清八股文之结束部分称"大结"。清顾炎武《日知录》卷十六《试文格式》："篇末敷演圣人，言毕自抒所见，或数十字，或百馀字，谓之大结。明初之制，可及本朝时事，以后功令益密，恐有借以自炫者，但许言前代，不及本朝。至万历中，大结止三四句。于是国家之事罔始

罔终，在位之臣畏首畏尾，其象已见于应举之文矣。”

[8]“康熙末年”二句：《清史稿校注》校勘记云：“案光绪会典事例卷三三二，禁制义篇末用大结在‘康熙十六年’，皇朝政典类纂卷一九二同。此当据改。”可参考。

[9]杨述曾：字二思（1698～1767），号企山，阳湖（今江苏常州）人。乾隆七年（1742）一甲第二名进士，授编修，历官右中允、侍读，纂修《通鉴辑览》，将脱稿而卒。著有《南圃文稿》。《清史列传》有传。

[10]张廷玉：字衡臣（1672～1755），号砚斋（一作研斋），又号澄怀主人，桐城（今属安徽）人，大学士张英子。康熙三十九年（1700）进士，选庶吉士，历官检讨、太子洗马、内阁学士、礼部尚书、翰林院掌院学士、文渊阁大学士、文华殿、保和殿大学士、吏部尚书，曾与鄂尔泰同为军机大臣，位极人臣。纂修《圣祖实录》、《世宗实录》、《明史》、《玉牒》、《文颖》等，著有《澄怀园全集》。卒谥文和，配享太庙。《清史列传》、《清史稿》皆有传。

[11]会元：礼部会试第一名称会元。尚居易：字坦然（生卒年不详），临潼（今属陕西）人。康熙四十五年（1706）会试会元，以首场八股制义字数超过规定，被黜革。

[12]张若潍：字树谷（1703～1787），号墨庄，桐城（今属安徽）人，张廷玉从子。雍正八年（1730）进士，历官兵部主事、江西道御史、鸿胪少卿、左都御史，乾隆五十年（1785）曾与千叟宴。

[13]顺治九年：即公元1652年。顺治，清世祖爱新觉罗·福临的年号。

[14]程可则：字周量（1624～1673），一字彦揆，又字湟溱，小字佛壮，号石臞，南海（今属广东）人。顺治九年会试会元，以磨勘不得与殿试。十七年（1660）春，应阁试，授内阁撰文中书，历官户部主事、员外郎、兵部郎中，出知广西桂林府，卒于任。著有《海日堂集》。《清史列传》有传。

[15]胡统虞：字孝绪（1604～1652），号此庵，湖广武陵（今湖南常德）人。明崇祯十六年（1643）进士，入清，授翰林院检讨，官至秘书院学士。

96．世宗屡以清真雅正诰诫试官［1］。乾隆元年［2］，高宗诏曰［3］：“国家以经义取士，将以觇士子学力之浅深，器识之淳薄。风会所趋，有关气运。人心士习之端倪，呈露者甚微，而徵应者甚钜［4］。当明示以准的，使士子晓然知所别择。”于是学士方苞奉敕选录明、清诸大家时文四十一卷［5］，曰《钦定四书文》［6］，颁为程式。行之既久，攻制义者，或剽窃浮词，罔知根柢，杨述曾至请废制义以救其弊［7］。四十五年［8］，会试三名邓朝缙首艺语意粗杂［9］，江南解元顾问《四书文》全用排偶［10］，考官并获谴。嘉庆中［11］，士子挦撦僻书字句［12］，为文竞炫新奇，御史辛从益论其失［13］。诏曰：“近日士子猎取诡异之词，以艰深文其浅陋，大乖文体。考官务各别裁伪体。支离怪诞之文，不得录取。”历代辄以厘正文体责考官，而迄无实效。议者谓文风关乎气运。清代名臣多由科目出身，无不工制义者。开国之初，若熊伯龙、刘子壮、张玉书［14］，为文雄浑博大，起衰式靡。康熙后益轨于正［15］，李光地、韩菼为之宗［16］。桐城方苞以古文为时文，允称极则。雍、乾间［17］，作者辈出，律日精而法益备。陵夷至嘉、道而后［18］，国运渐替，士习日漓，而文体亦益衰薄。至末世而剿袭庸滥，制义遂为人诟病矣。

[1] 世宗：即清世宗爱新觉罗·胤禛（1678～1735）。参见清8注5。清真雅正：对八股文风的一种要求。

[2] 乾隆元年：即公元1736年。乾隆，清高宗爱新觉罗·弘历的年号。

[3] 高宗：即清高宗爱新觉罗·弘历（1711～1799）。参见清9注3。

[4] 徵应（yìng硬）：证验，应验。

[5] 方苞：字凤九（1668～1749），号灵皋，又号望溪，桐城（今属安徽）人。康熙四十五年（1706）进士，历官礼部侍郎、侍讲学士，曾因戴名世《南山集》案牵连入狱，后得释还，入直南书房。擅长古文，严于义法，为清代桐城文派之初祖。著有《周官辨》、《周官集注》、《春秋通论》、《望溪文集》等。《清史列传》、《清史稿》皆有传。

[6] 钦定四书文：参见清9注11。

[7] 杨述曾：参见清95注9。

[8] 四十五年：即乾隆四十五年（1780）。这一年科举考试为清高宗七旬万寿恩科。次年则为常科。

[9] 邓朝缙：南昌（今属江西）人。乾隆四十六年（1781）三甲第四名进士。馀不详。

[10] 江南：顺治二年（1645）改明南直隶置，治所在江宁府城（今江苏南京市）。康熙六年（1667），分为江苏、安徽两省。但此后人们仍习称此两省为江南。解（jiè界）元：乡试第一名。顾问：生平不详。

[11] 嘉庆：清仁宗爱新觉罗·颙琰的年号（1796～1820）。

[12] 挦撦：或作"挦扯"。拉撕剥取。谓写作任意割裂、取用他人文字。

[13] 辛从益：字谦受（1759～1829），号筠谷，万载（今属江西）人。乾隆五十五年（1790）二甲第一名进士，历官编修、御史、吏部右侍郎、江西学政。撰有《公孙龙子注》。

[14] 熊伯龙：字次侯（1617～1669），号塞斋，又号钟陵，黄冈（今属湖北）人。顺治五年（1648）进士，历官编修、国子监祭酒、内阁学士、礼部侍郎。为文才气雄伟，与刘子壮齐名。著有《熊学士诗文集》、《贻谷堂集》等。《清史列传》有传。刘子壮：字克猷（1609～1652），号稚川，黄冈（今属湖北）人。顺治六年（1649）一甲第一名进士，授修撰。工制举文，与熊伯龙齐名，时称"熊刘"。著有《屺思堂集》。《清史列传》有传。张玉书：字素存（1642～1711），号润甫，江南丹徒（今江苏镇江）人。顺治十八年（1611）进士，选庶吉士，授编修，历官左庶子、国子监司业、内阁学士、吏部侍郎、刑部尚书、兵部尚书、文华殿大学士兼户部尚书。古文、时文皆有名于时，以风度胜。充《康熙字典》总阅官。卒谥文贞。著有《张文贞集》等。《清史列传》、《清史稿》皆有传。

[15] 康熙：清圣祖爱新觉罗·玄烨的年号（1662～1722）。

[16] 李光地：字晋卿（1642～1718），号厚庵，又号榕村，安溪（今属福建）人。康熙九年（1670）进士，选庶吉士，授编修，历官侍讲学士、内阁学士、直隶巡抚、文渊阁大学士。长于理学，以学问名世，卒谥文贞。著有《榕村集》、《周易通论》、《诗所》等。《清史列传》、《清史稿》皆有传。韩菼：字元少（1637～1704），号慕庐，长洲（今江苏苏州）人。康熙十二年（1673）一甲第一名进士，授修撰，历官礼部尚书兼掌院学士。能以时文之面目，运古文之精神。卒谥文懿。著有《有怀堂诗文稿》。《清史列传》有传。

[17] 雍：即"雍正"，清世宗爱新觉罗·胤禛的年号（1723～1735）。乾：即"乾隆"，清高宗爱新觉罗·弘历的年号（1736～1795）。

[18] 嘉：即"嘉庆"，清仁宗爱新觉罗·颙琰的年号（1796～1820）。道：即"道光"，清宣宗爱新

觉罗·旻宁的年号（1821～1850）。

97. 光绪二十四年 [1]，湖广总督张之洞有变通科举之奏 [2]。二十七年，乡、会试首场改试中国政治史事论五篇，二场各国政治艺学策五道，三场《四书》义二篇、《五经》义一篇，其他考试例此。用之洞议也 [3]。行之至废科举止。

[1] 光绪二十四年：即公元 1898 年。光绪，清德宗爱新觉罗·载湉的年号。

[2] 张之洞：参见清 55 注 2。变通科举之奏：谓光绪二十四年五月十六日，湖广总督张之洞所上《妥议科举新章折》。该奏折有云："假使主文者不专以时文、诗赋、小楷为去取，所得名臣，不更多乎？"

[3] 用之洞议：《清史稿校注》校勘记云："案德宗实录，光绪二十七年七月十六日己卯谕内阁云：'著自明年为始，嗣后乡、会试，头场试中国政治史事论五篇，二场试各国政治艺学策五道，三场试四书义二篇、五经义一篇。'其实行当在'光绪二十八年'。"可参考。

98. 乡、会考官，初制，顺天、江南正、副主考 [1]，浙江、江西、湖广、福建正主考，差翰林官八员。他省用给事中、光禄寺少卿、六部司官、行人、中书、评事 [2]。某官差往某省，皆有一定。康熙三年除其例 [3]。顺天初同各省，简正、副二人。乾隆中叶增为三 [4]，用协办大学士、尚书以下 [5]，副都御史以上官 [6]，编、检不复与矣 [7]。道光中 [8]，简三四人。同治后 [9]，额简四人。初，考官不限出身，康熙初，主事蔡珽、曹首望俱以拔贡典试 [10]。十年，从御史何元英请 [11]，考官专用进士出身人员。然举人出身者间亦与焉。雍正三年 [12]，颁考试令，始限翰林及进士出身部、院官，仍参用保举例。乾隆九年 [13]，御史李清芳言 [14]："大臣保举应差主考四十九人，满洲四，各直省十六，馀均江、浙人。保荐者大都平日往来相知，饶于财而凭于势。至守正不阿者，不肯伺候公卿之门，边隅之士，声气不通，交游不广，无人荐举。请将合例人员通行考试。"帝疑清芳未列保荐，激为是语，不允所请，仍考试、保举并行。三十六年后，考试遂著为令。初御试录取名单皆发出，其后密定名次，不复揭晓。嘉庆以后 [15]，更别试侍郎、阁学及三品京堂等官 [16]，曰大考差。会试总裁，初用阁、部大员四人或六人，多至七人。嗣简二三人或四五人。咸丰后 [17]，简四人，以为常。

[1] 顺天：即"顺天府"。参见清 14 注 9。江南：参见清 96 注 10。

[2] 给事中：参见清 6 注 15。光禄寺少卿：清代掌管祭祀朝会宴享及廪饩所需物品的官署光禄寺的副长官，秩正五品，满、汉各一人。六部司官：谓吏、户、礼、兵、刑、工六部属司官员，相对于各部长官"堂官"而言。包括各部的郎中、员外郎、主事以及主事以下的七品小京官。行人：参见清 90 注 26。中书：参见清 29 注 6。评事：参见清 90 注 26。

[3] 康熙三年：即公元 1664 年。康熙，清圣祖爱新觉罗·玄烨的年号。

[4] 乾隆：清高宗爱新觉罗·弘历的年号（1736～1795）。

[5] 协办大学士：清代内阁大学士之副职，雍正九年（1731）设额外大学士，置协办自此始。初非额设，遇有大学士中特命离位者，方另简大臣协办阁务。乾隆十三年（1748）定额缺为满、汉各一员，秩从一品（如由六部尚书特简者亦为正一品）。佐大学士理事，掌修实录、史志，充总裁官，经筵充领讲官，会试、殿试充考试官、读卷官等。尚书：即谓六部尚书，秩从一品。

[6] 副都御史：即"左副都御史"，清代最高监察机构都察院副长官，秩正三品。

[7] 编：编修，翰林院职官，掌撰述编辑、侍直经幄。秩正七品，清末升为五品。检：检讨，翰林院职官。掌撰述编辑，侍直经幄。秩从七品。清末升从五品。

[8] 道光：清宣宗爱新觉罗·旻宁的年号（1821~1850）。

[9] 同治：清穆宗爱新觉罗·载淳的年号（1862~1874）。

[10] 主事：顺治元年（1644）始设，为各部、院及其他中央机构中之司官，位次于员外郎，秩正六品。掌章奏文移及缮写诸事。蔡驺：金溪（今属江西）人，举人。康熙二年癸卯（1663）科，以兵部武库司主事充正主考。曹首望：丰润（今属河北）人，拔贡生，历官内阁中书、礼部郎中，出知苏州府，以病卒。

[11] 何元英：字葬音（1631~？），号监庵，海盐（今属浙江）人。顺治十二年（1655）进士，历官行人、御史、通政司参议。

[12] 雍正三年：即公元1725年。雍正，清世宗爱新觉罗·胤禛的年号。

[13] 乾隆九年：即公元1744年。乾隆，清高宗爱新觉罗·弘历的年号。

[14] 李清芳：字同侯（生卒年不详），号韦园，安溪（今属福建）人。乾隆元年（1736）进士，历官编修、御史、兵部左侍郎。

[15] 嘉庆：清仁宗爱新觉罗·颙琰的年号（1796~1820）。

[16] 侍郎：六部长官之副，秩从二品。阁学：清代内阁学士之俗称。内阁大学士之属官，雍正八年（1730）定秩从二品，例以詹事府詹事、少詹事及寺卿、翰林院侍读学士等升任。京堂：清代凡通政使司、大理寺、太仆寺、太常寺、光禄寺、詹事府、鸿胪寺等卿寺衙门堂官的通称，亦尊为"京卿"，一般为三品、四品。

[17] 咸丰：清文宗爱新觉罗·奕詝的年号（1851~1861）。

99. 同考官 [1]，初，顺天试京员，推、知并用 [2]。各省用甲科属官及邻省甲科推、知 [3]，或乡科教官 [4]，房数无定。会试初用二十人，翰林官十二，六科四 [5]，吏、礼、兵部官各一，户、刑、工部官每科轮用一。嗣额定十八人，顺天试同。康熙五十四年 [6]，令不同省房官二人同阅，互相觉察，用三十六人。未几即罢。康、雍间 [7]，顺天房考停用京员，止用直隶科甲知县。各省停用本省现任知县，专调用邻省在籍候选进士、举人 [8]。大省十八，中省十四，小省十二至十，均分经校阅。厥后增减不一，小省减至八人。乾隆间 [9]，礼闱及顺天同考 [10]，始钦简京员，各省复用本省科甲属官。四十二年，停五经分房之例。至顺天房考，南、北省人回避南、北皿卷，边省人回避中皿卷 [11]，会房则同省相回避云。

[1] 同考官：即"房考官"，简称"房官"。明清乡、会试中协同主考官或总裁批阅试卷之考官。中式之考生尊之为"房师"。

765

[2] 推：即"推官"。原为明代知府的佐贰官，洪武三年（1370）始设，秩正七品。清初沿明制，后废。参见明44。知：即"知县"。

[3] 甲科：明清谓进士为甲科，举人为乙科。

[4] 教官：即"学官"。主管学政之官员和官学教师之统称，如明清的府学教授、州学学正、县学教谕等。

[5] 六科：清代吏、户、礼、兵、刑、工六科之总称。清沿明制，原为独立机构，雍正元年（1723）改隶都察院。各设掌印给事中满、汉各一人，给事中满、汉各一人。掌题本之抄发与封驳（清代六科之封驳权名存实亡），并分科稽查六部之各项庶政。光绪三十二年（1906）改革中央官制，撤销六科之名，但仍于都察院内设给事中，办理原六科事宜。

[6] 康熙五十四年：即公元1615年。康熙，清圣祖爱新觉罗·玄烨的年号。

[7] 康：即康熙，清圣祖爱新觉罗·玄烨的年号（1662～1722）。雍：即雍正，清世宗爱新觉罗·胤禛的年号（1723～1735）。

[8] "各省"二句：案光绪会典事例卷三三四，各省停用现任知县，专调用邻省在籍候选进士、举人为乡试同考官在'雍正五年'。"可参考。

[9] 乾隆：清高宗爱新觉罗·弘历的年号（1736～1795）。

[10] 礼闱：礼部主持的会试。

[11] "南北省人"二句：参见清105注3。

100. 考官综司衡之责，房考膺分校之任，历代极重其选。康熙间[1]，顺天同考官庶吉士郑江以校阅允当[2]，授职检讨[3]。雍正元年[4]，会试总裁朱轼、张廷玉持择公允[5]，帝嘉之，加太傅、太保有差[6]。其衡鉴不公、草率将事者，罚不贷。而交通关节贿赂，厥辜尤重。顺治十四年丁酉[7]，顺天同考官李振邺、张我朴受科臣陆贻吉、博士蔡元禧、进士项绍芳贿[8]，中田耜、邬作霖举人[9]。给事中任克溥奏劾[10]，鞫实。诏骈戮七人于市，家产籍没，戍其父母兄弟妻子于边。考官庶子曹本荣、中允宋之绳失察降官[11]。江南主考侍讲方犹、检讨钱开宗[12]，贿通关节，江宁书肆刊《万金传奇记》诋之[13]。言官交章论劾，刑部审实。世祖大怒[14]，犹、开宗及同考叶楚槐等十七人俱弃市，妻子家产籍没[15]。一时人心大震，科场弊端为之廓清者数十年。

[1] 康熙：清圣祖爱新觉罗·玄烨的年号（1662～1722）。

[2] 郑江：字玑尺（1682～1745），号筱谷（一作贳谷），钱塘（今浙江杭州）人。康熙五十七年（1718）进士，选庶吉士，历官检讨、侍讲、侍读，后以足疾解官。著有《春秋集义》、《礼记集注》、《书带经堂诗文集》、《筱谷诗钞》等。《清史列传》有传。

[3] 检讨：即"翰林院检讨"。参见清25注7。

[4] 雍正元年：即公元1723年。雍正，清世宗爱新觉罗·胤禛的年号。

[5] 朱轼：字若瞻（1664～1736），号可亭，高安（今属江西）人。康熙三十三年（1694）进士，历官浙江巡抚、吏部尚书加太子太保、文华殿大学士。先后充任《圣祖实录》、《明史》、《世宗实录》、《三礼义疏》总裁，著有《周易注解》、《订正大戴记》、《温公家范》等。卒谥文端。《清

史列传》、《清史稿》皆有传。张廷玉：参见清 95 注 10。

[6] 太傅：官名，清代大臣的加衔。太保：官名，清代大臣的加衔。《清史稿·职官一》："太师、太傅、太保为三公（正一品）。少师、少傅、少保为三孤（从一品）。太子太师、太子太傅、太子太保（从一品），太子少师、太子少傅、太子少保（正二品），俱东宫大臣，无员限，无专授。初沿明制，大臣有授公、孤者。嗣定为兼官、加官及赠官。"《清史稿校注》校勘记云："案世宗实录，雍正元年六月二十七日甲戌，议叙顺天考官，加朱轼为'太子太傅'，张廷玉为'太子太保'。"可参考。

[7] 顺治十四年丁酉：即公元 1657 年。顺治，清世祖爱新觉罗·福临的年号。

[8] 李振邺：归安（今浙江湖州）人（？~1657），顺治九年（1652）进士。馀不详。张我朴：嘉善（今属浙江）人（？~1657），顺治九年（1652）进士。馀不详。科臣：即"科道官"，明清六科给事中与都察院各道监察御史统称科道官。陆贻吉：字静茀（1622~1657），江南常熟（今属江苏）人。明崇祯十六年（1643）进士。馀不详。博士：当指国子监博士，秩从七品。蔡元禧：江南武进（今江苏常州）人（1628~1657）。顺治九年（1652）进士。馀不详。项绍芳：字劭思（1631~1657），江南人。顺治十二年（1655）进士，《明清进士题名碑录索引》未见其名。馀不详。

[9] 田耜：生平不详（？~1657）。邬作霖：仁和（今浙江杭州）人（？~1657）。馀不详。

[10] 任克溥：字海眉（1614~1703），聊城（今属山东）人。顺治六年（1649）进士，历官南阳府推官、吏科、刑科给事中、刑部左侍郎，加刑部尚书衔。《清史稿》有传。

[11] "鞫实"数句：孟森《明清史论著集刊·科场案·顺天闱》引《东华录》："顺治十四年十月甲午，先是给事中任克溥参奏：'北闱榜发后，闻中式举人陆其贤用银三千两，同科臣陆贻吉送考试官李振邺、张我朴，贿买得中。北闱之弊，不止一事，乞皇上集群臣会讯。'事下吏部都察院严讯，得实奏闻。得旨：'贪赃坏法，屡有严谕禁饬，科场为取士大典，关系最重，况辇毂重地，系各省观瞻，岂可恣意贪墨行私！所审受贿过付种种情实，目无三尺，若不重加惩处，何以警戒来兹？李振邺、张我朴、蔡元禧、陆贻吉、项绍芳，举人田耜、邬作霖，俱著立斩，家产籍没，父母兄弟妻子俱流徙尚阳堡，主考官曹本荣、宋之绳，著议处具奏。'"鞫（jū 拘）实，审讯核实。庶子，清代詹事府左、右春坊主官（左庶子、右庶子），掌记注、撰文之事，秩正五品。曹本荣，字木欣（1621~1664），号厚庵，黄冈（今属湖北）人。顺治六年（1649）进士，选庶吉士，授编修，历官国子监司业、侍讲学士、侍读学士。著有《书绅录》、《切问录》等。《清史列传》、《清史稿》皆有传。中允，清代詹事府左、右春坊之属官（左中允、右中允），掌记注、撰文等事，秩正六品。宋之绳（1612~1669），字其武，号柴雪，溧阳（今属江苏）人。明崇祯十六年（1643）一甲第二名进士，历官江西南瑞道。孟森《明清史论著集刊·科场案·顺天闱》引《东华录》："四月辛卯，谕刑部等衙门：'开科取士，原为遴选真才，以备任使，关系最重，岂容作弊坏法！王树德等交通李振邺等，贿买关节，紊乱科场，大干法纪，命法司详加审拟。据奏王树德、陆庆曾、潘隐如、唐彦曦、沈始然、孙旸、张天植、张恂具应立斩，家业籍没，妻子父母兄弟流徙尚阳堡；孙伯龄、郁之章、李贵、陈经在、邱衡、赵瑞南、唐元迪、潘时升、盛树鸿、徐文龙、查学时俱应立斩，家产籍没；张旻、孙兰茁、郁乔、李苏霖、张绣虎俱应立绞；余赞周应绞监候秋后处决等语。朕因人命至重，恐其中或有冤枉，特命提来，亲行面讯。王树德等俱供作弊情实，本当依拟正法，但多犯一时处死，于心不忍，俱从宽免死，各责四十板，流徙尚阳堡；馀依议。董笃行等本当重处，朕面讯时皆自任委悉溺

767

职，故从宽免罪，仍复原官。曹本荣等亦著免议。'”

[12] 侍讲：清代翰林院职官，掌撰述编辑、僎直经幄，雍正三年（1725）定秩从五品，清末改从四品。方犹：字壮其（？～1658），遂安（今属浙江）人。顺治九年（1652）进士，历官翰林院检讨、侍讲。检讨：参见清 25 注 7。钱开宗：字绳庵（？～1658），号亢子，仁和（今浙江杭州）人。顺治九年（1652）进士，历官翰林院检讨。

[13] 江宁：即今江苏南京市。万金传奇记：庄一拂《古典戏曲存目汇考》卷十三著录《万金记》云：“此戏未见著录。尤侗《钧天乐》自序云：‘科场事发，有无名氏编写《万金记》。’则此戏与《钧天乐》同叙科场舞弊事。笔记载有清初金陵书肆刻传奇《万金记》者，大意以方字去点为万，钱字去戋为金，盖隐指是年二主考姓，备极行贿通贿状，一时流布禁中，遂兴大狱。主考方犹、钱开宗，房考李上林等十八人，俱骈戮于市。其举子如吴汉槎辈，悉发极边充军。皆此剧一言之害云。《莼乡赘笔》、《郎潜纪闻》亦载之。佚。”孟森《明清史论著集刊·科场案·江南闱》引《东华录》：“顺治十四年壬戌，给事中阴应节参奏：‘江南主考方犹等弊窦多端，物议沸腾，其彰著者，如取中之方章钺，系少詹事方拱乾第五子，悬成、亨咸、膏茂之弟，与犹联宗有素，乘机滋弊，冒滥贤书，请皇上立赐提究严讯。’得旨：‘据奏南闱情弊多端，物议沸腾，方犹等经朕面谕，尚敢如此，殊属可恶。方犹、钱开宗并同考试官，俱著革职，并中式举人方章钺，刑部差员役速拿来京，严行详审。本内所参事情，即闱中一切弊窦，著郎廷佐速行严查明白，将人犯拿解刑部，方拱乾著明白回奏。'”

[14] 世祖：即清世祖爱新觉罗·福临（1638～1661）。参见清 3 注 1。

[15] “犹开宗”二句：孟森《明清史论著集刊·科场案·江南闱》引《东华录》：“十一月辛酉，刑部审实江南乡试作弊一案，正主考方犹拟斩，副主考钱开宗拟绞，同考官叶楚槐等拟责遣尚阳堡，举人方章钺等俱革去举人。得旨：‘方犹、钱开宗差出典试，经朕面谕，务令简拔真才，严绝弊窦，辄敢违朕面谕，纳贿作弊，大为可恶。如此背旨之人，若不重加惩治，何以警戒将来！方犹、钱开宗俱著即正法，妻子家产籍没入官。叶楚槐、周霖、张晋、刘延桂、田俊民、郝惟训、商显仁、朱祥光、文银灿、雷震声、李上林、朱建寅、王熙如、李大升、朱莒、王国桢、龚勋俱著即处绞，妻子家产籍没入官。已死卢铸鼎，妻子家产亦籍没入官。方章钺、张明荐、伍成礼、姚其章、吴兰友、庄允堡、吴兆骞、钱威，俱著责四十板，家产籍没入官，父母兄弟妻子并流徙宁古塔。程度渊在逃，责令总督郎廷佐、亢得时等速行严缉获解，如不缉获，伊等受贿作弊是实。尔等承问此案，徇庇迟至经年，且将此重情问拟甚轻，是何意见？作速回奏。馀如议。'”叶楚槐，南漳（今属湖北）人，明崇祯十五年（1642）举人，任知县。馀不详。

101. 康熙五十年辛卯［1］，江南士子吴泌、程光奎赂副考官编修赵晋获中［2］。二人素不能文，舆论哗然。事闻，命尚书张鹏翮会江南督、抚严鞫［3］。苏抚张伯行劾总督噶礼贿卖徇庇［4］，噶礼亦劾伯行他罪，诏俱解任。令鹏翮会总漕赫寿确讯［5］，覆奏请镌噶礼级，罢伯行职。帝怒二人掩饰和解，复遣尚书穆和伦、张廷枢往鞫［6］，奏略如鹏翮等指。部议，互讦乖大臣体，应并褫职。帝卒夺噶礼职。以伯行清名素著［7］，褫职仍留任。处晋及同考王曰俞、方名大辟，以失察夺正考官左必蕃官［8］。是年福建房考吴肇中亦以贿伏法［9］，考官检讨介孝瑹、主事刘俨失察削职［10］。

[1] 康熙五十年辛卯：即公元 1711 年。康熙，清圣祖爱新觉罗·玄烨的年号。

[2] 吴泌：歙县（今属安徽）人。生平不详。程光奎：吴县（今属江苏）人。生平不详。赵晋：字二今（1669～1711），号昼山，闽县（今福建福州市）人。康熙四十二年（1703）进士，历官翰林院编修。

[3] 张鹏翮：字宽宇（1649～1725），又字运青，遂宁（今属四川）人。康熙九年（1670）进士，历官浙江巡抚、江南江西总督、河道总督、刑部、户部、吏部尚书、武英殿大学士。著有《圣谟全书》、《河防志》等。卒谥文端，入祀贤良祠。《清史列传》、《清史稿》皆有传。

[4] 张伯行：字孝先（1651～1725），号敬庵、恕斋，仪封（今河南兰考）人。康熙二十四年（1685）进士，历官福建巡抚、江苏巡抚、礼部尚书。著有《正谊堂文集》、《困学录》等。卒谥清恪，光绪四年（1878）从祀孔庙。《清史列传》、《清史稿》皆有传。噶礼：栋鄂氏（？～1714），满洲正红旗人。初由荫生任吏部主事，历官吏部郎中、山西巡抚、两江总督，以科场案被革职。后以贪婪及谋害亲母罪，赐自尽。《清史列传》、《清史稿》皆有传。

[5] 总漕：即"总督漕运"的简称。明置漕运总督，清沿明制，改称"总督漕运"，置一人，秩正二品；若兼尚书衔，为从一品。掌督理漕运以供国家之需。赫寿：舒穆禄氏（？～1720），满洲正黄旗人。初由笔帖式授内阁中书，历官内阁学士、户部左侍郎、总督漕运、两江总督、理藩院尚书，卒官。《清史列传》有传。

[6] 穆和伦：喜塔腊氏（？～1718），满洲镶蓝旗人。初由兵部笔帖式任内阁学士，历官吏部侍郎、左都御史、礼部尚书、户部尚书。《清史稿》有传。张廷枢：字景峰（1654～1729），号息园，韩城（今属陕西）人。康熙二十一年（1682）进士，选庶吉士，授编修，历官吏部侍郎、刑部、工部尚书。降级，道中病逝，追谥文端。《清史列传》、《清史稿》皆有传。

[7] 清名素著：《清史列传·张伯行传》："噶礼屡次具折参张伯行，朕以张伯行操守为天下清官第一，断不可参，手批不准。"

[8] "处晋"二句：商衍鎏《清代科举考试述录·科场案件与轶闻》："旋又有康熙五十年辛卯科江南乡试之案。是科正主考为左必蕃，副主考为赵晋，九月九日榜发，解元为刘捷，苏郡中式者十三人，外多中扬州盐商子弟，士论大哗，以赵晋与噶礼通同贿买关节也。二十四日诸生千余人咸集玄妙观，推廪生丁尔戬为首，使人抬五路财神像入府学锁之于明伦堂，争作歌谣联语以嘲之。联云'左丘明两目无珠，赵子龙一身是胆'，以指两主考之姓。或以纸糊贡院之匾，改贡院二字为卖完。噶礼因人情汹汹，将尔戬等羁禁，据以上闻，欲以诬控反坐之。寻命尚书张鹏翮会同督抚在扬州逮讯严审，鹏翮之子为安庆府知府，因祖庇噶礼欲寝其事。时江苏巡抚张伯行抵任，必欲穷究，及审讯时，则赵晋之家人轩三供词牵涉噶礼，伯行遂劾噶礼抗旨欺君，营私坏法，噶礼亦以他事劾伯行，诏俱解任，仍着鹏翮、赫寿研究。复奏称伯行所劾全虚，应革职治罪，噶礼免议。复诏尚书穆和伦、张廷枢再审，审仍如前议。圣祖以伯行天下清官第一，此议是非颠倒，命九卿台谏矢公再议，九卿持平，得出实情，张伯行回江苏巡抚任，噶礼革职，科场作弊之人分别判罚。先是有歙县贡生吴泌求余继祖贿买举人，议定银八千两，先将金一百银二千托巡抚叶九思门生员炳往求，炳于八月初三日进见九思，假称吴泌是其表弟，求提拔并言银数，叶九思言银我不要，纳个记号来，我便中对房考说。次早员炳往见余继祖，在布政司书办李启、杜功德家写关节，系'其实有'三字，放在第一破题内，员炳于初七日送给叶九思，九思知帘官泾县知县陈天立是赵晋亲戚，将关节由陈天立见赵晋，言吴泌是其相好，求中许银五百两，房考处我自料理。入场考试后，吴泌卷分在句容县知县王曰俞房，二十一日陈天立见王曰俞，假言是赵主考

769

托，王曰俞遂将吴泌卷呈荐取中。又扬州程光奎，前认识山阳县知县方名，托其将所拟文埋场内，是科方名为房官，程光奎卷适在方名房呈荐取中，方名因令程光奎代还其前借之商银八百两。事发再三严审，经年卒得实情，除叶九思病殁、陈天立畏罪自尽外，馀依律将赵晋、王曰俞、方名处斩。吴泌、余继祖、员炳、李启、程光奎绞监候秋后处决，后改流徙。左必蕃事前不能觉察，初拟军流，后改革职。"王曰俞，营山（今属四川）人（？～1712），康熙三十九年（1700）进士。馀不详。方名，生平不详。大辟，古代五刑之一，即死刑。左必蕃，字界园（生卒年不详），顺德（今属广东）人。康熙二十年（1681）举人，历官直隶知县、左副都御史。

[9] 吴肇中：淳安（今属浙江）人，康熙二十年（1681）举人，曾任缙云教谕。馀不详。

[10] 介孝璟：字荆蕴（生卒年不详），解州（今属山西）人。康熙三十九年（1700）进士，历官翰林检讨。刘俨：生平不详。《清史稿校注》校勘记云："案圣祖实录，以江南、福建科场贿考，赵晋、王曰俞、方名、左必藩、吴肇中、介孝璟、刘俨等斩立决、绞监候、革职有差在'康熙五十二年'正月二十六日甲辰。"可参考。

102. 咸丰八年戊午 [1]，顺天举人平龄朱、墨卷不符 [2]，物议沸腾，御史孟传金揭之 [3]。王大臣载垣等讯得正考官大学士柏葰徇家人靳祥请 [4]，中同考编修浦安房罗鸿绎卷 [5]。比照交通嘱托、贿买关节例，柏葰、浦安弃市 [6]，馀军、流、降、革至数十人 [7]。副考官左副都御史程庭桂子郎中炳采 [8]，坐接收关节伏法，庭桂遣戍 [9]。盖载垣、端华及会审尚书肃顺素恶科目 [10]，与柏葰有隙。因构兴大狱，拟柏葰极刑。论者谓靳祥已死，未为信谳也 [11]。然自嘉、道以来 [12]，公卿子弟视巍科为故物 [13]。斯狱起，北闱积习为之一变 [14]。

[1] 咸丰八年戊午：即公元 1858 年。咸丰，清文宗爱新觉罗·奕詝的年号。

[2] 平龄：生平不详。

[3] 孟传金：字胪卿（1824～？），号小圃、月舫，高阳（今属河北）人。道光二十五年（1845）进士，历官礼部主事、河南道御史。

[4] 王大臣：清代满洲贝勒（王）和大臣的合称。载垣：爱新觉罗氏（？～1861），宗室，康熙帝第十三子胤祥的五世孙。道光五年（1825）袭爵怡亲王，历官左宗正、宗令、领侍卫大臣等。咸丰帝死，与端华、肃顺、景寿等八人同受顾命，赞襄政务。在慈禧太后与恭亲王奕䜣发动的祺祥政变中，被迫自尽。《清史稿》有传。柏葰：巴鲁特氏（？～1859），蒙古正蓝旗人，原名松葰，字静涛。道光六年（1826）进士，历官詹事府詹事、内阁学士、盛京工部尚书、总管内务府大臣、兵部、吏部尚书、热河都统、文渊阁大学士。与载垣、肃顺等不合，终以科场案被杀。《清史列传》、《清史稿》皆有传。靳祥：柏葰家人。

[5] 浦安：字小蔚（1827～1859），号远帆，满洲镶黄旗人。咸丰三年（1853）进士，历官编修。罗鸿绎：生平不详。

[6] 弃市：死刑。语本《礼记·王制》："刑人于市，与众弃之。"

[7] 军：古代刑法的一种，一般指充军。流：古代刑法的一种，把罪人放逐到远方。

[8] 左副都御史：清代最高监察机构都察院副长官，秩正三品。程庭桂：字芳仲（1796～1868），号楞香、琴孙，吴县（今江苏苏州）人。道光六年（1826）进士，历官刑部主事、左副都御史。

郎中：六部司官，秩正五品。炳采：即程炳采，程庭桂之子，馀不详。

[9] "坐接收"二句：《清史稿校注》校勘记云："案庸盦笔记卷三戊戌科场之案，咸丰八年，顺天乡试贿考，兵部尚书陈孚恩奉旨审问。时副考官左副都御史程庭桂次子秀尝截试纸递数条子，庭桂谓长子炳采云：'汝弟气性不驯，若令到案，必且获罪。汝姑代汝弟一行，陈公与我至厚，必无事也。'炳采既到堂，孚恩穷诘不已，且命用刑，遂竟重辟之，并遣戍庭桂云云。此谓炳采坐接收关节伏法，存疑。"可参考。伏法，依法被处死刑。

[10] 端华：字端友（1807～1861），爱新觉罗氏，宗室，满洲镶蓝旗人。袭郑亲王，御前大臣。祺祥政变中，被迫自尽。《清史稿》有传。肃顺：字雨亭（1816～1861），爱新觉罗氏，端华之弟。道光十六年（1836）由应封宗室授三等辅国将军，委散秩大臣。以敢于任事，历官御前大臣、理藩院尚书，以户部尚书协办大学士，领侍卫内大臣，咸丰帝临终授以赞襄政务王大臣。祺祥政变后，被处死。《清史列传》、《清史稿》皆有传。

[11] 信谳（yàn砚）：证据确凿的判决。商衍鎏《清代科举考试述录·科场案件与轶闻》："咸丰八年戊午科顺天乡试，更为科场之一大狱。是科大学士柏葰为正主考，户部尚书朱凤标、左副都御史程庭桂为副主考。榜既发，有满洲平龄中式第七名，平龄素娴曲调，曾在戏院登台演戏。盖北方风俗，凡善唱者，私相结合，谓之票班，俗称票房，亦曰玩票，每喜登台自夸所长，与终岁入班演戏者不同。然物议哗然，谓戏子亦中高魁矣。御史孟传金疏劾平龄朱、墨不符，请特行复试。奉上谕派载垣、端华、全庆、陈孚恩查办，不准稍涉回护，并折内所指各情，可传集同考官一并讯究。十月以磨勘官复勘平龄试卷草稿不全，诗文策内误字疵谬太甚。馀应查议之卷并有五十名之多。柏葰先行革职，朱凤标、程庭桂解任，听候按律从严惩办。旋据载垣等讯得平龄供称只曾在票班唱戏，馀支吾狡展，不肯吐露真情，应将平龄革去举人，以便严审。同考官编修邹应麟以平龄卷有错讹，疑是誊录所误，将朱卷代为更改，实属违例。又于平龄案内，访出兵部主事李鹤龄代刑部主事罗鸿绎勾通关节，以暗记字样送与同考官编修浦安，入闱后浦安随即批荐，并托柏葰家人靳祥关说求，柏葰听从，即将他卷撤换以罗鸿绎取中，事后浦安得银三百两，李鹤龄得银二百两。将审出各情，请先将此案拟结，其程庭桂接收关节案，俟人证齐后再行审理，据实具奏。九年二月十三日得旨……柏葰著照王大臣所拟即行处斩，派肃顺、赵光前赴使市曹监视行刑。已革编修浦安、已革举人罗鸿绎、已革主事李鹤龄，著照例斩决以昭炯戒。副考官户部尚书朱凤标于柏葰撤换试卷，闱中并未讯议，出场后又不即行参奏，照例知情徇隐即应治罪，即止于失察亦应研讯，惟阅其供词，尚无知情情弊，从宽革职。同考官降调编修邹应麟违例为平龄更改朱卷，革职永不叙用。是时靳祥、平龄均先在狱病故。至磨勘试卷应行查办之举人余汝偕等十二名，并同考官徐桐、钟琇、涂觉纲、何福咸，对读官鲍应鸣，分别予以处分……于是载垣等再会审程庭桂收受关节案。讯据伊子郎中程炳采供称，尚书陈孚恩之子景彦，侍郎潘曾莹之子祖同为其同乡谢森墀，侍郎李清凤之子旦华与其幕友王锦麟，湖南布政使潘铎之子敦俨，并炳采家教读熊元培，皆有条子，由炳采收受，令家人胡升转递入场送交程庭桂收阅。七月文宗御勤政殿，召见惠亲王绵愉、怡亲王载垣、郑亲王端华、兵部尚书陈孚恩、军机大臣穆荫、匡源、文祥，颁发谕旨。大意谓交通关节，不得以曾否取中已成未成强为区别，程炳采交通属托关节，情罪重大，即行处斩。程庭桂身任考官，于伊子转递关节，并不举发，是其有心蒙蔽，已可概见，虽所收条子未经中式，而交通已成，确有实据。惟念伊子程炳采已身罹大辟，若将伊再置重典，父子概予骈首，实有不忍，加恩发往军台效力赎罪。郎中谢森墀，恩贡生王锦麟，副贡生熊元培，郎中李旦华，通判潘敦俨，庶吉士潘祖同，员外

郎陈景彦，均革职发往新疆效力赎罪。李清凤已故。陈孚恩、潘曾莹、潘铎训子无方，均降一级调用。监临监试各官执事各员搜检王大臣等，分别给以降级罚俸处分。此案千头万绪，总括其要如此。"《清史稿校注》校勘记云："案清代科场舞弊，处分甚严，李慈铭越缦堂日记云：'此狱虽为载垣等三人逞威之始，而被罪之人，皆由自取。柏相国之死，朝野多怜之，要不得为无罪。徇私营贿，关节公行，按律诛流，岂云滥枉？特以禁网久弛，上下容隐……视为固然。先帝思惩其弊，载垣、端华遂四出踪迹，力穷其事，士人满狱，上相弃市，卿贰庶司，或放或死，事出创见，以为过当。'自属通人之论。柏等既诛，寒士有感泣者，如凌霄一士随笔引缪荃孙语云：'柏葰不死，吾辈穷酸，焉有登第之望。'惟薛福成庸盦笔记卷三戊午科场之案云：'此举诚不为无功。然肃顺等之用意，在快私憾而张权势，不过假科场为名，故议者亦不以整顿科场之功归之也。'则非由衷之言。盖斯时慈禧以肃顺等为大逆，柏葰且荷昭雪予谥，福成恐蹈左袒之嫌，不得不如是云云。至若此处所谓'靳祥已死，未为信谳'，亦未尽属妥当也。"可参考。

[12] 嘉：嘉庆，清仁宗爱新觉罗·颙琰的年号（1796～1820）。道：道光，清宣宗爱新觉罗·旻宁的年号（1821～1850）。

[13] 巍科：古代称科举考试名次在前者。故物：前人遗物，旧物。

[14] 北闱：谓顺天府乡试。

103. 光绪十九年 [1]，编修丁维提典陕试 [2]，同年友饶士腾先期为之辗转嘱托 [3]。事觉，俱逮问。士腾自杀，寻并削职 [4]。

[1] 光绪十九年：即公元1893年。光绪，清德宗爱新觉罗·载湉的年号。

[2] 丁维提：字亦康（1863～？），号伯平，又号静簃，日照（今属山东）人。光绪十五年（1889）进士，历官编修。

[3] 同年友：此谓同一年考中进士者。饶士腾：字碧柯（1849～1894），号从五，南城（今属江西）人。光绪十五年进士，历官编修。光绪二十年正月二十五日畏罪自尽，追夺原官。

[4] "士腾"二句：《清史稿校注》校勘记云："案德宗实录，'丁惟提'典陕试事发，著派福锟、麟书、徐桐认真查办，据实覆奏在光绪十九年十一月初四日壬午；福锟等奏报饶士腾服毒自尽，谕仍严行审讯，务得确情在光绪二十年正月二十九日丁未；丁惟提等革职有差则在二月二十日丁卯。又'丁维提'当作'丁惟提'。"可参考。

104. 有无与关节贿赂而获咎者，康熙三十八年己卯 [1]，御史鹿佑劾顺天闱考试不公 [2]，正考官修撰李蟠遣戍 [3]，副主考编修姜宸英牵连下吏 [4]，未置对，死狱中。宸英浙江名士，善属古文，举朝知其无罪，莫不叹惜 [5]。四十四年乙酉，顺天主考侍郎汪霦、赞善姚士藟校阅草率 [6]，落卷多不加圈点 [7]。下第者束草如人，至其门戮之。事闻，夺职。六十年辛丑，会试副总裁左副都御史李绂用唐人通榜法 [8]，拔取知名之士。下第者喧哄于其门，被劾落职，发永定河效力 [9]。然是闱一时名宿，网罗殆尽，颇为时论所许 [10]。其他贿通关节，未经败露，与因微眚获谴者 [11]，例尤不一。

[1] 康熙三十八年己卯：即公元 1699 年。康熙，清圣祖爱新觉罗·玄烨的年号。《清史稿校注》校勘记云："案圣祖实录，江南道御史'鹿祐'疏参顺天乡试正副考官修撰李蟠、编修姜宸英，谕令九卿、詹事、科道会同严加议处在康熙三十八年十一月初三日丁酉。又案清史馆张书云辑选举志稿，'鹿祐'作'鹿佑'。"可参考。

[2] 鹿佑：多作"鹿祐"。字有上（1648～1718），号兰皋，颍州（今安徽阜阳）人。康熙二十一年（1682）进士，历官浙江知县、江南道御史、河南巡抚。

[3] 李蟠：字仙李（生卒年不详），号根大，徐州（今属江苏）人。康熙三十六年（1697）一甲第一名进士，历官修撰。

[4] 姜宸英：字西溟（1628～1699），号湛园，慈溪（今属浙江）人。康熙三十六年（1697）进士，年已七十，授编修。以科场案被劾，死狱中。善古文辞，著有《湛园文稿》、《苇间诗集》等。《清史列传》、《清史稿》皆有传。下吏：交付司法官吏审讯。

[5] 莫不叹息：蒋良骐《东华录》卷十八："康熙三十八年……十一月，御史鹿祐疏参顺天乡试正副考官修撰李蟠、编修姜宸英以宾兴之典为行私之地。奉上谕：'此科考试不公已极，且闻代倩之人亦复混入，著将举人齐集内廷复试。'寻复试举人等去留有差。又奉上谕：'顺天中式者童稚甚多，物议沸腾，著将李蟠等严加议处，鹿祐题参可嘉。'"清陈康祺《郎潜纪闻二笔》卷五《姜西溟典试获咎之冤》："姜西溟太史与其同年李修撰蟠，同典康熙己卯顺天乡试，获咎，是科鼎甲不利，已见前笔矣。时盖因士论沸腾，有'老姜全无辣气，小李大有甜头'之谣，风闻于上，以致被逮，姜竟卒于请室。第前辈多纪述此事，而不能定其关节之有无。昔读鲒埼亭先生墓表，称满朝臣僚，皆知先生之无罪，而王新城亦有'我为刑官，令西溟以非罪死，何以谢天下'之语。知同时公论，早以西溟之连染为冤。"

[6] 汪霦：字朝采（生卒年不详），钱塘（今浙江杭州）人。康熙十五年（1676）进士，授行人；康熙十八年（1679）召试博学鸿词，中式一等，授编修，历官户部右侍郎。赞善：清代詹事府左、右春坊之属官（左赞善、右赞善），掌记注、撰文等事，秩从六品。姚士蒕：字绥仲（？～1708），号华曾，桐城（今属安徽）人。康熙二十七年（1688）进士，历官编修、右赞善。

[7] 落卷：未中式的试卷。一般发还考生。圈点：批阅试卷，区别优劣的记号。清曾国藩《经史百家简编序》："试官评定甲乙，用朱墨旌别其旁，名曰'圈点'。"

[8] 李绂：字巨来（1673～1750），号穆堂，又号巨洲，临川（今属江西）人。康熙四十八年（1709）进士，选庶吉士，授编修，历官内阁学士、左副都御史、礼部侍郎、兵部侍郎、广西巡抚、直隶总督、户部侍郎。以病致仕卒。其学宗陆、王，著有《穆堂类稿》、《穆堂诗文钞》等。《清史列传》、《清史稿》皆有传。通榜法：唐代科举不糊名，由主试者定去取。试前，有预列知名之士，得中者往往出于其中，即谓"通榜"。五代王定保《唐摭言》卷八《通榜》："贞元十八年，权德舆主文，陆傪员外通榜帖，韩文公荐十人于傪。"宋洪迈《容斋四笔》卷五《韩文公荐士》："唐世科举之柄，颛付之主司，仍不糊名。又有交朋之厚者为之助，谓之通榜。故其取人也畏于讥议，多公而审。亦有胁于权势，或挠于亲故，或累于子弟，皆常情所不能免者。若贤者临之则不然，未引试之前，其去取高下，固已定于胸中矣。"宋苏轼《议学校贡举状》："唐之通榜，故是弊法。"

[9] 永定河：在今河北省西北部。上游桑干河源出山西北部管涔山，东北流入河北怀来，以下称永定河。因含沙量大，下游淤浅，旧时经常决堤成灾。

[10] "然是闱"三句：商衍鎏《清代科举考试述录·科场案件与轶闻》："然是闱一时名宿网罗殆尽，

实无贿赂关节之行为，久之而物议亦定。"

[11] 微眚（shěng）：小的过错。

105. 乡试解额，顺治初定额从宽 [1]，顺天、江南皆百六十馀名，浙江、江西、湖广、福建皆逾百名，河南、山东、广东、四川、山西、陕西、广西、云南自九十馀名递杀，至贵州四十名为最少。俱分经取中 [2]。顺天试直隶生员贝字号约占额十之七 [3]，北监生皿字号十之三，宣化旦字、奉天夹字仅二三名。江南试南监生皿字号约十之二，馀为江、安并闱生员额 [4]。南雍罢 [5]，南监中额并入北监。十四年，监生分南、北卷，直隶八府 [6]，延庆、保安二州 [7]，辽东、宣府、山东、山西、河南、陕西、四川、广西为北皿 [8]，江南、浙江、江西、福建、湖广、广东为南皿 [9]，视人数多寡定中额。十七年，减各直省中额之半。康熙间 [10]，先后广直省中额。五十年，又各增五之一。雍正元年 [11]，湖南北分闱，照旧额分中。各省略有增减。乾隆元年 [12]，顺天皿字分南、北、中卷，奉天、直隶、山东、河南、山西、陕西为北皿，江南、江西、福建、浙江、湖广、广东为南皿，各中额三十九。四川、广西、云南、贵州另编中皿，十五取一。江南分上下江 [13]，取中下江江苏十之六，上江安徽十之四。九年，严定搜检之法。北闱以夹带败露者四十馀人，临时散去者三千八百数十人 [14]，曳白与不终篇、文不切题者又数百人 [15]。帝既治学政、祭酒滥送之罪，诏减各直省中额十之一。于是定顺天南、北皿各三十六，中皿改二十取一，贝字百二，夹、旦各四，江南上江四十五，下江六十九，浙江、江西皆九十四，福建八十五，广东七十二，河南七十一，山东六十九，陕西六十一，山西、四川皆六十，云南五十四，湖北四十八，湖南、广西皆四十五，贵州三十六。自是率行罔越。光绪元年 [16]，陕、甘分闱，取中陕西四十一，甘肃三十。咸、同间 [17]，各省输饷辄数百万，先后广中额。四川二十，江苏十八，广东十四，福建及台湾十三，浙江、湖南、湖北、江西、山西、安徽、甘肃、云南、贵州各十，陕西九，河南、广西各八，直隶、山东各二。视初定中额尚或过之。

[1] 顺治：清世祖爱新觉罗·福临的年号（1644～1661）。

[2] 分经取中：士子于《五经》中各习一经应试。

[3] 贝字号：顺天乡试，应试者众多，籍贯各异，须分编字号以加区别。商衍鎏《清代科举考试述录·举人及关于举人系内之各种考试》："顺天乡试普通称曰北闱。闱中分编字号以辨省分，属于生员者，直隶编贝字号（贡监编北皿归北皿），奉天编夹字号，热河承德府编承字号，宣化府编旦字号，满蒙编满字号，汉军编合字号，长芦商籍，康熙年间编卤字号，乾隆十八年裁，凡学政录送有名者可以应考。此外贡监为皿字号，顺治十四年分为北、南皿，以直隶八府、保安二州、辽东、宣府、山东、山西、河南、陕西、四川、广西之贡监为北皿，江南、浙江、江西、福建、湖广、广东之贡监为南皿。康熙雍正间略有变易增加。乾隆元年又分为北、南、中皿，以奉天、直隶、山东、山西、河南、陕西、甘肃之贡监生编为北皿字号，江苏、安徽、浙江、江西、福建、湖南、湖北之贡监生编为南皿字号，广东（先为南皿乾隆六年改中皿）、广西、四川、云

774

南、贵州之贡监生编为中皿字号。"

[4] 江安并闱：谓江苏、安徽两省士子统一在江宁府城（今江苏南京市）参加乡试。

[5] 南雍：或称"南监"，明代南京国子监的别称。

[6] 直隶八府：谓保定府、正定府、大名府、顺德府、广平府、天津府、河间府、承德府。另有朝阳府，为光绪三十年（1904）升置，不在八府之内。

[7] 延庆：即"延庆州"，治今北京市延庆。保安：即"保安州"，治今河北涿鹿。

[8] 辽东：沿明"辽东都指挥使司"之建制，治今辽宁辽阳。宣府：即"宣化府"，治今河北宣化。

[9] 湖广：清初康熙六年（1667）以前沿明制，称今湖北、湖南为湖广省。

[10] 康熙：清圣祖爱新觉罗·玄烨的年号（1662～1722）。

[11] 雍正元年：即公元 1723 年。雍正，清世宗爱新觉罗·胤禛的年号。

[12] 乾隆元年：即公元 1736 年。乾隆，清高宗爱新觉罗·弘历的年号。

[13] 上下江：明万历四十一年（1613）将南直隶（治所今江苏南京市）分为上下江，清初沿明制。参见明 33 注 15。

[14] 三千八百数十人：《清史稿校注》校勘记云："临时散去者三千八百数十人，案高宗实录，乾隆九年九月乙亥朔，以翰林黄明懿进讲经书，隐讽时事，著交部严加议处。明懿隐讽者，'此围科场，搜检太严'事也，且曾奏云：'头场、二场，搜出怀挟三十馀人，而风闻退避散去者，遂至二千馀人之多。'此'三千八百数十人'当作'二千馀人'。"可参考。

[15] 曳白：这里谓考生誊写答卷时跳行。参见清 90 注 4。

[16] 光绪元年：即公元 1875 年。光绪，清德宗爱新觉罗·载湉的年号。

[17] 咸：咸丰，清文宗爱新觉罗·奕詝的年号（1851～1861）。同：同治，清穆宗爱新觉罗·载淳的年号（1862～1874）。

106. 会试无定额，顺治三年、九年俱四百名 [1]，分南、北、中卷。浙江、江西、福建、湖广、广东五省，江宁、苏、松、常、镇、淮、扬、徽、宁、池、太十一府 [2]，广德一州为南卷 [3]，中二百三十三名。山东、山西、河南、陕西四省，顺天、永平、保定、河间、真定、顺德、广平、大名八府 [4]，延庆、保安二州，奉天、辽东、大宁、万全诸处为北卷 [5]，中百五十三名。四川、广西、云南、贵州四省，安、庐、凤、滁、徐、和等府、州为中卷 [6]，中十四名。十二年，中卷并入南、北卷。厥后中卷屡分屡并，或更于南、北、中卷分为左、右。或专取川、广、云、贵四省，各编字号，分别中一、二、三名。五十一年 [7]，以各省取中人数多少不均，边省或致遗漏，因废南、北官、民等字号 [8]，分省取中。按应试人数多寡，钦定中额。历科大率三百数十名，少或百数十名，而以雍正庚戌四百六名为最多 [9]，乾隆己酉九十六名为最少 [10]。

[1] 顺治三年：即公元 1646 年。顺治，清世祖爱新觉罗·福临的年号。九年：即顺治九年（1652）。

[2] 江宁：即"江宁府"，治今江苏南京。苏：即"苏州府"，治今江苏苏州。松：即"松江府"，治今上海市。常：即"常州府"，治今江苏常州。镇：即"镇江府"，治今江苏镇江。淮：即"淮安府"，治今江苏淮安。扬：即"扬州府"，治今江苏扬州。徽：即"徽州府"，治今安徽歙县。

宁：即"宁国府"，治今安徽宣城。池：即"池州府"，治今安徽贵池。太：即"太平府"，治今安徽当涂。

[3] 广德：即"广德州"，治今安徽广德。

[4] 永平：即"永平府"，治今河北卢龙。保定：即"保定府"，治今河北保定。河间：即"河间府"，治今河北河间。真定：即"真定府"，治今河北正定。顺德：即"顺德府"，治今河北邢台。广平：即"广平府"，治今河北永年。大名：即"大名府"，治今河北大名。

[5] 奉天：即"奉天府"，治今辽宁沈阳。大宁：治今山西大宁。万全：治今河北万全。

[6] 安：即"安庆府"，治今安徽安庆。庐：即"庐州府"，治今安徽合肥。凤：即"凤阳府"，治今安徽凤阳。滁：即"滁州"，治今安徽滁县。徐：即"徐州"，治今江苏徐州。和：即"和州"，治今安徽和县。

[7] 五十一年：当谓康熙五十一年（1712）。

[8] 官民：谓"官卷"与"民卷"。清初科举考试官民子弟试卷一体编号，后因高官串通营私，其子弟中式独多，影响平民子弟入仕，遂将应试之高官子弟另编官字号，并按一定比例录取，从而使民字号试卷也有了中式机会。

[9] 雍正庚戌：即雍正八年（1730）庚戌科。据《明清进士题名碑录索引》，是科殿试取第一甲三名，第二甲一百名，第三甲二百九十六名，共计三百九十九名。所言"四百六名"当是是科会试取中贡士名额。

[10] 乾隆己酉：即乾隆五十四年（1789）己酉科。据《明清进士题名碑录索引》，是科殿试取第一甲三名，第二甲三十三名，第三甲六十二名，共计九十八名。所言"九十六名"，当是是科会试取中贡士名额。

107.《五经》中式，仿自明代 [1]。以初场试《书》艺三篇，《经》义四篇，其合作《五经》卷见长者，因有"二十三篇"之目。顺治乙酉 [2]，山东乡试，法若真以全作《五经》文赐内阁中书 [3]，一体会试。康熙丁卯顺天乡试 [4]，浙江监生查士韩、福建贡生林文英 [5]，壬午顺天南皿监生庄令舆、俞长策 [6]，皆以兼作《四书》、《五经》文二十三篇违式，奏闻，俱授举人。诏嗣后不必禁止，旋著为令。乡、会试《五经》卷，于额外取中三名。二场添诏、诰各一，于是习者益众。直隶、陕西等省，至有以《五经》卷抢元者 [7]。五十年，增各省乡试一名，顺天二名，会试三名。五十六年，停《五经》应试。雍正初 [8]，复其制。顺天皿字号中四名，各省每额九名加中一名 [9]。大省人多文佳，额外量取副榜三四名。四年丙午 [10]，诏是科以《五经》中副榜者，准作举人，一体会试，尤为特异。乾隆十六年 [11]，始停《五经》中式之例。

[1] 五经二句：参见明 84。

[2] 顺治乙酉：即顺治二年（1645）。顺治，清世祖爱新觉罗·福临的年号。

[3] 法若真：字汉儒（1613～1696），号黄石、黄山，胶州（今属山东）人。顺治三年（1646）进士，历官编修、安徽布政使。康熙十八年（1679）召试博学鸿词。内阁中书：清内阁属官，掌撰拟、翻译、缮写等事，秩从七品。

[4] 康熙丁卯：即康熙二十六年（1687）。康熙，清圣祖爱新觉罗·玄烨的年号。

[5] 查士韩：《清史稿校注》校勘记云："案圣祖实录，康熙二十六年八月初三日己酉，特准顺天乡试浙江钱塘县监生'查嗣韩'、福建侯官县贡生林文英五经中式，光绪会典事例卷三四八同。此'查士韩'当作'查嗣韩'。"甚是。查嗣韩（1645～1700），字荆州，号皋亭，钱塘（今浙江杭州）人。康熙二十七年（1688）一甲第二名进士，授编修。馀不详。林文英：字碧山（生卒年不详），侯官（今福建福州）人。康熙二十七年（1688）进士，选庶吉士，授主事，历官广州琼州府知府。

[6] 壬午：即康熙四十一年（1702）。庄令舆：字苏服（1662～1740），号阮尊，武进（今江苏常州）人。康熙四十五年（1706）进士，历官编修，曾主浙江乡试，所得名士甚众。俞长策：字驭世（生卒年不详），号檀溪，桐乡（今属浙江）人。康熙四十五年（1706）进士，历官编修。

[7] 抡元：谓乡试第一名，即"解元"。

[8] 雍正：清世宗爱新觉罗·胤禛的年号（1723～1735）。

[9] "各省"句：《清史稿校注》此句作"各省每额董惠九名加中一名"，并出校勘记云："各省每额董惠九名加中一名，案清史馆张书云辑选举志稿作'各省每额中十九名加中一名'，光绪会典事例卷三四八同。此当据改。"可参考。

[10] 四年丙午：即雍正四年（1726）。

[11] 乾隆十六年：即公元1751年。乾隆，清高宗爱新觉罗·弘历的年号。《清史稿校注》校勘记云："案清国史馆选举志稿选举，始停五经中式之例在'乾隆十八年'，光绪会典事例卷三四八同。此当据改。"可参考。

108. 至历代临雍[1]，增北闱监生中额，恩诏广乡、会试中额，均属于常额外也。乡、会试正榜外取中副榜，会试副榜免廷试，咨吏部授职[2]。康熙三年罢之[3]。乡试副榜原定顺天二十名，江南十二，江西十一，浙江、福建、湖广各十，山东、河南各九，山西、陕西、四川、广东各八，广西六。取文理优者，不拘经房。康熙元年停取。十一年，取中如旧例。增云南五，贵州四。嗣是各直省率正榜五名中一名，惟恩科广额不与焉。雍正四年[4]，准是科由副榜复中副榜者作举人，非常例也。

[1] 临雍：清代皇帝诣国子监祭孔讲学之礼。参见清10注1。

[2] 咨：即"咨文"，旧时公文的一种。多用于同级官署或同级官阶之间。

[3] 康熙三年：即公元1664年。康熙，清圣祖爱新觉罗·玄烨的年号。

[4] 雍正四年：即公元1726年。雍正，清世宗爱新觉罗·胤禛的年号。

109. 雍正五年[1]，命各省督、抚、学政甄别衰老教职休致之缺，以是年会试落卷文理明顺之举人补授。乾隆间[2]，屡行选取如例，大、中、小省各数十名。明通别为一榜[3]。二十六年，廷议于明通榜外选取中书四十名，其馀年力老成、宜课士者，另选用学正、学录数名。报可。五十五年悉罢。此后下第者，于正榜外挑取誊录，北闱数百名或百数十名。会试额定四十名，备各馆缮写，积资得邀议叙[4]。此则旁搜博采、俾寒畯多获进身之阶也[5]。

[1] 雍正五年：即公元 1727 年。雍正，清世宗爱新觉罗·胤禛的年号。

[2] 乾隆：清高宗爱新觉罗·弘历的年号（1736～1795）。

[3] 明通：即"明通榜"。参见清 31 注 4。

[4] 议叙：参见清 19 注 4。

[5] 寒畯：出身寒微而才能杰出的人。

110. 八旗以骑射为本，右武左文 [1]。世祖御极 [2]，诏开科举，八旗人士不与。顺治八年 [3]，吏部疏言："八旗子弟多英才，可备循良之选，宜遵成例开科，于乡、会试拔其优者除官。"报可。八旗乡、会试自是年始。其时八旗子弟，每牛录下读满、汉书者有定额 [4]，应试及各衙门任用，悉于此取给，额外者不得习。往往不敷取中。故自十四年至康熙十五年 [5]，八旗考试，时举时停。先是乡、会试，殿试，均满洲、蒙古为一榜，汉军、汉人为一榜。康熙二十六年，诏同汉人一体应试。寻定制，乡、会场先试马步箭，骑射合格，乃应制举 [6]。庶文事不妨武备，遂为永制。初八旗乡试，仅试清文或蒙古文一篇 [7]，会试倍之。汉军试《书》艺二篇、《经》艺一篇，不通经者，增《书》艺一篇。二、三闱试论、策各一。逐科递加，自与汉人合试，非复前之简易矣。

[1] 右武左文：崇尚武功，轻视文事。

[2] 世祖：即清世祖爱新觉罗·福临（1638～1661）。参见清 3 注 1。御极：做皇帝。

[3] 顺治八年：即公元 1651 年。顺治，清世祖爱新觉罗·福临的年号。

[4] 牛录：参见清 2 注 2。

[5] 康熙十五年：即公元 1676 年。康熙，清圣祖爱新觉罗·玄烨的年号。

[6] 制举：或称"制科"。由皇帝亲诏临时举行的科举考试。

[7] 清文：即满文。

111. 乡试中额，顺治八年 [1]，定满洲、汉军各五十，蒙古二十，嗣减满洲、汉军各五之一，蒙古四之一。康熙八年 [2]，编满、蒙为满字号，汉军为合字号，各取十名。二十六年，再减汉军五名。后复递增。乾隆九年 [3]，诏各减十之一，定为满、蒙二十七，汉军十二。同治间 [4]，以输饷增满、蒙六名，汉军四名 [5]。各省驻防，初亦应顺天试，嘉庆十八年 [6]，始于驻防省分试之。十人中一，多不逾三名，副榜如例。会试初制，满洲、汉军进士各二十五，蒙古十。康熙九年，编满、合字号，如乡试例，各中四名。嗣亦临时请旨，无定额。

[1] 顺治八年：即公元 1651 年。顺治，清世祖爱新觉罗·福临的年号。

[2] 康熙八年：即公元 1669 年。康熙，清圣祖爱新觉罗·玄烨的年号。

[3] 乾隆九年：即公元 1744 年。乾隆，清高宗爱新觉罗·弘历的年号。

[4] 同治：清穆宗爱新觉罗·载淳的年号（1862～1874）。

[5] 汉军四名：《清史稿校注》校勘记云："汉军四名，案光绪会典事例卷三四九，同治六年议准：'汉军加永远中额，事属创始，比照恩诏加汉军乡试中额三名之数，以三名为限。'此'汉军四名'当作'汉军三名'。"可参考。

[6] 嘉庆十八年：即公元1813年。嘉庆，清仁宗爱新觉罗·颙琰的年号。

112. 宗室不应乡、会试[1]，圣祖、世宗降有明谕[2]。乾隆八年[3]，宗人府试宗学[4]，拔其尤者玉鼎柱等为进士[5]，一体殿试，是为宗室会试之始。未久即停。嘉庆六年[6]，宗室应乡、会试始著为令。先期宗人府或奉天宗学考试骑射如例，试期于文闱乡、会试场前，或场后，或同日，试制艺、律诗各一，一日而毕。乡试九人中一人。会试，考官酌取数卷候亲裁，别为一榜。殿试、朝考[7]，满、汉一体，除庶吉士等官有差。

[1] 宗室：清皇族称谓之一，太祖努尔哈赤父亲塔克世之直系子孙为宗室。

[2] 圣祖：即清圣祖爱新觉罗·玄烨（1654～1722）。参见清36注9。世宗：即清世宗爱新觉罗·胤禛（1678～1735）。参见清8注5。

[3] 乾隆八年：即公元1743年。乾隆，清高宗爱新觉罗·弘历的年号。

[4] 宗人府：清沿明制，于顺治九年（1652）置。参见清29注4。宗学：参见清2注2。

[5] 玉鼎柱：宗室，满洲镶蓝旗人。乾隆四十三年（1778）任户部侍郎。据《明清进士题名碑录索引》，当为乾隆十年钦赐进士："玉鼎柱，镶蓝旗，清乾隆十年钦赐。"

[6] 嘉庆六年：即公元1801年。嘉庆，清仁宗爱新觉罗·颙琰的年号。

[7] 殿试：参见清28注6。朝考：清代新进士于保和殿御试称朝考。始于雍正元年（1723）癸卯科。五年，经内阁奏定，遂为定制。由皇帝命题，并钦点大臣阅卷，分别等第进呈。考后，新进士由掌院学士会同大学士带领引见，候皇帝钦点。优者选庶吉士，馀以主事、中书、知县等用。

113. 顺治十五年[1]，帝以顺天、江南考官俱以贿败，亲覆试两闱举人，是为乡试覆试之始。取顺天米汉雯等百八十二名[2]，准会试。江南汪溥勋等九十八名[3]，准作举人。罚停会试、除名者二十二名。惟吴珂鸣以三次试卷文理独优[4]，特许一体殿试，异数也。康熙三十八年[5]，帝以北闱取士不公，命集内廷覆试。列三等以上者许会试，四等黜之[6]。五十一年壬辰，顺天解元查为仁以传递事觉而逸[7]，帝疑新进士有代倩中式者，亲覆试畅春园[8]，黜五人。会试覆试自是始。乾隆间[9]，或命各省督、抚、学政于乡试榜后覆试，或专覆试江苏、安徽、江西、浙江、广东、山西六省丙午前三科俊秀贡监中式者[10]，或止覆试中式进士，或北闱举人，临期降旨，无定例。五十四年[11]，贡士单可虹覆试诗失调讹舛[12]，不符中卷，除名。诏旨严切，谓"礼闱非严行覆试，不足拔真才、惩幸进"。至嘉庆初[13]，遂著为令。道光二十三年[14]，定制，各省举人，一体至京覆试，非经覆试，不许会试。以事延误，于下三科补行。除丁忧展限外[15]，托故不到，以规避论，永停会试与赴部铨选。覆试期以会试年二月。咸、同间[16]，因军兴道路梗阻[17]，光绪季年[18]，以《辛丑条约》[19]，京师停试，假闱河南，俱得先会试后覆试，非恒制也。覆试诗文疵谬，诗失粘 [20]，抬写错误 [21]，不避御名、庙讳、至圣讳 [22]，罚停会试、殿试一科或一科以上。文理不通，或文理笔迹不符中卷者黜。乾隆五十八年 [23]，中式举人邓菜春等八名补覆试 [24]，停科者五，斥革者二，监临俱获谴 [25]。历科因是黜罚者有之。洎末造益趋宽大 [26]，光绪十九年 [27]，北闱倩作、顶替中式者至数十人，言官劾举人周学熙、汤宝霖、蔡学渊、陈步銮、黄树声、万航六人 [28]，下所司举出录科中卷不符者，学渊、树声、航三人俱斥革，馀覆试无一黜者，监临各官均免议，而侥幸者接迹矣。

[1] 顺治十五年：即公元 1658 年。顺治，清世祖爱新觉罗·福临的年号。

[2] 米汉雯：字紫来（？～1692 后），一作子来，号秀岩，又号秀峰、漫园，顺天宛平（今北京市）人。顺治十八年（1661）进士，历官赣州府推官、河南长葛知县，行取主事。康熙十八年（1679）召试博学鸿词，中式二等，授编修，历官侍讲。擅书画金石，诗名为书画所掩。著有《漫园诗集》、《始存集》。《清史列传》有传。

[3] 汪溥勋：江南歙县（今属安徽）人。康熙六年（1667）进士。馀不详。

[4] 吴珂鸣：或作"吴鸣珂"，《明清进士题名碑录索引》同《志》文。字新方（1626～?），号耕芳、蕊渊，武进（今江苏常州）人。顺治十五年（1658）进士，历官编修、侍读。

[5] 康熙三十八年：即公元 1699 年。康熙，清圣祖爱新觉罗·玄烨的年号。

[6] "帝以"四句：参见清 104 注 5。

[7] 查为仁：一名成甦（1693～1749）字心毂，号莲坡，顺天宛平（今北京市）人。康熙五十年（1711）举人，以被讦得罪，越八年，始得释。以藏书诗画为娱，著有《莲坡诗话》、《蔗塘未定稿》等。逸：逃逸。

[8] 畅春园：故址在今北京市西直门外海淀一带，为康熙时就明代李伟清华园旧址改建，为清圣祖、清高宗治事游憩之所。

[9] 乾隆：清高宗爱新觉罗·弘历的年号（1736～1795）。

[10] 丙午：即乾隆五十一年（1786）。俊秀：清代汉人无出身者称俊秀。参见清 7 注 1。贡监：谓"例贡"与"例监"。分别参见清 3 注 14，清 3 注 15。

[11] 五十四年：即乾隆五十四年（1789）。

[12] 贡士：谓礼部会试中式者。单可虹：生平不详。失调讹舛：谓试帖诗平仄不调，音律有误。

[13] 嘉庆：清仁宗爱新觉罗·颙琰的年号（1796～1820）。

[14] 道光二十三年：即公元 1843 年。道光，清宣宗爱新觉罗·旻宁的年号。

[15] 丁忧：遭逢父母丧事。古代父母去世，子女要守丧，三年内不做官、不婚娶，不赴宴，不应考。

[16] 咸：咸丰，清文宗爱新觉罗·奕詝的年号（1851～1861）。同：同治，清穆宗爱新觉罗·载淳的年号（1862～1874）。

[17] 军兴：咸丰元年（1651），洪秀全等在广西桂平金田村建号太平天国，三年后定都南京（改名天京），至同治三年（1864）天京被攻破，历时十四年之久。

[18] 光绪：清德宗爱新觉罗·载湉的年号（1875～1908）。季年：末年。

[19] 辛丑条约：即《辛丑议定书》或《辛丑各国和约》。光绪二十七年庚子（1900）八国联军攻占

北京，年末提出所谓"议和大纲"十二条，次年辛丑，英、美、德、日、奥、法、意、西、荷、比十一国代表与清廷全权代表奕劻、李鸿章在北京签订《和约》，共十二款，另十九个附件。中国赔款银四亿五千万两，外国军队在北京等处有驻扎权等，皆属丧权辱国，从而加强了帝国列强对中国的统治。

[20] 失粘：作为律诗的试帖诗前一联的对句与下一联出句的第二个字平仄必须相同，称"粘"，违者即称"失粘"。

[21] 抬写：旧时试卷书写格式同奏章与文书，遇及皇室、陵寝、天地等字样，必转行并抬头一格或两格书写，以示尊敬。

[22] "不避御名"句：参见清 90 注 6。

[23] 乾隆五十八年：即公元 1793 年。乾隆，清高宗爱新觉罗·弘历的年号。

[24] 邓茱春：生平不详。

[25] 监临：参见清 90 注 11，注 12，注 13。

[26] 末造：朝代末期。

[27] 光绪十九年：即公元 1893 年。光绪，清德宗爱新觉罗·载湉的年号。

[28] 周学熙：字缉之（1866～1947），号止庵、松云居士，建德（今安徽东至）人。光绪十九年举人，历官工部郎中、长芦盐运使，人民国，任财政总长。汤宝霖：生平不详。蔡学渊：生平不详。陈步銮：生平不详。黄树声：生平不详。万航：生平不详。

114. 定例各省乡试揭晓后，依程限解卷至部磨勘 [1]，迟延者罪之。盖防考官闱后修改试卷避吏议也。磨勘首严弊倖 [2]，次检瑕疵。字句偶疵者贷之 [3]。字句可疑，文体不正，举人除名。若干卷以上，考官及同考革职或逮问。不及若干卷，夺俸或降调。其校阅草率，雷同滥恶，杂然并登，及试卷不谙禁例，字句疵蒙谬额 [4]，题字错落，真草不全，誊录错误，内、外帘官、举子议罚有差。禁令之密，前所未有也。磨勘官初礼部及礼科主之 [5]，康熙间 [6]，始钦派大臣专司其事。解额渐广，试卷日多，于是令九卿公同磨勘 [7]。六部官牵于职事，以其馀暇勘校，往往虚应故事。乾隆初 [8]，改任都察院科、道五品以上 [9]，科甲京堂、中、赞以上翰、詹官 [10]，集朝房磨勘 [11]。嗣复增编、检。额定四十人，以专责成。先是磨勘试卷不署名，亦无功过之条。与斯役者，每托名宽厚，不欲穷究。乾隆二十一年，始令磨勘官填注衔名。二十五年，复增大臣覆勘例，分别议叙、议处，功令始严。是年特派秦蕙田、观保、钱汝诚为覆勘大臣 [12]。事竟，原勘官御史朱丕烈劾其瞻徇 [13]，下军机大臣核覆 [14]。蕙田等实有误驳及疏漏之处，丕烈亦以弹劾不实，俱下部议。其时磨勘诸臣慎重将事，不稍假借，一变因循敷衍之习。太仆寺卿宫焕文、御史阎循琦、朱稄、朱丕烈 [15]，嘉庆初御史辛从益 [16]，俱以抉摘精审闻于时。

[1] 磨勘：又称"磨对"。即科举中，对乡、会试卷进行覆核。清代乡试、会试发榜后，各考官依限将朱、墨卷解送礼部，由皇帝派翰詹坊局以上京堂科道等官，共同复查，以稽察弊窦。

[2] 弊倖：舞弊、侥倖而进。

[3] 贷：宽恕。

[4] 疵蒙：谓文字有误，不晓畅。谬颣（lèi 类）：错讹疵病。

[5] 礼部：清代六部之一。参见清10注21。礼科：清代六科之一。参见清99注5。

[6] 康熙：清圣祖爱新觉罗·玄烨的年号（1662～1722）。

[7] 九卿：清代谓六部、理藩院尚书、都察院左都御史、大理寺卿为九卿。

[8] 乾隆：清高宗爱新觉罗·弘历的年号（1736～1795）。

[9] 都察院：清代最高监察机构，掌察核官常，振饬纲纪。有弹劾官吏、建言政务及会同刑部、大理
寺处理重辟大案之责。主官左都御史并得参与朝廷大政。都察院总领十五道监察御史。五城察院
及宗室御史处、稽查内务府御史处也为其所属。雍正元年（1723），以六科给事中隶都察院，
台、谏合而为一。科道：即"科道官"，明清六科给事中与都察院各道监察御史统称科道官。

[10] 京堂：清代凡通政使司、大理寺、太仆寺、太常寺、光禄寺、詹事府、鸿胪寺等卿寺衙门堂官
的通称，亦尊为"京卿"。一般为三品或四品官员。中：中允，清代詹事府左、右春坊之属官
（左中允、右中允），掌记注、撰文等事，秩正六品。赞：赞善，清代詹事府左、右春坊之属官
（左赞善、右赞善），掌记注、撰文等事，秩从六品。

[11] 朝房：供百官等候入朝之所。

[12] 秦蕙田：字树峰（1702～1764），一字树澧，号味经，金匮（今江苏无锡）人。乾隆元年
（1736）一甲第三名进士，授编修，历官礼部侍郎、工部、刑部尚书，加太子太保。卒谥文恭。
通经能文，精于《周易》、三《礼》，著有《五礼通考》、《周易象义日笺》、《味经窝诗文类稿》
等。《清史列传》、《清史稿》皆有传。观保：字伯容（？～1776），号补亭，姓索绰洛氏，满洲
正白旗人。乾隆二年（1737）进士，选庶吉士，授编修，历官国子监祭酒、翰林院掌院学士、
礼部尚书、左都御史，以事罢。能诗。卒谥文恭。钱汝诚：字立之（1722～1779），号东麓、清
怡居士，嘉兴（今属浙江）人。乾隆十三年（1748）进士，历官编修、刑部右侍郎。《清史列
传》、《清史稿》皆有传。

[13] 朱丕烈：字正威（生卒年不详），号振岩、绣叔，海盐（今属浙江）人。乾隆十三年（1748）
进士，历官礼部主事、御史、工科掌印给事中。瞻徇：徇顾私情。

[14] 军机大臣：参见清61注9。

[15] 太仆寺卿：清代太仆寺主官，秩从三品，满、汉各一人。掌随扈皇帝出巡，管理车驾马驼等事。
宫焕文：字朴庵（生卒年不详），号朴若，泰州（今属江苏）人。历官工部主事、太仆寺卿、
通政使。阎循琦：字景韩（1710～1775），号景庭，昌乐（今属山东）人，乾隆七年（1742）
进士，选庶吉士，历官工部主事、御史、工部尚书，赠太子太保。卒谥恭定。《清史列传》、
《清史稿》皆有传。朱稷：生平不详。

[16] 嘉庆：清仁宗爱新觉罗·颙琰的年号（1796～1820）。辛从益：参见清37注5。

115. 历科考官举子因是谴黜者不乏人，而藉端报复，盖亦有之。乾隆六十年乙
卯 [1]，会元为浙江王以铻 [2]，第二名即其弟以衔 [3]，帝心异之。正总裁侍郎窦光
鼐素与和珅不协 [4]，且以诋诃后进忤同列，均欲藉以倾之。因摘两人闱墨中并有"王
道本乎人情"语 [5]，以为关节。抑置以铻榜末，停其殿试，降光鼐四品休致，镌副总
裁侍郎刘跃云、祭酒瑚图礼四级 [6]。及廷试传唱，以衔第一，上意释然。谕廷臣曰：
"此亦岂朕之关节耶？"以铻后亦入词馆。嘉庆五年 [7]，磨勘官辛从益、戴璐于北闱

策题、试卷指摘不遗馀力[8]。从益江西籍，向以严于磨勘称。是科江西仅中一人，璐子下第，人谓因是多所吹求。上闻，命二人退出磨勘班。同治间[9]，鸿胪寺少卿梁僧宝复以磨勘过严为人所惮[10]。盖自磨勘例行，足以纠正文体，抉剔弊窦，裨益科目，非浅鲜也。

[1] 乾隆六十年乙卯：即公元1795年。乾隆，清高宗爱新觉罗·弘历的年号。
[2] 王以铻：字古彝（生卒年不详），号宝华，归安（今浙江湖州）人。乾隆六十年会试会元，嘉庆六年（1801）进士，选庶吉士，历官知县。
[3] 以衔：即王以衔（1761~1824），字署冰，号勿庵，归安（今浙江湖州）人。乾隆六十年一甲第一名进士，历官修撰、礼部右侍郎。
[4] 总裁：清代主持会试之考官。初以阁部大臣四至六七人充任，后递减为二三人或四五人。咸丰后定为四人，一正三副，分别以正、大、光、明四字为序，用翰林及进士出身之大学士充任。其职责是负责命题、总阅试卷，权衡取舍，审定名次等。窦光鼐：字元调（1720~1795），号东皋，诸城（今属山东）人。乾隆七年（1742）进士，选庶吉士，授编修，历官内阁学士、宗人府府丞、左都御史，三督浙江学政，累典乡试、会试，得士尤多。后以磨勘事降职休致，未及归，卒于京邸。经术文章，为时所称。著有《省吾斋集》、《东皋诗集》等。《清史列传》、《清史稿》皆有传。和珅：字致斋（1750~1799），钮钴禄氏，满洲正红旗人。生员出身，乾隆三十四年（1769）袭轻车都尉世职，授三等侍卫，后受乾隆帝赏识，历官户部侍郎、军机大臣、户部、兵部、吏部尚书、理藩院尚书、文华殿大学士，曾充四库馆、国史馆正总裁，累封至一等公。专擅弄权，贪污纳贿。嘉庆四年（1799），乾隆帝死，为嘉庆帝宣布二十大罪，赐死，查没金银财宝甚多。著有《嘉乐堂诗集》。《清史列传》、《清史稿》皆有传。
[5] 王道本乎人情：清孙奇逢《四书近指》卷十四解《孟子》"人皆谓我"章有云："此真天地父母之仁，所谓王道本乎人情者，此也。"
[6] 刘跃云：字服先（1737~1808），号青垣，武进（今江苏常州）人。乾隆三十一年（1766）一甲第三名进士，授编修，历官兵部左侍郎。《清史列传》、《清史稿》皆有传。瑚图礼：字景南（？~1815），号和庵、石桥，完颜氏，满洲正白旗人。乾隆五十二年（1787）进士，历官检讨、国子监祭酒、礼部尚书。《清史列传》有传。
[7] 嘉庆五年：即公元1800年。嘉庆，清仁宗爱新觉罗·颙琰的年号。
[8] 辛从益：参见清37注5。戴璐：字敏夫（1739~1806），号菔塘、吟梅居士，归安（今浙江湖州）人。乾隆二十八年（1763）进士，历官工部郎中、礼科给事中、通政副使。著有《秋树山房集》、《藤阴杂记》等。策题：谓策问之题。
[9] 同治：清穆宗爱新觉罗·载淳的年号（1862~1874）。
[10] 鸿胪寺少卿：清代鸿胪寺副长官，秩从五品，满、汉各一人。佐鸿胪寺卿掌朝会、国宾、宴飨赞相礼仪等。梁僧宝：原名梁思问（1836~？），字伯乞，号颖情，顺德（今属广东）人。咸丰九年（1859）进士，历官礼部主事、鸿胪寺少卿。

116. 庶吉士之选无定额[1]。顺治三年[2]，世祖始策贡士于廷[3]，赐一甲三人傅以渐等及第[4]，简梁清宽等四十六人为庶吉士[5]。四年、六年复选用。九年，

以给事中高辛允言 [6]，按直省大小选庶吉士。直隶、江南、浙江各五人，江西、福建、湖广、山东、河南各四人，山西、陕西各二人，广东一人，汉军四人。另榜授满洲、蒙古修撰、编修、庶吉士九人。自是考选如例。惟满、蒙、汉军选否无常。康熙间 [7]，新进士得奏请读书中秘 [8]。辄以家世多任馆阁，或边隅素少词臣为言。间邀俞允。故自四十五年至六十七年科中 [9]，各省皆有馆选。世宗令大臣举所知参用 [10]，廷对后，亲试文艺。雍正元、二年间 [11]，汉军、蒙古、山西、河南、陕西、湖南及诸边省每不入选。三年，太常寺少卿李钟峨疏请分省简选 [12]，广储材之路。廷议驳之。五年，诏内阁会议简选庶常之法，寻议照雍正癸卯科例 [13]，殿试后，集诸进士保和殿考试 [14]，仍令九卿确行保举 [15]。考试用论、诏、奏议、诗四题。是为朝考之始 [16]。乾隆元年 [17]，御史程盛修言 [18]："翰林地居清要，欲得通材，务端始进。自保举例行，而呈身识面，广开请托之门；额手弹冠，最便空疏之辈。宜亟停止。"报可。高宗谕禁向来新进士请托奔竞、呈送四六颂联之陋习 [19]，既慎校文艺，复令大臣察其仪止、年岁，分为三等，钦加简选。三年，罢大臣拣选例，依省分甲第引见，临时甄别录用。后世踵行其制。嘉庆以来 [20]，每科庶常率倍旧额，各省无不入选者矣。

[1] 庶吉士：参见清50注11。

[2] 顺治三年：即公元1646年。顺治，清世祖爱新觉罗·福临的年号。

[3] 世祖：即清世祖爱新觉罗·福临（1638~1661）。参见清3注1。

[4] 一甲三人：傅以渐、吕缵祖、李奭棠。傅以渐：字于磐（1609~1665），号星岩，聊城（今属山东）人。顺治三年一甲第一名进士（清代第一位状元），历官修撰、侍讲学士、秘书院大学士、武英殿大学士兼兵部尚书。曾充《明史》、《太宗实录》纂修，《太祖太宗圣训》、《通鉴全书》总裁。后因病回籍。著有《贞固斋诗集》、《易经通注》等。《清史列传》、《清史稿》皆有传。

[5] 梁清宽：字敷五（生卒年不详），直隶正定（今属河北）人。顺治三年二甲第一名进士（传胪），选庶吉士，授编修，历官吏部左侍郎。

[6] 高辛允：历官户科给事中。生平不详。

[7] 康熙：清圣祖爱新觉罗·玄烨的年号（1662~1722）。

[8] 中秘：谓宫廷珍藏图书文物之所。

[9] 六十七年科中：《清史稿校注》校勘记云："六十七年科中，案清史馆张启俊辑选举志稿文科作'六十年七科中'。此'七''年'二字倒置。"甚是。七科，谓康熙四十五年丙戌科（1706）、康熙四十八年己丑科（1709）、康熙五十一年壬辰科（1712）、康熙五十二年癸巳恩科（1713）、康熙五十四年乙未科（1715）、康熙五十七年戊戌科（1718）、康熙六十年辛丑科（1721）。

[10] 世宗：即清世宗爱新觉罗·胤禛（1678~1735）。参见清8注5。

[11] 雍正：清世宗爱新觉罗·胤禛的年号（1723~1735）。

[12] 太常寺少卿：清代太常寺副长官，满、汉各一人，秩正四品。佐太常寺卿综理坛台庙社，以岁时序祭祀，诏礼节，供品物，办器类。李钟峨：字西源（生卒年不详），号芝麓，通江（今属四川）人。康熙四十五年（1706）进士，选庶吉士，授检讨，历官太常寺少卿、太常寺卿。著有《垂云亭诗文集》。

[13] 雍正癸卯科：谓雍正元年（1723）恩科。

[14] 保和殿：参见清 87 注 5。

[15] 九卿：清代谓六部、理藩院尚书、都察院左都御史、大理寺卿为九卿。

[16] 朝考：参见清 112 注 7。

[17] 乾隆元年：即公元 1736 年。乾隆，清高宗爱新觉罗·弘历的年号。

[18] 程盛修：字枫仪（1693~1777），号风沂，又号双桥，泰州（今属江苏）人。雍正八年（1730）
    进士，历官编修、御史、顺天府府尹。

[19] 高宗：即清高宗爱新觉罗·弘历（1711~1799）。参见清 9 注 3。四六颂联：用四六文体撰写的
    颂扬文词。四六，骈文的一种，因以四字、六字为对偶，故名。

[20] 嘉庆：清仁宗爱新觉罗·颙琰的年号（1796~1820）。

117. 凡用庶吉士曰馆选 [1]。初制，分习清、汉书，隶内院 [2]，以学士或侍读
教习之 [3]。自康熙九年专设翰林院 [4]，历科皆以掌院学士领其事 [5]，内阁学士间
亦参用。三十三年，命选讲、读以下官资深学优者数人 [6]，分司训课，曰小教习。六
十年，以礼部尚书陈元龙领教习事 [7]。厥后尚书、侍郎、阁学之不兼掌院事者，并得
为教习大臣，满、汉各一。雍正十一年 [8]，特设教习馆，颁内府经、史、诗、文，户
部月给廪饩 [9]，工部供张什物 [10]，俾庶吉士肄业其中，尤为优异。三年考试散馆，
优者留翰林为编修、检讨，次者改给事中、御史、主事、中书、推官、知县、教职。其
例先后不一，间有未散馆而授职编、检者。或供奉内廷，或宣谕外省，或校书议叙，或
召试词科，皆得免其考试。凡留馆者，迁调异他官。有清一代宰辅多由此选 [11]，其
馀列卿尹膺疆寄者 [12]，不可胜数。士子咸以预选为荣，而鼎甲尤所企望 [13]。康熙
间 [14]，庶吉士张逸少散馆改知县 [15]，迁秦州知州 [16]，其父大学士玉书奏乞内
用 [17]，复得授编修。三十年辛未 [18]，上以鼎甲久无北人，亲擢黄叔琳一甲三
名 [19]。叔琳，大兴人。雍正间 [20]，大学士张廷玉子若霭 [21]，廷对列一甲第三，
廷玉执不可，上为抑置二甲第一，诚重之也。

[1] 馆选：新科进士再经考试，选拔为翰林院庶吉士称馆选。

[2] 内院：即"内三院"。为清代内国史院、内秘书院、内弘文院之总称。后金天聪十年（1636），
    皇太极改文馆为内三院，设于盛京。顺治二年（1645）定内三院为正二品衙门，将翰林院分隶
    内三院，改称内翰林国史院、内翰林秘书院、内翰林弘文院。十五年改内三院为内阁，降为正五
    品衙门，分立翰林院。十八年六月，罢内阁，复内三院，翰林院仍并入。康熙九年（1670）八
    月，复改内三院为内阁，另设翰林院，遂为定制。

[3] 学士：即"内阁学士"，或称"阁学"。参见清 98 注 16。侍读：这里谓"内阁侍读"，为清内阁
    职官。掌勘对。满洲十人，蒙古、汉军、汉各二人，秩正六品。另参见清 32 注 5。

[4] 康熙九年：即公元 1670 年。康熙，清圣祖爱新觉罗·玄烨的年号。翰林院：参见清 28 注 7。

[5] 掌院学士：清代翰林院长官，满、汉各置一人。掌论撰文史，督率在院学士励志勤学，以备朝廷
    任使，或充当文学侍从之臣。

[6] 讲：即"侍讲"。参见清 100 注 12。读：即"侍读"。参见清 32 注 5。

[7] 礼部尚书：礼部的主官。参见清 10 注 21。陈元龙：参见清 13 注 8。《清史稿校注》校勘记云："案圣祖实录，命礼部尚书陈元龙教习庶吉士在'康熙六十一年'二月三十日乙酉。"可参考。

[8] 雍正十一年：即公元 1733 年。雍正，清世宗爱新觉罗·胤禛的年号。

[9] 户部：参见清 4 注 1。廪饩（xì 细）：同"廪膳"。科举时代国家发给在学者的膳食津贴。

[10] 工部：清代掌工程造作之政令与其经费之机构。《清史稿·职官一》："工部。尚书，左、右侍郎，俱满、汉一人。其属：堂主事，清档房满洲三人，汉本房满洲、汉军各一人。司务厅司务，满、汉各一人。缮本笔帖式，宗室一人，满洲十人。营缮、虞衡、都水、屯田四清吏司：郎中，宗室一人（屯田司置），满洲十有六人（营缮、虞衡各四人，都水五人，屯田三人），蒙古一人（营缮司置），汉四人（司各一人）。员外郎，宗室一人（虞衡司置），满洲十有六人（营缮、虞衡各四人，都水五人，屯田三人），蒙古一人（营缮司置），汉四人（司各一人）。主事，宗室一人（屯田司置），满洲十有一人（营缮、屯田各二人，虞衡三人，都水四人），蒙古一人（营缮司置），汉六人（营缮、都水各二人，虞衡、屯田各一人）。笔帖式，宗室一人，满洲八十有五人，蒙古二人，汉军十人。制造库，郎中，满洲二人，汉一人；司库（正七品）、司匠（初制七品，康熙九年定从九品），俱满洲二人；库使（未入流），满洲二十有一人。节慎库，满洲郎中、员外郎各一人，司库二人，库使十有二人。硝磺库、铅子库，满洲员外郎、主事俱各一人。尚书掌工虞器用、辨物庀材，以饬邦事。侍郎贰之。"

[11] 宰辅：辅政之大臣。清代为加殿阁衔的内阁大学士等，位列百僚之首，赞襄庶政，奉宣纶音，办理疏章，厘治宪典，位崇权重。

[12] 卿尹：谓在职中央机构的高级官吏。疆寄：清代谓总督、巡抚等封疆大吏。

[13] 鼎甲：科举考试殿试之一甲共有三名，即状元、榜眼、探花的总称。似鼎有三足，故称。

[14] 康熙：清圣祖爱新觉罗·玄烨的年号（1662～1722）。

[15] 张逸少：字天门（？～1748），号青山，丹徒（今江苏镇江）人。康熙三十三年（1694）进士，选庶吉士，授山西和县，历官秦州知府、编修、侍读学士。散馆：清代庶吉士三年学习期满，庶常馆教习奏请皇帝御试，钦派大臣阅卷，分别等第进呈钦定，引见后即可拣选任用，称"散馆"。优者留为编修、检讨，馀用为主事、知县等，或再学习三年，下次散馆任用。一甲进士虽榜下授职，亦例得参加散馆考试。

[16] 秦州：今甘肃天水。

[17] 大学士玉书：即张玉书。参见清 96 注 14。

[18] 三十年辛未：即康熙三十年（1691）。

[19] 黄叔琳：字宏献（1672～1756），号昆圃，学者称北平先生，直隶大兴（今北京市）人。康熙三十年一甲第三名进士，授编修，历官刑部侍郎、吏部左侍郎，出抚两浙。乾隆十六年（1751）重宴琼林。勤于著述，著有《砚北易钞》、《文心雕龙辑注》、《养素堂诗文集》等。《清史列传》、《清史稿》皆有传。

[20] 雍正：清世宗爱新觉罗·胤禛的年号（1723～1735）。

[21] 张廷玉：参见清 95 注 10。若霭：即张若霭（1713～1746），字景彩，号晴岚，张廷玉长子，桐城（今属安徽）人。雍正十一年（1733）二甲第一名进士，授编修，入直南书房，充军机处章京，历官侍讲、侍读学士、右通政、光禄寺卿、内阁学士。善书画，著有《晴岚诗存》。《清史列传》、《清史稿》皆有传。

118. 先是，顺治九年［1］，选庶常四十人，择年青貌秀者二十人习清书，嗣每科派习十数人不等，散馆试之。乾隆十三年［2］，修撰钱维城考列清书三等［3］，命再试汉书，始留馆。其专精国书者，汉文或日就荒落。十六年，高宗以清书应用殊少［4］，而边省馆选无多，命云南、贵州、四川、广东、广西等省庶吉士不必派习清书，他省视人数酌派年力少壮者一二员或二三员，但循举旧章，备国朝典制已足。其因告假、丁忧、年齿已长者，例准改习汉书。于是习者日少。道光间例停［5］。穆宗初元［6］，令以治经、治史、治事及濂、洛、关、闽诸儒之书课诸庶常［7］。光绪季年［8］，设进士馆［9］，课鼎甲庶吉士及阁部官以法政诸科学，或赀遣游学异国。业成而试，优者授职奖擢。俱未久即罢。

［1］顺治九年：即公元 1652 年。顺治，清世祖爱新觉罗·福临的年号。
［2］乾隆十三年：即公元 1748 年。乾隆，清高宗爱新觉罗·弘历的年号。
［3］钱维城：字宗盘（1720～1772），号幼庵，又号稼轩、茶山，武进（今江苏常州）人。乾隆十年（1745）一甲第一名进士，授修撰，擢中允，累官至刑部侍郎。奉使苗疆，事未竟，以忧归，哀毁卒。赠尚书，谥文敏。工书善画，诗文为画名所掩。著有《茶山文钞》、《茶山诗钞》等。《清史列传》、《清史稿》皆有传。清书：又称"清文"、"国书"，即满文。
［4］高宗：即清高宗爱新觉罗·弘历（1711～1799）。参见清 9 注 3。
［5］道光：清宣宗爱新觉罗·旻宁的年号（1821～1850）。
［6］穆宗：即清穆宗爱新觉罗·载淳（1856～1875）。咸丰帝长子，咸丰十一年（1861）六岁即位，由肃顺等八大臣辅佐，定年号祺祥。同年九月，其生母慈禧太后与恭亲王奕䜣等发动政变，改年号同治，由慈禧、慈安两太后"垂帘听政"。同治十二年（1873），正月亲政，次年底病卒，葬惠陵（在今河北遵化清东陵），庙号穆宗。初元：即同治元年（1862）。
［7］濂洛关闽：宋代理学的四个学派。"濂"即濂溪周敦颐；"洛"即洛阳程颢、程颐；"关"即关中张载；"闽"即讲学于福建的朱熹。明李贽《德业儒臣前论》："惟此言出，而后宋人直以濂、洛、关、闽接孟氏之传，谓为知言云。"
［8］光绪季年：谓光绪末年，即光绪二十九年至三十四年间（1903～1908）。光绪，清德宗爱新觉罗·载湉的年号。
［9］进士馆：参见清 80 注 2。

119. 达官世族子弟，初制一体应试，而中式独多。其以交通关节败者，顺治十四年［1］，少詹事方拱乾子章钺应江南试［2］，以与正主考方犹联族获中［3］，事觉遣戍［4］。康熙二十三年［5］，都御史徐元文子树声、侍讲学士徐乾学子树屏同中顺天试［6］，上以是科南皿悉中江、浙籍［7］，命严勘。斥革五人，树声、树屏俱黜。三十九年，帝以缙绅之家多占中额［8］，有妨寒畯进身之路［9］。殿试时，谕读卷诸臣，是科大臣子弟置三甲，以裁抑之。寻诏定官、民分卷之法，乡试满、合字号二十卷中一［10］，直省视举额十分中一，副榜如之。会试除云南、贵州、四川、广西四省外，编官卷二十人中一。未几罢会试官卷。乾隆十五年［11］，廷臣有以官生过优为言者，部议仍旧，诏责其回护，并及吏、礼二部司官编官卷之不当，令再议。始议中额二十五中官卷一，吏、礼部司员及内阁侍读子弟停编官卷。明年再议，以京官文四品、外官文三品、武二品以上及翰、詹、科、道等官为限。并减中额，顺天十四，浙江六，馀省五至一名。二十三年，大学士蒋溥、学士庄存与复以为言 [12]。令官生大省二十卷中一，中省十五卷，小省十卷中一，满、蒙、汉军如小省例，南、北皿如中省例，中皿额中一名，不足一名入民卷。永以为例。乡、会试考官、房考、监临、知贡举、监试、提调之子孙及宗族，例应回避。雍、乾间 [13]，或另试，或题由钦命，另简大臣校阅。乾隆九年停其例，并受卷、弥封、誊录、对读等官子弟、戚族亦一体回避矣 [14]。

[1] 顺治十四年：即公元 1657 年。顺治，清世祖爱新觉罗·福临的年号。

[2] 少詹事：詹事府副职官员，满、汉各一人，秩正四品。汉员兼翰林院侍读学士衔。掌文学侍从或经史文章之事。方拱乾：初名若策（1596～1667），字肃之，号坦庵、苏庵，江南桐城（今属安徽）人。明崇祯元年（1628）进士，官少詹事。入清，于顺治九年（1652）荐补翰林学士，仍官少詹事。顺治十四年以科场罣误，与子方孝标、方亨咸、方章钺俱谪戍宁古塔。后以捐资赎还。工诗，著有《白门集》、《出关集》、《宁古塔志》等。章钺：即方章钺，为方拱乾之第五子，方孝标、方亨咸之弟。生平不详。参见清 100 注 13。

[3] 方犹：参见清 100 注 12。

[4] 事觉遣戍：《古学汇刊》第一集载佚名《记桐城方戴两家书案》："十四年丁酉，江南乡试正考官方犹，副考官钱开宗。孝标第五子章钺中式。场后外间以此科闱中取不公，物议纷起。旋经给事中阴应节参奏：'江南主考方犹等弊窦多端，物议沸腾，其彰著者，如其中之方章钺，系少詹事方拱乾第五子，孝标、亨咸、膏茂之弟，与方犹连宗有素，乘机滋弊，冒滥贤书，请皇上立赐提究严讯'云云。世祖赫然震怒，先将方犹、钱开宗及同考试等官革职，并中式举人方章钺刑部差员役速拿来京，严行详审，方拱乾著明白回奏。十二月乙亥，少詹事方拱乾回奏：'臣籍江南，与主考方犹从未同宗，故臣子章钺不在回避之例，有丁亥、己丑、甲午三科齿录可据。'下所司查议。至十五年戊戌春三月庚戌，世祖亲覆试丁酉科江南举人。戊午，先将本科准作举人七十五人，其馀罚停会试二科二十四人，文理不通革去举人十四名。至十一月辛酉，世祖亲定方犹、钱开宗两主考官即行正法，同考试官均即处绞，方章钺等八人俱著责四十板，家产籍没入官，父母兄弟妻子併流宁古塔。居二年，世每见方孝标旧讲章必称曰才人，以子嘉贞上书讼冤，故詹事拱乾，学士孝标，祖孙父子乃得释还。"

[5] 康熙二十三年：即公元 1684 年。康熙，清圣祖爱新觉罗·玄烨的年号。

[6] 都御史：即"左都御史"，俗称"总宪"，清代都察院主官，秩从一品。参见清 114 注 9。徐元文：字公肃（1634～1691），号立斋，江南昆山（今属江苏）人，尚书徐乾学弟。顺治十六年（1659）一甲第一名进士，授修撰，历官国子祭酒、左都御史、刑部、户部尚书、文华殿大学士兼翰林院掌院学士。后以结党营私被参解职。著有《含经堂集》。《清史列传》、《清史稿》皆有传。树声：即徐树声，徐元文之子。生平不详。侍讲学士：清代翰林院职官，掌撰述编辑，傤直经幄。初仅汉员，康熙时增置满员。乾隆五十年（1785）以后定制满二人、汉三人。秩从四品，清末改正四品。徐乾学：字原一（1631～1694），号健庵，江南昆山（今属江苏）人。康熙九年（1670）一甲第三名进士，授编修，历官侍讲学士、礼部侍郎、左都御史、内阁学士、刑部尚

书。曾充《大清会典》、《一统志》副总裁，辑纂《古文渊鉴》等。因与高士奇结纳，被劾夺职，卒后复原官。著有《憺园集》、《读礼通考》等。《清史列传》、《清史稿》皆有传。树屏：即徐树屏，徐乾学之子。字敬思（生卒年不详），康熙五十一年（1712）进士，历官刑部主事、广西提学道。顺天试：即"顺天乡试"。

[7] 南皿：参见清 105 注 3。

[8] 缙绅：插笏于绅。旧时用作官宦或儒者的代称。

[9] 寒畯：出身寒微而才能杰出的人。

[10] 满：即"满字号"。满洲、蒙军子弟应考者试卷编号。合字号：汉军子弟应考者试卷编号。俱参见清 105 注 3。

[11] 乾隆十五年：即公元 1750 年。乾隆，清高宗爱新觉罗·弘历的年号。

[12] 大学士：清崇德元年（1636）定内三院官制，始设大学士四人，顺治八年（1651）定大学士品级为正二品。十五年，改内三院为内阁，大学士为内阁主官，均系殿阁衔，即中和殿大学士、保和殿大学士、文华殿大学士、武英殿大学士、文渊阁大学士、东阁大学士，仍兼尚书。康熙九年（1670）置满、汉大学士四人。雍正九年（1731）以后，增设协办大学士。至乾隆十三年（1748），始定大学士、协办大学士员额，去中和殿衔，增体仁阁衔，遂以三殿、三阁为定制，惟保和殿不常置。五十八年，停兼尚书衔。大学士品级一度降为五品，满、汉亦曾有别，至雍正八年始划一，定为正一品，位列各部之上，属文官之首。蒋溥：字质甫（1708～1761），号恒轩，常熟（今属江苏）人。雍正八年（1730）二甲第一名进士，历官编修、户部尚书、东阁大学士，赠太子太保，卒谥文恪。《清史列传》、《清史稿》皆有传。学士：即"内阁学士"，或称"阁学"。参见清 98 注 16。庄存与：字方耕（1719～1788），号养恬，武进（今江苏常州）人。乾隆十年（1745）一甲第二名进士，授编修，历官内阁学士、礼部侍郎。长于《春秋公羊》学，为清代今文经学之首倡者，开常州学派。著有《尚书说》、《春秋正辞》、《易说》、《味经斋文稿》等。《清史列传》、《清史稿》皆有传。

[13] 雍：雍正，清世宗爱新觉罗·胤禛的年号（1723～1735）。乾：乾隆，清高宗爱新觉罗·弘历的年号（1736～1795）。

[14] "并受卷"句：《清史稿校注》校勘记云："案光绪会典事例卷三四五，受卷、弥封、誊录、对读等官子弟、戚族一体回避，例始'乾隆二十一年'。此与乾隆九年事连书，易生误解。"可参考。

120．有清重科目，不容幸获。惟恩遇大臣，嘉惠儒臣耆年 [1]，边方士子，不惜逾格。历代优礼予告或在职大臣 [2]，与夫奖叙饰终之典 [3]，赐其子孙举人、进士，有成例者无论已。至如雍正七年 [4]，廷臣遵旨举出入闱未中式之大学士蒋廷锡子溥、尚书嵇曾筠子璜等十二人 [5]，俱赐举人。侍郎刘声芳子俊邦以疾未与试 [6]，赐举人，尤为特典。康熙间 [7]，浙江举人查慎行 [8]，江苏举人钱名世、监生何焯 [9]，安徽监生汪灏 [10]，以能文受上知。召试南书房 [11]，赐焯、灏举人。四十二年，赐焯、灏、蒋廷锡进士。六十年，以内廷行走举人王兰生、留保学问素优 [12]，礼闱不第，俱赐进士。雍正八年 [13]，赐江南举人顾天成、广东举人卢伯蕃殿试 [14]。乾隆十八年 [15]，赐内廷行走监生徐扬、杨瑞莲举人 [16]。四十三年，助教吴省兰、助教衔张羲年以校《四库》书赐殿试 [17]，俱非常例。乾隆以来，凡年七十以上会试落第者，予司业、编、检、学正等衔。乡试年老诸生，赐举人副榜。雍正十一年 [18]，诏于云、贵、广东西、四川、福建会试落卷，择文理可观、人材可用者，拔取时馀等十人 [19]，一体殿试，赵绳其等四十人 [20]，拣选录用。乾隆初，拣选如例，则边省士子犹沐殊恩也。

[1] 耆年：高年者。

[2] 予告：汉代二千石以上有功官员依例给以在官休假的待遇，谓之予告。后代凡大臣因病、老准予休假或退休的都称予告。《清会典·吏部·稽勋清吏司》："凡官年老告休者，则令致仕。大臣予告者，或加衔，或食俸，皆出特恩，以示优异焉。"

[3] 饰终：谓人死时给予尊荣。清昭梿《啸亭续录》卷一《赐奠》："国家宠待臣僚，遇有勋绩昭著者，饰终之典，有上亲临赐奠者，亦有特遣皇子、大臣代赐者，代不乏人。"

[4] 雍正七年：即公元 1729 年。雍正，清世宗爱新觉罗·胤禛的年号。

[5] 蒋廷锡：字扬孙（1669～1732），一字酉君，号西谷，又号南沙、青桐居士，常熟（今属江苏）人。康熙四十二年（1703）进士，历官礼部侍郎、户部尚书兼兵部尚书、文华殿大学士，加太子太傅。充《明史》总裁，并参与《古今图书集成》、《佩文韵府》、《康熙字典》等典籍的编纂顾问。工诗，擅花鸟，著有《青桐轩集》等。《清史列传》有传。溥：即蒋溥，蒋廷锡子。参见清 119 注 12。嵇曾筠：字松友（1670～1738），号礼斋，无锡（今属江苏）人。康熙五十四年（1715）进士，选庶吉士，授编修，历官河南巡抚、兵部尚书、文华殿大学士，加太子太保。以善治河著称。卒谥文敏。著有《防河奏议》、《师善堂诗集》等。《清史列传》、《清史稿》皆有传。璜：即嵇璜（1711～1794），嵇曾筠子，字尚佐，一字黼廷，号拙修。雍正八年（1730）进士，选庶吉士，授编修，历官大理寺卿、户部侍郎、工部、礼部、兵部、吏部尚书，加太子太保。卒赠太子太师，谥文恭。能诗，著有《锡庆堂诗集》。《清史列传》、《清史稿》皆有传。

[6] 刘声芳：历官户部侍郎。生平不详。俊邦：即刘俊邦，刘声芳子。生平不详。

[7] 康熙：清圣祖爱新觉罗·玄烨的年号（1662～1722）。

[8] 查慎行：初名嗣琏（1650～1727），字夏重，号他山，后更今名，字悔余，号初白，又号查田，海宁（今属浙江）人。康熙四十二年（1703）进士，选庶吉士，授编修。五十二年，乞休归。雍正五年（1727），以二弟查嗣庭文字狱，被逮入京，以端谨放归田里，未几卒。工诗，有名于时。著有《敬业堂集》、《人海记》等。《清史列传》有传。

[9] 钱名世：字亮功（1660～1730），一字亮工，号绷庵，武进（今江苏常州）人。康熙四十二年（1703）一甲第三名进士，授编修，历官侍讲学士。雍正四年（1726），以因曾赠年羹尧诗，逐回原籍，赐榜书"名教罪人"，命悬中堂，每月朔望，知府、知县亲往审视；又命群臣各赋诗痛诋，编辑成集曰《名教罪人》以羞辱之。康熙中，曾先后参加大型类书《佩文韵府》、《渊鉴类函》、《骈字类编》以及《明史》的修纂，著有《古香堂诗集》。何焯：初字润千（1661～1722），号元勇，后改字屺瞻，晚号茶仙，学者称义门先生，长洲（今江苏苏州）人。康熙四十一年（1702）以太学生直南书房，次年赐进士，选庶吉士，授编修。勤于猎古，精校勘之学，工楷书。著有《义门先生集》。《清史稿》有传。

[10] 汪灏：字紫沧（1658～?），号沇亭，休宁（今属安徽）人。康熙四十二年（1703）二甲第一名进士，历官翰林院编修。奉敕撰《佩文斋广群芳谱》、《韵府拾遗》等。

[11] 南书房：清代内廷机构之一，在紫禁城内月华门南。旧为清圣祖读书之所，后选翰林文人才品兼优者于此处办事，或代拟谕旨，或备咨询，或讲求学业。康熙十六年（1677）命侍讲学士张英、内阁学士衔高士奇供奉内廷，为南书房入直之始。以其接近皇帝，故为人视为清要之地，入者以为荣。

[12] 王兰生：字振声（1679～1737），号信芳、坦斋，直隶交河（今河北泊头）人。康熙六十年（1721）二甲第二名进士，历官编修、刑部右侍郎。曾奉敕编撰《音韵阐微》、《律吕正义》等。留保：字松裔（1686～1762），号恤纬，姓完颜氏，满洲正白旗人。康熙五十三年（1714）举人，六十年成进士，选庶吉士，授检讨，历官侍讲学士、通政使、礼部侍郎、吏部侍郎、工部侍郎，致仕归。能诗。《清史稿》有传。

[13] 雍正八年：即公元1730年。雍正，清世宗爱新觉罗·胤禛的年号。

[14] 顾天成：当作"顾成天"。《清史稿校注》校勘记云："顾天成，案光绪会典事例卷三五四作'顾成天'。又案世宗实录，赐顾成天进士，一体殿试在雍正八年三月十二日庚辰。"甚是。顾成天（1671～1752），字良哉，号小崖，娄县（今上海松江）人。康熙五十六年（1717）举人，雍正八年（1730）特赐进士，历官编修、少詹事，以老乞归。著有《离骚解》、《花语山房诗文小钞》等。卢伯蕃：连州（今属广东）人，雍正八年特赐进士。馀不详。

[15] 乾隆十八年：即公元1753年。乾隆，清高宗爱新觉罗·弘历的年号。

[16] 内廷行走：即供职于内廷。"行走"为清代特殊官场用语，凡以原官受命在不设专官的机构内入直供职，即称在某处或某官上行走。如南书房行走、军机处行走、军机大臣上行走，皆是。徐扬：字云亭（生卒年不详），吴县（今江苏苏州）人。乾隆十六年（1751）乾隆帝南巡至苏州，以监生献画得充画院供奉，乾隆十八年赏赐举人，官至内阁中书。有《盛世滋生图》（又名《姑苏繁华图》）、《南巡图》等画作。《石渠宝笈》录其作品三十五件。杨瑞莲：生平不详。

[17] 助教：国子监属官，秩从七品。参见清3注7。吴省兰：字泉之（1738～1810），江苏南汇（今属上海）人。乾隆二十八年（1763）举人，四十三年会试落榜，特赐殿试，名列二甲，历官赞善、中允、湖北、湖南、浙江学政，礼部、工部侍郎等。能诗文，著有《听彝堂偶存稿》、《艺海珠尘》等。《清史列传》有传。张羲年：字淳初（1709～1778），号潜亭，馀姚（今属浙江）人。乾隆四十二年（1777）举人，历官国子监助教，乾隆四十三年赏赐殿试，未与试卒。四库：即《四库全书》，清代乾隆朝官修丛书名，永瑢领衔编撰，纪昀为总纂官，历时十五年，共收图书三千四百五十七种，另有存目六千七百六十六种，分经、史、子、集四部，共缮写七套。

[18] 雍正十一年：即公元1733年。雍正，清世宗爱新觉罗·胤禛的年号。

[19] 时馀：赵州（今属云南）人。雍正十一年（1733）进士，归班知县。馀不详。

[20] 赵绳其：广南（今属云南）人。生平不详。

121．历科情形略异者，顺治三年 [1]，从大学士刚林请 [2]，以天下初定，广收人才，再举乡、会试。十六年，以云、贵新附，绥辑需人 [3]，再举礼部试，均不循子丑之旧 [4]。康熙十六年 [5]，乡试顺天专遣官，山东、山西、陕西并河南省，湖广、江西并江南省，福建并浙江省考试。试期九月，十五人中一，不取副榜，亦无会试。江南榜江西无中式者。咸、同间军兴 [6]，各直省或数科不试。或数科并试，倍额取中。或一省止试数府、州、县，减额取中。试期或迟至十月、十一月，不拘成例。顺天正主考，初制均差翰林官。康熙初，沿明制，以前一科一甲一名为之。士子希诡遇者，得预通声气。二十年 [7]，修撰归允肃主顺天闱 [8]，撰文自誓力除积弊，不通关节，榜后下第者哗然，冀兴大狱。刑部尚书魏象枢暴其事 [9]，浮议始息。制亦寻废。二年 [10]，顺天《春秋》题"邾子"讹"邾人" [11]，罢考官白乃贞等职 [12]。士子因书"子"字贴出者，弘文院官覆试 [13]，优者准作举人，无中式者。

[1] 顺治三年：即公元 1646 年。顺治，清世祖爱新觉罗·福临的年号。

[2] 大学士：参见清 119 注 12。刚林：字公茂（？～1651），瓜尔佳氏，满洲正黄旗人。天聪八年（1634）以汉文应试，中举人，命值文馆。崇德元年（1636）授国史院大学士，奏定部院官制及试士之法。入关后，屡主会试。顺治八年（1651）以阿附摄政王多尔衮、擅改国史、参与谋逆罪处斩。《清史列传》、《清史稿》皆有传。

[3] 绥辑：安抚集聚。

[4] 子丑之旧：谓乡试与会试的年分。参见清 14 注 9，清 21 注 3。

[5] 康熙十六年：即公元 1677 年。康熙，清圣祖爱新觉罗·玄烨的年号。

[6] 咸：咸丰，清文宗爱新觉罗·奕詝的年号（1851～1861）。同：同治，清穆宗爱新觉罗·载淳的年号（1862～1874）。军兴：谓太平天国。参见清 11 注 3。

[7] 二十年：即康熙二十年（1681）。

[8] 归允肃：字孝仪（1642～1689），号惺崖，常熟（今属江苏）人。康熙十八年（1679）一甲第一名进士，授修撰，历官中允、侍讲学士、少詹事。著有《归公詹集》。

[9] 刑部尚书：参见清 8 注 4。魏象枢：字环极（1617～1687），一字环溪，号昆林，又号庸斋，晚号寒松老人，蔚州（今山西灵丘）人。明崇祯十五年（1642）举人，清顺治三年（1646）进士，历官刑科给事中、都察院左都御史、刑部尚书。以疾归，卒谥敏果。著有《寒松堂集》。《清史列传》、《清史稿》皆有传。暴其事：《江南通志》卷一百四十："归允肃，字孝仪，常熟人，明刑部主事起先子。康熙己未殿试第一人，授修撰。辛酉典试京闱，所拔皆寒畯。刑部尚书魏象枢昌言于朝，庆其得人。历官少詹事，与议政事，持正不阿。以疾告归，居乡有清望。"

[10] 二年：即康熙二年（1663）。

[11] 邾子：《春秋·庄公十六年》："十有六年春王正月。夏，宋人、齐人、卫人伐郑。秋，荆伐郑。冬十有二月，会齐侯、宋公、陈侯、卫侯、郑伯、许男、滑伯、滕子同盟于幽。邾子克卒。"

[12] 白乃贞：字廉叔（生卒年不详），号蕊渊，清涧（今陕西榆林）人。顺治九年（1652）进士，选庶吉士，授检讨，充顺天乡试主考官，以试题字误，罢官归。工诗。

[13] 弘文院：清初内三院之一，掌注释历代行事，御前进讲等事。参见清 117 注 2。

122. 雍正元年 [1]，顺天榜后，命大学士王顼龄等同南书房翰林检阅落卷 [2]，中二人。是年会试覆检如前，中落卷七十八人。二年，中七十七人。乾隆元年，中三十八人 [3]。后不复行。雍正四年，以浙人查嗣庭、汪景祺著书悖逆 [4]，既按治，因停浙江乡、会试。未几，以李卫等请 [5]，弛其禁。七年，广东连州知州朱振基私祀吕留良 [6]，生员陈锡首告 [7]，上嘉之。令是科连州应试完场举子，由学政遴取优通者四人赏举人。乾隆四十六年辛丑会试，江南解元钱棨领是科会、状 [8]。嘉庆二十五年庚

辰会试 [9]，广西解元陈继昌亦领是科会、状 [10]，士子艳称"三元"。有清一代，二人而已。八旗与汉人一体考试，康、乾以来，无用鼎甲者。同治四年 [11]，蒙古崇绮以一甲一名及第 [12]，光绪九年 [13]，宗室寿耆以一甲二名及第 [14]，汉军鼎甲尤多。至历代捐输军饷、赈款、园庭工程赏举人，拏获叛匪及杀贼立功，有贡监给举人、举人给进士之例，则又一时权宜之制也。

[1] 雍正元年：即公元 1723 年。雍正，清世宗爱新觉罗·胤禛的年号。

[2] 大学士：参见清 119 注 12。王顼龄：字颛士（1642～1725），又字容士，号瑁湖，晚号松乔老人，江南华亭（今上海松江）人，尚书王鸿绪之兄。康熙十五年（1676）进士，历官太常博士。康熙十八年，召试博学鸿词，列一等，授编修，历官侍讲学士、礼部侍郎、工部尚书、武英殿大学士，卒谥文恭。著有《世恩堂集》。《清史列传》、《清史稿》皆有传。南书房：参见清 120 注 11。

[3] "乾隆元年"二句：《清史稿校注》校勘记云："三十八人，案光绪会典事例卷三五〇作'三十五人'。"可参考。乾隆元年，即公元 1736 年。乾隆，清高宗爱新觉罗·弘历的年号。

[4] 查嗣庭：字润木（1664～1727），号横浦，又号查城，海宁（今属浙江）人，查慎行之二弟。康熙四十五年（1706）进士，选庶吉士，授编修，历官内阁学士兼礼部左侍郎。雍正四年（1726）出为江西乡试正考官。以出题乖谬及与怨望讥刺等罪下狱死，仍戮尸枭示，家属流三千里。实则因其与隆科多等交往所致。著有《双遂堂遗集》。商衍鎏《清代科举考试述录·科场案件与轶闻》："雍正四年丙午，嗣庭官礼部侍郎，是科为江西乡试正主考。首题出《论语》'君子不以言举人，不以人废言'，三题出《孟子》'山径之蹊间，介然用之而成路，为间不用，则茅塞之矣，今茅塞子之心矣'。是时方行保举，廷旨谓其有意讥刺，三题茅塞于心，廷旨谓其不知何指，居心殊不可问。因搜其手札诗草，内多悖逆之语，遂交三法司审讯定罪伏诛。嗣瑮、慎行以兄弟牵累，遣戍有差，浙人因之停丁未科会试。或曰，查嗣庭所出题，为《大学》'维民所止'句，忌之者谓'维止'二字，意在去'雍正'二字之首（按并未出此题，乃因'维止录'之误），此事上闻，世宗以其怨望毁谤，为大不敬。检嗣庭行箧，得日记二本，乃按条搜求。以其为隆科多、蔡珽所荐，谓系属死党，又谓其于圣祖用人行政大肆讥刺，以翰林改科道为可耻，以裁汰冗员为厄运，以钦赐进士为滥举，以清书庶常又考汉文为苛例，以庶常散馆为畏途，以多途庶吉士为蔓草，诸如此类，等于信口讪谤，遂降旨拿问。或曰，查嗣庭著'维止录'一书，取明亡大厦已倾，得清维而止之之意，世宗览之，初甚嘉许，谓其识大体。太监某进曰，此悖逆书耳，何嘉焉。有谓'维止录'专记世宗宫廷暗昧之事，首页内有一条言康熙六十一年某月日，天大雷电以风，予适乞假在寓，忽闻上大行，皇四子已即位，奇哉。即此可知其大凡矣。又浙东诸桥镇有关羽庙，某撰书一联云：'荒村古庙犹留汉，野店浮桥独姓诸。''诸'、'朱'同音，为嗣庭采入'维止录'中，狱起亦置撰联之某于法。"《中国历史大辞典·清史上》："四年（1726），出为江西乡试主考官，所出试题有：'正大，而天地之情可见矣'，'其旨远，其辞文'，'百室盈止，妇子宁止'，世宗把题中的'正'、'止'二字联系起来，谓其指雍正的'正'字有'一止'之意，有意诽谤。又于寓所搜出日记，有直论时事之文，援以为叛逆之实据。且因查系隆科多、蔡珽所荐，谓系属死党，乃将之下狱。"亦可参考。汪景祺：字星堂（？～1726），钱塘（今浙江杭州）人。康熙间举人，雍正二年（1724）入西安抚远大将军年羹尧幕，作《读书堂西征随笔》，内有《功臣不可为》一文，系献与年羹尧者。次年，年羹尧得罪，查抄其杭州住宅，发现

汪景祺所著书，即以其诗中有攻击康熙帝书法与雍正年号的罪名处斩，妻子发黑龙江给穷披甲人为奴。

[5] 李卫：字又玠（1686～1738），铜山（今江苏徐州）人。康熙末捐资为员外郎，历官云南布政使、浙江巡抚、浙江总督、刑部尚书、直隶总督。以善捕盗，被世宗誉为"督抚楷模"。《清史列传》、《清史稿》皆有传。

[6] 连州：在今广东省西北部，邻接湖南省。朱振基：浙江人，监生，历官罗定州知府、广州府同知。生平不详。卜僧慧《吕留良年谱长编》于"雍正七年己酉（一七二九年）留良卒后四十六年"下云："九月十五日，广东布政使王士俊奏广州府理徭同知朱振基供奉吕留良牌位。九月十九日，清世宗命"朱振基、王奇勋俱著革职拿问。其私置吕留良牌位奉祀情由该督严审究拟具奏。"吕留良：字庄生（1629～1683），一字冀野；原名光轮，字用晦，后改字留侯，号晚村，石门（今浙江崇德）人。顺治十年（1653）始出就试，为邑诸生，后弃去。精研理学，著书讲学，先后拒鸿博、隐逸之举，削发为僧，取名耐可，字不昧。著有《晚村先生文集》、《东庄诗集》等。雍正六年（1728），吕留良卒后四十五年，发生曾静、张熙之狱，牵连吕留良开棺戮尸，其子及门人皆立斩，株连甚广，是为清代有名之文字狱。

[7] 陈锡：生平不详。

[8] 解（jiè 界）元：乡试第一名。钱棨：字振威（1743～1799），号湘舲，长洲（今江苏苏州）人。乾隆四十六年（1781）一甲第一名进士，授修撰，历官左赞善、侍读、左庶子、内阁学士兼礼部侍郎，提督云南学政。以身患疟疾卒亡。他是清代第一位连中三元者。《清史列传》有传。

[9] 嘉庆二十五年：即公元1820年，嘉庆，清仁宗爱新觉罗·颙琰的年号。

[10] 陈继昌：原名守壑（1791～1849），字哲臣，号莲史，临桂（今广西桂林）人。嘉庆二十五年一甲第一名进士，授修撰，历官兖州知府、江西按察使、江宁布政使、江苏巡抚。以病归，卒。著有《如话斋诗存》。《清史稿》有传。

[11] 同治四年：即公元1865年。同治，清穆宗爱新觉罗·载淳的年号。

[12] 崇绮：字文山（1829～1900），号蔚霞，又号丽如，阿鲁特氏，蒙古正蓝旗人。同治四年一甲第一名进士，授修撰，历官侍讲、文渊阁校理，以女儿选为皇后，转满洲镶黄旗，擢日讲起居注官，内阁学士兼礼部侍郎、吏部右侍郎、户部尚书、吏部尚书、翰林院掌院学士。庚子事变中自缢于莲池书院，谥文节。《清史列传》、《清史稿》皆有传。

[13] 光绪九年：即公元1883年。光绪，清德宗爱新觉罗·载湉的年号。

[14] 宗室：清皇族称谓之一，太祖努尔哈赤父亲塔克世之直系子孙为宗室。寿耆：字子年（1859～1934），又字绍吟，号芝岩、艾伯，正蓝旗宗室。光绪九年一甲第二名进士，授编修，历官荆州将军、理藩部大臣。

123. 初，太宗于蒙古文字外 [1]，制为清书 [2]。天聪八年 [3]，命礼部试士，取中刚林等二人 [4]，习蒙古书者俄博特等三人 [5]，俱赐举人。嗣再试之。顺治八年 [6],举行八旗乡试，不能汉文者试清文一篇，再举而罢。康熙初 [7]，复行翻译乡试，自满、汉合试制举文，罢翻译科。雍正元年 [8]，诏八旗满洲于考试汉字生员、举人、进士外，另试翻译。廷议三场并试，满、汉正、副考官各二，满同考官四。诏乡试止试一场，或章奏一道，或《四书》、《五经》量出一题，省汉考官，增誊录，馀如文场例[9]。嗣后缮译谕旨,或于《性理精义》及小学[10],限三百字命题。乾隆三年[11],令于缮译题外作清文一篇。七年,定会试首场试清字《四书》文,《孝经》、《性理》论各一篇[12]。二场试缮译。凡满洲、汉军满、汉字贡、监生员、笔帖式[13],皆与乡试。文举人及武职能缮译者,准与会试。先试骑射如例。蒙古缮译科,雍正九年,诏试蒙古主考官一,同考倍之。初令乡、会试题,俱以蒙字译清字《四书》、章奏各一道。乾隆元年,改译清文《性理》、《小学》,与满洲缮译同场试,别为一榜。时应清文乡试者,率五六百人额中三十三名,应蒙文乡试者,率五六十人额中六名。原定缮译乡、会试三年一次,然会试迄未举行。乾隆四年,以乡试已历六科,八月始行会试。中满洲二十名,蒙古二名。因人数无多,诏免殿试,俱赐进士出身,优者用六部主事[14]。二十二年,以缮译科大率寻章摘句,无关缮译本义,诏停。四十三年,复行乡试,罢眷录对读。明年会试,向例须满六十人,是科仅四十七人,特准会议,免廷试,如四年例。自是每届三年,试否请旨定夺。五十二年,更定乡、会试五年一次,然会闱自五十三年迄嘉庆八年[15],仅一行之,犹不足定例六十名之数。且枪冒顶替,弊端不可究诘。蒙文尝以不足七八人停试。虽诏旨谆谆勉以国语骑射为旗人根本,而应试者终属寥寥。八年,从侍郎赓音请[16],复旧制三年一举以为常。二十四年,定乡、会覆试如文闱例。道光八年[17],罢缮译同考官,末年始有用庶吉士者[18]。各省八旗驻防,初但应汉文乡、会试,道光二十三年,改试缮译,十人中一,三名为额。宗室应缮译试,自乾隆时始。别为一题,中额钦定。

[1] 太宗:即清太宗爱新觉罗·皇太极(1562～1643),太祖第八子。天命十一年(1626),太祖卒后,被诸贝勒推为后金汗,年号天聪。天聪十年(1636)改国号曰清,改元崇德。崇德八年(1643)暴卒,葬盛京(今沈阳)昭陵,庙号太宗,谥文皇帝。

[2] 清书:又称"清文"、"国书",即满文。

[3] 天聪八年:即公元1634年。天聪,后金(清)太宗爱新觉罗·皇太极的第一个年号。

[4] 刚林:参见清121注2。

[5] 俄博特:生平不详。

[6] 顺治八年:即公元1651年。顺治,清世祖爱新觉罗·福临的年号。

[7] 康熙:清圣祖爱新觉罗·玄烨的年号(1662～1722)。

[8] 雍正元年:即公元1723年。雍正,清世宗爱新觉罗·胤禛的年号。

[9] "省汉考官"三句:《清史稿校注》校勘记云:"案光绪会典事例卷三六三,诏缮译乡试止试一场,省汉考官,增眷录在'雍正二年'。"可参考。

[10] 性理精义:十二卷,《性理大全》的节编本,康熙帝命李光地所编。参见清5注4。小学:谓有关训诂、文字、音韵一类学问。中华书局整理本于"小学"加书名号,似不妥。

[11] 乾隆三年:即公元1738年。乾隆,清高宗爱新觉罗·弘历的年号。

[12] 孝经:参见唐5注4。

[13] 笔帖式:参见清24注8。

[14] 六部主事:清代六部之司官,位次于员外郎,秩正六品。

[15] 嘉庆八年：即公元1803年。嘉庆，清仁宗爱新觉罗·颙琰的年号。

[16] 赓音：姜佳氏（？~1815），满洲正黄旗人。历官都察院左都御史，以三品顶戴致仕。

[17] 道光八年：即公元1828年。道光，清宣宗爱新觉罗·旻宁的年号。

[18] 庶吉士：参见清50注11。

124. 武科，自世祖初元下诏举行[1]，子午卯酉年乡试，辰戌丑未年会试，如文科制[2]。乡试以十月，直隶、奉天于顺天府[3]，各省于布政司，中式者曰武举人。次年九月会试于京师，中式者曰武进士。凡乡、会试俱分试内、外三场。首场马射，二场步射、技勇，为外场。三场策二问、论一篇，为内场。外场考官，顺天及会闱以内大臣、大学士、都统四人为之[4]。内场考官，顺天以翰林官二人，会闱以阁部、都察院、翰、詹堂官二人为之。同考官顺天以科甲出身京员四人，会闱以科甲出身阁、科、部员四人为之。会试知武举，兵部侍郎为之[5]。各直省以总督、巡抚为监临、主考官，科甲出身同知、知县四人为同考官[6]。外场佐以提、镇大员[7]。其余提调、监射、监试、受卷、弥封、监门、巡绰、搜检、供给俱有定员，大率视文闱减杀。殿试简朝臣四人为读卷官[8]，钦阅骑射技勇，乃试策文。临轩传唱状元、榜眼、探花之名[9]，一如文科。

[1] 世祖：即清世祖爱新觉罗·福临（1638~1661）。参见清3注1。

[2] 如文科制：参见清88。

[3] 直隶：参见清34注11。奉天：即"奉天府"，治所在今辽宁沈阳市。顺天府：参见清14注9。

[4] 内大臣：官名，为清侍卫处之次官。武职秩从一品，共六人，镶黄、正黄、正白三旗各二人，由皇帝特简。其职责为协助领侍卫内大臣掌院领侍卫亲军，与散秩大臣翊卫扈从，皇帝出巡时，内大臣可兼任前引大臣。大学士：参见清119注12。都统：八旗组织中一旗的最高军政长官，满名固山额真，掌一旗之户籍、田宅、教养及官兵拣选操练军政事务。初秩正一品，后定从一品。

[5] 兵部侍郎：清代兵部的副长官，秩从二品。参见清46注3。

[6] 同知：清代知府的佐官，秩正五品。与府州判分掌粮盐督捕、江海防务、河工水利、清军理事、抚绥民夷诸事。

[7] 提：即"提督"，又称"提台"、"军门"，全称提督军务总兵官，为一省绿营的最高长官，秩从一品，管理绿营军队政令，并节制全省各镇总兵。名义上与督抚并称封疆大吏，但仍听督抚节制，有的由巡抚直接兼任。镇：即"镇台"，又称"总兵"，为清代绿营兵之高级将领，仅次于提督，秩正二品。所辖为绿营最高组织"标"，分设于内地各省，每省二至七人不等。

[8] 朝臣：朝廷官员。读卷官：殿试时负责阅读考生之策论，拟定名次，供皇帝圈定。

[9] 临轩：皇帝不坐正殿而御前殿。殿前堂陛之间近檐处两边有槛楯，如车之轩，故称。

125. 初制，一甲进士或授副将、参将、游击、都司[1]，二、三甲进士授守备、署守备[2]。其后一甲一名授一等侍卫[3]，二、三名授二等侍卫。二、三甲进士授三等及蓝翎侍卫，营、卫守备有差[4]。凡各省武生、绿营兵丁皆得应乡试[5]，武举及现任营千、把总[6]，门、卫、所千总[7]，年满千总，通晓文义者，皆得应会试。惟年逾六十者，不许应试。其后武职会试，以武举出身者为限。康熙间[8]，欲收文武兼备之材，尝许文生员应武乡试，文举人应武会试，颇滋场屋之弊。乾隆七年[9]，以御史陈大玠言[10]，停文武互试例。

[1] 副将：官名，清代绿营兵之武职，隶于提督、总兵之下，秩从二品。可充"协"的领兵官，统理一协军务，故又称协镇，别称协台。下辖参将、游击等。参将：官名，清代绿营兵之武职，位副将之下，秩正三品。掌营务或充各镇中军。游击：官名，清代绿营兵之武职，位参将之下，秩从三品。职责与参将同，掌营汛军政，或充各镇中军官。都司：官名，清代绿营兵之武职，位参将、游击之下，守备之上，秩正四品。或充营的领兵官，或充副将的中军官。清代全国共有陆路都司四百一十二人，水师都司八十二人。四川、云南的土司中也有都司之官，称为土都司。

[2] 守备：官名，又称"守府"，清代绿营兵之武职，位都司下、千总之上，秩正五品。或统领营兵，分巡守汛，或管理营务粮饷，或充任参将、游击中军官。清代全国陆路守备七百五十七人，水师守备一百二十一人。漕运总督所辖各卫所亦设守备，称"卫守备"。另有"土守备"、"屯守备"、"苗守备"之称。署守备：即代理守备。

[3] 侍卫：掌宫廷宿卫和随扈皇帝之事的官名。清太祖以八旗子弟中才武出众者为侍卫，担任"随侍宿卫"，并以勋戚大臣统领。顺治元年（1644）定侍卫处员额，一等侍卫（正三品）六十人，二等侍卫（正四品）一百五十人，三等侍卫（正五品）二百七十人，蓝翎侍卫（五、六品）九十人。雍正四年（1726）规定，武进士一甲一名授一等侍卫，二三名授二等侍卫，二甲选为三等侍卫，三甲选为蓝翎侍卫。均隶于侍卫处。

[4] 营：谓京城巡捕五营、各省督抚提镇所统辖之水陆各营及河营等。卫：谓漕运总督所辖各卫所。

[5] 绿营兵：又称"绿旗兵"。清入关时只有八旗兵，后收编明朝降附官兵，另立为绿营，使用绿旗，故称。京城置巡捕营，设步军统领职。各省营兵由总督、巡抚、提督、总兵、将军、河道总督、漕运总督统辖。主要兵种为步兵，分战兵、守兵，另有马兵、水师。兵员最多时达六十六万。平时分隶营、汛巡查防守，战时赴前线。

[6] 营千：即"营千总"。清代绿营兵基层组织"汛"的领兵官，秩正六品。掌巡守营哨汛地。漕运总督所辖卫所及守御所亦设千总，称为卫千总和守御所千总，统率运军领运漕粮。把总：清代绿营兵的基层组织"汛"的领兵官，秩正七品。掌巡守营哨汛地，也称营把总。另有外委把总，秩正九品，地位较营把总为低。漕运总督所辖卫所和守御所亦设把总，称卫把总和守御所把总，统率运军领运漕粮。

[7] 门：谓"门千总"。清代步军统领所属巡捕营之职官，设于京城内九门、外七门，每门二人，秩正六品，俱以汉军充补。掌司门禁，率值班门兵以守卫稽查出入。初沿明制，设城门指挥千百户，属兵部职方司汉主事专管。顺治四年（1647）更名门千总，康熙十三年（1674），改隶步兵统领。卫所千总：参见注6。

[8] 康熙：清圣祖爱新觉罗·玄烨的年号（1662～1722）。

[9] 乾隆七年：即公元1742年。乾隆，清高宗爱新觉罗·弘历的年号。

[10] 陈大玠：字筍湄（生卒年不详），惠安（今福建晋江）人。雍正二年（1724）进士，历官礼部主事、御史、太常寺少卿。

126. 考试初制，首场马箭射毡球[1]，二场步箭射布侯[2]，均发九矢。马射中二，步射中三为合式，再开弓、舞刀、掇石试技勇。顺治十七年 [3]，停试技勇，康熙十三年复之 [4]。更定马射树的距三十五步 [5]，中三矢为合式，不合式不得试二场。步射距八十步，中二矢为合式。再试以八力、十力、十二力之弓 [6]，八十斤、百斤、百二十斤之刀，二百斤、二百五十斤、三百斤之石。弓开满，刀舞花，掇石去地尺，三项能一、二者为合式，不合式不得试三场。合式者印记于颊，嗣改印小臂，以杜顶冒。三十二年，步射改树的距五十步中二矢为合式。乾隆间 [7]，复改三十步射六矢中二为合式。马射增地球 [8]，而弓、刀、石三项技勇，必有一项系头号、二号者，方准合式，遂为永制。

[1] 毡球：用毛毡制成的悬挂的球形箭靶。
[2] 布侯：布制的箭靶。《仪礼·乡射礼第五》："凡侯：天子熊侯，白质；诸侯麋侯，赤质；大夫布侯，画以虎豹；士布侯，画以鹿豕。"清俞樾《群经平议·仪礼一》："虎、豹、鹿、豕言画，而熊、麋不言画，则熊侯、麋侯皆皮侯也。"又云："皮侯者，以布为质以皮为饰也……兽侯不用皮为饰，则只是白布，故有布侯之名。布侯者，则以皮侯而言之也。"
[3] 顺治十七年：即公元 1660 年。顺治，清世祖爱新觉罗·福临的年号。
[4] 康熙十三年：即公元 1674 年。康熙，清圣祖爱新觉罗·玄烨的年号。
[5] 树的：安置箭靶。
[6] 力：弓的强度单位。十六力即为硬弓，非常人所能开。
[7] 乾隆：清高宗爱新觉罗·弘历的年号（1736～1795）。
[8] 地球：非悬挂的球形箭靶。

127. 内场论题，向用《武经七书》[1]。圣祖以其文义驳杂 [2]，诏增《论语》、《孟子》[3]。于是改论题二，首题用《论语》、《孟子》，次题用《孙子》、《吴子》、《司马法》[4]。

[1] 武经七书：宋元丰间颁行的武学生应试必读的七种兵书，即《孙子》、《吴子》、《六韬》、《司马法》、《黄石公三略》、《尉缭子》、《李卫公问对》，合称《武经七书》。参见明 38 注 11。
[2] 圣祖：即清圣祖爱新觉罗·玄烨（1654～1722）。参见清 36 注 9。
[3] 论（lún 伦）语：书名。参见唐 5 注 4。孟子：书名。参见唐 24 注 8。
[4] 孙子：书名。旧题春秋孙武撰，十三篇，为我国兵书传于今之最古者。历代注家甚多。吴子：书名。旧题战国吴起撰。《汉书·艺文志》著录《吴子》四十八篇，《隋书·经籍志》著录一卷，今本六篇，分题图国、料敌、治兵、论将、应变、励士。书中有以箛笛为军乐，非吴起时代所有，显见有后人附会部分。司马法：书名，一卷。《汉书·艺文志》列于经之礼类，称《军礼司马法》百五十篇。《隋书·经籍志》作三卷，不分篇。《史记·司马穰苴传》称，齐威王使大夫追论古者《司马兵法》而附穰苴于其中。今存一卷。书中所言规制，多与《周礼》相出入，故班固将之列入礼类。

128. 乡试中额，康熙二十六年制定 [1]，略视各省文闱之半。雍正间小有增减[2]，惟陕、甘以人材壮健，弓马娴熟，自康熙迄乾隆[3]，先后各增中额三十名。咸、同间[4]，各省输饷广额如文闱例。综计顺天中额百十，汉军四十，奉、锦三[5]，江南八十一，福建六十三，浙江、四川各六十，陕西五十九，河南五十五，江西、广东、甘肃各五十四[6]，山西五十，山东四十八，云南四十二，广西三十六，湖北三十五，湖南三十四，贵州二十五。会试中额多或三百名，少亦百名。康熙间，内场分南、北卷，各中五十名。五十二年，始分省取中，临期以外场合式人数请旨裁定。

[1] 康熙二十六年：即公元1687年。康熙，清圣祖爱新觉罗·玄烨的年号。
[2] 雍正：清世宗爱新觉罗·胤禛的年号（1723～1735）。
[3] 康熙：清圣祖爱新觉罗·玄烨的年号（1662～1722）。乾隆：清高宗爱新觉罗·弘历的年号（1736～1795）。
[4] 咸：咸丰，清文宗爱新觉罗·奕詝的年号（1851～1861）。同：同治，清穆宗爱新觉罗·载淳的年号（1862～1874）。
[5] 奉：奉天府，治所在今辽宁沈阳市。其辖境，清初相当于今辽宁辽河以东地区。其后不断变化，清末仅有今辽河以东，铁岭、开原、昌图、及法库南部，千山、碧流河以西地区。锦：锦州府，治所在锦县（今辽宁锦州），属奉天将军。辖境相当于今辽宁锦州市及义县、北镇、黑山、台安、锦西、兴城、绥中等县地。光绪三十年（1907），属奉天省。
[6] 五十四：《清史稿校注》校勘记云："甘肃……五十四，案光绪会典事例卷七一六作'甘肃五十'。"可参考。

129. 嘉庆六年[1]，仁宗以科目文武并重[2]，文闱条例綦严，防弊周密，武闱考官面定去取，尤易滋弊，命比照文闱磨勘例，《乡试题名录》将中式武生马步射、技勇一一详注进呈。各省交兵部，顺天另简磨勘官核对。滥中及浮报者惩不贷。覆试始乾隆时[3]。初制从严，仅会闱行之。不符者罚停科，考官议处。三次覆试不合式，除名。道光十五年[4]，始覆试顺天武举如会试例。咸丰七年[5]，覆试各省武举如顺天例，然稍从宽典矣。

[1] 嘉庆六年：即公元1801年，嘉庆，清仁宗爱新觉罗·颙琰的年号。
[2] 仁宗：即清仁宗爱新觉罗·颙琰（1760～1820），清高宗第十五子。乾隆五十四年（1789）封嘉亲王，六十年册立为皇太子，次年嗣位，年号嘉庆，但高宗仍以太上皇名义继续执政，和珅擅权如故。嘉庆四年（1799）高宗死，始亲政，下和珅狱，数其二十大罪，责令自尽。二十五年在热河避暑山庄猝死，葬昌陵（在今河北易县之清西陵），庙号仁宗，谥睿皇帝。
[3] 乾隆：清高宗爱新觉罗·弘历的年号（1736～1795）。
[4] 道光十五年：即公元1835年。道光，清宣宗爱新觉罗·旻宁的年号。
[5] 咸丰七年：即公元1857年。咸丰，清文宗爱新觉罗·奕詝的年号。

130. 初制，外场但有合式一格，其中弓马优劣，技勇强弱，无所轩轾[1]。内场但凭文取中，致娴骑射、习场艺者或遭遗弃。康熙五十二年[2]，令会试外场择马步射、技勇人材可观者，编"好"字号，密送内帘。内场试官先于好字卷内，择文理通晓者取中。不足，始于合式卷内选取。雍正二年 [3]，从侍郎史贻直言 [4]，各省乡试外场一体别编好字号，嗣于好字号再分双好、单好。内场先中双好，次中单好。而合式卷往往千馀人，仅中数人，因之内场枪冒顶替诸弊并作。乾隆二十四年 [5]，御史戈涛奏革其弊 [6]，于是外场严合式之格，内场罢《四书》论，文理但取粗通者，而文字渐轻。嘉庆十二年 [7]，乡、会试内场策论改默写《武经》百馀字 [8]，无错误者为合式。罢同考官，遂专重骑射、技勇，内场为虚设矣。历代踵行，莫之或易。光绪二十四年 [9]，内外臣工请变更武科旧制，废弓、矢、刀、石，试枪炮，未许。二十七年，卒以武科所习硬弓、刀、石、马步射无与兵事，废之。

[1] 轩轾：车前高后低叫轩，前低后高叫轾。引申为高低、轻重、优劣。

[2] 康熙五十二年：即公元 1713 年。康熙，清圣祖爱新觉罗·玄烨的年号。

[3] 雍正二年：即公元 1724 年。雍正，清世宗爱新觉罗·胤禛的年号。

[4] 史贻直：字儆弦（1682～1763），号铁崖，溧阳（今属江苏）人。康熙三十九年（1700）进士，历官吏、工、户部侍郎，署福建、两江总督、左都御史、湖广总督、户、工、刑、兵、吏部尚书、文渊阁大学士。卒官，入祀贤良祠，谥文靖。《清史列传》、《清史稿》皆有传。

[5] 乾隆二十四年：即公元 1759 年。乾隆，清高宗爱新觉罗·弘历的年号。

[6] 戈涛：字芥舟（1717～1768），号蓬园，又号坳堂，直隶献县（今属河北）人。乾隆十六年（1751）进士，选庶吉士，授编修，历官御史、刑科掌印给事中。著有《坳堂诗集》等。《清史列传》有传。

[7] 嘉庆二十年：即公元 1815 年。嘉庆，清仁宗爱新觉罗·颙琰的年号。

[8] 武经：即《武经七书》。参见明 38 注 11，清 127 注 1。

[9] 光绪二十四年：即公元 1898 年。光绪，清德宗爱新觉罗·载湉的年号。

131. 满洲应武科始雍正元年 [1]，乡试中二十名，会试中四名。十二年，诏停，数十年无复行者。嘉庆十八年 [2]，复旧制。满、蒙乡试中十三名，各省驻防就该省应试，率十人中一，多者十名，少或一名。会试无定额。凡骁骑校 [3]，城门吏 [4]，蓝翎长 [5]，拜唐阿 [6]，恩骑尉 [7]，亲军 [8]，前锋 [9]，护军 [10]，领催 [11]，马甲 [12]，巡捕营千总、把总及文员中书 [13]，七、八品笔帖式 [14]，荫生 [15]，俱准与武生同应乡试。乡、会试内、外场与汉军、汉人一例考试。

[1] 雍正元年：即公元 1723 年。雍正，清世宗爱新觉罗·胤禛的年号。

[2] 嘉庆十八年：即公元 1813 年，嘉庆，清仁宗爱新觉罗·颙琰的年号。

[3] 骁骑校：官名，清代八旗下各佐领均设，秩正六品，为佐领之副。八旗满洲、蒙古、汉军、包衣每佐领下各一人，协助佐领管理所属户口、田宅、兵籍、教养等各项事务。初名"代子"，天聪八年（1634）改满名为"分得拨什库"，顺治十七年（1660），定汉名为骁骑校。

[4] 城门吏：官名，清代步军统领所属八旗武职官员，位在城门领之下，秩正七品。掌司京城门禁，

以稽查出入。内九门每门额设二人（满缺），外七门每门额设一人（汉军缺）。康熙十三年（1674）置，初名城门校，乾隆十九年（1754）更名城门吏。

[5] 蓝翎长：官名，清代八旗低级武职，于火器、健锐、内务府三旗护军前锋等营及向导处设之。初无品级，乾隆五十一年（1786）定为正九品。

[6] 拜唐阿：又作"柏堂阿"，满语，意为执事人。清代内外衙门无品级管事之人与随营听用各项人，如医生等，统称拜堂阿。

[7] 恩骑尉：清代爵位名，为世爵之第九等。清初定制，凡袭次已尽之阵亡人员子孙，授予七品官世职，定名为恩骑尉。

[8] 亲军：即"亲军校"，清代亲军营之职官。清初设置，上三旗满洲、蒙古额设七十七人，秩正六品。掌分辖亲军以宿卫扈从。乾隆四十年（1775）复增设委署亲军校七十七人，初无品级，五十一年，定为从八品。中华书局整理本于"亲军前锋"未点断，似有误。

[9] 前锋：即"前锋校"，清代八旗前锋营之下级军官。初名噶布什贤壮达，顺治十七年（1660）定汉名为前锋校。位在前锋侍卫之下。每旗十二人，秩正六品，掌分辖前锋。

[10] 护军：即"护军校"，清代八旗护军营之下级军官。八旗满洲、蒙古每佐领下各一人，秩正六品，掌分辖护军。初名巴牙喇壮达，顺治十七年（1660），定汉名为护军校。

[11] 领催：官名，清代八旗都统衙门所属之职官。八旗每佐领下额设五人，掌本佐领下文书档案及支领俸饷。

[12] 马甲：清代八旗下的兵丁。清魏源《圣武记》卷十一："然惟骁骑营之马甲、领催、匠役隶之。"原注："满洲、蒙古每佐领下马甲二十人……汉军每佐领下马甲四十二人。"

[13] 巡捕营：清代拱卫京师的部队之一。即步军衙门统辖的绿营兵。共五营，称巡捕五营。有马兵、战兵及守兵三种，总人数为一万一千八十人。分别由副将一人及左右两翼总兵管辖。其任务为分汛防守、巡逻稽察京师外城与京郊地方。千总：参见清125注6。把总：参见清125注6。文员中书：即"内阁中书"，清内阁属官，掌撰拟、翻译、缮写等事，秩从七品。

[14] 笔帖式：满语音译，意为办理文书、文件的人。参见清24注8。

[15] 荫生：参见清3注7。

《清史稿》

卷一百九　志八十四

选举四

制科荐擢

132.　制科者，天子亲诏以待异等之才。唐、宋设科最多 [1]，视为优选。清代科目取士，垂为定制。其特诏举行者，曰博学鸿词科、经济特科、孝廉方正科 [2]。若经学，若巡幸召试 [3]，虽未设科，可附见也。圣祖敦崇实学 [4]，康熙甲辰、丁未两科 [5]，改试策论 [6]。既廷臣以古学不可猝办，请仍旧制。

[1] 唐宋设科：参见唐 1 注 22，宋 90 注 1。

[2] 博学鸿词科：清代制科之一，皇帝特旨开设，由京官、外官推荐参加的考试科目，共开科两次。参见清 1 注 6，清 133，清 136。经济特科：清末为选拔"学问淹通、洞达中外时务者"而特设的科目之一。参见清 139，清 140。孝廉方正科：清代制科之一，始于雍正元年（1723）。参见清 45 注 7。

[3] 巡幸：谓皇帝巡游驾幸。

[4] 圣祖：即清圣祖爱新觉罗·玄烨（1654～1722）。参见清 36 注 9。实学：切实有用的学问。

[5] 康熙甲辰：即康熙三年（1664）。丁未：即康熙六年（1667）。

[6] 改试策论：参见清 92 注 2，清 92 注 3。

133.　十七年 [1]，诏曰："自古一代之兴，必有博学鸿儒，备顾问著作之选。我朝定鼎以来，崇儒重道，培养人才。四海之广，岂无奇才硕彦、学问渊通、文藻瑰丽、追踪前哲者？凡有学行兼优、文词卓越之人，不论已仕、未仕，在京三品以上及科、道官 [2]，在外督、抚、布、按，各举所知，朕亲试录用。其内、外各官，果有真知灼见，在内开送吏部，在外开报督、抚，代为题荐。"嗣膺荐人员至京，诏户部月给廪饩 [3]。明年三月，召试体仁阁 [4]。凡百四十三人，赐燕 [5]，试赋一、诗一，帝亲览试卷，取一等彭孙遹、倪灿、张烈、汪霦、乔莱、王顼龄、李因笃、秦松龄、周清原、陈维崧、徐嘉炎、陆葇、冯勖、钱中谐、汪楫、袁佑、朱彝尊、汤斌、汪琬、丘象随等二十人 [6]。二等李来泰、潘耒、沈珩、施闰章、米汉雯、黄与坚、李铠、徐钪、沈筠、周庆曾、尤侗、范必英、崔如岳、张鸿烈、方象瑛、李澄中、吴元龙、庞垲、毛奇龄、钱金甫、吴任臣、陈鸿绩、曹宜溥、毛升芳、曹禾、黎骞、高咏、龙燮、邵吴远、严绳孙等三十人 [7]。三、四等俱报罢。

[1] 十七年：即康熙十七年（1678）。

[2] 科道官：明清六科给事中与都察院各道监察御史统称科道官。

[3] 廪饩（xì细）：同"廪膳"。科举时代国家发给在学生员的膳食津贴。

[4] 体仁阁：清代紫禁城内宫阁名。清《畿辅通志》卷十一："太和殿前东为体仁阁，西为弘义阁。"

[5] 赐燕：即"赐宴"。燕，通"宴"。

[6] 彭孙遹：字骏孙（1631～1700），号羡门，又号信弦，海盐（今属浙江）人。顺治十六年（1659）进士，授中书。康熙十八年（1679）举博学鸿词第一，授翰林院编修，官至礼部右侍郎。工诗善词，著有《松桂堂全集》、《延露词》、《词统源流》等。《清史稿》有传。倪灿：字闇公（1626～1687），号雁园，上元（今江苏南京）人（原籍浙江杭州）。康熙十八年（1679）举博学鸿词第二，授翰林院检讨。《清史列传》、《清史稿》皆有传。张烈：字武承（1622～1685），字庄持，顺天大兴（今北京市）人（原籍浙江东阳）。康熙九年（1670）进士，授内阁中书。康熙十八年（1679）举博学鸿词，授编修，官至右赞善。著有《王学质疑》、《孜堂文集》等。《清史列传》有传。汪霦：参见清104注6。乔莱：字子静（1642～1694），号石林，别署画川逸叟，宝应（今属江苏）人。康熙六年（1667）进士，授内阁中书。康熙十八年（1679）举博学鸿词，授编修，官至侍读学士。工诗古文辞，著有《直庐集》、《易俟》等。《清史列传》、《清史稿》皆有传。王顼龄：参见清122注2。李因笃：字天生（1631～1692），更字孔德，号子德，又号中南山人，富平（今属陕西）人。明诸生，尚气节，有"关西夫子"之号。康熙十八年举博学鸿词，授检讨，未逾月，以母病辞归。博学工诗，著有《受祺堂诗文》等。《清史列传》、《清史稿》皆有传。秦松龄：字留仙（1637～1714），一字汉石，号次淑，又号对岩，无锡（今属江苏）人。顺治十二年（1655）进士，选庶吉士，授检讨，以逋粮案削籍。康熙十八年举博学鸿词，复授检讨，历官左赞善、左谕德。工诗善词，著有《苍岘山人诗文集》、《毛诗日笺》等。《清史列传》、《清史稿》皆有传。周清原：字浣初（？～1707），一字雅楫，号且朴，又号蝶周，一号蓉湖，武进（今江苏常州）人。康熙十八年举博学鸿词，授翰林院检讨，历官浙江提学使、工部侍郎。工诗词，善书，著有《浣初词》、《历代纪事年表》等。陈维崧：字其年（1625～1682），号迦陵，宜兴（今属江苏）人，明末四公子之一陈贞慧子。康熙十八年举博学鸿词，授翰林院检讨，卒官。工词，善骈文，著有《迦陵文集》、《湖海楼词》等。《清史列传》、《清史稿》皆有传。徐嘉炎：字胜力（1631～1703），号华隐，秀水（今浙江嘉兴）人。副贡生，康熙十八年举博学鸿词，授翰林院检讨，官至内阁学士。著有《抱经斋诗集》、《五代史补注》、《明史辨证》等。《清史列传》、《清史稿》皆有传。陆葇：原名世枋（1630～1699），字次友，号义山，一号宜山，又号雅坪，平湖（今属浙江）人。康熙六年（1667）进士，康熙十八年（1679）举博学鸿词，授编修，历官左赞善、内阁学士、礼部侍郎衔总裁诸书局。工诗词，著有《雅坪文稿》、《雅坪词谱》等。《清史列传》、《清史稿》皆有传。冯勖：字方寅（生卒年不详），

803

号蔚东，又号逸史，长洲（今江苏苏州）人。康熙十八年举博学鸿词，授翰林院检讨。钱中谐：字宫声（1635～?），号庸亭，顺天昌平（今北京市）籍吴县（今属江苏）人。顺治十五年（1658）进士，官泸溪知县。康熙十八年举博学鸿词，授翰林院编修。工诗。汪楫：字舟次（1636～1699），号悔斋，原籍安徽休宁，江都（今江苏扬州）人。以岁贡生任赣榆训导。康熙十八年举博学鸿词，授翰林院检讨，官至福建布政使。著有《悔斋集》。《清史列传》、《清史稿》皆有传。袁佑：字杜少（1634～1699），号霁轩，又号随园，直隶东明（今属山东）人。贡生，官内阁中书。康熙十八年举博学鸿词，授翰林院编修，历官中允。能诗，著有《霁轩诗钞》、《诗礼疑义》等。《清史列传》有传。朱彝尊：字锡鬯（1629～1709），号竹垞，晚号小长芦钓鱼师，又号金风亭长，秀水（今浙江嘉兴）人。康熙十八年以布衣举博学鸿词，授翰林院检讨，充日讲官，知起居注，入直南书房，后罢归，著述以终。能诗词，诗与王士禛齐名，词与陈维崧齐名。著有《曝书亭集》、《经义考》等。《清史列传》、《清史稿》皆有传。汤斌：字孔伯（1627～1687），号荆岘，又号潜庵，睢州（今河南睢县）人。顺治九年（1652）进士，官检讨。康熙十八年举博学鸿词，授侍讲历官内阁学士、江宁巡抚、礼部尚书、工部尚书。卒谥文正。于理学、诗文皆有可观，著有《汤子遗书》。《清史列传》、《清史稿》皆有传。汪琬：字苕文（1624～1691），号钝庵，晚号钝翁，晚年隐居太湖尧峰山，学者称尧峰先生，江南长洲（今江苏苏州）人。顺治十二年（1655）进士，历官户部主事、刑部郎中，以奏销案去官，康熙十八年举博学鸿词，授翰林院编修，翌年冬告归。与侯方域、魏禧合称清初散文三大家，著有《尧峰文钞》、《钝翁类稿》等。《清史列传》、《清史稿》皆有传。丘象随：字季贞（1631～1701），号西轩，山阳（今江苏淮安）人。顺治十一年（1654）拔贡生。康熙十八年举博学鸿词，授翰林院检讨，官至洗马。著有《西山纪年集》、《淮安诗城》等。《清史列传》有传。

[7] 李来泰：字仲章（1631～1684），号石台，临川（今属江西）人。顺治九年（1652）进士，官工部主事。康熙十八年举博学鸿词，授翰林院侍讲。能诗，著有《莲龛集》。《清史列传》、《清史稿》皆有传。潘耒：原名栋吴（1646～1708），字次耕，号稼堂，晚号止止居士，吴江（今属江苏）人。康熙十八年以布衣举博学鸿词，授翰林院检讨，历官日讲起居注，降调，不复出。受业于顾炎武之门，能诗文，著有《遂初堂诗文集》。《清史列传》、《清史稿》皆有传。沈珩：字昭子（1619～1695），号耿岩，又号稼村，海宁（今属浙江）人。康熙三年（1664）以会试第一成二甲第一名进士，未与馆选，授中书。康熙十八年举博学鸿词，授编修，后以病乞休。工诗古文辞，著有《耿岩文钞》、《投闲草》等。《清史列传》有传。施闰章：字尚白（1618～1683），一字屺云，号愚山，又号蠖斋，晚号矩斋，江南宣城（今属安徽）人。顺治六年（1649）进士，由刑部主事官江西布政司参议，分守湖西道。康熙十八年举博学鸿词，授侍讲，转侍读，卒官。工诗，与宋琬有"南施北宋"之誉。著有《施愚山集》。《清史列传》、《清史稿》皆有传。米汉雯：字紫来（?～1692后），一作子来，号秀岩，又号秀峰、漫园，顺天宛平（今北京市）人。顺治十八年（1661）进士，授江西赣州府推官，改补建昌知县、长葛知县，历主事。康熙十八年举博学鸿词，授编修，历官侍讲。善书画，著有《漫园诗集》等。《清史列传》、《清史稿》皆有传。黄与坚：字庭表（1620～1701），号忍庵，江南太仓（今属江苏）人。幼年从吕云采学，张溥见而才之。以诸生拔贡人成均，廷试第一。顺治十六年（1659）进士，授推官，旋以奏销罣误。康熙十八年举博学鸿词，授翰林院编修，擢赞善。有《愿学斋集》。《清史列传》有传。李铠：字公凯（1638～1707），号惺庵，又号艮斋，江南山阳（今江苏淮安）人。顺治十八年（1661）进士，补顺天盖平知县。康熙十八年举博学鸿词，授编修，官至内阁

学士。著有《艮斋诗文集》等。《清史列传》、《清史稿》皆有传。徐釚：字电发（1636～1708），号拙存，又号虹亭、枫江渔父。吴江（今属江苏）人。国学生。康熙十八年举博学鸿词，授翰林院检讨。会当外转，遽乞归，后以原官起用，不就。好古博学，著有《南州草堂集》、《菊庄词》、《词苑丛谈》、《本事诗》等。《清史列传》、《清史稿》皆有传。沈筠：字开平（1651～1683），号晴岩，仁和（今浙江杭州）人。康熙十八年进士，候选知县。同年举博学鸿词，授编修。卒官。周庆曾：字燕孙（？～1684），号屺瞻，常熟（今属江苏）人。顺治十八年（1661）进士，历官内阁中书、候补主事。康熙十八年举博学鸿词，授编修。卒官。尤侗：字同人（1618～1704），又字展成，号悔庵，又号艮斋、西堂。长洲（今江苏苏州）人。弱冠补诸生，才名籍甚。历试于乡，不售，以贡谒选，除直隶永平府推官。康熙十八年举博学鸿词，授翰林院检讨，分修《明史》，撰志传多至三百篇。居三年，告归。擅词曲，工诗文，著有《西堂集》、《鹤栖堂集》等。《清史列传》、《清史稿》皆有传。范必英：初名云威（1631～1692），字秀实，一字龙仙，号秋涛，又号伏庵，别号野野翁、杜圻山人，江南华亭（今上海松江）人，入长洲（今江苏苏州）籍。顺治十四年（1657）举人，康熙十八年举博学鸿词，授翰林院检讨，后告归。著有《瘖言集》等。崔如岳：字宗武（生卒年不详），又字岱斋，号青峭，又号雷峰，直隶获鹿（今属河北石家庄市）人。举人，康熙十八年举博学鸿词，授检讨。张鸿烈：字毅文（生卒年不详），号泾原，又号岸斋，山阳（今江苏淮安）人。监生，康熙十八年举博学鸿词，授翰林院检讨，官至大理寺副。方象瑛：字渭仁（1632～1685以后），号霞庄，遂安（浙江淳安）人。康熙六年（1667）进士，官中书。康熙十八年举博学鸿词，授编修，历官侍讲。能诗文，著有《健松斋集》。《清史列传》、《清史稿》皆有传。李澄中：字渭清（1629～1700），号渔村，又号雷田，诸城（今属山东）人。拔贡生，康熙十八年举博学鸿词，授翰林院检讨，历官侍讲、侍读。著有《滇行日记》。《清史列传》有传。吴元龙：字长人（生卒年不详）。号卧山，江南华亭（今上海松江）人。康熙三年（1664）进士，选庶吉士，历官工部主事、工部郎中。康熙十八年举博学鸿词，授侍讲。庞垲：字霁公（1639～1707），号雪崖，晚号牧翁，直隶任丘（今属河北）人。康熙十四年（1675）举人，康熙十八年举博学鸿词，授翰林院检讨，历官户部郎中、福建建宁知府。诗学杜甫，著有《丛碧山房集》。毛奇龄：原名甡（1623～1716），字大可，又字于一、齐于，号河右，又号西河，另有僧弥、僧开、初晴、秋晴、晚晴、春庄、春迟诸号，萧山（今属浙江）人。明末廪生，康熙十八年举博学鸿词，授翰林院检讨，后引疾归。著述宏富，著有《西河全集》等。《清史列传》、《清史稿》皆有传。钱金甫：字越江（1638～1692），号瞻屺，江南华亭（今上海松江）人。康熙十八年进士，选庶吉士。同年举博学鸿词，授编修，官至侍讲学士。著有《褒素堂集》。吴任臣：字志伊（1628～1689），号托园、尔器，又号征鸿，仁和（今浙江杭州）人，原籍莆田（今属福建）。诸生，康熙十八年举博学鸿词，授翰林院检讨。工诗文，研治经史，著有《十国春秋》、《托园诗文集》等。《清史列传》、《清史稿》皆有传。陈鸿绩：字子逊（生卒年不详），鄞县（今浙江宁波）人。举人，官江苏睢宁知县。康熙十八年举博学鸿词，授翰林院检讨。曹宜溥：字子仁（生卒年不详），号凤冈，黄冈（今属湖北）人。荫生，康熙十八年举博学鸿词，授翰林院检讨。毛升芳：字允大（生卒年不详），号乳雪，又号质庵，遂安（今浙江淳安）人。康熙十一年（1672）拔贡生，康熙十八年举博学鸿词，授翰林院检讨。著有《毛乳雪诗》等。曹禾：字颂嘉（1637～1699），号峨嵋，一号未庵，江南江阴（今属江苏）人。康熙三年（1664）进士，官内阁中书。康熙十八年举博学鸿词，授编修，历官国子监祭酒。与田雯、宋荦等有"辇下十子"之称。著有《未庵初集文集》。

《清史列传》、《清史稿》有传。黎骞：初字子鸿（生卒年不详），号潇僧，后又字潇云，清江（今属江西）人。顺治十一年（1654）拔贡生。康熙十八年举博学鸿词，授翰林院检讨。能诗，著有《玉堂集》。高咏：字阮怀（1619~?），号遗山，宣城（今属安徽）人。年近六十，始贡入太学。康熙十八年举博学鸿词，授翰林院检讨，后乞假归，卒。著有《遗山堂集》等。《清史列传》有传。龙燮：字理侯（1640~1697），一字二为，号石楼，又号改庵、雷岸居士，江南望江（今属安徽）人。康熙十八年举博学鸿词，授翰林院检讨，历官中允、刑部主事、大理评事、工部员外郎，卒官。能诗，擅词曲，撰《江花梦》传奇、《芙蓉城记》杂剧等。邵吴远：即邵远平（1637~?），初名吴远，字戒三，号蓬观子，仁和（今浙江杭州）人。康熙三年（1664）进士，历官吏部郎中、光禄寺少卿。康熙十八年举博学鸿词，授侍读，迁少詹事。后辞官，著述以终。著有《元史类编》等。《清史列传》、《清史稿》皆有传。严绳孙：字荪友（1623~1702），号藕荡渔人。无锡（今属江苏）人。享年八十。康熙十八年举博学鸿词，试日遇目疾，仅赋《省耕诗》一首。圣祖素重其名，列二等末，授翰林院检讨，充日讲起居注官，迁右中允。著有《秋水集》等。《清史列传》、《清史稿》皆有传。

134. 命阁臣取前代制科旧事，查议授职。寻议：“两汉授无常职。晋上第授尚书郎 [1]。唐制策高等特授尊官，次等予出身，因有及第、出身之目。宋分五等：一、二等皆不次擢用；三等为上等，恩数视廷试第一人；四等为中等，视廷试第三人；皆赐制科出身。五等为下等，赐进士出身。”得旨，俱授为翰林官。以光禄少卿邵吴远为侍读 [2]。道员、郎中汤斌等四人为侍讲 [3]。进士出身之主事 [4]、中、行、评、博 [5]，内阁典籍 [6]，知县及未仕之进士彭孙遹等十八人为编修 [7]。举、贡出身之推、知 [8]，教职 [9]，革职之检讨、知县及未仕之举、贡、荫、监、布衣倪灿等二十七人为检讨 [10]。俱入史馆 [11]，纂修《明史》。时富平李因笃、长洲冯勖、秀水朱彝尊、吴江潘耒、无锡严绳孙，皆以布衣入选，海内荣之。其年老未与试之杜越、傅山、王方穀等 [12]，文学素著，俱授内阁中书，许回籍。

[1] 尚书郎：晋代尚书省分部，部下分曹，各曹管理事务的官称尚书郎，第六品。西晋三十五曹，置郎二十三人，更相统摄。东晋省为十八曹郎，后又省为十五曹郎。

[2] 光禄少卿：清代掌管祭祀朝会宴享及廪饩所需物品的官署光禄寺的副长官，秩正五品，满、汉各一人。侍读：清翰林院职官，掌撰述编辑，傅直经幄。初仅汉员，康熙时，增置满员。乾隆五十年（1785）以后定制满二人，汉三人；清末各增一人。初秩正六品，雍正三年（1725）升从五品，清末改从四品。

[3] 道员：俗称道台，清代省之下、府县之上的地方官员，秩正四品。郎中：顺治元年（1644）由启心郎改称，为部下各司之主官，秩正五品。侍讲：清代翰林院职官，掌撰述编辑、傅直经幄，雍正三年（1725）定秩从五品，清末改从四品。

[4] 主事：清代各部、院及其他中央机构中之司官，位次于员外郎，秩正六品。

[5] 中：即“内阁中书”，清内阁属官，掌撰拟、翻译、缮写等事，秩从七品。行：即“行人”，原为明代行人司职官，专职捧节、奉使之事的官吏，秩正八品。清沿明制，至乾隆十三年（1748）省，见《清史稿·职官一》。评：即“大理评事”。清代大理寺属官，左、右寺均设，各一人，

专用汉员，秩正七品。博：即"太常博士"，清代太常寺属官，秩正七品。中、行、评、博四职大小相当，故常连称。

[6] 内阁典籍：官名。元代置翰林院典籍，掌理图书。清代于内阁典籍厅设典籍六人，满洲、汉军、汉人各二员，秩正七品。掌用宝、洗宝，章奏文移，大典礼之筹备，收藏红本、图籍、表章等。

[7] 编修：翰林院职官，掌撰述编辑，傻直经幄。初秩正七品，清末升从五品。

[8] 推：即"推官"。原为明代知府的佐贰官，洪武三年（1370）始设，秩正七品。清初沿明制，后废。参见明44。知：即"知县"。

[9] 教职：即"教官"，又称"学官"。主管学政之官员和官学教师之统称，如明清的府学教授、州学学正、县学教谕等。

[10] 检讨：翰林院职官。掌撰述编辑，傻直经幄。以三甲进士散馆后除授，无定员，秩从七品。清末升从五品。

[11] 史馆：即"国史馆"，纂修国史之机构，清代隶于翰林院。

[12] 杜越：字君异（1596～1682），号紫峰，直隶定兴（今属河北）人。明诸生。康熙十八年举博学鸿词，以老病不就试，特旨授内阁中书。越三年卒，门人私谥文定先生。著有《紫峰集》。《清史列传》有传。傅山：初名鼎臣（1607～1684），后改名山，字青竹，后改青主，一字仁仲，或别署曰公之它，一作公他，亦曰石道人，曰嗇庐，曰随厉，曰六持，曰丹崖翁、丹崖子，曰浊堂老人，曰青羊庵主、不夜庵老人，曰傅侨山、侨山、侨黄山、侨黄老人、侨黄之人，曰朱衣道人，曰酒道人，酒肉道人，或径称居士、傅居士、傅道士、道人、傅子，以喜苦酒，故称老蘗禅，以受道法于龙池还阳真人，故一名真山，或署侨黄真山，又曰五峰道人，曰龙池道人，曰龙池闻道下士，曰观化翁，曰大笑下士，阳曲（今属山西太原）人。明诸生，入清不仕，以遗民自居。康熙十八年举博学鸿词，坚拒不就，授内阁中书。工诗善书画，又擅医术。著有《霜红龛集》。《清史列传》、《清史稿》皆有传。王方毅：字号不详（1619～?），直隶新城（今属河北）人。岁贡生，康熙十八年举博学鸿词，未与试，授内阁中书。

135. 雍正十一年 [1]，诏曰："博学鸿词之科，所以待卓越淹通之士。康熙十七年 [2]，特诏荐举，召试授职，得人极盛。数十年来，未尝广为搜罗。朕延揽维殷，宜有枕经葄史、殚见洽闻、足称鸿博之选者 [3]，当特修旷典，嘉予旁求。在京满、汉三品以上，在外督、抚、学政，悉心体访，保题送部。朕临轩亲试，优加录用。"诏书初下，中外大吏，以事关旷典，相顾迟回。逾年，仅河东督臣举一人 [4]，直隶督臣举二人，他省未有应者。诏责诸臣观望。高宗即位 [5]，再诏督促。期以一年内齐集阙下，先至者月给廪饩。

[1] 雍正十一年：即公元1733年。雍正，清世宗爱新觉罗·胤禛的年号。

[2] 康熙十七年：即公元1678年。康熙，清圣祖爱新觉罗·玄烨的年号。

[3] 葄（zuò坐）：藉，垫。

[4] 河东：谓山西一带。

[5] 高宗：即清高宗爱新觉罗·弘历（1711～1799）。参见清9注3。

136. 乾隆元年 [1]，御史吴元安言 [2]："荐举博学鸿词，原期得湛深经术、敦崇实学之儒，诗赋虽取兼长，经史尤为根柢。若徒骈缀俪偶，推敲声律，纵有文藻可观，终觉名实未称。"下吏部议，定为两场，赋、诗外增试论、策。九月，召试百七十六人于保和殿 [3]，赐燕如例 [4]。试题首场赋、诗、论各一，二场制策二。取一等五人，刘纶、潘安礼、诸锦、于振、杭世骏等 [5]，授编修。二等十人，陈兆仑、刘藻、夏之蓉、周长发、程恂等 [6]，授检讨；杨度汪、沈廷芳、汪士锽、陈士璠、齐召南等 [7]，授庶吉士。二年，补试体仁阁 [8]，首场制策二，二场赋、诗、论各一。取一等万松龄 [9]，授检讨。二等张汉 [10]，授检讨；朱荃、洪世泽 [11]，授庶吉士。

[1] 乾隆元年：即公元 1736 年。乾隆，清高宗爱新觉罗·弘历的年号。

[2] 吴元安：字静山（生卒年不详），号芝江，上元（今江苏南京市）人。雍正四年（1726）进士，历官内阁中书、御史、兵科掌印给事中。

[3] 保和殿：参见清 87 注 5。

[4] 燕：通"宴"。

[5] 刘纶：字眘涵（1711～1773），号绳庵，武进（今江苏常州）人。乾隆元年（1736）举博学鸿词第一，授编修，入直南书房，任军机大臣，历官兵、户、吏、工部尚书，晋文渊阁大学士，与刘统勋同辅政，有"南刘东刘"之称。卒谥文定。著有《绳庵内外集》。《清史列传》、《清史稿》皆有传。潘安礼：字立夫（1690～?），号东山，南城（今属江西）人。雍正五年（1727）进士，历官刑部员外郎、太常寺典簿。乾隆元年举博学鸿词，授编修，历官左谕德。工词赋，著有《东山草堂诗钞》等。诸锦：字襄七（1686～1769），号草庐，秀水（今浙江嘉兴）人。雍正二年（1724）进士，选庶吉士，就教职，迁金华府教授。乾隆元年举博学鸿词，授编修，官至左赞善。性耿介，嗜读书，著有《毛诗说》、《国朝风雅》等。《清史列传》、《清史稿》皆有传。于振：字鹤泉（生卒年不详），号秋田、连漪，金坛（今属江苏）人。雍正元年（1723）进士第一，授修撰，历官湖北学政，以误增学额贬官，补行人司副。乾隆元年举博学鸿词，复编修，擢侍读学士。学问、诗文俱佳，著有《清漪文钞》、《律吕正义》等。杭世骏：字大宗（1696～1773），号堇甫、秦亭老民。仁和（今浙江杭州）人。雍正二年（1724）举人，乾隆元年举博学鸿词，授翰林院编修。后以事罢归，主讲扬州安定书院、广东粤秀书院，为南屏诗社中人。工诗文，著有《道古堂诗集》。《清史列传》有传。

[6] 陈兆仑：字星斋（1700～1771），号句山，钱塘（今浙江杭州）人。雍正八年（1730）进士，历官福建学习知县。乾隆元年举博学鸿词，授翰林院检讨，历官侍读学士、太仆寺卿、顺天府尹、太常寺卿，工书善文，著有《紫竹山房文集》等。《清史列传》、《清史稿》皆有传。刘藻：字麋兆（1701～1766），号素存，菏泽（今属山东）人。举人，官山东观城教谕。乾隆元年举博学鸿词，授翰林院检讨，官至云贵总督。《清史列传》有传。夏之蓉：字芙裳（1697～1784），号醴谷，高邮（今属江苏）人。雍正十一年（1733）进士，官江苏盐城县教谕。乾隆元年举博学鸿词，授翰林院检讨。周长发：字兰坡（1696～1761），号朗庵，又号石帆，会稽（今浙江绍兴）人。雍正二年（1724）进士，选庶吉士，补江西广昌知县，改浙江乐清县教谕。乾隆元年举博学鸿词，授翰林院检讨，官至侍讲学士。著有《赐书堂集》。《清史列传》有传。程恂：休宁（今属安徽）人（生卒年不详）。雍正二年（1724）进士，历官北运河同知。乾隆元年举博学鸿

词，授翰林院检讨，历官中允。

[7] 杨度汪：字勋斋（1702~1757），号若千，别号驀鼻道人，室名云逗楼，无锡（今属江苏）人。拔贡，乾隆元年举博学鸿词，授庶吉士，改德兴知县。能诗文，著有《云逗楼集》。沈廷芳：字畹叔（1702~1772），号椒园，仁和（今浙江杭州）人。监生，乾隆元年举博学鸿词，授编修，历官山东道监察御史、河南、山东按察使。致仕卒。工诗古文辞，擅书法，著有《隐拙斋诗集》等。《清史列传》、《清史稿》皆有传。汪士锽：休宁（今属安徽）人（生卒年不详），副贡生。乾隆元年举博学鸿词，选庶吉士，授编修。陈士璠：字鲁章（1690~1756），号鲁斋，晚号泉亭，钱塘（今浙江杭州）人。诸生。乾隆元年举博学鸿词，授庶吉士，改户部主事，擢郎中，出知江西瑞州府。卒官。工诗，著有《梦碧轩诗钞》。《清史列传》有传。齐召南：字次风（1703~1768），号琼台，晚号息园，天台（今属浙江）人。雍正七年（1729）副贡生。乾隆元年举博学鸿词，选庶吉士，授检讨，迁内阁学士兼礼部侍郎。后以族子牵连，削职归。精舆地之学，著有《水道提纲》、《宝纶堂文钞》等。《清史列传》、《清史稿》皆有传。

[8] 体仁阁：清代紫禁城内宫阁名。清《畿辅通志》卷十一：“太和殿前东为体仁阁，西为弘义阁。”

[9] 万松龄：字星钟（生卒年不详），号襄青，宜兴（今属江苏）人。举人，官内阁中书。乾隆二年（1737）补试博学鸿词，列一等，授翰林院检讨。

[10] 张汉：字月槎（1680~1759），号蛰存，石屏（今属云南）人。康熙五十二年（1713）进士，历官河南知府，翰林院检讨。乾隆二年补试博学鸿词，列二等，复授检讨，迁御史。乞归。著有《月槎集》。

[11] 朱荃：字子年（？~1750），号香南，桐乡（今属浙江）人。乾隆二年补试博学鸿词，授庶吉士，历官编修，视学四川，以事被劾，弃官归。著有《香南诗钞》。洪世泽：字叔时（生卒年不详），南安（今属福建）人。诸生。乾隆二年补试博学鸿词，列二等，授庶吉士，改翰林院检讨。

137. 自康、乾两朝，再举词科，与其选者，山林隐逸之数，多于缙绅 [1]，右文之盛，前古罕闻。时承平累叶，海内士夫多致力根柢之学，天子又振拔淹滞，以示风励，爰有保荐经学之制。乾隆十四年 [2]，诏曰：“崇尚经术，有关世道人心。今海宇升平，学士大夫精研本业，穷年矻矻，宗仰儒先者，当不乏人。大学士、九卿、督、抚，其公举所知，不限进士、举人、诸生及退休、闲废人员，能潜心经学者，慎选毋滥。”寻中外疏荐者四十馀人。帝为防幸进，下廷臣覆核，得陈祖范、吴鼎、梁锡玙、顾栋高四人 [3]。命呈览著述，派翰林、中书官在武英殿各缮一部 [4]。寻授鼎、锡玙国子监司业 [5]，召对勤政殿 [6]。祖范、栋高以年老不能供职，俱授司业衔。后不复举行。

[1] 缙绅：插笏于绅带间，旧时官宦的装束。即代指官僚士大夫。

[2] 乾隆十四年：即公元1749年。乾隆，清高宗爱新觉罗·弘历的年号。

[3] 陈祖范：字亦韩（1675~1753），号见复，常熟（今属江苏）人。雍正元年（1723）举人，其秋，礼部中式，以病未与殿试。乾隆十六年（1751）荐举经学，授国子监司业，历主紫阳、云龙、敬敷、安定诸书院讲席。著有《陈司业文集》等。《清史列传》、《清史稿》皆有传。吴鼎：

字尊彝（1700～1768），号易堂，金匮（今江苏无锡）人。乾隆九年（1744）举人。乾隆十六年荐举经学，授国子监司业，历官侍讲、侍读，休致归。著有《易例举要》等。《清史列传》、《清史稿》皆有传。梁锡玙：字确轩（1696～1774），号鲁望，介休（今属山西）人。雍正二年（1724）举人。乾隆十六年以荐举经学，授国子监司业，历官少詹事、国子监祭酒。著有《易经揆一》等。《清史列传》、《清史稿》皆有传。顾栋高：字复初（1679～1759），号震沧，又号左畬，无锡（今属江苏）人。康熙六十年（1721）进士，授内阁中书，雍正时以奏对越次，罢职。乾隆十六年荐举经学，授国子监司业，二十二年，加祭酒衔。著有《春秋大事表》、《毛诗类释》等。《清史列传》、《清史稿》皆有传。

[4] 武英殿：故址在今北京紫禁城西华门内。今存。

[5] 国子监司业：国子监副职长官，秩正六品。参见清3注4。

[6] 勤政殿：在京师西苑（今北京中南海）瀛台附近。《钦定日下旧闻考》卷二十一引《御制瀛台记》云："入西苑门有巨池，相传曰太液。循东岸南行折而西，过木桥，遂宇五间为勤政殿。"

138. 至属车临幸 [1]，宏奖士林，康熙四十二年、四十四年 [2]，圣祖巡幸江、浙 [3]，召试士子，中选者赐白金，赴京录用有差。高宗六幸江、浙 [4]，三幸山东，四幸天津，凡士子进献诗赋者，召试行在 [5]。优等予出身，授内阁中书 [6]；次者赐束帛。仁宗东巡津、淀 [7]，西幸五台 [8]，召试之典，亦如前例。道光以后 [9]，科举偏重时文 [10]。沿习既久，庸滥浮伪，寖失精意。三十年 [11]，候补京堂张锡庚请复开博学鸿词科 [12]，以储人才。礼部议以非当务之急，遂止。

[1] 属车：帝王出行时的侍从车。借指皇帝。

[2] 康熙四十二年：即公元1703年。四十四年：即公元1705年。

[3] 圣祖：即清圣祖爱新觉罗·玄烨（1654～1722）。参见清36注9。

[4] 高宗：即清高宗爱新觉罗·弘历（1711～1799）。参见清9注3。

[5] 行在：即行在所，天子巡行所在之地。

[6] 内阁中书：清内阁属官，掌撰拟、翻译、缮写等事，秩从七品。

[7] 仁宗：即清仁宗爱新觉罗·颙琰（1760～1820）。参见清129注2。津淀：即指天津府包括东淀一带。东淀，旧时对今河北大清河南北霸县、文安、大城以及天津市武清、静海等县间诸湖泊的总称。

[8] 五台：即"五台山"，在今山西忻州市五台县东北，由五座山峰环抱而成，五峰峰顶平坦宽阔，如垒土之台，故称五台。为我国佛教四大名山之一。

[9] 道光：清宣宗爱新觉罗·旻宁的年号（1821～1850）。

[10] 时文：即"八股文"，又称时艺、制艺等。参见明39注4。

[11] 三十年：即道光三十年（1850）。

[12] 京堂：清代凡通政使司、大理寺、太仆寺、太常寺、光禄寺、詹事府、鸿胪寺等卿寺衙门堂官的通称，亦尊为"京卿"。一般为三品或四品官员。张锡庚：字星白（1801～1861），号秋舫，丹徒（今属江苏）人。道光十六年（1836）进士，选庶吉士，授编修，历官御史、顺天府丞、太仆寺卿、左副都御史、刑部右侍郎。卒谥文贞。《清史稿》有传。

139. 洎光绪中叶 [1]，外侮孔棘 [2]，海内皇皇，昌言变法。二十四年 [3]，贵州学政严修请设经济特科 [4]，下总理各国事务衙门会礼部核议 [5]。八月，慈禧皇太后临朝训政 [6]，以经济特科易滋流弊，罢之。庚子 [7]，京师构乱，乘舆播迁 [8]。两宫怵于时局阽危 [9]，亟思破格求才，以资治理。

[1] 光绪：清德宗爱新觉罗·载湉的年号（1875～1908）。

[2] 孔棘：很紧急，很急迫。语本《诗·小雅·采薇》："岂不日戒，狁孔棘。"这里指帝国列强对中国的侵略。

[3] 二十四年：即光绪二十四年（1898）。

[4] 严修：参见清84注4。经济特科：参见清132注2，清140。

[5] 总理各国事务衙门：参见清50注1。

[6] 慈禧太后：即"西太后"（1835～1908），又称那拉太后。清文宗咸丰帝妃，叶赫那拉氏，满洲镶蓝旗人。咸丰二年（1852）被选入宫，号懿贵人。四年封懿嫔，六年生载淳，次年晋懿贵妃。十一年咸丰帝死于热河行宫，其子载淳即位，改元祺祥，与孝贞皇后钮钴禄氏并尊为皇太后，徽号慈禧。以居丧时住行宫烟波致爽殿西暖阁，故称西太后。同年十一月，与恭亲王奕䜣发动政变，杀辅政大臣载垣、端华、肃顺，改元同治，实行两太后垂帘听政。同治十三年（1875），载淳病死，册立其五岁侄载湉为帝，改元光绪，仍垂帘听政。光绪十五年（1889）"撤帘归政"于光绪帝，但仍控制军政实权。二十四年发动戊戌政变，幽禁光绪帝，捕杀维新派，废除新政。二十六年，八国联军陷北京，携光绪帝仓皇出逃西安，次年同十一个帝国列强签订《辛丑条约》。三十四年十月与光绪帝相继病死。临朝训政：谓慈禧戊戌政变后再度垂帘听政。

[7] 庚子：即光绪二十六年庚子（1900）。

[8] "京师"二句：参见清54注6。乘（shèng 盛）舆播迁，谓天子流亡于外。

[9] 两宫：谓光绪帝与慈禧太后。阽（diàn 殿）危：危险。

140. 二十七年 [1]，皇太后诏举经济特科，命各部、院堂官及各省督、抚、学政保荐 [2]，有志虑忠纯、规模闳远、学问淹通、洞达中外时务者，悉心延揽。并下政务大臣拟定考试事宜 [3]。御史陈秉崧奏请力除夤缘积习 [4]，诏饬诸臣务矢至公。既三品以下京卿纷纷保送 [5]，帝觉其冗滥，适太仆少卿隆恩荐疏 [6]，上竟报寝，并命撤销太常少卿李擢英前保诸人 [7]。二十九年，政务处议定考试之制 [8]，如廷试例，于保和殿天子亲策之 [9]。凡试二日，首场入选者，始许应覆试，均试论一、策一。简大臣考校，取一等袁家穀、张一麟、方履中、陶炯照、徐沅、胡玉缙、秦锡镇、俞陛云、袁励准等九人 [10]，二等冯善徵、罗良鉴、秦树声、魏家骅、吴钟善、钱镠、萧应椿、梁焕奎、蔡宝善、张孝谦、端绪、麦鸿钧、许岳钟、张通谟、杨道霖、张祖廉、吴烈、陈曾寿等十八人 [11]。迨授官命下，京职、外任，仅就原阶略予升叙，举、贡用知县、州佐，以视康、乾时词科恩遇，寖不如矣 [12]。

[1] 二十七年：即光绪二十七年（1901）。

[2] 堂官：即各部、院的长官与副长官等。

[3] 政务大臣：官名。光绪二十七年（1901）三月始设，有"督办政务大臣"、"政务大臣"、"参预政务处事宜"等名义。均为兼职，由一部分军机大臣、大学士和重要的总督充任。为清末新设政务处的主官，专司筹议、推行"新政"之事。

[4] 陈秉崧：字端履（1851～?），号子庄，侯官（今福建福州）人。光绪六年（1880）进士，历官刑部主事、御史、云南大理知府。

[5] 京卿：对京堂的尊称，一般为三品、四品官。清代对都察院、通政司、詹事府、国子监及大理、太常、太仆、光禄、鸿胪等寺的长官，概称京堂，在官文书中称京卿。

[6] 太仆少卿：清代太仆寺副长官，秩正四品。隆恩：生平不详。

[7] "并作"句：《清史稿校注》校勘记云："案德宗实录，太仆寺少卿隆恩奏保经济特科，未能核实慎选，为免于冗滥，著毋庸议，并将太常少卿李擢英前保诸人一并撤销，事在'光绪二十八年'十二月二十二日戊申。此作'光绪二十七年'，误。"可参考。太常少卿，清代太常寺副长官，秩正四品。李擢英，字子襄（1852～?），商水（今属河南）人。光绪三年（1877）进士，历官礼部主事、太常少卿、典礼院直学士。

[8] 政务处：参见清21注7。

[9] 保和殿：参见清87注5。

[10] 袁家毅：据朱彭寿《清代人物大事纪年》，当作"袁嘉毅"（1872～?），字叔五，号南耕，石屏（今属云南）人。光绪二十九年（1903）进士，选庶吉士，同年举经济特科，授编修，历官浙江提学使。张一麟：据朱彭寿《清代人物大事纪年》、江庆柏《清代人物生卒年表》，当作"张一麐"（1868～1943），字仲仁，号公绂，又号民佣，吴县（今属江苏）人。光绪十一年（1885）举人，光绪二十九年举经济特科，授直隶饶阳知县，历官弼德院参议，入民国，任教育总长。著有《心太平室集》。方履中：字开祥（1874～?），号玉山，桐城（今属安徽）人。光绪二十九年（1903）进士，选庶吉士，同年举经济特科，授编修，历官四川候补道署提学使。陶炯照：湖北人（生卒年不详），光绪二十三年（1897）拔贡生，二十九年举经济特科，历官河南南阳知县。徐沅：吴县（今属江苏）人（生卒年不详），光绪二十年（1894）举人，二十九年举经济特科，历官直隶候补道。胡玉缙：字绥之（1859～1940），号艳荪，又号许庼，吴县（今属江苏）人。光绪十七年（1891）举人，历官江苏兴化教谕。二十九年举经济特科，历官湖北知县、学部员外郎。入民国，任北京大学、高等师范学校教授，著有《四库全书总目提要补正》、《续四库提要三种》等。秦锡镇：山东人（生卒年不详），光绪十九年（1893）举人，官内阁中书。二十九年举经济特科，官苏州府上海同知。俞陛云：字阶青（1868～1950），号斐盦，德清（今属浙江）人。俞樾之孙。光绪二十四年（1898）一甲第三名进士，授编修。二十九年举经济特科，记名遇缺题奏。工诗词，著有《小竹里馆吟草》、《唐五代两宋词选释》等。袁励准：字珏生（1877～1935），号中舟，直隶宛平（今北京市）人。光绪二十四年（1898）进士，选庶吉士，授编修。二十九年举经济特科，记名遇缺题奏，历官翰林院侍讲。

[11] 冯善徽：字子久（1868～1922），号达庐，通州（今江苏南通）人。优贡生，光绪二十九年举经济特科，历官四川云阳知县。罗良鉴：善化（今湖南长沙）人（生卒年不详），光绪二十八年（1902）举人，光绪二十九年举经济特科。以知县分省。秦树声：字幼衡（1861～1926），号乖庵，又号晦鸣，固始（今属河南）人。光绪十二年（1886）进士，历官工部主事、工部郎中。二十九年举经济特科，截取知府，历官广东提学使。魏家骅：字梅荪（1865～1932），号员

辰，江宁（今江苏南京）人。光绪二十四年（1898）进士，选庶吉士，授编修。二十九年举经济特科，保送知府，历官云南迤西道。吴钟善：字元甫（1879～1935），号顽陀，又号守砚庵主，晋江（今属福建）人。光绪二十八年（1902）副贡生。二十九年举经济特科，以州判用。钱镠：字绍云（1851～1919），阳湖（今江苏常州）人。光绪八年（1882）举人，历官山东知县，分省试用道。二十九年举经济特科，留原省补用。萧应椿：字绍庭（1856～1922），号觐公，昆明（今属云南）人。光绪十九年（1893）举人，分省试用道。二十九年举经济特科，署奉天提学使。梁焕奎：字碧园（1868～1929），号青郊，又号澹庐，湘潭（今属湖南）人。举人，二十九年举经济特科，以知县分省。蔡宝善：字孟盦（1869～？），号师愚，德清（今属浙江）人。光绪二十八年（1902）举人。二十九年举经济特科，历官陕西三原知县。张孝谦：字巽之（1857～？），号恒斋，商城（今属河南）人。光绪十五年（1889）进士，选庶吉士，授编修，历官直隶候补道，二十九年举经济特科，仍留原省补用。端绪：字仲纲（生卒年不详），托活洛氏，满洲正白旗人。满洲廪贡生，历礼部候补郎中。二十九年举经济特科，以郎中即补，历官典礼院直学士。麦鸿钧：字志昭（1876～1918），号惠农，三水（今属广东）人。举人，官内阁中书。二十九年举经济特科，作为俸满。三十年中进士，选庶吉士，历法部参事。许岳钟：沅陵（今属湖南）人（生卒年不详）。举人，官湖南攸县教谕。二十九年举经济特科，官安徽石埭知县。张通谟：湘潭（今属湖南）人（生卒年不详），举人。二十九年举经济特科，授江苏候补知县。杨道霖：原名杨楷（1856～1932），字仁山，号端书，无锡（今属江苏）人。光绪十八年（1892）进士，历官户部候补主事。二十九年举经济特科，以主事即补，历官广西柳州知府。张祖廉：嘉善（今属浙江）人（生卒年不详）。光绪二十八年（1902）举人。二十九年举经济特科，历江苏候补知县、弼德院一等书记官。吴烈：固始（今属河南）人（生卒年不详）。拔贡生，候选州判。二十九年举经济特科，历直隶满城知县。陈曾寿：字仁先（1878～1949），号耐寂，又号复志，蕲水（今属湖北）人。光绪二十九年进士，刑部学习主事。同年举经济特科，作为学习期满，历学部郎中。

[12] 寖（jìn 近）：逐渐。

141. 三十四年 [1]，御史俾寿请特开制科 [2]，政务处大臣议以"孝廉方正、直言极谏两科，皆无实际，惟博学鸿词科，康熙、乾隆间两次举行，得人称盛。际兹文学渐微，保存国粹，实为今日急务。应下学部筹议 [3]"。时方诏各省征召耆儒硕彦。湖南举人王闿运被荐 [4]，授翰林检讨。两江、安徽相继荐举王耕心、孙葆田、程朝仪、吴传绮、姚永朴、姚永概、冯澂等 [5]。部议以诸人覃研经史，合于词科之选，俟章程议定，陈请举行。未几，德宗崩 [6]，遂寖。

[1] 三十四年：即光绪三十四年（1908）。
[2] 俾寿：生平不详。
[3] 学部：参见清 26 注 4。
[4] 王闿运：字壬秋（1833～1916），室名湘绮楼，湘潭（今属湖南）人。咸丰举人，曾入曾国藩幕，继应四川总督丁宝桢之请，主讲成都尊经书院，又任衡州船山书院山长及江西高等学堂总教习，弟子数千人。光绪三十四年（1908）授翰林院检讨，加侍读衔。民国初年任清史馆馆长。

著有《湘绮楼诗文集》等。《清史稿》有传。

[5] 王耕心：字道农（1846~1909），号穆存，又号龙宛居士，直隶正定（今属河北）人。孙葆田：
字佩南（1840~1910），荣成（今属山东）人。同治九年（1870）举人，同治十三年进士，历官
刑部主事、合肥知县，赏五品卿衔。历主书院讲席。工古文，著有《校经室文集》等。程朝仪：
字仲威（1834~1910），号仰斋，又号石印山民，黟县（今属安徽）人。吴传绮：字季白
（1858~1934），休宁（今属安徽）人。姚永朴：字仲实（1859~1939），晚号蜕私老人。桐城
（今属安徽）人。光绪二十年（1894）举人，候选训导。民国后，受聘于北京大学，讲授文学研
究法，并任清史馆纂修，继任东南大学、安徽大学教授。工诗古文辞，著有《蜕私轩集》等。
姚永概：字叔节（1866~1923），姚永朴之弟。光绪十四年（1888）举人，后屡试礼部不第，以
大挑二等选授太平县教谕。民国后，任北京大学文科学长，兼任清史馆纂修。义理、词章兼善，
著有《慎宜轩集》等。冯澄：字涵初（生卒年不详），号清渠，通州（今江苏南通）人。廪贡
生。著有《强自立斋文集》。

[6] 德宗：即清德宗爱新觉罗·载湉（1871~1908）。参见清61注4。

142. 孝廉方正科，始于康熙六十一年 [1]，世宗登极 [2]，诏直省府、州、县、
卫各举孝廉方正 [3]，赐六品章服 [4]，备召用。雍正元年 [5]，诏曰："国家敦励风
俗，首重贤良。前诏举孝廉方正，距今数月，未有疏闻。恐有司怠于采访 [6]，虽有端
方之品，无由上达。各督、抚速遵前诏，确访举奏。"寻浙江、直隶、福建、广西各荐
举二员，用知县；年五十五以上者，用知州。其后历朝御极 [7]，皆恩诏荐举以为常。

[1] 康熙六十一年：即公元1722年。康熙，清圣祖爱新觉罗·玄烨的年号。

[2] 世宗：即清世宗爱新觉罗·胤禛（1678~1735）。参见清8注5。

[3] 直省：参见清2注3。卫：谓漕运总督所辖各卫所。

[4] 章服：绣有日月、星辰等图案的古代礼服，每图为一章，天子十二章，群臣按品级以九、七、
五、三章递降。清代文官六品补服图案为鹭鸶。

[5] 雍正元年：即公元1723年。雍正，清世宗爱新觉罗·胤禛的年号。

[6] 有司：官员。古代设官分职，各有专司，故称有司。

[7] 御极：谓皇帝登极，即位。

143. 乾隆元年 [1]，刑部侍郎励宗万言 [2]："孝廉方正之举，稍有冒滥，即有屈
抑。从前选举各官，鲜克公当 [3]。非乡井有力之富豪，即宫墙有名之学霸 [4]。迨服
官后，庸者或以劣黜，黠者或以赃败。请慎选举，以重名器 [5]。"吏部议准府、州、
县、卫保举孝廉方正，应由地方绅士里党合辞公举，州、县官采访公评，详稽事实。所
举或系生员，会学官考核，申送大吏，核实具题，给六品章服荣身。果有德行才识兼优
者，督、抚逾格保荐赴部，九卿、翰詹、科道公同验看 [6]，候旨擢用。滥举者罪之。

[1] 乾隆元年：即公元1736年。乾隆，清高宗爱新觉罗·弘历的年号。

[2] 刑部侍郎：清代刑部副长官，秩从二品。励宗万：字滋大（1705~1759），号衣园，直隶静海

（今属天津）人。康熙六十年（1721）进士，选庶吉士，授编修，历官国子司业、侍读、刑部右侍郎、左副都御史、光禄寺卿。《清史列传》、《清史稿》皆有传。

[3] 公当（dàng 荡）：公正允当。

[4] 宫墙：语本《论语·子张》：“叔孙武叔语大夫于朝曰：‘子贡贤于仲尼。’子服景伯以告子贡。子贡曰：‘譬之宫墙，赐之墙也及肩，窥见室家之好。夫子之墙数仞，不得其门而入，不见宗庙之美，百官之富。’”后即以“宫墙”比喻师门。这里用以比喻门人众多者。学霸：学界之恶人。

[5] 名器：名号与车服仪制，封建社会用以别尊卑贵贱之等级。这里谓官位。

[6] 九卿：清代谓六部、理藩院尚书、都察院左都御史、大理寺卿为九卿。翰詹：翰林院与詹事府。翰林院，参见清 28 注 7。詹事府，《清史稿·职官二》：“詹事府。詹事（正三品），少詹事（正四品），左春坊左庶子（正五品），左中允（正六品），左赞善（从六品），右春坊右庶子，右中允，右赞善（品秩俱同左），司经局洗马（从五品），俱满、汉各一人。其属：主簿厅主簿（从七品），满、汉各一人。笔帖式，满洲六人。詹事、少詹事掌文学侍从。经筵充日讲官。编纂书籍，典试提学，如翰林。并豫秋录大典。左、右春坊各官掌记注撰文。洗马掌图书经籍。主簿掌文移案牍。”科道：即“科道官”，明清六科给事中与都察院各道监察御史统称科道官。

144. 五年 [1]，定考试例。除朴实拘谨、无他技能、不能应试者，例予顶戴 [2]，不送部外，其膺荐赴部者，验看后，试以时务策、笺、奏各一于太和殿门内 [3]。道光间 [4]，改于保和殿 [5]，如考试御史例。

[1] 五年：即乾隆五年（1740）。

[2] 顶戴：清代用以区别官员等级的帽饰。依顶珠品质、颜色之不同而区分官阶大小。又称“顶子”、“顶带”。可参见《清史稿·舆服二》。

[3] 时务策：参见清 89 注 8。笺：即“奏笺”，古代多用以上皇后、太子、诸王者。奏：谓臣子上帝王的文书。太和殿：京师紫禁城内三大殿之一，为外朝之前殿。俗称金銮殿。初建于明永乐十八年（1420），名奉天殿，故宫今存者为康熙三十四年（1695）所重建，为全国现存最大的木构殿堂。

[4] 道光：清宣宗爱新觉罗·旻宁的年号（1821～1850）。

[5] 保和殿：参见清 87 注 5。

145. 同治初元 [1]，明诏选举，又以知县黎庶昌条陈 [2]，谕令在京四品以上，在外督、抚、学政，各举所知，不限绅士、布衣，以躬行实践为先，毋得专取文词藻丽者，滥膺盛典。其有年登耄耋 [3]，或诚朴无华，足为里闾矜式，不愿来京者，州县官岁时存问，赐以酒米。光绪六年 [4]，定自恩诏日起 [5]，予限八年，人文到部。每年二月、八月，各会验奏考一次，逾限者止许章服荣身，不得与考。

[1] 同治：清穆宗爱新觉罗·载淳的年号（1862～1874）。

[2] 黎庶昌：字莼斋（1837～1898），遵义（今属贵州）人。同治元年（1862）以廪贡生上书言事，受赏识，委知县，至曾国藩大营受差遣，留幕府办事。光绪二年（1876）随郭嵩焘出使欧洲，

先后任英、法、德、西班牙四国使馆参赞，七年，奉调任驻日大臣，历官川东兵备道。擅古文，著有《西洋杂志》、《拙尊园丛稿》等。《清史稿》有传。条陈：谓分条陈述意见的呈文。

[3] 耄耋：古人称七十至九十岁高龄者。

[4] 光绪六年：即公元 1880 年。光绪，清德宗爱新觉罗·载湉的年号。

[5] 恩诏：《清史稿·德宗一》：“（光绪）六年庚辰春正月……己丑，诏中外举人才。”

146. 初制授官用知州、知县，厥后荐举人众，乃推广用途，分别以知县、直隶州州同、州判、佐杂等官及教职用 [1]。知县得缺视拔贡 [2]，教职视大挑二等举人 [3]，馀均分省试用序补。历朝以来，有司奉行，第应故事。徇情冒滥之弊，台谏屡以上闻 [4]。惟嘉庆朝湖南严如煜以对策第一 [5]，召见授知县。咸丰朝湖南罗泽南以书生率湘勇越境剿贼 [6]，皆以勋绩见称于时。宣统初 [7]，各省所举多至百数十人，少亦数十人，诏饬严行甄核。选举之风，于斯滥矣。

[1] 直隶州：清制，凡直属于布政使司之州为直隶州。制与府同，有属县。州同：清代于各州设同知，因区别于府同知，故称州同。为知州之佐官，秩从六品。州判：清代知州之佐贰官，秩从七品。与州同分掌督粮、捕盗、海防、水利诸事。佐杂：清代州县官署内助理官吏佐贰、首领、杂职三者的统称。

[2] 拔贡：即“拔贡生”。参见清 3 注 14。

[3] 大挑：清代选官制度之一。凡举人历三科以上礼部试未中，即由礼部分省造册，咨送吏部，钦派王大臣拣选，称为大挑。始于乾隆十七年（1752），每六年举行一次，十取其五，分为二等，一等以知县用，二等以教职用。

[4] 台谏：清代都察院的御史与给事中。唐宋时，台官与谏官各有所司，明代以后开始合流，至雍正元年（1723），台谏完全合二而一。

[5] 嘉庆：清仁宗爱新觉罗·颙琰的年号（1796～1820）。严如煜：当作“严如煜”（1759～1826），字炳文，一字苏亭，号乐园，溆浦（今属湖南）人。自幼习兵法、星卜、舆图之书。乾隆六十年（1795），曾佐湖南巡抚姜晟平苗民，上《平苗议十二事》。嘉庆五年（1800）举孝廉方正，廷试以《平定川楚陕方略策》名列第一，复上《屯政方略十二事》，以知县发陕西。历官汉中知府、贵州、陕西按察使。著有《苗防备览》、《三省边防备览》、《乐园诗文集》等。《清史列传》、《清史稿》皆有传。《清史稿校注》作“严如煜”，并出校勘记云：“案清史馆王大钧纂选举志稿制科，‘煜’字或作‘煜’。”可参考。

[6] 咸丰：清文宗爱新觉罗·奕詝的年号（1851～1861）。罗泽南：字仲岳（1808～1856），号罗山，湘乡（今属湖南）人。诸生，咸丰二年（1852）在籍筹办团练，次年，应曾国藩命赴长沙，协同扩编为湘军，擢知县，屡与太平军战，历官同知、知府、按察使，加布政使衔。咸丰六年进逼武昌时，中弹重伤死，谥忠节。著有《小学韵语》、《姚江学辨》、《皇舆要览》等。《清史列传》、《清史稿》皆有传。

[7] 宣统：宣统帝爱新觉罗·溥仪的年号（1909～1911）。

147. 清代科目取士外，或徵之遗佚，或擢之廉能，或举之文学，或拔之戎行 [1]，或辟之幕职[2]，荐擢一途，得人称盛，有足述焉。

[1] 戎行（háng 杭）：行伍，军队。
[2] 幕职：地方长官的属吏，以供职幕府，故称。

148. 太祖肇兴东土[1]，选拔英豪以辅大业，委辂杖策之士咸与擢用[2]，或招直文馆[3]，或留预帷幄[4]。乙卯十一月[5]，谕群臣曰："国务殷繁，必得贤才众多，量能授职。勇能攻战者，宜治军；才优经济者，宜理国；博通典故者，宜诤得失；娴习仪文者，宜襄典礼。当随地旁求，俾列庶位。"时削平诸国，设八旗制[6]，需才亟。太宗即位[7]，首任儒臣范文程领枢密重事[8]。天聪八年[9]，甲喇章京朱继文子延庆上书[10]，言："我朝攻城破敌、斩将搴旗者不乏人，守境治民、安内攘外者未多见。"因疏举汉人陈极新、刑部启心郎申朝纪[11]，足备任使。帝召延庆等御前，温谕褒奖。命延庆、极新，文馆录用；朝纪仍任部事[12]。九年，谕满、汉、蒙古各官，荐举人才，不限已仕、未仕，牒送吏、礼二部，具名以闻。直文馆宁完我言[13]："古者荐举之条，功罪连坐，所以杜弊端、防冒滥。请自后所举之人，或功或罪，举者同之。若其人砥行于厥初，改节于末路，许举者随时检举，免连坐。"帝嘉纳焉。

[1] 太祖：即清太祖爱新觉罗·努尔哈赤（1559～1626），明建州左卫苏克素护河部赫图阿拉城（今辽宁新宾）人，号叔勤贝勒。初为辽东总兵李成梁部下，屡立战功。后袭父职，任建州左卫指挥使。万历十一年（1583）以祖、父为明兵误杀为由起兵，先后统一建州女真各部及海西、野人女真大部，创建八旗制度，创造满文。曾受明封为都督金事、龙虎将军。万历四十四年（1616）在赫图阿拉城建都称汗，国号金（史称后金），建元天命。天命三年（1618）以"七大恨"誓师攻明，六年迁都辽阳，十年迁都沈阳，次年攻明宁远城，为宁前道袁崇焕所败，旋病卒。葬沈阳福陵，庙号太祖，谥武皇帝，后谥高皇帝。
[2] 委辂（hé 何）：谓出身卑贱而有智谋的人才。委辂，即丢弃所挽之车。辂，车辕上用来挽车的横木。语本《汉书·扬雄传》所言挽车者娄敬建言汉高祖刘邦定都长安事："天下已定，金革已平，都于洛阳，娄敬委辂脱挽，掉三寸之舌，建不拔之策，举中国徙之长安，适也。"杖策：谓策马追随人主以建业的人才。杖策，执马鞭。语本《魏书·张衮传》："昔乐毅杖策于燕昭，公达委身于魏武，盖命世难可期，千载不易遇。"
[3] 文馆：官署名。后金天聪二年（1628）四月设于盛京，是清朝内阁之早期组织。皇太极命令儒臣分为两班，轮流入直。天聪十年三月，该文馆为内三院。
[4] 帷幄：谓帝王决策之处的幕府、军帐。
[5] 乙卯：谓后金建国之前一年，即明万历四十三年（1615）。
[6] 八旗制：参见清2注2。
[7] 太宗：即清太宗爱新觉罗·皇太极（1562～1643）。参见清123注1。
[8] 范文程：字宪斗（1597～1666），一字辉岳，辽东沈阳（今属辽宁）人。明诸生，万历四十六年（1618）于抚顺降后金。天聪三年（1629）入直文馆，崇德元年（1636）任内秘书院大学士，为清太宗所倚重，隶于汉军镶黄旗。顺治元年（1644），随入北京，多有建言，于稳定政局颇多贡

献。八年，以奉多尔衮命改削实录，革职留任。旋复大学士，列议政大臣。十一年致仕，卒谥文肃。《清史列传》、《清史稿》皆有传。

[9] 天聪八年：即公元 1634 年。天聪，后金（清）太宗爱新觉罗·皇太极的第一个年号。

[10] 甲喇章京：即"甲喇额真"，又作"札兰章京"、"札兰额真"。官名。清代八旗组织中级编制单位甲喇之长官，为满语音译。明万历四十三年（1615），努尔哈赤辨置八旗，将五个牛录合编为一个甲喇，每甲喇设甲喇额真。后金天聪八年（1634），梅勒额真以下均改称章京，甲喇额真改称甲喇章京。清顺治八年（1651），定汉名为参领，秩正三品。朱继文：生平不详。延庆：即朱延庆（？～1650），汉军镶蓝旗人，杨钟羲《八旗文经作者考》作"汉军镶白旗人"，《清史稿》作"汉军镶黄旗人"。历官江西巡抚。

[11] 陈极新：汉军正蓝旗人（生卒年不详），顺治十年（1653）任左布政使，十一年迁陕西巡抚。启心郎：官名。清天聪五年（1631）始设，位于六部侍郎之下，顺治元年（1644）改称郎中。申朝纪：汉军镶蓝旗人（？～1648），初籍辽东。历官刑部启心郎、江南布政使、山西巡抚、宣大山西总督。《清史稿》有传。

[12] "帝召"数句：《清史稿校注》校勘记云："案太宗实录（重），以甲喇章京朱继文子延庆上书荐举汉人陈极新、刑部'启心郎'申朝纪，谕令延庆、极新文馆录用，朝纪仍在部任事在天聪八年十二月二十四日丙午。"可参考。

[13] 宁完我：字公甫（1593～1665），辽东辽阳（今属辽宁）人。初被俘为奴，后隶汉军正红旗。天聪三年（1629）入直文馆，赐号巴克什。预机务，遇事敢言。历官弘文院学士、大学士。曾劾陷大学士陈名夏致死。十五年致仕。卒谥文毅。《清史列传》、《清史稿》皆有传。

149. 世祖定鼎中原 [1]，顺治初元 [2]，遣官徵访遗贤，车辙络绎。吏部详察履历，确核才品，促令来京。并行抚、按，境内隐逸、贤良，逐一启荐，以凭徵擢。顺天巡抚宋权陈治平三策 [3]，首广罗贤才，以佐上理，并荐故明蓟辽总督王永吉等 [4]。诏廷臣各举所知。一时明季故臣如谢陞、冯铨、党崇雅等 [5]，纷纷擢用。中外臣工启荐除授得官者，不可胜数。嗣以廷臣所举，类多明季旧吏废员，未有肥遯隐逸逃名之士 [6]。诏自今严责举主，得人者优加进贤之赏，舛谬者严行连坐之罚。荐章止以履历上闻，才品所宜，听朝廷裁夺。倘以赀郎杂流及黜革青衿、投闲武弁 [7]，妄充隐逸，咎有所归。若畏避连坐，缄默不举，治以蔽贤罪。二年，陕西、江南平，诏徵山林隐逸，并故明文、武进士、举人。山东巡抚李之奇以保荐滥及赀郎，诏旨切责 [8]。十三年，江南巡抚张中元荐故明进士陆贻吉、于沚 [9]，帝亲试之。是年复诏各省举奏地方人才，给事中梁鈜言 [10]："皇上寤寐求才，诏举山林隐逸，应聘之士，自不乏人。然采访未确，有负盛举。如江南举吕阳 [11]，授监司 [12]，未几以赃败；山东举王运熙 [13]，授科员 [14]，未有建明，以计典去 [15]。吕阳等岂真抱匡济之才，不过为梯荣之藉耳 [16]。山林者何？谓远于朝市也。隐逸者何？谓异于趋竞也。必得其人，乃当其位。请饬详加采访。"疏入，报闻。

[1] 世祖：即清世祖爱新觉罗·福临（1638～1661）。参见清 3 注 1。
[2] 顺治：清世祖爱新觉罗·福临的年号（1644～1661）。

[3] 宋权：字元平（1598~1652），又字平公，号雨恭，又号梁园，晚号归德老农，商丘（今属河南）人。明天启五年（1625）进士，崇祯十七年（1644）官至顺天巡抚。降清后仍原官，擢国史院大学士，为言官所劾，休致。卒谥文康。《清史列传》、《清史稿》皆有传。治平三策：《清史列传·贰臣传·宋权》："首献治平三策：'一议崇祯庙号，以彰全德……一尽裁加派弊政，以苏民生……一广育贤才，以佐上理。'"

[4] "并荐"句：《清史列传·贰臣传·宋权》："臣所知者，如辽蓟总督王永吉、原任监军道方达猷、原任苏州道杨毓楫及原任南京礼部尚书朱继祚、原任户部侍郎叶廷桂等，均济时舟楫，惟皇上召而用之。"王永吉，字修之（1600~1659），高邮（今属江苏）人。明天启五年（1625）进士，官至蓟辽总督。后降清，授大理寺卿，历官户部侍郎、兵部尚书、秘书院大学士、国史院大学士，领吏部尚书。后以侄王树德科场关节案发，左迁太常寺少卿，又迁都察院左副都御史。卒谥文通。《清史列传》、《清史稿》皆有传。

[5] 谢陞：字廷扬（？~1645），德州（今属山东）人。万历四十四年（1616）进士，累迁至建极殿大学士，被劾罢归。崇祯十七年（1644）组织乡兵逐李自成军队，旋降清，以原学士衔管吏部尚书事。寻病卒，谥清义。《清史列传》、《清史稿》皆有传。冯铨：字振鹭（1595~1672），顺天涿州（今属河北）人。明万历四十一年（1613）进士，授检讨。曾谄事魏忠贤，参与迫害杨涟等。累迁至文渊阁大学士兼礼部尚书，充《三朝要典》总裁。后以阉党论杖徙，赎为民。崇祯十七年（1644）降清，以大学士原衔入院佐理机务，奏定复票拟旧制。历官弘文院大学士兼礼部尚书。后以老致仕。卒谥文敏。著有《独鹿山房诗集》等。《清史列传》、《清史稿》皆有传。党崇雅：字于姜（？~1666），宝鸡（今属陕西）人。明天启五年（1625）进士，官至户部侍郎。明亡，降李自成农民军，旋复降清，任刑部侍郎，擢刑部尚书，授国史院大学士。致仕卒。《清史列传》、《清史稿》皆有传。

[6] 肥遯（dùn 遁）：谓退隐的高人。语本《易·遯》："上九，肥遯，无不利。"

[7] 赀郎：旧时谓出钱捐官的人。青衿：青色交领的长衫，为明清秀才之常服。即借指秀才。武弁：谓武官。

[8] "山东"二句：《清史稿校注》校勘记云："案世祖实录，'山东巡按'李之奇疏荐范复粹等三十一员，以滥及赀郎，诏旨切责在顺治二年十一月二十四日壬申。又案清史稿疆臣年表五，顺治二年任山东巡抚者二人，前为方大猷，后为丁文盛。此'山东巡抚'当作'山东巡按'。"可参看。李之奇，交城（今属山西）人（生卒年不详），历官山东巡按、四川巡按。巡按，清初沿明制，派遣监察御史巡按州县，考察府、州、县官，秩正七品。顺治十八年（1661）停废此制。

[9] 江南巡抚：《清史稿校注》校勘记云："江南巡抚张中元，案清史稿疆臣表五，张中元时任'江宁巡抚'，清史稿王大钧纂选举志稿荐擢同。此当据改。"可参看。张中元：字魁轩（生卒年不详），汉军正黄旗人。监生，历官巡盐御史、江宁巡抚。陆贻吉：字静萧（1622~？），常熟（今属江苏）人。明崇祯十六年（1643）进士。馀不详。于沚：字芷园（1621~？），金坛（今属江苏）人。明崇祯十六年（1643）进士。馀不详。

[10] 给事中：参见清6注15。梁鋐：字子远（1621~1715），号仲琳，三原（今属陕西）人。顺治十二年（1655）进士，选庶吉士，历官刑科给事中、仓场侍郎。

[11] 吕阳：字全吾（1613~1674），号詹望，又号薪斋，无锡（今属江苏）人。明崇祯十三年（1640）进士，历官浙江布政司参议。

[12] 监司：通称有监察州县责任之官员为监司。宋代置诸路转运使，兼带按察之任；元、明以提刑

按察司掌监察，因称之为监司。清代布政使、按察使及各守、巡道，均负有监察府、州、县之任，亦通称之为监司。参见宋 37 注 6。

[13] 王运熙：潍县（今属山东）人（1618～?），明崇祯十六年（1643）进士。馀不详。

[14] 科员：谓六科给事中。参见清 6 注 15。

[15] 计典：即三年一次考察官员的"京察"与"大计"。参见清 214。

[16] 梯荣：攀援禄位。

150. 顺、康间 [1]，海内大师宿儒，以名节相高。或廷臣交章论荐，疆吏备礼敦促 [2]，坚卧不起。如孙奇逢、李颙、黄宗羲辈 [3]，天子知不可致，为叹息不置，仅命督、抚抄录著书送京师。康熙九年 [4]，孝康皇后升祔礼成 [5]，颁诏天下，命有司举才品优长、山林隐逸之士。自后历朝推恩之典，虽如例行，实应者寡。

[1] 顺：即"顺治"，清世祖爱新觉罗·福临的年号（1644～1661）。康：即"康熙"，清圣祖爱新觉罗·玄烨的年号（1662～1722）。

[2] 疆吏：负镇守一方重责的高级地方官吏。

[3] 孙奇逢：字启泰（1584～1675），号钟元，保定容城（今属河北）人。明万历二十八年（1600）举人。入清，屡徵不仕。晚岁移居河南辉县夏峰，躬耕讲学，学者称夏峰先生。其学本陆王，亦兼采程朱，于清初诸儒中深负重望。著有《理学宗传》、《读易大旨》等。《清史列传》、《清史稿》皆有传。李颙：字中孚（1627～1705），号二曲，盩厔（今陕西周至）人。入清，屡徵不仕。其学宗陆王，不废程朱。著有《二曲集》、《四书反身录》等。《清史列传》、《清史稿》皆有传。黄宗羲：字太冲（1610～1695），号南雷，又号黎洲，馀姚（今属浙江）人。明亡后讲学甬越间，屡徵不起。大江以南之士多从之，卒后门人私谥曰文孝。黄宗羲与王夫之、顾炎武为明末清初三大思想家，著述宏富，择其要者，如《宋元学案》、《明儒学案》、《明夷待访录》二卷，编《明文海》，自著诗文集则有《吾悔集》、《南雷文案》等。《清史列传》、《清史稿》皆有传。

[4] 康熙九年：即公元 1670 年。康熙，清圣祖爱新觉罗·玄烨的年号。

[5] 孝康皇后：即孝康章皇后（1640～1663），清世祖顺治帝妃，清圣祖康熙帝之生母，佟佳氏。康熙帝即位，尊为皇太后，次年卒，年仅二十四岁。升祔：升入祖庙附祭于先祖。

151. 初制，督、抚升迁离任时，荐举人才一次。嗣令岁一荐举，部议大省限十人，小省限三四人，后复改二年荐举一次。自顺治十八年停差巡按 [1]，乃定各省巡抚应举方面有司、佐贰、教官员额，总漕、总河应荐方面有司、佐贰额 [2]，亦著为例。康熙二年 [3]，御史张吉午奏 [4]："三年考满之法 [5]，一、二等称职者，即系荐举，请罢督、抚二年荐举例。"从之。六年，停考满。用给事中李宗孔言复荐举 [6]，与卓异并行 [7]。先是漕、河荐举例停。十二年，漕督帅颜保请复旧例 [8]，每年得举劾属吏示劝惩。部议行。因疏荐粮道范周、迟日巽、知县吴兴祚 [9]。诏擢兴祚福建按察使。

[1] 顺治十八年：即公元 1661 年。顺治，清世祖爱新觉罗·福临的年号。停差巡按：《清史稿·圣祖一》："（顺治十八年）五月，罢各省巡按官。"巡按，即分道出巡按临的监察御史。参见明 33

注 1。

[2] 总漕：漕运总督之俗称，又称漕督、漕台。明代始设，清沿袭，掌漕粮之征收、起运诸事，秩正二品，例兼兵部侍郎及都察院右副都御史衔。属官有督粮道、管粮同知、通判、押运通判等，并统辖"漕标"七营。光绪三十年（1904）停河运，裁撤。总河：即河道总督，又称河督、河台。明代始设，清因之，改为专管河道疏浚及堤防事务之最高长官，秩正二品，例兼兵部侍郎及都察院右副都御史衔。属官有管河道、管河同知、通判、管河州同、州判、县丞等，并统辖"河标"七营。光绪二十八年（1902）裁河道总督，堤岸之事，改由巡抚兼理。

[3] 康熙二年：即公元 1663 年。康熙，清圣祖爱新觉罗·玄烨的年号。

[4] 张吉午：奉天人（生卒年不详）。历官巡盐御史、顺天府尹、都察院金都御史。

[5] 考满：清代官员考核制度。清初定制，与京察、大计并行。康熙元年（1662）停京察、大计，只行考满。四年，停考满，复行京察、大计，遂成定制。考满时，京官、外官分别按不同标准考核定等。京官俸满三年，准送吏部、都察院考满；督抚照京官考满。外官分级注考，由督抚分别以地方荒残、冲疲、充实、简易四项开注，以政绩多寡分定等第。京官四品、外官布政使以下，考满分为五等：一等为称职，纪录；二等为勤职，奖赏；三等为平常，留任；四等为不及，降调；五等为不称职，革职。笔帖式考满亦照有职掌官员例施行。

[6] 李宗孔：字叔云（1618～1701），泰兴（今属江苏）人。顺治四年（1647）进士，历官户部主事、给事中、大理寺少卿。

[7] 卓异：清制，吏部定期考核官吏，文官三年，武官五年，政绩突出，才能优异者称为卓异。参见清 215，清 224。

[8] 漕督：即"漕运总督"。掌漕粮之征收、起运诸事，秩正二品。帅颜保：满洲正黄旗人（1641～1685），赫舍里氏。历官内国史院学士、吏部侍郎、漕运总督、工部尚书、礼部尚书。《清史稿》有传。中华书局整理本标其名为"颜保"，误。

[9] 范周：字挺岳（生卒年不详），号瑞臣，吴县（今属江苏）人。顺治六年（1649）进士，历官编修、河南粮道。迟日巽：字庚吾（生卒年不详），奉天广宁（今辽宁北镇）人，隶汉军正白旗。贡生，历官山西夏县知县、巡盐御史、山东粮道、河南按察使。吴兴祚：字伯成（1632～1684），号留村，汉军正红旗人。顺治七年（1650）以贡生授萍乡知县，历官福建按察使、福建巡抚、两广总督、古北口都统。著有《宋元诗声律选》等。《清史列传》、《清史稿》皆有传。

152. 圣祖亲政 [1]，锐意整饬吏治，屡诏群臣荐举天下廉能官。十八年 [2]，左都御史魏象枢疏荐清廉 [3]，原任侍郎高珩、达哈塔、雷虎、班迪 [4]，大理卿瑚密色 [5]，侍读萧维豫 [6]，郎中宋文运 [7]，布政使毕振姬 [8]，知县张沐、陆陇其等十人。得旨分别录用 [9]。并谕陆陇其廉能之员，宜任繁剧 [10]，如直隶清苑、江苏无锡等县 [11]，庶可表见其才。十九年，福建巡抚吴兴祚荐按察使于成龙天下廉能第一 [12]，迁布政使，寻擢直隶巡抚。二十年入觐，帝温谕褒美。问属吏中亦有清廉者否？成龙以知县谢锡衮、同知何如玉、罗京对 [13]。未几，调成龙两江总督。濒行，疏荐直隶守道董秉忠、通州知州于成龙、南路通判陈大栋、柏乡知县邵嗣尧、阜城知县王燮、高阳知县孙宏业、霸州州判卫济贤 [14]，并堪大用。会江宁知府缺 [15]，诏即以通州知州于成龙擢补。不数年，擢直隶巡抚。同时两于成龙，先后汲引，并以清操特邀帝眷，时论称之。

[1] 圣祖：即清圣祖爱新觉罗·玄烨（1654～1722）。参见清36注9。

[2] 十八年：即康熙十八年（1679）。

[3] 左都御史：清代最高监察机构都察院长官，俗称总宪，满、汉各一人，康熙初定秩正二品，雍正八年（1730）升从一品。参见清114注9。魏象枢：参见清121注9。

[4] 高珩：字葱佩（1612～1697），号念东，别署紫霞道人，淄川（今属山东淄博）人。明崇祯十六年（1643）进士，入清，授检讨，官至刑部侍郎。工诗词曲，著有《栖云阁诗略》等。达哈塔：满洲正白旗人（1633～1687），佟佳氏。顺治九年（1652）进士，选庶吉士，授编修，历官吏部尚书。雷虎：生平不详。班迪：生平不详。

[5] 大理卿：大理司长官，秩正三品。参见清73注4。瑚密色：满洲正白旗人（生卒年不详），历官骑都尉、三等轻车都尉、御史、大理寺卿。

[6] 侍读：即翰林院侍读。参见清32注5。萧维豫：当作"萧惟豫"（1637～?），字介石，号韩坡，德州（今属山东）人。顺治十五年（1658）进士，选庶吉士，授编修，历官侍读。著有《但吟草》。

[7] 郎中：顺治元年（1644）由启心郎改称，为部下各司之主官，秩正五品。宋文运：字开之（1627～1684），直隶南宫（今属河北）人。顺治六年（1649）进士，历官山东滋阳知县、刑部主事、吏部郎中、鸿胪寺少卿、刑部左侍郎。以病乞休，卒谥端悫。《清史稿》有传。

[8] 布政使：一省之最高行政长官，别称藩司，尊称藩台、方伯。在总督、巡抚统辖下，掌一省之财政、民政。秩从二品。毕振姬：字亮四（1613～1681），一字亮泗，号王孙，又号颉云，高平（今属山西）人。顺治三年（1646）进士，历官平阳教授、刑部员外郎、广西按察使、湖广布政使，以病归。康熙十七年（1678）荐博学鸿词，次年复举廉能吏，皆以老勿用。寻卒。著有《三川别志》、《尚书注》等。《清史列传》、《清史稿》皆有传。

[9] 张沐：字仲诚（1630～1712），号起庵，上蔡（今属河南）人。顺治十五年（1658）进士，历官直隶内黄知县、四川资阳知县，以老乞休。讲学汴中，为士所敬仰。《清史列传》、《清史稿》皆有传。陆陇其：初名龙其（1630～1692），字稼书，平湖（今属浙江）人。康熙九年（1670）进士，历官江南嘉定知县、灵寿知县、四川道监察御史。乞假归，卒。雍正五年（1727）从祀孔庙，乾隆初追赠内阁学士兼礼部侍郎，谥清献。论学专宗朱子，著有《读朱随笔》、《三鱼堂文集》等。《清史列传》、《清史稿》皆有传。分别录用：《清史稿校注》校勘记云："案圣祖实录，都察院左都御史魏象枢疏荐清廉十人，得旨分别录用在康熙十八年十月十一日壬申。又'达哈塔'作'达哈他'，'瑚密色'作'胡密色'。此俱为同音异译。'萧维豫'作'萧惟豫'。"可参考。

[10] 繁剧：谓事务极其繁重的县。

[11] 直隶清苑：在今河北省中部，唐河过境内。《清史稿·地理一·直隶保定府》："清苑，冲、繁、疲、难。倚。"江苏无锡：在今江苏省南部，太湖北岸。《清史稿·地理五·江苏常州府》："无锡，冲，繁。"

[12] 巡抚：参见清12注6。吴兴祚：参见清151注9。按察使：参见清90注19。于成龙：字北溟（1617～1684），号于山，永宁（今山西离石）人。顺治十八年（1661）由副榜贡生授罗城知县，历官福建按察使、直隶巡抚、两江总督，卒于任。为官清廉，执法不徇情面，曾被康熙帝

誉为"清官第一"。卒谥清端。著有《于清端政书》等。《清史列传》、《清史稿》皆有传。

[13] 谢锡衮：生平不详。何如玉：生平不详。罗京：生平不详。

[14] 守道：分守道之简称。清沿明制，于各省布政使司置辅佐官，称参政或参议，分别驻守一定府、州、县地区，掌理钱谷诸事，是为分守道，亦称参政道或参议道。乾隆十八年（1753）废参议、参政诸衔，定分守道为正四品官。清代各省分守道虽无定额，但全国员额定为二十员。有的省分中以粮储道、盐法道或管河道兼分守地方之任。董秉忠：辽东东宁卫（今辽宁辽阳老城区）人，贡生。历官奉天府尹、直隶守道参议。通州：今江苏南通。于成龙：字振甲（1638～1700），号如山，汉军镶黄旗人（或作汉军镶红旗）。荫生出身，历官乐亭知县、通州知州、江宁知府、安徽按察使、直隶巡抚、河道总督、左都御史等。卒谥襄勤。《清史列传》、《清史稿》皆有传。南路：当泛指南方。或疑有误字。陈大栋：《清史稿校注》校勘记云："陈大栋，案清史稿列传六十四于成龙传作'陈天栋'，国朝耆献类征初编卷一五八，清国史馆于成龙传同。此当据改。"可参考。陈天栋，曾官南路通判，馀不详。柏乡：在今河北省南部。邵嗣尧：字子昆（？～1694），号九缄，猗氏（今山西临猗）人。康熙九年（1670）进士，历官山东临淄、直隶柏乡知县、江南道监察御史、直隶守道、江南学政。著有《四书讲义》、《周易定本》等。《清史列传》有传。阜城：在今河北省东南部。王燮：字子和（1649～？），嘉兴（今属浙江）人。康熙十二年（1673）进士，历官阜城知县。高阳：在今河北省中部。孙宏业：生平不详。霸州：在今河北省中部。卫济贤：生平不详。

[15] 江宁：谓江宁府，治所即今江苏南京市。

153. 二十三年[1]，谕部臣保举应补关差[2]，金以"有才及谨慎者不乏人，而操守实难知"对。帝曰："清操如何可废？如郝浴居官甚好[3]，犹侵蚀钱粮，魏象枢曾荐郝浴[4]，此事安能豫知！朕信部院堂官清操而委任之[5]，堂官亦信司官而委任之。但将有守之人举出，被举者自能效力。"是年九卿、詹事、科、道遵旨疏举清廉：直隶巡抚格尔古德[6]，吏部郎中苏赫、范承勋[7]，江南学道赵苍[8]，扬州知府崔华[9]，兖州知府张鹏翮[10]，灵寿知县陆陇其等[11]。二十六年，帝嘉直隶巡抚于成龙清廉[12]，命九卿各举廉吏如成龙者。大学士等荐云贵总督范承勋、山西巡抚马齐、四川巡抚姚缔虞[13]。帝谓承勋等居官皆优，但尚有勉强之意。成龙则出自诚心，毫无瞻顾。命加成龙太子少保衔[14]，以劝廉能。四十年，敕总督郭琇、张鹏翮、桑额、华显[15]，巡抚彭鹏、李光地、徐潮荐道、府以下[16]，知县以上，清廉爱民者，勿计罣误降罚[17]，勿拘本省邻属，具以名闻。时天子广厉风节，群士慕效，吏治丕变。循吏被荐膺显擢者，先后踵相接。

[1] 二十三年：即康熙二十三年（1684）。

[2] 关差：清代总理钞关权务的政府官员。遴选关差，清初实行"论俸掣签"法，顺治十一年（1654）规定各关差令户部司官食俸三年者掣签充任，康熙间，将掣签的司员扩大到六部和各府院。雍正间，停掣签法，改由各部府院保举操行端正官员，请旨简用。各地关差亦有由督抚、织造、盐政兼理的。专差关差，任期一年，督抚兼理者不受此限。

[3] 郝浴：字冰涤（1623～1683），又字雪海，晚号复阳，直隶定州（今属河北）人。顺治六年

（1649）进士，授刑部主事，翌年改官湖广道御史，巡按四川，以忤吴三桂，被遣戍尚阳堡二十二年。康熙十四年（1675）起复原官，历两淮巡盐、左副都御史、广西巡抚。著有《中山郝中丞集》。《清史列传》、《清史稿》皆有传。

[4] 魏象枢：参见清 121 注 9。

[5] 堂官：即各部、院的长官与副长官等。

[6] 格尔古德：字宜亭（1641～1684），钮钴禄氏，满洲镶蓝旗人。自笔帖式历官内院副理事官、弘文院侍读、翰林院侍读学士、詹事、内阁学士、直隶巡抚。以疾乞归，卒谥文清。《清史稿》有传。

[7] 苏赫：满洲正蓝旗人（？～1692），历官吏部郎中、吏部尚书。范承勋：字苏公（1641～1714），号眉山，又号九松，大学士范文程第三子，汉军镶黄旗人。以任子历官工部员外郎、吏部郎中、内阁学士、广西巡抚、云贵总督、两江总督、兵部尚书。《清史列传》、《清史稿》皆有传。

[8] 学道：即"督学道"，清初各省之学官名，即后来之"提督学政"，各省设置屡有变化。参见清 34 注 8。赵苍：字叔公（1640～1695），号阆仙，莱阳（今属山东）人。顺治十五年（1658）进士，历官礼部主事、太常寺少卿。

[9] 扬州：即扬州府，治所即今扬州，在今江苏省中部，长江北岸。崔华：字连生（1632～1693），一作莲生，号西岳，直隶平山（今属河北）人。顺治十六年（1659）进士，历官浙江开化知县、扬州知府、两淮盐法道，卒官。清廉有声，能诗，著有《公馀诗略》等。《清史列传》、《清史稿》皆有传。

[10] 兖州：即兖州府，治所即今山东兖州，在今山东省中部偏南。张鹏翮：字运青（1649～1725），号宽宇，遂宁（今属四川）人。康熙九年（1670）进士，选庶吉士，历官刑部主事、礼部郎中、苏州知府、兖州知府、河东盐运使、通政使参议、大理寺少卿、左都御史、刑部尚书、两江总督、户部尚书、武英殿大学士。卒谥文端。著有《张文端集》、《圣谟全书》等。《清史列传》、《清史稿》皆有传。

[11] 灵寿：在今河北省西部，滹沱河流域。陆陇其：参见清 152 注 9。

[12] 于成龙：此谓字振甲者。参见清 152 注 14。

[13] 范承勋：参见注 3。马齐：富察氏，满洲镶黄旗人，尚书米思翰次子。康熙八年（1669）以荫生任工部员外郎，历官山西巡抚、左都御史、武英殿大学士、保和殿大学士。以病休。卒谥文穆。《清史列传》、《清史稿》皆有传。姚缔虞：字历升（？～1688），号岱麓，黄陂（今属湖北）人。顺治十六年（1659）进士，历官四川推官、陕西安化知县、礼科给事中、四川巡抚。卒官。《清史稿》有传。

[14] 太子少保：清代大臣的加衔。《清史稿·职官一》："太师、太傅、太保为三公（正一品）。少师、少傅、少保为三孤（从一品）。太子太师、太子太傅、太子太保（从一品），太子少师、太子少傅、太子少保（正二品），俱东宫大臣，无员限，无专授。初沿明制，大臣有授公、孤者。嗣定为兼官、加衔及赠官。"

[15] 郭琇：字华野（1638～1715），一字瑞甫，即墨（今属山东）人。康熙九年（1670）进士，历官吴江知县、左金都御史、内阁学士、湖广总督，坐事罢归，卒于家。以敢言称。著有《华野疏稿》等。《清史列传》、《清史稿》皆有传。张鹏翮：参见注 10。桑额：历官漕运总督（？～1713），加太子太保、吏部尚书。馀不详。华显：觉罗氏（1660～1704），满洲正红旗人。历官宗人府主事、户部理事官、侍讲学士、内阁学士、川陕总督，卒官，赠兵部尚书，加太子太保，

谥文襄。《清史稿》有传。

[16] 彭鹏：字奋斯（1637～1704），号古愚，又号九峰、无山，莆田（今属福建）人。顺治十七年
（1660）举人，历官三河知县、工科给事中、贵州按察使、广西、广东巡抚，以直言敢谏名重
一时。卒官。著有《古愚心言初集》。《清史列传》、《清史稿》皆有传。李光地：参见清96注
16。徐潮：字青来（1647～1715），号浩轩，钱塘（今浙江杭州）人。康熙十二年（1673）进
士，选庶吉士，历官翰林院检讨、刑部侍郎、河南巡抚、户部、吏部尚书。致仕归，卒。乾隆
初追谥文敬。《清史列传》、《清史稿》皆有传。

[17] 罣（guà 挂）误：谓因过失或牵连而受到处分。

154. 先是廷臣会推广西按察使缺 [1]，吏部侍郎胡简敬 [2]，淮安人 [3]，以推
举淮扬道高成美违例获谴 [4]，至是申禁九卿毋得保举同乡及本省官，复限每人岁举毋
逾十人。五十三年 [5]，尚书赵申乔举潮州知府张应诏能耐清贫 [6]，可为两淮运
使 [7]。帝曰："清官不系贫富，张伯行家道甚饶 [8]，任所日用皆取诸其家，以为不清
可乎？一心为国即好官，或操守虽清，不能办事，亦何裨于国？"

[1] 会推：会同推荐选任。参见明100注11，明132注1。按察使：参见清90注19。
[2] 胡简敬：字又弓（1632～1695），沭阳（今属江苏）人。顺治十二年（1655）进士，历官编修、
吏部左侍郎。
[3] 淮安：即淮安府。清代雍正二年（1724）以前，沭阳属淮安府管辖。见《清史稿·地理五》。
[4] 淮扬道：谓管辖淮安府、扬州府的分守道官。参见清152注14。高成美：辽东人。历官淮安知
府、淮扬分守道。
[5] 五十三年：即康熙五十三年（1714）。
[6] 赵申乔：字慎旃（1644～1720），号松伍，又号白云旧人，武进（今江苏常州）人。康熙九年
（1670）进士，历官河南商丘知县、刑部主事、浙江布政使、浙江巡抚、左都御史、户部尚书。
居官以清直称，后以告发戴名世《南山集》有悖逆语而兴大狱。卒谥恭毅。著有《赵恭毅存稿》
等。《清史列传》、《清史稿》皆有传。潮州：即潮州府，治所即今潮州市，在今广东省东部，韩
江下游。张应诏：开泰（今贵州黎平）人（生卒年不详），康熙二十年（1681）举人，历官直隶
知县、潮州知府、鸿胪寺少卿。
[7] 两淮：元初置两淮盐运司于扬州（今属江苏），其产区包括今长江以北淮南、淮北各盐场。明清
时行销地包括今江苏、安徽、江西、湖南、湖北五省大部和河南一部分地区。运使：即"盐运
使"，全称"都转运盐使司盐运使"，简称"运使"。秩从三品，设于各产盐省分，与盐法道间
置，亦有盐法道兼运使者，掌治各盐场、井、池之盐务事宜，督察场民之生计、商人之行息，适
时平盐价、管理水陆挽运等。属官设经历、知事、巡检及库仓大使等。
[8] 张伯行：参见清101注4。

155. 六十一年 [1]，世宗嗣位 [2]。谕曰："知人则哲，自古为难。朕临御之初，
简用人才，或品行端方，或操守清廉，或才具敏练，诸大臣密奏所知。勿避嫌徇私，沽
名市恩，有负谘询。"又以道、府、州、县，亲民要职，敕总督举三员，巡抚举二员，

布、按各举一员，将军、提督亦得举一员 [3]，密封奏闻。雍正四年 [4]，以各省所举未能称旨，诏切责之。令各明举一人，不得雷同。时荐贤诏屡下，帝综核名实，赏罚必行。七年，以督、抚、布、按，为全省表率。命京官学士、侍郎以上，外官藩、臬以上 [5]，各密保一人，不拘满、汉，不限资格，即府、县中有信其可任封疆大僚，亦许列荐剡 [6]。

[1] 六十一年：即康熙六十一年（1722）。

[2] 世宗：即清世宗爱新觉罗·胤禛（1678～1735）。参见清8注5。

[3] 将军：驻防八旗的最高长官之一，秩从一品，由满人充任。内地各省之将军掌驻防旗营的军政事务，伊犁、黑龙江、吉林等边境地区之将军则为该地区最高军政长官。提督：又称提台、军门，全称提督军务总兵官，为一省绿营兵的最高长官，秩从一品。管理绿营军队政令，并节制全省各镇总兵。名义上与督抚并称封疆大吏，但仍听督抚节制，有的由巡抚直接兼任。

[4] 雍正四年：即公元1726年。雍正，清世宗爱新觉罗·胤禛的年号。

[5] 藩：即布政使，一省最高行政长官，别称藩司，尊称藩台、方伯。在总督、巡抚统辖下，掌一省之财政、民政。秩从二品。臬：即按察使，掌一省刑名按劾之事的司法和监察长官，全称"提刑按察使司按察使"，别称"臬司"、"臬台"、"外台"（御史台），秩正三品。

[6] 荐剡（shàn 善）：谓推荐人的文书。浙江嵊县剡溪之水制纸甚佳，故以"剡"为纸的代称。

156. 高宗重视亲民之官 [1]，乾隆二年 [2]，谕仿雍正时例 [3]，督、抚、布、按，各密举一、二人。次年，复命大学士、九卿举堪任道、府人员，露章启奏 [4]。八年，诏大学士举编、检能任知府者。十四年，命侍郎以上举能任三品京堂者，尚书以上举能任侍郎者。其时明扬、密保，并行不废。科、道行取 [5]，自康熙七年复旧制 [6]。诏督、抚举亲民之官，贤能夙著者，亲加选用。二十九年，诏九卿各举所知。尚书王骘举清苑知县邵嗣尧 [7]，李天馥举三河知县彭鹏、灵寿知县陆陇其 [8]，徐元文举麻城知县赵苍璧 [9]。及廷推时 [10]，帝复问左都御史陈廷敬 [11]，廉者为谁？廷敬亦以陇其、嗣尧天下清官为言。时同举十二人，俱用科、道。得人为最。乾隆四年 [12]，吏部奏请行取，高宗命尚书、都御史、侍郎于各部属、州、县内 [13]，秉公保举，如康熙二十九年例。次年，谕"圣祖时如汤斌、陆陇其学问纯正 [14]，言行相符，陈瑸、彭鹏操守清廉 [15]，治行卓越。天下之大，人材之众，岂无与数人颉颃者 [16]？大学士、九卿其公举备采择"。

[1] 高宗：即清高宗爱新觉罗·弘历（1711～1799）。参见清9注3。亲民之官：谓知县等地方职官。知县为清代一县之主官，秩正七品。掌理一县地方行政、田赋、刑名等，故称亲民之官。

[2] 乾隆二年：即公元1737年。乾隆，清高宗爱新觉罗·弘历的年号。

[3] 雍正：清世宗爱新觉罗·胤禛的年号（1723～1735）。

[4] 露章：谓公开的奏章，与上文"密奏"相对而言。

[5] 科道：即"科道官"，明清六科给事中与都察院各道监察御史统称科道官。行取：明清时地方官

经推荐保举后调任京职称行取。

[6] 康熙七年：即公元 1668 年。康熙，清圣祖爱新觉罗·玄烨的年号。

[7] 王骘：字辰岳（1613～1695），号人岳，又号相居，福山（今属山东）人。顺治十二年（1655）进士，历官户部主事、刑部郎中、江西巡抚、闽浙总督、户部尚书。致仕归，卒于家。《清史列传》、《清史稿》皆有传。清苑：参见清 152 注 11。邵嗣尧：参见清 152 注 14。

[8] 李天馥：字湘北（1635～1699），号容斋，江南合肥（今属安徽）人，原籍河南永城。顺治十五年（1658）进士，选庶吉士，授检讨，历官翰林院侍讲学士、内阁学士、吏部尚书、武英殿大学士，卒谥文定。著有《容斋千首诗》、《容斋诗馀》。《清史列传》、《清史稿》皆有传。三河：在今河北省中部，蓟运河上游。彭鹏：参见清 153 注 16。灵寿：参见清 153 注 11。陆陇其：参见清 152 注 9。

[9] 徐元文：参见清 119 注 6。麻城：在今湖北省东北部，举水上游，大别山南侧。赵苍璧：字晋襄（1637～1694），号圉庵，钱塘（今属浙江）人。康熙二十一年（1682）进士，历官湖北麻城知县、山西道监察御史。

[10] 廷推：明代任官制度。高级官职空缺，多由大臣公推二人或三人，再由皇帝决定任命。内阁大学士、吏部与兵部尚书，由廷臣推举或奉特旨。侍郎以下及祭酒，由吏部会同三品以上官员推举。外官惟督、抚之选，九卿皆参与，由吏部主持。清代因袭之。

[11] 左都御史：参见清 152 注 3。陈廷敬：字子端（1638～1712），号说岩，又号午亭，泽州（今山西晋城）人。顺治十五年（1658）进士，历官吏部右侍郎、左都御史、工部尚书、户部尚书、礼部尚书、文渊阁大学士。卒谥文贞。著有《午亭文编》、《午亭山人第二集》等，曾任《康熙字典》、《佩文韵府》、《明史》、《鉴古辑览》、《大清一统志》总裁官。《清史列传》、《清史稿》皆有传。

[12] 乾隆四年：即公元 1739 年。乾隆，清高宗爱新觉罗·弘历的年号。

[13] 高宗：即清高宗爱新觉罗·弘历（1711～1799）。参见清 9 注 3。都御史：即"左都御史"，俗称"总宪"，清代都察院主官，秩从一品。参见清 114 注 9。

[14] 圣祖：即清圣祖爱新觉罗·玄烨（1654～1722）。参见清 36 注 9。汤斌：参见清 133 注 6。陆陇其：参见清 152 注 9。

[15] 陈瑸：字文焕（1656～1718），号眉川，海康（今属广东）人。康熙三十三年（1694）进士，历官福建古田知县、刑部员外郎、四川提学道、台湾厦门道、湖南巡抚。卒于官，追授礼部尚书，谥清端。一生操守极清，著有《清端集》等。《清史列传》、《清史稿》皆有传。彭鹏：参见清 153 注 16。

[16] 颉颃（xiéháng 协航）：鸟上下飞的样子。喻不相上下、可与抗衡者。

157. 七年 [1]，帝思骨鲠质朴之士，如古马周、阳城起布衣为御史者 [2]，诏大学士、九卿及督、抚，勿论资格，列名举奏。嗣诸臣奏到，下吏部定期考试。明年二月，考选御史，试以时务策 [3]，帝亲取中书胡宝瑔第一 [4]。引见，宝瑔、涂逢震等十人用御史 [5]，沈澜发江南补用 [6]。既而从御史李清芳奏 [7]，选用御史，令吏部将合例人员奏请考试。于是保荐御史例罢。清代未设直言极谏之科 [8]，而选择言官至为慎重，裨益政治，非浅鲜也。

[1] 七年：即乾隆七年（1742）。

[2] 马周：参见唐43注5。阳城：字亢宗（736～805），唐定州北平（今河北完县）人，徙陕州夏县（今属山西）。进士及第后隐居中条山，贞元四年（788），宰相李泌荐为谏议大夫，惟日夜痛饮，并无谏言。十一年，陆贽遭裴延龄诬贬，乃起而上疏，辨陆贽无罪；又反对用裴延龄为相，贬国子司业，出为道州刺史。轻税爱民。两《唐书》有传。

[3] 时务策：参见清89注8。

[4] 胡宝瑔：字泰舒（1695～1763），号饴斋，晚号瓶庵，原籍歙县（今属安徽），入籍青浦（今属上海市）。雍正元年（1723）举人，乾隆二年（1737）考授内阁中书，迁侍读，考选福建道御史，历官户科给事中、兵部侍郎，十八年迁山西巡抚，有政声；后调江西、河南，治河亦见功。卒于官，谥恪靖。《清史列传》、《清史稿》皆有传。

[5] 涂逢震：字京伯（？～1759），号石溪，南昌（今属江西）人。乾隆四年（1739）一甲第二名进士，授编修，历官御史、通政使司副使、工部右侍郎。

[6] 沈澜：字维涓（生卒年不详），号泊村，又号法华山人，乌程（今浙江湖州）人。雍正十一年（1733）进士，归班知县，历官江西瑞州知府。擅诗，著有《双清草堂诗》。

[7] 李清芳：字同侯（生卒年不详），号韦园，安溪（今属福建）人。乾隆元年（1736）进士，选庶吉士，授编修，历官御史、兵部左侍郎。

[8] 直言极谏之科：参见唐1注22，唐28；宋29注2，宋90，宋94；金76；清141。

158. 自康、乾两朝[1]，敦尚实学，一时名儒硕彦，膺荐擢者，尤难悉数。康熙十七年[2]，圣祖问阁臣[3]，在廷中博学能诗文者孰为最？李霨、冯溥、陈廷敬、张英交口荐户部郎中王士禛[4]，召对懋勤殿[5]，赋诗称旨，授翰林院侍讲[6]。部曹改词臣[7]，自士禛始。三十三年，诏大学士举长于文学者，王熙、张玉书疏荐在籍尚书徐乾学、左都御史王鸿绪、少詹事高士奇[8]。召来京修书。乾学未闻命卒，诏进呈遗书，并召其弟秉义来京[9]。四十五年，大学士李光地荐直隶生员王兰生入直内廷[10]，寻赐举人、进士，授编修，洊跻卿贰[11]。历康、雍、乾三朝，凡天禄秘书[12]，靡不与校勘之役。同时江南何焯[13]，亦以寒儒赐举人、进士，直南书房[14]，授编修。被劾解官，仍直书局[15]。亦光地荐也。雍正中[16]，侍郎兼祭酒孙嘉淦荐举人雷铉学行[17]，为国子监学正[18]。乾隆初[19]，尚书管监事杨名时荐进士庄亨阳、举人潘永季、蔡德峻、秦蕙田、吴鼐[20]，贡生官献瑶、王文震[21]，监生夏宗澜等[22]，潜心经学，并为国子监属官。三十八年[23]，诏开四库馆[24]。延置儒臣，以翰林官纂辑不敷，大学士刘统勋荐进士邵晋涵、周永年[25]，尚书裘曰修荐进士余集、举人戴震[26]，尚书王际华荐举人杨昌霖[27]，同典秘籍。后皆改入翰林，时称"五徵君"。此其著者也。

[1] 康：即"康熙"，清圣祖爱新觉罗·玄烨的年号（1662～1722）。乾：即"乾隆"，清高宗爱新觉罗·弘历的年号（1736～1795）。

[2] 康熙十七年：即公元1678年。

[3] 圣祖：即清圣祖爱新觉罗·玄烨（1654～1722）。参见清36注9。

[4] 李霨：字景霱（1625～1684），号坦园，又号据梧居士，直隶高阳（今属河北）人。顺治三年
（1646）进士，选庶吉士，授检讨，官至保和殿大学士，卒谥文勤。擅诗，著有《心远堂诗集》。
《清史列传》有传。冯溥：字孔博（1609～1691），别字易斋，益都（今属山东）人。顺治四年
（1647）进士，由编修仕至文华殿大学士兼吏部尚书，卒谥文毅。著有《佳山堂集》等。《清史
列传》有传。陈廷敬：参见清156注11。张英：字敦复（1637～1708），号乐圃，江南桐城（今
属安徽）人。康熙六年（1667）进士，历官侍讲学士、礼部尚书、文华殿大学士。致仕归，卒
谥文端。诗雍容典雅，著有《笃素堂文集》。《清史列传》、《清史稿》皆有传。户部郎中：清代
户部各司之主官，秩正五品。参见清4注1。王士祯：即王士禛（1634～1711），字子真，又字
贻上，号阮亭，晚号渔洋山人，新城（今属山东桓台）人。顺治十二年（1655）会试中式，未
与殿试。顺治十五年补行殿试，中二甲进士，历官扬州推官、礼部主事、户部郎中、左都御史、
翰林院侍讲、刑部尚书。康熙四十三年（1704），以王五、吴谦狱失出（重罪轻判），罢刑部尚
书，还乡里居，从事著述。卒后，以避雍正皇帝胤禛御讳，追改名为"士正"。乾隆三十年
（1765），追谥文简，三十九年又以"正"字与原名音不相近，诏改为"士禛"。工诗词，倡神韵
说，钱谦益对其有"代兴"之目，成当时诗坛之领袖。著述宏富，著有《带经堂全集》、《渔洋
精华录》以及《渔洋诗话》、《池北偶谈》、《居易录》、《香祖笔记》、《古夫于亭杂录》等诗话、
笔记作品。《清史列传》、《清史稿》皆有传。

[5] 懋勤殿：京师紫禁城内宫殿名。《日下旧闻考》卷十四："乾清宫西庑向东，与端凝殿相对者为
懋勤殿。"又云："懋勤殿，翰林侍直处。凡图史翰墨之具皆贮焉。每岁秋谳时，刑科覆奏本上，
皇帝御殿亲阅，招册内阁大学士、学士及刑部堂官，面承谕旨于此。"《词林典故》卷四："（康
熙）十七年正月，召学士陈廷敬同户部郎中王士正见于懋勤殿，命各以所作诗进呈，温语良久。
至诵廷敬《赐石榴子诗》'风霜历后含苞实，只有丹心老不迷'，蒙恩褒美，命至南书房撤御膳
以赐。内侍赍二题，命赋诗，夜漏下乃退。"

[6] 翰林院侍讲：清代翰林院职官，掌撰述编辑、侍直经幄，雍正三年（1725）定秩从五品，清末
改从四品。

[7] 部曹：明清时代称各部司官为部曹。词臣：文学侍从之臣，如翰林院官员等。

[8] 王熙：字子雍（1628～1703），一字晋庭，号慕斋，一号瞿庵，顺天宛平（今北京市）人。顺治
四年（1647）进士，选庶吉士，授检讨，历官右谕德、弘文院学士、礼部侍郎兼翰林院掌院学
士、左都御史、保和殿大学士兼礼部尚书，加太子太保，晋少傅。卒谥文靖。著有《王文靖公
集》。《清史列传》、《清史稿》皆有传。张玉书：参见清96注14。徐乾学：参见清119注6。左
都御史：参见清152注3。王鸿绪：初名度心（1645～1723），字季友，号俨斋，又号横云山人，
华亭（今上海松江）人。康熙十二年（1673）进士，历官编修、户部尚书。历任《明史》总裁、
《大清会典》总裁，长于史，亦善诗词。著有《横云山人集》。《清史列传》、《清史稿》皆有传。
少詹事：参见清3注6。高士奇：字澹人（1643～1702），号竹窗，一号江村，钱塘（今浙江杭
州）人。康熙初，以监生供奉内廷，官至詹事府少詹事。著有《清吟堂全集》。《清史列传》、
《清史稿》皆有传。

[9] 秉义：字彦和（1633～1711），号果亭，昆山（今属江苏）人。康熙十二年（1673）一甲第三名
进士，授编修，历官詹事府詹事、内阁学士、吏部右侍郎。《清史列传》、《清史稿》皆有传。

[10] 李光地：参见清96注16。王兰生：参见清120注12。

[11] 洊（jiàn建）跻：荐举提升。卿贰：次于卿相的朝中大官。

[12] 天禄：本为汉代阁名，后通称皇家藏书之所。

[13] 何焯：参见清 120 注 9。

[14] 南书房：参见清 120 注 11。

[15] "被劾"二句：《清史稿·何焯传》："尚书徐乾学、翁叔元争延致焯。寻遘谗，与乾学失欢，而叔元劾汤斌，焯上书请削门下籍，天下快之。圣祖幸热河，或以蜚语上闻，还京即命收系。尽籍其卷册文字，帝亲览之，曰：'是固读书种子也！'无失职觖望语，又见其草稿有手简吴县令却金事，益异之。命还所籍书，解官，仍参书局。六十一年，卒，年六十一。帝深悼惜，特赠侍讲学士。赠金，给符传归丧，命有司存恤其孤。"《清史稿校注》校勘记云："案圣祖实录，'康熙四十二年'四月十五日庚辰，授何焯等四十九人为'庶吉士'。又案清史列传卷七十一何焯传，康熙四十一年，以李光地荐，召何焯入南书房，'明年，赐举人，试礼部下第，复赐进士，改翰林院庶吉士，仍直南书房。……又十年，……复以光地荐，授编修'，清史稿列传二七〇文苑何焯传同。"可参考。

[16] 雍正：清世宗爱新觉罗·胤禛的年号（1723～1735）。

[17] 孙嘉淦：参见清 8 注 4。雷鋐：字贯一（1697～1760），号翠庭，宁化（今属福建）人。雍正元年（1723）举人，得荐为国子监学正。雍正十一年（1733）进士，选庶吉士，授编修，历官日讲起居注官、左春坊左谕德兼翰林院修撰、通政使、副都御史，后以乞养母归。邃于理学，擅诗文，著有《翠庭诗草》等。《清史稿》有传。

[18] 国子监学正：清代设于国子监之率性堂、修道堂、诚心堂、正义堂以及各厅、州儒学，秩俱正八品。掌所属监生或生员之学业等。

[19] 乾隆：清高宗爱新觉罗·弘历的年号（1736～1795）。

[20] 杨名时：字宾实（1660～1736），一字賡实，号凝斋，江阴（今属江苏）人。康熙三十年（1691）进士，历官顺天学政、贵州布政使、云南巡抚、兵部尚书、云贵总督。卒于任，谥文定。著有《杨氏全书》。《清史列传》、《清史稿》皆有传。庄亨阳：参见清 9 注 5。潘永季：常州（今属江苏）人，雍正七年（1729）举人。馀不详。蔡德峻：当是"蔡德晋"。参见清 9 注 6。秦蕙田：参见清 9 注 6。吴鼏：参见清 9 注 6。

[21] 官献瑶：参见清 9 注 7。王文震：参见清 9 注 7。

[22] 夏宗澜：参见清 9 注 8。

[23] 三十八年：即乾隆三十八年（1773）。

[24] 四库馆：即纂修《四库全书》的官修机构，永瑢领衔编撰，纪昀为总纂官。乾隆三十八年开设，至五十二年缮写完毕，共历时十五年之久。

[25] 刘统勋：字延清（1699～1773），号尔纯，诸城（今属山东）人。雍正二年（1724）进士，选庶吉士，授编修，历官内阁学士、刑部侍郎、左都御史、漕运总督、刑部尚书、协办大学士、东阁大学士兼军机大臣，加太子太保。卒谥文正。《清史列传》、《清史稿》皆有传。邵晋涵：字与桐（1743～1796），一字二云，号南江，馀姚（今属浙江）人。乾隆三十六年（1771）进士，选庶吉士，授编修，历官侍讲学士、文渊阁直阁事、日讲起居注官。博览群书，工诗词，著有《尔雅正义》、《旧五代史笺注》、《南江诗钞》等。《清史列传》、《清史稿》皆有传。周永年：字书昌（1730～1791），号林汲山人，原籍馀姚（今属浙江），后系历城（今山东济南）籍。乾隆三十六年（1771）进士，选庶吉士，授编修，历官文渊阁校理官。喜藏书，校勘、辑佚成果显著。《清史列传》、《清史稿》皆有传。

[26] 裘曰修：字叔度（1712～1773），号漫士，一号诺皋，新建（今属江西）人。乾隆四年（1739）进士，选庶吉士，授编修，历官侍读学士、詹事、内阁学士、兵、吏、户部侍郎、工部尚书，加太子少傅，卒谥文达。以文学受知于乾隆帝，著有《裘文达公文集》。《清史列传》、《清史稿》皆有传。余集：字蓉裳（1738～1823），号秋室，仁和（今浙江杭州）人。乾隆三十一年（1766）进士，候选知县。三十八年，与邵晋涵、周永年、戴震、杨昌霖同荐修《四库全书》，授翰林院编修。累官至侍读学士。工诗古文辞，善绘事，著有《梁园归櫂录》等。《清史列传》、《清史稿》皆有传。戴震：字东原（1723～1777），号慎修，一号杲谿，休宁（今属安徽）人。乾隆二十七年（1762）举人，三十八年充《四库全书》纂修，四十年特命与殿试成进士，选庶吉士。以积劳卒官。博学精考据，出入著作之庭，著有《戴东原集》、《声韵考》、《尔雅文字考》等多种。《清史列传》、《清史稿》皆有传。

[27] 王际华：字秋瑞（1717～1776），号白斋，钱塘（今浙江杭州）人。乾隆十年（1745）一甲第三名进士，授编修，历官侍读学士、礼部尚书、户部尚书，加太子少傅，卒赠太子太保，谥文庄。《清史稿》有传。杨昌霖：吴县（今属江苏）人。举人，乾隆三十八年（1773）充《四库全书》纂修，四十年特命与殿试成进士，选庶吉士。馀不详。

159. 嘉庆初 [1]，和珅败 [2]，仁宗下诏求贤 [3]。谕满、汉大臣，密举操守端洁、才猷干济、居官事迹可据者，降敕褒擢廉吏刘清 [4]，风厉天下。十九年 [5]，御史卓秉恬请严禁滥保 [6]，帝是之。宣宗即位 [7]，尚书刘镮之荐起名儒唐鉴 [8]，授广西知府。四川总督蒋攸铦荐川东道陶澍治行第一 [9]，擢按察使 [10]。澍好臧否人物 [11]，开藩皖中 [12]，入觐论奏 [13]，侃侃多所举劾。宣宗疑之。密谕巡抚孙尔准察其为人 [14]，尔准条列善政，密疏保荐。遂获大用，擢两江总督。临殁遗疏荐粤督林则徐继己任 [15]。澍以知人称，咸、同中兴诸名臣 [16]，多为所识拔。

[1] 嘉庆：清仁宗爱新觉罗·颙琰的年号（1796～1820）。

[2] 和珅：参见清115注4。

[3] 仁宗：即清仁宗爱新觉罗·颙琰（1760～1820）。参见清129注2。

[4] 刘清：字天一（1742～1827），号朗渠，广顺（今贵州长顺）人。初由拔贡生充四库馆誊录，迁南充知县，有"刘青天"之誉。历官四川按察使、山西布政使、山东盐运使、登州镇总兵，以老休致。《清史列传》、《清史稿》皆有传。

[5] 十九年：即嘉庆十九年（1814）。

[6] 卓秉恬：字静远（1782～1855），一字海帆，号晴波，华阳（今四川成都）人。嘉庆七年（1802）进士，选庶吉士，授翰林院检讨，历官御史、给事中、内阁学士、顺天府尹、吏部尚书、武英殿大学士，卒赠太子太保，谥文庄。《清史列传》、《清史稿》皆有传。

[7] 宣宗：即清宣宗爱新觉罗·旻宁（1782～1850），嘉庆皇帝次子，嘉庆二十五年（1820）八月即位，以明年为道光元年。在位三十年，内忧外患频仍，被迫与列强签订《南京条约》、《望厦条约》、《黄埔条约》等，丧权辱国。卒葬慕陵（在今河北易县清西陵），庙号宣宗。

[8] 刘镮之：字佩循（？～1821），号信芳，诸城（今属山东）人。乾隆五十四年（1789）进士，选庶吉士，授检讨，历官兵部尚书加太子少保、吏部尚书，卒谥文恭。《清史列传》、《清史稿》皆

有传。唐鉴：字镜海（1778～1861），善化（今湖南长沙）人。以廪生入赀为临湘县训导，嘉庆十四年（1809）进士，选庶吉士，由检讨历官浙江道监察御史、广西平乐知府、江宁布政使、太常寺卿，致仕归，主讲金陵书院。卒谥确慎。著有《唐确慎公集》。《清史列传》、《清史稿》皆有传。

[9] 蒋攸铦：字颖芳（1766～1830），号砺堂，隶汉军镶蓝旗，辽东襄平（今辽宁辽阳）人。乾隆四十九年（1784）进士，选庶吉士，授编修，历官四川总督、协办大学士、直隶总督、两江总督、体仁阁大学士。《清史列传》、《清史稿》皆有传。川东道：谓官川东道道员。川东道治所即今重庆市。《清史稿·地理十六》："重庆府：冲，繁，难。川东道治所。"陶澍：字子霖（1779～1839），号云汀，晚号髯樵，又号桃花渔者，安化（今属湖南）人。嘉庆七年（1802）进士，选庶吉士，授编修，历官给事中、川东道道员、山西按察使、安徽布政使、安徽巡抚、江苏巡抚、两江总督加太子少保。卒谥文毅。著有《印心石屋诗文集》。《清史列传》、《清史稿》皆有传。

[10] 按察使：参见清90注19。

[11] 臧否（pǐ 丕）：品评，褒贬。

[12] 开藩皖中：谓任安徽布政使，布政使别称"藩司"。参见清41注7。

[13] 入觐：地方官员入朝晋见帝王。

[14] 孙尔准：字平叔（1770～1832），一字莱甫，金匮（今江苏无锡）人。嘉庆十年（1805）进士，选庶吉士，授编修，历官福建汀州知府、盐法道、江西按察使、福建布政使、广东布政使、安徽巡抚、福建巡抚、闽浙总督，以病乞休，卒赠太子太师，谥文靖。工诗词，著有《泰云堂诗集》等。《清史列传》、《清史稿》皆有传。

[15] 林则徐：字少穆（1785～1850），又字石麟，晚号竢村老人、竢村退叟、七十二峰退叟。侯官（今福建福州市）人。嘉庆十六年（1811）进士，选庶吉士，授编修，历官江南道监察御史、浙江盐运使、江苏按察使、江苏巡抚、湖广总督。道光十八年（1838），奉旨以钦差大臣赴广东禁烟，二十年，任两广总督，同年遭诬陷，遣戍新疆伊犁。放归后任陕甘总督、云贵总督。卒赠太子太傅，谥文忠。著有《云左山房诗钞》等。《清史列传》、《清史稿》皆有传。

[16] 咸同中兴诸名臣：同治年间，清廷重用曾国藩、胡林翼、李鸿章、左宗棠等，以镇压太平军建功；奕䜣、曾国藩、李鸿章、左宗棠等开展"中学为体，西学为用"的"洋务运动"卓见成效。此即被某些史家称为"同治中兴"。上述诸人亦即所谓中兴名臣。

160. 文宗嗣位[1]，诏求直言。侍郎曾国藩疏陈[2]："本原至计[3]，尤在用人。人材有转移之道，培养之方，考察之法。"帝嘉纳之。诏中外大臣荐举人才。大学士穆彰阿奏保宗室文彩，聂沄[4]。特旨用京堂[5]。大学士潘世恩疏荐前总督林则徐、按察使姚莹、员外郎邵懿辰、中允冯桂芬[6]。尚书杜受田首荐则徐及前漕督周天爵[7]。诏起则徐督师，天爵巡抚广西。侍郎曾国藩荐太常少卿李棠阶、郎中吴廷栋、通政副使王庆云、江苏淮扬道严正基、浙江知县江忠源[8]。尚书周祖培亦荐棠阶、廷栋及郎中易棠等[9]，多蒙擢用。云贵总督吴文镕、贵州巡抚乔用迁荐知府胡林翼[10]，擢道员[11]。

[1] 文宗：即清文宗爱新觉罗·奕詝（1831～1861），道光帝第四子，道光三十年（1850）即帝位，

832

年号咸丰，俗称咸丰帝。奉行对外妥协，对内镇压之政策，与列强签订屈辱条约，以求苟全。咸丰十一年（1861）病死于热河行宫。葬定陵（在今河北遵化清东陵），庙号文宗，谥号显皇帝。

[2] 曾国藩：原名子城（1811~1872），字伯涵，号涤生，湘乡（今属湖南）人。道光十八年（1838）进士，选庶吉士，授检讨，历官侍讲、礼部右侍郎、吏部左侍郎，署理两江总督，以钦差大臣督办江南军务。又以镇压太平军有功，赏加太子太保，封一等侯爵。历官体仁阁大学士、武英殿大学士、直隶总督、两江总督。卒赠太傅，谥文正。文宗桐城，诗宗宋人，著有《曾文正公全集》。《清史列传》、《清史稿》皆有传。

[3] 本原至计：谓推本溯源之大计。

[4] 穆彰阿：字子朴（1782~1856），号鹤舫，郭佳氏，满洲镶蓝旗人。嘉庆十年（1805）进士，历官内务府大臣、步军统领、兵部尚书、吏部尚书、文华殿大学士，任军机大臣二十馀年，深得道光帝信任，媚外主降。咸丰帝即位后，下令革职，永不叙用。著有《澄怀书屋诗草》。《清史列传》、《清史稿》皆有传。宗室：清皇族称谓之一，太祖努尔哈赤父亲塔克世之直系子孙为宗室。文彩（1802~1860）：镶白旗宗室，历官工部尚书，卒谥文恪。聂沄：字莼甫（1797~?），号春浦、雨帆，泾阳（今属陕西）人。道光十七年（1837）举人，历官礼部主事。

[5] 京堂：参见清28注2。

[6] 潘世恩：初名世辅（1770~1854），字槐堂，号芝轩，晚号思补老人，吴县（今属江苏）人，乾隆五十八年（1793）一甲第一名进士，授修撰，历官左庶子、侍讲学士、云南学政、内阁学士、礼部右侍郎、工部尚书、吏部尚书，充国史馆正总裁、体仁阁大学士、东阁大学士、武英殿大学士，晋太傅。卒谥文恭。著有《思补斋文集》等。《清史列传》、《清史稿》皆有传。林则徐：参见清159注15。姚莹：字石甫（1785~1853），一字明叔，号展和，晚号幸翁，桐城（今属安徽）人，姚鼐侄孙。嘉庆十三年（1808）进士，历官平和、台湾知县、台湾兵备道加按察使衔、广西按察使，卒官。工诗古文辞，文宗桐城义法，著有《中复堂全集》等。《清史列传》、《清史稿》皆有传。邵懿辰：一作懿臣（1810~1862）、一辰，字映垣，号蕙西，一作位西，仁和（今浙江杭州）人。道光十一年（1831）举人，历官内阁中书、军机章京、起居注主事、刑部员外郎。工诗文，著有《蕙西先生遗稿》等。《清史列传》、《清史稿》皆有传。冯桂芬：字林一（1809~1874），号景亭（又作景庭），自号邓尉山人，吴县（今属江苏）人。道光二十年（1840）一甲第二名进士，授编修，历官右春坊右中允，以苏、松办团练有功，赏加四品卿衔。精算学，工骈文、古文。著有《校邠庐抗议》、《显志堂集》等。《清史列传》、《清史稿》皆有传。

[7] 杜受田：字锡之（1787~1852），号芝农，滨州（今属山东）人。道光三年（1823）二甲第一名进士，历官刑部尚书、协办大学士。卒谥文正。《清史列传》、《清史稿》皆有传。则徐：即林则徐，参见清159注15。周天爵：字敬修（1772~1853），东阿（今属山东）人。嘉庆十六年（1811）进士，历官安徽怀远知县、陕西布政使、湖广总督，革职后起候补知府、漕运总督，再起广西巡抚，以兵部侍郎衔办理安徽防剿事务，卒于亳州军营，赠尚书，谥文忠。《清史列传》、《清史稿》皆有传。

[8] 曾国藩：参见注2。李棠阶：字树南（1798~1865），号文园，又号强斋，河内（今河南沁阳）人。道光二年（1822）进士，选庶吉士，授编修，历官广东学政、太常寺少卿、大理寺卿、户部尚书、军机大臣、工部尚书、礼部尚书，卒赠太子太保，谥文清。《清史列传》、《清史稿》皆有传。吴廷栋：字彦甫（1793~1873），号竹如，晚号拙修老人，霍山（今属安徽）人。道光五

年（1825）拔贡，次年朝考一等，以七品京官分刑部学习。历官刑部主事、郎中、直隶知府、直隶按察使、山东布政使、大理寺卿、刑部、户部、吏部侍郎。著有《拙修集》等。王庆云：字家镮（1798～1862），又字贤关、乐一，号雁汀，闽县（今福建闽侯）人。道光九年（1829）进士，选庶吉士，授编修，历官提督贵州学政、侍讲学士、侍读学士、通政使司副使、陕西巡抚、山西巡抚、四川总督、两广总督、左都御史、工部尚书。著有《熙朝纪政》。以病卒，谥文勤。《清史列传》、《清史稿》皆有传。严正基：原名芝（？～1863），字厚吾，号仙舫，溆浦（今属湖南）人。嘉庆十八年（1813）副贡生，历官河南知县、郑州知州、广西右江道、江苏淮扬道、河南布政使、湖北布政使、广东布政使、通政使。《清史列传》、《清史稿》皆有传。江忠源：字常孺（1812～1854），号岷樵，新宁（今属湖南）人。道光十七年（1837）举人，历官浙江知县、湖北按察使、安徽巡抚，在庐州与太平军作战，投水自尽。赠总督，谥忠烈。著有《江忠烈公遗集》。《清史列传》、《清史稿》皆有传。

[9] 周祖培：字叔滋（1793～1867），又字芝台，商城（今属河南）人。嘉庆二十四年（1819）进士，选庶吉士，授编修，历官内阁学士、刑部尚书、左都御史、兵部尚书、体仁阁大学士，卒谥文勤。《清史列传》、《清史稿》皆有传。棠阶：即李棠阶，参见注8。廷栋：即吴廷栋，参见注8。易棠：字召甘（1794～1863），号念园，善化（今湖南长沙）人。道光九年（1829）进士，历官刑部主事、刑部郎中、广州知府、陕西按察使、甘肃布政使、陕甘总督。《清史列传》有传。

[10] 吴文镕：字甄甫（1786～1854），号竹孙，仪征（今属江苏）人。嘉庆二十四年（1819）进士，选庶吉士，授编修，历官侍读学士、顺天学政、刑部侍郎、福建巡抚、山西巡抚、云贵总督、湖广总督。在黄州与太平军战，失利投水死，谥文节。《清史列传》、《清史稿》皆有传。乔用迁：字敦安（1794～1851），号见斋，又号鸣九，孝感（今属湖北）人。嘉庆十九年（1814）进士，历官内阁中书、贵州巡抚。胡林翼：字贶生（1812～1861），号润芝（一作润之或咏之），益阳（今属湖南）人。道光十六年（1836）进士，选庶吉士，授编修，历官黎平知府、贵东道、四川按察使、湖北布政使、湖北巡抚、赏太子太保衔。与曾国藩共同镇压太平军，并称"曾胡"。以病卒，谥文忠。《清史列传》、《清史稿》皆有传。

[11] 道员：参见清65注12。

161. 咸丰五年 [1]，以各省用兵，诏采访才兼文武、胆识出众之士。御史宗稷辰疏荐湖南左宗棠 [2]，浙江姚承舆 [3]，江苏周腾虎、管晏 [4]，广西唐启华 [5]。命各督、抚访察，送京引见。是时海内多故，粤寇纵横 [6]。文庆以大学士直枢廷 [7]，屡密请破除满、汉畛域，用人不拘资地。谓汉人来自田间，知民疾苦，熟谙情伪，办贼当重用汉人。国藩起乡兵击贼，战失利，谤议纷起。文庆独谓国藩忠诚负时望，终当建非常功，宜专任讨贼。又尝奇林翼才略，林翼以贵州道员留楚带勇剿贼 [8]，国藩荐其才堪大用，胜己十倍。一岁间擢湖北巡抚，文庆实中主之。袁甲三督师淮上 [9]，骆秉章巡抚湖南 [10]，文庆荐其才，请勿他调，以观厥成。时论称之。七年，林翼奏兴国处士万斛泉及其弟子宋鼎、邹金粟 [11]，砥砺廉隅 [12]，不求仕进，请予奖励。诏赏斛泉等七品冠服有差 [13]。时军事方殷，迭饬疆吏及各路统兵大臣奏举将才。林翼举左宗棠 [14]，予四品京堂 [15]，襄办国藩军务。沈葆桢、刘蓉、张运兰 [16]，命国藩、林翼调遣。他如塔齐布、罗泽南、李续宾、李续宜、彭玉麟、杨岳斌等[17]，俱以末弁或诸生，拔自戎行，声绩烂然。曾、胡知人善任，荐贤满天下，卒奏中兴之功。

[1] 咸丰五年：即公元 1855 年。咸丰，清文宗爱新觉罗·奕𬣞的年号。

[2] 宗稷辰：原名续辰（1792～1862），又名龙辰，字涤甫，一作迪甫，号越岘山民，会稽（今浙江绍兴）人。道光元年（1821）举人，历官军机章京、山东道监察御史、盐运使，引疾归，卒于里。工古文，承桐城一脉，著有《躬耻斋文钞》等。《清史列传》、《清史稿》皆有传。左宗棠：参见清 50 注 7。

[3] 姚承舆：湖州（今属浙江）人。馀不详。

[4] 周腾虎：字韬甫（1816～1862），阳湖（今江苏常州）人。屡试不第，曾受林则徐、曾国藩赏识，卒不能用，入赀为部郎。至上海，纠集洋人抗击太平军，为当事者所忌。能诗，著有《餐苄华馆诗集》。管晏：常州（今属江苏）人。余不详。

[5] 唐启华：桂林（今属广西）人。余不详。

[6] 粤寇：谓太平军。

[7] 文庆：字笃生（1796～1856），号孔修，费莫氏，满洲镶红旗人。道光二年（1822）进士，选庶吉士，授编修，历官内阁学士、户部侍郎、吏部侍郎、兵部尚书、军机大臣、文渊阁大学士、武英殿大学士。卒赠太保，谥文端。《清史列传》、《清史稿》皆有传。枢庭：政权中枢。这里指军机大臣等职务。

[8] 勇：清代地方招募的兵卒。《清史稿·兵志三》："道、咸间，粤匪事起，各省多募勇自卫，张国梁募潮州勇丁最多。咸丰二年，命曾国藩治湖南练勇，定湘军营哨之制，为防军营制所防。迨国藩奉命东征，湘勇外益以淮勇，多至二百营。左宗棠平西陲，所部楚军亦百数十营。军事甫定，各省险要，悉以勇营留防，旧日绿营，遂同虚设。"

[9] 袁甲三：字新铭（1806～1863），又字新斋，号午桥，项城（今属河南）人，为袁世凯之从祖父。道光十五年（1835）进士，历官礼部主事、江南道监察御史、兵科给事中，曾南下攻捻军，任帮办团练大臣，驻军安徽临淮关。任钦差大臣漕运总督。卒谥端敏。《清史列传》、《清史稿》皆有传。

[10] 骆秉章：原名俊（1793～1867），以字行，改字籲门，号儒斋，花县（今属广东）人。道光十二年（1832）进士，选庶吉士，授编修，历官侍讲学士、贵州布政使、湖南巡抚、四川总督、协办大学士。卒赠太子太傅，谥文忠。《清史列传》、《清史稿》皆有传。

[11] 万斛泉：字清轩（1808～1904），号刘玉，兴国（今属湖北）人。咸丰七年（1857）赏七品顶戴。任国子监博士、湖北叠山书院山长。光绪二十八年（1902）十月赏五品卿衔。宋鼎：生平不详。邹金粟：生平不详。

[12] 廉隅：比喻端方不苟的品行。

[13] 七品冠服：清代文七品官朝冠顶饰小水晶一颗，上衔素金；吉服冠顶用素金。补服为绣𫛢。

[14] 左宗棠：参见清 50 注 7。

[15] 京堂：参见清 28 注 2。

[16] 沈葆桢：参见清 52 注 5。刘蓉：一作刘容（1816～1873），字孟蓉，又作孟容，号霞仙。诸生，以助罗泽南办理团练起家，历官参赞军事、四川布政使、陕西巡抚，遭革职回籍。著有《养晦堂诗文集》等。《清史列传》、《清史稿》皆有传。张运兰：字凯章（？～1864），湘乡（今属

湖南）人。以与太平军战积功至同知，历官知府、道员、布政使衔福建按察使，同治三年（1864）被俘死，谥忠毅。《清史稿》有传。

[17] 塔齐布：字智亭（1817～1855），托尔佳氏（一作陶佳氏），满洲镶黄旗人。初由火器营护军擢三等侍卫，以助守长沙抗击太平军升游击，署中军参将，加副将衔，历官总兵、湖南提督。呕血死，谥忠武。《清史列传》、《清史稿》皆有传。罗泽南：参见清146注6。李续宾：字如九（1818～1858），又字克惠，号迪庵，湘乡（今属湖南）人。贡生，以镇压太平军擢知县，历官知州、知府、浙江布政使，加巡抚衔。后与太平军战，被杀，谥忠武。《清史列传》、《清史稿》皆有传。李续宜：字克让（1824～1863），号希庵，为李续宾弟。以文童从军，抗击太平军，累迁知府，历官安徽按察使、安徽巡抚、钦差大臣督办安徽全省军务。丁母忧归，卒于家。谥勇毅。《清史列传》、《清史稿》皆有传。彭玉麟：或作彭玉麐（1816～1890），字雪琴，衡阳（今属湖南）人。从曾国藩创办湘军水师，以知县用，于抗击太平军中，历官浙江金华知府、广东惠潮嘉道、广东按察使、安徽巡抚、兵部右侍郎、兵部尚书，因病乞休。卒谥刚直。《清史列传》、《清史稿》皆有传。杨岳斌：原名载福（1822～1890），字厚庵，善化（今湖南长沙）人。行伍出身，湘阴抗击太平军任千总，累迁总兵，属湖北提督，历官福建陆路提督、福建水陆提督、陕甘总督，加太子少保。乞归，卒于家，谥勇悫。《清史列传》、《清史稿》皆有传。

162. 穆宗践阼 [1]，以军兴后吏治废弛，特擢天津知府石赞清为顺天府尹 [2]，谕各省访察循良，有伏处山林、德行醇备、学问渊通之士，督、抚、学政据实奏闻。寻国藩疏称常州士民尚节义 [3]，城陷与贼相持。其士子多读书稽古。如候选同知刘翰清 [4]，监生赵烈文、方骏谟、华蘅芳 [5]，从九品徐寿等 [6]，若使阅历戎行，廓其闻见，有裨军谋。诏谭廷襄、严树森、左宗棠、薛焕访求 [7]，遣送国藩军营录用。

[1] 穆宗：即清穆宗爱新觉罗·载淳（1856～1875）。参见清118注6。践阼：亦作"践祚"、"践胙"，皇帝即位。

[2] 石赞清：字次皋（？～1869），号襄臣，贵筑（今属贵州）人。道光十八年（1838）进士，历官直隶知县、天津知府、顺天府尹、工部右侍郎。

[3] 常州：谓清代常州府，领县八：武进、阳湖、无锡、金匮、江阴、宜兴、荆溪、靖江。参见《清史稿·地理五·常州府》。治所即今江苏常州。

[4] 刘翰清：生平不详。

[5] 赵烈文：字惠甫（1832～1893），号能静居士，阳湖（今江苏常州）人。监生，长期在曾国藩幕中筹办洋务，参赞军国大计，历官直隶易州知州。方骏谟：字元徵（1816～1880），一字翊良，号耐徐，德清（今属浙江）籍直隶大兴（今北京市）人。监生，咸丰十一年（1861）经曾国藩推荐，入曾幕办理粮台、文案，官至候补直隶州。著有《敬业述事室文稿》等。华蘅芳：字若汀（1833～1902），金匮（今江苏无锡）人。同治初任职江南制造局，后在翻译馆译书，先后主讲上海格致书院、湖北自强学堂、两湖书院等。译有数学、地质等书十二种，著有《行素轩算稿》等。

[6] 徐寿：号雪村（1818～1884），无锡（今属江苏）人。精研西方自然科学与工程技术，曾任江南制造局提调、格致书院董事等职。为我国近代化学之启蒙者，化学元素中文名称之首创人。译著有《化学考质》、《西艺知新》、《化学鉴原》、《测地绘图》、《法律医学》等。

[7] 谭廷襄：字思赞（1805～1870），号竹崖，山阴（今浙江绍兴）人。道光十三年（1833）进士，历官刑部主事、直隶总督、陕西巡抚、山东巡抚、湖广总督、刑部尚书，卒谥端恪。《清史列传》、《清史稿》皆有传。严树森：初名澍森（1814～1876），字渭春，原籍陕西渭南，新繁（今四川新都）人。道光二十年（1840）举人，历官内阁中书、武昌知府、荆宜施道、湖北按察使、河南巡抚、广西按察使、贵州布政使、广西巡抚。《清史列传》、《清史稿》皆有传。左宗棠：参见清50注7。薛焕：字觐堂（1815～1880），号发瞻，兴文（今属四川）人。道光二十四年（1844）举人，纳赀捐知县，又报捐知府，以镇压上海小刀会，擢苏州知府，历官苏松太道、江宁布政使、署礼部左侍郎、总理衙门大臣行走、工部右侍郎，监管钱法堂事务。《清史列传》有传。

163. 同治元年 [1]，谕廷臣曰："上年屡降旨令保举人才，各督、抚已将政绩卓著人员登诸荐牍 [2]。在京如大学士周祖培 [3]，大学士衔祁寯藻、翁心存 [4]，协办大学士倭仁 [5]，侍郎宋晋、王茂荫 [6]，科道高延祜、薛春黎、郭祥瑞等 [7]，各有荐举。人臣以人事君，不必俟有明诏，始可敷陈。其各胪列事实，秉公保奏。"复屡谕国藩保荐督抚大员。国藩言："封疆将帅，惟天子举措之。四方多故，疆臣既有征伐之权，不当更分黜陟之柄，宜防外重内轻之渐，兼杜植私树党之端。"帝优诏褒答。

[1] 同治元年：即公元1862年。同治，清穆宗爱新觉罗·载淳的年号。

[2] 荐牍：推荐人才的文书。

[3] 周祖培：参见清160注9。

[4] 祁寯藻：字书颖（1793～1866），又字实甫，号春圃、间叟、息翁、观斋，寿阳（今属山西）人。嘉庆十九年（1814）进士，选庶吉士，授编修，历官湖南学政、内阁学士、礼、兵、户部侍郎、兵部尚书、军机大臣、户部尚书协办大学士、体仁阁大学士、实录馆总裁、大学士衔礼部尚书。卒谥文端。工诗，开宗宋风气。《清史列传》、《清史稿》皆有传。翁心存：字二铭（1791～1862），号邃庵，常熟（今属江苏）人。道光二年（1822）进士，选庶吉士，授编修，历官广东学政、侍讲学士、国子监祭酒、大理寺少卿、工部尚书、刑部尚书、吏部尚书协办大学士、体仁阁大学士管理户部事务。以病乞休，卒谥文端。著有《知止斋诗集》。《清史列传》、《清史稿》皆有传。

[5] 协办大学士：清代若大学士奉差在外，另简人员协办阁务。雍正时，有协办大学士、额外大学士等名称。乾隆四年（1739）称为协办大学士，与大学士同理阁务，以后遂成常设，秩从一品，稍低于大学士。倭仁：字仲安（1804～1871），一字迟亭，号艮峰，乌齐格里氏，蒙古正红旗人。道光九年（1829）进士，选庶吉士，授编修，历官大理寺卿、工部尚书、文渊阁大学士，以大学士在弘德殿行走，管理国子监，卒官，赠太保，谥文端。精宋儒性理之学，著有《倭文端公遗书》。《清史列传》、《清史稿》皆有传。

[6] 宋晋：字锡蕃（1803～1874），又字祐生，号雪帆，溧阳（今属江苏）人。道光二十四年（1844）进士，选庶吉士，授编修，历官侍读学士、光禄寺卿、内阁学士、户部左侍郎。《清史稿》有传。王茂荫：字椿年（1798～1865），一字子怀，歙县（今属安徽）人。道光十二年（1832）进士，历官户部主事、御史、户部右侍郎、左副都御史、工部、吏部右侍郎。丁母忧

归，病卒。《清史稿》有传。

[7] 科道：即"科道官"，明清六科给事中与都察院各道监察御史统称科道官。高延祜：字德夫（1821～?），号秩斯，又号星岘、亦仙，萧山（今属浙江）人。咸丰三年（1853）进士，选庶吉士，授编修，历官侍读学士。薛春黎：或作薛春黎（1822～1862），字淮生，号稚农，又号仲庚，全椒（今属安徽）人。咸丰三年（1853）进士，选庶吉士，授编修，历官山东道监察御史、江西副考官。郭祥瑞：字玉六（1812～?），号毓簏，又号小桥，新乡（今属河南）人。道光二十七年（1847）进士，历官户部主事、御史、广西按察使。

164. 二年 [1]，河南学政景其濬奏副贡生苏源生等学行 [2]，授本省训导 [3]。命各学臣访举经明行修之士，酌保数人，不为恒制。九年，浙江学政徐树铭 [4]，以采访儒修，疏荐已革编修俞樾 [5]，请赏还原衔，送部引见；秀水教谕谭廷献、举人赵铭、江西拔贡杨希闵等 [6]，比照召试博学鸿词例，予廷试。帝以树铭私心自用，下部严议，镌四级 [7]。此因荐举获谴，乃其变也。光绪七年 [8]，两广督臣张树声、抚臣裕宽 [9]，荐在籍绅士山西襄陵知县南海进士朱次琦 [10]，国子监典籍衔番禺举人陈澧笃行 [11]。诏予五品卿衔，以励绩学。

[1] 二年：即同治二年（1863）。

[2] 景其濬：字哲生（1829～1876），号剑泉，兴义（今属贵州）人。咸丰二年（1852）进士，选庶吉士，授编修，历官内阁学士。苏源生：字泉沂（1809～1870），号菊村，鄢陵（今属河南）人。道光二十年（1840）副贡生，候选训导，光禄寺署正衔。笃信程朱，著有《省身录》、《纪过斋文稿》等。《清史列传》有传。

[3] 训导：清代为府学教授、州学学政、县学教谕之副职学官，秩从八品。佐各级儒学教官，教导所属生员。

[4] 徐树铭：字伯澄（1824～1900），号寿蘅，又号澂园，长沙（今属湖南）人。道光二十七年（1847）进士，选庶吉士，授编修，历官山东学政、内阁学士、兵部右侍郎、礼部左侍郎、浙江学政，谪太常寺少卿，迁太常寺卿、左都御史、工部尚书。善藏书画，勤学不倦。《清史稿》有传。

[5] 俞樾：字荫甫（1821～1907），晚号曲园居士，德清（今属浙江）人。道光三十年（1850）进士，选庶吉士，授编修，历官河南学政。咸丰七年（1857），御史曹登庸弹劾其"试题割裂经义"，罢归。从此致力于经学，同治三年（1864）后，历主苏州紫阳、上海求志、德清清溪、归安龙湖等书院讲席，又主杭州诂经精舍。光绪二十九年（1903）恢复其翰林院编修职。著有《春在堂诗编》、《群经平议》、《右台仙馆笔记》等多种，合称《春在堂全书》。《清史稿》有传。

[6] 谭廷献：即谭献（1832～1901），原名廷献，字涤生；更名后字仲修，号复堂，自号半厂（半庵）居士，仁和（今浙江杭州）人。同治六年（1867）举人，选署秀水教谕，屡会试不第，借贷纳赀得县令，历官安徽歙县、全椒、合肥、宿松、含山诸县令。以疾归，主湖北经心书院，病卒。工诗词，擅经学，著有《复堂类集》、《箧中词》等。《清史稿》有传。赵铭：字新友（1828～1892），号桐孙，秀水（今浙江嘉兴）人。同治九年（1870）举人，历官顺德府知府、直隶候补知府。杨希闵：字卧云（1809～1885），号铁傭，新城（今属江西）人。拔贡生，徐

838

不详。

[7] "帝以"三句:《清史稿校注》校勘记云:"案清史稿列传二二九徐树铭传,'同治六年',徐树
　　铭督学浙江,以荐举人才中,列已罢编修俞樾,严旨付吏议,谪迁太常寺卿。此作'同治九
　　年',异。"可参考。

[8] 光绪七年:即公元1881年。光绪,清德宗爱新觉罗·载湉的年号。

[9] 张树声:字振轩(1824~1884),又字振仙,合肥(今属安徽)人。廪生,咸丰三年(1853),
　　以在家乡办团练抗击太平军、捻军,擢知府。历官山西布政使、漕运总督、江苏巡抚、广西巡
　　抚、两广总督、直隶总督,遭革职留任。旋病卒,谥靖达。《清史列传》、《清史稿》皆有传。裕
　　宽:生平不详。

[10] 襄陵:今襄汾,在山西省西南部,汾河下游。朱次琦:字稚圭(1807~1882),一字子襄,世称
　　九江先生,南海(今属广东)人。道光二十七年(1847)进士,历官孝义、襄陵知县,称循
　　吏。引疾归里,讲学于南海九江乡礼山草堂,垂三十年。能诗文,著有《朱九江先生集》。《清
　　史列传》、《清史稿》皆有传。

[11] 国子监典籍:即国子监典籍厅典籍,秩从九品。番禺:在今广东省广州市南部。陈澧:字兰甫
　　(1810~1882),号东塾,又号江南倦客,番禺(今属广东)人。道光十二年(1832)举人,六
　　应会试不第,大挑选授河源县训导,旋告归,选知县,亦不仕。致力于学,掌广东学海堂数十
　　年,晚为菊坡精舍山长,成就甚众。治群经,工诗文,著有《东塾集》等。《清史列传》、《清
　　史稿》皆有传。

165. 十年[1],以外衅迭启,时事日艰。谕大学士、六部、九卿、直省将军、督、
抚:"无论文武两途,有体用赅备,谋勇俱优,或谙习吏治兵事,熟悉中外交涉,或善
制船械,精通算术,或饶有机智,饶勇善战,或谙谏水师及沿海情形者,广为访求,具
实陈奏。"二十一年,访求奇才异能,精天文、地舆、算法、格致、制造学者[2]。二
十四年,翰林院侍读学士徐致靖疏荐工部主事康有为、刑部主事张元济、湖南盐法长宝
道黄遵宪、江苏知府谭嗣同、广东举人梁启超[3],特予召见。徵遵宪、嗣同至京,赏
启超六品衔,任译书局事[4]。时德宗亲政[5],激于外势,亟图自强。诏求通达时务
人才,中外纷纷荐举。而草茅新进之臣,刻励求新,昌言变法矣。未几党祸起[6],慈
禧皇太后训政[7],有为窜海外,其弟广仁及御史杨深秀、军机章京谭嗣同、林旭、杨
锐、刘光第弃市[8],致靖以党附下狱禁锢,复追论原保诸臣罪。御史宋伯鲁、湖南巡
抚陈宝箴[9],开缺户部尚书、协办大学士翁同龢[10],俱削官永不叙用。礼部尚书
李端棻谪戍边[11],内阁学士张百熙下部议处[12]。其他言新政者,斥逐殆尽。

[1] 十年:即同治十年(1871)。

[2] 格致:参见清56注2。

[3] 徐致靖:字子静(1843~1918),宜兴(今属江苏)人,寄籍宛平(今北京市)。光绪二年
　　(1876)进士,选庶吉士,授编修,历官侍读学士、权礼部右侍郎。以倡新政,为慈禧太后所监
　　禁,庚子后,始赦免。《清史稿》有传。康有为:参见清61注2。张元济:字筱斋(1867~
　　1959),号菊生,海盐(今属浙江)人。光绪十八年(1892)进士,选庶吉士,授刑部主事,历

官总理各国事务衙门章京。戊戌政变后，被"革职永不叙用"，先后任南洋公学译书院院长、商务印书馆经理。退休后专门从事古籍校勘与版本研究，编印《四部丛刊》、百衲本《二十四史》等。1953 年后出任上海文史馆首任馆长、商务印书馆董事长。著有《涉园序跋集录》、《张元济诗文》等。湖南盐法长宝道：盐法道兼分守湖南长沙、宝庆二府的官员。盐法道，为一省之内管理食盐之生产及运销诸事的道员。清制，各省管理食盐的机构分为两种：奉天、直隶、山东、两淮、两浙、广东等地，设都转盐运使司盐运使，秩正三品；其馀各省则设盐法道一人，惟甘肃设二人，秩正四品。参见清 152 注 14，清 168 注 7。黄遵宪：字公度（1848～1905），别署人境庐主人、东海公等，嘉应（今广东梅州市）人。光绪二年（1876）举人，同年应聘为驻日使馆参赞，后调任驻美国旧金山总领事、驻英使馆参赞、驻新加坡总领事，光绪二十年（1894）回国，历官湖南长宝盐法道，署理按察使，与梁启超、谭嗣同等创立时务学堂、南学会等，以开启民智。戊戌政变后，被免职，读书办学以终。著有《人境庐诗草》等。《清史稿》有传。谭嗣同：字复生（1865～1898），号壮飞，别署东海褰冥氏。浏阳（今属湖南）人，生于北京。光绪十年（1884）从军新疆，入巡抚刘锦棠幕，遍游南北，锐意新学。二十一年奉父命入赀为候补知府，擢四品衔军机章京，参预新政。戊戌变作，慷慨就义。博学多才，著有《谭嗣同全集》。《清史稿》有传。梁启超：字卓如（1873～1929），一字任甫，号任公，别署饮冰子、饮冰室主人、哀时客、中国之新民等。新会（今属广东）人。光绪十五年（1889）举人，与康有为鼓吹维新变法，主编《时务报》。戊戌变作，亡命日本。1912 年回国后，曾任段祺瑞政府财政总长，后脱离政界，曾游历欧洲，任清华国学研究院导师。学问广博，著述等身，著有《饮冰室合集》等。

[4] 译书局：谓京师大学堂译书局。

[5] 德宗：即清德宗爱新觉罗·载湉（1871～1908）。参见清 61 注 4。

[6] 党祸：光绪二十四年戊戌（1898）八月初六日，慈禧太后发动政变，维新变法失败，守旧派对维新派血腥镇压，即戊戌政变。史家或以慈禧太后一方为"后党"，而以光绪皇帝一方为"帝党"，故有"党祸"之谓。

[7] 慈禧太后：参见清 139 注 6。训政：谓慈禧戊戌政变后再度垂帘听政。

[8] 广仁：即康广仁（1867～1898），名有溥，字广仁，以字行，号幼博，又号大中，南海（今属广东）人，康有为弟。曾任浙江小吏，后挂冠而去。光绪二十三年（1897）任澳门《知新报》总理，后为康有为维新变法奔走呼吁，戊戌政变被捕下狱，与谭嗣同等同时遇害。《清史稿》有传。杨深秀：本名毓秀（1849～1898），字漪村，又作仪村，号蛰卺子，闻喜（今属山西）人。光绪十五年（1889）进士，历官刑部郎中，转御史，倾心变法，仗义执言。戊戌政变中，不避危难，抗疏请慈禧撤帘归政，旋被捕，与谭嗣同等同时遇害。《清史稿》有传。军机章京：俗称"小军机"，为清军机处之办事官员。早期亦称司员，皆为兼差，由军机大臣从内阁中书中选调，无定额。嘉庆四年（1799），始定军机章京为满、汉各两班，每班八人，共三十二人。光绪三十二年（1906）定汉章京为二十人。军机章京职掌繁重，除承担军机处的撰稿、缮写、收发文稿、记载档案等事务外，亦可奉命单独到各省查办或处理政务，参与军机处承办案件的审理及纂修方略等事宜。谭嗣同：参见注 3。林旭：字暾谷（1875～1898），号晚翠，侯官（今福建福州）人。光绪十九年（1893）举人，入赀为内阁中书，以少詹事王锡蕃推荐，光绪帝召见赏四品卿衔，任军机章京。参预新政，为光绪帝传递密诏，戊戌变作，被捕遇害。著有《晚翠轩诗集》。《清史稿》有传。杨锐：初字退之（1857～1898），改字叔峤，又字钝叔，绵竹（今属四川）人。光

绪十一年（1885）举人，考授内阁中书，又考授总理衙门章京，与康有为过从甚密。变法中以陈宝箴密荐，加四品卿衔充军机章京。戊戌变作，被捕遇害。著有《杨叔峤先生文集》。《清史稿》有传。刘光第：字裴村（1859～1898），富顺（今属四川）人。光绪九年（1883）进士，授刑部主事。二十四年加四品卿衔，在军机章京上行走，参与新政。戊戌政变中被捕遇害。能诗，著有《刘光第集》。《清史稿》有传。以上六人，史称"戊戌六君子"。弃市：死刑。语本《礼记·王制》："刑人于市，与众弃之。"戊戌六君子被害于清代京师菜市口刑场。

[9] 宋伯鲁：字子纯（1854～1932），号芝栋（或作芝友），又号竹心，醴泉（今陕西礼泉）人。光绪十二年（1886）进士，选庶吉士，授编修，历官山东道监察御史。百日维新期间，多有建言，与康有为、梁启超皆有交往。戊戌政变，被革职通缉，逃避于上海。陈宝箴：字右铭（1831～1900），号相真、宸臣，义宁（今江西修水）人。咸丰元年（1851）举人，以军功历官知府、浙江、湖北按察使、直隶布政使、湖南巡抚，倡办新政，使湖南风气大开。戊戌政变后被革职，永不叙用。《清史稿》有传。

[10] 开缺：清制，官员因故经奏准免去原任职位，待另选他人充补者，称开缺。翁同龢：字声甫（1830～1904），一字瓶生（瓶笙），号叔平，又号松禅、瓶庵居士，常熟（今属江苏）人，翁心存第三子。咸丰六年（1856）一甲第一名进士，授修撰，历官中允、内阁学士、署刑部右侍郎、左都御史、刑部、工部、户部尚书、军机大臣加太子太保衔、户部尚书协办大学士。他曾为光绪帝师傅，时人视之为"帝党"中坚，维新派导师。戊戌变作，被革职。宣统元年（1909）诏复原官，追谥文恭。《清史列传》、《清史稿》皆有传。

[11] 李端棻：字信臣（1833～1907），号苾园，贵筑（今贵州贵阳）人。同治二年（1863）进士，选庶吉士，授编修，历官云南学政、内阁学士、刑部侍郎、礼部尚书。以支持康梁变法，戊戌政变后被革职，遣戍新疆。1901年赦归，主讲贵州经世学堂，开一代风气。宣统元年（1909）追复原官。《清史稿》有传。

[12] 张百熙：参见清65注4。

166. 迨庚子京师遭乱[1]，越年和议成[2]，两宫西幸回銮[3]，时事日棘。三十三年[4]，诏中外大臣访求人才，不拘官阶大小，有无官职，确知才堪大用，及擅专长者，切实荐举。派王大臣察验询问[5]，出具考语，召见。于时被荐人员，分起赴京，除官录用者，至宣统间犹未已[6]。然自光绪之季[7]，改订官制，增衙署，置官缺，破格录用人员辄以千数，荐擢亦太滥矣。宣统元年，御史谢远涵言[8]："变法至今，长官但举故旧，士夫不讳钻营。请严定章程，以贪劣闻者，反坐荐主[9]，加以惩处。"疏下所司而已。

[1] 庚子京师遭乱：参见清54注6。
[2] 和议：即《辛丑条约》，或称《辛丑议定书》、《辛丑各国和约》。参见清113注19。
[3] 两宫：谓光绪帝与慈禧太后。西幸回銮：谓庚子事变中，两宫逃跑至西安，第二年十月启程回京。
[4] 三十三年：即光绪三十三年（1907）。
[5] 王大臣：清代满洲贝勒（王）和大臣的合称。

［6］宣统：宣统帝爱新觉罗·溥仪的年号（1909～1911）。

［7］光绪之季：即光绪末年。光绪，清德宗爱新觉罗·载湉的年号（1875～1908）。

［8］谢远涵：字镜虚（生卒年不详），兴国（今属江西）人。光绪二十年（1894）进士，历官翰林院检讨、四川道监察御史。

［9］反坐：谓将被荐者犯贪劣罪所应得之刑罚加于推荐人身上。

167. 荐举不拘流品。清代才臣，以佐杂浻跻开府者［1］，如雍正间之李卫、田文镜［2］，乾隆间之杨景素、李世杰［3］，政绩最著。厥后捐纳日广，起家杂流，膺显擢者无算，其人大都饶有干局［4］，以视科目循资迁转，以资格坐致高位，盖不侔也。荐举之尤异者，康熙初［5］，陕西提督王进宝［6］，荐其子用予材武可胜副将［7］，后以功擢总兵［8］，父子同建节钺［9］。雍正间，云南总兵赵坤擢贵州提督［10］，请以其子秉铎为贵州提标参将［11］，帝允所请。孙嘉淦为祭酒［12］，举其弟扬淦为国子监学正［13］，湖南衡永郴桂道汪树［14］，且荐其父原任刑部司官沄学问优裕［15］，政事练达，授四川知府。此则举不避亲，其破除成例又如此。

［1］浻（jiàn 建）跻：荐举提升。

［2］雍正：清世宗爱新觉罗·胤禛的年号（1723～1735）。李卫：参见清122注5。田文镜：汉军正黄旗人（1662～1733）。康熙二十二年（1683）以监生任长乐县丞，五十六年官内阁侍读学士。雍正二年（1724）授河南巡抚，实施摊丁入亩、耗羡归公，严行保甲，约束士绅，为雍正帝称为"巡抚中第一"。历官河南山东总督，兼北河总督。卒官，谥端肃。《清史列传》、《清史稿》皆有传。

［3］乾隆：清高宗爱新觉罗·弘历的年号（1736～1795）。杨景素：字朴园（1711～1779），甘泉（今江苏扬州）人。以入赀授县丞，累迁保定知府、河南按察使、甘肃布政使、山东巡抚、两广总督，卒赠太子太保。《清史稿》有传。李世杰：字汉三（1716～1794），又字云岩，祖籍江南，黔西（今属贵州）人。入赀为常熟黄泗浦巡检，历官金匮主簿、泰州知州、镇江知府、四川按察使、湖北布政使、广西巡抚、湖南巡抚、四川总督、江南总督、兵部尚书。卒谥恭勤。著有《家山纪事诗》、《南征草》等。《清史稿》有传。

［4］干局：谓办事的才干器局。

［5］康熙：清圣祖爱新觉罗·玄烨的年号（1662～1722）。

［6］提督：参见清155注3。王进宝：字显吾（1626～1685），靖远（今属甘肃）人。以军功历官西宁总兵、陕西提督，授奋武将军。以疾乞休。《清史列传》、《清史稿》皆有传。

［7］用予：即王用予（？～1696），王进宝长子。历副将、松潘总兵、固原总兵、太原总兵、左都督衔甘肃总兵。事迹载其父传中。副将：参见清125注1。《清史稿·王进宝传》："（康熙）十八年，图海议取汉中。图海与总兵费雅达自栈道先驱，进宝疏乞令长子用予随征，上授以副将。"

［8］总兵：清代绿营兵之高级将领，仅次于提督，秩正二品。所辖为绿营最高组织"标"，分设于内地各省，每省二至七人不等。管辖本标及所属协、营，镇守本镇所属地方，受总督与提督双重节制。因所辖之部称镇，故俗称"总镇"。所属有副将、参将、游击、都司、守备、千总、把总、外委各官。

[9] 节钺：符节和斧钺。古代授予将帅，作为加重权力的标志。

[10] 赵坤：宁夏（今宁夏银川）人（？～1735），历官湖广提督、云南总兵、銮仪卫銮仪使。馀不详。

[11] 秉铎：即赵秉铎，赵坤之子。生平不详。提标：清代各省提督亲辖之绿营兵。参将：参见清125注1。

[12] 孙嘉淦：参见清8注4。祭酒：清代国子监主官，满、汉各一人，秩从四品。掌国学之政令，并管祭孔典礼等事宜。参见清3注4。

[13] 扬淦：即孙扬淦（1698～？），孙嘉淦之弟。生平不详。学正：清代设于国子监之率性堂、修道堂、诚心堂、正义堂以及各厅、州儒学，秩俱正八品。掌所属监生或生员之学业等。《清史稿校注》校勘记云："案世宗实录，雍正十年十二月初二日乙卯，以孙嘉淦荐弟扬淦滥事，怀私欺罔，冒滥名器，著革职在户部银库效力行走。又案清史稿列传九十孙嘉淦传，孙嘉淦举其弟扬淦为'国子监监丞'，国朝耆献类征初编卷十八，清国史馆孙嘉淦传同。此'学正'二字当作'监丞'。"可参考。监丞，《清史稿·职官二》："（国子监）绳愆厅监丞，初制，满员五品，汉员八品。后并改正七品。"

[14] 衡永郴桂道：清代湖南管辖衡州府、永州府、郴州、桂阳州的道员。汪树：生平不详。

[15] 沄：即汪沄，汪树之父。生平不详。

168. 徵辟幕僚，雍正元年诏吏部 [1]，嗣后督抚所延幕宾，将姓名具奏，称职者题部议叙 [2]，授之职位，以示砥砺。乾隆元年 [3]，侍郎吴应棻以鼓励贤才 [4]，请立劝惩之法。洎道光间 [5]，幕友滥邀甄叙 [6]，台谏屡以为言，诏督、抚、盐政 [7]，一切议叙，不许保列幕友，并严禁本省属员滥充，违者吏部查参议处。然康熙时 [8]，布衣陈潢佐靳辅治河 [9]，特赐金事道衔 [10]。雍正时 [11]，方观承为定边大将军平郡王记室 [12]，以布衣召见，赐中书衔。乾、嘉间，名臣如王杰、严如煜、林则徐辈 [13]，皆先佐幕而后通籍 [14]。迨咸、同军兴 [15]，左宗棠、李鸿章、刘蓉等 [16]，多以幕僚佐绩戎斾 [17]，成中兴之业。曾国藩总制军务 [18]，幕府号多才，宾从极一时人选，尤卓卓可纪者也。

[1] 雍正元年：即公元1723年。雍正，清世宗爱新觉罗·胤禛的年号。

[2] 题部：谓将称职者名单送交吏部。议叙：参见清19注4。

[3] 乾隆元年：即公元1736年。乾隆，清高宗爱新觉罗·弘历的年号。

[4] 吴应棻：字小眉（？～1740），号眉庵，归安（今浙江湖州）人。康熙五十四年（1715）进士，历官编修、兵部左侍郎。

[5] 道光：清宣宗爱新觉罗·旻宁的年号（1821～1850）。

[6] 幕友：明清地方军政官署中协助办理文案、刑名、钱谷等事务的人员，相当于古之幕僚、幕宾。因无官职，且由长官私人延聘，视之如友，故称"幕友"，俗称"师爷"。

[7] 盐政：清代管理盐务之职官。初设长芦、两淮各一人，馀以总督、巡抚兼职；又沿明旧制，各省置巡盐御史。顺治十年（1653），与各省巡按御史一并议停，盐务交与都转盐运使司管理。康熙十二年（1673），仍令御史巡视盐务。雍正以后，改置盐政。以总督兼盐政者有直隶、两江、陕

甘、闽浙、四川、两广六人，以巡抚兼盐政者山西、云南二人，均分领各盐运使司、盐法道，总理盐务。

[8] 康熙：清圣祖爱新觉罗·玄烨的年号（1662～1722）。

[9] 陈潢：字天一（1637～1688），号省斋，钱塘（今浙江杭州）人，一说浙江嘉兴人。康熙间佐河道总督靳辅治河，提出因势利导等法，以功授佥事道衔。后以靳辅得罪，受株连下狱，忧愤死。著有《治河述言》、《天一遗书》等。《清史列传》、《清史稿》皆有传。靳辅：字紫垣（1633～1692），汉军镶黄旗人。顺治中以官学生考授国史院编修，历官内阁学士、安徽巡抚、河道总督，主持治黄工程，成就显著。康熙二十七年（1688）因开下河、屯田二事遭谗毁去官。三十一年复任河道总督，卒官。谥文襄。著有《靳文襄公奏疏》、《治河方略》。《清史列传》、《清史稿》皆有传。

[10] 佥事道：清初，各省按察使司置佥事，分巡一定地方，为分巡道，掌理刑名。以其原职官秩分别系按察司佥事衔，凡由郎中、员外郎、主事、同知等补授之道员，即称之为佥事道，秩正五品。乾隆十八年（1753），废按察司佥事衔，佥事道之称亦停用。

[11] 雍正：清世宗爱新觉罗·胤禛的年号（1723～1735）。

[12] 方观承：字遐毂（1698～1768），一字嘉毂，号问亭，又号宜田、开宁，桐城（今属安徽）人。其祖父方登峄、父方式济因戴名世《南山集》案株连，均遣戍黑龙江。雍正十一年（1733）他随平郡王福彭征准噶尔，归授内阁中书，历官直隶布政使、浙江巡抚、直隶总督，卒谥恪敏。著有《入塞草》、《问亭集》等。《清史列传》、《清史稿》皆有传。定边大将军平郡王：即福彭（1708～1748），号如心居士，清宗室，礼亲王代善后裔，平郡王讷尔苏子。雍正四年（1726）袭爵平郡王，十年管理镶蓝旗满洲都统事务，寻充宗人府右宗正。次年任定边大将军，征噶尔丹策零，经理北路军营。十三年协办总理事务，与议政。《清史列传》、《清史稿》皆有传。记室：秘书的代称。

[13] 王杰：字伟人（1725～1805），号惺园，又号畏堂、葆淳（葆醇），韩城（今属陕西）人。乾隆十八年（1753）拔贡，选授蓝田教谕，未赴任。曾历佐两江总督尹继善、江苏巡抚陈宏谋幕，皆重之。乾隆二十六年（1761）一甲第一名进士，授修撰，历官福建学、侍读学士、吏部侍郎、兵部尚书、东阁大学士、入直军机。并曾任四库、实录、三通等馆总裁。卒谥文端。著有《葆淳阁集》等。《清史列传》、《清史稿》皆有传。严如煜：当作"严如熤"（1759～1826）。参见清146注5。林则徐：参见清159注15。

[14] 通籍：谓初做官。意谓朝中已有了名籍。

[15] 咸同军兴：谓清廷与太平天国政权的对峙。参见清11注3。

[16] 左宗棠：参见清50注7。李鸿章：参见清50注7。刘蓉：参见清161注16。

[17] 戎旃：军旗。这里借指军旅。

[18] 曾国藩：参见清160注2。

《清史稿》

卷一百十　志八十五

选举五

封荫推选

169. 封赠之制 [1]，文职隶吏部，八旗、绿营武职隶兵部 [2]。顺治间 [3]，覃恩及三年考满 [4]，均给封赠。康熙初 [5]，废文、武职考满封赠。

[1] 封赠：封建时代，帝王推恩臣下，封授有功官员及其先世以官爵名号，称封赠。父母存者称封，死者称赠。封赠之制，起于晋与南朝宋，至唐始备。最初仅及于父母，唐末五代以后，始上追曾祖、祖、父母三代，往往以子孙的官位为赠。清赵翼《陔馀丛考》卷二十七《封赠》："元许有壬言：'今制封赠祖父母，降于父母一等。'则元时封赠先世亦尚有差别。本朝令甲：一二品封三代，三品以下封二代，六品以下封一代，皆全用其本身官秩，并许以本身封典回赠其祖，则例封一代者，实亦得封二代。圣朝锡类之仁，超出前世万万矣。"后亦泛指一般的封号。

[2] 八旗：参见清 2 注 2。绿营：即"绿营兵"。参见清 125 注 5。

[3] 顺治：清世祖爱新觉罗·福临的年号（1644～1661）。

[4] 覃恩：广施恩泽。旧时用以称帝王对臣民的封赏、赦免等。考满：参见清 151 注 5。

[5] 康熙：清圣祖爱新觉罗·玄烨的年号（1662～1722）。

170. 文职封赠之阶，初正一品特进光禄大夫 [1]，寻改光禄大夫。从一品光禄大夫，后改荣禄大夫。正二品资政大夫。从二品通奉大夫。正三品通议大夫。从三品中议大夫。正四品中宪大夫。从四品朝议大夫。正五品奉政大夫。从五品奉直大夫。正六品承德郎。从六品儒林郎，吏员出身者宣德郎 [2]。正七品文林郎，吏员出身者宣议郎。从七品徵仕郎。正八品修职郎。从八品修职佐郎。正九品登仕郎。从九品登仕佐郎。

[1] 正一品特进光禄大夫：中华书局整理本将"正一品"与"特进"与"光禄大夫"皆用顿号点断，

似有误，今正。

[2] 吏员：地方机构中的小官。清制，凡书吏六年任满，得以吏员就职入仕。参阅《清会典·吏部·吏员》。

171. 武职封赠之阶，初分三系。一曰满、汉公、侯、伯封光禄大夫 [1]，后改建威将军。二曰八旗。一品光禄大夫。二品资政大夫。三品通议大夫。四品中宪大夫。五品奉政大夫。六品承德郎，后改武信郎。七品文林郎，后改奋武郎。八品修职郎。九品登仕郎。乾隆三十二年 [2]，改同绿旗 [3]。三曰绿旗营。封赠官阶屡变。初制正、从一品荣禄大夫。正二品骠骑将军。从二品骁骑将军。正三品昭勇将军。从三品怀远将军。正四品明威将军。从四品宣武将军。正五品武德将军。从五品武略将军。正六品昭信校尉。从六品忠显校尉。后增正七品奋勇校尉。乾隆二十年，改正二品武显大夫。从二品武功大夫。正三品武义大夫。从三品武翼大夫。正四品昭武大夫。从四品宣武大夫。正五品武德郎。从五品武略郎。正六品武信郎。从六品武信佐郎。正七品奋武郎。三十二年，改正一品建威大夫。从一品振威大夫。增从七品奋武佐郎。正八品修武郎。从八品修武佐郎。八旗与绿营制度始画一。五十一年 [4]，改正一品建威将军。从一品振威将军。正二品武显将军。从二品武功将军。正三品武义都尉。从三品武翼都尉。正四品昭武都尉。从四品宣武都尉。正五品武德骑尉。从五品武德佐骑尉。正六品武略骑尉。从六品武略佐骑尉。正七品武信骑尉。从七品武信佐骑尉。正八品奋武校尉。从八品奋武佐校尉。增正九品修武校尉。从九品修武佐校尉。于是文、武官阶等级相侔矣。

[1] 公侯伯：古代对有功之臣封以爵位，有公、侯、伯、子、男五等。清代相沿，公为五等中之最高爵位，其后以次相沿。每等又有一、二、三等之别，各赐美名，叙为超品。

[2] 乾隆三十二年：即公元 1767 年。乾隆，清高宗爱新觉罗·弘历的年号。

[3] 绿旗：即“绿营”、“绿旗营”。参见清 125 注 5。

[4] 五十一年：即乾隆五十一年（1786）。《清史稿校注》校勘记云："案高宗实录，乾隆五十一年七月初九日庚辰，改武职封赠之阶。"可参考。

172. 文、武正、从一品妻封一品夫人。满、汉公妻为公妻一品夫人。侯妻为侯妻一品夫人。伯妻为伯妻一品夫人。正、从二品夫人。正、从三品淑人。正、从四品恭人。正、从五品宜人。正、从六品安人。正、从七品孺人。正、从八品孺人。正、从九品孺人。武职八旗八品以下、绿旗营七品以下妻无封 [1]。后改绿营正七品妻封孺人。

[1] 绿旗营：参见清 125 注 5。

173. 顺治五年 [1]，定制，凡遇恩诏 [2]，一品封赠三代，诰命四轴 [3]。二、三品封赠二代，诰命三轴。四、五品封赠一代，诰命二轴。六、七品封赠一代，敕命二轴 [4]。八、九品止封本身，敕命一轴。凡轴端一品用玉，二品用犀，三、四品用裹金，五品以下用角。

［1］顺治五年：即公元1648年。顺治，清世祖爱新觉罗·福临的年号。
［2］恩诏：帝王降恩的诏书。
［3］诰命：明清时特指皇帝赐爵或授官五品或五品以上官职的诏令。轴：量词。诰命或敕命皆装锦轴可以卷起，故称。两端有饰物。四轴，谓曾祖、祖、父与本身四张文书。
［4］敕命：明清时赠封六品以下官职的命令，称敕命。

174. 凡推封之例，顺治初制［1］，父祖现任者，不得受子孙封。致仕及已故者许给，愿弃职就封者听。两子均仕，其父母受封，从其品大者。妇人因子封赠，而夫与子两有官，亦从其品大者。父官高于子者，嫡母从父官，生母从子官。为人后者，已封赠祖父母、父母，请以本身妻室封典貤封本生祖父母、父母者［2］，许貤封。康熙五年［3］，定父职高于子者，依父原品封赠。官卑于子者，从子官封赠。武职子现任文职，封赠依文官例。雍正三年［4］，定四品至七品官愿将本身妻室封典貤封祖父、母者，八、九品官愿貤封父、母者，皆许貤封。三品以上貤封曾祖父、母者，请旨定夺。乾隆间［5］，折中礼制，颇有更定。二十七年谕曰［6］："子孙官品不及祖、父之崇，则'父为大夫子为士'［7］，《记》有明文。旧例依祖、父原阶封赠，殊未允协，其议改之。"吏部议定文、武官子孙职大，祖、父职小，依子孙官阶封赠。祖、父职大，子孙职小，不得依祖、父原品封赠。父官高于子者，生母从子官封赠，嫡母、继母不得依父官请封，愿依子官受封者听。武职子任文职者亦如之。五十年，定一品至三品官不得貤封高祖父、母，四品至七品官不得貤封曾祖父、母，八品官以下不得貤封祖父、母。

［1］顺治：清世祖爱新觉罗·福临的年号（1644～1661）。
［2］貤（yí移）封：旧时官员以自身所受的封爵名号呈请朝廷移授给亲族尊长。
［3］康熙五年：即公元1666年。康熙，清圣祖爱新觉罗·玄烨的年号。
［4］雍正三年：即公元1725年。雍正，清世宗爱新觉罗·胤禛的年号。
［5］乾隆：清高宗爱新觉罗·弘历的年号（1736～1795）。
［6］二十七年：即乾隆二十七年（1762）。
［7］父为大夫子为士：语本《礼记·中庸》："父为大夫，子为士，葬以大夫，祭以士。父为士，子为大夫，葬以士，祭以大夫。"意即父亲是大夫，儿子是士，父亲去世用大夫之礼安葬，用士礼祭祀。父亲是士，儿子是大夫，父亲去世用士礼安葬，用大夫之礼祭祀。

175. 道光以后［1］，捐封例开［2］。二十三年［3］，许三品以上官欲捐请本生曾祖父、母封赠者，得依貤封曾祖父、母例报捐。二十八年，许四品至七品官捐请貤封曾祖父、母，八品官以下捐请貤封祖父、母，均依常例加倍报捐。而限制始废矣。旧例八、九品官许封父、母，不封本身妻室。应封妻者，止封正妻一人。正妻未封已殁，继室当封者，正妻亦得追赠。其再继者不得给封。道光二十三年，许八品以下捐封人员欲捐请及妻室者，加倍报捐。咸丰二年［4］，许京、外文职及捐职人员得先封本身及原配、继配妻室，再依本身品级为第三继妻捐封。四年，并从部议，第三继妻以后，谊同敌体［5］，亦许依次递捐矣。旧例仕宦至三品，幼为外祖父、母抚养，其外祖父、母殁无嗣者，许依其官阶贻赠，其余外姻不许贻封。道光二十三年，许捐封人员为其受恩抚养之母舅、舅母、姑夫、姑母、姨夫、姨母、妻父、妻母依贻封外祖父、母例，捐请贻封。咸丰三年，并许贻封曾祖父、母，伯叔祖父、母，伯叔父母，庶母，兄、嫂并嫡堂伯叔祖父、母，嫡堂伯叔父、母，嫡堂兄、嫂，从堂、再从堂尊长及外曾祖父、母，外祖父、母，妻祖父、母。按例定品级，一体捐请。又许为人妇者，为其已故夫之祖若父捐职请封。为人后者，为祖若父贻封其先人，展转推衍，而经制荡然矣［6］。

［1］道光：清宣宗爱新觉罗·旻宁的年号（1821～1850）。
［2］捐封：入赀买封赠。
［3］二十三年：即道光二十三年（1843）。
［4］咸丰二年：即公元1852年。咸丰，清文宗爱新觉罗·奕詝的年号。
［5］敌体：谓彼此地位相等，无上下尊卑之分。这里当指虽未正名分，却已情同夫妇者。
［6］经制：治国的制度。

176. 加级请封之制［1］，其初限制亦严。顺治初［2］，凡恩诏加级者，以新加之级给封。康熙五十二年［3］，定例七品以下加级请封，不得逾五品，五、六品不得逾四品，三、四品不得逾二品，捐级不得计算。乾隆间［4］，外官加级不论新旧，不得依加级请封。五十年［5］，部议京官八品以下，得依加级请五品封，不惟逾分，亦觉太优。嗣后八品以下不得逾七品，在外未入流不得给封［6］，愿捐纳荣亲者，许其捐封。从之。嘉庆后［7］，限制渐宽。京、外官恭遇覃恩［8］，许报捐新级请封。议叙三、四品职衔人员，加级捐请二品封典，许加倍纳银，按现任及候补、候选例给封。咸丰初［9］，推广捐例，京、外各官及捐职人员，由加级及捐加之级捐封者，现任及候补、候选三、四品官，许捐至二品。其五、六品加等捐请三品封者，依常例加倍报捐。加等捐请至二品者，依四品职衔得捐二品封例，加倍半报捐。其七品加等捐请三、四品封，八品以下加等捐请五、六品封，均依常例，分别加倍报捐。十年［10］，定三品人员加级捐封，按一品人员银数加倍，许给从一品封。二、三品虚衔人员捐从一品封［11］，应按二、三品实职银数加成或加倍报捐。其有为外姻捐从一品封者，许各按二、三品实职虚衔银数，再行分别加成报捐。

［1］加级：清代议叙法之一。凡官员考核成绩优良，或有功绩者，均交部议叙，以资奖励。议叙之法分为两种，一曰纪录，一曰加级。纪录分一次、二次、三次三等。纪录三次之上为加一级，加级亦有加级一次、加级二次、加级三次之别。两者合之，共有十二等。直至加三级为止。凡加级有指明随带者（军功之级）、食俸者（照所加之级支俸）、予衔者（照所加之衔换给顶戴）。
［2］顺治：清世祖爱新觉罗·福临的年号（1644～1661）。

[3] 康熙五十二年：即公元 1713 年。康熙，清圣祖爱新觉罗·玄烨的年号。

[4] 乾隆：清高宗爱新觉罗·弘历的年号（1736～1795）。

[5] 五十年：即乾隆五十年（1785）。

[6] 未入流：古代官制，官员品级分为九品，凡未入九品之官，隋唐称流外（流外亦分一至九品），明清谓之未入流，不分品级。清制，未入流官包括汉孔目、库使、典史、吏目、驿丞、闸官、河泊所大使等，其级附于从九品。

[7] 嘉庆：清仁宗爱新觉罗·颙琰的年号（1796～1820）。

[8] 覃恩：广施恩泽。旧时用以称帝王对臣民的封赏、赦免等。

[9] 咸丰：清文宗爱新觉罗·奕詝的年号（1851～1861）。

[10] 十年：即咸丰十年（1860）。

[11] 虚衔：相对于实职而言的空职衔。

177. 陵夷至光绪中 [1]，御史李慈铭疏曰 [2]："治国之要，惟赏与罚。罚固不可稍逾，赏亦岂可或滥！康熙、乾隆两朝 [3]，享国久长，庆典武功，偻指难尽 [4]。其时内外臣工，屡逢恩诏，论功行赏，班序秩然，未有越等者。今则外官道员多至二品，其封皆至一品矣。知府、同知多加三品，其封皆至二品矣。牧令大半四品 [5]，簿、尉大半五、六品 [6]，其封率至三、四品矣。夫爵赏者，人君所以进退贤愚，人臣所以奔走吏士。得之太易，则人不知恩，予之太骤，则士无由劝。尊卑不别，等级不明，长伪士之浮嚣，惑小民之观听，非所以尊朝廷、清流品也。"奏上，亦未杀减。

[1] 陵夷：由盛到衰。光绪：清德宗爱新觉罗·载湉的年号（1875～1908）。

[2] 李慈铭：字㤇伯（1830～1894），号莼客，室名越缦堂，会稽（今浙江绍兴）人。光绪六年（1880）进士，历官户部郎中、山西道监察御史。著有《越缦堂日记》等。《清史稿》有传。

[3] 康熙：清圣祖爱新觉罗·玄烨的年号（1662～1722）。乾隆：清高宗爱新觉罗·弘历的年号（1736～1795）。

[4] 偻（lǚ 屡）指：屈指而数。

[5] 牧令：谓县令一级的地方长官。

[6] 簿：即"主簿"，清代知县之佐贰官，秩正九品。尉：当谓"县丞"，清代知县之佐贰官，秩正八品。

178. 厥后外患频仍，人才缺乏。二十六年 [1]，诏停报捐实官，而虚衔封典报捐如故。宣统元年 [2]，吏部议定条例，京官依加级、外官依本任请封 [3]，颇欲规复旧制，格不得行。明年，改定京官依加级，外官依加衔 [4]，五品人员许请至三品封赠，八品人员许请至六品封赠。欲稍事补救，而积重难返矣。

[1] 二十六年：即光绪二十六年（1900）。

[2] 宣统元年：即公元 1909 年。宣统，宣统帝爱新觉罗·溥仪的年号。《清史稿校注》校勘记云："案宣统政纪，从吏部奏，给封限制，略予变通在'宣统元年'三月初三日壬子。"可参考。

[3] 加级：参见清 176 注 1。

[4] 加衔：清代封给官员高于本秩的官衔，称加衔。无职掌，无员限，无专授，实为虚衔。凡宣力中外，劳绩懋著之大臣，则可奉特旨加衔，作为兼官、加官或赠官，以示尊崇。清制，以太师、太傅、太保（正一品），少师、少傅、少保（从一品），太子太师、太子太傅、太子太保（从一品），太子少师、太子少傅、太子少保（正二品），为大臣加衔及赠官。

179. 荫叙之制 [1]，曰恩荫 [2]，曰难荫 [3]，曰特荫 [4]。恩荫始顺治十八年 [5]，恩诏满、汉文官在京四品、在外三品以上，武官在京、在外二品以上，各送一子入监。护军统领、副都统、阿思哈尼哈番、侍郎、学士以上之子为荫生 [6]，馀为监生 [7]。初制，公、侯、伯予一品荫 [8]，子、男分别授荫。雍正二年改世职俱依三品予荫 [9]。乾隆三十四年 [10]，定公、侯、伯依一品，子依二品，男依三品予荫 [11]。雍正初，定例荫生、荫监生通达文义者，交吏部分各部、院试验行走 [12]。其十五岁以上送监读书者，年满学成，咨部奏闻 [13]，分部、院学习。又令文、武荫、监生通达文理者，遵例考试，以文职录用。其幼习武艺，人材壮健，原改武职者，呈明吏部，移兵部改荫。

[1] 荫叙：按先辈功业大小，给予不同等级的荫封。

[2] 恩荫：清代荫叙之制，凡遇覃恩。文职京官四品、外官三品以上，武职二品以上，皆可荫其子孙一人入官，称恩荫。

[3] 难荫：因公差军务遇难予荫的称难荫。

[4] 特荫：清代国子监监生之一种。清制，先贤后裔经朝廷特许可入国子监读书。这类监生即称特荫。

[5] 顺治十八年：即公元 1661 年。顺治，清世祖爱新觉罗·福临的年号。

[6] 护军统领：清八旗护军营之长官，每旗各一人，共八人，秩正二品。于满洲、蒙古大臣官员中选任，掌八旗护军之政令。初名巴牙喇纛额真，天聪八年（1634）改称巴牙喇纛章京，顺治十七年（1660）始定汉名为护军统领。副都统：清代八旗组织中一旗的副长官，秩正二品。满名原为梅勒额真，天聪八年（1634）改为梅勒章京，顺治十七年（1660）始定汉名为副都统。八旗满洲、蒙古、汉军旗各二人，共四十八人。协助都统掌本旗户籍、田宅、教养、操练等军政事务。又，驻防八旗亦间设副都统，其驻防地区设有将军者，归将军兼辖；未设驻防将军者，则为驻防旗营的最高军政长官。阿思哈尼哈番：清代爵位名称。乾隆元年（1736）定汉名为"男"，为古代公、侯、伯、子、男五等爵位中之最后一等，男又分为四等，叙正二品，不加美名。侍郎：六部长官之副，秩从二品。学士：即"内阁学士"，或称"阁学"。参见清 98 注 16。荫生：参见清 3 注 7。

[7] 监生：参见清 3 注 15，清 3 注 16。

[8] 公侯伯：参见清 171 注 1。

[9] 雍正二年：即公元 1724 年。雍正，清世宗爱新觉罗·胤禛的年号。世职：谓子孙可以世代相袭之官。参见明 128 注 8。

[10] 乾隆三十四年：即公元 1769 年。乾隆，清高宗爱新觉罗·弘历的年号。

[11] "定公侯伯"三句：《清史稿校注》校勘记云："案高宗实录，定公、侯、伯依一品等事在乾隆三十四年十月二十七日乙亥。又'子依二品，男依三品予荫'当作'子依三品，男依四品予荫'，光绪会典事例卷一四四、清朝文献通考选举考同。"可参考。

[12] 行走：清代特殊的官制用语。这里指京官在未授实缺之前分发到各衙门练习试用，称"分衙门行走"。如庶吉士散馆以中书、主事用者，荫生以司员、小京官用者，均先分衙门行走，待练习试用期满，并经该衙门堂官奏留，始准留补实缺。参见清120注16。

[13] 咨部：移文吏部。咨，清代官方的平行文书名，用于高级衙门之间相互行文。

180. 考试之法，雍正三年[1]，令荫生到部年二十以上者，奏请考试引见。乾隆十一年[2]，定考试以古论及时务策[3]，钦派大臣阅卷，评定甲乙，进呈御览。文理优通者，交部引见。荒谬者，发回原籍读书，三年再试。历代遵例行。光绪三十一年[4]，免汉荫生考试如满员例。

[1] 雍正三年：即公元1725年。雍正，清世宗爱新觉罗·胤禛的年号。

[2] 乾隆十一年：即公元1746年。乾隆，清高宗爱新觉罗·弘历的年号。

[3] 古论：有关于古事的议论文，与下"时务策"相对。时务策：参见清89注8。

[4] 光绪三十一年：即公元1905年。光绪，清德宗爱新觉罗·载湉的年号。

181. 录用之法，汉荫生有内用、外用、改武职用三途。内用者，雍正元年定制[1]，尚书一品用员外郎[2]，侍郎二品用主事[3]，总督同尚书[4]，巡抚同侍郎[5]。七年，改定正一品用员外郎、治中[6]，从一品用主事，正二品用主事、都察院经历、京府通判[7]，从二品用光禄寺署正、大理寺寺副[8]，正三品用通政使司经历、太常寺典簿、中、行、评、博[9]，从三品用光禄寺典簿、銮仪卫经历、詹事府主簿、京府经历[10]，四品荫生与捐纳贡监考职者一例，轮班选用。乾隆七年[11]，定左都御史荫同尚书[12]。同治十年[13]，定河道总督荫用员外郎、主事[14]。宣统间[15]，改革官制，裁撤各官，以相当品级改用。外用者，乾隆间定制[16]，正一品用府同知[17]，从一品用知州，二品用通判[18]，三品用知县，汉世职子爵用知县，终清世无变更。改武职用者，雍正间定制[19]，在京一品尚书等官，在外总督、将军[20]，荫生用都司衔管都司[21]。二品侍郎等官，巡抚、提督[22]，用署都司衔管都司[23]。三品副都御史等官[24]，布政使、总兵官[25]，用守备衔管守备[26]。按察使、加一品衔副将[27]，用署守备衔管守备。二品衔副将，用守御所千总[28]。乾隆间定汉子爵三品用千总，男爵四品用把总[29]。

[1] 雍正元年：即公元1723年。雍正，清世宗爱新觉罗·胤禛的年号。

[2] 尚书：即谓六部尚书，秩从一品。这里谓先辈所居官。员外郎：六部之属官，康熙九年（1670）定秩从五品。这里谓荫生当得之官职。下同。

[3] 侍郎：六部长官之副，秩从二品。主事：清代各部、院及其他中央机构中之司官，位次于员外

郎，秩正六品。

[4] 总督：参见清 14 注 4。

[5] 巡抚：参见清 12 注 6。

[6] 治中：清沿明制设，为京府佐官，顺天府、奉天府各置一人，秩正五品，与通判分佐府尹，职掌
全府之钱粮、户婚、田土等事。分别于光绪元年（1875）、二年裁。

[7] 都察院：参见清 114 注 9。经历：清制，在京之宗人府、都察院、通政使司、銮仪卫、顺天府、
及京外之布政司、按察使司、盐运使司、府等均设。为各机构所属经历司之主官，秩自正六品至
正八品不等，掌文移收发诸事。都察院经历，秩正六品。京府通判：谓顺天府、奉天府之通判。
通判，清代于府设通判，秩正六品，与府同知分掌粮运、督捕、水利、诸务。清代直隶厅也有以
通判为行政长官者。

[8] 光禄寺署正：清代光禄寺下属大官、珍馐、良酝、掌醢四署长官，康熙九年（1670）定秩从六
品。光禄寺，掌管祭祀、朝会、宴享及廪饩所需物品的机构。大理寺寺副：清初沿明制，大理寺
下分左、右寺，各有左、右寺正与左、右寺副，寺正秩正六品，寺副秩从六品。康熙三十八年
（1699）省。大理寺，参见清 73 注 4。

[9] 通政使司经历：秩正七品。参见注 7。太常寺：清代掌管坛庙祭祀之机构，顺治元年（1644）设
立，此后时隶于礼部，时而分出。典簿：清代翰林院、国子监、光禄寺、太常寺所设典簿厅之职
官，满、汉各一人。太常寺典簿官秩正七品。掌治吏役，收发章奏文移及收储库藏等事。中：即
"内阁中书"，清内阁属官，掌撰拟、翻译、缮写等事，秩从七品。行：即"行人"，原为明代行
人司职官，专职捧节、奉使之事的官吏，秩正八品。清沿明制，至乾隆十三年（1640）省。评：
即"大理评事"。清代大理寺属官，左、右寺均设，各一人，专用汉员，秩正七品。博：即"太
常博士"，清代太常寺属官，秩正七品。中、行、评、博四职大小相当，故常连称。

[10] 光禄寺典簿：秩从七品。参见注 9。銮仪卫经历：秩从七品。参见注 7。銮仪卫，清代掌管皇帝
车驾仪仗之机构。顺治元年（1644）沿明制置锦衣卫，次年即改称銮仪卫，主官銮仪使，秩正
二品。宣统元年（1909），因避宣统帝溥仪讳，改銮仪卫为銮舆卫。詹事府主簿：詹事府下属
主簿厅长官，秩从七品。詹事府，清代辅导东宫之官署。康熙以后，清朝不立太子，自无专职，
遂成为备翰林官迁转之地。具体职掌与翰林官同，故翰詹往往并称。京府经历：顺天府与奉天
府下属经历司主官，秩从七品。参见注 7。

[11] 乾隆七年：即公元 1742 年。乾隆，清高宗爱新觉罗·弘历的年号。

[12] 左都御史：参见清 152 注 3。

[13] 同治十年：即公元 1871 年。同治，清穆宗爱新觉罗·载淳的年号。

[14] 河道总督：即"总河"。参见清 151 注 2。《清史稿校注》校勘记云："案光绪会典事例卷七十
四，是年定河道总督荫生，内以主事用，外以通判用，未言用员外郎。"可参考。

[15] 宣统：宣统帝爱新觉罗·溥仪的年号（1909～1911）。

[16] 乾隆：清高宗爱新觉罗·弘历的年号（1736～1795）。

[17] 府同知：清代知府的佐官，秩正五品。参见清 124 注 6。

[18] 通判：清代于府设通判，秩正六品。参见清 6 注 11。

[19] 雍正：清世宗爱新觉罗·胤禛的年号（1723～1735）。

[20] 将军：驻防八旗的最高长官之一，秩从一品，由满人充任。参见清 51 注 7。

[21] 都司：官名，清代绿营兵之武职，位参将、游击之下，守备之上，秩正四品。参见清 125 注 1。

［22］提督：参见清 155 注 3。

［23］署：代理、暂任某项官职。

［24］副都御史：即"左副都御史"，清代最高监察机构都察院副长官，秩正三品。

［25］总兵官：清代绿营兵之高级将领，仅次于提督，秩正二品。参见清 167 注 8。

［26］守备：官名，又称"守府"，清代绿营兵之武职，位都司下、千总之上，秩正五品。参见清 125 注 2。

［27］副将：官名，清代绿营兵之武职，隶于提督、总兵之下，秩从二品。参见清 125 注 1。

［28］守御所：漕运总督下辖有卫所及守御所。参见清 125 注 6。千总：参见清 125 注 6。

［29］把总：参见清 125 注 6。

182. 汉军录用 [1]，康熙十二年原定一品用员外郎 [2]，二品用大理寺寺正、知州 [3]。雍正七年 [4]，用知州者以主事改补。乾隆五年 [5]，定三品用七品笔帖式 [6]，四品用八品笔帖式。宣统元年 [7]，吏部奏言："汉文、武官荫生，按品级正、从授职，满荫生不分正、从。汉荫生引见，以内用、外用拟旨，满荫生以文职侍卫旗员拟旨 [8]。惟光绪三十二年以后 [9]，汉员一体简授，旗职若现任都统、副都统，荫生依满例给荫，不无窒碍。拟请原系尚书、侍郎改授升授者，都统依汉尚书例，副都统依汉侍郎例，三品以下京堂、监司升授之副都统 [10]，依汉正二品例，仍以内用、外用拟旨。"允之。

［1］汉军：即"八旗汉军"，或称"汉军八旗"。清代八旗组织的三个组成部分之一。编制与八旗满洲相同，惟社会政治地位低于八旗满洲，亦低于八旗蒙古。参见清 2 注 2。

［2］康熙十二年：即公元 1673 年。康熙，清圣祖爱新觉罗·玄烨的年号。

［3］大理寺寺正：参见清 181 注 8。

［4］雍正七年：即公元 1729 年。雍正，清世宗爱新觉罗·胤禛的年号。

［5］乾隆五年：即公元 1740 年。乾隆，清高宗爱新觉罗·弘历的年号。

［6］笔帖式：参见清 24 注 8。

［7］宣统元年：即公元 1909 年。宣统，宣统帝爱新觉罗·溥仪的年号。

［8］侍卫：参见清 61 注 8。

［9］光绪三十二年：即公元 1906 年。光绪，清德宗爱新觉罗·载湉的年号。

［10］京堂：参见清 28 注 2。监司：参见清 149 注 12。

183. 初制，非现任官不得荫，内务府佐领以下官不给荫 [1]。康熙六年 [2]，定各官不论级衔，均依实俸荫子，是年始许内务府佐领以下官子弟给荫。十二年，并许原品解任食俸者给荫。

［1］内务府：参见清 30 注 5。佐领：清代八旗组织的基层编制单位，即"牛录"。三百人为一牛录，每牛录设额真一。

［2］康熙六年：即公元 1667 年。康熙，清圣祖爱新觉罗·玄烨的年号。

184. 先是康熙三年定荫、监生已得官及科目中式者 [1]，不得补荫。乾隆四十五年改定嫡长子孙有科名尚未选用 [2]，及有职衔愿承荫者，许补荫。道光以后 [3]，捐例宏开，既得官职，仍许补荫。铨选混淆，幸进滋多。

[1] 康熙三年：即公元 1664 年。康熙，清圣祖爱新觉罗·玄烨的年号。
[2] 乾隆四十五年：即公元 1780 年。乾隆，清高宗爱新觉罗·弘历的年号。
[3] 道光：清宣宗爱新觉罗·旻宁的年号（1821～1850）。

185. 光绪二十二年 [1]，御史熙麟奏言 [2]："吏部铨选，以奉特旨人员统压各班 [3]，然如荫生暨及岁引见之员，曾捐道府 [4]，引见奉谕仍以道府选用者，本系捐班，部章竟归特旨班铨选 [5]。比年以来，率皆营私取巧，预捐道府，为他日例邀特旨统压各班之地。致使同一荫生暨及岁人员，而廉吏儿孙，兴嗟力薄，纨袴子弟，逞志夤缘，于世道人心，大有关系。请以此等人员加捐道、府者，与捐纳人员同班铨选。"下部议行。

[1] 光绪二十二年：即公元 1896 年。光绪，清德宗爱新觉罗·载湉的年号。
[2] 熙麟：字祥生（1850～?），号小舫，李氏，汉军正白旗人。光绪九年（1883）进士，选庶吉士，授编修，历官御史、甘肃平庆泾道。
[3] 特旨：帝王的特别诏令。
[4] 道府：清代道一级地方政府的行政长官。
[5] 部章：谓吏部铨选的有关章程。

186. 难荫 [1]，顺治三年定制 [2]，官员殁于王事者，依应升品级赠衔 [3]，并荫一子入监读书，期满候铨。康熙十八年定殉难官依本衔荫子 [4]，不依赠衔。雍正十二年 [5]，奏定官员因公差委，在大洋、大江、黄河，洞庭、洪泽等湖 [6]，遭风漂殁者，依应升品级荫、赠，在内洋、内河漂殁者 [7]，减等荫、赠，八品以下，赠衔不给荫。乾隆六十年定官员随营任事 [8]，催饷尽力，因病身故者，依内洋、内河漂殁例荫、赠。道光二十三年 [9]，许八品以下官因公漂殁及军营病故者，赠衔，荫一子监生，许应试，不得铨选。光绪二年奏定现任官遇贼殉难及军营病故 [10]，如系以何种官阶升用、补用、即用并捐保升衔者 [11]，依升阶、升衔、赠衔，依实官给荫。候补、候选者，依现任官荫、赠。休致、告病者 [12]，依原官荫、赠。降调者，依所降官荫、赠。已拣选之举人 [13]，就职、就教之恩、拔、副、岁、优贡生 [14]，并考有职衔之捐纳贡监生，各按品级、依现任官荫、赠。未经拣选举人，依七品例。恩、拔、副、岁、优贡生依八品例。廪、增、附文生员依九品例荫、赠。虚衔顶戴人员 [15]，止予赠衔，不给荫。

[1] 难荫：因公差军务遇难予荫的称难荫。

[2] 顺治三年：即公元 1646 年。顺治，清世祖爱新觉罗·福临的年号。

[3] 赠衔：即"赠官"。古代朝廷对功臣的先人或本人死后追封爵位官职。

[4] 康熙十八年：即公元 1662 年。康熙，清圣祖爱新觉罗·玄烨的年号。

[5] 雍正十二年：即公元 1734 年。雍正，清世宗爱新觉罗·胤禛的年号。

[6] 大洋：谓外海。大江：长江。洞庭：即"洞庭湖"，在今湖南省北部，长江南岸，为我国第二大淡水湖。洪泽：在今江苏省洪泽县西部，为我国第四大淡水湖。

[7] 内洋：即"内海"。内河：谓一般河流。

[8] 乾隆六十年：即公元 1795 年。乾隆，清高宗爱新觉罗·弘历的年号。

[9] 道光二十三年：即公元 1843 年。道光，清宣宗爱新觉罗·旻宁的年号。

[10] 光绪二年：即公元 1876 年。光绪，清德宗爱新觉罗·载湉的年号。

[11] 升用：即"升班"。下级官员调任上级官职，称升班。清制，升班分为：开列具题升者、论俸引见升者、拣选引见升者、请旨升者、保举记名升者等。补用：即"补班"。凡各种出缺官员候补改授者，称补班。清制，补班有裁缺候补者、回避开缺候补者、病痊候补者等，皆由吏部铨选，按例补用。即用：即"即用班"。清代授官方式之一，凡奉旨即行任用或遇缺即用者，为即用班。即用之员，不论双单月，不入班次，即行选用。

[12] 休致：官员年老去职。

[13] 拣选：清代铨选官吏的一种方式。某些职官出缺，依制调补称拣选。如各部郎中，各寺读祝、赞礼、鸣赞等以下官员，各省督抚奏请拣发人员，会试后奉旨大挑举人等，皆由部奏请拣选。这里谓后者。

[14] 就教：谓充任学官。

[15] 虚衔：相对于实职而言的空职衔。

187. 乾隆以前 [1]，旗员效力行间 [2]，懋著劳绩 [3]，及临阵捐躯者，其子孙例得世职 [4]。年未及岁，已承袭未任职者，给半俸。绿营员弁阵亡议恤 [5]，仅得难荫而已。乾隆四十九年诏曰 [6]："旗员及绿营人员，效命疆场 [7]，同一抒忠死事，何忍稍存歧视。嗣后绿营员弁军功议叙恤赏，仍依旧例。阵亡人员，无论汉人及旗人，用于绿营者，一体给予世职。袭次完时，依例酌给恩骑尉 [8]，俾赏延于世。"自是汉员死难者，亦多得世职矣。

[1] 乾隆：清高宗爱新觉罗·弘历的年号（1736~1795）。

[2] 行间：军旅间。

[3] 懋著劳绩：功绩显著。

[4] 世职：谓子孙可以世代相袭之官。参见明 128 注 8。

[5] 绿营：即"绿营兵"。参见清 125 注 5。员弁：低级文武官员。

[6] 乾隆四十九年：即公元 1784 年。乾隆，清高宗爱新觉罗·弘历的年号。

[7] 疆场（yì 意）：战场。

[8] 恩骑尉：爵位名。清代世爵的第九等。清初定制，凡袭次已尽之阵亡人员子孙，授予七品官世

职,定名为恩骑尉。

188. 凡殉难赠衔,总督加尚书衔者,赠太子少保衔 [1]。巡抚加副都御史衔者,赠左都御史衔 [2]。布政使赠内阁学士衔 [3]。按察、盐运使赠太常寺卿衔 [4]。道员赠光禄寺卿衔 [5]。知府赠太仆寺卿衔 [6]。同知、知州、通判赠道衔。知县赠知府衔。教谕、训导赠国子监助教、学录衔 [7]。其馀各官,按品级比例加赠。光绪二年 [8],定内洋、内河漂殁及军营病故者,减等赠衔。惟总督、巡抚、布政使,无庸议减,仍减等给荫。

[1] 太子少保:参见清 153 注 14。
[2] 左都御史:参见清 152 注 3。《清史稿校注》校勘记云:"左都御史,案清史馆朱希祖纂选举志稿封荫作'右都御史',光绪会典事例卷一四四同。此'左'字当作'右'。"甚是。
[3] 内阁学士:俗称"阁学"。为内阁大学士之属官。参见清 98 注 16。
[4] 盐运使:即"运使"。参见清 154 注 7。太常寺卿:清代太常寺主官。顺治元年（1644）设,满、汉各一人,秩正三品。综理坛台庙社,以岁时序祭祀,诏礼节,供品物,办器类。少卿为其副,下属有寺丞、赞礼郎、读祝官、司库等员。
[5] 道员:参见清 65 注 12。光禄寺卿:清代光禄寺主官,满、汉各一人,秩从三品。
[6] 太仆寺卿:参见清 114 注 15。
[7] 国子监助教:国子监属官,秩从七品。参见清 3 注 7。学录:清代国子监掌崇志、广业二堂的职官,初秩从九品,乾隆元年（1736）升正八品。
[8] 光绪二年:即公元 1876 年。光绪,清德宗爱新觉罗·载湉的年号。

189. 凡给荫,康熙间定制 [1],三品以上荫知州,四品以下至通判荫知县,布政、按察、都转盐运三司首领官及州、县佐贰六品、七品官荫县丞 [2],八品、九品官荫县主簿,未入流荫州吏目 [3]。光绪二年 [4],定遇贼殉难官给荫如康熙旧制。惟知县荫州判,军营病故及因公漂殁者,减等荫子。武职难荫,有都司、守备、千总、把总,与恩荫改用武职同。凡给世职,阵亡提督 [5],依参赞、都统例 [6],给骑都尉兼一云骑尉 [7]。总兵官依副都统例 [8],给骑都尉。副将以下 [9],把总经制、外委以上 [10],依参领以下及有顶戴官以上例 [11],俱给云骑尉。应袭人员年十八岁者,送部引见,发标学习 [12]。未及岁者给半俸,及岁补送引见。光绪间,部章恩荫许分发 [13],难荫不得援例。二十二年 [14],熙麟奏言 [15]:"恩荫既分部并外用,待之已优,又予分发,难荫专外用,待之已绌,又不予分发,殊失其平。今时事多艰,需人孔亟。正赖鼓天下忠义之气,俾临难毋苟。顾于恩荫则为显宦儿孙扩功名之路,于难荫不为忠臣后裔开一线生机,是使国殇饮恨于重泉 [16],忠义灰心于临事。请饬部臣援恩荫外用例,一体分发补用。"下部议行。

[1] 康熙:清圣祖爱新觉罗·玄烨的年号（1662～1722）。

[2] 首领官：明清各官署中负责本署总务的长官的通称。包括中央六部的主事、司务与地方官署中的经历等。参见明99注11。

[3] 吏目：清沿明制，设于各省知州之下，共二百二十一处，秩从九品，掌佐理刑名之事。

[4] 光绪二年：即公元1876年。光绪，清德宗爱新觉罗·载湉的年号。

[5] 提督：参见清155注3。

[6] 参赞：即"参赞大臣"。清代于新疆、内蒙等地置参赞大臣，辅佐将军办理军务。清末于东三省总督、西藏办事大臣及驻外使节下也置参赞。都统：八旗组织中一旗的最高军政长官，满名固山额真，掌一旗之户籍、田宅、教养及官兵拣选操练军政事务。初秩正一品，后定从一品。

[7] 骑都尉：爵位名。清代世爵的第七等，满名原称拜他喇布勒哈番，乾隆元年（1736）定汉名为骑都尉。分为二等，叙正四品。云骑尉：爵位名。清代世爵的第八等，满名原称拖沙喇哈番（俗称半个前程），乾隆元年定汉名为云骑尉。叙正五品。凡封爵皆以此为始。

[8] 总兵官：清代绿营兵之高级将领，仅次于提督，秩正二品。参见清167注8。副都统：清代八旗组织中一旗的副长官，秩正二品。参见清179注6。

[9] 副将：官名，清代绿营兵之武职，隶于提督、总兵之下，秩从二品。参见清125注1。

[10] 把总经制外委：谓额设把总与外委把总。把总，清代绿营兵的基层组织"汛"的领兵官，秩正七品。参见清125注6。经制，清代凡属国家额定编制额缺之内的正职官员，谓之经制官吏。外委，为清代绿营中的低级军官，有外委千总、外委把总，通称外委。其职掌与额设千总、额设把总相同，但因系额外差委之官，其品秩较额设千总、把总为低。这里专指外委把总，秩正九品。中华书局整理本将"把总"与"经制"点断，有误。

[11] 参领：清代八旗组织中中层编制单位的长官，即"甲喇额真"。秩正三品。顶戴：或作"顶带"。参见清144注2。

[12] 标：清末军制，以三营为一标，相当于以后的团。统辖一标的长官称标统，亦称统带。

[13] 分发：清代任用官员形式之一。京官称分衙门学习行走，外官称发省差委试用，通称分发。

[14] 二十二年：即光绪二十二年（1896）。

[15] 熙麟：参见清185注2。

[16] 国殇：指为国牺牲的人。

190. 特荫 [1]，乾隆三年诏曰 [2]："皇考酬庸念旧 [3]，立贤良祠于京师 [4]。凡我朝宣劳辅治完全名节之臣，永享禋祀，垂誉无穷。其子孙登仕籍者固多，或有不能自振、渐就零落者，朕甚悯焉。其旁求贤良子孙无仕宦者，或品级卑微者，各都统、督、抚，择其嫡裔，品行材质可造就者，送部引见加恩。"四十七年，原任广西巡抚、灭寇将军傅弘烈曾孙世海等 [5]，降旨录用。嘉庆四年 [6]，追赠已故御史曹锡宝副都御史 [7]，依赠衔给予其子荫生。历代眷念功臣后嗣，恩旨屡颁。光绪季年 [8]，海内多故，因思将帅有功之臣，诏曰："咸、同以来 [9]，发、捻、回匪 [10]，次第戡定。文武大员，勋绩卓著。懋赏酬庸 [11]，阅时五十馀年。各勋臣子孙，名位显达者，固不乏人；而浮沉下位，伏处乡里者，亦复不少。"令各督、抚、都统详察勋臣后裔，有无官职，汇列上闻。军机大臣缮单呈览 [12]。

[1] 特荫：清代国子监监生之一种。清制，先贤后裔经朝廷特许可入国子监读书。这类监生即称特荫。

[2] 乾隆三年：即公元1738年。乾隆，清高宗爱新觉罗·弘历的年号。

[3] 皇考：对亡父的尊称。这里即谓清世宗雍正帝。酬庸：酬功，酬劳。

[4] 贤良祠：清代祭祀有功大臣之祠宇，建于雍正八年（1730），故址在今北京地安门外之西。凡王公大臣立功报效朝廷者得入祀，并各立小传记其生平事迹。祠有清世宗雍正帝所书"崇忠怀旧"匾额。

[5] 灭寇将军：全名"抚蛮灭寇将军"。为清代临时出征的军事统帅的名号，品秩从原官，事毕则罢。傅弘烈：字仲谋（1621～1680），号竹君，进贤（今属江西）人。明末流寓广西，顺治时任韶州同知。康熙二年（1663）迁庆阳知府。七年因密疏吴三桂谋逆，革职论斩，减徙梧州。三桂反清，阳附授伪职，密约尚可喜共图恢复，并说孙延龄反正，集兵讨吴。后授广西巡抚，转战广西。十八年大破吴世琮于梧州城下，后被吴世璠诱捕，不降，被杀。赠太子太师、兵部尚书，谥忠毅。《清史列传》、《清史稿》皆有传。世海：即傅世海，生平不详。

[6] 嘉庆四年：即公元1799年，嘉庆，清仁宗爱新觉罗·颙琰的年号。

[7] 曹锡宝：字鸿书（1719～1792），又字剑亭，上海人。乾隆二十二年（1757）进士，选庶吉士，历官刑部主事、陕西道监察御史。乾隆五十一年（1786）弹劾权臣和珅家人刘全服饰、住宅逾制，以查无实证被革职留任，郁愤以终。嘉庆四年（1799）和珅论死，清仁宗嘉庆帝追论首劾功，赠副都御史。《清史列传》、《清史稿》皆有传。副都御史：即"左副都御史"，清代最高监察机构都察院副长官，秩正三品。

[8] 光绪：清德宗爱新觉罗·载湉的年号（1875～1908）。季年：末年。

[9] 咸：咸丰，清文宗爱新觉罗·奕詝的年号（1851～1861）。同：同治，清穆宗爱新觉罗·载淳的年号（1862～1874）。

[10] 发：谓太平军。以洪秀全为天王的太平天国，为反抗清廷的农民政权，建都天京（今江苏南京），因内讧与清廷的镇压，历时十四年，终告失败。捻：即"捻军"，又称"捻党"、"捻子"，太平天国时期活跃于北方的农民武装。以数十人或数百人为一股，谓之一捻，咸丰间推张乐行为盟主，称"大汉永王"。极盛时发展至数十万人。后分为东捻、西捻，于同治七年（1868）先后覆亡。回匪：清廷对回民反清武装的蔑称。咸丰、同治间，陕西、甘肃、宁夏、青海、云南与贵州等省为回族聚居区，在太平天国的影响推动下，纷起抗清，云南、西北、贵州为主要活动地区。先后败亡。

[11] 懋赏：奖赏以示勉励。

[12] 军机大臣：参见清61注9。《清史稿校注》校勘记云："案德宗实录，军机大臣缮励臣后裔单呈览，命各按官级升用在光绪三十四年五月初九日癸巳。"可参考。

191. 前西安将军多隆阿次孙寿庆、曾孙奎弼[1]，湖北提督向荣曾孙楷、迺全[2]，安徽巡抚江忠源孙慎勋、曾孙勤培[3]，布政使衔、浙江宁绍台道罗泽南孙长耿、曾孙延祚[4]，协办大学士、四川总督骆秉章孙懋勋、曾孙毓枢[5]，江南提督张国梁孙绳祖、继祖[6]，巡抚衔、浙江布政使李续宾孙前普、曾孙正绳[7]，兵部尚书彭玉麟次孙见绥、曾孙万澂[8]，陕甘总督杨岳斌子正仪、孙道澂[9]，四川提督鲍超次子祖恩、孙世爵[10]，署安徽巡抚、布政使李孟群孙兴仁、兴孝[11]，江西南赣镇总兵程学启嗣子建勋 [12]，广东提督刘松山孙国安、曾孙家琨 [13]，贵州提督冯子材次子相华、孙承风等 [14]，命各按官级升用。湖南提督塔齐布 [15]，令访明立嗣，奏请施恩。其明年，又诏开列勋绩最著之臣，前云贵总督刘长佑 [16]，台湾巡抚、一等男刘铭传 [17]，赠布政使、道员王鑫 [18]，绥远城将军福兴 [19]，福建陆路提督、一等男萧孚泗 [20]，记名提督、一等子、河南归德镇总兵李臣典 [21]，浙江提督邓绍良 [22]，都统衔、广东副都统乌兰泰 [23]，署广西提督、甘肃肃州镇总兵张玉良 [24]，工部左侍郎吕贤基 [25]，漕运总督袁甲三 [26]，都察院副都御史、江西巡抚张芾 [27]，署贵州巡抚韩超 [28]，布政使衔、福建督粮道赵景贤 [29]，云南鹤丽镇总兵朱洪章 [30]，直隶总督郭松林 [31]，广东等省巡抚蒋益澧 [32]，布政使衔、江南道员温绍原 [33]，署安徽庐凤颍道金光筋 [34]，护军统领恒龄 [35]，新疆巡抚、一等男刘锦棠 [36]，记名提督、广西右江镇总兵张树珊 [37]，赠布政使衔、升用知府、天津知县谢子澄 [38]，令各都统、督、抚访明有无后嗣，有何官职，请旨施恩。若夫乾隆四十八年录用明臣经略熊廷弼五世孙世先，督师袁崇焕五世孙炳 [39]，则推恩特荫胜代忠臣后裔 [40]，尤旷典也 [41]。

[1] 多隆阿：字礼堂（1818～1864），满洲正白旗人，呼尔拉特氏。由前锋补骁骑卫，先后镇压太平军与回民武装，历官佐领、副都统、都统、荆州将军、西安将军等。同治三年（1864），在盩厔（今陕西周至）被四川农民军蓝朝柱部击伤毙命。赠太子太保，谥忠勇。《清史列传》、《清史稿》皆有传。寿庆：多隆阿孙，生平不详。奎弼：多隆阿曾孙，生平不详。

[2] 向荣：字欣然（1792～1856），又字忻如，大宁（今重庆巫溪）人，寄籍甘肃固原（今属宁夏）。行伍出身，历任把总、千总、副将、总兵、四川提督、湖南提督、广西提督、湖北提督。咸丰三年（1853）在孝陵卫建立江南大营，围困天京（今南京）。六年，太平军击溃江南大营，逃至丹阳，病卒。谥忠武。《清史列传》、《清史稿》皆有传。楷：向荣之曾孙向楷，生平不详。迺全：向荣之曾孙向迺全，生平不详。

[3] 江忠源：参见清160注8。慎勋：江忠源孙江慎勋，生平不详。勤培：江忠源曾孙江勤培，生平不详。

[4] 罗泽南：参见清146注6。长耿：罗泽南孙罗长耿，生平不详。延祚：罗泽南曾孙罗延祚，生平不详。

[5] 骆秉章：参见清161注10。懋勋：骆秉章孙罗懋勋，生平不详。毓枢：骆秉章曾孙骆毓枢。生平不详。

[6] 张国梁：初名嘉祥（1823～1860），一作家祥，字殿臣，高要（今广东肇庆）人。原为广西天地会首领，道光二十九年（1849）投降广西布政使劳崇光为把总，历官千总、守备、都司、副将、总兵、湖南提督、江南提督。与太平军战，败逃丹阳，坠河死。谥忠武。《清史列传》、《清史稿》皆有传。绳祖：张国梁孙张绳祖，生平不详。继祖：张国梁孙张继祖，生平不详。

[7] 李续宾：参见清161注17。前普：李续宾孙李前普，生平不详。正绳：李续宾曾孙李正绳，生平不详。

[8] 彭玉麟：参见清161注17。见绥：彭玉麟孙彭见绥，生平不详。万澂：彭玉麟曾孙彭万澂，生平不详。

[9] 杨岳斌：参见清161注17。正仪：杨岳斌子杨正仪，生平不详。道澂：杨岳斌孙杨道澂，生平不详。

[10] 鲍超：字春霆（1828～1886），奉节（今属重庆市）人。以镇压太平军起家，历任湘军水师哨长、守备、都司、总兵、参将、浙江提督、湖南提督。病卒。《清史列传》、《清史稿》皆有传。祖恩：鲍超次子鲍祖恩，生平不详。世爵：鲍超孙鲍世爵，生平不详。

[11] 李孟群：字鹤人（1828～1859），清河南光州（今河南潢川）人，一作固始（今属河南）人。道光二十七年（1847）进士，历官广西知县、安徽布政使、署安徽巡抚。为太平军所俘，被杀。谥武愍。《清史列传》、《清史稿》皆有传。兴仁：李孟群孙李兴仁，生平不详。兴孝：李孟群孙李兴孝，生平不详。

[12] 程学启：字方忠（1830～1864），桐城（今属安徽）人。早年参加太平军，后降曾国荃，历任游击、参将、总兵，后为太平军所伤，卒于苏州。谥忠烈。《清史列传》、《清史稿》皆有传。建勋：程学启过继之子程建勋，生平不详。

[13] 刘松山：字寿卿（1833～1870），湘乡（今属湖南）人。咸丰间入湘军王鑫部，历任营官、皖南镇总兵、广东陆路提督。后为回民军马化龙部击毙。谥忠壮。《清史列传》、《清史稿》皆有传。国安：刘松山孙刘国安，生平不详。家琨：刘松山曾孙刘家坤，生平不详。

[14] 冯子材：字南干（1818～1903），号萃亭，一作翠亭，广东钦州（今属广西）人。行伍出身，以镇压太平军起家，历任总兵、广西提督、贵州提督、广西关外军务帮办、云南提督等，以病去职。曾在镇南关（今友谊关）击败法军。卒谥勇毅。《清史列传》、《清史稿》皆有传。相华：冯子材次子冯相华，生平不详。承凤：冯子材之孙冯承凤，生平不详。

[15] 塔齐布：参见清161注17。

[16] 刘长佑：字子默（1818～1887），号荫渠，一作印渠，新宁（今属湖南）人。拔贡出身，以抗击太平军编入湘军，历任广西巡抚、两广总督、直隶总督、广东巡抚、云贵总督。称病归，卒谥武慎。著有《刘武慎公遗书》。《清史列传》、《清史稿》皆有传。

[17] 刘铭传：字省三（1836～1895），号大潜山人，合肥（今属安徽）人。咸丰四年（1854）以在乡办团练抗击捻军、太平军，擢千总，历任参将、副将、总兵、直隶提督、台湾巡抚。以病归，卒谥壮肃。著有《刘壮肃公奏议》。《清史列传》、《清史稿》皆有传。

[18] 王鑫（zhēn 珍）：字璞山（1825～1857），湘乡（今属湖南）人。诸生，咸丰二年（1852）从罗泽南办团练，擢同知，道员，加按察使衔。卒于军，谥壮武。《清史列传》、《清史稿》皆有传。

[19] 福兴：满洲镶黄旗人（？～1878），穆尔察氏。以一品荫生历任侍卫、都司、副将、总兵、广西提督、江宁将军、西安将军、察哈尔都统、绥远城将军。卒谥庄悫。《清史稿》有传。

[20] 萧孚泗：湘乡（今属湖南）人（？～1890）。行伍出身，咸丰三年（1853）参加湘军，以镇压太平军累迁至总兵、福建路军提督，受封一等男爵。丁父忧回籍，卒于家。谥壮肃。《清史列传》、《清史稿》皆有传。

[21] 李臣典：字祥云（1838～1864），邵阳（今属湖南）人。年十八从军，以镇压太平军累迁至总兵，与萧孚泗攻陷天京（今南京），封一等子爵。病卒，谥忠壮。《清史列传》、《清史稿》皆有传。

[22] 邓绍良：字臣若（1801～1858），乾州（今湖南乾城）人。行伍出身，历任都司、总兵、江南提督、陕西提督、浙江提督。咸丰八年（1858）与太平军战，被击毙。谥忠武。《清史列传》、《清史稿》皆有传。

[23] 乌兰泰：字远芳（1792～1852），满洲正红旗人，索佳氏。历任护军参领、营总、翼长、广州副都统，奉调广西帮办军务，与太平军战，伤重死。谥武壮。《清史列传》、《清史稿》皆有传。

[24] 张玉良：字璧田（？～1861），巴县（今属四川）人。咸丰元年（1851）从向荣镇压太平军，历任游击、副将、总兵、广西提督。与太平军战于杭州，被击毙。谥忠壮。《清史稿》有传。

[25] 吕贤基：字羲音（1806～1853），号鹤田，旌德（今属安徽）人。道光十五年（1835）进士，选庶吉士，授编修，历官御史、鸿胪寺卿、工部左侍郎。咸丰三年（1853）奉命赴皖帮办团练抵抗太平军，为太平军所杀。赠尚书。《清史列传》、《清史稿》皆有传。

[26] 袁甲三：参见清161注9。

[27] 张芾：字黻侯（1814～1862），号小浦，泾阳（今属陕西）人。道光十五年（1835）二甲第一名进士，选庶吉士，授编修，历官内阁学士、工部侍郎、江西巡抚、陕西督办团练大臣。同治元年（1862）赴渭南招抚西北回民武装，被杀。谥文毅。《清史列传》、《清史稿》皆有传。

[28] 韩超：字寓仲（1800～1878），号南溪，直隶昌黎（今属河北）人。副贡生，道光二十二年（1842）于天津海防事献策，奖叙州判，历官知州、贵州知府。以病归。卒谥果靖。《清史稿》有传。

[29] 赵景贤：字季侯（1823～1863），号竹生，归安（今属浙江）人。道光二十四年（1844）举人，历官宣平县教谕、内阁中书、布政使衔福建粮道。同治二年（1863）为太平军所执，至苏州被杀。谥忠节。《清史列传》、《清史稿》皆有传。

[30] 朱洪章：字焕文（1831～1895），黎平（今属贵州）人。道光三十年（1850）为乡勇，与太平军作战，历任千总、参将、总兵。卒谥武慎。《清史稿》有传。

[31] 郭松林：字子美（1834～1880），湘潭（今属湖南）人。咸丰六年（1856）以亲兵从湘军曾国荃援江西，历任把总、守备、游击、参将、福山镇总兵、湖北提督。病卒，谥武壮。《清史列传》、《清史稿》皆有传。

[32] 蒋益澧：字芗泉（1833～1874），湘乡（今属湖南）人。咸丰三年（1853）以文童投湘军，与太平军作战，历任同知、知府、浙江布政使、护理浙江巡抚、广东巡抚、山西按察使。以病开缺。卒，光绪间追谥果敏。《清史列传》、《清史稿》皆有传。

[33] 温绍原：字北屏（1798～1858），江夏（今湖北武昌）人。入赀为盐运使经历，历官知县、署江宁知府、道员、盐运使衔记名道，咸丰八年（1858）在江苏六合被太平军所杀，同治间追谥壮勇。《清史列传》、《清史稿》皆有传。

[34] 金光箸：字濂石（1816～1857），直隶天津（今天津市）人。捐纳通判，历官安徽知县、知府、按察使衔安徽庐凤道。咸丰七年（1857）在正阳关与捻军作战，落河死。谥刚愍。《清史稿》有传。

[35] 恒龄：满洲镶黄旗人（？～1865），郭贝尔氏。历任佐领、协统、营总、记名副都统、正黄旗护军统领。同治四年（1865）三月，与太平军战，阵亡。谥壮烈。《清史稿》有传。

[36] 刘锦棠：字毅斋（1844～1894），湘乡（今属湖南）人。入赀为县丞，后投湘军，随其叔父刘松山转战皖、赣、陕、甘等省，与太平军、捻军、回民武装作战，署甘肃西宁道，督办新疆军务，擢兵部右侍郎，光绪十年（1884），新疆设行省，为首任巡抚。晋太子太保，锡一等男，卒谥襄勤。《清史列传》、《清史稿》皆有传。

[37] 张树珊：字海柯（1826～1866），合肥（今属安徽）人。咸丰三年（1853）为抗拒太平军与捻军，与其兄树声创办团练，历任外委、千总、都司、游击、参将、总兵。同治五年（1866）在

湖北德安为捻军击毙，谥勇烈。《清史列传》、《清史稿》皆有传。

[38] 谢子澄：字云航（？～1853），一字云舫，新都（今属四川）人。道光十二年（1832）举人，大挑知县，历任直隶天津县知县。咸丰三年（1853）在天津独流镇与太平军战，受重创，沉河死。谥忠愍。《清史稿》有传。

[39] "若夫"二句：《清史稿·高宗五》："（乾隆四十八年二月）戊子，赐明辽东经略熊廷弼五世孙泗先为儒学训导。"又："（八月）戊子，予明辽东经略袁崇焕五世孙炳以八九品官选补。"乾隆四十八年，即公元1783年。乾隆，清高宗爱新觉罗·弘历的年号。经略，官名，初为明朝廷派往地方整饬军政的官员，始于永乐十年（1412），后长期不置；万历二十年（1592）以兵部右侍郎宋应昌经略备倭事务，遂为朝廷派往地方总管军务的要臣，因事而设，无定制；万历、天启间于辽东置，并兼都御史衔，专理辽东军务；崇祯四年（1631）并入总督。熊廷弼，字飞百（1573～1625），号芝冈，湖广江夏（今湖北武昌）人。明万历二十六年（1598）进士，历官保定推官、御史、兵部右侍郎、辽东经略，以忤魏忠贤，被冤杀，传首九边。追谥襄愍。著有《熊襄愍公全集》。《明史》有传。世先，或作"泗先"，见上引。生平不详。督师，官名。明末朝廷用兵时派出督战的重臣，往往以内阁大学士、兵部尚书任之，赐尚方剑，可便宜行事，权在总督之上。袁崇焕，字元素（1584～1630），号自如，藤县（今属广西）人，祖籍东莞（今属广东）。万历四十七年（1619）进士，历官邵武知县、兵部职方主事、宁前兵备佥事、按察使、辽东巡抚、兵部尚书，督师蓟辽、登莱、天津军务，镇守宁远。后金行反间计，被崇祯帝下狱杀害。著有《袁督师遗集》。《明史》有传。炳，即袁炳，生平不详。

[40] 胜代：即"胜朝"，古人指已覆亡的前一朝代。这里谓明朝。

[41] 旷典：前所未有的典制。

192. 任官之法，文选吏部主之，武选兵部主之。吏部四司[1]，选司掌推选[2]，职尤要。凡满、汉入仕，有科甲、贡生、监生、荫生、议叙、杂流、捐纳、官学生、俊秀[3]。定制由科甲及恩、拔、副、岁、优贡生、荫生出身者为正途，馀为异途。异途经保举，亦同正途，但不得考选科、道[4]。非科甲正途，不为翰、詹及吏、礼二部官[5]。惟旗员不拘此例。官吏俱限身家清白，八旗户下人[6]，汉人家奴、长随[7]，不得滥入仕籍。其由各途入官者，内则修撰、编、检、庶吉士、主事、中书、行人、评事、博士，外则知州、推官、州县教授，由进士除授。内阁中书、国子监学正、学录、知县、学正，由举人考授及大挑拣选[8]。小京官、知县、教职、州判，由优、拔贡生录用。员外郎、主事、治中、知州、通判[9]，由一、二品荫生考用。此外贡监生考职，用州判、州同、县丞、主簿、吏目[10]。京通仓书、内阁六部等衙门书吏、供事[11]，五年役满，用从九品未入流。礼部儒士食粮三年[12]，用府检校、典史[13]。吏员考职，一等用正八品经历[14]，二等用正九品主簿，三、四等用从九品未入流。官学生考试，用从九品笔帖式、库使、外郎[15]。俊秀识满、汉字者考缮译，优者用八品笔帖式。厥后官制变更，略有出入。其由异途出身者，汉人非经保举、汉军非经考试，不授京官及正印官，所以别流品，严登进也。

[1] 吏部四司：吏部有文选、考功、验封、稽勋四清吏司。主官为郎中，康熙九年定秩正五品。

[2] 选司：即文选清吏司。《清史稿·职官一》："文选掌班秩迁除，平均铨法。官分九品，各系正从，级十有八，不及九品曰未入流。选人并登资簿，依流平进，踵故牒序迁之。"

[3] 议叙：由保举而授任之官亦称议叙，另参见清19注4。杂流：泛指非科目出身者。捐纳：士民捐资纳粟而得官，称捐纳。官学生：入官学肄业的学生。当特指八旗满洲、蒙古、汉军之子弟入八旗官学者。《清会典事例·国子监》："八旗满洲、蒙古、汉军，及下五旗包衣文职五品、武职三品以上者，皆挑取官学生，入八旗官学。"俊秀：清代汉人不以科举或保举出身而任官者。另参见清7注1。

[4] 科道：即"科道官"，明清六科给事中与都察院各道监察御史统称科道官。

[5] 翰詹：翰林院与詹事府。参见清28注7，清95注3。

[6] 户下人：又称"家下"、"家人"、"包衣"，清代八旗家奴。满洲王公之奴仆编入包衣佐领，一般旗人之奴仆均编入本主户下，故名。

[7] 长随：官场雇用的仆人。

[8] 大挑：参见清146注3。

[9] 治中：参见清181注6。

[10] 吏目：官名。参见清6注17。中华书局整理本于"吏目"下用顿号，似有误。

[11] 京通仓书：当谓京师、通州十三仓的书役。清代户部仓场衙门下属京通十三仓，京仓包括禄米仓、南新仓、旧太仓、海运仓、北新仓、富新仓、兴平仓、太平仓、储济仓、本裕仓、丰益仓等十一仓；通州仓有中、西二仓。合称京通十三仓。凡各省运京之漕粮，按种类与支放用途，分存于京通各仓。书役，清代各级官府中掌文簿书记的小吏。书吏：官府中承办文书的吏员。清代内外各官署皆有定额之书吏，为雇员性质，大都父子兄弟相传，熟悉吏事。供事：清代中央机关书吏的一种，供职于宗人府、内阁、翰林院等处，任职到一定年限可以转为低级官员。清叶凤毛《内阁小志》："供事即书办，惟宗人府、内阁、翰林院、都察院各书馆为供事，礼部曰儒士，外曰典史，名异而实同也。"

[12] 儒士：礼部书吏的别称。《清会典·吏部·验封清吏司》："凡京吏之别有三，一曰供事，二曰儒士，三曰经承。"注云："礼部于经承之外，复有儒士。"

[13] 检校：明代知府属下的低级事务官，清初沿置，于各省布政司置，掌校文牍，秩正九品。雍正二年（（1724）省，惟江苏之江宁府保留此职，为知府之佐吏，未入流。典史：参见清45注4。

[14] 经历：参见清181注7。

[15] 笔帖式：参见清24注8。库使：参见清30注10。外郎：清代一些衙门中之低级官员，如盛京户部、礼部、兵部、刑部、工部等有设，员额二至九人不等，秩从九品。

193. 凡内、外官分满洲缺、蒙古缺、汉军缺、汉缺 [1]。满洲又有宗室、内务府包衣缺 [2]。其专属者，奉天府府尹、奉锦山海、吉林、热河、口北、山西归绥等道缺 [3]。各直省驻防官、理事同知、通判为满洲缺 [4]。唐古特司业、助教、中书、游牧员外郎、主事为蒙古缺 [5]。钦天监从六品秋官正为汉军缺 [6]。宗人府官为宗室缺 [7]。内务府官为内务府包衣缺 [8]。此外京师各衙门、陵寝衙门、盛京五部、各直省地方俱设额缺 [9]。满洲京堂以上缺 [10]，宗室汉军得互补。汉司官以上缺 [11]，汉军得互补。外官蒙古得补满缺，满、蒙包衣皆得补汉缺。惟顺天府府尹、府丞，奉天府府丞、京府、京县官[12]，司、坊官不授满洲[13]。刑部司官不授汉军。外官从六品首领[14]，佐贰以下官不授满洲、蒙古[15]。道员以下不授宗室[16]。其大凡也。

[1] 满洲缺：清代文职官缺之一种，指额定由满人补任之官职。蒙古缺：清代文职官缺之一种，指额定由蒙古旗人补任之官职。汉军缺：清代文职官缺之一种，指额定由汉军旗人补任之官职。汉缺：清代文职官缺之一种，指额定由汉人补任之官职。

[2] 宗室缺：清代文职官缺之一。指额定由宗室人员补任之官职。宗人府除府丞一人、堂主事二人为汉缺外，均为宗室缺。此外，六部、理藩院及陵寝衙门之郎中、员外郎、主事，亦各于满洲缺内分出一缺或二缺，定为宗室缺。宗室，清皇族称谓之一，太祖努尔哈赤父亲塔克世之直系子孙为宗室。内务府包衣缺：清代文职官缺之一种，指额定由内务府包衣人员补任之官职。内务府郎中以下、未入流以上各官，除总理六库郎中二人由六部司员兼摄外，皆为内务府包衣缺。包衣，参见清25注2。

[3] 奉锦山海：谓奉天府、锦州府与山海关，即"奉锦山海关道"。《清史稿·穆宗一》："（同治五年八月）裁山海关监督，改设奉锦山海道。"中华书局整理本将"奉锦"与"山海"顿开，似有误。吉林：吉林将军之辖区，其辖境包括今黑龙江、吉林两省以及内蒙呼伦贝尔、外兴安岭、库页岛、乌第河以南、黑龙江以北的广大地区。热河：清代厅名，雍正元年（1723）置，治所即今河北承德市。乾隆四十三年（1778）改承德府。口北：即"口北三厅"。雍正二年（1724）、十年、十二年，先后置张家口（治今河北张家口市）、多伦诺尔（治今内蒙古多伦）、独石口（治今河北赤城北）三厅，隶口北道。山西归绥：即"归绥道"，清代隶属山西省。治所归化城，故址在今内蒙古呼和浩特市西南。中华书局整理本将"山西"与"归绥"顿开，似有误。

[4] 驻防官：即"驻防八旗"的官员。驻守畿辅与各地的八旗官兵，即称"驻防八旗"。各按专城设将军、都统、副都统、城守尉等驻防长官，下设协领、佐领、防御、骁骑卫等职。镇守一方，控制险要。理事同知：驻防将军的属官，协助将军掌听所属旗民狱讼之事。《清史稿·刑法三》："旗营驻防省分，额设理事同知。旗人狱讼，同知会同州县审理。"中华书局整理本将"理事"与"同知"顿开，似有误。通判：即"理事通判"，驻防将军之属官。协助将军治理兵、民、钱谷等。

[5] 唐古特：即"唐古特学"。清代专设教习唐古特文字（藏文）的学堂，兼有翻译藏文章奏的任务。下设司业、助教、教习等学官。顺治十四年（1657）设，隶于理藩院。游牧员外郎：品秩不详。《大清会典则例》卷七："管理八旗游牧察哈尔员外郎升转，雍正十一年议准，由京补授之八旗游牧员外郎（每旗二人，共十六人，由京补授八人，由该总管补授八人）员阙交与理藩院，于部院本旗蒙古主事、小京官中笔帖式内遴选，满洲、蒙古文理好能办事者，咨部引见补授。"

[6] 钦天监：参见清26注8。秋官正：钦天监属官，秩从六品。

[7] 宗人府：参见清29注4。

[8] 内务府：清代总管宫廷事务的专门机构，独立于当时政府的行政系统之外，掌管上三旗包衣之政令与宫禁之治理。凡宫廷之仓储、财务、典礼、食用、工程、警卫、刑罚，以及本署府官员任免，太监、宫女管理等事宜，皆其专责。

[9] 陵寝衙门：清代管理皇室祖坟盛京三陵（永陵、福陵、昭陵）以及分别地处于今河北省遵化、易县之京东陵、京西陵的官署。《清史稿·职官二》："陵寝官。三陵总理事务大臣（盛京将军兼

864

充。光绪三十年改归东三省总督），承办事务衙门大臣（光绪三十一年，改盛京守护大臣置），各一人。主事，委署主事，各一人。读祝官八人。赞礼郎十有六人。四品、五品、七品官各一人，六品官四人，外郎九人（旧置户部六品官二人。礼部六、七品官，工部四、五、六品官，各一人。又户、礼、工三部外郎二十人。光绪三十一年，省外郎十有一人。自读祝以下，并改隶三陵总理事务衙门）。"又："东陵：总管大臣一人（泰宁镇总兵兼内务府大臣简充）。承办事务衙门礼部主事，笔帖式，各二人。石门衙署工部郎中一人。员外郎，笔帖式，各四人。"又："西陵：总管大臣（泰宁镇总兵兼内务府大臣简充），承办事务衙门主事，委署主事，各一人。笔帖式四人。易州衙署工部郎中一人，员外郎三人，主事一人，笔帖式二人。"盛京五部：清代于其留都盛京（今辽宁沈阳）设有户部、礼部、兵部、刑部、工部五部，皆以侍郎为长官，是为盛京五部。《清史稿·职官一》："初，缔造沈阳，建六部，置承政、参政各官。世祖奠鼎燕京，置官镇守，户、礼、兵、工四曹隶之。十五年，设礼部；明年，设户、工两部；康熙元年，设刑部；三十年，复设兵部；并置侍郎以次各官，五部之制始备。"

[10] 京堂：参见清28注2。

[11] 司官：即"六部司官"。参见清98注2。

[12] 京府：清代以京师及其附近州县之顺天府为京府，设府尹一人，秩正三品，掌理京畿地方之事，位如各省巡抚，可直接向皇帝奏事。又以留都盛京及其附近州县为奉天府，亦设府尹一人，掌管盛京地方民人之事，制同京府。京县：置于京城的县，其长官县令、丞的官秩高于畿县及地方上的上、中、下县。清代以大兴、宛平二县为京县。

[13] 坊官：詹事府属官的通称，以其官署下设左、右春坊。

[14] 首领：即"首领官"。参见清189注2。

[15] "外官"二句：《清史稿校注》校勘记云："案光绪朝钦定大清会典（以下简称'光绪会典'）卷七所谓'满洲、蒙古无微员'，当即指此。揆其本意，乃在'当年八旗人少'故，皇朝经世文编卷三十五、道光五年，英和奏上'会筹旗人疏通劝惩四条疏'可参见。惟至光绪后，满、蒙生齿渐繁，任巡检、盐大使者，已于缙绅全书爵秩全览中可得见。又清谭卷十微官末秩之苦况条，光绪十一年，满洲人寿嵩选授靖州吏目，州吏目秩从九品，则更属微员之显证。"可参考。

[16] "道员"句：《清史稿校注》校勘记云："案光绪会典事例卷五，自咸丰七年起，远支宗室已外放道府；光绪三十四年八月二十日癸酉政治官报（第三一九号）吏部奏酌拟变通京察事宜折，自是年起，近支宗室亦外放道府。则据此，道员以下不授宗室当属咸丰以前之成例。"可参考。道员，参见清65注12。

194. 官吏论俸序迁曰推升[1]，不俟俸满迁秩曰即升。内而大学士至京堂，外而督、抚、藩、臬[2]，初因明制由廷臣会推[3]。嗣停会推，开列题请[4]。太常、鸿胪、满洲少卿，开列引见[5]。不开列，以应升员拟正、陪引见授官曰拣授[6]，论俸推取二十人引见授官曰推授[7]。京司官、小京官、笔帖式[8]，分留授、调授、拣授、考授[9]，皆引见候旨，馀则选。外官布政使、按察使开列，运使请旨[10]。道府缺有请旨、拣授、题授、调授、留授[11]，馀则选[12]。厅、州、县缺同道、府，无请旨者。佐杂、教职、盐官[13]，要缺则留[14]，馀或咨或选[15]。初京司官缺，题、选无定例，长官以意为进退。久之，员缺率由题补，而应升、应补、应选者多致沉滞。乾隆九年[16]，诏以各司题缺咨部注册，馀缺则选，不得混淆。于是定各部各司汉郎中、员外郎、主事各几缺题授，馀若干缺则选。道光间[17]，更定题补缺额，嗣各部时有增益。顺治十二年[18]，诏吏部详察旧例，参酌时宜，析州、县缺为三等，选人考其身、言、书、判[19]，亦分三等，授缺以是为差。厥后以冲、繁、疲、难四者定员缺紧要与否[20]。四项兼者为最要，三项次之，二项、一项又次之。于是知府、同、通、州、县等缺[21]，有请旨调补、部选之不同。

[1] 俸：官吏任职的年资。推升：清制，官员论俸序升迁称推升。凡推升官员，掣签得缺后，具题开缺，由该管官出具考语，办清经办事务，赴部引见，给凭赴新任。知县以下无庸引见。

[2] 藩：即"藩司"，谓各省之布政使。参见清 155 注 5。臬：即"臬司"，谓按察使。参见清 155 注 5。

[3] 会推：会同推荐选任。参见明 100 注 11，明 132 注 1。

[4] 开列：清代官缺补授方法之一。凡官员升迁，奉旨由部开列名单题请而授者，谓之开列。

[5] 引见：参见清 65 注 13。

[6] 拟正陪：清代选官规则之一。官员出缺，由九卿会推，或由吏部提名，均应将候选名单，题请补用。名单内一般开列两名人选，一正一陪。其正取者称拟正，备取者称拟陪。拣授：清代官缺补授方法之一。凡不经开列名单题请皇帝选官，而以应升之员拟正、陪引见而授官者称拣授。京内司官、外任道府以下拣授官员，由各该主管官拣选，交部引见，得旨则授。

[7] 推授：清制，凡官员不经开列名单题请皇帝授与官职，而是论俸推取，经引见而授官者称推授。

[8] 京司官：即"六部司官"。参见清 98 注 2。小京官：清代中央各衙门级别较低的官员。笔帖式：参见清 24 注 8。

[9] 留授：清代官缺补授方法之一。凡京官司员、小京官、笔帖式，外官道府以下，定为题缺者，皆由本衙门留补。各署留缺，或以应升人员拟正、陪奏升，或以应补人员奏补，皆由主管官拣选咨部查核后引见补授。调授：清代官缺补授方法之一。凡京官司员、外官道府以下定为调缺官员，皆准各衙门保送，或本部门调补。由各该主管官引见补授。如户部三库、工部二库郎中、员外郎等皆属。拣授：清代官缺补授方法之一。参见注 6。考授：清代官缺补授方法之一。即经过考试后方可补授。京官司员以下，除留授、调授、拣授、选授外，特殊者考授。如国子监助教、翰林院孔目、笔帖式等，由部派大臣考试，拟正、陪交部引见。

[10] 运使：即"盐运使"。参见清 154 注 7。请旨：谓请皇帝定夺。

[11] 题授：即"题补"。清代官缺补授方法之一。按官员铨选章制规定，凡应具题补授的官员出缺，其上司在应补或应升此缺人员中拣选，题请补用，称"题授"或"题补"。

[12] 选：即"选授"，或称"部选"。清代官缺补授方法之一。京官司员、外官道府以下官员，除留授、调授、拣授外，其馀归吏部铨选，称为选授。其应留缺内，如本衙门无合例堪补之员，亦咨归部选。

[13] 盐官：谓盐课司大使一类负责盐政的低级官员。

[14] 要缺：或称"繁缺"。清代地方官员缺名目之一，指职务紧要之员缺。清制，知府、同知、通判、知州、知县等地方官，以冲、繁、疲、难四者定员缺紧要与否之等差，其兼四者为最要缺，

三项者为要缺，二项者为中缺，一项者为简缺。留：谓留授。

[15] 咨：清代官方的平行文书名称。这里当谓地方官署行文吏部。

[16] 乾隆九年：即公元 1744 年。乾隆，清高宗爱新觉罗·弘历的年号。

[17] 道光：清宣宗爱新觉罗·旻宁的年号（1821～1850）。

[18] 顺治十二年：即公元 1655 年。顺治，清世祖爱新觉罗·福临的年号。

[19] 身言书判：即身材相貌、言词谈吐、书写判词，原为宋代考察选人的一种标准，这里系借用。参见宋 211 注 5。

[20] 冲繁疲难：清代雍正间，由广西布政使奏准，分定全国州县为冲、繁、疲、难四类，以便选用官吏。冲谓地方冲要；繁谓事务繁重；疲谓民情疲顽；难谓民风强悍难治。其兼四项者为最要缺，三项者为要缺，二项者为中缺，一项者为简缺。

[21] 同：即"同知"，清代知府的佐官。参见清 124 注 6。通：即"通判"，清代于府设通判。参见清 6 注 11。

195. 凡选缺分即选、正选、插选、并选、抵选、坐选 [1]，各辨其积缺不积缺，到班者选之。选班有服满、假满、俸满、开复、应补、降补、散馆庶吉士、进士、举、贡、荫生、议叙、捐纳、推升 [2]。大选双月，急选单月 [3]。满、蒙、汉军上旬，汉官下旬，笔帖式中旬。初制，选人均到部投供点卯 [4]，已而例停，令各回籍，部查年月先后掣选 [5]，寄凭赴任 [6]。康熙二年 [7]，给事中于可托言 [8]："寄凭既虑顶冒，远省选人往返辄经年。遇有事故，缴凭更选，亦复需时。悬缺迟久，劾署员肆贪，催新任速赴者，连章见告。宜仍令人文到部，按次铨选。"八年，御史戈英复以为言 [9]。议行。自是应选者悉赴部投供点卯，为永制。圣祖念选人一时不能得官 [10]，往往饥寒旅邸，令吏部截留一年选人留京，馀听回籍。御史田六善言 [11]："半载以来，截留推官八十选一人 [12]，知县三百选三十一人，馀须守候三、四年。陪掣空签，选期难料。当按名挨掣实签，临选前两月投供。"下部议，罢按月点卯及掣空签，诏减半截留人数。选人投供，初于应选前月十五日，距选期近，出缺美恶易滋弊。后改每月初一日投供，间一选期铨补，著为令。选人得缺，初试以八股时文 [13]，寻罢。改书履历三百字，条列治民厚俗、催科抚字、谳狱听讼诸方法 [14]，谓之条陈 [15]。补任、升任，并须敷陈旧任地方利弊。然条陈多倩作，或但作颂圣语，其制未久亦废。选人例由吏部会九卿验看 [16]，后增科、道、詹事。康熙二十七年，从御史荆元实言 [17]，令州、县、同、通等官掣缺后 [18]，俱随本引见，后世踵行焉。故事，大臣验看月官 [19]，查有行止不端、出身不正、祖父有钱粮亏空或人缺不相当者以闻。乾隆时 [20]，月官有人缺不称，引见时帝辄为移易，颇足剂铨法之穷。十年 [21]，引见月官，帝以知县周仲等四人衰颓 [22]，特降教职。十二年，复亲汰衰庸不胜知县四人，而切责验看诸臣之不纠举。厥后分发、候补、试用之州、县、同、通，且一体引见，不限实官。久之，州、县、同、通在外补官，及杂职分发，并得援例捐免引见，验看益视为具文 [23]，无足轻重矣。

[1] 即选：清代月选官员班秩之一。除奉旨即用人员、特用班人员，不论双单月遇缺即选外，其他即选官员，均有严格规制。如回避者、亲老告近、丁忧限满等，皆属遇缺即选。正选：清代月选官员班秩之一。凡为正班选补者称正选，各种官员由何项人员或若干名额列为正班铨选，均有固定规制。插选：清代月选官员班秩之一。当谓因某种原因而于列班提前铨选者。并选：清代月选官员班秩之一。如外任降革之员，奉旨起用者，并入单月开复应补班，统较奉旨日期选用等即是。抵选：清代月选官员班秩之一。按例应选官员列班无人，以他官替补称抵选。如汉缺知府京升班，例以一御史一郎中轮，如御史无人，以郎中抵；郎中无人，以御史抵等即是。坐选：清代月选官员班秩之一。按例坐补原缺者，称坐选。如外官病痊起用，终养事毕开复者等，俱坐补原选之缺。其原缺系月选之缺，在部候补；原系提调之缺，赴该省候补。奉旨不必坐补原缺者，可归单月有关班铨选。

[2] 服满：即"服阙"。父母死亡，服丧三年，期满除服称服阙。清制，官员为父母或祖父母居丧，丁忧二十七个月，期满释服起复，也称服阙。假满：告假期满。俸满：官吏任职满一定年限后，得依例升调，谓之"俸满"。开复：凡降级、革职官员恢复原官或原衔称开复。清制，内外官员因故降级留任者，三年无过准予开复；革职留任之员，四年无过准其开复。若有旨六年、八年开复者，至期无过开复，有过则以续案计算。降补：降级补授官职。散馆庶吉士：参见清117注15。议叙：参见清19注4。推升：参见清194注1。

[3] "大选"二句：谓"月选"。选官制度，始于元代。清代内外官员出缺，由吏部补选，每月一次，称为月选。京官自郎中以下，除题缺、调缺、拣选缺、考选缺外，外官自道以下，除请旨缺、题缺、调缺、拣选缺、佐杂要缺外，皆为月选缺。双月为大选，开选除班、升班；单月为急选，开选补班。闰月停选。

[4] 投供点卯：即"投供验到"。清制，凡赴吏部候选、候补官员，均须取具本旗都统、本籍或原住省分督抚咨文。汉京官郎中以下，外官道以下还须取具同乡六品以上京官印结，到吏部投供验到。到部之员，均令书写履历单呈交查校，谓之投供。投供之员，尚需书写本人官衔、姓名一纸，呈交文选司，称职揭。候选官员到京后，即赴吏部报到，并呈交咨文、印结和履历单，吏部主管官员验其文结、年貌等称为验到。点卯，旧时官署于卯时（现代计时的早5点至7点间）开始办公，官吏按时到署签到，称画卯；吏役按时到署听候点名，称应卯；上司按名册（即卯册）查点人数，称点卯。

[5] 掣选：即"掣签"，或曰"抽签"。明清选官方法之一。清代凡月选官员，均掣签定选缺。京官郎中以下，每月三十日截限，除五日到部掣签；十二月、正月封印前后所出之缺，二月初五日掣签，仍按双单月升选。掣签后，咨取本衙门堂官考语，或有无钱粮拖欠，复齐后引见。外官掣签后，由该管官出具考语，赴部补行引见。

[6] 寄凭：清制，凡升选之外官，赴任之前，均由吏部发给文凭，到省后呈交督抚查验，谓之领凭，亦称给凭。凡升选官赴任者，京官由吏部知照有关部门，毋庸给凭；外官皆由部给凭。如属在外升任，或在籍候选不必赴京引见官员，由吏部将文凭咨发各省督抚转给，称寄凭。

[7] 康熙二年：即公元1663年。康熙，清圣祖爱新觉罗·玄烨的年号。

[8] 于可讬：字阿辅（1622～1687），号龙河，文登（今属山东）人。顺治十二年（1655）进士，历官江西推官、给事中、户部左侍郎。

[9] 戈英：字育仲（1633～1704），号实斋。直隶献县（今属河北）人。顺治十六年（1659）进士，选庶吉士，历官山东道御史。

[10] 圣祖：即清圣祖爱新觉罗·玄烨（1654～1722）。参见清36注9。

[11] 田六善：字兼山（1621～1691），又字廉三，阳城（今属山西）人。顺治三年（1646）进士，历官河南太康知县、户部主事、江南道御史、贵州道御史、刑科给事中、右金都御史、户部左侍郎。致仕卒。《清史稿》有传。

[12] 推官：参见清90注26。

[13] 八股时文：即"八股文"。参见明39注4。

[14] 厚俗：使民风淳厚。催科：催收租税。租税有科条法规，故称。抚字：谓对百姓的安抚体恤。催科抚字，旧时一般代表地方官吏之治政。谳狱听讼：谓审理民间诉讼与刑事案件等。

[15] 条陈：分条陈述意见的呈文。

[16] 九卿：清代谓六部、理藩院尚书、都察院左都御史、大理寺卿为九卿。

[17] 荆元实：字丽涵（1652～？），丹阳（今属江苏）人。康熙十五年（1676）进士，历官御史。《清史稿校注》校勘记云："案圣祖实录，荆元实奏行掣缺随本引见在'康熙三十七年'七月十九日辛卯，清朝文献通考选举考同；清史馆选举志稿排印本、张启俊辑选举志稿推选则皆系于'康熙二十七年'。"可参考。

[18] 同：即"同知"。清代知府的佐官，秩正五品。参见清124注6。通：即"通判"。清代于府设通判，秩正六品。参见清6注11。

[19] 月官：即月选所选出的官。参见注3。

[20] 乾隆：清高宗爱新觉罗·弘历的年号（1736～1795）。

[21] 十年：即乾隆十年（1745）。

[22] 周仲：生平不详。

[23] 具文：徒有形式而无实际作用的空文。

196. 内、外官互用，本有成例。初行内升、外转制 [1]。在内翰、詹、科、道四衙门品望最清 [2]，升转特异他官。编、检迁中允、赞善曰开坊，他若翰、詹、坊、局、国子监堂官、京堂 [3]，俱得升调，大考上第 [4]，擢尤不次。外转例始顺治十年 [5]，诏定少詹事以下二十一员用司、道 [6]，治行优者，内擢京堂。寻更定正、少詹事用布政，侍读学士用按察，中允用参政 [7]，编、检用副使 [8]。十八年，复定侍读以下每年春秋外转各一员，读、讲用参政，修撰用副使，编、检用参议 [9]。未几例停。康熙二十五 [10]，甄别翰林官平常者，外用同知、运副、提举通判 [11]。二十八年，编修李涛外简知府 [12]，翰林官授知府自涛始。三十七年，左都御史吴涵言编、检升转迟滞 [13]，请破格外用，照编修李涛、检讨汪楫例 [14]，补知府一、二人。若破格改授，请照少詹王士禛、徐潮 [15]，侍读顾藻 [16]，编修王九龄例 [17]，用副都御史、通政使 [18]。帝纳其言，为授检讨刘涵知府 [19]。

[1] 内升：清代京官翰、詹、科、道等升转相互衙门之缺称内升。外官升用京官亦称内升。外转：京官外用称外转。

[2] 翰：即"翰林院"。参见清28注7。詹：即"詹事府"，官署名。清顺治元年（1644）沿明制设，寻裁，其职掌统于内三院，九年复置。初亦沿前代，为辅导东宫之官署，康熙以后清朝不立

太子，自无专权，仅为备翰林迁转之地，具体职掌与翰林官同，故翰、詹往往并称。其下属左、右春坊，掌记注纂修；司经局，掌经籍典制、图书收藏。设詹事、少詹事掌府事。下设左、右春坊，左、右庶子，左、右中允，左、右赞善，司经局洗马，俱满、汉各一人。汉员兼充翰林院侍读学士、侍讲学士、侍读、侍讲、修撰、编修、检讨衔。光绪二十八年（1902）裁撤。科道：即"科道官"，明清六科给事中与都察院各道监察御史统称科道官。

[3] 堂官：即各部、院的长官与副长官等。京堂：清代凡通政使司、大理寺、太仆寺、太常寺、光禄寺、詹事府、鸿胪寺等卿寺衙门堂官的通称，亦尊为"京卿"。一般为三品或四品官员。

[4] 大考：清代皇帝对翰、詹官员的考试。始于顺治十年（1653），凡翰林出身官员，詹事府少詹事以下，翰林院侍读学士以下，每十年左右，临时宣布召集考试，不许规避请假。最优者予以特别升擢，劣者分别罚俸、降调、休致、罢斥。

[5] 顺治十年：即公元1653年。顺治，清世祖爱新觉罗·福临的年号。

[6] 司道：清代布政司、按察司、盐运司、及守道、巡道、粮道等地方官之泛称。

[7] 参政：清代于设六部之初，各置左、右参政，位于承政之下，为各部、院之副长官官。顺治元年（1644）改各部参政为侍郎。

[8] 副使：清初于各省按察使司下设副使，派往巡查一定地方，管理刑名，为分巡道。乾隆十八年（1753），废按察司副使衔。

[9] "十八年"数句：《清史稿校注》校勘记云："案世祖实录，复定侍读以下每年春秋外转各一员在'顺治十六年'九月二十七日乙酉。"可参考。参议，清初，于各省布政使司置参议，分驻一定地区，为分守道，理粮谷。以其原职官秩分别系布政使参议衔，凡由科道官补授道员者，即称为参议道，秩从四品。乾隆十八年（1753），废布政使参议衔，参议道之称亦停用。

[10] 康熙二十五年：即公元1686年。康熙，清圣祖爱新觉罗·玄烨的年号。

[11] "甄别"句：《清史稿校注》校勘记云："案圣祖实录，甄别翰林官平常者，外用同知、'运判'、提举通判，事在康熙二十五年七月二十八日庚戌。又'运副'当作'运判'。"可参考。运副，官名，盐运司副使之简称，清沿明制设，秩正五品，为盐运使之佐官，仅于两浙设一人，管理盐务分司产盐地方，督察各盐场。提举通判，当即"通判"，清代于府设通判，秩正六品，与府同知分掌粮运、督捕、水利、诸务。清代直隶厅也有以通判为行政长官者。此处当谓直隶厅通判。提举，即管理、管领的意思，多为主管某项专门事务的职官。运判，官名，盐运司判官之简称，清沿明制，秩从六品。与运同、运副同为盐运使之佐官，分司各盐场。

[12] 李涛：字紫澜（1645~1717），号述斋，德州（今属山东）人。康熙十五年（1676）进士，选庶吉士，授编修，历官知府、刑部右侍郎。

[13] 吴涵：字容大（？~1707），号匪庵，石门（今属浙江）人。康熙二十一年（1682）一甲第二名进士，授编修，历官都察院左都御史。《清史稿校注》校勘记云："案圣祖实录，康熙三十七年十二月十九日己未，从'左副都御史'吴涵言，酌行变通编修、检讨升转。"可参考。

[14] 汪楫：参见清133注6。

[15] 王士祯：即王士禛（1634~1711）。参见清158注4。徐潮：参见清153注16。

[16] 顾藻：字懿朴（1646~1701），号观庐，无锡（今属江苏）人。康熙十五年（1676）进士，选庶吉士，授编修，历官翰林院侍读、工部左侍郎。

[17] 王九龄：字子武（？~1710），号薛澂，江南华亭（今上海松江）人，尚书王鸿绪弟。康熙二十一年（1682）进士，选庶吉士，授编修，历官左参议、侍讲学士、金都御史、内阁学士、吏

部右侍郎、都察院左都御史。著有《艾纳山房集》。《清史列传》有传。

[18] 副都御史：即"左副都御史"，清代最高监察机构都察院副长官，秩正三品。通政使：清通政
使司长官，顺治元年（1644）设，满、汉各一人。秩正三品，九卿之一。掌收各省题本，校阅
后送内阁，随本之揭帖则送关系部、科。可以参预九卿会议，商讨大政。凡有冤民击鼓，兼司
讯供。

[19] 刘涵：字海观（生卒年不详），泾阳（今属陕西）人。康熙二十四年（1685）进士，选庶吉士，
授检讨，历官知府、福建盐运使。

197. 雍正初 [1]，以编、检、庶吉士人多，内用科、道、吏部，外用道、府、州、
县，以疏通之。嗣是编、检率内升坊缺 [2]，用科、道，外授道、府，以为常。吏部六
官之长 [3]，初定司官内升、外转岁各一人 [4]。已，罢其制。康熙八年 [5]，用御史
余缙言复之 [6]。四十年，例复停，与他部司员一体较俸。给事中升转岁一次 [7]，御
史倍之 [8]，外简道、府，内擢京堂。五十九年，诏定历俸制 [9]，由编、检、郎中授
者限二年，员外郎或主事授者递增一年。乾隆十六年 [10]，定科、道三年升转一次，
五十五年停其例。内官外用，京察外有截取保送 [11]，皆俟俸满保送。分发截
取 [12]，则选繁简 [13]，由长官定之。府、牧、令、丞、倅皆得以其班次改外 [14]。
外官内升，初定司、道岁三人 [15]，汉人以科目出身，且膺卓异、俸荐俱优者为
限 [16]。

[1] 雍正：清世宗爱新觉罗·胤禛的年号（1723～1735）。

[2] 坊缺：谓詹事府左、右春坊的左、右赞善以上官缺。参见清196注2。

[3] 吏部六官之长：谓吏部班次居六部之首。六部，谓吏、户、礼、兵、刑、工六部。

[4] 司官：谓吏部属司官员，包括各司的郎中、员外郎、主事等。

[5] 康熙八年：即公元1669年。康熙，清圣祖爱新觉罗·玄烨的年号。

[6] 余缙：字仲绅（1617～1689），号浣公，诸暨（今属浙江）人。明崇祯九年（1636）举人，清顺
治九年（1652）进士，历官封丘知县、山西道御史、河南道御史、长芦盐政。著有《大观堂文
集》。《清史稿》有传。

[7] 给事中：参见清6注15。

[8] 御史：即"监察御史"。参见清15注8。

[9] 历俸制：即论俸升迁的制度。食俸年数多者为资深，食俸年数少者为资浅。根据官员食俸年数之
多寡，确定升迁的先后次序。《清史稿校注》校勘记云："案圣祖实录，康熙五十九年十月三十
日癸亥，仅诏定原职郎中、员外郎、主事之历俸，未及编、检。"可参考。

[10] 乾隆十六年：即公元1751年。乾隆，清高宗爱新觉罗·弘历的年号。

[11] 京察：京官考核制度，清制三年一次。参见清214。截取：清制，根据官员食俸年限及科分、
名次，核定其截止期限，由吏部予以选用，称截取。又举人中式后经过三科，由本省督抚给咨
赴吏部候选，亦称截取。保送：保举选送。

[12] 分发：清代任用官员形式之一。京官称分衙门学习行走，外官称发省差委试用，通称分发。

[13] 繁简：即"繁缺"（又称"要缺"）与"简缺"。参见清194注20。

[14] 牧：即"牧伯"，州牧方伯的泛称。这里即指一州之长。倅：即"倅贰"，泛称地方辅佐官。《清史稿校注》校勘记云："府牧、令、丞倅，案清史馆选举志稿排印本作'道、府牧、令、丞倅'。"可参考。

[15] 司道：参见清196注6。

[16] 卓异：清制，文官任职三年，武官任职五年，在京察、大计的时候，部举才能优异的官吏，称为卓异。

198. 知县行取 [1]，盖仿明制，初有荐推、知皆得考选科、道 [2]。康熙间屡诏部臣行取贤能 [3]，内用科、道。吴江知县郭琇、清苑知县邵嗣尧、三河知县彭鹏、灵寿知县陆陇其、麻城知县赵苍璧 [4]，皆以大臣荐举，行取授御史，得人称最。四十三年 [5]，川抚能泰请罢督、抚保题例 [6]，帝韪之 [7]。诏嗣后知县无钱粮盗案者，省行取三、四员。明年，御史黄秉中言知县考选科、道 [8]，殊觉太骤。廷议停止。寻定行取三年一次，直隶、江南、湖广、陕西各五员，馀省三员、一员不等，以主事补用。雍正间 [9]，刑部尚书徐本请复行取御史旧制 [10]，格于部议 [11]。行取官用主事者，初选补犹易，后与捐纳间补，遂病壅滞。乾隆元年 [12]，令视武官保举注册例，仍留本任。已赴京者，许外补同知。时各省视行取为具文，例以无参罚之次等州、县应选，十六年罢之。洎光绪季年 [13]，令州、县以上实官及曾署缺者，一体考试御史。非复行取遗意，亦行之未久而罢。

[1] 行取：明清时地方官经推荐保举后调任京职称行取。

[2] 推：即"推官"。原为明代知府的佐贰官，洪武三年（1370）始设，秩正七品。清初沿明制，后废。参见明44。知：即"知县"。科道：即"科道官"，明清六科给事中与都察院各道监察御史统称科道官。

[3] 康熙：清圣祖爱新觉罗·玄烨的年号（1662～1722）。

[4] 吴江：在今江苏省最南部，西濒太湖，邻接上海市与浙江省。郭琇：参见清153注15。清苑：在今河北省中部，唐河过境。邵嗣尧：参见清152注14。三河：在今河北省中部，蓟运河上游，邻接津、京两市。彭鹏：参见清153注16。灵寿：在今河北省西部，滹沱河流域。陆陇其：参见清152注9。麻城：在今湖北省东北部，举水上游，大别山南侧，邻接河南、安徽两省。赵苍璧：参见清156注9。

[5] 四十三年：即康熙四十三年（1704）。康熙，清圣祖爱新觉罗·玄烨的年号。

[6] 能泰：生平不详。据《清史稿·圣祖三》，康熙四十三年二月能泰任四川巡抚。

[7] 韪（wěi委）：同意，以为是。

[8] 黄秉中：字惟一（1654～1718），号虞庵，汉军镶红旗人。初由荫监生任兵部笔帖式，历官贵州黔西州知州、刑部员外郎、吏部郎中、监察御史、内阁学士、浙江巡抚、福建巡抚。《清史列传》有传。

[9] 雍正：清世宗爱新觉罗·胤禛的年号（1723～1735）。

[10] 徐本：字立人（1683～1747），号是斋，又号荷山，钱塘（今浙江杭州）人。康熙五十七年（1718）进士，选庶吉士，授编修，历官按察使、布政使、巡抚、刑部尚书、协办大学士、东

阁大学士，授军机大臣，入直南书房。以病归。卒赠少傅，谥文穆。《清史列传》、《清史稿》皆有传。

[11] 格于部议：为吏部议论所阻隔。

[12] 乾隆元年：即公元1736年。乾隆，清高宗爱新觉罗·弘历的年号。

[13] 光绪：清德宗爱新觉罗·载湉的年号（1875～1908）。

199. 铨选按格拟注，凭签掣缺[1]，拘于成例，历代间行保荐制，以补铨法之不逮。顺治初[2]，定保举连坐之法。十二年，以直隶保定、河间[3]，江南江宁、淮、扬、苏、松、常、镇[4]，浙江杭、嘉、湖、绍等三十府[5]，地方紧要，诏京、外堂官、督、抚各举一人备简，不次擢用。已，有以贪庸败者，给事中任克溥言[6]："皇上对天下知府中权其繁剧难治者三十，许二品以上官荐举[7]，破格任用。为时未久，以贪劣劾罢者数人。诸臣不能仰承圣意，秉公慎选，乞下吏议。"从之。康熙七年[8]，诏部、院满、汉官才能出众者，许不计资补用。明年，吏部请罢保荐，仍循俸次升转，以杜钻营贿赂。报可。四十年，令总督郭琇、张鹏翮[9]，巡抚彭鹏、李光地等[10]，各举道、府、州、县惠爱清廉者以闻。世宗御极[11]，屡诏京、外大臣荐举道、府、同、通、州、县，所举非人，辄遭严谴。户部尚书史贻直言[12]："迁擢宜循资格，资格虽不足以致奇士，而可以造中材。捐弃阶资，幸进者不以为奖励之公，而阴喜进取之独巧；沉滞者不自咎才智之拙，而徒怨进身之无阶。请照旧例，循阶按级，以次铨除。果才猷出众，治行卓越，仍许破格荐擢。"从之。乾隆间[13]，历行保荐之法，司、道、郡守，多由此选。宣宗初元[14]，郎中郑裕、知府阿麟、唐仲冕[15]，皆以大臣推举，陟方面、擢疆圻[16]。历代相沿，率以荐贤举能责诸臣工，间亦破格任用。初京职简道、府，疆吏察其才不胜任，疏请调京任用，多邀俞允。乾隆初，廷臣有以衰废之人不宜复玷曹司为言者，诏切止之。嗣是外官才力不及者，但有休致、降补[17]，无内用矣。

[1] 凭签掣缺：即"掣选"，或称"掣签"，或曰"抽签"。参见清195注5。

[2] 顺治：清世祖爱新觉罗·福临的年号（1644～1661）。

[3] 直隶保定：保定府，治所即今河北保定市。河间：河间府，治所即今河北河间。

[4] 江南江宁：江宁府，治所即今江苏南京市。淮：淮安府，治所即今江苏淮安市。扬：扬州府，治所即今江苏扬州市。苏：苏州府，治所即今江苏苏州市。松：松江府，治所即今上海松江。常：常州府，治所即今江苏常州市。镇：镇江府，治所即今江苏镇江市。

[5] 浙江杭：杭州府，治所即今浙江杭州市。嘉：嘉兴府，治所即今浙江嘉兴市。湖：湖州府，治所即今浙江湖州市。绍：绍兴府，治所即今浙江绍兴市。

[6] 任克溥：参见清100注10。

[7] 许二品以上：《清史稿校注》校勘记云："许二品以上，案国朝耆献类征初编卷四十六，清国史馆任克溥传作'许三品以上'；清史馆选举志稿排印本、张启俊辑选举志稿推选则皆作'许二品以上'。"可参考。

[8] 康熙七年：即公元 1668 年。康熙，清圣祖爱新觉罗·玄烨的年号。

[9] 郭琇：参见清 153 注 15。张鹏翮：参见清 101 注 3。

[10] 彭鹏：参见清 153 注 16。李光地：参见清 96 注 16。

[11] 世宗：即清世宗爱新觉罗·胤禛（1678~1735）。参见清 8 注 5。

[12] 史贻直：参见清 130 注 4。

[13] 乾隆：清高宗爱新觉罗·弘历的年号（1736~1795）。

[14] 宣宗：即清宣宗爱新觉罗·旻宁（1782~1850），年号道光。

[15] 郑裕：生平不详。阿麟：生平不详。唐仲冕：字六枳（1753~1827），号陶山，善化（今属湖
南）人。乾隆五十八年（1793）进士，历官江苏知县、知府、陕西布政使。

[16] 方面：古代指一个地方的军政要职或其长官。疆圻：边疆，借指封疆大吏。参见清 50 注 7。

[17] 休致：官员年老去职。降补：降级补授官职。

200. 官吏升转论俸，惟外官视年劳为差，异于京秩。在外有边俸，有腹俸 [1]。腹俸之道、府、州、县佐贰、首领官 [2]，五年无过失，例得迁擢。边俸异是。广东崖州、感恩、昌化、陵水等县 [3]，广西百色、太平、宁明、明江、镇安、泗城、凌云、西隆、西林等府、厅、州、县及忠州、河池等数十杂职 [4]，为烟瘴缺。云南元江、鹤庆、广南、普洱、昭通、镇边等府通判、同知 [5]，镇雄、恩乐、恩安、永善、宁洱、宝宁等州、县 [6]，贵州古州兵备道 [7]，黎平、镇远、都匀、铜仁等府同知 [8]，清江、都江、丹江通判 [9]，永丰知州 [10]，荔波知县 [11]，四川马边、越巂同知 [12]，为苗疆缺。俱三年俸满，有政绩、无差忒者 [13]，例即升用。江苏太仓、上海等十县 [14]，浙江仁和、海宁等十七县 [15]，山东诸城、胶州等七州、县 [16]，广东东莞、香山等十三县 [17]，福建闽、侯等九县 [18]，为沿海缺。直隶良乡、通州等十二州、县 [19]，河南祥符、郑州等十一州、县 [20]，山东德州、东平等十三州、县 [21]，江南山阳、邳州等十三州、县 [22]，为沿河缺。历俸升擢，与边俸同。边疆水土恶毒，或不俟三年即升。其水土非甚恶劣，苗疆非甚紧要者，升迁或同腹俸。乾隆间 [23]，定边缺、夷疆、海疆久任之制，升用有须满八年或六年者，则为地择人，不拘牵常例也。

[1] "在外"二句：清制，外官论俸，有腹俸、边俸之别。边俸，谓外官于边地省分任职者的俸次，
或称"历边俸"。腹俸，谓外官于腹地省分任职官员的俸次，或称"历腹俸"。边俸二年半抵腹
俸三年，馀一日作二日算。例如司道、知府以下官员，阅俸三年方准升转，但边地司道、知府以
下官，阅俸二年半即为三年；若边俸、腹俸相当，则先将边俸升转。

[2] 首领官：明清各官署中负责本署总务的长官通称。包括中央六部的主事、司务与地方官署中的经
历等。参见明 99 注 11。

[3] 崖州：即今海南省三亚市。感恩：即今海南省东方黎族自治县。昌化：即今海南省昌江黎族自治
县。陵水：即今海南省陵水黎族自治县。

[4] 百色：百色厅，治所即今广西壮族自治区百色市。太平：太平府，治所即今广西壮族自治区崇左
市。宁明：宁明州，治所即今广西壮族自治区宁明县。明江：明江厅，治所即今广西壮族自治区

宁明县。**镇安**：镇安府，治所即今广西壮族自治区德保县。**泗城**：泗城府，治所即今广西壮族自治区凌云县西南。**凌云**：凌云县，治所即今广西壮族自治区凌云县。**西隆**：西隆州，治所即今广西壮族自治区隆林各族自治县。**西林**：西林县，治所即今广西壮族自治区西林县。**忠州**：属南宁府，治所在今广西壮族自治区扶绥县西南。**河池**：河池州，治所即今广西壮族自治区河池市。

[5] **元江**：元江府，治所即今云南元江哈尼族彝族傣族自治县。**鹤庆**：鹤庆府，乾隆中改鹤庆州，治所即今云南鹤庆县。**广南**：广南府，治所即今云南广南县。**普洱**：普洱府，治所即今云南普洱哈尼族彝族自治县。**昭通**：昭通府，治所即今云南昭通市。**镇边**：镇边厅，治所即今澜沧拉祜族自治县。

[6] **镇雄**：镇雄州，治所即今云南镇雄县。**恩乐**：恩乐县，治所即今云南镇沅彝族哈尼族拉祜族自治县恩乐镇。**恩安**：恩安县，治所即今云南昭通市。**永善**：永善县，治所即今云南永善县。**宁洱**：宁洱县，治所即今云南普洱哈尼族彝族自治县。**宝宁**：宝宁县，治所即今云南广南县。

[7] **古州兵备道**：治所即今贵州榕江县。兵备道，清初沿明制，于各省设置分守道、分巡道员，为布政使司、按察使司之辅佐官。乾隆十八年（1753），罢道员之参政、参议、副使、佥事诸衔，守巡各道俱定为正四品实缺。此后，各分守、分巡道员，凡受命节制所辖境内之都司、守备、千总、把总等武职及军队者，即加兵备衔，因称兵备道。

[8] **黎平**：黎平府，治所即今贵州黎平县。**镇远**：镇远府，治所即今贵州镇远县。**都匀**：都匀府，治所即今贵州都匀市。**铜仁**：铜仁府，治所即今贵州铜仁市。

[9] **清江**：清江厅，治所即今贵州剑河县。**都江**：都江厅，治所即今贵州三都水族自治县东南都江。**丹江**：丹江厅，治所即今贵州雷山县北。

[10] **永丰**：永丰州，治所即今贵州贞丰县。

[11] **荔波**：荔波县，治所即今贵州荔波县。

[12] **马边**：马边厅，治所即今四川马边县。**越巂**：越巂厅，治所即今四川越西县。

[13] **差忒**：差错。

[14] **太仓**：太仓县，治所即今江苏太仓市。**上海**：上海县，治所即今上海市。

[15] **仁和**：仁和县，治所即今浙江杭州市。**海宁**：海宁县，治所即今浙江海宁市。

[16] **诸城**：诸城县，治所即今山东诸城市。**胶州**：治所即今山东胶州市。

[17] **东莞**：东莞县，治所即今广东东莞市。**香山**：香山县，治所即今广东中山市。

[18] **闽**：闽县；**侯**：侯官县，治所皆在今福建福州市。1913年，闽县与侯官县方合并为闽侯县。中华书局整理本未将"闽"、"侯"顿开，有误。

[19] **良乡**：良乡县，治所即今北京市房山区。**通州**：治所即今北京市通州区。

[20] **祥符**：祥符县，治所即今河南开封市。**郑州**：治所即今河南郑州市。

[21] **德州**：治所即今山东德州市。**东平**：东平州，治所即今山东东平县。

[22] **山阳**：山阳县，治所即今江苏淮安市。**邳州**：治所即今江苏邳州市。

[23] **乾隆**：清高宗爱新觉罗·弘历的年号（1736～1795）。

201. 选班首重科目正途。初制，进士知县惟双月铨五人，选官有迟至十馀年者。雍正二年 [1]，侍郎沈近思请单月复铨用四人 [2]。于是需次二、三年即可得官。举、贡与进士虽并称正途，而轩轾殊甚。顺治间 [3]，贡生考取通判，终身无望得官。乾隆间 [4]，举人知县铨补，有迟至三十年者。廷臣屡言举班壅滞，然每科中额千二百馀人，综十年计之，且五千馀人，铨官不过十之一。谋疏通之法，始定大挑制 [5]。大挑六年一举行，三科以上举人与焉。钦派王大臣司其事 [6]，十取其五。一等二人用知县，二等三人用学正、教谕。用知县者，得借补府经历、直隶州州同、州判、县丞、盐库大使 [7]。用学正、教谕者，得借补训导。视前为疏通矣。异途人员，初与正途不相妨。康熙初 [8]，生员、例监、吏员出身官，须经堂官、督、抚保举 [9]，始升京官及正印官 [10]。无保举者，郎中、员外郎、主事以运同、府同知分别补用 [11]。汉军捐纳官，朝考后方得授官 [12]。十八年 [13]，复令捐纳官莅任三年称职者，题请升转，否则参劾，以示限制。

[1] 雍正二年：即公元 1724 年。雍正，清世宗爱新觉罗·胤禛的年号。

[2] 沈近思：字位山（1671～1728），号阁斋，又号侔轩，钱塘（今浙江杭州）人。少时曾入灵隐寺为僧，康熙三十九年（1700）进士，历官河南临颍知县、吏部右侍郎、左都御史。卒赠礼部尚书，谥端恪。《清史列传》、《清史稿》皆有传。

[3] 顺治：清世祖爱新觉罗·福临的年号（1644～1661）。

[4] 乾隆：清高宗爱新觉罗·弘历的年号（1736～1795）。

[5] 大挑：参见清 146 注 3。

[6] 王大臣：清代满洲贝勒（王）和大臣的合称。

[7] 盐库大使：即"都转盐运使司"下属官"库大使"，秩从八品，长芦、两淮、两浙、山东、广东、山西、福建、四川、云南各一人。

[8] 康熙：清圣祖爱新觉罗·玄烨的年号（1662～1722）。

[9] 堂官：即各部、院的长官与副长官等。

[10] 正印官：明清时期各级地方长官的通称。正印，谓从布政使或督抚到知府、知州、知县等各级地方官所用之正方形官印，相对于正规官制系统之外，临时差委的官员而言。

[11] 运同：官名。即"同知盐运使司事"之简称。清沿明制，秩从四品，于直隶、山东、广东各设一员，为盐运使之佐贰，分督各盐课司之大使，管理盐务分司产盐地方，直接督察各盐场。

[12] 朝考：这里指以皇帝名义举行的考试。

[13] 十八年：即康熙十八年（1679）。《清史稿校注》校勘记云："案清朝文献通考选举考，复令捐纳官莅任三年称职者，提请升转，不称职者罢之，事在'康熙十九年'；清史馆选举志稿排印本、张启俊辑选举志稿推选则皆系于'康熙十八年'。"可参考。

202. 自二十六年 [1]，以宣大运输 [2]，许贡监指捐京官正印官者，捐免保举。寻复许道、府以下纳赀者，三年后免其具题 [3]，一例升转。于是正途、异途始无差异。乾、嘉以后 [4]，纳赀之例大开，洎咸、同而冗滥始甚 [5]。捐纳外复有劳绩一途 [6]，捐纳有遇缺尽先花样 [7]，劳绩有无论题选咨留、遇缺即补花样 [8]，而正途转相形见绌。甲榜到部 [9]，往往十馀年不能补官，知县迟滞尤甚。光绪二年 [10]，御史张观准条上疏通部员之法 [11]：一，捐纳部员勿庸减成；一，主事俸满即准截取 [12]；一，散馆主事尽数先选 [13]；一，进士主事准以知县改归原班铨选。报可。顺天府府尹蒋琦龄亦言各省即用知县 [14]，不但无补缺之望，几无委署之期，至有以得科名为悔者。廷臣多以进士知县壅滞，纷请变更成例，帝辄下所司核议。十六年，御史刘纶襄言 [15]："近日诸臣条奏选补章程，吏部议核，日不暇给。朝廷设官，惟期任用得人，以资治理，非能胥天下仕者使尽偿所愿也 [16]。国家缺额有定，士子登进无穷。安得如许美官，以待萦情觊仕之人 [17]？徒滋纷扰，无济于事。"帝为下诏切止之。是时异途竞进，疆吏多请停分发 [18]。吏部以仕途幸滥，申多用科甲之请。势已积重，不能返也。

[1] 二十六年：即康熙二十六年（1687）。

[2] 宣大：谓宣化、大同一线。当时这里是清廷讨伐准噶尔部噶尔丹的运输线。

[3] 具题：谓题本上奏，候旨定夺。

[4] 乾：乾隆，清高宗爱新觉罗·弘历的年号（1736～1795）。嘉：嘉庆，清仁宗爱新觉罗·颙琰的年号（1796～1820）。

[5] 咸：咸丰，清文宗爱新觉罗·奕詝的年号（1851～1861）。同：同治，清穆宗爱新觉罗·载淳的年号（1862～1874）。

[6] 劳绩：辛劳努力所取得之成绩。为官吏考课时的一种名目。

[7] 花样：清代捐官或非捐官于本班上输资若干，以使自己班次较优、铨补加速，谓之花样。

[8] 题选：即"题补"，清代补授官员的一种方法。按官员铨选章制规定，凡应具题补授的官员出缺，其上司在应补或应升此缺人员中拣选，题请补用，即称题补。咨留：移文留缺。

[9] 甲榜：元明清称进士为甲榜。

[10] 光绪二年：即公元1876年。光绪，清德宗爱新觉罗·载湉的年号。

[11] 张观准：字叔平（1833～?）号莱山，浑源（今属山西）人。同治二年（1863）进士，历官翰林院检讨、御史、户科给事中。

[12] 截取：参见清197注11。

[13] 散馆主事：庶吉士三年学习期满后被授为主事者。散馆，参见清117注15。

[14] 蒋琦龄：原名蒋奇淳（1816～?），字申甫，号皋兰，全州（今属广西）人。道光二十年（1840）进士，选庶吉士，授编修，历官汉中知府、四川茶盐道、顺天知府。著有《空青水碧斋诗集》。即用：即"即用班"，清代授官方式之一。凡奉旨即行任用或遇缺即用者，为即用班。即用之员，不论单双月，不入班次，即行选用。

[15] 刘纶襄：原名刘中策（1839～?），字次方，号竹溪，沂水（今属山东）人。光绪二年（1876）进士，选庶吉士，授编修，历官御史、山西候补道。

[16] 胥：尽。

[17] 帙（wǔ武）仕：高官厚禄。

[18] 分发：参见清189注13。

203. 满人入官，或以科目，或以任子 [1]，或以捐纳、议叙 [2]，亦同汉人。其独异者，惟笔帖式 [3]。京师各部、院，盛京五部 [4]，外省将军、都统、副都统各署，俱设笔帖式额缺。其名目有缮译、缮本、贴写 [5]。其阶级自七品至九品。其出身有任子、捐纳、议叙、考试。凡文、武缮译举人、贡监生，文、武缮译生员，官、义学生，骁骑、闲散[6]，亲军、领催[7]，库使[8]，皆得与试。入选者，举、贡用七品，生、监用八品，官、义学生，骁骑、闲散等用九品。六部主事，额设百四十缺，满、蒙缺八十五，补官较易。笔帖式擢补主事，或不数年，辄致通显。其由科甲进者，编、检科仅数人，有甫释褐即迁擢者[9]。翰林、坊缺[10]，编、检不敷补用，得以部院科甲司员充之，谓之外班翰林。外官东三省、新疆各城，各省驻防文、武大员，俱用满人。甘肃、新疆等边地道、府、同、通、州、县，各省理事、同知、通判，皆设满洲专缺。满缺外，汉缺亦得补用。其有终养回旗，得授京秩。内、外文职选补，一时不能得官，及降调、咨回各员[11]，许改授武职，尤特例也。

[1] 任子：古代因父兄的功绩而得保任授与官职。
[2] 议叙：参见清19注4。
[3] 笔帖式：满语音译，意为办理文书、文件的人。后金天聪五年（1631）改"巴克什"为"笔帖式"，掌理翻译满、汉章奏文书、汉文书籍等事宜。
[4] 盛京五部：参见清193注9。
[5] 贴写：抄录文书的人员。
[6] 骁骑：清代八旗骁骑营之兵名马甲，亦名骁骑。闲散：清代满洲、蒙古、汉军无出身者称闲散。拜唐阿、亲军前锋、护军领催、马甲就文职者，出身与闲散同。
[7] 亲军：参见清131注8。领催：参见清131注11。
[8] 库使：参见清30注10。
[9] 释褐：脱去平民衣服，比喻始任官职。
[10] 坊缺：谓詹事府左、右春坊的左、右赞善以上官缺。参见清196注2。
[11] 咨回：移文退回。

204. 保举为国家酬庸之典[1]，所以励劳勚、待有功也[2]。历朝纂办实录，各馆奉敕修书，及各省军营、河工、徵赋、缉盗有功者奖叙。康熙十一年《世祖实录》成[3]，四十九年《平定朔漠方略》成[4]，副总裁以下官但奖加级。六十一年算法成书，始议以三等叙功，奖应升、加等、即用有差。康、雍两朝实录成[5]，从总裁请，无议叙。嘉庆间[6]，修书馆臣请超一、二等优奖，帝不许。寻定非特旨专设之官[7]，不得议叙、升用，历代踵行。其军营、河工等奖案，始不过加级，或不俟俸满即升，名器非可幸邀。迨季世以保举为捷径，京、外奖案，率冒滥不遵成例。光绪元年[8]，御史王荣琯请下越阶保升之禁[9]。帝韪之。三年，以纂修《穆宗实录》过半[10]，与事诸臣俱保升并加衔，备极优异。十年，部议限制保举，五、六品京堂、翰、詹坊缺，及遇缺题奏，俱不得擅保。未几，仍有以候补郎中保京堂，编、检保四、五品坊缺，及应升缺并开列在前者。咸、同军兴[11]，保案踵起。吏部于文选司设专处司稽核[12]，事之繁重，与一司埒[13]。

[1] 酬庸：酬功，酬劳。

[2] 劳勚（yì意）：劳苦。

[3] 康熙十一年：即公元1672年。康熙，清圣祖爱新觉罗·玄烨的年号。世祖实录：康熙六年至十
一年（1667～1672）修纂，雍正十二年至乾隆四年（1734～1739）校订，凡一百四十七卷。

[4] 平定朔漠方略：即《亲征平定朔漠方略》，温达等奉敕撰，凡四十八卷。《清史稿校注》校勘记
云："案清史稿本纪八圣祖三，平定朔漠方略成，康熙帝亲制序文在'四十七年'七月初九日癸
未，圣祖实录同；清史馆选举志稿排印本、张启俊辑选举志稿推选则皆系于'四十九年'，光绪
会典事例卷七十七同。"可参考。

[5] 康雍两朝实录：谓《圣祖实录》三百卷、《世宗实录》一百五十九卷。

[6] 嘉庆：清仁宗爱新觉罗·颙琰的年号（1796～1820）。

[7] 专设之官：《清史稿校注》校勘记云："特旨专设之官，案清史馆选举志稿排印本、张启俊辑选
举志稿推选，'官'字当作'馆'，光绪会典事例卷七十七同。"可参考。

[8] 光绪元年：即公元1875年。光绪，清德宗爱新觉罗·载湉的年号。

[9] 王荣琯：字玉文（1828～?），号笕溪，乐陵（今属山东）人。咸丰十年（1860）进士，选庶吉
士，授编修，历官御史、河南河北道。

[10] 穆宗实录：三百七十四卷，《清史稿艺文志及补编》谓光绪五年（1879）敕撰，当系其撰成之
年。

[11] 咸同军兴：参见清11注3。

[12] 文选司：参见清192注2。

[13] 埒（liè烈）：相等。

205. 同治十二年[1]，闽抚王凯泰言[2]："军兴以来，保案层迭，开捐以后，花
样纷繁。军营保案，藉花样以争先恐后，各项保举，又袭军营名目以纷至沓来。名器之
滥，至今已极。盈千累百，徒形冗杂。请敕部察核京、外各班人员，酌留二、三成，馀
令回籍候咨取。"[3]下所司核议。军功外，号称冗滥者，为河工保[4]。光绪二十
年[5]，御史张仲炘言[6]："山东河工保案，近年多至五、六百人。部定决口一处，奖
异常、寻常者六人。该省所报决口多寡，辄以所保人数为衡。图保者以山东为捷径，捐
一县丞、佐杂，不数月即正印矣[7]。请饬所司严定章程。"帝俞其请[8]。

[1] 同治十二年：即公元1873年。同治，清穆宗爱新觉罗·载淳的年号。

[2] 王凯泰：初名敦敏（1823～1875），字幼狥，一字幼轩，号补帆，宝应（今属江苏）人。道光三
十年（1850）进士，选庶吉士，授编修，历官浙江督粮道、浙江按察使、广东布政使、福建巡
抚，后移驻台湾，病卒。赠太子太保，谥文勤。《清史稿》有传。

[3] "军兴以来"数句：《清史稿校注》校勘记云："案道咸同光四朝奏议第六册，王凯泰应诏陈言
疏，'军兴以来……各项保举，又袭军营名目以纷至沓来'，意指保举太宽，须作限制，故建议
'嗣后保举文员，只准保以应升之阶，加以应升之衔，其馀班次花样，一概删除'；至于'名器
之滥，至今已极，盈千累百，徒形冗杂。请敕部察核京、外各班人员，酌留二、三成'，则系指
经近年因'捐纳、军功两途，入官者众'，以致候补人多，补缺无期，故建议酌留十之二、三，
馀令回籍候咨取，庶仕途无人满之患。此处截取奏稿原文，前后移易，断取文义，易滋误解。当

改。"可参考。

[4] 河工：又称河防。修筑河堤、疏浚河道之工程。清代河防黄河、淮河为大，运河次之，永定河又次之。

[5] 光绪二十年：即公元1894年。光绪，清德宗爱新觉罗·载湉的年号。

[6] 张仲炘：字慕京（1858～1919），号稚山，又号次珊，江夏（今湖北武昌）人。光绪三年（1877）进士，选庶吉士，授编修，历官御史、通政司参议。

[7] 正印：清代府、州、县官用正方形官印，其主官即称正印或正印官。

[8] 俞：表示应答或首肯。

206. 三十二年[1]，御史刘汝骥复言[2]："史治之蠹，莫如保举一途。其罔上营私者，一曰河工。国家岁糜数十万帑金以慎重河防[3]，封疆大吏乃以此为调剂属员之举[4]。幸而无事，丞、倅保州、县矣，同、通保府、道矣。一曰军功。工厂之鼓噪，饥民之啸聚，辄浮夸其词曰大张挞伐。耳未闻鼙鼓，足未履沙场，而谬称杀敌致果、身经百战者，比比然也。一曰劝捐。顺天赈捐一案[5]，保至千三百馀人，山东工赈，保至五百馀人，他省岁计亦不下千人。请严禁徇情滥保，以杜幸进。"下所司核议限制之法。其时吏部投供月多至四、五百人[6]，分发亦三、四百人，选司原设派办处，司其事者十馀人，犹虞不给。季年乃毅然废捐纳，停部选，为疏通仕途，慎选州、县之计。然捐例虽停，而旧捐移奖，层出不穷。加以科举罢后，学堂卒业，立奖实官。举、贡生员考职，大逾常额。且勋臣后裔，悉予官阶，新署人员，虚衔奏调。纷然错杂，益难纪极[7]。宣统三年[8]，裁吏部，设铨叙局[9]，虽有刷新政治之机，而一代铨政，终不复能廓清也。

[1] 三十二年：即光绪三十二年（1906）。

[2] 刘汝骥：字仲良（1864～?），号李青，又号咫天，直隶静海（今属天津市）人。光绪二十一年（1895）进士，选庶吉士，授编修，历官御史、安徽徽州府知府。

[3] 帑金：国库所藏钱币。

[4] 封疆大吏：参见清50注7。

[5] 顺天：《清史稿校注》校勘记云："顺天赈捐一案，案光绪朝东华录，光绪三十二年正月初九日丁丑刘汝骥原奏，'顺天'二字当作'顺直'。"可参考。

[6] 投供：参见清11注6。

[7] 纪极：终极，限度。

[8] 宣统三年：即公元1911年。宣统，宣统帝爱新觉罗·溥仪的年号。

[9] 铨叙局：清末设立，属内阁。

207. 武职隶兵部，八旗及营、卫官之选授[1]，武选司掌之[2]。内而骁骑、前锋、护军、步军、火器、健锐、虎枪各营[3]，外而陵寝、围场、热河、乌里雅苏台、科布多、阿尔泰、乌梁海、西宁、西藏、塔尔巴哈台游牧、察哈尔、绥远城、各省驻

防 [4]，皆旗缺 [5]，属八旗。门千总为门缺 [6]，属汉军 [7]。河营、陆路、水师皆营缺 [8]，满、汉分焉。漕运为卫缺 [9]，汉军、汉人得兼补。旗缺副都统以上开列 [10]，馀则拣选 [11]。五品以上题补 [12]，六品以下咨补 [13]。绿旗总兵以上 [14]，初用会推 [15]，嗣罢其例，开列具题 [16]。副将投供引见 [17]，亦有开列者。其次要缺则题，简则推，把总拔补 [18]。其大略也。

[1] 营：即"营官"，清代八旗与绿营兵将校的统称。卫官：清代禁卫军将校的统称。详下。

[2] 武选司：清代兵部有武选、车驾、职方、武库四清吏司。《清史稿·职官一》："武选掌武职选授、品级、封赠、袭荫，并典营制，暨土司政令。"

[3] 骁骑：即"骁骑营"，清代禁卫军之一。原是八旗兵中的主要作战部队，清人入主中原后，复分京师骁骑营与驻防骁骑营。前锋：即"前锋营"，清代禁卫军之一。掌紫禁城内外轮流值班守卫，为皇帝出巡警跸宿卫以及阅兵时充列首队。护军：即"护军营"，清代禁卫军之一。掌紫禁城内外分汛值班，以及稽察出入、为皇帝扈从宿卫等。步军：即"步军营"，清代禁卫军之一。掌京师地区的守卫、门禁、缉捕、断狱、编查保甲等事。火器：即"火器营"，清代禁卫军之一。掌京师守卫暨皇帝巡行扈跸。分内、外两营：内营在城里，分习枪炮；外营在蓝靛厂，专习鸟枪。健锐：即"健锐营"，清代禁卫军之一。又称云梯兵，掌香山静宜园日常守卫、行宫巡逻及巡幸扈从，大阅则为翼队。虎枪：即"虎枪营"，清代禁卫军之一。专司扈从围猎。

[4] 陵寝：清代帝王的陵墓。参见清193注9。围场：即"木兰围场"，为清代皇帝与贵族演习弓马、合围射猎之场所，故址在今河北省北部的围场县，与内蒙古接邻。木兰即满语"哨鹿"的意思。热河：清代厅名，雍正元年（1723）置，治所即今河北承德市。乾隆四十三年（1778）改承德府。乌里雅苏台：清代政区名，治所位于今蒙古扎布哈朗特，乌里雅苏台河北岸，为清廷漠北政治军事重镇，驻有定边左副将军与乌里雅苏台参赞大臣。其辖境相当于今蒙古全境与额尔齐斯河上游、斋桑泊以东至东萨彦岭一带以及新疆阿尔泰地区北部。清末通称为"外蒙古"。科布多：清代政区名，治所位于今蒙古吉尔格朗图，为科布多参赞大臣驻地。其辖境包括今蒙古科布多、巴彦乌列盖二省与乌布苏诺尔省的大部分，比亚河以南，哈萨克斯坦乌斯季卡缅诺哥尔斯克、桑斋泊以东、以北，及新疆乌伦古河、额尔齐斯河以北的阿勒泰地区。阿尔泰：相当于今新疆阿尔泰专区，光绪末置阿尔泰办事大臣，驻承化寺（今新疆阿勒泰县）。乌梁海：当谓唐努乌梁海，在今蒙古西北一带，清代分为五旗四十六佐领。西宁：西宁府，治所即今青海省省会西宁市，在青海东北部之湟水谷地。清代雍正二年（1724）以后设有总理青海蒙古番子事务大臣，又称西宁办事大臣。西藏：清代分为卫（前藏）、藏（后藏）、喀木（康）、阿里四部，总称西藏。雍正五年（1727）以后置西藏办事大臣，其辖区相当于今西藏自治区。塔尔巴哈台：清政区名。乾隆二十二年（1757）平定准噶尔后，遣参赞大臣驻雅尔城（今哈萨克斯坦东部塔尔巴哈台山南麓的乌尔扎尔）统之，隶属伊犁将军，三十年移驻楚呼楚（今新疆塔城）。其辖境东起乌伦古河，西抵哈萨克斯坦巴尔喀什湖、阿亚古斯河，北至哈萨克斯坦乌斯季卡缅诺哥尔斯克、桑斋泊与额尔齐斯河，南达新疆古尔班通古特沙漠与艾比湖。察哈尔：清代内蒙古部名，康熙十四年（1675）后迁其众于宣大边外（在今内蒙古乌兰察布盟东南部及锡林郭勒盟南部），设八旗，置总管以治之。乾隆二十六年（1761）改设都统一员总辖八旗。绥远城：即今内蒙古呼和浩特市。乾隆四年（1739）置绥远城直隶厅，为绥远等处军驻所，为漠南之军事重镇。

[5] 旗缺：职官制度。谓清代专由八旗充任的武职官缺。侍卫处和八旗在京各营、各省驻防，以及銮

仪卫除汉銮仪使外，均为旗缺，由满洲、蒙古、汉军分任。

[6] 门千总：官名。清代步军统领所属巡捕营之职官，设于京城内九门、外七门，每门二人，秩正六品。掌司门禁。门缺：职官制度。清代绿营千总等武官的官缺，由特定资格的人员选补，谓之门缺。

[7] 汉军：即"八旗汉军"，或称"汉军八旗"。参见清2注2。

[8] 河营：河道总督所辖河标营伍之简称，或称河标。营设参将、都司、守备等官，统率河兵，负责河防事宜。营缺：职官制度。谓清代绿营兵武官的定额编制。包括在京巡捕营以及各省督、抚、提、镇统辖的水陆各营、河标、漕标各营。除极少数为满洲缺外，大多数为汉缺，但满洲、蒙古、汉军亦皆可用之于汉缺。

[9] 漕运：清沿明制，漕粮由大运河运往京师与通州，称漕运。道光二十八年（1848）以后，漕粮由上海海运天津，漕运遂废。卫缺：职官制度。清制，直隶、山东、江苏、安徽、江西、浙江、湖广等处有漕务的卫所之武官缺，专由汉人或汉军调补，即称卫缺。

[10] 副都统：清代八旗组织中一旗的副长官，秩正二品。参见清179注6。开列：清代官缺补授方法之一。凡官员升迁，奉旨由部开列名单题请而授者，谓之开列。

[11] 拣选：清代铨选官吏的一种方式。某些职官出缺，依制调补称拣选。参见清186注13。

[12] 题补：参见清194注11。

[13] 咨补：当谓衙门之间移文保送官员。

[14] 总兵：清代绿营兵之高级将领，仅次于提督，秩正二品。参见清167注8。

[15] 会推：会同推荐选任。参见明100注11，明132注1。

[16] 具题：谓题本上奏，候旨定夺。

[17] 副将：清代绿营兵之武职，隶于提督、总兵之下，秩从二品。参见清125注1。投供：参见清11注6。

[18] 把总：清代绿营兵的基层组织"汛"的领兵官，秩正七品。参见清125注6。拔补：提拔授官。

208. 凡满、汉入仕，有世职、荫生、武科 [1]。八旗世职，公、侯、伯、子、男补副都统 [2]，轻车都尉、骑都尉补佐领 [3]，云骑尉补防御 [4]，恩骑尉补骁骑校 [5]。汉伯、子、男用副将，轻车都尉用参将 [6]，骑都尉用游击或都司 [7]，云骑尉用守备 [8]。尚书至副都御史等官，总督、将军至二品衔副将荫生改武者，用都司、守备、守御所千总、卫千总 [9]。武科进士一甲一名授头等侍卫 [10]，二、三名授二等侍卫，二、三甲拣选十名授三等侍卫，十六名授蓝翎侍卫 [11]，馀以营、卫守备补用。汉军、汉人武举拣选一、二等用门千总及营千总，三等用卫千总。其以资劳进用者，营伍差官提塘、随帮 [12]，随营差操经制及外委千、把总 [13]，无责任效用官 [14]，因功加都督至副将等衔者用游击。加参将、游击衔者用都司。加都司、守备衔者用守备。加千总衔者拔补把总。武进士、武举充提塘差官满三年，由部考验弓马，优者用营、卫守备，次者武举用防御所千总。武举随营差操满三年，以营千总拔补。随帮三运报满，用卫千总。凡部推之缺，岁二月，参将、游击缺，用汉一、二等侍卫一人。四、六、八月游击、都司缺，用汉三等侍卫三人。正、三、五、七、九月都司缺，用蓝翎侍卫五人。正月、七月营守卫缺 [15]，以门、卫千总升用。其馀单月缺轮补之班七，双月缺轮补之班十二，卫守备单月缺轮补之班十一，双月缺轮补之班六，守御所千总、卫千总缺，俱不论双、单月推选，惟门千总专于双月铨补焉。

[1] 世职：谓子孙可以世代相袭之官。参见明128注8。

[2] 公侯伯子男：依次为清代五等爵位名。《清史稿·职官四》："公、侯、伯（超品），子（正一品），男（正二品）。"副都统：清代八旗组织中一旗的副长官，秩正二品。参见清179注6。

[3] 轻车都尉骑都尉：清代世爵的第六等与第七等。《清史稿·职官四》："轻车都尉（正三品，以上俱分三等），骑都尉（正四品）。"佐领：清代八旗组织中基层编制单位的长官，即"牛录额真"，秩正四品。

[4] 云骑尉：清代世爵的第八等。《清史稿·职官四》："云骑尉（正五品）。"防御：清代驻防八旗之职官，秩正五品，位在骁骑校之上。掌所辖驻防户籍，以时颁其教戒。

[5] 恩骑尉：清代世爵的第九等。《清史稿·职官四》："恩骑尉（正七品）。"骁骑校：清代八旗下各佐领均设，秩正六品，为佐领之副。八旗满洲、蒙古、汉军、包衣每佐领下各一人，协助佐领管理所属户口、田宅、兵籍、教养等各项事务。

[6] 参将：清代绿营兵之武职，位副将之下，秩正三品。掌营务或充各镇中军。

[7] 游击：清代绿营兵之武职，位参将之下，秩从三品。职责与参将同，掌营汛军政，或充各镇中军官。都司：清代绿营兵之武职，位参将、游击之下，守备之上，秩正四品。或充营的领兵官，或充副将的中军官。

[8] 守备：又称"守府"，清代绿营兵之武职，位都司下，千总之上，秩正五品。或统领营兵，分巡守汛，或管理营务粮饷，或充任参将、游击中军官。

[9] 守御所千总卫千总：参见清125注6。

[10] 侍卫：官名，掌宫廷扈卫和随扈皇帝之事。顺治元年（1644）定侍卫处员额，一等侍卫（正三品）六十人，二等侍卫（正四品）一百五十人，三等侍卫（正五品）二百七十人，蓝翎侍卫（五、六品）九十人。

[11] 十六名：《清史稿校注》校勘记云："十六名，案清朝文献通考选举考作'十名'，清朝通典选举典同；清史馆选举志稿排印本、张启俊辑选举志稿推选则皆作'十六名'，光绪会典事例卷五六六同。"可参考。

[12] 营伍差官：清代谓军队受特命派往各处任职并执行特定任务的武职官员。中华书局整理本将"营伍差官"与"提塘、随帮"用逗号点断，将"差官"视为官名，有误。提塘：即"提塘官"。清制，各省派驻京师提塘官十六人，隶兵部捷报处，掌递本省与各部院往来文书，领送颁给各省官员敕书及州县印信。由督抚于本省武进士、武举人及候补、候选守备内拣选，咨兵部充补。光绪末，改隶邮传部。随帮：清代掌漕运的武职官员，在千总之下。《清史稿·食货三》："江、浙两省运白粮船，原定苏州、太仓为一帮，松江、常州各为一帮，嘉兴、湖州各一帮，领运千总每帮二，随帮武举一。改行官运后，以府通判为总部，县丞、典史为协部，吏典为押运。旋裁押运。后白粮改令漕船带运，复裁总、协二部。苏、松、常每府增设千总二，更番领运，每帮设随帮百总一，押趱回空。浙江增设千总四、随帮二，苏州、太仓仓运白粮船，原定百十八艘，船多军众，分为前后两帮，增设千总二、随帮一。白粮减征后，并两帮为一，其千总随帮悉予裁减。"

[13] 差操：清制，差操是绿营的重要任务，弁兵以差操为专职。差，即差役，如解送、守护、缉捕、

察奸、缉私、承催及站道、清道等；操，就是训练，如习技、练阵、听令等。绿营既有承担百役之责，应付各项差役，又要担负作战镇守之任，就必须进行训练。差操相混，为清代绿营制度的一大特点。中华书局整理本将"随营差操"与下"经制及外委"用逗号点断，将"差操"视为官名，有误。经制，清代凡属国家额定编制额缺之内的正职官员，谓之经制官吏。外委千把总，为清代绿营中的低级军官，有外委千总、外委把总，通称外委。其职掌与额设千总、额设把总相同，但因系额外差委之官，其品秩较额设千总、把总为低。中华书局整理本将"外委"与"千把总"用逗号点断，有误。

[14] 无责任效用官：当谓未获实缺的武职官员。

[15] 营守卫：《清史稿校注》校勘记云："营守卫，案光绪会典事例卷五七六作'营守备'，且清制无'营守卫'名。此当据改。"甚是。

209. 满人入官，以门阀进者，多自侍卫、拜唐阿始 [1]。故事，内、外满大臣子弟，五年一次挑取侍卫、拜唐阿，以是闲散人员 [2]，勋旧世族，一经拣选，入侍宿卫，外膺简擢，不数年辄致显职者，比比也。绿旗武职，占缺尤多。向例山海关至杀虎口、保德州副、参、游、都、守缺 [3]，绿旗补十之三，满洲补十之七。马兰、泰宁二镇 [4]，直隶、山西沿边副、参、游、都、守缺，满、汉各补其一。雍正六年 [5]，副都统宗室满珠锡礼言京营参将以下、千总以上 [6]，不宜专用汉人。得旨："满洲人数本少，补用中、外要缺已足，若京营参将以下悉用满洲，则人数不敷，势必有员缺而无补授之人。"乾隆间 [7]，拣发各省武职 [8]，率以满人应选。帝曰："绿营将领，满、汉参用，必须员缺多寡适均，方合体制。若概将满员拣发，行之日久，绿营尽成满缺，非所以广抡选而励人材。"饬所司议满、汉间用之法。兵部议上，凡行走满二年之汉侍卫 [9]，与巡捕营八旗满、蒙人员，由该管大臣保送记名 [10]。拣发时，与在部候补、候推者，按满、汉分派引见。如所议行。三十八年 [11]，兵部复疏言："直隶、山西、陕西、甘肃、四川五省，自副将至守备，满缺六百四十七，各省自副将至守备，千一百七十九缺，向以绿营人员选补。现满、蒙在绿营者逾原额两倍，实缘各省请员时，多用满员拣选。请嗣后除原用满员省分外，其河南、山东、江南、江西、湖广腹地及闽、浙、两广海滨烟瘴等省，需员请拣，应于绿营候补候选，及保卓荐人员，并行走年满之头、二、三等侍卫、蓝翎侍卫，一并拣选。"从之。自是绿营满、汉员缺始稍剂其平，非复从前漫无限制矣。

[1] 侍卫：参见清 61 注 8。拜唐阿：参见清 131 注 6。

[2] 闲散：清代满洲、蒙古、汉军无出身者称闲散。

[3] 山海关：又称榆关、渝关，位于今河北省秦皇岛市，为长城起点，北依角山，南临渤海，连接今华北与东北之交通要冲，形势险要，有"天下第一关"之称。杀虎口：在今山西省右玉县北部，长城要口之一，当时为山西至内蒙的交通要冲。保德州：治所即今山西保德县，在今山西省西北部，邻接陕西省。濒临黄河东岸，当时为通往陕北之要道。

[4] 马兰：即"马兰镇"，治所在今河北遵化市清东陵附近，有马兰关，为长城要口之一。泰宁：即

"泰宁镇"，治所在今河北省易县清西陵附近，清代驻有总兵。

[5] 雍正六年：即公元 1728 年。雍正，清世宗爱新觉罗·胤禛的年号。

[6] 满珠锡礼：生平不详。

[7] 乾隆：清高宗爱新觉罗·弘历的年号（1736～1795）。

[8] 拣发：即"拣选"。参见清 186 注 13。

[9] 行走：参见清 179 注 11。

[10] 记名：清制，官员有功劳或考核优异者，交吏部或军机处记其名，遇缺奏请任用，谓之"记名"。

[11] 三十八年：即乾隆三十八年（1773）。

210. 武职以行伍出身为正途，科目次之。故事，考验部推人员衰老病废者，勒令休致。惟军功带伤者，虽年老仍行推用。副、参例以俸深参、游题补 [1]。若有军功保举，虽俸浅亦得与焉。科目自康熙初即病壅滞 [2]。御史朱斐疏请定科目、行伍分缺选用之制 [3]，外委效力等与武进士、武举较人数多寡 [4]，仿二八分缺之例，先选科目人员。其外委各弁，须有战功及捕盗实绩，不得止凭咨送选补。下所司议行。雍正初 [5]，廷臣有请改并卫、所各州、县者，部议："科甲人员，专选卫、所守备、千总，若尽裁卫、所，必致选法壅滞，事不可行。"帝不许。为定榜下进士增用营守备以调剂之。乾隆十五年 [6]，给事中杨二酉言 [7]："各省、卫守备归部选者三十九缺，现武进士以卫用者积至数百人，提塘差官效力报满归班选用者亦数十人，加以新例飞班压铨 [8]，缺少班多，选用无期。请照乾隆元年例，将三等武进士再行拣选，一、二等以营用，三等仍以卫用。"报可。向例拣选武进士以营用者，选缺犹易，卫用往往濡滞不能得官。洎道光间 [9]，卫用武进士得捐改营用，而裁缺卫守备、卫千总、守御所千总，均准改归绿营。营守备以上官，并得报捐分发。由是部推、外补，同一沉滞，不仅科目为然矣。

[1] 副：即"副将"；参：即"参将"。皆参见清 125 注 1。游：即"游击"。参见清 208 注 7。题补：参见清 194 注 11。

[2] 康熙：清圣祖爱新觉罗·玄烨的年号（1662～1722）。

[3] 朱斐：似当作"朱裴"，字小晋（？～1700），号裴公，闻喜（今属山西）人。顺治三年（1646）进士，历官直隶易州知州、刑部员外郎、广东道御史、礼科给事中、工部侍郎。以疾归。《清史稿》有传。

[4] 外委：参见清 189 注 10。

[5] 雍正：清世宗爱新觉罗·胤禛的年号（1723～1735）。

[6] 乾隆十五年：即公元 1750 年。乾隆，清高宗爱新觉罗·弘历的年号。

[7] 杨二酉：字学山（1705～1780），号西园，又号恕堂，太原（今属山西）人。雍正十一年（1733）进士，选庶吉士，授编修，历官兵科掌印给事中。

[8] 飞班：不按铨选次序，提前就职。清袁枚《新齐谐·陈圣涛遇狐》："居年馀，妇谓陈曰：'妾所蓄金，已为君捐纳飞班通判，赴京投供，即可选也。'"

[9] 道光：清宣宗爱新觉罗·旻宁的年号（1821～1850）。

211. 凡不属于部推之缺，皆题补预保注册者最先授[1]。定例边疆、内河、外海水师员缺及陆路紧要者得预保。康熙九年[2]，兵部疏言："总督、提、镇遇标、营员缺，不论地方缓急，衔缺相当，辄将标员坐名题补，使俸深应补人员致多壅滞。请定副将以下、守备以上缺出，实系近海、沿边、岩疆人地相宜者，酌量题补，馀不得率行题请。"从之。雍正五年[3]，诏部推缺由各督、抚、提、镇保题备用。乾隆初[4]，罢陆路近省预保例。十年[5]，江督尹继善言[6]："武职预保，咨部注册，遇缺掣补[7]，诚慎重要缺之良法。乃或预保之初，年力本强，数年后渐已衰老，骑射生疏，营伍废弛。请将预保满三年未得缺者，各提督再行甄别，果堪升用，出具考语咨部，否则注销[8]。"报可。

[1] 题补：参见清194注11。预保：谓事先有保举者。

[2] 康熙九年：即公元1670年。康熙，清圣祖爱新觉罗·玄烨的年号。

[3] 雍正五年：即公元1727年。雍正，清世宗爱新觉罗·胤禛的年号。

[4] 乾隆：清高宗爱新觉罗·弘历的年号（1736～1795）。

[5] 十年：即乾隆十年（1745）。

[6] 尹继善：字元长（1695～1771），号望山，满洲镶黄旗人，章佳氏。雍正元年（1723）进士，选庶吉士，授编修，历官侍讲、户部郎中、内阁侍读学士、江苏巡抚，此后一督云贵，三督川陕，四督两江，有政声。官至文华殿大学士兼军机大臣。卒赠太保，谥文端。能诗，著有《尹文端公集》。《清史列传》、《清史稿》皆有传。

[7] 掣补：即"掣签"，或曰"抽签"。明清选官方法之一。参见清195注5。

[8] 注销：某项事件办结，按规定行文声明。

212. 其时保荐别以三等，限以五年，于副将堪胜总兵、参将堪胜副将者[1]，尤慎选。一经保荐，辄予升擢。洎咸、同军兴[2]，十馀年保题旧例不复行，所恃以鼓励人材者，惟军功保举。奖叙之案，层出不穷。以兵丁积功保至提、镇记名者[3]，殆难数计。同治五年[4]，诏以记名提、镇无标、营可归者[5]，发往各省各营差遣。各省投标候补者，提、镇多至数十，副、参以下数百，本职补官，终身无望，于是定借补之法。提、镇准借补副、参、游缺[6]，副、参、游准借补都、守缺[7]，都、守准借补千、把总缺[8]。虽内停部推，外停尽先，仍不足疏通冗滞。

[1] 副将：参见清125注1。总兵：参见清167注8。参将：参见清125注1。

[2] 咸同军兴：参见清11注3。

[3] 提：即"提督"。参见清155注3。镇：即"镇守总兵官"，简称总兵。参见清167注8。

[4] 同治五年：即公元1866年。同治，清穆宗爱新觉罗·载淳的年号。

[5] 标营：参见清189注12。这里谓军职的实缺。

［6］游：即"游击"。参见清 125 注 1。

［7］都：即"都司"。参见清 125 注 1。守：即"守备"。参见清 125 注 2。

［8］千：即"千总"。参见清 125 注 6。把总：参见清 125 注 6。《清史稿校注》校勘记云："案光绪会典事例卷五六九，定大衔借补小缺之法在'同治七年'。"可参考。

213. 光绪季年［1］，诏裁绿营［2］，练新军［3］，罢武科，设武备学校［4］。一时新军将、弁，与学成授官者，特为优异。历朝武职尊重行伍之意，荡无复存。虽绿营武职未尽废除，然无铨法可言云。

［1］光绪：清德宗爱新觉罗·载湉的年号（1875～1908）。

［2］绿营：即"绿营兵"。参见清 125 注 5。

［3］新军：清末仿欧美军制编练的新式陆军。

［4］武备学校：即"天津武备学堂"。参见清 54 注 1。

《清史稿》

卷一百十一　志八十六

选举六

考　绩

214. 三载考绩之法 [1]，昉自唐、虞 [2]。清沿明制，而品式略殊。京官曰京察，外官曰大计，吏部考功司掌之 [3]。京察以子卯午酉岁，部院司员由长官考核，校以四格 [4]，悬"才、守、政、年"为鹄 [5]。分称职、勤职、供职三等。列一等者，加级记名 [6]，则加考引见备外用 [7]。纠以六法 [8]，不谨、罢软者革职，浮躁、才力不及者降调 [9]，年老、有疾者休致 [10]，注考送部 [11]。自翰、詹、科、道外，依次过堂 [12]。三品京堂由部开列事实 [13]，四、五品由王大臣分别等第 [14]，具奏引见取上裁 [15]。大计以寅巳申亥岁，先期藩、臬、道、府递察其属贤否 [16]，申之督、抚，督、抚核其事状，注考缮册送部覆核。才守俱优者，举以卓异 [17]。劣者，劾以六法。不入举劾者为平等。卓异官自知县而上，皆引见候旨。六法处分如京察，贪酷者特参 [18]。

[1] 考绩：按一定标准考核官员的成绩。语本《尚书·虞夏书·舜典》："三载考绩，三考黜陟幽明，庶绩咸熙。"汉孔安国传："三年有成，故以考功。九岁则能否幽明有别，黜退其幽者，升进其明者。"

[2] 唐虞：唐尧与虞舜的并称，这里即指尧与舜的时代。古人认为尧舜时代是理想的太平盛世。

[3] 考功司：吏部有文选、考功、验封、稽勋四清吏司。主官为郎中，康熙九年定秩正五品。《清史稿·职官一》："考功掌考课，三载考绩。京察、大计各听察于长官，著迹计簿。凡论劾、释免、引年、称疾，并核功过处分。交议者，辨公私轻重，条议以闻。"

[4] 四格：四项准则，即守、才、政、年。详下。

[5] 才：才能。守：操守。政：政务。年：年纪与身体状况。鹄（gǔ 古）：箭靶的中心，引申为目标、准的。《钦定大清会典》卷十一："凡京察，堂官察其属之职而论考焉。一等曰称职，二等

曰勤职，三等曰供职。乃定义四格：一曰守（有清，有谨，有平），二曰才（有长，有平），三曰政（有勤、有平），四曰年（有青，有壮，有健）。以别其等而送部（守清、才长、政勤、年或青或壮或健为称职，列为一等；守谨、才长、政平，或政勤、才平、年或青或壮或健为勤职，列为二等；守谨、才平、政平，或才长、政勤、守平为供职，列为三等）。无格则以考别其等。及会核，一等者，二等、三等之逾龄限者（京察二等、三等者年逾六十五岁另班引见），皆引见以候旨。"

[6] 加级：参见清176注1。记名：清制，官员有功劳或考核优异者，交吏部或军机处记其名，遇缺奏请任用，谓之"记名"。

[7] 考：谓"考成"。清代考核官员的一种方法，清制，上司考察属员办事成效，谓之考成。引见：参见清65注13。外用：即"外转"。清制，京官调任外省地方官称外转。外转之制始于顺治十年（1653），定正、少詹事可外任布政使，侍读学士外用按察使，中允外用参政，编修、检讨外用副使。康熙时，翰林官可外用同知、通判等官。雍正初，定编修、检讨可外授道、府、州、县。外转官员，均按品级考注册，在任候补，俟得缺后再离原任。未得缺之前，仍食原官之俸，照旧办事。

[8] 六法：清代考核官员不合格的六种情况。《钦定大清会典》卷十一："凡入于六法者，则劾。六法：一曰不谨，二曰疲软无为，三曰浮躁，四曰才力不及，五曰年老，六曰有疾。凡京察及大计，皆按其实而劾之，不谨者、浮躁者则令著其事，及覆核乃处分焉（不谨者、疲软无为者革职，浮躁者降三级调用，才力不及者降二级调用，年老者、有疾者休致）。令送部引见。"

[9] 降调：即降级离任。清代降级处分，有留任、调任之分。视现任之级实降离任，谓之降调。其处分以级为差，有降一级至五级之别。凡降调而级不足者（如从八品降三级），无级可降，则议革职。

[10] 休致：官员年老去职。

[11] 注考：谓堂官填注对本署官员的考语。送部：呈送吏部"封门阅册，分别等次磨对。"

[12] 过堂：清制，月选官员，经司议、堂议后，提出应选人员名单，然后于指定日期（二十四日）赴吏部大堂验看，谓之过堂。京察官员赴都察院点名，犯罪人员到该管衙门听审，亦称过堂。

[13] 京堂：清代凡通政使司、大理寺、太仆寺、太常寺、光禄寺、詹事府、鸿胪寺等卿寺衙门堂官的通称，亦尊为"京卿"。一般为三品或四品官员。

[14] 王大臣：清代满洲贝勒（王）和大臣的合称。中华书局整理本将"王"与"大臣"用顿号点断，似不妥。

[15] 具奏：备文上奏。

[16] 藩：即"藩司"，为一省最高行政长官布政使的别称。臬：即"臬司"，为掌一省刑名按劾之事的司法和监察长官按察使的别称。道：即"道员"，古代称观察，俗称道台，为省之下、府县之上的地方官员，与两司并重。府：即"知府"。

[17] 卓异：清制，吏部定期考核官吏，文官三年，武官五年，政绩突出，才能优异者称为卓异。参见清215，清224。

[18] 特参：特别参劾。《钦定大清会典》卷十一："凡官贪者、酷者则特参，不入于六法。"

215. 凡京察一等、大计卓异有定额，京官七而一，笔帖式八而一 [1]，道、府、厅、州、县十五而一，佐杂、教官百三十而一，以是为率。非历俸满者 [2]，未及年限者，革职留任或钱粮未完者，满官不射布靶、不谙清语者 [3]，均不得膺上考。其大较也。顺治八年 [4]，京察始著为令，以六年为期。十三年，吏部奏定则例，三品以上自陈 [5]，四品等官吏部、都察院察考议奏，亲定去留。笔帖式照有职官例一体考察。遇京察时，各官暂停升转。寻复定考满议叙例 [6]，三年考满与六年察典并行。十七年，从左都御史魏裔介请 [7]，行纠拾之法 [8]，以补甄别所未及。康熙元年罢京察 [9]，专用三年考满例。三品以上仍自陈。馀官分五等：一等称职者纪录 [10]，二等称职者赏赉，平常者留任，不及者降调，不称职者革职。三年，御史季振宜请停考满三疏 [11]，极言徇情钻营，章奏繁扰，无裨劝惩。因停考满自陈例 [12]。六年，复行京察。明年，甄别不及官三十七员 [13]。嗣以各部、院甄别司员，类多末职，二十三年，严谕指名题参，复甄汰王三省等三十六人 [14]。明年，京察又停。雍正元年复举行 [15]，改为三年，自是为定制。

[1] 笔帖式：满语音译，意为办理文书、文件的人。参见清 24 注 8。

[2] 俸满：旧时官吏任职满一定年限后，得依例升调，谓之"俸满"。参见清 45 注 8。

[3] 布靶：即"布侯"，布制的箭靶。参见清 126 注 2。清语：满洲话。

[4] 顺治八年：即公元 1651 年。顺治，清世祖爱新觉罗·福临的年号。《清史稿校注》校勘记云："案世祖实录，京察始著为令在'顺治九年'五月初七日丁丑。"可参考。

[5] 自陈：清代官员考核制度。京察、大计中，三品（武职二品）以上之主官由本人直接向皇帝提出任职状况报告，即称自陈。自陈虽无明文规定格式，但日久习成套数，首列籍贯履历，次任职以来概况，终言心有馀而力不足，请求罢职，千篇一律，于事无补。乾隆十七年（1762）停止自陈。参见清 217。

[6] 考满：参见清 151 注 5。议叙：参见清 19 注 4。

[7] 魏裔介：字石生（1616～1686），号昆林、贞庵，顺治三年（1646）进士，选庶吉士，授工科给事中，历官兵科都给事中、太常寺少卿、左都御史、吏部尚书、保和殿大学士。以病归，卒后追谥文毅。著有《兼济堂集》。《清史列传》、《清史稿》皆有传。

[8] 纠拾：揭发检举。《清史稿·魏裔介传》："（顺治）九年，转吏科都给事中。十年，大计，疏请复纠拾旧制，言官纠拾未得当，不宜反坐，卜所司，著为令。因疏言顺治四年吏科左给事中刘楗以纠拾被谴，宜予昭雪，上为复楗官。"此言"十年"，与《志》文"十七年"有异，未知孰是。

[9] 康熙元年：即公元 1662 年。康熙，清圣祖爱新觉罗·玄烨的年号。

[10] 纪录：参见清 176 注 1。

[11] 季振宜：字诜兮（1630～1674），号沧苇，泰兴（今属江苏）人。顺治四年（1647）进士，历官浙江兰溪知县、刑部主事、户部郎中、浙江道御史。能诗，好藏书。著有《季沧苇藏书目》、《听雨楼集》等。《清史稿》有传。

[12] "因停"句：《清史稿校注》校勘记云："案圣祖实录，'康熙四年'正月初十日丁酉，御史季振宜条陈请停考满三疏，著议政王等会议具奏；至十七日甲辰，议政王等议覆，谕停考满自陈例。"可参考。

[13] 三十七员：《清史稿校注》校勘记云："三十七员，案圣祖实录，康熙七年七月戊戌朔，甄别不

及官'二十七员'。"可参考。

[14] 王三省：生平不详。三十六人：《清史稿校注》校勘记云："三十六人，案圣祖实录，康熙二十
三年二月十四日庚戌，甄汰王三省等'三十八人'。"可参考。

[15] 雍正元年：即公元1723年。雍正，清世宗爱新觉罗·胤禛的年号。

216. 初，京察一等无定额，康熙三年[1]，御史张冲翼疏请以部、院员数之多寡
定一、二等名数[2]，以息奔竞，从之。乾隆间[3]，部、院保送一等，或浮滥溢旧
额，诏停兼部行走[4]，仍归本衙门另班声叙[5]，暨到任未满半年，仍由原衙门注考
等例[6]。又罢未授职庶吉士保列一等之例，以示限制。四十二年[7]，命部、院保送
一等人数，毋庸过泥上届成例，递行裁减，以防溢额。应将上两次数目比较，酌中定
制。既无虑滥膺保荐，亦不至屈抑人才。五十年，定例保送一等人数，以不溢四十八年
原额为准。后世踵行，间有增损，无甚悬殊也。向例部、院司官由吏部、都察院考核，
雍正四年[8]，命内阁大学士同阅。乾隆九年，帝虑部、院堂官有瞻徇情面滥列一等
者，敕大学士验看，慎重甄别，不称一等者裁去。十一年谕曰："前命大学士分别去
留，亦权宜办理之道。察核司员，惟堂官最为亲切。要在平日留心体察，临时举措公
平。如上次定一等者，三年中行走平常，当改为二、三等。上次原列二、三等者，三年
中知所奋勉，即改为一等。庶察典肃而人知劝惩。"厥后考察权责，悉属吏部，验看特
奉行故事而已。

[1] 康熙三年：即公元1664年。康熙，清圣祖爱新觉罗·玄烨的年号。

[2] 张冲翼：生平不详。

[3] 乾隆：清高宗爱新觉罗·弘历的年号（1736~1795）。

[4] 行走：参见清120注16。

[5] 声叙：明白陈述。

[6] 注考：谓堂官填注对本署官员的考语。

[7] 四十二年：即乾隆四十二年（1777）。

[8] 雍正四年：即公元1726年。雍正，清世宗爱新觉罗·胤禛的年号。

217. 大臣循例自陈求斥罢[1]，候旨照旧供职，国初以来行之。乾隆八年[2]，
曾谕大臣自陈罢斥者举贤自代。嗣以所举不得其人，或树党营私，行不久即罢。十七
年，帝以"内、外大臣亲自简擢，随时黜陟，奚待三年？自陈繁文，相率为伪，甚无
谓也"。诏罢其例[3]。

[1] 自陈：参见清215注5。

[2] 乾隆八年：即公元1743年。乾隆，清高宗爱新觉罗·弘历的年号。

[3] 诏罢其例：《钦定大清会典则例》卷十一："乾隆十七年谕：京察之年，部院堂官、各省督抚，
循例自陈求斥罢，候旨照旧供职。此虽三载考绩之义，但卿贰职赞机务，督抚任寄封疆，朕量材

简擢，日复于怀。其有不副委任或克称简畀者，率已随时黜陟，断无辽待三年之理。凡可俟至京察解退者，不过闲曹冷署、年力衰昏而又非有大过，介于可去可留之间者耳。且身列大臣，谬以斥罢为辞，是相率为伪，诚无谓也。嗣自今内而部院司官，外而道府，京察大计之例仍举行，以昭激劝。其自陈繁文，著停止，以示崇实。武职五年军政，视此。钦此。"

218. 先是京堂官无甄叙例 [1]，乾隆十五年 [2]，帝以三品以上堂官，具本自陈，部、院司员，皆令引见，而四、五品京堂不在自陈之列，亦无引见之例，吏部、都察院考语无实，龙钟庸劣者得姑容 [3]，才具优长者无由见。特派王大臣分别等第，奏闻引见。十八年，敕吏部开列三品京堂事实，亲为裁夺。四十八年，以三品京堂不便派大臣验看，令吏部带额引见。嘉庆十二年 [4]，以三、四品京堂，向来京察但有降黜无甄叙，既与内、外大臣办理两歧，并不得与部、院司员同邀加级。于是予太常少卿色克精额等议叙 [5]，而予陈钟琛等休致 [6]。自后三品以下京堂始有甄叙之例矣。

[1] 甄叙：经甄别而加以任用或提升。
[2] 乾隆十五年：即公元 1750 年。乾隆，清高宗爱新觉罗·弘历的年号。
[3] 龙钟：身体衰老，行动不灵便者。
[4] 嘉庆十二年：即公元 1807 年，嘉庆，清仁宗爱新觉罗·颙琰的年号。
[5] 色克精额：满洲镶黄旗人（？~1842），钮钴禄氏，阿里衮第三子。袭云骑尉，历官太常少卿、礼部尚书。
[6] 陈钟琛：字紫岱（1739~1809），号石铖，象州（今属广西）人。乾隆二十四年（1759）举人，历官直隶知县、山东布政使。

219. 年老休致，例有明文。乾隆二十二年 [1]，定部、院属官五十五岁以上，堂官详加甄别。三十三年，改定京察二、三等留任各官，六十五岁以上引见。嘉庆三年 [2]，命京察二、三等官引见，以年逾七十为限。寻复旧例。六法处分綦严 [3]，长官往往博宽大之名，每届京察，只黜退数人，虚应故事，馀概优容，而被劾者又不免屈抑。雍正中 [4]，汪景祺、查嗣庭辈论列时政 [5]，以部员壅滞为言，有"十年不调、白首为郎"等语。帝责以怨望诽谤，而事实不得谓诬。盖部员冗滥，康、雍时已然矣。

[1] 乾隆二十二年：即公元 1757 年。乾隆，清高宗爱新觉罗·弘历的年号。
[2] 嘉庆三年：即公元 1798 年。嘉庆，清仁宗爱新觉罗·颙琰的年号。
[3] 六法：参见清 214 注 8。
[4] 雍正：清世宗爱新觉罗·胤禛的年号（1723~1735）。
[5] 汪景祺：参见清 122 注 4。查嗣庭：参见清 122 注 4。

220. 乾隆三年 [1]，鸿胪少卿查斯海疏言 [2]："京官被劾，不无以嫌隙入吏议者。京察六法官，应援大计例送部引见。"从之。乾隆末，士夫习为诇诹，堂官拔识司员，率以逢迎巧捷为晓事，察典懈弛。仁宗初 [3]，锐意求治，颇思以崇实黜华，奖励气节，风示天下。嘉庆五年 [4]，诏部、院堂官慎重选举，猷守兼优者厝首荐 [5]，徐宁取资格较久、谨愿朴实之员，其少年浮薄、才华发越者，应令深其经练，下届保列。尚书、侍郎各备册密识贤否，公议同览。十一年，大学士、尚书等议奏京察事宜："捐纳人员，限以年资，军机处司员能兼部务者 [6]，方列上考，不许滥保充数。"报可。

[1] 乾隆三年：即公元 1738 年。乾隆，清高宗爱新觉罗·弘历的年号。

[2] "鸿胪"句：《清史稿校注》校勘记云："案清朝文献通考选举考，从鸿胪少卿查斯海议，京察六法官援大计例送部引见在'乾隆四年'，清朝通志选举略同；清史馆选举志稿排印本则系于'乾隆三年'，清朝通典选举典同。"可参考。鸿胪少卿，清代掌管朝会、宴享时之仪礼赞相的鸿胪寺副长官，满、汉各一人，秩从五品。查斯海，生平不详。

[3] 仁宗：即清仁宗爱新觉罗·颙琰（1760～1820）。参见清 129 注 2。

[4] 嘉庆五年：即公元 1800 年。嘉庆，清仁宗爱新觉罗·颙琰的年号。

[5] 猷守：功绩与操守。

[6] 军机处：全称"办理军机事务处"，或称"办理军机处"，官署名。因参与军国大事，又称"枢垣"、"枢廷"，位于紫禁城乾清门外西侧，隆宗门内。雍正八年（1730）设立（或谓七年），初名军机房，十年铸银印，始名办理军机事务处。由皇帝特旨召三品以上满、汉大臣各若干人（无定额）入直为军机大臣，由满、汉大学士各一人为其首领，并由各部、院考录四品以下官员入直为军机章京。军机处职掌机要，负责奏折文书的处理及谕旨的撰拟；军机大臣常侍皇帝左右，以备顾问；参与国家庶政之讨论及重大案件之审拟；凡文武官员之简放、换防、记名、引见、赐予及外藩之朝使者颁赐等事，亦由军机处办理。宣统三年（1911）四月，成立责任内阁，军机大臣改任总、协理大臣，军机处与内阁并撤。司员：为军机处之一般办事人员，如收掌官、掌档官等。

221. 道光四年 [1]，侯际清赎罪舞弊一案 [2]，刑部司员恩德等朋谋撞骗堂官 [3]，以谬登荐牍，保列一等，下部议处。谕嗣后京察有冒滥徇私者连坐。七年，给事中吴杰奏 [4]："大计、军政 [5]，皆有举有劾。近年六部办理京察，除保举一等外，不问贤否，概列二等。间有三等数人，仍予留任。六法不施 [6]，有劝无惩。应申明旧章，举劾并用。"帝韪其言，降谕饬行。十五年，令于京察外随时纠参，以为补救。咸丰十年 [7]，刑部堂官滥保不谙例案之员，朝廷务循宽大，辄以相习成风，不独刑部为然，多为原宥。仅予大学士桂良等镌级留任 [8]，出考堂官罚俸而已。穆宗即位 [9]，大难未平，厉精澄叙。同治五年 [10]，诏部、院堂官谨遵嘉庆五年备册密识贤否、公议同览之谕 [11]，并常川进署 [12]，与司员讲求公事，藉觇其属贤否。八年，又谕京察不得有举无劾，冀湔涤旧习，一新庶政。然积重之势，不能复返。光绪七年 [13]，礼部侍郎宝廷疏陈京察积弊 [14]，言之痛切，谓："瞻徇情面之弊，不专在部、院堂官，当责枢臣考察 [15]，必公必严。枢臣果精白乃心，破除情面，不特能考察部、院司员之贤否，并能考察内、外大臣之贤否。而考察枢臣功过，在圣明独断。若朝廷先以京察为故事具文，何责乎枢臣，更何责乎部、院堂官！"论虽切中而难实行，徒托空言而已。宣统二年 [16]，吏部设立宪政筹备处，改考功司为考绩科，主文职功过应行变通事宜。其时浮议纷纭，新旧杂糅，吏部等于赘疣矣。

[1] 道光四年：即公元 1824 年。道光，清宣宗爱新觉罗·旻宁的年号。

[2] 侯际清案：《清史稿·韩对传》："道光四年……会有官犯侯际清拟流，呈请赎罪，部议因际清犯罪情重，仍以可否并请。诏斥含混取巧，命大学士讬津等查讯，侍郎恩铭、常英、司员恩德等皆有贿嘱情事，对亦解任就质，坐失察司员得贿，嗣子知情，亲属撞骗，议夺职遣戍，因年老，从宽，命效力万年吉地工程处。"

[3] 恩德：生平不详。堂官：即各部、院的长官与副长官等。

[4] 吴杰：字卓士（1783～1836），号梅梁，会稽（今浙江绍兴）人。嘉庆十九年（1814）进士，选庶吉士，授编修，历官御史、给事中、贵州按察使、内阁学士、工部侍郎。《清史稿》有传。

[5] 军政：清代武职官员的考核制度。始于顺治九年（1652），十一年定五年一次。京、外武职各由长官按操守、才能、骑射、年龄四格填注考语，并列注该员履历及军功，分别去留部。有行止端方、弓马娴熟、管辖严肃、当差勤慎、不扰地方者，择其优者入荐举班候旨升用；有贪酷、不谨、疲软、年老患病、才力不及、浮躁者则行纠参，照例处分。八旗京内外武职官员，由各主管长官各将属员详核填注考语具奏。惟德州等处之城守尉、协领及属员，派大臣前往考选。京内外武职二品以上大员，原有自陈之例，后改由兵部开列事实，请旨定夺。

[6] 六法：参见清 214 注 8。

[7] 咸丰十年：即公元 1860 年。咸丰，清文宗爱新觉罗·奕𬣙的年号。

[8] 桂良：字燕山（1785～1862），满洲正红旗人，瓜尔佳氏。嘉庆十三年（1808）以贡生捐纳主事，历官四川顺庆知府、建昌道、河南按察使、四川、广东、江西布政使、河南巡抚、湖广总督、兵部尚书、热河都统、文华殿大学士。卒赠太傅，谥文端。《清史列传》、《清史稿》皆有传。镌级：降职。

[9] 穆宗：即清穆宗爱新觉罗·载淳（1856～1875）。参见清 118 注 6。

[10] 同治五年：即公元 1866 年。同治，清穆宗爱新觉罗·载淳的年号。

[11] 嘉庆五年：即公元 1800 年，嘉庆，清仁宗爱新觉罗·颙琰的年号。参见清 220。

[12] 常川：通常。

[13] 光绪七年：即公元 1881 年。光绪，清德宗爱新觉罗·载湉的年号；

[14] 宝廷：字仲献（1840～1891），号竹坡，又号难斋，满洲正蓝旗人，宗室，爱新觉罗氏。同治七年（1868）进士，选庶吉士，授编修，历官侍读、内阁学士、礼部右侍郎。《清史稿》有传。

[15] 枢臣：即"军机大臣"。参见清 61 注 9，清 220 注 6。

[16] 宣统二年：即公元 1910 年。宣统，宣统帝爱新觉罗·溥仪的年号。

222. 大计始顺治二年 [1]，御史张瀇疏请有司殿最 [2]，宜以守己端洁、实心爱民为上考。部覆如议。明年，定朝觐考察 [3]，颁五花册 [4]，令督、抚以四格注考 [5]。故事，计参外 [6]，台、省例有拾遗 [7]。是岁计群吏，止据抚、按所揭为黜陟。台、省拟循故事，内大臣不喜 [8]。大学士陈名夏力主之 [9]，给事中魏象枢亦以

为请 [10]。得旨，纠拾官照大计处分挟私妄纠者论 [11]。自后台、省意存瞻顾，纠拾者鲜。已，罢不行，而督、抚权乃日重矣。四年，定大计三年一举，计处官不许还职 [12]。谕朝觐官曰："贪酷重惩，阘茸罔贳 [13]。尔等姑许留任，当思祓濯前愆，勉图后效。"嗣是每届入觐之年，必严切诫饬以为常。

[1] 顺治二年：即公元1645年。顺治，清世祖爱新觉罗·福临的年号。

[2] 张溍：生平不详。殿最：古代考核政绩或军功，下等称"殿"，上等称"最"。这里即代"大计"。

[3] 朝觐：清制，官员有例行陛见之制。初制，外省文武官员定有元旦朝觐之制，齐集保和殿前行礼。康熙二十六年（1687）后罢。凡外官奉命来京，及外藩蒙古王公、外国使臣等来京，均于常朝日行礼。若适遇皇帝御太和殿大朝之期，皆可分别由礼部安排班位入觐朝贺，即称朝觐。

[4] 五花册：帝王颁发饰有五色金花绫纸的注考册簿。

[5] 四格：参见清214注4、注5。

[6] 计参：清代外官大计中，经考察表现不好的官员，据实按六法参劾处分，谓之计参。清制，凡以计参革职的官员，皆永不叙用。

[7] 拾遗：谓加补正或检举。

[8] 内大臣：官名。清代侍卫处之次官，武职，秩从一品，共六人，镶黄、正黄、正白三旗各二人，由皇帝特简。其职责为协助领侍卫内大臣掌院领侍卫亲军，与散秩大臣翊卫扈从，皇帝出巡时，内大臣可兼任前引大臣。

[9] 陈名夏：字百史（1605～1654），号芝山、石云居士，溧阳（今属江苏）人。明崇祯十六年（1643）进士，历官修撰，擢兵科给事中。北都破，降李自成农民军。顺治二年（1645）降清，历官吏部尚书、弘文院大学士、秘书院大学士。顺治十一年因党争被劾奸贪，处绞。著有《石云居士集》。《清史列传》、《清史稿》皆有传。

[10] 魏象枢：参见清121注9。

[11] 纠拾官：谓揭发检举的御史、给事中等台、省官员。

[12] 计处官：谓大计中被处罚的官员。

[13] 阘茸：庸碌低劣。贳（shì世）：赦免。

223. 旧例朝觐计典 [1]，藩、臬、府、州、县正官皆入觐 [2]。顺治九年 [3]，止令藩、臬各一员、各府佐一员代觐。十八年，给事中雷一龙疏言 [4]："三年大计，勿得遗大吏而摘微员，惩去位而宽现在。请令藩、臬赴部，面同指实，按册详察。"下部议行。康熙元年 [5]，停藩、臬入觐，以参政、副使等官代。十二年，复令藩、臬入觐。二十五年，以朝觐藉端苛派，奸弊滋生，藩、臬、府佐入觐例悉罢。官吏贤否去留，凭督、抚文册，布、按二司册籍悉停止。国初大计与考满并行 [6]，康熙元年，罢大计，止行考满。司、道历腹俸二年、边俸一年半 [7]，有司历边俸二年、腹俸三年 [8]，钱粮全完者许考满。分别地方荒残、冲疲、充实、简易四者开注，以政绩多寡酌定等第。四年，考满停，复行大计，为永制。大计举劾注考，例由州、县正官申送本府、道考核；教官由学道 [9]，盐政官由该正官考核 [10]；转呈布、按覆考，督、抚核定，咨达部、院。河官兼有刑名、钱粮之责者 [11]，总河、督、抚各行考核 [12]。专管河务者，总河自行考核具题。

[1] 朝觐：参见清222注3。计典：考察文职官员的京察、大计和武职官员的军政期间及其所办之事，称为计典。京察、大计与军政官员，除京察一等与大计、军政卓异官员外，其馀被考察的官员，均为入于计典官员，或计典参劾官员。凡入于计典参劾官员，均由部院和督抚照例议处。

[2] 藩：即布政使，一省最高行政长官，别称藩司。臬：即按察使，掌一省刑名按劾之事的司法和监察长官，别称"臬司"。参见清155注5。

[3] 顺治九年：即公元1652年。顺治，清世祖爱新觉罗·福临的年号。

[4] 雷一龙：字伯复（1617～？），直隶通州（今属北京市）人。顺治六年（1649）进士，历官山东知县、吏科给事中。

[5] 康熙元年：即公元1662年。康熙，清圣祖爱新觉罗·玄烨的年号。

[6] 考满：参见清151注5。

[7] 腹俸：参见清200注1。边俸：参见清200注1。

[8] 边俸二年：《清史稿校注》校勘记云："边俸二年，案光绪会典事例卷八十作'边俸二年半'。"可参考。

[9] 学道：即督学道，参见清34注8。

[10] 盐政官：参见清168注7。

[11] 河官：清代管理黄河、运河事务的官员。河道总督之下，文职有官河道、管河同知、通判等官，武职有副将等官。

[12] 总河：即河道总督，又称河督、河台。参见清151注2。

224. 康熙二十三年 [1]，以藩、臬与督、抚亲近，停其卓异。凡卓异官纪录即升 [2]，不次擢用。历朝最重其选，徇私滥保者罪之。康熙初，御史张冲翼请申严卓异定额 [3]，以详核事迹，使名实相副为言。下部议。六年，从御史田六善请 [4]，卓异官以清廉为本，司、道等官必注明不派节礼、索馈送，州、县等官必注明不派杂差、重火耗、亏损行户、强贷富民 [5]。以清吏之有无，定督、抚之贤否。其时廉吏辈出，灵寿令陆陇其等擢隶宪府 [6]，吏治蒸蒸，称极盛焉。四十四年，诏举卓异，务期无加派，无滥刑，无盗案，无钱粮拖久、仓库亏空，民生得所，地方日有起色。其他虚文，不必开载。乾隆八年 [7]，命督、抚以务农本计察核属员，论者谓以劝农为劝吏之要，深得治本，与汉诏同风 [8]。先是雍正六年 [9]，定卓异荐举失实处分，自行奏参者免。卓异官有贪酷不法，或钱粮、盗案未清，发觉者，原荐督、抚处分较司、道、府为轻。乾隆四十八年，改定卓异官犯赃，核其年月在原荐上司离任前后，分别议处。臬司、道、府减督、抚一等，藩司照督、抚例，以道、府按例转详督、抚、藩司亲为核定也。五十年，帝以保荐卓异，向分正附，未明定限制，易开徼幸之渐。敕部详核各省大小、缺分多寡 [10]，酌中定制，裁去附荐名目。于是各省卓异官有定额，终清世无大变更也。

[1] 康熙二十三年：即公元 1684 年。康熙，清圣祖爱新觉罗·玄烨的年号。《清史稿校注》校勘记云："案圣祖实录，以藩、臬与督、府亲近，停其卓异在'康熙二十四年'九月十四日辛未，光绪会典事例卷八十、清朝文献通考选举考、清朝通志选举略同。此当据改。"可参考。

[2] 纪录：参见清 176 注 1。

[3] 张冲翼：生平不详。

[4] 田六善：参见清 195 注 11。

[5] 火耗：明清附加税之一。原为铸造钱币时，金属经火熔化所出之损耗。明代将征收之细碎银两重新熔铸为一定重量的银锭，存入国库，而把熔铸之耗损部分名曰火耗，亦称火耗银，由纳税者承担。清初火耗各地不一，有高至百分之五十者，甚至解运往返费用，皆摊入其内。雍正时，列入正税，无定额，于征税时，每两银追加一、二、三分不等，存留地方，主要用于官吏养廉。行户：按行业编制之工商业铺户，或已参加行会组织之工商业铺户。由地方官府定期编审，并应承官府的各种徭役需索。

[6] 灵寿：在今河北省西部，滹沱河流域。陆陇其：参见清 152 注 9。宪府：古代称御史台，这里谓监察御史。

[7] 乾隆八年：即公元 1743 年。乾隆，清高宗爱新觉罗·弘历的年号。

[8] 汉诏：西汉文帝、景帝重视农业，屡下诏书，休养生息。史称"文景之治"。

[9] 雍正六年：即公元 1728 年。雍正，清世宗爱新觉罗·胤禛的年号。

[10] 缺分：官职或职位。

225. 八法处分 [1]，行之既久，长吏或视为具文，每将微员细故，填注塞责。历朝训谕谆谆，力戒瞻徇 [2]，犹防冤抑。雍正元年 [3]，诏大计降级罚俸官，例不许卓异，果有居官廉干因公诖误者 [4]，准与卓异。又以卓异八法举劾不过数十人，其不列举劾之平等官，自知县以上，令督、抚注考，报部察核。四年，谕参劾人员或有冤抑及避重就轻等弊，除贪酷官无庸引见外，其不谨、浮躁、不及等被劾官，督、抚给咨送部引见。乾隆二十四 [5]，帝以八法参本内不谨、浮躁官，未将何事不谨、何事浮躁，一一声叙，或有公事无误而节目阔疏 [6]，才具有为而气质粗率，上司以意见不洽，概登白简 [7]，不无可惜。其或败检逾闲 [8]，仅与避重就轻，均非整饬官方之意。命详注实迹，不得笼统参劾。嘉庆八年 [9]，定督、抚随时参劾阘冗平庸等事 [10]，未列叙实迹，被劾官情愿赴部引见者，得援大计六法例。此则考核不厌详密，冀搜求遗才，辅计典之不及也。嘉、道以后，计典一循旧例，督、抚奉行故事，鲜克振刷。道光八年 [11]，山东大计卓异，护抚贺长龄原注新城令容肃恺悌福慈祥等语 [12]，诏以宽厚难膺上考，令各省荐举体用兼备、熟明治理者。咸、同军兴 [13]，或地方甫收复，有待抚绥，或疆圉偪寇氛 [14]，亟筹保卫，敕各督、抚留心存记廉能之员，列上考，备擢用。时督、抚权宜行事，用人不拘资格，随时举措，固不能以大计常例绳其后也。

[1] 八法：清代京察、大计，对表现不佳之官员，分别按八法纠参，即贪、酷、罢软无为、不谨、年老、有疾、浮躁、才力不及八项内容。乾隆二十四年（1759），改八法为六法，将贪、酷官不入计典，可随时题参，革职拿问，永不叙用。其他入六法官员，仍照原例议处。参见清 214 注 8。

［2］瞻徇：徇顾私情。

［3］雍正元年：即公元1723年。雍正，清世宗爱新觉罗·胤禛的年号。

［4］诖误：贻误，连累。

［5］乾隆二十四年：即公元1759年。乾隆，清高宗爱新觉罗·弘历的年号。

［6］节目：条目。

［7］白简：古代弹劾官员的奏章。

［8］败检逾闲：道德败坏，超越法度。

［9］嘉庆八年：即公元1803年，嘉庆，清仁宗爱新觉罗·颙琰的年号。

［10］阘冗：同"阘茸"，庸碌低劣。

［11］道光八年：即公元1828年。道光，清宣宗爱新觉罗·旻宁的年号。

［12］护抚：即"护理巡抚"。护理，凡以低级官员代理高级官员的职务，以下级代理上级职务，以小官暂代大官篆务，谓之护理。如总督、巡抚出缺，由布政使或按察使代管印务即是。贺长龄：字耦耕（1785～1848），号西崖，又号雪霁，晚号耐庵，善化（今湖南长沙）人。嘉庆十三年（1808）进士，选庶吉士，授编修，历官江西南昌知府、江苏按察使、署山东巡抚、贵州巡抚、云贵总督，降补河南布政使，后被劾褫职。与魏源同编有《皇朝经世文编》。《清史列传》、《清史稿》皆有传。新城：属济南府，治所即今山东淄博市桓台县新城镇。容畾：生平不详。悃愊（kǔnbì 捆必）：至诚。

［13］咸同军兴：谓清廷与太平天国政权的对峙。参见清11注3。

［14］疆圉（yǔ 雨）：边防。偪（bī 逼）：逼迫，威胁。寇氛：谓帝国列强的嚣张气焰。

226. 光绪间［1］，言者每条奏计典积弊，请饬疆臣认真考察［2］。屡诏戒饬。然人才既衰，吏治日坏，徒法终不能行。二十八年［3］，诏各省设立课吏馆［4］，限半年具奏一次。三十一年，定考核州、县事实，分最优等、优等、平等、次等四级。顾课吏只凭一日文字，考核仅据一年事实，责以公当，盖亦难矣。宣统二年［5］，宪政编查馆疏请考核州［6］、县，分别学堂、巡警、工艺、种植、命盗、词讼、监押、钱漕，以为殿最。由主管衙门另订考核章程。名目繁多，表册虚伪，徒饰耳目，于劝惩无当也。至若旧例翰、詹大考［7］，分别优劣，升调降革有差，为特别考绩之法。外省司、道，年终有密考［8］。州、县一年期满，教、佐六年俸满，皆有甄别。则又随时考核之法，不属于察、计二典者。

［1］光绪：清德宗爱新觉罗·载湉的年号（1875～1908）。

［2］疆臣：负责镇守一方的高级地方官吏。清代称总督、巡抚为封疆大吏，省称"疆吏"或"疆臣"。

［3］二十八年：即光绪二十八年（1902）。

［4］课吏馆：清末为适应新形势而在各省所设立的培养县一级职官的机构。《清史稿·刚毅传》："刚毅，字子良，满洲镶蓝旗人。以笔帖式累迁刑部郎中。谙悉例案，承审浙江馀杭县民妇葛毕氏案，获平反，按律定拟，得旨嘉奖。出为广东惠潮嘉道，迁江西按察使，调直隶；迁广东布政使，调云南。光绪十一年，擢山西巡抚。请设课吏馆，手辑《牧令须知》诸书，分讲习，诏饬

行各省。”《清史稿·德宗二》：“（光绪二十八年）十一月戊午，诏自明年会试始，凡授编、检及改庶常与部属中书用者，胥肄业京师大学堂，俟得文凭，始许散馆及奏留。分省知县亦各入课吏馆学习。”《钦定总管内务府现行则例》卷二：“光绪二十八年正月奉上谕：为政之道，首在得人……近来各省以有奏设课吏者，自应一体通行，惟重在考核人才，不得视为调剂闲员之举。仍著该将军、督、抚两司等，劝见僚属，访问公事，以觇其才识，并察其品行，贤者量加委任，不必尽拘资格。其不堪造就者，即据实参劾，咨回原籍，统限半年具奏一次。务当破除情面，严行甄别，不准虚应故事，稍涉瞻徇，致负朝廷循名责实之至意。将此通谕知之。钦此。”

[5] 宣统二年：即公元 1910 年。宣统，宣统帝爱新觉罗·溥仪的年号。

[6] 宪政编查馆：官署名。光绪三十三年（1907）由考察政治馆改设。议复奉旨交议有关宪政折件，承拟军机大臣交付调查各件，编订宪法草案，审查法律馆及各部院所订法规法典，统计全国政要等事。由军机王大臣督饬，下置提调二人管理馆务。设编制、统计二局和庶务、译书、图书三处，直辖官报局。宣统三年（1911）裁撤。

[7] 大考：参见清 196 注 4。

[8] 密考：对职官的不公开的考核。具体不详。

227. 武之军政 [1]，犹文之考察，兵部职方司掌之 [2]。内、外卫、所，分属于武选司 [3]。在京武职，由管旗及部、院核奏 [4]；各省由统兵大员注考。京营千总以上，外省绿营守备以上，各由长官考核，分操守、才能、骑射、年岁四格 [5]。举劾与文职同。三品以上自陈，由部疏闻候旨。八旗世爵 [6]，则校其艺进退之。绿营举劾，每于军政后一年半举行 [7]，题升一二人入荐举班升用，劾者照军政处分。此其大略也。

[1] 军政：参见清 221 注 5。

[2] 职方司：清代兵部有武选、车驾、职方、武库四清吏司。《清史稿·职官一》：“职方掌各省舆图。绿营官年老三载甄别，五年军政，叙功核过，以待赏罚黜陟，并典处分、叙恤、关禁、海禁。”

[3] 武选司：参见清 207 注 2。

[4] 管旗：当谓八旗各旗之都统。八旗组织中一旗的最高军政长官，满名固山额真，掌一旗之户籍、田宅、教养及官兵拣选操练军政事务。初秩正一品，后定从一品。

[5] 四格：《清史稿校注》校勘记云：“案光绪会典卷四十九，‘操守、才能、骑射、年岁’，乃八旗军政开注四格，绿营四格，则系‘才技、年力、驭兵、给饷’，两者非尽相同。”可参。

[6] 世爵：亦称“世职”，即世代承袭的爵位。参见明 128 注 8。

[7] 一年半：《清史稿校注》校勘记云：“一年半，案光绪会典卷四十九作‘二年半’。”可参。

228. 国初未立限制，顺治九年 [1]，定六年一举，是为军政考核之始。十一年，改定五年为期。十三年，从给事中张文光请 [2]，军政卓异，照文官赐服旌劝 [3]，后改为加一级。康熙元年 [4]，停军政，专行考满。既而兵部疏请直省武职应依文官例，按年限由总督、提督会同举劾。御史季振宜疏言 [5]：“武职考满，营谋优等，克扣军饷，贻误封疆。请按历俸功次升转 [6]。”于是六年定举行军政事宜，京、外武职长官，注以四格 [7]，并详列履行、军功，分别去留，咨部。必注明行止端方、弓马娴熟、管辖严肃、供职勤慎、不扰害地方等考语，方许荐举。必有八法等款实迹 [8]，始行纠参。复令提督、总兵官自陈 [9]，提督由总督注考，总兵官由总督、提督注考。无总督省分，巡抚注考。嗣以滇省用兵 [10]，海内骚动，羽书倥偬，军政旷不举行者十年。至二十一年 [11]，滇逆荡平 [12]，从给事中硕穆科请 [13]，举行军政大典，各官事实履行，自康熙十一年军政后开起。九门千总等由九门提督注考 [14]。候补总兵官亦令自陈。副将以下候缺者 [15]，照旧例考察。六十一年，命在京武职领侍卫内大臣 [16]，八旗都统 [17]，前锋、护军、步军统领 [18]，副都统等 [19]，毋庸自陈。考选军政时，属员注考，照外省举劾例。各省驻防将军、副都统等 [20]，照提、镇例自陈 [21]。属员照京城例。德州等处城守尉、协领 [22]，派大臣往考，会同察核其属，注考以闻 [23]。

[1] 顺治九年：即公元 1652 年。顺治，清世祖爱新觉罗·福临的年号。

[2] 张文光：祥符（今河南开封）人（生卒年不详）。明崇祯元年（1628）进士，入清，历官兵科给事中。

[3] “军政”二句：《清史稿校注》校勘记云：“案世祖实录，从兵科给事中张文光请，考选军政卓异，照文官例，赐服旌劝在‘顺治十二年’正月十七日壬寅，清朝文献通考选举考同。此当据改。”可参考。旌劝，表彰奖励。

[4] 康熙元年：即公元 1662 年。康熙，清圣祖爱新觉罗·玄烨的年号。

[5] 季振宜：参见清 215 至 11。

[6] 历俸：清代官员升调，有论俸升迁之制。食俸年数多者为资深，食俸年数少者为资浅。根据官员食俸年数之多寡，确定升迁的先后次序，挨次于俸满时升补，称为挨资俸。历俸又有“边俸”与“腹俸”之分。参见清 200 注 1。

[7] 四格：即操守、才能、骑射、年岁四格。

[8] 八法：参见清 225 注 1。

[9] 提督：全称“提督军务总兵官”，为一省绿营兵的最高长官，秩从一品。参见清 155 注 3。总兵官：清代绿营兵之高级将领，仅次于提督，秩正二品。参见清 167 注 8。

[10] 滇省用兵：谓镇守云南的平西王吴三桂于康熙十二年（1673）起兵叛清，继而三藩乱作，清廷各个击破，历时八年，方告平定。

[11] 二十一年：即康熙二十一年（1682）。

[12] 滇逆荡平：《清史稿·圣祖一》：“（康熙二十年）十一月辛亥，诏从贼诸人，除显抗王师外，徐俱削官放还。以诺迈为汉军都统。癸亥，定远平寇大将军贝子彰泰、平南大将军都统赖塔、勇略将军总督赵良栋、绥远将军总督蔡毓荣疏报王师于十月二十八日入云南城，吴世璠自杀，传首，吴三桂析骸，示中外，诛伪相方光琛，徐党降，云南平。”

[13] 硕穆科：生平不详。

[14] 九门千总：即“门千总”。参见清 207 注 6。九门，谓京师正阳门、崇文门、宣武门、安定门、德胜门、东直门、西直门、朝阳门、阜成门。九门提督：即“提督九门步军统领”，康熙十三

年（1674）由九门步军巡铺改设，以亲信大臣兼任，掌京城内外门禁统帅八旗步军五营，别称九门提督，初秩正二品，嘉庆四年升从一品。

[15] 副将：官名，清代绿营兵之武职，隶于提督、总兵之下，秩从二品。参见清125注1。

[16] 领侍卫内大臣：官名。清侍卫处长官，武职正一品，为武职最高职衔。共六人，镶黄、正黄、正白旗各二人，掌统领侍卫亲军。

[17] 八旗都统：参见清124注4。

[18] 前锋：即"前锋统领"。清代八旗前锋营之长官，由王、公、大臣兼领，左、右翼各一人，秩正二品，分掌本翼所辖四旗前锋之政令。护军：即"护军统领"。清代八旗护军营之长官。每旗各一人，共八人，秩正二品，于满洲、蒙古大臣官员中选任，掌八旗护军之政令。初名巴牙喇纛额真，天聪八年（1634）改称巴牙喇纛章京，顺治十七年（1660）定汉名为护军统领。步军统领：清代步军营之长官，由皇帝特简满洲亲信大臣兼任，秩从一品。即九门提督。

[19] 副都统：参见清179注6。

[20] 驻防将军：清代驻守畿辅与各地的驻防八旗长官。清制，驻防将军有西安、宁夏、江宁、杭州、荆州、广州、福州、成都等将军。其所属军官自副都统以下有协领、城守尉、防守尉、佐领、防御、骁骑校等。掌统八旗，与绿营兵夹辅都邑，镇守一方。

[21] 提：即"提督"，又称"提台"、"军门"，全称提督军务总兵官，为一省绿营的最高长官，秩从一品。镇：即"镇台"，又称"总兵"，为清代绿营兵之高级将领，仅次于提督，秩正二品。均参见清124注7。

[22] 德州：在今山东省西北部，大运河流贯，清代漕运繁忙。《清史稿·职官四》："山东驻防副都统一人。雍正十年置，驻青州（旧有将军。乾隆二十六年省。城守尉一人（驻德州）。协领四人。佐领、防御、骁骑校各二十人。"城守尉：清代驻防八旗的专城将领之一，于不设将军、副都统之城设之，秩正三品。辖兵数百至一千名不等，总掌本城旗籍和防卫等事务。下设佐领、防御、骁骑校等职。其驻在省别置将军或副都统者，由将军或副都统兼辖；未设将军或副都统者，受巡抚节制；惟保定、沧州城守尉隶于稽察宝坻等处驻防大臣。协领：清代驻防八旗武职官员，位在副都统之下，佐领之上，秩从三品。掌分辖所属官兵，操练守卫，以协理防务。

[23] 注考以闻：《清史稿校注》校勘记云："案世宗实录，命总理事务王大臣、兵部定议在京武职官员考选军政在康熙六十一年十二月二十五日丙子，其议覆准行当在稍后；光绪会典事例卷六〇四系议覆准行在'雍正元年'。"可参考。

229. 雍正元年[1]，命平等官守备以上[2]，督、抚、提、镇注考。其冬，诏曰："初次考选军政，有出兵效力、年老俸深、尚能坐理者，留任。不宜留任者，另奏加恩。或虽未效力行间，而供职年久者，亦留心验看。"此则垂念资劳，特颁宽典，非常例也。二年，谕各省所保副、参、游击[3]，轮流引见，察其人材弓马，督、抚、提、镇以其操守训练，分别等第密陈。六年，山西太原总兵官袁立松疏陈平垣营守备梁玉廉洁敏练[4]，以年老入参劾。帝以谙练才不可多得，命酌量以游击题补，尤殊恩也。是年定卓异官原任有贪酷不法，或升调他省，别犯赃罪，原举长官，分别处分。

[1] 雍正元年：即公元1723年。雍正，清世宗爱新觉罗·胤禛的年号。

[2] 守备：又称"守府"，清代绿营兵之武职，位都司下，千总之上，秩正五品。参见清125注2。

[3] 副：即"副将"。官名，清代绿营兵之武职，隶于提督、总兵之下，秩从二品。参见清125注1。

参：即"参将"。清代绿营兵之武职，位副将之下，秩正三品。参见清125注1。游击：清代绿营兵之武职，位参将之下，秩从三品。参见清125注1。

[4] 袁立松：生平不详。平垣营：清代太原镇总兵所辖营伍。《清史稿·兵二》："太原镇总兵统辖镇标二营，兼辖蒲州、潞安二协，太原等营（镇标左营、右营，蒲州协，运城营，吉州营，潞安协，泽州营，东阳营，粟城营，太原营，平阳营，隰州营，汾州营，平垣营，孟寿营，东滩营，平定营）。"梁玉：生平不详。

230. 乾隆二年[1]，部议出兵效力人员，年老休致，令子弟一人入伍食粮，无子弟亦给守粮养赡。从之。时直省保题员弁，类以明白勤敏、才堪办事列上选。十一年，谕嗣后保题，务重弓马汉仗[2]。十五年，以各省所保总兵官鲜当意，谕曰："年满千总一项[3]，类多猥琐。国家擢用武职，营伍为正途，拔补将弁，必选之若辈。缘次而升，皆自年满千总始。折冲御侮之用，预筹于升平无事之日，不可视为缓图。"二十四年，以大臣自陈例既罢，敕兵部于军政年，将在京都统、副都统，在外驻防将军、都统、副都统，各省提督、总兵官，分别三本，条举事实候鉴裁，以重考绩。四十二年，定卫、所绿营武职荐举卓异尚未升转，再遇军政列平等者，将上次卓异注销。

[1] 乾隆二年：即公元1737年。乾隆，清高宗爱新觉罗·弘历的年号。

[2] 汉仗：谓体貌雄伟。清梁章钜《退庵随笔》卷十三："选将之法，与选士不同，智勇固所在先，而汉仗亦须兼顾。"

[3] 千总：参见清125注6。

231. 嘉庆四年[1]，定侍卫军政考试[2]，向例军政年不许告病乞休，以杜规避。八年，申谕查阅营伍年分，事关考核，照军政例，不得告病、乞休。咸、同军兴[3]，百度稍弛[4]，军政大典，相沿不废。咸丰二年[5]，黑龙江将军英隆以俄兵窥伺[6]，派将弁扼守要隘，疏请本年军政展限举行。不允。嗣湖广总督程矞采等以军务未竣[7]，疏请展限，令凯撤后再行补考[8]。并谕年老力衰者，随时参办。沿及德宗[9]，虽加意振饬，势成弩末，展限之举，史不绝书。

[1] 嘉庆四年：即公元1799年，嘉庆，清仁宗爱新觉罗·颙琰的年号。

[2] 侍卫：参见清61注8。

[3] 咸同军兴：谓清廷与太平天国政权的对峙。参见清11注3。

[4] 百度：百事，各种制度。

[5] 咸丰二年：即公元1852年。咸丰，清文宗爱新觉罗·奕詝的年号。

[6] 英隆：生平不详。俄兵窥伺：咸丰元年七月，沙俄强占中国黑龙江口庙街，改名尼古拉也夫斯克。

[7] 程裔采：字蔼初（？～1858），号晴峰，新建（今属江西）人。嘉庆十六年（1811）进士，历官礼部主事、军机章京、江南道监察御史、江苏巡抚、山东巡抚、云贵总督、湖广总督。以与太平军作战失利，遣戍新疆，后释归，卒。《清史列传》有传。军务未竣：谓与太平军在湖南一带之争战。

[8] 凯撤：即"凯旋"，谓胜利撤军。

[9] 德宗：即清德宗爱新觉罗·载湉（1871～1908）。参见清61注4。

232. 光绪十四年[1]，编定北洋海军[2]，由海军衙门司黜陟[3]。甲午以后[4]，力鉴覆辙，裁绿营，练新军[5]，别订考核章程。三十二年，改兵部为陆军部[6]，其考核隶军衡司。宣统二年[7]，设海军部[8]，其考核隶军制司。朝廷锐意革新，军纪宜可少振。无如积习已深，时艰日棘，卒归罔济云。

[1] 光绪十四年：即公元1888年。光绪，清德宗爱新觉罗·载湉的年号。

[2] 北洋海军：清末新式海军之一。创议于同治六年（1867），始建于光绪元年（1875），十一年，清廷设立海军衙门，十四年制定《北洋海军章程》，编成北洋舰队，有镇远、定远铁甲舰两艘，济远、致远等巡洋舰七艘，蚊炮船六艘，鱼雷艇六艘，练船三艘，运船一艘，共二十五艘，官兵四千余人。设海军提督一人统领全军，驻威海。总兵二员分左右翼，各统铁舰为领队。下设副将、参将、游击、都司、守备、千总、把总等官。光绪二十一年中日甲午战争中在威海覆灭。后略有恢复，宣统元年（1909）将南、北洋舰队改编为巡洋舰队与长江舰队。

[3] 海军衙门：即"总理海军事务衙门"，简称海军衙门。光绪十一年（1885）九月成立，以醇亲王奕譞总理海军事务，所有沿海水师悉归其节制调遣。以庆郡王奕劻、大学士直隶总督李鸿章为会办，正红旗汉军都统善庆、兵部右侍郎曾纪泽为帮办，实权为李鸿章所控制。二十一年二月因北洋海军覆灭，基地失陷，该衙门裁撤。

[4] 甲午：即光绪二十年甲午（1894），这一年六月二十三日，日本舰队在牙山口外丰岛海面袭击中国运兵船舰，正式挑起中日甲午战争。七月一日中日双方正式宣战。八月十八日日本海军在黄海大东沟海面拦击北洋舰队，双方激战数时，皆有较大损伤。后日本占领朝鲜，又取得制海权，由陆、海两线侵犯中国境内，次年一月攻占威海卫，北洋舰队全军覆没。清廷一意乞和，于三月二十三日与日本签订《中日马关条约》，甲午战争遂以中方失败而告结束。

[5] 新军：参见清55注7。

[6] 陆军部：官署名。光绪三十二年（1906）九月由兵部改设，统辖京外陆军及八旗、绿营，管理武职官员的铨选及军械、军事教育等事宜。初设时暂领军谘处、海军处。署尚书一人、左右侍郎各一人，下设承政、参议两厅及军衡、军乘、军计、军实、军制、军需、军学、军医、军法、军牧十司。宣统二年（1910）改尚书、侍郎为大臣、副大臣，撤承政、参议两厅及军乘、军计、军学三司，增承政一司，设军学、审计二处。

[7] 宣统二年：即公元1910年。宣统，宣统帝爱新觉罗·溥仪的年号。

[8] 海军部：官署名。光绪三十二年（1906）设海军处，暂隶陆军部。宣统元年（1909）设筹办海军事务处，以载洵、萨镇冰为筹办海军大臣。宣统二年正式成立海军部，掌全国海军政务。置海军大臣、副大臣等官职，设有军制、军政、军学、军防、军医、军枢、军储、军法八司。另管辖船厂、船坞、军港多处。

《清史稿》

卷一百十二　志八十七

选举七

捐　纳

233. 清制，入官重正途 [1]。自捐例开，官吏乃以资进。其始固以搜罗异途人才，补科目所不及，中叶而后，名器不尊 [2]，登进乃滥，仕途因之骫杂矣。捐例不外拯荒、河工、军需三者，曰暂行事例，期满或事竣即停，而现行事例则否。捐途文职小京官至郎中，未入流至道员；武职千、把总至参将。而职官并得捐升 [3]，改捐 [4]，降捐 [5]，捐选补各项班次、分发指省、翎衔、封典、加级、纪录 [6]。此外降革留任、离任 [7]，原衔、原资、原翎得捐复 [8]，坐补原缺。试俸、历俸、实授、保举、试用、离任引见、投供、验看、回避得捐免 [9]。平民得捐贡监、封典、职衔 [10]。大抵贡监、衔封、加级、纪录无关铨政者 [11]，属现行事例，馀属暂行事例。

[1] 正途：与"异途"如捐纳等相对。参见清192。

[2] 名器：名号与车服仪制，封建社会用以别尊卑贵贱之等级。这里谓官位。

[3] 捐升：清制，凡现任官援照政府颁布的条例，可捐纳一定数量的钱财而获得升官，即称捐升。

[4] 改捐：谓再捐银两以获取更高官职；或因所捐官缺人数众多，改捐他缺。《增修筹饷事例条款》："捐纳京外官员，有因本项人数众多，情愿改捐者，除品级相同又系应升之阶，仍照捐升办理外，其非应升阶（如通判改主事，太常寺典簿改捐知县之类），准其捐改互捐。"

[5] 降捐：谓革职官员以纳钱的方式获得低于原官的职务。

[6] 班次：补授官职的次序。分发指省：按所捐省分分发。分发，清代任用官员形式之一。京官称分衙门学习行走，外官称发省差委试用，通称分发。翎衔：谓具有一定品级的官职。清代文武官员帽子上所装饰的羽翎，因品级而有不同。五品以上赐孔雀羽毛，称花翎，并有三眼、双眼、单眼之别；六品以下赐鹖翎羽，染成蓝色翎。无眼。封典：皇帝给官员及其家属的一种恩典，始于晋，以后历代相沿。清制，以封典给官员本人的称"授"，给曾父母以下及本身的妻室，在世时

称"封"，死后称"赠"。一品官封典自曾父母以下，三品官封典自祖父母以下，七品官以上封典自父母以下，九品以上仅给其本身，均视其品秩和服制的不同而有等差。这里谓以捐纳取得某类封典。加级：参见清176注1。纪录：参见清176注1。

[7] 降革留任：官员受降职或革职处分，但因小仍可留在本任继续任职办事。降职留任是就其现任之级递降，照所降之级食俸，仍留现任。降级留任又分降一级留任至降三级留任三等。革职留任，其等在降三级留任之上，与降一级调用同等。离任：官员因调动、被参、降革、休致、丁忧、告病等，按制需离开现任职位，称离任。何项人员须即令离任、何项人员须批准后方能离任，均有定制。

[8] 捐复：通过捐纳银两等恢复原有职衔、待遇等。

[9] 试俸：谓试用期间的官员。参见清246。历俸：参见清228注6。实授：以额定之官职，正式除授实缺。《增修现行常例》："州县等官历俸三年，准其升补。历俸未满三年，准其升署。连前任、本任接算三年，准其实授。如历俸未满三年升署人员，升署任内并无违碍处分者，于升署后即准其各按本职随带加一级银数的加两倍捐免实授。"保举：参见清245。《增修现行常例》："由生监吏员出身人员，应令先捐免保举，再行捐升京外正印各官……京外各官，除向例捐免保举人员照常办理外，京官之治中、都察院都事、经历，光禄寺署正，部寺司务，外官之运同、提举、盐库各大使，均令一律捐免保举，再行报捐前项各员。"试用：未经正式选授任命的官员。离任引见：参见注7，清65注13。投供：参见清11注6。验看：清代铨选制度之一，吏部所选官员，先由特派的王公大臣传见，以考察其年力是否胜任。回避：古代防止官吏徇私的制度。凡文职官员不得在本籍和原籍任官；亲属不得在同一地方或同一衙门做官，称回避。

[10] 贡监：谓"例贡"与"例监"。分别参见清3注14，清3注15。职衔：官员的职务与官阶品级。清代官员职衔，职为实职，衔为虚衔，具有某种衔级的人员，必须经实授后才能取得实任官职。

[11] 衔封：谓官阶品级等虚衔与封典。

234. 历代捐例，时有变更，惟捐纳官不得分吏、礼部，道、府非由曾任实缺正印官 [1]，捐纳仅授简缺 [2]，则著为令。铨补则新捐班次视旧班为优，此通例也。捐事户部捐纳房主之 [3]，收捐或由外省，或由部库，或省、部均得报捐。咸丰后 [4]，并由京铜局 [5]。

[1] 实缺：清制，经正式任命的额定官职称为实缺，若委派署理则称为署缺。正印官：参见清201注10。

[2] 简缺：官缺的一种。官吏的职务有繁有简，吏部在铨选时分别繁缺、简缺以铨次官吏。职务清闲、事务不多之官缺称简缺。

[3] 捐纳房：清代户部下属机构。《清史稿·职官一》："户部……又饭银处、减平处、捐纳房、监印处、则例馆，俱派司属分治其事。"

[4] 咸丰：清文宗爱新觉罗·奕詝的年号（1851～1861）。

[5] 京铜局：即"京师捐铜局"，属户部。咸丰间为增加财政收入，对捐输章程加以变通而设立。报捐者除银两外，可以以铜或其他实物缴纳。如当时铜四十斤可折银十两，纳捐七二折计，则铜二百八十八斤可折银百两。

235. 凡报捐者曰官生 [1]，部予以据，曰执照 [2]。贡监并给国子监照。俊秀纳贡监或职衔 [3]，贡监纳职衔，由原籍地方官查具身家清白册，季报或岁报。纳职官者，查明有无违碍，取具族邻甘结 [4]，依限造报。逾限或查报不实，罪之。其大略也。

[1] 官生：这里当谓官生之报捐者。官生，参见清3注7。
[2] 执照：这里即指捐纳之凭证。
[3] 俊秀：清代汉人无出身者称俊秀。武生行武就文职者，出身与俊秀同。由俊秀捐输官职者，止授从九品或未入流。
[4] 甘结：旧时交给官府的一种画押字据，多属保证某事，并声明不尔则甘愿受罚。

236. 文官捐始康熙十三年 [1]，以用兵三藩 [2]，军需孔亟 [3]，暂开事例 [4]。十六年，左都御史宋德宜言 [5]："开例三载，知县捐至五百馀人。始因缺多易得，踊跃争趋。今见非数年不克选授，徘徊观望。宜限期停止，俾输捐恐后。既有济军需，亦慎重名器。"帝纳其言。滇南收复，捐例停。嗣以西安、大同饥，又永定河工 [6]，复开事例。五十一年，增置通州仓厫 [7]，科臣有请开捐者 [8]，廷议如所请。侍郎王掞抗疏言 [9]："乡里童骏 [10]，一旦捐资，俨然民上。或分一县之符，或拥一道之节，不惟滥伤名器，抑且为累地方。宜禁止，以塞侥幸之路，杜言利之门。"帝韪之，为饬九卿再议 [11]。青海用兵 [12]，馈饷不继，内大臣议停各途守选及迁补，专用捐资助饷者。刑部尚书张廷枢言 [13]："惟捐纳所分员缺可用捐员 [14]，正途及迁补者宜仍旧。"从之。

[1] 康熙十三年：即公元1674年。康熙，清圣祖爱新觉罗·玄烨的年号。《清史稿校注》校勘记云："案云自在龛笔记载有康熙十四年乙卯捐纳条款；又条奏疏稿康熙十九年蒋伊奏云：'从前知县员缺，……俱系进士、举人、贡生、教习等应选之人选授。自康熙十四年十月……，将捐纳先用与应选知县分缺选授；续……将应选者之缺，又分一半与小京官捐纳知县之人，……以致……以后所出大选员缺，俱选小京官捐纳之人，而应选者不得选授，实属壅滞。'则据此，捐纳实官似始自'康熙十四年'。"可参考。
[2] 三藩：清康熙初，平西王吴三桂镇云南，平南王尚可喜镇广东，靖南王耿精忠镇福建，时称三藩。吴三桂于康熙十二年（1673）起兵叛清，继而三藩乱作，清廷各个击破，历时八年，方告平定。
[3] 孔亟：很急迫。
[4] 事例：可作为依据的前事。这里谓捐纳事。参见清233。
[5] 宋德宜：字右之（1626～1687），号蓼天，江南长洲（今江苏苏州）人。顺治十二年（1655）进士，选庶吉士，授编修，历官内阁学士、左都御史、刑部、兵部、吏部尚书、文华殿大学士。卒谥文恪。《清史列传》、《清史稿》皆有传。
[6] 永定河工：《清史稿·圣祖二》："（康熙三十七年秋七月）癸巳，霸州新河成，赐名永定河，建河神庙。"清代，永定河常泛滥成灾，有"小黄河"之称。《清史稿校注》校勘记云："案清代捐纳制度引有怀堂文稿永定河工停止捐纳议云：'今总河臣王新命开报急公捐纳人员，奉旨下廷

臣会议。……查先经漕臣桑格、河臣于成龙相继为河工请开事例，具奉旨不准行，钦遵在案。……相应将管河臣王新命所奏开捐纳之处无庸议。'似康熙中叶前，永定河工捐例未尝开。又案本朝政治全书捐叙条，至康熙六十年下，始载有河工捐补事例，且一切章程，悉照陕西赈饥例之旧。则据此，康熙时永定河工捐例是否开纳，实属存疑。"可参考。

[7] 通州仓廒：清代于京师与通州皆建有粮仓，贮存南来漕米，以供王公百官、驻京军队及京畿百姓食用，设仓场总督衙门经管。参见清192注11。

[8] 科臣：谓有监察之责的六科给事中。

[9] 王掞：字藻儒（1645～1728），一作藻如，号颛庵，江南太仓（今属江苏）人。康熙九年（1670）进士，选庶吉士，授编修，历官内阁学士、户部侍郎、刑部、工部、兵部、礼部尚书、文渊阁大学士。《清史列传》、《清史稿》皆有传。《清史稿校注》校勘记云："侍郎王掞，案清史稿列传七十三王掞传，康熙三十三年，迁户部侍郎，直经筵，四十三年，擢刑部尚书，累历工、兵、礼诸部，至五十一年，授文渊阁大学士，兼礼部尚书，直经筵如故，清史列传卷九王掞传同。"可参考。

[10] 童骏（ǎi ǎi）：年幼无知者。

[11] 九卿：清代谓六部、理藩院尚书、都察院左都御史、大理寺卿为九卿。

[12] 青海用兵：谓康熙三十五年至三十六年（1696～1697），康熙帝两次亲征准噶尔部噶尔丹的叛乱。

[13] 张廷枢：字景峰（1654～1729），号息园，韩城（今属陕西）人。康熙二十一年（1682）进士，选庶吉士，授编修，历官内阁学士、吏部侍郎、刑部尚书。坐罪被逮，道卒。乾隆时追谥文端。《清史列传》、《清史稿》皆有传。

[14] 可用捐员：《清史稿校注》本作"可避军饷人"，并出校勘记云："军饷人，案清史馆张启俊辑选举志稿作'运饷人'。"可参考。

237. 雍正二年 [1]，开阿尔台运米事例 [2]。五年，直隶水灾，议兴营田 [3]，从大学士朱轼请 [4]，开营田事例。云贵总督鄂尔泰以滇、黔垦荒 [5]，经费无著，请开捐如营田例。帝曰："垦田事例，于地方有裨益。向因各捐例人多。难于铨选，降旨停止。年来捐纳应用之人，将次用完，越数年，必致无捐纳之人，而专用科目矣。应酌添捐纳事款。除道、府、同知不许捐纳，其通判、知州、知县及州同、县丞等，酌议准捐。"下九卿议行 [6]。十二年，开预筹粮运例 [7]。

[1] 雍正二年：即公元1724年。雍正，清世宗爱新觉罗·胤禛的年号。

[2] 阿尔台：地名，不详，当在今青海一带。雍正即位之初，青海和硕特部蒙古贵族罗布藏丹津叛乱，清军粮秣供应不上，雍正帝特开办阿尔台运米事例，用捐纳解决军需问题。

[3] 营田：即"京畿营田"。雍正三年（1725）冬，怡亲王允祥和大学士朱轼奉命勘察直隶水道。次年置营田水利府，下设京东、京西、京南、天津四个营田局，兴修水利和稻田。朱轼提出营田捐赎事例，借用官员、平民财力营造水田。世宗命招募江浙老农到直隶教种水稻。高宗即位，撤销营田机构，交所在地方官管理，实际取消了营田。

[4] 朱轼：字若瞻（1665～1736），号可亭，高安（今属江西）人。康熙三十三年（1694）进士，历

官浙江巡抚、左都御史，入直南书房，晋文华殿大学士兼吏部尚书。卒官，谥文端。著有《周易注解》、《周礼注解》、《朱文端公集》等。《清史列传》、《清史稿》皆有传。

[5] 鄂尔泰：参见清 93 注 16。

[6] 九卿：清代谓六部、理藩院尚书、都察院左都御史、大理寺卿为九卿。《清史稿校注》校勘记云："案永宪录续编，以鄂尔泰请开捐如营田例，谕用人不专限科目，下九卿议行在'康熙六年'；皇朝政典类纂卷二一一则系于'雍正五年'。"可参考。

[7] 预筹粮运例：有关预筹捐运粮银以赎罪的事例。《清史稿·刑法二》："其捐赎一项，顺治十八年，有官员犯流徒籍没认工赎罪例；康熙二十九年，有死罪现监人犯输米边口赎罪例；三十年，有军流人犯捐赎例；三十四年，有通仓运米捐赎例；三十九年，有永定河工捐赎例；六十年，有河工捐赎例。然皆事竣停止，其历朝沿用者，惟雍正十二年户部会同刑部奏准预筹运粮事例，不论旗、民，罪应斩、绞，非常赦所不原者，三品以上官照西安驼捐捐运粮银一万二千两，四品官照营田例捐运粮银五千两，五、六品官照营田例捐银四千两，七品以下、进士、举人二千五百两，贡、监生二千两，平人一千二百两，军、流各减十分之四，徒以下各减十分之六，俱准免罪。西安驼捐，行自雍正元年，营田例则五年所定也。"

238. 先是俊秀准贡得输资为教职 [1]。已，虑异途人员不胜训迪表率之责，康熙三十三年 [2]，令俊秀准贡捐学正、教谕者改县丞，训导改主簿。雍正元年 [3]，谕"捐纳教职，多不通文理少年，以之为学问优长、年高齿长者之师可乎？"诏改用如前例。

[1] 俊秀：参见清 7 注 1。

[2] 康熙三十三年：即公元 1694 年。康熙，清圣祖爱新觉罗·玄烨的年号。《清史稿校注》校勘记云："案永宪录卷二上，准江南学政赞善许汝霖请，凡贡捐学正、教谕改县丞，训导改主簿在'康熙三十年'。"可参考。

[3] 雍正元年：即公元 1723 年。雍正，清世宗爱新觉罗·胤禛的年号。

239. 高宗初元 [1]，诏停京、外捐例。乾隆七年 [2]，上下江水灾 [3]，命刑部侍郎周学健、直督高斌往同督、抚办理 [4]。寻合疏言赈务、水利需费浩繁 [5]，请仿乐善好施例，出资效力者，量多寡叙职官。诏以京官中、行、评、博以下 [6]，外官同知、通判以下，无碍正途，如所请行。嗣是上下江、直隶、山东、河南屡告灾，辄徇臣工请，许开捐例。十三年，进剿大金川 [7]，四川巡抚纪山奏行运米事例 [8]，部议运米石抵捐银二十五两，纳官以是为差。川陕总督张广泗言 [9]："军前口粮领折色 [10]，石发银五、六两。事例既开，各员以存米纳捐，计贡监纳即用同知不过千馀金，即用小京官不过数百金，请令如数交银，以杜弊端。"报可。三十九年，再征金川，复开川运例。惟四库馆誊录、议叙等职 [11]，多靳不令捐纳，馀得一体报捐。贡监纳道、府例，自雍正五年后 [12]，数十年无行者，至是复行。

[1] 高宗：即清高宗爱新觉罗·弘历（1711～1799）。参见清9注3。

[2] 乾隆七年：即公元1742年。乾隆，清高宗爱新觉罗·弘历的年号。

[3] 上下江：谓安徽、江苏两省。长江由安徽流入江苏，江苏称下江，安徽地处江苏之西，故称上江。

[4] 周学健：字勿逸（？～1748），号力堂，新建（今属江西）人。雍正元年（1723）进士，选庶吉士，授编修，历官侍讲、内阁大学士、刑部侍郎、福建巡抚、浙闽总督加太子太保、江南河道总督，以违制薙发、营私受赃罪赐自尽。《清史列传》、《清史稿》皆有传。直督：直隶总督。高斌：字右文（1693～1755），号东轩，满洲镶黄旗人，高佳氏。初隶内务府，授主事，历官广东、浙江、江苏河南布政使、两淮盐政、江南河道总督、直隶总督、吏部尚书、议政大臣、军机大臣、文渊阁大学士。卒于河工任上。赐谥文定。为清代治河四名臣之一。《清史列传》、《清史稿》皆有传。

[5] 赈务：救济灾民等事务。

[6] 中：即"内阁中书"，清内阁属官，掌撰拟、翻译、缮写等事，秩从七品。行：即"行人"，原为明代行人司职官，专职捧节、奉使之事的官吏，秩正八品。清沿明制，至乾隆十三年（1640）省。评：即"大理评事"。清代大理寺属官，左、右寺均设，各一人，专用汉员，秩正七品。博：即"太常博士"，清代太常寺属官，秩正七品。中、行、评、博四职品大小相当，故常连称。

[7] 大金川：土司名。明代封哈伊拉木为金川寺演化禅师，世袭金川地区（今四川大、小金川江流域）。后分大、小金川两土司。清康熙五年（1666），嘉纳巴归清，授演化禅师印，其庶孙莎罗奔作战有功，雍正元年（1723）授金川安抚司。莎罗奔居大金川，自号大金川，以旧土司泽旺为小金川，故有大、小金川之称。乾隆十二年（1747），莎罗奔叛，四十一年平定后改土归流，于小金川置美诺厅，大金川置阿尔古厅。四十四年并阿尔古入美诺，四十八年改为懋功厅。

[8] 纪山：籍贯字号不详（？～1751），历官四川巡抚、驻藏副都统，以罪赐自尽。

[9] 张广泗：汉军镶红旗人（？～1749），监生出身，历官思州知府、贵州按察使、巡抚、护理大将军、经略、川陕总督，以办理金川军务狡诈欺罔、有心误国罪处斩。《清史列传》、《清史稿》皆有传。

[10] 折色：旧时谓所征田粮折价征银钞布帛或其他物产。

[11] 四库馆：参见清158注24。誊录：这里指四库馆负责誊录的书手。议叙：这里指须由保举而授任之官。

[12] 雍正五年：即公元1727年。雍正，清世宗爱新觉罗·胤禛的年号。

240. 五十八年 [1]，诏曰："前因军需、河工，支用浩繁，暂开事例 [2]，原属一时权宜。迄今二十馀年，府库充盈，并不因停捐稍形支绌。可见捐例竟当不必举行。不特慎重名器，亦以嘉惠士林，我子孙当永以为法。倘有以开捐请者，即为言利之臣，当斥而勿用。"

[1] 五十八年：即乾隆五十八年（1793）。

[2] 事例：可作为依据的前事。这里谓捐纳事。参见清233。

241. 嘉庆三年 [1]，从户部侍郎蒋赐棨请 [2]，开川楚善后事例 [3]，帝虑正途因之壅滞，饬妥议条款。寻议："京官郎中、员外郎，外官道、府，有理事亲民之责，未便滥予登进。进士，举人，恩、拔、副、优、岁贡，始许捐纳。非正途候补、候选正印人员，亦得递捐。现任、应补、候选小京官、佐贰，止准以应升之项捐纳。"从之。嗣以河屡决，续开衡工、豫东、武陟等例 [4]。十一年，定捐纳道、府，系曾任知府、同知、直隶州知州并州、县正印等官加捐，及现任京职，堪胜繁缺者 [5]，许以繁简各缺选用。其贡监初捐，及现任京职仅堪简缺 [6]，并外任佐杂等官递捐者，专以简缺选用。

[1] 嘉庆三年：即公元 1798 年，嘉庆，清仁宗爱新觉罗·颙琰的年号。

[2] 蒋赐棨：字戟门（1734～1802），常熟（今属江苏）人。袭一等轻车都尉世职，历官户部左侍郎。

[3] 川楚善后：谓清廷镇压王聪儿、姚之富为首的白莲教的善后事宜。

[4] 衡工：河南封丘衡家楼河工。《清史稿·河渠一》："（嘉庆）八年九月，决封丘衡家楼，大溜奔注，东北由范县达张秋，穿运河东趋盐河，经利津入海。直隶长垣、东平、开州均被水成灾。上饬布政使瞻住抚恤，复遣鸿胪卿通恩等治赈，兵部侍郎那彦宝赴工，会同东河总督稽承志堵筑。明年二月塞。"又《清史稿·戴均元传》："（嘉庆）八年，偕侍郎贡楚克扎布察视张秋运河及衡家楼决口工程。"豫东：谓河南与山东二省，清代为黄河泛滥区域。武陟：在今河南省北部，沁河下游，南滨黄河。清代为黄河决口处，故有治河工程。《清史稿·张文浩传》："（嘉庆）二十四年，河溢仪封，复决武陟马营坝，调办马营坝工，工竣，赐花翎。"以上言因黄河决口而开河工，许捐纳事例。

[5] 繁缺：即"要缺"。参见清 194 注 14。

[6] 简缺：参见清 234 注 2。

242. 宣宗、文宗御极之初 [1]，首停捐例，一时以为美谈。自道光七年开酌增常例 [2]，而筹备经费，豫工遵捐 [3]，顺天、两广及三省新捐 [4]，次第议行。其时捐例多沿旧制，惟于推广捐例中准贡生捐中书，豫工例中准增、附捐教职而已 [5]。咸丰元年 [6]，以给事中汪元方言 [7]，罢增、附捐教职，其已选补者，不许滥膺保荐。是年特开筹饷事例；明年，续颁宽筹军饷章程。九年，复推广捐例。时军兴饷绌，捐例繁多，无复限制，仕途芜杂日益甚。同治元年 [8]，御史裴德俊请令商贾不得纳正印实官 [9]，以虚衔杂职为限。下部议行。寻部臣言捐生观望 [10]，有碍饷需，诏仍旧制。四年，山东巡抚阎敬铭言 [11]："各省捐输减成，按之筹饷定例，不及十成之三。彼辈以官为贸易，略一侵吞钱粮，已逾原捐之数。明效输将，暗亏帑项。请将道、府、州、县照筹饷例减二成，专于京铜局报捐 [12]。"从之。时内则京捐局，外则甘捐、皖捐、黔捐，设局遍各行省。侵蚀、勒派、私行减折，诸弊并作。

[1] 宣宗：即清宣宗爱新觉罗·旻宁（1782～1850）。参见清 159 注 7。文宗：即清文宗爱新觉罗·

奕䜣（1831～1861）。参见清160注1。

[2] 道光七年：即公元1828年。道光，清宣宗爱新觉罗·旻宁的年号。

[3] 豫工：谓河南河工捐纳事宜。

[4] 三省：当谓陕西、四川、湖广三省。

[5] 增附：增广生员与附学生员。参见清3注9。

[6] 咸丰元年：即公元1851年。咸丰，清文宗爱新觉罗·奕䜣的年号。

[7] 汪元方：字友陈（1804～1867），号啸庵，又号贞岩，馀杭（今属浙江）人。道光十三年
（1833）进士，选庶吉士，授编修，历官给事中、都察院左都御史、军机大臣。卒赠太子少保，
谥文端。

[8] 同治元年：即公元1862年。同治，清穆宗爱新觉罗·载淳的年号。

[9] 裘德俊：生平不详。

[10] 部臣：清代六部堂官尚书、侍郎的通称。

[11] 阎敬铭：字丹初（1817～1892），号芰航，又号荔门，朝邑（今陕西大荔）人。道光二十五年
（1845）进士，选庶吉士，历官户部主事、湖北按察使、山东巡抚、户部尚书、军机大臣、东
阁大学士。卒赠太子少保，谥文介。《清史列传》、《清史稿》皆有传。

[12] 京铜局：即"京师捐铜局"，属户部。参见清235注5。

243. 光绪初[1]，议者谓乾隆间常例[2]，每岁贡监封典、杂职捐收[3]，约三百万。今捐例折减，岁入转不及百五十万。名器重，虽虚衔亦觉其荣，多费而有所不惜。名器轻，则实职不难骤获，减数而未必乐输。所得无几，所伤实多。停捐为便。时复有言捐官宜考试，花翎及在任、候选等捐宜停者。辄下部议。五年[4]，帝以捐例无补饷需，实伤吏道，明诏停止。未几，海疆多故，十年，开海防捐，如筹饷例，减二成核收，常例捐数并核减。是时台湾甫开实官捐。他如四川按粮津贴捐，顺天直隶、河南、浙江、安徽、湖北各赈捐，户部广东军火捐，福建洋药、茶捐，云南米捐，自海防例行，惟川捐如旧，馀或并或罢。十三年，河南武陟，郑州沁、黄两河漫决[5]。御史周天霖、李士锟先后请开郑工例[6]，以济要工[7]。部议停海防捐，开郑工捐。十五年，筹办海军，复罢郑工，开海防新捐。新捐屡展限，行之十馀年。二十六、七年间，江宁筹饷，秦、晋实官捐，顺直善后赈捐，次第举办。江宁顺直捐视新海防例，秦、晋捐但奖五品以下实官。庚子变后[8]，帝锐意图治，言者多谓捐纳非善政，诏即停止。然报效叙官，旧捐移奖，且继续行之。但有停捐之名而已。

[1] 光绪：清德宗爱新觉罗·载湉的年号（1875～1908）。

[2] 乾隆：清高宗爱新觉罗·弘历的年号（1736～1795）。

[3] 封典：参见清233注7。

[4] 五年：即光绪五年（1879）。

[5] "十三年"三句：《清史稿·德宗一》："（光绪十三年）八月戊子，祭大社、大稷。甲辰，沁河
决。赈平彝水灾。丙午，沔阳等州县被水，留冬漕三万石赈之。郑州河决，南入于淮，襻河督成
孚职，留任。己酉，拨京仓漕米五万石赈顺天通州各属。截留京饷漕折银三十万赈河南。"武

陕：参见清241注4。郑州：在今河南省中部偏北。沁：即"沁河"，黄河下游支流，在山西省东南部。源出沁源县北太岳山东麓，南流至河南武陟入黄河。

[6] 周天霖：生平不详。李士锟：生平不详。郑工：即"郑州河工"。谓以治河行捐纳事例。

[7] 要工：重要之河工。《清史稿·胡宝瑔传》："复调河南。河屡决，山东、河南、安徽诸州县多积水。上遣侍郎裘曰修会诸省督抚疏治。宝瑔与曰修会勘，疏言：'河南干河有四：贾鲁、惠济、涡河、巴沟。巴沟在商丘为丰乐河，在夏邑为响河，在永城为巴河。今拟疏濬加宽深，以最低处为率。惠济上游在中牟、祥符诸县，下游在柘城、鹿邑诸县，今亦拟加宽深，以六七丈为率。贾鲁自中牟以下有惠济分流，自朱仙镇以下，截沙湾，塞决口，拓旧堤。涡河自通许青冈为燕城河，上游应加宽，下游应加深。鹿邑以下本已宽深，当增筑月堤。支河应濬者，商丘北沙、洪沟二河为支中之干，馀大小支河，分要工、次工、缓工，次第兴修。'"

[8] 庚子：即光绪二十六年庚子（1900）。这一年发生"庚子事变"，参见清54注6。

244. 武职捐，雍正初惟纳千、把总[1]。乾隆九年[2]，直赈捐有纳卫守备者[3]。三十九年，川运例，参、游、都、守始得递捐[4]。但武生、监生捐止都司。嘉庆三年[5]，川楚善后例[6]，武营捐纳，略如川运。同治五年[7]，闽浙总督左宗棠言[8]："闽省武营捐班太多，应严加区别，以肃军政。"并请罢武职捐，从之。光绪二十一年[9]，新海防例展限，议增武职捐。于拣发外别立一班[10]，俾捐输踊跃。三十一年，兵部奏："开捐十年，入款仅十馀万，无裨国帑，有碍营伍。请将实官、虚衔捐复翎衔、封典一切停罢。"报可。捐例初开，虑其弊也，尝设为限制，往往不久而其法坏。康熙十八年[11]，定捐纳官到任三年称职者，具题升转，不称职者题参。然疆吏罕有以不职上闻者。已，令道、府以下捐银者免具题[12]，照常升转。左都御史徐元文言[13]："国家大体所关，惟贤不肖之辨。三年具题，所以使贤者劝，不肖者惧。输银免具题，是金多者与称职同科。此曹以现任之官营输入之计[14]，何所不至？急宜停止。"

[1] 雍正：清世宗爱新觉罗·胤禛的年号（1723~1735）。千把总：千总与把总。参见清125注6。

[2] 乾隆九年：即公元1744年。乾隆，清高宗爱新觉罗·弘历的年号。

[3] 直赈捐：谓直隶赈灾行捐纳事例。卫守备：参见清125注2。

[4] 参游都守：参将、游击、都司、守备。参见清125注1。

[5] 嘉庆三年：即公元1798年，嘉庆，清仁宗爱新觉罗·颙琰的年号。

[6] 川楚善后：参见清241。

[7] 同治五年：即公元1866年。同治，清穆宗爱新觉罗·载淳的年号。

[8] 左宗棠：参见清50注7。

[9] 光绪二十一年：即公元1895年。光绪，清德宗爱新觉罗·载湉的年号。

[10] 拣发：即"拣选"。参见清186注13。

[11] 康熙十八年：即公元1662年。康熙，清圣祖爱新觉罗·玄烨的年号。《清史稿校注》校勘记云："案清朝文献通考选举考，定捐纳官升转、题参事在'康熙十九年'；皇朝经世文编卷十七，徐元文酌议捐纳官员疏则系于'康熙十八年'。"可参考。

[12] 具题：谓题本上奏，候旨定夺。

[13] 徐元文：参见清119注6。

[14] 输入之计：贪污受贿的委婉说法。

245. 顺治间 [1]，准贡、例监出身官不得升补正印 [2]。康熙六年 [3]，定为保举之法，各途出身官，经该堂官及督、抚保举称职者，升京官及正印。无保举者，升佐贰、杂职。三十年，大军征噶尔丹 [4]，户部奏行输送草豆例，准异途人员捐免保举。御史陆陇其言 [5]："捐纳一事，不得已而暂开，许捐免保举，则与正途无异。且督、抚保举之人，必清廉方为合例。保举可捐免，是清廉可纳资得也。"又言："督、抚于捐纳人员，有迟至数年不保举亦不纠劾。乞敕部通稽捐纳官到任三年无保举者，开缺休致。"疏下九卿，议："捐免保举，无碍正途。若三年无保举即休致，则营求保举益甚，应毋庸议。"陇其持之益坚，廷议陇其不计缓急轻重，浮词粉饰，致捐生观望，迟误军机，拟夺职。帝特宥之。自是吏员例监出身者，欲升补或捐纳京、外正印官、必先捐免保举，惟准贡独否。初，纳岁贡者同正途，故捐免保举例开，贡监虽同一捐纳，而轩轾殊甚 [6]。

[1] 准贡：准许作为贡生入国子监读书。清制，贡生分为岁贡、优贡、拔贡、恩贡、副贡、例贡六种。清初，优贡称"贡监"。顺治十年（1653），议准，监生生员捐助城工一千两以上者，准为贡监，坐监三个月；五百两以上者，生员准入监，坐监六个月。又，康熙十五年（1676）题准，廪生纳银三百两、增广生纳银四百两、附生纳银五百两，俱准做岁贡。准贡即由捐纳入监者，亦称"例贡"。例监：凡没有诸生资格而需要入监者，须通过捐纳取得监生资格，称例监生。例监生可以不必在监学习，也是取得做官资格的一种途径。

[2] 顺治：清世祖爱新觉罗·福临的年号（1644～1661）。

[3] 康熙六年：即公元1667年。康熙，清圣祖爱新觉罗·玄烨的年号。

[4] 噶尔丹：号博硕克图汗（1644～1697），巴图尔珲台吉第六子，厄鲁特蒙古准噶尔部首领。早年赴西藏依达赖五世为僧，康熙九年（1670）其兄僧格在准噶尔贵族内讧中被杀，次年自藏返，击败诸敌，掌准噶尔部政权，号令厄鲁特诸部。二十九年追击喀尔喀各部至乌珠穆秦，威逼北京。经二十九年乌兰布通（今内蒙古克什克腾南）之战，三十五年昭莫多（今蒙古肯特山南）之战，兵败势衰，部众离散，卒于科布多。

[5] 陆陇其：参见清152注9。

[6] 轩轾：车前高后低叫轩，前低后高叫轾。引申为高低、轻重、优劣。

246. 乾隆二十六年 [1]，部议御史王启绪奏豫工例内 [2]，捐贡纳京、外正印官，捐免保举，如例监例。先纳官者，补行捐免。不愿者，以佐贰改补。成例为一变矣。汉军捐纳官，非经考试，不得铨选，如汉官保举例。康熙间 [3]，并准捐免。六十一年 [4]，帝以捐纳部员补主事未久即升员郎 [5]，外官道、府亦然，饬议试俸之法 [6]。寻议郎中、道、府以下 [7]，小京官、佐杂以上，于现任内试俸三年，题咨实授 [8]，方许升转，从之。乾隆间，试俸复得捐免。四十一年 [9]，户部奏请保举、考试、试俸、捐免例，列入常捐。限制之法，至是悉弛。

[1] 乾隆二十六年：即公元 1761 年。乾隆，清高宗爱新觉罗·弘历的年号。
[2] 王启绪：字德圃（1729～1781），号绍衣，福山（今属山东）人。乾隆十六年（1751）进士，选庶吉士，授编修，历官御史、河南开归管河道。豫工：谓河南河工捐纳事宜。参见清 242 注 3。
[3] 康熙：清圣祖爱新觉罗·玄烨的年号（1662～1722）。
[4] 六十一年：即康熙六十一年（1722）。
[5] 主事：清代各部、院及其他中央机构中之司官，位次于员外郎，秩正六品。员郎：即"员外郎"，六部之属官，康熙九年（1670）定秩从五品。
[6] 试俸：谓官员的试用期。
[7] 郎中：顺治元年（1644）由启心郎改称，为部下各司之主官，秩正五品。
[8] 题咨：奏请并移文吏部。
[9] 四十一年：即乾隆四十一年（1776）。

247. 官吏缘事罢遣，降革留任，非数年无过，不得开复 [1]。康熙间 [2]，大同赈饥，部议京察、大计罢黜者，悉予捐复。徐元文力言不可 [3]。议遂寝。三十三年 [4]，河道总督于成龙以黄、运两河 [5]，工费繁钜，请仿陕西赈饥例开捐，革职、年老、患疾、休致人员得捐复。帝面谕捐纳称贷者多，非朘削无以偿逋负 [6]，事不可行。尚书萨穆哈等议成龙怀私妄奏 [7]，拟褫职，得旨从宽留任。乾隆九年 [8]，直赈捐 [9]，部议捐复条款，京察、大计及犯私罪者，降调人员，无论是否因公，及比照六法条例 [10]，武职军政纠参及贪婪者 [11]，不准捐复。因公罣误无馀罪，悉得捐复。三十五年，帝念降革留任人员，因公处分，辄停升转，诏许捐复。三十九年，川运例增进士、举人捐复原资例。四十八年，定革职、降调官，分段承修南运河工程捐复例 [12]。

[1] 开复：凡降级、革职官员恢复原官或原衔称开复。参见清 195 注 2。
[2] 康熙：清圣祖爱新觉罗·玄烨的年号（1662～1722）。
[3] 徐元文：参见清 119 注 6。
[4] 三十三年：即康熙三十三年（1694）。
[5] 于成龙：参见清 152 注 12。
[6] 朘（juān 捐）削：谓剥削百姓。
[7] 萨穆哈：满洲正黄旗人（？～1704），吴雅氏。顺治十二年（1655）满洲三甲进士，历官户部主事、刑部郎中、太仆寺卿、工部尚书。以罪拟绞，卒于狱。《清史列传》、《清史稿》皆有传。
[8] 乾隆九年：即公元 1744 年。乾隆，清高宗爱新觉罗·弘历的年号。
[9] 直赈捐：谓直隶赈灾行捐纳事例。
[10] 六法：参见清 214 注 8。
[11] 军政：清代武职官员的考核制度。参见清 221 注 5。

[12] 南运河：谓山东临清至天津之间的大运河。

248. 嘉庆三年 [1]，川楚善后 [2]，推广其例，凡常捐不准捐复人员，酌核情节，得酌加报捐。奉旨，降革除犯六法外，因公情节尚轻人员，得加倍捐复。大计劾参，有疾休致，调治就痊，及特旨降革留任限年开复人员，加十分之五捐复。十年，部臣疏请于常例捐复外，增文、武大员捐复革职留任例。帝曰："大员身罣吏议应罢斥，经改革职留任，开复有一定年限。若甫罢重遣，即可捐复，此例一开，毫无畏忌。有资者脱然为无过之人，无资者日久不能开复。殊失政体。"不允行。咸丰二年 [3]，王大臣等议宽筹军饷 [4]。凡降革不准捐复人员，除实犯赃私外，馀准加倍半捐复。降革一、二品文、武官，向不在捐复之列者，许捐复原官顶带 [5]，允行。但饬一、二品大员捐复原衔须请旨。嗣复推广，文职京察、大计六法，武职军政被劾，无奸赃情罪，亦许捐复原衔。终清世踵行，不复更也。

[1] 嘉庆三年：即公元 1798 年。嘉庆，清仁宗爱新觉罗·颙琰的年号。
[2] 川楚善后：谓清廷镇压王聪儿、姚之富为首的白莲教的善后事宜。
[3] 咸丰二年：即公元 1852 年。咸丰，清文宗爱新觉罗·奕詝的年号。
[4] 王大臣：清代满洲贝勒（王）和大臣的合称。
[5] 顶带：即"顶戴"。参见清 144 注 2。

249. 捐纳官或非捐纳官，于本班上输资若干，俾班次较优，铨补加速，谓之花样。康熙十三年 [1]，知县得纳先用、即用班，工部侍郎田六善极言其弊 [2]，谓宜停止。三十三年，户部议行输送草豆例，台臣请增应升、先用捐 [3]。御史陆机言 [4]："前此有纳先用一例，正途为之壅滞。皇上灼见其弊，久经停止。纳先用者，大都奔竞躁进。多一先用之人，即多一害民之人。不待辨而知其不可。"乾隆年事例屡开，惟双月、单月 [5]，不论双月选用及双月先用，不论双、单月即用等寻常班次。盖是时正途铨补，未病壅滞，无庸加捐花样，纳资者亦至是而止。七年 [6]，部议鼓励江省赈捐 [7]，各班选用特优。道光年 [8]，增插班间选、抽班间选、遇缺、遇缺前等名目。咸丰元年 [9]，省遇缺、遇缺前，而增分缺先、本班尽先。三年，复增分缺间、不积班。九年，先后奏设新班遇缺、新班尽先、分缺先前，分缺间前、本班尽先前、不论班尽遇缺选补等班。推广捐例，又有保举捐入候补班、候补捐本班先用例。花样繁多，至斯已极。

[1] 康熙十三年：即公元 1674 年。康熙，清圣祖爱新觉罗·玄烨的年号。
[2] 田六善：参见清 195 注 11。
[3] 台臣：清代都察院官。
[4] 陆机：生平不详。《清史稿校注》校勘记云："案御史题名录，康熙朝御史无陆机；陆稼书先生文集卷二请速停保举永闭先用疏，此'陆机'当作'陆陇其'。又碑传集卷十六，陈廷敬撰监察

御史陆君墓志铭，陆陇其卒于康熙三十一年十二月十七日辛卯；清史列传卷八陆陇其传，此疏当陈于康熙三十年正月。"可参考。

[5] 双月单月：即"月选"。参见清 195 注 3。

[6] 七年：即乾隆七年（1742）。

[7] 江省：谓沿长江之湖北、安徽、江西、江苏各省，乾隆七年水灾严重。参见《清史稿·高宗一》。

[8] 道光：清宣宗爱新觉罗·旻宁的年号（1821～1850）。

[9] 咸丰元年：即公元 1851 年。咸丰，清文宗爱新觉罗·奕詝的年号。

250. 自筹饷例开，既多立班次以广捐输，复减折捐例以期踊跃。时纳捐率以饷票 [1]，成数或不及定额之半。同治三年 [2]，另订加成新章。于是有银捐新班、尽先、遇缺等项，输银不过六成有奇，而选用之优，他途莫及。八年，吏部以银班遇缺占缺太多，拟改分班轮用，删不积班，于新班遇缺上，别设十成实银一班，曰新班遇缺先，是谓大八成花样。维时分缺先前、分缺间前、本班尽先前、新班遇缺、新班遇缺先，统曰银捐。而新班遇缺先最称优异，新班遇缺次之。序补五缺一周，先用新班遇缺先三人，然后新班遇缺及各项轮补班各得其一。光绪二年 [3]，江苏巡抚吴元炳言 [4]："新班遇缺先、新班遇缺等班，序补过速，有见缺指捐之弊。请停捐免试用例，以救其失。"格于部议。四年，实官及各项花样一律停捐。七年，御史叶荫昉复言 [5]："近年大八成各项银捐班次，无论选、补，得缺最易，统压正途、劳绩各班。今捐例已停，请改订章程，银捐人员，只列捐班之前。"疏下部议。然积重难返，进士即用知县，非加捐花样，则补缺綦难，他无论已。十年，台湾海防相继例开 [6]，三班分先、分间、尽先，复得一体报捐，而知县并增海防新班。十三年，郑工新例增遇缺先班捐例等 [7]，大八成班次亦相埒 [8]，海防新例因之。至二十七年，各项花样随实官捐并停。

[1] 饷票：晚清淮军裁减军员，在清理积欠时，由于现银不足，就发给"遣勇"饷票以充饷，类似于政府发行的债券，但它不能兑现现银，只能用于报捐请奖。只要缴交饷票，即可视同现银收捐。

[2] 同治三年：即公元 1864 年。同治，清穆宗爱新觉罗·载淳的年号。

[3] 光绪二年：即公元 1876 年。光绪，清德宗爱新觉罗·载湉的年号。

[4] 吴元炳：原名吴元锐（1824～1886），字圣言，号子建，又号季文，固始（今属河南）人。咸丰十年（1860）进士，选庶吉士，授检讨，历官侍讲学士、湖南、湖北、江苏布政使，署两江总督兼江宁学政、漕运总督、安徽巡抚。卒官。《清史稿》有传。

[5] 叶荫昉：字筱奎（1820～1890），号昇初，一说字鼎初（1822～1890），号印舫、小奎，正阳（今属河南）人。同治七年（1868）进士，历官刑部主事、御史、湖北粮道。

[6] 台湾海防：光绪十年（1884），法人屡侵台湾，清廷加意防范。《清史稿·德宗一》："（光绪十年六月）壬辰，法人陷基隆。诏集廷臣议和战。乙未，刘铭传复基隆。"又："秋七月……丙午，法人袭马尾炮台及船厂，陆军击退之。"

[7] 郑工：谓郑州河防工程。

[8] 相埒（liè 烈）：相等。

251. 初捐纳官但归部选，乾隆间 [1]，为疏通选途，许加捐分发 [2]。二十六年 [3]，豫工例 [4]，京职郎中以下，得捐分各部、院。外官道、府以下，得捐分各省。三十九年，川运例，知州、同知、通判捐分发如旧。知县有碍正途补用，靳不与。四十年，兵部侍郎高朴言 [5]："捐班知县，不许分发，恐有碍举班。查壬辰科会试后 [6]，拣选分发 [7]，已阅四年，湖北、福建均因差委乏人，奏请拣选，可见举班渐已补完。请变通事例，川运捐不论双单月即用者，许一体报捐分发。"部议如所奏行。惟大省分发不得逾十二人，中省不得逾十人，小省不得逾八人。云、贵两省需员解送铜铅，云南得分发二十人，贵州如大省额。从之。是年兵部奏请候补、候选卫守备、卫千总如文职例，加捐分发，随漕学习。明年，浙江巡抚三宝奏请教职捐不论双单月即用者 [8]，设加捐分发，到省委用。均报可。川运例停分发，归入常例报捐，为永例。

[1] 乾隆：清高宗爱新觉罗·弘历的年号（1736~1795）。

[2] 分发：清代任用官员形式之一。京官称分衙门学习行走，外官称发省差委试用，通称分发。

[3] 二十六年：即乾隆二十六年（1761）。

[4] 豫工例：谓河南河工捐纳事宜。参见清 242 注 3。

[5] 高朴：满洲镶黄旗人（？~1778），高佳氏，侍朗高恒子。初授武备院员外郎，历官给事中、左副都御史、兵部右侍郎。乾隆四十三年（1778），以在叶尔羌办事，滥索金宝，被处死。

[6] 壬辰科：谓乾隆三十七年（1772）壬辰科会试。

[7] 拣选：清代铨选官吏的一种方式。某些职官出缺，依制调补称拣选。参见清 186 注 13。

[8] 三宝：字树庭（？~1784），满洲正红旗人，伊尔根觉罗氏。乾隆四年（1739）翻译进士，历官内阁中书、内阁侍读、户部郎中、直隶布政使、山西巡抚、湖广总督、东阁大学士兼礼部尚书。卒谥文敬。《清史列传》、《清史稿》皆有传。

252. 四十二年 [1]，以山东布政使陆燿言东省分发佐杂渐多 [2]，停布政司经历、理问、州同以下佐杂官分发例。四十六年，候补布政司经历郑肇芳等、候选州同张衍龄等具呈户部 [3]，以投供日久 [4]，部选无期，各省佐杂班已疏通，请准报捐分发，为奏行如旧例。嘉庆四年 [5]，给事中广兴请将俊秀、附生报捐道、府、州、县者 [6]，停铨实缺，准加捐分发。责成督、抚试看三年，酌量题补。帝以停示人不信，令加捐分发，有碍政体，不允行。道、咸间 [7]，增加捐指省例。光绪四年 [8]，捐例停，而分发指省以常例得报捐如故。五年，御史孔宪毂以指省分发 [9]，流弊不可胜言，请罢之。格部议，不果行。八年，复申前请，部覆如议。未几，海防例开，仍准报捐。时分发人员拥挤殊甚，疆吏辄奏停分发，期满复请展限，各直省比比然也。

[1] 四十二年：即乾隆四十二年（1777）。

[2] 陆燿：字朗甫（1723~1785），号青来，吴江（今属江苏）人。乾隆十七年（1752）举人，历官

内阁中书、户部主事、云南大理知府、济南知府、甘肃西宁道、山东布政使、湖南巡抚。《清史列传》、《清史稿》皆有传。东省：即山东省。

[3] 经历：官名。参见清181注7。郑肇芳：生平不详。州同：官名。参见清20注17。张衍龄：生平不详。

[4] 投供：参见清11注6。

[5] 嘉庆四年：即公元1799年。嘉庆，清仁宗爱新觉罗·颙琰的年号。

[6] 广兴：满洲镶黄旗人（？～1809），高佳氏。历官给事中、刑部左侍郎。以贪索赃银处绞。俊秀：清代汉人无出身者称俊秀。附生：即"附学生员"。参见清3注9。

[7] 道：道光，清宣宗爱新觉罗·旻宁的年号（1821～1850）。咸：咸丰，清文宗爱新觉罗·奕𬣞的年号（1851～1861）。

[8] 光绪四年：即公元1878年。光绪，清德宗爱新觉罗·载湉的年号。《清史稿校注》校勘记云："案光绪朝东华录，'光绪五年'正月二十一日乙丑，诏停实官及各项花样捐例。"可参考。

[9] 孔宪𪗉（jué决）：字玉双（1826～？），号阆卿，曲阜（今属山东）人。咸丰六年（1856）进士，选庶吉士，历官户部主事、御史、广东肇罗道。

253. 定例，捐纳官分发各部、院学习三年，外省试用一年。期满，各堂官、督、抚实行甄别奏留，乃得补官。嘉庆十六年 [1]，谕："捐纳员签分部、院学习行走年满，当详加甄别。近来该堂官于行走报满人员，无不保留。市恩邀誉，不顾登进之滥，可为寒心。"道光八年 [2]，谕："酌增常例报捐，分发人员为数更多，著各督、抚、盐政留心察看，不必拘定年限，认真甄核。"然奉行日久，长官循例奏留，徒有甄别之名，不尽遵上指也。咸丰七年 [3]，从御史何兆瀛请 [4]，诏各部、院考试捐纳司员，察其能否办理案牍。寻兵部试以论题，御史朱文江以为言 [5]，诏切责之。命嗣后毋得以考试虚文，徒饰观听。外官分发到省，例由督、抚考试，分别等第，黜陟有差。光绪初 [6]，各省遵例考试，顾云南有咨回降调者 [7]。五年，诏各省考试捐纳人员，府、厅、州、县试论一，佐杂试告示判语。八年 [8]，闽浙总督何璟言 [9]："闽省应试府、厅、州、县百五十四员，盐大使五十五员 [10]，佐杂五百九十六员 [11]，知府、直隶州知州、盐大使取留十之五，同、通、佐杂留十之四。"报闻。三十三年，宪政编查馆议覆御史赵炳麟疏 [12]，捐纳道、府、同、通、州、县佐杂未到省者，入吏部学治馆肄业半年 [13]。已到省，入法政学堂肄业 [14]，长期三年，速成一年有半。寻议上考验外官章程，各省遵章考试，间亦罢黜数人，以应明诏，而于澄清吏治之道无补也。

[1] 嘉庆十六年：即公元1811年。嘉庆，清仁宗爱新觉罗·颙琰的年号。

[2] 道光八年：即公元1828年。道光，清宣宗爱新觉罗·旻宁的年号。

[3] 咸丰七年：即公元1857年。咸丰，清文宗爱新觉罗·奕𬣞的年号。

[4] 何兆瀛：字通甫（1809～1890），号青耜，又号心盦，上元（今江苏南京）人。道光二十六年（1846）举人，历官户部郎中、御史、广东盐运使。

[5] 朱文江：字湘龄（1817～？），号树之，又号晴洲，江夏（今湖北武昌）人。道光三十年（1850）进士，选庶吉士，授编修，历官御史、广西右江道。

［6］光绪：清德宗爱新觉罗·载湉的年号（1875～1908）。

［7］顾：《清史稿校注》校勘记云："顾云南有咨回降调者，案清史馆选举志稿排印本，'顾'字当作'惟'，光绪朝东华录，光绪五年三月初二日丙午戈靖原奏同。"可参考。

［8］八年：即光绪八年（1882）。

［9］何璟：字伯玉（1817～1888），号小宋，香山（今广东中山市）人。道光二十七年（1847）进士，选庶吉士，授编修，历官江南道监察御史、户科给事中、安徽庐凤道、安徽按察使、福建、山西、江苏巡抚、闽浙总督。因事革职。《清史列传》、《清史稿》皆有传。

［10］盐大使：都转盐运使司下属盐课司大使，秩正八品。

［11］佐杂：谓低级文职官员。

［12］宪政编查馆：参见清87注7。赵炳麟：字竺垣（1874～?），号炳粤，又号长荣，全州（今属广西）人。光绪二十一年（1895）进士，选庶吉士，授编修，历官京畿道御史，候补四品京堂。

［13］学治馆：官署名。光绪三十一年（1905）十月设立，隶吏部。设提调、教务长、教员、检察官等。初掌管考试截取拣选举人及分发月选人员，每月二十四日考试，不合格者人馆学习。三十三年十二月添设法政新班，以六个月为一学期，三学期毕业。次年六月旧班归并新班。宣统三年（1911）五月归并学部。

［14］法政学堂：当为清末各省所办者，教授近代有关政治、法律、经济等知识。

254. 贡监捐清初已行［1］。监捐沿明纳粟例［2］。顺治十二年［3］，开廪生捐银准贡例［4］，从御史杨义请也［5］。十七年，礼部以亢旱日久，请暂开准贡，令士民纳银赈济。允之。贡监例得考职，康熙六年［6］，御史李棠言［7］："进士、举人迟至十年始得一官，今例监考补中书［8］，三年后即升部属，应停罢。"部覆如议。自是贡监考职，只以州同、州判、县丞、主簿、吏目用［9］。初考职例行，各省监生或惮远道跋涉，或因文理不通，多倩代顶冒者。世宗深知其弊［10］，特遣大臣司考试。雍正五年［11］，令与考者千一百馀人悉引见，时以顶冒避匿者九百馀人。帝于引见员中拣选七十余人，授内、外官有差。乾隆元年［12］，停考职。三年，令捐纳贡监如岁贡例，分别等第，以主簿、吏目考取。捐监未满三年者不与。道光后［13］，考职例罢。

［1］贡监：谓"例贡"与"例监"。分别参见清3注14，清3注15。

［2］纳粟：谓富家子弟捐纳财货进国子监为监生，以获得直接参加省城、京都考试的资格。即"例监"。参见明21。

［3］顺治十二年：即公元1655年。顺治，清世祖爱新觉罗·福临的年号。《清史稿校注》校勘记云："案清代捐纳制度引大清康熙会典卷二十一，开廪生捐米三百石准贡例在'顺治十一年'。"可参考。

［4］廪生：即"廪膳生员"，简称廪生。参见清3注9。准贡：参见清245注1。

［5］杨义：字昆岳（?～1662），洪洞（今属山西）人。明崇祯元年（1628）进士，历官山东聊城知县。入清，历官河南汝阳知县、江西道御史、刑部侍郎、工部尚书。致仕卒。《清史稿》有传。

［6］康熙六年：即公元1667年。康熙，清圣祖爱新觉罗·玄烨的年号。

［7］李棠：字召林（生卒年不详），临桂（今属广西）人。康熙三年（1664）进士，选庶吉士，历官

福建道御史、四译馆少卿。

[8] 中书：即"内阁中书"，清内阁属官，掌撰拟、翻译、缮写等事，秩从七品。

[9] 州同：清代于各州设同知，因区别于府同知，故称州同。为知州之佐官，秩从六品。州判：清代知州之佐贰官，秩从七品。与州同分掌督粮、捕盗、海防、水利诸事。县丞：清代知县之佐贰官，秩正八品，与主簿分掌全县之钱粮、户籍、征税、巡捕、河防诸事。主簿：清代知县之佐贰官，秩正九品，与县丞分掌全县之钱粮、户籍、征税、巡捕、河防诸事。吏目：清沿明制，设于各省知州之下，共二百二十一处，秩从九品，掌佐理刑名之事。

[10] 世宗：即清世宗爱新觉罗·胤禛（1678～1735）。参见清8注5。

[11] 雍正五年：即公元1727年。雍正，清世宗爱新觉罗·胤禛的年号。

[12] 乾隆元年：即公元1736年。乾隆，清高宗爱新觉罗·弘历的年号。

[13] 道光：清宣宗爱新觉罗·旻宁的年号（1821～1850）。

255. 雍正间[1]，帝以积贮宜裕，允广东、江、浙、湖广以本色纳监[2]。乾隆元年[3]，罢一切捐例。廷议捐监为士子应试之阶，请于户部收捐，备各省赈济，从之。三年，诏复行常平捐监例[4]，各省得一体纳本色。原定各省捐谷三千馀万石，数年仅得二百五十馀万石，复令户部兼收折色[5]。十年，湖广总督鄂弥达言[6]："捐监事例，谷不如银。银有定数，谷无成价。易捐谷为捐银，倘遇荒歉，亦可动支采买。"允行。大学士等复言："各省纳本色，有名无实，请停止，专由部收折色。"得旨："各省收捐不必停，在部捐折色者听。"三十一年，以陕、甘监捐积弊最甚，诏停罢。寻并罢安徽、直隶、山西、河南、湖南北，惟云南、福建、广东收本色如旧。三十九年，陕西巡抚毕沅、陕总督勒尔谨请如例收纳监粮[7]，允之。是年甘省奏报六个月内捐监万九千十七名，监粮八十馀万石。帝疑之。布政使王亶望主其事[8]，私收折色，减成包办，更虚报赈灾，侵冒巨款。继任布政使王廷赞知其弊[9]，不能革。事觉，置亶望、勒尔谨、廷赞于法，官吏缘是罢黜者数十人，报捐监生或加捐职官者，分别停科、罚俸、停选。其后监捐无复纳粟遗意矣。贡捐属常例，向于部库报捐。嘉庆间[10]，疆吏屡以为请，辄阻部议。十二年[11]，部臣言库帑充裕，请变通常例，各省一体收捐。报可。

[1] 雍正：清世宗爱新觉罗·胤禛的年号（1723～1735）。

[2] 本色：清制，征收税赋或关支粮饷等，凡以实物收受者称之本色，若以应收受之物照价折银者，即称折色。

[3] 乾隆元年：即公元1736年。乾隆，清高宗爱新觉罗·弘历的年号。

[4] 常平：古代一种调节米价的方法。筑仓贮谷，谷贱时增价而籴，谷贵时减价而粜。为调节米价而设置的仓库即称常平仓。

[5] 折色：清制，征收赋税或发放粮饷、工食等，凡以实物照价易银收放者称折色。

[6] 鄂弥达：满洲正白旗人（？～1761），鄂济氏。历官户部笔帖式、吏部主事、吏部郎中、贵州布政使、广东总督、川陕总督、湖广总督、刑部尚书、协办大学士，加太子太保。卒谥文恭。《清史稿》有传。

[7] 毕沅：字湘蘅（1730～1797），一字纕蘅，号秋帆，又号弇山，自号灵岩山人，镇洋（今江苏太仓）人。乾隆二十年（1755）以举人补内阁中书，直军机处。二十五年一甲第一名进士，授修撰，历官左庶子、陕西按察使、陕西巡抚、湖广总督。卒于官。著有《灵岩山人集》等。《清史列传》、《清史稿》皆有传。勒尔谨：满洲镶白旗人（？～1781），宜特墨氏。乾隆十年（1745）翻译进士，历官刑部主事、直隶天津道、陕甘总督。以罪赐自尽。《清史列传》、《清史稿》皆有传。

[8] 王亶望：临汾（今属山西）人（？～1781），巡抚王师之子。乾隆十五年（1750）举人，捐纳知县，历官浙江布政使、甘肃布政使、浙江巡抚。在甘肃布政使任上，因与总督勒尔谨捏灾冒赈，贪污银两，事发处斩，籍没，得金银逾百万两。《清史稿》有传。

[9] 王廷赞：一品顶带甘肃布政使（？～1781），因王亶望一案，同被处死。

[10] 嘉庆：清仁宗爱新觉罗·颙琰的年号（1796～1820）。

[11] 十二年：即嘉庆十二年（1807）。

256. 此外尚有捐马百匹予纪录、运丁三年多交米三百石给顶带之例 [1]。其乐善好施例内，凡捐资修葺文庙、城垣、书院、义学、考棚、义仓、桥梁、道路 [2]，或捐输谷米银两，分别议叙、顶带、职衔、加级、纪录有差 [3]。馀如各省盐商、士绅，捐输巨款，酌予奖叙 [4]。皆出自急公好义，与捐纳相似，而实不同也。

[1] 纪录：参见清176注1。运丁：负责漕运之军丁。清代有漕省分各卫所之军丁，后改称屯丁。康熙二年（1663）定漕船每艘十人。三十五年定漕船出运，每年金派一名为正丁，正丁招募水手九人至十二人，其馀九丁为闲丁。正丁不准他人代替，但绅衿监生书吏不在此限。顶带：清代用以区别官员等级的帽饰。依顶珠品质、颜色之不同而区分官阶大小。又称"顶子"、"顶戴"。可参见《清史稿·舆服二》。

[2] 文庙：即孔子庙。唐朝封孔子为文宣王，称其庙为文宣王庙，元明以后省称文庙。书院：参见清47注1。义学：参见清48注1。考棚：当谓县、府等考试的场所。义仓：仓名，为官督民办者。康熙十八年（1679），诏乡村立社仓，市镇立义仓，广积储以备灾荒。其仓谷皆由士民捐输，超过五十石者，累次即功授奖。照社仓例，仓谷春借秋还，赈灾平粜。准本地乡民公举端谨殷实士民二人充当仓正、仓副，一切收储出纳之事，责令经理。地方官员行使监督稽察之权，不得干预具体事项。

[3] 议叙：参见清19注4。职衔：参见清233注10。加级：参见清176注1。

[4] 奖叙：即"奖励"。

《清史稿》

卷一百十三　志八十八

选举八

新选举

257. 新选举制，别于历代取士官人之法 [1]。清季豫备宪政 [2]，仿各国代议制度 [3]，选举议员，博采舆论。议员选举有二：曰资政院议员选举 [4]，曰各省谘议局议员选举 [5]。自辛丑回銮 [6]，朝廷锐意求治，派大臣赴各国考察政治，设考察政治馆 [7]。命甄择各国政法，斟酌损益，候旨裁定。光绪三十二年七月 [8]，诏曰："考察政治大臣载泽等回国陈奏 [9]，国势不振，由于上下相暌 [10]，内外隔阂；而各国所以富强，在实行宪法，取决公论。今日惟有仿行宪政，大权统于朝廷，庶政公诸舆论 [11]，廓清积弊，明定责成，以豫备立宪基础。俟规模初具，妥议立宪实行期限。各省将军、督、抚晓谕士庶人等，各明忠君爱国之义，合群进化之理，尊崇秩序，保守和平，豫备立宪国民之资格。" [12] 九月，庆亲王奕劻等遵旨核议厘定官制 [13]，以"立宪国官制，立法、行政、司法三权并峙，各有专属，相辅而行。立法当属议院，今日尚难实行。请暂设资政院，以为豫备"。诏如所议。

[1] 官人：选取人才给予适当官职。

[2] 豫备宪政：光绪三十一年（1905）六月，清廷派载泽等五大臣赴日本和欧美考察宪政，又命会议政务处筹订宪法大纲。三十二年七月十三日正式下诏宣布"预备仿行宪政"，通称"预备立宪"。豫备，通"预备"。宪政，依据宪法和法律对国家进行治理的政治制度。

[3] 代议制度：由选举产生的代表民意的机关来行使国家权力的制度。它是一种间接民主的形式，通常以议会作为代表民意的机关。代议制是资产阶级取得革命胜利、夺取政权之后正式确立起来的。它的基本特征是：由通过普选产生的议员组成议会，形式上代表民意行使国家权力；议会议决事项均由议员共同讨论并经多数通过；议会享有立法权、财政权和行政监督权。

[4] 资政院：清廷为筹备立宪而设立的中央谘议机关。宣统二年（1910）九月开院，宗旨是"钦遵

谕旨，以取决公论，豫立上下议院基础"，掌议决国家预算、决算、税法及公债事项，新订法典及嗣后修改事项（宪法不在此限），以及其馀奉特旨交议事项等，各项议案须"具奏请旨裁夺"后方可生效。议员共二百名，钦选、民选各半。初设时有总裁二人，总理全院事务，旨派溥伦、孙家鼐充任；宣统三年改总裁一人，副总裁一人。清帝退位后解散。

[5] 谘议局：清廷为筹备立宪而设立的地方谘议机关。宣统元年（1909）九月开始在各省陆续建立。为各省采择舆论之所，以指陈通省利病，筹计地方治安为宗旨，掌议决本省兴革事宜、预决算、税法及公债、选举资政院议员、申复资政院及督抚谘询事项以及收受本省自治会或人民陈情建议事项等，但各项议案均须"呈候督抚施行"。各省谘议局设议长一人、副议长二人以及常驻议员若干人，议员多由官绅和资产阶级上层中选出。1912年2月清帝退位后陆续解散。

[6] 辛丑回銮：庚子事变后，清廷于第二年即光绪二十七年辛丑（1901）七月与十一国公使签订《辛丑条约》，八月，慈禧太后与光绪帝从西安启程回北京。参见清54注6。

[7] 考察政治馆：官署名。光绪三十一年（1905）十月，清廷为"预备立宪"而特设的临时机构。为政务处的分设机构，由政务大臣掌管，设提调二人。掌研中外政治，择各国政治制度与中国体制相宜者，斟酌损益，纂订成书，以备采用。三十一年七月改为宪政编查馆。参见清87注7。

[8] 光绪三十二年：即公元1906年。光绪，清德宗爱新觉罗·载湉的年号。

[9] 载泽：初名载蕉（1876～1928），字荫坪，满洲镶白旗人，宗室，爱新觉罗氏。光绪三年（1877）为辅国公，二十年晋镇国公，历官正蓝旗副都统，三十一年被派为出使各国考察政治大臣，离京时曾被吴樾炸伤，后延期赴日本、欧美考察，次年回国，奏请改行立宪政体。历官度支部尚书、筹办海军事务大臣、皇族内阁度支部大臣，加贝子衔。

[10] 暌（kuí奎）：阻隔。

[11] 庶政：各种政务。

[12] "豫备"句：《清史稿校注》校勘记云："案德宗实录，颁明定责成，豫备立宪基础诏在光绪三十二年七月十三日戊申。又'豫备立宪国民之资格'作'豫储立宪国民之资格'。"可参考。

[13] 庆亲王奕劻：字辅廷（1836～1918），满洲镶蓝旗人，宗室，爱新觉罗氏。光绪十年（1884）起，任总理各国事务大臣，封庆郡王。二十年，封庆亲王。八国联军入侵北京后，奉命留京与李鸿章同为全权大臣，与各国全权代表议和，次年签订《辛丑条约》，总理各国事务衙门改为外务部，仍任总理大臣，后兼管陆军部。宣统三年（1911）任皇族内阁总理大臣。武昌起义以及袁世凯接任内阁总理后，改任弼德院总裁。入民国后闲居天津。

258. 三十三年 [1]，改考察政治馆为宪政编查馆。八月，谕曰："立宪政体，取决公论，中国上、下议院未能成立，亟宜设资政院，以立议院基础。派溥伦、孙家鼐为资政院总裁 [2]，妥拟院章，请旨施行。"寻谕："各省应有采取舆论之所，俾指陈通省利病，筹计地方治安，并为资政院储才之阶。各省督、抚于省会速设谘议局，慎选公正明达官绅，创办其事。由各属合格绅民，公举贤能为议员。断不可使品行悖谬、营私武断之人滥厕其间。凡地方应兴应革事宜，议员公同集议，候本省大吏裁夺施行。将来资政院选举议员，由该局公推递升。"

[1] 三十三年：即光绪三十三年（1907）。

[2] 溥伦：宗室，爱新觉罗氏（1874～1926），袭贝子，晋贝勒，历官农工商尚书、农工商大臣。孙家鼐：参见清61注11。

259. 三十四年六月 [1]，资政院奏言："立宪国之有议院，所以代表民情，议员多由人民公举。凡立法及豫算、决算，必经议院协赞，方足启国人信服之心。《大学》云 [2]：'民之所好好之，民之所恶恶之。' [3]《孟子》云 [4]：'所欲与聚，所恶勿施。' [5] 又云：'乐以天下，忧以天下。' [6] 皆此理也。昔先哲王致万民于外朝，而询国危国迁 [7]，实开各国议院之先声。日本豫备立宪，于明治四年设左、右院，七年开地方会议，八年立元老院，二十三年遂颁宪法而开国会 [8]。所以筹立议院之基者至详且备。谨旁考各国成规，揆以中国情势，酌拟院章目次，凡十章 [9]。先拟就总纲、选举二章呈览。"报可。

[1] 三十四年：即光绪三十四年（1908）。

[2] 大学：《礼记》篇名。参见元8注16。

[3] "民之"二句：语本《大学》："《诗》云：'乐只君子，民之父母。'民之所好好之，民之所恶恶之，此之谓民之父母。"

[4] 孟子：书名，七篇，为孟轲弟子万章、公孙丑等纂辑，宋以前列于子部儒家。

[5] "所欲"二句：意即百姓所希望的，替他们积聚起来；百姓所厌恶的，不要强加给他们。语本《孟子·离娄上》："孟子曰：'桀纣之失天下也，失其民也；失其民者，失其心也。得天下有道：得其民，斯得天下矣；得其民有道：得其心，斯得民矣；得其心有道：所欲与之聚之，所恶勿施尔也……'"

[6] "乐以"二句：意即君主要与天下百姓同忧同乐。语本《孟子·梁惠王下》："齐宣王见孟子于雪宫。王曰：'贤者亦有此乐乎？'孟子对曰：'有。人不得，则非其上矣。不得而非其上者，非也；为民上而不与民同乐者，亦非也。乐民之乐者，民亦乐其乐；忧民之忧者，民亦忧其忧。乐以天下，忧以天下，然而不王者，未之有也。'"

[7] "昔先"二句：语本《周礼·秋官·小司寇》："小司寇之职，掌外朝之政，以致万民而询焉。一曰询国危；二曰询国迁；三曰询立君。其位：王南向，三公及州长、百姓北面，群臣西面，群吏东面。小司寇摈以叙进而问焉，以众辅志而弊谋。"大意是：周王朝掌管刑罚的官员小司寇的职责是：管理外朝的政务，并召集百姓征求意见。一是在国家遇到危难的时候向百姓征询办法，二是在迁都问题上向百姓征询意见，三是在君王没有嫡长子的情况下向百姓征询意见以确定继承王位的人选。君主、群臣与百姓商议时所处位置：君主坐北朝南，三公、州长与百姓在君王的对面朝北，群臣在东面向西，六乡四郊的小吏在西面朝东。小司寇按照爵位尊卑的次序，一一请他们上来询问，让大家为君主出谋划策，协助君主作出决断。外朝，与内朝相对而言。《国语·鲁语下》："天子及诸侯合民事于外朝，合神事于内朝；自卿以下，合官职于外朝，合家事于内朝。"韦昭注："言与百官考合民事于外朝也。"

[8] "日本"四句：谓日本历史上的明治维新。明治维新推翻德川幕府，归大政于天皇，在政治、经济与社会方面实行大改革，促进了日本的现代化与西方化。明治四年，即公元1871年，中国时处清穆宗同治十年。这一年，日本废藩置县，成立新的常备军，进而改革农业税、成立新的银

行、实行内阁制，颁布宪法，并于明治二十三年（1890）召开第一届国会。至20世纪初，日本明治维新的目标已基本实现。

［9］凡十章：当谓《各省谘议局及议员选举章程》的草案。参见清260。

260. 是月宪政编查馆会同资政院拟订《各省谘议局章程》并《议员选举章程》［1］。奏言："立宪政体之要义，在予人民以与闻政事之权，而使为行政官吏之监察。东、西立宪各国，虽国体不同，法制各异，无不设立议院，使人民选举议员，代表舆论。是以上下之情通，暌隔之弊少。中国向无议院之说，今议倡设，人多视为创举。不知虞廷之明目达聪［2］，大禹之建鞀设铎［3］，《洪范》之谋及庶人［4］，《周官》之询于外朝［5］，古昔盛时，无不广采舆论，以为行政之准则，特未有议院之制度耳。今将创设议院，若不严定规则，事为之制，曲为之防，流弊不可胜言。中国地大民众，分省而治。各省之政，主于督、抚，与各国地方之治直接国都者不同。而郡县之制，异于封建［6］，督、抚事事受命于朝廷，亦与各国联邦之各为法制者不同［7］。谘议局为地方自治与中央集权之枢纽，必使下足衰集一省之舆论，上仍无妨国家统一之大权。此日各省谘议局办法，必须与异日京师议院办法有相成而无相悖。谨仰体圣训，博考各国立法之意，兼采外省所拟章程，参伍折衷，拟订《各省谘议局章程》，别为选举章程一百十五条，候钦定颁行。"

［1］宪政编查馆：参见清87注7。资政院：参见清257注4。各省谘议局章程并议员选举章程：光绪三十四年（1908）颁布。《各省谘议局章程》12章62条，《议员选举章程》150条。具体规定了各省议员数额及选举程序、议员选举权和被选举权的条件，并规定各省督抚有奏请解散谘议局和裁夺议案之权。

［2］虞廷之明目达聪：语本《尚书·虞夏书·尧典》："月正元日，舜格于文祖，询于四岳，辟四门，明四目，达四聪。"大意是：在尧死后三年正月的一个吉日，舜到了尧的太庙，与四方诸侯君长谋划政事，打开明堂四门宣布政教，使四方见得明白真切，听得清楚全面。这里即谓当权者多方观察民情，广泛听取意见。虞廷，上古五帝之一虞舜的朝廷。

［3］大禹之建鞀设铎：语本《淮南子·氾论训》："禹之时，以五音听治，悬钟鼓磬铎，置鞀，以待四方之士，为号曰：'教寡人以道者击鼓，谕寡人以义者击钟，告寡人以事者振铎，语寡人以忧者击磬，有狱讼者摇鞀。'"大意是大禹设置鞀与铎等，以广泛听取百姓的不同意见。大禹，对夏禹的美称。他是夏后氏的部落领袖，奉舜之命治理洪水，十三年中三过家门而不入。后继舜位，建立夏代。鞀，同"鼗"，有柄的小鼓。铎，古代乐器，大铃的一种，古代宣布政教法令或遇战事时用之。清陈炽《盛世危言序》："建鞀设铎，惟恐下情之不通，而始皇室之。"

［4］洪范之谋及庶人：语本《尚书·周书·洪范》："三人占，则从二人之言。汝则有大疑，谋及乃心，谋及卿士，谋及庶人，谋及卜筮。汝则从，龟从，筮从，卿士从，庶民从，是之谓大同。"大意是：如果三个人占卜，就听从两个人的说法。如果你有重大的疑难，先要自己考虑，再与卿士商量，然后再与百姓商量，最后问卜占卦。假若你赞成，龟卜赞成，蓍筮赞成，卿士赞成，百姓赞成，这就叫大同。洪范，《尚书》篇名，意即"大法"。庶人，即平民百姓。

［5］周官之询于外朝：参见清259注7。周官，即《周礼》，原名《周官》，或称《周官经》，西汉末

列为经而属于礼，故称《周礼》。

[6] 封建：谓封邦建国。古代帝王将爵位、土地分封亲戚或功臣，使之各自建立邦国。相传黄帝为封建之始，至周制度完备。

[7] 联邦：由若干成员国或邦或州等联合组成的统一国家。清康有为《大同书》乙部第二章："而德、美以联邦立国，尤为合国之妙术，令诸弱小忘其亡灭。"

261. 诏饬各督、抚迅速举办，实力奉行，限一年内一律办齐。并谕曰："朝廷轸念民依 [1]，使国民与闻政事。先于各省设谘议局，以资历练。凡我士庶，当共体时艰，同摅忠爱。于地方应兴应革之利弊，切实指陈。于国民应尽之义务，应循之秩序，竭诚践守。各督、抚当本集思广益之怀，行好恶同民之政，虚衷审察，惟善是从。至选举议员，尤宜督率有司，认真监督，精择慎选。宪政编查馆、资政院迅将君主立宪大纲 [2]，暨议院选举各法，择要编辑。并将议院未开以前应筹备各事，分期拟议具奏。俟亲裁后，即将开设议院年限，钦定宣布。"

[1] 轸（zhěn 诊）念：悲痛的思念。
[2] 君主立宪：以宪法限制君主权力的政治制度，可分为议会制与二元制两种。

262. 八月，宪政编查馆、资政院会奏遵拟宪法议院选举法纲要 [1]，暨议院未开以前逐年筹备事宜。自本年起，分九年筹备。其关于选举议员者，第一年各省筹办谘议局，第二年举行谘议局选举，各省一律成立，颁布资政院章程，举行资政院选举。第三年召集资政院议员举行开院。第九年始宣布宪法，颁布议院法，暨上、下议院议员选举法，举行上、下议院议员选举 [2]。谕令京、外各衙门依限举办。

[1] 宪政编查馆：参见清 87 注 7。资政院：参见清 257 注 4。
[2] 上下议院：代议制政府的组织形式，即议会制，多分为上、下两院。议会有立法与监督政府的权力，政府由议会产生并对议会负责。清章炳麟《驳康有为论革命书》："且所谓立宪者，固将有上下两院，而下院议定之案，上院犹得以可否之。"

263. 先是资政院奏拟院章目次，第二章为选举。宣统元年七月 [1]，资政院奏续拟院章，改订第二章目次为议员，专详议员资格、额数、分类、任期，而另定选举详细章程，以免混淆，从之。院章规定资政院议员资格，由下列各项人员年满三十岁以上者选充。一，宗室王、公世爵 [2]；二，满、汉世爵；三，外藩王、公世爵 [3]；四，宗室、觉罗 [4]；五，各部、院四品以下、七品以上官，惟审判、检察、巡警官不与 [5]；六，硕学通儒 [6]；七，纳税多额人；八，各省谘议局议员。定额：宗室王、公世爵十六人，满、汉世爵十二人，外藩王、公世爵十四人，宗室、觉罗六人，各部、院官三十二人，硕学通儒十人，纳税多额者十人。各省谘议局议员一百人。类别为钦选、互选 [7]。宗室王、公世爵，满、汉世爵，外藩王、公世爵，宗室、觉罗，各部、院官，硕学通儒，纳税多额者，钦选。各省谘议局议员互选。任期三年，任满一律改选。

[1] 宣统元年：即公元 1909 年。宣统，宣统帝爱新觉罗·溥仪的年号。

[2] 宗室：清皇族称谓之一，太祖努尔哈赤父亲塔克世之直系子孙为宗室。世爵：亦称"世职"，即世代承袭的爵位。参见明 128 注 8。

[3] 外藩：清代称蒙古为外藩。

[4] 觉罗：清皇族称谓之一，努尔哈赤父亲塔克世的伯叔兄弟旁系子孙为觉罗。

[5] 审判：谓审判厅的各级官员如厅丞、推事等。审判厅，官署名，光绪三十二年（1906）在京师设立。各直省审判厅由东三省在三十三年先行开办，直隶、江苏两省亦择地试办，其馀各省分年分地请旨办理。其职权为审判民事和刑事案件，实行三级审判、四级裁判所制度。大理院为全国最高裁判机关。检察：谓检察厅的各级官员如厅丞、检察长、检察官等。检察厅，官署名，光绪三十二年改大理寺为大理院，专司审判，后配置总检察厅。京师检察厅亦与审判厅同时设立，各省检察厅则在当地审判厅开办时配置。检察官统属于法部大臣，受节制于其长，对于审判厅独立行其职务。其职权有：刑事提起公诉、监督审判并纠正其违误、监视判决之执行等。检察厅计有四级，最高为总检察厅。巡警官：谓巡警部的各级官员如尚书、侍郎及各省之巡警道等。巡警部，官署名，光绪三十一年（1905）九月由原工巡总局改设。掌官全国警政以及京城内外工巡事务及督饬各省巡警。置尚书一人，左、右侍郎各一人。分警政、警法、警保、警学、警务五司。三十二年改为民政部。

[6] 硕学通儒：学问渊博的大儒。

[7] 钦选：君主遴选。互选：谓在各省谘议局议员中自行选举。

264. 九月，资政院会奏资政院议员选举章程，疏言："资政院议员选任之法，大别为钦选、互选二者，各有取义。而钦选议员名位有崇卑，人数有多寡，当因宜定制，取便推行。宗室王、公世爵，满、汉世爵及外藩王、公世爵，阶级既高，计数较少，应开列全单，恭候简命 [1]。宗室、觉罗，各部、院官及纳税多额者，合格人数，与议员定额比例，多少悬殊。考外国上院制，敕任议员多经互选。拟略师其意，于钦选之前，举行互选。各照定额，增列多名。好恶既卜诸舆情，用舍仍归于宸断 [2]。其硕学通儒，资格确定较难，人数调查不易，互选势所难行。拟略仿从前保荐鸿博之例 [3]，宽取严用，以搜访之任，寄诸庶官 [4]。抉择之权，授诸学部 [5]。仍宽定开列名数，冀不失钦选之本旨。以上各项，略采各国上院办法，为建设上议院之基础。而资政院兼有下院性质，不能无民选议员，与钦选相对待。特以谘议局为资政院半数议员之互选机关，谘议局议员本由各省合格绅民复选而来 [6]，则谘议局公推递升之资政院议员，即不啻人民间接所选举。公推递升之标准，不能不以得票多寡为衡。但监督权属于督、抚，非经覆定，不令遽膺是选。既与钦选大权示有区别，自与下院要义不相背驰。"诏如所议行。

927

[1] 简命：选派任命。

[2] 宸断：君主的裁决。

[3] 鸿博：即"博学鸿词科"。参见清1注6。

[4] 庶官：百官。谓一般官员。

[5] 学部：光绪三十一年（1905）十一月所设立官署，掌全国教育行政，稽颁各学校政令。参见清26注4。

[6] 复选：与单选对举，即两次选举。参见清271。

265.《资政院议员选举章程》之规定 [1]，宗室王、公世爵，列爵凡十二：一，和硕亲王 [2]；二，多罗郡王 [3]；三，多罗贝勒 [4]；四，固山贝子 [5]；五，奉恩镇国公 [6]；六，奉恩辅国公 [7]；七，不入八分镇国公 [8]；八，不入八分辅国公 [9]；九，镇国将军 [10]；十，辅国将军 [11]；十一，奉国将军 [12]；十二，奉恩将军 [13]。按院章定额分配，自和硕亲王至奉恩辅国公十人，自不入八分镇国公至奉恩将军六人。满、汉世爵，以满洲、蒙古、汉军旗员及汉员三等男以上之爵级为限，按定额分配。三等侯以上八人，一等伯至三等男四人。外藩王、公世爵，凡下列蒙古、回部、西藏各爵：一，汗 [14]；二，亲王；三，郡王；四，贝勒；五，贝子；六，镇国公；七，辅国公。按定额分配。内蒙古六盟 [15]，盟各一人；外蒙古四盟 [16]，盟各一人；科布多及新疆所属蒙古各旗一人 [17]；青海所属蒙古各旗一人；回部一人；西藏一人。凡各项世爵年满三十岁以上，未奉特旨停止差俸，及因疾病或事故自请开去一切差使者，均得选充资政院议员。每届选举，资政院于前一年九月行知宗人府、各该管衙门、理藩部 [18]，分别查明合格者，造具清册，于选举年分二月以前，咨送资政院。由院分别开单，于三月以前，奏请按额钦选。其宗室王、公，满、汉世爵，现任军机大臣 [19]，参豫政务大臣，及资政院总裁、副总裁者，无庸选充。有缺额时，资政院随时行知各该衙门，修正清册。按爵级或部落应选充者，奏请钦选补足之。

[1] 资政院议员选举章程：参见清260注1。

[2] 和硕亲王：清代宗室封爵第一等，简称亲王。主要封皇子，爵位得传袭于子孙，除加世袭罔替者原爵不降外，其馀袭次递降一等，降至奉恩镇国公为止。亲王初封给封号，袭封者沿用。年俸银一万两，俸米五千石，也有特旨给双俸者，俗称双亲王。

[3] 多罗郡王：清代宗室封爵的第三等，简称郡王。位列世子之下。爵位得传袭于子孙，除加世袭罔替者原爵不降外，其馀袭次递降一等，降至奉恩辅国公为止。郡王初封亦给封号，袭封者沿用。年俸银五千两，俸米二千五百石。蒙古贵族封爵的第二等亦称郡王。

[4] 多罗贝勒：清崇德元年（1636）始定为宗室封爵，入关后定为宗室封爵之第五等，简称贝勒。位长子之下，固山贝子之上。爵位得传袭于子孙，袭次递降至不入八分镇国公不再降。年俸银两千五百两，俸米一千三百石。

[5] 固山贝子：清代宗室封爵的第六等，简称贝子。满语有"王"或"诸侯"的意思。赐给纸册，不加封号。爵位得传袭于子孙，袭次递降至不入八分辅国公不再降。年俸银一千三百两，俸米六

百五十石。亦封蒙古贵族。

[6] 奉恩镇国公：清代宗室封爵的第七等，即"入八分镇国公"，位次于贝子。爵位传袭于子孙，递降至一等镇国将军不再降。

[7] 奉恩辅国公：宗室封爵的第八等，即"入八分辅国公"，位次于奉恩镇国公。爵位传袭于子孙，递降至一等辅国将军不再降。

[8] 不入八分镇国公：清代宗室封爵的第九等，位次于奉国镇国公。清初，定八和硕贝勒共议国政，礼遇优异，是为八分。其后定宗室封爵，自贝子以上皆入八分，镇国公与辅国公则有"入八分"与"不入八分"之别。不入八分镇国公不列班，各随本旗行走。

[9] 不入八分辅国公：清代宗室封爵的第十等，位次于不入八分镇国公，在镇国将军之上。不入八分，参见注8。

[10] 镇国将军：清代宗室封爵的第十一等，位次于不入八分辅国公，有一、二、三等之别。

[11] 辅国将军：清代宗室封爵的第十二等，位次于镇国将军，有一、二、三等之别。

[12] 奉国将军：清代宗室封爵的第十三等，位次于辅国将军，有一、二、三等之别。

[13] 奉恩将军：清代宗室封爵的第十四等，为最低一等，其嫡子一人得承袭，馀子即为闲散宗室。

[14] 汗：清代蒙古爵位名，位在亲王之上，凡五人：喀尔喀有斡齐赖巴图图什叶图汗、格根车臣汗、扎萨克图汗，杜尔伯特左翼有特古斯库鲁克达赖汗，旧土尔扈特南路有卓哩克图汗。其封袭事宜由理藩院典属清吏司掌管。

[15] 内蒙古六盟：即哲里木盟、昭乌达盟、卓索图盟、锡林郭勒盟、乌兰察布盟、伊克昭盟。

[16] 外蒙古四盟：当谓喀尔喀蒙古四部：即车臣汗部、土谢图汗部、赛音诺颜部（或译三音诺颜部）、扎萨克图汗部。

[17] 科布多：清代政区。在扎萨克图汗部以西，今蒙古国西部。乾隆二十六年（1761）设参赞大臣一员，驻科布多城（今蒙古国吉尔格朗图），属定边左副将军节制，辖有阿尔泰山南北厄鲁特蒙古与阿尔泰乌梁海、阿尔泰诺尔乌梁海诸部地。

[18] 行知：公文术语，即行文通知。宗人府：参见清29注4。理藩院：清代管理少数民族事务之机构，掌内外蒙古、青海、西藏、新疆及四川等地区的蒙、回、藏族事务，咸丰十一年（1861）前并办理与俄罗斯、廓尔喀等国的交涉、通商及其入贡事宜。崇德元年（1636）初设蒙古衙门，三年更名理藩院，置承政，左、右参政以及副理事官、启心郎等。顺治元年（1644）改承政为尚书，参政为侍郎，副理事官为员外郎，并增设堂主事、校正汉文官、司务、副使、笔帖式等职。十八年，定理藩院官制体统与六部同，尚书入议政之列，位在工部之后。其后屡有变易，至光绪三十二年（1906），改理藩院为理藩部。宣统三年（1911），改尚书为大臣，侍郎为副大臣。

[19] 军机大臣：参见清61注9。

266. 宗室、觉罗 [1]，凡男子年满三十岁以上，无下列情事者，得选充资政院议员：一，曾处圈禁或发遣者 [2]；二，失财产上信用被人控实未清结者；三，吸食鸦片者；四，有心疾者 [3]；五，不识文义者。其现任三品以上职官、审判、检察、巡警官，及现充海、陆军军人者，无庸选充。按定额分配，宗室四人，觉罗二人，由各该合格人先行互选。于选举年分二月初一日，在京师及奉天府行之 [4]。京师以宗人府堂官为监督，奉天以东三省总督为监督。每届互选，资政院于前一年九月行知互选监督，照章举行。设互选管理员，掌调查互选人，管理投票、开票、检票等事宜。由互选管理员查明合格人员，造具互选人名册，先期呈由互选监督宣示公众。如本人认为错误遗漏，得于宣示期内，呈请互选监督更正补入。经批驳者，不得渎请 [5]。互选选举人及被选举人，均以列名互选人名册者为限。届期互选监督应亲莅投票所，或派员监察之。互选人应亲赴投票所自行投票，用记名单记法 [6]。互选人有因职务或因疾病、事故不能亲赴投票者，得就互选人内委托一人代行投票，应由本人亲书密封署名画押，连同委托凭证，送致受托人。该受托人应将密封及委托凭证临时向互选监督呈验 [7]，方许代投。以得票较多数者为当选。互选当选人额数，各以议员定额之十倍为准。互选告竣，互选监督即日将当选人名榜示投票所。不愿应选者，得于三日内呈明互选监督撤销，将得票次多数者补入。互选管理员造具当选人名册，连同票纸，呈由互选监督咨送资政院，由院将当选人名及得票数目，于选举年分三月以前，奏请按额钦选。有缺额时，资政院随时将本届当选人开单奏请钦选补足之。本届当选人数不足议员缺额之三倍时，应举行临时互选，一切照寻常互选办理。

[1] 宗室：参见清263注2。觉罗：参见清263注4。

[2] 圈禁：清制，宗室、觉罗犯罪，应枷号及徒刑以上至军流者，由宗人府折为板责或圈禁。圈禁禁于空室，枷罪、徒罪只拘禁，军流罪锁禁。枷罪者圈禁一日抵一日；徒罪者按徒刑年限长短，折为圈禁三个月至二年六个月。均革去官职，摘去顶戴。年终，由宗人府将空室圈禁之宗室、觉罗，开列犯罪情由，会奏一次。发遣：遣送，流放。

[3] 心疾：中医谓精神病患者。

[4] 奉天府：治所在今辽宁沈阳市。

[5] 渎请：烦琐呈请。

[6] 记名单记法：记名投票方式之一，选票只填写一位被选举人。与"记名连记法"对举。参见清269注3。

[7] 互选监督：《清史稿校注》校勘记云："互选监督，案宣统元年九月十六日壬戌政治官报（第七二一号），宗室觉罗选举资政院议员章程，'监督'二字作'管理员'。"可参考。

267. 各部、院官，以下列各官为限：一，内阁侍读学士以下 [1]，中书以上 [2]；二，翰林院侍读学士以下 [3]，庶吉士以上 [4]；三，各部左、右参议以下 [5]，七品小京官以上；四，掌印给事中、给事中及监察御史 [6]。各官以年满三十岁以上，具下列资格之一，得选充资政院议员：一，现任实缺者；二，曾任实缺未休致、革职者；三，奉特旨署理或奏署者 [7]；四，奉特旨候补、补用、选用或学习行走者 [8]；五，其馀候补满三年以上者。由合格人先行互选，于选举年分二月初一日在京师行之，以都察院堂官为监督 [9]。互选当选人额数，以议员定额之五倍为率，各部、院官选充资政院议员者，于院内职权，本衙门长官不得干涉。其因升转降调致失原定资格者，即同时失资政院议员之资格。所有举行互选、奏请钦选、补足缺额各办法，与宗室、觉罗选举同。

[1] 内阁侍读学士：清代掌典校的内阁职官，满四人，蒙古、汉各二人。秩从四品。

[2] 中书：即"内阁中书"，清内阁属官，掌撰拟、翻译、缮写等事，秩从七品。

[3] 翰林院侍读学士：清代翰林院职官，掌撰述编辑，傣直经幄。乾隆五十年（1785）后定制，满二人，汉三人，秩从四品，清末改正四品。

[4] 庶吉士：参见清50注11。

[5] 参议：官名。清末中央行政部门新设的职官。中央行政各部皆设左参议、右参议各一人，秩正四品，掌管每部的谋议之事如起草审议法令、章程及特殊文稿，并监督各司的重要事务。另弼德院及法制院、盐政院也设参议，分掌具体业务。

[6] 掌印给事中：官名。清沿明制，于六科各设都给事中主持科事，康熙五年（1666）改称为掌印给事中，每科满、汉各一人。参见清99注5。给事中：参见清6注15。监察御史：简称"御史"。参见清15注8。

[7] 署理：清制，官阶相近官员可以互相代理职务，称署理。如总督、巡抚印务可互相兼署，布政使与按察使印务可互相兼署等。奏署：奏请皇帝认可而署理。

[8] 候补：参见清51注5。补用：即补授官职。选用：即"选授"，经吏部铨选任职。学习行走：即"行走"。参见清179注11。

[9] 都察院：参见清114注9。堂官：即各部、院的长官与副长官等。这里谓左都御史、左副都御史。光绪三十二年（1906），分别改称都御史、副都御史。

268. 硕学通儒资格凡四：一，不由考试、特旨赏授清秩者；二，著书有裨政治或学术者；三，有入通儒院之资格者[1]；四，充高等及专门学堂主要科目教习五年以上著有成绩者。凡年满三十岁以上，具前列资格之一，均得选充资政院议员。每届选举，资政院于前一年九月行知学部[2]，由部通行京堂以上官、翰林、给事中、御史、各省督、抚、提学使、出使各国大臣[3]，各搜访一人或二人，开具事实，保送学部审查。择定合格得保多者三十人，作为硕学通儒议员之被选人。于选举年分二月以前，咨送资政院。由院将被选人姓名及原保人姓名官职开单，于三月以前，奏请按额钦选。有缺额时，资政院随时将本届被选人照章奏请钦选补足之。本届被选人数不足议员缺额之三倍时，应另行保送。

[1] 通儒院：又名"大学院"，即大学堂研究院。参见清70注2。

[2] 学部：参见清26注4。

[3] 京堂：清代凡通政使司、大理寺、太仆寺、太常寺、光禄寺、詹事府、鸿胪寺等卿寺衙门堂官的通称，亦尊为"京卿"。一般为三品或四品官员。

269. 纳税多额人，以下列资格为限：一，男子照地方自治章程有选民权者；二，年纳正税或地方公益捐，在所居省分占额较多者。凡具此资格，年满三十岁以上，得选充资政院议员。由合格人先行互选，于选举年分二月初一日在各省城行之，以布政使或民政使为监督[1]。每届互选，资政院于前一年九月行知各省督、抚，照章举行。互选监督会同商务总会总理、协理[2]，遴派互选管理员。互选办法与普通互选同。互选人额数。每省以二十人为限。投票用记名连记法[3]，以得票过互选人数三分之一者为当选。互选当选人额数，以互选人额数十分之一为率。如当选人不足定额，就得票较多者，令互选人再行投票，以足额为止。其得票及格、额满见遗者，作为候补当选人。当选人不愿应选，得呈明互选监督撤销，以候补当选人依次递补。互选管理员造具当选人及候补当选人名册，连同票纸，呈由互选监督申送本省督、抚，各督、抚将当选人姓名及得票数目咨送资政院，由院开单，于三月以前，奏请按额钦选。有缺额时，资政院随时将本届当选人开单奏请钦选补足之。本届当选人不足议员缺额之三倍时，以候补当选人递补。候补当选人数不敷时，举行临时互选。

[1] 布政使：参见清 41 注 7。民政使：官名。光绪三十三年（1907）在东三省设置，即原布政使之改称。掌民籍事务。

[2] 商务总会：即"商会"，为商人团体。光绪二十九年（1904）十一月，商部奏准颁行《商务简明章程》，规定凡属商务繁复之区，宜设商务总会，于商务稍次之地设分会，分会依其省分隶属商务总会。其领导机构为会董会议，公推总理、协理处理日常会务。此后，各地商会陆续成立，工商业者始以社团"法人"姿态出现。

[3] 记名连记法：记名投票方式之一，选票可连续填写被选举人，但不能超出规定之当选人额数。与"记名单记法"对举。参见清 266 注 6。

270. 各省谘议局互选谘政院议员[1]，按定额分配：奉天三人，吉林二人，黑龙江二人，顺直九人，江苏七人，安徽五人，江西六人，浙江七人，福建四人，湖北五人，湖南五人，山东六人，河南五人，山西五人，陕西四人，甘肃三人，新疆二人，四川六人，广东五人，广西三人，云南四人，贵州二人。互选于选举年分前一年十月十一日，在各省谘议局行之。以督、抚为监督。每届互选，资政院于前一年九月行知各互选监督，照章举行。届期互选监督亲莅监察之。投票、开票、检票等事，由谘议局办事处管理。适用普通互选规则，互选选举人及被选举人均以该省谘议局议员为限。投票用记名连记法，以得票过互选人半数者为当选。互选当选人额数，以各该省议员额数之二倍为率。如当选人不足定额，就得票较多者，令互选人再行投票，以足额为止。其投票及格、额满见遗者[2]，作为候补当选人。谘议局办事处造具当选人及候补当选人名册，连同票纸，呈送互选监督，覆加选定，为资政院议员。不愿应选者，得呈明互选监督辞退，依次将本届当选人及候补当选人覆加选定补充。不敷选充者，举行临时互选。选定后，由互选监督造具名册，连同当选人及候补当选人原册，咨送资政院。凡选充资政院议员者，不得兼充本省谘议局议员，有缺额时，由院行知该省督、抚，覆加选定补充，或举行临时互选。此资政院议员钦选、互选办法之概要也。

[1] 谘议局：参见清 257 注 5。谘政院：当为"资政院"之讹。中华书局整理本未改正。参见清 257 注 4。

[2] 投票及格：《清史稿校注》校勘记云："投票及格，案宣统元年九月十六日壬戌政治官报（第七

932

二一号），各省谘议局互选资政院议员章程，'投'字当作'得'。"可参考。

271.《各省谘议局议员选举章程》之规定 [1]，议员之选任，用复选举法。复选之别于单选者，单选径由选举人投票选出议员，复选则先由选举人选出若干选举议员人，更令选举议员人投票选出议员是也。谘议局议员定额，因各省户口尚无确实统计，参酌各省取进学额及漕粮多寡以定准则 [2]。奉天五十名，吉林三十名，黑龙江三十名，顺直百四十名 [3]，江宁五十五名 [4]，江苏六十六名，安徽八十三名，江西九十七名，浙江百十四名，福建七十二名，湖北八十名，湖南八十二名，山东百名，河南九十六名，山西八十六名，陕西六十三名，甘肃四十三名，新疆三十名，四川百零五名，广东九十一名，广西五十七名，云南六十八名，贵州三十九名。京旗及各省驻防 [5]，以所住地方为本籍。但旗制未改以前，京旗得于顺直议员定额外，暂设专额十名；各省驻防得于该省议员定额外，每省暂设专额一名至三名。选举权之规定，用限制选举法。

[1] 各省谘议局议员选举章程：参见清 260 注 1。
[2] 进学额：谓一省府、州、县学之生员名额。
[3] 顺直：谓直隶顺天府。
[4] 江宁：今江苏南京。
[5] 京旗：即"京师八旗"，或称"驻京八旗"。清统一中国后，八旗官兵分别驻守于京城及各地，其驻守京城者即称"京师八旗"。其制，以皇城为中心，各按方位驻扎：镶黄旗居安定门内，正黄旗居德胜门内，并在北方；正白旗居东直门内，镶白旗居朝阳门内，并在东方；正红旗居西直门内，镶红旗居阜成门内，并在西方；正蓝旗居崇文门内，镶蓝旗居宣武门内，并在南方。京师八旗设骁骑、前锋、护军、步军、健锐、神机等营，并选上三旗满洲、蒙古为侍卫亲军，以司禁卫。驻防：即"驻防八旗"。参见清 41 注 1。

272. 凡属本省籍贯之男子，年满二十五岁以上，具下列资格之一者，有选举谘议局议员之权 [1]：一，在本省地方办理学务及公益事务满三年以上著有成绩者；二，在本国或外国中学堂及与中学同等或中学以上之学堂毕业者；三，有举、贡、生员以上之出身者；四，曾任实缺职官文七品、武五品以上未被参革者；五，在本省地方有五千元以上之营业资本或不动产者 [2]。凡非本籍之男子，年满二十五岁，寄居本省满十年以上，有万元以上之营业资本或不动产者，亦得有选举权。被选举权之规定及其限制：凡属本省籍贯或寄居本省满十年以上之男子，年满三十岁以上者，得被选举为谘议局议员。

[1] 谘议局：参见清 257 注 5。
[2] 不动产：不能移动的财产，相对于"动产"而言，指土地、房屋以及附着于其上不可分割的部分。

273. 凡有下列情事之一者，不得有选举权及被选举权。一，品行悖谬、营私武断者；二，曾处监禁以上之刑者；三，营业不正者；四，失财产上信用被人控实未清结者；五，吸食鸦片者；六，有心疾者；七，身家不清白者；八，不识文义者。其有所处地位不适于选举议员及被选举为议员者：一，本省官吏或幕友 [1]；二，军人；三，巡警官、吏；四，僧、道及宗教师；五，学堂肄业生：均停其选举权及被选举权。其现充小学教员者，停其被选举权。谘议局设议长一，副议长二，用单记投票法，分次互选。设常驻议员，以议员额数十分之二为额，用连记投票法，一次互选。凡议员三年一改选，议长、副议长任期同。常驻议员任期限一年。议长因事出缺，以副议长递补。副议长出缺，由议员互选充补。议员出缺，以复选候补当选人依次递补。议员改选，再被选者得连任，以一次为限。议员非因下列事由，不得辞职：一，确有疾病，不能担任职务者；二，确有职业，不能常驻本省境内者；三，其馀事由，经谘议局允许者。

[1] 幕友：明清地方军政官署中协助办理文案、刑名、钱谷等事务的人员，相当于古之幕僚、幕宾。因无官职，且由长官私人延聘，视之如友，故称"幕友"，俗称"师爷"。

274. 凡选举区域，初选举以厅、州、县为选举区，复选举以府、直隶厅、州为选举区。直隶厅、州及府之本管地方，均作为初选区。直隶厅无属县者，以附近之府为复选区。初选区，厅以同知、通判，州、县以知州、知县为初选监督。复选区，府以知府，直隶厅、州以同知、通判、知州为复选监督。府、直隶厅、州作为初选区者，得遴派教佐员为初选监督 [1]。初选、复选均设投票、开票、管理员、监察员若干名。管理员不拘官绅，监察员以本地绅士为限。初选区选举人名册及当选人姓名票数，由初选监督申报复选监督；复选当选人姓名票数，由复选监督申报督、抚，分别咨报资政院、民政部立案 [2]。

[1] 教佐员：负责选举事务的办事人员。

[2] 民政部：晚清官署名。光绪三十二年（1906）九月由巡警部改设，掌管全国地方行政、地方自治、户口、巡警、卫生以及风教等。设尚书一人，左、右侍郎各一员。辖承政、参议二厅和民治、警政、疆理、营缮、卫生五司。附属内外城巡警总厅、内外城预审厅、工巡捐总局、路工局、缉探总局、消防队等机构。宣统三年（1911）尚书改称民政大臣。

275. 选举年限，三年一次，以正月十五日为初选日期，三月十五日为复选日期。凡初选举，初选监督按地方广狭、人口多寡、分划本管区域为若干投票区，分设选举调查员，按照选举资格，详细调查，将合格选举人造具名册，于选举期六个月以前，呈由复选监督申报督、抚，并宣示公众。如本人认为错误遗漏，得于宣示期内呈请初选监督更正。初选当选人额数，按照议员定额加多十倍。各初选区应出当选人若干名，由复选监督分配。投票用无名单记法 [1]，其有写不依式者，夹写他事者，字迹模糊者，不用

934

颁发票纸者，选出之人不合被选资格者，作为废票。以本区应出当选人额数除选举人总数，所得半数，为当选票额。得票不满当选票额以上者，不得为初选当选人。复选由初选当选人齐集复选监督所在地行之。复选当选人，即为谘议局议员。各复选区应得议员若干名，由督、抚按全省议员定额分配，投票当选，一切与初选同。

[1] 无名单记法：即无记名单记法，无记名投票形式之一。参见清267注6。

276. 关于选举之变更，如选举人名册有舞弊、作伪情事，或办理不遵定章，被控判定确实者，初选、复选均无效。当选议员有辞任、或疾病不能应选，或身故，或被选资格不符，当选票数不实，被控判定确实者，其当选无效，各以候补当选人递补。如选举人确认办理人员不遵定章，有舞弊、作伪证据，或当选人被选资格不符，当选票数不实，及落选人确信得票可当选而不与选，候补当选人名次错误、遗漏者，均得向该管衙门呈控 [1]。限自选举日起三十日，凡选举诉讼，初选向府、直隶厅、州衙门，复选向按察使衙门呈控 [2]。各省已设审判厅者 [3]，分别向地方高等审判厅呈控。不服判定者，初选得向按察使衙门，复选得向大理院上控 [4]。限判定日起三个月。已设审判厅者，照审判厅上控章程办理。选举人及办理选举人、选举关系人，有违法行为，分别轻重，处以监禁、罚金有差；二年以上、十年以下，不得为选举人及被选举人。

[1] 呈控：上告。
[2] 按察使衙门：即"提刑按察使司"。参见清21注9。
[3] 审判厅：参见清263注5。
[4] 大理院：晚清官署名。光绪三十二年（1906）由大理寺改设，为全国最高审判机构，负责终审全国各地方审判厅初审、高等审判厅二审不服之上控案，及办理宗室、官犯重大案件与皇帝特旨交审的案件。设正卿一人，主管全院事务，监督刑事、民事审判厅各事宜；少卿一人，佐正卿总理院务。下设刑科、民科、典簿厅、详谳处等机构，附设总检察厅、看守所等。

277. 专额议员选举人及被选举人，以京旗及驻防人员为限 [1]，选举及被选举资格，与谘议局普通议员资格同。各省驻防专额议员之数，视该省驻防取进学额全数在十名以内者设议员一名，二十名以内设二名，二十名以外设三名。初选当选人额数，以议员定额十倍之数为准。复选当选人额数，以议员定额为准。调查选举人名册，由督、抚会同将军、都统 [2]，于京旗及驻防人员内，各酌派选举调查员。当选、改选、补选及诉讼、罚则各事 [3]，均照《谘议局选举章程》办理。此各省谘议局议员初选、复选办法之概略也。

[1] 京旗：参见清271注5。驻防：即"驻防八旗"。参见清41注1。
[2] 将军：驻防八旗的最高长官之一，秩从一品，由满人充任。内地各直省之将军掌驻防旗营的军政事务，伊犁、黑龙江、吉林等边境地区之将军，则为该地区之最高军政长官。都统：八旗组织中

一旗的最高军政长官，满名固山额真，掌一旗之户籍、田宅、教养及官兵拣选操练军政事务。初秩正一品，后定从一品。

[3] 罚则：有关处罚事宜。

278. 各省谘议局选举，宣统元年各督、抚次第奏报举行 [1]。于九月初一日，召集开会，举行互选资政、谘议员 [2]。二年四月，资政院奏请钦选各项议员，奉敕选定。以八月二十日为召集期，九月初一日，资政院举行第一次开院礼。监国摄政王代行莅选 [3]，颁谕嘉勉议员。三年九月，遵章第二次召集开会。

[1] 宣统元年：即公元 1909 年。宣统，宣统帝爱新觉罗·溥仪的年号。
[2] "举行互选"句：《清史稿校注》校勘记云："案宣统元年政治官报所载各省奏报，九月丁未朔，各省谘议局召集开会，当日选举议长、副议长、常驻议员，互选资政院议员则在稍后。"可参考。
[3] 监国摄政王：官名。光绪三十四年（1908）设。是年十月光绪皇帝死，慈禧太后命醇亲王载沣之子溥仪继位，复命载沣为监国摄政王。凡军国机务、中外章奏悉由其处理。载沣（1883～1951），满洲镶黄白旗人，爱新觉罗氏。光绪帝之弟、宣统帝之父。袭封醇亲王。光绪二十七年（1901）被派为头等专使赴德，就驻华公使克林德被杀事道歉。三十四年正月入直军机处，十月宣统帝即位，授监国摄政王。旋罢免袁世凯，编练禁卫军，代为海陆军大元帅，并借立宪之名集权皇族。宣统二年（1910）取缔国会请愿运动，次年四月成立皇族内阁。武昌起义爆发后被迫辞职。1928 年移居天津，后曾短期在东北伪满洲国为"太上皇"。

279. 资政院、谘议局议员选举外，尚有地方自治团体之选举。地方自治为立宪基础，列于筹备事宜清单。光绪三十四年、宣统元年 [1]，宪政编查馆先后核议 [2]，民政部奏城、镇、乡、府、厅、州、县及京师地方自治暨选举各章程 [3]，各省次第筹办。其选举办法，与谘议局议员选举略有出入。以繁琐，不备载。

[1] 光绪三十四年：即公元 1908 年。光绪，清德宗爱新觉罗·载湉的年号。宣统元年：即公元 1909 年。宣统，宣统帝爱新觉罗·溥仪的年号。
[2] 宪政编查馆：参见清 87 注 7。
[3] 民政部：参见清 274 注 2。

《七史选举志校注》参考文献

B

《北宋科举考试与文学》	林岩著	上海古籍出版社 2006 年 12 月出版
《八股文概说》	王凯符著	中华书局 2002 年 4 月出版
《八股文与明清文学论稿》	黄强著	上海古籍出版社 2005 年 7 月出版

C

| 《称谓录》 | 梁章钜撰 | 岳麓书社 1991 年 7 月出版 |

D

| 《东宫文华—中国宫廷教育》 | 毕诚 王培华著 | 云南人民出版社 1992 年 5 月出版 |

G

《古代的选士任官制度与社会》	许树安著	天津人民出版社 1985 年 4 月出版
《广清碑传集》	钱仲联主编	苏州大学出版社 1999 年 2 月出版
《归潜志》	刘祁撰	中华书局 1983 年 6 月出版
《癸辛杂识》	周密撰	中华书局 1988 年 1 月出版
《国家·科举与社会》	钱茂伟著	北京图书馆出版社 2004 年 11 月出版

H

| 《候补文官群体与晚清政治》 | 肖志宗著 | 巴蜀书社 2007 年 6 月出版 |

J

《简明古代职官辞典》	孙永都 孟昭星编	书目文献出版社 1987 年 5 月出版
《江南贡院》	周道祥编著	中国物资出版社 1999 年 7 月出版
《金代科举》	薛瑞兆著	中国社会科学出版社 2004 年 12

月出版

《今古文尚书全译》	江灏　钱宗武译注	贵州人民出版社 1990 年 2 月出版
《金史》	脱脱等撰	中华书局 1975 年 7 月出版
《〈金史〉之〈食货志〉与〈百官志〉校注》	韩世明　都兴智校注	中国社会科学出版社 2005 年 7 月出版
《旧五代史》	薛居正等撰	中华书局 1976 年 5 月出版
《旧五代史新辑会证》	陈尚君辑纂	复旦大学出版社 2005 年 12 月出版

K

《科举百年祭》	刘海峰主编	湖北人民出版社 2006 年 10 月出版
《科举生活掠影》	李世愉著	沈阳出版社 2005 年 4 月出版
《科举时代的应试教育》	李纯蛟著	巴蜀书社 2004 年 11 月出版
《科举史话》	王道成著	中华书局 1988 年 6 月出版
《科举文体研究》	汪小洋　孔庆茂著	天津古籍出版社 2005 年 3 月出版
《科举学导论》	刘海峰著	华中师范大学出版社 2005 年 8 月出版
《科举与宋代社会》	何忠礼著	商务印书馆 2006 年 12 月出版
《科举制度与近代文化》	杨齐福著	人民出版社 2003 年 9 月出版

L

《历代贡举志》（及其他五种）	冯梦祯等	中华书局《丛书集成初编》1985 年新一版
《历代官制·兵制·科举制表释》	臧云浦等	江苏古籍出版社 1987 年 4 月出版
《辽金史研究》	都兴智著	人民出版社 2004 年 12 月出版
《麟台故事校正》	程俱撰	中华书局 2000 年 12 月出版

M

《明代八股文史探》	龚笃清著	湖南人民出版社 2006 年 2 月出版
《明代科举制度考论》	王凯旋著	沈阳出版社 2005 年 6 月出版
《明代文官铨选制度研究》	潘星辉著	北京大学出版社 2005 年 5 月出版
《明代学校与科举制度研究》	赵子富著	北京燕山出版社 1995 年 2 月出版
《明史》	张廷玉等撰	中华书局 1974 年 2 月出版
《明史考证》第二册	黄云眉著	中华书局 1980 年 6 月出版
《明史选举志笺正》	郭培贵著	内蒙古大学出版社 1997 年 8 月出

版

| 《明史选举志考论》 | 郭培贵著 | 中华书局 2006 年 11 月出版 |

N

| 《廿二史劄记校证》 | 赵翼著　王树民校证 | 中华书局 1984 年 1 月出版 |

Q

《清朝典章制度》	郭松义等著	吉林文史出版社 2001 年 3 月出版
《清朝文官制度》	艾永明著	商务印书馆 2005 年 4 月出版
《清代八股文》	邓云乡	中国人民大学出版社 1994 年 3 月出版
《清代碑传全集》		上海古籍出版社 1987 年 11 月出版
《清代地方官制考》	刘子扬著	紫禁城出版社 1994 年 8 月出版
《清代国家机关考略》	张德泽编著	中国人民大学出版社 1981 年 10 月出版
《清代翰林院制度》	邸永君著	社会科学文献出版社 2002 年 1 月出版
《清代进士群体与学术文化》	李润强著	中国社会科学出版社 2007 年 4 月出版
《清代科举家族》	张杰著	社会科学文献出版社 2003 年 7 月出版
《清代科举考试述录》	商衍鎏著	三联书店 1958 年 5 月出版
《清代科举制度考辩》	李世愉著	沈阳出版社 2005 年 6 月出版
《清代科举制度研究》	王德昭著	中华书局 1984 年 2 月出版
《清代六部成语词典》	李鹏年等编著	天津人民出版社 1990 年 8 月出版
《清代人物大事纪年》	朱彭寿编著	北京图书馆出版社 2005 年 2 月出版
《清代文字狱档》	本社编	上海书店出版社 2007 年 6 月出版
《清代中央国家机关概述》	李鹏年等编著	紫禁城出版社 1989 年 6 月出版
《清史稿》	赵尔巽等撰	中华书局 1977 年 12 月出版
《清史稿校注》第四册	清史稿校注编纂小组编纂	台北县国史馆 1986 年 7 月出版
《清史列传》	王钟翰点校	中华书局 1987 年 11 月出版

R

| 《日知录集释》 | 顾炎武撰　黄汝成集释 | 岳麓书社 1994 年 5 月出版 |

S

《十国典制考》	任爽主编	中华书局 2004 年 10 月出版
《十驾斋养新录》	钱大昕著	上海书店 1983 年 12 月出版
《十七史商榷》	王鸣盛著	上海书店出版社 2005 年 12 月出版
《史部要籍解题》	王树民著	中华书局 1981 年 11 月出版
《史籍举要》	柴德赓著	北京出版社 1982 年 8 月出版
《说八股》	启功等著	中华书局 1994 年 7 月出版
《宋朝事实类苑》	江少虞撰	上海古籍出版社 1981 年 7 月出版
《宋代官员选任和管理制度》	苗书梅著	河南大学出版社 1996 年 6 月出版
《宋代科举与文学考论》	祝尚书著	大象出版社 2006 年 3 月出版
《宋代文化史大辞典》	虞云国主编	上海世纪出版股份有限公司 汉语大词典出版社 2006 年 12 月出版
《宋代荫补制度研究》	游彪著	中国社会科学出版社 2001 年 9 月出版
《宋会要辑稿》	徐松辑	中华书局 1957 年 11 月影印本。
《宋史》	脱脱等撰	中华书局 1977 年 11 月出版
《宋史丛考》	聂崇岐	中华书局 1980 年 3 月出版
《宋史论集》	本社编	中州书画社 1983 年 8 月出版
《宋史论集》	华山	齐鲁书社 1982 年 11 月出版
《宋史全文》	（元）佚名著	黑龙江人民出版社 2005 年 1 月出版
《宋史选举志补正》	何忠礼著	浙江古籍出版社 1992 年 3 月出版
《宋史研究集刊》	徐规主编	浙江古籍出版社 1986 年 4 月出版

T

《唐代试策考述》	陈飞著	中华书局 2002 年 4 月出版
《唐代科举与文学》	傅璇琮著	陕西人民出版社 1986 年 10 月出版
《唐代科举制度》	吴宗国著	辽宁大学出版社 1997 年 3 月出版
《唐代铨选与文学》	王勋成著	中华书局 2001 年 4 月出版
《唐国史补·因话录》	李肇 赵璘撰	上海古籍出版社 1957 年 4 月出版
《唐诗大辞典》	周勋初主编	江苏古籍出版社 1990 年 11 月出版

《唐摭言》校注	姜汉椿校注	上海社会科学院出版社 2003 年 1 月出版
《通制条格校注》	方龄贵校注	中华书局 2001 年 7 月出版

W

《文渊阁四库全书》	永瑢 纪昀等编纂	台湾商务印书馆 1986 年 3 月影印版
《五代十国制度研究》	杜文玉著	人民出版社 2006 年 1 月出版
《文官制度》	龚祥瑞	人民出版社 1985 年 1 月出版
《武举制度史略》	许友根著	苏州大学出版社 1997 年 12 月出版

X

《新唐书》	欧阳修 宋祁撰	中华书局 1975 年 2 月出版
《新元史》	柯绍忞著	开明书店 1935 年 6 月出版
《选举社会及其终结》	何怀宏著	三联书店 1998 年 12 月出版

Y

《弇山堂别集》	王世贞撰	中华书局 1985 年 12 月出版
《元代吏制研究》	许凡著	劳动人事出版社 1987 年 4 月出版
《元代进士研究》	桂栖鹏著	兰州大学出版社 2001 年 7 月出版
《元史》	宋濂等撰	中华书局 1976 年 4 月出版
《元史研究》	刘晓著	福建人民出版社 2006 年 1 月出版

Z

《中国的科名》	齐如山著	辽宁教育出版社 2006 年 1 月出版
《中国古代官吏考选制度史》	任立达 薛希洪著	青岛出版社 2003 年 1 月出版
《中国古代官吏制度沿革》	阎平等编著	中国城市出版社 1992 年 10 月出版
《中国古代官制》	柏铮编	北京大学出版社 1989 年 4 月出版
《中国古代教育史资料》	孟宪承等编	人民教育出版社 1961 年 3 月出版
《中国古代政治制度纲要》	李明晨编著	中国政法大学出版社 1990 年 9 月出版
《中国古代职官科举研究》	龚延明著	中华书局 2006 年 4 月出版
《中国经济史辞典》	赵德馨主编	湖北辞书出版社 1990 年 8 月出版
《中国考试思想史》	田建荣著	商务印书馆 2004 年 6 月出版
《中国考试制度史资料选编》	杨学为等主编	黄山书社 1992 年 8 月出版

《中国科举词典》	翟国璋主编	江西教育出版社 2006 年 5 月出版
《中国科举史》	刘海峰　李兵著	东方出版中心 2004 年 6 月出版
《中国科举制度研究》	王炳照　徐勇主编	河北人民出版社 2002 年 6 月出版
《中国近代官制词典》	邱远猷主编	书目文献出版社 1991 年 2 月出版
《中国近代史词典》	陈旭麓等主编	上海辞书出版社1982年10月出版
《中国历代官制》	孔令纪等主编	齐鲁书社 1993 年 5 月出版
《中国历代官制词典》	徐连达主编	安徽教育出版社 1991 年 6 月出版
《中国历代教育制度》	顾树森	江苏人民出版社 1981 年 9 月出版
《中国历代选官制度》	陈茂同著	华东师范大学出版社 1994 年 7 月出版
《中国历代职官辞典》	邱树森主编	江西教育出版社 1998 年 8 月第 2 版
《中国历代职官沿革史》	陈茂同著	百花文艺出版社 2005 年 1 月出版
《中国历史大辞典·辽夏金元史》	编委会	上海辞书出版社 1986 年 6 月出版
《中国历史大辞典·明史》	编委会	上海辞书出版社 1995 年 12 月出版
《中国历史大辞典·清史》（上）	编委会	上海辞书出版社 1992 年 11 月出版
《中国历史大辞典·清史》（下）	编委会	上海辞书出版社 1992 年 10 月出版
《中国历史大辞典·宋史》	编委会	上海辞书出版社 1986 年 12 月出版
《中国历史大辞典·隋唐五代史》	编委会	上海辞书出版社 1995 年 5 月出版
《中国历史大辞典·史学史》	编委会	上海辞书出版社 1983 年 12 月出版
《中国历史大事年表》	沈起炜编著	上海辞书出版社 1983 年 12 月出版
《中国历史地图集》（隋唐至清）	谭其骧主编	中国地图出版社 1982—1987 年出版
《中国历史人物生卒年表》	吴海林　李延沛编	黑龙江人民出版社 1981 年 3 月出版
《中国历史书籍目录学》	陈秉才　王锦贵著	书目文献出版社 1984 年 5 月出版
《中国历史文化名城词典》	编委会编	上海辞书出版社 1985 年 12 月出版
《中国名胜词典》	文化部文物局主编	上海辞书出版社 1986 年 12 月出版

《中国绅士——关于其在 19 世纪中国社会中作用的研究》

　　　　　　　　　　　张仲礼著　李荣昌译　上海社会科学出版社 1991 年 5 月
　　　　　　　　　　　　　　　　　　　　　出版

《中国隋唐五代教育史》　冯晓林著　　　　　人民出版社 1994 年 1 月出版

《中国文官制度》　　　　李铁著　　　　　　中国政法大学出版社 1989 年 7 月
　　　　　　　　　　　　　　　　　　　　　出版

《中国文学家大辞典·辽金元卷》邓绍基　杨镰主编　中华书局 2006 年 5 月出版

《中国文学家大辞典·宋代卷》曾枣庄主编　　中华书局 2004 年 9 月出版

《中华律令集成·清卷》　张友渔　高潮主编　吉林人民出版社 1991 年 11 月出
　　　　　　　　　　　　　　　　　　　　　版

《周礼·仪礼·礼记》　　陈戌国点校　　　　岳麓书社 1989 年 7 月出版

后　记

　　"千里马常有，而伯乐不常有。"《北门》之叹，岂徒然哉！故珠赏之誉，惟由病蚌；颖脱之效，须处革囊。而世事无常，人生如寄，数奇命偶，冥兆于天。用之为虎，不用则鼠。时异事异，念兹释兹。大道之行，选贤与能，固尝载于儒典；异姓一家，随才器使，犹可见于说林。牝牡骊黄之外，辨才有道；粉白黛绿之间，用志何卑？王侯无种，鸿鹄翔其云外；卿相有路，英雄入我彀中。利之所在，人无不化；心之所系，情有难言。荣身之阶，或生桎梏之木；雕甍之室，翻成囹圄之基。上蔡犬吠已杳，华亭鹤唳不闻。挂冠神武，谅非达人知命；脱屣场屋，岂是君子固穷。神龟当死，腐鼠成讥。瘦羊流芳，幸赖魏阙有禄；肥遁鸣高，亦须首阳生薇。北窗高卧，南山远望，总是雅人深致；柴扉寂寞，瓮牖萧疏，无奈痴儿饥肠。智以利昏，识由情屈。猎誉梯荣，何妨朝夷暮跖；趋炎附势，安知春华秋实？青云有路，拔赵旗可易汉帜；夜鹊无枝，去魏其自归武安。中冓之言，本不可道；城狐之恶，每下愈况。

　　远古禅让，洗耳遁耕，文献难考，事属周章。世卿世禄，商周世袭；尚贤尚能，战国客卿。入楚楚重，出齐齐轻。察举征辟，汉人先河；九品中正，魏晋迷茫。夫骏骨招贤，万世盛典；黄金有台，千古美谈。然荐贤有道，举内何如举外；任人无法，惟贤即是惟亲。迨及李唐，怀牒自进，乡举礼闱，进士独尊。宋金接武，取法渐密，明清踵事，宏开仕途。夫科举取士，虽不废门荫、纳赀，用意自出公允；八股衡文，犹须习试帖、策论，涉笔不离圣贤。然近朱近墨，终究耳濡目染；而说空说有，渐趋口是心非。至于末世浇漓，上下相乖，小人道长，君子道消，混淆黑白，倒错职能。金钟毁弃，瓦釜雷鸣，所治愈下，得车愈多。乃至箪筥不饬者成廉吏，帷薄不修者居上游。万几颓替，行吟泽畔者安在；百二荒唐，辍耕垄上者何来？山川激荡，江海翻腾，事遂不可问矣！是人治之过欤，抑科举之弊乎？吾不知也——"君其问诸水滨"！

　　陈君文新，饱学之士也，编撰文史书籍，屡邀不才。今次主政《中国科举文化通志》，又蒙青睐，责撰《七史选举志校注》，敢不夙夜！武大出版社陶佳珞、刘新英诸君子鼎力相扶，郢斧轻挥，亦书林佳话。蒇事之际，爰书数语，以志感慨。至于郢书燕说、妄断金根，尚祈方家教正。

　　是为记。

甲午孟冬赵伯陶记于京北天通楼

《中国科举文化通志》书目